石油物探局志

SHIYOU WUTAN JU ZHI

（1961－1997）

《中国石油集团地球物理勘探局志》
编纂委员会　编

石 油 工 业 出 版 社

图书在版编目（CIP）数据

石油物探局志：（1961—1997）／《中国石油集团地球物理勘探局志》编纂委员会编 .—北京：石油工业出版社，2002.6

ISBN 7－5021－3751－3

Ⅰ. 石…

Ⅱ. 中…

Ⅲ. 油气勘探：地球物理勘探－工业企业－概况－中国－1961～1997

Ⅳ. F426.22

中国版本图书馆 CIP 数据核字（2002）第 026425 号

石油工业出版社出版

（100011　北京安定门外安华里二区一号楼）

石油工业出版社印刷厂排版印刷

*

889×1194 毫米 16 开本 62 印张 48 插页 1903 千字 印 1—2000

2002 年 6 月北京第 1 版 2002 年 6 月北京第 1 次印刷

ISBN 7－5021－3751－3/TE·2738

定价：120.00 元

（内部发行）

《石油物探局志》编纂委员会

主　　任：钟辛生　徐文荣

副主任：王小牧　柴桂林（常务）　肖　平　段雨欣（女）　王业胜

顾　　问：林运根

委　　员：（按姓氏笔划为序）

马尤和　王　瑞　王　毅　王小牧　王见仁　王文沧

王礼万　王业胜　王守臣　王宏琳　王治富　王京照

王祚德　王铁军　尹世忻　邓胜利　叶　青（女）

吕友生　朱长福　刘鸿皋　孙玉岭　朴周鹤　李云鹏

李世灿　李光文　李国旗　肖　平　吴奇之　吴祉宪

何家祥　张　平　张　玮　张　健　张芳基　张忠民

陈祖传　武慎让　林运根　苟　量　苟云辉　周　宏

周申吉　周荣宝　孟尔盛　赵中全　钟辛生　柳卫民

段世民　段雨欣（女）　夏义平　柴桂林　钱荣钧

徐文荣　殷会祥　桂玉华　陶先明　黄彤宇　阎万朝

梁延强　梁国林　接维增　程金箴　董玉明　韩金胜

裘慰庭　路仁君　詹世凡　瞿　杰

《石油物探局志》编辑部

主　　编：黄彤宇

副 主 编：（按姓氏笔划为序）

汪廷璋　冷瑞来　周荣宝　赵周舍

编　　辑：（按姓氏笔划为序）

汪廷璋　冷瑞来　周荣宝　赵周舍　黄彤宇　韩镇春

图片编辑：牛玉田

封面设计：牛玉田

《石油物探局志》初稿撰写人员

（按姓氏笔划为序）

马秀雨　王　宏（女）　王伟强　王绍涛　王春风　卢乃鋆

史　骊　冯冀川（女）　任四新（女）　刘蔚蔚（女）

刘发尧　孙占虎　孙东彬　孙廷举　全望甲　李　琴（女）

李　锐　李月光　李静华　杨兴德　杨志刚　吴宗明　余　恒

汪廷璋　宋均华　冷瑞来　张凤云（女）　张纬宜　张奎祥

陈秀儒　林运根　林官忠　周荣宝　郑秋颖（女）　赵志琴（女）

赵周舍　顾汉章　柴兆沧　郭　哲　黄彤宇　梅占馨　梁全栋

董玉明　韩镇春　遇冬梅（女）　雷学忠　瞿　杰

序

古人说："治天下者以史为鉴，治郡国者以志为鉴"。史志可以起到"资治、教化、存史"的作用。编修史志是中华民族特有的历史传统。正如江泽民同志所说："编纂社会主义新方志是两个文明建设的组成部分，是社会主义文化建设的系统工程，是承上启下、继往开来、服务当代、有益后世的千秋大业"。

编纂《石油物探局志》是物探局几届领导的夙愿。

物探局成立于1973年，其前身是石油工业部六四六厂，人员主要来自60年代松辽地震会战的物探队伍。

1961年11月，新疆、青海、四川、玉门、银川石油局及松辽地调处的物探队伍云集大庆，开展松辽地震勘探会战。参战物探职工头顶蓝天、脚踏荒原、胸怀"两论"、"三老四严"、爬冰卧雪、艰苦奋战，历经两个冬春，胜利完成任务，为扩大大庆油田的含油面积，为中国原油基本自给做出了贡献，同时锻炼造就了一支具有大庆精神的物探野战军。

1963年底，这支物探队伍挥师进关，在六四一厂地调处（对内称地调指挥部）、六四六厂（对内称地调指挥部）时期及物探局成立初期，先后参加了华北、四川、江汉、辽河、陕甘宁、东濮、内蒙古等地区的石油勘探会战。广大物探职工服从会战需要，转战东西南北，沐浴雨露霜雪，克服各种困难，为发现华北、胜利、大港、中原、二连等油气田，为中国原油年产上一亿吨做出了贡献，充分发挥了"四部一军"的作用。

1978年以后，物探局在党的改革开放方针、政策指引下，为贯彻石油工业"稳定东部、发展西部"的战略部署，在继续深化东部勘探的同时，实施勘探重点西移。在塔里木、吐哈地区，物探职工迎风沙、战寒暑、踏戈壁、闯大漠、越碱滩、翻峻岭，风餐露宿，拼搏奉献；在青藏高原，物探职工面对高寒缺氧、气候恶劣、地形复杂的重重困难，发扬"特别能忍耐、特别能吃苦、特别能战斗、特别能奉献、特别能创业"的藏北精神，艰苦奋斗。为发现塔里木、吐哈诸多油气田，为实施"发展西部"、"油气并举"的方针，扩大油气后备储量，实现"西气东输"，保证石油工业持续稳定发展做出了贡献；并在艰苦的环境中培育形成了物探局"奉献、求实、团结、开拓"的企业精神。

1987年以后，物探局在开展国内勘探的同时，大力开拓国际市场，先后在缅甸、美国、厄瓜多尔、秘鲁、巴基斯坦、菲律宾、苏丹等国进行物探承包作业，逐步与国际标准接轨，推行HSE管理，重合同，守信誉，视质量如生命，为用户真诚服务，以优异的业绩和优质的服务，取得了良好的国际信誉，为物探局的生存和发展打下了坚实的基础。

建局20多年来，物探局较好地完成了改革与发展的各项任务，两个文明建设取得了丰硕的成果，逐步发展成为集物探资料采集、数据处理、解释研究、装备制造、软件开发、科研教育、后勤支持为一体的，具有国际竞争实力的石油地球物理勘探服务集团。

2000年9月，物探局改名为中国石油集团地球物理勘探局。目前，物探局在中国石油天然气集团公司的领导下，深入贯彻江泽民总书记"三个代表"的重要思想，正以"精诚伙伴、找油先锋"的新企业精神，履行"用高新技术降低勘探风险，以艰苦奋斗共创光明与未来"的企业使命，朝着建成“具有强大核心竞争力的一流国际地球物理公司”的企业目标，深化改革，加快发展，开拓创新，奋勇前进。

编纂《石油物探局志》，全面记载物探局的发展历程，可以为保存物探局的历史提供载体，为领导决策提供资料，为职工教育提供教材，对于物探局的发展必会起到激励今人、启迪来者、服务当前、惠及长远的积极作用。为此，我对《石油物探局志》的面世表示衷心的祝贺！并借此机会，向为中国石油物探事业和物探局的发展付出巨大努力并做出贡献的老一辈石油物探工作者表示感谢和敬意！

《石油物探局志》的编纂，以马列主义、毛泽东思想和邓小平理论为指导，力求运用辩证唯物主义和历史唯物主义的观点及方法，坚持实事求是、尊重历史的原则，收集披阅了一亿多字的资料，并进行去粗取精、去伪存真的审核考证，先后历时四年，五易其稿，中间进行多次增删修改，本着详近略远的原则，全面系统地记述了物探局的发展、进步、成就与贡献。在史实记述中，坚持述而不论的原则，如实记载历史事实，寓观点于事实之中。在内容编排上，按照横不缺项，竖不断线的要求，既突出了物探主业，反映了物探局的专业特点，又照顾各项工作，反映了物探局的整体形象。既叙事，又写人；既有物质文明成果，又有精神文明成果。在表现形式上，综合运用述、记、志、传、图、表、录等志书体裁，以志为主，记、述为辅，图、表穿插其中，既有翔实的文字记述，又有丰富的照片图表，做到了图文并茂。

《石油物探局志》的编纂，受到各级领导的亲切关怀，得到局机关各处室、局属各单位的大力支持。因此，《石油物探局志》是集体智慧的结晶，是“众手成志”的硕果，是物探局文化建设的一项系统工程。在此，我向关心和支持局志编纂工作的各级领导和各处室、各单位提供资料、撰写初稿的人员，向为局志编纂工作付出艰辛劳动的编委和编辑人员，表示衷心的感谢！

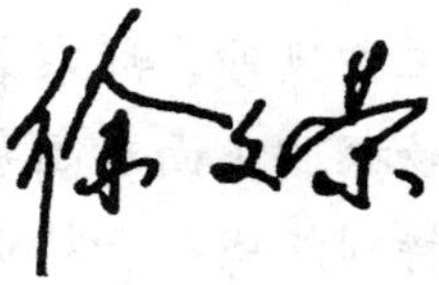

2001 年 12 月

凡　　例

一、编纂目的：发挥志书“资治、教化、存史”的作用，系统记述物探局的历史与现状，客观反映物探局的发展与成就，全面展示物探局的实力与水平，为领导决策、职工教育提供借鉴，为物探局承前启后、开拓创新保存资料，为物探局的改革发展和两个文明建设服务。

二、指导思想：以马列主义、毛泽东思想、邓小平理论为指导，以中共十一届三中全会以来的路线、方针、政策为准绳，坚持辩证唯物主义和历史唯物主义的观点，贯彻石油部（总公司）有关石油勘探的战略部署和方针。

三、原则：坚持实事求是、详近略远的原则，客观反映物探局的特色和所处的时代特点。

四、志书断限：原则上记述物探局范围内发生的史实，上限始自事物发端，下限止于1997年底。为反映物探局的前身、队伍来源及物探事业发展的历史背景，有的篇章追溯到1961年松辽地震会战或1964年华北石油会战，大事记追溯到1958年石油工业战略重点东移。个别照片下限延伸至2001年。

五、结构：本志由序、总述、大事记、各专业志、附录、索引等部分构成，以志为主。专业志分为机构队伍、勘探历程、地震资料采集、地震资料处理、地震资料解释、重磁电化勘探、物探装备、科技工作、国际合作、多元开发、企业管理、教育培训、医疗卫生、生活保障、党群工作、人物·先进集体等篇。

六、体裁：分别采用序、述（总述）、记（大事记）、志（各专业志）、传（人物、集体）、图（附图、照片）、表（附表）、录（附录、索引）等志书体裁；以志为主，记、述、传为辅，图表穿插其中，附录、索引在后。总述采用著述体；大事记采用编年体，辅以纪事本末体；各专业志采用纪事本末体，分纲列目，设篇、章、节、目。

人物记述，遵循“生不立传”的原则。对为物探局发展做出突出贡献（获省部级以上荣誉称号或有突出贡献的专家）的去世人物，立传略；在世英模人物，采取以事系人的方法在各专业志中记述，或在人物篇中分别采用简介、名录、表格的形式反映；处以上领导干部、高级专业职称人员、全国人大代表、全国党代会代表等人物，以简介或名录、表格形式反映。

七、文体文风：采用现代汉语语体文。语言力求严谨、朴实、简洁、流畅、规范。对史实的记述本着述而不论的原则，不渲染、不虚构，寓褒贬于叙事之中。

八、称谓运用：一律使用第三人称。人名，除引文或特殊情况外，均直书其姓名；地名，使用当时的名称，并在括号内另注现今标准化地名；组织机构、文件、会议、公报等名称，一般用全称，如名称过长，第一次出现时用全称，加注标准化简称，以后出现时可用简称；各种名词、术语、符号、代号均采用标准化用语。

九、计量单位：以国务院1984年2月27日公布的《中华人民共和国法定计量单位》为准，一般采用中文符号。长度单位“千米”仍沿用“公里”。

十、汉字使用：以1992年7月7日新闻出版署、国家语言文字工作委员会联合发布的《出版物汉字使用管理规定》为准，使用规范汉字，即1986年10月国家语言文字工作委员会重新发布的简化字，1988年3月由国家语言文字工作委员会和新闻出版署发布的《现代汉语通用字表》中收录的汉字。

十一、数字书写：以国家技术监督局 1995 年 12 月发布的《出版物上数字用法的规定》为准。

十二、资料来源：主要采用库存档案及有关部门提供的文字资料。凡无档案、文字资料的，必要时采用经考证鉴别后的回忆或口碑资料。统计数据以局计划处的统计资料为准（重、磁、电、化勘探数据采用地调五处资料），无计划处的统计资料，采用各业务部门提供的统计资料。

加快塔里木石油勘探開發為
實現國民經濟持續穩定發
展做出更大貢獻

江澤民

一九九〇年八月廿三日題于輪南前指

一九九八年七月六日重寫于塔指

继承和发扬艾黎办学精神，为发展我国石油工业培养更多的人才。

李鹏

一九九一年十一月十六日

向苏美技术比赛

王震

一九八七年十月十五日

发扬艰苦创业的精神，为发展我国的石油工业而努力奋斗。

余秋里

一九九〇年二月

迎接世界石油新技术挑战

康世恩

1987、6、6

1997年1月17日，中共中央总书记江泽民（前右3）、国务院总理李鹏（前右1），在总公司总经理周永康（前右
殷切希望。被接见的代表中有物探局局长钟辛生（2排左5）、局党委书记李玉超（2排左6）、副局长王业胜、局纪委

公司高级顾问王涛（前右4）陪同下，亲切接见中国石油天然气总公司1997年工作会议的代表，对石油工业的发展提出
雨欣、局副总工程师李庆忠等

石油物探局全国勘探工区及

(1961-199

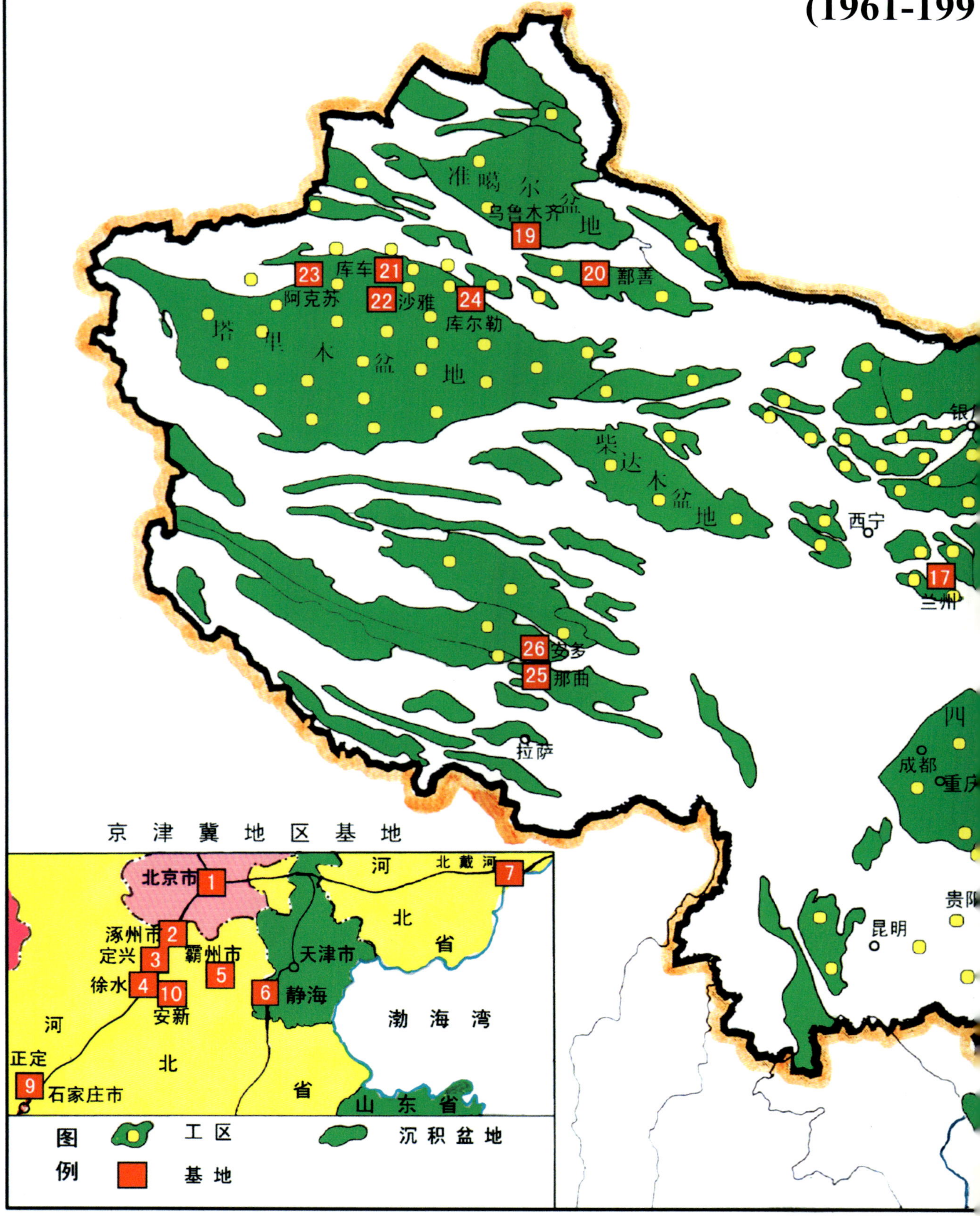

地分布示意图

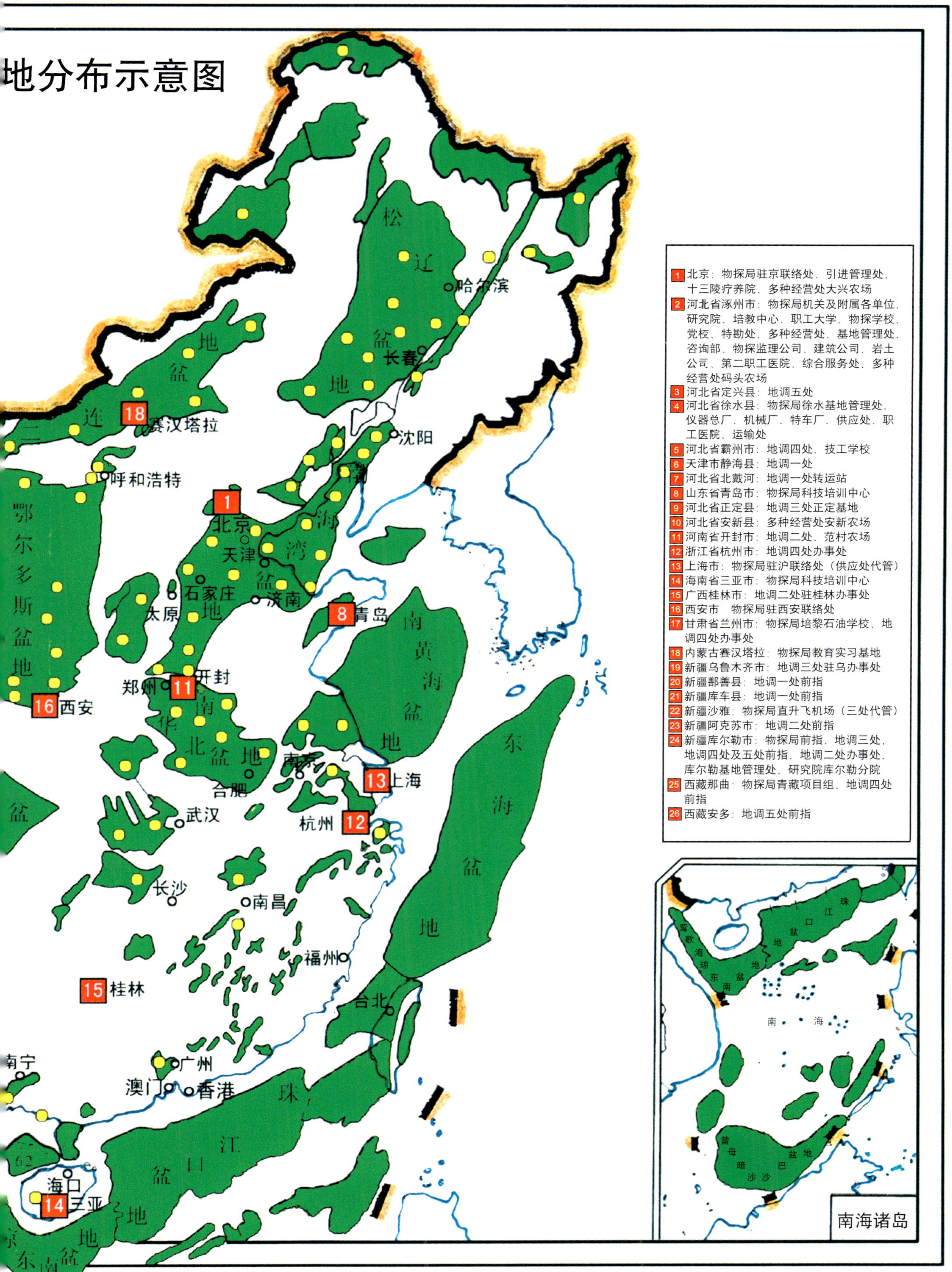

1 北京：物探局驻京联络处、引进管理处、十三陵疗养院、多种经营处大兴农场
2 河北省涿州市：物探局机关及附属各单位、研究院、培教中心、职工大学、物探学校、党校、特勤处、多种经营处、基地管理处、咨询部、物探监理公司、建筑公司、岩土公司、第二职工医院、综合服务处、多种经营处码头农场
3 河北省定兴县：地调五处
4 河北省徐水县：物探局徐水基地管理处、仪器总厂、机械厂、特车厂、供应处、职工医院、运输处
5 河北省霸州市：地调四处、技工学校
6 天津市静海县：地调一处
7 河北省北戴河：地调一处转运站
8 山东省青岛市：物探局科技培训中心
9 河北省正定县：地调三处正定基地
10 河北省安新县：多种经营处安新农场
11 河南省开封市：地调二处、范村农场
12 浙江省杭州市：地调四处办事处
13 上海市：物探局驻沪联络处（供应处代管）
14 海南省三亚市：物探局科技培训中心
15 广西桂林市：地调二处驻桂林办事处
16 西安市 物探局驻西安联络处
17 甘肃省兰州市：物探局培黎石油学校、地调四处办事处
18 内蒙古赛汉塔拉：物探局教育实习基地
19 新疆乌鲁木齐市：地调三处驻乌办事处
20 新疆鄯善县：地调一处前指
21 新疆库车县：地调一处前指
22 新疆沙雅：物探局直升飞机场（三处代管）
23 新疆阿克苏市：地调二处前指
24 新疆库尔勒市：物探局前指、地调三处、地调四处及五处前指、地调二处办事处、库尔勒基地管理处、研究院库尔勒分院
25 西藏那曲：物探局青藏项目组、地调四处前指
26 西藏安多：地调五处前指
松辽盆地
二连盆地
鄂尔多斯盆地
渤海湾盆地
南黄海盆地
东海盆地
南华北盆地
珠江口盆地
哈尔滨
长春
沈阳
赛汉塔拉
呼和浩特
北京
天津
石家庄
太原
济南
青岛
郑州
开封
西安
南京
合肥
上海
杭州
武汉
长沙
南昌
福州
台北
桂林
广州
澳门
香港
南宁
海口
三亚
南海诸岛
莺歌海琼东南盆地
珠江口盆地
南海
曾母暗沙巴盆地

石油物探局国外勘探工区

(1970 ～

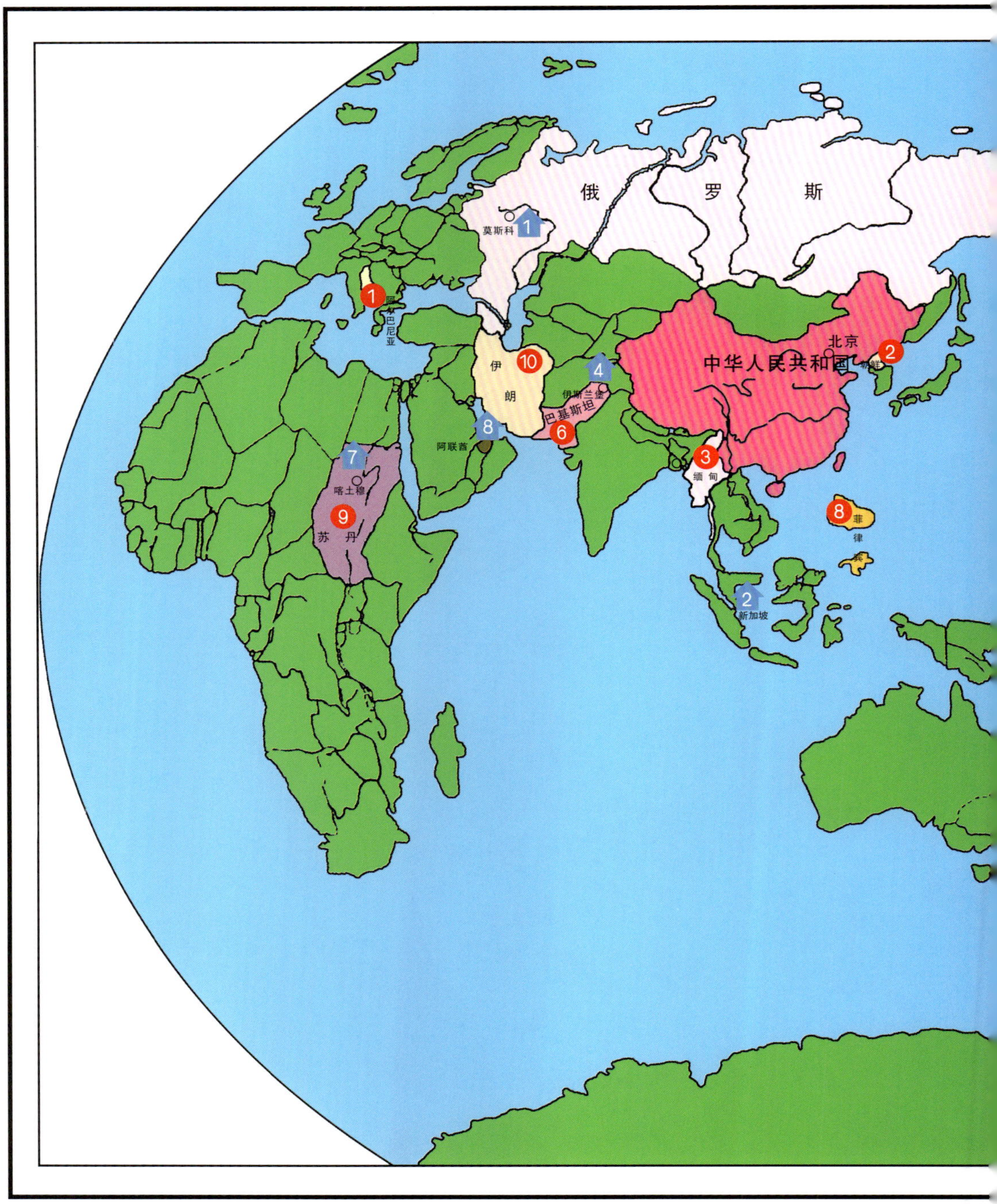

勘探工区说明

1. 1970～1973年援助阿尔巴尼亚石油天然气勘探
2. 1971～1974年援助朝鲜石油勘探
3. 1987～1989年承包缅甸中部盆地地震勘探
4. 1994～1995年承包厄瓜多尔东部盆地地震勘探
5. 1994～1997年承包秘鲁塔拉拉油田地震勘探
6. 1994年开始承包巴基斯坦苏库尔等地区地震勘探
7. 1994年开始承包美国得克萨斯州西部三维地震采集等技术服务项目
8. 1996～1997年承包菲律宾棉兰老岛盆地勘探
9. 1997年开始承包苏丹穆格莱德盆地地震勘探
10. 1997年开始承包伊朗东北部地区勘探

及办事机构分布示意图

997)

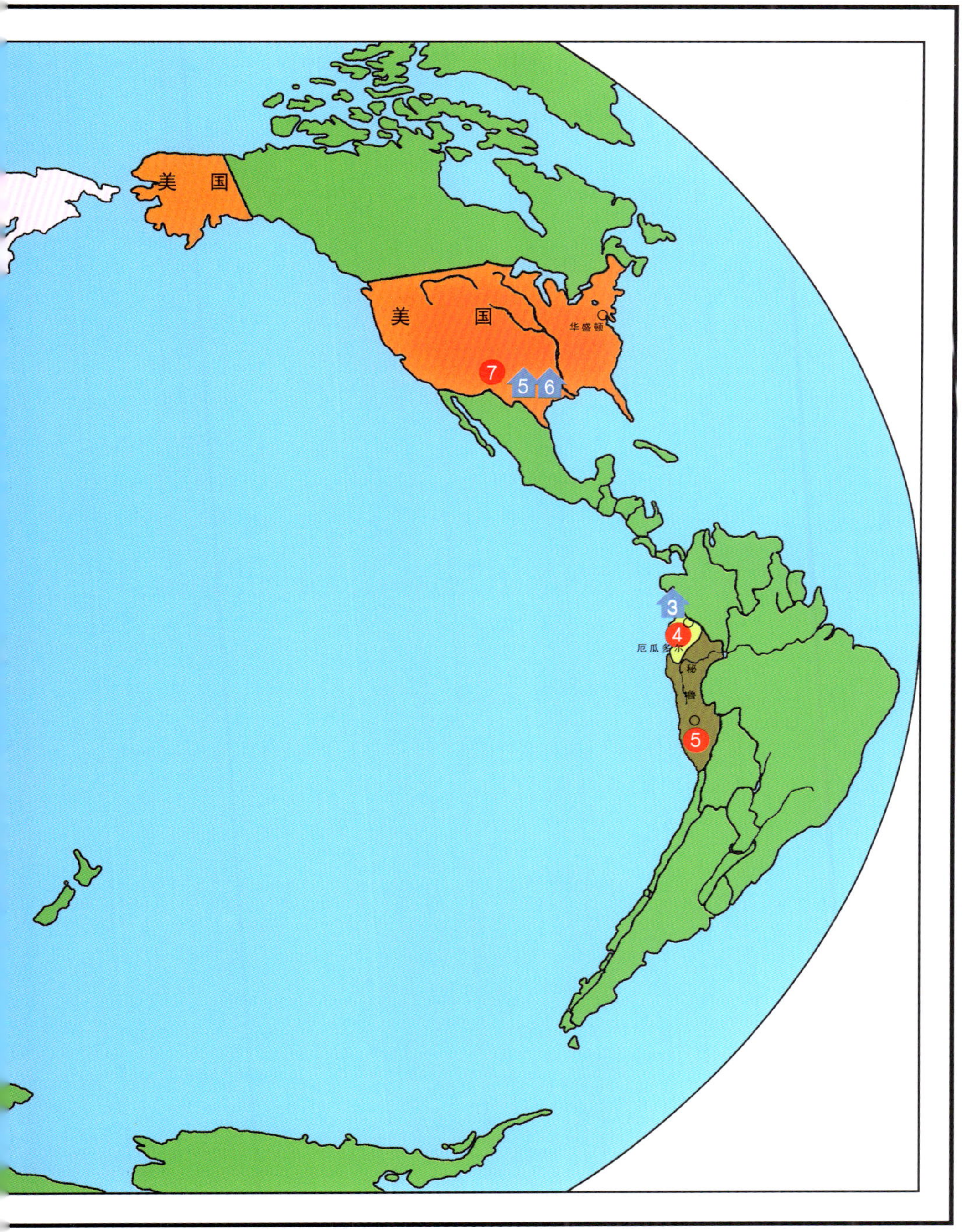

办事机构说明

- 1992年在俄罗斯首都莫斯科设立办事处
- 1993～1996年在新加坡设立地震资料处理中心
- 1994～1996年在厄瓜多尔首都基多设立办事处
- 1994年在巴基斯坦首都伊斯兰堡设立办事处
- 1994年在美国休斯敦设立办事处
- 1995年在美国休斯敦设立地震数据处理中心
- 1997年在苏丹首都喀土穆设立办事处
- 1997年在阿联酋首都阿布扎比设立办事处

图例

- ● 勘探工区
- 办事机构

亲切关怀

1997年1月17日，江泽民总书记（右2）、李鹏总理（右三）由总公司总经理周永康（右4）和总公司高级顾问王涛（右1）陪同，亲切接见参加中国石油天然气总公司工作会议陆上石油系统的“两院”院士。图为江泽民总书记与中国工程院院士、物探局副总工程师李庆忠（左1）亲切握手交谈

1990年8月23日，江泽民总书记（左1）视察塔里木石油探区，接见石油职工代表时与物探局地调三处党委书记桂玉华（右1）亲切握手

1995年4月5日，国务院总理李鹏（前排右3），由总公司总经理王涛（前排左1）陪同，参观在北京召开的世界地质大会上展出的物探局科技成果

2000年9月7日，国务院总理朱镕基到塔里木油田视察工作，并接见了参加石油会战的部分单位代表。图为朱总理与物探局副局长张玮（左）亲切握手

1987年6月6日，中共中央政治局委员、书记处书记、国务院副总理李鹏（前排左8），中共中央政治局委员、书记处书记胡启立（前排左7），国务委员宋健（前排左9）及中央、国务院有关部委领导在视察物探局地调三处库尔勒基地时与部分干部合影

1987年7月15日，中顾委副主任王震视察物探局研究院，并题词："向苏美技术比赛"

1988年5月26日，中顾委常委余秋里（右3），在物探局党委书记严衍余（右1）、局长潘瑗（右2）、副局长兼研究院院长刘颂威（右4）陪同下视察物探局研究院

1987年2月10日，国务委员康世恩（右1），在物探局局长潘瑗（左1）陪同下视察研究院，并为国产“银河”计算机投产题词

1995年4月28日，国务院副总理李岚清（前排右3）由总公司副总经理周永康（前排右4）陪同，参观物探局研究院北京地球软件公司技术成果展

1995年4月5日，国务院副总理邹家华（前左1）参观在北京召开的世界地质大会上展出的物探局特车厂制造的沙漠车

1996 年8月27日、28日，国务院副总理吴邦国（前左）视察塔里木石油探区时与物探局副局长兼塔里木前指指挥殷会祥（右前）亲切握手

1987年6月6日，国务委员、国家科委主任宋健（左3），在物探局总地质师柴桂林（左2）、副局长武慎让（左1）陪同下视察物探局地调三处库尔勒基地

1992年9月9日，全国人大副委员长雷洁琼（左1）赴兰州参加物探局培黎石油学校成立50周年庆典，在机场同迎接她的物探局人员亲切握手

1994年9月20日，全国人大副委员长卢嘉锡（左1）、全国政协常委方荣欣（左2）参观石油物探职工大学时，听取物探局党委书记李玉超（左3）有关该校教学情况的介绍

1995年4月28日，国防科工委主任朱光亚（前排左3）由总公司副总经理周永康（前排左2）和物探局副局长许大坤（左1）陪同参观物探局研究院北京地球软件公司GRISTATION解释系统成果展

1977年10月，著名数学家华罗庚应邀到物探局给地震资料处理人员作学术报告

石油部部长宋振明（左3）多次到物探局检查指导工作（选自《中国石油工业》画册）

1982年，石油部部长唐克（右3）、副部长张文彬（右4）、焦力人（左1）、黄凯（左2）、阎敦实（左3），在物探局党委书记严衍余（右1）陪同下参观研究院

1985年6月8日，新疆维吾尔自治区党委第一书记王恩茂（前排右5）、自治区主席司马义·艾买提（前排右4）接见物探局第三勘探公司领导和外国专家

1995年，总公司总经理王涛（左2）在物探局局长钟辛生（右1）陪同下参观研究院

1987年2月，陕西省委书记、原物探局局长安启元（右1），参加物探局“银河”计算机投产典礼时和原物探局局长林运根（中）与著名地球物理学家翁文波（左1）亲切交谈

1987年2月，河北省省长解峰（左）参加物探局“银河”计算机投产典礼时与物探局党委书记严衍余亲切交谈

1997年11月，甘肃省委书记阎海旺（左2）、省长孙英（左5）、总公司高级顾问王涛（左3）、原石油部副部长黄凯（左4）等领导参加纪念培黎石油学校名誉校长路易·艾黎诞辰100周年活动。图为在物探局局长钟辛生（左1）陪同下参观培黎石油学校发展规划模型

1996年5月26日，河北省省长叶连松（右4）视察物探局地调五处生物工程

1997年10月，总公司总经理周永康（中）在第十五届世界石油大会期间询问参展的物探局仪器总厂产品销售情况

1998年，中国石油天然气集团公司总经理马富才（前右1）到物探局塔里木探区检查指导工作。图为马总听取局前指研究中心介绍处理解释的哈德逊区块大面元三维资料

1985年8月，石油部副部长阎敦实（右3）到物探局研究院检查指导地震资料处理工作

1987年石油部副部长李天相专程到物探局检查指导物探局装备制造工作。图为李副部长听取仪器厂关于地震仪研制情况的介绍

艰苦创业

1961 年冬，石油部在松辽盆地开展地震勘探会战。图为参战队伍云集吉林省大安县

参加松辽石油地震勘探会战的地震勘探队职工在零下 30 多摄氏度的冰天雪地里施工

1963年2月，松辽地调处在吉林省大安县召开表彰大会，表彰由松辽石油会战党工委命名的战区地震标杆队——219队和战区五好红旗队——207、226队及战区五好标兵——张奎祥、刘俊、方文娟（女）、雷桂芳（女）等先进集体、先进个人。图为标兵由领导和职工代表陪同绕场一周

1963年夏季，地震队伍集中在吉林省大安县进行政治整训，松辽地调处党委请大庆会战党工委领导作形势报告，会场设在树林里。图为处党委书记、处长冯浩在主持会议

松辽地震会战时职工住的牛棚马厩（选自《中国石油工业》画册）

1963 年度大庆会战五好标杆队——219 地震队全队职工合影

1963年冬，松辽地震会战队伍入关参加华北石油勘探会战。图为1964年夏地调指挥部机关所在地徐水大院

1964年，地调指挥部参加华北石油会战的地震队伍正从徐水机关大院开赴工地

1964年，参加华北石油会战的地调指挥部19个地震队部署在山东省济阳地区。图为地震队在施工

1966年，六四六厂217地震队在华北会战中首创劳动组织革命化，减少人员，促进了生产。图为石油部在217队召开现场会时全队职工合影

1968年，217地震队职工在京津地区施工中提水打井

1965年，六四六厂党委书记冯浩（右1）到渤海岐口海域施工的221地震队检查工作

六四六厂221地震队的隆隆炮声震憾了渤海，高大的水柱冲向蓝天

六四六厂301、302、303重力队，承担海上重力勘探任务，依靠自行摸索，研究出海上重力施工方法，出色地完成了海上重力勘探任务。图为重力队利用自制的工具进行海上作业

1967年6月，由六四六厂提供井位的岐口附近海域的海1井经钻探喜喷油气流

根据石油部部署，六四六厂派出16个地震队组成六四六厂四川地调指挥部，参加四川石油会战。图为1966年2月参战队伍在徐水召开出征誓师大会

六四六厂地震队在四川梯田施工

1969年、1970年，六四六厂先后有26个地震队、1个电法队参加江汉石油会战。图为参战队伍在江汉稻田施工

1971年8月7日，由六四六厂提供井位的河南南阳凹陷南5井经钻探喷油，宣告中国第16个省出油

六四六厂参加江汉石油会战的地震队在建南山区施工

1968～1971年，六四六厂先后派出42个地震队、3个电法队、1个重力队参加陕甘宁石油会战。图为在长武、泾川黄土塬地区施工的313重力队测量组

1972年，233队在陕西吴旗地区施工。图为该队在小搬家前召开职工动员会

1972年，六四六厂地震队在陕西长武地区用车装钻机钻井

1968～1971年，六四六厂先后派23个地震队参加辽河石油会战。图为工区景观

1970年秋，六四六厂参加辽河石油会战的地震队在下辽河地区施工

1966 年 1 月，仪修站检波器车间

1965年，机修厂机加工车间主任孟福谦（中）组织技术员搞技术革新

1964 年 11 月，地调指挥部在徐水举办“增产节约”展览，图为田在艺指挥（右 2）参观展览

1965 年，六四六厂机关干部喜收自己种的大白菜

1968 年 5 月，六四六厂在徐水召开五好总评讲摆示范大会

1966年，217队被石油部评为五好红旗单位标兵。图为该队指导员曹周奇（左 1）、队长仲崇宾（左 2）领奖

1966 年，228 队被石油部评为五好红旗单位标兵。图为该队队长翟跃武（左 1）、指导员白庆如（左 2）领奖

物探局成立

1973年7月24日，石油地球物理勘探局成立大会在徐水召开。段志高任局党委书记，安启元任局长、局党委第一副书记，刘毅任党委副书记，林运根、庄国成、何传弟、李全慎任副局长，王绪东任局政治部主任，王尚文任总地质师，王纲道、孟尔盛任总工程师。图为局成立大会会场

局党委书记段志高在局成立大会上讲话

局长安启元在局成立大会上讲话

广大职工敲锣打鼓热烈庆祝物探局成立

突破冀中中原

由物探局提供地震资料参与设计的任4井经钻探于1975年7月喷出高产油气流

石化部部长康世恩在由物探局提供井位的任7井喷油祝捷大会上讲话。他代表石化部向在任丘地区工作的物探队、钻井队等有功单位和广大职工表示慰问

1976年冬季掀起华北石油勘探会战第二个高潮。图为地震队在施工

1976年10月11日至14日，受石化部委托，由物探局筹备、组织的华北石油地震勘探会战誓师大会在河北省霸县召开

1976年，2254女子地震队在华北石油会战中成绩优异，被评为物探局先进集体。图为全队职工合影

1977年，物探局地震队在华北明珠——白洋淀水上施工

1975 年春，第二指挥部 247 队参加“奋战濮阳 70 天，找油找气作贡献”小会战

1974年，第二指挥部研究队通过资料解释发现河南濮阳构造

1975年9月，由物探局提供井位的濮参1井经钻探喷油，成为中原油田的发现井

北上二连 侦察江南

地调五处 701 电法队在内蒙古二连盆地施工

1980 年，第四指挥部 2144 震源队在内蒙古施工

地调五处310重力队在内蒙古阿拉善右旗地区施工

1978 年，第二指挥部地震队在广西施工。图为女工们穿越丛林放线

1978 年，第二指挥部 2201、2202、2209 队在广西十万大山展开勘探

1978 年，第二指挥部地震队靠人抬肩扛在广西山地施工

1991 年 3 月，地调四处召开二连盆地勘探技术座谈会，评价二连盆地勘探成果

地调五处 901 化探队在海南岛施工

1992 年，地调二处地震队在洞庭湖地区反承包新西兰石油公司地震作业。图为甲、乙双方互赠纪念品

勘探战略西移

1978 年 5 月，第三指挥部南疆前指在新疆莎车县召开南疆石油会战誓师动员大会

参加誓师大会的职工群情激奋，誓夺南疆会战胜利

1978年，三指地震队在英吉沙地区开展钻井小会战

1978年9月，三指南疆前线指挥部职工挖炮坑

1978年9月，三指地震队在塔西南用人抬轻便地震仪器施工

中共喀什地委、行署赠送的锦旗

1978 年 10 月 1 日，物探局三指南疆会战首战告捷庆功誓师

中共莎车县委、县政府赠送的锦旗

物探局授予三指南疆前指的锦旗

物探局副局长李全慎讲话

车县举行

石油部副部长阎敦实讲话

石油部副部长李敬讲话

大会表彰了王悦来、赵振怀等挖炮坑状元（能手）

物探局局长林运根讲话

1983 年 5 月 23 日，中美合作勘探塔里木盆地誓师动员大会在库尔勒举行

1988 年 11 月 18 日，由物探局提供井位的轮南 2 井经钻探喷出高产油气流

1989 年 10 月 18 日，由物探局提供井位的塔中 1 井经钻探喷出高产油气流

1996 年，地调二处地震队在新疆拜城克拉苏地区首次进行山地三维勘探

战胜“死亡之海”

塔克拉玛干大沙漠

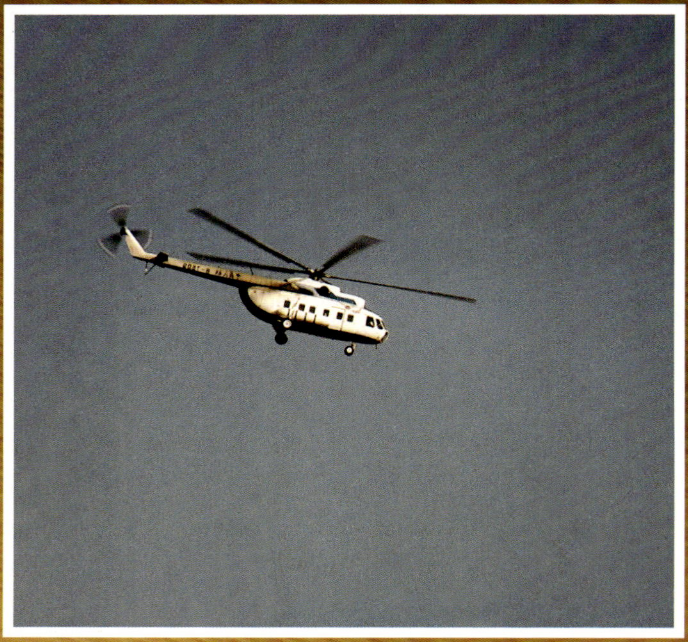

直升机为沙漠队提供生产、生活、安全保障

沙漠地震钻井

测量组在大沙漠测量

重型推土机沿测线开路

参加吐哈石油会战的地调一处震源队在吐哈大戈壁施工

由物探局提供井位的吐哈油气科学探索井——台参1井喷油盛况

由物探局提供井位的吐哈油气区丘陵油田发现井——陵5井喷出高产油流

1995年3月13日，物探局在地调五处召开进藏勘探誓师动员大会

1996年4月，地调五处304重力队，在藏北那曲地区雪域高原建营房

地调四处2254地震队在藏北那曲地区海拔5400米高的雪山前打井

地调四处参加陕甘宁找气会战的地震队在沙丘地带施工

1997年9月10日，陕甘宁地区的天然气输到了北京，国务院副总理邹家华（前排右3）、吴邦国参加投产仪式。图为吴邦国副总理在投产仪式上讲话（选自《瞭望》周刊石油专刊）

科技兴局

1977 年，物探局在徐水召开向科学进军动员大会

1984 年，物探局总工程师孟尔盛（左）与外宾交谈

物探局王尚文、钟国森等一批作出优异成绩的老中青石油地质、地球物理科技人员受到大会表彰

1995年，地调二处2201队在海南福山凹陷勘探，副局长柴桂林（左）给该队队长讲解工区地质情况，分析岩心

中国工程院院士、物探局副总工程师李庆忠在介绍他的科研成果

物探局副总工程师、教授级高级工程师陈祖传（左1）在苏丹讲课

1992年，物探局召开表彰先进集体、先进个人大会。图为局领导为作出突出贡献的袁秉衡、李庆忠、陈祖传等老专家、工程技术人员颁发荣誉证书

物探局教授级高级工程师俞寿朋（右3）同研究院技术人员一起研究软件

1993年2月，塔里木盆地英买2井勘探获重大突破，总公司副总经理张轰（右）给作出贡献的物探局总地质师吴奇之佩戴红花

物探局教授级高级工程师王宏琳（左二）给青年技术人员讲解软件技术

物探局总工程师钱荣钧（左二）同技术人员分析资料

1973年，国产150计算机在六四六厂投入使用。从此物探资料处理进入计算机处理时代

1974年4月2日，物探局计算中心站技术人员利用自编海上地震处理软件，在国产150计算机上成功地处理出南海Ⅱ测线地震剖面（被誉为“争气剖面”）

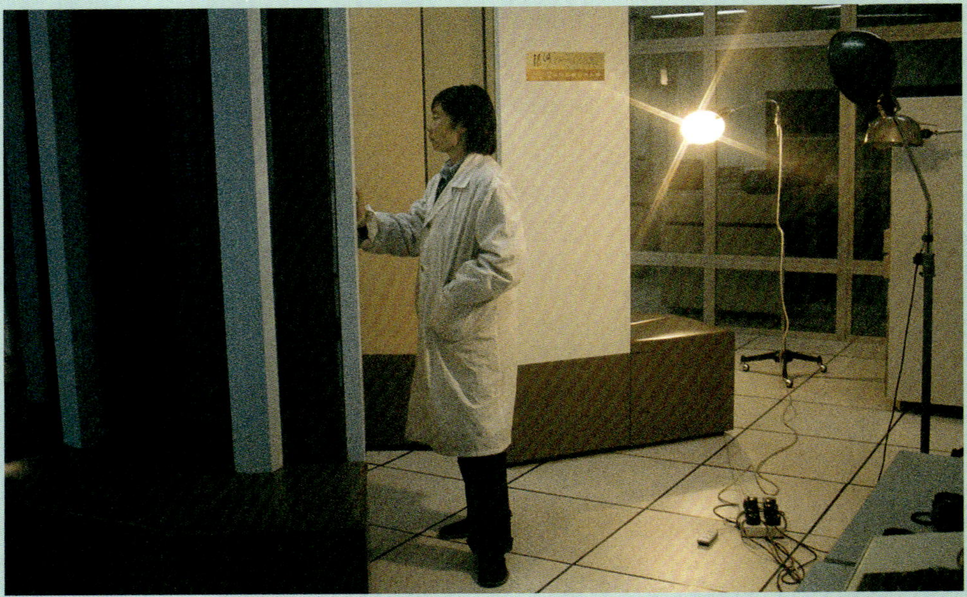

1987年2月，国产“银河”亿次/秒计算机在物探局研究院投入使用

1983年，IBM3033数据处理系统开工典礼在物探局研究院举行，石油部部长唐克（前中左）等领导到会祝贺

研究院软件技术开发中心工作室

1995年，SP2超级并行计算机系统在研究院投入工作

1995年，研究院获“中华之最”证书

1993 年 5 月，物探地质研究院解释人员在新引进的人机联作工作站进行解释成果研究

1995 年，物探地质研究院塔里木层序地层学研究项目，在项目长张振生（右 1）带领下取得重要成果

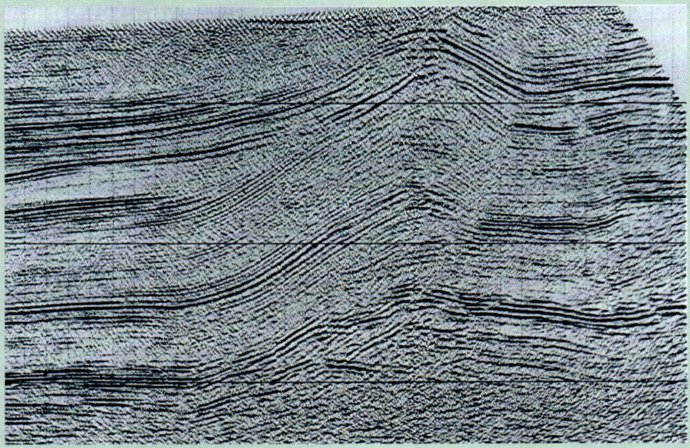

塔里木盆地层序地层学岩性解释剖面图

1996 年，物探地质研究院解释人员为总公司塔里木石油勘探开发指挥部勘探会议赶制勘探成果

三维偏移剖面图

国际合作与勘探

1978年5月，应美国OTC的邀请，以物探局局长林运根为团长的中国石油天然气勘探开发公司代表团一行9人赴美，参加世界海洋石油技术展览会。图为代表团在美国西方地球物理公司参观、考察可控震源

1998年2月，物探局副局长徐文荣（右1）在参加埃及国际石油会议时，会见埃及石油公司总裁（右3）

1987年6月18日，石油部部长王涛（前左3）陪同缅甸能源部部长（前左2）参观物探局研究院，陪同人员中有物探局党委书记严衍余（前右4）、副局长钟辛生（右1）、许大坤（右2）

1987年，石油部部长王涛（右1）、物探局副局长兼研究院院长刘颂威（左1）陪同缅甸能源部部长（中）参观研究院资料处理中心

1987年，物探局地调二处地震队在缅甸施工。图为缅甸能源部部长（前排左5）与物探局考察人员踏勘工区

物探局副局长赵瑞平（前左2）、王小牧（前左1）向俄罗斯石油代表团介绍物探局情况

1996年，物探局局长钟辛生（右2）会见苏丹能源矿产部部长（左1）

1985年1月，仪器厂厂长张奎祥（左2）与美国乔斯佩斯公司总裁（右2）签订俊峰公司中美合作生产经营地震检波器合同

1988年10月29日，物探局副局长许大坤（左1）与来访的伊拉克石油代表团人员交谈

1991年，物探局副总工程师、原仪器总厂厂长张奎祥（右2）、高级工程师罗维炳（右1）与来访的苏联代表团人员交谈

物探局研究院院长管忠（左1）陪同吐库曼斯坦石油代表团参观研究院资料处理中心

1970 年至 1973 年，根据燃化部指示，六四六厂派专家组援助阿尔巴尼亚进行石油天然气勘探。图为专家组成员在援阿工作结束时与阿方人员合影

1971 年至 1974 年，根据燃化部指示，六四六厂先后有两个地震队援助朝鲜石油勘探工作。图为中方地震队援朝人员与朝方协作人员合影

1984年5月，美国SEG代表团与中国SPG联合举办“中美地震解释座谈会”。图为物探局总工程师孟尔盛（左2）向美国专家介绍资料处理解释情况

1994年至1995年，物探局地调一处9401队在厄瓜多尔热带雨林地区施工

1995年至1997年，物探局地调四处9405队在秘鲁塔拉拉油田施工

1996 年，物探局地调二队 9501 队在巴基斯坦山区施工

1995 年，物探局与美国格兰特地球物理公司组队，进行三维地震采集技术服务。图为中方技术人员在美国得克萨斯州施工现场

物探局地调二处 9722 队在苏丹沼泽地施工

1996 年 8 月 30 日，物探局副局长赵瑞平（右 3）向苏丹考察团人员介绍物探局技术情况

装备研制 多元开发

仪器总厂工作区

机械厂厂区

特车厂KZ-20、KZ-28型震源生产车间

1987年2月，石油部部长王涛（左3），副部长阎敦实（右2）、李天相（右3）等领导到物探局仪器厂检查工作

特车厂生产的沙漠运输车

仪器厂TC-11数字磁带机1982年获国家质量银质奖

特车厂生产的震源车在新疆戈壁滩准备试生产

仪器总厂生产的WTYP200芯地震电缆，1989年获国家质量金质奖

机械厂生产的WTRZ-30型人抬山地钻机在新疆施工

1989年，副局长王见仁（右1）和机械厂工程师吕进荣在检验向巴基斯坦出口的钻机后合影

机械厂生产的 WTZ-300 型气水两用钻机

1987年12月4日，仪器总厂俊峰公司董事长张奎祥（右2）在俊峰公司投产典礼仪式上接受美方赠送的投产纪念匾

装备制造总厂俊峰公司生产的 20DX 型地震数字检波器

北京九千标准质量体系认证中心

质量体系认证证书

兹证明

石油地球物理勘探局装备制造总厂特车厂

质量体系符合

GB/T19001-1994 —— ISO9001:1994 标准

该证书适用于下列产品或服务的质量体系

石油物探特种车辆及装备

的设计、开发、生产、安装和服务

国家认可注册号：SC 17

特车厂生产的特种车辆及装备获得 ISO 9001 国际标准认证书

研究院北京地球软件公司涿州研究开发中心

地调五处济世生物工程制药公司药品质量检测中心

1999年10月，岩土公司在江苏省泗洪县进行高速公路物探作业

物探局克浪石油技术有限公司软件技术开发研究中心

物探局建设工程承包总公司承包的局新安小区建筑工程

物探局震环公司在苏丹建立的净化水厂

文教卫生

1982年，石油部部长唐克（右2）、副部长张文彬（右1）、焦力人（左1）、侯祥麟（左2）等部领导在物探局副局长庄国成（右3）陪同下参观物探学校

物探局职工子女在学校受到良好教育。图为局涿州子弟学校

1997年12月2日，总公司高级顾问王涛（右2）在物探局局长钟辛生（左1）陪同下参加在物探局兰州培黎石油学校举办的纪念路易·艾黎诞辰100周年活动

1996年，物探局举办局处领导干部理论学习班

纪念路易·艾黎创办培黎学校暨庆祝培黎石油学校建校50周年大会在兰州召开。图为纪念大会会场

1970年，燃化部在徐水六四六厂举办全国第一期模拟磁带仪器操作和解释培训班

物探局职工大学1985年3月8日成立。第一任校长李全慎、党委书记陈启发

物探局霸州技工学校

物探局徐水子弟学校

物探局徐水职工医院

1992 年 3 月物探局在河北省涿州市建立的第二职工医院

1995年11月，物探局在徐水召开职工医院荣获卫生部“二甲”医院称号表彰大会。图为局党委书记李玉超（前排中）、副局长王业胜（前排左2）、殷会祥（前排左1）、王小牧（前排右1）到会祝贺

1995年，物探局地调二处（开封）职工医院荣获卫生部“一甲”医院称号。图为地调二处职工医院

1997年，副局长王业胜（右2）为物探局青岛科技培训中心开业典礼剪彩

党群工作

1991 年 12 月，物探局第一次党代会在河北省涿州召开

物探局第一届党委常委会（按姓氏笔划为序）由刘明义、刘颂威、许大坤、李玉超、陈启发、武慎让、钟辛生、柴桂林 8 人组成。李玉超任党委书记，刘颂威、陈启发任党委副书记

1998年10月，物探局第二次党代会在涿州召开

物探局第二届党委会全体委员合影

2001年1月，物探局党委书记王小牧（前左1）、局长徐文荣（前右1）向总公司检查组汇报工作

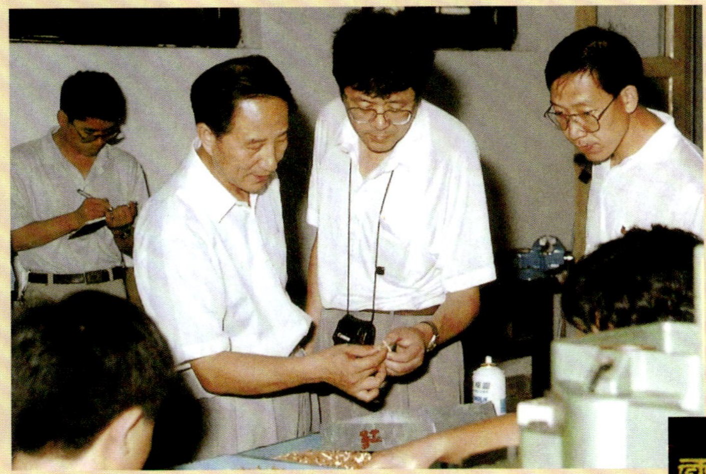

局党委副书记肖平（右二）在徐水装备制造总厂检查工作

1991年12月，局纪委书记、大庆会战时期的五好标杆队—219队队长徐绍仲在纪念219队参加大庆会战30周年会上讲话

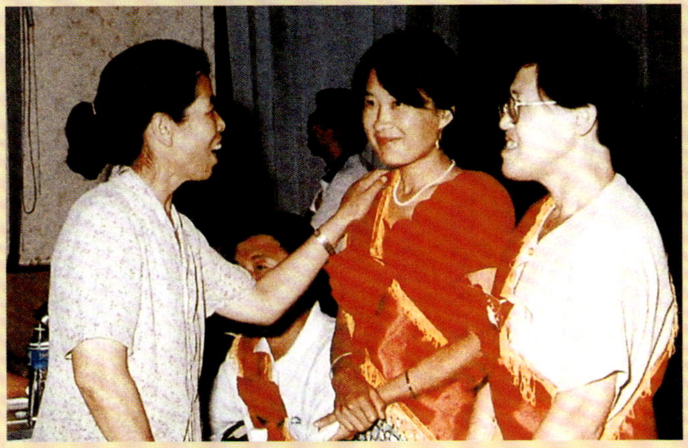

1997年，局纪委书记段雨欣（左）与精神文明建设先进代表亲切交谈

物探局1997年党建和思想政治工作研讨会在北京十三陵石油疗养院召开。总公司领导张轰(左4)到会并作重要讲话

1997年，局党委常委、局工会主席刘明义(前左)到地调四处检查工作时同该处干部握手交谈

物探局机关党委举行建党70周年新党员入党宣誓

物探局荣获 1991 ~ 1993 年度“全国思想政治工作优秀企业”称号

1995 年，总公司副总经理、塔指指挥邱中建（右 2）和塔指副指挥、总地质师梁狄刚（右 4）参加物探局前指工作会议并讲话

1975年9月，物探局在徐水召开第二届“抓革命、促生产”先进集体、模范人物代表大会

1975年9月，局长安启元（左1）在物探局第二届“抓革命、促生产”大会上给标杆队——247队授旗

1974年度，“地震勘探尖兵”247队在局党委书记段志高（左）、二指党委书记高国成（右）陪同下乘车绕厂一周

“硬骨头石油勘探工人”吴春凯（中）在局长安启元（右）、党委副书记刘毅（左）陪同下乘车绕厂一周

1977年8月，物探局工业学大庆先进集体、先进个人代表大会在河北省徐水县召开

“认真学习的模范青年”叶青（中）在副局长何传弟（左）、王致中（右）陪同下乘车绕厂一周

1977年8月，物探局在徐水召开工业学大庆先进集体、先进个人代表大会。图为局领导同先进集体、先进个人代表合影

1982年3月，物探局第八届先代会在涿县召开。图为局领导王绪东（左2）、丁满喜（左1）参加颁奖仪式

1982年3月，物探局第八届先代会在涿县召开。图为局领导严衍余（右4）、林运根（右3）、高凤仪（右2）、庄国成（右1）、李荆和（右5）等参加颁奖仪式

1982年3月，物探局职代会首届二次会议在涿县召开

1988年3月，物探局1987年度先进集体、先进个人表彰大会在涿州召开。图为局领导陪同先进代表步入会场

1992年2月，物探局第七次基层建设工作会议在长沟召开

1994年1月，物探局1993年度先进集体、先进个人表彰大会在涿州召开。图为局领导陪同先进代表步入会场

全国劳动模范柴桂林

全国劳动模范高增海

“五一劳动奖章”获得者王宏琳

“五一劳动奖章”获得者俞寿明

“五一劳动奖章”获得者吕元平

“五一劳动奖章”获得者刘方富

1979年8月24日，物探局第一次工代会在徐水召开。图为局工会主席王绪东（前排左6）、副主席李民（前排左4）、牛玉田（前排左3）等局工会第一届委员会委员合影

1984年春节前夕局领导陈启发（左5）、钟辛生（左4）、武慎让（左2）、张俊瑞（左3）慰问住院职工

物探局徐水基地管理处职工俱乐部

物探局北京十三陵石油疗养院

1991 年局文联举办第九届职工书法、美术、摄影作品展

职工体育活动

1989年“十一”，局机关工会组织的职工拔河比赛

徐水基地管理处离退休职工的文化生活

职工业余文艺汇演

物探局离退休职工老年秧歌队

1992年12月，共青团物探局第三次代表大会在涿州召开。图为局党委领导同局团委第三届委员合影

物探局机关等团委联合组织的学雷锋活动

1994年1月，物探局团委为青年组织集体婚礼

1992 年 2 月 15 日，九三学社物探局支社在涿州成立。图为全体社员合影

九三学社物探局支社主任委员袁秉衡（左 1）同九三学社涿州市委、市政协、统战部来宾在九三学社物探局支社成立大会主席台上

九三学社物探支社社员在农村调研时与农民座谈

后勤生活

六七十年代的物探局通讯站仅有一台几十门手摇电话总机。1984年成立通讯总站。90年代中、后期全局已建成两万线全自动程控交换机，形成微波、卫星以及数据传输、国际互联网络通讯系统

供应处在改革中实行“承诺制”。图为实行“承诺制”动员大会

1991年，物探局在新疆阿克苏召开野外生活服务专业化现场会

扩建后的物探局办公楼

1973 年物探局（徐水）办公楼

1977 年建的物探局（涿县）办公楼

物探局涿州新安小区一角

地调二处开封基地

地调四处霸州基地生活区

局机关幼儿园

物探局新疆沙漠队营地

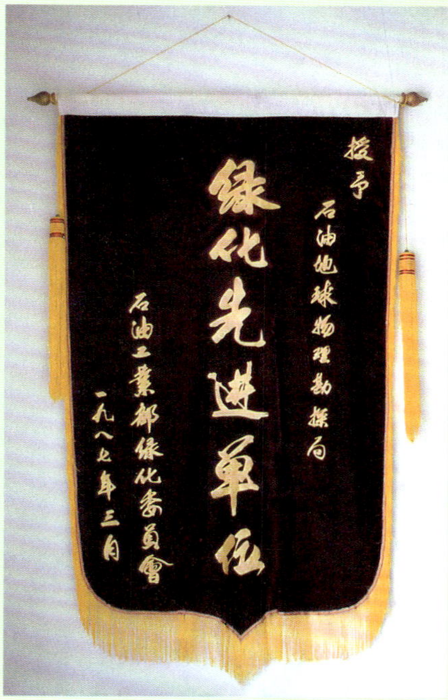

1987 年石油部绿化委员会授予物探局“绿化先进单位”锦旗

2000年10月7日，物探局局长徐文荣（前排左5）、局党委副书记肖平（后排右5）与参加局志第一次审稿会议的物探局及原六四六厂老领导和编辑人员合影

2000年10月10日，物探局党委书记钟辛生（前排右5）、副局长王业胜（前排左1）与参加局志第一次审稿会议的物探局及原六四六厂老领导和编辑人员合影

2001年3月12日，石油物探局志第二次审稿会议在北京十三陵石油疗养院召开

参加石油物探局志第二次审稿会议的全体人员合影

参加石油物探局志第三次审稿会议的全体人员合影

2002年1月10日，石油物探局志稿终审会议在长沟召开。图为局领导和省、市、总公司方志专家及与会人员合影

石油物探局志部分编辑、撰稿人员合影

目　　录

总　　述

大　事　记

第一篇　机构队伍

第二篇　勘探历程

第三篇　地震资料采集

第四篇　地震资料处理

第五篇　地震资料解释

第六篇　重磁电化勘探

第七篇　物 探 装 备

第八篇　科技工作

第九篇 国际合作

第十篇　多元开发

第十一篇　企业管理

第十二篇　教育培训

第十三篇　医疗卫生

第十四篇　生活保障

第十五篇　党群工作

第十六篇　人物·先进集体

附　　录

图表索引

总　述

总述

石油地球物理勘探局（简称物探局，英文缩写BGP）是中国石油天然气总公司直属的地球物理勘探专业局，是以寻找石油、天然气战略后备资源为首要任务的勘探事业单位。物探局成立于1973年，是在原燃料化学工业部（简称燃化部）六四六厂的基础上组建的。六四六厂的职工队伍，最初来自松辽石油地震勘探会战前线指挥部。物探局建局前后经历了松辽石油地震勘探会战，华北、四川、江汉、陕甘宁、辽河石油地震勘探会战，突破冀中中原、北上内蒙二连，战略重点西移、深化东部勘探，西部寻找“大场面”、国际开拓新市场等发展阶段。在物探局成立前后的37年中，不管组织机构和队伍如何变化，不管勘探地区如何转移，不管是在计划经济还是在社会主义市场经济的环境中，广大干部、工人始终坚持以油气勘探为主业、以找油找气为己任，先后为扩大大庆油田的含油面积，为中国原油年产上亿吨，为贯彻石油工业“稳定东部、发展西部”的战略方针，增加油气后备资源，实现“西气东输”，保持石油工业持续稳定发展做出了重要贡献。

六大会战　艰苦创业

1958年2月27～28日，中共中央总书记邓小平听取石油工业部（简称石油部）李聚奎、余秋里等领导的工作汇报后，提出石油勘探战略东移的思路。石油部根据邓小平的指示，1958年组建松辽石油勘探局，1959年从新疆石油管理局抽调3个地震队到松辽盆地开展勘探工作。1959年9月26日，松辽盆地松基三井喜喷工业油流，拉开了松辽石油会战的序幕。1960年2月20日，中共中央批准石油部在松辽盆地组织石油勘探大会战。2月份下旬在会战第一次筹备会上，提出在大庆长垣以外的附近地区进一步开展地震勘探，完成地震测线4万公里，为钻探提供有利构造，争取再找到一些新的油田。3～4月份石油部从新疆石油管理局调10个地震队和1个电法队的骨干到松辽组建松辽石油勘探局地质调查处，加快松辽盆地石油勘探的步伐。

1961年9月，石油部党组决定，从新疆、青海、四川、玉门、银川石油管理（勘探）局各抽调3个地震队分别组成1个处级大队到松辽盆地，加上松辽地质调查处的11个地震队共26个地震队，开展1961年冬至1962年春的石油地震勘探大会战。方针是：“以江南（吉林）为中心，哈尔滨凹陷为重点，填平补齐西斜坡，查明松辽盆地地质结构，准备出一批可供钻探的地区”。目的有三个：一是进行松辽盆地地震连片勘探；二是锻炼地震队伍，提高地震勘探工作水平，打出一支石油勘探野战军；三是通过会战，总结建立一套中国式的地震勘探规程。

同年9月17～24日，松辽石油地震勘探会战筹备会议在黑龙江省泰康县松辽石油勘探指挥部举行。各参战单位领导和有关人员参加，部署各参战单位的任务，并要求十月下旬到达指定工区开炮试验生产。会议决定在勘探指挥部直接领导下，组成地震会战领导小组，并成立松辽地震会战前线指挥部，统一组织会战。会后参战单位立即动员、组队、配备装运设备器材，日夜兼程，长途跋涉，仅用20天左右时间，5个大队的1200多名职工和一大批设备物资从西北、西南地区安全顺利运达会战指定的工区。会战队伍边建基地边准备开工，于10月底和11月初准时全面开炮生产。

同年11月13～16日，在吉林省大安县召开松辽地震勘探会战誓师动员大会。会后，各参战物探队职工以“两论”（《矛盾论》、《实践论》）武装头脑，以铁人王进喜为榜样，“学铁人，做铁人”，发扬“有条件上，没有条件创造条件也要上”、“宁肯少活二十年，拼命也要拿下大油田”、“三老四严”[1]、“十不三要”[2] 的精神与作风，轰轰烈烈开展比学赶帮超红旗竞赛。广大职工爬冰卧雪、风餐露宿、早出晚归、日以继夜、忘我工作。松辽地调处202队、新疆大队219队和220队，12月份首创队月生产超百公里的优质高产新纪录，夺得战区优胜红旗。在他们的带动下，各队你追我赶，会战热气腾腾，春

[1] 三老四严：当老实人，说老实话，办老实事；严格的要求，严密的组织，严肃的态度，严明的纪律。

[2] 十不三要：不怕苦，不怕死，不为名，不为利，不讲工作条件好坏，不讲工作时间长短，不讲报酬多少，不分职务高低，不分份内份外，不分前方后方，一心为了石油会战的胜利；要甩掉中国石油落后帽子，要高速度、高水平地拿下大油田，要赶超世界先进水平、为国争光。

节不放假，战地迎新春，大干快上，当月全战区完成地震测线2571.73公里，占会战任务的32%，创月生产最高纪录，实现了满堂红。经过6个半月的艰苦奋斗，战胜了生产、生活上的重重困难，以133.8%超额完成会战任务。1962年5月，冬季会战全面结束，根据石油部的指示，参战队伍划归松辽石油勘探指挥部，重组松辽地质调查处，经过夏季政治整训，继续进行1962年冬至1963年春的会战，再次圆满完成会战任务。

3年松辽石油地震勘探会战，共作地震测线15408公里。完成松辽盆地内4万多平方公里的地震连片勘探，经过100多名技术人员日夜解释研究，编制出松辽盆地六大层构造图，划分出盆地六大构造单元，明确了全区31个二级构造带，发现、复查落实了130个圈闭构造，基本查明了松辽盆地的地质结构，进一步证实大庆长垣是油气富集带，为发展大庆油田打下了坚实的基础，为我国原油基本自给做出了重大贡献。

松辽石油地震勘探会战队伍，不仅圆满完成了勘探任务，而且取得了集中优势兵力进行地震连片勘探和在严寒地区进行地震施工的一整套经验，得到了严格的锻炼，初步形成一支一心爱国、一心为油、不怕困难、不怕牺牲、吃大苦、耐大劳、能打硬仗的石油物探野战军。

在松辽石油勘探会战取得决定性胜利的基础上，按照石油部的指示和总体部署，地震会战队伍挥师南下，开展环渤海湾地区的华北石油大会战。

1963年11月，松辽地调处除留下一大队3个地震队外，其余4个大队22个地震队、2个重力队、1个电法队、2个测量队，包括处机关共2598名职工整建制携带全部仪器、设备、车辆奔赴华北。在天津、塘沽地区及河北黄骅坳陷、山东济阳坳陷开展又一轮地震勘探大会战。

1964年1月25日，中共中央批准石油部党组的报告，同意组织华北石油勘探会战，并指出："这是继松辽石油大会战之后又一次重要的会战"。

同年3月份石油部决定，松辽地调处编为石油部六四一厂（原松辽石油勘探指挥部）地调处。1965年1月28日，石油部下文确认，六四一厂地调处对外称石油部六四六厂。

1964年春，毛主席发出"工业学大庆"的伟大号召。物探队伍一进关，就以大庆人的形象，努力做到"十不三要"，发扬大庆（松辽）石油会战的优良传统和"三老四严"的作风，广泛开展向五好红旗标杆219队学习的比学赶帮超活动。会战职工战胜环渤海湾地区农田、沼泽、盐田、海滩、海域等施工难关，不断取得野外生产的好成绩和新纪录。在冬季会战取得大批资料的基础上，又集中技术人员开展资料整理会战，提供了一批探井井位。其中黄骅坳陷港东地区的港5井于1964年12月20日钻遇下第三系油层，获得自喷高产油流，从而发现了北大港油田。港7井于1965年2月发生井喷，日产原油93.3吨、天然气1.67万立方米；3月港西地区的港3井也发生井喷，日产原油89.7吨、天然气2万立方米，发现了港西浅层油田，取得了华北会战的重大胜利。

1964年夏季，六四一厂地调处派232地震队到南大港库区开展水上作业试验。216地震队到高沙岭以东的浅海区试验，租用打鱼机帆船，水中放炮，船上仪器接收，经过3个月与风浪搏斗，顺利完成了中国第一条6.96公里长的海上地震测线，初步摸索到海上地震勘探的方法。贯彻石油部"上山下海、大战平原"（支援三线建设，上四川山区会战，组建队伍向海洋进军，坚持在华北平原开展石油会战）的勘探战略方针，1965年3月六四六厂集中5个地震队、2个重力队、1个测量队，租用海军、海运局、水产部门的大小船、舰、艇数十艘，在渤海南部6万平方公里区域内，开展多兵种的海上地球物理连片勘探，当年完成2300余公里地震测线和1000多公里重力资料。技术人员经过三天三夜解释研究，描绘出渤海南部近4万平方公里的上第三系底界地震反射层构造图。翌日总工程师孟尔盛、工程师黄佩智等携带资料向石油部领导汇报成果，康世恩副部长听完汇报后说："感谢你们，经过你们的努力，画出了中国海区第一张地震构造图，看起来海上是会找到大庆式的大油田，马拉开波湾式的大油区。"在深入综合研究物探资料后，六四六厂技术人员提供了第一口海上探井井位（即海1井）。该井于1967年6月14日完钻试油，在第三系地层中喷出工业油气流，日产原油35.2吨、天然气1941立方米，实现了中国海洋油气田零的突破。6月21日，国务院致电表彰海上石油勘探取得重大成绩。

在山东济阳坳陷会战的19个地震队，以东营凹陷为重点，贯彻会战指挥部制定的"区域展开，重点突破，各个歼灭"的勘探方针，取得大批地震勘探资料，配合钻探，迅速探明了胜坨油田。坨11井日喷原油1134吨，成为中国第一口千吨井。会战职工创造性地采用地震篦梳战术，提供了东营凹陷、惠民凹陷的构造图和一批探井井位。在不到3年的时间里，又相继发现了纯化镇、王家岗、郝家、永安镇、滨南、尚店、平方王等油田，取得了华北地震会战的又一重大胜利。

到1966年，华北地震会战队伍共完成地震测线43980公里，基本查清了环渤海湾地区的地质结构，发现和圈定了一批有利二级构造单元和构造，提供了一大批钻探井位，为胜利油田和大港油田的勘探开发和不断扩大奠定了基础。

在华北石油地震勘探会战的同时，六四六厂还派队伍参加四川、江汉、陕甘宁、辽河会战。

按石油部的部署，1964年12月地调指挥部派五大队3个地震队、108研究队和403测量队参加第二次四川石油天然气勘探会战。1965年初到达四川威远工区，勘查威远构造。1966年1～5月又增派13个地震队参加会战，部署在川南泸州地区普、详查泸州古隆起。同时成立六四六厂四川地调指挥部，5月份并入四川石油会战地调指挥部。1967～1969年受“文革”冲击，会战一度中断。

按石油部的部署，从1966年2月开始，六四六厂派物探队参加江汉石油勘探会战，到1970年3月，六四六厂共有26个地震队、1个电法队参战，编为江汉石油会战第三分部。共完成地震测线16311公里、电法测线225公里，提供了潜江凹陷以及武汉、潜江、荆州一带的地震和电法综合研究资料，查明20个二级构造带、84个局部构造，为江汉油田的勘探开发做出了贡献。1970年冬到1971年春，三分部派出5个地震队在豫西南襄盆地南阳凹陷进行地震普、详查工作，作出南阳凹陷地震构造图，在东庄、魏岗构造上定出南5井和南6井井位。1971年8～9月南5井、南6井相继喷油，分别日产原油2.94吨和72.2吨，发现了河南省第一个油田——南阳油田。

按石油部的部署，1969年6月至1970年，六四六厂先后派17个地震队参加陕甘宁石油勘探会战。1971年6月参加江汉会战的5个大队25个地震队调往陕甘宁参战。上述42个地震队、3个电法队、1个重力队共4072名职工，编为长庆油田会战第四分部，在陕甘宁广大地区进行地震普、详查工作，共完成地震测线11369公里，获得大量资料，提供了陕甘宁地震连片构造图，为勘探开发陕甘宁油气田做出了贡献。

按石油部的部署，1968年六四六厂派九大队4个地震队参加辽河石油勘探会战。到1970年参战队伍增加到地震队23个、电法队2个，编为三二二（辽河）油田地震团。到1971年，共完成地震测线5006公里、电法测线149.85公里；查明落实9个二级构造带和28个局部构造；配合钻探，在兴隆台、黄金带、热河台等14个构造上发现了工业油气流，从而发现了辽河油田。

物探队伍深入学习、继承、发扬大庆精神，贯彻执行石油部“上山、下海、大战平原”的战略方针和勘探部署，经过六大会战和海上作业的磨练，战胜了工作和生活上的重重困难，顶着“文革”动乱的冲击，取得了沼泽湖泊、海洋海滩、农田水渠、山区森林等地区的施工经验，从采用光点地震技术发展到全部采用模拟磁带多次覆盖地震技术。经过12年的艰苦创业，形成了一支技术先进、作风过硬、能打硬仗的物探野战军。“物探工人爱会战，越是艰苦越向前，只要找到油气田，累死累活心也甜”。广大石油物探职工是这样想的，是这样唱的，也是这样干的。

突破冀中中原　北上内蒙二连

1972年9月2日，燃化部党的核心小组第65次会议决定，将六四六厂改名为燃化部物探局。其主要任务是：第一，成为全国石油地质和地球物理资料的处理、解释、综合研究基地；第二，成为发展地球物理队伍的装备制造、供应基地；第三，成为一支机动部队，在部里统一部署下搞全国区域勘探；第四，为石油物探系统培训技术骨干；第五，逐步发展进行一些地质、地球物理勘探基本原理和发展的研究。以上任务，后来综合概括为“四部一军”，即：参谋部、研究部、培训部、装备部和野战军。1973年7月24日，物探局在局机关所在地——河北省徐水县召开成立大会。物探局成立时，生产单位有两个指挥部（辖40个地震队），1个普查大队（辖5个电法队、2个重力队、1个地质队），1个研究所，1个计算站，另有辅助生产、后勤供应等单位，共有10609名职工。物探局的建立适应了石油工业大发展的需要，加强了物探队伍的组织领导，以便更好地发挥“四部一军”的作用。

物探局成立后，面对1964年、1968年两上冀中钻探未获重大突破的形势，承担了三上冀中提供可靠构造和井位的重任。

1973年6月，燃化部决定，石油勘探开发设计规划院在徐水组织召开有六四六厂、大港油田钻井二部、河北省地质局参加的冀中找油“突破口会议”。六四六厂领导、总地质师、总工程师和物探解释研究人员全部参加了会议。在充分利用前期地质、地球物理和钻井资料深入分析研究评价的基础上，提出重点钻探高家堡、任丘—辛中驿、高阳和留路4个构造的方案，并部署加密这批构造的地震测线和加深解释研究工作，提出构造图和钻探井位。

1973、1974两年，物探局集中32个地震队加强冀中地区的勘探，又获得8896公里地震剖面。1974年8月，物探局研究所专门成立任丘地震资料解释研究组，利用新老资料进行更深入的研究工作。1975年春，集中全局250多名地质、地球物理技术人员，对冀中历年来的地震资料重新进行系统的精细处理和精心解释，并首次使用国产150计算机进行资料处理。经过3个多月的日夜奋战，作出冀中地区新一轮构造图，定出钻探井位。在任丘解释研究组全体人员的努力下，作出任丘T_2、T_3、T_4、T_g四层构造图，设计了一批探井井位。其中任4井2月开钻，6月完钻试油，9月7日放喷，在古潜山地层获得日产1014吨的高产油流。任9井日初产原油5435吨，成为中国单井产量最高的一口油井，发现了任丘古潜山高产油田，开拓了渤海湾地区找油的新领域。石油化学工业部（简称石化部）规划院副院长阎敦实赞誉任丘地震构造图为“四准确”（反射层位对比准确、构造高点形态准确、主要断层平面位置准确、反射层位深度准确）样板构造图。

任丘古潜山油田发现后，1976年1月，国务院批准组织华北石油会战；2月17日，石化部决定物探局全力投入华北石油会战；5月，石化部决定组织华北石油地震会战。要求用两年时间，把冀中坳陷埋深6000米以上、面积大于5平方公里的古潜山和局部构造全找出来。参加会战的队伍除物探局35个地震队、5个电法队外，还有长庆油田19个地震队，大港油田8个地震队，胜利油田13个地震队，河南油田2个地震队，总共82个物探队15000多名职工，由物探局统一组织指挥。物探局将机关迁至河北省霸县煎茶铺镇，建立华北石油地震勘探会战指挥部组织会战。在地震资料采集会战获得大批地震资料的基础上，又组织资料处理和解释会战，重新编制出冀中坳陷T_2、T_4、T_g三层连片构造图，共发现落实了121个古潜山和75个第三系构造，提供井位58口，配合钻探又发现了龙虎庄、南孟、八里庄、薛庄、八里庄西、留北、河间、雁翎等18个古潜山油田和别古庄、岔河集、中岔口、柳泉、刘李庄等第三系油田。到1978年冀中潜山油田年产原油1723万吨。物探职工为中国原油年产上1亿吨，做出了重大贡献。

在开展冀中石油地震勘探会战的同时，1974年冬，物探局第二指挥部5个地震队在东濮地区开展地震普查工作。对资料进行处理后，发现东濮凹陷中央隆起显示。第二指挥部立即组织247等5个地震队开展小会战，提出“奋战濮阳70天，找油找气做贡献”的口号。到1975年3月完成测线3224.2公里，经过解释人员日夜工作，编制出文留—濮城中央隆起带构造图，定出濮参1井井位。该井7月25日开钻，9月7日获工业油流。创造了从地震普查发现隆起显示，地震详查细测提出井位，到钻井喷油，在1年时间内发现文留油田的新纪录，拉开了东濮（中原）石油会战的序幕。

任丘油田、中原油田发现后，为了扩大战果，按照石化部的总体部署，1977年5月，物探局派出普查大队2个电法队、1个地质组到内蒙古二连盆地开展电法概查和地面地质剖面测量工作。1978年5月，派出6个地震队、5个重力队、5个电法队和1个地质队在夏季开展物探概普查工作。在此基础上，1979年5月，开展二连盆地的物探会战。

从物探局成立到1978年，物探局职工除在上述重点勘探地区施工外，还先后参加了三江盆地、海拉尔盆地的重力勘探会战，辽河西斜坡地震勘探会战，新疆克拉玛依—乌尔禾地震勘探夏季拉练，以及玉门潮水盆地、杭州湾盆地、宁波盆地、江苏东台坳陷、河南洛阳及三门峡地区、广西百色盆地等地区的重力、电法和地震勘探工作，寻找石油后备战场。

1974年4月，物探局技术人员使用国产150计算机处理了法国地震船采集的第一条海上数字地震测线资料，所得剖面被誉为“争气剖面”。1974年10月，按燃化部要求，物探局组织京津数字地震勘探会战，并对从法国引进的SN－338数字地震仪进行生产性考核和验收。1975年8月，组织数字地震资料处理会战，并验收和考核从美国引进的雷森

1704计算机。物探局开始进入数字地震勘探时代。

为了保证冀中、东濮会战和其他地区物探工作的圆满完成，物探局领导和机关干部坚持“三个面向”（面向基层、面向生产、面向群众）、“五到现场”（政治工作到现场、生产指挥到现场、材料供应到现场、设计科研到现场、生产服务到现场），深入生产第一线，现场办公，蹲点跑面，抓两头带中间，加强基层队伍的建设和生产指挥。1973年11月，物探局在河南郸城247队驻地召开学大庆、赶开滦现场经验交流会，全面介绍推广247队学大庆的经验。在第二指挥部组织领导下，247队指导员、队长带领全队职工、民工继承发扬大庆精神和“三老四严”的传统作风，搞好队伍建设，年年优质安全高效完成国家任务，成绩突出，先后获得物探局“红旗标杆队”、“地震勘探尖兵”、石油部“坚定不移学大庆的地震勘探先锋”、共青团中央“全国新长征突击队”光荣称号。物探局以标杆队的经验和模范人物的先进事迹，推动深入开展学大庆活动，全面加强队伍建设，年年坚持不断，逐步提高这支特别能战斗的石油物探野战军的素质，保证了石油物探取得一个又一个重大胜利。1979年物探局荣获石油部“大庆式企业”光荣称号。

战略重点西移　深化东部勘探

1978年12月，中共中央十一届三中全会胜利召开。改革开放的方针政策给石油勘探的发展指明了方向。物探局贯彻执行国家对石油部的三大政策❶，坚持“科技兴局”的方针，大力发展新技术，全面提高物探队伍的业务技术和政治思想素质。从70年代中后期特别是十一届三中全会后，石油部先后动用外汇8.5亿美元，从美国、法国、加拿大、德国等西方国家引进世界上最先进的物探技术装备，包括DFS－V、SN－338、SN－348、SN－368、OPSEIS－5586等地震仪，M18/612、M18/615可控震源，LCR－G、LCR－D重力仪，V－4、GDP－12大地电磁仪，K＋E、DI5S红外测距仪，GPS卫星定位仪，IBM3033、IBM3081、IBM3084计算机系统，LandMark、GeoQuest解释工作站等；同时国内又研制投产了银河亿次计算机系统、数字地震仪、可控震源等新设备，武装了石油物探队伍。80年代物探资料采集、处理、解释整体实现了数字化。

1979年3月13日，物探局科技委员会成立。遵照邓小平“科学技术是第一生产力”的指示，1982年12月15～16日，物探局召开首次科学大会。会议印发了《大力发展石油科学技术，为开创石油物探新局面而奋斗》的文件，奖励了128项优秀科技成果和做出贡献的346名技术干部，大大鼓舞了广大技术人员的积极性，推动了石油物探新技术的发展，为东部寻找隐蔽油气藏和西部寻找大油田，打好了技术基础。

在物探数字化技术飞跃发展的过程中，物探局孟尔盛、柴桂林、李庆忠、陈祖传、袁秉衡、俞寿朋、吴奇之、王宏琳等一批地质、物探专家在物探高新技术引进、消化、使用、推广、发展方面起了重要作用。他们积极带头用新技术解决了一大批石油勘探中的难题，并培养了一大批中青年技术骨干，形成了物探局在全国石油物探中的技术优势。

“六五”期间共完成重大科研成果106项，获得国家科技进步奖9项，获总公司科技成果奖18项，在石油勘探和开发上起了重大的作用。

1977年5月17日，新疆塔里木盆地西南边缘的柯克亚构造上的柯参1井喷出高产油气流，提供了石油会战的战场。1978年2月28日，石化部部长宋振明主持召开有关组织塔里木石油会战的会议。会议决定石油勘探战略西移，成立南疆石油会战领导小组，副部长李敬兼任会战领导小组组长，物探局副局长李全慎为小组成员、兼任会战指挥部副指挥（1980年4月至1982年2月）。物探局派第三指挥部赴疆会战。

1978年5月，第三指挥部9个地震队和研究院1个可控震源队1200多名职工、2000多吨设备物资，历时42天，行程5000多公里，从河北到达南疆莎车县指挥点。参战队伍部署在喀什至和田公路两侧进行地震普查工作，克服戈壁砾石层激发难关，采用组合坑炮生产，当年完成地震测线555.5公里，

❶　国家对石油部的三大政策：对石油工业实行1亿吨原油产量包干；海上大陆架实行对外开放，吸引外资合作勘探开发海上油气资源；允许采取各种方式引进国外先进技术、装备。

获得较好的地震资料，取得首战塔西南的胜利。1979年增派7个地震队参战，1980年又增派第一、二、四指挥部各1个地震队参战。3年共完成地震测线4292公里。基本查清了塔里木盆地西南坳陷的区域地质结构，发现了泽普构造和岳普湖鼻状隆起等有利找油地区。

1981年，队伍转战塔北地区开展地震普查。到1983年共投入31个地震队年，完成地震测线12046公里，基本查清了塔北地区地质构造情况，并提出可供钻探的构造和井位。

在普、详查塔北地区的同时，1983年5月，3支大沙漠地震队进军号称“死亡之海”的塔克拉玛干沙漠腹地，战酷暑，斗风沙，克服地表黄沙松软资料难得的困难，采用组合井炮、高次覆盖、卫星定位等新技术，获得了可喜的资料。经过3年的奋战，完成大沙漠地震测线69条8030.4公里。查清了塔里木盆地大沙漠腹地的区域构造，找到了有利找油的中央隆起带大型构造。接着进行地震详查细测，发现、落实了中央隆起带上的局部构造和高点，并提出一批钻探井位，为在沙漠腹地找到大油田提供了资料。

1978～1990年，物探局在塔里木盆地共投入地震166个队年、重力21个队年、电法2个队年，共完成地震测线66610公里（其中沙漠腹地测线24810公里）、三维地震面积1072平方公里、重力测线70053公里（包括派驻地调三处地震队的重力组完成33410公里）、电法测线1300公里。经过处理解释，基本搞清了全盆地三隆四坳（即塔北隆起、塔中隆起、东南隆起、北部坳陷、西南坳陷、东南坳陷及库车坳陷）的区域构造格架，明确了塔北隆起及塔中隆起为找油的最有利地区，发现并落实了200多个局部构造，提供一批有利的钻探构造和探井井位。

在塔里木盆地物探工作取得重大成果，一批油田即将问世的关键时节，1987年6月5～6日，中共中央政治局委员、书记处书记、国务院副总理李鹏，中共中央政治局委员、书记处书记胡启立，国务委员宋健，以及中共中央、国务院有关部委的领导在新疆维吾尔自治区主席铁木尔·达瓦买提、石油部副部长周永康陪同下，视察南疆石油探区，到物探局地调三处库尔勒基地看望物探职工，听取物探局工作汇报。李鹏发表重要讲话，希望在塔里木盆地早日找到大油田。6日8时30分，李鹏等领导与地调三处队长以上干部合影留念。地调三处领导和职工决心全力搞好塔里木盆地的物探工作，配合钻探尽快找到大油田。

1987年9月21日，轮南1井在中途测试中获得工业油气流，1988年11～12月轮南2井在三叠系、侏罗系5个地层中钻获高产油气流，1989年2月14日英买1井钻获高产油流，相继发现轮南油田和英买1油田，塔北勘探取得重大突破。1989年10月18日，塔中1井喷出高产油气流，日产原油365立方米，天然气55.6万立方米，拉开了在塔克拉玛干大沙漠寻找大油田的序幕。总公司在北京召开中外记者新闻发布会，向世界宣布中国西部塔克拉玛干大沙漠腹地钻探的塔中1井喷出高产油气流这个振奋人心的消息。

战略西移的第二大战场是东疆吐哈盆地。在石油工业“稳定东部，发展西部”的战略方针指导下，1983年8月，石油部西部勘探会议决定重上吐哈盆地。10月，物探局派队伍对吐哈盆地西部进行数字地震概、普查工作。1983年至1989年共投入19个地震队年，完成数字地震测线12432公里，基本完成了全盆地的地震普查及部分地区的详查细测工作，全面解剖了盆地的地质结构，发现和落实了77个构造圈闭，提供了37口钻探井位，其中台参1井于1989年1月5日完钻试油，日产原油35立方米，发现了鄯善油田，勘探取得重大突破，被总公司誉为1989年中国石油工业的“第一枝报春花”。

在战略西移中，物探局除重点勘探塔里木盆地和吐哈盆地外，还派队伍在焉耆盆地、敦煌盆地、民和盆地和贺西地区进行地震概、普查，寻找西部勘探接替战场。1986～1989年，物探局连续4年派重力队、电法队和地震队参加陕甘宁地区天然气勘探会战，完成伊盟隆起南坡区域普查及天环向斜北部和杭锦旗地区地震详查，提供大量物探成果，经钻探多处见油气流。

在战略西移的同时，按石油部勘探部署，物探局1978～1988年，在冀中和东濮地区使用地震高新技术，找到小潜山、复杂断块、隐蔽圈闭等构造805个，面积5246平方公里，配合钻井、滚动勘探开发，发现16个油气田，为扩大原有油田范围以及增储上产做出了重大贡献。

1977～1983年，普查大队基本完成二连盆地全盆地1:20万高精度的重力、电法勘探连片勘探，资料证实赛汉塔拉凹陷、马尼特坳陷中生界厚度大，是二连盆地内找油气的最佳地区。接着，石油部要求物探局两年内完成二连盆地的地震普查任务。物探局1982～1983年，集中24个地震队全面展开二连盆地的地震普查和重点二级构造带的详查，并在内蒙古赛汉塔拉旗成立物探局二连前线指挥部，加强对会战队伍的组织领导。在取得丰富的重力、电法和地震概、普查资料的基础上，研究人员进行了早期资料评价，明确了有利凹陷，提供钻探井位，经钻探在阿尔善、赛4号、阿北、吉格森等构造均获重大突破，凹陷钻探成功率达100%，预探井成功率达48.2%，发现了二连油区。这是物探局充分利用非地震勘探进行前期准备，进而在有利凹陷开展数字地震连片勘探提供钻探井位、发现油田的成功范例。

1982年，物探局深入贯彻改革开放方针政策，遵照国务院和石油部关于全面开展企业整顿的部署，开始在全局范围内进行企业整顿工作。经过近三年的努力，于1985年1月通过检查验收，获得石油部颁发的合格证书。在此基础上，物探局贯彻执行国务院《关于加强工业企业管理若干问题的决定》，按照国家一级企业、国家二级企业和省（自治区、直辖市）级先进企业的标准，进行企业达标升级工作，进一步推行和完善经济责任制，全面提高了企业素质和管理水平，提高了物探生产的效率和效益。在队伍数量没有增加的情况下，“六五”期间完成二维地震测线116090公里（平均每年增长26.65%），比“五五”期间完成的工作量提高84.2%，覆盖次数年平均比“五五”期间提高近1倍；“七五”期间完成工作量137819公里（平均每年增长0.84%），又比“六五”期间提高18.7%，覆盖次数比“六五”期间又提高50%。三维地震“六五”期间完成424平方公里，“七五”期间完成4072平方公里，猛增8.6倍。提供钻探井位：“六五”期间共1223口，被油田采纳685口，占同期提供井位总数的56%；“七五”期间共1418口，被油田采纳1007口，占71%。在此期间，物探局配合钻探，发现了一批油气田，扩大了一批油气田的含油气面积。1991年4月，总公司批准物探局为“大型联合企业标准化三级合格企业”，并颁发《石油工业企业标准化定升级证书》。物探局成为全国石油系统第一个被定为三级标准化企业的局级单位。

从80年代起，物探局深入学习、贯彻党的十一届三中全会精神，继续弘扬大庆精神，加大队伍建设的力度。1982年12月，物探局召开首次基层建设工作经验交流会，会上15个单位介绍了加强基层建设的经验。1986年，召开第二次基层建设工作会议，会议通过了物探局《关于加强物探队领导班子和骨干队伍建设的暂行规定》、《关于加强精神文明建设的若干规定》、《关于加强地震、重力、电法队基层建设的规划（1986～1990）》等7个文件，提出“七五”期间加强基层建设的目标，以此推动和促进队伍建设不断向前发展。

西部寻找大场面　国际开拓新市场

1990年8月23日，中共中央总书记江泽民等中央领导到塔里木石油探区视察，慰问石油会战职工。江泽民在视察期间发表了重要讲话，并题词要求会战职工“加快塔里木石油勘探开发，为实现国民经济持续稳定发展做出更大贡献”，极大地鼓舞了物探职工特别是参加会战的物探职工拿下大油田的信心和决心。9月初，中国石油天然气总公司在塔里木石油勘探开发指挥部召开“加快塔里木石油勘探开发工作会议”。会议要求进一步扩大勘探规模，加快勘探步伐，打好“三大战役”（即以石炭系为重点的区域勘探仗，轮南地区整体解剖仗，以塔中为重点的沙漠腹地勘探仗）。

物探局从1989年开始，除原来地调三处的地震队外，又增派地调一、二处的地震队参战。1991年在塔里木盆地会战的地震队达到23个（其中大沙漠队5个），参战职、民工6800多人，部署在上述三大战役地区。

1991年1月1日，物探局决定在库尔勒建立塔里木前线指挥部，统一协调、统一领导、统一指挥物探局参加塔里木石油会战的队伍，以便更好更快贯彻执行总公司和塔里木石油勘探开发指挥部的部署，发挥地震勘探在塔里木石油会战中的作用。同年12月24日，物探局又决定从地调二处、地调三处、研究院、物探地质研究院抽调183名技术骨干在库尔勒前线成立研究中心，靠前处理资料，靠前解释综合研究，及时向塔里木石油勘探开发指挥部提供研究成果和井位。至此，物探局在塔里木盆地进入全盆地大规模勘探的新阶段。

1990～1994年，物探局在沙漠腹地共投入32个地震队年，完成60次以上多次覆盖地震测线33206.7公里；在轮南地区整体解剖中投入41个地震队年，完成二维地震测线32753公里、三维勘探面积1165平方公里。物探局及时提供资料和井位，配合钻探，继发现轮南油田、英买1油田后，1990～1991年又相继发现了桑塔木、东河塘、吉拉克、解放渠东等油田。1992年4月19日，塔中4井在石炭系砂岩中获得高产油气流，发现了塔中4大型整装油田，另外发现了英买7及提尔根凝析气田，1993年发现牙哈油气田，1994年发现羊塔克油气田，从而为在塔里木寻找“大场面”打下了基础。

为贯彻寻找“大场面”和“油气并举”的勘探方针，物探局1995～1997年集中物探技术力量，围绕寻找“大场面”的4大技术难题（下古生界潜山及内幕勘探技术，高陡构造、盐下构造地震勘探配套技术，非构造圈闭油气藏地震勘探技术和速度研究技术）开展技术方法攻关，进行大面积三维地震勘探和高分辨率勘探，新发现落实一批有利构造，提供各类探井井位362口。经钻探，1995～1996年先后发现塔中16、牙哈5－7寒武系潜山、羊塔克第三系及白垩系、大宛齐、吉南4等中小油气藏。

1997～1998年，局塔里木前指研究中心在库车坳陷北部、天山南麓克—依山前构造带上提供井位的克拉2井、克拉3井、依南2井喷出高产气流，获得特大突破，发现并落实了克拉2井区储量为2506亿立方米的中国最大的整装气田，为“西气东输”奠定了资源基础。同时，由物探局提供井位的塔北隆起的轮古1井、2井，塔中隆起北坡Ⅰ号断裂南侧的4口探井，巴楚隆起的玛4井，在奥陶系碳酸盐岩地层中，喷出高产油气流，勘探获得重大突破，发现了和田河大气田。

为了加强塔里木的地震勘探力量，1990年，物探局将地调三处在吐哈盆地勘探的队伍全部调到塔里木施工，吐哈盆地的物探工作由地调一处队伍接替。1990年，一处上3个可控震源地震队，1991年又增加两个数字地震队，在丘陵构造和柯柯亚构造上进行三维地震勘探和周边的详查细测。1983～1997年，地调一、二、四处共投入55个二维地震队年，完成二维测线32709公里；投入16个三维队年，完成三维勘探面积1527平方公里。地调五处投入3个重力队年，完成测线13914公里；投入3个电法队年，完成测线4256公里；投入1个化探队年，完成测线340公里。地震勘探发现落实构造304个，提供钻探井位225口，经钻探相继发现鄯善、丘陵、温吉桑、丘东、巴喀、米登、神泉、葡北等14个油气田及鲁克沁大型稠油富集带。1997年地调一处2111队在解放军36175部队官兵的大力支援下，战胜重重困难，拿下了火焰山腹地52平方公里的高山三维地震勘探任务，创造了高山三维地震的奇迹，为吐哈油田的扩大发展，又提供了一片找油战场。

在塔里木石油会战、吐哈石油会战取得重大胜利的同时，物探局全面贯彻石油工业“稳定东部、发展西部”的战略方针，在总公司的部署下，于1995年派地调四处两个地震队和地调五处3个重力联队、2个电法队、1个化探队闯进号称生命禁区的“世界第三极”青藏高原，在10万平方公里的藏北羌塘盆地开展重磁电化和地震勘探普查工作。

1995年3月13日，物探局在地调五处基地召开进军藏北勘探誓师动员大会。总公司王涛总经理和周永康副总经理到会，作了重要讲话。指出藏北勘探是全面贯彻石油工业“稳定东部，发展西部”方针的一个战略性行动，它对于加快我国西部地区开发具有重要意义，对西藏地区的经济建设具有战略意义。王涛总经理分别为地调四处、五处题词：“地调四处，藏北勘探先锋”、“地调五处，石油尖兵”。3月25日物探局决定成立青藏勘探领导小组，统一领导指挥青藏勘探工作。进藏全体物探职工在总公司新区项目经理部、物探局青藏勘探领导小组领导下和羌塘地区政府、驻军的大力支持下，在世界上海拔最高、极度缺氧、经常刮5～6级以上大风、零下20多℃严寒以及强烈紫外线辐射的藏北无人区，开始了史无前例的石油勘探壮举。到1997年6个地震队年，完成二维地震测线1880公里；6个重力队年（含总参1个队年），完成测线49215公里；3个电法队年，完成测线1722公里；2个化探队年，完成测线2390公里。经过技术人员的精心处理、解释研究，编绘出藏北羌塘盆地第一张区域构造形态图，将盆地划分为两坳一隆（即羌南坳陷带、中央隆起带、羌北坳陷带），将地震工作量较多的羌北坳陷带划分为7个二级构造单元（4个凹陷带和3个凸起带）和14个三级构造单元，发现局部构造11个。将地震剖面图上5个反射层，解释为第三系、侏罗系、三叠系、二叠系、石炭系地层。经初步综合地质评价，认为羌塘盆地为油气勘探有利地区。

物探局在塔里木、吐哈盆地取得重大成绩的同时，贯彻总公司“跨国经营”的战略，开拓了国际物探市场。1988～1989年，物探局根据中国石油部长和缅甸能源部长达成的协议，圆满执行了与缅甸石油公司签订的地震勘探服务合同，第一次在国外承包物探施工并取得成功。1994年通过国际招标，夺得南美洲厄瓜多尔东部盆地丛林地区1000公里地震采集承包合同任务。经过地调一处9401地震队全体职工的努力，野外施工水平和资料质量均得到厄方的好评，为物探局开拓国际市场打下了良好的基础。80年代末至1998年物探局物探队伍先后进入缅甸、美国、厄瓜多尔、秘鲁、巴基斯坦、菲律宾、苏丹、伊朗等国进行石油地球物理勘探，执行地震采集承包合同16个和物探技术服务合同5个，完成二维地震采集9711公里、三维地震采集2157平方公里，合同总金额8977万美元。同时通过国际招标竞争，获得新西兰石油勘探公司，美国ESSO、TEXACO、意大利AGIP、英国BP等石油公司和日本石油公团（JNCO）承包的塔里木盆地等地区的10个合同区块的物探反承包项目，累计完成二维地震采集10026公里、三维地震采集36平方公里、重力测线21028公里、磁力测线10567公里、化探采样164个点，完成合同总金额5012.59万美元。1991～1997年，物探装备出口创汇2063.74万美元。跨国经营，开拓国际物探市场起步成功，成绩突出。

90年代以来，在社会主义市场经济发展的新形势下，物探局进一步转变职工思想观念和工作机制，按照总公司断掉“皇粮”，走向市场，在市场竞争中求生存谋发展的要求，深化企业各项改革。对生产经营单位完善各种形式的经济责任制，在勘探上实行项目管理、招投标、合同制和勘探质量检验制；进行了三项制度的改革，实行了包括领导干部在内的干部聘任制和全员合同制；进行了住房、养老保险、医疗保险制度和物业管理等方面的改革，以及计划、财务等方面管理体制的改革。1995年2月19日，物探局召开厂处领导干部会议，在总结前一段企业改革取得成绩的基础上，制定了《关于开展“转机制、抓管理、练内功、增效益”活动的安排意见》、《关于加快实施多元开发的意见》、《物探局资金预算管理实施办法》等10个企业改革规范性文件，要求全局各单位试行，进行企业深层次的改革。1996年初，物探局领导班子认真学习、贯彻江泽民总书记等中央领导对陆上石油工业的指示和总公司工作会议精神，制定了物探局“九五”期间“两个突破”（即寻找油气“大场面”有新突破，全局勘探工作量和多元开发产值突破80亿元）、“两个实现”（即实现物探主业与多元开发在产值和就业人数两个方面大体相当）、“一个领先”（即物探技术整体水平保持国内领先，主要技术接近或达到国际先进水平）、“一个建立”（即按照现代企业制度要求，初步建成物探综合服务集团）的奋斗目标。2月5～7日，物探局召开第四届职工代表大会第五次全体会议，讨论通过了物探局“九五”奋斗目标。全局职工在各级党委领导下，弘扬大庆精神，奋发图强，向勘探和改革的更高目标前进。

1991年12月29～30日，中共物探局第一次代表大会在涿州召开。大会通过了题为《进一步加强党的建设，为开创物探工作新局面而努力奋斗》的党委工作报告和《加强党风和廉政建设，努力做好新时期纪律检查工作》的纪委工作报告；选举产生了中共物探局委员会和纪律检查委员会。在党委领导下，90年代物探局“双文明”建设不断取得新进步。基层建设工作会议每年召开一次，总结经验，表彰先进，找出差距，制定措施，不断提高广大职工的素质，使队伍在任何条件下，保持旺盛的斗志和优良作风。参加塔里木石油会战的物探职工在“誓将沙海变油海”的战斗历程中，奉献了青春、爱情、家庭、甚至生命，有40多位职工长眠在塔里木沙海中，用生命和血汗凝结成“奉献、拼搏、团结、开拓”的塔克拉玛干精神。藏北物探职工在“生命禁区”与天斗、与地斗、与恶劣气候斗，在斗争中养成了“特别能忍耐，特别能吃苦，特别能战斗，特别能奉献，特别能创业”的藏北精神。这些宝贵的精神财富都是新时期大庆精神的继承和发展。

1993年12月19日，物探局在库尔勒地调三处基地隆重集会，举行“征服塔克拉玛干纪念碑”落成典礼。纪念碑拔地通天昭伟业，节风沐雨显精神，纪念广大石油物探干部、工人和科技工作者艰苦奋斗、拼搏奉献、战胜困难、夺取找油胜利的战斗历程。

1994年4月21日，在四川省德阳市闭幕的中国职工思想政治工作研究会第八次年会上，中宣部、中组部、国家经贸委和全国总工会联合授予物探局“全国思想政治工作优秀企业”光荣称号。

1996年10月21～25日，物探局和大庆物探公司在北京十三陵石油工人疗养院召开大庆地震勘探会战35周年学术研讨会，为全国石油物探战线继承、弘扬、发展大庆精神，在新时期搞好二次创业，为石油工业的新发展而努力。

1997年3月26～28日，物探局在塔里木前指召开第12次基层建设工作会议暨塔里木探区工作会议，贯彻总公司工作会议精神，交流经验，表彰先进，部署任务。物探局、局塔里木前线指挥部领导作了《自觉加压，夯实基础，刻苦攻关，当好寻找大场面的尖兵》的报告。报告强调认真抓好职业道德建设，努力提高职工队伍整体素质。重点抓好三项工作：一是加大职业道德教育力度；二是抓好职业道德建设示范工作；三是下功夫抓好职业技能培训。会上部署开展“塔河杯全优工程”（质量优、管理优、效益优、领导班子建设优、队伍建设优）竞赛活动，为寻找大场面做出贡献。会议期间的3月27日，全体代表参加了物探局党委、物探局在地调三处库尔勒基地“征服塔克拉玛干纪念碑”前隆重举行的“石油物探优良传统教育基地”命名仪式。会上宣读了物探局精神文明建设指导委员会的“命名决定”，号召广大职工、家属继承发扬塔克拉玛干精神，代代相传。

巨大成就

从松辽石油地震勘探会战到1997年，物探局成立前后37年中，物探队伍在全国各省市区（除上海市、台湾省、福建省、香港特区外）内的89个盆地和地区进行石油物探工作。共完成二维地震勘探测线68.47万公里、三维地震勘探面积1.57万平方公里、重力勘探测线69.2999万公里、磁力勘探测线8.5251万公里、电法勘探测线10.5126万公里、化学勘探测线1.7716万公里，资料处理889.2万标准公里，解释综合研究成果报告1193个，成果图件2.8211万幅；发现落实二级构造带357个，发现、落实和提供钻探构造6382个；提供钻探井位4321口，被油田采纳2521口；经钻探找到大中小油气田153个，找到石油地质储量74.286亿吨，天然气储量6453.6亿立方米。同时还提供藏北盆地、银根盆地、贺西、三塘湖地区和南方中小盆地等广大的石油勘探后备新战场。为中国石油工业的发展和国民经济建设做出了巨大的贡献。

在物探事业发展的同时，物探局其他各项工作也取得了巨大的成就和进步。

物探装备制造成绩巨大。物探局成立后，物探装备制造生产规模从小到大，生产技术从落后到快速发展。在改革开放方针政策指引下，开发生产了十大类100多个新产品，技术指标达到了国外同类产品的先进水平，基本实现了国产代替进口，满足了石油物探常规野外采集的需要。形成了一个科学研究、产品开发、生产制造、技术培训、现场服务等配套的物探装备制造基地。1971～1997年，累计研制生产：物探专用钻机、可控震源等6384台套；物探仪器仪表3.7万台套；各种型号检波器683万只；各种型号电缆3.7万公里；半导体器件40.94万只。优质产品率达80%以上，其中3项获国家优质产品金银质奖，23项获省部优质产品奖。累计产值为22.29亿元，1997年产值2.47亿元，是1971年的46.7倍。1981～1997年累计上缴利税和管理费3.07亿元。1986年产品开始出口欧亚美洲十多个国家。仪器公司1990年被评为国家二级企业，机械厂、特车厂1990年被评为河北省先进企业。

科学技术突飞猛进。党的十一届三中全会以来，物探局贯彻邓小平“科学技术是第一生产力”的指示，实行“科技兴局”战略。建局20多年间，经1000多名科技人员的辛勤工作，完成科研项目3467项，其中获国家科技奖和全国科学大会奖31项，获部（总公司）科技进步奖76项，获局科技进步奖522项。这些成果有的处于国内领先地位，有些已经达到国际先进水平。这些成果的推广和应用，加速了中国石油物探事业的蓬勃发展和油气储量的不断增长。物探局充分发挥了物探技术开发研究中心的作用，1986年被国家经委授予“技术进步先进企业”光荣称号。

国际合作成绩显著。物探局成立以来，特别是深入贯彻改革开放方针政策后，国际交流和合作不断扩大。1974～1997年，物探局共派出889个出国团组，3582人次，到30多个国家和地区，参加国际会议、考察访问、进修学习、合同谈判、学术交流等活动；1979～1997年接待国外来华团组1079批3163人次进行学术交流和技术经济合作；并聘请45位外国专家来物探局讲学或短期工作。举办国际物探技术研讨会15次。这些活动对发展物探新技术、提高勘探成效、培养人才以及进入国际市场起到重大作用。物探局与国外公司共签订执行30个国际承包和国内反承包技术服务合同，合同金额1.4亿美元。物探装备出口创汇2808.5万美元。物探队进入国际市场进行国际勘探，成为物探局新的经济增长点。

多种经营、多元开发稳步发展。物探局成立前后，为改善职工生活和安置职工家属劳动，兴办农场，大搞农副业生产。据不完全统计，1978年以前收获粮食4034吨、猪肉320吨、蔬菜2766吨，为会战取得胜利起到了重大作用。1978～1997年收获粮食11583吨、蔬菜3456吨、猪肉1295吨、鸡蛋10430吨、牛奶1691吨、鲜鱼173吨，到1997年，农副业总产值达1780.2万元。进入90年代，贯彻总公司“一业为主，多元开发”的战略，物探局软件开发、生物工程、建筑建材、岩土工程、商贸服务等一批企业稳步发展。到1997年多元开发场点达到87个，固定资产9465万元，从业人员2256人，年总产值38159万元，增加值4358万元，年上缴税利987万元，全员劳动生产率1.9万元/人年。

企业管理和改革不断进步。物探局成立前后，始终坚持学大庆，执行一套以岗位责任制为核心，加强“三基”（即基层建设、基础工作、基本功训练）工作的企业管理制度，1979年，经石油部验收，物探局被定为“大庆式企业”。80年代后，物探局深入贯彻改革开放方针政策，进行企业全面整顿，推进现代化、科学化、标准化管理和一系列重大改革，促进了物探、工业生产和各项工作的发展。全局完成总价值工作量（年平均）：“五五”期间0.63亿元；“六五”期间2.42亿元；“七五”期间4.8亿元；“八五”期间13.66亿元；“九五”头两年为32.45亿元，扣除物价因素，可比总价值工作量较“五五”期间提高5.7倍。各项技术经济指标都不断创造新纪录。

教育培训全面发展和提高。物探局成立后，教育培训工作逐年发展。尤其是党的十一届三中全会后，教育培训工作得到全面发展提高，形成了基础教育、职业技术教育和职工业余培训教育三个完整的教育培训体系。有了一支高素质的师资队伍；拥有先进的教育培训设备和设施；强化了教育培训领导和管理机构，展开全面系统的教育培训工作。至1997年，全局有幼儿园和中小学校各13所，职业技术学校3所，职工大学1所，管理干部学校1所。共培养出高中毕业生2332名，考入大专院校813名；普通中专生5233名；技工学校毕业生4614名；职业高中毕业生287名；电大毕业生194名；石油高等函授毕业生331名。业余培训职工111423人次。为各油田物探、科研单位培训各类人才5804人次。为国家教育培训出大批合格的后备人才，为石油物探队伍技术业务素质和思想政治素质的全面提高，为石油物探事业的蓬勃发展做出了贡献。

医疗卫生面貌一新。1973年物探局成立时，只有20多人的简陋卫生所。发展至1997年，已拥有局职工医院两所、防疫站1个，二级单位所属的职工医院6所、医务室3个；设有26个专业、60个科室、487张病床；有各类医疗技术人员717名；医疗设施齐全先进，形成了一个以职工医院为中心，以二级单位职工医院、医务室和物探队卫生员为网点，对全局职工、家属以及民工，开展医疗卫生、防疫、体检、妇幼保健、医学教研和计划生育技术指导等工作的医疗卫生保健服务网络。1985～1997年，共完成门诊4565659人次，诊断符合率达98.7%；住院病人39039人次，治愈率82.2%，好转率12.2%；抢救危重病人4404人次，成功率88.9%；职工体检195116人次。在卫生防疫、工业卫生、特种探区卫生防病、食品卫生、妇幼保健、环境卫生和疾病控制等方面做了大量的工作。1993～1997年，计划生育工作连续5年实现四个百分之百（计划生育率、综合节育率、孕外补救率和一孩领证率）的人口控制最好目标。保障了全局职工、家属和民工的身体健康，有力地促进了石油物探事业的发展。

后勤生活服务不断改善。物探局成立前后到1997年，建设完善勘探、生产、科研和生活等基地37处，占地面积1023.3万平方米，建筑面积214.06万平方米，其中住宅面积93.29万平方米，拥有职工住宅14627套。国家总投资11.65亿元。涿州、徐水、唐官屯等九大基地的生产指挥系统、科研、文教卫生、后勤生活服务系统、交通通讯系统都实现了制度化、标准化管理。物探队职工的工作条件、生活条件逐步改善，文体活动设施逐年增加。职工人均年工资收入，1973年为669元，到1997年为12539元，增长近18倍；职工住宅由1980年的人均居住面积6.2平方米，增加到1997年的人均12.6平方米，增长1倍多；家用电话普及率达到90%以上，大大提高了职工的生活水平。全局范围内推行HSE管理体系，取得了重大成绩。有力地保障和推动了勘探生产和科研任务等各项工作的顺利完成。

党群工作成果丰硕。物探局建立前后，特别是党的十一届三中全会以来，物探局党政领导班子始终不渝地坚持四项基本原则和“两手抓、两手都要硬”的方针，坚持不懈地抓好党的建设和局处及基层领导班子建设；坚持不懈地抓好基层建设；坚持不懈地抓好邓小平理论教育、形势任务教育、方针政策教育和优良传统教育。充分发挥工会、共青团、学会、协会等群众组织团体，《石油物探报》、局有线电视台以及模范单位、先进人物的作用，形成强大的精神文明建设工作网络。在生产、工作实践中锻炼培养出一支有理想、有道德、有文化、有纪律的高素质的石油物探职工队伍。先后涌现出一大批先进集体和个人，其中有全国劳动模范柴桂林、高增海，全国“五一劳动奖章”获得者王宏琳、俞寿朋、吕元平、刘方富，省部级劳动模范、标兵35人次，局级劳动模范、标兵613人次；全国先进集体39个次，省部级先进集体226个次，局级先进集体1979个次。培育形成了物探局“奉献、求实、团结、开拓”的企业精神，保证了石油勘探和各项工作任务的完成，成为物探局最宝贵的精神财富。

物探局取得的巨大成就，是党和国家各个时期，特别是党的十一届三中全会以来正确路线、方针、政策指引的结果，是石油部（燃化部、石化部、石油天然气总公司）正确领导的结果，是全国各省市区各级党政部门以及广大人民群众大力支持的结果，是物探局两万多名职工继承、弘扬大庆精神艰苦奋斗的结果，归根结底是马列主义、毛泽东思想、邓小平理论的伟大胜利。

1997年末，物探局拥有装备精良的物化探队76个，形成了先进配套的物探资料采集装备系统、齐全完整的计算机资料处理系统、人工智能资料解释系统、地质地球物理综合研究系统，以及辅助生产、文教卫生、后勤支持系统；职工总数达到26423人，其中地质、物探技术人员4492人，全局高级职称1809人，其他专业技术人员3897人；拥有固定资产净值37.5亿元，其中物探专用设备净值24.46亿元；企业管理水平基本达到科学化、标准化。

物探局在上级党政领导下，正在进一步深化改革、加快发展，朝着建成具有强大核心竞争力的一流国际地球物理公司的目标奋勇前进。

大事记

1958 年

2 月 27～28 日　中共中央总书记邓小平在中南海居仁堂听取石油工业部的汇报，参加人有李聚奎、余秋里、唐克等。邓小平指出，石油勘探的指导思想和勘探工作的重要原则，就是要选好突击方向，要处理好战略、战役和战术三者之间的关系，重视勘探布局的经济效果。对松辽、华北、华东、四川、鄂尔多斯五个地区，要好好花一番精力，研究考虑。在第二个五年计划期间，东北地区能找出油来就很好。此后石油勘探的重点开始由西部向东部转移。

3 月　根据邓小平指示精神，石油工业部把松辽盆地作为石油勘探战略东移的主战场之一，抽调重磁力联队到松辽盆地工作。此后，又在西安地质调查处成立松辽石油勘探大队，并迁到吉林省四平市（4 月），在吉林省长春市成立松辽石油勘探处（5 月），在松辽石油勘探处的基础上成立松辽石油勘探局（6 月）。

1959 年

3 月　石油工业部从新疆石油管理局调 201、202、203 等 3 个地震队到松辽石油勘探局，组成两个联队，分别在吉林省登娄库和黑龙江省林甸地区开展地震勘探工作。

9 月 26 日　松辽盆地高台子构造上的松基 3 井喷油，日产原油 13.02 吨，从而发现了高台子油田。这一成果标志着大庆油田的发现，揭开了松辽石油会战的序幕。

11 月　石油工业部在北京召开全国石油局、厂领导干部会议。石油工业部部长余秋里在总结报告中指出：集中力量，保证重点，是发展石油工业的指导方针。会议为大庆石油会战作了思想准备。

11 月 23 日～12 月 12 日　石油工业部在北京召开第三届石油科学研究工作会议，康世恩副部长强调要加强综合性区域勘探，抓二级构造带和大力开展地震工作。

1960 年

2 月 13 日　石油工业部党组向中共中央呈报《关于东北松辽地区石油勘探情况和今后工作部署问题的报告》。2 月 20 日，中共中央批示，同意在东北松辽地区开展一次石油大会战。

2 月 18 日～3 月 2 日　石油工业部在成都召开的首届地球物理勘探专业会议，明确了物探工作以地震勘探为主的发展思路。石油科学院院长张俊对 1960 年物探工作提出两点要求：一是要进一步提高物探工作在解决地质问题上的效果，二是要大力发展以地震勘探为主的物探队伍，以适应石油工业大发展的需要。

2 月 21 日～3 月 3 日　石油部副部长、大庆会战领导小组组长康世恩和会战领导小组副组长唐克在哈尔滨市召集大庆石油会战第一次筹备会，制定了石油大会战的三项任务，其中第三项任务是在大庆长垣以外的附近地区进一步开展地震勘探，完成地震细测 4 万公里，选择有利构造进行钻探，力争再找到新的油田。

4 月　石油工业部从新疆石油管理局调 10 个地震队的技术骨干和设备及 1 个电法队到松辽石油勘探局，在吉林省长春市组建松辽石油勘探局地质调查处（简称松辽地调处）。柳正英任党委书记，田在艺任处长兼总地质师，王有田任副处长，孟尔盛任总工程师。松辽地调处搬迁到黑龙江省泰康县，陆续组成 11 个地震队、1 个电法队、3 个重磁力队、1 个放射性队、1 个地质队、3 个测量队、1 个综合研究队。

4 月 29 日　石油工业部在黑龙江省萨尔图召开大庆会战万人誓师大会，宣布党中央、国务院关于松辽石油勘探会战的决定。

当年　松辽地调处集中 7 个地震队在大庆长垣西部林甸、泰康、龙虎泡、红岗子、新站一带沼泽水泡地区进行地震夏季施工；并集中 11 个地震队在松辽盆地西北部依安—克山、拜泉—明水—安达一带冒着零下 40℃的严寒进行冬季施工。完成地震测线 6681.9 公里、电法测线 1529.2 公里、重力测线 11531.9 公里。

1961 年

1 月 15 日　石油工业部党组提出“发展勘探，四路进军，油田成对，储量加番”的口号，决定从新疆、青海、四川、玉门及银川石油局等单位抽调勘探队伍到松辽，和松辽的勘探队伍一起，在泰康县组建松辽石油勘探指挥部（简称勘探指挥部）。勘探指挥部下设第一、二、三、四勘探处和地质调查处、综合研究大队。许士杰任勘探指挥部党委书记，杨文彬任指挥，关耀家任党委副书记，余萍、刘安时、彭佐猷、万鹏飞任副指挥，田在艺任副指挥兼主任地质师，孟尔盛任主任工程师。

4月4～9日　石油工业部副部长康世恩到泰康在松辽地调处主持召开油田技术座谈会。田在艺向大庆会战工委汇报泰康隆起勘探成果。会议针对松辽盆地地质问题及部党组提出的"油田成对，储量加番"展开讨论，确定了1961年二季度勘探工作的方针和具体部署。

5月20日　勘探指挥部党委批复，冯浩任地质调查处（简称地调处）处长、党委书记，柳正英任党委书记，高凤仪任党委副书记兼政治处主任，王有田任副处长。地调处党委会由冯浩、柳正英、高凤仪、王有田、刘仁杰、黄葆真、高福永七人组成；冯浩、柳正英、高凤仪、王有田任党委常委。

9月17～24日　石油工业部在泰康召开松辽地震会战筹备会议。石油部副部长康世恩等领导，以及石油科学研究院，松辽、新疆、青海、玉门、四川、银川石油局等15个单位的代表参加会议。会议由杨文彬致开幕词，康世恩在会上宣布石油工业部党组决定：1961年冬至1962年春，从新疆、青海、四川、玉门、银川石油局各抽调3个地震队分别组成一个大队到松辽盆地，加上松辽地调处的11个地震队共26个地震队，开展冬季地震会战。地震会战由勘探指挥部直接领导，成立领导小组，杨文彬、许士杰任组长，余萍任副组长，关耀家、田在艺、冯浩任组员。

10月下旬　新疆、青海、四川、玉门、银川石油局各派出的一个地震大队下辖3个地震队到达松辽，连同松辽地调处成立松辽地震会战前线指挥部，下辖松辽地调处、五个地调大队、综合研究大队、长春办事处、白城子办事处，机关设在吉林省大安县。余萍任前线指挥部指挥，田在艺、冯浩任副指挥，关耀家任党委副书记，孟尔盛任总工程师。

11月13～16日　松辽地震会战誓师动员大会在吉林省大安县召开。石油部、地质部各参战单位230多名代表和有关领导参加了会议。勘探指挥部指挥杨文彬作动员报告，给会战单位下达了具体任务。

12月26日　地震会战前线指挥部决定，将玉门大队和银川大队合并为玉银大队，大队部设在肇州。

12月　参加松辽地震会战的202、219、220地震队分别创造队月生产120.4公里、100.8公里和108.87公里的高纪录。地震会战前线指挥部在地震队伍中开展比、学、赶、帮、超202队、219队、220队的五好红旗竞赛活动，迅速打开地震会战的局面。

1962年

1月　参加松辽地震会战的218、219、220、226队和地质部物探2分队等5个地震队月上百公里，夺得松辽地震会战前线指挥部奖励的红旗。新疆大队夺得满堂红优胜红旗。

2月　四川大队211、212、213地震队全部实现月上百公里，夺得地震会战前线指挥部奖励的优胜红旗和大队满堂红优胜红旗。同月松辽会战工委授予219队为地震标杆队，授予刘俊、方文娟（女）为五好红旗标兵。

3月　勘探指挥部在泰康县召开大型技术座谈会。会后组成的950人参加的质量检查团，对全部地震记录进行重新严格评价。

5月16日　地震会战前线指挥部召开各大队（处）党委书记、大队（处）长会议。勘探指挥部副指挥兼主任地质师田在艺在会议总结时宣布：1961年冬～1962年春的松辽地震会战胜利结束。根据石油工业部决定，撤销地震会战前线指挥部，重组松辽勘探指挥部地质调查处（简称松辽地调处）：将原前线指挥部下属的松辽地调处、新疆大队、青海大队、四川大队、玉银大队合并改建成五个大队，综合研究大队改建为综合研究队；参加地震会战的队伍，除218、219、220队的23名新疆少数民族职工返回新疆外，其余职工全部留在松辽，归新地调处领导。新地调处下辖25个地震队、1个电法队、2个重力队、3个地形测量队、1个放射性队、1个综合研究队、1个地质队，共34个队，3000多名职工。冯浩任地调处党委书记兼处长，刘福来、尚志敏任党委副书记，高俊南、张静洛、王有田、林运根任副处长，季生元任政治处主任，刘禹任工会主席，尤树昌任团委副书记。

5月　会战队伍结束野外工作，全部收工。参加会战的26个地震队，完成地震测线9084公里，以133.8%超额完成计划任务。取得丰富的地质成果：发现6个构造，细测14个构造；发现7个非背斜油藏的线索；编制了6大层构造图，完成技术经验总结报告51份，绘制附图1240张，为1962～1963年的勘探部署提供了依据。在会战中涌现了一批红旗队，有33个地震队月上百公里。225地震队创月完成158.7公里的最高纪录；219地震队连续5个月实现月上百公里，被中共松辽石油会战工委命名为战区“五好标杆队”。226、207地震队被评为战区“五好红旗队”。

6月　地震会战队伍分别集中在大安、肇州、安广等地进行工作总结、资料整理、机修、仪修及队伍整训，9月份结束。

10月　松辽地调处贯彻党中央“全党动手、大办农业、大办粮食”的方针，组织会战职工在收工整训的夏秋季节，开荒种地32.9万平方米，收获粮食21.35万千克，蔬菜13.45万千克，给每个职工补助75千克“政治粮”。

10月　松辽地调处根据勘探指挥部的部署，1962年冬～1963年春，集中地震力量，继续在深坳陷两侧和东南隆起带开展冬季会战，计划工作量5000公里。

11月25日　地调处党委根据勘探指挥部党委的部署，分批对地震会战职工进行政治整训，从形势教育入手，开展国际主义、爱国主义、社会主义教育和阶级教育，1963年1月7日结束。

1963年

1月7～11日　松辽地调处召开首届职工代表大会。勘探指挥部指挥杨文彬、副指挥余萍出席会议并作重要讲话。会上表彰了1962年战区五好标杆队219队，战区五好红旗队207、226队，战区五好红旗标兵张奎祥、雷桂芳（女），以及地调处的339名五好红旗手和424名先进生产者。

2月9日　地调处领导班子调整：冯浩任党委书记兼处长，刘福来任党委副书记，季生元任党委副书记兼政治处主任，高俊南任第一副处长，张静洛、王有田任副处长。

5月　1962年冬～1963年春，参加松辽盆地地震会战的25个地震队完成地震测线5600公里，1个电法队完成电法测线322.75公里，基本完成了地震连片测量的任务。发现和复查了20个构造，在4万平方公里面积内作了T_1、T_2、T_3、T_4等四层连片构造图。至此松辽石油地震会战基本结束。

6月10日　松辽地调处组织地震会战队伍，在吉林省大安县，以大队为单位开展整训；同时将技术干部集中到黑龙江省泰康县，进行资料整理和整训；另外安排部分人员参加石油部在黑龙江省萨尔图（松辽石油会战指挥部）召开的大型技术座谈会；进行设备大中修。

8月14日　康世恩传达石油工业部关于组织华北石油会战的决定。要求完成松辽地震会战任务的队伍，留下3个地震队，其余队伍参加华北石油勘探会战。

9月11日　勘探指挥部组织地调处1500名职工赴黑龙江省萨尔图松辽石油会战总指挥部参观。9月12日晚，在萨尔图采油一部召开“欢送地调队伍挥师南下”大会。

9月15日　康世恩在泰康勘探指挥部干部大会上对1961年冬～1963年春松辽地震勘探工作作了总结讲话。讲话指出，会战时间短、花钱少、成果大。经过地震会战，进行了地震连片测量，共完成地震测线1.54万公里，重磁力普查细测面积14.49万平方公里；做出连片的六大层构造图，基本搞清了整个松辽盆地的构造形态，查明了盆地的地下构造；继发现大庆油田后，又在大庆外围发现局部构造51个，复查构造33个，其中25个构造经钻探获得油气显示，8个构造形成工业性油气田。在取得丰富地质成果的同时，锻炼了一支能打硬仗的勘探野战军，培养了大庆精神和作风，提高了地震工作的整体水平。

10月27日　勘探指挥部做出松辽会战地调队伍进入华北的安排：队伍分三批行动，11月底全部进关。第一批为二、三大队；第二批为四、五大队；第三批为处机关及辅助生产单位。

12月5日　参加华北会战的地调处27个物探队、2598名职工，从东北三省14个县市出发，连同295个火车皮的设备、器材、生活物资，全部安全到达华北新工区。12月10日全线投入试验生产。

1964年

1月25日　中共中央批转石油工业部党组“关于组织华北石油勘探会战的报告”。中央批示指出，华北石油会战，是继松辽石油大会战之后又一次重要的会战。中共中央同意石油工业部成立华北石油勘探会战总指挥部，下设河北勘探指挥部和东营勘探指挥部，组织会战。

2月1日　石油工业部决定，将华东石油勘探局地调大队201～207等7个地震队（从1964年2月1日起）划归松辽地调处统一领导，编为第一大队。

2月24日　石油部决定华北石油勘探会战总指

挥部下属的河北勘探指挥部，对内称石油工业部河北勘探指挥部，对外代号为石油工业部六四一厂，机关设在天津北仓。

3月5日　松辽地调处由石油工业部六四一厂统一领导，定名为“石油工业部六四一厂地质调查处”（简称六四一厂地调处）。处机关设在河北省徐水县，邮政代号为河北省徐水县121号信箱；下辖5个大队，大队机关驻地分别设在山东省广饶县、沾化县、博兴县，河北省沧州市、武清县（现属天津市）。

3月27日　石油部决定调整地调处领导班子：冯浩任党委书记兼处长，刘福来任党委副书记，季生元任党委副书记兼政治部主任，高俊南、庄国成、李全慎、王有田任副处长。

3～11月　根据上级指示，由冯浩、沈晨主管，派程威远（任副组长）、王业胜、王清志、段增科、胡孝明、黄贵和、王永福、彭连生、陈其忠、张发友、孙明山等11人，配备仪器、车辆、钻机等设备，赴中国西部地区参加中国第一颗原子弹爆炸的地震观测工作。

4月　根据石油部下海勘探的指示，地调处组建了以216地震队为基础的渤海湾第一个浅海地震队。

5月3日　石油部决定，将九二三厂勘察设计大队划归六四一厂地调处领导，编为第六大队。5月24日，又将其改名为六四一厂勘察大队，改由六四一厂直接领导，暂委托地调处代管。

5月15日　地调处党委决定，在全体职工中开展社会主义教育和“五反”运动❶。

5月　华东石油勘探局第二勘探大队（即苏北大队）划归六四一厂地调处领导。

6月27日　中共石油部华北会战工委研究决定，六四一厂地调处从即日起对内称“华北石油勘探会战总指挥部地质调查指挥部”（简称地调指挥部）；对外名称及隶属关系不变。

6月　石油部决定调整地调指挥部领导班子：冯浩（副局级）任党委书记，田在艺（副局级）任指挥，刘福来、季生元任党委副书记，高俊南、李全慎、王有田、靳跃华任副指挥，庄国成任政治部主任。

9月中旬　地调指挥部作为石油部的试点单位，开展“四清”运动（清政治、清经济、清思想、清组织）。1965年1月中旬“四清”运动基本结束。

10月　地调指挥部资料整理会战完成黄骅坳陷、东营凹陷、沾化凹陷、华北平原北部廊坊地区等4个（1963～1964年）地震成果总结报告和《华北平原北部1964年地质调查工作成果总结报告》。

12月20日　由地调指挥部提供井位的黄骅港东地区的港5井，钻至下第三系沙河街组地层时，发生强烈井喷，裸眼完成试油，日产原油19.74吨、天然气34000立方米。1965年2月距港5井东150米的港7井在下第三系沙河街组地层，用15毫米油嘴测试，日产原油93.3吨、天然气16700立方米，从而发现了北大港油田。

12月　石油部决定抽调地调指挥部的队伍参加四川石油勘探会战。1965年1月29日，六四一厂要求地调指挥部组织7个地震队参战。地调指挥部党委决定，进川准备工作由李全慎负责；第五大队的211、212、213地震队第一批进川参战。

1965年

1月7日　石油部党组决定，1965年华北石油勘探的方针是“区域展开，重点突破，各个歼灭”。地质调查工作的总任务是：上山下海，大战平原，全面搞清东营惠民，特别是通（通滨镇）—王（王家岗）—惠（惠民）地区；重点详查大港、黄骅地区；普查冀中地区；概查开封坳陷；积极开展渤海海域地球物理勘探工作；在四川威远构造上进行地震试验工作。上述地区的勘探工作由地调指挥部负责。

1月28日　石油工业部下文明确六四一厂地质调查处代号改为石油工业部六四六厂。

3月22日　石油部海洋石油勘探会议在天津北仓召开。会议决定由六四六厂抽调5个地震队、2个重力队、1个测量建标队组成海洋地调一大队，负责渤海海域的地球物理勘探工作。

4月4日　按照石油工业部（1964）油地勘字第265号文件精神，六四六厂先后派出张占魁、于锡胜去法国CGG公司、Sercel公司考察模拟磁带地震勘探设备。此后中国首次从法国引进CGG59型电子管式磁带地震仪5部，AS626X型半导体轻便磁带地震仪8部，CS621型回放仪2部。为开展渤海湾石油地震勘探的海上定位工作，从法国引进一套TORAN3P道朗无线电定位仪。

---

❶ “五反”运动：反官僚主义、反分散主义、反本位主义、反贪污盗窃、反投机倒把。

6月1～20日　六四六厂组织以地质任务完成情况、安全生产、岗位责任制、企业管理、政治思想工作为主要内容的千人大检查活动。

7月　石油部决定充实六四六厂领导班子，任命任英发、李钧才、徐绍仲为副指挥。

8月7日　“石油工业部六四六厂工读学校”成立。

9月4日　中共石油部政治部下发关于六四六厂党委会和常委会组成的批复：同意由冯浩、田在艺、刘福来、季生元、李全慎、任英发、王有田、徐绍仲、李钧才、庄国成、郭宏祥、雒颖脱、曹春普、高国成、李玉琢15人组成党委会；由冯浩、田在艺、刘福来、季生元、李全慎、王有田、庄国成7人组成常委会；冯浩任党委书记，刘福来、季生元任党委副书记。

9月17日　石油科学院副院长、著名地球物理勘探学家翁文波视察六四六厂海洋地调一大队，登上221深海地震队勘探船检查指导工作。在他的指导下，该队改进施工作业方法，第二天创日放250炮、完成单次地震测线78公里的新纪录。

9月　海洋地调一大队5个海上地震队及2个重力队完成2300余公里地震测线和1000多公里的重力测线。经过技术人员解释研究，勾绘出渤海南部近4万平方公里的上第三系底界地震反射层构造图。六四六厂技术人员携带资料向石油部领导汇报。副部长康世恩听完汇报后，高兴地说：“感谢你们！你们下海勘探，及时见到了成果，画出了中国海区第一张地震构造图，看起来我们会在海上找到大庆式的大油田的，马拉开波湾式的大油田！”

10月9日　六四六厂仪修站仿照从法国进口的检波器研制成功国产65－1型轻便（重50克）检波器，取代了笨重（重2000克）的57－1型检波器。

10月　六四六厂230队、235队首先使用CGG59型磁带地震仪在大港地区进行试验生产。

12月31日　中共石油工业部政治部任命段志高（副局级）为六四六厂党委书记，免去冯浩六四六厂党委书记职务（调六四一厂工作）。

1966年

1月17日　石油部下发（1966）油地调字第3号文件，颁发野外勘探队新队号。六四六厂的44个地震队队号为：201～206，209，210，214～249；6个重磁力队队号为：301～306；4个电法队队号为：701、702、703、704；1个化探队队号为601；3个测量队队号为401、402、404。

1月19日　六四六厂党委常委会决定再抽调10个地震队（201、202、203、209、210、229、231、244、248、249）参加四川石油勘探会战。5月，决定成立六四六厂四川地调指挥部，由徐绍仲任指挥，高国成任党委副书记，马正礼任副指挥。

2月4日　六四六厂对1966年勘探工作作出部署：重点打好东营、大港、京津、海上、四川五个地区的歼灭战。

3月29日　根据中央“要研究天然地震，做好预报预防工作”的指示，石油部决定由六四六厂在北京、邢台地区安排4个地震队、6个重磁力队开展地震、重磁力勘察工作，提供预报天然地震资料。

4月25日　石油部批准成立六四六厂元件厂。

5月26日　华北石油勘探会战总指挥部下属的河北石油勘探指挥部改为“华北石油勘探指挥部”，对外仍称“六四一厂”。六四六厂对内称地调指挥部，属华北石油勘探指挥部领导。

5月31日　中共六四一厂政治部转发石油部政治部关于段志高等10人的任职通知：段志高任六四六厂党委书记（兼），庄国成任党委副书记，李全慎任指挥兼党委副书记，王安华任政治部主任，程威远任副指挥兼总地球物理师，李钧才任副指挥，郭宏祥任政治部副主任，陈祖传、张占魁任副总地球物理师，袁秉衡任副总地质师。

同日　石油部决定：六四六厂代管的勘察大队自1966年10月1日起划归九二三厂领导。

同日　石油部决定将六四六厂24个地震队分别调给九二三厂、四川石油管理局和江汉石油勘探处。

6月14日　石油部决定将六四六厂参加四川石油会战的211、212、213地震队、403测量队连同大队部人员调给四川石油管理局。

6月23日　中共华北石油勘探指挥部政治部转发中共石油部政治部文件，批准六四六厂组成新的党委会和监委会。党委会由段志高、庄国成、李全慎、王安华、郭宏祥、李钧才、程威远、谷志杰、严永才等9人组成。段志高、庄国成、李全慎、王安华等4人组成常委会。段志高兼任党委书记，庄国成、李全慎任党委副书记。王安华、郭宏祥、程威远、马武清、曹维卿等5人组成六四六厂监委会。王安华任监委书记，郭宏祥任监委副书记。

6月　六四六厂海洋一大队和中科院青岛海研所协商决定，共同组成1个深海地震队（海联一队)、1个重力队(海联二队),于7~9月份共同开展渤海湾、莱州湾、黄骅凹陷海洋重力、地震工作。

10月20日　石油部指示:将六四六厂501微生物队改为605化探直接找油方法试验队(该队于1972年3月13日经燃化部同意撤销);新组建14个地震队,队号为2100~2113。

当年　六四六厂217、234、239、2107队使用进口的模拟磁带地震仪,在冀中地区施工,共完成地震测线992.2公里。到1972年,六四六厂地震队全部使用模拟磁带地震仪施工。

1967年

2月8日　六四六厂根据石油部"关于加强天然地震研究工作的通知"精神,在北京地区安排4个地震队、1个电法队、1个重力面积细测队、1个重磁力预报试验队,在邢台地区安排1个地震队、1个重磁力预报试验队、1个电法队,进行天然地震勘察工作。

4月3日　石油部决定,由石油部情报所和六四六厂共同创办的《石油地球物理勘探》杂志(1966年1月创刊),改由六四六厂负责主办。

4月　六四六厂天然地震勘探完成《华北历史破坏性地震与基底断裂关系的研究》成果报告。

6月14日　由六四六厂一大队提供井位的、位于渤海湾地区的第一口探井——海1井,经钻探在上第三系明化镇组地层1615~1630米井段喜喷工业油流,日产原油35.2吨、天然气1941立方米。6月21日,国务院致电,表彰海上石油勘探取得的重大成绩。

7月20日　六四六厂向石油部报告:1967年冬~1968年春准备组织10个地震队、3个电法队、2个重力队、2个磁力预报试验队、1个重力预报试验队,从事京津地区地震预报的勘察工作,请求增配人员、设备。

7月　六四六厂天然地震勘探完成《北京地区主要断裂及其与地震活动的关系》成果报告。

同月　六四六厂九大队完成《京津地区1966~1967年地震勘探成果报告》。研究大队完成冀中坳陷南部综合图集。

当年　六四六厂共有36个地震队、4个电法队、6个重磁力队、1个化探队、3个测量队。部分队伍在邢台、北京地区从事天然地震预报勘察和在渤海湾地区、冀中地区坚持正常物探生产,其余队伍受"文化大革命"冲击,不能正常生产。17个地震队在冀中地区完成地震测线1438公里、天然地震293公里,一大队6个地震队完成海洋地震测线8394公里;4个重力队完成重力测线2368.6公里。

1968年

2月　北京军区装甲兵部队奉命对六四六厂实行军管。

3月　六四六厂一大队完成《渤海南部地区1967年地球物理勘探成果报告》。

4月29日　北京军区装甲兵党委批复,同意成立六四六厂革命委员会。革委会由29人组成,陈明(军代表)任革委会主任,段志高、李炳银(军代表)任革委会副主任。

5月1日　石油工业部六四六厂革命委员会成立大会在河北省徐水县召开。

5月23日　六四六厂开始进行清理阶级队伍、"一批三查"运动[1]。

8月15日　北京军区装甲兵部队党委决定:将陈明调回部队;由段志高任六四六厂革委会主任,刘璞(军代表)任革委会副主任,庄国成任革委会常委;鲍恩成任军管会副主任。

8月　六四六厂成立第十大队。

同月　六四六厂组建8个地震队,队号为2142~2149。

9月　六四六厂革委会决定:改组厂机关,精简厂机构,厂机关设政工组、生产组、后勤组和办公室;机关干部留27人,其余人员精简下放,到物探队参加劳动。

11月13日　六四六厂革委会对1968年冬至1969春的勘探任务作了部署:集中优势兵力,主攻冀中坳陷,详查细测下辽河陆地部分,侦察黄海和武清地区,拿下渤海湾,打一场河西务、大港复杂构造带的科学试验攻坚仗。

11月　六四六厂九大队4个地震队到辽河参加石油勘探会战。

12月14~20日　六四六厂革委会召开首届职工代表大会,传达党的八届扩大的十二中全会精神;选举产生了六四六厂职工委员会;讨论通过了大会决议及职代会组织条例。

---

[1] "一批三查"运动:开展革命大批判,查死不改悔的走资派,查叛徒、特务,查没改造好的地、富、反、坏、右分子。

1969年

4月17日　石油部决定：从六四六厂选派第九大队5个地震队，参加江汉地区石油勘探会战。

4月27日　冀中石油勘探会战筹备会在河北省霸县召开。会上宣布成立冀中石油勘探会战领导小组和“冀中石油勘探会战指挥部”。六四六厂25个地震队参加会战。

4月28日　石油部决定，自1969年5月1日起，将华北石油勘探指挥部所属的六四六厂改为石油部直属单位。

5月5日　石油部决定，六四六厂增派第四、八、十一大队的15个地震队参加江汉石油勘探会战。

6月16日　根据石油部决定，六四六厂派10个地震队，赴宁夏吴忠、灵武、盐池，陕西定边、吴旗，甘肃环县地区进行石油勘探工作。

8月30日　石油部六四六厂党委会经河北省保定地区革委会党的核心小组批复重建。党委会由33人（暂缺1人）组成。段志高任党委书记，李炳银（军代表）、刘璞（军代表）任党委副书记。常委会由刘璞、田同旺、李炳银、严永才、段志高、俞业友、张凤芝（女）7人组成。

8月　六四六厂成立第十二、十三、十四大队。

同月　六四六厂组建13个地震队，队号分别为2154～2156、2159～2168。

9月11日　石油部决定：将六四六厂234、2167地震队调给华北石油勘探指挥部。

10月10～12日　六四六厂党委决定成立中共陕甘宁勘探指挥组党的核心小组及陕甘宁勘探指挥组，庄国成任组长，薛海彦任副组长。

1970年

1月1日　石油部决定将六四六厂一大队成建制调给华北石油勘探指挥部（现大港油田）。

1月　六四六厂机修厂试制成功2台WTZ－701型地震车装钻机。1971年投入批量生产。

2月25日　六四六厂党委召开扩大会议，决定在全厂开展“一打三反”（打击反革命破坏活动和反对贪污盗窃、投机倒把、铺张浪费）运动。

3月6日　六四六厂将机修厂改名为机械修造厂（简称机修厂），仪修站改名为地球物理仪器修造厂（简称仪器修造厂）。

3月10日　以安启元、金祖荣为正副领队的中国石油天然气勘探大队赴阿尔巴尼亚，帮助阿尔巴尼亚进行石油天然气勘探。大队的综合物探队、综合研究专家组人员由六四六厂派出。大队在阿工作3年，至1973年2月26日完成援助任务回国。安启元、金祖荣、何振香、谢济平、梁满德、刘清泉、马启富等10人荣获阿尔巴尼亚人民议会颁发的国家一级劳动勋章。

同日　六四六厂陕甘宁勘探指挥组改名为陕甘宁勘探指挥部，下辖第五、十三大队，共17个地震队。

3月26日　石油部给六四六厂下达1970年度勘探、装备研制等5项任务。此后，根据石油部决定，六四六厂再抽调十二大队的5个地震队参加江汉石油勘探会战；再抽调13个物探队（二大队214、219、247、2144、2155地震队，七大队702、704电法队，十大队2145、2146、2147、2148、2159地震队和706电法队）参加辽河石油勘探会战。

4月2日　石油部为加速电子计算机研制工作（150工程），决定六四六厂参与计算机试制工作，并将四川石油管理局的200队调给六四六厂。六四六厂派出54名人员，到北京大学昌平200基地，与四机部七三八厂、北京大学等单位联合开展研制工作。

4月29日　中共六四六厂陕甘宁勘探指挥部委员会成立。党委会由庄国成、王积发、杨广忠、张庆尧、张喜联、巩希元、宋忠孚等7人组成；庄国成兼任党委书记，杨广忠、王积发任党委副书记。

5月15日　石油部决定，将六四六厂六大队成建制调归中央地震工作小组办公室领导。

6月10日　六四六厂仪器修造厂元件车间建成的石油行业第一台单晶炉拉出第一炉高质量单晶硅。为此，石油部军管会来电祝贺。

6月24日　根据国务院、中央军委（1969）国发422号、中国人民解放军总参谋部（70）102号及石油部军管会（70）石军管字第16号文件精神，国家测绘总局第一分局第二地形测量队成建制调给石油部六四六厂。6月24日双方签发了会议纪要，决定地形二队260名职工留下13名，再由一分局增补100名左右职工，调入六四六厂。

7月　六四六厂成立辽河石油勘探地震团，下辖23个地震队、2个电法队；任命韩玉的为团长，李全慎、郭庆德、王克宽为副团长。当月，六四六厂会战队伍编为三二二（辽河）油田地震团。

8月　六四六厂仪器修造厂仪器试制车间试制成一台模拟磁带地震仪样机。1972 年 3 月通过技术鉴定，定名为 DZ－701 型地震仪（24 道）。

1970 年冬～1971 年春　六四六厂天然地震勘探联队完成宁晋—济阳地壳测深剖面，成为揭示中国东部乃至亚洲大陆东部地壳结构和物理特征的惟一重要实测资料。

1971 年

1 月 21 日　六四六厂党委下发《1971 年政治工作安排意见》，要求继续深入学习毛主席著作；开展“一打三反”运动，清查“516”分子，批判“极左”思潮；进一步开展“工业学大庆”运动；认真搞好“斗批改”。

3 月 10 日　六四六厂向燃化部报告参加江汉、下辽河会战情况，提出调整队伍部署的建议：六四六厂自 1969 年参加江汉会战，至 1970 年已有 28 个队（含 26 个地震队及 703 队、综合队），完成地震测线 2.3 万公里（含五七油田 26 个地震队工作量），对潜江凹陷、江陵凹陷和沔阳凹陷开展了地震连片细测，查明 20 个二级构造带、138 个局部构造；从 1970 年开始先后有 23 个地震队参加下辽河会战，完成地震测线 6000 公里（含三二二油田 4 个地震队工作量），对下辽河东、西、北三个凹陷进行了详查，查清了田家镇、兴隆台等 28 个局部构造。为此建议将江汉的 25 个地震队成建制调往陕甘宁参加会战，将下辽河的 23 个队留下 2147、2148 队，其余 21 个队成建制调往冀、鲁、豫、苏、皖等地区参加会战。

3 月　六四六厂在河北省安新县建立安新农场。

4 月　根据燃化部指示，原煤炭部徐州制图厂划归六四六厂领导。

5 月 11 日　六四六厂党委下发关于贯彻中共中央把批陈（伯达）整风运动引向深入的通知的安排意见，要求以党委扩大会形式，开展批陈整风。

5 月　北京军区装甲兵军管会奉命撤出六四六厂，三十八军随即派军宣队进驻六四六厂（1973 年后陆续撤走）。

6 月 10 日　六四六厂参加江汉油田会战的 5 个大队（辖 25 个地震队），调往陕甘宁地区，参加长庆油田勘探会战，连同已参战的六四六厂队伍共 42 个地震队、3 个电法队、1 个重力队，统编为长庆油田会战指挥部第四分部。四分部下辖四个勘探团（第三十一、三十二、三十三、三十四团），由王安华任指挥，周良叔、张国君、宋忠孚任副指挥，郭宏祥任副政委。

8 月 8 日　六四六厂参加江汉会战的江汉三分部八营的 5 个地震队在河南南阳凹陷进行地震普查工作，截至 4 月下旬完成地震测线 2610.65 公里。通过解释，绘出南阳凹陷地震构造图，并在东庄、魏岗构造上提供了南 5 井、南 6 井井位。经钻探，8 月 8 日南 5 井出油，日产原油 2.94 吨，9 月 24 日南 6 井出油，日产原油 72.2 吨，从而发现了南阳油田。

8 月 18 日　六四六厂革委会向燃化部呈报《华北地区今冬明春勘探部署的报告》。在黄骅坳陷南部，冀中坳陷中南部，保定、石家庄及京津凹陷，沧县隆起等 4 个地区从事勘探工作。

9 月 13 日　燃化部（1971）燃办字第 14 号文件决定，“石油工业部六四六厂”改名为“燃料化学工业部六四六厂”。

10 月 30 日　六四六厂党委向燃化部党组呈报《关于组织机构改革和人员配备情况的报告》：厂革委会机关编制 131 人，机关设生产指挥部、政治部、后勤部；三部下设 15 个科室。下属单位设研究所，机械修造厂，仪器修造厂，第二、三、七、十、十四等 5 个大队和参加长庆会战的 4 个勘探团。1972 年 11 月 25 日，燃化部批复同意上述报告。

11 月 8 日　根据燃化部指示，六四六厂组成地震一队赴朝鲜民主主义人民共和国，协助朝鲜清川江勘察团在安州盆地进行石油地震勘探。1974 年 8 月 31 日地震一队完成任务后回国。1973 年 11 月又派出援朝地震二队。1974 年 11 月 9 日地震二队完成任务后回国。

11 月　六四六厂（2111 队和 219 队施工）首次在河北省饶阳和河南省周口地区进行地震多次覆盖方法试验。

12 月 18 日　六四六厂第三、十四大队合并成立六四六厂勘探一团。

12 月 28 日　六四六厂第二、七大队合并成立六四六厂勘探二团。

1972 年

1 月 12 日　六四六厂革委会政治部发出在全厂建立健全共青团组织有关问题的通知。

3 月 13 日　六四六厂革委会向燃化部呈报关于派 1 个重力队、1 个地质队、1 个电法队去山西沁水盆地、太原凹陷进行物探工作的报告。当年1个重力队在沁水盆地完成重力测线665公里，1个电法队在长治地区完成电法测线135公里。

3月14～22日　六四六厂在徐水召开工业学大庆会议，学习大庆、开滦的先进经验，总结本厂学大庆活动情况，研究制订进一步开展学大庆群众运动的措施。

3月　六四六厂参加长庆会战的长庆油田会战指挥部四分部经资料整理会战，提交陕甘宁盆地黑河泾川、黄土塬和延安地区等3个1971年地震勘探成果报告。

4月26日　燃化部领导伊文、康世恩、唐克在听取六四六厂汇报时讲话指出：部党的核心小组拟将六四六厂改名为燃料化学工业部石油地球物理勘探局。今后，物探局要成为我国石油勘探的一支综合性队伍。主要任务有以下几条：第一，成为全国石油地质、地球物理资料的处理、解释、综合基地；第二，成为发展地球物理勘探队伍的装备、供应基地；第三，成为一支机动部队，在部里统一部署下搞全国区域勘探；第四，为石油物探系统培训技术骨干；第五，逐步发展搞一些地质、地球物理勘探基础研究。后来把上述任务综合概括为“四部一军”，即：参谋部、研究部、培训部、装备部和野战军。

5月3～12日　六四六厂党委召开第六次（扩大）会议，以整风精神总结经验教训，统一思想认识，通过《关于贯彻落实燃化部4月26日对我厂指示的决议》，强调加强队伍革命化建设，加强对科研工作的领导，加强企业管理。

6月7日　六四六厂党委发文，要求认真学习6本马列著作和毛主席的5篇哲学著作，提高识别真假马克思主义的能力。

7月　六四六厂组建钻井大队，成立教导队，成立普查大队。

同月　六四六厂完成黄骅坳陷和冀中坳陷南部地区1971～1972年度地震勘探总结报告。

8月13日　六四六厂党委发文，要求在全厂深入揭批林彪、陈伯达的反革命罪行。

9月2～13日　燃料化学工业部党的核心小组第65次会议决定（第六条）：将六四六厂改名为燃料化学工业部石油地球物理勘探局。

1973年

2月12日　燃化部决定对六四六厂参加长庆石油会战的队伍进行调整。一部分队伍调给长庆油田会战指挥部及大庆油田，一部分调回六四六厂。

调回六四六厂的队伍中，三十二勘探团全部与勘探一团合并成立勘探第一指挥部（简称一指），下设第一、二、三大队，基地设在天津市静海县唐官屯（1976年9月曾暂迁至河北省徐水县）；三十四勘探团机关人员及5个地震队与勘探二团合并，成立勘探第二指挥部（简称二指），下设第四、五大队，基地设在河南省开封市。

3月14日　燃化部决定将六四六厂第十大队（辖8个地震队）成建制调给华北石油勘探指挥部。

3月　六四六厂组建计算中心站（7月正式成立）。

4月20日　燃化部下文同意六四六厂在开封、沧州建立生产、生活基地。当年10月5日物探局批复第二指挥部开封基地建设规划。

6月28日　燃化部党的核心小组下发（1973）燃党字第24号文件，任命安启元为物探局局长，林运根、庄国成、何传弟、李全慎为副局长，王绪东为局政治部主任，高凤仪、张旺为局政治部副主任，王尚文为局总地质师，王纲道、孟尔盛为局总工程师，陈建新、陈祖传为局副总工程师，袁秉衡为局副总地质师。同日，燃化部党的核心小组下发（1973）燃党字第25号文件，决定成立物探局党委。党委会由25人组成。常委会由段志高、安启元、刘毅、林运根、庄国成、何传弟、王绪东等7人组成。段志高任党委书记，安启元任第一副书记，刘毅任副书记。

6月　在石油勘探开发规划研究院于徐水县组织召开的冀中地区勘探找油“突破口会议”上，六四六厂的技术人员提出了重点钻探高家堡、任丘—辛中驿、高阳和留路构造，并拟定了钻探这4个构造的第一批探井井位。后经钻探证实，这些构造（带）都是华北油田的主要产油区。

7月4～29日　六四六厂等单位参与研制的中国第一台百万次/秒量级的150电子计算机（DJS－11型）在北京大学试制成功，从北京搬到河北省徐水县燃化部六四六厂。10月11日，完成安装调试工作，正式交付物探局计算中心站使用。

7月24日　燃化部石油地球物理勘探局（简称物探局）成立大会在河北省徐水县召开。会上宣布了物探局党政领导班子及机构设置。

物探局机关职能处室有：局政治部，下设政治部办公室、组织处、宣传处、干部处、保卫处，武装部，局工会筹备办公室，局团委；局办公室、总调度室、勘探处、机动装备处、人事处、财务处、计划处、供应处、行政处、农副业处。机关干部编制251人，机关驻地在河北省徐水县。局辖二级、直属单位有：第一指挥部（简称一指）、第二指挥部（简称二指）、钻井指挥部、机械厂、仪器厂、研究所、计算中心站、职工医院、技术学校、普查大队。

7月26日　物探局党委任命43名物探局部分二级、直属单位领导干部的职务。

7月29日　物探局党委任命64名局机关职能处室和部分二级、直属单位领导干部的职务。

9月　物探局1973年冬至1974年春野外勘探工作展开，主要任务是：配合钻探突破冀中，撬开周口，侦察开封，抓好找油、气、水层的勘探工作，为第二个1亿吨石油产量准备战场。

10月8日　燃化部首次与法国CGG公司签订引进SN338B数字地震仪（10套）、RDS－500计算机（1套）合同；与美国GEOSPACE公司签订引进RAYTHEON－1704计算机（4套）、GS－2000数字地震仪（可控震源的1套、炸药震源的2套）合同。11月，在原北京石油学院院内成立以物探局为主的地震技术引进办公室。12月，石油物探技术学校在北京石油学院地质楼举办数字地震仪器技术培训班。

10月10日　物探局党委政治部发文，要求全局职工进一步深入学习中共中央“十大”文件，贯彻“十大”精神，开展“六大讲”[1]活动，批判林彪反党集团罪行。

11月22～26日　在深入开展“工业学大庆”的活动中，物探局在第二指挥部247队驻地（河南省郸城县）召开学大庆赶开滦现场经验交流会，总结推广247队的经验。局党委副书记刘毅主持会议，局党委书记段志高作报告和会议总结。

12月18～20日　根据燃化部领导的指示，物探局在徐水召开了渤海湾地区地震工作碰头会。交流讨论了渤海湾地区地震工作的情况、经验，并对有关工作进行了安排。

1973年　物探局仪器厂在DZ－701型地震仪的基础上，改制成DZ－731型48道模拟磁带地震仪。1975年通过技术鉴定，1979年投入批量生产。

1974年

1月　物探局第一指挥部派出2154、2257地震队（4月24日调给辽河石油勘探局）参加辽河石油会战。

2月14日　燃化部下发（1974）燃政字第201号文件，任命王致中为物探局副局长。

4月2日　物探局计算中心站方法程序研究室软件技术人员首次使用150计算机和自己编制的地震数据处理程序包（C程序和B格式加工程序），成功地处理了501勘探船使用从法国引进的第一台地震数字仪所作的海上地震资料。所得地震剖面，被誉为“争气剖面”。

5月4日　物探局召开共青团物探局第一次代表大会。会上选举产生了共青团物探局第一届委员会，张旺当选为团委书记，程少士、李素琴（女）当选为团委副书记。

5月　在燃化部数字地震仪研制工作会议上，确定由物探局仪器厂试制瞬时浮点数字地震仪。接受任务后，仪器厂技术人员用2个月完成了设计任务，并于当年12月16日完成试制任务。至此，中国第一台24道瞬时浮点数字地震仪问世。

6月　物探局组织山东商河西地区地震资料处理解释会战，历时4个月，使用150计算机及自行研制的处理软件，处理了商河西地区的地震资料，解释后提供井位27口，经钻探均获工业性油流，为发现胜利商河西油田起了重要作用。

7月　根据燃化部“五对口”会议精神，物探局拟定了《1974年下半年至1975年春野外勘探任务和部署》。总任务是：集中力量继续拿下冀中，全面普查周口，开展开封坳陷东部的普查，继续完成铜城地区的地震工作，抓好数字地震仪的试验、生产及水文地质勘探，努力提高地震勘探效果，为钻探准备好战场。

8月14日　物探局与法国地球物理公司（CGG）和数据控制公司（CDF）签订引进2套CYBER－1724地震资料处理系统合同。该系统于1977年11月19日通过验收，1978年1月15日正式在计算中心站投产，1988年1月15日关机停用。

8月14～26日　根据燃化部领导的指示，物探局在涿县召开了渤海湾地区石油地震勘探会议，讨论整体解剖渤海湾地区及吉林、南阳重点二级构造带的意见。

9月6～10日　物探局召开首届先进生产（工

---

[1] “六大讲”：大讲林彪罪行，大讲文革“胜利”，大讲反潮流精神，大讲国内外大好形势，大讲培养革命接班人意义，大讲如何加强党的领导、做优秀党员。

作）者代表大会。

9月12日　物探局党委授予第二指挥部247地震队1973年度“红旗标杆队”称号。

9月　物探局第二指挥部5个地震队在东濮地区开展地震勘探工作，当年发现河南濮城构造。1975年二指又增派3个地震队，开展地震小会战。1974～1975年，共完成地震测线4244公里，探明了东濮凹陷“一隆、二凹、一斜坡”（见地震资料解释篇）的基本构造格局。

10月　燃化部决定成立“京津地区数字地震会战指挥部”，抽调物探局及胜利、大港、辽河油田16个地震队，配备引进的数字地震仪，在京津地区统一组织数字地震采集方法试验和试生产。

同月　物探局以32个地震队在冀中坳陷开始大规模地震勘探，2108、2150队首先应用SN338B数字地震仪器施工。

1974年　受燃化部委托物探局组织的全国第一次物探技术座谈会在徐水县召开。

同年　物探局首次从美国莫茨（MERTZ）公司引进4台M10/601型可控震源，组建217可控震源数字地震队。

1975年

1月14日　物探局局长安启元等一行7人赴美国GEOSPACE公司参观和考察，接受1704计算机和可控震源技术培训。

1月15日　燃化部党的核心小组决定，调严衍余任物探局党委副书记、党委常委。

3月6日　石油化学工业部决定将燃料化学工业部石油地球物理勘探局改名为石油化学工业部石油地球物理勘探局。

3月　石化部党组决定，由物探局组织250名技术人员在北京市定福庄石化部干校进行冀中地震资料整理会战。全部工作至7月上旬完成，共整理1971年以后的多次覆盖地震测线12491公里，按“四准确”要求编制了冀中地区T_2、T_3、T_4、T_g四个反射层的连片构造图。其中任丘—辛中驿地区古潜山顶面构造图被称为“样板图”。此后十余年间，这张构造图一直成为部署该区评价井和开发井的重要依据。

4月16～20日　物探局党委在徐水县召开全委会及第五次扩大会议，决定在职工中开展阶级教育活动，打好地震勘探“四准确”、数字化、长年生产样板、三江盆地重磁力勘探、设备制造等5个硬仗。

4月　第一指挥部2150、2153队参加山东数字仪地震会战。会战中2150队被会战指挥部授予“优胜单位”称号。

6月　第一指挥部将2254队改建为女子地震队。同年，该队被物探局评为“英勇善战的铁姑娘队”。

同月　按照石化部勘探部署，物探局开始全年施工试点，第二指挥部四大队5个地震队首次赴新疆克拉玛依—乌尔禾地区进行夏季施工拉练，完成地震测线252公里。

7月3日　由物探局和大港油田共同设计井位的任丘—辛中驿构造上的任4井，在上元古界雾迷山组喷出高产油流。9月7日，这口井经三次酸化后日产原油1014吨，成为任丘油田的发现井。

8月1～16日　物探局筹备的石化部石油地震勘探工作会议在北京召开。会议形成四个文件，即：《石油地震勘探工作“五五”期间及1975年冬～1976年春的部署意见》、《石油地震勘探四准确工作试行条例》、《石油地震勘探装备规划》、《石油地震勘探数字化规划》。

8月5日　石化部决定，以物探局为主，辽河、四川、胜利、大港油田和部规划院参加，使用物探局的150计算机和1704计算机，在北京进行地震资料数字处理会战。

9月1～9日　物探局召开第二届“抓革命、促生产”先进集体、模范人物代表大会。会议表彰了12个先进集体、1个标杆队（247队）、55个先进班组、333个先进人物、4名模范标兵。物探局党委、物探局授予247队“地震勘探尖兵”称号；授予吴春凯“硬骨头石油勘探工人”、胡兴芳“一心扑在革命上的好炊事班长”、郑廷芳（女）“一心为人民服务的好干部”、叶青（女）“认真学习的模范青年”称号。

9月7日　由物探局提供井位的河南省濮阳地区濮参1井在2607.6米沙二段地层喷出工业油气流，成为中原油田的发现井。

10月　物探局提供井位的任丘构造上的任6井在上元古界的白云岩地层中喷出日产1509.6吨的高产油气流，石化部向物探局致电祝贺。

同月　第一指挥部七大队5个地震队及研究所部分人员，于1975年冬～1976年春，参加辽河西部凹陷西斜坡石油地震勘探会战。经资料整理、综合研究后，提供一批井位。钻探发现了高升、曙光及欢喜岭油田。

12月29日　段志高调离物探局，严衍余任物探局代理党委书记。

1976年

1月8日　周恩来总理逝世。全局职工开展各种形式的悼念活动。

1月28日　石化部向国务院呈报《关于组织冀中地区石油会战的报告》。30日国务院批准组织华北石油大会战。

2月17日　石化部决定，物探局参加华北石油会战期间，归华北石油会战指挥部领导；在全国石油物探工作中仍起部直属局的职能作用。

5月18日　依据物探局提供的任丘古潜山顶面构造图部署的任丘—辛中驿构造上的任9井喷出高产油流，酸化后日产原油5435吨，成为中国石油史上单井初产量最高的油井。

5月　石化部决定由物探局负责指挥组织华北石油地震勘探会战（1976年冬～1977年春），并在霸县煎茶铺建立华北石油地震勘探会战指挥部。会战的主要任务是查清冀中地区地下古潜山及其上部的地质构造情况，加快临清、东濮、太康和开封地区的勘探工作。参加会战的队伍有：物探局35个地震队、5个电法队；长庆油田19个地震队；大港油田8个地震队；胜利油田13个地震队；河南油田2个地震队，共计82个物探队、15000余人。

6月3～9日　石化部委托物探局召开华北石油地震勘探会战筹备会议。会议决定在两年内将华北盆地西部埋深6000米以上、面积大于5平方公里的古潜山构造调查清楚。

6月　物探局研究所217可控震源队使用从美国引进的莫茨M10/601型可控震源，在玉门地区开展夏季可控震源地震方法试验工作，两个半月完成12次覆盖数字地震测线97公里。

7月28日　河北省唐山地区发生大地震。第一指挥部2254女子地震队的2名在唐山探亲的职工遇难。地震波及到在京津地区施工的第一指挥部七大队驻地及唐官屯基地，部分旧房被震坏。物探局慰问团到唐官屯基地慰问职工、家属，第一指挥部领导到受灾小队慰问。

9月9日　毛泽东主席逝世，全局职工开展各种形式的悼念活动。

9月　为加强对华北石油地震勘探会战的组织指挥，物探局机关由徐水迁往河北省霸县煎茶铺。

10月11～14日　受石化部委托，由物探局主持的华北石油地震勘探会战誓师大会在霸县召开。物探局局长安启元作动员报告，下达了全歼冀中，拿下东濮，积极准备临清、太康、中牟三个后备勘探战场的任务。

10月15日　全局职工以各种形式庆祝粉碎“四人帮”的伟大胜利。

10月　石化部决定，将参加东北三江盆地重磁力勘探会战的长庆油田2个重力队（308、310队）和胜利油田1个重力队（316队）调给物探局。

1977年

1月4～15日　物探局党委在霸县召开第11次全委扩大会议。会议主题是揭批“四人帮”，深入开展“工业学大庆”运动。会上，局长安启元传达石油企业“工业学大庆”会议精神，副局长林运根作了关于华北勘探形势任务的发言，代理党委书记严衍余作总结发言。

3月11日　物探局党委发出关于深入开展“向雷锋同志学习”的通知。

3月17日　仪器厂研制的九轨通用数字磁带机（TC－11）通过石化部组织的技术鉴定。该产品1978年在全国科学大会上荣获科技成果奖，1980年在国家电子计算机工业总局召开的首届磁带机评比会上获得第一名，并获河北省1980年优质产品奖，1981年8月被评为部优产品，1982年9月获国家质量奖评定委员会颁发的银质奖章。

3月27日　物探局党委下发《关于广泛开展“三大讲”❶，深入揭批“四人帮”的安排意见》。

4月15日　物探局党委下发《关于学习＜毛泽东选集＞第五卷的安排意见》。

5月　普查大队首次组织2个电法队及1个地质组到内蒙古二连盆地进行电法概查和露头地质剖面测量工作。

同月　物探局成立基建大队，建立大兴农场。

7月9日　石化部下发（1977）油化政字第8号文件，任命严衍余为物探局党委书记，林运根为物探局局长、党委副书记。免去段志高物探局党委书记职务，免去安启元物探局局长、党委第一副书

---

❶ “三大讲”：大讲党、国、厂受“四人帮”的毒害，大讲同“四人帮”斗争的经历，大讲同“四人帮”斗争的经验。

记职务。

7月27日　普查大队702队在内蒙古二连施工中发生重大交通事故，死亡3人，重伤7人。

8月10～11日　物探局在徐水召开工业学大庆先进集体、先进个人代表大会。授予3个标杆单位、9名标兵、11名模范荣誉称号。

8月　物探局组建综合修理厂（1978年9月改名为大修厂）。

9月24～29日　物探局仪器厂研制生产的DJ－6型和DJ－8型地震测井检波器，应用于四川石油管理局7001钻井队打成的6011、7056米深井地震测井，创造了全国地震测井的新水平。

10月24日　物探局机关由徐水迁往涿县。

12月13～16日　物探局党委在衡水召开第十五次扩大会议和工业学大庆经验交流会，讨论学大庆的规划。

12月　普查大队完成的《二连盆地中西部电法路线普查报告》和《二连盆地中西部石油地质踏勘报告》，提供了二连盆地下白垩系巴彦花群地层有生油岩和电法标志巴彦花群地层埋藏深度大于3000米两项重大成果，为大规模多工种勘探二连盆地奠定了地质基础。

1978年

1月27日　石化部部长康世恩视察物探局并参观计算中心站CYBER－1724计算机。3月2日，康世恩部长对物探局工作作了指示，要求物探局履行全国石油物探领导作用，大体上抓四项工作：（1）办成野战军的样板队；（2）形成全国物探处理、解释、研究中心；（3）办好石油地球物理勘探学校，培养出一批人才；（4）把物探装备工作抓起来。

2月16日　石化部决定，高凤仪任物探局政治部主任、局党委常委；柴桂林任物探局副局长、党委委员兼总地质师；徐绍仲任物探局副局长、党委委员；王绪东任物探局副局长，免去其政治部主任职务。

2月28日　石化部召开关于塔里木会战的会议，决定石油勘探战略西移，抽调物探局第三指挥部队伍进疆参战；成立南疆会战领导小组，物探局副局长李全慎任领导小组成员。

3月15日　物探局召开四级干部会议，决定在全局深入开展大学习、大批判、大整顿、大竞赛的群众运动，组织21个地震队、5个电法队、5个重力队在新疆、滇黔桂、二连、白洋淀4个地区打好勘探硬仗。

3月17日　物探局将研究所和计算中心站合并成立研究院。局长林运根兼任研究院党委书记、院长。

3月19日　石油部决定，将长庆油田参加华北石油地震勘探会战的队伍，自5月1日起成建制调给物探局，编为物探局第三指挥部（简称三指）。

3月31日　石油部决定，高凤仪任物探局党委副书记，免去政治部主任职务；庄国成任物探局党委副书记；张俊瑞任局政治部主任、党委常委；丁满喜、赵景明任物探局副局长、党委委员。

4月30日　石油工业部部长宋振明、副部长李天相、侯祥麟视察物探局和物探局研究院。

5月4日～6月14日　以物探局局长林运根为团长的中国石油天然气勘探开发公司代表团一行9人，赴美参加在美国休斯顿举行的世界海洋石油技术展览会（简称OTC）。会后以考察石油物探技术为重点访问了美国埃克森石油公司、西方地球物理公司、德克萨斯仪器公司、佩德雷公司、格斯公司。回国途经法国，顺访了法国通用地球物理公司（CGG）。回国后写的《考察报告》在国内交流。

5月8日　三指党委副书记李云鹏率由147人组成的先遣队乘飞机赴新疆，5月10日抵达莎车。此后，物探局第三指挥部的参战队伍全部到达新疆，在莎车县党校设立南疆前线会战指挥部机关。

5月　在全国石油化学工业第二次学大庆会议上，石油部授予物探局第二指挥部247地震队“坚定不移学大庆的地震勘探先锋”称号；授予吴春凯、刘洪斌、杨文洲、宋小堂、郑廷芳（女）、王宏琳“学铁人标兵”称号。

同月　物探局派出第一指挥部的6个地震队，普查大队的5个电法队、5个重力队、1个地质队，到内蒙古二连盆地开展物探和地质调查工作。

6月4日　第三指挥部南疆前线会战指挥部在莎车召开会战誓师动员大会。物探局副局长李全慎在大会上宣布物探局《进军令》，吹响了南疆会战的号角。

6月13～22日　物探局召开第16次党委扩大会及第五届先代会，以及共青团第四届优秀团支部、团员代表大会。总结交流揭批“四人帮”、工业学大庆的经验，表彰先进，落实企业整顿的任务。

6月　物探局派第二指挥部3个地震队在广西百色地区开展地震勘探，并成立“物探局滇黔桂前线指挥部”（对内归第二指挥部领导）。

8月2日　物探局调普查大队3个重力队（313、314、316队）参加新疆石油勘探会战。

8月12日　石油部批准物探局第一指挥部划分为第一指挥部和第四指挥部（简称四指）。

10月1日　物探局三指南疆前线指挥部在莎车县举行庆功誓师大会，庆祝塔西南勘探首战告捷。

10月17日　物探局第二指挥部团委副书记叶青被选为共青团“十大”代表，参加在北京召开的中国共产主义青年团第十次代表大会。

10月26日～11月23日　以金祖荣为团长的中国地球物理学会专家组首次赴美国参加SEG第四十八届年会，并进行考察访问，从此开辟了中美物探学术交流的渠道。

11月　物探局对下属机构进行调整。局政治部下设政治部办公室、宣传处、组织处、干部处、保卫处、局工会、局团委、机关党委、学大庆办公室；生产办公室下设勘探一处、勘探二处、装备处、机动处、总调度室、人事处、财务处、计划处、科教处、工农工作处、基建处；局办公室；生活办公室下设行政处、家属工作处、农副业处。局属二级、直属单位设第一、第二、第三、第四指挥部，以及普查大队、机械厂、仪器厂、大修厂（9月由综合修理厂改名）、元件厂（5月4日成立）、研究院、职工医院、供应处、引进管理处（5月15日成立）、物探学校（4月8日成立）、技工学校（10月16日成立）、徐水办事处、运输大队（3月成立）、基建大队。

当年　第二指挥部247地震队全年完成六次覆盖地震测线1037公里，获生产合格记录6998张，创物探局成立以来队年完成地震工作量最高纪录。

同年　在全国科学大会上，物探局与有关单位完成的《全国石油勘探开发成果图汇编》、《华北扭转断块活动与古潜山油气田形成》、《渤海湾油气区石油地质特征与油气田分布规律》、《滇黔桂碳酸盐岩油气勘探远景》等4项地质成果及《地震勘探古潜山油气藏》、《石油地震勘探数据处理方法和程序》等2项地震勘探方法研究成果获科技成果奖。

1979年

2月20～26日　物探局召开三级干部会议。会议主题是学习贯彻党的十一届三中全会精神，把工作重点转移到现代化建设上来。会议提出1979年在塔里木、华北西部、二连、洛阳和三门峡、滇黔桂等五大战场开展物探工作，强调继续开展学大庆活动，加强思想政治工作。局党委书记严衍余作总结发言。

2月22日　物探局成立特种车辆改装厂（简称特车厂）。

2月23日　石油部决定，调潘瑗任物探局副局长。

3月1日　物探局向石油部党组汇报有关落实政策、处理“文革”遗留问题的情况。截至1979年底，对“文革”以来处理的192人的复查工作基本结束。

3月5日　第二指挥部与胜利油田东濮会战指挥部共同提供井位的东濮地区文35井出油。后经详查控制含油面积20多平方公里，探明地质储量4300多万吨，从而形成了濮城油田。1974～1979年，第二指挥部在东濮地区共投入41个地震队年，完成地震测线13257公里，先后找到了文留、卫城、濮城、桥口等4个油田。

3月5～7日　物探局召开共青团物探局第二次代表大会，选举产生了共青团物探局第二届委员会，陈素芬（女）当选局团委副书记。

3月13日　物探局成立科学技术委员会。

3月　物探局党委开办物探局干部培训班。同年9月，以培训班为基础在徐水成立物探局干部学校。1981年9月干校迁往涿县。

5月22日　石油部决定，调张美璠到物探局工作。10月25日任命张美璠为物探局顾问。

5月　石油部决定，成立“二连石油勘探会战指挥部”，委托大庆油田负责组织二连盆地石油勘探会战，抽调大庆、吉林、辽河、华北油田和物探局的队伍参加会战。当年物探局抽调2108、2109、2144、2149、2152地震队参战。1981年3月石油部决定，二连盆地石油勘探工作交华北油田承担，地震勘探工作由物探局负责。

7月13日　国务院副总理王震一行10余人，在石油工业部副部长阎敦实等陪同下视察物探局和物探局研究院电子计算机处理中心。

7月26日　石油部决定，调李荆和任物探局副局长（正局级）。

8月4日　石油部部长宋振明，副部长张兆美、李天相、李敬以及15名司局长视察物探局南疆探区，亲自到工区挖炮坑，并指示要搞机械化施工。

8月20～24日　物探局在徐水召开首届工会代表大会及四级干部会议。大会主要议程是听取和讨论庄国成、丁满喜、张俊瑞、王绪东关于三年调整、增产节约、思想政治工作、物探局工代会筹备情况的报告，选举产生物探局工会第一届委员会，表彰1978年度的先进集体和个人。物探局工会第一届委员会由41人组成，常委会由9人组成，王绪东当选为局工会主席，李民、牛玉田当选为副主席。

8月24日　石油工业部命名物探局及所属的第一指挥部、第二指挥部、第四指挥部、机械厂、研究院、职工医院、仪器厂、供应处为大庆式企业(单位)。

9月7～9日　美国勘探地球物理学家学会主席克鲁克和美中互访委员会主席琼斯一行12人首次访问物探局，开通了中美物探学术交流的渠道。

9月10～25日　石油部委托物探局，在江苏省扬州市召开全国石油地质、地球物理工作会议。会议的中心议题是围绕解决石油储采比例严重失调的矛盾，研讨加强东部地区勘探，推广地震地层学研究，搞好地质与物探的结合，提高勘探的质量和效率，把石油地质储量搞上去。

9月28日　物探局电子计算机处理中心（即研究院）在国务院“表彰工业、交通、基本建设战线的全国先进企业和模范大会”上，被国务院授予全国先进企业称号，受到国务院嘉奖。9月29日，河北省革委会嘉奖研究院在社会主义建设中作出的优异成绩。10月9日，物探局党委发出《关于开展学习电子计算机处理中心的决定》。10月10日，物探局召开庆祝大会，石油部副部长黄凯到会祝贺。

11月　中国石油学会物探专业委员会（简称石油物探学会）成立，挂靠在物探局。林运根任第一届石油物探学会（1979～1983年）理事长；陆邦干、潘瑗任副理事长；于锡胜任秘书长。

12月26日　物探局党委转发石油部党组批准成立中共物探局纪律检查委员会的通知。中共物探局纪委由高凤仪、张惠民、徐绍仲、李景远、张云波等5人组成；高凤仪兼任纪委书记，张惠民任纪委副书记。

1979年　石油部授予元春常、雒昭明劳动模范称号。第二指挥部247地震队被团中央评为全国新长征突击队。第二指挥部王忠浩、研究院严军琦被团中央评为全国新长征突击手。局团委副书记陈素芬率247队代表牛淑清、王忠浩及严军琦于9月21日参加全国表彰大会，在北京人民大会堂受到中央领导的接见。

1980年

1月28日　石油部批准物探局主办的《石油地球物理勘探》杂志，从1980年起由限国内发行改为国内外公开发行，双月刊。林运根任首届编委会主任，陈俊生任主编，汪廷璋、黄祥秀任副主编。

1月28日～2月8日　物探局召开工作会议，传达贯彻石油部领导干部会议精神，总结1979年工作，讨论部署1980年各项任务。

2月8～11日　物探局党委召开调资工作会议。至8月下旬，物探局调资升级工作圆满结束。职工升级面达47.52%。

2月27日　石油部批准物探局将引进管理处改建为物探引进技术服务公司（简称引进公司）。

2月29日　石油部决定将“北京十三陵疗养所”自当年6月起移交物探局代部管理。

3月6～14日　物探局召开南疆、二连地区勘探设计审查和华北地区地震勘探工作会议。

3月11日　物探局下发《关于试行投资、成本、费用包干实施办法的通知》，对局属各二级单位实行不同形式的经济责任制。此后，局组织工作组分别到地调二处、机械厂研究制定地震队及工业生产厂定额标准，并下发执行。

3月31日　物探局党委政治部发出关于对党员进行思想政治教育的通知，要求抓好党员轮训，组织党员学习中共中央十一届五中全会文件、《关于党内政治生活若干准则》和“党章”修改草案。

5月31日～6月2日　物探局召开第六届先进集体、先进个人暨第五届优秀团支部、新长征突击手代表大会，总结交流开展学大庆、增产节约活动的经验，表彰先进集体和个人。

6月15日～7月16日　物探局局长林运根等一行9人赴新疆探区，先后到第三指挥部驻地、普查大队指挥点及14个地震队、3个重力队，看望职工，调查研究，检查指导工作。

7月　物探局研究院首次通过市场竞争，与法国道尔公司签订地震资料处理合同。1980年完成地震资料处理8400公里，创汇88万美元。

8月25～26日　物探局召开第一次文书档案工作会议，讨论制订了《物探局文书处理暂行办法》、《物探局文书档案管理暂行办法》和《物探局机关档案室文书档案归档范围及保管期限》。

10月9～11日　物探局在涿县召开地震野外资

料质量检验工作会议，讨论修订《地震原始记录质量评价标准》，制定《指挥部质量检验组奖励条件》、《指挥部质量检验组职责范围》、《指挥部质量检验组工作程序和内容》等文件。

10月10日　石油部决定，嘉奖1979年度发现新油、气田有功单位。其中奖给物探局第二指挥部参加东濮会战有功单位15000元。

11月3日　石油部决定，嘉奖1979年度发现岔河集油田和任北奥陶系油藏有功单位，其中物探局获奖5040元。

12月1日　石油部任命王恕为物探局副局长。

12月24～26日　物探局召开局、厂领导干部会议，传达国务院省长会议和石油部厂矿长会议的主要精神，对1981年一季度任务作初步安排。

当年　电法、重力资料数字处理程序研制成功，并用于生产。从此，物探局物探资料全部利用电子计算机进行处理。

同年　物探局237、2112地震队首先使用SN348多道（96－240道）数字地震仪器在冀中地区施工。

1981年

1月12～17日　物探局党委召开第21次扩大会议，传达学习邓小平等中央领导在中央工作会议上的讲话，贯彻经济上进一步调整、政治上进一步安定的重大方针。

3月3～6日　物探局党委召开第一次纪检工作会议，总结纪委成立一年的工作，部署1981年工作任务，讨论制定局纪委工作任务、职责范围及有关制度。

3月12日　物探局党委下发通知，要求各单位在1981年上半年召开党代会，健全党内民主制度。

3月25日　物探局下达1981年二连盆地地球物理勘探任务。安排10个地震队、5个电法队、7个重力队在二连盆地进行地震、电法、重力综合勘探。

3月25～31日　物探局召开首届职工代表大会暨第七届先代会。这是物探局在1979年实行党委领导下的局长负责制后，开始实行党委领导下的职工代表大会制。会议审议通过了局长林运根的行政工作报告及物探局财务预决算和专项基金使用情况的报告；通过了《物探局职工代表大会条例（试行草案）》、《物探局为“四化”立功竞赛试行条例》和《职工代表提案审查报告》；表彰了1980年度40个先进集体、23名劳动模范、667名先进生产（工作）者。局党委书记严衍余分别在开幕和闭幕时讲话。

4月4日　物探局下达1981年塔里木盆地地震勘探任务，安排第三指挥部18个地震队完成阿瓦提与叶城—和田地区的概查，完善曲苦恰克与柯克亚地区的普查，完成和田河区域地震大剖面。

4月9日　石油部批准物探局成立石油天然气资源评价所。1983年9月15日，改为海洋石油勘探开发研究中心（1984年3月27日改属海洋石油总公司领导）。

4月20日　由物探局副局长兼总地质师柴桂林任组长，局副总工程师刘颂威及张芳基、周申吉等人组成的物探局工作组到达新疆莎车，检查指导南疆会战工作。柴桂林接替李全慎负责南疆会战的领导工作。

5月8日　物探局党委政治部下发关于开展“五讲四美”、遵纪守法教育活动的通知。5月14日物探局召开动员大会，局党委书记严衍余作动员讲话。此后全局广泛开展“五讲四美”活动。

6月2日　物探局第二指挥部2313地震队在河南省周口地区鹿邑县城关驻地，由于留守看家的学徒工用汽油点燃煤油炉，发生火灾，直接经济损失18.42万元。

7月6～13日　物探局召开领导干部会议，学习贯彻中共中央十一届六中全会《关于建国以来党的若干历史问题的决议》。

8月28日　物探局第四指挥部2221地震队司机在二连市发生重大交通事故，造成2人死亡、2人重伤、9人轻伤、车辆损坏的严重后果。

9月7日　物探局党委转发局集训工作组关于第一、二、四指挥部集中36个物探队进行夏季集训的总结汇报。局党委政治部于11日印发关于地震、电法、重力队实行集训制度的决定。要求全局各野外队利用收工后的时间进行政治、业务集训，形成制度，坚持下去。

9月7～11日　石油物探学会受中国石油学会委托，参与筹备的第一次中美石油地球物理勘探联合学术讨论会在北京召开。物探局提供了6篇论文。国务院副总理余秋里在人民大会堂会见并宴请了全体与会代表。

10月　物探局等5个单位联合研制的中国第一套KZ－7型可控震源，在甘肃酒西盆地经过5个月野外实地操作，完成考核验收工作。1982年6月

16～18日通过石油部科技司在玉门石油管理局组织的技术鉴定；1983年获石油部科技进步二等奖。

11月　第三指挥部219队和2142队沿新疆和田河河谷施工，第一次完成了沿和田河横穿塔克拉玛干大沙漠的447.5公里数字地震测线。

10月22日　石油部党组任命王恕、时云增、路遥为物探局顾问。

10月23日　物探局党委政治部下发关于在全局开展评选先进党支部、优秀党员活动的通知。

12月29日　物探局1980～1981年度华北盆地西部及塔里木盆地地震勘探成果总结评比答辩工作结束。4个指挥部及普查大队提交的12份文字报告和图件，有2份获一等奖，6份获二等奖，4份获三等奖。

当年　第四指挥部2112队使用引进的SN－348数字地震仪，在河北省霸县顾辛庄地区完成物探局第一块13平方公里的三维地震勘探采集任务。1982年4～9月物探局派3人到美国达拉斯GSI公司参与资料处理质量监督。物探局勘探一处于同年10月份完成解释工作，提交了两种方案的潜山形态图和钻探井位。

1982年

1月1日　《石油物探报》正式创刊，面向石油物探战线发行。1983年1月8日成立石油物探报社。

1月13日　物探局团委发文，根据团中央的要求，在全局团员中普遍进行一次做一名合格共青团员的教育。

1月16～18日　物探局党委召开政治工作座谈会，对打击经济领域中的严重犯罪活动作出具体安排。

1月23日　中国石油公司和美国地球物理服务公司（GSI）在北京签订了《中国西部塔里木盆地地球物理勘探合同》（合同号为PC82301MR），合同期三年，由物探局第三指挥部与GSI公司合作执行。

1月25日　物探局决定，由张成福、李运扬、陈祖钧等组成局二连前指领导班子。1982～1987年物探局在二连地区共投入109个地震队年、6个重力队年、15个电法队年；先后提供赛4、哈1、阿12、淖3、欣1、哈11、洪参1等井位，经钻探先后发现赛4号潜山油田、哈南潜山油田、蒙古林砾岩油田、包尔油田、欣苏木油田、夫特砾岩油田和洪浩尔舒特含油凹陷等，为建成二连油田做出了重要贡献。

2月2日　物探局党委印发《地震、电法、重力队生产过程中思想政治工作的若干问题》（试行），要求加强物探队的思想政治工作，使之逐步做到科学化、制度化。

3月28日～4月2日　物探局在涿县召开一届二次职代会暨第八届先代会，总结交流经验，讨论审议1981年工作及1982年任务，讨论通过职代会暂行条例实施细则及职工守则；表彰了53个先进集体、28个劳动模范和752名先进生产（工作）者。

4月20日　石油工业部批准物探局试行“任务、成本包干经济责任制”办法，同意对地质任务、勘探工作量、勘探质量、单位成本实行包干，从超产节约额中提取40%作为留成资金，其中一部分用于超产节约奖励。

5月4日　石油部批准物探局设立档案处（下设档案馆），为局属二级单位，又是局机关职能部门。1984年正式设立档案处，并在涿县城西研究院院内建局档案楼。

5月14日　石油部部长唐克，副部长李敬、李天相及原副部长张文彬、焦力人、阎敦实等领导来物探局并到研究院视察工作。

6月2日　物探局第三指挥部2208队在新疆乌喀公路696.7公里处施工时，发生一起重大爆炸事故，死亡1人、重伤5人、轻伤1人，KB－800A型爆炸机被炸毁，直接经济损失18000元。

6月7日　应美国GSI公司的邀请，石油部决定由严衍余（组长）、张邦杰（副组长）、刘颂威、严宽亮、吴群苍、赵瑞平、刘仲秋等7人组成考察组，赴美国达拉斯就中美合作勘探问题对GSI公司进行为期40天的考察。

6月17日　石油部以中国石油公司名义与美国西方地球物理公司签订了《在中国建立石油勘探数据处理中心合同》，合同号为PC803033MR，合同期5年。根据这个合同，美方提供技术和技术人员，中方提供资金和其他人员，以IBM3033系统为基础在涿县物探局研究院组建地震资料处理中心。

6月19日　物探局党委下发关于认真学习中共中央（1982）28号文件的通知，要求认真学习贯彻《中国共产党工业企业基层组织工作暂行条例》，并与《国营工业企业职工代表大会暂行条例》、《国营工厂厂长工作暂行条例》一起贯彻实施。

7月21日　中国石油公司与美国地球物理服务

公司（GSI）签订在华北文留地区进行三维地震资料采集、处理、解释的服务合同。物探局第二指挥部214、2143队和美方人员联合组成的中美合作三维地震队执行合同采集任务，1982年10月～1983年2月完成三维地震100平方公里。

8月30日　物探局与国防科技大学签订《银河地震数据处理系统工程合同》，将国防科技大学研制的银河计算机用于石油地震资料的数据处理。

9月20～21日　物探局召开局处领导干部会议，传达学习中共“十二大”文件，讨论通过了局党委关于学习“十二大”文件的安排意见。

11月25日　物探局仪器厂研制的SK－8000数控地震仪通过石油部技术鉴定。1983年获石油部科技进步二等奖，1984年投入生产。

12月15～16日　物探局在涿县召开首届科学大会。会上局领导为东濮凹陷复杂构造勘探、数控地震仪研制等128项荣获优秀科技成果奖的单位和王宏琳、王顺根等346人颁发了奖状、证书和奖金。局长林运根在会上作了《大力发展石油物探科学技术，为开创石油物探新局面而奋斗》的报告，局党委书记严衍余作了总结发言。

12月19日　石油部召开物探局管理全国物探工作座谈会。会议决定：物探局成立驻部办公室作为物探局的派出机构，与勘探司一起管理全国物探工作，接受勘探司和物探局双重领导。物探局副局长潘瑗兼任驻部办公室负责人。

12月22～25日　物探局第一次基层建设经验交流会在涿县召开。会议听取了局党委书记严衍余作的《在十二大精神指引下，大力加强党的思想政治工作》的报告和部分单位的先进典型经验介绍；讨论通过了1983年全局思想政治工作的安排和《大力加强思想政治工作的决定》；确定了对一线队伍采取“稳定、关心、提高”的工作方针。

1983年

1月8日　中国石油地质界知名专家、物探局总地质师王尚文逝世，享年68岁。1983年12月，王尚文主编的《中国石油地质学》正式出版。1985年4月，王尚文的亲属将其生前收藏的134册书刊捐赠给物探局情报所图书室。

1月15日　物探局成立中美塔里木合作勘探管理处，下设政工、生产、办事、供应、后勤5个组，日常工作委托第三指挥部统一领导。

1月20日　物探局与美国DIGICON公司签订引进DISCOVERY解释系统（VAXⅡ/750解释工作站）合同。1984年9月12日双方又签订补充协议，1984年底解释系统在解释中心安装、调试后投入生产。从此地震资料开始由手工解释向计算机辅助解释转变。

3月7日　物探局党委下发关于深入开展“五讲四美三热爱”❶活动的通知。

3月17～22日　物探局二届一次职代会暨第九次先代会在涿县召开。会议审议通过了全局工作及财务预算报告，以及关于开展“双合格”（合格党员、合格干部）、“文明集体”活动及“干部离休和其他职工退休暂行实施办法”的报告；对55个先进集体、35名劳动模范、533名先进个人进行了表彰。

5月15日　物探局机械厂研制的WTZ－300型气水两用沙漠钻机，在新疆乌鲁木齐市通过部级鉴定。该钻机1985年10月获国家科技进步二等奖；1988年11月被全国质量奖审定委员会批准为国家优质产品，获银质奖。

5月23日　第三指挥部在新疆库尔勒驻地召开进军塔里木誓师动员大会。三个大沙漠地震队开始了征服塔克拉玛干大沙漠——“死亡之海”的壮举。

6月6～10日　物探局党委召开第24次扩大会议，传达中央关于尽快实现党风根本好转的精神，通报局领导班子对照检查的情况，听取处以上干部的批评意见，讨论如何搞好各二级、直属单位领导班子的对照检查。

7月　物探局从美国地球物理电子公司首次引进一套MT78SR型磁带记录的五通道大地电磁测深仪，并在二连阿巴嘎旗试验生产。

10月3～5日　国务委员康世恩带领赵宗鼐、李天相、闵豫、阎敦实等石油部领导到物探局视察工作，并参观了IBM3033计算机系统。

10月5～13日　物探局召开局处领导干部会议，传达全国组织干部、调资、企业整顿、思想政治工作，以及整顿“以工代干”等工作会议精神。会议形成了关于物探局二级、直属单位领导班子实现革命化、年轻化、知识化、专业化的七年规划，干部教育培训安排，企业整顿安排，思想政治工作安排等4个文件。

---

❶ “五讲四美三热爱”：讲文明、讲礼貌、讲卫生、讲秩序、讲道德，心灵美、语言美、行为美、环境美，热爱祖国、热爱社会主义、热爱党。

10月10日　石油部批准物探局成立解释中心和科技情报所。1984年6月30日，物探局下文正式成立解释中心和科技情报所。

10月14日　物探局纪委在涿县召开纪检工作会议，专题部署企业经营管理大检查、打击经济领域中的严重犯罪活动。

10月17～18日　物探局在涿县召开1983年冬华北地区野外生产会议，分析石油勘探形势，提出野外采集质量和质量管理水平必须上一个新台阶的奋斗目标；讨论修改《地震勘探野外采集质量管理及职责范围》等文件。

10月18日　物探局党委下文，要求三年内对全局35岁以下青年职工轮训一遍，学习《中国近代史》、《科学社会主义常识》、《中国工人阶级》三本书，进行系统的爱国主义、集体主义、社会主义、共产主义的思想教育。

10月28日　研究院举行IBM3033资料处理系统开工典礼。

10月　物探局组织第三指挥部2222队对吐哈盆地西部进行区域地质概查和普查。1983～1989年第三指挥部（地调三处）在吐哈盆地共投入19个地震队年，完成地震测线1.24万公里，发现局部构造77个。1987年2月15日，物探局提交鄯善构造上的台参1井井位设计书。1989年1月5日，台参1井在中侏罗统地层日产原油35立方米，天然气4245立方米，从而发现了鄯善油田，勘探工作取得重大突破。

同月　物探局工会副主席赵周舍被选为中国工会“十大”代表，于10月17～29日出席了中国工会第十次全国代表大会。

同月　研究院银河系统工程师畅春香（女）到北京参加第五届全国妇女代表大会，并荣获全国“三八”红旗手称号。

11月8日　中国技术进口公司会同其最终用户——中国石油公司与美国西方地球物理公司代表在北京签订《涿县数据处理中心附加的数据处理设备和服务合同》，租用IBM3081计算机为物探局研究院提供服务。

11月17～19日　物探局党委召开全委扩大会议，作出关于学习整党文件的决定，并要求抓紧清理“精神污染”和“三种人”（追随林彪、江青反革命集团造反起家的人，帮派思想严重的人，打砸抢分子）的工作。

12月31日　石油部对物探局领导班子进行调整：决定物探局党委常委会由严衍余、陈启发、潘瑗、张俊瑞、武慎让、徐绍仲、曹云福7人组成，严衍余任局党委书记，陈启发任局党委副书记；潘瑗任局长，钟辛生、许大坤、王见仁、庄国成、武慎让任副局长，林运根任顾问；徐绍仲任局纪委书记，张俊瑞任局工会主席；柴桂林任局总地质师，李全慎任副总工程师；高凤仪、王绪东、丁满喜任局调研员。物探局原任党委书记、副书记、常委职务，原任局长、副局长职务随即免除。

当年　物探局地质专家吴奇之当选第六届全国人民代表大会代表。1989年、1993年又分别当选第七届、第八届全国人大代表。

1984年

1月19～25日　物探局党政领导严衍余、潘瑗、陈启发、钟辛生、许大坤、武慎让，分两路深入局属4个指挥部及普查大队、技工学校和徐水地区各二级单位，征求基层对局新领导班子的意见，共商1984年的各项工作。

1月23～27日　物探局召开1983年度华北盆地西部地震勘探成果答辩会。会议展示了1983年华北盆地西部地震勘探资料解释获得的丰硕成果：新增断块和新发现各类第三系圈闭约189个（块）、面积约1207平方公里，新发现潜山和潜山内幕构造37个（块）、面积约367平方公里，共提供钻探井位209口。

2月22～28日　物探局在涿县召开地震技术现代化座谈会，就物探、钻探、地质如何密切配合，努力促进地震勘探技术现代化等问题进行了座谈讨论。

2月　物探局党委抽调52名干部，组成9个工作组，对全局各二级单位领导班子进行考核。通过考核，对17个二级单位领导班子进行调整。

3月28日　物探局召开1984年采集、处理、解释工作会议，讨论确定了1984年采集、处理、解释工作要点：提高野外采集试验水平，安排好常规处理工作，解释研究实行项目管理。

4月初　物探局顾问林运根等3人到第三指挥部库尔勒基地检查工作，并于4月10日到1830队工地考察。考察后写出《塔克拉玛干沙漠石油地震勘探工作调查报告》。

4月5日　物探局党委下发关于认真检查落实知识分子政策情况的通知。此后物探局又下发《落实知识分子政策有关问题实施细则》、《落实知识分子政策初步规划》，并成立专门工作小组抓此项工作。

4月　物探局第一指挥部提供井位的冀中坳陷留58井，经钻探日产原油1142吨、天然气372886立方米。为此，华北石油管理局授予一指“千吨井的尖兵”的锦旗。

同月　在1983年度河北省和国家科委举办的优秀新产品展览会上，物探局仪器厂生产的SK－8000型数控地震仪、SD－1型数字大地电磁测深仪等2项产品荣获1983年度国家和河北省颁发的优秀新产品奖章及证书。

5月8～12日　美国勘探地球物理学家学会（SEG）代表团与中国石油物探学会（SPG）在物探局联合举办“中美地震解释座谈会”。

5月16～18日　物探局纪委召开纪检工作会议，传达中纪委3月工作会议精神，讨论研究1984年纪检工作主要任务和措施：学好整党文件，纯洁组织，继续打击经济犯罪，纠正不正之风，争取在整党中实现党风明显好转。

5月26日　物探局在涿县召开1983年度先进集体、先进个人表彰大会，对3个文明集体、50个先进集体、36名劳动模范、514名先进生产（工作）者进行了表彰奖励。

5月30日　根据石油部决定，物探局分别从第一指挥部抽调220、2258、2311地震队，从第四指挥部抽调2108、2150、2221地震队，以及相应的处领导、机关工作人员组成一个地调处，调给华北石油管理局。

6月2～7日　物探局召开领导干部会议，传达学习全国石油工业局厂领导干部会议精神，研究下半年工作及今后一个时期的工作设想，讨论《物探局改革问题的若干意见》。局长潘瑗作工作总结、安排及今后七年设想的报告。

6月5日　根据石油部决定，物探局从第二指挥部抽调2143、214、250、2311、2155、2103等6个地震队，配备了相应的处领导，组成一个地调处，调给中原石油勘探局。

6月10日　物探局党委印发《关于局领导班子成员端正党风的十条规定》。

6月30日　物探局对局属机构进行调整。机关处室设置：局党委办公室、组织部、宣传部、局纪委办公室、局工会、局团委、老干部处、机关党委；局办公室、计划处、劳动工资处、财务处、勘探一处、勘探二处、生产管理处、机动处、装备制造处、安全处、科技处、教育培训处、企业管理处、审计处、保卫处、档案处、基建处、外事办公室、卫生处。

局属二级、直属单位有：第一、二、三、四勘探公司、地质普查公司、研究院、解释中心、科技情报所、机械厂、仪器厂、大修厂、半导体器件厂、徐水办事处、职工医院、供应处、石油物探学校、技工学校、职工大学筹建处、干部学校、物探引进技术服务公司、建筑公司、房屋维修公司、劳动服务公司、生活服务公司、行政处、农副总场、特车厂、制图印刷厂、运输大队、装备研究所、通讯总站、石油物探报社、十三陵疗养院、建筑设计所、徐水子弟学校、涿县子弟学校。

7月12～14日　物探局召开企业整顿改革工作会议，具体部署企业整顿改革工作。

7月19日　物探局干部学校改为管理干部学校。

7月27日　石油部部长唐克等领导到物探局检查工作，听取物探局工作汇报，视察研究院IBM3033系统，并作了重要指示。

9月15日　经石油部批准，物探局停办半导体器件厂。

10月25日　物探局党委下发学习《中共中央关于经济体制改革的决定》的安排通知。

11月8～10日　物探局在地质普查公司召开企业全面整顿检查验收现场会，对地质普查公司进行检查验收，并对全局检查验收工作作了安排。

12月7日　以苏联石油部技术局副局长阿巴诺维奇为组长的苏联石油考察组一行6人来物探局考察。这是中苏两国石油领域关系中断20多年后的第一次技术交流。

12月31日　研究院方法研究室和中国科学院计算技术研究所、石油部西北地质研究所等8个单位合作研制KJ8920石油地质勘探油田开发大型数据处理系统（简称KJ8920系统）的项目工程开始启动。1991年12月15日，该系统在北京通过了国家科委组织的国家级技术鉴定。1994年4月25日，该项目获1993年度国家科技进步一等奖。

当年　物探局派第三勘探公司282队、2222队赴新疆焉耆盆地进行地震勘探，次年2170队又赴该区施工，经资料解释发现四十里城等构造，为宝浪油田的发现提供了可贵的资料。

1985年

1月6日　在物探局企业整顿验收总结大会上，

石油部企业整顿检查验收团向物探局颁发企业整顿验收合格证。

1月16日　物探局仪器厂同美国AMF GEOSPACE公司在北京签订合作经营俊峰公司、生产GS－20DX地震检波器的合同（合同号为PJ85001）。

1月28～30日　物探局召开二连盆地地震勘探技术座谈会，总结1984年二连盆地的勘探经验，研讨1985年如何加快二连盆地的勘探步伐。

2月7～8日　物探局党委在涿县召开整党工作座谈会，部署全局的整党工作。

3月8日　物探局成立石油物探职工大学。

3月　为贯彻《中共中央关于经济体制改革的决定》，物探局先后下文对各二级单位、局机关及附属单位实行不同形式的经济责任制。

4月2日　石油部1984年度同工种基层队劳动竞赛评比结束，物探局第三勘探公司1832地震队荣获金牌，第二勘探公司247地震队、地质普查公司702电法队荣获银牌，第四勘探公司2153地震队荣获铜牌。

4月8～10日　物探局在涿县召开局、处领导干部会议，贯彻全国人大六届三次会议及中纪委关于纠正新的不正之风的指示精神。会上，局纪委书记徐绍仲代表局党委作了《讲党性、讲政策、讲纪律，保证整党、改革、生产三大任务的向前发展》的报告，要求结合整党，纠正新的不正之风。

4月12日　地质普查公司研究队的地质师冯培光随国家南极考察团考察归来，受到地质普查公司职工的热烈欢迎。

5月　第四勘探公司2153地震队在1984年度生产中，创造了普通井炮队年上万（10074）炮的高产纪录，被团中央授予“全国新长征突击队”称号。

6月4～7日　在匈牙利召开的欧洲勘探地球物理学家学会第四十七届年会暨展览会上，中国首次展出了物探局仪器厂生产的地震检波器和电缆实物样品。

6月8日　新疆自治区党委第一书记王恩茂和自治区主席司马义·艾买提一行30多人，到物探局第三勘探公司库尔勒基地视察并慰问职工。

6月17日　《瞭望》周刊以《石油开发的先行官》为题，对中国石油物探队伍的起源及物探局的发展情况进行了综合报道。

7月17日　物探局第三勘探公司1832队被狂风围困在新疆塔里木盆地罗布泊工区。7月30日，黑色风暴再次席卷罗布泊，职工吃水困难，每天每人只能喝到一杯水。8月2日，飞机前来营救，因风大、能见度低而失败；当日21时48分，两架军用飞机顶风抢飞，空投水袋、罐头、蔬菜；8月3日，风势渐小，职工从沙中抢挖设备，与十级以上的狂风和翻滚的沙暴英勇搏斗。在物探局及三公司领导和新疆驻军39991部队的支援下，全队近百名职工安然无恙，战胜了风沙，于8月8日安全撤离罗布泊工区。

8月26日　石油部召开地震工作会议。物探局根据会议精神，调整塔里木勘探部署，收缩战线。第三勘探公司的队伍向盆地北部的草湖北、轮台西、齐满、南喀拉玉尔滚、塔东2、3号构造进军，开始了塔北会战。

9月2日　物探局仪器厂研制的SK－83型96道数控地震仪及FP－1型车载现场处理系统通过了部级鉴定。1986年投入生产。

9月10日　物探局隆重集会，热烈庆祝第一个教师节，对侯秀坦（女）等37名先进教师（工作者）进行表彰。

10月7日　物探局机械厂研制的WTZ－50型车装钻机通过部级鉴定。

11月30日　物探局党委、物探局向第三勘探公司1832队发出贺电，祝贺他们从1984年12月26日至1985年11月28日，完成地震测线1001.95公里，获记录20057张，合格率达99.91%，创造沙漠队年上千公里的新纪录。

11月　物探局从加拿大凤凰公司和美国中奇公司引进2套可控源大地电磁测深仪（V－4和GDP－12）。

12月25日　第一勘探公司2178队在河北饶阳县施工中发生爆炸事故，造成4人死亡、1人重伤，直接经济损失达26000元。

12月27日　石油部决定，将培黎石油技工学校改为培黎石油学校，学校体制改为中专，直属石油部，从1986年起，由物探局具体领导。

12月　解释中心完成的科研项目《华北盆地南部石炭系煤成气形成条件及远景评价》获国家级科技进步一等奖。

1986年

1月16日　石油部作出关于表彰1985年度金、银、铜牌基层队的决定。物探局第三勘探公司1830

地震队、第二勘探公司2206地震队获金牌；第一勘探公司2107地震队获银牌；第四勘探公司217地震队获铜牌。

1月23～25日　物探局在涿县召开局处领导干部大会，要求局处两级领导干部响应党中央的号召，在端正党风方面作出表率；并制定了局处两级领导干部端正党风的十条规定。

2月24日　物探局第一勘探公司隆重举行大会，表彰2月15日英勇抢救落水儿童的有功人员，追认为营救同学而献出年幼生命的孟刚同学为优秀少先队员称号。同年4月，物探局团委、局教育处作出向孟刚同学学习的决定。

2月　普查公司首次进入内蒙古腾格里沙漠进行重力和电法勘探。

3月8～9日　由物探局和北京电影演员剧团联合录制的四集电视剧《沙海中的小红帆》在中央电视台播放。

3月26日　物探局职工思想政治工作研究会在涿县召开成立大会和第一次理事会。严衍余任会长，陈启发任副会长。

3月27～31日　物探局在涿县召开第三届职代会暨1985年度先进集体、先进个人表彰大会。会议讨论通过了《物探局第三届职代会组织工作的若干规定》、《物探局职工代表大会暂行条例实施细则》、《物探局"七五"计划发展纲要》等文件。

3月　第四勘探公司派2165、2255两个沙漠地震队，开进腾格里大沙漠施工，并组建河西前线指挥部。

同月　石油部同意物探局关于石油部与美国地球物理服务公司签订的"中国西部塔里木盆地地球物理勘探服务合同"（1983年5月生效，1986年5月结束）延长3年的申请。5月17日，中国技术进口总公司及中国石油公司和美国地球物理服务公司（GSI）签订《用地球物理地震方法勘探中国西部塔里木盆地合同》（合同号为CUA－86029）。合同旨在向第三勘探公司1830队和1831队提供3年延长期的生产技术服务。3年中，两个队共完成地震测线6076.225公里。

4月7日　物探局决定：成立软件开发所和地球物理方法所；组成重磁电研究所；解释中心的业务工作由局勘探处直接领导。

5月9日　物探局与美国地球物理服务公司（GSI）签订引进SIDIS/PE三维解释系统合同。6月该解释系统到货，通过验收，在解释中心安装使用。

5月30日　中国石油公司与美国GSI公司签订的塔里木盆地PC82301MR合同到期。经过中美双方人员的共同努力，三个大沙漠队提前6个月超额35.2%完成了合同规定的工作量，基本搞清塔东地区乃至整个盆地的区域地质构造和沉积特征，发现了一批圈闭，同时还取得了丰富的气象和水文地质资料。

5月　经国家科学技术进步奖评审委员会首次评选审定，物探局参加完成的7项科技成果获国家科技进步奖，它们是：1.《渤海湾盆地复式油气聚集（区）带勘探理论及实践——以济阳等坳陷复杂断块油田的勘探开发为例》（特等奖）；2.《数字地震勘探技术的应用与发展》（一等奖）；3.《WTZ－300型气水两用车装钻机》（二等奖）；4.《SD－1型数字大地电磁测深仪及其软件系统应用和研究》（二等奖）；5.《塔里木盆地柯克亚高产油气田的发现和探明》（二等奖）；6.《古潜山油气田的形成条件与勘探技术》（三等奖）；7.《三维地震勘探技术及应用》（三等奖）。

5月　物探局先后下文，分别对物探引进技术服务公司、研究院、科技情报所、解释中心、供应处、石油物探职工大学、管理干部学校、技工学校、物探学校、运输大队、制图厂、建筑公司等12个单位实行"经营承包"、"任务费用包干"、"百元产值工资含量包干"经济责任制。

6月20～23日　石油部部长王涛在沙漠顾问组王炳诚、新疆石油管理局党委书记张毅和物探局副局长钟辛生等陪同下，视察了物探局第三勘探公司库尔勒基地。王涛部长还深入沙漠腹地看望1830队职工，称赞他们是第一批征服塔克拉玛干的勇士，从事着伟大光荣的事业。

6月　物探局研究院的科研项目《银河机地震专用软件的应用》、《地震资料特殊处理》分别获国家电子振兴领导小组颁发的1986年全国计算机应用一等奖和三等奖。

7月16日　第一、二、三、四勘探公司分别改名为第一、二、三、四地质调查处（简称地调一、二、三、四处，或一、二、三、四处），地质普查公司改名为第五地质调查处（简称地调五处，或五处）；引进技术服务公司改名为引进管理处（简称引管处）。

8月20日　职工大学安装中国引进的第一台兰德马克－Ⅲ型机（人机交互解释系统），并陆续为全国石油物探系统举办5期人机联作解释培训班，共培训117人。

10月1日　石油专用卫星通讯网开通试运行。物探局机关（涿州）与地调三处（库尔勒市）之间开通了卫星通讯电路。

10月　科技情报所的《石油物探新技术系列调研》项目荣获国家科委、国防科工委、中国科学院、中国科协、国家自然基金会授予的全国科技信息系统优秀成果三等奖。

11月7日　物探局召开第二次基层建设工作会议。局长潘瑗作关于稳定一线队伍的政策措施和对物探队进行若干改革的报告。会议通过了《关于改善物探队劳动组织和用工制度的暂行规定》、《关于物探队使用季节工的暂行规定》、《关于改善物探队职工工资福利待遇的暂行规定》、《关于加强物探队领导班子和骨干队伍建设的暂行规定》、《物探局改进物探队思想政治工作的若干意见》、《物探局关于加强精神文明建设的若干措施》、《物探局关于加强地震、重力、电法队基层建设的规划（1986～1990年）》等7个文件。

11月下旬　物探局仪器厂生产的300串共计2475只SJ－2型数字地震检波器装箱送交塘沽港运往匈牙利。这是国产石油物探装备首次进入东欧市场。

12月3日　物探局从美国引进的IBM3081－KX3和IBM4381处理机运抵研究院，与IBM3033系统组成了以IBM4381机为前端机、3081和3033机为处理机的复合处理系统，即IBM3081/3033/4381复合处理系统，形成新的处理能力。

12月30日　国家科委、人事部授予研究院高级工程师王宏琳“中青年有突出贡献专家”称号。同年5月王宏琳获中华全国总工会颁发的“五一劳动奖章”。

当年　国家经委授予物探局“技术进步先进企业”（单项）称号。

1987年

2月10～12日　国家科委委托石油部和国防科工委在河北省涿州市物探局联合召开“银河地震数据处理系统国家级技术鉴定和投产庆祝大会”。国务委员兼国防部部长张爱萍为大会发来贺电，国务委员康世恩、宋健，国家经委主任吕东，石油工业部部长王涛，国防科工委主任丁衡高、政委伍绍祖，河北省省长解峰等领导到会祝贺，并到物探局研究院银河地震数据处理系统视察。

2月13～15日　石油部部长王涛、副部长李天相和总地质师阎敦实分别到徐水、涿州视察物探局仪器厂、机械厂，听取了研究院、解释中心、职工大学和物探局领导的工作汇报。2月14日，王涛部长参观了物探局职工大学兰德马克－Ⅲ型机。

2月16日　石油部部长王涛在物探局职工大会上作重要讲话，从六个方面肯定了物探局的成绩和贡献，并给物探局提出了四项任务：①物探局应当成为石油工业今后发现新的油气资源大区战略接替的野战军；②物探局要成为石油物探技术开发和科学研究的中心，同时又是推广先进物探技术和进行物探技术服务的中心；③物探局要成为物探专业人才的培训中心；④物探局要成为物探装备的生产基地。

3月10～16日　物探局三届二次职代会暨1986年度先代会在涿州召开。会议审议通过了全局工作及财务预决算报告以及改善职工生活方面的报告；对21个双文明集体、18个双文明班组、18名劳动模范、106名双文明标兵，以及25个先进党支部和74名优秀共产党员进行表彰。

3月　特车厂研制的WTC－Ⅰ型仪器车、WGC－Ⅰ型工程车，机械厂研制的CC－60型餐车、WTZ－100型钻机、ZXC－15型装线车、GSC－4型水罐车通过部级技术鉴定。

4月5日　物探局研究院高级工程师俞寿朋被评为全国优秀科技工作者。同年5月荣获全国总工会颁发的“五一劳动奖章”，8月被评为河北省劳动模范。

4月26日　石油部副部长周永康来物探局机关和研究院检查工作。

4月27日　由物探局装备研究室、大修厂、机械厂、北京石油机械厂、石油部第四石油机械厂联合设计，大修厂完成整机组装的KZ－13型国产可控震源2台样机，通过了石油部技术鉴定。1990年10月，该产品获得国家科技进步二等奖。

4月　物探局局长潘瑗一行4人赴苏联进行石油物探技术考察。

5月7日　石油部决定刘颂威任物探局副局长（列钟辛生之前），并增补为局党委常委。

5月23日　石油部副部长周永康到地调三处库尔勒基地检查工作，在处机关、直属单位领导干部会议上发表讲话，并到塔中地区1830队视察。

5月29日　石油部1986年同工种基层队社会

主义劳动竞赛评比揭晓。物探局地调三处1830队、地调二处2162队被评为金牌队；地调四处2144队、地调二处2314队被评为银牌队；地调五处308队被评为铜牌队；地调二处2206队、地调三处238队、地调四处2153队被评为双文明一级队。

6月3日　物探局成立归国华侨联合会。

6月5～6日　中央政治局委员、书记处书记、国务院副总理李鹏，中央政治局委员、中共中央书记处书记胡启立，国务委员宋健，以及中共中央、国务院有关部委的领导在新疆自治区主席铁木尔·达瓦买提、石油部副部长周永康陪同下，到地调三处库尔勒基地视察工作。

7月15日　中共中央顾问委员会副主任王震在石油部副部长周永康的陪同下来物探局视察工作。在视察中听取了物探局的工作汇报，参观了物探局研究院银河地震数据处理中心，并与物探局部分领导干部和技术人员进行座谈。

8月14～19日　美国勘探地球物理学家学会（SEG）和中国石油物探学会（SPG）在物探局联合召开地震方法研讨会。

8月24～28日　物探局在北京十三陵疗养院召开第三次基层建设工作（徐水地区各单位及其他二线单位）经验交流会。

9月12日　中国第一个地震队、第一个电法队、第一个重力队的代表及部分物探界老同志在物探局外招聚会。他们是翁文波、苏盛甫、陆邦干、潘祖福、朱松元、陆建雄、蒋传宝、邓敦明、陈林桐、高大容、郭容发、高凤仪、张铁静、黄豪等。在13日举行的欢迎会上，物探局局长潘瑗向来宾们表示热烈欢迎。

9月21～26日　在北京十三陵疗养院召开物探局第四次基层建设工作（地调单位）经验交流会。

9月21日　地调三处提供井位的轮南1井在4744.47～4847米井段三叠系地层日产原油28.1立方米、天然气2488立方米，首次在塔北地区三叠系获得重要发现，打开了新的勘探领域。

9月22日　地调二处与河南电影制片厂联合拍摄的反映物探职工生活的电视连续剧《探宝人》在中央电视台二套节目播出。

11月27日　缅甸缅玛石油公司（简称MOC）与中国石油工程建设公司（简称CPECC）的授权代表在仰光签订《中国石油工程建设公司与缅甸缅玛石油公司为在缅甸中部盆地进行地震勘探的服务合同》（合同号MC－87－01）。物探局地调二处8705地震队执行合同，1988年1月23日～6月28日完成地震测线522公里。

12月10～12日　物探局召开局、处领导干部会议，传达学习石油部勘探工作会议和深化企业改革会议的主要精神，并就如何加快经济改革问题进行了座谈讨论。

12月　地调三处等单位完成的《中国西部地区卫星定位网的建立及在石油地质勘探中的应用》项目获国家科技进步三等奖及石油部1986年科技进步一等奖。物探局与新疆石油管理局共同完成的《塔里木盆地和准噶尔盆地沙漠腹地地震勘探新技术》项目获国家科技进步一等奖。物探局研究院与国防科技大学共同完成的《银河计算机地震数据处理系统》获国家科技进步一等奖。物探局研究院与中国科学院计算中心共同完成的《地震勘探数值方法》项目获国家科技进步二等奖。

当年　地调三处1832地震队采集班被中华全国总工会评为全国“先进班组”。

1988年

2月10日　滇黔桂石油勘探局党委副书记李超祖一行6人，来到涿州感谢物探局对南方找油找气的大力支持，并赠一面锦旗，上写：“支援南方找油，携手共创新业”。

3月4～5日　物探局党委在涿州召开二级单位党委书记会议，部署1988年的思想政治工作，对《物探局党委1988年工作要点》中关于全面实行局（厂）长、经理负责制，实行党政分开的问题进行了认真讨论。

3月16日　物探局在涿州召开1987年度先进集体、先进个人表彰大会，对27个双文明集体、37个双文明班组、10个双文明科室、27名劳动模范、129名双文明标兵，以及22个先进党支部、87名优秀共产党员进行了表彰。

3月29～30日　物探局召开第二届科技进步大会。副局长许大坤在会上作了题为《大力发展科学技术，为加速石油物探现代化而奋斗》的报告，局长潘瑗作总结讲话。

4月22日　特车厂作为物探局第一个试行企业承包经营责任制的单位，在徐水与物探局举行了承包签字仪式。

4月26日　石油部下文通知：物探局仪器厂与美国乔斯佩斯公司合作经营生产地震检波器的俊峰

公司经国家对外经济贸易部4月15日批复荣获先进技术企业称号。

5月26日　中顾委常委余秋里，石油工业部部长王涛，副部长周永康、李天相，总地质师阎敦实等一行25人，在物探局局长潘瑗陪同下视察物探局研究院。

6月14日　地调四处与中国石油工程建设公司协商同意承担赴日本研修生（劳务）合同任务。地调四处首批6名人员去日本静岗等地施工，1989年12月14日完成任务后回国。此后，地调四处又分别派出5批共42名劳务人员赴日本作业。最后一批人员于1994年9月回国。

6月30日～7月1日　物探局在地调一处召开优化组合和招标承包工作研讨会，就深化地调处改革问题进行研讨。

7月　研究院的科研项目《复杂隐蔽油气藏勘探方法研究与应用》获国家科技进步二等奖。地调三处、五处共同完成的科研项目《西北地区卫星定位网的建立及应用》获国家科技进步三等奖。

8月　物探局与美国DEC公司和GEOQUEST公司签订引进5套GeoQuest解释系统合同。1989年5月该解释系统到货，1989年10月～1990年4月在北京八角村（物探局引管处驻地）通过验收，后在解释中心安装使用。

同月　由河北省总工会组织的河北省大企业“保险杯”篮球赛在石家庄市举行。地调四处篮球队代表物探局参赛并获得冠军。

9月13～16日　物探局在十三陵石油工人疗养院召开第一次全面质量管理会，检查总结交流TQC工作开展的情况，介绍辽河油田物探公司的经验，讨论修改《物探局TQC验收细则》等文件。

9月　物探局与美国LANDMARK GRAPHICS公司签订引进8套LandMark解释系统合同。1989年3～9月设备到货，在解释中心通过验收，安装使用7套；在地调四处安装使用1套。

同月　物探局工会主席张俊瑞在河北省工会第七次代表大会上，被选为河北省总工会第七届委员会委员，并当选为中国工会“十一大”代表，于10月出席了中国工会第十一次全国代表大会。

10月　在中国工会第十一次全国代表大会上，物探局研究院工会获得“模范职工之家”称号，研究院徐忠范荣获“优秀工会积极分子”称号。

11月15日　地调五处组建901化探队；地调二处成立特殊采集队，1989年12月27日更名为2517VSP测井队。

11月25日　地调三处提供井位的塔里木盆地轮南2井在三叠系日产原油631.8立方米、天然气119067立方米。12月该井分层试油10层，其中5层获高产油气流，各层累计日产原油2000立方米、天然气13万多立方米，被随后成立的塔里木石油勘探开发指挥部称为塔里木盆地油气勘探第四个里程碑，标志着轮南油田的发现。

12月2日　物探局召开局处领导干部会，贯彻党的十三届三中全会精神，安排在全局职工中开展形势与任务教育。物探局党委、物探局发出通知，要求从1988年起全局处以上党员领导干部要进行个人述职，听取领导班子成员和职工代表意见（民主评议）。

12月21日　物探局发布《二维地震资料处理的野外原始资料进站验收标准》等22项物探局企业标准。

12月　职工医院内科主任、副主任医师曾自成领导的血液流变学研究小组，对动脉血栓的研究取得成果。中国蛇协血液流变学专业委员会和中国急救医学研究会河北分会鉴定认为，他们的研究成果属国内先进水平，在临床上有明显的应用价值和指导意义。

同月　物探局在全局范围内进行了一次以处以上党员领导干部贯彻执行治理、整顿、深化改革方针政策和端正党风、防止腐败为主要内容的党风检查。

当年　在总公司1987年同工种基层队社会主义劳动竞赛评比中，物探局地调三处1832队被评为金牌队；地调二处2162队被评为银牌队；地调三处1831队、地调四处2165队被评为铜牌队；另有5个队被评为双文明一级队。

1989年

1月9日　缅甸缅玛石油公司（MOC）和中国石油工程建设公司（CPECC）的授权代表在仰光签订了第二期中缅地震勘探服务合同。物探局地调二处8705队执行合同，1989年2～6月完成地震测线363公里。

1月29日　物探局委托河北省机械进出口公司与巴基斯坦石油天然气开发公司（OGDC）签订合同。物探局机械厂向OGDC提供8台WTZ－350型地震钻机及其钻具，创汇113万美元，首次实现石油物探机械设备的整机出口。

1月31日　物探局召开局、处领导干部会议，调整物探工作部署：东部地区留下少数队伍，重点开展三维勘探和二维精查；大部分队伍向西部地区转移，安排20个地震队参加塔里木勘探会战。

2月14日　地调三处提供井位的塔北隆起西部英买力构造带上的英买1井，在奥陶系日产原油211立方米，在英买力地区取得重大突破。

2月24日　物探局成立物探特种车辆制造厂（简称特车厂）；成立汽车运输公司（5月23日改名为运输处）。

2月　地调一处成立南疆前线指挥部，该处237队、2151队首次参加南疆石油会战。

3月　地调二处成立塔里木前线指挥部。该处239、2256队首次参加南疆石油会战。

4月3～5日　物探局党委召开党建工作会议，重点研究民主评议党员问题。局党委书记严衍余就党支部的基本任务和建立民主评议党员制度等问题发表讲话。

4月7日　中国石油公司与美国哈里伯顿地球物理服务公司（HGS）在北京签订塔里木盆地地球物理勘探服务合同（合同号为CUSCA－P89043）。合同期1年，从5月28日实施，至1990年5月28日结束。1830、1831队共完成地震测线2173.95公里，平均队年完成二维地震测线1086.975公里，创中美合作勘探以来的最高纪录。

4月10日　总公司塔里木石油开发勘探开发指挥部成立大会在库尔勒市巴州影剧院召开。从此塔里木石油勘探开发进入新阶段。

4月13日　中国石油天然气总公司总经理王涛到地调三处视察工作，并发表重要讲话。

5月7～9日　物探局在北京十三陵石油工人疗养院召开企业升级工作会议，仪器厂介绍经验，安排全局企业升级工作，要求1990年达到国家二级企业标准。

5月17～6月16日　在北京发生政治风波期间，物探局党委召开一系列会议，传达中央领导讲话和总公司指示，做好职工思想政治工作，要求职工坚守工作岗位，维护安定团结局面，坚决拥护党中央的决策。

6月18日　仪器公司电缆厂生产的WT－200芯地震电缆，继1987年首次销往匈牙利后，又销往巴基斯坦，创汇17.9万美元。

6月27日　中国石油天然气总公司报请国家人事部批准：物探局研究院方法研究所所长俞寿朋、软件研究所副所长赵振文为1988年度有突出贡献的中青年科学技术管理专家。

7月4日　在总公司开展的石油战线1988年度同工种基层队社会主义劳动竞赛中，物探局地调三处1832队、地调四处2144队被评为金牌队；地调一处2151队、地调二处235队被评为银牌队；地调四处2153队被评为铜牌队；另有9个队被评为双文明一级队。

7月6日　物探局党委召开全局宣传工作会议，传达党的十三届四中全会精神，总结反思十年的经验教训，讨论党委关于贯彻党的十三届四中全会精神的安排。

8月16日　物探局成立石油物探中学。

8月　物探局根据地调三处资料提供井位的吐哈盆地台北凹陷西部依拉湖构造上的托参1井，日产原油40立方米，从而发现了依拉湖含油构造，吐哈盆地的油气勘探获得重大突破。

9月8～9日　物探局党委、物探局在涿州召开各二级单位党政领导干部会议，部署反腐败斗争；并对物探局党委、物探局《关于领导干部和机关工作人员保持廉洁的若干规定》进行认真讨论。

9月18日　物探局党委、物探局印发《关于领导干部保持廉洁的若干规定》及其三个附件：《物探局关于领导干部奖金分配的实施办法》、《物探局关于举行会议及工作餐交费标准的规定》、《物探局机关的用派车制度》。

9月　在全国能源工业劳动模范、先进集体的评选活动中，物探局总地质师柴桂林被评为能源部特等劳动模范。研究院软件所所长王宏琳、物探方法所所长俞寿朋、地调四处金牌队队长李殿荣、地调二处银牌队队长刘以超、机械厂组装车间技术组长吕进荣、特车厂震源制造车间修理工王世孝、地调一处研究所方法组组长詹世凡7人被评为能源部劳动模范。柴桂林另获河北省劳动模范和全国劳动模范称号。地调四处2144队、研究院物探方法研究所被授予全国能源先进集体称号。

10月10日　物探局召开领导干部会议，学习贯彻江泽民在全国组织、宣传工作会议及国庆四十周年大会上的重要讲话，传达总公司大庆会议精神，布置企业上等级及“扫黄”工作。

10月18日　由物探局参加、塔里木联队提供井位的塔里木盆地塔中1井在石炭—奥陶系地层日产原油365立方米、天然气55.6万立方米。标志着中国找到了第一个沙漠油气藏，被总公司塔指誉为塔里木勘探第五个里程碑。

10月　研究院物探方法所党支部被中共中央组织部授予“全国先进基层党组织”称号。

11月28日　总公司首届全国石油职工文化大赛结束。物探局在文艺节目、摄影、美术、书法、演讲、征文等项比赛中均获得奖励。

12月27日　中国石油天然气总公司（CNPC）与美国哈里伯顿地球物理服务公司（HGS）签订《中华人民共和国新疆塔里木盆地地区地震勘探综合技术支持合同》（合同号为CUSCA－P89110）。合同期二年，由地调三处2315地震队执行，实施塔里木河两岸沼泽地震勘探。2315队从1991年6月～1993年2月，圆满完成地震测线2033.75公里。

当年　机械厂生产的WTZ－18型沙漠空气钻机被评为国家级新产品。

同年　由物探局、大庆油田、胜利油田、勘探开发研究院共同完成的“七五”国家重点科技攻关项目《高分辨率地震勘探技术》获国家颁发的集体荣誉奖，并于1991年10月获国家科技进步二等奖。

1990年

1月12～16日　物探局召开工业学大庆、企业上等级工作会议，总结交流改革开放10年来发扬大庆传统的成绩和经验，对照大庆找差距。

1月13日　物探局机关及部分单位开始进行党员重新登记工作。这项工作于4月底结束，7月中旬通过了总公司党员重新登记工作领导小组的验收。

1月27日　物探局首届卫星定位工作经验交流会结束。

2月3日　总公司颁发1989年油气勘探重大发现奖。物探局所定5口井位获奖，其中塔里木盆地的塔中1井、轮南8井获一等奖，英买1井获二等奖，共获奖金85000元；吐哈盆地的台参1井获一等奖、奖金10000元，托参1井获一等奖、奖金15000元。

2月6～7日　物探局发布《地震勘探地区设计标准》等47项物探局企业标准。

2月19～23日　物探局在长沟召开第五次基层建设工作会议，总结交流基层建设工作经验，树立一批先进单位和个人典型，提出一套适合物探行业特点的“三基”工作规范，明确了“八五”期间的工作目标。总公司总经理王涛到会并作重要讲话。

2月20日　地调一处2181、2211、2312队首次参加吐哈石油勘探开发会战。1983～1997年地调一、三、四处先后在吐哈盆地共投入60个地震队年，地调五处投入6个重力队年、6个电法队年，经钻探先后在葡北1井、果1井、胜北3井、艾参1井、鲁2井获得重大突破，发现鄯善、丘陵等16个油气田、4个含油构造及鲁克沁稠油富集带。

3月8日　中央电视台第二套节目开始播出由物探局电视台、石油物探报社和地调三处联合拍摄制作的三集电视专题片《石油魂》。

3月18日　由物探局提供井位的塔里木轮南14井在三叠系第Ⅱ油组日产原油316.8立方米、天然气1.8万立方米，从而发现了桑塔木油田。

5月　中华全国总工会授予地调三处1832地震队“五一劳动奖状”。

6月29日　江泽民、李鹏等中央领导在人民大会堂亲切接见出席中央国家机关党工委、中央国家机关先进基层党组织、优秀共产党员、优秀党务工作者表彰大会的代表。物探局研究院物探方法研究所党支部书记、中央国家机关先进基层党组织的代表杨燕燕（女），研究院党委副书记、优秀党务工作者段雨欣（女），优秀共产党员柴桂林、吴明开、俞寿朋、赵翠芬（女）、黄喆文（女）、吕进荣、马玉国、吕元平、刘以超、王世孝等12人受到接见。

7月11日　塔里木石油勘探开发指挥部地质研究大队根据物探局地调三处的地震资料设计井位的东河1井，在石炭系地层日产原油389立方米、天然气700立方米，从而发现东河塘油田。

7月20～30日　《工人日报》连续发表方向明、王京照等人反映物探局塔里木探区工作的11篇文章《来自塔里木的报导》。

7月　地调三处提供井位的吐哈盆地丘陵构造上的陵3井日产原油72立方米、天然气13592立方米，从而发现了丘陵油田。

8月23日　中共中央总书记、中央军委主席江泽民，解放军总政治部主任杨白冰，以及王恩茂、宋汉良、铁木尔·达瓦买提、傅全友、叶青（国家计委）等领导在王涛总经理陪同下，视察新疆塔里木石油探区。物探局地调三处7名职工代表受到亲切接见。其间，江泽民总书记发表重要讲话，并题词号召广大石油职工“加快塔里木石油勘探开发，为实现国民经济持续稳定发展做出更大贡献”。

9月6日　物探局发布《局机关处室通用工作标准》等62项物探局企业标准。

9月11日　总公司表彰奖励1989年度同工种基层队社会主义劳动竞赛金、银、铜牌队和双文明一级队。物探局地调三处1832队获金牌奖；地调四处2153队、地调一处2151队、地调二处2168队分别获银牌奖；地调四处2149队获铜牌奖；另有10个队被评为双文明一级队。

9月14日　物探局仪器公司晋升为国家二级企业。

9月中旬　在总公司情报所于桂林举行的石油科技期刊第七次编辑工作会议上，物探局主办的《石油地球物理勘探》杂志被评为第一名。该编辑部同时被评为先进编辑部。这是该刊在全国石油科技期刊评比中连续七次夺冠。

9月19～22日　中央人民广播电台《企业之声》节目播发物探局地调一处关于发扬“三实”（实在、实干、实效）精神，开展思想教育和民主管理等方面的4篇报道。

10月5日　成立石油物探定额管理站。

10月8～9日　物探局召开局处两级领导干部会议，传达学习江泽民总书记视察塔里木探区的重要讲话和题词，以及总公司加快塔里木石油勘探开发工作会议精神，集中研究了如何加快塔里木地震勘探步伐问题。

10月17～20日　总公司组织的国家级企业档案管理升级考评团，对物探局地调一处、二处、四处、五处，仪器公司、特车厂、供应处、运输处等8个单位进行了现场考评，确认这8个单位企业档案管理已达到国家二级标准。1991年5月20～11月8日，地调三处及研究院、物探地质研究院、建筑公司、机械厂也分别获得国家二级档案管理合格证书。

10月　物探局下发《勘探（物探）系列石油企业干部岗位规范》。

同月　机械厂生产的“WTZ－30型山地钻机”被评为国家级新产品。

同月　物探局地调三处提供井位的吐哈盆地温吉桑构造上的温1井获日产凝析油87立方米、天然气38万立方米，发现温吉桑油田。

11月30日　物探局召开局处领导干部会议。总公司总经理王涛到会，史训知在会上宣布：李玉超任物探局党委书记，刘颂威任副书记，李玉超、刘颂威、钟辛生、柴桂林为物探局党委常委；免去严衍余局党委书记、常委职务；免去潘瑗局党委常委职务。同时宣布：刘颂威任物探局局长，柴桂林任物探局副局长、免去其总地质师职务，许大坤兼任物探局总工程师，赵瑞平任物探局副局长，武慎让任物探局总经济师、免去其副局长职务，吴奇之任物探局总地质师；免去潘瑗物探局局长职务。其他领导原任职务不变。

11月　地调四处2144队在内蒙古赛汉塔拉地区进行三维地震勘探施工，从4月中旬到11月上旬完成38239炮，创单套震源年三维地震勘探施工效率全国纪录。

12月1日　总公司总经理王涛在物探局处以上领导干部大会上讲话，提出“八五”期间石油工业发展的基本思路，概括为“实施三大战略（稳定东部、发展西部，多元化经营，打到国际市场上去），实施三个（资金、资源、人才接替）良性循环，建立三支队伍（油气勘探开发队伍，多种经营队伍，对外合作队伍）”。要求物探局在实施三大战略过程中，必须发挥三个作用：即石油工业发展的先行官作用，石油勘探展开的战略部队作用，石油物探技术的发展中心作用。12月11日，王涛在会见物探局新领导班子成员时，又要求物探局做到“三个深入”：一是地震技术深入到开发领域，要搞开发地震；二是装备制造深入到物探专用设备的制造领域；三是深入国际竞争，占领国际市场，在国际竞争中发展和壮大自己。

12月12日　物探局党委遵照总公司《关于在石油职工中进行基本国情和基本路线教育的通知》精神，就“双基”教育作出安排。

12月　研究院从美国引进一套IBM3081/KX6处理机复合体代替IBM3033处理机系统，从而构成IBM3081/3081/4381复合处理系统。

当年　物探局研究院与石油大学共同完成的科研项目《有限元法地震模拟和偏移在石油勘探中的应用》获国家科技进步二等奖。

1991年

1月1日　为加强塔里木盆地石油物探工作的组织领导，物探局成立塔里木前线指挥部（简称局前指），作为局的派出机构，对会战队伍实行统一组织、协调、指挥、领导。物探局副局长赵瑞平兼任指挥、党委书记，局副总工程师钱荣钧兼任总工程师，马心顿任党委副书记兼纪委书记。从此，物探局在塔里木进入全盆地、大规模勘探的新阶段。

1月3～4日　物探局在涿州召开塔里木会战工

作会议，决定按照总公司稳定东部、加快发展西部的战略部署，集中优势兵力，加快塔里木勘探步伐。会上，宣布了局前指领导班子，明确了前指的职能和组织机构，对塔里木探区的勘探生产、思想政治工作作出具体安排，提出明确要求。

1月12日　总公司王涛、周永康等领导听取物探局“八五”规划汇报后，分别讲话。总经理王涛讲话强调物探局要继续发挥“三个作用”，实现“三个深入”（深入油田开发领域、深入装备制造领域、深入国际市场）；至少建成10个国际标准样板队，代表总公司打出去，开拓国际物探市场。

2月26日～3月2日　物探局在长沟召开第六次基层建设工作会议暨1990年度先进集体、先进个人表彰大会。印发了《创建双文明队的基本条件》、《关于开展双文明达标升级活动的实施办法》、《关于稳定和加强物探一线队伍的实施办法》等文件；对进一步加强基层建设工作作出了安排。总公司总经理王涛、副总经理金钟超到会并讲话。王涛在讲话中要求物探局按国际标准建设队伍，面向世界，发挥优势，打出特色，真正起好石油工业先行官、战略部队和技术开发中心的作用，实现“三个深入”，做好四方面的工作。

3月　地调四处的2165队首次进入吐哈盆地库木塔克大沙漠施工。1992年3月，地调四处成立新疆前指。

4月16日　物探局被总公司批准定为“大型联合企业标准化三级合格单位”，并获总公司颁发的《石油工业企业标准化定升级证书》。

4月19日　局党委书记李玉超、局长刘颂威、副局长钟辛生带领局机关有关处室领导24人，到库尔勒基地现场办公，调查研究新疆探区情况，解决会战中的问题，提出要把库尔勒基地建成机修、仪修、处理解释、物资供应、通讯、接待、医疗卫生、教育培训等“八大中心”，并决定在库尔勒基地建立“征服塔克拉玛干纪念碑”和塔里木会战展览馆。

4月29日　地调三处2222队指导员吕元平获全国总工会颁发的1991年“五一劳动奖章”。

4月　物探局下发《石油物探局“八五”发展计划》，提出“八五”期间的发展目标：建设好一支思想过硬、作风过硬、技术过硬的物探野战军，使之具有更强的勘探能力；建成一个石油物探技术发展中心，形成一支具有高科技水平的科技队伍；建成一个高效益的物探专用设备研制基地；建成一支深入国际竞争的战略部队；发展多种经营，开展后勤服务，逐步形成较全面的生产、生活的后勤支持。

5月4日　地调二处提供井位的塔里木轮南57井在三叠系日产原油445立方米、天然气28.87万立方米，从而发现吉拉克凝析油气田。

5月14日　物探装备技术服务中心（简称服务中心）成立。

5月30日　解释中心和科技情报所合并，成立物探地质研究院（简称地研院）。

6月28日　研究院党委书记、全国优秀党务工作者段雨欣（女）在北京人民大会堂参加纪念中国共产党建党70周年及表彰大会，同与会代表一起受到江泽民、李鹏、乔石、宋平、李瑞环等中央领导的亲切接见。

6月29日　物探局有线电视台成立。1992年6月27日获得广播电影电视部批准，1992年8月8日获得河北省广播电视厅正式批准。

7月15日　物探局党政领导号召全局广大职工、家属向河北省受水灾地区人民捐款、捐物，支援灾区。截至8月5日，全局共捐款404751.78元。

7月　物探局总地质师吴奇之，副总地质师袁秉衡，副总工程师李庆忠、陈祖传，研究院高级工程师俞寿朋、王宏琳被批准享受政府特殊津贴。

8月13日　物探局文化艺术工作者联合会（文联）成立。

8月30日　地调二处235队创造71天完成三维地震采集305平方公里的新纪录。

8月　物探局在地调三处219队召开生活服务专业化试点现场会。总结出野外生活专业服务“五统一、六化、十二条标准”（见生活保障篇）的经验。

9月7日　地调一处提供井位的吐哈盆地柯7井完钻，两层获日产原油59.5吨、天然气5186立方米，被总公司列为1991年度重大发现井，从而发现了巴喀油田。

9月27～29日　物探局首次党建和基层建设工作研讨会在长沟召开。大会印发政工论文54篇，总结了党建和基层建设的经验，探讨在新形势下加强党建和基层建设工作的途径和方法。局党委书记李玉超作总结讲话，要求开展正面教育，学好理论，抓好党建和政研会工作。

9月　地调三处被地矿部、人事部、国家计委、全国总工会联合授予“全国地质勘查功勋单位”称号。

10月　在总公司1990年度基层队社会主义劳

动竞赛中，地调三处2222队、地调四处2144队获得金牌奖；地调三处1831队、地调二处2314队获得银牌奖；地调五处316队获得铜牌奖；另有18个队获双文明一级队称号。

同月　由物探局、大庆油田、胜利油田、勘探开发研究院共同承担的“七五”国家重点科技攻关项目《高分辨率地震勘探技术》获1991年国家科技进步二等奖。

11月5～6日　物探局召开多种经营工作会议，贯彻落实总公司多种经营工作会议精神，强调多种经营要坚持高科技、高起点、高质量，开发新产品。

11月17日　特车厂与局装备研究所、机械厂共同研制生产的KZ－20型可控震源在物探局外招通过总公司组织的技术鉴定。当年该产品获总公司石油装备科技进步一等奖，1994年被评为国家级重点新产品。

11月20日　物探局党校成立，挂党校和管理干部学校两块牌子，设一套管理机构。

11月28～29日　物探局党委在综合服务处召开首次统战工作会议，贯彻全国统战工作会议和中央国家机关统战工作座谈会精神，研究如何全面深入开展统战工作。

11月　物探局召开第一次教育工作会议，贯彻全国石油教育工作会议精神，讨论制订物探局“八五”教育培训规划。

12月6日　1990年地调三处在塔里木盆地解放渠东地区做了大量地震勘探工作。是日，该地区解放100号井在三叠系三个油组日产原油386.82立方米、天然气53275立方米。之后解放131、132、133号井也相继出油，从而查明了解放渠东油田的地质情况。

12月24日　物探局下文成立库尔勒研究中心。

12月25日　总公司党组任命陈启发为中共石油物探局纪律检查委员会书记；增补刘明义为物探局党委常委，任局工会主席。

12月29～30日　中国共产党物探局第一次代表大会在涿州召开。大会通过了李玉超作的《进一步加强党的建设，为开创物探工作新局面而努力奋斗》的党委工作报告和徐绍仲作的《加强党风和廉政建设，努力做好新时期纪律检查工作》的纪委工作报告；选举产生了中共物探局第一届委员会和纪律检查委员会。12月31日召开局党委一届一次全会和局纪委一届一次全会，选举产生了党委、纪委常务委员会委员及书记、副书记。

当年　地调四处2144队在二连盆地使用可控震源进行三维地震作业，创造了单套震源设备队年生产50883炮的新纪录。

1992年

1月4日　物探局在涿州召开局务扩大会议。会议宣布：调整局前指领导班子，赵瑞平兼任前指党委书记、指挥，马心顿任前指党委副书记，刘福泉任前指副指挥，王冰任前指副总工程师；成立物探局库尔勒研究中心。会议还就如何加强塔里木重点探区的工作进行了研究。

1月7日　总公司直属机关党委批复同意物探局第一次党代会选举结果：物探局第一届党委常委会（按姓氏笔划为序）由刘明义、刘颂威、许大坤、李玉超、陈启发、武慎让、钟辛生、柴桂林等8人组成；李玉超任党委书记，刘颂威、陈启发任党委副书记。中共物探局第一届纪委常委会（按姓氏笔划为序）由李云鹏、何家祥、张旺、陈启发、雷学忠等5人组成；陈启发任纪委书记，何家祥任纪委副书记。

1月16～19日　物探局在涿州召开首届测量工作会议。会议总结了测量工作经验；交流了测量应用软件、物探测量方法、测量质量控制和GPS技术应用等方面的40多篇成果论文；讨论如何适应勘探要求、提高测量水平；表彰了地调一处430队等10个先进单位和刘振友等30名先进个人。

1月28～31日　物探局厂处领导干部会议在涿州召开。会议传达了石油工业局厂领导干部会议精神，分别对全局生产、思想政治工作及内部承包办法作出安排。

1月31日　总公司通知，经国家人事部1991年15号文件批准，柴桂林为1990年度有突出贡献的中青年科学、技术、管理专家，从1992年1月起晋升一级工资。3月6日，总公司批准范祯祥、潘显灿、周继康、吴永金、何振香、钱荣钧、裘慰庭、程金箴、缪学明、罗维炳、孙廷举、钟国森（女）、张奎祥、牛毓荃、赵中全、熊翥、王达昌等17人为1991年首批石油工业有突出贡献的科技专家，段雨欣（女）为1991年石油工业有突出贡献的思想政治工作者。4月14日，物探局发文，因赵振文经国家人事部批准为1988年度有突出贡献的科技专家，应享受政府特殊津贴，决定为其补发津贴差额。

2月15日　九三学社涿州市委委员会物探局支

社委员会成立大会在涿州召开。袁秉衡任物探局支社主任委员，张大为、杨长凯任副主任委员，黄波任委员。

2月26～29日　物探局召开第七次基层建设工作会议暨1991年度先进集体、个人表彰大会，总结部署基层建设工作，交流经验，表彰先进，印发有关基层建设的条例、细则、办法和政策性文件。总公司副总经理周永康到会讲话，指出物探局面临的四大任务：打好西部战略勘探仗；在中部天然气勘探方面取得更大成果；为稳定东部继续出大力，向开发领域延伸；在其他地区多作些风险勘探。要求物探局为“稳定东部、发展西部”的战略服务，深化企业改革，建设好队伍，跟踪世界技术，培养国际型物探队伍，打入国际市场。

3月16日　物探局对局机关的组织机构、职责范围、定员编制进行了调整，确定局档案馆、勘探定额管理站、计划培训部、石油物探报社、十三陵石油工人疗养院、通讯总站、建筑设计所等7个单位为局机关附属单位。

4月10日　在总公司塔指召开的庆祝塔里木石油会战三周年大会上，物探局地调三处2207队被授予“沙海英雄地震队”称号，2222队指导员吕元平被授予“沙海铁人”称号，库尔勒研究中心林吉祥被授予“科技新秀”称号。

4月19日　塔指地质研究大队构造分队根据物探局的地震资料提供井位的塔中4井，在石炭系3597～3607米井段日产原油285立方米、天然气5.3万立方米。它标志着塔中4号大型整装油田的发现，被塔指称为“塔里木油气勘探史上迄今为止的最大发现”。

5月3日　由物探局与中央电视台联合摄制的电视专题片《塔克拉玛干作证》，在中央电视台第一套节目中播出。

6月15日　研究院完成的《GRISYS地震数据现场处理系统》通过总公司组织的技术鉴定。

6月17日　在总公司1991年度同工种基层队社会主义劳动竞赛中，地调四处2144队、地调三处2207队获金牌队称号；地调一处2181队获银牌队称号；地调二处2314队获铜牌队称号；另有13个队获双文明一级队称号。

6月20日　在北京召开的中国共产党中央国家机关代表会议上，物探局研究院党委书记段雨欣（女）当选为党的十四大代表。

7月22～24日　物探局四届一次职代会在涿州召开。大会通过《物探局贯彻＜全民所有制工业企业职工代表大会条例＞实施办法》、《物探局职工代表大会工作制度》和《物探局职工代表大会提案工作规定》；成立完善了“职工生活福利”、“提案管理”、“劳动竞赛合理化建议”和“安全生产劳动保护”等4个专门工作委员会。

7月29日　物探局根据总公司深化改革的要求，下发《关于下达1992年分离人员计划的通知》，提出“八五”期间，使机关人员精简20%左右，将现有职工分离30%从事第三产业，发展多种经营。11月11日，印发《职工内部提前退休方案》，至年底共提前退休1045人。

7月　物探局地调五处与俄罗斯合作开展建场测深法（电法）试验，先后在陕甘宁的靖边、马家滩地区进行仪器验收和试生产，获得较好的地质效果。

8月15日　总公司总经理王涛、副总经理张永一到物探局研究院视察IBM3084计算机系统。

9月3～5日　中央人民广播电台连续播出通讯《征服“死亡之海”——石油物探英雄之歌》。

9月11日　总公司和甘肃省人民政府在培黎石油学校隆重集会，纪念伟大的国际主义战士、已故新西兰友人路易·艾黎创办培黎学校暨培黎石油学校建校50周年。

10月5日　地调三处沙海英雄地震队2207队施工结束，创造大沙漠区队年生产1504.85公里的新纪录。

10月20日　物探局印发“关于使用‘职工养老保险手册’”的通知，在全局实行新的养老保险制度。

10月21日　物探局与新西兰石油勘探公司中国有限公司在广州签订《洞庭湖盆地陆上地震勘探承包合同》。地调二处2220队、2256队承担合同任务，1992年11月13日～1993年2月6日，完成地震测线712公里。

11月24日　物探局库尔勒研究中心提供井位的塔里木塔中402井，在石炭系一油组日产原油196立方米、天然气2.19万立方米。1993年3月20日，该井完井试油，共获得8个高产油气层，各层累计日产原油2385.6立方米、天然气25.73万立方米，进一步证实塔中4井区为整装大油田。

11月28日　总公司决定：钟辛生任物探局局长，武慎让、王业胜任副局长；免去刘颂威物探局局长职务、庄国成副局长职务、武慎让总经济师职务。同日，总公司党组决定：钟辛生任物探局党委副书记，免去刘颂威物探局党委常委、副书记职务。

11月30日　在物探局召开的局处领导干部会议上，总公司总经理王涛明确指出：物探局将断掉“皇粮”，走向市场，在市场的竞争中求得生存和发展。

11月　物探局的《垂直地震剖面法应用技术的研究》、《京津地区廊固凹陷地质——物探综合解释研究总结报告》及仪器总厂生产的“多道遥测数控地震仪”等获国家科技进步三等奖。

同月　特车厂研制的WTC5120TSZ型5吨沙漠运输车首次出口巴基斯坦12台，创汇72万美元。

12月8～10日　物探局召开共青团物探局第三次代表大会，贯彻党的十四大精神；动员团员、青年积极投身改革，为加快石油物探事业发展献青春；强调加强团的组织、思想、作风建设；选举产生了物探局第三届团委会。

12月17日　物探局党委、物探局印发关于贯彻《全民所有制工业企业厂长工作条例》、《中国共产党全民所有制工业企业基层组织工作条例》、《全民所有制工业企业职工代表大会条例》的3个实施办法，实行党委集体领导、局长行政负责、职工民主管理的企业领导体制。

12月29日　由物探局主办、物探地质研究院承办的《石油地球物理勘探》杂志在1992年首届全国优秀科技期刊评比中获一等奖。

12月31日　物探局库尔勒研究中心提供井位的塔里木英买701井，在下第三系日产天然气26.3万立方米，扩大了英买7号构造的含油面积，证明英买力地区下第三系有广阔的含油气远景。此后，研究中心提供井位的英买17、英买19、英买21井也相继出油，进一步证实了英买七凝析气田。

当年　物探局和部规划院、玉门石油管理局共同完成的科研项目《吐鲁番—哈密盆地石油地质特征与含油气远景综合评价》获国家科技进步三等奖。

1993年

1月17～19日　物探局四届二次职代会在涿州召开。局长钟辛生作工作报告；副局长王业胜作人事工资制度配套改革实施意见的报告。

2月9～10日　物探局第八次基层建设工作会议在综合服务处召开。会上，局长钟辛生作题为《面向市场，深化改革，加强管理，推动基层建设工作再上新台阶》的报告；印发了物探资料采集项目招标、投标实施办法及管理细则。

3月3日　石油物探学校、培黎石油学校被能源部授予“职业技术教育先进学校”称号。

3月26～27日　物探局库尔勒研究中心提供井位的塔里木盆地塔中10井在石炭系三油组中途测试，日产原油210立方米，从而在塔中低凸起北部斜坡首获突破，扩大了塔中地区的勘探领域。4月10日该井获塔指重大油气发现奖。

4月16日　地调五处举行济世生物工程公司成立典礼。

4月30日　物探局总地质师吴奇之获得总公司“为石油工业科技进步做出突出贡献”的奖金1.5万元。

4月　地调一处地质研究所构造小分队与吐哈油田研究大队共同向吐哈油田提供葡北1井井位。10月4日，该井在三间房组日产原油136.6立方米、天然气43860立方米，成为吐哈会战第二口高产井，标志着吐哈勘探重点西移取得了突破性进展。为此，吐哈会战指挥部召开庆功大会，给地调一处研究所构造小分队奖励2万元，给设计井位的代双河记二等功。

5月1日　仪器总厂研制生产的“SK－1004型多道遥测数控地震仪”获得国家科技进步三等奖。

5月　地调四处2165队工会被全国总工会评为“模范职工小家”。

6月9日　中国技术进口总公司及中国石油公司（中国石油天然气总公司）先后与美国GSI、HGS公司签订的由地调三处执行的4个中美塔里木合作勘探合同圆满结束。地调三处在9个合同年度先后投入19个地震队年，完成地震测线18314公里。

6月10日　在总公司召开的石油工业多种经营表彰大会上，地调二处三星商业服务大楼被授予“石油工业多种经营明星企业”称号。建筑公司副经理兼预制构件厂厂长田志勇获“优秀企业家”称号。

同日　物探局党委、物探局作出决定，重奖研究院《GRISYS地震数据处理系统》、地调二处《地震采集应用系统》、库尔勒研究中心《塔中低隆地质构造特征及勘探部署建议》、地调一处《吐哈盆地台北凹陷地震勘探及地质综合研究》、机械厂《WTZ－50型车装地震钻机》等5项科技成果有功人员，给每个项目2～10万元奖金。

6月15～17日　物探局第三届科技大会在局报

告厅举行。副局长许大坤作题为《抓住机遇，加快科技改革与发展，推动石油物探事业全面进步》的报告。大会提出“科技兴局”的战略方针及“八五”后三年的科技发展目标。

6月18日　当日及7月6日物探局分别向河北省及总公司报送《石油物探局住房制度改革方案》的报告，经批复同意后，于12月3日印发关于住房制度改革方案的通知。

6月25～26日　研究院党委书记段雨欣（女）出席由中组部、中宣部等单位在中南海怀仁堂和国务院第四会议室召开的纪念“七一”座谈会和国家机关部分党支部书记、党员座谈会，受到党和国家领导人江泽民、胡锦涛的接见。

7月1～2日　物探局召开厂处领导干部会议，庆祝建党72周年及物探局成立20周年。局长钟辛生作题为《抓住机遇，加快发展，迎接挑战》的报告，回顾总结物探局20年的发展历程，提出今后三年的主要任务和发展目标：以科技为先导，全面进入市场，进一步发挥石油工业先行官、石油勘探战略部队和物探技术开发中心的作用，逐步建成具有国际水平、能跨国经营的综合性物探集团公司。局党委书记李玉超作题为《突出重点，加快深化改革的步伐》的讲话。总公司副总经理周永康、李天相参加了会议，并作重要讲话。

7月23日　总公司1992年度同工种社会主义劳动竞赛揭晓，物探局有13个队获金、银、铜牌及双文明一级队称号。

9月2日　物探局工会主席刘明义在河北省工会第八次代表大会上，被选为河北省总工会第八届委员会委员，并当选为中国工会“十二大”代表，于10月23～30日出席了中国工会第十二次全国代表大会。

9月4日　物探局印发《物探局机关机构改革方案》，对局机关机构设置、职责范围、定员编制进行较大调整：总调度室与勘探处合并为勘探处；撤销基建处，成立建设工程部；分离装备制造处，成立装备事业制造部；成立审计所，与审计处是一个机构，挂两块牌子；撤销教育培训处，成立教育培训中心；成立闲置设备器材调剂公司；外宾招待所（包括小招待所、北京305招待所）改称接待服务中心；成立机关事务管理处，与机关党委合署办公；局工会俱乐部改为职工文化活动中心；成立涿州客运车队；技术监督处与科技处合为科技发展技术监督处；卫生处与第二职工医院合并，挂两个牌子，一个机构；成立技术经济咨询部；局前指仍为局派出机构，列局属单位管理。

9月16日　石油物探学校被河北省教委确定为省部级重点中专学校。

9月17日　物探局党委主持召开反腐败斗争动员大会。要求领导干部带头廉洁自律，下功夫查处大案要案，狠刹群众反映强烈的不正之风。

10月8日　仪器总厂俊峰公司被河北省认定为“三资”明星企业。

10月15日　物探局向总公司呈报《关于贯彻总公司油气田改革工作会议精神的情况报告》，提出物探局深化改革的整体框架和总体目标。

11月9～10日　物探局在地调四处召开三项制度改革现场经验交流会。会后，全局三项制度改革全面展开。1994年1月，这项工作告一段落。

11月16日　特车厂和清华大学联合研制的WTC－5320TSZ型15吨沙漠物探专用车通过由中国汽车工业总公司主持的鉴定。1996年4月25日，通过国家经贸委组织的国家验收，同年10月获“八五”国家重大装备科技攻关优秀成果奖，12月获总公司科技进步二等奖。

11月29日　物探局原局长林运根编著的《怎样当好地震队长》获第四届中国石油企业管理著作三等奖。

11月　塔指研究大队和物探局库尔勒研究中心分别在塔里木盆地牙哈断裂带上提供牙哈3井、牙哈4井井位。11月26日～12月10日，牙哈3井在下第三系底砂岩中日产凝析油110立方米、天然气160100立方米；接着牙哈4井在上第三系底砂岩中获得了高产油气流。从而发现了牙哈油田。

12月1日　物探地质研究院编纂的《中国沉积盆地及油气矿产分布常用挂图集》通过部级评审验收。

12月13～15日　物探局工会第二次代表大会在涿州召开。局党委副书记陈启发向大会致词。局工会主席刘明义作工会工作报告。会议选举产生了物探局第二届工会委员会。委员会由29名委员组成；刘明义当选局工会主席，柳卫民、谢武江当选副主席。

12月15日　国务院总理李鹏、副总理邹家华、钱其琛、团中央第一书记李克强等在中南海怀仁堂接见包括物探局地调一处研究所副所长邓小力在内的百名获全国“百优十杰青年”称号的全体人员。

12月19日　在库尔勒地调三处西院隆重举行

物探局“征服塔克拉玛干纪念碑”落成典礼。总公司副总经理邱中建、物探局党委书记李玉超剪彩。总公司总经理王涛题写的“征服塔克拉玛干纪念碑”的大字及基底中央的碑文，记载了物探职工进疆14年的丰功伟绩。

当年　地调四处使用四维地震（又称时间延迟三维地震）在二连盆地吉尔嘎郎图吉20井进行稠油开采地震监测，获得较好效果。

1994年

1月12～14日　物探局四届三次职代会召开。局长钟辛生作工作报告，强调加快改革，努力发展，加快全面走向市场的步伐，继续抓好塔里木重点探区的工作。

1月27～29日　物探局在涿州召开第九次基层建设工作会议暨1993年度劳动模范、先进集体表彰大会。会议的主题是继续加强基层建设，努力提高物探局整体素质，加快进入市场的步伐。总公司总经理王涛到会发表重要讲话，指出：物探局作为石油工业发展的先行官、战略部队和技术开发中心，这三大作用没有变；要在物探领域保持技术领先地位；对外开放的步伐要加大；在转变观念的同时，要保持石油工人的优良传统和高尚品格，把石油物探队伍建设成一支纪律严明、作风过硬的队伍，成为市场竞争的强者。

1月29日　由《工人日报》记者方向明及物探局王京照、兰海燕、高天龙撰写的反映物探职工在塔里木勘探生活的报告文学《托起明天的太阳》的首发式在综合服务处举行。

2月27日～3月1日　物探局在涿州召开首次青年干部工作会议。讨论了《物探局党委、物探局关于选拔培养使用年轻干部的规定》和《物探局优秀专业技术人才管理办法》。

2月　研究院开发的全三维处理系列技术投入试生产，当年通过总公司验收。此后运用该技术处理塔里木英买力和二连乌里亚斯太地区三维地震资料，获得满意的效果，迅速在全国推广使用。

3月6日　研究院软件研究所、物探方法研究所和软件开发中心合并，成立北京地球软件技术开发公司。5月9日，中国石油天然气总公司地球软件技术开发公司正式成立。

3月8日　物探局印发《关于贯彻“全民所有制工业企业转换经营机制条例”实施办法》。

3月11日　物探局召开第一次女职工代表大会，选举产生了物探局第一届女职工委员会。

4月10日　地调三处职工栾军和爱人徐青，在搭乘北京开往保定的公共汽车上，勇斗歹徒，擒拿2名持刀车匪。4月29日，物探局和涿州市委召开大会，表彰他们勇斗歹徒的义举。1996年8月16日，栾军、徐青参加中央国家机关团工委、青联在北京举行的见义勇为青年座谈会，获全国人大委员长乔石题词“见义勇为无私奉献”的纪念牌和中华见义勇为基金会的奖励。

4月21日　在四川省德阳市闭幕的中国职工思想政治工作研究会第八次年会上，物探局被中宣部、中组部、国家经贸委和全国总工会授予“1991～1993年度全国思想政治工作优秀企业”称号。

5月4日　局团委举行青年志愿者服务活动，局党委书记李玉超、副局长许大坤、局工会主席刘明义为青年志愿者服务队授旗。

6月14日　由局电视台选送的反映地调二处职工在塔克拉玛干大沙漠奉献、拼搏精神的电视片《大漠人家》，在中央电视台播出。

6月14～16日　中央人民广播电台连续播发该台记者赴物探局塔里木探区采访的录音报道《大漠雄风》上、中、下篇。

6月16日　在河北省石家庄市召开的河北省政研会成立十周年纪念座谈会上，物探局被中共河北省委宣传部、河北省企业工作委员会、河北省经贸委、河北省总工会授予“1992～1993年度思想政治工作优秀企业”称号。物探局党委书记李玉超获“创业荣誉奖”。物探局地调四处的《地震队三项制度改革的难点和对策》获思想政治工作优秀课题成果奖。

同日　物探局职工响应局党委号召，开展“播希望火种，献石油爱心”活动，支持革命老区和贫困地区的教育事业，捐款354099.55元。

6月28日　在中央直属机关、中央国家机关基层先进党支部、优秀党务工作者、优秀共产党员表彰大会上，物探局特车厂震源车间党支部被授予中央国家机关先进基层党组织称号；局副总工程师王小牧被授予中央国家机关优秀共产党员称号；研究院党委书记段雨欣（女）被授予中央国家机关优秀党务工作者称号。特车厂震源车间党支部书记赵香梅（女）和王小牧、段雨欣（女），在北京中南海怀仁堂后草坪受到了江泽民、刘华清、胡锦涛等党和国家领导人的亲切接见。

7月8日　美国勘探地球物理学家学会（SEG）北京联络部成立，与中国石油物探学会（SPG）联合办公。联络部设主席、副主席及秘书若干人。每隔2年换届一次。第一届主席为孟尔盛，第二届主席为陈祖传，第三届主席为王小牧。

7月12日　物探局库尔勒—涿州地震数据双向传输系统开通运行。从而结束了大量地震资料车拉空运的历史，缩短了塔里木地震资料处理的周期。

7月28日　物探局正式加入国际地球物理承包商协会，取得了进入国际石油物探市场的会员资格。

8月22日　培黎石油学校被国家教委确定为国家重点普通中等专业学校。

8月26日　物探局与中美公司秘鲁分公司签订《秘鲁TALARA油田第七区块地震勘探技术服务协议》；并决定由地调四处9405队承担采集任务，研究院和物探地质研究院分别承担处理、解释任务。

9月4日　由物探局地调三处地质所、局前指库尔勒研究中心、塔指地质研究大队共同提供井位的塔里木盆地羊塔克1井，在下第三系和白垩系日产原油35.9立方米、天然气32.6万立方米。此后由库尔勒研究中心提供井位的羊塔2井、羊塔5井分别于1995年9月21日和10月22日获得高产油气流，从而发现羊塔克油气田。

9月8日　物探局与美国埃克森公司（EXXON）签订塔东南第三区块地球物理服务合同（NO:00523）。物探局地调三处以2207队、219队为基础组建9403（A）队、9404（B）队，承担反承包任务。10月15日在库尔勒基地隆重举行出工誓师大会。

9月12日　物探局成立石油物探岩土工程有限公司（简称岩土公司）。

9月15日　地调一处提供井位的吐哈盆地红南2井，日产原油60立方米、天然气16000立方米，被称为吐哈探区1994年第一口重大发现井，发现红南油田。

9月26日　由农工民主党与物探局职工大学联合办学的前进大学在河北涿州物探职工大学举行开学典礼。

10月10日　物探局与意大利阿吉普（AGIP）公司签订《中国塔里木第一区块陆地常规二维地震勘探合同》，由地调二处2220队（9402队）承担反承包任务。1994年12月2日～1996年3月23日，2220队完成一区块2071公里的合同任务。

10月29日　地调一处提供井位的吐哈盆地玉果尤孜构造的果1井，在侏罗系三间房油组测试，日产天然气56万立方米，继葡北1井后又获重大突破。

11月15日　物探局召开领导干部会议。局党委书记李玉超就全面实行领导干部聘任制等问题进行了动员。

12月1日　地调一处在吐哈盆地鲁克沁构造带上提供的艾参一井开钻，1995年3月在三叠系克拉玛依油组钻遇40.35米厚的稠油砂岩，从而揭开了吐哈油田台南凹陷前侏罗系找油的新领域，被总公司定为重大发现井。

12月9日　物探局在涿州召开塔里木工作会议，继续坚持把塔里木工作作为全局工作的重中之重，研究加强塔里木工作的具体措施。

12月　物探局在美国休斯敦设立办事处。

同月　物探局首届卫生科技会议在地调五处基地召开。大会收到学术论文402篇，其中有在各类医学杂志发表的47篇，参加各种学术会议交流的258篇；有4篇曾获局科技进步二等奖，9篇曾获局科技进步三等奖。

当年　研究院地球软件技术开发公司研制开发的GRISYS地震数据处理系统获1994年国家科技进步三等奖。

1995年

1月3日　物探局党委下文，决定从1995年开始，在全局党员中开展邓小平建设有中国特色社会主义理论和党章的学习教育活动（即“双学”活动），用三年时间，把全局党员轮训一遍。

1月4～11日　《工人日报》分别刊登物探局兰海燕、王京照撰写的反映物探局塔里木探区思想政治工作和塔克拉玛干精神的调查报告《塔里木主旋律》和《物探工人之魂》。

2月8日　总公司技术监督局公布第一批勘探专业甲级作业队。物探局甲级作业队有：地调一处2113、2151地震队，地调二处2201、2220、2256地震队，地调三处2207、2315、219地震队，地调四处2254、2255地震队，地调五处707、702电法队，302、316重力队，以及901化探队。

2月15～17日　物探局召开四届四次职代会。会议听取并审议了钟辛生局长的工作报告和财务预决算报告，确定了物探局今后一个时期的发展思路、目标及本年度重点工作：转机制、抓管理、练内功、增效益。

2月18日　物探局召开第十次基层建设工作会议，提出了1995年加强基层建设的指导思想和工作任务，安排了1995年思想政治工作，重奖了塔里木探区侯氏吹沙筒、2165队工序质量管理、2142队现场处理机应用、沙漠微三维采集处理等4项生产实用新技术和优秀的管理成果。

2月19日　物探局召开厂处领导干部会。会议期间对《关于开展“转机制、抓管理、练内功、增效益”活动的安排意见（试行）》、《关于加快实施多元开发的意见（试行）》、《物探局资金预算管理实施办法（试行）》、《关于加强塔里木物探技术及质量管理的实施意见（试行）》、《关于完善局属单位1995年经营承包管理办法的意见（试行）》、《物探局社会保险工作的若干意见（试行）》、《物探局效能监察暂行规定》、《关于全面提高领导干部素质，加快跨世纪石油物探人才开发的实施意见》、《关于坚持和健全民主集中制的实施意见》、《关于加强基层党组织建设的实施意见》等10个规范性文件进行了讨论。

2月28日　物探局研究院地球软件公司与美国STS公司合作研制开发的GRIStation/WS－Ⅴ1.0三维地震数据综合交互解释系统，在北京召开产品发布演示会。这是继GRISYS地震数据处理系统之后又一大型国产软件在国内推广应用。

3月3日　物探局在给总公司的报告中提出今后一个时期的发展思路：以经济效益为中心，以市场为导向，坚持“一业为主、多元开发”，坚持科技进步和科学管理，坚持深化改革和提高队伍素质，走规模化、集团化和集约经营的道路，在市场竞争中求生存、谋发展；并按照现代企业制度的要求，加快改革和发展，逐步把物探局建设成为综合性的物探企业集团。

3月4日　地调三处运输大队的42/04765号油罐拖挂车在去克拉玛依途中，违反雾天冰雪路面不准超车的安全规定，造成1车翻、4车相撞、1人死亡、3人重伤、7人轻伤的特大交通事故。

3月6日　物探局工会召开第一次文明家庭事迹报告暨表彰大会，授予韦佩玉（女）、张少杰等10户家庭为“模范文明家庭”称号，授予杨清贤、罗开壁等15户家庭为“文明家庭”称号。

3月13日　物探局在地调五处基地召开藏北勘探誓师大会。副局长柴桂林作动员，地调四处、五处领导分别发言。总公司总经理王涛和副总经理周永康到会作重要讲话。王涛在讲话中充分肯定了物探局成立以来，为石油工业发展做出的巨大贡献，称赞“石油物探尖兵是一个大写的人”，并分别为地调四处、地调五处题词：“地调四处，藏北勘探先锋”、“地调五处，石油尖兵”。

同日　物探局与英国BP公司签订《中国塔里木盆地二维地震数据采集合同书》。地调三处2208队于5月22日～6月28日完成第四区块反承包合同任务203.6公里。

3月17～24日　局党委书记李玉超带领局机关部分处室领导在塔里木东南区块3个反承包大沙漠队进行考察，勉励职工学习西方先进管理经验。考察后编印了《塔里木反承包队考察纪实》。

3月25日　物探局成立青藏勘探领导小组，副局长柴桂林、副总工程师王小牧分别任正、副组长；成立青藏勘探项目组，王小牧任组长。

3月　物探局《第一地质调查处志》编纂出版。

5月1日　物探地质研究院高级工程师高增海荣获全国劳动模范称号，并同其他劳模一起受到党中央和国务院领导的亲切接见。

5月9日　地调三处为2207（9403A）队结束塔东南第三区块第一期反承包合同野外作业，在库尔勒基地召开庆功大会。2207队圆满完成872公里任务，受到美国埃索公司代表的好评。5月26日，219（9404B）队圆满完成第三区块第一期反承包任务906公里。

5月　物探局局长钟辛生一行6人赴比利时与MOL公司就组建合资公司联合生产特种车辆底盘进行考察、谈判。

6月6日　地调二处9501队首次赴巴基斯坦，执行苏库尔地区二维地震采集承包合同。8月28日该队圆满完成200公里的合同任务。

6月30日　地调三处提供井位的库车坳陷大宛1井钻至井深501.5米时，发生井喷，目估日产天然气5万立方米左右，5小时产油5立方米左右。随后在原井眼南重新开钻大宛1井。该井于7月22日产油49.62立方米、天然气6511立方米，从而开拓了库车坳陷上第三系找油的新领域。

6月　仪器总厂俊峰公司与美国乔斯佩斯公司合作经营生产地震检波器的10年合同期满（1985年7月1日～1995年7月1日）。10年里，俊峰公司共生产地震检波器372.44万只，其中85.5万只销售到国外，创汇872万美元。

7月20日　总公司投资为研究院处理中心引进的美国IBM公司的SP－2并行机处理系统首批设备

运抵研究院。

7月21日　物探局党建工作会议召开。会议认真总结物探局党建工作的成绩和经验，研究新形势下党建工作面临的新情况、新问题；表彰了优秀领导干部段雨欣（女）和8名优秀党支部书记；讨论制定了物探局《基层党支部工作细则》、《基层党支部书记管理办法》、《党员责任区活动实施办法》、《关于加强对分散流动党员管理的规定》、《关于增加党组织活动经费的规定》等5个文件。

9月5日　物探局运输处女工王淑萍代表总公司出席第四次世界妇女大会非政府组织论坛（NGO）会议。

9月22日　总公司同意物探局聘任许大坤、赵瑞平、王业胜、殷会祥、王小牧为物探局副局长；钱荣钧为局总工程师，吴奇之为局总地质师；免去柴桂林、王见仁、武慎让物探局副局长职务。总公司党组任命赵瑞平、王业胜为物探局党委常委，免去柴桂林、武慎让党委常委职务。

10月9日　局长钟辛生向被聘为副局长的许大坤、赵瑞平、王业胜、殷会祥、王小牧和总工程师钱荣钧、总地质师吴奇之颁发聘书。

10月11日　物探局党委在涿州举行"物探局藏北勘探事迹报告会"，来自涿州地区13个局属单位的上千名职工听取了藏北勘探职工发扬"五个特别能"（特别能吃苦、特别能忍耐、特别能战斗、特别能奉献、特别能创业）精神和艰苦奋斗的事迹报告。此后，报告团又在全局巡回报告6场，使近万名职工受到深刻教育。

10月26日　物探局承担的"八五"国家重点科技攻关项目《塔里木盆地油气资源》下设的3个专题，全部通过国家级验收，其中《大沙漠低信噪比区地震勘探技术》被认定为达到"国际领先水平"；《塔北地区大深度低幅度构造用地震技术进行工业评价研究》被认定为"总体达到国内先进、部分达到国际领先水平"；《塔里木盆地圈闭与局部构造类型、分布和评价》被认定为"总体达到国际先进水平"。

11月6日　中国工程院常务副院长朱高峰等领导到物探局，为物探局副总工程师李庆忠颁发"中国工程院院士证书"。

同日　物探局决定对获"国家二级甲等医院"称号的物探局职工医院予以表彰奖励。

12月9日　根据物探局地调二处的资料、由塔指勘探研究中心设计井位的塔里木盆地乌山构造的山1井，在奥陶系风化壳获日产天然气41277立方米，从而在塔西南开拓了新的勘探领域。

12月12日　地调一处9401队完成物探局与厄瓜多尔国家石油公司1994年10月20日签署的厄瓜多尔丛林区地震采集承包合同任务。4月23日至12月12日，完成地震测线949公里。厄方石油公司根据9401队前期勘探资料，在CONONACO地区通过钻井发现7.75平方公里的高产油藏。

12月20～22日　物探局召开第二次教育工作会议，贯彻落实"科技兴国"战略，制定物探局"九五"教育培训计划，确定了"大力加强职工培训，调整控制职业技术教育，稳定提高普通教育"的指导方针。

12月27日　在北京召开的首届全国企业报十佳百优颁奖大会上，《石油物探报》获全国企业报百优称号。1996年1月6日局党委为其记集体一等功。

当年　研究院资料处理中心获得国务院发展研究中心市场经济研究所编发的《中华之最荣誉大典》入选证书，被誉为"中国最大的地震数据处理中心"。

同年　库尔勒研究中心与地调三处共同完成的科研项目《塔中地区及石炭系大油田的发现》获1995年国家科技进步二等奖。

1996年

1月2日　物探局党委决定，塔里木前指党委改成党工委。副局长殷会祥任党工委书记、黄彤宇任党工委副书记。物探局聘任殷会祥兼任前指指挥，苏振华任副指挥，赵邦六任总工程师，夏义平任总地质师。7月11日聘任王超任前指总工程师。

同日　物探局聘任局青藏项目组领导干部：副局长王小牧兼任经理，吴祉宪任副经理（正处级）兼勘探处副处长，苗春峰任副经理（副处级）兼勘探处副处长。同日物探局党委任命局青藏项目组党工委领导干部：王小牧兼任党工委书记，梁延强任党工委副书记兼局党委办公室副主任。1月19日聘任赵恒为项目组总工程师兼勘探处总工程师。

1月3日　地调三处提供井位的塔里木盆地大宛1井，于1995年7月22日出油。1996年1月3日距大宛1井3公里的大宛101井在上第三系地层日产天然气1.12～1.36万立方米。1996年大宛齐构造上有8口井出油，从而发现大宛齐油气田。

1月8～10日　物探局在徐水办事处召开房改

工作会议，印发了《物探局深化住房改革的实施方案》、《物探局出售公有住房实施细则》和《关于标准价计算办法及有关政策的说明》等文件。

1月9日　经总公司劳资局评估检查，物探局技工学校获总公司重点技工学校称号。

1月16日　物探局与美国OXY石油公司签订巴基斯坦RATANA区块山地三维地震勘探合同。地调二处9501地震队5月1日～9月27日完成162平方公里的合同任务。

1月27日　地调四处举行了劳动合同签订仪式。它标志着物探局全员劳动合同制开始实施。

1月29日　物探局财务处处长张金榜因涉嫌杀死其妻董清华一案，被涿州市公安局收审。1997年3月17日因有严重受贿、索贿问题被开除党籍、厂籍。

2月4～7日　物探局召开四届五次职代会，审议《石油地球物理勘探局“九五”发展规划》，部署1996年的工作任务。会议明确了今后五年的发展目标和改革方向，确定了继续把寻找油气大场面作为首要任务的指导思想，提出了在观念上和管理上实行“六个转变”、向“六个方向”要效益的改革思路。物探局“九五”奋斗目标是：“两个突破”，即寻找油气大场面有新突破，全局勘探工作量和多元开发产值突破80亿元；“两个实现”，即实现物探主业与多元开发在产值和就业人数两个方面大体相当；“一个领先”，即物探技术整体水平保持国内领先，主要技术接近或达到国际先进水平；“一个建立”，即按照现代企业制度要求，初步建立物探综合服务集团。

2月8日　物探局召开第十一次基层建设工作会议，提出1996年全局基层建设工作的指导思想和主要任务：外学反承包队，内学2255队，按国际标准改进管理，提高队伍素质，为实现两个根本性转变打好基础。

同日　总公司副总经理周永康、邱中建和总经理助理黄炎等到物探局现场办公。在听取物探局工作汇报后，周永康副总经理作了重要讲话，进一步明确了物探局是总公司的战略物探部队、石油工业的先行官、物探技术开发的研究中心；赋予物探局对全国石油物探行业的部分管理职能；确定了物探局今后发展与改革的方向：从总体上讲，物探局应建设成集野外采集、资料处理、资料解释、装备制造为一体的具有国际竞争实力的综合性勘探服务集团公司；从当前来讲，物探局是一个地质勘探单位，内部实行企业化管理。要求物探局在实现油气资源的良性循环、实现“两个根本性转变、推动勘探开发技术进步”等方面做出更大贡献。

2月9日　物探局召开1995年度劳动模范、先进集体表彰大会。

2月16日　物探局地调五处与意大利阿吉普公司签订塔里木第一区块地表地球化学勘探合同。地调五处901化探队承担合同任务，于4月7日至5月8日完成化探采样剖面350公里、采样点164个。

2月24日　总公司总经理王涛到海南岛福山凹陷地区慰问春节期间施工的地调二处2201地震队职工，审看了部分现场处理资料，听取了队领导的技术汇报，并为2201队题词：“依靠科技进步，攻克地震难关，打开福山勘探新局面”。

3月15日　研究院处理中心主控岗被中央国家机关党工委授予“青年文明号”称号。

3月19日　地调五处303重力队完成意大利阿吉普公司塔里木第一区块4037公里重力测线的反承包任务。

3月　地调一处、地调五处被全国绿化委员会授予“全国部门造林绿化400佳”称号。

4月20日　地调五处济世生物工程公司研制的生物化学新药“克塞灵”，被国家科委列入“火炬”计划。

4月22日　地调一处提供井位的吐哈盆地吐玉克构造上的玉东1井完钻，在三叠系克拉玛依组地层发现2层57米厚的稠油层，日产原油20立方米，从而发现了吐玉克油田，取得台南凹陷前侏罗系油气勘探的重大突破。

5月3日　在由中央国家机关团工委、中央国家机关青年联合会、国家科委科技奖励工作办公室、《科技日报》社联合举办的中央国家机关“青年实用技术成果评选”中，物探局研究院的《全三维地震勘探数据处理系统》被评为全国青年十佳技术成果；物探地质研究院的《塔里木盆地速度分析及提高时深转换精度方法》获全国青年实用技术成果百优奖；特车厂的WTC5320TSZ型沙漠车及LTY7.5M型全液压沥青混凝土公路摊铺机获纪念奖。

5月10日　地调三处在库尔勒召开大会，欢迎2207队指导员刘方富荣获全国“五一劳动奖章”载誉归来。

5月30日　总公司下文，对物探局实行“两定、两自、一挂钩”的生产经营政策：即定物探局承担甲方职能的机关后勤经费及公用配套工程建设和重大物探装备、重点科研开发项目支持投资，定全局对外收入在财务总支出中自我平衡的比例；全局实现生产经营自负盈亏，建设资金自求平衡；实行工资总额与全局对外收入在财务总支出中自我平衡比例挂钩。

6月9日　物探局与菲律宾国家石油公司签订棉兰劳岛 Cotabato 盆地二维地震采集合同。10月，地调二处 9601 地震队赴菲律宾施工。因战争原因多次中止野外作业，至 1997 年 6 月 15 日合同终止，完成地震测线 210 公里。

6月10日　中美公司秘鲁分公司和物探局就秘鲁 TALARA 油田第三区块地震勘探技术服务签订协议（协议号为 SAPET960610）。地调四处 9405 队承担地震资料采集任务，至 11 月完成三维地震 100 平方公里，二维地震测线 119 公里。

6月11日　总公司副总经理邱中建等人到塔里木克拉苏山地慰问在那里进行山地三维科技攻关的物探局地调二处 2316 队职工。该项目是中国首次在西部地区进行大面积山地三维地震勘探采集的科技攻关项目，首次使用新引进的 ARAM－24（1500 道）遥测地震仪进行生产。到 8 月 27 日，2316 队圆满完成了 200 平方公里的三维采集任务，8 月 28 日通过物探局和塔指的验收。

6月28日　地调五处 302 队党支部被中央国家机关党工委授予 1995～1996 年度先进基层党组织称号；地调三处党委书记桂玉华获优秀党务工作者称号。7 月，302 队党支部被中共中央组织部授予全国先进基层党组织称号。

7月13日　在由国务院发展研究中心、国家统计局、《人民日报》社等 12 个单位联合举办的《首届全国优秀调研报告》评选活动中，局党委书记李玉超的《塔里木石油物探对外反承包的调查》被评为优秀调研报告。

7月30日　物探局与意大利阿吉普公司签订塔里木第六、七区块重磁力勘探合同。地调五处 316 重磁力队 1996 年 9 月～1997 年 1 月完成重力测线 12412 公里、磁力测线 10242 公里的合同任务。

8月30日　物探局与美国埃索公司在北京签订塔里木第十三区块二维地震采集承包合同。地调三处 2207 队承担反承包任务，1996 年 10 月至 1997 年 5 月 16 日共完成地震测线 558 公里。

8月　物探局与巴基斯坦 TULLOW 公司签订巴基斯坦 Badani 地区农田二维井炮地震勘探服务合同。地调二处 9501 队 1996 年 12 月 16 日～1997 年 3 月 2 日完成第一期地震资料采集合同任务 108 公里。

9月8～10日　物探局召开厂处领导干部会议，传达贯彻总公司中原油田改革与管理经验交流会精神，部署了全局深化改革、强化管理的目标和任务：(1) 1996、1997 两年内基本完成解体“小而全”的任务，按专业化要求进行重组；本世纪末，初步把物探局建成具有国际竞争实力的物探综合服务集团。(2) 1996、1997 两年内普遍推行目标成本管理，实行资产经营责任制和投资责任制；本世纪末，基本形成“四自”机制。(3) 在总公司“两定、两自、一挂钩”经营政策的基础上，1996 年实现全局收支平衡，两年内各二级单位基本消灭经营性亏损，做到“投资不增、成本不升”；本世纪末，物探主业净资产收益率、成本费用利润率、全员劳动生产率等主要经济效益指标达到国内同行业先进水平。为实现以上目标，要求各单位在改革内部管理体制，转换经营机制，调整产业结构和队伍结构，开拓外部市场，加强管理等 5 个方面狠下功夫，取得突破。

9月13日　物探局与意大利阿吉普公司塔里木第六、七区块地震勘探开工典礼在地调二处 2220 队沙漠工地举行。阿吉普公司驻中国总经理皮卡迪和物探局副局长殷会祥为开工剪彩。该队 1996 年 9 月 3 日至 1997 年 11 月 16 日完成塔东南第六、七区块二维地震测线 2693 公里。

9月17～18日　中央国家机关 12 部委赴疆党建考察团考察塔里木石油探区，先后到塔中物探局地调二处 2256 队、地调三处 230 队体验物探工人在沙漠中的生活，称赞石油物探工人是新时期最可爱的人。随后，听取物探局前指及地调三处党建工作汇报，并实地考察地调三处仪修站、运输大队和客运车队的党建工作，参观了库尔勒研究中心。

9月20日　研究院地球软件公司开发的 GRISYS 地震数据处理系统在总公司昌平计算机工作会议上获优秀国产软件金牌奖。

10月16日　物探局工会被全国总工会授予全国职工读书自学活动先进集体称号。

10月21～25日　总公司勘探局委托物探局和大庆物探公司在北京十三陵石油工人疗养院召开大庆地震勘探会战 35 周年学术研讨会。

11月28～30日　物探局在北京十三陵石油工人疗养院召开 1996 年党建和思想政治工作研讨会，讨论修改《物探局精神文明建设“九五”规划》、《物探局主要行业（工种）职业道德规范》和《物探局党委、物探局关于深入持久开展“三创一争”（创文明单位、创文明基地、创文明家庭、争当文明职工）群众性精神文明创建活动的安排意见》。

12月31日　物探局党委转发总公司党组（1996）中油党字第56号文，段雨欣（女）任物探局党委常委、纪委书记，免去其研究院党委书记职务；张忠民任物探局研究院党委书记（副局级）；免去陈启发物探局党委副书记、常委、纪委书记职务。

12月31日　物探局下文，对局审计组织机构进行调整：将两级审计、分级管理调整为一级审计，加强了审计处的力量，强化了审计监督。

当年　物探局被中国石油天然气总公司评为1996年度安全生产先进企业。

1997年

1月17日　江泽民总书记、李鹏总理接见中国石油天然气总公司1997年工作会议代表并发表讲话。物探局参加会议的局党委书记李玉超，局长钟辛生，副局长王业胜，局纪委书记段雨欣（女），局副总工程师、中国工程院院士李庆忠受到接见。江泽民总书记、李鹏总理同李庆忠院士亲切握手。

1月21日　在总公司1997年工作会议上，物探局研究院物探方法研究中心、地球软件开发公司高级顾问俞寿朋获得了“铁人科技成就奖”银牌及5万元奖金。

1月28～31日　物探局召开四届六次职代会。局长钟辛生在会上作了题为《自觉加压，扎实工作，积极推进两个根本性转变，当好寻找油气大场面的尖兵》的报告。

3月5日　地调五处团委被团中央评为“全国青年志愿服务杰出集体”。

3月10日　物探局精神文明建设指导委员会成立。

3月13日　地调二处研制的8米吹沙筒钻具，经国家专利局批准，获得国家专利，专利号为ZL96216053.9。3月20日，物探局下文对研制项目组尹凤权、张国和等人进行表彰，发给奖金2万元。

3月25日　物探局精神文明建设指导委员会将地调三处库尔勒基地的征服塔克拉玛干纪念碑定为“石油物探优良传统教育基地”。

3月26～28日　物探局第十二次基层建设暨塔里木探区1997年工作会议在库尔勒基地召开。会上，副局长殷会祥作塔里木探区工作报告；13个单位介绍基层建设工作经验；表彰了“塔河杯”、“珠峰杯”、“HSE优胜杯”先进队。总公司塔指领导邱中建、廖永远、梁狄刚等人到会并讲话。

3月　物探局与英国HARDY公司签订巴基斯坦Ghotki地区二维地震勘探服务合同。地调二处9501队于5月1～30日完成合同任务177公里。

4月14～16日　物探局在十三陵石油工人疗养院召开资产经营责任制工作会议，学习贯彻《物探局资产经营暂行办法》等5个文件，并对1997年度资产经营责任制工作作出安排。

4月20～24日　总公司副总经理马富才一行到物探局塔里木前指及库尔勒研究中心检查工作，并专程视察在塔里木盆地施工的地调四处2255队。

5月3～10日　地调四处2165队在新疆罗布泊地区施工，遭受风暴袭击。152名职、民工断粮断水，被困8天8夜。在危急时刻，全队职、民工与风沙拼搏，组织生产自救。地调四处前指先后组织多批救援小组，于5月10日与工地职工会合，使人员全部脱险。6月9日，局塔里木前指在库尔勒召开大会，表彰2165队152名职、民工。

5月　地调四处9405队圆满完成中美公司（授标物探局）与美国OLYMPIC PERU公司签订的在秘鲁TALARA油田第十三区块进行二维地震资料采集的承包合同任务。从4月中旬至5月底，完成二维地震测线100公里。

6月10日　研究院给予叠前深度偏移项目组12万元奖金，表彰他们使用自己开发的系列软件，处理塔里木盆地克拉苏山地三维地震资料取得的显著成绩。

6月18日　地调三处研究所提供井位的塔里木盆地玉东构造带的玉东2井，在4728.81～4744.88米井段白垩系砂岩中，日产凝析油69.6立方米、天然气308586立方米，实现了1997年塔指十大勘探目标的首次突破。

6月19日　物探局赴苏丹第一、二、四区块第一期地震采集施工结束。地调一处9711队、地调三处9731队、地调四处9741队于4月17日～6月19日圆满完成144平方公里的三维和374公里的二维资料采集任务。

7月10～12日　物探局第四届科学技术大会在北京十三陵石油工人疗养院召开。会上，副局长许大坤作工作报告；局长钟辛生作会议总结；对物探局“九五”科技发展规划纲要作了说明；7个单位介绍了先进经验；对有关科技管理的7个文件进行了讨论；对131名先进科技工作者、35名科技管理工作者、2个科技先进集体、17个优秀项目组、68项科技成果进行了表彰。

7月23日　研究院地球软件公司研制的GRISYS和GRIStation两大地震软件系统被中国软件协会推荐为1996年度优秀软件产品。由于GRISYS地震处理系统连续三年被推荐为优秀产品，因而被中国软件行业协会评定为中国优秀软件产品。

7月31日～8月1日　物探局职业道德建设经验交流会在霸州地调四处召开。会上，孙国华等11人被命名为物探局职业道德之星，2178队等12个单位被确定为物探局职业道德建设示范单位。

7月　地调二处、地调三处，地调五处党委书记马尤和、职工医院院长兼党委书记陈国生，分别被中共河北省委宣传部等五个单位授予“1996年思想政治工作优秀企业”、“优秀企业思想政治工作者”称号。

8月11日　物探局决定：撤销研究院和物探地质研究院，重新组建物探局研究院。下设地质研究、方法研究、资料处理、软件开发、信息等5个生产科研中心。

8月20日　由物探局库尔勒研究中心和塔指勘探研究中心共同提供井位的塔中45井喜获高产油气流，日产天然气17～20万立方米、原油249立方米。该井的发现将塔中1号断裂带含油气范围西扩100公里。

8月28日　地调五处“固城GPS检定网”通过了由中国科学院院士魏子卿等13名专家组成的鉴定委员会的技术鉴定，认为该网规模和性能均已达到国内先进水平。

8月30日～9月1日　物探局以总公司1997年QC成果一等奖获得者的资格，经总公司推荐，在北京参加国际QC成果发布会，发表了QC成果。

9月3日　物探局下发《关于加强史志编纂工作的通知》。通知决定成立物探局史志编纂委员会，由钟辛生任主任，柴桂林任常务副主任，林运根任顾问；明确了史志办公室主任、副主任及局志和年鉴主编、副主编；要求立即着手组织编纂局志和年鉴。

9月6～14日　在新疆罗布泊地区施工的地调三处233队，遭遇特大风暴。地调三处进行紧急援救，233队职工勇抗风暴，安全自救，人员无一伤亡。

9月8日　物探局与巴基斯坦石油有限公司(POL)签订在巴基斯坦两个区块250公里二维地震资料采集合同。地调二处9501队于1997年10月3日～1998年1月1日圆满完成260公里的施工任务。

9月15日　物探局机械厂组装车间钳工二班在全国总工会召开的劳动保护工作会议上，获全国安全生产先进班组称号。

9月27日　由物探局库尔勒研究中心和塔指勘探研究中心共同提供井位的塔里木盆地玛4井在石炭系生屑灰岩段发生强烈井喷。12月21日测试，日产天然气17.3万立方米，发现和田河大气田。

10月9日　物探局在机械厂召开了“三厂一所”（仪器总厂、机械厂、特车厂和装备研究所）重组动员大会。

10月12日　地调一处构造小分队提供井位的吐哈盆地鲁克沁构造带的鲁2井，在三叠系日产原油23.3立方米，从而发现了鲁克沁大型油气藏，被总公司列为1996年八大发现之一。

10月20日　物探局机械厂生产的WTRZ－305型人抬山地钻机、特车厂生产的WTC5450TSZ型(25吨6×6）沙漠物探专用车被国家经贸委评为“国家级重点新产品”。

10月27日　物探局有线电视台制作的电视片《坎儿井》在中央电视台主办的全国电视短片评比中获二等奖（一等奖空缺）。

11月7日　总公司党组决定：许大坤任物探局党委书记，肖平任局党委常委、副书记、局工会主席，殷会祥、王小牧任局党委常委；免去李玉超局党委书记、常委职务，免去刘明义局工会主席、党委常委职务，免去赵瑞平局党委常委职务。总公司决定：聘任接铭训、徐文荣为物探局副局长，免去赵瑞平副局长职务。

11月11日　地调五处副总工程师何展翔在北京中国科技发展基金会孙越崎科技教育基金第六届颁奖大会上获优秀青年科技奖。

11月13日　物探局下文，聘任接铭训（副局长）兼任局塔里木前线指挥部指挥，王小牧（副局长）兼任常务副指挥；解聘殷会祥（副局长）兼任的塔里木前线指挥部指挥职务。同日，物探局党委下文，决定王小牧兼任局塔里木前线指挥部党工委书记，接铭训兼任党工委副书记；免去殷会祥兼任的党工委书记职务。

12月5日　在物探局外招多功能厅举行大庆地震会战35周年文集《再创辉煌》首发式。全国石油系统50多名参加过大庆会战的“老石油”参加了会议。

12月9日　物探局与日本石油公团签订了塔里木米萨列依区块地震资料采集和处理承包合同。地调三处2207队承担1154公里二维地震资料采集任务，研究院承担4454公里二维地震资料处理任务。

12月16～18日　研究院地球软件公司在北京召开石油开发软件集成平台（OIO工程）研讨会，对由王宏琳、赵振文带队1997年1月14日至10月14日在美国开发的“OIO平台”进行了评估。

当年　物探局技术人员在柴桂林指导下，在三维地震成果的基础上，运用相干数据体预测和识别塔里木轮南潜山碳酸盐岩裂缝发育带取得了重大突破，据此提供的轮古1井、轮古2井相继获得高产油气流。轮古1井于1997年12月31日日产原油364立方米、天然气137713立方米；轮古2井于1998年1月26日日产原油493立方米、天然气65234立方米。

同年　由物探局和塔指勘探研究中心共同提供井位的库车坳陷克—依构造带上的克拉2井、克拉3井，分别于1998年1月20日和2月5日钻获高产气流，分别日产天然气27.71万立方米和35.2万立方米，发现克拉苏大型气田。

同年　地调五处济世生物工程公司研制的抗血栓药品——克塞灵，获河北省发明展览会及技术交易会金奖。

第一篇

机构队伍

综　　述

中国石油天然气总公司地球物理勘探局，1973年7月宣布成立。它的前身是燃料化学工业部六四六厂。六四六厂物探队伍主要来自1961年参加松辽石油地震会战的队伍。

1961年10月，成立松辽地震会战前线指挥部。1962年5月地震会战队伍合并，组建成新的松辽石油勘探指挥部地质调查处。

1963年11月，松辽地调处大部分队伍进关参加华北石油会战，1964年3月编为石油工业部六四一厂地质调查处，1964年6月27日对内称华北石油勘探会战总指挥部地质调查指挥部，对外仍称石油工业部六四一厂地调处。

1965年2月1日，六四一厂地调处对外使用石油工业部六四六厂代号，对内机构名称和领导关系不变。1966年5月26日，华北石油勘探会战总指挥部下属的河北石油勘探指挥部改为华北石油勘探指挥部，对外仍称六四一厂，六四六厂对内仍称地调指挥部，归华北石油勘探指挥部领导，对外使用石油工业部六四六厂名称不变。自1969年5月1日起，六四六厂改为石油工业部直属单位。1970年6月燃料化学工业部成立后，六四六厂为燃化部直属单位。

1972年9月2日，燃化部决定将六四六厂改名为“燃料化学工业部石油地球物理勘探局”。1972年11月25日，燃化部批准六四六厂党委上报的石油地球物理勘探局机构设置方案。1973年7月24日，在河北省徐水县召开了物探局成立大会。1977年10月24日，局机关迁往河北省涿县（今涿州市）。

松辽地震会战前线指挥部下辖1个地调处、5个地调大队（共有26个地震队）和1个综合研究大队，共有职工3000多人。队伍进关后，1964年3月编为六四一厂地调处时，下辖5个大队（共有52个物探队），共有职工3644人。到1970年末，六四六厂下辖14个大队（共有81个物探队），共有职工11604人。1973年2月，六四六厂成立勘探第一指挥部和勘探第二指挥部，辖5个大队（共有48个物探队），年末有职工10609人。1997年末，物探局设机关职能处室和部门共22个、局机关附属单位13个、二级单位25个（共有物探队81个），共有职工26423人，发展成为集物探资料采集、数据处理、解释研究、装备制造、科研教育、后勤支持为一体的具有竞争实力的石油地球物理勘探服务集团。

在30多年中，这支物探队伍继承和发扬“爱国、创业、求实、奉献”的大庆精神，以找油找气为己任，先后参加了松辽、华北、四川、江汉、辽河、长庆（陕甘宁）、冀中、中原、内蒙二连、塔里木、吐哈、东北三江等大小石油勘探会战。并在江苏、浙江、江西、安徽、广东、广西、海南、西藏等省、市、自治区进行石油勘探，发挥了石油勘探野战军、先行官、战略部队和物探技术发展中心的作用。

物探局建局前，党委书记7任，行政领导7任。建局后，局党委书记4任，依序为：段志高、严衍余、李玉超、许大坤（任职跨入1998年）；局长5任，依序为：安启元、林运根、潘瑗、刘颂威、钟辛生（任职跨入1998年）。

第一章　机　构

第一节　松辽地震会战前线指挥部

1959年9月26日，松辽盆地松基3井喷油，标志着大庆油田的发现，拉开了松辽石油勘探会战的帷幕。

1961年9月，石油部决定组织1961年冬至1962年春松辽地震会战。从新疆、青海、四川、玉门、银川等5个石油管理局、勘探局各抽调3个地震队，分别组成大队到松辽盆地，加上松辽地调处的11个地震队共26个地震队（含1个勤工俭学队）进行地震会战。为了加强会战的组织领导，在松辽石油勘探指挥部领导下成立地震会战前线指挥部，驻地设在吉林省大安县。前指机关设办公室、地球物理室、工程技术室、经济办公室和政治处；下辖松辽地调处，新疆、青海、四川、玉门、银川等5个地震大队和1个综合研究大队。

松辽地震会战前线指挥部机构设置见图1－1。

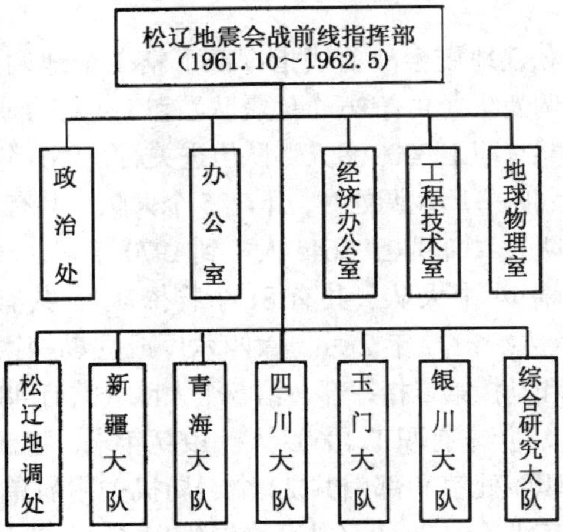

图1－1 松辽地震会战前线指挥部机构设置图

第二节 松辽石油勘探指挥部地质调查处

1961年冬至1962年春的松辽地震会战结束后，1962年5月16日，石油部决定：参加会战的地震队伍全部留松辽，成立了新的松辽地调处。处机关设政治处（辖办公室、组织科、宣传科、保卫科、工会、团委），处办公室（辖白城招待所、卫生所），生产办公室（辖生产科、供应科、机动科、计划科、财务科、劳动工资科），生活办公室（辖总务组、劳保组、服务组、农场）；下辖第一、二、三、四、五大队及研究队、机修站、仪修站。处机关和下属单位设置见图1－2。

1963年春，松辽地震会战基本结束。1963年8月，石油部决定组织华北石油会战。10～11月，松辽地调处除留下一大队3个地震队外，其余队伍包括第二、三、四、五大队共22个地震队及机关、机关附属单位整建制调往华北参加石油勘探会战。

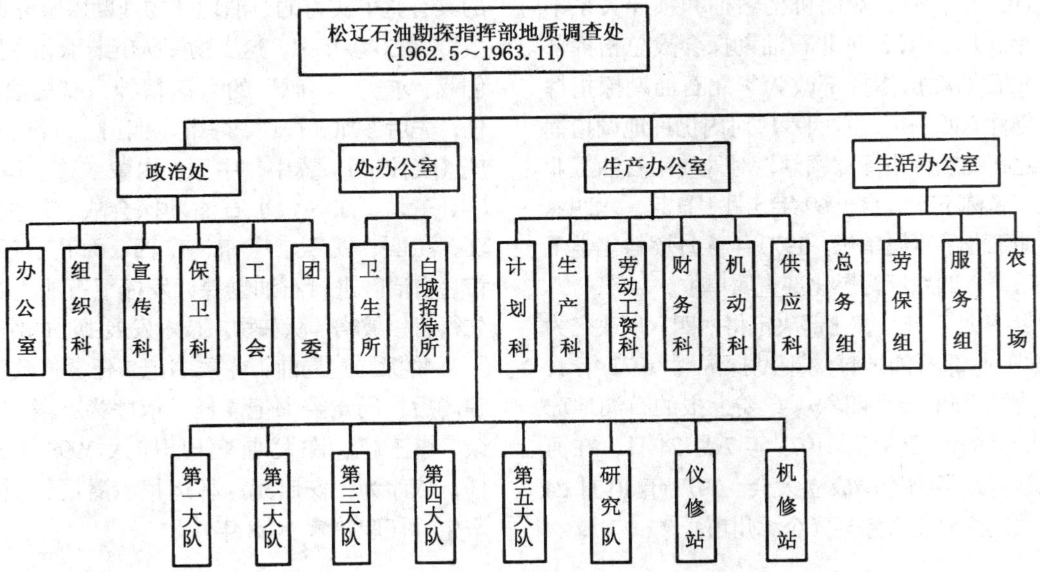

图1－2 松辽石油勘探指挥部地质调查处机构设置图

第三节 六四一厂地质调查处

1963年12月，松辽地调处进入华北时，辖4个大队即第二、三、四、五大队。

1964年2月1日，华东石油勘探局地调大队划归松辽地调处统一领导，定名为地调处一大队。

1964年2月24日，石油部以（64）油办秘字第49号文件决定华北石油勘探会战总指挥部下设的河北勘探指挥部，以代号“石油工业部六四一厂”公开对外，其厂部设在天津北仓。1964年3月，松辽地调处归石油工业部六四一厂领导，定名为“石油工业部六四一厂地质调查处”。新印章于1964年3月11日起启用，驻地设在河北省徐水县，邮政代号为：徐水县121信箱。当时地调处的隶属关系虽已改变，但其组织机构仍沿用原设置。

1964年5月3日，九二三厂勘察设计大队划归六四一厂地调处领导，定名为地调处六大队。当月

24日又将六大队改由六四一厂直接领导，由六四一厂地调处代管。

1964年5月，华东石油勘探局第二勘探大队（即苏北大队）划归六四一厂地调处领导。

自1964年6月27日起，石油工业部六四一厂地调处对内改称华北石油勘探会战总指挥部地质调查指挥部，对外仍用原信箱代号和石油工业部六四一厂地调处名称。

到1964年底，六四一厂地调处辖7（第一至七）个大队及研究队、机修站、仪修站等10个二级单位。

第四节 六四六厂

一、名称及上属

1965年1月28日，石油部《关于六四一厂及六四一厂地质调查处领导关系及有关问题的通知》文件中明确：六四一厂仍由石油部直接领导，六四一厂地质调查处由六四一厂领导。六四一厂地质调查处对外代号为“石油工业部六四六厂”，自1965年2月1日起执行。1965年2月23日，石油部颁发了“石油工业部六四六厂”印章，六四六厂名称公开使用。

1966年5月26日，河北石油勘探指挥部改名为“华北石油勘探指挥部”，对外仍称“石油工业部六四一厂”。六四六厂对内仍称“地调指挥部”，隶属华北石油勘探指挥部。

1969年4月28日，石油工业部军管会（69）石军办字第35号文通知：自1969年5月1日起，将华北石油勘探指挥部六四六厂改为石油工业部直属单位，仍称石油工业部六四六厂。

1970年6月22日，石油工业部、化学工业部、煤炭工业部合并成立燃料化学工业部。1971年9月13日，六四六厂改名为燃料化学工业部六四六厂，1971年10月25日启用了新印章。

二、机构设置

1965年1月，六四一厂地质调查处下辖7个大队、2个测量队、1个综合研究队、3个专题研究队。

1965年8月7日，六四六厂组建半工半读中等技术学校。

1965年10月28日，六四六厂组建第八大队和第九大队，研究队改为研究大队。

1965年底，六四六厂机关机构设有：政治部办公室、组织科、宣传科、保卫科、工会、团委、机要科、行政办公室、调度室、机动科、人事科、计划科、财务科。附属单位有：通讯站、民警队。

1966年4月25日，成立元件厂。

1966年4月，六四六厂机关机构变更为：政治部、生产办公室、行政办公室、服务公司。8月，将生产办公室改为生产服务室。

1966年9月，六四六厂辖9个大队及机修厂、仪修站、元件厂、研究大队、半工半读学校等14个二级单位；厂机关设政治部、生产服务室、行政办公室、服务公司，另辖运输站、通讯站、供应站等3个附属单位（见图1－3）。

1966年“文化大革命”开始后，六四六厂机关受到了严重冲击，机关职能作用一度基本消失。

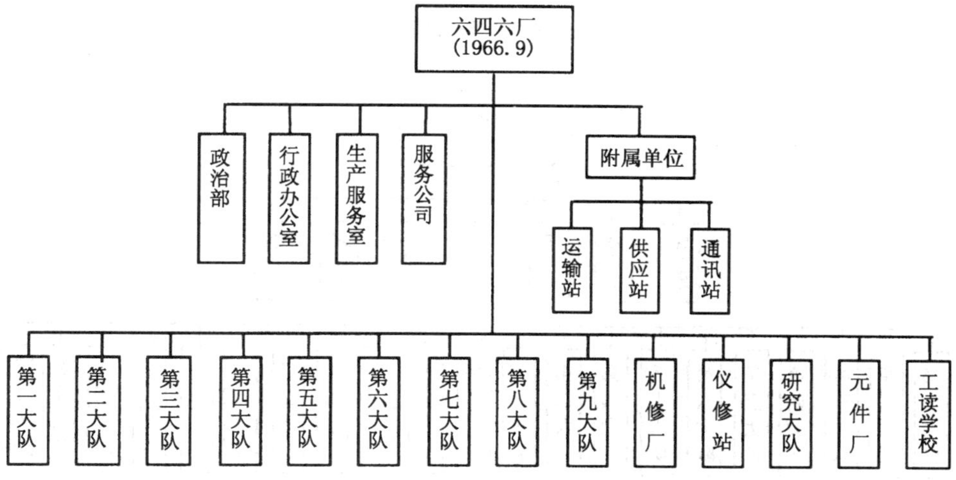

图1－3 六四六厂机构设置图（1966.9）

1968年2月，北京军区装甲兵奉命对六四六厂实行军管。军管会下设：厂部军管小组，“二三六研”军管小组（即第二、三、六大队及研究大队军管小组），“四七八九”军管小组（即第四、七、八、九大队军管小组），机修厂军管小组，仪修站军管小组。

1968年4月29日，六四六厂革命委员会（简称革委会）成立。革委会机关设办公室、政工组、生产组、后勤组，代替了原厂机关所有科室。5月至11月，六四六厂下属17个单位相继成立革委会。

1968年5月9日，经石油部批准，六四六厂将半工半读学校撤销。

1968年8月，六四六厂成立第十大队。

1968年底，六四六厂机关设政工组、生产组、后勤组和办公室；下辖10（第一至十）个勘探大队，及机修厂、仪修站、研究大队、服务公司、子弟学校等18个二级单位（见图1-4）。

1969年1月，六四六厂将元件厂划归仪修站管理。

1969年5月，六四六厂成立第十一大队。

1969年8月，六四六厂成立第十二、十三、十四大队。

1969年10月12日，六四六厂成立陕甘宁勘探指挥组。

1969年12月，六四六厂机构设置：厂下辖14（第一至十四）个大队，以及机修厂、仪修站；厂机关设政工组、生产组、综合组、后勤组、办公室、武装部。附属单位有子弟学校、服务公司（见图1-5）。

1970年1月1日，六四六厂一大队调给华北石油勘探指挥部（现大港油田）。

1970年1月26日，六四六厂决定将厂革委会机关后勤组与生产组合并为生产组。

1970年3月6日，机修厂改名为机械修造厂，仪修站改名为地球物理仪器修造厂。

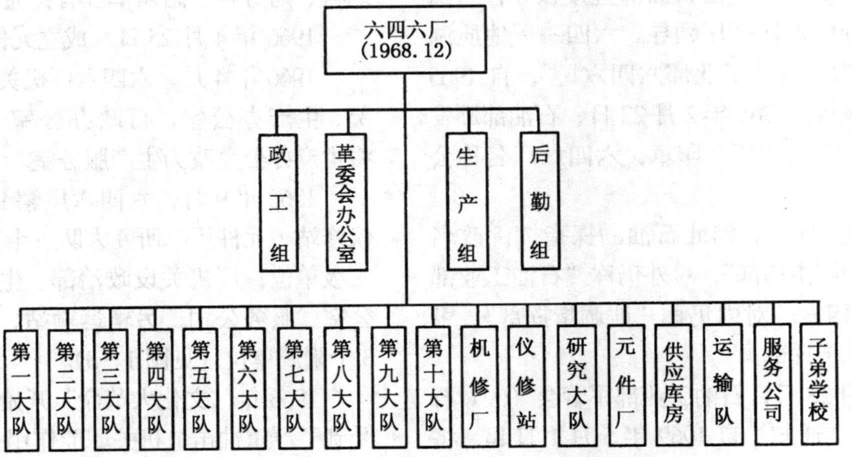

图1-4　六四六厂机构设置图（1968.12）

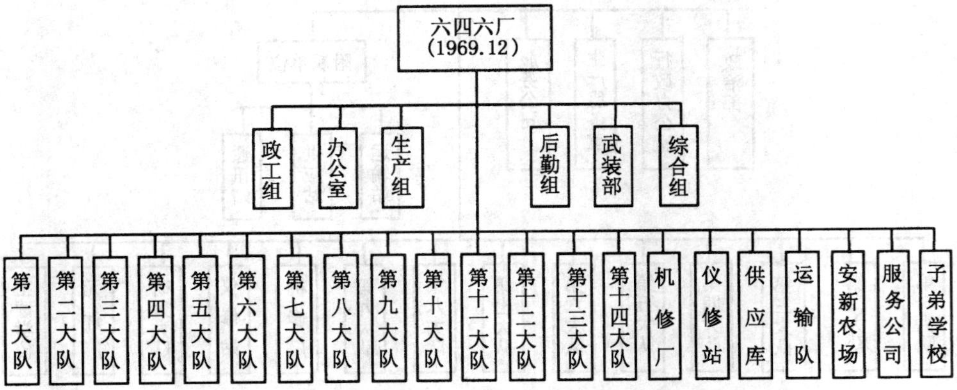

图1-5　六四六厂机构设置图（1969.12）

1970年3月10日，六四六厂陕甘宁勘探指挥组改建为陕甘宁勘探指挥部，下辖第五、十三大队共17个地震队。

1970年5月7日，六四六厂综合组划归第十四大队领导。

1970年5月15日，石油部决定将六四六厂第六大队成建制调归中央地震工作小组办公室领导。1970年9月10日，正式办理了移交手续。

1970年6月，六四六厂西安服务站成立（地址：西安市雁塔区）。

1970年6月24日，六四六厂参加江汉石油勘探会战的地震队伍，被统一编为五七油田会战指挥部三分部，下辖第四、八、九、十一、十二大队，共有26个地震队。

1970年7月，六四六厂参加下辽河石油勘探会战的队伍，被统一编为三二二油田地震团，下辖第二、三、十大队的23个地震队和第七大队的2个电法队。

1970年9月，六四六厂革委会机关设直属工作部。

1970年12月31日，燃化部发文明确六四六厂是一支直属燃化部的担负着全国石油地质、地球物理勘探的队伍。参加各探区（如江汉、陕甘宁、下辽河等地区）石油会战的队伍仍属六四六厂领导。

1971年3月，六四六厂参加下辽河石油勘探会战的队伍完成任务后陆续撤回六四六厂，地震团的建制即被撤销。

1971年6月，六四六厂参加江汉石油勘探会战的队伍，会战任务完成后调往长庆油田与六四六厂参加长庆油田会战的队伍合并，于1971年6月10日统编为长庆油田会战指挥部第四分指挥部，下设4个勘探团，即三十一团、三十二团、三十三团、三十四团，共辖42个地震队、3个电法队、1个重力队。

1971年7月，在河南省太康县建立燃料化学工业部六四六厂革命委员会基地（农场）。

1971年10月，六四六厂的组织机构进行了调整：厂革委会机关设政治部、生产指挥部、后勤部，三部共下设15个科室；厂革委会机关总编制人数为131人；厂革委会机关原办公室、政工组、生产组、直属工作部同时撤销。厂直接领导的下属单位有研究所、机械修造厂、仪器修造厂、第二大队、第三大队、第七大队、第十大队、第十四大队及参加长庆油田会战的第四分指挥部。

1971年12月，六四六厂第三大队、第十四大队合并成立勘探一团；第二大队、第七大队合并成立勘探二团。

1971年12月，六四六厂机构设置见图1－6。

1972年7月，为使钻探配合物探，六四六厂成立钻井大队。

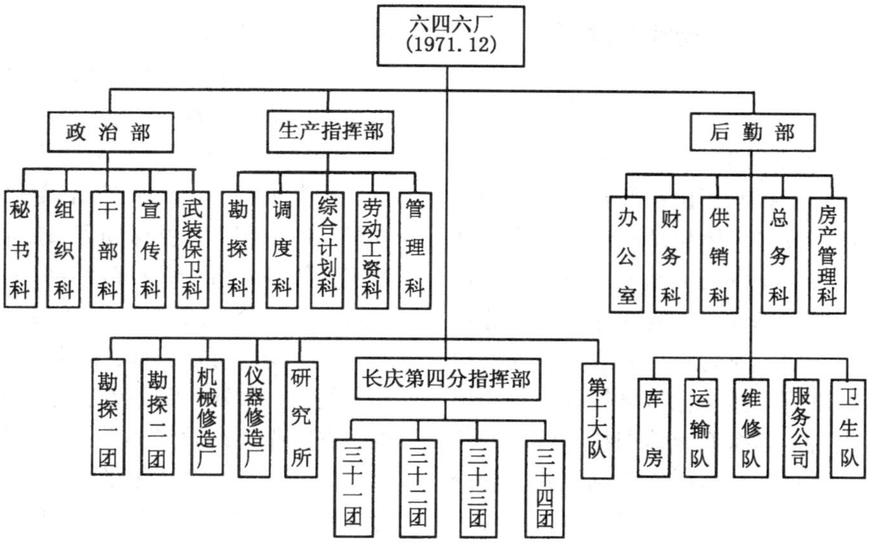

图1－6 六四六厂机构设置图（1971.12）

1972年7月，六四六厂成立普查大队。

1972年7月，六四六厂成立教导队。

1972年10月，六四六厂机构设置见图1－7。

1973年2月，六四六厂参加长庆油田会战的地震队伍，除留、调长庆、大庆的以外，回六四六厂的三十二团全部与勘探一团合并成立勘探第一指挥

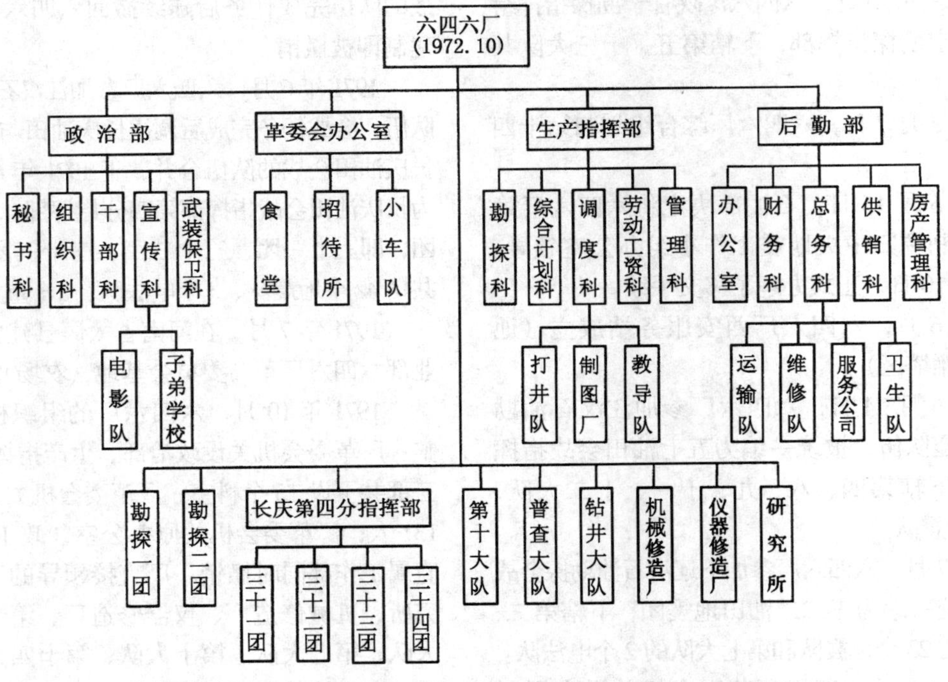

图 1－7　六四六厂机构设置图（1972.10）

部，下设第一、二、三大队；回六四六厂的三十四团机关人员及 5 个地震队与勘探二团合并成立勘探第二指挥部，下设第四、五大队。

1973 年 3 月，第十大队（含 8 个地震队，职工 833 人）调给华北石油勘探指挥部。

第五节　石油地球物理勘探局

一、建局经过

1972 年 4 月 26 日，燃化部领导伊文、康世恩、唐克在听取六四六厂汇报时指出：部党的核心小组研究，拟将六四六厂改名为燃化部石油地球物理勘探局。物探局一要成为全国石油地质、地球物理资料的处理、解释、综合基地；二要成为发展地球物理勘探队伍的装备、供应基地；三要成为一支机动部队，在部里统一部署下搞全国区域勘探；四要担负起交流经验，为石油物探系统培训技术骨干的任务；五要逐步搞一些地质、地球物理勘探基本理论研究。对这些要求，后来概括为“四部一军”（即：参谋部、研究部、培训部、装备部和野战军）。

1972 年 9 月 2 日，燃化部党的核心小组第 65 次会议决定，将六四六厂改名为燃化部石油地球物理勘探局。

1972 年 11 月 25 日，燃化部（72）燃财字第 56 号文批复了六四六厂党委 1972 年 11 月 11 日上报的石油地球物理勘探局机构设置方案。1972 年 12 月 7 日，燃化部（72）燃办字第 12 号文颁发了“燃料化学工业部石油地球物理勘探局”印章。

1973 年 6 月 28 日，燃化部（73）燃党字第 24 号、第 25 号文分别任命了石油地球物理勘探局党政领导干部。1973 年 7 月 20 日，石油地球物理勘探局印章正式启用。1973 年 7 月 24 日，石油地球物理勘探局成立大会在河北省徐水县召开。

二、机构设置

（一）1973 年 7 月机构设置

根据 1972 年 11 月 25 日燃化部批准的机构设置方案：1973 年 7 月物探局宣布成立时局机关设职能处室（部门）18 个，即政治部办公室、组织处、宣传处、干部处、保卫处、武装部、局工会筹备办公室、局团委，局办公室、总调度室、勘探处、机动装备处、人事处、财务处、计划处、供应处、行政处、农副业处；设局属单位 10 个，即第一指挥部（简称“一指”）、第二指挥部（简称“二指”）、钻井指挥部、机械厂、仪器厂、研究所、计算中心站、职工医院、技术学校、普查大队。见图 1－8。

（二）1973～1983 年机构设置

1973 年 12 月，地震技术引进办公室成立，地址设在北京市原石油学院。

1974 年 6 月 1 日，六四六厂太康基地移交给太康县革委会。

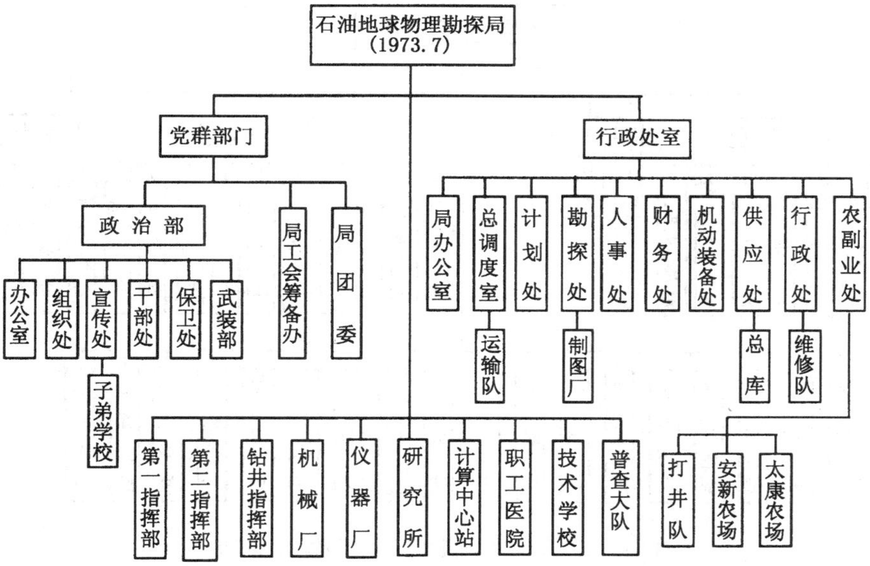

图1－8 石油地球物理勘探局机构设置图（1973.7）

1974年，根据燃化部决定，钻井指挥部成建制（职工868人）调给华北油田。

1975年9月，成立数字处理会战指挥部，地址设在原北京石油学院地质楼。

1975年11月，成立局机关生产办公室。

1976年11月16日，成立石家庄办事处。

1977年2月10日，成立“七·二一”工人大学，与技术学校为两块牌子一套机构。

1977年5月，成立基建大队。

1977年8月7日，局生产办公室增设综合组。

1977年8月，成立综合修理厂。

1977年9月，将徐水留守处改名为徐水办事处。

1978年3月17日，将研究所和计算中心站合并成立研究院。

1978年3月29日，石油部决定，将长庆油田参加华北地震会战队伍包括指挥部机关及附属单位、3个大队（共辖19个地震队），自1978年5月1日起成建制调给物探局，编为物探局第三指挥部。

1978年3月，在局运输队基础上成立局运输大队。

1978年3月，局机关增设学大庆办公室、科教处、基建处、家属工作处。

1978年4月8日，石油部批准物探局在技术学校和“七·二一”工人大学基础上成立石油地球物理勘探学校。

1978年5月4日，物探局决定将仪器厂元件车间划出，成立元件厂。

1978年5月15日，石油部决定，在北京设立石油地球物理勘探技术引进管理处，对外为石油部1个单位，对内为物探局的1个二级单位。同时撤销石化部引进办公室和石化部物探局数字处理会战指挥部。

1978年5月，成立石油物探局第三指指挥部南疆前线会战指挥部。

1978年6月，成立物探局滇黔桂前线指挥部，对内归第二指挥部领导。

1978年8月12日，石油部批准，物探局调整部分机构。第一指挥部划分为第一、第四两个指挥部；撤销第一、二、三指挥部所属9个大队建制。局机关勘探处改称勘探一处，增设勘探二处、装备处、工农处。

1978年9月，经上级批准，综合修理厂改名为大修厂。

1978年10月16日，石油部批准物探局成立技工学校和第二技工学校。技工学校校址设在河北省霸县（今霸州市），第二技工学校校址设在河南省开封市，由物探局第二指挥部管理。

1978年12月，物探局机构设置见图1－9。

1979年1月23日，石油部决定将西安石油勘探仪器总厂元件车间并入物探局元件厂。

1979年2日22日，成立特车厂（科级）。

1979年9月，在干训班的基础上成立干部学校。

1980年2月27日，石油部批准物探局组建物探引进技术服务公司。

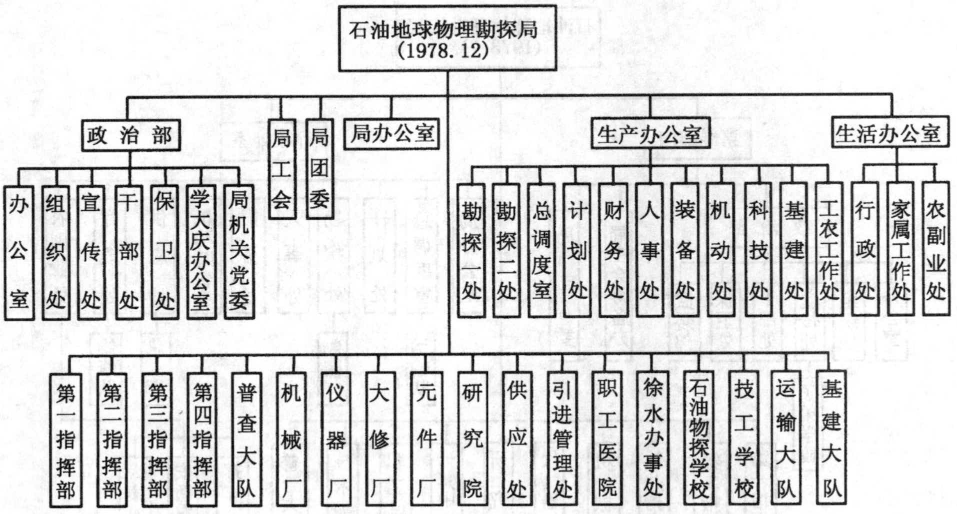

图 1-9 石油地球物理勘探局机构设置图（1978.12）

1980 年 2 月 29 日，石油部决定将原六二一厂管理的“十三陵疗养所”，自 1980 年 6 月起移交物探局代部管理。

1980 年 6 月 4 日，将元件厂改名为半导体器件厂。

1980 年 8 月，石油部批准物探局组织机构作部分调整，即政治部办公室和学大庆办公室合并为政治部办公室；农副业处与家属工作处合并为农副业家属工作处；撤销科教处，成立科技处和教育培训处；成立卫生处。

1980 年 8 月，石油部决定将位于涿县兰家营乡（与北京市交界）的预制厂（部办公厅管）交由物探局代管。

1980 年 9 月，成立安全处。

1980 年 11 月，石油部批准撤销局政治部，成立局党委办公室、宣传处、组织处、干部处；撤销各二级、直属单位政治处、政工组，并取消政委、教导员、指导员职务名称，但物探队仍设指导员一职；撤销生产办公室和生活办公室。

1980 年 11 月 5 日，局撤销京津地震数字会战指挥部。

1981 年 4 月 9 日，石油部批准成立石油天然气资源评价所，承担全国油气资源评价任务。该所由物探局领导，为物探局的一个二级单位。1983 年 9 月 15 日，石油部决定成立海洋石油勘探开发研究中心，先由物探局石油天然气资源评价所建成独立的海洋石油勘探开发研究中心，再过渡到由海洋石油总公司领导。1984 年 3 月 27 日，石油部正式通知，海洋石油勘探开发研究中心为司局级单位，直属于海洋石油总公司领导。

1981 年 8 月 12 日，石油部批准物探局停办开封第二技工学校。

1982 年 5 月 4 日，石油部批准物探局成立档案处（下设档案馆），既为局属二级单位，又是局机关职能部门。

1983 年 4 月 15 日，石油部批准物探局成立老干部处。

1983 年 10 月 10 日，石油部批准物探局成立解释中心（为处级单位）和科技情报所（为科级单位）。

（三）1984～1990 年机构设置

1984 年 6 月 30 日，物探局对局机关组织机构和下属单位进行了部分调整。

局机关行政系统：增设审计处、外事办公室；将机动装备处划分为机动处、装备制造处；将总调度室与工农工作处合并，设置为生产管理处；将经委办公室改设为企业管理处；将人事处改称为劳动工资处；将行政处由局机关职能处室改置为生活服务公司（行政处），为局二级单位；将农副业家属工作处由局机关职能处室改置为农副总场，为局二级单位；将行政处十三陵疗养院划出，改置为直属科级单位；将基建处建筑设计组划出，改置为建筑设计所，为直属科级单位；将局办公室通讯站划出，改置为通讯总站，为直属科级单位；将涿县子弟学校确定为直属科级单位。

局机关党群系统：撤销原政治部办公室，设置党委办公室；撤销原政治部组织处、干部处，设置党委组织部；撤销原政治部宣传处，设置党委宣传部；将原政治部保卫处划属行政系统管理；将局机关党委由局机关职能部门改置为二级党委。

二级单位（处级）的调整：设职工大学筹建处和劳动服务公司；将局干部学校改置为二级单位（处级）；将技工学校由直属科级单位升置为二级单位（处级）；将基建大队与运输大队涿县分队合并，设置为建筑公司，为二级单位（处级）；将研究院地质室、情报室划出，分别成立解释中心和科技情报所，前者为二级单位（处级），后者为直属单位（科级）；将研究院装备室划出，设置为装备研究所，为直属科级单位；将第一、二、三、四指挥部改称为第一、二、三、四勘探公司；将普查大队改称为地质普查公司，升置为二级单位（处级）；将预制厂由局代管单位改置为二级单位（处级），并改称为房屋维修公司。

局直属科级单位的调整：将徐水办事处的徐水子弟学校和制图印刷厂划出，均改置为直属科级单位。

调整后的物探局机构设置：

（1）局机关设置26个职能处室和部门。其中行政系统19个处室：局办公室、计划处、财务处、审计处、劳动工资处、企业管理处、勘探一处、勘探二处、生产管理处、科技处、机动处、装备制造处、教育培训处、基建处、保卫处、安全处、外事办公室、档案处、卫生处。

党群系统7个处室和部门：党委办公室、组织部、宣传部、老干部处、局纪委办公室、局工会、局团委。

（2）局下设24个二级单位（处级）：第一勘探公司、第二勘探公司、第三勘探公司、第四勘探公司、地质普查公司、研究院、解释中心、机械厂、仪器厂、半导体器件厂、大修厂、供应处、物探引进技术服务公司、职工大学筹建处、石油物探学校、干部学校、技工学校、职工医院、徐水办事处、农副总场、生活服务公司（行政处）、劳动服务公司、房屋维修公司、建筑公司。

（3）局下设11个科级直属单位：特车厂、装备研究所、科技情报所、运输大队、通讯总站、十三陵疗养院、石油物探报社、建筑设计所、涿县子弟学校、徐水子弟学校、制图印刷厂。其中：十三陵疗养院由局工会代管，徐水子弟学校和制图印刷厂由徐水办事处代管。

调整后的物探局机构设置见图1－10。

1984年7月19日，石油部批准物探局将干部学校改为管理干部学校，学制三年，毕业生为中专学历。

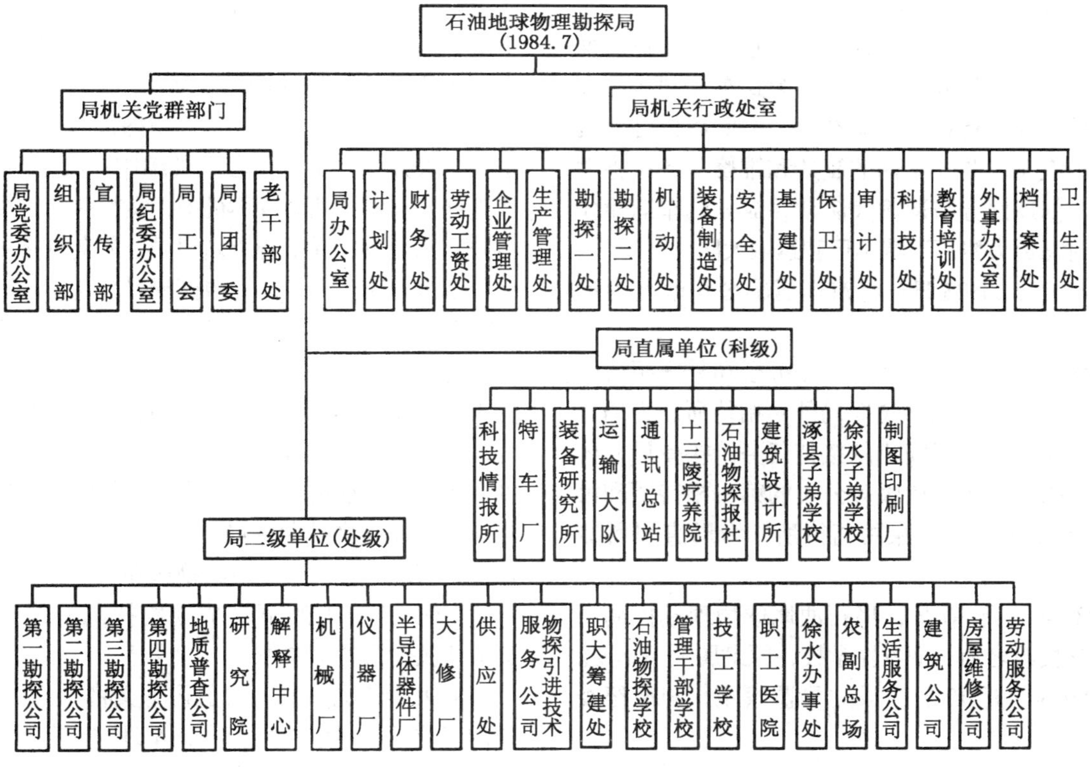

图1－10　石油地球物理勘探局机构设置图（1984.7）

1984年9月15日，石油部批准物探局将半导体器件厂撤销。

1985年3月8日，石油部征得河北省教育厅同意，批准物探局成立石油物探职工大学，面向全国石油物探职工招生，学制为全脱产专科三年制。

1985年11月28日，房屋维修公司改名为房屋修建公司。

1985年12月27日，石油部决定将培黎石油技工学校改为石油中等专业学校，校名定为培黎石油学校。从1986年起培黎石油学校由物探局领导，其事业单位性质不变。

1986年7月16日，物探局第一、二、三、四勘探公司和地质普查公司分别改名为第一、二、三、四、五地质调查处（简称地调一、二、三、四、五处），物探引进技术服务公司改名为引进管理处。

1987年2月，石油部征得上海市同意，批准物探局在上海市设立驻沪联络处。

1987年3月，将局机关勘探一处、勘探二处合并为勘探处，将生产管理处改名为生产协调处。

1988年3月16日，将十三陵疗养院改名为北京十三陵石油工人疗养院。

1988年8月17日，将仪器厂调整为地球物理仪器公司（简称仪器公司）。

1989年2月24日，将大修厂可控震源制造维修、金工及动力部分与特车厂的厢式车辆制造部分合并，成立物探特种车辆制造厂，主要承担可控震源、特种汽车、厢式车辆的制造和维修任务；将大修厂汽车修理部分与运输大队合并成立汽车运输公司。同时撤销大修厂、特车厂和运输大队。

1989年5月23日，将汽车运输公司改名为运输处。

1989年6月3日，将生活服务公司外宾招待所与外宾公寓合并，成立物探局外宾招待所，为局直属科级单位，承担局安排的接待任务，接受局办公室的业务指导；将生活服务公司的第一招待所和第二招待所合并成立物探局招待所，为局直属科级单位。

1989年6月30日，将石油地球物理勘探局石油物探学校改名为石油物探学校，原隶属关系不变。

1989年7月19日，成立局监察室，与局纪委合署办公。

1989年8月16日，将涿州子弟学校中学部划出，成立石油物探中学，为局直属科级单位。

1989年10月31日，局决定仪器公司设正副经理。仪器公司下设仪器厂、检波器厂、电缆厂、仪器研究所、公用工程服务公司、生活服务公司和教育培训中心，均为科级单位。

1989年11月7日，将档案馆调整为物探局档案馆，为科级业务单位，隶属局档案处。

（四）1991～1992年机构设置

1991年1月1日，成立物探局塔里木前线指挥部，为局临时派出机构。前指机关设政工组、生产技术组、后勤组。驻地设在地调三处库尔勒基地。

1991年3月11日，成立物探局第二职工医院筹备组（简称筹备组），按局机关附属单位管理。

1991年4月15日，成立多种经营管理处，为局机关职能处室。

1991年5月14日，经总公司批准，成立物探装备技术服务中心，为局属处级单位。

1991年5月30日，将解释中心与科技情报所合并，成立物探地质研究院，为局属处级单位；并将地调五处重磁电研究所涿州部分划属其直接领导和管理。成立离退休职工管理处（与老干部处为双称机构，实行一套编制）、行政管理处、技术监督处，均为局机关职能处室；撤销生活服务公司（行政处），成立基地管理处，并将局机关卫生所、涿州子弟学校划属其直接领导和管理。基地管理处为局下属处级单位，除负责全局液化气供应外，不承担全局生活服务的管理职能。

1991年5月31日，成立物探局武装部，与保卫处合署办公，实行一套定员编制；成立国有资产管理处，与财务处为双称机构，实行一套定员编制；将外宾招待所、局招待所划归局办公室直接领导。

1991年6月24日，物探局转发总公司劳资局1991年6月10日文，决定成立石油勘探定额管理站，为正处级单位。并决定将总公司原下达的（90）劳组字第97号文批准成立的石油物探定额管理站作为该站的一个组成部分。该站系指导组织全国石油勘探定额（劳动定额除外，下同）的管理工作机构，地点设在地球物理勘探局，其业务受总公司勘探局领导，行政、党务及生活归物探局领导和管理。

1991年6月29日，成立物探局有线电视台，为局机关附属科级单位。

1991年7月3日，总公司下文将总公司兴建的长沟（位于涿州市兰家营乡）基地（包括设在基地的房屋修建公司），由中国石油工程建设公司转交物探局经营管理。

1991年8月9日，将地球物理仪器公司改名为石油地球物理勘探仪器总厂（简称仪器总厂）。

1991 年 9 月 11 日，成立石油物探局信息工程服务中心，为局直属科级单位。业务上归多种经营管理处管理。

1991 年 10 月 9 日，将装备研究所划归物探装备技术服务中心领导。

1991 年 10 月 21 日，将房屋修建公司改名为综合服务处，仍为局属处级单位。

1991 年 10 月 22 日，将局机关生产协调处调整为总调度室。

1991 年 11 月 4 日，将局办公室外事管理职能分离，成立外事处；将监察室调整为监察处，与局纪委合署办公。

1991 年 11 月 14 日，将国有资产管理处改为与财务处合署办公机构。

1991 年 11 月 20 日，成立物探局党校，与管理干部学校为一套编制、两块牌子机构。

1991 年 12 月 24 日，物探局将地调三处乌鲁木齐办事处和大河沿办事机构划归局塔里木前线指挥部。并决定成立库尔勒研究中心和大河沿办事处，均隶属塔里木前线指挥部。由于管理职能的增加，局塔里木前指机关政工组、生产技术组、后勤组相应调整为党委办公室、前指办公室和生产办公室。

1991 年 12 月 24 日，将安全处改名为安全环保处，将石油物探中学调整为局直属单位。

1992 年 1 月 31 日，根据总公司劳资局文件精神，将石油物探学校计划培训部更名为石油物探局计划培训部，并调整为局机关附属副处级单位，业务上接受总公司计划局领导。

1992 年 2 月 9 日，将局招待所划归基地管理处。

1992 年 3 月 4 日，将局档案处及其下属的档案馆调整为局档案馆，并承担原档案处的管理职能。局档案馆为局机关附属处级单位。

同日，成立物探局第二职工医院，为局属处级单位。将基地处下属的局机关卫生所划归第二职工医院。

同日，将多种经营管理处由局机关职能处室调整为局下属单位，仍为正处级。其主要工作任务是：负责全局多种经营的业务管理，领导和管理直属的多种经营单位。

同日，撤销农副总场。其机关及所属单位合并到多种经营管理处。

同日，撤销局劳动服务公司。其所属的华兴综合商店和华兴电器厂划归基地管理处。

1992 年 3 月 7 日，将石油工业部地球物理勘探局驻通县办事组改名为石油地球物理勘探局驻北京通县办事处。

1992 年 3 月 16 日，将局机关的组织机构、职责范围、定员编制进行了调整。确定局档案馆、勘探定额管理站、计划培训部、石油物探报社、十三陵石油工人疗养院、通讯总站、建筑设计所等 7 个单位为局机关附属单位。调整后的局机关组织机构和定员见表 1－1。

1992 年 3 月 17 日，将物探装备技术服务中心改名为特种装备勘探处（简称特勘处）。

1992 年 4 月 22 日，将深圳震环仪器设备有限公司划归多种经营管理处。

表 1－1　1992 年 3 月物探局机关组织机构与定员表

序号	组织机构名称	定员人数	实有人数	内设科室	序号	组织机构名称	定员人数	实有人数	内设科室
1	党委办公室	19	15	5	15	科技处	10	7	
2	党委组织部	28	16	6	16	技术监督处	11	5	2
3	党委宣传部	20	10	6	17	外事处	11	2	
4	局纪委与监察处	16	8	3	18	机动处	20	16	3
5	局工会	27	34	7	19	装备制造处	15	10	3
6	局团委	10	4	3	20	基建处	23	20	4
7	局机关党委	17	11		21	卫生处	7		
8	局办公室	30	19		22	行政管理处	9	5	
9	计划处	21	14	4	23	劳动工资处	26	17	6
10	审计处	13	10		24	企业管理处	25	10	4
11	勘探处	30	19		25	财务处与国有资产管理处	31	32	5
12	总调度室	17	9	4					
13	安全环保处	15	15	3	26	保卫处与武装部	14	11	3
14	教育培训处	18		2	27	离退休职工管理处	11	20	3

1992年5月26日，总公司批准将研究院机构级别调整为副局级，院党政领导正职为副局级、副职为正处级。院下属数字处理中心、软件开发中心、物探方法研究所、计算机服务部等4个单位其级别调整为副处级，党政领导正职为副处级，副职为正科级。

1992年12月，物探局机构设置见图1－11。

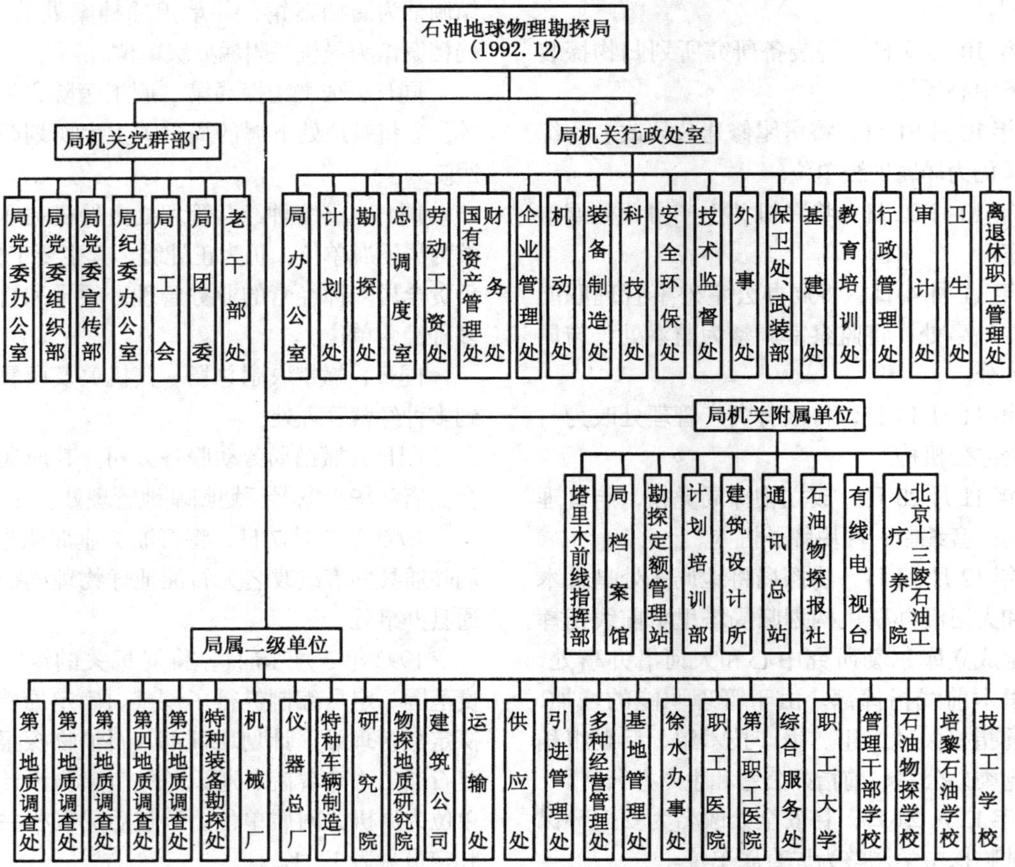

图1－11 石油地球物理勘探局机构设置图（1992.12）

（五）1993～1997年机构设置

1993年9月4日，物探局下发了《物探局机关机构改革方案》，机构调整的主要内容为：

(1) 将总调度室与勘探处合并，仍称勘探处，列为局机关职能处室。

(2) 撤销基建处，成立物探局建设工程部，为局建筑工程监理、建筑设计和房地产开发的经营性单位，按局机关附属单位管理。原基建处的房地产开发业务部分与计划处管理的房地产开发部合并，成立物探局房地产开发公司，由建设工程部直接领导和管理。将物探局建筑设计所划归建设工程部。撤销基建处后，原管理全局基建的职能划给计划处。

(3) 将装备制造处分离出局机关，成立装备制造事业部，按局机关附属单位管理。

(4) 撤销局属单位（不包括地调处）的审计科、组、岗，成立石油物探审计所，与审计处为“两块牌子机构”，按局机关附属单位管理。

(5) 撤销教育培训处，成立物探局教育培训中心，为局教育培训的事业性单位。其主要任务除承担全局教育培训业务管理外，对职工大学、石油物探学校、技工学校、徐水子弟学校、石油物探中学和管理干部学校（党校）的行政事务、教学业务及人财物实行直接领导和管理；受局委托代管培黎石油学校；将基地管理处管理的局涿州子弟学校划归教育培训中心直接领导和管理。

(6) 成立闲置设备器材调剂公司，属经营性单位，列为局机关附属单位。

(7) 将外宾招待所（含小招待所、北京305招待所）改名为物探局接待服务中心，列为局机关附属单位，业务工作接受局办公室指导，承担局内外宾客的接待服务工作。

(8) 成立局机关事务管理处，与局机关党委为合署办公机构，列为局机关职能处室，承担局机关及其附属单位除财务、劳资、干部业务管理以外的行政事务工作。

(9) 将局工会俱乐部组建为局机关职工文化活动中心，列为局机关附属单位，业务工作接受局工会指导。

(10) 成立物探局涿州客运车队，对涿州地区局属单位的客运交通车辆（含局机关小车队）进行统一管理，对内实行有偿服务，对外进行营运创收。

(11) 将行政管理处与基地管理处合并，仍称基地管理处。仍需局统一管理的行政、生活、福利工作由基地管理处统一管理。

(12) 将技术监督处与科技处合并，成立科技发展技术监督处（简称科技处），列为局机关职能处室。标准化、计量工作由科技处管理，质量管理和监督，按勘探、装备制造和基建系统实行专业管理，并由科技处归口。

(13) 卫生处与第二职工医院合并，为“两块牌子机构”，列为局属单位。将局计划生育委员会办公室设在卫生处。卫生处下属的防疫站设在徐水，由职工医院代管。

(14) 以局办公室和局党委办公室的打字室为基础，成立物探局机关现代化办公服务公司，列为局机关附属单位。

(15) 成立物探局技术经济咨询部，列为局机关附属单位。

(16) 局塔里木前指仍为局派出机构，改按局属单位管理（含库尔勒研究中心）。

(17) 7个单位列为局机关附属单位，其业务管理和指导单位是：局有线电视台和石油物探报社业务上接受局党委宣传部指导；局档案馆业务上由主管副局长领导和管理；石油勘探定额管理站业务上由主管副局长领导和管理；计划培训部业务工作接受计划处指导；十三陵石油工人疗养院业务工作接受局工会指导，通讯总站业务上由主管副局长领导和管理。

通过以上调整，局机关人员由原来的423人调整为261人。

1993年11月11日，成立石油地球物理勘探局驻北京联络处，为正处级单位。

1993年11月17日，将技术经济咨询部改名为咨询部。

1993年12月23日，局下文批复，同意地调三处成立正定基地管理处，为地调三处下属副处级单位。

1993年12月31日，将接待服务中心调整为局机关附属副处级单位。

1994年1月6日，将制图印刷厂划属徐水办事处。

1994年3月6日，成立地球软件技术开发公司。该公司为物探局国有资产投资的独资有限责任公司。依照《公司法》组建和运行，实行董事会领导下的总经理负责制。

1994年5月21日，将通讯总站定为局机关附属副处级单位。

1994年6月2日，将石油物探报社调整为正处级单位，仍列局机关附属单位。

1994年7月21日，将北京十三陵石油工人疗养院调整为副处级单位。

1994年7月21日，将计划培训部仍列为局机关附属副处级单位。

1994年9月12日，组建石油物探岩土工程有限公司。该公司是由局及所属各地调处、特勘处、建设工程部等单位共同组建的有限责任公司。

1994年10月6日，成立局机关财务服务部，为科级单位，列局机关附属单位，业务上由财务处指导。

1995年2月12日，将北京十三陵石油工人疗养院调整为正处级单位，仍列局机关附属单位。

1995年4月12日，在广西北海市成立石油地球物理勘探局北海办事处，由地调二处代局管理。

1995年4月13日，将局机关职工文化活动中心划归局机关事务管理处。由局机关工会直接管理，不再列为局机关附属单位。

1995年7月14日，将咨询部改名为石油地球物理勘探咨询中心。咨询中心为局属事业单位，内设勘探技术部、经营管理部、机械材料部、政策法律部、综合部。

1995年10月23日，将局机关六号院基地管理站整建制划归特勘处。同时撤销六号院基地管理站。

1996年1月3日，撤销建设工程部，原机关及附属单位整建制划归石油物探岩土工程有限公司。并将该公司（正处级）列为局属单位管理。

1996年1月9日，撤销局机关现代化办公服务部，成立局机关文印室，归属局办公室按内部班组管理。

1996年7月12日，成立石油物探监理公司，为正处级单位，列为局机关附属单位。内设办公室、经营部、项目部。

1996年12月25日，撤销局人才交流中心和局劳务市场，成立物探局人力资源交流中心，为劳动工资处直属的副处级单位。

1996年12月25日，成立物探局社会保险管理中心，为劳动工资处直属的副处级单位。同时撤销物探局养老保险所。

1996年12月25日，将装备制造事业部下属的青岛科技培训中心（含青岛崂山司普令饮料公司）调整为局机关附属副处级单位。该中心设办公室(教务部)、物财部、客房部、餐饮部、娱乐保健部、工程部等6个（科级）部室。

1996年12月30日，成立物探局财务结算中心(简称结算中心)，为财务处直属的副处级单位，内设综合办公室和财务结算部。结算中心下设地调一处、地调二处、地调三处正定基地、地调四处、地调五处、引进管理处等6个财务结算所；设库尔勒和徐水财务结算分中心，均为副处级单位。财务结算分中心和财务结算所均为结算中心的派出机构。

1996年12月30日，撤销徐水办事处，成立徐水基地管理处，为局属处级单位。该处下设物业小区、专业化服务站和直管单位。

1996年12月30日，撤销石油物探局审计所，将局审计处列为局机关职能处室。审计处内设四个科室，下设两个审计分部（副处级）和三个审计科，均为审计处派出机构。

1996年12月31日，成立石油地球物理勘探局史志办公室，挂靠在石油地球物理勘探咨询中心。

1997年1月24日，撤销局机关财务部，原职责划归局机关财务科。

1997年1月24日，成立苏丹项目经理部，为局派出机构，业务上归口局外事处。

1997年3月11日，对塔里木前线指挥部机关组织机构进行了调整。即将机关机构调整为生产技术办公室、政工办公室、项目合同办公室、财务办公室和调度室。同时撤销生产办公室、党委办公室和前指办公室。

1997年7月3日，成立物探局科技开发总公司，为局多元开发单位。公司机关设5个部室。局科技处软件办公室划归其管理，石油天任公司、天地公司、天华公司等经济实体为公司的子公司。

1997年8月11日，将研究院和物探地质研究院同时撤销，重新组建物探局研究院。新研究院机关设23个职能科室和部门，院下属单位设地质研究中心、方法研究中心、资料处理中心、软件开发中心和信息中心。

1997年末，物探局机构设置状况：物探局机关职能处室和部门23个，局机关附属单位13个，局属单位25个。其中培黎石油学校为局代管单位，石油勘探定额管理站为总公司在局设置单位，业务上受总公司直接领导。机构设置详见图1－12。

三、上属变更

1973年，石油地球物理勘探局成立时隶属燃料化学工业部。

1975年1月17日，燃料化学工业部分为煤炭工业部和石油化学工业部，物探局隶属于石油化学工业部。

1975年6月11日，物探局改名为“石油化学工业部石油地球物理勘探局”。

1976年2月17日，石油化学工业部决定，物探局参加华北石油会战的队伍，在会战期间，归华北石油会战指挥部领导。物探局在全国物探工作中仍起部直属局的职能作用。

1978年3月5日，石油化学工业部分为化学工业部和石油工业部后，石油地球物理勘探局隶属于石油工业部。

1988年9月17日，石油工业部改组为中国石油天然气总公司，物探局隶属于中国石油天然气总公司。

1988年12月6日，石油工业部地球物理勘探局更名为中国石油天然气总公司地球物理勘探局。

四、机关驻地

物探局成立时局机关驻地设在河北省徐水县(城西2.5公里处)，占地42万平方米，邻近京广铁路，距北京市120公里。

1976年9月，为加强对华北石油地震会战的组织领导，物探局机关临时迁往河北省霸县（今霸州市）煎茶铺办公，驻地位于霸县东16公里处，邻近保（定）天（津）公路。

1977年10月24日，局机关迁入河北省涿县(今涿州市)。局机关驻地邻近京广铁路，距北京市60公里。局机关办公楼坐落在一号院。该院南邻范阳路，东邻贾秀路，西邻桃园路。到1997年底，在涿州市区内建有研究院、特种装备勘探处、建筑公司、基地管理处、第二职工医院、职工大学、石油物探学校、教育培训中心、管理干部学校（党校）、物探中学、涿州子弟学校等局属单位，以及局机关及附属单位，建成9个独立院区，生活服务设施齐全。1997年末，物探局在涿州地区共有职工7638人，家属及子女6072人。

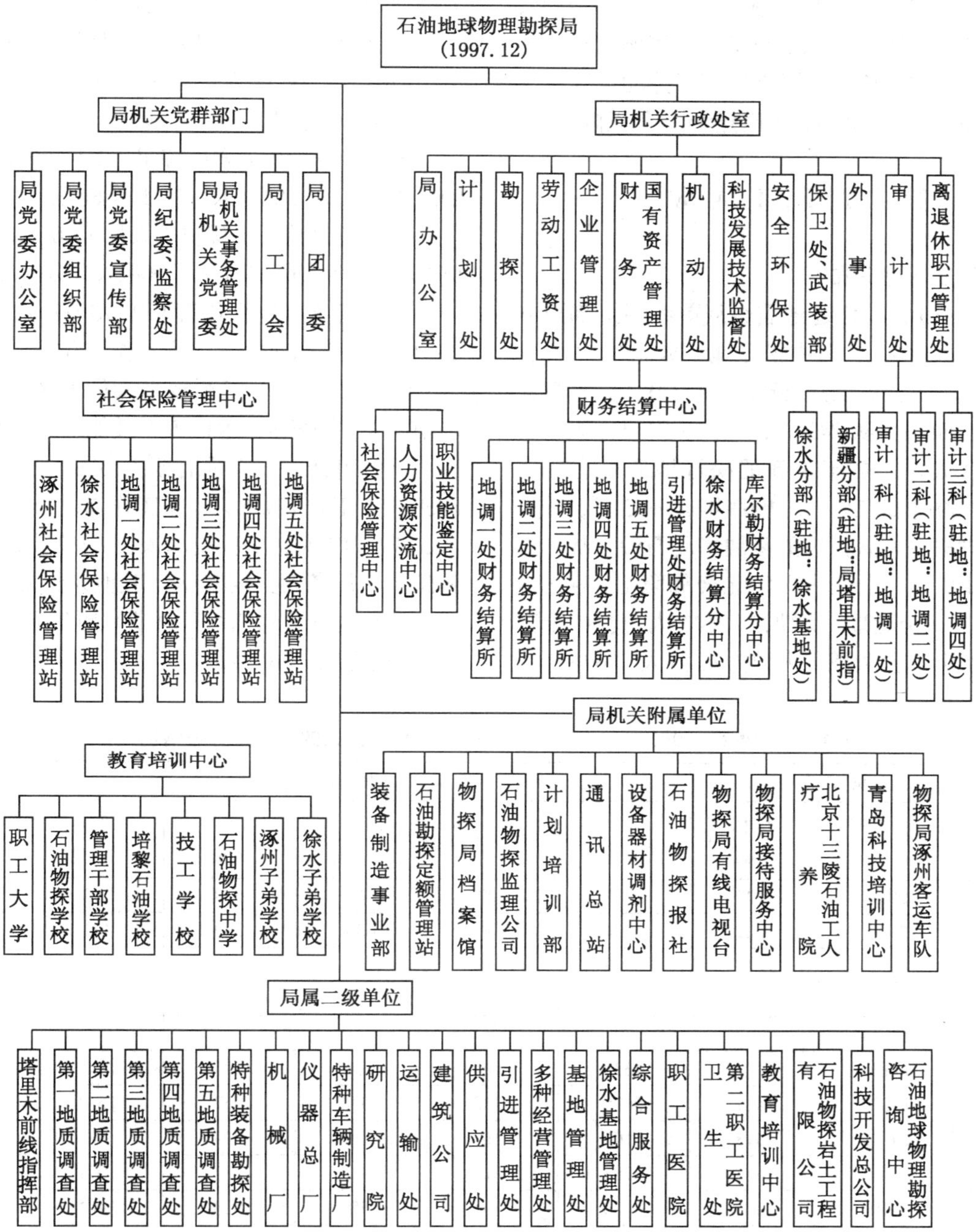

图 1－12　石油地球物理勘探局机构设置图（1997.12）

第二章　职　　工

第一节　职工身份

物探局（含六四六厂）职工，在 1986 年以前全部为国家职工，分类为固定职工和临时职工。从 1986 年开始改革用工制度，新招工人实行劳动合同制。这时物探局职工分为固定职工、合同制职工、农民轮换工和临时工。从 1993 年 8 月开始，实行干部聘任制，打破了干部终身制。从1996年1月起，实行全员劳动合同制，职工身份由国家职工转变为企业职工，分类为长期合同制职工（劳动合同一年以上）和短期合同制职工（劳动合同一年以内）。

第二节 职工人数

一、职工人数分布

1961年10月，松辽地震会战前线指挥部成立时有职工3000多人，其中松辽地调处1389人（含干部285人，不含民工），新疆大队240人，青海大队244人，四川大队243人，玉门大队241人，银川大队242人。1962年末新的松辽地调处有职工3179人，其中干部789人。1963年10～12月，该处整体（不含第一大队）进关参加华北石油会战，据12月20日统计，全处进入华北会战职工2598人。1964年1月，全处职工增加到3644人，其中干部1682人。到年末全处职工人数为4346人，其中干部1682人（含技术干部1128人）、工人2664人。

1964年3月，松辽地调处划编为六四一厂地调处，时有职工4744人，其中干部1623人（含技术干部1042人）、工人3121人。

1972年末，六四六厂有职工13837人，其中干部2467人，工人11370人。按工作岗位分：工人5605人，学徒4213人，工程技术人员1320人，管理人员957人，服务人员1534人，其他人员208人。

1973年末，物探局有职工10609人，其中干部2318人，工人8291人。按工作岗位分：工人5166人，学徒2161人，工程技术人员1130人，管理人员799人，服务人员949人，其他人员404人。

1997年末，物探局有职工26423人，其中干部8968人，工人17455人。按工作岗位分：工人10679人，学徒17人，工程技术人员3750人，管理人员3960人，服务人员6629人，其他人员1388人。

物探局（含六四六厂时期）历年职工人数及岗位分布情况见表1－2。

表1－2 1966～1997年物探局（含六四六厂）职工人数与岗位分布情况表

年份	职工人数		按岗位分期末人数					
	合计	其中干部	工人	学徒	工程技术人员	管理人员	服务人员	其他人员
1966	2967	1239	1332	100	761	478	293	3
1967	2941	1221	1274	105	636	363	431	132
1968	4795	1247	1988	905	766	371	383	382
1969	5837							
1970	11604							
1971	11130		4339	3560	680	825	907	819
1972	13837	2467	5605	4213	1320	957	1534	208
1973	10609	2318	5166	2161	1130	799	949	404
1974	8987		4588	963	1053	827	1079	477
1975	9495		5028	774	1050	928	1181	534
1976	11828		5063	2748	1084	1012	1356	565
1977	11511	2645	5287	2071	1197	1004	977	975
1978	16785	3171	10072	1314	1263	1527	2194	415
1979	17848	3538	9603	2378	1257	1631	2437	542
1980	19866	3620	10955	2464	1269	1732	2922	524
1981	19599	4199	11417	1306	1753	1840	2775	508
1982	21457	5009	12756	471	2415	1959	3266	590
1983	23724	5663	13904	539	2759	1983	3845	694
1984	22667	5852	12873	384	2700	2066	3923	721
1985	22299	5898	11793	568	2731	2126	4072	1009
1986	23261	6173	11610	355	2884	2200	5120	1092
1987	24148	6586	12033	16	3164	2283	5548	1104
1988	25080	7023	11864	488	3467	2316	5907	1038

续表

年份	职工人数		按岗位分期末人数					
	合计	其中干部	工人	学徒	工程技术人员	管理人员	服务人员	其他人员
1989	24661	7272	11172	107	3569	2673	6032	1108
1990	24471	7519	10462	616	3779	2784	5948	882
1991	25175	7763	11593	242	3850	3038	5639	813
1992	25087	7360	11125	476	3666	3028	5756	1036
1993	25614	7477	11794	120	3580	3146	5892	1082
1994	26114	8506	11190	125	3805	3578	5772	1644
1995	26514	9466	11128	101	4136	3658	5834	1657
1996	26471	9618	10253	111	3946	4033	6302	1826
1997	26423	8968	10679	17	3750	3960	6629	1388

1968 年六四六厂职工单位与岗位分布情况见表 1－3。

1997 年物探局职工单位与岗位分布情况见表 1－4。

二、职工人数增减

物探局职工人数增加的主要来源是：国家分配的大中专、技校毕业生，接收的复员转业军人，招收的新工人，调入的人员等。职工人数减少，主要是自然减员和调出。1980～1997 年，共增职工 20257 人，平均年增 1125 人，最多年增 1624 人、最少年增 782 人；共减职工 11606 人，平均年减 644 人，最多年减 2074 人、最少年减 138 人。1980～1997 年物探局职工增减情况见表 1－5。

第三节 职工素质

一、年龄结构

物探局职工年龄：1985 年，20 岁以下占 3.74%，21～35 岁占 65.57%，36～45 岁占 19.04%，46 岁以上占 11.65%；1991 年，20 岁以下占 5.06%，21～35 岁占 58.2%，36～45 岁占 28.01%，46 岁以上占 8.73%；1997 年 20 岁以下占 7.78%，21～35 岁占 66.31%，36～45 岁占 18.17%，46 岁以上占 7.74%；1985～1997 年物探局职工年龄结构情况见表 1－6。

二、文化结构

从 1985～1997 年的统计来看，职工文化程度在逐年提高。大专以上文化程度的职工，1985 年为 2193 人，占职工总数的 9.83%；1997 年为 6173 人，占职工总数的 23.36%，比 1985 年提高了 13.53 个百分点。小学以下文化程度的职工，1985 年为 3036 人，占职工总数的 13.61%；1997 年为 937 人，占职工总数的 3.55%，比 1985 年下降了 10.06 个百分点。详见表 1－7。

三、技术结构

物探局成立以后，职工技术素质不断提高，专业技术人员所占比例不断增大，具有专业技术任职资格的人数不断增加。专业技术人员 1982 年有 3643 人，占职工总数的 17%；1990 年有 6966 人，占职工总数的 28.47%；1997 年有 8425 人，占职工总数的 31.89%，比 1982 年提高了 14.89 个百分点。

从 1982 年开始，恢复对专业技术人员任职资格的评定。到 1997 年底，专业技术人员具有高级任职资格的 864 人，而 1980 年只有 4 人；具有中级任职资格的 2560 人，比 1980 年 201 人增长 12.74 倍。1982～1997 年物探局专业技术人员与任职资格情况见表 1－8。

1997 年物探局专业技术人员情况见表 1－9。

在专业技术人员技术素质提高的同时，工人的技术素质也不断提高。工人技术素质的高低主要是以其工资等级来衡量的。工人工资等级的内容包含着技术等级。某级工资等级的工人，也称某级工，表明他的技术等级是某级。1984 年以前，对工人实行的是八级工（工）资制。此后，改革工资制度，打破了八级制，实行技能工资制，并按工资等级将技术工人划分为初级工、中级工和高级工。物探局成立以来，高级工的比例逐渐增加，工人技师和高级技师的人数逐渐增多，反映了工人技术素质的提高。1985～1997 年工人技能工资等级情况见表 1－10 和表 1－11。

表 1-3　1968 年六四六厂职工单位与岗位分布情况表

序号	单位	职工总人数				工人			管理人员				服务人员			其他人员			
		总计	其中			计	其中		计	其中			计	其中		计	其中		
			干部	临时工	学徒工		临时工	学徒工		政治工作人员	工程技术人员	其中 专职工程技术人员		干部	文教卫生人员		干部	六个月以上长期病假人员	高等学校毕业试点人员
甲	乙	1	2	3	4	5	6	7	8	9	10	11	12	13	14	15	16	17	18
1	总计	4795	1247	142	973	2893	142	905	1137	69	766	517	383	101	63	382	9	18	364
2	第一大队	530	160	17	35	311	17	33	157	3	118	112	33	3	2	29			29
3	第二大队	402	109	15	87	242	15	87	102	4	70	36	26	7	2	32			32
4	第三大队	406	102	11	135	241	11	117	94	3	66	36	28	8	2	43			43
5	第四大队	368	100	24	70	163	24	70	92	2	66	66	52	7	2	61	1	2	59
6	第五大队	338	86	8	59	197	8	59	81	3	66	33	18	5	1	42		2	40
7	第六大队	184	63	9	49	105	9	49	58	10	38	12	10	4	1	11	1	1	10
8	第七大队	278	71	24	67	165	24	51	69	5	44	24	17	2	1	27		1	26
9	第八大队	435	73	9	26	291	9	26	68	1	65	44	29	5	2	47			47
10	第九大队	282	82		90	166		80	77	1	58	27	16	5	4	23			23
11	第十大队	356	102	8	50	195	8	50	92	3	76	45	27	10	2	42			42
12	机修厂	429	44	4	184	354	4	169	42	3	15	3	25	1	1	8	1	4	4
13	仪修站	334	83	4	69	236	4	69	78	4	64	59	16	4	2	4	1	1	3
14	机关及其他	453	172	9	52	227	9	45	127	27	20	20	86	40	41	13	5	7	6

表 1－4　1997 年物探局职工单位与岗位分布情况表

序号	单位 \ 人数 分类	期末人数	其中 干部	其中 女性	长期职工 计	长期职工 其中合同工	临时职工 计	临时职工 物探队招用	临时职工 招聘临工	工人	学徒	工程技术人员	管理人员	服务人员	其他人员
1	合　计	27590	9468	8301	23708	23607	3882	5520	845	13977	17	3740	3960	6629	1381
2	地调一处	4036	738	740	2349	2334	1687	1664	81	2748		337	379	332	240
3	地调二处	3576	892	964	2860	2860	716	696	58	2202		521	228	407	218
4	地调三处南疆	4696	633	381	2304	2291	2392	1947	79	3120		328	388	758	102
5	地调三处正定	559	165	319	530	529	29		29	114		25	121	222	77
6	地调四处	3419	643	800	2438	2433	981	906	109	2050		341	267	612	149
7	地调五处	1284	452	421	1229	1226	55	7	46	679		268	184	69	84
8	特勘处	296	208	69	280	280	16		16	70		134	71		21
9	机械厂	814	208	317	800	800	14		9	518	9	60	142	77	17
10	仪器总厂	1091	862	459	1041	1037	50		50	500	3	185	215	129	62
11	特车厂	650	160	231	643	643	7		5	390	1	54	115	45	46
12	研究院	1589	1144	668	1579	1565	10		6	174		928	145	214	128
13	运输处	252	61	52	252	249				163		13	45	18	13
14	建筑公司	250	84	61	246	246	4			140		34	72	4	
15	综合服务处	216	52	73	192	192	24		24	157	1		49	8	2
16	供应处	358	124	85	353	351	5			207		5	119	26	1
17	引进管理处	138	96	42	130	130	8		8	24		53	51	10	
18	教培中心	1086	801	514	1050	1047	36		13			7	180	880	19
19	职工医院	371	280	234	364	362	7						44	321	6
20	第二职工医院	327	276	221	306	306	21		9			5	40	277	5
21	徐水办事处	921	217	345	770	770	151		35	82	3	50	167	619	
22	基地管理处	1191	204	463	907	903	284		70			6	216	964	5
23	多种经营管理处	492	158	230	383	382	109		109	207		21	117	11	136
24	局塔里木前指	273	172	91	238	238	35			60		139	26	30	18
25	局机关	377	319	95	377	370							307	62	8
26	机关附属	907	373	330	644	636	263		87	84		116	220	476	11
27	岩土工程公司	221	134	92	219	218	2		2			103	47	58	13
28	科技发展公司	15	12	4	15					3		7	5		
29	待分配及其他	299			299	299				299					

注：职工总人数 27590 人，含自行用工 1167 人；另外地调处统计人数中，总人数多统计 2114 人（长期职工少统计 910 人，临时工多统计 3024 人）；实有职工人数为 26423 人。

表 1-5　1980～1997 年物探局职工增减情况表

年份	增减	职工增加								职工减少						
		合计	新增					调入		合计	自然减员				调出	
			小计	统分大中专技工学生	复转军人	招工	其他	小计	其中：石油系统内调入		小计	离退休	死亡	其他	小计	其中：石油系统内调动
1980	971	1624	1257	452		800	5	367	106	653	25	2	13	10	628	245
1981	243	782	535	525	8		2	247	109	539	40	2	22	16	499	253
1982	985	1293	956	682	35	232	7	337	180	308	45	11	22	12	263	56
1983	920	1178	827	632	38	151	6	351	38	258	44	1	26	17	214	45
1984	-778	789	478	259	47	168	4	311	143	1567	175	133	28	14	1392	1176
1985	194	1253	931	315	26	587	3	322	106	1059	71	35	19	17	988	688
1986	904	1327	1128	436	66	606	20	199	54	423	104	61	21	22	319	111
1987	614	1033	815	605	56	139	15	218	70	419	102	53	23	26	317	
1988	932	1345	1116	599	42	475		229	86	413	113	73	28	12	300	40
1989	413	914	743	570	80	92	1	171	70	501	263	110	31	122	238	27
1990	1008	1388	1226	606	64	556		162	45	380	224	132	32	60	156	41
1991	685	1019	886	646	90	150		133	30	334	210	148	29	33	124	23
1992	-88	1293	1091	549	126	416		202	76	1381	1239	1194	23	22	142	27
1993	526	927	786	538	154	94		141	33	401	257	221	23	13	144	23
1994	500	1042	892	645	134	113		150	22	542	430	389	30	11	112	22
1995	402	889	786	683	60	43		103	31	489	399	352	23	24	90	25
1996	-43	1067	1009	414	99	496		58	9	1110	1045	938	23	84	65	20
1997	-980	1094	1053	487	85	481		41	41	2074	2003	1941	21	41	71	29

表 1－6　1985～1997 年物探局职工年龄结构情况表

年份	职工人数	女性		年龄结构																
		人数	%	20 岁以下	%	21～30 岁	%	31～35 岁	%	36～40 岁	%	41～45 岁	%	46～50 岁	%	51～55 岁	%	56～60 岁	%	61 岁
1985	22299	5156	23.12	835	3.74	14621			65.57	4246			19.04	2330			10.45	267		
1986	23261	5558	23.89	1478	6.35	14136			60.77	4784			20.57	2569			11.04	294		
1987	24148	6156	25.49	1387	5.74	14547			60.24	6745					27.93	1157	4.79	302	1.25	10
1988	25080	6728	26.83	1464	5.84	14823			59.10	7029					28.03	1303	5.20	454	1.81	7
1989	24661	7210	29.24	1247	5.06	14537			58.95	7050					28.59	1369	5.55	454	1.84	4
1990	24471	7279	29.75	1611	6.58	13484			55.10	7352					30.04	1443	5.90	576	2.35	5
1991	25175	7314	29.05	1275	5.06	9344	37.12	5306	21.08	7051			28.01	1471			5.84	719	2.86	9
1992	25087	7509	29.93	1557	6.21	8783	35.01	6612	26.36	6857			27.33	1040			4.15	235	0.94	3
1993	25614	8043	31.40	1025	4.00	12007	46.88	5922	23.12	5215			20.36	1188			4.64	249	0.97	8
1994	26114	8357	32.00	831	3.18	12122	46.42	6258	23.96	5413			20.73	1120			4.29	363	1.39	7
1995	26514	8512	32.10	1027	3.87	12217	46.08	6434	24.31	5388			20.32	1123			4.24	309	1.17	16
1996	26471	8664	32.73	897	3.39	12899	48.73	4092	15.46	2537	9.58	2746	10.37	2108	7.96	937	3.54	248	0.94	7
1997	26423	8301	31.42	2055	7.78	13300	50.33	4222	15.98	2409	9.12	2391	9.05	1448	5.48	477	1.80	120	0.45	1

注:%是与当年职工人数之比。

表 1-7 1985～1997 年物探局职工文化结构情况表

年份	职工人数	文化结构													
		大学以上	%	大专	%	中专	%	技校	%	高中	%	初中	%	小学	%
1985	22299	2193			9.83	1848	8.29	784	3.52	2738	12.28	11700	52.47	3036	13.61
1986	23261	2297			9.87	2136	9.18	1074	4.62	2807	12.07	11885	51.09	3062	13.16
1987	24148	2485			10.29	2370	9.81	1359	5.63	2380	9.86	12328	51.05	3226	13.26
1988	25080	2783			11.10	2538	10.12	1646	6.56	2302	9.18	12744	50.81	3067	12.23
1989	24661	3072			12.46	2780	11.27	2020	8.19	2200	8.92	11617	47.11	2972	12.05
1990	24471	3353			13.70	2942	12.02	2300	9.40	2308	9.43	10646	43.50	2922	11.94
1991	25175	1816	7.21	1882	7.48	3088	12.27	2432	9.66	2420	9.61	10812	42.95	2725	10.82
1992	25087	2035	8.11	1907	7.60	2947	11.75	2664	10.62	2380	9.49	10880	43.37	2274	9.06
1993	25614	2315	9.04	1898	7.41	2998	11.70	2974	11.61	2589	10.11	10703	41.79	2137	8.34
1994	26114	2483	9.51	2017	7.72	3221	12.33	3277	12.55	2458	9.41	10662	40.83	1996	7.64
1995	26514	2539	9.57	2184	8.23	3377	12.73	3534	13.32	2437	9.19	10452	39.42	1991	7.51
1996	26471	2649	10.01	2396	9.05	3831	14.47	3408	12.87	2954	11.16	9731	36.76	1502	5.67
1997	26423	2718	10.28	3455	13.08	3507	13.27	3302	12.50	3036	11.49	9468	35.83	937	3.55

注：%是与当年职工人数之比。

表 1－8　1982～1997 年物探局专业技术人员与任职资格情况表

年份	专业技术人员						工程技术人员					经济管理人员					文教人员					卫生人员				
	人数	%	任职资格				计	任职资格				计	任职资格				计	任职资格				计	任职资格			
			高级	中级	初级	未定		高级	中级	初级	未定		高级	中级	初级	未定		高级	中级	初级	未定		高级	中级	初级	未定
1982	3643	17.00	6	853	1259	1525	2465	5	770		1690	169		29		140	517		28		489	333	1	25	75	232
1983	3642	15.35	10	892	1562	1178	2410	9	710	1036	655	259		53	151	55	517		28		489	333	1	25	75	232
1984	4330	19.10	13	1044	1265	2008	2861	9	710	1036	1106	283		53	151	79	660		28		632	326	1	25	75	225
1985	4569	20.49	9	936	1702	1922	2898	8	806	977	1107	340		30	215	95	756		43	67	646	489	1	33	402	53
1986	4436	19.07	7	855	1482	2092	2576	6	684	764	1122	392		60	205	127	872		48	69	755	480	1	30	396	53
1987	6354	26.39	246	637	1624	3847	3959	233	492	881	2353	615		49	216	350	1076		54	72	950	498	14	21	394	69
1988	6514	25.97	493	1934	3109	978	3747	344	982	1700	721	874	20	242	497	115	1101	102	425	481	93	538	21	163	340	14
1989	6713	27.22	595	2307	3146	665	3563	377	1026	1717	443	918	25	315	469	109	1101	118	454	450	79	542	24	189	318	11
1990	6966	28.45	631	2223	3229	883	3719	409	972	1728	610	947	26	307	474	140	1130	117	444	489	80	546	22	177	324	23
1991	7303	29.01	620	2184	3624	875	3832	402	931	1946	553	1019	24	307	561	127	1133	110	425	460	138	551	22	170	323	36
1992	7249	28.85	660	2170	3986	433	3776	411	964	2176	225	1045	34	307	626	78	1117	111	423	517	66	581	21	175	339	46
1993	7090	27.68	716	2086	3963	325	3697	454	972	2069	202	1016	46	268	663	39	1107	127	410	524	46	629	58	163	376	32
1994	8212	31.45	955	2359	4386	512	4179	560	1085	2191	343	1250	70	342	754	84	1151	156	439	533	23	676	58	136	457	25
1995	8874	33.47	999	2512	4652	711	4643	619	1162	2410	452	1384	72	380	764	168	1182	147	460	543	32	715	50	154	493	18
1996	8955	33.83	1070	2765	4508	612	4609	652	1283	2361	313	1311	74	432	749	56	1186	175	512	443	56	703	44	148	479	32
1997	8425	31.89	864	2560	4356	645	4492	554	1256	2334	348	1316	59	413	679	165	1056	121	450	442	43	631	31	130	436	34

注：专业技术人员为总数，其余各项为其中数；%是与当年职工总数（本表未列）之比。高级政工师未列出。本表人数为当年实有在册人数，不包含离退休人员及调出人员。

表 1－9 1997 年物探局专业技术人员情况表

项目		总数	按学历分					按行业分						按任职资格分				按年龄分			
			本科以上	大专	中专	高中	初中及以下	地质普查勘探	工业	建筑业	文化教育	卫生	其他	高级	中级	初级	未评	30岁及以下	31～40岁	41～50岁	51岁及以上
工程技术人员		4492	1805	960	1411	105	211	3763	429	76	11	11	202	554	1256	2334	348	1735	1838	565	354
农业技术人员		34	8	15	9		2	17					17		8	20	6	10	20	3	1
卫生技术人员		631	122	103	254	43	109	150		1	3	470	7	31	130	436	34	206	196	179	50
教学人员		1056	358	377	263	45	13	380	41	4	583		48	121	450	442	43	354	410	208	84
其中	高等院校	68	46	14	5	3								10	28	25	5	23	29	7	9
	中专技校	234	98	89	22	22	3							38	89	100	7	73	88	40	33
	中学	432	207	194	23	5	3							73	174	159	26	166	163	69	34
	小学	322	7	80	213	15	7								159	158	5	92	130	92	8
经济人员		663	125	244	199	37	58	334	79	28	13	7	202	52	240	296	75	176	224	183	80
会计人员		581	49	187	236	57	52	341	54	15	29	23	119	5	159	333	84	204	223	133	21
统计人员		72	4	19	31	8	10	31	21	3		3	14	2	14	50	6	18	37	15	2
翻译人员		23	13	9	1			19					4	4	11	7	1	8	8	6	1
图书档案人员		97	5	29	31	14	18	57	9	3	21	3	4	2	20	70	5	11	37	40	9
新闻出版人员		72	34	26	5	4	3	71					1	13	24	28	7	21	24	16	11
政工人员		704	106	252	156	85	105	440	59	21	51	22	111	80	248	340	36	90	228	278	108
合计		8425	2629	2221	2596	398	581	5603	692	151	711	539	729	864	2560	4356	645	2833	3245	1626	721

表 1－10　1985～1992 年物探局工人技能工资等级情况表

年　份	工人总数	技能工资等级（人数）											
		未定级	一　级	二　级	三　级	四　级	五　级	六　级	七　级	八　级	特一级	特二级	特三级
1985	12287	819		3032	3418	2505	1434	765	268	46			
1986	12916	687		598	1924	2366	2786	2301	1345	909			
1987	13117	176		856	1823	2176	3124	2381	1493	814	274		
1988	13612	612		478	773	1686	2059	3047	2258	1548	1151		
1989	11104	189		441	828	1308	1399	1886	2814	2239			
1990	14537	936		420	610	1631	1501	1624	2696	2202	1518	1399	
1991	14997	543		600	886	735	717	1500	1963	8053			
1992	15312	128		480	718	379	1387	906	1224	1492	1879	2572	4147

注：一级为最低；本表未含临时工。

表 1－11　1993～1997 年物探局工人技能工资等级情况表

年 份	工人总数	技能工资等级（人数）																	
		未定级	二十一级	二十级	十九级	十八级	十七级	十六级	十五级	十四级	十三级	十二级	十一级	十　级	九　级	八　级	七　级	六　级	五　级	四　级
1993	15572	391	478	933	1195	1201	1024	1059	1812	1890	2160	1535	938	527	265	118	40	6		
1994	15193	483	393	811	1151	1327	917	1097	1303	1671	2113	1558	1111	542	349	258	93	15	1	
1995	14633	518	115	1223	971	1205	879	1012	1270	1442	2041	1506	1175	560	376	248	75	16	1	
1996	14438	374	181	758	1210	1019	1337	873	1051	1446	1376	1884	1361	832	375	230	101	28	2	
1997	14323	1039	271	918	1379	1151	1387	875	1030	1115	1297	1577	1118	606	248	207	93	10	2	

注：一级为最高；本表未含临时工。

1987年5月，物探局根据石油部颁发的《石油工人技师聘任试行办法》制定了实施细则，下发执行。到1997年底，全局共有247名工人取得了工人技师、高级技师任职资格，其中6人取得高级技师任职资格。工人技师历年分类情况见表1－12。

表1－12　1988～1997年物探局工人技师分类情况表

序号	技师名称	人数	评定年份						
			1988	1990	1992	1994	1995	1996	1997
1	报务技师	1	1						
2	变压器制造技师	1	1						
3	采暖锅炉技师	14	4				3		7
4	仓库保管技师	1	1						
5	车工技师	14	6	3			2	2	1
6	地震勘探技师	10	2	1			3	3	1
7	地震仪器操作技师	2	1	1					
8	地震仪器修理技师	3	2	1					
9	地震仪修修理技师	1		1					
10	地震钻机修理技师	2	1	1					
11	电、气焊技师	12	7	1			2	2	
12	电镀技师	1	1						
13	电工技师	15	13				2		
14	电器调整技师	1		1					
15	锻压技师	1	1						
16	发、配电技师	2	2						
17	管道维修技师	5	4				1		
18	焊工高级技师	1							1
19	计算机场地技师	2					2		
20	可控震源操作技师	6		1			3	2	
21	可控震源修理技师	3	1				2		
22	空调修理高级技师	1							1
23	铆工技师	1	1						
24	木工技师	1	1						
25	烹调技师	11		5		2			4
26	汽车驾驶技师	32	20	4		2	3	2	1
27	汽车修理高级技师	1							1
28	汽车修理技师	38	13	8			5	3	9
29	汽车修理检验技师	4	4						
30	汽修修理高级技师	1							1
31	钳工高级技师	3					1		2
32	钳工技师	26	20	2			2	2	
33	推土机驾驶技师	2						2	
34	瓦工技师	1	1						
35	无线电修理技师	2	2						
36	无线电装接技师	1	1						

续表

序号	技师名称	人数	评定年份						
			1988	1990	1992	1994	1995	1996	1997
37	物探测量技师	15	6	1	1	1	3		3
38	印刷技师	3	3						
39	震源操作技师	1							1
40	铸造技师	1	1						
41	钻机修理技师	2							2
42	镗铣技师	2	2						
合计		247	123	31	1	5	34	18	35

第三章　物　探　队

第一节　物探队构成

本志所述的物探队，统指石油地球物理勘探野外作业独立的基层单位，包括地质队、地震队、重磁力队、测量队、微生物队、化探队、电法队、研究队（60年代初期）、放射性队等。物探局（含其前身）的物探队中地震队占的比重较大，多数年份占物探队总数的60%以上，其次是重力队和电法队，各占10%左右。

一、地震队

地震队，是通过人工地震方法采集地下岩层介质的反射（或折射）信息的野外勘探基层单位。其显著特点是多工种协同作业。地震队内部组织结构一般设队部、解释组、仪器组、测量组、放线班、钻井组、司机组、爆炸班、机修组、炊事班、警卫班等。

地震队60年代以使用光点地震仪为主，70年代以使用模拟地震仪为主，70年代中期开始使用数字地震仪。由于地震技术的发展，施工方式的变化，仪器采集道数的增加，大大提高了地震生产的质量和效率，同时使地震队的规模扩大，人员增多。二维地震队的仪器道数由24道增加到96道、120道、240道；三维地震队的仪器道数由120道增加到240道、480道、600道，甚至千道以上。地震队平均职工人数：1967年六四六厂第四大队8个地震队（合计职工264人），队均33人；1977年物探局38个地震队（合计职工3073人），队均81人；1987年物探局51个地震队（合计职工7008人），队均137人。

地震队按地震激发方式分，有井炮地震队、可控震源地震队；按施工方式分，有二维地震队、三维地震队；按施工地表条件分，有草原区地震队、平原区地震队、沙漠区地震队、沼泽区地震队、山区地震队等。

二维地震队完成的工作量以地震测线公里为计量单位，三维地震队完成的工作量以平方公里为计量单位。1997年二维地震队年平均完成测线656公里，比1977年增长一倍多。

二、重磁力队

重磁力队，是通过重力仪或磁力仪采集地下岩石介质的重力或磁力信息的野外勘探基层单位。单台仪器的生产成果是观测的物理点和完成的测线公里数。

重磁力队的组织结构一般设队部、后勤服务组、测量组、重力组、解释组和司机组。1997年9个重力队施工期人数合计为236人，队均26人。其中人最多的队有46人，最少的队只有16人。

三、电法队

电法队，是通过电法测量仪采集地下岩石介质的电性信息的野外勘探基层单位。电法队分为两种，一是大地电磁队，一是建场法队。由于施工方式不同，两队内设班组也有异同。相同的是都设队部、后勤服务组、测量组、解释组、司机组，不同的是前者设仪器组、布极组，后者设发射组、接收组。定员：大地电磁队为33人，建场法队为58人。生产成果都是观测的物理点和完成的测线公里数。

第二节 物探队队数

物探局的物探队，最初来源于参加华北石油会战的松辽地调处的27个物探队（其中地震队22个）。

松辽地震会战前线指挥部1961年有物探队34个，其中地震队26个、重磁力队2个、电法队1个、放射性队1个、地质队1个、测量队3个。

松辽地调处1962年有物探队34个，其中地震队25个、重磁力队2个、电法队1个、放射性队1个、地质队1个、测量队3个、研究队1个。

六四一厂地调处1964年有物探队54个，其中地震队31个、重磁力队4个、电法队8个、微生物队及放射性队和化探队各1个、地质队和测量队各3个、研究队2个。

六四六厂1965年有物探队62个，其中地震队37个、重磁力队6个、电法队4个、化探队1个、地质队和测量队各3个、研究队8个。见表1－13。

表1－13 1961～1972年六四六厂（含前身）物探队队数情况表

单位	年份	全部队数	地震队					电法队	重磁力队	放射性队	化探微生物队	地质队	测量队	研究队
			合计	陆上	水上	浅海	深海							
△	1961	34	26	26				1	2	1		1	3	
松辽地调处	1962	34	25	25				1	2	1		1	3	1
	1963	34	25	25				1	2	1	1	1	2	1
六四一厂地调处	1964	54	31	29	1	1		8	4	1	2	3	3	2
六四六厂	1965	62	37	32		4	1	4	6		1	3	3	8
	1966	52	36	29		6	1	4	6		1	2	3	
	1967	50	36	30		5	1	4	6		1		3	
	1968	62	44	39		5		7	8		1		2	
	1969	71	58	54		4		7	3		1		2	
	1970	82	71	71				6	2		1	2		
	1971	81	70	70				5	2		1	2		1
	1972	79	70	70				5	2			1		1

注：△松辽地震会战前线指挥部（1961.10～1962.5）。

物探局1973年成立时有物探队48个，其中地震队40个、电法队5个、重磁力队2个、地质队1个。1981年物探队发展到77个，其中地震队64个、重磁力队7个、电法队5个、地质队1个。1990年有物探队71个，其中地震队51个、重磁力队9个、电法队5个、化探队1个、卫星定位队5个。1997年有物探队81个，其中地震队61个、重磁力队9个、电法队5个、化探队1个、卫星定位队5个。1973～1997年物探局物探队队数情况见表1－14。

第三节 物探队队号

物探队队号用阿拉伯数字表示，其第一位数字为队型代号，1为地质队，2为地震（含VSP）队，3为重磁力队，4为测量队，5为微生物队，6为化探队（后改为9），7为电法队，8为研究队（60年代初），9为放射性队；第二、三、四位数字为该队的顺序号。国外施工队，前两位数表示年号，第三、四位数表示队序。1965年以前，物探队队号在全国石油系统未作统一规定。1966年1月17日，石油部下达了统一的队号，给六四六厂的物探队队号为：地震队44个（201、202、203、204、205、206、209、210、214、215、216、217、218、219、220、221、222、223、224、225、226、227、228、229、230、231、232、233、234、235、236、237、238、239、240、241、242、243、244、245、246、247、248、249）；重磁力队6个（301、302、303、304、305、306）；电法队4个（701、702、703、704）；测量队3个（401、402、404）；化探队1个（601）。此后六四六厂、物探局新组建的物探队，其队号均是

表 1-14　1973～1997 年物探局物探队队数情况表

年份	合计	地震队						卫星定位队						重磁力队	电法队	测量队	化探队	地质队	备注
		小计	地调一处	地调二处	地调三处	地调四处	研究院	小计	地调一处	地调二处	地调三处	地调四处	地调五处	地调五处					
1973	50	40	25	15										2	5			1	研究队 2 个
1974	48	38	23	15										2	5			1	研究队 2 个
1975	48	38	22	15			1							2	5			1	研究队 2 个
1976	51	38	22	15			1							5	5			1	研究队 2 个
1977	50	38	22	15			1							5	5				研究队 2 个
1978	71	57	11	15	20	11								5	5				研究队 4 个
1979	69	59	13	17	17	12								5	5				
1980	76	64	14	19	18	13								7	5				
1981	77	64	14	19	18	13								7	5			1	
1982	75	62	14	17	18	13								7	5			1	
1983	74	61	14	17	17	13								7	5			1	
1984	66	51	13	13	12	13		1			1			9	5				
1985	66	50	14	13	11	13		2			1		1	9	5				
1986	67	51	14	13	11	13		2			1		1	9	5				
1987	67	51	14	13	11	13		2			1		1	9	5				
1988	67	50	13	13	11	13		2			1		1	9	5		1		
1989	71	51	13	14	11	13		5	1	1	1	1	1	9	5		1		
1990	71	51	13	14	11	13		5	1	1	1	1	1	9	5		1		
1991	74	54	13	15	13	13		5	1	1	1	1	1	9	5		1		
1992	74	54	13	15	13	13		5	1	1	1	1	1	9	5		1		
1993	74	54	13	15	13	13		5	1	1	1	1	1	9	5		1		
1994	77	57	14	16	13	14		5	1	1	1	1	1	9	5		1		
1995	78	58	14	17	13	14		5	1	1	1	1	1	9	5		1		
1996	79	59	14	18	13	14		5	1	1	1	1	1	9	5		1		
1997	81	61	14	18	14	15		5	1	1	1	1	1	9	5		1		

注：①地调一、二、三、四处 1984 年 6 月以前的名称分别为第一、二、三、四指挥部，1984 年 6 月～1986 年 7 月分别为第一、二、三、四勘探公司；②地调五处 1984 年 6 月以前的名称为普查大队，1984 年 6 月～1986 年 7 月为地质普查公司。

上级主管部门根据局（厂）申请下达的。

第四节 物探队分布

物探队的分布。1961年10月～1962年5月松辽地震会战前线指挥部时期，地震队的分布情况见表1－15。

1962年5月至1963年，松辽石油勘探指挥部地调处物探队分布在所属第一至第五大队。

1964年，六四一厂地质调查处物探队分布在所属第一至第五大队、第九大队。

六四六厂物探队分布在所属单位的情况是：

表1－15 1961年10月～1962年5月松辽地震会战前线指挥部地震队分布情况表

队别	队数	松辽石油勘探指挥部地质调查处	新疆大队	青海大队	四川大队	玉门大队	银川大队
地震队	26	201、202、203、204、205、206、207、208、209、210、214	218 219 220	215 216 217	211 212 213	221 222 223	224 225 226
合计	26	11	3	3	3	3	3

1965年分布在第一至第五大队、第七大队；1966～1967年，分布在第一至第四大队、第七至第九大队；1968年分布在第一至第五大队、第七至第十大队；1969年分布在第一至第五大队、第七至第十四大队；1970年分布在第二至第五大队、第七至第十四大队；1971～1972年，分布在勘探一团、勘探二团、长庆油田会战指挥部第四分部、第十大队和普查大队（1972年成立）。详见表1－16、1－17、1－18。

物探局物探队分布情况是：1973～1974年，分布在第一指挥部（辖第一至第三大队）、第二指挥部（辖第四、五大队）和普查大队；1975～1977年，分布在第一指挥部（辖第一至第三大队、第七大队）、第二指挥部（辖第四至第六大队）和普查大队；1978～1984年，分布在第一至第四指挥部（直辖物探队）和普查大队；1986～1997年，分布在地调一至五处。详见表1－19、1－20。

第五节 调进物探队

1964～1978年，先后调进物探队45个，其中地震队29个、电法队7个、重力队5个，测量队、微生物队、放射性队、801综合研究队各1个。物探队调进情况如下：

1964年2月，石油部决定，将华东石油勘探局地调大队（辖地震队7个，即201、202、203、204、205、206、207队；电法队7个，即701、702、703、704、705、706、707队；重力队2个，即301、302队；401测量队、501微生物队、901放射性队、801综合研究队等各1个）从1964年2月1日划归松辽石油勘探指挥部地质调查处，编为一大队。

1964年5月，华东石油勘探局第二勘探大队（即苏北大队）划归六四一厂地质调查处。

1964年11月从大庆石油管理局调入237、238地震队，编入第三大队。

1965年10月，茂名海洋202队调入六四六厂一大队（后改为240队）。

1976年10月，东北三江盆地重磁力勘探会战任务完成后，石油部决定，将长庆油田参加会战的2个重力队（308、310队）和胜利油田参加会战的1个重力队（316队）调给物探局。

1978年3月29日，石油部决定将长庆油田参加华北石油地震会战的指挥部机关、第二、三、四3个大队（辖19个地震队，队号为233、250、282、2100、2164、2165、2170、220、2107、2208、2210、2211、2212、230、2106、2166、2206、2207、237）及机修站、仪修站、运输队等自1978年5月1日起成建制调给物探局。

第六节 组建物探队

1964～1997年，物探局及其前身六四六厂先后组建物探队134个，其中地震队110个、卫星定位队5个、重力队9个、电法队3个、地质队5个、测量队1个、化探队1个。物探队组建情况：

1964年7月，六四一厂地质调查处组建3个地震队，队号为230、231、232。同年组建101、102、103地质队。

1965年，组建233～236、239～250等16个地

表 1－16 1962～1966 年物探队分布情况表

单位	年份	物探队 队别	数量	第一大队	第二大队	第三大队	第四大队	第五大队	第六大队	第七大队	第八大队	第九大队	其它
松辽石油勘探指挥部地质调查处	1962	地震队 电法队 重磁力队 放射性队 地质队 测量队	25 1 2 1 1 3	202、208、209、210、214	221、222、223、224、225、226	204、205、218、219、220	201、203、215、216、217	207、211、212、213、701					301、302、401、402、403、901、101
	1963	地震队 电法队 重力队 测量队	22 1 2 2		221、222、223、224、225、226	214、227、218、219、220	228、229、215、216、217、301、302、402	208、209、210、211、212、213、403、701					
六四一厂地质调查处	1964	地震队 电法队 重力队 测量队 地质队 放射性队 微生物队化探队	31 8 4 3 3 1 2	201、202、203、204、205、206、301、302、401、701、702、703、704、705、706、707	221、222、223、224、225、226	214、218、219、220、227、228	208、229、215、216、217、301、302、402	209、210、211、212、213、403、701	勘察大队			230、231、232、101、102、103、501、901、601	
六四六厂	1965	地震队 电法队 重力队 测量队 地质队 微生物队	37 4 6 3 3 1	215、216、221、232、239、303、301、402	201、202、203、222、223、224、225、226、236	204、205、206、214、218、220、227、228、237、238	209、210、217、219、229、230、233、234、235、231	211、212、213、403	勘察大队（代管）	701、702、703、704、302、304、305、306、101、102、103			401、501
	1966	地震队 电法队 重力队 测量队 地质队 化探队	36 4 6 3 2 1	215、216、221、232、240、246、301、303、304、402、404、海一队	2100、219、214、247、2110	228、2111、2112	227、230、235、245、233、250、2104、2105、401			701、702、703、704、302、305、306	206、218、220、237、2106、2107	217、234、239、2103、2108、2113、2109	605、101、102

表 1－17　1967～1970 年六四六厂物探队分布情况表

年份	物探队 队别	队数	第一大队	第二大队	第三大队	第四大队	第五大队	第七大队	第八大队	第九大队	第十大队	第十一大队	第十二大队	第十三大队	第十四大队	其他
1967	地震队	36	215、216、221、232、240、246、301、303、304、402、404、海联队	214、219、2100、2110、247、302、305	228、2111、2112、306	227、230、233、235、245、250、2104、2105、401		701、702、703、704	206、218、220、237、2106、2107	217、234、239、2108、2109、2113、2103						605
	电法队	4														
	重力队	6														
	测量队	3														
	化探队	1														
1968	地震队	44	215、216、221、232、240、246、301、303、304、404、402、海联队	214、219、247、2100、2144、302、314、305、310、2110、703	228、2111、2112、2142、2143、705、306、706	227、233、245、250、2104、2105	230、235、234、239、2103	701、702、704、707	206、220、218、237、2106、2107	217、2108、2109、2113	2145、2146、2147、2148、2149					605
	电法队	7														
	重力队	8														
	测量队	2														
	化探队	1														
1969	地震队	58	215、216、232、240、2110、221、301、303、304、402、404	214、219、247、2144、2155、703	2111、2112、2142、2143、2156、705	233、250、2100、2104、2165	230、235、239、2103、2162	704	206、218、246、2164、228	217、2108、2109、2113、2150	2145、2146、2147、2148、2159、706	2151、2152、2153、2154、2149	227、245、2105、2160、2161	2106、2107、2166、220、237、701、702、707	2163、2168	605
	电法队	7														
	重力队	3														
	测量队	2														
	化探队	1														
1970	地震队	71		219、214、247、2144、2155、2201、2202、2200、703	2112、2142、2143、2156、2181、2178、2182	233、250、2100、2104、2165	230、235、239、2103、2162、707	2163、2168、2180、2179、702、704	206、218、228、246、2164	217、2108、2109、2113、2150	2145、2146、2147、2148、2159、2203、2204、2205	215、2149、2151、2152、2153、2154	227、245、2105、2160、2161	2106、2107、220、2166、2206、2207、2210、2208、2209、2211、237、2212、701、706	2111	313、102、314、101、605
	电法队	6														
	重力队	2														
	测量队															
	地质队	2														
	化探队	1														

表 1－18　1971～1972 年六四六厂物探队分布情况

<table>
<tr><th rowspan="2">年份</th><th colspan="2">物探队</th><th rowspan="2">勘探一团</th><th rowspan="2">勘探二团</th><th colspan="4">长庆油田会战指挥部第四分部</th><th rowspan="2">第十大队</th><th rowspan="2">普查大队</th><th rowspan="2">其　他</th></tr>
<tr><th>队别</th><th>队数</th><th>三十一团</th><th>三十二团</th><th>三十三团</th><th>三十四团</th></tr>
<tr><td rowspan="6">1971</td><td>地震队</td><td>70</td><td rowspan="6">2142、2143、2144、2156、2178、2181、2182、2200、2111、2112</td><td rowspan="6">214、247、219、2155、2201、2202、2163、2168、2179、2180、702、704</td><td rowspan="6">206、218、228、233、246、250、2100、2104、2164、2165</td><td rowspan="6">217、2108、2109、2149、2150、2151、2152、2153、2154、2113</td><td rowspan="6">220、230、237、2106、2107、2166、2206、2207、2208、2210</td><td rowspan="6">235、227、239、245、2103、2162、2209、2211、2212、2161、2160、2105、313</td><td rowspan="6">2145、2146、2147、2148、2159、2203、2204、2205</td><td rowspan="6"></td><td rowspan="6">314、101、102、701、706、707、605、研究队</td></tr>
<tr><td>电法队</td><td>5</td></tr>
<tr><td>重力队</td><td>2</td></tr>
<tr><td>测量队</td><td></td></tr>
<tr><td>地质队</td><td>2</td></tr>
<tr><td>化探队</td><td>1</td></tr>
<tr><td rowspan="5">1972</td><td>地震队</td><td>70</td><td rowspan="5">2142、2143、2156、2178、2181、2182、2200、2111、2112、702、2144</td><td rowspan="5">214、247、219、2155、2201、2202、2163、2168、2179、2180、704</td><td rowspan="5">206、218、228、233、246、250、2100、2204、2164、2165</td><td rowspan="5">217、2108、2109、2149、2150、2151、2152、2153、2154、2113</td><td rowspan="5">220、230、237、2106、2107、2166、2206、2207、2208、2210</td><td rowspan="5">235、245、239、2103、2162、2209、2211、2212、2161、2160、2105、227、313</td><td rowspan="5">2145、2146、2147、2148、2159、2203、2204、2205</td><td rowspan="5">101、314、701</td><td rowspan="5">706、707、研究队</td></tr>
<tr><td>电法队</td><td>5</td></tr>
<tr><td>重力队</td><td>2</td></tr>
<tr><td>测量队</td><td></td></tr>
<tr><td>地质队</td><td>1</td></tr>
</table>

表 1－19　1973～1977 年物探局物探队分布情况表

年份	第一指挥部				第二指挥部			研究院	普查大队
	第一大队	第二大队	第三大队	第七大队	第四大队	第五大队	第六大队		
1973	217、2108、2109、2149、2150、2113、2153、2154、2151、2152	2112、2144、2156、2178、2182、2200、2255、2256	2111、2142、2143、2181、2254、2257、2258		214、219、2162、2201、2202、2209、2155、235、239、247、2103、2168	2163、2179、2180			702、704、706、707、701、313、314、101
1974	217、2108、2109、2113、2149、2150、2151、2152、2153	2200、2255、2256、2112、2144、2156、2178、2182	2111、2142、2143、2181、2254、2258		214、219、2162、2201、2202、2209、2155、235、239、247、2103、2168	2163、2179、2180			702、704、706、707、701、313、314、101
1975	2108、2109、2149、2150、2152、2153	2112、2144、2178、2182、2255	2111、2142、2143、2181、2254、2258	2113、2151、2156、2200、2256	219、214、2162、2201、2202、2209	2163、2179、2180	235、239、247、2155、2168、2103	217	701、702、704、706、707、313、314、101
1976	2108、2109、2149、2150、2152、2153	2144、2178、2112、2182、2255	2111、2142、2143、2181、2254、2258	2113、2151、2156、2200、2256	219、2162、214、2201、2202、2209	2163、2179、2180	235、239、247、2155、2168、2103	217	701、702、704、706、707、308、310、313、314、316、101
1977	2108、2109、2149、2150、2152、2153	2112、2144、2178、2182、2255	2111、2142、2143、2182、2254、2258	2113、2151、2156、2200、2256	219、2162、2201、2202、2209、214	2163、2179、2180	239、2103、235、2155、247、2168	217	701、702、704、706、707、308、310、、313、314、316

表 1-20　1978～1997 年物探局物探队分布情况表

年份	地调一处	地调二处	地调三处	地调四处	地调五处
1978	2111、2113、2142、2151、2156、2178、2181、2200、2222、2254、2258	2143、2256、214、219、2162、2103、2155、2201、2202、2209、235、239、247、2220、2168	217、220、230、237、2100、2106、2107、2164、2165、2166、2170、2206、2207、233、250、282、2208、2210、2211、2212	2108、2109、2112、2144、2149、2150、2152、2153、2182、2221、2255	701、702、704、706、707、308、310、313、314、316
1979	220、237、2106、2107、2111、2113、2151、2156、2178、2181、2200、2258、2222	214、235、238、239、247、249、2103、2143、2155、2162、2168、2201、2202、2206、2209、2220、2256	217、219、230、250、233、282、2100、2164、2165、2170、2207、2208、2210、2211、2212、2142、2166	2108、2109、2112、2144、2149、2150、2152、2153、2182、2221、2254、2255	701、702、704、706、707、308、310、313、314、316
1980	220、237、2106、2107、2111、2113、2151、2156、2178、2181、2200、2258、2311、2312	214、235、239、247、249、250、2103、2143、2155、2162、2168、2201、2202、2206、2209、2256、2313、2314、2220	219、230、233、238、282、2100、2142、2164、2156、2166、2170、2182、2207、2208、2210、2211、2212、2222	217、2108、2109、2112、2144、2149、2150、2152、2153、2221、2254、2255、2317	701、702、704、706、707、301、302、308、310、313、314、316
1981	220、237、2106、2107、2111、2113、2151、2156、2178、2181、2200、2258、2311、2312	214、235、239、247、249、250、2103、2155、2162、2168、2201、2206、2209、2220、2256、2313、2314、2143、2202	219、230、233、238、282、2100、2142、2164、2165、2166、2170、2182、2207、2208、2210、2211、2212、2222	217、2108、2109、2112、2144、2149、2150、2152、2153、2221、2254、2255、2317	701、702、704、706、707、301、302、308、310、313、316、314、101
1982	220、237、2106、2107、2111、2113、2151、2156、2178、2181、2200、2258、2311、2312	三维、235、239、247、249、250、2103、2155、2162、2168、2201、2206、2209、2220、2256、2313、2314	230、238、233、282、2100、219、2164、2165、2166、2170、2182、2207、2208、2210、2211、2212、2222、2212	217、2108、2109、2112、2144、2149、2150、2153、2221、2254、2152、2255、2317	701、702、704、706、707、301、302、308、310、313、314、316、101
1983	220、237、2106、2107、2111、2113、2151、2156、2178、2181、2200、2258、2311、2312	三维、235、239、247、249、250、2103、2155、2162、2168、2201、2206、2209、2220、2256、2313、2314	233、238、282、2100、2164、2165、2170、2182、2142、2210、2211、219、2222、1830、1832、1831、2212	217、2108、2109、2112、2144、2149、2150、2152、2153、2221、2254、2255、2317	101、701、702、704、706、707、301、302、308、310、313、314、316
1984	282、237、2107、2111、2113、2151、2178、2200、2211、2312、2106、2156、2181	235、239、247、249、2162、2168、2201、2202、2206、2209、2220、2256、2314	219、233、238、2100、2142、2170、2222、1830、1831、1832、2212、421、2210	217、2109、2112、2144、2149、2152、2153、2164、2165、2182、2254、2255、2317	701、702、704、706、707、301、302、303、304、308、310、313、314、316

续表

年份	地调一处	地调二处	地调三处	地调四处	地调五处
1985	282、237、2107、2111、2113、2151、2178、2181、2200、2210、2211、2312、2156、2106	235、239、247、249、2162、2168、2201、2202、2206、2209、2220、2314、2256	219、233、238、2100、2142、2170、2212、2222、1830、1831、421、1832、注：一个空队号	217、2109、2112、2144、2149、2152、2153、2164、2165、2182、2254、2255、2317	701、702、704、706、707、301、302、303、304、308、310、313、314、316、424
1986	282、237、2107、2111、2113、2151、2178、2181、2200、2210、2211、2312、2156、2106	235、239、247、249、2162、2168、2201、2202、2206、2209、2220、2314、2256	219、233、238、2100、2142、2170、2212、2222、1830、1831、1832、421	217、2109、2112、2144、2149、2152、2153、2164、2165、2182、2254、2255、2317	701、702、704、706、707、301、302、303、304、308、310、313、314、316、424
1987	282、237、2107、2111、2113、2151、2178、2181、2200、2210、2211、2312、2106、2156	235、239、247、249、2162、2168、2201、2202、2206、2209、2220、2314、2256	219、233、238、2100、2142、2212、2170、2222、1830、1831、1832、421	217、2109、2112、2144、2149、2152、2153、2164、2165、2182、2254、2255、2317	701、702、704、706、707、301、302、303、304、308、310、313、314、316、424
1988	237、282、2106、2107、2111、2113、2151、2178、2181、2200、2210、2211、2312	235、239、247、249、2162、2168、2201、2202、2206、2209、2220、2314、2256	421、219、233、238、2142、2100、2212、2170、2222、1830、1831、1832	217、2109、2112、2144、2149、2153、2165、2255、2182、2152、2164、2254、2317	701、702、704、706、707、301、302、303、304、308、310、313、314、316、424、901
1989	237、282、2106、2107、2111、2113、2151、2178、2181、2200、2210、2211、2312、430	235、239、247、2162、2517、2168、2201、2202、2206、2209、249、2220、2256、2314、431	219、233、238、2142、2170、2222、2100、2212、1830、1831、1832、421	2109、2112、2149、2153、2165、2255、217、2144、2182、2164、2254、2152、2317、432	701、702、704、706、707、301、302、303、304、308、310、313、314、316、424、901
1990	237、282、2106、2107、2111、2113、2151、2178、2181、2200、2210、2211、2312、430	235、239、247、249、2162、2168、2201、2202、2206、2209、2220、2256、2314、2517、431	421、219、233、238、2142、2170、2222、1830、1831、1832、2100、2212	217、2109、2112、2144、2149、2152、2153、2164、2165、2182、2254、2255、2317、432	701、702、704、706、707、301、302、303、304、308、310、313、314、316、424、901
1991	237、282、2106、2107、2111、2113、2151、2178、2181、2200、2210、2211、2312、430	235、239、247、249、2162、431、2168、2201、2202、2206、2209、2220、2256、2314、2316、2517	421、219、233、238、2142、2100、2212、2170、2222、2207、2208、230、2315、2518	217、2109、2112、2144、2149、2152、2153、2164、2165、2182、2254、2255、432、2317	701、702、704、706、707、301、302、303、304、308、310、313、314、316、424、901

续表

年份	地调一处	地调二处	地调三处	地调四处	地调五处
1992	237、282、2106、2107、2111、2113、2151、2178、2181、2200、2210、2211、2312、430	235、239、247、249、2162、431、2168、2201、2202、2206、2209、2220、2256、2314、2316、2517	421、219、233、238、2142、2100、2212、2170、2222、2207、2208、230、2315、2518	217、2109、2112、2144、2149、2152、2153、2164、2165、2182、2254、2255、432、2317	701、702、704、706、707、301、302、303、304、308、310、313、314、316、424、901
1993	237、282、2106、2107、2111、2113、2151、2178、2181、2200、2210、2211、2312、430	235、239、247、249、2162、431、2168、2201、2202、2206、2209、2220、2256、2314、2316、2517	421、219、233、238、230、2100、2142、2170、2207、2208、2212、2222、2315、2518	217、2109、2112、2144、2149、2152、2153、2164、2165、2182、2254、2255、2317、432	701、702、704、706、707、301、302、303、304、308、310、313、314、316、424、901
1994	237、282、2106、2107、2111、2113、2151、2178、2181、2200、2210、2211、2312、9401、430	235、239、247、2162、431、2168、249、2201、2202、2206、2209、2220、2256、2314、2316、2517、9402	230、233、238、2100、2142、2170、2208、2212、2222、2315、2518、421、2207（9403）、219（9404）	217、2109、2112、2144、2149、2152、2153、2164、2165、2182、2254、2255、2317、9405、432	701、702、704、706、707、301、302、303、304、308、310、313、314、316、424、901
1995	237、282、430、2106、2107、2111、2113、2151、2178、2181、2200、2210、2211、2312、9401	235、239、247、249、2162、2168、2201、2202、2206、2209、2220、2256、431、2314、2316、2517、9402、9501	421、230、233、238、2100、2142、2170、2208、2212、2222、2315、2518、2207（9403）、219（9404）	217、2109、、2112、2144、2149、2152、2153、2164、2165、2182、2254、2255、2317、9405、432	701、702、704、706、707、301、302、303、304、308、310、313、314、316、424、901
1996	237、282、2106、2107、2111、2113、2151、2178、2181、2200、2210、2211、2312、9401、430	235、239、247、249、2162、431、2168、2201、2202、2206、2209、2220、2256、2314、2316、2517、9402、9501、9601	421、219、233、238、2142、2100、2212、2170、2222、2207、2208、230、2315、2518	217、2109、2112、2144、2149、2152、2153、2164、2165、2182、2254、2255、2317、9405、432	701、702、704、706、707、301、302、303、304、308、310、313、314、316、424、901
1997	282、237、2106、2107、2111、2113、2151、2178、2181、2200、2210、2211、2312、9711、430	235、239、247、249、2162、431、2168、2201、2202、2206、2209、2220、2256、2314、2316、2517、9721、9501、9722	2212、2222、2315、2518、2142、219、230、233、238、2100、421、2170、2207、2208、9731	217、2109、2112、2144、2149、2152、2153、2164、2165、2182、2254、2255、2317、9741、9405、432	701、702、704、706、707、301、302、303、304、308、310、313、314、316、424、901

注：物探队所在局属单位：1978年～1984年6月为第一至第四指挥部和普查大队，1984年6月～1986年7月为第一至第四勘探公司和地质普查公司，此后为地调一至五处。

震队及305、306重力队。

1966年10月，将六四六厂501队改为605化探队；组建地震队14个，队号为2100、2101、2102、2103、2104、2105、2106、2107、2108、2109、2110、2111、2112、2113。组建海联1队（地震队）。

1966年，组建404测量队。

1968年8月，六四六厂组建地震队8个，队号为2142、2143、2144、2145、2146、2147、2148、2149。同年组建705、706、707等3个电法队及314重力队。

1969年6月，六四六厂组建地震队4个，队号为2150、2151、2152、2153。

1969年8月，六四六厂组建地震队13个，队号为2154、2155、2156、2159、2160、2161、2162、2163、2164、2165、2166、2167、2168。

1970年3月，重新组建101、102地质队；组建313重力队。

1970年，六四六厂组建地震队18个，队号为2178、2179、2180、2181、2182、2200、2201、2202、2203、2204、2205、2206、2207、2208、2209、2210、2211、2212。

1973年，物探局组建地震队5个，队号为2254、2255、2256、2257、2258。

1978年8月，物探局组建地震队3个，队号为2220、2221、2222。

1979年组建238、249地震队。

1980年4月，物探局组建地震队5个，队号为2311、2312、2313、2314、2317。重新组建重力队2个，队号为301、302。

1982年9月，物探局组建1个卫星定位队（由第三指挥部组建），队号为421。

1982年12月，物探局第三指挥部以2207、2208、230、2166队为基础分别组建中美合作1830、1831地震队和中方1832地震队。

1984年4月，物探局第二指挥部250地震队与2313地震队合并组成中美合作CUA－83101工程6143地震队（后调入中原油田）。

1984年，物探局重新组建2个重力队，队号为303、304。

1985年，组建424卫星定位队，归属地调五处。

1988年11月15日，地调五处组建901化探队。

1989年10月10日，地调一处组建430卫星定位队，地调二处组建431卫星定位队，地调四处组建432卫星定位队。

1989年12月，地调二处组建2517VSP测井队。

1991年3月12日，局决定恢复2207、2208、230队队号（2166队未恢复），取消1830、1831、1832队队号，建成2315沼泽地震队、2316地震队。

1991年3月，地调五处组建井中重力队。

1991年7月19日，地调三处组建2518VSP测井队。

1994年10月，地调二处组建9402地震队，地调四处组建9405地震队；11月，地调一处组建9401地震队。

1995年2月，地调二处组建9501地震队。

1996年10月，地调二处组建9601地震队。

1997年1月，地调三处组建9731地震队；3月，地调一处组建9711地震队，地调四处组建9741地震队；7月，地调二处组建9721、9722地震队。

第七节 调出物探队

1964～1984年，从六四六厂（六四一厂地调处）、物探局先后调出物探队102个，其中地震队89个、测量队3个、重磁力队6个、放射性队1个、化探队1个、电法队2个。物探队调出情况：

1964年11月，207地震队调给九二三厂。

1965年2月，六四六厂901放射性队、601化探队调给六四一厂研究队。8月，208地震队调给江汉石油勘探处。

1966年5月31日，石油部决定将六四六厂226、242、243、2101、2102队等5个地震队和三大队部成建制调给江汉石油勘探处；将第二大队部及所属222、223、224、225、236、241等6个地震队成建制调给九二三厂（现胜利油田）；将201、202、203、204、205、209、210、229、231、238、244、248、249等13个地震队成建制调给四川石油管理局。

1966年6月14日，石油部决定将六四六厂参加四川石油会战的211、212、213队等3个地震队及1个403测量队调给四川石油管理局。

1969年9月，根据石油部决定，六四六厂将234、2167地震队调给华北石油勘探指挥部（原六四一厂）。

从1970年1月1日起，将第一大队232、240、2110、216、221队等5个地震队，301、303、304队等3个重磁力队，402、404队等2个测量队成建制调给华北石油勘探指挥部（现大港油田）。5月，302、305、306队等3个重磁力队及705电法队调给国家地震局。

1971年3月，将215地震队和703电法队调给五七油田勘探指挥部。

1973年2月12日，根据燃化部决定，六四六厂参加长庆油田会战的227、245、2105、2160、2161地震队调给大庆油田。

1973年3月14日，燃化部决定将六四六厂参加长庆油田会战的206、218、220、228、230、233、237、246、250、2100、2104、2106、2107、2165、2164、2166、2206、2207、2208、2210、2211、2212等22个地震队调给长庆油田。

1973年5月，根据燃化部（73）燃财劳字389号文，第十大队（含2145、2146、2203、2204、2205、2147、2148、2159等8个地震队）调给华北石油勘探指挥部（现大港油田）。

1974年4月24日，根据燃化部决定，物探局参加辽河石油会战的2154、2257地震队调给辽河石油勘探局。

1978年6月，根据石油部决定，物探局第二指挥部第五大队及2163、2179、2180等3个地震队成建制调给江苏石油勘探开发指挥部（现江苏石油管理局）。

1984年5月，根据石油部决定，物探局从第一指挥部抽调3个地震队（队号为220、2258、2311），从第四指挥部抽调3个地震队（队号为2150、2108、2221）组建成一个地质调查处调给华北石油管理局。

1984年6月，根据石油部决定，物探局从第二指挥部抽调214、250、2103、2143、2155、2313等6个地震队，组建成一个地质调查处调给中原石油勘探局。

第八节　物探队资质认证

1994年4月13日，物探局转发了总公司（94）勘字第21号文《关于进行地震队等级认证的通知》。《通知》中规定：被认证的物探队分为三级，并对其进入市场的类型进行约束。一（甲）级队可以进入国际市场和国内反承包市场；二（乙）级队可以进入国内和各油田内部市场；三（丙）级队只能进入本油田内部市场。物探局要求各单位严格按照总公司《通知》的各项要求和标准，抓紧组织实施，认真申报本单位物探队的等级。

1994年12月28日，物探局对各地调处申报的53个物探队进行了资质认证，批准公布42个队为二级物探队。其中地震队32个，重磁力队7个，电法队3个。

1995年10月25日，物探局对1994年申报未批的11个物探队进行了重新认证，批准10个队为二级物探队，并作为第二批公布。其中地震队9个，重磁力队1个。

1995年10月25日，物探局转发了总公司技术监督局（95）技监字第12号文《关于公布第一批勘探专业甲级作业队伍的通知》。《通知》中公布了物探局的15个甲级物探队，即地调一处2113平原井炮地震队，2151沙漠井炮地震队；地调二处2201丘陵井炮地震队，2220、2256沙漠井炮地震队；地调三处2315沼泽地震队，2207沙漠井炮地震队，219沙漠震源井炮地震队；地调四处2254平原震源地震队，2255沙漠井炮地震队；地调五处302、316重力队，702、707电法队，901化探队。

表1-21　物探局二（乙）级物探队队号及分布情况表

单　位	队　数	物探队队号及队型
地调一处	10	2178、2107沙漠井炮地震队，2200平原震源地震队，2181、2211、2312平原震源、井炮地震队，2111平原震源、丘陵井炮地震队，2210、2106、237平原井炮地震队
地调二处	11	247、2314沙漠井炮地震队，2202、2162平原震源、井炮地震队，2209、235、249沙漠、平原井炮地震队，2316、2206、山地地震队，239、2168平原井炮地震队
地调三处	10	282、2208、230、2222、233、238、2170沙漠井炮地震队，2142平原震源、井炮地震队，2212平原震源、沼泽井炮地震队，2100沙漠、平原井炮地震队
地调四处	11	217、2144、2164、2149、2152平原震源地震队，2165、2153、2317沙漠井炮地震队，2109平原、丘陵震源地震队，2112平原震源、井炮地震队，2182山地地震队
地调五处	11	310、313、303、301、314、304、308重力队，井中重力队，701、704、706电法队

在总公司技术监督局（95）技监字第90号文《关于公布第一批勘探专业乙级作业队伍的通知》中，物探局被批准的乙级物探队有53个。其中地震队42个（2210、2106、237、239、2168平原井炮地震队，2200、2109、2152、2149、217、2144、2164、2181、2211、2312、2112、2142、2202、2162平原震源地震队，2212沼泽井炮地震队，2111、2316、2206、2182丘陵井炮地震队，2107、282、2178、247、2208、230、2222、233、238、2100、2170、2314、2209、235、249、2165、2153、2317沙漠井炮地震队），重力队8个（301、303、304、308、310、313、314重力队，井中重力队），电法队3个（701、704、706电法队）。见表1-21。

对上述甲、乙级物探队，总公司技术监督局均颁发了证书。

1997年6月，总公司印发了《中国石油天然气总公司物探队资质认证管理与考核办法》。物探局作了认真贯彻。

第四章 会战队伍

第一节 松辽会战队伍

1961年9月，石油部决定从新疆、青海、四川、玉门、银川石油管理（勘探）局各抽调3个地震队分别组成一个大队到松辽盆地，与松辽地调处的11个地震队一起共26个地震队，开展松辽地震会战。10月下旬，新疆、青海、四川、玉门、银川石油管理（勘探）局的参战队伍按要求到达工地。

1961年10月，组成松辽地震会战前线指挥部，下辖松辽地调处，新疆、青海、四川、玉门、银川等5个大队及1个综合研究大队。松辽石油勘探指挥部地质调查处11个地震队是201、202、203、204、205、206、207、208、209、210、214队；新疆大队3个地震队是218、219、220队；青海大队3个地震队是215、216、217队；四川大队3个地震队是211、212、213队；玉门大队3个地震队是221、222、223队；银川大队3个地震队是224、225、226队。另外参战的还有地质部东北石油物探大队3个地震队（东北二分队、三分队、五分队）。

1961年12月26日，根据会战形势发展的需要，地震会战前线指挥部决定，将玉门大队和银川大队合并为玉银联合大队（简称玉银大队），大队部设在肇州，下辖221、222、223、224、225、226队等6个地震队。

到1962年4月，1961年冬～1962年春的地震会战基本结束。

1962年5月16日，宣布重新组建松辽地调处。该处下辖第一、二、三、四、五大队（共32个物探队，其中地震队25个），以及研究队、机修站、仪修站等。其中第一大队有5个地震队（202、208、209、210、214队）、1个化探队（601队）；第二大队有6个地震队（221、222、223、224、225、226队）；第三大队有5个地震队（218、219、220、204、205队）；第四大队有5个地震队（215、216、217、201、203队）；第五大队有4个地震队（207、211、212、213队）、1个电法队（701队）；另有重磁力队2个、测量队3个、地质队1个。

1962年冬至1963年春，松辽地调处5个大队的25个地震队继续在松辽盆地开展冬季地震会战。1963年5月，松辽地震会战基本结束。

第二节 华北会战队伍

1963年11月，遵照石油部指示，松辽地调处留下3个地震队及1个测量队、1个化探队、1个地质队，成建制进关参加华北石油会战。进入华北的地震队22个、重力队2个、测量队2个、电法队1个。其中：第二大队6个地震队（221、222、223、224、225、226队）；第三大队5个地震队（214、227、218、219、220队）；第四大队5个地震队（228、229、215、216、217队）、2个重力队（301、302队）、1个测量队（402队）；第五大队6个地震队（208、209、210、211、212、213队）、1个测量队（403队）、1个电法队（701队）。另有机关及机关附属单位，处直属队。

1964年2月1日，石油部决定将华东石油勘探局地调大队调归松辽地调处统一领导。该大队辖地震队7个（201、202、203、204、205、206、207队）、电法队7个（701、702、703、704、705、706、

707)、重磁力队 2 个（301、302 队）、测量队 1 个（401 队）及 501 微生物队、901 放射性队、801 综合研究队。这些物探队按统一部署均参加了华北石油会战。

1964 年，六四一厂地调处投入 53 个物探队在华北平原（东营、沾化、津塘、黄骅、冀中等地区）参加石油会战。

1965 年，六四六厂在华北石油会战中投入了 58 个物探队（其中地震队 37 个、重力队 6 个、电法队 4 个）。

到 1968 年，会战队伍基本查清了华北地区区域构造结构，发现了大量的有利二级构造单元，提供钻探井位，发现了东营油区和大港油田。在渤海、京津等地区也获得了工业性油流。

1974 年 9～12 月，物探局以 30 个地震队在冀中坳陷进行大规模的地震勘探。物探局第二指挥部新乡工作点辖 5 个地震队，在东濮地区开展地震勘探工作，当年发现了濮城构造。1975 年 2～4 月，第二指挥部增派 2 个地震队开展地震小会战，并提出“奋战濮阳 70 天，找油找气作贡献”的口号。

1975 年 7 月，任 4 井喷油。9 月，物探局调集 23 个地震队（其中 5 个数字地震队）投入冀中坳陷，展开 1975 年冬、1976 年春地震勘探会战。

1976 年 1 月，国务院批准组织华北石油会战。会战队伍以华北石油会战指挥部为主，胜利、吉林、长庆、江汉、四川等油田和物探局派队伍参加。

1976 年 2 月 17 日，石化部决定物探局参加华北石油会战，物探局在全国石油物探工作上仍起部直属局的作用。物探局参加华北石油会战期间，归华北石油会战指挥部领导。3 月，物探局组织了有 250 名专业技术人员参加的历时 100 天的冀中地区资料整理会战。

1976 年 5 月，石化部决定组织华北石油地震勘探会战（1976 年冬至 1977 春）。会战由物探局负责指挥，并在河北省霸县（今霸州市）煎茶铺建立华北石油地震勘探会战指挥部。

参加会战的队伍中有物探局 35 个地震队。长庆油田参加会战的 19 个地震队编为华北石油地震勘探会战第三指挥部。石化部考虑到长庆会战队伍远离长庆油田党委，决定在会战期间其政治思想工作由物探局党委负责。

1976 年 9 月，为加强对地震会战的组织指挥，物探局机关由徐水县迁往霸县煎茶铺前线办公。

1978 年 5 月 1 日，根据石油部决定，长庆油田地调指挥部参加华北石油地震会战的指挥部机关、三个大队（辖 19 个地震队）共 2235 人，成建制调入物探局，编为物探局第三指挥部。

这次华北地震会战开展之前，物探局在华北地区集中地震队伍已经开展了多年地震勘探；这次会战结束之后，物探局继续承担了这个地区的地震勘探任务。物探局（六四六厂）在华北地区投入物探队见表 1－22。

表 1－22　1971～1997 年物探局（六四六厂）在华北地区投入物探队情况表

年份	地震队																		非地震队				总计
	渤海湾盆地							南华北盆地及周边地区										合计					
	辽河	黄骅	冀中	济阳	临清	东濮	小计	开封	合肥	苏北	周口	三门峡	洛阳	安阳	济源	其他地区	小计		电法队	重磁力队	化探队	合计	
1971		4	6				10		4		6						10	20	2	1		3	23
1972			21				21		2	2	6						10	31	5	1		6	37
1973			33			2	35		2	2	9						13	48	4	1		5	53
1974			25			5	30		1	2	7						10	40	5	2		7	47
1975	5		23	2		8	38	3	1	2	1						7	45	5	2		7	52
1976	4		23			8	35	4	1	2							7	42	5			5	47
1977			22		5	8	35	4		3							7	42	5			5	47
1978			31		9	5	45	6		3		1	1				11	56	5	5		10	66
1979			29		7	7	43	4				1	1	1			7	50	1	2		3	53
1980			22		3	7	32	5			2			1			8	40					40
1981			23		11		34	2			4				6		12	46		2		2	48

续表

年份	地震队																		非地震队				总计
	渤海湾盆地							南华北盆地及周边地区										合计	电法队	重磁力队	化探队	合计	
	辽河	黄骅	冀中	济阳	临清	东濮	小计	开封	合肥	苏北	周口	三门峡	洛阳	安阳	济源	其他地区	小计						
1982	2		18		13		33	1			2				6		9	42		2		2	44
1983	2		20		15		37	1			3				4		8	45		1		1	46
1984	4		29		11		44	2			2				2		6	50		3		3	53
1985	4		19	3	8		34	1							1		2	36		3		3	39
1986	2		17	5	9		33				3					1	4	37		4		4	41
1987	1		15		8		24	2			3					1	6	30	1	3		4	34
1988	1	1	20		5		27	3	1		2					1	7	34	3	3	1	7	41
1989	1	1	17		2		21	2	1		4				1		8	29	2	2	1	5	34
1990			23		1		24	2			2				1		5	29	1	4	1	6	35
1991		2	16				18		5								5	23	4	4	1	9	32
1992		2	12				14		5							1	6	20	2	1		3	23
1993			5				5		2							3	5	10	3	1		4	14
1994			1				1		1							2	3	4	4	1		5	9
1995																2	2	2	1			1	3
1996																3	3	3	1			1	4
1997		1	1				2								1		1	3	4			4	7
总计	26	11	471	10	107	50	675	42	26	16	56	2	2	2	22	14	182	857	63	48	4	115	972

注：表中华北地区含渤海湾盆地、南华北盆地及周边地区。

第三节　海上勘探队伍

1964年4月，根据石油部组织队伍下海勘探石油的指示，六四一厂地质调查处以216地震队为基础组建了渤海湾第一个浅海地震队。7月15日，决定成立三个水上地震队（230、231、232队），从事海上地震勘探。

1965年3月，六四六厂抽调5个地震队、2个重力队、1个测量建标队，组成第一大队，承担海上勘探任务。

1966年6月，六四六厂第一大队和中科院青岛海研所商定，共同组成1个深海地震队（海联一队）、1个重力队（海联二队）。当年7个地震队、3个重力队在渤海湾、莱州湾、黄骅凹陷海区开展重力、地震勘探工作。

在渤海湾地区施工的物探队：1967年有第一大队6个地震队（215、216、221、232、240、246队）、4个重力队（301、303、304和海联重力队）以及402、404测量队；1968年有5个地震队（215、216、221、232、240）；1969年有4个地震队（215、232、240、2110）。

第四节　四川会战队伍

1964年12月，石油部决定抽调六四一厂地调队伍参加四川石油勘探会战。六四一厂地质调查处党委决定抽调第五大队所辖211、212、213地震队、108专题研究队及403测量队参加四川石油勘探会战。1965年初，队伍到达四川威远工区开展工作。

1966年1～5月，六四六厂党委决定抽调四大队10个地震队（201、202、203、209、210、229、231、244、248、249队）及三大队3个地震队（204、205、238）参加四川石油勘探会战，并成立石油工业部六四六厂四川地调指挥部。

1966年5月31日，石油部（66）油人劳字第96号文决定，将六四六厂201、202、203、204、205、209、210、229、231、238、244、248、249队

等13个地震队成建制调给四川石油管理局。

1966年6月14日，石油部（66）油人劳字第99号文决定，将六四六厂参加四川石油会战的211、212、213队等3个地震队和403测量队连同大队部人员共304人调给四川石油管理局。

1973年5月，根据燃化部（73）燃财劳字第203号文件精神，六四六厂从入川会战队伍中（地震队留下队号及设备），调回职工650名。具体情况是：入川会战职工955名，会战期间调出55名，死亡7名，判刑1名，调往六四一厂131名，留四川151名，其余610名职工，加上照顾夫妻关系随调的40名职工一共650人调回六四六厂。

第五节　江汉会战队伍

1966年2月，六四六厂抽调2个重力队的骨干10人（队长2名、解释人员4名、仪器操作人员4名），参加江汉石油会战。

1966年5月，六四六厂根据石油部（66）油人劳字第96号文，将226、242、243、2101、2102等5个地震队和三大队队部共166人调给江汉石油勘探处，参加江汉石油勘探会战。

1969年4月17日，为加速三线地区石油工业的发展，石油部决定从六四六厂选派5个地震队（第九大队217、2108、2109、2113、2150队），参加江汉地区石油勘探会战，归五七厂领导，工资、津贴仍由六四六厂发放。

1969年5月5日，为加速江汉地区石油勘探，石油部决定，六四六厂除正在安排的5个地震队外，再增派第四、八、十一大队的15个地震队参加江汉石油勘探会战。同年11月，一大队215地震队参战。

1970年3月，石油部决定，六四六厂再抽调第十二大队的5个地震队参加江汉石油勘探会战。至此，六四六厂参加江汉石油勘探会战的物探队达到27个，其中地震队26个、电法队1个（703队）。地震队是：第四大队所辖的233、250、2100、2104、2165地震队，第八大队所辖的206、218、228、246、2164地震队，第九大队所辖的217、2108、2109、2113、2150地震队，第十一大队所辖的2149、2151、2152、2153、2154、215地震队，以及第十二大队所辖的227、245、2105、2160、2161地震队。

1970年6月24日，六四六厂参加江汉石油勘探会战的地震队伍，统一编为五七油田会战指挥部三分部，下设营（由大队改编），营下设连（由物探队改编）。其建设计划和物资供应、财务拨款统由五七油田安排。

1970年12月31日，燃化部发文明确“六四六厂参加各探区石油会战队伍（如江汉、陕甘宁、下辽河等地区）的领导关系，其建制仍属六四六厂”。

自1969年到1971年3月，六四六厂28个物探队（含26个地震队及703电法队、综合队）和五七油田26个物探队，在江汉地区完成了地震会战任务。

1971年6月，六四六厂参加江汉石油会战的物探队伍，除已调入五七油田的215地震队及703电法队外，其余5个地震大队（辖25个地震队）及机关附属单位，职工1986人（其中干部443人、工人1543人）调往陕甘宁地区，参加长庆油田会战。

第六节　辽河会战队伍

1968年11月，六四六厂第九大队4个地震队（217、2108、2109、2113队）参加下辽河石油勘探会战。

从1970年3月起，六四六厂根据石油部决定，先后组织了23个地震队、2个电法队，参加了下辽河石油勘探会战。这些物探队是第二大队214、219、247、2144、2155、2200、2201、2202地震队，第三大队2112、2142、2143、2156、2178、2181、2182地震队，第十大队2145、2146、2147、2148、2159、2203、2204、2205地震队，第七大队702、704电法队。

1970年7月，六四六厂会战队伍被编为六七三石油勘探指挥部（后改称三二二油田）地震团。

六四六厂23个地震队，自1970年开始参加辽河石油勘探会战，到1971年3月基本完成地震会战任务，除留下2147、2148地震队继续工作外，其余21个地震队调往晋、冀、鲁、豫、苏、皖地区工作。

第七节　陕甘宁会战队伍

1969年6月16日，为尽快在陕甘宁地区找到大油田，石油部决定六四六厂派10个地震队共1000人左右组成第五大队和第十三大队到宁夏吴忠、盐池，陕西吴旗、定边，甘肃环县等地区进行石油勘探工作。六四六厂第五大队辖230、235、239、2103、2162等5个地震队，第十三大队辖220、237、2106、2107、2166等5个地震队，均于同年9月到达指定地区开展工作。为了加强组织领导，1969年10月12日成立了六四六厂陕甘宁勘探指挥组。1970年3月10日，六四六厂陕甘宁勘探指挥组改组为六四六厂革命委员会陕甘宁指挥部，机关驻地设在陕西省长武县。

1970年在陕甘宁地区施工的地震队由10个增加到17个。增加的地震队为2206、2207、2208、2209、2210、2211、2212队。六四六厂参战队伍统由玉门石油管理局指挥。

1970年9月，长庆油田会战指挥部成立，由兰州军区直接领导。

1971年6月，六四六厂将参加江汉油田会战的5个大队（共辖25个地震队）调往陕甘宁地区参加长庆石油会战，加上六四六厂已参战的队伍，共42个地震队、3个电法队、1个重力队，统一编为长庆油田会战指挥部第四分指挥部。机关驻地设在甘肃省泾川县城东4公里处的甘家沟。第四分指挥部机关设政治部、生产部、后勤部，下设四个团，即三十一、三十二、三十三、三十四团。三十一团辖10个地震队（206、218、228、233、246、250、2100、2104、2164、2165队），三十二团辖10个地震队（217、2108、2109、2149、2150、2151、2152、2153、2154、2113队），三十三团辖10个地震队（220、230、237、2106、2107、2166、2206、2207、2208、2212队）、1个重磁力队（313队），三十四团辖12个地震队（227、235、239、2103、2105、2162、2209、2210、2211、2161、2160、245队）。

1973年2月12日，燃化部决定将六四六厂参加长庆油田会战的队伍作如下调整：

三十一团、三十三团及三十四团所属的2210、2211地震队，其全部人员和设备（共22个地震队，队号为206、218、220、228、230、237、233、246、250、2100、2104、2164、2165、2106、2107、2166、2206、2207、2208、2212、2210、2211）调给长庆油田会战指挥部。

三十四团所属的2160、2161、2105、245、227等5个地震队及会战前原十二大队队部的全部人员调给大庆油田。除山地钻机留长庆油田会战指挥部外，其他设备全部随队伍调给大庆油田。

三十二团（含10个地震队：217、2108、2109、2113、2149、2150、2151、2153、2154、2152队）、三十四团的5个地震队（235、239、2103、2162、2209队）、313重力队以及其余人员和设备全部调回六四六厂。

长庆油田会战指挥部第四分指挥部机关及所属的研究、机修、仪修、运输、后勤供应人员等一分为二，一半调给长庆油田会战指挥部，一半调回六四六厂。

参加长庆油田会战队伍的调迁工作，当年结束。总计调给长庆油田22个地震队、2988名职工，调给大庆油田5个地震队、485名职工，调回六四六厂15个地震队、1个重力队、2107名职工。

第八节　二连会战队伍

1977年5月，物探局普查大队2个电法队（702、704队）、1个地质组到内蒙古二连盆地开展电法概查和地面地质测量工作。

1978年5月，根据石油部指示，物探局向二连盆地派出6个地震队（2111、2142、2108、2150、2149、2153队）进行夏季施工；派出5个重力队（308、310、313、314、316队）进行1∶50万重力普查；派出5个电法队（701、702、704、706、707队），其中4个队在东部做区域大剖面，1个队在马尼特坳陷进行电法区域勘探。

1979年5月，石油部决定抽调大庆、吉林、辽河等油田地调队伍和物探局的物探队伍，以及华北油田的钻井队开展二连盆地石油勘探会战。成立了内蒙古二连石油勘探指挥部，委托大庆油田负责组织会战。当年参战地震队25个，其中物探局地震队5个（2108、2109、2144、2149、2152队）。

1980年参战地震队15个，其中物探局地震队5个。

1981年3月，石油部决定，二连盆地的石油勘探工作由大庆油田移交华北油田负责，地震勘探工作由物探局负责。当年物探局有10个地震队在该地区施工。

1982年3月9日，物探局根据1982年1月29日石油部党组关于在两年内完成二连地区地震普查和重点二级构造带的详查，提供一批可供钻探的含油气有利区块的指示，在内蒙赛汉塔拉组建物探局二连前线指挥部。

1978～1992年，物探局在二连盆地石油勘探中共投入物探队219个队年，其中地震勘探151个队年，重力勘探30个队年，电法勘探38个队年，为二连盆地的石油勘探开发提供了大量的地质成果。

1978～1992年物探局在二连盆地施工物探队情况见表1-23。

表 1-23 1978～1992 年物探局在二连盆地施工物探队分布情况表

年 份	地调一处	地调二处	地调四处	地调五处（普查大队）	
	地震队	地震队	地震队	重力队	电法队
1978	2111、2142		2108、2149、2150、2153、	308、310、313、314、316	701、702、704、706、707
1979			2108、2109、2144、2149、2152	308、310	701、702、704、707
1980			2208、2109、2144、2149、2152	308、310	701、702、704、706、707
1981	237	2162	2108、2112、2144、2153、2150、217、2221、2255	301、302、308、310、313、314、316	701、702、704、706、707
1982	2111、2113、2151、2178、2156、220	2103、2143、2162、2168、235、239、247、249	2108、2109、2112、2144、2149、2150、2153、217、2221、2254	301、313	701、702、704、706、707
1983	2111、2113、2151、2178、2156、220	2103、2162、2168、2256、2314、235、239、247、249	2108、2109、2112、2144、2149、2153、2150、217、2221、2254	301、303	701、702、704、706、707
1984	2111、2178、220、2311、2258、237	2103、2155、2162、239、2168、247、249、2314	2108、2109、2112、2144、2149、2153、217、2221、2254、2150		
1985	2107、2151、2181、2210、2211、282	2162、2202、2206、2220、235、2314、239、247、2256	2254、2255、217、2153、2182、2112、2144、2149		701、102、704、707
1986	2200	2162、2314	2212、2144、2182、2153	310、214、316	701
1987	2200、237	2202	2112、2144、2149	301、302、303、308、310	701、704、706
1988			2109、2144、2254-2112		
1989			2109、2149、2112		
1990			2109、2144、217	314、316	702
1991			2144、2109、2254		
1992			2112、2144、2149		

注：地调一、二、四处 1984 年 6 月以前的名称分别为第一、二、四指挥部，1984 年 6 月～1986 年 7 月的名称分别为第一、二、四勘探公司；地调五处 1984 年 6 月以前的名称为普查大队，1984 年 6 月～1986 年 7 月的名称为地质普查公司。

第九节 塔里木会战队伍

1977 年 5 月 17 日，位于新疆塔里木盆地西南边缘的柯克亚构造上的柯参 1 井喷出高产工业油气流，拉开了塔里木石油勘探会战的序幕。

1978 年 2 月 28 日，石化部（宋振明主持）召开了关于组织塔里木石油会战的会议，决定石油勘探战略西移，成立南疆石油会战领导小组和南疆石油勘探指挥部，抽调物探局第三指挥部进疆参战。

物探局决定第三指挥部（简称三指）第二大队（辖 233、2100、2170、282、250、2164、2165 地震队）、第三大队 2211 地震队、第四大队 2166 地震队和研究院 217 地震队及部分机关人员进疆参战；并成立物探局第三指挥部南疆前线指挥部。

1978 年 5 月 8 日，三指先遣队伍从河北正定县前往新疆，5 月 10 日抵达莎车县，在该县党校建立前线指挥部机关。5 月中旬，217 地震队开工试生产，打响南疆会战第一炮。6 月 4 日，三指南疆前线指挥部在莎车县召开了会战誓师动员大会。6 月下旬，全部地震队陆续开工生产。

1978 年 8 月，普查大队抽调 313、314、316 重磁力队赴南疆会战，并成立普查大队新疆前线指挥部。

1979 年，三指在华北地区的 10 个地震队陆续调出，从此三指的领导重心转移到新疆。参战地震队当年为17个，1980年增加到19个。

1982年12月，物探局三指组建中美合作1830、1831地震队和中方1832地震队。这3个地震队于1983年6月闯进被称为“死亡之海”的塔克拉玛干沙漠腹地开展地震勘探。

1989年2月，地调一处成立南疆前线指挥部，2151、237地震队参加南疆会战。同年3月，地调二处成立塔里木前线指挥部，2256、239地震队参加南疆会战。

为了加强南疆会战物探队伍的组织领导，1991年1月1日，成立了物探局塔里木前线指挥部。

1991年12月24日，物探局从地调二处、地调三处、研究院、物探地质研究院抽调人员成立库尔勒研究中心。

1991～1997年，第一、二、三、四、五地调处在塔里木盆地开展了更大规模的会战。

截至1997年底，物探局在塔里木共投入356个地震队年（其中地调一处40个队年、地调二处74个队年，地调三处235个队年，地调四处7个队年），40个重力队年，15个电法队年，为塔里木石油的勘探开发做出了重要贡献。

1978～1997年物探局在塔里木施工物探队情况见表1－24、1－25。

表1－24　1978～1986年物探局在塔里木盆地施工物探队分布情况表

年份	第三指挥部	普查大队	
	地震队	重力队	电法队
1978	2100、2164、2165、2166、217、2170、2211、233、250、282	313、314、316	
1979	2100、2142、233、2164、2165、2166、217、219、2170、2207、2208、2210、2211、230、250、282、2212	313、314、316	
1980	2100、2142、2164、2165、2166、2170、2182、219、2207、2208、2210、2211、2212、2222、230、233、238、250、282	313、314、316	
1981	2100、2164、2165、2166、282、2170、2207、2208、2210、2212、2222、230、233、238、219－2211、2142－2182		
1982	2100、2164、2165、2166、2170、2207、2208、2210、2212、2222、230、233、238、282、219－2211、2142－2182	302、314、308、316、310	
1983	1830、1831、1832、2100、2164、2165、2170、2210、2222、233、238、282、2142－2182、219－2211	302、314、308、310、316	
1984	1830、1831、1832、2100、2142－2182、2164、2165、2210、233、238、282、219－2211	314、316	706
1985	1830、1831、1832、2100、2212、2222、233、238		706
1986	1830、1831、1832、2100、2170、2212、2222、238		

注：第三指挥部1984年6月～1986年7月的名称为第三勘探公司，此后改名为第三地质调查处；普查大队1984年6月改名为地质普查公司。

表1－25　1987～1997年物探局在塔里木盆地施工物探队分布情况表

年份	地调一处	地调二处	地调三处	地调四处	地调五处	
	地震队	地震队	地震队	地震队	重力队	电法队
1987			1830、1831、1832、2100、2170、2212、2222			
1988			1830、1831、1832、2100、2212、2222、2170			
1989	2151、237	2256、239	1830、1831、1832、2170、2222、2100－2212、238			

续表

年份	地调一处	地调二处	地调三处	地调四处	地调五处	
	地震队	地震队	地震队	地震队	重力队	电法队
1990	2151、237	2202、2206、2256、2314、235、239、247	1830、1831、1832、2142、2170、219、2222、233、238、2100－2212			
1991	2151、237、2178	2202、2206、2209、2256、2314、235、239、247	2100、2142、2170、219、2207、2208、2212、2222、230、2315、233、238			
1992	2151、2178、237	2202、2206、2209、2256、2314、235、247、2168、2220	2100、2142、2170、219、2207、2208、2212、2222、230、2315、233、238		313	701
1993	2106、2107、2151、2178、2312	2168、2201、2202、2209、2220、2314、235、239、247	2100、2142、2170、219、2207、2208、2212、2222、230、2315、233、238		310、302、304	707
1994	2113、2151、2178、2312、282、2107	2168、2201、2206、2220、2256－239、2316、2314、247－249、2202、9402	2100、2142、2170、2207、2208、219、2222、230、2315、233、238、2212		310、314	701、707
1995	2106、2107、2151、2178、2181、2312	2201、2202、2209、2256、2314、2316、239、247、2220	2100、2142、2170、219、238、2208、2222、230、2315、233、2212、2207	2255	310、314、316	706、707、701
1996	2106、2107、2151、2210、2178、2312、2181、2113	2202、2209、2220、2256、2314、2316、247、249、239	2100、2142、2170、219、238、2208、2212、2222、230、2315、233、2207	2165、2255	310、313、314、316	704、706、707
1997	2106、2151、2178、2312、2107	2201、2202、2209、2220、2314、2316、239、247、249、2256	2100、2142、2170、219、238、2208、2212、2222、230、2315、233、2207	2165 2255 2113	303、304、308、313、314、316	704、706、707

第十节 吐哈会战（勘探）队伍

1983年，物探局第三指挥部2222地震队率先在新疆吐鲁番、哈密地区（简称吐哈地区）进行地震勘探。1989年后，地调一处、地调四处、地调五处的队伍，先后在吐哈地区参加石油会战。到1997年末，物探局在吐哈地区共投入72个物探队年，其中地震勘探60个队年，重力勘探6个队年，电法勘探6个队年，取得了丰富的地质成果。物探队历年分布情况见表1－26。

表1－26 1983～1997年物探局在吐哈盆地施工物探队分布情况表

年份	地调一处	地调三处	地调四处	地调五处	
	地震队	地震队	地震队	重力队	电法队
1983		2222			
1984		2170、2222			
1985		2170			
1986		2142、219、233			
1987		2142、219、233、238			
1988		2142、219、233、238		302、316	704
1989		2142、219、233、238		302	704
1990	2211、2181、2312				
1991	2111、2200、2181、2211、2312		2165、2182	302、314、316	704
1992	2111、2211、2181、2200		2165、2182		704

续表

年份	地调一处	地调三处	地调四处	地调五处	
	地震队	地震队	地震队	重力队	电法队
1993	2111、2200、2181、2211		217、2182		
1994	2111、2200、2181、2211		2182、2165		
1995	2111、2200、2211		2182、2165		
1996	2111、2200、2211		2182		706
1997	2111、2200、2211		2182		706

注：地调三处1984年6月之前的名称为第三指挥部，1984年6月～1986年7月为第三勘探公司。

第十一节　三江重磁力会战队伍

1975年3月，物探局普查大队313、314重磁力队在东北黑龙江、松花江、乌苏里江盆地（简称三江盆地）和海拉尔盆地参加重磁力勘探会战。1975年4月至1976年10月，完成重磁力勘探任务。

第十二节　陕甘宁天然气会战队伍

1986年，物探局派出地调二处4个地震队参加陕甘宁盆地石油天然气勘探会战。到1997年，物探局共投入59个队年，其中地震勘探39个队年，重磁力勘探12个队年，电法勘探7个队年，化探1个队年。

第五章　局属单位

1997年底，物探局下辖25个二级单位、13个机关附属单位。

第一节　塔里木前线指挥部

塔里木前线指挥部（简称塔里木前指）成立于1991年1月1日，为物探局派出机构，负责物探局在塔里木会战队伍的物探生产和思想政治工作，对其实行统一领导、组织、协调、指挥，保证局塔里木物探工作按总公司及塔里木石油勘探开发指挥部的部署要求正常进行。塔里木前指机关设在物探局地调三处库尔勒基地大院内。

1991年，前指机关设政工组、生产技术组、后勤组，有机关人员16人。同年12月24日，物探局决定将地调三处管理的物探局乌鲁木齐办事处划归塔里木前指，并决定成立库尔勒研究中心和物探局大河沿办事处，均隶属塔里木前指。1992年，塔里木前指机关机构调整为党委办公室、前指办公室和生产办公室，机关人员增加到55人。1993年3月13日，局决定将局塔里木前指的乌鲁木齐办事处和大河沿办事处划归地调三处。同年9月4日，局将塔里木前指改按局属单位管理，仍为局派出机构。1997年3月，局将塔里木前指机关调整为生产技术办公室、政工办公室、项目合同办公室、财务办公室和调度室。1997年末，塔里木前指有职工273人，其中干部172人；文化程度大学以上6人、大学98人、大专23人、中专46人；有大中专以上学历的173人，占职工总数的63.4%。

局塔里木前指成立以后，坚持“高效、精干、服务、奉献”的宗旨，组织探区物探生产，加强思想政治工作，为在塔里木寻找油气大场面做出了贡献。

库尔勒研究中心是物探局设在塔里木前线的科研机构，在技术业务上接受物探局和总公司塔里木石油勘探开发指挥部的双重领导，在行政上接受局塔里木前指的直接领导，挂物探局库尔勒研究中心和塔指物探研究中心两块牌子。其主要任务是开展塔里木地震资料处理、解释和综合研究工作，为塔里木石油勘探开发指挥部提供钻探井位。

研究中心从1991年成立至1997年，共完成二维地震资料处理43667公里，波阻抗处理13380公里，VSP测井资料处理72口；解释二维地震资料

64万公里，解释三维地震资料1.4万平方公里，完成工业制图1300余幅，发现各类圈闭536个，面积3.8万平方公里，提供井位169口，为发现塔中、牙哈、英买力、羊塔克等10个油气田和18个油气构造做出了重要贡献。1995年被总公司授予先进科技集体称号。1996年被评为总公司双文明建设先进集体。到1997年，科研成果中有1项获国家科技进步二等奖，3项获总公司科技进步奖，5项获物探局科技进步一等奖。

第二节　第一地质调查处

第一地质调查处（简称地调一处）是物探局野外地震勘探单位，其前身是1971年12月六四六厂第三、十四大队合并成立的勘探一团。1973年2月，勘探一团与参加长庆油田会战返回的三十二团合并成立勘探第一指挥部，下辖第一、二、三大队、25个物探队。1973年7月，勘探第一指挥部改名为第一指挥部。1978年8月，局将第一指挥部分为第一、第四两个指挥部，同时撤销指挥部大队一级建制。1984年6月30日，第一指挥部更名为第一勘探公司。公司机关有18个科室，下属科级直属单位6个、小队车间级单位2个及14个地震队。1986年7月16日，第一勘探公司更名为第一地质调查处。

地调一处基地位于天津市静海县唐官屯，到1997年末，占地总面积55.174万平方米，房屋建筑面积134127平方米，拥有主要专业设备1318台(套)，固定资产原值7.46亿元。

1997年末，地调一处机关设有职能科室和部门20个，机关附属单位10个，二线单位17个，多种经营单位3个，地震队14个、卫星定位队1个。全处职工4036人，其中干部738人；文化构成：大学以上7人、大学186人、大专103人、中专405人；有大中专学历的701人，占长期职工总数的29.84%。

1979年以前，地调一处地震队的仪器装备多为模拟磁带仪。1978年开始使用数字地震仪。1984年野外采集实现了数字化。到1997年，先后在河北、天津、山东、内蒙古、辽宁、吉林、黑龙江、新疆等省市自治区进行勘探，并先后赴厄瓜多尔、苏丹等国进行地震勘探。共完成二维地震测线14.2万公里、三维地震面积5501平方公里；1973～1994年，在冀中地区为找到22个古潜山油田、8个古潜山气田、11个第三系油田做出了贡献。1992～1997年，在吐哈盆地为发现巴喀、葡北、吐玉克等油田及鲁克沁油气富集带做出了贡献。

1979年以后，地调一处相继开展了地震地层学、层序地震学、三维地震勘探、高分辨率勘探、AVO技术、储层横向预测、DMO处理解释、多信息综合解释、人机联作等项目的科研工作，有100余项成果获得国家、石油部、总公司、物探局科技进步奖或科技成果奖。其中《渤海湾盆地复式油气藏聚集（区）带勘探理论及实践》（合作）获国家级科技进步特等奖。

地调一处在精神文明建设中也取得了丰硕的成果，先进集体和先进个人大量涌现。1985年2107地震队获石油部银牌队称号，2181、2151地震队先后两年获石油部银牌队称号。1996年，该处基地被总公司评为“清洁无害化矿区”和全国部门绿化造林四百佳单位。

第三节　第二地质调查处

第二地质调查处（简称地调二处）是物探局野外地震勘探单位，其前身是1971年12月六四六厂第二、七大队合并成立的勘探二团。1973年2月，勘探二团与参加长庆油田会战返回的三十四团机关人员及5个地震队合并成立勘探第二指挥部，下辖第四、五、六3个大队（共15个地震队）。1973年7月勘探第二指挥部改名为第二指挥部，1984年6月30日改名为第二勘探公司，1986年7月16日改名为第二地质调查处。

地调二处位于河南省开封市东郊新宋路，到1997年末，占地总面积146.95万平方米，房屋建筑面积178028平方米，主要设备1529台（套），固定资产原值9.13亿元。处机关设职能科室和部门19个，下属科级单位4个，小队（车间）级单位24个，其中包括14个地震队、1个VSP队、1个卫星定位队、两个研究所（物探地质研究所、野外方法研究所）、1个数据处理中心。1997年末，全处职工3576人；文化程度：博士、硕士研究生21人、大学254人、大专333人、中专423人；有大中专学历的共1031人，占职工总数的35.3%。

在野外勘探方面，地调二处以擅长在平原、海滩、水网、丛林、山地、沙漠、城镇等复杂地表进行勘探，在复杂三维、高分辨率、横波、转换波、VSP等勘探技术方面有很高的声誉。在国内施工遍及全国17个省、市、自治区；在国外，曾赴缅甸、菲律宾、巴基斯坦、苏丹等国进行勘探项目承包、技术咨询等。1992年10月，在新西兰石油勘探公司中国有限公司组织的洞庭湖两个区块的地震勘探项目招标中，以雄厚的实力一举中标，首次夺得国内反承包项目。建处以来共完成二维地震测线16万公里、三维地震面积4134平方公里，获得了丰富的地质成果。

1975年9月，由第二指挥部（地调二处前身）提供地震资料定的濮参1井，经钻探首获工业油流，从而发现了中原油田。地调二处为二连、中原、长庆、华北、塔里木等油田的勘探开发做出了重要贡献。

在资料处理方面，地调二处拥有IBM－3033和RDS－500两套计算机处理系统，配有先进的地震资料处理软件，能从事低信噪比二维、三维、横波、转换波及各种特殊资料处理业务，年处理能力：二维地震资料2万公里、三维地震资料300平方公里、VSP资料50口及1000公里资料的特殊处理。到1997年底，共处理二维地震剖面5.9万公里。

在资料解释方面，已拥有4套人机联作解释工作站及与之相配套的计算机，配备有完整的处理和解释软件，能够实现二维、三维地震资料人机交互解释，进行岩相、盆地模拟分析和横向预测等研究。

地调二处大力推进科技进步，取得了丰硕成果。有71项成果获局级以上科技进步奖。其中有2项获国家科技进步奖，10项获总公司科技进步奖。1990年先后获河南省和总公司质量管理奖；1985年以后有10个地震队次荣获总公司金、银、铜牌队称号。1996年荣获河南省思想政治工作优秀企业称号。

第四节 第三地质调查处

第三地质调查处（简称地调三处）是物探局野外地震勘探单位，其前身是1976年6月长庆油田组建的长庆油田会战指挥部地调指挥部华北前线指挥部（在参加华北石油地震会战期间编为华北石油地震会战第三指挥部）。1978年5月1日成建制调归物探局，编为物探局第三指挥部，当时有地震队19个，全部职工2235人。1984年6月30日，第三指挥部更名为第三勘探公司，1986年7月16日更名为第三地质调查处。

第三指挥部机关在调归物探局前临时设在河北省正定县城内北关党校，调归物探局后开始在河北省正定县新安村北侧邻近京广铁路建设基地。1979年初，机关及附属单位陆续迁入。1997年末，地调三处正定基地占地总面积44.30万平方米，房屋建筑面积85627平方米。1993年12月23日，局将地调三处正定基地管理机构调整为正定基地管理处，为地调三处下属的副处级单位。

1978年5月，第三指挥部派队伍赴新疆塔里木参加石油会战，成立了南疆前线指挥部。前指机关设在新疆莎车县党校。1982年5月，第三指挥部在库尔勒市以南5公里处开始建设基地，机关及附属单位相继迁入。经过10多年的建设，形成了配套齐全的生产、生活基地。到1997年底，地调三处库尔勒基地占地总面积70.88万平方米，房屋建筑面积157072平方米。

1997年末，地调三处机关设有21个职能科室和部门，下属1个副处级单位、13个科级单位、35个小队（车间）级单位。其中地震队13个、VSP测井队1个、卫星定位队1个。全处职工（南疆部分）4696人，其中干部633人，女职工381人；长期职工2291人，临时职工2392人；文化程度：大学以上4人、大学37人、大专149人、中专377人、技工学校毕业336人；有大中专学历的共567人，占长期职工总数的24.75%。

地调三处把塔里木盆地作为物探主战场的同时，在吐鲁番—哈密、焉耆、民乐等盆地进行了区域地震概查及有利地区的地震普查和详查。1983年，与美国地球物理服务公司及哈里伯顿公司合作，组成3个地震队，进入塔克拉玛干大沙漠腹地进行地震勘探。1991年与美国哈里伯顿地球物理服务公司再度合作，组建了物探局第一个沼泽队，首次进入塔里木河地区施工，联接了塔中和塔北两大区域的地震测线。

地调三处在塔里木和吐哈盆地，共完成二维地震测线14.3万公里、三维地震面积2380平方公里，为发现轮南、桑塔木、东河塘、解放渠东、塔中、英买力、鄯善、伊拉湖、柯克亚、丘陵、温吉桑等十几个含油气区带做出了贡献。

地调三处拥有雄厚的技术力量和设备完善的科研机构，到1997年底，共完成科研项目600多项。其中沙漠静校正技术、沙漠低信噪比采集及处理技术、卫星定位及GPS数据传输技术均属国内领先水平。《塔里木盆地沙漠腹地地震勘探技术》获1987年国家科技进步一等奖，《柯克亚高产油田的发现和探明》获1985年国家科技进步二等奖，《卫星网与地面网的联合平差以及在西北卫星定位网中的应用》

获1988年国家科技进步三等奖，《沙漠地区地震勘探技术》获1986年部科技进步一等奖。

地调三处先后有5人获全国“五一劳动奖章”、“河北省劳动模范”、“总公司优秀思想政治工作者”称号；1832地震队采集班1987年被评为“全国先进班组”，有12个队次被评为总公司金、银、铜牌队及“河北省先进集体”，1991年荣获“全国地质勘察功勋单位”称号。

地调三处经过近20年的发展，到1997年末，拥有固定资产原值10.14亿元、主要专业设备1382台（套），具有沙漠、沼泽、戈壁、农田、山前、丛林等各种地表条件下进行地震施工的成套物探装备，能够从事二维、三维和高分辨率地震勘探，年野外采集能力二维达1.5万公里，三维3000平方公里。

第五节　第四地质调查处

第四地质调查处（简称地调四处）是物探局野外地震勘探单位，其前身是第四指挥部，成立于1978年8月。1984年6月30日更名为第四勘探公司，1986年7月16日更名为第四地质调查处。

地调四处基地位于河北省霸州市煎茶铺东3公里处，到1997年底，占地总面积55.64万平方米，房屋建筑面积148006平方米，拥有主要专业设备1152台（套），固定资产原值6.54亿元。1997年末，处机关设有18个职能科室和部门，下属科级单位29个，小队（车间）级单位20个（其中地震队15个，卫星定位队1个）。全处职工3419人，其中干部643人；长期职工2438人；文化程度：大学以上9人、大学190人、大专84人、中专315人、技校470人、高中381人；有大中专学历的共598人，占长期职工总数的24.5%。

近20年，地调四处的地震队北上内蒙古、南下浙江、西赴新疆，足迹遍及全国14个省、市、自治区，成为能征善战的一支石油物探野战军。地调四处成立以来，共完成二维地震测线13.6万公里、三维地震面积3935平方公里。在内蒙、华北、陕甘宁等探区共发现圈闭533个，面积5325.5平方公里，提供井位817口，其中为二连油田提供的井位178口，有176口井位被油田采纳，完钻160口，有110口井见到油气显示，50口井获得工业油流，为建成120万吨产能的二连油田做出了贡献。

10多年中，地调四处累计完成科研报告92篇，有38项科研成果分别获国家、总公司和物探局科技进步奖。《渤海湾盆地复式油气藏聚集（区）带勘探理论及实践》（合作）获国家科技进步特等奖，《阿尔善连片三维地震资料解释及地质效果》在全国地震勘探技术交流会上获一等奖。1995年地调四处荣获河北省安全防范先进单位称号。

2144可控震源队1992年用单套震源设备首创年生产5万炮记录，曾三次获中国石油天然气总公司同工种劳动竞赛金牌队称号。2153队被团中央命名为“全国新长征突击队”称号。2255队1996年被物探局树为“外学反承包队、内学2255队”先进典型。

地调四处经过十多年的发展，具有在沙漠、沼泽、沙丘、农田、草原、戈壁等复杂地形条件下，从事石油地震勘探设计、资料采集、资料处理、资料解释及综合研究方面的设备和先进技术。在工程地质、卫星定位、地壳测深、机械修理、水井钻探等方面亦有独特专长。

第六节　第五地质调查处

第五地质调查处（简称地调五处）是物探局野外重磁电化勘探单位，前身是普查大队，成立于1972年7月。当时有地质队1个、重力队1个、电法队1个。1984年6月30日，普查大队升置为地质普查公司（下辖物探队14个）。1986年7月16日更名为第五地质调查处。1997年末，处机关设有职能部门17个，下属科级单位13个，小队（车间）级单位31个。其中有重力队9个、电法队5个、化探队1个、井中重力队1个、卫星定位队1个，以及研究中心、光电仪器检测中心、计算中心、设备服务中心、机修站、仪修站等。全处职工1284人，其中干部452人；文化程度：大学以上10人、大学146人、大专85人、中专252人；有大中专学历的493人，占职工总数的38.4%。

地调五处位于河北省定兴县固城镇，邻近107国道和京广铁路。到1997年底，机关驻地占地总面积29.7万平方米，房屋建筑面积100479平方米，拥有主要专业设备730台，固定资产原值2.15亿元。

在20多年中，地调五处（普查大队）累计完成重力测线642999公里，电法测线99626公里，获得了丰富的地质成果，为油田的发现和开发做出了重要贡献。在腾格里大沙漠勘探中，有史以来第一次完成了20万分之一的重力连片普查，发现了面积达

1万平方公里的巴彦浩特盆地。通过提供吐哈盆地的地质成果，使该地区被列为玉门油田的重点探区。在二连盆地经过重力、电法勘探，圈定了160个重力异常、54个电法异常，查明5个坳陷和3个隆起，为二连油田的勘探做出了贡献。

近年来，地调五处科技人员成功地完成山区重磁力地形校正、资料采集、数据处理方法的研究和南方石灰岩地区勘探方法的研究等。除了传统方法和大地电磁方法以外，又相继引进并开发了多项新技术，如建场测深法，主要用于解决寻找礁体、储油层的横向预测和深部岩性及深度研究；电场差分法，主要用于解决圈闭油藏边界和进行油气的横向预测；多参数快速反应油气化探，主要用于预测盆地的油气远景和局部构造的含油气性，提高钻井成功率。

经过20多年的发展，地调五处拥有雄厚的技术力量，一流的勘探设备，数据采集、资料处理、综合研究、仪器检测等在国内处于领先地位。可在不同地形、地质条件下开展重力、磁力、电法、地球化学等地质勘探；并研究开发了一套国内最先进的重磁电化资料的处理、解释系统。地调五处的测量仪器检测维修中心是石油系统惟一的测量设备检测单位，经国家鉴定，其检测设备、方法、数据处理均达到国内同行业先进水平。

1995年，地调五处荣获河北省思想政治工作优秀企业称号。

第七节　特种装备勘探处

特种装备勘探处（简称特勘处），其前身是1991年5月14日成立的物探装备技术服务中心，1992年3月17日改名为特种装备勘探处。1991年10月9日，局将装备研究所划归特勘处。1994年6月3日，局将装备研究所划归装备制造事业部。1995年10月23日，局将六号院基地管理站整建制划归特勘处管理。特勘处建处之初，驻地临时设在涿州市海校，1995年2月迁入位于涿州市开发区的物探局机关六号院。1997年，处机关设有13个职能科室和部门，包括生产经营科、设备管理科以及安全、劳资、财务等科。下属单位有物资供应部、仪器部、机械部、多种经营部、教育培训部。全处职工296人；文化程度：大学和大学以上85人、大专59人、中专66人；有大中专学历的210人，占职工总数的70.95%。

1997年末，特勘处拥有固定资产原值7.06亿元，主要专业设备245台，包括世界先进的遥测地震仪、水陆两栖车、全道路勘探运输车及浅层地表勘探仪等。有一批物探仪器、地球物理、测量、计算机高级工程师和各工种的工程师。特勘处主要从事物探特种装备租赁、物探装备开发研究与应用、各种物探仪器装备维修与保养，能为各种地形条件下物探工作提供特种装备和技术服务。

特勘处以优质高效的服务、先进的装备在安徽、长庆、江汉、冀东及新疆塔里木等地区打开了以设备租赁为主要形式的勘探新局面。完成对外技术服务合同项目逐年增加，经济效益良好。完成合同项目1992年6个，1994年13个，1995年18个。1997年签订技术服务合同27项，完成合同金额4727万元，技术服务收入7245万元。

1991年，该处石油物探设备微机管理获局二等奖。

第八节　研　究　院

研究院是物探局的科研生产单位，其前身是研究所和计算中心站。1965年10月28日，六四六厂将研究队改为研究大队，1971年10月六四六厂将研究大队改名为研究所。1973年3月，筹建计算中心站，7月正式成立。1978年3月17日，物探局将研究所和计算中心站合并成立研究院。

1984年6月30日，局将研究院地质室和情报室划出，分别成立解释中心和科技情报所。1991年5月30日，局将解释中心和科技情报所合并成立物探地质研究院。

1992年5月26日，总公司批准将研究院机构级别调整为副局级，院党政领导正职为副局级、副职为正处级；将院下属数字处理中心、软件开发中心、物探方法研究所、计算机服务部等四个单位调整为副处级，其党政领导正职为副处级、副职为正科级。

1997年8月11日，局将物探地质研究院和研究院同时撤销，重新组建研究院。其主要任务是地震数据处理、物探方法研究、软件开发，物探资料综合解释、石油地质综合研究，石油物探信息研究与服务等。研究院机关设23个科室和部门，下属单位设有地质研究中心、方法研究中心、资料处理中心、软件开发中心和信息中心。院领导职数为11人。1997年末，全院职工1589人，其中干部1146

人。文化程度：大学以上 65 人、大学 425 人、大专 264 人、中专 295 人、技校 151 人、高中 94 人；有大中专学历的共 1049 人，占职工总数的 66.02%。

研究院位于河北省涿州市城西 6 公里处，距北京市 66 公里，驻地占地总面积 29.54 万平方米，房屋建筑面积 156435 平方米，拥有固定资产原值 2.51 亿元，大型计算机 5 台（即 IBM3084、IBM3033、IBM3081、IBM4381、IBMSP2）、中型计算机 17 台。

研究院资料处理水平不断提高，具有年处理二维地震资料 5 万公里、三维地震资料 3500 平方公里的能力。1978～1997 年，共处理二维地震资料 112.8 万公里，三维地震资料（一次覆盖）3.4 万平方公里。先后为大庆、华北、大港、南阳、四川、二连、塔里木和吐鲁番等地区的油气勘探开发做出了重要贡献。

研究院自成立到 1997 年底，共提交科技成果和双革项目 940 多项，其中 30 多项荣获国家级、省部级优秀成果奖。国家“六五”科技攻关项目《三维地震技术研究与应用》荣获国家科技进步三等奖；国家“七五”重点科研攻关项目《银河地震资料处理系统》、《地震高分辨率处理方法研究》分别荣获国家级科技进步一、二等奖。

研究院在技术交流方面，在国外，先后与美、英、法、加拿大、新西兰、日本等国家的几十个石油企业的学术机构建立了广泛的业务、技术联系；在国内，与清华大学、石油大学、华中理工学院成立联合研究所，利用学校的科研优势，发展物探和计算机技术。每年要举行 10 多次国内外学术交流活动，互派专家学者访问、讲学，先后有 350 多人到国外进修、深造，走出了一条“引进、消化、吸收、创新”的路子，使研究院的技术接近或赶上世界先进水平。

原物探地质研究院（简称：地研院）位于物探局机关五号院。其主要任务是：石油物探地质综合研究，解释方法与软件的研究，石油物探信息研究与服务，专业期刊和文集的编印等。

地研院成立的当年有职工 404 人，其中女职工 179 人，干部 328 人，固定职工 399 人，合同制职工 5 人。到 1997 年撤销与原研究院合并时有职工 371 人，其中女职工 159 人，干部 296 人，长期工 367 人；工程技术人员 242 人，管理人员 48 人，服务人员 41 人，其他人员 40 人。

地研院承担的总公司“八五”二级课题《渤海湾盆地西部构造特征和演化，郯庐断裂带地球物理场特征研究及有利含油气区预测》通过总公司验收，研究成果总体达到国内领先水平，在裂谷盆地和郯庐断裂场构造带研究方面达到国际水平。

地研院引进和开发的平衡剖面技术、盆地模拟技术、层序地层学解释技术、声阻抗反演技术及油藏综合评价软件系统等科研成果，在第 30 届国际地质大会上展出和演示，受到了国内外同行的关注。《塔里木盆地速度分析及提高时深转换精度方法》获全国青年实用技术成果百优奖。《石油地球物理勘探》、《国外油气勘探》获“八五”期间总公司优秀期刊奖，1995 年度河北省优秀期刊奖。

第九节 仪器总厂

仪器总厂，全名是石油地球物理勘探仪器总厂。其最早的前身是 1962 年 5 月成立的松辽地调处仪修站。1970 年 3 月 6 日改名为六四六厂地球物理勘探仪器修造厂，1971 年 12 月定名为仪器修造厂，1973 年 7 月改名为物探局仪器厂，1988 年 8 月 17 日改名为石油地球物理仪器公司（简称仪器公司）。1989 年 10 月 31 日，局决定仪器公司设正副总经理；下设仪器厂、检波器厂、电缆厂、仪器研究所、公用工程服务公司、物资供应服务公司、生活服务公司和教育培训中心，均为科级单位。1991 年 8 月 9 日，局将仪器公司改名为石油地球物理勘探仪器总厂。

仪器总厂位于河北省徐水县城西，距京广铁路和 107 国道 7 公里，占地面积 25.41 万平方米，房屋建筑面积 109611 平方米，主要专业设备 248 台（套），固定资产原值 9842 万元。

1997 年末，仪器总厂机关设有 23 个职能科室和部门，下属科级单位 8 个，车间级单位 11 个。主要单位有俊峰公司、电缆厂、仪器一部、仪器二部、仪器三部、仪器四部、加工部、制版部。全厂职工 1091 人，其中干部 862 人；文化程度：大学以上 5 人、大学 106 人、大专 133 人、中专 142 人、技校 299 人、高中 87 人；有大中专学历的 386 人，占职工总数的 35.38%。

仪器总厂主要生产三大系列石油物探专用产品：地震检波器从 68－1 型发展到 SJ－1 型、SJ－2 型、SJ－3 型数字检波器；地震电缆从 30 芯发展到 110 芯、200 芯、250 芯，以及各种类型的数传电缆；地震仪器从生产模拟 24 道地震仪到研制出 SK－8000 型、SK－83 型数字地震仪、SK－1004 型、1005 型，以及 WF－1006 型数字地震仪。同时生产 TBZ－800

型遥控爆炸机、覆盖开关、电缆通话器等辅助仪器，还开发了TC系列通用磁带机等社会产品。

仪器总厂不断引进、消化先进技术。1982～1987年引进了先进的电缆生产设备，对电缆生产线进行了改造，形成了年产700公里WT－200芯电缆的生产能力。1987年成立了中美合作俊峰公司，引进美国乔斯佩斯公司的20DX检波器生产线，到1997年达到了年产75万只的水平，1988年被国家外经部授予“先进技术企业”称号。1990年对仪器生产线进行了改造，从印刷制版加工、元器件半自动插装和波峰焊接，到整机测试，都达到了国内先进水平。地震电缆、数字检波器、采集站等产品均达到国际80年代末的水平。WT－200型地震电缆荣获国家金质奖，TC－11磁带机获国家银质奖，数字检波器、地震电缆等8项产品分别获省、部优质产品称号，数字地震仪等4项产品分别获国家新产品和科技成果奖。

1990年，仪器公司被国务院企业管理指导委员会及生产委员会命名为国家二级企业。

1993年10月8日，仪器总厂俊峰公司被河北省认定为“三资”明星企业。

仪器总厂拥有科研、生产、修理服务的综合技术，主要产品不但在物探领域占有重要地位，而且在油气自动化、计算机配套、通讯、宇航等应用领域享有较高的信誉，检波器、电缆产品远销欧、美、东南亚和独联体市场。

第十节　机　械　厂

机械厂，其最早的前身是松辽地调处机修站。1970年3月6日改名为六四六厂机械修造厂，1973年7月改名为物探局机械厂。

机械厂位于河北省徐水县城东6公里处，邻近京深高速公路，1997年底占地总面积28.55万平方米，房屋建筑面积99666平方米，拥有固定资产原值5304万元，主要专业设备316台。

1997年末，机械厂机关设有职能科室和部门18个，有安全环保、人事教育、生产、计划管理、财务、销售、技术、质量检验等科。下属单位15个，包括生产准备、加工、铆焊、组装、动力设备车间等。全厂职工814人，其中干部208人。

自1970年起，机械厂就开始研制并生产701型物探钻机，在石油物探生产中发挥了重要作用。随着改革开放，该厂通过引进、吸收和消化国外先进技术，研制生产的石油物探钻机的主要技术性能达到国际先进水平，成为国内石油地震勘探的主要装备。1987年该厂的WTZ－300型钻机在世界银行招标中竞争取胜。此后，研制的WTZ－200钻机和WTZ－50型钻机及配套装备水罐车也相继进入国际市场。

机械厂研制开发了适用于各种地表条件的系列物探钻机。主要产品有：WTZ－300型、WTZ－200型、WTZ－100型、WTZ－50型、WTZ－30型、WTZ－18型钻机，以及WTZ－2型拖拉机钻机等。这些钻机可满足平原、沙漠、戈壁、山地、河网、沼泽、海滩等各种地表条件下的使用要求以及煤田、金属矿勘探、水文工程勘探的需要。同时研制生产了泥浆泵、供水车、钻机总承、钻机配件等配套产品。

机械厂研制的石油物探钻机多次获奖。其中WTZ－50型钻机获河北省优质产品奖、石油工业部科技成果三等奖；WTZ－18型钻机获石油部科技进步二等奖；WTZ－300型车装钻机1988年获国家优质产品银质奖；WTZ－30型钻机1990年获国家新产品奖。

机械厂技术力量雄厚，生产工艺装备配套，检测手段先进，已成为生产石油物探钻机、水井钻机、系列工程钻机及配套设备的专业工厂。

第十一节　特种车辆制造厂

特种车辆制造厂（简称特车厂），1989年3月由原特车厂（科级）和大修厂合并成立。特车厂成立于1979年2月，厂址在物探局徐水大院内，占地4.5万平方米，固定资产原值40.2万元，职工94人，年工业总产值46万元，到1988年底职工增加到220人，固定资产原值增加到180.7万元。大修厂成立于1978年9月，拥有固定资产原值300万元，职工368人，年工业总产值100万元，到1988年底职工增加到605人，年工业产值增加到900万元。特车厂以原大修厂厂址为厂址。

特车厂位于河北省徐水县城西，距京广铁路和107国道2公里，距北京市120公里。1997年末，厂区占地总面积29.31万平方米，房屋建筑面积51638平方米，主要专业设备155台，固定资产原值5144万元。

1997年末，特车厂机关设有13个职能科室和部门，下属科级单位7个，主要生产车间有配套车间、沙漠车间、厢式车间、震源车间、金工车间等。

全厂职工650人，其中工程技术人员53人，管理人员115人。

特车厂是生产石油物探专用设备的工厂。主要产品有可控震源车、沙漠车底盘、野外营房车、仪器车、保温送饭车等。产品行销全国27个油田单位。1992年生产的12台5吨沙漠越野车首次出口到巴基斯坦。该厂产值自1990年起年平均以23%的速度递增，年产值达7000万元。成为可控震源车、大吨位车和沙漠车制造方面全国惟一的生产厂家。

特车厂生产的KZ－13型可控震源1988年3月获国家经委技术开发优秀成果奖，1990年10月又获国家科技进步二等奖；5吨沙漠车1991年3月12日通过部级鉴定，1991年12月荣获部级科技进步三等奖。KZ－20型可控震源、15吨沙漠车、1吨沙漠车、公路摊铺机等，先后通过部级鉴定，达到国内或国际先进水平。

特车厂与清华大学汽车工程系共同研制的15吨物探沙漠专用车，被评为“八五”国家重大设备科技攻关优秀成果，受到国家计委、国家科委、财政部联合表彰。

第十二节 建筑公司

建筑公司成立于1984年6月30日，由基建大队（成立于1977年5月）和运输大队涿县分队合并组建。公司驻地位于河北省涿州市东城坊镇南1.5公里处。

1997年末，建筑公司设有9个职能科室和部门，下设土建工程处、高级装饰工程处、机械化施工处、运输处、预制构件厂、木器厂、建材厂、租赁中心、修理中心、物资供应中心和材料实验室等基层单位。全部职工250人，其中干部84人。

建筑公司驻地占地总面积14.69万平方米，房屋建筑面积30731平方米，拥有主要专业设备179台，固定资产原值2833万元。

建筑公司在1988年7月9日和同年12月31日分别获总公司和河北省颁发的“二级施工企业资格证书”。公司主营工业与民用建筑工程，范围包括：设备安装工程、公路工程、建筑装饰工程、地基与基础工程、土石方工程等。能承建高标准、高层民用建筑以及工业厂房。

建筑公司所承建的工程优良率达80%以上，多次荣获省、地优质工程称号。例如承建的研究院食堂获保定地区银牌工程称号，物探局5号院47、48号住宅楼被保定地区评为优质工程，局地震资料解释楼获河北省优质工程称号。1991年，河北省授予建筑公司重合同守信用单位称号。

建筑公司积极开展科研工作和QC小组活动，促进了科技进步。《多柱承台的设计计算》论文获总公司一等奖；《运用QC方法加强混凝土施工过程中的质量控制》获局和保定地区一等奖；该公司QC小组被总公司评为先进QC小组。

第十三节 运输处

运输处，前身是1989年2月24日大修厂的汽车修理部分与运输大队合并成立的汽车运输公司，1989年5月23日改名为运输处。

运输处设在物探局徐水大院内。1997年底，该处房屋建筑面积10800平方米，拥有固定资产原值2117万元，主要专业设备173台。

1997年末，运输处机关设有10个职能科室和部门，下属单位有第一车队、第二车队、第三车队，汽车修理厂、多种经营部、汽车驾驶培训学校等。全处职工252人，其中干部61人，工程技术人员13人。

运输处主要为物探局生产、生活提供运输服务。在“八五”期间，完成运输产值2001.3万元，工业产值1690.6万元；货运量27.3万吨，货物周转量3687.6万吨公里，总行程813.5万车公里。

该处的汽车驾驶员培训学校是保定地区和河北省的先进驾校。

运输处是物探局惟一的以运输为主业的综合性企业，经多年的发展，已具有汽车货物运输、土石方工程运输、汽车修理、机械加工、司机培训、产品制造等多项服务能力。

第十四节 供应处

供应处成立于1973年7月，其前身是六四六厂供应站。处机关设在物探局徐水大院内。供应处主要负责全局野外勘探、装备制造、科学研究、基本建设、辅助生产和后勤保障的物资供应及管理工作。

1997年末，供应处机关设有16个职能科室和部门，包括金属部、非金属部、引进配件部等，下设总库、油库、运输队等基层单位和木器厂、羽绒服厂、非金属制品厂等多元化经营单位。全处职工353人，其中干部124人。

供应处驻地占地面积 11.64 万平方米，房屋建筑面积 20056 平方米，固定资产原值 2980 万元。主要设备有起重搬运机械 4 台（其中 40 吨龙门吊 1 台），大型原木加工机械 1 台（年加工能力 5000 立方米），各种车 48 辆。

供应处采购供应额年达 1.3 亿元，年库存物资 2100 万元左右，物资年吞吐量约 30 万吨，主要供应物资有汽油、柴油、钢材、木材、水泥、火工产品、各种配件、机电产品等。

第十五节　物探技术引进管理处

物探技术引进管理处（简称引管处），其前身是 1978 年 5 月 15 日成立的石油地球物理勘探技术引进管理处，当时对外为石油部的一个单位，对内为物探局的一个二级单位。1980 年 2 月 27 日，石油地球物理勘探技术引进管理处改名为物探技术引进服务公司，对外称石油部地球物理勘探技术引进管理处。1986 年 7 月 16 日，将物探技术引进服务公司更名为物探技术引进管理处，对外称石油部地球物理勘探技术引进管理处。

引管处位于北京市石景山区京原路 3 号，驻地占地面积 1.15 万平方米，房屋建筑面积 17762 平方米，拥有固定资产原值 2761 万元。

1997 年末，引管处机关设有 4 个科室，下属单位有：引进部、电子事业部、仓储部、寄售服务中心、奥友服务公司、全乐电脑公司等。全处职工 138 人，其中工程技术人员 53 人，管理人员 51 人。

引管处从事石油物探设备、备件技术引进，与世界上 200 多家外国公司及厂商有着密切的贸易交往，建立了友谊和信誉。引管处不断向用户提供先进装备和技术，并提供售后服务，为广大用户所信任。

引管处的主营项目有：物探野外采集、室内数据处理、计算机交互解释系统等装备，以及各种运输工具的引进和各种配件、消耗材料、元器件的订货业务及技术服务。

第十六节　涿州基地管理处

涿州基地管理处成立于 1991 年 5 月 30 日，前身是生活服务公司（行政处）。在涿州基地管理处成立的同时，将局机关卫生所、涿州子弟学校划归其领导。处机关设有 10 个科室，下设 10 个直属单位，担负着局机关 5 个大院的后勤保障、基地建设以及对全局液化气供应的任务。当时有职工 565 人，其中干部 130 人，工人 343 人，家属工和临时工 92 人。到 1997 年底，归基地管理处管理的局机关 8 个大院，占地总面积 48.2 万平方米，房屋建筑面积 337839 平方米。

1997 年 6 月 28 日，局对涿州基地管理处的组织机构按局整体改革部署和物业管理改革要求作了相应调整。处机关设 13 个职能科室和部门，下属单位按地理位置相对集中的原则，设城中管理服务区、城东管理服务区和城西管理服务区。城中管理服务区下设管理办公室、动力管理站、环卫绿化队、生活服务站，管理与服务范围为局机关一至五号院和七号院。城东管理服务区下设管理办公室、动力管理站和绿化服务队，管理与服务范围为物探学校（含管理干部学校、物探中学）、职工大学和局机关六、八、九号院。城西管理服务区下设管理办公室、动力管理站、环卫绿化队和生活服务站，管理与服务的范围为研究院、建筑公司、综合服务处。

1997 年末，涿州基地管理处有职工 1191 人，其中干部 204 人。

第十七节　徐水基地管理处

徐水基地管理处成立于 1996 年 12 月 30 日，其前身是徐水办事处。驻地位于河北省徐水县城西 1 公里处，东邻京广铁路和 107 国道。

1977 年 9 月，局机关从徐水县迁往涿县时设留守处，负责徐水大院的管理和协调与地方政府的关系。同月，徐水留守处改名为徐水办事处，处机关设办公室和政工组，工作人员 24 人。

1981 年，徐水办事处机关设办公室、财务科、行管科、基建办公室等，职工增至 45 人。其职责除负责徐水大院管理和协调与地方政府关系外，还担负驻大院局属单位的生产、生活服务（水、电、暖、液化气供应），住宅的建设、分配和维护，以及大院的卫生、绿化、文化娱乐等管理和服务。

1992 年底，徐水办事处职工增加到 374 人，职能科室和所属单位增加到 16 个。

徐水办事处成立初期，大院房屋只有 7 栋楼房，其余房屋均为平房。经过多年的建设，徐水大院已发展成为生产、教学、医疗、文化娱乐和生活服务设施配套的生产、生活基地。到 1997 年底，大院占地总面积为 42.07 万平方米，房屋建筑面积 174016 平方米，固定资产原值 16951 万元。

1996年12月30日，局撤销徐水办事处，成立徐水基地管理处（简称徐水基地处），其主要职责是：负责徐水基地全部资产的经营；负责物探局驻徐水各单位环保、绿化、保卫、食堂、招待所、供水、供电、供暖的管理与服务；房屋及配套生活设施、部分生产设施的维修与管理等。徐水基地处为事业模拟法人，对内有偿服务，对外营业创收，实行独立核算。

1997年末，徐水基地处机关设有10个科室，下设徐水大院服务区、机械厂服务区、仪器总厂服务区。徐水大院服务区设3.5万伏高压电站、公共事业服务站、动力服务站、维修服务站、生活服务站、基建工程部、制图厂、大车队、通讯站、离退休服务站、幼儿园和派出所。机械厂和仪器总厂服务区分别设公共事业服务站、动力服务站和生活服务站。全处职工921人，其中干部217人。

第十八节　综合服务处

综合服务处，位于涿州市兰家营乡。其前身是预制构件厂，成立于1979年5月，隶属石油部办公厅，1980年8月交物探局代管。1984年6月30日，经石油部批准，将预制构件厂置为物探局二级单位（处级），并改名为房屋维修公司。1985年11月，局将房屋维修公司改名为房屋修建公司。1986年6月，石油部将房屋修建公司改名为石油部勘探开发培训中心。1989年1月，总公司决定将该中心划归中国石油工程建设公司，定名为中国石油工程建设公司技术经济发展中心。1991年7月3日，总公司决定将该中心交物探局管理，改名为综合服务处。

1997年末，综合服务处机关设有9个职能科室和部门，下属科级单位6个，车间级单位2个。全处共有职工216人，其中干部52人。

1997年末，综合服务处驻地占地总面积21.4万平方米，房屋建筑面积45679平方米，固定资产原值2986万元。驻地生活设施配套，4幢服务楼有中、高档床位180张，一般床位320张，有大中小型餐厅，可容纳500人的多用厅1个和30人至100人的会议室20个；有舞厅、健身房、露天游泳池、钓鱼池、篮球场等辅助设施。

综合服务处在建筑维修、接待服务方面，为总公司机关和物探局提供了良好服务。

第十九节　科技开发总公司

科技开发总公司位于物探局机关一号院，为局属多元开发单位，1997年3月11日开始筹建，1997年7月3日正式成立。公司机关设总经理办公室、计划财务部、经营管理部、市场开发部和科技发展部。公司机关定员起初暂定为15人。公司下属子公司有石油天地公司、天任公司和天华公司。在公司成立时将科技处软件公司划归其管理。

公司是以物探局出资为主的有限责任公司，总经理由局聘任，由局按新机制对其进行管理。

第二十节　石油地球物理勘探咨询中心

石油地球物理勘探咨询中心（简称咨询中心）为局属事业单位，位于物探局机关一号院，成立于1995年7月14日。其前身是1993年9月4日成立的物探局技术经济咨询部，1993年11月17日改名为咨询部，1995年7月14日更名为咨询中心。

咨询中心的主要宗旨是：运用多学科知识和经验及现代科学技术和方法，遵循独立、公正、科学、可靠的原则，为石油地球物理勘探等工程项目的决策提供咨询服务，包括规划咨询、编制建议书和可行性报告、评估咨询，参与全局重大经济技术开发项目的可行性研究、审议和咨询，组织技术咨询和服务等。

咨询中心内设勘探技术部、经营管理部、机械材料工程部、政策法规部、综合部。定编40人，其中各类专家25～30人。1997年末，有职工13人。

咨询中心于1995年12月加入中国工程咨询协会，成为全国甲级工程咨询单位。1997年12月8日，被国际咨询工程师联合会（FIDIC）会员协会接纳为正式会员。

咨询中心先后完成了物探局领导提交的咨询和专题调研任务。一些咨询项目已收到好的经济效益，如新疆塔里木碳酸盐岩找油气研究项目等。

第二十一节　石油物探岩土工程有限公司

石油物探岩土工程有限公司（简称岩土公司）组建于1994年9月12日，是由局及所属各地调处、特勘处、建设工程部等单位共同组建的有限责任公司。1996年1月3日，局将岩土公司列为局属单位管理（正处级）。岩土公司本部设在物探局机关二号院内。

岩土公司主营：工程勘探（地球物理勘察，地质勘察，水文调查，地下管线、古遗迹、障碍物、埋藏物的调查探测）；地貌、地物工程测量，卫星定位、导航；岩土工程勘察、设计，治理（施工）、监测、监理；基础工程、桩基工程、土石方工程、水文工程和道桥工程的处理、施工、监测；岩土工程的总承包、技术咨询服务等。兼营：施工机械租赁、维修，施工器材、物资供应，计算机服务等。

1997年末，岩土公司机关设办公室、财务科、经营科、机安科、人保科等。下属单位有监理公司、建筑设计院、工程物探部、绿茵公司、装饰公司、中油岩土公司、倍特公司。全部职工221人，其中干部134人；文化程度：大学41人、大专85人、中专22人；有大中专学历的148人，占全部职工的66.9%。

1997年，岩土公司完成价值工作量1088万元。

第二十二节　多种经营管理处

多种经营管理处（简称多经处）成立于1991年4月15日，为局机关职能处室。1992年3月4日，局将多经处调整为局属单位。其主要职责：一是继续承担对全局多种经营的管理职能，二是直接管理和领导所属的多种经营单位。

1997年末，多经处机关设有6个职能科室和部门。下属单位有震环公司、环陆公司、康立公司、惠州公司、斯肯特鞋厂、绿叶食品厂、印刷部、丰田修理厂、奥克公司、海化公司、油墨厂、皮件厂、纯水厂、大兴基地、码头基地、安新基地。全处职工492人，其中干部158人。

多经处机关设在物探局机关六号院。全处占地面积219.78万平方米，房屋建筑面积33794平方米，拥有固定资产原值5601万元。

1997年全处多元开发生产经营总值18501万元，生产经营销售收入17999万元，利税总额175.1万元。

1997年全局多元开发生产经营总值38159万元，生产经营销售收入34355万元，利税总额为987万元。

第二十三节　职工医院

职工医院成立于1973年7月，位于物探局徐水大院内。1997年9月2日，根据局总体部署和区域化服务的要求，将机械厂、仪器总厂、特车厂等3个单位的卫生所整体划归职工医院管理。

1997年末，职工医院机关设有12个科室和部门，下设内、外、儿、妇、传染、放射、理疗、检验、皮肤、口腔、眼、五官等20个临床科室。全院职工371人，其中卫生技术人员239人，管理人员40人；文化程度：大学55人、大专59人、中专99人；有大中专学历的213人，占职工总数的57.41%。

职工医院的前身是原六四六厂的一个20多人的卫生所，只有几张病床，设备简陋。经过多年的发展，医院拥有床位255张，拥有德国产AR－C全身CT机、日本岛津1000MA型X光机、电子胃镜、中心监护仪、彩照、晚电位等大型医疗设备，固定资产原值3342万元。

近年来，医院大力开展文明医院达标升级活动，主要医疗技术指标达到或超过了国家二级甲等医院的标准。治愈率达85%以上，在国内同类职工医院处于中上水平。医院面向社会，服务对象扩展到周围各县。

医院与北京协和医院签订了长期技术合作协议。协和医院的专家、教授定期到医院会诊、举办各科学术讲座等，并参与疑难危重病人的抢救治疗，介绍国内外医疗技术发展新动态、新知识，使医院的整体技术水平不断提高。1992年，有3项科研技术成果获局科技进步三等奖。1994年，人工关节置换术治疗骨关节破坏性疾病项目获局科技进步一等奖。

1995年11月，职工医院荣获“国家二级甲等医院”称号。

1996年11月，职工医院被认为具备了承担培养医科大学生的临床教学能力，与河北医科大学签订协议为其教学医院。

第二十四节　第二职工医院

第二职工医院（简称职工二医院）于1991年3月1日开始筹建，1992年3月4日正式成立，位于物探局机关五号院。拥有床位150张，固定资产原值3155万元。

1997年末，职工二医院设有门诊部、住院部。临床科室有内科、普外科、骨科、儿科、妇产科、中医科、综合五官科；医技科室有检验科、放射科、理疗科、药剂科、功能检查科。全院职工327人，其中卫生技术人员211人；文化程度：大学45人、大专38人、中专95人；有大中专学历的178人，占职工总数的67.93%。

职工二医院在心血管、消化道、中医、妇产、儿科、口腔、眼科等学科拥有一批临床经验丰富的医务人员。

1997年9月2日，局将特勘处、物探学校、职工大学、综合服务处、建筑公司等5个单位的卫生所和研究院职工医院整体划归职工二医院管理。

职工二医院中西医科室医疗设备齐全。主要诊断治疗设备有24小时动态心电图记录仪、活动平板运动跑台、颈颅多普勒、脑电图机、多功能牵引床、尿十项自动分析仪等；有治疗妇科病的波姆治疗仪、近红外线乳腺诊断仪、乳腺治疗仪等；放射科除配备西门子公司的CT机、荷兰菲利普1000毫米大型X光机外，还配有方便患者的床旁X光机。

职工二医院与北京友谊医院签订了长期的技术协作合同，其专家、教授经常来院会诊、授课、作手术等。

第二十五节　教育培训中心

教育培训中心（简称：教培中心）成立于1993年9月4日，为局属事业性单位，机关设在局机关一号院内。其主要任务除承担全局教育培训业务管理外，对职工大学、石油物探学校、技工学校、徐水子弟学校、涿州子弟学校、物探中学、管理干部学校（党校）的行政事务、教学业务和人财物等实行直接领导和管理，受局委托代管培黎石油学校。

1997年末，教培中心机关设有中心办公室、党委办公室、招生办公室、计财科、学校管理科、职工教育管理科、电化教学装备部。中心机关有职工29人，其中干部27人。全中心有职工1086人，其中干部881人，女职工514人，管理人员188人，文教人员591人；文化程度：大学以上6人，大学285人，大专289人，中专158人；有大中专学历的738人，占职工总数的67.95%。

一、石油物探职工大学

石油物探职工大学（简称职工大学）是培养石油系统物探专业技术人才的成人高等学校。1985年3月8日，经石油工业部征得河北省教育厅同意批准成立。1985年9月6日，在物探学校正式开学。

1986年7月，职工大学迁移到涿州市北关拒马河畔。校园占地总面积11.71万平方米，房屋建筑面积38471平方米。

1997年末，职工大学有职工169人，其中干部114人，专职教学人员68人。

1985年9月，职工大学设石油地球物理勘探专业。1985年底成立函授部（函大），设物探和计算机应用两个专业。1987年成立电大部，增设电子技术专业，招生36人。1991年干部中专（函中）教学转到职工大学，设行政管理、财务会计、企业管理、多种经营销售4个专业，招收学员121人。到1997年底，职工大学共毕业学生1545人，在校学生34个班次共729人，当年短期培训4510人次。

二、管理干部学校（党校）

管理干部学校（党校），前身为1979年3月建立的干部培训班。1979年9月，在干部培训班的基础上成立干部学校。1984年7月19日，石油部批准在干部学校的基础上成立管理干部学校，学制3年，设政工、企管两个专业，毕业生为中专学历。1991年11月成立物探局党校，与管理干部学校为一套机构两块牌子（简称干校）。

干校位于涿州市涿固路42号，校舍建筑面积5700平方米，图书馆藏书3万多册，电化教学设备齐全配套。干校年招生规模为200人。

1997年末，干校有教职工50人，其中高级讲师7人，讲师3人。设有中央党校河北省分校物探局党政干部函授本、专科函授站，内设政工、经济专业，在校生148名。

到1997年末，干校共培养学历教育毕业生659人，其中中专325人，大专212人，大学本科122人；举办各类短期培训班153期，共培训9305人次。

三、石油物探学校

石油物探学校位于涿州市涿固路42号。1973年7月物探局以教导队为基础成立技术学校，为局属二级单位，校址设在徐水大院。1977年2月10日成立“七·二一”工人大学，与技术学校为两块牌子一套机构，校址移往涿县城西边各庄。1978年4月8日，在技术学校和“七·二一”工人大学的基础上成立物探局石油地球物理勘探学校。1980年，学校迁到涿县城东涿固路。1989年6月30日，石油地球物理勘探学校改名为石油物探学校。

1997年末，石油物探学校院区占地总面积14.45万平方米，房屋建筑面积81702平方米。学校机关设10个职能科室、4个教学科室。学校有教职工228人，其中干部167人，文教人员189人；高级讲师23人，讲师49人，助教35人，教员8人。

1978年学校在校学生165人，均为普通中专生。1988年在校学生644人，其中普通中专生529人。1997年学校共设32个教学班，主要专业有地震勘探技术、石油地震勘探、地震勘探仪器、计算机硬件维修、计算机及应用、工程测量、办公自动化等，在校学生1346人，其中普通中专生1261人，职工中专生24人，大学专科生34人，成人中专生27人。

到1997年，石油物探学校共培养出各类毕业生4311名，输送到石油物探战线，成为生产的骨干力量。

建校以后，石油物探学校有26项科研成果和论文获局级以上奖励。

1993年3月3日，石油物探学校被能源部授予"能源系统职业技术教育先进学校"称号。同年7月2日，在总公司组织的石油职业技术教育学校评比中，荣获"企业技术教育先进学校"称号。同年9月16日，石油物探学校被河北省教委确定为省部级重点中等专业学校。

四、培黎石油学校

培黎石油学校，其前身是新西兰国际友人路易·艾黎和英国记者乔治·何克于1942年创建的培黎工艺学校。该校于1944年迁往甘肃省山丹县，后更名为西北石油管理局培黎工业学校。1953年学校迁至兰州市安宁区，后改名为培黎石油技工学校。1985年12月27日，石油部决定将该校改为石油中等专业学校，定名为培黎石油学校。从1986年起，培黎石油学校由物探局具体领导，其事业单位性质不变，工资福利待遇仍按事业单位标准执行。有关学校发展规划、基本建设投资、办学经费、物资供应、教育事业计划、毕业生分配等由石油部直接审批下达，物探局负责管理实施，其他有关工作均纳入物探局统一计划，实行统一领导。

培黎石油学校位于甘肃省兰州市安宁区十里店桥，占地面积15.87万平方米，房屋建筑面积10.34万平方米。学校环境优美，教学设备完备。

1997年末，学校有教职工350人，其中专职教师118人；教师中高级讲师24人，讲师52人，助教30人。学校专业设有：焊接工艺与设备、汽车维修与运用、石油矿场机械、检验与计量等专业。

1993年3月，培黎石油学校被能源部授予"能源系统职业技术教育先进学校"称号。同年7月2日，在总公司组织的石油企业技术教育学校评比中，培黎石油学校荣获"企业技术教育先进学校"称号。1994年9月，学校与新西兰克斯特彻市综合技术学院结为友好学校。1994年被国家教委评审为国家级重点普通中等专业学校。

培黎石油学校历史悠久，在国内外著名。学校创始人路易·艾黎曾多次受到国家领导人的接见。李鹏总理为学校题词："继承和发扬艾黎办学精神，为我国石油工业培养更多的人才"。

五、技工学校

技工学校成立于1978年10月16日，位于河北省霸州市煎茶铺以东3公里处，距天津市59公里，距北京市112公里，与物探局地调四处相邻。

1997年末，技工学校有职工243人，其中文教人员118人。文教人员中高级讲师8人，讲师26人，助教20人。

技工学校占地11.18万平方米，房屋建筑面积47898平方米。教学规模为在校生1200人。1985～1992年每年招生均为320人，在校生957～960人。1997年学校在校生536人，主要专业设置有地震、测量、车工、汽车驾驶等。

技工学校拥有完备的电子、电工、机械实验室以及电子计算机室及实习车间。并拥有藏书6万册的图书馆和阅览室。

1996年1月，技工学校被总公司确认为重点石油技工学校，1997年2月被河北省劳动厅确认为省重点技工学校。

到1997年，技工学校共为石油物探事业培养毕业生4478人。

六、石油物探中学

石油物探中学成立于1989年8月16日，为局机关附属单位，其前身是局涿州子弟学校中学部，校址设在涿州市涿固路42号（石油物探学校大院内）。1993年7月，局将物探中学初中部划回局涿州子弟学校。

1997年末，学校有教职工105人，其中专职教师61人。在校学生13个班级516人。

到1997年，物探中学已培养高中毕业生1354名，其中考入大专以上学校的546名，为毕业人数的40.32%。

七、徐水子弟学校

徐水子弟学校位于物探局徐水大院内，其前身是六四六厂子弟学校，创办于1965年3月，当时学校只有小学5个班，学生160名，教职工15人。1969年学校开始设立初中，当年初中招生一个班，有学生10名。1973年物探局成立后，学校改名为物探局子弟学校，有教职工18人。当时学校有小学、初中共15个班，在校学生600名。1977年局机关迁到涿县（今涿州市），学校改名为物探局徐水子弟学校。

1997年末，徐水子弟学校有教职工169人，其中专职教师132人。学校共设33个班级，在校学生1080人，其中高中生204人，初中生455人，小学生420人。1997年高中毕业生61人，考入大专以上院校24人，占当年毕业生人数的39.8%。

八、涿州子弟学校

涿州子弟学校创建于1978年4月，学校位于物探局机关二号院内。当年只开办小学和初中班。1979年开办了高中班。

1989年8月16日，局将子弟学校的中学部划出，成立石油物探中学。留下的小学部有教职工61人，小学15个班、学生495名。

1991年5月30日，局将涿州子弟学校划归基地管理处管理。

1993年7月，局将石油物探中学的初中部划回涿州子弟学校，当年教职工增加到114人；初中、小学共设25个班级、学生867名。

1997年末，学校有教职工120人，其中专职教师95人，在校学生27个班、1023人。

第二十六节　局机关附属单位

一、石油勘探定额管理站

石油勘探定额管理站（简称定额站）成立于1991年6月10日，为局机关附属正处级单位，业务受中国石油天然气总公司勘探局领导，办公地点设在物探局机关一号院八号楼。

定额站的主要职责是：制定全国统一的勘探定额项目、内容和方法，组织各油田编制定额标准；组织对油田各项定额的审定和定额修订与完善；与油田建立联系，搞好协作配合，对定额执行情况进行监察、监督和指导；总结交流先进经验，提高定额管理水平；为总公司勘探投资和成本控制等项管理工作提供科学依据。

1997年末，定额站下设物探科、井筒科、管理科和综合科，全站职工13人。

定额站成立以后，积极参与了石油系统勘探市场的培育和建设，加强了对各专业基础定额的制定和修订工作。到1997年，编发12期《勘探定额通讯》。

二、石油物探监理公司

石油物探监理公司成立于1996年7月12日，为正处级单位，列局机关附属单位。其主要职能是代表总公司对石油物探施工质量进行监督。监理公司驻地设在物探局机关二号院。

1997年末，监理公司内设办公室、经营部、项目部，全部职工54人，其中工程技术人员45人。

三、通讯总站

通讯总站成立于1984年6月30日，为局直属科级单位。其前身是局办公室通讯站。1994年5月21日，局将通讯总站调整为副处级单位，下设长途科、市话科、生产技术科、综合办公室等，并代管局无线电管理委员会办公室。

通讯总站位于物探局机关三号院（范阳路65号）。

1997年末，通讯总站有职工78人，其中干部33人，工程技术人员23人，管理人员10人。

通讯总站的主要任务是承担全局各单位电路、电话中转汇接，提供国际、国内与石油专网长途电话服务，满足局机关办公与住宅对通讯的需求。

通讯站早期只有一台50门磁石交换机。到1997年，通讯总站已拥有容量2万门的程控交换机，并建成比较独立的通讯网。全局通讯方式全部实现程控化，住宅电话装机率达86%。

通讯总站技术选手，在1994年总公司组织的“胜利杯”技术比赛中获团体总分第六名，话务个人第八名；在1996年“大庆杯”技术比赛中获团体总分第四名，程控个人第三名。

四、装备制造事业部

装备制造事业部，成立于1993年9月4日，位于物探局机关一号院。其前身是1984年6月30日成立的局机关装备制造处。1993年9月4日，局将该处从局机关职能处室划出，改名为装备制造事业部。

装备制造事业部的主要职责是：负责对各装备制造厂（仪器总厂、机械厂、特车厂）的生产技术、科学研究、产品质量进行技术指导和监督；组织编制和实施物探局装备制造中长期发展计划；组织重大更新改造项目和科研题目（新产品）的立项审查、协调实施、成果鉴定、推广应用和奖励评审工作；协助装备制造厂开拓国内外市场，指导实施产品出口和技术合作项目。

1994年6月3日，局对装备制造事业部机构人员和职责进行了调整。主要内容是：装备制造事业部继续对仪器总厂、机械厂、特车厂分别进行生产经营目标管理，并对装备研究所、进出口经理部、青岛科技培训中心、青岛崂山司普令饮料公司等单位进行直接领导和管理；核定该部（在涿州地区）定员59人，其中机关21人，装备研究所38人。

1996年12月，局将装备制造事业部青岛科技培训中心（内含青岛崂山司普令饮料公司）调整为局机关附属单位。

1997年末，装备制造事业部机关有职工（在涿州）55人，其中干部47人（工程技术人员32人，管理人员15人）。

五、局档案馆

局档案馆设在物探局机关二号院内。其前身是1982年5月4日石油部批准成立的局档案处（下设档案馆）。该处当时既为局二级单位，又是局机关职能部门。1984年6月30日，局将档案处调整为机关职能处室。1992年3月4日，局将档案处与其下属的档案馆合并成立局档案馆，为局机关附属处级单位，内设档案管理科、档案室、编辑研究室。1997年末有职工19人。

局档案馆的主要工作任务是：承担对全局档案工作的统筹规划、统一制度、组织协调，监督和指导局属各单位档案的业务管理、开发利用和服务；负责局机关、局机关附属单位文书、财务档案及全局部分物探科技档案的汇交、保管、存储。

1996年9月，局档案馆编辑出版了《石油地球物理勘探局机构沿革》（1973～1995年）。

1997年11月，局档案馆编辑了《石油物探局大事记》（征求意见稿）。

1997年末，局档案馆存放各类档案769773卷（件），排架长度2551.33米；局属单位档案室共存各类档案241.64万卷（件），排架总长度22089米。

六、计划培训部

计划培训部位于物探局机关9号院内。其前身是石油物探学校计划培训部。1992年1月31日，根据总公司劳资局文件精神，局将石油物探学校计划培训部更名为石油物探局计划培训部，并调整为局机关附属副处级单位，业务上接受总公司计划局领导。其主要任务是：为总公司计划局建立的计划统计信息管理系统培训计算机应用和程序管理人员；推广信息管理系统新开发的应用软件、并组织交流应用经验；对计划系统经济管理人员进行业务、岗位培训和经济管理知识更新。

1994年7月21日，局核定计划培训部内设办公室、教务科、财务科。1997年末，该部有职工27人，其中干部9人。

计划培训部主要培训设备有网络服务器1台，教学投影仪3台，微机61台（其中386机型30台，486机型22台，586机型9台）。

七、设备器材调剂中心

设备器材调剂中心位于物探局机关二号院。其前身是1993年9月4日成立的闲置设备器材调剂公司，1993年11月17日改名为设备器材调剂中心，列局机关附属单位。该中心1997年末有职工17人，其中干部12人。

设备器材调剂中心的主要职责是：负责全局闲置、报废设备的利用回收和管理；承担对局属单位多种经营项目设备租赁任务；负责引进随机配件的管理、调剂及局委托承办的工作。

截至1997年，设备器材调剂中心报废设备处理回收588万元；进口随机配件经营销售收入1246.3万元；闲置设备租赁原值3200万元。

八、石油物探报社

石油物探报社位于物探局机关二号院。《石油物探报》试刊于1979年12月1日，正式创刊于1982年1月1日，当时由局党委宣传处主办。1984年6月30日，石油物探报社正式成立，列为局机关直属科级单位。1991年12月7日，局将报社调整为副处级单位。1994年6月2日，局将报社调整为正处级单位。

1997年末，石油物探报社设有编辑部、记者部、通联部和综合办公室。报社有职工38人，其中干部36人。

《石油物探报》既是物探局党委机关报、物探局机关报，又是兼顾全国石油物探系统的行业报。创刊初期为周二刊，四开四版。至1992年6月，增加了月末版。1996年1月改为周四刊，四开四版（周末八版），1997年12月1日又改为周三刊，加文件版。《石油物探报》到1997年底已发行1848期。

1995年12月27日，《石油物探报》荣获“全国百优企业报”称号。

九、有线电视台

有线电视台（简称电视台）设在物探局机关三号院，为局机关附属单位。该台于1990年12月31日开始筹建，1991年2月13日有线电视试播，同年6月29日正式成立。1992年6月27日，国家广播电影电视部正式批准建台，为河北省第一家获准建立的企业有线电视台。1994年6月2日，局将电视台调整为副处级单位。电视台设总编室、新闻部、专题部、播出部、技术部、经济部、办公室，1997

年末有职工31人。电视台在局属单位设21个记者站，拥有专职和兼职记者75人。

电视台前端及干线设备为450线，传输范围2.5公里。利用MMDS方式向涿州和徐水等地区，以及地调五处、安新农场等单位传送节目。到1997年末，直接接收电视台当日节目的有11012户，通过录像带传送收看节目的有5520户。电视台自办物探新闻、热点追踪、七彩人生、荧屏快讯、点歌台等栏目。

在“八五”期间，电视台新闻作品获总公司钻塔杯科技新闻二等奖1个、石油好新闻评选二等奖6个、三等奖4个。电视台专题片获中国石油电视协会好专题三等奖、中宣部建党70周年三等奖、石油文化大赛专题片三等奖各1个。

十、接待服务中心

接待服务中心成立于1993年9月4日，位于物探局机关一号院北侧外宾招待所院内，为局机关附属副处级单位。其前身是外宾招待所（含小招待所、北京305招待所）。中心内设办公室、餐饮部、客房部、维修部等副科级机构，下属单位有外宾招待所、专家公寓、小招待所、北京亚运村招待所和305招待所。1997年末有职工103人，其中干部10人，女职工45人。

接待服务中心，共设有床位375张，其中外宾招待所乙级床位276张；专家公寓甲级床位50张；北京亚运村招待所和305招待所乙级床位30张。

接待服务中心主要任务和经营范围是：承担对总公司和局组织的各种会议以及局内外宾客的接待、公关服务工作，并实行接、送、食、宿、娱乐、购物、旅游、购票等一条龙服务；局机关办公会议的服务工作；在完成局接待和公关服务工作的前提下对社会开放，进行营业性服务和创收。

十一、青岛科技培训中心

青岛科技培训中心（简称培训中心）成立于1993年12月1日，原隶属于装备制造事业部，1996年12月25日调整为局机关附属副处级单位。

培训中心位于山东省青岛即墨市温泉镇，占地面积5.4万平方米，房屋建筑面积11019平方米，拥有固定资产原值477万元。中心建有标准客房88间，3人客房22间，豪华套房2套，高级套房3套，普通套房8套，共有300张床位，其他配套设施完善。

培训中心设办公室（教务部）、客房部、餐饮部、物财部、工程部、娱乐保健部。1997年末有职工80人。局核定年平均定员为78人。

培训中心于1997年5月18日正式对外营业，具有同时接收300人的培训、开会及旅游疗养的能力。

培训中心受局委托对司普令矿泉水厂实施全面管理。

十二、北京十三陵石油工人疗养院

北京十三陵石油工人疗养院（简称十三陵疗养院）位于北京市昌平县十三陵泰陵西北角莲花山下，距天安门广场50公里。

十三陵疗养院前身是石油部机关50年代建立的绿化基地，当初仅有几排平房，后由石油部六二一厂管理使用，定名为十三陵疗养所。1980年2月29日，石油部行政司决定，将十三陵疗养所自1980年6月起正式移交物探局代部管理，局设为行政处下属单位，改名为十三陵疗养院。1984年6月30日，局将十三陵疗养院从行政处划出设置为直属科级单位，疗养业务由局工会管理。1988年3月16日，局将十三陵疗养院改名为北京十三陵石油工人疗养院。1994年7月21日，局将该院调整为副处级单位，1995年2月12日又将该院调整为正处级，列为局机关附属单位。

1997年末，十三陵疗养院总占地面积3.67万平方米，房屋建筑面积12838平方米，固定资产原值2271万元，拥有吃、住、行、娱乐、医疗等各项配套设施。

十三陵疗养院分疗养区、办公区、生活区3个部分，有床位400多张，房间均有卫生洗澡间；有舞厅、图书馆、阅览室、健身房等。

1997年末，疗养院设有院办公室、接待科、膳食科、总务科和康复中心。全院职工157人，其中干部11人，女职工78人。

1992年9月，十三陵疗养院被评为物探局双文明疗养院，10月被石化总工会和中国石油天然气总公司政治思想工作办公室评为石化系统双文明疗养院。

十三、涿州客运车队

涿州客运车队（含局机关小车队）成立于1993年9月4日，为局机关附属单位。客运车队位于物探局机关六号院内。

客运车队业务工作接受局办公室指导，其主要服务和经营范围是：对局机关及其附属单位进行有偿服务，确保局领导和局机关工作的用车；在局限定的车辆范围内，对外进行营运创收。局对其实行任务费用包干管理办法，车队逐步实行独立核算、自负盈亏。

1997年末，车队有职工83人，其中干部3人。拥有车辆61台，其中大客车13台，大通道车7台，面包车9台，中巴车6台，小轿车25台，丰田吉普车1台。

第六章 党政领导

第一节 建局前党政领导

松辽地震会战领导小组、松辽地震会战前线指挥部及所属单位、松辽石油勘探指挥部地质调查处、六四一厂地质调查处、石油工业部六四六厂党政领导成员见表1-27、1-28、1-29。

表1-27 松辽地震会战领导小组、松辽地震会战前线指挥部及所属单位党政领导成员表

机构名称			职务	姓名	性别	任职时间（年.月）
松辽地震会战领导小组（1961.10～1962.5）			组长	杨文彬	男	1961.10～1962.5
				许士杰	男	1961.10～1962.5
			副组长	余　萍	男	1961.10～1962.5
			成员	关耀家	男	1961.10～1962.5
				田在艺	男	1961.10～1962.5
				冯　浩	男	1961.10～1962.5
松辽地震会战前线指挥部	指挥部		指挥	余　萍	男	1961.10～1962.5
			副指挥	田在艺	男	1961.10～1962.5
				冯　浩	男	1961.10～1962.5
			党委副书记	关耀家	男	1961.10～1962.5
			总工程师	孟尔盛	男	1961.10～1962.5
	会战单位	松辽地调处	党委书记、处长	冯　浩	男	1961.10～1962.5
			党委书记	柳正英	男	1961.10～1962.5
			党委副书记	高凤仪	男	1961.10～1962.5
			副处长	王有田	男	1961.10～1962.5
		新疆大队	党总支书记、大队长	刘福来	男	1961.10～1962.5
		青海大队	党委书记	季生元	男	1961.10～1962.5
			大队长	高俊南	男	1961.10～1962.5
		四川大队	党委书记、大队长	林运根	男	1961.10～1962.5
		玉门大队	党委书记	尚志敏	男	1961.10～1962.5
			大队长	张静洛	男	1961.10～1962.5
		银川大队	党委书记	刘　禹	男	1961.10～1962.5
			大队长	任英发	男	1961.10～1962.5
		研究大队	党委书记	王子正	男	1961.10～1962.5
			大队长	陆邦干	男	1961.10～1962.5

表 1－28　地质调查处、地调指挥部、六四六厂党政领导成员表

机构名称	职　务	姓　名	性别	任职时间 （年．月）
松辽石油勘探指挥部地质调查处 （1962.5～1963.2）	党委书记、处长	冯　浩	男	1962.5～1963.2
	党委副书记	刘福来	男	1962.5～1963.2
		尚志敏	男	1962.5～1962.6
	副处长	高俊南	男	1962.5～1963.2
		张静洛	男	1962.5～1963.2
		王有田	男	1962.5～1963.2
		林运根	男	1962.5～1963.2
	政治处主任	季生元	男	1962.5～1963.2
松辽石油勘探指挥部地质调查处 （1963.2～1964.3）	党委书记、处长	冯　浩	男	1963.2～1964.3
	党委副书记	刘福来	男	1963.2～1964.3
	党委副书记兼政治处主任	季生元	男	1963.2～1964.3
	副处长	高俊南	男	1963.2～1964.3
		张静洛	男	1963.2～1963.8
		王有田	男	1963.2～1964.3
六四一厂地质调查处 （1964.3～1964.6）	党委书记、处长	冯　浩	男	1964.3～1964.6
	党委副书记	刘福来	男	1964.3～1964.6
	党委副书记兼政治处主任	季生元	男	1964.3～1964.6
	副处长	高俊南	男	1964.3～1964.6
		王有田	男	1964.3～1964.6
		庄国成	男	1964.3～1964.6
		李全慎	男	1964.3～1964.6
华北石油勘探会战总部地质调查指挥部 （1964.6～1965.1） 石油工业部六四六厂 （1965.2.1～1965.7）	党委书记	冯　浩	男	1964.6～1965.7
	指挥	田在艺	男	1964.6～1965.7
	党委副书记	刘福来	男	1964.6～1965.7
		季生元	男	1964.6～1965.7
	副指挥	高俊南	男	1964.6～1965.7
		李全慎	男	1964.6～1965.7
		王有田	男	1964.6～1965.7
		靳跃华	男	1964.6～1965.7
	政治部主任	庄国成	男	1964.6～1965.7

表1－29 地调指挥部、六四六厂党政领导成员表

机构名称	职务	姓名	性别	任职时间（年.月）
石油部六四六厂（1965.7～1966.5）	党委书记	冯　浩	男	1965.7～1965.12
		段志高	男	1965，12～1966.5
	指挥	田在艺	男	1965.7～1966.5
	党委副书记	刘福来	男	1965.7～1966.5
		季生元	男	1965.7～1966.5
	政治部主任	庄国成	男	1965.7～1966.5
	副指挥	高俊南	男	1965.7～1966.5
		李全慎	男	1965.7～1966.5
		任英发	男	1965.7～1966.5
		王有田	男	1965.7～1966.5
		李钧才	男	1965.7～1966.5
		徐绍仲	男	1965.7～1966.5
		靳跃华	男	1965.7～1966.5
石油部六四六厂（1966.5～1968.4）	党委书记	段志高	男	1966.5～1968.4
	副书记	庄国成	男	1966.5～1968.4
	指挥、副书记	李全慎	男	1966.5～1968.4
	政治部主任	王安华	男	1966.5～1966.12
	副指挥兼总地球物理师	程威远	男	1966.5～1968.4
	副指挥	李钧才	男	1966.5～1968.4
石油部六四六厂军管会（1968.2～1971）	主任	李英明	男	1968.2～1971
	副主任	陈　明	男	1968.2～1968.8
		李玉海	男	1968.2～1971
		鲍恩成	男	1968.2～1971
石油（燃化）部六四六厂革委会（1968.4～1973.6）	主任	陈　明	男	1968.4～1968.8
		段志高	男	1968.8～1973.6
	副主任	段志高	男	1968.4～1968.8
		李炳银	男	1968.4～1971.5
		刘　璞	男	1968.8～1971.5
		庄国成	男	1970.1～1973.6
		何传弟	男	1970.1～1973.6
中共石油（燃化）部六四六厂委员会（1969.8～1973.6）	党委书记	段志高	男	1969.8～1973.6
	副书记	李炳银	男	1969.8～1971.5
		刘　璞	男	1969.8～1971.5

第二节 物探局党政领导

石油地球物理勘探局党政领导成员见表1－30。

表 1－30 物探局党政领导成员表

职　　务	姓　名	性　别	任 职 时 间（年．月）	备　　注
党委书记	段志高	男	1973.6.28～1977.7	1975 年底调离
	严衍余	男	1975.12～1977.7	代书记
			1977.7～1990.11	
	李玉超	男	1990.11～1997.11	
	许大坤	男	1997.11～ *	
局　长	安启元	男	1973.6.28～1977.7	
	林运根	男	1977.7～1983.12	
	潘　瑗	男	1983.12～1990.11	
	刘颂威	男	1990.11～1992.11	
	钟辛生	男	1992.11～ *	
党委副书记	安启元	男	1973.6.28～1977.7	第一副书记
	刘　毅	男	1973.6.28～1980.6	
	严衍余	男	1975.1～1975.12	
	林运根	男	1977.7～1983.12	
	高凤仪	男	1978.3～1983.12	
	庄国成	男	1978.3～1983.12	
	陈启发	男	1983.12～1996.12	
	刘颂威	男	1990.11～1992.11	
	钟辛生	男	1992.11～ *	
	肖　平	男	1997.11～ *	
副局长	林运根	男	1973.6.～1977.7	
	庄国成	男	1973.6.～1992.11	
	何传弟	男	1973.6.～1976.10	
	李全慎	男	1973.6.～1983.12	
	王致中	男	1974.2～1978.2	
	王绪东	男	1978.2～1983.12	
	柴桂林	男	1978.2～1983.12	
			1990.11～1995.9	
	徐绍仲	男	1978.2～1983.12	
	丁满喜	男	1978.3～1983.12	
	赵景明	男	1978.3～1980.9	
	任成玉	男	1978.9～	未到职
	潘　瑗	男	1979.2～1983.12	
	李荆和	男	1979.7～1985.6	
	王　恕	男	1980.12～1981.10	
	钟辛生	男	1983.12～1992.11	
	许大坤	男	1983.12～ *	
	王见仁	男	1983.12～1995.9	
	武慎让	男	1983.12～1990.11	
			1992.11～1995.9	

续表

职　　务	姓　名	性　别	任 职 时 间（年．月）	备　　注
副局长	刘颂威	男	1987.5～1990.11	
	赵瑞平	男	1990.11～1997.11	
	王业胜	男	1992.11～＊	
	殷会祥	男	1995.9～＊	
	王小牧	男	1995.9～＊	
	接铭训	男	1997.11～＊	
	徐文荣	男	1997.11～＊	
纪委书记	高凤仪	男	1979.12～1983.12	兼任
	徐绍仲	男	1983.12～1991.12	
纪委书记	陈启发	男	1991.12～1996.12	
	段雨欣	女	1996.12～＊	
政治部主任	王绪东	男	1973.6.28～1978.2	
	高凤仪	男	1978.2～1978.3	
	张俊瑞	男	1978.3～1983.12	
局工会主席	王绪东	男	1979.8.～1983.12	
	张俊瑞	男	1983.12～1991.12	
	刘明义	男	1991.12～1997.11	
	肖　平	男	1997.11～＊	局党委副书记兼任
总地质师	王尚文	男	1973.6.28～1983.1	
	柴桂林	男	1978.2～1990.11	1983年12月前兼任
	吴奇之	男	1990.11～＊	
总工程师	王纲道	男	1973.6.28～1975.5	
	孟尔盛	男	1973.6.28～1988.4	
	许大坤	男	1990.11～1995.9	兼任
	钱荣钧	男	1995.9～＊	
总经济师	武慎让	男	1990.11～1992.11	
局顾问	张美璠	男	1979.5～1980.4	
	王　恕	男	1981.10～1984.4	
	时云增	男	1981.10～1984.4	
	路　遥	男	1981.10～1984.4	
	林运根	男	1983.12～1988.4	
局调研员	高凤仪	男	1983.12～1991.1	
	王绪东	男	1983.12～1988.12	
	丁满喜	男	1983.12～1988.4	

＊表示任职时间下限跨入1998年，因超越局志下限，具体时间不予记载。以下类似情况均同，不另作说明。

第二篇

勘探历程

综 述

油气勘探是物探局的主业。物探局及其前身从事油气勘探的历程大致可分为松辽石油地震会战、东部探区勘探会战、勘探重点西移3个阶段。在整个勘探历程中物探局及其前身始终坚持贯彻执行党和国家及石油部（总公司）的油气勘探部署、方针和要求，始终坚持以找油找气为己任，“一心找油”，“四海为家”，哪里需要就到哪里勘探，充分发挥了油气勘探野战军和战略部队的作用。通过37年的勘探工作，先后为扩大大庆油田的含油面积，为实现中国原油年产量上一亿吨，为“稳定东部、发展西部”，增加油气后备储量，实现“西气东输”和石油工业的持续稳定发展做出了贡献。

新中国成立初期，油气勘探的重点在中国西部。1958年2月，邓小平提出石油勘探战略东移的思路。此后石油部开始实施石油勘探战略东移。1960年2月经中共中央批准，石油部在松辽盆地组织石油会战。1961年9月，石油部党组决定开展松辽石油地震勘探会战。1961年冬～1963年春，来自新疆、青海、四川、玉门、银川石油管理（勘探）局的物探队伍及松辽地调处的物探队伍，云集松辽盆地，先后组成松辽地震会战前线指挥部、松辽地调处，开展石油地震勘探会战，圆满完成了任务，打出了一支石油勘探野战军，建立了一套中国式的地震勘探规程。

1964～1978年初（即六四一厂地调处、地调指挥部、六四六厂时期及物探局成立初期），这支勘探野战军主要转战在中国东部地区，参加了华北、四川、江汉、辽河、陕甘宁、东濮等地区的六大石油勘探会战，并在其他地区进行勘探工作。

1963年底，参加松辽石油地震勘探会战的27个物探队挥师南下参加华北石油会战。在环渤海地区：1963年冬～1966年春，参加济阳坳陷的勘探；1963年冬～1971年，参加黄骅坳陷的勘探；1963年冬、1968年冬～1971年春、1974～1976年先后参加辽河坳陷的勘探会战；1965～1969年参加渤海海域的勘探。在冀中地区：1963年冬～1978年先后三上冀中，开展区域勘探和古潜山勘探。通过上述勘探为胜利、大港、华北等油田的发现提供了丰富的地震地质资料。

1964年底～1973年5月，参加了四川第二次“开气找油”会战，基本查明威远构造和泸州古隆起的地腹构造及天然气富集规律。

1966年2月～1971年6月，参加了江汉地区的石油勘探会战，基本查明江陵、潜江、沔阳等3个生油凹陷的有利含油区带；配合钻探在南襄盆地发现南阳油田。

1969年6月～1973年2月，参加了陕甘宁（长庆）石油勘探会战，提供了丰硕的地震地质成果。

1973～1978年，物探局队伍在东濮地区开展区域勘探，并详查了中央隆起带，配合钻探发现了中原油田。

1978～1997年，根据石油部（总公司）关于“稳定东部、发展西部”的战略部署，物探局实施勘探战略重点西移，在北上内蒙二连、深化东部勘探的同时，抽调大部分物探队伍，集中大部分人、财、物力，以塔里木勘探为重点，参加了塔里木、吐哈地区的石油勘探会战；并挺进西藏羌塘地区，开展了西部其他地区的勘探。

在二连盆地：按照勘探程序，综合运用地震和重磁电化勘探方法，在51个凹陷分别开展了精查（8个）、详查（18个）、普查（6个）、概查（19个）；配合钻探在8个凹陷发现工业油流，探明石油地质储量1.85亿吨。

在塔里木盆地：从首探塔西南，转战塔北隆起，挺进塔克拉玛干大沙漠，到开展全盆地大规模勘探，寻找大场面，突破库车坳陷山前高陡构造带，取得丰硕的勘探成果，发现和复查了65个二级构造带和598个各类圈闭，配合钻探找到20个油气田，探明石油储量7亿吨（油气当量）。

在吐哈盆地：从开展区域勘探，精查鄯善弧形构造带，详查台北凹陷西部，到开展前侏罗系深层攻关，勘探工作取得重大突破，配合钻探基本探明14个油气田，发现鲁克沁稠油富集带，探明油气储量3.2亿吨（油气当量）。

在西藏羌塘盆地：物探职工克服高寒缺氧、地形复杂、气候恶劣等困难，以生命为代价，取得了宝贵的物探资料。

截至1997年，物探局的勘探工区遍及中国89个盆地和地区。其中：东部地区有松辽、三江、海拉尔、漠河、伊通、开鲁、渤海湾、二连、呼和北、固阳、石拐沟、南华北、洛阳、三门峡、伊川、无为、宣城、南陵、苏北、句容、江汉、南襄、沁水、太原、洞庭湖等盆地及南武昌地区；西部地区有：陕甘宁、塔里木、吐哈、银根—额济纳旗、焉耆、敦煌、民乐、民和、双临、酒东、酒西、昌马、花海、西宁、六盘山、巴里坤、武威、南祁连、巴彦浩特、潮水、雅布赖、三塘湖、准噶尔、福海、伊犁、昭苏、共和、柴达木、四川和羌塘等盆地；南方有杭州湾、宁波、常州、南盘江（坳陷）、十万大山、百色、合浦、宁明、上思、福山（凹陷）、安顺（宽向斜）、赤水（坳陷）、弋阳、吉安、楚雄、盈江、陇川、瑞丽、巍山、弥渡、大理、鹤庆、玉溪、弥勒、越州、陆良、宜良、三水、利川等盆地及广西河池、湖北天门与京山等地区。其中有44个盆地进行过地震勘探工作，配合钻探在21个盆地中发现153个油气田，或扩大含油面积。

第一章　松辽盆地勘探

松辽盆地地跨黑龙江、吉林和辽宁三省，面积约26万平方公里，为中国大型沉积盆地之一。中国地质学家和前苏联专家在40年代和50年代均对松辽盆地找油远景给予积极评价。1955～1958年，石油部和地质部勘探队伍相互协作，采用地面地质、物探和钻探等勘探方法对全区进行普查，划分出盆地边界与盆地内构造格局，在中央坳陷区发现高台子等12个局部构造。1958年6月，根据邓小平指示精神，石油部的勘探战略东移，成立松辽石油勘探局。同年9月，经两部专家共同论证，一致同意将松基3井定在高台子构造上。1959年9月26日，松基3井喷油，日产原油13.02吨，发现高台子油田，拉开了松辽石油会战的序幕。1960年2月，中共中央批准石油部组织松辽石油会战。同年3～4月，石油部从新疆石油管理局抽调10个地震队的技术骨干和1个电法队到松辽，组建松辽地调处。1961年9月，石油部党组决定开展松辽地震会战。1963年11月，松辽地震会战结束。1985年，物探局按石油部的部署，采用数字地震技术在松辽盆地东南隆起的德惠、梨树凹陷及其外围盆地（伊通断陷）开展详查和精查。1990年，物探局应吉林油田的要求在盆地中南部的英台、新民和新庙西等地区开展高分辨率地震勘探。物探局及其前身为发展大庆油田、吉林油田做出了重要贡献。

第一节　松辽地震会战

1961年9月，石油部副部长康世恩在松辽地震会战筹备会议上宣布，地震会战有3个目的：①实现松辽盆地地震连片勘探，查清地质构造；②锻炼和检阅地震队伍，打出一支石油勘探野战军；③改进、提高和统一解释方法，建立一套中国式的地震勘探规程。会战的方针是：以江南（吉林松花江南）为中心、哈尔滨凹陷为重点，填平补齐西斜坡，查明松辽盆地地质构造，提供钻探。1961年10月下旬，石油部要求新疆、青海、四川、玉门和银川等石油局各派一个大队下辖3个地震队到达松辽指定工区参加地震会战。连同松辽地调处的11个地震队，当年石油部参战地震队达到26个，另有2个电法队和4个重磁力队。地震队均使用“五一”型光点地震仪，首次采用连片勘探方法对全区进行详查和细测，重磁力队和电法队详查盆地西斜坡和北部。至1963年5月，共完成：重力勘探面积4.8万平方公里，磁力勘探面积3万平方公里，重磁联合勘探面积6.69万平方公里，电法测线1.94万公里，地震测线1.54万公里；编制了全盆地六大层连片构造图，发现和复查了130个圈闭构造；基本查明松辽盆地的地质结构，进一步证实大庆长垣是油气富集带，还在大庆长垣外围发现升平、朝阳沟等8个油气田。

通过松辽地震会战，参战地震队不仅掌握了适合松辽盆地不同地表条件下的冬季施工方法，而且总结出一套实现“高灵敏度、高分辨率、低干扰背景、适当低幅度”（即“两高两低”）的仪器调节方法；在地震资料解释中，不仅掌握了波组、波系对比方法及识别小断层、小幅度构造方法，而且初步掌握了地球物理综合勘探方法，学会了综合利用各种物探、地质及钻井资料进行盆地含油气评价。松辽地震会战的成功，突出表明物探工作在整个油气勘探工作中的重要性。1963年，康世恩副部长在一次总结会议上说：“以往，在别的地方，别人对地球物理工作的可靠性不相信，到1963年，相信了，有信仰了”。1963年11月，完成松辽地震会战的队伍奉命南下参加华北石油会战。

第二节 松辽盆地东南隆起勘探

松辽盆地东南隆起面积4500平方公里。在1961～1963年松辽地震会战期间，该区是大庆长垣外围的重点探区之一。1965年后，该区的勘探工作暂时中断。1973年初，大庆石油管理局根据燃化部对大庆地区开展二次勘探的指示，在德惠凹陷农安构造带和王府凹陷扶余—长春岭背斜带钻探获工业油流，从而拉开重上该区勘探的序幕。从1980年起，吉林油田的地震队采用模拟技术在该区进行概查和普查，发现四家子等4个局部构造，并在梨树凹陷钻探梨参1井发现工业油流。1985年，物探局派遣2个数字地震队对该区中南部开展战略侦察。同年，石油部为进一步加快该区的勘探工作，决定由物探局负责制定松辽盆地东南隆起及其外围地区的“七五”物探规划和实施方案，资料解释和综合研究工作由物探局和吉林油田共同承担。

1986年初，物探局勘探处赴工区踏勘，收集相关资料，编制规划；同年10月，石油部批准物探局上报的“松辽东南隆起“七五”物探规划”；同年冬，物探局一处5个队和四处1个队全部采用数字地震仪、24～30次覆盖方法，分别对双城、怀德、扶余和农安等地区开展普查和详查。至1988年，共投入19个队年，地震普查地区扩大到梨树地区及两江地区（第二松花江与霍林河之间）。基本查明东南隆起区的王府、榆树、德惠和梨树等4个生油凹陷的断裂构造带分布，复查和发现茅山、四家子、农安和万金塔等34个局部构造。

1989～1993年，一处共投入16个地震队年，主要详查德惠凹陷的农安—万金塔构造带、长春断陷的小合隆断裂构造带和梨树凹陷四家子—茅山背斜带。1997年，应吉林油田要求，一处2个数字地震队分别在榆树凹陷和德惠凹陷共完成高分辨率地震测线518公里，进一步证实扶余—长春岭、登娄库—周家、农安—万金塔等构造带为油气聚集带。

1986～1997年，物探局在东南隆起共查明7个构造带，发现和落实117个局部圈闭，累计提供105口井位，与钻探配合找到长春油田（1988年3月）和四家子油田（1989年9月），以及万昌和莫里青等含油构造。

第三节 松辽盆地中南部高分辨率勘探

位于松辽盆地中南部的英台、新庙西及新民三地分别于1982年11月、1983年7月和1989年11月发现油田。但是，这些地区的地层产状平缓、构造幅度小、断层多而小、岩性变化大，虽已钻井50余口，但成功率只有40%。为此，在1990～1992年期间，物探局一处每年投入1个队分别在英台地区250平方公里、新民地区300平方公里、新庙地区300平方公里面积上开展高分辨率地震勘探，要求地震垂向分辨率达到15米、横向分辨率达到150米。通过三年高分辨率地震勘探，共完成高分辨率地震测线920公里。与常规地震勘探相比，地震视主频由原先的20～30赫提高到50赫，可分辨15米厚的砂体和10米落差的断层；与钻井分层资料对比，深度误差仅为1.2%，约比常规地震资料降低4个百分点；新发现66个构造圈闭，共提交39口井位，被吉林油田采纳18口。1992年，在英台地区实钻4口井，有2口井获工业油流；在新民地区，钻探证实民5井和民3井两个区块均为高产断块。

第二章 环渤海地区勘探

环渤海地区包括山东、河北、辽宁等省的部分地区及渤海海域部分。在区域构造上，它包括下辽河、黄骅、济阳和渤海等4个坳陷，总面积约11.5万平方公里。其中黄骅坳陷和济阳坳陷属于华北平原一部分。该区的区域地质调查始于1953年。1955年，地质部和石油部分别成立华北石油普查大队和华北石油勘探大队，开始对全区开展不同比例尺的重、磁、电方法勘探。1958年，石油部组建华北石油勘探处，加大了华北平原的勘探力度。1959～1960年，华北石油勘探处依据重力详查资料，首次确定了济阳坳陷和黄骅坳陷的分界线。1960年，地质部第一物探大队在济阳坳陷开展地震普查，发现了东营和辛镇构造。同年，在华北石油普查勘探会议上，两部与会专家一致认为济阳坳陷的东营、义和庄和黄骅坳陷的北塘、羊三木等局部构造应为首选钻探目标。1961年4月，石油部在东营构造钻探的华8井首次于下第三系东营组地层中获得工业油流。同年7月，在东营构造南翼钻探的营1井于沙河街组地层中获得工业油流。同年，地质部在义和庄构造也钻获工业油流。济阳坳陷东营和义和庄构造发现工业油流，标志环渤海地区的石油勘探获得重大突破。1961年，石油部部署7个地震队全面普查济阳坳陷，详查东营和辛镇构造的断裂展布。1962年，石油部在普查同时，还利用地震折射法作了3条大剖面，重力队在济阳坳陷东部滨海地区开展普查，发现孤岛重力高。同年，地质部采用地震普查方法发现孔店、大港等局部构造。1963年，地质部在羊三木构造上钻探的黄1井于上第三系馆陶组地层中获工业油流。至此，在华北平原和环渤海地区开展大规模勘探会战的条件已经成熟。

1963年8月14日，石油部副部长康世恩传达石油部关于组织华北石油会战的决定，要求完成松辽石油地震会战任务的队伍，除留下3个地震队外，其余队伍参加华北石油会战，力争二三年内找到大油田，同时要求当年底到达华北及环渤海工区开工生产。勘探方针是：以济、黄坳陷东南部为勘探重点，战略侦察北部沿海地区及冀中坳陷；以下第三系为主要勘探目的层，寻找有利地区下古生界油气藏，并在济阳坳陷东南部寻找与东营地区类似的含油气有利区。具体部署是：在济阳坳陷东营和沾化凹陷部署17个地震队、1个重力队、1个放射性队、1个化探队，在黄骅坳陷及其沿海地区部署4个地震队，在冀中坳陷部署3个地震队，在下辽河坳陷部署2个地震队。1963年12月10日，来自松辽的物探队伍全部到达指定工区，开始了中国油气勘探历史上最大规模的勘探。

第一节　济阳坳陷勘探

济阳坳陷位于山东省西北部，面积2.6万平方公里。1961年，在东营构造顶部和南翼钻探的华8井和营1井分别于下第三系东营组和沙河街组地层获得工业油流后，1962～1963年期间华东石油勘探局调集7个地震队对东营凹陷开展详查，发现了胜利村—坨庄构造带。1963年冬至1964年春，松辽地调处实际部署19个地震队、1个重力队和4个电法队：地震队采用篦梳战术对东营凹陷和沾化凹陷开展详查，对东营凹陷的中央背斜带和胜坨构造带开展连片细测；重力队在东营—现河庄地区开展重力细测；电法队在惠民凹陷开展普查。1964年5月28日，根据地震资料拟定的坨1井在坨庄构造上沙二段地层中首次获得日产油396吨，发现胜坨油田。1964年冬至1965年春，六四六厂及其前身有9个地震队继续详查东营凹陷；另有10个地震队和一个电法队投入“大战通—王—惠战役”，详查地区东起东营凹陷南斜坡的通滨镇和王家岗，西至惠民凹陷的沙河街，面积约8000平方公里，主要目标是寻找“胜坨式”大型油田。由于惠民凹陷地震勘探遇到了严重多次波干扰，导致构造不落实，从1965年2月在林樊家构造上钻探的林1井开始，到当年7月，在6个局部构造上钻探10口井全部落空。在东营凹陷南斜坡发现王家岗、纯化镇等5个鼻状构造。1965年5月，由六四六厂提交的通5井在纯化镇构造上的沙四段地层中，获日产油73吨，发现纯化镇油田。1965年11月，由六四六厂提交的胜—坨构造带的胜利村构造上的坨11井于沙二段地层中，获日产油1134吨，成为当时全国第一口千吨级油井，实现了与坨庄含油构造连片。1965冬至1966年春，根据1965年冬季地质勘探技术座谈会上确定的勘探任务，六四六厂有7个地震队详查东营凹陷永南断裂构造带，落实了新立村等4个断块圈闭；另有4个地震队继续详查惠民凹陷。在野外工作方法上采用反向组合检波，在一定程度上为克服多次波干扰提供了一条途径。在临邑大断裂下降盘，落实了大芦家含油构造。1966年后，六四六厂的地震队奉命中止济阳坳陷的勘探工作。

1985年，物探局根据石油部加快临盘—商河地区地震勘探的指示精神，自1985年起至1986年，向该区投入6个二维队年、2个三维队年，全部使用数字地震仪配合油田开展滚动勘探。通过上述工作，在临盘油田范围及其周边地区新发现7个含油断块，实现了该油田各断块区的含油连片。

第二节　黄骅坳陷勘探

黄骅坳陷位于天津市东南渤海之滨，面积1.7万平方公里，其中陆地面积1.59万平方公里。1963年底，在羊三木构造上钻探的黄1井于上第三系馆陶组地层中获得工业油流后，该坳陷自然成为华北石油会战的重点探区之一。

1963年冬至1964年春，松辽地调处实际在该区部署8个地震队、2个电法队、1个化探队和1个放射性队：化探和放射性队主要在羊三木地区开展方法试验；电法队在坳陷中部进行普查；地震队连片勘探南起盐山、河望堡及沧州一线，北至宁河、乐亭地区；详查羊三木、孔店和扣村构造；普查徐阳桥东西两侧的高点。勘探结果发现羊二庄等5条大断裂、10条断裂密集带，落实和发现北堡、北大港、南大港、岐南等20个局部构造，提供一批探井井位。其中位于北大港构造上的港5井，于1964年12月20日钻遇下第三系沙一段地层时发生强烈井喷，事故排除后获日产油19.7吨、天然气3.4万立方米，成为大港油田发现井。1965年，六四六厂部署6个地震队重点详查北大港构造带，发现港中、港西、港东、白水头和六间房等局部构造。1965年3月，在港西构造上钻探的港3井获日产油89.7吨、天然气2万立方米；同年5月，在港东构造上钻探的港14、16、18井均获得工业油流；同年11月，白水头构造上的港20井也获工业油流，从而证实北大港构造带是一个油气富集带。1966～1968年，六四六厂共投入17个地震队年：6个队年重点解剖北大港构造带，共发现港西、港中和港东等整装油田和白水头、六间房等含油断块；11个队年对全坳陷开展连片详查，新发现南大港、新港、孔店东等12个二级构造带。1966年4月，在南大港构造带上发现王徐庄整装油田。1971年，六四六厂投入4个队使用模拟磁带地震仪详查南大港构造带。

1988～1997年，物探局应冀东油田要求，共投入3个三维队年和3个二维队年全部采用数字地震仪和24～30次覆盖方法，对黄骅坳陷南堡凹陷北部开展三维连片勘探，对滩海地区开展二维详查。物探局地研院唐海项目组承担该区的资料解释和综合研究工作，发现和落实高尚堡等4个油气富集构造带和各类层圈闭1033个，提供各类探井69口，经钻探18口井出油，新增地质储量2300万吨。

第三节　下辽河坳陷勘探

下辽河坳陷位于辽宁省中南部，地处辽河下游平原区，三面环山，向南伸入辽东湾海域，面积1.59万平方公里，其中陆地面积1.24万平方公里。该区的石油地质普查始于1955年。1961年，地质部第二物探大队开始对该区进行地震普查。1963年12月，松辽地调处按华北石油会战指挥部的勘探部署派遣2个地震队对下辽河坳陷辽中地区开展区域概查。至1964年，基本上明确了该区的区域构造格局和沉积岩分布。与此同时，地质部第一普查大队在东部凹陷的黄金带构造和大平房构造上相继钻探了辽1井和辽2井，前者见良好的油气显示，后者喜获工业油流，发现下辽河坳陷第一个油田——大平房油田。1967年，根据国家统一安排，下辽河坳陷的勘探全部由石油部承担。

1968年冬至1969年，六四六厂派遣4个地震队对该坳陷东部凹陷的热河台、茨榆坨和黄金带等构造带开展详查，对西部凹陷的兴隆台构造带开展普查，对坳陷的中央隆起南部倾没带开展概查，落实局部构造14个，提供钻探井位22口。1969年1月，在热河台构造带上提交的辽6井和辽12井相继获得工业油流，发现热河台油田；同年9月9日，在兴隆台构造带上提交的兴1井，获日产油152.4吨，发现兴隆台油田；同年11月22日，在黄金带构造带上提交的黄5井在试油过程中发生强烈井喷，预示黄金带油田的发现。1970年3月，国务院批转石油部《关于加速下辽河盆地石油勘探的报告》，石油部组建辽河石油勘探指挥部，立即开展地震勘探会战。1970～1971年，六四六厂先期参战地震队有23个，后期达到25个，全部使用模拟地震仪，主要任务是连片测量下辽河坳陷东部凹陷和西部凹陷，复查和落实9个二级构造带和28个局部构造。

1974～1976年，物探局投入9个模拟队采用12次覆盖方法，参加辽河西斜坡地震会战。在整个西斜坡详查过程中，按照统一部署、统一标准、统一工作方法施工，获得了丰硕的勘探成果，进一步明确西斜坡为一系列断鼻组成的鼻状构造带，其上有高升、曙光、欢喜岭和西八千等7个局部构造，构造带面积约占西部凹陷面积的一半。1975年4月，在欢喜岭构造上提交的杜4井于沙四段地层中获日产油113.8吨，发现欢喜岭油田；同年5月，在曙光构造上提交的杜7井于沙四段地层中获近百吨高产油流，发现曙光油田；同年10月，在高升构造上提交的高1井又于沙四段地层中获工业油流，发现高升油田。

1981～1985年，物探局一指奉命在下辽河坳陷牛居—青龙台地区进行详查。牛居—青龙台位于东部凹陷的北部，牛居—青龙台构造带也是一个“洼中之隆”，具备与兴隆台构造带相似的地质条件。该区在1981年以前的勘探过程中共钻探16口井，仅有牛1井和牛5井获得工业油流，其余14口井均因构造复杂、圈闭不落实，无新发现。物探局此次勘探，每年投入2～4个数字队，采用24～30次覆盖方法，整体解剖牛居—青龙台构造带；全部野外地震资料均使用研究院 CYBER 1724 计算机（1981～1983 年）和 IBM 3033 计算机（1983 年后）处理，在资料处理中广泛使用谱白化和叠偏程序。因此，这一轮地震资料的质量和反映地质现象的准确性均有明显改善。根据物探局数字地震资料，除进一步证实牛居构造是一个高产油田外，1981 年首次在青龙台构造上获得工业油流，发现青龙台油田，1985 年基本探明茨榆坨油田。

1985～1989 年，物探局一处（一公司）为配合大民屯凹陷的滚动勘探和开发，投入 2 个二维队年及 7 个三维队年，落实和发现法哈牛、静安堡、东胜堡和曹台等 10 个潜山；证实静安堡断裂鼻状构造带是一个复式油气聚集带，配合钻探发现静安堡油田和边台油田；在大民屯油田和法哈牛油田区域发现了新的含油区块。

第四节　渤海海域勘探

渤海海域在地理位置上包括辽东湾、莱州湾和渤海海峡，面积为 5.55 万平方公里。1959 年，地质部在渤海及其周边地区开展过小比例尺的航磁测量。1960～1963 年，青岛海洋研究所和地质部第五物探大队先后在渤海海域进行过重力、地震和电法等勘探方法试验。初步查明渤海是渤海湾盆地的组成部分，其中渤中地区的沉积岩厚度约有 10000 米，为一油气勘探远景区。

1964 年 4 月，六四一厂地调处根据石油部“下海勘探”指示，以 216 地震队为基础正式组建石油部系统第一个海洋地震队，立即投入浅海地震方法试验。1965 年 1 月，石油部提出“上山下海、大战平原”的勘探方针。同年 3 月 22 日，六四六厂抽调 5 个地震队、2 个重力队和 1 个测量建标队组成海洋地调一大队，负责渤海海域的地球物理勘探工作。其中 3 个浅海地震队，分别采用不同的工作方法在塘沽至赵家堡一带的海滩及水深小于 6 米的浅海水域开展普、详查；2 个深海地震队在渤中海域约 20000 平方公里的面积开展区域概查；1 个深海重力队在渤中海域开展 1:10 万重力详查，1 个浅海重力队在塘沽至狼坨子一带的浅海水域开展 1:10 万重力详查。通过上述工作，基本查明渤海海域的区域构造特征和断裂展布。

1966 年，按照华北石油勘探指挥部在“三五”计划的第一年海上要打 1～2 口井的要求，六四六厂将海洋地震队增至 7 个。重力队继续对全海域进行 1:10 万详查；3 个深海队在海域扩大概查范围；4 个浅海地震队对黄骅坳陷的北大港和南大港等 2 个构造带向海域延伸部分开展详查。通过这一年的勘探工作，进一步证实渤海海域的区域构造格局可划分为“四坳、一隆”，其中除渤中坳陷位于海域的中央部位以外，其余三坳、一隆均为渤海湾周围陆地向海域延伸部分。在黄骅坳陷向海域延伸区域，发现北塘、岐口和南堡等凹陷；查明岐口凹陷有 3 个次一级构造带存在。1966 年 12 月 31 日，在岐口构造上提交的海 1 井首先开钻，以第三系为钻探目的层。1967 年 6 月 14 日，该井在上第三系明化镇组地层中获日产油 35.2 吨，成为中国第一口海上工业油流井，开创了中国海洋油气勘探的新阶段。

1967～1969 年，六四六厂共投入 15 个地震队年，除重点普查渤中坳陷、解剖岐口凹陷的海 1 井、张巨河等构造带外，还将详查范围由黄骅坳陷扩大到济阳坳陷、下辽河坳陷和埕宁隆起向海域延伸区域。在黄骅坳陷海域部分新发现 9 个二级构造带，在济阳坳陷海域部分发现垦东等 3 个二级构造带，在埕宁隆起海域部分发现埕子口等 3 个低凸起，在下辽河坳陷海域部分证实西部斜坡带的存在，在渤中坳陷发现石臼坨等 3 个低凸起。上述勘探成果为渤海的进一步勘探打下了良好基础。1970 年元月，六四六厂海洋地调一大队下辖各物探队成建制调给华北石油勘探指挥部（后为大港油田）。

第三章　冀中坳陷勘探

冀中坳陷位于河北省中部、华北平原北部，西起太行山，北至燕山，东以京沪线为界，南抵隆尧—衡水一线，面积 3.55 万平方公里。全区地势平坦，在区域构造上隶属于渤海湾盆地。早在 40 年代，中国许多著名地质学家都对华北平原的油气远景给予很高的评价。1954 年，李四光建议对华北平原立即开展普查工作。从 1955 年开始，石油部和地质部相继在该区开展重磁力普查、航空磁测、电测深及地震等勘探方法试验工作。至1962年，对全区的区域构造格局和勘探目的层有了较为明确的认识。1962年后，油气勘探工作重点移向坳陷北部的京津凹陷和武清凹陷。1963年，在京津凹陷的凤河营构造上钻探的凤1井于下第三系地层中发现油气显示，表明该区具备油气生成条件。1963年11月20日，物探局前身松辽地调处按照石油部关于华北石油会战的勘探部署对冀中坳陷开始了全面的勘探工作。至1994年，历经区域勘探、古潜山勘探、复式油气藏勘探、配合滚动开发寻找含油断块等4个勘探阶段。提交综合研究报告246份，编制4层全区构造图，提供井位1266口，被油田采纳685口，累计发现古潜山油田22个、古潜山气田8个、下第三系油田11个；探明石油地质储量10.93亿吨、天然气292.6亿立方米，为华北油田的发现和发展做出了重要贡献。

物探局在冀中坳陷的勘探历程集中反映了物探局的技术发展。物探局在不同时期由引进技术带动的成套开发技术都率先用于冀中坳陷勘探。每一项成套技术的应用又使冀中坳陷的油气勘探不断地向广度和深度发展。

第一节 区域勘探

1963年冬至1964年，松辽地调处部署2个重磁力队、3个电法队和3个地震队开始对冀中坳陷开展侦察。重磁力队负责详查保定、高阳和正定等地区；电法队负责完成从北到南分布的5条横穿全坳陷的电法大剖面，即北京至唐山、涿县至淄博、唐县至济阳、寨西店至武邑和石家庄至明化镇等电法大剖面；2个地震队在坳陷中南部完成地震大剖面，1个地震队在京津地区进行详查。1965年，1个重力队和1个电法队在廊坊、凤河营和河西务地区进行重力细测和电法普查；地震队增加到8个，普详查工区除京津地区之外，向南扩展到霸县、任丘、留路和留楚地区。至1966年，对坳陷的区域构造格局和坳陷的边界有了较明确的认识，共划分7个沉积凹陷；重力资料发现凤河营、河西务、牛驼镇、白洋淀、任丘—辛中驿和高阳—无极等重力高带，并明确提出任丘—辛中驿重力高带是最有油气远景的构造带；电测深资料发现多处电性正异常，其中任丘和牛驼镇电性正异常和重力高基本一致；地震资料在京津凹陷发现河西务构造带和桐柏镇断裂带，发现和落实凤河营、河西务、侯尚村、牛镇等12个局部构造，同时提交了一批井位。1966年初，在凤河营构造上钻探的河1井于上第三系地层中获得工业气流；同年9月，在河西务构造北翼钻探的京1井于下第三系地层中获得自喷油气流。这些产油气井的出现，打开了冀中坳陷找油的新局面，立即在冀中坳陷京津凹陷掀起第一次钻探高潮。后因京津凹陷地质结构复杂、断层发育、油气藏分布局限，钻探频频失利，进一步钻探中止。从1967年开始至1968年，京津凹陷的地震勘探工作转入方法试验，地震勘探重点移向霸县凹陷和河间凹陷，发现和证实霸县和任丘等局部构造。在此期间，六四六厂研究大队对冀中坳陷已取得的各项资料进行了系统的研究，编制了《冀中坳陷综合图集》，明确指出京津凹陷河西务构造带和霸县—河间凹陷是油气分布最有利区带，霸县和任丘等局部构造应是重点钻探区块。

1969年，华北石油勘探指挥部（原六四一厂）决心再上冀中钻探，组建冀中石油勘探指挥部，统一领导冀中石油勘探会战，同时要求地震勘探工作为新一轮钻探提供井位。1969～1972年，六四六厂在冀中地区投入54个地震队年，其中除5个队年在京津地区边试验边作详查外，其余49个队年以霸县—河间凹陷为详查重点，同时对廊固凹陷、保定凹陷、饶阳凹陷和束鹿凹陷开展地震连片勘探。发现和落实侯尚村—凤河营、河西务、高家堡—鄚州、任丘—辛中驿、东储—别古庄、霸县等18个二级构造带和霸县、岔河集、高家堡和留路等70余个局部构造。同时选择霸县、岔河集、任丘、葛渔城、肃宁等构造，以下第三系为勘探目标，钻探了10余口井，普遍见到比较分散的油气显示，均未揭示主要生油层，因而对冀中坳陷找油气前景出现了疑虑，冀中坳陷的钻探再次出现低潮。

第二节 古潜山勘探

1972年10月，燃化部在胜利油田召开全国勘探技术座谈会，确定华北地区的勘探方针是：“大战凸起，猛攻灰岩”，并以冀中坳陷牛驼镇凸起和大城凸起为目标区。会后立即在这两个目标区开展了钻探，虽然钻遇奥陶系和震旦系等下古生界地层，但均未见油气显示。冀中坳陷的油气勘探又一次出现低潮。1973年初，燃化部责成六四六厂组织力量对冀中坳陷全区地震、钻井资料重新进行分析研究，历时四个月。1973年6月，燃化部规划院在徐水召开了冀中地区找油的“突破口会议”，出席会议的单位除规划院、六四六厂外，还有大港油田钻井二部及河北省石油大队等。会议认定冀中找油最有利地区仍在霸县—河间凹陷及其邻近地区，任丘、高家堡、高阳和留路等局部构造为首选钻探突破目标，并具体确定了冀门1井、家1井、高1井和留1井等井位。会议同时要求六四六厂集中勘探力量加大对这批构造的勘探力度，加强处理和解释，力求提供准确的地震构造图。

1973年7月，物探局成立。当年向冀中坳陷投入1个重力队、3个电法队和33个地震队。重力队负责霸县凹陷的重力详查；电法队分别普查京津地区、沧县隆起至宝坻地区、任丘至武邑地区和任丘至永清地区；地震队全部使用模拟地震仪和6次覆盖方法，重点解剖霸县、任丘—辛中驿、侯尚村—凤河营和河西务等构造带，详查宫村、永清、王草庄、顾辛庄、高家堡、高阳和留路、任丘、辛中驿等20余个局部构造。至1974年，共完成地震测线8896公里。其中有3个队开始使用数字地震仪进行生产。全部野外地震资料均由DJS－11型计算机（简称150机）处理，地震剖面质量有明显的提高，不仅理顺了上述工区主要断裂展布，而且查明了局部构造高点位置、形态和埋藏深度，并依据1公里×2公里测网的模拟地震资料，提供了任4井等井位。1974年7～9月，由“突破口会议”确定的家1井和冀门1井显示良好的前景，前者在下第三系沙三段地层中日自喷油60吨，这是冀中坳陷第一口高产井；后者在第三系沙一段地层中见油气显示，同时在上元古界硅质白云岩岩心中见裂缝含油。关于冀门1井深部出油层位的时代，当时众说纷纭，惟有物探局研究所主任地质师谢庆辉和地质师王雄兆认为该井出油层位为震旦系，而非奥陶系和寒武系。震旦系地质专家高振西先生认为是震旦系。后来出油层位岩心经化验分析和地质年龄测定，确认该层位为震旦系，地质上统一将此套地层划入上元古界雾迷山组。1974年10月，燃化部决定成立“京津地区数字地震会战指挥部”，负责统一组织物探局、胜利、大港和辽河油田等单位由新引进数字地震仪装备的地震队伍集中京津地区，开展数字采集方法试验和试生产。1975年，物探局继续投入23个地震队在北起固安，南至石家庄，西自太行山，东抵里坦的广大区域，采用模拟技术（数字队增加至5个）开展新一轮普、详查。

1975年3月，石化部党组为扩大冀中坳陷的找油战果，决定物探局在北京定福庄组织地震解释会战，要求将冀中地区1971～1974年期间完成的全部模拟多次覆盖资料，在DJS－11计算机上重新进行处理，并按照“六合一”和“四准确”要求进行解释，力求使用叠加偏移剖面定准断层和高点位置。经过250名地震和地质科技工作者100天的日夜奋战，圆满地完成了预定的任务：编制了冀中全区三层连片地震构造图，其中包括反映古潜山顶面起伏的T_g构造图；发现和落实18个潜山构造带和46个潜山构造，以及200余个下第三系构造；基本理顺了冀中坳陷的断裂体系和构造单元的划分；对重新划定的二级构造带进行了评价，提供井位150口。

1975年9月7日，于任丘构造上钻探的任4井在上元古界雾迷山组地层中经酸化日产油1014吨，成为华北地区第一口千吨井，其出油深度和地震解释会战编制的古潜山顶面（T_g）构造图预测深度基本一致。为确定油田的含油面积，同年10月，依据T_g构造图相继部署任6、任7、任9、任11、任13（探边井）、任26等井，钻探结果和T_g构造图预测结果一致。其中任6、任7和任9井均获日产千吨以上油流，任9井日产油达到5435吨，成为中国单井日产之最。石化部规划院副院长阎敦实将T_g构造图誉为“样板图”。石化部部长康世恩将这个新的古潜山油田定名为任丘油田。

任丘古潜山大油田发现后，石化部决定集中长庆、胜利、大港、河南等油田及物探局等单位的78个地震队和5个电法队在华北平原西部开展石油地震勘探大会战，要求用两年时间拿下冀中大油田，力求在冀中坳陷把埋深6000米以上、面积大于5平方公里的古潜山和局部构造查清，尤其要把霸县二台阶、孙虎、侯尚村、赵兰庄、南马庄、留路，以及任丘周围4000平方公里以内的潜山，按“四查”（指查潜山形态、查潜山内幕、查潜山盖层厚度和产状、查潜山周围的环境和接触关系）要求都搞清楚；在上述勘探资料解释后，要提交从上第三系明化镇组底至古潜山顶面的六大层构造图，及时提供钻探井位。其中物探局参战地震队有23个，电法队5个。1976年6月3～9日，石化部委托物探局在会战前线召开了华北石油地震勘探会战筹备会议，确定队伍部署和具体任务目标。物探局的5个电法队负责查清武清凹陷、霸县—河间凹陷、饶阳凹陷和深县、束鹿凹陷的基岩起伏，并在任丘地区开展电法直接找油试验；23个地震队负责“四查”南马庄、河间—留路、武强、河西务等14个潜山构造带，普查武清凹陷和牛驼镇凸起，同时在石家庄至深县地区开展详查。当年发现龙虎庄、南孟、八里庄、薛庄、八里庄西、留路北、河间、雁翎等30多个潜山和24个第三系局部构造。

1977～1978年，物探局向冀中地区投入5个重力队年、6个电法队年和53个地震队年。重力队负责细测白洋淀及其周边地区。电法队负责查明保定凹陷及坳陷中南部的基岩起伏。地震队的任务是主攻坳陷的中北部，配合钻探探明霸县至留路地区的含油面积；详查河间至武强地区的断裂潜山构造，提供井位；解剖文安斜坡和牛北斜坡；普查保定凹陷和大厂凹陷。在此期间，共发现和落实潜山121个、第三系构造75个，提供井位58口；配合钻探相继发现南马庄、八里庄、留路北、河间、南孟、龙虎庄、顾辛庄、雁翎、鄚州、北新、刘其营、南旺、赵兰庄、深县西、八里庄西、任北、永清和薛庄等18个潜山油田和别古庄、岔河集、中岔口、柳泉和刘李庄等第三系油田。

第三节　复式油气藏勘探

自1975年发现任丘古潜山油田以后，在冀中坳陷开展了以"四查"为目标的地震勘探大会战，一大批大而易得的潜山都成为钻探目标，至1978年，可供钻探的潜山圈闭已经很少。1978年底，康世恩副总理发出对冀中地区进行二次勘探的指示。1979年，物探局按石油部和冀中石油会战领导小组的部署，在冀中地区投入29个地震队，其中有2个队使用数字地震仪。除2个队配合油田开发在留西—大王庄和任东—马西等地开展地震精查外，其余27个队主要分布在饶阳、廊固、深县、束鹿和武清等5个生油凹陷开展地震详查。由于此时的勘探目标转向寻找小潜山、小断块、小滚动背斜及隐蔽圈闭，因此在地震勘探各个环节中更强调提高信噪比和分辨率。为此，在地震数据采集中将覆盖次数增加到12次以上，同时采用小道距、深井小药量的激发接收方法；在利用计算机进行地震资料处理时，广泛使用加密速度谱、常速扫描、反褶积和叠加偏移等处理手段；在地震资料解释中，不仅继续推行"四准确"和"六合一"解释方法，而且要求在解释中广泛使用《地震地层学》解释新技术。当年发现和落实各类圈闭66个。同年4月，在任丘构造带北新潜山提交的鄚3井获日产油700吨；同年4月，在饶阳凹陷留西洼槽构造上提交的留8井于第三系地层中获日产油23.4吨，使饶阳凹陷第三系勘探进入高潮；同年11月，在肃宁构造上提交的宁6井也于第三系地层中获得高产油流。从1980年开始，每年投入2个重力队对冀中坳陷开展1∶5万重力细测。1980年，地震队详查工区扩大到保定凹陷及安国、定县等地区。当年底，四指率先采用数字地震仪在霸县构造带顾辛庄构造上开展束状规则三维地震勘探试验，勘探面积13平方公里。当年发现和落实各类圈闭111个。同年3月，在饶阳凹陷大王庄构造上提交的留53井于第三系地层中获日产油16.2吨，发现大王庄油田；同年6月，发现肃宁油田；同年7月，在武强构造带的杨武寨构造上提交的强2井于第三系地层中获日产油37.4吨，发现武强油田。

1981年，物探局在冀中地区投入22个地震队（含3个数字队），一方面强化饶阳凹陷的勘探，重点解剖大王庄、武强等含油构造带；另一方面采用24次以上覆盖方法重新详查河西务构造带和桐柏镇断裂带，以及廊固凹陷、深县凹陷和束鹿凹陷。至1983年，共向该区投入60个地震队年，其中数字队年16个，使用的覆盖次数普遍达到24次。在饶阳凹陷发现和落实南马庄、留楚、大王庄、榆科和孙虎等12个构造带和53个局部构造；通过区域地震地层学研究发现武强—留楚水下冲积扇、大王庄北深水扇和肃宁三角洲；基本探明肃宁、留西和大王庄等第三系油田；1981年8月，发现任南潜山油藏；1982年4月，发现留楚油田；1982年6月，在留西构造带城南潜山提交的留58井于上元古界雾迷山组地层中获日产油1362吨、天然气37.2万立方米，成为1978年后第一个千吨油井，为此物探局一指被华北油田授予"千吨井尖兵"称号；1983年证实大王庄构造带是一个东营组、沙一段、沙二段和沙三段等不同层系连片含油的油气富集带；在廊固凹陷发现和落实柳泉、旧州—固安和桐南6个构造带和29个局部构造；基本查明柳泉构造带为一不同层系叠合连片的油气富集带，在该带上发现琥珀营、王居和柳泉等油田和曹家务含油构造。1983年1月，在刘其营潜山带上发现刘其营潜山气田。在深县凹陷发现和落实何庄、深县南和衡水—虎北等3个构造带。1981年11月，依据模拟地震资料发现何庄西潜山油田。1982年，依据数字地震资料重新落实何庄西潜山，并扩大了潜山面积，重新设计井位钻探，日产油由18.7吨提高到123.2吨；证实耿家营潜山和深县西潜山均具有含油潜力。在文安斜坡带发现和落实信安镇西—苏桥西断块潜山带、信安镇—苏桥地垒潜山带和文安东断快潜山带，共发现12个奥陶系潜山。1982年12月，在苏桥潜山提交的苏1井获日产油72.7吨，发现苏桥潜山油田。在此期间，研究院地质室还系统地研究了文安斜坡带的煤层气的赋存条件，推断文安斜坡是冀中坳陷寻找二叠系煤层气的最有利地区，预测该区煤层气资源量为627亿立方米。1983年，根据煤层气预测最有利部位钻探的苏2井和苏11井，在石炭—二叠系地层中广泛见到煤层气显示，初步证实上述有关煤层气的预测。在束鹿凹陷，1981年发现荆丘构造，1982年在该构造的沙二段地层中获得工业油流，发现荆丘油田。随后研究院地质室对束鹿凹陷的地震资料在CYBER 1724计算机上采用统一流程进行处理，同时加强地震资料解释，精心寻找和分析小断层、小幅度构造，发现3个构造带和22个局部构造。1983年，在荆丘构造上发现3个含油圈闭，在南小陈构造上发现南小陈油田，在孟观和车城构造上钻探证实有油层或油流。

从1984年开始，物探局为适应华北油田加快复式油气藏勘探步伐、探明更多储量的要求，将冀中探区的28个地震队在用的模拟地震仪全部更新为96道以上的数字地震仪，覆盖次数也由原先的12次、24次增至30次及48次以上；在资料处理和地震资料解释中要求尽可能采用一些新技术和新方法，如时变谱白化、相位校正、高频增强、随机噪声衰减、碳氢检测、沿层频谱分析、叠偏剖面作图等；勘探地区除饶阳凹陷、廊固凹陷和文安斜坡外，还将晋县凹陷、深县凹陷、束鹿凹陷和蠡县—安平地区作为重新详探目标区，找寻“三小”及隐蔽圈闭，提供钻探对象。至1986年，共投入64个地震队年，发现和复查158个潜山和179个局部圈闭，提供井位170口。其中第三系油气藏勘探新成果有：1984年5月，在高阳斜坡带的生物灰岩中获高产油流；1985年4月，在大王庄地区韩家村构造上发现沙二、沙三段高产油流；同年10月，在河间地区西柳构造上获得工业油流；1986年2月，在廊固凹陷钻探的桐28井于沙四段砾石层中获高产油流；同年8月，在深南构造带榆科构造上发现榆科第三系油田；同年10月，实现大王庄油田和宁11井油田连片。古潜山油气藏勘探新成果有：1984年4月，在深县凹陷青辉头潜山发现高产油气流；1985年5月，在荆丘凹陷石家庄潜山发现石家庄油田；同年10月，在晋县凹陷的晋古2井于奥陶系地层中获高产油气流，揭示了晋县凹陷找油潜力。

在1986年以前，冀中坳陷的油气勘探经历了寻找古潜山式油田和开展复式油气藏勘探后，许多第三系大型构造带、构造和潜山带基本查清，剩余的勘探目标主要是在相对较贫的生油洼槽和相对复杂的断裂构造带，因此要求地震勘探采用更新的技术，才能适应该地区油气勘探的需要。1986年后，物探局在采集上先后引进了120道和480道数字地震仪，野外观测的覆盖次数普遍使用24～48次；在地震数据处理上，先后引进了处理功能更先进的IBM系列复合处理系统；在地震资料解释上引进了多种人机交互解释系统，从而增强了物探局解决冀中地区油气勘探中复杂地质问题的能力。从1987年开始，物探局的勘探工区仍然集中在武清、廊固、霸县、饶阳、深县和束鹿等凹陷，主要勘探目标仍然是搜索“三小”圈闭，提供钻探井位。至1989年，物探局在冀中地区投入49个地震队年，新发现各类圈闭14个；新增断块497个，其中最小的潜山断快面积只有0.2平方公里；采用高分辨率地震剖面重新证实武强构造带杨武寨背斜是处于同沉积断层下降盘一侧展布的滚动背斜，有可能是形成上第三系次生油藏的有利圈闭区。在此期间，向华北油田提供井位173口，被油田采纳71口。其中：1987年，在留西等7个构造和断块上有12口井获得工业油流；1988年，在留路构造上有3口井获得第三系工业油流；1989年，在束鹿凹陷西阳台构造上发现西阳台第三系油田。

为配合复式油气藏勘探，从1977年起，重力队对冀中坳陷实施1:5万细测，至1989年共投入21个重力队年，编制出1:5万重力局部异常图，为地震地质解释、确定局部构造类型提供了佐证。

第四节 配合滚动开发，寻找含油断块

从1990年开始，华北油田面对油气勘探难度逐年增大、而可供钻探的圈闭逐年减少的形势，要求物探局配合油田开展以滚动开发为主的油气勘探，力求寻找新的含油断块。为此，物探局除了在冀中坳陷边缘的里坦、静海、大城和阜城等地开展二维地震勘探寻找新的有利区带之外，加强了饶阳凹陷已知含油区的三维地震勘探工作。至1997年，物探局在冀中地区共投入58个地震队年，其中二维地震队年39个，三维地震队年19个。

通过二维地震勘探，在杨武寨地区新发现杨武寨北背斜和洼西断背斜；在蠡县西斜坡的高分辨率

地震剖面上，于东营组和沙二段地层中发现6个新断块；在留楚北部发现大冯营构造；共向油田提交井位20口，被油田采纳15口。1991年，在杨武寨北背斜构造上的沙二段地层中获得工业油流。

三维地震勘探主要部署在以下地区：

1990年，在榆科背斜构造上完成一块面积为155.6平方公里的三维勘探。地调一处研究所经过两轮精细解释，重新理顺了该构造上的断裂组合关系，在构造顶部新发现一条北西向断层将该构造分成东西两部分，东半部的断层以南掉为主，西半部的断层以北掉为主，形成7个断块。共向油田提交井位16口，被油田采纳13口，钻探成功率为57%，成为华北油田钻探效果最好的三维区块之一。

1991～1992年，地调四处在饶阳凹陷中部的留西及大王庄地区分别完成面积为77.2平方公里和130平方公里的三维勘探，以查明小断层。通过反复解释，重新理顺了这两个三维区块上的断裂组合关系，新发现8条15米左右的小断层，新发现12个断块圈闭，共提供井位17口，被油田采纳15口。至1992年，在留西及大王庄地区分别有2口井见到工业油流。

截至1997年，物探局在冀中坳陷地区共完成三维勘探面积1245平方公里，其中大部分勘探任务按劳务合同方式进行，资料处理和解释均由甲方负责。

物探局对冀中坳陷的综合研究工作一直延伸到1995年才终止。

第四章　四川盆地、江汉盆地及周边地区勘探

四川省是世界上最早凿井开采利用石油天然气的地区，迄今已有2000多年的历史。1949年新中国成立后开始进入专业勘探与开发时期。1953～1955年，燃料工业部和地质部先后对四川盆地进行较大规模的石油勘探工作。1957年12月，地质部首先在龙女寺构造上钻获油流。1958年3月10～16日，石油部先后在南充构造和蓬莱镇构造上钻获油流；同年4月，广安构造又钻获油流，于是石油部决定在川中开展石油会战。后来称此会战为第一次四川石油会战。至1960年，在川中地区仅发现蓬莱、南充、龙女寺和桂花等7个低产油田，其中以桂花油田产量相对较高；在川东南地区发现沙坪坝、石油沟、黄瓜山、长垣坝和纳溪等12个气田。1961年3～4月间，石油部确定“以油为主”转向“油气并举、以气为主”的勘探方针，勘探重点区域由川中转向川东南。1964年5月，中央决定加强三线建设，要求加快四川油气勘探步伐。同年10月15日，威基井在川南威远构造上发现震旦系大气藏。同年底，石油部决定立即在四川组织第二次“开气找油”大会战，开气战场以威远和泸州为中心，找油战场以泸州、华蓥山和厚坝为主要目标区。

1964年12月，六四一厂地调处奉命派出先遣人员入川实地踏勘工区的施工条件。1965年1月29日，六四一厂要求组织7个地震队入川参战，地调处指派五大队3个地震队为第一批参战队伍。1965年7月，地质部在江汉盆地潜江凹陷北部王场构造获得工业油流；同年9月，石油部在潜江凹陷北部钟市构造首次获得自喷油流；同年10月，石油部在潜江凹陷北部谭口构造又获工业油流；同年底，石油部决定加强江汉盆地的油气勘探工作。1966年2月，六四六厂奉命抽调10名重力队骨干人员赴汉江盆地参与勘探工作。同年8月，石油部组建江汉石油勘探会战指挥部。1969年4月，六四六厂首批派出5个地震队参加江汉石油勘探会战，至1970年3月，六四六厂参战地震队达到26个。

1970年4月25日，石油部发出“关于开展鄂西、豫西、湘西（简称“三西”）等五个地区区域勘探工作的通知”。同年6月，六四六厂参加江汉石油勘探会战的地震队分别前往豫西南襄盆地、鄂东南武昌地区和洞庭湖盆地开展地震勘探工作。

物探局成立以前在上述5个地区开展地震勘探工作，获得了丰硕的成果：在四川盆地，基本查明威远构造和泸州古隆起的地腹构造及天然气富集规律；在江汉盆地，基本查明江陵、潜江和沔阳等三个生油凹陷的有利含油区带；配合钻探在南襄盆地发现南阳油田。

第一节　四川盆地勘探

四川盆地位于四川省东半部，面积23万平方公里，为中国大型沉积盆地之一。盆地四面环山，周边出露元古界和古生界地层，盆地内除川西有平原

外，其余部分均是山峦起伏。盆地内沉积地层齐全，最大沉积厚度达到10000米。1964年底，石油部依据中央要求加快四川油气勘探步伐指示精神和川东南已陆续发现13个气田的形势，决定在四川组织第二次“开气找油”会战。1964年12月，六四一厂地调处以13个地震队的技术队长和解释组长作为先遣人员入川实地踏勘和考察川南威远工区的地面地震地质条件。1965年初，六四六厂决定五大队的211、212和213等3个地震队先赴四川威远构造开展地震方法试验。其中：211队负责探索石灰岩出露区的选线定井、激发和接收等施工方法；212队负责摸索地形起伏条件下在光点地震记录上识别断层的方法；213队负责复杂地形条件下地震野外施工方法和资料解释方法研究。由于光点地震仪及其配套设备的局限，面对大片石灰岩出露，再加上地形起伏较大的客观条件，虽然经过近半年的试验工作，摸索到一些野外工作经验，所得的地震资料仍不能提供有关威远构造地腹结构的新认识。该区的石灰岩地震勘探技术攻关试验工作由九二三厂入川会战的207攻关队（207队于1964年2月1日调入松辽地调处；同年底以该队为基础组建九二三厂207攻关队）采用模拟地震技术继续完成。207队在威远构造上的勘探试验工作历时5年，基本摸索到一套石灰岩出露区的工作方法，基本查明威远构造的地腹构造和天然气富集规律。

1965年下半年，六四六厂首批入川会战的3个地震队转移川南地区，分别对傅家庙、五通场和广福坪等地面构造开展地震连片细测。由于该区处在两组构造线的交汇处，地面构造虽然为高角度、大幅度构造，但其地腹构造因强烈构造运动的影响，不论是构造高点位置或是幅度均有较大差异，而且地形又多为高山和深沟，给地震勘探施工和资料解释带来困难。他们发扬“没有条件创造条件也要上”的革命精神，终于编制出该区3个局部构造的三叠系产气层构造图，使钻探成功率有明显提高。

1966年1～5月，六四六厂增派13个地震队入川会战。按照四川“找气会战”的部署，六四六厂16个地震队全部集中在泸州地区近8000平方公里的面积上，开展泸州古隆起的普、详查。同年5月成立六四六厂四川地调指挥部。随后，石油部决定六四六厂入川会战的16个地震队整建制划归四川石油地调处。

泸州古隆起的地震普查工作基本上沿全区分布的12条区域路线进行。在获取的地震资料中，二叠系反射层以上普遍见到4～6个反射层，基本显示出泸州古隆起的形态。该隆起极度平缓，地层倾角小于1°，不足以形成油气大规模向古隆起顶部运移和聚集的条件，但是在古隆起上显示较多的局部高点。

1966年后，首批入川的3个地震队转入川中地区，其中1个队负责详查广安构造，另外2个队调往川中桂花油田中部的吉祥试验区，配合钻井地质人员寻找裂缝发育带。这是中国地球物理勘探历史上首次使用地震勘探手段研究裂缝发育部位。虽然由于当时技术水平的限制，未能在勘探方法上获得确切的认识，但是通过地震和地质的紧密结合，认识到“岩性是控制裂缝发育的基础，构造（受力）是裂缝发育的外因”，即构造产状变化大的部位应是裂缝发育部位。

其余13个地震队继续详查泸州古隆起地腹部位及川东地区的局部高点、轴线、断层和扭曲部位，提供钻探井位。至1972年，发现和复查38个局部构造，发现和复查潜伏高点32个；统一编制出二叠系和三叠系两个产气层地震连片构造图；提供井位60余口，钻探成功率达到58.6%。

1973年5月，六四六厂和九二三厂入川会战职工奉命调回六四六厂。

第二节 江汉盆地勘探

江汉盆地位于湖北省中南部的江汉平原，面积约1.9万平方公里，盆地内水网密布，地质结构复杂，勘探难度较大。该区勘探始于1958年。至1961年，已发现潜江凹陷、江陵凹陷和沔阳凹陷，并在潜江凹陷内发现潜江、王场、广华和光明台等局部构造。1965年7～10月，先后在王场等3个局部构造上获得工业油流。1966年2月，六四六厂奉命抽调10名重力队骨干人员参与江汉盆地的勘探工作。1969年初，石油部决定开展江汉石油勘探会战。1969年4月，六四六厂首批选派九大队的5个地震队参加江汉石油勘探会战。同年5月，石油部决定六四六厂再增派四、八、十一大队的15个地震队和1个水上地震队及1个电法队参加江汉石油会战。1970年3月，石油部又调六四六厂十二大队的5个地震队到江汉。至此，六四六厂参加江汉石油会战的物探队达到27个。按会战指挥部要求，六四六厂参战队伍统一编在三分部各个营。根据会战指挥部的部署，六四六厂参战地震队主要任务是在潜江、江陵和沔阳等3个凹陷开展地震连片勘探。

三分部一营有5个地震队使用模拟磁带地震仪和6次覆盖方法重点解剖潜江凹陷北部的王场—黄场地区和广浩断裂构造带。这两个地区是找油的主战场，面积约300平方公里。通过地震连片细测，探明王场、广华和钟市3个油田；实现王场油田和广华油田的连片；发现浩口油田和光明台含油构造。三分部五营有4个地震队使用模拟磁带地震仪和6次覆盖方法连片详查潜江凹陷东坡。基本查明潜江北、周矶、车档和竹根滩等断裂带；查明返湾湖、总口和熊口等断层；发现26个局部构造，其中红旗构造和毛嘴鼻状隆起含油评价较高。

三分部四营和八营有11个模拟地震队负责普查江陵凹陷及监利斜坡，首先布置10条区域普查大剖面，了解区域构造形态、断裂展布、第三系地层厚度变化和盆地东南边界，在此基础上，对发现的构造带开展连片详查，对重点构造进行细测。通过上述勘探工作，在江陵凹陷内共发现沙市—资福寺等3个构造带；发现和落实29个局部构造和44个断块，其中含油评价较高的局部构造有金家场、魏家场和花园等构造。在此期间，对其中15个局部构造开展钻探，除发现花园小油田外，并无重大发现。在监利斜坡，基本查明陈坨口地堑和监利斜坡的形态，发现陈坨口断裂。

三分部九营有5个模拟地震队负责普、详查沔阳凹陷，普查测网为5公里×5公里，详查测网达到1.2公里×2.4公里。基本查明该凹陷的区域构造，以及沙湖大断裂和天门河大断裂下降盘的构造圈闭情况；发现和落实新沟、周家湾、老新、洪湖和瞿家湾等局部圈闭，基本探明新沟油田，钻探证实老新为一含油构造；指出该凹陷北部的小板地区为一含油有利地区。

第三节　南襄盆地勘探

遵照石油部开展“三西”勘探的指示精神，1970年6月，六四六厂参加江汉石油勘探会战的三分部八营的5个地震队奉命对南襄盆地南阳凹陷开展地震勘探工作。

南阳凹陷位于河南省西南部，面积3500平方公里，为一中、新生代沉积盆地。前人在该区开展过重、磁、电法和地震等测量工作，基本上属于概查范畴。此次地震勘探工作分成三个阶段进行：第一阶段，采用3.6公里×2.4公里测网进行区域地震普查，发现沙堰—施庵隆起带和牛三门隆起带；第二阶段，以0.9～1.2公里×1.2～1.8公里测网详查上述两个构造带，发现东庄、沙堰、魏岗、桑庄和曲洼等局部构造，提供了南5～南10等6口井位；第三阶段，以2.4公里×3.6公里测网，扩大勘探区域，发现姚庄隆起。1971年6月，六四六厂结束该区的勘探工作，随参加江汉石油勘探会战的其他六四六厂队伍一道奉命调往陕甘宁地区参加长庆油田勘探会战。

1971年8月，在东庄构造上提交的南5井获得工业油流，发现东庄油田，成为河南省第一个油田。同年9月，在魏岗构造上提交的南6井又获得工业油流，发现魏岗油田。南阳凹陷从地震普查到东庄和魏岗油田的发现，只经历一年的时间。它是物探局成立前的六四六厂按勘探程序勘探获得成功的一个范例。

第四节　南武昌地区及洞庭湖盆地勘探

1970年6月，遵照石油部开展“三西”勘探指示精神，六四六厂参加江汉石油勘探会战的三分部九营和六营各辖5个地震队分别前往南武昌地区和洞庭湖盆地开展地震勘探工作。

一、南武昌地区

南武昌地区位于武昌县以南，属于江汉平原一部分。此区在区域构造上划归当阳复向斜和沉湖—土地堂复向斜。此区部分地表为石灰岩出露区和水网地区，从未开展过地震勘探工作。1970年9月，九营的5个地震队采用模拟地震仪分别在不同地表区开展地震方法试验，力求获得较好的反射资料。至1971年4月，共完成二维地震测线286.4公里，所得地震剖面虽经反复处理，仍未获得稳定、连续的地震反射层，只是从断续的反射资料中发现仙人湖、土地堂、新窑、香炉山、白土岗、方家口、谢家湾和麻洋潭等局部构造。其中香炉山、白土岗、方家口和谢家湾等局部构造还分别进行了钻探，均未发现油气显示，但表明有生油条件，只是构造多被断层破坏。随后，六四六厂中止该区的地震勘探工作。

二、洞庭湖盆地

洞庭湖是中国五大淡水湖之一，洞庭湖盆地面积3500平方公里。前人在盆地边缘作过地面地质调查，在盆地内开展过小比例尺重力和航磁测量，认为盆地为一中、新生代盆地。盆地内分布有沅江和常德两个沉积凹陷，面积分别为1100平方公里和

750平方公里。此次地震勘探任务是查明两凹陷的区域构造，了解沉积岩分布，指出有利构造部位。1970年9月，六营的5个地震队进入指定工区开展地震方法试验，随后布置了3条区域大剖面对全区进行概查。证实沅江凹陷为一南断北超的单倾凹陷，凹陷中心靠南侧的大断裂，最大沉积厚度2000米。常德凹陷为一断陷凹陷，其东西两侧分别以目平湖凸起和太平山凸起与边界的汉寿大断裂和太阳山大断裂接触，凹陷中央有一构造隆起带，其上发现新兴咀、燕子湾和四码头等局部构造。在此期间，常德凹陷钻探了湘深1井和湘深2井，均在预计的勘探目的层深度上钻遇红色地层，认为此区不具备生油条件，从而中止了该区的勘探。

1992年10月，物探局地调二处通过竞标取得新西兰石油勘探公司在湖南洞庭湖盆地的石油勘探反承包项目，投入2个数字地震队分别负责湘阴地堑和沅江凹陷及常德凹陷的地震采集工作。至1993年2月，共完成二维15次、30次覆盖地震测线712公里，完成了合同任务。随后，新西兰石油勘探公司在该区钻探了1口井，未获得油气显示。

第五章　陕甘宁盆地勘探

陕甘宁盆地又称鄂尔多斯盆地，地跨陕西、甘肃、宁夏和内蒙古等4省区，面积25万平方公里，为中国大型沉积盆地之一，也是中国最早发现的油气盆地。1907年，在该盆地的延长钻探了中国第一口井——延长1号井，在三叠统地层中获得原油，标志着中国近代石油工业的诞生。此后，该区就成为中外地质学家关注的目标。至1949年，历经43年，由于地质结构复杂，勘探手段落后，只发现延长和永坪两个小油田。

1950年5月，根据中央人民政府“加强陕北勘探工作”的指示，成立了西北石油管理局陕北地质勘探大队，开始了大规模的石油勘探工作。1951年，在延长和四郎庙地区开展了地震勘探试验工作。至1953年，经过4年勘探，发现由于该区地层平缓，岩石物性太差，从而造成“井井有油，井井不流”的局面；该区构造不发育，但在盆地西缘的灵武至盐池一带发现了刘家庄、鸳鸯湖等背斜构造。从1954年开始，勘探重点向盆地西缘和北部转移。1958年，相继在盐池地区的马家滩和李庄子两个构造发现工业油流，预示盆地西缘具有良好的石油勘探前景。1964～1965年，对盆地北部伊盟隆起开展了地面地质调查、物探和钻探等工作，未发现工业油气流。1966年，再上盆地西缘，相继发现马家滩油田和李庄子油田。1969年，发现刘庄子气田，成为陕甘宁盆地第一个气田。1969年6月，六四六厂首次派遣10个地震队赴该盆地西缘开展勘探工作。1970年4月，石油部玉门会议确定陕甘宁地区是三线石油勘探的重点地区之一。同年8～9月，在陇东地区相继发现华池油田和马岭油田。同年11月，国务院批准成立陕甘宁石油勘探指挥部，负责组织和领导陕甘宁石油勘探会战（又称长庆油田勘探会战）。1971年6月10日，六四六厂参加江汉石油勘探会战的25个地震队奉命参加长庆油田勘探会战。至1972年底，六四六厂共投入104个地震队年、3个电法队年和3个重力队年，为加快陕甘宁盆地的石油勘探步伐提供了丰硕的地质成果。

80年代初，盆地勘探引进了“煤层气”和“深盆气”勘探理论，加强了盆地天然气资源的勘探。1983～1986年，相继在盆地西缘、东部和北部发现工业性气流。1986年，物探局奉命再上陕甘宁盆地。至1997年，物探局共投入39个地震队年、11个电法队年、12个重磁力队年和2个化探队年，为寻找天然气富集带，扩大已知气田的含气面积做出了新的贡献。

第一节　陕甘宁石油勘探会战

1966～1969年，在陕甘宁盆地西缘，相继发现马家滩油田、李庄子油田和刘庄子气田，拉开陕甘宁石油勘探会战的序幕。1969年6月20日，物探局前身六四六厂根据石油部指示首次派遣10个地震队和1个电法队、1个重力队在盆地西缘天环坳陷及其邻区开展勘探工作，主要任务是重点解剖天环坳陷，普查定边、灵武和盐池等区域构造，探明该区域的含油气分布。首先在泾川和宁县地区开展黄土塬地震勘探方法试验，摸索到一套激发、接收方法，随后概查清水营至马家滩地区及天环坳陷，初步查明马家滩背斜带，发现和落实了黑疙瘩、沙坝井、徐庄子等 8 个局部构造。

1970 年 3 月 26 日，为了加强该区的勘探工作，六四六厂又向陕甘宁地区增派 7 个地震队和 1 个电法队，工区范围扩大到渭北隆起和平凉隆起（现称西缘断褶带平凉凸起）。初步查明盆地南界、渭北、平凉等隆起的区域构造特征，发现和落实 9 个二级构造带，发现和复查 38 个局部构造，提供了一批井位。1970 年 8～9 月，在天环坳陷的东部相继发现了华池油田（庆 3 井）和马岭油田（庆 1 井）；11 月，长庆油田勘探会战全面启动。1971 年 6 月，六四六厂参加江汉石油勘探会战的 25 个地震队奉命调往陕甘宁，与先前六四六厂的物探队一起统编为长庆油田会战四分部。至此，六四六厂参战的地震队达到 42 个，电法队 3 个，重力队 1 个。会战工区分布在甘肃的庆阳和华池地区、宁夏的灵武和盐池地区、陕西的吴旗和定边地区。从区域构造上说，上述地区基本处在盆地西缘的天环坳陷及其东斜坡，面积 6.78 万平方公里。具体勘探任务是详查庆阳、华池、吴旗和黑河地区，普查环县和泾川、宁县等地区，概查富县和延安地区。经过一年勘探工作，综合 1969～1971 年的资料，按统一要求编制了全区五大层地震构造图，第一次展示了该区的区域构造轮廓，发现和落实了 20 个局部构造，证实富县重力高异常与基底隆起无关，地形高带和地腹构造起伏无关。扩大了马岭油田和华池油田的含油面积。

1972 年，六四六厂在长庆油田参战的地震队中已有 25 个地震队使用模拟磁带地震仪进行工作。具体部署如下：

四分部三十一团负责详查吴旗地区。勘探结果表明，该区为一缓慢西倾斜坡，在斜坡背景上发育 5 排鼻状隆起带，局部构造和断层均不发育，只发现长官庙、薛岔 2 个构造和 1 条长官庙断层。

四分部三十二团负责详查环县以北的洪德至山城堡和耿湾地区，普查庆阳以南的宁县至合水和正宁地区。勘探结果表明，详查区的东部为耿湾鼻状隆起，西部为罗山川向斜；普查区为一由东向西倾没的单斜背景下形成的构造阶地。

四分部三十三团负责连片详查马岭至黑河、西峰地区，面积 5000 平方公里。勘探结果表明，该区处在天环坳陷东部斜坡带上，小幅度局部构造发育，发现和落实鼻状构造 13 个、穹隆背斜 5 个。

四分部三十四团负责在平凉、镇原和泾川地区约 6000 平方公里面积开展方法试验和详查。基本查明沙井子、丰台和孟坝等 3 个构造带。

1973 年 2 月 12 日，燃化部决定将六四六厂参战的三十一、三十三团所辖 20 个地震队及三十四团 2 个地震队正式调给长庆油田会战指挥部，三十四团有 5 个地震队调往大庆油田，其余参战队伍调回六四六厂。

第二节　陕甘宁找气会战

自 1969 年在盆地西缘刘家庄构造于石盒子组地层中发现刘庄子气田之后的 10 余年时间，再没有发现新气田。在 80 年代初，由于引进了“煤层气”和“深盆气”的勘探理论，加强了全盆地天然气资源研究和勘探。认为陕甘宁盆地具有沉积的多旋回性和构造变动的差异性，客观上提供了形成天然气的优越条件，而且认为海相碳酸盐岩最具有成藏条件，为此天然气勘探地区应由盆地边缘向盆地腹部转移。由于盆地腹部地表条件极其恶劣，北部是毛乌素沙漠，南部为黄土塬覆盖，勘探难度很大，所以特别强调实施“五位一体”（即地震、钻井、测井、试气和综合研究集一体）的综合勘探方法。1983～1986 年，相继在盆地西缘、东部和北部的二叠系、石炭系和奥陶系地层中发现气层和工业性气流，展示了良好的天然气勘探前景。

1986 年，物探局奉命再上陕甘宁盆地勘探。当年投入由 4 个队组成的两个地震联队，使用数字地震仪和 30 次覆盖方法，在盆地北部伊盟隆起的杭锦旗至乌审召一带，分别以 10 公里×10 公里和 16 公里×16 公里测网进行地震普查，要求得好奥陶系、石炭系和二叠系等三套勘探目的层反射。勘探发现黑劳潮—阿布劳庙构造带、乌审召鼻状隆起带和 13 个局部构造，建议井位 2 口。

1987 年，物探局投入 3 个地震队和 3 个重力队，在天环坳陷北部的阿布劳庙地区约 4500 平方公里面积上开展地震详查和重力细测。主要任务是查明古生界地层分布，查明天环坳陷和西缘断褶带的接触关系，落实有利圈闭，提供预探井位。勘探结果表明：天环坳陷存在 3 条断裂；本区古生界地层有广泛分布，依据地震地层学原理可以划分成 3～5 个有利相带；发现局部构造 39 个、地质异常体 2 个，建议井位 6 口。

1988 年，物探局投入 9 个地震队、2 个电法队、2 个重力队和 1 个化探队，勘探工区由杭锦旗至榆林，面积约 10000 平方公里，采用综合勘探方法对该区开展加密详查。获得了以下主要勘探成果：基本查明盆地东部斜坡的北段为一向西南方向微倾的斜坡，它与天环坳陷和伊盟隆起均呈斜坡过渡关系；伊盟隆起与河套地堑呈正断层接触，黑劳潮—阿布劳庙构造带由3个局部构造组成，但构造带向东北方向延伸情况尚有待查明；发现达克构造带。

1989年6月，长庆油田依据地震大剖面发现的林家湾构造钻探的陕参1井喜获高产气流，加速了盆地中北部的天然气勘探速度。

1989～1991年，物探局为完成中国石油天然气总公司确定的"鄂尔多斯盆地伊盟地区大中气田（指上古生界地层）勘探目标"课题，共投入8个地震队年、7个重力队年、1个磁力队年和4个电法队年，勘探区域涉及伊盟隆起、东部斜坡北部和天环坳陷北端，面积5万平方公里，约占全盆地面积的1/5。重、磁、电队的勘探任务主要是了解上古生界地层的起伏；地震队的任务要求采用30～60次覆盖方法及多波勘探方法、现代最新处理技术和解释技术，查明构造带和断层展布，评价有利储集相带，指明大中型气田钻探目标区。通过两年多时间的勘探和综合研究，获得了如下主要勘探成果：①基本查清本区的构造和断层展布规律，共落实3个构造带，发现和复查39个局部构造；②认为乌审召—乌审旗—梅林庙一带是寻找石炭系和二叠系气藏最有利地区；③采用地震地层学方法和波阻抗剖面分析了二叠系石盒子组砂岩分布规律及岩相古地理，指出了有利相带分布区，认为刀兔—孟家湾—马家邦和鄂托克旗有可能成为未来大中型气田的目标区。其中鄂托克旗可能存在奥陶系风化壳，应为寻找天然气聚集有利区带。1991年初，该处钻探的鄂2井和鄂3井分别获日产气4.72万和4.82万立方米，基本证实依据地震资料所作的预测。

1992～1993年，物探局继续完成总公司确定的"鄂尔多斯盆地伊盟地区下古生界（兼上古生界）大中气田目标研究"课题，共投入8个地震队年、1个重力队年和2个电法队年。重力和电法队的任务是填平补齐，查明基岩起伏；地震队的任务是得好下古生界各套地层的反射，要求通过高分辨率处理和加强综合研究，区分和识别奥陶系风化壳形成的古地貌，进一步评价有利相带，提出大中型气田目标区的位置。通过两年的勘探工作和综合研究，获得了如下勘探成果：①首次建立了全区的速度库，采用变速成图方法编制了全区5层连片构造图，明确了黑劳潮—阿布劳庙构造带向东北方向延伸的情况，新发现鄂托克旗和塔巴庙两个基岩隆起；②利用高分辨率处理的地震资料，基本查清下古生界寒武系、奥陶系内部小层变化特征，尤其是奥陶系顶界的古地貌，由东至西划分出3个侵蚀谷和2个古潜台；③利用二维盆地模拟技术，进一步指出乌审召—乌审旗—乌尔杜淖一带是寻找天然气最有利地区；④黑劳潮—阿布劳庙构造带和乌审召鼻状隆起带是最有利的钻探目标区，前者面积450平方公里、预测天然气储量315亿立方米，后者面积4300平方公里、预测天然气储量237亿立方米。

1994～1997年，物探局在伊盟地区的勘探工作转入专题研究和工业制图阶段。为了配合专题研究，在乌审召地区投入7个地震队年，其中1995年有2个队采用30～60次覆盖方法完成高分辨率地震测线741公里。其目的是便于更精确地利用带宽约束反演、神经网络模式识别和AVO等新技术开展天然气储集层预测。研究表明，乌审召鼻隆带有5个局部构造具备良好的成藏条件，其中有3个构造预测天然气储量均在4亿立方米以上。通过黑劳潮—阿布劳庙构造带的黑劳潮构造地区横波和转换波试验资料的分析和专题研究，认为在横波地震剖面上，由含气地层显示的亮点形态更清晰，并可以提取泊松比等信息。通过伊盟隆起的构造精细解释研究，基本查明石炭系、二叠系和奥陶系目的层的展布，共发现大于2平方公里的层圈闭70个，层圈闭面积1800平方公里。共提交11份综合研究报告，其中除地调二处鲍磊英完成的《鄂尔多斯盆地伊盟地区下古生界大中气田目标研究》综合研究报告外，还完成了10项专题研究报告，主要内容涉及高分辨率地震资料解释效果、构造解释、储层解释、盆地模拟和圈闭评价。

第六章　东濮凹陷及周边地区勘探

东濮凹陷及周边地区地处中原腹地。在区域构造上，包括渤海湾盆地的临清坳陷，南华北盆地的周口坳陷、开封坳陷和合肥坳陷，以及洛阳盆地、三门峡盆地和伊川盆地。由于该区的特殊地理位置，该区在第一个五年计划期间就成为地质部和石油部开展油气勘探重点地区之一。1955～1957年，地质部系统在中原地区开展了小比例尺重磁力和航磁普查工作。1956～1960年，石油部华北石油勘探处先后在临清坳陷的明化镇、馆陶、堂邑等3个凸起上和开封坳陷内以重力高为对象，以下第三系大背斜为目标，钻探了华1井～华6井，证实重力高为下古生界地层组成的隆起。其中华1井为华北平原第一口油气探井。1958～1963年，华北石油勘探处201地震队在开封坳陷内开展地震面积普查。根据上述勘探资料，认定该区为油气勘探的远景区。由于该区毗邻济阳坳陷，1969～1971年，九二三厂（胜利油田前身）为寻找后备资源，调集10个地震队在开封至兰考一线以北地区开展地震连片勘探。在东明凹陷（即东濮凹陷）内发现东明（后称桥口）、新霍和梁占等3个局部构造，并于1970年4月至12月分别部署1口探井，均揭示有沙河街组地层，其中有2口井发现油迹油斑砂岩，进一步证实该区具有生油能力。1971年，在燃化部局厂（矿）领导干部会议上，杨克绳代表六四六厂汇报，就六四六厂下一步勘探部署提出“大上冀中、撬开周口，侦察开封、临清”的建议，立即得到石油部领导的首肯。据此，六四六厂勘探二团及电法队对该区的全面勘探逐步展开。1971年部署2个电法队和6个地震队开赴周口坳陷开展勘探工作；1972年，有2个队侦察合肥坳陷，另有6个队概查周口坳陷；1973年，有2个队侦察东濮凹陷；1974年，部署5个队对东濮凹陷从区域勘探着眼进行整体勘探。1975年7月，在东濮凹陷新发现的中央隆起带上首次提交3口井。同年9月7日，濮参1井在沙二段地层中喜获工业油流；10月，石油部决定开展东濮石油会战；11月，文1井和卫1井相继发现油层。1976年，二指暂时终止周口坳陷的勘探工作，在东濮凹陷投入8个队扩大战果，同时开展临清坳陷、洛阳盆地和三门峡盆地的勘探工作。1996年，承接伊川盆地地震方法试验任务。

截至1997年，物探局（含六四六厂）在该区共投入300个地震队年，其中东濮凹陷118个队年、周口坳陷50个队年、开封坳陷64个队年、临清坳陷39个队年、合肥坳陷22个队年、安阳及洛阳盆地和三门峡盆地各2个队年、伊川盆地1个队年，共完成二维地震测线5万公里、三维地震勘探面积399平方公里；共投入6个电法队年，分别完成垂向电测深测线1538.5公里，大地电磁测线854公里；共投入8个重力队年，完成重力测线13648公里；共提交综合研究报告106份，各类分析图件1926幅。基本查清该区的地质结构和油气富集规律；配合钻探在东濮凹陷找到文留、卫城、濮城、文明寨和胡状集等13个油田，探明石油地质储量5.81亿吨。

第一节　东濮凹陷勘探

东濮凹陷位于豫东北和鲁西南的交界处，形似“琵琶”，面积约9000平方公里。该区的重磁普查工作始于1955年，地震普查工作始于1958年，地震详查工作始于1969年。1970年4～12月，分别在地震详查工作基础上发现的东明（桥口）、新霍和梁占构造上钻探了东参1井、新1井和东参2井，均揭示有沙河街组地层，其中东参1井和新1井还发现含油粉砂岩屑和油斑砂岩，证实了东濮凹陷为有利的含油远景区。1973年，物探局的科研人员在分析该区1969～1971年期间的勘探资料时，认为该区油气勘探未获得突破的主要原因在于地震部署没有着眼于全区，而是过早地开展地震详查，违背了地震勘探的基本程序；另一个原因是地震队使用的是光点地震仪，无力克服严重的多次波干扰，致使中深层地质结构不清。1973年秋，物探局二指采用模拟地震技术和新的勘探思路开始了东濮凹陷的地震勘探工作。1975年9月7日，发现文留油田；1975年10月，石油部决定在东濮凹陷开展石油会战；1979年，整体解剖东濮凹陷中央隆起带，实现文留油田和濮城油田的连片；1982年，二指采用数字仪和三维地震勘探方法配合油田开展滚动勘探和开发，直到1990年才结束。该区的地震资料解释和综合研究工作一直延伸到1992年。

一、区域勘探选准突破口

1973年，物探局二指2个队分别在东明集和长垣地区采用模拟磁带地震仪开展多次覆盖试验工作，最终确定选用6次覆盖观测系统，可以有效地克服该区的多次波，使勘探深度由原先的2500米提高到6000米以上。1974年，二指投入5个地震队，按照“盆地边界准、二级断层准、二级构造带准和局部高点准”的原则，对东濮凹陷全区一次性部署12公里线距的主测线和6条联络测线；全部主测线要求做到“下凹（陷）、过高（部位）、上隆（起）”；在发现构造高点部位，要求及时巧布一些短测线查清构造细节，提供钻探井位。采用上述勘探思路，在6条主测线上发现一条长约110公里、面积约有1000平方公里的中央隆起带。1975年，立即在该隆起带部位加密测线，证实隆起的主体在文留和濮城一带，其上有14个局部构造，以文留、卫城、胡状集和梁庄等构造的可靠性最高，提供井位7口。1975年7月，物探局二指副主任地质师吴奇之和开封组组长温森来及南阳油田朱水安向石化部勘探司汇报东濮凹陷构造的落实情况，决定先在文留和卫城构造上钻探3口井，即濮参1井、文1井和卫1井。1975年9月7日，文留构造上的濮参1井钻至井深2607.6米时，在下第三系沙二段地层中发现工业油气流，标志文留油田的发现，从此东濮凹陷的油气勘探工作步入一个崭新阶段。1975年10月，石油部决定由胜利油田、南阳油田和物探局等单位组织勘探队伍开展东濮凹陷石油会战。1975年底，卫1井和文1井相继在卫城构造和文留构造南翼发现多套油层，预示文—卫构造带是一个油气富集带。

二、详查中央隆起带，实现“中间突破、攻占两厢”

从1976年起至1978年，物探局二指共投入21个模拟队年，在重点详查中央隆起带北部文—卫构造带的同时，还对隆起带的中段和南段开展详查和普查，其中有27条地震测线穿过黄河，将东濮凹陷黄河两侧连接成一个完整的测网。共发现和落实12个二级构造带和62个局部构造，一级断裂2条、二级断裂15条；建议钻探井位72口。为了提高地震资料解释质量，全部地震资料由计算机处理，开始借助速度扫描方法标定地质层位、采用偏移剖面绘制地震构造图。上述地震成果为文留地区确定“中间突破（构造顶部）、攻占两厢（文留构造两翼的滚动带）”钻探目标的实现，提供了条件。1977年1月12日，位于文留构造顶部的文4井在沙四段地层发生强烈井喷；随后文23井在该构造上发现气层120.2米，日产气26万立方米，发现文留气田。1977年6月9日，位于文留构造东厢反向屋脊断块上的文10井在沙二和沙三段地层中发现48.1米油层，日产油209吨，发现文中油田，证实邻近油源的反向屋脊断块是该区油气富集的主要圈闭类型。同年，位于文留构造两厢的文6井也见到油层。

三、整体解剖中央隆起带，实现文留油田和濮城油田连片

1979年，二指投入7个模拟队采用12次覆盖方法在中央隆起带北部的濮城背斜带及其周边地区开展面积详查。1979年3月，由物探局提交的文35井在濮城构造上获日产油23吨，天然气2150立方米，发现濮城油田。1980年，有4个模拟队在卫城潜山背斜带、桥口背斜带、南何家背斜带和马厂断裂带、孟岗集断裂带开展详查；有3个数字队采用24次覆盖方法详查文—卫构造带。通过这两年的勘探工作，进一步明确受古隆起控制的中央隆起带是油气富集有利部位；实现文留油田和濮城油田的连片；进一步落实桥口、马厂、徐集、唐庄、孟居、南何家、梁占和孟岗集等局部构造；在文明寨构造上提供13口井位，有9口井获得工业油气流，探明地质储量2012.97万吨。

1981年，二指部署11个队继续解剖中央隆起带，有3个数字队负责精查文留东部和南部，其余8个模拟队负责详查隆起带向黄河南延伸部分。1981年6月19日，由物探局在马厂反向屋脊断块上提交的马11井获日产油61吨，发现马厂油田。1982年，部署8个队，其中3个数字队负责黄河北文留、卫城和濮城等构造带上的精查，5个模拟队负责详查黄河南的马厂、桥口和南何家等背斜带。1982年9月7日，由物探局在桥口构造东翼的李屯断层反向屋脊断块上提交的桥14井，在沙四段地层中获得工业气流，发现李屯气田。1982年底，在马厂断裂带东南部，发现三春集油田。

四、配合滚动勘探开发，寻找新的油气富集带

鉴于文留潜山背斜带属于上堑下垒地质结构，加上盐岩层的塑性流动，采用二维地震勘探方法仍然无法查清该背斜带的构造形态，钻井成功率也不高。为此，1982年10月至1983年2月，物探局与美国GSI公司合作在文南地区采用高覆盖次数（20次）完成一块满覆盖面积51平方公里的三维地震勘探，通过二指研究队王强和傅同庆等人的精心解释，理顺了该区的断层，划分出7个地堑块、13个断鼻构造、23个断块，新发现1个杨柳庙构造，预测出文西和齐王庄砂体，提供9口井位，有8口井见到工业油流。

1983年3月8日，经国务院批准，石油部决定在东濮凹陷开展地球物理、地质、钻井、测井、钻井液等八项技术攻关会战。1983～1984年，物探局共部署24个数字队在东濮凹陷黄河南的桥口背斜带、徐集—马厂潜山背斜带和三春集断裂构造带开展地震连片详查，并在其邻区开展普查，理顺了桥口构造与河岸接合部的接触关系，扩大了李屯断块和马厂油田的含气面积及含油面积。

1984年，二公司在文北地区按文南三维地震勘探经验独立完成一块满覆盖面积97.6平方公里的三维地震勘探，扩大了文南油田的含油面积。

1985～1987年，二公司（处）共部署25个数字队，重点勘探西斜坡的胡状集—庆祖集断阶构造带和高平集、长垣等地区。在胡状集—庆祖集断阶带区域，于一台阶发现3个地垒块，于二台阶理出2条地垒带，并新发现石家集背斜和胡状集水下扇两个圈闭。1985年，二公司在该断阶带最北端断块内提交的胡16井见到工业油流；1986年，在胡状集水下扇提交的胡31井和胡32井均获工业油流；同年，在该断阶带上的一个顺向断块内提交的胡7井也获得工业油流，从而扩大了寻找油气圈闭领域，发现了胡状集—庆祖集油田。至1996年，采用地震勘探方法探明储量5000万吨。

1988～1990年，二处部署3个三维队年配合马厂油田和胡状集—庆祖集油田的开发，共完成三块125平方公里面积的三维地震勘探，进一步扩大了这些油田的含油范围。

第二节　临清坳陷勘探

临清坳陷地跨冀南、豫北、鲁西三地区交界处，位于华北平原中部，隶属于渤海湾盆地。该区的区域勘探始于1955年。1956～1960年，石油部华北石油勘探处先后在该坳陷的明化镇、馆陶和堂邑等重力高异常上分别钻探华1、华3、华4和华6等基准井，其中华4井在钻至古生界地层时见油气显示。1966～1970年，六四六厂曾在该区开展天然地震勘查。1969～1971年，九二三厂在该区作过1∶10万地震概查，揭示有下第三系地层和古生界凸起存在。1972年5月，燃化部针对当时华北地区油气勘探形势提出“大战凸起、猛攻灰岩”的勘探方针。1975年，在冀中发现任丘古潜山油田后，在渤海湾盆地各坳陷寻找古潜山蔚然成风。从1976年冬开始，物探局二指4个队及一指1个队按2公里×4公里测网对该区从北至南开展地震连片勘探。至1980年，物探局在该区共投入24个队年，其中新河凸起、巨鹿凹陷、南宫凹陷达到详查程度，邯郸凹陷、莘县凹陷、广宗凸起、明化镇凸起、堂邑凸起达到普查程度，宁晋凸起、丘县凹陷和大营镇凹陷属于概查。发现堂邑潜山构造带、巨鹿凹陷中央隆起带和馆陶构造带，发现堂邑南、曲周、康庄等27个局部构造。在此期间共钻探各类探井46口，有15口井在不同层位见到少量油气显示。1981年有2个队施工。1982年，该区油气勘探工作暂时中止。

1983年，东濮凹陷的油气勘探工作已取得决定性胜利，并转入八项技术攻关阶段。按石油部部署，物探局一指2个队采用数字仪重新详查南宫凹陷。1984年，二公司部署5个数字队采用24次覆盖方法在坳陷东部开展地震普查。1985～1988年，二公司（处）共投入8个数字队年详查冠县凹陷（原称元春集凹陷），普查丘县凹陷、莘县凹陷和邯郸凹陷，进一步证实冠县、丘县、莘县和邯郸凹陷均为下第三系沉积凹陷。地震查明，这些凹陷内均有次一级构造带存在。1989年，在莘县凹陷中央构造带上提交的贾2井在沙三段地层获得日产3～4吨工业性油流，进一步证实临清坳陷为一油气远景勘探区。此后，因无重大发现，勘探工作再度停止。1994年，总公司勘探局新区勘探事业部华北古生界油气勘探项目经理部委托物探局杨克绳、郑海裕和赵呈瑞等人开展“临清地区古生界地震老资料连片解释、研究及早期综合评价”研究。历时两年，对临清坳陷的石油地质成因进行了系统研究，认为该坳陷具有南北分块、东西分带、中间以撕裂断层相连的特点，具备油气生储盖条件，堂邑和馆陶等构造带为有利含油气区带，堂邑南背斜等5个圈闭应为下一步首选勘探目标。

第三节　南华北盆地勘探

南华北盆地地跨河南省中西部和安徽省中东部地区。在区域构造上自北向南包括开封坳陷、周口坳陷和合肥坳陷。1971年，在燃化部局厂（矿）领导干部会议上确定的华北地区勘探部署原则是“大上冀中，撬开周口，侦察开封、临清”。周口坳陷是南华北盆地中面积最大的坳陷，也是一些地质家评价较高的坳陷之一。在这样的背景下，周口坳陷就成了当时六四六厂勘探二团地震队首选的勘探目标。

一、周口坳陷

周口坳陷东起安徽省的亳州、阜阳，西至河南省的舞阳，北起太康，南至新蔡，面积约3.2万平方公里。1970年，六四六厂1个电法队概查周口坳陷鹿邑凹陷。1971年，六四六厂部署2个电法队和6个地震队（4个“五一”型地震队和2个模拟队）：电法队对全坳陷进行概查；地震队选择该区不同地表条件开展方法试验。1972年，部署2个电法队和

6个模拟队：电法队转入普查；模拟队采用6次覆盖方法对全区开展地震普查，发现沈丘断裂带，基本查明该区的沉积岩厚度和构造分布，证实了周口镇等3个电性异常为局部构造。1973～1975年部署17个地震队年继续进行普查外，还对太康隆起进行概查，基本证实周口坳陷为一第三系断陷盆地，区内凹陷发育，下第三系地层在区内许多凹陷有广泛分布。1975年9月，东濮凹陷的濮参1井发现工业油流，拉开了东濮凹陷石油会战的序幕。1976年，二指在周口坳陷的地震勘探工作暂时中断。

1980年，物探局二指有2个模拟队重上周口坳陷，采用12次覆盖方法重点勘查该坳陷东部的鹿邑凹陷和倪丘集凹陷。至1984年，共投入13个队年。在鹿邑凹陷发现玄武—代集构造带，并落实了十字河和代集等2个构造；在倪丘集凹陷发现光武断裂构造带，并落实了光武构造。

1986～1990年，二处共投入14个数字队年，采用30次覆盖方法，先后对汝南、临泉、舞阳等凹陷和太康隆起开展详查，基本查清工区的主要断裂和构造带的分布，在临泉凹陷发现杨桥等6个局部构造。

1987～1992年，物探局五处投入6个重力队年，在信阳至阜阳地区开展1∶10万重力详查，在汝南凹陷开展1∶5万重力细测，基本明确大别山隆起和周口坳陷的分界线，发现了55个局部重力异常。

在上述勘探期间，也在一些有利部位开展了钻探，仅有周参10井和周参12井见少量原油，另有10余口井见油气显示，物探局再度终止该区的勘探工作。

二、合肥坳陷

合肥坳陷位于安徽省中部，面积约1.97万平方公里。该区在1958～1964年期间作过石油地质调查和不同比例尺的重磁力普查，钻探43口浅井，仅在朱1井下白垩统地层中发现过暗色泥岩。1972年，六四六厂勘探二团开始采用模拟技术对合肥坳陷开展地震勘探。1972～1976年，勘探二团（二指）共投入7个模拟队年，普查舒城凹陷和肥东凹陷。因该区地质结构复杂，地震资料品质差，难以作出评价，因而暂时中止了该区的勘探工作。

1988年，物探局五处706队利用大地电磁法在该区作了3条电法大剖面，认为六安低凸起为找油气最有利区带，舒城凹陷第三系沉积最厚。同年，二处2256队采用数字地震仪重新在合肥坳陷开展方法试验。1989年，该队采用30次覆盖方法对合肥坳陷评价较高的肥东凹陷开展面积普查，共发现12个局部构造。1991～1994年，二处共投入13个地震队年对合肥坳陷开展普、详查，基本查明该区的构造格局，在坳陷中央发现合肥—六安隆起带，在大桥凹陷经钻探证实有较厚的生油岩系存在，在定远凹陷发现10个局部构造。

物探局对合肥坳陷的综合研究工作直到1995年结束。

三、开封坳陷

开封坳陷由东向西横跨河南省中北部的民权、开封、郑州、洛阳、济源一带，在区域构造上包括民权、中牟和济源3个凹陷。50年代中期，在中牟凹陷开展过重、磁、电普查和详查。1958～1963年，华北石油勘探处201地震队在开封至兰考地区进行过地震面积普查。1965年，六四六厂1个电法队和2个重磁力队开始在开封坳陷开展电测深面积普查及重磁力详查。1975年，物探局二指派出3个模拟队对开封坳陷中牟凹陷展开侦察。在中牟凹陷的工作方法获得基本成功之后，勘探工作陆续向民权和济源凹陷扩展。截至1990年，二处及其前身向该区共投入42个队年，其中民权凹陷有6个队年，中牟凹陷有14个队年，济源凹陷有22个队年。基本查清该区的构造格局和沉积岩分布：在民权凹陷发现了梁寨等4个局部构造；在中牟凹陷发现杜营等3个断裂构造带和19个下第三系局部构造，1978年3月，在其中的刘楼构造上提交的开参2井于沙三至沙四段地层中获日产油156升；在济源凹陷查明崇义和武德等2个断裂构造带和7个局部构造。

从1993年起，物探局五处应中原油田要求在济源凹陷的孟县和温县地区按0.5公里×0.25公里测网开展重力细测。至1994年，共解释出3条区域性大断裂及51个局部重力异常，推测西虢次凹为有利找油区。1996～1997年，五处应华北油田要求，承接了孟津至郑州和荥阳至郑州两段的大地电磁测深任务。在孟津至郑州段划分出28条断裂，指出沁阳、孟县和温县一带为找油有利区；在荥阳至郑州段划分出13条断裂，编制了3个电性界面埋深图、2幅等厚图和1幅局部构造分布图。

第四节　河南诸盆地勘探

一、洛阳盆地

洛阳盆地位于豫西北，四面环山，面积4300平方公里。盆地中央的新安凸起将盆地分为东西两个凹陷，即洛阳和洛宁凹陷。该盆地属黄土塬地形，地震地质条件差。1977年，南阳油田地调处在该区作过少量地震工作。1978年，地矿部在全区作过重力普查。同年，物探局二指派出1个模拟队在该区开展方法试验，随后采用6次覆盖方法先后对洛宁凹陷和洛阳凹陷开展概、普查。至1979年，共完成地震测线67公里，分别在两个凹陷的有利部位各提交1口井位。1979年11月，在洛宁凹陷的洛参10井钻遇下第三系为红色地层；1980年5月，在洛阳凹陷的洛参2井钻遇下第三系为红色地层。表明该盆地缺乏生油条件，从此勘探工作终止。

二、三门峡盆地

三门峡盆地位于豫西北和晋西南交界处，北、东、南三面环山，仅西面与汾渭盆地相连，面积约3100平方公里。该区为黄土塬覆盖，黄河流经盆地中央，河滩、沼泽广为分布。1966年，盆地周边作过地面地质调查。1977～1978年，盆地内开展过零星电法和地震方法试验。1978年冬，物探局二指1个模拟队奉命进入该区进行多次覆盖方法试验。1979年，该队继续进行地震方法试验。两年共完成试验测线29公里。1979年11月和1980年2月，分别在黄河北芮城凹陷内两个有利构造部位钻探灵参1井和灵参2井，钻遇的目的层均为一套红色地层，表明该区也缺少生油条件，从此勘探工作终止。

三、伊川盆地

伊川盆地位于河南省伊川、宜阳一带，其北紧邻洛阳盆地。1996年，二处2206队采用数字地震仪在该盆地开展地震方法试验，覆盖次数达到120次。因该区地震地质条件复杂，区域结构和洛阳盆地类似，仅完成试验测线18公里，即中止该区的勘探。

四、汤阴地堑

汤阴地堑位于河南省最北部，紧邻东濮凹陷，面积3000平方公里。1979年，二指2143队在该地堑安阳地区开始用6次覆盖方法进行概查；1980年又将覆盖次数增加到24次，累积完成地震测线276公里，无重要发现，随后中止勘探。

第七章　二连盆地勘探

二连盆地位于内蒙古自治区中部，西至巴彦淖尔盟乌拉特后旗，东至锡林郭勒盟和大兴安岭相接，北邻中蒙边界，南以阴山为界，东西长约1000公里，南北宽20～220公里，总面积约10万平方公里。盆地海拔850～1300米，南高北低。东部多为草原，西部为起伏不大的戈壁，中部多为丘陵和少部分火成岩出露区。盆地内人烟稀少，交通条件差。

二连盆地的石油勘探工作始于1955年。截至1961年，先后参与该区勘探的单位有石油部西安地调处（1955）、地质部华北地质局（1956）、内蒙鄂尔多斯石油普查大队（1958）、地质部901航磁测量大队（1958）、内蒙地质局石油大队（1961）等。主要勘探方式为路线踏勘和区域地面地质填图。其中内蒙地质局石油大队在1961年完成的盆地中部1∶20万地质区测图中将锡林浩特以北的阿拉坦合力地区划为石油远景区。此外，在50年代末，还在胜利煤田、察哈尔呆坝子、布图莫吉等地区发现4处油气显示。

1977年初，任丘古潜山油田已见端倪。石油部领导为在华北地区寻找更多的石油天然气资源，决定物探局在勘探冀中坳陷的同时，派出少数勘探队伍北上二连盆地进行战略侦察。1977年5月，物探局开始二连盆地的石油勘探工作，严格遵循勘探程序，发挥综合物探优势，历经20年，共投入249个勘探队年，其中二维队年155个、三维队年12个、重力队年29个、磁力队年3个、电法队年43个、化探队年4个、地面地质队年3个。除完成了全区1∶20万重力、磁力和电法测量外，还完成二维地震测线7.99万公里、三维勘探面积2014平方公里。物化探工作遍及51个凹陷，其中有8个凹陷开展了精查、18个凹陷进行了详查、6个凹陷完成了普查，其余仅开展了概查；与钻探配合，在20个凹陷发现油气显示，在8个凹陷发现工业油流，探明石油地质储量1.85亿吨，为建成年产120万吨原油生产能力的二连油田做出了重大贡献。

第一节　区域普查

1977年5月，根据石油部部署，物探局普查大队派遣701、702两个电法队在集宁—二连铁路线以西，用线距50公里作了4条总长317公里的电法概查大剖面；1个地面地质队在盆地中部和西部作

1:20万比例尺的石油地质调查。进一步证实二连盆地有生油层和储油条件，落实了巴音都兰、布图莫吉、吉尔嘎郎图和八号地等处的巴彦花群油砂显示。其中中国人民解放军00911部队在1977年9月进行水文钻探普查时，发现巴音都兰有73.94米厚层油砂。后经证实属超稠油。另据电法大剖面资料显示，该区电性标志层埋深大于3000米，在赛汉塔拉凹陷发现局部构造电性异常显示。以上事实，为在二连盆地开展大规模综合勘探提供了重要依据。

1978年，物探局开始加大二连盆地勘探力度，部署1个地面地质队、5个重力队、5个电法队和6个地震队。重力队在苏尼特左旗和腾格尔一带进行1:50万区域概查，完成重力测线9796公里。电法队在额合宝力格、苏尼特左旗、苏尼特右旗、阿巴戛旗等地区完成17条概查大剖面，测线总长2406公里。地面地质队继续完成全盆地的区域地质调查。6个地震队分别部署在额合宝力格东部（即阿南凹陷）和西部（即阿北凹陷）、赛汉塔拉凹陷、赛汉乌力吉凹陷和腾格尔坳陷东部进行地震方法试验和试生产，全年完成4条区域大剖面，总长328公里。

依据上述两年的重力、电法资料和地震资料，并参考1955～1961年期间有关该盆地的航磁和地质资料，初步划定了该盆地的范围和构造格局。从中选出阿南、阿北、巴音都兰、赛汉塔拉、额仁淖尔、吉尔嘎郎图等凹陷作为地震勘探的优选区，并以阿南和阿北凹陷为首选目标，分别在赛汉塔拉凹陷、额合宝力格凹陷和赛汉乌力吉凹陷各拟定了一口参数井。

1978～1979年，地质部所属的三普、九普和第四物探大队也在二连盆地开展重力及少量电法和地震勘探工作，同时在巴音都兰凹陷和马尼特坳陷的东部、中部开展钻探。1978年10月6日，由地质部三普在巴音都兰凹陷拟定的二连盆地第一口石油探井——锡1井见到油气显示，并未获得实质性突破。1979年，地质部终止了二连盆地的石油勘探工作。

1979年5月，鉴于物探局前两年对二连盆地进行战略侦察的结果，石油部决定由物探局四指、普查大队和大庆、吉林、辽河等单位的25个地震队、2个重力队、4个电法队，以及华北油田的2个钻井队组成“内蒙古二连盆地石油勘探指挥部”在二连盆地开展石油勘探会战。电法队分别在阿南、阿北、巴音都兰等凹陷和乌尼特坳陷开展1:20万面积测量，完成电法测线2155公里。重力队继续完成全盆地1:50万区域概查。物探局四指投入5个地震队，其中1个数字队在赛汉塔拉开展面积概查，4个模拟队概查赛汉乌力吉、布图莫吉、翁贡乌拉和阿其图乌拉凹陷，共完成地震测线445公里（在此期间，大庆油田和吉林油田的地震队负责普查额合宝力格凹陷和额尔登苏木凹陷，辽河油田的地震队负责普查高力罕凹陷，共完成地震测线3027公里）。通过地震资料解释，发现了阿尔善凹陷（即额合宝力格凹陷）内的阿尔善构造带和赛汉塔拉凹陷的中央地垒带。在阿尔善凹陷所作的第一张1:20万构造图（相当于阿尔善组顶面）上，显现出阿尔善构造带和阿北构造的轮廓，在阿尔善大断层的下降盘还分布一系列断鼻构造。在赛汉塔拉凹陷完成3层构造图及相应的等厚图，表明该凹陷为一南断北超的箕状凹陷，沉积中心厚度为5900米，巴彦花群目的层的厚度约2300米，并发现赛1号和赛2号两个局部构造。据此，在阿尔善、阿北和赛1号构造上分别拟定一口探井井位。

1980年，物探局普查大队2个重力队详查额合宝力格凹陷，普查高力罕凹陷，同时在全区开展1:20万区域概查，完成重力测线8775公里；5个电法队在高力罕和赛汉乌力吉凹陷开展1:20万面积测量，完成电法测线3804公里。物探局四指有2个地震队继续普查赛汉塔拉凹陷，另有3个地震队在赛汉乌力吉、额仁淖尔、必力克和格日勒敖都等凹陷开展普查，共完成地震测线523公里（在此期间，大庆油田有10个地震队在阿尔善凹陷及周边地区开展工作，另有1个队在巴音都兰凹陷进行概查，共完成地震测线978.7公里）。该年地震资料揭示阿尔善凹陷的整体构造格局更加清晰，新发现蒙古林和哈达图两个局部构造。

1981年，参加二连石油会战的大庆、吉林和辽河等单位的地震队奉命撤回原单位，物探局参战的地震队增至10个，其中有2个可控震源队详查阿尔善构造带，概查马尼特坳陷的中西部，8个井炮队重点普查赛汉塔拉凹陷，概查巴音都兰、伊和乌苏、高力罕、额仁淖尔和脑木根凹陷，共完成地震测线1904公里；重力队增至5个，继续完成全区1:20万区域概查，完成重力测线26000公里；5个电法队在苏尼特坳陷东部和腾格尔坳陷的都日木凹陷开展1:20万面积测量，完成电法测线3750公里。依据1980～1981年两年的地震资料，编制了马尼特坳陷东部地区1:10万构造图，除已发现的阿尔善、阿北、蒙古林、哈达图等局部构造外，又发现萨音乌苏和哈南两个局部构造，同时明确阿尔善凹陷以阿尔善大断裂为界分为南北两部分，南部为凹陷的主体。1981 年 8～9 月，根据地震资料拟定的阿尔善构造上的阿 2 井和赛汉塔拉凹陷赛 1 号构造上的赛 1 井相继获得日产 27.1 吨和 2.1 吨工业油流。至此，从 1977 年 5 月开始的二连盆地的大规模综合勘探，获得了重大突破。

截至 1981 年，物探局已在二连盆地额合宝力格（又称阿尔善）等 14 个凹陷开展了地震勘探工作，并在 5 个凹陷中发现了 50 个局部构造。其中较落实的有：阿尔善凹陷 18 个，巴音都兰凹陷 12 个，赛汉塔拉凹陷 17 个，布图莫吉凹陷 1 个，额仁淖尔凹陷 2 个。

第二节　重点详查

1982 年初，根据石油部关于“要加快二连盆地地球物理勘探，两年内完成地震普查及重点构造详查”的指示，物探局决定除继续保持必要规模的重力和电法队伍之外，加大了地震勘探力度，地震队由 1981 年 10 个增至 24 个。1982 年，部署 2 个重力队在川井地区开展 1∶20 万普查，完成重力测线 4931 公里；部署 5 个电法队继续完成全盆地的普查工作，完成电法测线 4593 公里。截至 1982 年底，物探局已完成全盆地 1∶20 万重力普查和电法面积测量（腾格尔沙漠除外），完成重力测线 53416 公里，电法测线 16930 公里。依据重力和电法资料，重新划分了二连盆地的区域构造单元，共解释出 37 条主要断裂，其中有 5 条基底断裂；指出额合宝力格凹陷（即阿南凹陷和阿北凹陷）是区内最大的凹陷，面积约为 1.34 万平方公里；赛汉塔拉凹陷是苏尼特隆起上最大的一个凹陷，面积约为 0.269 万平方公里，巴彦花群目的层厚度达到 3000 米，为地震勘探提供了充足的靶区。

1982～1986 年，物探局在二连盆地共投入 103 个地震队年，其中一指（公司）有 23 个，二指（公司）有 33 个，四指（公司）有 47 个。重点解剖了阿尔善、阿北、巴音都兰、赛汉塔拉、额仁淖尔等 5 个凹陷，地震测网达到 0.5 公里×0.5 公里。详查马尼特坳陷西部诸凹陷、乌兰察布坳陷东部凹陷及白音查干凹陷、腾格尔坳陷西部诸凹陷和乌尼特坳陷诸凹陷，总计 16 个凹陷，地震测网达到 1 公里×1 公里。另在阿拉坦合力、吉尔嘎朗图、朝克乌拉、包尔果吉、布日敦、阿拉达布斯、准棚、红格尔、都日木和脑木根等 10 个凹陷进行了普查，还在依和乌苏、翁贡乌拉等 12 个凹陷完成了概查。在此期间，共完成地震测线 55687 公里，在阿南、赛汉塔拉等 11 个凹陷共发现 29 个构造带。四指（公司）还对阿 1、阿 2、哈 1、哈 3、连参 1、贡 1 和毛 1 等 7 口井进行了地震测井，并结合大量速度谱资料，提出了本区速度场变化规律。根据地震勘探资料提供的成果，华北油田在这五年期间分别在五大坳陷 18 个凹陷，共钻探井 88 口，其中以 1982～1985 年期间重点钻探阿尔善构造带的成效最为显著。以地震资料为据将阿南、阿北、哈南和蒙古林等 4 个局部构造作为主要钻探目标，共钻探 37 口井，基本上拿下拥有 1 亿吨石油地质储量的阿尔善油田和夫特、吉和油藏，以及一批含油断块，发现了赛汉塔拉、额仁淖尔和巴音都兰等油藏。

第三节　精细勘探

从 1987 年开始，物探局在二连盆地地震勘探工作的重心逐渐转为配合油田评价和钻探开发，开展三维地震勘探，复查圈闭，进一步落实各种类型的含油气构造，理顺断裂系统，预测含油气范围，确定油气富集带。重力队和电法队除在局部地区作一些填平补齐勘探工作之外，重力队主要在盆地周边开展概查，电法队在应用大地电磁法作一些复查工作的同时，还开展了新方法试验。至 1996 年，物探局在该区共投入 32 个地震队年，其中一处 2 个队年，二处 2 个队年，四处 28 个队年；五处投入 9 个重力队年和 9 个电法队年。具体部署如下。

1987 年，一处部署 2 个地震队普查乌兰察布坳陷东部；二处部署 1 个地震队在赛汉塔拉凹陷开展多波勘探试验；四处部署 3 个地震队，其中 1 个队在阿南构造上进行三维勘探，另外 2 个队详查马尼特坳陷东部和巴音都兰凹陷，普查乌里雅斯太和阿拉坦合力凹陷；五处部署 1 个电法队概查集宁盆地，完成电法测线 1120.5 公里。

1988 年，四处部署 3 个地震队：2 个队在阿南构造和哈南潜山构造带开展三维勘探；1 个队详查欣苏木构造和继续普查乌里雅斯太凹陷。1989 年，四处部署 3 个地震队：1 个队在哈南潜山构造带和额仁淖尔凹陷开展三维勘探；另 2 个队负责普查乌里雅斯太凹陷。1990 年，四处部署 3 个地震队：1 个队在赛汉塔拉和吉尔嘎朗图凹陷进行三维勘探，2 个队详查乌里雅斯太凹陷和巴音都兰凹陷的包楞构造带，以及概查腾格尔沙漠东部的伊和乌拉凹陷。

同年，五处投入2个重力队，完成重力测线10529公里；1个电法队，开展激电试验，完成电法测线807公里。1991年，四处部署3个队，其中2个队分别在吉尔嘎朗图、阿尔善构造带和额仁淖尔凹陷进行三维勘探。同年，五处投入1个化探队，在锡林地区完成化探测线671公里。1992年，四处继续部署3个地震队分别对乌里雅斯太、吉尔嘎朗图凹陷和哈南潜山构造带进行三维勘探，同时普查布日敦凹陷，概查洪浩尔舒特凹陷。同年，五处投入1个重力队在四王子旗地区完成重力测线6006公里，1个电法队在赤峰地区完成388公里，1个化探队在锡林地区完成1219公里。1993年，四处部署2个地震队在巴音都兰凹陷和蒙古林构造进行三维勘探，同时普详查洪浩尔舒特凹陷，并在吉尔嘎朗图凹陷的吉20井区开展四维地震试验。1994年，四处部署4个地震队，分别在巴音都兰凹陷包楞构造带、阿南凹陷斜坡、额仁淖尔凹陷和洪浩尔舒特凹陷开展三维勘探，同时概查额尔登苏木凹陷。1995～1996年，二、四处共部署5个队年，详查脑木根和准棚凹陷，普查额尔登苏木凹陷和呼仁布其凹陷。1994～1996年，五处投入6个电法队年在腾格尔坳陷开展大地电磁测深勘探，完成电法测线4073公里。

1987～1994年，地调四处共投入12个队年，在25个三维区块上作业，共完成满覆盖面积2014平方公里。三维区块分布列于表2-1。

表2-1　1987～1994年地调四处在二连盆地完成的三维区块统计表

完成年度	工区位置	满覆盖面积（km^2）	完成年度	工区位置	满覆盖面积（km^2）
1987	阿南构造	38	1992	乌里雅斯太凹陷	2块268
1988	阿北凹陷	2块216		吉尔嘎朗图凹陷	18
	哈南构造	2块58		哈南构造	85
1989	哈南构造	80	1993	巴音都兰凹陷	204
	额仁淖尔凹陷	94		蒙古林构造	112
1990	赛汉塔拉凹陷	2块212	1994	巴音都兰凹陷	100
	吉尔嘎朗图凹陷	10		阿南凹陷斜坡	142
1991	吉尔嘎朗图凹陷	2块40		洪浩尔舒特凹陷	50
	阿尔善构造带	2块84		额仁淖尔凹陷	103
	额仁淖尔凹陷	100	合计		2014

通过上述三维区块的精细勘探，取得了一批重要成果：

(1) 在阿尔善油田实现了三维连片测量，三维满覆盖面积约为700平方公里，完成了四套油层顶面构造图，确保油田开发10余年，年产量一直保持在100万吨，进一步证实阿尔善油田是一个复式油气聚集区。

(2) 在阿北凹陷，发现了潜山式油气聚集带，探明石油地质储量500万吨。

(3) 在赛汉塔拉凹陷发现了扎布及依和两个油气富集构造带，其中有4个构造获得工业油流，基本探明赛四油藏。

(4) 在额仁淖尔凹陷，落实了包尔和吉格森等5个二级构造带。

(5) 在乌里雅斯太凹陷，发现了超尔金、木日格、桃希和达郎等4个构造带，其中木日格断裂构造带有6个局部构造获得工业油流。

(6) 在吉尔嘎朗图凹陷，发现和落实6个二级构造带，22个局部构造，为油田提供探井15口，均获油气显示和工业油流，新增稠油含油面积17平方公里，探明石油地质储量1600万吨。

(7) 在巴音都兰凹陷，发现3个二级构造带，25个局部构造，提供探井7口，其中包楞构造带上的巴27井获日产油21.44吨。

(8) 在洪浩尔舒特凹陷，发现3个构造带、8个局部构造，提供探井2口，找到地质储量千万吨级的努格尔油田。

洪浩尔舒特凹陷从1992年开始地震概查，经1993年普、详查，到1994年开展三维精查，发现努格尔油田，只用了三年时间，再次说明坚持勘探程序、地震优先的重要性。

此外，经过1987～1996年期间的重力、电法区域普查和地震的概查、普查并结合以往有关资料，将二连盆地的区域构造划分成“三隆、五坳、五十一个凹陷、十四个凸起”。较前期新增多伦、兰旗、好来库、张北—集宁、大庙等5个凹陷。大地电磁测深资料显示，腾格尔坳陷是由多凹陷、多凸起组成的断陷带，电性标志层最深可达6000米。其中的兰旗和多伦凹陷有二级构造带显示。

第八章　塔里木盆地勘探

塔里木盆地位于新疆维吾尔自治区南部（简称南疆），面积56万平方公里，是中国陆上最大的沉积盆地。盆地周边为天山、昆仑山和阿尔金山环抱，盆地边缘为砾石戈壁覆盖，腹部是面积32万平方公里、号称“死亡之海”、位居世界第二的塔克拉玛干流动大沙漠，气候恶劣，通行极为困难，以往视为地震勘探禁区。

解放前，一批中外地质学家在该盆地周边进行过地质调查，于天山南麓发现多处油苗。新中国成立后，该盆地的油气勘探工作逐渐展开。1952～1954年，中苏石油股份公司喀什地调站的地质队、重磁力队、电法队和地震队以喀什凹陷和库车坳陷为重点区域，开展了区域地质普查和构造细测。1956～1959年，新疆石油管理局地调处共投入33个地质队年、7个重磁力队年、8个电法队年和6个地震队年，在塔北的库车、阿克苏和塔西南的喀什、皮山、和田、民丰等广大区域开展地质普查。1958年4～12月，有2个重磁力队首次穿越塔克拉玛干大沙漠，完成了1∶100万重磁力路线普查。同年，石油部和地质部合作完成了全盆地航空磁测，首次揭示了盆地的区域构造轮廓，在盆地中央划分出1个中央隆起带。1958年10月9日，在天山山前的库车坳陷发现了依奇克里克油田，成为塔里木盆地的第一个油田，被誉为塔里木油气勘探史上第一个里程碑。

1964年12月，石油部为实施“一手抓山前、一手抓地台”的勘探方针，成立了南疆石油勘探会战指挥部，加大了库车坳陷和塔北的勘探力度。1965～1969年，在山前的库车坳陷，除了扩大依奇克里克油田的含油面积外，新发现吐格尔明含油构造；在地台区的巴楚，发现雅桑地含油构造。1970年初，燃化部提出“高速度进行南疆勘探，搞清塔西南斜坡，迅速找到战略油田”的勘探方针，新疆地调处8个地震队和一批钻井队陆续开赴塔西南开展勘探工作。至1972年，在该区钻探12口井，没有发现油气。1974年，新疆地调处在塔西南玉力群构造带上发现多处地蜡和油浸砂岩。1975年1月，石化部提出：“三年内一定要解决南疆用油问题”。石化部部长康世恩明确指出：“把注意力集中到塔西南叶城—皮山一带”，“今后两三年内突破口就在这里”。同年3月，塔里木勘探重点移向塔西南的叶城凹陷。1977年5月17日，在塔西南叶城凹陷的柯克亚构造上钻探的柯参1井发生强烈井喷，发现了柯克亚高产油气田，标志塔西南石油勘探获得重大突破，成为塔里木勘探史上第二个里程碑。

1978年2月28日，石化部决定石油勘探战略西移，要求物探局地震队伍进疆参加“马蹄形战役”会战。1978～1979年，物探局在马蹄形战线南翼的塔西南4万平方公里面积上投入27个地震队年和6个重力队年开展普查。1980年，物探局投入19个地震队由马蹄形战线南翼向北翼的塔北隆起区域扩展。1983年，根据南疆石油勘探会战指挥部编制的《塔里木盆地地震普查总体设计》要求，物探局组建3支装备精良的地震队开始挺进号称“地震禁区”和“死亡之海”的塔克拉玛干大沙漠腹地。1985年10月，由物探局、石油勘探开发研究院和新疆石油管理局研究院联合组建塔里木综合研究队。1986年6月，该研究队完成了《塔里木油气资源评价》报告，首次测算盆地的石油资源量为101.5亿吨、天然气资源量为8.3万亿立方米；建议对轮南异常体和塔中1号背斜等5个优选圈闭开展钻探。在1987～1989年期间，由物探局提供的轮南1井、2井和塔中1井相继获得高产油气流，标志塔北和塔中油气勘探获得重大突破。轮南油田和塔中油田的发现分别成为塔里木油气勘探史上第四和第五个里程碑。1989年4月10日，经国务院批准，总公司在库尔勒市成立塔里木石油勘探开发指挥部（简称塔指），负责组织和指挥塔里木石油会战。1989年以后，物探局一直将塔里木石油会战任务放在重中之重的位置，集中全局最优秀的物探队伍和技术力量，采用一流的技术和装备在全盆地开展大规模的石油物探工作，寻找油气大场面。截至1997年，物探局在塔里木盆地共投入356个地震队年、47个重力队年、8个磁力队年、15个电法队年和2个化探队年，发现和复查了65个二级构造带和598个各类圈闭，与钻探配合找到20个油气田，探明油气储量7亿吨油气当量。

第一节　首探塔西南

1977年5月17日，在塔西南叶城凹陷发现柯克亚凝析油气田，展示了塔西南坳陷的含油气远景。1978年初，会战领导小组决定，在库车—喀什—和田约20万平方公里区域组织一次“马蹄形战役”。同年5月，物探局派遣10个地震队（其中三指有6个模拟队、3个数字队，研究院1个可控震源队）和3个重力队（普查大队）按石油部下达的《1978年南疆地区地震勘探会战任务要求》部署在马蹄形战线南翼的塔西南叶城凹陷开展方法试验和区域概查。通过当年的勘探工作，基本摸索到一套适合戈壁砾石区的激发和接收方法（其中尤以可控震源试验方法更为重要，因为可控震源工作无需打井和挖坑放炮，采用机械化作业，每日的放炮磁带记录可在当日夜间由自行研制的现场处理软件处理出水平叠加剖面，便于直接评价地震剖面的地质效果）。当年完成13条地震测线的区域概查，面积为3500平方公里，测线穿越柯克亚、固满、英吉沙、皮山等地区。1979年，物探局部署17个地震队和3个重力队继续在塔西南叶城凹陷开展勘探工作，主要任务是查明叶城凹陷的区域构造、周边接触关系及中新生界地层厚度分布。通过两年的勘探工作，基本查明塔西南4万平方公里范围的区域构造格局，其中柯克亚构造为一短轴背斜，位于叶城凹陷昆仑山前第二排背斜带的西段；叶城凹陷、和田凹陷和喀什凹陷均分布在坳陷西南的狭长带内，在叶城凹陷的北部有麦盖堤斜坡；查证了叶尔羌、皮山等重力异常和遥感遥测发现的叶城东和泽普西等异常均有局部构造存在；发现棋北、什塔克和苏勒阿孜等局部构造。

1980年，物探局在塔里木盆地投入19个地震队和3个重力队。重力队转移到塔西南坳陷东部和田及于田一带开展重力普查。地震队中有4个队部署在马蹄形战线北翼的阿瓦提、拜城、库车和轮台等地进行路线概查，其余15个队仍然集中在塔西南的棋北、英吉沙、康希威尔、曲苦恰克和泽普、固满等地开展以落实局部构造为目标的地震普查，勘探面积约3万平方公里。当年发现和落实了棋北、英吉沙等16个局部构造。

1981年，物探局在塔里木盆地投入16个地震队，其中数字队由原先4个增加到8个。除9个队部署在塔北外，其余7个队负责普查柯克亚、叶城、和田与巴楚、色力布亚地区及曲苦恰克鼻状隆起。其中马蹄形战线南北翼各有1个队分别沿和田河南北方向相向施工，共同完成一条横穿大沙漠的地震大剖面。在该地震大剖面上发现2处隆起显示；在色力布亚地区发现2个局部构造。

1982年，物探局在塔里木盆地投入5个重力队和16个地震队：重力队继续在塔西南和塔东南进行1:20万重力普查；地震队工作重点区域转移至塔北，塔西南只保留5个队，其中只有2个队分别负责详查柯克亚构造和曲苦恰克鼻状隆起，其余3个队概查皮山—和田—策勒—民丰地区。上述两个队详查结果，扩大了柯克亚含油构造范围，查明曲苦恰克鼻状隆起由2个背斜组成。

自开展“马蹄形战役”开始，至1982年底，先后对由地震资料提供的16个局部构造进行钻探，除在棋北构造和曲苦恰克鼻状隆起上见到油气显示外，其他构造均无新的油气发现，因而中止了该区的进一步大规模钻探，但是地震勘探工作还在继续进行。1983～1985年，物探局仍在塔西南（由于当时在勘探部署上未将塔东南构造单元单划，故此处塔西南称谓包括塔东南）地区投入7个地震队年，继续在皮山—叶城—柯克亚地区落实已发现的局部构造；在民丰—且末—若羌等地开展普查，了解区域构造展布和沉积层厚度变化。1986年，物探局暂时中止塔西南地区的勘探工作。

第二节　转探塔北隆起

从1980年起，物探局已开始将4个地震队部署在马蹄形战线的北翼，即塔北地区阿瓦提、拜城、库车和轮台等地区开展路线概查，在沙雅和轮台地区均发现隆起显示。1981年，物探局依据当时塔西南的勘探形势，决定加大塔北地区勘探力度，向塔北地区投入9个地震队，部署在阿瓦提、皮恰克逊、新和及阿拉尔等地开展概查和普查，基本查清阿瓦提凹陷的区域构造特征，发现沙井子和吐木休克断裂。1982年，物探局有4个队继续普查阿瓦提凹陷，查明了沙井子等断裂的性质和展布，发现了英雄、胜利十六场等4个局部构造；另有7个队分别在轮台、拜城、阿克苏、柯吐尔、库尔勒等地区开展面积概查，初步查明轮台地区的区域构造，证实轮台南和尉犁两个重力异常均为潜山反映，落实了柯吐尔南构造和库姆格列姆构造。1983～1985年，物探局在塔北地区部署20个数字队年，继续普查阿瓦提凹陷和轮台地区，概查阿克苏、沙雅、库车和库尔勒地区，同时开展4条贯穿塔北隆起的东西向和南北向大剖面的勘探工作。至此，对塔北地区的区域构造特征有了较明确的认识：塔北隆起由3个凸起和2个凹陷组成，从中划分出4个构造带和1个地层超覆带，发现和落实12个局部构造，其中以雅克拉潜山、轮台潜山和羊塔克库都克背斜评价最高，据此提出3口井位。1984年9月22日，地矿部在雅克拉潜山钻探的沙参2井于奥陶系灰岩中获得高产油气流，一举成为塔里木油气勘探史上第三个里程碑。

1986年初，由物探局参加的塔里木研究联队在系统研究1982～1985年期间轮台地区的地震资料过程中发现轮台附近有一系列地震异常体（有人称其为轮南可疑礁或古潜山）存在。同年3月18日，物探局向石油部领导汇报塔北地区地震勘探成果，率先提出“轮南异常体”确定的依据和钻探轮南东西两个异常体高点的井位。会议决定首先钻探西高点，同时要求物探局补作一些地震工作，进一步落实“轮南异常体”的细节和井位位置。会后，物探局立即围绕该异常体补作15条地震测线，结合新老测线的地震资料，重新编制了该区的地震构造图。此项成果收入当年6月塔里木研究队完成的《塔里木油气资源评价》报告。同年9月，国务委员康世恩召开石油部和地矿部塔里木勘探工作协调会，物探局汇报了“轮南异常体”在地震剖面上的特征及其平面位置和形态，同时提出该异常体东西两个高点的具体井位，分别称为轮南异1B井和轮南异1A井（1987年，将1B井和1A井正式定名为轮南1井和轮南2井）。

1986年，物探局除1个队在轮台地区围绕“轮南异常体”开展地震详查之外，另有4个队继续完成4条贯穿塔北隆起的东西向和南北向地震大剖面。其中南北向大剖面展示了塔北隆起与库车坳陷和北部坳陷的接触关系；东西向大剖面从西到东显示一系列构造高点，其中有喀拉玉尔滚、羊塔克、英买力、大尤都斯、牙哈、雅克拉、轮台、提尔根等。

1987～1989年，物探局在塔北地区投入16个地震队年，除继续在轮南、轮西和沙雅等地区开展详查外，其中1个三维队首次在轮南完成一块面积43平方公里的三维勘探，1个队对库尔勒地区的孔雀河斜坡开展概查。在轮南和轮西地区，发现和落实了轮南断垒带等5个二级构造带；在沙雅地区，发现了东河塘等3个二级构造带。

1987年9月21日，在轮南西高点提交的轮南1井首次于塔北三叠系地层中获日产油28.1立方米、天然气2488立方米。1988年11月25日至次年1月，在轮南东高点提交的轮南2井先后于三叠系—侏罗系的5个油层组中合计获日产油1500～2000立方米。1989年3月，轮南1井通过加深后在奥陶系地层中又获日产油97.46立方米。轮南1井和轮南2井相继获得高产油气流，标志发现轮南多层系高产油田，从而成为塔里木油气勘探史上第四个里程碑。1989年2月14日，在英买力构造上提交的英买1井于奥陶系灰岩中获日产油211立方米。上述3口高产油气井的出现，将塔北隆起油气勘探推进到一个新阶段。

第三节　挺进塔克拉玛干大沙漠

塔克拉玛干大沙漠为世界第二大流动沙漠，面积32万平方公里，沙层厚度多在100～200米之间，其中85%为流动沙丘，沙丘相对高度一般为50～100米，最高达200米。1958年4～12月，新疆石油局的2个重磁力队首次穿越该沙漠，从事路线概查。1981年，物探局在实施“马蹄形战役”中有2个地震队分别沿和田河南北两个方向相向施工，共同完成了第一条穿越塔克拉玛干大沙漠的多次覆盖数字地震测线，在该测线的地震大剖面上发现2处隆起显示。为了更有效地完成大沙漠腹地的勘探任务，南疆石油勘探会战指挥部编制了《塔里木盆地地震普查总体设计》，要求物探局引进国外先进地震技术和装备，加快盆地大沙漠区的勘探步伐。1982年12月，从国外引进3套大沙漠区地震勘探专用设备组建了3个大沙漠地震队，其中2个队由美方技术人员管理，简称中美合同一队和二队；另1个队由中方人员按美方模式管理，简称中方加强队。从1983年6月起，3个大沙漠队和3个重力组同时进入大沙漠腹地施工，拉开了中国大沙漠区面积勘探的序幕。

1983年6月到1986年5月为大沙漠区勘探第一

阶段。勘探工区为和田河以东、尉犁—若羌公路以西、塔里木河以南、民丰—若羌公路以北，面积约24万平方公里。首先以50公里线距完成19条纵贯盆地南北的区域大剖面及少量东西向联络测线的区域概查，然后在此基础上将测网加密，完成69条测线的地震普查任务。获得的主要勘探成果有：①进一步明确了勘探区域的构造格局；②证实满加尔坳陷（后称北部坳陷）并非是中生界深坳陷，而是加里东运动形成的中上元古界及下古生界地层组成的大型台向斜，古生界沉积厚度达1.2万米，沉积中心在满加尔凹陷；③塔里木盆地的上下构造不具有继承性；④发现和证实了中央隆起，位于盆地中部，以于田河为界分东西两部分，东有东部低隆起和塔中隆起，西有巴楚隆起，其中东部低隆起和塔中隆起上分别显示一个大型背斜构造，前者称为塔东2号构造，后者称为塔东1号构造（后改称塔中1号构造）。

1986年6月至1989年5月为大沙漠区勘探的第二阶段。2个合同队继续由美方管理，但生产任务和质量由中方统一安排和监督。3个大沙漠队（每个队配1个重力组）在上述勘探工区共完成104条地震测线（同时开展重力测量）。查明塔中隆起的北翼和轴部有11个构造带，其中塔中1构造带上分布有12个局部圈闭。1988年12月，物探局提出塔中1井井位设计。1989年5月5日该井开钻，同年10月18日，对该井3565.98～3649.77米井段石炭—奥陶系地层进行中途测试，在奥陶系白云岩中获日产油365立方米、天然气55.7万立方米，标志中国大沙漠区第一个油气藏的发现，成为塔里木盆地油气勘探史上第五个里程碑。

物探局在塔克拉玛干大沙漠区成功地开展地震勘探，集中体现了物探局的综合勘探能力已经进入国际先进行列。物探局不仅拥有一流的勘探装备，而且开发出一套克服低信噪比的采集技术、处理技术和解释技术。

第四节　寻找大场面

截至1989年底，已在塔北隆起和塔中隆起发现了轮南油田、英买力油田和塔中1井大型油气藏，表明塔里木盆地的油气前景十分广阔。从勘探技术方面看，物探局拥有的地震采集技术、处理技术、解释技术和1978年初上塔西南时相比，已有很大提高，表明开展全盆地大规模勘探寻找大场面的时机已经成熟。1990年9月初，总公司在库尔勒市召开“加快塔里木石油勘探开发工作会议”，全面部署寻找大场面，要求打好“三大战役”，即石炭系为重点的区域勘探仗、轮南地区整体解剖仗、以塔中为重点的沙漠腹地勘探仗。为实施“三大战役”，物探局将塔里木石油会战任务放在全局工作重中之重位置，生产和科研开发均以此来安排。从1990年起，物探局集全局最优秀的物探队伍和技术力量，采用一流的技术和装备在全盆地开展了以寻找大场面为目标的大规模勘探工作。

一、连片详查塔中隆起

1990～1997年，物探局在塔克拉玛干大沙漠腹地塔中隆起带上，共投入89个地震队年，二维地震测网一般加密到4公里×4公里～1公里×1公里，重点构造还进行三维地震勘探，三维勘探面积达到1759.37平方公里。在塔中地区，复查和发现7个构造带和46个圈闭，提供28口井位。

1992年4月19日，在塔中4背斜带的塔中4构造上提交的塔中4井于石炭系东河砂岩中，获日产油285立方米、天然气5.3万立方米，发现塔中4油田。这是在沙漠腹地发现的又一个高产油气田。

1993年3月26日，在塔中10构造带最北端的塔中10构造上提交的塔中10井又于石炭系地层中，获日产油210立方米；1994年，在塔中10构造带中部的塔中16构造上提交的塔中16井获日产油28.9立方米、天然气20.6万立方米；同年，在此背斜带北部的塔中11构造上于志留系地层中发现工业油流，表明塔中10构造带是一个多层系油气富集带。

1994～1997年，先后对塔中Ⅰ号断裂构造带上的5个局部圈闭开展钻探，有7口井分别在奥陶系、志留系和石炭系等地层中获得工业油流，表明此带也是一个多层系油气富集带。

截至1997年，物探局在塔中地区共发现4个油气富集带，其中塔中4油田石油地质储量近亿吨。

二、精探塔北隆起

为实施总公司加快塔里木勘探开发“三大战役”的部署，从1990年起物探局加大了塔北地区的勘探力度。1990～1993年，共投入62个地震队年，其中二维队年57个，三维队年5个。1990年有14个队，其中1个三维队在轮南—桑塔木地区开展三维连片测量，13个二维队详查英买力—东河塘地区，普查哈拉哈塘凹陷、草湖凹陷和伊敏地区。1990年3、5、7月，由物探局在桑塔木断垒带、英买7断裂构造带和东河塘断裂背斜带上分别提交的轮南14井、英买7井和东河1井，于三叠系、奥陶系和石炭系地层中均获得高产油气流，从而发现桑塔木油田、英买7油田和东河塘油田。东河1井在石炭系砂岩中发现高产油气流，标志石炭系东河砂岩是一套极具潜力的含油目的层，从而在全盆地兴起寻找东河砂岩的热潮。1991年有19个队，其中有2个三维队在轮南和东河塘构造上开展三维地震勘探，6个二维队继续详查英买力地区，其余11个二维队普查塔里木河、草湖和伊敏地区，基本查明解放渠东—吉拉克背斜带、塔河构造带和夹沟断裂构造带。1991年5、12月，由物探局在解放渠东—吉拉克背斜带上提交的轮南57井、解放100井获得高产油气流，发现吉拉克油田和解放渠东油田。1992年有13个队，其中1个三维队在英买力地区开展三维地震勘探，其余队分布在吉拉克、东河塘、阿瓦提、草湖及满加尔、二八台等地区开展普、详查。除基本探明吉拉克油田和解放渠东油田外，还在追踪东河塘油田外围的东河砂岩地层反射时，发现东河4和东河6两个含油构造，提供了16口井位。1992年，在英买力地区由物探局提交的英买2井于奥陶系灰岩中获得高产油气流；701井于下第三系地层中获得工业油流，证实英买7断裂构造带为一多层系含油富集带；提1井在白垩系和上第三系地层中获得工业油流，展示了提尔根断裂构造带的含油前景，这是首次在轮台断隆东段发现的油气田。1993年有14个队，其中1个三维队精查吉拉克油田，4个二维队详查提尔根、二八台和牙哈等地区，4个二维队详查吉拉克南和塔河等地区，5个二维队详查东河塘和红旗等两个断裂构造带及羊塔库都克等地区，共发现和复查了26个局部圈闭。1993年3月9日，首次在红旗断裂构造带上提交的英买6井于第三系地层中获得工业油气流；同年11月，由物探局在牙哈潜山构造带上提交的牙哈4井于上第三系底砂岩中获得高产油气流。牙哈4油气井与此前的牙哈3油气井的发现，标志牙哈大气田的发现，表明牙哈断裂构造带为一多层系油气富集带。

截至1993年底，物探局已完成塔北隆起上大部分地区的二维地震普、详查工作，轮南、桑塔木、东河塘、吉拉克和英买力等油气聚集带上均已开展三维地震勘探。从1994年起，勘探重点逐渐向库车坳陷转移，在塔北隆起上只留下少数地震队，对一些重点地区作一些精查工作。至1997年，共投入16个地震队年，在牙哈、东河塘南、英买力、牙哈西、红旗断裂构造带、大尤都斯断裂构造带、喀拉玉尔滚构造带玉东构造、羊塔克断裂构造带、轮西及其斜坡和羊屋1井区开展三维地震勘探，在提尔根断裂构造带上开展地震详查，共提交井位80余口。基本探明牙哈潜山构造带，发现18个局部圈闭。经钻探证实，其中有6个含油气构造和12个油气藏，钻探成功率达到90%，探明油气当量0.8亿吨，成为塔北隆起上最大的气田；在英买7断裂构造带西段新发现英买17、英买21和英买23等3个含油气构造；在羊塔克断裂构造带上钻探的羊塔1井首次获得工业油流；在东河塘断裂构造带钻探的东河20井于侏罗系底砂岩获得轻质油流。

三、重探塔西南

自1990年开始至1992年，物探局每年有1个地震队重新在塔西南地区开展地震勘探工作。1990年，三处2142队在柯克亚构造开展三维地震勘探；1991～1992年二处2206队正式命名为山地试验队，在克里阳地区开展山地地震方法试验工作。1993年后，勘探工区扩展到皮山和巴楚等地区，而且以巴楚和玛扎塔克为重点勘探地区。至1997年，物探局在该区共投入15个地震队年（其中巴楚地区11个队年）。巴楚隆起位于塔里木盆地中央隆起带的西部，面积4万平方公里。地震勘探查明该隆起南北两侧有5个北西向构造带，其中南侧的海米罗斯构造带和玛扎塔克两个构造带分布6个局部构造。1995年底，由物探局在海米罗斯构造带东端的鸟山构造上提交的山1井于奥陶系白云岩中获得高产天然气流，而且证实鸟山构造是在古隆起背景上形成的潜山。1997年9月27日，由物探局在玛扎塔克构造带东段提交的玛4井于石炭系奥陶系地层中获得高产工业气流，发现和田河气田，探明含气面积137.2平方公里、地质储量620亿立方米。

四、勘探塔东南及塔东

（一）塔东南

1982年，物探局在实施“马蹄形战役”过程中，要求普查大队部署5个重力队在对塔南进行1:20万重力普查时，将重力测网延伸到塔东南地区。1983～1984年，普查大队部署7个重力队年对塔东南地区进行1:20万重力普查；1985年，普查公司部署2个大地电磁测深队，三公司部署3个数字队，同时在塔东南的民丰、且末和若羌等地进行概查。证实东南坳陷由民丰凹陷、阿羌凸起和若羌凹陷等3个次一级构造单元组成，侏罗系生油岩发育，有局部构造显示。1985年后，该区勘探工作暂时中止。1993～1996年，总公司将民丰以东的牙通古孜兰干至若羌以西的瓦石硖，面积7.237万平方公里的勘探区域，划分成5个区块，对外进行风险勘探招标。地调二处、三处先后在美国ESSO公司、英国BP公司和意大利AGIP公司中标的三、四、一区块中执行反承包勘探合同，共完成二维地震测线4604公里，三维勘探面积36平方公里。经钻探，均未见重大油气发现。1996～1997年，四处、一处和二处各投入1个队年在塔东南地区使用240次覆盖方法，完成二维地震测线3123公里。

（二）塔　东

在地理上，塔东指尉犁—若羌一线以东塔里木盆地延伸区域，北有孔雀河、南有车尔臣河和若羌河、东有疏勒河注入此区，形成举世闻名的罗布泊(此名蒙语意指“汇入多水之湖”)，面积3000平方公里。罗布泊地区自然环境恶劣，一直被视为石油勘探禁区。为了查明塔东地区的地质结构和地层分布情况，1985年6月，物探局三公司1832队首次闯入罗布泊地区开展地震勘探工作。按该区总体设计要求，完成4条测线概查，全年设计工作量595公里。由于高温和狂风的干扰，6月份施工7天，完成28.03公里；7月份生产9天，完成40.6公里。7月30日，因一场强风暴席卷罗布泊，1832队生产设备被沙土埋没，全队处于断水、断粮绝境。8月2日晚，驻库尔勒空军闻讯后，派出两架军用直升运输机冒着8级大风将急救物资空投该队驻地。8月8日，1832队安全撤出罗布泊。

1987年，三处2个地震队在尉犁以南孔雀河斜坡、罗布泊以西地区进行大面积概、普查。1992年，三处1个地震队在该区的沼泽地进行普查，完成二维地震测线905公里。1995年，五处2个重磁力队在罗布泊地区开展1:20万重力普查和地面地质调查。1996年，物探局在塔东地区部署3个地震队：一处2个队在孔雀河一带采用60次覆盖方法完成二维地震测线60公里；四处1个队在罗布泊地区完成4条地震测线概查，总长339公里。1997年，物探局在塔东地区部署3个地震队：三处1个队继续在孔雀河斜坡进行详查，完成二维地震测线686公里，落实了塔东构造和孔雀河斜坡的区域构造，在该区钻探2口井，没有新的油气发现；三处另1个队和四处1个队在罗布泊地区进行普查，共完成二维地震测线1564公里，划分出4条主要断裂，发现黑山梁等6个局部构造，首次提出罗布泊坳陷与塔里木盆地具有可比性，应该成为塔里木盆地一个组成部分。

第五节　突破库车坳陷山前高陡构造带

塔里木盆地第一个油田——依奇克里克油田，位于天山南翼库车坳陷山前带内。虽然从1958年发现依奇克里克油田到开始塔里木石油勘探会战没有新油气发现，但是地质家们始终认定库车坳陷含有丰富的油气资源，克拉苏构造带是寻找油气最现实的地区。

1980年，在塔里木石油勘探会战开始实施第一阶段“马蹄形战役”时，物探局有2个地震队在拜城和库车等地开展路线概查。1982年，物探局有1个地震队在依奇克里克地区开始进行山地地震攻关试验。1983～1985年，物探局在勘探塔北隆起时有两条南北向区域地震大剖面延伸到库车坳陷。1989年，物探局有1个地震队在拜城凹陷开展地震普查，发现大宛齐构造。1991～1993年，物探局投入4个地震队继续在拜城凹陷和依奇克里克山地开展地震方法试验和试生产。由于地质结构复杂，地形条件恶劣，技术装备差，物探局在该区的地震勘探工作基本上处于方法试验阶段。从1994年开始，总公司为促进山地地震勘探工作有所突破，决定设立“山地山前带勘探技术”攻关课题，并在资金上给予支持。为此，物探局全面部署实施这项技术攻关工作。在地震采集方面，开发出一套山地勘探技术，尤其是研制出山地系列钻机，以井炮替代炕炮，改善了激发条件；研制出SAAS地震数据采集软件和推广使用地震现场处理机，有效地改善了现场质量监控手段；在地震资料处理方面，开发出一套较完善的适合山地特点的静校正技术、去噪技术和叠前深度偏移技术；在地震资料解释方面，开发出一套速度建场技术和全三维数据体解释技术。上述各项技术的应用，使山前带地震工作出现了重大突破。在1994～1995年期间，物探局每年有1个地震队详查拜城凹陷和克拉苏构造带，基本查明拜城凹陷大宛齐构造的形态和性质。1995年7月22日，由物探局在该构造上提交的大宛1井于425～530米井段的上第三系地层中获得工业油气流，发现了大宛齐油田，宣告库车坳陷油气勘探37年沉寂局面的结束。钻探揭示大宛齐构造为一盐拱构造，启迪勘探学家去寻找盐下构造。1996～1997年，加大了克拉苏构造带和依奇克里克构造带的勘探力度，每年投入2个地震队，在这两个构造带上发现7个圈闭。1997年，物探局提供了5口井位，其中克拉苏构造带上有克拉2井和克拉3井，依奇克里克构造带有依南2井。次年初，依南2井首次在该构造带下侏罗统地层中发现高产气流；克拉2井和克拉3井钻探的构造均为下第三系盐下构造，前者面积38平方公里、幅度400米、获日产气27.7万立方米、探明天然气储量2506亿立方米，后者面积12平方公里、幅度300米、获日产气35.25万立方米。克拉2井和克拉3井获得高产气流，标志克拉2大气田的发现，也是塔里木盆地勘探历史上发现的最大天然气田。克拉2大气田和依南2井高产气流的发现，也进一步证实库车坳陷的天然气资源十分丰富，为后来中央决定"西气东输"奠定了坚实基础。

第九章　吐哈盆地勘探

吐哈盆地是吐鲁番—哈密盆地的简称，面积约5.3万平方公里，位于新疆维吾尔自治区东部。该盆地的石油勘探始于1954年。在1954～1964年期间，新疆石油管理局和玉门石油管理局等单位先后对该盆地开展了大规模地面地质调查和重、磁、电勘探，以及少量地震勘探工作，共发现地面构造36个、潜伏构造9个；对其中胜金口、七克台、柯柯亚、雁木西、丘陵、台北（鄯善）和塔克泉等18个局部构造钻探了138口井，只在7个构造上发现油气显示，在胜金口和七克台构造上发现胜金口和七克台两个小油田。导致这种局面主要在于当时的石油勘探开发技术和装备落后，无力查明深部地层的构造形态，也无法测试出低孔渗油层中的原油。1964年后，因石油勘探战略东移，该区勘探中断。

1983年8月，石油部召开西部勘探工作会议，决定重新勘探吐哈盆地。同年10月，物探局三指派遣1个数字地震队率先进入吐哈地区开展地震方法试验和试生产工作。1988年，五处在该区开展了1:20万重力、电法普查。至1989年，物探局在该区共投入24个物探队年，基本上完成了全盆地的普查，发现77个局部圈闭。1989年，物探局提供的3口井位，其中在鄯善构造和依拉湖构造上提交的台参1井和托参1井分别获得工业油流（哈参1井为工业报废井），标志吐哈盆地的石油勘探工作获得重大突破。

从1990年开始，物探局加大了吐哈盆地的勘探力度，每年不少于3个地震队。1991年2月25日，总公司决定组建吐哈石油勘探开发会战指挥部，统一领导和组织吐哈石油勘探会战。至1997年，物探局在吐哈盆地共投入47个物探队年，主要完成台北凹陷鄯善弧形带精查、台北凹陷西部详查和前侏罗系深层地震技术攻关。配合钻探基本探明鄯善弧形油气富集带上6个油气田；基本探明台北凹陷西部的葡北、神泉等8个油气田；发现鲁克沁三叠系稠油富集带；发现与落实二级构造带16个，提供井位225口，探明油气储量3.2亿吨油气当量。

第一节　区域勘探

1983年10月，物探局遵循石油部关于重新勘探吐哈盆地指示精神，派遣三指2222队采用数字地震仪及可控震源率先进入吐哈盆地鄯善地区开展地震勘探工作方法试验。激发方式以可控震源为主、井炮为辅，覆盖次数为24～60次，获得了良好的浅、中、深层反射资料。随后对全盆地开展了全面勘探。至1989年，物探局在该盆地共投入19个地震队年、3个重力队年和2个电法队年。重力队基本完成全盆地1:20万重力普查；电法队完成了墩以东地区的电法普查。地震队在完成全盆地概查之后，又继续对部分构造单元展开进一步勘探：其中吐鲁番坳陷的地震测网为4公里×4公里，基本达到普查程度；鄯善地区和托克逊凹陷的测网为2公里×1公里，达到详查程度。通过上述各项勘探工作，对吐哈盆地的地质结构和油气勘探方向有了更明确的认识：吐哈盆地具备良好的含油气组合，吐鲁番坳陷的台北凹陷是该区油气勘探的主战场，鄯善弧形构造带是最有希望成为油气勘探获得突破的区带。在此基础上，物探局提供了37口井位，并将鄯善构造和依拉湖构造列入优选钻探目标。1989年1月5日，由物探局在鄯善构造上提交的第一口科学探索井——台参1井于中侏罗统三间房组地层中获日产油35立方米，发现鄯善油田，标志吐哈盆地自1958年发现胜金口小油田后油气勘探无重大发现历史的结束。同年8月16日，由物探局在托克逊凹陷依拉湖构造上提交的托参1井于三叠系地层中获日产油40立方米，揭示前侏罗系地层具有良好的含油气前景。至此，吐哈盆地的油气勘探获得重大突破。截至1989年底，在鄯善弧形构造带上的丘陵构造、丘东构造和温吉桑构造也相继发现工业油流，标志此构造带为一叠合连片的油气富集带。

第二节　精查鄯善弧形构造带

从1990年开始，物探局三处在吐哈盆地工作的地震队奉调加强塔里木盆地的勘探，吐哈盆地的地震勘探任务主要由一处承担。1990～1992年，物探局共投入16个地震队年，其中一处13个队年，四处3个队年。主要勘探任务是：①重点解剖鄯善弧形构造带，在完成加密二维地震测网基础上，对其中的丘陵、巴喀（柯柯亚）和温西等构造实施三维地震勘探，以解决构造破碎、地层产状和岩性变化大等难题；②对该构造带外围开展普、详查。通过三年的勘探工作和综合研究，基本查清鄯善弧形构造带的断裂系统、局部构造形态和油气层分布；利用精细层位标定和分区空校技术，使构造图成图精度达到2%，钻探成功率达到83%；利用波阻抗及AVO等信息预测温吉桑—丘东地区的储层厚度和含油气面积，获得了良好效果。截至1992年底，基本探明丘陵、丘东、温吉桑、米登和巴喀等油气田，证实鄯善弧形构造带为一叠合连片的整装油气田，探明侏罗系石油地质储量1.35亿吨、天然气225亿立方米。

第三节　详查台北凹陷西部

1990～1992年，物探局共部署16个地震队在重点解剖鄯善弧形构造带的同时，对其外围地区也开展了普、详查工作。在台北凹陷北部的博格达山前带发现两排构造。1992年，由物探局在其中第二排的恰勒坎构造上提交的勒1井获得工业油流，曾一度带动整个勘探工作向山前带转移，但钻探结果接连失利。与此同时，在台北凹陷西部，通过地震普、详查，发现和落实了胜南—葡北—玉果弧形带和红南—连木沁构造带，并提交了预探井葡北1井井位。

1993～1995年，物探局每年投入5～6个地震队，除2个队继续在恰勒坎地区和库木塔克沙漠区开展地震普查外，其余队都部署在台北凹陷西部的胜北、白杨河、连木沁、葡萄沟、红南及胜南等地开展地震详查。1993年10月4日，由物探局一处研究所构造小分队重新核实葡北构造带后提交的葡北1井于中侏罗统三间房组地层中获日产油136.6立方米、气4.4万立方米，发现葡北油田。1993年12月，物探局在上述弧形带的神泉构造带提交的神1井又获工业油流，发现神泉油田。至此，台北凹陷西部油气勘探获得重大突破。1994～1995年，该区的勘探工作随即转入地震精查阶段：上述区域的二维地震测网密度一般达到1公里×2公里；葡北构造带的二维地震测网密度达到0.5公里×1公里，而且使用高分辨率地震采集；在葡萄沟、神泉、连木沁、红南和胜南等构造上开展了三维地震测量。通过上述勘探工作和综合研究获得了丰硕的勘探成果：①查明葡北构造带由5个构造圈闭组成，已钻探4口预探井，有3口井获得工业油流，探明油气储量874万吨；②查明胜南—神泉构造带、红南构造带和连木沁构造带的构造特征，新发现马场南构造；③1994年9月15日，由物探局在红南构造带红南2号构造上提交的红南2井于白垩系地层中首次获得工业油流，发现红南油田；④利用平衡剖面解释技术发现胜南—葡北—玉果弧形构造带和红南—连木沁构造带均由古隆起控制，为台北凹陷西部两个油气富集带，1994年底，相继在胜南2号构造和玉果1号构造发现吐鲁番油田和玉果油田；⑤1995年5月，由物探局在胜北构造带胜北3号构造上提交的胜北3井于上侏罗统喀拉扎组地层中获得工业油流，扩大了台北凹陷西部的油气勘探领域；⑥1995年8月，由物探局在红南—连木沁构造带连木沁2号构造提交的连2井于白垩系地层获得工业油流，发现连木沁油田；⑦广泛使用三维水平切片、变速成图和断层封堵分析等技术，提高了地震资料解释精度，使神泉地区钻探成功率达到100%；⑧在工作站上实现了三维叠后资料的连片处理和解释，为解剖雁木西—胜南—葡北地区的小幅度构造和小断块提供了可靠的技术手段。

第四节　前侏罗系深层攻关

1989年8月16日，物探局在托克逊凹陷发现依拉湖三叠系含油构造，随后在该凹陷相继钻探3口评价井均无新的油气发现，前侏罗系勘探中断。1994年下半年，物探局一处构造小分队编制了台南凹陷艾丁湖地区侏罗系底界地震构造图，发现鲁克沁鼻隆断裂带，其上发育吐玉克、吐玉克东和鲁克沁等3个断鼻构造。1995年3月，物探局在鲁克沁断鼻上提交的艾参1井于三叠系克拉玛依组地层中发现40.35米厚的黑油沙。从此，前侏罗系勘探列入深层攻关目标。

由于台南地区中、下侏罗统煤系地层的强烈屏蔽作用，导致前侏罗系地层的反射资料质量普遍较差。1995年，通过采用大吨位（26吨）可控震源、变频扫描、增大覆盖次数（60次和120次）和大偏检距等措施，有效地改善了深层地震反射资料质量。1996～1997年，物探局在吐哈盆地台南地区共投入8个地震队年和3个电法队年，开展前侏罗系深层勘探。结合老资料重新编制了该区二叠系和三叠系地震构造图，落实鲁克沁、马场南和玉北等5个前侏罗系二级构造带；通过对鲁克沁构造带实施连片三维地震测量，查明了该构造带断块展布，新增9个断块，提供18口评价井和预探井。1996年4月22日，在该带吐玉克构造上提交的玉东1井于三叠系克拉玛依组地层中获得工业油流，发现吐玉克油田。1996年12月，在该带上钻探的玉1井和玉东2井又相继于三叠系地层中获得工业油流，发现玉东4等5个含油断块；1997年10月，在鲁克沁构造北翼的鲁2断块上提交的鲁2井发现三叠系地层圈闭油气藏。至此，吐哈盆地的前侏罗系勘探获得突破性进展，证实鲁克沁构造带是一个三叠系稠油富集带，探明地质储量6000万吨。

上述玉北构造带位于地表条件十分恶劣的火焰山地区，地形起伏剧烈，相对高差400～500米，昼夜温差很大；深层地质条件复杂，地层倾角大，断层发育。为了查明该构造带，物探局一处在该区开展了三维地震勘探，提交的马1井于侏罗系地层中发现两套稠油层，预示着该区有良好的勘探前景。

第十章　东部地区中小盆地勘探

1972年4月26日，燃化部领导对即将在六四六厂基础上组建物探局的任务，归结为“四部一军”，即履行燃化部的参谋部、研究部、培训部、装备部及野战军的作用。从那时起，物探局不仅在一些重点探区的勘探会战中发挥主力军的作用，而且还承担许多成熟区的开发和对新区的开拓任务。列入中国东部的新区有：1972年，重力队概查沁水盆地、地震队概查苏北盆地金湖凹陷；1975年，重磁力队普查三江盆地；1976年，重磁力队普查海拉尔盆地；1986年，重力和地震队分别对开鲁盆地进行详查和概查，重力队对句容盆地进行细测；1988年，地震队对伊通地堑岔路河断陷开展三维地震连片测量，电法队在安徽和江苏毗邻地区开展大地电磁区域测量。1991年，地震队普查无为盆地。

第一节　沁水盆地勘探

沁水盆地位于山西省中南部，其东、北、西三面为太行山、五台山和吕梁山环抱，其南与临汾盆地相邻，面积2.6万平方公里。该盆地的沉积演化特征与其西部一山之隔的陕甘宁盆地十分类似，故有“小鄂尔多斯”之称，因而受到勘探家们的注意。该盆地不仅沟谷交错、地形复杂，相对高差200～400米，而且灌木丛生、地表岩石裸露，给勘探工作带来困难。1972年，六四六厂314重力队和701电法队在该区进行概查。1988年，四处2149队采用可控震源方法对该区开展路线概查。1989～1991年，物探局投入4个重力队年、4个磁力队年对该盆地开展面积普查；1995～1996年，物探局在该盆地投入4个地震队年和2个电法队年。基本完成全区1:10万重、磁、电普查，对全区的区域构造格局有了比较明确的认识。该盆地属于中生代沉积盆地，具有南厚北薄的特点，最大沉积厚度3000～3500米。该区的地震工作基本上集中在祁县、阳泉和阳城等地区，共发现北斗沟、南马会等32个二级构造带和贾令等111个鼻状构造，并在祁县凸起地区拟定了2口预探井位。地震资料表明，该盆地奥陶系顶部有古风化壳显示，推断该风化壳是寻找煤层气有利场所，沁县—沁水以西地区及沁水—晋城一线是寻找天然气有利地区。

第二节　三江盆地勘探

三江盆地位于黑龙江省东北部的黑龙江、松花江和乌苏里江等三江汇合地带。盆地北部延伸至俄罗斯，中国境内面积3.6万平方公里，地理上称为三江平原。

1975年，根据石化部开拓新区指示，物探局普查大队313和314重磁力队会同长庆和胜利油田的3个重力队成立三江重磁力勘探会战指挥部，对三江盆地开展1:20万普查，普查区域面积为鹤岗和佳木斯以东2.5万平方公里，共完成重力测线9369公里（物探局完成3534公里），磁力测线7262公里。全部勘探资料由物探局普查大队综合解释组承担解释和分析，获得了丰硕的地质成果：①划分出三江盆地的区域构造格局，三江盆地由西部坳陷、佳木斯隆起、中部坳陷、富锦隆起和东部坳陷等5个一级构造单元组成，5个一级构造单元又可进一步划分出鹤岗凹陷、依兰—伊通地堑（北部）、普阳凹陷、北岗凸起、绥滨凹陷、扶远凸起、浓江凹陷、石砬山地垒、建三江凸起、挠力河凹陷和青山凸起等11个二级构造单元；②盆地的基底自西向东由老变新，西部由元古界变质花岗岩组成，中部由上古生界与海西期花岗岩组成，东部由上古生界与中生界下侏罗统组成；③预测盆地有3套含油气组合；④预测东部坳陷的浓江凹陷、挠力河凹陷和西部坳陷的依兰—伊通地堑（北部）为油气勘探有利地区。

第三节 海拉尔盆地勘探

海拉尔盆地位于内蒙古自治区呼伦贝尔盟的西南部，盆地西北部延伸至蒙古，中国境内面积4.06万平方公里。该区的油气勘探始于50年代末，曾开展过重、磁、电概查，认为该盆地为一中、新生代断陷盆地。根据石化部开拓新区指示，参与三江重磁力勘探会战的5个重磁力队于1976年转战海拉尔盆地开展1:20万普查。共完成重磁力测线8334公里，其中物探局完成3150公里。基本查明该区的区域构造格局，发现和落实16处油气苗，指出贝尔湖坳陷中的贝尔凹陷和乌尔逊凹陷为有利的含油气地区。

1984年，物探局派遣普查公司4个电法队对海拉尔盆地开展1:20万电法普查，共完成电法测线4580公里，证实盆地内的主要密度界面与电性标志层具有较好的对应关系。

通过对上述重磁力和电法勘探资料的综合解释，获得了以下主要成果：①基本查清盆地的区域构造呈“三坳、二隆”格局，即该盆地由扎赉诺尔坳陷、嵯岗隆起、贝尔湖坳陷、巴彦山隆起和呼和湖坳陷等5个一级构造单元组成；②上述一级构造单元中又可划分出17个次一级凹陷，其中贝尔湖坳陷中的贝尔凹陷、乌尔逊凹陷和呼和湖坳陷中的呼和湖凹陷为有利的含油气凹陷；③盆地内的断裂系统主要呈北东和北北东向展布，对一、二级构造单元起控制作用；④确认该区的主要勘探目的层为下白垩统扎赉诺尔群，和二连盆地下白垩统巴彦花群可以对比；⑤发现23个局部异常，其中扎赉诺尔坳陷2个、贝尔湖坳陷17个、呼和湖坳陷2个、巴彦山隆起2个。

1984年9月30日，在乌尔逊凹陷钻探的海参4井获得工业油流，初步证实上述的勘探结论。从1985年起，海拉尔盆地的油气勘探列入大庆油田勘探范畴，随后又在贝尔凹陷发现工业油流。

第四节 开鲁盆地勘探

开鲁盆地地处内蒙古自治区哲里木盟，紧邻松辽盆地西南部，面积3.1万平方公里。

1983年，辽河油田将开鲁盆地哲中坳陷列为扩展新区勘探首选目标，认为该区具有较好的生油条件。1985年，石油部在安排松辽盆地东南隆起“七五”物探规划的同时，决定将位于松辽盆地西南部的开鲁盆地列入优先侦察对象。1986年，物探局五处301重力队对该盆地开展1:10万重力详查；同年二处2314队使用数字地震仪、24次覆盖方法对开鲁盆地哲中坳陷西部开展地震面积普查。1987年，一处2151队继续普查哲中坳陷。通过两年的勘探工作，基本查明哲中坳陷的区域构造格局：该坳陷是开鲁盆地最大的次一级构造单元，由陆家堡凹陷、舍伯吐凸起、哲东凸起、哲南断褶带和哲中凹陷组成，面积8900平方公里。其中以陆家堡凹陷面积最大，由钱家堡、余粮堡、保安、八仙筒、奈其曼等洼陷和关家窑低隆起组成。1987～1988年，辽河油田在陆家堡凹陷部署3口参数井，分别于侏罗系沙海组和九佛堂组地层中见少量油流，证实该凹陷具有油气勘探前景。1990～1991年，先后在陆家堡凹陷发现包日温都和交力格等两个油田。

鉴于该区油气勘探不断有新的发现，物探局二处2316队于1992年起连续两年对哲中坳陷陆家堡凹陷开展地震连片详查，发现和落实了包日温都、马家铺、交力格、广发和前河等10余个局部构造，提交了一批井位。截至1997年，在该凹陷内又新发现了马家铺、广发和前河等3个油田。

第五节 伊通地堑岔路河断陷勘探

伊通地堑岔路河断陷位于吉林省中部，处在长春市与吉林市之间，为一北东向长轴断陷，面积1200平方公里。该区的油气勘探始于1955年，先后开展过重、磁、电等方法的勘探；1984年开始地震勘探，1985年3月在该断陷发现第三系含油砂岩，证实该断陷具有良好的含油气前景。1987年，在万昌构造钻探的昌2井于第三系地层中首次获得工业油气流。至1987年底，该区的二维地震测网密度已达到1公里×1公里，仍然难以查清该断陷的地质结构。为此，物探局应吉林油田要求，从1988年开始由一处在该区开展三维连片地震测量，历时5年，共投入8个三维队年，完成三维勘探面积768平方公里。经过精心处理后的三维地震资料，不仅分辨率高、断点清晰可靠，而且信噪比高、反射波突出、反射层连续性好。共完成4层全区地震构造图，理顺了该区三个级别的断裂系统，发现和落实了万昌等3个构造带，新增断块157个；提交14口井位，证实万昌构造带上的万昌构造为含油构造。

第六节　苏北盆地及其邻区勘探

苏北盆地及其邻区的地理位置范围包括江苏省北部与安徽省中南部地区；在区域构造上，该区包括苏北盆地金湖凹陷天长次凹、无为盆地、南陵盆地、宣城盆地和句容盆地。其中苏北盆地在70年代初就列入物探局前身六四六厂的勘探目标区。80年代中期，许多勘探学家对下扬子地台的含油气性给予了积极评价。从1986年开始，物探局相继对句容和无为、南陵、宣城等盆地开展了勘探工作。

一、苏北盆地金湖凹陷天长次凹

苏北盆地金湖凹陷天长次凹位于安徽省天长市境内，面积1500平方公里。1972年，六四六厂在开展南华北盆地全面勘探的同时，派遣2179队和2180队使用国产模拟磁带地震仪对金湖地区开展地震概查。1973年，概查区域扩展到天长地区。至1978年，物探局及其前身六四六厂在该区共投入14个地震队年，基本查清金湖凹陷的区域构造格局，在天长次凹发现和落实乔田和欧庄等13个局部构造，为发现天长油田提供了可靠的地震资料。1992年，物探局五处应江苏油田要求派遣2个重力队在天长地区开展1:5万重力细测工作，查明天长次凹古生界顶面的起伏，最大埋深达到4600米，发现王店集和张洪营两个低凸起。

1992年，物探局二处239队承接了天长隆起南部秦栏次凹的地震普查任务，发现2个断鼻构造。

二、无为盆地

无为盆地主体部分位于安徽省中南部的无为县及和县境内，其北东部分延伸至江苏省境内，面积2400平方公里。盆地的油气勘探工作始于50年代中期，完成全盆地1:20万重、磁、电等方法普查。1991年冬，物探局五处1个电法队采用大地电磁测深方法概查全盆地；二处2168队开始在无为盆地进行地震方法试验，随后对全盆地开展概查。至1993年，物探局在该盆地共投入3个地震队年和1个电法队年，盆地主体部位的地震测网密度达到4公里×4公里，重点构造部位地震测网密度加密到2公里×4公里。在该盆地的无为凹陷中央发现有构造带存在，在全盆地发现和落实24个局部构造，其中龙塘湾和南塘等两个局部构造被评价为I级圈闭。

三、句容盆地、南陵盆地、宣城盆地

1986年，物探局五处1个重力队在句容盆地开展1:5万重力细测。1988年，五处2个电法队在该盆地开展电法普查。1991年，为了解下扬子地台区的地质结构，物探局地调五处1个电法队承接无为和宣州等地区大地电磁面积测量任务。共布置13条测线，工区范围涉及合肥、铜陵以东，滁州、仪征以南，江阴、无锡以西，泾县、宁国以北的区域，从区域构造上说，涉及合肥坳陷、无为盆地、句容盆地、宣城盆地和南陵盆地。共解释出7个电性层，推断常州至长荡湖一线有一中央隆起带存在，句容盆地和南陵盆地、宣州盆地为下古生界油气勘探目标区，其中以句容盆地和南陵盆地的保存条件较好。1993～1994年，物探局承接了句容盆地进一步勘探任务，二处共投入4个地震队年，分别采用30次和120次覆盖方法对该盆地开展二维地震普查，进一步证实该区具有油气勘探前景。

第十一章　西部地区中小盆地勘探

1978年初，石化部决定石油勘探战略西移，塔里木石油勘探会战全面启动。1983年，物探局开始侦察吐哈盆地；同年，玉门石油管理局采用数字地震技术全面勘探河西走廊地区的酒东盆地，发现营

儿凹陷具备油气聚集条件。在此形势下，物探局在确保重点探区勘探力量的同时，对中国西部地区其他24个盆地陆续进行了勘探工作：1983年，采用重力、电法普查银根—额济纳旗盆地；1984年，分别采用地震方法和重力方法普查焉耆盆地和敦煌盆地；1985年，分别采用地震、重力方法概查双临盆地(陇西盆地)，普查民乐、民和、潮水等4个盆地；1986年，采用地震方法普查巴彦浩特盆地；1987年，采用地震方法普查雅布赖盆地；1991年，采用重力和电法普查三塘湖盆地；1993年，采用地震方法详查准噶尔盆地；1994年，采用重、磁、电等方法普查共和盆地，采用地震方法普查伊犁盆地；1995年，采用重力和地震方法普查羌塘盆地；1997年，采用地震方法普查柴达木盆地。经过上述勘探，已在焉耆盆地和三塘湖盆地等新区发现油气田，在民和、巴彦浩特、潮水和雅布赖等盆地发现油气显示，对其他盆地的含油气前景作出了初步评价。

第一节 银根—额济纳旗盆地勘探

银根—额济纳旗盆地位于内蒙古自治区的最西部，总面积5.5万平方公里（银根地区面积1.3万平方公里，额济纳旗面积4.2万平方公里)。该区大部分为巴丹吉林沙漠覆盖，自然条件恶劣。

1984年，根据石油部部署，物探局普查公司部署3个重力队开始对盆地东部面积1.3万平方公里开展1:20万重力普查；1985年，普查公司又部署3个电法队对盆地开展1:20万电法普查。至1986年，共部署6个重力队年和5个电法队年，测区扩展到全盆地。1987年，在重力和电法勘探基础上，四处2153队开始采用地震方法概查额济纳旗地区；1988年，新增1个可控震源队，同时对湖西新村和哨马营等两个评价较高的凹陷开展地震详查。通过对上述重力、电法和地震勘探资料的综合解释和分析，将盆地东部和西部，即银根和额济纳旗地区分别划分出“两坳、两隆”构造格局，银根地区又可细分为10个凹陷，额济纳旗地区细分为8个凹陷。

从1991年开始，物探局加大了该盆地的地震勘探力度，至1997年，四处共投入13个地震队年，勘探工作由盆地东部银根地区的查干德日苏、白云—乌力吉凹陷和尚丹凹陷逐步推进到盆地西部额济纳旗地区的务桃亥坳陷和居延海坳陷。截至1997年底，查干德日苏和白云—乌力吉凹陷的地震测网密度达到2公里×2公里～8公里×16公里；尚丹凹陷达到4公里×4公里～8公里×8公里；务桃亥坳陷中部和西部达到4公里×6公里；居延海坳陷西部和东部分别达到8公里×16公里、4公里×4公里。通过上述勘探工作，进一步证实该盆地为中、新生代沉积盆地；额济纳旗地区最大沉积深度在务桃亥坳陷，为4500米；银根地区以查干德日苏凹陷最深，为2600米。综合评价认为，额济纳旗地区务桃亥坳陷的湖西新村、哨马营和银根地区的查干德日苏等3个凹陷均为寻找油气有利地区。

第二节 焉耆盆地勘探

焉耆盆地位于新疆维吾尔自治区中部和静、和硕及焉耆等三县区内，面积1.1万平方公里。1953～1961年，该区作过不同比例尺的地面地质测量和1:20万重磁力普查。

1984年夏季，在物探局总地质师柴桂林倡议下，三公司派遣2个数字地震队侦察焉耆盆地，同时调查盆地边缘的地质露头，在巴什艾金等地采集了一批标本。当年完成12次覆盖地震测线10条、728.7公里。1985年，部署1个数字队，完成24次覆盖测线3条、502.4公里。明确该盆地为一沉积较厚的断陷盆地，呈“两坳、一隆”构造格局；沉积中心位于博斯腾湖坳陷，约6500米，发现四十里城等4个局部构造；综合评价认为该盆地具有良好的油气勘探前景。

1990年，柴桂林等人考虑物探局未来的发展，积极主张与塔指联合进一步对该盆地开展勘探，打出油后，按股分成，未获批准。1993年，总公司依据物探局的地震勘探成果进行国内风险勘探区块招标。河南油田中标后，委托物探局地调五处对该盆地开展重磁力普查和电法详查。当年五处部署6个重磁力队和1个电法队，基本查明该盆地的基底结构和区域断裂展布，共发现各类局部异常36个，其中宝浪异常和地震资料确定的宝浪苏木构造一致。1994年，在物探局发现的四十里城构造（后称宝浪苏木构造）上拟定了焉参1井。1995年5月26日，该井在侏罗系三工河组地层中获得高产工业油流，发现宝浪油田。

第三节 敦煌盆地勘探

敦煌盆地位于甘肃省最西部，面积9万平方公里。地表大部分为沙漠和戈壁覆盖。该区在50年代作过小比例尺的重磁力普查，局部地区作过电法勘探，60年代以找煤为目的钻过7口浅井，勘探程度较低，但认为该盆地阿克塞坳陷是寻找油气有利地区。

1984年，根据石油部部署，物探局派遣普查公司3个重力队对该盆地开展1:20万重力普查。1985年，物探局派遣三公司1个可控震源队对重力勘探发现的五墩负异常区布置3条区域地震大剖面，其中一条剖面一直向西延伸至罗布泊坳陷地区，了解基底和侏罗系地层的分布。1989年，五处1个电法队又在五墩地区开展1:20万大地电磁面积测量。

通过对上述重力、地震和电法等勘探资料的综合解释和研究，基本查明该盆地的区域构造呈“两坳、一隆”格局，发现5条逆掩大断裂；两坳中以安西坳陷五墩凹陷的面积最大、侏罗系地层最厚、局部构造发育，为该盆地寻找油气最有利地区。

1994～1997年，物探局以项目承包合同方式投入5个地震队年对该区开展普、详查。1995～1996年，五处也以项目承包合同方式投入2个重磁力队年和2个电法队年对该盆地开展普查。勘探结果表明，该盆地侏罗系地层发育，沉积厚度为600～2800米，为油气勘探远景区。

第四节　民乐盆地及武威盆地勘探

民乐盆地位于甘肃省的民乐、张掖和临泽等三县市境内，面积5100平方公里。1953～1967年，该区作过地面地质调查和重、磁、电、地震等勘探，钻探16口井，未见油气显示。1983年11月～1985年9月，对其中评价较高的张掖凹陷钻探民参1井，于5047.3米仍未钻穿白垩系地层，但是发现气测异常显示，表明该盆地沉积厚度较大，具有油气勘探远景。

1984年底，物探局派遣三公司2个数字地震队采用30～60次覆盖方法对该盆地开展普查，其中中、浅层地震资料质量普遍较好，深层反射资料质量相对较差。1985年，普查公司投入1个重力队对民乐盆地和武威盆地开展1:20万重力普查。根据重力、地震资料的联合解释结果，基本查明民乐盆地区域构造呈“两隆、一坳”格局，发现三工闸等11个局部构造、潜山和五坝等8条断裂，并提供民参2井等2口井位。随后钻探证实白垩系沉积为一套红色地层，无生油岩，从而中止该盆地的勘探工作。武威盆地因工作量较少，难以作出评价。

第五节　民和盆地及双临盆地勘探

一、民和盆地

民和盆地位于青海省东部民和县与甘肃省永靖、永登和皋兰等四县区内，面积1万平方公里。民和盆地是中国油气勘探历史最长的盆地之一。从1942年发现油苗开始，至80年代初，在盆地内进行过地面地质、重、磁、电、地震和钻探等多种方法勘探，明确了侏罗统窑街组是主要生油岩，在侏罗系、白垩系和第三系均见到油气显示，表明该盆地具有良好的油气勘探前景。

1985年，根据石油部部署，物探局派遣普查公司1个重力队和四公司2个数字队（其中1个为可控震源队）对该盆地开展概查和普查。随后，四处又于1988年开始，连续6年每年投入1个数字队对该盆地巴州坳陷及其相邻地区开展二维地震详查，还对原先发现的虎头崖小油田开展三维地震测量。1994年，五处应中原油田和西北侏罗系项目经理部要求，派出1个重力队和1个电法队在该盆地开展重力普查和大地电磁大剖面概查。

通过对上述重力、地震和电法等勘探资料的综合解释和研究，基本查明和证实该盆地的区域构造呈“两隆、两坳”格局，以其中的永登坳陷基底埋深最大，达5100米；巴州坳陷次之，基底埋深为4600米。两隆之一的周家台低隆起上发现15个背斜构造，预测该隆起是寻找油气的有利区带。

二、双临盆地

双临盆地又称陇西盆地，位于甘肃临夏市和临洮县境内，面积约1.2万平方公里。1985年，物探局四公司2164队和普查公司2个重力队对双临盆地开展侦察。重力队对全盆地开展1:20万重力普查；地震队采用24次覆盖方法，完成试生产地震测线22公里，后因该区地质结构复杂，所获地震资料难以说明地质问题而中止勘探。

第六节　巴彦浩特盆地勘探

巴彦浩特盆地位于内蒙古自治区西南部的阿拉善左旗一带，面积1.6万平方公里。盆地大部分为腾格里沙漠覆盖，沙丘高差150米，工作条件恶劣。1985年前，该区在区域构造上被看成潮水盆地和武威盆地的延伸部分。1985年，物探局派遣普查公司5个重力队在该区开展1:20万重力普查；1986年，普查公司又增派1个电法队在该区东部开展面积普查。根据上述勘探资料，将该区正式定名为巴彦浩特盆地，并将该盆地划分成“两坳、一隆、一斜坡”等4个一级构造单元。盆地内有巨厚的中、新生代地层沉积，最大沉积厚度约10000米。1986年和1987年，四处每年投入2个沙漠地震队，完成覆盖全盆地的6条区域大剖面（线距50公里），获得了反射层次丰富、连续好的地震资料，不仅显示了该盆地基底起伏，而且揭示了盆地南北边界的接触关系。通过与邻区已有钻井资料的对比，认为该盆地图格力坳陷伊和凹陷为寻找油气最有利地区。1988～1990年，共投入10个地震队年，以详查伊和凹陷为重点逐渐向全盆地扩展。1986～1990年，四处在该盆地共投入14个地震队年。其中图格力坳陷伊和凹陷和赛力克坳陷锡林凹陷地震测网达到详查程度，其他构造单元均为普查和概查。在上述两个详查区块共发现20个局部构造。在此期间，分别于伊和凹陷和锡林凹陷拟定了巴参1井、巴参2井和2口预探井。巴参1井在中生界目的层中未见油气显示，巴参2井于石炭系地层见到较好的油气显示段，锡1预探井也见油气显示。可见，巴彦浩特盆地的下古生界地层展示了良好的油气勘探前景。

第七节 潮水盆地勘探

潮水盆地位于甘肃省中北部，面积1.6万平方公里。该盆地是新中国成立后的优先勘探地区之一。1950～1961年，该盆地开展过较多的地面地质调查、重、磁、电、地震和钻探等勘探工作。在窨南凹陷发现窨水和黄毛石墩等局部构造，只在窨南5井钻遇的侏罗系青土群地层中见油迹砂岩。但从石油地质角度分析，认为该盆地面积较大、基岩埋藏深、局部构造发育、目的层分布广，具有较好的油气勘探远景。

1985年，物探局普查公司2个重力队和四公司1个地震队分别对该盆地进行1:20万重力普查和地震概查，概查线距为20公里。1986年，普查公司新增1个电法队在该区开展电法普查；四公司新增1个可控震源队对该区开展地震普查，地震测网达到2公里×2公里。1987年，四处投入2个地震队继续完善该盆地的地震测网。

通过对上述重力、地震和电法等勘探资料的综合解释和分析，基本查明盆地的区域构造呈“两坳、两隆”格局，发现和落实6个二级构造带及22个局部构造。其中金昌坳陷窨南凹陷的西坡构造带被评价为有利油气聚集带，金昌坳陷的红柳园凹陷和庙北坳陷的土门凹陷、庙北凹陷也是寻找油气有利地区。1996～1997年，四处应总公司新区勘探事业部邀标投入3个地震队年对金昌坳陷红柳园凹陷开展普、详查，落实了青土井构造带。提交的油探1井于侏罗系和震旦系碳酸盐岩地层中见到油气显示。

第八节 雅布赖盆地勘探

雅布赖盆地位于内蒙古自治区阿拉善盟雅布赖山以南，面积1.5万平方公里。1986年，四处在概查潮水和巴彦浩特盆地时，其中有一条南北向区域地震大剖面穿越本区，揭示了雅布赖盆地的存在。1987年，五处5个重力队开始对阿拉善盟地区开展1:20万重力普查，不仅证实此盆地的边界，而且发现该盆地的区域构造为“一坳、一隆”格局，推断基底最大埋深为5300米。同年，四处1个地震队对全盆地开展概查，明确了盆地周边接触关系和中生界、古生界地层的展布，并在西部坳陷提交了雅参1井井位。1990年、1995年，四处以承包项目合同方式共投入2个地震队年对该盆地开展普、详查，进一步证实该盆地为一中、新生代断陷盆地；西部坳陷萨尔台凹陷为该盆地面积最大、埋藏最深的凹陷，发现17个背斜和断鼻；在西部坳陷黑茨湾低凸起上发现黑沙构造带。在此期间完钻2口井：其一为物探局在西部坳陷盐场凹陷天井园构造上提交的雅参1井，于下侏罗统地层中见到8.9米/4层油气显示段；其二为物探局和甲方共同设计的沙1井，位于黑沙构造带，于中、下侏罗统地层中见45.6米/20层油气显示段。上述油气显示，表明了该盆地寻找油气的潜力。

第九节 三塘湖盆地及巴里坤盆地勘探

一、三塘湖盆地

三塘湖盆地位于新疆维吾尔自治区巴里坤县和伊吾县区内，面积2.3万平方公里。50年代末，该区作过1:20万地面地质测量和重、磁力测量。

1991年，物探局应邀派遣五处3个重力队和2个电法队对该区开展1:20万重力、电法联合普查。重力布格异常图和电法纵电导S图的形态基本一致。根据重力、电法资料，将盆地区域构造划分为两个隆起和1个中央坳陷带。中央坳陷带由东、西两个坳陷组成。1992年，物探局1个重力队继续普查该区，同时增派四处1个可控震源队对该盆地开展地震概查。1993年，四处投入3个二维地震队对该盆地评价较高的条湖凹陷及构造带开展普、详查，同时有1个三维地震队对条湖凹陷北小湖构造开展三维面积测量，五处1个化探队普查北小湖地区。同年10月，在该三维区块上提交的塘参1井于侏罗系地层中获得工业油流，发现北小湖含油构造。1994年，物探局投入1个地震队和1个化探队：地震队将条湖凹陷和马朗凹陷的地震测网分别加密到2公里×2公里和2公里×4公里；化探队在北小湖地区开展化探详查。

1995年，四处研究所对上述各项勘探资料进行综合解释和研究，在该区共发现12个二级构造带和51个各类圈闭；提交5口参数井和预探井，除塘参1井获得工业油流外，其余4口井均见油气显示。1995年后，在物探局发现的条湖凹陷北小湖构造带上的北小湖构造和马朗凹陷牛圈湖构造带上的牛圈湖1号圈闭，分别建成北小湖油田和牛圈湖油田。

二、巴里坤盆地

巴里坤盆地位于三塘湖盆地和吐哈盆地之间，面积4000平方公里。1995年，物探局五处1个重磁力队对全盆地开展1:5万重磁力细测，试图为吐哈盆地寻找后备资源。从区域构造上说来，该盆地正好处在准噶尔盆地向东延伸部位，是一个值得关注的地区。

第十节　准噶尔盆地及伊犁、昭苏盆地勘探

一、准噶尔盆地

准噶尔盆地位于新疆维吾尔自治区北部，面积约18万平方公里，为中国大型盆地之一，其腹部为古尔班通古特沙漠覆盖。该盆地是新中国最早建成的石油基地之一。

1975年6月，按照石化部勘探部署，物探局开始全年施工试点，二指5个地震队首次于夏季赴北疆准噶尔盆地西北缘的克拉玛依—乌尔禾地区进行拉练施工，完成二维地震测线252公里。次年5月，一指5个地震队赴北疆克—乌地区拉练施工，完成地震多次覆盖测线159公里。第三年4月，二指再派4个地震队赴克—乌地区施工，完成地震多次覆盖测线200公里。连续三年夏季拉练施工，不仅锻炼了队伍，而且熟悉了中国西部施工特点。

1993年和1996年，四处2165地震队应天山勘探项目经理部要求，先后对准噶尔盆地腹部的莫索湾和石南4井等两个地区采用60次覆盖方法进行三维地震测量，前者勘探面积为306平方公里，后者为326平方公里。采用变速时深转换、三维速度分析、约束反演和模式识别等新解释技术，编制了6层构造图。在莫索湾地区，发现和落实18个层圈闭，提供6口井位；在石南4井区，扩大了石南4井和5井的含油构造面积，发现和落实7个层圈闭，提供2口井位。1997年秋，石南4井区的钻探证实，该区的含油面积增至100平方公里。

二、伊犁盆地

伊犁盆地又称伊宁盆地，位于新疆维吾尔自治区西北部和哈萨克斯坦接壤的边境地区，面积1.5万平方公里。1994年，物探局二处235队应中原石油勘探局勘探事业部要求在其获得风险勘探权的伊犁盆地进行二维地震勘探，连续工作两年，采用可控震源和30～60次覆盖方法，共完成二维地震测线434公里。该资料由甲方解释。

三、昭苏盆地

昭苏盆地位于新疆维吾尔自治区西北部边境地区，紧邻伊犁盆地，面积4200平方公里。1994年，物探局五处受中原油田委托在昭苏盆地投入1个重力队开展1:10万重力普查。勘探资料由甲方解释。

第十一节　共和盆地及六盘山、柴达木盆地勘探

一、共和盆地

共和盆地位于青海省海南和海西地区，面积1.7万平方公里。1994年，物探局五处应邀投入2个重磁力队和2个电法队，对该盆地开展重、磁、电面积普查和地面地质调查（包括地质剖面实测、岩样采集、分析和岩石物性测定）。基本认定该盆地为一中、新生代沉积盆地，盆地由黄河隆起、塘格木坳陷、贵南坳陷和贵德坳陷等4个一级构造单元组成（贵德坳陷曾被前人称为贵德盆地），其中以塘格木坳陷面积最大、沉积最厚，约7000米。在盆地内发现23条断裂，其中以盆地南、北缘分布的两条逆断裂规模最大，对盆地的形成和发育起控制作用。推断该盆地找油勘探目的层为侏罗系和白垩系；第四系地层中有较厚的暗色泥岩存在，预示该区可能是寻找浅层沼气有利地区。

二、六盘山盆地

六盘山盆地位于宁夏回族自治区南部，具有典型黄土塬地形地貌特征，面积 1.2 万平方公里。1994 年，物探局五处在该盆地开展了重、磁、电综合勘探和岩样测定工作。重磁力测线采用自由网形式布设，点线距达到 1～2 公里；电法沿道路布设 12 条测线。1997 年，五处又在该盆地部署 2 个重力队和 2 个电法队。认为该盆地有 2 个主要密度界面和电性层界面。该盆地在区域构造上由中央坳陷带和小关山斜坡带组成，中央坳陷带可划分出 3 个次一级凹陷，以固原凹陷面积最大（2450 平方公里）、中生界及古生界地层最厚（5000～8000 米），评价为最有利生油凹陷。

三、柴达木盆地

柴达木盆地位于青海省西北部，面积 15 万平方公里，为中国大型沉积盆地之一，也是新中国最早建成的石油基地之一。

1997 年，物探局四处 2109 队应邀对位于柴达木盆地西南的涩东沼泽区采用遥测数字地震仪、24 次覆盖方法开展地震勘探，共完成地震测线 717 公里。全部地震资料解释工作由甲方负责。物探局此次勘探地区填补了该盆地的空白。

第十二节　羌塘盆地勘探

羌塘盆地位于西藏自治区北部和青海省西南部，地理上处在青藏高原北部，简称藏北高原，面积 16.4 万平方公里，为中国大型沉积盆地之一，平均海拔 5000 米以上，为严重缺氧和高寒区，自然条件恶劣。该盆地的勘探始于 1966 年。至 1974 年，地质部在藏北的班戈地区开展过航磁、重力、地震和钻井等勘探工作。初步建立了地层层序，在伦坡拉地区的 47 口井中见到不同程度的油气显示。1991 年，地矿部第五物探大队开始对伦坡拉地区开展新一轮油气普查，此后发现了 30 多个局部构造。

1994 年，物探局在总公司新区勘探事业部组织下开始规划羌塘盆地的勘探工作，地调五处根据总参测绘大队的重力资料编制了藏北地区 1:100 万布格重力异常图。1995 年 3 月，物探局成立青藏领导小组和青藏勘探项目组，组织四处 2 个地震队、五处 3 个重力联队、2 个电法队和 1 个化探队对该盆地开展大规模综合勘探。历时三年，物探局在该盆地共投入 6 个地震队年、6 个重力队年、3 个电法队年和 2 个化探队年，基本完成全盆地 1:20 万重力普查和电法大剖面概查；完成全盆地地震概查和局部地区地震普查。根据上述各项勘探资料的综合解释和分析，将该盆地区域构造划分成“两坳、一隆”，发现 11 个局部构造，其中以万安湖和金星湖构造评价最高，中央隆起带中部的雅根北低隆起和羌南坳陷的其香错低隆起及土门凹陷为寻找油气有利地区。由于表层结构复杂和深部断层多，多数地震勘探资料虽然覆盖次数达到 120 次也未取得预期效果；但是，从各种相关资料来看，该盆地仍应是一个有勘探远景的地区。

第十三节　南祁连盆地及酒泉、昌马盆地勘探

一、南祁连盆地

南祁连盆地位于青海省海北地区，北邻祁连山，东南部与共和盆地及青海湖盆地相接，西北部与敦煌盆地相邻，盆地内重峦叠嶂，面积 2.6 万平方公里。1997 年，物探局五处受西北侏罗系项目经理部委托在南祁连盆地投入 2 个重力队和 2 个电法队：重力队在盆地西南部开展 1:20 万重力普查；电法队在该部位开展大地电磁测深法和连续电磁测深剖面法面积勘探。勘探成果交甲方解释。

二、酒泉盆地

酒泉盆地位于甘肃省西北部，面积 1.5 万平方公里。1976 年，物探局研究所 217 可控震源队在该盆地玉门地区开展可控震源方法试验，完成二维数字地震测线 97 公里。1984 年，物探局普查公司开始在贺西地区开展 1:20 万重力普查工作时，测网延伸到酒泉盆地。1994 年，五处在酒泉盆地使用俄罗斯 GONG（光克）技术进行 1:2.5 万重力细测。此项成果交西北地质研究所解释。此项技术主要用于探索重力方法直接找油的途径。

1995 年后，地质上将酒泉盆地划分成酒东盆地和酒西盆地。

三、昌马盆地

昌马盆地位于甘肃省西北部，处在敦煌、酒西、南祁连等三个盆地之间，面积 2000 平方公里。1996 年，物探局五处受银根—额济纳旗项目经理部委托投入 1 个重力队在昌马盆地开展 1:5 万重力细测，完成重力测线 3536 公里。勘探成果交甲方解释。

第十二章　南方地区中小盆地勘探

中国南方诸省区地质构造现象异彩纷呈，历来为地质家们青睐。新中国成立后，燃料工业部和地质部系统分别对该区开展过地面地质调查和小比例尺的重、磁力勘探。至1975年，已在广西百色盆地、广东三水盆地、海南福山凹陷和贵州赤水坳陷发现了油气田。在“五五”期间，石化部要求加大中国南方海相地层分布区的油气勘探力度，从此物探局开始了浙江、广西、海南、贵州、江西、云南、广东及湖北、湖南等9省区的勘探工作。

第一节　杭州湾盆地及宁波盆地勘探

杭州湾盆地位于浙江省北部，其陆上杭嘉湖地区面积1.4万平方公里。宁波盆地位于杭州湾以南，面积1200平方公里。1977年，物探局在杭嘉湖（即杭州、嘉兴和湖州包围的三角地带）地区及宁波盆地共投入5个重力队开展重力详查，主要任务是了解两个盆地的中、新生代沉积地层分布和断裂展布，为地震勘探提供有利靶区。勘探资料表明，该区的勘探目的层应从寻找第四系浅层天然气开始，逐步推广寻找中深层的油气资源，其中以桐乡—平湖凹陷为寻找浅层天然气有利地区。

第二节　广西诸盆地勘探

广西壮族自治区内小盆地十分发育，物探局先后在区内的南盘江坳陷、十万大山盆地、百色盆地、合浦盆地、宁明盆地及河池地区开展不同方法勘探。

一、南盘江坳陷

南盘江坳陷位于广西壮族自治区西部，其中的田林—拖嘎宽向斜内地面潞城构造被评价为有利含油构造。为了查证其地腹构造情况，物探局于1978年开始派遣二指3个模拟地震队对该构造及其邻区开展地震普查。由于该构造处在山区，施工时全部采用弯线作业。至1980年，共投入9个地震队年，基本证实地腹构造的存在。

二、十万大山及上思盆地

十万大山盆地位于广西壮族自治区西南部边境地区，面积1.1万平方公里。1981年，物探局二指派遣3个模拟地震队，使用12次覆盖方法对该盆地东部进行概查，发现那楼和力勒两个局部构造。1994年，五处应总公司新区勘探事业部要求，投入1个电法队对该盆地及上思盆地开展可控源声频大地电磁测深法（CSAMT）和建场法（TEM）找礁试验，发现5个眼球状高阻体；认为驮卜、涤约至那田圩一线以北区域为找礁有利地区。

三、百色盆地

百色盆地位于广西壮族自治区西部，面积1000平方公里。该盆地的勘探始于50年代，作过地面地质调查、重力细测、地震勘探和钻探。1973年发现百色油田，1977年在百色盆地北坡相继发现仑圩等3个小油田。1982年，物探局二指开始对百色盆地开展全面勘探。至1986年，共投入11个地震队年，其中前三年使用模拟磁带地震仪，后两年使用数字地震仪。基本查清该盆地由2个凸起和3个凹陷组成，以田东凹陷面积最大、勘探程度最高。

1987～1988年，根据石油部指示，物探局与滇黔桂石油勘探局共同对该盆地以往的重、磁、电、地震和钻井资料进行综合研究，发现11个石灰岩分布区和上法、花茶和那坤等5个局部构造，提交17口井位。1987年5月，在田东凹陷上法构造上钻探的法1井和百4井于三叠系灰岩中相继获得工业油流。截至1995年，已在上法、花茶和那坤等地区建成3个油田。

四、合浦盆地

合浦盆地位于广西壮族自治区南部合浦县一带，面积1430平方公里，其南向北部湾海域延伸。50年代末，该盆地作过不同比例尺的重、磁、电等方法普查；70年代，采用模拟磁带地震仪作过地震普查。

1987年，物探局派遣二处1个数字地震队和五处1个重磁力队在该盆地开展勘探工作。地震队采用12次覆盖方法进行连片普查；重磁力队进行1∶5万重磁力细测。1988年，五处新增1个电法队以该盆地南流江坳陷为重点进行面积详查。至1991年，共投入5个地震队年、3个重力队年和1个电法队年。

通过上述各项勘探资料的综合解释和分析，查明了该盆地的区域构造格局，在南流江坳陷西场凹陷发现3个二级构造带和12个局部构造，提交3口井位，有2口井见到10米厚的沥青脉，初步展示了该区的找油前景。

五、宁明盆地及河池地区

宁明盆地位于广西壮族自治区西南部与越南接壤的边境地区，面积约1100平方公里。1994年，物探局五处1个电法队应总公司新区勘探事业部要求使用可控源声频大地测深法对该盆地开展概查。

河池地区位于广西壮族自治区中北部。1995～1996年，物探局五处投入2个电法队，采用大地电磁测深法在该区开展寻找碳酸盐岩礁体方法试验。试验结果有待进一步证实。

第三节　福山凹陷勘探

福山凹陷位于海南省北部澄迈县及其邻近地区，面积2900平方公里。在区域构造上，隶属于北部湾盆地南部坳陷。该凹陷地表和浅部为多层玄武岩覆盖，给地震波的传播带来困难。1984年，物探局二公司2162队使用数字地震仪和可控震源进入该区开展方法试验，虽然采用24次覆盖和延长震源扫描长度等技术手段，仍然无法克服玄武岩屏蔽的影响，难以获得较好的中深层地震反射资料。1992年，五处1个化探队在白莲次凹的金凤含油区块上开展直接找油试验。1995年，二处2201可控震源队承接中国石油天然气勘探开发公司劳务合同重上福山凹陷皇桐—白莲地区，采用变频扫描和120次覆盖方法，获得了玄武岩面以下的中深层反射资料。至1997年，在该凹陷共投入4个地震队年，完成二维地震测线354公里。该资料由甲方负责解释。

第四节　贵州安顺宽向斜及赤水至那坡大剖面勘探

一、安顺宽向斜

安顺宽向斜位于贵州省西南部，隶属黔南坳陷。1986年，物探局五处1个电法队在地震勘探得不好资料的地区开展可控源声频大地电磁测深法（CSAMT）试验，主要是探索使用此法的地质效果。共完成试验测线76公里，所获资料对确定该区断裂展布和划分构造单元有一定效果。

二、赤水至那坡大剖面

1990～1991年，物探局五处1个电法队使用大地电磁测深法（MT）完成了一条区域大剖面，其起点位于贵州省西北部与四川交界处的赤水，向南经贵州的安顺、广西的田林，至广西的那坡，全长596公里，测线穿越6个地质构造单元。

第五节　江西诸盆地勘探

一、弋阳盆地

弋阳盆地位于江西省上饶及抚州地区，面积3300平方公里。该盆地为晚中生代内陆断陷盆地。截至1978年，该区作过许多物探和钻探工作，其中有10口井在白垩系地层中见到油气显示。1991年，物探局五处派遣2个重力队对该盆地开展1∶5万重力细测，同时实测该盆地岩石露头区的物性资料。查明该区存在下侏罗统与三叠系之间和沉积层与基底之间两个主要密度界面；发现和落实3条主要断裂；划分出3个一级构造单元和16个二级构造单元；发现70个局部重力异常；指出贵溪、泗沥凹陷和弋阳凸起为找油有利地区。

1992年，物探局二处1个数字地震队进入该盆地开展地震方法试验，随后采用24次覆盖方法开展盆地概查。至1993年，共完成二维地震测线236公里。因该盆地地质结构复杂，获得的地震资料难以说明地质问题，随后勘探中止。

二、吉安盆地

吉安盆地位于江西省吉安和泰和地区，面积约2000平方公里。1992～1993年，二处在弋阳盆地进行地震勘探期间，同时兼探吉安盆地，共完成试验段82公里。

第六节　云南诸盆地勘探

云南省有中小盆地100余个。云南省是中国南方勘探程度较高的省区之一。1978年以前，先后在陆良盆地、保山盆地和景谷盆地发现小油气田，总储量只有63万吨。80年代，滇黔桂石油勘探局对该省区一直坚持地震勘探和钻探，收效不尽如人意。

从1985年开始，物探局采用重力、电法等非地震方法，先后对该省滇西、滇东等13个盆地开展了勘探，对该区的地质结构特点有了更进一步的认识。

一、滇西地区

楚雄盆地位于云南省中西部，面积3.6万平方公里。1985年，物探局普查公司对楚雄盆地以往1∶20万重力普查资料进行了重新处理和解释，查明该盆地有3个一级构造单元和11个二级构造单元，其中牟定斜坡和西部冲断构造带评价为找油有利地区。1996～1997年，五处1个大地电磁测深队连续两年对楚雄盆地开展面积普查，证实该盆地具有油气勘探前景。

1990年，物探局五处1个电法队对位于云南省最西部与缅甸接壤的边境地区的盈江、陇川和瑞丽等3个小盆地开展大地电磁测深法测量。这3个盆地的面积均为500平方公里左右，以新生代沉积为主。

1994年，五处1个电法队对巍山、弥渡、大理和鹤庆等4个小盆地使用大地电磁测深法进行路线概查，认为大理盆地值得进一步勘探。

二、滇东地区

1992年，物探局五处1个电法队使用垂向电测深方法，以1公里×1公里测网对滇东地区的玉溪、弥勒、越州、陆良和宜良等5个新生代沉积盆地开展详查。这些盆地的面积在120～1000平方公里之间。其中以陆良盆地和玉溪盆地的评价最高。

（一）陆良盆地

1988年前，在陆良盆地发现大嘴子气田。此次电法勘探结果，不仅查明了盆地与周边老山的接触关系和内部地质结构、断裂展布，而且查明该盆地为一东断西超的箕状盆地，大嘴子气田靠近盆地沉积中心，上第三系底界最大埋深达到1400米。电法资料圈定的盆地面积为300平方公里。1993～1994年，滇黔桂石油勘探局在该盆地开展高精度地震勘探，其结果和电法勘探的结果大体一致，于是决定在盆地东部大嘴子构造上钻探陆参1井，该井在上第三系地层中发现高产气流。

（二）玉溪盆地

玉溪盆地面积约120平方公里，盆地东西两侧均有断裂，盆地东部深、西部浅，电性标志层最大埋深2000米，表明第三系地层厚度大，是一个值得加深勘探的地区。

第七节　三水盆地勘探

三水盆地位于广东省中南部，面积3100平方公里。在80年代以前，该盆地作过地面地质调查、重磁力普查和地震勘探。1988年，物探局五处2个重磁力队对该盆地开展新一轮勘探，按1:5万测网进行重磁力细测。次年，五处1个大地电磁测深队和二处1个数字队对该盆地开展电法普查和地震详查、精查。

通过重、磁、电资料的综合解释，将该盆地区域构造划分成2个凸起和3个凹陷，指出其中的三江凹陷为找油最有利地区。地震队在详查三江凹陷基础上，对三江、三水、宝竹和大榄等4个区块实施三维地震勘探。至1991年，完成三维勘探面积161平方公里，共发现22个局部圈闭，提供5口井位。1991年后，宝竹区块上的宝月和竹山岗构造相继发现了油气田。

第八节　两湖若干地区勘探

从1990年开始，物探局先后对湖北和湖南省若干地区开展了重、磁、电等方法勘探。

1990年，五处2个重力队对位于湖北江汉盆地小板凹陷以北的天门地区开展了1:5万重力细测。

1991年，五处2个重力队将天门重力细测工区向北扩展到京山地区。

1993年，五处1个电法队利用大地电磁测深法，在湖南中部冷水江地区开展寻找煤层气的方法试验。

1997年，五处2个电法队应总公司新区勘探事业部要求，利用电磁测深连续剖面法（CEMP）在位于湖北省西南部的利川盆地开展电法普查。

第十三章　天然地震勘查

1966年3月6日，河北省邢台地区发生里氏4.2级地震；3月8日，该区又发生里氏6.3级（震中烈度9级）强烈地震。地震发生后，国务院周恩来总理指示：有关研究地震自然现象的各种研究机关，包括地球物理、地质、大地测量等科学，必须加强研究，已经在灾区进行地震研究的人员，对天然地震的形成、发展趋势等问题尽量总结规律，寻找经验。同年3月29日，石油部根据国家科委指示，决定由六四六厂组织11个物探队，在北京、邢台两个地区立即开展天然地震勘查工作。

第一节 邢台及北京地区天然地震勘查

一、邢台地区

1966年4月，六四六厂在邢台地区部署2个地震队和3个重磁力队：地震队负责邢家湾至百尺口之间极震区勘查；重磁力队负责邢台全区勘查，并在北京大红门和邢家湾等10个地点设置天然地震观测台站。历时半年，基本查明工区内的断裂分布。

同年10月，根据石油部指示，六四六厂安排1个地震队详查束鹿断陷两侧的断裂向北延伸情况及深县凹陷南侧断裂的展布情况和性质。

至1967年4月，基本完成该区第一阶段天然地震勘查任务。通过综合分析上述重力、磁力和地震等勘查资料，认为邢台地震的发生（据地震台网测定，震源深度约在10～25公里）与该区深部地质构造密切相关。

二、北京地区

1966年4月，六四六厂在北京至河北省涿县一带部署1个地震队、1个电法队和2个重磁队。具体任务是查明北京地堑两侧的基底断裂延伸情况，确定大兴凸起两侧大断裂的具体位置、性质、特点和向南延伸情况，为天然地震预报提供参考资料。

至1967年4月，基本完成该区第一阶段天然地震勘查任务。证实北京地堑和大兴凸起两侧断裂的具体位置和延伸情况，新发现2条断裂；提交了《华北历史破坏性地震与基底断裂关系的研究》报告；同年7月，提交了《北京地区主要断裂与地震活动的关系》报告。

第二节 京津、大城及邢台周边地区天然地震勘查

1967年3月27日，河北省大城县里坦地区发生里氏6.7级地震。1968年，根据上级指示，六四六厂加大了华北平原天然地震勘查的力度。

一、京津地区

1967～1969年，六四六厂于宝坻、唐山等5个地点设立地电观测台。1968年冬，六四六厂在京津地区的怀柔、顺义、平谷、三河和宝坻一带共投入5个地震队、1个电法队和3个重力队。主要任务是了解工区内的地质构造背景，为天然地震预报提供参考资料。

六四六厂根据上述勘查资料综合分析，提交了《对京津地区断裂与地震活动关系的几点认识》及《北京地区地质构造与地震活动关系》研究报告。

二、大城地区

1968年冬，六四六厂在该区投入5个地震队和1个电法队。工区以大城里坦为中心，南面扩展到沧州，北面延伸到天津、唐山和遵化。至1969年春，在该区共发现48条断裂，查明大城里坦地震与郯芦大断裂活动有关系。

三、邢台周边地区

1968年，根据国家科委地震办公室指示，六四六厂在邢台周边地区开展典型解剖和深层折射法试验。为此，在该区投入3个反射地震队、2个折射地震队和1个电法队。

至1969年春，除已查明元氏、内丘、隆尧等几条断裂外，发现邢家湾地区存在一个断裂带；通过在三年前邢台地震后所作地震测线位置上的重复勘查，未发现该区的地质构造有什么新的变化；认为深层折射法是地壳测深的一种有效途径。1969年7月，六四六厂提交了《邢台地区天然地震研究工作总结报告》。

第三节 华北平原北部天然地震勘查

1969年冬，根据“中央地震工作会议”精神，六四六厂在华北平原北部地区共投入15个地震队和2个电法队、3个重磁力队继续开展天然地震勘查工作。

其中二大队5个地震队和1个电法队部署在石家庄以北地区；三大队5个地震队中有4个地壳测深队（又称折射队）部署在邢台地区继续开展地壳测深工作；二大队所属2个重磁力队和三大队1个重磁力队分别在北京和邢台两地区；十大队5个地震队和1个电法队部署在天津和唐山、沧州等地区。

从1966年4月起至1970年，六四六厂为勘查天然地震，共投入53个地震队年、11个重磁力队年和6个电法队年，发现和落实93条主要断裂，查明近期仍然活动的断裂有49条，不活动的断裂有17条，可能活动的断裂有27条。通过勘查，为研究和预报天然地震提供了丰富的地质资料。

第 三 篇
地震资料采集

综　　述

地震资料采集是地震勘探工作的基础。地震资料采集质量直接关系到地震资料处理和解释结果的可靠性。

物探局从事地震资料采集的基本队伍来源于松辽石油地震勘探会战中形成的石油勘探野战军。1963年11月，松辽地调处统辖由27个物探队组成的野战军南下参加华北石油会战，其中有22个地震队。1964年底，六四一厂地调处（地调指挥部）地震队增至30个（含2个水上队）。1965年底，石油部六四六厂地震队增至37个（含5个水上队）。1970年，为适应面向全国勘探的需要，六四六厂地震队增至71个。1973年7月，六四六厂更名为物探局，除根据燃化部指示将一部分地震队调给大庆、华北、辽河等油田外，仍保留40个地震队，分属第一和第二指挥部管辖；1978年，物探局地震队增至57个，分属4个指挥部管辖；1980年，物探局地震队增至64个；1984年，指挥部更名为勘探公司，除部分地震队调给华北和中原油田外，仍保留51个地震队；1986年，勘探公司更名为地质调查处（简称地调处）；1990年后，物探局地震队略有增加，至1997年，地震队增至61个。

物探局及其前身一贯重视地震资料采集仪器设备的更新和方法、技术的改进。地震资料采集先后经历了光点技术、模拟技术、数字技术等三大阶段，采集方法、技术不断改进和发展。1965年前，物探局前身六四六厂地震队全部采用苏制和仿苏式“五一”型光点地震仪进行地震资料采集工作。1965年底，六四六厂有10个地震队开始使用法制模拟磁带地震仪。1971年底，六四六厂所属70个地震队将在用的光点地震仪全部淘汰，由法制和国产的模拟磁带地震仪取代。1972年，六四六厂地震队在生产中全面推广多次覆盖观测方法。1974年，物探局利用引进4台48道数字地震仪组建217、2108、2149和2150等第一批数字队，其中217队为中国第一个可控震源队；同年，4个数字队参加京津地区数字地震勘探会战。1980年，物探局四指2112队使用96道数字仪首次在冀中地区开展了三维地震勘探。1982年，物探局二指214/2143队首次与美国GSI公司合作在东濮凹陷文留地区开展大面积高覆盖次数三维地震勘探。1983年，物探局与美国GSI公司合作组建大沙漠队，首次在塔克拉玛干大沙漠腹地开展大面积地震勘探。1984年，第二勘探公司2202队率先使用横波可控震源在东濮凹陷文留地区开展多波地震勘探试验。1985年，物探局所属50个地震队全部实现数字化采集；同年，第二勘探公司采集方法研究所开始独立研制地震数据采集应用系统（SAAS）。1987年，物探局在二连盆地首次开展高分辨率勘探。1991年，物探局以2206队为基础正式组建双震源（井炮和可控震源）山地队；同年，组建2315沼泽地震队。在勘探过程中逐步形成了一套地震资料采集技术，包括二维和三维采集技术，井炮和可控震源采集技术，高分辨率采集技术，多次覆盖技术，地震数据采集软件开发技术，沙漠、山地、沼泽等特殊地表条件下的采集技术，以及地震测井技术；地震资料采集的能力逐步提高。

物探局及其前身在地震资料采集中一贯坚持严管理、严要求、严施工，一贯坚持质量第一的原则，采取各种措施，努力提高地震资料采集的质量、效率和效益。1965年前，光点地震资料采集质量依据松辽地震勘探会战中形成的《地震原始记录质量评价标准》进行评定，评定等级分一级、二级和废品。评价标准规定人为废品一律重新补炮；属于仪器因素使用不当，连续出现3炮废品，也需按正确仪器因素重新补炮；属于地质因素造成无反射同相轴的原始记录，需经解释员认定后，才能视为合格记录。1965年后，模拟地震资料采集质量仍然依据上述标准对现场回放的监视记录进行评级。1972年采用多次覆盖方法生产后，对上述原始记录质量评价方法和标准作了部分修改，强调对单张监视记录评价同时，需考虑回放多次叠加剖面的总体效果。1980年10月，物探局召开了“地震野外资料质量检验工作会议”，重新修订了《地震原始记录质量评价标准》。强调地震资料采集基本功，也强调地质效果，如实反映地下情况，地震采集资料评价逐步走向科学化。“六五”期间，地震采集平均一级品率为51.57%，“七五”和“八五”期间分别提高到70.84%和81.84%，1997年提高到90.76%。见附表3－1。

自1961年松辽地震勘探会战形成石油勘探野战

军开始至1997年的37年期间，物探局及其前身已在全国44个大、中、小盆地开展过地震勘探，其中面积大于10万平方公里的盆地有塔里木、松辽、陕甘宁、四川、渤海湾、准噶尔、羌塘、柴达木和二连等9个盆地；面积在1～10万平方公里的盆地有南华北、酒西、吐哈、银根、额济纳旗、敦煌、开鲁、江汉、苏北、沁水、三塘湖、巴里坤、潮水、雅布赖、双临、伊犁、十万大山、焉耆、民和等19个盆地；面积小于1万平方公里的盆地有民乐、洛阳、南阳、洞庭湖、弋阳、三水、三门峡、伊川、福山、南盘江、吉安、合浦、伊通、无为、百色和南武昌等16个盆地及坳（凹）陷。共投入地震队年1722个（含同年既作二维又作三维57个队年），其中二维地震队年1600个、三维地震队年122个；完成二维地震测线68.47万公里、三维勘探面积1.57万平方公里。二维地震工作量中，光点地震占14.2%，模拟地震占16.3%，数字地震占69.5%；按覆盖次数统计，单次占16.1%，6/12次占21%，24/30次占35.2%，48/60次占21.8%，96次以上占5.9%。完成VSP地震测井170口。附表3－2、3－3为物探局及其前身各单位历年完成地震勘探工作量统计表；附表3－4为物探局及其前身在各盆地采用不同类型仪器完成地震勘探工作量统计表；附表3－5为物探局及其前身在各盆地采用不同覆盖次数完成地震勘探工作量统计表；附表3－6为1961～1980年物探局及其前身在各盆地完成地震勘探工作量统计表；附表3－7为1981～1997年物探局在各盆地完成地震勘探工作量统计表。

第一章　光点地震资料采集

50年代，石油部系统所属地震队均使用苏制和国产“五一”型光点地震仪进行地震勘探，先后发现克拉玛依（1955年）、川中（1958年）、白杨河（1958年）和高台子（1959年）等新中国成立后的第一批油田。

1961～1963年，石油部从各地调集26个地震队在松辽盆地开展地震勘探会战。通过连片地震普查、有据详查、重点细测，在长垣外围发现8个油气田；而且形成一支石油勘探野战军；建立一套中国式的地震勘探规程，制定了《地震原始记录质量评价标准》，总结出一套解放波形的“两高两低”仪器调节方法，掌握了松辽平原不同地表条件下冬季施工的地震资料采集方法。

1963年11月，这支经过松辽石油地震勘探会战洗礼的野战军奉命南下，先后转战渤海湾、四川、江汉和陕甘宁等盆地，谱写了光点地震勘探的光辉篇章：在1964～1966年期间，相继在黄骅坳陷和济阳坳陷发现了港西、港东、纯化镇和胜坨等11个油田。

1965年，六四六厂有10个地震队开始使用法制CGG－59型电子管磁带地震仪和法制AS－626X型半导体轻便磁带地震仪进行地震资料采集，又称模拟地震资料采集。1966年，国产DZ－661、663型模拟磁带地震仪在六四六厂部分地震队中投入使用。之后，光点地震仪逐渐为模拟磁带地震仪取代。1972年，六四六厂地震队在用的光点地震仪全部为DZ－663和DZ－701型模拟磁带地震仪取代。由于这一时期使用模拟磁带地震仪的基本工作方法和光点地震方法没有区别，所以在工作方法上不另说明，仅在工作量统计表中加以区分。

在1961～1971年的11年期间，物探局前身松辽地调处和六四六厂采用光点地震仪进行地震勘探，共完成地震测线10.68万公里，光点地震占91.1%，模拟地震占8.9%。在四川、江汉和陕甘宁等盆地会战期间完成的工作量未计算在内。

表3－1为1961～1971年完成工作量统计表；表3－2为在各盆地完成工作量统计表；表3－3为在各盆地使用光点地震仪进行地震勘探时普遍使用的采集因素表。

第一节　松辽盆地地震资料采集

1961年9月，石油部党组决定组织26个地震队在松辽盆地开展地震勘探冬季会战。参战队伍除松辽地调处11个地震队外，其余15个地震队分别来自玉门、银川、青海、新疆和四川等石油局。至1963年5月，地震勘探会战基本结束。勘探面积4万平方公里，完成地震测线19479公里。在工作方法上，采用中点放炮代替端点放炮、连片细测代替连片普查。

表 3-1 1961～1971 年物探局前身完成二维地震勘探工作量统计表 km

年度	松辽地震会战前指	六四六厂	年度	松辽地震会战前指	六四六厂
1961	4071		1967		10125
1962	9808		1968		14179
1963	5600		1969		14147
1964		11535	1970		2104
1965		14531	1971		2797
1966		17914	合计		106811

注：1961 年、1963 年工作量为松辽地调处完成；1962 年含地质部完成工作量 724 公里；六四六厂完成的工作量包含其前身完成的工作量。

表 3-2 1961～1971 年物探局前身完成各盆地光点、模拟地震勘探工作量统计表

盆地（地区）		二维		
		光点（km）	模拟（km）	合计（km）
松辽盆地		19479（61）		19479（61）
渤海湾盆地		77854（224）	9478（37）	87332（261）
其中	下辽河坳陷	1460（9）	122（1）	1582（10）
	黄骅坳陷	7794（28）	982（7）	8776（35）
	冀中坳陷（含南华北盆地）	12801（65）	2662（22）	15463（87）
	济阳坳陷	19313（48）	186（1）	19499（49）
	渤海海域	29631（21）	5526（6）	35157（27）
	京津地区天然地震	6855（53）		6855（53）
合计		97333（285）	9478（37）	106811（322）

注：括号内数字为队年数。此表未将六四六厂在四川、江汉、下辽河和陕甘宁等地的会战工作量统计在内。1970 年和 1971 年在南华北盆地合肥坳陷有 4 个队施工，其工作量统计在冀中坳陷。

表 3-3 1962～1970 年物探局前身使用的光点记录采集因素表

地区	仪器型号	道数	观测系统	激发因素			组合检波		仪器因素			年度
				井深（m）	井数（口）	药量（kg）	个数	形式	放大格	滤波挡	APA（V）	
松辽	五一型	24	300-0-25-0-300	9～14	1	10～20	3～5	线性	8～9	Ⅳ	8～9	1962
东营	五一型	24	300-0-25-0-300	7～11	1	5～8	5～7	线性	7～8	Ⅳ	8～9	1964
京津	五一型	24	300-0-25-0-300	9	1	5～10	3	线性	6～9	Ⅳ、Ⅱ	8～9	1965
永清	五一型	24	300-0-25-0-300	9～13 18	1	10～15	2	面积	9	Ⅳ	11	1966
任丘	五一型	24	300-0-25-0-300	9～13	1	8～15	3	面积	6～9	Ⅳ	8～10	1965
霸县	五一型	24	300-0-25-0-300	9	1	8	3	面积	6～7	Ⅳ	11	1965
郑州	五一型	24	300-0-25-0-300	9	1	8～10	2	面积	9	Ⅳ	9.5	1966
河间	五一型	24	300-0-25-0-300	9	1	10～20	2	面积	8	Ⅳ	10	1966
陕甘宁	五一型	24	300-0-25-0-300	12～15 20～25	1 2～4	20～30 70～80	11 21～23	线性	9	Ⅳ	12～13	1969
南阳	五一型	24	300-0-25-0-300	9	1	10～15	5	线性	7～8	Ⅳ	8～9	1970

一、勘探任务及队伍分布

1961年冬至1962年春地震勘探会战方针是：以江南（吉林松花江南）深凹陷为中心，哈尔滨凹陷为重点，填平补齐西斜坡，查明松辽盆地地质结构，准备出一批可供钻探的构造。各参战单位具体任务如下：

(1) 玉门局3个地震队在升平、尚家地区进行详查、细测，勘探面积1000平方公里。

(2) 银川局3个地震队在肇州、肇源一带进行详查、细测，勘探面积2100平方公里。

(3) 青海局3个地震队在盆地西部斜坡带南段洮安至太平川地区作面积详查，勘探面积5000平方公里。

(4) 新疆局3个地震队在长春岭、前七号地区作面积普查及局部地区详查，勘探面积3200平方公里。

(5) 四川局3个地震队在黑帝庙地区详查、细测，勘探面积2000平方公里。

(6) 松辽地调处11个地震队在富拉尔基、镇赉地区普查，勘探面积5500平方公里。

1962年5月16日，石油部决定重组松辽地调处，参战地震队全部划归松辽地调处领导，分属5个大队。1962年冬至1963年春地震勘探会战方针是：以二级构造带为勘探对象，迅速找到高产油气田；集中力量，搞清东南部四大关系（基底与上覆盖层关系、沉积构造层内部关系、区域构造内部与外部关系、非背斜构造与构造或地层之间关系）；以古龙凹陷为重点，开展西部和西南部非背斜油气藏封闭性研究，为钻探该区深部油气藏准备井位。具体任务如下：

(1) 一大队5个队在吉林广安地区，负责古龙凹陷背斜和非背斜封闭性研究，并用地震方法研究萨尔图油田断裂分布，勘探面积4100平方公里。

(2) 二大队6个队在黑龙江双城地区，连片测量莺山凹陷北部，研究该区四大关系，勘探面积6000平方公里。

(3) 三大队5个队在吉林长春岭地区，负责前七号、杨大城子等地区非背斜封闭性研究，勘探面积2450平方公里。

(4) 四大队5个队在吉林农安地区及德惠凹陷进行连片测量，研究该区四大关系，特别要注意寻找深部构造，部署工作量1072公里，勘探面积4170平方公里。

(5) 五大队4个队在吉林扶余地区，对第二松花江与拉林河之间开展连片测量，搞清该区四大关系，勘探面积4500平方公里。

二、仪器设备及采集方法

（一）仪器设备

1961～1963年，全部使用“五一”型26道地震仪（包括井口道和爆炸信号道）；检波器型号主要为54－1、57－1、59－1及苏制Cu－16型；地震电缆全部使用胶质线编制的专用电缆；爆炸机初期使用链条齿轮机电爆炸机，后期使用电子爆炸盒或半导体爆炸机。

平原地区使用的钻井机具为苏制车装钻机，山地、沼泽水网地区为人抬化钻机。

运载车辆有仪器车、钻机车、水罐车，以及炸药、雷管、生产生活物资运输车，车型主要为苏制嘎斯－51和国产解放、跃进等。

（二）主要采集方法

观测系统：道距25米，排列长600米，中点放炮简单连续观测。

接收因素：采用5个检波器线性组合，组内距12.5米。

激发因素：单深井，井深9～14米，药量10～20公斤。

仪器因素：一般采用滤波Ⅳ档，放大8～9格，并采用混波、半自动及自动振幅控制。

三、完成工作量

1961～1963年，共投入61个队年，完成地震测线19479公里（各年完成任务情况见表3－4），勘探面积4万平方公里。基本完成了全盆地重点地区的详查、细测任务，为大庆油田开发和全盆地含油气远景评价提供了重要依据。

在地震会战中，松辽地调处202队和新疆大队219、220等队有33个队月以月上100公里的优异成绩，夺取会战指挥部颁发的红旗；玉银大队225队于1962年2月以完成158.7公里的指标创会战最高记录。219队连续5个月月上100公里，以243%的优异成绩超额完成会战任务，先后获会战工委授予的“地震标杆队”和“五好标杆队”称号，该队指导员刘俊获“会战标兵”称号；玉银大队226队和松辽地调处207队分别以186.6%、146%的优异成绩获会战工委授予的“战区五好红旗队”称号，226队队长张奎祥获“战区五好红旗标兵”称号。

表 3-4 1961～1963 年松辽地震会战完成松辽盆地地震勘探工作量统计表

年 度	施工队号（队数）	二维（km）
1961	201、202、203、204、205、206、207、208、209、210、214（11）	4071
1962	218、219、220、215、216、217、221、222、223、225、226、211、212、213、201、202、203、204、205、206、207、208、209、210、214（25）	9808*
1963	202、208、209、210、214、221、222、223、224、225、226、219、220、218、204、205、201、203、215、216、217、211、212、213、207（25）	5600
合计	61 个队年	19479

* 此数含地质部物探大队 3 个地震分队完成的工作量 724 公里。

第二节 渤海湾盆地地震资料采集

1963 年 5 月，松辽地震勘探会战结束。同年 11 月，松辽地调处率领 22 个地震队及其他 5 个勘探队南下参加华北石油会战。同年 12 月，各地震队分别在渤海湾盆地指定工区开展调查研究和科学试验工作。先后组织 255 人次，行程 4270 余公里，全面踏勘工区，完成 137 个试验点的试验项目，获合格记录 3500 张，为确定本区采集方法奠定了基础。

一、勘探任务及队伍分布

（一）济阳坳陷

1964 年，在东营和沾化凹陷投入 19 个地震队进行详查、细测。1965 年，在东营凹陷投入 9 个地震队继续进行详查、细测；在惠民凹陷部署 10 个地震队进行详查。1966 年，在东营和惠民凹陷投入 11 个地震队继续进行详查、细测。

（二）黄骅坳陷

1964 年，投入 8 个地震队在河望堡至盐山凹陷地区进行地震连片测量，同时详查孔店和羊三木构造。1965～1966 年投入 13 个地震队详查大港构造带，5 个队普查全坳陷。

1968～1971 年，有 5 个队继续对全坳陷开展连片详查，另有 4 个队在坳陷东部凹陷带开展方法试验。

（三）冀中坳陷

1964 年，投入 3 个地震队分别在坳陷中南部及京津地区进行地震概查。1965～1966 年，投入 21 个队年分别在凤河营、河西务、霸县、任丘、河间、留路和留楚等地进行地震普查。1967～1969 年，投入 42 个队年在霸县、任丘和河间等地进行地震详查，另有 6 个队在坳陷南部的深县地区开展地震概查。

1970～1971 年，有 7 个队年在坳陷中南部继续详查，14 个队年在冀中坳陷以南的南华北盆地合肥坳陷和周口坳陷开展方法试验和区域概查（其中有 6 个队在周口地区的试验工作量未统计）。

（四）下辽河坳陷

1964 年，投入 2 个地震队在辽中地区开展区域概查。1968 年冬～1969 年春，投入 4 个队重点详查热河台等 4 个构造带。1970～1971 年，先期有 23 个队，后期达到 25 个队，分别对坳陷东西两个凹陷带和中央隆起南部倾没带的有利构造开展连片详查。

（五）渤海海域

1964 年 8 月，石油部系统第一个浅海地震队——216 队正式开始浅海地震勘探试验工作，当年完成地震测线 6.96 公里。

1965 年，组建 3 个浅海地震队和 2 个深海地震队分别在渤海湾、莱州湾和渤中海域进行连片普查。

1966～1967 年，有 6 个海上队在 3 公里×6 公里测网基础上，以 1.5 公里×2 公里加密测网详查有利二级构造带。

1968～1969 年，共投入 8 个队年，在继续详查渤中海域的同时，还对黄海海域进行概查，另有 1 个队进行电火花震源激发试验。

二、仪器设备及采集方法

1965 年 8 月以前，全部使用“五一”型地震仪；8 月以后，有 4 个队使用模拟磁带地震仪，其中有两台装备 2 个深海地震队。

陆上队使用 701 等型号车装钻机，每队配备钻机 2～3 台、水罐车 2～3 台、运输车 4～5 台。海洋队也配备相应的设备。

采集方法与松辽盆地施工方法基本相同，详情见表 3-3。

三、完成工作量

1964～1971 年，物探局前身六四六厂在渤海湾盆地共投入 261 个地震队年，完成二维地震测线 87332 公里，其中陆上 52175 公里，海上 35157 公里；光点地震占 89.1%，模拟地震占 10.9%。历年完成任务情况见表 3－5。1966 年 3 月 8 日邢台大地震后，根据中央指示，六四六厂于 1966～1970 年共投入 53 个地震队年，完成天然地震勘查测线 6855 公里，获地壳测深记录 656 张。

表 3－5 1964～1971 年物探局前身在渤海湾盆地完成地震勘探工作量统计表

年度	施工队号（队数）	二维（km）		合计（km）
		陆上	海上	
1964	201、202、203、204、205、206、207、221、222、223、224、225、226、214、218、219、220、227、228、229、215、216、217、208、209、210、211、212、213、230、231、232（32）	11535		11535
1965	215、216、221、232、239、201、202、203、222、223、224、225、226、236、204、205、206、214、218、220、227、228、237、238、209、210、217、219、229、230、233、234、235、231、208、211、212、213（38）	12209	2322	14531
1966	215、216、221、232、240、246、海联队、2100、219、214、247、228、2101、2102、222、223、224、225、236、241、242、243、226、204、205、227、230、235、245、233、250、2104、2105、206、218、220、237、2106、2107、217、234、239、2103、2108、2113、2109、238（47）	12090	5824	17914
1967	215、216、221、232、240、246、214、219、2100、228、206、218、220、237、2106、239、2103、2108、2109、234、2113、2107、217（23）	1731	8394	10125
1968	215、216、221、232、240、214、219、247、2144、2100、228、2111、2112、2142、2143、245、2105、2104、233、227、250、237、246、206、218、2107、220、2106、230、2103、239、234、235、217、2108、2109、2113、2145、2146、2147、2148、2149（42）	2276	11903	14179
1969	215、232、240、2110、214、219、247、2144、2155、2111、2112、2142、2143、2156、233、250、2100、2104、230、235、239、2103、206、218、246、217、2108、2109、2113、2145、2146、2147、2148、2159、2149、227、245、2105、2160、2161、2106、2107、220、237、234（45）	7433	6714	14147
1970	214、2155、247、219、2144、2111、2112、2142、2143、2156、2145、2146、2147、2148、2159、2163、2168、2179、2180、245（20）	2104		2104
1971	2111、2112、2142、2143、2144、2156、2178、2181、2182、2200、2163、2168、2179、2180（14）	2797		2797
合计	261 个队年	52175	35157	87332

注：1970～1971 年，2163、2168、2179 和 2180 队在南华北盆地施工，分别完成光点、模拟地震测线 143 公里和 661 公里。1971 年，214、2155、219、2201、2202 和 247 队在周口地区试验，工作量未统计。

第三节 四川盆地地震资料采集

六四六厂为落实石油部在四川组织第二次石油勘探会战的决定，于 1965 年 1 月派遣五大队 3 个地震队（211、212、213 队）入川参战。211 队在威远构造顶部石灰岩出露区开展方法试验，212 队负责断层研究和详查自流井构造，213 队承担复杂地形条件下野外采集方法试验及解释方法研究。下半年，这 3 个队调往川南，其中 211 队细测五通场构造，212 队细测广福坪构造，213 队细测傅家庙构造。

1966 年 1～5 月，六四六厂先后增派 13 个地震队入川会战，主要任务是对泸州古隆起开展普、详查，共完成 12 条路线普查测线。1967 年，先期入川的 3 个队转入川中地区。其中 211 队详查广安构造，212 队和 213 队在川中吉祥开发区配合钻探作开发地震试验。其余 13 个队继续详查泸州古隆起，同时开展川东地区勘探。

六四六厂入川会战的 16 个地震队，在吸收四川地震队的经验基础上，经过对工区地震地质条件全面调查和系统试验，总结了一套山区地震工作方法。

观测系统：道距 5～25 米不等，排列从几十米至500米不等，24道接收，单次覆盖。一般两炮点间布设2～3个排列，山高时布设4～5个排列，采取双边放炮的简单连续观测系统。

激发因素：井位选择主要考虑地形、激发岩性和井深，井场要选择相对较开阔的低凹地带，可钻2～3口炮井。井深一般在18～25米范围内，药量10～20公斤。为了增加能量下传，普遍采用闷井方法。

接收因素：检波器接收普遍采用5～9个检波器线性组合，组合基距不超过道距，组内距3～5米，同组检波器高差不大于2米，并将检波器插入20～30厘米坑内。遇深水田时，需先打入木桩或铁桩，再卸下检波器尾锥并用粘土耦合；遇浅水田时，可将检波器直接插入水田硬底；在岩石露头区用粘土埋置。不论何种条件，埋置检波器均要保证做到“平、稳、正、直、紧”。

仪器因素：1965年前，均使用“五一”型光点记录地震仪，仪器放大格7～9格，Ⅰ挡或Ⅳ挡滤波，APA闭锁电压8～10伏，混波比20%～30%。1965年底，有10个队使用AS626X型半导体轻便磁带地震仪。

第四节　江汉盆地及周边地区地震资料采集

1969年4月，遵照中央加强三线建设指示精神，六四六厂首批派遣5个地震队参加江汉盆地石油勘探会战，5月又调15个队参战，1970年再调5个队参战。至此，六四六厂参战地震队达到25个，分别部署在沔阳、潜江和江陵地区进行地震连片测量。1969年4月～1970年6月，25个地震队共完成地震测线16311公里。

1970年8月～1971年3月，5个队在洞庭湖盆地常桃凹陷和沅江凹陷开展河、湖、沼泽地区工作方法试验和地震概查，共完成地震测线451公里。5个队普查和详查南襄盆地南阳凹陷，共完成地震测线2611.65公里。5个队在鄂东南武昌地区开展采集方法试验和区域普查，除完成29个试验点多项试验和40公里试验段外，还完成地震测线286公里。其余10个队继续详查沔阳和潜江地区。

1971年6月，石油部决定上述25个地震队赴陕甘宁参加长庆油田勘探会战。

在上述地区工作期间，有5个队使用“五一”型地震仪，其余20个队使用国产模拟磁带仪。

观测系统：以600米排列长度为主、中点放炮，个别地区采用300米，甚至150米排列长度，中点或端点放炮。

激发因素：一般使用单井，井深7～9米，药量3～5公斤；多井组合时，浅井5米，每井药量3～5公斤，最多采用10口井组合。

接收因素：一般用5～9个检波器线性组合。

仪器因素：“五一”型仪器多采用放大格7～8格、Ⅳ挡滤波、20%～25%混波比，模拟磁带仪器采用起始增益－17～－24分贝、终了增益－1～－3分贝、一般用Ⅲ挡滤波、延迟时0～0.1秒、门坎值280～380毫伏、调制度20%～30%。

第五节　陕甘宁盆地地震资料采集

1969年6月，遵照石油部加快陕甘宁盆地勘探的决定，六四六厂首批派出10个地震队参加会战。至1971年，六四六厂参战地震队达到42个。1973年，六四六厂参战地震队中有15个调回华北，其余地震队分别划归长庆油田和调给大庆油田。

一、勘探任务及队伍分布

1969年9月，六四六厂首批10个地震队到达指定工区吴忠、灵武、盐池、定边、吴旗及环县等地进行方法试验和地震概查。1970年3月26日，六四六厂又调7个地震队参战，在庆阳以南和旬邑、马兰一带进行黄土塬方法攻关和区域概查。1971年6月，遵照石油部指示，六四六厂又将参加江汉会战的25个队调入该区参战。至此，六四六厂参战地震队达到42个。主要任务是：详查庆阳、华池地区（甘肃省境内）和吴旗、黑河地区（陕北地区）；普查环县、宁县（甘肃东部）和泾川（陕西省境内）等地区；概查富县至延安地区（陕西省境内）。1972年，要求继续完成上述地区的详查和普查任务。

二、采集方法

陕甘宁盆地的地表条件十分复杂，东、西两侧以山区为主；中南部为黄土塬覆盖，沟谷纵横，最大高差达200～300米；中北部以沙漠为主。经过几年的方法试验和生产，总结了一套黄土塬地区基本地震工作方法。

（一）激发条件选择

该区最好激发岩性为红色泥岩，其次为杂色泥岩，砾石层最差。在黄土层较薄地段，力求在其下部较好岩性中激发，才能得好深层资料。为保证能量下传，要在冲井后下药闷井，可消除高频杂乱干扰和声波干扰，改善深层记录品质。采用“五一”

型地震仪器时多采用40～90公斤药量；采用模拟磁带地震仪时一般使用20～50公斤药量。

(二) 组合检波参数选择

该区干扰主要是规则面波，频率范围为20～30赫，宜采用组合检波方法压制此类干扰。一般地区采用11个检波器线性串联组合，组内距5～10米；复杂地区采用21～23个检波器线性组合，组内距5～7米。

(三) 仪器因素选择

先后使用三种型号仪器："五一"型地震仪、国产磁带地震仪和法国磁带地震仪。

"五一"型地震仪：放大格9格，灵敏度4～3点，幅度40%，滤波Ⅳ挡或改进后Ⅳ挡，自动振幅控制闭锁电压12～13伏。

国产磁带地震仪：门坎值280毫伏，调制度15%～20%，起始增益－18～－21分贝，滤波Ⅰ挡为主，延迟时0.1～0.3秒。

法国磁带地震仪：扩展器的起始增益/起始斜率为－36分贝/120～160毫秒，抑制器为－30～36分贝/－3～max，使用自动振幅控制，滤波挡为14～20赫/Ⅰ挡或20赫/Ⅱ挡，延迟时为320～400毫秒。

三、完成工作量

1969～1972年，六四六厂在陕甘宁盆地共投入104个队年，完成地震测线11369公里。表3－2中未将此数统计在内。

第二章 模拟地震资料采集

从1965年开始使用模拟磁带地震仪，至1972年模拟磁带地震仪全部替代"五一"型光点地震仪止，基本地震勘探方法没有改变，仅是地震记录处理和显示方式有所区别。但是模拟磁带地震仪的使用为地震勘探方法变革创造了条件。

1971年11月，六四六厂组织勘探一团2111队和勘探二团219队率先在饶阳和周口地区开展了多次覆盖试验。

1972年夏季，六四六厂在徐水召开了第一次"多次覆盖"会议；当年冬季，六四六厂所辖70个地震队全面推广多次覆盖工作方法，彻底改变了中国已沿用50多年的传统方法。从此六四六厂的地震勘探进入了一个新的发展时期。

从1974年开始，物探局由模拟磁带仪采集的多次覆盖资料全部由150计算机处理成水平叠加剖面。1975年，利用模拟水平叠加剖面在冀中坳陷发现任丘古潜山大油田，在东濮凹陷发现中原油田。1975年，物探局开始利用夏季赴新疆乌尔禾进行拉练施工。1978年，物探局使用模拟磁带仪在二连盆地、塔里木盆地及其他盆地开始了大量勘探工作。

1972～1980年，物探局共投入429个地震队年，完成二维地震测线92254公里。其中模拟地震占90.07%，数字地震占9.93%；按覆盖次数统计，单次占4.1%，多次占95.9%。

表3－6为该期间物探局各单位历年完成工作量统计表；表3－7为不同类型地震仪历年完成不同覆盖次数工作量统计表；表3－8为各盆地工作量统计表；表3－9为各工区模拟地震仪采集因素表；表3－10为各盆地不同覆盖次数工作量统计表。

表3－6 1972～1980年物探局及其前身完成地震勘探工作量统计表

年度	合计			一指			二指			三指			四指		
	合计(km)	模拟(km)	数字(km)	合计(km)	模拟(km)	数字(km)	合计(km)	模拟(km)	数字(km)	合计(km)	模拟(km)	数字(km)	合计(km)	模拟(km)	数字(km)
1972	4511	4511		3167	3167		1344	1344							
1973	7109	7109		4131	4131		2978	2978							
1974	8473	8193	280	4765	4485	280	3708	3708							
1975	9125	8328	797	4861	4064	797	4264	4264							
1976	9528	8375	1153	5227	4074	1153	4301	4301							
1977	11732	10552	1180	7096	5916	1180	4636	4636							

续表

年度	合计			一指			二指			三指			四指		
	合计（km）	模拟（km）	数字 km）	合计（km）	模拟（km）	数字（km）	合计（km）	模拟（km）	数字（km）	合计（km）	模拟（km）	数字（km）	合计（km）	模拟（km）	数字（km）
1978	20115	18685	1430	5702	5620	82	7217	7217		2829	2677	152	4367	3171	1196
1979	12247	10434	1813	2128	1941	187	3961	3961		3471	2971	500	2687	1561	1126
1980	9414	6906	2508	2372	1610	762	3621	3146	475	1397	1027	370	2024	1123	901
总计	92254	83093	9161	39449	35008	4441	36030	35555	475	7697	6675	1022	9078	5855	3223

表 3－7　1972～1980 年物探局及其前身使用不同类型地震仪完成不同覆盖次数工作量对比表

年　度	工作量（km）	队年数		覆盖次数及工作量（km）								
		模拟	数字	模　拟				数　字				
				单次	6 次	12 次	24 次	6 次	12 次	24 次	30 次	48 次
1972	4511	31		3050	1407	54						
1973	7109	48		789	6233	87						
1974	8473	38	2		8107	44	42	196	84			
1975	9125	33	5		8328			534	263			
1976	9528	34	4		8375			61	1092			
1977	11732	34	4		9641	911		5	973	202		
1978	20115	61	3		14207	4478		114	1291	25		
1979	12247	59	9		5688	4746		26	1513	234		40
1980	9414	55	22		1426	5057	423	110	932	1425	41	
合计	92254	393	49	3839	63412	15377	465	1046	6148	1886	41	40
总计	92254	442		83093　90.07%				9161　9.93%				

注：表中总计 442 个队年数含 1979 年、1980 年按仪器类型重复统计 13 个队年（即一个队同一年使用不同仪器），实际投入 429 个队年。

表 3－8　1972～1980 年物探局及其前身完成各盆地模拟、数字地震勘探工作量统计表

盆地（地区）		二维（km）		
		模　拟	数　字	合　计
渤海湾盆地		62827（276）	7534（38）	70361（314）
其中	下辽河坳陷	720（9）		720（9）
	冀中坳陷	38767（196）	7058（33）	45825（229）
	济阳坳陷		124（2）	124（2）
	临清坳陷	23340（71）	352（3）	23692（74）
塔里木盆地		3352（35）	940（11）	4292（46）
二连盆地		829（11）	467（5）	1296（16）
南华北盆地		15255（79）	123（1）	15378（80）
西部中小盆地		611（14）	97（1）	708（15）
南方中小盆地		219（9）		219（9）
合　计		83093（424）	9161（56）	92254（480）

注：表 3－8 和表 3－9 总队年数与表 3－7 总队年数不一致，是因为同一地震队于同一年分别在不同地区或采用不同仪器工作，重复统计所致。480 个队年包含重复统计 51 个队年，即实际投入 429 个队年。括号内数字表示队年。

第三篇 地震资料采集

表 3-9 1969～1978 年物探局及其前身模拟磁带地震勘探采集因素一览表

地区	队号	仪器型号	道数	覆盖次数	观测系统	激发因素			组合检波		仪器因素			年度
						井深 (m)	井数 (口)	药量 (kg)	个数	形式	槛值 (mV)	调制度 %	延迟时 (s)	
江汉		模拟	24	1	250-0-20-0-250	9～12 19～21	1～5 1	10～15 8～10	3～5	线性	280	15～20	0.1～0.3	1969
陕甘宁		模拟	24	1	300-0-25-0-300	12～14 12～13 60	2～4 1 1	70～80 20～30 30	11～23	线性	280	15～20	0.1～0.3	1969
饶阳	2111	模拟	24	6	920-0-80-0-920 80-80-1920	9～14	1	5～10	3～5	线性	250～280	20～25	0.5～1.0	1971
铜城	2179	模拟	24	6	50-200-1350	9	1	10	9	线性	320～340	20～25	0.4～0.8	1973
东濮	235	模拟	24	6～12	50-800-1950	9～15 8	1 2～3	10 4×3	15～25	面积	280	18～33	0.6～1.0	1974
河间	2258	模拟	24	6	50-500-1650	14～18	1	5～10	16～20	面积	280～350	15～25	0.5～1.0	1976
临清	219	模拟	24	6	60-300-1680 75-300-2025	14	1	3～5 10～15	15～18	面积	280～300	20～30	0.6～1.0	1977
晋县	2211	模拟	24	6	75-600-2325	18～25	1	8～15	18～25	面积	280～300	15～25	0.8～1.0	1977
江都	2180	模拟	24	12	50-800-1950 50-1000-2150	9～12	1	10	25	面积	300～350	20～25	0.5～1.0	1978
英吉沙	2170	模拟	24	6	50-600-1750	15～20	1	10～20	54	面积	300～350	20	0.8～1.0	1978

表 3-10 1972～1980 年物探局及其前身完成各盆地不同覆盖次数地震工作量统计表

盆地（地区）		地震队队年	二维（km）				
			单 次	6/12 次	24/30 次	48/60 次	合 计
渤海湾盆地		314	3487	65116	1758		70361
其中	下辽河坳陷	9		720			720
	冀中坳陷	229	3487	41194	1144		45825
	济阳坳陷	2		124			124
	临清坳陷*	74		23078	614		23692
塔里木盆地		46		3914	338	40	4292
二连盆地		16		1247	49		1296
南华北盆地		80	352	14779	247		15378
西部中小盆地		15		708			708
南方中小盆地		9		219			219
总 计		480	3839	85983	2392	40	92254

* 临清坳陷工作量包括东濮凹陷工作量。

第一节 冀中坳陷地震资料采集

1971年，六四六厂先期有2个队使用模拟地震仪分别在饶阳和周口地区开展多次覆盖采集方法试验。1971年12月～1972年3月，又安排6个模拟队相继在饶阳凹陷和徐水凹陷、廊固凹陷开展多次覆盖采集方法试验。从1972年冬开始，六四六厂在各探区全面推行多次覆盖方法。1973年6月以后，将冀中坳陷的任丘、高阳、高家堡和留路等地作为重点勘探地区。

一、勘探任务及队伍分布

1972年，六四六厂为在冀中地区查明1000个断块，投入21个队：霸县—河间6个队；京津地区3个队；冀中南部4个队；保定地区3个队；黄骅坳陷北塘凹陷5个队。1973年6月，为落实"突破口会议"精神，六四六厂投入33个队：10个队详查霸县—任丘—肃宁地区；8个队普查高阳、留路及南马庄地区；9个队普查廊—固凹陷；2个队在京津地区开展方法试验；3个队普查高阳地区；1个队在大城地区开展方法试验。1974年，物探局为在冀中地区提供一批局部构造，共投入25个队：京津地区9个队；霸县凹陷顾辛庄、南庄子及文安斜坡及保定、安国地区9个队；留楚—武强地区5个队；石家庄地区1个队；里坦1个队开展方法试验。从1975年7月开始，石化部要求物探局围绕任4井的重大发现，力求在冀中地区按四查要求把埋深6000米以上、面积大于5平方公里的古潜山查清。当年投入23个队，除重点详查霸县和任丘地区外，还扩大了霸县凹陷、饶阳凹陷、京津地区及蠡县斜坡等4个地区的勘探。1976年，石化部决定物探局负责组织华北石油地震勘探会战，要求查清冀中北部地区古潜山，全歼冀中，拿下华北大油田。当年物探局投入23个队，负责勘探霸县—河西务和留路—孙虎地区。石家庄—深县以南及冀中西部由长庆、胜利、大港和河南等油田55个队勘探。1977年10月，根据康世恩部长要在冀中找到700个"小包包"的指示（后调整为600个，"小包包"意指小潜山）精神，物探局在冀中地区投入22个队：顾辛庄—安新—白庄子及高阳地区8个队；文安、南马庄、八里庄、留路一带7个队；凤河营、大兴—牛北斜坡—河西务6个队；217队继续采用可控震源试生产。1978年，物探局在冀中地区共投入31个队：饶阳凹陷—衡水地区13个队；文安斜坡、徐水—保定地区11个队；石家庄—束鹿地区7个队。1979年，物探局以继续落实古潜山和第三系构造为主要目标，选择三个有利断裂构造带开展高精度地震方法试验，同时侦察沧县隆起，共投入29个队：其中武清—安平、刘村—深县、文北及武强、留楚、护驾池和沧县隆起地区10个队；霸县凹陷、徐水—保定凹陷12个队；石家庄—束鹿地区7个队。1980年，华北石油会战指挥部将冀中地区的牛驼镇凸起、任丘油田东南部、饶阳、深县凹陷列为四查重点地区，当年投入22个队：一指13个队详查任丘、武清、饶阳、深县及石家庄地区；四指9个队详查牛驼镇凸起周围和保定地区。

二、仪器设备及采集方法

（一）仪器设备

地震仪：除2个队使用法制CGG－59型模拟地震仪外，其余队均使用国产DZ－663、DZ－701型模拟地震仪；1974年，有2个队开始使用SN－338B型数字仪；1975年，有1个队开始使用GS－2000型数控地震仪。

地震检波器：模拟仪器配备DZ65－1和DZ68－1型检波器，数字仪配备数字检波器。

电缆：模拟仪器用国产32芯地震专用多次覆盖电缆，数字仪配备引进的多次覆盖电缆。

爆炸机：1973年前使用高压炮盒，1973年后使用可控硅高压炮盒。

钻机：均使用国产701型钻机。

（二）采集方法

1. 多次覆盖采集方法试验

1971～1972年，开展多次覆盖方法试验的主要项目有：

（1）多次覆盖采集方法与单次采集方法的效果对比，试验段13.76公里。

（2）6次覆盖采集方法比较，分别以道距40米和80米组成的观测系统完成试验段14.36公里和65.38公里，又分别以80米道距组成的观测系统进行中点和端点放炮试验。

（3）12次覆盖采集方法主要比较以80米道距组成的观测系统进行中点和端点放炮的效果，中点放炮试验段3.92公里，端点放炮试验段8.6公里。

试验仪器为DZ－663、DZ－701型模拟磁带地震仪。为了保证多次覆盖方法试验进行，六四六厂研制出了多次覆盖电缆和转换开关。

2. 普遍使用的采集方法

（1）24道模拟地震仪使用的采集方法。

观测系统：道距 50 米、75 米、80 米（断裂发育区为 25 米、30 米），偏移距 100～800 米，最大炮检距 1250～2560 米，6 次覆盖。

激发因素：井深 14～18 米（特殊情况为 23～28 米），要求在潜水面以下 3～5 米高速层中激发，药量 5～10 公斤（或 8～15 公斤）。

接收因素：主要为 18～24 个检波器面积组合（1977 年后为 18～36 个）。

仪器因素：调制度 20%～25%，门坎值 280～350 毫伏，起始增益 -18～-23 分贝，终了增益 0～-2 分贝，延迟时 0.4～1.1 秒。

(2) 48 道模拟地震仪使用的采集方法。

观测系统：道距 50 米，偏移距 300～500 米，最大炮检距 2650～2850 米，6 次或 12 次覆盖。

激发因素：井深 14～18 米，药量 8～15 公斤。

接收因素：18～36 个检波器面积组合。

仪器因素：同 24 道模拟地震仪。

三、完成工作量

1972～1980 年，六四六厂物探局在冀中坳陷共投入 229 个地震队年，完成二维地震测线 45825 公里。其中模拟地震占 85.0%，数字地震占 15.0%。按覆盖次数统计：单次占 7.6%，6 次占 60%，12 次占 30%，24 次、30 次占 2.4%。详情见表 3-11。

在冀中坳陷勘探过程中，涌现了许多先进单位。其中第一指挥部 2254 女子地震队以出色的工作业绩于 1978 年被物探局授予“英勇顽强作风好的铁姑娘队”称号；2150 队使用数字地震仪优质高效完成各项生产任务，于 1980 年被石油部授予“全国石油战线模范集体”称号；2144 队以连续三个月上千炮的新记录，于 1977、1978 年分别被局评为“大庆式单位”和命名为“知难而进，勇挑重担”单位。

第二节 临清坳陷地震资料采集

一、勘探任务及队伍分布

1977 年，物探局根据华北石油勘探会战的总体部署，物探局一指 1 个队、二指 4 个队在新河凸起、南宫凹陷和明化镇凸起等地区进行地震普查。1978 年，物探局共投入 9 个队，其中一指 1 个队在南宫凹陷继续普查，二指 5 个队在临清坳陷南部详查，三指 3 个队在宁晋凸起以南及广宗—邯郸以西进行区域普查。1979 年，物探局投入 7 个队，其中一指 1 个队在大营凹陷和明化镇凸起北部概查，二指 3 个队在邯郸凹陷—新乡地区普查，三指 3 个队详查新河凸起和巨鹿凹陷中央隆起带。1980 年，物探局投入 3 个队，其中一指 2 个队在邯郸凹陷普查，二指 1 个队在堂邑凸起地区普查。

二、仪器设备及采集方法

（一）仪器设备

1972～1980 年，全部使用国产模拟地震仪。使用的钻机及辅助设备基本同冀中地区。

（二）主要采集方法

观测系统：道距 50、60、75 米，偏移距 300～600 米，最大炮检距 1680～2350 米，6 次或 12 次覆盖。

激发因素：井深 10～18 米、药量 10～15 公斤。

仪器因素：门坎值 300～320 毫伏，调制度 20%～23%，起始增益 -19～-21 分贝，延迟时 0.6～1 秒。

三、完成工作量

1977～1980 年，物探局在临清坳陷共投入 24 个地震队年，完成二维地震测线 8706 公里。见表 3-11。

表 3-11 1972～1980 年物探局及其前身完成渤海湾盆地地震勘探工作量统计表

地区	年度	施工队号（队数）	二维（km）									
			单次	6 次		12 次		24 次		30 次	合 计	
			模	模	数	模	数	模	数	数	模	数
冀中坳陷	1972	2111、2112、2142、2143、2144、2156、2178、2181、2182、2200、2256、2159、2257、2258、2203、2145、2146、2204、2205、2259、2260（21）	2698	415		54					3167	

续表

地区	年度	施工队号（队数）	二维（km）									
			单次	6 次		12 次		24 次		30 次	合　计	
			模	模	数	模	数	模	数	数	模	数
冀中坳陷	1973	2107、2108、2109、2111、2112、2113、2142、2143、2144、2149、2150、2151、2152、2153、2154、2156、2178、2181、2182、2200、2254、2255、2256、2257、2258、2145、2146、2159、2203、2204、2205、2259、2260（33）	789	3255		87					4131	
	1974	2108、2109、2111、2112、2113、2142、2143、2144、2149、2150、2151、2152、2153、2154、2156、217、2178、2181、2182、2200、2254、2255、2256、2257、2258（25）		4399	196	44	84	42			4485	280
	1975	2108、2109、2111、2112、2113、2142、2143、2144、2149、2150、2151、2152、2153、2156、2178、2181、2182、2200、2254、2255、2256、2258、217（23）		3844	410		263				3844	673
	1976	2108、2109、2111、2112、2113、2142、2143、2144、2149、2150、2151、2152、2153、2156、2178、2181、2182、2200、2254、2255、2256、2258、217（23）		3415	61		995				3415	1056
	1977	2108、2109、2111、2112、2113、2142、2143、2144、2149、2150、2151、2152、2153、2156、2178、2181、2182、2254、2255、2256、2258、217（22）		4144	5	218	973		202		4362	1180
	1978	2111、2113、2142、2143、2151、2156、2178、2181、2222、2254、2256、2258、2106、2107、220、2206、2207、2212、237、2108、2109、2112、2144、2149、2150、2152、2153、2182、2221、2255、217（31）		6202		3040	1139		25		9242	1164
	1979	2106、2107、2111、2113、2142、2151、2156、2178、2181、2200、2222、2258、2206、2207、220、2212、237、2108、2109、2112、2144、2149、2150、2152、2153、2182、2221、2254、2255（29）		1097		2614	1186		56		3711	1242
冀中坳陷	1980	2106、2107、2111、2113、2151、2156、2178、2181、220、2200、2222、2258、237、2112、2150、2153、2182、2221、2254、2255、2317、217（22）		66		2307	681	37	741	41	2410	1463
	合计	229 个队年	3487	26837	672	8364	5321	79	1024	41	38767	7058
下辽河坳陷	1975	2113、2151、2156、2200、2256（5）		220							220	
	1976	2113、2151、2156、2200（4）		500							500	
	合计	9 个队年		720							720	

续表

地区	年度	施工队号（队数）	二维（km）									
			单次	6 次		12 次		24 次		30 次	合　计	
			模	模	数	模	数	模	数	数	模	数
临清坳陷	1977	2200、2155、2209、239、247（5）		2665		36					2701	
	1978	2200、2143、219、2209、239、247、2208、2210、230（9）		4470							4470	
	1979	2200、2143、219、2206、2208、2210、230（7）		1080		64					1144	
	1980	2311、2312、2206（3）				391					391	
	合计	24 个队年		8215		491					8706	
东濮凹陷	1973	235、239（2）										
	1974	2155、2168、235、239、247（5）		1398							1398	
	1975	214、2155、2168、219、235、239、247、2201（8）		2846							2846	
	1976	2103、214、2155、2168、219、235、239、247（8）		2738							2738	
	1977	2103、214、2155、2168、219、235、239、247（8）		1384		378					1762	
	1978	2103、214、2155、2168、235（5）		1049		1077					2126	
	1979	2103、214、2155、2168、235、239、247（7）		844		1543					2387	
	1980	2103、214、2168、235、238、239、247（7）				1115		262	352		1377	352
	合计	50 个队年		10259		4113		262	352		14634	352
东营	1975	2150、2153（2）			124						124	
总　计		314 个队年	3487	46031	796	12968	5321	341	1376	41	62827	7534

在临清坳陷勘探中，247 队于 1978 年以完成 6 次覆盖测线 1037 公里、记录合格率 99.5%的业绩创物探局成立以来最高记录，被石油部授予“坚定不移学大庆的地震勘探先锋”称号。

第三节　东濮凹陷地震资料采集

一、勘探任务及队伍分布

1973 年，物探局派遣二指 2 个队在该区开展多次覆盖方法试验。

1974 年，投入 5 个队进行全凹陷面积概查，主测线线距 12 公里，同时完成 6 条南北向联络测线。

1975 年，二指投入 8 个队参加东濮石油勘探会战，重点普查凹陷中央隆起带和局部构造形态。

1976 年，二指投入 8 个队详查濮阳、徐集—马厂、白庙、胡状集、三春集、桥口等构造带，普查元春集凹陷。

1977～1980 年，二指共投入 27 个队年，除重点解剖文留构造带外，在濮城、观城地区精查断裂组合与构造形态，详查南何家—孟岗集构造带。

二、仪器设备及采集方法

（一）仪器设备

1972～1980 年，主要使用国产 DZ－663 型和 DZ－701 型模拟地震仪。1980 年，有 2 个队使用 DFS－V 型数字地震仪。使用的钻机及辅助设备基本同冀中地区。

（二）主要采集方法

观测系统：道距 50、75 米，偏移距 300～1200

米，最大炮检距 1950～2350 米，6 次、12 次覆盖。

激发因素：单井激发，井深 9～15 米，药量 2～8 公斤。

仪器因素：门坎值 280～300 毫伏，调制度 18%～33%。

三、完成工作量

1974～1980 年，物探局在东濮凹陷共投入 50 个地震队年，完成二维地震测线 14986 公里。其中模拟地震占 97.3%，数字地震占 2.3%。详情见表 3-11。

在东濮凹陷勘探中，247 队以严格的队伍管理和优质高效的业绩于 1974、1975 年连续两年被物探局授予“红旗标杆队”和“地震勘探尖兵”标杆队，1977 年被物探局命名为“大庆式”单位，1978 年被石油部授予“坚定不移学大庆的地震勘探先锋”称号，1979 年被团中央授予“新长征突击队”称号。

第四节　南华北盆地及周边地区地震资料采集

一、勘探任务及队伍分布

（一）周口坳陷

1972 年，六四六厂勘探二团在周口坳陷投入 6 个队采用 6 次覆盖方法落实周口镇电法异常、王教庄鼻状异常、练集电法异常和沈丘—旧商断裂带。1973～1975 年，二指投入 17 个队年对全坳陷及其邻区进行区域普查和详查。1980 年，二指投入 2 个队采用 12 次覆盖方法重点勘探鹿邑和倪丘集凹陷。

（二）开封坳陷

1975 年，二指开始投入 3 个队概查开封坳陷的中牟凹陷。1976～1979 年，投入 18 个队年，除继续详查中牟凹陷外，还对济源凹陷开展普、详查。1980 年，又投入 4 个队详查中牟及民权地区。

（三）合肥坳陷

1972 年，二指投入 2 个队在合肥坳陷的舒城和肥东地区进行多次覆盖方法试验。1973 年，投入 2 个队概查肥东凹陷。1974～1976 年，投入 3 个队年详查肥东凹陷。

（四）苏北盆地

1972 年，投入 2 个队在金湖凹陷地区开展多次覆盖方法试验。1973～1976 年，投入 8 个队年详查金湖凹陷天长及铜城地区。1977～1978 年，投入 6 个队年普查盆地以南的江都和扬州地区。

（五）三门峡盆地、洛阳盆地及安阳地区

1978～1980 年，共投入 6 个队年分别在三门峡、洛阳盆地及安阳地区开展多次覆盖方法试验工作，终因这些地区地震地质条件复杂，工作方法未过关而中止勘探。

二、仪器设备及采集方法

（一）仪器装备

1972～1980 年，二指在南华北盆地及其周边地区均使用 DZ-701 型和 DZ-663 型模拟地震仪。使用的钻机及辅助设备基本同冀中地区。

（二）主要采集方法

开封和周口坳陷地震地质条件与东濮、临清相似，其采集方法大同小异。济源凹陷经试验后确定的采集方法与洛阳、三门峡有相似之处，且更具代表性。下面仅记述济源、铜城及江都等地的采集方法。

1. 济源凹陷主要采集方法

观测系统：道距 50、60 米，偏移距 240、300 米，最大炮检距 1450～1680 米。

激发因素：平原区井深 14～23 米、药量 15 公斤，黄河滩区采用双井组合、井深 14～18 米、每井药量 10 公斤，丘陵区潜水面以下 15 米激发、药量不少于 30 公斤。

接收因素：36～45 个检波器矩形面积组合，基距 80 米。

2. 铜城地区主要采集方法

观测系统：道距 50 米，偏移距 200 米，最大炮检距 1350 米。

激发因素：井深 9 米，药量 15 公斤。

接收因素：9 个检波器线性组合，组内距 6.25 米。

3. 江都地区主要采集方法

观测系统：道距 50 米，偏移距 600～1000 米，最大炮检距 2150～2700 米。

激发因素：井深 9～12 米，药量 10 公斤。

三、完成工作量

1972～1980 年，二指在南华北盆地及其周边地区共投入 80 个地震队年，完成二维地震测线 15378 公里，其中模拟地震占 99.2%，数字地震占 0.8%；单次占 2.6%，6/12 次占 96.6%，24 次占 0.8%。有关各盆地的完成工作量情况见表 3-12。

在南华北盆地勘探中，247 队于 1973 年以完成 6 次覆盖测线 454 公里、优级品率达 92.6%，创优质高产新记录。为此物探局在 247 队驻地河南郸城召开现场会，全面推广 247 队优质高产经验。

表 3-12　1972～1980 年物探局及其前身完成南华北盆地地震勘探工作量统计表

地区	年度	施工队号（队数）	二维（km）						
			单次	6 次	12 次	24 次		合　计	
			模	模	模	模	数	模	数
周口坳陷	1972	214、2155、219、2201、2202、247（6）	329	959				1288	
	1973	2103、214、2155、2162、219、247、2201、2202、2209（9）		2681				2681	
	1974	2103、214、2162、2201、2202、2209、219（7）		2107				2107	
	1975	2103（1）		259				259	
	1980	2313、2314（2）			337			337	
	合计	25 个队年	329	6006	337			6672	
开封坳陷	1975	2162、2202、2209（3）		488				488	
	1976	2162、2202、2209、2201（4）		1119				1119	
	1977	2162、2202、2209、2201（4）		1238				1238	
	1978	2201、2202、2162、2220、2256、249（6）		1803				1803	
	1979	2162、2220、2256、249（4）		442	304			746	
	1980	2155、2162、2256、249、2220（5）		90	658		123	748	123
	合计	26 个队年		5180	962		123	6142	123
合肥坳陷	1972	2163、2168（2）		19				19	
	1973	2163、2168（2）		81				81	
	1974	2163（1）		61				61	
	1975	2163（1）		148				148	
	1976	2163（1）		125				125	
	合计	7 个队年		434				434	
苏北盆地	1972	2179、2180（2）	23	14				37	
	1973	2179、2180（2）		216				216	
	1974	2179、2180（2）		142				142	
	1975	2179、2180（2）		271				271	
	1976	2179、2180（2）		319				319	
	1977	2163、2179、2180（3）		10	279			289	
	1978	2163、2179、2180（3）			361			361	
	合计	16 个队年	23	972	640			1635	
三门峡盆地	1978	239\（1）		18				18	
	1979	239\（1）		11				11	
	合计	2 个队年		29				29	
洛阳盆地	1978	238（1）		5				5	
	1979	238（1）		14	48			62	
	合计	2 个队年		19	48			67	
安阳	1979	2143（1）		78				78	
	1980	2143（1）		74		124		198	
	合计	2 个队年		152		124		276	
总　计		80 个队年	352	12792	1987	124	123	15255	123

第五节 二连盆地地震资料采集

二连盆地东部多为草原，西部为大面积砾石戈壁覆盖，中部为低矮丘陵。都日木以东为腾格尔沙漠，沙丘高差一般为20～50米。巴音都兰地区还分布有沼泽。

一、勘探任务及队伍分布

1978年，物探局根据普查大队区域普查资料派遣一指6个队，分别在马尼特坳陷东部和中部、腾格尔坳陷东部、赛汉塔拉凹陷、赛汉乌力吉凹陷等地进行方法试验和路线概查。1979年，物探局四指投入5个队，其中1个数字队在赛汉塔拉凹陷开展面积概查，其余4个模拟队在腾格尔坳陷西部完成3条地震大剖面。1980年，四指投入5个队，2个队普查赛汉塔拉凹陷，另外3个队分别对赛汉乌力吉、额仁淖尔、毕力克和格日勒敖都等地进行地震概查。

二、仪器设备及采集方法

（一）仪器设备

1978年，4个队使用DZ－701型、DZ－663型模拟地震仪，2个队使用SN－338B型数字仪。1980年，有1个队使用MDS－10型数字仪。钻井及辅助设备与冀中地区基本相同。

（二）主要采集方法

观测系统：道距50米，最大炮检距1450～1650米（模拟）、1450～2850（数字）。

激发因素：井深15～22米，药量8～10公斤（模拟）、5～8公斤（数字）。

接收因素：18～36个检波器面积组合。

仪器因素：模拟仪器采用因素基本同冀中地区。

三、完成工作量

1978～1980年，物探局在二连盆地投入16个地震队年，共完成二维地震测线1296公里。其中模拟地震占64%，数字地震占36%；6/12次占96.3%，24次占3.7%。详情见表3－13。

表3－13 1978～1980年物探局完成二连盆地地震勘探工作量统计表

地区	年度	施工队号（队数）	二维（km）						
			6次		12次		24次	合 计	
			模	数	模	数	数	模	数
二连盆地	1978	2111、2142、2108、2149、2150、2153（6）	214	114				214	214
	1979	2108、2109、2144、2149、2152（5）	292			153		292	153
	1980	2108、2109、2144、2149、2152（5）	238		85	151	49	323	200
合 计		16个队年	744	114	85	304	49	829	467

第六节 塔里木盆地地震资料采集

一、勘探任务及队伍分布

依据石油部下达的《1978年南疆地区地震勘探会战任务书》要求，物探局三指统辖10个地震队在塔里木盆地西南坳陷沿喀什至和田公路两侧开展地震方法试验和区域概查。其中217可控震源队负责柯克亚—固满构造3条测线概查，其余9个队负责概查英吉沙构造和克孜—托甫洛克地区。

1979年，物探局增派7个地震队，共17个队在塔西南坳陷进行区域勘探，要求详查柯克亚构造；普查棋北和什塔克、苏勒阿孜等10个构造；查证叶尔羌、章桂、皮山等重力异常和沙南、卡牙、泽普西等遥感遥测异常；了解叶城凹陷区域构造、周边关系及中新生界厚度变化。

1980年，又从一指、二指各调1个队参战，队伍总数达到19个（6个数字队、13个模拟队）。其中15个队分布在塔西南：2个队分别在乌恰和柯克亚构造地区进行方法试验，5个队整体普查曲苦恰克地区，3个队普查泽普构造，5个队分别普查棋北和英吉沙地区；其余4个队在塔北进行路线概查。

二、仪器设备及采集方法

（一）仪器设备

1978年，有9个队使用DZ－663型和701型模拟地震仪，1个队使用GS－2000型数控地震仪。1979年，有3个队开始使用SN－338B型数字地震仪。1980年，有1个队开始使用MDS－10型数字仪，数字队达到6个。

钻机及辅助设备与冀中地区基本相同。1978～1980年，217、233可控震源队采用的震源为M10/601型。

（二）主要采集方法

塔西南地区地表多为砾石及黄沙覆盖，1978年进疆初期主要采用坑炮生产，以后逐渐加大井炮生产比例。

观测系统：道距50、75、100米，偏移距200～600～1800米，最大炮检距1450～2475米（24道仪器）、2650～2950米、4150米（48道仪器）。

激发因素：井炮生产时单深井15～20米、药量10～20公斤，组合井2～8口（深4米）、每井2公斤，砾石区坑炮坑深2.5米、坑数60～90个、每坑3～5公斤，碱滩沼泽区坑深0.8～1米、坑数60～90个（最多达100～180个坑）、每坑0.5～1公斤。

接收因素：18～30个检波器面积组合，横向基距40～64米，纵向基距20米。

仪器因素：模拟仪器门坎值300～350毫伏，调制度20%左右，起始增益-20～-23分贝，延迟时0.8～1.0秒。

三、完成工作量

1978～1980年，物探局在塔里木盆地共投入46个地震队年，完成二维地震测线4292公里。其中模拟地震占78%，数字地震占22%；6次占79%，12次占12.1%，24次占8%，48次占0.9%公里。详情见表3-14。

在塔里木盆地勘探初期，三指地震队遇到的最大困难是戈壁砾石区钻井不过关。1978年，233队一个月仅钻3口13米井。为此指挥部决定人工挖炮坑，进行检波器及坑炮试验，采用组合坑炮施工。要求每公里挖上千个长1米、宽0.6米、深2.5米炮坑。指挥部组织机关职工与一线职工开展挖坑竞赛，开始日挖2个坑，已属好成绩，以后日效大幅度提高。1978年10月8日，王悦来在盐碱地创30个小时挖坑63个、赵振怀创34小时挖坑62个的最高纪录，为此两人被誉为“挖坑状元”。1979年，2165、2208队分别以完成278.5公里和200.8公里成绩，创造了模拟磁带仪在戈壁砾石区采集的最高记录。

表3-14　1978～1980年物探局完成塔里木盆地地震勘探工作量统计表

地区	年度	施工队号（队数）	二维（km）							
			6次		12次		24次	48次	合计	
			模	数	模	数	数	数	模	数
塔里木盆地	1978	2100、2164、2165、217、2166、2170、2211、233、250、282（10）	403			152			403	152
	1979	2100、2142、2164、2165、2166、217、2170、219、2207、2208、2210、2211、2212、230、233、250、282（17）	1827	26	95	174	178	40	1922	418
	1980	2100、2142、2164、2165、2166、2170、2182、219、2207、2208、2210、2211、2212、2222、230、238、233、250、282（19）	1027	110		100	160		1027	370
合计		46个队年	3257	136	95	426	338	40	3352	940

第七节　西部及南方地区中小盆地地震资料采集

西部其他地区包括准噶尔盆地和酒西盆地，南方小盆地指广西南盘江坳陷田林地区。

一、勘探任务及队伍分布

1975～1977年，物探局开始进行全年施工试验，即冬季在华北地区施工，夏季去新疆准噶尔盆地乌尔禾地区施工。1975年二指有5个模拟队，1976年一指有5个模拟队，1977年二指有4个模拟队，相继参加夏季拉练施工。

1976年，物探局研究所直属217可控震源队在酒西盆地玉门地区戈壁滩和砾石区开展可控震源方法试验。

1978年，物探局派遣二指3个模拟队赴广西南盘江坳陷田林—拖嗄宽向斜上的潞城构造进行地震方法试验，并普查潞城构造。1979～1980年，继续在该区开展试验，落实潞城构造。

二、仪器设备及采集方法

（一）仪器设备

1975～1980年，物探局在上述地区工作的24个地震队年中，除217队使用GS－2000数控地震仪外，其余队均使用模拟地震仪，主要型号有DZ－701、DZ－663、CGG－59。

（二）主要采集方法

观测系统：道距50、75、100米，偏移距300～500米，最大炮检距1450～2750米，覆盖次数6/12次。

激发因素：井深15米，药量5～8公斤。

接收因素：12个检波器线性组合。

在田林地区还开展了弯线和过山测线试验，效果一般。217可控震源队在玉门地区进行方法试验，试验项目有震次、扫描长度、偏移距、最大炮检距等。

三、完成工作量

1975～1977年，在新疆准噶尔盆地乌尔禾地区投入14个地震队年，完成6次模拟测线611公里。1976年，在玉门地区投入一个可控震源试验队，完成12次数字测线97公里。1978～1980年，在广西田林地区投入9个队年，完成6次模拟测线219公里。详情见表3－15。

表3－15　1975～1980年物探局完成西部及南方地区中小盆地地震勘探工作量统计表

地区	年度	施工队号（队数）	二维（km）			
			6次	12次	合计	
			模	数	模	数
田林地区	1978	2201、2202、2209（3）	43		43	
	1979	2201、2202、2209（3）	81		81	
	1980	2201、2202、2209（3）	95		95	
	合计	9个队年	219		219	
准噶尔盆地	1975	2103、214、219、2201、2209（5）	252		252	
	1976	2109、2112、2144、2178、2255（5）	159		159	
	1977	2155、2168、235、247（4）	200		200	
	合计	14个队年	611		611	
玉门	1976	217（1）		97		97
总计		24个队年	830	97	830	97

第三章　数字地震资料采集

1974年，物探局首次从法国和美国引进SN－338B型48道数字地震仪及GS－2000型48道数控地震仪，同年10月新建的4个数字队在北京—天津地区参加数字地震会战，从此物探局的地震勘探开始进入数字技术时代。至1981年，物探局64个地震队中有31个数字地震队；1985年，物探局地震队全部实现了数字化。

1979～1997年，物探局相继使用多种型号、不同道数的数字地震仪：共有21种型号，其中引进仪器有14种，国产仪器有7种；道数有48、96、120、240道，最多可达1000道以上。

在引进、消化、吸收的基础上，物探局一直坚持新方法研究和科学试验，逐步发展成4套非常规勘探技术，形成3类特殊地表条件的综合勘探能力。

4套非常规勘探技术如下。

（1）可控震源勘探技术：1974年，物探局组建中国第一个可控震源队——217队；1975年，217队在大港地区开展可控震源工作方法试验，同时开展现场处理监控软件研究；1976年，217队在玉门戈壁和砾石区开展可控震源工作方法试验；1978年，217队在塔西南叶城凹陷戈壁和沙漠区开展可控震源工作方法试验；1980年，可控震源队增至2个，同年217队提出一套采用可控震源进行沙漠区勘探的方案；1982年，可控震源队增至10个；1984～1994年，每年投入生产的可控震源队达到12～16个；1987年，可控震源队开始利用非线性扫描、模拟变频扫描进行地震资料采集；1994年，可控震源队在吐哈盆地开始利用变频扫描进行地震资料采集。

(2) 三维地震勘探技术：1980年，物探局四指首次利用数字地震仪在冀中顾辛庄地区开展三维勘探；1982年，物探局二指首次与美国GSI公司合作在东濮凹陷文留地区开展大面积、高覆盖次数三维勘探；1985年，三维队增至3个，同时开始在障碍区开展不规则三维勘探；1989年，三维队增至13个；1990～1997年，三维队基本保持在10～14个，同时开展大沙漠区三维地震采集。

(3) 多波勘探技术：1983年，物探局二指组建中国第一个横波震源队——2202队；1984年，2202队在东濮凹陷开展横波勘探工作方法试验；1985年，2202队在二连赛汉塔拉地区开展纵横波联合勘探；1987年，2202队在二连阿尔善地区开展纵横波联合勘探，同时在该区阿410井开展纵横波VSP测井；1989年，2202队在内蒙古伊盟地区开展P－S转换波试验；1991年和1994年，2202队分别在轮南和伊盟地区开展P－S转换波试验。多波勘探技术为识别油气藏提供了一条可行途径。

(4) 高分辨率地震勘探技术：1987年，地调四处2149队首次在二连盆地阿北地区三维勘探中利用可控震源进行高分辨率采集试验；1988年，地调四处2254队在廊坊地区进行高分辨率地震勘探；1990～1991年，地调一处2210队在松辽盆地中南部进行高分辨率地震勘探；1991～1992年，地调二处分别在塔北东河塘、二八台和吉拉克等地开展高分辨率地震勘探；1993年和1997年，地调四处和一处分别在伊盟和德惠地区进行高分辨率勘探。通过上述地区高分辨率勘探，在中国东部地区地震信号主频提高到40赫，在中国西部地区地震信号主频达到50赫。

3类特殊地表条件的综合勘探能力如下。

(1) 大沙漠区地震勘探：1983年，物探局三指与美国GSI公司合作组建了装备精良的沙漠队在塔克拉玛干大沙漠腹地开始进行大面积地震勘探工作；1986年，地调四处组建2个沙漠队勘探腾格里沙漠；1990年，全局共组建22个沙漠队，工区扩大到库木塔克沙漠、毛乌素和巴丹吉林沙漠；1995年，全局沙漠队增至27个。通过上述实践，物探局形成了一套较完善的大沙漠区地震资料采集技术（包括高覆盖次数采集和沙漠地震钻井）。

(2) 山地地震勘探：1982年，三指在库车坳陷依奇克里克地区开始了山地攻关工作；1991年，地调二处正式以2206队为基础组建物探局第一个山地队，负责塔西南克里阳山地攻关；1992年，地调四处将2182队改建为山地队，负责吐哈盆地七克台山地攻关；1996～1997年，地调二处分别在库车坳陷克拉苏山地和巴楚隆起鸟山山地开展三维地震勘探；至1997年，物探局山地队增至7个。

(3) 沼泽区地震勘探：1991年，地调三处组建了物探局第一个沼泽地震队2315队，开始投入塔里木河沿岸的沼泽区勘探，直至1997年，沼泽区勘探尚未结束。沼泽区地震资料为研究塔里木全盆地的地质构造特征，提供了条件。

1981～1997年，物探局利用数字地震仪先后勘探过的大中小盆地38个，其中有渤海湾、塔里木、二连、南华北、伊川、句容、开鲁、沁水、伊通、吐哈、松辽、陕甘宁、酒西、焉耆、敦煌、民乐、民和、双临、潮水、巴彦浩特、银根—额济纳旗、雅布赖、三塘湖、巴里坤、准噶尔、伊犁、羌塘、柴达木及南盘江、百色、十万大山、合浦、三水、福山、洞庭湖、弋阳和吉安等。共投入1134个地震队年，完成二维地震测线485629公里、三维勘探面积15660平方公里。二维地震中，数字地震占96.1%，模拟地震占3.9%；6/12次占11.8%，24/30次占49.2%，48/60次占30.7%、96/120次（含大于120次）占8.3%。

表3－16为1981～1997年各盆地不同覆盖次数地震勘探工作量统计表。

表3－17为各盆地两大类仪器地震勘探工作量统计表。

在此阶段，由于地震勘探设备不断更新，新技术和新方法不断应用，不仅采集质量有明显改善，而且采集效率有显著提高。1991年，达到年生产千公里、万炮以上的有10个队，它们是：一处2151队；二处247、2209队；三处2222、2208、2207、2170、230、219队；四处2109队。1993年，达到年生产千公里、万炮以上的有22个队，它们是：一处2106、2107、2151队；二处2168、2202、2209、2314、247队；三处2207、2211、2142、2170、2208、2222、230、2315队；四处2149、2153、2164、217、2254、2255队。截至1995年，创二维地震年生产最高记录的队有：2255二维井炮队年生产2020公里；217二维震源队年生产2750公里。1995年，物探局地震队年生产效率比1980年提高6.85倍。

表 3－16　1981～1997 年物探局完成各盆地不同覆盖次数地震勘探工作量统计表

盆地（地区）		地震队队年	二维（km）					三维（km^2）
			6/12 次	24/30 次	48/60 次	≥96/120 次	合　计	
松辽盆地		49		13113	273		13386	966
渤海湾盆地		332	1182	55107	941		57230	2730
其中	下辽河坳陷	17		2028	85		2113	528
	黄骅坳陷	7		454	104		558	117
	冀中坳陷	220	621	39745	145		40511	1610
	济阳坳陷	7		17	598		615	76
	临清坳陷	81	561	12863	9		13433	399
塔里木盆地		310	9559	43706	117801	38420	209486	7480
二连盆地		145	40609	37888	123		78620	2014
陕甘宁盆地		39		24155	4660		28815	
吐—哈盆地		60	684	20555	9935	1535	32709	1527
巴彦浩特盆地		14		6358	2472		8830	
河西走廊地区		29	427	5379	6577		12383	40
银—额盆地		16		10579	3820		14399	
三塘湖盆地		6		7047	148		7195	110
羌塘盆地		6			1854	26	1880	
南华北盆地		83	4226	9325	186	61	13798	
南方中小盆地		32	824	2161	218	77	3280	161
西北其他盆地		4		361	95		456	632
东部中小盆地		9		3162			3162	
总　计		1134	57511	238896	149103	40119	485629	15660

注：①表中河西走廊地区包括民和、双临、潮水、雅布赖、民乐、敦煌、柴达木等盆地，西北其他盆地指准噶尔盆地、伊犁盆地；东部其他盆地指开鲁、沁水盆地；②总队年数包括重复统计（某年度某队在不同地区施工分别统计）数 220 个队年，实际投入 914 个队年。

表 3－17　1981～1997 年物探局完成各盆地模拟、数字地震勘探工作量统计表

盆地（地区）		二维（km）			三维（km^2）
		模　拟	数　字	合　计	
松辽盆地			13386（40）	13386（40）	966（13）
渤海湾盆地		6637（42）	50593（260）	57230（302）	2730（49）
其中	下辽河坳陷		2113（10）	2113（10）	528（7）
	黄骅坳陷		558（4）	558（4）	117（3）
	冀中坳陷	4120（26）	36391（180）	40511（206）	1610（30）
	济阳坳陷		615（6）	615（6）	76（2）
	临清坳陷	2517（16）	10916（60）	13433（76）	399（7）
塔里木盆地		2809（19）	206677（273）	209486（292）	7480（33）
二连盆地		3923（15）	74697（124）	78620（139）	2014（12）
陕甘宁盆地			28815（39）	28815（39）	
吐—哈盆地			32709（55）	32709（55）	1527（16）
巴彦浩特盆地			8830（14）	8830（14）	
河西走廊地区			12383（29）	12383（29）	40（1）

续表

盆地（地区）	二维（km）			三维（km^2）
	模　拟	数　字	合　计	
银—额盆地		14399（16）	14399（16）	
三塘湖盆地		7195（5）	7195（5）	110（1）
羌塘盆地		1880（6）	1880（6）	
南华北盆地	5123（33）	8675（50）	13798（83）	
南方中小盆地	521（12）	2759（18）	3280（30）	161（3）
西北其他盆地		456（2）	456（2）	632（2）
东部中小盆地		3162（9）	3162（9）	
总　计	19013（121）	466616（940）	485629（1061）	15660（130）

注：表中二维队年和三维队年之和为1191个队年，其中含二维、三维重复统计（即某队于某年既作二维，又作三维）57个队年和按地区重复统计（即某队于同年在不同地区施工）220个队年，实际投入914个队年。

第一节　渤海湾盆地地震资料采集

渤海湾盆地是物探局最早开始进行数字地震采集的重点地区。1974年，有2个队使用数字仪；1980年，在冀中地区开始进行第一次三维数据采集；1981年，有16个队使用数字仪；1984年，在该区工作的地震队大部分使用数字仪采集。1987年物探局退出该盆地下辽河、济阳、临清三个坳陷的勘探。至1992年，物探局基本结束该盆地大规模勘探。1993～1997年，应油田要求在局部地区开展少量勘探工作。

一、勘探任务及队伍分布

1981年，物探局在渤海湾盆地共投入33个队：其中一指14个队，12个队精查大王庄地区，详查留楚—武清、任丘东—南马庄及深县凹陷，普查束鹿凹陷，另有2个队普查下辽河坳陷牛居—青龙台地区；二指9个队精查文留南、文留东，详查葛岗集凹陷，普查孟居—南何家地区；四指10个队精查河西务北部倾没端，详查岔河集北部地区、桐柏镇断层下降盘及牛驼镇北部斜坡。

1982年，物探局共投入33个队：其中一指14个队，12个队继续完成留楚西—大王庄、任东—马西、深县凹陷的详查及束鹿凹陷的普查任务，另有2个队详查下辽河坳陷牛居—青龙台地区；二指、四指13个队在文留、卫城、濮阳400平方公里范围内详查葛岗集凹陷南部、观城和孟居—南何家地区；四指6个队配合华北油田在油田区进行精查。

1983年，物探局共投入37个队：其中一指14个队，12个队详查冀中坳陷葛渔城、庞佐、肃宁、饶阳、深县榆科、束鹿耿家营、衡水前磨头和南宫等地区，另有2个队详查下辽河坳陷牛居—青龙台地区；二指15个队在东濮凹陷详查文留南—河岸地区、马寨—胡状集—庆祖集构造带和三春集—爪营、马11井断块；四指8个队详查廊固凹陷东部、鄚州—任西地区，落实潜山和下第三系构造。

1984年，物探局共投入43个队：一指21个队，16个二维队详查蠡县—安平、深泽—深县地区，1个三维队在肃宁—河间开展三维勘探，另有4个二维队在下辽河坳陷东部凹陷开展普查；二指11个队，10个二维队负责东濮凹陷南部和外围有利凹陷的普、详查及横波试验，1个三维队在东濮凹陷开展三维勘探；四指11个队在廊坊—固安凹陷及其附近地区开展地震详查，落实桐柏镇断层上、下盘及大兴断层下降盘第三系构造形态及潜山形态。

1985年，根据石油部东部地区勘探会议和全国物探工作会议精神，仍将中国东部地区作为勘探开发的重点地区。为此，物探局共投入34个队：其中一公司15个队，11个二维队详查冀中坳陷河间—饶阳、束鹿地区，另有2个二维队和2个三维队勘探下辽河坳陷大民屯凹陷；为加快济阳坳陷临盘—商河西地区勘探，一公司2个二维数字队和二公司1个三维队在济阳坳陷惠民凹陷中央构造带进行详查和精查；二公司8个队详查东濮凹陷南部和普查临清坳陷东部；四公司8个队详查冀中坳陷蠡县斜坡北部。

1986年，根据石油部《石油工业“七五”计划发展纲要》精神，为配合冀中各油区的勘探与开发，完成新区详查，提供后备战场，物探局共投入32个队：一公司11个队，10个二维队详查冀中坳陷蠡县斜坡、束鹿凹陷和晋县凹陷中南部，1个二维队详查下辽河大民屯凹陷；二公司9个队普查东濮凹陷西部次凹、详查临清坳陷查元集凹陷和冠县凹陷南部；一公司2个二维队和二公司2个二维队（1个队兼作三维）继续在济阳坳陷惠民凹陷开展详查和精查；四公司8个队，7个队精查大兴断层下降盘的沉积扇体、断层展布及大兴凸起内幕形态，另有1个三维队在下辽河坳陷大民屯凹陷开展精查。

1987年，物探局共投入22个队：一处9个队，8个二维队详查饶阳凹陷中部和束鹿凹陷，1个三维队继续精查下辽河坳陷大民屯凹陷；二处8个队，1个三维队精查冀中坳陷廊固凹陷，3个二维队在东濮凹陷元春集地区进行连片详查，4个二维队在临清坳陷丘县地区进行普、详查；四处5个二维队继续详查河西务潜山带和曹家务构造带。

1988年，根据总公司关于重点区带加速勘探方案审查会议纪要精神，物探局共投入25个队：一处8个队，4个二维队详查廊固凹陷、大厂凹陷、深县及晋县凹陷的重点构造带，3个三维队精查冀中河间地区和冀东唐海地区，另一个三维队继续精查下辽河坳陷大民屯地区；二处12个队，6个队以东濮凹陷马厂构造为勘探重点，并在其邻区寻找有利勘探目标，另6个队在合肥、周口和中牟地区进行详查；四处5个队，详查冀中坳陷榆科地区。

1989年，物探局共投入20个队：一处9个队，8个二维队连片细测深县和宝坻地区，1个三维队继续精查下辽河坳陷大民屯地区；二处6个队，4个三维队分别负责河西务、东濮和黄骅地区精查，2个二维队详查南宫地区；四处5个队，3个三维队精查冀中南部地区，2个二维队详查大兴地区。

1990年，物探局共投入19个队：一处5个队，1个三维队负责精查深县南部地区，1个二维队在深县南部三维工区外围进行详查，3个二维队在冀东唐海地区开展连片细测；二处8个队，4个三维队精查廊固、东濮凹陷重点构造带，4个二维队在冀中南部地区寻找有利勘探目标；四处6个队，2个三维队精查深县及里坦地区，4个二维队在大城凸起地区开展连片详查。

从1991年开始，物探局的勘探工作全部进入勘探劳务市场，渤海湾勘探市场甲方为华北油田、大港油田、中原油田和冀东油田。

1991年，物探局共投入15个队：一处5个队，1个三维队精查冀中南部肃宁地区，4个二维队在唐海和黄骅地区继续连片详查；二处5个队，2个三维队精查冀中坳陷的文安、廊固和高邑等地区，3个二维队详查保定地区；四处5个队，2个三维队精查冀中坳陷台家庄及里坦地区，3个二维队继续详查大城凸起地区。

1992年，物探局在渤海湾地区的勘探工作量明显减少，该年共投入12队：一处3个队，2个三维队精查冀中留路、旧州和唐海地区，1个二维队在唐海三维工区外围详查；二处3个队，2个三维队精查文安和廊固地区，1个二维队详查高阳地区；四处6个队，2个三维队精查冀中固安和台家庄地区，4个二维队继续详查大城和里坦地区。

1993～1997年，物探局在渤海湾地区共投入7个队，其中4个二维队集中在冀中中南部地区进行详查，1个二维队详查黄骅坳陷唐海地区，2个三维队精查廊固地区。

二、仪器设备及采集方法

（一）仪器设备

1974年，物探局在渤海湾盆地开始使用SN－338B型数字仪；1975年开始使用GS－2000型数控地震仪；1980年开始使用SN－348型和DFS－V型数字仪；1982年开始使用SK－80型和SDZ－751型数字仪；1984年开始使用SK－83型数字仪，全区实现数字化采集；1985年开始使用MDS－10型和SN－338HR型数字仪；1993年开始使用OPSEIS数字仪。检波器主要采用SJ－1、SJ－2和20DX等型号。1982年前，地震钻机以701型为主；1982年后，701型地震钻机逐步为WT系列液压钻机取代。

（二）主要采集方法

1. 二维采集方法

1980年冬，物探局一指布置4个队在廊固地区9个点和4个试验段上开展了系统试验，确定了二维基本工作方法。

观测系统：道距50米，偏移距300～500米，1985年前多采用12次或24次覆盖，1985年后多采用24次或48次覆盖。

接收因素：24～48个检波器面积组合，组合面积15米×50米。

激发因素：潜水面以下2～4米激发效果最佳，下辽河和黄骅坳陷井深9～14米、药量6～8公斤，冀中和临清坳陷井深18～23米、药量3～8公斤。

渤海湾盆地各地区地震采集因素详细情况见表3－18。

表 3-18　1981～1997 年物探局在渤海湾盆地主要地区地震勘探采集因素一览表

工区	队号	仪器型号	道数	覆盖次数	道距（m）	炸药震源			可控震源			检波器组合		仪器		施工年度
						井数	井深（m）	药量（kg）	震动台次	扫描频率（Hz）	扫描长度（s）	型号	个数	前放（dB）	低截（Hz）	
辽中	2106	DFS-V	240	2×10	50	1	14	6	（4L×6S×60）			SJ-1	36	36	10	1985
辽中	2111	SN-338	48	24	50	1	14～18	6				GEC	36	42	10	1985
北堡	2164	OPSEIS	180	60	50	1	9	4				SJ-2	40	24		1997
大港	2153	MDS-10	48	12	50				3×8	12～48	10	SJ-2	36	48	12	1985
唐海	235	SN-368	240	2×10	50	1	15～18	4	（6L×4S×40）							1989
深县	2151	DZ-731	48	24	50	1	18～23	10				SJ-1	36	42	10	1981
廊坊	2165	MDS-10	48	24	50	1	18～23	6				SJ-2	36			1985
晋县	2211	DFS-V	120	30	50				4×10	12～48	12	SJ-2	30	48	1	1990
固安	2106	SK-1004	240	2×10	50	1	18～23	3	（4L×6S×60）			20DX	36	48	12	1992
商河	237	SN-348	96	48	50	1	18～23	10				GEC	36	42		1985
临邑	2256	DFS-V	120	2×10	5	1	18～22	8-12	（4L×6S×30）							1986
临清	239	SDZ-751	48	24	50	1	18	8				SJ-1	36			1987
东濮	249	DFS-V	48	24	50	1	18	8				SJ-1	48	36		1982
马厂	235	OPSEIS	360	2×10	50	1	19	5	（4L×6S×80）			GS	24	36	12	1990

2. 三维采集方法

1980 年底，物探局四指首次采用观测系统 4L×1S×24、1×12 次覆盖进行三维地震数据采集，CMP 面元达到 25 米×25 米，线距 100 米，道距 50 米，其他激发、接收因素同二维采集方法一样。

1982 年 10 月～1983 年 2 月，物探局二指和美国 GSI 公司合作在文留地区开展三维勘探。采用两套 DFS-V、120 道采集系统，观测系统为 4L×6S×60，道距 80 米，2×10 次覆盖，井深 18～23 米，药量 4～6 公斤。

1985 年，物探局二指采用两套 DFS-V、120 道采集系统在济阳坳陷临沂县城开展三维勘探。为避开在城内居民区放炮，首次采用特观系统，获得了很好的效果。

1985 年后，三维特观系统在赵县、廊坊和固安等地推广应用。

1985 年冬，物探局四指租用美国 CGS 公司 GEOCORⅣ1024 道符号位地震仪在下辽河坳陷大民屯凹陷开展三维勘探。道距采用 25 米，覆盖次数为 6×10 次。

1987 年，地调四处在二连盆地阿尔善构造上使用 1024 道符号位仪器，采用模拟变频扫描完成物探局第一个高分辨率三维地震勘探项目。

3. 高分辨率采集方法

1984 年，物探局二公司为提高激发效果，在河南安阳地区首次进行细长药包激发试验。经过多方测试，选取炸药最佳配方参数为：药柱半径 45 毫米，单节长 470 毫米，密度 0.67～0.8 克/立方厘米，爆速 1800～2100 米/秒。采用此药包激发效果表明：①细长药包激发的反射波振幅较点震源激发的振幅高 2～4 倍，且衰减慢；②细长药包激发的频谱比点震源宽 30 赫；③细长药包激发可明显改善地震记录的信噪比。

1986 年，一处承担“七五”高分辨率地震勘探攻关项目，在冀中坳陷旧州地区廊固凹陷 87-LG1328 测线南端，进行了以下项目的试验。

检波器类型：SJ-1、中频检波器（23Hz）、OYO 涡流检波器、水听器。

检波器个数：1、9、12、36 个。

激发物质：普通炸药、高能炸药、电火花。

炸药量：0.25、0.5、1、2 公斤。

激发深度：9、14、18、23、30、40 米。

4. 横波采集

1984 年冬，物探局 2202 队首次采用横波可控震源在东濮凹陷文留地区开展横波地震采集试验。采集系统为 DFS-V（48 道）地震仪，道距 25 米，最大炮检距 975 米，24 次覆盖，震动台次 3×10，扫描频率 8～48 赫，扫描长度 10 秒。

三、完成工作量

1981～1997 年，物探局在渤海湾盆地的下辽河、黄骅、冀中、济阳、临清等 5 个坳陷共投入 332 个地震队年，完成二维地震测线 57230 公里，其中模拟地震占 11.6%，数字地震占 88.4%；完成三维勘探面积 2730 平方公里（详见表 3－19）。

表 3－19　1982～1997 年物探局完成渤海湾盆地地震勘探工作量统计表

地区	年度	施工队号（队数）	二维（km）				三维（km^2）
			12 次	24/30 次	48 次	小计	
下辽河坳陷	1982	2107、2182（2）		643		643	
	1983	2107、2182（2）		703		703	
	1984	2107、2181、2111、2113（4）		511		511	
	1985	2111、2113、2106－2156、2149（4）		171	85	256	87
	1986	2106－2156、2149（2）					182
	1987	2106－2156（1）					47
	1988	2106（1）					149
	1989	2106（1）					63
	合计	17 个队年		2028	85	2113	528
黄骅坳陷	1988	235（1）					40
	1989	235（1）					35
	1991	2111、2312（2）		317		317	
	1992	2312、2113（2）		102		102	42
	1997	2164（1）		35	104	139	
	合计	7 个队年		454	104	558	117
冀中坳陷	1981	2106、2107、2109、2111、2112、2113、2149、2150、2151、2152、2153、2156、2178、2181、220、2200、2221、2254、2255、2258、2317、237（22）	230	3211		3441	13
	1982	2106、2109、2111、2113、2149、2151、2152、2156、2178、220、2200、2254、2255、2258、2311、2317、237、214（18）	391	2027		2418	
	1983	2106、2108、2111、2113、2150、2151、2152、2153、2156、2178、220、2200、2221、2254、2255、2258、2311、2312、237、214（20）		3740		3740	
	1984	2106、2107、2108、2111、2113、2150、2151、2152、2153、2156、2164、2165、2178、2181、2182、220、2200、2210、2211、2221、2254、2255、2258、2311、2312、237、282、214（28）		5403		5403	18
	1985	2107、2151、2152、2153、2164、2165、2168、2178、2181、2182、2200、2210、2211、2254、2255、2312、2314、237、282（19）		4696		4696	
	1986	2107、2151、2152、2164、2165、2178、2181、2182、2200、2210、2211、2254、2255、2312、237、282、2317（17）		3681		3681	
	1987	2107、2151、2152、2164、2181、2182、2210、2211、2254、2312、2317、237、282、2256（14）		3301		3301	60
	1988	2111、2151、2152、2164、2181、2182、2210、2211、2254、2256、2312、2317、235、237、2202、2106、2164－2152、2254－2317、282（19）		2756		2756	113

续表

地区	年度	施工队号（队数）	二维（km）				三维（km^2）
			12 次	24/30 次	48 次	小计	
冀中坳陷	1989	2107、2111、2144、2151、2182、2209、2210、2254、2312、237、282、2202、2164－2152、2254－2152、2211、2254－2317（16）		3527		3527	161
	1990	2107、2111、2112、2144 － 217、2162、2164、2168、2182、2202、2209、2211、2312、2106、235、249、2152、2254、2317（18）		3337	57	3394	329
	1991	2106、2107、2112、2149、2152、2162、2164、2168、2182、2316、235、249、2254（13）		2256		2256	411
	1992	2149－2317、2152、2164、2312、2316、2106、235、249、2112、2254（10）		1263		1263	431
	1993	2152、2210、2312、2254（4）		414	88	502	10
	1994	2210（1）		133		133	
	1997	2164（1）					64
	合计	220 个队年	621	39745	145	40511	1610
济阳坳陷	1985	2151、237、2201－2256（3）			227	227	32
	1986	2151、2201－2256、237、2314（4）		17	371	388	44
	合计	7 个队年		17	598	615	76
临清坳陷	1981	2103、214、2143、2168、2206、2311、2312、235、239、247、249（11）	449	1896		2345	
	1982	2103、2108、2143、2150、2153、2168、2221、235、239、247、249、250、214－2149（13）	112	1885		1997	51
	1983	2103、2108、2150、2151、2153、2155、2314、2168、2221、235、239、247、249、250、214－2143（15）		2236	9	2245	110
	1984	2103、2151、2155、2168、2256、2314、235、239、247、249、214－2143（11）		2012		2012	113
	1985	2202、2220、2256、235、239、247、249、2168（8）		1359		1359	
	1986	2256、2168、2201、2202、235、239、247、249、2220（9）		1591		1591	
	1987	2168、2202、2209、2256、239、249、2209（7）		1063		1063	
	1988	2209、2206、239、247（4）		821		821	31
	1989	235、2209（2）					65
	1990	235（1）					29
	合 计	81 个队年	561	12863	9	13433	399
总 计		332 个队年	1182	55107	941	57230	2730

第二节　塔里木盆地地震资料采集

1978年6月，物探局三指辖10个队由华北转战塔里木盆地西南地区，拉开了物探局塔里木盆地地震勘探会战的序幕。1980年开始，会战队伍逐渐向塔北转移，形成两个战场：塔西南战场主要包括英吉莎、柯克亚、泽普、喀什和乌恰等地区；塔北战场主要包括阿瓦提、阿克苏、轮台及库尔勒地区。1983年6月，中美塔里木勘探合同管理处3个大沙漠队（1830、1831、1832）相继进入塔克拉玛干沙漠腹地，开始了征服"死亡之海"的伟大创举。

1979～1984年，物探局每年投入12～16个地震队；1985～1989年，每年投入7～10个地震队；1990～1997年，每年地震队保持在19～31个之间。

一、勘探任务及队伍分布

1981年，三指投入16个队，主要任务是概、普查巴楚隆起和阿瓦提凹陷、色力布亚构造，皮恰克逊构造、柯克亚构造及和田河、阿拉尔、新河等地区。

1982年，三指投入16个队：塔北11个队，普查阿瓦提凹陷，概查阿克苏—柯吐尔及轮台—库尔勒地区，侦察依奇克里克地区；塔西南5个队，普查曲苦恰克鼻隆和柯克亚构造，概查和田—民丰地区。

1983年，三指投入14个队：塔北8个队，普查胜利十六场、阿拉尔、胜利七场及乌鲁桥等局部构造，概查库车、轮台、库尔勒地区和阿瓦提凹陷北部；塔中3个队开始进入大沙漠腹地开展区域大剖面测量；塔西南3个队，继续概查和田—民丰地区。

1984年，三指投入12个队：塔北7个队，普查阿克苏、轮台、拜城—依奇克里克、库车、尉犁等地区；塔中3个队，继续完成塔中区域大剖面；塔西南2个队，普查民丰—且末、皮山—叶城—柯克亚地区。

1985年，三公司投入8个队：塔北4个队，继续普查库车、轮台、库尔勒和乌什地区；塔中3个队，继续完成塔中区域大剖面；塔西南1个队，普查且末—若羌地区。

1986年，三处投入8个队：塔北5个队，普查轮台南、喀拉玉尔滚、大尤都斯、沙雅西、库车—库尔勒地区；塔中3个队，继续完成塔中区域大剖面。

1987年，三处投入7个队：塔北4个队，普查尉犁地区，概查孔雀河斜坡；塔中3个队，概查塔中满西地震异常体和塔中1号构造东部。

1988年，三处投入7个二维队：塔北4个队，详查轮南、轮西及沙雅地区；塔中3个队，普查满西异常体及塔中1号构造。另有1个三维队，精查轮南断隆带，为塔里木盆地第一块三维勘探。

1989年，物探局共投入10个二维队（三处6个队、二处3个队，一处1个队）：塔北7个队，详查轮南、沙雅和库车等地区；塔中3个队，普查塔中满加尔东、塔中1号构造。另有三处1个三维队，继续精查轮南断隆带。

1990年，鉴于轮南地区多口井出油，物探局二维地震队增加到18个（一处2个队，二处7个队，三处9个队）：塔北13个队，普、详查轮南、桑塔木、草湖、沙雅—哈拉哈塘、英买力西、东河塘—塔里木乡和伊敏地区；塔中3个队，普查塔中1号和塔中2号构造；塔西南2个队，详查柯克亚构造，概查克里阳地区。另有3个三维队分别在轮南和柯克亚地区施工（其中在柯克亚地区施工的2142队在该年既作二维，又作三维）。

1991年，物探局共投入22个二维队（三处12个队，二处8个队，一处2个队）：塔北19个队，详查东河塘、英买力、草湖和伊敏地区；塔中2个队，详查塔中1号和塔中2号构造；塔西南1个队，在克里阳山地开展山地方法攻关。三处1个三维队年初在轮南地区施工，年中调到东河塘和二处1个三维队共同完成该区三维勘探任务。

1992年，物探局共投入23个二维队（一处2个队，二处9个队，三处12个队）：塔中10个大沙漠队，普查阿拉尔南、学堂南、塔中及满加尔地区；塔北12个小沙漠及平原井炮队，详、精查库车、胜利十八场、阿瓦提、草湖、吉拉克、英买力、伊敏和萨力阔坦等地区；塔西南1个山地队，继续在克里阳山地进行方法攻关。另有1个三维队在英买力地区施工。

1993年，物探局共投入26个二维队（一处5个队，二处9个队，三处12个队）：塔中13个队，普、详查古城鼻隆北、塘古孜巴斯北、巴东、玛扎塔克等地区；塔北13个队，详、精查二八台—提尔根、牙哈、萨力阔坦及拜城山地等地区。另有1个三维队在吉拉克地区施工。

1994年，物探局共投入29个队（一处6个队，二处11个队，三处12个队）：塔中21个大沙漠队，普、详查塔中10井区、塔中6井区、古城鼻隆、塘古孜巴斯北、玛扎塔克等地区；塔北7个小沙漠及平原井炮队，详、精查东河塘、牙哈、提尔根、大宛齐及老起曼地区。其中有3个三维队全年施工，三维工区在塔中10井、东河塘、牙哈和大宛齐等地区，6个队既作二维，又作三维。塔西南1个山地队在皮山地区施工。

1995年，物探局共投入28个队（一处6个队，二处9个队，三处12个队，四处1个队）。其中二维队25个：塔中17个大沙漠队，普查塔中北坡、塔中6井区、塔中南坡、古城鼻隆、玛扎塔克、满加尔东、且末西及米萨等地区；塔北8个小沙漠队及平原井炮队，详、精查牙哈西、阳霞东、拜城、玉东、红旗及老起曼等地区。三维队3个，另有3个队中途转入三维施工，三维工区在塔中6井区、牙哈、玉东及红旗等地。

1996年，物探局共投入31个队（一处8个队，二处9个队，三处12个队、四处2个队）：塔中12个大沙漠队，普查塔中3井区、古城鼻隆、巴楚、塘古孜巴斯、满加尔东、麦盖提及米萨北等地区；15个队承担国外公司及华北、中原油田等承包区块的勘探任务；另有4个三维队在库车、塔中和麦盖提等地开展三维测量，其中库车坳陷克拉2井区是物探局完成的第一个山地三维区块。

1997年，物探局共投入30个队（一处5个队，二处10个队，三处12个队，四处3个队）：塔中11个大沙漠队，详查塔中1～5井区，塔中北、塔东南、古城鼻隆、玛扎塔克、巴楚、满加尔东及羊屋1井等地区；塔北6个小沙漠及平原井炮队，详查轮南及尉犁等地区；库车地区2个队，详查大宛齐、克拉苏及依奇克里克地区；另有6个二维队和5个三维队完成承包区块勘探任务。其中，4个三维队在塔中地区施工，1个三维队在玉东地区施工。

二、仪器设备及采集方法

（一）仪器设备

1978年，10个队中只有217可控震源队使用GS－2000型数控地震仪。1981年，16个队中有8个队使用数字仪，仪器型号有SN－338、MDS－10和GUS－BUS等3种。1983年，有3个队开始使用DFS－V型数字仪。1984年，物探局在塔里木工区的地震队全部使用数字仪。1987年，有4个队开始使用SDZ系列120道数字仪。1990年，有1个队开始使用OPSISE遥测仪。1991年，有1个队开始使用SN－368型数字仪。1994年，有2个队开始分别使用SK－1004型和SK－1005型数控地震仪。1995年，有1个队开始使用Ⅱ型遥测仪。1997年，VISION和ARAM－24型数字仪投入使用。

从1983年开始，大沙漠地震队使用的装备全部按国际标准配备，同时配备自行研制的沙漠钻机和沙漠运输车及野营车。1991年，为了适应山地勘探需要，山地队配备了山地钻机；沼泽队使用的装备也全部参照国际标准配备。

（二）主要采集方法

塔里木盆地为中国最大的沉积盆地，盆地内有平原、丘陵、山地、沼泽、湿地、盐碱地、戈壁、砾石滩和大沙漠等各种地表条件，因而形成不同的采集方法。表3－20为1984～1997年在塔里木盆地各典型地区采用的采集因素表。

1. 平原区采集方法

平原区主要分布在塔克拉玛干沙漠外围的塔西南、塔北及孔雀河斜坡部分地区。

观测系统：道距50米（1984年用过100米），偏移距300～500米，覆盖次数1980年前为6/12次，1980年后普遍为12/24次，1984年后以24/48次为主，1995年后为60/120次。

接收因素：1985年前，均为48道接收，每道采用30～48个检波器面积组合。

激发因素：以井中激发为主，井深12～14米，药量2～4公斤，孔雀河斜坡采用单深井及浅井组合激发。

2. 戈壁滩采集方法

戈壁滩在塔西南和塔北均有广泛分布。戈壁滩地震资料采集的主要难点是激发方式。1978年，除217队使用可控震源激发外，其余施工队均采用坑炮激发，坑数20～250个，坑深2米，每坑药量1公斤。1984年后，均采用可控震源生产，可控震源的吨位由12吨增至30吨。

3. 沙漠区采集方法

塔克拉玛干沙漠面积33万平方公里，是世界第二大流动沙漠。全年气温－32℃～58℃，夏季地表温度可达70℃以上。每年3～5月为风季，届时飞沙走石遮天盖地。沙漠地貌各异，西南部和东部为新月形沙丘、沙丘链，中东部为复合形沙丘链和沙丘垄，南部多为金字塔形沙丘，北部多为高大密集型沙丘链。新月形沙丘高度20～40米，沙垄和金字塔形沙丘高度一般为50～100米，最大可达200米以上。

该沙漠虽然干燥少雨，但四周环山，山上雪水经山前河谷不断注入沙漠，地下水丰富，潜水面多在3～5米，最深处有14米，为地震勘探井炮激发创造了条件。

1983年，中美合作组成的3个大沙漠队分别在5个不同沙丘地形试验点开展试验。试验项目有：干扰波调查；组合井个数和井深；检波器组合个数和形式；覆盖次数等。根据试验结果，确定了沙漠区概查的基本工作方法。

观测系统：道距50米，偏移距500米，最大炮检距5350米，48次覆盖（96道）。

测线布置：测线距50公里，测线方向为北东—南西向，大致与沙垄和沙链走向一致，主要沿沙垄和沙链之间低洼处布设，可以呈弯线，拐角保持在15°以内，不设联络测线。

接收因素：36个检波器面积组合，组合基距L_x56米、L_y37.5米。

表3-20　1984～1997年物探局在塔里木盆地主要地区地震勘探采集因素一览表

工区		队号	仪器型号	道数	覆盖次数	道距(m)	炸药震源			可控震源			检波器组合		仪器		施工年度
							井数	井深(m)	药量(kg)	震动台次	扫描频率(Hz)	扫描长度(s)	型号	个数	前放(dB)	低截(Hz)	
塔西南	克里阳	2206	OPSEIS	120	80	25	3	8～14	18	（山地）			SJ-2	48	48	12	1990
塔西南	喀什	2181	SYSTEMⅡ	240	120	50	1	12	7				20DX	30	48	8	1995
塔北	库车	2210	SN-338	48	12、24	50	1	14	3～6				SJ-1	36	48		1984
塔北	轮台	2170	SDZ-120	120	60	50	1	12	3				20DX	48	48	8	1990
塔北	轮台	235	OPSEIS	360	3×10	50	1	12	3	（6L×8S×60）			20DX	48	48	8	1991
塔北	英买力	219	DFS-V	120	30	50	1	14	2				20DX	48	48	12	1991
塔北	英买力	2178	SK-1004	480	3×10	50	1	14	2	（6L×9S×80）			20DX	50	48	12	1994
塔北	英买力	2113	SK-1005	760	6×10	50	1	14	2	（8L×30S×96）			20DX	48	48	12	1994
塔北	东河塘	2202	SN-368	240	120	25	1	14	1	（高分辨率）			OYO	12	36	17	1991
塔北	老起曼	2315	OPSEIS	240	60	50	1	16	4	（沼泽）			20DX	36	36	8	1994
塔北	拜城	2201	SN-388	240	60	30	8～10	2	8～10	（山地）			20DX	30	24	8	1997
塔北	拜城	2201	SN-388	240	60	30	1	15～18	8～14				20DX	30	24	8	1997
塔北	塔中1	1831	DFS-V	96	48	50	11	4	11	（沙漠）			20DX	48			1989
塔中	塔中3	247	SN-388	240	120	50	6	8	18	（沙漠）			20DX	48			1997
塔中	塔中6	2256	ARAM-24	96	6×10	50				（6L×36S×160）							1997
塔中	鸟山	2316	SYSYEMⅡ	960	5×12	50				（5L×30S×192）							1995
塔中	鸟山	2316	SN-368	240	60	30	13	4	13	（山地）			20DX	40	42	8	1995
塔中	古城	219	VISION	240	120	50	1	8～36	8～20	（高分辨率）			20DX	20	48	8	1997

激发因素：9口井组合，井深4米，组合基距81米，每井药量1公斤。

仪器因素：前放增益24分贝，低截频12赫，采样间隔2毫秒，记录长度8秒。

1986年后，塔克拉玛干大沙漠区勘探进入普、详查阶段。为了测准构造，提高地震资料品质，得好奥陶系顶面及其以下地层的反射资料，局领导要求局机关主管生产的技术人员与现场施工技术人员一道在不同的地区开展一系列试验。要求测线等线距布设成直线，并要布设联络测线，形成封闭状测网。

1987年，在穿越塔中1井的NS87-540测线上作了单深井（20米、30米、40米、70米）与20口4米浅井组合对比试验及覆盖次数（48次、96次）试验，确定了该区最佳采集因素。

观测系统：道距50米，偏移距300～500米，最大炮检距9800米，96次覆盖，采用两端放炮或延长排列远近放炮。

激发因素：13口井组合，井深4米，每井药量2公斤。

1991年，在塔中D90-567.5测线的试验段上，采用SK-1004型遥测地震仪、道距25米、300道接收、炮井组合和检波器组合基距20米，所得记录在处理时分别按150次、120次、80次、60次等四种不同覆盖次数进行叠加，表明120次水平叠加剖面的信噪比最高，奥陶系顶面反射品质有较大的改善。1990年后，在低信噪比地区，均采用120次覆盖方法。

1993年，在塔中MN93-60测线北部试验段上，采用MDS-18（600道）数字仪进行激发和接收试验，确定了该区最佳采集因素。

观测系统：道距10米，偏移距200米，最大炮检距6190米，300次覆盖。

接收因素：每道两串24个检波器，组合基距L_x7.5米、L_y2.5米。

激发因素：3井线性组合，组合基距6.67米，井深4米，每井药量2公斤。

上述资料在利用计算机处理时按直接叠加、模拟野外组合和先校正后组合三种方式，分别处理成300次、100次、60次叠加剖面，即得到三类9种叠加剖面。将此9种叠加剖面进行对比结果表明，先组合后叠加300次剖面优于其他类型的剖面。由于此法工作量大，尚未用于实际生产。

1993年，为提高沙漠区的勘探效率，二处2168队使用M26HD/SF-60型大吨位可控震源，在巴楚隆起东部的沙漠区开展了可控震源试验。

观测系统：道距50米，240道接收，60次覆盖。

震源参数：4台8次，震源基距36米，扫描频率10～72赫，扫描长度14秒。

试验结果与井炮相比基本相当。后因可控震源车底盘较低，通行能力差，又难以保证4台震源车正常生产，故该队改为井炮生产。

1994年，在塔中DL94-56测线上重复进行60次和120次覆盖试验，试验结果进一步证实120次覆盖效果较60次效果有明显改进。

1995年，在塔中4井区及塘古孜巴斯等低信噪比地区开展了井深试验。表明9口8米井组合较9口4米井组合的资料品质有较大改进。1995年后，在高大沙丘造成的低信噪比地区，均采用9口8米井组合生产。

4. 砾石区采集方法

天山及昆仑山山前，冲积扇砾石巨厚，打井极端困难。70年代以后，新疆石油管理局曾组织多次攻关，由于受设备技术条件所限，成效甚少。1983年，三指2100队在H81-48测线上利用可控震源开展首次技术攻关；1991年，地调二处2206队在克里阳利用可控震源进行攻关；1994年，地调三处2142队在皮山砾石区利用30吨可控震源进行第三次攻关。以第三次攻关效果最好。

震源参数：使用M-26型（30吨）可控震源，75%大驱动幅度，4台10次，基距150～200米。

接收因素：48个检波器面积组合，组合基距150～200米，偏移距选择以避开强干扰为准，60次覆盖，利用现场处理机进行质量监控。

5. 山地采集方法

塔里木盆地北部天山及西部昆仑山山前带构造发育，是地震勘探的重要领域。天山山前带工区分布于库车—拜城—依奇克里克一带，昆仑山山前带工区分布于喀什、柯克亚、克里阳地区。1990年，二处2206队首次涉足山地；1991年，2206队改建正式山地队，全面承担克里阳—柯克亚山地攻关任务。该队在1991～1996年期间共完成12块山地地震勘探，总结了一套山地采集方法。

关键设备：240道无线遥测地震仪，轻便山地钻机，大吨位可控震源。

观测系统：20～30米道距，60、120次覆盖。

激发因素：单深井18米以上，组合井深不少于8米，坑炮不浅于3米，药量6～20公斤。

接收因素：30～48个检波器组合，组合基距20～30米。

6. 罗布泊盐碱地采集方法

罗布泊位于罗布泊坳陷西北部。工区内风蚀残丘林立，地表多为一块块竖立的坚硬盐碱壳，岩盐分布广泛，盐层厚度达10多米。工区气候恶劣，每年7～8个月风季，最大风力可达12级。

1985年，地调三处1832队首次闯入罗布泊地区施工，后因遭遇强沙暴而中止施工。1995年2153队，1997年233队和2165队相继在罗布泊地区施工，经多次试验后，选用如下采集方法。

观测系统：道距50米，60次覆盖。

接收因素：36个检波器面积组合；采用4个检波器心串联，置于钢管容器内组成1个特殊检波器，埋深2米，单点接收，其效果等同于36个检波器面积组合（其优点是减少风吹干扰，施工效率高），后因此种特殊检波器制作和埋置出现质量问题，不再使用。

7. 三维资料采集方法

1988年，物探局在塔北轮南地区开始第一块三维资料采集，至1997年，共完成三维勘探面积7480

平方公里。

(1) 1988～1994年，多采用规则束状观测系统，如6L×9S×80，覆盖次数2×15，CDP面元25米×25米。

(2) 1995～1997年，多采用宽方位角采集，又称全三维采集，典型的观测系统如8L×30S×96，覆盖次数5×6，CDP面元25米×50米。

(3) 1996～1997年，在库车坳陷克拉2井区及依奇克里克山地的三维勘探中使用了不规则三维观测系统，即观测系统中的接收线为束状，炮点位置视地形而定，通常选择沟谷或地势平坦之处。

8. 高分辨率采集方法

物探局在塔里木盆地开展高分辨率地震采集试验始于1990年，当年三处2170队仅在轮南地区完成高分辨率试验段21.9公里，试验项目仅局限于井深和药量。1991、1992年，二处2202队分别在东河塘、二八台和吉拉克地区，就井深、药量、检波器型号和检波器埋置条件作了系统的试验。试验表明，得好高分辨率地震资料的关键，在于做到“一精”、“二深”、“三小”、“四高”。

“一精”指精心设计观测系统和最大炮检距，既要保护高频信息，又要保证足够的速度精度，在塔北地区最大炮检距宜采用2200～4800米。

“二深”指检波器埋藏深和激发井较深（每道全部检波器埋置地下3米深的井中，有利于保护高频弱信号和拓宽优势波的带宽，合理选择激发井深及激发岩性，可提高有效波的信噪比，最佳井深8～12米）。

“三小”指小药量、小道距、小组合基距，最佳药量0.5或1公斤（激发时要封井），最佳小道距25、30米，最佳小组合基距小于22米。

“四高”指高覆盖次数、高自然频率涡流检波器、高低截频率、高表层校正控制点密度，覆盖次数通常采用60～120次，涡流检波器在压制低频干扰和提高反射波主频方面优于常规检波器，仪器低截频率提高到25赫可扩展高频端优势信噪比带宽，小折射控制点点距以500米为宜。

1990～1997年，共投入9个高分辨率队年，采用以下基本采集方法。

观测系统：道距25米，偏移距125～225米，最大炮检距2000～2500米，覆盖次数120次。

接收因素：自然频率17赫涡流检波器，每道两串12个检波器线性或小面积组合，组内距1米，基距L_x11米，L_y1米，井下2～3米埋置。

激发因素：单井8～16米，药量0.5～1公斤，胶泥封井。

三、完成工作量

1981～1997年，物探局在塔里木盆地共投入310个地震队年，完成二维地震测线209486公里，其中6/12次占4.6%，24/30次占20.9%，48/60次占56.2%，96/120次以上占18.3%；完成三维勘探面积7480平方公里，覆盖次数一般为30次，最高达80次。详情见表3-21。

物探局地震队闯入号称“死亡之海”的塔克拉玛干大沙漠，突破地震禁区，克服了各种艰难险阻，用生命和汗水凝结了“奉献、拼搏、团结、开拓”的塔克拉玛干精神，创造了许多优质生产记录，圆满完成了各项勘探任务，先进集体及个人不断涌现。

1981年10～11月，三指219、2142队首次沿流经塔克拉玛干大沙漠的和田河，完成12次覆盖测线447.5公里。1984年，三公司1832大沙漠队创年完成48次覆盖测线1001公里的高产记录，获石油部金牌队光荣称号。1987、1988、1989年，1832队连续三年上千公里，三次荣获石油部金牌队称号，该队采集班于1987年荣获全国先进班组称号；队长周安民于1989年获河北省劳动模范称号；该队1990年获全国总工会授予的“五一劳动奖状”。1991年，三处2207队（其前身为1830队）完成48次覆盖测线1388公里；1992年该队完成48及60次覆盖测线1504公里，分别创全局最高记录，连续两年荣获总公司金牌队称号；1992年该队被塔里木石油勘探开发指挥部授予“沙漠英雄地震队”称号；1995年该队完成120次覆盖测线1423公里，再创新成绩，获陆上石油工业先进集体称号；指导员刘方富荣获1996年全国“五一劳动奖章”。1990～1994年，地调三处2222队连续4年取得年上千公里的好成绩，为此获1990年总公司金牌队称号，指导员吕元平获1991年全国“五一劳动奖章”、1992年被塔指授予“沙漠铁人”称号、1995年被总公司授予“陆上石油工业特等劳动模范”称号。1991年，地调三处被地矿部、人事部、国家计委、全国总工会联合授予“全国地质勘查功勋单位”称号。1994年，地调二处2314队在玛扎塔克南完成60～120次覆盖测线1944公里，创全局井炮生产最高纪录。1994年，地调二处235/2256联队在塔里木古城地区完成30次覆盖三维勘探面积479平方公里，创全局最好纪录。1996年，地调二处2316队在克拉苏山区两个半月完成60次覆盖三维勘探面积210平方公里，创物探局山地三维勘探好成绩，为发现克拉2井巨型大气田做出重要贡献。1997年，地调一处2178队，在塔中44井区，完成60～80次覆盖三维勘探面积399平方公里，创物探局大沙漠三维采集最高纪录。

表3-21 1981～1997年物探局完成塔里木盆地地震勘探工作量统计表

年度	施工队号（队数）	二维（km）					三维（km^2）
		12次	24/30次	48/60次	≥120次	合计	
1981	219-2211、230、233、238、282、2207、2208、2100、2142-2182、2164、2165、2166、2210、2212、2222、2170（16）	1966	892			2858	
1982	230、233、238、282、2100、2142-2182、2164、2165、2166、2170、2207、2208、2210、2212、219-2211、2222（16）	3584	1166			4750	
1983	233、238、282、2100、2142-2182、2164、2165、2170、2210、219-2211、1830、1831、1832、2222（14）	2678	1443	1264		5385	
1984	233、238、282、2100、2142-2182、2164、2165、2210、219-2211、1830、1831、1832（12）	1240	1824	2545		5609	
1985	233、238、2100、2212、2222、1830、1831、1832（8）	91	1800	3100		4991	
1986	238、2100、2170、2212、2222、1830、1831、1832（8）		2179	3209		5388	
1987	2100、2170、2212、2222、1830、1831、1832（7）		992	4125		5117	
1988	2100、2170、2212、2222、1830、1831、1832、2100-2212（8）			5268		5268	43
1989	237、238、239、2151、2170、2100-2212、2222、1830、1831、1832、2256（11）		3198	5086		8284	311
1990	219、233、235、237、238、239、247、2142、2151、2170、2202、2206、2222、2256、2314、1830、1831、1832、2100-2212（19）		8189	5905	574（96次）	14668	718
1991	219、230、233、235、237、238、239、247、2100、2142、2151、2170、2202、2206、2207、2208、2209、2212、2222、2256、2314、2315、2178（23）		9304	9958		19262	543
1992	219、230、233、235、237、238、247、2100、2142、2151、2220、2170、2202、2206、2207、2208、2209、2212、2222、2256、2314、2178、2168、2315（24）		5803	14074		19877	305
1993	219、230、233、235、238、247、2100、2106、2107、2142、2151、2168、2170、2178、2201、2202、2207、2208、2209、2212、2220、2222、2312、2314、2315、239（26）		2648	22795	10	25453	231
1994	230、233、238、239、247-249、282、2100、2107、2142、2151、2170、2201、2206、2207、2208、2312、2212、2220、2222、235、2256、2314、2315、2316、219、2113、2168、2178、2202（29）		1070	19238	3380	23688	1665
1995	219、230、233、239、247、2100、2106、2107、2151、2170、2178、2181、2201、2207、2208、2209、2222、2255、2256、2314、2315、2316、2212、2142、238、2202、2220、2312（28）		2109	6368	10043	18520	1278

续表

年度	施工队号（队数）	二维（km）					三维（km^2）
		12次	24/30次	48/60次	≥120次	合计	
1996	219、230、238、239、247、249、2100、2106、2107、2113、2142、2151、2153、2165、2170、2178、2202、2207、2208、2209、2210、2212、2220、2222、2255、2256、2314、2315、2312、2316、2181（31）		1069	8648	12049	21766	940
1997	219、230、233、239、247、249、2100、2106、2107、2142、2151、2165、2170、2178、2201、2202、2207、2208、2209、2212、2220、2255、2312、2314、2315、2316、2113、238、2222、2256（30）		20	6218	12364	18602	1446
合计	310个队年	9559	43706	117801	38420*	209486	7480

*38420公里中，包括96次574公里。

第三节　二连盆地地震资料采集

一、勘探任务及队伍分布

1981年，物探局在二连盆地共投入10个队（四指8个队，一指、二指各1个队），其中9个数字队，1个模拟队，概查乌兰察布坳陷中部、马尼特坳陷西部，普查高力罕凹陷、赛汉塔拉凹陷和额仁淖尔凹陷。

1982年，根据石油部加快二连盆地物探工作指示精神，物探局加大了二连盆地的勘探力度，当年共投入24个队（一指6个队，二指8个队，四指10个队），概查朝克乌拉凹陷；普查赛汉塔拉、都日木、布图莫吉、赛汉乌力吉、额仁淖尔、脑木根和额合宝力格、巴音都兰凹陷；详查阿尔善构造带及赛汉塔拉构造带。

1983年，物探局共投入25个队：一指6个队，普查额仁淖尔及脑木根凹陷；二指9个队，概查伊和乌苏、阿其图乌拉和查干里门诺尔等凹陷，普查赛汉塔拉凹陷北部，详查赛汉塔拉构造带；四指10个队，概查准棚凹陷，详查马尼特坳陷西部和东部。

1984年，物探局共投入24个队：一公司6个队，概查包龙凹陷，普查白云查干凹陷；二公司8个队，概查腾格尔沙漠的都日木凹陷和额尔登苏木凹陷；四公司10个队，详查阿尔善构造带、巴音都兰凹陷和宝格达凹陷，普查阿北、阿拉坦合力、朝克乌拉、准棚、红格尔等凹陷，概查布日敦凹陷。

1985年，物探局共投入23个队：一公司6个队，详查白云查干和桑根达来凹陷；二公司9个队，详查阿尔善构造带、巴音都兰凹陷中部、阿尔善凹陷北部和哈达图南凹陷，普查吉尔嘎朗图、朝克乌拉和布日敦等凹陷；四公司8个队，详查阿尔善构造带、巴音都兰凹陷中部、阿尔善凹陷北部、沙那和哈邦等凹陷，普查吉尔嘎朗图、朝克乌拉、包尔果吉、布日敦、阿拉达布斯等凹陷。

1986年，物探局共投入7个队：一公司1个队，详查白云查干凹陷；二公司2个队，详查脑木根凹陷，普查都日木凹陷；四公司4个队，详查阿北、巴音都兰和阿拉坦合力等凹陷，普查马尼特坳陷。

1987年，物探局共投入6个队：一处2个队，普查乌兰查布坳陷东部；二处1个多波试验队，开展纵横波联合观测方法试验和纵横波VSP测井；四处3个队，精查阿南构造，详查马尼特坳陷东部和巴音都兰凹陷，普查乌力雅斯太和阿拉坦合力凹陷。

1988年，四处投入3个队，精查阿南构造和哈南构造，详查欣苏木构造。1989年，四处投入3个队，精查哈南潜山带，详查额仁淖尔凹陷，普查乌力雅斯太凹陷。1990年，四处投入3个队，精查赛汉塔拉凹陷和吉尔嘎朗图凹陷，详查乌力雅斯太凹陷和包楞构造带，概查腾格尔沙漠东部伊和乌拉凹陷。1991年，四处投入3个队，1个二维队详查吉尔嘎朗图凹陷外围地区，2个三维队分别精查阿36井断块及额仁淖尔凹陷。1992年，四处投入3个队，分别精查乌里雅斯太南部及哈南构造，普查布日敦凹陷，概查洪浩尔舒特凹陷。1993年，四处投入2个队，精查巴音都兰凹陷和蒙古林构造，普查洪浩尔舒特凹陷。1994年，四处投入4个队，精查包楞构造带、阿南斜坡、额仁淖尔和洪浩尔舒特等凹陷，概查额尔登苏木凹陷。1995年，四处投入3个队，详查脑木根和准棚凹陷，普查额尔登苏木凹陷。1996年，四处投入2个队，普查呼仁布其凹陷。

二、仪器设备及采集方法

（一）仪器设备

1979年，1个队开始使用SN－338B型数字仪；1980年，1个队开始使用MDS－10型数字仪；1981年，9个队使用数字仪，仪器型号除上述外，有DFS－V、SN－348和GS－2000型；1983年，开始使用SDZ－751型数字仪；1984年，该区全部实现了数字化采集；1985年开始使用SK－8000型数字仪；1994年，开始使用OPSEIS遥测仪。使用的可控震源型号有M12/602和M18/612两种。钻机及其他辅助设备同冀中地区。

（二）主要采集方法

1. 井炮队采集方法

1985年前以井炮方式采集为主。

观测系统：道距50米（少数为25、30米），48、96、120、240道接收，1982年前多用12次覆盖，1985年后多为24次覆盖。

激发因素：单深井18～23米、药量4～8公斤，沙漠及砾石区采用浅井组合，井数9～11口、井深4米、每井药量1～2公斤。

接收因素：36～48个检波器面积组合。

2. 可控震源队采集方法

1985年后以可控震源方式采集为主。

震源参数：使用3～4台震源（震源重12吨、18吨），震次8～12，起始频率12～16赫，终了频率48～64赫，扫描长度8～15秒。

观测系统和接收因素同井炮作业。

3. 三维资料采集方法

除1990年采用2套SDZ系列120道采集系统在吉尔嘎朗图采用4L×4S×30观测系统进行三维采集外，其余三维区块均使用4L×6S×60观测系统采集。

4. 高分辨率资料采集方法

二连盆地是物探局开展高分辨率勘探最早的地区。1987年夏季，四处在阿尔善地区EH82－228测线上进行了高分辨率采集试验，试验项目有：井深（9、14、18、7和32米）；药量（0.5、1、1.5、2、3、5、8和10公斤）；检波器类型（SJ－1、OYO和水听器）。试验后确定了最佳采集方法。

观测系统：30－15－1455，24次覆盖。

激发因素：单深井23米，药量1公斤。

接收因素：12个OYO检波器线性组合，组合基距11米。

仪器因素：96道，采样间隔2毫秒，前放增益48分贝。

采用可控震源时，不采用通常的线性扫描方式，而是采用8个线性扫描组合成的变频扫描方式，即11～50、12～56、13～60、14～64、38～86、42～90、44～94、56～96赫。

5. 纵横波采集方法

1985和1987年，二公司（二处）2202横波队使用DFS－V型数字仪、纵横波震源和三分量检波器，分别在赛汉塔拉和阿尔善地区开展纵横波采集方法试验，确定了最佳采集方法。

观测系统：4台震源，道距50米，30次覆盖。

震源参数：震次4×12，扫描频率10～49赫，扫描长度20秒。

接收因素同常规井炮作业。

二连盆地各地采用的典型采集因素见表3－22。

表3－22　1981～1994年物探局在二连盆地地震勘探采集因素一览表

工区	队号	仪器型号	道数	覆盖次数	道距（m）	炸药震源			可控震源			检波器组合		仪器		年度
						井数	井深（m）	药量（kg）	震动台次	扫描频率（Hz）	扫描长度（s）	型号	个数	前放（dB）	低截（Hz）	
赛汉塔拉	2112	SN－348	96	12	50	1	18～24	10				法国	48			1981
	2202	SK－8000	48	24	50				3×10	15～60	8	SJ－2	36			1985
阿尔善	2144	SDZ－120	240	30					3×8	变频	8		36	48	0	1988
	2255	MDS－10	48	24	50	1	18～23	4				SJ－1	27		12	1985
	2182	SN－338	96	24	30	1	23	1				OYO	12	48		1985
巴音都兰	217	GS－2000	48	12	50				3×8	10～48	10	SJ－1	48			1982
阿南	2254	OPSEIS	240	2×10			（4L×6S×60）		4×6	14～64	10	20DX	36	48	0	1994

三、完成工作量

1981～1996 年，物探局在二连盆地共投入 145 个地震队年，完成二维地震测线 78620 公里，三维勘探面积 2014 平方公里。二、三维工作量中，可控震源工作量约占 70%。二维工作量中，12 次占 51.7%，24/30 次占 48.2%，48/60 次占 0.1%。三维工作量中，20 次覆盖占 89.5%，30 次占 8.6%，64 次占 1.9%（1024 道符号位仪器生产）。详情见表 3－23。

1985 年，二公司 2206 队在二连地区使用可控震源生产完成 24 次覆盖测线 1518 公里，创可控震源队最高纪录，荣获石油部“金牌队”称号。四处 2144 可控震源于 1988 年、1990 和 1991 年，分别以完成三维勘探面积 216 平方公里和 26302 炮、222 平方公里和 37599 炮、124 平方公里和 47805 炮的优异成绩，不断刷新物探局三维勘探新纪录，连续三年荣获总公司“金牌队”称号。

表 3－23　1981～1996 年物探局完成二连盆地地震勘探工作量统计表

年度	施工队号（队数）	二维（km）				三维（km^2）
		12 次	24/30 次	48/60 次	小　计	
1981	2108、2112、2144、2150、2153、2162、217、2221、2255、237（10）	1904			1904	
1982	2103、2108、2109、2111、2112、2113、2143、2144、2149、2150、2151、2153、2156、2162、2168、217、2178、220、2221、235、2254、239、247、249（24）	8566			8566	
1983	2103、2108、2109、2111、2112、2113、2144、2149、2150、2151、2153、2156、2162、2168、217、2178、220、2221、2254、2256、2314、235、239、247、249（25）	12544	587		13131	
1984	2103、2108、2109、2111、2112、2144、2149、2150、2153、2162、2168、217、2178、220、2221、2254、2255、2258、2311、2314、237、239、247、249（24）	11688	1255		12943	
1985	2107、2112、2144、2149、2151、2153、2162、217、2181、2182、2202、2206、2210、2211、2220、2254、2255、2256、2314、235、239、247、282（23）	5722	8374	48	14144	
1986	2112、2144、2153、2162、2182、2220、2314（7）	185	6718		6903	
1987	2112、2144、2149、2200、2202、237（6）		3678	37	3715	38
1988	2144、2254、2109（3）		90		90	274
1989	2109、2112、2149（3）		2266		2266	174
1990	2109、2144、217（3）		2264	5	2269	222
1991	2109、2144、2254（3）		924		924	224
1992	2112、2144、2149（3）		1283	33	1316	371
1993	2164、2112（2）		1627		1627	316
1994	2153、2164、2254、2112（4）		4409		4409	395
1995	2144、2153、2164（3）		3795		3795	
1996	2162、2164（2）		618		618	
合计	145 个队年	40609	37888	123	78620	2014

第四节 吐哈盆地地震资料采集

吐哈盆地地表条件复杂，火焰山横贯盆地中央，地表中、新生代岩层出露，山高坡陡，相对高差达500米以上，其南北两侧为砾石戈壁区；南部艾丁湖面海拔－158米，为亚洲内陆最低洼区；北邻博格达山，海拔500～600米；在鄯善以南有库木塔克沙漠，面积约1700平方公里。

一、勘探任务及队伍分布

1983年，物探局三指1个数字队开始对吐哈盆地进行地震勘探方法试验。1984～1986年，三公司共投入6个队年概查鄯善、托克逊及哈密地区。1987～1988年，三处投入8个队年普查鄯善、托克逊及哈密地区。1989年，三处投入4个队详查鄯善、托克逊及哈密地区。

1990年，三处退出吐哈盆地勘探，由一处3个队接替，继续详查鄯善、哈密及吐鲁番地区。1991年，物探局投入6个队：一处4个队利用三维勘探精查鄯善和柯柯亚弧形构造带，1个沙漠队概查塔克泉及库木塔克沙漠地区；四处1个山地队普查七克台山地。

1992年，物探局投入6个队：一处4个队在鄯善及红旗坎地区开展三维地震勘探；四处2个队继续在七克台山地及库木塔克沙漠开展普查。

1993年，物探局投入6个队：一处4个队普、详查吐鲁番地区，精查鄯善地区；四处2个队普查胜北地区。

1994年，物探局投入6个队：一处4个队普查白杨河、鲁克沁及艾丁湖地区，精查连木沁构造带；四处2个队在库木塔克沙漠及恰勒坎山地施工。

1995年，物探局在该区投入5个队（一处3个队，四处2个队），详查吐鲁番及库木塔克沙漠地区，利用三维地震勘探精查七泉湖、葡萄沟及雁木西地区。

1996～1997年，物探局共投入8个队年（一处6个队年，四处2个队年），除继续普、详查库木塔克沙漠外，勘探重点转向前侏罗系深层攻关，在托克逊地区开展方法试验和详查。

二、仪器设备及采集方法

（一）仪器设备

1983年，使用GUS－BUS型数字仪；1986年，参战队全部使用DFS－V型、120道数字仪；1987年，1个队使用SDZ系列120道数字仪；1990年，1个队使用SN－368型、120道数字仪；1991年，开始使用OPSEIS遥测仪；1992年后以使用OPSEIS遥测仪居多。

从1983年开始，在吐哈盆地作业的可控震源有M12/602、M18/612、KZ－20、Y－2700和M26HD等5种型号。在山地使用人抬轻便钻机；在沙漠区配备相应的沙漠车和钻机。

（二）主要采集方法

1．基本采集方法

观测系统：道距50米，覆盖次数30、60。

接收因素：48个检波器面积组合，组合基距不大于50米。

震源参数：震次3×8、4×10，扫描频率12～64赫，扫描长度10～15秒。

2．山地采集方法

观测系统：道距25米，覆盖次数60。

激发因素：井深13～18米、药量2～18公斤，9坑组合、坑深2米，每坑药量2公斤。

接收因素：24个检波器面积组合，组合面积2米×9米。

3．三维资料采集方法

观测系统：4L×6S×60、4L×8S×120、10L×18S×48，1996年，四处2182队在热木坎地区开展不规则三维采集；1997年，一处在火焰山及鄯善地区开展三维特观采集。

4．前侏罗系深层攻关采集方法

1994年，一处2200队在吐哈盆地托克逊地区开始进行深层攻关试验；1996～1997年，深层勘探列入勘探重点，主要使用M26HD型大吨位可控震源，选用以下采集方法。

观测系统：道距50米，偏移距500～800米，覆盖次数60、120。

震源参数：震次4×6，变频扫描12～96赫，扫描长度15秒。

该盆地几个典型地区使用的采集因素见表3－24。

三、完成工作量

1983～1997年，物探局在吐哈盆地共投入60个地震队年，完成二维地震测线32709公里，其中12次占2.1%，24/30次占62.8%，48/60次占30.4%，120次占4.7%；完成三维勘探面积1527平方公里。详情见表3－25。

表 3-24 1985～1997 年物探局在吐哈盆地地震勘探采集因素一览表

工区	队号	仪器型号	道数	覆盖次数	道距(m)	炸药震源			可控震源			检波器组合		仪器		年度
						井数	井深(m)	药量(kg)	震动台次	扫描频率(Hz)	扫描长度(s)	型号	个数	前放(dB)	低截(Hz)	
鄯善	2181	SN-368	120	30	50				3×8	12～64	10	20DX	36	48		1990
吐鲁番	2222	GUS-BUS	48	12	50	1	6～14	6～18	3×10	12～48	15	PAC	48			1985
葡萄沟	2111	OPSEIS	240	2×10	50	12	1.5	12	(4L×6S×60)							1994
库木塔克	2165	OPSEIS	180	45、90	30	11	4	22	(沙漠)			20DX	48			1995
火焰山	2111	OPSEIS	120	60	25	1	18	16	(山地)			20DX	30	48		1997

表 3-25 1983～1997 年物探局完成吐哈盆地地震勘探工作量统计表

年度	施工队号(队数)	二维(km)					三维(km^2)
		6/12 次	24/30 次	48/60 次	96/120 次	小计	
1983	2222(1)	317				317	
1984	2170、2222(2)	367	451			818	
1985	2170(1)		502			502	
1986	2142、219、233(3)		1686	192		1878	
1987	2142、219、233、238(4)		2376	456		2832	
1988	2142、219、233、238(4)		2329	635		2964	
1989	2142、219、233、238(4)		2785	336		3121	
1990	2181、2211、2312(3)		2431			2431	20
1991	2111、2165、2181、2182、2211、2312、2200(7)		1272	1215		2487	164
1992	2111、2165、2181、2182、2211、2200(6)		1894	1290	105	3289	233
1993	2111、2181、2182、2211、217、2200(6)		2531	1049	19	3599	158
1994	2111、2165、2181、2182、2211、2200(6)		1777	823		2600	298
1995	2165、2182、2200、2211、2111(5)		521	681	291	1493	312
1996	2111、2182、2200、2211(4)			2437	278	2715	219
1997	2111、2182、2200、2211(4)			821	842	1663	123
合计	60 个队年	684	20555	9935	1535	32709	1527

第五节 松辽盆地及依兰—伊通盆地地震资料采集

一、勘探任务及队伍分布

1985 年，物探局一公司派遣 2 个队在松辽盆地中南部进行战略侦察。同年，石油部为加快松辽盆地深层及外围的物探工作，责成物探局制定松辽盆地东南隆起“七五”物探规划。1986 年初，物探局勘探处派人赴工区踏勘，收集有关资料，同年完成“七五”物探规划。当年投入 6 个队（一处 5 个队，四处 1 个队），在双城、扶余、怀德、农安等地区进行普查。

1987 年，一处投入 6 个队，普查扶余、怀德、农安和梨树及两江地区（第二松花江与霍林河之间）。

1988 年 8 月，石油部要求物探局与吉林油田共同规划，加快依兰—伊通盆地五星构造带的勘探步伐。为此，副局长钟辛生、副总地质师吴奇之带领局勘探处及一处有关人员与吉林油田有关人员共同制定依兰—伊通盆地三维地震勘探总体设计及分期实施方案，野外采集由一处组织实施。当年投入3个三维队分别细测双阳、梨树及万昌东构造，2个二维队在该区外围详查。

1989年，一处投入8个队，除3个三维队在万昌、双阳和莫里青继续进行三维地震勘探外，其余5个队普、详查松辽盆地小合隆、万金塔及两江地区，在英台地区开展高分辨率地震勘探。1990年，一处投入7个队，4个二维队普、详查小合隆、万金塔、两江及榆树地区，并在英台、新民地区开展高分辨率地震勘探，3个三维队在双阳、万昌东、孤店子和莫里青等地区开展三维勘探。1991～1993年，一处共投入13个地震队年，10个二维队年详查小合隆、万金塔及两江地区，并在新庙地区开展高分辨率地震勘探，3个三维队年在小孤山开展三维勘探。

1997年，一处投入2个地震队，普查榆树东地区，并在德惠地区开展高分辨率勘探。

二、仪器设备及采集方法

（一）仪器设备

1985～1986年，主要使用SN－338HR和DFS－V型两类数字仪。1986年后，相继使用国产SDZ－751型数字仪、SK－83型数字仪及进口的TELSEIS数字仪。1987年前使用M－18型震源，1987年后使用Y－2700型大吨位震源。每队配备4～5台701型或WT－50型钻机及小折射地震仪。1988年，还增配P－1型车装现场处理机。

（二）主要采集方法

工区主要为平原区，部分地区为低矮丘陵及沙丘。该区采集因素见表3－26。

表3－26　1985～1997年物探局在松辽及依兰—伊通盆地主要地区地震勘探采集因素一览表

工区	队号	仪器型号	道数	覆盖次数	道距（m）	炸药震源			可控震源			检波器组合		仪器		年度
						井数	井深（m）	药量（kg）	震动台次	扫描频率（Hz）	扫描长度（s）	型号	个数	前放（dB）	低截（Hz）	
双城	2113	SN－338HR	96	48	50	1	18～23	10				SJ－1	36	30		1985
扶余	2113	SN－338HR	96	24	50	1	14～23	4～10				SJ－1	36	42	10	1987
两江	2200	DFS－V	120	30	50				3×8	12～68	10	SJ－1	36	48	10	1989
德惠	2210	TELSEIS	120	30	50	1	21	5				20DX	30	48	8	1997
英台	2210	SDZ－120	120	30	25	1	9	1	高分辨率			SJ－4	16	48	12	1992
莫里青	2113	SDZ－120	240	20	50	1	9～18	1～4	4L×6S×60			20DX	36	36	8	1988
万昌	2178	SDZ－120	240	20	50	1	6～18	1～4	4L×6S×60			SJ－2	36	36	8	1989

1．平原区采集方法

潜水面埋深一般小于10米，激发井深9～14米，药量4～6公斤，30～48个检波器面积组合（基距小于50米）。二维观测采用30次覆盖；三维观测采用4线6炮束状观测系统，2×10次覆盖，CDP面元25米×25米。

2．丘陵及两江地区采集方法

潜水面埋深多大于30米，通常采用2井组合激发，井深30米，每井药量5公斤；两江局部地区因存在钙化层，钻深井十分困难，故采用7～9口6米浅井组合，每井药量2公斤；采用可控震源激发时，震源台次不少于3×8，线性扫描时使用扫描长度10～12秒，或采用8个线性扫描组成变频扫描。

3．高分辨率采集方法

主要采用“四小、二高、一适中”采集方法。“四小”指小道距、小组合基距、小炮检距和小药量；“二高”指高检波器自然频率和高覆盖次数；“一适中”指激发井深要适中。

三、完成工作量

1985～1997年，物探局在松辽盆地及依兰—伊通盆地共投入49个地震队年。完成二维地震测线13386公里，其中24/30次占98%，48次占2%，高分辨率地震测线占总工作量11%；完成三维地震勘探面积966平方公里，其中在依兰—伊通盆地完成768平方公里，在松辽盆地完成198平方公里。详情见表3－27。

表 3-27　1985～1997 年物探局完成松辽盆地及依兰—伊通盆地地震勘探工作量统计表

年　度	施工队号（队数）	二维（km）			三维（km^2）
		24、30 次	48 次	合计	
1985	2111、2113（2）	115	55	170	
1986	2106、2111、2113、2156、2178、2149（6）	1503		1503	
1987	2106、2107、2111、2113、2156、2178（6）	1805		1805	
1988	2107、2111、2113、2178、2200（5）	1518		1518	150
1989	2111、2200、2210、282、2106、2107、2113、2178（8）	1419		1419	371
1990	2111、2200、2210、282、2106、2113、2178（7）	1723		1723	262
1991	2107、2210、2200、282、2113、2178（6）	1823		1823	122
1992	2107、2210、282、2113（4）	1649		1649	61
1993	2107、2210、282（3）	1017		1017	
1997	2210、2211（2）	541	218	759	
合计	49 个队年	13113	273	13386	966

第六节　陕甘宁盆地地震资料采集

陕甘宁盆地伊克昭盟地区地震地质条件非常复杂，地貌以黄土塬及沙漠为特征。在延安—东胜—包头公路以东、黄河以西的广大地区，呈现黄土塬典型地形的地貌特征，沟、梁纵横，地形高差多为 50 米，最大高差达 200 米以上。伊克昭盟西北部为毛乌素沙漠，沙丘相对高差 20～50 米，最大可达百米。伊克昭盟西南部为戈壁。

一、勘探任务及队伍分布

1986～1987 年，二处投入 7 个队概查、普查盆地西部天环向斜。1988 年，物探局共投入 9 个队（一处 3 个队，二处 5 个队，四处 1 个队），普查杭锦旗—乌审召和榆林地区。1989 年，物探局投入 2 个队（一处、二处各 1 个队），除继续普查杭锦旗—乌审召地区外，还在东胜—伊金霍洛旗公路以东山区沿河沟作一条 100 公里南北向地震概查大剖面。1990 年，二处投入 2 个队，详查杭锦旗—秦泰梁地区。1991～1993 年，物探局共投入 12 个队年（二处 4 个队年，四处 8 个队年），详查鄂托克旗三角洲和乌审召鼻隆地区，普查鄂托克旗—乌审召及杭锦旗北部地区，概查伊金霍洛旗及其以南地区。1994～1997 年，物探局共投入 7 个队年（二处 3 个队年，四处 4 个队年），详查东胜—伊金霍洛旗及杭锦旗—乌审召等地区。

二、仪器设备及采集方法

（一）仪器设备

1986～1991 年，主要使用 DFS-V 型、SN-348 型、SN-368 型 120 道数字仪；1987 年，开始使用 SK-83 型数字仪；1992 年，使用过 YKZ 型、480 道数字仪；1993 年后，普遍使用 OPSEIS、SYSTEM Ⅰ、SYSTEM Ⅱ和 SK-1005 等型号遥测数字仪。沙漠队配备有沙漠车和 MAN 空气钻机，可控震源队配备 20 吨以上的震源，高分辨率队配备 OYO 涡流检波器。

（二）主要采集方法

1. 基本采集方法

观测系统：道距 25 米，最大炮检距 3100 米，覆盖次数 30。

激发因素：单深井 12～18 米，药量 4～6 公斤。

接收因素：36 个检波器面积组合。

在平原区采集中，选用道距 50 米、井深 6～32 米、药量 4～15 公斤；在山地和黄土塬区采集中，选用 2～4 口深 18 米井组合，每井药量 8 公斤；在沙漠区采集中，选用 9～13 口深 4～8 米浅井组合，每井药量 1 公斤；在戈壁区采集中，均用可控震源生产，震次 3×6、扫描频率 12～49 赫、扫描长度 8 秒。

2. 高分辨率采集方法

1993年，二处2162队和四处2317队分别在黑劳潮及伊金霍洛旗两地开展高分辨率地震采集试验。重点试验项目有：激发因素包括井深、药量和低爆速炸药；接收因素包括检波器类型、埋深；仪器因素包括低截频和陡度。试验结果表明，采用“四小、三高、一适中”方法有利于提高地震资料的分辨率：“四小”指小道距、小组合基距、小药量和小采样间隔；“三高”指高低截频率、高滤波陡度和高覆盖次数；“一适中”指井深适中。

该区在不同时间和两个典型地区使用不同仪器的采集因素见表3-28。

表3-28　1989～1995年物探局在陕甘宁盆地地震勘探采集因素一览表

工区	队号	仪器型号	道数	覆盖次数	道距（m）	炸药震源			可控震源			检波器组合		仪器		年度
						井数	井深（m）	药量（kg）	震动台次	扫描频率（Hz）	扫描长度（s）	型号	个数	前放（dB）	低截（Hz）	
乌审召	2181	SK-83	120	30	50				3×6	12～49	8	SJ-1	36	48	12	1989
乌审旗	2255	SN-348	120	30	50	13	4	13	（沙漠）			PE-2	36	48	16	1991
乌审旗	2162	SK-1005	120	60	25	1	14	2.5	（高分辨率）			涡流	48	48	0	1993
乌审旗	2317	OPSEIS	240	30	25	1	9～17	4	（高分辨率）			SJ-28	24	48	36	1995
乌审召	249	SYS-Ⅱ	240	30	25	1	12～18	4～6	（高分辨率）			20DX	20	48	17	1995

注：SYS-Ⅱ为SYSTEMⅡ。

3. 纵横波采集方法

1989年和1994年，地调二处横波队在伊盟乌审召及黑劳潮等地分别完成3条P-S转换波测线观测，测线总长53公里，所用采集方法同二连盆地所用方法一致。

三、完成工作量

1986～1997年，物探局在陕甘宁盆地共投入39个队年，完成二维地震测线28815公里，其中24/30次占84%，48/60次占16%。详情见表3-29。

1993年，地调四处2255队在伊盟和银根地区完成30次覆盖测线2020公里，创全局二维井炮生产最高纪录。

表3-29　1986～1997年物探局完成陕甘宁盆地地震勘探工作量统计表

年度	施工队号（队数）	完成工作量（km）		
		24/30次	48/60次	小计
1986	2206、247、239、2202（4）	2103		2103
1987	2162-2206、2314、247（3）	3499	104	3603
1988	2149、2151、2181、2168、2162、2314、235、237、239（9）	6363	1168	7531
1989	2181、2168（2）	2013	1108	3121
1990	2168、2209（2）	567	945	1512
1991	2109、2153、2168、2255（4）	1857	734	2591
1992	2109、2153、2255、2317（4）	2419	342	2761
1993	2162、2255、2317、247（4）	2639	202	2841
1994	2162、2317（2）	755	46	801
1995	2317、249（2）	730	11	741
1996	2317（1）	322		322
1997	2162、2317（2）	888		888
合计	39个队年	24155	4660	28815

第七节 东部地区中小盆地地震资料采集

东部地区中小盆地包括南华北盆地、伊川盆地、句容盆地、开鲁盆地和沁水盆地，其中济源原先称盆地，后划入南华北盆地开封坳陷，称济源凹陷，工作量仍单独统计。

一、勘探任务及队伍分布

1981～1986年，二指（二公司）投入40个队年对南华北盆地周口坳陷、开封坳陷（含济源凹陷）开展连片详查。1986年，二公司投入1个队概查开鲁盆地哲中坳陷。1987年，一处1个队普查哲中坳陷西部；二处5个队进一步详查周口和开封坳陷。1988年，四处1个队概查沁水盆地；二处6个队，除5个队继续详查周口和开封坳陷外，1个队开始利用数字仪概查合肥坳陷。1989年，二处7个数字队利用高覆盖次数方法分别对济源、周口及开封地区开展新一轮详查，另有1个队普查合肥坳陷。1990年，二处5个数字队集中济源、周口和开封地区完善详查。1991～1992年，二处每年投入5个队对合肥坳陷开展详查。1992年，二处1个队详查哲中坳陷。1993年，二处投入5个队，2个队继续详查合肥坳陷，1个队继续详查哲中坳陷，2个队在句容盆地开展地震工作方法试验。1994年，二处投入3个队，2个队概查句容盆地，1个队继续详查合肥坳陷。1995年，二处2个队普查沁水盆地。1996年，二处投入3个队，2个队详查沁水盆地，1个队在伊川盆地开展地震工作方法试验。1997年，二处1个队重点详查济源凹陷东部地区。

二、仪器设备及采集方法

（一）仪器设备

1981～1983年，只有1个队使用DFS－V型数字仪，其余队使用模拟地震仪。1984年后，相继使用SK－80型及SDZ－751型数字仪。从1986年开始，全部采用120道数字仪。其他辅助设备基本同冀中地区。开鲁盆地使用气水两用钻机，沁水盆地使用人抬钻机。

（二）主要采集方法

该区使用的采集因素详情见表3－30。仪器因素中，采样均为2毫秒。

表3－30 1985～1995年物探局在南华北盆地主要地区地震勘探采集因素一览表

工区	队号	仪器型号	道数	覆盖次数	道距(m)	炸药震源			检波器组合			仪器因素		年度
						井数	井深(m)	药量(kg)	型号	个数	基距(m)	前放(dB)	低截(Hz)	
周口	2206	SDZ－120	120	30	50	1	23	2.5	SJ－2	36	40×20	48	12	1990
合肥	2206	DFS－V	120	30	50	1	15	5	SJ－2	36	50×20	48	8	1994
济源	2220	DFS－V	120	30	50	1	18～27	20	SJ－2	36	50×30	28	12	1985
句容	2206	SK－1005	240	60 240	25	1	15	4～6	SJ－2	36		48	8	1994
沁水	2202	SK－1005	120	30	40	1	15～23	8～12	SJ－2	36	36×10	48	12	1995
开鲁	2316	DFS－V	120	30	50	1	15	3	20DX	36	50×0	48	12	1992
	2314	MDS－10	96	24	50	9	6	18	SJ－1	36	42×28	26	12	1986

1．南华北盆地采集方法

观测系统：道距50米（少数为75米），覆盖次数24、30。

激发因素：井深14～27米，药量5～10公斤。

接收因素：15～36个检波器面积组合，组合面积20米×50米。

2．沁水盆地采集方法

1988年，利用可控震源沿主干公路施工。

观测系统：道距50米，覆盖次数60。

接收因素：36个检波器线性组合，组合基距45米。

震源参数：震次3×12，扫描频率12～48赫，扫描长度12秒。

3．开鲁盆地采集方法

该盆地哲中坳陷多为沙漠覆盖，沙丘呈带状分布，沙丘高20～50米，条带间低洼处多为沼泽。

观测系统：道距 50 米，覆盖次数 30。

激发因素：单井激发时井深 15～21 米，药量 8～12公斤；沙漠区采用 9 口井组合激发时井深 6 米，每井药量 3 公斤。

接收因素：基本同沁水盆地。

三、完成工作量

1981～1997 年，物探局在该区共投入 92 个地震队年，完成二维地震测线 16960 公里，其中 6/12 次占 25%，24/30 次占 73.5%；48/60 次占 1.2%；120 次占 0.3%。详情见表 3－31。

表 3－31　1981～1997 年物探局完成南华北盆地地震勘探工作量统计表

地区	年度	施工队号（队数）	二维（km）				
			6/12 次	24/30 次	48/60 次	96～120 次	合计
济源坳陷	1981	2313、214、2155、250、2220、2256（6）	636	212			848
	1982	214、2220、2256、2313、2155、250（6）	314	158			472
	1983	2155、2220、2256、2313（4）	302	76			378
	1984	2220、2256（2）	22	166			188
	1985	2220（1）		106			106
	1989	249（1）		271			271
	1990	249（1）		138			138
	1997	2206（1）		191			191
	合计	22 个队年	1274	1318			2592
周口坳陷	1981	2206、2314、250、2313（4）	898				898
	1982	2206、2314（2）	928				928
	1983	2206、2314、2313（3）	705				705
	1984	2206、2313（2）	421				421
	1986	2209、2220、235（3）		436			436
	1987	2209、2220、235（3）		615	126		741
	1988	2168、235（2）		532			532
	1989	2206、2314、2168、2162（4）		808	11		819
	1990	2206、2314（2）		321			321
	合计	25 个队年	2952	2712	137		5801
开封坳陷	1981	2162、2256（2）		92			92
	1982	2162（1）		5			5
	1983	250（1）		76			76
	1984	250、2206（2）		191			191
	1985	2206（1）		110			110
	1987	2206、249（2）		369			369
	1988	2206、2220、249（3）		726			726
	1989	247、2220（2）		564			564
	1990	247、2162（2）		276			276
	合计	16 个队年		2409			2409

续表

地区	年度	施工队号（队数）	二维（km）				
			6/12次	24/30次	48/60次	96～120次	合计
合肥坳陷	1988	2256（1）		171			171
	1989	2256（1）		99			99
	1991	2162、2168、2220、2316、239（5）		920	18		938
	1992	2162、2168、2220、2316、239（5）		754			754
	1993	2162、2316（2）		211			211
	1994	2316（1）		254			254
	合计	15个队年		2409	18		2427
伊川盆地	1996	2206（1）			13	5	18
	合计	1个队年			13	5	18
句容盆地	1993	2201、239（2）		163	18	19	200
	1994	2206、2201（2）		314		37	351
	合计	4个队年		477	18	56	551
开鲁盆地	1986	2314（1）		214			214
	1987	2151（1）		488			488
	1992	2316（1）		678			678
	1993	2316（1）		711			711
	合计	4个队年		2091			2091
沁水盆地	1988	2149（1）		412			412
	1995	2202、2206（2）		385			385
	1996	2202、2206（2）		274			274
	合计	5个队年		1071			1071
总计		92个队年	4226	12487	186	61	16960

第八节　西部地区中小盆地地震资料采集

西部地区中小盆地包括（以物探局开始地震勘探的时间为序）焉耆、民乐、民和、双临、潮水、敦煌、巴彦浩特、银根—额济纳旗、雅布赖、三塘湖、准噶尔、柴达木、伊犁和羌塘等14个盆地。表3－32为该区使用的采集因素表，表3－33为该区各盆地完成的地震工作量统计表。

一、焉耆盆地

（一）勘探任务及队伍分布

1984年夏季，根据物探局总地质师柴桂林倡议，三公司282和2222等两个数字队开始概查焉耆盆地。1985年，三公司2170队在该盆地继续进行概普查，认为该盆地博斯腾湖坳陷具有良好的油气勘探前景。

（二）仪器设备及采集方法

1984年，282和2222队分别使用SN－338HR型、GUS－BUS型数字仪，采用井炮及可控震源施工。所用采集方法和辅助设备基本同塔西南地区。

（三）完成工作量

1984～1985年，物探局在焉耆盆地共投入3个地震队年，共完成二维地震测线1231.1公里。此工作量已记入塔里木盆地工作量中。

二、民乐盆地

民乐盆地地表多为砾石戈壁覆盖。1985年，三公司219和2142队分别使用DFS－V型、120道数字仪和MZ－12型可控震源对该盆地开展普查，所用观测系统、接收因素和震源参数见表3－32。2个队共完成二维地震测线1219公里，其中30次占4.8%，60次占95.2%（见表3－33）。

表 3-32 1985～1997 年物探局在西部地区地震勘探采集因素一览表

工区	队号	仪器型号	道数	覆盖次数	道距(m)	炸药震源			可控震源			检波器组合		仪器		年度
						井数	井深(m)	药量(kg)	震动台次	扫描频率(Hz)	扫描长度(s)	型号	个数	前放(dB)	低截(Hz)	
双临	2164	MDS-10	48	24	50	15	0.5	7.5	3×8				36			1985
民和	2149	SDZ-120	120	60	25	2	8	8	(山地)			20DX	36	48	10	1991
潮水	217	MDS-10	48	24	50				3×8	14～45	12	PAT	40	48		1986
潮水	2109	MDS-18	120	60	50	7	4	14				20DX	48	48		1996
雅布赖	2255	SN-348	120	60	50	1 9	12 3～5	14				20DX	40	48		1987
敦煌	2212	SN-388	240	60	40	9～11	4	18～22	沙漠			20DX	30	24		1996
阿克赛	233	SN-388	240	60	30				4×8	12～64	12	20DX	36	48		1997
罗北	2153	OPSEIS	240	60	40	1	12～18	4～6				20DX	36			1997
民乐	219	DSF-V	120	30 60					3×10	12～48	15	SJ-1	48	48		1985
莫索湾	2165	OPSEIS	480	60	100	11	4～5	22	(4L×6S×120)			20DX	30	48	12	1993
伊犁	235	DSF-V	120	30	50				4×10	10～52	14	20DX	36	48	12	1994
涩东	2109	OPSEIS	120	30	50	3	12	27				SJ-1	48	48	12	1997

表 3-33 1985～1997 年物探局完成西部地区中小盆地地震勘探工作量统计表

地区	年度	施工队号（队数）	二维（km）					三维(km^2)
			6/12 次	24/30 次	48/60 次	96/120 次	小计	
巴彦浩特盆地	1986	2165、2255（2）		217	490		707	
	1987	2149、2165（2）		1466	28		1494	
	1988	2153、2165、2182、2255（4）		1171	588		1759	
	1989	2153、2165、217、2255（4）		2511	553		3064	
	1990	2165、2255（2）		993	813		1806	
	合计	14 个队年		6358	2472		8830	
银根—额济纳旗盆地	1987	2153（1）		204	665		869	
	1988	217、2153（2）		2253	321		2574	
	1991	217（1）			874		874	
	1993	2149、2153、2255（3）		2855	361		3216	
	1994	2144、2149、2152（3）		1962	510		2472	
	1995	217、2149（2）		1454	352		1806	
	1996	217、2149（2）		1113	475		1588	
	1997	217、2317（2）		738	262		1000	
	合计	16 个队年		10579	3820		14399	

续表

地区	年度	施工队号（队数）	二维（km）					三维（km^2）
			6/12 次	24/30 次	48/60 次	96/120 次	小计	
民和盆地	1985	217、2152（2）		159			159	
	1988	2182（1）		133			133	
	1989	217（1）		100			100	
	1990	2149（1）			5		5	
	1991	2149（1）			28		28	
	1992	2109（1）			34		34	
	1993	2109（1）		103			103	40
	合计	8 个队年		495	67		562	40
双临盆地	1985	2164（1）		22			22	
	合计	1 个队年		22			22	
潮水盆地	1985	2109（1）	427				427	
	1986	2109、217（2）		1426			1426	
	1987	2109、217（2）		1142			1142	
	1996	2109、2149（2）			1192		1192	
	1997	2149（1）			1012		1012	
	合计	8 个队年	427	2568	2204		5199	
雅布赖盆地	1987	2255（1）		690	59		749	
	1990	2153（1）		517	47		564	
	1995	2109（1）			621		621	
	合计	3 个队年		1207	727		1934	
民乐盆地	1985	219、2142（2）		59	1160		1219	
	合计	2 个队年		59	1160		1219	
敦煌盆地	1985	233（1）			78		78	
	1994	2109（1）		311	92		403	
	1996	2152、2212、233（3）			1892		1892	
	1997	233（1）			357		357	
	合计	6 个队年		311	2419		2730	
三塘湖盆地	1992	217（1）		842	8		850	
	1993	217、2144、2254、2200（4）		5067	123		5190	110
	1994	217（1）		1138	17		1155	
	合计	6 个队年		7047	148		7195	110
准噶尔盆地	1993	2165（1）		22			22	306
	1996	2165（1）						326
	合计	2 个队年		22			22	632
伊犁盆地	1994	235（1）			95		95	
	1995	235（1）		339			339	
	合计	2 个队年		339	95		434	

续表

地区	年度	施工队号（队数）	二维（km）					三维（km^2）
			6/12 次	24/30 次	48/60 次	96/120 次	小计	
羌塘盆地	1995	2152、2254（2）			553		553	
	1996	2152、2254（2）			685	26	711	
	1997	2152、2254（2）			616		616	
	合计	6 个队年			1854	26	1880	
柴达木盆地	1997	2109（1）		717			717	
	合计	1 个队年		717			717	
总计		75 个队年	427	29724	14966	26	45143	782

注：1994 年，2109 队在民和盆地完成二维 60 次覆盖测线 92 公里计入敦煌盆地。

三、民和盆地

盆地东部为山区，西部为黄土塬，地震地质条件非常复杂。地震测线主要沿大沟、主干公路及黄土塬布设。较大的山沟经修路可控震源车可以通行，沟中及沿公路测线均为弯线。黄土塬沟梁纵横，山高沟深，最大高差达 200 米，测线直线布设，采用井炮生产。地震勘探任务全部由四处承担。

（一）勘探任务及队伍分布

1985 年，投入 2 个队进行地震方法试验及路线概查。1988 年，投入 1 个可控震源队，沿沟进行路线概查。1989 年，投入 1 个可控震源队，继续路线概查。

从 1990 年开始至 1993 年，勘探重点转至巴州坳陷及其邻区，每年投入 1 个队普、详查民参 1 井区和虎头崖构造；1993 年，还对虎头崖构造开展三维测量。

（二）仪器设备及采集方法

1. 仪器设备

1985 年，使用 GS－2000 型数控仪和 MDS－10 型数字仪。1988～1993 年，先后使用 SDZ－120、DFS－V 型和 OPSEIS 型数字仪。可控震源生产时，使用 M－18 型可控震源；井炮生产时，采用麻花钻头钻机和人抬轻便钻机。

2. 主要采集方法

观测系统：道距 50 米（山地 25 米），覆盖次数 60。

激发因素：平原及地形起伏不大地区采用井深 4～8 米，药量 6～8 公斤；山地采用双井组合，井深 8 米，每井药量 4 公斤。

接收因素：36 个检波器面积组合。

震源参数：震次 3×8，扫描频率 12～48 赫，扫描长度 12 秒。

（三）完成工作量

1985～1993 年，物探局在民和盆地共投入 8 个地震队年，完成二维地震测线 562 公里，其中 24/30 次占 88%，48/60 次占 12%；完成三维勘探面积 40 平方公里。历年完成任务情况见表 3－33。

四、双临盆地

该盆地地貌具有典型的黄土高原特征。1985 年，四公司 2164 队采用 MDS－10 型数字仪在沿沟布设的测线上开展采集方法试验。试验中使用坑炮组合激发，坑数 15 个，坑深 0.5 米，每坑药量 0.5 公斤；观测系统采用道距 50 米，24 次覆盖；接收因素采用 40 个检波器面积组合，完成试验测线段 22 公里，所得地震资料质量很差。

五、潮水盆地

该盆地地表大部分为砾石戈壁覆盖。盆地南部马山北坡分布有被洪水切割的深沟，盆地东部及西部分布有低矮沙丘。该盆地地震勘探任务全部由四处承担。

（一）勘探任务及队伍分布

1985 年，投入 1 个可控震源队，在方法试验基础上，以线距 20 公里开展区域大剖面概查。1986 年，投入 2 个队，概查盆地西部的南、北坳陷，并完成武威—民勤区域大剖面。1987 年，投入 2 个队，普查盆地东部，详查盆地西部的陈家井、庙北和窨南凹陷。

1996 年，投入 2 个队，普查金昌坳陷红柳园凹陷。1997 年部署 1 个队，详查金昌坳陷青土井构造带，普查红柳园凹陷。

（二）仪器设备及采集方法

1. 仪器设备

1985～1987 年，全部使用 MDS－10 型数字仪。1996～1997 年，主要使用 DFS－V 型数字仪和 MDS－18 型遥测仪。使用的可控震源型号有 M－12、M－18、KZ－20 等。

2. 主要采集方法

该盆地主要采用可控震源施工。

观测系统：道距 50 米，偏移距 100、125 米，最大炮检距 2450、3075 米，覆盖次数 24、60。接收因素：40～48 个检波器面积组合，组合面积 55 米×20 米。

震源参数：震次 3×8～4×8，扫描频率 12～8、14～56 赫，扫描长度 12 秒。

（三）完成工作量

1985～1997 年，物探局在潮水盆地共投入 8 个地震队年，完成二维地震测线 5199 公里，其中 12 次占 8%，24/30 次占 49%，60 次占 43%。历年完成任务情况见表 3－33。

六、敦煌盆地

该盆地地表为库木塔克沙漠及戈壁覆盖，最大沙丘高差在 200 米以上。该盆地地震勘探任务由三处、四处承担。

（一）勘探任务及队伍分布

1985 年，三公司 233 队在该盆地五墩凹陷开展地震方法试验，随后对该盆地进行概查。1994 年，四处 2109 队普查五墩凹陷。1996 年，物探局投入 3 个队（三处 2 个队、四处 1 个队）在普查安西坳陷基础上，对五墩凹陷有利局部构造部位进行详查。1997 年，三处 233 队对阿克赛坳陷开展概查。

（二）仪器设备及采集方法

1. 仪器设备

1985 年，使用 DFS－V 型数字仪。1994～1997 年，主要使用 SN－388 型和 OPSEIS 遥测仪。使用的可控震源有 M－18 型和 KZ－20 型。其他辅助设备均按塔里木盆地沙漠队标准配备。

2. 主要采集方法

为适应该区野外施工条件，每个队均进行井炮和可控震源作业。

观测系统：道距 40 米，覆盖次数以 60 次为主。

激发因素：沙漠区采用浅井组合，井数 11 口，井深 4 米，每井药量 1～2 公斤。

接收因素：36 个检波器面积组合，组合面积 36 米×40 米。

震源参数：震次 4×8，扫描频率 12～64 赫，扫描长度 12 秒。

（三）完成工作量

1985～1997 年，物探局在该盆地施工 4 个年度，共投入 6 个地震队年，完成二维地震测线 2730 公里，其中 30 次占 11.4%，60 次占 88.6%。各年完成任务情况见表 3－33。

七、巴彦浩特盆地

（一）勘探任务及队伍分布

从 1986 年开始，四处承担该盆地全部地震勘探任务。1986 年，投入 2 个队，在腾格里沙漠区进行方法试验，之后开展区域概查，完成 4 条区域剖面。1987 年，投入 2 个队，普查盆地北部图格力坳陷，提供区域探井井位。1988 年，投入 4 个队，普查伊和凹陷、木托凹陷及赛力克坳陷。1989 年，投入 4 个队，普查锡林凹陷、查干凹陷、图兰泰凹陷，以 2 公里×2 公里测网落实巴参 2 井构造，路线概查铺子和中卫重力低。1990 年，投入 2 个队，继续普查锡林凹陷。

（二）仪器设备及采集方法

1. 仪器设备

1986～1990 年，使用的数字仪类型有 SN－368、DFS－V、SN－388 和 SDZ 系列等型号。可控震源采用 MZ－12 型，其他辅助设备按小沙漠队标准配备。

2. 主要采集方法

观测系统：道距 50 米，覆盖次数 24、30、60。

激发因素：9～11 口井组合，井深 4 米，每井药量 1 公斤。

接收因素：36 个检波器面积组合，组合面积 50 米×20 米。

震源参数：震次 4×8，扫描频率 12～64 赫，扫描长度 12 秒。

为了保证地震剖面闭合，采取以下措施：①实测每个炮点和检波点高程（采用正倒镜重复观测）；②依据测量资料和地形图，绘制全区浮动基准面平面图；③依据小折射资料，绘制全区高速层顶面平面图；④绘制全区静校正量平面图。1990 年，此法在塔里木盆地大沙漠勘探中推广应用。

（三）完成工作量

1986～1990 年，物探局在巴彦浩特盆地共投入 14 个地震队年，完成二维地震测线 8830 公里，其中 24/30 次占 72%，60 次占 28%。历年完成任务情况见表 3－33。

八、银根—额济纳旗盆地

银根—额济纳旗盆地大部分为巴丹吉林沙漠覆盖，沙漠东、西两侧主要为戈壁滩。

（一）勘探任务及队伍分布

该盆地的地震勘探任务全部由四处承担。1987年，投入1个队，概查额济纳旗盆地西部地区。1988年，投入2个队，普查额济纳旗盆地哨马营凹陷和湖西新村凹陷。1991年，投入1个队，概查银根盆地南部坳陷。1993年，投入3个队，概查查干德日苏凹陷和尚丹凹陷。1994年，投入3个队，普查务桃亥坳陷湖西新村凹陷和居延海坳陷。1995年，投入2个队，详查居延海坳陷。1996～1997年，每年投入2个队，继续详查务桃亥和居延海坳陷。

（二）仪器设备及采集方法

1. 仪器设备

1987～1997年，前期使用的数字仪以SDZ－120、SN－348型为主，后期使用的数字仪有SK－1005、YKZ－480、OPSEIS、SYSTEMⅠ、MDS－18、SN－338等多种型号。使用的钻机类型有巴格、沙驼及MAN沙漠钻机，可控震源有M－18、KZ－20等型号。

2. 主要采集方法

基本同巴彦浩特盆地使用的采集方法一致。

（三）完成工作量

1987～1997年，物探局在银根—额济纳旗盆地共投入16个地震队年，完成二维地震测线14399公里，其中24/30次占73.5%，48/60次占26.5%。历年完成任务情况见表3－33。

九、雅布赖盆地

该盆地地形地表条件多变：南部及西部为沙漠覆盖；中部分布大面积盐池，是著名的雅布赖盐矿；东部多为砾石戈壁；盆地边缘有岩石出露。该盆地地震勘探任务全部由四处承担。

1987年，2255队使用SN－348型数字仪在该盆地进行区域概查。1990年，投入1个队使用SDZ－120道数字仪转入普查，在西部坳陷发现黑沙构造带。1995年，投入1个队使用DFS－Ⅴ型数字仪重点详查黑沙构造带，并对盐场凹陷开展普查。在沙漠区采用浅井组合激发，井数7～9口，井深4米，每井药量1公斤；在其他条件下采用单深井激发，井深18～27米，药量4～8公斤。在三年工作期间，物探局共投入3个地震队年，完成二维地震测1934公里。其中24/30次占62.4%，48/60次占37.6%。各年完成任务情况见表3－33。

十、三塘湖盆地和巴里坤盆地

该区主要为草原及戈壁滩覆盖。该区二维地震由四处承担，三维地震由一处承担。

（一）勘探任务及队伍分布

1992年，四处投入1个队，概查三塘湖盆地；1993年四处投入3个二维队，普查汉水泉凹陷及巴里坤盆地；一处1个三维队精查条湖凹陷北小湖构造。1994年，四处投入1个队，普查马朗和淖毛湖凹陷。

（二）仪器设备及采集方法

1. 仪器设备

1992年，使用DFS－Ⅴ型数字仪。1993～1994年，使用SN－368型数字仪及SYSTEMⅠ、Ⅱ型遥测仪。使用的可控震源型号有M－18型和KZ－20型。

2. 主要采集方法

(1) 二维采集方法基本同敦煌盆地所用方法。

(2) 三维采集方法。

观测系统：4L×6S×60，道距50米，覆盖次数30、60。

震源参数：震次4×8，扫频频率12～64赫，扫描长度12秒。

（三）完成工作量

1992～1994年，物探局在该区施工3个年度，共投入5个二维队年、1个三维队年，完成二维地震测线7195公里，其中30次占97.9%，60次占2.1%；三维勘探面积110平方公里。各年完成任务情况见表3－33。

十一、准噶尔盆地

1993年和1996年，四处2165队按天山勘探项目经理部要求分别在准噶尔盆地莫索湾地区和石南4井区开展三维地震勘探。该区位于古尔班通古特沙漠。该队使用OPSEIS－480道遥测仪、巴格钻机及D8N、D8R型推土机，其他辅助设备均按大沙漠队标准配备；采用以下采集方法。

观测系统：4L×6S×120，道距100米，覆盖次数60。

激发因素：浅井组合，井数11口，井深4米，每井药量2公斤。

接收因素：30个检波器面积组合。

物探局于1993年和1996年两个年度在准噶尔盆地投入2个三维队年，共完成三维勘探面积632平方公里，完成二维地震测线22公里。

十二、伊犁盆地

1994～1995年，二处235队按中原石油勘探局要求在伊犁盆地伊宁凹陷开展二维地震普查和详查。该区地表为砾石戈壁覆盖。该队使用SDZ－120道和240道数字仪和KZ－20型可控震源，采用以下采集方法。

观测系统：道距50米，覆盖次数30、60次。

接收因素：同准噶尔盆地。

震源参数：震次4×10，扫描频率12～48赫，扫描长度14秒。

1994～1995年，物探局在伊犁盆地投入2个队年，完成二维地震测线434公里，其中30次占78.1%，60次占21.9%。各年完成任务情况见表3－33。

十三、羌塘盆地

羌塘盆地属高原冻土及内陆湖盆地，气候高寒、空气缺氧，昼夜温差大（最高温度12℃、最低温度－46℃）；5～6月份为风季，最大风速达45米/秒。盆地平均海拔5000米以上，山岭与谷地相间分布，相对高差一般200～400米，有数座6000米以上孤峰；盆地内湖泊星罗棋布，面积30～100平方公里。

（一）勘探任务及队伍分布

1995年，四处投入2个队，概查盆地西部。1996年，投入2个队，概、普查吐波错凹陷和白滩湖凹陷，落实金星湖构造。1997年，投入2个队，概、普查万安湖—毕洛错地区，落实万安湖构造。

（二）仪器设备及采集方法

1. 仪器设备

1995年及1996年，2个队分别使用SK－1005－240道和SYSTEM I型遥测仪。1997年，2个队分别使用SYSTEM I及SYSTEM Ⅱ型遥测仪。

在此期间，每队均配备两套KZ－20型可控震源和沙驼钻机、沙漠车及其他辅助设备。

2. 主要采集方法

观测系统：道距40、50米（山地25米），覆盖次数60、120。

激发因素：单深井激发为主，井深12米、药量6公斤，浅井组合为辅，井数2口（或11口）、井深6米（或4米）、每井药量6公斤（或2公斤）。

接收因素：36～40个检波器面积组合。

震源参数：震次5×10，扫描频率12～64赫，扫描长度12秒。

（三）完成工作量

1995～1997年，物探局在羌塘盆地共投入6个地震队年，完成二维地震测线1880公里，其中60次占98.6%，120次占1.4%。历年完成任务情况见表3－33。

十四、柴达木盆地

1997年，四处2109队承接柴达木盆地涩东沼泽区普查任务。该队使用OPSEIS遥测仪、黑格隆履带车装钻机及运输车。所用采集因素见表3－32，完成二维地震测线717公里。

第九节　南方地区中小盆地地震资料采集

南方地区中小盆地包括广西南盘江坳陷、百色盆地、十万大山盆地和合浦盆地、广东三水盆地、海南福山凹陷、洞庭湖盆地、江西弋阳和吉安盆地。南方中小盆地地震地质条件各异：合浦、三水盆地多水网区；十万大山盆地山高路陡，石灰岩分布广泛；福山凹陷为丘陵，表层玄武岩分布广泛；弋阳和吉安盆地地表有火成岩或砾石分布。该区勘探任务全部由物探局地调二处承担。

一、勘探任务及队伍分布

1981年，投入3个队，概查南盘江坳陷田林地区和十万大山盆地东部。1982～1984年，每年投入3个队，普、详查田林地区和百色盆地田东凹陷、概查十万大山盆地东部及福山凹陷。1985年，投入2个队，详查田东凹陷，普查十万大山盆地东部。1986年，投入1个队，继续详查田东凹陷。1987～1991年，每年投入1个队普、详查合浦盆地。1989～1991年，每年投入1个队普、详查三水盆地。1992年，投入3个队，概查弋阳、吉安盆地和洞庭湖盆地沅江凹陷。1993年，投入4个队，普、详查弋阳、吉安及洞庭湖盆地。1995～1997年，每年投入1个队，普、详查福山凹陷。

二、仪器设备及采集方法

（一）仪器设备

1983年前，全部使用DZ－731型模拟地震仪。1984年，开始在百色盆地田东地区使用MDS－10型数字仪。1987年，开始使用DFS－V型数字仪。1988年，在合浦盆地使用国产SDZ－751型数字仪。1991年，在弋阳使用OPSEIS遥测仪。1997年，在福山凹陷使用SYSTEM Ⅱ遥测仪。

在水网区使用轻便人抬钻机，在岩石露头区使用车装701型和WT系列钻机，其他辅助设备基本同冀中地区。

（二）主要采集方法

观测系统：道距25、30、50米，覆盖次数12、30、120。

激发因素：井深12～25米，药量4～16公斤。

接收因素：24～30个检波器面积组合。

几个典型地区采用的采集因素见表3-34。

三、完成工作量

1981～1997年，物探局在中国南方9个小盆地共投入32个地震队年，完成二维地震测线3280公里，三维勘探面积161平方公里（详见表3-35）。

表3-34　1982～1997年物探局在南方中小盆地主要地区地震勘探采集因素一览表

工区	队号	仪器型号	道数	覆盖次数	道距（m）	炸药震源			检波器组合		仪器因素		年度
						井数	井深（m）	药量（kg）	型号	个数	前放（dB）	低截（Hz）	
百色	2201	DZ-731	48	12	50	1	15	8	68-1	24			1982
合浦	2201	OPSEIS	120	30	30	1	12	4	20DX	24	36	12	1991
福山	2162	SYS-Ⅱ	240	120	25	1	25	13～16	20DX	30	48	8	1997

表3-35　1981～1997年物探局完成南方地区中小盆地地震勘探工作量统计表

年度	地　区	施工队号（队数）	二维（km）					三维（km^2）
			6/12次	24/30次	48/60次	96/120次	合计	
1981	沙平、田林	2201、2202、2209（3）	105				105	
1982	百色	2201、2202、2209（3）	145				145	
1983	百色	2201、2202、2209（3）	104				104	
	百色	2201、2209（2）	154				154	
1984	福山	2162（1）		59			59	
	合计	3个队年	154	59			213	
1985	百色	2201、2209（2）	116				116	
1986	百色	2209（1）	26				26	
1987	合浦	2201（1）	20				20	
1988	合浦	2201（1）	154				154	
	合浦	2201（1）		441			441	
1989	三水	2220（1）		179			179	78
	合计	2个队年		620			620	78
	合浦	2201（）		476			476	
1990	三水	2220（1）						63
	合计	2个队年		476			476	63
	合浦	2201（1）		58			58	
1991	三水	2220（1）						20
	合计	2个队年		58			58	20
	弋阳	2201（1）		61			61	
1992	洞庭湖	2256、2220（2）		408			408	
	合计	3个队年		469			469	
	弋阳	2201（1）		175			175	
1993	洞庭湖	2256、2220（2）		304			304	
	合计	3个队年		479			479	
1995	福山	2201（1）				3	3	
1996	福山	2201（1）			218		218	
1997	福山	2162（1）				74	74	
总　计		32个队年	824	2161	218	77	3280	161

第四章　地震测井及物探测量

地震测井及物探测量是物探方法的重要组成部分。地震测井为地震勘探资料解释提供地层速度参数，物探测量为各种物探方法提供测线位置及测点高程数据。

第一节　地震测井

地震测井包括常规地震测井及垂直地震剖面法测井（VSP）两种。常规地震测井用于测量地层的速度；垂直地震剖面法测井（VSP）除了可测量地层的速度外，还可提供井附近的走廊叠加剖面用于常规水平叠加剖面的层位标定，以及提取其他信息。地震测井工作必须在已钻好的深井中进行。1988年以前，按石油部要求，每个探区所钻的每一口探井（包括参数井、预探井，开发井除外）均要进行地震测井。1988年后，常规地震测井逐渐为VSP所取代。

一、常规地震测井基本方法

（一）仪器设备

在地面地震中使用的光点地震仪、模拟磁带仪和数字仪均可用于地震测井，另要配备测井专用辅助设备。

（二）激发因素

炮井以探井为中心呈扇开排列，炮井距探井200～300米；炮井深度视潜水面深度和激发岩性而定（和地面地震工作要求一致）；药量一般采用0.5～1公斤，炮井深度大于10米，药量可适当加大，以得好初至时间为准。

（三）接收因素

将密封耐高压的测井专用检波器用电缆沉放在探井内。检波器沉放间距一般为50米。在目的层段，沉放间距要缩小。为节省炮次，井下可同时竖直沉放2～3个检波器，即一炮可接收多道，最多可接收6道。

二、VSP测井基本方法

80年代初，VSP技术开始在中国传播。80年代末，物探局地调二处和三处先后组成2517和2518VSP测井队，采用以下方法作业。

观测系统：以零井源距、单方位观测为主，垂直叠加次数1～5。

激发因素：（炮）井中、水中激发或可控震源激发均可，井中激发时所用参数与地面地震激发要求一致，沙漠区施工要在人工挖掘的水坑中激发，砾石戈壁区采用可控震源激发。

接收因素：将纵波或三分量纵横波专用测井检波器用电缆沉放在探井中，检波器沉放间距25～50米，为节省炮次，可同时竖直沉放3个检波器，即一炮同时接收3道。

仪器设备：地面地震所用的仪器均可，常用VSP测井检波器型号有WC－3G、Geolock－BLS和Geolock－H3等，电缆及其他辅助设备由油田测井部门提供。

1987年，2202队利用纵横波震源在二连盆地阿410井首次开展纵横波VSP测井。由于VSP测井技术不是单纯测井资料采集技术，还涉及处理和解释，所以VSP是一项综合技术。二处高希勤等人为在物探局推广应用VSP技术做出了重要贡献，为局起草了《垂直地震剖面法资料采集技术规范》。1989年，高希勤发表了“三分量VSP记录合成技术”论文；1990年后，高希勤等人先后研究了VSP波场分离、水平分量谐振、初至拾取精度、VSPCDP叠加、VSP观测系统设计及论证等一系列问题。

1989～1997年，物探局共完成VSP测井170口，其中二处完成99口，三处完成71口。1989年以前，因缺少记载，测井工作量无法统计。

第二节　物探测量

物探测量是配合各种物探（重力、磁力、电法、地震等）和化探工作而进行的测量工作。测准测线、测点的坐标是最基本的要求；对于地震、重力、磁力等勘探方法，还需测准炮点、检波点和观测点的高程，才能对勘探资料进行正确的校正，消除地形因素的影响。

1978年前，用于石油物探测量的主要设备是经纬仪、标尺和测绳。1979年，物探局引进了多普勒卫星定位仪；1982年9月，三处组建了石油系统第一个卫星定卫队，从此，石油物探测量工作进入新的发展阶段。1988年，物探局引进GPS定位技术；1993年，物探局研制成功GPS数据短波传输技术；1994年，物探局在塔里木盆地石油勘探中率先应用差分GPS定位（RTK）技术。这些新技术的应用为在各种复杂地形条件下开展高精度物探测量工作创造了条件。

一、机构与队伍

（一）机构

1973年建局初期，每个指挥部仅在勘探科内设有1～2个测量技术管理岗，每个地震队设有一个测量组，6～8人。1978后，由于相继引进一批测量新技术和新设备，各指挥部测量技术管理人员增加到4～6人，三指增至10人。1986年3月，二公司成立了测量服务中心。1994年1月及1996年9月，一处和四处分别成立测量大队和测绘中心，对全处测量工作和设备实行专业化管理。同时各地调处均设置测量副总工程师岗位。

（二）队伍

1973年建局初期，测量人员的构成来自两个方面：一是物探局前身六四六厂的测量人员，他们大多是50年代末和60年代西安石油学校测量专业的毕业生及60年代末武汉测绘学院的毕业生；二是国家测绘总局调入人员（1970年国家测绘总局撤销后，其下属地形二队整建制转入六四六厂和长庆会战指挥部四分部，1973年调给四分部的大部分人员也调入物探局），他们成为物探局测量队伍中的一支骨干力量。

1973～1980年，物探局测量队伍中只补充少数工农兵学员，而且有部分测量人员改行，从而造成测量技术人员缺乏的局面。为此，物探局采取多项措施，加强测量队伍的建设。

（1）向武汉测绘学院、武汉地质学院和华东石油学院等高等院校争取测量专业毕业生分配指标。1982～1997年，共有39名测量本科生、17名大专生分配到物探局。

（2）在局属物探学校设置工程测量专业。从1983年起，物探学校设置工程测量专业，每年招收一个班45人，并委托哈尔滨冶金测量高等专科学校代培。1987年，该专业扩招为两个班。从1994年起，该专业新学员由物探学校自行培养。1985～1997年，该校有203名中专生分配到物探局。

（3）委托武汉测绘科技大学办大专班。从1991年起，物探局委托武汉测绘科技大学举办测量大专班，至1997年，各地调处共选送150余名测量人员到武汉测绘科技大学测量大专班脱产学习两年，毕业后回原单位工作。

（4）举办各类短期培训班。1994～1997年，为适应国内外勘探市场投标的需要，物探局受总公司委托举办了7期高级测量员培训班，物探局选送学员150人。1996年10月，物探局在广西北海举办一期12天的物探测量新技术研讨班。1997年1月9日，物探局在涿州物探局干校举办一期23天的新仪器、新技术培训班，学员40人。1997年12月15日～1998年1月15日，举办了为期一个月的测量微机编程培训班，学员35人。

截至1997年底，全局测量职工总数为470人；其中大学本科生45人，占职工总数9.6%；大专生117人，占职工总数24.9%；中专生173人，占职工总数36.8%。

二、测量仪器更新与技术发展

物探局的测量仪器更新和技术发展大致经历三个阶段：1978年以前为第一阶段。物探局在物探测量中主要使用经纬仪。1978～1987年为第二阶段。1979年由国外引进5台MX－1502型多普勒卫星定位仪、1台HP－2108型计算机；1982年9月28日，三处组建石油系统第一个卫星定位队——421队。从此，物探局开始将高科技空间技术用于石油物探测量领域。1983年，随着中美塔里木合作勘探的开展，美国地球物理服务公司（GSI）带来了世界先进的测量技术，1830、1831和1832等大沙漠队均配备了MX－1502型多普勒卫星定位仪及K+E红外线测距仪、TI－59可编程序计算器和TI－770计算机等。与此同时，物探局也陆续从瑞士和日本引进了更加先进的红外测距仪（主要型号有DI4L、DI5S、DI1600、RED2A、RED2L），并陆续为地震队配备了PC－1500小型计算机。1985年，五处组建424卫星定位队。1988～1997年为第三阶段。1988年，物探局首次从美国引进6台GPS－4000SX卫星定位仪，率先在塔克拉玛干大沙漠中应用；从日本、瑞士引进TC系列全站仪。1989年，一、二、四处也分别组建卫星定位队（430、431和432队）。1989年后，物探局又分别从美国和瑞士引进4000S系列GPS定位仪和SR系列GPS定位仪。1994年，从美、法、加、瑞等国引进具有实时差分功能的卫星定位仪（RTK系列）。至1997年，物探局拥有各型全站仪429台，各型GPS定位仪423台。物探局的测量设备和技术水平在中国名列前茅。

由于各种先进测量仪器的广泛应用，物探测量工作方式也发生了明显的变化。90年代以前，各物探队施测导线的起、闭点，均以国家三角网为准，在施测导线时采用“半站仪”模式，费时费力；90年代以后，各地调处卫星定位队根据GPS定位资料为各物探队布设测量控制点，作为施测导线的起闭点，在施测导线时，采用全站仪，不仅能测距、测角，而且可进行各种计算，同时可将实测数据自动记录在PCMCIA卡上。

三、测量软件研制与开发

（一）SU2D等测量专用系列软件

1988年，各地调处陆续开始用微机代替PC－1500小型计算机处理物探测量资料。为统一优化物探测量软件，物探局于1991年1月3～8日在开封召开测量系列软件初审会；同年1月22～24日，在涿州召开物探测量专业软件鉴定会。根据会议审定结果，将三处编制的“太阳方位计算程序”、“坐标换带程序”，二处编制的“二维测量数据处理标准程序”和“常规三维测量数据处理标准程序”等4个软件，作为局颁标准在全局推广应用。

（二）SAAS 3.0和3.1地震测量数据处理系统

为适应物探工作对测量技术的要求，二处在SAAS 2.1版本软件中，增加了质量监控和坐标转换功能，形成3.0和3.1版本。该系统能够适应全球不同椭球体和投影的测量数据处理。该系统除在物探局及大庆、华北等油田推广使用外，还被巴基斯坦石油天然气开发公司购买使用。

（三）SWIFT软件

1990年，三处对由国外引进的陆地测量数据处理系统SWIFT软件，进行了二次开发。开发后的SWIFT软件，在国际招标和国内反承包中使用，并在部分油田推广和应用。

四、测量新技术推广

（一）建立物探局测量数据库

1992年以前，物探局各单位测量成果均以成果本的形式存档。1992年后，全局测量成果均记入软盘。1997年底，基本建成全局测量成果数据库。

（二）合作建立GPS定位网

从1988年开始，物探局与国家地震局等单位合作在全国建立4个GPS定位网：

（1）1988年5月3～31日，三处与国家地震局第一地形变监测中心合作建成京、津、唐GPS地震形变监测网。这是GPS技术首次在中国应用获得成功。5月30日晨，中央人民广播电台《新闻与报纸摘要》节目中对此作了报道。

（2）1988年10月16日～12月5日，三处与武汉测绘科技大学合作布设了中国大陆架GPS卫星定位网。该网南起海南岛，北到辽宁，跨越10个省、市、自治区，布设了52个GPS卫星定位点。1988年12月8日，中央电视台晚间新闻联播节目中对此进行了详细报道。

（3）1988年2～3月，三处与武汉测绘科技大学合作，布设了深圳市GPS定位网。

（4）1990年10月，四处和武汉测绘科技大学、海口市城市规划勘测院合作，历时20天，布设了海口市GPS控制网（共布设33个点），对海口市城市规划、旧城改造起到了重要作用。

（三）GPS网平差技术

1993年，三处将武汉测绘科技大学研制的GPS网平差软件（GPSAD12.0版本）用于塔里木盆地提尔根三维工区，使得GPS网中各点的平面坐标及高程误差均在厘米级范围以内。

（四）差分GPS定位技术（DGPS）

差分GPS定位技术分为事后差分和实时差分两种，物探测量中广泛使用的是实时差分技术。1994年，物探局在ESSO公司塔里木区块反承包中使用了差分GPS定位（RTK）技术。至1997年，全局具备RTK功能的GPS接收机200余台，野外地震测量施工中80%的工作量用RTK技术完成。GPS事后差分定位技术在物探局也得到应用。1995年，物探局从美国引进具有事后差分功能的GPS接收机30台，在藏北羌塘盆地的重力勘探中发挥了很大作用。

（五）测量质量管理

60年代至70年代末，物探局及其前身地震队年平均工作量只有156.2公里，测量工作量也相对较少，测量质量管理上的问题尚未突显出来。1980年后，地震队年平均工作量迅速增加，1990年达到782公里。测量工作量日益加大，地震队中的测量工作不断发现违反操作规程和技术规定的现象。从1992年起，物探局强化了物探测量工作的管理。1993年，物探局颁发了《石油物探测量》标准，各地调处成立了测量验收组。1994年，物探局颁发了《石油物探测量卫星定位（GPS）测量规范》和《GPS接收机的使用和维护》。1995年，物探局颁发了《GPS数据短波传输操作规程》，同时在全局全面推行全站仪磁卡自动记录等新技术。1996～1997年，物探局颁发了《全站仪的使用和维护》和《石油物探全球定位系统（GPS）动态测量技术规范》两个标准。上述标准均被总公司列入石油测量行业标准。

附表 3-1 1971～1997 年物探局及其前身地震采集质量评价表

年度	二维						三维					
	工作量（km）	总张数（炮）	一级品（炮）	一级率（%）	废品（炮）	废品率（%）	工作量（km^2）	总张数（炮）	一级品（炮）	一级率（%）	废品（炮）	废品率（%）
1971	2797	9323	6571	70.48								
1972	4511	19565	17081	87.30	358	1.83						
1973	7109	44494	39116	87.91	709	1.59						
1974	8473	67624	55707	82.38	1045	1.55						
1975	9125	74388	60096	80.79	1485	2.00						
1976	9528	83296	70849	85.06	657	0.79						
1977	11732	108052	61073	56.52	1565	1.45						
1978	20115	204836	89840	43.86	1755	0.86						
1979	12247	139216	64596	46.40	1287	0.92						
1980	9414	148355	79465	53.56	1737	1.17						
1981	12491	198136	91667	46.26	2168	1.09						
1982	19924	265058	143966	54.31	1996	0.75	51	5033				
1983	26784	378080	204253	54.02	2552	0.67	110	8646	503	5.82		
1984	28309	429906	215725	50.18	2024	0.47	131	10506	4189	39.87		
1985	28582	481949	248550	51.57	2110	0.44	119	8621	6450	74.82		
1986	26244	423817	245263	57.87	1801	0.42	226	11269	4430	39.31	87	0.77
1987	27308	387586	274735	70.88	1767	0.46	145	11193	9400	83.98	21	0.19
1988	27409	371365	272330	73.33	1450	0.39	800	81512	63125	77.44	176	0.22
1989	27275	343432	259967	75.70	854	0.25	1258	109130	83418	76.44	351	0.32
1990	29583	382299	299856	78.43	899	0.24	1643	126089	96812	76.78	308	0.24
1991	31558	452352	347502	76.82	1433	0.32	1484	153810	123673	80.41	173	0.11
1992	33042	464604	361166	77.74	1074	0.23	1443	130748	104088	79.61	232	0.18
1993	45171	540218	435251	80.57	925	0.17	1171	89118	73604	82.59	36	0.04
1994	36361	426763	352153	82.52	536	0.13	2358	165576	139548	84.28	176	0.11
1995	29520	500664	455529	90.98	424	0.08	1693	121137	105194	86.84	137	0.11
1996	31433	523851	462034	88.20	463	0.09	1747	111837	100891	90.21	116	0.10
1997	27037	463640	420795	90.76	986	0.21	1852	134728	123328	91.54	192	0.14
合计	583082	7932869	5635136	71.04	34060	0.43	16231	1278953	1038653	81.21	2005	0.16

注：1971 年以前缺质量评价资料。1995～1997 年工作量含国外勘探工作量（见附表 3-3 注）。

附表 3-2 1961～1970 年物探局前身完成地震勘探工作量统计表

年 度	合 计	松辽地震会战前指	六 四 六 厂
	二维（km）	二维（km）	二维（km）
1961	4071	4071	
1962	9808	9808	
1963	5600	5600	
1964	11535		11535
1965	14531		14531
1966	17914		17914

续表

年　度	合　计	松辽地震会战前指	六四六厂
	二维（km）	二维（km）	二维（km）
1967	10125		10125
1968	14179		14179
1969	14147		14147
1970	2104		2104
合　计	104014	19479	84535

注：见表 3-1 注。

附表 3-3　1971～1997 年物探局及其前身各单位完成地震勘探工作量统计表

年　度	全　局		地调一处		地调二处		地调三处		地调四处	
	二维（km）	三维（km^2）	二维（km）	三维（km^2）	二维（km）	三维（km^2）	二维（km）	三维（km^2）	二维（km）	三维（km^2）
1971	2797		2136		661					
1972	4511		3167		1344					
1973	7109		4131		2978					
1974	8473		4765		3708					
1975	9125		4861		4264					
1976	9528		5227		4301					
1977	11732		7096		4636					
1978	20115		5702		7217		2829		4367	
1979	12247		2128		3961		3471		2687	
1980	9414		2372		3621		1397		2024	
1981	12491	13	2773		4292		2858		2568	13
1982	19924	51	3660		6376	51	4750		5138	
1983	26784	110	4870		6961	110	5702		9251	
1984	28309	131	5348	18	6770	113	6427		9764	
1985	28582	119	5256	66	7144	32	6790		9392	21
1986	26244	226	5134	66	6454	44	7266		7390	116
1987	27308	145	5938	47	5836	60	7949		7585	38
1988	27409	800	6150	299	7119	138	8232	43	5908	320
1989	27275	1258	5866	434	6823	245	8362	311	6224	268
1990	29583	1643	7228	335	9030	624	7360	417	5965	267
1991	31558	1484	6376	608	8447	535	11439		5296	341
1992	33042	1443	6397	770	8930	172	11012		6703	501
1993	45171	1171	8945	499	11432		12211		12583	672
1994	36361	2358	6887	986	9304	565	10908	294	9262	513
1995	29520	1693	6862	330	6948	497	6952	629	8758	237
1996	31433	1747	6745	437	6594	563	10528	254	7566	493
1997	27037	1852	5715	606	7097	385	6572	726	7653	135
总计	583082	16247	141735	5501	162248	4134	143015	2674	136084	3935

注：全局二维工作量中包含完成国外工作量 2402 公里，其中 1995 年为 1264 公里，1996 年为 119 公里，1997 年为 1019 公里；全局三维工作量中包含完成国外工作量 584 平方公里（1995～1997 年）。

附表 3－4　1961～1997 年物探局及其前身在各盆地采用不同类型仪器完成地震勘探工作量统计表

盆地（地区）		二维（km）				三维
		光　点	模　拟	数　字	合　计	（km²）
松辽盆地		19479（61）		13386（40）	32865（101）	966（13）
渤海湾盆地		77854（224）	78942（355）	58127（298）	214923（877）	2730（49）
其中	下辽河坳陷	1460（9）	842（10）	2113（10）	4415（29）	528（7）
	黄骅坳陷	7794（28）	982（7）	558（4）	9334（39）	117（3）
	冀中坳陷	12801（65）	45549（244）	43449（213）	101799（522）	1610（30）
	济阳坳陷	19313（48）	186（1）	739（8）	20238（57）	76（2）
	临清坳陷		25857（87）	11268（63）	37125（150）	399（7）
	渤海海域	29631（21）	5526（6）		35157（27）	
	京津天然地震	6855（53）			6855（53）	
塔里木盆地			6161（54）	207617（284）	213778（338）	7480（33）
二连盆地			4752（26）	75164（129）	79916（155）	2014（12）
陕甘宁盆地				28815（39）	28815（39）	
吐哈盆地				32709（55）	32709（55）	1527（16）
东部地区中小盆地			20378（112）	11960（60）	32338（172）	
西部地区中小盆地			611（14）	45240（73）	45851（87）	782（4）
南方中小盆地			740（21）	2759（18）	3499（39）	161（3）
总　计		97333（285）	111584（582）	475777（996）	684694（1863）	15660（130）

注：括号内数字为地震队施工队年数。表中总计二维队年数 1863＝1600（实投入二维队数）＋263（地区重复统计数）；三维队年数 130＝122（实投入三维队年数）＋8（地区重复统计数）；实投入地震队年数＝1600（实投入二维队年数）＋122（实投入三维队年数）－57（二维、三维重复统计数）＝1665。

附表 3－5　1961～1997 年物探局及其前身在各盆地采用不同覆盖次数完成地震勘探工作量统计表

盆地（地区）		地震队队年	二维（km）						三维
			单 次	6/12 次	24/30 次	48/60 次	≥96/120 次	合 计	（km²）
松辽盆地		110	19479		13113	273		32865	966
渤海湾盆地		903	90819	66298	56865	941		214923	2730
其中	下辽河坳陷	36	1328	720	2028	85		4161	528
	黄骅坳陷	42	10473		454	104		11031	117
	冀中坳陷	532	17525	41815	40889	145		100374	1610
	济阳坳陷	58	19118	124	17	598		19857	76
	临清坳陷	155		23639	13477	9		37125	399
	渤海海域	27	35520					35520	
	京津天然地震	53	6855					6855	
塔里木盆地		356		13473	44044	117841	38420	213778	7480
二连盆地		161		41856	37937	123		79916	2014
陕甘宁盆地		39			24155	4660		28815	
吐哈盆地		60		684	20555	9935	1535	32709	1527
东部地区中小盆地		176	352	19005	12734	186	61	32338	
西部地区中小盆地		90		1135	29724	14966	26	45851	782
南方中小盆地		41		1043	2161	218	77	3499	161
总 计		1936	110650	143494	241288	149143	40119	684694	15660

注：表中地震队总数为按地区统计的二维队年及三维队年之和，其中重复统计的有 271 个队年，故实际投入的地震队年总数为 1665 个。

附表 3－6　1961～1980 年物探局及其前身完成各盆地地震勘探工作量统计表

km

年度	总工作量	松辽盆地	渤海湾盆地									塔里本盆地	二连盆地	南华北盆地及周边	西部中小盆地	南方中小盆地
			小计	下辽河坳陷	黄骅坳陷	冀中坳陷	济阳坳陷	临清坳陷	东濮凹陷	渤海海域	天然地震区					
1961	4071(11)	4071(11)														
1962	9808(25)	9808(25)														
1963	5600(25)	5600(25)														
1964	11535(32)		11535(32)	572(2)	2361(8)	943(3)	7659(19)									
1965	14531(38)		14531(38)		1585(6)	2054(8)	8570(19)			2322(5)						
1966	17914(47)		17914(47)		3606(12)	3835(13)	3270(11)			5824(7)	1379(4)					
1967	10125(23)		10125(23)			1438(13)				8394(6)	293(4)					
1968	14179(42)		14179(42)	228(4)	221(5)	1304(13)				11903(5)	523(15)					
1969	14147(45)		14147(45)	782(4)		3460(22)				6714(4)	3191(15)					
1970	2104(20)		2104(20)			635(5)					1469(15)					
1971	2797(14)		2136(10)		1003(4)	1133(6)								661(4)		
小计	106811(322)	19479(61)	86671(257)	1582(10)	8776(35)	14802(83)	19499(49)			35157(27)	6855(53)			661(4)		
1972	4511(31)		3167(21)			3167(21)								1344(10)		
1973	7109(48)		4131(35)			4131(33)			(2)					2978(13)		
1974	8473(40)		6163(30)			4765(25)			1398(5)					2310(10)		
1975	9125(50)		7707(38)	220(5)		4517(23)	124(2)		2846(8)					1166(7)	252(5)	
1976	9528(48)		7709(35)	500(4)		4471(23)			2738(8)					1563(7)	256(6)	
1977	11732(46)		10005(35)			5542(22)		2701(5)	1762(8)					1527(7)	200(4)	

续表

年度	总工作量	松辽盆地	渤海湾盆地								塔里木盆地	二连盆地	南华北盆地及周边	西部中小盆地	南方中小盆地
			小计	下辽河坳陷	黄骅坳陷	冀中坳陷	济阳坳陷	临清坳陷 东濮凹陷	渤海海域	天然地震区					
1978	20115(75)		17002(45)			10406(31)		4470(9) 2126(5)			555(10)	328(6)	2187(11)		43(3)
1979	12247(75)		8484(43)			4953(29)		1144(7) 2387(7)			2340(17)	445(5)	897(7)		81(3)
1980	9414(67)		5993(32)			3873(22)		391(3) 1729(7)			1397(19)	523(5)	1406(8)		95(3)
小计	92254(480)		70361(314)	720(9)		45825(229)	124(2)	8706(24) 14986(50)			4292(46)	1296(16)	15378(80)	708(15)	219(9)

附表 3-7 1981～1997 年物探局完成各盆地地震勘探工作量统计表

年度	施工方法	单位	总工作量	松辽盆地	渤海湾盆地						塔里木盆地	二连盆地	陕甘宁盆地	吐哈盆地	东部中小盆地	西部中小盆地	南方中小盆地
					小计	下辽河坳陷	黄骅坳陷	冀中坳陷	济阳坳陷	临清坳陷							
1981	二维	km	12491(74)		5786(33)			3441(22)		2345(11)	2858(16)	1904(10)			1838(12)		105(3)
	三维	km^2	13(1)		13(1)		13(1)										
1982	二维	km	19924(84)		5058(32)	643(2)		2418(18)		1997(12)	4750(16)	8566(24)			1405(9)		145(3)
	三维	km^2	51(1)		51(1)					51(1)							
1983	二维	km	26784(87)		6688(36)	703(2)		3740(20)		2245(14)	5385(14)	13131(25)		317(1)	1159(8)		104(3)
	三维	km^2	110(1)		110(1)					110(1)							
1984	二维	km	28309(89)		7926(42)	511(4)		5403(28)		2012(10)	5609(12)	12943(24)		818(2)	800(6)		213(3)
	三维	km^2	131(2)		131(2)			18(1)		113(1)							

续表

年度	施工方法	单位	总工作量	松辽盆地	渤海湾盆地						塔里本盆地	二连盆地	陕甘宁盆地	吐哈盆地	东部中小盆地	西部中小盆地	南方中小盆地
					小计	下辽河坳陷	黄骅坳陷	冀中坳陷	济阳坳陷	临清坳陷							
1985	二维	km	28582(76)	170(2)	6538(31)	256(2)		4696(19)	227(2)	1359(8)	4991(8)	14144(23)		502(1)	216(2)	1905(7)	116(2)
	三维	km^2	119(3)		119(3)	87(2)			32(1)								
1986	二维	km	26244(67)	1503(6)	5660(30)			3681(17)	388(4)	1591(9)	5388(8)	6903(7)	2103(4)	1878(3)	650(4)	2133(4)	26(1)
	三维	km^2	226(3)		226(3)	182(2)			44(1)								
1987	二维	km	27308(61)	1805(6)	4364(22)			3301(14)		1063(8)	5117(7)	3715(6)	3603(3)	2832(4)	1598(6)	4254(6)	20(1)
	三维	km^2	145(3)		107(2)	47(1)		60(1)				38(1)					
1988	二维	km	27409(62)	1518(5)	3577(20)			2756(16)		821(4)	5268(7)	90(2)	7531(9)	2964(4)	1841(7)	4466(7)	154(1)
	三维	km^2	800(13)	150(3)	333(7)	149(1)	40(1)	113(4)		31(1)	43(1)	274(2)					
1989	二维	km	27275(52)	1419(5)	3527(13)			3527(13)			8284(10)	2266(3)	3121(2)	3121(4)	1753(8)	3164(5)	620(2)
	三维	km^2	1258(15)	371(4)	324(8)	63(1)	35(1)	161(4)		65(2)	311(1)	174(1)					78(1)
1990	二维	km	29583(55)	1723(4)	3394(16)			3394(16)			14668(17)	2269(3)	1512(2)	2431(3)	735(5)	2375(4)	476(1)
	三维	km^2	1643(17)	262(3)	358(8)			329(7)		29(1)	718(3)	222(1)		20(1)			63(1)
1991	二维	km	31558(59)	1823(4)	2573(13)		317(2)	2256(11)			19262(22)	924(1)	2591(4)	2487(7)	938(5)	902(2)	58(1)
	三维	km^2	1484(13)	122(2)	411(5)			411(5)			543(2)	224(2)		164(2)			20(1)
1992	二维	km	33042(56)	1649(3)	1365(8)		102(1)	1263(7)			19877(23)	1316(2)	2761(4)	3289(5)	1432(6)	884(2)	469(3)
	三维	km^2	1443(12)	61(1)	473(6)		42(1)	431(5)			305(1)	371(2)		233(2)			

续表

年度	施工方法	单位	总工作量	松辽盆地	渤海湾盆地						塔里木盆地	二连盆地	陕甘宁盆地	吐哈盆地	东部中小盆地	西部中小盆地	南方中小盆地
					小计	下辽河坳陷	黄骅坳陷	冀中坳陷	济阳坳陷	临清坳陷							
1993	二维	km	45171(58)	1017(3)	502(4)			502(4)			25453(26)	1627(1)	2841(4)	3599(6)	1122(5)	8531(6)	479(3)
	三维	km²	1171(7)		10(1)			10(1)			231(1)	316(1)		158(1)		456(3)	
1994	二维	km	36361(46)		133(1)			133(1)			23688(26)	4409(3)	801(2)	2600(5)	605(3)	4125(6)	
	三维	km²	2358(14)								1665(9)	395(2)		298(3)			
1995	二维	km	28256(41)								18520(25)	3795(3)	741(2)	1493(2)	385(2)	3319(6)	3(1)
	三维	km²	1590(9)								1278(6)			312(3)			
1996	二维	km	31314(49)								21766(28)	618(2)	322(1)	2715(4)	292(3)	5383(10)	218(1)
	三维	km²	1485(7)								940(4)			219(2)		326(1)	
1997	二维	km	26018(45)	759(2)	139(1)		139(1)				18602(27)		888(2)	1663(4)	191(1)	3702(7)	74(1)
	三维	km²	1633(8)		64(1)			64(1)			1446(5)			123(2)			
合计	二维	km	485629 (1061)	13386 (40)	57230 (302)	2113 (10)	558 (4)	40511 (206)	615 (6)	13433 (76)	209486 (292)	78620 (139)	28815 (39)	32709 (55)	16960 (92)	45143 (72)	3280 (30)
	三维	km²	15660 (130)	966 (13)	2730 (49)	528 (7)	117 (3)	1610 (30)	76 (2)	399 (7)	7480 (33)	2014 (12)		1527 (16)		782 (4)	161 (3)

第四篇

地震资料处理

综 述

地震资料处理的作用是将野外地震勘探采集的地震数据，通过模拟回放仪或计算机进行多种处理，形成地震剖面和其他处理成果，供解释人员进行地震地质解释。现代地震资料处理已经成为刻画地下地质结构不可缺少的手段。

地震资料处理分为模拟回放和数字处理两个阶段。模拟回放是对野外模拟磁带记录采用多种处理手段进行回放处理，获得地震时间剖面；数字处理是对野外模拟磁带记录或数字记录采用计算机进行数字处理，获得地震时间剖面和其他处理成果。

1973 年 7 月，物探局成立计算中心站，该站是中国第一个从事物探资料数字处理的计算站。计算站采用国产百万次计算机——DJS－11 机（150 机）和国产软件进行资料处理。同年年底处理出第一批模拟采集的数字剖面。自此，中国地震勘探步入了数字处理时代，资料处理作为一个行业开始形成。1974 年 4 月 2 日，又处理出第一条在海上用数字地震仪采集的地震剖面（南海Ⅱ测线），被誉为“争气剖面”。

1978 年 3 月 17 日，物探局成立研究院，计算中心站也逐渐演变成地震数据处理中心。地震资料处理采用 DJS－11 计算机和 CYBER 1724 计算机系统进行生产。1983 年后，研究院先后租赁和购置了 IBM 大型计算机系统。1987 年 2 月，国产银河亿次计算机系统投产。1993 年，研究院软件公司开发研制出 GRISYS 地震资料现场处理系统和工作站处理系统等。该软件为国内具有独立版权的地震资料处理软件系统。该软件在全国石油系统推广后，获得广泛好评。1995 年，研究院处理中心配置了 IBM SP2 并行机处理系统。1997 年后，该系统达到 80 个 CPU，使处理能力进一步提高。

1980 年，二指和三指分别建立计算站；随后，一指和四指也建立了计算站；1992 年，库尔勒研究中心计算站成立。这些计算站分别采用 RDS 500、COMMAND － Ⅲ、TIMAP 和 PE3280E 及 DEC ALPHA工作站等计算机系统进行资料处理。

在物探局所属的计算站中，研究院资料处理在机构设置、设备配置、处理技术水平及处理能力等方面均列首位，它是亚洲最大的地震资料处理中心。二处和库尔勒研究中心计算站也具备较强的资料处理实力。

1973 年以后，物探局的资料处理技术在石油部或中国石油天然气总公司领导的关怀下，得到了突飞猛进的发展。资料处理方法和软件从计算中心站时期的 B 程序的几个功能模块，至 1997 已发展到数百个模块，具备处理各种复杂条件下的二维和三维地震资料的能力，并拥有 VSP 和多项特殊处理功能。其中研究院独立开发的静校正、反褶积、去噪和偏移等项技术处于国内领先水平。1992 年，研究院自行研制的全三维处理程序投入使用。

研究院除承担局内采集的地震资料处理任务外，还为大庆、辽河、渤海、大港、华北、安徽、玉门、吐哈、塔里木、青海、滇黔桂、西藏、南海等区域的石油、地矿、煤炭等系统的 130 余家处理了大量的地震资料。从 1980 年开始，先后处理了法国、美国、英国和新西兰等外国石油公司在中国承包采集的海上和陆上地震勘探资料，并为巴基斯坦、缅甸、秘鲁、苏联等国家处理了二维和三维地震资料。

第一章 模拟回放

为迅速提高中国物探技术水平，遵照石油部指示，1965 年 4 月，六四六厂委派张占魁、于锡胜等人赴法国 CGG 公司和 Sercel 公司考察模拟磁带地震勘探设备。同年从 CGG 公司购置了两台 CS－621 型模拟回放仪和 13 台野外模拟磁带地震仪。从此，中国地震勘探由光点技术进入模拟磁带技术阶段。1969 年，西安石油仪器厂先后研制出的 DZ 型回放仪陆续在六四六厂投入使用。

1966 年 7 月，六四六厂研究大队建立回放站。1971～1972 年，六四六厂参加陕甘宁石油勘探会战及在华北地区施工的地震队，均按大队或处配置了回放仪，建立了回放站。1971～1975年，全局（厂）各回放站共计回放了模拟磁带地震记录19.9万张，获得地震剖面2.85万公里，工区涉及冀中、东濮和安徽等地区（不含陕甘宁会战工作量）。

模拟磁带地震技术不仅可以对一次采集的信息使用多种回放手段进行多次回放处理，压制干扰波、突出有效波，而且可以将多次覆盖观测记录处理成水平叠加剖面。随着计算机的发展，模拟磁带记录可通过模数转换仪转换成数字记录，由计算机进行再处理。

第一节 回放机构及队伍

一、六四六厂研究大队回放站

1966年7月，六四六厂研究大队使用1台CS－621型回放仪成立了回放站，有员工12人。回放站分操作和技术支持两个组。1969年12月，1台DZ－664型回放仪在研究大队回放站投入使用。回放站分为两个组，分别承担两类回放仪的处理工作。回放站人员最多时达到30余人。1971年12月，研究大队回放站整建制划归勘探一团。1973年，研究所重建回放组，使用DZ－712型多鼓回放仪。

二、六四六厂海洋大队（一大队）回放组

1965年8月，两台CGG－59型地震仪验收后安排在海洋大队240和221深海地震队进行试生产，随即成立回放组。这两台CGG－59型仪器除完成采集任务外，回放组还利用该仪器提供经过动校正处理的单次剖面。1967年初，六四六厂将1台CGG－UL型模拟地震仪与地质部对换1台CGG－59型地震仪，配给海洋大队回放组，专门用于回放工作。

三、六四六厂陕甘宁勘探指挥部回放站

1969年9月，六四六厂两个地震大队参加陕甘宁石油勘探会战。1970年，六四六厂委派崔鲁南等人携带1台CS－621型回放仪至西安石油学院组建陕甘宁勘探指挥部回放站。回放站由15人组成，年处理地震资料能力约1000公里。

1971年，六四六厂参战队伍编为长庆油田会战指挥部四分部，下设三十一、三十二、三十三、三十四团。1971年底，各勘探团先后配置了国产DZ－664型和DZ－702型回放仪，各自成立了回放站。西安回放站人员分配到各勘探团的回放站。崔鲁南等人携带CS－621型回放仪返回六四六厂研究大队回放站。

1973年2月，长庆油田四分部三十四团的5个地震队调往大庆油田，该团剩余地震队及三十二团队伍调回六四六厂，所属回放站随团调动。

1976年6月，长庆油田地调指挥部华北前线指挥部组成华北石油地震会战第三指挥部（简称三指），下辖3个大队、19个地震队。会战期间的资料处理工作由物探局计算中心站承担。此时，各大队回放仪封存，回放人员集中组成三指资料处理组。

四、第一指挥部回放站

1971年12月，六四六厂勘探一团成立。原属研究大队的回放站整建制划归勘探一团。

1973年2月，参加长庆油田会战的三十二团调回六四六厂与勘探一团合并，组建勘探第一指挥部，下辖一、二、三大队。7月改为物探局第一指挥部（简称一指）。一大队回放站由原三十二团回放站组成，站址设在河北省永清县城，全站员工10余人，使用两台DZ－664型回放仪处理资料。原勘探一团回放站划分为二大队回放站和三大队回放站，站址仍在河北徐水县六四六厂大院。二大队回放站使用1台CS－621型回放仪和2台DZ－664型回放仪，全站员工15人左右。三大队回放站使用1台DZ－664型回放仪和1台DZ－702型回放仪，全站员工10余人。这个时期一指各大队回放站均设两个组，即回放组和质量监控组。回放组负责提供回放参数、上机操作及设备维护。质量监控组负责分析资料和对回放成果进行质量监控。

1975年12月25日，经物探局勘探处与计算中心站、一指三方商定，原一指3个大队的资料处理任务由计算中心站承担，各回放站所属人员组成一指处理组参加资料处理会战。CS－621型回放仪除留原地用于录制模拟地震仪的标准磁带（检查地震仪器和回放仪磁头轨迹）外，其他回放仪停机封存。至此，一指各回放站的模拟回放工作基本结束。

五、第二指挥部回放站

1969年，六四六厂委派孙作屏组建二大队回放站，使用1台DZ－664型回放仪。1971年12月，在二大队回放站基础上组建勘探二团回放站，有3台DZ－664型回放仪，全站员工30人。1972年，该站为朝鲜处理了地震资料。1973年2月，参加陕甘宁石油会战的三十四团部分队伍调回六四六厂，划归勘探二团，随团调入的回放设备和人员并入勘探二团回放站。同年7月，二团回放站更名为物探局第二指挥部回放站。回放站使用4台DZ－664型回放仪。全站员工40余人，组成5个回放组和1个质量监控组。

1976年以后，二指开始在物探局计算中心站处理部分地震资料。1978年，成立二指处理组，长驻物探局研究院，从此终止二指回放站模拟回放工作。

第二节 回 放 仪

1966～1973年6月，六四六厂各回放站先后配置了CS－621、DZ－662、DZ－664、DZ－702等型号的回放仪。全厂共有各类回放仪21台，其中CS－621型1台，DZ－662和DZ－664型14台，DZ－702型1台，DZ－712型2台，CGG－59型地震仪3台。

一、CS－621型回放仪

CS－621型回放仪是法国CGG公司产品。该回放仪由主体和几个附件组成。主体部分有9个鼓：回放鼓2个，校正鼓4个，剖面、转录和监视鼓各1个。主体部分可进行校正、转录、回放，3次覆盖转录叠加、12道以内的组合等。附件部分有延迟线、加权器和向量剖面仪等3部分。显示方式有3种：光点记录、变面积记录和变密度记录。

二、DZ型回放仪

DZ型磁带回放仪是西安石油仪器厂1969年后陆续推出的系列产品，包括DZ－662、DZ－664、DZ－702、DZ－712等4种型号。

（一）DZ－664型回放仪

DZ－664型回放仪由记录系统、控制箱、右机柜、程序箱、左机柜和交直流电源等6部分组成。记录系统包括1个纸鼓、1个剖面鼓、3个磁鼓、1个延迟鼓、1个函数发生器及记录笔头和照相光盒等。控制箱包括标准信号发生器、叠加调制器、校正调制器、触发延迟器及电源控制开关等。右机柜包括宽频带放大器、动校正电源及电子放大器等。程序箱有617个插头心的程序板，可通过不同插接，排成不同的工作方式，适应各种回放手段的工作。左机柜包括笔尖功率放大器、同步电机及伺服电机的电源。DZ－664回放仪一次可完成3次叠加记录的处理。

（二）DZ－702型及其他DZ型号回放仪

DZ－702型回放仪是DZ－664型回放仪的改进产品，主要改进有：为提高回放剖面的精度增大了剖面鼓的鼓径；增加鼓倒转功能，扩大了动校正量范围；可实现组合－校正－录，或组合－校正－放两种方法任选，且组合和校正可以同时进行，提高了回放效率；增加了加权组合，最大混波比不再受50%的限制。

DZ－712型回放仪为多鼓回放仪，主要改进是回放鼓由4个增加到7个，从而可以一次完成6次叠加记录的处理。

第三节 回放技术及回放工作

一、回放技术

模拟磁带技术的突出特点是野外采集记录频带较宽，信息丰富，可以通过回放再处理，形成地震时间剖面。模拟回放技术主要包括提高信噪比、动静校正和水平叠加等3个方面。

（1）提高信噪比技术。包括滤波、组合和混波。滤波是利用地震反射波与干扰波的频谱差异，消除低频面波、微振和随机干扰波；组合是对滤波手段的补充，可消除和压制与有效波频率相近、波速有差异的干扰波；混波是将相邻道的地震信号按比例相加。上述3种方法均能够压制干扰波，突出有效波，达到提高回放记录质量的目的。

（2）动静校正技术。动静校正技术主要用于消除共炮点道集或共反射点道集的正常时差，形成单次时间剖面和多次水平叠加剖面。静校正技术主要用于消除井深、地形及低降速变化对反射波旅行时间的影响，力求时间剖面能够正确反映地下构造形态。CS－621型回放仪动校正量为0～500毫秒，最大静校正量为±250毫秒。DZ－664回放仪最大动校正量为250毫秒，最大静校正量为±100毫秒。DZ－702回放仪最大动校正量可达350毫秒，最大静校正量为±100毫秒。

（3）水平叠加技术。DZ－664型回放仪原先仅能够一次完成3次水平叠加处理。1971年，六四六厂勘探二团孙作屏对该回放仪电子线路和程序进行了改造，利用3个磁鼓也能完成6次水平叠加处理。1971年底，勘探二团傅同庆通过改变操作程序，变多次装卸磁带（至少3次）、多次对爆炸信号为一次装卸磁带、一次对爆炸信号，不仅提高工效3倍，而且提高了处理质量。1973年2月，傅同庆与徐钰合作，实现变单鼓转录为双鼓转录，提高工效2倍。DZ－702型多鼓回放仪一次可进行6次水平叠加处理。

二、回放工作

1967～1971年，模拟回放投产初期野外采集多采用简单连续观测系统进行施工。这个时期，模拟回放的主要任务是将单炮记录经过滤波、混波等手段处理后，显示在相纸上供地震资料解释使用；或将单炮记录经过滤波、混波、动静校正后按序排列在一起，形成时间剖面。1972年以后，随着多次覆盖技术推广应用，模拟回放主要承担模拟地震仪各种覆盖次数观测资料的水平叠加处理。多次叠加模拟回放处理基本流程为：读带、定义观测系统、抽道集、静校正、速度分析、动校正、水平叠加、滤波和显示。

1971～1975年，全局各回放站共处理二维地震资料28539公里、199220张记录（不含陕甘宁工作量）。局属各回放站回放工作量见表4-1。

表4-1 1971～1975年物探局（含六四六厂）各回放站回放工作量统计表

施工单位	队年	回放工作量（km）	回放记录（张数）	备注
第一指挥部（勘探一团）	76	14405	101627	
第二指挥部（勘探二团）	55	12650	91198	
十大队	14	1484	6395	1972～1973年
合计	145	28539	199220	

第一指挥部（勘探一团）的工区集中在华北冀中地区，采用这套模拟磁带技术为华北（任丘）油田的发现，起到了不可忽视的作用。

第二指挥部（勘探二团）工区分布较广，有濮阳、周口、天长、舒城、肥东、金湖及北疆等地区，采用这套模拟磁带技术为中原（东濮）油田的发现和开发起到了重要作用。

第二章 数字处理机构及队伍

物探局的数字处理机构及队伍是在计算中心站的基础上发展起来的。1973年，成立计算中心站，有员工70余人；1978年，研究院成立，建立了配套的处理机构；1979年，建立了从编码、计算机操作、软硬件维护到方法研究、软件开发等一个完整的资料处理机构；1980～1985年，一、二、三、四指（勘探公司）分别建立了计算站；1987和1989年，研究院先后组建了银河和IBM数据处理中心；1992年，成立库尔勒研究中心计算站；1992年底，成立了统一的研究院数据处理中心，简称GRI，有员工364人。1997年，全局地震数字处理员工达到612人。

第一节 计算中心站

1973年7月29日，物探局计算中心站成立，使用DJS-11计算机（150机）进行地震资料处理。建站初期，全站共有员工70余人，其中技术干部约占70%，行政管理人员和工人约占30%。站机构分为机关和生产科研单位两部分。机关设有政工组、站办公室。站办公室下设调度组、供应组及生活后勤等服务班组，后又增设了技术组。技术组主要职责是解决资料处理过程中的具体技术问题，负责质量检验及编辑出版《地震资料处理与电子计算机》杂志。生产科研单位有计算机室和方法程序研究设计室。计算机室负责计算机硬件维护，方法室负责地震资料处理的方法研究、软件编制、编码及上机操作。计算中心站机构见图4-1。

第二节 研究院资料处理机构

1978年3月17日，由计算中心站和研究所合并，成立物探局研究院。建院初期，先后成立150机室、1724机室、处理分析室、方法研究室等资料处理及相关单位。1979年12月，研究院正式组建计算机一、二、三、四室及物探方法室，形成一个完整的资料处理机构（图4-2）。其中一室负责资料处理的编码工作，二室负责计算机操作，三室负责软件维护和开发，四室负责计算机硬件维护，物探方法室负责地震资料处理的方法研究。

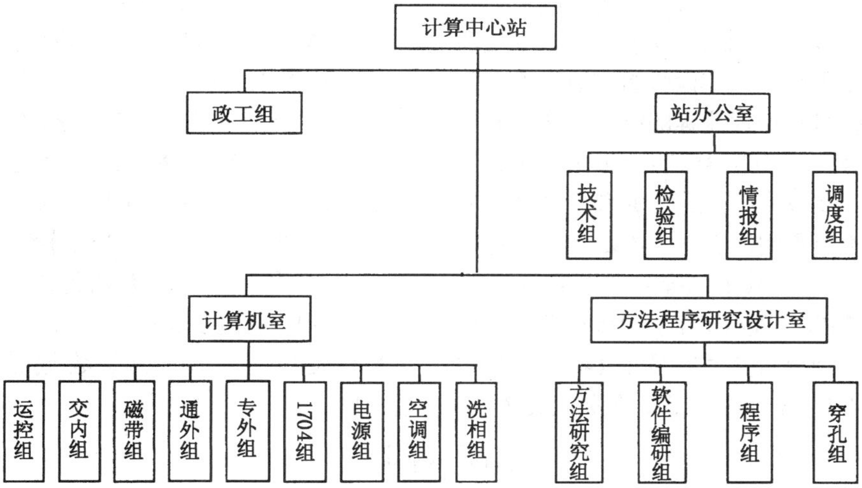

图 4－1　物探局计算中心站机构图

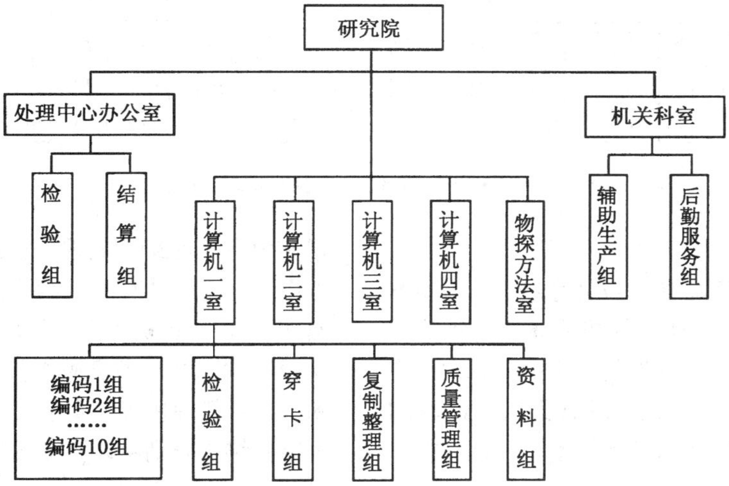

图 4－2　1979 年研究院资料处理机构图

1984 年 3 月，研究院按“六部二公司”设置运行，其中资料处理部负责全院资料处理工作。与资料处理有密切关系的还有计算机服务部和技术发展部等。1986 年 9 月，撤销“六部二公司”建制。资料处理机构设立 IBM 处理系统、银河系统计算机服务部、软件研究所、物探方法研究所。1992 年底，银河处理中心和 IBM 处理中心合并，成立研究院数据处理中心。

一、计算机一室

1979 年 12 月成立计算机一室，使用 CYBER 1724 计算机系统生产。该室设编码、质量检验、穿卡、复制、资料等班组。1979 年底，全室共有员工 83 人，资料处理编码人员约 50 人。1984 年 7 月，计算机一室撤销。

二、IBM 数据处理中心

1983 年 5 月，研究院组建 3033 系统；同年 10 月 28 日，IBM 3033 计算机正式投产。1986 年 9 月，该系统改名为 IBM 处理系统，1989 年更名为 IBM 数据处理中心。根据 IBM 3033 租赁合同规定，西方地球物理（WGC）公司派出 17 名管理人员和技术专家对该计算机系统进行管理和技术支持。有关资料处理、计算机操作、硬件和软件维护等方面工作由中方人员承担。3033 系统在研究院内实行独立的封闭式管理。该系统设美方经理 1 人，中方经理由邝少荣副院长兼任，副经理为管忠。系统下设处理分析室、计算机室和软件维护组。每个室均设有美方和中方主任各一名。处理分析室内设 5 个处理分析组，其中二维处理分析组 3 个，三维处理分析组

2个，每个组均有一名美方专家。1984年底，处理分析组增至10个，其中二维处理组8个，三维处理组2个。同时成立了地区组和检验组。地区组负责指定地区的处理技术及处理流程的制定工作。处理分析室共有员工68人，其中美方人员6人，中方处理分析员62人。处理分析员的职责是负责处理资料分析、处理参数确定和编码工作。1992年，全室处理分析组扩大到23个，其中二维处理组12个，三维处理组10个，特殊处理组1个。另设检验组、接图组和办公室。处理分析室共有员工146人，其中处理分析人员134人，检验组5人，服务人员7人。

计算机室下设主机操作、显示照相、磁带管理、硬件及系统软件维护等5个班组。全室有美方人员9人，中方人员63人。主机控制由美方负责。1992年2月，合同到期，美方专家撤走，计算机主控室交中方人员控制。1992年底，全室共有员工120人：操作人员78人，硬件维护人员20人，系统维护7人，磁带管理15人。应用软件维护组10人。

1992年底，IBM数据处理中心共有员工279人，其中：高级工程师20人，工程师38人，处理分析人员134人。IBM数据处理中心机构见图4－3。

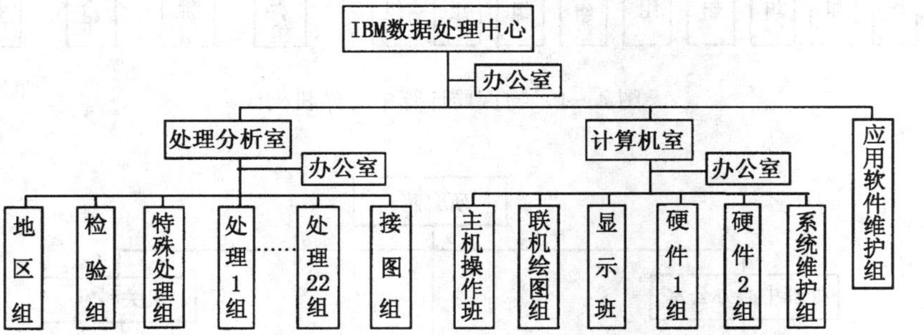

图4－3　1992年研究院IBM数据处理中心机构图

三、1724系统

1984年7月，研究院成立1724系统，隶属资料处理部，使用CYBER 1724计算机系统进行地震资料处理。全系统共有员工102人，其中具有大中专以上学历的53人，工人49人。系统设正副经理各1人，下设处理分析室和计算机操作室。处理分析室负责处理资料分析、处理参数确定和编码等工作。该室设有地区组、处理分析组、检验组、穿卡组和改图组，全室共有员工51人，直接从事资料处理的有42人。计算机操作室负责计算机操作和管理。该室设有调度组、主机操作班、预处理班、照相显示班、磁带管理班等，全室共有员工49人。硬件维护和软件维护分别由计算机服务部和技术发展部承担。该系统机构详见图4－4。

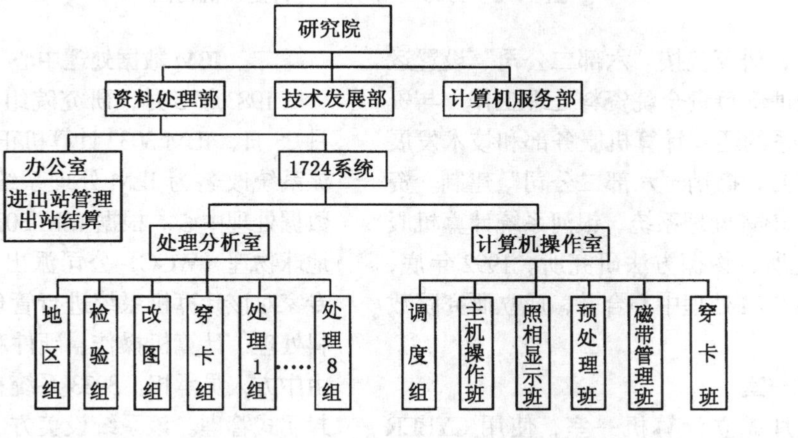

图4－4　1984年研究院1724系统机构图

四、银河数据处理中心

1984年7月，研究院组建银河系统，隶属计算机服务部。这个时期，银河计算机硬件已经研制完成，地震资料处理软件还处于研制过程中。银河系统的主要任务是对银河计算机硬件和已编制完成的处理软件进行考核。系统下设处理分析组和计算机操作室。1986 年 9 月，1724 系统和银河系统合并，仍称银河系统。1987 年 2 月 12 日，银河计算机正式投产，随后，银河系统改名为银河处理中心。1992 年底，全中心共有员工 123 人，其中：大专以上学历 38 人，中专 46 人，工人 39 人；高级工程师 8 人，工程师 20 人。中心下设处理分析室、计算机操作室、软件维护组和检验组。处理分析室有员工 72 人，下设 10 个处理组和一个地区组。计算机室共有员工 27 人，下设主机操作班、显示班、预处理班、磁带班和调度室。硬件维护由计算机服务部承担。银河处理中心机构见图 4－5。

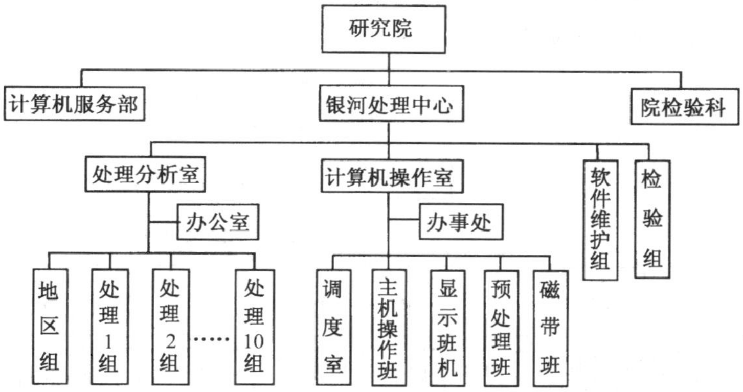

图 4－5 1992 年研究院银河处理中心机构图

五、数据处理中心

1992 年底，研究院将银河数据处理中心与 IBM 数据处理中心合并，成立研究院数据处理中心（简称 GRI），淘汰银河计算机系列，采用 IBM 3084/3084/3081 复合处理系统进行资料处理。1993 年 2 月，研究院数据处理中心正式运行。全中心共有员工 364 人，其中有高级工程师 17 人，工程师 52 人。1993 年下半年，处理中心增设了中心办公室、经营管理部和市场部。中心办公室主要负责处理中心的行政事务，下设送图、复印、保安及综合服务等班组。经营管理部负责生产及经营管理工作，下设业务组、统计组、财务组和出站结算组等。市场部负责开拓市场、联系任务和接待用户。处理中心的生产科研单位有：处理分析室、计算机室和技术发展室。处理分析室负责资料处理工作，下设二维处理组 10 个，三维处理组 12 个，地区组 2 个，全室共有员工 152 人。计算机室负责计算机操作、磁带管理、硬件和系统软件维护等工作。技术发展室负责地震处理软件的维护和发展、处理方法研究、疑难测线处理、特殊处理和 VSP 资料处理。数据处理中心机构见图 4－6。

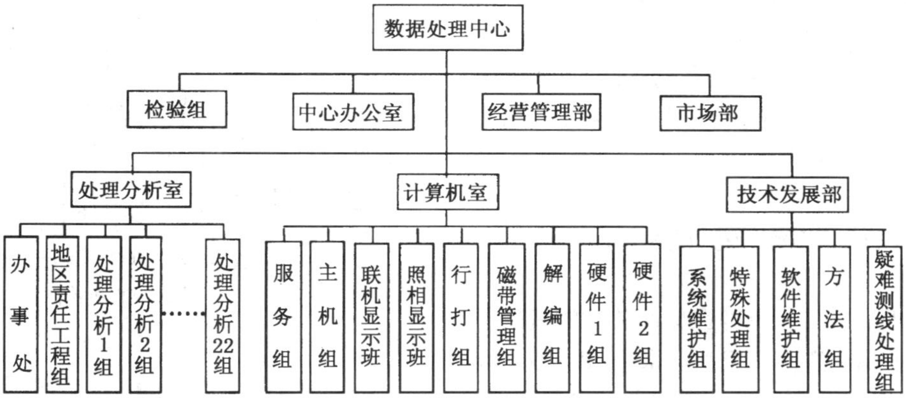

图 4－6 1993 年研究院数据处理中心机构图

1996 年底，全中心共有员工 369 人：其中干部 264 人，工人 105 人。具有研究生学历 4 人，大专以上学历 155 人，中专学历 104 人；高级工程师 41 人，工程师 68 人。

1997 年，数据处理中心的机构进行了调整，下设中心办公室、生产办公室、处理分析室（一、二部）、计算机部和技术支持部。中心办公室下设保安、幼师、服务、培训和小车队等班组。生产办公室下设业务组、统计组、接图、出院结算、财务和检验等 6 个组。处理分析室划分为处理一部和处理二部。处理一部负责局计划任务内的地震资料处理，下设 12 个处理组和 1 个地区组，有处理分析员 69 人。处理二部负责市场劳务地震资料的处理，下设 13 个处理组（包括叠前深度偏移组），1 个市场办公室和 1 个地区组，有处理分析员 54 人。计算机部下设计算机操作、工作站、拷贝、硬件维护、系统维护和微机等班组，有员工 116 人。技术支持部下设软件开发组和软件维护组，有员工 19 人。处理中心机构见图 4－7。

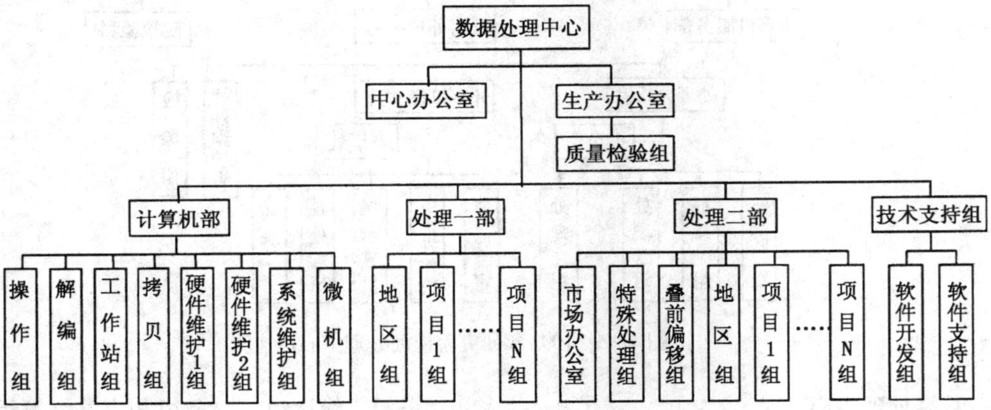

图 4－7　1997 年研究院数据处理中心机构图

第三节　地调一处计算站

1985 年，第一勘探公司成立计算站，隶属公司勘探科，使用 COMMAND－Ⅲ计算机进行资料处理。计算站下设软件组、硬件组、处理组和场地组。全站共有员工 20 人，其中工程师 4 人。计算站的主要任务是加强地震队野外施工的质量控制，指导野外生产，进行数字仪年、月检记录的处理。1990 年，计算站并入地调一处研究所。1996 年 4 月，根据生产需要，重新组建地调一处计算站，为处下属二级单位。1997 年底，全站共有员工 23 人，其中：高级工程师 2 人，工程师 4 人。

第四节　地调二处计算中心

1980 年 9 月，第二指挥部在原回放站的基础上成立计算站，隶属指挥部研究所。采用 RDS 500 计算机进行资料处理。计算站下设软件组、硬件组等，全站共有员工 20 人。1983 年，计算站从研究所划出，直属指挥部，站内增设处理组。1989 年，计算站又划归研究所，改名为地调二处研究所计算机室。1991 年 6 月，物探局将研究院的 IBM 3033U 型处理机复合体调拨给地调二处计算机室进行资料处理。1993 年，计算机室从研究所划出成立地调二处计算中心，有员工 130 人。1997 年，计算中心划归处地球物理研究所，下设处理分析、计算机操作、方法研究等 10 个单位，共有员工 130 人，其中：处理分析员 30 人，软件维护 10 人，硬件维护 9 人。该计算中心机构见图 4－8。

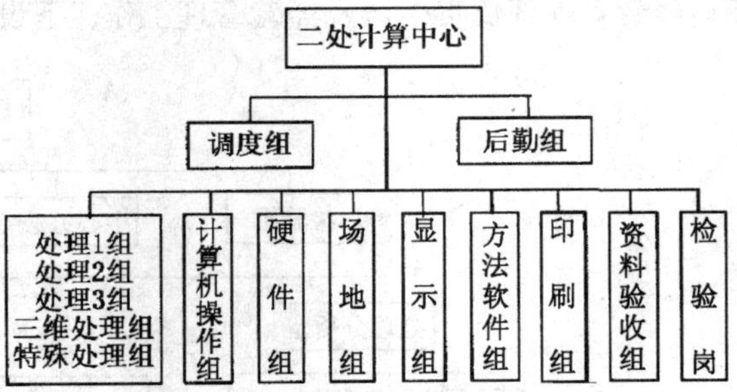

图 4－8　1997 年地调二处计算中心机构图

第五节　地调三处计算站

1980 年 7 月，为解决野外数字仪的年、月检记录处理和野外施工的质量监控问题，物探局决定在喀什组建三指计算站，下设处理组、硬件组、软件组和操作组，使用COMMAND－Ⅲ计算机进行资料处理。全站共有员工10人。

1982年初，石油部决定同美国GSI公司合作，组建3支在塔里木盆地塔克拉玛干大沙漠地区勘探的地震队，同时引进1套TIMAP－Ⅱ计算机作为现场处理机。同年5月，第三指挥部决定将喀什计算站迁至库尔勒，组建三指库尔勒计算站，隶属指挥部研究所。计算站下设处理组、软件组、硬件组和操作组等。根据合同规定，美方派出1名经理、4名技术专家提供技术支持。全站共有员工20余人。1986年7月16日以后，该站更名为地调三处计算站。

第六节　库尔勒研究中心计算站

1992年1月，根据塔里木盆地勘探形势需要，物探局决定在原地调三处计算站基础上成立库尔勒研究中心计算站。计算站主要任务是处理塔里木探区的二维资料和野外试验攻关资料及数字仪年、月检记录。计算站使用PE 3280 E计算机进行处理。计算站下设处理分析组（6个）、软件组、操作组、场地组等，并设有调度及专职检验等岗位。1997年底，计算站共有员工54人，其中：高级工程师2人，工程师14人。机构见图4－9。

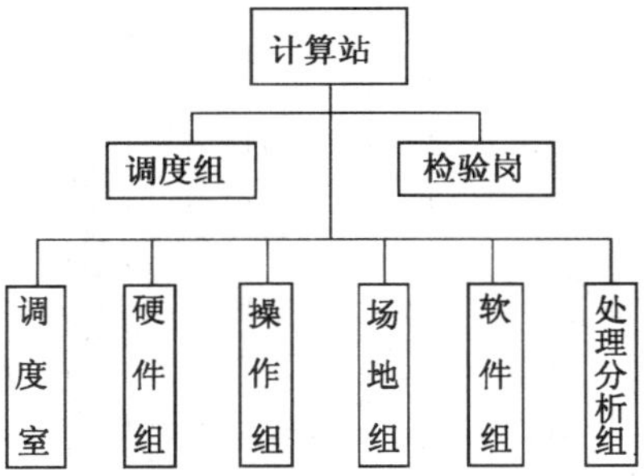

图4－9　1997年库尔勒研究中心计算站机构图

第七节　地调四处计算站

1982年3月，第四指挥部成立计算站，由该指挥部仪修站代管。采用TIMAP－Ⅰ计算机进行资料处理。计算站下设处理、软件、硬件、操作、场地和资料验收等6个组。全站共有员工11人，后增至35人。1989～1992年，由于在用计算机设备老化报废，计算站人员陆续调出，全站仅剩14人。1993年，地调四处计算站先后配置两套工作站和13套现场处理机，负责该处各地震队当年地震资料的现场处理。1997年全站共有员工36人，其中：大本学历17人，大专学历7人，中专学历9人。

第三章　计算机系统配置与发展

从1973年10月起至1997年，物探局先后用于资料处理的主要大中小型计算机共有26台套，另有并行机80个CPU。计算机总体上分为硬件和软件两部分。软件部分又分为操作系统软件和地震资料处理软件。物探局各计算中心（站）的计算机配置见表4－2。

第一节　DJS－11计算机（150机）系统

DJS－11计算机系统从1964年提出设想，至1973年研制成功，经历了9年时间。这9年期间的后7年，恰好是中国处在“文化大革命”时期。DJS－11计算机研制成功开创了中国地球物理勘探资料数字处理新时代。

一、研制过程

60年代中期，国外地震勘探已开始步入数字化时代，中国还处于模拟磁带地震技术的初期。此时，中国一些有远见卓识的地球物理勘探工作者开始思考试制大型计算机用于地震勘探工作。1964年9月，四川石油管理局地质调查处工程师范祯祥等人提出了试制大型计算机的建议及方案。1965年夏天，石油部委托四川石油管理局地调处组建数字仪研究队（200队），和重庆大学、成都工学院联合研制国产大型计算机。蔡陛健任研究队长，方云飞任副队长。全队共有员工47人，其中技术干部18人。由于“文化大革命”的干扰，研制工作中断。1968年初，石油部决定将研制工作移至北京，与四机部七三八厂合作研制大型计算机，并商定该研制项目称为

表 4-2 物探局所属计算站计算机配备统计表

计算机硬件		地震资料处理软件		使用情况					备注
计算机名称	生产厂家	软件名称	编制单位	使用单位	台套数	设备来源	投产日期	停机日期	
DJS-11(150)	北京大学电子仪器厂		六四六厂	计算中心站	1	研制	1973年10月	1982年10月	调给长庆油田
CYBER 1724	(法)CGG公司		(法)CGG公司	研究院	2	引进	1977年11月	1988年1月	
RDS 500	(美)雷森公司	GEOMAX	(法)CGG公司	研究院	2	引进	1977年11月	1990年2月	
RDS 500	(美)雷森公司	GEOMAX	(法)CGG公司	地调二处	1	引进	1980年9月	1992年	
YH-1	国防科技大学		研究院	研究院	1	研制	1987年2月	1993年5月	
IBM 3033	(美)IBM公司	Standalone	WGC公司	研究院	1	租赁	1983年8月	1991年6月	调给地调二处
3081/3033/4381	(美)IBM公司	Standalone	WGC公司	研究院	1	引进	1986年12月	1990年12月	
3081/3081/4381	(美)IBM公司	Standalone	WGC公司	研究院	1	引进	1990年12月	1992年4月	加装IQ处理软件
3084/3084/3081	(美)IBM公司	Standalone	WGC公司	研究院	1	引进	1992年4月	1999年3月	加装IQ处理软件
RS/6000 570	(美)IBM公司	GRISYS/WS	地球软件公司	研究院	3	引进	1994年4月		
ALPHA 3000/600	(美)DEC公司	GRISYS/WS	地球软件公司	研究院	1	引进	1995年3月		
ALPHA 500/266	(美)DEC公司	GRISYS/WS	地球软件公司	研究院	4	引进	1996年12月		
ALPHA 500/266	(美)DEC公司	GRISYS/WS	地球软件公司	库、计算站	2	调入	1997年2月		由研究院调入
RS/6000 590	(美)IBM公司	GRISYS/WS	地球软件公司	库、计算站	1	调入	1997年2月		由研究院调入
RS/6000 570	(美)IBM公司	GRISYS/WS	地球软件公司	库、计算站	1	调入	1994年4月		由研究院调入
ALPHA 3000/6000	(美)DEC公司	GRISYS/WS	地球软件公司	库、计算站	1	调入	1994年4月		由地研院调入
RS/6000 570	(美)IBM公司	GRISYS/WS	地球软件公司	地调一处	1	引进	1992年		
ALPHA	(美)DEC公司	GRISYS/WS	地球软件公司	地调一处	1	引进	1996年		
ALPHA/3000 800	(美)DEC公司	GRISYS/WS	地球软件公司	地调二处	1	引进	1994年10月		
RS/6000 570	(美)IBM公司	GRISYS/WS	地球软件公司	地调四处	1	引进	1993年6月		
ALPHA	(美)DEC公司	GRISYS/WS	地球软件公司	地调四处		引进	1997年2月		
RS/6000 SP2	(美)IBM公司	OMEGA	WGC公司	研究院	16个CPU	引进	1995年10月		
TIMAP-Ⅰ		MATE-5000		地调四处	1	引进	1982年6月	1988年	
TIMAP-Ⅱ			GSI公司	地调三处	1	引进	1982年5月	1991年6月	
PE 3230	PERKINLMER			研究院	1	引进	1983年11月		
PE 3284	PERKINLMER			研究院	1	引进	1987年6月		研究院科研用机
PE 3280 E	PERKINLMER			库、计算站	1	引进	1991年5月		
COMMAND-Ⅲ	GEOSOURCE		GEOSOURCE	地调三处	1	引进	1980年12月	1990年	
COMMAND-Ⅲ	GEOSOURCE		GEOSOURCE	地调一处	1	引进			

150工程，按四机部编号该计算机代号为DJS-11。研制场地设在七三八厂。同年8月，200队委派陈建新、林成明、李根有和郭道成等4名技术人员到北京参加150工程的调研和设计工作，并组成150工程项目组。200队一方的林成明参与软件设计，其他3人参与硬件设计。150工程项目组在上海、西安等地进行大量调研的基础上，完成了150工程的总体设计方案。

1969年10月，经国务院批准，150工程列为国家工程项目，由北京大学、七三八厂和石油部联合研制，石油部出资1400万元，研制成功后交石油部使用。项目领导小组组长由北京大学军宣队领导人担任，石油部委派范祯祥工程师参加领导小组。研制场地移至北京大学电子仪器厂。

1970年4月2日，石油部为加强该项目的组织管理，委托六四六厂代表石油部参与150工程的研制领导工作。四川石油管理局地调处200队的40余名员工和全部仪器设备调入六四六厂。200队的部分技术骨干到北京大学电子仪器厂参加150工程的研制工作。后六四六厂决定从第二、三、五、七、十、十三大队各抽调5名技术干部和技术工人参加150工程。1970年8月至1973年，又先后从1969年和1970年两届应届的大学毕业生中抽调30余人参加150工程的研制。为加强研制工作的领导，六四六厂先后派出张成福、殷广志、陈建新等人参与组织领导工作。1969年10月以后，150工程的研制工作分为三部分：一是硬件设计和配套，由四机部七三八厂牵头，石油部六四六厂参与研制。该计算机的专用设备，如剖面绘图仪、模数转换仪等由西安石油仪器厂研制，数字输入机由六四六厂仪器厂研制。二是软件设计和编制，由北京大学负责完成管理程序、语言程序和符号程序等通用系统软件的研制，六四六厂的软件人员参与研制；六四六厂软件人员负责地震处理专用软件的研制工作，王宏琳、林成明等人先后完成了试算程序A和简单水平叠加程序B的研制工作。三是地震资料处理方法和理论准备，由范祯祥负责组织北京大学数学力学系、华东石油学院勘探系、成都地质学院物探系和中国科技大学等专家教授编写出版《地震勘探数字技术》一书。全书共分四册，1972年出版第一册，1984年全书出齐。

1973年7月，DJS-11计算机试制工作完成，整套设备搬迁到河北省徐水县物探局计算中心站机房，同年10月11日完成了安装调试工作，正式交付使用。1982年10月22日，该设备调拨给长庆油田地调处。

二、硬件结构

DJS-11计算机（150机）的硬件部分由主机和外围设备构成。主机包括运算器、中央处理器、磁盘存储器、内存存储器和交换器等5个部分。外围设备配置1台CP-1型磁盘存储器，8台DL-1型磁带机，4台RG-5型光电输入机，1台快起停光电输入机，4台CY160-5型宽行打印机，1台CY-4型窄行打印机，2台LZ-5型数字曲线仪，1台6813B型快速凿孔机，1台BD 05型控制台打字机，还有专用数字磁带输入机、模拟磁带输入机、时间剖面显示仪等。1975年初，从美国引进1套雷森1704计算机系统，用作DJS-11机的地震资料转录和预处理。该计算机除主机外还配置了TMA磁带机、SP-202地震剖面绘图仪、M 200读卡机、IBM 029穿孔机、TT 103模数转换仪等。

DJS-11计算机的基本技术性能：字长48位二进制数；平均运算速度100万次/秒，主频3.1兆赫；内存量131千字，由4个容量为3.27万个字的磁心存储器组成。交换器通道有32个，每个通道可接两台相同的外围设备。

三、软件研制和发展

1973年7月，DJS-11计算机投产时，采用北京大学研制的管理程序、语言程序和符号程序等通用系统软件及六四六厂程序人员研制的简单水平叠加程序B和试算程序A进行试处理。1974年2月底，物探局软件研究人员王宏琳、彭方亭等人编制出地震数据处理软件程序C和B格式加工程序。程序C为国内第一套海上地震数据处理专用软件，共有1万多条指令，18个子程序。程序C的主要功能有：振幅控制、快速动校正、速度分析、自动清初至、数值滤波、水平叠加、反褶积（蒸汽轮反褶积与预测反褶积）、相干加强、动平衡与分段缩放等。为适应大量地震资料数字处理需要，对处理软件进行了多次修改、补充和提高。到1978年，形成一套完整的处理软件系统，其中E程序（水平叠加程序）有49个功能模块，L程序（速度谱程序）包括30个模块，Z程序（叠加程序）包括25个模块，特殊处理程序包括频谱、合成记录等模块。这套软件系统的特点是：①适应能力强，能够处理多种记录格式的野外资料；②常规处理功能比较完善，具有清初至、充零炮、道和反向道处理、蒸汽枪和脉冲反褶积、速度分析、动校正叠加、时变滤波、相干加强、振幅控制、真振幅保持、人工静校正、自动剩余静校正、直射线和曲射线偏移等。

四、管理与维护

DJS-11计算机是70年代初期中国政府投入巨额资金和技术力量研制的第一台百万次电子计算机，也是中国用于地震勘探资料处理的第一台计算机。为此，计算中心站的计算机室制定了《机房管理制度》、《交接班制度》、《机房卫生制度》、《硬件机房值班岗位职责》、《机房安全制度》和《计算机维护制度》等管理和维护制度，确保计算机安全、有序地工作。通过该计算机的维护，为后来研究院计算机维护积累了有益的经验，培养和锻炼了一大批计算机方面的技术人才。从1974年2月至1982年9月，DJS-11计算机平均交机率为83.37%。

第二节 CYBER 1724计算机系统

CYBR1724计算机系统是中国第一次由国外引进的大型地震资料处理系统。该系统的引进，不仅增强了物探局研究院的资料处理能力，而且为物探局和全石油系统提供一个学习国外先进技术的舞台，启迪广大科技人员的创新意识，推动了中国地球物理技术的进步。

一、硬件结构

1974年8月14日，物探局计算中心站与法国地球物理公司（CGG）和法国数据控制公司（CDF）签订合同，引进2套CYBER 1724计算机系统和2套RDS 500型计算机系统，包括1套TNR 95地震剖面绘图仪，1套Benson鼓式绘图仪系统，1套IGS人机联作绘图系统，1套电源、空调设备，1套通用操作系统和地震数字处理软件。该系统共有硬设备137台，于1977年11月19日通过验收，1978年1月15日正式投产。1988年1月5日关机停用。

CYBER 1724计算机的主机由中央处理机（CPU）、中央存储控制器（CMC）、中央存储器（CSV）和外围处理子系统等四部分组成。外部设备有磁带机、磁盘机、读卡机、穿卡机、行打机、静电绘图仪和数组控制器等，另外还配置了MAP-Ⅱ阵列处理机。CYBER 1724计算机主要技术性能为：字长60位；运算速度100万次/秒，主频20吉赫，内存容量131千字；外围处理机子系统有12个输入/输出通道，每个通道可接8台外部设备。

RDS 500计算机系统的主机是美国雷森公司的产品。内存容量64千字，平均运算速度50万次/秒；输入/输出通道可连接1台动头磁盘、4台定头磁盘和4台磁带机。

1990年2月21日，RDS 500计算机调拨给地调二处计算机室，拆散作备件使用。

1980年9月，二指计算站从法国引进1套RDS 500计算机系统。该系统包括1台主机，1台APOLL阵列机，3台MOD-Ⅱ磁带机，3台914型定头盘，1台714D型动头盘，1台5100型绘图仪，1台2230行打印机，2台M-200型读卡机，2台ARS-33型电传打印机，1台TNR-U8型脱机绘图仪等。主机内存64千字，运算速度50万次/秒。1992年，该套RDS 500计算机停产报废。

二、软件配置和发展

CYBER 1724计算机系统配有较完备的系统软件和地震数据处理软件。系统软件包括通用操作系统SCOPE 3.4、地震操作子系统SOS、各种语言程序和专用程序组、IGS远程终端交互绘图子系统等。通用操作系统SCOPE的功能是为用户在计算机上提供所有作业的输入、汇编、编辑、加载、执行、输出及所需资源的分配。地震操作系统具有管理地震处理模块执行的功能。

地震资料处理软件采用模块式结构，故又简称地震处理模块。程序的主要部分采用FORTRAN语言编写，少数子程用汇编语言COMPASS编写。在该计算机系统引进时，CGG公司提供了193个模块，其中在SOS系统控制下的有179个，非SOS系统控制下的有14个，能够正常运行的有136个。按处理内容分为14类，有磁带输入输出模块6个，速度分析模块21个，频谱分析模块2个，动静校正模块15个，振幅控制模块17个，滤波模块11个，反褶积模块7个，叠加模块4个，叠加偏移模块8个，弯曲测线及宽线处理模块9个，模型模块5个，测井资料处理模块6个，服务性模块18个，折射模块7个。该套软件的二维地震资料处理功能比较齐全，能够进行可控震源的相关处理、弯曲测线及海上资料处理，具有振幅保持和振幅分析、频谱分析、时深转换及用于岩性研究的特殊处理功能。

1978年以后，研究院物探方法所和软件所解剖改进CYBER 1724系统的地震处理模块170个，利用研究院最新研究成果编制处理模块130个，有效地提高了该系统的处理能力和质量。新编制的地震处理模块主要有：1978年，吴烈诩、梁茂贵等的《自动拾取速度水平叠加》模块；1981年，赵振文的《叠前二维滤波》模块，靳栋梁的《多道混波》

模块，方云飞、梅占馨等的《测井曲线数字化》模块，许蔚成的《宽线剖面处理程序》模块；1982年，马在田等的《高阶有限差分法偏移》模块，吴烈诩的《批量速度谱和彩色速度剖面》模块，王英芳、孙福来的《地震剖面彩色绘图》模块，李明忠、方金明的《层速度剖面》模块；1983年，郑於莹、王广年的《仪器反褶积》模块，徐忠范的《计算加权综合平均速度》模块；1984年，周兴元等的《纯相位滤波器的设计与应用》和《应用同态理论估算地震小波》模块，傅才芳、张永刚的《子波处理与波阻抗剖面》模块，田希太的《谱分解地表一致性静校正》模块；1985年，刘超颖、张叔伦等的《高阶有限差分偏移张关泉算法及最佳三阶方程偏移试算》模块；1986年，俞寿朋、蔡希玲等的《多项式拟合模块》模块，黄存玲、周兴元的《自适应最小平方反褶积》模块，赵波、傅才芳等的《恢复波阻抗的频率外推方法》模块，金孟哲等的《波动方程快速偏移方法》模块；1987年，张永刚、傅才芳等的《两步法多道统计子波反褶积》模块，周兴元、国九英的《时空域最佳滤波》模块，方金明等的《倾角叠加偏移》模块，李旭的《速度扫描》和《深度偏移》模块，赵中全、李旭的《相干滤波COFIL》模块，蔡希玲的《振幅保真无拉伸叠加》模块等。

RDS 500计算机作为预处理机，其软件功能包括格式转换、解编、编辑、产生道头字等，也可以用于增益恢复和垂直叠加。

地调二处计算站的RDS 500计算机还配备有法国CGG公司的GEOMAX地震处理软件，具备二维地震资料处理能力。二处计算站的技术人员还充分利用RDS 500计算机系统，开展多项方法研究和软件开发工作，提高了资料处理能力。在多波处理和VSP资料处理的方法研究和软件编制方面也获得了多项成果，并在实际资料处理中见到明显效果。

三、管理和维护

CYBER 1724计算机投产后，研究院对管理机构和设备管理维护方法进行了调整。1978年，成立了1724机室，对设备进行统一管理和维护。1979年底，研究院成立了计算机一、二、三、四室，对设备的使用、操作、硬件和软件维护，按工种进行分类管理。其中二、四室与计算机硬件有直接关系。二室为操作室，建立了以岗位责任制为中心的机房工作制度、安全制度、卫生制度、保密制度和产品质量检验标准等。四室为硬件维护室，建立了设备维护保养制度，除定期对设备进行强制性维护和保养工作外，还采用日维护、周维机和年维机的维护方式。日维护主要是了解设备运行状况，进行清洁工作，对出现问题的设备及时进行维修。周维机为两周一次，每次停机7小时左右，维护内容有清洁设备，采用诊断程序进行检查，对电压和频率进行边缘测试，对机械部件进行润滑，对机柜制冷系统进行保养。1979年以后，周维机改为月维机。年维机为每年进行一次，停机2～3天，对机房及各类设备进行彻底清洁，检查地线网及各种接地良好状况，并对设备进行全面检查、测试、维护和保养，使其达到出厂指标，详细记录维护过程中发现的问题。计算机二室和四室共建立13类、61种制度，使CYBER 1724计算机运行11年期间，年平均交机率达到94.39%。

第三节　银河（YH－1）计算机系统

一、研制过程

1982年，国产银河计算机（YH－1）的硬件部分在国防科技大学研制成功，由国务委员张爱萍题名为“银河”。同年8月30日，在张爱萍、余秋里等领导的关怀下，石油部物探局与国防科技大学签订了“银河地震数据处理系统工程合同”，由物探局研究院和国防科技大学计算机研究所共同开展软件研究工作。国防科技大学计算机研究所负责银河主机系统和通用操作系统的研制，物探局研究院负责研制地震处理软件和前端机、网络的配置。该课题负责人为局副总工程师兼研究院副院长陈建新和高级工程师王宏琳。物探局研究院先后派出50余名软件和操作人员去长沙国防科技大学参加地震处理软件的研制和通用系统的培训。1984年10月23日，银河计算机在研究院安装。1986年1月，银河处理软件系统基本研制完成。1987年2月11日，该机通过国家鉴定，正式投入生产。

二、硬件结构

银河计算机系统是由多台计算机构成的分布式复合系统，它包括银河机YH－1/230、磁盘子系统和3台外围机，即维护诊断机、一号前端机和二号前端机。在系统构成上，将银河机和3台外围机连接在一起，由4个操作系统动态协调工作。通过两台前端机分别联网，形成网络工作环境，扩大应用范围。

银河主机系统的中央处理机是一台完整的高速

处理机，它由运算部件、存储器和输入/输出通道3部分组成。运算部件的工作频率为20吉赫，字长64位，运算速度为1亿次/秒。中央处理机有12个输入/输出通道。磁盘子系统由磁盘机、磁盘控制器和磁盘接口3部分组成。

银河计算机的维护诊断机是由一台小型计算机和外部设备组成，通过一对输入/输出通道和一对特殊通道与主机联接。其主要功能是为控制系统的初始启动和再启动，对系统运行状态进行控制监督和故障检测。

一号前端机是一台中型计算机，通过一个专门接口与银河主机相连。它由中央处理机（CPU）、中央存储器（CSU）、存储器和阵列处理机等部分组成。二号前端机是一台超小型计算机，通过接口YVI与银河主机相连。它包括中央处理机、主存储器和控制台等部分。

银河计算机前端机的主要功能是为用户输入提供作业数据，对用户文件进行格式转换，输出运算结果。前端机本身也能够按功能分布式处理要求独立地进行资料处理。

三、软件研制与发展

银河地震处理软件是采用当时国内外地震资料处理方法的新成果研制而成的，它具有较高的处理速度和较强的处理能力。研究院的王宏琳、赵振文、周继康、刘金城、孙福来、颜俊华、钱新等30余人参加地震资料处理软件研制工作。整套地震软件采用FORTRAN语言和汇编语言编写。地震应用软件共有126个功能模块、194个子程序，约40万行语句。银河地震软件系统共分为11项：

（1）银河地震处理操作系统YHSOS，是对地震作业的编码文件进行解释、分析及装配地震模块，进行动态分配，管理内存和控制模块的执行等；

（2）银河地震作业分布式处理系统，是对银河主机与前端机之间的地震作业进行分布式管理，同时管理数据传输和日文件；

（3）银河地震数据处理常规应用软件包，包括66个功能模块，主要有速度分析、滤波、动静校正、保持振幅、反褶积、水平叠加、相干加强、中值滤波和相干滤波等；

（4）银河偏移成像处理软件，包括7个功能模块，主要有差分法波动方程偏移、串联偏移和高角度差分法偏移等；

（5）银河地震解释模型、模拟软件，包括17个功能模块，能够进行正演模型处理，得到合成时间剖面；

（6）银河三维地震处理软件，包括三维道分选、三维速度分析、三维静校正、三维相干滤波、三维偏移和三维显示等；

（7）银河应用模块移植软件工具，是将一号前端机上地震应用软件自动移植到银河机上；

（8）银河油藏模拟软件，包括280多个功能模块，可模拟油田开发动态；

（9）银河前端机接口软件，包括银河机与一号前端机及二号前端机的两套接口软件；

（10）银河局部网络和远程工作站通讯软件，用于实现银河机的远程通讯，如用户可通过设在北京的工作站直接使用银河计算机；

（11）银河标准子程序库，主要包括向量子程序库（63个子程序）、执行子程序库（57个子程序）、科学计算子程序库（54个子程序）和绘图子程序库（52个子程序），这些子程序主要是为进一步开发银河地震应用软件系统准备一个较好的环境。

银河计算机系统投产后，方法研究和程序人员还对处理软件进行不断完善和发展，如二维插三维技术的实现，多项式拟合、DMO技术等的移植以及各项服务性程序编制等，为提高银河计算机系统的地震资料处理能力起到了十分重要的作用。

四、管理和维护

银河处理中心的计算机操作室负责该系统的操作和机房管理。硬件维护工作由院计算机服务部完成，服务部内按不同类型机器建立维护组，分工维护，同时仿照CYBER 1724机建立了各项相应的规章制度。该机从1987年开始运行到1993年停运的6年中，平均交机率为92.64%。软件维护由银河处理中心的软件维护组负责。

第四节　IBM计算机系统

1983～1992年，物探局研究院先后通过美国西方地球物理（WGC）公司租赁和购置的IBM大型计算机系统包括：IBM 3033计算机系统、IBM 3081/3033/4381复合处理系统、IBM 3081/3081/4381复合处理系统、IBM 3084/3084/3081复合处理系统等。地震处理软件为Standalone。根据1983年签订的IBM 3033计算机租赁合同规定：WGC公司要将新投产的处理模块按月电传给研究院3033系统，保证研究院资料处理水平与西方地球物理公司软件发展保持同步。1992年后，研究院的计算机硬件不断地扩展、升级、更新和换代，地震处理软件的不断开发，使研究院处理中心的地震资料处理能力在国内同行业中继续保持领先地位。

一、硬件配置

（一）IBM 3033 计算机系统

1983 年 5 月 31 日，IBM 3033 计算机系统运抵研究院，6 月 1 日开始安装调试，8 月 3 日试生产，10 月 28 日举行投产典礼。

该系统称 IBM 3033U 型处理机复合体，由 IBM 3033 处理机、IBM 3036 显示控制台、IBM 3037 电源和冷凝分配器组成。该系统配有 2 台 IBM 3838 阵列处理机。它的主要外部设备有 IBM 3830/3333、3830/3350 磁盘子系统，IBM 3803/3420 磁带子系统，IBM 3274 显示台控制器，IBM 3278 显示终端，IBM 2501 读卡机，IBM 3287 打印机，IBM 3211 行式打印机和脱机显示设备等。

IBM 3033 处理机的内存为 8 兆字节，另有 1 个 64 千字节的高速缓存器和 1 个 16 兆字节的虚拟存储器。处理机采用 S/370 系列通用指令组，有 156 条指令。有 2 个通道组，12 个输入/输出通道，其中 10 个字组多路通道数据传输率为 1.5 兆字节/秒，另外 2 个字节多路通道供低速设备使用，其传输率比较低。

IBM 3838 阵列处理机是处理大量重复性运算的专用高速处理机，它有 2 个加法器和 1 个乘法器，可以对大量数据进行多达 39 种算法的运算，并可同时运行 7 个作业。

（二）IBM 3081/3033/4381 复合处理系统

1986 年 12 月 3 日，引进 IBM 3081－KX3 型和 IBM 4381－R13 型处理机复合体，与 IBM 3033U 型处理机复合体组成了 IBM 3081/3033/4381 复合处理系统。

IBM 3081－KX3 型处理机复合体由 IBM 3081－KX3 处理机、IBM 3082 处理机控制器、IBM 3087 冷却水分配器、IBM 3089 发电机和 1 台 IBM 3278－A02 显示控制台组成。IBM 3033U 型处理机复合体的配置同前述。IBM 4381－R13 型处理机复合体由 IBM 4381 处理机、IBM 3278－2A 显示控制台和 IBM 3205 彩色显示控制台组成。该系统配有 10 台 IBM 3838 阵列处理机。除包括 IBM 3033 处理系统的外部设备外，还增加了 IBM 3880/3380 磁盘子系统、IBM 4245 打印机、IBM 3278 和 IBM 3180 显示终端。由于配置了大量的字符和图形终端，处理员送作业，改用终端发送和监控作业，从而加快了处理速度。1988 年还引进了两串 IBM 3480 磁带子系统，从此处理中心开始使用密度高、体积小的盒式带存储数据。

IBM 3081－KX3 型处理机为双 CPU，主时钟周期 24 纳秒，有 32 兆字节内存，24 个输入/输出通道，可在 S/370 或 370－XA 方式下使用多虚拟存储操作系统（MVS）。通道数据传输率为 1.5～3.0 兆字节/秒。IBM 4381－R13 型处理机是单 CPU，主时钟周期 68 纳秒，有 32 兆字节内存和 64 千字节高速缓存，12 个输入/输出通道，其中有 7 个字组多路通道和 5 个字节多路通道，通道数据传输率为 2.0～3.0 兆字节/秒，可在 S/370－XA 方式下，使用多虚拟存储操作系统（MVS）。

IBM 3880/3380 磁盘子系统中的 3880 是磁盘控制器，每台有两个独立的磁盘控制器（SD），每个 SD 可接同一主机或不同主机的 4 个通道，可控制多达 32 个磁盘卷，数据传输率为 3.0 兆字节/秒。由于该磁盘子系统的多通道特性，可实现多处理机系统共享磁盘数据，从而构成多处理机复合处理系统。IBM 3380 是磁盘驱动器，每台 3380 磁盘机柜有两个盘包，每个盘包容量为 1.25 吉字节，每个盘包又分成两个独立的卷，每卷 630 兆字节。

（三）IBM 3081/3081/4381 复合处理系统

1990 年 12 月，为扩大处理能力，研究院引进了 1 套 IBM 3081－KX6 型处理机复合体代替 IBM 3033U 型处理机复合体，从而构成了 IBM 3081/3081/4381 复合处理系统。同时，IBM 3033U 型系统在研究院停机，并于 1991 年 6 月调给物探局地调二处计算机室。

该复合系统以 IBM 4381－R13 型处理机复合体为前端机，2 套 IBM 3081－KX6 型处理机复合体为独立的处理系统，有 10 台 IBM 3838 阵列处理机。外部设备除原先配置的设备外，还增加了一些较先进的设备，如容量较大的 M/T3898/3890 磁盘子系统，与 IBM 3480 磁带机兼容的 M/T5881/5480 磁带子系统，IBM 3192G 彩色图形显示终端和激光绘图仪等。

IBM 3081－KX6 型处理机复合体的基本构成和主要性能指标与 IBM 3081－KX3 型处理机复合体相同，只是内存由 32 兆字节扩大到 64 兆字节。

（四）IBM 3084/3084/3081 复合处理系统

1992 年 4 月，为了适应石油工业的发展，扩大资料处理能力，处理中心从美国购买了两套旧的 IBM 3084－QXC 型处理机复合体，代替原来的 IBM

4381和3081－KX3处理机复合体，构成了新的IBM 3084/3084/3081复合处理系统。1992年4月23日，主机和相关设备运到研究院，处理中心硬件和系统软件人员采用不停产、分步替换的安装方式完成了系统的更新和重组任务。新系统采用IBM 3081－KX6型处理机复合体为前端机，2套IBM 3084－QXC型处理机复合体为独立的处理系统。扩展后的复合处理系统比扩展前处理能力提高了1.6倍。该系统的每套IBM 3084－QXC型处理机复合体都是由2套IBM 3081－KX6型处理机复合体加耦合器构成，前端机也是IBM 3081－KX6型处理机复合体。该系统共有10个CPU，320兆字节内存，120个输入/输出通道，18台IBM 3838阵列处理机。

1992年8月，IBM 3081－KX6和IBM 4381－R13型处理机复合体专供研究院方法研究所从事方法研究使用。

IBM 3084/3084/3081复合处理系统是处理中心在大型机时代的最大配置。系统配有IBM 3880磁盘控制器8台，IBM 3380磁盘驱动器22台，M/T 3898/3890磁盘子系统两串，日立7980磁盘控制器2台，7380磁盘驱动器串（磁盘总容量为240吉字节），IBM 3803磁带控制器5台，IBM 4320磁带机32台，IBM 3480盒式磁带机24台，M/T 5481/5480磁带子系统6串（48台盒式磁带机），M/T 5400－084C自动磁带库子系统4串（64台盒式磁带机），IBM 3174终端控制器5台，IBM 3274终端控制器8台，IBM公司和M/T公司生产的各类字符终端、图形终端、彩色终端多达120余台，另有IBM 4245打印机5台，富士通6731打印机3台，IBM 3268、3287针式打印机6台，激光绘图仪3套，静电绘图仪12台，脱机绘图系统1套，水晶解释系统1套，数据采集系统2套。

4串M/T 5400－084C自动磁带库子系统是处理中心引进的第一批自动带库。每串有2个机械手，4个磁带机控制器，16台M/T 5480磁带机，1个盒式磁带进出站口和可放置4918盒3480磁带的磁带库。自动带库将磁带库、磁带机和装卸磁带的功能集为一体，在LMS应用软件的管理下工作，一般不需要操作员干预。

二、软件配置和发展

IBM大型计算机组成的复合处理系统配置的系统软件为MVS/XA操作系统，子系统有JESS2、DMS、TMS、LMS、RACF、VPSS等，常用的程序语言有汇编语言、PL1和FORTRAN等。在IBM 3084/3084/3081复合处理系统配置下，可允许100个终端用户同时发送作业，系统最多可同时运行110个作业。

1983年，IBM 3033处理系统上安装了WGC公司Standalone地震处理软件。该软件系统共有554个模块，其中地震模块291个，非地震模块180个，水晶系统模块83个。1986年，引进IBM 3081和4381系统后，在IBM 3081/3033/4381复合处理系统上安装了升级后的Standalone地震处理软件。升级后的处理软件，由卡片读入方式全部转换为字符终端工作方式。1990年引进IBM 3084复合处理系统时，除对原来Standalone地震处理软件进行升级外，还加装了IQ处理软件。IQ处理软件有143个地震模块。1983～1993年期间，处理中心应用软件技术人员根据中国资料处理特点和客户的要求，对Standalone地震处理软件进行了解剖和修改。1983～1997年，共修改地震处理模块和非地震模块293个，不仅改进了处理效果、增强了处理功能，还节省了材料，简化了模块使用方法，从而达到充分利用系统资源，提高作业成功率的目的。在上述修改过程中还修正了原程序中的错误，并根据中国实际情况，增加了一些功能，形成了具有GRI（物探局研究院）特色的地震资料处理系统。

1983～1986年期间，王英芳修改完善了《合成剖面的顶头》模块和《静校正模块》的输出结构；王广年修订了S7494程序的计算机公式和程序；凌云对S5463程序和S1089程序的功能进行扩充；王广年和王英芳修订了速度谱显示程序等。

1987～1988年期间，李静平编制了增益程序和打印浮动基准面值程序；赖能和修改了动校正、S4906、S0536、S0575、S5313、DMO和导航等程序中的错误；李惠平修改了静校正和速度扫描程序；吴维康编制了三维空变切除程序；梁茂贵修改了绘图程序，并增加了绘制三维数据体的功能。1993年，全三维处理技术推广应用，原处理软件系统中的一些模块不能接受全三维数据体，于是赖能和对其中的20多个模块进行升级改造，解决了这个问题。

1983～1997年，IBM处理中心应用软件组和方法所的研究人员共同开发研制和移植了204个处理模块，其中地震处理模块152个，系统管理模块52个。这些模块包括预处理文件的建立、格式转换、静校正、去噪、地表一致性处理、多项式拟合等程序。这些模块的编制和移植，保证了资料处理的正常运行，提高了资料处理质量，满足了复杂地区的处理要求。

三、管理和维护

研究院对 IBM 系列计算机从 3033 处理系统投产起一直采用独立、封闭式管理方式，即处理分析、计算机操作、软硬件维护等都由 IBM 处理中心自行管理。在 IBM 计算机系统运行的 16 年中，管理和维护工作经历了三个阶段：

第一个阶段（1983～1986 年）

研究院租赁的 IBM 3033 计算机系统由美方人员统一管理和维护，研究院技术人员负责维护辅助设备（主要是显示绘图设备）。美方人员对设备采用预防性维护为主的方式进行维护工作。预防性维护是指严格按照设备技术资料要求的维护周期和维护内容，编制出各种设备的月维护和年维护计划表，进行巡回检查和故障排除，包括定时进行整机诊断；对关键部件进行测试和调节；及时更换损坏的部件，认真填写 P/M 登记表、故障登记表和设备档案。预防性维护是在常年不停机的情况下进行的，不影响计算机的利用率。

对于设备维护所需备件，计算机室建有小而全的备件库。若库存备件不足，可去 IBM 公司北京备件库补充。这种管理方式，既能保证需要，又不会造成备件积压。

第二个阶段（1987～1992 年）

1986 年底，研究院引进了 IBM 3081 和 4381 计算机系统。这个时期，美方人员陆续撤出，硬件的维护工作主要由院方维护人员承担。处理中心成立硬件维护一组和二组。一组负责显示仪等辅助设备的维护；二组负责 IBM 计算机及周边设备的维护工作。

在设备维护方式上，二组沿用了美方的维护办法，仍采用预防性维护方式进行设备维护。二组在制定维护计划时，不仅根据设备技术资料的要求，还结合院内实际情况及设备出现故障的频次，确定设备的维护周期和项目，使维护工作更符合实际，更加合理、有效，并节省了材料和维护时间。在日常维护工作中，执行巡回检查制，认真填写值班日记、设备分类账和设备档案等。

第三个阶段（1992～1997 年）

1992 年 3 月 21 日，美方人员全部撤离，主控室交院方人员管理，IBM 计算机系统的设备维护工作均由处理中心计算机室的维护人员完成。维护方式均推行预防性维护方式，使得 IBM 系列计算机系统在研究院运行 15 年中，设备一直处于良好状态，年交机率均达到 96.5%以上，最高年交机率为 99.01%。

软件维护分为系统软件维护和地震处理软件维护。系统软件维护由计算机室系统组负责。地震处理软件维护由处理中心应用软件组负责，承担解决处理分析员在资料处理中出现的软件问题及软件的修改和发展，保障资料处理工作的正常运行。

第五节 工 作 站

一、工作站硬件配置

（一）研究院工作站

1994 年 4 月 30 日，研究院处理中心引进了 3 套 IBM RS/6000 570 工作站。该工作站主机处理器使用的是 POWER PC 芯片，主频 66.7 吉赫，内存 128 兆字节、20 吉字节硬盘。外部设备配有 9 台磁带机、1 台热敏绘图仪和 1 台打印机。主机操作系统为 AIX/6000 3.2 版本，装有 FORTRAN、C++ 等编程语言和地球软件公司研制的 GRISYS/WS 地震处理软件。

1995 年 3 月，处理中心引进了 1 套 DEC ALPHA 3000/600 工作站。主机处理器使用的是 64 位 ALPHA 21064 芯片，主频 175 兆赫，内存 128 兆字节、18 吉字节硬盘，配有 3 台磁带机和 1 台 OYO 热敏绘图仪。操作系统为 OSF 13.3 版本，并安装了 GRISYS/WS 地震处理软件。同年，该工作站运往藏北那曲探区用于二维资料现场处理，1997 年返回研究院处理中心。

1996 年 12 月 26 日，引进了 4 套 DEC ALPHA 500/266 工作站。主机处理器采用 64 位 ALPAH 21164 芯片，主频 266 兆赫，内存 128 兆字节、23 吉字节硬盘。运行 OSF 14.0 操作系统。该系统安装了 FORTRAN、C++ 等编程语言。随设备引进的还有 6 台 M 2485 B 磁带机，6 台 M 4 磁带机，3 台 OYO GS 636 - 2 热敏绘图仪，1 台 OYO GS 624 - 2 热敏绘图仪和 2 台富士通 M 3042 D 打印机。该系统也安装了 GRISYS/WS 地震处理软件。1997 年 2 月 18 日，将其中 2 套 DEC ALPHA 500/266 工作站与 1 套 IBM RS/6000 570 工作站运往库尔勒研究中心计算站，由研究院处理中心和该计算站共同进行塔里木盆地地震资料处理。不久，其中 1 套 DEC ALPHA 500/266 工作站随研究院处理中心临时组建的处理组去青海油田进行现场处理。

1994年4月，物探局从研究院和地研院分别调拨给库尔勒研究中心计算站1台IBM RS/6000 570和1台DEC ALPHA 3000/6000工作站。1997年2月，各地调处计算站在用的工作站均安装了GRISYS/WS地震处理软件4.0版本，并联网，由库尔勒研究中心计算站和研究院处理中心前沿处理组共同使用。

（二）各地调处计算站的工作站

1992年，地调一处计算站配备了1台IBM RS/6000 570工作站。1996年又安装了1台DEC ALPHA工作站。

1994年10月，地调二处计算中心配备1台DEC ALPHA 300/800工作站。工作站主机内存128兆字节，主频200兆赫，配备了GRISYS/WS 2.0版本的处理软件。1994年以后，该中心还先后配置了脱机绘图系统1台套，激光照相系统1台套。1996年，该软件升级至GRISYS/WS 3.0版本，1997年升级为4.0版本。

1993年6月，地调四处计算站引进1台IBM/6000 570工作站。该工作站配有4台终端，2台磁带机及监视器、硬盘、软驱动器、8mm磁带机、绘图仪各1台。

1997年2月，引进了1台DEC ALPHA工作站，配有显示器、硬盘、软驱动器、磁带机、打印机和绘图仪等。主机内存32兆字节，字长64位。该计算站拥有的各台工作站均安装有GRISYS/WS地震处理软件。

二、工作站地震处理软件系统的研制和开发

1993年初，研究院独立研制的GRISYS/WS地震数据处理系统工作站版本问世。1993年5月21日，工作站二维地震处理系统通过总公司的技术鉴定。1994年3月，研究院地球软件技术开发公司（简称地球软件公司）成立，完成了在DEC ALPHA工作站上的集成，同年5月9日，由地球软件公司推出GRISYS/WS 2.0版本。同年9月，又推出3.0版本。该版本具有二维、三维及特殊处理功能，共计128个处理模块，其中有预处理模块14个，谱分析模块2个，振幅分析模块10个，反褶积与子波处理模块14个，静校正模块4个，速度分析模块3个，动校正叠加模块12个，信号加强模块10个，偏移模块7个，三维及弯线处理模块16个，特殊处理模块7个，服务性功能模块18个，交互处理模块4，全三维处理模块7个。

1996年5月，地球软件公司推出GRISYS/WS 4.0版本，共计186个处理模块。该版本对3.0版本进行了重大改进，使得地震操作系统功能进一步完善，输入/输出能力与绘图能力得到增强，交互能力有了明显的提高。4.0版本新增处理模块58个，包括二维叠前深度偏移、交互初至折射波静校正、交互观测系统定义、二维和三维剩余静校正、弯线处理、高分辨率、高信噪比及波阻抗等处理功能。

1997年，地球软件公司推出了GRISYS/WS 5.0版本，处理模块总数达到253个。与4.0版本相比，新增67个模块。其中包括交互初至波静校正、二维精细速度场建立和成像、储层综合分析等3个软件包；开发了去噪、反褶积、高分辨率处理、三维处理新方法等模块35个；开发了VSP处理软件，包括19个专用模块；扩充及完善了地震操作系统功能，包括作业文件管理与清除、新的SDMS数据库、信息管理、多文件系统管理和使用等10个功能模块。该版本使得交互处理能力显著改善。其中：交互初至波静校正软件包的投产，解决了地表复杂区的静校正取值问题；二维精细速度场的建立，实现了交互速度分析、沿层速度分析和常速度扫描功能，而且速度分析采用了构造约束的思路建立二维叠加（或偏移）速度场，有效地改进了叠加和偏移的效果；储层综合分析软件包，应用多种学科理论和方法，综合利用地质、岩性、测井和地震资料进行目标信息处理、岩性异常识别、储层描述和评价，可提交多种物性参数的处理成果，提高了含油储层的预测精度；VSP处理软件构成了一个完整的零井源距和非零井源距的VSP资料处理软件体系。

第六节 IBM SP 2并行机处理系统

一、硬件配置

1995年7月20日，研究院处理中心从美国IBM公司引进SP 2并行机处理系统。这套系统的设备包括IBM RS/6000系列25T工作站25套、41T工作站15套、590服务器2套、990服务器2套，IBM 3494自动带库2串，IBM 8260 ATM主干网1套，IBM 8281、8271、8224以太网5套，8毫米磁带机4台；富士通公司的M 248 X型3480磁带机10台，M 3042 D行式打印机6台；STK公司的9941 R M 4磁带机9台；OYO公司的GS 36热敏绘图仪3台和XEROX公司的彩色绘图仪1台。SP 2并行机有16个CPU（4个宽节点、12个窄节点）。处理员使用的终端、工作站与并行机、服务器是通过以太网和

ATM 网通讯，SP 2 的各节点之间主要由它们各自的高性能开关（HPS）通讯联接。以太网的传输率为10兆字节/秒，ATM 网的传输率为100兆字节/秒，SP 2 的 HPS 传输率为40兆字节/秒。

IBM SP 2 并行机的16个 CPU 主机处理器都是 POWER 2 芯片，主频66.7兆赫，9吉字节内置盘。宽节点内存为512兆字节，有8个输入/输出槽；窄节点内存为256兆字节，有4个输入/输出槽。IBM RS/6000 990 服务器的主机处理器采用 POWER 2 芯片，主频71.5兆赫，内存512兆字节，39.5吉字节内置盘，有15个输入/输出槽。IBM RS/6000 590 服务器的主机处理器采用 POWER 2 芯片，主频66.7兆赫，内存512兆字节，18吉字节内置盘，有7个输入/输出槽。IBM 3494 自动带库每套有2台3490E 磁带机、6台3590磁带机、一个机械手，磁带容量为1510盘。每盒3490E 磁带的容量是800兆字节，每盒3590磁带容量为10吉字节。两个自动带库存的磁带数据量达24.5太字节。

二、软件配置与发展

1995年11月，IBM SP 2 并行机系统上安装了 GRISYS/WS 处理软件，开始试生产。由于受 AIX 原版本操作系统的限制，GRISYS/WS 处理软件运行效果不理想，一直未能形成较大的生产规模。为了用好 IBM SP 2 并行处理系统，1996年10月6日在该系统上安装了 WGC 公司的 OMEGA 1.6.3 大型综合交互并行地震资料处理软件。该系统共有207个地震处理模块。经重新配置硬件设备并安装升级操作系统 AIX 4.0 版本后，于1997年1月10日正式投入使用。

该处理软件投产后，处理中心技术支持部的赖能和与李惠平等人将多项式拟合、地表一致性振幅补偿、f-k非线性加强、网格绘图等20多个模块移植到 OMEGA 处理软件系统上，及时解决了 SP 2 并行处理机面对的生产急需问题。

三、管理和维护

由于计算机硬件技术的进步，器件集成度高，设备小型化，所以 IBM SP 2 并行机处理系统的硬件维护工作量相对减少。但是多机联网、多操作系统、多用户和多种作业并存，也使系统维护变得复杂化。为适应这种变化，处理中心将工作站、并行机的硬件和系统软件维护工作合并，成立了工作站并行机维护组，并制定了一套相应的系统软件、硬件维护制度，即《值班制度》、《日常维护制度》、《设备维修制度》等。维护人员不仅要检查各机房的温度、湿度、系统设备状况、排除故障和按规定进行预防性维护，还要进行检查各 CPU 的利用率，删除占用空间多又不必保留的文件等工作。

第七节　COMMAND－Ⅲ计算机系统

1980年，物探局先后引进了2台 COMMAND－Ⅲ计算机，1台配给第三指挥部喀什计算站，1台配给研究院。

COMMAND－Ⅲ计算机是美国 GEOSOURCE 公司生产的小型地震资料处理专用机。该计算机配有主机和 APOLLO 型陈列机及外部设备。主要性能参数：内存64千字节，字长16位，运算速度50万次/秒。外部设备配有4台磁带机、2台动头磁盘机。1985年4月，第三勘探公司将该计算机移至河北正定县第三勘探公司研究所，1990年停机。

配给研究院的1台 COMMAND－Ⅲ计算机于1981年5月10日投产，主要作为预处理机使用。1985年6月，物探局决定将该计算机系统调拨给第一勘探公司计算站，用作现场处理。该计算机包括主机和1台 APOLLO 型阵列机，外部设备有4台磁带机、4台磁盘机、2台打印机。COMMAND－Ⅲ计算机装配了美国 GEOSOURCE 公司编制的地震资料处理软件系统，该系统共有89个处理模块，具有二维常规处理（包括预处理、速度分析、反褶积、动校正叠加等）和碳烃检测等特殊处理功能。但处理炮数、每炮道数、记录道长和覆盖次数都有限制，远不能满足资料处理的要求。

第八节　TIMAP 型计算机系统

1982～1983年，物探局先后引进2台 TIMAP 计算机，1台配给第四指挥部计算站，另1台配给第三指挥部计算站。

配给四指计算站的是1套 TIMAP－Ⅰ型计算机系统。该计算机是一种小型机，包括1台主机，1台 ATP－Ⅱ型阵列机，4台4016型磁鼓，4台9100型磁带机，1台穿卡机，1台读卡机，1台绘图仪，1台打印机及终端等。主机内存容量64千字节，字长16位，运算速度30万次/秒。该计算机系统配备了 MATE－5000 处理软件，该软件具备二维资料处理能力。1988年，TIMAP－Ⅰ计算机报废。

配给三指计算站的是一套从美国引进的 TIMAP－Ⅱ计算机系统。该计算机主机的主要技术指标为：

内存72千字节，字长16位，运算速度50万次/秒，还配有1台ATP－Ⅱ型阵列机。外部设备有4台4016型磁鼓，4台KENNDY 9100型磁带机1台，GOCLD－5100型绘图仪，还有读卡机、打印机和终端等。该计算机地震资料处理软件为GSI公司的软件，具备二维地震资料常规处理能力。1991年6月，TIMAP－Ⅱ计算机停机。

第九节　PE型计算机系统

1983年11月15日，研究院引进1台PE 3230计算机，12月14日投入运行。该机内存16兆字节，字长32位，运算速度120万次/秒，用作预处理。1984年12月30日，研究院与电子工业部十五所联合开发研制的阵列机AP－120B，装配在PE 3230计算机上，提高了该机的运算能力。1987年6月，研究院引进1台PE 3284计算机，同年9月该机装配了AP－120B阵列机，作为研究院的科研专用机。该机内存16兆字节，字长32位，运算速度600万次/秒。

1991年5月，为适应塔里木盆地勘探需要，物探局通过HGS公司引进1台PE 3280E计算机系统，配给地调三处库尔勒计算站，同年6月26日投入运行。PE 3280 E计算机是一台中型并行处理机。主机有4个中央处理机（CPU），内存32兆字节，字长16位，运算速度6000万次/秒。外部设备有10台STC 1960磁带机，10台磁盘，1台彩色绘图仪，1台静电绘图仪，1台行打机，16台终端等。PE 3280E计算机安装了SGI公司编制的TIPEX地震处理软件。该软件具备二维资料、三维资料、VSP资料和特殊处理功能。

第四章　地震资料处理工作

1973年，物探局只有计算中心站从事地震资料处理。1985年后，四个地调处计算站均可进行地震资料处理。1992年后，物探局进行地震资料处理的单位有研究院、库尔勒研究中心计算站、地调二处计算中心、地调一处计算站和地调四处计算站。从处理能力和完成工作量来看，主要是前3个单位。研究院主要承担石油系统的地震资料处理任务，还承揽地矿系统、煤炭系统、国外及国内反承包资料处理的工作量。库尔勒研究中心计算站主要承担塔里木探区的地震资料处理。地调二处计算中心除承担本处部分任务之外，还接受其他探区委托的处理任务。

1973年以后，物探局研究院（包括150计算站时期）作为中国成立最早、规模最大的地震数据处理中心，不仅形成了一套卓有成效的管理制度和技术标准，而且为国内外130余家用户提供数据处理服务，其中石油系统90余家（包括海洋石油系统）、煤炭系统20家、地矿系统12家、外国公司13家（包括反承包项目）。截至1997年底，物探局共处理二维地震剖面133.2万公里，三维地震面积3.57万平方公里，特殊处理剖面5.3万公里，312口井VSP资料。其中以研究院所占比重最大。自90年代起，研究院的地震资料处理水平和能力已步入世界先进行列，成为当今世界上仅有的几个大型处理中心之一。

第一节　地震资料处理管理工作

管理工作是保证地震资料处理正常运作的重要环节。1973年以后，随着地震资料处理和经营方式的变化，管理机构几经变革，管理工作范围、内容也不断拓宽。

一、管理机构沿革

1973年10月至1977年底，物探局计算中心站的资料处理管理工作推行以调度为中心的生产管理机制。生产管理机构以办公室为龙头，下设调度组、技术组。调度组负责资料进出站管理、任务安排和生产统计等工作，技术组负责资料处理过程中各种具体技术问题。

1978年，研究院成立后设置资料处理办公室，负责资料进出站管理、生产统计、用户接待等工作。处理系统操作室设置调度组负责作业上机安排。1983年，成立了3033系统。该系统采用了处理、操作、软件维护等一体化管理模式。1984年，又成立了1724系统。这个时期，各系统内部的生产管理由各系统分别负责，资料处理办公室的职能未变。

1986年，资料处理办公室改名为资料处理管理科（简称资管科）。1993年，研究院数据处理中心成立，撤销资管科，成立经营管理部（后改为生产部）和市场部，分别负责资料处理的生产、经营管理和市场开拓工作。经营管理部下设业务组、统计组、出站结算组和财务组。

二、生产管理工作

（一）资料进出站运行程序

用户的资料进站后，由资管科（经营管理部）业务组下达调度令，分别送交给磁带总库进站验收组、处理中心处理分析室、资管科的统计组。处理分析室的处理员接到处理任务后，填写资料处理统计表。处理员完成处理工作后，送交检验组检验，检验合格后，送出站结算组。

进站验收组接到业务组下达的调度令后，对用户的地震资料进行清点验收，将班报等资料送交处理分析室，野外原始带送交磁带库存档。在进行资料处理时，处理中心机房的磁带管理人员，由磁带库借出磁带，用完后送还磁带库。最后，由磁带库和出站结算组分别将用户的原始资料和处理成果及结算帐单交给用户。

（二）生产报表制度

1978年4月，研究院建立了生产报表制度。资料处理生产报表主要有两种：一是五日报表，后改为旬报表；二是生产月报表。另外还有反映计算机运行状况、资料处理收入经费、局内资料处理进度等局内、院内的专项报表。生产旬报表的主要内容为本旬资料进出站及资料处理动态等。旬报表一般只报给院领导、机关科室及处理中心（系统）等单位。月报表主要内容为：本月资料进出站情况、资料处理动态，计算机运行状况及机时统计、生产分析等。生产月报按时报送（每年12月份的月报代年报）石油部（总公司）、物探局、院机关科室及有关单位。

（三）处理工作量统计及标准公里测算

资料处理的工作量统计内容分二维、三维、VSP和特殊处理等工作量统计。二维和特殊处理以公里计量；三维资料处理以平方公里计量；VSP资料处理以井数计量。

1980年，研究院主管处理工作的副院长金祖荣和处理办公室的管理人员提出将不同类型、不同采集参数、不同处理参数的地震资料，通过基本处理流程工作量换算系数公式换算成标准公里。超过基本处理流程以外的处理项目均要通过《地震勘探数据附加处理标准公里系数表》查出相应的系数，再换算成标准公里，作为二维资料处理工作量的计量单位。1985年，石油部劳资司、勘探司以物探局研究院处理工作量换算办法为基础颁发了资料处理标准公里折算方法。1987年，物探局将标准公里作为考核各单位资料处理工作量的计量单位。

（四）处理成果和数字磁带存档

根据研究院资料处理存档制度规定，处理成果和原始数据磁带必须存档。存档时间分为永久、长期和临时三种。

存档的处理成果，包括处理报告、局内资料的抽道集带、水平叠加成果带和叠加偏移成果带等。这些资料分别由院档案室和磁带库长期保存。根据物探局要求，研究院的磁带库永久保存局属地震队的地震勘探原始数据磁带，并定期进行清洁。1983年，研究院成立了磁带室，制定了严格的存档制度。存档制度对磁带库的环境、温度、湿度及入库、借用、保密等都有明确规定。

三、质量管理

从1974年起，资料处理成为一种生产性行业，质量管理工作也应运而生。资料处理的质量管理，可分为两个阶段：第一阶段从1974年至1988年，为传统质量管理阶段，又称为检验质量阶段；第二阶段从1989年至1997年，为全面质量管理阶段。传统质量管理阶段是按照预先制定的技术规程（要求）对处理分析员所完成的剖面进行质量检验，检查合格后，结账出站，一旦发现问题，退回返工。这种质量管理属于一种防守型质量管理模式。1989年，推行全面质量管理，即由全员参加，既贯彻以预防为主，又积极为用户服务的模式。

（一）质量检验机构

1974年，物探局计算中心站成立了检验组，主要负责检查资料处理的编码工作和计算机运行是否正确。1978年，研究院成立了由7名成员组成的质量检验组。1979年12月，计算机一室成立检验组，负责检查编码作业。1983年8月，IBM 3033处理系统的资料处理管理工作采用了美国西方地球物理公司的模式。1984年，分别按计算机系统类型成立了检验组，负责本系统的质量检验工作。各系统处理的剖面经检验后，送交资料处理办公室的出站结算组结账出站。1988年10月，研究院成立了院级质量检验机构——质量检验科，由院总工程师领导。检验科后改为检验室，隶属院科技科或科技生产部，仍由院总工程师领导。检验科主要负责对各处理系统处理成果进行抽检。各系统内部的检验组隶属各系统主任工程师领导。这样设置的检验机构及隶属关系，可保证质量检验的独立性。物探局其他二级单位计算站的质量管理也分别由专职或兼职检验员执行，并由主任工程师负责。

（二）质量控制和检验

资料处理的质量检验总体上分为资料进站检查验收、工序检验和成果检验三部分。资料进站检查验收采用计数检验方式，要求资料齐全完好。成果检验为出站检验，采用感观检验方式，观察出站胶片是否能够长期保存，图头上填写的参数是否正确，CMP个数是否与原始资料相符等，后发展到检查处理参数与编码是否正确无误等。

1983年，IBM 3033计算机在研究院投产后，为保证资料处理的质量，提出了质量控制体系。1985年，建立了地区责任工程师制度，规范了地区责任工程师的质量管理职责。1989年，推行全面质量管理，形成了三级质量控制和三级质量检验的质量管理体系，同时也制定了岗位职责范围和检验方式，增加了工序质量检验。

三级质量控制的第一级由处理分析组组长执行，负责本组资料处理的技术和质量问题；第二级由地区责任工程师执行，负责某地区或某一片资料处理过程中的技术指导和质量控制；第三级由主任工程师或各系统总工程师负责执行质量监督。

在处理流程确定的前提下，三级质量检验的第一级是处理分析员自检，保证每一步作业的编码和处理参数选用正确无误；第二级是处理分析组组长的检查，负责全组按处理流程及正确选取处理参数进行处理，重点检查A级和B级作业步（处理流程中所有作业步，按其重要程度划分为A、B、C三级）；第三级为系统或中心的检验组检验，重点检验A级作业步，抽查其他作业步。

1988年，物探局制定了《二维地震资料常规处理质量考核办法》。办法规定：物探局对研究院出院的本局当年二维地震资料的常规处理质量采取每月（或不定期）抽样考核，每月按处理出院的剖面公里数的5%～10%抽样，并规定了检验依据和内容。检验结果作为对研究院质量考核的依据。该质量考核办法也适用于全局各资料处理单位。

库尔勒研究中心计算站的三级质量控制体系，由处理分析组长、计算站主任工程师、研究中心质量总监组成。前两级的质量监督重点为资料处理的各个中间环节，最后一级的监督重点为处理剖面的地质成果。三级质量检验体系，为处理分析员自检、处理组长检查、计算站检验员检验。局内其他计算站采用与研究院相似的质量控制和检验体系。

（三）质量检验依据

1988年前，研究院资料处理质量检验依据院制定的《资料处理检验技术规程》。1993年1月1日，物探局发布了地震资料处理的7项标准。该标准采用按项目分类方法制定。该标准主要涉及二维地震资料常规处理的野外原始资料进站验收、二维地震资料常规处理质量控制、三维地震资料常规处理成果评价、垂直地震剖面（VSP）资料处理和质量评价、地震资料特殊处理、地震资料处理成果带存档记录格式和陆上三维资料处理技术等。

1996年12月，物探局标准化委员会对1993年发布的资料处理技术标准进行修订，发布了Q/WT·K09·101－1996～Q/WT·K09·108－1996等8项技术标准和技术规程，其中包括二维、三维、特殊处理及VSP资料处理的出站评价和技术规程等。这些标准全面详细地规定了各类资料处理的质量控制、质量检验和出站质量评价的技术要求，成为1996年以后进行资料处理和质量控制的依据。

第二节　地震资料处理工作和技术

一、DJS－11计算机时期的处理工作

70年代是中国地震勘探技术处于由模拟技术向数字技术转变时期。野外采集多为模拟磁带记录，资料处理要通过模数转换技术将模拟磁带记录转换成数字信号，在计算机上进行处理。1973年10月，计算中心站采用DJS－11计算机试处理的第一条剖面为留路275.7测线的水平叠加剖面（见图4－10），标志中国地震勘探步入数字处理时代。1974年初，燃化部从法国引进一艘勘探船装配有SN－338型数字地震仪。为验收该地震仪，在中国南海海域施工了一条南海Ⅱ地震测线。当时法国厂家认为：中国尚无处理能力，必须拿到法国进行处理。计算中心站怀着为国争光的志向，组织站内10余名技术人员编制出用于海上地震资料处理的软件——C程序。同年4月2日，完成了该测线的资料处理工作，并发现SN－338型数字地震仪存在的问题，迫使厂家重新调试。该剖面为中国第一条数字采集、处理的地震剖面，被誉为“争气剖面”（见图4－11）。随后，在计算中心站技术人员的努力下，处理软件不断增加和完善，尤其是直射线和曲射线叠加偏移、反褶积等模块的投产，有效地提高了地震资料处理质量。

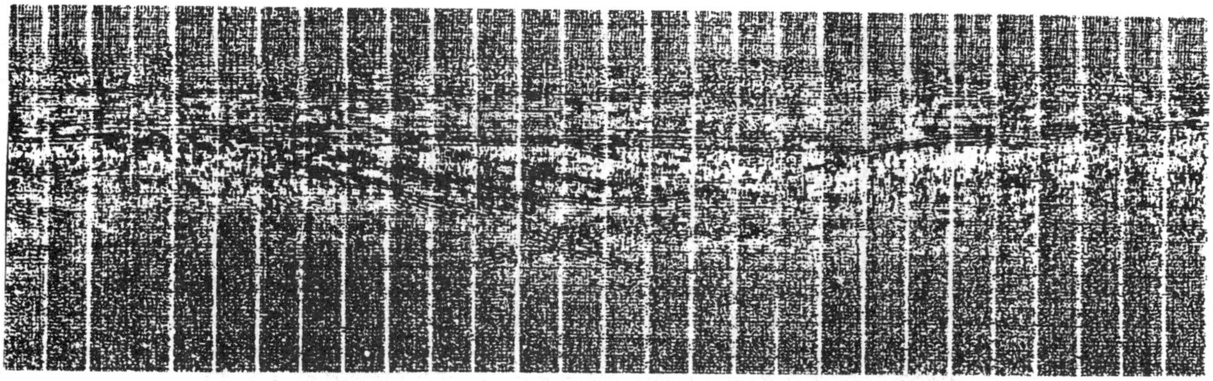

图 4－10　留路 275.7 测线水平叠加剖面

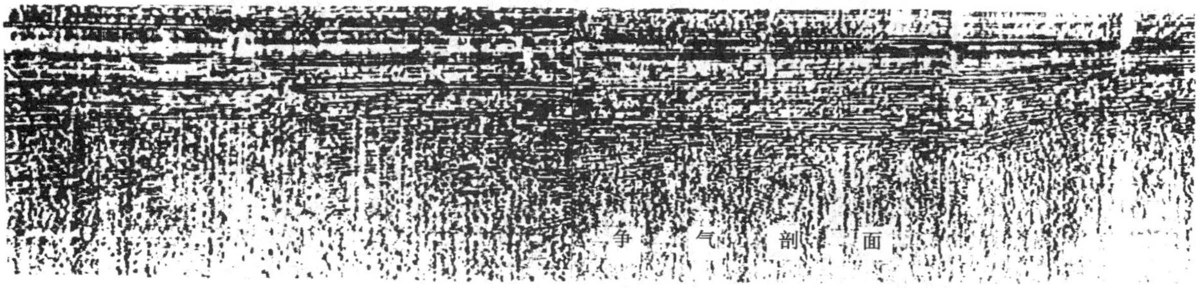

图 4－11　南海Ⅱ测线数字水平叠加剖面（1974 年 4 月）

1974 年 6～9 月，在商河西模拟资料数字处理会战中，共处理了 39 条测线。经过数字处理的剖面，信噪比、连续性、构造特征等都较模拟回放剖面有显著提高，尤其是中、深层资料品质有较大改善，断点清晰，断面可靠，回转波和倾斜界面的归位效果好。同时，形成二维资料处理基本流程（见图4－12），其中的反褶积和叠加偏移模块为可选作业。

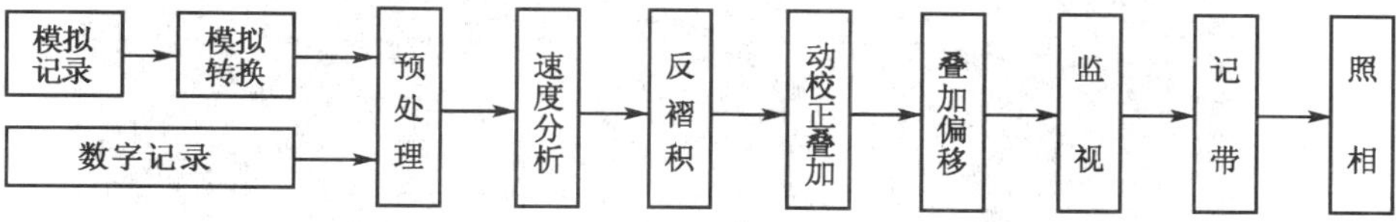

图 4－12　1974～1977 年二维地震资料处理基本流程

1975 年 4～6 月，为配合冀中地区解释会战，编制“四准确”地震构造图，对冀中坳陷任丘地区 50 多条测线的模拟记录进行数字处理。经过反复处理获得的剖面，主要反射层突出，断点清楚，奥陶系顶部的绕射波获得正确归位，古潜山界面清晰，为发现和开发任丘地区古潜山油田提供了可靠依据。

在商河西和任丘地区资料处理中，处理工作采用“处理分析—上机操作—成果解释”三结合的形式。此形式以成果解释为核心，处理和操作均围绕成果解释需要开展工作，促进了地震资料处理和解释的结合，有效地提高了资料处理的质量。

1974～1977 年，二维资料处理技术有了较快的发展，具备海上和陆地的地震资料处理能力。用于海上资料处理的专用模块有蒸汽枪反褶积和预测反褶积。用于陆上资料处理的反褶积模块有脉冲反褶积及波形反褶积。用于地震偏移的有直射线和曲射线叠加偏移模块。预处理、速度分析、提高信噪比等处理手段也有改进。以提取岩层物性参数为目的的处理模块有频谱分析、亮点技术、合成记录等。张银凤、魏忠熊和吴烈诩等 3 人开始研究偏移叠加的处理方法和程序，并于 1977 年初试处理了东濮 241 测线，见到明显效果（见图 4－13）。

1974～1977 年期间，计算中心站共处理炮记录 211.17 万张，二维地震剖面 7.66 万公里，叠加偏移剖面 1.9 万公里，速度谱 4.8 万个，频谱分析点 0.32 万个。有关年度的处理工作量列于表 4－3。

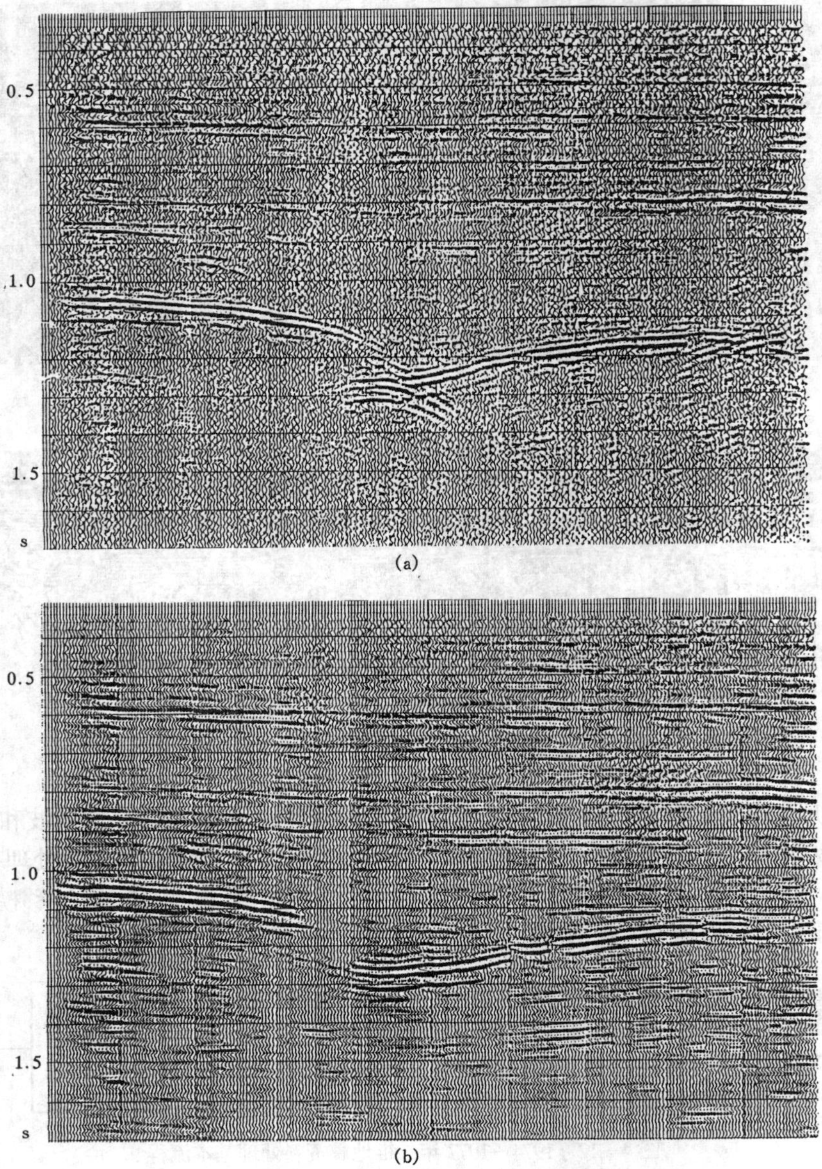

图 4－13　东濮 241 测线水平叠加剖面（a）和偏移叠加剖面（b）的比较

表 4－3　1974～1977 年物探局计算中心站处理工作量统计表

时间（年）	处理总炮数	二维（km）	叠加偏移（km）	速度谱（个）	频谱（点）
1974	166493	4300.9		4422	309
1975	485793	15691.9		12869	713
1976	662990	22941.2	7088.1	14605	2133
1977	796412	33674.5	11949.8	16174	
合计	2111688	76608.5	19037.9	48070	3155

1979 年 9 月 28 日，在“国务院表彰工业、交通、基本建设战线的全国先进企业和模范大会”上，国务院授予物探局计算中心站为全国先进企业的光荣称号。

二、CYBER 1724 计算机系统时期的处理工作

1978 年 1 月，CYBER 1724 计算机系统投入使用，研究院作为中国最大的地震资料处理中心开始形成。1980～1982 年，第二、三、四指挥部分别建

立了计算站进行资料处理。1979 年 11 月，物探局勘探处决定：局内二维资料处理流程必须加反褶积和叠加偏移模块。1980 年以后，局外用户也仿效执行。这个时期，二维资料基本处理流程如图 4－14 所示。

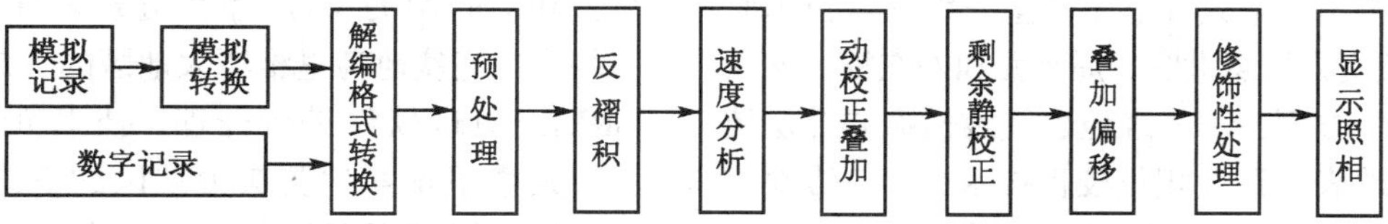

图 4－14　1980 年研究院采用的二维地震资料处理流程

1978～1983 年，二维地震资料处理技术有较大发展，主要表现在：①预处理增加了弯线和宽线处理功能，以及可控震源记录的相关处理功能；②反褶积技术有脉冲反褶积、预测反褶积、蒸气枪反褶积、最小熵反褶积、最大熵反褶积、两步法统计子波反褶积和消除仪器因素影响反褶积等；③静校正处理增加了剩余静校正和自动剩余静校正功能；④叠加偏移处理增加了波动方程偏移、高阶有限差分偏移等功能；⑤去噪和修饰性处理技术主要有滤波、二维滤波、倾角相干加强等；⑥开始采用彩色显示技术。这些处理手段的应用有效地提高了二维资料处理质量。特殊处理项目有亮点、三瞬和波阻抗等，1982 年开始形成批量处理能力。

1978～1983 年，利用 CYBER 1724 计算机系统共处理二维地震剖面 23.04 万公里，特殊处理剖面 3893 公里。

三、IBM 计算机系统和 YH－1 计算机系统时期的处理工作

1980 年以后，物探局野外地震采集重点向中国西部转移，资料处理工作量主要来自塔里木和吐哈地区。这个时期，二维资料处理基本流程为：解编、预处理、静校正、反褶积、初步叠加、速度分析、动校正叠加、剩余静校正、叠后偏移、修饰性处理、滤波和增益、合成显示。

1983 年，研究院租赁的 IBM 3033 计算机系统投产，1985～1992 年间又先后租赁和引进了 IBM 3081、3084 和 4381 等计算机系统，分别组成多种复合处理系统。1984 年 8 月 15 日，研究院在 IBM 3033 计算机上完成了中国第一块陆地三维地震资料处理工作。该块三维资料由物探局二公司三维队在山东省大王庄地区采用 20 次覆盖方法采集，满覆盖面积为 33 平方公里，共 2136 炮。三维处理组王家序等人负责这项处理，采用的处理流程见图 4－15。此流程是研究院建立的第一个三维地震资料处理流程。

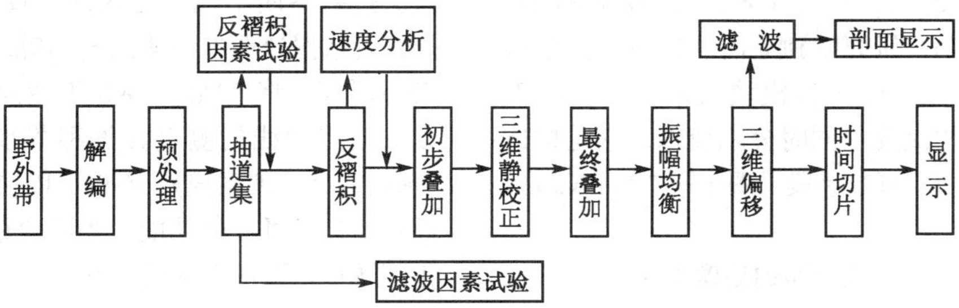

图 4－15　1984 年大王庄三维地震资料处理流程

1986 年 11 月，研究院银河处理中心在 CYBER 730 计算机上处理了辽河油田曙光区块三维地震资料，重新建立了三维地震资料通用处理流程，为银河计算机批量处理三维地震资料奠定了基础。在完成国家“六五”科技攻关项目《三维地震勘探技术》的过程中，物探局的地球物理工作者进行了多项研究工作。80 年代中期，李庆忠提出的两步法偏移技术开始用于三维地震资料处理。

1987 年 2 月，研究院研制的《银河地震数据处理软件》通过国家鉴定，该系统处理三维地震资料具有独特优势。1991 年 9 月，银河处理中心在银河计算机上首次为冀东油田南堡凹陷多年施工的 6 块三维开展连片处理，面积 300 平方公里。通过连片处理，查清了南堡凹陷的构造全貌，为进一步钻探提供了依据。

随着三维地震勘探处理工作量日益增多，三维地震资料处理技术也得到了很大发展。1992 年 7 月，研究院采取招投标形式开展了“全三维处理技术研究”，项目负责人为赵世贤、周兴元和刘在枢。该项目共分为八个方面：①三维地表一致性振幅补偿技术；②三维地表一致性相位校正技术；③三维地表一致性反褶积技术；④三参量速度分析与动校正技术；⑤三维空变切除技术；⑥道内插技术；⑦三维提高信噪比技术；⑧三维叠后一步法偏移技术等。1993 年底，该项目通过研究院的初步验收。这些模块与原 WGC 公司的处理软件中原有的三维 DMO、三维自动剩余静校正等模块构成了全三维处理的基本流程，初步形成了全三维处理能力。1994 年，局勘探处选定两块三维资料，分别采用 GRISYS 处理软件和新研制的 WGC 系列处理软件进行试处理。一块是二连盆地乌里雅斯太地区的三维资料，利用 GRISYS 处理软件进行处理，技术负责人曾友爱；一块是塔里木盆地英买力地区的三维资料，利用 WGC 系列处理软件进行处理，技术负责人刘在枢。全三维处理结果与常规三维处理相比，处理质量有了明显提高，得到了用户好评，但机时消耗也成倍增长。全三维处理流程见图 4－16。

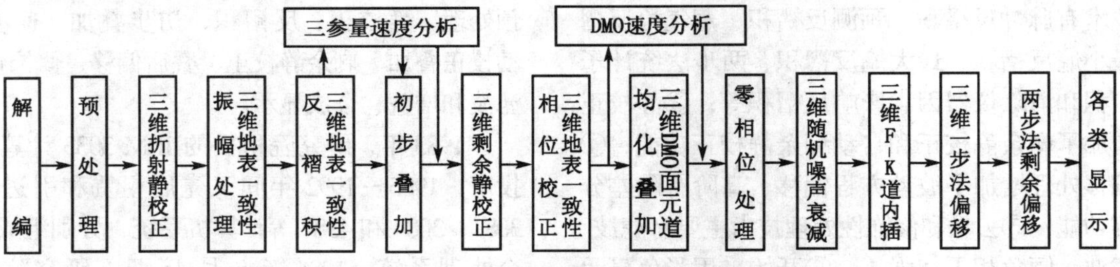

图 4－16　全三维地震资料处理基本流程

在 80 年代中期，物探局的二维地震资料处理技术也有较大发展。1985 年，第二勘探公司在 RDS 500 计算机上开发了横波资料处理软件，并进行了纵横波资料处理工作。研究院用于特殊处理的模块有波阻抗转换、地震岩性模拟、亮点、三瞬、振幅—炮检距分析（AVO）等。自 1986 年起，批量处理垂直地震剖面资料（VSP）（包括零井源距和非零井源距）的处理流程开始形成。1986 年，为解决倾斜界面正确成像问题，研究院独立研制的波动方程偏移和倾角时差校正（DMO）模块投入使用。DMO 技术的使用可使相交反射同时分别成像，它是构造复杂地区资料处理的有效手段。图 4－17 为 DMO 处理前后的效果对比。

四、工作站和并行机时期的处理工作

90 年代初期，随着工作站和并行机投入使用，物探局各处理单位的地震资料处理作业方式有很大变革，采用的资料处理技术也不断更新。1993 年 5 月，研究院地球软件公司正式推出 GRISYS/WS 工作站地震数据处理系统。1994 年 9 月，推出了 3.0 版本，与此同时，总公司给物探局地调一、二、三、四处、研究院处理中心、库尔勒研究中心计算站配备了 DEC ALPHA 工作站。1997 年地球软件公司又推出了 GRISYS/WS 5.0 版本，不仅拥有先进齐全的处理手段，而且还能同时开展交互处理。GRISYS/WS 处理软件已在全国石油系统推广应用。

1995 年 10 月，研究院引进了 IBM SP 2 并行计算机处理系统，共计 16 个节点，装配了 GRISYS/WP 处理软件和 OMEGA 处理软件，进一步提高了研究院处理中心的处理能力。1995 年，地球软件公司推出了《初至折射波交互静校正软件包》，解决了浅层折射界面不稳定地区的静校正问题。1996 年，研究院数据处理中心赖能和与陈维等人经过三年的潜心研究，将 1978～1996 年期间塔里木盆地 4000 多条地震测线的测量数据和静校正数据，编制成《基础数据管理系统》，不仅可以快捷地检索和计算，而且增加了可视化功能，为解决塔里木盆地的静校正问题提供了可靠基础数据。

1996 年，研究院由以色列 PARADIGM 公司引进的叠前深度偏移软件投产。次年，由研究院王有新等人自行开发的叠前深度偏移模块用于塔里木盆地克拉苏构造的三维地震资料试处理，获得了明显的效果。图 4－18 为研究院处理的叠前深度偏移时间剖面和叠后时间偏移剖面的对比结果。

1995～1997 年期间，物探局共处理二维地震剖面 17.5 万公里，三维地震勘探面积 0.9 万平方公里，特殊处理剖面 10.6 万公里，54 口井 VSP 资料。

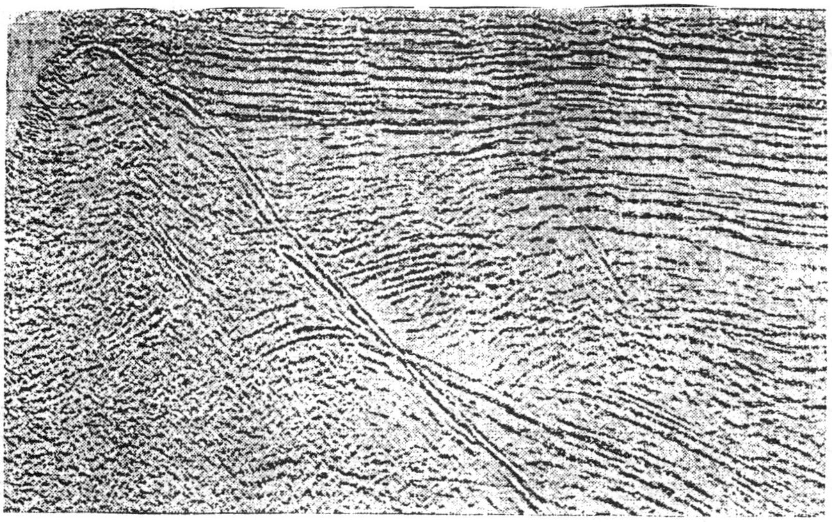

(a)

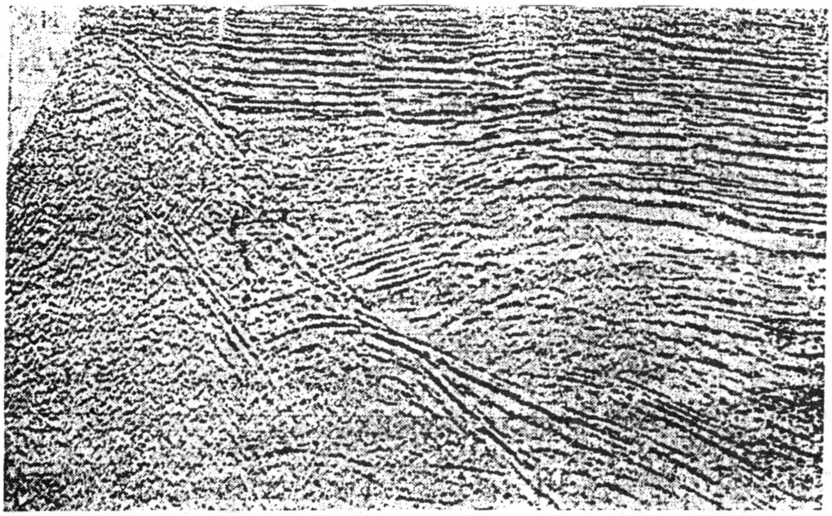

(b)

图 4－17　DMO 处理前后的水平叠加剖面对比
(a) 未作 DMO 处理；(b) 作 DMO 处理

五、不同地表条件下的地震资料处理工作

(一) 平原地区

在中国东部平原地区，地表地质条件相对单一，多为农田、草原和沼泽，但是地下地质构造起伏大，断层发育，断面波、绕射波及侧面波不时出现。这类地区的地震资料处理工作需要解决的主要问题是：倾斜界面、断面波及绕射波等的叠加成像和偏移归位问题。

为解决华北地区地下大倾角地层归位问题，1974 年 5 月，物探局计算中心站编制了直射线叠加偏移程序，在当年处理山东商河西地震资料和次年处理河北任丘地区的地震资料中，取得良好的处理效果。1977 年，采用李庆忠提出的拾取和使用叠加速度的原则及办法，进一步提高了华北平原地区地震资料的水平叠加处理效果。1978 年，波动方程叠加偏移程序投产，随后该偏移程序的其他算法也先后投入使用，对高角度倾斜界面、断面的成像、绕射波的收敛、干涉带分解等都见到了良好效果。经过偏移处理的剖面，倾斜界面归位可靠，断点清晰。1982 年，开始了以保持振幅为主要内容的特殊处理工作。自 1985 年起，在华北平原地区资料解释中，直接使用叠加偏移剖面进行解释和作图。1986年，DMO技术投产，倾斜界面、断面波等信息都得到了较好的保护，为作好叠加偏移处理提供了可靠的基础。

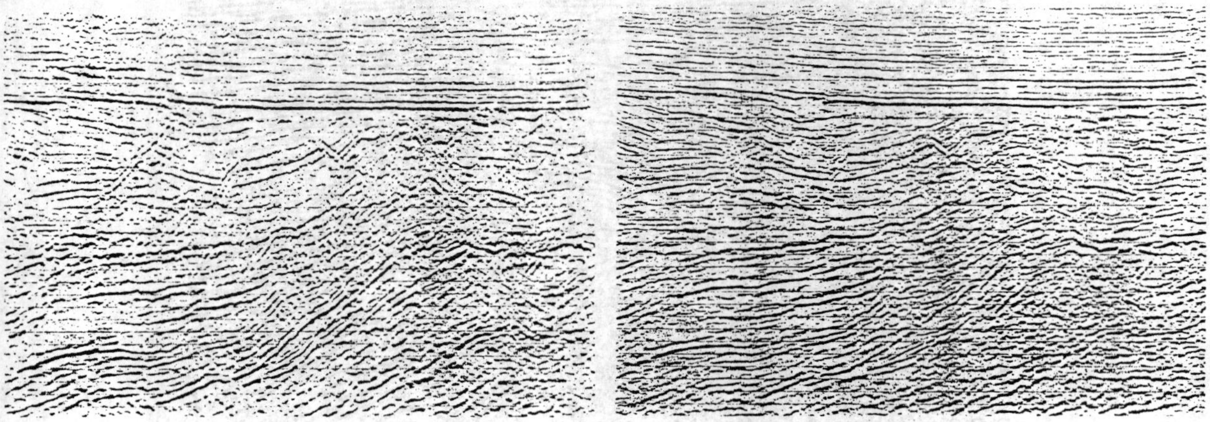

(a) (b)

图4-18 叠前深度偏移时间剖面（a）和叠后时间偏移剖面（b）对比

（二）沙漠地区

中国的西部地区有许多沙漠，而这些沙漠又蕴藏着丰富的石油资源。大沙漠地区的地震勘探在技术方法上主要要解决静校正和低信噪比两个问题。1983年，物探局地震队进入塔克拉玛干大沙漠地区施工。地表为高大沙丘，且厚度不等，造成地震记录信噪比低，致使静校正问题更显复杂，给地震资料处理带来很多困难。1983年以后，围绕塔克拉玛干大沙漠地区的地震资料处理中的静校正问题和低信噪比问题，物探局的科技人员开展了卓有成效的工作，形成了一套有效做法。

对于静校正工作，首先作初步静校正，即采用地震队提供的静校正量进行校正；然后采用该区的沙丘曲线求取静校正值，也可采用扩展初至折射波静校正（EGRM）方法求取静校正值。完成初步静校正后，再作自动剩余静校正。

对于大沙漠地区地震资料信噪比低的问题，常用的去噪手段主要有叠前二维滤波、异常振幅压制（ZAP）、叠后随机噪声衰减（RNA）、径向预测滤波（RPF）、多项式拟合等。这些去噪处理手段，对压制大沙漠区的随机干扰和规则干扰均有明显效果。

（三）山地

物探局地调二处2206地震队于1990年开始在塔里木盆地克里阳地区开展山地地震勘探工作。至1997年，物探局已在吐哈盆地的七克台、火焰山和塔里木盆地的鸟山、柯克亚、库车等12个地区开展山地二维或三维地震勘探工作。研究院在处理山地地震资料中，主要注意解决三个问题：①静校正问题；②低信噪比问题；③大倾角地层的成像问题。

对于不同山区，要选用不同的静校正方法。在地表覆盖层比较单一的条件下，往往只需作地形高程校正，即根据用户的要求，全工区选定一个统一的浮动基准面，将地形高程数据换算到浮动基准面上，再进行静校正处理。地表覆盖层比较复杂的地区，静校正数据由微测井、小折射及大炮初至等方法取得，在此静校正基础上再作若干次剩余静校正处理。1995年以后，地球软件公司开发的交互折射波静校正技术，采用大炮初至波和迭代处理，取得明显效果。在此基础上，采用地表一致性剩余静校正技术和非地表一致性剩余静校正技术进行静校正处理，解决了“静校正不静”的问题，使剖面品质有了进一步改善。在三维处理过程中，作完地形的高程及低降速带校正后，采用三维静校正技术，即对纵横测线分别进行剩余静校正处理，可以提高地震剖面的信噪比。

1996年，研究院在处理地调四处于1995年采用随机观测系统完成吐哈盆地七泉湖地区一块三维地震资料中，采用X-Y坐标定义每一个炮点和检波点的位置，从而保证了地下反射点位置的准确性，正确划分了共反射点面元。

至于解决低信噪比和大倾角地层的成像问题的方法，与其他地区的处理方式相同。

（四）海洋

1974年初，物探局计算中心站使用DJS-11计算机和自行研制的海上地震资料专用处理软件——C程序，处理出中国第一条海上地震剖面。至1997年，物探局研究院共处理海上二维地震资料12.7万公里；3块三维资料，一次覆盖面积368平方公里。

由于海上地震勘探激发和接收条件比较单一，信噪比较高，故资料处理相对陆地要简单，但也有其特殊性。首先要进行导航资料处理，确定炮点和检波点的位置，然后才能开展预处理工作。海上勘探的震源有多种，若使用蒸汽枪作为震源，资料处理相应采用蒸汽枪反褶积进行处理。海上地震资料的主要干扰波是交混回响。资料处理时，多采用预测反褶积模块。采用的特殊处理项目有亮点、三瞬等，均较陆上资料有更为明显的效果。

六、物探局各地震资料处理单位完成的处理工作量

1974～1997年，物探局共处理二维地震剖面1332758.91公里，三维勘探面积35710.6平方公里，特殊处理剖面531899.8公里，312口井VSP资料(处理工作量相当于889.2万标准公里)。各处理单位完成情况见表4－4。其中以研究院承担的处理工作量最大。表4－5为研究院1978～1997年期间历年地震资料处理工作量统计表，表4－6和表4－7为研究院不同机型完成的地震资料处理工作量统计表。物探局地调二处和库尔勒研究中心计算站地震资料处理工作统计表分别列于表4－8、表4－9。

表4－4　1974～1997年物探局各计算站处理工作量统计表

单　位	二　维(km)	三　维(km^2)	特殊处理(km)	VSP观测井数(口)
计算中心站	76608.5			
研究院	1128274	34813.9	515290.7	139
库尔勒研究中心计算站	43667.3		13380	72
二处计算中心	55338.9	896.7	3229.1	101
三处计算站	25600			
合　计	1332758.91	35710.6	531899.8	312

表4－5　1978～1997年研究院地震资料处理工作量统计表

时　间(年份)	二　维(km)	三　维 一次覆盖面积(km^2)	三　维 满覆盖面积(km^2)	特殊处理(km)	VSP观测井数(口)
1978	77996				
1979	71767				
1980	56969				
1981	38560				
1982	24530			1776.7	
1983	22996			2117	
1984	58322	209.3		3815	
1985	50871	786.5		12394	
1986	61107	797.1		15714	9
1987	82140	586		55292	23
1988	72165	1060		79264	14
1989	67636	2143		44923	8
1990	60850	2502		36335	13
1991	50123	4605	3822	32691	29
1992	71588	4001	3284	44022	26

续表

时间（年份）	二维（km）	三维		特殊处理（km）	VSP观测井数（口）
		一次覆盖面积（km^2）	满覆盖面积（km^2）		
1993	76872	2731	2230	20803	7
1994	50580	4665	3476	71284	4
1995	45654	3105	2532	47542	2
1996	30711	3579	3677	19947	3
1997	56837	3314	2441	27371	1
合计	1128274	34083.9	21462	515290.7	139

注：1984～1990年期间，三维满覆盖面积未统计。

表4－6　1978～1992年研究院不同机型的地震资料处理工作量统计表

时间（年份）	DJS－11机	1724机及YH－1机			
	二维（km）	二维（km）	三维		特殊处理（km）
			一次覆盖面积（km^2）	满覆盖面积（km^2）	
1978	30986	47010			
1979	17863	53904			
1980	11726	45243			
1981	1593	36967			
1982	264	24266			1776
1983		22996			2117
1984		24914			1342
1985		22018			9837
1986		25359	49		12208
1987		22003	90		18486
1988		21124	179		25684
1989		20440	177		5412
1990		15624	280		4930
1991		12693	307	255	9687
1992		10211	591	389	4574
合计	62432	404772	1673	644	96053

表4－7　1984～1997年研究院IBM系统地震资料处理工作量统计表

时间（年份）	二维（km）	三维		特殊处理（km）
		一次覆盖面积（km^2）	满覆盖面积（km^2）	
1984	33408	209.3		2473
1985	28853	786.5		2557
1986	35748	748		3506
1987	60137	496		36806
1988	51041	811		53580

时间 （年份）	二维 （km）	三维 一次覆盖面积 （km^2）	 满覆盖面积 （km^2）	特殊处理 （km）
1989	47196	1966		39511
1990	45226	2222		31405
1991	37430	4298	3567	23004
1992	61377	3522	2895	39448
1993	76872	3619	2136	20803
1994	50610	4430	3280	45182
1995	43808	2841	2033	47542
1996	23247	3119	2185	19947
1997	44715	2857	2060	27371
合计	639668	31924.8	18156	393135

表4－8　1981～1997年地调二处计算中心及其前身处理工作量统计表

时间（年份）	二维（km）	三维（km^2）	特殊处理（km）	VSP观测井数（口）
1981	3643.6		550	
1982	4764.7		1392.3	
1983	6317.4		122.4	
1984	5726.5		455.1	
1985	3587.1		248.2	
1986	3775.1		461.1	
1987	3945.5			
1988	1102			
1989	886.7			5
1990	369.5			42
1991	187.6			28
1992	905.2			26
1993	3494.1	244.00		
1994	4462.2	433.70		
1995	5015.7	219.07		
1996	4715			
1997	2441			
合计	55338.9	896.7	3229.1	101

表4－9　1992～1997年库尔勒研究中心计算站处理工作量统计表

时间（年份）	二维（km）	波阻抗（km）	VSP观测井数（口）
1992	6050		
1993	6096.6		
1994	6129.7	1580	24
1995	6221	1500	12
1996	6170	2300	16
1997	13000	8000	20
合计	43667.3	13380	72

第三节 用　　户

物探局各地震资料处理单位承接的处理用户除物探局所属各勘探及科研单位外，国内用户主要来自中国石油天然气总公司及前身下属各油田勘探及研究单位，中国海洋石油总公司下属4个子公司、煤炭系统的煤田和物测队、地矿系统的物探大队；国外用户主要来自外国石油公司在华承包商和外国石油公司。

一、国内用户

（一）计算中心站时期的用户

1974～1977年，物探局局内用户有第一、二、三指挥部及研究所的成果室。局外用户有京津、大港、南海、江苏、青海、新疆、安徽、江西、广西等石油勘探单位。同时还接受了部队和院校及中科院等科研单位的算题。

（二）研究院时期的用户

研究院地震资料处理用户来自石油系统、地矿系统、煤炭系统及有关科研单位，共计有120余家。

物探局局内用户有地调一、二、三、四处及前身和地研院、勘探处等14个单位。共处理二维地震资料725739公里，占二维处理总工作量的64%；处理三维资料96块，合计一次覆盖面积18536.2平方公里，占三维处理总工作量的56.7%。物探局外石油系统用户有辽河、大庆、玉门、塔里木、吐哈、安徽、大港、滇黔桂等80余家，共处理二维地震资料317316公里，占二维处理总工作量的28.1%；处理三维地震资料118块，合计一次覆盖面积13399.7平方公里，占三维处理总工作量的43.3%。有关国内用户处理工作量统计情况详见表4－10、表4－11。

煤炭系统用户分布全国10余省的煤田及煤炭部研究单位，主要有河北、安徽、河南、江西、辽宁、山西等煤田及煤炭部下属物测队。1978～1997年，研究院共接待煤炭部用户20家，82频次，处理二维地震资料10278公里，占二维处理总工作量的0.91%；三维资料3块，一次覆盖面积10平方公里（见表4－12）。

地矿系统用户主要来源于地质矿产部各物探大队，其工作量多发生在1985年之前。研究院共接待地矿系统用户12家，30频次，共处理二维地震资料17593公里，占二维处理总工作量的1.55%（见表4－13）。

（三）库尔勒研究中心计算站

库尔勒研究中心计算站的主要用户是物探局地调一、二、三、四处和总公司塔里木勘探开发研究中心。

（四）地调二处计算中心

地调二处计算中心除完成局规定本处施工资料的处理任务和研究任务外，还处理了大庆、胜利、中原、江汉、南海、华北、吉林、西藏、辽河、长庆、玉门、新疆、塔里木、吐哈等勘探单位的地震资料。

（五）地调三处计算站及一、四处计算站

地调三处及前身计算站1980～1982年间的资料处理任务主要是现场处理；1982～1991年间主要完成本处的部分资料处理任务。

地调一、四处及前身计算站主要承担现场处理，不承担最终成果处理任务。

表4－10　1978～1997年研究院承接石油系统用户二维地震资料处理工作量统计表

序号	用户名称	频次	总工作量（km）	二维处理工作量（km）				
				1978～1980年	1981～1985年	1986～1990年	1991～1995年	1996～1997年
1	地调一处	20	136537	14463	31488	38673	47347	4566
2	地调二处	20	142725	24765	20805	46964	46638	3553
3	地调三处	20	190718	10497	29117	68348	75168	7588
4	地调四处	20	140685	12818	37263	40253	42373	7978
5	地研院	19	113202	8205	19360	52263	29213	4161
6	局勘探处	10	4592		194	223	4033	142
7	辽河油田	19	32537	1404	11339	15422	3134	1238

续表

序号	用户名称	频次	总工作量(km)	二维处理工作量(km)				
				1978～1980年	1981～1985年	1986～1990年	1991～1995年	1996～1997年
8	滇黔桂石油勘探局	18	9688	1175	2162	3314	2545	492
9	玉门油田	15	18658	661	500	3760	7253	6484
10	大庆油田	15	29997	2176	740	13124	7085	6872
11	江苏油田	15	4845	1189	1942	1375	151	188
12	安徽石油勘探总公司	10	5302	2569	437	746	1550	
13	大港油田	14	4755	170	684	1996	336	1569
14	青海石油管理局	10	3545	976	299	651		1619
15	胜利油田	9	10643	205	3082	6018	1295	43
16	浙江石油勘探处	8	1325	336	610	379		
17	河南油田	8	14800	1435	5720	7645		
18	华北油田	8	17149	183	2732	12032	98	2104
19	长庆油田	5	1283	547	264	431	41	
20	吉林油田	6	5929	2302	385	3242		
21	吐哈油田	6	4354				3797	557
22	南海西部石油公司	9	42250	26403	47	15800		
23	四川石油管理局	4	1891	49		1842		
24	新疆石油管理局	6	4404	3856	353		195	
25	塔里木石油勘探开发指挥部	4	12672				1895	10777
26	中原油田	4	1667			1384		283
27	渤海石油公司	4	41516	39529	1987			
28	局内其他单位	16	1872	462	231	78	1022	79
29	新区事业部	11	6926				3624	3302
30	冀东油田	3	2084				622	1462
31	其他用户(11家)	34	34504	24462	195	5508	4166	173
合计		370	1043055	180837	171936	341471	283581	65230

注:此表所列41家,实际为90余家,例如辽河油田有6家,南海西部石油公司有3家,其他各油田多数是2～4家(研究院、勘探处和物探公司),新区事业部下属各地区经理部等。此外,还有各单位新成立的勘探公司。此表用户仅表示各用户的主管单位。

表4-11　1984～1997年研究院承接各用户三维资料处理工作量统计表

序号	用户名称	块数	一次覆盖总面积(km^2)	1984～1990年		1991～1995年			1996～1997年		
				块数	一次覆盖面积(km^2)	块数	一次覆盖面积(km^2)	满覆盖面积(km^2)	块数	一次覆盖面积(km^2)	满覆盖面积(km^2)
1	地调一处	24	2970.2	5	566.2	19	2404	1986			
2	地调二处	9	854	4	220	5	634	505			
3	地调三处	5	1039			3	453	272	2	586	388
4	地调四处	27	4783	8	871	16	3022	2320	3	890	666
5	地研院	27	8407	5	930	17	6045	4412	5	1432	909
6	局属其他单位	4	483	2	10				2	473	280

续表

序号	用户名称	块数	一次覆盖总面积（km²）	1984～1990年		1991～1995年			1996～1997年		
				块数	一次覆盖面积（km²）	块数	一次覆盖面积（km²）	满覆盖面积（km²）	块数	一次覆盖面积（km²）	满覆盖面积（km²）
7	四川石油管理局	5	865.5	5	865.5						
8	河南油田	2	213.8	2	213.8						
9	大港油田	15	1677	10	999	3	427	378	2	251	188
10	辽河油田	33	4703.7	13	1382.7	17	3048	2538	3	273	217
11	胜利油田	8	903	3	338	2	201	185	3	364	281
12	中原油田	9	1142.7	9	1142.7						
13	华北油田	3	449	2	162	1	287	235			
14	吉林油田	1	55	1	55						
15	玉门油田	11	973	2	84	8	803	629	1	86	57
16	安徽石油勘探总公司	7	443	2	89	4	291	257	1	63	41
17	南海西部石油公司	1	63	1	63						
18	大庆油田	2	109	1	92				1	17	17
19	滇黔桂石油勘探局	8	471			6	311	267	2	160	147
20	冀东油田	3	266			2	168	100	1	98	64
21	北塘经理部	3	347			2	272	211	1	75	57
22	吐哈油田	5	559						5	559	415
23	江苏油田	2	159			1	29	22	1	130	103
24	巴基斯坦石油公司	3	363						3	363	277
25	中美公司	2	146						2	146	131
26	苏联石油公司	1	62			1	62	52			
27	东方公司	1	151			1	151	122			
28	安徽煤田	1	4						1	4	2
29	煤炭部	2	6						2	6	5
合 计		224	32667.9	75	8083.9	108	18608	14496	41	5976	4245

注：此表不含地球软件公司资料处理部三维处理工作量（16块三维，面积1416平方公里）。

表4－12　1978～1997年研究院承接煤炭系统用户二维地震资料处理工作量统计表

序号	用户	频次	总工作量（km）	二维处理工作量（km）				
				1978～1980年	1981～1985年	1986～1990年	1991～1995年	1996～1997年
1	河北煤田	11	1502	122	735	286	257	102
2	安徽煤田	9	4819	2665	1834	320		
3	河南煤田	9	880	253	388	2	119	118
4	江西煤田	7	335	11	309		15	
5	煤炭物测队	6	637	2	632			3
6	东北煤田	5	428		94	334		
7	山西煤田	6	256	8	248			
8	湖南煤田	4	90	51	39			

续表

序号	用户	频次	总工作量（km）	二维处理工作量（km）				
				1978～1980年	1981～1985年	1986～1990年	1991～1995年	1996～1997年
9	徐州煤田	3	108		108			
10	山东煤田	3	347	220	127			
11	西安煤炭研究所	3	84	39	45			
12	黑龙江煤田	2	51	51				
13	吉林煤田	2	187	146	41			
14	内蒙煤田	2	45	35	10			
15	新疆煤田	1	35		35			
16	江苏煤田	2	112	27	85			
17	宁夏煤田	1	10	10				
18	湖北煤田	1	4		4			
19	辽宁煤田	4	347	99	248			
20	甘肃煤田	1	1					
合计		82	10278	3739	4982	942	392	223

表 4－13　1978～1992 年研究院承接地矿系统用户二维地震资料处理工作量统计表

序号	用户	频数	总工作量（km）	二维处理工作量（km）			
				1978～1980年	1981～1985年	1986～1990年	1991～1992年
1	地矿部上海海洋地质调查局	3	1743		593	36	1114
2	地矿部第一物探大队	2	55	18	37		
3	地矿部第二物探大队	3	503	387	116		
4	地矿部第三普查大队	2	19	9	10		
5	地矿部第四物探大队	3	6291	5510	781		
6	地矿部第五物探大队	1	4	4			
7	地矿部第六物探大队	5	2892	2525	367		
8	地矿部第五普查大队	1	49	49			
9	地矿部第一海洋地质调查大队	2	2736	2623	113		
10	地矿部第二海洋地质调查大队	3	2214	2090	124		
11	地矿部	1	888	888			
12	南黄海	4	199			199	
合计		30	17593	14103	2141	235	1114

二、国外用户

1980～1996 年期间，物探局研究院以反承包方式承担了 8 家外国石油公司在中国进行风险勘探的二维地震资料处理任务，工作量达到 3.55 万公里。外国石油公司中有世界上知名的法国埃尔夫公司、英国 BP 公司，荷兰壳牌公司，美国阿科公司、西方石油公司和埃索公司。海上工区涉及南海的北部湾、珠江口，南黄海及渤海湾等海域；陆上工区涉及洞庭湖、苏北和塔里木盆地等地区（详情请见表 4－14）。

表 4-14 1980~1997 年研究院完成反承包及国外地震资料处理工作量统计表

序号	用　户	施工地区	处理时间（年份）	二维（km）	三维工作量		备　注
					标准炮（万次）	面积（km^2）	
1	法国道达尔公司	北部湾	1980	8499			反承包
2	法国道达尔公司	北部湾	1981	3343			反承包
3	法国埃尔夫公司	渤海湾	1980	200			反承包
4	法国埃尔夫公司	渤海湾	1981	6782			反承包
5	法国埃尔夫公司	渤海湾	1982	1154			反承包
6	法国埃尔夫公司	渤海湾	1983	458			反承包
7	英国 BP 公司	珠江口	1984	82			反承包
8	美国阿科公司	珠江口	1984	1731			反承包
9	美国西方石油公司	珠江口	1984	4003			反承包
10	美国西方石油公司	珠江口	1987	209			反承包
11	缅甸国家石油公司	缅甸	1988	537			国外资料
12	缅甸国家石油公司	缅甸	1989	362			国外资料
13	苏联石油公司	卡拉姆卡	1991		62	52	国外资料
14	新西兰石油公司	洞庭湖	1991	103			反承包
15	新西兰石油公司	洞庭湖	1992	2537			反承包
16	新西兰石油公司	洞庭湖	1993	707			反承包
17	荷兰壳牌公司	江苏	1994	2647			反承包
18	荷兰壳牌公司	江苏	1995	839			反承包
19	石油国际公司		1994	106			国外资料
20	中美公司	秘鲁塔拉拉	1996	18	136	123	国外资料
21	巴基斯坦石油公司	POL-PKP	1997		206	166	国外资料
22	巴基斯坦石油公司	PINDORI	1997		49	36	国外资料
23	巴基斯坦石油公司	BALKSSAR	1997		108	75	国外资料
24	中美公司	秘鲁塔拉拉	1996		10	8	国外资料
25	美国埃索公司	塔里木	1996	2194			反承包
26	巴基斯坦石油公司		1997	315			国外资料
合计	13 家公司			36826	517	460	

1988～1997 年期间，物探局研究院直接承担了缅甸、巴基斯坦、苏联等国家的石油公司和中国的跨国公司——中美公司的地震资料处理任务。其中，二维地震测线 1338 公里，三维地震勘探面积 460 平方公里（见表 4-14）。研究院和地研院秘鲁项目组合作在执行秘鲁塔拉拉三维区块处理合同过程中，应用中国最前沿的处理技术，出色地完成了各项处理任务，受到秘方高度称赞。

1992 年，为了进一步开拓国外市场，由中国石油天然气总公司出资，物探局研究院抽调技术人员成立新加坡东方石油公司计算站，1996 年 4 月撤销。该计算站用户均为国内各油田。1996 年，物探局研究院先后在苏丹、尼日利亚及美国等国组建计算站，采用 GRISYS 地震处理软件在 DEC ALPHA 工作站上进行地震资料处理。苏丹和尼日利亚计算站的用户为物探局在该国进行地震勘探承包作业的地震队。美国计算站的用户为国外承包商。上述境外计算站完成的处理工作量均未统计。

1980～1997 年期间，研究院通过上述处理工作，不仅促进了地震资料处理水平的提高，而且获取外汇收入 1500 万美元。

第五章 地震资料处理技术研究与开发

地震资料处理技术的研究和开发程度是衡量一个勘探单位技术发展水平的重要标志。自1973年起至1997年，物探局的科技工作者为发展地震资料处理技术进行了不懈的努力，不仅在二维常规处理的关键性技术，即静校正、速度分析、反褶积和偏移技术等方面进行改进和创新，而且还形成了用于三维、VSP、纵横波和储层分析的特殊处理系列技术。

第一节 静校正技术

静校正工作的目的是消除激发井深、地面地形起伏和地表低降速带对地震波旅行时间的影响。静校正技术不单纯是一项处理技术，还涉及到静校正数据的采集方式、解释、建立表层模型和资料处理工作等，所以它是一项综合性技术。不论是平原地区的地震勘探，还是山地、沙漠、黄土塬等复杂地表地质条件下的地震勘探，都会遇到静校正问题。随着地震勘探精度的提高，静校正问题将会更加突出。

一、静校正技术的发展

发展各种实用静校正技术，一直是物探局及其前身的科技工作者极为关注的问题。1967年，李希安和汪廷璋等人以2116队、207队名义发表了《恶地形地区地形校正方法》；1972年，长庆油田四分部2106队发表了《马岭地区沟内的表层校正》；1979年，研究院熊翥发表了《剩余静校正值计算和应用》；1983年，三指进入塔克拉玛干大沙漠地区开展大规模的勘探工作，同时开展了静校正的研究工作，即在野外采集过程中，采用小折射、微测井等方法求取静校正量，同时分析沙丘变化状况，收集了大量静校正数据，并于1987年提出了用于塔克拉玛干大沙漠地区静校正的《沙丘曲线法》；同年，三指吕克强提出《逐点相关静校正》概念；1984年，研究院田希泰利用《谱分解地表异常补偿》方法拾取静校正量；1985年，二公司钱荣钧和袁洪金等人研制出《初至波人工剩余静校正》方法；1986年，二处钱荣钧深入探讨了《山区静校正问题及资料解释方法》，四处姚超较全面地研究了《二连盆地马尼特坳陷低降速带校正方法》；1987年，研究院王家序率先研究了《横向覆盖系数低的三维静校正方法》，一指阎世信和袁连军详细分析了《理论井深——井口时间曲线及τ值校正》问题；1988年，研究院杨宝林和田希泰完成了《用近地表模拟实现静校正》的研究；1989年，二处王顺国和梁秀文分别完成了《折射法静校正方法》和《逆掩断裂带静校正方法》的研究，高希勤开发了《高精度自动剩余静校正》技术，阎万朝研制出《复杂地表条件下三维静校正方法》。进入90年代，为解决塔里木盆地和吐哈盆地广泛存在的静校正问题，静校正技术研究工作呈现百花盛开的局面。1990年，陈祖传提出了《相对折射静校正方法》；1991年，研究院凌云研制出《初至模型地表一致性静校正方法》；1993年，二处李万万等人依据大炮初至信息研制出《初至模型迭代和正交迭代静校正量计算方法》；1994年，研究院周兴元、李合群推出《全差分自动拾取折射波静校正》方法；1996年，研究院刘连升编制了《交互初至波静校正》软件包等。至1997年，物探局已拥有成套的静校正技术，可用于各种复杂条件下的静校正量拾取和资料处理。

二、静校正技术的实现

在光点地震记录时期，静校正处理一律采用手工方式在时距曲线上进行。在模拟磁带地震记录时期，静校正处理在模拟回放仪的校正鼓上完成。在数字地震记录时期，静校正处理全部由计算机实现。在静校正数字处理中通常分为初步静校正和剩余静校正两部分。初步静校正，也称野外静校正，通常指对用户在施工现场采集到的τ值校正量（消除激发井深的影响）、地形高程校正量和地表低降速带校正量等进行最初的静态校正处理。按静校正量分布曲线看，又分为短波长静校正（高频）和长波长静校正（低频），也主要依靠初步静校正处理。剩余静校正是指资料处理中，完成初步静校正后仍残留的静态时移的校正处理。70年代末，研究院已将引进的计算机系统中配置的剩余静校正模块用于处理，成为常规处理中必作的项目。1993年5月，研究院地球软件公司推出的GRISYS地震资料处理软件中有自行开发的ANREST和CAEST剩余静校正模块。1996年，研究院刘连升研制出《交互初至波静校正》软件包，可交互分层迭代计算静校正量。此法在塔里木和吐哈盆地的山地静校正处理中见到明显效果。1997年，地球软件公司又推出了GRISYS 5.0版本，新增加了两个三维剩余静校正程序，一个是三维剩余时差拾取（RESPIC），另一个是三维剩余时差分解（RESCOM）。图4-19是经不同静校正方法处理的叠加剖面。

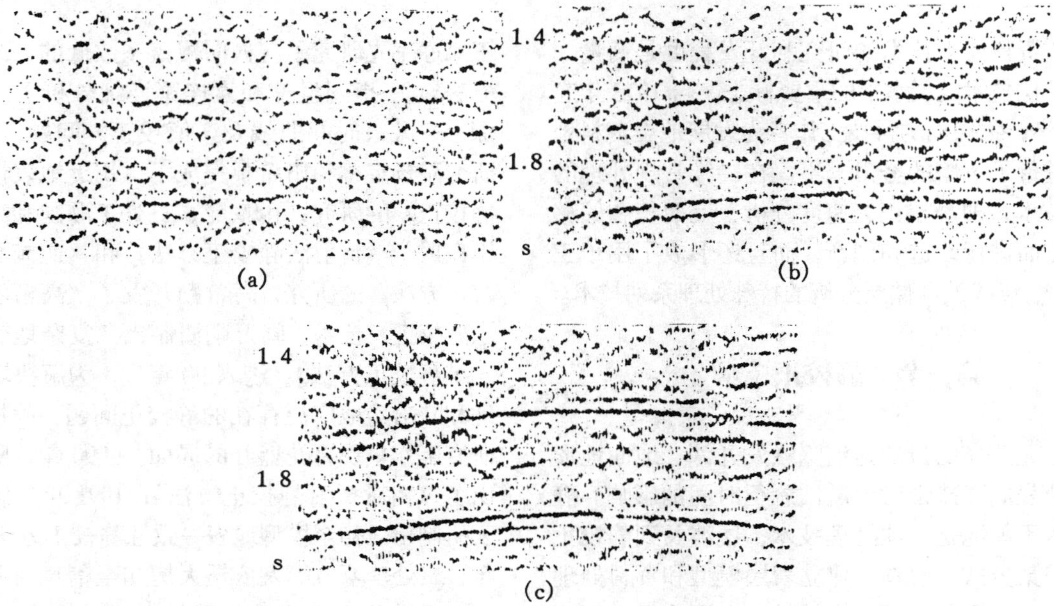

图4-19　不同静校正方法处理的叠加剖面

（a）经野外静校正处理的叠加剖面；（b）在（a）的基础上再作初至波静校正处理的叠加剖面；（c）在（b）的基础上进行剩余静校正处理的叠加剖面

第二节　速度分析技术

速度分析包括速度谱制作和叠加速度谱解释。叠加速度的正确与否是直接影响叠加效果的一个重要参数。叠加速度还可用于鉴别多次波、确定层速度、分析地层岩性。速度分析程序分为两部分：一是求取叠加速度，如速度谱、速度扫描等模块；二是分析、调整叠加速度模块，如叠加速度剖面图、平面图等模块。

一、速度谱

速度谱是求取叠加速度的基本手段。按其制作方法，可分为相关速度谱和叠加速度谱两类，常用的为叠加谱。在此基础上，又派生出综合速度谱。叠加速度谱较相关速度谱的运算工作量少，但相关谱较叠加谱的信息多。1973年，计算中心站编制的第一个简单水平叠加程序B，就包括速度谱模块。1974年，计算中心站编制的C程序中有叠加和相关两类速度谱模块。1976年，计算中心站的吴烈诩编制了符号位相关速度谱。

速度谱显示几经变革：1973年，DJS-11计算机的速度谱是以1、2、3……9等数字来表示能量级别打印在谱面上。1978年，CYBER 1724机的速度谱有几种显示形式，常用的是变面积显示。1983年，IBM 3033计算机的速度谱显示也有多种形式，常用的是能量等值线显示。图4-20是80年代以后几种常用的速度谱显示形式。

二、速度扫描

速度扫描是复杂地质条件下经常采用的速度分析方法。速度扫描分常速扫描和变速扫描两种。1973～1977年期间，普遍使用常速扫描方法。1978～1997年期间，除采用常速扫描方法外，还广泛使用变速扫描方法。常速扫描是根据可能的叠加速度范围，提供一系列的速度常数值，对所选定的数据段进行扫描叠加，形成不同速度的叠加剖面。经人工分析，选择那些叠加效果最好的数据段所使用的扫描速度为所需要的叠加速度。变速扫描是采用一组扫描速度曲线，将其转换成对应于最大炮检距的$\Delta t_N-\Delta t_0$曲线，即参考时差曲线，在参考时差曲线的两边，以固定的时差增量Δt形成其他时差扫描曲线，再对数据体进行扫描。最后根据扫描叠加效果确定最佳叠加速度。

三、几种分析、调整叠加速度手段

（1）等速度剖面，是1974～1982年期间广泛使用的速度分析手段，它依据地震剖面上每一个速度分析点的速度谱解释后获得的速度曲线编制而成。通过对等速度剖面图的分析、核查异常速度点的正确性及与地下构造符合程度，即可确定需要删除和增补的叠加速度。1978～1982年，此图是地震资料解释的必备资料之一。

（2）速度平面图，是1984年后三维资料处理中必用的资料，它既可以针对某一个等时面编绘，也可针对某一个标准层位编绘。此图也是地震资料解释中的基础资料。

（3）沿层叠加速度分析，是以地震剖面中某层的 t_0 时间为中心，取一个时窗进行的叠加速度分析。对一张地震时间剖面，可选一层，也可选多层显示在一张图上。1978年后，沿层速度分析处理已成为研究叠加速度横向变化的主要分析手段。

第三节　反褶积技术

反褶积是一项提高地震资料分辨率的处理技术。自1974年起，物探局的处理方法研究人员在引进、消化的基础上，开发出多种反褶积方法。1974年，物探局计算中心站梁杰等人，为处理南海海域施工的数字地震仪验收剖面研制出《蒸汽枪反褶积》和《预测反褶积程序》；1982年，研究院张永刚和傅才芳等人研制出《两步法统计子波反褶积》，研究院郑於莹和王广年研究的《消除仪器因素影响的反褶积》投产，研究院周兴元研制的《同态反褶积》模块开始应用；1984年，二公司王卫华研制的《算子的根伯格反褶积》用于生产，二公司钱荣钧、王卫华等研制出《共炮点子波反褶积》；1985年，研究院周兴元的《纯相位滤波器的设计和应用》投产，二公司王卫华、叶道凡等研制出《谱白化反褶积》；1986年，研究院周兴元、黄存玲研制出《自适应最小平方反褶积》；1988年，研究院赵波、傅才芳等人推出了《零相位剩余子波反褶积》技术；地调二处王卫华研制的《多道统计法最小平方反滤波》用于生产；1988年研究院王有新推出《一种新的连续时变反褶积方法》；1989年，研究院周兴元提出了《常相位校正》技术；1990年，研究院周兴元、国九英等推出了《均值范数反褶积》技术；1993年，研究院赵波等人提出了《对反褶积后反射系数有色成分补偿》技术；1996年，研究院郭向宇、周兴元研制出《混合相位子波处理》和《子波相位校正技术》。下面记述几种常用的反褶积技术。

一、预测反褶积

1974年，开始使用的预测反褶积是地震资料处理中一个最常用、最基本的模块。该模块主要用于消除长短周期的多次反射及交混回响对一次波的影响。预测反褶积有3个主要参数，即算子长度、预测步长和白噪系数。当预测步长为1个样点间隔时，此法变成脉冲反褶积方法。1978年后，脉冲反褶积在地震资料处理中广泛使用，列入二维资料处理流程，从1984年起，脉冲反褶积纳入三维资料处理流程。当脉冲反褶积的期望输出是一个脉冲时，若将期望输出形状改变为波形，即可按脉冲反褶积的运行框架，实现波形反褶积。图4－21为常规水平叠加剖面和脉冲反褶积剖面的处理效果比较。

1993年，研究院地球软件公司编制的GRISYS/WS地震处理软件系统，包含有预测反褶积程序。预测反褶积既可用于叠前单炮记录，也可用于叠后的时间剖面。

二、子波整形反褶积

在采用最小平方反褶积方法中，均要求子波具有最小相位特性，但海上蒸汽枪震源信号是混合相位，可控震源信号是零相位。为此需将这类震源信号转换为最小相位信号，即进行子波整形，从而形成不同的反褶积方法。1974年，物探局计算站编制的海上资料处理专用程序C中的反褶积程序和1975年自编的可控震源记录反褶积，以及1994年地球软件公司推出的GRISYS处理系统中的蒸汽枪反褶积，均属于子波整形反褶积类型。

1982年，研究院郑於莹和王广年设计的《消除仪器因素影响的反褶积》方法，也属于子波整形反褶积范畴，只不过是将来自仪器系统和检波器系统的影响按零相位波形整形。

三、两步法多道统计子波反褶积

为消除陆上地震勘探中激发和接收条件的不均匀性对估算子波的影响，1987年研究院张永刚和傅才芳研制的《两步法多道统计子波反褶积》方法，可分别通过在共炮点道集上和共接收点道集上采用多道自相关统计平均值估算出最小相位子波。此法不仅削弱了不同噪声对估算子波的影响，又满足了反褶积方法要求反射系数序列为白噪分布的假设条件。采用此法处理的地震剖面和脉冲反褶积方法处

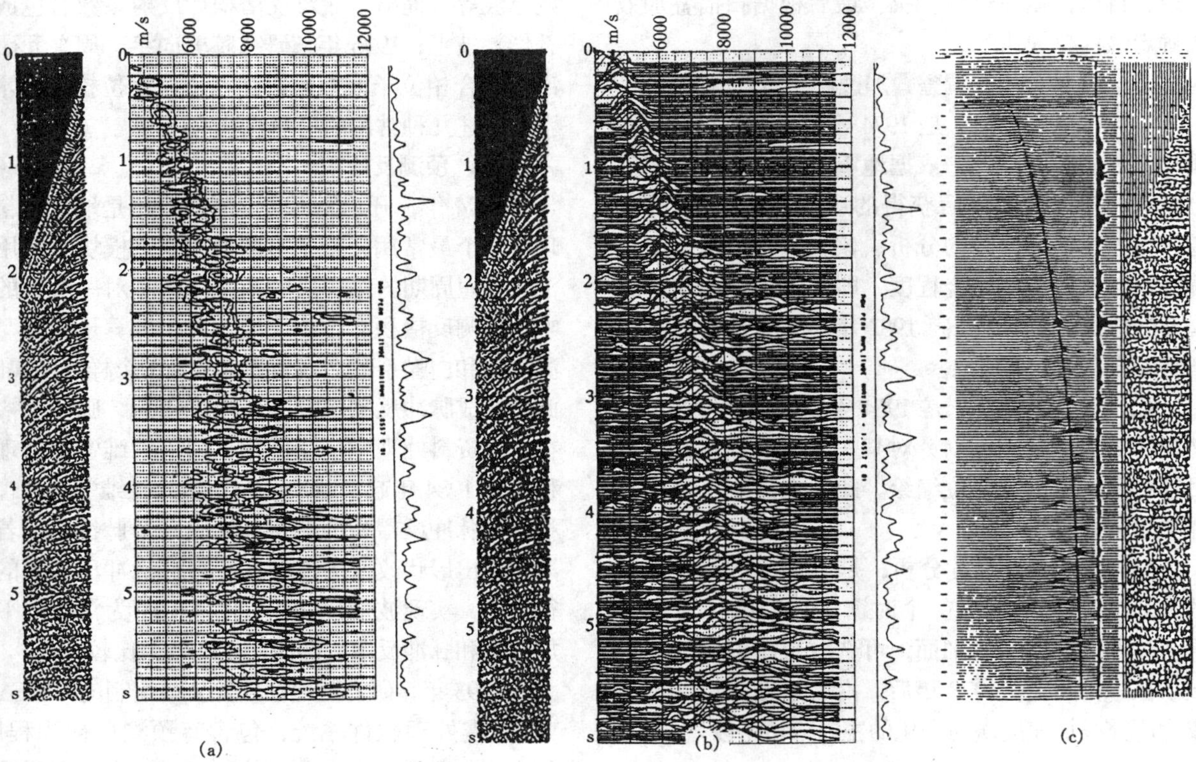

图 4－20 几种常用的速度谱显示方式

(a) 能量等值线；(b) 波形；(c) 变面积

理的地震剖面相比，分辨率和信噪比均有改善。此法在 1987 年后得到广泛应用。

四、同态反褶积

1982 年，研究院周兴元应用同态理论计算地震子波的方法，编制出《同态反褶积》模块。由于同态反褶积方法是直接由地震记录对数谱的平均值估算地震子波，这个子波是混合相位的，所以该法也称为子波反褶积或混合相位反褶积。经过同态反褶积处理的地震剖面，分辨率明显提高，信噪比也有改善。同态反褶积多用于叠后处理，也常被推荐用于波阻抗处理。

五、时变谱白化

1983 年，研究院开始将《时变谱白化反褶积》模块用于叠后地震资料处理。其主要作用是压制低频干扰、补偿高频信号，使地震记录的频谱尽可能拉平，达到提高分辨率和增强反射层连续性的目的。时变谱白化也可用于叠前资料处理，但计算工作量明显加大。1983 年后，时变谱白化纳入二维常规处理流程。

六、反 Q 滤波

1986 年 8 月，研究院赵建勋等人开始将《反 Q 滤波》技术用于实际资料处理。反 Q 滤波可在振幅和频率两个方面对大地的衰减效应进行补偿，并改善记录的相位特征。反 Q 滤波是一种提高分辨率的处理技术。经过反 Q 滤波处理的地震剖面，其分辨率和反射层连续性均有改善。反 Q 滤波技术不仅可用于叠前为改善反褶积效果创造条件，还可用于叠后对叠加的高截滤波效应进行补偿。1986 年后此项技术成为波阻抗、模型研究等特殊处理中的关键作业步，也是高分辨率处理中必做的作业步。

七、地表一致性反褶积

为消除表层条件对地震波的振幅特性和相位特性的影响，1990 年 12 月，研究院开始将《地表一致性反褶积》技术用于地震资料处理。地表一致性反褶积既可在频域实现，又可在时域实现。在频域内，采用分解对数谱，求各炮点、检波点、共中心点等位置及与炮检距有关的反因子，分别与数据道进行褶积。在时域内，采用直接对反因子进行迭代，求出各炮点和各接收点上的反因子，再分别与数据道褶积。地表一致性反褶积方法在处理中国西部地区地震资料中取得明显效果。此法已由二维处理推广到三维处理。1993 年开始纳入全三维处理流程。

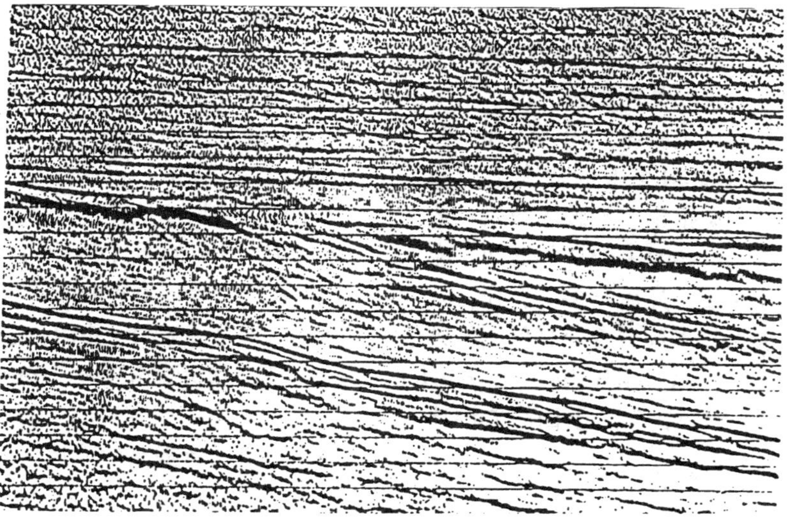

(a)

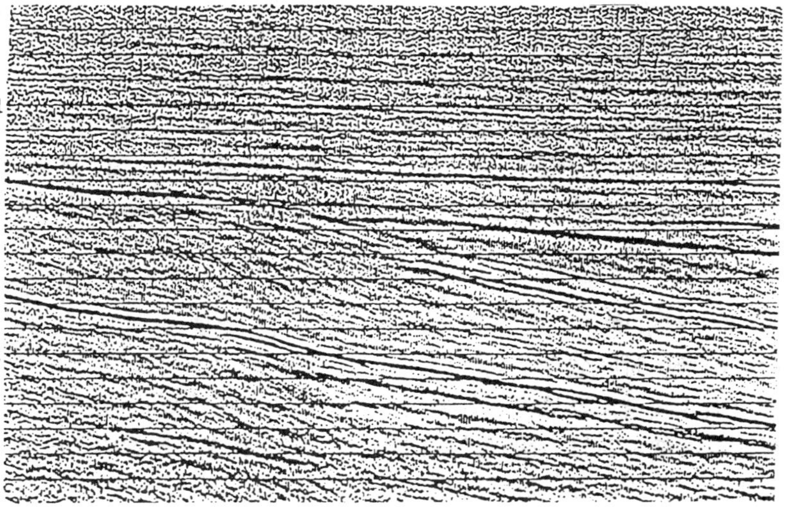

(b)

图 4－21　常规水平叠加剖面（a）和脉冲反褶积剖面（b）的对比

第四节　去噪技术

努力提高地震数据的信噪比，一直是地震资料处理的首要任务。只有在一定信噪比的基础上，提高地震资料的分辨率才有实际意义。地震记录由有效信号和噪声两部分组成。噪声又分随机噪声和规则噪声。

自 1973 年起，物探局科技人员针对压制各类噪声干扰进行了长期的研究，开发了多种行之有效的去噪技术。1973～1982 年，主要采用的去噪方法有一维滤波、二维滤波、动平衡、分段缩放和相干加强等。1982 年以后，自行开发的去噪技术呈现百花齐放的局面。1984 年，研究院俞寿朋推出《频率加强滤波》技术；1985 年，研究院徐忠范等人研制出《$\tau-P$ 变换压制干扰及内插》技术；1986 年，研究院傅才芳等人研制出《应用 $K-L$ 滤波提高地震记录的信噪比》技术；1987 年，研究院赵中全、李旭开发出《一个新的相干程序》；1988 年，研究院俞寿朋提出了《用地震信号多项式拟合提高叠加剖面信噪比》技术，研究院傅才芳发表了《应用振幅概率分布统计特性分离地震记录中的信号与噪声》研究成果；1989 年，研究院国九英、周兴元发表了《$F-X$ 域预测消除随机噪音提高信噪比》的技术，研究院钟森才开发出《应用 RADON 变换压制干扰》技术，研究院王宏伟开发出《矢量分解法压噪》技术，研究院焦俊如发表了《地震数据处理中的 CT 积分变换理论和实践》研究成果，研究院王有新开发出《叠前正交分解去噪方法》；1994年，周兴元和苏桂士研制出《三维叠前四维数据的随机噪声衰减》技术；1995年，周兴元和侯爱源推出《二维叠后数据 $F-K$ 域信号增强》技术，周兴元和李合群研制出《NMO后的CMP道集上的双参数校正》；1997年，周兴元和侯爱源推出《不破坏地表一致性关系的噪声衰减》技术。1992～1997年期间，库尔勒研究中心计算站建站后，先后与多方合作，开发出《叠前 $F-X$ 域去噪技术》、《叠前高保真规则干扰除噪技术》、《叠后 $F-X$ 域随机噪音衰减技术》和《叠后规则噪声分离技术》等。下面简要记述其中八类常用的去噪技术。

一、一维滤波

自1973年10月始，物探局计算中心站的第一个数据处理软件投产使用，一维滤波是其中一个基本去噪处理手段。在地震数据处理中，常用的滤波器有低通滤波器、高通滤波器、带通滤波器和陷频滤波器，以带通滤波器使用最广泛。为适应地震资料中的浅、中、深层有效信号频带逐渐变宽的特点，1975年后计算中心站及后来的研究院开始采用时变带通滤波模块。

二、二维滤波

1980年，研究院将二维滤波模块投入实际应用。二维滤波是对地震记录在时间域和空间域两个方向进行滤波。二维滤波主要有扇形滤波、带通扇形滤波、对称带通视速度滤波和对称带阻视速度滤波等四种。二维滤波主要用于压制面波和浅层折射波等低速规则干扰波。1980年以后，二维滤波广泛用于处理塔里木盆地的地震资料，见到明显效果。

三、相干加强

1974年，相干加强处理方法在计算中心站投产使用，该方法随后不断发展和完善，并在物探局各计算站广泛应用。相干加强主要分为水平相干加强、倾斜相干加强、自动相干加强和双向相干加强等四种。最常用的是倾斜相干加强。相干加强方法主要利用道与道之间信号的相关性，对输出道进行加权处理，用来改善剖面的连续性。此项技术是一种叠后地震资料的常规处理手段。

四、多项式拟合

1988年，研究院俞寿朋率先提出多项式拟合提高信噪比方法。该法主要根据有效信号空间上的相似性，采用多道相关方法确定时窗内有效波同相轴的空间位置，求出有效波在这一时窗内的标准波形，并根据各道的相关系数对各道进行能量分配，完成有效波时间、振幅两方面的拟合。拟合后的剖面随机干扰受到压制，信噪比有明显提高，而且剖面上的高频成分不受损失，能保持原有信号的分辨率和原有各道的相对振幅。由于该法采用曲线相干，绕射波也得到保留。1988年后，该法用于塔里木盆地大沙漠低信噪比地区的资料处理，使信噪比有明显的改善。尤其对处于两个强反射层间的弱反射段，以及深部信号能量较弱的资料，处理效果更为明显。多项式拟合一般用于叠后，也可用于叠前。

五、随机噪声衰减（RNA）

1989年，研究院周兴元提出了《$F-X$ 域预测消除随机噪音提高信噪比》的处理方法。随后，国九英、周兴元又进行了深入研究，并编制出处理程序（简称RNA），安装在研究院银河处理系统上供用户使用。1992年，周兴元等人又把RNA程序推广到三维资料处理，即三维RAN。该法的基本思想是将叠后数据分为可预测的信号部分和不可预测的随机噪声部分。根据线性同相轴的可预测性，提取可预测的线性同相轴，实现有效信号和随机噪声及非线性噪声的分离，达到压制干扰，提高剖面的信噪比，增强同相轴连续性的目的。此法不会产生假同相轴，也不会产生相干噪声。但RNA不能压制规则干扰。此项去噪技术多用于叠后，也可用于叠前。用于叠前时，要在应用RNA之前先去除规则干扰波，才会获得好的处理效果。此项随机噪声衰减（RNA）技术已广泛用于塔里木大沙漠地区低信噪比资料的处理。

六、多道相干噪声滤波（MCCF）

1987年，物探局研究院周兴元将引进的多道相干噪声滤波（MCCF）处理软件用于实际数据处理。多道相干噪声滤波是在 $F-X$ 域求出时空域的多道滤波因子。多道相干噪声滤波的作用与二维滤波相同，能够压制某一视倾角范围内的相干噪声。此法一般用于叠前的地震资料处理。1987年后，研究院应用此项技术处理塔里木盆地和吐哈盆地沙漠区的资料时，对去除面波和浅层折射等较强规则干扰波极为有效。

七、径向预测滤波（RPF）

1983年，研究院将由国外引进的《径向预测滤波》模块用于处理塔里木盆地的地震资料。此法也是采用多道相关方法来提高相干同相轴的同相性，使倾斜同相轴得以加强，随机噪声受到压制。径向预测滤波是改善信号的横向连续性、提高剖面信噪比的有效方法。它的适应性比倾斜相干加强技术要广，而处理的副作用比较弱。1983年后，在处理塔里木探区的低信噪比资料中，效果明显。

八、异常振幅带压制（ZAP）

异常振幅带压制模块（ZAP）也是研究院于1983年由国外引进的一个去噪软件。该方法多用于强面波干扰区的去噪，在中国西部激发条件差的地震资料处理中，均见到明显效果。

第五节 偏移技术

从1973年起，物探局的科技人员对地震资料数字处理中的偏移技术涉及的理论和实现方法问题，开展了广泛的研究。1974年，物探局研究所以方云飞为组长的基础理论组公开发表了《偏移叠加若干问题的探讨》论文，将偏移技术分为叠后偏移和叠前偏移两类，各类偏移又分时间偏移和深度偏移，并涉及许多偏移算法问题；1975年5月，中国第一个叠加偏移程序（直射线偏移）投入使用，随后又开发研制出曲射线偏移程序；1977年，研究所马在田提出了《水平叠加剖面的波动方程偏移法》；1978年，CGG公司的地震处理软件投入使用，其中有7个偏移程序及偏移辅助模块；1979～1980年，研究院赵振飞在《石油地球物理勘探》杂志上连续发表了《水平叠加资料的波动方程差分算法若干问题的讨论》和《偏移方程的可行性讨论》论文；1981年，马在田推出《高阶有限差分偏移》技术，主要用于解决地层倾角大于45°的偏移问题；同年，二指钱荣钧发表了《积分法叠偏中的问题》论文，研究院张叔伦推出《波动方程相移偏移法》技术；1982年，马在田发表了《地震偏移剖面的假频、频散和横向分辨力》论文；1983年，钱荣钧发表了《地震波的研究方法及其偏移》论文；同年，WGC公司的处理软件中的叠加偏移技术投入实际应用；1985年，研究院张叔伦、刘超颖推出《高阶有限差分偏移的新算法》，最大偏移角度可达90°；1986年，研究院金孟哲推出《波动方程快速差分偏移方法》；1989年，研究院凌云等提出《15°有限差分串联偏移的改进方法》；1990年，研究院刘超颖提出《正反递归快速求解有限差分偏移的改进方法》；1991年，研究院赵振飞等研制出《最佳拟合偏移》程序。

1993年，地球软件公司推出的GRISYS/WS地震数据处理软件包含7个偏移模块。1995年，研究院处理中心引进WGC公司的OMGEA软件中，配置了叠前深度偏移程序。1996年，GRISYS/WS 4.0版本中偏移模块达到11个；二维深度偏移软件包有16个模块。次年10月研究院又从以色列PARADIGM公司引进了叠前深度偏移程序。与此同时，研究院王有新项目组编制的叠前深度偏移程序进行了试处理。下面简要记述几项常用的偏移技术。

一、叠加偏移

（一）*射线偏移技术*

射线偏移有两种方法：一种是直射线偏移；另一种是曲射线偏移。直射线偏移是偏移技术中广泛采用的一种基本形式，适用于均匀介质结构。此法在叠前和叠后均可使用。该技术能够使绕射波收敛、干涉波分解，并归位到正确位置。1974～1975年，该法用于山东商河西和河北任丘的叠后资料处理，取得了明显效果。由于计算机资源的限制，1990年以前该法主要用于叠后地震资料处理。曲射线偏移，适用于非均匀介质。曲射线偏移精度比直射线偏移精度高，但所耗机时多，实际生产中较少使用。

（二）*波动方程偏移*

1978年，波动方程偏移技术已在生产中使用。波动方程偏移有多种算法。在实际生产中，以有限差分法、积分法和相移法使用频次最高。

有限差分法偏移采用有限差分法直接求解波动方程，实现波场归位。经有限差分偏移模块处理的偏移剖面，信噪比较高，绕射波收敛，回转波和倾斜反射都得到归位（见图4－22）。相移法波动方程偏移适用于层状介质，但速度在空间方向不能变化，最大偏移角度为90°。此法是一种较为精确的偏移算法。由于该法计算工作量大，速度又不能空变，大量使用受到限制。

克希霍夫积分法偏移的算法几乎可以处理90°以内所有倾角的正确归位，但对速度的垂向和横向变化不适应。

1987年后，研究院开始将国外引进的串联偏移技术用于实际资料处理。此法是以有限差分偏移算法为基础实现的，主要用于解决因偏移速度不准引起的剩余偏移量所造成的影响。1989年，研究院凌云提出一种串联偏移改进算法，有效地提高了串联偏移的效果。串联偏移技术已成为处理流程中一个重要的选件。

二、偏移叠加

90年代初，偏移叠加技术开始进入实用阶段。偏移叠加分为叠前时间偏移和叠前深度偏移两种。偏移叠加方法是根据共炮点道集所绘椭圆簇的包络来确定界面的几何位置，利用不同共炮点道集所绘椭圆簇的共切线来实现共反射点道集的叠加。

1997年3月，研究院利用以色列PARADIGM公司的叠前深度偏移程序正式处理出物探局第一条叠前深度偏移剖面（LG－067测线），全长40公里。该剖面在中国石油天然气总公司组织的叠前深度处理剖面专项评比中，荣获一等奖。与此同时，地研院许增魁依据正确解释的地质模型和速度模型也处理出了一条叠前深度偏移剖面，其效果更胜一筹。同年6月，分别采用研究院王有新研制的和研究院引进的叠前深度偏移程序处理出新疆克拉苏三维地震剖面和热木坎三维剖面，均取得了令人满意的效果。

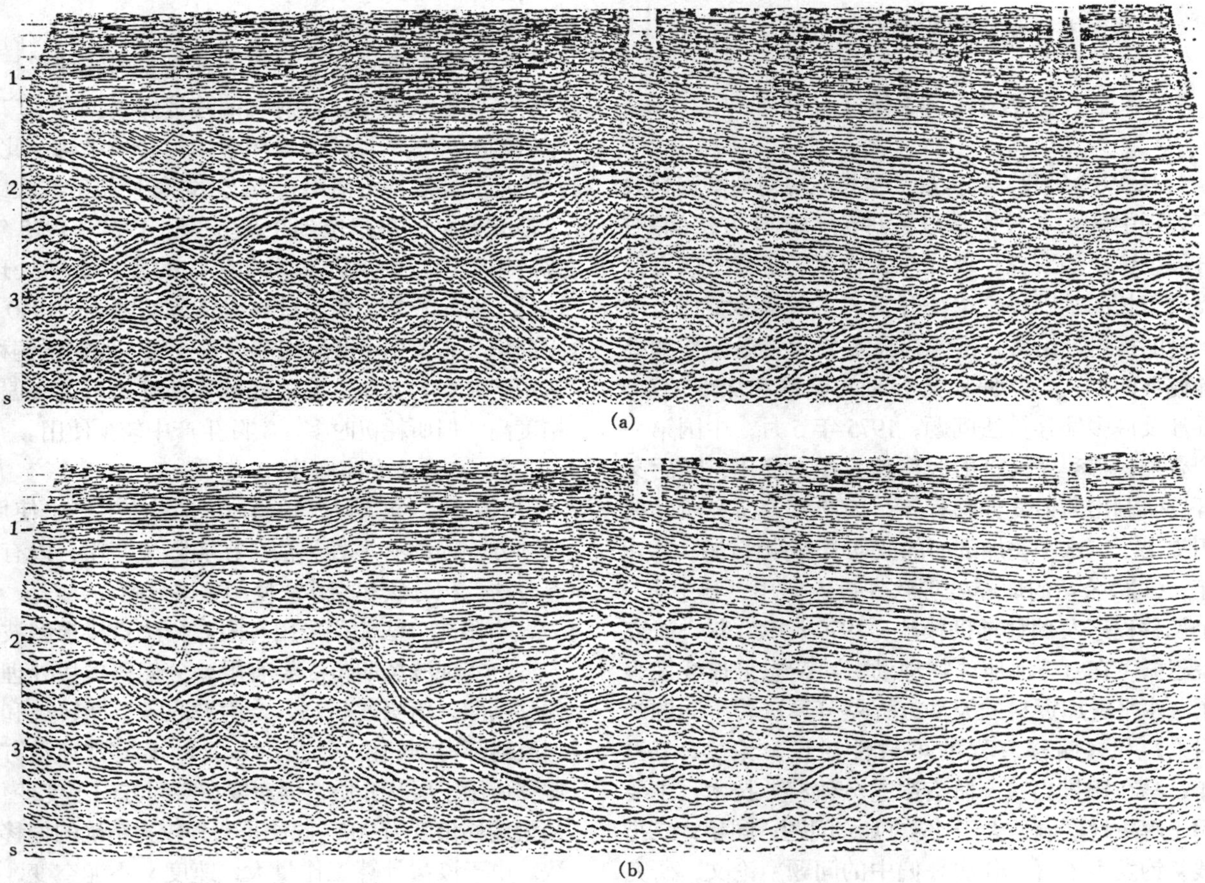

图4－22　水平叠加剖面（a）与叠后偏移剖面（b）的对比

第六节　多波处理技术

1984年10月，物探局第二勘探公司计算站完成了横波勘探调研，提出应用纵横波资料获取岩性信息的途径和资料处理软件设计方案。1984年，首次利用横波震源在东濮地区进行了横波勘探试验。在利用RDS 500计算机进行资料处理时，针对横波资料速度低、静校正量大和频带窄的特点，修改了速度分析程序。为了提取更多的岩性信息，开发了横波压缩剖面、纵横波振幅比、泊松比等处理模块，取得较好的处理结果。随后，又相继处理了赛汉塔拉、阿尔善和伊盟三个地区的多波勘探资料。1988年，地调二处钱荣钧、李新泽等人对P－SV转换波进行了处理试验，得到转换波剖面和纵横波速度比等有效信息。1991年，完成了伊盟516测线转换波处理。1991年，地调二处周竹生设计了一种基于迭代技术的快速、高精度共转换点计算方法。1995年，地调二处陈恭伟将该方法移植到IBM 3033计算机上，并提出共转换点分层抽取和处理的方法；同年，地调二处计算站与成都理工学院合作，共同开发了有关多波处理方法和波场分离技术。在此基础上，地调二处李彦鹏在ALPHA工作站上研制出多波处理软件包，1997年通过了总公司验收。至此，多波处理技术已具备了横波静校正、转换波抽道集、CT变换、波场分离、转换波速度分析和偏移成像等处理技术，能够提取多种参数剖面。

第七节　特殊处理技术

地震资料常规处理只能确定地下地质构造形态，无法确定地下岩层的物理性质及油气藏的位置。而通过地震资料特殊处理技术，则可以判断地下油、气藏的位置，为油气田钻探提供较可靠的依据。

1973年，物探局计算中心站在DJS－11计算机投产后，就开始进行特殊处理技术的研究。1981年研究院成立了特殊处理组，开始以保持振幅处理为主要内容的特殊处理项目，这些项目包括亮点、三瞬及波阻抗剖面等处理。1983年，IBM 3033计算机系统投产，除上述处理项目外，还开始进行岩性模拟和AVO项目的处理。1991年，利用银河计算机系统开始进行三维波阻抗、AVO等项处理。1992年11月，能源部发布的中国石油天然气总公司的行业标准《地震勘探资料特殊处理技术规程》中规定，以提取岩层物理参数为目的的地震资料处理为特殊处理。特殊处理项目主要包括：亮点（暗点）、三瞬（振幅包络、瞬时频率、瞬时相位）、合成地震记录和波阻抗剖面、地震岩性模拟、振幅—炮检距分析（AVO）等处理技术。1994年9月，研究院地球软件公司推出的GRISYS/WS 3.0版本中，有7个特殊处理模块。1996年5月21日，地球软件公司推出的GRISYS/WS 4.0版本中，特殊处理模块达到14个。至此，GRISYS/WS地震处理软件的特殊处理模块功能基本齐全。

一、亮点（暗点）

1975年，物探局研究所傅才芳在《石油地球物理勘探》杂志上发表了《亮点技术》文章，介绍了亮点形成机理。当含油气砂岩与其上覆盖层之间呈现强振幅异常时，称为亮点；反之，称为暗点。亮点技术是一项直接找油气技术。亮点剖面必须是经过高信噪比、高保真处理的相对振幅保持剖面。1980年后，亮点剖面均为彩色显示，即以不同的颜色表示地震波的强弱。利用彩色剖面观察亮点更直观、醒目。1982年，研究院地质室沙锡鉴将亮点技术用于束鹿凹陷荆丘构造油气解释；1986年，地调四处利用“暗点”成功地预测了二连盆地阿23井断块上油层部位；1987年，解释中心王达昌等人在冀中坳陷利用亮点剖面寻找油气出现部位。1987年后，亮点剖面处理已成为储层解释中一项很重要的基础资料。

二、三瞬处理

三瞬指瞬时振幅（振幅包络）、瞬时频率、瞬时相位。在相对真振幅保持的叠偏剖面上，可提取上述三瞬剖面。瞬时振幅（振幅包络）表示岩层的振幅变化特征，有利于确定特殊岩性体的横向变化。瞬时相位仅表示相位变化，不受振幅强弱影响，有利于研究地层横向变化及地层之间的接触关系。瞬时频率表示相位的变化率，有利于研究垂向和横向岩性变化特征。1980年后，三瞬处理已成为特殊处理中必作项目。1991～1997年，地研院在工作站开发出10种瞬时信息提取技术。

三、地震岩性模拟

1983年，研究院将由国外引进的地震岩性模拟技术（SLIM）用于实际资料处理。该法是根据解释人员给出的初始岩性模型所产生的合成记录与实际地震记录进行拟合，通过反复修改初始模型，直到两者达到最佳拟合，即认为最终的修改模型为所求的地层岩性模型。地震岩性模拟技术，为地震地质解释人员进行地层分析提供了更加准确的地层速度、密度和深度信息，为识别薄砂层提供了有利的依据。

四、合成地震记录和波阻抗剖面

70年代末期，研究院开始为用户提供合成地震记录处理服务。合成地震记录是利用声波测井资料换算成波阻抗曲线，再由波阻抗曲线转换成反射系数曲线，最后将此曲线与选定的地震子波褶积，即可得到合成地震记录。合成地震记录是地震资料解释中进行地质层位标定的重要依据。1980年，研究院确定的波阻抗基本处理流程为：野外地震记录—真振幅恢复—反褶积—转换反射系数—换算波阻抗曲线或合成速度曲线。这条合成速度曲线可用来直接和实际声波测井曲线进行对比。波阻抗处理属于地震岩性反演范畴，为制作合成地震记录的逆过程。对地震剖面上各地震道都进行相同的转换，即可得到波阻抗剖面。波阻抗剖面是储层分析中的最基础资料。

五、振幅—炮检距分析（AVO）

1980年后，在利用亮点技术识别气层时，也发现一些假“亮点”。低饱和含气砂岩和褐煤层等低速介质也可导致强振幅异常，形成假“亮点”。1983年，研究院开始利用AVO模块进行地震资料处理。此项处理可提供包络差、棒状图的角道集、P波、泊松比、碳氢检测、不同角度叠加、梯度、S波、线性回归系数等剖面。综合分析上述各种剖面，可判断出地震剖面上出现亮点的真正原因，提高识别亮点的可信度。

第八节　垂直地震剖面（VSP）资料处理技术

1983年，在引进WGC公司的地震资料处理软件中包含VSP资料处理软件。1984年，研究院物探方法室崔希泰等人开始对VSP资料处理方法和软件进行研究。1985年，二公司计算站在DRS 500计算机上开发出VSP资料处理软件。1986年5月，研究院首次开展了VSP资料处理。第一批资料来自长庆物探公司，随后又处理了华北、大庆、塔里木等探区的VSP资料。1986年，地调二处高希勤设计出零井源距VSP资料处理软件包，次年又完成了零井源距三分量VSP处理方法和服务程序。1988年，地调二处高希勒等人又开发了VSP记录叠加技术。1992年，库尔勒研究中心计算站开始处理零井源距和非零井源距VSP资料。1995年，高希勤研制出非零井源距的VSP处理技术。1997年，研究院地球软件公司研制的GRISYS/WS 5.0版本，推出了VSP处理软件，包括19个专用模块，具备了完整的零井源距和非零井源距VSP资料处理功能。

零井源距资料处理分为纵波处理流程和横波处理流程。纵波处理流程为解编、置道头字、道编辑、初至拾取、计算速度、振幅补偿、道间均衡、波场分离、反褶积、拾取走廊、走廊叠加、静校正、显示。横波处理流程为解编、置道头字、道编辑、三分量合成、初至拾取、计算速度、振幅补偿、道间均衡、波场分离、反褶积、拾取走廊、走廊叠加、S－P记录压缩、静校正、显示。

非零井源距（含斜井）处理流程为解编、置道头字、道编辑、三分量合成、初至拾取、计算速度、振幅补偿、道间均衡、波场分离、反褶积、VSP－CDP剖面转换、静校正、显示。

第五篇
地震资料解释

综　述

地震资料解释工作是直接体现地震勘探成果的关键环节。地震资料解释工作的根本任务是将野外地震勘探采集的数据转换成地质构架的客观描述。通过地震地质解释要具体指明地震资料与地质结构、地层沉积和油气聚集的关系。广义的地震资料解释工作包括野外工作方法施工设计、采集参数选择、处理方法及其相应处理参数的确定，各种相关地震资料与地质资料、钻井资料、测井和试油资料的综合解释，最终提供描述储油构造的几何形态和相关的地层发育图、物性参数分布图及钻探井位。狭义的地震资料解释工作是指对野外采集的数据经过相应处理得到的剖面图和平面图进行地质解释，以便对含油气远景区作出评价和提供钻探井位。

地震资料解释在地震勘探的不同阶段有着不同的解释目标。在勘探的概查和普查阶段，主要利用地震大剖面和较稀的地震测网资料，并结合其他物探和地质资料，了解区域地质构造格局，划分有利的沉积盆地和盆地中的次级构造单元，指出有利的含油气区。在勘探的详查和精查阶段，一般采用较密的地震测网资料，或三维地震资料精确测量各类“储油构造”，了解储层分布，预测储层物性，提供钻探井位。现代的地震勘探发展正逐渐向油田开发阶段延伸，形成开发地震。在油田开发阶段，有时还利用四维地震和井间地震资料，指出剩余油的分布。

1974年以前，物探局（包括六四六厂）的资料解释工作大体分为三个层次进行，分别承担不同的解释任务。第一个层次是地震队的解释组。每个地震队的解释组由5～8人组成。解释组不仅要根据上级总体勘探部署作出工区勘探总体设计，而且要担负具体施工的质量监督、资料处理和资料解释工作，直到提交总结报告。也就是说，当时一个地震队是将数据采集、处理和解释融为一体进行的。第二个层次是大队的研究队或解释站，由物探和地质专业人员组成，一般为8～15人。其主要任务是将本大队承担的各工区或相邻工区资料联片成图，以便从区域上认识局部构造的分布规律，从石油地质成因上对全工区作出评价，最后提交全工区的总结报告和相应的资料质量评价说明书。第三个层次是处（局）的研究大队（研究所）。研究大队（研究所）是一个科研人员较多、门类较广、技术水平较高的研究机构。六四六厂研究大队共有160余人，其主要任务有三个方面：①负责大区域地质构造规律性研究，规划勘探布局；②对重点构造或重点区块重新进行落实和解剖，作出含油气评价，提出钻探井位；③对关键的技术方法进行攻关，推广新技术和新方法。

随着地震资料采集仪器和采集方法由光点、模拟到数字阶段的变化，地震资料解释工作的内容和技术方法也在发展变化。1985年以后，随着野外数据采集数字化的实现，作为最基层的地震队解释组的人员逐渐减少，其功能也逐渐演变成单纯为野外施工作业服务。地震资料解释工作主要集中在处、局两级的研究机构。处、局两级从事物探资料解释的基本任务和以往相比并无太大的变化，但是两级研究机构围绕具体勘探目标的解释和综合研究功能显著增强，对新发现的储油构造均要开展储层横向预测研究和圈闭评价等。

在60年代和70年代，为了贯彻“集中优势兵力打歼灭战”的思想，地震资料解释还经常采用会战形式：一种是在每个施工年度结束后以大队解释站为主，集中各队解释组分片解释作业区的资料，然后连片成图；另一种是以局研究所和指挥部研究大队为中心，集中各大队、小队所有解释人员，按统一要求定层位、分片对比追踪，最后连片成图。1964年夏季在徐水采用前种形式进行地震资料解释；1975年在北京定福庄、1976年在徐水采用后种形式进行地震资料解释。

随着现代计算机广泛应用和发展，地震资料解释工作的方式、技术和组织形式也发生了深刻变化：地震资料解释工作的方式经历了手工解释阶段、手工解释和计算机辅助制图阶段、人机联作解释阶段的发展过程，1994年后向三维可视化阶段发展；地震资料解释技术从1991年开始由原先单一的构造解释发展成以精细构造解释为基础的地层岩性解释，1994年后朝油藏模拟和油藏工业评价方向发展；完成解释任务的组织形式原先是按工区和课题组织，从1993年开始均按项目管理形式组织。为了适应塔里木石油会战的需要，物探局于1991年12月成立了库尔勒研究中心，主要承担塔里木地区的地震资料处理、解释、工业制图和一部分综合研究工作，及时向总公司塔指提供区域探井、第一轮评价井和部分开发井井位，为领导决策服务。

整个地震资料解释过程都有相应的质量监控手段。在大庆的“三老四严”精神指导下，60年代中期开始逐步建立了一套三级质量监控体系。80年代中期以后，这套质量监控体系进一步强化。在地震资料解释过程中，一直倡导“出手过得硬，样样数据有检查，凡是不合格的，一律推倒重做”的工作作风。从总体看来，物探局的地震资料解释工作符合“严、细、准、狠”的要求，解释水平一直处于国内领先地位。

自60年代初开始，从松辽地调处、六四六厂，至物探局，作为勘探野战军，先后参加了松辽、渤海湾、四川、江汉、陕甘宁等盆地及东濮凹陷、二连盆地的石油勘探会战。1978年以后，物探局的勘探主力逐渐西移塔里木盆地，同时在吐哈盆地及中国东部、西部和南方的30多个盆地开展地震勘探。从1964年至1997年，共提供各类地震地质解释成果研究报告931份，编制相关分析图件23883幅，在21个盆地中发现153个油田，为大庆、辽河、胜利、四川、大港、中原、江汉、河南、江苏、华北、二连、长庆、吐哈、塔里木、吉林、冀东等大中型油气区的勘探和开发提供了大量的地震勘探资料，累计找到圈闭6382个，提供探井井位4321口，配合钻探找到石油地质储量近74.286亿吨、天然气储量6453.6亿立方米，为石油工业的持续稳定发展做出了重大贡献。

至1997年末，物探局不仅拥有大量配套的先进解释装备，雄厚的技术开发实力，不断完善的管理模式，而且具有在各种复杂地质条件下从事地震资料解释和综合研究的经验。这种综合资源优势既是物探局继续推进油气勘探领域科技进步的基础，也是物探局在社会主义市场经济环境下谋生存、开拓国内和国际市场的条件。

第一章 机构队伍及装备

物探局从事地震资料解释研究的机构分为三级，即有直属局领导的物探地质研究院（地研院）、库尔勒研究中心，各地调处领导的研究所（研究队、研究大队）和各地震队的解释组。从事地震资料解释研究的人员，从1966年的160人，发展到1997年的736人。1997年在册科技人员中，有博士3人、硕士62人、大学本科305人、大中专315人。其中，教授级高级工程师1人、高级工程师65人、工程师243人、助理工程师及技术员318人。1997年底物探局地震地质解释人员构成情况见表5－1。

表5－1 1997年底物探局地震地质解释人员情况表

单位	人数	技术干部数	文化程度				职称情况					
			博士硕士	大学（含大普）	大专中专	其他	教授级高工	高级工程师	工程师	助工及技术员	未定职称	其他
物探地质研究院	149	149	19	62	63	5	1	17	78	48	5	
库尔勒研究中心	92	83	3	56	28	5		6	20	43	14	9
地调一处	94	85	7	42	34	11		3	32	50		9
地调二处	238	226	10	102	114	12		28	71	117	10	12
地调三处	77	67	12	19	36	10		6	16	29	16	10
地调四处	86	78	14	24	40	8		5	26	31	16	8
合计	736	688	65	305	315	51	1	65	243	318	61	48

注：1992～1997年，地研院有6名教授级高工和各单位45名高级工程师已陆续退休，此表未将此数统计在内。

1984年以前，物探局解释装备更新缓慢，60～70年代使用计算尺和手摇计算机，80年代初期开始使用袖珍计算机，地震资料解释工作基本上沿用传统的手工作业方式，远远落后于资料采集和资料处理的技术发展。为了使资料解释工作跟上资料采集和资料处理数字化的进程，缩短地震勘探周期，提高解释工作效率和解释成果精度，在中国石油天然气总公司领导的关怀和支持下，物探局委托局副总地质师袁秉衡和副总工程师程金箴具体组织领导解释装备和解释技术的引进更新工作。从1984年开始，陆续由国外引进人机联作解释系统。截至1997年底，物探局拥有各类人机联作解释工作站48台，各种外部设备92台，解释应用软件105套（件）。人机联作解释技术的引进、开发和应用，彻底改变了手工方式解释资料的落后局面，实现了6个转变：①由手工解释转变为人机联作数字化解释；②实现了地震反射层位自动追踪对比和断层的精细解释；③由单纯的构造解释转变为储层解释和早期油藏描述；④由单纯的地震资料解释转变为测井、地质、地震等资料综合解释；⑤实现了数字化多种信息应用、彩色图形显示和三维可视化解释；⑥逐渐形成资料处理和解释一体化的工作模式。

第一节　物探地质研究院

物探地质研究院的前身是六四六厂的研究大队。1971年10月，组建六四六厂研究所。1973年7月，六四六厂研究所改名为物探局研究所。1978年3月，研究所和计算中心站合并组建物探局研究院。1984年6月，以研究院地质室的物探、地质人员为主，组建物探局解释中心。1991年5月，解释中心与局科技情报所合并，成立物探局物探地质研究院，简称地研院。1997年8月，地研院和研究院合并，原地研院改建为研究院地质研究中心和信息中心。

1997年，地研院下设成果一室、成果二室、成果三室、解释方法室和解释系统室等5个直接从事地震资料解释和地质成果综合研究单位。成果一室负责塔里木盆地的区域研究和层序地层学研究；成果二室负责轮南、塔中等区块的目标解释项目研究；成果三室负责唐海、西北侏罗系、苏丹等承包区块的项目研究；解释方法室负责速度和解释新技术新方法研究；解释系统室负责各解释研究项目的技术支持和解释系统应用技术的开发研究工作。

1997年，地研院从事地震地质资料解释研究的人员共有149人：按文化程度分类有博士3人，硕士16人，大学本科62人，大中专63人，其他学历5人；按技术职称分类有教授级高级工程师1人，高级工程师17人，工程师78人，助理工程师及技术员48人，未定职称5人（在1997年底以前退休的6名教授级高工程师和近30名高级工程师未计算在内）。

地研院是一个面向全国从事石油物探资料综合解释、石油地质综合研究与评价、解释方法与软件开发、石油物探信息研究与服务、专业期刊编辑出版等大型的综合物探地质研究中心。

截至1997年底，物探地质研究院共完成地震资料解释研究项目425项。其中获国家科技进步特等奖1项；国家科学大会成果奖4项；国家科技进步一等奖2项、二等奖1项、三等奖4项；部（总公司）级科技进步一等奖3项、二等奖9项、三等奖5项；物探局科技进步一等奖25项。1996年2月，经国家工程咨询协会认定，物探地质研究院具有全国甲级工程咨询资格。

第二节　库尔勒研究中心

1991年12月24日，物探局为适应塔里木石油勘探会战的需要，组建库尔勒研究中心，归局塔里木前线指挥部领导。主要负责塔里木地区的地震资料处理、加急处理和特殊处理，地震资料解释及地质综合研究，及时向总公司塔里木石油勘探开发指挥部（简称塔指）提供各类探井及评价井井位建议。中心下设塔中室、塔北室、区域室和解释方法室。塔中室负责塔中地区，塔北室负责塔北和库车地区，区域室负责巴楚地区及全盆地的圈闭管理，解释方法室负责速度研究和所有三维工区的地震资料解释、储层横向预测、油藏描述，以及新解释技术的开发应用。

1997年，库尔勒研究中心从事地震地质资料解释研究的人员共有92人：按文化程度分类有硕士3人，大学本科56人，大中专28人，高初中5人；按技术职称分类有高级工程师6人，工程师20人，助理工程师及技术员43人，未定职称14人，其他9人。

1992～1997年，研究中心共完成地震解释研究项目57项，其中《塔中地区石炭系大油田的发现与勘探方向》项目，获国家科技进步二等奖；《塔中4号油田的发现》项目，获中国石油天然气总公司第五次科技大会重大科技成果奖；《塔里木盆地北部牙哈油气田的发现及轮台断隆油气分布规律》项目，获总公司科技进步一等奖；《塔中地区油藏描述配套技术》项目，获总公司优秀推广项目奖；获物探局科技进步一等奖5项。库尔勒研究中心荣获1995年总公司第五次科技大会先进集体、1995～1997年总公司直属机关先进集体、1997年度总公司首批“青年文明号”等称号。

第三节　各地质调查处研究所

一、地调一处物探地质研究所

地调一处（前身一指）于1973年成立研究队。1988年6月，研究队与计算站合并成立物探地质研究所。1997年，物探地质研究所从事地震地质资料解释研究的人员共有94人：按文化程度分类有硕士7人，大学本科42人，大中专34人，其他11人；按技术职称分类有高级工程师3人，工程师32人，助理工程师及技术员50人，其他9人。

1978～1997年底，该研究所共完成地震资料解释研究项目267项。其中与其他单位合作完成的《渤海湾盆地复式油气藏聚集区带勘探理论及实践》项目，获国家科技进步特等奖；《古潜山油气田的形成条件与勘探技术》项目，获国家科技进步三等奖；《丘陵储量研究》项目，获国家矿产资源二等奖；《吐哈盆地天然气地质条件及有利区带评价》项目，获总公司科技进步二等奖；获物探局科技进步一等奖10项。

二、地调二处地球物理研究所

地调二处（前身二指）于1973年7月成立研究队。1991年3月，研究队更名为地球物理研究所。1997年，地球物理研究所从事地震地质资料解释研究的人员共有238人：按文化程度分类有硕士10人，大学本科102人，大中专114人，其他12人；按技术职称分类有高级工程师28人，工程师71人，助理工程师及技术员117人，未定职称10人，其他12人。

1972～1997年，该研究所及其前身共完成地震资料解释研究项目345项。其中《东濮、泌阳凹陷地震地质综合研究》（合作）项目，获石油部科技进步三等奖；《石油物探微机应用软件汇编及在解释、油藏预测中的应用》（合作）等4个项目，获总公司科技进步三等奖；获物探局科技进步一等奖27项。

三、地调三处地质研究所

地调三处（前身三指）于1978年9月成立研究队。1991年3月，该处方法研究室、研究队和计算站合并成立研究所。1992年3月，重新组建地质研究所，原计算站的人员划归库尔勒研究中心。1997年，地质研究所从事地震地质资料解释研究的人员共有77人：按文化程度分类有硕士12人，大学本科19人，大中专36人，其他10人；按技术职称分类有高级工程师6人，工程师16人，助理工程师及技术员29人，未定职称16人，其他10人。

1976～1997年，该研究所及其前身共完成地震资料解释研究项目427项。其中《塔里木盆地和准噶尔盆地沙漠腹地地震勘探技术》项目，获国家科技进步一等奖；《塔里木盆地柯克亚高产油田发现和探明》、《塔中地区石炭系大油田的发现与勘探方向》项目，获国家科技进步二等奖；《吐鲁番—哈密盆地吐鲁番坳陷石油地质特征与含油气远景综合评价》项目，获国家科技进步三等奖、总公司科技进步一等奖；《塔里木盆地油气资源评价研究》项目，获总公司科技进步二等奖；《石油物探微机应用软件汇编及在解释、油藏预测中的应用》（合作）项目，获总公司科技进步三等奖；《多元统计储层预测》、《柯克亚油气田储层油环分布预测研究》项目，分别在总公司解释系统工作会议上获二等奖和三等奖；获物探局和总公司塔指科技进步一等奖13项。

四、地调四处地质研究所

地调四处（前身四指）于1978年成立研究大队。1984年5月，研究大队更名为研究所。1997年更名为地质研究所。1997年，地质研究所从事地震地质资料解释研究的人员共有86人：按文化程度分类有硕士14人，大学本科24人，大中专40人，其他8人；按技术职称分类有高级工程师5人，工程师26人，助理工程师及技术员31人，未定职称16人，其他8人。

1978～1997年，该研究所共完成地震资料解释研究项目128项。其中《渤海湾盆地复式油气聚集区带勘探理论及实践》（合作）项目，获国家科技进步特等奖；《二连盆地石油天然气地质研究》、《地震储层横向预测技术及实例》（合作）项目，获总公司科技进步二等奖；获物探局科技进步一等奖9项。

第四节　解释装备

一、人机联作解释系统

采用人机联作解释系统（又称解释工作站）进行地震资料解释是资料解释工作步入数字化阶段的

主要标志。解释工作站由计算机系统和解释应用软件构成。解释人员通过与计算机交互对话方式，实现对地震资料的解释分析和作图。1984年，物探局开始从美国引进DISCOVERY解释系统；1986～1989年，相继从美国引进1套SIDIS、8套LandMark和5套GeoQuest解释系统。上述15套解释系统分别安装在解释中心和4个地调处，有力地提高了资料解释能力和技术水平。由于上述解释系统均为国外早期产品，计算机性能较差，解释功能也较低，不能适应解释工作日益发展的要求。从90年代开始，物探局又先后从美国引进解释功能和综合解释能力更强的解释系统，即10台Sun SPARC 5和26台Sun SPARC 20型计算机工作站为硬件平台的LandMark和GeoQuest解释系统。这些解释系统不但具备较强的二维和三维地震资料解释、图形显示及作图功能，还具有对测井、地质资料处理分析能力，以及对地震资料进行叠后处理能力。从1994年开始，为了适应复杂地区地震资料综合解释的要求，陆续引进了测井资料处理分析、油藏描述、地质剖面平衡与恢复、盆地模拟、模型正反演及三维可视化等专用软件。与此同时，还自行开发研制了自主版权的地震资料解释系统软件、解释性目标处理系统软件、测井资料处理分析软件、地震波速度分析软件、地震地质资料解释软件、油藏综合评价系统软件、屏幕显示及作图软件等多套软件，既弥补了引进软件的不足，又丰富完善了解释应用软件功能，有效地提高了综合解释分析能力。

1997年，全局各解释研究单位拥有的人机联作解释系统硬件、软件数量，列于表5－2、表5－3和表5－4。

表5－2 1997年物探局解释工作站硬件平台数量统计表

工作站名称	物探地质研究院	库尔勒研究中心	地调一处	地调二处	地调三处	地调四处	合计
Sun S 670	1	1	1			1	4
Sun SPARC 5	7	1	1			1	10
Sun SPARC 20	2	5	5	6	3	5	26
Sun SPARC 1000	1						1
SGI Indigo 2	2	1	1	1	1	1	7
合计	13	8	8	7	4	8	48

二、解释应用软件主要功能

（1）地震波速度分析。该软件主要功能有建立测量成果、叠加速度、浮动基准面高程、t_0层位、VSP测井资料等5种基础数据库，及建立中间速度成果和最终速度成果两种数据库。

（2）解释性目标处理。局属各生产研究单位均拥有研究院研制的GRISYS资料处理系统，地研院还拥有国外引进的Insight，ProMax资料处理系统。目标处理除具有十瞬信息计算、子波提取、频谱分析、道均衡、滤波、反褶积等处理功能外，还具有提高信噪比、提高分辨率、振幅处理、叠后偏移等特殊处理功能。

（3）测井资料处理分析。测井资料处理分析软件除具有测井录井数据管理、井环境校正、子波提取、合成记录制作、测井岩性处理解释、含油气性预测和储层综合评价等功能外，还具有多井地层对比、各类测井资料插入地震道显示和输出彩色图件等功能。

（4）构造精细解释。包括三个方面：①反射层位精细标定，利用岩性柱和测井曲线进行井环境校正和常相位校正后制作的合成记录对层位进行综合标定、利用VSP走廊叠加及特殊处理剖面进行层位标定等；②层位精细解释，充分利用三维资料和解释系统多种显示功能（如纵测线、横测线、任意线、闭合线、平行线、层拉平、动画显示、拖拉时窗显示等），以便从多角度检测和认识地下结构，同时利用区域层位自动追踪方法及时间切片等技术，提高层位解释精度；③断层精细解释，利用垂直于断层走向的一系列平行的、不同地震属性剖面、断层切片、反射层位的断层走向投影、图分析、断层侧面封堵分析及相干体计算分析等技术对断层进行综合精细解释。

（5）储层横向预测。首先利用上述反射层位精细标定手段对储层进行综合精细标定，然后依次进行下列分析：①沉积层序分析，主界借助于时频分析方法划分沉积旋回、确定沉积界限、分析沉积岩

表 5-3 1997 年物探局解释工作站外部设备数量统计表

外部设备名称	物探地质研究院	库尔勒研究中心	地调一处	地调二处	地调三处	地调四处	合 计
8mm 磁带机	3	1	1	1	1	1	8
4mm 磁带机				1	1	1	3
M4 磁带机	7	2	5	4	1	4	23
3480 磁带机	3	1	1	1	1	1	8
1/4 英寸磁带机		1	2	1			4
HP 磁带机		1					1
Calcomp 数字化桌	2		2	1			5
胜马数字化桌	2		1	1	1	1	6
Calcomp 拷贝机	2	1	1		1		5
SeiKo 拷贝机	2		1			1	4
Phaser340 拷贝机		1	1	1	1	1	5
phaser350 拷贝机						1	1
Versatec3236 彩色绘图仪	1		1	1		1	4
Versatec3244 彩色绘图仪	1						1
Versatec8600 彩色绘图仪		1					1
Versatec8900 彩色绘图仪	1	1	1	1	1	1	6
HP650C 喷墨绘图仪	1	1	1	1	1	1	6
HP750C 喷墨绘图仪				1			1
合 计	25	11	18	15	9	14	92

石粒度和岩性及孔隙率等；②模型正演，用于认识十瞬地震属性、研究各种沉积旋回地层的时间谱表现形式、选择求取薄砂层厚度的方法等；③地震信息提取与分析，包括提取沿层地震信息、层间地震信息、指定时窗内地震信息、两个相邻时窗的地震信息和分析地震信息平面图等；④地震信息模式识别，包括模糊判别、统计模式识别（含无学习样本综合判别和有学习样本判别分析）、人工神经网络模式识别（含自组织人工神经网络判别和有监督人工神经网络判别）、分形分维模式分类等。通过上述方法的应用，即可对储层物性、含油气性、含油气范围等作出预测。

(6) 地质剖面平衡与恢复。地质剖面平衡与恢复是研究盆地演化历史、恢复古构造、验证解释方案的重要手段。该软件可对挤压型、拉张型和盐隆型的二维地质剖面进行平衡模拟。

(7) 盆地模拟。此软件应用有限元法对盆地的地史、热史、生烃史、排烃史和运移聚集史进行模拟，分析研究盆地的油气生成、运移和聚集规律，为油气资源评价提供有用信息。

(8) 早期油藏描述。此软件采用地震数据匹配处理技术、地震反演技术、油藏空间形态描述技术、井间小层对比技术、储层物性预测技术等，精确标定油气藏位置，分析油气藏储集层物性变化规律和油气藏规模，计算油气储量等。

(9) 图形显示、制作及三维可视化。①图形显示及图件制作包括：各种数据的平面等值线图显示和绘图；剖面图显示和绘图；三维鱼网图显示和绘图；地形图晕渲显示和绘图；底图显示和绘图（含测线位置，井位及井轨迹，图形叠合、组合，中英文图件注释）等；图形编辑。②三维可视化包括：三维数据体立体、椅式、展开显示及绘图；三维数据体时间切片（水平切片）显示及绘图；三维数据体任意线剖面显示及绘图；三维数据体水平/垂直剪切动态显示及绘图；三维数据体曲面剪切显示及绘图；三维构造图加光源旋转显示及绘图；三维地震属性旋转显示及绘图；三维地质属性旋转显示及绘图；三维数据综合（剖面、测井曲线、井轨迹等）显示及绘图；三维速度场显示及绘图等。

表 5-4　1997 年物探局解释应用软件数量统计表

软件名称		物探地质研究院	库尔勒研究中心	地调一处	地调二处	地调三处	地调四处	合　计
测井数据处理分析	petrophsics	1						1
	DLPS	1						1
	Stratworks	7	2	1	1	1	2	14
二维及三维地震资料解释	GeoQuest IESX	1		1	1	1		4
	LandMark SeisWorks	8	3	1	1		2	15
	GRIstation（3D）	1	5	5	5	3	5	24
速度数据处理分析		1	1	1	1	1	1	6
二维正演模型（GXⅡ）		2	2	1	1	1	1	8
构造层序解释 SSI		1						1
二维地质剖面平衡恢复 Geosec		1	1	1	1	1	1	6
二维盆地模拟 PDⅠ-2D		1						1
油藏描述 RM		1						1
综合储层建模 IREX		1						1
地质反演模型 Jason		1						1
图形制作 MapView Z-Map plus		4	2	2	2	1	2	13
三维可视化 GeoViz 3DVI EarthVision		3	1	1	1	1	1	8
合　　计		35	17	14	14	10	15	105

三、自行开发研制的解释应用软件

自 1984 年开始引进人机联作解释系统起，物探局下属各研究单位在消化、吸收、应用基础上自行开发研制了 34 套解释应用软件，其中具有代表性的软件有 7 套。

（1）GRISYS/WS 地震数据交互处理系统（工作站版本）。该软件由研究院于 1993 年研制成功。该系统包含 12 类处理功能：预处理、谱分析、振幅分析和处理、反褶积与子波处理、静校正、速度分析、动校正叠加、信号加强、偏移、三维及弯线处理、特殊处理、服务性功能等，共有 253 个处理模块。

（2）GRIStation 地震资料交互综合解释系统。该软件由研究院地球软件公司于 1995 年研制成功。该系统包括 8 个子系统：数据输入与输出、工区和数据管理、地震资料解释（二维和三维）、地震资料处理、测井资料解释、平面成图、地质综合分析和三维可视化。

（3）测井资料处理分析软件。该软件由地研院与西安石油学院于 1996 年合作研制成功。该软件包括 4 个部分：①测井资料地质分析软件，利用灰色理论对储层岩相、岩石物性、含油气性及产能等进行评价预测；②测井资料环境校正软件，对影响测井曲线质量的环境因素进行校正，提高制作合成记录的精度，用于地震层位的精细标定；③人工合成记录制作软件，主要用于弥补早期引进的解释系统应用软件功能的缺陷；④斜井轨迹显示软件，通过斜井轨迹空间坐标及投影显示作图，制作斜井合成记录，进行层位的标定。

（4）地震波速度分析软件包。1991～1995 年，物探局下属各解释研究单位针对工区特点开发出具有各自特色的速度分析软件。地研院在吸收各单位的速度分析软件优点基础上，并针对塔里木盆地大深度、低幅度构造、速度横向变化大的特点开发研制出一套基于微机的速度分析软件包。该软件包可用于制作各种高精度速度场及应用成果图件。

（5）地震地质资料解释软件。该软件是物探局“八五”重大科技攻关项目之一，主要由地研院研制，库尔勒研究中心参与了部分软件的研制，共包括 15 项功能：①波阻抗计算分析软件，采用测井曲线约束反演方法制作波阻抗剖面，用于层位精细标定和储层横向预测；②时频分析软件，又称时间谱处理，利用一系列滤波器对地震道进行频率扫描，分析地震道的沉积旋回性，预测储层的岩性、岩石粒度和孔隙率等；③孔隙率预测分析软件，应用地学统计理论预测孔隙率平面分布；④孔隙率剖面制作软件，利用波阻抗剖面转换成孔隙率剖面；⑤地震相剖面制作软件，通过交互方式制作地震相剖面，主要用于储层横向预测和层序地层学研究；⑥薄层、厚层、渐变层厚度计算软件，应用模型正演方法和十瞬地震属性，求取薄层、厚层、渐变层的厚度；⑦常速、变速时深转换软件，主要用于制作高精度构造图；⑧交互批处理十瞬信息计算软件，采用批量处理方式，计算十瞬地震信息，用于油气检测和储层物性判别；⑨多元统计判别分析软件，应用统计学原理的主参数法和地震多参数判别主要含油区范围；⑩人工神经网络判别分析软件，人工神经网络分自组织人工神经网络和有监督人工神经网络两种模式，利用迭代算法判别含油气异常区；⑪断层分析软件，利用断层走向投影技术、断层走向投影面上的落差等值线分析、断层侧向封堵分析和断层切片等，检验断层解释及断层组合的合理性；⑫相干体计算分析软件，将三维地震数据体换算成相干数据体，可清晰显示断层及特殊地质现象，便于断层、裂缝、裂隙的精确解释；⑬道积分计算分析软件，对地震道进行积分运算制作道积分剖面，用于储层精确标定和分析；⑭圈闭评价软件，采用风险概率分析方法对圈闭石油地质条件的优劣进行评价排队，进而对圈闭进行资源评价和经济评价；⑮构造层序解释软件（移植），包括构造层序分析、地震地质层序模拟和沉积盆地动态模拟三部分，从地震信息的旋回性分析入手对各级沉积层序，特别是小尺度层序进行研究、预测和模拟。

(6) 油藏综合评价系统（RED G&G）。该软件是总公司“八五”重大科技攻关项目之一，由物探局地研院、研究院软件所和大港油田采油一厂及西安石油学院合作研制。该系统包括工区数据管理、目标处理、地震解释、储层研究、测井分析和地质绘图等6个子系统。

(7) 屏幕显示及作图软件。该软件由地研院于1992年研制成功，包括11项功能：①交会图制作软件，用于分析各类特性参数之间关系；②沉积相图制作软件，用于储层预测和层序地层学研究；③偏移空校作图软件，用于对地震法线深度、视深度进行空间校正，绘制出真深度构造图；④矢量层转换等值线图软件，通过将逐个切片上拾取的矢量层转换成等值线，便于绘图输出；⑤人工光源图示软件，对构造图和沿层地震属性图从不同方位加人工光源显示，可直观地观察出构造形态和地层变化的细节，辅助构造和地层精细解释，也可用人工光源显示；⑥岩性符号填充（平面、剖面）作图软件，采用交互方式对平面图或剖面图填充岩性符号，直观显示地层岩性变化情况；⑦双元复合显示作图软件，采用不同颜色表示不同的方位角，再用颜色的强度表示倾角大小，复合显示在一张图上，用于检查断层解释的正确性（对时间切片图也可进行振幅和相位双元复合显示）；⑧点阵图转换矢量图软件，可将点阵图形转换成矢量图形，便于矢量绘图仪输出；⑨等值线图数字化输入作图软件，用于将手工制作的各种等值线图通过数字化桌采样输入到计算机中，经图形编辑整理后绘图输出；⑩中英文图形注释、编辑软件，主要用于将引进绘图软件中的英文字变成汉字；⑪微机地质绘图软件，可在微机上完成点阵图像、矢量图像的编辑处理，建立主要地质图件图形库，制作高质量的彩色投影片、报告插图。

第二章　地震资料解释工作及技术

地震采集仪器、采集方法和数据处理技术的发展是地震资料解释技术发展的火车头。1964～1997年，地震采集仪器经历了光点地震仪—模拟磁带地震仪—数字地震仪三个发展阶段；采集方法有二维勘探和三维勘探两种，因此形成了相应阶段的地震资料解释工作和技术。1964～1971年为光点地震资料解释阶段，1965～1981年为模拟地震资料解释阶段，1974～1997年为数字地震资料解释阶段（1982～1997年为全数字地震资料解释阶段）。虽然不同解释阶段有不同的解释方式和解释内涵，但是地震勘探的基本原理是一致的，仅是地震信息量和表现形式的不同。在光点地震资料解释阶段形成的一套波的对比原则和地震地质解释技术，在模拟和数字阶段仍然适用，只是有了新的发展；在二维地震资料阶段形成的一套成功做法，在三维阶段也可用，只是有了更新的发展。

第一节　光点地震资料解释工作及技术

"五一"型光点地震仪是中国在50年代开始用于地震勘探数据采集的仪器。该仪器直接在感光纸上以光点照相方式记录地震波信息，解释员解释的对象是一张张孤立的、记时线不等的、由不同曲率的双曲线同相轴组成的共炮点道集记录。由于这种记录形式，既不能复制，又无法长期保存，而且不具备再加工处理条件，只能用手工方式进行时间标定、对比、制图和解释。

一、松辽盆地地震会战时期的地震解释工作

在1961～1963年松辽盆地地震会战期间，采用"五一"型光点地震仪对盆地内4.347万平方公里面积开展地震连片测量。全部采用手工方式解释，主要解释方法有波的识别和对比、速度参数求取和分析、地震深度剖面和构造图的制作、地质解释和综合评价。共解释1.94万公里地震剖面，编制全盆地六大层连片构造图，除进一步证实2000平方公里的大庆长垣（大庆油田）外，又在其外围发现局部构造51个，复查构造33个，其中有25个构造经钻探获得油气显示，8个构造形成油气田，共探明石油地质储量26.5亿吨。

在松辽盆地地震会战期间，地震解释工作者虽然面对比较差的解释环境，却能针对松辽盆地是一个中、新生代大型陆相稳定沉积盆地的特点，创造了许多行之有效的对比波的方法，如标准波对比法、波组和波系对比法、跳点对比法。上述波的对比法后来被写入石油、地质院校的教科书，成为地震波对比中普遍遵守的准则。

二、华北石油会战时期的地震资料解释工作

1963年8月14日，石油部决定组织华北石油会战，开始参战的地震队有29个，总的勘探方针是："区域展开，重点突破，各个歼灭"。主要工作地区为济阳坳陷、黄骅坳陷、下辽河坳陷、冀中坳陷和渤海海域。1964～1971年，物探局前身在上述5个地区共解释光点地震剖面8.67万公里。在1964～1966年期间，基本查明东营凹陷的胜坨和东辛油气富集带、黄骅坳陷的北大港和南大港油气富集带。1965年发现河西务构造带，1970年，六四六厂研究大队提出霸县—河间凹陷是油气分布最有利区带，其中的霸县、任丘等局部构造应是重点钻探区块。

（一）在波的对比解释中引入干涉带分解方法

1964年夏季，地调指挥部在徐水集中整理地震资料期间，总工程师孟尔盛针对华北地区断层多、干涉波严重的特点，率先提出干涉带分解的概念。1965年，俞寿朋将这一概念理论化和具体化，提出了一套完整的干涉带中地震波对比方法，首次把地震波对比从依赖经验提高到理性分析之上。利用这种解释方法将山东省商河县沙河街构造（214队工区）从严重的多次波干涉中恢复出来。

（二）采用曲射线法制作深度剖面图

在华北石油会战期间，常利用以下途径获取速度资料：①在有深井的地区，通过地震测井直接获取平均速度，或通过声波测井求取各层的层速度；②在无井的情况下，利用加长排列获得的延长时距曲线，或直接利用边点放炮的时距曲线计算有效速度。每个地震队解释组均有专人负责速度计算工作，各地震大队和处研究机构也分别设置速度分析研究组，负责速度资料的收集、整理和综合分析，提供各工区应该采用的综合速度曲线，以便制作深度剖面量板。全部计算工作均采用计算尺和手摇计算机完成。1963年底至1964年初，用于地震地质解释的深度剖面全部采用直射线量板制作。1964年6月，李庆忠建议使用曲射线量板制作深度剖面，并亲自组织计算了华北地区第一块曲射线量板。1964年底，曲射线量板制图方法开始在少数队试验，证明此法的作图精度高于直射线量板作图。1965年后，此法向全国各探区地震队推广。

（三）地震剖面图解释和构造图制作

在地震深度剖面图上进行地震标准层追踪，判别断点位置和断层性质，分析上下层位的合理性以及交叉测线的层位闭合是地震资料解释的基本工作方法。经过正确解释的地震深度剖面图是绘制地震深度构造图的基础资料。通常用于指导钻探的地震构造图均指真深度构造图。在二维情况下，当地层产状平缓或地震测线基本沿地层倾向布置时，可由深度剖面上直接量取铅垂深度作构造图，否则要对量取的铅垂深度进行深度校正。

在绘制深度构造图时，分析断点平面组合是一个反复认识、反复解释的过程。1966年6月，俞寿朋发表了《断层平面连接问题》的论文。该文认为，为了保证断层平面连接的正确性，必须同时考虑地震测网的密度和断层的密度。1966年，物探局前身六四六厂解释工作者将多年关于断点平面组合的经验归结为：首先将那些特征明显、易于确定的断层连接起来，然后再连接较小的、次要的断层，而且要做到平面和剖面解释结果一致；同时要充分利用

与断层有关的异常波，如断面波、绕射波、反射—反射波，辅助断层解释。

在地震普查阶段，地震构造图均采用1:10万或1:20万比例尺制作；在地震详查和精查阶段，多采用1:5万或1:2.5万比例尺制作。构造图上等深度线的延伸方向表示地层的走向，垂直走向的等深度线由浅到深的方向表示地层的倾向，等深线间的相对疏密程度表示地层界面的倾角大小。

（四）地震地质解释

在光点地震记录阶段，地质解释工作主要在地震深度剖面上进行。首先根据工区周边露头资料或有关钻井资料确定构造层和对各标准层进行时代标定，然后依据地震界面的丰度、连续性、形态和层间厚度变化，研究地质构造的发育史和地层沉积史，以及相应的含油气特征，最后依据地震深度构造图进行综合评价。1965年，六四六厂二大队胡余生和吴树初分别提出东营凹陷的北坡和南坡是有利的含油气聚集区。1967年，六四六厂研究大队编制了冀中坳陷南部综合图集。1968年，六四六厂四大队指出冀中坳陷南部是寻找油气最现实的地区。

在光点记录阶段，虽然地震采集装备落后，获取的信息量较少，使用的解释手段不多，地震地质解释仅仅停留在简单的构造解释水平上。但是，由于大庆石油会战期间形成的“三老四严”作风的熏陶，地震解释工作者在如何全面认识地震记录和地震作图方面积累了丰富的经验，基本上做到“吃光榨尽”。不仅在60年代初相继发现了大庆油田、胜坨油田和大港油田，而且造就了一大批热心于地震地质解释的人才，其中较著名的解释员有钟国森、狄菊芳、方文娟、金爱丽、崔绍贤、李明忠和范雅琳等，较著名的地震地质家有袁秉衡、林梁、杨克绳、杜劲霜、赵风云和李登湘等。

第二节　模拟地震资料解释工作及技术

用模拟磁带地震仪替代“五一”型光点地震仪是地震勘探技术发展史上第一次飞跃。由于模拟磁带仪比“五一”型光点地震仪的动态范围大10多倍，加之模拟磁带回放仪拥有多种频率滤波、动静校正和组合、叠加功能，所以模拟地震记录的信噪比和分辨率较光点记录有了较大的提高，也给地震资料解释环境带来一些新的变化。模拟地震资料的解释工作，大体经历了三个阶段。

一、模拟回放单次时间剖面解释

1965～1972年为使用模拟磁带仪的起步阶段。解释工作使用的模拟地震记录已是经过动静校正处理的、计时线严格一致的变面积形式单次时间剖面，不再是计时线不等的、双曲线形式的地震记录。虽然采用的基本解释工作方式和光点记录阶段相同，但是解释员除了要提供动静校正数据外，处理问题的空间明显扩大。主要表现在：①可以根据不同地质目标，选择分频回放记录解释；②可以在较大范围直观地分析反射层的变化。1966年9月，汪廷璋以207队名义发表了《在恶地形地区磁带地震工作经验》论文。文中提出，为了便于进行动静校正，正确反映地下构造形态，在四川威远那样复杂的山区，地震测线应保持直线，野外采用单点接收（不组合），室内采用磁头组合，磁头组合数目按资料解释要求而定。1970年10月，物探局前身六四六厂和华东石油学院联合在河北省徐水县举办了有300余人参加的磁带地震仪操作员和模拟磁带地震资料解释培训班，为普及模拟地震技术创造了条件。

二、模拟回放多次叠加时间剖面解释

1972年冬，物探局前身在模拟地震队中全面推广多次覆盖方法，从而彻底改变了已沿用多年的地震勘探观测方法。解释工作使用的地震资料是经过多鼓回放仪处理的水平叠加剖面。由于多次叠加技术的应用，不仅有效地压制了广泛存在的多次波、随机干扰波，而且使得标准层的波形特征更为突出，因而地震记录的信噪比和分辨率进一步提高。相应的解释技术也有了新的发展：①此时波的对比工作更强调强相位对比、多相位对比、多条相邻剖面对比，以便从多个角度认识各类地质现象在地震剖面上的反映；②对待那些反映模糊的地质现象，仍需要改变回放参数重新回放，力求获得反映地质现象较清晰的地震剖面；③可以快速地从水平叠加剖面上拾取 t_0 时间，制作 t_0 时间平面图，再经空校、时深转换，绘制地震深度构造图。1972～1973年，六四六厂投入54个模拟地震队年参加冀中石油勘探会战，共完成地震解释剖面7298公里，进一步肯定霸县—任丘、河西务和高阳等二级构造带是找油的最有利地区。

1972年4月，六四六厂十大队以三二二油田十大队名义提出“用时间剖面绘制构造图”的具体做法。

三、模拟计算机处理多次叠加时间剖面解释

1973年10月，中国第一台百万次“150”计算

机在物探局计算中心站投入使用，处理模拟地震资料。虽然此时地震解释工作所依据的地震资料仍是水平叠加剖面，但其所反映的信息量和信息特征已今非昔比，地震解释工作方式发生了新的变化。

（一）叠加速度的求取和应用

采用速度谱资料和速度扫描方式求取叠加速度，是多次覆盖条件下获取速度资料的主要来源。由于多次覆盖条件下每一共反射点均可求出一条相应的速度曲线，因此有可能利用沿测线方向速度剖面的变化，辅助研究地质结构和寻找因含油气而导致的速度异常。1972～1975年，一指研究队速度研究组依据冀中地区60多口的地震测井资料和大量的速度谱资料，提出适合冀中地区分区作图的“综合速度”。1975～1981年，研究所（研究院）王达昌、潘尧嘉、李明忠、沙锡鉴等人在冀中地区分别利用速度异常发现一些特殊岩性体。1977～1981年，三指研究队廖钟、黄碧芬等人分别利用速度谱资料和速度异常确定冀中坳陷南部地区的层位及断层展布和进行柯克亚地区的油气检测。

（二）水平叠加时间剖面的对比和解释

1974年，研究所钟国森主持了冀中坳陷任丘地区地震资料的数字处理和解释工作，形成一套水平叠加时间剖面对比解释工作程式：先对比浅层反射波，后对比中深层反射波；先对比有效的地层反射波，后对比特殊异常波；先对比特征明显的断层，后对比特征不确定的断层。1975年后，更强调作好基干测线的综合对比解释工作，基干测线通常选择那些最能代表一个地区关键部位的测线；在解释过程中要正确识别基岩波和断面波。1977年，一指研究队张德林等人在解释冀中坳陷高家堡潜山时就遇到基岩波识别问题：若把基干测线BX－77－10地震剖面上2.7秒的一组斜反射波当作基岩波，高家堡潜山就存在；若把此组波看作断面波，高家堡潜山就不存在。为了进一步证实孰是孰非，通过邻区的连层、速度分析和其他物探资料旁证，最后确认2.7秒的反射波为基岩波，后经钻探证实，该处为任丘式古潜山。

（三）水平叠加时间剖面的断层解释

由于中国东部地区的地质结构属于箕状断陷结构，不同时期、不同级别的断层交相切割，形成多样类型的含油气断块，所以断层解释更显得重要。1975年，物探局的地震解释工作者将“断点连接”归结为：凡是相邻断点性质一致、断开层位基本一致或呈有规律的变化、断层形态和断面倾角及落差在纵向上有相似的变化、落差在平面上呈有规律的变化，才能连接。此时还强调对断层进行空间校正，力求准确地将断层的平面位置定准。

1976年，二指陈顺兴依据东濮凹陷模拟地震资料，将该区的断裂异常解释为三组：第一组为北北东向断裂，包括兰聊断裂、长垣断裂、黄河断裂和文东断裂；第二组为北西向断裂，包括高平集断裂、焦虎集断裂和马陵断裂；第三组为弧形断裂，包括脑里集断裂和陶北断裂。上述断裂不仅控制东濮凹陷的地质构造格局，而且还控制地层的沉积厚度和油气的运移、聚集。1981年，研究院地质室赵翠芬等人在解释河西务潜山构造带地震详查资料时，发现原先利用“五一”型地震资料确定控制河西务二级构造带的主断层不清，通过1967～1974年模拟磁带地震资料由计算机重新处理，并结合新资料，经过反复解释，查明该区的主断层为一东掉的正断层，从而明确河西务潜山构造带为一地垒型隆起带。共解释地震剖面130条，计2500公里，编制T_2、T_4、T_5、T_6、T_g等5层构造图。

1976年，依据模拟地震资料发现了别古庄断块，该断块位于河西务构造带的南端。1978年5月，在该断块上钻探京11井，同年3月在沙四段地层中首获高产油流，探明地质储量1118万吨。此后该断块原油产量逐年下降（在该断块上打的开发井部分落空）。1984年，华北油田要求地震和钻井共同查明原油产量下降原因。1985年，解释中心崔绍贤等人查证了21条地震剖面，认为原油产量下降的主要原因是断点的平面组合有错误。重新按正确解释方案组合断点，扩大了别古庄断块油田的面积。

（四）开始应用叠偏剖面进行解释

1974年，李庆忠先后发表了《地震波的基本性质》和《绕射扫描叠加》两篇论文，前者被物探局总工程师孟尔盛誉为中国地震勘探发展史上的重要论著，后者奠定了中国开发偏移成像处理技术的理论基础。1975年5月，在150计算机上开发成功叠偏处理技术，从此叠偏剖面开始用于复杂地区的地震资料解释。在叠偏剖面上可以较正确地确定地质构造的位置、范围，尤其是确定断点位置和断层剖面线的延伸方向。但是，层位追踪和相交测线的闭合仍要依靠水平叠加剖面进行。这项技术在70年代中期的商河西和任丘地震资料解释会战中发挥过很好的作用。

（五）编制“四准确”地震构造图

1974年6月和9月，由“突破口会议”选择高家堡和任丘—辛中驿构造钻探的家1井和冀门1井显示良好的油气前景。1975年3月，石化部党组决定物探局在北京定福庄组织冀中地区解释会战，要求物探局研究所组织一批优秀解释员和地质家，如钟国森、金爱丽、李明忠、潘尧嘉和林梁等，按照"四准确"和"六合一"要求对任丘构造带进行示范解释。"四准确"是石化部石油勘探开发规划研究院副院长阎敦实在1975年初听取钟国森等人汇报时提出的。"四准确"意指地震反射层位对比准确、构造高点形态准确、主要断层平面位置准确（误差小于150米）、反射层位深度准确（与钻井深度对比误差小于5%）；"六合一"意指水平叠加剖面、叠加偏移剖面、人工验证剖面、等 t_0 构造图、深度构造图和实际构造模型等六种资料的合一解释。上述要求应看做是对大庆石油会战以来地震解释工作经验的全面总结，也是对多次覆盖条件下采用新解释技术的具体要求。此次地震解释会战，参战人员多达250人，历时100天，共解释自1971～1974年期间完成的模拟多次覆盖资料1.25万公里，编制了全区 T_2、T_4、T_g（T_g 最先由林梁提出）等三层连片构造图。与此同时，依据1公里×2公里的地震测网编制的任丘构造图设计的任4井于1975年2月17日开钻，同年6月4日完钻，后在上元古界雾迷山组地层中获日产千吨以上的高产油流，从而为任丘地区第一张古潜山顶面（T_g）构造图做了很好的验证。为了扩大任4井的钻探结果，1975年10月依据 T_g 图又相继钻探任6、任7、任9、任11和任13（探边井）、任26井，钻探结果与依据地震资料预测结果一致。阎敦实将此图誉为"样板图"。之后10余年间，这张"四准确"任丘古潜山顶面构造图一直成为部署该区评价井和开发井的重要依据。1986年，直接根据任丘地区已开发十多年的钻井资料编制的潜山顶面构造图与1975年编制的"地震样板图"相比，两者的主断裂系统、断距、断块高点位置和深度、面积、幅度，均基本上一致。任丘古潜山顶面构造图是物探局广大科技人员共同树立的一座丰碑。

（六）利用多种处理手段处理的剖面进行解释

在1975～1981年期间，物探局开始利用计算机反复处理为资料解释提供可靠的基础资料。除采用不同滤波、组合、混波等处理手段之外，还广泛使用相关分析、反褶积和叠偏等处理手段，获得相干速度谱、相干加强剖面、反褶积剖面和叠偏剖面，突出强反射层信息。1979年4月，研究院狄菊芳等人对经过上述处理方法处理的京津地区地震资料进行解释，共解释水平叠加剖面335条，6583.77公里；叠偏剖面157条，3365.1公里；编制 T_2、T_4、T_5、T_6、T_g、T_{g1}、T_{g2}、等七层构造图，提供井位117口，其中下第三系见油井53口，古生界地层见油井2口。落实固安、柳泉等下第三系构造20个，潜山7个。1981年，研究院赵翠芬等人将反褶积和叠偏剖面用于河西务潜山构造带地震详查资料的解释，共解释各类地震剖面71条，约1788.5公里，落实圈闭54个，发现小油田6个，有利含油区块3个。

（七）利用碳氢检测技术进行油气解释

1981年，研究院王达昌和潘尧嘉等人分别利用华北地区的低速异常现象解释油气出现部位。1982年，二指赵世华应用振幅谱比检测东濮凹陷某处的油气获得了成功，一指的地震解释工作者在冀中地区也找到一批"亮点"。1983年，研究院赵翠芬等人在对廊固凹陷西部的含油气条件开展综合解释研究过程中，证实泉36井出气部位的含油气砂岩在地震剖面上显示"暗点"。

（八）开始将地震地层学解释技术用于地震资料解释

1978年，石油部副部长李天相访美带回一本《地震地层学》原著，送交物探局研究院情报室翻译。1979年初，研究院金学正和三指研究队刘秋生等人在物探局副总地质师袁秉衡直接领导下，率先利用区域地震地层学原理，对京津地区和晋县凹陷的地震反射特征、地震相和沉积相的关系进行了尝试性研究。1980年，研究院情报室牛毓荃等人的译著《地震地层学》正式出版，该书详细地介绍了地震地层学的四种解释方法：①地震层序分析法，即利用所观测的地震层序确定沉积单元，预测地层；②地震相分析法，即用高质量的高频宽带地震资料直接解释地层特征；③反射波特征分析法，即利用地震的振幅特征直接预测地层岩性或孔隙率的变化；④计算机模型正反演分析法，验证地震解释的正确性。1980～1981年期间，一指研究队刘秋生和严顺同等人利用地震地层学解释方法，先后在冀中地区发现了武强—留楚水下冲积扇、大王庄北深水扇、肃宁三角洲、蠡县—留路水下扇，以及武清凹陷的八道古及侯家台等地层圈闭。1980～1982年期间，二指研究队傅同庆、唐庆宝、许绍陵，研究院金学正、刘前志、刘志芳、沙锡鉴，三指严伦等分别对东濮凹陷、冀中坳陷和塔里木盆地的地震资料也开展了地震地层学研究，找到一批三角洲、水下扇及其他特殊异常体。

在模拟地震记录阶段，由于地震采集装备和野外观测方法及处理手段的更新，地震资料解释的深度和广度均发生了深刻的变化。此时地震资料解释已由单纯的构造解释逐渐向地层解释、岩性解释拓宽，尤其是任丘古潜山“四准确”和“六合一”解释使地震资料解释工作上了一个新台阶。在解释方式上，已由全部手工解释进展到手工解释和计算机辅助制图阶段。使用的辅助解释工具已由计算尺、手摇计算器进展到功能较多的台式和袖珍式计算器。在此阶段，物探局为任丘油田、东濮文留油田和辽河东升油田的发现和开发做出了重要贡献。

第三节　二维数字地震资料解释工作及技术

从1974年物探局少数地震队装备数字地震仪开始至1985年，物探局下辖的50个地震队全部实现数字化数据采集。用数字地震仪替代模拟磁带地震仪是地震勘探技术发展史上又一次飞跃。数字地震资料较模拟地震资料有更高的分辨率。为了适应野外地震数据数字化采集工作量不断增长和计算机数据处理系统不断更新和扩大，从80年代中期开始，相继从国外引进了一大批功能不一的人机交互解释系统，从而使地震资料解释工作逐步进入计算机自动化解释领域，使解释工作环境发生了根本性的变化。

1974～1991年，二维数字地震资料的解释工作仍然采用手工解释和计算机辅助制图相结合方式进行，即解释员依据批量处理提供的叠加时间剖面(水平叠加剖面或叠加偏移剖面)，识别和追踪标准层的反射波；然后根据过井地震剖面或井旁地震剖面上各反射层的特征（指时间、振幅、频率、连续性等）与钻井和测井资料作定性对比，标定各反射层相当的地层层位，在此基础上再识别和确定断层、地层尖灭、不整合、特殊岩性体、局部构造或潜山等地质现象在时间剖面上的空间几何形态；最后将上述解释结果输入计算机或人机联作解释工作站，绘制各种分析图件，如 t_0 时间构造图或经空校、时深转换的深度构造图。

1984～1991年，一公司（一处）研究所共完成二维数字地震测线3.93万公里的地震地质解释任务，累计解释二维地震剖面21.9万公里，工区涉及冀中地区、辽河大民屯地区、山东惠民地区、内蒙古二连地区、东北的双城和德惠地区、新疆塔里木和吐哈地区等20多个凹陷。利用上述解释技术，查明了凹陷的边界及与邻区的接触关系，发现了408个局部构造、断块、潜山和地层、岩性圈闭，向油田提供探井井位1035口，被油田采纳629口，提交地震地质成果报告56份。

1992～1997年，随着人机交互解释系统功能的不断开发和完善，地震资料解释工作已全部由计算机完成。所谓人机交互解释系统，是指在专用的计算机工作站上利用解释软件与人的大脑思维，采用人机屏幕对话方式完成交互解释工作。利用这类解释系统工作环境，不仅可以对具体解释目标进行再处理，实现层位的自动对比和追踪，而且可以将多种解释方案进行对比和检查，以选择一种最佳解释方案；不仅可以快速地绘制 t_0 时间构造图，而且可以通过变速空校绘制深度构造图；不仅可以获取由地震资料转换的各类沉积相图，而且可以得到由地震资料和测井资料综合一起解释的分析图件，如层速度、孔隙率和渗透率及含油饱和度等平面图；不仅可以完成地质模拟、模型正反演，而且可以进行油藏描述和油藏评价。人机交互解释系统的广泛应用，彻底改变了地震资料解释延续多年的传统手工解释模式，并将地震资料处理和解释一体化水平提高到一个崭新的阶段。

在二维数字地震资料解释阶段，解释员可利用的地震资料大体上有以下几类：

（1）经保幅和高分辨率处理的水平叠加剖面、叠偏剖面（主要是叠后偏移剖面，1996年后出现少量的叠前偏移剖面），主要用于构造解释和地震层序分析；

（2）层速度剖面、道积分剖面和波阻抗剖面，主要用于标准层的标定和储层横向预测；

（3）AVO和亮点分析剖面，主要利用地震资料的振幅信息直接检测含油气层部位；

（4）沿层频谱及其他属性分析剖面，主要用于辅助油气解释。

在二维数字地震记录阶段，解释员拥有的信息量和分析手段又有了新的发展，主要解释工作有以下几个方面。

一、构造精细解释

构造精细解释内容包括反射层位精细标定、层位精细解释、断层精细解释、变速空校成图。

（一）反射层位标定

90年代以前，地震层位的地质属性标定，主要依据钻井和测井资料的分层数据。90年代以后，广泛利用转换的测井资料进行地震层位标定，通常有三类标定形式：第一类是利用声波测井曲线（在少数情况下，也利用电阻率测井曲线）转换的合成地震记录对井旁地震道进行标定和解释；第二类是将声波测井曲线换算成声阻抗曲线与地震记录换算的相对波阻抗曲线进行对比；第三类是利用零井源距的VSP测井资料，通过走廊叠加和桥式对比方法对常规地震剖面进行标定。1991年，地研院王克宁详细地阐述了地震剖面的极性和层位标定的关系。1992年，地调四处巩庆霖和库尔勒研究中心郭礼平分别采用人工合成记录用于阿尔善油田和提尔根北半背斜油藏的储层标定。1993年，地研院在塔里木盆地轮南地区的地震资料解释中，将波阻抗剖面中三叠系层段的三个高速层对应三个油层组作为直接标定高速层的依据。1993年，地研院廖峰在GeoQuest解释系统上利用时间谱特征对沉积旋回进行标定。1993年以后，为了提高层位标定的精度，地震解释工作者普遍使用综合层位标定技术。这一期间，在塔里木盆地的地震资料解释中凡是涉及地震储层研究工作都采用综合层位标定解释技术。1995年，地研院谷跃民还利用声波测井曲线方波化方法标定具有薄互层特点的地震剖面。

（二）层位精细解释

层位精细解释是指在解释系统屏幕上同时分析若干条纵测线和与其相交的横测线的层位闭合情况。由于在二维地震测网中的每条测线，可能是在不同条件下进行采集和处理的，因此导致交点上闭合差（时间和波形）较大，造成无法解释的困难。1994年，研究院苏永昌提出交互闭合差校正方法，即通过求取不同测线的校正因子对交点闭合差作时变和空变时间差校正及波形校正，实现交点层位闭合。闭合差校正之后即可进行区域相关自动追踪，并要不断地检查自动追踪结果的质量，以确保构造解释的精度。

（三）断层精细解释

断层精细解释是指在解释系统屏幕上利用垂直于断层走向的一系列平行的、不同地震属性剖面，观察每条剖面上的断层线长短、陡缓程度、断距及断面封堵情况，以便对断层进行精细解释。1995年，地研院孙廷举就断层解释及断点平面组合中存在的一些问题指出，断层解释应同时考虑定量因素（断层有关各项要素）和指导因素（测线与断层走向关系，断层两侧岩性、断层成因机制、断点显示情况等），并且提出一些评价断点和解释断层的方法，为提高断层解释精度提供了很好的思路。

（四）变速空校成图

为了获得“四准确”构造图，广泛采用变速空间校正成图技术。80年代进口的所有解释系统均不配置空校软件。物探局在用的各类空校软件均为自己开发。1975年，研究所提出《京津地区变速空间校正方法》。1977～1978年，研究所刘颂威和二指钱荣钧研究过空校问题；1981年，陈祖传提出《变速直射线空校法》；1984年，二公司刘素庚提出直接利用叠偏剖面编制构造图；1985年，三公司王建民提出《等 t_0 图空校原理和方法》，王琍提出《一种简易的变速直射线作图法》；1986年，三处王建民提出《连续变速介质等 t_0 图的曲射空校法》；1989年，二处温森来就叠偏剖面成图的交点闭合问题进行过全面的分析；1990年，解释中心冯风率先完成《偏移空校作图》软件；1994年，地研院严又生、马涛、刘文利和库尔勒研究中心王建民等完成塔里木盆地的速度库建设和空校方法研究工作，于1997年建立了《塔里木盆地全区速度场》，完善了变速空校制图软件，为二维构造精细解释奠定了基础。

二、地震地层学解释

二维数字地震资料为地震地层学解释提供了条件。1984年，袁秉衡利用地震地层学方法分析了中国东部含油气盆地隐蔽圈闭的地震反射特征，局勘探处瞿杰研究了中国东部地区早第三纪断陷湖盆内普遍发育的水下冲积扇的地震反射特征与沉积模式的关系，解释中心金学正和张振生对廊固凹陷沙三段地层的地震相和沉积相进行了详细分析，刘前志和沙锡鉴对冀中坳陷常见的前积相、丘状地震相、斜交前积相等典型特征进行了研究；1985年，袁秉衡和刘秋生提出了中国东部断陷湖盆的地震相模式，局勘探处张德林研究了二连盆地马尼特坳陷的地震反射构造层与地质发展史的关系，四公司辛连发利用地震反射模式研究马尼特坳陷西部地区的生油条件；1986年，二处沈秀英、段书府利用地震地层学方法研究了东濮凹陷北部的盐湖相特征，三处张玮对塔东地区的地质异常体进行了系统的研究；1987年，张振生研究了廊固凹陷地震反射发散体的构造成因，解释中心刘铁铨研究了饶阳凹陷大王庄下第三系滩坝相的地震地层学特征，瞿杰研究了湖盆三角洲砂体的地震反射特征及对应的沉积模式。在1987～1988年期间，李庆忠和金福锦还就当时地震地层学解释过程中存在的一些问题，发表了《陆相沉积地震地层学若干问题》和《陆相盆地中地震地层学的应用条件》论文，推动了地震地层学解释技术的健康发展。1989年，一处将他们在1984～1989年间运用地震地层学方法解释的经验具体化为“源、流、体、圈、参”解释程序，在冀中坳陷的河间次凹先后发现地层圈闭19个，发现地质异常体16个。1989～1990年，三处苏吉祥等人利用地震地层学方法对塔里木盆地东部地区的层系、层序进行了解释：认为层系2由11个层序组成，其中的$Ⅱ_2$～$Ⅱ_5$层序（相当于中生代地层）属于封闭或半封闭型的盆地沉积，缺乏稳定的、较大面积的生油区；$Ⅱ_6$～$Ⅱ_{11}$层序（相当于石炭系—二叠系地层）属于开启的古斜坡或浅海陆棚型沉积，在此期间发育的异常体是寻找岩性圈闭的良好场所。

三、层序地层学解释

80年代末，物探局地震资料解释工作开始引入层序地层学解释方法。层序地层学和地震地层学相比是一种更精确的地质时代对比、古地理再造和在钻井前预测生油岩、储集层和盖层的解释方法。层序地层学包括4项基本内容：①建立了层序地层新概念，即从相对海平面变化、可容空间和沉积旋回的角度去研究年代地层的沉积环境和岩相分布；②通过体系域的研究，建立了不同地质背景下产生的两种层序类型和四种体系域的地层模式，可用于预测生、储、盖的空间分布；③更强调地震、钻井及野外露头资料的综合分析；④提供了对含油气盆地进行石油地质综合分析的新方法。1989年后，袁秉衡为在中国全面推广层序地层学解释方法组织了3次由全石油系统各单位参加的学习班，并亲自作示范性分析。1990年，他和解释中心黄忠范合作公开发表了《廊固凹陷层序地层学初探》的论文，同年，他和杨贝德合作翻译了《层序地层学》一书。1992年，库尔勒研究中心郭钟灿等根据层序地层学原理，采用层序分析、单井划相、建立沉积相模式、分析振幅与速度和厚度的关系等一系列方法，对塔里木盆地草湖地区的“东河砂岩”的成因、分布规律、厚度变化、可能存在的地层和岩性圈闭进行了研究。他依据20口井的测井、岩心和岩屑录井资料的分析对比，以及大量的二维地震剖面和三瞬、波阻抗等特殊剖面的解释结果，认为在石炭纪“东河砂岩”沉积时期，草湖地区南部的八里岩子一带为一障壁—泻湖体系，是寻找大型地层圈闭的有利区带。1994年，地研院张振生和赵秀岐等人对塔里木盆地古生界地层开展了层序地层学研究，共解释新、老地震剖面150余条，约8.5万公里，使用30余口钻井资料，将古生界地层划分为9个Ⅲ级层序、27个体系域；新发现构造圈闭3个，圈闭面积380平方公里，预测油气资源量为9000万吨；指出古生界各层序的海进期体系域是最有利的生油岩体，各层序的低位期盆底扇、斜坡扇、海进早期砂体和高位期三角洲砂体是有利的储集岩体。1994年以后，张振生和赵秀岐等人又多次对塔里木盆地地震资料进行层序地层学分析，为塔里木盆地寻找油气方向提供了重要依据。1995年，库尔勒研究中心段书府等利用层序地层学解释方法，寻找塔里木地区的非构造圈闭，共解释二维地震剖面524条，总长为3.2万公里，分析34口钻井、测井和试油资料，重新落实了石炭系东河砂岩、志留系含油砂岩、泥盆系、中上奥陶统等层系的尖灭线；指出塔中北坡志留系有两套层序，其中的层序1的水进期滨岸砂及高位期滨岸砂应作为有利的储集层；发现了古城鼻隆北侧河道沉积体及火成岩遮挡圈闭。1997年，地研院赵秀岐和李洪文等人利用层序地层学解释方法，共解释9000公里的地震剖面，并结合7口钻井资料和地化等多学科资料，对塔里木盆地的华北油田承包区块内的古生界至中生界进行了层序地层学研究，共划分出8个层序、19个体系域，认为古生界剥蚀不整合圈闭和中侏罗统低水位超覆圈闭是勘探有利区带。

四、地震储层解释

（一）储层解释基本方法

地震储层解释是一种以地震地层学和层序地层学为理论依据的储层横向预测技术。地震储层横向预测解释内容包括从已知井出发，以地震信息为主，结合钻井、测井、测试资料研究含油气层的几何形态（包括顶面形态、分布范围、储层厚度、连通性、微观特征），半定量地预测含油气层的参数（如有效厚度、孔隙率、渗透率、含油饱和度）和预测油气藏模型（含油气范围、体积），最后提交计算的控制储量，力求为油田的开发方案设计提供一套比较完整的数据。直接利用二维常规地震剖面开展储层横向预测的可靠性比较差。比较可靠的做法是采用有测井资料约束的高分辨率波阻抗反演剖面作为储层横向预测解释的基础资料。也可以借助于道积分剖面、三瞬剖面或亮点剖面寻找储层的最有利部位，据此圈定构造的含油气面积。1985年，勘探处张德林系统地研究了二连盆地阿北凹陷的砾岩储层特征；1986年，四处利用亮点剖面上的暗点对阿尔善构造的阿23井断块成功地进行了预测，解释中心赵翠芬等人总结了一套识别廊固凹陷特殊异常体的方法；1987年初，四处又使用同样方法对该构造的阿410井断块成功地进行了含油气范围预测，张德林等人利用平点反射特征研究了冀中坳陷刘其营潜山油气藏的面积和高度；1987年，四处辛连发在国内率先发表了《彩色剖面解释在岩性油藏预测中的应用》论文，提高了人们对“彩色”作用的认识。彩色显示不仅用于表示不同介质的差异，而且还可用于表示同一介质的不同分辨率，将彩色作为信号看待。1987年后，彩色显示广泛用于地震资料解释中。1988年，辛连发又将合成声波测井（波阻抗）技术用于二连盆地阿尔善油田的储层横向预测中，尤其对阿410、阿411、阿23北、阿23等井以南的无井断块的预测，效果更为显著。在此期间，库尔勒研究中心张玮研究了轮南地区含油气储层的特点，解释中心杨春林和范雅琳分别研究了哈南地区储层的分布及冀中坳陷N24井区的三角洲砂岩储层，二处赵世华研究了东濮凹陷濮城地区沙一段薄砂岩储层，均获得较好的效果。1990年，一处詹世凡利用砂层内插、低速度异常及振幅标定方法，并结合钻井、测井资料成功地预测了饶阳凹陷大王庄滩坝砂体储层的分布。1992年，袁秉衡等人和张德林分别主编的《应用地震技术研究储层》和《地震储层横向预测技术实例》两本专著面世，促进了地震储层横向预测技术的发展。1994年，地研院金爱丽、谷跃民等人完成对塔里木盆地东河塘油田储层分布的预测。1994年以后，储层解释纳入常规解释工作。

储层解释领域十分广阔，其中最引人注目的是从地震资料中提取和应用含油气信息的方法。1981年，研究院研制成功一套比较完善的烃类检测技术。1982年，研究院沙锡鉴等人利用地震信息（暗点、连续频谱资料中的低频区带及低层速度异常）预测了束鹿凹陷荆丘构造的含油气范围，并被后来钻探证实。1983年，研究院王达昌等人对冀中坳陷牛北斜坡地区11个不同类型的圈闭采用烃类检测技术，均发现烃类异常显示。1984年，四公司张守本和赵旭东利用多种地震信息叠合预测了二连盆地马尼特坳陷的油气远景。1990年，一处汪恩华利用AVO特征识别松辽盆地东南隆起区茅山背斜和农安背斜上的气层，发现有利含气圈闭8个。1993年，二处唐东磊、胡学平等利用神经网络成功地对东营凹陷惠民地区的储层含油气性进行了预测，三处汪昌贵等人研制出“多元统计储层预测系统”。1994年，地研院郭新峰等人研制成功“多元统计判别分析软件”和“人工神经网络判别分析软件”。

（二）薄储集层解释

90年代初，一处汪恩华和邓小力对薄层的特点进行了较为系统的研究，地研院在解释系统上开发出一系列求薄层厚度的方法。当地层厚度等于四分之一地震波长时称为调谐厚度，此厚度是直接在地震记录上分辨地层顶、底的反射时间极限。小于调谐厚度的储集层统称为薄储集层。1992～1993年，地研院倪逸等人开发成功三种求取薄储集层厚度的方法：①利用地震波振幅与井孔处的储层厚度的线性关系；②利用地震波主振幅和主频与井孔处的储层厚度的线性关系；③利用地震波主振幅与频谱中对应的低频带面积。1993年，地研院李玲等人将上述求薄层厚度方法用于计算塔里木探区东河砂岩内部C+D段的厚度，效果较好。1994年，李玲等人针对储层由薄到厚的变化，研制出利用地震波旅行视时差和积分振幅的乘积与储层厚度的近似线性关系来估算储层厚度的方法。地研院将这种方法用于计算冀中坳陷河西务地区的沙四段上部油层厚度，与钻井结果对比，相对误差在10%以下。

（三）地层压力预测

为了在钻前为井深结构设计和泥浆相对密度的合理使用提供依据，以便达到在钻井过程中既不发生井喷，又不压死油气层，而且要通过预测的高压异常部位确定可能的油气层段的目的，需要事先详细了解地层压力的变化规律。从80年代末开始，利用地震资料预测地层压力的解释技术在中国得到了广泛的应用，其中以利用地震层速度预测地层压力的方法精度最高。1989年，三处苟云辉等人应用地震层速度预测方法，为轮南1井、轮南2井和满西1井的钻井设计提供了可靠的地层压力预测数据，并在轮西构造的侏罗系和三叠系地层中发现了与油气赋存有关的高压异常带的分布。1996年，地研院冉建斌等人还将此法用于巴布亚新几内亚的对外合作勘探项目中。1997年，冉建斌等人又将此法用于松辽盆地的东南隆起中部王府凹陷刘家屯断鼻构造的城8井钻前预测，依据地震层速度预测的压力和泥浆相对密度与实际钻探结果基本一致。

五、模型正演

从1981年起，模型正演在地震资料解释中的作用已逐渐显露出来。1981年，研究院崔基泰和熊翥提出地震模型的建立方法；1984年，研究院朱衍镛发表了《二维多层介质变速波动方程模型》论文。

根据地质模型求其地震响应称作正演，依据地震响应反求地质模型称作反演。由地震记录通过资料处理和解释、绘制构造图是一个反演过程。由于这种反演结果的非惟一性，就出现了多解性。为了减少解释结果的多解性就需要利用反演结果进行正演，再将正演结果与实际观测的地震记录进行对比看其是否一致，若一致，就认为上述反演结果是正确的。物探局各研究机构均有“二维正演模型软件”。1987年，李庆忠利用模型正演方法研究了含油气砂层的频率特征和振幅特性，二处沈秀英利用一维正演模型预测了地层的岩性。1989年，二处郑永乐利用地震模型正演研究了逆掩断裂带地震资料复杂化的原因。90年代开始，这种模型正演方法已广泛用于特殊构造现象和地层现象的识别和解释方案的验证。值得注意的是，在地震资料解释中经常伴生有速度陷阱，即浅层低速异常对深部构造的畸变影响。为了消除这类速度陷阱，也要采用正演解释方法。

六、综合地质解释

综合地质解释特指80年代以后利用现代地质理论和技术对某一个沉积盆地进行全盆地研究所用的解释技术，主要有盆地模拟和平衡剖面及圈闭评价等。

（一）盆地模拟

盆地模拟技术是以时间发展为序，综合应用已知的地质、地球物理、地球化学、岩石物理及渗流力学等信息，通过有限元算法对盆地的发育史、地热史、生烃史、排烃史及运移聚集史进行模拟，用于研究盆地的油气生成、运移和聚集规律，对盆地的油气资源进行综合评价，力求降低勘探风险，提高勘探的成功率。1994年，二处毛德民利用此项技术对塔东地区侏罗系油气资源进行了评价。1995年，地研院张明山对库车前陆盆地进行了研究，获得一些有价值的研究结果。

（二）平衡剖面

平衡剖面技术是依据物质守恒原理研究盆地演化历史、恢复古构造、验证解释方案的重要手段。平衡剖面技术只是一种定量解释模式，未必就是真实模型，但与未经平衡的剖面相比，由于它满足许多合理的限制条件，所以它更接近于真实模型。1994年，地研院拥有的平衡剖面软件适用于对挤压型、拉张型、盐隆型的二维地震地质剖面进行平衡模拟。1995年，地研院张明山等人对塔里木库车前陆盆地进行了较系统的研究，认为盆地主要变形期发生在康村组沉积后，即5.2兆年以后；盆地东部下第三纪内及其末期的沉积和盆地西部下第三纪末的沉积均有构造变形；全盆地中生代沉积也有构造变形，其变形强度由西向东减弱；推算整个盆地总的缩短量在25%～30%之间。这些认识对该区的构造解释有重要意义。

（三）圈闭评价

圈闭评价技术是采用风险概率分析方法对圈闭的基本石油地质条件的优劣进行评价。有两种评价方法：一是容积法，使用容积公式直接计算；二是数论法，即采用数理统计法得到不同地质条件下圈闭参数的数学模型，再利用数论布点的方法求出资源量的一系列值，并给出这些值的概率分布。最后结合石油地质条件优劣和资源量的大小，分别以层圈闭或构造单元两种方式进行圈闭排队。自80年代起，物探局各级研究机构提供的各类有关构造的勘探研究报告均有圈闭评价意见说明。圈闭评价已纳入常规解释范畴。1994年，郑良合（勘探处）和黄兴贵（三处）合作开发了“圈闭描述管理系统（TDMS 2.0V）”，具有圈闭评价、资源量计算及综合评价等多项功能。该系统基于现代石油地质理论及油气成藏理论，适用于早、中期油气勘探的综合评价。

在二维数字地震记录阶段，物探局的地震解释工作方式，由于人机交互解释系统的广泛应用，已经由手工解释计算机辅助制图阶段完全进入人机联作自动化解释的新阶段；地震解释内容已由简单的构造描述性解释发展到以构造精细解释为基础的储层解释，而且将储层解释纳入常规解释流程，使地震解释的成功率有了明显的提高。在此阶段，物探局为发现辽河大民屯、任丘油田外围一批油田、二连阿尔善油田、胜利孤东油田、吐哈油田和塔中4井等一批油田做出了重要贡献。

第四节　三维数字地震资料解释工作及技术

早在1965年，李庆忠和俞寿朋等人针对东营凹陷东辛断块特点提出一个完整的三维勘探实施方案，即采用一套线距为260米的密集型“小三角形”测网（边长为300米）进行野外地震数据采集，使用国产DZ－571型光点地震仪和国产DZ－661型模拟磁带地震仪，观测系统采用600米排列中间放炮连续单次观测。在资料解释中，先从三个方向识别反射波，计算侧向偏移距，然后利用手工方法进行偏移归位。1967年，获得第一张沙一段三维构造图，也是世界上最早的“三维区块构造图”。由于当时“文化大革命”的影响，东辛断块的三维勘探被迫中断。1971 年，在燃化部著名地球物理学家王纲道倡议下，六四六厂利用模拟磁带地震仪在冀中八里庄地区开展三维地震勘探试验。1974 年，李庆忠又选择当时久攻不克的山东广利北的新立村构造开展束状三维地震试验，采用两台 24 道模拟磁带地震仪，花三年时间（1974～1976 年）完成了面积为 30 平方公里的三维地震数据采集。因数据量太大，当时无法处理。直到 1982 年，该三维资料才由胜利油田张明宝在中型计算机上完成全部处理，1984 年作出 T_4 层构造图。1985 年，胜利油田利用该三维地震资料钻井 39 口，有 34 口井获得成功，探明新立村油田。国外三维地震技术是 70 年代初才出现的，当时国外的三维地震还局限在弯线、环线和十字排列上（一排是炮点线，另一排是检波点线）。从 1973 年起，物探局研究所的科技情报人员牛毓荃、刘平生、肖玲等将有关国外的三维地震施工方法、三维资料处理及解释方法陆续向国内读者介绍。1975 年，李庆忠及其同事采用三维绕射扫描方法实现了三维偏移叠加；1978 年初，研究院马在田发表了《三维地震波动方程偏移法》论文；1979 年，李庆忠、俞寿朋等人在《地球物理学报》上公布了东辛油田三维地震勘探的初步成果。1980 年底至 1981 年春，四指率先采用数字地震仪在冀中坳陷顾辛庄潜山带完成一块面积为 13 平方公里的三维数据采集；1982 年，物探局与美国 GSI 公司合作在中原油田文留区块上完成一块大面积（51 平方公里）、高覆盖次数（20 次）的三维数据采集。自此以后，三维地震才逐渐在全国各探区展开。1983 年，程金箴发表了《陆上三维地震勘探的野外工作方法》论文；1985 年研究院王家序发表了《关于三维地震勘探野外工作的几点建议》论文。由于三维地震是一种真正意义上的面积勘探方法，因此三维地震不论是信噪比、分辨率或是勘探精度均较二维地震有显著的提高。三维地震剖面不仅使侧面波得到压制、绕射波收敛，而且能使反射波正确成像，真实地反映地下地质构造的细微变化，圈定地层岩性油藏。

一、三维地震资料解释的主要内容

三维地震资料解释的主要内容包括选择全部联井剖面或控制性的典型剖面，建立骨干剖面网络，结合部分等时切片了解各目的层的反射特征及断裂分布特征，制作目的层的构造纲要图和断裂系统分布图；通过层位标定建立骨干剖面，然后进行构造精细解释和岩性、含油气性解释，并逐渐加密纵、横剖面的解释数量，绘制精确的断裂系统图、解释各种类型的圈闭，同时注意不同方向上的垂直剖面和水平切片上的断层闭合；深入分析等时切片，掌握各种地质现象在等时切片上的显示特性；跟踪钻探、开发动态，不断调整三维解释方案，指导下一步的钻探和开发。

物探局的三维地震资料解释大体上经历了两个阶段。1985～1993 年为第一阶段，即三维数据体按二维模式解释阶段。由于这一时期从国外引进的解释系统软件功能不完善和硬件环境的限制，内存小、运算速度低，不能容纳一个完整三维工区的全部数据，只能采用抽线方式解释。即使当时引进的解释系统拥有时间切片、层拉平及多种显示手段，也只能是所抽线的全部数据的反映，而且是静态解释。1994～1997 年为第二阶段，即三维可视化解释阶段。由于这个时期从国外引进一批内存量大、运算速度快、软件功能升级的 LandMark 解释系统，可以对整个三维数据体进行全方位动态解释。三维可视化解释能使解释员快速地、连续地观察整个数据体的地质结构变化，既可以由数据体上方往下方观看，又可以由数据体一侧向另一侧观看，还可以在数据体内部向四周观看。1995 年，地研院在局副总地质师袁秉衡推动下，开始进行可视化解释工作，并在吐哈盆地的葡北和冀东油田老爷庙地区见到较好效果。至 1997 年，物探局的可视化解释技术已逐步推广应用。已有的试验资料表明，在相同的资料上，有经验的解释员采用三维可视化解释手段后，识别的断层数量要比通常采用常规解释手段多 2～3 倍，三维的信息量要比二维多 400～1600 倍。

二、三维数据任意线解释

在三维数据的构造精细解释中，广泛采用了任意线和切片的解释手段。1995 年，地研院谷跃民在解释牙哈 1 号构造下第三系底砂岩顶面形态时，发现地质界面的 T_8 反射波，在纵、横测线方向上由于底砂岩的物性横向剧变而时隐时现，无法准确确定其总体形态。后来选用任意线地震剖面进行解释，基本查明了该构造的形态，并建议钻探牙哈 102 井。后经钻探证实，该构造为牙哈 1 号东含油构造。

三、三维数据时间切片和地震属性切片的解释

（一）时间切片解释

1986 年后，时间切片解释的重要性日益显露出来，它是三维地震资料解释与二维地震资料解释的根本区别所在。为了保证对比的精度，时间切片上的振幅和相位采用双元彩色显示，在每种彩色中又设置若干等级的辉度表示振幅值的大小。因此在双元彩色显示的水平时间切片上的彩色突变处拾取的层位，一定是波峰或波谷。为了保证对比中不串相位，采用自上而下连续对每个时间切片进行解释。遇有断层时，采用分块解释。利用时间切片上的振幅和相位特征还可以解释地层尖灭点和小断层。在对每个时间切片的解释基础上再拾取相应的矢量层，并转为等值线，即能快速地制成时间构造图。充分了解反射层的振幅、频率、地层倾角及断层在时间切片上的变化特征，便可以识别局部构造高点、小幅度构造、断块、尖灭及岩性变化等地质现象在时间切片上的反映特征。

（二）属性切片解释

各类地震属性切片是辅助三维地震资料解释的重要手段。用层拉平的三维振幅切片研究与该层平行地层内反射系数的变化和古沉积面，若在两相邻构造之间再按比例内插几个层切片，还可以研究沉积发育过程；用普通三维振幅切片研究层振幅的平面变化与岩性及所含流体的关系；用三维速度切片研究薄层的层速度变化与岩性及所含流体的关系。1986 年，解释中心王达昌使用文留地区三维振幅和速度切片研究砂体的分布和特性。自 1986 年起，三维切片解释已成为三维地震资料解释中最基本的解释环节。1990 年，一处研究所通过榆科地区三维切片解释，使位于饶阳凹陷与深县之间的榆科滚动背斜构造 15 年间未解决的断块太破碎和河流相砂岩变化的问题基本得到解决，钻探成功率达到 60%。

四、断层精细解释

（一）小断层解释

断层精细解释是三维构造解释中的重要环节。利用多种显示方法寻找小断层又是三维资料断层解释中最引人注目的方法。1992 年，地研院已开发的断层解释方法有：①利用瞬时相位和乘积剖面识别因反射能量弱而不易判别的小断层；②沿层面采用图分析技术识别小断层；③利用断层切片了解断层面两侧岩性分布、次生断层的发育程度、断层侧向封堵情况（层切片有两种形式，一种是沿弯曲断面提取断层面的地震信号，另一种是沿与断层面相平行的曲面提取地震信号）；④利用反射层位的断层走向投影，判断断层成因，检查断层组合方案是否合理、正确。1993 年，地研院李玲和聂凯轩针对冀中坳陷廊固地区安 36 井区三维地震资料采用断层交互解释技术进行断层的剖面解释、断层组合方案的判别、断层侧向封堵分析以及断层解释结果检验，收到较好效果。1993 年后，这类断层精细解释方法已在全局推广，广泛用于三维构造精细解释。

（二）利用多线剖面解释断层

1994 年，二处王胜雄等人在 Mips 工作站上开发了多线剖面解释软件，用于研究断层的平面组合和层位的加密解释。多线剖面实质上是一种三维地震资料新的显示方式，它是将三维资料中需要解释的某一特定层位按选定的时窗范围提取数据，再按序排列起来组成一条新的剖面，即多线剖面。二处研究所将这种方法用于塔北东部的提尔根三维工区，基本上查明了该区的大、小断层的平面展布，并发现了一批与断层有关的圈闭。以往曾认为提尔根断层和深沟桥断层为两条延伸较远的大断层，而据多线剖面解释认为，这两条断层是由一系列左行雁列式断层组成，呈现左旋张扭性应力场特征。

（三）利用相干数据体自动解释断层

1995 年，在美国第 63 届 SEG 年会上首次出现相干体技术。1996 年，库尔勒研究中心冯许魁利用相干体计算方法对三维地震数据进行相干计算获得相干数据体，用于断层的精细解释。这种方法的实质是基于地震数据的不连续性开展断层的自动解释，无需进行地震反射层位的解释和标定，从而抛弃了传统的断层解释思路。李玲和冯许魁等人利用相干数据体自动解释断层方法确定塔里木盆地牙哈断裂带的特征及油气分布。冯许魁还利用三维相干数据切片研究地质异常体和碳酸盐岩缝洞储层的分布。1996 年，地研院谷跃民、聂凯轩和段慧敏等人利用相干体技术对三维地震数据体作连续性处理，使得地震反射同相轴的不连续点或突变点更加清晰，并在三维空间展示这些间断点的分布规律。通过对牙哈 4 井区东部的复杂小断层发育区、南堡、英买力、塔中 16 井区，以及华北地区的大王庄和秘鲁的塔拉拉等地区进行三维地震连续数据体的处理和解释发现，这种方法在识别断层、尖灭线方面是其他方法无法替代的，尤其是在识别小断层方面更显示出它的独特作用。1996 年后，物探局各研究单位在承担三维地震资料的构造精细解释中，均广泛使用相干数据体技术研究断层的分布。

五、裂缝发育带解释

用地震方法研究裂缝发育带一直是地震资料解释中的难点之一。1986 年，二处刘素庚借助文留和赛汉塔拉地区的横波资料研究断裂和裂缝发育部位。1990 年，二处唐东磊利用二连盆地阿 410 井的 VSP

横波分裂资料解释地层的构造裂缝。1991年，地研院沙锡鉴利用常规地震资料研究塔里木盆地轮南地区奥陶系灰岩缝洞。1994年以后，地研院刘素庚等人对塔里木盆地的碳酸盐岩储层裂缝发育带进行了比较系统的研究和探索，基本上摸索到一些预测解释方法，也见到一些效果，主要有：①通过应力场和地层倾角的变化关系预测裂缝发育带及裂缝连通带；②利用断层的断距图，了解断裂发育区和不同方向断裂的交会情况，一般说来，断裂发育区和断裂交会区也是裂缝发育区；③用构造走向角的变化梯度表示构造受力在平面上扭动的程度，其中变化较大的部位也是裂缝较发育的部位，据此，可利用构造形态预测裂缝发育带；④利用三维面积波阻抗资料中的低值区预测裂缝带；⑤利用三维地震资料的振幅信息中的低值区带追踪裂缝发育带。为了提高预测裂缝带的效果，在实际解释工作中要将上述各种方法预测结果进行综合分析，找出其中叠合的部位。刘素庚等人利用这种方法对塔里木盆地的轮南及英买2构造的奥陶系灰岩裂缝发育带进行了预测，预测结果和钻井情况基本相符，为该区奥陶系灰岩油藏的储量计算和英买2构造的钻探提供了依据。

六、全三维地震解释

1996年，物探局副总地质师袁秉衡将全三维地震资料解释定义为“三维地震资料的三度空间的立体解释”，即从三维可视化的立体显示出发，以地质体为单元，采用点、线、面结合的三度空间立体可视化解释。袁秉衡将全三维构造解释流程归结为：①加载各种地震信息和钻井、测井、地质、试采信息；②从各种角度和各个方向上浏览三维可视化地震数据体；③进行空间层位标定；④采用空间自动追踪和面块切片解释拾取层位；⑤利用图分析技术和相干数据体技术进行断层解释；⑥充分利用垂直剖面、水平切片、弯曲剖面和沿层切片对选择目标进行精细解释；⑦利用平面网格化作图、时间切片作图、面块切片作图和空间曲面作图等方式绘制平面图；⑧建立三维速度场，绘制三维构造模型。袁秉衡将全三维储层解释流程归结为：①对三维储层进行空间标定；②利用层序地层学方法确定层序地层；③沿储层三维空间提取多种地震属性信息；④依据测井资料提取孔、渗、饱等物性、岩性及含油气性参数；⑤确定储层参数与地震属性参数之间的关系；⑥采用三维可视化显示，预测储层参数；⑦制作各种储层参数平面图；⑧利用三维可视化显示建立储层的静态模型；⑨利用四维地震，建立储层的动态模型。1996年，地研院李玲和库尔勒研究中心袁斌采用全三维解释技术对牙哈地区的三维地震资料进行了尝试性解释，为牙哈断裂构造带吉迪克组、下第三系及白垩系油气藏开发方案的设计，提供了可靠依据。此项成果得到塔指各级领导的充分肯定。1996年，地研院谷跃民和刘素庚等人对英买2构造三维工区（307.5平方公里）开展了全三维地震资料解释，共解释10个目的层。解释结果认为该区奥陶系灰岩储层主要受裂缝和断层控制，新发现5个含油气断块。

在全三维地震资料解释中，建立三维速度场具有重要的作用。1997年，地研院刘文利等人将塔中地区三维地震资料中可靠的反射层作为控制层，运用三维速度谱资料和VSP资料，建立了该区的三维速度场，用于塔中16～161井三维工区的全三维地震解释。该区所钻塔中103井，钻遇目的层深度为3712米，钻前地震预测深度为3702米，相对误差仅为0.27%。1997年底，物探局总工程师钱荣钧将物探局建立速度场方面积累的经验归结为：①为了提高速度精度，了解速度横向变化规律，必须建立全工区的速度场，其中包括各反射层 t_0 图数据、叠加速度、层速度、平均速度及均方根速度等数据库；②结合垂直剖面上的主要层位解释速度谱，详细了解速度分层的关系；③经典的Dix公式只适用于计算地层水平情况下的层速度，在地层非水平情况下可根据斜率法计算层速度，在地层倾角较大情况下应采用模型迭代法计算层速度；④由于层速度是渐变的，所以应在细分层基础上，对细分层计算的层速度进行平滑，再计算平均速度；⑤用VSP资料和钻井资料对所建的速度场进行校正。1990～1997年期间，上述速度建场方法已广泛用于塔里木盆地和吐哈盆地。在塔北地区，利用这种方法于6000米深度条件下发现幅度为20米左右的局部构造。在塔中地区的三维勘探中，利用这种方法，发现了埋深在3825米、幅度小于30米的塔中16井石炭系油藏和埋深在3756米、幅度为20米左右的塔中24井石炭系油藏。另据吐哈盆地葡北地区6口井的统计，除葡1井深度相对误差接近1%外，其余5口井的深度相对误差均低于0.33%。

七、油气藏综合评价

1994年，由物探局地研院、研究院软件所、大港油田采油一厂和西安石油学院联合研制成功《综合油气藏评价系统软件》。此项目已列为总公司重点新技术推广项目。该系统除包括工区数据管理和数据加载外，还包括交互目标处理、构造精细解释、储层研究、测井处理分析、油藏描述和地质绘图等子系统。其中的交互目标处理包括5项提高信噪比处理、6项提高分辨率处理、5项振幅处理、复数道和时间谱处理；储层研究包括层位精细标定、地震正反演、储层空间形态描述、储层参数预测和多种模式识别技术；测井处理分析包括测井录井数据管理、井环境校正、子波提取、合成记录制作、测井岩性处理和岩相预测；油藏描述包括地震数据匹配处理、地震反演、油藏空间形态描述、井间小层对比、地震约束储层物性预测、建立油气藏模型和储量计算等。从1994年起，这套综合评价系统已由地研院用于塔里木、百色、华北等地的碎屑岩、灰岩和火成岩的储层描述，取得了较好的效果。1994年，地研院金爱丽利用油藏综合评价方法，研究了东河塘油田1号背斜油藏：根据地震资料估算的孔隙率及含油饱和度预测的油气储量与油田采用的单井控制孔隙率及含油饱和度预测的油气储量比较接近，相对误差只有5%。1995年，地研院谷跃民等在计算牙哈2～3号构造下第三系底砂岩段的含水饱和度时，使用了埋深、孔隙率和波阻抗等3种参数，并利用神经网络法进行预测。在气水界面的埋深为5200米以下，计算的含水饱和度大于50%，与实际钻探结果相符。1997年，地研院王小善等人采用全三维地震解释技术对塔中地区832平方公里面积上的东河砂岩油藏及奥陶系缝洞发育带进行了综合评价，发现圈闭5个，总面积为95.25平方公里；复查圈闭5个，总面积为119.04平方公里；提供井位4口，被采纳3口。

随着三维地震可视化解释技术的广泛应用和发展，地震资料解释，无论是解释方式，还是解释内容，均迈入一个全新的领域。至1997年底，这套全三维解释方法，已在许多三维区块上获得成功的应用。

第五节　开发地震两项新技术试验及解释

从80年代中期起，地震勘探技术已经逐渐向油气田开发领域延伸。90年代的地震勘探，不仅要指明含油气有利部位、具体的钻探目标、地质储量，而且要提供有关储层特性的描述、制定开发方案以及油气田开采后剩余油的分布。90年代中期，人们通常将与油气田开发和开采中采用的有关的地震勘探工作统称为开发地震，它已经成为一门新兴的学科。物探局副总地质师袁秉衡认为开发地震要解决三类问题：第一类是如何圈定油气藏，包括精确圈闭形态、储层分布范围、含油气尺度；第二类是油藏表征，包括储层和盖层特征、沉积相、连通性、储层厚度和储层物性（孔、渗、饱参数）；第三类是油藏监测，包括稠油热采、气驱、水驱、火烧及酸化压裂的增产效果。高分辨率三维地震是开展开发地震工作的基础。开发地震中采用的主要解释技术必须以全三维数据体的解释为中心，充分采用三维可视化手段识别储层，准确估计与储层有关的各类参数；充分利用叠前地震资料在深度域开展各项解释。

80年代中后期，在国外先后出现的井间地震和四维地震技术是开发地震领域中日益看好的两项新技术。前者在解决圈定油气藏、油气藏表征方面有特殊功效，后者在解决油气藏检测方面是现有其他方法无法取代的。1993年，物探局开始启动这两项新技术的研究和试验工作。

一、井间地震试验和解释

70年代，层析成像（简称CT）技术在诊断医学中获得了辉煌成功，随后逐步向非医学领域渗透、延伸。80年代中后期，国外出现了井间地震层析技术（一口井为激发井，使用井中震源；另一口井为接收井，使用井下接收系统），主要用于精确地了解两井之间的储层物性（如孔隙率、渗透率和饱和度）、监测稠油热采和提高油气采收率。80年代末，物探局主办的《石油地球物理勘探》杂志开始注意报道中国地球物理学家有关这个领域的研究成果。1991年，辽河油田率先在欢喜岭地区开展了井间地震试验工作。随后，胜利油田和吉林油田也开展了井间地震试验。1993年底，物探局副总工程师王小牧主抓“井间地震”立项及动态监测工作。1994年上半年地研院正式组成以严又生为课题组长的“井间地震”项目组开始进行调研，同时着手研制井间地震数据处理与解释软件系统。

1997年初，物探局正式承担总公司开发局下达的在吉林油田“开展井间地震现场试验”任务，由地研院“井间地震”项目组负责实施。试验井选在吉林扶余油田东南部穹隆背斜Ⅲ号构造带上的+56-011_4井和+56-10_4井。两井之间距离为156米，两井的完井深度均在410米左右。井区约200米范围内有数口生产井和注水井。试验中采用两种震源，因此有两套采集参数。一套是采用西安石油仪器总厂制造的重锤脉冲震源激发，采集参数为：激发井段150米，接收井段150米，激发点距4.8米，接收点距2.4米，采样率0.25毫秒，采样长度1秒。第二套是采用北京石油勘探院机械所制造的液压可控震源激发，采集参数为：激发井段16米，接收井段150米，激发点距8米，接收点距2.4米，采样率1毫秒，采样长度500毫秒，扫描时间4秒，扫描方式为升频，扫描频段20～148赫。接收系统均采用西安石油仪器总厂生产的三分量多级接收系统。全部资料由地研院“井间项目”组负责处理和解释。

层析成像采用两类方法。第一类为井间速度层析成像，分别利用三分量多级接收系统中垂直分量接收到的纵波和横波（SV波）的运动学、动力学特性确定井间地层速度参数的分布。其中纵波速度层析成像效果较好，纵波速度显示出较好的连续性；横波速度层析成像显示的速度变化趋势与纵波一致，但其速度连续性与纵波的差别较大，而这种纵横波速度相差较大的地方，可能正是含油气良好的部位。第二类为井间反射波成像，直接使用速度层析成像的结果作为速度模型，并在深度域利用非均匀介质射线的绕射叠加算法和声波方程逆时算法进行井间反射波成像，最终得到井间深度偏移的结果。此法无需进行井间上、下行反射波场的分离，成像剖面显示出较高的分辨率和较好的连续性。

通过以上工作，最终得到用于油藏解释的纵、横波速度层析成像剖面，纵、横波速度比及反射成像剖面。已有钻井资料表明，试验区储层主要为白垩系泉头组地层，埋深为280～500米，该区断层和断裂发育，形成较好的破裂渗透带。油水分布主要受构造控制。储层属三角洲河流平原相砂泥岩沉积，以粉砂岩为主。将激发井及接收井的声波测井曲线与纵波速度层析成像剖面对比，可以明显地看出，从上到下，两种资料对应较好：高速层对应泥岩，而且泥岩层连续好，可以当作良好的盖层；低速层对应疏松砂岩，而且可以直观地看出两井之间的连通情况。纵横波速度比低值区与油气赋存有关，大体上与当时的开采层段相对应。

二、四维地震试验和解释

80年代末，用于油气田开采的四维地震技术传入中国。1989年10月，新疆石油地调处在克拉玛依油田开展了稠油热采地震热前缘监测试验，随后胜利油田和辽河油田也开展了少量试验工作。1993年，根据总公司重点科技攻关项目85－103－08－03要求，物探局四处为配合二连盆地吉尔嘎郎图锡林吉20井稠油热采吞吐试验，开展了四维地震监测试验。这是物探局首次为配合油气田提高采收率开展的一次大型试验工作。四维地震又称时间延迟三维地震。基于气驱油层过程中，气驱范围内含稠油砂岩的纵波速度下降而导致地震波旅行时增加和储层特性发生变化的原理，确定了稠油藏热采地震监测的具体方法，即在吉20井周围，分别在注气前、焖井前及采油后三个不同的时间开展小道距（10米）、小偏移距、高覆盖次数（20次）的高分辨率微三维地震观测（施工面积为500米×180米，数据体面积为145米×160米，监测面积为395米×165米）。采用M18型可控震源激发，国产SK－1004型数字地震仪接收。为了保证每次观测结果的单一性，即只反映气驱的单一影响，必须保证每次野外观测因素和数据处理流程的一致性。只有在这种条件下，才能利用各种地震信息，如振幅、频率、时间、速度了解在注蒸气前后的变化，确定出气驱的范围，以及研究注气周围的储层物性特征，提供最佳的注气层位，确定稠油可抽取的范围。通过这次地震监测试验证实，上述各种信息对稠油层注蒸气的变化均有响应。利用振幅信息可以准确地圈出气驱的范围，利用AVO、频谱、速度谱等三种信息了解稠油层注蒸气的特征，提高稠油的采收率。此外，还利用四维地震对油藏进行水驱的监测和其他流体的监测，也收到较好的效果。据二连油田反映，物探局四处在吉20井区开展四维地震试验的全部研究工作，达到了地震监测的预期目的，为物探局进入开发地震领域，摸索到一套较为完整的经验。

第三章　主要地震地质成果

从60年代初开始，物探局及其前身先后参加了全国44个盆地或坳（凹）陷的地震资料解释和综合研究工作。从1961年到1997年，共解释二维地震剖面69.26万公里、三维地震资料1.66万平方公里，编写地震及地质成果报告931份（见附表5-1），编制地震构造图及各种综合研究图件共23883幅，发现和落实了357个二级构造带，发现和落实圈闭6382个，提供井位4321口，被油田采纳2521口。上述地震勘探成果对查明44个盆地或坳（凹）陷的地质结构特征、合理地部署参数井、探明石油地质储量，以及153个油气田的发现和开发，做出了重要的贡献（见附表5-2）。

物探局提供的大量资料和丰富的研究成果，为建立陆相生油、古潜山油田、复式油气藏、箕状断陷等理论和形成正确的勘探方针，即区域展开、定凹选带、地震先行、集中兵力、重点突破，做出了巨大贡献。

第一节　松辽盆地

在1961～1963年松辽盆地地震会战期间，共解释光点地震剖面1.94万公里，编制了全区六大层连片构造图，进一步证实松辽盆地是一个中、新生代大型陆相沉积盆地；明确了全盆地有6个一级构造单元和31个二级构造单元，复查和发现130个比较落实的圈闭构造，为松辽盆地的构造划分、研究构造发育、油气运移、油气评价和部署钻探井位，提供了可靠的基础资料。在1985～1993年期间，为配合吉林和大庆油田增储上产，物探局使用数字地震仪在松辽盆地东南隆起开展了二维和三维勘探，在中央坳陷区中南部的英台和新民、新庙西地区开展了高分辨率地震勘探，共发现圈闭171个，圈闭面积2998平方公里，新提供井位144口，被油田采纳123口，新增石油地质储量4.7亿吨，提交综合研究报告34份，编制各类分析图件1103幅。获得的主要地震地质成果有：

（1）基本查明松辽盆地的地质结构。盆地由6个一级构造单元和31个二级构造单元组成。一级构造单元有北部倾没区、东北隆起区、东南隆起区、西南隆起区、西部斜坡区和中央坳陷区。北部倾没区有4个背斜带或构造带。东北隆起区有3个隆起带或背斜带，其中距离生油凹陷较近的二级构造带是含油气有利部位。东南隆起区有6个背斜带，为一有利的含油远景区；1985～1993年期间，该区成为物探局一处主要勘探工区之一。西南隆起区，由于基岩埋深浅，勘探程度低，勘探目的层有缺失，暂定为非有利区。西部斜坡区，鼻状构造圈闭发育，有地层尖灭存在，是寻找非背斜油气藏的有利区。中央坳陷区，面积约2.9万平方公里，有5个二级构造带，是全盆地最有利的含油气聚集区，大庆长垣就处在该区的中央。盆地的形成和发展受嫩江、孙吴—松辽、依兰—舒通三个深大断裂控制。盆地的深层构造呈现“一隆、二坳”特征，即中部为古中央隆起带，两侧为东、西两个坳陷。古中央隆起带呈北北东向，长400公里，宽40公里，隆起顶部平缓，两侧较陡，有一系列阶梯大断层与坳陷相接。东、西部坳陷各有3个次一级凹陷，均呈北北东向雁状排列。盆地中浅层构造是以凹陷相间波浪起伏的褶皱为特征，主要由4个背斜带组成，自东向西是：青山—农安—杨大城子背斜带，长春岭—登娄库背斜带，大庆长垣，龙虎泡—红岗子阶地。局部构造多为短轴背斜，长轴背斜较少。

（2）明确下白垩统是主要含油层系，厚度达5000米以上，为一套典型的陆相沉积。其中有四套含油组合，即上部、中部、下部和深部。上部含油组合的油层称黑帝庙油层；中部含油组合的油层有萨尔图油层、葡萄花油层和高台子油层；下部含油组合的油层有扶余油层和杨大城子油层；深部含油组合的油层称农安油层。

（3）进一步证实大庆长垣是大庆油田的主体产油区。大庆长垣位于松辽盆地中央坳陷北半部的中间部位，其东西两侧有三肇和齐家—古龙两个有利的生油凹陷。长垣北起喇嘛甸子，南到敖包塔，为一完整的大型背斜，按1100米（葡1组顶）圈闭等深线计算，长140公里，宽6～20公里，面积2000平方公里。通过地震连片细测，落实了该长垣上萨尔图、杏树岗、高台子、喇嘛甸、葡萄花、太平屯、敖包塔等背斜构造，这些构造经钻探相继成为油田。共查明断层（均为正断层）372条，呈北东—南西向分布。长垣南部断层多、落差小，北部断层少、落差大，为油田编制开发方案提供了依据。此外，还在大庆油田外围发现局部构造51个，复查33个，其中25个构造获油气显示，8个构造形成工业性油气田，面积1090平方公里。共探明石油地质储量26.5亿吨。

（4）加深了对松辽盆地东南隆起石油地质规律的认识。松辽盆地东南隆起东邻伊兰—伊通地堑；西以扶余—长春岭背斜为界，与中央坳陷相接；北侧为东北隆起区。全区次一级构造单元发育，大致分为三个部分：北部自西向东有扶余—长春岭背斜带、宾县—王府凹陷、青山口背斜带和榆树凹陷；中部自西向东有登娄库—周家背斜带、钓鱼台隆起带（含杨大城子背斜带）、德惠凹陷、九台阶地；南部为梨树凹陷。上述凹陷均为侏罗系凹陷，也是东南隆起区主要生油凹陷。

宾县—王府凹陷和榆树凹陷位于两条松花江之间的地区，面积约为7000平方公里。与这两个凹陷有关的构造带除上述扶余—长春岭、登娄库—周家、青山口等背斜构造带之外，还新发现一个大三井子背斜带。其中以扶余—长春岭背斜构造带含油气评价最高，已发现长春岭、三站和五站等3个气田。

梨树凹陷面积约为3500平方公里，属西断东超型的箕状断陷，发育有4个二级构造带，即桑树台断裂构造带、四家子—茅山背斜构造带、秦家—艾家构造带和杨大城子超覆尖灭带。这些构造带上的局部构造非常发育，已发现和落实四家子等32个局部构造。1989年9月，在四家子背斜构造上发现四家子油田。

德惠凹陷面积约为3500平方公里，也是一个断陷型沉积凹陷。断陷内发育了农安—万金塔构造带，呈南北向延伸，面积为600平方公里，其上从南到北分布有农安南、农安、万金塔南、万金塔等10个构造。该凹陷的油源与构造的匹配条件比较好，是在东南隆起区寻找油气的最有利地区之一，农安—万金塔构造带被认为是东南隆起区最有利的油气聚集带之一。在梨树凹陷和德惠凹陷之间还新发现一个面积较小的长春断陷，其中有一个小合隆断裂构造带，呈北东向展布，内含小合隆和兰家屯两个局部构造。

东南隆起区存在深部和下部两套含油气组合。深部组合主要由侏罗系及下白垩统组成，主要油层为农安油层，油源来自上侏罗统烃源岩，为东南隆起区主要勘探目的层。下部组合由下白垩统泉头组砂岩储集层与上覆青山口组生油层构成，主要油层为扶余油层和杨大城子油层，为东南隆起区另一套勘探目的层。

在1985～1993年期间，物探局在松辽盆地东南隆起区共落实7个构造带和42个局部构造，新发现75个局部圈闭，累计向吉林油田提供105口井位，全部被油田采纳，共探明石油地质储量4.7亿吨、天然气储量2984亿立方米。

（5）重新评价松辽盆地中央坳陷区中南部英台、新民和新庙西三地的油气勘探前景。由于该区地层平缓、构造幅度小，小断层发育和岩性变化大，采用常规地震勘探方法，无法查清该区的构造、断裂和岩性分布特征。为此，物探局一处于1990～1992年期间，在该区开展了高分辨率地震勘探，共解释高分辨率地震剖面920公里。在英台地区，新发现13个局部构造，圈闭面积为42平方公里；在新民地区新发现一个复式断裂背斜带（包括3个次级堑式背斜带），其上有29个局部构造，圈闭面积为52平方公里；在新庙西地区，发现2个构造带、24个局部构造，圈闭面积为58平方公里。原先认为新民地区的油气藏主要受岩性控制，高分辨率资料证实该区仍受构造控制。英台地区目的层储集层物性好，横向连通性好，断层封堵性能极差，油气藏主要受盖层控制。在这三年期间，共提交39口井位，被油田采纳18口。1992年，根据高分辨率地震资料在英台地区提供的方25井和方10井均获得工业油流，在新民地区经钻探证实民5井和民3井区块均为高产断块。

第二节　济阳坳陷

济阳坳陷是物探局前身参加华北石油会战的重点勘探地区。1964～1966年，共解释光点地震剖面1.95万公里，复查和发现12个二级构造带、135个局部构造圈闭，完成研究报告7份，编制图件181幅，提供井位28口，其中的坨11井获日产油1134吨，一举拿下胜坨油田。1985年，物探局使用数字仪对惠民凹陷中央构造带临盘油田开展三维地震勘探，勘探面积76平方公里。获得的主要地震地质成果有：

（1）明确了济阳坳陷的区域构造属性。济阳坳陷为渤海湾盆地一个次一级构造单元，是在古生界和前寒武系结晶基底较为稳定的地台基础上发展起来的中、新生代陆相沉积坳陷。东部以郯城—庐江断裂带与鲁东隆起相隔，西部和北部与埕宁隆起毗邻，南部以齐河—广饶断裂与鲁西隆起相接，西南部与临清坳陷相连，面积2.6万平方公里。坳陷经历了“断陷—断坳—坳陷”三个发展演化阶段。坳陷陆地部分呈“七凸、四凹”构造格局。“七凸”指埕东凸起、义和庄凸起、陈家庄凸起、滨县凸起、青城凸起、垦东－青坨子凸起和广饶凸起；“四凹”指车镇凹陷、惠民凹陷、沾化凹陷和东营凹陷。其中东营凹陷和惠民凹陷为优越的生油凹陷。

（2）建立了华北地区统一的地震反射标准层体系。在济阳坳陷地区，共获得9个地震反射标准层，即：T_0相当于上第三系明化镇组地层内部；T_1相当于上第三系明化镇组地层底界；T_2相当于上第三系馆陶组地层底界；T_3 相当于下第三系东营组地层底界；T_4 相当于下第三系沙河街组一段地层底界；T_5 相当于沙河街组二段地层底界；T_6 相当于沙河街组三段地层底界；T_7 相当于沙河街组四段地层底界；T_g 相当于古生界地层顶界。这套地震标准层定义的地质层位体系对于统一全华北地区的地震层位起到了很好的作用。

(3) 基本查明东营凹陷的油气富集带。东营凹陷是一个典型的箕状陆相湖盆，东西长 90 公里，南北宽 65 公里，面积为 5700 平方公里。凹陷四周为凸起环绕，呈北断南超构造样式。东营凹陷自 1961 年 4 月华 8 井在东营凹陷中央背斜带上的馆陶组和东营组地层中获得工业油流后，一直被认为是最易找到大油田的地区。1961～1963 年期间，虽然在该区发现了东营、辛镇、现河庄、胜利等含油构造和沙三段到馆陶组的多套含油层系，但由于该区断裂系统复杂，造成油层无序分布，即存在“五忽”现象：油层分布“忽有忽无”、“忽上忽下”“忽厚忽薄”；油水关系“忽油忽水”；原油性质“忽稠忽稀”。1964 年，六四一厂地调处集中优势兵力重点解剖东营凹陷，完成了地震连片细测，基本理顺了该区的断裂系统和二级构造带分布。由北向南依次有：北部陡坡带、胜坨构造带、中央背斜带（又称东辛构造带）、滨南构造带、南部斜坡带。1965 年 5 月，在其中的纯化镇鼻状构造上提交钻探的通 5 井，于沙四段地层中获日产油 73 立方米，发现了纯化镇油田。其中的胜坨构造带受胜北大断层控制，由胜利村和坨庄两个背斜构造组成，呈东西向展布，全长 15 公里，宽 4～7.5 公里，构造范围内断层发育，主要断层有 12 条，将该构造带切割成 8 块。1965 年 11 月，根据六四六厂提供井位的坨 11 井，在该构造带胜利村背斜构造上的沙二段地层中获日产油 1134 吨，成为中国第一口千吨级油井，实现了与坨庄含油构造沙二段油层连片，探明含油面积 57.3 平方公里、地质储量 2.5 亿吨。

(4) 基本查明惠民凹陷的构造格局。1960 年 11 月，华 7 井在惠民凹陷的沙河街构造上的下第三系地层中发现一套 704 米厚生油层，也是渤海湾盆地内首次发现的良好生油层，展示该区是一个具有优越生油条件的沉积凹陷。从此这套地层定名为沙河街组地层。1965 年，六四六厂的地震队对惠民凹陷开展了连片地震普查，基本查明该凹陷呈“一隆、两洼、一斜坡”的构造格局，即中央构造带、临南洼陷和北部洼陷、南部斜坡带。中央构造带呈北北东向延伸，与凹陷走向一致，东西长 500 公里，南北宽 10～20 公里。区内断裂和断块构造发育。在临邑大断裂下降盘，落实了临邑构造带上的大芦家含油构造，进一步证实临邑构造带的东营组和沙河街组地层是有利的含油层系。中央构造带是惠民凹陷最主要的油气富集带。70 年代后，在该区先后发现临盘油田、商河油田。1985～1986 年，物探局又在惠民凹陷中央构造带为配合临盘油田的滚动开发，完成了两块三维地震勘探，一块 32 平方公里，另一块为 44 平方公里，为该油田增储上产做出了贡献。

第三节 黄骅坳陷

黄骅坳陷是物探局前身参加华北石油会战的重点勘探地区之一。从 1964 年开始，历时三年，共解释光点地震剖面 8776 公里，复查和发现 13 个二级构造带、85 个局部构造圈闭，完成研究报告 9 份，编制图件 254 幅，提供井位 31 口。其中在北大港构造上提供的港 5 井，于沙一段地层中因井喷卡钻事故完井，获日产油 19.7 立方米、天然气 3.4 万立方米，成为大港油田第一口发现井。1992～1997 年期间，物探局地研院唐海项目组受冀东油田委托，连续对黄骅坳陷北部的南堡凹陷连片三维资料开展了专项研究，为冀东油田的滚动开发和持续稳产做出了贡献。取得的主要地震地质成果有：

(1) 明确了黄骅坳陷的区域构造属性。黄骅坳陷隶属于渤海湾含油气盆地，是在古生代地台基底上，经历了以构造沉降为主的早期裂陷（始新世—渐新世）和以热沉降为主的晚期坳陷（中新世以后）两个演化发展阶段而形成的中、新生代沉积坳陷。西以沧东断裂为界与沧县隆起相接，北以宁河—昌黎断裂与燕山褶皱带毗邻，东南与埕宁隆起相连，大体呈南西—北东向展布，东部伸向渤海坳陷，面积约 1.7 万平方公里。整个坳陷呈“一隆、两凹、两斜坡”构造格局。“一隆”指中央隆起带，由新港、北大港、南大港、孔店等构造带组成。“两凹”指中央隆起带两侧的东、西凹陷带：东部凹陷带由南堡、岐口和盐山等 3 个凹陷组成，其中南堡凹陷和岐口凹陷是黄骅坳陷内主要生油凹陷；西部凹陷带由北塘、沧东、南皮和吴桥等凹陷组成。“两斜坡”分别指由于家岭、塘沽及沧州等 5 个鼻状构造组成的西部斜坡带和由羊二庄、盐山等鼻状构造组成的东部斜坡带。

(2) 建立了黄骅坳陷的地震标准层。根据黄骅坳陷的地层沉积特点，比照济阳坳陷地震标准层的定义，黄骅坳陷全区有5个标准层，即，T_0、T_1、T_2、T_3和T_7，它们各自代表的地质层位完全和济阳坳陷相同。

(3) 加深了对黄骅坳陷石油地质条件的认识。1964～1966年期间，在中央隆起带及其周边凹陷中，共发现新港、北大港、南大港、孔店东和孔店西等13个二级构造带；先后发现羊三木、港中、港西、港东—唐家河、王徐庄等整装油田及白水头、六间房、岐北等含油断块；证实和发现扣村、望海寿、徐杨桥东、徐杨桥西、岐南、盐山、南大港、大道口和张巨河等局部构造。其中港中、港西、港东—唐家河、白水头和六间房等油田和含油断块均隶属于北大港构造带，从而证实北大港构造带是一个油气富集带。王徐庄油田位于南大港构造带，说明南大港也是一个有远景的油气富集带。在这三年期间，累计探明石油地质储量2.3亿吨。

(4) 基本查明南堡凹陷的油气富集规律。南堡凹陷为黄骅坳陷北部的一个凹陷，北以西南庄断层为界与老王庄凸起和西南庄凸起相接，东以柏各庄断层为界与柏各庄凸起和马头营凸起相邻，南与沙垒田凸起相连，总面积2100平方公里。其中北部连片三维勘探面积1020平方公里，其余为滩海地区。发现和落实各类层圈闭1033个，圈闭面积948.41平方公里，提供各类探井69口，被油田采纳25口，出油井18口，新增地质储量5711万吨。

在南堡凹陷连片三维工区，发现和落实4个主要油气富集构造带：①高尚堡构造带，由高北断鼻、高尚堡主体构造、高南断鼻和唐海断鼻组成，其中高北断鼻和高尚堡主体构造含油条件最优越；②老爷庙构造带，由庙北断阶、庙中断鼻和庙南断鼻组成，其中庙北断阶含油层系多、面积大，庙南断鼻内断块发育，为油气藏集中分布区域；③北堡构造带，由北翼、轴部和南翼组成，其中以南翼分布的断块对油气聚集最有利；④柳赞构造带，位于朔河断层上升盘，共发现和落实25个圈闭，总面积6.25平方公里。上述4个主要油气富集带均已成为冀东油田主要产油区。其中高尚堡油田已探明石油地质储量4811万吨，年生产能力30万吨。同时指明高尚堡油田并非是高尚堡构造的核部，真正的核部位于高北断层附近。老爷庙构造带以往钻探结果，是有油无田。通过三维连片解释提供庙11-8、庙28、庙28-1、庙24-2等4口井均获工业油流，探明石油地质储量900万吨，建成老爷庙油田，年产量10万吨。

在南堡凹陷滩海地区，共解释二维地震剖面4000公里，完成7层滩海连片构造图，发现4个构造带，即老堡、蛤坨、南堡、西南断阶等构造带。老堡构造带由3个圈闭组成；蛤坨构造带是一个潜山披覆构造带，其上有3个圈闭；南堡构造带由2个圈闭组成；西南断阶带位于凹陷的西南部，发育于沙垒田凸起的西部斜坡部位。南堡凹陷南部边界以沙北断层与沙垒田凸起相接。

第四节　下辽河坳陷

下辽河坳陷是物探局前身参加华北石油会战的重点勘探地区之一，也是物探局成立后的重点探区。从1963年底开始战略侦察，直到全坳陷陆地部分开展全面普查及重点地区详查和精查，大体经历三个阶段：第一阶段为1963～1971年；第二阶段为1974～1976年；第三阶段为1981～1989年。三个阶段共解释二维地震剖面4415公里、三维地震资料528平方公里，复查和发现9个二级构造带、38个局部圈闭，提供井位33口，被油田采纳21口。其中在兴隆台构造带上的兴隆台构造提供的兴1井在沙一段地层中获得高产油气流，发现兴隆台油气田，揭开了下辽河坳陷西部凹陷找油的新局面。通过资料解释和综合研究，取得的主要地震地质成果有：

(1) 基本上明确了下辽河坳陷的区域构造格局。下辽河坳陷隶属于渤海湾盆地，在大地构造上位于华北地台东北部，东邻辽东台隆，西接燕山褶皱带，北隔内蒙地轴与松辽盆地相望，西南与渤海海域内渤中坳陷相通，为上元古界、古生界基底之上发展起来的中、新生代断陷盆地。下辽河坳陷包括陆地和海域两部分，其陆地面积为1.24万平方公里；海域部分称辽东湾，面积为1.21万平方公里。全坳陷呈“三凸、三凹”基本构造格局。“三凸”指西部凸起、中央凸起和东部凸起，“三凹”指西部凹陷（又称辽西凹陷）、大民屯凹陷和东部凹陷（又称辽东凹陷）。

(2) 初步指明了下辽河坳陷的油气富集规律。下辽河坳陷的三个凹陷均为生油凹陷，其第三系最大沉积厚度可达8000米，最大生油岩厚度为1200米，发育有下第三系东营组、沙一段、沙三段、沙四段和中生界多套生油岩系。各凹陷内二级构造带和局部构造发育。1963～1971年，共查明9个油气富集带、28个局部构造。其中西部凹陷有兴隆台构造带、西部斜坡带（又称高升—西八千断裂鼻状构造带），东部凹陷有大平房构造带、黄金带构造带、牛居—青龙台构造带、茨榆坨披覆构造带，大民屯凹陷有大民屯（前进）构造带和静安堡构造带，此外还发现有中央凸起南部倾没带。其中油气富集条件以兴隆台构造带最优越。兴隆台构造带不仅处在“洼中隆”的位置，而且是一个断裂背斜带，其上有兴隆台和马圈子两个局部构造。1969 年 9 月，根据地震详查资料在兴隆台构造上确定的兴 1 井在沙一段地层中获日产油 152.4 吨、天然气 1.01 万立方米，成为兴隆台油田的发现井，探明石油地质储量 1 亿吨。

(3) 参与整体解剖西部斜坡带。西部斜坡带，并非是一个简单的斜坡，而是一个由一系列断鼻组成的断裂鼻状构造带。在此断裂构造带上，与钻探配合，相继发现欢喜岭油田（1975 年 4 月）、曙光油田（1975 年 5 月）、高升油田（1975 年 10 月），从而进一步证实，西部斜坡带是一个高产油气富集带，探明石油地质储量 0.8 亿吨。

(4) 初步查清大民屯凹陷的潜山分布。大民屯凹陷面积只有 800 平方公里，经过三维勘探，先后发现法哈牛、静安堡、东胜堡、曹台等 10 个潜山，并认为此凹陷最好和最主要的生油层是沙四段，东胜堡潜山带与静安堡断裂鼻状构造带的位置基本重合，是寻找复式油气聚集带最有利场所。1983 年 3 月，胜 3 井在东胜堡潜山发现太古界混合花岗岩潜山油藏，日产油 183 吨、天然气 9964 立方米。1983 年底，在该构造带北段的静 3 井又发现中、上元古界石灰岩潜山油藏，日产油 116.4 吨、天然气 2683 立方米，发现静安堡油田。该带探明石油地质储量 1.8 亿吨。1983 年，在凹陷东部陡带发现边台油田，在大民屯油田和法哈牛油田区域发现新的含油区块。

第五节　渤 海 海 域

渤海海域在地理位置上包括辽东湾、莱州湾和渤海海峡，总面积为 5.55 万平方公里。物探局前身于 1964 年开始了渤海海域的石油勘探工作，至 1969 年底，共解释地震剖面 3.5 万公里，完成综合研究报告 8 份，编制各类图件 329 幅，发现 32 个二级构造带、局部构造 231 个，提供井位 12 口。获得的主要地震地质成果有：

(1) 明确了渤海海域的区域构造属性。渤海海域隶属于渤海湾含油气盆地，是在前古生界结晶基底上发展起来的中、新生代沉积区，它包括下辽河坳陷、黄骅坳陷、济阳坳陷、渤中坳陷和埕宁隆起。其中除渤中坳陷处在渤海海域中央部位以外，其余 3 个坳陷和 1 个隆起均为渤海湾周围陆地向海域延伸部分。其中：下辽河坳陷向海域延伸部分涉及的次一级构造单元有西部凹陷、中央凸起和东部凹陷；黄骅坳陷向海域延伸部分涉及的次一级构造单元有北塘凹陷、南堡凹陷、歧口凹陷和新港低凸起；济阳坳陷向海域沿伸部分涉及的次一级构造单元有黄河口凹陷、庙西凹陷、莱州湾凹陷、羊角沟凹陷和渤海凸起、潍北凸起、垦东—青坨子凸起；埕宁隆起向海域延伸部分涉及的次一级构造单元有埕北凹陷、沙南凹陷和埕子口凸起、埕北低凸起、沙垒田凸起。渤中坳陷由秦南凹陷、渤中凹陷、渤东凹陷和秦南凸起、石臼坨凸起、渤东低凸起、庙西凸起等次一级构造单元组成。渤海海域的中央隆起带由下辽河坳陷的西部斜坡带、渤中坳陷的石臼坨凸起、埕宁隆起的沙垒田凸起和埕北低凸起组成。

(2) 对渤海海域的石油地质条件有了较清楚的认识。渤海海域的主要生油凹陷有下辽河坳陷的西部、东部凹陷，黄骅坳陷的南堡、歧口凹陷，渤中坳陷的渤中、渤东和秦南凹陷，济阳坳陷的莱州湾和黄河口凹陷。主要含油层系有上第三系明化镇组和馆陶组、下第三系东营组和沙河街组、侏罗系、奥陶系和寒武系。在 1965～1969 年期间，共发现新港、北堡、海 1 井、马头营、灯南 2 号、灯南 3 号、张巨河、白水头、岐南、岐中、河西、沙东、沙南、大港、庙西和庙北等 32 个二级构造带。

(3) 重点详查黄骅坳陷岐口凹陷海域部分有利含油区带。岐口凹陷是海域范围内一个主要生油凹陷，在其西侧陆地部分的南大港和北大港构造带，均已证实为油气有利聚集带。在岐口凹陷海域部分已发现海 1 井构造带、张巨河、岐南和岐中等构造带。1967 年 6 月 14 日，由物探局前身六四六厂提供的海 1 井在明化镇组下段地层中获日产油 35.2 吨、天然气 1941 立方米，从而发现海 1 井含油构造。海 1 井是中国第一口海上工业油气流井。随后，海 4 井在沙二段、海 7 井在东营组下段地层中也获得高产油气流。在黄骅坳陷的海域部分共发现 9 个油气聚集带。这些海上工业油气流井的出现，表明渤海海域具有良好的油气勘探前景。从此，中国海上勘探步入一个飞速发展时期。

第六节 冀中坳陷

物探局及其前身在冀中坳陷的石油勘探工作始于1964年，至1995年，经过30多年的勘探，共解释二维地震剖面10.1万公里、三维地震资料1610平方公里，提供综合研究报告246份，编制4层（T_0相当于明化镇组底界，T_2相当于馆陶组底界，T_4相当于沙河街组一段底界，T_g相当于古生界或前古生界顶界）全区连片构造图，及其他各类分析图件6631幅。发现和落实二级构造带26个、圈闭1043个。提供井位1266口，被油田采纳685口，配合钻探找到22个古潜山油田、8个古潜山气田、11个下第三系油田。累计探明石油地质储量10.93亿吨、天然气292.6亿立方米。附图5-1为冀中坳陷勘探成果图。获得的主要地震地质成果有：

（1）明确了冀中坳陷区域构造属性。冀中坳陷是一个发育在华北地台之上的中、新生代沉积坳陷，隶属于渤海湾含油气盆地。冀中坳陷是典型的由边界拆离断裂所控制的伸展型拉张盆地，具有狭长状、深断陷、地壳减薄、地幔上隆、高热流值、深源岩浆活动强烈等鲜明的大陆裂谷特点。冀中坳陷构造演化可分为四期：前裂谷期古生代地块阶段；中生代裂谷初始开裂期；早第三纪裂谷发育期；晚第三纪裂谷萎缩期。其中早第三纪裂谷发育期对坳陷的构造格局、沉积环境、构造样式、油气分布都有明显的控制作用。构造样式可分为基底卷入型和盖层滑脱型两大类。断裂活动和沉降中心由西向东迁移，导致油气集中分布在东部凹陷带，如霸县凹陷、饶阳凹陷等。

（2）划定了冀中坳陷的范围及基本构造格局。冀中坳陷北、西两侧以深大断裂为界，分别与燕山褶皱带的宝坻凸起和太行山褶皱带的太行山隆起分开，东接沧县隆起，南邻广邯隆起。面积3.55万平方公里。中、新生界地层厚度达3000～4000米。

冀中坳陷的区域构造主要表现为东西分带、南北分块的基本特征。东西分带，自西向东依次为：西部凹陷带，由北向南包括廊固凹陷、徐水—保定凹陷、晋县凹陷；中央隆起带从北向南包括牛驼镇凸起、高阳—博野—无极潜伏低凸起、宁晋凸起；东部凹陷带，从北向南包括武清凹陷、霸县凹陷、饶阳凹陷、深县—束鹿凹陷。南北分块则以徐水—吕公堡一线为界把冀中坳陷分为南北两区：北区各凹陷具有西断东超、凹陷中心靠近西侧特点；南区凹陷则为东断西超，而凹陷中心靠近东侧；北区二级构造带主要分布在西侧的陡侧，而南区的二级构造带则主要分布在东侧的陡侧；北区特殊岩性段不发育（未见生物灰岩、白云岩、油页岩），沙四段未见膏盐层；南北两区中又有南高北低、南老北新的差异。

冀中坳陷二级正向构造（包括二级构造带和斜坡带），大体上分为三种类型：一为发育于凹陷陡侧受基岩隆起或断裂控制的构造带，如长期发育的构造带有王草庄—王家务、侯尚村—凤河营、高家堡—鄚州、河西务、曹家务、柳泉、堂二里—文安、温仁、霸县、南马庄—八里庄、留路、大王庄、武强—护驾池、孙虎等14个构造带，早期发育后期衰退的构造带有旧州—固安、清苑和大辛庄等构造带；二为发育于凹陷中央受断裂及隆起控制的构造带，如任丘—辛中驿构造带；三为发育于两凹陷之间并受基岩隆起或古地形控制的构造带，如高阳、安国、刘村—深泽、东储—别古庄等构造带。冀中坳陷的斜坡带是指局部构造不发育、构造带不明显的凹陷缓坡带，主要表现为扭曲、基岩隆起、鼻状构造或侵蚀不整合圈闭，如文安、蠡县、牛驼镇北、望都、杨村等斜坡带。

冀中坳陷共解释出20余条二级以上的断裂，其中控制边界及沉积的有5条，表现为落差大、断面倾角大、延伸长度长等特点，如牛驼镇断裂。二级断裂有12条，一般控制二级构造带的发生、发展。

（3）指明了冀中坳陷的最有利油气聚集区。冀中坳陷的地层含油气组合，大致分为11套：即上第三系、东营组、沙一段下、沙二+三段上、沙二+三段中、沙二+三段下、沙四段、孔店组、古生界石炭—二叠系及奥陶系、前震旦系雾迷山组。其中以下第三系东营组、沙二+三段、古生界奥陶系及前震旦系雾迷山组的油气组合最好。

通过对冀中坳陷生、储、盖及构造条件综合评价后，在坳陷内划分出5个复式油气区：①宝坻到固安地区，由王草庄—王家务、侯尚村—凤河营、旧州—固安等3个构造带组成，区带长120公里，面积810平方公里；②东储至霸县、任丘地区，由东储、霸县、任丘3个构造带组成，带长130公里，面积840平方公里；③清苑至高阳、蠡县地区，由清苑、高阳两个构造带及蠡县斜坡北段组成，面积1400平方公里；④河间至献县地区，由南马庄、留路西两个构造带组成，面积约950平方公里；⑤文安地区，即文安斜坡带的分布范围，面积650平方公里。在上述地区，共发现11个下第三系油田。

此外，在冀中坳陷的中、北部共发现15个潜山带，它们是：牛驼镇残丘带、霸县、高家堡、南庄子、南马庄、任丘、任丘西、雁翎、庞佐、肃宁、河间、留路、八里庄、建华、大砚残丘群等潜山带。截至1992年，共发现22个古潜山油田、8个古潜山气田、46个古潜山油气藏。

（4）对古潜山油气藏的形成规律及特征有了进一步认识。潜山基底结构是前第三纪断块运动和第三纪华北断块运动的产物。基底单元可划分为牛驼镇凸起—文安斜坡带、中央隆起带。明确了潜山油气藏的形成与规模有三个基本条件和五条基本标准。

冀中坳陷内的潜山有两种类型：第一类属任丘潜山带型，此类潜山是在冀中坳陷形成前造就的地貌山群，在坳陷形成之后，山群周围沉积了下第三系地层，因而此类潜山对油气运移和聚集十分有利，如高阳潜山带就属此类；第二类为霸县潜山带类型，它是在下第三系沙四孔店组地层沉积之后，由于华北掀斜断块运动使沙四孔店组地层被剥蚀形成的潜山，后期又为沙二段以后的地层所覆盖，因而此类潜山形成较晚，捕获油气能力不如前一类。

（5）发现一批特殊岩性圈闭。从80年代开始，地震资料解释广泛引入地震地层学解释方法，在冀中坳陷的许多二级凹陷内发现了一大批特殊岩性体圈闭。1980～1983年期间，一指研究队先后在饶阳凹陷发现武强—留楚、蠡县—留路、大王庄北等水下冲积扇；在河间凹陷西斜坡发现沙二及沙三段下部超覆带及肃宁三角洲；在武清凹陷发现八道古、八道古南和侯家台地层圈闭。在此期间，研究院地质室在廊固凹陷发现砾岩体圈闭14个，小砂体圈闭14个。1984～1989年期间，一处研究队及前身又在饶阳凹陷的河间次凹发现地层圈闭19个，地质异常体16个，如宁2井水下扇，任南、河间水下扇，大王庄滩坝砂体等。

另外，为了不断扩大勘探领域，寻找煤成气藏，根据中国石油天然气总公司指示，由局副总地质师吕友生组织地调四处研究所技术人员对沧县隆起2500公里地震剖面进行了精细解释，统一成图，在大城凸起大城断裂带上下盘发现了一批有利圈闭，编写了《沧县隆起地震勘探与部署意见》报告，提出4口探井井位，两口被华北油田采纳。该报告于1993年8月31日在总公司召开的全国煤成气研讨会上，获优秀报告成果奖。

第七节　四川盆地、江汉盆地及南襄盆地

一、四川盆地

物探局前身六四六厂于1965年初开始在四川盆地威远构造进行地震方法试验，随后的方法试验和构造的详查工作由207队完成，直到1969年。1965年下半年至1973年，六四六厂在川南泸州古隆起上开展了大范围的地震普查和详查工作。60年代末至70年代初还完成了旺苍—建兴、马角坝—八角场、绵阳—武连驿等3条区域地震大剖面。

四川盆地在整个沉积过程中，由于地壳升降活动频繁，形成了具有明显间断的5个构造层，即扬子旋回的基底构造层、加里东—海西旋回的深层构造层、印支旋回的中层构造层、燕山旋回的上层构造层和喜马拉雅旋回的浅层构造层。沉积物表现为碳酸盐岩—页岩或砂岩—泥岩类交替沉积，为形成多套油气生储盖组合提供了条件。盆地基底为太古界和元古界变质岩组成，其上沉积层除泥盆系和石炭系局部分布外，其他各系均有沉积，总的沉积厚度为6000～12000米。震旦系至中、下三叠统以碳酸盐岩为主和泥质岩类交互的海相沉积，厚度为4000～6000米；上三叠统至第三系以陆相碎屑岩沉积为主，厚度为2000～6000米。含油气层系有震旦系、寒武系、奥陶系、志留系、二叠系、三叠系和侏罗系。

威远构造是四川盆地最大的含气背斜构造。地震资料证实，威远地面构造下方，存在二叠系至震旦系的地腹构造。主要勘探目的层为震旦系，主要含气层是上震旦统灯影组。以震旦系顶面计算，闭合面积为850平方公里，长轴为53公里，短轴为26公里。威远构造比较完整，仅发现4条较长的小断层，最大断距为50米，南翼倾角为9°～11°，北翼倾角为5°～9°。

泸州古隆起是印支期定型的古隆起。二叠系以上的地震资料中普遍显示4～6个反射层。由于该隆起极度平缓，受构造力作用小，不足以造成油气大规模地向古隆起顶部运移和聚集，因此，油气勘探仍以其上的局部构造为勘探对象。通过地震普查，证实地面构造下方均有地腹构造存在。1966～1973年期间，发现和复查38个局部构造，发现和复查潜伏高点和潜伏构造32个，统一编制出泸州地区(8000平方公里）二叠、三叠系气层地震连片构造图（1:5万），共提供井位60余口，使泸州气矿的钻

探成功率达到58.6%。

二、江汉盆地

物探局前身六四六厂于1969年4月至1970年3月有25个地震队参加了江汉石油会战，共完成地震测线1.63万公里，基本上完成了全盆地的地震连片测量。结合原先老资料编制了全盆地6层地震构造图，发现和复查了84个局部构造，提供井位65口，提交综合研究报告6份，编制各类分析图件87幅，为研究全盆地的区域地质结构和油气富集规律，指导钻探，迅速拿下江汉油田打下了较好的基础。获得的主要地震地质成果有：

(1) 进一步明确了江汉盆地的区域构造格局。江汉盆地处在扬子准地台的中部，为一典型的内陆古盐湖盆地。盆地呈“七凹、四凸”基本构造格局。“七凹”指枝江、江陵、潜江、沔阳、陈沱口、小板和云梦等凹陷；“四凸”指丫新、岳口、龙赛湖等低凸起和通海口凸起。其中以潜江、江陵和沔阳等3个凹陷成油条件最好。

(2) 加深了对江汉盐湖盆地油气地质特征的认识。江汉盆地具有两套盐湖相成油岩系（下第三系新沟嘴组和潜江组）和两套冲积平原相为主的红色岩系（上白垩统渔洋组和下第三系荆沙组）相间分布的特征，总的沉积厚度近10000米。潜江组沉积中心在潜江凹陷的北部，沉积厚度达到4500米。该区盐韵律地层十分发育，构成多套生储盖组合。在构造和断裂活动下，盐韵律地层可形成底辟型盐构造，成为该区主要的构造圈闭类型。潜江背斜带上的王场背斜就属于底辟型长轴背斜构造，建成王场油田。新沟嘴组地层在全盆地均有广泛分布，具有北部厚、南部薄的特点，沉积厚度为300～600米。油气主要聚集在古隆起背景上的断鼻和断块内。渔洋组和荆沙组生油条件差，但可形成次生油藏。

(3) 探明潜江凹陷北部石油地质储量。1970年，六四六厂会战队伍在该凹陷北部红旗、钟市、广华、浩口、王场和黄场等地区开展连片地震细测，基本探明王场、广华和钟市等3个油田，实现了王场油田和广华油田的连片，新发现浩口油田和光明台含油构造，基本探明石油地质储量1.5亿吨。

(4) 在江陵凹陷和沔阳凹陷找到一批局部构造和断块。六四六厂会战队伍在江陵凹陷共找到29个局部构造和44个断块，并对新发现的江陵—沙市构造和陵2号、金家场、李家埠等局部构造进行地震细测：在江陵—沙市含油构造探明石油地质储量0.5亿吨；在沔阳凹陷基本探明新沟油田的范围；在老新鼻状隆起上发现了老新含油构造。

三、南襄盆地

在江汉石油会战第一战役（1969年8月1日～1970年1月底）结束后，六四六厂5个地震队于1970年5月奉命转战南襄盆地南阳凹陷开展地震勘探工作。历时7个月，共解释二维地震剖面2610.6公里，提交综合成果报告1份，编制各类分析图件15幅，其中包括四层构造图：第一层代表上第三系馆陶组底界；第二层代表下第三系核桃园组底界，该组为一套生油岩系，最大厚度达2200米，在凹陷内有广泛分布；第三层代表上古生界地层底界；第四层代表基底。南阳凹陷为一中、新生代断陷，其南以断阶形式与新野凸起相接，西北部与师岗凸起相邻，东北部与社旗凸起相接，东部与泌阳凹陷相邻。在凹陷内发现沙堰—施庵隆起带和牛三门隆起带，发现和落实5个局部构造，即魏岗、东庄、桑庄、沙堰和曲洼等局部构造，提供6口井位，即南5～南10井。1971年8月，在东庄构造高点布钻的南5井于井深2397.68米下第三系地层中获日产油2.94吨，发现河南省第一个油田——东庄油田，南5井为河南省第一口出油井。1971年9月，在魏岗构造布钻的南6井日产油72.2吨，发现产量较高的魏岗油田。上述两口井出油，揭开了河南省找油的新局面。

第八节　陕甘宁盆地

陕甘宁盆地又称鄂尔多斯盆地。物探局及其前身六四六厂在陕甘宁盆地的石油勘探工作主要分两个阶段：第一阶段为1969～1972年，主要工区为宁夏的灵武和盐池、陕西的志丹和富县、甘肃的环县和庆阳等地区，共解释地震剖面1.14万公里，勘探面积遍及盆地中南部6.78万平方公里，发现和复查9个二级构造带，发现和复查局部构造圈闭76个；第二阶段为1986～1997年，主要工区在内蒙古杭锦旗以南、陕西榆林以西、陕西吴旗和志丹以北、宁夏盐池以东约4万平方公里的区域，共解释多次覆盖剖面2.88万公里，发现和复查二级构造带3个、各类局部圈闭109个。提供井位10口，被油田采纳6口，预测天然气储量2452亿立方米。参加解释的单位有物探局二处和四处的研究所。取得的主要地震地质成果有：

(1) 进一步认识了陕甘宁盆地的油气地质特征。陕甘宁盆地大体上经历了古代陆表海、中生代内陆湖盆和新生代边缘断陷等三个发展演化阶段，总的沉积厚度约在5000～8500米。在盆地沉积地层中，加里东运动及印支运动末期形成的两大侵蚀面对油气藏的形成有至关重要的影响。前者导致缺失中上奥陶统、志留系、泥盆系和下石炭统，形成碳酸盐岩古风化壳，为一良好的储集层；后者在生油坳陷范围内，剥蚀成一条近东西向分布的侵蚀河谷，形成早侏罗世古河流体系，控制油气的展布。盆地发育3套烃源岩：第一套为下古生界奥陶系海相碳酸盐岩，勘探目的层是下奥陶统马家沟组地层；第二套为上古生界海陆交互相煤系和暗色泥岩，勘探目的层是上石炭统太原组煤层和下二叠统山西组及下石盒子组地层；第三套为中生界河湖相煤源岩，具有整体生油性质，主要勘探目的层为上三叠统延长组和下侏罗统延安组地层。

（2）建立了陕甘宁盆地地震反射标准层体系。在盆地内共获得9套地震标准层：T_3代表白垩系底界；T_4代表中侏罗统直罗组底界；T_5代表下侏罗统延安组内部；T_6代表侏罗系底界；T_7代表上三叠统延长组底界；T_8代表上石炭统太原组煤层；T_{10}代表下奥陶统马家沟组底界；T_{11}代表寒武系香山群内部；T_{12}代表寒武系底界。

（3）加深了对陕甘宁盆地西南部区域构造的认识。陕甘宁盆地北有伊盟隆起，东有晋西褶皱带，南有渭北隆起，西有西缘断褶带，其内部由西到东有天环坳陷（又称天环向斜）和陕北斜坡（又称东部斜坡）。经地震勘探查明，天环向斜与西缘断褶带中的平凉凸起是以平铜大断层为界，平凉凸起以南新发现一个凤陇断陷，为一侏罗系煤系发育的断陷。在渭北隆起上新发现一个三叠系沉积为主的彬县凹陷。在定边以南地区，先后发现和落实了马家滩背斜带、丰台构造带、孟坝构造带和沙井子断裂带。在吴旗地区所处的缓慢西倾斜坡背景上，发现5排鼻状隆起带。在马岭—西峰地区，处在天环向斜缓慢西倾近轴部分的东翼，发现一系列彼此平行的鼻状构造和小幅度背斜。鼻状构造有12个，即木钵、合道、曲子、马岭、野狐沟、三十里铺、庆阳、土桥、板桥、何家畔、南义和太昌等；小幅度背斜有4个，即姬家河、三不同、和盛及禾子北沟。1970年8月7日，在华池县城南钻探的庆3井于下侏罗统延安组底砂岩中获日产油27.2立方米，成为陇东第一口工业油流井，发现了华池油田。1970年9月26日，在马岭构造上钻探的庆1井于下侏罗统延安组地层中获日产油36.3立方米，成为陇东第一口自喷井，从而发现马岭油田。庆3井和庆1井的出油，证实下侏罗统延安组的油藏分布与古河道和古地貌有关。

（4）加深了对陕甘宁盆地中北部区域构造的认识。盆地的东部斜坡的北段为向西、向南倾斜的缓坡结构，与天环向斜和伊盟隆起均呈斜坡过渡关系。伊盟隆起与河套地堑以北掉正断层接触，从而形成盆地北部边界。本区除缺失志留系、泥盆系和下石炭统外，中元古界至中生界地层是以超覆方式层层叠置在伊盟隆起之上。发现和落实了黑劳潮—阿布劳庙弧形带、达克构造带和乌审召鼻隆带，共发现和落实39个局部构造，圈闭面积为1566.84平方公里，其中黑劳潮—阿布劳庙弧形带受向南逆冲的弧形断层控制，呈南东—北西向延伸，主要由黑劳潮、阿布劳庙、宝日套老亥等9个局部构造组成，圈闭面积为78平方公里，为一含气有利聚集带，预测天然气储量315亿立方米。1989～1996年期间，在该构造带上先后钻探了鄂2井、鄂3和盟1井均在上古生界地层中获得工业气流。乌审召鼻隆带是在一个西倾斜坡背景上形成的含气聚集带，该带上有5个局部构造具备良好的成藏条件，预测天然气储量为237亿立方米。其中秦泰西构造、3号构造和什股壕构造为优选构造。1989～1996年期间，在此鼻隆带也先后钻探3口井，其中召探1井在上古生界地层中获得工业气流，鄂6井发现下古生界风化壳为良好储集层，盟4井具体钻探情况不详。利用高分辨率地震资料，基本查清下古生界，尤其是下奥陶统马四段和马五段的分布，马五段和马四段均为有利储集层，两段厚度达100～200米，预测分布面积为5400平方公里，其顶面所呈现的古地貌从东至西依次为：伊8井—毛脑庙侵蚀谷；鄂托克旗古潜台；高劳加汗—乌审旗侵蚀谷；乌审召古潜台；伊13井—河口侵蚀谷。预测上述下奥陶统古地貌所形成圈闭的天然气资源量为1900亿立方米，生烃中心位于乌尔杜淖—乌审旗—乌审召一带。此外，还对伊北地区开展了构造精细解释，共发现大于2平方公里的局部构造有70个，层圈闭面积为1800平方公里。

通过岩性、古地貌及地层接触关系等资料分析，该区有砂体圈闭14个，圈闭面积1736平方公里；不整合圈闭2个，圈闭面积856平方公里；古地貌圈闭8个，圈闭面积1478平方公里。合计非构造圈闭24个，圈闭面积4070平方公里，占乌审召地区总面积的25%。相当于局部构造圈闭面积的11.6

倍。这些资料充分说明，只有岩性、地层圈闭，才是伊盟地区寻找大中气田的主要勘探目标。

第九节 东濮凹陷

物探局在东濮凹陷的勘探工作始于1973年，野外数据采集工作于1990年结束，地震资料解释和综合研究工作一直延伸到1992年。物探局二处研究所承担了主要解释研究工作，解释中心（地研院）承担部分解释研究工作。共解释二维地震剖面2.84万公里，三维地震勘探面积399平方公里；查明12个二级构造带，发现各类圈闭141个，圈闭面积1537平方公里；复查圈闭319个，圈闭面积6162平方公里；提供井位683口，被油田采纳496口，找到文留、卫城和濮城、胡状集等13个油田，证实由这些油田组成的东濮油田是一个复式油气藏类型的油田。截至1986年，已探明石油地质储量5.81亿吨、天然气储量500亿立方米，原油年产量630万吨，天然气产量8亿立方米；1988年，原油年产量达到722万吨。提交各类成果研究报告64份，编制图件1385幅。附图5－2为东濮凹陷文留地区勘探成果图。获得的主要地震地质成果有：

(1) 进一步明确了东濮凹陷的基本地质结构。东濮凹陷是在燕山运动期间华北地台解体基础上，受兰聊、黄河和长垣等三条基底断裂长期活动的影响而形成的北北东向不对称地堑式中、新生代沉积凹陷，其基本地质结构呈“一隆、两洼、一斜坡”格局。“一隆”指中央黄河隆起带；“两洼”指中央隆起带两侧的东、西洼陷带，即前犁园—葛岗集向斜带和余家向斜带；“一斜坡”指高平集斜坡带。兰聊断裂、长垣断裂和黄河断裂均以北北东向延伸，严格控制东濮凹陷的发生和发展，导致凹陷呈东西明显分带特征。兰聊断裂是控制凹陷的主断裂，其下降盘一侧形成东部次凹；黄河断裂不仅控制中央隆起的形成与展布，而且与长垣断裂一起构成地堑式西部次凹。

在全区共查明12个二级构造带，主要分布在中央隆起带及其两侧，由北向南有濮城潜山背斜带、卫城潜山背斜带、文留潜山背斜带、桥口潜山背斜带、南何家断裂背斜带、徐集马厂潜山背斜带和徐东—马东断裂构造带、孟岗集断裂构造带；东部洼陷带内，有白庙逆牵引背斜带、东明集潜山背斜带和三春集断裂构造带；西部洼陷带内有胡状集—庆祖集断阶构造带。

(2) 确定了东濮凹陷内四套明显地震波系的地质属性和断层类型。第一波系对应上第三系底界以上地层；第二波系对应下第三系；第三波系对应下第三系底界至古生界顶界；第四波系对应古生界及其以下地层。参照断层特征及断开层位情况将断层分为四类：第一类为断开基底、发育早结束晚的断层，如兰聊断裂、黄河断裂和长垣断裂等三条基底断裂，控制凹陷的形成、沉积、发展和次级构造带的展布。第二类断层为断开基底并严格控制第二波系的下第三系地层的发育，对第三波系地层影响较弱，在东营组中下部消失。纵向上断距是下大上小，以西掉为主，与第一类断层组成凹陷内的骨架断层，如濮城、文西、卫西断层。第三类断层也是控制第二波系地层分布，断距上大下小，断面上陡下缓，常切割第二类断层，一般不断开基底，往往在第三波系地层顶部或内部滑过，如卫东、文东断层。第四类断层对上、下第三系地层厚度基本不起控制作用，但层位断得很高，成双成对出现，向下在第三系内部消失，如许集和巴庄断层。以上第一、二类断层对油气运移和聚集具有重要作用。

(3) 查明了东濮凹陷的油气富集规律。从1975年9月位于文留潜山背斜带上的濮参1井获得工业油流，发现文留油田。至1979年底，在该构造带上共完钻31口井，相继在中央隆起带的北部发现了文留气田（1977）、文中油田（1977）、濮城油田（1979），表明受古隆起控制的中央隆起带是油气富集的有利场所，背斜构造带上的反向屋脊块是油气富集的主要圈闭类型。中央隆起带大致以黄河为界分为南北两部分，在油气富集规律上也有差异：北部是顶薄、侧厚的“凹中隆”，或称之“下垒上堑”，南部是“凹边隆”；北部有四套盐膏岩作为良好的盖层，而南部不具备；北部生、储层多，南部少；北部生油指标比南部好。所以北部的油气富集区主要分布在“凹中隆”的背斜带上，南部的油气富集带主要分布在中央隆起带翼部邻近油源的第一和第二反向屋脊块上。1981年后相继在黄河南发现了马厂油田、李屯油田、三春集油田，在黄河北又发现了卫城油田、文明寨油田。

(4) 实现文留油田和濮城油田连片。从地震构造图上看，文留构造和濮城构造之间是一个地堑块，在此地堑块上钻探的文28井物性不理想。于是人们普遍认为，此地堑块是横在文留油田和濮城油田之间的“泥巴沟”。后经深入的研究工作，在文留地区发现低电阻油气层。这一新发现启迪地震地质解释人员对以往不出油的探井进行全面复查，同时对“泥巴沟”发起新一轮钻探。首选位于濮城构造高部位的文3井作为复查对象，最先试油成功，获日产凝析油5.01吨、天然气9.3万立方米。在“泥巴沟”钻探的新文16井和文213井又相继出油，从而实现了文留油田和濮城油田之间不同层系油层的连片，扩大了含油面积。

(5) 全面展示三维勘探的效果。1982年与美国GSI公司签订的文留三维勘探合同是物探局第一块三维勘探合作项目。该块三维解释工作由物探局二处研究所三维解释组承担。通过三维地震资料精心解释，理顺了文南地区的基本结构，自西向东划分为：文西外块、文西堑块、文中垒块、文东西堑块、文东中垒块、文东东堑块和徐楼外块等7个区块；调整修改了1个断背斜、13个断鼻构造和23个断块；新发现了杨柳庙构造，预测了文西和齐王庄砂体；设计了9口井位，有8口井见到工业油流。从此，三维地震勘探逐渐在全国各探区展开。

第十节 二连盆地

物探局从1977年开始对二连盆地进行战略侦察，到1996年为二连油田开发提供后备战场结束，大致经历20年的时间。从战略侦察一开始，就严格遵循勘探程序，发挥综合勘探的优势，即先利用重磁电勘探方法对全盆地开展区域概查，在定凹选优基础上，再配合地震勘探方法进行普查，开展选带定层，然后进行地震详查和三维精查，为少投入、多产出，再次创造一个成功范例。物探局在二连盆地的勘探工作经历三个阶段：第一阶段从1977年至1981年，为区域普查寻找突破口阶段；第二阶段从1982年至1986年，为重点详查扩大战果阶段；第三阶段从1987年至1996年，为精细勘探增储上产阶段。在20年中，参与该区地震资料解释和综合研究的单位有物探局四处、解释中心、一处和二处，共解释二维地震剖面7.99万公里、三维地震勘探面积2014平方公里。其中以四处承担的解释工作量最大，累计反复解释工作量，二维达到113.1万公里，三维达到4294.3平方公里；发现潜山、构造和地层岩性圈闭等各类圈闭962个，圈闭面积9274.7平方公里；复查各类圈闭1085个，圈闭面积12239.3平方公里。截至1994年，共提供井位760口，被油田采纳493口；预测石油资源量7.2亿吨，探明石油地质储量1.85亿吨。提交67份综合研究报告，编制图件2106幅。上述解释工作为深化对二连盆地的地质结构认识，查清二连盆地的含油气规律和建成120万吨产能的二连油田做出了重要贡献。获得的主要地震地质成果有：

(1) 认识了二连盆地的区域构造属性。二连盆地处在晚海西期中亚蒙古地槽缝合带内。由于中生代以来，印度板块向北东方向推挤中国大陆，太平洋板块向西或北西方向俯冲，二连盆地在这种应力场作用下，形成拉张断陷。

鉴于二连断陷盆地是在海西期柔性地槽褶皱基底上发育起来的，不同于在刚性地台基底上发育的大型断陷盆地，因而形成许多分散的、孤立的小断陷、小湖盆群。通常靠近隆起一侧，凹陷呈单断式箕状断陷，盆地内部的凹陷呈双断式断陷。在早白垩世晚期，二连盆地整体抬升，其间遭受三次明显的间断和剥蚀：第一次是腾格尔组地层沉积之后的间断，使腾二段地层剥蚀，尔后又复下沉，沉积了赛汉塔拉组地层；第二次是晚白垩世时期，全盆地大部分未接受沉积；第三次是新生代时期，随大兴安岭隆起的抬升，盆地东部未接受第三系沉积，仅盆地西南部沉积了100～500米，第四系沉积了5～40米。

(2) 明确了二连盆地的基本地质结构。二连盆地的地质构造基本上呈“三隆、五坳”格局。“三隆”指巴音宝力格隆起，苏尼特隆起和温都尔庙隆起；“五坳”指马尼特坳陷、乌兰察布坳陷、乌尼特坳陷、腾格尔坳陷和川井坳陷。五个坳陷中分布32个凹陷和14个凸起，凹陷面积约8万平方公里。三个隆起上有19个凹陷，面积约1万平方公里。其中额合宝力格凹陷（即现今的阿南、阿北凹陷）是区内最大的凹陷，面积约1.34万平方公里，赛汉塔拉凹陷是苏尼特隆起上最大的凹陷，面积约0.269万平方公里。解释出主要断裂37条，其中有5条基底大断裂控制着本区大地构造单元的发展。

(3) 发现二连盆地有9套含油层系和8种主要储集岩类。9套含油层系为下白垩统腾格尔组上、中、下部，阿尔善组上、下部，上侏罗统兴安岭群，中下侏罗统阿拉坦合力群，上古生界二叠系和下古生界温都尔庙群。除阿拉坦合力群和温都尔庙群外，其他层系均获工业油流。其中属下白垩统巴彦花群的腾格尔组和阿尔善组是遍及二连盆地各凹陷的主要含油层系，也是地震勘探的主要勘探目的层系。下白垩统巴彦花群的厚度一般为1500～2000米，最厚可达4000米。8种主要储集岩类为砾状砂岩、砾岩、砂砾岩、中基性熔岩（玄武岩或安山岩）、凝灰岩、硅质岩、绿片岩和花岗碎裂明岩，前6种已为钻探证实具有工业产层价值。

(4) 对二连盆地的油气藏分布和富集规律有了进一步认识。从二连盆地已经发现的油气藏看：在阿南洼槽周围有阿尔善、阿北—蒙古林、夫特西、哈达图、哈南等油田；在阿北洼槽北侧有欣木苏油藏，南侧有阿参1、阿55断块油藏；在赛汉塔拉主洼槽周围有赛四号、伊和、扎布和乌兰陶勒盖等油藏；在额仁淖尔主洼槽周围有包尔、亚布根、吉格森南、巴润东和巴润等油藏。可见，上述油气藏的分布均严格受生油洼槽控制。但是，二连盆地由于早白垩世晚期整体抬升和凹陷窄小、分割性强的特点，从而导致二连盆地生油洼槽控制油藏分布规律的特殊性：一是大凹陷中比较开阔的深洼槽周围油气最富集，例如阿南等5个富含油的凹陷，面积均大于1000平方公里，深度均在3000米以下，生油层厚度均达到700米以上，凡不具备以上条件的凹陷，尚未发现油气藏；二是生油层成熟区范围控制油藏的分布更加严格，如阿南等5个生油凹陷中富含油的部位，生油层成熟区的面积均在300平方公里以上，而那些虽有生油层但未成熟的凹陷，如马尼特坳陷西部的一些凹陷，就未获工业油流。已查明阿南、阿北、巴音都兰、赛汉塔拉和额仁淖尔等5个含油凹陷中油气最富集的部位是它们各自的中央隆起带，几乎集中了全盆地已探明的储量。其中阿南和阿北两个凹陷已探明的4个油田全部分布在阿尔善中央断裂潜山带上。从成油条件看，以苏尼特隆起为界，北部坳陷带的成油条件优于南部坳陷带；北东向发育早的凹陷优于近南北向发育晚的凹陷。附图5-3为二连盆地阿尔善地区勘探成果图。

(5) 查明了二连盆地的构造带和局部圈闭类型。截至1996年，在阿南、赛汉塔拉等11个凹陷，共发现29个构造带，大致分属于断裂潜山构造带、逆牵引背斜构造带、挤压断裂构造带和鼻状构造带等4种类型。其中的断裂潜山构造带多位于凹陷的中央，如阿尔善中央断裂潜山构造带、赛中断裂潜山构造带均分别位于阿尔善凹陷和赛汉塔拉凹陷的中央。已发现的962个局部圈闭分属于逆牵引背斜、披覆背斜、挤压背斜、断背斜、断块、断鼻、地层不整合、地层超覆和岩性尖灭等9种类型。圈闭面积一般为10～20平方公里，最大为70平方公里。

(6) 发现阿尔善复式油气田。自1982年发现阿尔善构造带起，至1985年依据物探局提供的阿北、阿南、哈南和蒙古林等4个局部构造为钻探目标止，共钻探37口井，拿下阿尔善油田和夫特、吉和两个油藏，以及一批含油断块，探明储量1亿吨。四处的解释工作者通过综合分析，认为阿尔善复式油气田聚集带具有“54421”特征，即：

5种储集岩层——玄武岩、砂岩、砾岩、凝灰岩和变质岩；

4套储集层位——古生界、上侏罗统、阿尔善组、腾格尔组；

4种油藏类型——背斜、断块、逆牵引、潜山；

2种储集空间——裂缝和孔隙；

1亿吨探明储量。

(7) 为二连油田开发提供广阔的后备战场。在1982年开始重点钻探阿尔善构造带的同时，还对赛汉塔拉等17个凹陷开展地震详查和精细解释。至1986年，物探局共提供88口探井（包括阿尔善凹陷的37口探井），钻探成功率为93%，见油成功率达到83%，相继发现了赛汉塔拉、额仁淖尔和巴音都兰等油藏。1987年至1994年期间，为了进一步落实各类含油气构造，确定油气富集带，扩大后备战场，先后在阿尔善、赛汉塔拉、额仁淖尔、乌里雅斯太、吉尔嘎朗图、巴音都兰、洪浩尔舒特等7个凹陷的25个区块上开展了三维勘探。在阿尔善油田发现了浅层气构造，在阿北凹陷揭开了潜山找油新领域；在赛汉塔拉凹陷，落实了2个油气富集带，基本探明赛四油藏；在额仁淖尔凹陷，基本落实5个二级构造带，查明其中巴尔和吉格森构造带的含油气特征；在乌里雅斯特凹陷，发现4个构造带，并在其中的木日格断裂构造带上获得工业油流，控制近1000万吨储量；在吉尔嘎朗图凹陷，发现和落实6个构造带和22个局部构造，查清了稠油分布区，经钻探找到吉45、吉36和罕尼油藏，探明储量1600万吨；在巴音都兰凹陷，发现和落实3个构造带和25个局部构造，其中的色楞构造带已钻探的巴27井，获日产21.4立方米工业油流；在洪浩尔舒特凹陷，发现3个构造带和8个局部构造，并在其中的努格达构造带上钻探洪10井，日产原油30立方米，探明储量1560万吨，打开了洪浩尔舒特凹陷北部油气勘探新局面。

第十一节　塔里木盆地

物探局从1978年开始对塔里木盆地进行石油勘探工作，至1997年，经过近20年的物探资料解释和综合研究工作，共解释二维地震剖面 21.4 万公里，三维勘探面积 7480 平方公里；发现各类圈闭（构造、潜山、隐蔽等）598 个，圈闭面积 4.98 万平方公里；复查各类圈闭 745 个，圈闭面积达 6.8 万平方公里；提供井位 844 口，被油田采纳 369 口；完成各类研究报告 236 份，编制图件 6996 幅。对盆地的性质、形成、演化及构造基本格局和油气富集带有了较为肯定的认识，指出了寻找大型油气田的勘探方向，明确了勘探油气的主要目的层系，配合钻探探明轮南等 20 个油气田，对塔里木盆地的油气资源进行了总体评价。附图 5－4 为塔里木盆地勘探成果图。

物探局参加塔里木盆地解释和综合研究工作的主要单位有：库尔勒研究中心、地研院和三处、一处、四处、二处等单位的研究所。取得的主要地震地质成果有：

（1）对塔里木盆地的地质属性有了肯定的认识。塔里木板块是欧亚大陆板块南缘的一部分。塔里木盆地是在以太古界和元古界的变质结晶岩组成陆壳基底上形成的大型叠合复合盆地。“叠合”是指该盆地为古生代海相克拉通盆地和中、新生界陆相前陆盆地的叠置。“复合”是指盆地在同一演化阶段中不同构造单元具有不同原型盆地的性质，同一原型盆地又有多个沉降中心。盆地在长期演化过程中发生过三期拉张（震旦—奥陶纪、下二叠纪及侏罗纪）和三期挤压（志留—泥盆纪、三叠纪及早第三纪），拉张期分别形成了多个克拉通边缘坳陷和坳拉槽、克拉通台地坳陷和裂谷等原型盆地，挤压期分别形成了三期前陆盆地。上述不同的沉积体系又长期处在比较稳定的大地构造环境中，对油气生成、聚集与保存十分有利，而且具备寻找大型油气田的有利条件。

（2）进一步证实盆地构造的基本格局。依据 1978～1988 年期间物探局在全盆地范围内所获得的地震资料，将盆地划分为“三隆、四坳”等 7 个基本构造单元和 17 个次一级构造单元：

塔北隆起——位于拜城坳陷（库车坳陷）与北部坳陷之间，为加里东时期开始抬升、海西晚期形成的隆起，其上分布 5 个次一级构造单元，即柯吐尔—沙雅低凸起、雅克拉—轮台低凸起、库尔勒凸起和哈拉哈塘凹陷、草湖凹陷。

中央隆起——位于盆地中部，以于田河为界分东西两部分，河东为东部低隆起和塔中隆起，河西为巴楚隆起。东部低隆起为加里东时期形成的大型台背斜；塔中隆起为海西运动末期以后形成的稳定隆起，未受后期断层强烈破坏切割，对油气资源保存最有利；巴楚隆起是海西运动末期形成的隆起，喜马拉雅山运动时期隆起进一步加剧，构成一个大型平缓的复背斜。

东南隆起（且末隆起）——位于盆地东南部，为古生代以来长期抬升的隆起，由西向东分布有民丰凸起和罗布庄凸起。

库车坳陷——亦称拜城坳陷，位于盆地北部的天山脚下，为中、新生代坳陷，包括北部背斜带、拜城凹陷、阳霞凹陷和南部背斜带。

北部坳陷——位于塔北和塔中二隆起之间，为加里东期至喜山期长期剧烈沉降的深凹陷，其次一级构造单元包括阿瓦提、满加尔、英吉苏凹陷和孔雀河斜坡。

东南坳陷——位于东南隆起和阿尔金隆起之间，为一中、新生代坳陷，其上有民丰和若羌两个凹陷。

西南坳陷——位于盆地的西南部，为新生代强烈沉降的深坳陷，由喀什、叶城、和田、通古孜巴斯等 4 个凹陷和麦盖提斜坡组成。

地震资料自浅至深显示 18 套反射标志层，分别定义为 T_2、T_3、T_4、T_5、T_6、T_7、T_8、T_{8-2}、T_{8-3}、T_g、T_{g1}、T_{g2}、T_{g3}、T_{g4}、T_{g5}、T_{g6}、T_{g7}、T_{g8}。根据钻井资料对上述反射层标定结果和反射层彼此接触关系，以及各反射层的丰度，将上述反射层分成五大构造层：T_2～T_8 为第一构造层，相当于新生界；T_8～T_g 为第二构造层，相当于中生界；T_g～T_{g4}为第三构造层，相当于上古生界；T_{g4}～T_{g8}为第四构造层，相当于下古生界及中、上元古界；T_{g8}以下为第五构造层，相当于下元古界—太古界。第四构造层是盆地构造演化史上最重要的构造事件之一，它造成了盆地内石炭系与下伏地层广泛的不整合，并在三大隆起上造就了一系列大型复背斜，是寻找大型构造圈闭的主要构造层。第三构造层是盆地构造演化史上另一次最重要的构造事件，它造成了盆地内部侏罗系与下伏地层的广泛不整合，并在隆起区形成了一些低幅度背斜构造。第二构造层和第一构造层发育一系列逆冲构造和断背斜。

截至 1997 年，在上述构造单元中，发现和复查了 65 个二级构造带和 9 个非构造圈闭有利区带。塔北和塔中为两个巨型含油气构造带，塔北构造带面积 3.6 万平方公里，塔中构造带面积 6.8 万平方公里。此外，还发现和落实了 598 个各类圈闭，其中塔中1号和塔中2号属巨型构造，构造面积均在6000平方公里以上，大于100平方公里的构造有轮南、轮西、英买2号、雅克拉、南喀拉玉尔滚、大尤都斯、群克尔、学堂、胜利十六厂和轮台—二八台构造。

(3) 明确了寻找大油气田的目的层系。塔里木盆地的基底是由褶皱强烈、变质程度很深的太古界和褶皱与变质程度较低的元古界组成，盖层发育齐全。北部坳陷的满加尔凹陷的沉积岩厚度最大，约为17900米；西南坳陷的叶城和喀什凹陷的沉积岩厚度次之，约为13000～14000米；库车坳陷的沉积岩厚度约为12000米；东南坳陷的沉积岩厚度约为5300～6200米；东南隆起的沉积岩厚度最薄，只有2000～3000米。在上述沉积层中共找到七套含油气目的层系，即：下古生界的寒武系和奥陶系，上古生界的石炭系，中生界的三叠系、侏罗系和白垩系，新生界的第三系。其中，寒武—奥陶系是一套海相油气的主力烃源层，三叠—侏罗系是一套陆相油气主力烃源层。

(4) 对塔里木盆地的油气富集规律有了较为深入的认识。至1997年，塔里木盆地已发现的油气田，集中分布在塔北、塔中和巴楚三个古隆起及其斜坡之上，说明塔里木盆地的油气富集是严格受古隆起控制的。但是上述油气藏绝大多数属于次生油气藏，亦即含油层系本身并不生油生气，油气来自下伏的生烃层系。油气藏在纵向上主要沿三大区域不整合面分布，在横向上沿六大断裂带分布。三大区域不整合面分别指石炭系和前石炭系界面、侏罗系和前侏罗系界面、第三系和白垩系界面。六大断裂带分别指库车坳陷的克拉苏—依南大断裂、塔北隆起的牙哈大断裂和轮台大断裂、塔中隆起的中央断垒带和塔中I号大断裂、巴楚断隆的玛扎塔克大断裂。

(5) 参与完成第一份“塔里木盆地油气资源评价”报告。1986年6月，由新疆石油管理局研究院、石油勘探开发科学研究院和物探局共同组成的塔里木综合研究队完成第一份“塔里木盆地油气资源评价”报告，首次预测出盆地的石油资源量为101亿吨，天然气8.3万亿立方米，对已发现的41个圈闭优选排队，确定最有利的前5个圈闭是：塔中1号背斜、轮南异常体（轮南1号构造）、南喀拉玉尔滚背斜、英买力1号（沙雅西）背斜和塔中2号构造。上述圈闭，后经钻探均获得高产油气流。

(6) 对塔北隆起、塔中隆起和库车坳陷的石油地质条件有了更明确的认识。

1）塔北隆起由南向北分成南翼、轴部、北翼三个部分。南翼自西向东包括南喀—英买力低凸起、哈拉哈塘凹陷、轮南低凸起、草湖凹陷、库尔勒凸起，南翼与满加尔深凹陷呈斜坡过渡。南喀—英买力低凸起有三排北西—南东方向展布的拆离滑脱构造带，自西向东依次为：玉东2号构造带、英买2—玉东1号构造带和英买1—英买7号构造带。该低隆奥陶系内幕构造群是寻找古生界原生油气藏的主要目标。1989年2月14日，物探局提交的英买1井于奥陶系灰岩中获日产211立方米高产油流；1992年下半年，物探局提交的英买2井在井段5940～5953米的奥陶系灰岩中获日产原油296立方米、天然气8200立方米，这是塔里木盆地首次在下古生界地层内发现的大型碳酸盐岩原生油气藏。

轮南低凸起上发现和落实的主要构造带有轮南断垒带、桑塔木断垒带、塔河构造带、解放渠东—吉拉克背斜带、羊屋1井区地层圈闭带。从1987年9月21日由物探局提供的轮南1井首次在塔北隆起上发现三叠系—侏罗系高产含油层系以后，相继发现轮南油田、桑塔木油田、解放渠东油田、吉拉克凝析油气田，从而组成一个亿吨级轮南油气田群。

塔北隆起轴部为轮台凸起，又称轮台断隆，其上有10个构造带呈斜列展布，自西向东依次为羊塔克、英买7号、大尤都斯、红旗、雅克拉、轮台、提尔根等断裂构造带和东河塘断裂背斜带、牙哈潜山构造带、提北潜山构造带。从1992年9月由物探局提供的英买7井在轮台断隆西段英买7号断裂构造带上发现下第三系凝析油气田以后，相继发现东河塘海相石炭系油田（东河1井），提尔根白垩系—上第三系高产凝析气田（提1井）、牙哈气田（牙哈3井、牙哈4井）、羊塔克白垩系—第三系气田（羊塔1井）。其中东河塘油田是石炭系海相油田，也是中国当时埋藏最深（5700～5800米）的高产油田；牙哈气田是塔北隆起上发现的最大的气田，也是当时中国陆上仅次于四川、陕甘宁的大气田。

2）塔中隆起位于中央隆起的中段，分北翼、轴部、南翼和西翼四个部分。北翼有塔中1号断裂带，呈北西—南东方向展布，北西起自塔中45井区，南东至塔中26井区，全长200公里，宽度为3～12公里，分布11个局部构造，有利勘探面积1800平方公里。至1997底，已对5个局部构造进行钻探，有7口井获得工业性油气流，表明该带是寻找奥陶系断鼻、志留系地层超覆和石炭系披覆背斜油气藏最有利的地区。

轴部为塔中低凸起，包括塔中10构造带，塔中1构造带、塔中4背斜带和塔中4北背斜带。这些构造带呈扫帚状排列，由南东向北西方向撒开。由于这些构造带定型于海西运动末期，后期改造不强烈，距北部下古生界生油凹陷近，又具有多油气通道和多目的层、各层系圈闭叠合好，是塔里木寻找大油气田最现实的地区之一。1989年10月，在塔中1构造带上由物探局参与提交的塔中1井于3565.98～3649.77米井段的奥陶系白云岩中获日产原油365立方米、天然气55.7万立方米，是中国在大沙漠中找到的第一个大型油气藏。1992年4月19日，发现塔中4号亿吨级石炭系油田，当时被总公司塔里木石油勘探开发指挥部称为"塔里木油气勘探史上迄今为止的最大发现"。

隆起南翼为塘北构造带，紧邻通古孜巴斯凹陷，呈北东东向展布，其上有5个局部构造，具有下奥陶统碳酸盐岩和石炭系东河砂岩两套储集层，勘探前景良好。

隆起西翼为巴东构造带，与巴楚隆起相接，局部构造不发育，虽经地震勘探和钻探，尚无重要油气发现。

3）库车坳陷是在天山南侧形成的中、新生代陆相沉积坳陷，中、新生界地层厚度达到12000米，北部厚、南部薄，三叠系在坳陷南缘尖灭。坳陷呈箕状特征。坳陷内存在三叠系和侏罗系两套烃源层。北部背斜带由北部单斜带和克依构造带组成。克依构造带自西向东又可细分为克拉苏构造带和依奇克里克构造带，均为逆冲断裂带性质，断鼻构造十分发育。由于受强烈挤压和盐下底辟作用的影响，这些山前构造带上的局部构造极其复杂，上下构造偏移很大，难以定准目的层构造，也是自1958年在依奇克里克构造上发现塔里木盆地第一个油田以后37年期间没有新油气发现的主要原因。1995年，物探局在克依构造带西端大宛齐构造上提供的大宛1井于425～530米井段上第三系地层中获日产油49.6立方米、天然气6511立方米，打破了该区油气勘探长期沉寂的局面，显示该区的浅层也具有良好的勘探前景。值得注意的是，大宛齐构造是一个盐拱构造，之后，人们的目光才开始关注下第三系盐下构造。1997年，相继在该构造带西段克拉苏构造上部署克拉2井和克拉3井钻探下第三系盐下构造，在东段依奇克里克构造上部署依南2井钻探依南断裂下降盘的侏罗系原生油气藏。钻探结果表明，克拉2井发现的气田为塔里木盆地最大的天然气田，依南2井首次在下侏罗统中发现高产天然气层，从而证实库车坳陷是一个极有希望找到大油气田的地区。

库车坳陷的南部背斜带又可划分为秋立塔克背斜带和南部平缓背斜带，至1997年地震勘探工作尚无重要发现。

（7）物探局为塔里木盆地一系列主要油气田和其他重要油气藏的发现所做的具体贡献列于表5-5。

表5-5　物探局为发现塔里木油气田所做的具体贡献一览表

提交井位 时间	产油气情况 （层位、深度）	发现意义和油田名称
1986年11月提交轮南1井	1987年9月21日，在4744.47～4847.5米井段三叠系砂岩中，获日产油28.1立方米、天然气2488立方米；1989年3月该井加深后又在奥陶系地层中获日产油97.46立方米	首次在塔北隆起中生界地层中取得突破，标志轮南油田发现
1987年9月提交轮南2井	1988年11月25日～1989年1月，先后在三叠系—侏罗系5个油层组中合计获日产油1500～2000立方米	证实轮南油田是多层系高产区。轮南油田被誉为塔里木盆地勘探史上第四个里程碑[注]
1987年9月提交英买1井	1989年2月14日，在奥陶系灰岩中获日产油211立方米	发现英买1高产油气藏
1988年12月参与提交塔中1井	1989年10月18日在3565.98～3649.77米井段奥陶系白云岩中获日产油365立方米、天然气55.7万立方米	标志中国第一个大沙漠油气藏的发现，成为塔里木盆地勘探史上第五个里程碑
1989年7月提交了轮南14井	1990年3月18日，在三叠系第Ⅱ油组中获日产油316.8立方米、天然气1.8万立方米	发现了桑塔木油田
1989年6月提交东河1井	1990年7月11日，在5755.4～5782.8米井段石炭系砂岩中获日产原油389立方米	发现东河塘海相石炭系高产油田

提交井位 时间	产油气情况 （层位、深度）	发现意义和油田名称
1989年下半年提交英买7井，1989年10月提交英买9井	1990年5月，英买7井在奥陶系地层中获日产油220.6立方米；1991年6月，英买9井在4947.6～4980.3米井段白垩系地层中获日产油160立方米，1992年4月又在4683～4690米井段下第三系砂岩中获日产油43.6立方米、天然气15.7万立方米	首次在塔北隆起上发现一套第三系—白垩系高产油气层，进一步证实英买7构造带是一个高产凝析油气聚集带
1990年12月提交轮南57井，1991年4月提交解放100井	1991年5月4日，轮南57井在三叠系中获日产油445立方米、天然气28.87万立方米；1991年12月6日，解放100井在三叠系3个油组中获日产油386.8立方米、天然气5.3万立方米	相继在轮南地区发现吉拉克油田和解放渠东油田，从而组成轮南亿吨级油气田群
1990年1月5日提交塔中4井	1992年4月19日，该井在3595～3607米井段石炭系东河砂岩中获日产油285立方米、天然气5.3万立方米	发现塔中4号油田，为塔里木盆地大沙漠腹地又一高产油气田
1991年9月25日提交英买2井	1992年下半年，该井在59405953米奥陶系灰岩中获日产油296立方米、天然气8200立方米	在塔里木盆地下古生界地层中发现的大型碳酸盐岩原生油气藏
1991年9月提交提1井	1992年5月6日，先后在白垩系和上第三系地层中分别发现日产凝析油10.7立方米、天然气2.2万立方米和凝析油10.7立方米、天然气13.4万立方米	在轮台断隆东段发现提尔根凝析油气田
1992年5～12月，分别提交英买6井、牙哈4井和塔中10井	1993年3月9日，英买6井在第三系地层中获日产油98.8立方米、天然气10.2万立方米	在轮台断隆西段发现红旗第三系油气田
	1993年3月26日，塔中10井在石炭系获日产油210立方米	发现塔中10油田，首次在塔中低凸起北部斜坡获得突破，从而扩大了塔中地区的勘探领域
	1993年11月，物探局提供的牙哈4井和塔指研究队提供的牙哈3井相继在上第三系底砂岩和下第三系砂岩中获得高产油气流	发现牙哈油气田，表明轮台断隆中段牙哈断裂构造带为一多层系油气富集带
1992年5月提交羊塔1井	1994年9月4日，在下第三系—白垩系地层中获日产油35.9立方米、天然气32.6万立方米	发现羊塔克凝析油气田
1994年下半年提交大宛1井	1995年7月22日，在425～530米井段上第三系地层中获日产油49.6立方米、天然气6511立方米	发现大宛齐油田，这是继1958年在库车坳陷发现依奇克里克油田后又一重大发现，展示库车坳陷仍有良好的油气勘探前景
1995年提交玉东2井	1997年6月18日，在4728.8～4744.9米井段白垩系砂岩中获日产油69.6立方米、天然气30.8万立方米	发现玉东2号油气田
1996年提交玛4井	1997年9月27日，玛4井于石炭系及奥陶系地层中获高产气流	发现和田河气田
1997年相继提交克拉2井、克拉3井、依南2井	1998年1月下旬，克拉2井在3528～3534米下第三系地层中获日产气27.7万立方米，后在3568米进入白垩系地层后，又获日产气23.8～71.70万立方米；克拉3井在3472～3479米下第三系盐膏段地层中获日产气35.25万立方米；依南2井在4578.5～4783米井段下侏罗统地层中获日产气22.14万立方米	首次在克拉苏盐下构造发现了现今塔里木盆地最大的天然气田；首次在库车坳陷下侏罗统地层中发现高产天然气层。以上两处重要发现，进一步证实库车坳陷是一个极有希望找到大油气田的现实地区

注：1958年10月9日，库车坳陷依奇克里克1号井出油，发现依奇克里克油田，为塔里木盆地发现的第一个油田，被称为塔里木盆地勘探史上第一个里程碑。1977年5月17日，塔里木盆地西南坳陷柯克亚构造上柯参1井出油，发现柯克亚高产油气田，被称为塔里木盆地勘探史上第二个里程碑。1984年9月22日，地矿部在塔北雅克拉潜山的沙参2井于奥陶系灰岩中获高产油气流，被称为塔里木盆地勘探史上第三个里程碑。

第十二节 吐哈盆地

物探局参加吐哈盆地的石油勘探工作始于1983年。至1997年，经历了地震普查、精查和前侏罗系深层地震攻关等三个阶段。各阶段的地震资料解释和综合研究工作主要由一处研究所派驻吐哈油田的构造研究分队完成。此外，四处、三处的研究所也参与了部分解释工作。

1983～1997年，共解释二维地震剖面3.27万公里，三维地震勘探面积1527平方公里。发现各类圈闭304个，圈闭面积3571.43平方公里，复查各类圈闭387个，圈闭面积4656.96平方公里。至1994年底，向油田提供井位225口，被采纳159口，共发现15个油气田、6个含油气断块，完成各类研究报告35份，编制图件1435幅，为吐哈油田的发现和发展做出了重要贡献。附图5－5为吐哈盆地勘探成果图。取得的主要地震地质成果有：

（1）进一步明确了吐哈盆地的地质属性。吐哈盆地属于哈萨克斯坦板块中准噶尔—吐鲁番地块的一部分，位于西北利亚板块、哈萨克斯坦板块和塔里木板块的缝合带内。吐哈盆地是在下古生代变质岩基底上发展起来的中、新生代沉积的山间盆地，沉积岩最大厚度达9000米以上。吐哈盆地有三期主要发育过程，即：石炭系—下二叠统（C－P）为海陆交互相沉积，是盆地最下部的潜在生油岩系；上二叠统—三叠系（P_2－T）为陆相沉积，湖相泥岩发育，生油条件好；中下侏罗统（J_1－J_2）为煤系地层及湖相泥岩，是盆地主力生烃岩系。这三期发育过程所形成的三大套烃源岩，构成了吐哈盆地上、中、下三大套成藏组合。

（2）查明了吐哈盆地的基本地质结构。吐哈盆地由3个一级构造单元组成，即以北西走向的了墩隆起为界，西部为吐鲁番坳陷，东部为哈密坳陷。吐鲁番坳陷又可细分为“三凸、四凹”等7个二级构造单元。“三凸”为布尔加凸起、鲁西凸起、库木塔克凸起，“四凹”为科牙依凹陷、托克逊凹陷、台北凹陷和台南凹陷。哈密坳陷由3个二级构造单元组成，即五堡凹陷、火石镇凹陷和黄田凸起。

（3）深化了对台北凹陷石油地质规律的认识。台北凹陷是吐哈盆地最大的凹陷，发育有多排构造带、多套烃源岩、多套储集层、多套盖层，并具有多套生、储、盖组合和多期成藏的特点，所以台北凹陷是吐哈盆地寻找油气最现实的地区。根据台北凹陷各个时期的古构造图可以看出，台北凹陷现今为一向南滑脱的大型逆冲带，其主滑脱面为八道湾煤层，次滑脱面为西山窑煤层；凹陷内火焰山—七克台构造带为滑脱逆冲前锋带，而且具有东早、西晚的分段性，从而造成不同的含油气性；燕山期形成和发育的鄯善弧形构造带、胜南—葡北—玉果古弧形带和红南—连木沁古构造带是台北凹陷最主要的油气富集带。

鄯善弧形构造带位于台北凹陷中央部位，由北西—南东向展布的巴喀—鄯善背斜带和北东—南西向展布的温吉桑—丘东构造带组成，含11个局部构造，全长60公里，宽10公里，面积600平方公里。前者自东向西发育有鄯善背斜、丘陵背斜和巴喀（柯柯亚）断背斜；后者自北而南发育三排构造，北有米东、丘东背斜，中有温吉桑Ⅰ号和温西Ⅰ号断背斜，南有红胡、温吉桑Ⅱ号、温西Ⅲ号和温西Ⅳ号等断鼻构造。

1989年1月5日，由物探局参与在鄯善构造上提交的第一口科学探井——台参1井在中侏罗统地层中获日产油35立方米，标志鄯善油田的发现，从而结束了吐哈盆地在1958年发现第一个小油田——胜金口油田以来油气勘探无重大发现的历史（吐哈盆地的油气勘探于1964年后因勘探战略东移而中止）。台参1井喷油被总公司誉为1989年中国石油工业的“第一枝报春花”。台参1井钻探结果揭示：中、下侏罗统水西沟群煤系地层为烃源岩，中侏罗统七克台和三间房组地层为主要含油层系，七克台组上部及齐古组泥岩为区域盖层，燕山期形成的构造为有利含油气构造。1989年，物探局又在与鄯善构造相邻的温吉桑和丘陵构造上提交了温1井和陵3井，前者于1989年10月获日产凝析油87立方米、气38万立方米，后者于1990年7月获日产油72立方米、气1.35万立方米，标志温吉桑油田和丘陵油田的发现，同时也标志鄯善弧形构造带是一个叠合连片的整装油气田的发现。1990～1992年，根据物探局对鄯善弧形构造带开展三维勘探的成果，相继对该构造带上11个局部构造全部进行钻探，均获得工业油气流，共发现鄯善、温吉桑、丘陵、米登、丘东和巴喀等6个油气田，累计探明侏罗系石油地质储量1.35亿吨、天然气225亿立方米。

胜南—葡北—玉果古弧形带和红南—连木沁古构造带位于台北凹陷西部。台北凹陷西起布尔加凸起，东至巴喀、陵南，南接火焰山，北到博格达山，东西长87公里，南北宽约35公里，总面积3045平方公里。沉积地层有侏罗系下、中、上统，下白垩统，第三系和第四系。地层厚度总体分布特征为东厚西薄、北厚南薄，沉积中心在胜北次凹，油源来源于胜北次凹的下侏罗统八道湾组和西山窑组的湖泊相煤系地层与泥岩。主要目的层为下侏罗统西山窑组和中侏罗统的三间房组和七克台组。构造和断裂成排成带性强，总体展布方向分两组：一组呈北东向，如葡北构造带和红南构造带；另一组为北西向，如玉果构造带、胜北构造带、葡萄沟—火焰山构造带、连木沁构造带、马场南构造带和卡拉图构造带等。胜南—葡北—玉果古弧带由胜南—神泉构造带、葡北构造带和玉果构造带组成，红南—连木沁古构造带由红南构造带和连木沁构造带组成。1993年10月4日，由物探局提供的葡北1井在葡北构造带葡北背斜上的中侏罗统三间房组地层中获日产油136.6立方米、天然气4.4万立方米，发现葡北油田，标志着台北凹陷西部油气勘探进入一个新阶段。相继在古弧形带上发现神泉油田（1993年12月）、吐鲁番油田（1994年12月）和玉果油田。值得注意的是，神泉油田的含油气层位不仅有中侏罗统，而且还有白垩系、第三系，这意味着台北凹陷西部油气勘探领域的扩大。1994年9月15日，由物探局提供的红2井在红南构造带红南2号构造上的白垩系地层中，获日产油60立方米、天然气1.6万立方米，成为吐哈探区1994年第一口重大发现井。相继在古构造带上发现红南油田和连木沁油田（1995年8月）。

1995年5月，物探局在胜北构造带胜北3号构造上提交的胜北3井，首次在台北凹陷西部上侏罗统喀拉扎组地层中获日产凝析油5.46立方米、天然气2650立方米，这个新发现的含油层系，扩大了台北凹陷西部的油气勘探领域。

(4) 将前侏罗系列入油气勘探的重点目标。吐哈盆地前侏罗纪经历了石炭纪—早二叠世裂谷盆地和晚二叠世—三叠世前陆盆地两个发展阶段。前侏罗系由下石炭系、上石炭系、下二叠系、下三叠系和中上三叠系等五套构造层组成，发育石炭系—下二叠统及上二叠统—三叠系两套成藏组合。吐鲁番坳陷上二叠统原型盆地为北西向凹凸相间前陆坳陷的分布格局，从西向东有：托克逊—科牙依凹陷、胜南—鲁西低凸起、台南凹陷和塔克泉低凸起。前侏罗系油气藏的形成具有东部早、西部晚的特征。1989年5月16日，由物探局提供的托参1井在托克逊凹陷依拉湖构造上三叠系地层中获日产油40立方米，标志吐哈盆地前侏罗系勘探首战告捷。1994年物探局在台南凹陷发现鲁克沁构造带。该构造带为一北西向倾没、南东抬升的鼻隆断裂带，自西向东发育吐玉克背斜、玉东断背斜和鲁克沁断鼻等3个局部构造，面积120平方公里。1995年3月，物探局在鲁克沁断鼻上提交的艾参1井在三叠系克拉玛依组地层中发现40.35米的黑油砂，在上二叠统发现380米厚的烃源岩。虽然该井试油未获工业油流，但证实在台南凹陷及其相邻地区前侏罗系地层具有重要的工业勘探价值。本着向下倾方向找稀油的原则，物探局于1995年11月3日在鲁克沁构造带中段的吐玉克构造上提交了玉东1井。1996年4月22日，该井在三叠系克拉玛依组地层中获日产15～20立方米的工业油流，发现吐玉克油田。至此，吐哈盆地前侏罗系勘探取得突破性进展。1997年10月12日，物探局重新在鲁克沁构造北侧的鲁2断块上提交的鲁2井在三叠系克拉玛依组地层获日产油23.3立方米。从而证实鲁克沁构造带是一个三叠系稠油富集带，探明地质储量6000万吨。鲁克沁构造带为吐哈盆地继鄯善弧形带之后第二个油气富集带。至1997年，在前侏罗系地层中除鲁克沁构造带外，还发现4个构造带，即玉北构造带、神东构造带、马场南构造带和东湖构造带，表明该区前侏罗系勘探的良好前景。

(5) 揭示台北凹陷非背斜油气勘探的前景。1995～1996年期间物探局一处研究所的科技人员在对台北凹陷西部非背斜研究中发现，砂岩上倾尖灭、透镜状砂岩、不整合面遮挡和地层超覆型圈闭是该区的主要非背斜圈闭类型。胜北次凹斜坡中侏罗世时期的辫状河、三角洲沉积体系形成的分支河道、河口充填砂体，为岩性上倾尖灭和透镜状岩性圈闭的形成创造了条件。在中侏罗世早燕山运动时期形成的胜南低凸起的裙边上，易形成上侏罗统喀拉扎组的超覆不整合圈闭分布区。侏罗纪末，由于燕山运动的影响，可形成中、上侏罗统与白垩系地层的不整合圈闭。燕山及喜山运动形成的砂体与断裂、构造的有利匹配，可形成构造—岩性和构造—地层等多种复式油气圈闭。至1997年底，共发现9个非背斜圈闭，面积51.2平方公里；砂体6个，面积34.2平方公里。同时指出，连木沁地区三间房组C砂体和葡北地区三间房组第一砂组Ⅰ砂体及Ⅱ砂体为Ⅰ类圈闭。为证实这项预测的可靠性，1997年提供连砂体Ⅰ井钻探连木沁地区的C砂体，获日产油4立方米，说明非背斜圈闭也是吐哈盆地油气勘探一个不可忽视的领域。

第十三节 东部地区中小盆地或坳陷

东部地区中小盆地包括伊通地堑内的岔路河断陷、渤海湾盆地的临清坳陷、南华北盆地的开封坳陷和周口坳陷及合肥坳陷、无为盆地、沁水盆地。物探局成立前后，在这些盆地开展了大量地震勘探工作，除伊通地堑岔路河断陷是在已知的含油气区进行三维精查外，其余地区均属于区域勘探范畴。

一、伊通地堑岔路河断陷

物探局一处从1988年开始在岔路河断陷开展三维地震连片勘探，历时5年，共解释三维地震连片资料966平方公里，完成了全区四层构造图，新增断块157个，查明了该区的生、储、盖组合，指出了下一步找油的方向。获得的主要地震地质成果有：

（1）明确了岔路河断陷的区域构造属性。岔路河断陷处于伊通地堑中段，为一北东向长轴断陷，面积约1200平方公里。该断陷属下第三纪断陷，断陷两侧的主干断裂均为郯芦大断裂的北延部分。断陷由万昌构造带、梁家楼构造带、孤店斜坡带、新安堡凹陷和波泥河—太平凹陷组成，其中万昌构造带紧靠新安堡和波泥河—太平两个生油凹陷，为一具有含油气前景的构造带。

（2）加深了对岔路河断陷的石油地质特征的认识。岔路河断陷属右旋走滑拉分盆地，具有双断不对称性特点。断陷内的凹陷分布于断陷的西北缘，构造沿岔路河西一级边界断裂分布。局部构造的发育受扭力控制，次一级断裂主要以东西向张性断层为主。断陷盆地的基底之上沉积了下第三系、上第三系和第四系地层，以陆相碎屑岩为主，断陷最深处在新安堡凹陷，沉积厚度达5500米。沉积相以扇三角洲沉积体系为主，斜坡部位发育了许多经湖水改造的水下扇，因而造成本区岩相变化快、分布规律复杂。断陷盆地有三套生油层系，即下第三系始新统的双阳组、奢岭组和永吉组，形成以渐新统万昌组为区域储层、齐家组为区域盖层的多套生储盖组合。本区地震勘探获得7个标准层，即：T_N代表上第三系岔路河组底界；T_A代表下第三系齐家组底界；T_B代表下第三系万昌组底界；T_C代表下第三系永吉组内部；T_D代表永吉组底界；T_E代表下第三系奢岭组底界；T_G代表下第三系双阳组底界或基岩顶面。

（3）查明了岔路河断陷内的断裂和局部构造。由于本区构造活动十分强烈，断层非常发育，但以往二维地震解释成果图上仅有几条零星、无规律的小断层。经三维地震资料解释后，断层明显增多，规律性也显著增强。比较大的断裂有岔路河西一级边界断裂和万昌1、2号二级断裂，三级断裂更多，仅万昌构造就有20条。岔路河断陷内有3个比较大的背斜和鼻状构造，其中万昌背斜构造五层三维构造图上新增断块114个，圈闭面积115平方公里；一拉溪鼻状构造三层三维构造图上新增断块25个，圈闭面积25.5平方公里；一拉溪北鼻状构造二层三维构造图上新增断块18个，圈闭面积21.1平方公里。共提交14口井位。

二、临清坳陷

70年代中期，物探局勘探主力在发现任丘油田、东濮油田之后，即开始邻区的侦察。临清坳陷为当时首选的勘探地区之一。从1976年冬至1989年，以物探局二指（二处）为主，在该区开展了全面的地震概查和普查工作，在堂邑潜山构造带、馆陶构造带和莘县凹陷、南宫凹陷还开展了地震详查工作。共解释二维地震剖面1.01万公里，完成综合研究报告3份，编制成果分析图件45幅。1994～1995年，总公司新区勘探事业部委托物探局的杨克绳、郑海裕和赵呈瑞等成立专题项目组对临清地区古生界地震老资料开展连片解释及早期综合研究，共解释二维地震剖面1.8万公里，编制各类分析图件157幅，发现和复查落实4个构造带，发现和复查落实各类圈闭138个，面积3213.9平方公里。预测石油资源量2.4亿吨、天然气716亿立方米。获得的主要地震地质成果有：

（1）明确了临清坳陷的区域地质构造属性。临清坳陷隶属于渤海湾盆地，为一发育在华北地台之上的中、新生沉积坳陷。该坳陷严格受泰山古陆核控制。由于早第三纪时期泰山古陆核隆升，形成坳陷两侧两条大断裂，其东侧以兰聊大断裂为界与鲁西隆起相隔，西侧以太行山大断裂与太行山隆起相接，北连冀中坳陷，东北与济阳坳陷相邻，南至内黄隆起。坳陷内形成南北分块、东西分带的“七凸、七凹”构造格局，“七凸”指宁晋、新河—隆尧、堂邑、明化镇、馆陶、广宗和鸡泽等凸起；“七凹”指莘县、冠县、丘县、南宫、巨鹿、邯郸和大营镇等凹陷（90年代中期，地质上将原属于开封坳陷的东濮凹陷划入临清坳陷）。本区构造演化经历了古生代地台发育期、三叠纪持续沉积期、侏罗—白垩纪褶皱冲填期、下第三纪拉张翘倾期、上第三纪挤压坳陷期等5个发展阶段。1956年，在明化镇凸起上设计的华1井钻遇奥陶系地层过程中曾发生严重漏失，70年代初在堂邑凸起上设计的堂古1井钻遇奥陶系碳酸盐岩地层时见油斑和少量可燃天然气，说明本区下古生界地层具备油气的生成和聚集条件。

(2) 认识了临清坳陷的沉积相特征。临清坳陷不同时代的沉积地层的沉积相具有如下特征：下古生界主要为碳酸盐岩沉积；上古生界主要海陆交互相和陆相沉积；三叠系主要为河流—滨浅湖相沉积；侏罗系主要为河流—湖相沉积；白垩系主要为滨湖—浅湖—河流相沉积；下第三系沙三段主要为膏盐湖相沉积；下第三系沙二和沙一段主要为河流—滨浅湖相沉积；上第三系主要为河流相沉积。其中，下古生界奥陶系、上古生界石炭—二叠系、下第三系沙河街组地层，具备较好的油气源条件。

(3) 确定了临清坳陷的勘探目的层。依据地震资料，本区划分八大构造层，依次为：第一构造层代表第四系和上第三系；第二构造层代表下第三系；第三构造层代表侏罗—白垩系；第四构造层代表三叠系；第五构造层代表石炭—二叠系；第六构造层代表寒武—奥陶系；第七构造层代表震旦系；第八构造层代表前震旦系。地震标准层为：上第三系底界（T_2）；下第三系底界（T_6）；石炭—二叠系顶界（T_g）；石炭—二叠系下部煤系地层（T_{g1}）；奥陶系顶界（T_{g2}）；寒武系内部（T_{g3}）；中、上元古界底界（T_{g4}）。

(4) 预测了临清坳陷的含油气有利区带。通过综合研究认为：燕山运动以前形成的背斜构造带和完整背斜为有利勘探目标。发现和落实的古生代背斜构造带有：①堂邑背斜带，位于冠县和莘县凹陷之间，这两个凹陷均为下第三系生油凹陷，下第三系—古生界残余厚度可达6000～9000米，其上的堂古3井断背斜为首选钻探目标；②馆陶背斜带，由北部的临西潜山带、南部的馆深1井潜山带和馆古1井潜山带组成，位于丘县和冠县凹陷之间，这两个凹陷均为下第三系生油凹陷，下第三系—古生界残余厚度达8000～9000米，其上的馆深1井东断背斜为优选钻探目标；③广宗背斜和巨鹿断阶带，从含油气评价意义上说，较前述的构造带差，可列入远景勘探区。

三、开封坳陷

开封坳陷也是物探局二指（二处）在东濮油田发现以后向外围甩开勘探的重点地区之一。从1975年开始对开封坳陷开展概查起，至1990年止，共解释二维地震剖面1.13万公里；完成成果报告13份，编制各类分析图件160幅；发现和落实5个二级构造带和落实26个局部构造圈闭，提供井位2口。获得的主要地震地质成果有：

(1) 明确了开封坳陷的区域构造位置和基本构造格局。开封坳陷位于南华北盆地北部，其北与汤阴地堑相邻，东北与东濮凹陷相接，南至太康隆起，东接鲁西隆起，西与沁水盆地相望。坳陷与邻区均以断层为界接触。坳陷属于中、新生代断陷式沉积。坳陷内呈“一凸、三凹”基本构造格局。“一凸”指兰考低凸起，“三凹”指济源凹陷、中牟凹陷和民权凹陷。

(2) 初步查明了中牟凹陷内二级构造带和局部构造分布。中牟凹陷是开封坳陷内最大的凹陷，面积为3200平方公里，由6个次凹、一个次凸和一个斜坡组成。六个次凹是福宁次凹、延津次凹、原阳次凹、荆隆宫次凹、中牟次凹和杜营次凹，其中杜营次凹和中牟次凹对油气生成和聚集最有利。1978年3月，二指在刘楼鼻状构造上提供的开参2井于下第三系沙三段至沙四段地层中获日产油0.156立方米。一个次凸和一个斜坡分别指太平镇次凸和中牟斜坡。在中牟凹陷共发现3个二级构造带和落实19个下第三系局部构造。3个二级构造带分别是：①杜营断裂构造带，由乔庄、刘楼、毛寨等局部构造组成；②铁塔弧形断裂构造带，由东漳、柳园口、铁塔、袁坊和姜庄等局部构造组成；③鲁岗集断裂构造带，由鲁岗集、边王庄、沙庄和曹岗等局部构造组成。此外还发现7个孤立的局部构造，它们是杨寨、双井、梁寨、葛埠、师寨、曲兴、东茬楼等局部构造。

(3) 初步查明了济源凹陷内二级构造带和局部构造分布。济源凹陷位于开封坳陷西部，面积2800平方公里，基底为南断北抬的箕状结构，呈“两凹、一隆”基本构造格局。“两凹”分别指南部的温县次凹和北部的沁阳—金城次凹，前者面积为600平方公里，上覆局部构造不发育，以祥云镇断层为界将温县次凹分为东西两部分，其基底最大埋深11000米；后者面积650平方公里，基底最大埋深10000米，形成沁阳和金城两个沉降中心。“一隆”指两次凹之间的中央隆起带，呈东向分布，带上局部构造发育，初步查明两个二级构造带：①崇义断裂构造带，由后邓、肖寺两个局部构造组成，面积29.5平方公里；②武德断裂构造带，由徐堡、武德、金城和孔村等局部构造组成，面积88平方公里。此外，还发现一个孤立的祥云构造，面积只有3平方公里。

四、周口坳陷

物探局在周口坳陷的地震勘探工作全部由二指（二处）承担。该区勘探经历两个阶段：第一阶段为1973～1976年；第二阶段为1980～1991年，共解释二维地震剖面1.25万公里，完成成果报告17份，编制各类分析图件171幅，发现5个二级构造带和19个各类局部构造圈闭，提供8口井位，只在光武和郭平楼构造上见到油气显示。获得的主要地震地质成果有：

周口坳陷隶属于南华北盆地，位于华北地台南部，西接豫西隆起，北至太康隆起，东邻鲁西隆起，南达长山隆起，面积为3.2万平方公里。周口坳陷是在古生代构造盆地基础上发展起来的中、新生代沉积断陷。印支运动和燕山运动对本区影响强烈，前者导致下二叠统以前的地层遭受严重剥蚀，后者导致一些地区只残存下白垩统地层。本区获得的地震标准层有：T_1 代表上第三系馆陶组底界；T_4 代表下第三系核桃园组底界（相当于冀中坳陷的沙二段）；T_7 代表下第三系地层的底界；T_g 代表上古生界石炭—三叠系地层底界；T_{g1}代表寒武—奥陶系底界；T_{g2}代表太—元古界结晶基底。坳陷东部结晶基底为太古界片麻岩，西部结晶基底为元古界片岩。东部地区的凹陷比较开阔，西部地区的凹陷比较狭窄。从凹陷的分布方向上看，本区共有16个凹陷，组成三个凹陷带：①北部凹陷带，包括张桥、逊姆口、新站社、鹿邑、颜集等凹陷；②中部凹陷带，包括襄城、谭庄、沈丘、新桥、倪丘集、三岗集等凹陷；③南部凹陷带，包括汝南、舞阳、东丘、临泉和阜阳等凹陷。下第三系是本区主要勘探目的层，下第三系核桃园组为主要生油层，在西部的谭庄、舞阳和襄城等凹陷均有广泛分布。其中舞阳凹陷的核桃园组地层中还发现有膏盐层。本区共发现19个局部构造，除杨桥、大苏庄、贾臣集、旧县集、郭平楼和城上等6个孤立局部构造外，其他分属5个二级构造带：①鹿邑凹陷的玄武—代集构造带，包括玄武、安平集、代集、淮阳东、黄集、任集和十字河等7个局部构造；②倪丘集凹陷的光武断裂构造带，包括光武和双浮集局部构造；③谭庄凹陷的娄堤北断裂构造带，包括娄堤和王教庄局部构造；④襄城凹陷的大郭断鼻潜山构造带，包括大郭西断鼻；⑤舞阳凹陷的王桥背斜带，包括王桥背斜。

五、合肥坳陷

物探局二指（二处）于1972年开始在合肥坳陷开展地震勘探工作，大体经历两个阶段：1972～1976年为第一阶段；1988～1994年为第二阶段。地震资料解释和综合研究工作一直延伸到1995年。共解释二维地震剖面2861公里，发现一个二级构造带和25个局部构造，完成研究报告9份，编制各种分析图件82幅，对该区的区域构造特点和石油地质条件的复杂性有了较清楚的认识。获得的主要地震地质成果有：

合肥坳陷位于南华北盆地南端，面积约2万平方公里。在大地构造上处在华北板块、扬子板块和秦岭褶皱带等三大构造单元的结合部，北邻蚌埠隆起，南抵大别山隆起，西起长山隆起，东以郯庐断裂带与下扬子地台的滁巢隆起相接，为一中、新生代沉积坳陷。该区在上第三系地层以下存在三大构造层，依次为：①下第三系构造层，主要分布在肥中大断层下降盘，遭受严重剥蚀，分布局限；②中生界构造层，全区广泛分布，沉积厚度大，呈南厚北薄趋势，其中白垩系大巷组地层在大桥凹陷证实为陆相生油层，侏罗系底还发育一套煤系地层；③古生界构造层，沉积厚度大，其顶部向北被剥蚀，层内逆断层发育，有多处较大的挤压背斜存在，以合肥西背斜最为明显，此构造层应是该区寻找原生油气藏最有利的层系。因此，中生界构造层的侏罗系煤系地层和古生界构造层的石炭—二叠系地层可确定为本区的勘探目的层。合肥坳陷呈“四凹、二凸、一断阶”基本构造格局，“四凹”指肥东、定远、大榆和舒城凹陷，“二凸”指吴山庙和六安凸起，“一断阶”指大厂埠—路口埠断阶。截至1995年，在坳陷中央发现1个合肥—六安隆起带；在肥东凹陷发现12个局部构造，即肖家圩、龙城、合肥、合肥西、响导埠、响导北、小庙、将军岭、刘兴集、刘兴集北、永安集和丁陈村等；在定远凹陷发现10个局部构造，即下门邓、兴隆集、黄巷、靳家、东桑间、南步、南步东、东兴集、寿县和正阳关等；在大桥凹陷发现合深5井、合深4井和合深4井西等局部构造。

六、无为盆地

物探局二处于1991年冬开始在无为盆地开展地震方法试验和普查工作，历时3年，共解释地震剖面239.8公里。主要工区在该盆地的无为凹陷和石罗山凸起。完成研究报告3份，编制分析图件31幅。获得的地震地质主要成果有：

该区获得的地震反射标准层为：T_E 代表下第三系顶界；T_K 代表白垩系顶界；T_J 代表侏罗系顶界；

T_T代表三叠系顶界；T_D代表泥盆系顶界。共发现和落实1个龙塘湾构造带和24个局部构造圈闭。该构造带处在无为凹陷中央凸起部位，预测为最有利的含油气区带。24个局部构造圈闭为龙塘湾、南塘、苍头、石涧埠、无为—塔桥、新河镇、南塘北、无为北、铜城闸、运漕、闻庄、垄庄、李庄、王家墩、杨村、聊家堡、范家墩、满竹河、易村、周闸、万年场、周闸西、运漕南和王庄等，圈闭面积为434.9平方公里。对龙塘湾和南塘等19个局部构造圈闭进行含油气评价，其中：Ⅰ级2个，即龙塘湾构造和南塘构造；Ⅱ级8个，有垄庄、周闸等构造圈闭；Ⅲ级9个，有运漕、王庄等构造圈闭。由于无为盆地在大地构造上处在扬子板块下扬子台褶带上，上下构造层纵向上差异明显，上部构造层的局部构造以拉张构造样式为主，下部构造层的局部构造以挤压构造样式为主。因此认为，中、古生界海相地层中形成的局部构造，应特别受到重视。

七、沁水盆地

物探局四处1个队于1988年开始在沁水盆地开展地震概查工作；1995、1996年二处分别有2个队在沁水盆地西侧的祁县凸起地区开展普、详查工作，共解释地震剖面1071公里。完成研究报告3份，编制各类分析图件109幅。获得的主要地震地质成果有：

沁水盆地呈矩形，南北长300公里，东西宽80公里，面积约2.6万平方公里。东、北、西分别为太行山、五台山和吕梁山所环绕，南部与临汾盆地相邻。该盆地是在中元古代结晶基底上发展起来的中生代盆地，其沉积演化特征，类似于陕甘宁盆地，故有“小鄂尔多斯”之称。古生代沉积，以海相碳酸盐岩和海陆交互相煤系地层为特征，其中煤系地层总厚可达1800～2100米。中生代沉积具有南厚、北薄的特点。

该区地震资料获得6个标准反射层：T_{10}代表二叠系顶界；T_{11}代表石炭系顶界；T_{12}代表奥陶系顶界；T_{14}代表奥陶系内部；T_{15}代表寒武系顶界；T_g代表基底。共发现和落实南马会和北斗沟等32个背斜构造带，其上有111个局部构造，多呈北北东向雁列展布，总圈闭面积841.7平方公里。其中面积大于150平方公里、幅度大于150米的局部构造有北斗沟、南马会、张家场、磨盘脑、道场、梨村沟和坊头等。除构造圈闭外，在沁水盆地还存在古风化壳型的不整合和岩性圈闭。像陕甘宁盆地奥陶系不整面以下蕴藏丰富的天然气资源一样，在沁水盆地寻找该类型气藏也极有希望。本区有两个明显不整合面，一个是加里东运动末在奥陶系顶面形成的古风化壳，另一个是怀远运动在中、下奥陶统之间形成的不整合面。这两个不整面上孔、洞缝发育，均可能形成古岩溶气藏。该盆地的沁县—沁水以西地区以及沁水—晋城一线均是寻找这类气藏的有利地区。

八、开鲁盆地

1986～1987年，二处和一处各有1个队在开鲁盆地哲中坳陷西部开展普查；1992～1993年，二处每年有1个队在该区详查，共解释地震剖面2091公里，提交1份综合研究报告、附图28幅。查明哲中坳陷由陆家堡凹陷、舍伯吐凸起、哲东凸起、哲南断褶带和哲中凹陷组成。其中以陆家堡凹陷面积最大，包括5个次一级洼陷和1个低凸起。1990～1991年，先后在陆家堡凹陷发现包日温都和交力格两个油田。截至1993年，在该区共发现包日温都、交力格、马家铺和前河等10个有利构造。

第十四节　西部地区中小盆地

西部地区中小盆地包括银根、额济纳旗、焉耆、敦煌、民乐、民和、巴彦浩特、潮水、雅布赖、三塘湖、准噶尔和羌塘等盆地。在1978～1997年期间，物探局的勘探主力集中在塔里木盆地勘探的同时，从80年代中期开始，以少数地震队在贺西、北疆、东疆及藏北等地区上述盆地开展了地震勘探工作，获得了许多有价值的地质成果，其中有些盆地已发现油田，有些盆地被认为是含油远景区。有关上述盆地获得的主要地震地质成果有：

一、银根盆地

物探局四处先后于1991、1993、1994、1995和1997年对银根盆地开展了地震概查和普查工作，共完成地震测线5090公里。四处研究所负责前3年的地震资料解释和综合研究工作，后2年的解释工作由西北地质研究所承担。

银根盆地为一中、新生代断陷盆地，面积约1.3万平方公里，经历了早、中侏罗世的断陷期、晚侏罗—白垩世的断坳期和晚白垩世及其以后的萎缩期等三个发展阶段。该区的地震反射特征和石油地质特征类似于其东邻的二连盆地。地震剖面上显示3个明显的反射标志层，即：T_5反射层代表新生界第三系底界；T_7反射层代表上白垩统苏红图组底界；T_g反射层代表下白垩统底界，为本区的基底。

下白垩统为本区最主要的勘探目的层。盆地基本呈“两坳、两隆”构造格局。“两坳”指苏红图坳陷和乌力吉坳陷，前者由迈马乌苏、艾勒特格、马兰刚格和哈站等4个凹陷组成，后者由白云—乌力吉、查干德日苏、洪果图、巴音毛德、尚丹和笋布尔等6个凹陷组成，其中查干德日苏凹陷基底埋深达2600米，为本区最深的生油凹陷。“两隆”指宗乃山隆起和巴音诺尔公隆起。该盆地共发现40个局部构造，圈闭面积734.9平方公里。截至1997年，该盆地尚无任何钻井资料。但是，从综合分析来看，该区仍是一个值得重视的油气勘探地区。

二、额济纳旗盆地

物探局四处先后于1987～1988年和1994～1996年5个年度对额济纳旗盆地开展地震普、详查工作，共完成地震测线9309公里。四处承担前2年的地震资料解释和综合研究工作，后3年的解释和研究工作由西北地质研究所承担。

额济纳旗盆地和银根盆地紧邻，也为一中、新生代沉积盆地，面积4.2万平方公里。盆地内有4个明显的地震反射标志层，即T_5反射层代表新生界第三系地层底界；T_9反射层代表白垩系地层底界；T_{11}反射层代表侏罗系地层底界；T_g反射层代表基底内幕。白垩系和侏罗系为本区主要勘探目的层，最大沉积厚度可达4500米。盆地构造基本呈“两坳、两隆”格局。“两坳”指居延海坳陷和务桃亥坳陷，前者面积6750平方公里，由老西庙、居东、路井、天草、格朗复苏和吉格达等6个凹陷组成；后者面积4880平方公里，由湖西新村和哨马营等2个凹陷组成。“两隆”指绿园隆起和特罗西滩隆起。根据综合评价认为，该盆地是一个值得重视的油气勘探地区。

三、焉耆盆地

1984年夏季，物探局三公司在焉耆盆地开展了地震概查工作，历时两年，完成地震测线1231.1公里，对该区的石油地质条件和含油气远景进行了分析，为1993年河南油田在该区发现油田提供了重要依据。

焉耆盆地在大地构造上属于南天山褶皱带内的一个中、新生代山间盆地，呈北西向枣核状，长约150公里，宽约75公里，面积1.1万平方公里。该盆地区域构造呈“一隆、两坳”格局，“一隆”指中央隆起，“两坳”指博斯腾湖坳陷及和静坳陷。博斯腾湖坳陷面积5000平方公里，最大埋深6500米，为中生代坳陷；沉积地层有中、上三叠统，中、下侏罗统和新生界地层。其中，中、下侏罗统沉积环境稳定，生油条件好，为本区最好的生油岩系，是本区主要勘探目的层。在该坳陷发现4个局部构造显示，即四十里城构造（1993年后称宝浪构造，1994年被焉参1井钻探证实为含油气构造，建成宝浪油田）、塔什店鼻状构造，Y85－12测线东高点和西高点。在中央隆起带发现有超覆的中生界地层，并有潜伏构造存在，顶部埋深2000米。和静坳陷主要为新生代地层沉积，面积4000平方公里，最大埋深3700米。

四、敦煌盆地

物探局三公司1个队于1985年开始对敦煌盆地开展地震概查。1994、1996及1997年，四处和三处相继有4个队对该区开展普查。共完成二维地震测线2730公里，对敦煌盆地的地震反射层特征、区带构造和断裂展布、沉积特点，获得了一些初步认识。

敦煌盆地在大地构造上处于天山褶皱系与祁连山褶皱系之间，为一中、新生代沉积盆地，面积约9万平方公里。地震剖面上显示3个反射标志层，即：T_8反射层相当于下第三系底界；T_{8-1}相当于中生界侏罗系内部反射；T_g相当于中生界底界。各层之间均以不整合关系接触。通过沉积相研究，认为盆地为较稳定的湖相沉积，侏罗纪湖相沉积地层发育，沉积厚度为600～2800米，为本区主要生油岩系，可作为本区的主要勘探目的层。结合其他物探资料，对盆地东部的区域构造单元划分成“两坳、一隆”。“两坳”指安西坳陷和阿克塞坳陷，“一隆”指三危山隆起。其中：安西坳陷包括南湖北凸起、五墩凹陷、望杆子凸起、南湖凹陷和柳西凹陷；阿克塞坳陷包括沙山子凹陷、草哈拉敖包凸起和大坝凹陷；三危山隆起包括踏实凹陷。其中以五墩凹陷面积最大、侏罗系生油岩系最厚、局部构造发育，认为是最有勘探远景的凹陷。此外还查明多坝沟、湾窑、后坑、三危山和柳西等5条大断裂，走向北东东，均为逆掩断层。

五、民乐盆地

物探局三公司于1984年底至1985年在贺西地区民乐盆地开展地震普查工作，共完成二维地震测线1219公里。经地震资料解释和综合研究，对该盆地的石油地质条件和含油气远景进行了分析和评价，并提出2口钻探井位。

民乐盆地是一个新生代坳陷和中生代断陷叠置的山间盆地，呈北西向、狭长状，面积约5100平方公里。地震剖面上显示4个反射标志层，即：$T_5^{上}$

代表上第三系内部反射；T_5 代表上第三系底界，T_8 代表上白垩统上段，为本区主要生油层段；T_g 代表白垩系底界，基本上代表了本区的基底。盆地构造为“两隆、一坳”格局，即西部隆起、中央坳陷和东部隆起。中央坳陷面积约 1400 平方公里，由张掖凹陷、朝元寺凹陷、李寨子凹陷、复兴关凹陷、三工闸凹陷组成，其中张掖凹陷和朝元寺凹陷沉积厚度最厚，前者为 2900 米，为后来的民参 1 井证实，并发现气测异常；后者为 2500 米。这两个凹陷为本区主要生油凹陷。通过一个年度的地震勘探工作，发现 11 个局部构造和潜山，即三工闸背斜、高家庄断鼻、孟家庄背斜、杏元子背斜、六坝东背斜、克寨子背斜、王家庄断鼻、六坝背斜、东乐背斜、新墩潜山和朝元寺背斜；发现五坝、南古城东、高家庄、元首堡西、王家庄南、王家庄北等 8 条断层，其展布方向主要为北西向和北北向两组。综合评价认为，该区可列入油气勘探远景区。

六、民和盆地

物探局四公司（四处）于 1985 年开始在民和盆地开展地震勘探工作，随后又于 1988～1993 年在该区进行了地震普查和详查、精查工作，共完成二维地震测线 562 公里，三维地震勘探面积 40 平方公里。对该区的石油地质条件和油气聚集规律获得了一些新认识。

民和盆地是一个新生代坳陷与中生代断陷叠置的盆地，面积 1 万平方公里。地震剖面上显示 3 个明显的反射标志层，即：T_2 反射层代表新生界底界；T_8 反射层代表白垩系底界；T_g 反射层代表侏罗系底界，也是本区的基底。各组地层之间均呈角度不整合接触。基底之上褶皱和断裂发育，褶皱以短轴背斜为主，断裂以逆断层为主。中侏罗统窑街组为本区主要生油岩系，白垩系及第三系地层也发现油气显示。盆地有 4 个一级构造单元，即皋兰隆起、永登坳陷、周家台低隆起和巴州坳陷。其中：皋兰隆起面积 1900 平方公里，基底埋深 600 米；永登坳陷面积 3200 平方公里，基底埋深 5100 米；周家台低隆起为横贯盆地的中央隆起，面积 2300 平方公里，基底埋深 1400 米，两侧紧邻永登和巴州两个生油坳陷，隆起上已发现 15 个背斜构造，成排展布，预测为本区最有利于油气聚集部位；巴州坳陷面积 2640 平方公里，基底埋深 4600 米，为 80 年代以前本区勘探程度较高的坳陷，该坳陷曾发现 1 个虎头崖小油田和 1 个海石湾含油断块，此次三维勘探扩大了虎头崖小油田的含油面积。

七、巴彦浩特盆地

巴彦浩特盆地在 1985 年前是石油勘探的空白区，在区域构造上被看成是潮水盆地和武腾盆地的延伸部分。1985～1986 年，物探局普查公司和四公司在该区开展勘探后，才认定巴彦浩特盆地有独立存在的意义。至 1990 年，历时 5 年，共完成二维地震测线 8830 公里，编制了 3 层全区构造图，发现 4 个二级构造带和 20 个局部构造，提供预探井和参数井 5 口，已钻 3 口，2 口井见油气显示，预测油气资源量 3.6 亿吨，对全面认识该区的石油地质条件提供了有价值的资料。

巴彦浩特盆地为中、新生代断陷盆地，面积约 1.6 万平方公里。盆地具有稳定地台和活化地槽两重性质。盆地的基底以盆地中央的诺尔托低隆起为界分为南北两块，其南在基底之上以古生界奥陶系、石炭系及中生界侏罗系、白垩系和新生界地层为沉积盖层，其北在基底之上以中生界侏罗系、白垩系和新生界地层为沉积盖层、缺失古生界和三叠系地层。盆地具有“两坳、一隆、一斜坡”构造格局。“两坳”指图格力坳陷（又称北部坳陷）和赛力克坳陷（又称南部坳陷），前者面积 3664 平方公里，由伊和凹陷、木托凹陷和图兰泰凹陷组成；后者面积 5300 平方公里，由锡林凹陷和查干凹陷组成。“一隆、一斜坡”分别指两坳陷中央的诺尔托低隆起和巴伦斜坡，前者面积 2861 平方公里，后者面积 4575 平方公里。1986～1988 年期间，北部的伊和凹陷是勘探重点地区，发现空陶、呼也西、红柳、西柯、阿拉等 10 个局部构造，在凹陷中部提供的巴参 1 井，钻探结果均为一套红色地层。1989 年，勘探重点移向东南部的锡林凹陷，发现石南、玉举、黑山托赛勒等 10 个局部构造，并在石南和玉举背斜上拟定了锡 1 和锡 2 两口预探井，另外还在锡林凹陷和查干凹陷拟定了巴参 2 井和巴参 3 井。巴参 2 井钻探结果在上古生界石炭系地层中发现 89.6 米的油气显示段，展现了巴彦浩特盆地石炭系地层具有良好的勘探前景。

八、潮水盆地

物探局四公司（四处）在贺西地区潮水盆地的地震勘探工作分为两个阶段：第一阶段为 1985～1987 年；第二阶段为 1996～1997 年。共完成二维地震测线 5199 公里，经资料解释发现 6 个二级构造带，发现和复查 22 个局部构造，指出了含油气有利区带。取得的地震地质主要成果有：

潮水盆地为阿拉善地块南缘的一个近东西向长

条形的断陷盆地，面积约 1.6 万平方公里。其西南以龙首山为界与民乐盆地相邻，北接北大山隆起，东隔巴音乌拉山隆起与巴彦浩特盆地相望，西邻花海—金塔盆地和酒东盆地。地震剖面上显示 3 个反射标志层：T_8 反射层代表白垩系底界，白垩系及其上覆的第三系地层为一套干旱湖泊相沉积；T_9 反射层代表中侏罗统底界；T_g 反射层代表侏罗系地层底界，表示盆地的基底。中、下侏罗统为本区主要勘探目的层，属滨湖—半深湖相沉积，严格受断陷控制，高凸起部位广泛缺失，断凹中保存较厚。盆地构造基本呈“两坳、两隆”格局，“两坳”指庙北坳陷和金昌坳陷，“两隆”指窑北隆起和莱菔山隆起。其中庙北坳陷由土门凹陷、淘湾低凸起、庙北凹陷、东井低凸起和陈家井凹陷组成；金昌坳陷由窖南凹陷、红柳园凹陷、东潮低凸起、苏武庙凹陷、大井低凸起和板井凹陷组成。盆地内发现 6 个二级构造带，即南遍、白山、高老庄、旧沟、西坡和黄毛石墩等构造带，其上发育有 22 个局部构造，面积 1379.9 平方公里。综合评价认为，窖南凹陷西坡构造带为最有利的油气聚集带，庙北凹陷和土门凹陷也具有较好的生油能力。

九、雅布赖盆地

物探局四处先后于 1987 年、1990 年及 1995 年在雅布赖盆地开展地震普查和详查工作，共完成地震测线 1934 公里。在中、下侏罗统目的层段内编制 4 层地震构造图，共发现 2 个二级构造带和 19 个局部构造圈闭，有 2 口井在中、下侏罗统地层中见到油气显示，初步展示了该区油气勘探的良好前景。

雅布赖盆地是阿拉善地块上的一个中、新生代断陷盆地，面积 8000 平方公里，呈北东东向延伸，东西向长 200 公里，南北宽 35～50 公里。盆地划分为东部隆起区和西部坳陷区两个一级构造单元。东部隆起区除豪斯布尔都凹陷埋深达 2200 米，有中、下侏罗统青土井群、白垩系和新生界地层沉积外，其余地区的基底埋深普遍浅于 1000 米。西部坳陷区由盐场凹陷、萨尔台凹陷、黑茨湾低凸起、红杉湖凹陷和深坑井凹陷组成。其中黑茨湾低凸起位于盐场和深坑井凹陷之间。1997 年，在此低凸起黑沙构造带上布钻的沙 1 井在中、下侏罗统地层中见到 45.6 米/20 层的油气显示段；萨尔台凹陷为本区面积最大的凹陷，基底埋深 5300 米，中、下侏罗统青土井群地层厚度达 3600 米，凹陷内局部构造发育，已发现 17 个背斜、断鼻；盐场凹陷的天井园构造上布钻的雅参 1 井在下侏罗统地层中见到 8.9 米/4 层的油气显示段。

十、三塘湖盆地

物探局四处于 1992 年开始对三塘湖盆地开展地震勘探工作，野外数据采集工作于 1994 年结束，地震资料解释和综合研究工作于 1995 年结束，共解释二维地震剖面 7195.6 公里、三维地震资料 109.6 平方公里；编制 4 层地震构造图；发现 12 个二级构造带、51 个各类圈闭；提供参数井和预探井井位 5 口，均被油田采纳。其中，位于北小湖构造上的塘参 1 井于 1993 年在侏罗系西山窑组地层中获日产油 28.8 立方米，其余井均见油气显示，揭开了三塘湖盆地油气勘探的新局面。获得的主要地震地质成果有：

（1）明确了三塘湖盆地的性质和区域构造格局。三塘湖盆地是在海西运动晚期开始发育的山间盆地，经历了早期（二叠纪）断陷，中期（侏罗—三叠纪）稳定沉降和晚期（白垩—第四纪）萎缩三个演化发展阶段。盆地呈北西—南东向展布，北西方向长约 500 公里，宽约 30～50 公里，总面积 2.3 万平方公里。盆地的基底具有双重结构，其下为前志留系变质基底，其上为下石炭统及以前地层的褶皱基底。基底以上沉积了上石炭统、二叠系、三叠系、侏罗系、白垩系和新生界地层，沉积层厚度达 5000 米。盆地内的区域构造呈“两隆夹一坳”格局，“两隆”指东北逆冲推覆隆起带和西南逆冲推覆带，“一坳”指中央坳陷带。中央坳陷带是盆地主要生油区，由西部坳陷和东部坳陷组成。西部坳陷包括 5 个次一级构造单元，即乌通凹陷、小青山凸起、库木苏凹陷、汉水泉凹陷和条湖凹陷；东部坳陷包括 5 个次一级构造单元，即马朗凹陷、岔哈泉凸起、淖毛湖凹陷、苇北凸起和苏鲁克凹陷。

（2）确定了三塘湖盆地的地震反射标准层。在该盆地获得 5 个地震反射标准层，即：T_K 代表白垩系底界；T_{J2} 代表中侏罗统西山窑组底界，该组地层为本区主要勘探目的层；T_J 代表侏罗系底界；T_T 代表三叠系底界；T_{P2} 代表上二叠统底界。该盆地的地震反射特征可与吐哈盆地类比。

（3）基本查明了中央坳陷带的二级构造带分布。在西部坳陷发现 10 个二级构造带，即马北构造带、石板墩逆掩带、兔子滩构造带、红砂山构造带、小青山凸起带、长沟构造带、北小湖构造带、红疙瘩构造带、条西构造带和砂河坝构造带。在上述构造带中共发现 49 个局部构造。其中位于条湖凹陷的北小湖构造带和石板墩构造带预测为油气有利聚集带，位于前者的北小湖构造已被塘参1井证实为含油构造，位于后者的石板墩北断块被综合评价为有利含油气圈闭。在东部坳陷已发现2个有利油气聚集的二级构造带，一个是位于岔哈泉凸起的西峡沟构造带，其上西峡沟3号断块是有利的圈闭；另一个是位于马朗凹陷的牛圈构造带，其上的牛圈湖1号圈闭为有利圈闭。1995年后，相继发现北小湖油田和牛圈湖油田。

十一、准噶尔盆地

物探局四处先后于1993年及1996年在准噶尔盆地的莫索湾和石南4井区已知良好油气区开展三维地震勘探，分别完成三维勘探面积306和326平方公里。在莫索湾地区，编制了二叠系、三叠系、侏罗系（八道湾组、三工河组、头屯河组）和白垩系等地层底界的6层构造图及其对应的等厚图，明确了该区侏罗纪在早、中期主要为三角洲前缘沉积，具备形成岩性油气藏的良好条件；发现和落实了18个层圈闭，圈闭面积326.55平方公里；预测石油地质储量2.96亿吨；提供井位6口。在石南4井区，编制三叠系和侏罗系内部6层构造图及其他分析图件（等厚图、孔隙率分布图等）。认为石南地区侏罗系有两套成藏组合，即石南9号和基东2号井成藏组合，后者成藏条件较前者好；发现和落实了7个有利层圈闭，圈闭面积59.32平方公里；预测石油地质储量1亿吨；提供井位2口。1997年秋钻探证实，石南4井区含油面积达到100平方公里。

十二、羌塘盆地

物探局四处于1995年开始在藏北羌塘盆地进行地震勘探工作，至1997年，完成地震测线1880公里。通过三年的地震资料解释和综合研究工作，获得了几项主要地质成果和认识：

（1）明确了羌塘盆地的区域构造格局。羌塘盆地构造演化经历了基底形成、沉积建造和变形改造三个发展阶段，盆地现今的构造呈“两坳、一隆”格局，呈东西向带状展布。中央隆起带两侧，北有羌北坳陷带，南有羌南坳陷带。羌北坳陷带又可细分为7个次一级构造单元，即清水湖凹陷、玛尔盖茶卡凸起、耀光湖—尖头北凹陷、半岛湖凸起、吐波错—万安湖凹陷、错尼—黑蛇梁凸起和马家滩凹陷。中央隆起带也可细分为双湖低凸起、土门断凸和巴青断凸。羌南坳陷也可细分为土门凹陷、香其错（色哇）低凸起和昂达尔错断凹。

（2）初步确定了羌塘盆地的基底结构和沉积盖层特征。羌塘盆地的基底为双重结构：其下为下元古界阿木岗群深变质结晶岩组成的硬基底；其上为中、上元古界戈木日群和玛依岗群浅变质岩组成的软基底。羌北坳陷带的基底呈南高、北低趋势，最大基底埋深达9000米以上。

盆地基底之上发育有5个构造层，自下而上有：泥盆系—二叠系构造层；中、下三叠统—上二叠统构造层；上三叠统构造层；侏罗系构造层和第三系构造层。其中，上三叠统、侏罗系和第三系构造层为该区油气勘探主要目的层。

（3）基本查明羌塘盆地的断裂系统和局部构造类型。羌塘盆地内的断裂和局部构造比较发育：断裂走向多为近东西向兼有北东、北西向，其中有90%的断层为逆冲断层，已解释出Ⅰ级断层2条，Ⅱ级断层4条；发现局部构造11个，其中半岛湖地区3个、万安湖地区2个、香其错地区6个，局部构造形态分属平顶、不对称、尖顶和倒转等四种类型。以平顶型局部构造对含油气最有利。

（4）对羌塘盆地油气资源远景进行了评价。盆地内已发现60余处油气显示。综合评价认为：羌北坳陷带的半岛湖凸起带为Ⅰ类区，玛尔盖茶卡凸起带为Ⅱ类区，吐波错—万安湖凹陷为Ⅲ类区。从局部构造来看，以万安湖和金星湖构造油气评价最好。此外，中央隆起带中部的双湖低凸起和羌南坳陷带的香其错低凸起及土门凹陷也认为是有利油气聚集区。

第十五节　南方地区中小盆地或坳陷

物探局二指（二处）于1978～1997年期间先后在中国南方广西、广东、海南和江西等省十几个盆地开展地震勘探方法试验和普、详查工作。其中勘探程度较高的盆地有南盘江坳陷、百色盆地、合浦盆地和三水盆地。获得的主要地震地质成果有：

一、南盘江坳陷

物探局二指于1978～1980年期间在南盘江坳陷田林—拖嗄宽向斜中针对地面潞城构造开展地震详查工作。共提交了3份研究报告，编制图件19幅。由于该区地形条件恶劣，全部采用弯线作业方式，完成地震测线219公里，获得了三叠系下部和二叠系顶面两组较为连续的反射资料，证实该构造下方存在深层构造。该构造呈北西走向，面积约150平方公里，显示南北两个高点：南高点称渭怀构造，为一断层切割；北高点称丰源构造，呈完整背斜状。

二、百色盆地

物探局二指（二公司）于1982～1986年期间在

百色盆地开展地震普、详查工作，共完成二维地震测线545公里。1987～1988年，物探局二处与滇黔桂石油勘探局共同对该区以往的各类相关勘探资料进行综合研究，物探局提交综合研究报告8份，编制各类分析图件109幅，发现和复查了60个局部构造和圈闭，提交井位17口。

百色盆地是在早、中三叠世形成断陷基础上发展起来的新生代盆地，呈长条状，北西—南东向展布，面积约1000平方公里。盆地主要为陆相第三系沉积，其中下第三系那读组和百岗组地层具有良好的生油条件，最大沉积厚度1200米。盆地构造呈“两凸、三凹”格局。“两凸”为四塘凸起和那百凸起，“三凹”指百色凹陷、田阳凹陷和田东凹陷。田东凹陷是该盆地面积最大、勘探程度最高的凹陷。田东凹陷由北部断阶带、中部断槽和南部斜坡带组成。在这些构造带内发现上法、花茶、那坤、百育和香炉等5个有利构造，面积141平方公里。此外，还预测了11块下三叠统石灰岩分布区，即上法、花茶和峒忙—公康等。下三叠统石灰岩潜山是该区的重要勘探领域。1987年，在上法石灰岩分布区布钻的法1井于下三叠统石灰岩潜山获得高产油气流。截至1995年底，已在上法、花茶和那坤等地区建成小油田。

三、合浦盆地

物探局二处于1987～1991年期间在合浦盆地开展地震普、详查工作，共完成二维地震测线1149公里，提交综合研究报告4份，编制分析图件42幅，发现和落实3个二级构造带和12个局部构造，提供井位3口。合浦盆地为一中、新生代沉积盆地，面积约1430平方公里，其北和西北部与十万大山隆起相接，东部与天堂山隆起相邻，南部向北部湾海域延伸。盆地内钻遇的地层有志留系、白垩系、下第三系，其中下第三系地层为本区主要勘探目的层。盆地构造基本呈“两凸、三凹”构造格局。“两凸”指上洋凸起和新圩凸起，“三凹”指西场凹陷、常乐凹陷和石场凹陷。其中以西场凹陷面积最大、勘探程度最高，现已发现3个二级构造带，即横岭斜坡断裂构造带、白沙江断裂构造带和下路江断裂构造带；发现和落实12个局部构造，即横岭、掩面塘、北叉、凤凰头、白社坛、亚头墩、下路江、钟量、大岭捅、长塘、杨屋和龙额村等。已钻探的西1井和西参1井在下第三系酒席坑组地层中均见到10余米厚的沥青脉，展示了该区具有较好的找油前景。

四、三水盆地

物探局二处于1989～1991年期间在三水盆地开展了地震普、详查和精查工作，完成二维地震测线179公里，三维地震勘探面积161平方公里，发现和落实21个局部构造。

三水盆地为一在前白垩纪基底上形成的新生代断陷盆地，面积3100平方公里，最大沉积厚度为1200米。其中下第三系布心组湖相暗色泥岩为主要生油岩层，最大厚度约500米。盆地构造基本呈“两凸、三凹”格局。“两凸”指河口和大沥凸起，“三凹”指大坑、三江和盐布—石湾等凹陷。其中，三江凹陷位于盆地中央部位，是油气勘探最有利地区。三维地震勘探主要分布在三水、三江、宝竹和大榄等4个区块上：在三水区块上，落实了高7井、石潭和广后等10个构造；在三江区块上，落实了高岗、桃布和汉塘等3个构造；在宝竹区块上，落实了宝月、竹山岗和东村等3个构造；在大榄区块上，落实了大榄、沙头和坑尾等5个构造。构造总面积为47.53平方公里。提供5口井位。1991年后，在宝月和竹山岗构造上发现油气田，控制石油地质储量60万吨。

附表5-1　1964～1997年物探局（含六四六厂）主要地震地质成果报告统计表

序号	完成时间（年.月）	报告名称	完成单位和第一作者
1	1964.9	华北平原北部廊坊地区1963～1964年地震总结报告	212队 贾 茂
2	1964.9	华北平原河北、山东地区速度参数及地震测井报告	地调研究大队　欧阳立吾
3	1964.9	沾化凹陷1963～1964年地震工作总结报告	地调二大队　李国栋
4	1964.9	黄骅坳陷1964年度地震成果总结报告	地调指挥部　毕传滨
5	1964.10	东营凹陷1964年度地震成果总结报告	地调指挥部　顾崇义
6	1964.10	华北平原北部1964年地质调查工作成果总结报告	地调指挥部　袁秉衡
7	1965.10	东营凹陷北坡1964～1965年度地震勘探成果报告	六四六厂二大队　胡余生

序号	完成时间（年．月）	报告名称	完成单位和第一作者
8	1965.10	惠民凹陷东部1964～1965年度地震勘探成果报告	六四六厂三大队　何振香
9	1965.10	东营凹陷南坡1964～1965年度地震勘探成果报告	六四六厂二、三大队　吴树初
10	1965.10	黄骅坳陷大港地区1964～1965年地震勘探成果报告	六四六厂四大队　孙廷举
11	1965.10	冀中坳陷廊坊地区1964～1965年地震勘探成果报告	六四六厂四大队　陈太源
12	1966.2	华北盆地北部1965年地调成果研究报告	六四六厂研究大队
13	1966.3	渤海地区海上地球物理勘探工作方法总结报告	六四六厂一大队　黄佩智
14	1966.3	渤海地区1965年度地球物理勘探工作成果报告	六四六厂一大队　黄佩智
15	1966.10	滨海油区1966年勘探成果研究报告	六四六厂研究大队
16	1966.10	京津地区1966年地调成果总结报告	六四六厂研究大队
17	1966.10	华北盆地奥陶系含油评价及勘探建议	六四六厂102队
18	1966.11	华北盆地北部周边山区构造活动特征对盆地的影响	六四六厂101队
19	1966.11	渤海湾地区1966年地调成果报告	六四六厂一大队
20	1967.4	华北历史破坏性地震与基底断裂关系的研究	六四六厂
21	1967.7	京津地区1966～1967年地震勘探成果报告	六四六厂九大队
22	1967.7	北京地区主要断裂及其与地震活动的关系	六四六厂二大队
23	1967.8	冀中坳陷南部综合图集	六四六厂研究大队
24	1968.3	渤海南部地区1967年地球物理勘探成果报告	六四六厂一大队
25	1968.8	冀中坳陷河间—霸县地区1966～1967年地震勘探工作成果报告	六四六厂八大队
26	1968.9	邢台地区天然地震研究工作总结报告	六四六厂三大队
27	1968.9	天津周清庄地区1966～1967年地震勘探成果报告	六四六厂四大队
28	1968.12	渤海中南部1967年地球物理勘探成果报告	六四六厂一大队
29	1969.4	下辽河地区南部地震勘探报告	六四六厂九大队
30	1969.4	对京津地区断裂与地震活动关系的几点认识	六四六厂
31	1969.6	北京地区地质构造与地震活动的关系	六四六厂二大队
32	1969.7	邢台地区天然地震研究工作总结报告	六四六厂三大队
33	1969.8	冀中坳陷南部地区1968～1969年度地震勘探成果报告	六四六厂四大队
34	1969.8	冀中中部地区霸—河凹陷1968～1969年度地震工作成果报告	六四六厂八大队
35	1969.12	石油部六四六厂陕甘宁指挥组1969年生产报告	陕甘宁指挥组
36	1970.4	津塘地区地质构造与地震活动的几点认识	六四六厂十大队
37	1970.5	北京良乡—河北定县、南宫地区地震成果报告	六四六厂二大队
38	1970.7	华北平原北部断裂分布与震中关系小结	六四六厂综合组
39	1970.8	江汉盆地新沟咀地区地震勘探成果报告	五七油田三分部
40	1970.9	江汉盆地沔阳地区地震总结报告	五七油田三分部
41	1970.9	江汉盆地江陵凹陷南部1969～1970年地震勘探总结报告	五七油田三分部
42	1970.9	潜江凹陷广华浩口地区地震成果报告	五七油田三分部
43	1970.9	潜江凹陷北部地震成果总结报告	五七油田三分部
44	1970.9	江汉盆地地震勘探成果总结报告	五七油田研究队
45	1970.10	安徽省合肥盆地含油气初步探讨及勘探建议	六四六厂综合组
46	1970.10	河南周口坳陷含油气初步探讨及勘探建议	六四六厂综合组
47	1971.2	陕甘宁盆地泾宁地区1970年度勘探成果总结报告	陕甘宁指挥部

序号	完成时间（年．月）	报告名称	完成单位和第一作者
48	1971.3	洞庭湖地区地震概查总结	五七油田三分部
49	1971.4	南阳凹陷地震勘探工作总结	五七油田三分部
50	1971.4	鄂东南武昌地区地震成果报告	五七油田三分部
51	1971.5	冀中中南部综合研究报告	六四六厂综合组
52	1971.5	京津地区第三纪地层	六四六厂综合组
53	1971.6	全国沉积盆地分布图说明书	六四六厂综合组
54	1971.12	洞庭湖盆地地质小结	六四六厂综合组
55	1971.12	开封坳陷工作小结	六四六厂综合组
56	1972.2	陕甘宁盆地黑河、泾川地区1971年地震勘探成果报告	长庆四分部
57	1972.3	陕甘宁盆地黄土塬地区1971年地震成果报告	长庆四分部
58	1972.3	陕西富县至延安地区1971年地震勘探成果报告	长庆四分部
59	1972.7	黄骅坳陷南部地区1971～1972年度地震成果总结报告	谢庆辉
60	1972.7	冀中坳陷南部地区1971～1972年度地震勘探报告	孟广欣
61	1972.9	周口坳陷研究工作小结	研究所　林北强
62	1972.9	固安至徐水地区地震勘探工作小结	一团　庄身平
63	1972.10	运用地质力学分析冀中地区构造特征及其油气分布规律的初步尝试	研究所　刘　杰
64	1972.10	华北南部地质特征初步分析	研究所　范素英
65	1972.10	华北平原南部构造体系初步认识	研究所　宗关祥
66	1972.12	宁县—合水地区、洪德—山城地区地震勘探成果	长庆四分部
67	1972.12	马岭地区1971年地震成果总结报告	长庆三十三团
68	1972.12	陕甘宁盆地合水—宁县—正宁地区地震成果报告	长庆四分部
69	1972.12	陕甘宁盆地镇原—泾川地区地震勘探成果报告	长庆四分部
70	1972.12	陕甘宁盆地吴旗地区地震勘探成果报告	长庆四分部
71	1972.12	陕甘宁盆地洪德—山城—耿弯地区地震勘探成果	长庆四分部
72	1972.12	陕甘宁盆地马岭、黑河、西峰地区地震勘探成果	长庆四分部
73	1973.1	山西省沁水盆地石油地质调查报告	六四六厂101队　李道均
74	1973.1	冀中坳陷石油地质基本分析	研究所　林　梁
75	1973.1	山西省沁水盆地奥陶系石油地质调查报告	六四六厂101队　关德范
76	1973.5	河北武清凹陷南部地区地震勘探工作总结报告	2204队　郭德荣
77	1973.5	河北武清凹陷大口屯地区地震勘探工作总结报告	2205队　周　国
78	1973.5	徐水地区地震勘探总结报告	2256队　郑海裕
79	1973.5	河间地区地震勘探总结报告	2257队　刘云柱
80	1973.6	辛中驿地区地震勘探总结报告	2143队　李　波
81	1973.6	白洋淀地区地震勘探总结报告	2144队　郭云祥
82	1973.6	保定地区地震普查勘探总结报告	2156队　梁茂贵
83	1973.6	雄县地区地震勘探总结报告	2178队　张义宏
84	1973.6	河间八里庄地区地震工作总结报告	2181队　张永开
85	1973.6	高阳地区年终总结报告	2182队　冯振清
86	1973.6	安平深县地区地震工作总结报告	2200队　李瑞塘
87	1973.6	娄提构造地震普查工作总结报告	219队　王化民

续表

序号	完成时间（年.月）	报告名称	完成单位和第一作者
88	1973.6	周口地区地震反射法普查工作总结报告	2255队　沈上其
89	1973.6	光武地区地震普查工作小结	2202队　张书明
90	1973.6	河南项城地区地震工作总结报告	2201队　周信校
91	1973.6	鹿邑凹陷地震概查工作小结	214队　陈运三
92	1973.7	周口坳陷1972年度物探成果报告	二指　任桂生
93	1973.7	临清坳陷石油地质条件研究报告	研究所　宋立勋
94	1973.7	肃宁地区地震勘探总结报告	2111队　陈　涛
95	1973.7	周口坳陷石油地质特征、开封坳陷资料整理研究总结	研究所　杜劲霜
96	1973.7	留楚元昌楼地震勘探工作报告	2112队　云　龙
97	1973.7	留路地区地震勘探总结报告	2142队　张德林
98	1973.7	安徽省铜城地区地震总结报告	2163队　于承金
99	1973.7	安徽省铜城地区1972～1973年度地震工作总结报告	2179队　李发宝
100	1973.7	安徽省铜城地区1972～1973年度总结报告	2180队　荣大隆
101	1973.7	铜城地区地震勘探成果小结	二指综合组
102	1973.7	周口坳陷多次覆盖方法小结	二指　钱荣钧
103	1973.11	冀中坳陷石油地质特征及勘探部署建议	研究所　林　梁
104	1974.1	华北平原石油勘探成果图册	研究所
105	1974.3	山东省东明地区地震勘探方法试验报告	239队　陈殿卿
106	1974.3	北京房山地区水文地质调查报告	研究所　廖世芳
107	1974.3	河南省长垣地区地震勘探方法试验报告	235队　王　强
108	1974.7	京津地区1973～1974年度地震勘探成果报告	一指一大队　童炳荣
109	1974.7	周口坳陷1973～1974年度地震勘探成果	二指　关中志
110	1974.7	安徽省铜城地区1973～1974年度地震成果报告	二指五大队　陈发祥
111	1974.7	京津唐地区古生界水文地质勘探规划意见	101队　曾庆全
112	1974.8	霸县—保定地区1973～1974年度地震勘报成果报告	一指二大队　庄身平
113	1974.8	冀中坳陷中南部地区1973～1974年度地震勘探成果报告	一指三大队　严顺同
114	1974.12	冀中坳陷石油地震勘探成果及部署建议总结报告	研究所、一指　林　梁
115	1975.1	京津保地区浅油气层勘探报告	研究所　马永昌
116	1975.6	石家庄—大城—里坦—肃宁—武强地区地震勘探成果报告	一指三大队　严顺同
117	1975.7	京津地区1974年冬～1975年春地震勘探成果报告	京津会战指挥部　杜劲霜
118	1975.7	东明坳陷地震勘探成果报告	二指　沈上其
119	1975.7	太康地区及周口地区南部地震勘探成果报告	二指四大队　陈运三
120	1975.7	安徽省铜城地区地震勘探成果报告	二指五大队　王文君
121	1975.7	冀中坳陷石油地震勘探成果报告	研究所、一指　王善书
122	1975.8	冀中坳陷石油地震勘探成果初步总结报告（1974年冬～1975年春）	一指　毕传滨
123	1975.8	冀中坳陷涿县—文安—鄚州—保定—安国地区勘探成果报告（1974～1975）	一指二大队　赵立华
124	1975.8	华北平原南部石油地质特征的几点认识	二指研究队
125	1975.8	开封、周口地区解释方法小结	二指　钱荣钧
126	1975.8	京津地区地震勘探工作总结报告	一指一大队　孟广欣
127	1976.2	房山地区灰岩水勘探总结报告	研究所　廖世芳

续表

序号	完成时间（年．月）	报告名称	完成单位和第一作者
128	1976.7	铜城地区地震勘探总结报告	二指五大队　赵庆明
129	1976.8	冀中坳陷东南部地区地震勘探成果报告	一指三大队　严顺同
130	1976.8	东濮凹陷东明—兰考地区地震勘探总结报告	二指四大队　王肇基
131	1976.8	开封坳陷与太康隆起地震勘探概查报告	二指四大队　任桂生
132	1976.8	冀中坳陷文安蠡县地区地震勘探成果报告	一指二大队　赵立华
133	1976.8	霸县—鄚州地区资料整理小结	研究所　赵凤云
134	1976.8	东濮凹陷濮阳—长垣地区地震勘探总结报告	二指六大队　陈顺兴
135	1976.11	东濮凹陷地震勘探成果报告（1975～1976 年）	二指研究队　关中志
136	1977.1	京津地区（1976 年冬～1977 年春）地震勘探工作总结报告	一指一大队　曲伟鹏
137	1977.4	华北盆地周边古生界和震旦亚界地层小结	研究所　张金林
138	1977.4	华北断块区域构造特征及其对油气的控制作用	研究所　王宜昌
139	1977.4	冀中坳陷南部晋县—赵县地区地震勘探成果报告	三指三大队　龚崇山
140	1977.5	冀中坳陷南部安国—藁城地区地震勘探成果报告	三指四大队　郭云霞
141	1977.5	石家庄、巨鹿地区地震勘探成果报告	三指研究队　魏守刚
142	1977.6	任丘地区地震资料小结	研究所
143	1977.6	冀中坳陷牛驼镇地区地震勘探成果报告	一指研究队　陈笃恭
144	1977.6	地震勘探成果报告	一指研究队　张德林
145	1977.7	中牟地区地震勘探试验报告	二指研究队　吴宝全
146	1977.7	开封凹陷地震勘探概查报告	二指四大队　王肇基
147	1977.7	铜城地区地震勘探总结报告	二指五大队　王文君
148	1977.7	冀中坳陷南部地震勘探方法研究报告	三指研究队　廖　钟
149	1977.7	冀中坳陷河间—白庄地区地震勘探成果报告	一指二大队　王晓岚
150	1977.7	冀中坳陷束鹿地区地震勘探成果报告（1976～1977 年）	三指二大队　汤玉泉
151	1977.8	冀中坳陷留路—孙虎地区地震勘探成果报告	一指三大队　严顺同
152	1977.8	冀中坳陷南部地震勘探成果总结报告	三指研究队　刘铁铨
153	1977.8	石家庄—深县—临清—巨鹿地区地震勘探成果报告	三指研究队　严　伦
154	1977.8	综合物探与古潜山	一指研究队　范雅琳
155	1977.9	东濮凹陷地震勘探成果报告	二指研究队　关中志
156	1977.9	高阳地区地震资料整理小结	研究所　许志藩
157	1977.10	冀中坳陷石油地震勘探会战成果报告	研究所　王雄兆
158	1977.10	北京地区地震资料整理小结	研究所　陈泽芬
159	1977.10	京津地区柳河营—侯尚村地震勘探成果报告	一指七大队　童炳荣
160	1977.12	华北盆地西部 1976 年冬～1977 年春石油地震勘探会战成果报告	研究所　杜劲霜
161	1978.3	华北扭转块断活动与潜山油气的形成	研究所　刘志芳
162	1978.6	牛驼镇地区地震详查勘探工作总结报告	一指研究队　孟东军
163	1978.7	东濮凹陷地震资料解释方法（1977～1978 年）	二指研究队　周绪文
164	1978.7	冀中坳陷中部地区地震勘探成果报告	一指研究队　毕传滨
165	1978.7	东濮凹陷地震勘探成果报告（1977～1978 年）	二指　吴奇之
166	1978.7	安新—蠡县地区地震勘探工作总结报告	一指　王晓岗
167	1978.7	石家庄地区地震勘探工作总结报告	三指四大队　郭云霞

续表

序号	完成时间（年．月）	报告名称	完成单位和第一作者
168	1978.7	南宫地区1977年冬～1978年春地震详查成果报告	一指七大队　云　龙
169	1978.7	冀中坳陷文安、河间、留路地区地震勘探成果报告	一指三大队　严顺同
170	1978.8	开封坳陷地震勘探成果报告（1977～1978年）	二指四大队　吴志远
171	1978.8	京津地区地震勘探试验工作小结	一指研究队　赵化昆
172	1978.8	临清坳陷西南部地震普查勘探工作总结报告	二指四、六大队　宋伯龙
173	1978.9	苏北坳陷江都地区地震勘探总结报告（1977～1978年）	二指五大队　王文君
174	1978.9	华北盆地西部石油地质构造特征和今后勘探方向	研究院　林　梁
175	1978.9	东濮凹陷文留—卫城构造带声波测井资料整理与分析	二指研究队　许绍陵
176	1978.9	太行山东麓上古生代及中生代地层	研究所　淡文英
177	1978.10	宁晋西地区地勘探成果报告	三指研究队　郭伯举
178	1978.10	束鹿地区地震勘探成果报告	三指研究队　李万生
179	1978.10	安国藁城地区地震勘探成果报告	三指研究队　朱允成
180	1978.10	石家庄巨鹿地区地震勘探成果总结报告	三指研究队　张德忠
181	1978.10	武清、徐水凹陷分析	谢庆辉
182	1978.10	保定凹陷构造潜山特征与油气关系	瞿　杰
183	1978.10	丘县、元村集凹陷生储油条件和构造潜山特征	研究所　黎　英
184	1978.10	束鹿、巨鹿、南宫、大营镇凹陷构造潜山特征与油气关系	研究所　廖世芳
185	1978.12	济阳坳陷东营—辛镇油田开发地震勘探效果的调查报告	研究所　杜劲霜
186	1978.12	论渤海湾盆地早第三纪构造—掀斜断块	研究所　谭试典
187	1979.1	华北盆地周边与平原地区中生界地层对比总结	研究院　何金良
188	1979.1	塔里木盆地喀什—莎车地区地震勘探工作总结报告（1978年度）	三指南疆指挥部　刘铁铨
189	1979.4	京津地区1977～1978年地震勘探成果报告	研究院、一指　狄菊芳
190	1979.5	京津地区地震地层学探讨	研究院　金学正
191	1979.5	渤海湾盆地区域构造发展史研究兼论油气生成与聚集	研究院　谭试典
192	1979.6	安徽省合肥盆地石油地质勘探小结	陆占明
193	1979.7	华北盆地南部东濮凹陷、中牟凹陷、丘县肥乡凹陷地震勘探成果总结报告	二指研究队　关中志
194	1979.7	冀中坳陷北部地震勘探成果总结报告	四指研究队　庄身平
195	1979.7	冀中坳陷石家庄—深县地区及临清坳陷巨鹿地区地震勘探成果报告	三指研究队　严　伦
196	1979.8	冀中坳陷东部及南宫地区地震勘探成果报告	一指研究队　王景星
197	1979.8	京津地区河西务潜山构造带地震“三查”成果报告	研究院　谢庆辉
198	1979.9	利用地震地层学方法研究晋县凹陷的岩性变化	三指研究队　刘秋生
199	1979.9	华北盆地区域构造发展特征及油气勘探新领域探讨	研究院　谭试典
200	1979.9	京、津、霸地区油气远景储量预测	研究院　王善书
201	1979.11	周口坳陷工作小结	研究院　林北强
202	1979.12	河间—孙虎地区构造特征及含油气评价	研究院　王子非
203	1979.12	济源坳陷工作小结	研究院　林北强
204	1979.12	广西南盘江坳陷地震试验工作小结	二指前指　王化民
205	1979.12	三门峡地区地震勘探方法试验报告	二指研究队　朱德兴
206	1979.12	洛宁坳陷地震勘探方法试验报告	二指研究队　陈殿卿
207	1979.12	河南省洛阳、三门峡盆地石油勘探工作小结	研究院　姚春森

序号	完成时间（年．月）	报告名称	完成单位和第一作者
208	1979.12	山西省沁水盆地石油地质勘探的几点认识	研究院　姚春森
209	1979.12	新疆准噶尔盆地石油地质勘探概况及含油远景的认识	研究院　姚春森
210	1980.1	临清坳陷构造特征及找油方向	张明远
211	1980.1	二连盆地中部地区地震概查成果报告（1979 年度）	四指研究队　黄跃荣
212	1980.4	塔里木盆地西部 1979 年度地震勘探成果报告	三指　赵尚武
213	1980.7	保定—石家庄凹陷勘探成果总结	研究院　王子非
214	1980.7	北京坳陷地震勘探成果及石油地质条件分析	研究院　范素英
215	1980.8	饶阳凹陷区域地震地层学研究报告	一指　刘秋生
216	1980.8	华北盆地南部东濮中牟民权邯郸汤阴凹陷地震勘探成果报告（1979～1980 年）	二指　关中志
217	1980.8	冀中坳陷东南部地区地震勘探成果报告（1979～1980 年）	一指　王景星
218	1980.9	冀中坳陷牛驼镇凸起周围及大厂凹陷地震勘探成果报告（1979～1980 年）	四指　孟广欣
219	1980.10	东濮凹陷三城地区地震地层学研究报告	二指　许绍陵
220	1980.10	济源盆地地震勘探方法试验总结报告	二指研究队　陈殿卿
221	1980.10	广西潞城地区地震方法成果报告	二指前指　秦廷生
222	1980.10	华北盆地西部 1979～1980 年度地震勘探成果及今后勘探方向	研究院　刘志芳
223	1980.10	河西务潜山构造带地震勘探成果总结报告（1979～1980 年）	研究院　谢庆辉
224	1980.12	华北盆地中南部石炭、二叠系煤成天然气地质条件初步分析（1980.1～1980.12）	研究院　易炽昌
225	1980.12	塔里木盆地西南坳陷地震地层学初步分析	研究院　沙锡鉴
226	1980.12	塔里木盆地构造特征及找油方向	研究院　杜劲霜
227	1981.1	京津廊坊凹陷沙四段地震相模式和河西务构造带沙四上砂岩段研究	研究院　金学正
228	1981.3	塔里木盆地 1980 年地震勘探成果报告	三指　赵尚武
229	1981.3	二连盆地西南部地震勘探成果报告	四指研究队　温德良
230	1981.11	饶阳凹陷区域地震地层学研究成果报告	一指　严顺同
231	1981.11	河西务潜山构造带地震详查报告（1981.2～1981.9）	研究院　赵翠芬
232	1981.11	冀中坳陷北部地震勘探成果及进一步找油方向（1980～1981 年）	四指　张德林
233	1981.12	华北盆地西部地震勘探成果及今后勘探方向（1980～1981 年）	研究院　王雄兆
234	1981.12	东海区域地质及物探成果初步总结报告	研究院　卢乃鋆
235	1981.12	广西田林地区地震勘探年度工作报告（1980～1981 年）	二指　秦廷生
236	1981.12	济源凹陷地震勘探概查报告	二指　贾志斌
237	1981.12	柯克亚地区油气检测方法的应用	三指　黄碧芬
238	1981.12	塔里木盆地西部地区区域地震地层学研究成果报告	三指　严　伦
239	1981.12	东濮凹陷地震勘探成果总结报告	二指　高　岩
240	1981.12	应用地震地层学对岔河集地区油储结构的研究	四指　许宏慈
241	1981.12	鹿邑坳陷地震普查勘探成果报告（1980～1981 年）	二指研究队　陈发祥
242	1981.12	塔里木盆地西北地震勘探成果报告（1980.5～1981.10）	三指　苏吉祥
243	1981.12	冀中坳陷东南部地震勘探成果报告	一指　王景星
244	1981.12	东濮凹陷三城—文留地区沙四段盐湖相的地震识别及含油气评价	二指研究队　许绍陵
245	1981.12	东濮凹陷葛岗集次凹石油地质特征分析	研究院　王　冰

序号	完成时间（年．月）	报告名称	完成单位和第一作者
246	1982.1	华北盆地西部的隐蔽圈闭	研究院　刘志芳
247	1982.1	晋县凹陷沙四—孔店组油气藏形成条件初探	研究院　马永昌
248	1982.1	牛北斜坡地区烃类直接检测的初步实践及曹家务地区沙三下段岩性变化的研究	研究院　王达昌
249	1982.1	京津地区廊固凹陷东营—沙三段地层地震相模式及沉积环境	研究院　金学正
250	1982.1	冀中、临清地区中生界找油前景（1981.4～1982.1）	研究院　范素英
251	1982.3	华北南部石炭二叠纪煤系煤成气资源初步评价（1981年度）	研究院　周兴熙
252	1983.3	束鹿凹陷不同圈闭类型及含油气远景分析（1982.5～1983.1）	研究院　沙锡鉴
253	1982.5	一个复杂构造的勘探实例	研究院　赵翠芬
254	1982.5	冀中坳陷下第三系地震相分布规律及其沉积环境分析	研究院　刘前志
255	1982.6	二连盆地地震地质特征和石油地质特征	四指　张德林
256	1982.6	二连地区地震波传播速度的初步研究	四指研究队　李润青
257	1982.9	塔里木盆地阿瓦提地区区域地震地层学研究报告	三指　唐承无
258	1982.9	色力布亚断裂的解释	三指研究队　王仁德
259	1982.9	塔里木盆地地震勘探成果报告	三指　王　淇
260	1982.9	二连地区中南部地震勘探方法研究报告	二指　蔡为芳
261	1982.10	冀中坳陷岔河集桐柏镇地区地震勘探成果报告	四指　张德林
262	1982.11	冀中坳陷东南部地震勘探成果报告（1981～1982年）	一指　王景星
263	1982.11	东濮凹陷地震勘探成果综合报告	二指　高　岩
264	1982.12	济源凹陷地震勘探普查成果报告（1981～1982年）	二指　贾志斌
265	1982.12	周口坳陷东南部地震资料解释构造说明（1981～1982年）	二指研究队　王化民
266	1982.12	色力布亚断裂下盘石炭系找油前景探讨	三指　荀云辉
267	1982.12	冀中坳陷石油地震勘探成果及认识	研究院　王雄兆
268	1982.12	中国大陆板块构造演化特征和几个地区的含油前景	研究院　宋立勋
279	1983.1	牛北斜坡地层圈闭研究	研究院　王达昌
270	1983.1	白洋淀地区圈闭研究	研究院　刘志芳
271	1983.2	廊东、王居—琥珀营地区构造圈闭及砂体沉积特征研究	研究院　赵翠芬
272	1983.2	束鹿凹陷不同圈闭类型及含油气远景分析	研究院　沙锡鉴
273	1983.5	腾格尔坳陷西部地震普查成果报告	二指研究队　傅同庆
274	1983.6	二连盆地地震勘探成果报告	四指　张德林
275	1983.6	塔里木盆地西部二叠系地震地层学研究	三指研究队　袁　非
276	1983.6	塔里木盆地1982年地震勘探成果报告	三指　苏吉祥
277	1983.9	南华北盆地中南部石炭、二叠系煤层赋存状况及地质结构基本特征的初步研究	研究院　周兴熙
278	1983.10	二连盆地石油地质特征及早期油气资源评价	研究院　金学正
279	1983.11	济源凹陷地震勘探成果报告	二指研究队　沈上其
280	1983.12	冀中坳陷留西地区地震勘探成果说明书	一指　朱允成
281	1983.12	冀中坳陷饶阳凹陷、深县凹陷资源预测及找油方向	一指　孟东军
282	1983.12	东濮凹陷地震勘探综合研究报告	二指　陈运三
283	1983.12	冀中坳陷深县地区地震勘探成果报告	一指　刘福堂

续表

序号	完成时间（年．月）	报告名称	完成单位和第一作者
284	1983.12	色力布亚地区地震勘探及地质综合研究报告	三指研究队　张静珠
285	1983.12	中国东部第三系含油气构造研究	研究院　杜劲霜
286	1983.12	塔里木盆地南缘中生界分布沉积环境初步分析	三指研究队　陆玉明
287	1983.12	应用TTI方法对轮台—库尔勒地区油气资源预测的初步尝试	三指研究队　谢晓安
288	1983.12	徐水凹陷北部地震勘探成果说明书	一指　江鸿祥
289	1983.12	色力布亚始新统礁群的发现及其地质意义	三指研究队　唐承无
290	1983.12	霸县—鄚州地区地震勘探成果报告	四指　张德林
291	1983.12	廊固凹陷西部圈闭的综合研究及含油气远景评价	研究院　赵翠芬
292	1983.12	塔里木盆地区域构造特征及其演化	三指研究队　时卫东
293	1983.12	周口坳陷东部地震普查成果报告	二指研究队　王化民
294	1984.1	华北盆地西部隐蔽圈闭研究报告	研究院　刘志芳
295	1984.1	河西务潜山构造带圈闭类型及资源评价	研究院　崔绍贤
296	1984.1	束鹿凹陷圈闭研究及荆邱油气圈闭的综合分析	研究院　沙锡鉴
297	1984.2	海拉尔、二连、银根盆地的地质构造特征及油气勘探前景	研究院　王同和
298	1984.2	冀中坳陷地震勘探成果及认识	研究院　王雄兆
299	1984.8	顾辛庄潜山三维地震与效果	局勘探一处　程金箴
300	1984.8	济源凹陷下第三系发育特征及找油方向	二公司研究队　沈上其
301	1984.10	汤阴地堑安阳次凹地震概查报告	二公司研究队　沈上其
302	1984.10	东濮凹陷桥—马地区地震勘探成果报告	二公司研究队　万里皋
303	1984.10	东濮凹陷胡状集地区地震勘探成果报告	二公司研究队　高建基
304	1984.10	河岸、文西、濮卫地区构造解释成果报告	二公司研究队　陶家庆
305	1984.10	东濮凹陷文南三维资料综合解释报告	二公司研究队　傅同庆
306	1984.10	东濮凹陷隐蔽圈闭研究报告	二公司研究队　郭士让
307	1984.10	周口坳陷东部地震资料解释构造说明书	二公司研究队　董振川
308	1984.10	马尼特坳陷地震勘探成果报告	四公司　张守本
309	1984.12	塔里木盆地阿瓦提地区地震勘探成果报告	三公司　李锡娇
310	1984.12	阿瓦提—库尔勒地区上古生界地震层序的划分及找油意义	三公司　苏吉祥
311	1984.12	吐鲁番盆地区域地质结构及含油远景初步认识	三公司　陆玉明
312	1984.12	塔里木盆地拜城地区地震勘探成果报告	三公司研究队　李维贤
313	1984.12	塔里木盆地西南坳陷早期资源量报告	三公司研究队　荀云辉
314	1984.12	用测量地震振幅的方法进行岩性的初步预测	三公司研究队　巍抒静
315	1984.12	南华北盆地主要构造带及煤成气聚集条件初步分析	解释中心　周兴熙
316	1984.12	二连盆地地震勘探成果及油气资源评价	解释中心　金学正
317	1984.12	潜山内幕地震反射波的空间校正	解释中心　李明忠
318	1984.12	冀中坳陷蠡县地区地震勘探成果说明书	一公司　朱允成
319	1984.12	深县—榆科地区地震勘探成果说明书	一公司　谢长应
320	1984.12	塔里木盆地和田—民丰地区地震勘探成果报告	三公司研究队　阎传斌
321	1984.12	地震资料解释专家系统阶段小结	解释中心　林安华
322	1984.12	色力布亚地区的礁块显示	三公司研究队　唐承无

续表

序号	完成时间（年．月）	报 告 名 称	完成单位和第一作者
323	1984.12	蠡县斜坡、大王庄、留西地区沙一、沙二＋三段含灰岩地层的地震反射特征及其分布范围	一公司研究队　牛国军
324	1984.12	中原油田文北工区三维地震勘探工作总结	二公司　沈万杰
325	1984.12	文南地区三维地震资料解释	二公司研究队　傅同庆
326	1984.12	东濮凹陷柳屯—海通集次凹深层油气藏的控制因素及评价	二公司研究队　梁德富
327	1984.12	东濮凹陷地震反射第六层构造图	二公司研究队　刘明义
328	1984.12	塔里木盆地塔北地区速度分析及其应用	三公司研究队　罗朝元
329	1985.1	冀中坳陷东南部地震勘探成果报告	一公司　孟东军
330	1985.1	甘肃西部石油地质特征及1985年勘探部署	解释中心　宋立勋
331	1985.1	中国东部第三系不整合分布规律和陆相断陷盆地部分地震相模式	解释中心　刘秋生
332	1985.1	东濮凹陷地震勘探成果报告	二公司　高　岩
333	1985.2	华北盆地西部块断构造演化特征及油气远景评价	解释中心　王同和
334	1985.3	冀中凹陷1984年度地震勘探成果及下步勘探分析	解释中心　王雄兆
335	1985.4	塔里木盆地沙雅—库尔勒地震勘探总结报告	三公司　谢晓安
336	1985.4	武清凹陷石油地质条件的初步研究	解释中心　淡文英
337	1985.5	束鹿—新河地区地质构造特征及油气聚集条件分析	解释中心　江宏涛
338	1985.5	大厂凹陷石油地质条件初步分析	解释中心　蒋春元
339	1985.5	1984年度廊固凹陷地震勘探解释成果	解释中心　潘尧嘉
340	1985.5	别古庄断块结构分析—地震资料精细处理和解释	解释中心　崔绍贤
341	1985.5	霸县地区1984～1985年度地震解释结果	解释中心　范雅琳
342	1985.5	塔里木盆地东部区域地质特征及其含油气远景	三公司　夏义平
343	1985.5	吐鲁番地区地震勘探阶段小结	物探局　柴桂林
344	1985.5	束鹿南凹陷地震资料解释成果	解释中心　刘金玉
345	1985.5	塔北地区资料解释中速度的使用及精度分析	三公司研究队　陈少娴
346	1985.5	塔里木盆地速度变化规律及变速成图方案	三公司研究队　王建民
347	1985.5	塔里木盆地上古生界前的区域地质概况及下古生界找油初探	三公司研究队　刘希学
348	1985.5	塔里木盆地含油区块评价及钻井地震部署	三公司研究队　严　伦
349	1985.5	霸县凹陷西部上第三系构造研究及成油条件浅析	解释中心　杜劲霜
350	1985.5	冀中坳陷圈闭解释及石油地质条件综合研究	解释中心　刘前志
351	1985.10	冀中坳陷储集体及非构造圈闭的地震地层学综合研究	解释中心　刘前志
352	1985.10	河南文留地区三维地震勘探综合报告	解释中心　王　强
353	1985.10	马尼特坳陷东部石油地质特征	四公司　马永昌
354	1985.10	塔东地区古生界地震地层的沉积特征	解释中心　韩广轩
355	1985.11	二连盆地1984年度地震资料解释成果及油气资源评价	解释中心　金学正
356	1985.11	蒙古林利用地震信息识别和预测玄武岩、砾岩储集层	四公司　辛连发
357	1985.12	冀中坳陷孙虎地区地震勘探成果说明书	一公司　汪恩华
358	1985.12	略淡塔里木盆地东部地区几期主要构造运动特征	三公司研究队　张　玮
359	1985.12	河南—西柳地区地震勘探成果报告	一公司　韩俊林
360	1985.12	焉耆盆地地震勘探初步总结	三公司研究队　张静珠
361	1985.12	焉耆盆地区域地质及含油气远景预测	三公司研究队　陆玉明

续表

序号	完成时间（年．月）	报告名称	完成单位和第一作者
362	1985.12	等 T_0 图空校原理和方法	三公司研究队　王建民
363	1985.12	横波地震勘探调研报告	解释中心　王素岩
364	1985.12	一种简易的变速直射线作图法	三公司研究队　王　琍
365	1985.12	河间—留路地区上第三系油气藏形成条件分析	一公司　李建雄
366	1985.12	冀中坳陷深县—榆科地区地震勘探成果报告	一公司　吴庆文
367	1985.12	塔里木盆地各发展阶段的特征及差异	三公司研究队　王建民
368	1985.12	火成岩地震相	解释中心　刘秋生
369	1985.12	饶阳凹陷蠡县斜坡地震勘探成果报告	一公司　宁松华
370	1985.12	冀中坳陷刘村低凸起油气资源综合分析	一公司　杜国清
371	1985.12	梨树凹陷地质综合研究报告	一公司　熊铜生
372	1985.12	濮卫结合部复式油气区综合研究报告	二公司研究队　赵世华
373	1985.12	东濮凹陷马厂地区地震勘探反射 T_g 层构造图	二公司研究队　张占敏
374	1985.12	浑善达克沙漠区地震勘探工作方法报告	二公司　田文辉
375	1985.12	二连盆地中部低降速带测定方法及成果解释报告	二公司研究队　段玉萍
376	1985.12	东濮凹陷北部盐湖相地震地层学研究	二公司研究队　沈秀英
377	1985.12	莘县凹陷南部地震普查成果报告	二公司研究队　郭士让
378	1985.12	东濮凹陷马寨地区地震地质研究小结	二公司研究队　刘明义
379	1985.12	胡状集—庆组集复式油气聚带物探地质综合研究报告	二公司研究队　陶家庆
380	1986.2	冀中坳陷断裂形成机理的探讨	解释中心　杨克绳
381	1986.6	霸县凹陷圈闭解释及复式油气区研究	解释中心　范雅琳
382	1986.6	东濮凹陷文留地区三维振幅及速度切片在岩性解释中的应用	解释中心　王达昌
383	1986.6	甘肃潮水盆地地震概查报告	解释中心　马萱春
384	1986.6	廊固凹陷特殊地质体的识别及圈闭研究	解释中心　赵翠芬
385	1986.6	冀中坳陷古潜山解释方法及效果	解释中心　崔绍贤
386	1986.8	牛驼镇凸起及周缘复式油气聚集带勘探方向的认识	解释中心　淡文英
387	1986.8	塔克拉玛干沙漠地震方法和取得的主要成果	地调三处　戴春权
388	1986.8	民乐盆地北部地震勘探成果报告	地调三处　阎传斌
389	1986.8	塔里木盆地东部地区异常体的地震地层学研究	地调三处　苏吉祥
390	1986.10	周口盆地东部地质构造研究报告	地调二处　陈发祥
391	1986.10	安徽省南陵—无为盆地地质构造调研报告	地调二处　陈发祥
392	1986.10	冀中坳陷地震勘探成果及对下一步勘探领域的认识	解释中心　王雄兆
393	1986.12	冀中坳陷西柳地区地震勘探成果报告	地调一处　汪恩华
394	1986.12	榆科地区东营组构造特征及找油方向	地调一处　杜国清
395	1986.12	塔里木盆地东部地震地层学研究报告	地调三处　苏吉祥
396	1986.12	1986年发现与落实局部构造说明书	地调三处　李万生
397	1986.12	河间地区地震成果报告	地调一处　张立英
398	1986.12	蠡县斜坡南部地震勘探成果报告	地调一处　王　彬
399	1986.12	冀中坳陷留西、大王庄地区地震勘探成果报告	地调一处　朱允成
400	1986.12	东濮凹陷复式油气区地震资料解释及成果	地调二处　赵世华
401	1986.12	文留、赛汉地区横波资料解释方法初探	地调二处　刘素庚

续表

序号	完成时间（年．月）	报告名称	完成单位和第一作者
402	1986.12	华北盆地南部构造单元的划分及油气特征	地调二处　张淑华
403	1986.12	马厂复式油气聚集带地震资料解释	地调二处　彭朝全
404	1986.12	河西走廊含油气盆地构造类型及演化的探讨	解释中心　杨克绳
405	1986.12	南马庄地区69井垒块地震资料处理和解释	解释中心　李明忠
406	1987.1	GMS系统在地震资料解释中的应用效果	解释中心　林安华
407	1987.2	东濮凹陷西部地区地震地质综合解释效果	地调二处　陶家庆
408	1987.2	莘县—冠县凹陷南部构造解释及油气资源初步评价	地调二处　段书府
409	1987.2	东濮凹陷柳屯—海通集次凹深层油气藏的控制因素及评价	地调二处　梁德富
410	1987.2	微机辅助地震资料解释软件及应用	解释中心　李　斌
411	1987.2	东濮凹陷黄河南地区地震解释综合研究成果报告	地调二处　彭朝全
412	1987.2	濮城复式油气田勘探历程研究	地调二处　彭亨生
413	1987.3	研制地震资料解释系统的总体设想	解释中心　王　强
414	1987.4	牛驼镇凸起北部及周缘圈闭研究与成油条件分析	解释中心　郭玲萱
415	1987.4	焉耆盆地含油气远景初步评价	地调三处　刘淑芝
416	1987.5	束鹿凹陷下第三系储集体的研究	解释中心　江宏涛
417	1987.6	对顾辛庄地区上第三系地层的资料处理与解释方法的探索	解释中心　程　怡
418	1987.7	大民屯静安堡三维构造人机联作解释成果报告	解释中心　王　强
419	1987.7	甘肃西部区域构造特征及含油气远景评价	解释中心　宋立勋
420	1987.7	冀中坳陷下第三系沉积特征及饶阳凹陷大王庄地区下第三系滩坝相地震岩性学研究	解释中心　刘铁铨
421	1987.8	松辽盆地东南隆起地震勘探总体规划	解释中心　刘怀奇
422	1987.8	塔里木盆地的形成演化及其构造特征	地调三处研究队　夏义平
423	1987.8	塔里木盆地构造特征	地调三处研究队　夏义平
424	1987.8	广西百色盆地地震资料解释阶段工作小结	解释中心　金学正
425	1987.9	酒东盆地地震地质综合研究及局部圈闭评价	解释中心　沙锡鉴
426	1987.12	东濮凹陷林庄—梁寨地区构造研究	地调二处　高建基
427	1987.12	陕甘宁盆地伊盟地区地震解释综合研究报告	地调二处　张淑华
428	1987.12	松辽盆地东南隆起区德惠凹陷地震勘探成果报告	地调一处　宋长友
429	1987.12	双城地区地震普查勘探成果报告	地调一处　刘建芝
430	1987.12	松辽盆地东南隆起梨树凹陷地震勘探成果报告	地调一处　李建雄
431	1987.12	河间—留路地区上第三系油气分布特征与地震反射特征关系初探	地调一处　韩俊林
432	1987.12	饶阳凹陷八里庄地区地震地质成果报告	地调一处　牛国军
433	1987.12	河间—留路地区构造地质特征研究	地调一处　杨举勇
434	1987.12	饶南次凹地震资料综合解释	地调一处　崔为民
435	1987.12	榆科地区复杂断块精细解释	地调一处　邓小力
436	1987.12	安平地区地震勘探成果报告	地调一处　王　彬
437	1987.12	塔里木盆地东部诸井沉积相分析	地调三处　孙方远
438	1987.12	塔里木盆地东部地区轮南及满西地质异常体的综合分析	地调三处　张　玮

续表

序号	完成时间（年．月）	报告名称	完成单位和第一作者
439	1987.12	塔里木盆地 T_g 反射界面特征及其地质意义	地调三处研究队　王仁德
440	1987.12	变速成图的理论和方法	地调三处研究队　王建民
441	1987.12	东濮凹陷三春集地区地震地质解释与研究报告	地调二处　彭朝全
442	1987.12	波阻抗剖面岩性解释方法与成果	地调二处　郭士让
443	1987.12	胡状集地区滚动勘探地震解释研究	地调二处　陶家庆
444	1987.12	莘县—冠县凹陷南部地震解释综合报告	地调二处　段书府
445	1987.12	元村集凹陷地震地质解释综合报告	地调二处　段书府
446	1987.12	丘县凹陷石油地质条件初步分析	地调二处　段书府
447	1987.12	二连盆地阿尔善构造横波勘探效果	地调二处　刘素庚
448	1987.12	对南华北盆地构造地质条件的几点认识	地调二处　陈发祥
449	1988.1	牛驼镇凸起北部及周缘圈闭研究与成油条件分析	解释中心　淡文英
450	1988.1	伪速度剖面处理及解释	解释中心　李春明
451	1988.1	晋县凹陷圈闭解释及地震地层学研究	解释中心　易炽昌
452	1988.1	冀中坳陷西南部中生界含油气远景的几点认识	解释中心　姚春森
453	1988.1	束鹿凹陷圈闭解释及局部储集体研究	解释中心　王式玲
454	1988.2	廊固凹陷 1987 年勘探成果及圈闭评价	解释中心　赵翠芬
455	1988.2	吐鲁番—哈密盆地 1986～1987 年度报告	地调三处　袁　非
456	1988.2	文东斜坡地区沙二下段砂层组的研究	解释中心　王达昌
457	1988.3	二连盆地构造地质特征及含油远景评价	解释中心　金学正
458	1988.3	东南隆起油气资源评价阶段报告	解释中心　赵建章
459	1988.3	中牟凹陷杜营次凹地震解释综合研究	地调二处　张占敏
460	1988.3	涿县凹陷地震地质勘探成果及地震资料处理概况	解释中心　房昌容
461	1988.3	东濮凹陷西斜坡地震评价解释成效	地调二处　陶家庆
462	1988.4	陕甘宁及内蒙西部地区石油地质基本特征和油气资源评价	解释中心　林　梁
463	1988.5	酒东盆地营尔凹陷的主要圈闭复查及油气运移与圈闭的配套关系	解释中心　陈赞煌
464	1988.5	塔里木盆地塔东地区 1987 年度局部构造成果报告	地调三处研究队　谢晓安
465	1988.8	塔里木盆地北部地区沙雅西—南喀拉玉尔滚地区地震资料解释	地调三处研究队　沙雅西组
466	1988.8	塔里木盆地塔中 1 井背斜含油气预测	地调三处　接铭训
467	1988.10	蠡县斜坡沙一段地层岩性横向预测的尝试	解释中心　范雅琳
468	1988.10	二连盆地阿尔善构造横波勘探效果	地调二处　刘素庚
469	1988.11	开鲁盆地哲中坳陷早期资源评价报告	解释中心　蒋笑霞
470	1988.12	轮南地区诸层横向预测中新技术的应用	地调三处　陈少娴
471	1988.12	饶阳凹陷地震勘探工作总结报告	地调一处　孟东军
472	1988.12	压力预测工作小结	地调三处　尚培乐
473	1988.12	松辽盆地东南隆起地震勘探总结（1986～1988 年）	地调一处　孟东军
474	1988.12	周口坳陷汝南凹陷地震综合解释报告	地调二处　刘明义
475	1988.12	塔里木盆地综合物探成果及加速勘探规划	地调三处研究队　谢晓安
476	1988.12	合浦坳陷地震解释成果报告	地调二处　张嘉坤

续表

序号	完成时间（年．月）	报告名称	完成单位和第一作者
477	1988.12	哈密坳陷的速度分析及应用	地调三处　吴金涛
478	1988.12	阿410井VSP资料综合解释地质效果	地调二处　李云龙
479	1988.12	陕甘宁盆地天环北部布伦庙地区地震地质解释综合研究报告	地调二处　张淑华
480	1988.12	冀中坳陷地震勘探成果和饶阳凹陷几个石油地质条件的认识	解释中心　王雄兆
481	1988.12	中牟凹陷地震勘探成果报告	地调二处　张占敏
482	1988.12	堂邑次凹地震勘探成果报告	地调二处　段书府
483	1988.12	东濮凹陷黄河南地区成果认识评价及整体部署设计	地调二处　万里皋
484	1988.12	吐鲁番—哈密盆地吐鲁番坳陷含油气远景初步评价	地调三处　袁　非
485	1988.12	轮南地区含油气储层横向预测尝试	地调三处　张　玮
486	1988.12	东濮凹陷黄河南地震地层学研究	地调二处　沈秀英
487	1988.12	三春集地区地震资料精细解释	地调二处　彭朝全
488	1988.12	胡庆地区滚动勘探地震解释方法及效果	地调二处　陶家庆
489	1988.12	对南华北盆地构造地质条件的几点新认识	地调二处　陈发祥
490	1989.1	中国沉积盆地及油气矿产分布图编图工作总结	解释中心　刘志芳
491	1989.1	从区域大剖面特征看中国含油气盆地箕状断陷构造形成机理	解释中心　杨克绳
492	1989.1	松辽盆地东南隆起早期油气资源评价	解释中心　刘志芳
493	1989.1	塔里木盆地北部轮南地区储层横向预测尝试	解释中心　曲伟鹏
494	1989.1	深县、束鹿凹陷及邻区地震资料解释成果及深县石油地质条件分	解释中心　江宏涛
495	1989.2	晋县凹陷地震地层学研究及含油气远景再评价	解释中心　易炽昌
496	1989.2	二连盆地赛汉塔拉凹陷局部构造解释	解释中心　高增海
497	1989.3	冀中坳陷1988年度地震勘探成果及上第三系油气富集条件和西部凹陷带下步勘探认识	解释中心　王雄兆
498	1989.3	廊固凹陷西斜坡砾岩体储油初探	解释中心　马萱春
499	1989.12	高分辨率地震资料解释和解释方法研究	解释中心　潘尧嘉
500	1989.12	合浦盆地西厂凹陷地区地震详查综合研究报告	地调二处　秦天才
501	1989.12	石家庄地区地震资料解释综合报告	解释中心　崔绍贤
502	1989.12	了墩低隆起—哈密坳陷地震勘探新成果	地调三处　刘淑芝
503	1989.12	VSP资料解释及地质应用	地调二处　李云龙
504	1989.12	牛驼镇凸起及周缘地震地质解释及地质分析	解释中心　淡文英
505	1989.12	德惠地区地震勘探成果报告	地调一处　韩俊林
506	1989.12	饶阳凹陷地震勘探成果报告	地调一处　孟东军
507	1989.12	梨树凹陷地震勘探成果报告	地调一处　李建雄
508	1989.12	饶南次凹与榆科地区地震勘探成果报告	地调一处　朱允成
509	1989.12	阿北地区三维地震解释总结报告	地调四处　李书发
510	1989.12	河间—留西地区地震资料解释综合报告	地调一处　杜国清
511	1989.12	留西地区上第三系油气富集条件及圈闭综合分析	地调一处　柯宗强
512	1989.12	饶南地区地震解释成果报告	地调一处　王仁翠
513	1989.12	塔里木盆地应用地震速度预测地层压力的效果	地调三处　谢晓安

续表

序号	完成时间（年．月）	报 告 名 称	完成单位和第一作者
514	1989.12	塔北隆起的构造特征及含油规律认识	地调三处　王泽良
515	1989.12	塔里木盆地东部石炭二叠系地震地层学研究	地调三处　李维贤
516	1989.12	大王庄北滩砂体储层研究探索	地调一处　詹世凡
517	1989.12	杨武寨构造综合解释及储层分析效果	地调一处　崔为民
518	1989.12	饶阳凹陷八里庄地区地震地质成果报告	地调一处　牛国军
519	1989.12	松辽盆地东南隆起两江地区地震成果报告	地调一处　周仁和
520	1989.12	梨树凹陷地质综合研究报告	地调一处　熊铜生
521	1990.1	储层地球物理研究（调研报告）	解释中心　沙锡鉴
522	1990.1	深县凹陷及邻区地震勘探成果报告	解释中心　江宏涛
523	1990.1	油藏动态检测的方法研究	解释中心　朱建伟
524	1990	松辽盆地东南隆起区地震地质综合及油气资源评价	解释中心　刘怀奇
525	1990	东濮凹陷黄河南地区地震资料解释研究成果及部署设计	地调二处　万里皋
526	1990	广西合浦盆地常乐凹陷地震勘探概查报告	地调二处　武玉印
527	1990.1	河西务地区安11井复杂断块二维地震资料精细解释报告	解释中心　李明忠
528	1990.3	廊固凹陷四号块特殊岩性体的解释	解释中心　王琼英
529	1990.3	廊固凹陷三号块沙四段Ⅰ油组储层预测初步成果	解释中心　赵翠芬
530	1990.3	廊固凹陷八号块旧州水下扇的识别及含油气分析	解释中心　李惠然
531	1990.3	廊固凹陷安次东区沙四上零油组储层预测初步成果	解释中心　郭玲萱
532	1990.3	二连盆地额仁淖尔凹陷地震勘探成果报告	解释中心　熊伯林
533	1990.4	AVO技术在伊盟的应用	地调二处　沈秀英
534	1990.4	二连、贺西勘探成果报告	地调四处　张守本
535	1990.4	东濮凹陷黄河南地区地震资料解释研究报告	地调二处　万里皋
536	1990.4	中牟凹陷东部地震地质解释成果报告	地调二处　张占敏
537	1990.5	周口坳陷临泉凹陷地震解释综合研究报告	地调二处　刘明义
538	1990.6	塔北中区构造解释及储层研究	解释中心　李金恒
539	1990.6	塔里木盆地地质构造特征及勘探方向	地调三处　夏义平
540	1990.6	吐鲁番盆地区域地质特征	地调三处　袁　非
541	1990.6	塔里木盆地东部地区运用地震地层学寻找地层岩性油气藏	地调三处　苏吉祥
542	1990.6	冀中坳陷沙二、三勘探分析及西部凹陷带（保定）石油地质分析与认识	解释中心　王雄兆
543	1990.7	合肥盆地地震概查报告	地调二处　黎　霜
544	1990.8	塔里木盆地轮南西地区变速作图研究	解释中心　李明忠
545	1990.10	了墩低隆起—哈密坳陷油气资源初步评价	地调三处　刘淑芝
546	1990.12	徐集唐庄新霍地区三维构造解释成果钻探部署意见	地调二处　万里皋
547	1990.12	留西地区三维地震勘探成果报告	地调一处　杜国清
548	1990.12	两江地区地震勘探成果报告	地调一处　韩俊林
549	1990.12	合隆地区地震勘探成果报告	地调一处　高建勋
550	1990.12	榆树地区地震二维勘探成果报告	地调一处　叶仁群
551	1990.12	蠡县斜坡中部油层组特征及其分布预测	地调一处　詹世凡

续表

序号	完成时间（年．月）	报告名称	完成单位和第一作者
552	1990.12	榆科地区三维解释综合研究报告	地调一处　杨举勇
553	1990.12	饶南次凹东部区带描述及圈闭评价	地调一处　崔为民
554	1990.12	万昌地区三维资料解释阶段成果报告	地调一处　朱允成
555	1990.12	茅山背斜、农安背斜气层的识别与预测	地调一处　汪恩华
556	1990.12	英台地区高分辨率地震勘探成果报告	地调一处　牛国军
557	1990.12	万金塔地区地震勘探成果报告	地调一处　王　彬
558	1990.12	松辽盆地东南隆起区中部石油地质特征	地调一处　宋长友
559	1990.12	合肥盆地石油地质特征及油气勘探论证	地调二处　陈发祥
560	1990.12	轮南地区三叠系、奥陶系储层横向预测研究	库尔勒研究中心　张　玮
561	1990.12	纵横波联合勘探方法实验	地调二处　甘家祚
562	1990.12	南华北隐伏区应用地震资料对含煤远景的研究报告	地调二处　刘明义
563	1990.12	三水盆地南部二维弯线地震勘探成果	地调二处　高　岩
564	1990.12	广东三水盆地三江地区三维地震资料解释成果	地调二处　徐礼贵
565	1990.12	利用地震相对伊盟地区上古生界煤层分布的预测研究	地调二处　沈秀英
566	1990.12	鄂尔多斯盆地伊盟地区上古生界气藏形成条件研究与评价	地调二处　郭钟灿
567	1990.12	用阿 410 井 VSP 横波分裂资料推动裂隙及地质解释	地调二处　唐东磊
568	1990.12	杜营次凹沙三段地震地层学研究	地调二处　黎　霜
569	1990.12	东濮凹陷海通集次凹沙一段储层研究	地调二处　王文方
570	1990.12	东濮凹陷前梨园次凹陷沙一、三$_1$段储层预测	地调二处　王文方
571	1990.12	秦晋地区地质构造演化及古生界天然气远景评价	地研院　王同和
572	1991.1	英台地区高分辨率地震勘探成果报告	地调一处　牛国军
573	1991.2	微机绘图系统阶段成果报告	地研院　王小牧
574	1991.2	轮南地区奥陶系灰岩缝洞探索性研究	地研院　沙锡鉴
575	1991.2	复杂地质条件地区二维地震大剖面构造精细解释储层分析及含油气潜力估量试验	地研院　崔绍贤
576	1991.2	地震剖面极性及层位标定研究	地研院　王克宁
577	1991.3	英买力地区地震资料解释成果报告	地研院　金爱丽
578	1991.3	利用 LandMark 解释系统实现蠡县斜坡前积砂体研究的尝试	地研院　范雅琳
579	1991.3	塔里木盆地卫星摄影地貌地质解释成果的验证	地研院　刘怀奇
580	1991.3	轮南三维地震资料解释及储层研究	地研院　李金恒
581	1991.3	晋县凹陷中部地震资料解释及成果汇总	地研院　易炽昌
582	1991.3	桑塔木南地区构造圈闭研究	地研院　王小善
583	1991.3	轮南地区三维地震资料解释成果报告	地研院　张彦林
584	1991.3	饶南次凹东部区带描述及圈闭评价	地调一处　崔为民
585	1991.4	塔里木盆地塔北地区石炭系储层地震地质特征	地研院　高增海
586	1991.4	榆科地区三维地震资料精细解释效果	地调一处　杨举勇
587	1991.4	塔北东河塘地区地震资料解释成果报告	地研院　金爱丽
588	1991.4	鄂尔多斯盆地伊盟地区大中气田勘探目标研究报告	地调二处　张淑华

序号	完成时间（年．月）	报告名称	完成单位和第一作者
589	1991.4	唐海地区三维地震勘探成果报告	地调二处　闫庆彬
590	1991.4	缅甸缅中盆地C－G逆掩断裂带的研究	地调二处　徐礼贵
591	1991.4	合肥盆地地质构造发展及含油气有利区带	地调二处　陈发祥
592	1991.4	鄂尔多斯盆地伊盟地区奥陶系成藏条件研究	地调二处　鲍磊英
593	1991.4	塔里木盆地草湖地区地震勘探成果报告	地调二处　陶家庆
594	1991.5	吉尔嘎郎图凹陷锡林构造带稠油田高分辨率三维地震勘探效果	地调四处　辛连发
595	1991.5	阿尔善地区薄砂层与砾岩的初步研究	地调四处　张万福
596	1991.5	塔里木盆地轮南轮西地区变速作图研究	地研院　李明忠
597	1991.6	河西务构造带区带描述及储层横向预测	地研究　赵翠芳
598	1991.6	塔里木盆地塔中地区地震勘探成果报告	地研院　黄碧芬
599	1991.6	廊固凹陷几个区块圈闭解释及储层预测	地研院　王琼英
600	1991.8	沙雅地区地震勘探成果报告	地调三处　孙方源
601	1991.8	塔北地区构造地质特征及勘探方向	地研院　高增海
602	1991.9	安徽天长地区三维地震资料人机联作解释技术及成果报告	地研院　刘泽明
603	1991.10	合浦盆地地震资料综合解释成果报告	地调二处　武玉印
604	1991.10	唐庄—徐集地区含油气有利区块预测	地调二处　郭礼平
605	1991.10	豫东—皖北地区油气岩系的分布规律	地调二处　刘明义
606	1991.10	冀中坳陷下第三系层序地层学研究	地研院　张振生
607	1991.10	地震精细解释在勘探东河塘油田中的应用	地研院　金爱丽
608	1991.10	LN1—LN8井区储层研究	地研院　刘素庚
609	1991.12	二连盆地乌里亚斯太凹陷地震勘探总结报告	地调四处　赵书莲
610	1991.12	测井、录井资料数据交互管理系统	地研院　沈上其
611	1991.12	塔里木盆地库南地区地震地质研究	地调二处　陶家庆
612	1991.12	松辽盆地南部新民地区高分辨率地震勘探成果综合报告	地调一处　牛国军
613	1991.12	吐哈盆地哈密坳陷地震资料解释成果报告	地调一处　代双河
614	1991.12	吐哈盆地台北凹陷地震地质综合研究	地调一处　邓小力
615	1991.12	阿尔善地区三维地震勘探成果报告	地调四处　洪月英
616	1992.1	中国北部中区侏罗与白垩系地层划分与对比	地研院　何金良
617	1992.2	吉尔嘎郎图凹陷中西部地震解释初步成果	地调四处　李书发
618	1992.2	解释系统的维护、应用与开发	地研院　李　玲
619	1992.2	固镇坳陷地震解释综合研究报告	地调二处　刘明义
620	1992.3	塔河南肖塘地区地震资料解释成果	地研院　刘德玉
621	1992.3	塔里木盆地东河塘油田1号背斜石炭系油藏储层横向预测	地研院　金爱丽
622	1992.3	周口坳陷阜阳凹陷地震资料解释综合研究报告	地调二处　王泽全
623	1992.3	巴音浩特盆地石炭系油气地震勘探成果	地调四处　邸志广
624	1992.3	松辽盆地东南隆起区地震勘探成果及油气资源评价	地调一处　孟东军
625	1992.4	塔中西部地区构造解释方法及成果	地研院　黄碧芬
626	1992.5	克服利用振幅预测厚度局限性的方法探讨	地研院　潘尧嘉

续表

序号	完成时间（年．月）	报告名称	完成单位和第一作者
627	1992.7	塔中—巴东地区石油地质特征及资源评价	地研院　张振生
628	1992.7	吐哈盆地七克台地区地面地质调查及综合研究报告	物探局　庞骏明
629	1992.7	赛汉塔拉凹陷中南部三维地震勘探初步成果	地调四处　娄占伟
630	1992.7	额仁淖尔凹陷东部地区三维地震勘探初步成果	地调四处　陈元忠
631	1992.7	吉尔嘎郎图及布朗沙尔凹陷二维勘探阶段成果报告	地调四处　刘国玺
632	1992.7	吉尔嘎郎图凹陷锡林构造带油藏描述	地调四处　辛连发
633	1992.7	哈22井砾岩研究的初步成果	地调四处　巩庆霖
634	1992.7	哈22井区阿三段沉积相分析	地调四处　徐　烨
635	1992.8	大厂凹陷二维地震资料解释成果及含油气综合评价	地研院　王化清
636	1992.8	沙雅北部地区地震资料解释成果报告	地调三处　孙方源
637	1992.8	吉拉克地区地震资料解释报告	地调三处　林吉祥
638	1992.8	阿尔善油田夫特油藏储层横向预测	地调四处　巩庆霖
639	1992.8	轮南三维地震资料解释及储层预测	地研院　李金恒
640	1992.8	冀中坳陷非背斜圈闭形成条件及勘探方向建议	地研院　刘前志
641	1992.9	塔里木盆地中央隆起的构造演化及区带划分	地研院　刘怀奇
642	1992.10	塔里木盆地三叠系层序地层学研究及油层组的追踪对比	地研院　杨春林
643	1992.11	层序地层学研究（国家八五科技攻关项目）	地研院　张振生
644	1992.11	塔中圈闭评价	库尔勒研究中心　张　玮
645	1992.11	轮南地区多波地震试验资料解释	地调二处　唐东磊
646	1992.11	大沙漠低信噪比地震勘探技术	物探局　钱荣钧
647	1992.11	轮南地区高分辨率试验资料的解释	地调二处　刘金枝
648	1992.11	地震反射层位综合评定技术	库尔勒研究中心　徐广明
649	1992.11	塔里木盆地构造与形成演化特征	地研院　刘怀奇
650	1992.11	塔北地区大深度低幅度构造工业性评价的研究	地研院　王达昌
651	1992.12	榆科地区三维地震资料精细解释效果	地调一处　杨举勇
652	1992.12	饶南次凹东部区带描述及圈闭评价（杨武寨）	地调一处　崔为民
653	1992.12	大王庄地区三维地震资料综合解释及效果	地调一处　张淑清
654	1992.12	轮北地区地震解释成果报告	地调三处　罗明发
655	1992.12	英买力多目的层勘探区地震资料解释成果及整体勘探设想	库尔勒研究中心　时卫东
656	1992.12	塔里木盆地柯克亚三维地震资料的精细解释及油气藏描述	地调三处　尚培乐
657	1992.12	提尔根北半背斜油藏描述	库尔勒研究中心　郭礼平
658	1992.12	桑塔木地区奥陶系顶面三维地震资料解释	库尔勒研究中心　董自增
659	1992.12	储层横向预测技术研究和应用—草湖地区	库尔勒研究中心　郭钟灿
660	1992.12	拜城坳陷的地质特征	地调三处　李维贤
661	1992.12	吉拉克凝析油气田三叠系凝析气藏储层横向预测及描述	地研院　王小善
662	1992.12	塔里木盆地孔雀河斜坡地震地质研究	地调二处　张德云
663	1992.12	马厂地区三维地震资料人机联作解释及效果	地调二处　张占敏
664	1992.12	塔里木盆地东河油田东河砂岩油藏储层预测报告	地研院　谷跃民

续表

序号	完成时间（年．月）	报 告 名 称	完成单位和第一作者
665	1992.12	三水盆地宝竹、三水大揽区三维地震资料解释及综合研究成果	地调二处　甘家祚
666	1993.1	安徽津里、水口次凹地震概查报告	地调二处　王泽权
667	1993.1	从勘探地震信息看中国陆盆演化与沉积盆地结构和盆内构造样式	地研院　杨克绳
668	1993.1	利用零偏移距 VSP 初至时间计算层速度的方法	地研院　李希安
669	1993.2	岔路河凹陷三维地震资料成果综合报告	地调一处　朱允成
670	1993.2	红台—小草湖地区地震勘探成果报告	地调一处　王仁翠
671	1993.2	轮南三维地震解释成果总结报告	地研院　张延庆
672	1993.2	大王庄地区三维地震资料综合解释及效果	地调一处　张淑清
673	1993.2	斜坡（隆起）构造—塔里木盆地内部三大隆起的基本特征	地研院　刘怀奇
674	1993.2	高分辨率地震勘探技术在松辽盆地中南部地区的应用	地调一处　牛国军
675	1993.2	新庙西高分辨率地震勘探成果及新民储层预测综合报告	地调一处　牛国军
676	1993.2	塔北隆起东河 4、6 构造储层横向预测	地研院　李兰忠
677	1993.3	吉拉克气田石炭系凝析气藏构造及储层横向预测	地研院　丁世文
678	1993.3	英买力 7 井、英买力 9 井区三维资料构造解释	地研院　卢有余
679	1993.3	英买力 7、9 井区下第三系和白垩系构造及储层横向预测	地研院　张彦林
680	1993.3	吐哈盆地七克台地区台孜油矿浅油藏勘探第二勘探工作总结报告	物探局　庞骏明
681	1993.3	巴音都兰凹陷暨包楞构造带地震勘探总结	地调四处　赵书莲
682	1993.3	塔里木盆地速度分析及提高时深转换精度的方法	地研院　李明忠
683	1993.3	塔里木盆地塔中隆起四号构造石炭系储层横向预测	地研院　黄卫宁
684	1993.3	河西务构造带三维地震构造精细解释	地研院　万里平
685	1993.3	搜索法 AVO 反演	地研院　许增魁
686	1993.3	草湖凹陷地震资料解释及效果	库尔勒研究中心　郭礼平
687	1993.3	塔中地区石炭系“东河砂岩”分布的再认识及泥盆系地层圈闭的初步研究	库尔勒研究中心　曲伟鹏
688	1993.3	赛汉塔拉凹陷伊和扎布构造带有利圈闭评价	地调四处　于金池
689	1993.3	洪浩尔舒特凹陷地震勘探初步成果	地调四处　徐　烨
690	1993.3	锡林构造带西部三维地震勘探初步成果	地调四处　李书发
691	1993.3	布朗沙尔、布日敦凹陷地震勘探初步成果	地调四处　刘国玺
692	1993.3	吉 20 井地震监测稠油热躯动前缘效果	地调四处　王振国
693	1993.3	额仁淖尔凹陷三维地震勘探成果	地调四处　陈元忠
694	1993.3	高力罕凹陷勘探新认识	地调四处　杨烈忠
695	1993.3	吉尔嘎郎图凹陷二维地震勘探成果	地调四处　刘国玺
696	1993.3	阿尔善西三维地震勘探初步成果	地调四处　娄占伟
697	1993.3	哈南地区隐蔽圈闭研究	地调四处　郑纪清
698	1993.3	松辽盆地南部新民地区高分辨率地震勘探成果综合报告	地调一处　牛国军
699	1993.3	吐哈盆地台北凹陷石油天然气地震勘探及地质综合研究	地调一处　邓小力
700	1993.4	安徽天长地区汊涧次凹三维地震解释成果报告	地研院　江宏涛
701	1993.4	塔里木盆地速度场建立及应用	地研院　骆为民
702	1993.4	提尔根—二八台构造带地震资料解释成果	库尔勒研究中心　郭礼平

续表

序号	完成时间（年．月）	报告名称	完成单位和第一作者
703	1993.4	大城地区地震勘探成果报告	地调四处　朱　侠
704	1993.5	吉尔嘎郎图凹陷早期资源评价	地调四处　刘国玺
705	1993.6	阿瓦提地区地震资料解释成果	库尔勒研究中心　郭礼平
706	1993.6	塔里木盆地塔中四背斜油藏描述	地研院　王小善
707	1993.8	吐哈盆地丘东—温吉桑地区储层预测报告	地调一处　詹世凡
708	1993.9	塔中低隆构造样式	库尔勒研究中心　段书府
709	1993.10	百色盆地塘寨—子寅地区三维地震资料解释及小目标研究报告	地调二处　张占敏
710	1993.10	层序地层学在吉拉克地区的应用效果	地调二处　王长林
711	1993.10	赛汉塔拉凹陷三维地震成果	地调四处　于金池
712	1993.10	塔里木盆地岩心物性测试及参数分析与应用	地研院　钟森才
713	1993.12	小合隆地区二维地震资料解释成果报告	地调一处　席桂芬
714	1993.12	高分辨率地震勘探技术在塔北地区的应用	地调二处　武玉印
715	1993.12	江西省弋阳盆地地震概查总结报告	地调二处　李宝树
716	1993.12	塔中地区油气聚集规律浅析及塔中东部地震资料解释成果	地研院　王晓平
717	1993.12	神经网络模式识别技术在惠民地区的应用研究	地调二处　胡学平
718	1993.12	塔北隆起有利区带选择及部署建议	库尔勒研究中心　袁　非
719	1993.12	塔里木盆地速度分析及提高转换精度的方法	地研院　马　涛
720	1993.12	塔里木盆地库车坳陷圈闭类型成因、分布规律及评价	地调三处　文桂华
721	1993.12	英买力三维地震资料构造精细解释成果	地调三处　曾正明
722	1993.12	塔里木盆地克里阳地区地震勘探成果报告	地调二处　张嘉坤
723	1993.12	南堡地区三维地震资料连片解释	地研院　赵翠芬
724	1994.1	吐哈盆地西部侏罗系层序地层学及煤系地层成烃潜力研究	地调一处　毛凤军
725	1994.1	安徽秦栏次凹地震资料解释成果报告	地调二处　王淑珍
726	1994.1	交互伪声波阻抗转换	地研院　王志英
727	1994.1	麦盖提斜坡地震资料解释成果及区带评价	库尔勒研究中心　郭礼平
728	1994.2	复合显示技术在地震解释中的应用	地研院　郭新峰
729	1994.2	沿层地震信息的神经元网络	地研院　郭新峰
730	1994.2	德惠凹陷万金塔地区地震资料解释成果报告	地调一处　庞学明
731	1994.2	塔里木盆地塔北隆起英买二号构造下奥陶统灰岩储层预测	地研院　谷跃民
732	1994.3	二连盆地洪浩尔舒特凹陷二维资料解释结果	地调四处　王九栓
733	1994.3	二连盆地乌里雅斯太凹陷三维资料解释成果	地调四处　朱　光
734	1994.3	二连盆地阿南凹陷南坡三维资料解释成果	地调四处　于金池
735	1994.3	二连赛汉乌力吉凹陷地震地质综合研究报告	地调四处　杨烈忠
736	1994.3	草湖地区区域储层研究和应用	库尔勒研究中心　郭钟灿
737	1994.3	二连盆地额仁淖尔包尔储层横向预测初步成果	地调四处　陈元忠
738	1994.3	二连盆地额仁淖尔吉格森构造精细解释	地调四处　杨　剑
739	1994.3	银根盆地尚丹凹陷地震勘探成果报告	地调四处　王海玉
740	1994.3	塔北轮南地区用地震方法研究碳酸盐岩裂缝发育带的探索	地研院　刘素庚

续表

序号	完成时间（年．月）	报告名称	完成单位和第一作者
741	1994.3	VSP资料在地震地质解释中应用的若干问题研究	研究院　李希安
742	1994.4	廊固凹陷三维资料精细解释成果报告（固安—中岔口三维工区）	地研院　郭玲萱
743	1994.5	塔里木盆地英买力构造带下第三系凝析气藏储层横向预测	地研院　金爱丽
744	1994.6	草湖6井圈闭评价与预测	库尔勒研究中心　范学文
745	1994.7	二连盆地洪浩尔特凹陷二维成果报告	地调四处　王九栓
746	1994.8	吐哈盆地七克台地区台孜油矿浅油藏勘探试油试采总结	物探局　庞骏明
747	1994.8	三塘湖盆地条湖凹陷北小湖构造三维地震勘探成果	地调一处　张淑清
748	1994.8	塔里木盆地古生界层序地层学研究	地研院　张振生
749	1994.8	塔里木盆地石炭系地震地层学研究	地研院　张振生
750	1994.9	塔里木盆地地质构造与构造演化史	地研院　高增海
751	1994.9	塔西南坳陷圈闭类型及分布特征	地调三处　刘国中
752	1994.9	英买力7～9井区下第三系早期油藏描述	地调三处　汪昌贵
753	1994.9	塔里木盆地非构造圈闭分布与成因	地研院　王绍玉
754	1994.10	鄂尔多斯盆地伊盟地区下古生界大中气田目标研究	地调二处　鲍磊英
755	1994.10	无为盆地地震资料解释及圈闭评价研究报告	地调二处　李宝树
756	1994.10	准噶尔盆地莫索湾地区三维地震勘探成果	地调四处　洪月英
757	1994.10	塔里木盆地构造圈闭评价	地研院　赖江德
758	1994.10	库车坳陷侏罗纪沉积特征及勘探部署	地调三处　孙方源
759	1994.10	合肥盆地合西地区地震普查成果报告	地调二处　彭朝全
760	1994.10	库车前陆盆地描述	地调三处　文桂华
761	1994.10	塔里木盆地构造圈闭类型分布成因	地研院　杨春林
762	1994.11	塔中4油田的形成演化和塔中地区非背斜油气藏勘探	库尔勒研究中心　苟光汉
763	1994.11	西南坳陷构造特征及含油气远景评价	地调三处　刘淑芝
764	1994.11	托克逊凹陷白杨河—肯德克地区资料解释与认识	地调一处　周仁和
765	1994.12	井间地震技术Ⅰ：透射波速度层析成像阶段总结报告	地研院　严又生
766	1994.12	英买力全三维工区精细解释圈闭研究	地研院　张彦林
767	1994.12	伊盟地区高分辨率地震资料解释效果分析	地调二处　马喜梅
768	1994.12	塔北隆起圈闭评价	库尔勒研究中心　袁　非
769	1994.12	塔里木盆地塔中地区地震地质解释	地研院　王晓平
770	1994.12	塔中构造带圈闭评价及有利圈闭评价	库尔勒研究中心　温声明
771	1994.12	神泉地区三维地震资料解释与储层预测	地调一处　牛国军
772	1994.12	满加尔凹陷圈闭评价	库尔勒研究中心　高启才
773	1994.12	塔里木盆地塔北隆起牙哈断裂构造带地震油藏描述	地调三处　刘登明
774	1994.12	塔里木盆地东河砂岩段分布规律及含油性	地研院　张群伟
775	1994.12	塔里木盆地东部地区地震资料解释成果	地调二处　张德云
776	1994.12	南方碳酸岩盆地地震解释方法调查分析与研究	地调二处　温森来
777	1994.12	塔里木盆地提尔根三维地震资料解释及综合成果报告	地调二处　张占敏
778	1994.12	南陵无为地区圈闭类型及评价	地调二处　李昌月

续表

序号	完成时间（年.月）	报告名称	完成单位和第一作者
779	1994.12	鄂尔多斯盆地伊盟杭北地区地震概查报告	地调二处　杨天福
780	1994.12	塔里木盆地提尔根地区一号背斜构造油藏描述报告	地调二处　张嘉坤
781	1994.12	多线剖面解释软件及其在提尔根三维区的应用	地调二处　张占敏
782	1995.1	塔里木盆地速度场研究及应用	地研院　马　涛
783	1995.1	塔里木盆地塔中10构造油藏储层横向预测	库尔勒研究中心　曲伟鹏
784	1995.1	沧县隆起阜城地区1994年度二维地震勘探解释成果报告	地调一处　黄哲文
785	1995.1	吐鲁番坳陷南部前侏罗系地层石油地质综合分析	地调一处　林心育
786	1995.1	吐哈盆地地震勘探技术及效果	地调一处　云　龙
787	1995.1	廊固凹陷旧州—琥珀营三维资料解释成果报告	地研院　郭玲萱
788	1995.3	塔里木盆地轮南地区石炭系多类型、小规模油气藏储层研究	地研院　刘素庚
789	1995.3	二连巴音都兰包楞地区三维资料解释成果报告	地调四处　洪月英
790	1995.3	二连宝格达凹陷二维地震资料初步成果报告	地调四处　郑纪清
791	1995.3	二连乌里亚斯太（南洼太21井区）油藏描述报告	地调四处　赵书莲
792	1995.3	二连洪浩尔舒特中部三维资料初步解释成果报告	地调四处　朱　光
793	1995.3	牙哈断裂构造带变速空校方法研究成果报告	库尔勒研究中心　徐广民
794	1995.3	二连额仁淖尔巴润南三维区资料初步解释成果	地调四处　陈元忠
795	1995.3	二连阿南南坡西段三维区资料初步解释成果	地调四处　于金池
796	1995.3	二连阿北三维精细解释和储层预测成果报告	地调四处　张万福
797	1995.3	二连洪浩尔舒特凹陷三维资料解释成果	地调四处　甘常华
798	1995.3	三塘湖盆地西部坳陷二维地震资料解释成果	地调四处　邸志广
799	1995.5	塔北隆起牙哈2—3号构造下第三系底砂岩气藏描述	地研院　谷跃民
800	1995.6	巴楚断隆两侧及满西低隆地震资料解释成果	库尔勒研究中心　郭礼平
801	1995.6	渤海湾盆深层构造和构造圈闭特征及分布规律研究报告	地研院　刘怀奇
802	1995.6	榆树凹陷地震解释成果综合研究报告	地调一处　林心育
803	1995.6	吐哈盆地库木塔克地区二维地震总结	地调四处　徐　烨
804	1995.7	吐哈盆地艾丁湖地区二维地震勘探成果报告	地调一处　牛国军
805	1995.7	二连盆地阿南凹陷南坡西段三维资料解释成果	地调四处　洪月英
806	1995.7	赛汉塔拉凹陷三维地震勘探成果	地调四处　于金池
807	1995.7	二连盆地宝格达凹陷二维地震勘探成果	地调四处　李书发
808	1995.9	塔里木盆地圈闭与局部构造类型分布和评价	地研院　金学正
809	1995.9	冀中坳陷饶南次凹深层勘探层序地层解释	地研院　赵建章
810	1995.9	临清地区古生界地震老资料连片解释、研究及早期综合评价	地研院　杨克绳
811	1995.10	陆东凹陷北部地区隐蔽圈闭综合研究	地调四处　于　华
812	1995.11	塔北隆起羊塔克三维地震资料解释方法与效果	库尔勒研究中心　张好勇
813	1995.11	冀中盆地构造特征和演化及有利含油气区预测	地研院　王子非
814	1995.12	塔里木盆地阳霞地区侏罗系层序地层学初步分析及非背斜圈闭研究	地研院　王庆果
815	1995.12	塔中隆起北部志留系区带评价及构造、非构造圈闭研究	地研院　赵建章
816	1995.12	塔北隆起东河20～23井区侏罗系油藏描述	库尔勒研究中心　冯许魁

序号	完成时间（年．月）	报告名称	完成单位和第一作者
817	1995.12	伊盟地区地震资料构造解释	地调二处　董振川
818	1995.12	东河塘地区石炭系哈南圈闭研究	地研院　刘德顺
819	1995.12	塔里木盆地地震资料解释方法	地研院　谷跃民
820	1995.12	乌审召地区圈闭描述评价	地调二处　鲍磊英
821	1995.12	塔里木盆地塔中16井三维区油藏描述	地研院　王小善
822	1995.12	塔里木盆地新构造运动特征及库车地区有利区带选择	地研院　张群伟
823	1995.12	塔里木盆地大尤都斯断裂构造带三维地震资料解释成果报告	地调三处　陈亚军
824	1995.12	塔东地区侏罗系地震资料解释成果	地调二处　廖如潮
825	1995.12	塔东地区侏罗系层序地层学研究与油气资源综合评价	地调二处　张德云
826	1995.12	平衡剖面技术及其应用	地调二处　王泽权
827	1995.12	伊宁坳陷南部地区地震资料解释及圈闭评价	地调二处　杨天福
828	1995.12	1994年伊盟地区高分辨率地震资料解释总结报告	地调二处　胡新立
829	1995.12	巴基斯坦KHAIRIMURAT地区二维资料解释	地调二处　李宝树
830	1995.12	巴基斯坦SANGHARSOUTH地区二维资料解释	地调二处　李宝树
831	1995.12	吐哈盆地古构造研究方法与效果	地调一处　许大丰
832	1995.12	塔里木盆地志留系层序地层学及非背斜圈闭研究	地研院　赵秀岐
833	1995.12	饶阳凹陷大王庄南地区三维资料精细解释成果报告	地研院　郭玲萱
834	1996.1	吐哈盆地台北凹陷白杨河—卡拉图地区地震资料解释成果报告	地调一处　于拥军
835	1996.1	吐鲁番盆地南部前侏罗系石油地质特征及勘探方向	地调一处　魏宝辉
836	1996.1	塔里木盆地地震地质成果及勘探部署建议	库尔勒研究中心　万里皋
837	1996.1	塔中地区非构造圈闭的勘探及认识	库尔勒研究中心　段书府
838	1996.1	吐哈盆地库木塔克地区二维地震资料解释成果报告	地调一处　高建勋
839	1996.1	塔中及阿满过渡带地区区带评价及目标选择	地研院　王晓平
840	1996.1	郯庐断裂带地球物理场特征及其构造演化探讨	地研院　张　浩
841	1996.3	塔里木盆地轮南凸起南缘圈闭及油气藏形成条件研究	地研院　刘德顺
842	1996.3	新、青、甘地区《区域地质、物探综合解释剖面图编制》研究报告	地研院　吕明才
843	1996.3	渤海湾盆地西部构造特征演化、郯庐断裂带地球物理场特征研究及有利含油气区预测	地研院　刘前志
844	1996.3	二连盆地额仁淖尔凹陷巴润南三维地震解释成果	地调四处　陈元忠
845	1996.3	二连盆地洪浩尔舒特凹陷三维地震勘探成果	地调四处　甘常华
846	1996.3	二连盆地巴音都兰凹陷西部二维地震勘探成果	地调四处　于　杰
847	1996.5	塔中地区地震地质层位研究	库尔勒研究中心　王仁德
848	1996.6	二连盆地额仁淖尔凹陷构造带划分及评价	地调四处　陈元忠
849	1996.6	华北地区古生界构造演化及含油气远景评价	地研院　江宏涛
850	1996.9	东秋里塔克北—北秋里塔克北、阳霞地区二维地震资料解释成果	库尔勒研究中心　王贵重
851	1996.9	塔北隆起牙哈断裂构造带构造精细解释及储层横向预测	地研院　李　玲
852	1996.9	塔里木盆地烃源岩特征及油气对比研究	库尔勒研究中心　黄海平
853	1996.9	玛扎塔克山及玛参1井南地区地震资料解释成果报告	库尔勒研究中心　刘运宏

续表

序号	完成时间（年．月）	报告名称	完成单位和第一作者
854	1996.12	塔里木盆地三叠系中上奥陶层序地层学初步研究及塔中地区满西地震解释	地研院　赵秀岐
855	1996.12	准噶尔盆地腹部石南4井区三维地震勘探成果	地调四处　巩庆霖
856	1996.12	塔里木盆地和田探区地震地质综合解释阶段成果	地调三处　孙方源
857	1996.12	塔里木盆地塔北隆起红旗断裂构造带三维地震资料解释成果报告	地调三处　陈亚军
858	1996.12	羌塘盆地构造特征及含油气性研究	地研院　吕金海
859	1996.12	巴基斯坦Basal租赁区Bhal syedan工区三维地震解释	地调二处　李宝树
860	1996.12	无为盆地地震资料解释与综合研究	地调二处　钱盘补
861	1996.12	合肥盆地区域地震剖面综合解释及盆地评价	地调二处　毛德民
862	1996.12	秦兰次凹地震资料精细解释成果报告	地调二处　张思敏
863	1996.12	牙哈寒武系潜山构造解释与烃类检测成果报告	地调二处　张占敏
864	1996.12	山西省沁水盆地阳城—阳泉地震大剖面地质综合解释研究报告	地调二处　张嘉坤
865	1996.12	塔里木盆地柯坪隆起综合地质研究	地调三处　侯六根
866	1996.12	山西省沁水盆地祁县凸起概查报告	地调二处　杨天福
867	1996.12	库车坳陷地质构造特征综合研究	地调三处　刘登明
868	1996.12	南堡凹陷三维连片地震资料解释成果报告	地研院　赵玉光
869	1996.12	三维地震资料连续数据体技术研究与应用	地研院　谷跃民
870	1996.12	轮南隆西斜坡非构造圈闭研究	地调三处　侯六根
871	1996.12	吐哈盆地台北凹陷速度场研究	地调一处　王世瑞
872	1996.12	庙北地区储层研究	地研院　曹雪莲
873	1996.12	台北凹陷葡萄沟—葡北地区岩性油气藏解释	地调一处　李建林
874	1996.12	吐哈盆地台北凹陷胜北次凹连木沁三角洲岩性油气藏解释	地调一处　张进学
875	1996.12	塔北隆起三叠系、侏罗系储层研究与评价	库尔勒研究中心　高振中
876	1996.12	塔里木盆地塔北隆起玉东构造三维地震资料解释成果报告	地调三处　李　峰
877	1996.12	吐哈盆地台北凹陷连木沁三维地震资料解释成果报告	地调一处　张进学
878	1996.12	吐哈盆地台北凹陷胜南—雁木西地区三维地震勘探成果报告	地调一处　毛凤军
879	1996.12	葡北地区高分辨率二维地震资料解释	地调一处　杨金荣
880	1996.12	葡萄沟地区三维地震资料解释成果报告	地调一处　张淑清
881	1996.12	吐哈盆地台北凹陷红南—了墩地区三维地震勘探成果报告	地调一处　汪恩华
882	1996.12	伊盟东部地区高分辨率地震资料解释成果	地调一处　王仁翠
883	1996.12	吐鲁番坳陷构造解释及深层研究	地调一处　黄哲文
884	1996.12	GRIStation解释系统应用及牙哈三维地震资料解释	库尔勒研究中心　张进铎
885	1997.1	秘鲁塔拉拉油区V11区块三维地震资料解释成果报告	地研院　郭玲萱
886	1997.1	1996年羌塘盆地西部金星湖—浩波湖地区三维地震勘探工程报告	地调四处　孙志华
887	1997.3	二连盆地巴音都兰凹陷二维地震资料解释成果	地调四处　姚春彪
888	1997.3	1997年吐哈盆地七泉湖地区三维地震资料解释成果	地调四处　洪月英
889	1997.3	英买二号构造全三维解释及下奥陶统灰岩裂缝研究	地研院　刘素庚
890	1997.3	塔北地区勘探目标选择和评价	库尔勒研究中心　王贵重
891	1997.3	巴楚地区勘探目标选择和评价	库尔勒研究中心　彭朝全

续表

序号	完成时间（年．月）	报告名称	完成单位和第一作者
892	1997.4	塔中地区非构造圈闭识别及工业制图	库尔勒研究中心　邓常念
893	1997.3	塔中地区勘探目标选择与评价	库尔勒研究中心　温声明
894	1997.4	塔中地区区带评价及目标选择	地研院　王晓平
895	1997.4	吐哈盆地热木坎—园艺场地区三维地震资料解释成果	地调四处　赵书莲
896	1997.4	吐哈盆地台北凹陷非背斜圈闭解释研究	地调一处　毛凤军
897	1997.5	全三维可视化解释技术在牙哈地区的应用效果	地研院　李　玲
898	1997.5	相干数据体处理、解释方法研究	库尔勒研究中心　冯许魁
899	1997.5	吐哈盆地台北凹陷西部雁木西—胜南—神泉—葡萄沟地区三维连片解释	地调一处　于拥军
900	1997.8	高北地区构造精细解释及储层评价	地研院　曹雪莲
901	1997.9	喀桑托开—吉迪克地区地震资料解释成果	库尔勒研究中心　胡圣利
902	1997.9	泽普地区地震勘探成果报告	库尔勒研究中心　宋长友
903	1997.9	巴楚凸起卡拉沙依地区地震资料解释成果报告	库尔勒研究中心　刘彩芹
904	1997.10	火成岩发育区地震资料解释方法浅析	地调二处　杨天福
905	1997.11	塔北—库车前陆坳陷地层岩性圈闭目标选择与评价	库尔勒研究中心　崔全章
906	1997.11	南喀—英买力地区勘探目标选择和评价	库尔勒研究中心　胡圣利
907	1997.12	塔里木盆地区域地质结构初步探讨及中央隆起古生代构造划分	库尔勒研究中心　袁　非
908	1997.12	台2井区三维地震资料解释	库尔勒研究中心　冯许魁
909	1997.12	塔北隆起区目标选择与评价	库尔勒研究中心　王贵重
910	1997.12	伊盟地区下石盒子组砂体解释成果	地调二处　武玉印
911	1997.12	塔里木盆地西南坳陷石油地质综合研究	地调三处　孙方源
912	1997.12	塔里木盆地库车坳陷解释研究评价	地调三处　侯六根
913	1997.12	伊盟地区砂体地震解释方法研究	地调二处　胡新立
914	1997.12	敦煌盆地西部地震勘探成果报告	地调三处　文桂华
915	1997.12	塔西南地区上白垩统下第三系层序地层学研究	地调三处　刘万辉
916	1997.12	伊川凹陷地震资料综合解释报告	地调二处　杨天福
917	1997.12	塔里木盆地和田探区圈闭评价	地调三处　李树新
918	1997.12	Central potwar 地区二维地震解释报告	地调二处　毛德民
919	1997.12	1996年库木塔克地区二维地震资料解释成果	地调四处　贾庆军
920	1997.12	共和盆地物探地质综合研究成果报告	地调一处　林心育
921	1997.12	东南隆起地震资料重新解释研究成果报告	地调一处　吕宏光
922	1997.12	1996年度喀什凹陷平原区地震概查解释成果报告	地调一处　周仁和
923	1997.12	塔里木盆地和田探区地震地质综合解释成果	地调三处　潘良云
924	1997.12	塔里木盆地西南地区第三系 T_5～T_8 层序地层学研究	地调三处　孟中美
925	1997.12	罗布泊地区地震资料初步解释	地调三处　王彦卿
926	1997.12	塔里木盆地塔北隆起牙哈构造带下系三系早期油藏描述	地调三处　曾正明
927	1997.12	阿克赛坳陷区域地质及构造特征	地调三处　金晓丽
928	1997.12	塔里木盆地西南前陆盆地构造特征及找油前景分析	地调三处　裴金霞
929	1997.12	色力布亚地区石炭系底部砂岩研究	地调三处　梁慧芳
930	1997.12	轮南下奥陶统潜山碳酸盐岩储层表征	地调三处　刘万辉
931	1998.3	老爷庙地区新一轮三维地震资料解释成果报告	地研院　曹雪莲

附表 5-2 物探局地震资料解释主要地震地质成果一览表

工区	工作起止时间(年份)	地区	解释工作量		成果图幅总数(幅)	发现与落实二级构造带数(个)	发现与落实局部构造圈闭数(个)	建议井位数(口)	被采纳井位数(口)	探明油气储量 油(亿t)/气(亿m³)	配合钻探找到的主要油气田	主要参加解释研究单位
			2D(万km)	3D(km^2)								
松辽盆地	1961~1963 1985~1993	黑龙江 吉林	3.28		1103	30	301	144	123	31.2/2984	找到升平、朝阳沟、扶余、龙虎泡、黑帝庙、红岗子、葡萄花、敖包塔等油田,后期找到长春岭、三站、五站、四家子及农安等油气田	松辽地调处、六四六厂五个大队,一处和地研院
济阳坳陷	1964~1966 1985~1986	山东	1.95	76	181	12	135	28	26	2.5	找到胜坨、纯化镇、永安镇、平方王、滨南和尚店等油田,扩大临盘油田范围	六四六厂五个大队,二处
黄骅坳陷	1964~1966 1992~1997	河北	0.93	1020	254	21	1126	100	56	2.87	找到羊三木、港中、港西、港东、王徐庄等油田,扩大冀东油田范围	六四六厂五个大队,一处和地研院
下辽河坳陷	1963~1971 1974~1976 1981~1989	辽宁	0.44	528	152	9	38	33	21	3.6	找到兴隆台、高升、热河台、黄金带、欢喜岭、曙光、青龙台、茨榆坨、静安堡、边台等油田	六四六厂二、三、十一大队,一指七大队,一处
冀中坳陷	1964~1995	华北北部	10.1	1610	6631	26	1043	1266	685	10.9/292.6	找到22个古潜山油田,8个古潜山气田和11个下第三系油田	一、二、三、四处和解释中心
渤海海域	1964~1969	渤海	3.5		329	32	231	12	3		发现海1井含油构造和9个油气聚集带	六四六厂海洋一大队
四川、江汉、南襄盆地	1965~1973	四川 湖北 河南	1.89		102		160	131	42	2	扩大威远和泸州两大气田面积,在江汉找到王场、钟市、广华、光明台、黄场、浩口、新沟和花园等油田,在南阳找到东庄和魏岗油田	六四六厂三、四、五大队,三分部五、八、九营
陕甘宁盆地	1969~1972 1986-1997	陕西 甘肃 宁夏	4.02		153	12	185	10	6	/2452	找到华池、马岭等油田,找到乌审召等3个含气带	六四六厂五、十、十三大队,二处
东濮凹陷	1974~1992	南华北	2.84	399	1385	12	460	683	496	5.81/500	找到文留、卫城、濮城、文明寨、胡状集等13个油田	二处(二指)为主,解释中心

续表

工区	工作起止时间（年份）	地区	解释工作量		成果图幅总数（幅）	发现与落实二级构造带数（个）	发现与落实局部构造圈闭数（个）	建议井位数（口）	被采纳井位数（口）	探明油气储量 油(亿 t)/气(亿 m^3)	配合钻探找到的主要油气田	主要参加解释研究单位
			2D（万 km）	3D（km^2）								
二连盆地	1978～1996	内蒙古	2D（万 km）	3D（km^2）	2367	29	962	760	493	1.85	找到阿尔善、吉格森、蒙古林、锡林、哈达图、哈南和包尔油田	四处为主，还有原解释中心、一处、二处
塔里木盆地	1978～1997	南疆	21.4	7480	6996	65	598	844	369	油气当量 7.0	找到轮南、东河塘、吉拉克、桑塔木、英买力、牙哈、克拉 2 等 20 个油气田	库尔勒研究中心、地研院（原解释中心）和三处、一处
吐哈盆地	1983～1997	东疆	3.27	1527	1435	16	304	225	159	1.95/225	在鄯善弧形带上找到 6 个整装油气田，台北西部发现 8 个油田，鲁克沁构造带发现吐玉克油田和 6 个稠油区块	一处、四处为主、还有二处
东部地区中小盆地	1973～1996	吉林 河南 河北 安徽	5.79	966	806	48	510	24	12		在岔路河断陷扩大万昌油田范围，在周口坳陷的光武和郭平楼构造上见油气显示，在开鲁盆地找到包日温都、交力格油田	二处和一处
西部地区中小盆地	1984～1997	贺西 西藏 北疆 东疆	4.51	782	672	28	235	37	23	4.6	在三塘湖盆地找到北小湖及牛圈湖油田，在焉耆盆地为发现宝浪油田指明方向，在民和盆地扩大了虎头崖油田范围，在巴彦浩特盆地两个构造上发现油气显示，在雅布赖盆地有 2 口井见油气显示，在准噶尔盆地扩大了莫索湾及石南油田的含油面积	四处和三处
南方地区中小盆地	1978～1991	广西 广东	0.35	161	169	17	94	24	7	0.006	在百色盆地找到上法、花茶和那坤等小油田，在三水盆地找到宝月和竹山岗两个小油田，在合浦盆地有 2 口井见沥青脉	二处
总　计			69.26	16563	22735	357	6382	4321	2521	74.286/6453.6	共找到 153 个油田	

注：1961～1963 年松辽地震会战期间，建议井位数情况不详；1970～1971 年下辽河地震勘探会战工作量未统计；1965～1973 年四川石油会战工作量不详。

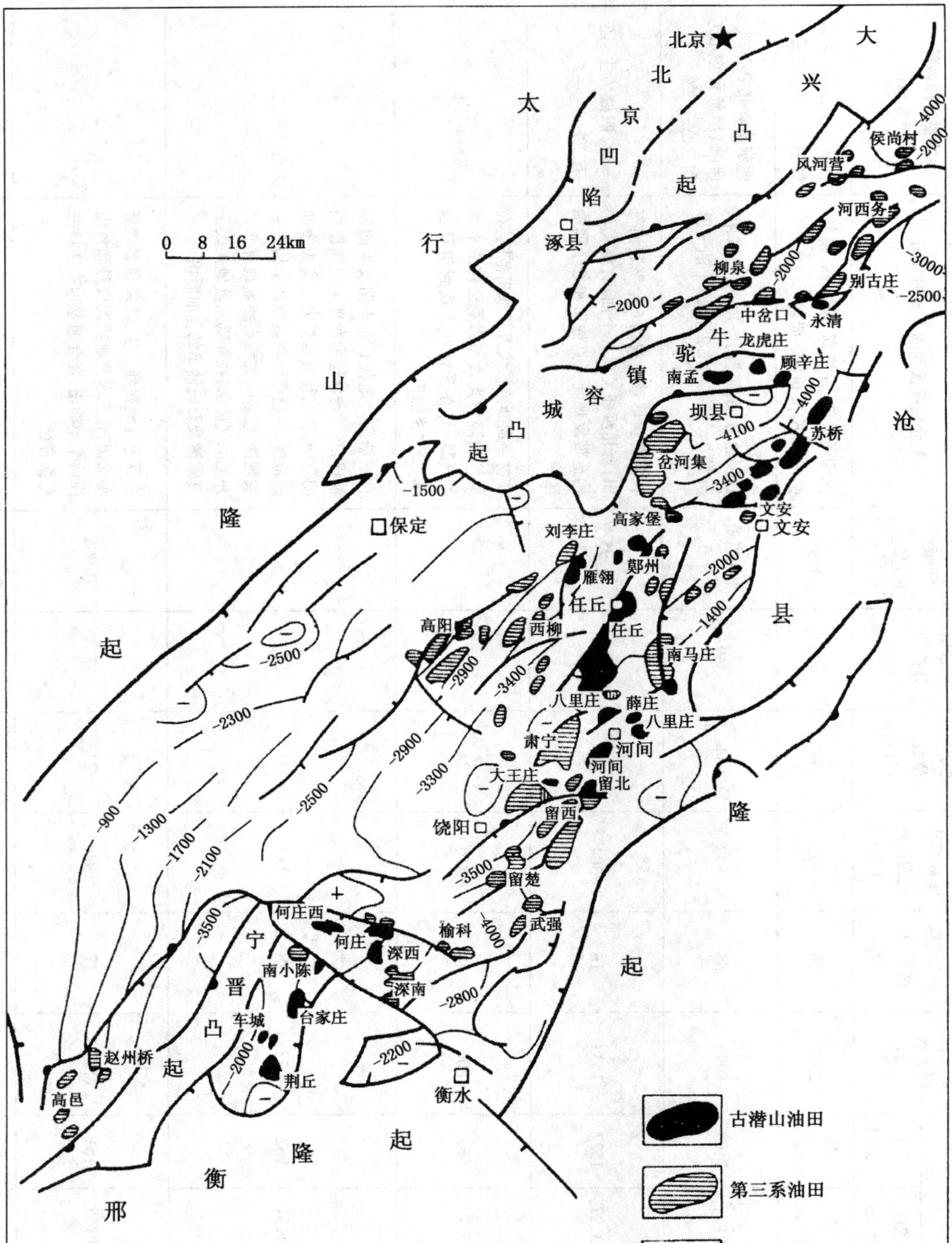

附图 5－1 冀中坳陷勘探成果图（摘自《中国油气勘探》第三卷第 695 页）

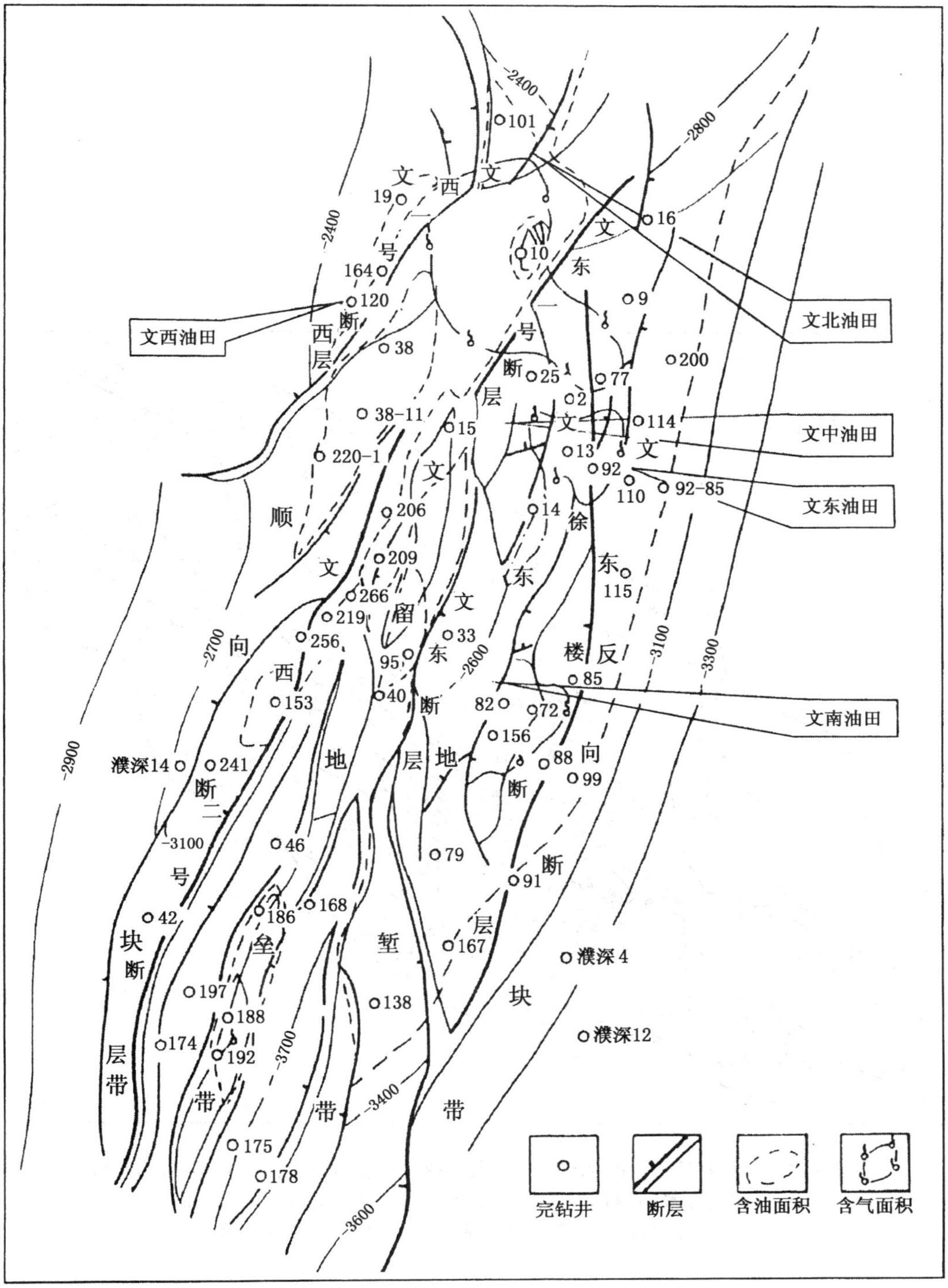

附图 5-2　东濮凹陷文留地区勘探成果图（摘自《中国油气勘探》第三卷第 772 页）
(图中无字头井均为文字号井)

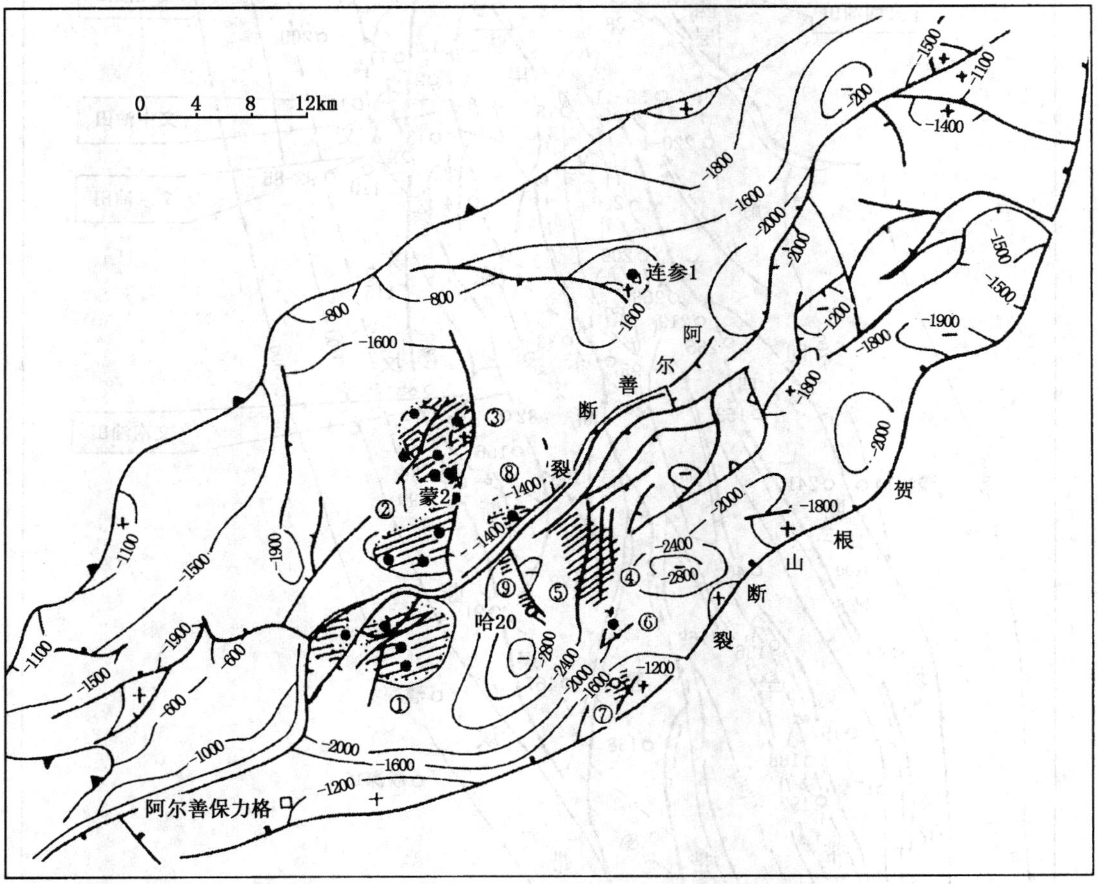

附图 5－3　二连盆地阿尔善地区勘探成果图（摘自《中国油气勘探》第三卷第 751 页）

①阿南油藏；②阿北油藏；③蒙古林油藏；④哈南油藏；⑤夫特油藏；
⑥吉和北油藏；⑦吉和西油藏；⑧哈北油藏；⑨哈 20 油藏

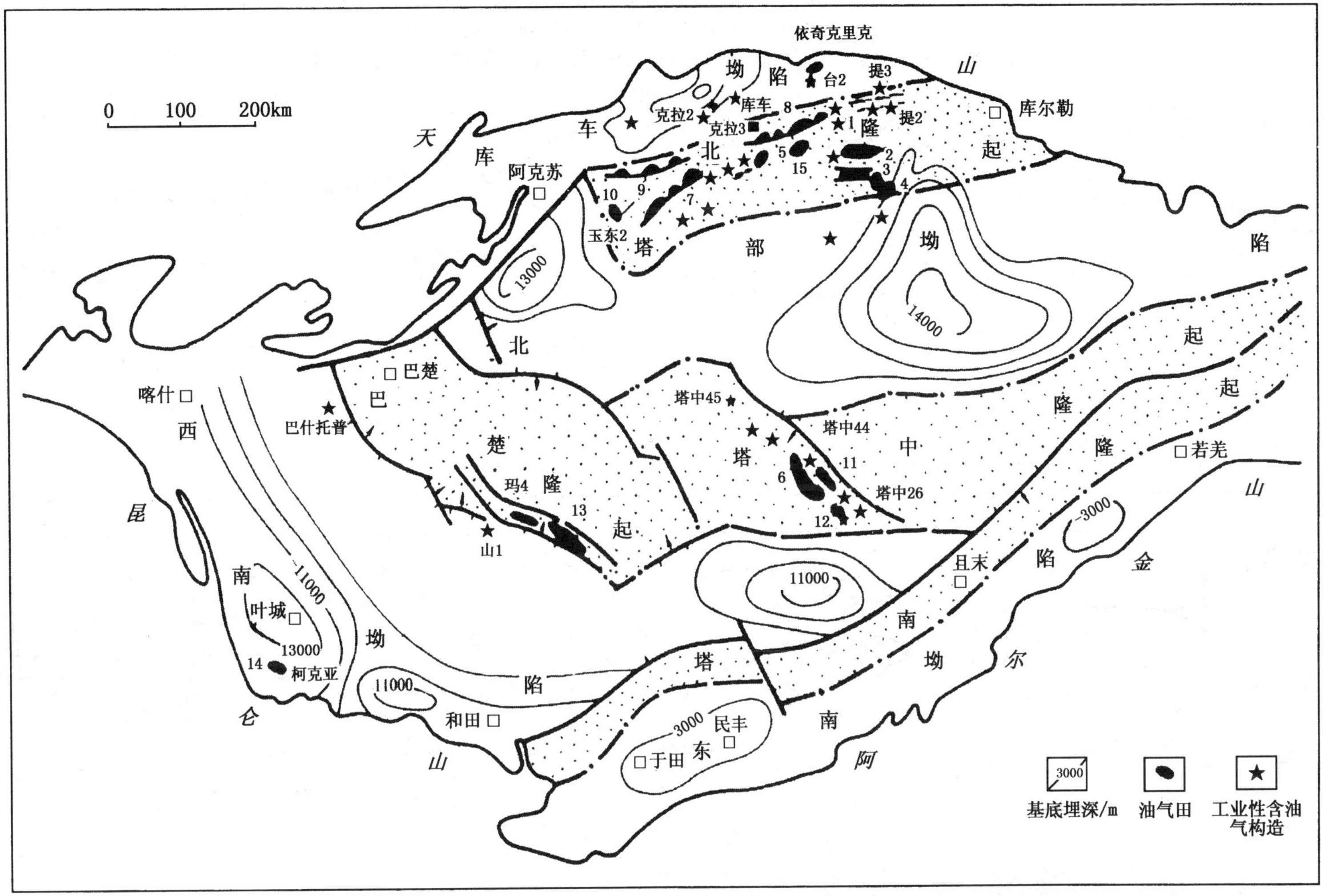

附图 5-4 塔里木盆地勘探成果图（摘自《中国油气勘探》第二卷第 363 页）

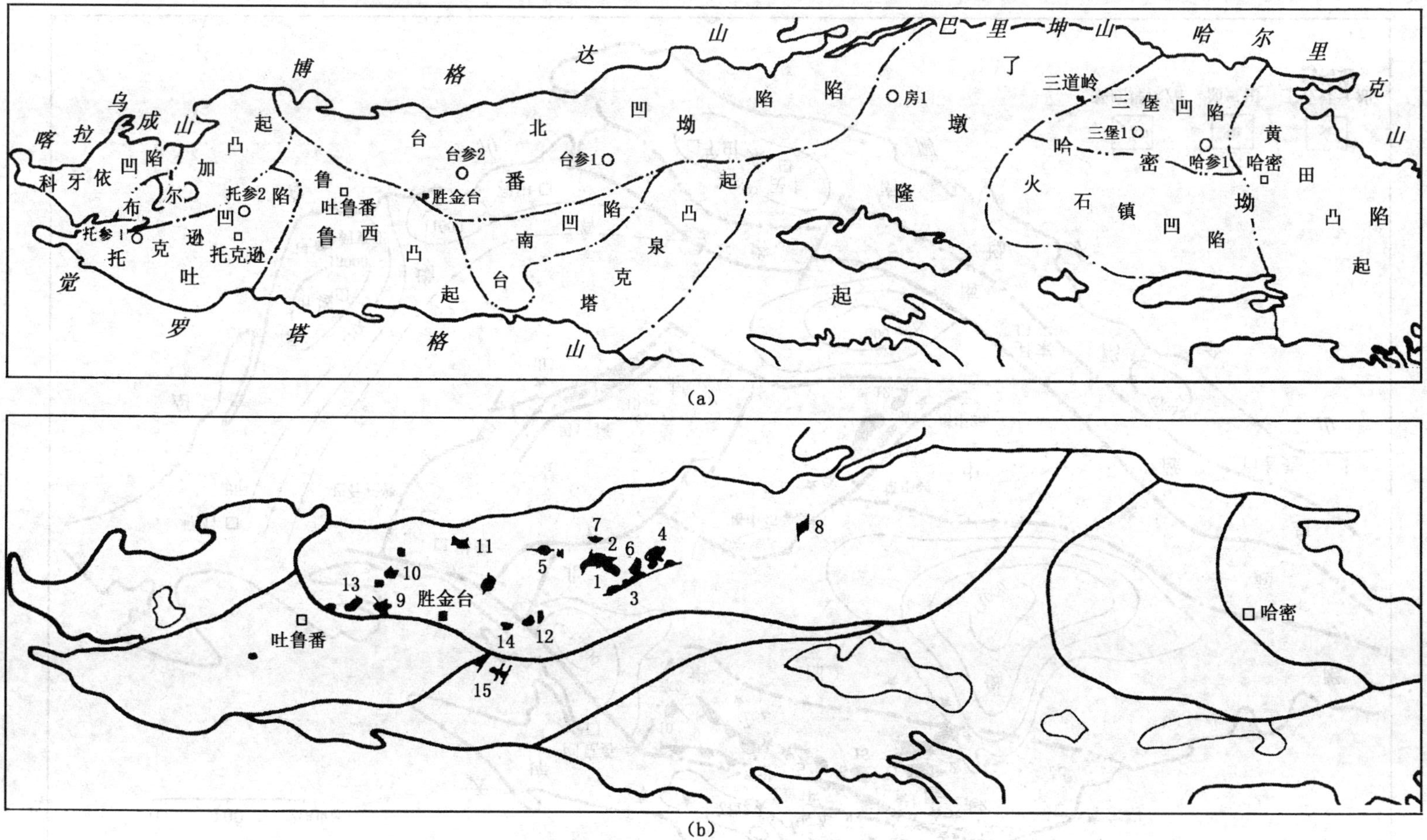

附图 5-5　吐哈盆地勘探成果图（摘自《中国油气勘探》第二卷第 455、459 页）

(a) 吐哈盆地构造单元划分图；(b) 吐哈盆地油气田分布图

1—鄯善油田；2—丘陵油田；3—温吉桑油田；4—丘东油田；5—巴喀油田；6—米登油田；7—鄯勒油田；8—红台 2 号气田；9—神泉油田；10—葡北油田；11—恰勒坎油田；12—红南油田；13—吐鲁番油田；14—连木沁油田；15—吐玉克油田

第六篇

重磁电化勘探

综　述

重力、磁力、电法和地球化学勘探方法（简称重磁电化勘探），是分别利用地下岩石的密度、磁性、电性和地下烃类微渗漏或微扩散引起的异常，研究区域构造和划分有利的沉积盆地及次级构造单元的勘探方法。由于重磁电化勘探方法使用设备轻便、施工效率高、成本低，所以广泛用于油气勘探概查和普查。随着勘探仪器精度的提高、新方法的应用和处理解释技术的进步，重磁电化勘探还可用于局部构造详查和细测。在现代油气勘探中，重磁电化勘探资料不仅在综合研究中发挥重要的作用，而且可作为地震勘探的补充，检测构造的含油气性。

中国的重力勘探起步于新中国成立前。1945 年 10 月在玉门油矿组建了中国第一个重力队。新中国成立后，1950 年在新疆正式组建了中国第一个电法队和磁力队，1956 年在四川成立了化探队。50 年代中期至 60 年代初，重磁电勘探队伍发展迅速，石油系统重力队达到 36 个，电法队达到 21 个。从 1961 年开始，地震勘探逐渐成为油气勘探中的主要工作方法，重磁电勘探队伍减少。1965 年，六四六厂拥有 6 个重磁力队、4 个电法队和 1 个微生物队。1972 年 7 月，六四六厂成立普查大队。1984 年 6 月，普查大队改名地质普查公司，辖 9 个重磁力队、5 个电法队。1986 年 7 月，普查公司改名地调五处，除原有勘探队伍外，1985 年后还新增 1 个井中重力队、1 个化探队和 1 个卫星定位队，从而成为中国非地震勘探最具实力的勘探单位。

随着科学技术的发展，重磁电化勘探方法和仪器发生了巨大变化。80 年代以前，物探局使用的重力仪精度为 0.05～0.1 毫伽，磁力仪精度为 3～5 纳特。80 年代后，物探局先后从美国、加拿大引进了 5 种 37 台高精度重力仪，仪器精度达到 10～30 微伽，为高精度重力细测创造了条件；从美国、加拿大引进 4 种 19 台高精度磁力仪，仪器精度达 0.01～0.005 纳特，为开展梯度测量和连续数据采集提供了条件。1982 年，由物探局和国家地震局、武汉地质学院共同研制的 SD－I型数字大地电磁测深仪投入使用，改变了以往采用垂向电测深仪一统电法勘探的局面。从 1983 年开始，物探局先后从美国、加拿大引进 4 类 20 台套电磁测深仪器，陆续取代在用的垂向电测深仪器，使物探局电法勘探技术接近国际先进水平。1984 年，物探局和青海、新疆石油局联合在 CYBER 1724 计算机系统上建立了一套石油重磁力数字处理系统（PGM），标志物探局重磁力资料处理和解释步入数字处理时代。1987 年，物探局从美国引进高精度分析仪组合成 1 台多参数快速反应油气化探测试车，提高了化探精度和综合分析能力。1990 年，地调五处独立开发的石油重磁资料微机处理系统（PGM）问世。随后，地调五处独立开发出 MT&CSAMT 微机现场处理解释系统（1993 年）、重磁野外数据微机处理系统（1995 年）和非地震物化探解释系统（1996 年），增强了物探局开展综合勘探的实力。

1963～1997 年，物探局（含六四六厂）已在全国 29 个省、市、自治区开展了重磁电化勘探工作，共投入 242 个重力队年，完成重力测线 692999 公里；投入 39 个磁力队年，完成磁力测线 85251 公里；投入 189 个电法队年，完成电法测线 105126 公里；投入 16 个化探队年，完成化探测线 17716 公里。完成了 10 余个大中型盆地（坳陷）和 70 余个小盆地的区域普查和早期勘探工作，提交综合研究报告 262 份（详见附表 6－1），不仅为地震勘探提供了油气勘探目标区，而且为沉积盆地研究和评价提供了重要依据。

第一章 重磁电化资料采集

1964年，六四一厂地调处拥有的重磁电化队伍由两个部分构成：一部分来源于松辽地震勘探会战的2个重磁力队和1个电法队；另一部分来源于华东石油勘探局的2个重磁力队、7个电法队（单站）和1个化探队。1965年，六四六厂依据当时的勘探需要，重磁力队增至6个，电法队缩编成4个（双站）。1972年，六四六厂普查大队仅保留1个重磁力队、1个电法队和1个水文地质队，化探队撤销。1964~1972年，重磁电化勘探工区主要分布在冀中坳陷中北部、黄骅坳陷和渤海海域。其中1966~1970年，投入10个重磁力队年和6个电法队年从事华北平原北部天然地震勘查。1973年物探局成立后，重磁电化勘探队伍有所增加。1984年，电法队增至5个，重磁力队增至9个；1985年，成立1个卫星定位队；1988年，重组化探队；1991年，新增1个井中重力队。至1997年，地调五处拥有的重磁电化勘探队伍一直保持稳定。从1973年起至1997年，重磁电化的勘探工区已从环渤海地区，扩大到中国东部的三江、海拉尔、开鲁、二连等盆地和河南地区，西部的秦晋、贺西、青藏地区和塔里木、吐哈等盆地，南方的浙江、江苏、湖北、湖南、四川、广西、广东、贵州、云南和海南等省区。

第一节 采集方法和仪器

一、重磁勘探方法和仪器

（一）重力勘探

1. 方法

利用重力仪在确定的勘探区域内按要求的网点测取重力值，然后对数据进行固体潮改正、零位改正、布格改正、地形改正、正常场改正，最后得到与地下岩石密度变化有关的重力异常值。

区域普查阶段多采用4公里×2公里测网，详查阶段采用2公里×1公里测网，细测阶段采用1公里×0.5公里或0.5公里×0.3公里测网。不同阶段采集方法基本相同，仅是精度要求不同。

1994年应用俄罗斯的光克（GONG）技术在酒泉盆地进行重力细测，测线按500米×500米网状布设，每条测线的点距为100米。每个节点需依据不同方向、不同工作单元和不同闭合导线测得二组 x、y、h、g 值，并以二组值之差，即 Δx、Δy、Δh、Δg 检验采集质量。每个工作单元均要绘制重力异常剖面图，以便直观地显示采集质量。若有个别跳点，则认为是奇异点，此时应查找原因进行补测或删除。以这种方式进行质量监控，要比传统的以检查点质量衡量整体采集质量的方法更为客观和先进。此法在酒泉盆地应用效果显著。

2. 仪器

80年代以前，重力值测定使用石英弹簧重力仪，点位确定使用机械式经纬仪和视距仪。80年代中期后，使用LCR型高精度重力仪，点位确定用红外线测距仪、全站仪、卫星定位仪。

（二）磁力勘探

1. 方法

应用磁力仪既可测量相对磁场 ΔZ，也可测量绝对磁场 T。每个测点上的磁测值必须进行日变改正、正常场改正、垂直梯度改正，最后得到与地下岩层磁性差异有关的磁异常。磁力勘探一般和重力勘探同步进行，测网布设与重力勘探一致。

2. 仪器

80年代以前，磁力勘探使用德制悬丝式及英制刃口式机械垂直磁力仪，80年代使用国产核子旋进式磁力仪，80年代末使用质子磁力仪。1996年从美国进口了10台铯光泵磁力仪，同期从加拿大引进了9台MP-4型高精度磁力仪，均可进行梯度测量和连续采集，并能与GPS联接，灵敏度高，提高了磁力勘探精度和工作效率。

二、电法勘探方法和仪器

常用方法有两类：一类是直流电法，如垂向电测深法；另一类是交流电法，如频率电磁测深法等。

（一）垂向电测深法

1. 方法

1982年以前，电法勘探普遍使用垂向电测深法。该法采用在地表布置两个供电电极AB向地下供电，两个测量电极MN连接测量仪器，测量电位差。在一个测点上不断加大AB供电电极和测量电极MN的距离，分别测出不同极距时的电位差，据此计算该点的电测深曲线，再通过对该曲线的反演，求取岩层的电阻率及岩层厚度。1980年以前，电测深曲线反演由手工对比理论量板曲线完成；1980年后，研究院重磁电室王天生等人和武汉地质学院合作研制出垂向电测深曲线自动化解释程序，将手工解释推进到计算机解释阶段。

2. 仪器

主要仪器为苏制车载ЭП－5电法仪和国产的DDC－A电子自动补偿仪，一直应用到80年代中期。

（二）频率电磁测深法

1982年后，陆续使用国产和引进的数字电磁测深仪开展频率电磁测深法勘探。频率电磁测深法分为天然场源和人工场源两种。大地电磁测深法（MT）和连续电磁剖面法（CEMP）为天然场源方法；可控源声频大地电磁测深法（CSAMT）和建场法（TEM）（又称瞬变电磁法）为人工场源方法。

1. 方法

（1）大地电磁测深法（MT）。

1982年，大地电磁测深法开始投入使用。该法将电极布成“十”字型或“L”、“T”型。电极一般用不极化电极，埋入地下20～30厘米。水平磁棒水平埋入地下50厘米，垂直磁棒埋入地下部分不少于磁棒长的2/3。X、Y轴正交，E_x和H_x方向一致，E_y和H_y方向一致，H_z垂直向下。每个测点进行E_x、E_y、H_x、H_y和H_z五分量测量，每个测点的记录长度不少于1000秒，每个测点应有足够的叠加次数。此外，还要设置远参考道，以便消除干扰，提高观测数据的质量。

（2）连续电磁测深剖面法（CEMP）。

1996年，连续电磁测深剖面法投入使用。该法是在每个排列上沿测线方向布设多个电道E_x和1个或多个垂直测线方向的电道E_y，再布设1至2套分别与E_x、E_y平行的磁道H_x、H_y，实现近磁参考，消除电磁场干扰。在干扰小的位置，则需布设相互垂直且和排列方向一致的一套水平磁棒，作为远参考点。测点间距一般为200米，X方向的电极距也为200米，可实现首尾相接，消除静态干扰。地形条件不允许时，则要保证每个测点E_x方向一致，并符合极间高差小于极间距离10%的规定。

（3）可控源声频大地电磁测深法（CSAMT）。

1986年，可控源声频大地电磁测深法投入使用。该法一般是将发射极AB距离选为2～4公里，接收极距MN长度一般为100～300米，收发距一般选在5～15公里范围内。标量CSAMT法工作时，测线平行发射极布置，观测E_x、H_y分量。

（4）建场法（又称瞬变电磁法）（TEM）。

1991年，建场法投入使用。该法采用两端接地的长导线和交流发电机、发射机组成激发场源。将交变电流经整流升压至1000伏后，以正负100安培的方波电流输入地下。一般要求电极距6～8公里，场源回路总电阻不大于10欧姆。测量范围为供电电极一侧或两侧，并以R为半径的150度的扇形区域。观测装置在地表平坦时采用50米×50米多匝电缆方形线圈，地形起伏大时采用磁棒。测点点距约200米。半径R的选择与测量信号的最低水平、接地导线长度、供电电流、接收线圈有效面积、最大勘探深度、最大电导率和介质电阻率等参数有关。

2. 仪器

1982年，使用国产SD－Ⅰ型大地电磁测深仪。1983年，使用由美国引进的MT 78 SR五通道MT系统。1985年，分别从加拿大、美国引进V4和GDP－12型可控源大地电磁仪。1986年，国产SD－Ⅱ型大地电磁测深仪投入使用。1987年，又从美国引进PROMT－Ⅲ型天然场源大地电磁仪。1992～1996年，先后从美国引进MT－1、MT－24、GDP－32型电磁测深仪；从加拿大引进V5、V5－2000型电磁测深仪；从俄罗斯引进ЦЭ－3型建场测深仪。1994年，物探局地调五处与西安石油仪器厂合作先后研制出了SDF－1和GJY－16型建场测深仪，并投入使用。

三、化探方法和仪器

（一）方法

1972年以前，通过采集土样和岩心在实验室进行石油微生物（即甲、乙、丙烷氧化菌）和沥青分析，定性地识别与油气藏相关场的变化，圈定地球化学异常。

1988年，在总公司总地质师阎敦实倡导和支持下，地调五处组建了石油系统第一个多参数快速反应油气化探队（901队）。现场采集的气样和土样由地调五处和中科院兰州地质所合作研制的采集分析系统进行分析。1989年，气样采集由地调五处和物探局机械厂共同研制的密闭式气样采集钻机采集，直接在现场将土壤中气样送入高精度气相色谱仪分析游离烃，从而舍去以往需将气样浓缩和再加工的过程。此项技术提高了化探分析精度，为化探开辟了广阔的应用前景。土样分析仍需在实验室进行。此分析系统能够进行9类21种化探参数测定。

（二）仪器

60年代，化探分析仪器和设备主要采用高倍显微镜、高精度天平、烤箱等。1967年曾使用法制氢焰色谱仪，对土壤中的甲、乙、丙烷进行测试。由于仪器精度低，使用效果不佳。1987年后，使用HP5890－Ⅱ仪器进行C_1～C_5、H_2、He和CO_2等气体分析；利用HP－8452A仪器进行紫外光谱分析；利用GC－14A仪器进行ΔC分析；利用XG－4仪器进行汞含量分析；利用WGJ－Ⅱ仪器进行激光铀分析；利用722光栅分光光度计进行碘分析。

第二节　采集工作

物探局重磁电化勘探以1972年普查大队成立为界，此前的工作由于历史原因资料统计不全，1972年后的工作由于集中统一管理，资料翔实。

一、1963～1971年重磁电化勘探资料采集

1963～1964年，部署2个重力队（301、303队）在冀中坳陷安国、深县、任丘和高阳一带进行1∶10万重力磁力普查，完成基线1620.6公里、基点632个，普线6046.6公里、普点5060个。1个重力队（302队）在济阳坳陷东营—现河庄地区进行1∶5万重力细测和扭秤观测，完成测线874.8公里、重力物理点2914个，扭秤点103个。3个电法队（704、705、708队）在山东、河北及京津地区完成北京—唐山、涿县—淄博、唐县—济阳、寨西店—武邑、石家—明化镇等5条大剖面，测线总长614.75公里、物理点224个。4个电法队（701、702、703、704队）在济阳坳陷惠民凹陷进行电法普查，完成垂向电测深测线1256.5公里、物理点479个。2个电法队（702、707队）在黄骅坳陷完成垂向电测深测线723.7公里、物理点284个。

1964～1965年，1个重力队（304队）在湘鄂赣地区进行重力概查，完成基线1065公里、普线26846公里。

1965年，1个重力队（301队）在塘沽及岐口一带浅海、海滩工作，完成物理点306个；1个重力队（303队）使用国产水下重力仪在塘沽—曹妃甸、埕子口间海域进行深海重力勘探，完成物理点174个；1个重力队（302队）在冀中坳陷凤河营、河西务地区进行重力细测；2个重力队（305、306队）在开封坳陷北部进行重磁力详查。1个电法队（702队）在河南商丘等地进行垂向电测深勘探；1个电法队（701队）普查惠民凹陷；1个电法队（704队）普查廊坊地区。

1966年，2个重力队（301、303队）在渤海进行重力普查；3个重磁力队（302、305、306队）在北京、邢台等地进行天然地震前兆观测，并在10个地点设立磁力台站（北京大红门、怀来县、密云水库、张家口、蔚县、邢家湾、巨鹿、宁晋、新河、高邑），其中高邑、宁晋还同时设立重力观测台；在北京至山海关、张家口，邢台至巨鹿、新河等地设有流动重力观测点，在河北、山西、陕西、山东、河南等地火车站建有火车流动观测网，负责定期观测。

1966～1969年，2个电法队在北京、天津、河北等地区进行地震前兆观测，在宝坻、香河、廊坊、遂城、唐山等地设地电观测台。

在1963～1971年，共投入14个重磁力队年，完成重力测线50000公里、物理点25000个；共投入20个电法队年，完成电法测线5500公里、物理点3350个。

二、1972～1997年重磁电化勘探资料采集

1972年7月，六四六厂普查大队成立，标志中国石油重磁电化勘探重新振兴的开始。从此，重磁电化勘探队伍稳步发展，技术方法不断改进、仪器装备不断更新、勘探工区由环渤海地区走向全国。从1993年开始，地调五处面对激烈的市场竞争，仍能凭借自身雄厚的技术实力，除完成上级下达的指令性勘探任务外，还在总公司新区勘探事业部和华北、中原、河南、大庆、吐哈、玉门和江苏等油田通过竞标方式赢得多项重磁电化勘探项目。1972～1997年，地调五处及其前身共完成重力测线642999公里、磁力测线85251公里、电法测线99626公里、化探测线17716公里，历年完成任务情况见表6－1。地调五处在面向国内勘探市场的同时，还积极参与国际竞争，先后承揽了AGIP、Texaco等石油公司在塔里木、四川雅安、乐山的反承包项目；走出国门，在苏丹、巴基斯坦等国开展非地震勘探工作（此工作量未计入工作量统计表中）。

（一）渤海湾地区重磁电化勘探资料采集

1．勘探任务

重力勘探：1973～1974年，普查大队分别在霸县和固安凹陷部署1个重力队进行重力普查；1977～1993年，地调五处及其前身分别在冀中坳陷中、北部及黄骅坳陷部署23个重力队年进行重力细测。

表6-1　1972～1997年物探局地调五处及其前身完成工作量统计表

年度	重　力		磁　力		电　法		化　探	
	测线（km）	物理点（个）	测线（km）	物理点（个）	测线（km）	物理点（个）	测线（km）	采样点（个）
1972	665	665			669	699		
1973	4162	4162			1256	1066		
1974	1994	1994			1292	1226		
1975	9369	5049	7262	4007	1087	1248		
1976	8334	3288	8334	3288	1693	973		
1977	10410	10329			1962	1090		
1978	14899	6616			2406	1031		
1979	8713	4445			2363	1384		
1980	14291	12478			3857	1466		
1981	26000	21935			3655	1658		
1982	14731	13888			4593	1854		
1983	14147	13391			4430	2073		
1984	21833	29042			5315	1955		
1985	22502	31689			5745	2149		
1986	23106	28864			4705	1747		
1987	30472	46602			3617	1650		
1988	31463	48176	4890	15166	4305	1668	1410	1562
1989	24504	35346	4122	9887	3662	2073	902	1074
1990	33616	44737	7018	16255	4131	2868	778	1013
1991	35931	46139	2020	4920	4947	3190	1063	1178
1992	37556	42960			3402	1254	1453	1868
1993	43019	57304	9460	11776	2723	1968	1516	1577
1994	47659	84079	18689	33134	6280	5238	5086	5446
1995	64514	61731	13154	20733	7227	3184	1940	2076
1996	56426	56260	9215	5324	6571	3586	2316	2602
1997	42683	41653	1087	8602	7733	14176	1252	1835
合计	642999	752822	85251	133092	99626	63374	17716	20231

电法勘探：1972～1980年，普查大队分别在北京、冀中坳陷、沧县隆起至宝坻、任丘至武邑、大港至任丘及永清等地区，共部署24个电法队年，采用垂向电测深法开展电法普查。1988、1993、1997年，地调五处分别在大城、沧县至承德、大兴等地开展频率电磁测深勘探。

化探工作：1990年和1991年，1个化探队分别在永清和廊坊地区进行化探试验工作。

2．完成工作量

1972～1997年，在渤海湾地区，共投入25个重力队年、1个磁力队年、31个电法队年和2个化探队年；完成重力测线27802公里、物理点63408个，磁力测线645公里、物理点2669个，电法测线8369.5公里、物理点7179个，化探测线830公里、采样点1039个。该区历年完成任务情况见表6－2。

表6－2　1972～1997年物探局地调五处及其前身完成渤海湾地区工作量统计表

年度	重磁					电法					化探			
	工区	比例尺（万）	队数	工作量 测线（km）	工作量 物理点（个）	工区	方法类型	队数	工作量 测线（km）	工作量 物理点（个）	工区	队数	工作量 测线（km）	工作量 采样点（个）
1972						房山		1	286	286				
1973	霸县		1	2859	2859	沧县宝坻	垂向测深	3	515.2	794				
1974	固安		1	1994	1994	沧县宝坻	垂向测深	3	494	950				
1975						大港任丘	垂向测深	5	1086.5	1248				
1976						任丘武邑	垂向测深	5	1693	973				
1977	白洋淀	1:5	5	990	1602	任丘沧县	垂向测深	5	1645	979				
1979						昌平	垂向测深	1	208	586				
1980	永清	1:5	2	584	1130	永清	IP	1	525	62				
1982	大港	1:5	2	845	1390									
1983	河间 颐和园	1:5	2	672	1313									
1984	深县	1:5	2	2853	9226									
1985	白洋淀 肃宁	1:5	2	4639	10447									
1986	固安	1:5	2	4345	8976									
1987	牛驼	1:5	2	3456	9440									
1988	霸县	1:5	1	2500	4925	大城	MT	2	843	280				
1989	唐海	1:5	1	755	2701									
				645	2669									
1990											永清	1	778	1013
1991											廊坊	1	52	26
1993	北京	1:5	2	1310	7405	沧县	MT	2	904.3	390				
1994						沧县承德	TEM、MT	2	131	425				
1997						大兴	CSAMT	1	38.5	206				
合计	重力		25	27802	63408			31	8369.5	7179		2	830	1039
	磁力		1	645	2669									

注：合计中的磁力队数意指重力队数中所含的重磁力队数，以下各表均同，不另说明。

（二）东北地区重磁电化勘探资料采集

1．勘探任务

1975年，根据石化部部署，物探局普查大队安排313和314两个重磁力队参加大庆油田三江重磁力勘探会战。参战队伍还有长庆油田2个重力队和胜利油田1个重力队。会战任务要求按统一部署，采用4公里×2公里测网对全盆地开展普查。1976年，根据石化部部署，完成三江重磁力勘探会战的5个重磁力队转战海拉尔盆地进行重磁力普查。完成任务后，长庆油田2个重力队和胜利油田1个重力队调入物探局普查大队。1984年，物探局普查大队（公司）4个电法队在海拉尔盆地进行6公里×3公里测网的垂向电测深法勘探。1984～1986年，物探局普查公司1个重力队分别在辽河油田的大民屯、大洼及开鲁盆地奈曼凹陷进行重力细测和详查工作。1996年，按照新区勘探事业部东北裂谷项目经理部部署，地调五处以榆树地区为重点完成地跨辽、吉、黑三省的电法MT大剖面。

表6－3　1975～1996年物探局地调五处及其前身完成东北地区工作量统计表

年度	重磁					电法					化探			
	工区	比例尺（万）	队数	工作量 测线（km）	工作量 物理点（个）	工区	方法类型	队数	工作量 测线（km）	工作量 物理点（个）	工区	队数	工作量 测线（km）	工作量 物理点（个）
1975	三江	1:20	5	9369	5049									
				7262	4007									
1976	海拉尔	1:20	5	8334	3288									
				8334	3288									
1984	大民屯	1:5	1	1025	2052	海拉尔	垂向测深	4	4580	1802				
1985	大洼	1:5	1	1987	3445									
1986	开鲁	1:10	1	2090	1979									
1996						榆树	MT	1	1020	209				
合计	重力		13	22805	15813			5	5600	2011				
	磁力		10	15596	7295									

2．完成工作量

1975年，完成三江盆地重力测线9369公里、物理点5049个，磁力测线7262公里、物理点4007个。1976年，完成海拉尔盆地重力测线8334公里、物理点3288个，磁力测线8334公里、物理点3288个。1984年，完成海拉尔盆地电法测线4580公里、物理点1802个；完成大民屯凹陷重力细测测线1025公里、物理点2052个。其中702电法队以年完成1312公里测线的好成绩被总公司评为银牌队。1985年，完成大洼地区重力细测测线1987公里、物理点3445个。1986年，完成开鲁盆地奈曼凹陷重力详查测线2090公里、物理点1979个。其中308重力队以优质高产的佳绩获总公司铜牌队称号。1996年，完成榆树地区电法MT大剖面1020公里、物理点209个。

1975～1996年，在东北地区，共投入13个重力队年，完成重力测线22805公里、物理点15813个；10个磁力队年，完成磁力测线15596公里、物理点7295个；5个电法队年，完成电法测线5600公里、物理点2011个。该区历年完成任务情况见表6－3。

（三）二连地区重磁电化勘探资料采集

1．勘探任务

重力勘探：1978～1979年，投入7个重力队年对二连盆地东部以12公里×2公里测网进行区域概查；1980～1984年，投入13个重力队年以4公里×1公里测网进行全区重力普查；1990年，部署2个重力队在二连盆地中部进行重力详查；1992年，部署1个重力队在四子王旗进行重力详查；1993～1995年，地调五处承接东北裂谷项目经理部和华北油田的勘探项目，安排6个重磁力队在二连盆地、赤峰、固阳地区进行重磁力详查、细测。

电法勘探：1977年，部署1个电法队进行概查；1978～1985年，共部署33个队年以6公里×3公里测网进行全区电法普查；1987年，1个电法队补作了集宁地区普查测网；1990年，1个电法队在东乌旗进行激电法（IP）试验；1992年，1个电法队在赤峰盆地开展电磁测深（MT）勘探；1994～1996年，地调五处承接新区东北裂谷项目经理部和华北油田的勘探项目，投入6个电法队年在呼北、四子王旗、正兰旗等地开展电磁测深（MT）勘探，并在朝克乌拉进行建场法（TEM）勘探。

化探工作：1990～1995年，共投入4个队年，在吉尔嘎郎图凹陷、准棚凹陷和呼仁布其凹陷开展化探工作；1994年，1个化探队在完成准棚凹陷化探项目后，又受中原油田委托在白音查干凹陷进行油气化探工作。

2. 完成工作量

1977～1996年，在二连地区，共投入了29个重力队年、3个磁力队年、43个电法队年和4个化探队年；共完成重力测线99832公里、物理点97521个，磁力测线7294公里、物理点19366个，电法测线32928.5公里、物理点13987个，化探测线6248公里、采样点7041个。该区历年完成任务情况见表6-4。其中707电法队于1978年以完成二连盆地沙漠区勘探743公里的优异成绩获局“奋战沙漠夺高产”先进集体称号；1990年，316重力队以年创5396公里的最好成绩被总公司评为铜牌队。

表6-4　1977～1996年物探局地调五处及其前身完成二连地区工作量统计表

年度	重磁					电法					化探			
	工区	比例尺（万）	队数	工作量 测线（km）	工作量 物理点（个）	工区	方法类型	队数	工作量 测线（km）	工作量 物理点（个）	工区	队数	工作量 测线（km）	工作量 采样点（个）
1977						二连	概查	1	317	111				
1978	二连	1:50	5	9796	2680	二连	垂向测深	5	2406	1031				
1979	二连	1:20	2	3914	1218	二连	垂向测深	4	2155	798				
1980	二连	1:20	2	8775	7153	二连	垂向测深	5	3804	1404				
1981	二连	1:20	5	26000	21935	二连	垂向测深	5	3655	1658				
1982	二连	1:20	2	4931	4254	二连	垂向测深	5	4593	1854				
1983	二连	1:20	2	4082	3856	二连	MT	5	4430	2073				
1984	二连	1:20	2	3592	3474									
1985						二连	垂向测深	4	5180	1966				
1987						集宁	垂向测深	1	1120.5	405				
1990	二连	1:10	2	10529	11050	东乌	IP	1	807	897				
1991											锡林	1	671	780
1992	四子王旗	1:10	1	6006	6819	赤峰	MT	1	388	132	锡林	1	1219	1490
1993	二连	1:10	3	13262	15368									
1994	赤峰	1:5	2	3505 2954	14355 14128	朝克乌拉 正兰旗	TEM MT	2	1505	1008	准棚 查干	1	2808	3071
1995	固阳	1:5	1	5440 4340	5359 5238	四子王旗	MT	3	1981	434	呼仁	1	1550	1700
1996						呼北	MT	1	587	216				
合计	重力		29	99832	97521			43	32928.5	13987		4	6248	7041
	磁力		3	7294	19366									

（四）秦晋地区重磁电化勘探资料采集

1. 勘探任务

重力勘探：1972 年，314 重力队在山西沁水盆地进行重力概查；1987～1994 年，共投入 23 个重力队年分别在陕北、榆林、内蒙古东胜、沁水及六盘山等地区进行重力详查。

磁力勘探：1989 年、1990 年和 1994 年，地调五处在陕北、东胜和沁水、六盘山进行重力勘探同时，同步开展了磁力勘探工作。

电法勘探：1972 年和 1987 年，分别部署 1 个电法队在长治地区进行勘探；1988 年，部署 2 个电法队分别完成西安—包头、长治—环县的 MT 区域大剖面；1989、1990 年，各部署 2 个电法队在沁水盆地榆社地区开展可控源声频大地电磁测深勘探；1991 年，投入 2 个电法队在乌审旗进行激电法（IP）试验；1992 年和 1993 年，部署 1 个电法队在靖边、马家滩等地进行建场法勘探；1995 年，部署 2 个电法队在沁水盆地开展可控源声频大地电磁测深法勘探；1997 年，投入 1 个电法队在六盘山地区开展连续电磁剖面法（CEMP）勘探。

化探工作：1988 年和 1989 年，地调五处的化探队分别在陕北的绥德和榆社地区进行化探详查工作。

2. 完成工作量

1972～1997 年，在秦晋地区，共投入 24 个重力队年、17 个电法队年、4 个磁力队年和 2 个化探队年；共完成重力测线 56407 公里、物理点 84827 个，磁力测线 11459 公里、物理点 20226 个，电法测线 10296.1 公里、物理点 8714 个，化探测线 2312 公里、采样点 2636 个。该区历年完成任务情况见表 6－5。

表 6－5　1972～1997 年物探局地调五处及其前身完成秦晋地区工作量统计表

年度	重磁					电法					化探			
	工区	比例尺（万）	队数	工作量 测线（km）	工作量 物理点（个）	工区	方法类型	队数	工作量 测线（km）	工作量 物理点（个）	工区	队数	工作量 测线（km）	工作量 采样点（个）
1972	沁水		1	665	665	长治		1	135	135				
1987	绥德	1:10	3	6703	13097			1	1070	241				
1988	榆林	1:10	2	6898	10244	长治－环县 西安－包头	MT 大剖面	2	1578	310	绥德	1	1410	1562
1989	陕北	1:10	5	10963	18499	榆社	CSAMT	2	449.3	1015	榆社	1	902	1074
				2002	4212									
1990	达拉特 沁水	1:10	8	19186	26008	榆社	CSAMT	2	462	757				
				3717	8792									
1991	延长	1:10	2	2021	3463	乌审旗	IP	2	1003.7	1351				
1992	离石	1:10	1	3111	5494	靖边	TEM	1	111	553				
1993						马家滩	TEM	1	125.1	680				
1994	六盘山	1:10	2	6860	7357	六盘山	CSAMT	2	1806	1221				
				5740	7222									
1995						沁水	CSAMT	2	839	1041				
1997						六盘山	CEMP	1	2717	1410				
合计	重力		24	56407	84827			17	10296.1	8714		2	2312	2636
	磁力		4	11459	20226									

（五）贺西地区重磁电化勘探资料采集

1．勘探任务

重力勘探：1984～1996年，地调五处及其前身在西起敦煌、东至贺兰山西麓，南起祁连山、北至中蒙边界的广大贺西地区开展重力普查。其中，1993年前属指令性勘探任务，1994～1996年为承接银根—额济纳旗项目经理部的勘探项目。1994年，在酒泉盆地使用俄罗斯GONG（光克）技术进行重力细测。

电法勘探：1986～1997年，地调五处使用垂向电测深法和大地电磁测深法（MT），在潮水、银根、额济纳旗、敦煌、武威等盆地进行电法勘探。

2．完成工作量

1984～1997年，在贺西地区，共投入37个重力队年、2个磁力队年和14个电法队年；完成重力测线120959公里、物理点133974个，磁力测线7270公里、物理点8742个，电法测线12133.1公里、物理点4818个。该区历年完成任务情况见表6－6。

表6－6　1984～1997年物探局地调五处及其前身完成贺西地区工作量统计表

年度	重磁					电法					化探			
	工区	比例尺（万）	队数	工作量 测线（km）	工作量 物理点（个）	工区	方法类型	队数	工作量 测线（km）	工作量 物理点（个）	工区	队数	工作量 测线（km）	工作量 采样点（个）
1984	敦煌	1:20	3	9892	8536									
1985	武威双临	1:20	5	14249	14013									
1986	阿盟	1:20	5	14885	13651	潮水阿盟	垂向测深	4	4629.1	1620				
1987	阿盟	1:20	5	16256	15707	左旗	垂向测深	1	1040	356				
1988	左旗中卫	1:20	2	7203	6806									
1989	乌兰布和	1:20	2	6288	5853	敦煌	MT	1	1250	432				
1990						左旗	MT	1	1065	532				
1991	高台	1:20	1	3246	3446	左旗	MT	2	386	235				
1992	北山	1:20	3	15422	15194									
1993	北山	1:20	2	8045	8541	左旗	MT	1	72	218				
1994	巴丹吉林 酒泉	1:20 1:25	4	8227	23280									
1995	巴丹吉林 敦煌	1:20	4	13710 7270	14678 8742	敦煌额旗	MT	2	2272	890				
1996	昌马	1:5	1	3536	4269									
1997						北山武威	MT	2	1419	535				
合计	重力		37	120959	133974			14	12133.1	4818				
	磁力		2	7270	8742									

注：表中左旗指阿拉善左旗，阿盟指阿拉善盟，额旗指额济纳旗。

（六）吐哈及其邻区重磁电化勘探资料采集

本区包括吐哈盆地及其北部的三塘湖盆地和其西部的昭苏地区。

1．勘探任务

重力勘探：1988～1989年，地调五处在吐哈盆地部署3个重力队进行面积普查；1991～1992年，部署4个重力队在三塘湖盆地开展重力面积普查；1994年，受中原油田委托在新疆昭苏盆地开展重力普查；1994～1995年，在鄯善和哈密以北的巴里坤地区进行重力细测。

电法勘探：1988～1992年，地调五处部署5个电法队在吐哈盆地、三塘湖盆地分别利用垂向电测深和大地电磁测深法（MT）进行勘探；1997年，投入3个电法队在吐哈盆地进行大地电磁测深法（MT）和建场法（TEM）勘探。

化探工作：1991年，在鄯善弧形构造带以直接寻找烃异常为目的进行化探勘探；1993～1994年，在三塘湖盆地开展化探工作。

2. 完成工作量

1988～1997年，在吐哈及其邻区，共投入10个重力队年、1个磁力队年、8个电法队年和3个化探队年；共完成重力测线43018公里、物理点50881个，磁力测线1544公里、物理点6753个，电法测线8623公里、物理点5884个，化探测线4134公里、采样点4324个。该区历年完成任务情况见表6－7。1992年，316重力队在三塘湖盆地以年创6475公里的记录被总公司评为铜牌队，队长何俊杰获局“严格管理、勤奋工作的好队长”劳模标兵称号。

表6－7　1988～1997年物探局地调五处完成吐哈地区工作量统计表

年度	重磁					电法					化探			
	工区	比例尺（万）	队数	工作量		工区	方法类型	队数	工作量		工区	队数	工作量	
				测线（km）	物理点（个）				测线（km）	物理点（个）			测线（km）	采样点（个）
1988	吐哈	1:20	2	9111	8742	哈密	垂向测深	1	1100	390				
1989	吐哈	1:20	1	4803	4982	吐鲁番	垂向测深	1	802	285				
1991	三塘湖	1:20	3	12986	13094	三塘湖	MT	2	2586	1209	鄯善	1	340	372
1992	三塘湖	1:20	1	6475	6264	淖毛湖	MT	1	2354	1055				
1993											三塘湖	1	1516	1577
1994	昭苏 鄯善	1:10 1:5	2	7839	10962						三塘湖	1	2278	2375
1995	巴里坤	1:5	1	1804 1544	6837 6753									
1997						吐哈	MT TEM	3	1781	2945				
合计	重力		10	43018	50881			8	8623	5884		3	4134	4324
	磁力		1	1544	6753									

（七）塔里木地区重磁电化勘探资料采集

1. 勘探任务

重力勘探：1978～1984年，地调五处在塔里木盆地周边和塔西南、塔南、塔东南及塔中地区进行重力普查；1991～1992年，派重力组随地震队在塔克拉玛干沙漠腹地开展重力测量；1992年，在塔西南皮山进行重力细测；1994～1996年，分别承接华北油田区块、意大利AGIP公司及西北侏罗系统项目经理部区块的重力详查和细测勘探项目；1997年，开始实施总公司塔里木全盆地重力详查4年规划任务。

电法勘探：1984～1985年，在塔东南若羌—于田一带开展MT大剖面勘探；1992年，在皮山克里阳开展MT普查；1993年，受河南油田委托在焉耆盆地开展MT普查；1995年，在喀什地区作了MT大剖面；1996年，承接西北侏罗系项目经理部吐拉及罗布泊地区的MT勘探项目；1997年，在塔东南及库车坳陷的大宛齐分别进行连续电磁剖面法和建场法勘探。

化探工作：1996～1997年，分别在AGIP公司、华北油田、大庆油田承包塔里木盆地风险勘探的区块上进行化探工作。

2. 完成工作量

1978～1997年，在塔里木地区，共投入47个重力队年、15个电法队年、8个磁力队年和2个化探队年；完成重力测线151499公里、物理点138597个，磁力测线25326公里、物理点32222个，电法测线9495公里、物理点7707个，化探测线1568公里、物理点2350个。该区历年完成任务情况见表6－8。1993年，302重力联队在焉耆盆地以年完成5070公里测线的佳绩被评为局银牌队、塔指先进集体。

表6－8　1978～1997年物探局地调五处及其前身完成塔里木地区工作量统计表

年度	重磁					电法					化探			
	工区	比例尺（万）	队数	工作量		工区	方法类型	队数	工作量		工区	队数	工作量	
				测线（km）	物理点（个）				测线（km）	物理点（个）			测线（km）	采样点（个）
1978	塔西南	1:20	3	5103	3936									
1979	塔西南	1:20	3	4799	3227									
1980	塔南	1:20	3	4932	4195									
1982	塔南	1:20	5	8955	8244									
1983	塔东南	1:20	5	9393	8222									
1984	塔东南	1:20	2	3461	3471	若羌、于田	MT	1	735	153				
1985						且末、民丰	MT	1	565	182				
1991	塔中	随地震		1123	1231									
1992	塔中 皮山	随地震 1:5	1	3752	5494	皮山	MT	1	245	134				
1993	焉耆	1:10	6	19323	21093	焉耆	MT	1	1579.7	566				
				9460	11776									
1994	喀什	1:10	4	10150	10522									
				5564	6520									
1995	民丰	1:5	3	14441	7023	喀什	MT	2	957	321				
1996	吐拉 罗布泊	1:20	6	30355	26121	吐拉 罗布泊	MT	3	2749.5	2003	AGIP 华油	1	316	515
				9215	5324									
1997	塔中	1:10	6	35712	35818	塔东南 大宛齐	CEMP TEM	6	2618.8	4348	华油 大庆	1	1252	1835
				1087	8602									
合计	重力		47	151499	138597			15	9450	7707		2	1568	2350
	磁力		8	25326	32222									

注：随地震意指随地震队一起在地震测线上开展重力测量；华油和大庆指华北油田、大庆油田在塔里木分别承包的勘探区块。

（八）青藏地区重磁电化勘探资料采集

1．勘探任务

重力勘探：1985年，普查公司在民和盆地进行概查；1994年，承接中原油田在民和盆地及西北侏罗系项目经理部在共和盆地的重力勘探任务；1995～1996年，承接新区勘探事业部在羌塘盆地的重力普查任务；1997年，承接西北侏罗系项目经理部在南祁连山地区的重力普查任务。

磁力勘探：1994年，承接中原油田和西北侏罗系项目经理部在民和及共和盆地的磁力勘探任务。

电法勘探：1994年，承接中原油田和西北侏罗系项目经理部在民和及共和盆地的MT大剖面勘探项目；1995～1996年，承接新区勘探事业部在羌塘盆地的MT大剖面勘探项目；1997年，承接西北侏罗系项目经理部在南祁连山地区的MT、CEMP电法勘探项目。

化探工作：1995～1996年，在羌塘盆地开展化探工作。

2．完成工作量

1985～1997年，在青藏地区，共投入11个重力队年、2个磁力队年、7个电法队年和2个化探队年；完成重力测线66729公里、物理点66509个，磁力测线4431公里、物理点5264个，电法测线4583.5公里、物理点2639个，化探测线2390公里、采样点2463个。该区历年完成任务情况见表6－9。1995年，302重力队在藏北羌塘盆地以年创9400公里的成绩获局银牌队，队长郝宏建被局授予“挺进藏北争先创优勘探先锋”称号。

表6－9　1985～1997年物探局地调五处及其前身完成青藏地区工作量统计表

年度	重磁					电法					化探			
	工区	比例尺（万）	队数	工作量		工区	方法类型	队数	工作量		工区	队数	工作量	
				测线（km）	物理点（个）				测线（km）	物理点（个）			测线（km）	采样点（个）
1985	民和	1:20	1	3601	3265									
1994	民和 共和	1:20	2	6942	9486	民和 共和	MT	2	2216	838				
				4431	5264									
1995	羌塘	1:20	3	29119	27834	羌塘	MT	2	1038	349	羌塘	1	390	376
1996	羌塘	1:20	3	20096	20089	羌塘	MT	1	684	236	羌塘	1	2000	2087
1997	南祁连	1:20	2	6971	5835	南祁连	MT CEMP	2	645.5	1216				
合计	重力		11	66729	66509			7	4583.5	2639		2	2390	2463
	磁力		2	4431	5264									

（九）河南地区重磁电化勘探资料采集

1．勘探任务

重力勘探：1987年、1991年和1992年，地调五处分别在汝南、息县、确山和璜川等地进行重力详查和细测；1993年，承接中原油田在济源凹陷进行重力细测的勘探项目。

电法勘探：1970～1972年，普查大队在周口地区进行电法勘探；1990年，地调五处在泌阳开展电场差分法试验；1996～1997年，承接华北古生界项目经理部在孟津、荥阳一带进行MT大剖面的勘探项目。

2．完成工作量

1970～1997年，在河南地区，共投入8个重力队年和8个电法队年；共完成重力测线13648公里、物理点20168个，电法测线2501.4公里、物理点1207个。该区历年完成任务情况见表6－10。

表6－10　1970～1997年物探局地调五处及其前身完成河南地区工作量统计表

年度	重磁					电法					化探			
	工区	比例尺（万）	队数	工作量		工区	方法类型	队数	工作量		工区	队数	工作量	
				测线（km）	物理点（个）				测线（km）	物理点（个）			测线（km）	采样点（个）
1970						鹿邑	垂向测深	1	95	95				
1971						周口	垂向测深	2	741	272				
1972						周口	垂向测深	2	797.5	276				
1987	汝南	1:5	1	2207	4403									
1990						泌阳	差分试验	1	13.9	107				

续表

年度	重磁					电法					化探			
	工区	比例尺（万）	队数	工作量		工区	方法类型	队数	工作量		工区	队数	工作量	
				测线（km）	物理点（个）				测线（km）	物理点（个）			测线（km）	采样点（个）
1991	息县 确山	1:10	4	7572	7173									
1992	璜川	1:10	1	2790	3695									
1993	济源	1:5	2	1079	4897									
1996						孟津	MT	1	600	317				
1997						荥阳	MT	1	254	140				
合计	重力		8	13648	20168			8	2501.4	1207				

（十）南方地区重磁电化勘探资料采集

1. 勘探任务

重力勘探：1977 年，普查大队开始在杭嘉湖水网地带进行重力普查；1984～1997 年，先后在江苏省句容、海安、江都、太湖，广西合浦，广东三水，江西弋阳，江汉天门、京山，四川荣昌、雅安及乐山等地区进行重力详查和细测。

磁力勘探：1988～1991 年，在广西合浦，广东三水，江西弋阳，四川荣昌和江汉天门、京山等地区进行磁力勘探工作。

电法勘探：1986～1996 年，先后在贵州安顺，广西合浦、田东、宁明、上思、河池，广东三水，云南陇川、楚雄、滇东、滇西，安徽宣州、湘西冷水江和江汉平原开展 CSAMT、MT 勘探；1997 年，承接川鄂项目经理部在鄂西利川、鱼皮泽地区进行连续电磁测深的勘探项目。

化探工作：1992 年，在海南省金凤地区开展了以直接寻找烃异常为目的的化探工作。

2. 完成工作量

1972～1997 年，在南方 11 个省区，共投入 24 个重力队年、8 个磁力队年、21 个电法队年和 1 个化探队年，完成重力测线 43901 公里、物理点 84389 个，磁力测线 11686 公里、物理点 30555 个，电法测线 7805.8 公里、物理点 8901 个，化探测线 234 公里、采样点 378 个。该区历年完成任务情况见表 6－11。

表 6－11　1972～1997 年物探局地调五处及其前身完成南方地区工作量统计表

年度	重磁					电法					化探			
	工区	比例尺（万）	队数	工作量		工区	方法类型	队数	工作量		工区	队数	工作量	
				测线（km）	物理点（个）				测线（km）	物理点（个）			测线（km）	采样点（个）
1972						六安 临泉	垂向测深	2	153	153				
1973	利辛		1	1303	1303									
1977	杭嘉湖	1:10	5	9420	8727									
1984	江都	1:5	1	1010	2283									
1985	海安	1:5	1	1627	3784									
1986	句容	1:5	1	1786	4258	安顺	CSAMT 试验	1	76	127				

续表

年度	重磁					电法					化探			
	工区	比例尺（万）	队数	工作量		工区	方法类型	队数	工作量		工区	队数	工作量	
				测线（km）	物理点（个）				测线（km）	物理点（个）			测线（km）	采样点（个）
1987	合浦	1:5	1	1850	3955	田东	CSAMT	1	386	648				
1988	合浦 三水	1:5	3	5751 4890	17459 15166	句容 合浦	MT	3	783.8	688				
1989	合浦 荣昌	1:5	2	1695 1475	3311 3006	三水 广安	MT	2	1160.5	341				
1990	天门	1:5	2	3901 3301	7679 7463	陇川 赤水	MT	2	1783	575				
1991	弋阳 京山	1:5	4	8983 2020	17732 4920	无为 宣州	MT	1	745.5	317				
1992						滇东	垂向测深	1	304	280	海南	1	234	378
1993						冷水江	MT	1	114	114				
1994	太湖	1:5	2	4136	8117	大理 宁明	EMAP CSAMT	2	622	1746				
1995						河池	MT	1	140	139				
1996	乐山 雅安	1:5	1	2439	5781	楚雄 河池	MT	2	930	605				
1997						利川	CEMP	2	608	3168				
合计	重力		24	43901	84389			21	7805.8	8901		1	234	378
	磁力		8	11686	30555									

第二章　重磁电化资料处理解释

重磁电化资料处理解释是重磁电化勘探的中心环节，其任务是将野外采集资料中获得的地球物理和地球化学信息转化为地质信息，为油气探测服务。由于四种勘探方法之间的内在联系，各项资料的解释成果可以相互补充和佐证，不仅提高了重磁电化成果的可信度，而且在沉积盆地的综合研究中有重要的使用价值。

70年代以前，重磁电化资料的处理解释基本以手工计算和制图为主，主要计算工具是算盘和量板。70年代初，开始使用手摇计算机和电动计算机，使重磁资料整理周期大大缩短，并能实现较复杂的空间域求导方法（如艾勒金斯和罗森巴赫法）。1983年，解释中心重磁电室王宜昌率先在CYBER计算机上将褶积滤波引入重磁资料处理解释。从1984年开始，重磁电资料处理系统分别研制成功、投入使用，使重磁电资料处理解释由手工操作进入数字化阶段。1985年，王宜昌和杨辉利用计算机开展人机联作重力异常正反演解释。90年代，由于引进了具有输入、输出功能的工作站和自动绘图系统，使重磁电化资料处理解释的自动化水平进入世界先进行列。

1975年以前，重磁电资料处理解释工作均由各重磁力队和电法队（俗称小队）解释组完成。解释组一般由3～5人组成。大队的技术人员负责数据、成果的检查和验收。

1976年组建了普查大队综合研究队，下设重磁组、电法组和地质组，分别负责资料处理、解释和综合研究工作，小队解释组只负责资料初步整理工作。1986年，地调五处组建重磁电研究所，并在原有专业研究室（重磁室、电法室和地质室）基础上，增设情报室和计算站。90年代，为了适应走向勘探市场的需要，将各专业室变为按地区分室，组建了西部一室、西部二室、东部室和南方室。在执行各勘探项目时，各室均要派出相应技术人员，现场完成资料初步处理和解释，收工后返回研究所完成综合解释和编写成果报告。1997年，为了适应塔里木勘探需要，实现靠前服务，地调五处成立了库尔勒前线资料处理解释中心。

第一节　重磁资料处理解释

根据技术方法和仪器设备的发展，重磁资料的处理解释大致分成两个阶段。80年代以前，重磁资料处理解释均以位场的空间域形式为基础；80年代后，以位场的波数域理论和方法为基础。

一、以位场的空间域形式为基础的处理解释

（一）区域异常和局部异常解释

1. 距离加权求均网格化法

在实际观测点展布的平面图上画出方格网，力求使较多网格点与实测数据点偏离较小，然后确定一个半径，将该半径之内的所有实测数据加权平均，该值即为网格点上的场值。权系数为实测数据点到网格点的距离倒数的平方。

2. 艾勒金斯垂直二阶导数法

该法以网格点为中心，分别以1、$\sqrt{2}$、$\sqrt{5}$倍网格距为半径的3个圈环上的16个点的场值，计算网格点的垂直二阶导数。此法相当于进行空间域滤波，滤波器性质（高通或低通）决定于圆环半径（即网格距）。当半径较大时（网格距大）可解释区域异常，半径较小时可突出显示局部异常。二阶垂直导数法是寻找重力局部异常的基本方法。1961～1963年，在松辽盆地勘探中利用此法成功地预测了大庆长垣上的构造带展布。1973年后，利用此法预测冀中坳陷的古潜山也取得了较好效果。

（二）基岩埋藏深度的预测

1. 重力资料线性测深法

线性测深法是依据重力差与基岩深度差之间的线性关系计算基岩的相对埋藏深度。当有钻井、地震测井或地面露头等已知深度点时，即可由相对深度推算出该点的预测深度。此法具有相当好的近似性，且计算工作量小，因而成为这一时期的主要技术方法。60～70年代，在济阳坳陷东营凹陷和冀中坳陷的重力勘探中，利用此法解释基岩埋深和沉积地层厚度取得了较好效果。

2. 磁力资料切线法

切线法主要用于计算磁性体的埋藏深度。此法是以磁力线拐点的切线被过极大点和极小点的切线所截线段的水平投影推断磁性体的埋深。70年代以前，均采用此法编制磁性体最小埋深图。

（三）断裂系统的解释

根据重磁异常区分断裂展布是重磁资料解释的重要内容。在重磁力异常图上，依据重力异常等值线密集带、重力正负异常分界线、重磁异常走向转折处、串珠状磁异常连线、不同性质磁异常分区界线，即可确定断裂展布。上述解释方法的经验性、有效性和近似性是重磁资料常规解释工作的3个基本特点。

二、以波数域理论和方法为依据的处理解释

80年代后，位场波数域理论和方法的建立，为在计算机上开展重磁资料处理解释，提高重磁资料解释的地质效果提供了条件。

（一）野外重磁资料初步整理和预处理

1. PC－1500机上编制资料初步整理程序

1983年，普查大队王悦军等人编制的重磁资料整理程序在重磁力队中推广应用，不仅彻底抛弃繁重的手工计算，而且使计算效率提高4～6倍。

2. 野外重磁资料微机处理系统的应用

80年代末，地调五处勘探科蔡鑫、苟量等人开始在IBM系列微机上开发重磁资料野外数据微机处理系统。1993～1995年，该系统由勘探科和研究所共同完成后，全面投入应用。该系统可以完成重磁力及测量原始数据整理、重磁异常计算、非网格数据的网格化、空间域导数的计算、生产要素统计等资料的初步整理和预处理。随后，周鼎潮对该系统的预处理功能进行了改进和完善，增加了三角域地改和最小二乘D拟逆曲化平等程序。1993～1997年，应用这套系统共完成97万个重磁测点的资料初步整理和计算。

（二）区域异常和局部异常处理解释

位场波数域理论和方法是重磁勘探理论发展史上一个重要转折。1989～1990年，地调五处研究所周鼎潮等开发出常规频率域重磁位场转换程序，可

实现位场空间域转换为频率域，并在频率域中快速地计算延拓、求导和化极，将物探局重磁资料处理解释推进到一个新阶段。

位场转换中向上延拓可以压制浅源干扰，突出深部异常，提取区域异常，为区域地质结构解释提供依据；通过求导可以消除深部影响，突出浅源异常，提取局部异常；通过化极可以将斜磁化场转化成垂直磁化场，简化了场与源的关系。1990 年后，这些处理解释方法已成为重磁资料处理解释中的常规方法。1997 年，地调五处柴玉璞正式出版一本专著《偏移抽象理论及其应用》，该成果不仅丰富了位场波数域理论和方法，而且在科研和生产中有一定的实用价值。

（三）基底埋深和基底岩性处理解释

1. 重力密度界面反演计算基底埋藏深度

80 年代以前，密度界面模型反演均在空间域进行，通常利用任意多边形截面二度体模拟二维构造、利用方柱体组合模型模拟三维构造。80 年代后，这种反演在波数域进行，主要根据重力异常函数与界面函数之间级数形式表达的映射关系，即 Parker 公式。1990 年，柴玉璞和贾继军将 Parker 公式进行了位场的三维变密度正反演推广，提高了此公式解决实际问题的能力。由此法计算的基底埋深精度较高，若以钻井或地震深度为约束，误差小于 15%。1993 年，在焉耆盆地博斯腾湖坳陷，由重力密度界面反演的深度与地震解释的深度相比，误差仅为 10%。

2. 视磁化强度反演基底岩性

在实际地质问题中，磁力异常既有磁性层横向磁性变化的影响又有磁性层纵向变化的影响，而前者远比后者对磁力异常构成的作用大，因此利用视磁化强度反演比利用磁性层面反演更有意义。90 年代，地调五处从中国地质大学引进的“视磁化强度填图程序”，既可消除反演中常见的负磁化强度，又可消除磁性层面纵向起伏的影响，使利用视磁化强度反演基底岩性的结果更为合理。

（四）断层定量解释

1990 年后，地调五处开始采用重力水平总梯度图进行断层解释。重力水平总梯度是重力布格异常在两个正交方向上梯度的几何和，是断层信息的综合反映。在总梯度图上，重力等值线密集带、重力正负异常分界、重力等值线的扭曲，均表现为高值。重力水平总梯度正异常极值的连线也是较好的断层定位量化方式。1994 年，为了增强断层解释量化信息，杨高印提出“小子域滤波法”，在实际应用中取得了明显的地质效果。

三、综合解释技术

为减少重磁电资料解释成果的多解性，提高成果的可靠性，地调五处研究所从 1987 年开始研制非地震物化探综合解释系统。1994～1996 年，利用工作站的交互功能和输入输出功能，将前期开发的系统进行改进和完善，终于使综合系统投入使用。综合解释技术具有下列功能：

（1）可进行重磁电化和地质资料的联合反演；

（2）可通过人机对话方式，完成重磁资料的延拓、求导、化极、正反演等处理解释和各项数据相互传输；

（3）可利用彩色绘图及 MAPCAD 绘图软件，实现各类成果图件的彩色化和多媒体化。

1996 年，地调五处应用上述综合解释系统完成的《新疆 AGIP 区块重力成果报告》，受到 AGIP 公司的好评。

第二节 电法资料处理解释

根据技术方法和仪器设备的发展，电法资料处理解释大致分成两个阶段。1983 年以前，为以垂向电测深法为主的直流电法勘探资料处理解释阶段；1983 年后，为以大地电磁测深法为主的交流电法勘探资料处理解释阶段。由于大地电磁测深法包括天然场源和人工场源，所以使用的处理解释方法也有区别。

一、直流电法勘探资料的处理解释

（一）垂向测深法

1. 资料处理

1983 年前，电法资料处理均为手工操作，其基本流程是：依据野外观测的供电电流和电位差，经过计算求取不同供电电极距对应的视电阻率，再利用量板和视电阻率曲线求取主要电性参数，编绘相应图件，供资料解释使用。

2. 资料解释

资料解释分定性解释和定量解释。

定性解释：主要依据编制的总纵电导 S 平面图、视电阻率平面图和等视电阻率断面图等。使用总纵电导 S 值平面图可以确定区域构造和局部构造形态：S 值越大，反映沉积凹陷越深；S 值越小，表示隆起埋深越浅；在 S 值负异常区出现的相对正异常圈闭，可解释为局部构造；相邻 3 条 S 值等值线出现相似扭曲部位，可解释为鼻状构造。根据等视电阻率断面图上的陡直密集带、总纵电导S值平面图上的等值线密集带及展布方向和垂向电测深曲线的畸变等特征，可以识别电性层的断裂位置和走向。

1964年，在黄骅坳陷利用垂向电测深资料，解释出沧东大断裂。1965年，在冀中坳陷利用垂向电测深资料解释出13个基底隆起和8个沉积层构造，其中任丘古潜山即是1个古基底隆起。1977～1983年，在二连盆地利用垂向电测深资料划分的区域构造格局，均为地震勘探结果证实。

定量解释：在定性解释基础上进行，即应用量板法和相关曲线法，求取电法标志层参数，计算电性标志层埋藏深度，编制相应的定量解释图件。

1964～1983年，采用手工计算方式，求取黄骅坳陷、沁水盆地和二连盆地的基底埋藏深度，效果较好。尤其是二连盆地，经过非水平层状介质校正后的基底埋藏深度与实际钻探深度之差小于5%。

1983年后，垂向电测深法虽然逐渐为大地电磁测深法所取代，但是此法在1989年以前，仍然有一定的比重。在此期间利用计算机进行反演定量解释：首先依据垂向电测深曲线建立地质模型和拟定参数进行计算机正演，再将正演结果与实测曲线进行拟合对比，通过不断修改参数直到两者完全拟合为止，此时拟合的参数即认为是最佳选定的参数；然后通过计算机反演求取基底埋深。1987年，地调五处对二连盆地垂向电测深资料进行计算机反演的结果与人工解释结果基本一致，但计算效率大大提高，显示了利用计算机进行定量解释的优越性。

地调五处通过对二连盆地完钻的13口探井录井资料研究发现，泥岩含量与视电阻率极小值之间具有负相关关系，即泥岩含量增大电阻率降低，于是依据视电阻率极小值计算出勘探目的层巴彦花群的泥岩百分比，编制出额合宝力格凹陷的岩性预测图，从而推断该凹陷具有南断北超性质，为后期地震资料所证实。

（二）激发极化法

1977～1978年，激发极化法作为一种直接找油方法，分别在冀中坳陷任丘—高阳地区和二连盆地巴音都兰凹陷开展过试验。仍然使用对称四极装置，针对不同的供电电极距AB/2观测和记录一、二次场的电位差，然后通过手工计算视极化率、绘出视极化率曲线和编制视极化率平面图。1980年，研究院重磁电室刘任在分析任丘—高阳地区的激发极化法资料时发现任丘地区和大白庄地区的视极化率正异常分别与任丘及雁翎油田的范围十分吻合，表明油区存在视极化率增高的规律。地调五处依据这种规律，在二连盆地巴音都兰凹陷发现了4个视极化率正异常。1981年，地调五处周虬和陈秀儒提出一套“视极化率异常性质的识别”方法，认为高极化率、低视电阻率和二次场衰减速度慢的异常与油气分布有关，依据极化率曲线特征点对应的电极距可求取极化体埋藏深度。此法提高了激发极化法的解释精度和应用领域。

二、交流电法勘探资料处理解释

（一）大地电磁测深资料处理解释

1982年，伴随国产SD－Ⅰ型数字大地电磁测深仪投入使用，研究院重磁电室王天生和武汉地质学院合作研制成功“大地电磁测深资料处理与解释”软件。从1983年开始，物探局的大地电磁测深资料步入计算机处理解释与手工制图阶段。1993年，地调五处研究所何展翔等人开发出“MT&CSAMT微机现场处理解释系统”，使大地电磁测深资料处理解释实现了全程自动化。

1．处理软件

从1983年开始，大地电磁测深资料处理解释先后使用的软件有：“大地电磁测深资料处理与解释”软件（1982年开发）；“PROMT－Ⅲ处理解释系统”（1987年引进）；“TJ－2220MT解释系统”（1987～1988年合作开发）；“人工源电磁（CSAMT）测深资料处理与解释”软件（1990～1992年合作开发）；“MT&CSAMT微机现场处理解释系统”（1993年开发）；“Geotools MT处理解释系统”（1994年引进）；“非地震物化探综合解释系统电磁子系统”（1994～1996年开发），“电磁数据处理系统软件”（1995～1996年开发）等。

2．数据处理

大地电磁测深资料基本遵循以下处理流程。

预处理：将采集的时间域数据转换成频率域数据，得到全频段振幅、相位曲线。1983～1997年，除便携式大地电磁仪采集资料的预处理由各电法队现场完成外，其他仪器采集资料的预处理工作，1983～1987年在CYBER 1724机上完成，1988年后在工作站和微机上完成。

数据编辑和平滑处理：将全频段振幅、相位曲线进行去噪后作重新编辑和平滑，然后将偏离真实位置较远的数据删除，缺值频点按曲线形态插值，再对曲线进行平滑处理。经过多次数据重新编辑和平滑才能得到一条理想的曲线。1983～1987年，该项处理在CYBER 1724机上进行，1988年开始在地调五处 TJ－2220 机上以人机对话方式进行；1992 年后，则在微型计算机上进行。

静校正：由于近地表局部电性不均匀体的影响，导致振幅曲线畸变，称为静态效应。为消除静态效应，对畸变曲线进行的校正称为静校正。常用的静校正方法有曲线平移法。1988 年后，地调五处根据各地实际资料特点相继开发出相位静校法、空间滤波法、相权静校法、中值滤波法、人工智能静校法、阻抗张量分解法等。1988 年，地调五处处理秦晋地区 MT 大剖面资料时，采用曲线平移法进行静校正取得了很好效果；同年，在处理合肥地区三条 MT 大剖面资料时，使用多种方法进行静校正，效果均不理想，最后选用人工智能静校法，以已知的地震、地质、钻井和地层电性等资料为约束条件，获得了令人满意的处理结果。1989 年，在处理沁水盆地 CSAMT 资料时，采用空间滤波方法的效果较好。1992 年，在处理吐哈盆地七克台地区的 CSAMT 资料时，采用空间滤波方法进行静校正，也取得了理想的效果。

CSAMT 近场校正：人工场源可控源电磁测深存在近区场和远区场。只有人工场源远区场才与介质电阻率和频率有关，因此必须进行近场校正，消除近区场影响。1990 年后，地调五处何展翔等人相继开发出归一化法、近似三角形法、全频段视电阻率法、迭代和数值逼近法等近场校正方法。1992～1993 年，在处理吐哈盆地七克台、广西亭亮等地区的 CSAMT 资料时，采用近似三角形法消除近场影响获得了满意的效果。1995 年，在处理沁水盆地的 CSAMT 资料时，在作近似三角形法校正的同时，又进行迭代和数值逼近法校正，使视电阻率断面图更加合理。

3. 资料解释

定性解释：主要涉及两个方面的工作：其一是通过井旁测深资料正、反演的成果，确定测区地电断面电性层与地质层位的对应关系；其二是依据经过平滑和校正处理后的资料，求取各项定性参数，编制曲线类型图、总纵电导 S 平面图（或剖面图）、视电阻率断面图、各向异性系数断面图、电性主轴方位图等定性解释图件。通过对上述图件的分析，即可了解测区勘探目的层展布特征、电性基底的起伏、主要断裂分布规律、电性异常分布特征、区域构造走向与周边接触关系。1988～1997 年，上述解释工作内容已经纳入常规解释工作范畴。

定量解释：从 1981 年开始，物探局的电法工作者针对电性资料的反演开展了大量的研究工作。1981 年研究院重磁电室王天生等研究了“大地电磁测深曲线的病态反演”问题。1985 年，地调五处周虬介绍了博斯蒂克一维反演方法。1987 年，地调五处熊识仲等人介绍了大地电磁垂直时距曲线反演法。从 1987 年开始由国外引进的电磁解释软件中不仅有一维正、反演软件，而且还有二维解释软件。1991～1994 年，地调五处何展翔等人相继开发出“一维广义逆反演（人机对话）”、“最优化搜索反演”、“剥皮法反演”、“可控源全区场广义逆反演”和“视模反演”等一维反演方法。1995 年后，电磁资料解释发展到二维定量解释阶段。1995～1997 年，何展翔等人又相继开发出“有限元连续介质反演”、“有限元层状介质反演”、“界面成像”和“拟地震反演”等二维反演方法，不仅有效地提高了电磁资料定量解释精度，而且扩大了电磁勘探的领域。

通过上述电磁资料的一维或二维反演求取的地电断面参数，即可编制基底埋藏深度图、电性层埋藏深度图、电性层厚度图、电性层电阻率平面图等定量解释图件。

在综合分析定性和定量图件基础上，结合其他物探、地质和钻井资料，便可以预测基底结构，指出有利于油气圈闭的局部异常和圈定火成岩分布范围。1989 年，依据三水盆地大地电磁测深资料的解释结果，圈定了该区表层火山岩分布范围。1995 年，依据新疆喀什地区 CEMP 资料，共解释出 15 条断裂、划分出 4 个电性层各自分布范围、标定了勘探目的层侏罗系的埋藏深度和厚度，圈定了 11 个局部异常和 4 个有利于油气圈闭的局部构造。

（二）建场测深资料处理解释

1. 处理软件

1992～1993 年，由俄罗斯引进的 3C－3И 系统，具有叠加反褶积、异常场分析、剩余异常场分析、时深转换和数据图示等项处理功能。

2. 资料处理基本流程

预处理：分叠前、叠加和叠后处理 3 个部分。叠前处理包括野外采集数据转录、回放显示及频谱分析。主要目的在于掌握数据记录品质和噪声水平，通过频谱分析了解信号和噪声的频谱特征。进行叠加处理可以有效压制随机噪声，提高信号的品质。叠后处理包括平滑、滤波和反褶积 3 项内容。通过低通、高通和 50 赫陷波等 3 种滤波处理，可分别消除高频噪声、低频大地电磁场干扰和工业噪声。反褶积处理可消除采集系统对实测信号的系统影响。

反褶积方法有预测反褶积、同态反褶积及最小方差反褶积等。经过滤波和反褶积处理的曲线，还需采用多点平滑公式或三次样条逐段覆盖滑动等进行平滑处理。

通过再处理求取地电参数：经上述预处理后得到的地电信号函数 $E(t)$ 曲线，因包含装置几何系数的影响，无法用于解释，还需要通过再加工处理，将 $E(t)$ 函数转换成不受装置系数影响的信号函数 $F(t)$，再和理论函数 $F(u)$ 量板进行对比拟合，求取全区视电阻率 $\rho(t)$，进而求取视总纵向电导 $S(t)$。

求取剩余异常：建场测深法定量解释的目的是从区域背景场的大地响应中分离出剩余异常，突出地下局部地质结构信息。区域背景场的大地响应，可通过由高阻结晶基底和低阻沉积盖层构成的二层介质模型模拟。从实测的大地响应中减去模拟的背景场，得到剩余异常场，再通过求导和滤波，即可得到异常场时间剖面。异常场时间剖面与地质层位关系则由已知资料（如钻井资料或地震资料）进行标定。

3. 资料解释

定性解释：主要依据的解释图件有：①视电阻率 $\rho(t)$ 和视总纵向电导 $S(t)$ 等剖面曲线图，反映沉积层横向电性变化；②视电阻率等值线断面图，反映地电断面视电阻率变化特征；③等时断面图，反映各时间段上视电阻率值（或视总纵向电导值）的横向变化；④电性界面成像剖面图，以拟地震显示方式再现地下电性层展布特征；⑤剩余异常导数剖面图，以振幅强弱为依据，可清晰地反映细小电性层的横向变化。通过上述图件的分析研究，可了解测区的电性特征、勘探目的层展布、基底起伏形态和断裂展布。

定量解释：将剩余异常时间剖面转换成深度剖面，再由反演得到深度电阻率断面，编制电性层埋藏深度图、电性层厚度图和电性层电阻率平面图。

在综合分析上述定性和定量图件的基础上，结合其他物探、地质和钻井资料，便可以预测区域构造和局部构造，以及含油气有利地区。

1992 年，地调五处在陕北靖边开展建场法勘探，依据奥陶系风化壳及其上覆层出现的电导负异常重叠范围，推断出含油气有利地带。1993 年，在宁夏马家滩北台构造开展建场法勘探，主要任务是核查以往地震勘探因表层结构复杂对该构造的北倾和西倾不落实问题。建场法勘探结果，获得了 4 个电性界面构造，其中反映下古生界顶面的构造与地震 T_9 反射层构造可以对比，从而解决了上述不落实问题，并根据建场法勘探发现的电导异常预测了含油气有利地带。1997 年，在塔里木盆地塔参 1 井—塔 162 井联井测线上开展了建场法寻找储层的试验。通过对建场法勘探资料获得的剩余异常深度剖面利用井资料进行标定，发现下奥陶统白云岩含油气段呈现低阻特征。据此，将下古生界碳酸盐岩内发现的一些不连续低阻电性层，推断为含油气白云岩分布区。

第三节　化探资料处理解释

化探资料处理解释是依据野外采集样品取得的数据，经处理后圈定地球化学异常，进行地质解释，提供探区内油气勘探前景信息。油气化探资料解释涉及两项内容：其一是化探资料各种指标的综合分析研究；其二是化探与地质、钻探、物探等各种资料的综合解释。

物探局及其前身的化探工作可分为两个阶段：1964～1972 年为手工资料处理解释阶段；1988～1997 年为计算机资料处理解释阶段。

一、手工资料处理解释

1964～1972 年，解释人员凭经验按观测数据的指标量值大小确定异常背景值和异常下限。在此基础上，采用手工方式绘制符号类异常图及其他相关分析图件；然后针对确定的异常，通过地质、钻井等资料的综合分析，区分异常成因；进而推断有意义的异常与已知油气区和地质构造的关系。

1964～1965 年，六四六厂 605 化探队及前身依据在山东东营凹陷北部获得的发光沥青探测资料，绘制了以符号表示的异常图，与油区图对比圈定了 7 个异常区和 1 个断裂异常带。其中大部分异常被后期钻井证实，表明化探异常与地下油气存在密切关系。1969 年 5～9 月，605 队在霸县地区进行发光沥青方法试验，发现了顾辛庄异常和小宁口异常。顾辛庄异常与地震确定的顾辛庄构造基本符合，并为 2 口探井证实含油气。小宁口异常位于小宁口断块上部，异常点多分布在断裂附近，推断此异常与地下油气有关。

1969～1970 年，605 队在任丘 240 平方公里面积上开展土壤测量，编绘了烃气异常图，发现 7 个异常。其中三十里铺北异常位于构造高点部位，当时即指出该构造是找油有利地段。1975 年 7 月，在该异常部位发现了任丘古潜山油田。

二、计算机资料处理解释

1988年，地调五处重新组建油气化探队（901队），采用多参数快速反应油气测试设备开展化探工作，从此化探数据的处理解释逐步移到计算机上进行。1995年，处理解释全部实现了自动化。

（一）数据处理软件

1988～1994年，开始利用少量不成套的子系统进行化探资料处理。1995年，开始利用“油气化探数据处理系统”。1996年，使用“重磁电化综合解释系统”中的化探子系统。

（二）数据处理质量评价

1．样品数据质量评价

依据方差分析原理将地球化学场信息产生的有用方差和由采集、化学分析产生的误差信息引起的无用方差进行分离，然后通过研究两种方差的关系，判断数据质量。

2．背景值和异常下限的确定

油气化探数据一般属于正态分布，可运用多种数理统计方法确定背景值和异常下限。

1989～1994年，901队先后在沁水盆地、二连盆地和三塘湖盆地开展油气化探时，分别采用上述方法确定各种指标背景值、标准离差、异常下限，都取得了较好结果。

3．数据标准化

数据标准化包括景观标准化和量值标准化。1989～1992年，901队先后针对沁水盆地和二连盆地不同地表的景观条件，采用景观标准化方法分别较好地解决了全盆地统一成图的矛盾。1992年，在海南省福山凹陷化探试验中，开展聚类分析时选用烃组分特征比值为变量进行量值标准化，取得了较好效果。

4．多指标统计分析

具体方法主要有相关分析、主成分分析（因子分析）、属性判别分析、聚类分析和稳健马氏距离等5种。1993～1994年，在三塘湖盆地的化探中，共选用了17个指标，其中以相关分析、R型聚类分析和R式因子分析等方法的分析指标为优选指标。据此，圈定了综合异常，指出油气富集有利地带。1997年，在塔里木大庆区块进行了游离烃测量，采用主成分分析、稳健马氏距离等方法，选择C_1、C_2、C_3等3个饱和轻烃指标，圈定了综合异常，为甲方认可。

5．特殊处理

在油气化探中，为了消除因受自然条件、地表生化作用、非油气地化形迹及人类干扰等因素对化探测量数据的综合影响，采用频谱空间滤波技术，可明显增强异常分析的规律性，突出真实的地球化学信息。1994年，该特殊处理技术在处理三塘湖盆地的化探资料中，显示了良好的效果。

（三）资料解释

1．单指标异常识别

经化探数据处理求得各项指标背景值和标准离差后，可按背景值加n倍标准离差确定异常下限，再在计算机上采用人机联作方式进行异常下限估算显示，直到获得满意的异常为止；对其中可能存在的有意义隐蔽异常，可通过局部降低异常下限加以识别；依据识别的异常编制单指标异常图。编制此图是化探工作成果中最基础工作之一。

2．综合异常的识别

1988～1992年，综合异常的识别，主要采用单指标叠合法，即依据各单指标异常图的叠合确定综合异常区；1992～1997年，主要采用多元统计方法，即依据多元统计分析的组合指标，计算出每种组合指标的综合参数（如MAV1），确定综合指标异常，编制综合指标异常图和综合异常图。若能综合其他参数的异常（如油度系数异常），更有利于异常成因解释。

3．资料解释

异常成因分析：地表异常是多种因素的综合反映，必须通过认真分析烃异常成因，去伪存真。为此：①分析有无重烃异常（尤其是C_4、C_5）和计算甲烷系数、湿度系数，对异常成因作出判别；②测定碳同位素，判断是否是深部油气藏引起的异常；③利用烃组分特征值Pixler图解，预测深部油气藏类型。1997年，在塔里木大庆区块化探工作中，共圈定7个综合异常。分析认为，这些异常段内存在C_4、C_5，湿度系数大于5%，故判断这些异常主要反映深部因素的影响，地表生化作用贡献很小。

异常综合分析：根据异常形态、产生部位、烃类指标组合及强度特征与地质、钻井及其他物探资料综合分析，对异常与构造关系、油气运移通道和有利部位等作出解释。1995年，依据化探资料的综合分析，指出了三塘湖盆地烃类运移方向。

异常评价：采用模糊数学综合评判方法，先对异常指标齐全程度、强度高低、规模大小、产生部位的背景条件及油气聚集地质条件等进行判别打分；

然后确定异常评判值，编制油气化探远景评价图。1997年，对塔里木大庆区块所发现的7个综合异常，采用综合评判方法确定Ⅰ级异常1个、Ⅱ级异常4个、Ⅲ级异常2个。

第三章　重磁电化勘探主要成果

1964～1997年，物探局及其前身已在全国29个省、市、自治区开展了重磁电化勘探工作，基本完成塔里木、吐哈、羌塘、二连、陕甘宁、三江、海拉尔、开鲁、沁水、三塘湖、六盘山等10余个大中型盆地（坳陷）和弋阳、陆良、玉溪及陇川等70余个1万平方公里以下小盆地的区域普查及早期勘探工作。总勘探面积达到150万平方公里，完成重磁电化测线901092公里，编写各类成果报告262份(详见附表6－1)，编制各类成果图件4328幅，发现和落实各类异常千余个。上述成果为沉积盆地研究、区域构造划分和早期油气资源评价提供了重要依据。本章以最早勘探时间为序简要记述14个大中小盆地的重磁电化勘探成果。

第一节　冀中坳陷重力、电法勘探成果

1963～1966年，六四六厂及其前身在冀中坳陷的安国、深县、高阳和任丘一带开展了重力和电法普查。通过重力勘探，发现了凤河营、河西务、牛驼镇、白洋淀、任丘—辛中驿和高阳—无极等重力高异常；电法勘探也发现多处正异常，其中任丘和牛驼镇电性正异常和重力高异常基本一致。当时明确提出，任丘—辛中驿重力高异常是最有油气勘探远景的部位。1975年发现任丘古潜山油田后，发现地震构造图和重力图非常吻合。据此，确认白洋淀重力正异常也是古潜山反映。1977年，根据重力正异常部位拟定淀2井，一举发现雁翎油田。

1977～1979年，为配合地震开展“四查”，普查大队通过重力勘探在文安斜坡发现了苏桥和刘南塞两个正异常。重力资料将此异常解释为古生界潜山构造，地震资料认为该处为斜坡。后经重力和地震资料联合解释，在地震剖面上相应重力正异常部位解释出一个高断块。1982年，在此断块上发现了苏桥潜山油田，从而证实重力资料的解释结果。

1977～1979年，普查大队电法队在任丘—高阳地区1500平方公里面积上开展了激发极化法直接找油试验，发现了任丘和大白庄两处视极化率正异常，恰好分别与任丘和雁翎油田的范围相对应。表明视极化率正异常在一定条件下可以作为直接找油的一项指标。

1981～1989年，地调五处及其前身在北起北京、南至衡水、东起大城、西至深县和容城之间1.6万平方公里面积上开展了1:5万比例尺的高精度重力细测。细测资料比以往重力普查资料刻画地质现象更清晰，主要区别在于：细测资料的正异常形态和范围与地震古潜山顶面构造图符合率达到63%；细测资料经场分离后，局部异常增多，而且多数与潜山相对应；在霸县与牛驼镇之间的重力梯级带和南马庄梯级带上，细测资料经场分离后分别发现南孟、龙虎庄和南马庄异常，均与潜山相对应；在蠡县斜坡，细测资料经场分离后发现3个北西向重力高异常带。

第二节　沁水盆地电法勘探成果

1972年，六四六厂普查大队314重力队和701电法队开始对沁水盆地开展概查。1989～1995年，地调五处在该盆地北部约1万平方公里面积上开展重磁电面积普详查，其中以采用可控源声频大地电磁测深法（CSAMT）勘探效果最好。该区有4个电性层：第一电性层对应第四系黄土及第三系砂砾岩，电阻率为50～100欧姆·米；第二电性层对应侏罗系、三叠系，电阻率为100～300欧姆·米；第三电性层对应二叠系、石炭系，电阻率为20～60欧姆·米；第四电性层对应奥陶系、寒武系，电阻率为200～800欧姆·米。第一电性层大部分地层缺失，第二电性层分布局限，第三及第四电性层全区分布稳定，为本区主要勘探目的层。第四电性层顶面为本区电法标志层，与地震T_{12}反射层对应，相当于奥陶系顶面。在第四电性层顶面深度平面图上，共圈出46个电法局部正异常，其中面积大于10平方公里、幅度大于100米的异常有24个，面积小于10平方公里、与地面背斜构造符合的有5个。

第三节　海拉尔盆地重力、电法勘探成果

1976年，普查大队2个重力队和长庆、胜利油田3个重力队完成海拉尔全盆地1:20万重力普查，资料解释和分析由普查大队负责。1984年，普查公司4个电法队完成该盆地1:20万电法普查。勘探资料表明：盆地主要密度界面为扎赉诺尔群底界面，密度差0.2～0.25克/立方厘米，电测深曲线类型总体上以H型曲线为主，显示高—低—高的电阻率特征，纵向上分为三大电性层：第一电性层为高阻层，电阻率10～40欧姆·米，相当于新生界及白垩系上部；第二电性层为低阻层，电阻率5～10欧姆·米，相当于扎赉诺尔群；第三电性层为高阻层，电阻率100～1000欧姆·米，相当于侏罗系兴安群火山岩及古生界变质岩。盆地主要密度界面与电法标志层有较好的对应关系。主要勘探目的层为扎赉诺尔群。重力和电法异常形态反映扎赉诺尔群底界面形态。重力、电法主要解释成果如下：

一、区域构造及构造单元划分

依据重力、电法异常特征和定性定量成果将盆地划分为“两隆、三坳”5个一级构造单元和20个二级构造单元。解释的盆地总面积为34715平方公里。其中扎赉诺尔坳陷为3035平方公里，嵯岗隆起为5603平方公里，贝尔湖坳陷为7204平方公里，巴彦山隆起为12218平方公里，呼和湖坳陷为6655平方公里。构造走向为北东方向。西部和南部的凹陷面积大且深，东部和北部的凹陷面积小而浅，凹陷多为西断东超型。盆地断裂发育，对一级和二级构造单元起控制作用。

二、局部异常分析

通过电法总纵电导S图与布格重力异常图的对比分析，圈定局部异常23个，其中扎赉诺尔坳陷2个，贝尔湖坳陷17个，呼和湖坳陷2个，巴彦山隆起2个。通过岩石物性分析，认为重力、电法局部正异常与基岩隆起有关，并以二者重叠的局部异常最落实。

三、油气评价

将凹陷面积大于2000平方公里、电法标志层埋深大于2500米、低电阻层厚度大于2000米，且电法及重力局部异常发育作为评价最有利凹陷的条件，认为呼伦湖凹陷、贝尔凹陷、乌尔逊凹陷、呼和湖凹陷等4个凹陷为最有利生油凹陷，总面积达9560平方公里。其中贝尔凹陷和乌尔逊凹陷的重力、电法复合的局部正异常应为优先勘探目标。以重力、电法解释提供的参数，计算全盆地油气资源量为3.3～10.2亿吨。

1976年后，在该盆地陆续开展了地震和钻探工作，基本验证了重力、电法勘探成果，并在贝尔凹陷和乌尔逊凹陷见到工业油流，建成了海拉尔油田。

第四节　二连盆地重力、电法、化探勘探成果

1977年，物探局普查大队的电法队和地质队开始在盆地中部进行电法大剖面概查和地面地质调查。当年成果揭示，电法标志层埋深大于3000米，地面地质调查在布图莫吉和胜利煤田等四处发现下白垩系巴彦花群生油岩，且见到油砂显示。是年，中国人民解放军建字00911部队在巴音都兰凹陷进行水文普查钻探时，发现了73.94米厚的油砂。上述事实表明该区有良好的含油远景。

1978～1983年，普查大队对全盆地及周边开展了大规模的重力、电法1:20万面积普查。与此同时，还进行了地面地质调查和物性参数采集。由曾庆全、熊识仲、蔡鑫等完成全盆地综合研究报告。1984～1996年，地调五处的重力队在完善普查测网的同时，对局部地区开展1:10万详查和1:5万细测；电法队在开展MT法详查同时，还在乌里雅斯太和朝克乌拉等地开展了激电法和建场法试验。二连盆地的石油勘探是物探局严格遵循勘探程序、发挥综合物探优势、快速探明油气田的一个成功范例。

一、岩石物性

密度：通过岩石露头测定及钻孔岩心、地震层速度、声波测井和中子－γ测井等资料的综合研究，将盆地划分为5个密度层：第一密度层代表新生界和上白垩系，平均密度2.10～2.17克/立方厘米；第二密度层代表下白垩系巴彦花群，平均密度2.30～2.45克/立方厘米；第三密度层代表上侏罗系火山岩，平均密度2.60～2.65克/立方厘米；第四密度层代表中下侏罗系含煤碎屑岩，平均密度2.55～2.60克/立方厘米；第五密度层代表古生界及前古生界变质岩，平均密度2.65～2.75克/立方厘米。其中第二密度层底界为盆地主要密度界面。

电阻率：依据岩石露头测定、电测深曲线和电测井资料，将盆地划分成4个电性层：第一电性层对应新生界、上白垩系，个别凹陷包括了下白垩系巴彦花群上段地层，电阻率3～100欧姆·米；第二

电性层对应下白垩系巴彦花群上段及中段（赛汉组、腾格尔组），电阻率2～12欧姆·米；第三电性层对应下白垩系巴彦花群下段（阿尔善组），电阻率15～40欧姆·米，为次高阻；第四电性层对应侏罗系及前侏罗系变质岩、岩浆岩，电阻率50～200欧姆·米。其中第三电性层底界为盆地电法标志层，第二电性层是识别凹陷或凸起的重要标志。

二、构造单元划分及局部异常

根据重磁异常分区特征及电法资料，将二连盆地区域构造划分为“三隆、五坳”等8个一级构造单元，即北部的巴音宝力格隆起和马尼特、乌兰察布、川井等3个坳陷，中部的苏尼特隆起，南部的乌尼特、腾格尔坳陷和温都尔庙隆起。根据该区勘探目的层巴彦花群底界的密度界面和电法标志层的重力异常和电性异常特征，在8个一级构造单元基础上划分出51个凹陷和14个凸起等65个二级构造单元。发现重力局部正异常270个、电法局部正异常24个。

三、断裂展布

依据重磁电识别断层的各项标志，并结合地面断裂的分布及地震资料，全盆地共解释出312条断裂，多为凹陷的边界断裂。其中有4条断裂对盆地演化和基底结构有重要意义。

（1）康保断裂：位于盆地南缘，东西走向，长达800公里，通过正兰旗、康保、达茂旗，为华北地台与内蒙—兴安华力西褶皱系的分界线。

（2）西拉木伦河断裂：位于准宝力格、白音宝力道、查干诺尔渔场一线，沿西拉木伦河东西向延伸，长达350公里以上。

（3）贺根山断裂：位于滚呼都格、白音乌拉、贺根山、阿拉善特等地，北东走向，长达700公里以上。

（4）查干敖包断裂：位于查干敖包一线，北西走向，长达120公里以上，是川井坳陷与乌兰察布坳陷的分界线。

四、油气评价

本区主要勘探目的层白垩系巴彦花群在各凹陷中都有分布，而次要目的层中下侏罗系阿拉坦合力群仅在部分凹陷中分布。当电法标志层埋深小于2000米时与地震T_g反射层和钻井巴彦花群底界深度最接近；当地震T_g反射层深度大于2000米时，电法标志层埋深解释偏浅，表明电法标志层埋深大于2000米的凹陷是深凹陷。由于阿尔善凹陷钻井资料确定的生油门限为1200米，所以把电法标志层1200米深度等值线圈定的凹陷面积定为成熟生油岩面积。据此，将电法标志层深度大于2000米、凹陷面积大于1000平方公里、巴彦花群厚度大于4000米（解释厚度）、生油岩面积大于250平方公里的凹陷评为最有利凹陷，如阿南、阿北、巴音都兰、赛汉塔拉、额仁淖尔、都日木、白音查干、高力罕、乌里雅斯太、吉尔嘎朗图、洪浩尔舒特等11个凹陷，总面积约2.4万平方公里；将电法标志层埋深大于2000米、凹陷面积大于1000平方公里、巴彦花群厚度大于3000米、生油岩面积大于200平方公里的凹陷评为有利凹陷，如塔北、塔南、脑木根、伊和乌苏、赛汉图门、额尔登苏木、扎格斯台、包尔果吉、朝克乌拉等9个凹陷，总面积约2万平方公里；其余凹陷评为较有利凹陷。

五、重力、电法在二连盆地勘探中的作用

（一）基本查清二连盆地区域地质构造

1977年以前，二连盆地是重力、电法勘探的空白区，区域地质结构不清。1977～1983年，开展了全区重力、电法普查，全面揭示了盆地的区域地质结构，查清了盆地边界和范围。

（二）预测了二连盆地勘探重点区域和找油找气主攻方向

依据重力、电法解释成果，明确提出阿北、阿南和赛汉塔拉等3个凹陷为勘探重点地区和找油找气的主攻方向。1981年，赛1井和阿2井出油，阿1井也有较好油气显示，从而证实重力、电法的勘探效果。

（三）为地震勘探工作指明方向

从1978年开始，地震勘探的普查、详查区域基本上是按重力、电法勘探解释的最有利凹陷和有利凹陷确定，相继在巴音都兰、额仁淖尔、乌里雅斯太、吉尔嘎朗图和洪浩尔舒特等5个凹陷建成油田，在20个凹陷中见到了油气显示，减少了地震勘探的盲目性。

（四）坚持勘探程序发挥综合物探优势

二连盆地勘探的成功经验表明，对于一个大型盆地，在重磁电开展区域勘探之后，先进行定凹选优，再进行地震勘探，继而重点详查，严格遵循勘探程序，可以起到事半功倍的效果。

六、建场测深成果填补了朝克乌拉凹陷地震资料空白

朝克乌拉凹陷位于阿北和吉尔嘎朗图两个含油气凹陷中间，一直倍受关注。1994年以前，该凹陷的地震勘探经历三上三下，资料难以解释。所钻朝参1井证实，该凹陷有含油目的层巴彦花群存在。1994年，进行了建场测深法勘探，作了4条电法剖面。资料表明，第四系和第三系厚度仅有20～400米，上白垩系缺失，新生界与下白垩系呈不整合接触，下白垩系巴彦花群厚度2500米，与上侏罗系兴安群火山岩呈不整合接触。上侏罗系兴安群在凹陷中都有分布，但厚度变化大。中下侏罗系阿拉坦合力群，厚度500～1000米，分布范围受断层控制，只在朝参1井及凹陷南部有分布。电性界面成像剖面图显示凹陷为双断、不对称形态，有2个背斜构造。表明建场法对解决复杂地区地质结构有一定的效果。

七、吉尔嘎朗图凹陷油气化探成果显著

吉尔嘎朗图凹陷西北部的锡林构造带为已知稠油区，其中宝饶构造已出油，但对罕尼构造是否上钻意见不一。1991～1992年，地调五处901化探队连续两年在该区开展了多参数快速反应油气化探面积详查，发现环状化探异常，不仅与已知油田有很好的相应关系，而且此异常向北部扩大到罕尼构造一带。据此，1992年夏，决定在罕尼构造上钻探吉3井，结果在1105～1305米井段获得工业油流，发现了罕尼油田。

第五节　敦煌盆地重力、电法勘探成果

1984年，物探局普查公司完成敦煌以东重力普查；1989年，地调五处开始该盆地的电法普查；1995～1996年，完成敦煌以西重力、电法普查；在此期间还邀请航测大队开展了1:50万全盆地航磁普查，获得了比较丰富的重磁电勘探成果。

一、岩石物性

根据盆地内岩石露头实测资料，划分出3个密度界面：第一个密度界面为新生界底界，密度差0.11克/立方厘米；第二个密度界面为中生界底界，密度差0.21克/立方厘米；第三个密度界面为古生界底界，密度差0.1克/立方厘米。其中以第二个界面密度差最大，重力异常主要反映这个界面的变化。

依据电法资料，划分出4个电性层：第一电性层为浅部第四系高阻层，电阻率大于20欧姆·米；第二电性层为第三系低阻层（在安西坳陷则为侏罗系地层），电阻率5～10欧姆·米；第三电性层为中生界次高阻层，电阻率20～40欧姆·米；第四电性层为古生界或前古生界高阻层，电阻率100欧姆·米，构成本区的电法标志层。

二、区域断裂及异常分区

综合重磁资料，解释出64条断裂，多数为压性断裂，主断裂方向呈北东或东西向，其次为北西、南北向。其中有2条区域断裂。

（1）三危山北缘断裂：东起双塔堡，经树沟子、大拉排、党河水库、南湖、多坝沟、石沙山、诺尔呼都格南，向西延至塔里木盆地红卫，被北西向断裂错断，长达650公里以上，是一条贯穿全区的区域大断裂。

（2）罗布庄—包南—盐水泉断裂：此断裂呈北东走向，向北东方向延至中天山，向西延伸至塔里木盆地中部，盆地内断裂长度约180公里。

北山、库鲁克塔格山和阿尔金山之间的地区被上述二条断裂分成三大块，各块重磁力异常具有不同的特征。

（1）英吉苏异常区：罗布庄—包南—盐水泉断裂以西地区，重力和磁力都是宽缓异常区，反映沉积岩厚、基底埋藏深的构造背景，在区域构造上解释为塔里木盆地英吉苏坳陷。

（2）敦煌—湾窑异常区：北山以南、罗布庄—包南—盐水泉断裂以东、三危山北缘断裂以北地区，重力异常由北东向及东西向条带状正负异常组成，磁力异常的分布特征与重力异常相似，也是正负异常交替出现，显示该区基底和构造属性具有北山型相似的特征。

（3）三危山北缘断裂以南异常区：重力异常与老山及北缘断裂平行分布，磁力正异常与老地层出露对应较好，故认为该区的基底和构造属性具有阿尔金型相似的特征。

三、构造单元划分

依据重力和电法成果的对应关系，将敦煌盆地划分成“四坳、一隆”等5个一级构造单元，即以三危山隆起为界，北部有湾窑坳陷和安西坳陷，南部有山南坳陷和阿克塞坳陷。1994年后，将北部两坳陷统一定名为安西坳陷，南部两坳陷定名为阿克塞坳陷。安西坳陷和阿克赛坳陷又各自划分出5个凹陷。

四、油气评价

根据凹陷面积、中生界地层厚度、中生界底界面深度及凹陷对应的重力负异常形态是否规则、面积和幅度大小，对区内10个凹陷进行了评价。认为五敦、马尼图泉、东部、窑湾等凹陷为最有利凹陷，总面积2.5万平方公里。其中以五敦凹陷面积最大、侏罗系生油岩最厚，可作为优先钻探对象。

第六节　贺西地区重力、电法勘探成果

贺西地区是指贺兰山以西、阿尔金山至公婆泉以东、祁连山以北、中蒙边界线以南的广大区域，东西长1000公里以上，南北宽300～500公里，面积达34.8万平方公里，地跨内蒙古、甘肃和宁夏三个省区。区内分布着大小不等、差异很大的众多新生代盆地。从1983年开始，物探局地调五处的前身就在该区域开展了重磁电勘探，至1996年，基本完成了全区重力普查，在阿拉善左旗和右旗、额济纳旗、北山、武威等地区完成了电法连片普查。这些勘探成果不仅明确了该区的中新生代盆地的分布和大地构造单元之间的关系，而且指明了进一步油气勘探的方向。

一、全区岩石物性及区域地质成果

（一）岩石物性

物探局地调五处及其前身在该区作了大量的岩石露头测定工作，结合钻井和地震层速度资料，认为该区各盆地地层组合不同，各套地层的重力、电法界面也有差异，但就全区而言，中生界底界（侏罗系底界）是本区重力勘探的主要密度界面，也是电法标志层，二者在全区有广泛的分布。

密度：新生界密度2.20～2.30克/立方厘米，白垩系密度2.43～2.52克/立方厘米，侏罗系密度2.44～2.55克/立方厘米，古生界及前古生界密度2.62～2.74克/立方厘米。新生界与中生界密度差为0.23～0.25克/立方厘米，白垩系与侏罗系密度差为0.01～0.03克/立方厘米，侏罗系与古生界密度差为0.18～0.19克/立方厘米。其中新生界与中生界和侏罗系与古生界两个界面的密度差大于0.10克/立方厘米，是导致重力异常的主要因素。

电阻率：依据电测深曲线与钻井资料的计算分析，获得了4个电性层：第一电性层对应新生界，电阻率10～50欧姆·米；第二电性层对应白垩系，电阻率2～30欧姆·米；第三电性层对应侏罗系，电阻率20～40欧姆·米；第四电性层对应前古生界，电阻率200～600欧姆·米。

（二）构造单元划分

依据电法第一、第二、第三电性层负异常是否与重力负异常对应及电性层厚度大小，并参考地质及磁力资料，划分出贺西地区诸盆地：北部有银根和额济纳旗盆地；中部有金塔—花海、潮水、雅布赖和巴彦浩特等4个盆地；南部有酒西、酒东、民乐和武威等4个盆地。

（三）区域断裂

由于该区大地构造上处于弧形构造线的顶部，重磁电资料解释的断裂非常发育，且有各种走向，其中有4条大断裂控制了该区的区域地质结构分区。

(1) 龙首山断裂：西起嘉峪关，经高台、金昌，东达银川，全长870公里以上。金昌以西为北西向，以东为近东西向，属岩石圈断裂。以往，金昌至银川段由于沙漠掩盖，断裂位置不清。此次重力勘探首次明确了该段断裂的具体位置及走向。

(2) 金塔—磴口断裂：西起花海子，经金塔、大茨湾、西腰泉、李家海子，向东达磴口，全长800公里，近东西走向，属岩石圈断裂。

(3) 狼山—吉兰泰断裂：位于狼山山系东侧，经吉兰泰到图兰泰，终止于龙首山断裂，全长500公里，北东走向。此断裂主要发育于中新生代时期。

(4) 拐子湖断裂：北起拐子湖，经陶勒特、阿拉善右旗，直到金昌，全长450公里，近南北走向。

（四）基底结构

根据重磁电异常特征和区域地质资料，贺西地区基底结构可分为三大区块，并以区域断裂为界。祁连山北缘断裂与龙首山断裂之间的基岩为志留、泥盆系岩组成。其上有两套沉积盖层：第一套为海陆交互相的石炭二叠系碳酸岩、含煤碎屑岩，厚度1300～4600米，从东向西有减薄趋势；第二套由中生界及新生界陆相碎屑岩组成。龙首山断裂与金塔—磴口断裂之间的基岩由前震旦系阿拉善群、龙首山群组成，震旦系韩母山群为冰积层。此区缺失下古生界及上古生界地层，盖层由侏罗系、白垩系和新生界地层组成。金塔—磴口断裂以北地区，被拐子湖断裂分割为东、西两部分：西部基底由早二叠世火山岩系及前二叠系变质岩组成，盖层由上二叠系碎屑岩夹火山岩及侏罗系、白垩系和新生界地层组成；东部基岩为石炭二叠系变质岩组成，盖层由侏罗系、白垩系和新生界组成。

二、额济纳旗及巴彦浩特盆地重电异常分析

贺西地区分布着众多新生代盆地，此处仅记述重力、电法勘探程度较高的额济纳旗盆地和巴彦浩特盆地。

（一）额济纳旗盆地

1. 重力异常分区特征

按异常的走向、幅值、梯度特征，分成5个异常区。

(1) 居延海北异常区：分布在居延海以北，呈

东西走向负异常，与泥盆纪火山岩有关。

(2) 居延海异常区：分布在老西庙、建国营和路井一带，呈北东走向，正负异常相间，发育4个负异常和3个正异常。

(3) 绿园异常区：为平缓的东西向异常带，由绿园正异常和喇嘛庙负异常组成，前者与前古生代隆起对应，后者也是隆起的反映。

(4) 务桃亥异常区：呈东西走向，有湖西新村和哨马营两个负异常，间夹鱼脊山正异常。

(5) 特罗西滩异常区：呈北东东走向，为一正异常带，与带状磁力高对应。

依据区域地质特点推测，该区主密度界面相当于中新生代沉积岩与前中生代变质岩之间的界面。重力异常主要反映这个界面的起伏形态，但存在岩性影响。居延海异常区主要反映中新生代构造，但在正异常带上仍可找到近东西向老构造的形迹。绿园及务桃亥异常区新老构造线基本一致。

2. 电法异常分区特征

在总纵电导S平面图上，显示3个正（负）异常区，均与重力、磁力异常相对应，其中居延海异常区，有4个负异常，标志层埋深1000～3000米。4个负异常之间有正异常，标志层埋深小于200～600米。绿园异常区，标志层埋深小于200米。

3. 构造单元划分

根据重、磁、电及地质资料，将本区划分为5个一级构造单元，从北至南有：居延海北隆起、居延海坳陷、绿园隆起、务桃亥坳陷、特罗西滩隆起。

（二）巴彦浩特盆地

1986年，依据重力、电法勘探资料在腾格里沙漠腹地发现了一个面积为1.6万平方公里的盆地，定名为巴彦浩特盆地。

1. 重力异常分区特征

按重力异常走向和形态，从东至西分为贺兰山正异常带、赛力克负异常带、诺尔托正异常带和图格力负异常带。其中有3个异常带可能与油气存在有关。

(1) 图格力负异常带：由伊和呼都格负异常、木托负异常和图兰太负异常组成，木托负异常主要密度界面埋深6700米，图兰太主要密度界面埋深4500米。

(2) 诺尔托正异常带：由于嘴陶正异常、额尔登正异常和宗吉郎—塔班正异常组成。

(3) 赛力克负异常带：由3个负异常组成，其中赛力克负异常的中心位置比较宽阔，推测是一套沉积地层反映，总厚度约6500米。

2. 构造单元划分

根据重力异常特征，巴彦浩特盆地划分为两坳（图格力坳陷、赛力克坳陷）一隆（诺尔托低隆起）构造格局。图格力坳陷由伊和凹陷、木托凹陷和图兰太凹陷组成；诺尔托低隆起由于嘴陶、额尔登、宗吉郎、塔班4个凸起组成；赛力克坳陷由锡林、查干两个凹陷及山前斜坡组成。上述成果已为地震资料证实。

3. 巴彦浩特盆地与周边关系

盆地西部和南部以断裂为界；北东方向阿拉善左旗、图格力等地界线不清，可能继续向北东方向延伸；东部与贺兰山台褶带呈渐变过渡关系。

4. 大地电磁测深资料分析

图格力坳陷和诺尔托低隆起视电阻率低，赛力克坳陷视电阻率高，推测图格力和诺尔托赋存地层为新生界、白垩系、侏罗系地层覆盖在阿拉善群之上，赛力克坳陷赋存地层除新生界、白垩系、侏罗系之外，还有一套古生界地层。

以通过金昌、白土井、茨湖、萨力德克等地的东西向大断裂为界，其北地壳深度达数十公里，为一套电阻率200～300欧姆·米的高阻统一体；其南是一套电阻率为9～20欧姆·米的壳内低阻层，且有起伏。

三、油气评价

（一）银根和额济纳旗盆地

区内发育中生代凹陷18个，已在4个凹陷中钻探4口井。其中银根盆地查干德日苏凹陷的查参1井，在白垩系地层中见油气显示；额济纳旗盆地务桃亥坳陷的务参1井、居延海坳陷居东凹陷的居参1井，在侏罗、白垩系地层中均未见油气显示；居延海坳陷路井凹陷的额1井，在侏罗系地层中见油显示。据钻探、地面地质资料和电法资料分析，银根盆地找油目的层以白垩系为主，额济纳旗盆地有白垩系和侏罗系两套目的层。银根盆地的有利凹陷有查干德日苏、陶勒特、苏海图和艾勒特格等4个凹陷。额济纳旗盆地有利凹陷有天草、湖西新村、梭梭头等3个凹陷。

（二）中部诸盆地

中部花海、潮水、雅布赖和巴彦浩特等4个盆地共划分出22个凹陷，总面积2.6万平方公里。主要生油层为侏罗系和白垩系。巴彦浩特盆地赛力克坳陷生油层为石炭系。除雅布赖盆地外，其余3个盆地都见油气显示或油流。

据重磁资料解释认为，中区最有利凹陷为花海盆地花海凹陷、潮水盆地窑南凹陷、雅布赖盆地盐场凹陷、巴彦浩特盆地查干和锡林凹陷等5个凹陷，总面积9300平方公里。其中以巴彦浩特盆地油气勘探前景最好。1989年，在该盆地锡林凹陷钻探的巴参2井于石炭系地层中获得89.6米厚的油气显示段。

（三）南部诸盆地

南部酒西、酒东、民乐、武威等4个盆地共划分出17个凹陷，总面积1.6万平方公里。前3个盆地勘探程度较高，凹陷评价已有定论。武威盆地所划分的7个凹陷勘探程度较低，推测中新生界地层为1500～2500米，石炭系、二叠系也可能是目的层，其中马路口和三道湖凹陷相对评价较高，可作为进一步开展勘探的首选区。

第七节 吐哈盆地重力、磁力、电法勘探成果

1988～1989年，地调五处完成该区1:20万重力普查和了墩以东地区电法普查。进入90年代，在七克台地区用电法寻找地面油砂在地下的分布；在博格达山用电法探测逆掩断裂；在盆地中西部作电法大剖面，了解三叠、二叠系的分布及厚度，并进行震电勘探方法试验等多项工作。在此期间还邀请航测大队开展全盆地航磁测量。重、磁、电普查成果如下：

一、构造单元划分

吐哈盆地的重、磁力资料均以火焰山为界，将盆地分成南北两个异常区，又以了墩为界分成东西两个区，南北向及东西向差异明显，异常总体走向为东西向。据此，结合电法和地震资料，将盆地划分为吐鲁番坳陷、哈密坳陷、了墩隆起等3个一级构造单元。其中，吐鲁番坳陷又可分为“三凸、四凹”，以台北和托克逊两个凹陷面积最大、沉积最厚。前者面积8400平方公里、埋深9000米；后者面积5100平方公里、埋深8500米。哈密坳陷分为“一凸、三凹”，其中五堡凹陷面积6800平方公里、埋深9000米。

二、博格达山逆掩推覆断裂

吐哈盆地北缘与博格达山呈逆掩推覆接触关系，重力图上显示为一个宽缓梯级带。1992年，为查明该处的逆掩断裂，在台北凹陷的红旗坎、柯柯亚和胜金口等地，沿山沟作了3条大地电磁剖面，穿山长度达到15～20公里。3条剖面的穿山段显示：表层是一套高阻层，电阻率大于500～1000欧姆·米；中部是低阻层，电阻率10～20欧姆·米；低阻之下有一个次高阻层，电阻率30～50欧姆·米；次高阻之下是高阻层，电阻率80～300欧姆·米。

采用地震、钻井和地面地质资料对上述4个电性层进行标定，认为第一个表层高阻层为石炭系、二叠系地层；第二个电性低阻层及第三个电性次高阻层与第三系、白垩系、侏罗系、三叠系等套地层相对应；第四个基底高阻层与石炭系、二叠系相对应，为该盆地电性标志层，推覆在中新生界地层之上。

3条电法剖面定性定量解释的逆掩推覆距离，在红旗坎、柯柯亚地区为12～15公里，在胜金口地区为6～9公里。盆地内中新生界地层厚度达3000～4000米，基岩深度达5000米以上。重力和电法资料显示，哈密坳陷北缘逆掩断层的断面较陡，推覆距离不大；台北凹陷北缘逆断裂，推覆距离较大，已为钻探证实。

第八节 三塘湖盆地重力、电法、化探勘探成果

1991～1992年，地调五处完成全盆地重力详查和电法普查，并进行了地面地质调查和岩石物性测定工作；1993～1994年，地调五处901队在该盆地条湖凹陷开展了化探详查。

一、岩石物性

密度：新生界平均密度2.2克/立方厘米；白垩系、侏罗系平均密度2.5克/立方厘米；上二叠系平均密度2.6克/立方厘米；下二叠系及其以前老地层平均密度均大于2.75克/立方厘米。白垩系、侏罗系与上二叠系界面间密度差0.10克/立方厘米；上、下二叠系界面间密度差0.15克/立方厘米。这两个密度界面，尤其是上、下二叠系间界面是导致重力异常的主要因素。

电性：新生界电阻率10～50欧姆·米；白垩系电阻率7～15欧姆·米；侏罗系电阻率10～20欧姆·米；上二叠系电阻率30～60欧姆·米；下二叠系及其以前老地层电阻率均大于300欧姆·米。据此划分出4个电性层：第一电性层为新生界，属浅层高阻；第二电性层为白垩系、侏罗系，属低阻层；第三电性层为上二叠系，属次高阻层；第四电性层为前上二叠系，属高阻层，为本区电性标志层。

二、区域构造单元划分及局部异常

该盆地总体是呈北西走向，带状延伸。盆地南北两侧均以逆断层与老山接触，中部为中央坳陷带，并以西庄子、鸭子泉为界，分成东部坳陷和西部坳陷。东部坳陷又可划分出马朗凹陷等3个凹陷，西部坳陷划分出条湖凹陷等4个凹陷。根据重力与磁力异常的关系和重力正异常与各电性层的符合情况，盆地内共圈出42个正异常，大部分与基岩隆起有关，其中条湖凹陷有16个正异常。上述电法、重力解释成果均为后来地震勘探资料证实。

三、电性层厚度分布与勘探目的层

电法第二电性层厚度相当于侏罗系、白垩系地层厚度。由于该区白垩系厚度只有200～400米，故此电性层厚度基本代表该区勘探目的层侏罗系地层厚度。盆地各凹陷侏罗系厚度均大于1000米，其中汉水泉、条湖、马朗等3个凹陷厚度均大于2000米，对生油较为有利。

第三电性层厚度相当于该区第二套勘探目的层上二叠系地层厚度，除小青山凸起外，其他二级构造单元地层厚度均大于1000米，以库木苏凹陷地层厚度最大，为2000米。

四、化探成果

1993～1994年，连续两年在三塘湖盆地条湖凹陷以测试游离烃为主要参数开展了化探详查。勘探表明，在该凹陷塘参1井开钻前，在井区范围内发现化探异常，并与地震构造吻合。塘参1井钻探后发现工业油流。在条湖凹陷条2井区，所测化探异常也与地震构造符合，条2井钻探后也获油流。在盆地南部的石板敦构造区域，化探也发现强度很高的异常带，后钻探三口井，均见油气显示。

五、油气评价

根据重力、电法解释的凹陷面积、深度，第二、第三电性层的厚度，局部异常的发育情况，认为条湖、马朗和汉水泉等3个凹陷为最有利的生油凹陷，其次有淖毛湖凹陷、库木苏凹陷和乌通凹陷。其中以条湖凹陷评价最高：条湖凹陷的侏罗系和二叠系资源量占盆地总资源量40%以上；马朗凹陷的侏罗系和二叠系资源量占盆地总资源量18%以上；汉水泉凹陷的侏罗系和上二叠系资源量占盆地总资源量17%以上。

第九节　弋阳盆地重力勘探成果

1991～1992年，地调五处在该盆地完成1:5万重力细测和岩石露头实测工作，同时开展了部分磁测工作。该区有2个主要密度界面：其一是下侏罗统与三叠系之间的界面，密度差为0.16克/立方厘米；其二是褶皱基岩与沉积盖层之间的界面，密度差小于0.1克/立方厘米。表明侏罗系底界面是导致本区重力异常的主要因素。

一、断裂展布

根据重力和磁力资料，在盆地内解释出北东、北东东、北西、北北东和南北走向五组断裂，共16条，其中有3条主要断裂。

（1）东乡—广丰断裂：西起东乡，经鹰潭、贵溪、铅山、上饶、广丰等地，全长约100公里，为下扬子准地台和华南褶皱系分界线的一段基底断裂。

（2）鹰潭—中坂断裂（赣东北断裂）：呈北东走向，为下扬子钱塘江台坳与江南隆起分界线的一段，全长15公里。

（3）弋阳—横峰断裂：东起泉塘，经司铺、横峰、弋阳、河潭埠等地，呈北东东走向，为盆地北部边界断裂，全长65公里。

二、构造单元划分及局部异常

依据重力异常分布特征，结合地质、钻井资料，将盆地划分为3个一级构造单元和16个二级构造单元。一级构造单元有西部隆起、北部坳陷和南部斜坡带。

全区共发现70个重力局部正异常，其中Ⅰ级异常32个，Ⅱ级异常13个，Ⅲ级异常25个。在Ⅰ级异常中以中童异常（中童凹陷）、鹰潭西异常（鹰潭南凹陷）、河潭埠异常（弋阳低凸起）、莲荷南异常（河潭埠—莲荷凹陷）和铅山南异常（铅山凹陷）等评价最高。

三、油气评价

以重力解释的沉积层厚度、构造单元面积、局部异常数目和勘探目的层白垩系地层厚度等要素为评价依据，认为北部坳陷中的泗沥凹陷、贵溪凹陷、弋阳低凸起等构造单元对寻找油气最有利。鹰潭南凹陷、铅山凹陷和石溪凹陷等也为较有利凹陷。

第十节　陆良盆地及玉溪盆地电法勘探成果

云南省有新生代小盆地100余个。1990年，地调五处开始在陇川、盈江、瑞丽等3个小盆地进行电法勘探；1992年，在陆良、玉溪、越州、宜良和弥勒等5个小盆地进行电法勘探；1994年，在大理、巍山、弥渡、鹤庆等4个小盆地进行电法勘探。这12个小盆地新生界地层与中生界地层之间有明显的密度界面和电性界面，密度差0.18～0.23克/立方厘米；新生界电阻率10～20欧姆·米，前新生界电阻率大于100欧姆·米，为本区电性标志层。以下仅记述陆良、玉溪两个小盆地的电法勘探成果。

一、陆良盆地

该盆地位于昆明市以东，呈北东走向。第二电性层埋深约1400米（相当于上第三系底部）。盆地表现为东断西超箕状结构，形态完整，主体部分位于赵家沟、郭家、湖海、大嘴子之间，盆地面积300平方公里。盆地最深部位在大嘴子正东4公里处。

1993～1994年，滇黔桂石油勘探局根据电法成果在该盆地开展了地震勘探，获得1.6秒反射层，证实该盆地为东断西超箕状盆地，在盆地东部深凹漕大断裂下盘发现大嘴子构造，钻探陆参1井，在上第三系地层中发现高产气流。

二、玉溪盆地

玉溪盆地位于昆明市以南的玉溪县，面积约120平方公里。由于受地表条件和电法勘探方法限制，西部的中莲花池、王大户、黑村、下龙潭和郭井等地资料不完整，对盆地全貌了解不够。已有资料表明，盆地两侧均有断裂，西部断裂大、东部断裂小，盆地呈西深东浅不对称断陷型，最深部位在黑村一带。该处电法标志层深度大于2000米。玉溪盆地面积虽小，但上第三系地层厚度大，是一个油气勘探远景区。

第十一节　焉耆盆地重力、磁力、电法勘探成果

1993年，地调五处在焉耆盆地开展重、磁力和电法普查，为该盆地进一步勘探指明了方向。

一、构造单元划分

通过重力、磁力、电法综合解释，将盆地划分为“两坳、一隆”构造格局。各单元之间以断层接触，南缘为逆掩断层。盆地总面积1.1万平方公里，找油目的层为侏罗系，最深处在盆地南部博斯腾湖坳陷。该坳陷面积5000平方公里，分为四十里城凹陷和开勒迪凹陷。前者面积3000平方公里，重力、电法解释侏罗系底最大深度6700米以上，中生界厚度2000～3600米；后者面积2000平方公里，重力、电法解释侏罗系底埋深大于4000米，中生界厚度大于2000米。盆地中部为一中央低隆起，其南北两侧均以断裂为界，面积1100平方公里，重力、电法解释侏罗系底埋深2500米。低隆起以北为和静坳陷。该坳陷是以新生界为主的坳陷，面积4200平方公里，重力、电法解释中生界基底最大埋深3700米。据电性资料，推测中生界地层向隆起超覆减薄，直至尖灭，厚度小于1000米。

二、局部异常分析

根据重力和电法资料，共发现局部正异常36个，其中和静坳陷21个、中央低隆起8个、博斯腾湖坳陷7个，以博斯腾湖坳陷宝浪圈闭正异常含油气评价最高。

三、基底结构

以重磁异常特征及其反演的基底密度和视磁化率为据，并结合电性和盆地周边地质及地层分布资料，以焉耆断裂为界将盆地基底划分为两部分：断裂以北，前中生界基底是以泥盆系为主，并有花岗岩分布；断裂以南，前中生界基底是以上元古和太古界变质岩为主；其中四十里城一带以石炭系为主，并有花岗岩分布。

四、油气评价

盆地生油层为侏罗系。3个一级构造单元中以博斯腾湖坳陷侏罗系厚度最大，评价为最有利坳陷，其中的四十里城凹陷宝浪正异常应为首选钻探目标。1994年，在宝浪正异常上钻探的焉参1井获得工业油气流，证实该盆地具有良好的油气勘探前景。

重力和电法资料还显示，侏罗系厚度向老山方向边缘有加厚趋势，此种现象应引起今后勘探的注意。

第十二节　共和盆地重力、磁力、电法勘探成果

1994年，地调五处完成该盆地重磁力普查、电法普查和地面地质调查，同时进行了剖面实测、岩样采集、分析化验及岩石物性测定工作，为后续的地震勘探部署提供了依据。

一、岩石物性

密度：依据岩石物性测定及其他各项资料综合分析，将盆地划分为3个密度界面：第一密度界面为第四系与第三系之间界面，密度差0.10～0.15克/立方厘米；第二密度界面为第三系与中生界之间界面，密度差0.15～0.20克/立方厘米；第三密度界面为侏罗系与三叠系之间界面，密度差0.10～

0.12克/立方厘米。

电阻率：据岩样测定和电测深资料分析，将盆地划分为4个电性层：第一电性层对应第四系地层，电阻率30～150欧姆·米，为表层高阻层；第二电性层对应第三系地层，电阻率6～20欧姆·米，为低阻层；第三电性层对应侏罗系、白垩系地层，电阻率20～60欧姆·米，为次高阻层；第四电性层对应前侏罗系地层，电阻率100～800欧姆·米，为高阻层，也是该盆地电性标志层。

二、断裂展布

通过重力、磁力、电法资料解释，共发现23条断裂，走向分北西、北东、东西、北北西、北西西五组，以压性断裂为主。其中以分布于盆地北缘及南缘的两条断裂规模最大，对盆地发育发展及构造格架起控制作用。

（1）茶卡镇—东巴断裂：位于盆地北缘，西起茶卡镇，经大水桥、菊什科寺、廿里地，在东巴之后拐向东南方向，经罗堂至上牛圈，全长180公里，与老地层和第四系盆地的分界线吻合，为盆地北缘边界断裂，属逆断裂性质，发育于新生代时期。

（2）巴立结哈—那黑鲁断裂：西起茶卡盐湖（南），经新哲农场、塘格穆农场、那黑鲁至达布江等地，全长250公里，为盆地南缘断裂，也属逆断裂性质。

这两条断裂虽被多条北西向断裂错开，有的断面缓，有的断面陡，走向也有变化，但总体上呈北东走向。

三、构造单元划分

以重磁力异常特征分析为主，并结合电法和区域地质资料，将盆地划分为"一隆、三坳"构造格局，即黄河隆起、塘格木坳陷、贵南坳陷和贵德坳陷。其中塘格木坳陷是共和盆地的主体，以茶卡凹陷和切吉凹陷面积最大、埋藏最深。前者面积1580平方公里、埋深3000～5000米，后者面积4660平方公里、埋深3000～7000米。两凹陷间被一北西向断裂错开。凹陷主要沉积地层为新生界，解释厚度4500～5000米，中生界地层解释厚度1500～2000米。

四、油气评价

共和盆地找油目的层为侏罗系、白垩系。盆地第四系地层中有较厚的暗色泥岩，为形成浅层沼气提供了条件。最有利凹陷有切吉凹陷、茶卡凹陷和却幕凹陷。

1994年后，先后在该盆地塘格木坳陷开展地震勘探，钻1口参数井，完全证实上述重力、磁力和电法的勘探结果。

第十三节　六盘山盆地重力、磁力、电法勘探成果

1994年，地调五处为解决六盘山盆地黄土覆盖山区地震勘探难以查明的地质问题，在该区开展了重力、磁力、电法综合勘探和岩样测定工作。重磁力采用自由网，绝大部分地区点线距达到1公里×2公里，电法沿道路作了12条测线。1997年，地调五处采用CEMP法新技术对该盆地肖家湾地区开展详查。

一、岩石物性

密度：依据多项资料分析将该盆地划分为3个密度界面：第一密度界面对应上、下第三系间界面，密度差0.10克/立方厘米；第二密度界面对应白垩系与下第三系间界面，密度差0.15克/立方厘米；第三密度界面对应上、下古生界间界面，密度差0.20克/立方厘米。

电阻率：据岩样测定和电磁测深资料，将盆地划分为4个电性层：第一电性层对应第四系及部分第三系，电阻率10～50欧姆·米；第二电性层对应第三系，电阻率5～10欧姆·米；第三电性层对应白垩系、侏罗系、石炭系、二叠系，电阻率10～40欧姆·米；第四电性层对应下古生界基底地层，电阻率大于100欧姆·米。

据此认为，新生界与中生界间、上古生界与下古生界间的两个界面是导致重力、电法异常的主要因素。

二、构造单元划分

根据重磁电资料，将盆地划分为中央坳陷带和小关山斜坡带2个一级构造单元和10个二级构造单元。其中中央坳陷带由贺家口子、海原、固原等3个负异常带组成，分别对应3个沉积凹陷。其中以海原凹陷面积最大，为2450平方公里；中生界及古生界地层厚度最厚，约5000～8000米。

三、局部异常分析

根据重力垂直二次导数平面图共发现19个正异常，与电法、地震、地面构造等资料对比后，认为肖家湾异常为最有利异常。该异常位于海原县城东10公里，处在海原凹陷最深部位，面积115平方公里，推测此异常与基底隆起有关。

在19个重力异常中，有11个为电法资料证实，

有3个为地震资料证实，3个异常与地面构造有关。

四、肖家湾地区电法（CEMP）详查

1997年，地调五处以肖家湾重力局部异常为目标，开展了CEMP法详查，勘探面积280平方公里。主测线线距2公里、点距200米。

CEMP勘探成果表明，白垩系顶面及侏罗系顶面由东向西排列3个局部构造，分别被东西向及北西向断层分割成断块，即九道腰岘构造、堡台构造和郝沟构造，连成一个构造带。此构造带与基底有关。其中九道腰岘构造已为地震、钻探资料证实。

五、油气评价

该区地面有30多处见油气显示，20口井见油气显示。显示的层位有石炭系、侏罗系、白垩系、第三系，其中90%的显示集中在白垩系马东山、乃家河段地层。

根据油气显示及重力、电法解释的凹陷面积、深度、局部异常发育状况和目的层等因素，将海原凹陷、固原凹陷和贺家口子凹陷评价为最有利凹陷。

第十四节 羌塘盆地重力、电法勘探成果

1995～1996年，地调五处对羌塘盆地及其周边进行了重力面积普查和4000余个岩样测定，完成重力普查面积21.7万平方公里；同时完成5条电法大剖面，总长1722公里；另在吐坡错、琵琶湖、映天湖一带开展了多参数油气化探工作，为该盆地进行油气勘探指明了方向。

一、岩石物性

密度：依据岩石露头实测资料，将该盆地划分为3个密度层：第一密度层对应新生界和白垩系，平均密度2.3～2.54克/立方厘米；第二密度层对应侏罗系至二叠系，平均密度2.65～2.70克/立方厘米；第三密度层对应前泥盆系，平均密度2.7～2.75克/立方厘米。其中第二与第一密度层之间的密度界面，即侏罗系顶界面反映海相与陆相地层的分界面，其密度差达到0.20克/立方厘米以上，为本区主要密度界面。由于新生界及白垩系地层分布零星，解释中将前泥盆纪变质岩与沉积岩间的界面也确定为主密度界面。

电阻率：依据岩石电性测定资料及电磁测深资料，将盆地划分为5个电性层：第一电性层对应侏罗系布曲组及其以上地层，为浅部高阻层；第二电性层对应侏罗系雀莫错组和曲色组地层，为低阻层；第三电性层对应中、上三叠系灰岩，为高阻层；第四电性层对应下三叠系及上二叠系，为低阻层；第五电性层对应下二叠系及更老地层，为高阻层，也是本区电性标志层。

二、构造单元划分

以电法资料为主，结合重力区域异常特征和区域地质资料，将盆地划分成3个一级构造单元，即羌北坳陷带、中央隆起带和羌南坳陷带。

羌北坳陷带为重力负异常带，呈东西走向，间夹北西向及东西向局部异常；电法各套电性层电阻率均比羌南坳陷带高。

中央隆起带重力显示为东西向宽缓正异常，向东倾没；电法第四电性层与第五电性层难以分开。

羌南坳陷带重力显示为两个东西向正异常之间的一个负异常区；电法各套电性层电阻率均比以上两个构造单元低。

三、油气评价

根据重磁电资料的综合分析，认为盆地北部比南部好，西部比东部好。因为羌北坳陷西部的航磁异常变化平缓，说明该区区域岩浆活动相对较弱，热演化相对较低；电法曲线类型稳定，对比性好，沉积稳定；该区多处见油气显示。

第四章 重磁电化方法研究与开发

1976年以前，物探局的重磁电方法研究队伍比较薄弱，方法研究主要由局研究所物探室重磁电组（5～8人）负责，普查大队各物探队解释组主要承担生产性任务。1976年，普查大队成立综合研究队；1978年，研究院成立重磁电室。从此，物探局的重磁电方法研究开始全面启动。1978年，普查大队与仪器厂合作研制成功“垂向电测深数字记录系统”、物探局与国家地震局及武汉地质学院联合试制成功“SD-I型数字大地测深仪”第一台样机。1986年，普查公司综合研究队和研究院重磁电室合并组成地调五处重磁电研究所，下设重磁室、电法室、地质室、情报室、综合服务室和计算站，近50人。

重磁电研究所成立标志物探局重磁电方法研究与开发进入一个崭新时期。1991 年 5 月后，原属研究院重磁电室人员从地调五处调出，划归物探地质研究院管辖。

第一节 重磁方法研究与开发

一、数字技术在重力勘探中的应用

1979～1984 年，物探局、青海石油管理局和新疆石油管理局联合在 CYBER－1724 机上开发出一套石油重磁力数字处理系统（PGM），标志物探局重磁资料处理与解释进入数字处理时代。该系统包括精细处理、常规处理及绘图服务程序等 40 多个模块，拓宽了重磁力勘探的应用领域。

应用 PGM 系统先后处理了塔里木盆地、准噶尔盆地、酒东盆地、下辽河坳陷曙光地区、华北平原的河西务、河间、板桥地区、北京地区及东海盆地、云南楚雄盆地的重磁资料，共 10 余万公里，不仅提供了丰富的地质成果，而且指出了有利的含油气地区和构造，为地震勘探工作指明了方向。

二、石油重磁资料微机处理解释系统（PGM）

1988～1990 年，地调五处研究所王宜昌和郑彬卿等人开发成功石油重磁资料微机处理解释系统（PGM），共有 64 个程序，分为六个部分：主控程序、数据输入、数据处理、正演、反演和绘图。其中数据处理及解释涉及的方法有：1～4 阶导数计算、断层相关分析、重磁异常及其方向导数联合解释、变密度界面反演及线性多界面反演、延拓、剩余趋势分析等。该系统具有较强的绘图功能，可以实现快速绘制重磁平面图、剖面图和点位图。从此，物探局建立了适合于石油重磁力勘探特点、功能较为齐全的微机处理解释系统。

三、频率域重磁位场转换程序及应用

1989～1990 年，地调五处研究所周鼎潮等人开发出常规频率域重磁位场转换程序及应用软件。该软件主要涉及的方法有：垂直 1～2 次导数、x、y 方向一次导数、水平总梯度、延拓、磁场化极、磁源似重力异常和滤波等。

该软件建立在微机上，较其他同类位场转换系统有新的技术改进：①采用“奇偶分线”的二维快速傅氏变换技术，节省了内存，并提高了运算速度；②设计了多种滤波器，可根据不同的处理目的自动选择“最佳滤波器”，使计算结果更为可靠；③设计了多个辅助子程序计算各种辅助参数，使不熟悉谱分析的解释人员也能快速地进行资料处理并得到满意的结果。

四、石油勘探二维磁测资料处理解释系统

1991 年，地调五处和中国地质大学（武汉）协作开发成功石油勘探二维磁测资料处理解释系统。该系统包括 4 个部分：正常场计算及标本磁参数统计；常用地质模型正演；二度频率域磁场转换（延拓、分量换算、圆滑、导数、维纳滤波、趋势分析、曲化平、归一化总梯度以及希尔伯特变换等）；反演（阻尼最小二乘法、最优化、自动反演、二维组合棱柱和多边形截面人机对话反演、磁性体上下界面反演和重力压缩质面法）。

该系统是一套方法齐全、实用和功能较强的磁法资料处理解释系统，且更适合于野外现场作业使用。

五、重磁野外数据微机处理系统

1993～1995 年，地调五处勘探科和研究所共同开发成功重磁野外数据微机处理系统。该系统主要功能包括：重磁力及测量原始数据的整理及重磁异常计算；空间域和频率域的导数计算、延拓和位场变换；场分离和正反演；生产要素统计等。该系统与绘图和打印存盘等子系统连接，可以方便地获得有关图件和存档资料。

该系统可为野外现场数据处理、为勘探地区及时提供指导性的基础资料和成果图件，建立一个良好的环境。

六、地球物理弱信号识别提取及在高精度重磁测量中的应用

1994～1995 年，地调五处与中国地质大学（武汉）协作完成地球物理弱信号识别提取及在高精度重磁测量中应用的软件。该软件具有以下主要功能：柯尔莫哥罗夫—维纳滤波；T_z 假设检验法识别弱信号；自相关滤波、互相关滤波、反概率滤波；信号增强处理等。

软件运用了新的数学原理和工具，对重磁资料进行更高层次的加工处理，使探测目标的有用信号在强干扰背景下和复杂地质因素的叠加场中能够恢复其本来面貌，为开展高精度重磁油气勘探、圈定局部构造和进行油气圈闭评价提供了新的技术方法。

第二节 电法方法研究与开发

一、垂向电测深数字记录系统

1978 年，普查大队楼正高等人与仪器厂合作研

制成功垂向电测深数字记录系统。该系统由 Z－80 微机控制，并由一套带头段参数输入、采集、回放、打印、记录等软件控制工作，可将模拟记录的电信号转变为数字记录，从而提高了仪器的灵敏度和勘探精度，并具有系统诊断程序和一定的自检测试功能。该系统具有结构简单、体积小、功耗低和精度高的特点，不仅适用不同地表地区的勘探工作，而且可作为瞬变法、近区建场法、时间域激化法的记录系统。

二、SD－Ⅰ型数字大地电磁测深仪

1978 年，物探局与国家地震局及武汉地质学院联合研制成功 SD－Ⅰ型数字大地电磁测深仪第一台样机，1982 年通过技术鉴定。该仪器是利用很弱的大地电磁场源信号进行油气勘探的数字化设备，改变以往采用垂向电测深仪一统电法勘探的局面，使物探局的电法勘探开始步入数字化阶段。该仪器的主要技术指标接近当时国外同类仪器的先进水平。1982～1983 年，该仪器先后用于湖南和二连等地的电法勘探。

三、石油电法勘探方法软件

1986～1991 年，为发展物探局的大地电磁勘探技术，地调五处楼正高等人和中国地质大学（武汉）协作完成 MT 反演方法和解释方法软件。该软件具有下列功能：连续介质反演、垂直时距曲线反演、近似反演（甘布尔法）、拟地震解释法、复杂地区 MT 曲线的特征及解释、MT 资料多种信息的综合应用及 EMAP 解释等。该软件不仅提供了多种反演方法，丰富了当时 MT 工作的处理和解释内容，而且为扩大大地电磁勘探领域提供了技术条件。

四、TJ－2220MT 解释系统

1987～1988 年，地调五处和电子工业部计算机十五研究所合作，将从美国 GC 公司引进的 PROMT 解释软件和 UNIX 操作系统移植到 TJ－2220 计算机上，并通过修改和增补一些新的解释软件，建立了 TJ－2220MT 解释系统。该系统主要包括以下内容：①常规 MT 软件有数据处理、数据叠加、阻抗显示、编辑平滑、单点绘图和剖面绘图等模块；②MT 解释软件有一维正反演、二维正反演、曲线平滑和 EMAP 数据处理等模块；③服务性软件有数据列表、野外参数修改、功率谱绘图、切割时漂和转换 V5 仪器数据等模块。

TJ－2220 MT 解释系统的建立，扩展和增强了处理 MT 资料的能力，开创了利用小型计算机作为大地电磁解释工作站的先例，从而实现了物探局 MT 资料处理解释的自动化，提高了工作效率。

五、MT 倾子资料解释方法

1988～1989 年，地调五处和江汉石油学院协作研制成功 MT 倾子资料解释方法软件。该软件具有：内插、外推和滤波等功能。该软件主要技术思路是以理想模型的响应为样板，采用图像处理技术中的模拟相匹配技术对野外实测资料进行匹配，从而较准确地解释出垂直断面的埋深、断距以及电阻率的分布。1989 年后，采用该方法处理、解释的资料，能较好地反映出 MT 剖面的地质构造特征，纵向分辨率和水平分辨率均较常规方法高。

六、连续电磁剖面法（CEMP）

从 1989 年起，地调五处刘宏等人与中国地质大学（武汉）等院校合作对美国专家 Bostick 提出的电磁阵列剖面法（简称 EMPA，1986 年提出）进行了全面的研究。至 1992 年，针对中国油气勘探特点提出一套野外采集方法和相应的资料处理解释方法。为了区别于 EMAP，将此法命名为连续电磁剖面法（CEMP）。1994～1997 年，先后在大理、利川、塔东南和六盘山等地开展了大量试验工作，并不断地对此法进行改进和完善，从而形成了一套比较规范的电磁勘探方法：野外施工采用多道轻便大地电磁仪与 GPS 同步采集系统，道间相对独立，布极灵活；并采用了远参考张量观测、Robust 处理等关键技术。1997 年后，该法已在塔里木盆地油气勘探中广泛应用，尤其是配合地震开展山区目标勘探，获得了良好的地质效果。

七、人工源电磁（CSAMT）测深资料处理解释

1990～1992 年，地调五处何展翔等人和中国地质大学（武汉）协作研制成功人工源电磁测深资料处理解释软件。该软件具有如下功能：静态位移校正方法、近场校正方法、不作近场校正直接进行一维正反演和近场校正后的二维正演、偶极源二维正演等。实际应用表明，该软件方便实用，其中静态位移校正、近场校正、一维反演及偶极源二维正演，在当时都处于国内领先水平。

八、MT&CSAMT 微机现场处理解释系统

1993 年，地调五处研究所何展翔等人开发成功 MT&CSAMT 微机现场处理解释系统。该系统采用了许多当时正在发展的 MT 和 CSAMT（可控源大地电磁测深）前沿技术。MT 系统具有以下各类软件：①快速平滑程序；②静校正软件包；③拟二维 BOSTICK 反演；④广义逆一维反演；⑤连续界面二维反演；⑥逐步自动反演。其中拟二维 BOSTICK 反演和连续界面二维反演两项技术在国内处于研究应用前沿。CSAMT 系统除兼有 MT 全部在用的处理解释软件外，还有以偶极源理论为基础的一套解释子系统，在国内也独具特色。

该系统加载到电磁测深数据解释平台上，构成了别具特色的开放处理解释工作站，尤其是配有多种图件显示输出功能，深受用户欢迎。

九、EMAP 和 MT 资料处理

1995 年，地调五处何展翔和刘宏等人与石油大学协作完成 EMAP 和 MT 资料处理软件。该软件涉及的内容包括：①EMAP 和 MT 资料静校正方法；②EMAP 和 MT 资料一维和二维连续介质反演方法。该软件中设计的三次样条自动化空间域低通滤波，能有效地消除 EMAP 和 MT 采集数据中静态位移和各种干扰的影响；逐点一维连续介质反演技术和 MT 剖面逐点拟二维连续介质反演技术都具有自动化、速度快及效果好的特点；EMAP 和 MT 二维连续介质反演技术还具有计算量少、占用内存少、可在微机上作长剖面二维反演、有关参数可自动生成及使用方便的优点。

十、MT 数据处理系统

1995～1996 年，地调五处何展翔等人研制成功 MT 数据处理系统。该系统主要涉及的内容有：①MT 现场处理软件，包括施工设计、静态位移校正、二维正反演、系统界面；②界面成像技术，包括 MT 数据成像和图形图像处理；③数据接口软件；④图形输出。其中界面成像软件采用了差分拟地震法特殊处理技术，从而把 MT 数据处理解释建立在剖面的概念上。此项技术为实现现场处理、剖面解释和拟地震图示提供了条件。差分拟地震法对提高 MT 法解释精度、曲线静态位移的识别及克服反演的多解性都有很好的作用。

十一、新版本 Geotools 工作站

1994 年，地调五处从美国引进的 Geotools 工作站是第三代 MT 解释工作站。该工作站性能先进，但与国内在用的各种 MT 仪器兼容性很差。为此，地调五处科技人员对该工作站进行了改进和完善，于 1996 年研制成功新版本 Geotools 工作站。主要改进有以下几个方面：①通过修改录入模块，针对不同的数据格式建立一套格式转换系统，增强了工作站的实用性；②建立配套的输入数据格式转换系统，将其输出的文件转为通用的文本形式，使之能与物探局原有的一些解释软件一起运用，从而使该工作站增加了多种反演功能；③利用物探局原有的先进绘图软件，弥补了该工作站图形输出方面的缺陷。

经过改进后的工作站不仅使用灵活、方便，而且增强了通用性；使 MT 资料解释由过去以一维为主、二维为辅，上升到以二维为主，提高了 MT 法的解释精度。

第三节　化探方法研究与开发

一、多参数快速油气化探

1988～1990 年，地调五处同中国科学院兰州地质研究所协作完成多参数快速油气化探技术开发，该项目列入部级新技术开发项目。其主要特点是将分析测试仪器车载化、机动化；开展野外现场分析，快速提取样品解释参数；具有对八项参数（游离烃、吸附烃、C、紫外光谱、热释汞、铀、碘和二氧化碳）分析测试功能。该项技术具有分析项目多、功能强、精度高和分析周期短等优点，在国内处于领先水平。

二、油气化探微机数据处理系统

1994～1995 年，地调五处索效东等人与中国地质大学（武汉）协作完成油气化探数据微机处理系统。该系统包括数据管理、数据处理、绘图、输出、系统管理及汉字处理等子系统。在数据处理子系统中，除了包含诸多常规的校正方法和概率统计方法外，还增加了当时比较先进的处理方法，如稳定统计、梯度矢量分析及各种滤波处理等。该系统具有处理功能强、使用方便和成图快捷的优点。

第四节　非地震物化探综合解释系统开发

一、综合解释系统

1994～1996 年，地调五处研究所何展翔、周鼎潮、索效东和贾继军等人在总结多年累积的重磁电化方法研究成果基础上，选择其中成熟、实用的方法，按软件工程规范化要求开发出非地震物化探第一代综合解释系统。该系统集重磁力、电法、化探和地质等方法的资料处理、解释和成图于一体，由 5 个子系统组成，各子系统又有若干模块，其整体特点是单项技术先进、综合能力较强和数据管理统一。主要软件有：重磁位场处理、分离和正反演模拟等；电磁勘探的静态校正、一维二维正反演、差分、EMAP 处理、建场测深资料拟地震解释及成像；化探数据处理和盆地早期资源评价等。在重磁子系统中，采用波数域和空间域技术，可以起到优势互补的作用；采用变密度正反演、小子域滤波、磁场化极及偏移抽样等技术使此系统更具有特色。在电磁子系统中，采用了全线整体相权静校正、多种反演结果的加权平均、大地电磁差分处理和拟地震剖面显示等技术，代表了 90 年代中期电磁资料解释方法的新水平。该系统的研制成功，为有效地利用非地震物化探资料和地质综合研究，提供了强有力的手段。

二、综合解释工作站

1994 年，地调五处从美国引进 SUN－4 通用工作站。为了适应非地震物化探勘探需要，地调五处科技人员历经两年对该工作站进行消化和改造、开发，使其成为非地震物化探综合解释工作站。主要改造和开发项目有：安装了 Geotools MT 资料处理解释系统；开发出重磁及化探数据处理软件；对原有彩色等值线绘图软件进行了更新并安装了微机版本的 MAPCAD 制图软件，增强了图形、图像的处理功能。1996 年后，SUN－4 综合解释工作站已成为地调五处处理解释大量非地震物化探资料的主要平台。

附表 6－1　1964～1997 年物探局（含六四六厂）重磁电化主要地质成果报告统计表

序号	完成时间（年份）	报告名称	完成单位和第一作者
1	1964	华北平原重磁力勘探及异常解释介绍	地调指挥部重力组
2	1964	冀中坳陷中部重磁力详查总结报告	地调指挥部　陈裕德
3	1964	涿—淄大剖面黄沟山南偶极测深试验工作小结	地调指挥部 701 队　石蕴璇
4	1964	华北平原北部重磁力、电法工作成果报告	地调指挥部七大队　刘　任
5	1964	黄骅凹陷电法普查总结报告	地调指挥部　楼正高
6	1964	冀中坳陷电测深普查路线成果总结报告	地调指挥部　张鸿祥
7	1964	惠民地区电法面积测量总结报告	地调指挥部　熊识仲
8	1964	霸县地区重力精细测量试验报告	地调指挥部七大队　付万邦
9	1964	东营—现河庄地区重力细测试验总结报告	地调指挥部七大队　付万邦
10	1965	沧县地区电法面积测量总结报告	六四六厂 701 队　林东志
11	1965	湘东、鄂东、赣北重磁力普查总结报告	六四六厂 304 队　杨志光
12	1965	河北廊坊地区重力电法综合地质报告	六四六厂七大队　张麟祥
13	1965	华北盆地北部电法效应初步总结	六四六厂研究大队重磁电组
14	1966	渤海地区 1965 年度重力测量总结报告	六四六厂一大队　关恩海
15	1966	华北盆地北部重力勘探地质效果	六四六厂研究大队重磁电组
16	1966	霸县、任丘地区面积电法测量资料说明书	六四六厂七大队　熊识仲
17	1966	廊坊地区偶极测深试验小结	六四六厂 704 队　王志广
18	1967	邢台地区磁力工作初步总结	六四六厂
19	1967	1966 年度化探方法试验技术座谈会专题报告汇编	六四六厂 605 队
20	1967	黄壁庄水库电法勘探工作报告	六四六厂三大队
21	1967	京津地区电法面积测量说明书	六四六厂七大队

续表

序号	完成时间（年份）	报告名称	完成单位和第一作者
22	1967	霸县地区建场法试验总结	六四六厂 704 队
23	1968	北京顺义、平谷、三河地区电法测深工作说明	六四六厂 703 队
24	1968	石油微生物和发光沥青直接找油方法试验研究报告总结	六四六厂 605 队
25	1968	山东、河北地区发光沥青方法试验研究总结	六四六厂 605 队
26	1968	霸县地区化探方法试验成果小结汇编	六四六厂 605 队
27	1969	华北平原北部固安、石家庄、深县、平原地区电法勘探成果报告	六四六厂 701、702 队
28	1969	华北平原北部黄骅地区 1968、1969 年建场法试验	六四六厂 704 队
29	1970	化探方法试验结果汇编	六四六厂 605 队
30	1971	周口地区电法面积测量成果小结	六四六厂 702、704 队
31	1972	周口地区电测深成果总结报告	六四六厂勘探 2 团　梅林森
32	1972	北京地区电测深找水工作报告	六四六厂 702 队　周　虬
33	1972	合肥地区电法资料整理工作小结	六四六厂研究所　杜汉杰
34	1973	山西长治地区电法勘探小结	六四六厂 701 队　钟炳光
35	1973	北京房山地区电测深找水工作报告	六四六厂 702 队　周　虬
36	1973	周口坳陷临泉鹿邑地区电测深普查成果报告	六四六厂 707 队　王惠良
37	1973	安徽省六安地区电法工作小结	六四六厂 707 队　王惠良
38	1973	山西省太原凹陷重力普查总结报告	普查大队 314 队　谢朝恩
39	1974	沧县、大城地区电法面积测量成果总结报告	普查大队 701 队　钟炳光
40	1974	北京房山县磁家地区电法找水工作总结	普查大队 702 队　周　虬
41	1974	周口地区鹿邑凹陷、汝南凹陷电法面积普查成果报告	普查大队 707 队　张振祥
42	1974	天津宝坻县、林亭口地区电法找水报告	普查大队 707 队　张振祥
43	1975	长沟、涞水、易县地区水文地质调查报告	普查大队 101 队　冯培光
44	1975	房山地区灰岩找水小结	普查大队 101 队　找水组
45	1975	安徽省利辛地区重力详查工作简要总结	普查大队 313 队　张梦华
46	1975	北京长沟、涞水地区垂向电测深找水总结报告	普查大队 701 队　林开性
47	1975	周口坳陷东部及西部电法面积普查成果报告（1974～1975）	普查大队 706 队　王晋城
48	1975	河北涿县、北京房山地区电法勘探成果报告	普查大队 707 队　绳德谦
49	1975	北京房山长沟地区电法找水试验工作报告	普查大队 702 队　周　虬
50	1976	天津市宝坻东部电测深找水工作总结	普查大队 705 队　周　虬
51	1976	天津静海地区电法普查成果报告	普查大队 704 队　王晋城
52	1976	天津宝坻、宁河地区电法找水工作总结报告	普查大队 704 队　王晋城
53	1976	大港、任丘、辛中驿及东营地区直接找油试验报告	普查大队 706 队　魏金学
54	1977	河北深县武邑地区电法勘探成果报告	普查大队 704 队　王晋城
55	1977	河北徐水新城电法勘探成果总结报告	普查大队 702 队　张世义

续表

序号	完成时间（年份）	报 告 名 称	完成单位和第一作者
56	1977	河北肃宁地区垂向电测深成果报告	普查大队 701 队　李炳功
57	1977	冀中地区激发极化法找油试验阶段总结	普查大队 706 队　林开性
58	1977	河北省石家庄地区电法勘探成果报告	普查大队 707 队　张振祥
59	1977	内蒙古自治区二连盆地中西部石油地质踏勘报告	普查大队 101 队　曾庆全
60	1977	内蒙古自治区二连盆地中部电法路线普查报告	普查大队 702 队　陈秀儒
61	1978	浙江省杭州湾地区重力详查总结报告	普查大队 101 队　谢朝恩
62	1978	河北省白洋淀地区重力细测阶段小结	普查大队 101 队　蔡　鑫
63	1978	任丘—高阳地区激发极化法找油试验阶段小结	普查大队 706 队　魏金学
64	1978	河北保定、博野地区电法勘探总结报告	普查大队 701 队　张世义
65	1978	河北省沧县地区电法勘探成果报告	普查大队 702 队　庞连昌
66	1978	河北深泽衡水地区电法勘探总结	普查大队 704 队　王晋城
67	1978	河北定县—安平地区电法勘探总结报告	普查大队 707 队　张振祥
68	1978	内蒙古东乌旗巴音都兰凹陷激发极化法找油试验垂向电测深面积普查总结报告	普查大队 706 队　魏金学
69	1978	激发极化法找油气藏试验小结	普查大队 706 队　林开性
70	1978	冀中坳陷电法勘探成果报告	普查大队 101 队　熊识仲
71	1978	内蒙古二连地区电法路线普查总结报告	普查大队 702 队　张世义
72	1978	内蒙古东苏旗地区电法路线普查报告	普查大队 704 队　王晋城
73	1978	内蒙古阿巴嘎旗地区电法路线普查总结报告	普查大队 707 队　张振祥
74	1978	内蒙古锡林浩特地区电法路线普查报告	普查大队 101 队　庞连昌
75	1978	二连盆地综合地球物理勘探成果报告	普查大队 101 队　曾庆全
76	1978	冀中坳陷电法勘探古潜山效果分析	研究院地质室　杜汉杰
77	1979	任丘、高阳、蠡县地区激发极化法找油试验研究报告	普查大队 706 队　刘　任
78	1980	二连盆地东部地区重力、电法综合成果报告	普查大队 101 队　曾庆全
79	1980	垂向电测深非水平介质校正方法研究报告	研究院地质室　杜汉杰
80	1980	从 1/100 万布格重力异常图看我国大陆壳的基本轮廓	研究院地质室　宋立勋
81	1981	新疆于田—民丰地区重力勘探成果报告	普查大队 101 队　冯培光
82	1981	二连盆地东北部重力、电法成果报告	普查大队 101 队　曾庆全
83	1982	垂向电测深非水平介质校正三维数字处理与解释研究报告	研究院地质室　杜汉杰
84	1982	河西务构造带别古庄构造重力细测研究报告	普查大队　张麟祥
85	1983	二连地区重力、电法综合成果报告（1977～1982 年）	普查大队研究队　曾庆全
86	1983	内蒙古阿拉善地区石油地质调查报告	普查大队研究队　冯培光
87	1984	华北三地区重力细测地质效果分析	研究院地质室　杨琦兰
88	1984	二度多边形重力异常及各阶导数正演计算	解释中心　杨　辉

续表

序号	完成时间（年份）	报告名称	完成单位和第一作者
89	1984	重力异常四次导数的计算与应用	解释中心　王宜昌
90	1984	激发极化法检测油气的效果分析	解释中心　金祖发
91	1984	大地电磁测深二维正、反演阶段总结报告	解释中心　严又生
92	1984	时间域电磁测深曲线一维正、反演	解释中心　金祖发
93	1984	大地电磁测深程序系统的改进与完善	解释中心　白改先
94	1984	二连盆地重力勘探效果报告	普查公司研究队　朱宗镜
95	1984	二连盆地电法勘探效果报告	普查公司研究队　陈秀儒
96	1984	河西走廊重力异常的区域特征及其地质意义	普查公司　蔡　鑫
97	1984	二连盆地川井坳陷电法勘探成果报告	普查公司研究队　魏金学
98	1985	冀中北部地区重力基底研究与潜山预测	解释中心　郭云汉
99	1985	冀中凹陷南部地区重力解释成果报告	解释中心　杨琦兰
100	1985	重磁方法找油气研究报告	解释中心　刘　任
101	1985	PC－1500袖珍机在重磁电资料解释中的应用	解释中心　齐崇燕
102	1985	微机人机联作重力地震联合反演基岩密度	解释中心　杨　辉
103	1985	利用重力归一化总梯度法检测油气和断层研究报告	解释中心
104	1985	用逐段多项法反演密度界面研究报告	解释中心
105	1985	二维地电构造大地电磁测深资料的解释反演方法	解释中心　严又生
106	1985	应用MDZ法解释电测深曲线效果分析	解释中心　金祖发
107	1985	二层非各向同性大地中三维体的激电与电磁模拟	解释中心　张汝杰
108	1985	敦煌盆地重力勘探成果报告	普查公司研究队　康南昌
109	1985	海拉尔盆地电法勘探成果报告	普查公司研究队　贾进斗
110	1986	垂向电测深三维正演计算的有限元方法	解释中心　金祖发
111	1986	塔里木盆地东部沙漠区重磁剖面成果解释报告	解释中心　张晓雷
112	1986	银根盆地重力解释报告	解释中心　郭云汉
113	1986	敦煌地区重力勘探成果报告	解释中心　殷志宽
114	1986	冀中坳陷南部重力细测成果报告	地调五处研究所　张麟祥
115	1986	云南楚雄地区重力资料处理及解释	地调五处研究所　王宜昌
116	1986	冀中坳陷白洋淀地区重力细测成果报告	地调五处研究所　吕金海
117	1986	冀中坳陷饶阳地区重力细测成果报告	地调五处研究所　张麟祥
118	1986	CSAMT、V4系统仪器验收试验报告	地调五处研究所　雷保林
119	1986	塔克拉玛干沙漠东部重力、磁力、地震大剖面综合解释成果及几点启示	地调五处研究所　王宜昌
120	1987	湖南临澧—湖北襄樊大地电测深区域勘探成果报告	解释中心　刘　任
121	1987	银根盆地东部重力电法综合成果报告	地调五处研究所　何　毅
122	1987	民和双临盆地重力普查成果报告	地调五处研究所　冯培光

续表

序号	完成时间（年份）	报 告 名 称	完成单位和第一作者
123	1987	塔里木盆地东南部大地电磁测深总结报告	地调五处研究所　郑　莉
124	1988	潮水、民乐盆地重力、电法勘探成果报告	地调五处研究所　黄卫宁
125	1988	巴音浩特盆地重、磁、电勘探成果综合解释报告	地调五处研究所　冯培光
126	1988	秦晋地区大地电磁测深概查成果报告	地调五处研究所　王适新
127	1988	武威—巴彦浩特地区重力勘探成果报告	地调五处研究所　孔繁恕
128	1988	塔里木盆地东南部重力资料解释报告	地调五处研究所　曾庆全
129	1988	阿尔善地区大地电磁测深概查成果报告	地调五处研究所　白改先
130	1988	冀中坳陷任丘—文安地区用重力细测寻找古潜山效果报告	地调五处研究所　张麟祥
131	1989	广西合浦盆地电法勘探总结报告	地调五处研究所　魏书军
132	1989	三水盆地重、磁力细测成果报告	地调五处研究所　周鼎潮
133	1989	鄂尔多斯盆地麻黄山地区重力成果报告	地调五处研究所　贾文彦
134	1989	广西合浦盆地重、磁力细测成果报告	地调五处研究所　张麟祥
135	1989	江苏句容盆地大地电磁测深报告	地调五处研究所　赵志刚
136	1989	秦晋地区大地电磁测深概查成果报告（西安～包头）	地调五处研究所　郑　莉
137	1990	贺西地区重、磁资料联合解释报告	地调五处研究所　冯培光
138	1990	广东三水盆地大地电磁测深成果报告	地调五处研究所　王适新
139	1990	秦晋地区重、磁、电异常分析及基底结构特征	地调五处研究所　康南昌
140	1990	冀东南堡—老爷庙地区重力细测解释报告	地调五处研究所　王宜昌
141	1990	江苏常州地区大地电磁测深报告	地调五处研究所　赵志刚
142	1990	鄂尔多斯盆地东部重力详查勘探成果报告	地调五处研究所　周鼎潮
143	1990	云南陇川盆地大地电磁测深成果解释报告	地调五处研究所　白改先
144	1990	冀中坳陷重力细测地区地质解释总结报告	地调五处研究所　张麟祥
145	1991	沁水盆地榆社—沁县地区重磁力勘探成果报告	地调五处研究所　周彦彬
146	1991	吐鲁番盆地重力勘探成果报告	地调五处研究所　何　毅
147	1991	云南陇川盆地大地电磁测深成果	地调五处研究所　白改先
148	1991	陕甘宁盆地陕参1井—榆2井大地电磁测深剖面成果解释报告	地研院　白改先
149	1991	沁水盆地—沁源地区重磁力勘探成果报告	地调五处研究所　周彦彬
150	1991	北京地区重磁电物探综合研究报告	地调五处研究所　朱宗镜
151	199	安徽天长地区重力细测成果报告	地调五处　李德春
152	1992	沧县隆起大地电磁测深成果报告	地调五处　刘　宏
153	1992	陕甘宁盆地靖边地区中俄建场测深法试验报告	地调五处　何展翔
154	1992	鄂尔多斯盆地南部油气非地震物化探综合研究	地调五处、长庆油田　贾进斗
155	1992	吐哈盆地七克台地区可控源声频大地电磁测深成果报告	地调五处研究所　魏金学
156	1992	贵州赤水—云南木央大地电磁测深区域大剖面成果报告	地调五处研究所　王品忠

续表

序号	完成时间（年份）	报 告 名 称	完成单位和第一作者
157	1992	江汉盆地天门—钟祥地区重磁细测成果报告	地调五处研究所 宋景明
158	1992	弋阳盆地高精度重力详查成果报告	地调五处研究所 孔繁恕
159	1992	利用重磁资料研究塔里木盆地区域构造及火成岩分布	地研院 王宜昌
160	1992	合肥盆地大地电磁测深成果报告	地调五处研究所 王 荔
161	1993	江苏句容地区大地电磁测深解释成果报告	地调五处研究所 郑 莉
162	1993	吐哈盆地大地电磁测深成果报告	地调五处研究所 李同斌
163	1993	海南福山凹陷博厚、金凤构造油气化探试验报告	地调五处研究所 索孝东
164	1993	三塘湖巴里坤盆地重力电法综合研究报告	地调五处研究所 何 毅
165	1993	云南陆良、越川、弥勒、玉溪、宜良盆地电法勘探工作总结	地调五处研究所 田贤照
166	1993	济源凹陷西南部 1:5 万重力细测成果报告	地调五处研究所 冀连胜
167	1993	太湖地区大地电磁测深（MT）预查报告	同济大学、五处 王一新
168	1993	河南信阳—安徽阜阳地区重力详查成果报告	地调五处研究所 贾继军
169	1993	敦煌盆地大地电磁测深成果报告	地调五处研究所 刘 平
170	1993	北京凹陷丰台北区高精度重力勘探综合研究成果	地调五处研究所 吕金海
171	1993	巴彦浩特盆地苏吉凹陷大地电磁测深勘探成果报告	地调五处研究所 李同斌
172	1994	克里阳—柯克亚地区重力、电法勘探成果报告	地调五处研究所 周鼎潮
173	1994	大兴安岭西侧地区重力普查成果报告	地调五处研究所 宋景明
174	1994	北山地区重力勘探成果报告	地调五处研究所 冀连胜
175	1994	焉耆库米什盆地重磁力、电法勘探报告	地调五处研究所 何 毅
176	1994	塔里木盆地北缘大地电磁测深剖面成果报告	地调五处研究所 李一文
177	1994	新疆福海盆地和什托洛盖盆地石油地质调查报告	地调五处研究所 高彦书
178	1994	河南孟县堰师地区 1:5 万重力细测成果报告	地调五处研究所 高彦书
179	1994	沧县隆起（中南部）大地电磁测深勘探成果报告	地调五处研究所 郝淑娟
180	1994	冀北坳陷卸甲营向科大地电磁测深勘探成果报告	地调五处研究所 王品忠
181	1994	广西亭亮地区电法找礁试验成果报告	地调五处研究所 刘 宏
182	1994	中俄国际合作利用高精度重力法直接预测油气藏——酒东盆地野外采集技术总结报告	地调五处 完彦信
183	1994	太湖地区（南）块高精度重力勘探项目成果报告	地调五处研究所 刘云祥
184	1994	云南巍山、弥度、大理、鹤庆大地电磁测深勘探成果报告	地调五处研究所 郑 莉
185	1994	吐哈盆地托克逊高精度重力详查成果报告	地调五处研究所 周鼎潮
186	1994	陕甘宁盆地建场测深试验总结报告	地调五处研究所 何展翔
187	1994	二连盆地准棚凹陷油气化探成果报告	地调五处研究所 索孝东
188	1994	民和盆地综合地球物理研究报告	地调五处研究所 高彦书
189	1995	新疆三塘湖盆地汉水泉凹陷和条湖凹陷东部地表油气地球化学勘探成果报告	地调五处研究所 索孝东

续表

序号	完成时间（年份）	报告名称	完成单位和第一作者
190	1995	中国南方新区海相地层非地震物化探资料评估报告	地调五处　冀连胜
191	1995	松辽西部断陷带重磁电综合解释成果报告	地调五处研究所　高　乐
192	1995	青藏高原重力解释及岩石物性研究报告	地调五处研究所　张麟祥
193	1995	二连盆地朝克乌拉凹陷中部建场测深勘探综合成果报告	地调五处研究所　何展翔
194	1995	二连腾格尔地区大地电磁测深成果报告	地调五处研究所　赵志刚
195	1995	银根—额济纳旗盆地巴丹吉林沙漠南部地区重力勘探成果报告	地调五处研究所　冀连胜
196	1995	山西沁水盆地地球物理综合研究报告	地调五处研究所　石一青
197	1995	民和盆地永登坳陷1:5万重力细测成果报告	地调五处研究所　张碧涛
198	1995	银根—额济纳旗盆地查干德日苏凹陷油气地球化学勘探成果报告	地调五处研究所　王卫斌
199	1995	二连盆地白音查干凹陷油气化探综合成果报告	地调五处研究所　宋喜林
200	1995	山西沁水盆地马坊—沾尚地区CSAMT成果报告	地调五处研究所　杨书江
201	1995	西宁盆地重力、电法综合研究报告	地调五处研究所　江文波
202	1995	共和盆地重磁电综合研究报告	地调五处研究所　杨书江
203	1995	十万大山盆地上思地区电法找礁试验成果报告	地调五处研究所　刘　宏
204	1995	六盘山盆地重、磁、电勘探成果报告	地调五处研究所　高彦书
205	1995	鄂尔多斯盆地伊盟地区重磁电综合解释成果报告	地调五处研究所　刘云祥
206	1995	伊犁盆地照苏坳陷1:10万重力详查成果报告	地调五处研究所　刘云祥
207	1995	巴里坤盆地中部凹陷高精度重、磁力详查成果报告	地调五处研究所　冀连胜
208	1995	1995年度青藏地区羌塘盆地物性测试及研究报告	地调五处研究所　索孝东
209	1995	哈拉哈塘地区航磁资料成果报告	地研院　贾文彦
210	1995	新疆三塘湖盆地汉水泉—条湖凹陷油气地球化学勘探研究成果报告	地调五处研究所　张麟祥
211	1995	二连盆地呼仁布其凹陷油气地球化学勘探成果报告	地调五处研究所　张麟祥
212	1996	塔里木1区块陆地资料处理及解释报告	地调五处研究所　周鼎潮
213	1996	1995年度青藏地区羌塘盆地西部电法勘探成果报告	地调五处　曾庆全
214	1996	1995年度青藏地区羌塘盆地西部重力勘探成果报告	地调五处　曾庆全
215	1996	呼和北盆地群重磁电综合研究报告	地调五处研究所　杨书江
216	1996	银根—额济纳旗盆地大地电磁测深成果报告	地调五处研究所　郑　莉
217	1996	苏皖南江汉及合肥地区MT区域大剖面重新处理解释报告	地调五处研究所　李志明
218	1996	敦煌盆地西部重磁力电法综合研究成果	地调五处研究所　何　毅
219	1996	银根—额济纳旗盆地巴丹吉林沙漠北部地区重力勘探成果报告	地调五处研究所　冀连胜
220	1996	山西沁水盆地北部CSAMT综合解释成果报告	地调五处研究所　高　乐
221	1996	广西桂中坳陷环江地区（西）电法试验成果报告	地调五处　石一青
222	1996	非地震综合解释系统	地调五处研究所　贾继军
223	1996	1996年度青藏地区羌塘盆地东部MT勘探成果报告	地调五处研究所　刘东琴

续表

序号	完成时间（年份）	报告名称	完成单位和第一作者
224	1996	1996年度青藏地区羌塘盆地东部重力勘探成果报告	地调五处研究所　李志明
225	1996	1996年度青藏地区羌塘盆地东部物性测试采集研究报告	地调五处研究所　王天平
226	1996	羌塘地区重磁电联合反演解释研究成果报告	地研院　王宜昌
227	1997	固阳盆地旗下营盆地电法MT勘探解释成果报告	地调五处研究所　李伟丽
228	1997	呼和北盆地群石拐盆地重力、MT勘探解释成果报告	地调五处研究所　冀连胜
229	1997	漠河盆地大地电磁测深成果报告	地调五处研究所　孙建臣
230	1997	松辽东部断陷带大地电磁测深成果报告	地调五处研究所　孙建臣
231	1997	吐哈盆地大地电磁测深试验研究报告	地调五处总工办　贾进斗
232	1997	新疆喀什地区电磁阵列勘探成果报告	地调五处研究所　石一青
233	1997	新疆喀什地区重磁力电法综合研究报告	地调五处研究所　何　毅
234	1997	羌塘盆地非地震物探资料综合研究报告	地调五处　曾庆全
235	1997	新疆喀什西部山地重力、电法（MT）资料综合解释报告	地调五处研究所　何　毅
236	1997	武威盆地重力解释成果报告	地调五处研究所　张碧涛
237	1997	塔里木盆地华北区块油气地球化学勘探成果报告	地调五处研究所　宋喜林
238	1997	塔里木盆地华北区块大地电磁测深结构勘探成果报告	地调五处研究所　李秀芬
239	1997	昌马地区1:10万重力细测成果报告	地调五处研究所　林存国
240	1997	罗布泊地区重力电法综合研究报告	地调五处研究所　王财富
241	1997	罗布泊索尔库里重磁电大剖面综合研究	地调五处研究所　王财富
242	1997	索尔库里盆地大地电磁（MT）测深解释成果报告	地调五处研究所　刘东琴
243	1997	敦煌盆地西部重力、电法勘探成果报告	地调五处研究所　何　毅
244	1997	敦煌盆地历年来重力、电法资料统一处理解释报告	地调五处研究所　刘云祥
245	1997	吐哈盆地重力、电法（MT）勘探成果报告	地调五处研究所　张碧涛
246	1997	大兴榆堡电法勘探地热资源总结报告	地调五处研究所　魏金学
247	1997	非地震勘探图形数据库管理系统开发报告	成都理工学院、地调五处　李小平
248	1997	塔里木盆地大庆区块巴东断裂带和田河下游鼻状构造带游离烃化探剖面成果报告	地调五处研究所　索孝东
249	1997	广西桂中坳陷电磁法试验成果报告	地调五处　石一青
250	1997	鸟山地区连续电磁阵列剖面法勘探成果报告	地调五处研究所　高　乐
251	1997	塔里木华北区块1:20万重力勘探成果报告	地调五处研究所　高彦书
252	1997	松辽裂谷东部断陷带重磁资料重新处理解释及综合评价研究	地调五处研究所　宋景明
253	1997	吐哈盆地物性测试及研究报告	地调五处研究所　王天平
254	1997	塔里木盆地大宛齐地区物性测试及研究报告	地调五处研究所　王天平
255	1997	焉耆盆地物性测试及研究报告	地调五处研究所　王天平
256	1997	六盘山盆地肖家湾地区电磁阵列剖面（EMAP）勘探成果报告	地调五处研究所　郑　莉

续表

序号	完成时间（年份）	报 告 名 称	完成单位和第一作者
257	1997	银根—额济纳旗盆地非地震资料综合解释研究报告	地调五处研究所　杨书江
258	1997	南祁连盆地1997年度重力、MT勘探综合解释成果报告	地调五处研究所　李志明
259	1997	北山地区大地电磁测深研究成果报告	地调五处研究所　张长江
260	1997	罗布泊地区重力解释成果报告	地调五处研究所　许智峰
261	1997	桂中坳陷泥盆系礁体的电性特征——南方碳酸盐岩地区电磁找礁实例	地研院　金祖发
262	1997	楚雄盆地北部地区重磁电震资料综合解释	地研院　吕金海

第七篇
物探装备

综　　述

60年代中期六四六厂成立以后，在石油工业部“地震先行”方针指导下，通过国外引进和国内研制，加快了石油地球物理勘探资料采集、处理、解释装备（简称“物探装备”，下同）更新换代的步伐。

1965年以前，六四六厂地震队全部使用光点地震仪和仿苏的地震钻机，只能在平原地区进行简单构造勘探。1965年开始使用模拟磁带地震仪。60年代末，模拟地震仪基本上取代了光点地震仪。

1972年，石油工业部根据国务院“4·3”专案，拟定了1973～1980年石油物探装备数字化技术改造规划，决定组织引进国外的数字化物探装备。1973年11月，石油部决定由物探局在北京成立“地震技术引进办公室”，负责组织物探成套设备引进和验收。1973～1980年，石油部对外签订引进合同56个，用汇近1.64亿美元，引进48道数字地震仪和中小型计算机、可控震源、卫星定位等成套设备1605台套。1981～1990年，石油部对外签订引进合同543个，用汇近6.86亿美元，引进多道、遥测数字地震仪、大型数据处理系统、人机联作解释系统等成套设备1942台套，实现了地震采集、处理、解释装备的数字化。1991～1997年对外签订引进合同460个，用汇3.9亿美元，引进千道遥测数字地震仪、各型特种车辆和特殊装备、人机联作解释系统等成套设备1456台套，使石油物探技术装备赶上了90年代国际先进水平。

1973年以后，物探局在石油部、总公司大力发展石油物探、增加石油地质储量的方针指导下，截至1997年，累计投资62.38亿元用于物探采集、处理、解释及配套设备的更新改造，其中引进国外设备价值27.4亿元。通过国外引进和国内购置，物探局于1980年基本实现地震资料处理数字化，1985年实现地震资料采集数字化，1989年实现地震资料解释数字化。到1990年，物探局物探装备基本达到80年代国际水平。90年代，物探局按照总公司深入国际竞争的要求，在总公司的大力支持下，进一步加大了物探装备更新改造的投资力度。1991～1997年累计投资49亿元，更新改造了80年代的物探采集、处理、解释及配套装备，为在塔里木沙漠腹地开展反承包和在国外开展承包施工作业，提供了国际上新一代的物探技术装备。

物探装备的引进和推广应用，促进了国产物探装备的研制开发。60年代中后期，六四六厂在引进法国磁带地震仪和“三五”计划数字技术革命的推动下，开始了微电子元件、模拟磁带地震仪、30芯地震电缆、65－1型地震检波器和701型车装地震钻机及国产数字地震仪、150计算机的研制工作。1973年物探局成立后，按照燃料化学工业部的指示，为发挥石油物探装备生产基地的作用，对机修、仪修厂进行了改造、扩建，成立仪器厂、机械厂，开展了物探装备国产化工作。1978年成立装备处，并成立大修厂、半导体器件厂，1979年成立特车厂。1983年由王见仁副局长主管物探装备，1984年成立装备制造处，加强了装备制造的领导与管理工作。“六五”期间，物探装备制造工厂本着“面向石油物探、服务野外生产”的宗旨，研制开发了八大类54个品种的产品，初步建成了配套的物探装备生产基地。经“七五”期间三年技术改造，到1990年，物探局建成了以生产地震仪器和电缆、检波器等辅助仪器仪表设备为主的物探仪器制造厂，以生产车装地震钻机为主的机械制造厂，以生产可控震源、特种车辆和厢式车辆为主的特种车辆制造厂，以可控震源设计为主的装备研究所和仪器、机械、特种车辆研究开发机构，形成了一个科学研究、产品开发、生产制造、技术培训、配件供应、现场服务、维修改装等配套的物探装备制造基地。年工业产值从1981年的2839万元增加到1990年的1.4亿元。“六五”以来，物探装备制造企业坚持“引进、仿制、创新”的方针，引进国外先进的物探装备制造设备，推广应用机电液一体化等20多项先进的工艺技术，先后研制开发了数控地震仪、车装钻机、可控震源、沙漠车、厢式车辆、地震电缆、检波器、辅助仪器仪表、磁记录系统、机械配套设备等十大类100多个品种的产品，其中29项主要产品获得国家、省、部级科技进步奖，WTYP－200芯地震电缆和TC－11型数字磁带机、WTZ－300型车装钻机3项产品分别获得国家优质产品金质奖和银质奖，23项产品获省、部优质产品奖，产品结构和技术指标达到了国际同类产品的先进水平。部分产品在替代进口的同时，从1986年开始出口，到1997年累计出口地震检波器、电缆、钻机等产品创汇2808.5万美元。仪器总厂成为国际上最大的生产地震检波器的厂家之一。

1971～1997年，物探局累计制造石油物探设备6384台，其中各型地震钻机2585台，配套机械设备1583台，厢式车辆1600多台，可控震源96台，沙漠车458台；物探仪器仪表36586台，其中大型地震仪器52台；各型地震检波器683万只；各种地震电缆3.65万公里；半导体器件40.94万只。累计完成工业总产值22.29亿元（1990年不变价），其中1981～1997年达20.92亿元，同期上交利税、劳务差异、管理费3.07亿元，相当于同期投资1.3亿元的2.3倍。经过20多年的建设和发展，1997年物探局3个装备制造厂共有职工2555人，拥有固定资产原值2.09亿元，已形成年产石油物探专用仪器仪表350台套、数传地震电缆3000公里、数字地震检波器75万只、各类地震钻机340台、特种车辆200标准台的生产能力，年工业产值达24670万元，成为中国石油物探地震仪器、钻机、检波器、电缆、特种车辆定点生产企业，并在1998年通过ISO9000质量体系认证，产品制造实现了与国际接轨。

物探装备的引进和制造，为物探局突破勘探“禁区”，走出国门提供了先进的技术装备。90年代，物探局的物探队全部配备了国际同类队型的专业装备，形成了在沙漠、沼泽、戈壁、山地、平原、高原、热带丛林、海滩等复杂地形、地质条件下综合物探施工的能力。地震资料处理和地震资料解释单位配备了IBM SP 2并行数据处理系统和先进的人机联作解释系统，并自行研制开发了GRISYS地震资料处理系统、GRIStation地震资料解释系统和OIO软件集成平台。物探采集、处理、解释装备与国际90年代先进水平保持了同步发展。

第一章　物探装备引进更新与出口

1965年以前，六四六厂地震队全部使用苏制光点地震仪和国产仿苏式光点地震仪进行地震资料采集，采用手工方法进行资料处理、解释。

1965年，首次从法国引进CGG59型电子管式磁带地震仪、AS626X型半导体轻便磁带地震仪、CS621型回放仪、TORAN－3P无线电定位仪，并用作地震采集试验。

1966年，六四六厂地震队开始用模拟磁带地震仪采集地震资料，用模拟回放仪处理地震资料，并进行人工解释。到1972年，六四六厂70个地震队的仪器全部更新为模拟磁带地震仪。

1973年，燃化部开始从国外引进数字地震仪和配套的计算机，进行地震勘探数字化技术改造。1974年，物探局4个地震队开始装备数字地震仪，到1980年数字地震队发展到22个队。地震资料处理从1974年开始使用国产150计算机，1978年使用从法国引进的CYBER 1724地震资料处理系统，1980年基本实现了资料处理数字化。

1981～1985年，物探局投资3.45亿元，从国内购置和国外引进了大批的数字地震仪、可控震源、车装钻机、运载车辆、野营生活车等物探采集设备，组建4个三维地震队、6个沙漠地震队、1个水上地震队。1985年，物探局淘汰了模拟磁带地震仪，实现了地震采集仪器的数字化。1982～1985年，物探局投资8214万元，租用IBM 3033计算机系统、购置银河资料处理系统，建成了全国当时最大的地震资料数据处理中心。

1986～1990年，物探局投资5.79亿元继续引进、购置物探采集仪器和运载设备，装备了9个三维地震队、17个大沙漠地震队。1990年，物探局地震采集仪器由48道更新为96～240道数字地震仪，地震勘探常规装备已赶上国际80年代水平。同一时期，物探局投资1.89亿元，引进IBM 3081和4381处理机，形成IBM 3081/3033/4381及IBM 3081/3081/4381复合处理系统，提高了资料处理能力；引进人机联作解释系统，实现了资料解释数字化。

1991～1997年，物探局在总公司大力支持下，投资49亿元引进千道遥测地震仪、高精度重磁电仪器、重型沙漠运载车辆以及沼泽、山地勘探装备，更新改造了大沙漠地震队的仪器和运载车辆，装备了国内反承包和国际承包施工地震队，以及山地、沼泽地震队，使物探领域由沙漠、戈壁扩大到山地、沼泽、海滩、西藏高原和国外。同一时期，物探局引进了IBM 3084复合处理系统以及IBM SP 2并行处理系统，进一步提高了资料处理能力；新引进了高性能的人机联作解释系统，提高了地质综合解释能力。1997年，物探局物探采集、处理、解释技术装备达到国际90年代的先进水平。

物探装备的引进和推广应用，促进了国产物探装备的研制开发。部分产品从1986年开始出口，至1997年累计创汇2808.5万美元。

第一节 物探装备引进

一、引进出口管理机构

1973年11月，燃化部决定以物探局为主在北京成立“地震技术引进办公室”，1978年5月正式成立“石油工业部地球物理勘探技术引进管理处”，在石油部的领导下承担全国石油物探成套装备技术引进服务和配套材料的供应。1992年，物探局在涿州市设立“河北省机械进出口公司涿州工贸进出口经理部”，组织机械设备仪器仪表的进出口贸易。

（一）石油物探技术引进管理处

1973年，燃化部勘探司抽调物探局陈祖传、邝少荣等参与物探装备数字化领导小组工作。

1973年11月，燃化部决定由物探局在北京成立“地震技术引进办公室”，负责首批从法国、美国引进的数字地震仪器、计算机的验收和技术培训工作。

1975年8月，石油化学工业部决定成立地震资料数字处理会战领导小组，与地震技术引进办公室合署办公。1977年会战结束，恢复引进办公室，引进设备验收场地由原北京石油学院院内迁到海淀区清河小营。

随着石油物探设备的大量引进，石油部于1978年5月决定在北京设立“石油地球物理勘探技术引进管理处”，对外代表石油部，对内为物探局的一个二级单位，负责全国石油物探成套设备技术引进服务和相关配件、材料的引进供应。

1980年2月，石油部批准物探局组建“物探进口装备技术服务公司”，为全国石油地调单位提供引进设备、技术的有偿服务。

1981年4月，物探技术引进管理处改名为“石油物探引进技术服务公司”。

1984年，引进技术服务公司与外商、外贸部门合作，首先建立了中仪CDC计算机零件寄售库。之后陆续与外贸公司合作建立了外商在华设备、配件寄售库，成立了寄售服务中心，缩短了配件、材料的供货周期。

1986年7月，引进技术服务公司更名为物探技术引进管理处。

1989年9月，引进管理处在北京石景山区衙门口建成引进业务基地，原在涿州办公的人员陆续迁到北京合署办公。

1997年，物探技术引进管理处下设引进部、电子事业部、机械事业部、仓储事业部，经营10个海关监管的寄售库。引进管理处与国外100多个厂商保持合作和供货联系，从事物探采集、处理、解释装备及各种运载工具的引进服务，备件、消耗材料、元器件的订货业务，以及技术咨询服务。

（二）工贸进出口经理部

为适应物探装备产品进出口的需要，1992年10月，物探局在河北省涿州市建立“河北省机械进出口公司涿州工贸进出口经理部”（简称“工贸进出口经理部”）。

工贸进出口经理部系河北省机械进出口公司授权的二级企业法人，具有对外进出口经营权的全民所有制经济实体，行政上属物探局领导。其业务范围包括：经营并代理机械设备、仪器仪表等商品的进出口；承办中外合资经营、合作生产；承办来料加工、来样加工、来件组装；开展补偿贸易和转口贸易。

1992～1997年，工贸进出口经理部为物探装备产品出口、对外合作和贸易提供国际市场供需变化信息，展销产品，开拓市场，组织钻机、水罐车、钻机配件、电缆、检波器等11批产品出口，销往巴基斯坦等6个国家，创汇280万美元，向河北省经贸委申办物探局出国人员批件61人次，发挥了对外窗口的作用。

二、物探装备引进

1965年，石油部第一次从法国引进CGG59型电子管式磁带地震仪5套、AS626X型半导体轻便磁带地震仪8套，CS621型磁带回放仪2套。六四六厂按照石油部的安排，派出程威远、张占魁等人参加磁带仪器到货后的技术验收、人员培训，组织217地震队进行野外试验。

1973～1997年，物探技术引进管理处累计执行部（总公司）引进物探成套设备合同1059个，引进材料、配件合同3739个，用汇近14亿美元，为全国20多个油田地调单位引进5000多台（套）物探装备，为中国石油物探采集、处理、解释技术装备数字化发挥了重要作用。

（一）物探成套设备引进

（1）1973～1980年，为物探数字技术装备开始引进阶段。累计对外签订56个合同，用16383.8万美元，引进各类成套设备1605台套，主要有各型数字地震仪89套，资料处理计算机29套，可控震源116台，卫星定位系统5套。其中1978年用1.25亿美元，引进数字地震仪71套、资料处理计算机21套、可控震源112台，以及红外线测距仪、福特卡车等共1500台套设备。设备到货验收后，石油部按计划分配给各油田，至1981年陆续装备了89个数字地震队，建立了21个中小型资料处理计算站。同期物探局投资2739.3万元，引进CYBER 1724计算机等设备，另外石油部拨专款7808.4万元为物探局引进了数字地震仪、可控震源、计算机等设备。物探局1978年建成CYBER 1724地震资料处理中心，1980年建成开封、喀什2个计算站，1981年数字仪发展到32套，组建了6个可控震源队，初步实现了地震采集、处理装备的数字化。

（2）1981～1990年，为物探数字技术装备大量引进阶段。累计对外签订引进合同543个，用68553.6万美元引进物探成套设备1942台套。其中1984年引进价值近3.7亿美元的物探采集设备，促进了地震采集装备的数字化；1988年引进价值近1.2亿美元的物探成套设备，促进了资料解释装备数字化。10年中引进多道数字地震仪120套，大型地震数据处理系统24套，人机交互解释工作站43套以及大批沙漠勘探机动设备、卫星定位系统。并为物探装备国产化引进了1套DFS－V仪器制造生产线，1套电缆制造生产线和检波器制造工艺及可控震源散件组装技术。

物探局1981～1990年投资8.3亿元引进物探设备。石油部1981～1983年为物探局拨专款3507万元，用于引进物探设备。物探局于1985年实现了地震采集数字化，1989年实现了资料解释数字化。

（3）1991～1997年，为引进国外物探新技术装备阶段。物探局技术引进管理处在全国石油物探装备引进不再集中统一管理的情况下，为部分油田地调单位对外签订460个合同，用汇39063万美元，引进成套设备1456台套。其中1995年用1.37亿美元引进国际上新一代千道遥测数字仪、重磁电仪器等先进设备。7年中引进多道、遥测数字地震仪59套，大型地震数据处理系统17套，人机联作解释系统57套，D8N、D8R推土机83台，重型沙漠底盘车488台，以及200多台山地钻机、水陆两用车等特种装备，装备了沼泽、沙漠、海滩、山地等地震队，为开展国内反承包和国际承包作业提供了设备和技术保障。

物探局1991～1997年投资18.77亿元进口物探装备，为参与国际竞争组建的国内勘探反承包和国际勘探承包作业的13支国标队，配备了国际先进水平的物探装备。

1973～1997年引管处签订成套设备引进合同情况见表7－1、7－2。物探局引进国外物探设备情况见表7－3。

表7－1 1973～1997年引管处签订引进成套设备合同情况表

年份	合同数	引进设备名称	数量（台套）	用汇（万美元）
1973	3	SN338数字仪、1704计算机、测井设备等	20	2018.9
1974	1	CYBER1724计算机	1	679.5
1977	6	可控震源、数字仪、PDP11/45处理机、卫星定位仪	14	887.7
1978	32	处理机、多道数字仪、震源、仪器仪表、车辆等	1500	12539.1
1980	14	120道数字地震仪、电缆制造设备、仪器仪表、低速带仪等	70	258.6
1981	5	检波器分析仪、绘图仪	3	7.5
1982	19	多道数字地震仪、测试仪、卫星定位仪等	16	450.7
1983	41	IBM 3033计算机、数字仪、电缆制造设备、车辆、震源等	217	5383

续表

年份	合同数	引进设备名称	数量（台套）	用汇（万美元）
1984	115	数字仪、震源、定位仪、车辆、外雇合同队设备等	872	36891.1
1985	54	数字仪、低速带仪、重力仪、IBM 4381 及 3083 计算机等	40	1509.3
1986	68	数字仪、PE 计算机、剖面仪等	33	6289
1987	24	可控震源、车辆、PE 计算机硬件等	58	2951
1988	146	解释工作站、车辆、数字仪、卫星定位仪等	281	11576
1989	31	卫星定位仪、绘图仪、终端、车辆、大地电磁仪等	339	935
1990	40	数字仪、车辆、折射仪、IBM 3084 处理系统等	83	2561
1991	34	解释工作站、数字仪、定位仪等	120	2296
1992	75	数字仪、车辆、折射仪等	270	2821
1993	41	数字仪、山地钻机、车辆、折射仪、工作站、大地电磁仪等	402	5257
1994	69	数字地震仪、大地电磁仪、车辆、测井设备等	185	5977
1995	69	千道数字地震仪、车辆、测井设备等	129	13656
1996	97	千道数字地震仪、车辆、全站仪等	181	6090
1997	75	千道数字地震仪、地质雷达、测井设备、车辆、推土机等	169	2966
合计	1059		5003	124000.4

表 7－2　1973～1997 年引管处引进主要物探设备情况表

年份	地震仪器		资料处理设备		人机联作解释系统	
	台套	主要型号	台套	主要型号	台套	主要型号
1973～1980	89	SN338B、SN338HR、MDS－10、DFS－V、GS－2000、GUS－BUS、SN348（96 道）、DFS－V＋TIMAP（多数为 48 道数字地震仪）	29	RDS－500，雷森 1704，PDP11/45，CYBER－172、173、175，COMMAND Ⅲ，TIMAP		
1981～1990	120	DFS－V（120 道）、SN338（96 道）、MDS－16（240 道）、SN368、WAVE－Ⅲ、OPSEIS－5586、TELSEIS（96、240 道数字地震仪）	24	IBM 3033、4381、4361、3083，VAX3500，IBM 3081，PE3284	43	CRYSTAL、SIDIS、LandMark、GeoQuest
1991～1997	59	MDS－18X、I/O 系统 I、OPSEIS EAGLE 系统、VISION、I/O 系统 Ⅱ、SN388、ARAM－24（240、1500、2400 道遥测数字仪）	17	IBM 3084 QXC 3280EMPS、CONVEXC－120	57	GeoQuest/SUN4 LandMark/SUN4 MIPS 6280、3230
合计	268		70		100	

表 7-3 1974～1997 年物探局引进设备统计表

年　份	投资金额（万元）	引进设备主要项目
1974～1980	2739.3	CYBER-1724 计算机
1981～1985	31125.2	物探仪器、地震钻机、可控震源、专用车辆、仪器仪表，野外施工设备、营地设备，IBM 3033 计算机、银河计算机的国外配套设备
1986～1990	52669.2	数控地震仪、电法仪、沙漠车等物探采集设备，IBM 3081 计算机，完善银河和 IBM 3033 资料处理系统的设备，Land Mark 等人机联作解释工作站
1991	27867	IBM 3084 和 CONVEX-C120 计算机设备，I/O 系统遥测地震仪及沼泽、沙漠运载设备
1992	34331	遥测地震仪、重型沙漠运载车辆、推土机及解释工作站等
1993	39001	遥测地震仪、重力仪、沙漠运载车、水陆两栖车、沙漠推土机、解释工作站等
1994	23700	720 道遥测地震仪、可控震源、水陆两栖车、沙漠推土机、高性能综合解释工作站等
1995	26340	SN388 遥测地震仪、自动重力仪、V5 大地电磁仪、卫星定位全站仪、P28 可控震源、沙漠运载车、综合解释工作站、IBM 并行计算机
1996	23780	千道遥测地震仪、高精度重磁电仪器、P28 可控震源、沙漠运输车、推土机等以及 IBM 并行计算机
1997	12754	千道遥测地震仪、沙漠重型运载车、高新技术综合解释工作站，扩展 IBM 并行计算机
合　计	274306.9	

（二）配件、消耗材料引进

1977 年开始，引管处将石油物探设备相关备件、消耗材料与成套设备分开引进，单独开展汽车及机械配件、数字地震仪及仪器仪表、计算机及外围设备配件、消耗材料的对外签约、业务谈判、报关、提货验收、仓储转运和其他售后服务工作。1977～1997 年，对外签订引进计算机、仪器仪表、工矿机械、车辆等配件和各种消耗材料合同 3739 个，总价值 19745 万美元。其中：

1977～1981 年，对外签订引进配件、材料合同 100 个，用汇 659 万美元，主要引进数字仪器需用的磁带、磁头、胶片、相纸等消耗材料。

1982～1984 年，对外签订引进配件、消耗材料合同 916 个，主要引进震源、福特车、数字仪、定位仪、计算机、磁带机备件，检波器串、电缆、覆盖开关、放炮系统，以及各种仪器仪表与修理工具，价值 4860 万美元。

1985～1990 年，对外签订引进配件、材料合同 1180 个，主要引进数控仪器备件、维修工具、仪表、电缆，三分量检波器，计算机备件、消耗料，沙漠轮胎、推土机专用工具，震源控制部件和扫描发生器、SSS-300 编（译）码器等配件、材料，用汇 8805.2 万美元。

1991～1997 年，签订合同 1543 个，引进可控震源电子箱体，压敏检波器，遥爆系统，磁带机、绘图仪、定位仪备件，震源、钻机、奔驰及 MOL 车备件，计算机备件及各种消耗材料，总价值 5420.8 万美元。

（三）配件寄售服务

为保证生产和减少库存资金占用，引进管理处从 1984 年起，同外商、国家外贸公司三方合作，陆续建立了 10 个由海关监管的保税库，至 1997 年总计销售配件、材料价值 3460 万美元、3900 万马克、4500 万比利时法郎。

1. 北京中仪 CDC 计算机零件寄售中心

1984 年 3 月，由中国仪器进出口总公司申请，对外经济贸易部批准建立“北京中仪 CDC 计算机零件寄售中心”，到 1997 年停业，共向用户提供 340 万美元的备件。

2. 北京中技曼车（MAN）备件中心

1987 年 7 月，由中国技术进出口总公司申请，对外经济贸易部批准建立“联邦德国曼公司车辆备件供应服务部”，后改为“北京中技曼车备件中心”。到 1997 年，向用户提供了 1200 万马克的备件。

3. 中技奥南（ONAN）发电机组维修服务中心

1987 年 12 月，由中国技术进出口总公司申请，对外经济贸易部批准建立“中国技术进出口总公司美国奥南公司发电机组维修服务中心”。截至 1997 年，累计向用户提供了 800 万美元的备件，维修 ONAN发电机 190 台次，维修 ONAN 发动机 10670 台次。

4. 中信美国莫茨公司（MERTZ）可控震源备件寄售中心

1988 年 4 月，由中国国际信托投资公司申请，对外经济贸易部批准建立“中国国际信托投资公司美国 MERTZ 公司可控震源备件寄售中心”。到 1997 年，向用户提供了 600 万美元的备件。

5. 中技塞舍尔（SERCEL）备件中心

1989 年 2 月，由中国技术进出口总公司申请，对外经济贸易部批准建立“中国技术进出口总公司美国应用自动化公司奥普赛斯地震系统备件服务中心”。后因 OPSEIS 公司被法国 SERCEL 公司收购，1997 年 10 月更名为“中国技术进出口总公司塞舍尔备件中心”。至 1997 年，共向用户提供了 200 万美元的备件。

6. 中技莫尔（MOL）汽车零备件服务部

1989 年 7 月，由中国技术进出口总公司申请，对外经济贸易部批准建立“中技莫尔汽车零备件服务部”。服务部成立后，向用户提供了 4500 万比利时法郎的备件。

7. 中技奔驰（BENZ）载重车备件寄售库

1989 年 7 月，由中国技术进出口总公司申请，对外经济贸易部批准建立“中国技术进出口总公司梅塞德斯—奔驰公司尤尼莫克载重车备件寄售库”。1989～1997 年，向用户提供了 2700 万马克的备件。

8. 中仪柯达（KODAK）产品零配件寄售供应站

1990 年 7 月，由中国仪器进出口总公司申请，对外经济贸易部批准建立“中国仪器进出口总公司柯达产品零配件寄售供应站”。1990～1997 年，向用户提供了 120 万美元的备件和消耗材料。

9. 北京中仪施乐（XEROX）仪器设备维修中心

1991 年 3 月，由中国仪器进出口总公司申请，对外经济贸易部批准建立“中国仪器进出口总公司瓦萨特克寄售维修服务站”，后更名为“北京中仪施乐仪器设备维修中心”。到 1997 年，累计向用户提供了 600 万美元的备件。

10. 中仪麦莫尔斯（MEMOREX）仪器设备维修部

1992 年 3 月，由中国仪器进出口总公司申请，对外经济贸易部批准建立“中仪新加坡海峰有限公司寄售维修服务站”。1996 年 3 月 11 日更名为“北京中仪麦莫尔斯仪器设备维修部”。1992～1997 年，累计向用户提供了 800 万美元的备件。

第二节 物探装备更新

1973 年物探局成立后，在原石油部领导的重视、支持下，先后从美、法等西方技术发达国家引进了先进的物探资料采集成套设备、资料处理和解释系统及运载工具，经推广应用和国产化研制，加快了物探装备更新换代的步伐。随着世界电子、机械工业的发展和物探技术的进步，物探采集仪器从光点、模拟地震仪发展到新一代遥测地震仪，测量仪器由经纬仪发展到卫星定位仪、全站仪；运载工具从单一的解放牌汽车发展到适用于各种地表条件的车辆；资料处理解释从人工处理、解释发展到大型计算机处理、人机联作解释。

一、野外采集装备

野外采集装备包括地震、重磁电、测量等物探采集仪器和地震钻机、运载车辆、可控震源、推土机等机械设备及野营生活设施。

（一）物探资料采集仪器

1. 地震仪器

从 60 年代到 1997 年，物探局及其前身地震资料采集仪器进行了四次更新换代。

（1）光点记录地震仪。

第一代地震勘探仪器为光点记录地震仪。1964 年，地调处共有 43 台地震仪器，全部是“五一”型光点仪器，其中：苏式 26 道的 16 台、60 道的 2 台、24 道轻便的 2 台，西安石油勘探仪器厂生产的 59 型 26 道的 21 台、24 道轻便的 2 台。

（2）模拟磁带地震仪。

第二代地震勘探仪器为模拟磁带地震仪。1965 年，石油部从法国引进 CGG59 和 AS626X 型模拟磁带地震仪 13 套，分配六四六厂 12 套，装备在四川、冀中和大港地区施工的地震队。1966 年国产磁带地震仪的批量生产，加快了光点地震仪器更新换代的步伐。1972 年，六四六厂 70 个地震队全部换装国产 DZ663、DZ701 型模拟磁带地震仪，淘汰了光点地震仪器，完成了地震仪器第一次更新换代。

（3）数字地震仪。

第三代地震仪器为数字地震仪。1974 年，燃化部从法国、美国引进48道数字地震仪13套，其中分配物探局4套。1974年，2108和2150队换装SN338B数字地震仪；1975年，217和2149队换装GS－2000数字地震仪，2153队换装物探局仪器厂研制的SCD－2型数字地震仪。1980年，物探局有数字地震队22个。1985年，物探局地震队全部使用数字地震仪，淘汰了模拟磁带地震仪。年末共有数字地震仪59套，其中进口的46套，主要有SN338HR、DFS－V、MDS－10、GS－2000等型号；国产的13套，型号有SDZ－751、SDZ－120、SK－8000、SK－83型。地震仪器实现了第二次更新换代。

(4) 遥测地震仪。

遥测地震仪属第四代地震勘探仪器。1979年物探局237、2112队首先装备法国SN348有线遥测地震仪，1981年物探局2170队装备美国的GUS－BUS遥测地震仪。1986～1992年先后引进3套SN368(其中1套是240道配置，另外2套是480道配置)、2套DFS－Ⅶ、3套MDS－18有线遥测地震仪，另外，配置了SK－1004等国产遥测地震仪12套，以及OPSEIS－5500、OPSEIS－5586无线遥测地震仪8套。

1990年，物探局共有数字地震仪72套，其中96～240道的58套，地震队全部改用96道以上数控或遥测地震仪，淘汰了48道数字地震仪。地震仪器进行了第三次更新换代。

(5) 新一代遥测地震仪。

90年代，国外推出了以Δ－ΣA/D模数转换为特征的集有线、无线为一体的新型遥测地震仪。物探局从1993年开始，先后引进了I/O SYSTEM－Ⅱ(1500道)、ARAM－24（1500道)、SN388（2400道)、OPSEIS EAGLE、TELSEIS－STAR（1500道)、BOX等新一代遥测地震仪共30余套，总计近35000道，广泛应用在塔里木、西藏和全国各地以及国际勘探项目，开展大面积三维、高分辨率地震勘探。1997年物探局地震队主要装备了SN388、SYSTEM－Ⅱ、OPSEIS－5586等千道遥测地震仪，淘汰了96道数控地震仪，实现了地震仪器的第四次更新。

2. 重磁力仪器

80年代中期以前，物探局的重磁力勘探仪器，多数是中低精度的国产金属或石英弹簧重力仪和机械式磁力仪，只能进行区域概查、普查及相对磁场的测量。80年代中期以后，物探局为加强地球物理综合勘探，加快了重磁力仪器的更新换代步伐，9个重磁力队装备了拉科斯特（LCR型）高精度重力仪和质子、铯光泵磁力仪，配合地震勘探，进行重磁力详查细测和地球绝对磁场的测量。

(1) 60～80年代。

60年代重力仪器主要有德国诺加特公司的GS－9、GS－11型和美国海兰德公司的零长式及国产ZJ－581型金属弹簧重力仪，观测精度±0.1～0.2毫伽。1975年以后更新为地质部地质仪器厂生产的ZS2－66、ZS2－67和ZSM－Ⅲ、ZSM－Ⅴ型石英弹簧重力仪，精度提高到±0.05～0.1毫伽。另有1台从加拿大引进的CG2型重力仪，精度±0.05毫伽。1980年引进2台美国产的沃尔登重力仪。1983年引进6台美国拉科斯特G型重力仪，用于塔里木大沙漠重力测量。

60年代的磁力仪器主要是德国的悬丝式和英国的刃口式磁力仪，观测精度±3～5纳特。1975年以后更新为国产CS2－61、CRJ－69型悬丝式和CR2－69型刃口式磁力仪。80年代初更新为JH－8和CZM－Ⅱ型核子旋进式磁力仪，精度提高至±0.1纳特。

(2) 80年代中期以后。

物探局为逐步更新替代国产中低精度的重磁力勘探仪器，先后从美国、加拿大引进一批先进的重磁力仪器。主要型号有G856微机型磁力仪、IGS－2/MP－4质子磁力仪、沙丁200T重力仪，拉科斯特D型和G型重力仪以及GMI－PACK重磁力数据处理系统。“七五”期间基本实现了重磁力资料采集、处理数字化。

90年代，物探局为适应国内反承包和国际勘探的需要，除继续引进拉科斯特G型、D型重力仪和G856和IGS－2/MP－4质子磁力仪外，又引进了加拿大的CG－3型自动记录重力仪（精度±5微伽）和美国的G858铯光泵高灵敏度（小于0.005纳特）磁力仪，以及U－23、U－25水下重力仪、BHGM－13、BHGM－16井中重力仪，全面更新换装为国际上最先进的重磁力勘探仪器，可在各种地表、地质条件下，进行高精度重磁力测量。

1997年，物探局共有各型重磁力仪器87台套，其中地调五处重力仪器有拉科斯特D、G型高精度重力仪34台，CG－3型高精度自动重力仪4台，拉科斯特水下和井中重力仪各2台；磁力仪器有G856、MP－4质子旋进磁力仪17台，G858铯光泵磁力仪10台。

3. 电法仪器

80年代初起，物探局的电法勘探仪器通过国外引进和国内研制经历了光点、模拟、数字三次更新换代。

（1）光点记录电法仪器。

1964年，地调处（指挥部）8个电法队的电法仪器主要是从苏联引进的光点记录仪器（包括电测仪、示波仪、电流计）。1973年，物探局5个电法队改用国产DDC－2A、DDC－2B小型电法仪和苏制ЭП－5型车载电法仪。

（2）磁带记录电磁仪。

1976年，物探局与国家地震局合作开始研制数字磁带大地电磁测深仪。

1978年，物探局试制成功1台SD－Ⅰ型大地电磁测深仪样机，于1979年进行野外试验。1982年8月通过国家鉴定后，在湖南当峰山两侧石灰岩地区进行了电磁测深方法试验。1986年在SD－Ⅰ型基础上研制了SD－Ⅱ型大地电磁测深仪2台，装备702电法队。

1983年，物探局首次从美国地球物理电子公司引进1台MT－78SR型磁带记录的五通道大地电磁测深仪，装备706电法队。仪器采用磁带记录，室内计算机处理，不具备现场处理功能。

（3）数字大地电磁仪。

80年代中期，物探局为加强地球物理综合勘探，加快了电法勘探仪器的更新换代。1985～1997年陆续从美国、加拿大引进了三代数字大地电磁仪器。

1）第一代单点采集仪器。

1985年引进V4大地电磁测深仪和GDP－12型可控源声频大地电磁仪。1987年引进3台具有现场处理功能的M83－PROMT－Ⅲ型天然场源大地电磁仪和1套GDP－32型可控源声频大地电磁仪。

1990年，物探局5个电法队的仪器全部更新为数字大地电磁测深仪器。

2）第二代单站采集仪器。

1993年，物探局为适应西部复杂地表、地质条件下电法勘探的装备要求，从加拿大和美国引进V5型和MT－1型便携式大地电磁仪各1套。仪器采用电池供电，体积小、重量轻，具有现场实时处理功能，适用于山区、水网和沙漠施工。MT－1型便携式大地电磁仪除单点测量外，还能进行电磁阵列（CEMP）剖面测量。

3）第三代多道采集仪器。

1996～1997年，物探局引进了国际上最新型的MT－24（96道）和V5－2000型（82道）采集站结构的大地电磁仪各1套，可进行多道采集和阵列剖面勘探，施工效率大为提高。

4）建场测深仪。

1992年，物探局从俄罗斯引进2台建场测深电法仪（Ц－3型），装备了1个建场测深电法队。1995年，物探局地调五处与西安石油勘探仪器厂合作，研制了国产SDF－1、GJY－16型建场测深仪器，在复杂地区使用取得了良好效果。

1997年，物探局共有电法勘探仪器17台（套）。其中地调五处14台。5个电法队装备V5－2000、MT－1、MT－24、SDF－8、GDP－32等最新型的电法仪器，开展建场测深（TEM）、大地电磁测深（MT）、可控源声频大地电磁（CSAMT）测深及连续电磁剖面法（CEMP）等高精度的电法勘探。

4. 测量定位仪器

60年代至70年代，物探局及其前身六四六厂陆地物探导线测量多使用机械式经纬仪，主要型号有德国产蔡司010、020、030，瑞士产威尔特T1、T2，芬兰产TT－50以及国产红旗Ⅱ型等。1966年从法国引进道朗（TORAN）无线电定位仪，用于渤海物探测量定位导航。

1979年以后，物探局从国外引进了大批电子式测距仪、卫星定位仪，加快物探测量仪器的更新换代，促进了物探测量技术的快速发展。

1979年，物探局首次使用从美国引进的3台MX1502型多普勒卫星定位仪，建立卫星定位队，利用子午卫星的多普勒效应进行定位测量，至1985年共引进多普勒卫星定位仪15台。

1979年，石油部从美国引进HP3810A型红外测距仪，分配给物探局60台。利用红外光反射时间测算距离，改革了测绳量取或视距测定的手工测距作业方式。

1983年，中美塔里木合作勘探3个大沙漠队使用了引进的10台K+E型红外测距仪。

1984～1985年，物探局从瑞士WILD公司引进DI4L、DI5S、DI1600等型号测距仪120台。同时引进T0、T1、T2经纬仪137台。在野外作业时，将测距仪和经纬仪组合成DI4L/T1和DI5S/T2等半站仪，测距精度为±5mm+5ppm·D。

1988年，物探局开始引进具有经纬仪测角和红外测距仪测距双重功能的全站仪。至1997年，先后从日本、瑞士引进 SET-3C、TC1010、TC1600、TC1610、TC1100、GTS-700 等型号的全站仪 240 多台。

物探局在引进全站仪的同时，开始引进具有全天候精密定位的 GPS 全球定位系统，首先应用于塔里木大沙漠腹地。1988 年首次从美国 Trimlbe 公司引进 6 台 4000SX 型 GPS 定位仪。1989～1993 年，先后引进 4000S 系列的 GPS 定位仪 77 台，瑞士 LEICA公司的 SR-299、SR-300、SR-350 型 GPS 定位仪 15 台。1994 年开始引进具有实时差分功能的卫星定位仪，至 1997 年陆续从美国、法国、加拿大、瑞士等国家引进了 GPS-300、GPS300+RTK、4000SSI+RTK、4600LS 等型号的定位仪 30 套，以及用于可控震源、水上定位的导航仪 14 套。

1997 年，物探局的物探队装备了 TC1100 等各型全站测距仪 429 台，4000S 系列+RTK 等型号 GPS 定位仪 423 台，使物探测量技术装备与国际先进水平保持了同步发展。

5. 现场处理机

1975 年 6 月，物探局 217 地震队利用 GS-2000 数控地震仪上的小型计算机研制成 1 套现场处理系统，用于现场资料质量监控。1980 年，物探局装备了 4 套可进行资料现场处理的 DFS-V+TIMAP 数字地震仪，其他没有现场处理功能的数字地震仪器月检全部送局研究院计算中心处理。1981～1982 年物探局为二、三、四指，1985 年为一公司陆续配置了 COMMANDⅢ、RDS-500、TIMAP 等 4 套小型计算机，安装引进的专用地震软件，就近为所属数字地震队进行资料现场处理和质量监控以及数字仪器的月检。

1982～1983 年，先后与美国 GSI 公司合作进行文留三维和塔里木大沙漠地震勘探的合同队，均实行采集资料现场处理和质量监控技术，提高了资料采集质量。

1986 年，物探局为强化野外采集质量监控，首先为地调一、四处各装备了一套仪器厂研制生产的 FP-1 型现场处理机，地调二、三处仍使用 RDS-500 和 TIMAP-Ⅱ小型计算机进行资料预处理。1990 年，物探局为地调一、二、三处配置了仪器公司生产的 FP-3 型现场处理机各 1 套，1991 年又为地调五处装备了 MTP-1 型现场处理机 2 套。

1992 年，物探局研究院研制成功 GRISYS 地震资料现场处理软件，地调二处研制成功 SAAS 地震采集参数设计应用软件，经技术鉴定后广泛推广应用。1993 年 1 月，物探局开始为地震队装备 486/GRISYS 现场处理机，至 1995 年共装备 48 套，1997 年更新主机为 586 的 GRISYS 现场处理机 44 台。

1994～1996 年，物探局为塔里木反承包地震队引进 SUN10 和 SUN20 为主机的美国 PROMAX 现场处理机 9 台；1997 年为特勘处引进 IBM 20/Geovector型现场处理机 2 台。

1997 年末，物探局所属地震与非地震队均配备了现场处理机，全面实现了野外资料采集参数论证科学化、采集数据规范化和处理软件系统化。

（二）物探资料采集机械设备

野外石油物探资料采集作业的机械动力设备包括地震钻机、可控震源和各种运载车辆、推土机等。

1. 地震钻机

60 年代，六四六厂及其前身地震队主要在中国东部平原地区施工，配备的地震钻机多是苏联 AB6-3-100 型车装地震钻机。1965 年，六四六厂共有 AB6 型钻机 67 台、仿苏的国产 DPP-100 型钻机 3 台。

1971 年，六四六厂自行研制生产的 701 型车装地震钻机（简称 701 型钻机）开始装备地震队。到 1978 年，物探局地震队共有 162 台钻机，其中 701 型钻机 128 台，占 79%。80 年代初，701 型钻机替代了苏式 AB6 钻机，地震钻机进行了第一次更新换代。

1986 年，物探局研制生产的 WTZ-50 型全液压车装钻机开始装备地震队，到 1989 年取代了机械传动的 701 型钻机，实现了平原地区地震钻机的第二次更新换代。

70 年代末，物探局部分地震队开始进入塔里木盆地沙漠边缘戈壁地区施工。由于勘探区域地表条件的变化，以泥浆为介质的 701 型钻机不适应戈壁沙漠缺水地区钻井需要。地震队只得采用人工挖炮坑的办法代替钻机钻井，劳动强度大，施工效率很低。

物探局为适应塔里木大沙漠地震钻井的需要，1983 年开始从法国、美国、加拿大引进 AMG TD-300 型、CFD-IB-1250、GD-1000 型的气水两用钻机和 CT-155、CT-211 型沙漠空气钻机装备沙漠地震队。同时组织机械厂研制生产钻井深度 300、100、18 米的沙漠钻机。

1984～1989 年批量生产的 WTZ-300 型、WTZ-18 型沙漠气水两用钻机和 1991 年批量生产的 WTZ-100 型沙漠气水钻机，装备沙漠井炮地震队，完全替代了同类钻机的进口。

1989年，物探局为开展山地地震勘探，从美国、法国引进了TD－150S、CT－255型轻便钻机装备地震队。同年机械厂研制成功国产WTZ－30型系列山地钻机。1993年开展WTRZ－30型人抬山地钻机系列的研制。1996年又开发了WTLZ－6型砾石钻机，陆续装备丘陵山地地震队。

1997年，物探局共有沙漠、山地、平原井炮地震钻机593台。沙漠井炮地震队装备了WTZ－18型（水钻30米、气钻18米）和WTZ－100型（水钻100米、气钻18米）沙漠钻机；山地井炮队装备WTRZ－305、WTRZ－306型人抬轻便钻机（空气钻30米）和OP－50（水钻50米）、OP－30型（水钻30米）及TD－150S（气钻40米）型山地钻机；平原井炮地震队装备WTZ－50/EQ141型液压钻机（水钻50米）。

2．可控震源

可控震源，是油气勘探中为保护自然生态环境及施工作业安全性而设计的地面人工地震波激发设备。由于激发信号频率可控、激发能量可控、激发工具自行运载，广泛应用于戈壁滩、山前砾石区、江河堤坝、草原等炸药震源不允许或难以钻井施工的地区。

1974年，物探局首次从美国莫茨公司引进M10/601型可控震源4台，组建了217可控震源数字地震队。1978～1980年先后引进了M12/602型（小螃蟹）、Y1100A型（万国震源）和Y1100B型（小鸟车）可控震源61台，于1982年装备了10个可控震源队，在内蒙二连和塔里木戈壁滩施工中发挥了重要作用。

1984～1985年，物探局引进莫茨M18/612型8台、M18/615型5台、M18/616纵、横波双联震源1台，并以进口散件组装形式在国外技术专家指导下组装了10台M12/602A、10台Y2700CBC震源。1985年，物探局可控震源队发展到14个，共有81台可控震源。

1992～1997年，物探局为适应国内反承包和国际物探施工作业需要，从国外购买大吨位可控震源36台。其中：1992年引进M26HD/SF－60（278千牛）沙漠震源5台，1994年引进M27/623（230千牛）和B6500IVI小型高频震源（6500磅）共5台，1995年从委内瑞拉购进LRS315型震源5台、从法国AMG公司购入LRS351/P23震源（230千牛）6台，1996～1997年从法国AMG公司购入P28型（275千牛）震源15台。

物探局在引进国外可控震源的同时，于1976年开始了国产可控震源的研制工作。80年代以后，先后制造了KZ－7、KZ－13、KZ－20、KZ－28等4种型号的可控震源，其中KZ－13、KZ－20型可控震源陆续装备地震队。1993年物探局在用85台震源中有国产震源59台，占总数的69.4%，替代进口节约外汇近1200多万美元。

1997年，物探局16个可控震源队有127台可控震源，其中国产的KZ－13、KZ－20型72台，进口的M26/SF－60、M27/623、LRS315、B6500/IVI、Y2700、LRS351/P23、AMG/P28型共55台。

3．推土机

推土机是工程机械中用途最广泛的一种施工机具。80年代以前，物探局在东部平原地区进行物探作业不用推土机。80年代初，物探队伍进入西部黄土塬、戈壁、沙漠地表复杂地区施工作业，物探局为在内蒙、河西走廊、塔里木沙漠外围施工的地震队配备了国产D85－18A型推土机，用于开路、修路、牵引野营生活车。至1985年，共有45台推土机装备野外地震队。

1983年，塔里木3个大沙漠合同队每个队装备美国D8K型履带式推土机3台，用于沙漠腹地推路和牵引，发挥了特殊的作用。

80年代末，物探队伍大批进入塔里木沙漠腹地施工，D85－18A型国产推土机不能适应沙漠地表温差（70～－40℃）的变化。物探局从1988年首次从美国卡特彼勒公司引进了D8N型带绞车和不带绞车的推土机各18台。1990年引进2台DH7型沼泽推土机，装备了沼泽地震队。

1991年以后，物探局陆续引进D8N、D8R型推土机117台，更新替代了D85－18A型推土机。1997年，物探局沙漠井炮队和15个非地震队均装备了1～5台D8N沙漠推土机。

4．运载车辆

60年代，六四六厂每个地震队只配备5台车：1台车装钻机，1台仪器车，1台水罐车，1台爆炸车和1台运输卡车。车的品牌有国产解放牌、跃进牌和苏联的嘎斯51。1973年物探局成立后，地震队运载设备基本上仍是“五大件”。

1978年，物探局10个地震队进入塔里木西南戈壁地区勘探，每个队配备7台解放牌CA－10B车。由于车辆的机动性能限制，只能在平坦的戈壁滩地区进行施工作业。

1979年，物探局为西部沙漠外围队引进了6台罗立冈越野车和一大批F350、F600福特车，但也不能进入沙漠和浮土地。

1980年，物探局引进了一批大功率6×6全轮驱动的万国卡车，仍不能进入沙漠。同年5月，由石油部外事局、物探局机动处、德国奔驰公司联合组成的试车小组开始对奔驰公司提供的MB2628 6×6全轮驱动卡车和U911小型卡车进行沙漠越野试验。经过长时间的考查和论证，于1983年引进了第一批奔驰UNIMOG系列的U1700和U1300沙漠越野车，突破了沙漠“禁区”。至1989年累计引进奔驰UNIMOG系列越野车280台，装备了沙漠地震队。1991～1995年又陆续引进342台。1996年又引进77台，用于沙漠地震队的车辆更新。

1988年，为适应塔里木勘探会战的需要，物探局首次从比利时MOL公司引进202台特种沙漠运载车。此后又陆续引进107台。主要有BK1244、HF4066和T6066三种型号。BK1244车型主要用于配装仪器车和沙漠钻机，作为仪器和沙漠钻机的运载底盘，少部分作为沙漠卡车使用。HF4066车型全部配装车箱，用于在沙漠中运输物资。T6066车型绝大部分用于配装车载油罐，用于大沙漠中燃油的运输。

90年代，物探局特车厂制造的WTC－5120TSZ沙驼沙漠车和新疆东风汽车制造厂生产的EQ2060H、EQ230型沙漠车，陆续装备沙漠地震队，部分替代了同类沙漠车的进口。

1991年，物探局从瑞典引进了赫格隆BV－206水陆两栖车9台，从加拿大引进福尔莫斯履带车7台，从美国引进空气船2只，为组建沼泽地震队进入水网沼泽地带施工作业创造了条件。1991年后又陆续引进赫格隆水陆两栖车。至1997年，共有水陆两栖车30台，改装成沼泽地震勘探钻井车、排列车、救护车、运输车，可以在水网沼泽泥泞道路通行无阻，填补了沼泽、水网地区勘探运输车辆的空白。

1997年，物探局的沙漠井炮地震队配备MOL T6066（V12）、HF4066（V10）、西德奔驰U2150、1550型和国产EQ2060H、WTC5120TSZ型沙漠运载车23～25台；山地地震队配备奔驰U1550型和国产BJ2032S型运输车17～19台；平原井炮队配备EQ140、ZJ2040、BJ2032型运输车19台；重磁电物探队分别配备奔驰U1550型和国产EQ141运输车3～5台。

（三）野外营地设施

物探队野外生活营地的配套设备——包括野外营房式生活车（简称野营车）、发电机组、饮用水净化装置等，是野外物探装备一个重要的组成部分。1979～1997年，物探局野外营地设施累计投资达1.7亿元。

70年代末，物探队伍进入西部沙漠外围的戈壁和内蒙草原等人烟稀少、住房紧张的地区施工，使用帐篷作为小队生活营地，生活条件十分艰苦。物探局为改善野外勘探职工的生产、生活条件，1980年开始为野外队装备野营车。

野营车是带有车箱的挂车，由具有不同用途的车种组成，每组20～30节不等，并装备有独立的供电、供水和有线广播系统，能为野外石油勘探人员提供良好的可移动的室内工作和生活环境。

1980～1981年，物探局组织特车厂制造了4组68节野营车，首先为4个指挥部各配备了1组17节的野营生活车组。此后，随着勘探地区地表条件的不同，野营车的发展经历了三个阶段：供大沙漠外围地区使用的普通野营车；大沙漠腹地使用的沙漠野营车；国外地区使用的集装箱式野营车。

1. 普通野营车（未配备水净化装置）

普通野营车长7米、宽2.9米、高2.5米，只适用于不远离人群、饮水基本上可就地解决的平原、草原、沙丘不大的小沙漠及戈壁等地区。根据不同要求在车厢内装备不同设备，组成一组供野外勘探使用的野外生活车组。每20节左右编为一组，分办公车、住宿车、炊事车、储藏车、淋浴车、医务车、仪器车、技术资料车等品种，可供一个地震队使用。每组野营车配备2台120千瓦的6160型柴油发电机组。

1982年，物探局共为4个指挥部装备普通野营车35组689节，与之配套的120千瓦拖车电站2台/组共70台。其中一指6组119节，二指7组141节，三指11组214节，四指11组215节。

1987年以后，普通野营车除调拨长庆、吉林地调处8组160节及配套的16台拖车电站外，其他的普通野营车由于换装沙漠野营车而停止使用。

2. 沙漠野营车

1983年初，中美合作的3个大沙漠合同队进入沙漠腹地，装备了三组品种较为齐全、配套较为完善的66节（22节/组）沙漠野营车系统。22节/组包括发电车1节，苦咸水淡化车1节，12人住宿车9节，6人住宿车2节，炊事车2节，淋浴车2节，办公车2节，医务、通讯车1节，工程修理车1节，食品储藏车1节。整套车组可供一个120人的地震队使用。

1987年开始，物探局逐年在塔里木盆地组建大沙漠队，每个队装备了30节/组的国产沙漠营地设施，除原有品种的营地设施数量增加外，新添置了一种多功能车。该车3节为一套，组合在一起成为80平方米的车内场所，可供全队职工开会、学习、就餐及娱乐活动。柴油发电机组引进德国道依茨公司生产的产品，淡化水装置采用上海市工业用水技术中心设计、研制的高科技产品。1987年至1995年的9年间，物探局共为大沙漠队装备26组大沙漠营地设施，其中23组装备了新队，剩余3组在1990年为中美合作组建的3个合同队换装。3个合同队换装下来的沙漠野营车，经大修后，装备了地调三处239队和2142队。

1996年，物探局为在国外施工和国内反承包作业的地震队购置了部分沙漠营地设施。沙漠营房车投资总计达11894万元。

3. 集装箱式野营车

1996年，物探局为保证藏北高原石油勘探工作的顺利进行，给地震队配备了局运输处制造的20节/2组挂车式轻便野营车，160千瓦柴油发电机组2台，90千瓦柴油发电机组3台。

1997年，物探局5个地震队挺进非洲苏丹国进行石油地震勘探工作。为保证非洲大陆石油勘探队伍的野外生活和工作顺利进行，共配备了由集装箱改造的野营车172节/5组，净化水装置5套，V8—90千瓦柴油发电机组8台。集装箱式野营车，每组20～30节不等，分为住宿、办公、测量、修理、炊事、淋浴、厕所、食品储藏、现场处理解释、医疗、净化水等十几个车种。每组可提供一个地震队使用。

二、物探资料处理装备

60年代中期至70年代初，六四六厂野外采集的磁带地震资料使用模拟磁带回放仪进行回放处理。

1974年，物探局首先使用中国自行研制的150电子计算机进行地震资料数字处理。此后随着物探仪器的数字化和计算机、网络及通信技术的发展，通过国外引进和国内研制，物探资料数字处理装备经历了三个阶段的更新发展。

第一阶段为70年代中期至80年代初，主要使用国产150机和法国CYBER1724（主机型）计算机，加上一些专用设备和高速阵列机等组成一个数字处理系统。主机CPU数量少，内存容量小，处理速度较慢、周期较长，一些数据量大、运算量大的处理方法无法实现。

（1）150计算机。

150机自1974年至1982年，共完成二维资料处理139040.8公里，为胜利、华北等油田的发现做出了贡献。该计算机于1982年10月22日调给长庆油田。

（2）CYBER1724计算机系统。

1977年，物探局从法国地球物理公司（CGG）和数据控制公司（CDF）引进了1套CYBER1724计算机系统。CYBER1724计算机系统投产后，物探局开展了二维地震资料特殊处理项目。

CYBER1724计算机系统，自1978年1月投产使用，到1988年1月5日停用，共处理二维资料326456公里，特殊处理45767公里。

（3）RDS－500、COMMAND－Ⅲ、TIMAP计算机。

1980～1982年，物探局为配合地震队数字资料现场处理，建立了开封、喀什、霸县3个计算站，分别装备了RDS－500、COMMAND－Ⅲ、TIMAP计算机各1套。

至1982年，物探局共有地震资料处理中小型计算机10套，主机运算速度达310万次/秒。

第二阶段为80年代初至90年代中，物探局先后购置国产的每秒运算速度为1亿次的银河（YH－1）计算机，引进每秒运算速度500～2000万次的IBM计算机系统。

（1）银河计算机（YH－1）系统。

1982年8月，物探局购置了由国防科技大学研制的YH－1主机，以后配套引进了0号前端机VAX780；1号前端机CYBER730和2号前端机CYBER830；PE3230和PE3280计算机，安装了主要由物探局研究院研制的地震数据处理系统，于1987年2月建立了银河地震数据处理系统。

银河计算机系统，自1987年2月投产至1993年5月关机，共处理二维资料406547.5公里，三维资料1561平方公里，特殊处理96053.7公里。

（2）IBM 3033计算机系统。

IBM 3033计算机系统从美国WGC公司以租用方式引进，使用WGC公司处理软件，于1983年8月投产。

IBM 3033系统于1986年12月与引进的IBM 3081、4381合并成IBM系统。1991年，IBM 3033计算机由研究院调出，配备地调二处开封计算中心继续使用，到1996年淘汰报废。

（3）IBM 3081/3033/4381和IBM 3081/3081/4381及IBM 3084/3084/3081计算机复合处理系统。

1986年12月，物探局引进IBM 3081（KX3）和IBM 4381计算机各1套；1990年引进1套IBM 3081（KX6）处理机复合体；1992年又引进2套IBM 3084（QXC）处理机复合体，分别于1987、1991、1992年组成了上述计算机复合处理系统，提高了处理能力。

（4）1983～1992年，物探局为地调二、三、四处及前身配备中小型计算机，更新淘汰原有的小型计算机，并为地调五处配置了重磁电资料处理计算机和工作站。1991年引进1台CONVEX C－120计算机用于研究院资料处理软件开发。

第三阶段为1995年以后，物探局为适应全三维地震数据处理需要，引进了高速运算的并行计算机。通过远程网络，实现库尔勒—涿州远距离数据的传输。

（1）IBM SP－2/SGI ORIGIN并行处理系统。

SP－2并行处理系统于1995年3月从美国IBM公司引进，共16个CPU。该系统于1996年10月安装了美国WGC公司的OMEGA地震资料处理软件。

1997年4月，引进IBM公司32个CPU的SP和SGI公司的32个CPU的ORIGIN2000并行机及相关软、硬件设备，同时为库尔勒计算站引进8个CPU的IBM SP并行处理机，成为物探局资料处理主力计算机。

（2）HP SPP－1600并行处理系统。

SPP－1600并行计算机共20个CPU。该系统的引入是由于CONVEX公司被HP公司收购，HP公司不再支持合同尚未期满的中国石油天然气总公司设在新加坡的东方石油技术有限公司的CONVEX C4630计算机系统，于1996年10月在物探局研究院用HP公司的SPP升级建立的并行处理系统。

1997年，物探局用于资料处理的大型计算机共8套，其中研究院处理中心有2套IBM 3084、1套IBM SP－2、1套IBM SP、1套SGI ORIGIN，开封地调二处计算站1套IBM 4381，库尔勒计算站1套PE3280E、1套IBM SP计算机。

三、物探资料解释装备

70年代，数字仪器采集、计算机处理的地震资料，仍采用传统的人工解释方法。80年代初，美国最先推出了SIDIS地震解释系统。

1983年，物探局为了推动解释工作数字化的进程，在执行PC8033MR B1引进IBM 3033计算机合同中，首次引进美国DIGICON公司生产的1套VAXⅡ/750解释装备（又称工作站）。1984年9月设备到货后，首先装备了解释中心，试用于二连、廊固地震资料的解释项目。从此，物探局地震资料解释工作开始由完全手工解释转入计算机辅助解释的阶段。

VAXⅡ/750工作站，为一机带四站系统，所配备的软件是DISCOVERY绘图系统及DLPS测井资料处理系统。DISCOVERY系统的主要功能是将纸剖面上解释好的层位及断层平面组合，通过数字化桌输入系统作闭合差校正、网格化，最后勾出等T_0图。DLPS的功能是将测井曲线通过数字化桌输入，作时深转换制作合成地震记录。

1984年，物探局从美国WGC公司引进了一台CRYSTAL联机型的人机联作解释系统。

1986年，物探局从美国GSI公司引进1套SIDIS/PE三维解释工作站，装备解释中心用于二连、阿尔善三维解释项目。SIDIS/PE解释工作站，为一机带双站系统，随机配备了TIMAP软件，基本具备了三维解释的各种手段，如时间切片、自动追踪等。8月，首次从美国引进1套LandMark人机联作解释工作站，安装在物探局职工大学，陆续为全国物探系统举办5期人机联作解释培训班。

1987年7月，石油部决定用1000万美元从国外大批引进人机联作解释系统，实现物探资料解释数字化；并成立了以物探局副总地质师袁秉衡负责的人机联作解释工作项目小组，负责解释系统引进选型、到货验收、技术培训、推广应用及国产软件研制开发工作。

1987年，物探局开发了VAX/750、SIDIS、CRYSTAL等3个人机联作解释系统，从此地震资料解释工作开始进入人机联作计算机解释时期。

1989年，物探局引进8套LandMark/RT解释工作站。其中7套装备解释中心，聘请兰德马克公司4名专家与物探局合作一年，培训三维地震解释人才，基本确定了三维地震解释方法。同年又引进了5套GeoQuest解释工作站。至1990年，物探局共引进LandMark、GeoQuest、SIDIS解释工作站15套，另有SUN3/280S工作站6套用于解释软件开发。

1992年，物探局引进了6套MIPS工作站，配备SIERRA公司的解释软件，在新疆三塘湖、内蒙二连等地区的二维、三维资料解释中发挥了很大的作用。

1994年，物探局对1989年引进的8套LandMark/RT解释工作站进行了改造升级，在SUN5工作站平台上安装了新版本的LandMark解释软件，共改造了6套系统，其中物探地质研究院5套，地调四处1套。同时还引进4套SUN20工作站平台的GeoQuest解释工作站，地调一处、二处、三处和物探地质研究院各一套。

表7-4　1973～1997年物探局物探装备更新投资统计表

年份	主要物探装备更新投资合计（万元）	其中		设备更新情况
		物探采集设备（万元）	资料处理解释设备（万元）	
1973～1975	5019	5019		1974年开始使用引进的数字地震仪，逐步更新模拟磁带地震仪。1974年数字队4个，1979年数字队8个，1980年数字队发展到22个。1977年购置CYBER1724计算机，1978年建成了地震资料处理中心
1976～1980	8235	5330	2905	
1981～1985	42753	34539	8214	购置IBM 3033计算机3544万元，银河计算机4670万元；购置塔里木沙漠队勘探装备3454万元、三维地震勘探装备1366万元、其他勘探项目设备985万元；非安装设备购置，其中物探采集设备28734万元。组建4个三维地震队、6个沙漠地震队、1个水上地震队。1985年，地震仪器全部实现数字化
1986～1990	76886	57974	18912	购置IBM 3081、完善银河处理系统，投资15340.6万元；新购人机联作解释系统3571万元。非安装设备中购置物探采集设备57974万元，其中1989年物探设备投资33198万元，更新7个大沙漠地震队装备。1990年，地震仪器更新为96道以上数字仪，资料解释实现了数字化
1991～1995	224950 110008	218200 110008	6750	购置遥测地震仪，沙漠、沼泽、山地勘探设备；引进IBM 3084处理系统，新增30多台人机联作解释系统；投资21.82亿元组建18个大沙漠地震队、4个反承包地震队，地震仪器更新为240道以上遥测地震仪。1994～1995年，总公司专项设备投资110008万元，引进IBM SP并行处理机
1996	39000 64700	39000 64700		购置千道遥测地震仪，组建4个千道仪器地震队、3个国际施工队、5个山地地震队。更新7个反承包地震队装备。总公司勘探反承包专项64700万元
1997	52254	52254		购置1500～2400道遥测地震仪，沙漠推土机、运输车、运油车，补充塔里木5个山地队设备，新组西藏施工的1个震源山地混合队和2个南方地震队，更新塔里木大沙漠地震队专用车、推土机、钻机。补充国外3个地震队的设备
总　计	623805	587024	36781	

1995年，物探局共有46套人机联作地震资料解释工作站，全面实现了地震资料综合解释数字化。地调五处在“八五”期间，引进了美国GEOTOOLS大地电磁解释软件、MAPCAD绘图系统、LCT重磁处理解释软件，实现了重磁电化资料处理解释图件的彩色化、多媒体化和可视化。

1996年，物探局为各地调处装备了研究院地球软件公司开发的GRIStation-3D解释系统（硬件平台是SUN20及SGIINDIGO-2工作站）24套。同年底，还为地调二处、四处配备了LandMark/SUN10解释工作站，应用于廊固900平方公里三维项目综合解释研究，取得了良好的效果。

1997年，物探局共有65套解释工作站，其中LandMark 25套，GeoQuest 10套，MIPS 6套，GRIStation 24套。1997年以后，随着计算机技术的发展，物探局又一次升级改造并淘汰了部分技术性能落后的工作站，计有MIPS工作站6套，SUN5、SUN670工作站5套，VAX3500工作站5套。新购置了SUN ULTRA 2工作站14套，SGI工作站2套，并分别配置了LandMark和GeoQuest解释软件，其中地调一处、二处、三处、四处各2套，库尔勒研究中心5套，物探地质研究院5套。另外，还有部分单位配备了VOXELGEO三维可视化解释软件2套，RM油藏描述软件5套，STRATA波阻抗反演软件6套。这些解释工作站的配备，使物探局各资料解释中心具备了很强的综合解释能力，可以从事叠后处理、波阻抗反演、全三维可视化解释、测井处理解释、油藏描述等工作。

1973～1997年，物探局物探装备更新投资统计见表7－4。

第三节　物探装备出口

80年代以前，物探局石油物探装备只有进口，没有出口。80年代中期，物探局开发研制了具有国际同类先进技术水平的国产物探装备，替代进口，节约了大量外汇支出。

1986～1997年，物探局制造的物探装备产品出口创汇累计2808.5万美元，其中仪器总厂出口地震检波器、地震电缆等产品创汇2046万美元；机械厂出口地震钻机、供水车等产品创汇690万美元；特车厂出口5吨沙漠车创汇72万美元。产品销往匈牙利、捷克、巴基斯坦、俄罗斯、哈萨克斯坦、土库曼斯坦、白俄罗斯、鞑靼斯坦、蒙古、美国、加拿大、法国、日本等13个国家。

一、地震检波器出口

1986～1997年累计出口20DX检波器165.15万只，创汇1239.17万美元；1986～1995年出口SJ系列检波器50755只，创汇68.93万美元。

（一）20DX检波器

1986年，仪器厂俊峰公司生产的20DX检波器芯子首批出口美国；1987年，20DX检波器出口美国5000只，1988年出口检波器芯子8万只。

1989年，俊峰公司的20DX检波器芯子出口美国7万只；国内以产顶进销往胜利、新疆油田20DX检波器11.18万只，全年创收外汇243.23万美元，成为世界上产销量最大的检波器生产企业。从此结束了中国大批进口常规地震检波器的历史。

1990～1992年，20DX检波器主要出口美国。3年累计出口20DX检波器芯子43万只，检波器30万只，检波器配件磁靴29万只、外壳16万只，创汇292万美元。

1993年，销往美国20DX检波器15万只，创汇71.35万美元。

1996年，俊峰公司生产地震检波器合同终止后，仪器总厂生产的20DX检波器继续出口。1996年首次出口法国20DX检波器芯子6500只，创汇7.6万美元。1996～1997年，出口美国、蒙古、俄罗斯、加拿大26.19万只，创汇291.9万美元。

（二）SJ系列检波器

1986年，仪器厂首次向匈牙利销售2475只SJ－2型检波器，创汇16.56万元人民币（折合5.63万美元）。

1993年，仪器总厂生产的SJ－3型检波器，出口鞑靼斯坦4780只、土库曼斯坦6930只、哈萨克斯坦12650只，创汇34.4万美元。

1994年，出口SJ－3型检波器15930只，创汇22.7万美元。其中销往俄罗斯9000只。

1995年，SJ系列检波器出口土库曼斯坦7990只，创汇6.2万美元。

二、地震电缆出口

1987年，仪器厂生产的WT－200芯地震电缆，首次出口匈牙利1套，创汇50.9万元人民币（折合11.97万美元）。1988年12月，仪器公司建成一条新的电缆生产线后，1989年电缆产品开始连年出口。至1997年累计出口WT－200、250、110芯物探电缆和SC系列数传电缆2637.866公里，创汇658万美元。

1989～1991年，仪器公司（总厂）向巴基斯坦出口2套WT－200芯电缆、100公里检波器串线，出口捷克2套WT－100芯电缆，共计创汇48.84万美元。

1992年，WT－250芯电缆产品首次出口俄罗斯2.2公里，向巴基斯坦出口新开发的WT－6S数传电缆10公里、WT－3检波器连接电缆170公里。共创汇17.225万美元。

1993年，WT－250芯和WT－110芯电缆出口鞑靼斯坦、哈萨克斯坦、土库曼斯坦82.54公里，创汇53.12万美元。

1994年，仪器总厂电缆产品开始更新换代，新开发的16芯系统仪电缆首次出口美国202.8公里，创汇50万美元，G－DAPS－4数传电缆首销日本0.4公里。WT－200芯电缆第一次出口白俄罗斯5.7公里。全年出口电缆418.4公里，创汇148.4万美元。

1995年，仪器总厂开始大批出口数传电缆，创汇88.91万美元。全年出口各型地震电缆480公里，创汇147.66万美元。

1996 年，仪器总厂生产的 SC－22T、SC－16 芯和 WT－6、200、250 芯及 G－DAPS－4 等 6 个型号的电缆出口蒙古、美国、俄罗斯共 371 公里，创汇 79.9 万美元。

1997 年，仪器总厂出口 7 个型号电缆 959 公里，创汇 150.9 万美元。

三、地震钻机出口

1987 年，机械厂制造的 WTZ－300 型气水两用车装钻机首次进入国际市场，在世界银行贷款国际招标中，与实力雄厚的美国、加拿大等 5 家公司竞争中标，第一次销售 5 台钻机，创汇 75 万美元。

1989 年，机械厂制造的 8 台 WTZ－350 型地震钻机在巴基斯坦石油天然气开发公司（OGDC）项目招标中，与国外 19 家公司竞争，一举中标，出口创汇 113 万美元，首次实现了中国石油物探机械设备的整机出口。

1990 年，机械厂制造的 6 台 WTZ－50D 型车装钻机和 9 台 GSC－4B 型供水车及钻机配件出口巴基斯坦，创汇 117.34 万美元。

1992 年，出口巴基斯坦 6 台 WTZ－200 型车装钻机、12 台 GSC－4B 型供水车和一批钻机配件，创汇 150.29 万美元。

1995 年，机械厂出口巴基斯坦 WTZ－200 型车装钻机 4 台、WTZ－50F 型车装钻机 6 台，创汇 179.39 万美元。

1987～1997 年，机械厂先后出口 4 个型号的车装钻机 35 台，供水车 21 台，以及钻机总成配件，共创汇 690.36 万美元。

四、沙漠车出口

1992 年 11 月，特车厂制造的 WTC5120TSZ 型 5 吨沙漠运输车，第一次出口巴基斯坦 12 台，创汇 72 万美元。

五、地震仪器出口

1997 年 11 月，仪器总厂自行设计制造的 WF－1006 型千道遥测地震仪，出口俄罗斯汉特地球物理公司 1 台，开创了国产大型地震仪器出口的历史。

物探局各种物探装备出口创汇情况见表 7－5、7－6。

表 7－5　1986～1997 年物探局物探装备出口产品创汇统计表

年份	出口产品创汇合计（万美元）	仪器厂（总厂）（万美元）				机　械　厂（万美元）				特车厂（万美元）
		小计	检波器	电缆	配件	小计	钻机	供水车	总成配件	沙漠车
1986	6.23	6.23	6.23							
1987	89.72	14.72	2.75	11.97		75	75			
1988	46.40	46.4	46.40							
1989	386.1	273.1	243.23	29.87		113	113			
1990	216.31	98.97	87	11.97		117.34	34.35	22.39	60.6	
“七五”	744.76	439.42	385.61	53.81		305.34	222.35	22.39	60.6	
1991	119.8	119.8	105.4	7	7.4					
1992	331.74	109.45	92.1	17.225	0.125	150.29	81.37	31.8	37.12	72
1993	201.66	201.66	148.54	53.12						
1994	321	287	138.6	148.4		34*			34*	
1995	466.3	286.91	138.35	147.66	0.9	179.39	179.39			
“八五”	1440.5	1004.82	622.99	373.405	8.425	363.68	260.76	31.8	71.12	72
1996	192.1	186.2	94.8	79.9	11.5	5.9			5.9	
1997	431.14	415.7	204.7	150.9	60.1	15.44			15.44	
合计	2808.5	2046.14	1308.1	658.015	80.025	690.36	483.11	54.19	153.06	72

*：1994 年机械厂出口总成部件创汇 34 万美元。

表 7-6　1986～1997 年物探局物探装备出口创汇明细表

年份	产品名称	计算单位	数量	制造单位	出口国家或地区	创汇额 美元（万元）	创汇额 人民币（万元）	合计（万美元）
1986	SJ-2 检波器	只	2475	仪器厂	匈牙利		16.56	
	20DX 检波器芯子	只	1000	仪器厂	美国	0.7		
小计						0.7	16.56	
1987	WT-200 芯电缆	套	1	仪器厂	匈牙利		50.9	
	20DX 检波器	只	5000	仪器厂	美国	2.75		
	WTZ-300 型钻机	台/吨	5/100	机械厂	新疆	75		世行招标
小计						77.75	50.9	
1988	20DX 检波器芯子	只	80000	仪器公司	美国	46.4		
小计						46.4		
1989	WT-200 芯电缆	套	2	仪器公司	巴基斯坦	17.9		
	WT-100 芯电缆	套	1	仪器公司	捷克		34.1	
	20DX 检波器芯子	只	70000	仪器公司	美国	41.93		
	20DX 检波器	只	60000	仪器公司	新疆	108		以产顶进
	20DX 检波器	只	51840	仪器公司	胜利	93.3		以产顶进
	WTZ-350 型车装钻机	台/吨	8/140	机械厂	巴基斯坦	113		
小计						374.13	34.1	
1990	WT-100 芯电缆	套	1	仪器公司	捷克		37.3	
	20DX 检波器芯子	只	130000	仪器公司	美国	80		
	20DX 检波器磁靴	只	190000	仪器公司	美国	4		
	20DX 检波器外壳	只	60000	仪器公司	美国	3		
	WTZ-50D 型钻机	台/吨	6/42	机械厂	巴基斯坦	34.35		
	GSC-4B 型供水车	台/吨	9/43.2	机械厂	巴基斯坦	22.39		
	钻机总成配件			机械厂	巴基斯坦	60.6		
小计						204.34	37.3	
“七五”						703.32	138.86	744.76
1991	检波器串线	km	100	仪器总厂	巴基斯坦	7		
	电缆修理工具	套	12	仪器总厂	巴基斯坦			
	电缆过路护套	段	12	仪器总厂	巴基斯坦			
	备用插头	只	100	仪器总厂	巴基斯坦			
	20DX 检波器芯体	只	170000	仪器总厂	返销美国	105.4		
	20DX 检波器铁外壳	只	100000	仪器总厂	返销美国	5.2		
	20DX 检波器磁靴	只	100000	仪器总厂	返销美国	2.2		
小计						119.8		
1992	WTZ-350 型车装钻机	台	6	机械厂	巴基斯坦	81.37		
	GSC-4B 型供水车	台	12	机械厂	巴基斯坦	31.8		
	WTC5120TSZ 沙漠运输车	台	12	特车厂	巴基斯坦	72		
	钻机配件	件		机械厂	巴基斯坦	37.12		

续表

年份	产品名称	计算单位	数量	制造单位	出口国家或地区	创汇额		合计（万美元）
						美元（万元）	人民币（万元）	
1992	TX－504 通讯箱	台	50	仪器总厂	巴基斯坦	0.125		
	20DX 检波器芯体	只	130000	仪器总厂	美国	80.6		
	20DX 检波器	只	300000	仪器总厂	美国	11.5		
	WT－250 芯地震电缆	km	2.2	仪器总厂	俄罗斯	0.9		
	WT－200 芯地震电缆	km	11.22	仪器总厂	俄罗斯	5.4		
	WT－6S 数传地震电缆	km	10	仪器总厂	巴基斯坦	2.655		
	WT－3 检波器连接电缆	km	170	仪器总厂	巴基斯坦	8.27		
小计						331.74		
1993	20DX 检波器	只	150000	仪器总厂	美国	71.35		
	20DX、SJ－3 检波器	只	52730	仪器总厂	俄罗斯、哈萨克、土库曼、鞑靼	77.19		
	地震电缆	km	82.54	仪器总厂	哈萨克、土库曼	53.12		
小计						201.66		
1994	20DX 检波器芯子	只	144000	仪器总厂	美国	105.2		
	20DX、SJ－3 检波器	只	24980	仪器总厂	俄罗斯、土库曼	33.4		
	WT－200、250、110 芯地震电缆	km	215.2	仪器总厂	俄罗斯、白俄罗斯、土库曼	98.1		
	WT－16 芯电缆	km	202.8	仪器总厂	美国	50		
	C－DAPS－4 数传电缆	km	0.4	仪器总厂	日本	0.3		
	钻机配件			机械厂	巴基斯坦	34.0		
小计						321		
1995	WTZ－200 型钻机	台	4	机械厂	巴基斯坦	64.25		
	WTZ－50F 型钻机	台	6	机械厂	巴基斯坦	115.14		
	20DX、SJ－3 检波器	只	61891	仪器总厂	美国、蒙古、土库曼、白俄罗斯	138.35		
	地震电缆	km	236	仪器总厂	俄罗斯、土库曼	58.75		
	数传电缆	km	244	仪器总厂	美国、俄罗斯、巴基斯坦	88.91		
	仪器配件	件	5600	仪器总厂	美国	0.9		
小计						466.3		
“八五”						1440.5		1440.5
1996	钻机配件	批	1	机械厂	巴基斯坦		48.6	
	20DX 检波器	只	67490	仪器总厂	美国、蒙古、俄罗斯	87.2		
	20DX 检波器芯子	只	6500	仪器总厂	法国	7.6		
	6 芯地震电缆	km	20	仪器总厂	美国	2.1		
	200 芯地震电缆	km	29	仪器总厂	蒙古、俄罗斯	11.7		
	64 芯地震电缆	km	3	仪器总厂	美国	5.7		

续表

年份	产品名称	计算单位	数量	制造单位	出口国家或地区	创汇额		合计（万美元）
						美元（万元）	人民币（万元）	
1996	250 芯地震电缆	km	43	仪器总厂	俄罗斯	24.9		
	SC－22T 地震电缆	km	10	仪器总厂	蒙古	1.8		
	SC－16 芯电缆	km	266	仪器总厂	美国	33.7		
	仪器配件	批	1	仪器总厂	美国	11.5		
小计						186.2	48.6	192.1
1997	钻机配件	吨	6.5	机械厂	巴基斯坦		127.4	
	20DX 检波器	只	194420	仪器总厂	美国、蒙古、俄罗斯、加拿大	204.7		
	250 芯地震电缆	km	84	仪器总厂	俄罗斯、蒙古	46.4		
	200 芯地震电缆	km	58	仪器总厂	俄罗斯	26.2		
	9 芯地震电缆	km	5	仪器总厂	俄罗斯	1.2		
	SC－16 芯电缆	km	531	仪器总厂	美国	26.9		
	WT－14 芯数传电缆	km	194	仪器总厂	美国、俄罗斯	42.1		
	SC－12 芯数传电缆	km	5	仪器总厂	俄罗斯	1.0		
	组合线	km	82	仪器总厂	加拿大、白俄罗斯、俄罗斯	7.1		
	仪器配件	件	248160	仪器总厂	美国、俄罗斯	60.1		
小计						415.7	127.4	431.14
1986～1997 年总计						2745.73	314.86	2808.5

第二章　物探仪器及配套设备制造

物探仪器及配套产品检波器、电缆的开发生产始于 1965 年的六四六厂仪修站。

1965 年 10 月，六四六厂仪修站试制成功 65－1 型轻便检波器。1966 年，仪修站向地震仪器、电缆、仪器仪表、检波器的开发生产过渡。1971 年，六四六厂仪器修造厂开始批量生产地震检波器、地震仪器仪表配件和 30 芯电缆等产品。

1973 年后，物探局为适应地震仪器数字化的需要，对仪修厂进行扩建改造。1978～1983 年，物探局投资 598 万元扩建了仪器厂地震数字仪、检波器、电缆生产车间，更新了生产设备，使仪器厂的主要产品发展到磁带地震仪、磁带机、SJ－1 型数字检波器、110 芯覆盖电缆、遥控爆炸机等 14 个品种，初步形成了地震仪器、电缆、检波器三大类产品系列。工业总产值（1990 年不变价）由 1973 年的 388.8 万元发展到 1983 年的 2230.6 万元。

1986～1990 年，仪器厂（公司）为适应物探数字化技术改造的需要，坚持“学、仿、改、创”的方针，积极开展物探装备的研制开发工作，建立由各专业主任工程师组成的物探仪器系统产品研究开发体系、全面质量管理体系以及产品质量保证体系，促进新产品的开发试制。同时，对原有仪器仪表、电缆、检波器的生产厂房、设备及工艺进行全面技术改造，按国际先进标准，新建了3条现代化的生产线：一是采取中美合作生产的方式，全套引进国外技术、工艺和检测设备，建成了1条20DX检波器生产线；二是从国外购进先进的工艺设备，经两次扩建、三次技术改造，建成了1条国内最好、国际一流的物探专用电缆生产线；三是建成了1条多功能的仪器仪表生产线。1990年形成了年产3大系列20多类仪器的制造能力，地震电缆的生产能力由50套左右增加到100套，地震检波器的生产能力由30万只提高到60万只。产品品种由1983年的14种发展到1990年的32种，工业总产值7957.5万元，比1983年增长了2.57倍。

仪器厂自80年代初起，陆续开发研制了数字地震仪系列、遥测地震仪系列、现场处理系统、大地电磁测深系统、数字磁带机及磁头系列，辅助仪器仪表系列、SJ和20DX数字地震检波器及地震测井检波器系列、地震低频电缆及数传电缆系列、油田工程数控系统等数字化新产品。

90年代，仪器总厂跟踪国际物探技术装备更新发展的步伐，采用国际先进的设计与制造工艺技术，研制生产遥测数字地震仪，以及与遥测数字地震仪配套的数传电缆、高分辨率地震检波器。1996～1997年，地震电缆和检波器的设计、生产线分别通过了ISO9002和ISO9001国际质量体系认证，产品的质量和技术管理实现了与国际接轨。至1997年，仪器总厂已形成年产石油物探专用仪器仪表350台套，物探专用数字地震检波器70万只，物探专用数传地震电缆35个品种5000公里的生产能力；工业产值达12689万元。有获奖产品58项。其中获国家级奖的5项、部级奖的14项。创名牌产品20个品种，其中TC－11磁带机和WTYP－200芯电缆获得国家质量金质奖和银质奖；“三优产品”（国优、省优、部优）2个，“双优产品”（省优、部优）8个。

仪器总厂及前身1971～1997年累计研制生产了地震仪器仪表、地震检波器、地震电缆及油田社会民用产品4大类100多个品种，其中各型地震仪器52台，地震电缆3.65万公里，地震检波器683万只，各类辅助仪器仪表40多个品种3.65万台套。产品产值11.81亿元（1990年不变价）。1981～1995年累计上交局管理费6377万元。仪器总厂生产的物探仪器、检波器、电缆产品不仅替代进口、节省外汇支出，并出口创汇2046万美元。90年代，仪器总厂已建成为中国陆上石油物探地震仪器、检波器、电缆产品的专业定点生产工厂，被认定为国家二级企业。

第一节　物探仪器研制生产

从1966年六四六厂改造“五一”型光点地震仪器开始，到1997年，物探局先后进行了模拟磁带仪、数字地震仪、数控地震仪和遥测地震仪的研制。研制成功并投入生产的有DZ－731型48道模拟磁带地震仪、SK－8000数控地震仪、SK－83数控地震仪、SK－1004遥测地震仪、SK－1005遥测地震仪、WF－1006型千道遥测地震仪6个型号，共生产52台。另外研制成2种型号的数字磁带电法仪器。仪器总厂为地震仪器的国产化做出了贡献。

一、产品研制生产组织

1966年1月，六四六厂仪修站开始研制模拟磁带地震仪。攻关队成立后，进行数字地震仪、地震剖面仪、建场法测量仪等项目攻关。因“文化大革命”，攻关队于1968年11月解散。1970年3月组建仪器试制车间，先后对24道光点记录地震仪和DZ701型24道模拟磁带地震仪及其回放系统进行技术改造。

1973年9月，成立研制数字地震仪新仪器试制车间。

1978年2月，成立数控地震仪攻关队。1981年5月，攻关队与技术科合并改为设计科。

1984年6月，将设计科改为物探仪器研究所。1987年开展新一代遥测地震仪的开发。

1994年10月，物探仪器研究所改为万峰公司。

1997年，万峰公司与仪器一部合并组成为生产、开发、维修服务一体化的仪器一部。

二、产品研制

（一）地震仪器研制

1．“五一”型光点地震仪器改造

1966年1月，六四六厂仪修站对第一代地震仪器——“五一”型光点地震仪器进行轻便化改造，当年试制成散装人抬光点地震仪。

2．模拟磁带地震仪研制

1969年5月，六四六厂仪修站根据石油工业部在徐水召开的数字地震仪试制协作会议精神，开始了第二代地震仪器——模拟磁带地震仪的开发研制。1970年8月研制成功一台模拟磁带地震仪，经野外实验获得地震资料，定名为DZ－701型地震仪(24道)。

1973年，仪器厂将DZ－701型24道地震仪改制为DZ－731型48道模拟磁带地震仪。1975年通过技术鉴定，1979年投入批量生产。

3. 数字地震仪研制

1966年，仪器厂在研制磁带地震仪的同时开始研制第三代地震仪器——数字地震仪，于1972年3月试制成二进制增益控制的SCD－Ⅰ型数字地震仪样机，在野外试验中获得了数字记录。

1974年5月，燃料化学工业部数字地震仪研制会议确定由物探局试制瞬时浮点数字地震仪。仪器厂新仪器试制车间接受试制任务后，自行设计并全部采用国产元器件，于同年12月试制成功中国第一台SCD－2型24道瞬时浮点数字地震仪，装备2153队参加京津数字地震会战野外试验和生产。但因仪器元件稳定性差，1976年停用，未投入生产。

1978年，仪器厂根据石油部组织数控地震仪研制攻关的安排，开始48道和96道数控地震仪研制。

1978年2月，仪器厂数控仪攻关队成立总体设计组，开始研制SK－8000型数控地震仪。经科研人员近二年的反复改进试制，于1981年12月完成了样机，并投入野外试生产考核，1982年11月25日通过石油部鉴定，获石油部新产品优秀成果一等奖。1984年投入生产。

1983年，仪器厂采用二次开发技术，开始研制SK－83型96道数控地震仪，于1984年8月完成样机，当年冬季投入野外试验，1985年9月通过石油部鉴定，1986年投入生产。

SK－83型96道数控地震仪的研制成功，受到石油工业部副部长李天相的肯定。李天相指示，要为三维地震勘探试制240道以上的遥测地震仪。1985年9月，物探局召开了研制“SK－240道集中式遥测地震仪”论证会；同年11月，物探局仪器厂开始研制，1987年研制成功，于1991年11月通过物探局技术鉴定。

石油部把研制“240道遥测地震仪”作为“七五”国家重点科技攻关项目，下达了专项合同。仪器厂采用双绞线传输技术和高速流水线八体交叉及采集数传技术，组织研制既适用于炸药震源又可以应用可控震源的SK－1004型分布式遥测地震仪。该仪器地震数据道240道（2毫秒采样），可扩展为480道或1024道，采集站单站6道，可满足高分辨率二维和大面积三维地震勘探需要，于1988年研制成功，经野外试验后投入生产。1991年3月10日通过国家级鉴定。

1991年立项研制的SK－1005型轻便遥测地震仪，是SK－1004型遥测地震仪的系列产品，采用486工业微机替代PDP11/23计算机，体积小、重量轻、操作灵活，适用于山地水网等地形复杂地区施工。数据道240、480、1536道，2毫秒采样。运算速度高达8000万次，适用4～8线，可扩展到16线，最大接收道达3072道。

SK－1005型仪器于1993年6月试制成功2台样机，经地调二处和滇黔桂物探公司野外试生产后，于1994年3月通过总公司鉴定投入生产。

1992年，仪器总厂面向社会研制成SK－48型轻便遥测地震仪，在安徽地区野外采集通过了考核。

上述多道遥测地震仪的研制，于1992年经国家科技成果评审委员会评审，仪器总厂获国家科技进步三等奖。

为适应高分辨率地震勘探技术发展的需要，1995年，总公司同意仪器总厂立项研制具有90年代先进水平的WF－1006型千道遥测地震仪。仪器总厂采用最新的Δ－∑24位A/D转换技术、高速数传技术、现场可编程门阵列、FPGA技术、先进微机技术及SMT（表面封装）技术，于1996年10月研制成功WF－1006型千道遥测地震仪。第一台样机于1996年11月在新疆作工业性性能试验、考核。1997年6～8月份再次在新疆作夏季高温试验、考核，所得地震资料与SN388仪器所得资料基本相当。1997年12月12日通过总公司级鉴定。WF－1006型千道遥测地震仪，适合山地、水网、沙漠等多种复杂地形环境。主控单元采用奔腾机型，单箱体具有1536道能力，内装2亿次浮点DSP运算部件；多箱体可扩展到6144道，具有实时数字滤波，实时叠加相关功能，数据传输保证多道二维、三维能力。

（二）电法仪器研制

仪器厂于1977年试制完成2台建场法测量仪，交电法队使用。

仪器厂1976年开始与国家地震局等单位联合研制SD－Ⅰ型大地电磁测深仪，1978年研制成功1台样机，经野外12次考核、试验和改进，于1982年8月通过石油部、国家地震局的技术鉴定，随后投入试用。

1986 年，仪器厂在 SD－I 型大地电磁测深仪基础上改进试制成功 2 台 SD－Ⅱ型数字大地电磁测深仪，于 1987 年通过部级鉴定。

三、产品产量

1966 年，六四六厂仪修站改造完成 2 台 51 型散装人抬光点地震仪。1979～1997 年物探局仪器总厂（仪器厂）研制成功投入生产的地震仪器共有 6 个型号，累计制造 52 台。

DZ－731 型 48 道模拟磁带地震仪：1979、1980 年各生产 10 台，1982 年生产 3 台，共计 23 台。

SK－8000（48 道）型数控地震仪：1984 年生产 3 台。

SK－83（96 道）型数控地震仪：1986 年生产 2 台，1987 年生产 1 台，共 3 台。

SK－1004 型 240 道遥测地震仪：1988 年投入生产，至 1992 年累计生产 11 台。该仪器替代进口，节约外汇 1000 万美元。

SK－1005 型遥测地震仪：1993 年生产 4 台，1994 年生产 6 台，共 10 台。

WF－1006 型遥测地震仪：1996、1997 年各生产 1 台，共计 2 台。

四、优质获奖产品

SK－8000 型数控地震仪，1984 年获国家科委、河北省经委、石油工业部 1983 年度优秀新产品奖。

SD－I型大地电磁测深仪，于 1984 年获国家科委、河北省经委 1983 年度优秀新产品奖。

SD－Ⅱ型大地电磁测深仪，于 1987 年获石油部新产品优秀成果二等奖。

SK－83 型数控地震仪，1986 年 7 月获河北省优秀新产品一等奖，石油部优秀新产品二等奖。SK－1005 型遥测地震仪，1995 年 5 月获国家科委国家级新产品奖。WF－1006 型千道遥测地震仪，1998 年获国家级新产品证书。

第二节　地震电缆研制生产

物探地震电缆的开发研制从 1966 年六四六厂生产塑料炮线开始。30 多年间，随着地震仪器的更新换代，仪器厂（总厂）陆续研制生产了与各型地震仪器配套的物探陆用电缆、沼泽电缆、低温和宽温电缆、低频模拟信号电缆、高频对称数传电缆。1971～1997 年累计生产各型地震电缆 36505.23 公里。90 年代生产的 SC 系列数传地震电缆产品已达到国外同类产品的先进水平，填补了国内空白，得到外国仪器制造厂商的质量认可，成为美国 I/O、HGS、OPSICE 公司和法国的 CGG 公司、加拿大的 GEO－X 公司、日本的 JGI 公司生产的地震仪器配套电缆。

一、产品研制生产组织

1966 年，六四六厂成立地震仪器元件厂，下设地震电缆车间。为试制轻便电缆，成立试制组。1969 年初，元件厂划归仪修站管理，电缆车间与检波器组合并为一个车间。1973 年仪器厂成立电缆车间。1988 年 10 月，电缆车间改称仪器公司电缆厂。

二、产品研制

1965 年前，六四六厂地震队使用 30 根电话被覆线编织成的象大辫子一样的大线，又笨又重。1966 年，六四六厂元件厂电缆车间，开始研制轻便地震电缆。1967 年试制成功 30 芯轻便电缆，于 1968 年 10 月通过鉴定投入生产。

（1）70 年代研制低频模拟信号电缆。

1971～1980 年，仪器厂配合模拟地震仪器，研制成功 30 芯、32 芯、110 芯、112 芯低频模拟信号地震电缆，并分别于 1973 年、1977 年、1980 年投入批量生产，并从 1977 年开始生产检波器组合电缆。

（2）1983 年，物探局为生产与引进数字地震仪配套的国产电缆，经石油部批准从美国、法国、日本引进电缆生产线及检测设备，建成 5 条自动化生产线，先后研制开发低温和宽温型 200、250 芯地震电缆，并形成不同连接器、抽头的产品系列；检波器串电缆、爆炸电缆、微测井检波器串电缆。

WTYP－200 芯物探电缆，1982 年开始研制，1984 年试生产 0.4 公里，同年通过部级鉴定，1985 年投入批量生产。

WTYP－250 芯物探电缆，1988 年 10 月研制成功，并通过石油部鉴定，1989 年投入批量生产。

WT－130 芯物探电缆，1986 年研制成功，1990 年投入批量生产。

（3）80 年代末，仪器公司开始研制高频对称数传电缆，90 年代形成了 SC 数传电缆产品系列。

80 年代末，随着地震仪器的更新换代，仪器公司在大力收集、消化、吸收有关技术资料、咨询国内有关科研院所的基础上，开始研制与遥测地震仪器配套的 SC 系列数传电缆。1989～1990 年研制成功 SK－1004、SN348/368、OPSEIS 地震仪专用数传电缆，并投入批量生产。

90 年代，仪器总厂电缆厂陆续研制开发了 6

芯、4芯、12芯、64芯、11芯等10多种数传电缆和与进口的DFS－Ⅶ、SN388、系统Ⅰ、系统Ⅱ和G－DAPS－4仪器配套的专用数传电缆以及WT－6A（6AK）检波器组合软电缆。WT－6－12S型数传电缆于1991年通过部级鉴定，1992年投入批量生产。

1996年，数传电缆已成为主导产品，SC－16芯系统仪专用电缆成为出口的主要产品。

三、产品产量

1971～1997年，累计生产WT系列电缆、SC系列数传电缆共计36505.23公里，其中：

WT－32芯电缆：1971～1975年生产2328.9公里。

WT－112芯电缆：1977～1979年生产203.2公里。

WT－110芯电缆：1980～1995年生产3091.8公里。

WT－30芯电缆：1976～1997年生产3653.6公里。

WT－200芯电缆：1984～1997年生产5146.43公里。

WT－250芯电缆：1989～1997年生产251.07公里。

WT－130芯电缆：1990～1997年生产591.51公里。

WAVE Ⅲ电缆：1990年生产68.3公里。

SN348/368电缆：1990～1991年生产163公里。

WT－12芯电缆：1992～1997年生产808.77公里。

WT－6芯电缆：1992～1997年生产1114.87公里。

WT－4芯电缆：1992～1997年生产646.22公里。

WT－14芯电缆：1995～1997年生产1788.35公里。

WT－16芯系统仪电缆：1994～1997年生产1309.04公里。

WT－25芯D7电缆：1993～1996年生产136.35公里。

WT－22芯系统仪电缆：1995～1997年生产59.2公里。

WT－11芯多道仪电缆：1994～1995年生产0.59公里。

WT－64芯电缆：1995～1997年生产29.49公里。

21芯SC－20T电缆：1995年生产53公里。

OPSEIS电缆：1991年生产93.1公里。

WT－9芯电缆：1996～1997年生产108.12公里。

SK－1004电缆：1991年生产268.2公里。

SK－1005电缆：1995年生产5.3公里。

SL－4数传电缆：1995年生产42.9公里。

电法专用电缆：1991年生产26公里。

SC－20T 20芯电缆：1996～1997年生产522.07公里。

组合线：1977～1997年共生产12923.16公里。

WT－15、WT－60芯等数传电缆：1997年生产66.7公里。

四、优质获奖产品

WTYP－200芯地震电缆，1987年获石油部新产品优秀成果二等奖，并被评为河北省优质产品；1989年获总公司优质产品奖和国家质量金质奖，1990年获国家科技成果证书。

WTYP－250芯地震电缆，1989年获总公司优秀新产品三等奖。WTYP系列地震电缆于1993年8月，被机械电子部评为质量优等品。

WTYP－6S及WTYP－12S型遥测电缆，1992年被评为国家级新产品。

第三节　地震检波器研制生产

1965～1968年，六四六厂仪修站先后研制生产65－1、68－1型地震检波器；70年代仪器厂开始研制数字地震检波器，到80年代形成了生产SJ系列和20DX系列数字地震检波器的生产能力。1993年开始研制高分辨率检波器。

1971～1997年，仪器总厂及前身累计生产各种型号的地震检波器683万多只，其中SJ系列地震检波器1561938只，占总产量的22.87%；20DX系列地震检波器4853812只，占总产量的71.07%；其他各型检波器414407只，占总产量的6.06%。1997年，仪器总厂已形成年产数字检波器70万只的生产能力，成为世界上最大的检波器生产厂家之一。

一、产品试制生产组织

1965年，六四六厂仪修站成立检波器试制组。1970年，检波器组与元件厂电缆车间合并为电缆检波器车间。1973年成立数字检波器研制组，9月独立设置检波器车间。

1985年，仪器厂与美国乔斯佩斯公司合作经营俊峰公司。1986年7月，形成2条检波器生产线，检波器车间一分为二：即俊峰公司和三车间。1988年10月，仪器公司成立检波器分厂，包括俊峰公司和三车间。1991年8月，仪器总厂将三车间改称国产检波器车间。1994年8月，仪器总厂为集中力量研制生产数字检波器，又将俊峰公司和国产检波器车间合并。1995年7月1日，仪器总厂与美国合作经营俊峰公司生产地震检波器合同终止。同年12月，仪器总厂与美国LTI公司合资的泰丰公司和俊峰公司合并，重新登记"保定俊峰有限公司"，继续生产20DX地震检波器。

二、产品研制

1965年10月，六四六厂仪修站检波器试制组研制成功单重50克的65－1型轻便地震检波器，重量是国产57－1型检波器的四十分之一。

1968年，仪修站将65－1型检波器改型为68－1型陆地检波器，同年投入批量生产，应用于野外地震勘探10多年，为地震勘探轻便化和开展大面积组合勘探做出了贡献。与此同时，仪修站为渤海石油地震勘探试制成功海I、海II型水下压敏检波器并投入生产（1973年转给海洋勘探指挥部生产）。

70年代初，仪器厂开始研制低频检波器。1977年为适应数字地震仪器的配套需要，组织研制SJ－1型检波器，通过技术鉴定后投入批量生产。

1972～1977年，仪器厂在研制生产数字检波器的同时，为油田测井研制DJ－3型测井检波器。1976～1977年研制成功DJ－6型高频（22赫）和DJ－8型低频（8赫）测井检波器，应用于四川石油管理局两口超深井（井深6011米、7056米）地震测井，经受了183℃高温和684个大气压的考验，填补了中国超深井测井检波器的空白。

80年代初，仪器厂组织科研人员开始研制SJ－2型数字检波器。在研制过程中为了达到检波器谐波失真度≤0.2%、寄生谐振固有频率200赫以上的技术指标，与大专院校开展横向技术合作，1982年，研制成功SJ－2型数字检波器，先后形成主频为4.5、5、8、20、28、30、35、60、80赫的SJ－2检波器系列，于1984年投入批量生产。该系列检波器不存在假频。

1985年1月，仪器厂与美国AMF GEOSPACE公司签订合作经营生产地震检波器合同，1987年12月投入正式生产。1988年开始生产陆用、沼泽两种类型8、10、14赫各3个品种的GS－20DX检波器系列产品，在代替进口的同时出口返销美国15～20万只/年。

90年代，仪器总厂主要生产20DX和SJ两大系列检波器，并先后开发研制成功三分量横波检波器、JKJ井口检波器、微测井检波器、SJ－3型数字检波器，以及CJ－1型垂向加速度检波器和CSG型高灵敏度检波器。

三、产品产量

68－1型陆地检波器：1968～1981年生产260451只，1982年停产。

海I型海洋检波器：1971～1972年生产1862只。

海II型海洋检波器：1972年生产1245只。

测井检波器：1972～1992年生产707只。

微测井检波器：1982年开始生产，1983、1986、1989、1991年共生产1873只。

低频检波器：1974年开始生产，到1980年共生产137407只。

SJ系列数字检波器：1981年开始生产，至1997年共生产1561938只。

20DX系列数字检波器：1987年开始生产，至1997年累计生产4853812只。

JKJ井口检波器：1987、1989、1992年共生产521只。

井下地震检波器：1992年生产608只。

四、优质获奖产品

DJ－8型测井检波器，于1981、1985年分别获得石油工业部、河北省经委颁发的优质产品奖。

SJ－1型检波器，1987年12月被评为河北省优质产品。

SJ－2型数字检波器，分别于1982、1987年获石油工业部、河北省优质产品奖，并获国家优秀新产品奖。

SJ－3型陆用垂向检波器，1990年10月获国家经委颁发的国家级新产品奖。

SJ系列检波器，1982年9月被评为河北省优质产品，1993年9月获机械电子部颁发的质量一等品评定证书。

GS－20DX检波器，于1988年获中国石油天然气总公司、河北省经委颁发的优质产品奖，1993年获机械电子部颁发的质量一等品评定证书。

第四节 辅助仪器仪表研制生产

仪器厂（总厂）在研制生产地震仪器、电缆、检波器三大类产品的同时，研制生产与地震技术装备配套的遥控爆炸机、数字磁带机、现场处理机及各类辅助仪器仪表近40个品种36534台，创产值1.4亿元（1971～1997年）。

一、产品研制生产组织

1966年成立仪修车间试制组，1970年试制组划归试制车间，1974年实行项目管理，1994年7月成立仪器一部，负责辅助仪器仪表研制工作。

1970年基于“150工程”配套的需要，原仪修车间生产模拟磁带地震仪、回放仪专用磁头的磁头组，与试制车间新成立的数字磁带机研制组合并，转为研制AM/FM数字磁头。1981年2月成立磁带机车间时，该组划分为磁带机、磁头两个研制组。1987年仪器厂与美国王安电脑公司达成TC－13磁带机用于VS－100管理系统的协议；1988年与上海贝尔电话设备有限公司达成定点生产程控电话交换机配套磁带机的协议；1991年经上海贝尔的中介与其提供磁带机的美国IDT公司签订了合资成立“艾迪数据技术设备有限公司”的法定文书，后因故未能履约。1992年在原磁带机车间基础上改制成立保定磁记录技术有限公司，面向社会开发生产与通讯配套的磁带机软硬件产品。

1983年2月，仪器厂设立微机应用开发中心。1984年仪器厂与胜利油田研究院合作，在石油部装备制造局领导下，开展油田工程设施数字化改造，开发成果按照工程化要求投产，并向全国各油田推广应用。1997年，以微机应用开发中心为主组成仪器三部，开发油田应用产品。

二、产品研制

（一）辅助仪器仪表

1966～1972年间先后完成了高压启爆器、电缆探伤器、排列通话器、电缆通讯箱、KZ－25可控硅整流器、BH－014爆炸机、SB－14示波器、磁带仪电源变换器等产品的试制。1973年以来陆续研制了50赫陷波器、2个品种的覆盖开关、4个品种的遥控爆炸机系列、3个品种的可控震源电控部件系列、2个品种的排列故障检查仪、地震检波器测试仪、双密度格式器、电控箱体、编码扫描发生器、3个品种的成串检波器分析仪、电缆测试仪等产品。

（二）数字磁带机

1970～1973年，仪器厂与华东石油学院物探教研室合作完成了模拟磁带机的研制。1976年完成了TC－11型（柜式）800bpi九轨半英寸通用数字磁带机，1979年研制成TC－22型（台式）双摆杆通用数字磁带机。1980年后相继开发成功800/1600bpi多机型的产品，并形成柜式、台式2个系列7个品种的磁带机系列、4个品种的磁头和PE格式器、磁带清洁/消磁器、双路洁净空气源的生产能力。

TC－11型磁带机于1980年获全国行业评比第一名，TC－22型磁带机在全国磁带机观摩评比中获第三名，数字磁头获技术先进奖。1982年12月，《人民日报》登载了评比结果和停止进口同类磁带机的消息后，在市场竞争中仪器厂成为国内磁带机主要生产厂家之一。

数字磁带机、磁头等产品被广泛地应用于物探仪器、计算机及多领域的数字化系统中，其中TC－11、TC－22B曾分别应用于酒泉、西昌航天中心卫星导弹发射和核潜艇弹道导弹发射的测控系统。1986年为酒泉航天中心提供了8套基地和车载遥测系统（1987年通过国防科工委的技术鉴定），上述系统在历次执行任务中可靠性高，受到一致好评。

（三）微机应用系统

1979～1983年，先后完成DJS－415小型多功能计算机和磁带、磁带机诊断系统的开发。1982年开始研制FP－1、FP－2型车载现场处理机，于1983年研制成功，1985年9月通过部级鉴定，1986年投入生产。1989年研制完成FP－3型386现场处理机，于1990年投入生产。

微机应用开发中心自80年代中期起为油田开发了车载巡检仪、油井计量系统、环空测井仪、油井压力测试仪、油井化学分析仪、综合录井仪等数控系统。

三、产品产量

30多年间，仪器总厂及前身累计研制生产采集站1700台，SK－1004中继站61台，磁带机265台，现场处理机21台，其他辅助仪器仪表34487台。主要产品见表7－7。

四、优质获奖产品

70年代以后，仪器总厂及其前身研制的辅助仪器仪表系列产品中，有10类24项产品获国家、省、部级和物探局科研成果奖，其中：TC－11型磁带机于1978年获全国科学大会科技成果奖；TBZ－800型同步震源遥控爆炸机、FP－1型现场处理机获部级科技进步二等奖；MTP－1型现场处理机获总公司新技术推广铜牌奖。

TC－11型磁带机等7项产品分别被评为国优、省优、部优产品，其中：TC－11型磁带机于1982年9月获国家质量银质奖，国家优秀新产品奖，河北省、石油部优质产品奖。TC－22型磁带机、FK－1

表 7-7　仪器厂研制的辅助仪器仪表统计表

序号	产品种类名称	单位	数量	序号	产品种类名称	单位	数量
1	采集站	台	1700	21	电缆通讯箱	台	22876
2	SK-1004 中继站	台	61	22	覆盖开关	台	80
3	SK-1004 信号站	台	1	23	陷波器	台	107
4	磁带机	台	265	24	充电机	台	489
5	现场处理机	台	21	25	可控震源控制部件	台	4
6	检测仪	台	672	26	模数转换器	台	11
7	测试仪	台	67	27	磁带机真空泵	台	10
8	电缆测试仪	台	2	28	同步震源编译码器	台	20
9	检波器串分析仪	台	24	29	双密度格式器	台	13
10	遥控爆炸机	台	582	30	1600 位格式器	台	22
11	KB-800 高压爆炸机	台	1079	31	电控箱体	台	35
12	电缆探伤仪	台	917	32	数字电影经纬仪	台	4
13	充退磁机	台	16	33	编码扫描发生器	台	10
14	磁带清洁器	台	114	34	SOP-4B 数字磁头	台	618
15	磁带消磁器	台	82	35	BH-014 爆炸机	台	100
16	排列检查表	台	65	36	磁带仪室内电源	台	9
17	PLZ-01 排列助手	台	20	37	JF-1005 测试仪	台	4
18	磁带仪电源变换器	台	191	38	7841/7842 新型遥爆（编码器）	台	4
19	KZ-25 可控硅整流器	台	98	39	7841/7842 新型遥爆（译码器）	台	14
20	SB-14 示波器	台	135				

覆盖开关、FP-1 型现场处理机、TBZ-800 型同步震源遥控爆炸机 4 项产品被评为河北省、石油部优质产品。TC-11B、TC-22B 型磁带机被评为河北省优质产品。

第五节　油田民用产品研制生产

90 年代初，仪器总厂按照“立足物探、面向油田、服务社会”的方针，开发适用于油田和社会的各类产品。

1992 年，为油田研制成功 SK-Ⅱ型数控综合录井仪。

1993～1995 年，仪器总厂陆续开发并生产了 FLR-4B 型增值税发票录入器、天线、磁卡锁、电话计费系统、LED 大屏幕、单色显示器、北京西客站存物柜、电脑密码锁、H04 电缆、H05 电缆、频率计和 CRT 终端等油田和社会产品 226708 件。

1996～1997 年，研制了 WY-HJ-SO19A 型呼吸监护器、税务管理部门服务器及读卡器、WY-CT-S023A 型高速公路收费管理系统用磁头、WY-KJ-100 型空气净化器、无线放大器、实物投影仪、SKC-A 型数控抽油机等油田、民用产品，销售收入 1134.91 万元。1997 年完成样机的有 WY-FJ-S021A 型高灵敏度防盗报警器，WY-KLR-SO18A 型录入器等。

1993～1997 年仪器总厂开发生产社会民品共计 17 种。其中，仪器仪表 28187 台套。其中 SK-Ⅱ型数控综合录井仪 3 台，数控抽油机 6 台，增值税发票录入器 23958 台，税务管理服务器 2186 台，税务管理服务读卡器 45 台，北京西客站存物柜 402 套，无线放大器 57 台套，实物投影仪 18 台，程控电话计费系统 11 套，LED 大屏幕 3 台，单色显示器 580 台，频率计 3 台。电缆 15694 公里。其中 H04 电缆 12604 公里，H05 电缆 3090 公里。磁卡锁 700 只，电脑密码锁 215 只。扫描仪加工 113078 件。

上述产品中的 SK-Ⅱ型数控综合录井仪，于

1996年10月获国家科委等5单位颁发的国家级新产品证书。

仪器总厂及其前身主要产品、产量、产值见表7-8、表7-9、表7-10。

表7-8　1971～1997年仪器总厂及其前身主要产品产量产值统计表

年　份	工业总产值（1990年不变价，万元）	主　要　产　品					
		仪器仪表（台套）	检波器（只）	电缆（km）	仪器配件（万件）	塑料炮线（km）	油田民用产品（件）
1971～1975	1740	5620	115809	2328.9	123.5	6750	
1976～1980	5167.4	8970	282829	7572.5	188.2	4032.5	
1981～1985	11078.8	10915	671667	9373.8	94.6		
1986～1990	31775.6	2632	1951253	5021.5	54.6		
1991	9704.4	487	637874	1542.3	4.5		
1992	9036.3	582	526373	1722.9	15.2		
1993	8134.2	272	569953	1057	1.82		
1994	8638.1	338	468848	1087.64	1.89		226708
1995	10074.2	912	461802	1450	2.7		
1996	10086.1	39	390406	2052.09			
1997	12689.1	5819	753343	3296.6			
总计产量		36586	6830157	36505.23	487.01	10782.5	226708
总计产值（万元）	118124.2	22242	49750	36107	2195	5042.2	2788

表7-9　1971～1997年仪器总厂及其前身地震检波器系列产品产量统计表

年　份	产量合计（只）	其中主要产品（只）				
		68-1型检波器	低频检波器	SJ系列	20DX系列	其　他
1971～1975	115809	96902	15553			3354
1976～1980	282829	160789	121854			186
1981～1985	671667	2760		667838		1069
1986～1990	1951253			615287	1334911	1055
1991	637874			102127	535707	40
1992	526373			71535	453726	1112
1993	569953			55440	514512	1
1994	468848			22060	446788	
1995	461802			13266	438804	9732
1996	390406			9825	380581	
1997	753343			4560	748783	
总计	6830157	260451	137407	1561938	4853812	16549

注：68-1型检波器自1968年开始生产，至1982年停产。

表 7-10　1971～1997 年仪器总厂及其前身地震电缆系列产品产量统计表

年　份	产量合计（km）	其中：主要产品（km）			
		WT 系列	组合线	数传系列	其　他
1971～1975	2328.9	2328.9			
1976～1980	7572.5	3258.6	3861.2		452.7
1981～1985	9373.8	2852.8	6521		
1986～1990	5021.5	4044.1	908.3	69.1	
1991	1542.3	1241.6	300.7		
1992	1722.9	512.4	575.1	569.4	66
1993	1057	316		67.49	673.51
1994	1087.64	204.64	59	680.24	143.76
1995	1450	237.07	46	990.3	176.63
1996	2052.09	129.25	88.96	1833.88	
1997	3296.6	220	562.9	2464.5	49.2
总计	36505.23	15345.36	12923.16	6674.91	1561.8

第三章　地震钻机及配套设备制造

1969 年，六四六厂机修站（厂）根据石油部指示，发扬"有条件上，没有条件创造条件也要上"的大庆精神，开始试制车装地震钻机。1970 年试制成功 WTZ－701 型车装地震钻机，经石油部批准列入机械产品制造计划，于 1971 年投入批量生产，为中国石油物探队伍提供了第一代国产车装地震钻机。机修（械）厂由此转为开发制造地震钻机及配套设备的专业生产工厂，至 1981 年形成了年产 WTZ－701 型钻机 100～150 台、工业产值 1097 万元的生产能力（折合 1990 年不变价为 1601 万元）。

80 年代，物探局勘探重点转向西部戈壁沙漠地区。1981 年，物探局机械厂为适应西部地震钻井的需要，在吸收、消化进口钻机制造技术的基础上，采用国际标准，开始研制第二代国产地震钻机。1983 年研制了 WTZ－300 型沙漠气水两用钻机，1985 年研制了 WTZ－50 型全液压钻机，1988 年研制了 WTZ－18 型沙漠空气钻机，1989 年研制了 WTZ－100 型、WTZ－200 型钻机，1990 年研制了 WTZ－30 型山地钻机，形成了具有 80 年代国外同类产品水平的 6 个系列钻机的生产能力，不仅替代了进口，并于 1987 年首次出口了 WTZ－300 型钻机。1990 年形成年产 WTZ－50 型钻机 400 台、总成 1500 套、配件 7 万件，工业产值 3278 万元（1990 年不变价）的生产能力。新产品开发实行部件标准化、模块化设计，缩短了新产品开发周期，增强了变型产品的设计能力，从仿制进入了自行设计创新的阶段。

1981～1986 年，除继续生产 701 型钻机 347 台外，1983～1990 年制造 WTZ－300、WTZ－200、WTZ－50、WTZ－18 型 4 种新型地震钻机 616 台，配套设备 767 台。80 年代新产品产值率高达 67.2%。1981～1990 年完成工业总产值 21798 万元（1990 年不变价），其中 1983～1990 年完成工业产值 18993.2 万元，占 87.14%。

进入 90 年代，石油物探工区向山区、沼泽、海滩、山前砾石带等复杂地区发展。为适应这种变化，物探局机械厂采用国际先进标准，开发研制成功适用于山区和山前砾石层的 WTRZ－305 型人抬山地钻机和 WTLZ－6 型砾石钻机，填补了国内空白。同时在完善钻机产品系列化的基础上开发了 6 大类

36个品种适应不同环境的地震钻机和配套产品，以及可用于煤田、金属矿、水文工程的水井钻机、工程钻机、除焦钻机、丛林拖拉机钻机等产品。1991～1997年，累计制造各型钻机945台，配套设备303台，累计完成工业总产值27886万元（1990年不变价）。

机械（机修）厂自1971年生产701型车装钻机起，至1997年累计开发生产了两代7个类型的钻机2585台，配套设备1583台，野营生活车347台，各型钻机总成12377套、配件58.7万件，总产量达25300吨，累计完成工业产值5.59亿元（1990年不变价）。1986～1995年上交局管理费1688万元。历年开发研制的物探钻机多次获省部优质产品奖、科研成果奖，其中4项产品获国家级新产品奖，WTZ－300型车装钻机获国家质量银质奖，产品质量达到国外同类先进水平。

机械厂经过20多年的建设和3次重大技术改造，1997年已成为拥有固定资产原值5300万元，成为年产各类地震钻机340台的石油物探钻机定点专业生产厂。

第一节　地震钻机制造

一、WTZ－701型车装地震钻机

1969年，六四六厂根据石油部安排，组织试制国产车装地震钻机。机修站成立以机械加工车间为主的试制小组，组织技术人员到衡阳、张家口、通县探矿机械厂调研学习制造工艺，并成立了试制车装地震钻机技术组。1969年10月，完成车装地震钻机样机基本设计。1970年1月试制成功2台样机，命名为“701”型车装地震钻机。经燃化部批准，1971年投入批量生产。连续17年累计生产1024台（产值3890多万元）。

二、WTZ－300型气水两用沙漠钻机

80年代，石油勘探工作重点向西部沙漠戈壁地区转移，701型钻机在西部沙漠地区无法使用。为加速西部勘探，石油部从国外引进了大批气水两用沙漠钻机。为替代进口，石油部机械制造局决定由物探局机械厂试制第二代国产地震钻机。

1981年4月，在石油部高效地震勘探装备试制会议上成立了研制气水两用300米沙漠钻机领导小组，参加样机测绘和设计试制的单位有物探局机械厂、物探局装备研究所、北京石油机械厂、第三石油机械厂、咸阳钢管钢丝绳厂、江汉矿机所等。

1981年8月，物探局机械厂成立WTZ－300型钻机试制项目组，在消化吸收GD－1000型沙漠钻机制造技术基础上开始设计，同年12月试制成功第一台样机。1982年8月完成2台样机，先在厂内试验、测试，后于10月至12月到新疆准噶尔沙漠地区进行现场考核试验。1983年5月又在新疆乌尔禾地区进行夏季试验，同年5月中旬在新疆乌鲁木齐通过部级鉴定。

1983年，WTZ－300型钻机投入生产。1983～1995年生产68台。1996～1997年生产WTZ－300E型钻机4台。1997年制造WTZ－300D型钻机3台。共计生产75台，产值3750万元。

WTZ－300型车装钻机，1985年获石油部优秀新产品一等奖、河北省优质产品奖，1987年取得采用国际标准认可证书，1988年获国家质量银质奖。

三、WTZ－50型车装地震钻机

1984年，机械厂成立WTZ－50型钻机试制项目组，研制适用于中国东部平原地区钻井的新型钻机，以取代701型钻机。经两轮设计，1985年6月试制成2台样机，通过野外工业性生产试验考核，于1985年10月通过部级鉴定。WTZ－50型车装地震钻机于1986年投入生产，至1991年5年连续年产100台以上，为东部地区地震队提供了第二代国产车装钻机。

1990年以后陆续开发生产SQ50－MAN型18台、SQ50－TM型25台、50D型6台、50G型1台、50E型3台、50F型6台。1997年生产50H型60台、50J型41台。1986～1997年累计生产WTZ－50型9个品种的车装地震钻机852台，产值11076万元。

WTZ－50型车装地震钻机，于1985年获石油部优秀新产品一等奖，1987年取得采用国际标准认可证书，1988年获总公司、河北省优质产品奖。

四、WTZ－18型沙漠空气钻机

1986年，石油部同意物探局立项试制国产沙漠空气钻机，替代进口的GEMCO－RC－300型空气钻机，以满足塔克拉玛干大沙漠地震勘探的钻井需要。机械厂成立试制项目组于1987年6月完成了第一台样机，组装在比利时MOL公司生产的BK－1044沙漠车底盘上。第二台样机于同年10月运到新疆库尔勒组装，在塔克拉玛干大沙漠现场进行了生产考核试验。1988年10月23日在新疆乌鲁木齐通过由总公司组织的部级鉴定。

WTZ－18型沙漠空气钻机于1989年投入批量

生产35台，1990年以后生产变型产品WTZ－18C型沙漠空气钻机14台、18D型52台、18E型2台、18B型12台、18H型2台。1989～1997年共计生产6个型号的WTZ－18型沙漠空气钻机117台，产值1755万元。

WTZ－18型沙漠空气钻机的开发生产，填补了中国沙漠钻机生产的空白。1989年投入生产后，改用特车厂生产的5吨沙漠车底盘，完全替代了同类钻机的进口，为国家节省了上千万元的外汇。1989年，获总公司优秀新产品二等奖，并被评为国家级新产品；1990年获总公司、河北省优质产品奖，取得采用国际标准认可证书。

五、WTZ－30型和WTRZ－30型山地钻机

80年代中期，为适应西部地区沙漠边缘山前带和四川、江汉、滇黔桂等山区、丘陵岩石地层地震勘探钻井的需要，石油部曾大量引进国外山地人抬钻机。为了改变这种局面，1987年石油部立项，组织物探局研制山地钻机。

同年，物探局机械厂成立了WTZ－30型山地钻机试制项目组，开始研制具有泥浆、空气循环、空气震击三种钻井功能、设备自重不超过80公斤、两个人能抬着搬迁的山地钻机。试制组经过两年的国内外调研、选型和试验，于1989年6月试制出2台气水两用、空气震击、钻深30米的山地钻机样机，9至10月份在河北省易县狼牙山地区进行性能考核试验。1990年1月在广西合浦2201队进行生产性考核试验后，改进设计，更换了发动机等主要总成部件。第二轮样机于1990年9月在狼牙山地区试验，于11月11日通过部级鉴定。1990年，WTZ－30型山地钻机被评为国家级新产品，获河北省优质新产品一等奖。

1993年，机械厂开始研制新一代人抬山地钻机。1995年研制成功WTRZ－305型人抬山地钻机，获得河北省优秀新产品一等奖。1997年11月该产品被评为国家级重点新产品。

WTZ－30型山地钻机于1991年投入生产20台。1992～1993年生产变型产品30D型5台。1994年生产WTRZ－301型40台，1995年生产302型44台，1996年生产30G型6台，1996～1997年生产30J型9台，1995～1997年生产WTRZ－305型山地钻机166台。1991～1997年共生产WTZ－30型和WTRZ－30型系列7个品种的山地钻机290台。1997年销售新产品WTRZ－305型人抬山地轻便钻机97台，收入3340万元，占全年销售收入的32%以上。

WTRZ－30型系列山地钻机的研制生产，为开展塔里木山地地震勘探提供了国际水平的人抬轻便钻机，替代了同类钻机的进口，节约外汇1000万美元以上。

六、WTZ－200（350）型车装钻机

WTZ－200型（200米）车装钻机又称WTZ－350型（350英尺）钻机。1988年3月，应巴基斯坦OGDC公司购买钻井深度350英尺车装钻机标书的要求，机械厂在WTZ－300型和WTZ－100型钻机部件模块标准化的基础上，改型设计试制了WTZ－200型车装钻机，在与国外19家公司竞争中一举中标。1989年出口8台，第一次实现了中国石油物探机械设备的整机出口，创汇113万美元。1992年生产7台，1995年生产4台。截至1997年，WTZ－200型车装钻机共计生产19台，出口18台，创汇258万美元。

七、WTZ－100型气水两用车装钻机

1982年，经石油部同意立项，机械厂于1983年成立WTZ－100型车装钻机试制项目组。1984年试制成2台样机，1985年在内蒙古考核试验，后经多次改进，于1989年研制成功，试制8台。1991年正式投入生产。

1991年生产WTZ－100C－FRM型气水两用沼泽钻机3台。1991～1997年生产100B型沙漠气水两用钻机110台，1992年生产100E、100G型各2台，1992～1993年生产100D型11台，1993、1995年生产100H型15台，1995年生产100J型3台，1995～1997年生产100K型13台，1997年生产100M型19台、100N型4台、100R型1台。1991～1997年，累计生产WTZ－100型系列11种型号的钻机183台，产值2562万元。

八、WTLZ－6型砾石钻机（“九五”国家级科技攻关项目）

1996年，机械厂组织试制WTLZ－6型砾石钻机，于1997年试制完成2台样机，单根钻杆钻井深度6米，试验井深12米，填补了国内山前砾石区地震勘探钻井设备的空白。

九、其他型号钻机

1993年，制造WTZ－3型化探钻机1台；试制完成CJZ－500型除焦钻机1台。

1994年，制造WTZ－3C型海滩钻机1台，WTZ－5V车装钻机12台，GZ－5C工程钻机2台。

1995年，制造GZ－5C型工程钻机5台，

WTZ－H3－00拖拉机丛林钻机2台。

1996年，制造GZ－5C工程钻机2台；试制ZDZ－10型震动钻机2台。

第二节　钻机配套产品生产

70年代开始，机械厂在制造各型地震钻机的同时，生产与钻机配套的泥浆泵、油水罐和总成配件等产品。

一、泥浆泵

机械厂从1971年开始生产与701型钻机配套的产品泥浆泵，至1981年累计生产202台。1983年停产。

二、油水罐车

机械厂从1971年开始生产与701型钻机配套的油水罐车，至1979年累计生产418台。此类水罐车不带泵，取水必须有钻机跟随泵水，影响施工效率，后被带泵水罐车替代。

1977年，机械厂开始试制WT－77型带泵水罐车，当年投入生产，到1990年连续生产425台。

1980～1987年为南疆地震队生产简易水罐车27台。

1990年，WT－77型带泵水罐车停产，机械厂改型生产GSC－4型供水车12台。

1991～1992年改型生产GSC－4B型供水车16台；1991年为塔里木大沙漠勘探生产GGU－4C型沙漠供水车4台；1994年生产YSC型油水罐车6台；1997年生产水罐车21台，其中XCG5130GJY型水罐车3台。

1990～1997年累计生产各型油水罐车59台。

三、钻机总成

钻机总成包括分动箱、水龙头、井架、绞车、减速箱、转盘等。1974年，机械厂开始生产701型钻机总成，至1985年共生产钻机总成7392套、1557吨。

1986年以后，生产新型钻机总成。1994年生产离合器40台。

1974～1997年累计生产各型钻机总成12377套、2235.13吨。

四、钻机配件

1971～1985年生产701型钻机配件36.13万件，1986～1997年生产各型钻机配件22.57万件。

五、可控震源震动器

KZ－13型可控震源震动器：1984～1989年自行加工制造9台。

KZ－20型可控震源震动器：1993～1995年加工制造45台。

KZ－28型可控震源震动器：1997年加工制造5台。

第三节　机械配套产品生产

80年代初，机械厂在制造地震钻机及钻机配套产品的同时，开始生产与物探采集相关的动力餐车、装线车、采集站车等，1986年形成了物探机械配套系列产品。1981～1997年累计生产机械配套产品1900多台。

一、DEC型动力野营餐车

1980年，为改善野外勘探职工的午餐生活，机械厂开发试制成功动力野营餐车，于1981年投入生产，至1984年共生产72台。野营餐车选用解放CA－15型汽车底盘，车内装备炉具，可在野外工地做饭，供60人就餐。

二、ZXC－15型装线车

机械厂于1981年设计试制成ZXC－15型装线车。该车是选用解放CA－15型汽车底盘改装的全棚客车，内装专用箱，供野外施工放置地震电缆、检波器，又可坐人，改善了野外放线人员的劳动条件。1981～1992年共生产346台。

三、野营生活车

1981年，机械厂设计试制轮式移动野营生活车，当年生产KSA型单桥空调生活车69台，双桥生活车7台。

1992年，开发设计制造WTZ－YFC型营房车。1992～1995年连续生产212台。1996～1997年为在苏丹施工队伍改造集装箱式野营车59台。

四、采集站车

1989年机械厂改制采集站车22台。1990年制造WTJ－1.5－3TCJ型采集站车36台。先后共计生产58台。

五、LC15型冷冻冷藏车

1996年，为在藏北勘探队伍设计制造LC15型冷冻冷藏车6台。

六、其他产品

1993年生产KDC苦咸水淡化装置2套，CT 1.5－00－00饮用供水罐10台。

机械厂历年完成的主要产品产量、产值见表7－11、7－12、7－13。

表 7-11　1971～1997 年机械厂主要产品产量产值统计表

年　份	产品总产量（台/t）	其　　中				工业总产值
		钻机（台）	配套设备（台）	钻机总成（套）	钻机配件（件）	（万元）（1990 年不变价）
1971～1975	485/1836.4	230	255	129	36499	1807
1976～1980	1052/4659.5	447	605	1615	117480	4409
1981～1985	865/5489	366	499	5648	207327	8347.6
1986～1990	865/5809.9	597	268	2206	100342	13450.3
1991～1995	826/5608.29	579	247	1028	79757	17687.2
1996	171/618.06	138	33	299	15350	4717.5
1997	251/1279.6	228	23	1452	30273	5482.7
合计	4515/25300.8	2585	1930*	12377	587028	55901.3

* 包括野营生活车 347 台。

表 7-12　1971～1997 年机械厂完成物探钻机产量统计表

年　份	总计（台）	WTZ-701 型（台）	WTZ-300 型（台）	WTZ-200 型（台）	WTZ-100 型（台）	WTZ-50 型（台）	WTZ-30 型 WTRZ-30 型（台）	WTZ-18 型（台）	其　他（台）
1971～1982	787	787							
1983	56	54	2						
1984	80	70	10						
1985	120	100	20						
1986	54	12	12			30			
1987	140		9			131			
1988	111	1				110			
1989	158		5	8		110		35	
1990	134		5			118		11	
1991	185		2		34	115	20	14	
1992	99			7	15	63	2	12	
1993	60				14	31	2	12	1
1994	86		2		18	4	41	6	15
1995	149		1	4	39	27	59	12	7
1996	138		1		22		98	15	2
1997	228		6		41	113	68		
合计	2585	1024	75	19	183	852	290	117	25

注：1.WTZ-300 型包括 300、300E、300D 3 个型号；2.WTZ-100 型包括 100B、100C、100D、100E、100G、100H、100J、100K、100M、100N、100R 等 11 个型号；3.WTZ-50 型包括 50、SQ50-MAN、SQ50-TM、50E、50G、50F、50H、50J 等 8 个型号；4.WTZ-30 型、WTRZ-30 型山地钻机包括 30、30C、30D、30G、30J、301、302、305 型等 8 个型号；5.WTZ-18 型包括 18、18C、18D、18E、18B、18H 等 6 个型号；6. 其他型号包括化探钻机、海滩钻机、工程钻机、拖拉机钻机等 5 个型号。

表 7－13 1971～1997 年机械厂完成机械配套产品产量统计表

年 份	油水罐（台）	WT－77 型带泵水罐车（台）	ZXC－15 型装线车（台）	DEC 动力餐车（台）	野营生活车（台）	各型供水车（台）	采集站车（台）
1971～1975	183						
1976	31						
1977	40	1					
1978	64	20					
1979	100	100					
1980		123				10	
1981		6	71	38	76	10	
1982		43	25	17		4	
1983		9	25	10			
1984		27	28	7		1	
1985		40	47			1	
1986		30	92				
1987		5	8			1	
1988		21	23				
1989			12				22
1990			6			12	36
1991			6			7	
1992			3		30	13	
1993					60		
1994					93	6	
1995					29		
1996					27		
1997					32	21	
合 计	418	425	346	72	347	86	58

第四章 特种车辆与可控震源制造

1979 年，物探局为适应西部石油物探装备配套的需要，成立特种车辆改装厂（简称特车厂），研制生产物探专用车和运载工具。当年特车厂开始调研设计移动式野营生活车，1980 年试制成功，1981 年通过石油部鉴定并安排批量生产，从此开始了物探特种车辆的规模生产。

1980～1988 年，特车厂陆续开发生产了 5 个品种的厢式车辆 391 台，累计完成机械制造产品产量 2220 吨，创工业产值 2232 万元。其中 1988 年工业产值达 527.6 万元。

1978 年，物探局成立汽车大修厂，并从 1982 年开始承揽可控震源的修理工作。1983 年该厂与局装备研究所合作开始研制可控震源；1984 年从美国莫茨公司引进可控震源散件和组装工艺技术，扩建了可控震源工房，组装完成 5 台 M12/612 型可控震源；1986 年完成国产震源样机总装；1988 年生产 KZ－13 型可控震源 10 台，开创了国产震源的产业化生产。

1989 年 3 月，物探局将特车厂和汽车大修厂合并重组，成立特种车辆制造厂，下设沙漠车间、震源车间、厢式车间，组织特种车辆专业化生产。

特种车辆制造厂成立后，紧密围绕西部沙漠勘探对特种车辆的需要，建立由副厂长兼总工程师主管的科技创新机制，成立特车设计研究所，加快新产品的研制开发工作。在新产品开发中，注重与清华大学、中国汽车工业总公司等大专院校、科研机构的横向联合，培训设计人员；在引进消化吸收国外特种车辆制造技术的基础上，通过开发研制和生产实践，逐步掌握并应用特种车辆设计、开发、制造和机电液一体化综合技术。

1989～1997 年，特种车辆制造厂先后研制了 20 吨、28 吨可控震源，1 吨、5 吨、15 吨、25 吨沙漠运载车及其变型产品沙漠工程车、油罐车、钻机底盘、动力餐车等重型特种车辆，以及新型厢式车系列产品，获得国家、省部级以上奖励 20 多项，其中“七五”、“八五”、“九五”国家级重大装备科研成果 3 项，4 种产品被评为国家级新产品。

1989～1997 年，特种车辆制造厂累计制造 KZ－13、KZ－20、KZ－28 型可控震源 86 台，5 吨、15 吨沙漠车 458 台，各型厢式车 924 台；产品总产量 11093 吨，创工业总产值 38975 万元（1990 年不变价）。

1997 年，特种车辆制造厂已发展成为年产各种特种车辆 200 标准台、拥有 5000 多万元固定资产、年工业产值 7000 万元以上的中国石油物探特种车辆定点生产企业。

第一节　可控震源研制生产

70 年代初，国外地震队已普遍使用可控震源，而中国地震队仍采用单一的井炮生产。在不易打井的地区采用人工挖坑放炮的方法，生产效率极低，劳动强度很大。

1974 年，燃化部从美国莫茨公司（MERTZ）引进了第一套 4 台可控震源装备物探局。物探局于当年组建中国第一个可控震源地震队。1976 年，石化部给物探局下达了研制国产可控震源的任务。从此物探局开始了国产可控震源的研制、开发、生产。

一、研究开发机构

1973 年 7 月，物探局在研究所物探室设震源组，参与可控震源引进设备的技术验收和野外试验性生产的技术支持，消化吸收可控震源技术。1978 年 3 月，震源组升格为震源研究室。1984 年 9 月，改为物探局直属的装备研究所，下设可控震源设计室、技术研究室、特种车辆研究室、物探装备技术服务室、技术情报（标准化）室和综合办公室，承担可控震源技术研究及其产品开发、样机设计工作。

1976～1997 年，装备研究所和大修厂、特车厂等单位合作，研制成功 KZ－7 型（7.5 吨）、KZ－13 型（13.5 吨）、KZ－20 型（20 吨）、KZ－23 型（23 吨）、KZ－28 型（28 吨）等 5 个型号的可控震源；编写了全国行业性通用的可控震源技术培训教材；起草了《国产可控震源操作规程》（中国石油天然气行业标准 SY5249－91）。

二、产品研制与生产

物探局 1976～1996 年先后设计了 5 种型号的可控震源，投入批量生产的有 KZ－13、KZ－20、KZ－28 等 3 种型号的可控震源。

（一）KZ－7 型可控震源

1976 年 5 月，由石化部勘探司牵头，物探局开始 KZ－7 型可控震源的研制工作。物探震源组经过调研，1976 年 11 月开始制定总体技术方案。同时成立了由物探局和玉门、江汉、青海石油管理局、北京石油机械厂共同组成的联合设计组。

1977 年 7 月，设计组向玉门石油管理局机械厂提供了设计图纸。1978 年底完成了第一台样机的组装。1979 年第四季度完成了其余 3 台样机的组装。1980 年上半年完成全部电子控制箱体（ZX－1 型）的调试工作，同年 7～10 月完成 4 台 KZ－7 型可控震源样机联调和性能测试。

1981 年 6～10 月在酒泉盆地对 KZ－7 型可控震源进行了野外生产考核。

1982 年 6 月 16～18 日，石油部科技司在玉门石油管理局召开鉴定会，KZ－7 型可控震源样机通过部级鉴定。4台样机交玉门石油管理局地调处2262地震队使用。

（二）KZ－13型（WTC 5021 TSY）可控震源

1983年7月，物探局装备研究所向石油部机械制造司、勘探司和科技司等有关部门汇报了进行可控震源研制的可行性论证和KZ－13型可控震源总体设计方案。经石油部批准，进行国内新型可控震源研制。同年9～11月，物探局装备研究所、大修厂、机械厂和石油部第四石油机械厂、北京石油机械厂的40余名工程技术人员完成了对进口震源的测试报告和1370张测绘图纸，并于1984年5月完成KZ－13型可控震源的全部设计工作，共计完成设计图纸1410张。

1985年11月，由石油部第四石油机械厂制造组装的2台KZ－13型可控震源运载底盘和物探局机械厂试组装的KZ－13型2套可控震源振动器总成先后运交大修厂。1986年4月，大修厂完成了整机组装和全面性能试验，各项性能指标达到了设计要求。

1986年6～8月，2台KZ－13型可控震源样机在内蒙伊盟地区与引进的M10/601型可控震源组合进行了夏季野外生产试验。1986年11～12月，从河北徐水到河南开封进行了675公里长途行驶试验，并与进口M12/602A型可控震源组合进行了冬季野外生产试验。两次野外试验完成1000公里地震测线，取得了良好的效果。

1987年4月27日，KZ－13型可控震源2台样机在河北涿州通过了石油部技术鉴定，获石油部优秀新产品一等奖。1988年投入生产，至1989年共生产20台，产值1600万元。

KZ－13型可控震源的主要研制单位有：物探局装备研究所、大修厂、机械厂和北京石油机械厂、石油部第四石油机械厂。该项目于1988年3月获国家经委技术开发优秀成果奖，10月获石油部优质产品奖，12月获河北省优质产品奖；1990年10月获国家科委颁发的国家科技进步二等奖；1994年被评为国家级重点新产品。

（三）KZ－20型（WTC 5022 TSY）可控震源

1987年5月，物探局根据石油部下达的试制计划，组织装备研究所、特车厂和机械厂组成KZ－20型可控震源设计研制组。6月30日研制组向石油部机械制造司、勘探司及科技司等汇报并通过了“KZ－20型可控震源研制总体方案”。该项目被列入石油部“七五”重大科技攻关项目。设计要求KZ－20型可控震源的技术性能不低于进口的M18/612型可控震源的指标。

研制组于1988年6月完成主要总成设计，10月完成全部设计，将843张图纸移交物探局特车厂试制样机。

1990年6月，特车厂完成5台样机的组装调试和整机各项性能试验，达到设计要求。同年8～11月，5台样机在新疆皮山2206队工区进行野外生产试验考核。1991年5月至7月底又在新疆叶城柯克亚工区进一步进行了野外生产试验考核。生产试验表明，KZ－20型可控震源各项技术参数和性能指标与进口M18/612型可控震源相当。

1991年11月17日，KZ－20型可控震源通过部级技术鉴定，填补了国内空白，具有80年代中期国外同类产品的先进水平，可替代国外同吨位级可控震源的进口。该项目1991年获物探局科技进步一等奖和总公司石油装备科技进步一等奖，1994年被评为国家级重点新产品。KZ－20型可控震源1991年投入生产，至1996年共生产65台，产值8880万元。

（四）KZ－28型（WTC 5300 TSY）可控震源

1995年，为满足西部地区地震勘探对大吨位可控震源的需求，物探局装备研究所、特车厂和机械厂再度联合成立研制组，开始调研设计出力为280千牛（28吨）的KZ－28型可控震源。

1995年5～10月，设计组两次汇报了KZ－28型可控震源总体设计方案。物探局将该项目列入“九五”国家重大技术装备研制攻关项目，上报总公司重大技术装备办公室备案。同年底设计组将设计图纸陆续移交机械厂和特车厂进行试制。1996年9月25日，第一台样机完成整机组装、调试，同年12月，5台样机全部完成厂内型式试验，结果表明，各项技术性能指标达到设计要求。

1997年4月7日至6月9日，5台样机在新疆托克逊2200队工区进行野外生产试验。经过对比认为KZ－28型可控震源与进口M26型可控震源的激发能量相当，总体数据采集分辨率（信噪比）略好于M26型可控震源。

1997年7月31日，由物探局有关处室组成的评议组认为，KZ－28型可控震源各项技术指标达到了设计要求，能够解决当前深层勘探的能量问题；整体性能达到了国外同类产品的技术水平，个别结构具有独创性，建议批量生产。

KZ－28型大吨位可控震源研制成功，使中国成为继美国、法国之后第三个掌握设计与制造大吨位可控震源的国家，从而实现了国产可控震源产品的系列化。至1997年底，共生产11台，产值2409万元。

（五）KZ－23型可控震源

1990年，为适应巴基斯坦勘探区块国际招标的要求，装备研究所着手研究设计KZ－23型可控震源，1991年6月完成了设计方案。1991年底，完成KZ－13型可控震源专用的14个大总成（或系统）的设计工作，将431张设计图纸交特车厂准备生产。后因项目未中标而停止。

第二节　厢式车辆研制生产

厢式车辆包括各种仪器车、采集站车、野营房车等，是野外勘探必不可少的装备。从1980年起，物探局为改善塔里木沙漠外围地区和内蒙草原人烟稀少地区野外勘探队伍的生产、生活条件，陆续开发生产了移动式野营房车、各型仪器车、震源现场修理服务车、采集站车、保温送饭车等5个品种的厢式车辆391台。1989年成立新特车厂后，继续开发生产新型厢式车辆924台。

一、野外营房式生活车（简称野营车）

1979年，特车厂在考察了法国CGG公司在新疆使用的野营车基础上，结合石油勘探的特点，设计了双轴4轮、前轮可转向的拖挂式野营车，于1980年首次试制成功15台，在内蒙古二连野外勘探试用中取得了成功，受到石油部领导的肯定。

1981年，石油部决定组织物探局、管道局、西安石油仪器总厂等单位联合设计、生产野营车，装备全国地震队。1981年，特车厂制造KS－1型单桥野营车19台；1982年以后制造配有空调和120千瓦拖车电站的野营车，至1986年共制造151台。

1987年，特车厂改型设计制造YF－Ⅱ型、YF－Ⅲ型沙漠野营车（配置柴油发电机组、配电设施及淡化水装备），用于装备塔里木大沙漠地震队。1988～1990年，特车厂共制造147台。

1992～1996年，特车厂设计制造WTC9110×2S新一代营房车128台。

1997年，特车厂为在苏丹施工作业的地震队设计、改造集装箱式野营房车122节。

二、物探仪器车

1982年，特车厂为替代进口数字仪器车，设计了WYC－1型铝壳密封空调仪器车厢。

1983年，特车厂选用东风EQ141型汽车底盘，试制生产了装载SN338、DFS－V和SK－83数控地震仪的3种仪器车。同年又为四川石油管理局设计制造TC140EQ型地震仪器车。

1983～1990年，特车厂先后设计制造了各型物探仪器车165台，安装在东风、福特、奔驰、巴格及国产5吨沙漠车底盘上，形成了系列化产品，替代了仪器车的进口。上述仪器车，曾于1986年获石油部机械新产品优秀成果三等奖，1987年获石油部优秀新产品二等奖，1988年被评为河北省优质产品。

1991年后，采用国际先进技术标准，开发制造WTC5090XYQ型特种仪器车15台，WTC5070XYQ型沙漠仪器车9台。1992～1997年改型设计制造WTC5081XYQ型特种仪器车、沙漠仪器车、录井仪器车以及配套的无刷发电机组共225台套，完全替代了各型仪器车的进口。

三、保温送饭车

1987年，特车厂设计试制了WBS－Ⅱ型保温送饭车。采用江苏镇江ZT220越野车底盘，在车厢内安装保温箱，并装有两套加热系统，在环境温度－20℃的情况下食品温度不低于60℃，可为150名野外施工人员现场制作热饭热菜，受到物探队的欢迎。该产品1988年6月通过石油部鉴定，获石油部优秀新产品三等奖，当年投入批量生产。1988～1990年共生产73台；1989年被评为国家级新产品及河北省、石油部优质产品。

1991年以后，特车厂改型制造WTC5050XBW、WTC5042XBW、WTC5070XBW三种型号保温送饭车24台。1993年生产WTC5081XU128型野营餐车1台。1995年生产WTC5020GSZ动力餐车5台。1996年生产沙漠餐车及厢体3台。1991～1996年共生产新型保温送饭车和野营餐车33台。

四、采集站车

1987年，特车厂设计开发了DFS－V、DFS－Ⅶ、SK－1004、SN368型数字地震仪采集站车。车上设有专门的固定框架，用以安放并运输采集站。1987～1990年生产48台。

1991年改型生产WTC5030XUL型采集站车23台，WTC5060XUL型采集站车6台。1994年开始生产WTC5081XYQ型采集站车，至1997年共生产27台。

另外，1993～1994年生产地震仪器采集站箱97个。

五、其他厢式车辆

1982～1988年，特车厂陆续开发制造震源修理车24台，仪器修理车3台，空调修理车6台。1993～1997年，新研制WTC5081XUL型震源修理车1台，沙漠仪器修理车5台，空调修理车1台，工程修理车3台，形成了修理车系列产品。

1987～1997年，特车厂制造资料车、现场处理车、排列检查车、电影放映车、炸药运输车、炸药集装箱、发电机组拖车、奔驰大箱等厢式车辆110多台。

第三节 沙漠车研制生产

80年代初，塔里木物探队没有沙漠越野车辆（简称“沙漠车”），只能在盆地周边地区进行勘探。1983年5月，中美合作大沙漠地震队开始进入塔克拉玛干沙漠腹地，其运载车辆大多是比利时MOL公司生产的各型沙漠车，进口价格昂贵。1984年，物探局组织装备研究所有关人员开展了国内外越野车的调研，经可行性论证后，于1986年决定由特车厂和装备研究所研制开发国产沙漠车。此后陆续研制生产了4个型号的沙漠车。

一、WTC 5120 TSZ型5吨沙漠车

1986年，物探局下达了研制国产沙漠车的任务。特车厂和河北工学院联合，共同设计了SZ-250型沙漠车（载重5吨），于1987年7月底试制了首台样车。同年12月在新疆塔克拉玛干大沙漠进行了各项性能试验，并与比利时的5吨巴格沙漠车作了爬坡等对比试验，性能良好，完全能满足大沙漠施工需要。

1987年石油部正式下达5吨沙漠车的研制任务。特车厂在抓紧总成部件国产化的同时，在SZ-250型沙漠车研制基础上改进设计，于1988年12月试制了全部由国产总成部件组成的绞接式5吨沙漠车1台；1989年5月又完成了2台5吨整体式沙漠车样车的厂内调试，并到河北省易县坦克试验场进行各项性能测试。经磨合和近千公里的路试后，其中2台（1台整体式、1台绞接式）于9月13日到达新疆库尔勒进行了现场沙漠试验和主要性能测试，对比试验表明，与比利时的巴格车性能相当。12月22～25日，总公司组织在新疆博斯腾湖地区对2台样车进行考核测试，认为2台样车性能符合设计要求，能满足大沙漠地区勘探的需要，建议总公司尽快组织鉴定后进行批量生产。

1990年3月10～11日，5吨沙漠车在涿州通过了由总公司装备部主持的鉴定。中国汽车工业总公司审查批准物探局特车厂为专业改装厂，允许生产5吨沙漠车。同年，5吨沙漠车投入批量生产，至1997年共生产408台，创产值15974万元。5吨沙漠车的研制成功，填补了中国沙漠车生产的空白，完全替代了同类沙漠车的进口。该型沙漠车1990年获总公司新产品开发一等奖，被评为国家级新产品；1994年被评为国家级重点新产品。

二、WTC 5320 TSZ型15吨6×6沙漠车

5吨沙漠车的试制成功为大沙漠地区石油勘探提供了专用车。但重型沙漠越野车仍需花费大量外汇从比利时和德国进口。

1989年，总公司决定自行研制15吨6×6重型沙漠车，作为部级重大科技攻关项目，由物探局与清华大学汽车系、中国重型汽车工业集团总公司联合开发。同年，物探局成立了以副局长王见仁和清华大学汽车系主任赵六奇教授为正副组长的15吨沙漠车试制领导小组，由清华大学汽车系和物探局特车厂联合组成设计研制组。1990年底完成设计。

1991年国务院重大装备科技攻关项目办公室组织专家论证后，将该项目列为“八五”国家重大装备科技攻关项目。中国汽车工业总公司亦于1991年7月下达了《关于“15吨6×6沙漠物探专用车设计任务书”的批复》。同年10月特车厂完成2台样机的组装调试及性能测试，11～12月在新疆沙漠、浮土地区进行了行驶试验。1992年6～9月，又在地调三处沙漠工地进行生产考核试验和可靠性试验。同年9月20～24日，总公司装备部组织现场考核小组对样车进行考核，认为：该车总体设计合理、性能与国外同类型车相当。为了进一步考核，1993年5月又将2台样车交付地调三处作野外生产考核试验，至同年7月底，2台样车分别累计在沙漠中行驶6000公里和8000公里。

1993年11月16日，15吨沙漠车在北京清华大学通过了由中国汽车工业总公司组织的技术鉴定；1994年获国家级重点新产品证书；1996年，通过由总公司重大办主持的项目验收，被国家经贸委评为“八五”国家重大装备科技攻关项目优秀成果奖，受到国家计委、国家科委、财政部联合表彰，并获总公司优秀新产品二等奖。

15吨沙漠车于1993年投入生产，至1997年共生产50台，创产值4132万元。

三、WTC 5450 TSZ 型 25 吨 6×6 沙漠车

90 年代初，物探局进口 25 吨以上的重型沙漠车 47 台，用汇 1410 多万美元。为减少进口节省外汇、填补国内空白，实现国产沙漠车系列化，1992 年物探局与清华大学汽车系协作完成研制 25 吨沙漠车前期技术准备工作。1994 年经总公司批准立项，年底基本完成设计。1995 年 3 月在物探局特车厂开始试制，于 1996 年 3 月完成 1 台样机。同年 5～7 月分别在新疆博斯腾湖沙漠试验场和满东地区进行实地考核；并与比利时 MOL 公司的 T6066 型沙漠车进行了对比试验，证明其性能与进口车相当。

1996 年 12 月 18 日，该车在徐水通过了由总公司重大办主持的鉴定委员会的鉴定。

WTC 5450 TSZ 型 25 吨沙漠车为“九五”国家重大科技攻关项目，1997 年被评为国家级新产品。

25 吨沙漠车的试制成功使物探局沙漠车的研制形成系列化，后因塔里木沙漠公路的开通，重型沙漠车需求量不大，未投入批量生产。

四、WTC 5040 TSZ 型 1 吨 4×4 沙漠车

WTC 5040 TSZ 型 1 吨 4×4 轻型沙漠车是沙漠施工中用于倒排列和生产指挥的运载工具，一直依靠进口。1988 年，物探局特车厂开始试制载重量为 1 吨的轻型沙漠车。同年 10 月，试制完成第一台改装样车。1989 年 8～11 月在新疆塔克拉玛干沙漠进行试验，共行驶 13620 公里；1990 年 3 月又在地调二处地震队进行了 800 多小时的生产考核试验。两次试验中发现车桥等不适合沙漠行驶，于 1990 年委托天津工程机械研究所开发轮边减速驱动桥；1992 年 5 月又完成了第二轮 2 台样机，后在内蒙古毛乌素沙漠和吉林油田进行两次试验，发现车辆自重大、马力不足、驱动桥比较薄弱等问题，1993 年开始第三轮设计。1994 年 9 月完成了新的样车，经在新疆沙漠和浮土地带试验、施工考核及长途行驶 15000 多公里可靠性试验，于 1995 年 3 月在徐水通过部级鉴定。但因该车造价高、自重太重、可靠性差等原因，1997 年未正式投产。

第四节　其他特种车辆产品研制生产

90 年代，特车厂在主要生产制造石油物探特种车辆装备的同时，充分发挥机电液一体化的技术优势，面向油田和社会主要开发了 3 种特种车辆。

一、公路摊铺机

1994 年 7 月，特车厂承担机械工业部天津工程机械研究所设计的 LTY7.5M 型沥青混凝土全液压公路摊铺机试制任务，1994 年底完成样机和调试，经厂内试验和公路实地施工考核，各项指标达到设计要求，于 1995 年 3 月通过了机械工业部的技术鉴定。

1995 年生产 2 台，1996 年售给河南省濮阳市。1997 年生产 1 台，售给河北省邢台市政公司。

二、中型飞机牵引车

1994 年 5 月，特车厂与天津工程机械研究所共同设计 WTC5400TQY 中型飞机牵引车，1994 年底完成样机试制，1995 年上半年在天津国际机场进行工业性试验，1995 年 7 月通过了由中国民航总局组织的技术鉴定，并获得了生产许可证。

三、150 修井机底盘

1995 年，特车厂与江汉石油总机厂联合试制适用于沙漠浅沼地段的修井机。特车厂完成设计和制造修井机底盘 2 台。

物探局历年制造的可控震源和特种车辆产量情况见表 7－14～表 7－18。

表 7－14　1987～1997 年物探局可控震源产量统计表

产品名称 \ 年份	1987	1988	1989	1990	1991	1992	1993	1994	1995	1996	1997	合计
WTC 5021 TSY KZ－13 型（台）	*	10	10									20
WTC 5022 TSY KZ－20 型（台）				5	5	10	15	15	10	5		65
WTC 5300 TSY KZ－28 型（台）											11	11
合　计		10	10	5	5	10	15	15	10	5	11	96

* 1987 年试制 2 台未计入合计。

表 7-15　1981～1997 年物探局特种车辆产品产量产值统计表

年　份	总　产　量（台/t）	其　中			工业总产值（1990 年不变价，万元）
		厢式车（台）	可控震源（台）	沙漠车（台）	
1980					55.9
1981	19/122	19			88.9
1982	41/226	41			193.7
1983	53/280	53			279.6
1984	43/222	43			241.6
1985	68/436	68			350.8
1986	51/304	51			243.5
1987	41/197	41			250.4
1988	85/623	75	10		527.6（注）
小计	401/2413	391	10		2232
1989	190/1643.6	180	10		2310.1
1990	125/985.3	79	5	41	2655.5
1991	153/1027.7	96	5	52	3328.3
1992	112/998	35	10	67	4132.0
1993	180/1182	139	15	26	4247.9
1994	174/1152	99	15	60	5301.3
1995	144/1371	66	10	68	5416.8
1996	143/1285	60	5	78	5081，3
1997	247/1449	170	11	66	6501.6
小计	1468/11093	924	86	458	38974.8
总计	1869/13506	1315	96	458	41206.8

注：1988 年，大修厂制造 KZ-13 型可控震源 10 台，产值 800 万元，未计入。

表 7-16　1990～1997 年物探局沙漠车产量统计表

产品名称 ＼ 年份		1990	1991	1992	1993	1994	1995	1996	1997	合计
WTC 5120 TSZ 型 5 吨沙漠运载车（台）		41	1	44	24	23	16	19	28	196
WTC 5121 TSZ 型 5 吨沙漠钻机底盘（台）			51	23		20	36	45	37	212
WTC 5320 TSZ 型 15 吨	沙漠运载车（台）				2	8	11	7	1	29
	沙漠钻机底盘（台）					3				3
	动力餐车（台）					3	5	3		11
	沙漠工程车（台）					3				3
	沙漠油罐车（台）							4		4
合　计		41	52	67	26	60	68	78	66	458

表 7－17　1981～1988 年物探局厢式车辆产量统计表

产品名称＼年份	1980	1981	1982	1983	1984	1985	1986	1987	1988	合计
野营生活车（台）	*	19	40	20		36	36		30	181
震源修理车（台）			1	5	7	5		5	1	24
各型仪器车（台）				28	36	21	14	16	5	120
仪器修理车（台）						2		1		3
空调修理车（台）						4		2		6
96 道仪器车厢体（台）							1			1
采集站车（台）								12	4	16
资料车（台）								3		3
现场处理车（台）								2		2
排列检查车（台）									2	2
电影放映车（台）									1	1
保温送饭车（台）									30	30
炸药集装箱（台）									2	2
合计		19	41	53	43	68	51	41	75	391

*1980 年试制 15 台未计入合计。

表 7－18　1989～1997 年物探局厢式车辆产量统计表

产品名称＼年份	1989	1990	1991	1992	1993	1994	1995	1996	1997	合计
物探仪器车（台）	27	18	68	6	13	28	37	39	35	271
野营生活车（台）	105	12		25	55	4	29	19	122	371
保温送饭车（台）	18	25	24							67
采集站车（台）	24	8							13	45
采集站箱（台）					46	51				97
发电机组拖车（台）		4	4							8
冷藏车（台）								2		2
野营餐车（台）					1					1
悬挂总成（台）					24					24
奔驰大箱（台）						13				13
沙漠办公车（台）						1				1
修井仪底盘（台）						2				2
炸药集装箱（台）		11		4						15
其他（台）	6	1								7
合计	180	79	96	35	139	99	66	60	170	924

第五章　电子元件生产

1966年2月，石油部为建立石油物探专用仪器仪表元件生产体系，指示六四六厂筹建一个地震仪器元件工厂，为研制新型地震仪器生产微型电子元件产品。经筹备，元件厂于4月25日成立，当年开展试生产。

1968年8月，石油部调整电子元件生产的布局，要求石油系统3个微型电子元件厂点按工艺相对集中，恢复通用线路和专用线路的试验研究工作。西安石油仪器厂的元件车间以线性电路（运算放大器、差分放大器）为主，四川石油管理局200队以地震计算机的单元线路为主，六四六厂元件厂的薄膜车间以野外数字磁带地震仪的单元线路为主。根据上述安排，六四六厂于1969年初决定将元件厂划归仪修站管理，为研制国产数字地震仪器开发试制晶体管、可控硅和集成电路等电子元件产品。

1976年，石化部提出了赶超世界石油物探先进水平的奋斗目标，要求加快地震勘探装备数字化进程，批准物探局在河北省涿县建立半导体器件厂，为研制数字地震仪器生产半导体集成电路。1978年5月，物探局以仪器厂元件车间为基础成立了元件厂。1979年1月，石油部撤销西安石油仪器厂元件车间，将部分专用设备和18名职工合并到物探局元件厂，集中研制开发生产线性和数字集成电路等产品。

1977～1982年，物探局为扩大集成电路的生产规模，投资807万元新建了元件生产厂房9929平方米，其中超净厂房2289平方米，从日本引进了集成电路专用制造设备，建成了2条半导体器件生产线和1条新产品试制线。1980年6月，元件厂更名为半导体器件厂。1983年建成了年产25万只线性集成电路的生产能力，固定资产净值达1259万元。

1972年，六四六厂开始试制可控硅。1975年，物探局开发试制数字和线性集成电路等微型电子元件产品。到1984年9月，累计生产各种电子器件40.94万只，应用于数字地震仪器研制和国防、科研、军工产品研制。

第一节　产品开发

1967年7月，六四六厂元件厂固体组件车间试制成PNP锗合金型晶体管。

1970年，六四六厂组织机修厂、仪修站提炼单晶硅。6月在仪修站元件车间试炉，于6月10日首次炼出一炉单晶硅（重300克），6月13日又炼出一炉单晶硅（重700克），受到石油部军管会的通电表扬。

1972～1977年，仪修（仪器）厂元件车间先后试制可控硅、半导体晶体管、数字集成电路、线性集成电路等4种电子元件产品，并投入批量生产。

1978年，物探局元件厂成立后，引进了日本YNETICE公司的集成电路专用制造设备和自动绘图系统，利用计算机和人机联作终端辅助进行线性集成电路的工艺设计，重点为仪器厂研制SK－8000型数字地震仪提供无线电元器件，完成了SN7402、7425、74H52和DEC8881、DEC380等5种线性集成电路2159只。

1979～1980年，元（器）件厂研制成功台式计算机，共试制样机4台，被命名为长城203型计算机。1980年研制了OP－05低漂移运算放大器等11种集成电路。

1981年开始研制系列化线性集成电路新产品，试制9个品种，出成品3648只，其中低功耗运算放大器、低漂移运算放大器、高速电压比较器、通用运算放大器等4个品种12个型号的产品，经军工科研单位试用考核，参数符合要求，达到国内同类产品的先进水平。

1982年，为航天工业部502所生产军工“七专”（专料、专机、专人、专检、专筛、专卡、专工艺）产品和特选产品，用于国家331工程的航天、通信卫星、火箭发射，为发展国防尖端产品做出了贡献。同年还研制力敏器件等新产品7179只、硅杯32只。

1983年，为满足有关部门对电子元器件产品的要求，研制开发了8种10209只新产品。其中SF014、SF253型低功耗运算放大器用于通信卫星发射；SF035型低漂移运算放大器、SF741型通用运算放大器、SF710型高速电压比较器、SW62型集成精密稳压电源、SF－075型高输入阻抗运算放大器、SF318型高速运算放大器、SL－1－20型硅力敏器件等7种新产品的精度、指标和可靠性均达到国内先进水平。在1983年10月召开的有14个省、市、自治区76个单位135名代表参加的半导体器件产品鉴定会上，经国家航天工业部502所等8个单位的专家评审，SF014、SF253型低功耗运算放大器和SF710、SF2-710型单、双高速电压比较器等4种产品，通过了二类产品定型生产的鉴定。其中，SF710型、SF2-710型高速电压比较器和SF253型、SF014型低功耗运算放大器2个项目的电路试制，获物探局科技进步二等奖。

第二节　产品试制生产

1972～1977年，仪修（器）厂元件车间，共试制生产无线电元件99786只。其中，1972～1975年生产可控硅10646只，1972～1974年生产半导体晶体管47091只，1973～1977年生产小规模集成电路42049只。集成电路中的数字电路自1975年开始生产，到1977年生产26957只；线性电路自1976年开始生产，至1977年生产9576只。元器件生产由石油部计划安排，产品由石油部统一分配。

1978～1984年，物探局元件（半导体器件）厂共生产各种集成电路309624只，完成工业总产值611万元（1980年不变价）。其中：1978～1980年生产数字集成电路1755804只，1978～1984年生产线性集成电路110593只，试制新产品23195只。1972～1984年累计生产各种电子产品40.94万只，其中向石油工业内部提供92547只，其他产品供应全国科研、国防、军工、地质等单位。

80年代中期，随着对外开放和经济体制改革的深入发展，国家对电子工业实行了行业归口管理。物探局半导体器件厂的电子元件产品属于通用产品中的短线产品，批量小、成本高，形不成生产规模。1984年9月15日，经石油部批准停办半导体器件厂。1984年12月3日，经与河北省电子局协商，为支援河北省电子工业的发展，物探局半导体器件厂生产集成电路专用工艺设备，库存的半导体专用材料及维修设备的专用配件，一并优惠有偿转让给河北省电子局下属的石家庄市八一三О厂。

1972～1984年物探局电子元件产品产量产值情况见表7-19。

表7-19　1972～1984年物探局电子元件产品产量产值情况表

年份	可控硅（只）	晶体管（只）	集成电路（只）					合计（只）	产品产值（万元）
			合计	数字电路	线性电路	新产品试制	硅杯		
1972	27	12000						12027	
1973	5717	14143	1665			1665		21525	
1974	3569	20948	2764			2764		27281	
1975	1333		4000	4000				5333	
1976			1921	621	1300			1921	
1977			31699	22336	8276	1087		31699	
小计	10646	47091	42049	26957	9576	5516		99786	
1978			52987	33613	19217	157		52987	80.2
1979			97028	88862	6164	2002		97028	86.1
1980			65226	53329	11897			65226	60.1
1981			3648			3648		3648	
1982			7211			7179	32	7211	25.4
1983			50257		40048	10209		50257	174.6
1984			33267		33267			33267	184.5
小计			309624	175804	110593	23195	32	309624	610.9
合计	10646	47091	351673	202761	120169	28711	32	409410	

注：产品产值自1978年起计算，系1980年不变价。折合1990年不变价为523.2万元。

第六章 物探装备修理

物探装备修理是保障物探装备完好有效、提高勘探效率的一个重要环节。建立设备维修网点和完善设备维修体系，历来是机动设备管理的一个重要方面。物探局根据石油物探施工地区的变化和设备的增加，相应地建立了适应物探采集作业需要的设备维修网点，并逐步发展，配套完善。

60至70年代，六四六厂建立厂、大队两级设备维修体系。各大队设机修、仪修合一的修理组，负责野外施工期间的设备维修保养工作；六四六厂机修站（厂）和仪修站（厂）承担机动设备和地震仪器的大、中修理。修理方式采用手工、露天作业，收工后、出工前集中进行机修、仪修会战。

80年代，随着物探作业区域的变化，物探局为加强野外施工期间机动设备的维修工作，建立了局、指挥部、物探队三级设备维修体制。1986～1990年，物探局投资1600多万元，重点配套完善5个地调处的机修、仪修网点，使其独立承担设备大、中修理。

90年代，物探局重点建设了新疆库尔勒基地机修站和仪修站，并在库车、阿克苏设立了机修站，承担塔里木会战物探队伍设备的修理任务。为了承担遥测地震仪器和GPS测量仪器的维修工作，新建了测量仪器检测中心、遥测地震仪器维修中心。

90年代中期，物探局形成了布局合理、修理设备先进、技术过硬的设备维修网络，建设了一支具有参与市场竞争能力的设备维修骨干队伍，面向社会、走向国际，承担各种进口车辆和物探仪器、电子设备的维修任务。

第一节 机动设备修理

机动设备修理包括汽车、钻机、震源、推土机、发动机等的大、中修理，简称机修。

一、直属机修网点

（一）机修站（厂）

1961年，参加松辽石油地震会战的新疆、青海、四川、玉门、银川大队设机修组，松辽地调处设机运站，各自承担所属小队机动设备的维护保养工作。1962年6月，新组建的松辽地调处集中了各大队机修人员进行设备检修会战，之后在吉林省大安县成立了机修站，下设汽修、机修2个车间，共有70名机修人员、33台机修设备，承担所属地震队的汽车二保、三保和维修工作。大、中修设备外送修理。

1963年11月，机修站随地调处进关迁入河北省徐水县参加华北石油会战。1964年，机修站人员增至182人，有修理设备68台，具备了汽车大修能力。1965年12月，机修站改名六四六厂机修厂（1970年3月更名机械修造厂），有238名职工、91台机修设备，主要承担六四六厂地震队汽车、钻机的大、中修任务。

1971年以后，机械修造厂在制造车装地震钻机的同时，内设汽修、钻修、柴油机修理3个车间，承担汽车、钻机、柴油机的大、中修任务，至1987年完成汽车、钻机、机床的大、中修991台。

1973年7月机械修造厂更名为物探局机械厂。1978年，该厂专业生产制造地震钻机，其机修任务主要由综合修理厂承担。

（二）汽车大修厂

1978年9月成立的汽车大修厂（原名综合修理厂）承担汽车、钻机大修任务。1979年具有年大、中修汽车200台的能力。1982年开始修理震源车。1978～1988年完成设备大修4136台。1989年，物探队伍大部分进入塔里木地区施工，东部地区机动设备修理工作量减少，物探局决定将汽车大修厂与特车厂合并，将原大修厂汽修车间146人成建制划归运输处，成立运输处汽车修理分厂。

（三）运输处汽车修理分厂

1989年运输处汽车修理分厂成立后，主要承担河北省境内局属各单位的汽车大、中修任务。1989～1990年完成发动机大修43台，1989～1994年完成汽车大修893台，1990年完成奥南发电机组修理15台。

90年代中期，物探队伍的汽修工作主要由二级单位机修站承担，汽车修理分厂汽修任务减少。1998年汽车修理分厂随运输处解体重组。

二、二级机修网点

1973年以前，六四六厂各大队的修理站只能进行二、三级保养和碎修工作，不具备汽车大、中修能力。1973年物探局成立后，第一、二指挥部成立了机修站，承担所属物探队设备的中修任务。

1978年以后，随着石油物探重点向西部地区转移，物探局加强了二级机修网点的建设。1979年，物探局首先在新疆莎车建立具有大中修能力的第三指挥部机修站。1983年中美合同管理处在库尔勒建立GSI修理车间，专门从事3个大沙漠合同队进口车辆、推土机的修理。1987年，地调三处在库尔勒建立了特种车辆修理车间，从事进口沙漠车、推土机的专修工作。1989年，地调二处先在轮台、后在阿克苏建立机修站。1993年，地调一处在库车前指建设了机修厂房，设立了机修站。1994年，地调三处机修站合并了GSI修理车间，成立MOL车修理车间，专修比利时进口车系列。至1993年，物探局在塔里木探区建立了3个机修网点，承担探区物探队1800多台各型车辆的大中修任务，确保机动设备的完好有效。

物探局自“七五”开始建设二级机修网点，至1997年已在各重点探区和各勘探基地建立了9个机修网点，厂房面积2万多平方米，机修专业人员855人，资产总值近3000万元，具有年大、中修机动车辆1000多标准台的能力。库尔勒机修站于1996年被新疆维吾尔自治区交通厅命名为“汽车二级维护单位”。

物探局1997年二级机修网点情况见表7-20。

三、修理制度

物探野外采集作业，自然环境恶劣，地表地形条件复杂，机动设备磨损严重，直接影响勘探效率。从60年代起，六四六厂（物探局）为做好设备维修工作，先后制定了各种设备维修保养办法和修理、出厂检验标准，各级机修单位按标准进行设备保养与修理。

（一）车辆修理保养制度

60年代，在松辽石油地震会战时期，对机动设备实行定期定机强制保养制度，收工后集中进行机修会战。1962年6月，松辽地调处首次制定了汽车、钻机大、中修标准及主要工艺要求。

表7-20　1997年物探局二级机修网点情况表

序号	机修网点名称	成立时间（年份）	修理人员（人）	厂房面积（m^2）	主要机修设备（台）	固定资产（万元）	机修能力（台）
1	地调一处唐官屯机修站	1982	140	6933	80	235	年大、中修汽车200台
2	地调一处库车机修站	1993	85	1141			
3	地调二处开封机修站	1971	145	6631	70	771	年大修进口车200台
4	地调二处阿克苏机修站	1989	93	832			
5	地调三处库尔勒机修站	1979	140	6263	105	822	年大修车辆300标准台
6	地调四处霸州机修站	1979	102	5247	46	485	年大修车辆100标准台
7	地调五处固城机修站	1984	50	3202	35	141	承担国产、进口车大、中修
8	涿州丰田汽修厂	1991	80	3000			
9	涿州客运车队机修组	1996	20	1100	50	200	年修保汽车700台次

1979年，物探局汽车大修厂在总结实践经验的基础上，制定了“汽车大、中修理技术标准”。

1982年4月，物探局制定了“野外施工期间设备管理的几项规定”，对车辆设备修理、保养运转周期，修保作业内容，送修、进厂、出厂程序作了原则规定。

1985年，物探局在企业全面整顿过程中，进一步完善了车辆维修制度，对车辆保养和大中小修的分类，大、中修的工艺区分，送修技术条件、技术鉴定、交接手续和车辆修竣出厂验收、走合期等作了具体规定。

1989年11月，物探局以企业标准（Q/WTG.0810-88）发布了《车辆修理保养规定》。将国产车辆修理划分为大修、中修、小修三级制，进口车辆实行项目修理。

1995年5月，物探局制定了《内部设备修理市场管理暂行办法》，指定12个修理站为内部设备修理单位，严格限制设备的外送修理。

（二）可控震源修理保养制度

物探局于1985年4月制定了《可控震源管理制度》。物探局机动处负责可控震源的大、中修组织工作和修理质量检查工作；第一、二、三、四勘探公司的机动科掌握每套震源修保日期，编制修保计划，按期组织修保。

1989年1月4日，物探局制定了《可控震源例行检查保养项目细则》，对可控震源在使用中的例行检查保养（日检、周检、月检、半年检查保养）作了明确规定，印发全局各单位执行。

（三）特种车辆、设备修理保养制度

物探局对在塔里木沙漠勘探的特种车辆、进口车辆、推土机、移动电站、生活车、沙漠钻机等重点设备，制定了大、中修理周期、修理标准，主要由库尔勒修理站和地调一、二处驻新疆机修站按标准进行修理。

四、机修工作量

物探局（六四六厂）机械厂、汽车大修厂、运输处等三个机修单位，1971～1994年累计完成机动设备修理6221台。

（1）汽车大、中修3633台。其中机械厂1971～1986年大中修汽车764台，大修厂1978～1988年大修汽车1976台，运输处汽车修理分厂1989～1994年大修汽车893台。

（2）钻机大、中修515台。其中机械厂1972～1978年大、中修钻机82台，大修厂大、中修钻机433台。

（3）机械厂1975～1987年完成机床大、中修135台。

（4）震源车大、中修287台。其中大修厂1982～1987年大、中修震源车134台，特种车辆制造厂1989～1997年大修震源车153台。

（5）其他设备（包括奥南发电机、轿车、震源发动机等）修理1651台。其中大修厂1978～1988年完成1593台，运输处汽车修理分厂1989～1994年修理58台。

第二节　物探仪器修理

物探仪器修理，包括各型地震仪、重磁电仪器，电缆、检波器以及辅助仪器仪表的修理，简称仪修。

一、仪修网点

1961～1962年，松辽地震会战期间，参加会战的新疆、青海、四川、玉门、银川大队设仪修组，松辽地调处设仪修室，各自承担所属地震队地震仪器的简单维修。1962年6月，新组建的松辽地调处集中组织各大队仪修人员进行仪修会战后，在吉林省大安县成立了有西安石油仪器厂仪修人员参加的仪修站，时有职工17人、仪修设备30台，承担所属地震队的51型地震仪器的中修任务。1962～1963年，仪修站中修51型地震仪35台，维修经纬仪、重力仪、电测仪、磁力仪共67台。仪器大修全部送西安石油仪器厂修理。

1963年11月，仪修站随松辽地调处进关迁入河北省徐水县参加华北石油会战。1964年仪修站职工增至90人，有仪修设备120台。1965年改名六四六厂仪修站，职工增至184人，有仪修设备261台，具备了地震、重磁电、测量仪器的大、中修能力，同时承担检波器、检流计、变压器等辅助仪器仪表的修理任务。1966年，仪修站建立了51型仪器修理作业流水线。1967年开始承接石油部安排的四川、松辽、九二三厂等单位地震仪器大修任务。

1970年，仪修站改为仪器修造厂，其任务为仪器修理与仪器研制并重。1971～1975年完成磁带地震仪大修47台。

1965～1972年，六四六厂仪器修理实行厂、大队二级维修体制。大队设仪修组，负责野外施工期间的地震仪器维修任务，仪修站（厂）负责小队收工后、出工前的仪器大、中修任务。

1973年物探局成立后，分别在第一指挥部、第二指挥部设立仪器修理组，后改为仪修站，承担所属地震队地震仪的维修以及电缆大线、检波器等辅助仪器仪表的修复工作。仪器大修送仪器厂修理。

1975年以后，随着地震仪器的更新换代，磁带地震仪替代了“五一”型地震仪，仪器厂不再集中进行仪器大、中修，改为仪修人员派出维修制。

1981年，仪器厂成立数字仪器技术服务部，主要修理DFS－V和SN338B仪器。1984年后，物探局各地调处（勘探公司）成立仪修站，独立承担所属物探队的地震仪器、重磁电、测量仪器、辅助仪器仪表的大、中修任务。

1990～1991年，物探局在仪器公司、地调五处建立了仪器仪表和测量仪器检测中心，承担数控地震仪和重磁电、测量仪器及地震检波器检测任务。1995年建立GPS计量检测系统，承担GPS和测距仪的检定、校准和维修服务。

1993年建立的特种装备勘探处仪器部，于1995～1996年分别与法国、美国、加拿大的仪器制造厂商合作，成立了SERCEL、I/O、ARAM24、OPSEIS等4种仪器的中国维修服务中心，面向国内、国际物探市场进行技术支持、现场维修服务。

1997年，物探局共有7个仪器维修服务单位，200多名仪器维修技术人员，独立承担各型仪器、电缆、检波器、电子设备的维修工作。

物探局1997年各二级仪修网站情况见表7-21。

表7-21　1997年物探局仪修网点情况表

序号	仪修网站名称	成立年份	职工人数	厂房面积（m^2）	下属主要修理车间班组	修理能力与范围
1	地调一处仪修站	1973	59	2232	数字仪、电缆、附件3个车间	地震采集仪器、电缆、检波器及辅助仪器仪表大、中修
2	地调二处仪器仪表服务中心	1973	46	840	仪器、电缆检波器2个车间	各型仪器、电缆、检波器大、中修
3	地调三处仪修站	1978	45	2088	调校组、仪表组、空调组、电缆检波器组	各型地震仪器及辅助设备、电子设备大、中修
4	地调四处仪器服务中心	1978	100	2047	仪器、辅助仪器服务部、电缆检波器修理车间	承担各型仪器及电缆检波器维修
5	地调五处仪修站	1984	17	2131	重磁、电法、测量	重磁电仪器年检、中修及拉科斯特重力仪专业修理
6	测量仪器检测维修中心	1991	12	2150		检测维修测量仪器
7	特勘处仪器部	1993	10	6850		经外商认可，合作建立4个仪器维修服务中心，承担SN388、I/O、ARAM24、OPSEIS仪器专业维修

二、仪器修理标准

1968年11月，六四六厂制定了《“五一”型地震仪器检修标准》。

1971年12月，六四六厂制定了《地震仪器维修保养检查制度》，分别对DZ661、663、701型磁带地震仪，CGG59型磁带地震仪，DZ662、664型回放仪的日检、月检、年检及维修保养工作作了具体规定。

1988年，制定了SN338、DFS-V、SDZ-120、ES-2415F、MICSEIS-1500、SK-83、SN-348、SN-368等各型地震仪的日、月、年检项目和技术指标，于1989年1月以物探局企业标准发布实施。

1989年8月5日，物探局发布《数字地震仪修理标准》，对各类数字地震仪检修，按损坏程度分为一般性维修、项目修理、整机功能恢复性修理三个类别。

三、仪修工作量

1971～1975年，仪修厂完成磁带地震仪器大修47台。其中：1971年10台、1972年18台、1973年5台、1974年10台、1975年4台。1975年以后，仪器大修任务主要由各二级单位仪修站承担。

第三节　遥测地震仪器维修

1991年，物探局成立了物探装备技术服务中心，下设仪器部，承担物探局及全国进口特种仪器装备的技术服务和维修工作。1993～1994年，物探局投资772万元，新建了特勘处仪修、机修厂房6850平方米。

仪器部对进口遥测数字地震仪器的技术服务和维修水平得到国外仪器制造厂商的认可。1995年8月，特勘处与法国SERCEL公司签署了建立中国SN388仪器维修服务中心协议；1995年11月，与加拿大GEO－X公司签署了ARAM－24仪器维修服务中心协议；1996年3月，与美国I/O公司签署了I/O SYSTEM仪器维修服务中心协议，与OPSEIS公司合作成立了OPSEIS中国维修服务中心。4个维修中心建立后，面向国内、国际物探市场进行技术支持、现场服务、新设备验收、技术培训和备件支持。

1996～1997年，SERCEL仪器中国维修服务中心派出技术人员到苏丹、也门、伊朗、土耳其、尼日利亚、巴基斯坦、委内瑞拉、菲律宾等国进行技术支持，对全国SN388仪器用户进行5年保修服务；I/O SYSTEM仪器中国维修服务中心为大庆、吉林、辽河、大港、胜利、江苏、新疆、华北、青海油田验收仪器9套；ARAM－24仪器中国维修服务中心为国内现有的5套ARAM－24遥测数字仪提供技术服务和备件支持。1997年，法国SERCEL公司收购了美国的OPSEIS公司，OPSEIS中国维修服务中心并入SERCEL中国维修服务中心。

第四节　测量仪器检测维修

80年代，物探局引进了卫星定位测量仪器，用于沙漠物探测量定位，组建了卫星定位队。90年代陆续引进300多台卫星定位仪装备各物探队。

为做好卫星定位仪的检测和维修工作，物探局于1991年在地调五处成立了GPS检测中心，投资177万元新建仪器检测维修厂房，配置了先进的检测修理设备，经总公司认定，承担全国陆上石油系统卫星定位仪的检测维修工作。

1997年，物探局测量仪器检测中心已发展成为全国陆上石油工业惟一专门从事大地型测量仪器检测维修的综合性服务机构。香港LEICA公司在物探局地调五处建立了“中油徕卡仪器维修站”，开展GPS全站仪的维修、保养、检测以及软件升级等技术支持工作。

第八篇
科技工作

综　　述

科技工作是物探生产的动力。物探局及其前身一贯重视物探科技工作。37年中，物探科学技术的进步，有力地促进了物探生产的发展。

松辽石油地震勘探会战时期（1961～1963年）：参战队伍在松辽盆地开展地震勘探，逐步掌握了不同地表条件下的地震施工方法，总结出一套“两高两低”的仪器调节方法，掌握了波组、波系对比及认识小断层、小构造的方法，学会了综合利用各种资料进行含油气评价的方法，初步建立了一套适合中国东部地区陆相地层的地震勘探规程，提高了人们对地球物理工作的可信度。

六四一厂地调处、地调指挥部、六四六厂时期（1964～1973年7月）：参加松辽地震会战的队伍南下入关，主要在中国东部地区进行勘探。地震队使用“五一”型光点地震仪进行资料采集，到1965年有10个地震队开始使用进口的模拟磁带地震仪进行地震资料采集。1967～1973年期间，光点地震仪陆续被模拟磁带地震仪替代，实现了地震资料采集技术的第一次飞跃。地震观测方法由简单连续观测系统发展到3～6次覆盖观测系统；地震资料处理由手工画时距曲线方式改变为多鼓回放仪处理；地震资料解释由手工作剖面图逐步发展到直接依据水平叠加剖面作平面图和进行地震资料解释。重磁电勘探使用精度较低的仪器进行资料采集，化探通过采集土样和岩心在实验室进行微生物和沥青分析，圈定石油地球化学异常；重磁电化资料处理、解释工作基本以手工计算和制图为主，70年代初开始使用手摇计算机和电动计算机。在物探装备制造技术方面，开始研制数字地震仪，试制成功65－1型轻便检波器，初步掌握地震检波器、电缆、仪器仪表及配件研制技术，试制成功WTZ－701型地震车装钻机。这个时期，仍未设立专门的科技管理机构，科技管理工作纳入正常生产管理，由各级行政领导统一负责。厂级科研机构先后设立了研究队、研究大队和研究所。1964年直接从事科学技术研究的人员有170人。

物探局成立后的25年（1973年7月～1997年）里，尤其是在党的十一届三中全会以后，物探局在党和国家路线方针的指引下，在部、总公司的关怀、支持下，物探科技进入迅速发展的时期。

物探局认真贯彻邓小平关于“四个现代化，关键是科学技术的现代化”，“科学技术是第一生产力”的战略思想；坚决执行中央关于“经济建设必须依靠科学技术，科学技术必须面向经济建设”，“科教兴国”，“尊重知识，尊重人才”，“科学研究机构的基本任务是出成果出人才”等战略方针和政策；遵照部、总公司“科技兴油”的战略方针和发挥“物探技术开发中心”作用的指示；一贯重视物探科技的发展，确定了“科技兴局”的战略方针。坚持了物探科技发展和物探生产相结合，引进、消化、吸收和创新相结合，多出成果与多出人才相结合，科技攻关与技术推广相结合，专业性科研活动与群众性科研活动相结合，局内科研活动与局外科技合作相结合等指导思想；对科技人员实行“政治上关心，工作上支持，生活上照顾”的政策，调动了广大科技人员的积极性和创造性。从而为物探科技发展明确了方向，提供了保证，创造了良好的氛围。

1973～1978年，物探局初步形成局由主管生产的副局长、处（厂）由主管生产的副处（厂）长、物探队由主管生产的领导负责科技工作的体制。1978年成立科教处；1979年成立局科技委员会，明确了主管科技工作的局领导；1980年8月成立科技处。1982年后，逐步建立、健全了包括决策体系、参谋体系、执行体系的科技工作管理体制。各级领导把科技作为第一生产力放在优先发展的战略地位，列入重要议事日程，切实加强对科技工作的领导，把工作重点真正转移到依靠科技和提高劳动者素质的轨道上来。

物探局先后制定了“七五”、“八五”、“九五”科技发展规划，提出了科技发展的规划目标及发展战略、规划原则及任务，以及落实规划的措施。

1982年12月、1988年3月、1993年6月、1997年7月，物探局先后召开了第一至第四届科技进步大会，贯彻上级关于科技工作的指示及会议精神，总结科技工作的成果及经验，部署科技工作的任务，表彰先进，出台了一系列科技管理规定和办法。在1993年6月召开的第三届科技大会上，进一步明确了“科技兴局”的战略。

物探局逐步建立、健全、调整了科研机构。1973年物探局成立时只有1个研究所。1997年全局直接从事物探地质方法研究、科技信息研究、软件开发和装备设计的院、所（研究中心）达13个。

物探科技队伍不断壮大。1973年局研究所、计算中心站共有379人，到1997年全局直接从事科学技术研究的人员达到1629人。局对科技人员不断加强职业道德教育，提倡“献身、创新、求实、协作、服务”的精神，建立科学合理的用人机制，评定专业技术职称，加强业务技术培训，使科技人员的思想、文化、业务素质不断提高。

物探局不断加强科技工作。先后制定了一系列管理规定、办法、规范、标准，加强了科技项目、科技成果、科研经费、技术监督管理；抓好计量、标准化、科技信息工作。结合生产实际，组织专业性的科技攻关和群众性的技术革新、QC小组活动；利用各种形式开展国内、国际学术交流和横向科技交流与合作，引进科学技术人才；大力推广应用新技术，使科研成果尽快转化为生产力。大力表彰先进科技工作者，对优秀科技成果进行奖励。1973～1997年，全局共完成各级科研项目3476项。1977～1997年有629项科研成果获奖，其中获国家科技进步奖25项、获全国科学大会奖6项、获部（总公司）科技进步奖76项、获物探局科技进步奖522项。1991～1997年纳入总公司新技术推广的项目有50项。

1973～1997年，物探局科学技术迅速发展，逐步形成了物化探和物探装备研制方面的九大系列技术。这些技术总体上处于国内领先地位，有的技术达到或接近国际水平。

地震资料采集技术：1974年物探局有4个地震队开始使用数字地震仪，1985年全局地震资料采集实现数字化，实现了由模拟地震资料采集到数字地震资料采集的飞跃。在生产、科研过程中逐步形成了二维及三维地震勘探技术，井炮及可控震源地震勘探技术，多次覆盖及高分辨率地震勘探技术，平原、山地、大沙漠、沼泽等各种地形条件下的地震勘探技术，以及VSP测井技术。

地震资料处理技术：1974～1997年，模拟地震资料全部采用国产DJS－11计算机处理，此后主要采用进口计算机处理，实现了地震资料由模拟回放到数字处理的飞跃。逐步形成了静校正、速度分析、反褶积、去噪、偏移、多波处理、特殊处理、现场处理、垂直地震剖面处理等解决复杂地区勘探资料和高分辨率资料处理的一系列技术。

地震资料解释技术：解释方法1978～1983年由完全手工解释逐步发展到手工解释和计算机辅助解释，1984年开始步入计算机自动化解释和人机联作解释，1994年后向三维可视化阶段发展；解释技术由单一的构造解释发展到以精细构造解释为基础的地层岩性解释，并向油藏工业评价方向发展。逐步形成了二维构造精细解释、地震地层学解释、层序地层学解释、地震储层解释、模型正演、综合地质解释，以及三维数据任意线解释、三维数据时间切片和地震属性切片解释、断层精细解释、裂缝发育带解释、全三维解释等一系列技术。

重磁电化资料采集、处理及解释技术：随着仪器设备的更新，勘探精度大大提高，勘探方法不断改进，勘探技术不断发展。1983年后，重磁电采集数据的处理、解释全部在微机或工作站上完成；1995年后采用油气化探微机数据处理系统处理化探资料。逐步形成了高精度重磁力勘探技术，垂向电测深法、大地电磁测深法及连续电磁剖面法、可控源声频大地电测深法及建场法等电法勘探技术，以及多参数快速油气化探技术。

卫星定位测量技术：1978年前，主要使用经纬仪进行导线测量。1979年引进多普勒卫星定位仪，1982年组建局第一个卫星定位队，物探测量工作从传统测量阶段进入卫星定位测量的新阶段。此后逐步采用了GPS定位及网平差技术、GPS数据短波传输技术、实时差分GPS定位技术（RTK技术）。

地震仪器及配套设备制造技术：从研制成DZ－731型模拟磁带地震仪开始，先后开发了SK－8000、SK－83、SK－1004、SK－1005、WF－1006等型号的数字地震仪制造技术；从70年代研制低频模拟信号电缆起，到80年代末开始研制高频对称数传电缆，90年代形成SC数传电缆系列技术；70年代开始研制数字地震检波器，80年代形成SJ和20DX系列等数字地震检波器的制造技术。

地震钻机及配套设备制造技术：70年代开发了WTZ－701型地震钻机制造技术，80年代后相继开发了WTZ－300型、WTZ－50型、WTZ－18型、WTZ－30型、WTZ－200型、WTZ－100型、WTZR－6型等适用于山地、沙漠、砾石地区的地震钻机制造技术，以及钻机、机械配套设备制造技术。

可控震源及特种车辆制造技术：1976～1997年先后开发了KZ－7、KZ－13、KZ－20、KZ－28等型号的可控震源制造技术；1979～1997年开发了野营车等厢式车辆、4种型号的沙漠运输车及其他特种车辆的制造技术。

计算机应用及软件开发技术：包括物化探资料采集（方法论证）、处理、解释软件，地震测量专用系列软件及数据处理软件开发技术，如GRISYS地震数据处理系统、GRIStation地震资料交互综合解释系统等开发技术。

物探科技的发展，促进了物探生产和物探装备生产的发展，为物探局的生存和发展奠定了坚实的技术基础。

第一章 科技管理

在1964年至1978年的15年间，物探局及其前身六四六厂均未设立专门的科技管理机构。这个时期的科技管理工作由各级生产管理机构设专人统一负责。1978年11月，物探局为贯彻全国科学大会精神，成立了科教处。1979年3月13日，物探局成立科技委员会，负责全局的科技工作。1979年6月，石油部召开了科技工作会议，会议要求各单位加强科技管理工作，建立各级石油科研体系，大力组织科技攻关，加强科技成果配套，迅速形成生产力，进一步促进石油科技工作的发展。1980年8月，物探局成立了科技处。1982年12月，物探局召开了首届科学大会。1982年以后，物探局各二级单位也相继成立和完善了相应的科技研究机构和管理机构，并逐步建立了一套较为完善的规章制度和管理模式。从此，物探局的科技工作呈现一派勃勃生机的局面，为不断推进物探局的技术进步，保证各项油气勘探任务的完成，做出了贡献。

第一节 管理模式

一、决策体系

1964年至1973年7月，即物探局成立以前的地调指挥部和六四六厂时期，科技工作纳入正常生产工作，由处、大队和基层物探队行政领导统一管理。

1973年7月至1978年，即物探局建局初期，物探局的科技工作在整个生产活动中的重要性日益显现出来。物探局的科技管理工作纳入议事日程，初步形成由物探局主管生产的副局长、各二级单位主管生产的副职领导和基层物探队领导构成的科技工作管理体系。

1979年3月13日，物探局为深入贯彻全国科学大会精神，加强对全局科技工作的领导，成立了物探局科技委员会，负责全局科技工作协调和组织。副局长徐绍仲任科委主任，副局长兼总地质师柴桂林、局总地质师王尚文和局副总工程师刘颂威任副主任。1979年底，副局长潘瑗负责全局的科技工作。1982年12月15～16日，物探局召开首届科学大会（又称科技进步大会），进一步贯彻全国科学大会精神，强调建立全局的科研体系和完善科技管理工作的重要性。1984年，副局长许大坤负责全局的科技工作。1988年，物探局召开第二届科技进步大会，主要总结1983～1988年全局推进物探科技进步的成绩和取得的经验。

1992年2月初，物探局调整了局科技委员会，委员会由26名局内各方面专家组成。副局长许大坤任科委主任，局总地质师吴奇之任副主任，局科技处处长李光文任秘书长。同年2月10日，物探局召开了新一届科委会第一次会议。会议主要议题有：①通过科技委员会职责范围及工作制度；②审定1992年物探局科研项目计划；③审查物探局“八五”科技情报工作发展计划；④审定承担国家项目领导小组成员名单；⑤审定局科技进步奖评审组成员名单；⑥审定重点项目负责人；⑦审议局科技发展的措施。这次会议形成了5个文件：①《物探局科技委员会职责范围》；②《物探局科技委员会工作制度》；③《物探局承担国家科技项目领导小组成员名单》；④《物探局科技进步奖评审组成员名单》；⑤《物探局科技进步奖评审程序》。这次会议在审议局科技发展的措施中还涉及到实行科研项目管理和设立局科技发展基金等问题。这次会议标志物探局科技管理和决策开始走向科学化、规范化。

1993年6月15日，物探局召开第三届科技进步大会，进一步明确“科技兴局”的战略思想，要求到2000年，做到以科技为先导，使物探局具备全面进入市场的整体素质和技术能力，建成一个具有国际水平的、能够跨国经营的综合物探集团公司。为实现这个宏伟目标，会议提出：①大力发展高分辨率三维、山前带勘探等8项技术；②加强人才培养、壮大科研队伍；③进一步搞好横向联合、科技交流和对外合作；④加强科技体制改革，全面推行科研项目管理，科研单位实行院长和所长负责制，坚决贯彻“稳住一头（即稳定和保证对物探事业发展有重大意义的基础性研究工作）、放开一片（即放开放活技术开发、科技服务和各类科技企业）”的方针；⑤加强科研项目管理工作，全面推行《科研项目管理办法》、《科研成果鉴定办法》、《物探装备新产品开发、试制管理办法》、《新技术推广管理规定》等14个科技管理标准；⑥切实加强对科技工作的领导，各级党政领导班子要建立科技例会制度（每季度至少1次），要健全各级科技委员会和科技管理机构，强化全员科技意识，发挥各个层次、各个方面抓好科技工作的积极性。这次会议形成4个文件：①《物探局党委、物探局关于依靠科技进步，促进物探事业发展的规定》；②《物探局科研项目管理办法》；③《物探局关于稳定和吸引人才的办法》；④《物探局软件发展规划（纲要）》。这届科技进步大会是一次关系物探局发展前途的重要会议，也是物探局科技管理重点更明确的一次会议。

1994年，物探局为落实第三届科技进步大会制定的《物探局软件发展规划（纲要）》确定的目标，成立物探局计算机及软件发展咨询委员会和计算机应用软件领导小组，负责编制“九五”物探局软件发展规划。

1996年7月23日，物探局为贯彻落实《中共中央、国务院关于加速科学技术进步的决定》和落实总公司第五次科技大会有关进一步加强对科技工作的领导、坚持第一把手抓第一生产力、切实把科技进步放到重要的战略位置的精神，物探局成立了科技进步领导小组，并对局科技委员会成员进行了调整。

物探局科技进步领导小组成员：组长钟辛生（局长），副组长许大坤（主管科技工作的副局长、局科委主任），组员赵瑞平（副局长）、王小牧（副局长）、王业胜（副局长）、吴奇之（局总地质师）、钱荣钧（局总工程师）、李光文（科技处处长）、接维增（勘探处处长）。科技领导小组主要职责是：①研究和制定企业科技进步的发展战略和规划；②审定重大科技攻关、技术引进、技术改造和新技术推广项目；③研究和制定推进科技进步的政策措施；④指导和推动科技体制改革、科技合作和交流及其他重大科技工作。科技领导小组每年召开两次会议，研究和解决在推进科技进步工作中出现的问题。

调整后的物探局科技委员会成员：主任许大坤，副主任王小牧、吴奇之、钱荣钧，秘书长李光文，委员李庆忠、柴桂林、袁秉衡、陈祖传、赵中全、王宏琳、程金箴、吕友生、裘慰庭、王百成、罗维炳、胡德华、沈树新、王达昌、刘志芳、凌云、俞寿朋、尹世忻、张芳基、李国旗、接维增、徐文荣。

1997年7月10日，物探局召开第四届科技进步大会。这次大会主要议题是总结物探局在“八五”期间探索市场经济条件下推动科技发展的经验，进一步实施“科技兴局”战略，全面部署科技发展与改革工作，规划“九五”期间全局科技发展的目标。会议提出，在“九五”期间物探局科技发展总的目标是：攻克石油物探中急需解决的难题，全面发展采集、处理、解释相配套的物探新技术和新装备，全面提高石油物探综合能力；建立和完善具有当今世界水平的技术产品系列；形成一支具有一定规模和数量的思想好、业务精、有创新能力、结构合理的科技队伍；使物探局整体水平达到国外90年代中期水平，其中物探主要专业技术达到和接近世界先进水平，有一定数量的物探队按国际标准在国际市场开展地球物理勘探活动。为实现上述目标，会议要求做好8项工作：①抓好高分辨率地震勘探和山地勘探等6个重点攻关项目；②发展井间地震等3项前沿技术；③推广全三维地震勘探等7项成熟技术；④加快物探专业软件和物探装备国产化进程，尽快形成有规模和效益的科技产业。在科技管理上，会议要求：①抓重点、分层次，组织科技攻关，尤其是克拉苏的山地勘探技术攻关；②加大新技术推广力度，加速科技成果转化；③加强技术监督、人才引进和科技队伍建设；④党政主要领导要抓第一生产力；⑤走国际化大科技的道路，加速发展新技术产业；⑥深化科技体制改革，建立高效的科技发展体系，增强竞争能力；⑦强化科技管理；⑧营造人才脱颖而出的新机制。这届科技大会是号召全局职工向科技进军的动员大会，也是物探局科技管理体制全面转型的标志。

二、参谋体系

1964～1973年期间，处、大队和基层物探队的技术负责人既承担生产任务部署、工区技术设计和任务实施，又承担技术方法选用和技术革新工作。处级技术负责人有总工程师、主任工程师和主任地质师；大队技术负责人有工程师和地质师（或地质技术员）；基层物探队技术负责人有解释组长、仪器组长和测量组长。这批技术骨干既是各级决策层的技术参谋，又是各项技术具体实施的组织者和执行者。每年召开的生产任务部署会、成果汇报会和各种形式技术座谈会，均有各级技术负责人参加。这类会议是各级技术负责人开展技术交流、统一技术思想、推广新技术的主要形式。

1973年7月物探局成立时，局设总工程师、总地质师、副总工程师和副总地质师，各指挥部和研究机构设主任工程师和主任地质师，各装备生产厂设主任工程师，形成这个时期局、处两级的科技参谋队伍。1978年3月18日，全国科学大会首次提出“科学技术是生产力”的科学论断。1979年3月13日，物探局科技委员会诞生，物探局主要技术负责人进入局科委的决策机构。1979～1994年，物探局为加强各方面的科技工作管理，从具体科研工作岗位上把一些技术造诣高、工作成绩卓著的科研人员任命为局副总工程师和副总地质师，分别主管数据采集、数据处理、数据解释、计算机硬软件和装备研制等工作。80年代，物探局为开拓思路、推进科技民主化，数次召集不同规模的“神仙会”，即事先不设议题，不定框框，各抒己见，就物探局的科技发展献计献策。1984年，各主业二级单位均设总工程师、总地质师，二级单位下属业务部门设主任工程师和主任地质师。1993年，各主业二级单位相继成立了科技委员会，有关技术负责人也成为科委成员，将技术参谋纳入科技决策。

三、执行体系

1964～1978年，物探局及其前身均未设立专门的科技管理机构，科技管理工作由各级生产管理机构设专人统一负责。1978年11月，物探局为贯彻全国科学大会精神，成立了科教处。科教处有一名副处长负责全局科技管理工作，处设4名管理人员分管科研、技术开发、情报和技术交流等工作。1979年6月，石油部召开了石油科技工作会议。这次会议主要议题是：检查落实知识分子政策，发挥技术专家作用，加强科技管理；把优秀的中青年科技工作者提拔到各级领导岗位；建立石油科研体系，大力组织科技攻关，加强科技成果配套迅速形成生产力。为了全面贯彻这次石油科技会议精神，物探局于1980年8月将原科教处一分为二，分别成立了科技处和教育培训处。新成立的科技处设正、副处长和4个管理岗，除上述管理职能不变外，还负责兼管科委和石油物探学会的日常工作。1982年12月，物探局召开了首届科学大会，强调建立全局的科研体系和完善科技工作的重要性。1983年，局属各主业二级单位相继成立了科技科或相应的科技管理机构，一般由2～3人组成。从此，物探局的科技管理工作的执行体系开始形成。

1985年，物探局科技处设立标准化管理岗，负责全局的标准化和计量管理。1991年5月30日，物探局为加强全局的技术监督管理成立了技术监督处，将原先由科技处承担的标准化和计量的管理任务划归技术监督处管理。1993年9月4日，在物探局机构改革中，又将技术监督处并入科技处，称为科技发展技术监督处，仍简称科技处。局属各主业二级单位的科技科，只设兼职岗负责技术监督工作。

1992年，物探局为加速科技体制改革步伐，认真贯彻国务院颁布的《全民所有制工业企业转换经营机制条例》精神，鼓励科技人员进入经济主战场，加快科技成果商品化，决定以科技处为主成立“物探局新技术开发公司”。1997年7月3日，物探局根据总公司调整产业结构的总体要求，按职能管理与经济实体分开的机构设置原则，成立了“物探局科技开发总公司”，与科技处脱钩，为局属多元开发单位。

1993年，物探局为加强对全局的科技成果的管理，在科技处内设置科技成果岗，并制定了《科技成果综合管理办法》。至1996年，全局已登记入库的科技成果有225项。

1994年，物探局为加快软件产业建设，在科技处内设立“软件办公室”，具体负责落实物探局软件发展规划。同年，局出台了5个加强科技工作的文件：《技术市场管理规定》、《技术市场实施细则》、《稳定一头、放开一片实施细则》、《地震勘探质量管理》和《标准实施管理》等。

1995年，物探局为强化科技管理工作职能，在科技处内设置项目科、成果综合科、新技术推广科、标准计量科、质量监督科、软件办公室、学会办公室和信息网络中心等科室。每个科室由2～4人组成，全处共有24人。

1996年7月23日，物探局成立科技进步领导小组，科技处成为领导小组的办事机构，负责拟定全局科技进步发展规划、拟定推进科技进步法规和措施等。

1996年12月，物探局面对全国物探市场竞争日益加剧的形势，确保物探局整体优势发挥，体现物探局整体经济效益和社会效益，计划组建物探局综合物探技术研究中心。

从90年代开始，物探局每年召开一次科技例会，主要是总结上一年度全局在完成各项科技攻关项目中取得的成绩和经验，同时部署下一年度科技攻关任务。为了加速科技体制改革，加大新技术推广力度，从1993年起，物探局在每年的科技例会上同时发布《物探局新技术推广指南》，并向石油系统内外公开发布。

第二节　科技项目管理

在1964年至1978年的15年间，物探局及其前身地调指挥部、六四六厂确定的科技攻关任务是生产任务中不可分割的一部分。厂（局）属各单位完成指令性生产任务，也包含完成科技攻关任务。1978～1980年，物探局的科研工作在局研究院全面启动，局每年均单独下达科研任务计划。从1981年开始，物探局根据国家科委和石油部关于全国油气勘探技术发展要点，编制中、长期石油物探技术发展规划，并被纳入国家和石油部各个时期的科技攻关计划。为了保证这些重点科技攻关项目的如期完成和质量要求，1982年，物探局拟定了一套验收和技术鉴定程序。1992年，物探局成立了完成国家科研项目领导小组。1993年，物探局开始全面推行科研项目管理办法，并对科研项目实行分层次管理。

一、计划管理

在1964年至1992年的29年间，物探局及其前身地调指挥部、六四六厂对科研任务（或项目）实行计划管理。其中1964～1978年期间，单项科研任务是作为生产任务计划的一部分下达生产单位一并执行。即使是研究单位，研究任务也不单列。1965年在地震队中广泛推广曲射线作图技术，1972年在模拟磁带地震队中推广多次覆盖技术，1973年计算中心站编制地震数据处理软件程序，1974年仪器厂研制的24道瞬时浮点数字地震仪，1975年研究所和各指挥部地震解释人员共同完成的“任丘地区古潜山顶面构造图”（亦称“四准确”构造图）等，都是按生产任务计划布置的科技攻关任务。这种管理方式的一个最大特点是生产中急需解决什么技术难题，各级生产管理机构就立即组织科技人员对该项技术难题开展专项研究。1978～1980年，物探局的科研任务在物探局研究院全面启动。1978年3月，研究院组建方法研究室、地质研究室、装备研究室和科技情报室。在此期间，物探局每年均单独下达科研任务计划。从1981年开始，物探局根据国家科委和石油部关于全国油气勘探技术发展要点编制局中、长期石油物探技术发展规划，并被纳入国家和石油部各个时期的科技攻关项目计划。物探局纳入计划管理的项目分为国家级项目、石油部（总公司）级项目和局级项目三类，局属各主业二级单位也有自拟数量不等的处级项目。国家级项目是指由石油部（或总公司）和由物探局申请上报的重大项目，经国家科委论证确认，列为国家科技攻关的项目。1985年，获国家科技进步特等奖的《渤海湾复式油气聚集区带勘探理论及实践》和获国家科技进步一等奖的《数字地震勘探技术的应用与发展》等，均是依此程序确定的国家级科技攻关项目。部级项目由部（总公司）的勘探和科技部门拟定，或者由物探局申报并经上级科技部门核准列入部级科技攻关的项目。局级项目由科技处汇集局科技委员会及有关专家的意见确定，其中也有少数项目是局下属单位申报并经局核准列入。上述三类项目，依照项目执行难度和涉及范围划分成不同级别的子课题。每个级别的子课题数量不等。国家级项目一般分为四个级别的子课题，部级项目一般分为三个级别的子课题。1981～1997年，物探局承担国家“六五”期间科技攻关项目6项、“七五”科技攻关项目5项、“八五”及“九五”（至1997年）科技攻关项目22项；物探局承担部级“六五”科技攻关项目27项，“七五”科技攻关项目54项、“八五”及“九五”（至1997年）科技攻关项目64项。物探局各阶段自拟局级科技攻关项目230项。上述各个级别的科技攻关项目由局编制年度计划下达各有关二级单位，各单位再按项目要求目标组成项目组具体实施。国家级和部级科技攻关项目负责人由局科技委员会审定。国家级和部级科技攻关项目完成后，由部（或总公司）组织有关专家进行验收或技术鉴定。项目执行过程中的检查由局组织有关专家进行。对其中完成优秀的项目，实行奖励。奖励级别分为国家级、部级和局级。奖励级别的评定也由各级评审机构确定。局级奖励等级由物探局科技委员会审定。

二、目标管理

1993年，物探局开始在全局范围内推行科技体制改革，改革重点是全面推行科研项目目标管理。同年6月，物探局印发了《物探局科研项目管理办法》。该办法规定：局内项目要依据科研和生产发展的需要，通过调研和可行性论证程序立项；立项的项目实行分级管理，国家级、部（总公司）级和局级科研项目由局直接管理，非局管项目由各二级单位自行管理；对于非局管项目的奖励，只要项目的完成质量符合局参评条件，和局级项目同等对待；

所有项目一律实行公开招标方式的合同承包制，承包单位（乙方）必须提出项目论证报告、设计方案和实施办法，经主管部门（甲方）确认后，签订合同，并将上述材料呈报主管部门备案；每个项目实行项目长负责制、项目目标责任制和项目组人员聘任制。项目目标责任制包括实现目标、工作计划、阶段成果和最终成果，每个项目实行经费包干和独立核算。项目最终成果评价等级由甲方确定，局、处两级科技委员会复核后确认。

1993年，全局开展科研及新产品试制项目79项。其中国家级项目5项、总公司级项目23项、局级项目23项。由于采用了科技项目目标管理，有效地调动了项目承担单位和广大科技人员开展科技攻关的积极性和市场竞争意识，确保了一批重点科研项目顺利进展。1994年，地调一处出台了《地调一处科技进步奖励办法》、《地调一处科技工作突出贡献奖励办法》等文件；地调三处设立20万元基金资助重点科研项目和有突出贡献的科技工作者。1994年，物探局实行科研经费向重点项目倾斜的政策。至1995年，已有3个国家级科技攻关项目已基本完成；有5个总公司科技攻关项目通过总公司组织的技术鉴定；有18个局级项目通过技术鉴定。1996年，物探局为完善科研项目管理办法，提出：①采用“科技工程”的模式和办法，增强科研项目的实用性和效益；②加大科研项目分层次管理的力度；③对重点科研项目实行重点管理，提高重点项目完成质量和扩大重点项目辐射范围；④促进科技成果向生产力转换，进一步增强物探局在国内、外两个市场的竞争力。

三、外协项目管理

物探局与国内有关高等院校及知名研究院所开展的横向技术合作项目统称为外协项目。从80年代中期至1997年，共签订外协项目150余个，其中以物探局研究院外协项目最多，达39个（详情见本篇第五章第四节）；其次为地调二处、地研院、地调三处；地调一、四、五处和各装备生产厂也有少数外协项目。

外协项目主要由局管项目派生出来。通常是局接受石油部（或总公司）下达国家级和部级中、长期科技攻关项目任务之后，向局属各研究单位和生产单位进行部署和招标。各单位在接受任务后，依据项目要求和本单位技术状况，将一些技术难度大、技术要求高的子课题自行委托有关院校及科研院所合作完成。前者委托方变成甲方，后者合作方为乙方。甲方对乙方的研究能力事先要进行评估，在此基础上双方也按上述目标管理样式签订带有约束力的合同。合同文本内容必须注明该项目涉及的技术和最终成果所有权归甲方所有，乙方未经甲方同意不得向第三方宣传或在报刊上发表；该项目经甲方验收后，若双方均认为该项技术和成果有公开发表价值，才可以双方名义共同发表。在这些由子课题形成的项目执行过程中，甲方的科技部门有专人负责跟踪项目进展情况，定期组织有关局内专家听取乙方的汇报，审定项目研究方向和研究思路。项目全部完成后，甲方按局规定的程序进行验收。

物探局还有另一类性质的外协项目。在1994～1996年期间，物探局研究院作为乙方参与中科院院士刘光鼎教授牵头的《油储地球物理项目》研究。该项目是由国家自然科学基金委员会、中科院、中国石油天然气总公司和大庆石油管理局联合资助的大型国家级重大科技攻关项目，全国有20多所高校和10几个科研院所的500多位知名专家和教授参加项目研究工作，物探局研究院教授级高级工程师俞寿朋为该项目中一个二级课题负责人，研究院方法所的大部分研究人员都参与其中不同子课题的研究。该项目也按合同制方法管理，但其经费有限，不能满足实际需要。鉴于该项目研究内容均属于地震数据处理范畴，研究成果可以双方共享，所以该项目研究工作一直得到物探局和研究院的共同支持。

第三节　科研经费管理

物探局的科研经费管理经历了地质事业费核销、单列总科研经费、总量控制分项目核算三个阶段。科研经费主要来源于国家科委、石油部（总公司）下拨的科研费和科研补助费、物探局专列科研费，局属各主业二级单位也自筹一部分科研经费。

一、地质事业费核销

1964～1985年，石油部（燃化部、石化部）对物探局及其前身地调指挥部、六四六厂按事业单位进行管理。物探局及其前身在油气勘探全过程中发生的一切费用，包括专题研究和科研、生产中的新设备购置及开发新产品的费用，均在油气勘探地质事业费中核销。凡是重大的科研研制项目，一经石油部（总公司）批准立项，所需经费均由上级拨付。

二、单列总科研经费

从1986年起，物探局开始严格按“七五”科技发展规划运行。石油部除每年下拨500万元左右的科研经费外，还按物探局承担的国家级和部级科技攻关项目数量下拨科研补助费。物探局从每年的资金预算中也划出 200～500 万元作为科研经费。上述费用由科技处统一管理。科技处按各二级单位承担科研项目数量一次性拨给科研费，不按项目分列。各单位接收科研费用后，也不按具体项目分配，而是作为科研资金总量进行宏观控制管理。若在科研项目运行中，遇有较大费用支出时，还可以按程序呈报局核准，在地质事业费中列支。从执行“七五”科技发展规划开始，每年对由局评定的优秀科技攻关成果的奖励费用，也由局统筹解决。

三、总量控制分项核算

1993 年，物探局在全局范围内推行科研项目目标责任制管理，并对每个项目实行经费包干和独立核算。从 1993 年起至 1997 年，国家科委按每年物探局承担国家级科技攻关任务下拨科研补助费 30 万元；总公司从 1993 年起，每年拨给物探局的科研经费由 800 万元逐年增加，1995～1997 年一直保持在 4000 万元的水平上；物探局在此期间，每年的科研事业费、生产科研费及科研开发费的投入达到 4000 万元。上述各项科研资金由科技处统一分配，其中每年生产科研费中有 150 万元由勘探处支配。分配的原则是资金跟着项目走，向重点项目倾斜，实行项目经费包干和独立核算。物探局采取这种科研经费分配方式，不仅把握了全局的科技攻关方向，也保证了重点科研项目的人力和财力，使全局重点科研项目得以顺利开展。

为了进一步调动各单位进入技术市场的积极性，物探局决定从 1993 年 1 月 1 日起，局属二级单位开展各项技术服务的净收入归二级单位所有，并按科技开发、集体福利和奖励基金3∶3∶4的比例执行。1993 年后，各主业二级单位每年用于科研开发的投入超过 2000 万元。

第四节　科技成果管理

物探局承担的油气勘探任务是直接反映勘探成败的关键，而物探科技成果的质量又以其在物探生产中产生的效益来体现，所以科技成果管理一直倍受各级领导的重视。物探局及前身六四六厂时期的科技成果管理工作，经历了程序化管理和法制化管理两个阶段。

一、程序化管理

1964～1978 年，物探局及其前身地调指挥部、六四六厂确定的科技攻关任务是生产计划不可分割的一部分。各生产单位提交的年度生产报告或有关的专题研究报告，必须有采用的技术方法成效的说明。这类报告通常要经过如下的审批程序：会议陈述—讨论答辩—评议—修改—上报或存档。上级技术负责人有权对下级的科研和生产工作进行检查和指导。各级技术负责人对本单位提交报告内容的可靠性负有全权责任。

1978～1980 年，局每年对研究院单独下达的科研任务计划均由局技术负责人会同科教处按审批程序验收和鉴定。为规范科技成果的审批程序，1982 年物探局拟定了一套科技攻关项目验收和技术鉴定程序。在执行该程序中要特别注明以下内容：①项目（任务）来源；②采用何种研究方法和思路；③项目完成的关键步骤；④结论依据是否可靠、充分；⑤提交的数据是否齐全；⑥项目（任务）完成的意义。

1982 年 5 月 4 日，物探局成立了档案处，局下文要求各级生产、科研成果报告和资料上交档案处统一管理。

1982 年 11 月，由石油部组织、国家科委派人参加的鉴定会，对物探局仪器厂研制的 SK－8000 型数控地震仪进行鉴定（其鉴定程序和物探局拟定的程序一致）。这是物探局的科技产品第一次按严格的鉴定程序进行的规范化技术鉴定。

1982 年 12 月 15～16 日，物探局召开了首届科学大会。在这次大会上临时成立了由各方面技术专家组成的评审组，对 1978～1982 年期间全局科技人员在科技攻关中取得的优秀成果进行了确认和奖励。

1983 年，物探局的标准化工作开始启动，推动了科技成果管理工作的规范化。从 1984 年起，各主业二级单位的科技成果管理工作步入程序化管理阶段。1984 年后，各主业二级单位每年底或次年初均要举办一次科研成果汇报会，由局技术负责人和科技处及勘探处代表到会听取报告和审议。凡是审议通过的成果，按规定一式两份，一份保存在本单位的资料室，一份送交局档案处。在审议过程中发现对全局有意义的新成果、新技术和新方法，由局技术负责人和局主管业务部门负责向有关部门推荐或推广。

二、法制化管理

1993 年，物探局在全局全面推行科研项目合同承包制管理模式。合同承包制管理从本质上说是一种法制化管理形式，也是科技体制改革最重要的组成部分。同年，局科技处内专门设置科技成果岗，局出台了《科技成果鉴定办法》和《科技成果综合管理办法》两个文件。

根据国家科委和总公司的要求，物探局从1993年开始实行科技成果登记制度，由科技处负责成果登记工作。1994年，局科技处组织培训各主业二级单位的科技成果登记员，并向有关申请成果登记单位发放科技成果登记软盘，要求各单位尽快将“六五”至“八五”期间的科技成果全部查清，记在软盘上。至1996年底，物探局已有9个单位进行了科研成果登记，登记入库的科技成果只有225项，远未反映物探局成立前后的30多年中所获得的科技成果。1997年3月，物探局举办了“科技统计和科技成果登记软件培训班”，要求各单位进一步做好科技统计和科技成果登记工作，以利于物探局开拓市场，提高物探局的整体形象。

三、优秀成果奖励

1978年前，物探局及其前身六四六厂对各级评定的优秀生产成果和科技成果只实行精神奖励，而且更偏重于对获奖集体奖励。发集体奖状或锦旗是普遍采用的奖励形式。1978年3月全国科学大会召开后，“尊重知识、尊重人才”的呼声响彻华夏大地。1980年，物探局拟定了科技成果奖励办法，并开始对评定的优秀成果进行物质奖励。不同等级的奖励金额均以获奖项目参加人数作为计算基数。一等奖每人平均30～50元，二等奖每人平均20～30元，三等奖每人平均10～20元。从1980年开始，局对当年获得局级一等奖的优秀成果向石油部呈报，参与部级科技进步奖的评选。“七五”期间，物探局的科技进步奖的奖金平均基数略有提高。“八五”期间，物探局的科技成果奖励办法中明确提出奖金向获奖成果主要完成人倾斜，完成人要按贡献大小排序，同时规定申报总公司或国家级项目奖励的完成人的数量不得超过10人，局级不得超过15人，并颁发个人获奖证书。1993年后，局和局属各单位陆续出台一些对科技进步做出重大贡献者实行重奖的政策，个人奖金额高达1万元。

第五节　技术监督管理

技术监督管理是现代化企业管理的重要组成部分。物探局的技术监督管理包括标准化、计量和质量等方面的管理。技术监督管理实质上是一种法制化管理，即通过一系列标准和规程去规范企业每个员工的生产活动。随着企业技术的进步和更新，原有的各类标准也要不断地更新和提高。

一、标准化工作管理

1983年下半年，物探局开始着手筹备标准化工作，并指派科技处人员参加当年石油部标准化委员会组织的标准化技术学习班。1984年，物探局科技处开始编制物探局标准体系表。1985年，物探局科技处正式设立标准化管理岗，并组织相关人员按标准体系表分头起草各项技术标准。根据石油部标准化委员会的指示，物探局在编写本局各项标准的同时，还要承担石油物探行业的大部分标准的制定工作。1986年2月，由物探局牵头在徐水成立了石油物探专业标准化技术委员会，主要负责物探专业标准化工作规划和交流。1986年6月，物探局标准化技术委员会成立，负责全局的技术监督工作，其办事机构设在科技处。1988年8月，物探局标准系列表所列的各项标准第一版本正式发布使用，它是物探局标准化工作第一个正式基础性文件。1991年，为了加强全局的技术监督管理，物探局成立了技术监督处。1993年，在物探局机构改革中，技术监督处和科技处合并为科技发展技术监督处。1994年，物探局出台了《标准实施管理》文件。1995年5月，物探局标准系列表所列的各项标准的第二版本（在第一版本基础上修改和增补）发布使用。1995～1997年，为强化标准化管理工作，物探局发布了《物探局标准化工作管理办法》、《物探局企业标准修订工作细则》、《物探局企业标准实施监督管理办法》和《物探局企业标准编号与代号规定》等4个文件。1996～1997年，又发布了22项仪器使用、维护及产品的局标准和10项行业标准。

上述物探局标准系列表由两部分组成：第一部分为通用标准，涉及一些相关标准（主要指国家标准、行业标准等），1995年第二版本中仅列出《石油地球物理勘探术语》（国标）、《石油地震勘探解释图件》（行标）、《石油物探地震反射层层位名代号》（行标）和《石油物探底图编绘》（行标）；第二部分为物探局企业标准，共分10类，前5类为技术标准，后5类为管理标准，共有标准215个。

1997年，物探局执行的标准有：

（一）物探局技术类标准

（1）地震勘探资料采集技术标准17个，即：《地震勘探地区设计规范》、《陆上地震勘探资料施工设计》、《陆上二维地震勘探资料采集施工技术规范》、《地震勘探野外原始记录评价》、《地震测井技术规程》、《垂直地震剖面法资料采集技术规范》、《陆上三维地震勘探资料采集技术规范》、《地震勘探资料采集验收技术规范》、《横波地震勘探采集技术标准》、《低速带测定及野外静校正技术规范》、《沙漠二维地震采集规范》、《沙漠地区地震勘探采集质量管理规程》、《陆上地震勘探采集辅助数据格式》、《海上二维地震勘探资料采集技术规程》、《海上三维地震勘探资料采集技术规程》、《海底电缆地震勘探资料采集技术规程》、《海上实时差分全球定位系统（DGPS）定位测量技术规程》等。

（2）地震勘探数据处理技术标准7个，即：《地震勘探数据处理野外原始资料的验收》、《地震勘探数据处理技术规程》、《地震数据处理成果质量评价》、《垂直地震剖面法数据处理技术规程》、《地震勘探数据特殊处理技术规程》、《地震勘探数据处理成果带存档记录格式》和《陆上三维资料处理标准》等。

（3）地震勘探资料解释技术标准9个，即：《垂直地震剖面法综合解释技术规范》、《横波地震勘探资料解释技术要求》、《石油物探地震资料解释技术规程》、《地震反射层层位命名、着色原则》、《物探地质年报编写》、《二维地震时间剖面地质效果评价》、《地震勘探资料交互解释技术规范》、《地震勘探圈闭管理标准》和《地震勘探综合研究成果检验细则》等。

（4）重、磁、电、化勘探技术标准7个，即：《石油大地电磁测深法勘探技术规程》、《重力勘探技术规程》、《地面磁法勘探技术规程》、《油气可控源声频大地电磁测深法勘探技术规程》、《地表油气地球化学勘探技术规程》、《电磁阵列剖面法勘探技术规程》、《石油重力、磁力、电法、地球化探勘探图件》等。

（5）机动设备和物探仪器技术标准22个，即：《电力电容器运行规程》、《电动机运行检修标准》、《可控震源例行检查保养项目细则》、《M－18/612型可控震源操作规程》、《M－18/612型可控震源技术指标》、《卫星定位仪操作规程》、《重力仪使用与维护》、《大地电磁测深仪使用与维护》、《测距仪技术规程》、《MDS－18地震数据采集系统检验项目及技术标准》、《OPSEIS－鹰系统检验项目及技术标准》、《SN－388地震数据采集系统检验项目及技术标准》、《VISION地震数据采集系统检验项目及技术标准》、《SYSTEMⅠ、Ⅱ地震数据采集系统检验项目及技术标准》、《R－24小型数据采集系统检验项目及技术标准》和《MARK－6小型数据采集系统检验项目及技术标准》和《TELSEIS－STAR地震数据采集系统检验项目及技术标准》、《先进Ⅱ型可控震源电控震源编码扫描发生器操作规程》、《VE416型可控震源编码扫描发生器操作规程》、《VE416型可控震源电子控制箱体操作规程》、《M 26 HD/SF60型可控震源技术标准》和《M 26 HD/SF60型可控震源操作规程》等。

（二）物探局管理类标准

（1）物资供应、消耗定额标准11个，涉及不同地区有不同的规定。

（2）安全标准32个，涉及爆炸品、交通、锅炉、动火、高压电、液化气、饮食、卫生、环保、医疗、劳动保护、娱乐场所及重点要害部位等安全管理。

（3）工业产品标准55个，涉及物探局各装备生产厂开发的产品技术指标和性能。

（4）劳动定员定额标准35个，主要涉及物探局各类工种的定员定额和各装备生产厂部分产品制造的修理工时定额（不涉及各类管理岗的定员定额）。

（5）档案管理标准20个，涉及文书、产品、科研、基建、设备、会计、职工和油气勘探等各类企业档案，以及医疗卫生和学校等档案的管理规定。

1986～1997年，物探局与各油田物探单位通力合作，经过多次修订，建立了石油天然气行业物探专业技术标准体系，共有标准70个，其中物探局完成46个，占总工作量的66%。这些标准，基本涵盖了石油物探各类勘探技术。

二、计量工作管理

根据国家技术监督局的要求，物探局于1985年开始在科技处内设计量工作管理岗，负责全局的计量工作。其主要任务是：①宣传和贯彻《中华人民共和国计量法》；②加强物探局在用的各类检测设备和计量器具的管理；③建立和完善物探局计量标准体系。

根据国家对企业升级的要求，1989年6月16日物探局举办第一期计量工作培训班。同年9月，物探局要求各单位成立相应的计量管理机构，建立计量器具目录和完善计量管理规章制度，筹建局计量中心。同年底，科技处成立了技术监督科，各相关二级单位也成立了计量检测室，并举办第二期计量培训班。同时，颁布了《计量工作管理标准》及《物探局计量管理办法》两个文件。1990年初，物探局相继发布了《关于加强野外施工队伍生产在用计量器具管理的规定》。从此，基本形成了物探局的计量管理系统。

截至 1990 年，物探局拥有各种精密计量器具 1030 台，其中经纬仪 290 台、测距仪 270 台、数字电压表 70 台、各类示波器 350 台、数字频率计 50 台。

从 1990 年开始，物探局投资 180 万元按 5 个计量标准立项建标，5 个计量标准是：①光电测距仪检测系统；②经纬仪检测系统；③数字多用表检测系统；④示波器校准仪检测系统；⑤高稳晶振校频系统。要求上述建标必须适应 5～8 年内技术发展对检测精度的要求，按国内外一流水平开展筹建工作。在检测手段、产品选购上，或选择建标协作单位上，都要力求选用国内外名牌产品厂家和权威的研究机构。光电测距仪检测系统选择与中国光电检测中心共同研制，经纬仪检测系统选用中国计量科学研究院研制的智能经纬仪检测系统，数字多用表检测系统选购美国福禄克（FLVKE）公司的 5440B 和 5700A 系统，示波器校准仪检测系统选购美国泰克（TEK）公司的 TM506A 型仪器，高稳晶振校频系统选用石家庄市无线电器厂的产品。上述 5 个检测系统分别于 1991～1993 年期间建成投入使用。

1990 年，物探局在地球物理勘探仪器公司（徐水）建立了仪器仪表检测中心，定员 5 人，主要承担地震检波器、检波器测试仪、数控地震仪等的各项物理参数测定和校准。

1990 年 9 月，局属 11 个单位通过河北省技术监督局考核获得计量二级合格证书，地调三处获计量三级合格证书。计量器具周检率达 87%以上。

1991 年，物探局投资 120 万元在地调五处（河北省定兴县固城）筹建测量仪器检测中心，定员 12 人，主要承担经纬仪、测距仪、水准仪、磁力仪、重力仪和电法仪等的各项物理参数测定和校准。1993 年该中心正式投产。1993 年后，总公司授权该中心为总公司一个定点检测中心，授权检测项目有经纬仪、测距仪、水准仪和卫星定位仪（GPS）等。

1994 年，物探局测量仪器检测中心和中国光电检测中心共同研制的光电测距仪检测系统，由于采用多项国内新技术，其各项技术指标均为国内领先水平，为野外数据采集提供了良好的技术支持，获物探局科技进步一等奖；1996 年，该项目获总公司优秀技术项目一等奖，测量仪器检测中心获总公司技术监督先进集体。

1994 年，物探局在徐水和固城的两个检测中心分别经国家技术监督局确认达到国家标准的检测中心要求，其检测结果具有权威性，可以面向社会服务。

1995 年，物探局先期投资 38 万元在地调五处（固城）筹建 GPS 计量检测系统，这是物探局即将建成的第 6 个建标系统。该系统可兼顾对远在新疆库尔勒使用的 GPS 和测距仪进行检测。

物探局两个检测中心的检定员都经过国家正式培训，持有国家技术监督局承认的计量检定员资格证书。1994 年后，局属各二级单位也陆续培训一批专岗检定员。至 1996 年，全局共有 48 名检定员。从 1995 年开始，物探局按国际计量标准要求每年对局属各二级单位在用的设备进行例行年检。年检时间规定在当年年底及次年初，检测项目有经纬仪、测距仪、地震仪、检波器、电缆和各类仪表等各项物理参数。由于物探局认真贯彻《计量法》，严格执行各项计量标准，自 1995 年起完全杜绝了未经检测的计量器具在生产中使用，即使在勘探条件十分复杂的塔里木盆地，也未因勘探设备故障影响生产和资料质量。在执行对外反承包项目或在国外勘探市场的竞标中，由计量工作提供的技术支持是物探局赢得国外用户好评的重要原因之一。

为了更好地面向社会、服务社会，物探局两个检测中心于 1997 年联合在北京西四大街南方仪器公司内设立了对外服务窗口。

截至 1997 年，物探局两个检测中心开展技术服务累计创收 224.3 万元，年均收入近 55 万元，成为总公司惟一能够实现自负盈亏的计量单位。

三、质量监督管理

质量是勘探工作的生命，物探局及其前身六四六厂对勘探资料的质量一直十分关注。1991 年以前，质量监督管理由生产部门统一负责。在六四六厂期间，要求各物探队取全取准第一手资料，并要求采用方法得当、结论和成果可靠，经得起检查。六四六厂每年均要组团对各单位的资料质量和成果开展大检查，各级技术负责人也要随时检查。每天各物探队获得的原始资料均要经过主管技术的班组长检查，方能验收。各物探队每月都安排一天的时间对当月的资料质量开展一次全面质量检查。1971 年 12 月 15 日，六四六厂将 1964 年以后有关质量检查的一些行之有效做法，以《野外质量要求和资料检查暂行制度》文件形式固定下来。1973 年 7 月物探局成立以后，有关质量管理要求继续执行 1971 年底的文件。1977 年 9 月，物探局为加强原始资料的质量检验，要求各二级生产单位组建质量检验小组。1983年10月21日，物探局印发了《物探局地震勘探野外采集质量管理及职责范围》和《物探局关于提高地震勘探野外采集质量的补充规定》两个文件。1986年9月3～5日，物探局召开了野外采集质量工作会议，会议要求与会者大胆揭露当前质量中存在的问题，找差距、定措施，确保采集质量进一步提高。1987年，物探局动员全局广泛开展QC小组活动，同时印发《质量管理小组活动管理办法》文件。1988年，物探局召开了第一次QC小组成果发布会。同年，物探局制定了《物探局全面质量管理规划》。规划总目标是：紧密围绕企业升级、以提高经济效益为中心，牢固树立质量第一的观点；增强全员的质量意识，形成人人关心质量、积极参加质量管理活动的氛围；抓好质量管理基础工作，建立质量责任制、健全和完善标准化、计量及质量信息管理规范；实现三个目标。三个目标是：①1989年至1990年，地球物理勘探质量分别达到国家二级企业水平和一级企业水平；②有50%的主要产品质量达到国际上70年代末和80年代初的水平；③争取进入国家经委确认的全面质量管理企业行列。1988年10月，物探局发布了《物探局地球物理勘探全面质量管理验收细则》；同年11月7日，物探局发布了6项质量管理标准，即《地震勘探质量考核办法》、《地震勘探资料处理质量考核办法》、《全面质量管理组织体系》、《质量信息管理办法》、《地震勘探管理责任制》和《重磁电勘探质量管理责任制》。

1991年5月30日，物探局为加强全局的技术监督管理工作成立了技术监督处，将科技处质量监督管理职能划归技术监督处，生产质量管理仍由局生产部门行使。1992年10月，物探局在对1987年以来全局开展QC小组活动情况进行全面总结的基础上，为使QC小组活动长期健康地发展下去，真正成为现代化企业推行全面质量管理的助手，发布了《质量管理小组活动实施细则（试行)》。该《细则》中对QC小组的组织和管理、活动和教育、经验交流与成果发布、评选与奖励等作了具体规定。1992年11月，物探局为适应物探采集市场质量管理的需要，发布了《物探资料采集项目实施质量监督规定》。规定中明确提出在实行项目管理的合同中，甲方委派质量监督员有权对乙方执行合同的全过程进行跟踪检查、监督和技术指导。质量监督员必须具备任职资格。从1992年起至1995年，物探局承办总公司15期物探质量监督员学习班，物探局有181人参加了培训，并取得了合格证书。物探局参与培训的人员中除由各地调处推荐外，还有局处两级生产、技术管理人员。1993年9月4日，技术监督处和科技处合并，承担的技术监督管理职能不变。1995年，物探局在科技处内设置质量监督科，主要负责制定质量方面的标准，领导全局的QC小组活动和开展物探局ISO 9000国际标准贯标认证工作。同年，物探局为加强新疆塔里木探区的野外资料采集质量监控，制定了《塔里木探区勘探质量监督管理办法》。

1996年初，物探局为深入贯彻《中华人民共和国质量法》，强化产品认证工作，成立了物探局产品质量认可领导小组。领导小组成员由科技处、劳资处、计划处、企管处、制造处、财务处等单位领导组成，主管科技、生产的副局长任正、副组长。1996年1月18日，物探局发布了《物探局产品质量认可证管理实施细则（暂行)》。从1996年开始，局依据上述文件精神对仪器总厂、机械厂和特车厂生产的产品进行质量认可审查。至1997年，已有25种产品通过质量认可，同时颁发了市场准入证。

1997年，物探局在大力宣传和贯彻1994版本ISO 9000系列标准的同时，进一步完善了质量管理的规范化和标准化工作，从而加快了物探局同国际接轨的步伐。1997年，物探局举办了ISO 9000标准学习班。在学习期间聘请了国家技术监督局标准计量司原司长陈谓讲课，还特邀大港油田国家级审核员介绍大港油田的企业质量认证经验。至1997年，全局已有10个主业二级单位编写本单位符合ISO 9000标准的质量手册。

1997年1月17日，物探局召开了第九次QC小组成果发布会，会上有17个二级单位发布了37项成果。同年，物探局参加总公司一年一度的QC成果发布会，并被评为一等奖，同时受总公司推荐出席“1997北京国际QC成果发布会”（1997年8月30日～9月1日)。这是物探局第一次在国际会议上发布自己的QC成果。至1997年，全局有QC小组268个。

1997年，总公司对物探局执行国家《标准法》、《计量法》、《质量法》情况开展“三法大检查”。总公司检查团对物探局执法成效给予很好评价。

第二章　科研开发及新技术推广

1964年，石油部将松辽地调处改称六四一厂地质调查处（地调指挥部），1965年改名为石油部六四六厂。从那时起，石油部从人力、资金、技术和装备等方面一直向六四六厂倾斜，并要求六四六厂在完成华北、四川、江汉、陕甘宁和下辽河等地震勘探会战中发挥主力军的作用。1972年4月26日，燃化部领导对即将在六四六厂基础上组建物探局的任务，归结为"四部一军"，即：参谋部、研究部、培训部、装备部和野战军。为完成这项宏大的任务，必须将科研开发与新技术推广放在十分重要的位置。1973年7月在成立物探局的同时，组建了研究所、计算中心站、仪器厂和机械厂，形成了物探局科研开发基地；各勘探指挥部也相应成立了研究队，成为新技术推广的枢纽。1983年后，在软科学研究开发方面，先后成立了解释中心（地研院）、地球软件技术开发公司、地震采集方法研究所和库尔勒研究中心；在硬设备开发方面先后成立了微机应用开发中心、物探仪器研究所、物探局装备研究所、机械研究所和特种车辆设计所。各科研单位经过多年的建设，初步形成物探局科研开发体系，获得了丰硕的科研开发成果。开发的成熟技术，则由局科技处统一向局内外发布和推广。

第一节　机构及队伍

一、软科学研究开发机构及队伍

（一）物探地质研究院（简称地研院）

地研院由1965年六四六厂研究大队开始，历经研究所、研究院地质室、解释中心等三次大调整和扩大，于1991年5月组成。至1997年，地研院直接从事物探资料解释和方法研究的人员有149人，成为一个面向全国的从事石油物探资料综合解释和研究、解释软件研制和开发的物探地质研究中心（详情见第五篇地震资料解释）。

（二）北京地球软件技术开发公司

北京地球软件技术开发公司，对内为物探局研究院软件开发中心，它的发展历程基本上代表了中国物探软件国产化的发展轨迹。

1973年7月，计算中心站是物探局一个重要科研开发基地。计算中心站成立了方法程序室，共40人，主要承担地震处理方法研究和应用软件开发。程序室下设方法研究组、系统程序组和应用程序组。1978年3月，研究院组建方法研究室，约50人，负责地震处理方法和重磁电方法研究，以及地震应用软件开发、原软件解剖、改进和发展。方法室下辖地震地层学、人机联作、三维、模型、自动拾取等9个项目组。1979年12月，研究院成立计算机三室，负责研究院在用的不同类型计算机的软件支持和新软件开发。1982年，方法室的项目组增至16个，将波动方程反演、人工智能、波阻抗、频率域偏移、高角度差分偏移和大地电磁等一批新课题列入专题研究范围；计算机三室除原有任务之外，还承担银河计算机的应用软件和物探地质绘图软件的开发，以及数据建库工作。1984年7月，研究院将方法室和计算机三室、部分软件人员合并成立技术发展部，下设地震系统、专家系统、方法模拟、波阻抗、新方法和横波等10多个研究组，主要承担地震处理新方法研制和开发。

1986年5月7日，研究院科研机构调整，成立物探方法研究所和软件研究所。

物探方法研究所共有职工39人。1995年，该所有职工31人，其中教授级高级工程师5人、高级工程师14人、工程师10人、助理工程师2人。成员中有博士5人、硕士16人。该所主要承担国家级、总公司级和局级"七五"、"八五"期间科技攻关项目的研究。

软件研究所共有职工91人，其中直接从事软件研制和开发的有87人。主要承担银河计算机系统的软件开发、KJ－8920计算机地震处理软件研制、并行软件的可行性研究、研制中国自己独立版权的地震处理软件系统（GRISYS）、研制计算机辅助解释和专家解释系统。软件所下设油藏模拟、解释系统、应用系统等14个项目组。软件所将研制GRISYS纳入主要攻关计划，是中国地球物理勘探史上一个标志性事件。1987年，完成国产银河计算机系统的软件开发，其中地震应用软件有126个功能模块。1991年，完成国产KJ－8920计算机地震处理系统的软件开发和多阵列机并行处理系统软件的开发。

1992年，完成具有独立版权的GRISYS现场地震数据处理系统。同年3月24日，由软件所分离出44人，组成软件开发中心，主要负责研制具有自主版权的地震数据解释系统（GRIStation）。1993年初，软件所独立开发的GRISYS/WS地震数据处理工作站1.0版本问世。同年9月，软件所为了把自己成熟的软件推向市场，成立软件开发部、工程部和市场营销部。

1994年5月9日，由研究院物探方法研究所、软件研究所和软件开发中心合并组成北京地球软件技术开发公司，简称地球软件公司。公司董事长由总公司勘探局局长丁贵明担任，董事由总公司勘探局总工程师赵化昆、总公司科技局副局长傅诚德、物探局副局长许大坤和物探局研究院院长管忠担任，总经理由物探局研究院副院长张永刚担任，财务总监由许新元担任。公司按现代企业制度进行管理，主要任务是加速国产勘探软件开发，努力推进软件产品产业化，工作重点是加速GRISYS地震数据处理系统和GRIStation地震数据解释系统的开发和推广应用，以及加强信息管理系统的软件开发。

（三）地震采集方法研究所

1984年初，二指勘探科成立采集方法组，由8人组成，主要研究二连、伊盟地区的激发和与静校正有关的问题。1985年初，二公司又成立了微机室，配合方法组编制采集方法、静校正计算及测量成果计算等软件。1986～1989年，陆续推出《复杂地区静校正计算软件》、《野外采集参数论证软件系统》，在局内外推广应用。1990年底，二处成立地震采集方法研究所，共20人。后经总公司勘探局批准，该所作为物探局及总公司的野外地震采集方法研究中心。1991～1992年，该所推出《地震采集应用系统SAAS 2.0版本》，该版本涉及采集参数论证、静校正计算、资料品质分析和测量成果计算。1992年6月，向全国各油田出售该地震采集应用系统100多套。1993年，该所推出《中文版地震采集应用系统SAAS 3.0版本》，在物探局各地调处地震队安装了40多套。1994～1995年，该所推出《英文版地震采集应用系统SAAS 3.1版本》，主要供物探局在国外勘探市场使用。1997年，该所推出《地震采集应用系统SAAS 4.0版本》，已在物探局内外推广28套。此项成果被总公司评为1997年十大优秀推广项目。

（四）库尔勒研究中心

1991年12月24日，物探局为加强塔里木盆地油气勘探的综合研究，成立了库尔勒研究中心。1997年，该中心直接从事地震地质解释研究人员有92人，有关该中心详情见第五篇地震资料解释。

二、硬设备科研开发机构和队伍

（一）装备研究所

1973年物探局成立后，为作好引进国外可控震源的前期准备，在研究所物探室内组建5人的震源组。1978年3月17日，以震源组为中心成立研究院装备研究室，下设软件方法组、新产品开发组、电控系统组和机械液压组。软件方法组负责可控震源方法研究和可控震源资料的现场处理软件开发，其他3个组分别负责可控震源技术性能研究、可控震源设计和开发、为野外可控震源队提供技术服务，全室有30人。1984年6月30日，装备研究室和研究院分离，成立装备研究所，为物探局直属科级单位。装备所下设可控震源设计室、技术研究室、特种车辆研究室、物探装备技术服务室、技术情报室和综合办公室。1997年，全所共有35人，其中高级工程师8人、工程师11人、助理工程师和技术员12人、工人4人。

（二）微机应用开发中心

1983年2月，经石油部批准，物探局仪器厂成立微机应用开发中心，主要承担车载巡检仪、油井计量系统、油井压力测试仪、油井化学分析仪和综合录井仪等数控系统的开发，该中心有12人。

（三）物探仪器研究所

物探仪器研究所由1966年的攻关队开始，历经技术科、设计科，于1984年5月正式组建，隶属仪器厂。该所一直以地震仪及其辅助设备为研究和开发对象。从1966年至1989年，共完成5代地震仪的研制和开发。1996年开发成功的WF－1006新型轻便遥测数控地震仪，于1997年出口俄罗斯，开创了中国大型地震仪出口的历史。1997年，该所有76人，其中高级工程师6人、工程师17人、助理工程师14人。

（四）机械研究所

机械研究所于1988年1月成立，其前身是机械厂的技术科和设计科，隶属于机械厂。主要从事地震钻机的研制和开发。自1970年研制成功WTZ－701型车装地震钻机以后，至1988年，已开发6个系列、36个品种的钻机，适用不同地表条件下的工程钻探。1987年，WTZ－300型钻机首次进入国际市场。1997年，全所有30人，其中高级工程师3人、工程师9人、助理工程师6人。

（五）特种车辆设计所

特种车辆设计所于 1992 年 4 月 7 日成立，其前身是特车厂的技术科，隶属于特车厂。主要从事可控震源和地震仪器车、营房车、沙漠专用车的研制和开发。自 1986 年起，该厂设计部门和装备研究所合作，先后开发成功三种类型的可控震源和其他多样特种车辆。其中 KZ－28 型大吨位可控震源的整体性能达到了国外同类产品的技术水平，使中国成为继美国、法国之后世界上第三个制造大吨位可控震源的国家。1997 年，该所有 30 人，其中高级工程师 3 人、工程师 14 人、助理工程师 13 人。

第二节　“六五”期间科研开发及新技术推广

自 1973 年 7 月物探局成立起，物探局为履行“四部一军”职责，始终将科研开发及新技术推广放在十分重要位置。1973～1980 年，共完成各类科研项目 420 项，其中涉及 DJS－11 计算机软件、数控地震仪、数字大地电磁测深仪及可控震源等大型软、硬设备的研制；在勘探方面，全面推广多次覆盖观测方法，广泛采用数字地震仪采集、计算机处理、地震地层学解释等技术，使整个物探局的勘探面貌焕然一新。1973～1980 年期间，仅在冀中坳陷，共找到了 345 个圈闭，圈闭面积 2914.5 平方公里，探明油气储量 7.3 亿吨。上述科研成果奠定了物探局继续发展的基础。

在“六五”期间，物探局共完成或阶段完成的科研开发项目共 582 项，其中国家级科技攻关项目 6 项、部级 27 项、局级 34 项。

一、物探装备

在 1981～1984 年期间：仪器厂相继研制成功 SK－8000（48 道）和 SK－83（96 道）型数控地震仪、FP－1 型车载现场处理机、SD－Ⅰ型数字大地电磁测深仪（和局研究院、国家地震局合作）；机械厂研制成功 WTZ－300 型气水两用地震钻机；研究院震源室和玉门、青海石油管理局等单位合作研制成功 KZ－7 型可控震源；特车厂研制成功多种野外生活车。这些物探装备均在物探局内推广应用，其中地震辅助设备和钻机在石油系统推广应用。

1982 年，物探局和中科院计算所共同研制的 150－AP 阵列机通过部级鉴定，投入使用，使叠偏处理效率提高 2～3 倍。

二、勘探方法

1983 年，物探局在地震资料采集中普遍推广应用野外采集因素优选设计新方法。同年，在消化引进技术基础上完成文留地区的三维地震勘探，总结一整套采集、处理和解释的勘探方法，取得了较好的地质效果，并在 1984 年为全国石油系统举办了推广应用培训班。此项“三维地震勘探技术”于 1985 年获国家科技进步三等奖。“六五”期间，物探局共组建 4 个三维队，分别在河南濮阳、山东大王庄和惠民、辽宁大民屯等地区开展三维地震勘探。

三、地震资料处理

1982 年，研究院利用 150－AP 在 DJS－11 计算机上进行水平叠加和波动方程偏移处理，提高效率 2～3 倍。在软件研究方面，研究院新开发出《仪器反褶积》、《海洋重力资料处理程序》、《重力资料正反演程序》等软件。1984 年，研究院开发出《频率加强滤波》技术。1985 年，研究院开发出《$\tau-P$ 变换压制干扰及内插》。在“六五”期间，共完成《声阻抗》、《同态反褶积》、《中值滤波》、《高阶有限差分偏移》、《亮点》、《三瞬》、《碳氢检测》、《层拉平》、《反 Q 滤波》、《信号反褶积》、《正演模型》、《求吸收系数》等 12 项特殊处理技术的开发，并广泛用于实际资料处理；提前完成银河计算机处理系统软件一期工程，包括基本地震模块 35 个、模型模拟模块 10 个、偏移模块 7 个。

四、综合研究

在“六五”期间，通过综合研究，在东部地区找到古潜山 536 个、圈闭面积 4471 平方公里，找到各类构造 601 个、圈闭面积 5579 平方公里；在西部塔里木盆地找到潜山 55 个、圈闭面积 15392 平方公里，发现构造 52 个、圈闭面积 862 平方公里；利用地震地层学解释方法发现各类隐蔽圈闭 99 个、圈闭面积 1562 平方公里。合计发现潜山、构造和隐蔽圈闭 1343 个，圈闭面积 27866 平方公里。在此期间共提供井位 1223 口，被油田采纳 685 口。配合钻探，共探明地质储量 7 亿吨。

在上述综合研究成果中，尤以下述研究成果令人注目：1981 年，研究院王雄兆的《华北盆地西部地震勘探成果及今后勘探方法》；1982 年，研究院刘志芳的《华北盆地西部的隐蔽圈闭》；同年，研究院周兴熙开始对华北盆地南部石炭—二叠系煤层气的形成条件及资源远景展开系列研究，明确指出冀中和东濮地区有良好的煤层气资源远景；同年，四指张德林的《二连盆地地震地质特征和石油地质特征》

及1984年研究院金学正的《二连盆地地震勘探成果及油气资源评价》，对二连盆地的主要生、储层形成和分布，以及找油最有利地区，均有详细分析和论证；1983年三指时卫东的《塔里木盆地区域构造特征及其演化》、1984年三公司苟云辉的《塔里木盆地西南坳陷早期资源量报告》和1985年三公司夏义平的《塔里木盆地东部区域地质特征及其含油气远景》，对塔里木盆地的地质结构和油气富集规律进行了深入的研究。

第三节 “七五”期间科研开发及新技术推广

从1986年起，物探局的科研开发开始严格按“七五”科技发展规划运行，新技术推广由局科技处牵头，会同勘探处统一管理。从1987年起，物探局每年依据石油部下达的推广项目并结合物探局的发展规划制定年度新技术推广项目计划，按合同签约方式执行。石油部为了保证部级推广项目的总体效益，还按推广项目数量下拨200万元作为新技术推广费。物探局拥有的成熟技术需要在局外推广的项目，须上报石油部，经审定批准后列入部级新技术推广项目计划，其收益按比例分配。1987～1990年期间，物探局有12项新技术纳入总公司推广计划。在“七五”期间，物探局共完成重大科技攻关项目114项，其中国家级5项、部（总公司）级54项、局级55项。

一、物探装备

在1986～1989年期间：仪器厂（仪器公司）相继研究成功SK－1004型轻便遥测数控地震仪、FP－3型现场处理机、SD－Ⅱ型数字大地电磁测深仪及配套的辅助设备。SK－1004型地震仪的研制成功标志中国地震仪的研制和生产已经接近国外的先进水平。机械厂研制成功WTZ－18型沙漠空气钻机和WTZ－100型及WTZ－30型山地钻机，形成6种钻机系列产品；1987年，WTZ－300型钻机首次打入国际市场。装备研究室、大修厂和机械厂等4个单位联合研制成功KZ－13型可控震源，并批量生产；5吨沙漠越野车批量生产。

二、勘探方法

在“七五”期间，物探局拥有的三维地震勘探技术有了长足进步，不仅可以作规则三维观测，而且可以在有障碍的地区开展不规则三维观测。1989年，地调二处在广东三水地区还首次采用蛛网状三维观测。高分辨率勘探技术趋向成熟，已为各地调处在华北、内蒙、新疆、玉门和松辽等地的工区广泛应用。这套技术的关键是：在野外施工中，采用小道距、小药量、高覆盖次数和宽高频检波器，采用可控震源激发时采用非线性扫描和加力控手段；在处理时采用高分辨率处理流程。采用这套高分辨率技术，在中国东部地区3000米深度，地震信号的主频由原先的20赫提高到40赫；在中国西部的塔里木探区，地震信号的主频提高到50赫，为储层研究创造了条件。这两项勘探技术均列入总公司新技术推广项目。1988年，地调二处在率先开发国产地震采集应用系统SAAS的同时，还开展了横波勘探，获得了中国第一条转换波剖面，并通过总公司组织的技术鉴定。

三、地震资料处理

在常规处理方面普遍应用最新开发的14项技术，即《叠前时差校正》、《低信噪比资料叠前处理》、《内插法加密地震测网》、《银河机地震数据处理系统》、《用地震多项式拟合提高叠加剖面信噪比》、《$F-X$域预测消除随机噪声》、《矢量分解法压噪》、《叠前正交分解去噪》、《多项式插值》、《中值处理》、《自适应最小平方反褶积》、《波阻抗和谱白化》等；在特殊处理方面普遍推广应用《波阻抗剖面》、《AVO》和《SLIM》处理；三维资料处理和高分辨率处理均已建成常规流程。

四、综合研究

从1986年起，地震资料解释普遍推广应用人机联作解释系统。至1990年，物探局已引进15套人机联作解释系统。在“七五”期间，还开发出汉字图形系统、绘图软件、微机制作合成记录和绘制测线位置图软件；开发出3种储层横向预测软件。地调四处辛连发于1988年采用波阻抗技术对二连阿尔善构造开展储层横向预测，成功率达90%。

在“七五”期间，通过综合研究，共发现各类圈闭构造905个，总圈闭面积15393.17平方公里。其中潜山352个、圈闭面积8941.5平方公里，构造459个、圈闭面积5311.17平方公里，隐蔽圈闭94个、圈闭面积1140.5平方公里。共提供井位1418口，被油田采纳1013口。

在上述综合研究成果中，尤以下述研究成果令人注目：1987年，物探局刘前志和熊翥等人的《复杂隐蔽油气藏勘探方法与应用》、地调三处夏义平的《塔里木盆地构造特征》和地调一处李建雄的《松辽盆地东南隆起梨树凹陷地震勘探成果报告》；1988

年，解释中心、研究院合作的《廊固、霸县凹陷及东濮马厂地区特殊异常体的地震精细处理与解释》、地调二处的《东濮、泌阳凹陷地震地质综合研究》和《陕甘宁盆地天环北部布伦庙地区地震地质综合研究》；1989年，解释中心杨克绳的《从区域大剖面特征看中国含油气盆地箕状断陷构造形成机理》、地调三处王泽良的《塔北隆起的构造特征及含油规律》；1990年，库尔勒研究中心张玮的《轮南地区三叠系、奥陶系储层横向预测》、解释中心王同和的《秦晋地区地质构造演化及古生界天然气远景评价》、李金恒的《塔北中区构造解释及储层研究》和地调三处袁非的《吐鲁番盆地区域地质特征》。

第四节 “八五”期间与“九五”初期科研开发及新技术推广

从“八五”开始，为适应中国经济体制改革发展的新形势，总公司要求物探局加快科研体制改革步伐，加强科研成果向生产力转换。1993年，总公司的科研开发项目的立项、下达和推广均按市场规则运作，建立了新技术推广市场机制，初步形成总公司内外的技术市场。同年，物探局在全局全面推行项目目标管理，设立新技术市场管理办公室，由局科技处统一管理。在1991～1997年期间，共完成重大科技攻关项目227个。其中国家级22项、总公司级64项、局级141项；纳入新技术推广的项目50项。

一、物探装备

在1991～1997年期间：仪器总厂相继研制成功SK－120/240型轻便遥测地震仪、SK－1005型和WF－1006型轻便遥测数控地震仪、SK－II型数控综合录井仪和多种地震辅助设备。其中WF－1006型地震仪性能先进、稳定，其各项技术指标和国外最新开发的地震仪性能相当，并于1997年外销俄罗斯一台。机械厂研制成功适用于不同勘探方法和不同地表的钻机，而且可以大批量生产，完全替代进口钻机。1996年，开发的WTZR－305型轻便山地钻机和ZDZ－10型震动钻机，有4家外国石油公司有意购买。特车厂研制成功KZ－20型和KZ－28型可控震源、15吨和25吨沙漠专用车及其他厢式车辆。研究院地球软件公司于1993年和1995年分别推出GRISYS/WS地震资料处理系统工作站版本和GRIStation地震资料交互综合解释系统，并列为总公司向石油系统内外新技术推广项目。上述物探装备研制成功，不仅提高了物探装备的国产化水平，而且有的产品已进入国际市场。

二、勘探方法

在1991～1997年期间，物探局在地震勘探方法上已经形成一套比较完备的勘探技术系列：①地震采集参数优化技术，包括适用于二维、三维、多波、VSP等勘探方法的采集参数论证、试验资料分析、采集质量监控和模型分析等系统软件；②高分辨率勘探技术；③大沙漠采集技术；④特殊地表条件下的三维地震勘探技术；⑤多波勘探技术；⑥山地勘探技术；⑦沼泽和湖泊勘探技术；⑧可控震源采集技术；⑨野外静校正技术；⑩地震现场处理机进行质量监控技术。从1992年开始，在电法勘探上，采用“电场差分法”、“建场法”等直接找油新方法，拓宽了物探局从事电法勘探的领域。从90年代起，物探局已具备在各种复杂地震地质条件下从事油气勘探的能力。

三、地震资料处理

在1991～1997年期间，物探局的地震资料处理水平进一步提高，新开发的处理技术层出不穷。1991年，研究院开发出《最佳拟合偏移》、《高阶有限差分深度偏移》、《$F-X$域等道距内插》、《二阶差分最大叠加能量法地表一致性静校正》和《初至模型地表一致性静校正》等项技术；1992年，研究院开发出《叠前部分偏移》、《地表一致性振幅补偿》技术，库尔勒研究中心推出《非零井源距VSP处理》技术；1993年，研究院开发出代表国内先进水平的全三维处理技术，包括《$F-K$域道内插》、《三参量速度分析》、《三维地表一致性振幅校正》、《叠后三维一步法偏移》和《最佳拟合一步法偏移》等项技术；1994年，研究院开发出《奇异值衰减》、《三维叠前四维数据随机噪声衰减》、《叠前（共炮检距域）去噪》（RNA）、《合成速度谱》和《多项式拟合法去噪》等项技术；1995年，研究院开发出《全差分折射静校正》、《二维叠后数据$F-K$域信号增强》、《NMO后的CMP道集双参数校正》、《扩展广义互换法折射波静校正》和《地表一致性振幅谱分析》等项技术；1996年，库尔勒研究中心开发出《叠前$F-X$域去噪》、《叠前高保真规则干扰除噪》、《叠后$F-X$域随机噪声衰减》和《叠后规则噪声分离》等项技术，研究院开发出《$F-K$域算子外推去噪》、《$F-X$域矩阵滤波》、《$F-K$域信号非线性增强》和《波动方程延拓法基准面校正》等项技术，地调二处开发出《$F-K$域椭圆形滤波》和

《波形修正反褶积》等技术。

四、综合研究

在1991～1997年期间，物探局的物探资料解释和综合研究已经形成具有自己特色的成套解释技术，即：构造精细解释技术、层位综合标定技术、裂缝发育带解释技术、全三维解释技术、层序地层学解释技术、储层横向预测技术、油气藏描述技术、重磁电资料综合解释技术等。在此期间，通过综合研究，共发现各类圈闭构造954个，圈闭面积22439平方公里；提供井位1448口，被油田采纳777口。

在上述综合研究成果中，尤以下述研究成果令人注目：

1991年地研院高增海的《塔里木盆地塔北地区石炭系储层地震地质特征》、地调二处鲍磊英的《鄂尔多斯盆地伊盟地区奥陶系成藏条件研究》、地调一处邓小力的《吐哈盆地台北凹陷地震地质综合研究》。

1992年地研院何金良的《中国北部中区侏罗与白垩系地层划分与对比》、地研院张振生的《塔中—巴东地区石油地质特征及资源评价》、库尔勒研究中心徐广明的《地震反射层位综合标定技术》。

1993年地研院杨克绳的《从勘探地震信息看中国陆盆演化与沉积盆地结构和盆地内部构造样式》、柴桂林的《吐鲁番—哈密盆地石油地质特征与含油气远景综合评价》、库尔勒研究中心曲伟鹏的《塔中地区石炭系“东河砂岩”分布的再认识及泥盆系地层圈闭的初步研究》、地研院王小善的《塔里木盆地塔中4背斜油藏描述》。

1994年地研院刘素庚的《塔北轮南地区用地震方法研究碳酸岩裂缝发育带的探索》、地研院张振生的《塔里木盆地古生界层序地层学研究》、地调三处文桂华的《库车前陆盆地描述》、库尔勒研究中心袁非的《塔北隆起圈闭评价》。

1995年地研院马涛的《塔里木盆地速度场研究及应用》、地研院谷跃民的《塔里木盆地地震资料解释方法》。

1996年库尔勒研究中心段书府的《塔中地区非构造圈闭的勘探及认识》、地研院刘前志的《渤海湾盆地西部构造特征演化、郯庐断裂带地球物理场特征研究及有利含油气区预测》、库尔勒研究中心王仁德的《塔中地区地震地质层位研究》、地研院江宏涛的《华北地区古生界构造演化及含油气远景评价》。

1997年地研院王晓平的《塔中地区区带评价及目标选择》、地研院李玲的《全三维可视化解释技术在牙哈地区的应用效果》、库尔勒研究中心王贵重的《塔北隆起区目标选择与评价》、地调三处侯六根的《塔里木盆地库车坳陷解释研究评价》。

五、新技术推广效果

1991年，物探局纳入总公司新技术推广项目有7项，其中三维地震勘探技术、多项式拟合和子波反褶积、FP－1型现场处理机分别获金牌、银牌和铜牌奖；另4项是地震解释新技术、微机辅助解释系统、国产物探装备和非地震物探方法等推广应用效果通过总公司的鉴定验收。

1992年，物探局纳入总公司新技术推广项目有7项，即：地震采集应用系统，在局内外推广10套，收入98万元；GRISYS现场地震数据处理软件系统，在局内外推广30套，收入68万元；其他5项是高分辨率地震勘探技术、地震解释技术、油田生产数据采集系统、综合录井仪和物探装备。

1993年，纳入新技术推广项目有9项，其中GRISYS的二维和三维处理软件系统和工作站版本，共售出86套，收入180万元。

1994年，新技术推广项目有8项，其中有GRISYS各种版本的软件系统，已累计推广160套，累计收入达2000万元；其他有SK－II数控综合录井仪、储层横向预测技术、DF－1型电场差分仪、中爆速震源药柱及高分辨率勘探技术的推广也获得成功。

1995年，新技术推广项目有5项，其中SK－I数控综合录井仪向滇黔桂石油勘探局出售3套；地震采集系统3.0版本售出33套；软件平台器件库、陆上地震采集基础数据文件系统（SDFS V2.0）、微机测量绘图系统等已在17个单位推广应用。

1996年，新技术推广项目有9项，即：GPS数据短波传输技术成为国家科委批准向全国推广的项目；储层综合评价配套技术成为总公司“九五”新技术推广重点示范工程项目；陆上地震采集基础数据生成系统向胜利、新疆等8个油田推广；GRISYS现场处理系统3.0版本；多媒体软件；网络并行、国际互联网、勘探数据库制图软件和非地震综合解释系统等。

1997年，新技术推广项目有5项，其中勘探数据制图软件向局内外推广19套；野外采集系统软件4.0版本向局内外推广28套；GRISYS 3.1版本向局内外推广46套；速度场数据库软件、二维地震资料闭合差校正技术已通过专家验收，可以向局内外推广。

第三章 科技成果

物探局自1973年成立至1997年，历经25年，在石油物探的资料采集、处理、解释和综合研究，以及软件和装备研制中，共完成科研项目3476项。其中属于国家级重大科技攻关项目33项、部（总公司）级重大科技攻关项目145项、局级科技攻关项目230项、处级科技项目3068项；共完成各类综合研究报告1167份，编写石油物探地质专著24本，发表各类科技论文1015篇。由于物探局的科技工作直接为油气勘探服务，因此物探局的科技成果均直接或间接用于油气勘探。

在上述科技成果中，获得全国科学大会奖6项；获得国家科技进步特等奖1项、一等奖6项、二等奖10项、三等奖8项；获得部（总公司）科技进步一等奖27项、二等奖28项、三等奖21项；获物探局科技进步一等奖148项、二等奖182项、三等奖192项。

第一节 获奖科技成果

1973～1997年，物探局在综合研究、新方法应用和开发，以及物探装备研制中，共完成科研项目3476项，内有综合研究项目1649个，编制处理模块1122个，开发解释软件34套，新方法攻关和物探装备研制671项。属于重大科技攻关项目408项：国家级项目33项，部级145项，局级230项。物探局重大科技攻关成果中有102项获得国家和部级科技进步奖，获奖项目列于表8-1。获局级科技进步奖的项目共有522项，其中获局一等奖的项目有148项，具体列于表8-2。获奖项目约占全局科研项目20%。

表8-1 1978～1997年物探局获国家级或部级奖科研项目统计表

序号	项目名称	研究单位	主要完成人	获奖等级	获奖年份
1	“150”电子计算机地震资料处理系统	北京大学、四机部、六四六厂		科学大会奖	1978
2	TC-11型磁带机	仪器厂		科学大会奖	1978
3	渤海湾油气区石油地质特征与油气田分布规律	物探局、勘探院		科学大会奖	1978
4	华北扭转断块活动与古潜山油气田形成	物探局、华北油田		科学大会奖	1978
5	全国石油勘探开发成果图汇编	物探局、勘探院		科学大会奖	1978
6	地震勘探古潜山油气藏	物探局、大港油田		科学大会奖	1978
7	渤海湾盆地复式油气聚集区带勘探理论及实践	物探局、华北、大港等单位	物探局主要参加人有袁秉衡、吴奇之、柴桂林、钟国森等10人	国特等	1985
8	华北盆地南部石炭系煤成气形成条件及远景评价	解释中心	周兴熙等	国一等	1985
9	数字地震勘探技术的应用与发展	物探局、新疆局、四川局、规划院、西仪厂	物探局主要参加人有孟尔盛、刘颂威、陈建新、王宏琳等13人	国一等	1985
10	沙漠腹地地震勘探新技术	物探局、新疆局	吴群苍等	国一等	1987
11	塔里木盆地和准噶尔盆地沙漠腹地地震勘探新技术	物探局、新疆局	物探局主要参加人有柴桂林、吴群苍、严伦等9人	国一等	1987

续表

序号	项目名称	研究单位	主要完成人	获奖等级	获奖年份
12	银河地震勘探数据处理系统	物探局、国防科大	物探局、主要参加人有陈建新、王宏琳、赵振文等10人	国一等	1987
13	KJ 8920大型石油地震应用软件处理系统	研究院	胡国栋、周继康、张秀峰等10人	国一等	1992
14	WT-300型气水两用车装钻	机械厂	张允中等	国二等	1983
15	SD-I型数字大地电磁测深仪及其软件应用和研究	仪器厂、研究院、国家地震局等	叶卸良、王天生等	国二等、部一等	1985
16	塔里木盆地柯克亚高产油气田的发现和探明	物探局、新疆局、塔指	接维增等	国二等	1985
17	地震勘探数值方法	研究院、中科院	张叔伦等	国二等	1987
18	KZ-13型可控震源	装备所、大修厂、特车厂	杨雨均、林　宁等	国二等、部二等	1987
19	复杂隐蔽油气藏勘探方法研究与应用	解释中心、研究院	刘前志、熊　翥	国二等	1987
20	石油科技国外水平调查	情报所、物探情报协作组		国二等、部一等	1989
21	有限元法地震模拟和偏移在石油勘探中的应用	研究院、石油大学	范祯祥、严昌言等	国二等	1990
22	高分辨率地震勘探技术	物探局、大庆、胜利、勘探院	俞寿朋、周兴元等	国二等	1991
23	塔中地区石炭系大油田的发现与勘探方向	库尔勒研究中心、三处		国二等	1995
24	古潜山油气田的形成条件与勘探技术	物探局、华北、辽河、胜利、大港	袁秉衡、赵呈瑞等	国三等	1985
25	三维地震勘探技术及应用	物探局、江汉、胜利、四川	徐文荣等	国三等	1985
26	吐鲁番—哈密盆地吐鲁番坳陷石油地质特征与含油气远景综合评价	三处	柴桂林、袁　非等	国三等、部一等	1992
27	多道遥测数控地震仪	仪器总厂、西仪厂	罗维炳、叶梦生等	国三等	1992
28	垂直地震剖面法及其应用技术研究	物探局	陈祖传等	国三等	1992
29	京津地区廊固凹陷地质、物探综合解释研究总结报告	地研院	潘尧嘉等	国三等	1992
30	西北地区卫星定位网的建立及应用	三处、五处、武汉测绘科技大学	崔民元等	国三等、部一等	1994
31	GRISYS地震数据处理系统	研究院	赵振文、王宏琳等	国三等	1994
32	CYBER 1724计算机地震软件研究与发展	研究院		部一等	1979
33	WATA波阻抗剖面研究	研究院		部一等	1980
34	珠江口盆地油气资源评价报告	评价所		部一等	1981
35	珠江口盆地区域地质构造特征研究	评价所		部一等	1981

续表

序号	项目名称	研究单位	主要完成人	获奖等级	获奖年份
36	珠江口盆地局部构造圈闭条件初步分析	评价所		部一等	1981
37	珠江口盆地地震地层学专题研究报告	评价所		部一等	1981
38	珠江口盆地18个主要构造的油气远景分析	评价所		部一等	1981
39	SK－83型96道数控地震仪	仪器厂		部一等	1985
40	沙漠地区地震勘探技术	物探局	吴群苍、戴春权等	部一等	1985
41	中国煤成气资源的研究和勘探	物探局	周兴熙等	部一等	1985
42	大容量固体扩展存储器	研究院	潘显灿等	部一等	1985
43	数字技术在重力勘探中的应用	研究院	王宜昌等	部一等	1986
44	二维粘弹介质中地震勘探有限元数值模拟方法与应用软件研究	研究院	范祯祥、严昌言等	部一等	1988
45	多项式拟合内插地震道研究	研究院	俞寿朋等	部一等	1989
46	吐鲁番—哈密盆地台参1科学探索井综合评价	物探局、勘探院		部一等	1989
47	高分辨率地震勘探技术	物探局	俞寿朋、周兴元等	部一等	1990
48	垂直地震剖面法及其应用技术的研究	物探局	陈祖传等	部一等	1991
49	SK－1004型遥测数控地震仪	仪器总厂	罗维炳、叶梦生等	部一等	1991
50	KJ 8920大型石油地震应用软件处理系统	研究院	胡国栋、周继康等	部一等	1991
51	多阵列机多辅助处理机地震资料并行处理软件系统	研究院	王宏琳、牟善林等	部一等	1991
52	中国沉积盆地及油气矿产分布挂图	地研院	刘志芳等	部一等	1994
53	塔里木盆地北部牙哈油气田的发现及轮台断隆油气分布规律	物探局、塔指	张　玮等	部一等	1996
54	中国西北卫星网的建立及在石油地质勘探中的应用	物探局、新疆局、青海局、武汉测绘科技大学		部一等	1997
55	检波器测试台	仪器厂		部二等	1976
56	DJ－8型测井检波器	仪器厂		部二等	1979
57	京津地区油气远景储量预测	研究院	王善书等	部二等	1979
58	河西务潜山构造带三查工作总结	研究院	谢庆辉等	部二等	1979
59	京津地区地震地层学探讨	研究院、一指		部二等	1979
60	京津地区地震资料处理小结	研究院、一指		部二等	1979
61	TC－22型通用数字磁带机	仪器厂		部二等	1980
62	150计算机技术改造	研究院		部二等	1981
63	KZ－7型可控震源	物探局、玉门局、青海局	杨雨均、王东才等	部二等	1982
64	二连盆地地震资料采集和处理方法研究	一指、二指、四指、研究院		部二等	1983
65	CYBER 1724计算机技术改造	研究院	崔公利等	部二等	1983
66	WTYP－200型物探电缆	仪器厂	李家禄等	部二等	1984
67	物探仪器车	特车厂		部二等	1987

续表

序号	项目名称	研究单位	主要完成人	获奖等级	获奖年份
68	廊固、霸县凹陷及东濮马厂地区特殊地质体的地震资料精细处理与解释	解释中心、研究院	范雅琳、赵翠芬等	部二等	1988
69	多项式拟合提高信噪比和两步法多道子波反褶积	研究院	俞寿朋、张永刚等	部二等	1988
70	WTZ-18型沙漠空气钻机	机械厂	张庆林等	部二等	1988
71	塔里木盆地油气资源评价研究	物探局、勘探院	严　伦、柴桂林等	部二等	1989
72	京津地区廊固凹陷地质—物探综合解释研究	地研院	潘尧嘉等	部二等	1991
73	秦晋地区古生界天然气地质综合研究	解释中心、五处	吴奇之、王同和等	部二等	1992
74	地震储层横向预测技术及实例	四处、一处、研究院	辛连发、詹世凡等	部二等	1992
75	二连盆地石油天然气地质研究	四处	吴奇之、张守本	部二等	1993
76	GRISYS现场地震数据处理系统	研究院	邵仲鸿、张希哲等	部二等	1993
77	石油物探新技术调研与述评	情报所、物探情报协作组	牛毓荃、高章伟等	部二等	1993
78	吐哈盆地天然气地质条件及有利区带评价	一处		部二等	1994
79	WTC 5320TSZ 15吨沙漠物探专用车	物探局、清华大学	周立言、赵六奇等	部二等	1995
80	塔里木盆地构造特征	物探局、塔指等	高增海等	部二等	1996
81	大沙漠低信噪比地区地震勘探采集方法	三处	方新宇、王　超等	部二等	1996
82	TBZ-800型同步震源遥控爆炸机	仪器厂	黄玉光等	部三等	1983
83	WT-50型车装钻机	机械厂	张庆林、毛　军等	部三等	1985
84	石油物探地质绘图系统	研究院	刘天恩等	部三等	1985
85	东濮、泌阳凹陷地震地质综合研究	二公司、中原、河南等油田	沈秀英、许绍陵等	部三等	1985
86	保温送饭车	机械厂		部三等	1988
87	地震数据采集与静校正	二处		部三等	1989
88	石油物探微机应用软件汇编及在解释、油藏预测中的应用	物探局、西北大学等	周绪文、郑永乐等	部三等	1989
89	用卡尔曼滤波器对不同偏移距上地震反射波记录强度的估计	研究院		部三等	1990
90	蛛网状三维地震勘探技术	二处、研究院	郑永乐、赵邦六等	部三等	1990
91	WF型防高压触电保护器	一处	赵质惠、陈树舟等	部三等	1991
92	WTC 5122 TSZ沙漠车	特车厂	唐建军、田　野等	部三等	1991
93	相对折射静校正	物探局	陈祖传	部三等	1991
94	石油重磁勘探微机处理系统	地研院、五处	王宜昌、杨　辉等	部三等	1991
95	冀中坳陷非背斜圈闭形成条件与勘探方法建议	地研院	刘前志、张振生等	部三等	1993
96	塔里木盆地数据库静校正方法研究与应用	二处、三处、一处	钱荣钧、王顺国等	部三等	1993

续表

序号	项 目 名 称	研 究 单 位	主要完成人	获奖等级	获奖年份
97	塔里木盆地东河油田构造研究与储层预测	地研院	金爱丽、谷跃民等	部三等	1994
98	塔里木盆地速度分析及提高时深转换精度的方法	地研院	马　涛、严又生等	部三等	1994
99	塔里木盆地古生界层序地层学	地研院	张振生、赵秀岐等	部三等	1996
100	SK－Ⅱ型数控综合录井仪	仪器总厂、江汉石油学院	张亚杰等	部三等	1996
101	地震横向预测技术推广	勘探处	张德林等	部三等	1996
102	GRISYS 地震数据处理系统	研究院	赵振文、王宏琳等	部三等	1996

注：科学大会奖指 1978 年全国科学大会奖；国指国家级；部指部级或总公司级。

表 8－2　1973～1997 年物探局获局级一等奖的科研项目统计表

序号	项 目 名 称	研 究 单 位	主要完成人	获奖等级	获奖年份
1	可控硅高压炮盒	仪器厂			1973
2	冀中坳陷石油地质基本特征	研究所			1973
3	处理地震数字资料的 C 程序系统	计算站			1974
4	叠加偏移程序及时深转换	计算站			1974
5	京津河西务地区地震资料处理方法和解释方法研究	研究所			1974
6	DZ－48 道模拟磁带地震仪	仪器厂			1975
7	SJ－1 型低频检波器	仪器厂			1975
8	遥测爆炸机 YKB－800	仪器厂			1975
9	京津地区变速空间校正方法	研究所			1975
10	地震勘探寻找古潜山方法	一指		一等	1977
11	综合物探与古潜山	一指		一等	1977
12	《地震勘探数字技术》共四册，前三册参与评奖，1984 年出齐	成都地质学院、北京石油学院、物探局、北京大学	牟永光、范祯祥、鲍吉山、龚　生、甘章泉、陈乾生、闵嗣鹤	一等	1977
13	冀中中部地区古潜山综合解释	一指、四指		一等	1978
14	冀中中部古潜山油田地震勘探	研究院		一等	1978
15	东濮凹陷地震资料解释方法	二指		一等	1978
16	东濮凹陷地震地层学研究	二指		一等	1980
17	廊坊—固安凹陷牛北斜坡烃类检测试验和曹家务地区沙三下岩相变化研究	研究院	王达昌、潘尧嘉等	一等	1981
18	东濮凹陷综合研究报告	二指	陈运三	一等	1981
19	塔里木盆地地震勘探成果报告	三指		一等	1981
20	东濮凹陷地震勘探方法试验	研究院		一等	1981
21	大地电磁测深资料常规处理	研究院		一等	1981
22	东濮凹陷复杂构造勘探	二指	关中志、陈运三、温森来等	一等	1981

续表

序号	项目名称	研究单位	主要完成人	获奖等级	获奖年份
23	高阶有限差分偏移	研究院	马在田、蒋复英	一等	1982
24	SK－8000数控地震仪	仪器厂	曹玉王宣、缪学明等	一等	1982
25	SJ－2型数字检波器	仪器厂	黄永昕等	一等	1982
26	150－AP阵列处理机	研究院	陈建新、李春山等	一等	1982
27	珠江口盆地油气资源综合评价方法研究	评价所		一等	1982
28	地震古潜山勘探	一指、四指、研究院、评价所、局机关		一等	1982
29	KZ－7型可控震源研制	研究院、玉门石油局	杨雨均等	一等	1982
30	SD－1型大地电磁测深仪研制	仪器厂、普查大队	田绍耕、叶御良等	一等	1982
31	大地电磁测深软件系统研制	研究院	王天生、刘　仁等	一等	1982
32	东濮凹陷复杂断块的解释方法	二指		一等	1982
33	特殊处理中新技术推广和应用	研究院	孙廷举、钟国森等	一等	1982
34	二连盆地中南部最佳采集因素设计及效果分析	二指		一等	1983
35	石油地球物理勘探成果图集	一、二、三、四指，普查大队、研究院、勘探处	王景星、孟东军等	一等	1983
36	石油天然气勘探成果图集	二指	樊文杰、段书府等	一等	1983
37	二连地区地震资料的方法研究	二指	康大浩、谢芬等	一等	1983
38	高阶有限差分偏移的新算法	研究院、中科院	张叔伦、刘超颖	一等	1984
39	马尼特坳陷蒙古林地区储集层研究	四公司	辛连发	一等	1984
40	TC 140 EQ仪器车	特车厂	贾俊琦、杨守义等	一等	1984
41	SCQ－1型磁带清洁器	仪器厂	甄增海、冯进国等	一等	1984
42	三维地震处理方法	研究院	王家序、刘在枢等	一等	1984
43	YH软件第一期工程	研究院	王宏琳、赵振文等	一等	1984
44	塔里木盆地轮台—库尔勒地区勘探成果	三公司		一等	1984
45	1984年度区块特殊处理	研究院	龙盛容、侯肖娥等	一等	1984
46	FP－1型车载现场处理机	仪器厂		一等	1985
47	卫星多普勒测量技术	三公司、普查公司		一等	1985
48	二连盆地1984年地震勘探成果及早期资源评价	解释中心	金学正、钱鑫芳等	一等	1986
49	束鹿凹陷地震资料综合研究方法和效果	解释中心	葛秀花、王式玲	一等	1986
50	廊固凹陷特殊地质体的识别及圈闭研究	解释中心	赵翠芬、李惠然	一等	1986
51	文留地区三维振幅及速度切片在岩性解释中的应用	解释中心	王达昌、赵慕勤	一等	1986
52	东濮凹陷北部盐湖地震地层学研究	二处	沈秀英、段书府等	一等	1986
53	塔里木地区地质异常体的地震地层学研究	三处	张　玮	一等	1986

续表

序号	项目名称	研究单位	主要完成人	获奖等级	获奖年份
54	霸县凹陷西部地震资料重新处理及解释成果	解释中心	范雅琳、房昌荣等	一等	1986
55	东濮凹陷复式油气区地震资料解释成果	二处	赵世华、陈运三	一等	1986
56	二连盆地额仁淖尔复杂地质条件地震资料解释方法及效果	解释中心	金学正、钱鑫芳等	一等	1986
57	冀中坳陷古潜山解释方法及效果	解释中心	崔绍贤、王雄兆等	一等	1986
58	多项式拟合提高信噪比	研究院	俞寿朋、蔡希玲等	一等	1987
59	文留地区三维地震资料解释	二处	傅同庆、鲍磊英	一等	1987
60	银河地震资料处理系统	研究院	陈建新、王宏琳等	一等	1987
61	沙漠地震勘探	三处、研究院		一等	1987
62	地震资料特殊处理方法及其应用技术	研究院、解释中心、一至四处		一等	1987
63	SK－83数控地震仪	仪器厂		一等	1987
64	KZ－13型可控震源	装备所、大修厂	林　宁、南文海等	一等	1987
65	大容量固态扩展存储器	研究院	潘显灿、余序平等	一等	1987
66	钻机（部件）性能试验台	机械厂		一等	1988
67	粘滞弹性介质中地震波传播有限元数值模拟方法与应用软件	研究院	范祯祥、严昌言等	一等	1988
68	多项式拟合内插地震道研究	研究院	俞寿朋、苏永昌等	一等	1988
69	WTZ－18型钻机	机械厂		一等	1988
70	二连盆地构造地质特征及早期资源评价	解释中心		一等	1988
71	阿尔善构造横向预测	四处		一等	1988
72	SK－1004遥测数控地震仪	仪器厂	罗维炳、叶梦生等	一等	1989
73	WT－12S遥测数传电缆	仪器厂	李西忠	一等	1989
74	垂直地震剖面法及其应用技术研究	二处	康大浩、高希勤等	一等	1989
75	蛛网状三维地震勘探技术	二处	赵邦六、郑永乐等	一等	1989
76	三维地震勘探技术的推广应用	勘探处、一至四处、研究院、解释中心	何振香、程金箴等	一等	1990
77	塔里木盆地地质构造特征及勘探方向	三处	柴桂林、夏义平等	一等	1990
78	秦晋地区古生界天然气地质综合研究	解释中心、五处	吴奇之、王同和等	一等	1990
79	PE 3284处理系统改进与发展	研究院	牟善林、李晓杰等	一等	1990
80	地震采集应用系统2.1版本	二处	徐文荣、高党团等	一等	1991
81	最佳拟合偏移	研究院	赵振飞、陈　静	一等	1991
82	二阶差分最大叠加能量法地表一致性静校正	研究院	国九英、周兴元等	一等	1991
83	相对折射静校正	物探局	陈祖传	一等	1991
84	山西沁水盆地武乡地区可控源声频大地电磁（CSAMT）勘探成果报告	五处	何展翔、李　青	一等	1991
85	KZ－20型可控震源	装备所	南文海、王长江等	一等	1991
86	WY－JF－7004型微机检波器测试仪	仪器总厂	赵振美、郭有学等	一等	1991

序号	项 目 名 称	研 究 单 位	主要完成人	获奖等级	获奖年份
87	提高塔里木盆地构造解释精度方法研究	二处	赵世华、陶家庆等	一等	1991
88	伊盟地区天然气勘探目标研究	二处	张淑华、董振川等	一等	1991
89	地震交互解释系统应用功能的应用与开发	地研院	冯　风、杨贝德等	一等	1991
90	《石油地球物理勘探》杂志（1990～1991）	地研院	俞寿朋、汪廷璋等	一等	1991
91	解释系统在廊固凹陷的应用	地研院	赵翠芬、黄忠范等	一等	1991
92	地震储层横向预测技术及实例	一处、四处、地研院、勘探处	辛连发、詹世凡等	一等	1991
93	GRISYS 现场地震数据处理系统	研究院	邵仲鸿、张希哲等	一等	1992
94	吐哈盆地台北凹陷石油天然气地震勘探及地质综合研究	一处	邓小力、詹世凡等	一等	1992
95	塔里木数据库静校正方法研究及应用	一、二、三处	钱荣钧、王顺国等	一等	1992
96	WTZ－350 型车装地震钻机	机械厂	田爱军、索元贵等	一等	1992
97	WTC 5122 TSZ 型沙漠车	特车厂	唐　涛、田　野等	一等	1992
98	IBM 3081/3083/3084 计算机复合系统软、硬件安装	研究院	王湘民、吴永金等	一等	1992
99	塔中低隆地质构造特征及勘探部署建议	库尔勒研究中心	段书府、张玮等	一等	1992
100	塔里木盆地柯克亚三维地震资料精细解释及油藏描述	三处	尚培乐、汪昌贵等	一等	1992
101	塔里木盆地东河塘油田构造研究与储层预测	地研院	金爱丽、谷跃民等	一等	1992
102	塔里木盆地草湖地区地震地质研究	二处	陶家庆、赵世华等	一等	1992
103	塔里木盆地速度分析及提高时深转换精度的方法	地研院	马　涛、严又生等	一等	1993
104	*F*－*K* 域道内插	研究院	国九英、周兴元	一等	1993
105	中国沉积盆地油气矿产分布挂图集	地研院、总公司勘探局	刘志芳、雒颖脱等	一等	1993
106	三塘湖、巴里坤盆地重力、电法综合研究报告	五处	曾庆全、何　毅等	一等	1993
107	SK－1005 型遥测数控地震仪	仪器总厂	罗维炳、王绍金等	一等	1993
108	GPS 数据短波传输技术研制	三处	崔民元、宋健敏等	一等	1993
109	GRISYS 现场三维地震数据处理系统	研究院	姜瑞友、杨宝林等	一等	1993
110	GRISYS 二维地震数据处理系统	研究院	赵振文、田树仁等	一等	1993
111	鄂尔多斯盆地伊盟地区下古（兼上古）生界大中气体目标研究	二处	董振川、鲍磊英等	一等	1993
112	SK－Ⅱ型综合录井仪	仪器总厂	张亚杰、叶仁群等	一等	1993
113	地震高分辨率系统工程剖析	物探局	李庆忠	一等	1993
114	塔里木盆地地质构造特征及构造演化史	地研院	高增海、刘德玉等	一等	1994
115	1994 年《石油地球物理勘探》杂志	地研院	汪廷璋、王友仁等	一等	1994
116	塔里木盆地古生界层序地层学与石炭系地震地层学研究	地研院	张振生、赵秀岐等	一等	1994

续表

序号	项目名称	研究单位	主要完成人	获奖等级	获奖年份
117	塔里木盆地构造与非构造圈闭类型、分布与成因	地研院	杨春林、王绍玉等	一等	1994
118	用地震方法研究碳酸盐岩储层裂缝发育带探索	地研院	刘素庚、刘　贤等	一等	1994
119	全三维地震资料处理技术推广及应用	研究院	赵世贤、周兴元等	一等	1994
120	拟合—差分法吸收边界全波方程三维偏移	研究院	赵振飞、陈　静	一等	1994
121	GRISYS 现场数据处理系统推广应用	研究院	田树人、赵振文等	一等	1994
122	神泉地区三维地震资料解释及储层油气预测	一处	牛国军、吕云远等	一等	1994
123	地震采集应用系统（2.1 和 3.0 版本）推广	二处	李万万、梁秀文等	一等	1994
124	正交迭代静校正系统	二处	刘贤功、李章明等	一等	1994
125	大沙漠低信噪比地区地震勘探采集方法	三处	严　峰、王文祥等	一等	1994
126	阿南南坡油藏描述	四处	于金池、陈元忠	一等	1994
127	建场测深法试验总结报告	五处、地研院	何展翔、金祖发等	一等	1994
128	大沙漠三维地震勘探技术	勘探处、一、二、三处、研究院	赵瑞平、钱荣钧等	一等	1994
129	高分辨率地震勘探理论、方法及应用研究	物探局	李庆忠、俞寿朋等	一等	1994
130	15 吨 6×6 沙漠物探专用车	特车厂	周立言、夏建江等	一等	1994
131	建立光电测距仪检测标准系统	五处 GPS 检测中心	陈涵实、陶建龙等	一等	1994
132	人工关节置换治疗骨关节破坏性疾病	职工医院	马孟山、张亮华等	一等	1994
133	吐哈盆地南部前侏罗系地震地质研究及认识	一处	张春书、牛国军	一等	1997
134	吐哈盆地台北凹陷胜南—雁木西地区三维地震解释及效果	一处	毛凤军、曹来圣	一等	1997
135	吐哈盆地前侏罗系地震勘探方法攻关	一处	杨剑锋、王国忠等	一等	1997
136	8 米抽拉式沙漠钻具研制	二处	尹凤权、张国和等	一等	1997
137	塔里木盆地克里阳山地二维地震资料解释	二处	赵志岭、白志英等	一等	1997
138	塔里木盆地塔北隆起玉东构造三维地震采集资料解释	三处	李　峰、倪于东等	一等	1997
139	塔里木盆地大沙漠区高分辨率地震采集技术攻关	三处	宋强弓、贾　勇等	一等	1997
140	AGIP 区块重力勘探处理解释成果报告	五处	周鼎潮	一等	1997
141	WTRZ－30 型人抬山地钻机	机械厂	李玲毓、田爱军等	一等	1997
142	二维叠前深度偏移	研究院	王有新、李少英	一等	1997
143	俞氏子波	研究院	俞寿朋、蔡希玲	一等	1997
144	老爷庙地区多次波的地震方法攻关	物探局	陈祖传、王顺根等	一等	1997

续表

序号	项 目 名 称	研 究 单 位	主要完成人	获奖等级	获奖年份
145	中国陆相盆地大油气田形成的地质基础	物探局、地研院	吴奇之、刘志芳等	一等	1997
146	1995～1996年度《石油地球物理勘探》杂志	地研院	汪廷璋、王友仁等	一等	1997
147	南堡凹陷三维连片地震资料解释成果报告	地研院	赵玉光、曹雪莲等	一等	1997
148	SYSTEM 1/2、SN－388仪器采用地震数传电缆	仪器总厂	王兆蚨、聂发军等	一等	1997

注：本表1～9项为物探局未评奖时期的重要项目。

第二节　重大科技成果选介

1973～1997年，物探局共获得408项重大科技攻关成果。其中除少数项目通过横向科技合作完成外，多数项目依靠物探局本身的科技力量完成。以下仅从综合研究、新方法应用与开发及物探装备研制等方面选择几项具有代表性的科技成果加以介绍。

一、综合研究

（一）渤海湾盆地复式油气藏聚集（区）带勘探理论及实践

该项目属于石油部“六五”期间重大科技攻关项目，由物探局和石油勘探开发研究院及胜利、辽河、中原、华北、大港等油田7个单位共同完成。物探局主要参加者有袁秉衡、吴奇之、柴桂林、陈祖传、李庆忠、王景星、钟国森、陈笃恭、刘素庚和王雄兆等人。

该项成果系统地总结了1963年以后的20多年间在渤海湾盆地从事油气勘探活动获得的认识，认为渤海湾盆地是一个多断陷、多断块、多含油气层和多油气藏类型的含油气盆地，油气资源十分丰富。在地质结构上，由于中、新生代时期强烈拉张作用及基底性质的影响，断裂活动频繁，断陷分割性强，形成多种类型的断裂构造带及不同级别的断块体；在沉积上，每个断陷自成一个沉积单元，并具有河湖沉积的特点；在成油规律上，一个构造断裂带可能对应一个复式油气聚集带，多个含油层系在纵向上相互叠置，在平面上由不同油气层组成连片含油气带；在勘探方法上，应首先使用数字地震技术查明构造断裂带的几何形态，然后布预探井，发现油气后，进一步详探和开发滚动进行。应用上述理论，在1980～1984年期间连续发现40多个新油气田，其中文留和孤东为储量1亿吨以上的大油田，新增石油地质储量16亿吨、天然气储量612亿立方米。为此该项目荣获1985年国家科技进步特等奖。

（二）古潜山油气田形成条件与勘探技术

该项目属于石油部“六五”重大科技攻关项目，由物探局和华北、辽河、胜利及大港等油田共同承担。物探局主要参加者有袁秉衡、赵呈瑞等人。

该项目系统地总结了自1975年发现任丘古潜山油气田以后在冀中、山东、辽河等地区开展古潜山勘探的经验和综合研究成果：①应用现代数字地震技术是查明潜山位置、形态、埋深、周边地质环境和潜山内幕的主要勘探手段；②不对称断块活动是形成潜山的基本原因，“新生古储”是潜山油气藏的形成机理；③古潜山油气藏的富集程度取决于古潜山与下第三系生油岩系的接触范围，古潜山的储集空间与储集层的地质时代和岩相特征关系极大，以前震旦系雾迷山组的块状储集体最好；④划分了潜山油气藏类型，为勘探复式油气藏指明了方向。该项目荣获1985年国家科技进步三等奖。

（三）秦晋地区古生界天然气地质综合研究

该项目列入石油部“七五”科技攻关项目，项目负责人为物探局总地质师吴奇之，由解释中心和地调五处负责实施，主要参加者有王同和、王冰、唐南昌、赖江德、英勇和朱宗镜等人。获得的主要成果有：①编制了秦晋地区第一份地质图和第一套完整的重、磁、电勘探图件；②依据地质、钻井和各项物探资料编制了该区的基底性质、基底结构类型和构造单元划分等9幅成果分析图件，提出了刀兔、麒麟沟和宜县等大型重力高带均是结晶基底构造反映，并非沉积盖层构造引起的新认识；③编制了全区下二叠系顶和下石盒子组顶两层地震构造图，展示了二级构造带的分布；④利用200余口钻井、189个地质露头和区域地震剖面等资料，编制了6幅古构造分区图和5条区域构造发育大剖面；⑤利用钻井、物探、地质及卫星影像资料编制了区域构造划分图及断裂系统图；⑥编制了下古生界天然气综合评价图，指出了该区油气勘探的方向、方法和原则。这项综合研究成果为“八五”期间在该区发现新增天然气储量做出了重要贡献。该项成果荣获1990年物探局科技进步一等奖，荣获1992年总公司科技进步二等奖。

二、新方法应用与开发

（一）塔里木盆地和准噶尔盆地沙漠腹地地震勘探新技术

该项目属于石油部“六五”、“七五”期间重大科技攻关项目，由物探局和新疆石油管理局共同完成。物探局主要参加者有柴桂林、吴群苍、严伦、戴春权、李万生、赵中全、李高珠、接维增和林振刚等人。

位于塔里木盆地的塔克拉玛干大沙漠，是中国第一大沙漠，有“死亡之海”之称，为石油地震勘探空白区。1983年，物探局与美国GSI公司合作组织装备精良的地震队开赴大沙漠腹地进行地震勘探施工。历经5年艰苦奋斗，不仅总结出一套完整的大沙漠区地震勘探方法，而且取得了丰富的地质成果，为1989年发现塔中1井高产油气流提供了可靠资料。获得的主要成果有：①在消化、吸收引进技术基础上，摸索出一套适合中国沙漠地震勘探的技术和管理方法；②在深入调查和研究沙丘厚度与地震波波速和全区潜水面的关系基础上，提出了一套低降速带数据采集和解释方法，以及沙丘静校正量计算方法，较好地解决了沙漠区静校正问题；③提出了一套行之有效的处理沙漠区低信噪比地震资料的流程；④首次使用卫星定位技术，提高了沙漠区地震勘探的精度；⑤发现3个大型油气富集带，进一步肯定了该区具有丰富的油气资源，指出了寻找大油田的方向，提供7口钻探井位。

塔克拉玛干大沙漠区地震勘探技术攻关成功，标志中国的地震勘探技术水平已经进入世界先进行列。该项成果荣获1987年国家科技进步一等奖。

（二）三维地震勘探技术及应用

该项目列入“六五”国家科技攻关项目，由物探局、四川石油管理局和江汉、胜利油田共同承担。物探局主要参加者有徐文荣、程金箴、王强等人。该项目由各单位分别实施，最后汇总。

在“六五”期间，共完成6块三维勘探，勘探总面积约1000平方公里。主要成果有：①基本掌握了三维地震勘探观测系统设计和相应的采集方法；②初步建立了一套三维地震资料处理流程，物探局和江汉油田分别自行编制了一些三维处理新模块；③摸索到一套三维资料解释技术；④根据文留、大民屯等区块的三维构造图布井钻探，成功率提高到60%～80%，充分显示三维地震勘探的巨大潜力。

通过三维地震勘探的技术攻关获得的一整套经验，迅速在石油部各油田推广。在“六五”末期，石油部所属各油田的三维地震勘探技术水平达到了国外80年代早期的水平。该项成果1985年通过国家验收，并获该年国家科技进步三等奖。

（三）数字技术在重力勘探中的应用

该项目为石油部“六五”科技攻关项目，由物探局、青海石油管理局和新疆石油管理局共同承担。物探局主要参加者有王宜昌、郑彬卿和杨辉等人。

该项目主要贡献是在CYBER 1724计算机上建立一套用于石油重磁勘探资料的数字处理系统，简称PGM系统，为中国较早建立的重磁资料处理系统之一，标志石油部系统重磁资料处理和解释开始步入数字化阶段。该系统有40多个模块，涉及26种重磁资料解释方法，包括常规处理、精细处理和绘图服务等功能。其中有10种新方法为自行研制。在“六五”期间，利用PGM系统先后处理塔里木、准噶尔等10个地区约10万公里的重磁资料，得到了较好的地质成果，并为地震勘探成果证实。表明应用数字技术，不仅可以明显提高重磁力勘探的地质效果，而且显示重磁力勘探方法仍具有相当大的潜力，在较好的地质条件下，可完成地质构造的细测任务。该项成果荣获1986年石油部科技进步一等奖。

（四）大沙漠低信噪比地区地震勘探采集方法

该项目是国家和总公司“八五”科技攻关项目的一个部分，由地调三处方新宇、王超、严峰和王文祥等人负责实施。该项目主要做了如下工作：①通过较密集的小折射及微测井工作，取得分区的低、降速带数据，建立了表层速度数据库；②采用既合理又灵活地布（测）线方法（沿沙丘谷底布线最佳）；③按潜水面分布情况，分区分段选择激发条件，浅井组合激发时采用4米吹沙筒吹井，较深井组合激发时采用8米吹沙筒吹井，单深井激发时要保证井深20米以下；④应用采集分析论证软件优化施工参数，并利用现场处理机进行质量监控；⑤总结出一套适用大沙漠低信噪比地区的地震采集方法，即高覆盖次数、小道距、小组合基距和大炮检距，8米井组合或单深井的中爆速硝铵药柱激发。

采用上述配套方法，可以在大沙漠低信噪比地区获得浅、中、深层地震资料，构造顶部、翼部及潜山内幕，均有较清晰的显示，能满足地震地质解释的需要。该项目荣获1994年物探局科技进步一等奖，1996年总公司科技进步二等奖。

（五）地震数据采集应用系统

该项目是物探局“七五”科技攻关项目，由地调二处采集方法研究所独立开发，主要参加者有徐文荣、高党团、王顺国、李章明、吴海斌、李万万、冯泽元、刘旨剑和刘振左等人。该项目简称SAAS，于1985年投入全面开发。至1997年，该系统已更新到4.0版本。此前的2.1版本获1991年物探局科技进步一等奖。此版本的特点是：①技术新、方法独特——采用了国内外许多最先进的采集方法，其中以解决复杂地区的静校正问题能力最具特色；②功能齐全、应用范围广——能覆盖地震野外采集全过程，并能进行现场质量监控；③采用面向对象交互设计方式——更适用于三维和弯线设计；④自动、半自动交替进行——在三维设计时，可以根据给定目标区的基本要求完成最优化设计，在二维初至拾取时可以自动、半自动交互拾取全测线的折射初至，保证拾取精度；⑤采用流行界面，易于操作。

该系统采用的主要方法和技术有：①应用统计学理论进行采集参数论证；②可自动扫描分析束状观测系统类型，自动划分线束，计算三维工作量；③采用高斯射线理论进行模型正演；④包含7种静校正技术；⑤采用智能化交互初至拾取技术。

该版本共有模块238个。该项目独立研制成功，标志中国地震数据采集完全依靠国外进口采集软件的历史宣告结束。

（六）GRISYS地震数据处理系统

该项目是总公司“八五”重大科技攻关项目，由研究院软件研究所和方法研究所共同承担。该系统分为二维地震数据处理和现场处理系统；三维地震数据处理和现场处理系统。

该系统是在吸收90年代世界主要地震数据系统长处的基础上，汇集物探局20多年科研开发新成果的大型应用软件产品。既可用于批处理，又适用于交互处理。1994年9月推出GRISYS/WS 3.0版本，共有模块128个，具有14大类处理功能。该系统是一个开放型系统，可以不断地升级。该系统已经广泛用于各种复杂地质条件下的地震数据处理。该系统研制成功，标志中国应用软件国产化水平已经跻身于世界先进行列。该项软件研究成果获1994年国家科技进步三等奖。

三、物探装备研制

（一）WTZ-18型沙漠空气钻机

该项目列入石油部“七五”科技攻关项目，由机械厂和特车厂联合研制。主要参加者有张庆林、毛军、田爱军、初铭海、林韶希和马章全等人。

WTZ-18型钻机安装在WTC 5120 TSZ型沙漠车上，其功能有：①装有空压机，能利用空气循环钻井；②钻机加压、旋转钻井和井架起落均由液压驱动和控制，操作方便、灵活；③采用动力头直接上扣并传递扭矩，无需方钻杆和钻盘，钻井效率高；④装有4米或8米吹沙筒。该产品自1986年在塔里木沙漠地震队使用以后，一直得到用户的好评。执行中美沙漠合作勘探的美国专家认为，该钻机的性能和美国生产的钻机性能一样，因此美国专家决定不订购美式钻机，直接使用中国钻机。该产品荣获1988年总公司科技进步二等奖。

（二）KZ-20型可控震源

该项目是总公司“七五”科技攻关项目，由装备所、特车厂和机械厂共同承担。该产品于1987年开始研制，1990年完成5台样机，1991年5～7月在新疆进行对比考核试验，1991年11月通过总公司技术鉴定，投入批量生产。该项目获1991年物探局科技进步一等奖，获1994年国家级重点新产品证书。

该产品由装备所设计，结构部件均由国外市场购进，成品各项技术指标均达到设计要求，和国外进口的同类可控震源性能一致。

（三）WTC 5320 TSZ型沙漠车

该项目列入总公司“八五”科技攻关项目，由物探局特车厂和清华大学汽车系等单位合作研制。物探局特车厂主要参加者有周立言、赵六奇、徐元安、沈树新、陈会世、夏建江和刘健等人。

WTC 5320 TSZ型沙漠车为6×6全轮驱动15吨重型沙漠车，车内一些结构性部件由国外购进。该车在沙漠、泥泞、草原和丘陵地区具有很好的越野性能；可适应-30℃～+50℃的环境温度；最高车速为50公里/小时。该产品荣获1995年总公司科技进步二等奖。

（四）WF-1006型遥测数控地震仪

该项目是总公司“九五”重大科技攻关项目，由仪器总厂负责研制。该产品于1996年开始研制，1997年12月12日通过总公司技术鉴定。同年外销俄罗斯一台。

该产品主要技术指标：单箱体可接1536道（2毫秒采样），多箱体可扩展6144道（2毫秒采样）；线能力为8～16线；有实时叠加和相关功能；DSP峰值运算速度为2亿次/秒（浮点）；前放增益有12、24、36、48分贝等4个档；等效输入噪声小于0.15微伏；道增益一致性小于0.1%；采用24位模数转换；失真度小于0.0005%；串音大于90分贝；共模抑制比大于100分贝。

该产品性能先进、稳定，各项技术指标和国外最新开发的地震仪性能相当，表明物探局数字地震仪研制水平已接近国际先进水平。

第三节　石油物探地质论著

据不完全统计，在1966～1997年期间，物探局及其前身六四六厂的科技人员仅在物探局出版的科技期刊上发表科技论文1015篇；其中在国家级刊物《石油地球物理勘探》上发表论文558篇，以研究院发表论文最多，占58%。物探局的科技工作者在1974～1997年期间共出版24部专著（其中《地震勘探数字技术》一书四册与外单位合作出版），专著名称列于表8－3。

表8－3　1974～1997年石油物探地质专著名录

作　　者	专著名称	出版单位	出版年份
范祯祥等	地震勘探数字技术（第一册、第二册）	科学出版社	1974
范祯祥等	地震勘探数字技术（第三册）	科学出版社	1977
陈俊生、肖　玲、范维尚、刘平生	英汉石油地球物理词汇	科学出版社	1979
牛毓荃等	法汉石油地球物理词汇	科学出版社	1982
王尚文、谭试典等	中国石油地质学	石油工业出版社	1983
范祯祥等	地震勘探数字技术（第四册）	科学出版社	1977
牛毓荃、陈俊生、张淑敏等	反射法地震勘探技术	石油工业出版社	1985
郑仙种、崔力科	波动理论在地震勘探中的应用	石油工业出版社	1987
袁秉衡等	中国典型地震剖面图集	石油工业出版社	1988
周绪文	反射波地震勘探方法	石油工业出版社	1989
王宏琳	地球物理勘探中的计算机科学	华中理工大学出版社	1989
孟尔盛主编	中国地球物理勘探史例	石油工业出版社	1992
袁秉衡	应用地震技术研究储层	石油工业出版社	1992
张德林主编	地震储层横向预测技术及实例	石油工业出版社	1992
俞寿朋	高分辨率地震勘探技术	石油工业出版社	1993
李庆忠	走向精确勘探的道路	石油工业出版社	1993
熊　翥	地震数据处理应用技术	石油工业出版社	1993
范祯祥、郑仙种	地震波数值模拟偏移成像	河南科学技术出版社	1994
牛毓荃主编	英汉石油大辞典—地球物理勘探与测井分册	科学出版社	1995
霍永录、谭试典	酒泉盆地陆相石油地质特征及其勘探实践	石油工业出版社	1995
熊　翥	地震数据处理方法系统思维	石油工业出版社	1995
陈祖传	多次波剩余时差分析法	石油工业出版社	1997
柴玉璞	偏移抽样理论及其应用	石油工业出版社	1997
吴奇之、王同和、李明杰、杨德根	中国油气盆地构造演化与油气聚集	石油工业出版社	1997

第四章　科 技 信 息

科技信息是发展地球物理勘探技术的先导，特别是在中国的石油工业还处在不断地发展阶段，科技信息的搜集、分析、储存、交流、借鉴更显得重要。物探局成立前后的历届领导对科技信息工作一直十分重视。早在1965年就组建了情报组，后来发展成信息中心。1966年，创办石油部系统第一份报道类刊物——《石油地球物理勘探》。从1974年开始，局属二级单位先后又创办了7种不同类型的刊物。1980年，《石油地球物理勘探》杂志由国内发行改为面向国内外发行，成为石油部系统第一份面向国外发行的刊物，在国内外勘探地球物理界享有良好的声誉。

物探局的科技信息工作涉及情报调研和专题研究、科技期刊编辑和出版、其他科技出版物。有关科技资料与科技图书的馆藏见第十一篇企业管理与改革。

第一节　机构及队伍

物探局及其前身六四六厂的科技信息机构经历了科技情报组、科技情报室、科技情报所和信息中心四个发展阶段。

一、科技情报组

1965年，物探局前身六四六厂的研究大队综合组内设置了科技情报组，由3人组成，主要负责搜集国外有关地球物理勘探科技情报。1966年，情报组开始编辑出版《石油地球物理勘探》杂志。

二、科技情报室

1973年7月，物探局成立后，在六四六厂研究大队科技情报组基础上成立了研究所科技情报室，情报室下设情报组和编辑组，全室共有11人。两组人员既有分工又有合作。情报组主要负责国外地球物理勘探新技术和新方法资料的搜集、翻译；编辑组主要负责《石油地球物理勘探》杂志的编辑和出版。1976年，情报室机构编制扩大，编辑组改为编辑部；情报组分为情报调研组和情报动态组，局科技图书馆划归情报室。全室共有19人。

1978年，物探局成立研究院，科技情报室由研究院管辖。下设办公室、专题情报组、《石油地球物理勘探》编辑部、动态组和科技图书馆。1980年增设国内组，负责石油系统物探情报协作组的协调和交流。全室43人，其中专业技术人员32人。

三、科技情报所

1984年6月，科技情报室从研究院分离，成立物探局科技情报所，为局直属科级单位。全所64人，其中专业技术人员41人。情报所下设办公室、情报专题调研室、《石油地球物理勘探》编辑部、国外动态分析室、国内协调研究室、资料检索服务室和科技图书馆。1985年增设《国外石油地球物理勘探》编辑部，1989年后更名为《国外油气勘探》编辑部。

1991年5月，科技情报所划归新组建的物探地质研究院。情报所下设国外情报室、国内情报室、《石油地球物理勘探》编辑部、《国外油气勘探》编辑部、专题情报研究室、文献资料室和科技图书馆。全所共有专业人员53人。

四、信息中心

1997年8月，物探地质研究院和研究院合并组成新的物探局研究院，原地研院科技情报所改为研究院信息中心。中心下设《石油地球物理勘探》编辑部、《国外油气勘探》编辑部、专题情报研究室、数据库网络室、综合信息组、科技图书馆、磁带室、档案室和通讯站等。全中心120人，其中专业技术人员62人。

第二节　科技情报调研及专题研究

一、科技情报调研

从1965年成立科技情报组开始，科技情报调研和专题研究一直是物探科技情报工作者的中心任务。他们总是站在国内石油地球物理勘探技术发展前沿选题、调研和开展专题研究。在60年代中后期，国内的地震勘探技术正处于由光点记录向模拟磁带技术转变时期，情报组在搜集国外大量情报资料基础上编写了《国外近年来地震勘探技术介绍》(1966)、《磁带记录的静校正与动校正》(1966)、《北海地区的地球物理工作》(1966)、《磁带记录地震仪》(1967)、《国外地球物理技术》(1968)，向中国地球物理界系统地介绍了模拟磁带技术的仪器、采集方法和回放技术及典型应用实例。1972年，物探局前身六四六厂开始采用多次覆盖技术，情报组及热心于情报的科技人员开始系统地介绍国外多次覆盖技术及相应的计算机数字处理技术，如《多次覆盖技术》(1972)、《多次覆盖技术的发展》(1972)、《地震数字技术概述》(1973)、《地震资料处理与分析的进展》(1973)、《三维地震法》(1973)、《地震信号概述》(1973)、《傅氏变换》(1973)、《数字记录格式的标准推荐》(1974)、《数字地震仪的仪器因素》(1975)、《二维数字滤波的基本原理》(1975)、《亮点的警告——并非没有错误》(1975)、《地震资料处理近况》(1975)、《暗点——礁体的记录特征》(1976)、《用于偏移的波动方程法》(1976)、《相干叠加方法的改进》(1976)、《用于偏移的波动方程法》(1977)、《零时在哪里》(1977)、《地球物理资料处理基础》(1978)、《地震记录与伪速度测井曲线的转换》(1978)和《波动方程与模型》(1979)等。

从1980年开始，情报调研工作主要由石油系统物探情报协作组承担。物探局情报机构负责组织和协调交流。协作组每年召开一次协作组组长会议，每两年召开一次协作组情报调研成果发布会。1980年召开了第一次协作组情报调研成果发布会，内容涉及三维地震、波阻抗、横波勘探、可控震源、VSP和高分辨率勘探等国外最新技术，会后由研究院情报室正式出版了《80年代国外地球物理勘探新技术》。此项成果获1982年石油部科技情报调研一等奖。1986年5月，物探局科技情报所为配合石油部制定“七五”科技发展规划，组织物探情报协作组开展大范围情报调研，编写出《石油科技国外水平调查》。该项成果获1988年石油部科技进步一等奖和1989年国家科技进步二等奖。1990年，物探局科技情报所组织情报协作组24个单位97名科技情报人员搜集80年代以后国外在石油物探、地质领域采用的新技术和新方法，约千篇文献。经过翻译、整理，写出98篇论文，汇集成《石油物探新技术调研与述评》正式出版发行。该项情报调研成果获1993年总公司科技进步二等奖。1996年牛毓荃主编的《石油物探新技术系列调研成果》获国家科委等五部、委三等奖。

二、专题情报研究

从80年代初开始，物探局的科技情报工作已从情报调研转向专题情报研究，其目的在于更好地将国外新技术和国内勘探中存在的问题紧密结合起来。专题情报研究是以某一专题为中心，在广泛开展国内外情报资料调研基础上，通过归纳、总结，并指出在国内应用的可行性。在1986～1997年期间，物探局科技情报人员共开展91项专题研究，研究成果分别在每年的《石油物探专题情报成果集》上发表。至1997年，该成果集已出版12集。这些成果集中展示了科技情报的前瞻性：1984年的《地质模型及其在油气勘探中的应用》和《垂直地震剖面法》；1985年的《纵横波联合勘探》和《岩性解释》；1986年的《高分辨率地震勘探》；1987年的《振幅与炮检距关系的研究》和《广角反射地震学》；1988年的《热前缘动态的地震检测技术》和《横向各向异性：观测、分析和应用》；1992年的《用于叠前偏移的速度分析》、《地震地层压力预测：方法与应用》和《层析成像在地震勘探中的应用》；1993年的《叠前深度偏移》、《利用模式识别、模糊判别和神经网络技术进行储层研究》和《分形技术在地球物理中的应用》；1994年的《复杂地表区的地震勘探技术》和《复杂构造的偏移成像》；1995年的《盆地模拟技术》、《小波变换在地震勘探中的应用》和《山前带勘探》；1996年的《特提斯构造域的基本特征及藏北地区的勘探前景》、《克拉通盆地及油气勘探》和《多波多分量地震勘探技术》；1997年的《盐下成像技术》和《裂缝性储集层勘探方法》。

上述科技情报调研及专题情报研究成果为国内地球物理界开阔视野、学习国外新技术、推动科技进步做出了贡献。

第三节　科技期刊

为适应中国石油地球物理勘探技术的发展，物探局及其前身六四六厂在不同时期出版了8种科技期刊，其中《石油地球物理勘探》杂志在国内外勘探地球物理界享有良好的声誉。

一、《石油地球物理勘探》

《石油地球物理勘探》杂志是石油部系统第一份面向全国的技术报道类刊物。主要报道国内外石油物探领域的新技术、新方法、新理论、新成果和新经验。1966年3月创刊，由石油部科技情报所和六四六厂研究大队合办。刊物第一任负责人是部科技情报所的范伟粹。1967年4月3日，石油部决定将该刊物移交六四六厂主办，由研究大队情报组承办，刊物继任负责人陈俊生。1969～1971年，因文化大革命干扰，刊物被迫停刊。在停刊以前的三年期间，办刊的状况是：没有健全的编辑部、没有固定的印刷单位和发行渠道，没有充足的稿件，没有固定的出版时间和刊期（共出版18期：第一年4期，第二年8期，第三年6期）。

1972年，《石油地球物理勘探》复刊，当年出版8期。1973年，成立了编辑组，刊期固定为双月刊，每年6期，逢双月出刊。1976年，正式成立《石油地球物理勘探》编辑部，有5名成员，编辑部负责人王友仁和黄祥秀。1979年底，该刊组建第一届编委会，有编委33人，物探局局长林运根任主任委员。编辑部由11人组成，主编陈俊生，副主编汪廷璋、黄祥秀。

1980年，《石油地球物理勘探》杂志经石油部批准由限国内发行改为面向国内外公开发行，成为石油部系统第一份面向国外发行的刊物。侧重报道国内的研究成果和那些应用国外新技术的经验。1981年，该刊增设英文目录和英文摘要，同时开展了广告业务。1986年4月，物探局为进一步提高刊物质量，任命中国著名地球物理学家俞寿朋为主编，汪廷璋、王友仁和黄祥秀为副主编。1988年，该刊设置主要作者简历介绍。1989年，开辟了“人物介绍”专栏，主要介绍中国老中青地球物理勘探学家为中国油气勘探所做的贡献。至1997年，共介绍了45名中国地球物理学家，其中物探局有14名。1997年，副主编由任敦占、王友仁和汪廷璋担任。

在1966～1997年期间，《石油地球物理勘探》杂志出版32卷，计176期。在此期间，另出版增刊20期；在1981～1992年期间，还出版《地球物理技术汇编》18辑。

杂志版面为16开本：1980年以前，多为5个印张，约80～100页左右，每期订价为0.3元；1981～1990年期间，多为7～8个印张，约110～130页左右，每期订价1.3～3.0元；1991～1997年期间，多为8～9个印张，约130～150页左右，每期订价4～12元。

《石油地球物理勘探》的国内订户除石油系统各油田的物探单位和科研院所之外，还有煤炭系统、地矿系统、水文系统和有关工程部门的勘探单位及具有石油、煤炭、地质等专业的大专院校；境外订户有美、英、法等17个国家和地区的勘探公司、院校及科研机构。1980年以前为自办发行。1980～1985年，由河北省保定市邮局发行，发行量在4500份左右，最多时达4800份。从1986年开始，因邮局加收发行起点费过高（按10000份计算），改为自办发行，发行量迅速减少。1986～1989年，发行量降至4000份，1990年降至3300份。1995～1997年，发行量基本稳定在2500份左右。

《石油地球物理勘探》自1972年复刊以后，一直把提高刊物质量放在第一位，提倡编辑练好内功，使刊物学术水平不断提高、实用性和导向性不断增强、信息量和覆盖面不断拓宽，多次受到国家科技、新闻出版部门及上级部门嘉奖：1978～1997年期间，在石油部（总公司）科技情报所（信息所）每两年组织一次的石油科技期刊评比中连续八次名列榜首；1986年，获国家科委颁发的优秀科技情报成果三等奖；1991年，在总公司第五次科技情报会上，荣获“优秀期刊”称号；1992年，在国家科委、新闻出版署和中宣部（简称国家三部委）联合举办全国第一次优秀科技期刊评比中，荣获一等奖、技术类期刊第一名；1994年和1995年，连续两年获河北省优秀科技期刊称号；1996年，获总公司“八五”期间优秀期刊一等奖；同年10月，在国家三部委联合举办的全国优秀科技期刊评比中，再次获得一等奖；1997年，又获河北省优秀科技期刊称号；同年4月，物探局劳动竞赛委员会为《石油地球物理勘探》编辑部记集体一等功，并颁发证书和2.5万元奖金。

二、《国外石油地球物理勘探》和《国外油气勘探》

《国外石油地球物理勘探》属科技情报刊物，于1985年3月5日创刊，为季刊。该刊属于石油部“七五”科技发展规划一部分，由物探局科技情报所主办，主要报道国外地球物理勘探新技术和新方法，以译文为主。编辑部由3人组成，主编牛毓荃，副主编伊增坦。截至1988年，共编辑出版4卷，16期。

《国外油气勘探》是由物探局科技情报所主办的《国外石油地球物理勘探》和石油部科技情报所主办的《油气勘探译丛》合并后的新刊名，仍属于科技情报刊物，或称为译文类刊物。该刊于1989年1月15日创刊，为双月刊，由物探局科技情报所主办。主要报道国外石油地球物理勘探、地质勘探及其他油气勘探的新方法、新理论和应用实例。主要栏目有石油地质、地球物理勘探、地球化学勘探、煤成气、测井技术和油气资源等。该刊于1989年组建45人的编委会，物探局副局长刘颂威任主任委员。编辑部由9人组成，主编牛毓荃，副主编伊增坦、胡钦安、范伟粹（特约）。1995年，编辑部调整，副主编由高章伟和胡钦安担任。1997年，编辑部改组，高章伟任主编，胡钦安和冯小球任副主编。截至1997年，共出版9卷，计54期。

三、《物探装备》

《物探装备》原名《石油物探装备》，经河北省新闻出版局批准，于1991年7月创刊，为半年刊。该刊由物探局主办、石油物探装备分会与特种装备勘探处承办，限内部发行。该刊主要报道国内外物探装备的新技术和新信息，交流与推广物探装备在研制、应用、维修、管理等方面的新成果和新经验，把握物探装备前沿技术的发展方向，推进中国物探装备技术的发展。编辑部有4名固定人员。主编王见仁（物探局副局长），副主编程威远、王东才、陈敏玲、李志文。每期60～70页，印数2000份。1993年，组建《石油物探装备》编委会，王见仁任主任委员。1994年后，该刊改为季刊，设4个栏目，即“专论”、“交流与探讨”、“新产品介绍”和“简讯”。为了扩大该刊的影响，1996年9月，物探装备分会决定从1997年起将《石油物探装备》刊名更名为《物探装备》，并向上级审批机关申报将此刊升格为国家正式期刊。为适应这种情况，编辑部进行了调整：主编王见仁，常务副主编侯金海。1997年1月，《物探装备》以一种新貌面世，版面由原先16开本改为大16开本，固定栏目增至5个，并增加了彩页，印数为3000份。新版《物探装备》已成为中国惟一的全方位介绍物探装备技术发展信息的专业期刊。

四、《石油地球物理勘探·参考资料》

《石油地球物理勘探·参考资料》简称《参考资料》，是经石油部批准面向国内发行的情报动态刊物，于1977年10月4日创刊，由物探局研究所情报室动态组负责编辑出版。该刊主要报道国内外物探动态、新技术和新方法应用效果和经验、国外学术团体和石油公司状况，重要学术会议和有关技术展览会简介、国外物探装备生产厂家概况与发展。该刊要求来稿短而精，主题突出，反应快捷，每期为12～16页，每年出版期数不限。1984年，该刊由物探局科技情报所国外动态分析室负责。1977～1984年期间，共出版102期，发行全国各物探生产和研究单位，印数1000份。从1985年起，该刊变为月刊，每月15日出版，增设国外最新文献题录。1991年，该刊由物探局地研院文献资料室负责。1997年，该刊由研究院信息中心《参考资料》项目组负责编辑出版。截至1997年底，《参考资料》共出版261期。

五、《物探数字技术》及《地震数据处理与电子计算机》

为了推进物探局从1974年开始的地震数字化进程，1974年3月由物探局计算中心站情报组负责编辑的《物探数字技术》正式创刊，为半年刊，主要介绍国内外数字处理新技术和数字处理基本知识讲座。1975年，该刊改为季刊。1976年，该刊更名为《地震数据处理与电子计算机》，仍为季刊，16开本。刊登内容除报道数字处理新技术外，还系统地介绍了国产DJS－11百万次计算机的硬件维护和发展、软件研制和开发、资料处理参数的选择和应用等。1978年4月停刊，其相关内容转到《石油地球物理勘探》杂志发表。在这4年期间，《物探数字技术》及《地震数据处理与电子计算机》共出版15期，为在中国普及数字化知识、提高科技人员的技术素质、促进数字技术的发展做出了贡献。

六、《物探科技通报》

1983年，由物探局研究院主办的研究院院刊《物探科技通报》受到全国物探单位和有关高等院校教授们的关注。1984年以后，院刊改为半年刊，并获得河北省新闻出版局颁发的刊号，印数1000份。1993年，院刊改为季刊，印数1500份。1994年2月，研究院决定停刊。院刊历时12年，共出版24期；在1987～1994年期间还出版增刊5期，主要介绍美国WGC公司的数据处理软件各个功能模块和IBM MVS系统作业错误信息的分析和排除。院刊不仅受到研究院内广大科技工作者的支持和钟爱，而且在全国勘探地球物理界，尤其是各地的地震数据处理中心受到广泛的好评。

七、《石油地震地质》

《石油地震地质》于1985年创刊，为半年刊，由解释中心主办、1987年停刊。1991年复刊，1992年改为季刊，划入地研院管辖。后因继续办刊经费不落实，1992年底停刊，共出版四卷、10期。

该刊主要刊登以地震资料为基础的地质成果，包括油气区构造、沉积盆地成因类型、盆地模拟、层序地层学及储层描述、圈闭类型、油气资源评价和油气田开发等方面的研究成果。该刊开辟学术论文、问题讨论、经验交流、科技综述、书刊评价、消息报道、典型地震剖面解释等栏目，内容丰富，颇受读者欢迎。

八、《物探动态与分析》

《物探动态与分析》是物探局科技情报所主办的一份科技情报分析刊物，于1985年创刊，刊期不定，每年出版6～8期，每期16～20页，16开本，印数500份，主要为石油系统各级物探技术负责人作技术决策参考。侧重报道有关物探新技术的基本物理概念及应用可行性分析。该刊由情报所国内协调室曹景璋负责选题、编辑和出版。1990年停刊，共出版46期。

第四节　非指令性科技出版物

为推动中国石油地球物理勘探技术进步，物探局科技情报工作者除了完成上述指令性科技情报调研、专题情报研究、编辑不同类型的科技期刊等项任务之外，还在不同时期采用不同合作方式，编辑出版了多种体裁的非指令性科技出版物。

1974～1996年物探局下属单位、个人共编辑、出版非指令性科技出版物22种，详见表8－4。

表8－4　物探局编辑出版的非指令性科技出版物统计表

出版年份	出版物名称	出版者
1974	地震勘探解释中的陷阱	研究所情报室
1975	亮　点	研究所情报室
1979	磁电勘探译文集	研究院情报室
1980	国外石油地球物理勘探技术	研究院情报室
1982	石油地球物理勘探技术报告集	研究院情报室
1986～1997	石油物探专题情报成果集（每年1集）	科技情报所专题室
1986～1997	美国勘探地球物理学会（SEG）第54届至第65届年会论文集，共12本	物探局情报所与地矿部石油物探研究所合作翻译，石油工业出版社出版
1988	石油科技国外水平调查	情报所
1990	石油物探新技术调研与述评	情报所国内协调室
1990～1991	青海柴达木盆地CVA－84087技术服务合同工作报告（共2本）	《石油地球物理勘探》编辑部与青海局物探处合作
1991	塔里木地震勘探论文选编	物探局情报所
1992	地震勘探采集系统程序设计汇编（共2本）	《石油地球物理勘探》编辑部与地调二处合作
1993	科技论文汇编	《石油地球物理勘探》编辑部与地调二处合作
1993	塔里木盆地地震资料处理方法与解释成果论文集（第1集）	《石油地球物理勘探》编辑部与库尔勒研究中心合作
1993	地震勘探采集技术论文集	裘慰庭、郝顺元、高章伟编，石油工业出版社出版
1993	石油地震勘探技术交流论文集（上、中、下三册）	地研院情报所汪廷璋、高章伟、胡钦安编，石油工业出版社出版
1993～1996	物探局科研生产成果集，共出版5集	《石油地球物理勘探》编辑部与勘探处合作
1994	实用勘探新技术	《石油地球物理勘探》编辑部与科技处合作
1995	地震资料解释文集	裘慰庭主编，石油工业出版社出版
1995	地震资料人机交互解释	王强、李玲等编，石油工业出版社出版
1995	振幅随炮检距变化	裘慰庭、张淑敏编，石油工业出版社出版
1996	塔里木盆地地震资料处理方法与解释成果论文集（第2集）	《石油地球物理勘探》编辑部与库尔勒研究中心合作

第五章　学术活动、人才引进与横向科技合作

党的改革开放政策为物探局的科学技术发展、学术交流和人才引进指明了方向。1978年5月4日，以物探局局长林运根为团长的中国石油天然气勘探开发公司代表团一行9人应邀参加在美国休斯敦举行的世界海洋技术展览会（简称OTC）的同时，重点考察了美国西方地球物理公司等5家世界上最大的勘探公司拥有的先进技术。同年10月29日，由石油部、中科院和国家地质总局的地球物理学家联合组团，团长金祖荣（物探局研究院副院长）等一行10人参加美国勘探地球物理学家学会（SEG）第四十八届年会。这是中国地球物理界首次出席国际地球物理界的盛会。李庆忠和黄绪德在会上分别作了《东辛油田地震勘探历程—— 一个复杂断块的三维地震解释实例》和《论复杂盆地的地震勘探》两篇学术报告。1979年，SEG第一个代表团访问了物探局。从此开辟了中美两国地球物理界不断交流的渠道，为国外了解物探局，物探局面向国外、引进人才，促进物探局技术发展奠定了基础。

第一节　学术团体

为了促进从1978年开始启动的中外地球物理界的学术和技术交流，在物探局大力倡导和支持下，先后依照规定的程序成立了中国石油学会物探专业委员会、河北省石油学会物探局分会、石油物探装备分会和SEG北京联络部等4个群众性学术团体，为组织国内、国际学术交流、推动物探装备更新和新技术开发、推广作出了重要贡献。

一、中国石油学会物探专业委员会

1978年，物探局受中国石油学会委托开始筹建石油物探学会。1979年11月，中国石油学会物探专业委员会正式成立，简称石油物探学会，其英文名称为：The Society of Petroleum Geophysicists（SPG）。机构设在河北省涿县，挂靠物探局，学会办事机构人员和各种费用主要由物探局支持。石油物探学会是一个跨部门的群众性学术团体，其宗旨是定期组织国内、国际学术交流，开展专题技术培训和勘探难点咨询，培养和发现优秀技术人才，推动物探技术进步，为中国油气勘探服务。学会的领导机构每隔四年改选一次。第一届（1979～1983年）理事会领导成员均由石油系统人员担任；理事长为物探局局长林运根，副理事长为陆邦干（石油部勘探司总工程师）和潘瑗（物探局副局长），秘书长为于锡胜（物探局科技处副处长）。从第二届开始，学会领导机构由理事会更名为委员会。1983年第二届至1995年第四届，主任委员先后由孟尔盛、潘瑗（连任两届）担任；副主任由第二届的潘瑗、陆邦干、朱大授和方正等4人，到第四届扩大到9人，即王小牧、王见仁、许宝文、李承楚、陈祖传、赵化昆、孟尔盛、裘慰庭和蔺殿忠等，分别代表陆上石油、地矿、煤炭、海洋石油和院校系统；秘书长先后由陈俊生、张德忠和宋挺、裘慰庭、李光文出任。学会历届委员人数不等，以第四届最多，达到53人，同时增设21人的专家顾问团，其中均为中国知名的地球物理学教授和学术专家。

二、河北省石油学会物探局分会

河北省石油学会于1979年1月25日成立，它是河北省石油天然气及石油化工企业、事业单位及相关科学技术工作者组成的地方性学术团体，隶属于河北省科协。随后学会成立物探局等7个分会。物探局分会由柴桂林（物探局副局长兼总地质师）和吕友生（物探局勘探二处副处长）负责。

三、石油物探装备分会

石油物探装备分会于1993年2月17日成立，隶属于物探专业委员会，挂靠物探局特勘处。首批团体会员32个，涉及全国石油系统各物探单位及相关的仪器、机械和特种车辆制造厂家；另有个人会员180余人，主要为长期从事物探装备引进、管理、教学和研究的专家。装备分会的主要任务是联系和团结从事物探装备研制、教学、使用和维护工作的科技工作者，开展国内和国际学术交流，推动物探装备技术进步；积极开展新技术开发、推广和咨询服务，接收科技项目论证和科技成果鉴定，促进科技成果向生产力转化；编辑出版《石油物探装备》杂志。装备分会的领导机构为理事会及常务理事会，理事长任期4年。第一届理事会（1993～1996年）理事长为物探局副局长王见仁。1997年，组成第二届理事会，理事长由王见仁连任。装备分会的经费

除上级学会、挂靠单位和上级有关业务部门支持外，还接收个人或团体捐赠，以及举办各种事业和有偿咨询服务的收入。

四、SEG北京联络部

美国勘探地球物理学家学会，简称SEG，是全世界地球物理界最著名、最具权威的国际学术机构。1991年，石油物探学会领导与SEG方面负责人开始酝酿成立某种形式的SEG中国分会。1992年10月，石油物探学会副主任孟尔盛等借出席SEG第六十二届年会之机，与SEG主席W.S.French和执行部主任J.Hyden等进一步讨论成立SEG中国分会具体事宜，双方达成共识，SEG中国分会的名称定名为“SEG北京联络部”。1993年，经中国石油学会呈报中国科技协会同意成立“SEG北京联络部”。1993年10月，石油物探学会委托物探局副总工程师陈祖传参加SEG第六十三届年会期间，与SEG方面讨论成立“SEG北京联络部”的时间和其他事宜，双方达成一致。1994年7月6日，在石油物探学会与SEG在大庆油田共同举办的国际地球物理研讨会的开幕式上，SEG主席M.Schoenberger先生宣布“SEG北京联络部”正式成立。联络部的英文名称为“SEG Beijing Section”。联络部设在河北省涿州市石油物探局，与石油物探学会联合办公。联络部的工作宗旨是，加强与SEG的合作关系，扩大学术和技术交流范围，协助SEG在中国发展会员，密切SEG中国会员的联系，定期交流科技信息和开展学术交流，促进中国地球物理技术进步。联络部设主席1人、副主席2人、秘书1人、委员3～5人。联络部领导成员，每隔两年由SEG中国会员直接选举产生。1994年，第一届主席孟尔盛，下任主席陈祖传，副主席陆邦干、谢剑鸣。1997年，第二届主席陈祖传，下任主席王小牧，副主席裘慰庭、赵化昆。联络部成立初期有会员40余人，1997年会员增加到300人，其中由Bridges夫妇提供会费赞助的学生会员近100名。1997年，物探局共有SEG会员36名。

第二节 学术交流

石油物探学会自1978年成立后，在中国老一辈地球物理学家孟尔盛等亲自领导和组织下开展了形式多样的学术交流活动。学会为推广新技术，研讨勘探中出现的热点和难点技术问题，促进中国物探技术进步发挥了很好的作用。石油物探学会举办的各种学术活动，不仅受到各级有关行政领导的重视，而且受到广大科技工作者的欢迎。石油物探学会是中国石油学会各分会中最活跃的学会。

一、国内学术交流

1980～1997年，石油物探学会共举办国内学术和技术交流研讨会35次，出席会议代表3623人次，共收到学术报告1469篇。1989年前，国内学术交流会议主要由学会自己负责会务及筹备工作。1989年3月，石油物探学会主任孟尔盛提出举办学术和技术会议宜采取“分区联合、主题分工、轮流承办、会期相对固定”的形式。采用这种会议组织形式，不仅可以减少学会活动的压力（会议筹备事务和经费），而且可调动各物探单位的积极性，就近吸引更多的科技工作者参加技术交流。1991年开始，以石油物探学会名义举办的国内学术和技术交流研讨会分东、西、南三区运作。东部地区会议参加者以黑龙江、吉林、辽宁、京津、河北和山东等地的物探单位及院校和有关的科研院所为主；西部地区会议参加者以陕西、甘肃、宁夏、青海和新疆等地的物探单位及院校和有关的科研院所为主；南方地区会议参加者以江苏、安徽、浙江、湖北、湖南、四川、云南、广东和贵州等地的物探单位及院校和有关的科研院所为主。上述三区会议时间分别定为每年的4月、6月和8月前后。石油物探学会还要求各区会议承办单位将会议主题和召开时间提前半到一年在《石油地球物理勘探》杂志上公布，以吸引更多的专题研究者参与交流。1991年，孟尔盛还就会议交流论文的编写格式、图片大小和主题定位等一系列具体问题提出要求，促进了论文展示质量的提高。从1993年开始，还特邀2～3名专家分别专题介绍上一年度SEG年会论文与各区会议主题相关的内容。有关1980～1997年期间石油物探学会组织国内学术会议简况详见表8－5。

河北省石油学会物探局分会自1980年成立后，每年举办一次“石油物探技术学术研讨会”，每次会议有60～70人与会，同时宣读10多篇论文报告。物探局分会的学会活动对物探局的科技发展和新技术推广，起到了良好的作用。

石油物探装备分会自1993年成立后，每年组织一次大型物探装备技术研讨会，会议主题根据大多数团体会员的实际需要确定。每次会次还邀请国内外厂商与会发布新产品、新技术，听取用户反馈意见。

SEG北京联络部自1994年成立后，在会员比较集中的北京、武汉和成都等城市，每个季度举行一次学术报告会。其中北京地区因会员较多，每个季度报告会分别由清华大学、石油大学、中国地质大学研究生院和石油勘探开发研究院地球物理研究所轮流主持。每次报告会均有两篇专题报告。每次会议人数为30～40人。物探局的SEG会员参加北京地区的活动。

表8-5　1980～1997年石油物探学会组织的国内学术会议统计表

开会时间（年．月）	会议地点	会议名称或主题	出席人数	收论文数	主办单位
1980.6	北戴河	物探新技术研讨会	80	15	石油物探学会
1982.5	杭州	物探新技术研讨会	95	20	石油物探学会
1984.5	昆明	南方地区技术研讨会，主要交流山地地震勘探工作经验	52	25	滇、黔、桂、青、蜀、鄂、湘等省区石油学会和石油物探学会
1985.7	成都	地震静校正方法座谈会	48	14	石油物探学会和四川省石油学会
1985.11	南京	重磁电应用效果座谈会	73	28	石油物探学会
1986.1	徐水	华北盆地西部地质、物探与钻井综合成果座谈会	56	15	石油物探学会
1986.10	烟台	石油物探优秀论文报告会	160	65	石油物探学会和天津、山东省石油学会
1987.5	贵阳	西南地区综合物探学术会议	70	18	石油物探学会和滇、黔、蜀等省石油学会
1987.6	涿州	石油物探新秀（中、青年）学术报告会	165	58	石油物探学会
1988.5	大连	东北及二连地区综合物探学术会议	64	30	石油物探学会和吉林省石油学会
1989.10	济南	五项地震技术研讨会	183	88	石油物探学会和山东、天津等省市石油学会
1990.4	杭州	第三系小盆地物探技术报告会	99	43	江苏省石油学会和石油物探学会
1990.6	兴城	东部地区第二次学术交流会，主要研讨渤海湾地区物探技术研究方向	72	19	辽河油田和石油物探学会
1991.6	黄山	南方地区第二次石油物探学术交流会	68	29	安徽省石油学会和石油物探学会
1991.7	承德	东部地区第三次石油物探技术研讨会，主要研讨开发地震技术	129	36	河北省石油学会和石油物探学会
1991.8	兰州	西部地区第一次物探技术交流会	115	39	西北石油地质所和石油物探学会
1991.9	昆明	西南地区地震勘探方法学术交流会	57	35	四川石油管理局、滇黔桂勘探局和石油物探学会
1992.4	荆州	南方地区第三次物探学术交流会，主要研究碳酸盐岩地区地震勘探方法	137	36	湖北省石油学会、江汉石油学院和石油物探学会
1992.6	郑州	东部地区第四次石油物探新技术研讨会	180	62	中原油田物探公司和石油物探学会
1992.9	西安	西部地区第二次石油物探技术交流会，主要讨论表层校正、高分辨率采集和储层横向预测	100	33	长庆油田物探处和石油物探学会
1993.4	襄樊	南方地区第四次石油物探技术研讨会	95	40	河南油田地调处和石油物探学会
1993.6	长春	东部地区第五次石油物探技术研讨会	131	64	吉林油田地调处和石油物探学会
1993.8	敦煌	西部地区第三次物探技术交流会，主要研讨复杂地区物探方法及石灰岩地层的储层识别技术	85	38	青海石油管理局物探处和石油物探学会
1994.4	杭州	南方地区第五次石油物探技术研讨会	107	40	江苏油田物探公司和石油物探学会

续表

开会时间（年．月）	会议地点	会议名称或主题	出席人数	收论文数	主办单位
1994.7	大庆	东部地区第六次石油物探技术研讨会，主要研讨开发地震技术	150	60	大庆油田物探公司和石油物探学会
1994.9	鄯善	西部地区第四次石油物探技术研讨会，主要研讨低信噪比地区的地震采集和处理技术	89	60	玉门石油地调处和石油物探学会
1995.5	南京	南方地区第六次石油物探技术研讨会，主要讨论中新生界小盆地物探技术	93	43	江苏油田和石油物探学会
1995.7	青岛	东部地区第七次石油物探技术研讨会，主要研讨开发地震技术	150	54	大港石油管理局和石油物探学会
1995.9	乌鲁木齐	西部地区第五次石油物探技术研讨会，主要研究沙漠区地震采集、处理；储层识别及非地震勘探技术	96	66	新疆石油地调处和石油物探学会
1996.5	安顺	南方地区第七次石油物探技术研讨会，主要研讨中新生代小盆地地震勘探技术、复杂地区地震采集及非地震勘探技术	68	28	滇黔桂石油勘探局和石油物探学会
1996.7	涿州	东部地区第八次石油物探技术研讨会，会议以开发地震为主题	190	90	物探局研究院和石油物探学会
1996.9	乌鲁木齐	西部地区第六次石油物探技术研讨会，主要讨论沙漠、戈壁及黄土塬地区地震工作方法和高陡构造成像技术	93	32	物探局地调三处和石油物探学会
1997.4	开封	南方地区第八次石油物探技术研讨会	77	36	物探局地调二处和石油物探学会
1997.6	北戴河	东部地区第九次石油物探技术研讨会，会议仍以开发地震为主题	110	80	物探局地调一处和石油物探学会
1997.9	银川	西部地区第七次石油物探技术研讨会，主要研讨沙漠等复杂地表条件下地震采集、处理和解释技术	86	30	长庆油田物探处和石油物探学会
合计			3623	1469	

二、国际学术交流

自1978年起，石油物探学会（SPG）与美国勘探地球物理学家学会（SEG）开始交往，至1997年，历经19年。其中SEG 14次组团来中国参加学术和技术交流，并举办3次大型物探装备展览会；SPG从1982年开始除每年推荐一批专家和持论文作者出席每年SEG年会外，还4次组团访问SEG。1987年8月，SPG和SEG在河北省涿州市联合举行“地震方法研讨会”期间双方共同起草了长期合作协议。同年10月，SPG授权孟尔盛在出席SEG第五十七届年会期间和SEG代表R.J.Graebner正式在该协议文件上签字。该协议在肯定过去双方良好合作基础上，商定此后每1～2年在中国联合举办一次中小型学术会议，每四年在召开学术会议的同时举办一次大型物探装备展览会；双方负责组织专家互访，开展短期讲学；双方交换学会出版物各3套及有关的培训教材。该协议将中美地球物理界的技术合作和交流提高到一个新阶段。1992年，石油物探学会主任潘瑗与SEG代表W.S.French先生续签双方开展技术合作和交流协议，其基本内容和以前一致。该协议自1987年签署以后一直得到严格执行。

从1985年开始，物探局和石油物探学会也逐步加强与前苏联和后来的俄罗斯有关石油勘探部门的联系和合作。在1985～1997年期间，双方组团互访

14次。其中前苏联和后来的俄罗斯方组团来访6次，中方组团去前苏联和俄罗斯访问及开展技术交流共8次。物探局副总工程师裘慰庭为加强中俄（包括前苏联）的友好交往和技术合作交流作出了重要贡献。有关物探学会（SPG）和SEG及其他国外学术团体联合举办的国际会议简况详见表8－6。

表8－6　1981～1996年石油物探学会组织的国际学术会议统计表

开会时间（年．月）	会议地点	会议名称或主题	出席人数		收论文数		主办单位	备　注
			中方	外方	中方	外方		
1981.9	北京	中美石油地球物理联合学术讨论会	55（350）	40	15	25	中国地球物理学会和SEG	会议具体由SPG负责，会后美方代表40人来物探局研究院参观
1984.5	涿县	中美地震解释座谈会	25（50）	19	13	15	SPG和SEG	会后，美方5名专家去胜利、四川和新疆等地开展义务咨询
1985.4	北京	中美地球物理学术报告会暨物探装备展览会	122	73	11	28	CPS和SEG	会议具体由SPG负责，美方参展有70多家公司
1985.8	涿县	中美含油气盆地学术研讨会		9			SPG和SEG	
1986.8	乌鲁木齐	复杂条件下地震方法座谈会	47	16	6	11	SPG和SEG	
1987.8	涿州	地震方法研讨会	120	24	7	16	SPG和SEG	会议期间，SPG和SEG草拟了双方开展长期合作协议
1988.9	大庆	油气田开发开采地震方法研讨会	94（30）	35	13	27	SPG和SEG	会后孟尔盛与SEG学术交流部主任讨论开展碳酸盐岩学术交流事宜
1989.8	北京	勘探地球物理（1989）国际讨论会暨物探装备展览会	460	206	289	76	VCEG和SEG	会议具体事务由SPG负责
1990.8	成都	碳酸盐岩石油物探技术国际研讨会	146	27	18	34	SPG和SEG	会前举办3天碳酸盐岩专题学习班，学员55人，由外方两名专家主讲
1991.9	北京	计算机在地学中的应用国际讨论会	565	109	209	49	中国地球物理学会和COGS	SPG为主要组织参与者
1993.7	北京	CPE/SEG国际勘探地球物理年会暨物探装备技术展览会	146（529）	125	132	86	SPG和SEG	外商有70多个展台
1994.7	大庆	国际地球物理研讨会，主要研讨开发地震技术	146	25	23	16	SPG和SEG	会后专门组织一次大庆油田开发地震讨论会
1995.6	涿州	中俄地球物理学术研讨会	108	24	10	16	SPG和俄罗斯欧亚地球物理学会	
1996.5	杭州	复杂地形电磁方法研讨会	21	8	10	9	SPG和SEG	

续表

开会时间（年．月）	会议地点	会议名称或主题	出席人数		收论文数		主办单位	备　注
			中方	外方	中方	外方		
1996.9	乌鲁木齐	SEG/SPG 1996 联合地球物理研讨会，主要研讨复杂地区的地震采集与处理方法	80	12	13	10	SPG 和 SEG	
合　计			3094	752	769	418		

注：表中出席人数一栏中带括号的数字为正式确认的列席代表，不含旁听代表。

第三节　人才引进

引进人才的根本目的是培养人才，壮大自己的技术实力，面对市场经济的挑战。物探局为了加快发展自己的技术开发能力，在引进国外先进物探装备和相关技术的同时，从 80 年代初开始，有意通过多种渠道、多种方式引进国外技术人才。引进人才采用的主要方式有：通过设备引进开展技术培训、与外方开展技术合作、借国际学术会议和外宾来访开展技术咨询、特聘外籍专家讲学和短期工作等。据不完全统计，自 1983 年至 1997 年的 15 年间，物探局相继引进了 52 名外籍专家来局讲学或短期工作。其中美国 24 人（美籍华人 8 人）、加拿大 6 人、俄罗斯（包括前苏联）17 人、乌克兰 2 人、法国 3 人。为了充分利用外籍专家的技术资源，有一些讲座虽然在物探局举办，但听众均面向石油系统各物探公司、研究院所和有关院校。

一、利用设备引进开展技术培训

1989 年，物探局在引进 LandMark 解释系统时，和美方约定，除合同规定的技术培训任务外，按中方要求请 4 位资深专家及其助手共 10 人来物探局讲课，讲课内容有三维地震解释、层序地层学理论、层序地层学的应用实例和井间地震层析成像技术等。这些讲课内容均属于 80 年代末世界上刚刚兴起的技术范畴。

1989 年 3 月 6～10 日，美国布朗教授在物探局主讲《三维地震解释》，其具体内容包括：三维地震勘探的基本概念；三维地震解释的基本概念；三维地震资料的构造解释；三维地震资料的地层解释、储层描述和油藏评价等。他在相关内容的讲解中，对地震分辨率、零相位子波和保持振幅处理等概念，以及彩色显示、利用地震振幅研究储层和烃类检测的重要性、振幅调谐效应、应用四维地震进行油气藏监测等一系列问题，一一作了深入浅出的介绍。这是中国首次举办全面而系统的三维地震勘探知识讲座，也是一次三维地震勘探知识大普及。参加这次讲座的学员除物探局外，还有石油系统各物探公司、研究院所及相关的院校。物探局的地震解释人员通过这次培训，不仅系统地掌握了三维地震的解释理论、方法，而且学会了三维地震资料解释技巧，从而使得 1990 年后物探局的三维地震解释水平有了明显的提高。有关物探局三维地震解释具体进展情况，详见第五篇第四节三维数字地震资料的解释工作和技术。

1989 年 7 月 30 日～8 月 3 日和 8 月 14～18 日，美国 P.R.Vail 博士和 J.B.Sangree 博士在物探局分别主讲《层序地层学理论》和《层序地层学应用实例》。R.R.Vail 的讲学内容涉及层序地层学的基本概念、研究步骤、全球海平面上升和高水位期沉积响应、海侵沉积体系域和低水位期沉积。J.B.Sangree 讲学的内容除了介绍有关层序地层学的基础知识、研究对象和研究方法之外，还详细介绍了巴西海域 Campos 盆地、西班牙 Hecho 盆地、北海 Brae 油田、北海 Balder 油田、加利福尼亚南部 Sacramento 和 San Juaquin 等 6 个应用层序地层学方法分析实例。这次讲课为物探局和全石油系统参加听课的地震、地质解释工作者提供了一种全新认识和解释地震资料的技术。1989 年后，在物探局副总地质师袁秉衡推动下，层序地层学解释方法在物探局各工区迅速普及。有关层序地层学在物探局普及的效果见第五篇地震资料解释。

1989 年 12 月 18～22 日，美国麻省理工学院地球资源实验室美籍香港人郑亚瑟博士在物探局举办《井间地震层析成像技术》讲座。郑博士首先介绍了《井中地震学》的基本理论，它涉及石油勘探中广泛使用的声波测井和 VSP 测井。由于这两种方法探测范围的局限性，从而引出井间地震方法。此法也属于《井中地震学》的范围。郑博士详细介绍了井间地震方法的基本原理；数据采集方法和激发、接收设备；井间地震资料处理。井间地震层析成像技术是井间地震资料处理中最关键的技术。层析成像技术有两类成像模式：一类是射线层析成像，多用于大幅度构造勘探；二类是波动方程层析成像，可用于识别小幅度构造。井间层析成像技术在油田开发中有广泛的应用。1993年，物探局副总工程师王小牧负责组织“井间地震”的立项和动态监测工作。1994年上半年，物探局地研院成立了以严又生为组长的“井间地震”项目组，负责研究开发井间地震数据处理和解释软件。1997年8月，物探局在吉林油田开展现场数据采集试验。1997年底，物探局地研院严又生首次获得井间速度层析成像剖面和井间反射波层析成像剖面。其中井间反射波层析成像剖面也是中国首次获得的最好成果。

二、与外方开展技术合作

1987年5月7日，物探局副局长刘颂威代表物探局与美国休斯敦大学签订3年协作合同（1987年10月～1990年10月）。

1988年8月4日，物探局副局长许大坤代表物探局与美国斯坦福大学地震勘探项目组签订3年合作研究合同（1988年9月1日～1991年8月1日）。

1990～1992年，物探局仪器总厂（仪器公司）和美籍华人专家董继良先生合作，共同研制出检波器测试仪等5种测试设备，为仪器总厂两条检波器生产线建立了配套的测试装置，保证了检波器生产的质量和效率。

1991年，物探局地调五处和苏联伊尔库斯克地质地球物理联合体的5位专家在南阳油田开展“电场差分法测定油气藏边界”试验。这项电法勘探新技术是苏联5位专家向中国勘探市场扩展技术的前奏。1992年春，这项试验获得了初步成果，得到南阳油田肯定。物探局地调五处的电法勘探专家也得益匪浅。

1991年1～10月，物探局研究院地球软件公司先后分两批派遣12名软件人员赴美国加州利用SGI公司提供的硬、软件环境，在斯坦福大学及SGI公司等有关专家支持下，开展石油软件平台（即OIO工程）技术攻关工作。

1991年5月，根据总公司和美国哈里伯顿（HGS）公司的合作计划，美国Sierra地球物理公司派遣4位地质家与物探局地质家一起对中国的勘探软件需求进行了为期4个月的调研，并提出了软件发展方案建议。与此同时，物探局派遣8名软件人员赴美学习软件编制新技术，历时8个月，完成了三维可视化软件原型。

1992年5月，俄罗斯一个6人专家组携带ЦЭ－3型建场测深电法仪和物探局地调五处合作，在陕甘宁盆地靖边地区开展建场测深法试验。建场测深法又称瞬变电磁测深法。此项技术是利用两端接地导线作强功率的电脉冲激发，在一定距离处用线圈或磁棒接收电脉冲激发后随时间衰减的瞬变电磁场在地表的响应。这种数据采集方式和地震勘探数据采集形式十分相似。此法可求取地层的纵向视电导率、视电阻率和厚度等参数，突出局部电性“异常”。这次试验结果得到长庆油田的充分肯定。1992年9月，物探局购买了建场测深法全套技术。1993年底，地调五处再次和俄罗斯6人专家组合作，先后在沧县隆起和长庆油田开展进一步的试验工作，确认ЦЭ－3型建场测深仪的勘探深度大、精度高、处理技术独特，但其制造工艺落后、稳定性差、故障率高。1994年，物探局地调五处与西安石油仪器总厂海泰克高技术开发有限公司联合研制新型建场测深仪。1995年，依据俄罗斯建场测深仪的技术思想，采用90年代的仪器制造技术，先后推出SDF－1和GJY－16型建场测深仪，在不同地区使用，均取得良好效果。1997年，为了适应复杂地区的勘探，拓宽电法勘探领域，又委托美国EMI公司研制磁棒替代接收线圈，开发多分量建场测深仪。

1992年9月30日，物探局研究院软件所和美国中外技术服务公司（STS）合作研制《集成化交互解释工作站软件系统》项目。STS公司指派4名专家来物探局工作，软件所指派8名软件人员去美国STS公司工作。这项合作项目的任务，主要是为物探局研究院开发国产化地震资料解释系统作技术准备。1994年1月31日，此项合作任务按计划圆满完成。同年10月，物探局研究院软件所正式推出一套功能较为齐备的地震资料解释系统，定名为GRIStation，这是中国第一套国产化地震资料解释系统。1995年2月28日，物探局北京地球软件公司在北京召开GRIStation三维综合交互解释系统产品发布会，会上与大庆油田等6个单位签订了试用合同。1997年，该产品被中国软件行业协会推荐为优秀软件产品。

1994年5～7月，物探局研究院邵仲鸿等4人和美国DEC公司合作，在ALPHA工作站上集成GRISYS地震数据处理系统。

1994年12月～1997年，物探局研究院姜瑞友等10人和美国鼎丰公司合作开发ISDN通讯卡和电视会议系统。

1995年4~6月，物探局研究院牟善林等5人和美国SGI公司合作开发并行机系统叠前三维深度偏移软件集成。

1996年5~11月，物探局研究院倪静波等人和美国SGI公司合作开发三维可视化软件。1997年，物探局研究院地球软件公司和乌克兰科学院合作开发共炮检距初至静校正软件。1997年4月，物探局研究院作为俄罗斯阿尔柔克公司代理，销售叠后深度偏移软件（AIM）。该软件的建立偏移模型和速度分析程序很有特色，已在实践中应用。随后，研究院地球软件公司和俄罗斯阿尔桑克公司合作研制新型AIM模型软件。

三、借国际学术会议和外宾来访开展技术交流

据不完全统计，自1981年开始，由石油物探学会负责组织或参与组织的国际会议有15次，参加会议的外籍专家有752人次，外籍专家共提交会议论文418篇。其中有3次国际会议在物探局驻地涿县（州）召开，有5次在北京召开，物探局与会学习、旁听和交流约5000人次。有关利用国际会议开展技术交流情况前面已记述。外宾来访情况：

1979年9月，美国地球物理公司一行12人访问物探局研究院，开展技术交流。

1982年9月，SEG主席D.D.Barman率10余人代表团访问SPG及物探局，代表团专家分别作了学术报告，涉及地震数据采集、地震处理新技术，褶积模型和正、反演，典型实例等，并向物探局赠送技术资料18种。会后，SPG在物探局大力支持下，立即组织翻译，印成内部资料在局内外分发。

1985年12月，苏联石油部长率5人代表团访问物探局。代表团向物探局科技人员介绍了苏联物探技术的发展情况。

1989年10月，苏联石油工业部5人物探专家组访问物探局，和物探局讨论双方技术合作问题。

1990年3月，苏联地质部专家组一行6人在物探局访问5天，全面介绍了苏联石油物探的最新技术和应用效果。

四、特聘外籍专家讲学或短期工作

1980年，物探局先后邀请美籍华人潘柏希教授、吴昌盛博士和加拿大华人吴大品博士在物探局主讲《地震处理新技术》、《地震特殊处理》和《反褶积技术》。

1986年7月，加拿大加中友协原主席郝林希德先生应邀在物探局研究院进行短期工作。

1988年，物探局先后邀请美国斯坦福大学著名教授克莱尔伯特教授、著名三维地震资料处理专家W.S.French和美籍华人专家邓玉琼博士、吴昌盛博士分别在物探局或研究院主讲《地震数据处理技术》、《数学方法在地震勘探中的应用》和《逆时偏移及信号衰减》。

1991~1992年，物探局研究院邀请美国大陆石油公司美籍华人吴贤训、美国休斯敦中心美籍华人苏中宾和美国培训公司Devid等先生在研究院分别主讲《深度偏移》、《物探新技术》和《C++语言及面向对象的程序设计技术》。

1992年6月6~15日，物探局遵照总公司总地质师阎敦实的建议，特邀美国Chinook地质咨询公司资深大地电磁专家K.R.Chistopherson女士在地调五处举办《大地电磁测深解释》专题讲座。该女士在讲学中结合巴布亚新几内亚和加蓬等国的应用实例，系统地介绍了连续电磁阵列剖面法（EMAP）和固定源建场测深法（TMT）等两项大地电磁测深新技术的理论基础、处理和解释方法。她着重讲了在大地电磁数据采集时如何避免地形影响及在数据处理中消除地形影响的方法，利用EMAP相邻多道叠加技术压制和消除大地电磁测深曲线的静态时移，借助TE和TM曲线识别和区分地层的电性结构。她结合地调五处在沧县隆起和句容盆地的大地电磁测深资料，具体讲解了在面对如此复杂资料时应该采用的对策，并和与会者展开热烈的讨论。地调五处的电法科技工作者利用这次学习收获，重新建立了大地电磁测深资料处理和解释流程。

1992年7月9~10日，俄罗斯穆申教授应邀来物探局主讲《地震动力学解释方法》。此法是在地震地层学的基础上发展起来的一项油储解释技术，而且是一种识别非构造油气藏的解释技术。其具体内容包括如何应用地震、钻井和测井资料；地震模型技术、薄层分析理论、地震调谐理论和多波地震资料等。穆申教授还在讲学中演示了“构造层序解释”、“综合地震模拟”和“地质模拟”等软件。

1992年9月14~24日，物探局特邀美国著名石油地质学家、国际岩石圈委员会主席、美国石油地质协会前任主席和Rice大学教授贝利先生及其两名助手来物探局举办《含油气盆地构造研究》专题讲座。为了提高这次讲学效果，贝利教授根据中国及世界上其他地区的有关资料专门编写了一本讲义和练习材料，并准备了世界上各种类型盆地的典型剖面30余条。讲学的主要内容有：关于盆地的分类、裂谷盆地、反转构造、被动边缘盆地、克拉通盆地、褶皱带、前渊盆地、活动边缘和走滑断层等。他对中国的地质构造和油气勘探指向提出独特见解。他认为中国的区域地质构造主要受始新世印度板块碰撞的影响。他把中国含油气盆地划分为弧后盆地和挠曲盆地两类，他还依据大地构造原理及中国地质学家在听讲当中向他展示的几条地震地质大剖面，对中国的东部、西部及四川等地区一些盆地的油气勘探方向提出了很好的意见。贝利教授在全部讲课过程中采用理论和实际结合的方式，既一丝不苟、深入浅出，又生动活泼，讲授、录像、练习和讨论并用。这次讲学对象除物探局的地质家外，还有来自全石油系统的地质家代表。通过贝利教授这次讲学，物探局的地质家们从此开始更多地按盆地的类型和性质思考及分析油气的形成规律。1992年后，物探局地质家们提供的各种综合研究报告均有这方面内容的记述。

1992年9月15～16日，美国科罗拉多矿业学院著名地震反演技术专家N.Bleistein教授应物探局邀请在物探局就《地震资料处理中的Born近似求解方法》为题进行讲学，具体讲解内容涉及：①Born近似反散射反演公式及其物理概念；②Born近似反散射反演与偏移的关系；③Born近似在地球物理学中的应用。

1995年，俄罗斯新西伯利亚的勾金院士应物探局邀请在物探局主讲《运动学偏移算法》。1997年，勾金院士的助手乔治米特洛方诺夫先后两次来物探局演示软件，其中的“吸收滤波”程序最具特色，对研究院的地震资料处理有借鉴作用。

1996年10月7～11日，应物探局副局长王小牧邀请，美国加州大学吴如山教授在研究院举办《地震成像技术》讲座，并和研究院科技人员开展技术交流。

1996～1997年，物探局还先后邀请乌克兰专家2人、法国专家3人、加拿大专家4人和俄罗斯专家4人，先后举办《折射波静校正》、《叠后深度偏移》、《岩性反演》、《通过速度、深度建模的偏移技术》和《多元综合解释系统》等专题讲座。

1997年7月，俄罗斯中央地球物理所3名软件专家应邀在物探局讲授《逻辑滤波系统》和短期工作，约三周时间。

五、其他人才引进方式

（一）充分利用外商售后服务渠道

70年代，世界的商品概念已不完全局限于产品本身，还必须包含售后服务。1974年后，物探局在由国外引进大量成套装备和技术的同时，始终抓住外商售后服务的渠道作为学习和掌握新技术的课堂。为了提高学习效果，物探局尽可能选择那些既懂技术又懂外语的人员参与引进设备验收和技术培训。实践证明，先期参与引进设备验收的人员，后来都成为引进设备管理和使用方面的技术骨干和新技术开发的排头兵。

（二）通过租赁国外先进设备

1983年5月31日，物探局研究院通过租赁美国西方地球物理公司（WGC）的IBM 3033计算机系统运抵研究院。保证该系统正常运行的有20几位美方工作人员，其中有计算机硬件专家、软件专家和地震资料处理专家，他们分别按美方管理模式和研究院配备的人员一道工作。这种管理模式为中方人员迅速掌握该系统全部技能提供极好的机会。据不完全统计，在1983～1986年期间，现场答疑约1000人次左右。1986年后，美方人员陆续撤离，IBM 3033计算机系统交给研究院人员管理，年交机率仍保持96.5%的水平。

1985年，物探局租用美国地球物理系统公司（CGS）1024道符号位地震仪在下辽河坳陷大民屯地区开展三维地震勘探。虽然这类符号位地震仪不是发展方向后来被淘汰，但对物探局说来也是一次三维地震施工练兵。

（三）雇佣外方人员技术服务

为尽快全面掌握三维地震勘探技术和大沙漠及沼泽等特殊地表条件下的地震勘探技术，物探局采用和美国GSI公司签订技术服务合同方式，由美方购设备、出技术、出为数不等的管理人员，中方配备相应人员，全部按美方管理模式组成相应的地震队进行野外作业。

1982年7月21日，物探局与美国GSI公司签订文留三维技术服务合同，要求完成一块面积51平方公里、满覆盖次数为20次的三维数据采集。1982年10月，此合同由物探局第二指挥部配合GSI公司执行，次年2月野外采集全部结束。这是中国第一块大面积三维地震勘探施工。GSI公司派出13位专家执行此合同。此块三维资料处理和解释全部在美国GSI公司进行。物探局勘探处程金箴和二指王强、徐文荣等人自始至终参与此项工作，后来他们都成为中国知名的三维地震勘探专家。通过此项合同的实施，物探局的科技人员不仅掌握三维地震勘探的设计、资料采集、处理和解释方法，而且还学会了三维地震队的组织和管理。1984年，物探局编写的《三维地震勘探技术规程》正式发布，后经石油部认可，成为全石油系统的行业标准。

1982年12月27日，物探局与美国GSI公司签订合同成立的中美合同一队（1830队）、中美合同二队（1831队）成立。与此同时，按上述合同队标准配备的中方加强队（1832队）也宣告成立。这是一种新的管理模式，合同队由美方代表按美方模式管理，加强队由中方按美方模式管理。3个队于1983年6月同时在塔克拉玛干大沙漠腹地施工，揭开了中国大沙漠区勘探的序幕。这项沙漠合同经过两次续订，至1990年结束。1989年10月18日，依据这3个大沙漠队所获地震资料提供的塔中1井喜获高产油气流，标志这种合作方式为中国油气勘探带来了巨大效益。物探局通过这次合作所获得的技术和经验，为物探局独立地开展中国其他大沙漠勘探扫清了障碍。1986年后，物探局相继进军腾格里、库木塔克和毛乌素等大沙漠。

（四）合作经营

物探局仪器厂生产各种类型地震检波器，从1965年算起，至1985年，已有20年的历史。1985年，该厂年产检波器数量在中国名列前茅。1985年4月，物探局仪器厂与美国AMFGEOSPACE公司合作经营的俊峰公司成立（1986年，AMFGEOSPACE公司被日本OYO公司收买，该项合作继续有效）。1987年12月正式投产，主要生产GS-20DX型数字地震检波器系列产品。美方提供生产线，有3名美方专家负责生产管理。从1989年起，俊峰公司一跃成为全世界生产与销售量最大的地震检波器生产厂家。1989年初，美国华盛顿一个研究美中经济技术合作关系的机构，将俊峰公司列为最成功的美中合作企业之一。从1987年俊峰公司正式投产起，参与此项合作的中方科技人员在全面学习外方技术的同时，时刻不忘原材料和零部件的国产化。经过中方科技人员的努力，在投产不到两年的时间里，俊峰公司地震检波器零部件国产化率达96.3%，原材料国产化率达到86%。不但结束了零部件依靠进口的状态，而且还向美方出口零部件，创汇70多万美元。1988年，物探局仪器公司接收美方生产GS-20DX型地震检波器技术转让。1990年，俊峰公司已能独立生产6种GS-20DX系列产品；并能独立处理外方技术资料上存在的问题，使产品合格率、组装工艺和产品质量超过外方管理时的水平；物资消耗定额逐步下降，全面达到、部分超过外方的标准，从而使得生产成本逐步降低；先后自制、自修和自配引进设备备件60项，实现设备工装和工艺改革30项，不仅进一步提高了设备的稳定性，而且提高了生产效率。

第四节 横向科技合作

石油地球物理勘探涉及地质学、物理学、油藏工程、数学、测量学、电子学、机械学、计算机、自动控制和软件工程等很多学科。石油地球物理勘探技术的发展与其他学科的发展密切相关。因此广泛利用国内相关院校和科研机构的智力资源发展物探局的技术，不仅是客观的需要，也是一种多快好省发展物探技术的途径。60年代末至70年代初，石油部委派物探局前身六四六厂和北京大学及四机部七三八厂联合研制中国第一台百万次/秒DSJ-11型计算机（即150工程），就是一个开展横向合作的成功范例。1978年后，在全国科学大会精神指引下，物探局及各指挥部（地调处）和研究院围绕物探技术发展和全国近40所高等院校和知名科研院所开展了广泛的横向科技合作。合作内容涉及基础理论、技术方法、新设备、硬件、软件。主要合作方式有：

（1）物探局和合作方成立联合研究所，如物探局研究院和清华大学合办的“地球物理信号处理与识别研究所”；

（2）物探局和合作方建立长期合作关系，如物探局研究院和中国科学院计算中心合作研究“地震勘探数值方法”，合作期限达15年之久（从1984年开始合作，到1998年终止）；

（3）单项课题合作，为合作的主要形式；

（4）物探局出课题、提要求，委托合作方独立研究。

物探局研究院在1979～1997年期间开展横向技术合作的主要项目列于表8-7。

在1988～1992年期间，物探局研究院与清华大学等3所知名大学联合成立4个研究所：

（1）1988年8月10日，物探局与清华大学自动化研究所联合成立“地球物理信号处理与识别研究所”。所长由中科院院士、清华大学教授李衍达担任，物探局研究院教授级高级工程师、中国著名地球物理学家俞寿朋任副所长，研究院周兴元、傅才芳等10名高级方法研究人员为该所主要研究成员。

表 8-7 1979～1997 年物探局研究院开展横向技术合作项目表

合作时间（年份）	合作单位	合作项目
1979～1982	中科院计算技术研究所	150-AP 高速阵列处理机
1982～1986	国防科技大学	银河计算机地震数据处理系统
1983～1986	复旦大学计算机系	三维地震速度分析软件
1983～1984	吉林大学	地震构造解释专家系统
1983～1986	华中理工学院	银河计算机系统三维静校正软件
1983～1988	成都地质学院	复杂地区地震资料处理方法
1984～1985	中国科技大学数学系	微分方程反问题求解
1984～1985	国防科技大学计算机研究所	FORTRAN 77 扩展
1984～1985	山东大学数学系	控制论在地震勘探中的应用
1984～1986	中科院自动化研究所	地震构造解释专家系统
1984～1986	哈尔滨工业大学	波动方程反问题
1984～1986	中科院计算中心（以张关泉研究员为主）	地震勘探数值方法
1985～1991	中科院计算技术研究所和西北地质研究所	KJ 8920 大型地震数据处理系统（主要用于油田开发）
1986～1998	西安地质学院	VSP 技术开发
1986	上海交通大学	提高地震资料处理中的反褶积精度和分辨率
1986	武汉地质学院北京研究生院	地震资料处理技术
1986～1989	石油大学	粘弹介质中地震有限元数值模拟方法及应用软件
1987	长春地质学院	VSP 偏移方法
1987	华中理工学院	KJ 8920 地震处理系统三维速度分析及 CDP 叠加软件
1987	中科院计算技术研究所	提供第二台 KJ 8920 扩充存储器（SSD）技术转让及加工
1987	电子工业部华北计算技术研究所	开发 PE 型计算机地震数据处理系统
1988	国防科技大学计算机研究所	银河计算机磁盘系统的技术开发
1988	中国科技大学地球和空间科学系	地震勘探新技术
1988	国防科技大学计算机研究所	银河计算机 FORTRAN 77 编译程序
1989	上海交通大学	地震资料处理中的并行算法
1989	成都电子科技大学	高分辨率处理技术
1990	中科院计算技术研究所	物探地质绘图软件并行算法
1990	哈尔滨工业大学	数字仿真技术在地震处理中的应用软件
1991	武汉大学计算机系	地震多参数处理和解释软件
1994	中科院北京凯恩软件工程公司	地震勘探数值方法
1994	成都理工大学应用地球物理系	二维叠前偏移速度分析及二维叠前偏移软件
1996～1997	西安地质学院	VSP 资料处理软件包
1996～1998	西北地质研究所	野外地震采集设计软件
1997	南京石油物探研究所	能处理逆断层的绘图软件
1997	北京石油勘探开发研究院	相关及协方差速度分析软件
1997	西安交通大学	正反向预测误差最小反褶积，小波包分解 $F-X$ 域去噪软件
1997	清华大学	差异值分解去噪，频率补偿和叠前干扰滤除等软件

（2）1988 年 11 月 17 日，物探局研究院与华中理工大学联合成立“并行计算研究所”。所长由华中理工大学教授王能超担任，物探局教授级高级工程师王宏琳任副所长，研究院赵振文等 6 名高级软件

研究人员为该所主要成员。

(3) 1989年7月4日，物探局研究院与石油大学（北京）联合成立“地球物理信号处理与分析研究所”。所长由李志明博士担任，物探局研究院地震处理专家周兴元任副所长，研究院赵波等10名高级研究人员为该所成员。

(4) 1992年4月30日，物探局研究院与清华大学工程力学系联合成立“地震波勘探联合研究所”。所长由清华大学教授杨慧珠担任，物探局研究院地震处理专家朱衍镛任副所长。

第九篇

国际合作

综　　述

1965～1997年，物探局及其前身六四六厂以不同形式开展的对外经济技术交流与合作（简称“国际合作”），大体经历了三个阶段：一是60年代中期至70年代中期，参与引进磁带地震技术装备，出国执行援外勘探项目；二是70年代末至80年代中期，开辟中外物探技术交流与合作渠道，规模引进数字物探技术和装备，国际合作全面展开；三是从80年代末承包缅甸勘探工程开始，逐步拓宽国际物探市场，开展国内勘探反承包和国际勘探承包服务。

1965年，物探局前身六四六厂首次派员随石油部出国团组访问考察法国CGG、Sercel公司，参与组织引进模拟磁带地震仪、回放仪的验收和外商来华的现场技术培训。1969～1974年，派出4个地震队、2个重力队的专业工程技术人员赴阿尔巴尼亚和朝鲜民主主义人民共和国帮助开展石油天然气勘探；1971～1979年派员到越南、尼泊尔、坦桑尼亚等国执行其他援外项目。

1973年11月，物探局在北京设立地震技术引进办公室，开始执行燃化部第一批数字物探技术和成套设备引进合同，参与外贸谈判，组织设备到货验收、安装和现场技术培训，接待外商来华人员。

1978年，经国务院批准的中国石油天然气勘探开发公司代表团一行9人由物探局局长林运根带队，于5～6月访问美国、法国5家世界上最大的石油地球物理勘探公司，为规模引进先进的物探技术与装备开拓了渠道。10～11月中国地球物理学会专家组一行10人由物探局金祖荣带队首次参加美国第48届勘探地球物理学家学会年会，并访问美国6家石油公司、2个地球物理公司、4所大学的地球物理系，开辟了中美两国地球物理界学术交流的途径。

1979年1月，随着国家对外开放和中美建交，外商来访、洽谈技术合作与交流的活动日渐增多。1979年接待外宾来访7批41人次，到1983年达72批302人次；1979年出访12个团组57人次，到1983年达27批127人次。1983年以后，物探局对外技术交流与合作全面展开。

80年代，物探局在引进国外先进的数字地震仪器、计算机资料处理设备及各种运载设备的同时，参与海洋石油对外合作勘探资源评价和资料处理反承包，执行雇佣外国地震队进行文留三维和塔里木沙漠勘探合同，开展中美、中苏物探科技交流，组织出国进修，参加国际学术会议，兴办中外合作、合资企业，引进装备制造技术，组织装备制造产品出口创汇（见第七篇），承揽国际劳务合作和建安工程。通过中外合作和引进消化吸收国外先进技术，物探局野外采集、资料处理、综合解释、装备制造技术已基本达到国际先进水平。1987年底，物探局首次派出地震队到缅甸承包地震勘探工程，1989年参与伊拉克、巴基斯坦、印度等国家勘探项目的投标竞争，为物探局走向国际物探市场作了前期准备。

90年代，物探局按照中国石油天然气总公司建成国际样板队，率先进入国际物探市场，参与国际竞争，发展壮大自己的指示，制定了“跨国经营”的战略和“八五”对外合作计划，设置外事处和驻外机构，积极开展对外宣传，参加国际展览，加强对外联络工作，加入国际地球物理承包商协会（IAGC），按国际HSE标准组建国标队，深入国际物探市场参与勘探项目投标。1992年，在陆上石油对外开放合作勘探中，首次中标夺得新西兰石油勘探公司中国有限公司承包的湖南洞庭湖盆地合同区块地震勘探反承包项目。1994～1997年又先后中标获得美国、意大利、英国、日本等5家外国公司承包的9个合同区块物探反承包合同项目，组织10个物探队、1个重力组承担合同任务。1992～1998年累计完成对外合作勘探反承包合同金额5012万美元。

物探局在参与国内勘探反承包的同时，于1994年春与美国格兰特（GRANT）地球物理公司联合组队在美国西德克萨斯州承担三维地震采集技术服务项目，执行与巴基斯坦OGDC公司签订的三维地震技术咨询服务合同，为进入国际市场承包作业积累了队伍组织、生产技术、HSE管理经验。1994～1997年，在国际招标竞争中，先后中标获得了厄瓜多尔、秘鲁、美国、巴基斯坦、菲律宾、苏丹、伊朗7个国家16个地震勘探承包和5个技术服务合同项目，组织10个国标队出国施工作业。1988～1998年累计完成国际物探承包合同金额8977万美元。

1997年，物探局按照中央提出的利用两种资源、两个市场的要求，为积极开展石油物探跨国经营，参与海外油气资源开发技术服务，筹备成立国际勘探部，设立6个驻外办事机构和1个国际公司，建立国外地震数据处理中心，开展物探采集、处理、解释国际承包服务，国际合作勘探进入了新阶段。

第一章　执行援外勘探项目

1969～1974年，六四六厂执行石油部、燃化部对外经济技术援助项目2个，援助阿尔巴尼亚和朝鲜进行石油地球物理勘探。

第一节　援助阿尔巴尼亚石油勘探

1969年，石油部根据中、阿两国政府签订的协议，决定派遣1个石油天然气勘探大队赴阿尔巴尼亚，帮助进行石油天然气勘探。

石油天然气勘探大队由钻井专家组、综合研究专家组和综合物探队组成。安启元（时任大庆井下作业指挥部党委书记）任大队长，金祖荣（六四六厂）任副大队长。

六四六厂于锡胜、朱茆荪参加综合研究专家组；综合物探队由六四六厂派出，下辖山区、平原地震队各1个，山区、平原重力队各1个，所需装备器材全部由六四六厂筹备。

1969年上半年，六四六厂开始组队、培训人员和筹备各类设备、物资。1970年3月10日，援阿人员离京赴阿尔巴尼亚。

一、综合物探队人员组成

（1）山区地震队共10人，高启新任队长兼解释组长，其余人员有磁带地震仪和回放仪操作员，回放解释、测量技术人员，爆炸工、钻井工及翻译。

（2）平原地震队共10人，何振香任队长兼解释组长，其余人员配备同山区地震队。

（3）山区重力队共6人，刘清泉任队长兼解释员，其余为仪器操作、计算、测量人员和翻译。

（4）平原重力队共6人，蔡鑫任队长兼解释员，其余人员配备同山区重力队。

中方人员到达阿尔巴尼亚后，与阿方组成中阿地震、重力联队进行物探施工作业。

二、物探队主要装备

地震队配备国产DZ－661型磁带地震仪、DZ－662型磁带回放仪、DPP－100型车装钻机（后改换WTZ－701型）、人抬钻机、油罐车、水罐车、工程修理车、运输卡车（解放、跃进），以及六四六厂仪器厂生产的地震检波器、电缆、排列通话器、通信箱等辅助设备。重力队配备国产石英丝重力仪、红旗型经纬仪。

三、物探队主要任务

协助阿方进行地震、重力资料采集；向阿方人员传授模拟磁带地震勘探设备使用、维修技术及野外资料采集工作方法、资料回放技术；进行资料综合解释研究，寻找含油气构造。

四、主要勘探成果

1970年3月～1973年2月，山区物探队在阿尔巴尼亚南部斯比拉大山的罗茨凯维茨地区，平原物探队在法罗拉、都位斯以东的丘陵地区及莎拉达地区施工，采用70年代先进的磁带地震采集、重力勘探技术，获得了合格的资料，经回放处理、解释发现一些局部构造和重力异常。1972年平原地震队在阿尔巴尼亚南方亚德里亚海东岸一个盆地发现一个局部构造，圈闭面积12平方公里，提供钻探井位，钻获高产凝析油，取得了当年勘探、当年提供探井、当年出油的好成果。阿尔巴尼亚政府副总理察尔察尼专程到探井工地看望了中国援阿人员。

援阿人员在阿工作期间，与阿方人员亲密合作、同甘共苦，勤勤恳恳工作，无私传授物探技术，受到阿方的好评。大队成员还受到阿政府副总理阿里雅、国防部长巴卢库的接见。石油天然气勘探大队被评为中国驻阿使馆经济参赞处系统的援外先进集体。安启元、金祖荣、何振香、谢济平、梁满德、刘清泉、马启富等10人获得阿尔巴尼亚人民议会颁发的国家一级劳动勋章。

1973年2月26日，石油天然气勘探大队全部人员圆满完成援阿任务回国。

第二节　援助朝鲜石油勘探

1971年，燃化部根据中国和朝鲜两国政府签订的经贸协议，决定派遣1个石油勘探大队援助朝鲜进行石油天然气勘探。

石油勘探大队由曹进奎（时任大港油田副指挥）

领队，下辖2个钻井队、2个试油队、1个综合研究专家组（其中有六四六厂俞寿朋等）、2个地震队(由六四六厂派出)。

一、援朝地震队的人员及装备

按照燃化部的指示，援朝地震队伍的组建和设备配备由六四六厂负责。1971年9月，六四六厂成立援朝领导小组，从参加陕甘会战队伍中抽调20名技术干部组成援朝地震一队，由金忠麒任队长，梁永祥任副队长。配备国产DZ－663型磁带地震仪和DZ－662型回放仪，红旗2号经纬仪，以及六四六厂制造的WTZ－701型车装钻机、地震电缆和检波器等地震勘探成套设备和配件、材料。

1972年9月，六四六厂根据燃化部指示，抽调10名技术干部，开始组建援朝地震二队，由金文和任队长，郑锡祥任副队长。配备国产DZ－701型模拟磁带地震仪和DZ－664型回放仪、WTZ－701型车装钻机等主要设备共14项35台。

二、援朝地震队的主要任务

与朝方共同组建中朝地震联队，向朝方人员传授磁带地震勘探技术，在朝鲜安州盆地进行地震详查、半详查，协助朝鲜清川江勘察团搞清该盆地有利区块中新生代龙林统构造及断裂系统展布情况，提交详查构造图及钻探井位。

三、援朝任务完成情况

地震一队1971年11月8日离京赴朝，1974年8月31日完成任务回国；地震二队1973年11月10日离京赴朝，1974年11月9日完成任务回国。援朝地震队在朝鲜安州盆地完成地震详查和连井大剖面约1000公里，地震测井8口，基本查明工区地质结构，发现一些断块圈闭和鼻状构造。经综合研究后，在龙林、七里、西湖里等断块断鼻上布了5口探井，其中3203井在新里统地层获日产原油108升。

中方技术专家俞寿朋向朝方技术人员讲授了中国开始应用的多次覆盖地震勘探技术。援朝地震队员在野外施工中勤恳工作，耐心向朝方技术人员传授技术，受到朝方表彰。

1972年4月12日，朝鲜最高人民会议常务委员会授予中朝地震联队为功勋地震队称号，分别授予中方技术专家三级国旗勋章和劳动奖章。

1973年12月26日，金日成主席在万寿台议事堂为庆祝毛泽东主席80寿诞举行招待会，中国援朝地震队全体人员应邀参加了国宴。

第三节　援 外 考 察

1971年10月～1972年8月，六四六厂派聂占亨随石油考察组到尼泊尔进行石油地质考察。

1975年3～9月，物探局派陈丕珩、刘前志和郑瑞增随江汉油田出国团组执行援越项目，到越南民主共和国进行石油天然气勘探考察。

1975年4月～1976年1月，物探局派孙忠勤随石油部出国团组到坦桑尼亚进行石油天然气考察。

1978年11月～1979年1月，物探局副局长李全慎等2人赴阿尔及利亚进行石油天然气考察。

第二章　执行雇佣外国地震队技术服务合同

80年代初，石油部为了尽快改变中国石油后备资源不足的被动局面，经国务院批准，雇佣外国地震队在寻找石油储量有利地区进行勘探。根据石油部安排，1982～1993年物探局先后执行PC82301MR、PC82302MR、CUA－83101、CUA－86029、CUSCA－P89043、CUSCA－P89110六个雇佣外国地震队的技术服务合同，与美国GSI、HGS和GEOSOURCE公司技术专家合作，组建5个中美合作地震队，分别在河南文留南部和塔里木沙漠、沼泽以及东濮地区进行地震勘探；并于1985年租用美国GSC公司的1024道符号位地震仪，在辽中大民屯开展三维地震勘探。通过中美合作勘探，学习掌握了引进的先进勘探技术装备和外方的管理经验，提高了物探技术水平和勘探效率。

第一节　中美文留三维地震勘探

1982年，石油部决定利用世界银行贷款，采用国际招标方式，雇佣国外一个三维地震队，在河南文留南部进行三维地震勘探，为制定文留油区开发方案提供依据。物探局于2月初派出刘颂威、程金箴，陪同中标的美国地球物理服务公司（GSI）副总裁等3人组成的三维地震小组，现场踏勘了文留三维工区。4月，中美双方开始进行合同谈判。4月

23日，双方授权代表在北京草签了关于在华北文留地区进行三维地震采集、资料处理、资料解释的3个服务合同。

1982年7月21日，石油部以中华人民共和国石油公司名义与美国地球物理服务公司（GSI）正式签订了《在华北文留地区用三维地震地球物理方法进行勘探》合同（合同号：PC82302MR）。

一、合同内容

由美方负责为中方购买、组装发运一个三维地震队的全部装备，派出12名技术人员进行现场技术服务和数据采集质量控制。中美双方人员联合组成三维地震队，进行合作勘探。合同施工期限为1982年10月1日～1983年2月15日。施工面积171.36平方公里。总工作量9360炮。由美方提供的设备及技术服务费用总价750万美元，其中资料采集费540万美元，资料处理费176万美元，资料解释费34万美元。采集的地震资料由美国GSI公司用IBM－3033计算机处理，并负责全面地质解释；中方派3人到美国参与三维资料处理与质量监督。1983年11月由美方向中方提交最终成果报告。

二、合同执行准备

PC82302MR合同经世界银行同意生效后，石油部决定由物探局与美方合作组队进行文留三维地震采集作业，中原石油勘探局负责提出地质任务和成果要求。

1982年4月，物探局决定由第二指挥部执行合同，成立了由赵振明副指挥为组长的筹备组进行三维地震施工各项筹备工作。6月4日，成立文留三维合同办公室。6月22日，物探局与中原石油勘探局签订“文留三维地震协议书”，成立三维地震领导小组，物探局副局长李全慎任组长，中原石油勘探局副局长车卓吾任副组长。领导小组在中原石油勘探局设立办事组，负责外商接待、营地建设、治安保卫、生活供应，以及工农关系处理等施工条件的保障。

三、队伍装备

中美文留三维地震队，中方派出第二指挥部214队和2143队266人，赵振明任中方队经理；美方派出10名现场技术服务人员，包括美方队经理、机械师、钻井监督、仪器工程师、地震工程师、测量员等。

三维地震队配备DFS－V（120道）数字地震仪2套，自动测距仪4台，T2经纬仪4台、FT－1现场处理机1台，MOL车装液压、气水两用钻机7台，MOL、丰田越野车等31台，调频电台20部。施工完成后，全部设备归中方所有。

四、合同执行

1982年9月17日，中方人员进入文留工区营地进行施工准备。美方人员于10月7日到达营地。10月15日开始三维地震采集方法试验。10月25日由美方队经理指挥正式生产，日效率不足100炮。11月16～30日由中方队经理指挥生产，日效率超过100炮。

1983年2月上旬，按期完成文留南部20次覆盖、80米道距三维地震采集面积100平方公里，9586炮。

1983年3～9月，物探局按合同规定派出钱荣钧、王达昌、王强等5人到美国GSI公司参与文留三维地震资料处理解释与质量监督。12月6～26日，派出陈祖传、吴奇之到美国GSI公司验收文留三维地震资料解释成果。通过中美合作三维勘探，物探局全面掌握了整套三维地震勘探技术。

第二节　中美塔里木沙漠地震勘探

1983年5月至1990年5月，物探局与美国地球物理服务公司（GSI）、哈里伯顿地球物理服务公司（HGS）合作，先后履行PC82301MR、CUA－86029、CUSCA－P89043三个合作勘探合同，在塔克拉玛干大沙漠腹地完成地震测线16280公里，重力测线8341公里，为塔里木沙漠油田的发现与开发提供了丰富的地质资料和一批钻探井位。

一、履行PC82301MR沙漠勘探合同

塔克拉玛干大沙漠区面积32万平方公里，位于塔里木盆地中央。1983年以前，由于技术装备条件限制，地震队伍从未进入沙漠腹地开展大面积地震勘探。

1980年，国务院同意石油部雇佣外国地震队，加快塔克拉玛干沙漠区的石油资源勘探。1981年10月，石油部决定由物探局派员（刘颂威等）参与对外谈判，陪同外商进行现场考察。经招标、议标，美国地球物理服务公司（GSI）中标。

1982年1月23日，中国石油公司（PCPRC）和美国GSI公司在北京签订了《中国西部塔里木盆地地球物理勘探合同》（合同号PC82301MR）。同年5月5日经对外经济贸易部批准正式生效。

（一）合同主要内容

由美国GSI公司提供2个沙漠地震队、1个小型计算机资料处理中心的全部装备及3年的技术服务，并为另一个中方大沙漠地震队提供全部装备和技术指导。预期完成塔里木盆地大沙漠区50公里线距的地震连片区域概查和50万分之一的重力面积测量，以及北部坳陷的地震面积普查。合同工区范围东至库尔勒—若羌公路，西至叶尔羌河，北至塔里木河，南至叶城—和田—且末—若羌公路。野外施工期为1983年5月～1986年5月。美国GSI公司提供的各种装备在合同期满后全部移交中方。合同总金额4283万美元。

（二）合同管理机构

1983年1月15日，物探局成立中美塔里木合作勘探管理处。管理处主任柴桂林，副主任吴群苍、严宽亮（新疆石油管理局）、吕启文、梁永祥；中方技术负责人刘颂威，中方技术监督钟辛生；下设政工、生产、办事、供应、后勤5个组，日常工作委托第三指挥部统一负责。同时成立物探局驻乌鲁木齐办事处，负责美方人员接待和引进设备的中转工作。

（三）施工队伍

1982年12月，物探局决定由第三指挥部执行合同，与美方合作共同组建2个中美合同队，另外组建1个中国队。

1830队（中美一队），中方定员149人，由2207队和2166队合并组成；美方定员10人，其中经理1人。

1831队（中美二队），中方定员149人，由2208队和2212队合并组成；美方定员10人，其中经理1人。

1832队（中国队），定员159人，由230队组成。

1983年4～5月，来自11个国家的美国GSI公司48名管理和工程技术人员先后到达库尔勒及塔里木施工现场。其中在库尔勒管理组工作的11人，在库尔勒研究中心计算站工作的8人。

（四）队伍装备

3个大沙漠地震队每队配置了40台沙漠运载设备，3台大型推土机，33部电台及步话机，以及DFS－V（96道）数字地震仪、拉科斯特重力仪、K＋E红外线测距仪、卫星定位仪、巴格300型沙漠空气钻机、沙漠营房车等（表9－1）。

表9－1　塔里木沙漠中美合同地震队主要装备统计表

<table>
<tr><th>类　别</th><th>设备名称、型号</th><th>数量（台）</th><th>类　别</th><th>设备名称、型号</th><th>数量（台）</th></tr>
<tr><td rowspan="10">车辆</td><td>V12大型运输车</td><td>3</td><td rowspan="5">仪器</td><td>DFS－V（96道）地震仪</td><td>1</td></tr>
<tr><td>V10大型运输车</td><td>2</td><td>T2经纬仪和自动测距仪</td><td>5</td></tr>
<tr><td>V8大型水罐车</td><td>3</td><td>MX－1502卫星定位仪</td><td>1</td></tr>
<tr><td>V8－1000型钻机车</td><td>2</td><td>拉科斯特重力仪</td><td>2</td></tr>
<tr><td>巴格钻机、仪器车等</td><td>11</td><td>24道浅层折射仪</td><td>1</td></tr>
<tr><td>中MOL车</td><td>11</td><td rowspan="3">营房拖车</td><td rowspan="3">炊事车、餐车、洗澡车、库房车、办公车、修理车、水净化车、住房车</td><td rowspan="3">22节</td></tr>
<tr><td>小MOL（凡尼克）车</td><td>8</td></tr>
<tr><td>D8K推土机</td><td>3</td></tr>
<tr><td>平板拖车（LOWBOY）</td><td>1</td><td rowspan="2">电台</td><td rowspan="2">150W、100W、40W、6W</td><td rowspan="2">33</td></tr>
<tr><td>柴油发电机组（150kW）</td><td>3</td></tr>
</table>

（五）合同执行情况

1982年5月，物探局办公会议审定执行PC82301MR合同前期准备工作的14大类152项工作内容，指定专人逐项落实，中美合作勘探塔里木合同进入准备实施阶段。从5月17日开始，对合同队53名技术骨干进行为期6个月的英语口语强化训练。6月，应美国GSI公司邀请，物探局严衍余、刘颂威、吴群苍、赵瑞平等到美国对GSI公司进行为期40天的全面考察。

1983年1～3月，合同管理处组织本处和3个沙漠队人员进行涉外教育和政治学习，制定了涉外管理制度。4～5月，3个沙漠队185台共7000多吨各类引进设备、仪器、备件运抵库尔勒，由美方人员进行安装调试和技术培训；在沙雅北、沙雅南、若羌、且末、安迪尔和卡拉北建成了6个沙漠前沿支持点。租用直升机2架，在库尔勒和沙雅建立直升机场和且末临时起降点，保证沙漠营地的生产、生活支持及紧急救护。5月23日，在库尔勒市召开了向塔克拉玛干大沙漠进军的誓师大会。此后3支沙漠地震队近400名中外人员、201台套设备渡过塔里木河进入沙漠腹地，建立沙漠营地，并分别于6月1～14日开炮生产。

1983年6月～1984年5月合同第一年，3个队完成48次覆盖二维地震测线2257.40公里、44298炮，作了南北向4条区域大剖面；完成重力测线2645.29公里、2624个物理点。

1984年6月～1985年5月合同第二年，3个队完成48次覆盖二维地震测线2656.85公里、52523炮，重力测线2613.04公里、3296个物理点。1832队于1984年突破千公里，被评为石油部“金牌队”。

1985年6月～1986年5月合同第三年，3个队完成48次覆盖二维地震测线3116.15公里、61376炮，重力测线3083.11公里、3495个物理点。1830队于1985年突破千公里，被评为石油部“金牌队”。

1983年6月～1986年5月，3个沙漠队在神秘的“死亡之海”，历经艰辛，坚持常年施工，克服酷暑烈日、狂风沙暴、严寒冰冻等困难，累计完成地震测线69条8030.40公里；完成重力物理点9415个、测线8341.44公里（见表9－2）；同时，各沙漠地震队的测量组在沙漠中纵横交织地测定卫星定位点294个，沿地震测线建立永久性测量标志681个，为以后的地震详查细测提供了准确的方位。

库尔勒计算站使用TIMAP－II计算机进行现场资料处理，3年合同期内处理沙漠队地震剖面71条、外围队地震剖面61条，出站剖面共计130条10420公里。

表9－2　1983年6月～1986年5月中美塔里木合作勘探完成工作量统计表

年度	勘探工作			1830队	1831队	1832队	合计
合同第一年	地震	二维测线	炮	13683	13046	17569	44298
			km	680.85	656.20	920.35	2257.40
		小折射	点	451	617	680	1748
		微测井	口	88	11	35	134
	重力		点	892	890	842	2624
			km	996.99	854.05	794.25	2645.29
合同第二年	地震	二维测线	炮	18574	15292	18657	52523
			km	947.60	773.60	935.65	2656.85
		小折射	点	440	503	435	1378
		微测井	口	24	6	6	36
	重力		点	1353	730	1213	3296
			km	919.40	787.87	905.77	2613.04
合同第三年	地震	二维测线	炮	20276	18941	22159	61376
			km	1027.65	951.05	1137.45	3116.15
		小折射	点	398	415	479	1292
		微测井	口	1	3		4
	重力		点	1247	930	1318	3495
			km	1050.21	897.40	1135.50	3083.11
总计	地震	二维测线	炮	52506	47279	58385	158170
			km	2656.10	2380.85	2993.45	8030.40
		小折射	点	1289	1535	1594	4418
		微测井	口	113	20	41	174
	重力		点	3492	2550	3373	9415
			km	2966.60	2539.32	2835.52	8341.44

（六）主要成果

通过3年中美合作勘探，基本查明塔里木盆地沙漠腹地的地质构造格局：证明满加尔坳陷为加里东运动形成的大型台向斜；塔里木盆地的上下构造不具有继承性；发现和证实了中央隆起，位于盆地中部，其东部为东部低隆起和塔中隆起，西部为巴楚隆起；指明了含油气的有利地区。

通过中美合作勘探，掌握了沙漠地震采集技术和方法，以及各类设备的操作使用和维修技术，积累了大沙漠区地震勘探队伍管理、劳动组织、常年施工、后勤供应、无线电通信、空中支持、安全保证等方面的经验，使物探局的物探技术水平上了一个新台阶。

同时，全面搜集和分析了塔里木沙漠区水文地质和气象特征，调查了沙漠区地形地貌情况，为沙漠区油气勘探开发和国民经济建设提供了宝贵资料。

（七）合同结束

1986年5月30日，PC82301MR合同历时3年顺利结束。美方向中方移交1830、1831队的全部设备和仪器，向库尔勒计算站移交TIMAP－II计算机处理设备。中方成立领导小组，提出设备验收标准，组织设备的交接验收。

二、履行CUA－86029沙漠勘探合同

物探局为在塔克拉玛干大沙漠腹地地震概查的基础上，对地震发现的有利区带和大型构造进行地震普、详查，于1986年3月向石油部请示延长与美国GSI公司签订的PC82301MR合同。经石油部批准，物探局指派专人与GSI公司谈判后续合同。5月17日，中国技术进口总公司（CNTIC）及其用户中国石油公司（PCPRC）与美国地球物理服务公司（GSI）在北京签署了《用地球物理地震方法勘探中国西部塔里木盆地合同》（合同号CUA－86029）。合同总金额932.4万美元。

合同规定由美国GSI公司为原中美合同一队（1830）、二队（1831）及1个管理支持组提供3年延长期的生产技术服务。合同工作期限自PC82301MR合同1986年5月30日工作期满之日开始，至1989年5月31日止。美国GSI公司通过其管理支持组对2个地震队有效生产负责，维修保养上一个合同结束后向中方移交的仪器、设备，保证设备完好率不低于80%。生产的数量及质量控制由中方负责。

CUA－86029合同基本上是PC82301MR合同的延续。1832队继续由中方人员独立组成，在沙漠中施工，由GSI公司提供服务。1830、1831队的美方人员由原每队10人减为4人（队经理1人，机械师3人），管理支持组人员减为9人。美国GSI公司每年有17人常年执行服务合同。

在合同期内，两个合同队的任务完成情况如下：

1986年6月1日～1987年5月，1830队完成二维地震测线1048.7公里，21013炮；1831队完成二维地震测线985.675公里，18873炮。

1987年6月～1988年5月，1830队完成二维地震测线980.3公里，19355炮；1831队完成二维地震测线1096公里，22044炮。

1988年6月～1989年5月，1830队完成二维地震测线936.65公里，18782炮；1831队完成二维地震测线1028.9公里，20701炮。

1830、1831队在3年合同期共完成地震测线64条6076.225公里，120768炮，平均队年完成1012.7公里（见表9－3）。1830队在1986年度突破千公里，被石油部授予“金牌队”称号；1831队在1987年和1988年突破千公里，被石油部授予“铜牌队”称号，被评为物探局先进集体。

美国GSI公司在执行CUA－86029合同中，为维持野外正常有效生产，确保上一个合同已使用3年且全面老化的设备完好率，在库尔勒设立了GSI修理车间。中方配修理人员10人，与美方修理人员密切合作，三年共大修V12、V10、V8、D8K、中MOL、小MOL、巴格钻机、仪器车等特种装备189台次，基本上保证了各种设备的正常运转和生产任务的完成。

1989年5月27日，CUA－86029合同结束。

三、履行CUSCA－P89043沙漠勘探合同

1989年4月7日，中国石油公司与美国哈里伯顿地球物理服务公司（HGS）在北京签订了CUSCA－P89043合同，由HGS公司派出13名技术管理人员，对1830、1831队及1个管理组提供1年延长期的生产服务。

在执行CUSCA－P89043合同期间，HGS公司把1830、1831队所有野外设备的维修、保养和管理作为主要工作目标，确保设备正常、有效地用于生产（生产目标为2000公里40000炮）。生产的数量和质量由中方负责。合同总金额350万美元。

合同从1989年5月28日开始实施，到1990年5月28日结束。1830、1831队共完成地震测线40条2173.95公里、43744炮，平均队年完成

1086.975公里、21872炮，平均队月完成90.58公里、1823炮，比PC82301MR合同平均队月完成75公里提高15.6公里，比CUA－86029合同平均队月完成84.4公里提高6.18公里。勘探效率创中美合作以来的最高水平。

1991年2月，1830、1831、1832队队号撤销，分别恢复为2207、2208、230队号。

表9－3　1986年6月～1989年5月中美塔里木合作勘探完成工作量统计表

时　间 （年．月）	1830地震队		1831地震队		合　计	
	km	炮数	km	炮数	km	炮数
合同第一年 1986.6～1987.5	1048.7	21013	985.675	18873	2034.375	39886
合同第二年 1987.6～1988.5	980.3	19355	1096	22044	2076.3	41399
合同第三年 1988.6～1989.5	936.65	18782	1028.9	20701	1965.55	39483
总　计	2965.65	59150	3110.575	61618	6076.225	120768

注：平均队月完成84.392公里，平均队年完成1012.7公里。

第三节　中美塔里木沼泽地震勘探

1983～1989年，在中美塔里木沙漠合作勘探阶段，由于勘探装备的限制，塔里木河流域两岸沼泽、水网、盐碱地区未能进行地震采集作业，留下了地震空白区，影响了整个盆地的综合地质研究。

1989年12月27日，中国技术进口总公司及其最终用户——中国石油天然气总公司（CNPC）与美国哈里伯顿地球物理服务公司（HGS）在北京签订了《中华人民共和国新疆塔里木盆地地区地震勘探综合技术支持合同》（合同号：CUSCA－P89110），实施塔里木河两岸沼泽地震勘探。1990年2月15日经对外经济贸易部技术进出口公司批准，合同期2年。合同任务为完成塔里木河流域水网、沼泽、盐碱地2000公里地震测线，合同总金额811.4万美元。

合同规定，美国HGS公司派出18名工程技术管理人员。其中10人负责沼泽地震队的技术、质量、生产管理；另外8人在库尔勒支持组对沙漠地震队的机械设备进行维修，提供综合技术支持，对库尔勒地震资料处理中心提供技术服务。中方负责自行引进沼泽地震勘探设备，组建沼泽地震队。

一、队伍组建

物探局决定，CUSCA－P89110合同由地调三处执行。1991年3月5日，中美合作沼泽地震队（2315队）成立。全队员工150人，有美方10人（队经理1人，副经理1人，机械师3人，仪器工程师3人，地震、测量工程师各1人）。

二、沼泽勘探设备

1991年2月，物探局从国外引进沼泽地震勘探设备。主要有OPSEIS－EAGLE无线遥测数控地震仪1套及采集站浮筒48个，橡皮船2只，DEL-NORTE水上定位导航系统2套，D7H沼泽推土机2台，BV－260赫格隆水陆两栖车5台，福尔莫斯履带车7台以及T1600全站仪、CT－300钻机、防水检波器、电缆，无线电台等。

三、培训

1991年3月12日～5月22日，美方HGS技术人员对2315沼泽地震队员工进行为期70天的设备操作现场培训，讲授沼泽地震勘探设备的性能和操作方法，为按时开工生产打下基础。

四、合同执行

1991年6月5日，23台沼泽地震勘探设备、32节营房车及其他设备全部运抵工区营地。6月18日，2315队正式投入生产。1991年在塔里木乡施工，完成60次覆盖、50米道距二维地震测线502公里，获记录10192张。1992年，在尉犁地区施工，完成60次覆盖、50米道距二维地震测线905公里，获记录18243张。到1993年2月7日，2315队圆满完成CUSCA－P89110合同规定的施工任务，历时20个月，共完成地震测线64条、2033.75公里、40903炮，实现了塔里木河两岸地震测线的有效连接。

第四节　中美水陆两栖地震勘探

1983年12月1日，中国技术进口总公司(CNTIC)和中国石油公司(PCPRC)与美国GEOSOURCE有限公司的授权代表在北京签订了《中国白洋淀、东濮地区地震勘探服务合同》(合同号CUA－83101)，雇佣1个外国地震队在白洋淀和东濮地区，用水陆两栖的地震勘探方法，进行1公里×1公里测网详查，查明该区地下构造情况。合同总金额302万美元。

根据石油部安排，CUA－83101合同由物探局负责组织执行。1983年12月22日，物探局派程金箴与美方代表签署了该合同的补充协议和关于质量控制的备忘录。

合同规定，由美方提供水上地震勘探装备，派出12名技术人员进行技术服务，并对中方人员进行技术培训，与中方合作共同组建中美合作水上地震队。合同期34个月。合同期满后，美方提供的装备转让给中方。

1984年4月，物探局成立了执行CUA－83101合同领导小组，由副局长钟辛生任组长，局副总工程师何振香任副组长，组员有赵瑞平、张芳基、梁永祥，技术监督为程金箴。物探局决定，CUA－83101合同由第二指挥部组队执行。

第二指挥部于5月份将250和2313队合并组成中美合作CUA－83101工程6143地震队。6月，物探局购置MONARK铝船31只，SKIMA－4气垫船4只，CT－211、PS－200轻便钻机19台及TELSEIS无线遥测数字地震仪、车辆等设备，价值1479万元。7月初，物探局派出梁秀文、郑鑫、朱德兴赴美国接受水陆两栖地震采集技术培训。

7月中旬，执行施工任务的第二指挥部(勘探公司)水上地震队成建制调给中原石油勘探局。石油部决定，CUA－83101合同改由中原石油勘探局继续执行。

第三章　对外合作勘探反承包

1979年以后，中国海洋、陆上石油相继对外开放，采用风险勘探国际招标方式进行合作勘探。物探局在石油对外合作勘探进程中，积极组织物探队伍参加反承包作业。

80年代初，在海洋石油对外合作勘探中，物探局成立海洋油气资源评价所，承担珠江口海上油气资源评价；资料处理中心反承包外国石油公司承包区块海洋地震资料处理任务。

1985年，在陆上南方11省(区)石油勘探对外开放阶段，物探局首次向石油部报告准备与美国地球物理系统公司合作投标承包海南福山凹陷风险勘探任务，受到国务委员康世恩的支持。鉴于当时条件限制未能中标。1992年10月，物探局在国际招标竞争中首次中标，夺得了新西兰石油勘探公司承包的湖南洞庭湖盆地合同区块地震勘探反承包项目，组织2个地震队于1993年完成二维地震测线712公里，实现合同金额153.57万美元。

1994～1997年，物探局在陆上北方11省(区)石油勘探对外开放中，遵照总公司总经理王涛关于力争勘探、钻井反承包任务全部由石油系统队伍承揽的指示，物探局副局长赵瑞平和计划、财务、勘探、安全等部门，经过多方努力，通过国际招标竞争，先后获得了美国ESSO、TEXACO、意大利AGIP、英国BP石油公司和日本石油公团(JNCO)承包的塔里木盆地等9个合同区块的物探反承包项目，组织2220、2207、219、2208四个地震队和303、316、308三个重力队及901化探队承担物探反承包作业。至1998年，累计完成二维地震测线9314公里，三维地震面积36平方公里，重力测线21208公里，磁力测线10567公里，化探采样164个点。合同总金额4859万美元。

物探局在反承包作业中，学习外国石油公司的HSE管理经验，锻炼了队伍，培养了人才，逐步实现了与国际物探施工作业标准的接轨，为进入国际物探市场奠定了基础。

第一节　新西兰石油公司湖南洞庭湖地震勘探反承包

1990年10月，中国石油技术开发公司与新西兰石油勘探公司(PETROCORP)签订了湖南洞庭湖盆地石油勘探合同。合同区面积15900平方公里。

新西兰石油勘探公司采用国际公开招标方式选择物探施工作业队伍。

1991年2月，物探局为夺得洞庭湖盆地地震勘探反承包项目，积极开展了创建国标队活动，力争一次中标。

1992年10月14日，物探局组织地调二处在参加新西兰石油勘探公司中国有限公司地震勘探国际招标中一举中标，夺得了国内第一个勘探反承包项目。10月21日，物探局第一次以BGP名义与新西兰石油勘探公司中国有限公司在广州正式签订《洞庭湖盆地陆上地震勘探承包合同》。合同金额153.57万美元。

一、队伍组建

1992年10月，地调二处成立了由副处长阎万朝为组长的湖南洞庭项目组，负责合同项目管理与对外商的联系工作。根据合同任务和工区地表特征，安排2个地震队承担2个区块的二维地震采集作业。

2220队，负责湘阴—汨罗地堑的地震采集工作；2256队，负责沅江—常德凹陷的地震采集工作。

二、装备配置

物探局为2个反承包地震队配置了新引进的OPSEIS－5586无线遥测地震仪2套，GPS－4000ST卫星定位仪4台，SET3C红外线测距仪7台，QP－50、QP－30型人抬钻机42台，FTC－80型100瓦、40瓦、5瓦通信电台161台，各型车辆103台，以及防水检波器、电缆，现场处理机等，共计300多台套设备。

三、合同执行

1992年11月3日，2个反承包地震队人员、设备全部进入工区。11月9日开始试验，首次采用地调二处自行研制开发的SAAS地震采集软件进行最佳施工参数选择对比，经外商认可，确定了施工因素。11月13日正式生产。到1993年2月6日全部结束野外地震采集工作，完成15次、30次覆盖、25米道距地震测线712公里。其中：2220队完成湘阴—汨罗地堑17条测线328公里、4843炮；2256队完成沅江—常德凹陷29条地震测线384公里、3297炮。同年2月11日，全部人员和设备返回开封基地。

洞庭湖盆地地震反承包合同的圆满完成，受到新西兰石油勘探公司的高度赞扬，为物探局对外合作勘探反承包建立了良好的信誉。

第二节 美国ESSO公司
塔里木第三、十三区块地震勘探反承包

物探局于1994～1996年分别承担美国埃索（ESSO）公司在中国风险勘探中标的塔里木第三区块、十三区块的地震资料采集反承包任务，至1997年5月完成二维地震测线2887公里，三维地震面积36平方公里，合同总金额1602.4万美元。

一、塔里木东南第三区块勘探反承包

塔里木盆地东南第三合同区块位于新疆且末县境内，面积14475平方公里。1993年美国埃克森公司所属埃索（ESSO）中国有限公司中标后，于1994年5月23日向全球8大石油物探公司发出标书。物探局外事处组织标书制作并投标。1994年7月13日，美国ESSO公司考察了物探局地调三处的装备、技术和人员素质，并进行了评标。9月2日，美国ESSO公司传真电告物探局已中标。9月8日，物探局副局长赵瑞平与美国埃克森公司授权代表在北京签订了“00523”号合同。合同计划工作量：二维地震采集1600公里。第一期合同金额1018.3万美元。

（一）合同执行准备

00523号合同生效后，物探局地调三处成立了以处长接铭训为组长的反承包工作领导小组，制定反承包运行计划，进行施工前人员培训以及设备配置、队伍组建等各项准备工作。

地调三处在2207队基础上组建了9403（A）沙漠井炮地震队。配置VISION遥测数字地震仪、WTZ－100型钻机、D8N推土机和V12、V10、中MOL、巴格沙漠越野车、营房车及发电机组等主要机动设备103台。

地调三处在219队基础上组建了9404（B）沙漠可控震源与井炮混合队。配置VISION遥测数字地震仪、M26/HD可控震源、D8N、D7H推土机、BK－1244巴格钻机、营房车、发电机组等主要机动设备130台套。

（二）合同执行

00523号反承包合同分第一、二两期。

第一期合同由9403、9404地震队按时间合同（日费制，6公里/日，均衡生产）执行。

1994年11月15日～1995年5月9日，9403队完成160次覆盖、25米道距大沙漠二维地震测线872公里，获记录34885张，一级品率100%。

1994年11月25日～1995年5月26日，9404

队完成160次覆盖、25米道距大沙漠二维地震测线906公里，获记录36925张，一级品率100%。

5月底，塔东南三区块第一期勘探合同任务圆满完成。

1995年6月17日，美国ESSO公司与物探局签订了第二期勘探合同，8月31日开始实施。该合同改日费制为受保护的包干付费制。合同任务由9403队单独执行。

1995年9月1日～11月6日，9403队完成大沙漠二维地震测线551公里，获记录22060张，一级品率99.9%。11月初应甲方要求，9403队由二维队转为三维队，换装SN388千道遥测地震仪，于11月11～16日，以日平均258炮的高效率完成36平方公里、1548炮的三维地震试验任务，记录一级品率100%。9403队共完成二期合同金额315.5万美元。

截至1995年11月16日，00523号合同第一、二期反承包任务全部完成，共计完成二维地震测线2329公里、三维地震面积36平方公里。各项指标都达到合同要求，受到美国埃克森公司总裁的高度赞扬。

二、塔里木第十三区块勘探反承包

塔里木盆地西北部第十三区块，位于新疆西天山南麓乌什谷地，海拔1300米左右，面积10571平方公里。美国ESSO公司中标后，鉴于与物探局建立的信誉，决定将十三区块二维地震采集项目直接授标物探局地调三处。1996年8月30日，物探局副局长赵瑞平与美国ESSO公司中国有限公司总裁顾立洱先生在北京正式签订了塔里木十三区块地震勘探作业合同（合同号28004）。合同工作量：二维地震采集500公里。

地调三处2207队奉命执行十三区块反承包勘探作业任务，于1996年9月15日长途搬迁至十三区块工区，10月20日正式生产。因ESSO对十三区块地表地层条件把握不准，坚持单一的井炮生产，不接受中方采用多种方法施工的正确建议，致使施工严重受阻，至1996年11月20日仅完成160次覆盖、45米道距二维地震测线76公里。11月25日，野外施工作业中止。

针对十三区块存在的问题，物探局派副局长赵瑞平与ESSO公司顾立洱先生商谈，并达成协议。此后ESSO公司驻库尔勒总监MR·Sheffer，BGP首席代表唐庆宝、地调三处副处长方栋良，国际联管会首席代表尚学忠三方代表共11人，于1996年11月12日下午在ESSO公司驻库尔勒办公室举行了会谈并达成纪要，ESSO同意采纳地调三处采用可控震源激发、160次覆盖、320道仪器接收的施工方法建议。1996年12月16日成立了由三方代表组成的十三区块再启动联合小组，地调三处成立了以接铭训、方栋良分别任正副组长的十三区块反承包项目组，补充和更换了地震队装备。

2207队于1997年3月9日打响了十三区块再启动后的第一炮，至5月16日，提前34天完成合同规定的23条测线、482.4公里、10743炮的二维地震采集工作量，日平均生产7.2公里，最高日生产12.01公里。

1996年10月～1997年5月，2207队共完成十三区块二维地震采集558公里。合同金额268.6万美元。

第三节　英国BP公司塔里木第四区块地震勘探反承包

塔里木盆地东南第四区块，位于新疆且末县北，面积14475平方公里。1994年5月英国BP石油勘探作业有限公司中标后，采用国际招标方式选择承包商。物探局在竞争中中标，合同由地调三处执行。

1995年3月13日，物探局局长钟辛生和英国BP公司总裁在北京签订了《中国塔里木盆地二维地震数据采集合同书》，合同工作量：二维地震采集204公里，合同总价207万美元。

BP公司四区块反承包合同生效后，地调三处决定由2208地震队执行合同任务，并按合同规定配备主要技术人员，配置SN388千道遥测地震仪、巴格钻机、越野车、推土机等主要机动设备54台，以及营房车、测量定位仪、无线电通信等设备，经BP公司一次性验收通过。全体员工经BP公司组织的HSE培训考试后持证上岗。

1995年5月5日，2208队进入四区块工区，5月22日开工生产，到6月28日结束野外采集作业，完成120次、60次覆盖地震测线5条204公里，获记录4526张，一级品率达99.9%，按合同要求较好地完成英国BP公司塔里木第四区块地震勘探反承包任务。

第四节　意大利AGIP公司塔里木第一、六、七、十四区块综合勘探反承包

物探局于1994～1997年承担意大利阿吉普（AGIP）公司中标的塔里木盆地第一、六、七、十

四合同区块地震勘探反承包和非地震勘探反承包项目。

一、塔里木东南第一区块地震勘探反承包

塔里木盆地东南第一区块，位于新疆民丰县域内，面积9814平方公里。1994年意大利AGIP公司中标。

1994年8月18日，物探局在意大利AGIP公司国际招标中中标，获得反承包作业权。10月10日，物探局与意大利AGIP公司签订了《中国塔里木第一区块陆地常规二维地震勘探》合同（合同号：SERV/011/94/CINA）。施工任务由地调二处承担。

1994年10月，地调二处成立了塔里木东南一区块项目组，组建了9402地震队（2220队），配置SYSTEM－Ⅱ（240道）遥测地震仪和井炮沙漠勘探装备。11月，9402队进入工区。12月2日开工生产，到年底完成120次覆盖40米道距大沙漠二维地震测线53公里，获记录1321张。

1995年，9402队连续在一区块施工174天，至9月份完成二维地震测线1532公里，获生产记录38352张，一级品率99.8%。

1996年2月3日～3月23日，9402队完成二维地震测线486公里，获记录12264张，一级品率99.1%。

9402队于1994年12月～1996年3月，完成塔里木一区块地震勘探反承包合同全部任务，共计二维地震测线2071公里，获记录51937张。

二、塔里木第六、七区块地震勘探反承包

塔里木盆地南部第六、七区块，位于新疆民丰、和田地区，面积分别为14207平方公里和15335平方公里。意大利AGIP公司中标后，采取直接议标方式，再次与物探局合作。1996年6月30日，物探局副局长赵瑞平与意大利AGIP海外公司总经理皮卡迪在北京签订了塔里木六、七区块二维井炮地震采集合同。合同任务继续由地调二处9402队执行。

1996年9月3日，9402队开工生产。1996年完成120次覆盖40米道距二维地震测线819公里，20389炮，一级品率达99.9%。1997年完成二维地震测线1874公里，47140炮，一级品率98.9%。至1997年11月16日结束野外采集工作，9402队在六、七区块共完成二维地震测线53条2693公里，67529炮。

三、塔里木第十四区块地震勘探反承包

塔里木盆地南部第十四区块，位于新疆且末县以北，面积892平方公里。1996年8月7日，意大利AGIP公司中标后，于1997年5月直接授标物探局，由9402队承担二维地震采集任务。6月12日～7月13日，9402队在执行六、七区块合同任务期间移师十四区块工作39天，完成120次覆盖40米道距二维地震测线11条305公里，获记录7676张，一级品率99.2%。

1994年12月～1997年11月，物探局9402队共完成意大利AGIP公司4个合同区块的二维地震采集任务5069公里，合同金额2308万美元。

四、阿吉普公司塔里木区块重磁力、化探反承包

意大利AGIP公司在塔里木4个合同区块进行了地震、重磁力、化探综合勘探。1995～1997年，物探局地调五处与AGIP公司签订了塔里木一区块重力、化探和六、七区块重磁力勘探反承包合同；并承担了十四区块重磁力资料采集、处理、解释任务。累计完成合同总金额135.93万美元。

（1）1995年4～9月，地调五处反承包意大利AGIP公司塔里木一区块重力测量合同任务，派出303重力队，完成1公里×1公里、2公里×2公里重力测线3784公里，物理点2798个。1996年2月8日～3月19日，303重力队随地震队沿地震测线完成重力测线253公里，物理点275个。共计完成一区块重力测线4037公里，物理点3073个。1996年1月～1997年1月，地调五处完成一区块重力野外资料的处理、解释反承包任务。

（2）1996年2月16日，意大利AGIP公司根据地震及重力资料选定重点异常区，与物探局地调五处签订塔里木一区块地表地球化学勘探合同。1996年3月，化探901队进入民丰工区，4月7日至5月8日完成化探采样剖面350公里、采样点164个。化探采样分析结果证明游离烃异常与AGIP公司专家认定的异常重点区符合。

（3）1996年7月30日，AGIP公司与物探局签订塔里木盆地六、七区块重磁力勘探反承包合同。合同任务为六、七区块的重力、磁力面积勘探和与地震测线重合的重磁力测量。

1996年8月，地调五处316重磁力队进入工区，9月1日开工生产，至1997年1月完成合同规定的野外采集任务：重力测线12412公里，物理点5212个；磁力测线10242公里，物理点5121个。一级品率均为100%。

1996年11月5日，AGIP公司与物探局地调五处签订六、七区块重磁力资料的处理、解释合同，于1997年8月完成。

(4) 1997年，地调五处根据物探局与AGIP公司签订的塔里木十四区块地震反承包合同，承担重磁力野外资料采集、处理、解释任务。1997年6月17日，地调五处派1个重磁力小组进入十四区块，到8月27日完成野外采集作业。完成重力测线471公里，物理点250个；磁力测线325公里，物理点104个。重磁力资料处理、解释工作于1998年9月完成。

第五节　日本石油公团
塔里木米萨列依区块地震勘探反承包

塔里木盆地西部米萨列依区块位于新疆和田地区于田县，面积7393平方公里。1997年，日本石油公团（JNCO）在获得米萨列依区块承包作业权后，于9月上旬通过国际招标方式选择地震勘探承包商。物探局地调三处2207队中标。1997年12月9日，物探局与日本石油公团签订《塔里木米萨列依区块地震资料采集和处理承包合同》，合同金额584.8万美元。二维地震采集合同工作量1154公里，由地调三处2207队执行。2207队配置机动设备53台，使用SN388千道遥测地震仪，于12月15日进入工区，12月24日开工，至1998年5月6日结束野外地震采集工作，完成120次覆盖、40米道距二维地震测线1154公里，获记录28832张，一级品率100%。

第六节　美国TEXACO公司四川雅安、
乐山合同区块重力勘探反承包

四川雅安、乐山区块位于四川盆地南端和东南部，面积分别为14095和10105平方公里，为风险勘探合同区块。由美国德士古（TEXACO）中国有限公司承包。

1996年6月，物探局地调五处反承包了美国TEXACO公司雅安、乐山区块重力野外采集项目。7月7日，地调五处308重磁力队，装备高精度重力仪、磁力仪、全站仪等8台先进设备，进入四川雅安、乐山工区施工。1997年1月4日完成重力测线4108公里、物理点5781个。其中在雅安工区完成重力测线2958公里、物理点2982个；在乐山工区完成重力测线1150公里、物理点2799个。合同总金额20.89万美元。

第七节　外国公司地震资料处理反承包

物探局地震资料处理中心，在中国海洋石油对外合作勘探开发初期进入国际市场投标竞争，于1980年7月首次中标反承包法国道达尔（TOTAL）公司南海地震资料处理项目，同年又与法国埃尔夫（ELF）公司签订了渤海区块地震资料处理合同。

1980～1983年，完成法国TOTAL公司11842公里、ELF公司8594公里的二维地震资料常规处理任务。

1984～1987年，反承包完成英国BP公司南黄海区块82公里、美国阿科公司珠江口区块1731公里、美国西方石油公司珠江口区块4212公里地震资料常规处理任务。1980～1987年，共完成5家外国石油公司在中国海洋采集的地震资料处理反承包任务2.65万公里，创汇494.7万美元。

90年代，在陆上石油对外开放合作勘探阶段，物探局资料处理中心通过国际竞争，先后完成5家外国石油公司1.6万公里的二维地震资料处理反承包任务，合同金额107.44万美元。其中1991～1993年，完成新西兰石油勘探公司洞庭湖盆地区块3347公里地震资料处理反承包任务，创汇7.29万美元。

1994～1995年，完成英荷壳牌公司苏北区块3486公里地震资料处理反承包任务，创汇45.45万美元。

1995年，完成意大利AGIP公司塔里木第一区块1532公里地震资料处理反承包任务，创汇37.33万美元。

1996年，完成美国ESSO公司松辽、柴达木区块2194公里地震资料处理反承包任务，创汇17.37万美元。

1997年12月，日本石油公团与物探局研究院签订塔里木米萨列依区块4454公里新老资料处理合同（1998年实际完成5292公里，处理原始记录70610张）。

物探局反承包勘探项目完成情况见表9－4。

表 9-4　物探局反承包勘探项目完成情况统计表

<table>
<tr><th rowspan="2">对外开放
合同区块</th><th rowspan="2">项目承包业主</th><th rowspan="2">反承包
施工单位</th><th rowspan="2">施工期
（年、月）</th><th colspan="2">反承包项目完成工作量</th><th rowspan="2">完成合同金额
（万美元）</th></tr>
<tr><th>二维地震
（km）</th><th>其　它</th></tr>
<tr><td>湖南洞庭湖盆地</td><td>新西兰石油勘探公司
Petrocorp</td><td>2220 队
2156 队</td><td>1992.11～1993.2</td><td>328
384</td><td></td><td>153.57</td></tr>
<tr><td rowspan="3">塔里木第三区块</td><td rowspan="4">美国埃索公司（ESSO）</td><td>9403 队</td><td>1994.11～1995.5</td><td>872</td><td></td><td rowspan="2">1018.3</td></tr>
<tr><td>9404 队</td><td>1994.11～1995.5</td><td>906</td><td></td></tr>
<tr><td>9403 队</td><td>1995.9～1995.11</td><td>551</td><td>三维地震 36km²</td><td>315.5</td></tr>
<tr><td>塔里木第十三区块</td><td>9403 队</td><td>1996.10～1997.5</td><td>558</td><td></td><td>268.6</td></tr>
<tr><td>塔里木第四区块</td><td>英国 BP 公司</td><td>2208 队</td><td>1995.5～1995.6</td><td>204</td><td></td><td>207</td></tr>
<tr><td rowspan="3">塔里木第一区块</td><td rowspan="7">意大利阿吉普公司
（AGIP）</td><td>9402 队</td><td>1994.12～1996.3</td><td>2071</td><td></td><td>2308</td></tr>
<tr><td>303 队</td><td>1995.4～1996.3</td><td></td><td>重力 4037km</td><td>27.23</td></tr>
<tr><td>901 队</td><td>1996.3～1996.5</td><td></td><td>化探采样 164 个点</td><td>6.5</td></tr>
<tr><td rowspan="2">塔里木第六、七区块</td><td>9402 队</td><td>1996.9～1997.11</td><td>2693</td><td></td><td></td></tr>
<tr><td>316 队</td><td>1996.9～1997.1</td><td></td><td>重力 12412km
磁力 10242km</td><td>102.2</td></tr>
<tr><td rowspan="2">塔里木第十四区块</td><td>9402 队</td><td>1997.6～1997.7</td><td>305</td><td></td><td></td></tr>
<tr><td>重力小组</td><td>1997.6～1997.8</td><td></td><td>重力 471km
磁力 325km</td><td></td></tr>
<tr><td>塔里木米萨列依区块</td><td>日本石油公团（JNCO）</td><td>2207 队</td><td>1997.12～1998.5</td><td>1154</td><td></td><td>584.8</td></tr>
<tr><td>四川雅安、乐山区块</td><td>美国德士古公司
（TEXACO）</td><td>308 队</td><td>1996.7～1997.1</td><td></td><td>重力 4108km</td><td>20.89</td></tr>
<tr><td>总　计</td><td></td><td></td><td></td><td>10026</td><td>三维地震：36km²
重力 21028km
磁力 10567km
化探 164 个点</td><td>5012.59</td></tr>
</table>

注：9402 队完成阿吉普公司第一、六、七、十四区块地震采集合同金额总计 2308 万美元。完成工作量数据来源计划处统计公报，完成合同金额数据来源国际勘探部统计资料。

第四章　国际物探承包服务

80 年代末，物探局开始进入国际物探市场，到 1997 年末，先后与缅甸、美国、巴基斯坦、厄瓜多尔、秘鲁、菲律宾、苏丹、伊朗等国石油公司签订 16 个国际物探承包和 5 个技术服务合同，合同总金额达 8977 万美元（个别合同至 1998 年完成）。完成二维地震采集工作量 7911 公里，三维地震采集工作量 2157 平方公里。1994～1997 年完成 5 个国家石油公司的地震资料处理和解释合同项目。

1988～1989 年，物探局根据中国石油部长和缅甸能源部长达成的协议，执行与缅甸缅玛石油公司签订的 MC-87-01 地震勘探服务合同，第一次出国承包地震勘探服务项目，为物探局进入国际市场打出了信誉。

1990 年 12 月，总公司王涛总经理在会见物探局新领导班子成员时，要求物探局在中缅合作勘探的基础上，组建国际标准地震队，打到国外去，深入国际竞争，建成具有国际竞争实力的综合物探服务集团。物探局据此于 1991 年初制定了“八五”对外合作计划，成立对外合作机构，建立对外合作队伍。1992 年以后，逐步在国外建立驻外机构，加强对外联络和宣传，与外国石油公司和物探公司建立业务联系，积极开拓中东、独联体、东南亚、南美的国际物探采集市场。

1993年底，物探局在陆上石油进一步扩大开放和“开拓国际市场，实现跨国经营”的方针指引下，制定了进入国际市场的初期战略，采用多种灵活方式开展对外合作，参与了印度、巴基斯坦、厄瓜多尔、秘鲁等国的勘探项目投标。

1994年，物探局与美国GRANT地球物理公司签订了合作组队的三维地震采集技术服务合同；与巴基斯坦OGDC公司签订三维地震技术咨询服务合同；与厄瓜多尔三营公司结为合作伙伴联合投标，中标获得1000公里二维地震采集承包项目；承包了中美公司秘鲁塔拉拉油田七区块三维地震服务项目。组建9401、9405地震队分别赴厄瓜多尔、秘鲁执行国际物探承包服务合同。

1995年，物探局组织参与了叙利亚、缅甸、秘鲁、阿根廷、巴基斯坦、澳大利亚、菲律宾、老挝等8个国家10多个石油公司的地震勘探项目投标，签订了巴基斯坦等国外物探承包服务合同2个，组建9501地震队执行巴基斯坦物探承包合同。当年完成3个地震采集承包项目、2个技术服务项目。

1996年，物探局与菲律宾等国签订承包合同5个，组建9601地震队执行菲律宾地震勘探承包合同。当年完成合同3个。

1997年，物探局开拓国际市场实现新的突破，与苏丹、伊朗等国签订承包合同8个。组建9711、9721、9722、9731、9741队执行苏丹1/2/4区块和5A区块地震勘探服务合同，组建9761队执行伊朗三维合同。全年共有8支地震队在秘鲁、苏丹、巴基斯坦、菲律宾执行地震采集合同，1个技术支持小组在美国执行技术服务项目，完成秘鲁、巴基斯坦、菲律宾、苏丹等5个合同项目。1997年签订的苏丹1/2/4区块二期和5A区块及伊朗三维采集等3个合同项目，于1998年完成二维地震测线4414公里、三维地震面积1573平方公里，完成价值工作量5467万美元，创历年最高水平。

物探局在国外承包地震采集项目的实践中，认真学习外国石油公司先进管理经验，实现了与国际物探技术和HSE管理标准的接轨，在现场施工作业、质量管理、生产效率、队伍素质等方面赢得了国际信誉。资料解释和综合研究队伍在承包国外物探资料解释、盆地综合评价及勘探目标的优选等项目中，在指导相应地区的勘探中取得了良好效果，也赢得了甲方的一致好评。

第一节　缅甸地震勘探承包服务

1987年12月，物探局组建8705地震队第一次走出国门，赴缅甸承包地震勘探项目，至1990年9月圆满完成合同规定的资料采集、处理、解释任务。

一、合同签约

1987年4月1～8日，中国石油部长王涛应邀访问缅甸（物探局党委书记严衍余陪同访问），缅甸能源部长吴盛吞希望中国派遣1个地震队赴缅甸施工。6月27日，中缅两国石油、能源部长在广州草签了由中国派地震队赴缅甸承包地震勘探服务的意向书。8月26日，石油部以中国石油工程建设公司（CPECC）名义，派出石油物探考察谈判专家组一行8人（其中物探局6人），赴缅甸实地考察，商定工区，并进行合同谈判。9月4日，中方专家组与缅甸缅玛（MOC）石油公司草签了合同文本。11月27日，中缅双方授权代表在仰光正式签订了《中国石油工程建设公司与缅甸缅玛石油公司为在缅甸中部盆地进行地震勘探的服务合同》（合同号MC－87－01）。

MC－87－01合同规定，由物探局以中国石油工程建设公司名义派出1个可控震源地震队在缅中盆地稍埠地区进行地震勘探，工作量为500～600公里。采集的地震资料由中方负责处理和解释，并提供成果报告。中方提供地震勘探技术装备，并对缅方技术人员进行技术培训。缅方提供必要的生活和工作条件，大宗消耗料，辅助生产人员以及现场处理机、卡车、营房车等。合同总金额129万美元。

二、合同执行准备

（一）队伍组建

1987年12月，物探局决定，MC－87－01合同由地调二处执行，组建赴缅地震队（国外队号为8705队）完成野外采集任务。地震队配备领队、队长、高级地球物理工程师和物探、测量、仪器操作、资料现场处理、震源操作、机械修理、翻译、会计、队医等18名工程技术人员及22名技术工人。

为保证合同任务的顺利执行，物探局设立缅甸物探项目合同办公室，由副局长钟辛生兼任主任，负责协调关系，提供支持。并确定由局副总工程师陈祖传全面负责MC－87－01合同技术工作；研究院负责资料处理，解释中心和地调二处共同负责资料解释。

（二）装备配置

赴缅地震队配备国产 SDZ－120 型 120 道数字地震仪、低速带采集记录仪各 1 套，M12/602A 可控震源 5 台，水罐车、工程修理车、油罐车、冷藏车等生产用车辆 12 台，30 千瓦移动电站 1 台，DI－4 红外测距仪、T0 经纬仪各 2 台，以及 IBM PC/XT 计算机、车装电台、SJ－2 检波器、WT－200 芯电缆等配套设备。各项设备物资于 1987 年 12 月从塘沽港海运启航，共计 203 吨 956 立方米。1988 年 1 月转运到达缅甸稍埠工地。

（三）技术准备

物探局为圆满完成合同规定的地质目标，根据缅中盆地地质概况，组织制定了逆掩断裂带地震勘探采集技术方案，并经技术专家审定论证，在出国前完成了技术设计，确定了适用的施工方法。

1987 年 12 月 25 日，石油部长王涛专程到物探局接见了赴缅甸地震队全体人员。要求赴缅人员认真执行合同，打好国际物探第一仗，树立中国石油工人的光荣形象，当好中国人民的友好使者，在国外施工中建立信誉，进一步扩大中外合作。12 月 30 日，赴缅地震队 40 人（其中地调二处 36 人，装备研究所、大修厂、研究院 4 人）离京赴缅甸。

三、合同执行

（一）第一期合同

1988 年 1 月 2 日，物探局赴缅地震队人员到达缅甸稍埠工区。5～12 日与缅方 69 人共同组建成立中缅合作地震 8705 队，并完成了对缅方技术人员的岗位培训。16 日，陈祖传副总工程师到达施工现场，指导 8705 队进行地震采集方法试验，研究确定采用 30 米和 50 米道距、60 次覆盖、震源激发施工方法。1 月 23 日开工生产。

经中缅双方共同努力，第一期合同野外采集到 6 月 28 日结束。总计完成 31 条地震测线 522 公里、13419 炮，超过合同规定 6865 炮的 95%。平均日放 106 炮，最高日放 201 炮。记录质量合格率 99.99%。质量和时效均高于国内平均水平。7 月 13～27 日，中方人员分 3 批回国。

（二）第二期合同

1988 年 6 月，物探局专家在仰光向缅甸能源部长和缅玛石油公司的专家通报了第一期合同的初步成果，缅能源部长希望中方继续在同一工区加密测线进行地震详查，并进行资料处理和解释，提供解释成果和钻探井位。经双方会谈，达成了一致的意向书。12 月 1～17 日，物探局陈祖传赴缅甸与缅玛石油公司进行补充合同的谈判。

1989 年 1 月 9 日，中方仍以中国石油工程建设公司名义和缅甸缅玛石油公司在仰光签订了“为在缅甸中部盆地进行地震详查细测的 1987 年 11 月 27 日签字的原 MC－87－01 服务合同的补充合同条款”（简称第二期合同）。计划地震采集工作量 332.16 公里，并完成资料处理和解释，提供钻探井位。合同总金额 120 万美元。

第二期合同地震采集工作仍由地调二处负责执行。中方配人员 30 人。1989 年 2 月 1 日，物探局派出 8 名机修人员赴缅甸检修留在工地的设备。2 月 17 日，执行第二期合同的地震队人员离京赴缅。2 月 29 日正式开工，至 6 月 1 日超额完成合同规定任务，共计完成 16 条地震测线 363 公里、7261 炮，记录优质品率 95%。地震队人员完成任务后，于 6 月 21 日、7 月 9 日分两批回国。

1988 年 1 月～1989 年 6 月，物探局 8705 队在缅甸共完成二维地震采集 885 公里。第一次在国外施工中，实现了动迁开工、高产优质、可控震源施工、采集技术四个高水平，为以后进入国际市场承包勘探项目，锻炼了队伍，打出了信誉。

第二节　厄瓜多尔地震资料采集承包服务

1994 年 10 月，物探局第一次在国际公开招标竞争中中标，承包了厄瓜多尔东部盆地二维地震勘探采集项目。

一、合同签约

1993 年 10 月，物探局获悉厄瓜多尔国家石油公司 1000 公里二维地震采集项目国际招标信息。为开拓南美洲石油物探市场，物探局副局长赵瑞平等一行 6 人，于 1994 年 2 月 10 日到厄瓜多尔考察、访问了厄国家石油公司，并于 2 月 20 日与厄瓜多尔三营石油公司（TEPCO）合作，以中国石油技术开发公司（CPTDC）名义，联合向厄瓜多尔国家石油公司投标，于 3 月中标。9 月 10 日，物探局派出以陈祖传副总工程师为组长的 6 人谈判小组，与厄瓜多尔三营石油公司进行合作协议的艰苦谈判。10 月 20 日，双方签署了“在厄瓜多尔东部盆地丛林地区进行为期 8 个月 1000 公里的二维地震采集工作协议”。同时物探局与厄瓜多尔国家石油公司正式签订了“在厄瓜多尔丛林区进行地震采集技术服务承包合同”（合同号 CPTDC94EX011）。合同总金额 519 万美元。

二、合同执行准备

1994年3月项目中标后，物探局决定由地调一处承担施工任务。地调一处在2156队基础上，选配31名主要岗位人员于3月17日组建9401地震队，并进行西班牙语强化培训，以及物资采购、海运等各项准备工作。3月20日派员到厄瓜多尔踏勘工区，并在厄瓜多尔首都基多设立项目联络处，由地调一处副处长王铁军任物探局代表，负责与甲方代表联络。

三、合同执行

1994年12月初，物探局赴厄瓜多尔施工的9401队人员、设备到达厄瓜多尔东部盆地工区，与厄方共同组建700多人的施工队伍，在工区设立了由甲乙双方代表共同组成的施工领导小组，具体负责野外采集项目的实施。

1994年12月29日，野外施工作业正式开始时，厄瓜多尔和秘鲁因边界争端发生了战争，厄方军队进驻了项目组营地，通讯电台受到了控制，灯火受到管制，经过培训的当地技工离开了工地，野外施工被迫中止。由于战争的影响，到1995年4月3日才恢复正常施工。

工区位于赤道横穿的亚马逊原始热带丛林，河网、沼泽密布，地表复杂，森林茂密，杂草丛生，施工中只能用电锯和砍刀砍伐树木，开辟通道。

9401队在十分艰难的丛林、沼泽地带，采用以人抬化为主、直升机支持的作业方式，使用2台（TELESEIS和I/O SYSTEM－II）遥测地震仪器和人抬化钻机，进行60次覆盖、50米道距的井炮二维地震采集作业。1995年4月23～12月12日，共生产278天，完成地震测线56条949公里，获合格记录18978张，比合同规定施工期限提前3个多月完成了合同任务，项目评价优秀，受到厄方质量总监的好评。厄方称BGP9401队是值得信赖的国际合作伙伴。

厄瓜多尔国家石油公司根据中方前期勘探资料定的井位，在CONONACO地区通过钻探，当年发现了7.75平方公里的高产油藏。厄国家石油公司总经理塞德诺（Italo Ccendeno）于1995年11月21日应邀访问物探局，希望与物探局继续合作。

1996年1月，9401队人员离厄回国。

第三节　秘鲁地震勘探承包服务

秘鲁塔拉拉油田（TALARA）七、六区块，是中国石油天然气总公司首次通过国际投标中标获得油气开发权益20年的海外油田开发项目，分别于1993年10月和1994年1月由中国石油天然气总公司所属的中美石油开发公司秘鲁分公司（以下简称“中美公司”）接管。

1994～1997年，物探局先后承包了中美公司为发包方的秘鲁塔拉拉油田第七、六、三、十三区块地震资料采集和处理、解释服务4个合同项目。

一、塔拉拉油田第七区块地震勘探承包服务

（一）合同签约

塔拉拉油田七区块，面积182平方公里。1994年7月，物探局应中美公司要求，派出团组赴秘鲁塔拉拉油田进行项目考察、论证和设计。8月26日物探局以中国石油技术开发公司的名义与中美公司正式签订了“秘鲁塔拉拉油田七区块地震勘探技术服务协议”。物探局决定由地调四处执行秘鲁地震采集合同，由研究院和物探地质研究院承包资料处理和解释任务。合同金额350万美元。

（二）合同执行

1994年9月，地调四处成立了以王新建副处长为组长的秘鲁项目组；组建9405队，配备了仪器、解释、测量、处理、震源及翻译等岗位29人，外聘西班牙语翻译2人，以及研究院、勘探处各1人，共33人。1994年10月～1995年3月，人员、设备分批到达秘鲁工区，雇佣当地120名技术人员，组织施工队伍。

9405队使用OPSEIS EAGLE SYSTEM 600道遥测地震仪和在委内瑞拉购买的5台LRS315/F7000型可控震源、2台浅层折射仪等设备，于1995年3月17日开工，到8月5日完成30次覆盖、40米道距三维地震采集103平方公里、14553炮。1995年8月8～29日，9405队又完成二维地震测线31条115公里、1363炮。

9405队在国际公认的地质条件十分复杂的塔拉拉工区，首次采用可控震源作业，进行大面积的三维地震勘探，提前一个月完成合同任务，记录一级品率99.18%，日效率240炮，在秘鲁的外国石油公司中产生了较大影响。

二、塔拉拉油田第六区块地震采集承包服务

塔拉拉油田六区块面积153平方公里。1995年8月，由于9405队出色地完成七区块三维地震采集任务，中美公司将六区块的62平方公里三维及350公里二维地震的采集标直接授予9405队。9405队将人员调整后，留下15人继续组织施工，完成二维地震1344炮的采集任务。由于地表施工困难，三维地震采集未能实施。

三、塔拉拉油田第三区块地震采集承包服务

塔拉拉油田三区块由加拿大MPOG公司承包开发。由于9405队在七区块施工的良好影响，加拿大MPOG公司希望9405队承包其二维、三维地震采集任务。因物探局在国际市场尚无对外经营权，MPOG公司与中美公司于1996年6月8日签订了三区块地震采集技术服务协议书。6月10日，中美公司（乙方）和物探局（丙方）签订了塔拉拉油田三区块地震勘探技术服务协议（协议号SAPET960610）。工作量为60～120平方公里的三维地震采集和不少于80公里的二维地震采集。工期为1996年6月15日～10月30日。合同总价225.6万美元。

1996年6月，9405队抽调11名技术人员分两批赴三区块工区，组织施工队伍，采用可控震源施工。6月26日～11月15日，完成30次覆盖、25米道距的三维地震100平方公里，获记录11258张，记录合格率100%。8月26日～9月12日，完成30次覆盖50米道距二维地震119公里，获记录1197张，合格率100%。

四、塔拉拉油田第十三区块地震采集承包服务

塔拉拉油田十三区块为美国OLYMPIC PERU公司承包开发。物探局外事处秘鲁项目经理刘铁龙于1996年与美国公司联系达成了承包100公里二维地震采集的意向。

1997年3月11日，中美公司和美国OLYMPIC PERU公司签署了塔拉拉油田十三区块地震勘探服务合同（合同号OLY－CONT－001－97）。中美公司将该项目授标9405队。工作量为100公里二维地震采集，工期为1997年4月中旬～5月底。合同金额55.5万美元。

1997年4～5月，9405队抽调6名队员组成该项目施工队，采用240道仪器接收，可控震源施工，仅用20天时间完成30次覆盖、25米道距的二维地震100公里，获记录1093张，一级品率达100%。按期完成合同规定的采集任务。

1995～1997年，9405队在秘鲁塔拉拉油田4个区块累计完成三维地震203平方公里，二维地震334公里又1344炮。合同金额631.1万美元。9405队在秘鲁施工中重合同、守信誉、视勘探质量为生命，较好地完成了合同任务，受到甲方的高度赞扬。

第四节　巴基斯坦地震资料采集承包服务

1993年10月，物探局了解到巴基斯坦国家石油公司即将开展三维地震勘探的消息，立即派团组赴伊斯兰堡进行技术介绍。

1994年初，物探局与巴基斯坦国家石油公司（OGDC）签订三维地震勘探技术咨询服务合同，由地调二处派出15名技术人员与OGDC公司进行技术合作，于1995年2月完成采集咨询服务，11月完成资料处理咨询服务，1996年5月完成资料解释咨询服务。合同金额11.2万美元。

1995～1997年，物探局通过国际招标承包了巴基斯坦5个区块的地震资料采集项目，累计完成二维地震745公里，三维地震162平方公里，合同金额732万美元。

一、巴基斯坦MARI GAS公司Daharki区块地震资料采集承包服务

1995年，物探局在巴基斯坦MARI GAS气田公司Daharki区块地震采集国际招标中，组织地调二处进行投标，在与法国CGG、美国OXY及SOIL、巴基斯坦OGDC等4家外国公司竞争中一举夺标。4月11日，物探局与巴基斯坦MARI GAS气田公司签订了200公里的二维井炮地震采集服务合同。合同金额73万美元。工区位于巴基斯坦森地省（SINDH）苏库尔（SURKUR）地区，地表多为沙漠、戈壁以及水网、农田。

该合同任务由地调二处执行。地调二处以235队为基础，抽调主要岗位骨干27人，组建了以副处长刘洪斌为领队的9501队。

1995年5月18日，9501队一行27人及19台设备车辆从新疆阿克苏出发，西行6天进入巴基斯坦苏库尔地区，雇佣民工，组织施工队伍，于6月6日开炮生产。采用SYSTEM－II 240道遥测地震仪器，井炮作业，于8月28日结束野外采集作业。9501队在平均气温40℃条件下加班作业56天，共完成60次覆盖、25米道距二维地震采集200公里，获记录4000张，一级品率达100%，比合同规定提前12天完成任务。

二、巴基斯坦OXY公司Ratana区块地震资料采集承包服务

1995年11月4日，巴基斯坦OCCIDENTAL石油公司（Occidental of Pakistan Inc. 美国公司，简称

OXY 或 OPI）向物探局发出在 Punjab 省 Pindi Gheb 县的 Ratana 区块进行 225 平方公里山地三维可控震源地震勘探的邀标书。12 月 12 日，物探局将投标书递交 OCCIDENTAL 石油公司，12 月 28 日中标。1996 年 1 月 16 日正式签订合同。合同金额 398 万美元。该项目由地调二处 9501 队承担施工任务。

1996 年 1 月，地调二处为 9501 队配备了 5 台 M27 可控震源，1 套 SN388 遥测地震仪，进行施工设计及各项物资准备。4 月，9501 队 34 名主要岗位技术人员，携 29 台设备，进入巴基斯坦 Ratana 工区，组织施工队伍，于 1996 年 5 月 1 日正式开工生产，至 9 月 27 日全部结束野外作业，完成 30 次覆盖、50 米道距三维地震采集 162 平方公里、15462 炮，记录质量一级品率 100%。

三、巴基斯坦 TULLOW 公司 Badani 区块地震资料采集承包服务

1995 年 12 月 28 日，物探局收到巴基斯坦 TULLOW 石油公司（Tullow Pakistan Developments Limited）关于在 Sindh 省 Badani 区块进行 200 公里农田区二维井炮地震勘探的邀标书。1996 年 1 月 19 日，物探局驻巴基斯坦办事处将投标书递交 TULLOW石油公司。8 月双方正式签订合同。物探局派出 9501 队 24 名人员执行合同。12 月 16 日，野外生产正式开始，1997 年 3 月 2 日结束第一期勘探任务。此前，由于工农关系紧张而耽误大量工期，造成公司方撤销第二期 100 公里的勘探工作量，合同终止。实际完成沼泽井炮二维地震 108 公里，获记录 2019 张，一级品率 100%。实现合同金额 45 万美元。

四、英国 HARDY 公司 Ghotki 地区地震资料采集承包服务

该项目的甲方是英国 Hardy Exploration & Production Limited 公司（简称 HARDY）。工作量为二维（井炮）地震资料采集 150 公里。工区位于巴基斯坦 Sindh 省 Ghotki 地区，地表以农田为主。1996 年 10 月 31 日物探局接到甲方关于该项目的邀标，12 月 6 日投标，1997 年 3 月签订合同。在巴基斯坦执行该项目的地调二处 9501 队共有员工 15 人，于 5 月 1 日开工，5 月 30 日结束，野外作业 30 天，完成二维地震测线 177 公里，获记录 3505 张，一级品率 100%。完成合同金额 71 万美元。

五、巴基斯坦 POL 公司 Punjab 省地区地震资料采集承包服务

1997 年 9 月 8 日，物探局与巴基斯坦 POL（Pakistan Oilfields Limited）公司正式签订了 250 公里二维地震可控震源勘探合同。合同金额 145 万美元。工区位于 Punjab 省，分为两块：一块在 Central Potwar，为农田区；另一块在 Meyal，地形以山地、冲沟为主。由地调二处 9501 队承担施工任务。

10 月 3 日正式生产，中途因大雨停工 23 天，至 1998 年 1 月 1 日完成合同工作量。其中：山地震源 120 次覆盖 40 米道距二维地震测线 170 公里；60 次覆盖、40 米道距二维地震测线 90 公里。记录质量一级品率均为 100%。

第五节　菲律宾地震资料采集承包服务

1995 年，菲律宾国家石油公司（PNOC）向物探局发出在棉兰老岛 Cotabato 盆地进行二维地震采集邀标书。12 月 9 日，物探局派地调二处处长蔡为芳等 4 人赴菲律宾投标。中标后，菲律宾 PNOC 公司和马来西亚国家石油公司联合考察组于 1996 年 4 月 14～25 日到物探局考察了地调二处。1996 年 6 月 9 日，物探局与菲律宾国家石油公司正式签订了二维地震采集合同。合同工作量 300～600 公里。工区地表以山地、沼泽、农田为主。为执行菲律宾地震勘探项目，地调二处在 2168 队基础上组建了 9601 队，装备 SN388 遥测地震仪（240 道）及井炮作业机动设备。该队于 1996 年 10 月开工生产。由于菲律宾国内爆发战争，野外作业被迫多次中止。1997 年 6 月 15 日终止合同。

9601 队在菲律宾工区 300 天，实际进行野外作业 66 天。采用 60 次覆盖 30 米道距井炮作业，完成二维地震测线 210 公里。实现合同金额 200 万美元。

第六节　苏丹地震资料采集承包服务

1997 年 3 月、8 月、12 月，物探局先后与大尼罗河石油作业有限公司（CNPOC）的前身联合作业集团、CNPOC 公司、加拿大国际石油公司（IPC）签订了苏丹穆格莱德（MUGLAD）盆地 1、2、4 区块和 5A 区块地震勘探承包服务合同，派出 5 支地震队承担施工作业任务，于 1998 年 5 月共完成二维地震测线 4741 公里、三维地震面积 1239 平方公里，完成合同总金额 5455 万美元。

一、苏丹 1、2、4 区块第一期地震资料采集承包服务

（一）合同签约

1997年1月10日，物探局收到加拿大SPC公司关于苏丹1、2、4区块地震勘探承包服务合同文本草案后，组成了以副局长赵瑞平为首的合同谈判小组，于17日开始在涿州与CNPOC公司的前身联合作业集团（中国石油天然气总公司及加拿大、马来西亚、苏丹石油公司）的中、马方代表进行合同谈判。1月26日，谈判双方就苏丹1、2、4区块签订了地震资料采集承包服务合同（合同号：CPSS-S-97002）。此后又与联合作业集团的加拿大SPC公司谈判。3月20日SPC公司签字同意，合同生效。4月28日，物探局收到正式合同文本。

（二）合同执行准备

按照合同规定，物探局组建了2个三维、1个二维地震队。为在1997年5月底苏丹雨季到来之前完成合同任务，物探局在进行合同谈判的同时进行项目管理、队伍组建、人员培训、物资装备发运等各项准备工作。

1. 队伍组建

2个三维地震队，由地调一处组建9711队，地调三处组建9731队。9711队，由30人组成，配备SN-388遥测地震仪，承担二维、三维地震采集任务。9731队，由29人组成，配备SN-388遥测地震仪，承担三维地震采集任务。

1个二维地震队由地调四处组建，队号9741，由28人组成。配备SN-388遥测地震仪和井炮、震源作业装备。

2. 成立苏丹项目经理部

1997年1月24日，物探局决定成立苏丹项目经理部，代表物探局对在苏丹施工的3个地震队履行组织、协调、管理和服务职能。由王铁军任苏丹前指指挥，苟云辉、韩绍国任副指挥，李万万任技术总监。并在苏丹首都喀土穆建立办事处。

3. 物资装备发运

1997年1月27日，9711、9731、9741三个地震队的204台机动设备，共19000立方米的物资装备，分别从新疆库尔勒、内蒙古运抵天津港区装船海运，3月13日抵达苏丹港。空运的两批527箱地震、测量仪器等设备分别于3月9日、27日抵达喀土穆。第二批海运的20台WTZ-50H型地震钻机和14台奔驰卡车于4月4日离天津港出发。

（三）合同执行

3个地震队施工人员分5批于4月1日全部到达苏丹，并在HEGLIG工区建立施工营地，招聘民工，组建施工队伍，进行HSE教育和技术培训，于4月16日开炮试验，至6月19日结束野外施工。

9711和9731二个三维队分别于4月30日、5月3日正式投入生产。在雨季前完成了HEGLIG工区三维地震130平方公里，TOMA SOUTH工区三维14平方公里。其中9711队完成80平方公里、2099炮；9731队完成64平方公里、1681炮。

5月25日~6月11日，9711、9731队改做二维地震采集工作，在同一工区完成地震测线198公里、1585炮。其中9711队完成24次覆盖25米道距沼泽井炮二维地震106公里、852炮；9731队完成30次覆盖50米道距树林井炮二维地震92公里、733炮。

9741二维队从4月17日开炮到6月19日结束，实际生产37天。完成9条地震测线176公里、3215炮。其中平原井炮采集26公里，可控震源生产150公里。

3个地震队于4~6月第一期施工中完成二维地震采集374公里，三维地震144平方公里（至1997年底共完成219平方公里）。资料一级品率均为100%。完成合同金额690万美元。7月4日，物探局赴苏丹施工的人员（除留守人员外）全部回国。

二、苏丹1、2、4区块第二期地震资料采集承包服务

（一）合同签订

苏丹1、2、4区块地震采集第二期合同，从1997年9月开始谈判，到12月8日正式签订。合同甲方为大尼罗河石油作业有限公司（CNPOC），乙方施工作业单位物探局有9711、9731、9741三个井炮地震队。合同工作量二维地震3000公里，三维地震1020平方公里。合同金额3387万美元。

（二）合同执行

1997年10月，苏丹项目第二期工程开始启动。物探局9711、9731、9741三个地震队122名人员，装备SN-388遥测地震仪、卫星定位仪、R24小折射仪，D8N、D8R及山地推土机，车装钻机，P23型可控震源，各类机动车辆，继续在苏丹1、2、4区块承担二维、三维地震采集合同任务。

1997年11月23日，3个队开始野外试验，12月8日正式生产。至1998年5月25日，9711、9731、9741队在1、2、4区块共完成二维地震采集3102公里、24597炮，三维地震1020平方公里、25555炮；记录一级品率均为100%。其中：9711队在苏丹Unity west工区完成24次覆盖50米道距沼泽井炮二维地震910公里、7305炮，在Toma South、

Talih、Khairat 工区完成34次覆盖50米道距三维地震417平方公里、10284炮；9731队在苏丹EL Toor－Heglig工区完成24次覆盖50米道距树林井炮二维地震474公里、3817炮，在Toma South、EL Toor、Heglig East、Khairat工区完成32、35次覆盖50米道距树林井炮三维地震603平方公里、15276炮；9741队在苏丹Kaikang工区完成24次覆盖25米道距沙漠井炮二维地震1530.5公里、11987炮（到年底累计完成二维地震1718公里）。

三、苏丹5A区块地震采集承包服务

苏丹5A区块是加拿大国际石油公司（IPC）在苏丹购买的区块，位于苏丹南部的原始部落地区，和1、2、4区块相连。区块内分旱地、沼泽两个工区。沼泽区为苏丹青尼罗河与阿拉伯河交汇处，地表条件十分复杂。1997年4月，IPC公司向物探局发来5A区块地震勘探的标书，物探局组织投标，7月13日中标。8月20日物探局与加拿大IPC石油公司在北京签订了苏丹5A区块沼泽地震采集承包服务合同。工作量为二维地震采集1350公里，其中沼泽区365公里，旱地985公里。合同金额1378万美元。

1997年10月，物探局决定由地调二处组建9721（旱地队）和9722（沼泽队）2个地震队，采用SN388和TELESEIS－Star遥测地震仪及空气船、“泥里爬”、定位导航仪、人抬轻便钻机等沼泽、旱地勘探装备，执行5A区块井炮二维地震采集合同。经队伍组建、人员培训、物资准备，2个队的施工人员于1997年11月到达苏丹工地。

9721队于1998年2月10日开工生产，至5月1日完成Bentiu林区井炮二维地震采集767公里、8064炮，记录一级品率100%。按期完成合同任务，于5月底回国。

9722队于1998年3月25日开工生产，在尼罗河沼泽深处进行十分艰险的施工，至5月25日完成沼泽井炮二维地震157.5公里、1515炮。之后，进行人员倒休继续施工，完成合同任务498公里、4984炮的二维地震采集任务。

2个队共完成5A区块二维地震采集1265公里、13048炮。记录一级品率100%。

第七节　伊朗三维地震勘探承包服务

1997年4月，伊朗国家石油公司（NIOC）就一个三维地震勘探项目向物探局发来标书。物探局组织特勘处投标。伊朗TOMEN公司为物探局代理商。经评标，物探局中标。10月上旬，特勘处派员到伊朗与NIOC公司进行合同谈判，草签了76157号协议。11月25日，物探局授权代表总工程师钱荣钧与伊朗国家石油公司代表在德黑兰正式签订了“在伊朗东北部SARAKHAS地区进行陆上三维地震采集承包服务合同”（合同号JF97001）。合同工作量三维地震采集550平方公里。合同金额701.9万美元。

合同生效后，物探局决定成立由特勘处副处长蒿忠信负责的项目组，并组建9761可控震源地震队，配备SN－388（1500道）遥测地震仪、P28可控震源等勘探装备，赴伊朗与NIOC公司共同组队，执行三维地震采集合同。

1997年12月1日，9761队成立。全队21人，经3个月的人员培训、物资设备准备，于1998年5月下旬至6月上旬进入伊朗三维工区，与伊朗共同组织247人的三维队。7月6日正式开工生产，到12月3日完成三维地震采集552.88平方公里、27644炮。12月4～6日又完成合同外附加的4条二维地震测线47.04公里、294炮的采集工作，圆满完成了合同规定的地震采集任务。

第八节　美国地震资料采集仪器租赁服务

1994年3月，物探局与美国格兰特（GRANT）地球物理公司签署了三维地震采集技术服务合同，由物探局提供1套I/O系统遥测地震仪器，由地调二处派出物探、仪器、测量、资料处理共4名技术人员，与格兰特公司合作组队。1994年4月9日～1995年9月在西德克萨斯州承担美国石油公司三维地震采集技术服务，完成合同金额115万美元。通过合作，学习和掌握了国际物探承包服务的队伍组织和人员、生产、技术及安全/环保/健康等方面的管理经验。1995年10月，物探局在美国与格兰特公司又签署了第二期仪器租赁及技术服务协议，完成合同金额116.9万美元。

1996年，物探局向美国VERITAS公司出租1套I/O系统Ⅱ仪器，租赁收入150万美元。1997年初，物探局向在美国作业的加拿大VENTURE公司出租120个OPSEIS仪器采集站，租赁收入96万美元。

1996年，地调五处提供重力仪，派出技术人员为美国劳雷公司采集重力点300个。

1987～1997年物探局国外物探承包服务合同执行情况见表9－5。

表9－5　1987～1997年物探局国外物探承包服务合同执行情况统计表

序号	承包合同			合同金额（万美元）	执行合同①		完成工作量	
	签约日期（年．月）	国别	任务		施工队号	施工期（年．月）	二维地震（km）	三维地震（km²）
1	1987.11	缅甸	地震采集	249	8705	1988.1～1988.6 1989.2～1989.6	522 363	
2	1994.10	厄瓜多尔	地震采集	519	9401	1994.12～1995.12	949	
3	1994.8	秘鲁	地震采集	350	9405	1995.3～1995.8	115	103②
4	1995.4	巴基斯坦	地震采集	73	9501	1995.6～1995.8	200	
5	1995.8	秘鲁	地震采集		9405	1995.8～	1344炮	
6	1996.6	秘鲁	地震采集	225.6	9405	1996.6～1996.11	119	100
7	1996.1	巴基斯坦	地震采集	398	9501	1996.5～1996.9		162③
8	1996.8	巴基斯坦	地震采集	45	9501	1996.12～1997.3	108	
9	1996.6	菲律宾	地震采集	200	9601	1996.10～1997.6	210	
10	1997.3	秘鲁	地震采集	55.5	9405	1997.4～1997.5	100	
11	1997.3	巴基斯坦	地震采集	71	9501	1997.5～1997.5	177	
12	1997.9	巴基斯坦	地震采集	145	9501	1997.10～1998.1	260	
13	1997.3	苏丹1、2、4区块（一期）	地震采集	690	9711 9731 9741	1997.4～1997.6 1997.5～1997.6 1997.4～1997.6	106 92 176	155 64
14	1997.12	苏丹1、2、4区块（二期）	地震采集	3387	9711 9731 9741	1997.11～1998.5 1997.11～1998.5 1997.11～1998.5	910 474 1718	417 603
15	1997.8	苏丹5A区块	地震采集	1378	9721 9722	1998.2～1998.5 1998.3～1998.5	767 498	
16	1997.11	伊朗	三维地震	701.9	9761	1998.5～1998.12	47	553
17	1994	巴基斯坦	技术服务	11.2	地调二处	1994.～1996.5		
18	1994.3	美国	技术合作	115	物探局	1994.4～1995.9		
19	1995.10	美国	技术合作	116.9	物探局	1995.10～1996.9		
20	1996.9	美国	技术合作	150	物探局	1996.10～1997.9		
21	1997.9	美国	技术合作	96	物探局	1997.10～		

①合计完成16个地震采集承包合同，5个技术服务合作合同，合同金额8977.1万美元。

②外事处统计129.5平方公里。

③外事处统计230.985平方公里。

第九节　国外地震资料处理、解释承包服务

80年代末，随着地震采集队伍进入国际勘探市场，物探局开始承包国外的地震资料处理和解释项目。其中包括承包5个国家的地震资料处理项目和5个地震资料解释项目。

一、国外地震资料处理

1988～1997年，物探局研究院资料处理中心承包处理缅甸、秘鲁、巴基斯坦、前苏联、巴布亚新几内亚等5个国家的二维地震资料1338公里、三维地震资料461平方公里。其中1995年承包巴基斯坦4个区块的地震资料处理合同任务创汇30万美元，1996年承包中美公司秘鲁塔拉拉油田2个资料处理

合同任务创汇 75.56 万美元。

二、国外地震资料解释研究项目

1988～1997 年，物探局承包完成国外 5 个地震资料解释项目：

（一）缅甸缅中盆地地震资料解释研究项目

根据 1987 年 11 月签订的 MC－87－01 合同规定，物探局 8705 队在缅甸缅中盆地采集的地震资料由物探局负责处理解释。

1988 年 4 月，物探局地调二处和解释中心在涿州成立 6 人联合解释小组，利用变速曲射线空校作图和浮动基准面校正等解释方法，对缅甸一期工程 520 多公里二维地震资料进行综合解释研究，发现一批背斜构造、不整合地层圈闭显示，于 1989 年 3 月上旬向缅甸缅玛公司提交了第一期地质成果报告。1990 年 9 月，完成二期合同采集的 360 多公里二维地震资料解释研究工作，向缅方提交了成果报告和探井井位建议。缅甸缅玛公司对双方合作和资料解释质量十分满意。

（二）巴布亚盆地卡姆西（KAMUSI）构造及其邻区地震解释项目

巴布亚盆地位于巴布亚新几内亚的南部，是中国石油天然气总公司海外承包作业区块。

1993 年，物探局研究院和物探地质研究院承包了外国石油公司采集的卡姆西构造二维地震资料重新处理和对比解释项目，成立了卡姆西项目组，于 1994 年 5 月完成该构造 3 个层位的变速成图，提供了一口探井井位和下一步勘探方向的建议。总公司海外事业部综合美国、日本、加拿大等石油公司专家意见，一致认为该项目解释成果可靠，达到国际先进水平。

（三）秘鲁塔拉拉（TALARA）油田七区块三维地震资料解释项目

1995 年 10 月～1996 年 12 月，物探局物探地质研究院成立秘鲁项目组，使用新引进的人机联作解释工作站和自行研制开发的神经网络油气判别软件，承包完成秘鲁塔拉拉油田第七区块 110 平方公里三维地震资料解释研究项目，提供钻探井位 27 口，被采纳 8 口。经钻探有 7 口探井获工业油流，其中 12414、12421 井分别日产原油为 70、40 多桶。

（四）苏丹穆格莱德（MUGLAD）盆地 1、2、4 区块区域构造解释

1997 年 6 月，物探局物探地质研究院和地调一处联合成立苏丹项目组，承包苏丹 1、2、4 区块区域构造解释研究任务。至 12 月完成 416 条 1.8 万公里的二维地震剖面资料解释，进行区域构造单元划分及二级构造评价，编制了 7 条构造发育剖面，发现可能的构造圈闭 380 个，面积 10701 平方公里；评出Ⅱ、Ⅲ、Ⅳ类构造带 14 个，面积 6993 平方公里，提供意向井位 3 口，被采纳 2 口。

（五）巴基斯坦地震资料解释项目

1995～1997 年，物探局 9501 队承包巴基斯坦 5 个区块地震资料采集合同项目，资料处理、解释任务分别由地调二处和物探地质研究院承包。地调二处于 1995 年 12 月承包完成 KHAIRIMVRAT、SANGHARSOVTH 区块二维资料解释项目；1996 年 12 月承包完成 BHALAYEDAN 工区三维地震解释项目。物探地质研究院于 1997 年完成中博德瓦尔地区二维、豪尔（KHAUR）地区三维资料解释项目。

第五章　对外经济技术合作

物探局从 70 年代末开始参与海洋石油对外合作勘探。80 年代中期，开始采用技贸结合方式引进制造技术，开办中外合作（资）经营企业，组织装备制造产品出口，与外商、外贸部门合作建立海关监管的物探装备配件、消耗料保税库，开展对外承包工程，输出劳务，在国外创办资料处理中心，开展对外合作开发软件产品与技术服务。通过对外经济技术合作，促进物探技术、产品制造工艺与国际先进水平的接轨，为物探局深入国际竞争发挥了重要作用。

第一节　中外合作、合资经营

1985 年以后，物探局先后与美国乔斯佩斯（AMF GEOSPACE）公司、普罗密克斯（PROMIX）公司、美联电子（AMIRONIX）公司、永华实业（LTI）公司和香港万年磁公司，按照平等互利的原则，经国家或地方政府审查批准，开办 6 个中外合作（资）经营企业。

一、中美合作经营俊峰公司

俊峰公司是物探局仪器总厂与美国乔斯佩斯公司合作经营生产20DX系列地震检波器的专业制造公司。

地震检波器在石油地震勘探中，是一种用量大、技术性强的消耗品。“六五”时期因国产地震检波器制造工艺技术落后，全国石油行业从国外进口检波器，每年用外汇达500～600万美元。物探局为改变中国地震检波器依赖进口的落后局面，从1981年开始组织仪器厂进行国内外调研与可行性论证，寻找引进制造技术，振兴国产地震检波器制造业的发展途径。

(一) 合同谈判、签约，登记开业

1983年5月，仪器厂经调研、论证后选择美国乔斯佩斯公司为合作对象，20DX检波器为合同产品，开始进行合作意向、合作方式的商谈。1984年5月，经4轮会谈，双方签订了“中美合作经营生产地震检波器的备忘录”，物探局向石油部上报了可行性报告。经石油部批复同意后，物探局于12月3～8日与美方在北京举行第6次会谈，最终达成了协议。12月23日，中美双方草签了合同。

1985年1月14日，石油部批准了合同文本。1月16日，物探局仪器厂厂长张奎祥和美国乔斯佩斯公司总裁布鲁斯·鲍依德在北京正式签订了“中美合作经营生产地震检波器合同”(合同号PJ85001)。合同期10年。

1985年4月5日，对外经济贸易部授权石油部批准合同生效。

1985年6月28日，国家工商行政管理局核准登记，6月30日由河北省工商行政管理局颁发企业法人营业执照（工商企合字03027号)，有效期限：自1985年7月1日至1995年7月1日。1985年8月3日完成了徐水县税务登记，11月18日完成北京海关的登记注册和中国银行北京分行外汇账户开立等开业准备工作。

1986年11月19日，美国AMF将AMF GEOSPACE公司检波器生产线和PJ85001合同的产权转让给OYO公司。美中双方签订了“合同修正(3)”。

(二) 合同内容

合同规定，建立俊峰公司的目的是使用世界上先进的设备、工艺技术和科学的管理方法，制造高质量的地震检波器，并逐步增加品种系列，使产品的质量和价格在国内外市场上具有竞争力。

美国乔斯佩斯公司出资方式为：提供厂房工艺布置和设备、产品流程及质量保证体系等整套生产线设计；转让生产合同产品的工艺技术和专有技术，产品和工装器具的完整图纸资料，原材辅料的性能规格，同名产品商标在内的完整技术；提供全部电脑控制的价值78.1万美元的质量测控设备在10年合同期内的使用权；提供在公司筹建、设备安装、试生产阶段和合同期内的无偿技术支持、管理服务以及产品改进技术。

中方物探局仪器厂提供厂房使用权和部分设备，投资1082万元人民币（折合290万美元）资金。公司经营范围，按照国内外市场需要生产和销售GS-20DX检波器及其配套产品，提供销售后服务，开发新的产品和新的制造技术。生产规模，在公司正式投产后的第三年形成年产45～50万只检波器的生产能力，其中三分之一产品销售国外。公司支付美方技术转让的初始费75万美元，内销产品技术提成费0.6美元/只（国内销售部分），外销产品价格5.5美元/只。

(三) 公司筹建与试生产

合同批准生效后，美方于1985年5～8月到物探局仪器厂实地考察，提出了检波器生产线设计报告。

1985年7月18日，成立俊峰公司中方筹备组。10月24日～11月15日，中方派张奎祥等7人组成的考察组到美国休斯敦乔斯佩斯公司考察订货，并就筹建俊峰公司设计方案进行全面论证，签署了俊峰公司筹建协议书。

1986年4月6日～5月5日，中方派出唐小南等8名检波器生产技术人员到美国接受乔斯佩斯公司组织的技术培训，并订购一批检波器芯体单元散件，商定将检波器组装生产线设备提前空运回国。7月～11月，订购的67台112吨生产设备陆续到货，经安装调试一次试车成功；美方技术专家2人来俊峰公司指导安装、试生产，并进行现场培训、检测；地震检波器组装工段的生产线于8月投入试生产。11月17日，俊峰公司用进口检波器芯体散件组装的1000只检波器芯体单元发运美国乔斯佩斯公司测试，经认定完全符合美方公司质量标准，获得质量合格证书。

1987年1～4月，俊峰公司在试生产阶段，用进口芯体散件组装20DX检波器6万只，以产顶进，节约外汇支出60万美元。4月，完成地震检波器机加工和弹簧片2条生产线的设备安装试车，进入全

面试生产阶段。6月，开始生产自制主要零件的20DX检波器。9月，经国内技术测试，检波器跌落寿命在2万次以上。10月，生产5000只20DX检波器运到美国乔斯佩斯公司测试，产品质量达到该公司同名产品标准。12月3日，中美双方代表在北京举行“俊峰公司产品验收报告”和“俊峰公司投产验收议定书”签字仪式。12月4日，俊峰公司正式开工投产，中美双方签署了投产验收合格证书。

（四）经营管理

合同期内，俊峰公司的经营管理由中美双方各派2名代表组成管理委员会，每年至少召开1次会议，监督合同的执行和管理。1987年12月5～8日，原AMF GEOSPACE公司总裁、OYO GEOSPACE公司副董事长和中方管理委员会成员在河北省涿州市举行了第1次会议，至1994年7月11日，共举行17次管理委员会会议。

合同规定，俊峰公司成立董事会，中方法定代表张奎祥出任董事长，副董事长为美方法定代表萨特鲁·奥亚。美方出任总经理（没有派员出任）。受美方委托，中方副总经理唐小南负责管理公司的生产与经营活动。美方定期派出管理和技术专家各1人常驻公司提供技术和管理服务。公司内部建立党支部和工会组织。按检波器生产线设立机械加工、组装、弹簧片3个工段10个班组，生产经营管理分设质量控制部、设备保安部、生产部、供销部、财务部、办公室，后增设技术部。1987年试生产阶段定员96人，1989年年产45万只生产能力时定员145人。1989年6月，王百成出任俊峰公司总经理，1992年1月唐小南任总经理。1994年8月20DX进口检波器生产线和国产检波器生产线合并后定员160人。公司员工从1987年10月开始实行计件工资制，不享受外资企业工资待遇。

（五）合同产品生产

1987年，俊峰公司生产合同产品GS－20DX地震检波器15.2万只，产值1065万元（1980年不变价），销售收入1019万元。人均产值11万多元。外销5000只，创汇2.75万美元。

1988年，中方接受美方技术转让并生产8、10、14赫系列化陆用和沼泽型GS－20DX检波器。俊峰公司生产的GS－20DX 10赫地震检波器被河北省、石油工业部授予部优、省优产品证书。中华人民共和国对外经济贸易部确认俊峰公司为先进技术企业。河北省经委、河北省标准计量局为其颁发“采用国际标准认可证书”。1988年生产合同产品24万只，产值1499万元（1980年不变价），销售收入1373.3万元。人均产值15.6万元，外销8万只，创汇46.4万美元。

1989年，俊峰公司生产20DX检波器55万只，产值3850万元，实现利润1038万元。提前2年并超额22.2%达到中美双方确定的生产指标。外销7万只，以产顶进11.18万只，创汇243.23万美元。俊峰公司成为世界上产销量最大的检波器生产企业。1989年，俊峰公司零件国产化率达96.3%，材料国产化率达86%，并实现刀具量具的国产化和英制标准到公制标准的过渡，使中国从一个地震检波器进口国变为出口国。美国华盛顿一个研究美中经济技术合作关系的组织，把俊峰公司列为最成功的美中合作企业之一。

1990年，俊峰公司生产20DX检波器45.8万只，产值2868万元，销售收入2796万元，外销13万只，创汇80万美元，实现利润992万元。

1991～1995年，生产GS－20DX检波器238.95万只，平均年产47.79万只。

1987～1995年，俊峰公司累计生产20DX系列地震检波器372.44万只，总产值约3.3亿元。产品出口和以产顶进175万只，创汇872万美元。合同期内回收投资约8000万元，相当于1985年投资1082万元的7.4倍。

1993年10月，俊峰公司获河北省和全国外商投资明星企业称号。1995年，俊峰公司获河北省电子行业目标管理经济效益奖，获总公司“陆上石油工业先进集体”称号。

（六）合同终止

1995年6月，根据PJ85001号合同合作经营期限的规定，美国乔斯佩斯公司总裁奥亚先生和中方法人代表、董事长梁锡强，达成了结束俊峰公司合同的会议纪要，并签署了俊峰公司合同期满自然终止的联合声明。声明指出，中方可以继续采用俊峰公司名称生产合同产品和使用20DX合同产品商标，不受任何约束和控制。7月1日，中美合作经营俊峰公司合同期满，合同终止。

二、其他合资、合作经营企业

（一）深圳精密磁记录设备有限公司

1987年2月，物探局仪器厂与杭州磁记录设备公司同时参股原由中航电脑、香港万年磁、香港深业永康合资经营的“深圳精密磁记录设备有限公司”，执照号为“工商企粤深字191186号”。注册资金90万美元，仪器厂投资9万美元。

1998年11月，公司召开董事会，终止公司经营活动。

（二）上海普美微电子系统有限公司

1993年4月24日，物探局仪器总厂与美国普罗密克斯（Promix）公司和美联电子（Amironix）公司在上海浦东开发区注册登记“上海普美微电子系统有限公司”。

合资三方：甲方为仪器总厂；乙方为普罗密克斯公司；丙方为美联电子公司。

合资公司注册资本65万美元。其中：甲方投资30万美元，占46.15%；乙方投资25万美元，占38.47%；丙方投资10万美元，占15.39%。

出资方式：甲方设备28万美元（从美国购置包括丝网印系统一套，MPS318贴片系统一套，1300回流焊接系统一套），现金2万美元；乙方设备10万美元，技术投入15万美元；丙方现金10万美元。合资期限为10年（后改为甲、丙双方投资合作）。该公司为仪器总厂在上海的一个科技窗口。

（三）保定万峰物探仪器有限公司

1995年1月24日，物探局仪器总厂与美国美联电子（Amironix）公司在保定注册合作经营“保定万峰物探仪器有限公司”。注册资本为40万美元。其中：甲方仪器总厂投资30万美元，包括设备折款10万美元，专用技术折10万美元，现金10万美元，占注册资本75%；乙方美国美联电子公司投入现金10万美元，占注册资本25%。合资期限为12年。该公司主要为仪器总厂开发大型仪器，从国外引进先进技术和器件。

（四）保定泰丰电子技术设备有限公司

1992年12月29日，物探局（92）局外字第520号文批复同意仪器总厂与美国LTI永华实业公司合资建立“保定泰丰电子技术设备有限公司”，为物探电缆进入国际市场开辟渠道。公司投资总额14.3万美元，注册资本10万美元（后增资到25.5万美元）。其中：甲方仪器总厂投资6万美元，包括设备2万美元，现金4万美元，占注册资本60%；乙方美国LTI永华实业公司投资4万美元，包括设备2.5万美元，现金1.5万美元，占注册资本40%。合资期限10年。

1995年12月，公司合并重组。

（五）中美合资保定俊峰有限公司

1995年12月12日，物探局仪器总厂为继续保留俊峰公司合同终止后的“三资”企业性质，保持俊峰公司在国内外市场上的良好形象和品牌信誉，经与保定泰丰电子技术设备有限公司董事会商议决定，将原俊峰公司与其合并，在保定市重新注册登记成立“中美合资保定俊峰有限公司”，投资总额由36万美元增加到112万美元，其中：甲方仪器总厂以俊峰公司全部免税进口设备的净值增资44.7万美元，乙方美国LTI永华实业公司增资9.8万美元。注册资本由原25.5万美元增至80万美元。双方出资比例由原3:2改为3:1。

重新注册登记的中美合资保定俊峰有限公司，继续生产20DX系列地震检波器。1996年生产20DX系列地震检波器38万只，出口73990只，创汇94.8万美元，其中首次出口法国6500只。1997年生产74.87万只，外销19.44万只，产品销往美国、蒙古、加拿大、俄罗斯等国，创汇204.7万美元。年产销量创历史最高水平，继续保持世界领先水平。

保定俊峰有限公司成立后，除继续生产20DX系列地震检波器产品外，新开发了CJG、CJ－1等新型地震检波器，成为法国Sercel、美国I/O公司制造的遥测地震仪器配套产品。

（六）深圳亚美电脑产品有限公司

1992年3月，物探局多种经营处与美国佛肯伯格公司、深圳大林贸易公司三方合资开办亚美公司。物探局投资94万美元。

1994年，因美方30万美元技术投资不到位，亚美公司关闭。

第二节 劳务输出

1987年，中国石油工程建设公司与日本东京都利根地下技术株式会社、名古屋中津川市技术研究株式会社签订对外劳务合作合同，以研修生名义进行劳务输出，获取盈利。中国石油工程建设公司为执行劳务输出合同，与物探局地调四处签订了对外提供劳务协议。

1988年6月～1992年10月，物探局先后组织6批48人赴日本执行劳务合同，至1994年9月最后一批人员回国。

一、东京利根地下技术工程劳务

利根地下技术工程劳务分为两类：

一类是市区地铁基础和大型防洪蓄水池地下工程；另一类是钻井，钻800～1200米温泉井。

该项劳务输出人员从1988年6月～1991年9月分四批出国：

第一批：1988年6月，赴日本一年半，在日本静岗、新泻、枥木、那须等地打井 9 口。1989 年 12 月回国。

第二批：1988 年 11 月，赴日本一年半，在东京、名古屋、横滨、大阪等地完成地铁基础、地下蓄水池和污水处理池的地下连续壁工作。1990 年 5 月回国。

第三批：1991 年 5 月，赴日本一年，主要在京都、名古屋完成钻井 3 口及地铁基础连续壁地下工程。1992 年 5 月回国。

第四批：1991 年 9 月，赴日本 3 年，在日本新泻、群马、内海等地钻井 9 口；在大阪、名古屋等地进行一年地铁基础地下连续壁工程的施工。1994 年 9 月回国。

二、中津川市技术研究株式会社劳务

中津川技术研究株式会社的主要劳务是生产加工汽车、摩托车零部件。该项劳务输出人员于 1991 年 7 月、10 月分两批出国。

第一批：1991 年 7 月，赴日本一年，在日本中津川技术研究株式会社工厂承担汽车、摩托车零部件加工劳务。1992 年 7 月回国。

第二批：1992 年 10 月，赴日本 1 年，在日本中津川市技术研究株式会社工厂承担汽车、摩托车零部件加工劳务。1993 年 10 月回国。

第三节　国外资料处理中心

90 年代，物探局在新加坡、美国休斯敦先后建立地震资料处理中心，开展国际经营。

一、新加坡资料处理中心

1992 年，中国石油天然气总公司办公会议决定由物探局在新加坡创办地震资料处理中心，开展国际经营；通过技术合作，促进国内资料处理技术的发展。

（一）公司筹建与注册登记

根据总公司安排，物探局于 1992 年 6 月、9 月派出许大坤、王业胜、徐昕、王湘民等 4 人两次赴新加坡进行公司筹建工作。10 月 15 日在新加坡完成公司注册手续。公司全称为“东方石油技术有限公司（PET）”。12 月 8 日，经中华人民共和国对外经济贸易部批准，发给中新合资公司证书。

合资公司注册资本 500 万新加坡元，实缴资本 100.2 万新元。合资双方：中国石油技术开发公司，拥有 85%的股份；新加坡海峰公司注册的科峰公司拥有 15%的股份。

公司注册成立后，物探局投资 103 万美元，总公司投资 400 万美元。1993 年 8 月 1 日，公司正式运营。

公司成立董事会，由物探局副局长王业胜任董事长。中方董事成员有总公司勘探局的潘树琪和物探局的徐昕、管忠 3 人；新加坡方董事蔡其杰、林初理 2 人（1994 年 8 月退出董事会）。

公司经理由中方董事徐昕担任。下设国内办事处、行政部、会计部、市场部、处理部和计算机部等经营管理机构。中方职工 15 人，新加坡雇员 12 人（后减至 8 人）。

1994 年，中方为扩大公司经营范围，于 6 月收购了新加坡科峰公司的 13%股份，8 月又收购了新加坡科峰公司的 2%股份。至此，新加坡“东方石油技术有限公司”成为中方独资公司。

1995 年 3 月，董事会决定在新加坡注册成立 SEISTECH 公司，注册资本 200 万新元。11 月 25 日获新加坡 ROC 批准。

（二）公司经营

1993 年 8 月 1 日公司正式运营后，先后引进安装了 CONVEX3230、4630 计算机和 TIPEX、OMEGA 应用软件加载，承接了冀东、胜利、大庆、辽河三维地震资料和江汉至四川龙门山大剖面（1300 公里）地震资料处理项目。至 1996 年 5 月，共完成 14 个资料处理项目，其中处理三维地震资料 2669 平方公里，处理二维地震资料 2480 公里，经营收入 748 万美元。经营效益，收支相抵略有盈余。

东方石油技术有限公司在新加坡进行地震资料处理工作中，根据总公司副总经理周永康（1994 年 3 月 13～14 日视察该公司）的指示，重点抓住技术质量、处理周期和成本控制三大因素，较好地完成了任务，并形成了全三维高分辨率处理技术、全三维复杂老资料联片处理技术、低信噪比二维资料处理技术，建成了年处理满覆盖全三维资料 1500 平方公里或二维地震资料 2 万公里的能力。处理周期通常为 3～4 个月。处理技术、处理质量、处理周期得到用户较高评价。

（三）终止资料处理业务

1996 年 1 月 4 日，中国石油天然气总公司总经理王涛到新加坡视察东方石油技术有限公司。鉴于“巴统”已放松对华出口高档计算机的限制，国内已进口 16 个节点的 SP－2 并行计算机，王涛总经理决定终止在新加坡的地震资料处理业务。6 月，东方石油技术有限公司移交总公司运销局。8 月初，资料处理中心人员及计算机设备撤回物探局研究院。

二、休斯敦地震资料处理中心

1995年底，物探局地球软件公司在美国休斯敦建立地震数据处理中心，应用国产GRISYS地震数据处理软件，承揽国外地震资料处理任务。1996年2月，物探局在美国休斯敦注册成立国际公司后，资料处理中心为其下属的一个合资公司。

第四节　老挝体育场建设工程

老挝琅勃拉邦体育场工程，是老挝人民共和国预算投资额最大的一项重点建设工程，工程总金额18.46亿基普（合人民币1678万元）。

该项工程建设的业主是老挝国家体委。1995年9月，由物探局接待服务中心出资在老挝注册的万象河北建筑公司转手承包该项工程，并与业主签订了工程承包合同。物探局建设工程部联合运输处、综合服务处、多种经营处于同年10月组织工程组，于12月1日进入工地，招收民工，21日正式破土动工。

1996年1～4月，由于工程组对施工难度估计不足，施工队伍组织松散，工程进度缓慢，引起中国驻老挝大使馆的关注，并向物探局通报了情况。物探局派出岩土公司领导赴老挝实地考察后，调整了工程负责人，重新组织了整编施工队伍，于5月12日进入施工现场。5～6月，整体工程全面展开，分项工程同时启动，施工人员不分昼夜轮班作业，加快了工程进度，突击完成了二期工程，赢得了琅勃拉邦市民的赞扬。6月12日，老挝琅勃拉邦《人民日报》记者和电视台记者联合到施工现场进行采访。6月15日，老挝政府第二期工程验收检查团到工地现场验收，对工程进度和施工质量表示十分满意。6月18～20日老挝广播电视台进行了连续报道。此后，中方施工队伍在业主不能按时支付工程验收款的困难情况下，于1997年1月12日完成了体育场建设工程。老挝政府于1月14日在新落成的体育场举行了盛大的第五届全运会开幕式预演。该项工程获老挝国家级优质工程。

第五节　中外合作技术开发

80年代以来，物探局通过中外技术合作引进三维地震资料处理、解释技术，开发地震数据解释系统和石油开放软件集成平台（OIO工程）。

一、中美合作处理物探局第一块陆上三维资料

1980年底至次年初，物探局首次完成的顾辛庄三维地震采集资料，因当时国内计算机容量小、运算速度低，三维处理方法未完全掌握，经石油部同意送美国GSI公司处理。1981年11月12日，物探局与美国GSI公司签订了顾辛庄三维地震资料处理合同。

1982年4月5日～9月15日，物探局派出的程金箴、赵世贤等3名监督人员，赴美国达拉斯GSI公司计算中心，与美方技术人员合作，利用其IBM3033大型计算机，进行三维资料处理，学习三维处理技术和三维解释方法。为以后自行处理和解释三维地震资料，引进了技术，培训了管理人才。

二、合作开发GRIStation地震数据解释系统

为了打破地震数据解释系统完全依靠进口的被动局面，实现解释工作站软件国产化，替代进口，并逐步打入国际市场，物探局根据总公司“八五”科技发展规划部署，于1992年3月组建了研究院地震数据解释系统软件开发中心，5月框定了研制解释系统的功能需求。同年9月10日，物探局通过中国石油技术开发公司（CPTDC）和美国中外技术服务公司（STS）签订了合作研制集成化交互解释工作站软件系统（GRIStation）的合同。合同签订后，美国STS公司委派4位专家到物探局研究院软件开发中心，与中方合作编写了GRIStation系统功能需求说明书，明确了研制开发的具体目标。1992年11月～1993年3月，中美双方专家分别在美国PLANO和中国涿州两地完成了系统框架设计和实体状态转换图的总体设计工作。

1993年4～10月，在涿州完成了40余万行C++源代码编程工作。

1993年11月至1994年3月，研究院软件开发中心派出的人员，分两批，每批10人到美国PLANO公司进行程序优化和集成，采用先进的PUVIF内存改错工具完成改错工作，并利用新疆轮南170平方公里三维资料和多口测井资料进行了软件功能测试。集成的GRIStation系统，包括工区和数据管理、三维地震交互解释、地震数据交互处理、测井资料交互解释、三维可视化等子系统，完成GRIStation用户功能需求说明书、软件工程标准、设计文档、用户手册（试用版）、单元测试报告等12种文档。

1994年4月13～14日，物探局组织专家对与美国STS公司合作开发的GRIStation交互解释工作站

软件系统进行了验收。至此，中外合作技术开发的合同任务基本完成。

此后的 GRIStation 有关功能完善、功能扩充工作，由中方独立完成。1995 年 2 月 28 日，GRIStation/WS－V1.0 版本三维交互综合解释系统在北京召开的产品发布会上演示，后开始在全国石油系统推广应用。

三、石油开放软件集成平台（OIO 工程）

OIO 工程，是总公司 1995 年 8 月秦皇岛会议上确定启动的集数据处理、解释一体化的石油勘探开发软件系统项目。研制开发内容主要包括系统平台、用户平台、数据平台三个方面。工程结构由四大部件组成，即工作空间、应用框架、应用集成服务器、软件集成平台。

1996 年，OIO 工程项目研制工作在国内进行，完成了需求分析和总体设计，确定了软件集成平台的基本结构。

1997 年 1 月 14 日，王宏琳、赵振文、周继康等设计人员一行 11 人去美国旧金山市，与 MDS 公司合作，利用国外先进技术和开发环境进行平台设计，于 1997 年 10 月完成 OIO 软件平台四大部件的基础工作，为开发具有中国自主版权的、国际 90 年代先进水平的软件集成平台取得了阶段性成果。同年 12 月 16～18 日，物探局地球软件公司召开会议，对 OIO 工程项目进行中期评估，后开始推广应用。

第六章　外 事 工 作

1983 年以前，物探局没有专设外事管理机构。有关引进设备、合作勘探、中外物探学术交流等涉外活动，按合同项目管理；派遣人员出国，由局党委干部处负责办理报批手续。

80 年代中期，随着国家对外扩大开放和石油物探技术、装备的大量引进，物探局涉外项目和出国人员逐年增多。为适应外事工作发展的需要，物探局党委于 1983 年 11 月决定，外事工作由一名副局长主管，局办公室归口管理。1984 年 6 月，在局办公室内设立外事办公室，统一归口组织涉外活动，制定涉外规章制度，管理外国专家和外事接待工作。

90 年代初，物探局为深入国际物探市场竞争，落实总公司“跨国经营”战略，于 1991 年 11 月独立设置外事处，负责审查汇总对外合作项目，开展对外宣传和联络工作，收集国际物探市场信息，着手组建国际物探承包施工队伍。

1993 年以后，物探局为进一步加强外事工作的领导，决定由副局长许大坤主管外事工作，许大坤、赵瑞平分工、协作做好国际勘探市场开拓及国内反承包工作。加大了国际物探市场开拓力度，加强了对外宣传和联络工作，设立国外联络处，形成国际物探市场信息网络；加入国际地球物理承包商协会，推行 HSE 管理标准，按国际标准组织国际勘探项目投标，规范合同文本的基础管理工作；大力组织国际勘探和经营管理人才的培训，加快了与国际物探技术标准、作业标准、管理标准接轨的步伐。1997 年签署国际承包和国内反承包合同 12 个，总金额 5753 万美元，当年完成价值工作量 3150 万美元，比 1996 年增长 93%，标志着物探局参与国际市场竞争实力有了明显提高。

1997 年，物探局为加快进入国际物探市场的步伐，加强管理，提高效益，决定改革国际物探服务项目管理体制，在外事处的基础上筹备成立国际勘探部，负责国际物探市场的开拓和国际服务项目的管理，统一组织国际业务，逐步形成以国外地震资料采集、处理、解释和产品出口为主的经营实体。

第一节　出国人员管理

一、出国人员派遣

1964～1973 年，六四六厂执行石油（燃化）部对外经济技术援助项目，派遣出国团组 12 个，47 人次。

1974～1997 年，物探局先后派遣出国团组 889 个、3582 人次，分赴法国、美国、日本、新加坡、挪威、加拿大、比利时、英国、西德、匈牙利、波兰、缅甸、俄罗斯（前苏联）、南斯拉夫、巴基斯坦、伊拉克、瑞士、印度、捷克、阿根廷、丹麦、委内瑞拉、秘鲁、厄瓜多尔、菲律宾、伊朗、苏丹等 30 多个国家和香港地区，接受引进设备的技术培训，参加国际会议，进修学习，考察访问，参与国际勘探项目投标，在国外参加展览，订购物探装备，推销装备制造产品，开展对外劳务合作，承包勘探项目。

1984年以前，物探局出国团组的报批和出国人员的派遣，由党委干部处管理。从1984年开始由物探局党委组织部和外事办公室共同负责。按照石油部有关出国人员审批权限和管理规定，物探局先后制定了《涉外项目和出国人员预报预审工作的六项规定》、《因公出国人员管理暂行条例》、《出国人员选审及管理暂行规定》，形成了一套工作制度和派遣程序。

严格报批程序。各单位的涉外项目必须报局审查同意后，由局向石油部（总公司）呈报出国项目立项申请报告。经批准后，根据石油部（总公司）下达的出国任务通知书，由局党委组织部门办理出国人员政审，外事部门办理出国护照、签证。

选派出国人员，坚持政治条件，严格审查把关；注重业务水平，专业对口，学以致用。人选方案经组织部门初审后，填写《初次出国人员审查表》或《再次出国人员审查表》，提交局党委常委会议审议。审议同意后，报石油部干部司审批（1984年9月20日以前）。1984年9月20日以后，副局级以上干部仍报干部司审批，处级及一般干部由局审批，报部（总公司）干部司、外事局备案。

进行出国前教育。由局外事部门会同派出单位组干部门对出国团组人员集中进行爱国主义、国际主义、外事纪律、安全保密、涉外人员守则和职业道德教育，并介绍一般的外事礼仪和有关国家情况。

组织回国后的总结工作。规定出国团组、人员回国后要写出书面工作总结、技术总结，并经鉴定归入本人考绩档案；在国外获取的技术资料全部上交公用。

二、重要出访

物探局成立后的重要出访有：

1975年1～5月，物探局局长安启元领队一行7人赴美国GEOSPACE公司参观考察，接受雷森（RAYTHEN）1704计算机和可控震源技术培训。

1978年5～6月，经国务院批准，由石油部、国家地质总局、海洋石油勘探指挥部、西安石油仪器总厂人员组成的，以物探局局长林运根领队的中国石油天然气勘探开发公司代表团一行9人，应邀赴美国休斯敦参加世界海洋技术展览会（OTC）。会后考察访问了美国埃克森公司、西方地球物理公司等9个公司及所属10个工厂、4个计算中心、7个地震队。回国途径法国顺访了法国CGG公司。回国后向石油部提出了加快发展我国石油物探技术，赶上世界先进水平的建议。

1978年10月26日～11月23日，经国务院批准，由石油部、中科院、国家地质总局派遣以物探局金祖荣为团长的中国地球物理学会专家组一行10人，赴美国旧金山首次参加SEG第四十八届年会。会后访问了美国6大石油公司、2个地球物理公司和4所大学的地球物理系。此次访问开辟了中美两国地球物理界的学术交流渠道。1979年以后，物探局组团参加了SEG第四十九、五十二届年会。1985～1997年，物探局连年参加SEG年会（第五十五至六十七届）。

1978年11月21日～1979年1月4日，李全慎一行2人赴阿尔及利亚进行天然气考察。

1979～1989年，物探局公派金福锦、许大坤、范祯祥、黄忠范等32名（含留学1人）工程技术人员分赴美国斯坦福大学、休斯敦大学、科罗拉多矿业学院以及西德、法国、挪威、加拿大有关院校进修学习。

1979年8月～1980年11月，物探局李庆忠等15人派驻美国埃克森、英国BP等石油公司，代表中方监督处理南海地震资料。

1982年1月13日～2月13日，潘瑗、孟尔盛等6人组成的石油物探技术考察团出访美国SEG和9家地球物理公司。

1982年4～9月，程金箴等3人赴美国GSI公司接受三维地震资料处理和解释技术培训。

1982年6～7月，局党委书记严衍余及刘颂威、赵瑞平、吴群苍等赴美国GSI公司进行PC82301MR合同管理考察。

1982年12月1～24日，庄国成、陈祖传等一行5人赴美国考察大型计算机处理中心。

1983年2～4月，柴桂林一行7人赴美国GSI公司参加PC 82301MR合同管理培训。

1983年3～4月，钟辛生等9人赴美国、新加坡、比利时参加美国GSI公司组织的技术培训。

1983年6月，李庆忠等赴挪威首次参加欧洲地球物理学家学会（EAEG）第四十五届年会。此后物探局于1985年、1987年、1988年、1989年、1997年分别派团组参加EAEG年会。

1983年8～9月，陈祖传赴英国参加第十一届世界石油大会。

1984年1～3月，王见仁等8人赴美国参加可控震源组装技术培训，引进震源组装技术。

1984年11月20日～1985年4月10日，冯培光随国家南极考察团去南极科学考察。

1986年5月，刘颂威赴美国斯坦福大学参加物探局资助的科研项目成果发布会。以后物探局每年派出团组参加会议。

1987年4月，物探局局长潘瑗和裘慰庭等4人赴苏联进行石油物探技术考察。

1987年4～5月，刘颂威、俞寿朋赴美国休斯敦大学参加物探局资助的科研项目成果发布会。

1987年4月1～8日，局党委书记严衍余随石油部部长王涛访问缅甸。8～9月，钟辛生、陈祖传等专家组赴缅甸考察、谈判、签订合同。11月27日，严衍余、钟辛生赴缅甸仰光参加MC－87－01地震勘探服务合同签字仪式。

1988年10月31日～12月2日，袁秉衡等5人赴美国休斯敦全面考察、检验LandMark、GeoQuest地震解释软件产品，为全国石油系统大批引进人机联作解释系统，进行了选型和技术检验。

1989年9月18日～10月15日，吕友生等3人赴巴基斯坦参加勘探项目投标。

1989年12月19日～1990年1月3日，陈祖传、陈学兴、徐文荣等5人赴伊拉克参加勘探项目投标。

1990年6月，许大坤、何振香等4人赴伊拉克进行合同谈判。

1990年6月，物探局局长潘瑗及李庆忠、俞寿朋等5人赴苏联探讨中苏石油物探科技合作问题。

1990年7～8月，陈祖传、徐文荣等5人赴巴基斯坦进行物探资料采集、处理、解释技术讲学。

1990年10月18～28日，孟尔盛、袁秉衡、王小牧赴阿根廷参加第十三届世界石油大会。

1991年12月17日～1992年1月11日，钟辛生、徐文荣、阎万朝等6人首次去印度参加勘探项目投标。至1993年3月，物探局曾连续6次组团去印度投标。

1992年3月，陈祖传等3人赴巴基斯坦参加勘探项目投标。

1994年2～3月，赵瑞平、徐文荣等5人赴美国、秘鲁、厄瓜多尔参加地震勘探承包服务投标。

1995年5月，物探局局长钟辛生等一行6人赴比利时与MOL公司就组建合资公司联合生产特种车底盘进行考察、谈判。

1995年12月4～20日，赵瑞平一行6人出访独联体，与乌兹别克斯坦、土库曼斯坦、吉尔吉斯斯坦、哈萨克斯坦、乌克兰等5国石油公司达成了合作协议或合作意向。1997年与乌兹别克斯坦达成了三维地震勘探服务协议，与土库曼斯坦签订了三维地震项目合同。后因乌、土两国抵付合同款的柴油含硫量严重超标，致使协议、合同终止。

1996年2～3月，王小牧受总公司委托，率中国石油技术开发公司团组一行11人赴德黑兰参加伊朗石油天然气国际展览会。会后建议物探局应打入伊朗和中东石油物探市场。

1997年1月，许大坤、王铁军一行7人赴苏丹对1、2、4区块进行现场踏勘。

1997年8月，徐文荣赴加拿大与IPC公司签订苏丹5A区块地震勘探服务合同。

1964～1997年公派出国人员情况见表9－6。

表9－6　1964～1997年物探局及其前身公派出国（境）人员统计表

项目／年份	技术培训		订货推销		考察访问		学术会议		进修		投标		参展		勘探服务		劳务		合计	
	团组	人数	团组	人数	团组	人数	团组	人数	团组	人数	团组	人数	团组	人数	团组	人数	团组	人数	团组	人数
1964					1	1													1	1
1965					2	2													2	2
1969															2	7			2	7
1970															1	11			1	11
1971					1	1									3	17			4	18
1973					1	1									1	7			2	8
1974	1	3																	1	3
1975	2	25			3	4													5	29
1976					1	1													1	1

续表

年份＼项目	技术培训		订货推销		考察访问		学术会议		进　修		投　标		参　展		勘探服务		劳　务		合　计	
	团组	人数	团组	人数	团组	人数	团组	人数	团组	人数	团组	人数	团组	人数	团组	人数	团组	人数	团组	人数
1978	4	11	1	3	1	2	2	5											8	21
1979	8	39	1	9	1	4	1	4	1	1									12	57
1980	3	6	1	4	5	11			2	2									11	23
1981	5	11	1	3	2	2			1	1									9	17
1982	6	25	5	15	4	15	1	2	2	2									18	59
1983	14	97	3	7	4	14	3	6	3	3									27	127
1984	8	31	3	7	1	1	1	1	2	2					1	1			16	43
1985	14	47	4	16	2	4	4	7	8	8									32	82
1986	8	45	2	5	2	4	3	5	2	2									17	61
1987	10	35	3	11	4	12	5	9	3	3							4	44	29	114
1988	11	32	8	24	2	6	4	10	2	2					3	4	2	15	32	93
1989	17	83	6	13	2	6	3	4	6	6	3	10	3	5	8	55			48	182
1990	14	67	6	13	1	1	5	14			2	8							28	103
1991	14	62	8	26	2	5	7	16			2	8	3	9			7	92	43	218
1992	20	72	10	38	10	28	5	6			8	19	4	8			2	16	59	187
1993	16	88	18	60	9	37	3	8			2	8	4	8			3	20	55	229
1994	23	104	20	51	16	33	6	12			4	15	7	21	17	114	1	2	94	352
1995	25	98	10	31	19	41	5	11			5	19	6	25	22	84			92	309
1996	37	245	9	30	29	86	6	12			7	22	4	20	29	139	2	9	123	563
1997	17	67	13	26	35	79	6	19			2	7	2	8	51	498	3	5	129	709
合计	277	1293	132	392	160	401	70	151	32	32	35	116	33	104	138	937	24	203	901	3629

注：1969 年、1970 年勘探服务为援阿尔巴尼亚专家组人员，1971 年、1973 年勘探服务为援朝专家组人员。

第二节　外事接待

随着中国第一批数字地震仪、计算机、可控震源的引进，物探局引进办公室于 1973 年底开始接待外商来华执行引进合同的技术服务工作。

1979 年以后，随着国家对外开放和物探技术装备的规模引进，外国石油公司人员来物探局访问、考察，进行合同谈判、学术交流等外事活动逐年增多。为适应工作需要，引进管理处、研究院、第三指挥部、仪器厂等涉外单位均设立了专职或兼职外事接待人员，在当地外事主管部门和物探局办公室指导下进行外宾接待工作。1983 年，物探局开始执行中美合作塔里木勘探合同和租赁 IBM3033 大型计算机合同，先后在涿县和库尔勒建设了外宾公寓和宾馆，成立外宾招待所，为来华执行合同的美方技术服务人员提供食宿条件。同时制定了《外事接待工作管理方法》、《涉外保密工作细则》，建立了外事接待工作制度。1983～1990 年，物探局在国家外国专家局、新疆自治区外事办公室的指导下，完成了为期 6～7 年的 70 多名外国专家的接待服务工作，直至合同结束。

1992 年以后，外国石油公司人员来物探局及所属二级单位参观、访问，进行经济技术合作，寻求合作勘探承包作业伙伴，装备制造产品出口等外事活动更加频繁。

据不完全统计，1979～1992 年物探局共接待外商 1079 批、3163 人次（见表 9－7）。外商来自美国、法国、英国、德国、俄罗斯、日本、加拿大、荷兰、比利时、匈牙利、捷克、挪威、西班牙、新加坡、伊拉克、澳大利亚、巴基斯坦、缅甸、埃及、叙利亚、卡塔尔、印度、马来西亚、意大利、秘鲁、厄瓜多尔、苏丹、菲律宾等 30 多个国家和香港地区。其中重要的来访有：

表 9-7　1979～1992 年物探局接待外宾统计表

年　份	接待外宾（批/人次）	年　份	接待外宾（批/人次）
1979	7/41	1987	120/372
1980	40/95	1988	112/283
1981	64/251	1989	92/234
1982	47/132	1990	83/243
1983	72/302	1991	58/116
1984	92/192	1992	56/287
1985	97/301	合　计	1079/3163
1986	139/314		

1979 年 1 月 14 日，美国西方地球物理公司副董事长詹姆斯·霍恩斯比 3 人访问物探局计算中心，商谈沙漠勘探和资料处理问题；并就在中国设立大型电子计算机处理中心的合同草案进行会谈。

1979 年 9 月 7～9 日，美国勘探地球物理学家学会（SEG）主席克鲁克和美中互访委员会主席琼斯等率代表团一行 12 人首次访问物探局，参观计算中心，进行学术交流，开通了中美物探学术交流发展的渠道。

1980 年 3 月，美国德克萨斯（TI）仪器公司总裁一行 7 人访问物探局，商谈沙漠勘探和仪器制造合作问题，参观了计算中心、元件厂、仪器厂。

1980 年 7～12 月，法国道达尔（TOTAL）公司派出技术人员进驻物探局计算中心监督处理南海地震资料。

1981 年 3 月 17 日，法国 CDF 公司总经理、美国 CDC 公司副董事长一行 7 人访问物探局，了解 CYBER1724 计算机运行状况。

1981 年 9 月 9 日，参加中美地球物理学家北京双边国际学术讨论会的 36 名美国科学家，由中国科协组织、陪同到物探局参观计算中心和地质成果展览并进行了技术座谈。

1982 年 1 月 7 日，美国地球物理服务公司（GSI）总裁一行 8 人来物探局就塔里木地球物理勘探服务合同的签订进行谈判。

1982 年 9 月 20～24 日，美国 SEG 主席、副主席和 SEG 与中国交流委员会主席一行 19 人访问物探局，就物探资料采集、数据处理、解释方法进行学术交流。

1982 年 6 月 23 日，印度政府石油代表团一行 5 人，在石油部外事局副局长窦炳文陪同下参观考察物探局计算中心。

1982 年 10 月 9 日，埃及政府石油代表团一行 5 人来物探局参观考察计算中心。

1983 年 4 月 30 日，伊拉克石油天然气勘探总公司总经理等 2 人来物探局参观地质成果展览和计算中心。

1984 年 12 月 7 日，苏联石油部石油考察组一行 6 人来物探局进行专业参观。这是中苏两国石油领域关系中断 20 年来的第一次来访。

1985 年 1 月 9 日，美国 AMF GEOSPACE 公司总裁一行 4 人来物探局就合作经营生产地震检波器进行合同谈判。

1985 年 10 月 30 日，美国负责对华贸易的 2 名官员和美国驻华大使馆 2 名官员访问物探局研究院，了解 IBM3033 计算机系统工作情况。

1985 年 12 月，苏联石油部部长率 5 人代表团访问物探局，介绍苏联物探技术发展情况。

1987 年 4 月 3 日，罗马尼亚石油地质矿产部考察团一行 4 人到物探局参观计算中心。

1987 年 6 月 18 日，缅甸能源部长吴盛吞率领的能源代表团一行 8 人，由石油部部长王涛陪同到物探局参观计算中心及石油勘探装备展览。

1987 年 7 月 20 日～8 月 6 日，美国 A&M 大学教授斯潘舍及夫人来物探局就垂直地震剖面法的应用问题进行讲学和技术咨询。

1987 年 10 月 25 日，加拿大稠油开发代表团一行 36 人来物探局参加“中加稠油开发技术讨论会”。

1988 年 10 月 29 日，伊拉克石油建设公司一行 3 人参观物探局。

1989 年 10 月 7～21 日，苏联石油天然气工业部物探专家组一行 6 人来物探局考察访问，探讨双方合作内容及可能性。

1990年1月9～20日，苏联地质部石油地球物理科研生产联合体专家组一行5人来物探局讲学和考察。

1990年7月17日，卡塔尔石油总公司总经理一行4人来物探局参观计算中心。

1991年1月26日，新加坡计算机公司总裁一行4人来物探局参观计算中心。

1991年3月18日，苏联新西伯利亚地球物理联合体总经理率代表团一行5人到物探局研究院进行为期15天的技术交流活动。

1992年2月17～19日，美国格兰特、坦森公司高级副总裁一行5人来物探局就三维地震资料处理及并行机技术进行讲学。

1992年10月19～20日，哈萨克斯坦国家石油公司代表团一行6人来物探局参观访问。

1993年12月7日，美国ESSO石油公司中国总裁一行4人来物探局考察技术实力。

1994年1月7～25日，美国EXXON公司副总裁（ESSO公司中国总裁）EDWARD GALLATIN等一行9人来物探局，就物探局地震勘探反承包技术实力、装备和经验进行综合考察。

1994年6月25日，印度石油部部长在中国石油天然气总公司王涛总经理陪同下访问物探局。

1995年9月13～15日，来北京参加第四次世界妇女大会的美国、肯尼亚、澳大利亚、秘鲁、新西兰、印度等国26位代表到物探局参观研究院地球软件公司和资料处理中心。

1996年7月2日，英国资深的桑格公司总裁来物探局举办HSE讲座。

1996年9月8～16日，巴基斯坦POL公司总经理来物探局就二维地震采集项目进行合同谈判。

1996年12月9日，尼日利亚石油发展开发总公司执行总裁一行5人访问物探局，表示了合作意向。

1996年12月28日，苏丹能源矿产部部长一行5人在总公司吴跃文陪同下访问物探局。

1997年5月16日，委内瑞拉BITOR公司总裁等3人访问物探局。

1997年6月26日，加拿大国际石油公司总裁ERNIE PRETT夫妇访问物探局，商谈进一步合作事项。

1997年8月22日，马来西亚NTI公司总裁一行4人来物探局商谈合作勘探事项。

1997年10月14日，在北京参加第十五届世界石油大会的乌兹别克斯坦副总理哈古洛夫率代表团访问物探局。

第三节　国标队建设

1991年1月12日，总公司总经理王涛在物探局“八五”规划汇报会上，要求物探局至少要建10个国际标准的样板队，随时准备打到国外去，参与国际勘探市场竞争。

根据王涛总经理的要求，物探局为建设10个能参与国际竞争的物探作业承包队伍，1991年在基层队中开展了创建国际标准样板队（简称“国标队”）活动。

1992年5月，物探局在总结各地调处创建国标队活动经验基础上，制定了《国际水平物探样板队基本条件》和《国外施工物探队标准》。国标队的基本条件，必须是思想、技术、作风“三过硬”，达到总公司双文明一级队标准的队伍，在思想作风、技术素质、基础管理3个方面达到更高的要求。对参与国际施工的物探队，从思想作风、队伍组织、生产技术管理、设备配备和管理、后勤保障5个方面规定了必须达到的标准，要求立足现有队型、人员、装备，提高地震队独立组织施工的能力和人员素质，以及对外合作的外语交流能力。国际施工地震队实行队经理负责制，主要岗位有队经理、高级机械师、高级地球物理师、高级仪器工程师、高级测量师、会计师、队经理助理兼翻译，并根据合同要求配备辅助技术工程师和主要操作骨干。

1993年，总公司实行国内勘探市场招标竞争机制，决定对地震队进行等级认证。规定一级队可进入国际市场和国内反承包市场施工。物探局建设国标队的活动，即改为创建总公司一级队（后改称甲级队）的活动。针对国际物探作业特点，开展地震队骨干多功能技术培训，强化外语、汽车驾驶及轮换岗位培训，实现一专多能，一人多岗。

1994年初，总公司勘探局组织物探局外事处、地调五处制定《地震勘探施工作业队伍等级标准》、《非地震物化探施工作业队伍等级标准》，印发全国各油田地调单位，作为物探队等级认证的依据。

1994年，物探局建立的10个国标队按照新标准配置了主要岗位人员和仪器、设备，经总公司勘探局组织的专家评审和资质认证、考核验收，评定为总公司第一批甲级队，获得了进入国际市场和国内反承包市场施工作业的资格。在国际招标竞争中中标后，组建了9401、9402、9403、9404、9405五个国际施工队，进入国际和国内反承包市场施工作业。1995年至1997年，物探局先后组建9501、9601、9711、9721、9722、9731、9741、9761队进入国际市场施工。

1995年2月，经总公司认证审批，物探局219、2113、2151、2201、2207、2220、2254、2255、2256、2315十个地震队和702、707、302、316、901五个非地震物化探队，获得了甲级物探队等级证书。

1996年，物探局受总公司委托，制定了新的物探队人员素质标准和设备配备标准，经总公司批准于1997年6月6日印发陆上各石油物探单位执行。

物探局按照总公司新的考核标准，于1997年9月29日成立了物探队资质认证领导小组（组长赵瑞平）和办事机构，严格按标准进行复核检查，巩固了第一批15个甲级队。1997年以后又新发展了11个甲级地震队。

第四节　参加国际展览

物探局从80年代中期开始，通过参加国际会议，在国外参加国际展览，扩大对外宣传，展示物探技术和物探装备制造产品的发展水平，逐步开拓国际物探装备出口市场。

1985年6月，物探局派出裘慰庭、罗维炳等3人团组到匈牙利布达佩斯参加第四十七届欧洲地球物理学家年会（EAEG）暨展览会，首次租用展台，向东欧各国宣传、展示物探局最新制造的SJ－2型地震检波器和WT－200芯地震电缆实物样品。匈牙利、波兰、罗马尼亚等国石油公司人员在参观后表示了订购意向。1986年11月，物探局地震检波器首次打入了匈牙利市场。

1987年、1988年，物探局派出团组先后参加在南斯拉夫、荷兰举办的第四十九届、五十届EAEG年会暨展览会，在介绍物探技术进步的同时，租用展台展示物探局制造的物探装备产品和勘探效果，以及研究院处理的地震剖面，受到与会各国代表的关注。

1989～1990年，物探局先后组团赴苏联、巴基斯坦、印度、波兰、孟加拉国、阿根廷、委内瑞拉、加拿大等国参加以物探装备制造产品为主的国际展览，进一步开拓了物探装备出口市场。

1991年以后，物探局为深入国际物探市场，进一步加强了对外宣传和参展工作。1991年11月，物探局党委书记李玉超率物探技术装备参展团，首次在美国第六十一届SEG年会期间举办国际展览。至1997年物探局连续6年参加SEG年会国际展览。1992～1996年在新加坡海上国际石油大会暨展览会上参加4次展览。1994～1997年，分别在中东三国石油展及阿曼马斯科特国际博览会，印度、哈萨克斯坦、马来西亚国家石油展览会，以及加拿大、乌兹别克国际石油大会和SEG莫斯科年会期间，参加了各种形式的国际展览，全面展示了物探局物探资料采集、处理、解释技术及90年代装备制造产品水平，进一步扩大了物探局（BGP）在国际石油界的影响，促进了与各国石油公司、地球物理公司的联络与交流，为物探局全面深入国际物探市场发挥了重要作用。见表9－8。

表9－8　1991～1997年物探局在国外参加的主要展览会统计表

参展日期	国际展览会名称	展位面积（个/m^2）	展品形式
1991年11月	美国SEG年会暨展览会	2/18	物探技术、装备制造产品实物、图片
1992年8月	SEG莫斯科年会暨展览会	1/9	物探采集、处理、解释技术及装备制造产品模型
1992年10月	新加坡海上国际石油展	2/18	图片、地震电缆、检波器实物
1993年4月	SEG俄罗斯年会暨展览会	2/18	地震电缆、检波器实物、图片
1993年9月	SPE美国石油大会暨展览会	2/18	图片、地震电缆、检波器实物
1993年11月	新加坡海上国际石油大会暨展览会	与总公司展位合为一体	文字广告，介绍物探技术、人员实力及经验

续表

参展日期	国际展览会名称	展位面积（个/m^2）	展品形式
1994年9月	中东三国石油展及阿曼马斯科特国际博览会	2/18	图片、实物、文字广告、录像片，展示物探处理、解释的实力
1994年9月	美国SEG年会暨展览会	2/18	图片、实物、电视广告，宣传物探技术实力
1994年10月	印度国际石油展		物探装备制造三厂的产品
1994年11月	新加坡海上国际石油大会暨展览会	2/18	图片及地震电缆、检波器实物、文字广告、电视宣传片，展示装备制造的实力与产品
1995年6月	马来西亚国际石油展	由总公司外事局统一布展，物探局占2个标准展位	图片、实物、文字广告、电视广告
1995年9月	美国SEG年会暨展览会	2/18	图片、实物、文字、电视广告
1996年6月9～12日	加拿大国际石油大会暨展览会	2/18	图片、文字广告、对外电视宣传片、投影仪
1996年10月1～6日	新加坡海上国际石油大会暨展览会	2个标准展位	图片，介绍物探局在海外为油公司勘探服务情况
1996年12月12～17日	美国SEG年会暨展览会	8/72	大型的长城模型，参展阵容庞大，引起轰动效应
1997年5月	乌兹别克斯坦国际石油大会暨展览会	2/18	备有中英俄三国文字资料、电视广告及图片
1997年10月	第五届哈萨克斯坦国际石油展	2/18，与CPTDC联用展位	
1997年11月1～7日	美国SEG年会暨展览会	与总公司勘探局联合租用5个展位	

第五节 驻外机构

1992～1997年，物探局相继在6个国家设立办事处，担负开拓国际市场的联络与服务工作。

一、驻厄瓜多尔基多办事处

该办事处成立于1994年10月，设常驻代表1人。1995年为9401队执行采集合同代表物探局与厄瓜多尔国家石油公司联络，为施工队伍提供支持与服务。1996年主要完成采集项目的收尾工作、人员遣散、部分设备遣散、厄瓜多尔及哥伦比亚市场开发、厄瓜多尔石油公司三维地震资料采集项目投标准备及1995年地震资料采集项目因战争损失索赔法律手续办理。完成任务后于1996年撤销。

二、驻巴基斯坦伊斯兰堡办事处

该办事处于1992年开始筹建，1994年3月正式成立，设常驻代表1人。1996年1月12日，办理注册手续，3月获巴基斯坦政府正式批准。办事处的任务是开拓巴基斯坦及东南亚其他国家的物探市场。

三、驻美国休斯顿办事处

1994年12月前，物探局向总公司驻休斯顿办事处派了1名工作人员，协助总公司的对美合作工作，同时兼顾物探局与美国的合作及设备引进工作。随着物探局在美国及南美市场的开拓，1994年12月，物探局在美国休斯顿注册成立办事处，设常驻代表1人。

该办事处的任务是开辟南北美物探市场并对合同项目提供支持。

四、驻苏丹喀土穆办事处

该办事处成立于1997年2月1日。3月6日，物探局成立苏丹项目经理部，对苏丹项目施工队伍履行组织、协调、管理和服务职能，常驻代表3人。主要任务是开拓苏丹及周边国家的物探市场，确保物探局在苏丹有足够的工作量；负责与甲方驻喀土穆代表机构、CNPC驻苏丹办事处、中国驻苏丹大使馆及苏丹当地有关部门的联络工作；为物探局在苏丹1、2、4区块施工的3个地震队采购急需物资，提供各种后勤服务；为3个施工队办理物资进出通关、中方人员的工作、居留许可手续；办理项目施工过程中各种法律事务，解决民事纠纷；办理物探局人员往返苏丹的入出境手续及从喀土穆至工地的中转手续。

五、驻阿布扎比办事处

办事处成立于1997年10月。主要任务是负责与中东地区各石油公司的联系，进行市场调研、跟踪和开拓工作。办事处自成立起，即着手中东阿联酋、也门、巴林、阿曼等地区的市场调研工作，先后举办2次技术讲座、2次石油展，参与了一项采集项目投标和办理多个处理项目洽商，与中东地区有业务往来的各大石油公司建立了良好的关系，搜集了许多有益的资料和信息，并广泛地宣传了BGP的实力，扩大了BGP在中东地区的知名度，为开拓中东市场奠定了良好的基础。

六、驻莫斯科办事处

1989年6月，物探局派出裘慰庭、罗维炳到莫斯科参加中国科技展览活动后，中苏双方物探交往逐步发展。1990年经双方考察后，从1992年开始物探局仪器总厂在莫斯科设立了办事处。

办事处的主要任务是在独联体各国开展市场调查，密切与这些国家物探界的联系，推销仪器总厂的产品，同时兼顾调查了解上述国家的石油物探行情，并接待总公司和物探局赴俄罗斯执行公务的出国人员。

第六节　加入IAGC　开展HSE管理

加入国际地球物理承包商协会（IAGC），取得会员资格，并在IAGC有关部门接受培训，按IAGC制定的HSE（健康、安全、环保）标准作业，是进入国际物探市场竞争投标的必备条件。

1986年4月，物探局安全处和科技情报所翻译出版了IAGC编写的《地球物理野外工作安全手册》，供物探队参考。

1994年6月，物探局外事处徐文荣在美国休斯敦向IAGC总部提交了加入协会的申请，同时带回了《陆上地球物理施工安全手册》和《全球物探施工环境保护指南》。7月28日，IAGC主席CHARLESF·DARDEN致电物探局，同意接收物探局为IAGC会员，并发给IAGC会员证。8月，经IAGC授权，物探局翻译出版了HSE安全手册与环保指南。同月，总公司勘探局主持召开HSE研讨班，在全国石油物探系统推行HSE管理标准。

物探局在1994年国内反承包投标中，首次按HSE管理标准编写投标标书，获得了美国ESSO公司和意大利AGIP公司的认可，中标夺得2个反承包勘探合同项目。执行合同的9402、9403、9404队按甲方要求，设置HSE管理人员，施工前接受甲方HSE培训，施工中严格按HSE标准进行作业，坚持安全文明生产，建立医疗卫生健康保证体系，保护文物、野生动植物和生态环境。反承包队在甲方强制下执行HSE标准，改变了“起早摸黑连轴转”的生产方式，创造了安全文明生产的高效率，引起了物探局领导的关注。

1995年3月，物探局党政主要领导深入反承包地震队进行HSE管理专题调研，决定在10个甲级队中全面推行HSE管理，设置HSE管理岗，开展HSE知识培训，提高执行HSE标准的全员意识，并将HSE作业计划列为参与国际投标制作标书的一项不可缺少的内容。

1996年以后，物探局决定由主管勘探的副局长负责HSE管理工作，在安全环保处内设HSE管理科，组织制定《物探局地震勘探HSE管理暂行规定》，全面推行HSE管理。要求物探队基层班组必须认真开展HSE管理，配备医护人员和医药器械；在野外施工作业中保护野生动植物，实行营地卫生管理规范化。

为了提高HSE管理水平，建设一支HSE骨干队伍，学习国际HSE管理的新理论和新知识，全面推行HSE管理，物探局于1996年4～5月，组织由各地调处主管HSE的人员共11人，首批到英国伦敦物探安全资源公司（GEOPHYSCAL SAFTY RESOURCES，简写GSR），接受世界公认的HSE培训权威机构的全面系统培训。1997年8～9月，又派出第二批HSE人员13人到伦敦GSR公司接受HSE培训。

1996～1997年两次聘请GSR公司总裁和专家来物探局举办有关HSE的讲座；协助总公司在职工大学开办物探系统HSE培训班。通过国内、国外培训，物探局有20人获得了HSE审计员资格证书，建成了100多人的HSE骨干队伍，分别派驻到反承包队和国际施工队担任HSE官员，为加快HSE管理与国际接轨的步伐，发挥了重要作用。

1997年，受总公司技术监督与安全环保局委托，物探局在“HSE管理暂行规定”基础上编写了《石油物探队HSE管理规范》，经总公司批准以SY/T6280—1997石油行业标准，于1997年10月1日发布，在全国石油物探行业中实施。

1997年以后，物探局成立了以局长为首的HSE管理委员会，将安全环保处与卫生处合并组成HSE管理部，建立了局、处、队、班组四级HSE管理网络，使HSE管理进入了体系化管理的新阶段。苏丹项目经理部在苏丹组织5个地震队的施工中，建立岗位、班组、HSE“官员”、经理部HSE总监、项目经理部主要负责人的五级管理体系，严格执行IAGC制定的HSE系列标准和总公司制定的《石油物探队HSE管理规范》，对国际施工作业队伍实行HSE责任制，对施工人员实行HSE考核发证制度，对特种作业人员上岗实行特种作业许可证制度，避免和制止了各种事故的发生，确保了国际承包勘探项目的顺利完成，树立了BGP的国际信誉。

第十篇
多元开发

综　　述

物探局多元开发经历了发展农副业生产、开展多种经营、实施多元化经营三个阶段。

60年代初至70年代末，是农副业生产开创和兴起阶段。松辽会战初期，中国遭受三年自然灾害，国民经济遇到暂时困难。为了渡过难关，坚持会战，松辽地调处（六四六厂前身）按照中央“大办农业”的方针，组织职工、家属开荒种地329.4万平方米（4941亩）。解决了会战职工口粮不足的问题。1964年队伍南下入关参加华北会战。1971年六四六厂先后在河南、河北省建立太康农场和安新农场，安置部分家在农村的职工家属参加生产劳动，解除了职工的后顾之忧。到70年代末，物探局农副业场点共安排881名家属参加生产劳动。

80年代，是物探局农副业生产转轨变型阶段。随着物探队伍的不断发展壮大，职工家属逐年增多，大批待业子女需要安置，各生活服务网点急需增加和完善。为了解决这些问题，局属各单位从各自实际出发，不断扩大农副业生产的范围，兴办为生产建设、职工生活服务的工副业、商饮服务业。1985年，物探局调整农副业生产结构，以种植为主改为以养殖业为主，使农副业生产取得大发展，同时促进了轻工业和商饮服务业的兴起。局劳动服务公司（1984年成立）注意广开门路，除为生产建设提供劳务以外，兴办一些修配业、食品加工作坊和饮食服务业等。1976年组建基建队，开始从事单纯的维修作业，后来逐步承揽各项建筑工程。至80年代末，物探局已逐步形成机械加工、建筑建材、商饮服务等产业。从业人员达到2141人，其中职工617人，家属1047人，其他人员477人。拥有固定资产总值1217万元；建立各种农工商场（厂）点117个。平均年营业额（总产值）1876万元，纯利润114万元。逐步实现了由福利型向经营型，由单一经营型（农副业）向多种经营型的转变。

1990～1994年是物探局多种经营起步及全面发展阶段。1986年5月16日，石油部下发《关于石油企业大力发展集体经济、开展多种经营的暂行规定》，1990年8月，总公司下发了《关于石油工业发展多种经营若干问题的意见》，1991年4月，在中国石油天然气总公司局厂领导干部会上，确定了“三大发展战略”。其中第二战略就是重建石油下游工业和多种经营。要求建立3支队伍：勘探开发队伍、多种经营队伍、参与国际竞争队伍。即在加强油气勘探开发主业的同时，实行多元开发经营的战略，并以此作为石油工业发展的“三大战略”之一。根据总公司的要求，物探局的“八五”计划提出“发展多种经营，开展后勤服务，逐步形成较全面的生产、生活后勤支持”的发展思路。要求支持主业，努力把多种经营办成“经营型、效益型、外向型经济”，把多种经营工作纳入各单位的重要议事日程。1991年4月15日物探局成立了多种经营管理处。11月召开物探局多种经营工作会议，落实总公司会议精神，强调多种经营要坚持高科技、高起点、高质量。这标志着物探局多种经营进入新的发展阶段。1992年1月，物探局在地调一处召开多种经营现场会。同年3月4日，局又将多种经营管理处调整为二级单位。同年11月20日，为充分发挥多种经营管理处的管理和经营双重职能，成立了河北丰汇实业发展公司。该公司作为多种经营管理处对外联系、从事业务活动的专用名称。当时正值邓小平南巡重要谈话发表，多种经营管理处不失时机地在原来的基础上创建了许多新的项目，直属公司增加到21个。1992年5月物探局召开了全局多种经营工作会议。会后，各级领导对多种经营的认识进一步提高，加大了对多种经营人力、物力的投入，使多种经营的范围和规模不断扩大，开始向“规模化、集团化和社会化”的方向发展，从业人员2453人，当年完成生产经营总值13185万元，利税总额322万元。

1993年，物探局多种经营工作坚持“经济效益与社会效益并重”的方针，制定了多种经营工作的“八五”规划，明确了目标和任务。多种经营扩展到制造业、建筑业、养殖业、商业边贸、房地产开发、生物制药等领域。多种经营单位发展到142个，从业人员2895人，完成生产经营总值14585万元。

1994年1月13日，局四届三次职代会确定了“一业为主，多元化经营”的方针，提出加快发展三大支柱产业，尽快组建装备制造、建筑施工、计算机软件等三大集团的要求。

1994年9月5日，物探局下发《下半年改革工作实施要点》，提出筹建装备制造集团、建设工程集团、岩土工程公司，实施软件公司和生物工程公司的转机建制，尽快形成企业经营主体多元化的格局。

1994年10月11日，在石油多种经营工作座谈会上，总公司领导提出“实现多元开发，扩展多种经营，加速产业结构和队伍结构调整”的思路，实现以油为主，多业并举的格局。并提出“多种经营要把工作重点集中到产业化、规模化、集团化、管理科学化的轨道上来”。

1994年，物探局产业结构逐步向“一业为主，多元化经营”的方向发展。局岩土公司开始组建，全局生产经营单位面向油田、社会和国际市场，开发了一批新项目，全局多种经营场点达到151个，从业人员2881人，生产经营总值17899万元。

1995年1月10日，总公司召开的1995年工作会议讨论制定的《关于以经济效益为中心，加快发展若干问题的意见》提出：“实施多元开发，加快调整产业结构和队伍结构。”进一步把多元开发提到战略高度来考虑。同年2月16日，在局四届四次职代会上，局提出坚持“一业为主，多元开发”的发展思路，多元开发的战略和方向要面向油田、面向社会、面向国际，积极促使装备制造业、建筑建材业、计算机软件、岩土工程和生物工程逐步成为多元经济的五大支柱产业。从此，物探局多种经营扩展为多元开发，开始了新的发展阶段。

1995年2月19日，物探局召开的厂处领导干部会议出台了《关于加快实施多元开发的意见（试行）》，促进了多元开发的发展。1995年全局多元开发五个支柱产业取得新的进步。多元开发单位109个，从业人员3064人，完成生产经营总值31120万元。

1996年2月5～7日，物探局四届五次职代会提出物探局“九五”期间的发展目标。继续坚持“一业为主，多元开发”的战略，实现全局勘探价值工作量和多元开发销售收入的总额突破80亿元，物探主业与多元开发在产值和就业人数两个方面大体相当；加快五大支柱产业（装备制造、建筑建材、软件开发、生物工程、岩土工程等五大支柱产业于1996年划为多元开发企业）的发展，形成“一业为主，多元开发”的格局；争取尽快形成一批产业化、规模化的多元开发项目。1996年全局多元开发场点99个，从业人员2730人，完成生产经营总值33597万元。

1997年1月29日，物探局召开的四届六次职代会提出在经过三年探索和努力，初步建立“一业为主，多元开发”的发展格局的基础上，年内基本完成全局多元开发产业结构和组织结构调整的任务，完成五大支柱产业及其他多种经营单位的生产经营指标，要求全局多元开发要逐步形成七大集团公司或有限责任公司。

1997年，全局多元开发以结构调整为重点，积极转换经营机制，加强管理，提高质量，强化销售，经济效益有所提高。全年多元开发各类生产经营场点87个，从业人员2256人，完成生产经营总值38159万元。另外，五个支柱产业完成生产经营总值47044万元。

据1996～1997年统计，全局多元开发（包括五个支柱产业）共实现销售收入146157万元。其中：装备制造收入50336万元，生物工程收入3064万元，计算机软件开发收入6200万元，岩土工程收入5907万元，建筑建材收入18109万元，其他多元开发企业收入62541万元。1997年实现年利润10万元以上的企业有23个（表10－1），利润总额为2303.01万元。同时也出现亏损企业33个，其中亏损10万元以上企业17个，共亏损695.05万元。见表10－2。

物探局多元开发各场（厂）点，1991～1997年共创生产经营总产值23.8亿元，其中包括1996～1997年五个支柱产业总产值8.17亿元，其他多元开发企业总产值15.63亿元；共实现销售收入20.15亿元，其中包括1996～1997年五个支柱产业的销售收入8.36亿元，其他多元开发企业的收入11.79亿元。见表10－3。

表10－1　1997年物探局多元开发利润10万元以上企业统计表

序　号	企业名称	生产经营总值（万元）	经营销售收入（万元）	利润总额（万元）
1	装备制造总厂俊峰仪器有限公司	3000.00	1560.00	895.30
2	丰汇总公司震环公司	7422.00	7422.00	329.00

续表

序　号	企业名称	生产经营总值（万元）	经营销售收入（万元）	利润总额（万元）
3	地调三处（新疆）石油建设工程公司	1640.00	1524.70	298.90
4	地调三处（新疆）金利工贸公司	876.00	831.90	145.40
5	地调五处济世生物工程公司	4718.00	2044.00	119.00
6	丰汇总公司海地公司	6463.00	6463.00	63.60
7	丰汇总公司大兴基地建材厂	163.90	163.90	45.40
8	地调二处熙昌服饰商行	596.40	596.40	44.90
9	地调三处石城工贸中心	1901.00	1901.00	44.10
10	地调三处建材化工厂	1155.30	982.80	40.10
11	研究院文峰计算机公司	138.70	138.70	33.40
12	科技开发总公司天地公司	1315.34	1315.34	31.44
13	地调二处万利养猪场	178.40	178.40	28.30
14	丰汇总公司丰田汽修厂	486.80	486.80	27.80
15	丰汇总公司环陆公司	570.00	570.00	23.30
16	丰汇总公司多彩油墨制造厂	278.00	258.00	23.00
17	引管处北京全乐制图公司	333.56	333.56	21.74
18	装备制造总厂涿州信息工程部	305.00	261.50	19.00
19	丰汇总公司斯肯特鞋厂	918.70	670.50	17.30
20	丰汇总公司康立公司门窗厂	465.91	413.51	15.18
21	地调一处大洋炮线厂	112.40	111.98	13.45
22	涿州基地处钢铝加工厂	222.00	222.00	13.20
23	徐水基地处劳动服务公司	63.20	63.20	10.20
合　计		33323.61	28513.19	2303.01

表 10－2　1997 年物探局多元开发亏损 10 万元以上企业统计表

序　号	企业名称	亏损额（万元）
1	丰汇总公司丰汇皮件制品公司	132.00
2	丰汇总公司大兴基地	93.90
3	丰汇总公司码头基地	92.60
4	地调二处范村生活基地	69.20
5	丰汇总公司丰汇保健饮品公司	44.00
6	地调四处天津爱康药业公司	42.50
7	装备制造部进出口经理部	37.10
8	地调一处北陆经济开发总公司	31.60

续表

序　号	企业名称	亏损额（万元）
9	徐水办事处欣欣商场	30.50
10	地调二处震波建筑队	20.80
11	地调一处惠丰制衣厂	18.33
12	研究院双元计算机联营公司	17.90
13	地调五处养鸡场	16.20
14	地调三处养殖场	15.79
15	引进管理处北京奥友服务公司	11.02
16	研究院万力电子技术研究所	10.90
17	丰汇总公司遐迩服装厂	10.71

表10－3　1991～1997年物探局多元开发企业规模统计表

项目＼年份		1991	1992	1993	1994	1995	1996	1997
企业总数（个）		74	118	142	151	109	99	87
固定资产（万元）		2509	7134	3453	5434	11192	9752	9465
从业人员（人）		1938	2453	2895	2881	3064	2730	2256
总产值（万元）		7775	13185	14585	17899	31120	33597	38159
销售收入（万元）		5037		10942	13995	25354	28186	34355
利税总额（万元）		314	322	666	1049	79	1660	987
利润总额（万元）		194	103	412	738	－115	862	662
增加值（万元）		926.4	1062.9	2012.1	3029.6	3534	4808	4358
全员劳动生产率（元/人年）		4780	4333	6950	10515	11534	17612	19317
盈利企业数（个）		58	98	93	94	50	55	57
盈利企业利润（万元）		295	393	614	1302	918	1655	1388
亏损企业数（个）		16	20	49	57	59	44	30
亏损企业亏损额（万元）		101	290	202	564	1033	793	726
总产值5001万～1亿元	企业数（个）					1	2	2
	总产值（万元）					11461	14082	13885
总产值1001～5000万元	企业数（个）	2	1	1	3	3	4	6
	总产值（万元）	3519	4860	3200	6320	5918	6370	12668
总产值501万～1000亿元	企业数（个）		3	1	2	6	6	3
	总产值（万元）		2263	584	1340	3946	3944	2042
总产值500万元以下	企业数（个）	24	45	44	60	99	89	76
	总产值（万元）	3612	5566	7475	8842	9795	9201	9564

注：此表不含五个支柱产业的经济指标。

第一章　农副工商

60年代初，松辽地调处成立生活办公室，组织部分职工、家属开荒种地，发展农副业生产，并随着形势的变化逐步兴办了养殖业、轻工业、商业及饮食服务业。

1965年六四六厂行政办公室设立了农副业组和家属管理站。安排部分职工和家属在河北省安新县从事农业生产。当年租种土地159984平方米（240亩），产粮7.9吨。1966年由新成立的行政办公室管理农副业。1968年12月，后勤组管理农副业。1969年3月，六四六厂接收石油工业部北京朝阳区东郊农场。农场有土地166650平方米（250亩，1987年移交总公司），安排职工、家属51人。1971年3月，六四六厂正式建立安新农场。1971年7月燃化部河南太康农场划归六四六厂管理，占地266.6万平方米（4000亩，1974年6月移交太康县政府），安排职工、家属177人。1973年7月，物探局成立农副业处，管理安新和太康农场。从事农副业生产人数包括管理人员共300多人，拥有土地66.7万平方米（1000亩），年产粮食150吨。

1975～1978年，一指、四指农场，二指范村农场，瀑河、大兴、码头、安平等农场相继成立。1980年农副业处与1978年成立的家属工作处合并为农副业家属工作处，管理全局10个农场。

据1961～1978年统计，共收获粮食4034吨、猪肉320吨、蔬菜2766吨。

1984年，物探局撤销农副业家属工作处，成立农副总场。

1985年，农副总场抓农业结构调整，在直属农场大力发展养鸡、养猪业的同时，又在第一、三、四勘探公司及普查公司各建成5000～20000只鸡的养鸡场，并抓了鲜奶生产。从而促进了农副产品加工业和商饮服务业的兴起。

1986年5月26日，石油部下发了《关于石油企业大力发展集体经济开展多种经营的暂行规定》，促进了物探局多种经营的发展。

1990年10月，总公司召开了石油系统首次集体经济工作会议，全面总结了以往的经验，安排了以后的工作；并宣布成立总公司多种经营局。物探局根据总公司的要求在90年代初新办了一大批集体企业。通过对集体经济进行清理、整顿，扩大了经营范围，调整了产业结构，使农副工商业得到了发展。

1992年，农副总场并入多种经营管理处。农副业逐步由安置型、福利型向效益型发展，以大兴、码头农场为主，上了一些多种经营项目。据1978～1997年统计，全局农副业场点共产粮11583吨、蔬菜3456吨，产猪肉1295吨、禽蛋10430吨、牛奶1691吨、鱼173吨。1997年全局共有多种经营企业87个，完成生产经营总值38159万元，销售收入34355万元。

第一节　农副、养殖

从1965年起，六四六厂开始组织随厂家属从事农副业生产。随着物探队伍的发展壮大，家属参加农业生产人数增多，至1978年，物探局已兴办9个农场。农作物播种总面积236万平方米（3540亩）。1978年产粮616.5吨、蔬菜180吨。

1980年，粮食产量达到763吨，是建场以后第一个丰收年。农副产品有油料作物、蔬菜、禽蛋、猪肉等。猪肉产量达到32吨，也是养猪业开办7年后的丰收年。

1982年，全局7个农场（安新、大兴、码头、瀑河、范村农场，一指、四指农场）实现了机械化作业（表10-4），共有排灌机、拖拉机、场院机、农产品加工机、运输机械99台，农机总动力共2041千瓦。机械化程度较高的是安新和码头农场，分别达80%。到1983年，粮食总产量上升到772吨。农副业总收入由1980年的32.7万元上升到1983年的167.3万元。人均年收入592元。从业人员达到1812人，其中职工154人、家属1658人。

1984年，有5个农场养猪，3个农场养鸡。1988年，全局已有饲养鸡、猪、牛、鱼等农副业和食品加工、家属饭店、商店、缝纫、服装加工等工副业场点66个。农副养殖业总收入逐年上升，到1990年达到1637.9万元。

1986年、1991年，地调四处、一处农场相继停办。1992年地调三处在新疆建立尉犁农场。1995年全局先后兴办的10个农场（表10－5）有半数相继停办。1997年物探局有4个农场先后建成农副业生产基地，总收入1444.7万元，人均年收入4929元，比1992年增加一倍。1978～1997年物探局完成农副业生产主要经济指标及农副产品产量见表10－6。

一、农副业生产基地

随着社会主义市场经济的建立，一些规模小、效益差、远离局机关的无发展前途的小农场相继停办。1986～1997年，全局四大农副业生产生活基地，包括多种经营处下属大兴基地、码头基地、安新基地和地调二处下属的范村基地，共生产粮食6158吨、蔬菜1294吨、猪肉和禽肉2138吨、禽蛋7384吨（表10－7）。

表10－4　1982～1997年物探局农场农业机械化程度统计表

年份＼项目	耕地面积（万 m^2）	农机总动力（kW）	排灌机械（台/kW）	拖拉机（台/kW）	收获机（台/kW）	场院机（台/kW）	农产品加工机（台/kW）	运输机械（台/kW）
1982	241.0	2041	33/291	34/1150	3/121	8/40	11/75	10/364
1983	239.0	2041	33/291	34/1150	3/121	8/40	11/75	10/364
1984	302.0	2041	33/291	34/1150	3/121	8/40	11/75	10/364
1985	280.0	3163	30/265	30/1412	2/110	2/34	1/33	6/309
1986	169.0	2163	30/265	30/1412	2/110	2/34	1/33	6/309
1987	159.6	1667	30/265	25/916	2/110	2/34	1/33	6/309
1988	236.4	1625	30/265	20/674	2/110	2/34	1/33	6/309
1989	217.6	1425	30/265	20/674	2/110	2/34	1/33	6/309
1990	174.8	1576	30/265	20/647	2/110	2/34	1/33	8/460
1991	210.3	1300	26/229	20/674	4/238	2/35	1/33	2/91
1992	212.0	1300	26/229	20/674	4/238	2/35	1/33	2/91
1993	249.4	2036	24/312	27/1256	5/309	2/35	1/33	2/91
1994	237.4	2036	24/312	27/1256	5/309	2/35	1/33	2/91
1995	230.6	1429	24/312	21/708	4/238	2/47	1/33	2/91
1996	230.6	1429	24/312	21/708	4/238	2/47	1/33	2/91
1997	259.9	1429	24/312	21/708	4/238	2/47	1/33	2/91

表10－5　1997年物探局农场土地使用情况统计表

单位＼项目	户数	人数	占地面积			土地现状							建场时间（年.月）	停办时间（年.月）
			耕地（万 m^2）	非耕地（万 m^2）	合计（万 m^2）	粮田（万 m^2）	菜地（万 m^2）	果园（万 m^2）	鱼塘（万 m^2）	畜牧（万 m^2）	住宅（万 m^2）	路沟（万 m^2）		
安新	14	73	119.00	17.00	136.00	90.00	0.10	23.70	3.60	3.30	8.20	5.10	1971.3	
大兴	42	110	8.7	19.97	28.67			8.70	0.53	16.43	2.66	0.35	1977.5	
码头	54	299	20.60	15.90	36.50	20.60	1.40		3.00	4.10	4.30	3.10	1978.6	
范村	82	328	51.67	60.80	112.47	43.33		7.33	3.40	17.33	28.58	12.5	1975.7	
一处	21	85	8.13		8.13	8.13							1975.5	1991
四处	36	115	15.33	4.46	19.79	14.00	3.36		0.07		2.36		1976	1986
东郊	37	51	10.80	4.53	15.33	10.80	0.20		0.60	0.30	1.40	2.03	1969.3	1987.6
安平	15	65	14.53	1.34	15.87	14.53	0.46			0.06	0.53	0.29	1978.3	1982
瀑河	14	29	1.92	1.35	3.27	1.93	0.47				0.87		1977	1995.10
尉犁		10	66.7	133.3	200.0	40.0	0.20		1.0		1.0	15.8	1992	

注：停办农场的占地面积、土地状况统计至停办当年。

表 10－6　1978～1997 年物探局完成农副业生产主要经济指标及农副产品产量统计表

年份	农场个数	总产值（万元）	总收入（万元）	年人均收入（元）	全员劳动生产率（元/人）	从业人员（人）	其中		粮食（t）	蔬菜（t）	油料（t）	瓜类（t）	鱼（t）	禽蛋（t）	禽肉（t）	猪肉（t）	牛奶（t）
							职工（人）	家属（人）									
1978	9								617	180	9	9.5		3	2.5	14	
1979	10								559	210	10	2		12		25	
1980	10		32.7		208	1570	310	893	763	297	9	3.5	2	13		32	
1981	10		23.4		149	1762	242	1443	695	216	13	1.5	2			21	
1982	9	149.1	148.0	594	829	1798	236	1562	734	209	6	43	5			16	
1983	9	167.3	167.3	592	923	1812	154	1658	772	347	7		4.5	6	2	12	
1984	8	221.6	217.6	602	1147	1932	158	1774	692	313	7	2	0.5	39	3	9	
1985	6	322.0	318.6	660	1513	2128	204	1924	412	100	12	29	0.5	170	11.5	7	60
1986	6	436.5	437.1	695	2123	2056	210	1846	409	215	6	165	21.8	422	71	12	61
1987	6	559.6	552.9	775	2412	2320	280	1993	421	106	18	152	7.1	446	73	25	71
1988	6	795.1	795.1	845	3519	2259	287	1934	360	191	10	158	47.9	523	139	32	134
1989	5	1383.9	1221.5	996	5842	2369	338	1938	415	114	5	134	11	915	160	76	158
1990	5	1901.7	1637.9	1096	7079	2686	501	1832	643	256	9	218	10	1148	261	200	165
1991	5	816.1	810.0	1963	13008	699	285	409	586	253	11	75	13	845	554	138	150
1992	5	909.0	901.0	2421	16802	569	202	238	588	219	1	76	18	1001	518	90	175
1993	5	1629.0	1023.0	2275	31147	582	235	262	449	105	2	34	4	956	525	71	195
1994	5	1932.0	1177.0	3825	38486	603	207	308	383	100	2		13	939	648	140	156
1995	5	2200.7	1920.3	5553	38119	569	237	181	806	20	3	1.2	1	837	389	170	161
1996	5	1779.8	1607.1	4487	42397	408	160	165	574	5			6.5	1170	152	146	146
1997	5	1780.2	1444.7	4929	48113	370	164	73	705				5	985	76	59	59
合计		16983.6	14435.2						11583	3456	140	1103.7	172.8	10430	3585	1295	1691

表 10-7　1986～1997 年物探局四个农副业基地生产情况统计表

单位	统计年份	粮食(t)	蔬菜(t)	猪肉(t)	禽蛋(t)	禽肉(t)	水果(t)
安　新	1986～1990	1545	181	16	583	81	9.2
	1991～1995	1951	284	45	1066	110	340
	1996～1997	788	3.3	1.5	26		205
大　兴	1986～1990	33	42	42	1258	278	2
	1991～1995	61	2	17	1289	232	67
	1996～1997			98	606		2
码　头	1986～1990	126	169	83	344	40	28.6
	1991～1995	228	361				50
	1996～1997	179		51	752		18.6
范村	1986～1990	364	202	23	427	151	
	1991～1995	572	50	386	822	255	
	1996～1997	311		229	211		19
合　计	1986～1997	6158	1294.3	991.5	7384	1147	741.4

表 10-8　1993～1997 年物探局各农副业基地经营情况统计表

单位		1993	1994	1995	1996	1997	合　计
大兴	收入（万元）	294.4	316.7	135.7	521.5	543.7	1812
	支出（万元）	362.2	395.3	244.5	642.7	787.3	2432
	盈亏（万元）	-67.8	-78.6	-108.8	-121.2	-243.6	-620
安新	收入（万元）	139.5	195.7	173.6	202.5	102.0	813.3
	支出（万元）	232.2	331.2	384.5	317.6	215.7	1481.2
	盈亏（万元）	-92.7	-135.5	-210.9	-115.1	-113.7	-667.9
码头	收入（万元）	146.6	301.7	305.7	373.7	270	1397.7
	支出（万元）	323	405.4	576	564.2	465	2333.6
	盈亏（万元）	-176.4	-103.7	-270.3	-190.5	-195	-935.9
范村	收入（万元）	222.5	282.7	336.8	284.9	240.9	1367.8
	支出（万元）	198.2	247.2	330.7	332.1	309.5	1417.7
	盈亏（万元）	24.3	35.5	6.1	-47.2	-68.6	-49.9

截至 1997 年，4 个农副业基地资产总额 3358.8 万元，其中固定资产 1550.5 万元，流动资产 1333.3 万元，其他资产 475 万元。共安排职工家属 192 户计 810 人，其中农副业从业人员 370 人（包括家属 73 人）。拥有土地 311.6 万平方米（4674.6 亩），其中可耕地 193.2 万平方米（2898 亩）。农用机械 51 台，农机总动力 1304 千瓦。年产粮食 705 吨，农副业总产值 1780.2 万元。

1992 年后，安新、大兴、码头 3 个农场，先后上多种经营项目 27 个，到 1997 年停办 16 个。正在运作的 11 个项目处于亏损或微利状态。为维持 3 个农场每年能够开展生产经营及基地的运转，局每年拨一定费用予以扶持。1993～1997 年，局给三个农场拨费用 2832.4 万元。三个农场总收入 4023 万元，总支出 6246.8 万元。累计亏损 2223.8 万元。4 个农副业基地经营情况见表 10-8。

（1）大兴基地：建于 1977 年 5 月，位于北京市大兴县榆垡镇东，至 1997 年共安排职工、家属 42 户 110 人。从业人员 52 人。拥有土地 28.7 万平方米（430.05 亩），其中可耕地 6.9 万平方米（130.5 亩）。农用机械 3 台，农机总动力 134 千瓦。主要生产经营以养殖业为主，辅以加工业。自 1977 年建场至 1997 年，共产禽蛋 3263 吨、粮食 166 吨、蔬菜 99 吨、肉类 693 吨；1996 年产水果 2.1 吨。1978 年办养猪场、养鸡场，1987年开始养鱼（1996年停办）。1983年购进2000只肉、蛋种鸡试养成功，当年产鸡蛋5.6吨，盈利2000元。1985年，养鸡场搞了种鸡配系工作和强制换羽工作，1.3万只鸡产蛋165吨。至1997年正在运作的多种经营项目有联合种鸡场、“万头”猪场、建材厂以及包给个人承包的加油站、大新庄鸡场、果园等，均处于亏损状态。据1993～1997年统计，销售收入及其他业务收入共1812万元，累计支出2432万元（其中包括管理费用、财务费用、销售成本、税金等），亏损620万元。

(2) 安新基地：成立于1971年3月，位于河北省安新县三台镇东10公里处。至1997年共有职工家属14户计73人。从业人员45人，其中职工34人，专业技术干部3人。拥有土地136万平方米(2010亩)，其中可耕地119万平方米（1785亩），农用机械6台，农机总动力448千瓦。主要以农业、养殖业为主，辅以其他加工业。经营项目基本上分为大田、果园和养殖。

大田：1993～1997年，局投资59.6万元，累计收入210.6万元，盈利37.8万元。由于改良土壤、兴修水利及自然条件好，农业收益较好。1997年收入64.5万元，利润30.6万元。有职工8人，农忙时需另雇工。

果园：1986年种植，经不断补种完善，到1997年有各类果树8581株。由于果树长势不好，产量、质量下降，累计亏损100.8万元。1997年收入15.7万元，支出26.1万元，亏损10.4万元。

养殖：1978～1997年开办养猪场，1978～1996年开办养鸡场，1980～1997年开办养鱼业。养鸡场自1993年后连年亏损，于1997年停办。

据1971～1997年统计，基地共生产粮食6008吨、蔬菜1033吨、禽蛋1717吨、肉类289吨。1997年产水果205吨。据1993～1997年统计，累计销售收入及其他业务收入813.3万元，累计支出1481.2万元（包括管理费用、财务费用、销售成本、税金等），亏损667.9万元。

(3) 码头基地：建立于1978年6月，位于河北省涿州市码头镇，主要以农业、养殖业为主，辅以其他加工业；有从业人员61人，其中职工46人、家属8人，其他人员13人；拥有土地36.5万平方米（547.5亩），其中耕地20.6万平方米（309亩）；农用机械6台，农机总动力448千瓦。据统计，1986～1997年共生产粮食533吨、蔬菜530吨、禽蛋1096吨、肉类174吨、水果97吨。

1978年开办养猪场。1985年开办养牛场，当年养牛65头，产奶6吨。1988年养牛70头；1989年产奶15.5吨；1995年通过技术改造，产奶量达161吨；1997年养奶牛59头，产奶58.5吨（9月停办）。1980年开办养鸡场，1997年养蛋鸡1.8万只，收入146万元。1988年开始养鱼，1996年停办。

1997年正在经营的多种经营项目有塑料瓶盖厂、养鸡场和服装厂。1997年停办的项目有奶牛场、养猪场和口服液玻璃瓶厂。

据1993～1997年统计，累计销售收入和其他业务收入1397.7万元，累计支出2333.6万元（包括管理费用、财务费用、销售成本、税金等），亏损935.9万元。

(4) 地调二处范村基地：建于1975年7月，位于河南省开封县范村乡。至1997年，共安排职工、家属82户、328人。1997年有从业人员38人，其中职工12人（含专业技术人员5人）、家属26人。拥有土地112.5万平方米（1687.05亩），其中可耕地51.67万平方米；农用机械3台，农机总动力132.3千瓦。主要以养殖业、农业为主。据1986～1997年统计，共生产粮食1247吨、禽蛋1460吨、肉类1043吨、蔬菜252吨。1996和1997年产水果19吨。1997年销售收入240.9万元，亏损68.6万元。据1993～1997年统计，累计销售收入1367.8万元，累计成本1417.7万元，亏损49.9万元。

二、其他农场

(1) 东郊农场：东郊农场位于北京市朝阳区东小井，1969年3月由石油部移交给六四六厂（1987年交还石油部）。农场有土地16.7万平方米（250亩），安排职工、家属51人。以种植为主，辅以畜、禽、水产业。据1980～1987年统计，共生产粮食596.4吨、蔬菜101.8吨、鸡蛋144.3吨、鸡肉11.7吨、猪肉24.15吨。1981～1982年产鱼0.85吨。8年创农副业总产值109.46万元，总收入103.87万元。1984～1987年人均年收入1888元。最高年为1986年，人均年收入达3113元。

(2) 地调一处农场：地调一处农场，1975年建立，位于天津市静海县唐官屯镇该处基地。该农场有耕地13.3万平方米（200亩），从业人员20余人，主要种植玉米、小麦、蔬菜。1978年增种水稻，养猪40头。1979年养鸭子400只。粮食、蔬菜基本实现自给，人均年收入近600元。

从1980年起，因处基地建设占用土地，使农场耕地逐年减少，主要种植蔬菜和养殖少量禽、畜。1986年处劳动服务公司广开经营门路，组织家属做豆腐、压面条、制冰棍等，开展食品加工服务，并开设饭店，供应多样早点等。1987～1989年，农场耕地基本消失，处劳动服务公司扩展养殖业等，新修了养鸡场、养猪场、饲料加工房、养鱼池、榨油坊等。共养鸡11453只、养猪346头、养鱼3.8万尾。由于经营不佳，于1991年停办。

据1978～1991年统计，共生产粮食139吨、蔬菜498.1吨、猪肉103.3吨、鸡蛋216.1吨。1990年产鱼6吨。

（3）地调四处农场：地调四处农场（原一指农场）成立于1976年，1986年停办，位于霸州市以东15公里的煎茶铺镇。从业人员40余人，在芦苇盐碱地上开垦和改良荒地40万平方米（600亩），以种植为主，辅以养猪业。农作物有水稻、小麦、玉米、大豆、高粱等。从1979年起因基地建设占用土地，粮食产量逐年递减。1984年粮食产量为30.3吨。1978～1984年，共生产粮食452.4吨、蔬菜331.8吨，猪肉12.3吨。1981～1982年开鱼塘，产鱼3.5吨。

（4）安平农场：安平农场位于河北省安平县以东5公里处，原是冶金部北京钢铁学院下属“五七”干校，1978年经石油部移交物探局。农场占地面积15.9万平方米（238亩），耕地13.4万平方米（201亩），从业人员65人。有拖拉机一台和其他小型农机具。生产以种植为主，辅以养猪业。因农场离局机关较远，管理分散，物探局于1982年移交安平县政府。

据1978～1982年统计，安平农场共生产粮食443.95吨、油料8.35吨、蔬菜178.4吨、产猪肉14.3吨。

（5）瀑河农场：物探局供应处瀑河农场建于1977年，地处河北省徐水县瀑河河畔。占地面积3.3万平方米（49亩），其中耕地1.9万平方米(28.8亩)。从业人员29人。主要种植水稻、玉米、小麦、蔬菜，辅以养猪、养鸡业。鸡、猪均分散在各户家庭饲养。1995年10月农场交徐水县政府。据1978～1994年统计，瀑河农场共生产粮食367.6吨、蔬菜216.45吨、猪肉28.2吨、鸡蛋16.4吨。

（6）尉犁农场：地调三处尉犁农场始建于1992年，位于新疆库尔勒市以南37公里处，占地面积200万平方米（3000亩），从业人员10人；拥有推土机4台、拖拉机1台、汽车2辆，固定资产70多万元。在1996年完善农田基本建设和水电设施配套的基础上，1997年又改良土壤29.3万平方米（439亩），扩大了可耕地面积，并且实现了林带、农田、水网三配套。在种植棉花和其他农作物的同时，间作瓜果，扩大猪、牛、鸡、鸭、鱼的存栏和存塘量，实现了“土地种粮棉，秸杆养畜禽，粪水肥土地”的良性循环。1997年的产出量较1996年又上新台阶。

农场养殖厂1997年饲养肉鸡30000只，蛋鸡10000只，生猪存栏300头。1993～1997年，产蛋531吨、肉类600吨。

第二节　轻　　工

物探局轻工业起步于“七五”期间，到1997年共有28个厂点。最早的厂点是供应处1986年建立的木器厂、羽绒服厂和塑料制品厂，共安排职工、家属100余人，具有年生产木制家具8万套、炸药管套30万套以及羽绒制品劳保4.5万套的生产能力。1987年地调一处建立的汽车修理厂，一年为本单位节约外出汽车修理费25万元。至1990年，地调三处塑料厂、地调四处修旧利废厂、运输处车辆修理厂、特车厂机械加工厂、地调二处镀铁公司、地调一处惠丰制衣厂等10个企业相继成立。1992年局多种经营工作会议之后，全局轻工业场（厂）点，先后增加48个。固定资产净值达到2162.5万元，经营总值达14651.5万元。其中亏损场点31个，亏损额达到1125万元。1995年物探局开始清理、整顿公司，下发《物探局清理整顿公司处理原则的通知》，对亏损严重、无发展前途的20个场（厂）点实行了关、停、并、转。多种经营管理处在1992年初和美国佛肯伯格公司、深圳大林贸易公司三方合资开办的“深圳亚美电脑产品有限公司”，经营电脑磁盘悬针装置。由于立项、决策不慎重，轻信美方单方面提供的信息资料，从得到信息起不足3个月就与美方签订了合同。当物探局投入94万美元，从美国引进了全套设备，开始试生产后，美方30万美元的技术投入却不按合同到位，致使经过3个月反复试验的工艺技术问题无法解决。在这种情况下，美方公司总裁菲立克思不辞而别，迫使“亚美”公司关闭，物探局直接经济损失1038万元。

1992年多种经营管理处在广东省惠州水口镇建立的“丰汇总公司惠州分公司”（简称惠州公司），共投资5105万元，主要经营房地产开发业务。在1992～1993年先后购进两块地皮，在一块7205平方米地皮上建8层商品楼4栋，总造价4910万元，售

表 10－9　1995～1997 年物探局轻工业厂点完成主要经济指标统计表

企业名称	成立时间（年.月）	企业性质	统计年数	主要产品经营项目	年生产能力	累计产量	固定资产净值（万元）	经营总值（万元）	销售收入（万元）	利税（万元）	利润（万元）	增加值（万元）	亏损厂点		从业人员	
													个数	亏损额（万元）	合计	其中国有职工
一处惠丰制衣厂	1990.8	集体	3	服装（劳保）			11.6	196.9	165.6	－40.9	－41	3.9	1	50.7	46	6
一处汽修厂	1987.5	集体	3	汽车修理				33.0	29.8	－3.8	－4.6	1.9	1	5.6	5	5
一处大洋炮线厂	1991.6	集体	3	炮线			0.5	294.4	284	6.7	－4.7	30.7	1	9.0	15	3
二处镀铁公司	1995.4	集体	3	加工曲轴	150 根	300 根	58.7	229.0	229.0	17.8	16.0	75.3	1	1.2	28	21
三处塑料厂	1990.8	集体	3	震源弹壳、地膜	102 万套	306 万套	285.4	1644.4	1493.7	101	99.7	301.7	1	57.6	60	22
三处针织厂	1993.12	集体	3	织衣服	1.8 万件	5 万件	79.3	556.8	476.4	－11.3	－11.7	105.3	1	15.3	54	16
三处塑料包装彩印厂	1992.7	集体	3	塑料制品	9000 万个	2711 万个	79.2	245.3	260.2	33.2	18.8	63.7			29	14
四处修旧利废厂	1990.2	集体		修旧利废			5.1	32.4	32.4	6	4.1	22.7			6	6
四处医药公司	1992.12	国有	3	清热退烧口服液	220 万支	850 万支	254.3	563.3	449.2	－53.5	－70.5	102.1	1	70.5	59	50
五处洗烫厂	1996.6	国有	3	洗烫			0.6	12.3	12.3	－3.4	－3.4	5	1	3.4	16	1
五处印刷厂	1995.4	国有	3	印刷			0.4	18.6	18.6	－14.8	－14.8	7.8	1	14.8	10	10
运输处车辆修理厂	1990.4	集体	3	机械车辆修理			1.2	256.8	256.8	12.8	1.9	60.3	1	0.4	12	12
供应处塑料制品厂	1988.10	集体	3	炸药管套	30 万套	58 万套	24.1	98.6	90.6	3.4	0.5	49.1			18	7
供应处羽绒服厂	1988.7	集体	3	羽绒制品	4.5 万套	6.5 万套	25.8	384.4	356.1	－12.7	－15.4	136.9	1	21.6	60	11
供应处橡塑厂	1992.5	集体	3	橡胶制品	30 万件	48 万件	35.8	332.2	291.2	4.6	0.2	124.3			44	7

续表

企业名称	成立时间（年．月）	企业性质	统计年数	主要产品经营项目	年生产能力	累计产量	固定资产净值（万元）	经营总值（万元）	销售收入（万元）	利税（万元）	利润（万元）	增加值（万元）	亏损厂点		从业人员	
													个数	亏损额（万元）	合计	其中国有职工
供应处木器厂	1986.10	国有	3	木制家具	8万套	14万套	20.0	412.0	365.7	18.3	2.3	177.6			50	11
特车厂机械加工厂	1989.3	集体	3	发电机制造安装	50台	130台	22.8	679.7	679.7	26.9	-6.0	211.3	1	12.6	27	21
职大化工科技公司	1995.4	集体	3	食品添加剂	150吨	112吨	11.4	452.5	407.5	18.2	0.2	61.2			5	5
引管处全乐公司	1995.9	股份	3	印刷			140.8	463.9	463.9	10.3	2.1	38.7	1	19.6	2	2
斯肯特鞋厂	1992.7	联营	3	制作雪地靴	30万双	52万双	122.6	894.0	638.6	26.0	0.7	205.6	1	6.3	2	2
丰汇印刷部	1993.7	国有	3	记录媒介复制			12.2	23.3	23.3	-7.2	-8.3	4.8	1	9.4	6	2
丰田汽修厂	1991.11	国有	3	汽车修理			140.0	1129.8	1129.8	64.5	59.1	254.6			73	9
奥克公司	1995.1	合资	3	投币电子锁、柜	0.2组	0.2组	3.9	267.4	236.9	-1.2	-22.3	31.5	1	32.8	7	5
多彩油墨厂	1995.3	集体	3	多彩油墨	50吨	214吨	166.0	413.0	376.4	31.3	31.0	70.4			20	10
皮件厂	1993.10	国有	3	拉杆旅行箱	2万只	4.1万只	39.7	361.5	237.0	-358.1	-359.1	32.0	1	359.1	80	50
丰汇纯水厂	1994.7	国有	3	神韵纯水	30万箱	58万箱	42.0	175	89.3	-92.9	-929.9	-33.3	1	92.9	24	11
码头服装厂	1993.10	国有	3	服装加工	1000万件	1600万件	85.6	308.0	193.3	-70.2	-72.3	173.5	1	73.2	110	24
码头瓶盖厂	1992.10	国有	3	药用瓶和盖			8.7	69.7	59.8	10.7	5.3	28.6	1	2.3	10	5
合计							1677.7	10548.2	9347.1	-278.3	-485.1	2347.2	20	857.4	878	348

出一栋，包括零散购房户，共收回资金1626.4万元。购进的12142.5平方米地皮至今未售出，也无法利用，其经营的4个厂点共亏损122万元。由于房地产的成本年年在增长，1992年4栋楼平均每平方米造价按图纸预算价格为710元，到1997年底，每平方米成本价上升为1578元，惠州公司每年所付资金占用费，贷款利息已高达408.4万元。

1997年，全局共有21个行业的轻工业厂点28个，其中国有企业12个，集体企业13个，合资、联营、股份制企业各1个。拥有固定资产（净值）1677.7万元，安排从业人员868人。1995～1997年，全局轻工业主要产品产量是：制造、安装发电机130台，加工曲轴300根，生产震源弹壳和地膜306万套、塑料制品2711万个、木制家具14万套，制作雪地靴52万双、羽绒服6.5万套、服装1600万件、拉杆旅行箱4.1万只，生产神韵纯水58万箱。1995～1997年的经营总值10548.2万元，销售收入9347.1万元，其中亏损企业20个，亏损额857.4万元。见表10－9。

1995～1997年无亏损的企业有：地调三处塑料包装彩印厂，地调四处修旧利废厂，职工大学科技公司，供应处塑料制品厂、橡塑厂、木器厂，多种经营管理处丰田汽修厂、多彩油墨厂等8个企业。上述厂点从业人员共245人，3年内完成销售收入2953.8万元，实现利润116.2万元，利税174.9万元。

第三节　商贸、饮食服务

物探局共有商贸、饮食服务场点39个，基本形成为6个种类的两大行业：商贸业和服务业。其中6个商贸业场点，主要经营各类仪器设备、进口钢材、汽车配件、车辆等；33个服务业场点，主要经营计算机服务和技术咨询，日用百货、服装专卖，照相、复印、打字、修配、运输以及旅馆、饭店、代购各类车票和飞机票等社会服务项目。80年代初期，先后成立北陆百货店、三星商业服务楼、飞虹商场、康立公司、海通公司等商贸场点。进入90年代初期，计算机维修、技术咨询服务和商贸业并行发展。据1995～1997年统计，39个商、饮服务场点经营总值为62055.37万元，销售收入55247.48万元，实现利税2230.31万元，利润1795.14万元；其中盈利企业18个，盈利总额1402.09万元（见表10－10）；亏损企业21个，亏损总额331.95万元。

1995～1997年利润达到百万元以上的场点共4个（见表10－11）。

表10－10　1995～1997年物探局商贸、饮食服务业盈利场点主要经济指标完成情况统计表

企业名称	建厂时间（年.月）	从业人员（人）	经营总值（万元）	销售收入（万元）	利润（万元）
深圳震环仪器设备有限公司	1990.12	25	27022.27	27022.27	769.5
新疆巴州石城工贸中心	1994.10	20	3923.41	2857.55	304.3
环陆公司	1992.3	12	2035.9	1537.9	107.0
研究院文峰公司	1994.5	11	808.07	808.07	101.9
开封熙昌服饰商店	1996.9	23	750.2	750.2	54
引管处四方公司	1993.6	4	744.64	209.92	14.51
特勘处综合服务部	1993.10	4	289.6	289.6	10.5
徐水劳动服务公司	1986.2	10	155.1	155.1	10.2
职大校办工厂	1988.12	10	348.62	348.62	7.83
新疆宏州公司库尔勒分公司	1993.5	3	286.26	9.59	5.93
研究院格雷公司	1989.8	16	565.5	565.5	5.8
技工学校商店	1989.9	7	84.87	9.76	4.1
机动设备中心	1994.10	10	31.5	31.5	2.06
仪器总厂综合商店	1996.5	4	34.6	34.6	1.8
研究院海通公司	1985.3	20	588.6	583.4	1.3
物探学校劳动服务公司	1992.12	13	72.0	72.0	0.96
研究院新亚公司	1994.7	34	159.8	159.8	0.3
地调二处奥妮科技公司	1992.5	5	1.9	1.9	0.1
合　计		231	37902.84	35447.28	1402.09

表 10－11　1995～1997 年物探局商贸饮食服务业利润达到百万元以上场点统计表

企业名称	隶属单位	建厂时间	企业性质	年份	从业人员		固定资产净值（万元）	经营总值（万元）	销售收入（万元）	利税（万元）	利润（万元）	增加值（万元）
					合计	国有职工						
深圳震环仪器设备有限公司	丰汇总公司	1990 年 12 月	国有	1995	16	13	617.0	11461.27	11461.27	288.50	286.50	352.90
				1996	18	14	633.0	8139.00	8139.00	577.00	154.00	670.20
				1997	25	16	930.0	7422.00	7422.00	329.00	329.00	404.00
				合计				27022.27	27022.27	1194.50	769.50	1427.10
新疆巴州石城工贸中心	地调三处	1994 年 10 月	集体	1995	15	12		1259.51	193.65	181.00	177.50	193.66
				1996	18	15		762.90	762.90	84.10	82.70	109.60
				1997	20	17	34.9	1901.00	1901.00	44.11	44.10	83.10
				合计				3923.41	2857.55	309.90	304.30	386.36
文峰公司	研究院	1993 年 3 月	集体	1995	10	10	16.3	440.67	440.67	76.51	53.60	
				1996	12	12	13.6	228.70	228.27	43.60	14.90	
				1997	11	11	11.4	138.70	138.70	37.00	33.40	
				合计				808.07	808.07	157.11	101.90	
环陆公司	丰汇总公司	1992 年 3 月	国有	1995	12	8	21.0	556.00	58.00	35.00	35.00	47.00
				1996	12	6	31.2	909.90	909.90	48.88	48.70	63.90
				1997	12	2	37.3	570.00	570.00	23.40	23.30	8.70
				合计				2035.90	1537.30	107.28	107.00	119.60
合计				1995～1997	68	46	1013.6	32789.7	33225.8	1768.8	1282.7	

一、新疆巴州石城工贸中心

石城工贸中心建于1994年10月，为集体企业；固定资产34.9万元；隶属于物探局地调三处，有从业人员20人；主要经营（包括进口）各类汽车零配件、钢材、车辆，，出口化工原料、清油、白糖等。1995～1997年经营总值为3923.41万元，销售收入2857.55万元，实现利税309.9万元，利润304.3万元。

二、文峰公司

文峰公司成立于1994年5月，为集体企业；固定资产（净值）11.4万元；隶属于物探局研究院，有从业人员11人。经营范围：计算机主机、外部设备代购代销、工作场地设备安装；应用软件开发(包括技术培训、技术咨询、技术服务、技术转让、计算机系统配套，软、硬件集成、安装、维护修理)。主要业绩：1994～1995年为各油田的ALTHA工作站进行计算机集成、系统安装共50套；1996年完成杭州石油地质研究所计算机智能大楼网络工程；1997年为北京昌平石油大学盆地模拟实验室建立工作站、局域和校园联网，完成总公司勘探局机关各处室之间与信息中心的联网工程。1996年获物探局双文明班组称号。1995～1997年经营总值、销售收入均为808.07万元，利税157.11万元，利润101.90万元。

三、深圳震环仪器设备有限公司

震环公司成立于1990年12月，隶属于物探局多种经营管理处，有从业人员25人，为国有企业，拥有固定资产（净值）930万元。经营范围以边贸为主，为物探局主业进出口各类仪器、设备。1995～1997年完成经营总值和销售收入均为27022.27万元，实现利税1194.50万元，利润769.50万元。

四、环陆公司

环陆公司成立于1992年3月，为国有企业，隶属物探局多种经营管理处，有从业人员12人。主要经营现代化办公用品、汽车零配件、家用电器等。1995～1997年经营总值为2035.90万元，销售收入1537.90万元，利税107.28万元，利润107.00万元。

物探局残疾人福利基金会建立的康立公司，按照“为全局残疾人服务，帮助他们就业，为他们谋取生活出路”的宗旨，截止到1997年12月，共安排职工、待业青年107人。其中安排就业和抚养残疾人57人（14人在岗)。

1997年康立公司实现销售收入1194.25万元，利税16.71万元，利润0.1万元，改变了连续多年亏损的局面，实现了收支平衡略有节余的目标。

第二章　建筑建材

从1976年组建基建队起，到1997年，物探局先后建立11个建筑建材企业，其中包括3个建筑施工单位、2个建筑装修公司、1个设计所、1个监理公司和4个建材生产经营厂。1997年共有从业人员812人，其中工程技术人员255人；拥有固定资产4768.08万元。3个建筑施工单位能承担复杂的高标准民用建筑、高层民用建筑及工业厂房的建筑施工、装修配套服务，从组建至1997年共完成建筑总面积42.3万平方米，创造工业总产值4.83亿元。

1978年物探局成立基建处建筑设计室，局内建设工程逐步由本局自己设计和施工。1993年成立建筑监理公司后，建筑业形成设计、施工、监理的配套体系。建筑设计所从1984年至1997年为物探局涿州、徐水基地及下属二级单位的住宅楼、档案馆、科研楼、食堂、疗养院、招待所、医院、职工活动中心、污水处理、水电暖外网等工程，共设计500余次。建筑监理公司1993～1997年监理本局建设工程面积44.46万平方米。据1997年统计，建筑施工、装修、设计、监理共完成产值10111.81万元，利税97.82万元，亏损184.5万元。见表10－12。

1997年，物探局4个建材厂共生产各类砼构件15170立方米、塑钢门窗2.16万平方米，创造工业总产值1985.3万元，实现利税173.74万元、利润115.5万元。见表10－13。

表 10－12　1997 年物探局建筑业经营情况统计表

厂　名	从业人员（人）	固定资产（万元）	产 值（万元）	利 税（万元）	利 润（万元）
物探局建筑公司	264	2888.93	8347	0.7	0.5
地调二处震波建筑公司	201	150.00	392.7	24.2	－20.8
建筑设计所	30		122.51	6.34	6.8
建筑监理公司	42		157.40	6.13	
岩土公司装修公司	14	65.00	310.00	41.25	31.00
研究院宏光公司	8	9.2	134.2	8.4	2.0
综合服务处建筑工程部	47	46.66	648.00	10.8	－204
合 计	606	3159.79	10111.81	97.82	－184.5

表 10－13　1997 年物探局建材业规模及经营情况统计表

名　　称	成立时间（年份）	从业人员（人）	固定资产（万元）	主要设备（台/套）	产　品	产　量（m^3）	产　值（万元）	利　税（万元）	利　润（万元）
地调三处建材化工厂	1992	114	1150	90	砼构件	10500	1155	99	90
建筑公司预制构件厂	1985	57	350.74	63	砼构件	4670	225	21	－9.5
多种经营管理处塑钢门窗厂	1995	29	90.00	12	塑钢门窗	21600	520	51.74	33
岩土公司倍特建材厂	1997	6	17.55	6	保温板 隔墙板		85.3	2	2
合　计		206	1608.29	171			1985.3	173.74	115.5

第一节　建筑施工

一、物探局建筑公司

物探局建筑施工业起始于 1976 年。因局机关要从徐水迁至涿县（今涿州市），基地建设任务繁重，组建了基建队。基建队当年有职工 100 余人，主要是部队转业的一批业务技术较为熟练的工程兵。基建队设有队长、副队长、预算员和若干工程技术人员；建有瓦工、木工、油漆工、架子工、混凝土工以及水电暖工等业务班组；各类设备齐全，组建初期就具备建筑施工能力。完成的主要工程有局机关南院办公楼、单身宿舍楼、子弟学校部分校舍。1977 年 5 月，基建队初具规模，更名为基建大队，设大队长 1 人，副大队长 2 人，教导员、副教导员各 1 人。从业人员 300 余人。到 1983 年，完成局资料楼、报告厅等 7 项工程。建筑总面积 33438 平方米，创产值 1432 万元。

1984 年，基建大队扩建为物探局建筑公司。建筑公司为局二级单位，设经理 1 人、副经理 2 人，党总支书记 1 名。组织机构由生产、党群、行政、企管、后勤等 5 个系统组成，共 13 个科室、11 个建筑施工队。生产系统下设机安科、工程科、机械队、维修队、公寓队和 6 个施工队。1986 年，建筑公司被石油部确定为三级施工企业。1988 年 7 月和 12 月分别获得中国石油天然气总公司和河北省颁发的《二级施工企业资格证书》。当年建筑公司调整机关科室。企管系统由 7 个科室合并为财务部和经营考核部；生产系统成立工程科和机械装备部；后勤系统成立物资供销部和劳动服务公司。

1990 年建筑公司下属第二施工队到新疆开拓市场，成立了“物探局建筑公司塔里木经理部”。1992 年建筑公司新一届领导班子建立后，进行机构改革，把各施工队升为工程处。1997 年公司设有 10 个科室、6 个建筑安装施工处、1 个机械化施工处、1 个高级装饰工程处和 1 个物资中心，并建有预制构件厂和木器加工厂，在发展中形成了一套完整的生产和经营管理机构。

建筑公司经营范围包括建筑安装、建筑建材、公路及土石方工程、高级装饰、地基基础、运输等，至 1997 年拥有固定资产净值 2888.93 万元；各类施工机械和配套设备 319 台（套）。其中施工设备 117 台，运输设备 72 台，其他生产、生活设备 130 台。主要施工设备有各式汽车吊 5 台，塔式起重机 2 台，行走式塔吊1台，施工升降机1台，单梁起重机1台，75BN装载机3台，各式挖掘机3台，推土机1台，350搅拌机6台，JS－500搅拌机2台，卡码斯5511自卸车6台等。共有职工264人（包括各工种科技和管理人员157人），其中高级职称的16人、中级职称的41人、初级职称的58人。另有临时劳务人员1290人。建有较健全的质量保证体系和切实可行的安全管理措施。具有承揽高层、大跨度、结构较为复杂的工业、民用建筑施工的能力。1987～1995年，承揽了亚运会自行车赛场部分工程，中美合资廊坊华霖现代建筑材料有限公司大跨度工业厂房，总公司塔指18层B型高层住宅，地调三处计算中心大楼、培训楼等建筑施工任务。在涿州地区承建的物探地质研究院地震资料解释楼、第二职工医院、101科研生产楼、6号院设备库等工程分别被评为省优工程。创地、市级优良工程42项，单位工程优良率达到40%。1981～1997年，共完成工程项目149项，建筑总面积36.95万平方米，工程总造价9276.74万元。其中百万元以上工程28项，总面积12.85万平方米，总造价7140.54万元（见表10－14）；百万元以下工程121项，总面积24.1万平方米，总造价2136.2万元。共完成工业总产值45374万元（见表10－15）。

建筑公司的第二工程处（原第二施工队）在新疆施工，经理闫新杰带领职工树立“优质高速求巩固，广开渠道求发展”的信心，建立健全各项规章制度，实行“一人多岗，满负荷工作法”，通过“练内功，加重压”，敢于承揽高层建筑工程，战胜诸多竞争对手，很快打入塔里木石油勘探开发指挥部（简称塔指）石油小区、巴州西尼尔开发区等建设市场。1991～1997年完成塔指十八层蝶式住宅楼和四川钻井公司十四层中转公寓以及物探局地调三处预制构件厂厂房、住宅楼等16项工程（其中优良工程9项），总建筑面积66061平方米，总产值10683.3万元。第二工程处获物探局1995年双文明集体称号，闫新杰被评为物探局1995年劳动模范。建筑公司副总工程师第三工程处经理傅宝山被评为1991年局劳动模范，第一工程处经理黄全仁被评为1996年局劳动模范。

二、地调二处震波建筑公司

1991年成立的地调二处震波建筑公司，为全民4级企业。公司设经理、副经理、财务主管、技术主管、设备维修主管各1人，共有从业人员224人（包括下属2个施工队201人和1个维修班13人）；拥有固定资产150万元，主要设备10台（包括龙门架2台、混凝土搅拌机3台，砂浆搅拌机2台）；具有三层以下工业建筑和六层以下民用住宅施工能力。震波建筑公司组建以后，为本处修建三层通讯楼、教学楼、二层计算机房各1座，以及六层住宅楼7栋，建筑总面积24887平方米。据1996～1997年统计，完成工业产值815万元，实现利税38.04万元，亏损24.1万元。1997年有3项工程被评为开封市优良工程。

三、综合服务处建筑工程部

1980年综合服务处前身原预制厂根据基地建设需要，成立了建筑装修队。1992年装修队扩建为两个建筑装修工程队，经营范围也随之扩大。当年工程一队完成了总公司东郊农场及物探局十三陵疗养院的施工任务；工程二队完成了物探局涿州基地15、16、17号家属楼的改造及中油廊坊开发区的办公楼、单身楼、外网工程任务。

1995年，工程一队改建为装饰装修工程部；工程二队改建为基建工程部，两个工程部在当年完成了廊坊尤特试验楼、中油测井厂房主体、综合服务处南楼高级装修等任务。

1996年3月，装饰装修部和基建工程部合并成立建筑工程部，共有从业人员45人，其中专业技术人员15人；设经理、副经理各1人，下设土建一队、土建二队、装修队、安装队、预算办公室、工程部办公室等6个部门；主要设备有电动卷扬机、钢筋调直弯曲机、混凝土搅拌机、机动翻斗车、电焊机、破碎机、灰浆搅拌机等21台；拥有固定资产46.66万元。经营范围：主要承揽建筑土建、装饰装修、工程安装、预结算、家庭装饰装修等工程任务。1996～1997年完成综合服务处甲级食堂扩建、甲东楼、甲西楼、乙北楼、游泳池、鱼塘的改造以及物探局地调一处职工医院的装修工程。1991～1997年共完成建筑装修6.46万平方米，创产值4856.0万元。其中廊坊中油测井厂房工程获保定地区优质铜牌奖。

四、建筑装饰装修公司

岩土工程公司的装饰装修公司和研究院的宏光公司，分别成立于1994年1月和3月，为自负盈亏企业实体。岩土公司的装饰装修公司共有从业人员14人，具有施工质量达三星级装修标准和年创500～800万元产值的能力。1996年完成建筑面积24.2万平方米的装修任务；1997年完成局特车厂食堂的改造工程、局财务报销中心装修工程、青岛培训中

表 10－14　1986～1997 年物探局建筑公司完成百万元以上工程情况表

序　号	工程名称	建设单位	建设地点	建筑面积 (m^2)	工程造价 (万元)	开工日期 (年、月、日)	竣工日期 (年、月、日)	质量等级
1	职工大学试验楼	物探局职工大学	涿县城北关	10818.00	251.76	1985.9.30		合格
2	职工大学教学楼	物探局职工大学	涿县城北关	8500.00	305.50	1985.10.15	1988.9.15	合格
3	外宾招待楼	物探局外宾招待所	涿县城东关	8899.00	179.97	1984.12.1	1986.11.29	合格
4	局机关 7～12 号住宅楼	物探局生活服务公司	涿县城东关	3048.00	111.58	1986.4.15	1986.12.2	合格
5	物探学校教学楼	石油物探学校	涿涿市城东	13000.00	582.10	1987.6.20	1988.12.30	合格
6	研究院 22 号住宅楼	物探局研究院	涿州市边各庄	4781.00	106.20	1987.6.10	1988.11.10	合格
7	干校食堂教宿楼	物探局管理干部学校	涿州市城东	2758.00	109.55	1987.5.22	1987.12.28	合格
8	徐水县税务局办公楼	徐水县税务局	徐水县城西	2571.64	108.00	1988.1.9	1989.1.25	合格
9	仪器厂综合楼	物探局仪器厂	徐水县遂城	4000.00	120.00	1988.4.15	1988.11.1	合格
10	大修厂铆钉车间工房	物探局徐水办事处	徐水县城西	2083.00	126.48	1988.10.26	1989.11.10	合格
11	地调四处俱乐部	物探局地调四处	霸县煎茶铺	2009.00	145.40			合格
12	地调三处计算中心楼	物探局地调三处	新疆库尔勒市	4097.00	300.00	1990.4.13	1990.12.20	地优
13	预制板厂厂房	物探局建筑公司	涿州市东城坊镇	3137.67	190.00	1990.6.18	1990.12.28	地优
14	地震资料解释楼	物探局地研院	局机关五号院		700.00			省优
15	地调三处职工培训楼	物探局地调三处	新疆库尔勒市	6012.89	240.00	1991.6.4	1991.6.30	地优
16	地调一处前指办公楼	物探局地调一处	新疆库车县城东	2500.00	100.00	1992.5.1	1992.11.21	合格
17	六号院设备库	物探局特勘处	涿州市开发区	6760.00	390.00	1994.8.14	1995.12.25	省优
18	四川钻井公司中转公寓	塔里木石油勘探开发指挥部	新疆库尔勒市	4210.00	262.00	1993.4.15	1994.1.27	合格
19	地调三处 44 号住宅楼	物探局地调三处	库尔勒基地东院	1775.30	156.00	1995.4.15	1995.11.20	合格
20	地调三处 45 号住宅楼	物探局地调三处	库尔勒基地东院	1775.30	156.00	1995.4.15	1995.11.20	合格
21	泰昌公司浆泊厂厂房	巴州泰昌公司	新疆巴州市	6000.00	450.00	1993.4.1	1994.6.15	地优
22	101 科研生产楼	物探局特勘处	局机关六号院	7900.00	584.00	1993.5.15	1994.10.31	省优
23	华霖公司厂房	总公司华霖公司	河北省廊坊市	4320.00	450，00	1994.3.29	1994.12.31	合格
24	地调三处预制构件厂厂房	物探局地调三处	新疆库尔勒市	2240.00	190.00	1995.11.15	1996.7.30	合格
25	徐水办事处 31 号住宅楼	物探局徐水办事处	徐水办事处院区	3318.00	180.00	1996.4.15	1996.11.20	市优
26	建筑公司 6 号住宅楼	物探局建筑公司	涿州市东城坊镇	7400.00	366.00	1995.4.20	1995.12.00	地优
27	华美卫生洁具厂车间工房	总公司华艺公司	河北省廊坊市	1846.00	150.00	1995.9.25	1996.6.30	合格
28	徐水基地管理处 45 号住宅楼	物探局徐水基地管理处	徐水基地管理处院内	2730.00	130.00	1995.5	1997.12	市优

心干部培训楼的装修任务。1994～1997 年创产值 775 万元，上缴管理费 9.45 万元，实现利润 77.5 万元，交纳税金 25.65 万元。见表 10-16。

研究院宏光公司有从业人员 8 人，其中工程技术人员 4 人，固定资产 9.2 万元。1997 年完成产值 134.2 万元，利税 8.4 万元，利润 2.0 万元。

表 10-15　1978～1997 年物探局建筑公司完成主要经济指标统计表

年份	产值（万元）	利税（万元）	利润（万元）	年份	产值（万元）	利税（万元）	利润（万元）
1978	176			1988	1505	80	53.6
1979	220			1989	1566	83	55.6
1980	308			1990	1735		
1981	296			1991	2201		
1982	214			1992	2632	1	0.67
1983	218			1993	2919	0.09	0.06
1984	299			1994	5864	-0.02	0.02
1985	859			1995	6271		
1986	1516	38	25.5	1996	7515	0.5	0.34
1987	1417	45	30.15	1997	8347	0.7	0.5

表 10-16　1994～1997 年岩土公司装饰装修公司经营情况统计表

项目／年份	产值（万元）	利润（万元）	利税（万元）	利税总额（万元）	从业人数	其中：大中专学历人数
1994	76.00	7.60	2.52	10.12		
1995	170.00	17.00	5.63	22.63		
1996	219.00	21.90	7.25	29.15	14	13
1997	310.00	31.00	10.25	41.25	14	13
合计	775.00	77.5	26.65	103.15	14	13

第二节　建筑设计

物探局基建处建筑设计室成立于 1978 年，有技术人员 7 人。1984 年组建的物探局建筑设计所，资质等级为丙级，为局基建处内设科级单位。设计所设所长、副所长各 1 人，有技术人员 15 人；主要设备有晒图机一台，微机 1 台，年产值 18 万元。

1994 年，建筑设计所划归建设工程部，成为自负盈亏实体。有技术人员 24 人，其中高级工程师 7 人，工程师 4 人，助工 13 人。主要设备有晒图机 1 台，微机 5 台，绘图仪 1 台，复印机 1 台。年产值 70 万元，每年上缴管理费数额为收入总数的 8%。1996～1997 年，该所隶属于物探局岩土公司管理，资质等级仍为丙级，计算机出图率达到 80%。

建筑设计所下设 5 个业务组（建筑组、结构组、水电暖组、概算预算组、档案资料管理组），具有一、二类建筑设计能力。80 年代设计了物探局报告厅和地调一处、地调五处、仪器厂影剧院。1995～1997 年设计了地调一处 3000 平方米的四层档案馆、十三陵石油工人疗养院 4000 平方米的综合楼以及物探局用于存放 200 多台汽车的四层立体车库。1996 年获总公司优秀设计三等奖，1996～1997 年共创产值 254.22 万元。

第三节　建筑监理

涿州物探工程建设监理公司成立于 1994 年 1 月，隶属于物探局岩土公司，共有职工 42 人，其中高级工程师 4 人、工程师 14 人，为乙级监理企业，具有监理工业及民用一、二类建筑工程的能力。监理公司 1994～1997 年监理的主要工程有：物探局计划培训部 12000 平方米六层培训大楼，局青岛科技培训中心六层培训楼和干训楼，地调二处 12000 平方米十层三星大酒楼，地调五处占地面积6600平方米的生物工程厂房，海南三亚40000平方米二十六层风航大厦，总公司塔里木石油勘探开发指挥部120000平方米十八层活动中心大楼，以及总公司廊坊开发区总面积20000平方米的建筑工程等。1994～1997年共创监理收入600万元，上缴管理费50万元。

第四节 建筑建材

一、建筑公司预制构件厂

物探局建筑公司在1985年组建的预制构件厂，主要生产经营建筑工程混凝土预制构件，可年产1500立方米预制构件，供局内部使用。该厂1990年投资400万元进行扩建，同年获河北省《全国工业生产许可证》。1994年获河北省建筑业管理局颁发的《混凝土建筑预制构件二级企业资质证书》。

构件厂占地总面积9636平方米，下设4个生产车间和4个检验、维修服务部，拥有两条现代化生产线，配备生产设备63台，能够生产各种规格和型号的砼预制构件，并具有生产、吊装、运输一条龙服务能力。

构件厂设厂长1人，副厂长2人；共有从业人员57人，其中大中专毕业生占总人数的18%，技术人员占29%，有高级工程师3人、工程师1人；1992年获局双文明集体称号。

构件厂自1990年10月投产后，加强了销售服务、质量跟踪和用户回访工作。针对用户需求，生产出45种标准构配件，满足了用户所需。1993年、1995年该厂分别承揽涿州市联营热电厂及陕京供气工程的22种非标准构配件供应任务，在生产难度很大的情况下，通过组织攻关，完成了任务。该厂厂长田志勇（任职期1990～1993年）上任时正值厂房扩建，施工条件差。他带领全厂职工，提前133天完成了厂房扩建任务，节约资金5万元。他狠抓企业管理和质量，3年内实现了预制构件产销两旺。1992年创产值230万元，上缴利润40万元。产品质量居涿州市14个同行厂家之首。外销产品由10%上升到90%。该厂1992～1993年被评为建筑公司双文明集体。田志勇1991～1993年被评为建筑公司优秀党员；1992年被评为物探局劳动模范标兵，被物探局党委授予“走向市场，真抓实干的带头人”称号；1993年6月被中国石油天然气总公司授予“石油工业多种经营优秀企业家”称号。该厂产品合格率达98.5%，出厂率达99.8%，打入北京、保定及涿州周边地区市场。1990年10月～1997年12月完成砼构件37969立方米，销售总额达2145.8万元。该厂1993～1997年连续5年获得涿州市消费协会“消费者信得过单位”及保定地区工商局颁发的“重合同守信用”企业称号；其产品1994年获得“地区级推荐产品”称号；1995年该厂又获涿州市技术监督局“质量信得过单位”及保定地区技术监督局“产品质量信得过企业”等称号。7年中，构件厂坚持开展群众性的QC小组活动，推行全面质量管理，建立健全技术、质量规章制度，连续4次获得建筑公司QC小组成果一等奖，两次获得物探局QC小组成果二等奖，1次获总公司QC小组成果一等奖。预制构件厂经营情况见表10－17。

二、地调三处建材化工厂

地调三处建材化工厂（简称建化厂）扩建于1996年3月，其前身是1992年3月成立的建材厂。厂长孙超带领职工艰苦创业，1993～1995年没向上级要一分钱投资，逐步建立起有40名职工、10余间工房和上千平方米场地的建材厂。1993～1995年建材厂完成产值538万元，上缴管理费74万元，承担职工工资福利费43.8万元。1995年孙超被评为物探局劳动模范。

表10－17 1990～1997年建筑公司预制构件厂经营状况统计表

主要指标＼年份	1990年10～12月	1991	1992	1993	1994	1995	1996	1997	合计
完成砼构件（m^3）	1080	1867	5389	8000	4825	7038	5100	4670	37969
销售额（万元）	25	33.8	230	568	316	430	318	225	2145.8
上缴公司（万元）	8.4	8.8	40	77	73	43	－18.3	－9.5	222.4
税（万元）	1.2	1.2	1.4	27	22	23	21	21	117.8
折旧（万元）	1.5	8.0	10.0	12.0	2.57	8.0	25	26	93.07

1996年建材厂更名为建化厂，为新疆自治区二级资质全民企业，具有独立法人资格，并获得国家建设部颁发的“混凝土二级企业”称号。该厂拥有固定资产727.6万元，有建筑面积3293平方米的设施齐全的生产基地及90余台套生产和质检设备。有机械化挤压成型蒸汽养护预制件全天候生产流水线(产品从生产到出厂仅用24小时)。

建化厂下设技术业务部、生产计划部、经营管理部和质量检验部等4个职能部门，下辖建材厂和涂料厂的16个生产班组，从业人员102人。经营范围：主营二级预制构件、建筑装潢材料，水暖构件加工、汽车防冻液；兼营五金交电、机械加工、冷拔丝加工维修。生产的标准化产品有：预应力短向圆孔板，预应力长向圆孔板、预应力薄腹梁、长梁、进深梁，楼梯、阳台等民用配套构件；预应力和非预应力T型吊车梁、托架等工业构件；并能生产多种异型构件和各种非标准钢筋混凝土构件和小型构件。

1996年实现了机械化流水作业，使产品质量提高，生产成本下降。尤其引进机械挤压成型蒸汽养护预制件生产线之后，相继研制开发出30多种市场急需的新产品并打入了南疆建材化工市场。其中新型防水涂料获新疆自治区质检局“免检证书”；新型F102防冻液符合Q/SWH001标准，获巴州标准计量局颁发的《考核合格证书》；18米异型双空桥板、16米牛腿柱、15米超薄腹梁和9米直径八角球预制件，填补了南疆预制构件空白，受到塔指、库尔勒客运站等用户的好评。

建化厂1996年在巴州23家建材企业的评比中名列第一；1997年创产值1155万元，被库尔勒市政府列为城市建设预制件定点生产厂家；1992～1997年完成工业总产值2321万元，利税219万元，利润197万元。见表10－18。

三、岩土公司倍特建材厂

倍特建材厂1997年5月由职工集资组建而成，隶属于岩土公司，有职工6人。该厂以模拟股份制方式经营，设厂长1人，生产、营销、财务各1人，其他人员在生产需要时雇佣临时工；拥有客货车、卡车、搅拌机、粉碎机等主要设备7台。主要产品有：建筑工程隔墙板、保温板，混凝土工程外加剂、减水剂以及一般性的房屋装修材料等。在厂成立半年内，完成14项建筑建材，创产值85.3万元。

四、康立公司塑钢门窗厂

塑钢门窗厂成立于1995年，设厂长1人，副厂长2人，下辖5个生产班组，共有从业人员29人，其中残疾人11名；隶属于多种经营管理处康立公司；有固定资产近500万元，有6000多平方米的厂房和三条现代化塑钢门窗生产线。年单班生产各式塑钢门窗能力80000平方米，能承接各类、各式普通和异型塑钢门窗的设计和制作。该厂建立了完整的质量检测和质量保证体系，产品质量已经河北省建委确认，产品已打入北京、天津、保定以及其他周边地区市场。1995～1997年共完成产值907万元，利润49.56万元，利税82.85万元。见表10－19。1996～1997年该厂被物探局评为多元开发明星企业和“职业道德建设示范单位”；1997年被保定市建委授予“保定市建设工业产品制造先进企业”称号。

表10－18　1992～1997年地调三处建化厂完成主要经济指标统计表

年份＼项目	总产值（万元）	利润（万元）	利税（万元）	主要产品		创优产品	
				名称	数量（m^3）	名称	荣誉称号
1992	9	3	3				
1993	46	14	16				
1994	75	20	23				
1995	408	40	42	小构件	3000		
1996	628	30	36	空心板 小构件	669 3500	混凝土构件	巴州质量评比第一名
1997	1155	90	99	空心板 小构件	5100 5400	混凝土构件	巴州质量评比第一名
合计	2321	197	219		17669		

表 10－19 1995～1997 年多种经营管理处塑钢门窗厂生产经营情况统计表

项目 年份	产值 (万元)	产量 (万 m^2)	利润 (万元)	利税 (万元)	从业 人数	其中残疾 人数
1995	101.00	0.53	0.91	1.35	18	8
1996	286.00	1.18	15.65	29.76	22	10
1997	520.00	2.16	33.00	51.74	29	11
合计	907.00	3.87	49.56	82.85		

第三章 软件开发

物探局计算机软件技术的发展，起始于 70 年代初。1973 年 7 月，物探局成立计算中心站。1974 年计算中心站方法程序研究室软件技术人员开发研制了地震数据处理程序包（C 程序和 B 格式加工程序）。1978 年末，计算中心站并入研究院继续从事软件开发，在消化吸收引进计算机软件技术的同时，发展了 1724 机地震软件技术。1982～1985 年，研制成功大型功能分布式地震数据处理系统；1989～1990 年，研制成功多阵列多辅处理机并行处理系统（为 7 个油田安装了 15 套系统）和 KJ8920 大型地震数据处理系统。

1994 年 3 月，物探局决定将研究院软件研究所、物探方法研究所、软件研究中心合并，成立“北京地球软件技术开发公司”（简称软件公司）；5 月 9 日，正式成立中国石油天然气总公司地球软件技术开发公司，形成了一支由 120 余名技术人员组成的科研队伍。软件公司相继研制成功两大主流产品：GRISYS 地震资料处理系统和 GRIStation 地震资料解释系统。截止到 1997 年，上述软件已分别在全国各油田推广 300 套和 100 套，为国家节约外汇达两亿美元。该软件系统不仅在国内各油田的物探行业中使用，而且已打入巴基斯坦、厄瓜多尔、苏丹、秘鲁等国际市场；1996 年软件公司驻美国休斯顿地震数据处理中心全面启动，使用 GRISYS 软件，处理国外地震资料。

1997 年，软件公司 GRISYS 软件进一步完善了全三维处理、叠前深度偏移、并行技术，以及约束反演、高分辨率处理技术，使资料处理形成了系列化、标准化。公司当年实现销售收入 3450 万元。

第一节 软件公司

软件公司 1994 年 5 月成立。1995 年 2 月经国家计委批准成立“油气勘探计算机软件国家工程研究中心”（简称“中心”，依托物探局），软件公司成为该中心的一个直属公司。它是具有独立的法人资格、能独立承担民事责任的相对独立的企业实体，按照“中心”的基本模式，以有限责任公司机制运作，实行董事会领导下的总经理负责制，设总经理 1 人，副总经理 2 人，总工程师 1 人，财务总监 1 人。公司职能部门设有综合办公室、方法研究部、软件开发部、资料处理部、计算机工程部、合作开发部、OIO 工程部、市场经营部、技术培训部、质量控制室和财务部。

软件公司 1997 年有从业人员 270 人，其中教授级高级工程师 5 人、高级工程师 52 人、工程师 79 人，博士后 1 人、博士 10 人、硕士研究生 38 人。拥有中小型计算机、工作站和微机近 200 台套，成为国内拥有先进计算机系统的公司。

软件公司依照现代企业制度的要求，在 1996 年对机构设置、用工制度、工资分配制度和财务会计制度等方面进行了改革，制定了涉及市场销售、科研开发、服务支持、硬件维护等方面，包括资金预算计划、销售收入计划、成本费用计划、工资和经济责任制考核等内容的经营管理办法；同时还修改制定了《软件版本管理规定》、《财务管理办法》、

《公派进修人员管理办法》等12项制度。加上原有的《公司人员管理办法》，共制定26项规章制度，形成了一套严格的责任制体系。

公司重视人才培养，1996～1997年通过培训，已使20多名技术骨干获得了博士、硕士学位；同时吸收优秀的外部人才，有博士后、博士进入软件公司，为公司注入了新鲜活力。从1995年开始，公司设立了每年一度的“地球软件奖”，用于奖励软件开发有功人员，促使全体员工以他们为榜样，树立共同目标感、使命感、责任感、荣誉感。至1997年已有22名员工获此项奖励。公司高级顾问、全国“五一劳动奖章”获得者俞寿朋在1996年1月推出一项科研成果——宽带雷克子波。这项科研成果提高了地震资料处理的精度和分辨率。为此，俞寿朋获得中国石油天然气总公司“铁人科技成就奖”银牌。

1996年11月，在美国丹佛市第13届国际地球物理年会上，中国共有8名代表在大会上作报告，其中3名来自软件公司。这3人中有两位是刚30岁出头的年轻人。同年，在中国石油天然气总公司地震资料处理会议上，软件公司的获奖论文达11篇。软件公司开发的地震资料处理软件，不仅在国内处于先进水平，有的方面已处于世界先进水平。

1997年，公司已与国内外许多组织、学校、公司和用户建立了密切的合作关系，成为集物探方法研究、地震资料处理与解释软件开发为一体，实行科研、开发、生产、销售、服务一体化经营的企业。

第二节　产品开发

软件公司开发的系列产品包括：GRISYS二维现场地震数据处理系统、GRISYS三维现场地震数据处理系统、GRISYS现场交互地震数据处理系统、GRISYS工作站交互处理系统、GRISYS全三维地震处理系统、GRISYS并行处理系统、GRISYS工程地震处理系统、SIOPS工作站目标解释处理系统、GRIStation新一代交互三维解释工作站软件系统，以及用于微机的办公自动化、事务处理和民用各类软件。

为提高地震数据处理和解释精度，软件公司开发并推广使用了先进的处理新技术，如：全三维地震数据处理技术、高分辨率处理技术、复杂构造成像技术、ANN物性反演技术。

公司于1994年在原来研制开发的GRISYS地震数据处理系统的基础上，又开发出GRISYS第三代产品。该产品采用了国际上计算机软、硬件的先进技术，具有独立的版权；它基于UNIX操作系统，全部用高级语言FORTRAN、C和C++编程，具有可移植性、开放性、模块化、规模可变性等多方面的特点，还采用了适合中国各探区地质特点的、具有独到之处的先进处理技术（谱模拟反褶积、统计子波反褶积、兰色滤波、调频滤波等）。该系统已有功能模块12大类186个处理模块。如：速度分析、振幅处理、子波处理、静校正、信号加强、叠加、偏移、全三维及弯线处理等。应用这些功能，用户无论对二维还是对三维地震资料，都可以在交互和批量环境下进行常规、精细或特殊处理。GRISYS软件系统不仅在国内各油田广泛使用，并已打入国际市场。1994年7月，美国埃索公司实行国际地震数据处理招标，该公司的GRISYS软件在10家公司竞争中中标。该软件系统被中国石油天然气总公司列为“十大推广科技成果”之一，获总公司1996年度国产优秀软件金牌奖和物探局金奖，1994～1996年连续3年获中国软件行业优秀软件称号。

GRIStation大型综合解释系统是中国石油天然气总公司“八五”重点科技攻关项目，经过软件公司3年攻关，于1995年2月研制成功。这项成果不仅包括新推出的二维地震解释系统，也包括对稳定性、输入与输出、解释、绘图等功能进行了重大改造的三维地震解释系统。

GR1SYS地震数据处理系统和GRIStation解释软件系统的开发和应用，结束了中国地震资料处理、解释工作站软件系统长期依赖进口的历史。

1995年3月，在总公司勘探工作会议上，软件公司提出了一个全新的地震勘探软件模式，即新一代计算机集成油气勘探开发应用系统OILNONE（简称OIO工程）软件平台。该项目在1996年被总公司列为“九五”重大科技攻关项目，由12名科技人员攻关，至1997年初步完成了OIO软件平台的四大组成部分，即3个集成服务器（数据服务器、工作管理服务器、动态显示服务器）和6个软件包的第一阶段研制任务。这个软件平台打破了以往油气勘探开发软件分割的状态，将与油气勘探有关的各种软件集中于1个软件平台上。在这个平台上，可以实现与油气勘探有关的全过程方案。

软件公司在自行开发软件产品的同时，广泛开展外协活动。1997年利用全国一些知名的科研院、所的优势，与国内外一些单位合作，开发了一批技术先进、处理效果明显、能满足生产急需的模块。

软件公司与清华大学合作，完成了《SVD分解提高地震资料的信噪比与分辨率》、《叠前线性干扰滤除》两个模块；与西安地质学院合作，在GRISYS系统上加了一个完整的VSP资料处理软件包；与辽河油田合作，开发了《三维地表一致性振幅补偿》和《小波包道内插》两个模块；与石油勘探院合作，开发了《相关及协方差速度分析》模块；与乌克兰科学院合作，开发了《共炮检距初至静校正》模块；与大庆油田物探公司、南京物探研究所合作，完成了GRIStation解释系统的闭合差校正、反偏移空校以及可以处理逆断层的等值线成图模块。

以上外协项目，已经过测试并加入到GRISYS或GRIStation的新版本系统中。实施这些外协项目，增强了软件公司的软件开发能力和产品的技术含量。

第三节 经济效益

计算机软件开发是物探局主业延伸的多元开发产业。软件公司的经营方式是集产品销售和现场服务于一体，既服务于物探局主业，又面向各油田物探公司。他们在市场营销活动中，组成了一支销售、服务队伍，包揽对用户的设备安装、质量保证、故障排除等全过程服务，不仅做到用户随叫随到，而且主动服务于施工现场。1996年先后派出600多人次到各油田为用户现场解决问题。他们还开设热线电话，为用户解答问题397人次。由于他们售后服务抓得好，为软件产品及设备配套销售创造了条件，占领了销售市场。1996年软件公司为物探局各地调处、计算站、油田采油场以及总公司新区勘探事业部安装并升级完成工作站处理系统新版本GRISYS/WS-V4.0软件30套，其中新安装11套，升级19套；完成GRISYS/PC-V30软件43套，其中新安装11套，升级32套；完成三维解释系统试用测试安装4套。全年完成销售收入3450万元。1997年完成GRISYS/PC（新安装和升级）108套，GRISYS/WS（新安装和升级）45套，GRIStation（新安装）10套。1994～1997年，共完成总产值9711万元，获利润1336万元。见表10－20。

表10－20 1994～1997年物探局软件公司经营情况统计表

年 分	总产值（万元）	利 润（万元）	利税（万元）	备 注
1994	975	258	308	
1995	2115	497	593	
1996	3450	298	381	
1997	3171	283	403	
合 计	9711	1336	1685	

第四章 生物制药

地调五处济世生物工程公司（简称济世公司）和地调四处天津爱康药业公司（简称爱康公司），是90年代初建立的物探局多元开发企业。

济世公司是采用高新生物技术的制药公司。其主导产品是抗凝血溶栓特效药“克塞灵”。“克塞灵”有增强纤溶机能、改善血液流变、减少血栓形成的基质作用，被列为1996年国家科委火炬计划。1995～1997年共实现销售总额3065万元，完成总产值4127万元。见表10－21。

爱康公司是1992年8月经国家医药管理局及物探局批准建立的制药公司。公司的主导产品是用于感冒及呼吸道感染方面的清热解毒口服液、冲剂、胶囊以及生脉饮等滋补品口服液。经5年发展，已具备先进的设备、现代化的检测手段和严谨的工艺流程，具有年产口服液类1200万支、冲剂类1500万袋、片剂类2亿片、胶囊类3.2亿粒的生产能力。据1995～1997年统计，共实现销售总额804万元，完成总产值1170万元。见表10－21。

表 10-21 1995～1997 年济世公司、爱康公司生产经营情况表

年份 \ 项目		总产值（万元）	利税（万元）	利润（万元）	销售总额（万元）	生产总量（万支）
济世公司	1995	110		1.5		
	1996	1417	107	87.0	1021	58
	1997	2600	239	119.0	2044	141
	合计	4127	346	207.5	3065	199
爱康公司	1995	192	-8	0.1	58	77
	1996	328	15	-13.7	260	252
	1997	650	42	-42.5	486	511
	合计	1170	49	-56.1	804	840

第一节 济世公司

一、发展历程

（一）开发思路

90 年代初，物探局地调五处根据“一业为主，多元开发”的指导思想，为了生存与发展的客观需要，决心在完成主业的同时，开发新的经济增长点。1992 年 1 月，处领导班子在研究选择多元开发项目时，摒弃了以往搞三产只为安排富余职工的传统思路，把目标定在能够长盛不衰、有发展前途、能形成规模经营的高科技项目上。

地调五处领导按照自己的开发思路，通过市场调查了解到，中国在当前和今后的一个时期内，重点发展的十大产业中，生物技术与资源开发位居榜首，而医学生物工程已被列为国家“863”高科技战略发展计划。因此，他们把调研的目光集中到了搜寻“生物工程”这方面的信息上。他们先后到北京大学生物系、生命中心、中国医学科学院、医科大学等单位找专家请教生物制药原理。获得了第一手资料后，地调五处决心选择生物工程作为多元开发的项目。

（二）工程立项

为了进一步做到科学决策，1992 年 2 月 28 日，他们从中国药品生物制品检定所、北京大学、河北大学、河北省防疫站及保定地区有关部门请来 10 多名专家、教授，召开了一次关于生物工程立项论证会。又于同年 10 月 21 日，请来北京大学、清华大学等单位的生物技术专家 20 多人，再次进行了为期两天的可行性论证。据专家论证：高科技生物工程产品采用基因工程、细胞工程和单克隆抗体技术，其生产成本低于利用其他手段生产的同类产品，因而投入小、效益高，市场前景好。两个会议的结论是：生物工程前景广阔，市场需求量大，有发展潜力。经处领导班子研究和职工代表大会讨论通过，决定生物工程迅速上马，并报局立项。

1993 年 4 月，地调五处成立了“济世生物工程公司”（简称济世公司），并动员全处 1200 名职工在一周内集资 200 万元作为生物工程的启动资金。首期工程经过 3 个月的努力，所需仪器、设备全部到位，修建了“百级”、“千级”、“万级”实验室，并通过了国家建筑工程质量监督检测中心的鉴定和国家卫生部、河北省卫生厅的检查验收。国家卫生部以卫药政发（93）第 368 号文批准济世公司开办，河北省卫生厅为之颁发了《企业药品生产许可证》。

1993 年 11 月，地调五处正式向物探局提交了关于扩建生物工程厂房的立项报告。经国家医药管理局专家组认定，物探局同意立项。

（三）开创局面

生物工程在报局立项前后（即 1993 年 6 月至 12 月），济世公司科研人员在实验室里昼夜加班，抓紧进行科学研究、药品开发、产品检验、报批审定等工作。当年研制开发移植出脑组织注射液等 6 种产品，有 4 种产品经河北省药检所检验后拿到了生产批号，并销售到北京、保定等各大医院临床应用，获得了 100 多万元的经济收入。

由于生物工程在实验阶段就展示出可观的前景，1994 年 5 月，局长钟辛生在五处听取汇报时指出，济世生物工程要作为物探局的支柱产业来认真对待，要加快、加快、再加快，抓紧、抓紧、再抓紧。当年 6 月，物探局召开了建立生物工程可行性研究会和评审会。参加会议的单位有：中国药品生物制品检定所、生物化验室、河北省卫生厅、保定市医药管理局、天津生化制药厂等单位的生物制药专家和

负责人，以及物探局多种经营处、地调五处的主要领导。会议通过了生物工程立项可行性研究报告和设计方案；决定委托华东医药管理局上海设计院设计厂房。随后，物探局拨款3000万元兴建生物工程厂房。该工程于1994年8月开工，1996年11月竣工，12月试生产成功。

二、生产与管理

（一）生产能力

济世生物工程公司主要从事医学生物工程（基因工程、细胞工程）高科技产品的研究、开发、生产与销售，拥有固定资产净值8000万元。厂房由生化原料车间、针剂车间、动力车间、公用工程楼、办公化验楼等五个单体工程组成，占地面积66000平方米，总投资3976万元。主要设备有两条生物药品生产线。主导产品是用于抗血栓的特效药“克塞灵”，年设计生产能力可达水针剂1000万支，粉针剂3000万支。

（二）科研攻关

济世公司共有专业技术人员45人，成立了济世药物生物技术研究所。1994年12月国家卫生部召开会议，部署国内各有关厂家限期完成治疗心脑血管病新药的开发任务。济世公司经过一年多时间的攻关，研制、开发出抗血栓特效药——“克塞灵”，并按时将样品送达中国药品生物制品检定所鉴定。经检验，“克塞灵”样品在纯度上已经超过一些国家的同类产品，生物活性已高出先进国家同类产品。经临床试验，具有疗效快、效果好、无副作用之特点。1996年5月26日，河北省省长叶连松、副省长郭世昌以及省政府、保定市政府有关部门领导80余人视察了济世公司。叶连松省长对物探局发展支柱产业选择生物技术表示赞赏。当即批准拨省长基金100万元作为研究所的科研经费，并将济世公司研究所升格为河北省生物技术研究所。“克塞灵”于1996年3月18日获得国家科委颁发的《国家级火炬计划项目证书》，1997年获河北省发明展览会暨技术交易会金奖。

（三）管理机构

济世公司是经国家卫生部批准的有限责任公司，共有从业人员163人，其中硕士研究生4人、大学本科生22人，其他为大学专科或中专学历。公司按现代企业管理制度要求，实行董事会领导下的总经理负责制，设总经理1人，副总经理2人。公司设办公室、生产技术部、经营财务部、质量检验部等职能部门，下辖四个生产车间。

根据建立社会主义市场经济体制的要求，济世公司先后制定了关于加强企业管理基础工作的规定和办法，引入“六大机制”，即以经济效益指标为主要内容的承包机制，优胜劣汰的竞争机制，自负盈亏的风险机制，多劳多得的分配机制，干部能上能下、职工能进能出的用人机制和内部监督约束机制，从而逐步形成既能适应市场变化要求，又比较灵活的经营机制。

三、产品及营销

（一）产品疗效

从1993年起济世公司已研制和开发出免疫系列、抗肿瘤系列以及抗血栓系列等20多种药品，并有17种产品获得生产批准文号。

灵杆菌素——“生白灵”：由多种灵杆菌菌体中提取的脂多糖，是免疫激活剂。它具有激活脑下垂体—肾上腺皮质系统，调整机体内部环境与功能，增强机体对外界环境变化的适应能力，激活机体防御系统，抗御病原微生物病毒的侵袭的功能，可以从调动机体的内因达到防止疾病的目的；主要用于治疗妇女急慢性盆腔炎、复发性口疮、复发性坏死性粘膜腺周围炎，预防和治疗恶性肿瘤患者因放疗引起的白细胞减少等症，有确切的疗效。

注射用“肝复肽”：用于促进肝细胞再生，治疗各种急、慢性和重症肝炎。脑组织注射液，即脑活素，主要用于脑部疾病的辅助治疗。还有抗乙肝免疫核糖核酸、抗肺癌免疫核糖核酸、抗胃癌免疫核糖核酸、转移因子、胸腺肽、绒促性素等。脑活素被列为国家级四类新药；转移因子、胸腺肽两个品种填补了河北省药品空白。

“克塞灵”（降纤酶的商品名）为济世公司的拳头产品。它是一种从蝮蛇蛇毒中经现代生物工程技术提纯精制而成的丝氨酸蛋白酶的单组分制剂，具有增强纤溶系统机能，改善血液流变力，减少血栓形成的基质作用，溶栓速度快，能使心脑缺血部位尽快恢复功能，达到治疗和防止复发的效果。据对300多名患者的临床实验统计，总显效率可达到99%。1997年7月8日，由河北省科委、卫生厅和贸易厅组织在石家庄市举行了一次“国家火炬计划高新技术产品克塞灵（降纤酶）新闻发布会”，向公众推荐济世公司研制的抗血栓病特效新药。

（二）产品营销

济世公司在产品销售上，设专业和兼职销售人员140余人，建立了以北京、广州、武汉、成都、西安、杭州等各大医院为中心的销售网点20多个，使定点用户达到230个，并被国内贸易部及中国生化制药工业协会列为生化药品“克塞灵（降纤酶）”定点联系企业。1995～1997年济世公司完成销售总额3065万元，创生产经营总值4127万元，利润207.5万元。

第二节 爱康公司

天津市爱康药业公司，是物探局地调四处和国家医药局天津药物研究院合作兴办的科、工、贸一体的全民所有制企业。位于河北省霸州市煎茶铺镇（地调四处院内）。1997年5月以前，由合作方天津药物研究院派人担任法人代表。

爱康公司创办于1992年10月，主要研制、开发、生产、经营医药保健品。公司拥有2800平方米的制药厂房和50多台主要设备组成的口服液、片剂、冲剂、胶囊等4条生产流水线。

经过两年试生产，于1995年1月取得天津市医药管理局和卫生局颁发的《药品生产企业合格证》、《药品生产企业许可证》。主要生产、销售各类感冒、呼吸道感染口服液、冲剂、片剂、胶囊以及其他保健药品。为加快爱康公司的发展，扭转几年来的亏损局面，地调四处于1997年5月提出独立经营的申请，后获得天津市工商行政管理局批准，并就企业名称、注册资金、法定代表等项目进行了变更登记，领取了新的营业执照。原合作方人员全部撤离。企业由原“天津市爱康医药保健品公司”改为“天津市爱康药业公司”，注册资金600万元，由地调四处一名副处长担任法人代表，多种经营科科长兼任公司总经理。

爱康公司下设销售部、财务部、质检科、制药厂；制药厂有四个生产车间：制剂车间、固体制造车间、口服液生产车间、包装车间。共有从业人员74人，其中工程师3人、技术员4人；具有大中专学历的18人。1997年公司通过转换经营机制，制定规章制度，逐渐克服了剂型单一、销售不畅等影响经济效益的因素，参与市场竞争的能力不断增强，生产、加工的10多种药品，已打入北京、四川、甘肃、内蒙古、长春等10多个省、市、自治区。产量和销售量逐年提高。产值由1995年的192万元，提高到1997年的650万元。

第五章 岩土工程

物探局从事岩土工程的单位主要分布在4个地调处和局岩土公司。各公司组建时间分别在1993年和1996年之间。在管理机制上，地调一处、二处岩土公司属于主业范围，其他均是相对独立的企业实体，是物探局多元开发支柱产业之一。岩土公司的经营范围包括：岩土工程、地质工程、公路隧道、桥梁建筑、土石方、地基与基础工程；水文地质勘察与施工、工程爆破、电气安装及技术开发咨询服务等。业务种类大致可分四类：地质勘察、爆破工程类；岩土工程治理施工类；工程勘查、土石方类；沙漠筑路、水文钻探类。全局岩土公司共有固定资产6960.3万元，拥有各类施工机械和运输、仪器设备255台套，从业人员602人。1996～1997年共创工业产值6566.09万元。见表10－22。

表10－22 1996～1997年物探局各岩土工程企业规模统计表

项目 企业名称	固定资产（万元）	主要设备（台、套）	1996～1997年产值（万元）	从业人员（人）	备注
物探局岩土工程有限公司	1543.8	62	375.41	221	
地调一处岩土工程公司	500.7	18	133.0	6	
地调二处岩土工程部		40	1170.0	68	产值为1996年数
地调三处塔建公司	4665.3	128	4700.0	286	
地调四处岩土工程部	250.5	7	187.68	21	
合计	6960.3	255	6566.09	602	

第一节　物探局岩土工程有限公司

物探局岩土工程有限公司（简称岩土公司），成立于1996年1月。其前身是物探局建设工程部，组建于1993年8月，是以房地产开发为中心的包括建筑设计、工程承包、建设监理、岩土工程等服务于一体的经济实体。1995年建设工程部承担山西新绛电厂厂址勘察及塔中沙漠公路路基、井场施工等项工程，创年人均建筑业增加值50万元，并取得国家建设部颁发的工程勘察乙级资格证书。

岩土公司下设物探工程部和地质工程部，共有从业人员18人。经国家建设部确定，该公司的工程地质、岩土工程、水文地质、工程测量、地质勘察、建设监理为乙级施工等级；并被总公司核定为地基与基础工程施工二级企业。公司拥有固定资产1543.8万元，主要设备有地震小折射仪（P24）、地质雷达（SIR2、SIR10及CAP-6600）、浅海剖面仪各1台，勘察及爆破用钻机、空气压缩机、凿岩机多台，运输车32台，工作车9台，注塑机3台，微机9台。它具有承担工程造价1000万元以下的各类地基与基础工程施工，工程量60万立方米以下土石方工程施工，C级（含C级以下）的大爆破工程，B级（含B级）以下拆除爆破工程，以及工程造价2000万元以下的电子工程施工的生产能力。

岩土公司的物探工程部和地质工程部在1996～1997年中，完成了河北省保定市双彩小区经济房的地质勘察，物探局开封地调二处基地和徐水基地管理处宿舍楼、涿州基地管理处九号院、六号院的建设工程勘察，十三陵疗养院办公楼（旧楼）的爆破拆除工程，以及新疆塔里木的土石方施工任务，创产值375.41万元，实现利润16.24万元。

第二节　地调一处岩土工程公司

地调一处岩土工程公司，组建于1996年1月，为该处主业延伸的二级单位，拥有固定资产500.7万元，各类施工机械、设备和辅助设备共18台套。其主要业务是依托主业优势，重点开展工程勘探、岩土工程治理施工，包括地基加固处理，桩基础、基坑支护和降排水等。在对外承揽工程项目时，该公司使用物探局岩土工程公司和中油岩土工程公司的资质证书。

公司下设市场经营部、工程技术部、物资财务部等机构，共有行政管理人员6人，其中公司经理、副经理、各部负责人各1人，包括工程师1人、助理工程师2人。项目运行时，公司另招聘有关施工人员。

1996～1997年公司完成两项工程：

（1）库尔勒至喀什的铁路路基部分的推土工程，完成工作量29.6万立方米，创产值61.5万元（税由总承包方支付）；工程质量经铁道部监理部评审，为优良工程。

（2）地调一处地热勘探与开发利用工程。1996年1月开始工程勘察，完成了前期调研、经济技术可行性论证；提供了井位（唐参1井）、地质分层数据及各热储层含水类型分析指标，明确了热储开发的目的层。在工程项目实施过程中，该公司负责钻井工程的协调、组织以及质量监控。至1996年4月该井完钻，井深为2777.5米，试水时最大出水量为200立方米/小时，自流量100立方米/小时，井口水温为90℃。

至1996年11月，完成了地调一处地热工程的水质认证、防腐和地面工程的配套施工组织。使地调一处生活区12万平方米面积实现了靠地热井冬季采暖，取代了两台10吨锅炉。1997年进一步完善了热水入户工程，继续为地调一处基地生活区安装输水管网，陆续开通供水，使686户住户全部用上地热水，替代了热水器。

地调一处基地，利用低热采暖，取得可观的经济效益，年节煤4950吨，节电47万千瓦/时，每年节约资金175万元，4年半时间即可收回800万元的全部投资；同时，社会效益也十分明显：基地取消了锅炉燃煤供热后，每年可减少废气（二氧化硫）排放量51.12吨，减少85.32吨烟尘和1725.6吨垃圾。岩土公司1996～1997年共完成工业总产值133万元。

第三节　地调二处、四处岩土工程部

地调二处岩土工程部，成立于1995年元月，属地调二处主业延伸单位，归生产系统管理；有职工40人，民工20人，主要施工地区集中在新疆塔里木盆地、准噶尔盆地和内蒙古。重点开展土石方和工程勘查。岩土工程部设主任、副主任、政治指导员各1人；下设三个分队，即新疆土石方队、工程勘查队、内蒙水文队。

岩土工程部共有设备40台套，其中主要设备有D8N推土机6台，辅助生产设备有奔驰油罐车2台、奔驰运输车3台、丰田60指挥车1台、卧车1台。1996～1997年，完成新疆彩南—石西—克拉玛依输气管线土石方工程35公里，塔里木输油、输气管线64公里，平整井场8个；完成探临路土石方工程8条；参与克拉玛依“引额入克”引水工程和新疆石油管理局油建工程。创造价值工作量1170万元。

地调四处岩土工程部建始于1996年，有从业人员21人，设备7台，其中推土机4台、东风油罐车1台、奔驰1300车1台、北京2020车1台。先后在新疆塔里木腹地、阿克苏、克拉玛依、巴州，以及准噶尔盆地等地区施工，从事筑路、开渠道、开渡槽、回填管道等土石方工程项目。累计完成土石方16万立方米，实现总产值187.68万元。

第四节　地调三处塔建公司

地调三处新疆塔里木石油建设工程公司（简称塔建公司），1995年5月筹建，同年6月19日注册。

塔建公司是新疆维吾尔自治区二级资质全民企业，具有独立法人资格，注册资金815万元，1997年有固定资产4665.3万元，有各类专业设备128台套。公司有从业人员286人，包括经理、副经理、会计师、主任工程师各1人，高级工程师2人、工程师6人，各类工程技术管理人员24人。公司实行总经理负责制，下设预算质检、生产调度、业务信息、财务会计等4个管理部门；下辖筑路工程、水文钻探、建安装潢、塔中沙漠服务、沙漠运输等5个分公司及克拉玛依办事处。塔建公司主要从事建筑施工、建安装潢、沙漠公路、石油工程、钻前工程、卫星定位、沙漠飞机场、水文钻探等工程的施工和对市场信息的调研与开发。

塔建公司的前身是1993年成立的“地调三处对外经济技术协作办公室”（简称外协办）。外协办的主要职能是为塔里木勘探开发会战提供服务，协调解决局内各参战单位的生产、生活及技术事宜，并为地调三处有关单位承揽沙漠运输、井场平整、简易机场修建、卫星定位及VSP测井等工作。

公司成立后，先后在塔克拉玛干大沙漠中承建飞机场12处，承建钻井场地37个，修筑沙漠简易公路3090多公里，完成沙漠运输量382万吨公里，完成深水钻探井8口，建成住宅楼5栋（5.4万平方米），完成克拉玛依油田土石方工程214万立方米。其中创优工程有：承建的塔中公路（127公里）段，获国家科技进步一等奖；钻前工程获塔指“优质工程”奖；住宅楼和二型库获巴州城建局“特优工程”奖和“样板工程”奖。塔建公司在1996～1997年间，分别被新疆维吾尔自治区建设厅、巴州建设局、库尔勒市城建局、塔指、塔石化、物探局等单位授予“质量免检”、“红旗工程”、“放心工程”、“双文明集体”等18个荣誉称号，并于1995年9月6日、9月12日、11月1日，分别被《新疆日报》、《工人日报》、《中国石油报》整版报道。塔建公司被《巴州年鉴》列为“巴州之星”企业。全国人大副委员长王光英亲自为公司题写公司名称。

第六章　汽车运输

物探局各地调处均建有运输队（大队），其他生产单位也配备了相应的运输车辆，以从事公路运输，为勘探生产及职工生活服务。运输处是物探局以运输为主业的单位。运输处具有适应各种运输环境的设备，可承接长短途、大宗、大型的货物运输；可承揽土石工程运输、汽车修理业务。该处的汽车驾驶员培训学校（简称汽校）是保定地区和河北省先进汽校，至1997年为物探局和地方培训了数千名合格的汽车驾驶员。运输处还具有承接机械加工和野外油品车、住宅装饰门、卷帘门、档案密集柜等产品的制造能力。据1974～1997年统计，运输处及其前身共完成货运量176.3万吨，货物周转量18847.4万吨公里，总行程4534.64万车公里。

第一节　机构与规模

1964年，六四六厂前身地调指挥部组建了一支有15台车、20余人的汽车运输队。其任务是为指挥部机关及所属单位服务，并为野外勘探完成部分运输任务。运输队在1974～1977年共完成货运量

8.1万吨，货运周转量317.3万吨公里，总行程达247.4万车公里。

1978年3月，物探局在运输队的基础上成立运输大队，建立党总支委员会，设大队教导员、大队长各1人，副大队长2人；设党总支办公室、行政办公室以及生产、调度、生活服务办公室等；配备各种汽车80多辆；下辖两个车队、1个维修车间；有职工154人；为全局生产、生活服务。在1978～1988年间，共完成货运量124.6万吨，货物周转量7949.5万吨公里，总行程2429.2万车公里。

1989年2月，运输大队与大修厂汽修车间、特车厂后勤服务部门等单位合并，成立了汽车运输公司，1989年5月改名为运输处。运输处组建时，共有职工410人，其中专业技术人员50人、技术工人360人；下设运输队、大修车间、配修车间、保养车间、汽车驾驶员培训队等5个基层单位和11个职能科室；有固定资产1410万元，流动资金360万元。

1995年1月运输处调整机构及劳动组织，下设多种经营部、物资供应部、汽车驾驶培训学校、工程运输部、汽车修理厂等直属科级单位，以及配修车间和两个运输车队等基层生产单位。同年7月，配修车间整体分流，归并到多种经营部，改为机械加工制造厂。运输处具有年大、中修汽车200台、培训汽车驾驶员700余名、制作油品车200台以及完成年车吨运量4万吨公里的能力，是拥有固定资产2662.6万元的中型运输企业。据1989～1997年统计，运输处共完成货运量43.6万吨、货物周转量10580.6万吨公里，总行程18847.4万车公里。

第二节　营运业务

物探局运输处主要是为全局的基本建设和野外勘探服务。其中包括汽车大中修、油品车制造、汽车驾驶员培训等；此外，用部分运力对外创收，曾承担新疆、松辽、华北、内蒙等探区的生产、生活物资的运输任务。1988年运输大队提出：“以运输为中心，发挥机修力量，全面超额完成局下达的任务”，当年完成货物周转量732.3万吨公里，为局下达任务的146.47%，同时对外创收32万元。当年6月份完成货运周转量100.1万吨公里，创造了多年来首次月突破百万公里的纪录。进入90年代以后，主要是运送华北、内蒙施工队伍所需油料、炸药、雷管和大宗器材，砖瓦砂石等基建材料、生活物资，承担四个地调处队伍收工后的汽车大、中修和局徐水、涿州地区各单位的货物运输任务。1990年运输处开展“学大庆、学铁人”活动，要求各车间增产增盈。当年完成货物周转量1015.4万吨公里，为计划任务的126.9%，比上一年增长36.2%；完成汽车大中修59台，其中赴新疆石油会战的46台汽车大修在一季度提前完成，大修奥南发动机15台、其他发动机20台，分别为局计划的147.5%、150%和200%；同时完成汽车二保21台、三保62台、碎修977台次；开发研制了VZ2500型野外油品车，经局鉴定批量试生产8台；全年培训司机200人，为局计划的161.3%；完成钻具总承100套，钻杆1307根，钻头250个。全年实现工业产值570.75万元，为局计划的218.7%，实现了产值400万元的工作目标。

1994年4月，塔里木石油会战需用71台营房车，局领导决定由运输处完成拖运任务。1台15吨大卡车拖1台营房车全长20米，运行难度很大。他们事先进行了试车，加工了一些特殊部件，经过充分准备，将71台营房车分成三批（每批需1个月），从河北省徐水县运至新疆库尔勒市地调三处基地和轮台县地调二处施工区，历时3个月，行程3万公里。驾驶员克服了风雪、沙暴、严寒、疾病、饥饿等困难，按时、安全抵达目的地。据1991～1997年统计，共完成货物周转量8847.2万吨公里，为野外生产一线修理车辆1109台，完成4个品种共100余台油品车的研制任务，为物探局培训汽车驾驶员3326名；创工业总产值7003.2万元，实现劳务收入3643.9万元。该处奥南发电机组的维修和汽车防冻液的生产，填补了物探局汽修及用料方面的两项空白。

第三节　经济效益

物探局运输处曾为全局野外生产、基本建设、生活后勤、物资器材供应等做出了贡献，营运收入由1989年的259.9万元，提高到1995年的1187.3万元，7年增长了3.56倍；全员劳动生产率也相应增长3.4倍；但从1992年以后由于收费制度的变化，连年亏损。物探局领导为扭转运输处的亏损局面，1996年指示局咨询中心开展调查和制定对策。咨询中心经过为期三个月的调研，于当年8月写出了《物探局运输处近几年亏损原因及对策》的报告。《报告》分析运输处亏损的原因是：

一、勘探区域转移和局各单位运输设备增多，使运输处市场变小

一是勘探工区西移，华北、内蒙探区施工队伍减少，大量的生产、生活物资运输基本告停；二是地调一、四、五处因自身机修能力增强，汽车大中修不再送往运输处；三是局徐水、涿州地区各单位都有了自己的货运卡车，许多货物无需再由运输处承担；四是局属各单位砖瓦砂石等建筑材料也由施工单位自运，生活物资市场供应充裕，多在当地采购，不再雇车长途拉运；五是技工学校建立了汽车驾驶员培训学校，不再向运输处输送学员；六是汽车货运市场竞争激烈，运输处很难打进社会市场。因此，运输处的货运任务只剩下局徐水、涿州各单位的生活用煤和新疆、青藏探区需运的少量物资。

二、历次分家、组合富余和退休人员增加

1984 年，局将运输大队有 20 台车的第二车队调给建筑公司，后勤人员一个未带走。使只有 20 台车的第一车队难以承担全大队近百人的费用支出。

1989 年，大修厂汽修车间、特车厂后勤服务部门与运输大队合并，组建运输处。组建后的运输处有从业人员（包括离退休职工、离岗家属）579 人。除去汽修、汽校可以勉强维持 108 人的生计外，其余 471 人全靠运转的 28 台和待报废的 29 台卡车运费养活，平均每台车运费要养活 8.26 人，使运输处难以负担。

三、社会环境的不利因素

由于社会运力大于运量，造成运输业不景气。一是运价的增长远低于运输费用的增长。从 1989 年到 1995 年，运价涨了一倍，而运输费包括养路费、货物保险费、交通管理费、保险金等合计涨了 3.44 倍。二是汽车配件和材料费、过桥费、高速公路收费等大幅度上涨。一条轮胎涨了 3 倍多，其他配件上涨 5～10 倍，柴油涨了 2.7 倍；1995 年运输处仅公路、过桥费就支出近 90 万元。三是职工工资逐年上升。从 1989 年的 6 万元/月，上升到 1995 年 30 万元/月，上升了 4 倍。四是社会负担逐年加重，1995 年已达到百万元。

四、企业管理模式改变的不利因素

运输处从 1994 年起，由费用单位管理改为企业管理后，过去局里不收费的项目，都成为收费项目。1995 年局收资金占用费 44 万元、设备租赁费 152.6 万元、设备折旧费 142 万元，3 项合计 338.6 万元。

针对上述亏损原因，咨询《报告》提出了四种解决方案：（1）调整结构，产权重组；（2）进行现代企业制度试点；（3）解体；（4）稍做调整，维持现状。

物探局决定，采纳第一种方案，在 1998 年对运输处实行产权重组。

第七章　印刷制图

1971 年 5 月，燃料化学工业部决定将徐州煤建局制图厂调给六四六厂。同年制图厂与原六四六厂《红色勘探》报社合并，组建了六四六厂制图印刷厂(简称制图厂)。该厂位于河北省徐水县，组建时有职工 90 多人、制印设备 20 台，主要承担六四六厂及石油系统内部的制图印刷任务，归生产指挥部领导。1973 年物探局成立时，归勘探处领导。

1984 年，制图厂划为局直属科级单位，成立党总支，机关设党总支、生产、后勤 3 个办公室，基层建有铅印、胶印、装订 3 个车间。1994 年 2 月，制图厂党总支改成党支部，划归局徐水办事处管理。1996 年制图厂机构变动，下属生产单位改为胶印、照排、装订 3 个车间和 1 个绘图室。1997 年该厂有职工 116 人，其中技术干部 18 人，技术干部中有高级工程师 2 人、工程师 3 人、会计师 1 人、助理工程（经济）师 9 人；有厂房 5400 平方米，设备 70 台（套），拥有固定资产 1177.03 万元。1995～1997 年，共创工业总产值 1007.63 万元，劳务收入 1657.71 万元。

第一节　业务范围

制图厂业务范围包括：地图的编辑、清绘、制版、印刷；广告、商标、工业包装的制印、开封；书刊、表格的铅排、照排、印刷；图集书刊的平装、精装以及压膜、烫金；会议文件、资料、报刊杂志的印制等。年生产能力 2.5 万色令。1984 年局里拨款 100 万元兴建制印厂房，并陆续增添了制印配套设备，扩大了经营范围，由局内服务逐渐转向社会服务。为适应现代化生产需要，90 年代以来，共投资700万元，先后购置了四色四K印刷机，四色对开印刷机以及计算机制图分色系统；添置了30台微机，装修了标准机房140平方米。系统软件配备齐全，硬件支撑能力强，可承揽中英文的录入、排版业务。生产产品质量提高，印件品种不断更新。

第二节 产品效益

制图厂印制的主要产品及效益。1976年，印制了《华北勘探成果图集》；1980年印制了《世界含油气图集》、《淄博历史图集》以及各类挂图。

1984年，完成了《中国地球物理勘探成果图集》、《河北水文图》等各类地质图的印制任务。承印了《研究院院刊》、《企业管理》、《石油地球物理勘探》、《石油物探报》等报刊的印制任务。当年创工业产值78.8万元。

1985年，石油部决定《中国石油报》印刷厂组建投产以前，由制图厂完成报纸印刷任务。制图厂在印报条件差，无专用设备的情况下，克服困难，在1985年6月至1986年12月，保质保量、按时完成了印报任务。1986年完成书刊排字1160万字，印刷装订纸张1000令，年创工业产值94.3万元、商品产值56.8万元。

1987年制图厂实行经济承包责任制，逐步向生产经营型发展，至1989年完成工业总产值185.29万元、商品产值115.5万元。进入90年代以后承揽了各类彩色广告、精致书封、四色制版等业务。其他产品有中小学生的教材、文学和专业技术书籍以及石油行业的物探成果图集、含油气盆地图集等，产品打入北京、天津、海南、甘肃、四川等省市的20余个单位。近几年为石油行业完成了《中国沉积盆地及油气矿产资源图集》《中国气田图集》、《中国典型剖面图集》、《中国油气资源评价图》、《世界气田图集》、《世界油田图集》及其他地图、图册和《石油地震地质》、《物探动态与分析》等定期刊物的印制。据1975～1997年统计，共完成印刷总量314180.24色令，完成工业总产值2729.35万元。见表10－23。1995～1997年劳务收入1657.71万元，支出1788.62万元。由于市场占有份额少，开工不足，亏损129.91万元。

表10－23　1975～1997年制图厂完成主要经济技术指标统计表

项目 年份	完成工作量					商品产值（万元）
	印刷（万印）	制版（块）	装订			
			完成纸张（令）	精装（万本）	平装（万本）	
1975	458.9					
1976～1980	5789.6					105.1
1981～1985	7475.8	48827.5	21425.9	8.5	138.1	226.8
1986～1990	8881.8	53194.0	25274.6	6.5	239.5	533.0
1991～1995	154997.5	21086.0	27222.8	6.61	239.43	1179.11
1996～1997	136576.64	13288	7841	1.23	66.2	685.34
合计	314180.24	136395.5	81764.3	22.84	683.23	2729.35

第十一篇
企业管理

综　述

物探局的企业管理工作，大体经历了三个阶段：一是 1961～1963 年的松辽地震会战阶段；二是 1964～1978 年，以调度为中心、集中统一的生产指挥型管理阶段；三是党的十一届三中全会以后，以经营承包为主线的经营型管理阶段。

在 1961～1963 年松辽地震会战时期，形成了一套适应会战体制要求的大庆式传统企业管理经验。主要有：（1）坚持集中统一的企业领导体制，从上到下建立起以调度为中心的集中统一的生产指挥系统。企业的各项生产活动以及政治思想工作、后勤生活的组织、协调、衔接，都在生产调度会上做出决定，统一下达。各个基层单位按照调度命令规定的运行进度，“正点到达”，准确地完成自己的任务。生产指挥系统做到了组织严、指挥灵、行动快、办事准。（2）立足于加强“三基”工作，抓好基层建设、基础工作、基本功训练。基层建设，主要是配好基层领导班子，建设好党的基层组织，建立基层各项工作制度，使基层成为团结、协调、有战斗力的集体。基础工作，主要包括：取全取准生产中的原始资料、数据，及时进行分析综合，掌握生产动态；保证优等的工程质量；保证设备的良好技术状态。基本功训练，主要是抓好岗位练兵和岗位培训，提高各岗位人员的业务技术素质。（3）实行基层生产岗位责任制度。其主要内容有：岗位专责制、交接班制、巡回检查制、设备维修保养制、质量检查负责制、岗位练兵制、安全生产制。坚持“三老四严”、“四个一样”（对工作的认真精神要做到夜班和白班一个样、坏天气和好天气一个样、领导不在场和领导在场一个样、没人检查和有人检查一个样）的工作作风。

从 1964 年到 70 年代末，物探局及其前身一直沿用大庆会战时的集中统一生产指挥型管理体制，企业管理以行政管理为主，坚持以调度为中心，其他职能部门积极配合，贯彻执行国家下达的石油地球物理勘探计划。生产指挥坚持“三个面向”（面向群众、面向基层、面向生产）、“五到现场”（生产指挥到现场、政治工作到现场、材料供应到现场、设计科研到现场、生活服务到现场），做到组织严、指挥灵、行动快、办事准，保证了物探生产任务的完成。

从 1964 年开始，物探局及其前身学习运用大庆经验，建立了在主管局（厂）长、总工程（地质）师领导下的生产管理和生产指挥体制，以加强“三基”工作为重点，建立健全以岗位责任制为核心的各项制度，强化政治思想工作，培养队伍“三老四严”作风，坚持领导机关为生产一线服务，推动了企业各项管理工作。

1978 年 12 月党的十一届三中全会召开，中国从此进入改革开放的新历史阶段。1978 年至 1986 年企业改革以扩权让利为主要内容，改变高度集中的计划体制，通过放权让利、扩大企业经营自主权，以增强企业活力。

1979 年，物探局深入贯彻党的十一届三中全会和五届人大二次会议精神，全面执行国民经济调整、改革、整顿、提高以及经济调整、政治安定的方针，广泛、深入开展增产节约运动，继续认真学大庆，努力提高物探生产和企业管理水平。物探局及所属第一指挥部、第二指挥部、第四指挥部、机械厂、仪器厂、研究院、职工医院、供应处等单位被石油部命名为大庆式企业（单位）。

从 1980 年起，物探局不断推行和完善经济责任制。石油部对物探局实行了任务、成本包干的经济责任制。物探局对所属单位实行了“包、保、定”的经济责任制办法，特点是产量包干，超产奖励。1985 年在企业整顿的基础上，狠抓整党、改革、生产三项重点工作，改进了经济责任制，主要是经济效益综合考核，工资总额浮动，实行质量否决权。

1982～1984 年，物探局按照党中央的决定和部署，开展了企业全面整顿工作。这次整顿，以健全各级经济责任制为重点，狠抓经济管理的基础工作，建立健全各项规章制度，对领导班子建设、职工队伍建设、管理制度、劳动纪律、财经纪律、党的作风建设和思想政治工作等进行综合治理。经过整顿，全局各项工作达到了企业全面整顿验收标准。1984 年底，石油部派出劳动组织、财务管理、物资供应、科技档案四个专业检查组，对物探局企业整顿工作分项进行了检查验收。1985 年 1 月，石油部批准物探局企业整顿验收合格。

1978～1991 年，企业改革进入以承包为主要内容的阶段。推行厂长负责制，实行经营承包责任制。企业所有权与经营权逐步分离，使之形成独立的产品生产者和经营者。

1986～1991 年，物探局开展了企业升级工作。企业升级工作先在选定单位试点，取得经验后在全局全面展开。到 1991 年底，建立了五大保证体系，加强了企业管理基础工作，全局企业升级的四项指标均已达标。

从 1988 年起，开始实行承包经营责任制，特点是上交利税承包，工资总额与上交利税挂钩。1993 年调整为上交管理费、利润（平衡、减亏）承包，工资总额与经济效益挂钩，逐步适应市场经济，逐步明确局与局属单位之间的责、权、利关系，促进经营机制的转换。

从 1992 年起，物探局开始建立内部模拟市场。引入市场竞争机制，逐步培育和建立了局内市场体系，包括内部物探采集市场、运输市场、设备修理市场、人才劳动力市场、生活有偿服务市场、建筑装修市场、技术市场。为了加强管理，局建立和完善了内部市场管理规则和各专业市场管理规定。

1992 年以后，企业改革由过去以减税让利为主，转入以企业制度创新、配套改革为特征的转换企业经营机制新阶段，把建立现代企业制度作为企业改革的主要目标。

从 1993 年起，物探局推行了“劳动用工、干部人事、工资分配”三项制度改革。通过定责、定编、定岗、定员的“四定”和优化劳动组合，初步建立了在岗、试岗、待岗的“三岗”制动态管理制度；实行干部聘任制；改革了工资分配制度；推行了劳动合同制，形成了职工能进能出、干部能上能下、工资能高能低的新机制。

1993 年底，物探局开始制定总体改革方案。提出要加快由事业型向企业型、由计划经济管理体制向社会主义市场经济管理体制转变。按照现代企业制度要求改革管理体制，把物探局建成能适应市场经济环境，具有参与国内外市场竞争、自主经营、自负盈亏、自我发展能力和素质的物探集团公司。按照这个改革总目标，对企业管理的各个子系统和局属各单位提出并实施了系统的配套的改革措施。计划管理由执行总公司高度集中的指令性投资计划为主改为按照市场情况对内计划控制为主；对勘探、基建、成套设备购置、多种经营逐步实行了项目管理，注重项目的经济效益。财务管理则通过全面清产核资、与新的财务会计制度接轨、推行资金预算管理制度和成本目标管理、建立结算中心和实行异体审计监督等一系列改革，加强了对资产、资金、成本、账务的控制管理。劳动工资管理除了深化“三项制度”改革，强化激励约束机制之外，还进行了一系列配套改革，建立了养老保险、医疗保险、待业保险制度，成立了人力资源交流中心等。在物资供应管理方面，采购管理经历了从集权到分权再到统分结合、抓大放小的转变；仓储管理经历了从层层设库到集中分片设库的改革过程。

1996～1997 年，物探局根据总体改革方案，提出解体“小而全”、对资产进行优化重组，普遍推行目标成本管理，实行资产经营和投资责任制，转变经营机制，调整产业结构和队伍结构。把涿州、徐水局属单位的生活后勤、社会服务系统分别划归基地管理处和徐水基地管理处，实行专业化管理、区域化有偿服务。对医院系统和小学校实施分离后适当集中。将研究院和物探地质研究院合并组建为新的研究院。将仪器总厂、机械厂、特车厂等三厂筹组为装备制造总厂。将建筑、装修力量集中筹组为建设工程承包总公司。对长期亏损的运输处、岩土公司等单位拟定予以解体撤销。

1996 年，物探局开始建立内部模拟资产经营责任制。从 1996 年起，总公司对物探局实行“两定、两自、一挂钩”的生产经营政策。为提高全局的经济效益，确保总公司下达的经营指标的完成，物探局加快了自 1995 年就开始酝酿、研讨的资产经营责任制的推行步伐。1996 年，局对各地调处试行了国有资产有偿占用的办法。

1997 年，局对所属单位全面推行内部模拟资产经营责任制，要求局属单位模拟法人对其占有的国有资产自主经营并承担保值增值的责任，将其经营的国有资产保值增值率和运营指标与本单位的工资总额挂钩，并对经营单位领导班子实行了风险抵押奖惩制度。

第一章 计划管理

物探局的计划管理工作，在全局的生产经营管理、科学研究、开拓国内外物探市场过程中发挥了综合管理的职能作用。经过20多年的发展，物探局的计划管理机构不断健全，管理人员不断充实，管理水平不断提高，管理的覆盖面不断扩大。这对于合理安排生产建设，综合资金平衡，搞好生产经营管理，推动各项改革顺利进行，完成全局各项生产建设任务都起到了重要的作用。

第一节 管理体制

1973～1987年，石油部对物探局实行高度集中的计划管理体制，物探局每年的勘探工作量、勘探任务部署、基本建设项目、重大科研项目、大型专业设备的补充和更新以及生产建设所需的投资，都由部统一安排并下达指令性计划。物探局根据石油部下达的指令性计划，组织全局职工努力完成各项生产建设任务，年终部组织验收，取得的地质勘探成果全部上交石油部。当年投资当年核销，在勘探成本中既不提取设备折旧也没有形成利润。

1988～1992年，随着总公司的改革，总公司给物探局下达的计划勘探工作量和投资逐年减少，使物探队伍的施工能力过剩。因此，各地调处开始进入各油田的物探劳务市场，主动承揽一部分劳务工作量，扩大收入来源，以弥补生产建设经费的不足。

1993～1995年，总公司对物探局除下达塔里木探区的勘探任务和投资计划外，其他地区不再下达指令性计划，而由物探局参与新区事业部、各油田的对外招标，走向市场，争取勘探工作量。

1996年开始，总公司对物探局实行“两定、两自、一挂钩”的生产经营政策，3年内总公司对物探局承担的甲方职能和重大物探装备、重点科研开发项目给予适当支持：一是对承担甲方职能的机关后勤经费及公用配套工程建设支持投入，实行每年25000万元定额包干；二是对重大物探装备和重点科研开发项目的支持投入，实行项目管理，由物探局提出重大成套技术装备购置及重点科研开发项目费用计划，报总公司核定。其他单位要全部推向市场，积极参与国内和国际市场竞争，实现生产经营自负盈亏，建设资金自求平衡。

物探局成立到1992年底，局对野外勘探单位一直实行高度集中的计划管理体制。局计划部门根据石油部（总公司）下达的勘探工作量，投资总额，在进行综合平衡的基础上，按工作地区、工作量、投资额等指令性指标下达给各地调处。各地调处对局下达的各项指令性指标进行分解，下达给物探队。物探队根据下达的各项指令性计划组织施工，在保证质量的情况下完成工作任务。

随着物探局改革的深化，原来实行从上到下，统一分配的计划管理体制开始改变。从1993年开始，将每年野外采集工作量的计划安排改为通过局内市场招（议）标的方式下达。局计划处把总公司下达的指令性工作量分成若干区块，并测算出标底，各地调处在公开、公平的基础上进行投标，以取得工作量和投资。局计划处根据中标情况经过平衡后下达勘探生产计划。各地调处在内部也采用类似的办法，给物探队下达工作量和投资。由于采取了内部招投标的方式，使地调处、物探队在观念上从等、靠、要转变到自己去开拓市场、占领市场，从而增加了收入，提高了工作效率和质量，降低了勘探成本，使物探局的整体竞争能力大大提高。

1990年以前，局对工业生产厂实行高度集中的计划管理。每年的工业总产值、产品产量、产品品种、新产品试制、设备的更新和补充以及科研项目都由局下达指令性计划，各生产厂根据下达的指令性计划组织生产，产品全部由局统一收购。

随着物探局改革的深化，对工业生产厂的指令性计划逐年缩小，各工业生产厂开始走向市场。各厂每年根据国内外的订货情况，实行“以销定产”，自主安排生产计划和销售计划。局主要下达工业总产值、质量和成本等指标。

1993年后，由于各工业生产厂具有较大的生产经营自主权，实行了自主经营、自负盈亏的生产经营政策，局对工业生产厂不再下达生产经营计划，只下达基本建设和设备购置计划。

基本建设计划、非安装设备购置计划、重点科研攻关计划、安全技术措施计划以及二线费用单位的费用计划，一直由局统一安排，各二级单位组织实施。

第二节 管理机构

1964～1967年，六四六厂设计划科，有工作人员5人，其职责是负责勘探生产计划、基本建设计划的编制和统计资料的收集、上报工作。

1968年5月，六四六厂革委会成立后，撤销了计划科，在生产办公室内设计划统计组，有工作人员2人，负责勘探生产计划和统计管理工作。

1971年10月，六四六厂革委会机关机构调整后，在生产指挥部下设综合计划科，负责勘探生产计划、基本建设计划、二线费用计划的编制和统计资料的收集、上报工作，共有工作人员4人。

1973年7月，物探局成立后，原六四六厂计划科调升为计划处，内设勘探生产计划、基本建设计划、二线费用计划和统计岗。

1976年，在计划处内增设了抗震办公室，负责天然地震的抗震宣传、建筑物鉴定和加固等工作。

1984年，开展企业整顿，为加强计划管理工作，在计划处内设有综合计划科、基建科、统计科，工作人员增加到13人。各勘探公司、工业生产厂、研究院设计划科。

1989年，为了加强基地建设规划和更好地编制“八五”计划，在计划处内设立规划科，有工作人员2人。

1993年，物探局撤销了基建处，把原基建处负责的建设工程项目前期准备管理和工程预算、决算，房地产的核查、上报和建档工作，局内建筑设计、施工和工程监理的资质认证，建筑市场的管理等职能移交计划处。

1994年8月17日，为了加强物探局技术设备的引进管理，成立了物探局技术设备引进领导小组，并制定了《物探局技术设备引进工作管理办法》，办公室设在计划处。办公室的主要职责是：归口管理全局技术设备引进业务；协调重大引进项目的立项和论证；编制和上报全局技术设备引进项目的年度计划等。

1994年8月21日，物探局成立了项目管理领导小组，并制定了《物探局生产建设经营项目暂行规定》，办公室设在计划处。办公室的主要职责是：对全局的生产建设，科研开发、多种经营等项目实行统一归口管理；制定项目的科学决策程序；做好建设项目的前期管理；负责总公司审批项目建议书及可行性研究报告的上报及局审批项目的批复；组织或参与建设项目的评估、设计方案审查、初步设计审查等。

第三节 计划的编制

计划的编制，主要是指长远发展计划、年度生产建设计划、季度生产建设计划和月度生产作业计划的编制。

一、长远发展计划的编制

“八五”以前，主要编制专业发展计划，没有编制全局的综合发展计划。1982年，局组织编制了物探局“前三后五”计划，即1983～1990年发展规划，主要内容是地质勘探计划。1985年，组织编制了物探局“七五”发展计划，主要内容有：地质勘探部署计划、科研计划、物探装备生产发展计划和教育培训计划。1986年，根据石油部拟定的塔里木勘探部署意见，编制了南疆地区“七五”期间工作量和投资计划。“八五”以前除工业生产厂外，其他二级单位基本上没有编制长远发展规划。工业生产厂编制“七五”计划的主要内容包括：生产发展规划、技术改造规划、人员培训规划、经济效益规划、质量升级规划、基本建设及绿化规划等。

（一）“八五”计划的编制

根据总公司（89）计字第29号文的要求，物探局从1989年4月开始组织编制“八五”发展计划。成立了编制小组，各部门负责编写本专业的规划初稿，由计划处进行汇总，编制出物探局“八五”计划初稿，经总公司审查，修改初稿，编制出物探局正式的“八五”发展计划，并上报总公司。

物探局“八五”发展计划包括六个部分：概况；“七五”计划完成情况；“八五”计划发展目标与主要指标；“八五”计划的具体内容，包括地质勘探、科技发展、物探装备发展、公用工程建设、对外合作、教育培训、多种经营发展和医疗卫生等；“八五”计划的投资估算；实现“八五”计划需要加强的几个方面的工作。

各二级单位根据局计划处的要求，也组织编制了“八五”期间公用工程建设规划，主要内容包括：基地的自然概况、基本情况，规划的指导思想及奋斗目标、主要指标，规划建设的项目，实现规划的主要措施，总平面规划图等。

（二）“九五”计划的编制

物探局从1994年6月开始组织编制“九五”发

展计划。为此，成立了规划编制委员会，开展了调查研究和专题分析，以地质勘探规划为基础，编制各专业的规划草案，经过综合平衡、汇总，编制出综合规划，上报、下发执行。

物探局“九五”发展计划包括六个部分：发展基础和面临的形势；“九五”计划的指导思想和发展目标；“九五”期间生产建设计划，包括地质勘探计划、科技教育发展计划、多元开发计划、设备更新改造和配套工程计划；深化改革，加强管理的目标与措施；精神文明建设计划；“九五”计划收支预测和资金来源等。

编制的专业规划有：地质勘探计划、科技发展计划、装备发展计划、设备更新改造计划、计算机软件发展计划、教育培训发展计划、医疗卫生发展计划、多种经营发展计划、对外合作发展计划、企业改革和管理计划、精神文明建设计划和基地建设发展计划等。

根据物探局的统一要求和部署，有18个二级单位编制了本单位的“九五”发展计划。

二、局年度生产建设计划的编制

（一）物探局年度生产建设计划的编制

计划的编制一般采取“两下三上”的方法，即：物探局在七月上旬以前，提出下一年度计划的建议指标报总公司。总公司经过综合平衡后，于八月份给物探局下达编制建议计划的控制指标。物探局根据控制指标，编制建议计划，于九月底以前上报总公司。总公司经过综合平衡、审定后，下达正式计划。物探局根据总公司下达的计划，编制具体实施计划并报总公司核备。

1. 地质勘探计划的编制

地质勘探计划的编制内容主要包括：地质调查、二维地震、三维地震、化探、重磁力勘探、电法勘探、科研攻关、安全技术措施等计划。

从1989年开始，专项编制安全技术措施计划，资金控制在50万元（到1997年增加到150万元），计划方案由安全处审批后实施。

从1989年开始，由科技处编制地质勘探采用新技术、新方法项目专项计划，资金控制在100万元。到1996年，科技攻关计划投资增加到4000万元。

1993年以前，物探局地质勘探工作量和投资总额由总公司下达指令性计划。物探局编制下达地质勘探年度计划，计划指标分指令性指标和指导性指标。指令性指标包括勘探投资、实物工作量、勘探质量三个指标；指导性指标是局为指导完成地质勘探任务而下达的指标，主要包括增产指标、劳务工作量指标等。地质勘探计划还包括主要技术经济指标：效率指标、质量指标、效益指标等。

1993年后，随着物探市场的开拓，总公司只对物探局塔里木勘探工作量和投资下达指令性计划，物探局编制的地质勘探年度计划相应的只下达塔里木勘探工作量及投资，不再下达劳务工作量计划和增产计划。

物探局地质勘探计划的资金来源，1994年以前主要是地质事业费、经营基金、非经营基金、储量有偿使用费、勘探开发基金；1994年以后又增加了开发银行软贷款、总公司委托贷款、总公司投资、财务公司贷款等。

1993年以前，地质勘探计划的编制基本上是按照“两下三上”的方法编制。地质勘探年度计划中的采集、处理、解释等工作量和投资计划，由计划处根据勘探项目施工设计、劳动定员定额、材料消耗定额、费用定额测算编制下达。科研攻关计划由科技处根据总公司下达的控制指标编制下达。1993年后，随着地质勘探指令性计划的减少，各二级单位不再上报建议计划和实施计划，地质勘探年度计划由局根据总公司下达的“生产建设计划”编制下达。从1994年开始，物探局对采集项目实行了内部招（议）标，局计划处根据中标价格下达计划投资。

2. 基本建设计划的编制

物探局对总公司、二级单位对物探局都采取“两上一下”的程序编制计划，即上报建议计划、下达年度计划、上报实施计划。

在计划经济体制下，由于各种生产要素实行国家统一定价，与此相适应的基建计划的编制采用了“水平计划法”，即以上年实际完成数为基数，剔除不同或不合理的因素后，作为本期的计划指标。随着市场经济因素的增加和各种生产要素价格的变动，基建计划的编制逐步采用了“零基计划法”。

编制基建计划。按照“量力而行，留有余地”的原则，以总公司下达的年度计划为控制目标，在各二级单位上报建议计划的基础上，经过综合平衡后，编制出全局的年度基本建设计划。在编制基建计划时，注重投资的经济效益：对列入年度基建计划的经营性建设项目，经过了可行性调研，对投资较大的公益性项目加强了技术经济论证。

3. 非安装设备购置计划的编制

非安装设备购置计划，主要内容包括物探队装备更新和新组建物探队的所需装备，基地辅助生产及生活设备更新等。非安装设备购置计划的编制采取“一上一下”的编制程序。设备购置计划由计划部门和机动部门共同编制，由机动部门负责具体实施。

对于设备引进计划的编制，由机动部门根据设备购置总规模，提出设备引进计划，分批报计划部门审核，并上报总公司审批。

4. 二线费用计划的编制

二线费用计划包括费用计划和专项费用计划。

1973～1976 年，二线费用直接由财务部门核销，没有单列计划。

1977～1978 年，局只下达二线费用季度计划。

1979～1988 年，开始分单位下达年度费用计划和专项费用计划。

年度费用计划的编制主要采用水平法，以上年计划数为基础，根据每个单位实际需要适当调整后，作为当年的年度计划。投资来源主要有地质事业费和局属单位上交的管理费。

1989 年以前，专项费用计划基本上分为两部分：一部分是固定项目，如职工培训、企业基金、老资料处理等；另一部分是不固定的项目，根据每年的实际需要安排专项费用计划。

1989 年前，二线费用计划的编制先由局计划部门对二线费用单位上报的各种专项费用计划进行汇总，向局有关领导汇报，根据局领导确定的基本原则，确定项目和投资总规模；项目确定后，再由二线费用单位正式上报方案、预算，经审核确定投资额后，下达单项计划。

1989 年后，二线费用计划的编制改变过去的传统做法，先将所有费用单位分成局机关及附属单位、文教卫生、基地管理、多种经营等类型；然后，按财务核算项目，逐项制定定额，测算费用额。人员费用按劳资部门编制的定员进行控制；工资总额以劳资部门下发的工资总额计划为依据，并以此为基础计提工资附加费、工会经费、社会统筹费、待业保险费、职工教育经费和住房公积金、医疗保险等各项有关费用。其他费用如：办公费、差旅费、低值易耗品、物料消耗（材料费）、劳动保护费、业务费、运输费、修理费、水电费等，按定额核定费用。

5. 工业生产计划的编制

1980～1990 年，工业生产年度计划基本上经历了从“统一安排生产、统一包销”到“以销定产”两个阶段。每年年底前总公司装备制造局根据订货会和供需双方直接签订经济合同的情况，采取自下而上、上下结合的方法，下达国家指令性计划。局计划处根据总公司的指令性计划，结合各工业生产厂上报的建议计划，考虑到二次订货、市场发展的需要和工厂的实际生产能力，编制、下达年度工业生产计划。

1993 年后，物探局停止编制、下达工业生产年度计划。

（二）二级单位年度生产建设计划的编制

1984 年企业整顿后，各二级单位编制年度生产建设计划一般采取“两上两下”的方法。各二级单位在八月上旬以前，提出下一年度的生产建设建议计划报局，局根据上报的建议计划，经过综合平衡后，按总公司下达的控制指标，在一个月内下达控制指标。

各二级单位根据局下达的控制指标，结合本单位地质勘探、工业生产和基地建设的实际情况，由计划科牵头，各有关职能科室及二线单位上报，制定出年度生产建设计划的初步意见，经计划部门综合平衡、处（厂）领导班子讨论、处（厂）办公会议审定后，下达正式年度生产建设实施计划，并报局备案。

三、季度、月度生产建设计划的编制

（一）季度生产建设计划的编制

从物探局成立至 1993 年，计划处一直编制全局的季度生产建设计划。季度计划的内容包括：地质勘探工作量及投资、地震资料处理工作量及投资、设备购置、基建工程、二线费用、专项维修、工业生产等。

季度计划编制的方法：根据年度计划确定的生产建设任务和投资总规模，结合每个季度生产建设完成情况和出现的问题，确定每个季度应完成的工作量，编制下达季度计划。

各二级主要生产经营单位（地调处、研究院、工业生产厂等）根据局下达的季度计划指标，结合实际情况，编制、下达本单位季度计划。

（二）月度计划的编制

月度计划只是对工业生产厂编制，其他单位不编制月度计划。为了均衡、稳定生产，按交货期、按质、按量地完成生产任务，工业生产厂根据年度计划、季度计划确定的生产任务，结合各车间的生产能力、工艺技术要求、工时定额、在产品的库存情况，编制、下达月度生产作业计划。

四、年度生产建设调整计划

年度生产建设计划一经确定，必须严格执行，原则上不作调整。但是，由于勘探部署调整、施工方法变化，使工作量和投资发生变动，因此，每年十月上旬由计划部门综合平衡，编制调整计划，报局批准后下发执行。

对于二线费用计划，根据人员、项目和任务的增减变化，按规定程序进行调整。

对于非安装设备购置计划，根据野外生产需要和订货情况由机动部门提出调整意见，经计划部门综合平衡后，下达年度调整计划。

对于基建计划，每年第四季度，根据建设工程所在地概预算定额的政策性调整和市场材料价格变化情况，编制下达基建调整计划，作为当年工程结算的指令性控制指标。

第四节　计划的实施

计划的实施，是根据下达的年度计划任务和投资规模，制定出具体的完成措施，做好生产建设的总体平衡和相互衔接，及时发现和解决计划实施过程中出现的问题，维护计划的严肃性，保证计划的顺利实施。

一、地质勘探计划的实施

列入年度计划的勘探项目，要严格按照批准的施工设计和下达的工作量、投资执行，任何单位都不得随意变更计划内容。各单位在编制年度实施计划时，项目的计划投资和施工进度要相适应，严格按项目进度安排投资，不能留有缺口。凡未经批准而超过项目计划投资的，其超过部分，局财务处不予核销。

1993 年以前，物探局在各单位上报季度计划的基础上，经过综合平衡后，下达地质勘探季度计划，并组织实施。

1994 年后，局对地质勘探项目实行项目管理，对采集项目实行局内部招（议）标，局与施工单位签订内部承包合同，用合同约束甲乙方行为，确保年度计划的顺利实施。项目实施前，首先编制施工设计，报局审批后方可施工；施工过程中由局主管部门进行质量监督，由施工单位自行控制成本，超支不补；项目完成后由局对承包指标进行全面考核。

二、基本建设计划的实施

1993 年以前，物探局按照“年度计划、季度控制”的原则，按工程进度下达季度计划，作为当时建设银行拨付工程款的依据。

1993 年 9 月以前，局计划处只负责年、季度基建计划的编报和下达，基建计划实施过程中的工程技术管理和工程造价管理由基建处和建设单位基建科负责，实行“垂直式”的组织领导。计划处和建设单位的计划部门参与重点项目的前期工作和工程造价的审定工作。

1993 年 9 月以后，局计划处基建计划管理的广度和深度有所延伸，除了编制基建计划外，还要负责工程项目前期管理和工程造价管理工作。对工程前期管理的重点放在设计委托审批上，对工程造价管理的重点放在概（预）算的审查和投资包干政策兑现上。

为适应全局基建管理体制改革，履行“管好两头（前期工作和造价结算）、服务中间、协调外部”的职能，力争做到两个覆盖（即覆盖全部工程项目、覆盖工程项目管理的全过程），逐步采取了一系列改革措施：

（1）从 1994 年起，积极推行项目管理，实行项目经理负责制，变“垂直式”的组织机构为“矩阵式”的组织机构，各建设单位相应成立项目管理机构。

（2）把局内项目管理机构资质认定制度与实行工程监理制度结合起来，对项目管理机构经认定不符合有关标准的，强制性实行工程监理。

（3）从 1994 年起，对全局建设工程实行投资包干政策，以工程概（预）算为基础，确定工程投资总额，一次包死，不再进行调整，投资超支不补，节余留作配套工程投资。与投资包干政策相配套，改变以前按季度拨款的方式。

1995 年实行建设工程按月结算拨款。

1996 年改为按前期启动、基础工程、主体工程、装修工程和竣工验收五个阶段进行结算和拨款，有效地保证了建设资金的到位，做到工程资金专款专用。

（4）1994 年根据全局职工住房现状和未来发展趋势，提出职工住房设计标准要适度超前，面积标准要突破类型限制，取消小两居室型住宅，使职工住房标准上了一个台阶。同时，为加快职工住房建设步伐，多方筹措住房建设资金，1995 年动用住房基金 5500 万元，1996 年和 1997 年共动用住房基金 6000 万元，使每年全局职工住宅建设保持在 1000 套左右，1996 年达到 1200 套。

（5）为了适应职工生活水平提高的需要，减少住户二次装修造成的浪费，1995 年试行住宅工程初装修，1996 年在全局全面推行。

表 11－1　物探局 1973～1997 年固定资产完成情况统计表

项目 年份	计划（万元）	统计完成投资					新增固定资产（万元）	投资按用途分		施工面积		竣工面积	
		合计（万元）	建筑（万元）	安装（万元）	设备（万元）	其它（万元）		生产性（万元）	非生产性（万元）	合计（m^2）	其中：住宅（m^2）	合计（m^2）	其中：住宅（m^2）
1973	1100	821.5	217.1		604.4		744.1	738.9	82.6	45878	13581	20344	6851
1974	3500	3145.5	244.2		2844.6	56.7	3215.9	2930.5	215	74308	40733	18172	5640
1975	1800	1963.8	393.8		1570		1798.5	1759.5	204.3	86676	38796	29889	11888
1976	3600	970.1	443.1		527		905.2	667	303.1	108336	53641	46070	18640
1977	3700	3642.9	521.4		3121.5		3600	3106.9	536	111622	54854	44668	29372
1978	3000	2864	943.1		1920.9		2735.8	2358.6	505.4	138969	59974	68294	31976
1979	3500	3253.8	1231.1		2022.7		3151.5	2600	653.8	161935	79015	83139	36314
1980	3210	3210	1653.7		1556.3		3253.7	1918.2	1291.8	161105	90191	99155	66345
1981	4780	4583.3	1659.9		2900.6	22.8	4509.5	3249.7	1333.6	165465	97494	84300	57243
1982	12140	11517.9	1981.9		8250.6	1285.4	6512.2	9955.2	1562.7	194116	84047	111475	64584
1983	17270	16698.7	2029.4		10142.8	4526.5	7918.2	15072.8	1625.9	184560	76078	110109	48354
1984	9511	9510.5	2176.9		7232.5	101.1	9010.1	7927.2	1583.3	163291	71179	99704	53951
1985	16147	16507.2	3117.2		13209	181	17457	14191.4	2315.8	193814	96257	99127	50626
1986	22221	22184.8	3469.9	72.6	18494.7	147.6	15640.2	19464.2	2720.6	173922	60814	103641	43609
1987	16770	16770	3781	248	12260	481	15395	13619	3151	153066	52592	114383	45468
1988	14997	14997	4222	142	10150	483	13663	11359	3638	123907	43266	102130	30669
1989	43570	43570	4250.2	392.2	38662.7	264.9	43574.3	39604.4	3965.6	96168	64453	66247	50365
1990	28500	28275.6	4786.9	82.7	23061	345	28696	23862.4	4413.2	105494	61315	71240	51315
1991	45700	45700	4389.3	234.3	39365.4	1711	45236.3	39889.5	5810.5	120817	60114	64455	31560
1992	61300	61300	6981.8	88.4	52470.3	1759.5	62505.8	53224.5	8075.7	121435	65859	111935	65859
1993	58500	58500	5519	64	51221	1696	56796			96543		52868	42386
1994	86131	86131	8108	9	77320	694	86930			150214		95421	52526
1995	125277	125277	8199.3	37.1	116104.8	935.8	125095			178074	96154	130896	86294
1996	124000	124000	16061.3	446.5	104319.4	3172.8	118945.6			209759	121717	113820	87233
1997	67304	67304	52455.8	111.3	52455.8	1451.9	68080.3			181669	101092	124791	70683

(6) 计划处作为全局基建计划管理的主管部门，给基建计划的组织实施创造了一个较为宽松的外部环境，在尽量减少各种税费支出，争取税费减免，保护局内建筑市场，实行建筑“三大材”主渠道供应等方面做了大量的工作。

三、二线费用计划

1993 年以前，二线费用计划控制的主要形式是以年度计划为依据，由计划处根据每个单位的具体情况下达季度计划，财务部门按季度计划给予拨款、核销，年底根据项目和任务的增减再进行调整。1993 年后，取消了季度计划，由财务部门按年度计划和计划实施进度拨款。

专项费用计划，也由财务部门按计划投资和项目进度拨款，项目完工后，组织验收。

四、项目管理工作

为了加强物探局经营项目投资管理工作，使项目投资管理做到规范化、程序化、科学化，落实经营项目投资责任制，提高项目投资的经济效益，物探局制定了《物探局经营项目投资管理办法》。

进入 90 年代后，局计划管理部门经常开展项目调研和评估工作。组织调研、论证的项目主要有：建筑公司预制构件厂、机械厂钢质薄壁镀铬汽缸套、特车厂沙漠车间扩建、职工大学山梨酸钾、中日合资生产冰淇淋、丰汇皮件合资、研究院卫星定位保安监控系统、中德合资生产灰砂砖、中港合资生产纸塑复合袋、地调一处与大邱庄合资生产阀控式密封铅酸蓄电池、大兴猪场扩建、北京油墨厂、大兴饲料厂、石油物探电缆生产设备更新改造、科技处家庭电子藏书等项目。

经过调研、论证，获得批准实施的项目有：建筑公司预制构件厂、机械厂钢质薄壁镀铬汽缸套、特车厂沙漠车间扩建、职工大学山梨酸钾、大兴猪场扩建、北京油墨厂、大兴 饲料厂和石油物探电缆生产设备更新改造、科技处家庭电子藏书等 9 个项目。其中 1997 年 10 月上报总公司的《石油物探电缆生产设备更新改造可行性研究报告》，获得了总公司批复。

五、定额管理工作

1975 年，物探局组织计划、供应、劳资部门和机械厂等单位的人员，在机械厂制定了工业生产定额（主要是工时定额）。以当时机械厂生产的 701 型钻机为主体，编制了一套比较完整的工时定额。

1984～1985 年，物探局成立了定额编制领导小组，计划处负责制定计划，牵头组织，制定材料消耗、劳动定额和费用定额。

1990～1991 年，由计划处牵头组织，先后对定额进行两次较大的修订，对材料、工资、费用定额进行了调整。1991 年，总公司在物探局成立石油物探定额管理站（同年 12 月改为石油勘探定额管理站），计划处把定额管理的职能移交给定额管理站。

六、固定资产完成

物探局固定资产 1973 年统计完成 821.5 万元，1997 年统计完成 67304 万元，比 1973 年增长近 82 倍。物探局历年固定资产完成情况见表 11－1。

第五节　统计管理工作

统计管理工作包括组织机构建设、业务培训、建立健全统计制度、统计业务建设等几个方面。

一、组织机构

1964～1967 年，地调指挥部、六四六厂统计工作沿用大庆地震会战时的统计管理模式，在计划科内设 1 名专职统计员，主要负责勘探生产进度统计。

1968 年，撤销计划科，只在调度室设生产进度动态统计业务，由调度员兼统计。

1971 年 10 月，六四六厂成立了综合计划科，内设兼职统计员 1 名。

1973 年 7 月，物探局成立后，计划处配 2 名专职统计员，主要负责地质勘探、工业生产等统计。同时，各专业处室，如劳资、财务、农副业、基建等处室也配备了专职统计员。

20 多年间，局属各主要二级单位在计划科（生产科）配备了专职或兼职统计员。为加强物探队成本核算，健全野外采集基础资料，在物探队也相继配备了专职或兼职统计员，形成了“局——二级单位——基层生产单位”的三级统计网络，为开展统计管理工作打下了组织基础。

二、业务培训

1978 年，在徐水办事处第一次举办计划统计人员培训班。

1980 年，对全局无学历的统计人员进行培训，考试合格的定为统计员，工代干的人转为干部。有 32 人参加考试，其中 21 人合格。

1982～1983 年，委托河北大学经济系举办三期统计员、计划员培训班，共培训 109 人。

1984 年后，多次为全局统计人员举办计算机应用技术培训。

1988 年，组织统计人员参加成人高考，到西安石油学院、天津财经学院学习，获得大专学历。

1990年，在计划培训部为统计人员举办石油地质、石油物探生产技术知识培训。

1995年后陆续组织全局统计人员参加全国举办的统计员、助理统计师、统计师资格考试。

1996年，对全局的统计人员进行持证上岗培训，使之获得了持证上岗资格。

三、统计制度建设

根据生产经营形势发展的需要，不断建立健全了统计制度，包括统计报表制度、统计评比制度、统计工作条例、统计岗位责任制、统计检查制、统计信息管理制度等。其中，统计报表制度经过多年的不断补充完善，覆盖了全局各行各业，既有实物量指标，又有价值量指标，为领导决策提供了可靠的统计资料，充分发挥了统计的信息、咨询、监督职能。

1972年，修订了《石油地质勘探统计指标解释》。

1979年，第二次修订了《石油地质勘探统计指标解释》。

1989年，第三次修订了《石油地质勘探统计指标解释》，形成较完善的使用版本，并制定了《地震标准公里折算办法》。

1991年，提出新的折算标准公里（二维、三维）计算公式，经总公司勘探局讨论通过，计划局下文执行。

四、统计工作

统计工作，主要是完善各项统计基础资料，编制上报统计报表，掌握全局的统计信息，为领导决策服务。

（一）主要统计工作

(1) 根据总公司计划局统计处和新区勘探事业部的要求，按时报送月统计快报、季报、半年报以及综合统计年报；根据地方统计部门的要求，按时报送工业生产、固定资产投资月报；根据国家开发银行的要求，按时报送月报。

(2) 从1971年开始，每年对全局综合性的统计资料进行汇编，包括野外采集完成工作量、地质勘探成本、资料处理完成情况、对外劳务完成情况，工业生产主要技术经济指标、出口创汇情况、增加值，多种经营主要指标，固定资产投资，专业设备，能源消耗，专业技术人员，职工人数及工资总额，房屋建筑面积等方面的内容。1997年物探局统计资料、报表目录见表11－2。

表11－2 1997年物探局统计资料、报表目录表

序号	标题	序号	标题
1	概况表	24	1997年石油单位增加值
2	1997年地球物理勘探主要指标完成情况（全局合计）	25	多种经营主要指标完成统计表
3	1997年地球物理勘探主要指标完成情况（新区任务）	26	1997年投资总规模统计表
4	1997年地球物理勘探主要指标完成情况（对外劳务）	27	1997年固定资产完成投资财务、统计对照表
5	1997年地球物理勘探主要指标完成情况（反承包）	28	1997年固定资产投资完成统计表
6	全局物探采集主要指标汇总表	29	1997年完成总价值量统计表
7	物探采集主要指标汇总表（新区任务）	30	资产负债统计表
8	劳务物探采集主要指标汇总表	31	局属各单位资产占用费统计表
9	物探采集主要指标汇总表（反承包）	32	1997年固定资产分类统计表
10	物探小队野外采集主要指标统计表	33	1997年末固定资产原值分类统计表
11	1997年地质勘探成本计算表（全局）	34	主要专业设备统计表
12	1997年地质勘探成本计算表（新区任务）	35	主要原材料、能源消费与库存
13	1997年地质勘探成本计算表（劳务）	36	1997年能源消耗统计表
14	研究院地震资料处理主要指标完成情况	37	1997年专业技术人员情况统计表
15	地调二处开封计算站地震资料处理主要指标完成情况	38	职工人数按岗位分统计表

续表

序　号	标　　题	序　号	标　　题
16	库尔勒研究中心计算站地震资料处理主要指标完成情况	39	职工人数和工资
17	对外劳务承包完成情况统计表	40	1997 年自办中、小学教职工及在校生数统计表
18	1997 年物探装备制造主要指标完成情况	41	1997 年专业学校教职工及学生人数统计表
19	1997 年各厂主要经济效益指标完成情况	42	1997 年事故情况统计表
20	1997 年装备制造厂综合经济效益评价基础指标完成情况	43	1997 年末实有房屋建筑面积和占地面积
21	1997 年装备制造产品出口创汇情况	44	1997 年末住厂家属统计表
22	1997 年汽车运输主要经济技术指标完成情况	45	楼房住宅情况调查表
23	1997 年制图厂主要经济技术指标完成情况	46	平房住宅居住状况调查表

(3) 1993 年完成了建局 20 年统计资料汇编，即《石油地球物理勘探局统计资料汇编》。

(4) 从 1979 年起，每月对野外采集、资料处理、工业生产、固定资产投资完成情况发布统计公报。

(5) 从 1979 年起，每年发布全局统计公报，内容包括地球物理勘探、物探装备制造及辅助生产、科学技术、固定资产投资、投资总规模、主要财务指标、主要材料消耗和物资供应、职工人数及专业技术人员、安全生产、教育培训、医疗卫生、职工生活、多种经营等。

(6) 对全局 1973～1983 年、1973～1992 年、“七五”和“八五”期间的综合统计资料进行了汇编。

(二) 统计信息自动化建设

从 1984 年开始，陆续为局、处两级计划统计部门配备了计算机，并开发出了野外采集、固定资产投资、工业生产、综合统计年报等计算机软件程序，把统计人员从繁重的劳动中解放了出来。同时，为了保证野外勘探、工业生产统计报表的时效性，1996 年对 5 个地调处、3 个工业生产厂配备了调制解调器，实现了点对点通讯。

1997 年，根据总公司的要求，所有上报的月快报、季报、综合统计年报均通过电子邮件直接传输到总公司。

(三) 统计工作评比情况

自总公司开展统计报表评比到 1997 年，物探局上报的统计报表均获报表优胜奖；报送总公司参加评比的《统计分析》，曾先后获得过一、二、三等奖。

局每个季度对所属单位上报的报表按统计报表评比要求进行一次评比，评出局级统计报表优胜单位。局每年开统计工作会时，对各单位撰写的《统计分析》进行评比，优胜者给予一定的精神和物质奖励。

第二章　生 产 管 理

物探局（含前身）生产管理的主要内容包括两个方面：一是物探生产管理，即对物探资料采集、资料处理、资料解释的管理等；二是非物探生产管理，主要是工厂（机械厂、仪器总厂、特车厂）生产管理。本章着重记述物探生产的管理，包括生产组织、技术、质量、设备、安全、运输、通讯、能源节约等管理。

第一节　管 理 机 构

一、建局前设置

在松辽地震会战时期，松辽地调处机关设生产科。1966年6月，六四六厂机关设生产办公室，有工作人员34人。1968年2月六四六厂实行军管，厂军管会实行一元化领导，原厂机关管理生产的机构自行消失。1968年5月1日，六四六厂革委会宣布成立，革委会机关设生产组，有工作人员6人，1969年12月增加到14人。1971年10月，六四六厂调整了机构，厂机关成立生产指挥部，内设勘探科、调度科。

二、建局后设置

1973年7月物探局成立，局机关设勘探处、总调度室。1978年8月，局机关设生产办公室，内设勘探一处、勘探二处、机动处、总调度室、生产安全科、工农工作处。1980年9月局机关成立了安全处。1984年6月局机关机构进行了调整，生产管理机构设有：勘探一处、勘探二处、安全处、机动处、生产管理处。

受石油部委托，物探局勘探二处对全国石油物探工作承担如下管理职能：（1）负责了解、掌握、汇总石油物探部署、勘探成果，向部、司、局领导提出建议；（2）负责石油物探动态及信息交流，编写“全国石油物探动态”，负责汇总全年各项物探数据并出版；（3）负责石油物探系统计算机资料处理经验交流，协调资料处理，编写计算机资料处理动态；（4）了解、掌握物探野外生产的技术方法、施工质量情况，向部、司、局领导提出建议；（5）负责了解三维地震勘探及国内物探新技术、新方法的进展情况；（6）负责全国石油物探技术展览厅内容的更换及参观接待。

1987年3月，局将勘探一处与勘探二处合并为勘探处，将生产管理处改名为生产协调处。

1988年1月15日，为了加强全面质量管理，物探局决定：(1)成立物探局全面质量管理委员会，由局领导、局总师及有关专业职能处室负责人参加，对全局质量管理实行统一领导。(2)建立全面质量管理职能部门责任制，按照专业特点，分成四路开展全面质量管理工作。即：野外采集、资料处理、成果解释全面质量管理由勘探处负责；工业生产厂（仪器厂、机械厂、大修厂）的全面质量管理由装备制造处负责；机动设备使用与维修的全面质量管理由机动处负责；基本建设的全面质量管理由基建处负责。(3)企业管理处为全面质量管理的综合部门。

1991年1月，成立物探局塔里木前线指挥部，为局临时派出机构，前指机关设生产技术组。1991年12月，局将塔里木前线指挥部生产技术组调整为生产办公室。

1991年10月，物探局将机关生产协调处调整为总调度室。

1992年3月，物探局生产管理机构设勘探处、总调度室、安全环保处、技术监督处、机动处。

1993年9月，物探局将机关总调度室与勘探处合并成立勘探处；将技术监督处与科技处合并成立科技发展技术监督处（简称科技处）。物探质量管理和监督，按勘探系统实行专业管理，并由科技处归口。

1996年7月，成立石油物探监理公司，内设办公室、经营部和项目部。

1997年底，物探局生产管理机构有：勘探处（工作人员30人）、机动处（工作人员14人）、科技处（工作人员23人）、安全环保处（工作人员12人）和石油物探监理公司（工作人员54人）。

第二节 生产组织管理

一、勘探任务（项目）管理

（一）指令性计划管理

在计划经济条件下，物探局（六四六厂）对勘探部署和物探资料采集的任务实行了高度集中统一管理。局属各单位每年承担的物探资料采集任务，都由局根据上级审批的勘探部署指令性下达。随着生产情况的变化或上级要求，局对已下达的勘探任务可作必要的调整。这种管理模式，基本上延续到90年代初。随着企业改革的深化，取消了指令性计划。

（二）项目管理

1992年，物探局进行了项目管理试点。在勘探方面，以塔里木项目为重点，由项目经理同施工单位签订合同，按合同制方式管理，并将拨款改为结算。

1992年12月，物探局遵照总公司关于全面推行项目管理的要求，依照总公司制定的《关于推行石油勘探开发建设项目管理的若干问题的暂行规定》，印发了《物探局开展项目管理的实施细则》。

1993年，物探局对物探资料采集全面推行了项目管理。首先对塔里木、吐哈、陕甘宁盆地等36个区块的物探资料采集任务推行项目管理，实行企业内部甲乙方合同制。在项目管理实施过程中，由勘探项目管理组（甲方）委派质量监督员到施工单位（乙方）的物探资料采集现场，按合同的规定和要求进行采集资料的检查、监督和验收，促使甲乙双方严格按设计的施工程序、技术规范、质量标准、工期要求组织施工，保证物探资料的采集质量。

（三）国内反承包和国际勘探项目合同管理

1982～1993年，物探局先后执行6个地震采集技术服务合同，分别在东濮、塔里木及白洋淀地区与美国合作进行地震勘探。1983年1月，物探局成立中美塔里木合作勘探管理处，加强中美塔里木勘探服务合同的管理。

1992～1997年，物探局先后获得新西兰石油勘探公司、意大利阿吉普公司、英国BP公司、日本石油工团的9个区块的反承包项目。在反承包过程中，局、处、反承包队三级分别按职责范围加强了管理。

1987～1997年物探局先后与缅甸、巴基斯坦、厄瓜多尔、秘鲁、苏丹等国家签订21个国际勘探合同。物探局从合同的签订，到合同的执行，加强了全过程的管理，保证了合同任务的顺利完成。

二、生产管理制度

在生产管理制度建设方面，物探局（六四六厂）逐步建立了生产值班制度、现场指挥及办公制度、生产会（例会）制度、生产分析制度、生产汇报制度、生产检查（验收、评比）制度，以及生产岗位责任制度等。

1964年2月1日，松辽地调处下发了《关于颁发地震勘探安全制度（草案）的通知》。

1965年10月22日，六四六厂发出《关于出工“十落实、二十五条要求”的通知》，具体规定了物探队出工的验收标准。

1966年5月，六四六厂对生产月报制度作了修改。规定各大队、专题研究队、试验队应于每月月底前将月报上报厂；月报内容包括当月生产情况(完成任务情况、质量分析)、设计执行情况、地质成果或试验成果等。

1971年12月15日，六四六厂颁发了企业管理暂行制度，其中有关野外生产的制度有《野外队岗位责任制暂行制度》、《野外队地震仪器维修保养检查暂行制度》等。

1987年5月16日，物探局颁发了《地调处、解释中心各室处理监督员岗位责任制》、《主管资料处理的主任工程师职责》和《每月召开“地震剖面资料信息反馈会”制度》等。

1989年，物探局以局企业标准发布了《地震勘探爆破安全规定》、《地震队安全生产管理规定》、《地震队安全生产检查标准》、《生产责任事故处理规定》、《安全生产奖惩规定》、《勘探仪器车管理规定》、《勘探仪器管理规定》和《可控震源管理规定》等企业标准。

1993年6月18日，为认真贯彻总公司勘探局关于改进和加强勘探成果与储量管理的通知精神，进一步加强本局的地震勘探圈闭管理，物探局决定各地调处、物探地质研究院、塔里木前指成立以总地质师为首的圈闭管理小组，并对圈闭管理提出了要求。

1993年10月29日，为了进一步加强重点含油气区带地震资料特殊处理和三维资料处理工作的管理，物探局作出了相应的具体规定。

三、生产调度

(1) 机构设置。1965年，六四六厂在厂机关生产办公室设生产调度室，调度室内设生产调度、机动安全、运输管理、综合分析四个岗位。各大队生产组设生产调度室。生产调度室的主要职责是：下达领导对物探生产的决策和指令，并检查、监督实施的全过程；及时了解和掌握野外施工中发生的设备、器材等方面的困难和问题，并协调解决或拿出解决方案提交领导决策；全面掌握生产动态等。

1973年7月物探局成立后，局机关设总调度室，在主管物探生产的副局长、局总工程师的直接领导下，全面参与物探生产的指挥、协调、检查等项工作。总调度室内设专人分管生产调度值班，铁路、公路运输，机动安全等工作。

1984年6月，局将总调度室与工农工作处合并成立生产管理处，1987年3月更名为生产协调处。

1991年10月，局将生产协调处调整为总调度室，内设生产调度值班室、运输办公室、工农工作办公室。各地调处设生产调度室，内设生产调度值班室、工农青赔组、运输管理组。

1993年9月，局将总调度室与勘探处合并，仍称勘探处，内设调度室。

(2) 调度工作。1964～1978年，学习大庆经验，以生产调度为中心组织和指挥生产。

局总调度室作为生产指挥、协调管理的中心，负责组织召开每周一上午的生产办公会，主管生产的副局长、局总工程师、局总地质师以及局机关有关处室的领导参加。会上由值班调度人员汇报上周各探区野外生产情况、生产过程中所发生的问题、局属单位要求解决的问题，会议做出必要决定，会后由总调度负责贯彻落实。对局机关各个部门的工作协调由总调度室承担，负责安排、布置、协调各项工作的实施，检查、解决在实施中出现的问题。局生产调度人员每遇大的生产组织活动（队伍调动等）都亲到现场组织、安排、协调，做好各方面工作。

1976年，长庆油田19个地震队参加华北石油地震会战。按照石油部的部署，参战地震队要在7月底搬迁至华北工地，10月份进行野外施工。为此，局总调度室派人向河北省政府及石家庄、保定、沧州、邢台等地区政府汇报勘探部署和安排，取得当地政府部门支持，并与长庆油田打前站人员一起逐个落实了指挥部机关、大队、小队驻地，协助解决了队伍搬迁及开工生产中的许多困难和问题，保证了会战的顺利进行。

1985年，第三勘探公司（三公司）1832地震队在罗布泊沙漠地区施工。7月17日遇到沙漠风暴袭击，大风吹起的沙子把大、小线和检波器埋入沙下2~3米，后勤运输直升机不能正常飞行，地震队与外界的道路被切断，生产不能进行，生活供应无法保证，100多名职工的生命受到威胁。三公司将情况紧急上报局生产管理处，张成福处长向主管局长汇报，并安排调度值班室用电话、电台日夜与三公司吴群苍经理和1832队保持联系。潘瑗局长指示：要采取一切措施确保小队全体人员的生命安全。大风刮了一周后，风力稍有减弱，钟辛生副局长当即指示：小队要边推路边撤退，撤到950测线上。就在小队即将撤离时，大风再次刮起，最大风力达到10级，能见度极低。由于通向小队的道路中断，8月2日小队已断水两天。三公司决定小队派推土机牵引水罐车强行拉水，基地派推土机牵引水罐车强行送水；并请求空军支援两架直升机空投食品。因当时风力大，能见度低，食品和水无法空投。8月4日下午飞机冒着10级大风、能见度100米、空投最低高度15米的危险，空投食品300公斤。此时小队已断水5天，送水车辆情况不详。局领导指示三公司：一是要派出支援组找到送水人员，保证他们的安全；二是要请求空军克服一切困难空投饮用水。8月5日空投饮用水和食品成功。8月6日小队派出搜索小组在距驻地约60公里处找到水罐车，当晚11时到达驻地。在这次抗风抢险中，调度上情下达，下情上报，联系内外，充分发挥了指挥协调作用。

四、工农工作

（一）机构设置

1978年8月，物探局成立工农工作处，编制3人；各指挥部成立工农科（办），编制2~3名；物探队配专职工农联络员。工农工作处负责全局工农工作的管理，指导各指挥部的工农工作；负责全局建设的征地工作。

1984年6月，局将总调度室与工农工作处合并，成立生产管理处，内设工农工作办公室，人员编制2~3名。各勘探公司，设工农科（办），人员编制3~5名。各施工物探队设立工农工作组，配专职工农员2~3人。

1987年3月，局将生产管理处改为生产协调处，原工农工作机构未变。

1991年10月，局将生产协调处改为总调度室，原工农工作机构未变。

1993年3月，局将总调度室撤销，原下属的调度值班室和工农办公室划归勘探处。勘探处下设生产调度室，内设工农工作管理岗，编制1人。各地调处撤销工农科（办），工农工作划归地调处调度室。各施工物探队设立工农员岗，定员1~2名。

（二）制度建设

（1）参与制定补偿条例。1982年12月，物探局派人参加河北省支油办在廊坊市召开的“河北省支援油田建设座谈会”，参与了石油勘探开发作业造成损失的补偿条例的制定。这个补偿条例，经河北省建委批准于1983年4月颁布执行。

（2）制定地震勘探配合油田施工中损害农作物赔偿费用协议。物探局在华北地区进行野外施工，工农矛盾逐年激化，补偿费用不断增加，直接影响了野外施工的正常开展，为此物探局于1985年11月向石油部作了汇报。1986年6月，在石油部总地质师阎敦实主持下，物探局局长同华北石油管理局局长协商达成协议：地震勘探配合油田施工过程中损害农作物和其他附着物的赔偿费用，物探局和油田各负担50%。按照这个协议规定，1985年至1986年，物探局配合油田地震勘探累计收入工农补偿费1662万元，占累计支出工农补偿费的17.95%。

（3）制定地震勘探井中爆破安全距离的规定。为了减少地震勘探井中爆破对农业设施（机井、房屋、砖窑等）的震动损伤，缓解工农矛盾，减轻处理赔偿工作的难度，局工农办邀请中国力学学会、工程爆破委员会委员龙维祺教授率北京钢铁学院矿业研究所科研人员组成试验组，并请华北油田工农处人员参加，分别于1986年2月和10月在河北省肃宁、河间、深县、霸县选定4个点进行地震放炮试验。同时邀请河北省、石家庄、廊坊、保定、沧州、衡水、邢台等省、地支油办，及25个市、县支油办负责人到现场观察。根据矿业研究所提交的试验报告，经物探局、华北油田和省、地支油办协商确定：按常规井深和药量（单井深15～18米，炸药量5公斤）进行井中爆破，炮点距农田机井不得小于50米，距民房不得小于100米，距砖窑不得小于150米。这三个安全距离，经河北省支油办认定后发文实施。

（4）制定《物探采集施工损害补偿工作管理规定》，从1989年9月1日起执行。

（5）参与起草《石油地震勘探损害补偿规定》（简称《规定》）。1986年4月，石油部决定成立《规定》起草小组，由物探局、大庆、华北、中原、江汉、新疆、江苏、四川等石油管理局（油田）派人组成，具体组织事务工作由物探局生产管理处工农办负责。《规定》送审稿经国务院1989年9月26日批准，能源部于1989年10月17日发布施行。

（三）工农工作与补偿

1965年3月，六四六厂发出《关于爱护青苗避免损坏庄稼的通知》，要求野外施工队认真贯彻《关于野外勘探施工占用耕地问题的答复》精神，严格控制占用耕地面积，爱护青苗、避免压坏庄稼；各级组织要加强对全体职工爱护青苗、避免压坏庄稼的教育；确因生产需要和特殊情况，避不开农田，压坏庄稼时要适当地给予补偿。《通知》实施后，直到70年代中期，物探队在野外勘探施工中未发生因农民要求赔偿而影响生产的问题。

党的十一届三中全会之后，农村实行联产承包责任制，野外施工中出现的工农矛盾日益突出，索赔要求数额剧增。为了保证野外施工的顺利进行，妥善处理工农关系问题，局成立了专门工作机构。20多年间，这一工作逐步走上正轨，组织落实，制度健全，工作规范，成效显著，有力地促进了物探生产。

在1978～1997年的20个施工年度中，1113个地震队次施工，累计支付工农补偿费9843.62万元。其中：

1978～1981年，3个施工年度199个地震队次施工，共支付工农补偿费119.7万元，每个施工年度平均39.9万元，每个施工队次平均0.6万元。

1987～1990年，3个施工年度155个地震队次施工，共支付工农补偿费1505.87万元，每个施工年度平均501.96万元，每个施工队次平均9.71万元。

1990～1993年，3个施工年度159个地震队次施工，共支付工农补偿费1190.03万元，每个施工年度平均396.68万元，每个施工队次平均7.48万元。

1997年，45个地震队次施工，共支付工农补偿费585.01万元，每个施工队次平均13万元。其中23个二维地震队共完成测线13521.98公里，平均每公里补偿396.1元；4个三维地震队共完成地下满覆盖面积442平方公里，平均每平方公里补偿1117.7元。

第三节　生产技术管理

1961年5月16日，松辽地调处对地震测点颁发了“44项要求”。

1961年8月，松辽地调处发布了《重磁力测点操作规程》。

1961年11月24日，松辽地调处下发了《松辽石油勘探局勘探指挥部地质调查处颁发地震钻井安全操作规程试行草案的通知》。

1962年10月3日，松辽地调处下发了《勘探指挥部地质调查处关于颁发地震测点操作规程的通知》。

1964年6月13日，石油部六四一厂下发了《华北勘探会战技术工作要求》。

1964年12月12日，华北石油勘探会战总指挥部地调指挥部下发了修改后的《地球物理测点工作技术要求（草案）》。

1964年12月20日，地调指挥部根据石油部《地震勘探技术规程》，结合华北地区情况，下发了《地震勘探技术规定（草案）》。

1977年9月15日，物探局下发了《关于地震野外施工几项技术规定和原始资料质量检查问题的通知》。

1982年3月20日，物探局印发了重新修订的《地震野外原始记录评价标准》，自当年4月起执行。

1982年，石油部地质勘探司发布了《地震勘探技术规程》。

1989年，物探局以局企业标准发布了29项技术标准。包括数字地震仪器修理标准，各种型号的可控震源操作规程、技术标准，各种型号的地震仪器检修项目及技术标准，大地电磁法勘探技术规程，重力勘探技术规程等。

1993年2月18日，为了适应塔里木盆地地震勘探工作的需要，确保地震勘探资料采集、处理、解释工作的规范化、标准化，物探局下发了《塔里木盆地地震勘探技术工作规程》，以及3个附件，即

《塔里木盆地二维资料处理技术规范》、《塔北精细处理技术规范》、《塔里木盆地三维地震资料处理技术规范》。

第四节　生产质量管理

为了保证物探生产质量，物探局（六四六厂）首先从抓物探采集质量入手，采取了一系列管理措施。

一是建立局、处、物探队三级质量管理网络，做到组织人员落实、规章制度健全、奖罚措施有力。

二是制定物探生产质量标准。先后制定14项地震野外采集的技术标准，1993年、1994年又先后作了两次修改，对野外施工设计、技术要求、质量检查和验收等做了明确规定。

三是加强"质量第一"的教育。开展岗位培训，认真学习生产技术规程，提高全员质量意识，树立"质量第一"的思想。从1992年起，举办了15期质量监督员学习班，共培养质量监督员181名。

四是开展质量管理活动。施工前踏勘工区，对测线设计提出修改意见，报局勘探处审批；各物探队做好施工设计，通过方法论证，试验优化采集方法；物探局对各地调处的技术设计，各地调处对物探队的施工设计进行严格审查，并进行方法试验，验收合格后才能正式生产。施工中物探队严格控制质量，开展工序质量管理活动；局和地调处的生产管理人员经常深入野外施工现场，开展质量检查活动；通过生产例会、质量分析会和年度工作会议，对质量管理工作进行总结、评比，选树表彰先进典型；地调处对物探队生产质量进行现场验收，验收合格方可收工；开展全员质量管理QC小组活动；物探局对地调处生产质量进行验收，根据质量好坏，兑现奖惩。

五是针对施工中的技术难题开展技术攻关，不断采用新技术、新方法、新设备，提高生产质量。

1971年12月15日，六四六厂颁发了《野外队质量要求和资料质量检查暂行制度》。

1972年5月，六四六厂针对推广地震勘探"多次覆盖"方法出现的新问题，对《野外队质量要求和资料质量检查暂行制度》作出了补充规定。

1977年9月，为了加强野外原始资料质量的检验工作，物探局下文在大队生产组建立了质量检验小组。并设专职人员对每个小队送交的资料逐炮逐项进行检查验收，协助大队领导和生产组抓好野外生产质量。物探局还对质量检验中的一些问题作出了具体规定。

1977年，物探局对地震原始记录质量组织了全局评比，开展了"优质红旗"评比活动，促使野外地震记录质量不断提高。第一指挥部在10月召开的全局质量评比会上用新标准评价地震资料，结果只有两个地震队的资料合格率达到99%；到11月用新标准评价，就有7个地震队的资料质量达到99%以上。经检查评比，第一指挥部7个地震队、第二指挥部4个地震队、第三指挥部4个地震队分别获得10月、11月"优质红旗"。其中第一指挥部2200队、第二指挥部2168队、第三指挥部2170队连续两个月获得"优质红旗"。

1983年4月21日，物探局下发了《关于加强二连地区地震勘探原始资料质量控制要求的通知》。《通知》要求第一、二、四指挥部在二连地区施工的地震队，认真执行1983年2月石油部地球物理勘探会议制定的"地震队原始资料质量控制要求"（讨论稿）及局总体设计中有关技术措施，严格野外测量及地震施工，物探队质量监督员每天要对记录进行检查，发现问题及时向队长汇报。各指挥部勘探科要对每个物探队的质量负责。野外施工凡方法不过关的，资料质量不合格的，不准投入生产。质量控制员对物探队的质量进行抽查，发现施工不严，达不到要求的，要马上纠正。发现有弄虚假的现象，指挥部要提出严厉批评，必要时采取经济制裁的措施。

1983年3月24日，物探局为了确保井口时间的准确，决定从1983年5月开始，井炮队凡不记录τ值或τ值可疑而又无分析说明的，所有地震记录均按废品评价处理。

1983年10月17～18日，物探局召开了华北地区地震野外工作会议。会议《纪要》强调：要加强基础工作，严格野外施工，确保原始记录有足够的信噪比；要下决心抓好野外施工的各环节、各工序，按照地震勘探规程和会议制定的《关于提高地震勘探野外采集质量的十六条补充规定》进行野外施工。《纪要》中规定：建立健全地震工作全面质量管理控制系统，加强质量的监督与检查，按照会议制定的《地震勘探野外采集质量的管理及职责范围》进行落实；加强野外采集、资料处理及成果解释三个环节的联系，由指挥部主任工程师负责，每月召开一次讨论会。《纪要》中肯定了以往野外工作中的"三个确保、六个准确、十二项要求"和"七抓、七落实、七个性”等抓质量的具体措施。

1983年10月21日，物探局印发了《物探局地震勘探野外采集质量的管理及职责范围》和《物探局关于提高地震勘探野外采集质量的补充规定》。

1986年9月3～5日，物探局召开了野外采集质量工作会议，交流经验、揭露矛盾、找出原因、完善制度、制定措施，进一步提高采集质量。会议对1984～1986年上半年的记录质量进行了总结：全局地震记录一级品率1984年为62.4%，1985年为63.7%，1986年上半年为72.9%；废品率1984年为0.47%，1986年上半年为0.26%。

1987年，物探局以第286号文转发了《质量管理小组活动管理办法》。

1988年4月11日，物探局印发了《物探局全面质量管理规划》，提出质量管理的总目标是：“围绕一个中心，抓住两个重点，达到三个目标，实现五项成果”，为油田和新区增加石油储量多作贡献。围绕一个中心，就是紧紧围绕企业升级，提高经济效益这个中心，牢固树立质量第一的观点，千方百计为油田提供优质产品和勘探服务。抓住两个重点，一是以开展质量教育为重点，提高各级领导干部、管理人员和广大职工的质量意识，人人关心质量，积极参加全面质量管理活动；二是以抓好质量管理基础工作为重点，突出质量责任制、标准化工作、计量工作、质量信息工作的建立、健全和完善。达到三个目标，一是1989年地球物理勘探质量指标创国家二级企业水平，1990年创国家一级企业水平；二是有50%的主要产品质量达到国际70年代末80年代初的水平；三是争取进入国家经委推行计划全面质量管理企业的行列。实现五项成果，一是基本形成“五套”物探技术，即高分辨率地震勘探技术、人机联作地震资料解释技术、地震资料数字处理技术、复杂地形区的物探技术和三维地震勘探技术；二是创省、部级企业全面质量管理奖（指二级单位）2～3个；三是国优、省优、部优产品达到14个；四是全局达到三级计量单位标准；五是创优良工号12个，力争创一个全优工号。

1988年10月，物探局印发了《物探局地球物理勘探全面质量管理验收细则》。《细则》具体规定了验收项目、内容、评分细则、标准分和分解分。验收项目，包括质量管理机构和制度、质量管理教育、新产品研制和新技术开发过程的质量管理、生产过程的质量管理、质量信息管理、质量成本管理、使用过程质量管理、群众性质量管理、质量奖罚制度等。

1988年11月7日，物探局以局企业标准形式发布了6项物探生产质量管理标准。即《地震勘探质量考核办法》、《地震勘探资料处理质量考核办法》、《全面质量管理组织体系》、《质量信息管理办法》、《地震勘探质量管理责任制》和《重磁电勘探质量管理责任制》等。

1991年，物探局野外采集工作，严格按照总体设计和部署，认真贯彻执行物探行业的各项技术标准，狠抓采集质量，强化质量控制和监督，提高了野外采集质量。全局二维地震记录一级品率达80.68%，创历史最好水平。为了发扬成绩，表彰先进，物探局于1992年2月发文授予地调一处1991年度野外采集质量优秀处的称号；授予2181、2210、2213、235、2220、2144、2165、2222、233地震队，316重力队，704电法队等11个物探队1991年度野外采集质量优秀队的称号。

1992年10月，物探局对从1988年起开展的质量管理小组活动进行了总结，制定下发了《质量管理小组活动实施细则（试行）》。《细则》对质量管理小组（简称QC小组）的组织和管理、活动和教育、经验交流与成果发布、评选与奖励等作了具体规定。

1992年11月，物探局印发了《物探资料采集项目实施质量监督的规定》。按照物探采集项目管理分级的原则，由勘探项目管理组（甲方）委派质量监督员到施工单位（乙方），按照合同规定进行现场检查、监督和服务，确保项目最终目标的全面实现。质量监督员受勘探项目管理组委派并向其负责；业务上接受上一级勘探、技术监督部门指导。《规定》对物探资料采集质量监督员的聘任管理、工作任务、权限与责任、考核奖罚、待遇等作出了具体规定；要求各地调处、特勘处结合实际情况认真贯彻执行。

1992年以后，物探局在塔里木重点探区连续开展了“塔河杯”质量优胜队评比活动和“创全优工程”活动。在藏北探区开展了“珠峰杯”质量竞赛评比活动。

1993年2月5日，物探局审批了44名由各地调处推荐、经培训考核取得局级物探采集质量监督员任职资格的质量监督员。要求各地调处和项目管理组（甲方）从这44名质量监督员中聘任专职质量监督员，到施工单位（乙方），按照合同规定进行现场施工质量检查、监督和服务，确保项目最终目标的全面实现。

1994年2月16日，物探局向各地调处、研究院（所）资料处理中心（站）转发了总公司《物探监督暂行管理办法》，要求健全本单位的考评小组，搞好质量监督员的选拔、推荐及培训工作，并搞好质量监督员的管理。

1995年3月6日，物探局为了加强塔里木野外采集质量监控，印发了《塔里木探区物探质量监督管理办法》，对质量监督员的资格、职责、考核奖罚等作出了具体规定。

1996年7月，物探局成立“石油物探监理公司”，使物探采集的质量管理走向了专业化、系统化。

由于质量管理工作的加强，有力地促进了物探资料采集、处理、解释成果质量的提高。1997年，全局共获二维地震记录463640张，合格率达99.79%，一级品率达90.76%；共获三维地震记录134728张，合格率达99.86%，一级品率达91.54%。研究院资料处理中心全年二维地震资料处理一级品率为98.79%；三维资料处理合格率达100%。

第五节 生产设备管理

一、设备管理模式

物探局于1973年设立了机动处，负责全局设备资产的购置、分配、调剂、使用监督、报废审批等管理工作。局属二级单位（指挥部、厂）相应地设立了机动科（设备中心），设备相对较少的二级单位设立了机安科。这些机构分别负责本单位的设备使用、设备保修、设备内部调剂等日常管理工作。各基层单位（物探队、车间）设立了设备管理小组，负责本单位设备的现场管理。从而形成了全局设备从上到下分级管理的体系。

1973～1977年，物探局的设备管理分为四级，即局、二级单位（指挥部、厂）、大队、基层单位（物探队、车间）四级管理。1978年撤销大队机构后，设备管理变为“三级”管理。

1990年，物探局在物探队实行了机械师负责制。每个二维地震队配备1名机械师、三维地震队配备2名机械师，负责设备的现场技术管理工作。这种管理办法，总公司在1996年设备管理工作会议上给予肯定并向全石油系统推广。

1992年，物探局实施了大型地震仪责任工程师负责制。责任工程师负责一个施工区域的多套仪器的技术管理、技术支持等工作。

二、设备前期管理

设备的前期管理包括装备的技术发展规划、设备选型、制造、购置、安装、调试、验收、分配等工作。

1973～1983年，物探局所需设备的选型、购置主要由上级主管部门确定，所需设备的数量也由上级主管部门调拨。物探局只负责设备的安装、调试和现场管理。

自“八五”以后，总公司对物探局的装备投资给予了大力支持，陆续购置了大量特种勘探设备，主要用于新疆塔里木大沙漠、吐哈、藏北等地区的石油勘探。为了加强设备投资的使用管理，全局设备的购置实行了统一归口管理，主要由机动处负责设备购置计划的编制并报局审批。对进口设备的采购，物探局成立了设备引进领导小组，由主管设备的副局长任组长。引进领导小组根据物探工作的需要和有关专家的建议，制定装备的更新、改造、发展规划。

物探局逐步完善了设备的前期管理制度，建立健全了设备购置申请、审批程序，设备选型、购置的综合评价方法和标准，设备投产前的验收标准等制度。

三、设备使用管理

物探局对全局装备的现场管理，实行宏观上指导、监督和调控。主要方法是开展设备使用管理的检查评比活动。即定期组织全局性设备大检查，各二级单位每年进行一次设备检查评比，物探队（车间）每月进行一次设备检查评比。此外，局、二级单位还不定期开展各类专业设备的检查评比活动。每次检查评比，有奖有罚，对有突出贡献的单位和个人给予奖励，对发现的重大问题给予行政处理和经济处罚。

到1997年，物探局建立健全的设备管理制度共有12项30种。其中包括：设备安装及验收制度，设备维护保养制度，设备使用制度，设备用油、用水管理制度，设备封存、报废管理制度，重点设备管理制度，设备资料档案管理制度、机械师管理制度，仪器机组人员工作制度，固定资产管理制度，设备统计工作管理制度等。

四、设备的维修管理

地调指挥部、六四六厂时期（1964～1973年6月），设备的维修管理由厂机关的生产部门负责，设备维修主要由厂属机修厂、仪修站承担。物探局成立

表 11－3　1971～1997 年物探局（六四六厂）主要专业设备情况统计表

单位：台

年份	状况＼名称	设备总数	钻机	物探设备	起重机械	运输车辆	辅助专用车辆	动力设备	电器设备	金属切削机床	工业炉	铸造设备	锻压设备	焊接切割设备	木工机械	工程机械	检测设备	电子计算机
1971	合计	91				11		10		61		2	6		1			
	完好数量	89				10		10		60		2	6		1			
	使用数量	89				10		10		60		2	6		1			
1971	合计	1051	117	78	3	542		87		147		2	18	38	5	14		
	完好数量	964	112	72	3	496		81		128		2	15	38	5	12		
	使用数量	989	104	63	3	534		62		146		2	18	38	5	14		
1973	合计	878	82	53	3	387		102	23	132		2	20	56	5	13		
	完好数量	715	68	43	2	301		93	23	96		2	17	55	5	10		
	使用数量	769	70	42	3	366		67	17	124		2	18	42	5	13		
1974	合计	906	76	54	3	442		62	22	149		2	24	57	5	10		
	完好数量	771	59	50	3	383		53	22	110		1	20	55	5	10		
	使用数量	779	65	44	3	383		48	19	138		2	22	42	4	9		
1975	合计	1021	90	68	5	489		73	23	172		2	25	59	5	10		
	完好数量	878	77	59	4	418		61	23	144		2	20	58	5	7		
	使用数量	883	80	54	5	423		56	19	163		2	21	47	5	8		
1976	合计	1122	91	60	6	554		94	29	175		3	32	59	6	13		
	完好数量	921	72	47	5	448		79	27	145		3	26	54	6	9		
	使用数量	999	84	52	5	491		74	25	163		3	31	54	6	11		
1977	合计	1297	105	58	6	680		104	36	189		3	24	59	12	21		
	完好数量	1130	95	49	5	598		91	33	155		3	18	55	12	16		
	使用数量	1201	103	53	5	619		89	29	189		3	21	59	11	20		
1978	合计	1841	178	72	10	910		128	43	287	24	6	29	79	14	61		
	完好数量	1694	162	65	9	843		116	42	261	24	6	27	72	14	53		
1979	合计	2437	214	95	16	1208	21	167	46	367	38	11	40	108	17	89		
	完好数量	2242	183	88	14	1100	19	155	46	343	38	11	39	106	17	83		
	使用数量	2322	209	87	16	1181	19	152	41	341	35	11	33	98	16	84		

续表

年份	状况＼名称	设备总数	钻机	物探设备	起重机械	运输车辆	辅助专用车辆	动力设备	电器设备	金属切削机床	工业炉	铸造设备	锻压设备	焊接切割设备	木工机械	工程机械	检测设备	电子计算机
1980	合计	2703	234	99	16	1354	21	179	49	390	39	11	41	109	22	139		
	完好数量	2460	202	85	11	1205	18	169	49	370	39	11	40	109	22	130		
	使用数量	2613	231	99	16	1333	18	168	45	377	36	11	38	103	20	118		
1981	合计	2965	245	140	17	1505	50	205	52	392	39	11	41	113	23	123		9
	完好数量	2729	241	117	15	1345	45	190	52	372	39	11	41	113	23	116		9
	使用数量	2891	242	129	17	1505	49	191	48	380	36	11	38	107	21	108		9
1982	合计	3369	287	141	22	1751	54	300	54	391	39	11	42	127	23	119		8
	完好数量	3119	263	122	20	1603	49	275	54	371	39	11	42	127	23	112		8
	使用数量	3291	286	128	22	1751	53	282	50	384	36	11	39	116	21	104		8
1983	合计	3533	288	155	34	1807	126	311	25	393	30	11	39	166	27	111		10
	完好数量	3188	271	145	29	1549	116	302	25	373	28	11	38	162	25	104		10
	使用数量	3495	287	149	34	1807	125	306	22	386	30	11	39	153	27	109		10
1984	合计	3304	229	81	27	1836	38	265	23	403	33	11	40	156	25	124		13
	完好数量	3033	219	80	20	1639	28	259	23	388	29	11	37	149	24	114		13
	使用数量	3278	228	76	27	1836	38	263	20	397	33	11	40	149	25	122		13
1985	合计	3778	220	119	26	1990	251	343	55	357	29	19	31	160	24	142		12
	完好数量	3471	214	110	25	1744	246	341	55	347	26	17	30	154	22	128		12
	使用数量	3605	217	114	26	1826	251	343	54	357	29	19	31	160	24	142		12
1986	合计	4194	316	210	28	2118	272	352	69	369	32	1	24	159	29	201		14
	完好数量	3792	297	182	27	1892	254	333	68	327	28	1	19	149	27	175		13
	使用数量	3641	245	178	28	1817	259	291	65	343	26	1	18	150	27	180		13
1987	合计	4368	328	107	32	2265	307	405	69	382	27	1	17	163	33	216		16
	完好数量	4039	295	92	30	2106	271	390	66	357	21	1	12	153	31	199		15
	使用数量	3802	216	86	32	1964	260	385	63	368	19	1	14	158	31	191		14
1988	合计	4643	362	131	146	2324	137	624	69	369	20	12	35	170	41	186		17
	完好数量	4320	339	119	140	2127	132	599	64	358	18	12	33	157	39	167		16
	使用数量	4145	225	109	141	2109	127	564	66	361	19	12	33	161	36	166		16

续表

年份	状况＼名称	设备总数	钻机	物探设备	起重机械	运输车辆	辅助专用车辆	动力设备	电器设备	金属切削机床	工业炉	铸造设备	锻压设备	焊接切割设备	木工机械	工程机械	检测设备	电子计算机
1989	合计	4529	327	164	171	2330	131	385	79	406		10	50	208	37	200	5	26
	完好数量	4243	293	159	164	2182	126	367	77	392		10	50	190	37	170	4	22
	使用数量	4272	293	160	164	2194	128	369	77	399		10	50	191	37	174	4	22
1990	合计	5198	392	178	116	2928	151	371	41	392		9	55	269	39	240	4	13
	完好数量	4821	346	170	111	2703	142	350	40	375		9	54	257	39	210	4	11
	使用数量	4853	346	171	111	2715	146	350	40	383		9	55	257	39	216	4	11
1991	合计	5334	344	190	123	3025	182	398	41	401	13	9	54	267	39	230	4	14
	完好数量	5035	319	173	118	2837	179	387	41	379	13	9	54	262	38	209	4	13
	使用数量	4897	320	165	112	2726	178	379	40	383	13	9	54	257	39	206	4	12
1992	合计	7132	363	1241	131	3174	188	506	42	419	13	9	55	273	39	243	5	431
	完好数量	6681	326	1105	129	2952	180	474	42	415	13	9	55	273	39	234	5	430
	使用数量	6773	326	1132	130	3012	181	475	42	416	13	9	55	273	39	234	5	431
1993	合计	7231	334	1182	134	3296	189	541	42	459	13	9	55	273	39	276	5	474
	完好数量	6859	305	1062	130	3104	181	512	42	407	13	9	55	273	39	259	5	463
	使用数量	7001	305	1093	131	3158	183	516	42	446	13	9	55	273	39	266	5	467
1994	合计	6949	436	1305	194	3167	178	398	73	391	6	3	50	259	35	254	5	195
	完好数量	6417	408	1216	184	2854	166	377	73	376	5	3	49	256	35	217	5	193
	使用数量	6435	418	1195	185	2885	170	382	73	369	5	3	49	256	35	212	5	193
1995	合计	7301	423	1331	196	3438	182	406	73	427	6	3	50	277	35	254	5	195
	完好数量	6760	401	1242	186	3126	170	385	73	396	5	3	49	274	35	217	5	193
	使用数量	6851	407	1249	187	3197	174	382	73	398	5	3	49	274	35	220	5	193
1996	合计	8116	478	1536	181	3853	221	396	71	513	6	3	78	195	49	337	5	194
	完好数量	7526	471	1477	151	3540	203	363	67	440	6	3	65	192	36	313	5	194
	库存数量	159	16	48		83	4								1	7		
1997	合计	9109	621	1725	182	4029	237	583	76	486	8	3	87	225	45	358	15	429
	完好数量	8561	596	1624	173	3710	222	573	76	466	8	3	84	219	45	323	15	424
	库存数量	180	12	51		45	12	29		1						6		24

后，建立了“三级设备维修网络”，即物探局机械厂、仪器厂——二级单位的机修站、仪修站——基层单位的设备修理组。

1978～1988年，物探局大修厂主要承担全局各种车辆的大修理；局属二级单位设立的机修站、仪修站主要负责本单位机动设备、仪器的中修及“三级”保养；物探队等基层单位的设备修理组负责设备运行的日常保养和设备的碎修工作。

随着物探形势的扩展，物探局对各二级单位的机修单位（如机修站等）从维修设备、机械加工设备、专用工具等方面进行了大量补充、更新，使其具备了承担本单位运输设备的大修能力。1989年4月，物探局改组了大修厂，使其不再承担车辆大修理任务。1997年，各地调处已具备了MOL、D8N、D8R、UNIMOG、MAN等大型施工设备的大修能力。

1995年，局对各二级单位的维修站进行了资质评审、认证，确定了11个维修站为局内部维修市场的定点单位。局内机械设备可以在认定的任一维修站进行维修。物探局修订、完善了工时定额，制定了汽油车、柴油车、沙漠专用车修理工时定额并以局标Q/WT·L0080－1995下发局属各维修单位，规范了局内设备修理市场。

五、设备的信息管理

物探局各基层单位建立健全了设备台账、设备运行记录、设备维修记录等基础资料。各二级单位的机动部门均设有设备统计岗。局根据总公司的要求建立了6种设备统计报表，即“石油企业设备事故情况”、“主要专业设备技术状况”、“设备管理十五项总体指标”、“主要专业设备经济技术指标”、“设备大、中修实际完成情况”和“利用率、故障停机率和泄露率考核项目”。

进入90年代，各单位将计算机普遍用于设备的信息统计管理，编制了应用软件，建立了设备信息数据库。

六、设备的报废管理

物探局设备报废的鉴定归口机动处管理，设备报废的审核归口国有资产处管理。各二级单位根据设备的使用年限、结合设备的技术状况向局提出设备报废申请，机动处组织技术人员对申请报废的设备进行技术鉴定，经国有资产处审核后报局领导审批。被批准报废的设备移交设备调剂中心统一处理。

七、主要专业设备

物探局主要专业设备，1973年有878台，1978年有1853台，1990年有5198台。1997年增长到9201台，其中钻机621台、物探设备1725台、起重机械182台、运输车辆4029台、动力设备583台、金属切削机床486台、锻压设备87台、焊接及切割设备225台、木工机械45台、工程机械358台、电子计算机429套，其他专业设备491台。

1971～1997年物探局（六四六厂）主要专业设备情况见表11－3。

第六节　安全环保管理

一、管理机构

1978年11月前，物探局未专设安全管理机构，只在局总调度室设安全管理岗，定员2人，主要职责是以交通肇事为主的事故管理。同年12月，局机关成立生产办公室，内设生产安全科，配1名科长、2名科员，业务上增加对地调处的炸药、雷管、油料及保健食品的管理。

1980年9月，局成立安全处，设处长1名、科员3名、司机1名，业务上增加对锅炉压力容器、液化石油气站的管理，以及建筑、电气等工业生产的安全管理。

1986年，安全处科员增至5名，业务上增加宣传教育、事故统计、劳动防护用品管理。

1991年，安全处增设环境保护岗（定员1人），负责管理局工业生产“三废”（废气、废渣、废水）。

1992年4月，将安全处调整为安全环保处，内设野外生产、锅炉压力容器、交通、综合统计、宣传教育、工厂安全、环境保护等管理岗。

局属二级单位设安全环保科（或机动安全科或安全保卫科），后勤单位配备专职安全环保管理人员。地震队、运输车队、修理站等基层单位配备专职安全环保员，其他基层单位配备专（兼）职安全监督员。

二、管理制度及措施

自1986年起，物探局每年定期或不定期地开展安全生产检查活动。

1989年3月，物探局下发了《物探局安全生产奖惩暂行规定》，每季度对二级、直属单位进行安全生产考核、挂牌，合格者挂红牌，警告者挂黄牌，不合格者挂黑牌，并公布于局办公楼一楼大厅。

1991年4月，物探局下发了《局、处领导干部承包要害部位安全生产的奖惩规定》，局级领导干部每人分别承包一个局级要害部位。安全环保处建立了提醒和陪同局领导到其承包的要害部位开展检查活动以及考核的制度，每季度初公布上季度领导到位活动情况。

1992年，物探局制定了基建“三同时”、安全生产奖惩规定、HSE管理、多种经营场点安全审批工作等管理制度，并实行安全生产承包责任书及风险抵押金制度。

1995年3月，物探局下发了《物探局实行安全承包和加强安全生产经济奖惩若干规定（试行）》，建立了局安全生产专项奖励基金，将安全生产同单位和个人的经济利益挂钩。

1996年11月，物探局印发了《石油工业安全审查管理规定（试行）实施细则》，健全了安全生产网络和奖惩考核制度。

三、安全教育

物探局安全教育的主要做法：一是对新入厂的工人和大、中专毕业生（包括实习、代培、参观人员）进行厂（处）、车间（队）和班组三级安全教育，并建立安全教育档案。二是对调换工种人员和采用新工艺、新设备的作业人员进行专业安全技术重新培训。三是对司机、司钻、爆炸、电气、起重、锅炉、受压容器、焊接、电梯等特殊工种工人进行专业安全技术培训，经当地劳动部门考核取得合格证后才能上岗操作。四是对安全监督员、基层领导进行安全知识、专业技术培训，考试合格后开展安全管理工作。五是利用各种培训班、会议开展全员安全思想教育，提高全员安全意识。5个地调处、仪器总厂、机械厂、特车厂建立了安全教育室。六是开展日常性安全活动，即生产班组每周安全活动一次，基层车间（队）每月安全活动一次，用专用活动记录本记录归档。

1990年，物探局制定了企业标准Q/WTG·1919—1990《安全教育管理规定》。

1996～1997年两次派出约24人去英国伦敦GSR公司进行HSE培训一个月。

四、交通安全

1988年前，主要根据国家、地方有关法律、法规，进行交通安全管理。

1989年，物探局制定了局企业标准《交通安全管理规定》。

从1990年起，物探局学习推广了胜利油田交通安全“十八法”管理经验，加大了交通安全管理力度。

1997年底，全局有运输车队31个，大小车辆2500多辆，专职司机2300多人。由于加强了交通安全管理，交通事故大幅度下降。

五、安全技术管理

1983年3月，局安全处将1983年前的国家、石油部、物探局有关安全生产方面的政策、法规、规定、规范、标准等文件汇编成《安全技术工作手册》。

从1989年起，局对物探、建筑、机械、后勤、锅炉压力容器、液化石油气、消防等方面的安全管理和技术操作的企业标准汇编成17个安全生产管理标准，13个操作规程，并提出3个行业标准。推广了地调一处防止钻机触电伤害事故的“防触电警报器”，局徐水变电站防配电盘触电伤害事故的“高压连锁装置”，局涿州液化石油气总站的“储罐液面计”，以及防止车辆启动伤害事故的“音响提醒警报器”等技术革新和技术发明。

（1）安全技术措施。自1986年起，物探局每年在编制生产计划的同时，也编制安全技术措施，并与生产计划一起下达。其内容主要有安全技术、工业生产、辅助生产及宣传教育等。

1989年，物探局制定了局企业标准《安全生产技术措施计划管理规定》、《安全生产技术措施计划实施检查方法》。

1996年11月，物探局印发了《石油工业生产管理（试行）实施细则》。其中对生产的安全技术措施作出了具体规定。

全局安全技术措施资金的来源：一是局拨，1987～1991年每年局拨50万元，1992～1997年每年局拨100万元；二是单位自筹，自筹资金为局拨资金的2～3倍。

（2）爆炸危险品管理。1989年前，执行《中华人民共和国民用爆炸物品管理条例》和GB6722—1986《爆破安全规程》。

1989年，物探局制定了《地震勘探爆破安全规程》、《地震队安全生产管理规定》等企业标准。

1997年，局起草了石油行业标准SY/T6280—1997《石油地震队健康、安全与环境管理规范》，规定炸药、雷管长途运输全部使用集装箱，并建立了地震队施工后清线制度。

（3）锅炉压力容器及液化石油气管理。从1980年起，对锅炉压力容器进行安全监察和行业管理。

1983年3月，物探局制定了《锅炉压力容器安全管理规定》。

1989年，物探局制定及修订了局企业标准：

《低压锅炉水质标准实施办法》、《锅炉压力容器安全管理规定》、《锅炉压力容器安全检查评分标准》、《蒸气锅炉安全生产操作规程》、《热水锅炉安全生产操作规程》、《低压锅炉水处理操作规程》。

物探局取暖形式的发展变化：在1977年以前大体为蒸气取暖，1977年改为低温热水取暖，1991年基地管理处改为十吨低压蒸气锅炉生产蒸气经汽水热交换后仍为低温热水取暖，1996年地调一处基地改为地热水取暖。到1997年底，全局基地有蒸气锅炉41台；热水锅炉69台；固定式压力容器123台，移动式压力容器28010台。

基地管理处有供应全局液化气的1000立方米储存罐12个，液化石油气装卸站台2台。

1983年3月，制定了《物探局液化石油气站安全管理规定》。

1989～1990年，物探局制定了局企业标准《液化石油气安全管理规定》、《液化石油气站安全生产操作规程》。

（4）其他专业安全管理。1983年3月，物探局制定了《地球物理勘探野外生产安全规定（试行）》、《仓库安全管理规程》、《物探局电力安全生产规程》。

1989年，物探局制定了局企业标准《电力安全工作规程》、《地震队安全生产检查标准》、《安全生产技术措施计划管理规定》、《安全生产技术措施计划实施检查办法》、《安全生产奖惩规定》、《沙漠队安全生产管理规定》、《工业动火安全技术管理规定》、《建筑安装安全生产管理规定》。

1991年，物探局制定了局企业标准《工业生产防火安全管理规定》。

1993～1995年，物探局下发了《多种经营场点实行安全生产许可证制度的通知》、《认真开展防火和安全生产大检查的通知》、《切实做好安全隐患整改工作的通知》。到1997年底，物探局共发出25张动火安全许可证。

1997年，局制定及修订安全生产管理标准14个，并印发了HSE管理标准汇编（上册）。

六、事故管理

1983年前，物探局在事故管理方面执行国家、石油部有关规定。

1983年3月，物探局印发了《物探局责任事故处理规定（试行）》。

1996年，物探局下发了《石油工业安全生产管理规定（试行）实施细则》，对事故按“三不放过”原则进行管理。

1997年4月，物探局下发了《物探局职工工伤认定办法》，规定由劳动工资处凭安全环保处工伤认定证明受理职工工伤鉴定、评残，并办理“职工工伤证”。

1973～1997年物探局事故情况见表11－4。

表11－4　1973～1997物探局事故情况统计表

年份	事故次数	事故性质（次）		事故种类（次）						伤亡人员（人）		直接经济损失（千元）
		重大	大	交通肇事	机械伤害	物体打击	爆炸	触电	其他	死亡	重伤	
1973	27	2	25	21		2		2	2	5	13	71
1974	18		18	15				2	1	2		18
1975	48	2	46	30	1	2	1	1	13	12	20	175
1976	66			51	1	3	1	2	8	12	34	52
1977	56			35	2	2	2	3	12	20	42	92
1978	52	1	51	40	1	1		1	9	12	21	117
1979	33	11	22	21	5	1	1		5	11	10	136
1980	25	8	17	13	3		3	1	5	17	21	215
1981	17	4	13	7			1	2	7	15	18	386
1982	27	4	23	25			1	1		16	23	230
1983	32	15	17	29		1		1	1	8	12	257

续表

年份	事故次数	事故性质（次）		事故种类（次）						伤亡人员（人）		直接经济损失（千元）
		重大	大	交通肇事	机械伤害	物体打击	爆炸	触电	其他	死亡	重伤	
1984	59	11	48	38	1	1	1		18	12	16	148
1985	71	19	52	42		1	2	1	25	20	26	346
1986	87			75	1	2		2	7	9	15	187
1987	51			49					2	14	15	235
1988	45	13	23	35		4	2	1	3	12	11	234
1989	54	12	42	45	2			2	5	21	25	335
1990	67	28	39	60	2			1	4	21	25	553
1991	55	23	32	52		1	1		1	18	16	625
1992	39	17	22	38	1					6	17	400
1993	41	23	18	36	2		2		1	12	11	284
1994	32	24	8	25			1		6	13	10	480
1995	17	14	3	13					4	6	9	515
1996	17	6	11	11	1		2		3	6	8	730
1997	22	17	5	16					6	15	6	1000

七、劳动防护与环境保护

1981年前，在劳动防护与环境保护方面，物探局及前身六四六厂执行国家有关法律、法规和上级有关规定。

1981年，物探局下发了《物探局关于劳动保护用品发放暂行规定》、《物探局劳动保护用品发放标准》、《物探局保健食品供应暂行办法》等。

1989年，物探局制定了局企业标准《劳动保护用品配备标准》。

1996年，物探局制定了新的局企业标准《劳动保护用品配备标准》。

自1990年起，物探局把环境保护治理工作提到了重要议事日程，制定方案，有计划地开展了这项工作。1997年，地调一、三、四、五处由于工作成绩突出，荣获总公司“清洁无害化矿区”称号。

第七节 生产运输管理

生产运输管理大体分为三个时期，即六四六厂时期 、物探局前期和1984年以后。

一、六四六厂时期的运输管理

这一时期的运输管理工作在公路运输方面主要是：组织车辆协助各大队及物探队往新工区搬迁；组织车辆运输物探生产所需的各种设备、物资；组织车辆为各野外施工地震队运输炸药、雷管等专项物资；组织车辆倒运火车运到徐水车站的炸药、雷管以及其他物探生产所用的大宗消耗材料。在铁路运输方面主要是：组织全厂铁路货运，提交铁路货物运输申请单；编排货物上站计划；组织指挥货物进站上车皮；结算铁路货运费用等。

二、物探局时期的运输管理

建局初至80年代中期，物探队伍会战长途搬迁，运输工作量仍然很大。这一时期的物资运输大体分为四种形式，即公路运输、铁路运输、海洋运输、航空运输。全局运输工作，1984年以前由总调度室主管，1984年以后由生产管理处主管。

（1）公路运输。物探局对运输车辆实行分散使用，归口管理。局下设一个运输大队，部分局属单位设运输队。局主管部门对车辆运输工作管理的主要内容是：负责检查、督促局内各运输单位的年度任务和各项经济、技术指标的完成；开展安全检查活动和安全技术考核工作；负责全局重点运输项目的组织、调派工作；协助、解决局内各单位在运输过程中发生的问题，保障各项运输任务的完成。

1977年，物探局引进法国制造的SYBER系统1724计算机，解体后由法国空运到北京机场，需用汽车运到局研究院。局总调度室接到任务后立即筹划安排：一是派人去北京交通管理部门联系大型车辆整队进出北京城区事宜，取得准许证件；二是组织运输大队、供应处运输队的各种车辆共计 50 台。经首都机场批准，车辆直接开到飞机货舱口装车，使这一大型计算机，安全地运到目的地。

1978 年，将国产 150 型计算机由徐水基地搬迁到涿县研究院。在计算机的搬迁过程中，局总调度室先后组织运输大队车辆 30 台（次），历时 8 天，安全地完成了运输任务。

1982 年，局引进美国制造的 IBM－3033 大型计算机系统。局总调度室组织运输大队、供应处等单位的 60 台车辆将计算机系统由北京机场安全运到研究院。

（2）铁路运输。局总调度室（生产协调处）在铁路运输管理方面的主要职责是：负责组织全局铁路运输工作；协助各指挥部申请大批量货运车皮计划；组织物探专业设备的铁路发运工作；指导铁路专列货运的现场发运工作；统计、汇总全局铁路货运车皮发运情况等。

1973～1984 年，全局发往各探区的铁路货运车皮共计 994 辆。其中平板车皮 891 辆，敞车车皮 60 辆，棚车车皮 43 辆。

1978 年，物探局抽调第三指挥部（简称三指）两个大队、9 个地震队赴新疆塔里木参加石油勘探会战。大批物资器材和设备要通过铁路运输，为此，局总调度室组织三指、供应处、仪器厂、机械厂密切配合，并调派局运输队 25 台车辆加强运输力量，按时完成了发运任务。

据 1984～1991 年统计，全局共发运铁路货运车皮 1324 辆，其中平板车皮 1266 辆，敞车车皮 46 辆，棚车车皮 12 辆；共计发运物探专用设备 1500 台（套）。

（3）海洋运输。海洋运输主要是物探局对外提供地震勘探技术服务所使用的各种物探专用设备和各种生产、生活物资的海洋船舶运输。

1987 年，石油部工程公司代表石油部与缅甸国家能源部签订了石油地球物理勘探技术服务合同。该合同由物探局执行。物探局将这项任务下给地调二处，并要求 10 月初完成物资器材的发运工作。局生产管理处与地调二处组成货物发运小组，8 月向中国远洋运输公司提交海洋货物运输计划。9 月与该公司天津分公司签订海洋运输合同，同时向塘沽海关提交出关的物探设备、器材清单，办理出关的各项手续。10 月将地调二处赴缅甸施工的 40 台地震勘探设备和 20 车生产、生活物资运往天津塘沽港，装船发运。这是物探局第一次组织的海洋运输工作。

（4）航空运输。物探局的航空运输，主要是为支持新疆塔里木探区的石油物探，使在大沙漠区域进行野外施工的物探队在生产、生活上得以保障。航空运输有两种形式：一是一次性包机的空中运输；二是常年为大沙漠地震队的生产、生活提供支持的空中运输。

1978 年 5 月，物探局从北京包租 1 架安－12 型运输机，将第三指挥部参加南疆会战的 9 个地震队的全部地震仪器运往南疆。

1981 年，物探局从北京包租 1 架安－24 型货机，将该机为第三指挥部喀什地震资料处理站所有的 COMMIND－Ⅲ型数字计算机，运往新疆喀什机场。

1983 年，物探局与河北邯郸直升机公司签订合同，租用直升机两架，为第三指挥部 3 个大沙漠队提供航空运输服务。1983～1985 年签订一次合同，1986～1991 年每年签订一次合同。

第八节 通讯管理

一、概况

六四六厂成立初期，厂机关设立通讯组，1966 年成立通讯站。1984 年 6 月，物探局将通讯站改成通讯总站，列为直属单位。

1976 年 10 月，通讯站只有一台 100 门供电式人工交换机，1978 年发展到 200 门纵横制自动交换机。1984 年新建一幢 2000 平方米四层综合通讯楼，交换中心的交换机容量发展到 900 门，1991 年 10 月更换为 MD110 程控交换机，总容量为 1200 门，1997 年发展到 3000 门。到 1997 年底，全局建立 21 个通讯站（点），交换机总容量达 20000 门。

二、规章制度

1994～1997 年底，通讯总站相继制定了 26 种人员岗位规范、4 种专业岗位服务规范、16 种专业技术岗位职责、6 种通讯规章制度、7 个工种的“三标”班组条件和 5 种人员的安全职责。

三、人员及素质

通讯总站 1985 年有职工 49 人，其中干部 18 人、工人 26 人、其他人员 5 人；工程技术人员 13 人、管理人员 5 人。1989 年有职工 62 人，其中干部 30 人、工人 32 人；工程技术人员 25 人、管理人员 4 人。1997 年末有职工 78 人，其中干部 33 人。

1997 年末，全局通讯人员已发展到 312 人，其中有大中专以上学历的 79 人，占人员总数的 25%。在技术干部中，有高级工程师 7 人、工程师 26 人、助理工程师 26 人。

通过培训和自学，通讯人员业务素质有了很大提高。1994 年，在总公司组织的“胜利杯”通讯技术比赛中，物探局选手获团体总分第六名，话务人员第八名。1996 年，在总公司组织的“大庆杯”通讯技术比赛中，物探局选手获团体总分第四名，程控个人第三名。

四、通讯工程建设

1990 年，扩建和完善了微波线路通讯，建成涿州局机关至徐水、固城、霸州、唐官屯、研究院、建筑公司等微波站 6 座，电话总容量 5300 门，形成了以局机关为中心的微波通信网，完成投资 637 万元。

1991 年，购置安装了局机关及地调三处库尔勒基地两部 800 门程控交换机，以及大兴、安新、码头三个农场的通讯铁塔，完成投资 180 万元。

1992 年，在原有三条主要微波干线的基础上，建成一套一点多址的微波通讯系统和一套卫星电话地面站系统，使全局形成了一个包括所有二级单位在内的通讯网络。并对通讯总站的话务室、电力室进行了改造。全年通讯工程完成投资 120 万元。

1994 年，建成了涿州局机关六号院一点多址的微波系统，完成投资 60.4 万元。

五、通讯状况（1997 年末）

1997 年末，物探局已基本建成相对独立、完整的通讯网络。局机关与各地调处、塔里木前指、仪器总厂、机械厂、特车厂、研究院、各学校等单位全部实现了电话直拨。其中，局机关至地调五处开通 480 路数字微波电路，再经地调五处至徐水办事处开通 240 路数字微波电路，至仪器总厂开通 120 路数字微波电路，至机械厂开通 120 路数字微波电路。局机关至技工学校、职工大学、综合服务处、大兴农场、码头农场、引进管理处、六号院开通一点多址微波电路；至研究院、建筑公司开通 120 路数字微波电路；经固安至地调一处、地调四处开通 120 路数字微波电路。通过卫星地面站与库尔勒、阿克苏、库车、民丰、正定、开封等地局属单位开通通讯互联网电路，并开通了研究院与库尔勒研究中心卫星数据传输电路。

到 1997 年末，全局程控交换机总容量达 2 万门，用户装机 17500 门，家庭住宅装机率达 90% 以上。开通了局机关到总公司的数据电路，建立了局内局域网。局机关各单位通过拨号上网方式，可直接进入石油企业信息网、国内国际互联网，完全实现了程控自动化。

第九节 节能管理

一、管理机构

1981 年，物探局成立“三电”办公室，负责全局安全用电、计划用电和节约用电管理。办公室设在徐水电站。

1987 年，物探局成立了节能委员会，下设节电、节油、节煤办公室，其中节电办公室设在机动处，节油、节煤办公室设在供应处，具体负责全局的能源供应、管理和节约工作。

1992 年，物探局重新组建了节能委员会，在企业管理处设节能办公室（后改称综合管理科）。其职责是：贯彻执行国家、总公司（石油部）、地方政府颁布的有关节能政策、法律、法规、标准及物探局有关节能的管理规定；抓好全局的节能管理基础工作；组织制定、实施局节能规划、计划；组织推广节能“四新”技术；负责全局节能奖的考核和审批工作。

1987～1997 年，局属各单位均设有节能管理人员。重点用能单位（年耗能在 5000 吨标煤以上的单位）设专职节能岗和专职节能管理人员，其他单位设立兼职节能员。1997 年全局共有专兼职节能管理人员 38 名，其中具有大、中专学历的占总数的 63%。

二、管理制度及管理措施

（1）建立健全节能管理制度。为贯彻国家关于“开发与节约并重，把节约放在首位”的能源方针，根据国家、总公司有关节能管理条例和规定，结合物探局的实际情况，先后制定了《物探局原材料、燃料节约奖励办法》（1993 年修订为《物探局原材料、燃料节约奖励管理考核办法》）、《物探局节能管理规定》、《物探局能源统计管理暂行规定》、《物探局内部民用水、暖、电、气有偿服务管理办法》、《物探局内部民用水、电定额补贴与收费办法》、《物探局采暖耗煤定额标准》和《物探局机动车辆油料消耗定额标准》。

（2）制定节能规划和计划。根据总公司的有关文件要求，物探局制定了“九五”节能规划，并按照“规划”编制每年的年度节能计划，将节能指标分解下达到局属各单位，年终考核，兑现奖罚。

(3) 实行水、暖、电消耗装表计量，有偿服务收费管理。1994 年，物探局对生产、生活所用水、用电、用暖分别装表计量，其中住宅的水表、电表按户配置。对水、暖、电消耗实行有偿服务、计量收费。对耗电量大、超负荷的公用电使用智能型限电器，实行过载控制。

(4) 实行能源消耗定额管理。

①油料消耗定额管理。对野外勘探的油料消耗，按地区单炮定额和计划工作量核定供应指标；对二线单位按单车百公里油耗定额和计划运行里程核定每月的油料供应指标。实行节约奖励，超耗受罚管理办法。如对研究院实行轻奖重罚办法，即节约 1 公斤油料奖 1 元，超耗 1 公斤油料罚 2 元，杜绝了浪费，减少了损耗。

②煤炭消耗定额管理。局属各单位根据物探局采暖耗煤定额标准和采暖面积制订年度采暖用煤计划。各动力站锅炉房采取一系列管理、技术措施，减少煤炭损耗。

1973～1997 年物探局能源消耗情况见表 11－5。

表 11－5　1973～1997 年物探局能源消耗情况统计表

年　份	原煤 (t)	电力 (万 kW·h)	汽油 (t)	柴油 (t)	煤油 (t)	焦炭 (t)	天然气 (m^3)	液化气 (t)	折标准煤 (t)
1973	9932	2067	3100	870					13759
1974	8992	2008	3800	850					14064
1975	11094	3695	4500	900					17350
1976	12587	3630	5200	930					19464
1977	15000	6842	5300	920					22618
1978	18775	8655	6100	950					27267
1979	17846	9938	7477	999					29220
1980	24180	12126	7487	1219					34963
1981	27422	14069	7558	1022	3			338	38571
1982	30652	16389	9410	2124	5	52		428	46412
1983	41645	19722	11177	5364	8			518	63001
1984	47514	25602	10832	4940	8			569	68589
1985	52257	32280	10458	5756	7			577	71843
1986	56907	32759	7430	5938	7			584	74580
1987	58541	36530	7644	8452	7			692	81389
1988	58414	39277	7971	8311	8		10	784	82963
1989	68902	39726	9624	8092	10		87	1015	94174
1990	69500	42468	7276	8663	11		25	1109	92478
1991	75759	45771	9952	11455	12			1357	106330
1992	82344	52869	8856	11991	30		32	1126	113158
1993	83572	45780	11450	14804	40		35.6	1216.3	123214
1994	87691	72190	6121	13946	14		37	10000	125751
1995	89264	70863	5977	16696	40		20	1850	128996
1996	94194	74436	5073	17969	11		31	1747	134425
1997	969156	94936	6503	19467	18		28.5	1477.7	148453

三、节能设备更新

(1) 淘汰能耗高、性能落后的机电设备。为降低能源消耗，物探局对国家明令淘汰的能耗高、性能落后的机动车辆、工业锅炉、异步电动机、变压器等机电设备进行了淘汰，更新成国家推荐的能耗低、性能先进的机电节能产品。1991～1997年，物探局更新工业锅炉15台，安装节能变压器80台、节能电动机30台。1993～1997年，淘汰了国产银河系统、IBM3033、IBM3084大型计算机，更新的计算机不但性能显著提高，而且每年可降低耗电量450～600万千瓦时。

(2) 推广使用变频调速、电容自动补偿装置，降低电耗。1991～1997年，全局共安装使用变频调速装置16台，节电率达30%；推广使用电容自动补偿装置5台，使功率因数提高到0.9以上。

(3) 推广绿色照明工程。1992～1997年，全局推广使用节能灯具9000余套。

(4) 利用地热资源。地调一处1996年在唐官屯基地钻成一口地热井，井深2777.5米，出水量每小时160立方米，井口水温90℃。这口井供该处基地12万平方米的采暖和1346户职工住宅、公共浴池、招待所的洗澡用热水，每年可节煤5000吨，节电47万千瓦时。

四、节能效果

1988～1997年，全局累计节约商品能源8.9万吨标准煤（详见表11－6），综合能耗年平均增长速度减缓。

表11－6　1988～1997年物探局能源节约统计表

年　份	汽　油 (t)	柴　油 (t)	原　煤 (t)	电　力 (万 kW·h)	折标准煤 (t)
1988	1898	1823	4842	160.1	9554.5
1989	1666	1363	4766	214.3	8707.5
1990	1710	1644	5257	161.2	9317.9
1991	1774	1768	3016	146.3	7931.8
1992	3064	270	3382	53.2	7532.5
1993	1209	834	4543	243.7	7223.8
1994	1929.5	1115.3	8075.2	159.3	10875.9
1995	440.4	1499.6	7720.7	171.1	9039.2
1996	796.1	718.1	10059	177.6	10120.4
1997	1044.8	880.2	6935.3	209.9	8621.7
合计	15531.8	11915.2	58596.2	1696.7	88925.1

注：1985～1989年统计资料不全，仅供参考。

第三章　劳动工资管理

劳动工资管理主要包括机构管理、定员定额、劳动力管理、工资分配、社会保险等。从1978年起，国家对劳动工资制度进行了一系列改革，劳动工资管理的内容也相应地发生了很大变化。1982～1984年的企业整顿扩大了企业内部机构设置和调整的自主权。1984年统一化简了工资标准，随后建立了岗位技能工资制度。从1986年开始，物探局对新招工人实行了劳动合同制，随后国家不再下达劳动力计划。1996年根据国家和上级规定，实行了全员劳动合同制；开始试行年薪工资制和风险抵押承包经济责任制；随着各种经济责任制的执行，职工工资分配的形式也发生了很大变化；职工养老保险实行了社会统筹，职工个人按工资的一定比例缴纳养老保险金；职工医疗费用由过去国家和企业包起来改为国家、企业、个人三者共同负担。

第一节 管理机构

1962年5月至1968年4月，松辽地调处、地调指挥部和六四六厂都设有劳动工资科，统一归口管理处（厂）的劳动工资工作。

1968年5月六四六厂成立革委会后，全厂的劳动工资工作归口革委会生产组管理。1971年10月，六四六厂调整组织机构，在厂革委会生产指挥部下设劳动工资科。

1973年7月物探局成立后，局设人事处，负责全局的劳动工资工作。1984年6月，局将人事处改名为劳动工资处（简称劳资处）。1989年2月，在劳资处内设物探局劳务市场。

1996年12月25日，成立物探局社会保险管理中心和物探局人力资源交流中心，隶属于劳资处，同时撤销物探局养老保险所和劳务市场。

1997年底，劳资处内设机构有：劳动组织科、工资管理科、工人管理科、技能鉴定中心、综合管理科和机关劳资科，以及人力资源交流中心、社会保险管理中心等直管机构。全处共有职工38人，其中具有大专以上文化程度的27人，经济师以上专业技术职称的25人。局属25个单位中，有19个单位设置了劳动工资（人事或人教）科，6个单位在相关科室设了劳动工资岗，全局形成了较为健全的劳动工资管理体系。

第二节 劳动管理

一、机构管理

在地调指挥部和六四六厂时期，处（厂）劳动工资科负责劳动组织机构的管理。科室、大队级机构设置的审批权在上级。1973年物探局成立后，局内机构设置和人员编制由局各级劳动人事部门负责综合管理，局人事处管理全局的组织机构。

1984年以前，局内处以上组织机构的设置、调整和撤销要报上级（燃化部、石化部、石油部）审批，此后一般情况下由物探局自行决定。

1989年12月，物探局印发了《石油地球物理勘探局劳动组织机构管理标准》，明确各单位组织机构的设置、调整和管理归口各级劳动工资部门，并就劳动组织机构的管理原则、组织机构的设置、组织机构的审批权限、设置和调整组织机构的工作程序、组织机构的管理等作了具体规定。

1990年12月30日，物探局为贯彻（90）中油劳字第416号文《中国石油天然气总公司机构编制管理办法》，印发了《石油物探局机构编制管理实施细则》。该细则明确规定，局劳资处为全局机构编制主管部门，局属各单位的劳动工资部门或劳动工资的主管部门为本单位机构编制的主管部门，在业务上接受局劳资处的指导。对局内机构实行局、处（厂、院校）、小队（车间、站、室）三级设置和管理。凡属下列情况之一的，报局审查同意后报总公司审批：（1）局增设厂、处级单位；（2）超过总公司规定限额增设局机关职能管理机构及增加局机关人员编制总数；（3）地震队、化探队和卫星定位队的增设、撤销以及永久性调整；（4）局和局属单位凡在本地或外地（包括经济特区）开办、撤销、合并直属公司；（5）局属厂、处级单位的撤销、合并、改名和在总公司规定限额以外设置、调整机关职能管理机构。凡属下列情况之一的，报局审批：（1）局机关职能管理处室内设科（室）；（2）局属各二级单位新设置下属科级单位；（3）局直属科级单位新设置下属小队（车间）级单位；（4）超过局规定限额或核定数量增设机关职能管理机构和增加机关工作人员数；（5）新建、扩建单位的筹建机构和生产（工作）筹备机构；（6）局属各单位建立、撤销、改称、调整社会服务机构、农副业机构、非独立核算、自负盈亏的多种经营单位和派出所、经济警察、护厂队等社会治安机构。对确因工作需要成立的临时工作机构，有效时限最长不超过一年，任务完成即行撤销。对各种协会、学会等社团组织一律不单独成立办事机构，其日常工作采取挂靠在有关业务部门的办法予以解决。

1997年5月3日，成立物探局组织机构编制委员会，其主要职责是：第一、负责下列事项报局务会审议批准：（1）制修订物探局有关部门组织机构管理办法；（2）局属单位机构和局机关组织机构设置、调整（增设、合并、撤销、更名）方案；（3）解体“小而全”、实行专业化管理和区域化服务改革的组织机构调整方案；（4）局属单位之间整建制变更隶属关系的组织机构调整；（5）编委会认为应报局务会审议批准的事项。第二、负责审议并批准下列事项：（1）局属单位机关和局机关处（部）室及附属单位机关组织机构（科室）的设置、调整（增设、合并、撤销、更名）、级别的确定和领导职数的核定；（2）局机关及附属单位职工总量和用工总量计划；（3）局及局属单位主办的法人或委托法人单位冠有“石油物探局”、“石油物探”、“物探局”等字样的机构名称。

二、定员定额管理

1978年以前，全局没有开展劳动定员定额工作。1978年后开始进行定员定额工作。1983年11月，物探局转发了《中共中央办公厅、国务院办公厅关于各部门不应干预企业机构设置和人员编制问题的通知》。根据《通知》中“企业的机构设置和人员配备，应按照有利于加强经营管理，有利于提高劳动生产率，有利于提高经济效益，力求精简的原则，认真进行改革”，“企业机构设置和人员编制，由各级劳动组织部门负责综合管理”的精神，物探局印发了《物探局编制定员管理办法》和《物探局劳动定额管理办法》。到1984年底，全局共设置了178个定额岗位，配备了132名专、兼职定额员，形成了劳动定额管理网；实行劳动定额的单位比例由企业整顿前的81.2%提高到100%，实行劳动定额的人员比例由88.5%提高到97.5%，定额作业率由77.2%提高到81.8%。1985年1月，物探局整顿企业劳动组织工作经石油部验收合格。

1988年1月，物探局印发了《石油物探局定额管理办法实施细则》。

1989年12月，物探局发布了企业标准：Q/WTG1702—1989《劳动组织机构管理标准》、Q/WTG1704—1989《劳动定员管理标准》、Q/WTG1705—1989《劳动定额管理标准》，均自1990年1月起执行。

1997年10月，成立物探局劳动定员定额标准化技术委员会，其主要职责是：贯彻国家、总公司及物探局有关劳动定员定额（简称双定）方面的方针政策，制定和下发物探局双定管理办法及有关政策；负责组织完成总公司劳资局、劳标委委托的石油物探等行业标准的制、修订工作；负责组织制定物探局劳动双定标准体系表，制定下达局双定标准、修订项目计划；负责组织审查局级各项双定标准，指导厂（处）级劳动双定标准化工作；负责组织对国家标准、总公司标准及局企业标准的宣传贯彻，指导监督和检查局属各单位对双定标准的执行。

1997年底，在物探局现行双定标准中有43个是局自行制（修）订的。其中34个在1993～1997年期间，作为局级企业标准发布（见表11－7）；30个是局牵头或参与制（修）订的石油行业标准，即《沙漠区地震勘探劳动定额》、《平原人抬钻地震勘探劳动定额》、《平原车装钻地震勘探劳动定额》、《可控震源地震勘探劳动定额》、《陆路农田区701钻二维地震队劳动定员》、《草原区701钻二维地震队劳动定员》、《戈壁区701钻二维地震队劳动定员》、《海滩、软碱滩、沼泽区701钻二维地震队劳动定员》、《Ⅰ类沙漠区气水钻二维地震队劳动定员》、《Ⅱ类沙漠区气水钻二维地震队劳动定员》、《陆路农田区可控震源二维地震队劳动定员》、《草原、戈壁区可控震源二维地震队劳动定员》、《陆路农田区人抬钻二维地震队劳动定员》、《戈壁坑炮二维地震队劳动定员》、《陆路农田区701钻三维地震队劳动定员》、《陆水农田区人抬钻三维地震队劳动定员》、《草原、戈壁区701钻三维地震队劳动定员》、《小折射（微测井）队（组）劳动定员》、《井炮地震队钻机台班劳动定额标准》、《井（坑）炮地震队队日劳动定额标准》、《可控震源地震队队日劳动定额标准》、《平原地震队年施工月数及月工日利用标准》、《地震队标准炮（公里）折算办法（参考件）》、《计算中心（站）定员定额标准》、《解释研究队（站）定员定额标准》、《地震仪器修理站定员定额标准》、《供暖锅炉队（组）定员标准》、《水电系统定员标准》、《供应站（科）定员标准》、《地震钻机修理定员定额标准》。

三、劳动力管理

（1）劳动力计划与来源。1990年前，上级（石油部、总公司）劳动部门每年给物探局下达劳动力计划，物探局根据生产需要在计划内调整使用。每年全局的自然减员指标全部上交，不允许自行补充。新增劳动力主要来源于国家下达的增人指标，包括复员转业军人、大中专和技工学校毕业生分配、招工等计划指标。局外职工的调入受劳动力计划的控制，一般按调出调入平衡、出大于进的原则掌握。进入90年代后，原则上只出不进。1991年以后，总公司对物探局的劳动力实行总量控制，物探局有了一定的用工自主权。为了适应这种需要，物探局1993年建立了物探局劳务市场和物探局人才交流中心，1996年12月调整为物探局人力资源交流中心。此后，物探局使用劳动力按照市场经济模式运作，基本实现了劳动力市场配置。

（2）劳动力管理。一是用工形式：1986年以前，物探局职工分为固定职工和临时工。1986年以后，对新招工人实行了劳动合同制。从1996年1月起实行全员劳动合同制，全局职工分为长期合同制职工（一年以上合同）和短期合同制职工（一年以内合同）两种，由国家职工全部转变为企业职工。

表 11-7　1993～1997 年物探局定员定额企业标准表

序　号	标 准 名 称	序　号	标 准 名 称
1	招待所劳动定员	18	地震勘探仪器及配套设备修理劳动定员定额
2	基地职工食堂与冷库劳动定员	19	重力、磁力、电法勘探仪器修理劳动定员定额
3	房屋及环境清扫与基地绿化劳动定员	20	测量仪器修理劳动定员定额
4	俱乐部劳动定员	21	车装钻机制造工时定额
5	图书馆劳动定员	22	人抬钻机制造工时定额
6	燃煤锅炉、供排水系统、供电系统及房屋、道路维修劳动定员	23	5t 沙漠车制造工时定额
7	卫星定位队劳动定员	24	15t 沙漠车制造工时定额
8	VSP 测井队劳动定员	25	KZ-20 可控震源车制造工时定额
9	平原农田区地震勘探劳动定额	26	仪器车系列产品制造工时定额
10	沙漠区地震勘探劳动定额	27	营房车系列制造工时定额
11	可控震源地震勘探劳动定额	28	SJ 系列地震检波器制造工时定额
12	重力、电法、化探队劳动定员定额	29	20DX 系列地震检波器制造工时定额
13	重力、磁力、电法、化学勘探资料处理与解释劳动定员定额	30	地震专用电缆制造工时定额
14	地震勘探资料解释劳动定员定额	31	6S/12S 系列数专电缆制造工时定额
15	石油物探物资供应劳动定员定额	32	汽车修理工时定额
16	地震勘探钻机修理劳动定员定额	33	推土机修理工时定额
17	可控震源车大修理劳动定员定额	34	车辆运行劳动定额

二是职工管理：干部管理一直归党委组织部门，包括干部的调进调出、内部流动、职务任免、培训考核奖惩、职称评定与管理等。工人的管理一直归劳动工资部门，包括招收分配、调进调出、培训考核和执行劳动纪律等。1996 年以前，全局固定职工（干部和工人）、合同制职工的调进调出一律报经局批准。为了加强对全员劳动合同职工的管理，1996 年 3 月印发了《物探局全员劳动合同制实施办法》，1996 年 9 月印发了《物探局劳动合同管理暂行规定》。临时工的招用在局宏观控制下，由局属单位自行招用和管理。1997 年 3 月印发了《物探局临时工管理暂行办法》。三是劳动纪律管理。从 1982 年开始，物探局贯彻执行国务院发布的《企业职工奖惩条例》。对工人行政处分的审批权限，物探局 1984 年 10 月规定：二级单位可给予本单位工人行政警告、记过、记大过、降级和留用察看处分，开除或除名的报局审批；直属单位可给予本单位工人行政警告、记过、记大过处分，降级、留用察看和开除的报局审批；局机关工人的行政处分报局审批。从 1986 年开始，物探局贯彻执行了国务院发布的《国营企业辞退违纪职工暂行规定》。

四、工人培训考核

1983 年，物探局在贯彻执行石油部转发的《工人技术考核暂行条例》之后，于 1986 年 9 月印发了《石油物探局工人技术考核实施细则》，当年对工人进行了本等级考核。

1987 年 2 月，成立物探局工人技术考核委员会，其日常工作分别由教育培训处和劳动工资处负责。局属各单位相应成立了工人技术考核委员会，统一负责本单位工人的培训考核工作。1988 年 1 月，物探局对五种特殊作业人员（电工、起重机械工、金属焊接（气割）工、建筑登高架设工和厂内机动车辆驾驶等人员）进行了培训、考核发证工作。同年 4 月，物探局转发并执行了《工人技术等级标准》。

1991 年 2 月，物探局根据总公司印发的《关于开展石油工人岗位培训实行凭证上岗制度的实施意见》，制定了《关于开展工人岗位培训，实行凭证上岗制度的实施办法》，并下发局属单位贯彻执行。

1991 年 7 月，物探局对爆炸班长、爆炸操作手、地震钻井司钻、物探测量班长、沙漠推土机司机、可控震源操作手、车工班长、钳工班长、焊工班长、维修电工班长、地震钻机修理班长、汽车修理班长、采暖锅炉司炉班长等13个工人岗位职责进行了规范。

1992年1月，为了全面开展工人培训工作，鉴定工人的实际技术水平，实现工人技术等级培训考核经常化、制度化，物探局印发了《石油物探局工人培训考核实施办法》。

1992年5月，物探局印发了《物探局职工培训工作管理细则》，对职工培训工作的管理体制、领导体制及组织分工、职工培训的任务和要求、建立培训基地与完善培训设施、师资队伍建设、经费等作出了明确规定。

1994年4月，物探局印发了《汽车驾驶员等69个岗位规范（试行)》。

1995年5月，物探局印发了《物探局工人技能鉴定实施办法（试行)》和《石油物探局工人考核管理办法》。

1989年以后，连续8年开展了全局21个工种的工人技术比赛活动。

五、工人技师

1987年5月，物探局开始建立工人技师评聘制度，印发了《物探局关于贯彻执行〈石油工人技师聘任试行办法〉的实施细则》，规定技师在难度较高、技术复杂的生产岗位中聘任。聘任技师的名额由局下达，在试行阶段，各单位聘任技师人数不得超过试行队（车间）人数的1%或1.5%。

1988年1月，物探局印发了《石油行业实行技师聘任制的实施意见》，明确工人技师聘任的工种范围及技师名称，并规定工人技师由局审批。年底，全局42个工种的123名工人经考评取得了工人技师聘用资格并被所在单位聘任。

1990年5月，物探局开始贯彻执行总公司印发的《石油工人技师管理暂行办法》。该《办法》对技师的考评和聘任、职责和待遇、解聘和调动等作出了明确规定。同年9月，物探局根据上级通知，在工人中不设助理技师职务。

从1991年起，根据上级通知，物探局不再从小车司机中评聘技师。

1991～1997年，在全局42个技术工种中，先后进行了工人技师评聘，共有247名工人获得技师任职资格。

第三节 工资管理

一、工资计划管理

物探局工资总额计划，实行三级管理模式，即总公司对局，局对局属单位，局属单位对车间（小队)。每一级所下达的计划数，均为指令性指标，各单位必须严格执行，不得突破。

(1) 总公司对物探局年度工资总额计划，分为年初计划和年终调整计划分别下达，同时将计划抄送当地开户银行监督执行。

1996年前，总公司下达的年度工资总额计划，是根据物探局上报的当年工资总额建议计划和上年工资实际发生数进行核定的。核定的主要依据是：职工人数、地区工资类别、职工工资水平以及当年升级、调整工资标准等增减工资因素。

1996年后，总公司对物探局实行工资总额与全局对外收入在总支出中自行平衡比例挂钩的办法，并将年度工资总额分成三个部分：一是工资总额基数，二是单列工资，三是当年新增工资或效益工资。工资总额基数由总公司根据物探局上年实际发生数，直接核定并作为年初计划下达；单列工资由总公司按规定的增资因素进行核定；当年新增工资（含效益工资），根据有关挂钩指标的完成情况，通过考核后兑现。单列工资和新增工资增减额年终由总公司下达调整计划。

(2) 局对局属单位年度工资总额计划，一般情况下也分年初计划和年终调整计划并分别下达，同时将计划抄送当地开户银行监督执行。局对局属单位年度工资总额核定的主要依据是：1980年前，主要以地区工资类别、职工人数、职工工资水平、职工升级等增减工资因素核定。1980～1987年，物探局对局属单位实行经济责任制办法。局对局属单位工资总额分两部分核定，一是工资、津补贴总额仍按1980年前的办法核定；二是奖金总额在总公司控制的总额内按各单位生产经济指标完成情况核定。

1988～1996年，物探局对局属单位实行承包经营责任制办法。局对地调处物探队实行标准公里工资含量包干；对地调处二三线职工实行工资总额包干。局对二线生产经营单位实行部分工资总额与经济指标挂钩浮动办法；对费用单位实行工资总额包干。局对各单位工资总额挂钩基数和包干基数核定，仍按各单位的职工人数、地区工资类别、职工工资水平以及政策性增资等因素核定。

1997年，物探局对局属单位实行内部模拟资产经营责任制办法。局属单位工资总额与资产经营责任指标以及资产经营运营效益指标挂钩。局对局属单位工资总额挂钩基数核定办法，与1988～1996年核定办法基本相同。

(3) 局属单位对车间（小队）工资总额的计划管理，全局未作统一规定，各单位根据本单位实际采取了相应管理办法。有的采取下达年度计划指标的办法，有的将本单位工资总额计划分解到各基层单位，由上级部门统一掌握发放等。

二、工资分配

（一）工资制度

(1) 工资标准。1984年以前物探局职工工资执行的是1956年全国工资改革时制定的工资标准和1963年改进了的职工工资等级制度。多数管理人员、技术人员执行《国家机关行政人员工资标准》、《国家机关技术人员工资标准》，少数管理、技术人员执行《石油企业职工工资标准》，大部分工人实行八级制《采油工人工资标准》，少数汽车驾驶员执行六级制《汽车驾驶员工资标准》。1984年9月石油企业工资制度改革，统一简化了工资标准。即干部工资标准共设置了16个正级14个副级；工人工资分一类和二类两个标准，均为八级制，各有6个副级。同时建立了关键岗位和艰苦岗位津贴，一般为每日0.4元、0.5元、0.6元3个标准，按实际工作日计发。

1986年7月，国家改革了工资制度，物探局统一执行国营大中型企业工资标准。即干部统一执行国营大中型企业各类区工资标准；工人分别执行一、二类工资标准，即一类工人工资标准统一执行国营大中型企业各类区一类产业工人工资标准，二类工人工资标准统一执行国营大中型企业各类区二类产业工人工资标准。

1991年6月，物探局开始执行劳动部调整后的《国营大中型企业工人工资标准》和《国营大中型企业干部工资标准》。中小学教师的工资在此标准的基础上再上浮10%。

从1991年7月起，物探局提高了干部职务工资起点工资标准。即①专业技术人员起点工资：教授级高级工程师183元，副教授级高级工程师145元，工程师117元，助理工程师84元，技术员72元；②企业管理人员起点工资：局长191元，副局长160元，处长160元，副处长131元，科长117元，副科长103元，科员78元，办事员67元。

从1992年7月起，对护士在本人现行工资标准的基础上提高10%。

1992年11月，物探局建立了岗位（职务）工资标准，最高为50元，最低为10元。

从1993年7月起，物探局根据总公司通知精神，建立了职工技能工资标准。该标准共设21个等级42个工资额，最低84元（六类区，下同），最高639元。为了逐步打破干部和工人的身份界限，便于加强劳动工资管理，全部职工采取“一条龙”的技能工资标准体系，不再区分干部工资标准和工人工资标准。与此同时，物探局还根据总公司通知调整了职工岗位（职务）工资标准。即行政管理人员设了9个岗位等级25个档次标准；专业技术人员设了5个岗位等级18个档次标准；操作和服务人员设了6个岗位等级17个档次标准。

1994年，物探局进一步完善了工资制度。主要内容：一是提高岗位工资标准，增加了3个档次；二是完善了技能工资，即对各类管理人员和专业技术人员分别设置其适用的技能工资区间；对操作服务人员实行初级、中级、高级技能工资标准；三是对各类津贴、补贴归并，并逐步将工资外的合理收入纳入工资总额管理。

(2) 定级制度。1997年6月前，国家统分的大中专毕业生，实行一年见习期，见习期满经考核合格给予转正定级。技工学校毕业生实行半年实习期。在见习或实习期间执行见习工资。新参加工作的工人，根据不同工种实行1～3年学徒、熟练期制度，学徒期间，发给生活费。1997年7月后，新参加工作的职工凡签订1年以上劳动合同的，均实行1年见习期制度，停止实行学徒制度。见习期满后转正定级，在见习期间发给临时工资。

(3) 奖金制度。1966年6月，六四六厂根据石油部六四一厂规定，停止执行奖金制度，试行临时附加工资办法。附加工资标准：正式职工每人每月4.5元，连续工作满6个月以上的临时工，每人每月2元。副科级、工程师、技师、主治医师以上干部和未定级的人员以及编外职工不实行附加工资办法。从1983年10月起，随着职工调整工资，附加工资逐步被冲消。

1978年5月，物探局根据国家规定恢复了奖金制度。物探局根据局属各单位职工人数和有关经济责任制挂钩指标完成情况，核定各单位年度奖金总额，奖金发放办法和发放水平未作统一规定。各单位在局核定的奖金总额内自主决定分配办法和发放水平。全局奖金形式大体分为综合奖、单项奖两类。单项奖分为质量、安全、科研、原材料燃料节约奖等多种形式。

(4) 工龄工资。1984 年 9 月，根据石油部规定，物探局建立了职工“年功工资”，即参加革命工作年限在 21 至 25 年的职工，每月 6 元；26 至 30 年的，每月 8 元；31 年以上的，每月 10 元。物探队职工参加革命工作年限 16 至 20 年的，每月 6 元；21 年至 25 年的，每月 8 元；26 年以上的每月 10 元。1986 年 7 月，根据石油部改善工资制度的规定，对年功工资发放办法进行了改进，即物探队职工年功工资从参加工作满一年后的次月起发给，第一年每月发给 5 角，以后按工作年限逐年提高 5 角，最高不超过 10 元。1992 年 5 月，根据总公司规定，建立了工龄工资制度，同时停止执行年功工资制度。在职职工的工龄工资，按照本人的实际连续工龄计算，即每满一年每月标准为 1 元，逐年增发。新参加工作职工的工龄工资，从满一年的当月起执行，此后每年自 1 月份起增发 1 元。从 1993 年 5 月 1 日起，工龄工资标准由原每工作满一年 1 元调整到 2 元。

（二）工资形式

1978 年以前，物探局职工工资分配基本上实行的是计时工资、计件工资加奖金的制度。“文化大革命”期间取消了计件工资和奖金。1978 年全国恢复奖金制度后至 1987 年，物探局职工基本上实行的是计时工资加奖励的制度。

1987 年后，局属单位在搞活内部分配方面进行了积极的探索，打破了单一的“计时加奖励”的分配形式。1987 年 10 月仪器厂在俊峰公司率先试行了“计件工资”。此后，机械厂在内部生产车间推行了与工时挂钩的“定额工资”，地调五处在个别物探队试行了“结构工资”，地调处在一些物探队试行了“岗位效绩工资”、“浮动工资”等。为了进一步调动经营者生产积极性，1997 年物探局在五个地调处、仪器总厂、机械厂、特车厂、研究院、特勘处、供应处、引管处、建筑公司等 13 个单位试行了“经营者年薪制”，实行年薪制的人员范围为单位领导班子成员（党政正副职、纪委书记、工会主席）。

（三）津贴、补贴

1980 年 11 月，物探局调整了职工野外工作津贴，标准为（六类区、元/日）：物探队职工 0.9 元，指挥部及其附属单位职工 0.5 元，二线单位（徐水、涿县）仍维持 0.4 元的现行津贴不变。

1987 年 5 月，物探局执行了国家调整的职工野外工作津贴标准。即标准按地区分为八类，第一类地区标准（元/日，下同）为 2.9 元，第四类地区为 2.3 元，第八类地区为 1.8 元。

1987 年 8 月，经请示石油部同意，物探局对在新疆塔克拉玛干沙漠施工物探队职工的生活补贴，由本人基本工资额的 25%调整为 48%，对库尔勒基地职工的生活费补贴仍按本人基本工资额的 25%执行。

1988 年 9 月，物探局同意地调三处在新疆哈密地区施工的职工按当地政府规定，生活费补贴标准改按本人基本工资额的 32%执行。

从 1989 年 1 月起，物探局对在甘肃省境内工作的职工实行了高原临时补贴。补贴标准按地区分为三类，即每人每月补贴一类区 16 元，二类区 12 元，三类区 8 元。

1991 年 10 月，物探局调整了 1981 年建立的职工交通费补贴标准，即每人每月调整为 9 元。

1992 年 3 月，物探局根据国家有关规定，给职工每人每月发粮价补贴 5 元。

1993 年 2 月，物探局调整了职工沙漠临时生活费补贴标准，即在新疆沙漠、腾格里沙漠等地区施工的物探队职工，在原沙漠临时生活费补贴标准的基础上每人每日增加 2 元。

1993 年 5 月，物探局调整了东北、华北、华南地区职工临时生活费补贴标准，即在原有基础上每人每日增加 2 元。

1993 年 6 月，物探局在开放粮油价格后给职工每人每月补贴 10 元。并从 6 月 1 日起，将职工交通费补贴标准由每人每月 9 元调整为 16 元；从 7 月 1 日起给职工每人每月增发物价补贴 22.5 元。

1994 年 7 月，物探局进一步完善基本工资制度，将原副食补贴、粮煤补贴、特殊工种粮补贴、肉价补贴、放开粮油价格补贴、物价补贴、水电补贴等进行归并，统称基本生活补贴。归并后六类区每人每月 100 元，八类区每人每月 120 元，十类及其以上地区每人每月 140 元。同时规定，除国家规定的回民补贴等特殊津贴予以保留外，在执行上述基本生活补贴的同时，停止执行历年国家、总公司、当地政府和本单位所规定的全部物价性补贴。

1996 年 1 月，物探局对新疆、内蒙、陕甘宁、滇黔桂、东北、华北等地区职工临时生活补贴标准进行了调整。调整后的标准（元/日）按地区分为 18 项、36 个标准位（共 13 个标准），最高为 18 元，最低为4.5元。与此同时调整了夜班津贴标准，即

表 11－8　1980～1997 年物探局职工人数与工资总额情况表

年份	期末人数（人）				工资总额（元）				平均工资（元）			
	总计	其中			总计	其中			总计	其中		
		固定工	合同工	临时工		固定工	合同工	临时工		固定工	合同工	临时工
1980	19866	16621		3245	17201700	15629206		1572494	1006	1045		734
1981	19599	16864		2735	19333945	17899020		1434925	1084	1110		836
1982	21457	17849		3608	22220238	20287756		1932482	1153	1196		837
1983	23724	18769		4955	24499086	21700149		2798937	1180	1210		988
1984	22667	17991		4676	28505222	25221670		3283552	1313	1373		981
1985	22299	17604	581	4114	36211221	31722559	247320	4214342	1767	1831		1432
1986	23261	17903	1186	4172	39645530	34006711	1007859	4630960	1869	1935		1525
1987	24148	18386	1317	4445	44084293	37109715	2207192	4767386	1981	2059	1869	1563
1988	25080	18842	1793	4445	56221902	44882306	3006666	8332930	2325	2424	2304	1912
1989	24661	19166	1882	3613	71811223	54868474	5277167	11665582	2884	2916	2874	2747
1990	24471	19604	2452	2415	86518397	67972399	6765619	11780379	3398	3516	3484	2816
1991	25175	20453	2307	2415	101803405	78999056	9272665	13531684	3945	3921	4265	3885
1992	25087	19927	2745	2415	122988547	96998721	10164168	15825658	4479	4676	4265	3658
1993	25614	20346	2853	2415	158287687	124385637	15559074	18342976	5895	6172	5603	4682
1994	26114	20713	2986	2415	228502434	183175070	23629290	21698074	8401	8972	8018	5655
1995	26514	20754	3345	2415	278589180	216620142	32461324	29507714	9928	10323	10218	7349
1996	26471		24056	2415	321382721		284107190	37275531	11997		12069	11480
1997	26423		24008	2415	357010400		333791412	23218988	13375		13749	6138

注：1996 年、1997 年的合同工即为全员合同制长期工。

将小夜班标准由原来的0.8元调整为2元，大夜班津贴标准由原来的1元调整为3元。

1996年12月，物探局调整了职工基本生活补贴标准。职工基本生活补贴标准调整后，六类区每人每月200元，八类区每人每月220元，十类及十类以上地区每人每月240元。

（四）职工升调级

1977年以前，职工连续10多年未调升过工资。“文化大革命”期间以反对“奖金挂帅”、“物质刺激”为由，取消了奖励工资制和计件工资制，将原来的奖金和计件超额工资改成了人人有份的“附加工资”。

1977年，物探局给部分职工调整了工资。这次调整的主要范围和内容是：第一、给1971年底以前参加工作的一级工和1966年底以前参加工作的二级工升一级工资；第二、给其他人员中工作多年、工资偏低的生产、工作骨干和科研技术人员升一级工资，升级面为40%；第三、不属上述升级范围，但工资偏低的职工也给予适当调整工资。

1978年，物探局给2%的职工调整了工资。主要调整范围是对生产（工作）成绩优异，贡献较大和提职后工作表现好而工资特别低的职工。

1979年，物探局给部分职工调整了工资，调资面为40%。这次调整工资是按照政治表现、劳动态度、技术高低、贡献大小进行考核，择优升级的。

1981年，物探局给中、小学教职工和医疗卫生

表11－9　1983～1997年物探局调整职工工资情况表

年　份	调资方式	升级人数（人）	升级面（%）	人均月增资额（元）	执行日期
1983	职工升调工资	18653	79	8.06	10月1日
1984	统一简化工资标准	18372	81	8.35	9月1日
1985	给有特殊贡献职工晋级	1784	8	1.12	1月1日
1985	职工浮动工资升级	5575	25	3.5	1月1日
1986	改善工资制度增加工资	17903	77	8.1	7月1日
1987	解决部分职工工资问题	13850	57	8.03	10月1日
1988	解决部分职工工资问题	1195	5	0.57	10月1日
1989	部分职工调整工资	20917	85	12.14	10月1日
1990	部分职工浮动工资升级	19443	79	14.1	10月1日
1991	调整职工工资标准	21403	100	6	5月1日
1991	部分职工浮动工资升级	18407	86	7.1	7月1日
1992	实施岗位（职务）工资	19818	79	17	10月1日
1992	提高护士工资标准	217	1	0.125	7月1日
1992	部分职工浮动工资升级	21612	94	6.9	10月1日
1992	3%奖励晋级	1373	6	0.53	1月1日
1993	调整职工技能工资标准	22253	99	38.3	7月1日
1993	部分职工技能工资晋级	21648	94	17.8	10月1日
1993	调整职工岗位（职务）工资标准	20507	94	54	7月1日
1994	完善职工基本工资制度	22160	100	57.8	7月1日
1995	调整职工工资标准	24190	99	43	7月1日
1995	调整职工岗位（职务）工资标准	2607	11	3	7月1日
1995	调整职工基本生活费标准	24178	99	79	7月1日
1995	职工技能工资升级	22107	93	23.4	10月1日
1996	调整职工岗位（职务）工资标准	23173	97	42.11	7月1日
1996	调整职工基本生活费标准	23966	100	20	10月1日
1997	调整职工技能工资标准	23541	99	23.4	7月1日
1997	职工岗位（职务）工资晋档	19865	83	21.1	7月1日

人员增加了工资。

1983～1997 年，物探局职工工资调整过 20 多次，职工的实际收入逐年增加。全局年人均工资收入：1980 年为 1066 元，1984 年为 1313 元，1987 年为 1981 元，1991 年为 3945 元，1997 年为 13375 元。

1980～1997 年物探局职工人数与工资总额情况和 1983～1997 年物探局职工调整工资情况见表 11－8、表 11－9。

第四节　劳动工资统计

（1）报表的设置。到 1980 年，物探局劳动工资统计报表达到 11 种，即《全民所有制全部职工人数与工资》、《全民所有制单位固定职工增加来源和减少去向变动情况》、《全民所有制单位职工工资构成情况》、《全民所有制工人工时利用情况》、《基层组织机构》、《全民所有制单位计划外用工人数》、《全民所有制单位全部职工分类情况》、《全民所有制工业企业劳动生产率》、《石油专业队伍》、《石油工业职工队伍人数分类》、《全民所有制单位职工劳保福利构成情况》等。

1982～1997 年，报表增加情况是：1982 年增加《全民所有制单位计划外用工及离休、退休、退职人数》，局内增加了《工人工种情况》；1984 年增加《全部职工人数和工资补充资料》；1985 年增加《职工文化技术素质统计表》、《石油企业奖励基金提取和使用情况统计表》；1986 年增加《全民所有制单位合同制职工期末人数》、《全民所有制单位非在职职工保险福利费用构成情况》；1987 年增加《石油工业主要专业队伍职工工资收入情况表》；1991 年增加《石油企事业单位计划外用工人数分类情况》（总公司 1995 年取消，物探局继续使用）、《石油企事业单位举办的集体所有制单位劳动工资情况》、《石油企事业单位安置待业青年情况表》；1993 年增加《分离职工情况》、《未列入工资总额的各种收入构成情况》、《技师评聘和培训情况》、《劳动管理人员培训情况》；1994 年增加《职工队伍结构情况》、《组织机构汇总表》；1995 年增加《劳动定额管理情况》；1996 年增加《石油企、事业单位在劳动力市场等待就业人员情况》、《实行境外津贴制人员劳动工资情况》、《石油单位自行用工情况》，局内增加《按劳动合同期限划分的分类表》；1997 年增加《下岗职工情况》。

（2）报表的报送。一是局属单位每月 25 日前向局报送。二是物探局按规定日期向上级主管部门（石油部劳资司或总公司劳资局）报送快报、年报、月报（1995 年取消）、季报和半年报表。三是物探局统一按规定时间和要求向驻地政府报送劳动工资统计报表。

（3）统计的评比竞赛。为了保证劳动工资报表的准确性、及时性，物探局从 1980 年起，在全局劳动工资统计人员中开展了评比竞赛活动，并制定了《物探局劳动工资统计竞赛办法》。局劳资处对局属单位上报的报表专册登记并检查数据打分记录，年终召开会议进行总结评比，对优胜者表彰奖励，促使报表质量逐年提高。1989 年，物探局被总公司评为劳动工资统计先进单位，1995 年和 1997 年两次在总公司劳动工资统计工作会议上受到表扬。1983 年，物探局对《石油物探局劳动工资统计竞赛办法》进行了修订，对竞赛内容和要求、考核计分办法、考核评比细则、奖励办法等作了具体规定。在总结经验的基础上，1990 年、1994 年、1997 年又分别对统计竞赛办法和实施细则进行了修订。

（4）统计的电算化。1983 年，劳资处配备一台 IBM286 计算机，开始使用计算机进行劳动工资统计。到 1995 年，全局劳动工资报表全部使用了计算机，局属单位向局劳资处、局劳资处向总公司报报表均实现了数据传输。

第五节　社会保险管理

一、管理机构

1988 年以前，物探局没有专设的社会保险管理机构和专职工作人员，涉及到的社会保险工作，由局劳资处和局属各单位劳资部门承担，已离退休的职工，其退休后的管理和养老金的发放，由局工会和各级工会部门承担。1988 年 7 月 18 日，河北省劳动人事厅以冀劳人社［1988］79 号函批复了物探局关于职工退休费用统一参加河北省地方统筹的请示。1989 年 2 月 16 日，成立了“石油部地球物理勘探局养老保险所”，隶属河北省养老保险机构，同时又为物探局下属的养老保险工作机构。该所设在局劳资处，为科级机构，并配备了 3 名专职工作人员。局属各单位根据开展养老保险工作需要，在劳资部门配备 1～2 名专职工作人员。1994 年 9 月，物探局职工退休费用退出河北省地方统筹，参加了石油系统行业养老保险统筹。

1994 年 10 月 25 日，为加强对全局社会保险工作的组织领导，局成立了“社会保险管理委员会”。1996年12月25日，成立“物探局社会保险管理中心”，列为局劳资处直属的副处级单位，负责全局社会保险工作。同时撤销局养老保险所。社会保险管理中心内设养老保险科、医疗保险科、财务科和综合科，均为副科级单位；下设涿州、徐水、地调一处、地调二处、地调三处、地调四处、地调五处等7个社会保险管理站；其他局属单位，根据社会保险工作量大小，在劳资科（部门）设1～2名专职人员或指定专人负责此项工作。

物探局社会保险管理中心的职责为：（1）贯彻执行国家和上级主管部门有关社会保险的方针政策，结合物探局实际制定具体的实施办法；（2）负责编制物探局社会保险统筹基金和管理费的预决算；（3）负责局社会保险统筹基金的征缴、核算、调剂和下拨工作；（4）负责办理局内外流动职工社会保险关系和基金的转移；（5）负责全局职工《养老保险个人账户手册》和《职工个人医疗保险账户手册》的复核、认定和管理；（6）负责职工局外就医或转诊、转院的审批。到1997年底，局社会保险管理中心有职工16人。

二、养老保险

物探局职工养老保险待遇，1978年以前执行《中华人民共和国劳动保险条例》中的有关规定，从1978年下半年起，执行国务院（1978）104号文件《国务院关于安置老弱病残干部的暂行办法》和《国务院关于工人退休、退职的暂行办法》中的有关规定。

1991年9月27日，物探局转发了总公司（1991）中油劳字第666号文《关于适当提高石油行业退休职工生活待遇的通知》。该《通知》对退休职工，除按国务院（1978）104号文件规定享受的待遇外，从1991年7月1日起，再按下列办法给予补贴：（1）建国前（1949年9月30日前）参加革命工作的退休职工，按本人计算退休费基数的100%发给；（2）工作年限或连续工龄满30年及其以上的，计发本人退休费比例增加20%；（3）工作年限或连续工龄满25年及其以上的，计发本人退休费比例增加15%；（4）工作年限或连续工龄满20年及其以上的，计发本人退休费比例增加10%；（5）工作年限或连续工龄满10年及其以上的，计发本人退休费比例增加5%。

1994年9月14日，总公司劳资局以（1994）劳险字第77号文下发了《石油企业职工养老保险直接统筹暂行办法》，物探局职工的养老保险从1994年9月1日起参加石油行业直接统筹。该《暂行办法》规定：职工养老保险实行基本养老保险、企业补充养老保险和个人储蓄性养老保险相结合的制度。基本养老保险费用统筹的项目是：（1）按国家、总公司统一规定计发的离退休人员离退休金和退职人员退职金；（2）按国家、总公司统一规定发放的离退休人员物价补贴；（3）按国家、总公司统一规定增发的离退休人员生活补贴；（4）离退休人员的粮煤补贴和冬季采暖补贴；（5）离退休人员的死亡丧葬补助费及供养直系亲属抚恤费；（6）按国家、总公司统一规定发放的离退休人员护理费；（7）按规定发给离退休人员的洗理费、书报费、交通费。基本养老保险基金实行国家、企业和职工个人三方共同负担：（1）企业交纳的基本养老保险费，按本企业上年职工工资总额和总公司核定的提取比例进行筹集。固定工和合同制职工均按同一比例，合并使用；（2）职工个人交纳的基本养老保险费，按本人上年月平均工资收入的2%交纳；（3）企业补充养老保险由企业在完成上缴利润的前提下，根据自身经济效益状况确定，暂按每年不超过1.5个月平均工资收入的金额掌握；（4）个人储蓄性养老保险由职工个人自愿参加，企业补充养老保险基金与职工个人养老保险基金归职工个人所有，建立个人专户存储；（5）企业和职工缴纳的基本养老保险费、补充养老保险费、个人储蓄性养老保险费，分别转入企业社会保险管理机构在银行开设的基本养老保险基金专户、补充保险专户和个人储蓄性养老保险专户，并记入《职工养老保险手册》。

1996年5月22日，总公司下发了《深化石油系统职工养老保险制度改革实施方案》，规定从1996年起建立养老保险个人账户，并进一步明确了职工按个人缴费工资基数2%缴费，以后原则上每满2年提高1个百分点，一般达到个人账户养老保险费的50%。已离退休（退职）的人员个人不缴费。

三、医疗保险

90年代前，物探局职工的医疗保险执行政务院1953年1月公布的《中华人民共和国劳动保险条例》中的有关规定。职工的医疗费用全部由国家和企业承担。

90年代初期，随着改革深化，物探局对医疗保险制度进行了探索性改革。即允许局属单位分别试行了医药费包干办法、大病统筹的办法、或根据职工年龄（工龄）分段按比例报销办法，或直接降低报销比例的办法等。

1996年12月6日，物探局印发了《物探局职工医疗保险管理暂行办法》，从1997年1月1日起执行。《暂行办法》的主要内容是：(1) 职工医疗保险费用由用人单位和职工个人共同负担，用人单位按本单位上年度职工工资总额的10%分月提取，职工个人按上年度月平均工资收入的1%缴纳，以后逐步提高个人缴费比例（已离退的人员个人不缴医疗保险费）。(2) 建立职工个人医疗保险账户。职工医疗保险个人账户金，由个人缴纳部分和单位为职工缴纳部分组成。职工个人缴纳部分全部记入本人账户，单位缴纳部分以本人上年度月平均工资（或离退休金）为基数，按年龄大小确定的比例分档记入。其标准为：职工30周岁以下3%，31～35周岁4%，40～60周岁5%，61岁及以上者5.5%。(3) 职工个人医疗账户金的使用。职工和离退休人员患病凭本人《职工医疗保险卡》（IC卡）到局定点医院就医，凭处方和收据到所在社会保险管理站报销费用。其原则是：先冲减个人医疗保险个人账户中的金额，冲减完后，按年度计算，在职职工在医疗账户以外自付的医疗费超过200元以上部分，从局医疗保险统筹基金中按下列办法累加计算，分段报销：2000元以内，报销80%，个人负担20%；2001～5000元，报销85%，个人负担15%；5001～10000元，报销90%，个人负担10%；10000元以上，报销95%，个人负担5%。退休人员个人医疗账户以外自付的医疗费超过100元以上部分，在上述报销比例的基础上，分别提高5个百分点，但报销比例最高不超过98%。如按年度计算，职工就医个人和局医疗保险统筹基金所支付的医疗费总额超过4万元以上部分，由局医疗保险统筹基金全额报销。

四、工伤保险

80年代前，物探局职工的工伤保险一直按照政务院1953年1月公布的《中华人民共和国劳动保险条例》中的有关规定执行。

1981年6月15日，物探局成立了医务劳动鉴定委员会。此后，局属各二级、直属单位也相应成立了医务劳动鉴定委员会或医务劳动鉴定小组。1985年6月24日，物探局印发了《关于劳动鉴定工作若干问题的规定》，并转发了河北省《关于工人因工因病完全丧失劳动能力鉴定标准（试行草案）》。

1986年2月4日，物探局与局工会联合下文，对职工因工死亡后遗属生活困难补助费作了调整。同年7月1日转发了民政部、财政部《关于调整军人、机关工作人员、参战民工因公牺牲、病故一次性抚恤金标准的通知》。

1990年2月8日，物探局印发了《河北省职工伤病劳动能力鉴定暂行标准》和《河北省职工外伤、职业中毒终结鉴定标准》。

1991年至1992年6月，物探局两次调整了因工死亡供养直系亲属抚恤费标准，即因工死亡职工供养的直系亲属，居住在中等以上城市的，每人每月的抚恤费标准1991年提高到55元，1992年提高到61元；居住在小城市和县以下吃商品粮的，1991年提高到50元，1992年提高到56元。

1992年12月15日，物探局下文调整了工伤全残职工护理费标准。即护理费标准按照完全、大部分、部分护理依赖程度，一般分别为当地社会平均工资的50%、40%、30%。

1995年8月7日，局下发了《关于认真做好因工负伤职工工伤等级评定工作的通知》，具体安排了对全局历年来因工负伤致残人员进行鉴定的工作。到1997年底，经物探局劳动鉴定委员会鉴定，全局共有292名职工因工致残，其中四级以上9人，并报河北省劳动厅审批。

五、待业保险

1986年以前，由于国家实行广就业、低工资的就业政策，物探局基本上没有待业人员。1986年12月19日，物探局根据石油部关于“石油职工待业保险按国务院规定及所在省、自治区、直辖市的实施细则执行”的通知精神，下发了《关于缴纳待业保险基金的通知》。局属单位从1996年10月1日起，向当地政府社会保险部门缴纳工资总额1%的职工待业保险金。

随着企业改革的深化，物探局内部开始形成了富余人员。1992年11月11日，物探局印发了《石油物探局关于富余人员管理和有关待遇的规定》，规定待业救济金本着收支平衡、略有节余的原则，由局属各单位自行筹集；富余人员在待岗期间，工资奖金停发，改按工资的一定比例发给待业救济金。即待业3个月以内发100%，4～18个月发90%～70%，19～24个月发60%，满24个月停发。

第六节　离退休职工管理

一、管理机构

1982年以前，物探局未建立专门的离退休职工管理机构，对已离退休的人员由原单位劳资部门或工会管理。1983年，物探局成立老干部处，编制4人。1984年，物探局成立徐水办事处老干部管理科，在地调二处设专职管理人员，对离休干部和退休处级以上干部实行统一管理。此后，随着离退休职工人数的增加，地调二处、研究院、供应处、机械厂、仪器厂、地调一处等单位陆续成立了“双退”（离休、退休）办公室，统一管理本单位离退休职工。到1990年底，全局建立“双退”办公室10个、管理科1个，专职工作人员46名，兼职工作人员14人。1991年5月，成立了离退休职工管理处（老干部处）；11月，成立了物探局离退休职工管理委员会，由15人组成。1992年1月，物探局下发了《石油物探局关于离退休职工管理、服务机构设置和定员编制的通知》；2月，离退休职工管理处内设离退休职工管理科、经营科、处办公室和局机关离退休职工管理服务站。1996年6月，物探局调整充实了离退休职工管理委员会，成员10人；下发了《物探局关于成立离退休工作领导小组的通知》。到1997年底，全局离退休职工管理机构共有14个管理科、4个管理服务站、5个办公室、9个兼职办事机构，全部离退休管理工作人员156名。

二、离退休职工人数

1980年，全局离退休职工只有4人，1983年增加到8人，到1997年底达到5600人，占在职职工总数的21.19%。1984～1997年全局离退休职工人数见表11－10。

三、制度建设与基础工作

为了加强离退休人员管理，落实其政治、生活待遇，1983年5月制定了《石油物探局关于干部离休和其他职工退休退职暂行办法》；1985年3月制定了《物探局关于离休干部政治、生活待遇暂行规定》；1989年4月制定了《物探局关于离休干部政治、生活待遇若干问题的补充规定》；1989年8月制定了《石油物探局离休干部管理规定》；1991年11月制定了《物探局党委、物探局关于离休干部政治、生活待遇的暂行管理办法》、《物探局党委、物探局关于退休职工政治、生活待遇的暂行管理办法》，12月制定了《石油物探局关于离退休经费管理使用办法》；1994年5月制定了《石油物探局兴办老年经济实体管理暂行办法》。1996年6至8月又相继制定了《物探局党委、物探局关于加强离退休工作队伍建设的通知》、《石油物探局关于调整离退休职工若干经费标准的通知》、《物探局关于成立离退休工作领导小组的通知》、《关于调整物探局离退休职工管理委员会和工作职责的通知》等。

表11－10　1984～1997年物探局离退休职工人数统计表　　单位：人

年份	合计	离休干部				退休职工				
		小计	享受副部级待遇	享受局级待遇	享受处级待遇	小计	干部			工人
							小计	局级	处级	
1984	152	36	1			116	34			82
1985	198	51	1			147	44			103
1986	265	71	1			194	53			141
1987	307	77	1			230	60			170
1988	371	85	1			286	86			200
1989	577	104	1			473				
1990	1046	117	1			929				
1991	1182	125	1			1057				
1992	1960	149	1	7	48	1811	891	8	28	920
1993	2246	147	1	16	106	2099	1050	7	60	1049
1994	2506	141	1	16	100	2365	1144	8	67	1221
1995	2726	138	1	15	101	2588	1240	8	73	1348
1996	3920	130	1	13	96	3790	1598	8	93	2192
1997	5600	127	1	13	92	5473	2248	9	120	3225

物探局离退休人员管理基础工作不断改进和加强。1990年建立了全局离休干部和处级以上退休干部花名册及活动卡片；1992年建立了离退休工作人员岗位责任制及工作标准；1993年对全局离退休职工审批手续进行了复印核查，建立了花名册，并建立了离退休职工基本情况统计报表，完成全局127名离休干部《共和国奠基人名录》汇编；1995年对提前退休职工退休手续和工资核定表进行了收集整理，使全局离退休职工档案进一步健全；1997年对全局离休干部的基本情况实现了微机管理，建立了信息库，编辑完成了《离退休工作文件选编》。

四、政治、生活待遇

1982～1990年底，物探局按照老干部“基本政治待遇不变，生活待遇略为从优”的原则，制定了暂行办法、暂行规定、管理规定等3个文件和1个企业标准。

在政治待遇方面的主要规定有：离休干部享受同级在职职工政治待遇，按规定范围阅读文件；召开重要会议，按规定范围通知同级离休干部参加或定期单独传达会议精神；各单位召开党代会、职代会、先代会或开展重大庆祝活动，邀请老干部代表出席或列席。

在生活待遇方面的主要规定有：离休干部住房标准按同级在职干部标准优先安排；到本单位卫生所、职工医院看病优先照顾。老干部离休后原工资照发，其中1945年9月2日以前参加革命工作的按规定增发1～2月本人离休前工资，福利待遇不变，享受困难补助、非生产性福利待遇和其他各项生活待遇。建国前的老工人退休后，执行劳动人事部1983年“关于建国前参加工作的老工人退休待遇的通知”。职工退休、退职后，执行1978年《国务院关于安置老弱病残干部的暂行办法》、《国务院关于工人退休、退职的暂行办法》。

医疗费用：离休人员医疗费用全部报销。退休人员医疗费用在规定范围内按比例报销。实行医疗保险制度后，退休人员医疗费用，按先冲减个人账户，冲完后自付100元，超过部分，比在职职工报销比例高5%分段报销。

交通费：离休干部每人每月享受副部长级待遇的50元，局级待遇的30元，处级待遇的20元，一般干部待遇的10元；处以上退休干部交通费的标准，按同级离休干部的70%发给，科以下干部和退休工人按同级在职职工交通费标准发给。1993年9月，物探局对乘车费标准作了调整，即离休干部每人每月享受副部长级待遇的70元、局级待遇的50元、处级待遇的30元、一般干部待遇的20元；退休职工按照同级离休干部标准的80%发给。1996年，物探局对乘车费标准又调整为：离休干部每人每月享受副部长级待遇的100元，局级待遇的60元，处级待遇的40元，一般干部待遇的30元；退休职工按同级离休干部的70%发给。

五、发挥离退休人员作用

物探局按照总公司提出的“发挥老同志作用要因人因地制宜，自愿与量力结合”的要求，发挥了离退休职工在“两个文明”建设中的作用。

(1) 发挥老干部的政治优势，弘扬革命传统。离休老干部原物探局副局长李荆和1985年离休后，先后对4个地（市）、6个县（区）、1个部队、1个油田的党史和组织史参与了审阅、修改和补充。他在5年中审查各单位“大事记”、“组织史”100余本、1000多万字，先后寄出文稿50多万字。他为23名在革命战争中牺牲的烈士和已故革命老同志撰写传记缅怀文章7万余字，已在地（市）县党史资料刊载12篇。部队转业干部范玉亭、李永杰等参与了中国人民解放军第57师简史的撰稿工作。1996年9月，为纪念大庆石油地震会战35周年，参加过会战的林运根、徐绍仲、高凤仪、孟尔盛等许多领导干部撰写了回忆录，被收录在《再创辉煌》里，为后人留下了宝贵的精神财富。

(2) 组织退休职工维护社会治安。局机关、研究院、地调一处、仪器总厂、地调四处等单位组织退休职工担任门卫值班，场院巡逻，维持市场秩序，护理环境绿化，深受广大职工赞扬。原物探学校副校长郑廷芳退休后，被聘担任涿州市物价监督员，义务担任《石油物探报》信息员，组织老年健身讲座，被誉为“闲不住的人”。

(3) 科技专家参加技术咨询和工作指导。“八五”期间，全局被返聘从事科研工作的离退休人员有20多名。原局领导潘瑗、老专家孟尔盛在石油物探协会任职，钟国森、熊识仲等高级工程师被返聘到关键岗位参与项目组技术攻关。

(4) 兴办老年经济实体。在“八五”期间，全局离退休职工面向市场办了经济实体14家。地调四处老年商店、供应处群力公司、特车厂维修部、离退休职工管理处羊毛绒制品厂及东方石油物探技术服务公司，创造了较好的经济效益和社会效益，5年累计创产值500余万元，实现利润达80万元。原仪器总厂厂长、局副总工程师张奎祥，退休后用承包奖10万元办起了潜能运输公司，相继开通了徐水至北京、徐水至保定、涿州至保定、涿州至天津的班车，开辟节日旅游专线，方便物探局职工，受到好评。

第四章 财务管理

物探局的财务管理机构是局财务处，1973年物探局成立时设置，其前身是六四六厂财务科。1996年末，物探局成立财务结算中心，隶属财务处。1997年，财务处有财会人员31人，内设综合管理、成本会计、资金管理、国有资产管理、机关财务等科室。

1964～1965年，地调指挥部、六四六厂财务科对厂属单位直接进行财务管理和会计核算。此后，将基层单位自下而上的报销办法改为财务科派人分片深入基层单位、小队报销。1969年六四六厂在大队设财务组，实行大队级财务独立核算。

物探局成立后，逐步建立健全了财务管理机构和各项财务管理制度。随着改革开放政策的实施，财务工作为了适应生产和市场经济发展的需要，也作了相应的调整和改革。

国有资产管理，1991年前物探局执行的是统一计划、统一采购、统一调拨，财务部门管核算，机动部门管实物的计划经济模式，未设国有资产专管机构。1991年5月，物探局成立国有资产管理处，与财务处为双称机构，11月又调整为与财务处合署办公机构。为规范国有资产管理，物探局先后下发了《石油物探局国有资产管理办法》、《石油物探局国有资产折旧实施办法》、《物探局经营性资产与非经营性资产划分标准暂行办法》、《物探局固定资产折旧管理暂行办法》。1993年末，物探局对全局固定资产进行了清查，1994年全面开展了清产核资工作，1995年开展了对土地的清查估价工作，1996年对5个地调处试行了资产有偿占用办法，1997年推行了资产经营责任制。

第一节 管理机构

1964年，地调指挥部机关设财务科，有会计9人。指挥部下属大队未专设财务部门，物探队配财务管理员1人，负责材料领用、工资发放及日常行政费用开支等财会业务工作，月底向处财务科报销。

1965年，六四六厂所属大队设立财务组，配财会人员2～3人；机修站、仪修站设财务组，均配财会人员3～4人。

1967年，六四六厂财务科大部分人员下放，只留有两名财务人员。1968年5月厂革委会成立后，在革委会机关后勤组下设财务组，有财会人员10人。

1969年9月，六四六厂设财务科，内设出纳、记账、机关报销、材料等岗。各大队、机修厂、仪修站设财务组，物探队仍设财务管理员。

1970年9月，厂革委会机关成立直属工作部，配财会人员3人，负责厂部机关报销。

1971年10月，六四六厂在机关后勤部下设财务科，有会计4人。厂财务科负责生产一线单位及辅助生产部门的会计核算和财务管理工作。六四六厂将器材采购及材料成本核算业务划归供应站统一管理后，成立供应站财务科，配有财会人员3人。物探队设材料员、财务管理员各1人。

1973年7月物探局成立，在局机关设财务处，配财会人员12人。财务处内设若干小组，分别负责资金管理、费用报销、基本建设、地质费核算等财会业务工作。

1977年，局机关迁往霸县，财务处分别在徐水、霸县、涿县设三个工作点，财务业务工作由涿县点总管。

1981～1983年，财务处内设资金组、成本组、地质勘探组、综合组、基建组、报销组，有财会人员16人。各二级单位设财务科（组），三级单位设核算员。

1986～1991年，物探局设副总会计师。财务处内设基建组、地质组、综合组、电算组、资金组、机关财务组，并设主任会计师，全处有财会人员22人。1991年5月，物探局成立国有资产处，11月国有资产处与财务处合署办公，增设国有资产科。

1992～1993年，财务处内设基建组、成本组、核算组、资金组、国有资产科、机关财务科、综合组，并设主任会计师，全处有财会人员22人。

1993年9月至1995年，财务处内设资金科、综合科、成本会计科、国有资产科、机关财务科，全处有财会人员23人。

1995年，财务处增设了机关财务服务部，负责局机关附属单位的费用核算，增设人员4人。

1996年，财务处设总会计师，全处有财会人员25人。

1996年12月，物探局成立财务结算中心，隶属局财务处，内设综合科、会计科、结算科，下设两个分中心（徐水分中心、库尔勒分中心）和6个结算所（地调一处、地调二处、地调三处正定基地、地调四处、地调五处、引管处），结算中心有财会人员38人。

1997年末，局财务处内设综合管理科、成本会计科、国有资产科、资金管理科、机关财务科等科室。财务处有财会人员31人，其中副处长3人、总会计师1人；学历结构为：大学本科6人、大专18人、中专7人。局属25个二级核算单位，共有财会人员862人，其中：学历为本科44人、大专324人、中专289人、高中152人；有高级职称4人、会计师160人、助理会计师224人、会计员158人。

第二节　管理制度

1964～1965年，地调指挥部、六四六厂对内归石油部六四一厂领导，每年由石油部通过六四一厂财务处拨给地质勘探经费。指挥部、厂财务科对各大队、机修厂、仪修站直接进行财务管理和会计核算。物探队出工期间，财务科按大队施工的队数、人员编制、设备配套及相应的直接和间接费用等因素核拨给大队一定数量的周转金。据此，大队再核拨给物探队备用金。月底，物探队财务管理员将各种费用单据整理上报大队会计，经大队会计统一向指挥部、厂财务科报销。指挥部、厂财务科根据核销金额，结合大队上报的季度分月用款计划补拨下月生产用资金。野外作业结束后，财务科除留给大队食堂周转资金、职工探亲旅费及日常管理资金外，野外生产周转金基本上收回。

1965年，财务工作为贯彻三个面向（面向生产、面向基层、面向群众）的方针，一改由物探队到大队，大队再到厂财务科这种自下而上的三级报销办法为每月由财务科派专人分区分片深入基层单位（物探队）报销。同年，六四六厂接管了石油部北京东郊农场，财务核算开始增加了农副业会计核算内容，财务科建了一套农副业生产核算办法和管理制度。

1969年，六四六厂队伍陆续调往陕甘宁、江汉等地区参加石油会战，为适应会战需要，在大队设财务组，实行大队级会计独立核算。大队财务组在厂财务科的指导和协助下，建立了有关账户和账簿、填制和审核会计凭证、管理资金、清查财产、物探队直接成本核算、编制会计报表等制度。

会计核算通常使用借贷记账法。由于会计专业人员缺乏，补充到财会工作岗位的人员大多数未学过或未从事过会计工作，使用借贷记账法难度较大，1970年改借贷记账法为增减记账法。1985年，财务工作为适应改革开放的需要，又将增减记账法改为借贷记账法。

1984年7月，局财务处编写了《石油物探队会计核算教材》，作为基层会计人员业务学习材料，并作为成本核算培训教材。局财务处同时编写了10个方面的财务管理制度和办法。即：《资金管理暂行办法》，《物探公司（处）成本核算和管理办法》，《物探队成本核算办法》，《物探局辅助生产部门成本核算办法》，《辅助生产“车间”成本核算办法》，《物探资料处理成本核算和管理办法》，《综合研究管理部门会计核算办法》，《物探供应单位核算办法》，《学校经费核算办法》，《农副业生产核算办法》。

1984年10月，财务处开始把计算机应用于财会工作。到1997年末，物探局财务系统实现了局和各二级单位在账务处理与查询、资产管理、成本管理、工资管理、会计报表生成和汇总、日常业务等方面财务数据的电算化。局财务系统已拥有计算机硬件设备（386以上型号微机）200余套。计算机软件由应用单项财务软件（包括成本管理软件、工资管理软件、会计报表及汇总软件等）到开发与应用系统财务软件（主要有财务基础数据管理信息系统、中油财务信息管理系统等）。在人员培训方面，举办培训班20期，培训人员近600人次，为财务系统培训了一批既懂计算机操作又懂会计业务的复合型人才；在财务电算化方面，先后制定了《硬件管理办法》、《软件操作维护制度和物探局财务电算化工作规程》；在电算标准化方面，制定了《物探局会计科目及其结构、代码》和《会计科目使用说明》。

1993年财政部颁布了《企业财务通则》、《企业会计准则》和《工业企业会计制度》，从1993年7月1日起在全国施行。局财务处以《企业财务通则》、《企业会计准则》和《工业企业会计制度》为内容，对全局财会人员进行了全面系统的培训。同时对局内财务账目进行清理，按照规定调整账户，做好新旧财务制度衔接，在规定时间实施了新的会计核算制度。

1995年，局财务处制定和修订了部分财务制度和管理办法。即《物探局资金预算管理实施办法》，《物探局会计核算办法》，《物探局资金管理暂行办法》，《关于下达流动资金定额的通知》，《关于暂停对外投资、对外借款的紧急通知》，《物探局内部发票管理办法》等。

1996年，物探局修订了《物探局工作人员差旅费、会议费开支管理规定》、《物探局会计工作规程》，制定了《物探局物化探队财务管理办法》等。

第三节 资金管理

一、资金来源

1964～1969年，地调指挥部、六四六厂财务管理体制为报销制，资金来源是上级地质事业费拨款。每年由六四一厂财务处按季分月下达计划控制指标，指挥部、六四六厂财务科依据控制指标编制用款计划，生产用材料在六四一厂供应指挥部领取，由指挥部、厂财务处转账结算。六四六厂财务科分片定人定时下各基层单位、物探队收集报销，月底将全部单据分类装订成册，填制报销汇总表，报送六四一厂财务处核销。

1969年9月，六四六厂直属石油部领导，资金来源改由石油部直接拨付地质事业费。

1985年以后，国家实行拨改贷政策，资金来源主要有：国家地质事业费拨款、石油部（总公司）拨石油勘探开发基金和拨改贷借款指标。国家地质事业费拨款由财政部每年分期通过建行“限额拨款”下达石油部（总公司），再由部（总公司）财务司（局）分期分批按计划通过建行“限额拨款”给物探局财务处。其他资金则由石油部（总公司）财务司（局）分期分批通过银行划拨给物探局。拨改贷借款由石油部（总公司）下达指标，由物探局直接向建行办理借款手续。

二、资金管理

物探局财务处按年度计划，根据所属各单位工程进度下拨各项资金。其中：地质事业费通过建行“限额存款”下拨；其他资金通过银行汇拨。而拨改贷借款部分，则由物探局统借统还或申请豁免。

1980年以前，机械厂、仪器厂等工业生产厂提供的劳务或产品，都是通过局按实际成本向受益单位转账结算。

1980年，为加强内部经济核算的管理，物探局对大修厂、特车厂、制图厂、运输大队等四个辅助生产单位改用内部结算证进行结算，再凭结算证划拨资金，后因涿县建行提出实行内部结算证进行结算的方式不便于建行监督，故从1981年起又改用货币资金结算。

1985年，物探局对局属24个二级单位制定了定额资金占用指标，并以局发文件《关于核定定额资金占用指标的通知》下达各单位执行。

从1986年4月1日起，在局内部分单位实行内部结算信用证。从1988年1月1日起，在局内扩大了内部结算信用证使用范围，规定局内各单位凡在供应处、引管处领取材料配件时，必须使用内部结算信用证进行结算。各单位签发的内部信用证金额累计超过局核拨的定额流动资金数时，要按月息2‰上缴资金占用费。1994年再次停止内部结算信用证的使用。

1995年，物探局根据总公司关于建立资金预算制度的原则要求，建立健全了局、处（厂）两级资金预算委员会，明确了两级资金预算委员会的工作职责、审批权限和工作程序。制定下发了《物探局资金预算管理实施办法》，对资金预算管理的基本原则、资金预算的收支内容、资金预算编制的程序和方法等作出了规定。局属各单位按局资金预算管理实施办法，制定了本单位的资金预算管理办法。1996年，物探局全面推行了资金预算制度。要求各二级单位按规定编制资金预算，报局资金预算委员会审批。局资金预算委员会在全面分析、测算各单位盈亏和综合平衡的基础上，批复各二级单位资金预算指标，作为各单位资金控制和管理的依据。

同年，局财务处重新核定各二级单位的定额流动资金，对超定额占用流动资金，实行内部有偿占用制度，控制流动资金占用量的增加。1996年又规定：凡定额外及内部借（贷）款均按银行同期利率按月计算利息，使局属单位增强了对资金管理的重视程度。

1996年12月，为了进一步加大资金集中统一管理的力度，成立了物探局财务结算中心。

第四节 会计核算与成本管理

会计核算是成本管理的前提。六四六厂前期，会计核算实行代报销制，厂财务科不进行会计核算和成本核算。六四六厂生产和辅助生产用料均向六四一厂材料供应处领取，月底六四一厂材料供应处将领料单转六四一厂财务处核算。至于工资发放、一切直接费用和间接费用的开支，每月由六四六厂财务科汇总，填制地质费支出明细表向六四一厂财务处报销。六四六厂成本管理的内容仅包括野外施工前的工区踏勘、施工设计、设备和材料的配置，以及野外收工后资料质量的评比、检查、验收等生产工作中的费用管理。

1969年9月，六四六厂财务科开始会计独立核算，对野外作业物探队、二线辅助生产单位的成本项目进行直接成本和间接成本核算。石油地质勘探资金在国家预算中列为事业单位专门财政支出，财政部对事业单位的国有资产不计提折旧。因此，六四六厂财务科在成本核算项目中未设置折旧科目。

1973年，物探局成立后，局对机械厂和仪器厂，按工业企业生产单位管理，其会计核算、成本管理执行工业企业会计制度的规定。同时，两厂成本核算也由厂部一级核算改为厂、车间、班组三级核算与管理。对物探一线生产单位的会计核算、成本管理实行了局、指挥部（公司、处）、大队分级核算的体制。与此同时，对二线生产科研单位（如研究院等），以及文教、卫生、后勤等单位和服务部门也按规定进行内部独立的会计核算和成本管理。

1978年，物探局撤销了4个指挥部的大队一级机构，会计核算即实行指挥部一级核算制。1984年7月，局财务处编写了《石油物探队会计核算教材》，供基层会计人员业务学习和进行成本核算培训使用。

从1985年起，物探局改物探队报销制为核算制，确定了局、处、物探队三级核算的体制。

1995年，物探局下发了《石油物探局固定资产折旧实施办法》后，全局所有单位按规定足额计提固定资产折旧。

随着改革开放的深入，总公司向物探局下达的计划任务逐步减少，物探局通过勘探市场获得的工作量逐步增加。为使财务管理适应这种计划经济向市场经济转轨的需要，物探局在会计核算和成本管理方面采取的措施主要有：一是加强成本管理的基础工作，印发了《物化探队财务管理办法》、《物探局会计工作规程》，进一步规范了会计科目的设置和核算流程；二是加强了全局大宗物资的集中采购，控制采购成本；三是实行了地质勘探的内部招投标管理和费用支出的项目管理；四是实行资金预算管理，从源头控制成本；五是学邯钢经验，广泛实行目标成本管理。

第五节　国有资产管理

1991年以前，物探局国有资产管理是执行统一计划、统一采购、统一调拨，财务部门管核算，机动部门管实物的计划经济模式。机动部门汇总年度设备购置更新计划，行政（制造）部门提出年度生产、基建等费用计划，经计划平衡，资金保证，纳入正式计划上报石油部审批后，由机动、制造、行政、基建等部门组织实施，经验收后由财务部门完成国有资产核算，按机动部门调拨单办理资产调拨核算。资产报废、报损由财务部门审批，大额的资产上报石油部审批。每年由局组织财务、机动、行政部门进行一次年终国有资产盘点，财务部门按规定对盘盈、盘亏、报废、报损资产进行账务处理。

1991年5月，成立物探局国有资产管理处（简称国有资产处），与财务处为双称机构，实行一套定员编制。同年11月，国有资产处改为与财务处合署办公机构，增设国有资产管理科，定员编制4人。局属单位相应成立国有资产管理科（组），定员编制1～2人。国有资产处的主要职责是：贯彻执行国家有关国有资产管理的方针政策；管理国有资产存量、增量和组织会计核算；组织国有资产清查；审批资产盈亏报废报损；办理产权登记及负责产权界定；组织资产评估；开展闲置资产调剂和参与投资论证工作。为规范国有资产管理，局下发了《石油物探局国有资产管理办法》。

1992年，按照国家关于提高固定资产标准的规定，国有资产处清理转出了单价2000元以下的固定资产，编制了清产核资石油专用设备及地震仪器价值重估目录200余项，开展了联营投资情况的调查工作。

1993年，按照上级指示，局将地调四处2182山地震源队整体资产调给四川石油管理局，调出固定资产54台（套），资产原值2376万元。年末对全局固定资产进行了全面清查，结果是：固定资产原值319126万元，净值315599万元；盘盈固定资产337万元，盘亏固定资产156万元；查清生产用固定资产238646万元，非生产用固定资产38464万元，未使用固定资产27732万元，不需用固定资产389万元，待报废固定资产13835万元；国家所有者权益207546万元，其中实收资本173817万元，资本公积33209万元，盈余公积764万元，未分配利润-244万元。

1994年，按照总公司部署，物探局全面开展了清产核资工作，举办了清产核资工作培训班，培训专业人员50余人。在清产核资工作中，通过财产清查、产权界定、价值重估、资金核实等工作，核实国家所有者权益为106601万元，比账面数207835万元减少101234万元。损失情况为：固定资产净损失28262万元，其中报废损失31044万元，盘盈3301万元，盘亏519万元；流动资产净损失4701万元，其中材料、在产品、产成品等报废削价盘亏损失3901万元，盘盈4万元，坏账损失804万元；产权界定减少3196万元；固定资产价值重估减少65090万元。

1995年，开展清产核资土地清查估价工作。全局占有土地面积1045万平方米，其中政府划拨土地面积894万平方米，出让使用权土地面积151万平方米，账面价值5773万元，总公司批复土地估价金额5778万元，增值5万元。

1995年，物探局颁发了《石油物探局固定资产折旧实施办法》，全局所有单位按照规定，足额计提固定资产折旧，年实现国有资产保值增值率99.70%。

1996年，物探局对5个地调处试行资产有偿占用办法；对资产经营责任制进行了探讨，并提出了初步实施方案；组织开发并推广了固定资产管理系统软件；组织参加了总公司在中原油田召开的第一届闲置资产调剂会，参加调剂资产300余项，原值5000余万元，净值2600余万元；参加了总公司固定资产目录修订工作，主要承担了石油专用设备、工具及仪器部分的目录修订工作。当年实现国有资产保值增值率99.47%。

1997年，物探局推行资产经营责任制。对经营性资产与非经营性资产进行了界定，制定了《物探局经营性资产与非经营性资产划分标准暂行办法》和《物探局固定资产折旧费管理暂行办法》，对局属单位应承担折旧费的范围、折旧资金的管理等进行了规范，进一步明确了局属单位占有、使用国有资产的责任。

为了明确产权关系，确保物探局国有资产保值增值考核的准确性，国有资产处会同有关部门完成了对专项资产分配情况的全面清理工作，并完成了大部分资产的签认转移工作。在清理总公司专项投资的工作中，对专项投资贷款进行了清理。经报总公司批复：将1994年勘探装备专项贷款本息19471万元，转作对物探局的拨款。经与有关石油企事业单位协商，全年调剂闲置资产价值1400余万元，减轻了局属单位资产经营的负担。

按照国家及总公司的要求，全局48个法人单位进行了国有资产占有产权的登记工作。针对局属单位及多种经营公司、厂点等自购设备管理不严的状况，制定了《物探局零星设备购置管理暂行办法》，对各单位自购设备的投资计划控制、具体操作、会计核算和资产管理等进行了规范。

第五章 审　　计

第一节 审计机构

1984年6月成立物探局审计处，作为局机关职能部门，定员7人。局属主要二级单位先后设立审计科。实行全局两级审计，分级管理。同年，第一、二、三、四勘探公司、地质普查公司、徐水办事处等6个单位增设了审计科。

1985～1986年，研究院、建筑公司组建了审计科。

1987年，供应处、机械厂、大修厂、仪器厂等4个单位增设了审计科，物探学校设立了专职审计人员。到年底，全局审计机构已发展到14个，审计人员达到42人。

1992年，全局审计机构调整为13个，审计人员增加到51人，基本形成了物探局的内部审计体系。

1993年9月，为了加强审计工作，实行有效监督，对全局审计体制进行改革，成立了石油物探审计所，与审计处合署办公，一套机构、挂两块牌子，列为局附属单位管理。同时撤销了除地调处之外的局属二级单位的审计科。全局审计机构由原来的13个调整到6个，审计人员由原来的51人减到27人。

1996年12月30日，为了加大审计力度，强化审计监督，物探局对全局审计系统组织机构进行了重大调整，即由原来的两级审计，分级管理，调整为一级审计与管理；撤销局审计所，将审计处列为局机关职能处室编制序列，在局长直接领导下负责局及局属单位的审计工作；在全局实行审计专业化管理、区域化服务的新体制。局审计处定员15人，其中处领导职数3人（处长1人、副处长1人、总审计师1人）；内设综合管理科、多元开发审计科、基本建设审计科和经济责任审计科；下设五个审计派出机构，定员共24人。即徐水审计分部，定员7人，主要负责局驻徐水各单位、地调五处和地调三处正定基地管理处的审计工作；新疆审计分部，定员5人，主要负责各地调处新疆前指、地调三处、塔里木前指的审计工作；审计一科，定员4人，主要负责地调一处的审计工作；审计二科，定员4人，主要负责地调二处的审计工作；审计三科，定员4人，主要负责地调四处和技工学校的审计工作。

到1997年底，全局在岗审计人员35人，其中具有高、中级技术职称的21人，大专以上学历的12人；有160人次先后参加了审计业务培训。

第二节 审计工作

审计处是物探局财务收支及生产经营活动审计监督的职能部门，其主要职责是：在局长领导下负责全局审计工作；制定审计计划及检查完成情况；完成总公司及局领导交办的审计任务，直接向总公司审计局和本局局长负责并报告工作。

自1984年以来，物探局在审计工作方面先后制定了《物探局内部审计工作程序》、《审计组织体系》、《审计岗位规范》、《内部审计工作规定》、《审计人员职业道德准则》、《物探局审效挂钩提成实施办法》、《关于建立审计举报点实施办法》、《物探局基本建设项目施工图预算、竣工决算审计试行办法》、《物探局厂、处长（经理）离任经济责任审计暂行办法》、《物探局审计档案管理办法》、《物探局内部承包审计暂行规定》、《物探局建设项目实行开工前审计的通知》等项制度和办法，使全局审计工作规范化、制度化。

1993年以后，将承包经营审计、厂（处）长离任经济责任审计、预算执行情况审计、基本建设项目预决算审计、建设项目开工前审计、经济合同审计、地震勘探项目和反承包勘探项目审计、经济效益审计、财务收支审计、多种经营公司及厂点审计等10个方面的项目作为物探局内部审计的必审项目。

1984年以后，审计工作坚持以财务收支审计为基础，以经济效益审计为重点，围绕物探局中心工作，先后开展了财务收支审计、承包经营审计、厂（处）长离任审计、预算执行情况审计、基本建设预决算审计、经济合同审计、经济效益审计、基建项目开工前审计。随着企业改革的深化，又开展了多种经营审计、外投外借资金项目审计调查、资产经营责任审计、专项资金审计调查、合资合作企业审计等项目；并配合局纪委、监察、财务等部门开展效能监察、查处案件和财务、税收、物价大检查等项工作。

开展财务收支审计。10多年来共查出违纪违规金额1.73亿元，纠正处理1.31亿元。1995～1997年共查出“小金库”25个，金额1437.2万元，收缴并罚款处理364万元。

开展基本建设预决审计和重要维修项目决算审计。1991～1997年共审计工程项目37项，大的维修项目89项，审计资金总额3亿多元，审出违纪违规金额775万多元，审减工程价款439.9万元。

开展外投外借资金审计调查。1995年4～6月，共审计调查195个项目或公司、场点，写出调查报告，引起局领导重视。物探局下发了《关于暂停对外投资对外借款的紧急通知》。

对承包单位开展事中和终结审计，将结果提供有关部门，作为对承包单位兑现的依据。

1986～1997年，物探局先后涌现出局级优秀审计项目37个，其中有5个审计项目获总公司优秀审计项目三等奖。地调一处审计科、地调二处审计科、地调四处审计科、研究院审计科、徐水办事处审计科和局审计处新疆审计分部、基本建设审计科等，先后被评为总公司审计系统先进集体。全局有7名审计人员被评为总公司审计系统先进个人。

第三节 审计成果

1985～1997年，全局共开展审计项目1007个，审查出违纪、违规金额17300.75万元，取得直接经济成果5009万元。见表11－11。

表 11－11　1985～1997 年物探局审计情况统计表

项目 年份	完成审计项目（个）	完成审计报告（个）	审计出有问题金额（万元）				已纠正处理金额（万元）
			小计	违纪金额	违规金额	影响经济效益金额	
1985	16		80.92		80.92		
1986	36	26					
1987	41	26	109.43	26.52	13.60	69.31	
1988	36	21	79.00	30.00	48.00	1.00	
1989	60	22	160.04	106.52	37.01	16.51	85.13
1990	118	39	325.83	158.96	144.67	22.20	154.77
1991	220	53	2316.95	156.34	444.93	1715.68	1216.41
1992	82	55	790.14	164.38	491.07	134.69	568.41
1993	77		2318.40	376.37	672.05	1269.98	306.65
1994	96		4329.62	450.49	3156.28	722.85	2029.86
1995	78		2328.36	313.66	1225.06	789.64	1398.07
1996	84		9577.27	636.77	2069.60	6870.90	2286.67
1997	63		7455.78	2667.20	3829.95	958.63	5062.26
合计	1007	242	29871.74	5087.21	12213.14	12571.39	13108.23

第六章　物资供应管理

物探局物资供应管理工作的机构是供应处，成立于 1973 年 7 月，为局属二级单位，其前身是燃化部六四六厂供应站。20 多年间，供应处坚持为全局生产建设服务，保障物资供给，加强了物资计划管理、采购管理、技术监督管理、仓储管理以及对全局物资供应的宏观调控，开展群众性增产节约活动，努力减少库存，加快周转，使全局物资供应管理工作适应了物探生产发展的需要。

第一节　管理机构与体制

1964～1973 年 6 月，六四六厂（含前身地调指挥部）设供应站，负责全厂的物资供应和管理。

1973 年 7 月，物探局成立供应处，负责全局的物资供应和管理。全局物资供应实行“五统一”，即统一计划、统一订购、统一调度、统一分配、统一管理。物资计划按照物探队—大队—指挥部的顺序逐级上报，由供应处计划科汇总；计划物资采购通过供应处在各地的采购点组织货源，运回总库。物资供应按照供应处—指挥部—大队—物探队的顺序逐级下拨。

1978～1983 年，供应处先后内设管理科、配件科、统配科、材料科、电子器材科和综合计划办公室。管理科负责全局物资仓库的统一管理和废旧物资的回收、修旧利废等工作；综合计划办公室负责全局物资计划的管理和综合平衡工作。这一时期，物资供应“五统一”的模式开始打破，部分物资（主要是三类物资）的采购权开始下放到局属二级单位。推行了物资储备定额管理，物资管理制度进一步健全。

1984 年，供应处撤销管理科和综合计划办公室，合并成立综合管理科，主要职能是仓储管理、计划管理、统计管理，并逐步增加了质量管理、计量标准化管理以及服务管理等。

随着国家经济体制的变化，物探局的物资采购权陆续层层下放。物资采购权的下放虽然在一定程度上增强了局属二级单位的活力，但随之也带来了重复采购、分散采购、随意采购以及物资层层储备、库存物资积压、资金占用大、物资质量不能保证等诸多问题。

1995年5月，物探局召开了首次物资供应管理工作会议，针对物资采购权下放带来的弊端，制定了《物资采购管理办法》，开始重新加强全局物资供应管理，使物资管理滑坡现象得到控制。

第二节 物资计划管理

1964～1973年6月，六四六厂（含前身地调指挥部）的物资计划由供应站编制、上报六四一厂。当时，物资计划的编制不太规范，物资计划管理未成体系。

1973年7月至1979年，供应处计划科专门负责全局物资计划的编制工作，局属二级单位负责本单位的物资计划编制。在物资计划的编制中坚持了“四有”（计划有依据、需要有理由、核算有定额、资金有指标）、“五对口”（计划、设计、施工、物资、资金对口）、“算清四笔账”（资源、库存、消耗、余缺帐）以及“六平一代”（平库存、平期货、平自制、平修旧、平闲置、平积压、千方百计改制代用）的原则；一般采用经验估算法确定物资需要量，即计划员根据上年的物资消耗情况和本年度局下达的生产任务量来确定本年度的物资需要量；同时建立了“会审”制度，即对物资计划实行领导、计划、财务、保管等部门共同会审；并形成了定期上报制度，每年召开一次计划评审、平衡会议，对局属二级单位上报的物资计划进行全局平衡、调整。

1976年，供应处在第二指挥部进行物资储备定额管理试点，此后在全局逐步推行。

1979年，物探局实行了“一竿子插到底”的物资计划管理方法，即从计划编制—申请订货—分配—解决缺口等全过程，分别由供应处统配科、材料科、电子器材科、配件科负责办理，供应处综合计划科负责综合全局物资资金平衡计划。物探队所需物资由指挥部直接供应。

1982年，随着国家经济体制改革的深入，物探局对统配物资、部管及专用物资、重要物资实行分工负责组织供应，对部分二、三类物资采购权下放。局属二级单位的物资计划有两种，一是向局申请的物资计划，二是内部自购的物资计划（要报供应处审批）。

1982年12月，供应处开始实行物资消耗管理办法，制定了不同地区的部分物资消耗定额。从1988年开始，物资消耗定额逐步完善并以企业标准发布实施。局属二级单位也有自行制定报局备案（批准）的消耗定额。由于定额管理的推广，物资计划的编制有了科学合理的依据，计划编制方法出现了一种新的形式——定额计算法。

1984年，供应处设立了引进材料科，负责引进材料计划、采购、分配工作。物资计划管理增加了新的内容——引进材料的计划管理。

1992年，随着国家经济体制的改革，物探局传统的物资计划管理方法被打破。定期上报物资计划的制度自动取消了，全局物资计划管理工作停止了。

1996年1月，为恢复物资计划管理工作，局制定了《物探局物资计划管理实施办法》，对在市场经济条件下的物资计划管理作了新的规定，重新建立物资计划的局、处（厂）两级管理模式，年终由供应处企业管理科对全局的物资计划执行情况进行考核评比。

第三节 物资质量管理

一、全面质量管理

（1）全面质量管理达标。1984年供应处成立了由13人组成的“供应处物资供应质量管理领导小组”。从1988年开始，物探局开展全面质量管理工作。同年7月，供应处成立了全面质量管理委员会。1990年3月设置了全面质量管理办公室，全处形成了较完善的质量管理网络。1990年8月，供应处成立了质量检验小组，质检机构设在总库，增设专职质量检验人员，负责入库物资的理化检验工作。

1988年，开始有计划地对物资供应职工进行TQC基础知识教育，组织参加国家统一组织的TQC基础知识统考。1990年把质量管理纳入物资供应职工培训教育计划，全面质量管理教育普及率达100%；统考获证率达92%。

1991年10月，物探局全面质量管理达标评审组根据《石油企业物资供应部门推行全面质量管理验收及质量管理奖评审条件》的要求，对供应处推行全面质量管理工作进行了全面的评价，同意申报为国家计划推行全面质量管理达标单位。

（2）计量定、升级工作。1987年8月，物探局在全局开展了计量工作，供应处将计量管理机构设在综合管理科。各基层单位相应成立了计量管理小组。

1989年7月，根据总公司《关于抓紧做好计量定级、升级，推行全面质量管理验收达标工作的通知》要求，供应处成立了计量定、升级领导小组，负责全处的计量领导工作。1989年供应处被定为三级计量单位，1990年升为二级计量单位，1991年又通过了省、地、县联合组织的二级计量单位复查。

(3) 标准化定、升级工作。供应处从1987年开始，逐步开展了物资供应部门标准化工作，设置了标准化管理机构和专职管理人员。1988年7月，成立了供应处标准化技术委员会，加强了标准化工作的领导。在标准化工作中，供应处建立了以技术标准为主体，包括管理标准和工作标准在内的企业标准体系。1990年10月11日，经物探局考核验收，供应处被定为标准化三级企业。

二、质量管理制度

1983年，在整顿物资管理工作中，供应处整顿了验收管理，制定了验收管理办法，严格了入库手续，控制不合格器材入库总金额达4.7万元。

1986年，全局物资供应系统的二级库都设有专业验收组，负责入库器材质量和数量的检查，共有提运验收人员28人。

1988年1月，供应处向全局二级、直属单位下发了《关于加强物资供应系统计量管理工作的通知》，并附《物探局物资供应系统计量管理办法》征求意见稿。

1989年12月，供应处向全局二级、直属单位下发了《关于使用统一的物资计量原始记录的通知》，规定了7种计量原始记录本统一的标准格式，包括木材和钢材的验收、发放计量检尺记录、材料出入库计量记录以及油料计量记录，从1990年1月1日起执行。

1991年，供应处制定了《入库物资质量检验规定》，对入库需要进行质量检验的重要物资品种、批次、数量、检测参数等做出具体规定，要求严格以标准为依据，进行质量验收。当年1～10月，因入库物资的质量、数量问题而拒付、索赔达1.74万元。

1991年，物探局下发了《物探局物资采购管理实施细则》，在物资订购中第一次要求订货合同必须写上产品的执行标准号或质量要求，改变了多年订购物资只提数量而不提质量要求的现象。同年供应处在订货合同中，标准采用率达92%，对保证采购物资的质量起到重要作用。

1992年5月，供应处开始编写物资《质量手册》，经评审验收于1993年2月20日发布实施。同时下发局内二级物资供应部门，参照执行。

1992年，供应处被列入总公司和物探局贯彻执行《质量管理和质量保证》系列标准的试点单位。

三、质量管理检查

1992年5月，根据总公司《关于开展物资质量检查活动的通知》要求，供应处成立了检查组，对供应处总库、业务部和仪器总厂、特车厂、建筑公司、地调一处、地调四处供应科的物资订购质量和库存物资质量进行了重点抽查。

1993年11月17～18日，总公司“质量万里行”检查团对物探局供应处、运输处、仪器总厂、特车厂、机械厂、地研院、研究院及局机关等单位（部门）的物资质量管理进行检查，发现了问题和薄弱环节。为了及时整改和进一步搞好全局物资质量管理工作，物探局组织了质量检查组，于11月29日至12月9日对全局物资供应系统的二、三级单位进行了检查。这次检查的重点是：外购物资、自产产品的质量；各级技术监督机构的设置、人员配备；质量管理制度及质量体系的运行情况。

1994年9月，物探局“质量万里行”检查团对全局物资供应系统的合同签订情况和各环节的物资质量管理情况进行了检查。

1995年9月，根据总公司关于开展“95质量月”活动的要求，物探局组织开展了全局性的质量大检查活动。

1997年7月，供应处根据总公司《关于开展技术监督“三法”检查的通知》，组织了自检自查。

第四节　物资采购管理

物资计划编制完成后，开始进入货源的组织阶段。物探局的物资采购管理随着全国经济形势的发展而变化。

一、物资采购管理权限

1973～1982年，物探局的野外勘探、机械制造、基建、科研生产所需物资的货源组织工作，基本上由供应处承担。

1973～1979年，国家和部管的一、二类物资由供应处计划科根据物资计划组织订货，三类物资的申请订货以及所有物资催交、催运工作由供应处生产办公室负责。

1979年以后，供应处统配、材料、电子器材、配件等业务科室负责物资的申请、订货、采购等货源组织工作。

1982年，国家经济体制由完全的计划经济管理转变为以“计划经济为主，市场调节为辅”的新模式，物探局改变了物资计划集中管理模式，对局属二级单位下放了二、三类物资的采购权限。此后采购权逐渐层层下放，基层生产部门也可随意采购。

由于采购权的下放，相应的管理措施没有跟上去，物探局的物资采购失控，物资采购管理工作滑坡，造成重复采购、分散采购、随意采购，物资层层储备，库存物资积压、资金占用量增大。

1990～1991年，分别下发了《关于适当收回部分二、三类物资供应管理权限和坚持分级分层管理规定做好物资供应工作的通知》和《物探局物资供应分级分层管理暂行规定》，收回了部分采购权，加强了对局属单位物资供应部门的统一管理，严格了生产车间、物探队的自购料管理。

1995年5月，物探局印发了《物资采购管理实施办法》，明确规定了各级采购管理部门的职责及物资采购权限。供应处保留了火工产品、油料、钢材、水泥、木材、磁带等6项物资的统一管理权，使物资采购管理混乱的局面得到控制。

二、货源的组织

(1) 计划分配。计划分配的物资主要包括统配、部管、重要专用物资。这些物资都是由供应处编制全局物资申请计划，按照申请渠道、规定程序上报石油物资装备总公司、国家物资主管部门或省物资主管部门，经上述主管部门审批并按计划分配给物探局。

在较长时期，计划分配的物资是物探局所需物资的主要来源。80年代以前，每年计划分配物资占物资采购总额的70%～80%。随着国家计划经济向市场经济的过渡，计划分配的物资种类和数量逐渐减少，1997年仅有两种计划分配物资（火工产品和油料），只占全局需要物资总额的15.7%。

(2) 市场采购。市场采购的物资主要是属于国家非计划分配的物资。市场采购物资的种类随国家物资分配管理权限的变动而增加。70年代以前，市场采购所占比重很小，进入90年代，市场采购物资的资金平均每年占到全局物资资金总额的80%以上。

1982年采购权下放后，出现了集中采购和分散采购两种形式的结合。对基建三材、部分引进材料、劳保产品等实行集中采购，其余非计划分配物资采用分散采购。

1983年，根据国家经济合同法，物探局制定了《物探局物资供应经济合同管理暂行办法》。

1993年，物资供应系统组织两次《经济合同法》培训班。1994年，物探局物资采购人员实行持证上岗制度。考试合格领到“经济合同委托授权书”的人员，才有资格签订合同。

1995年11月，物探局为清理整顿物资采购渠道，制定了《物探局物资采购市场准入管理暂行办法》，建立了物探局物资市场采购网络。到1997年底，已有104家供货厂商入网，物探局70%以上的物资控制在网络内采购。

(3) 自产自制。石油地球物理勘探是一个专业性较强的行业，许多专用机械设备、电子仪器市场货源缺乏。为此物探局自建机械厂、仪器总厂、特车厂等生产物探专用设备和配件，以弥补货源的不足。上述三厂生产的钻机及配件、勘探专用仪器仪表、电缆、震源车及配件，在物资集中管理时期由供应处统一组织供应；1982年以后，大部分由局属二级单位直接向三厂订货，少部分仍由供应处供应。

除上述几种货源外，还通过物资协作、调剂串换、加工订制、修旧利废等途径解决部分缺口物资和一些特殊物资的供应。

第五节　物资供应

一、物资供应方式

物资供应形式多种多样，主要有领料配拨、直达料供应、局内物资调剂、现场送料、急缺物资调度平衡、物资配送。

(1) 领料配拨。这是物资供应的一种主要形式。局属各二级单位根据生产建设需要申请供料，供应处根据其物资申请计划进行调配。对无物资申请计划的，供应处综合全局需要情况进行分配，并按各单位的实际情况分别采用代运或自提的运输方式供应。

(2) 直达料供应。供应处订购的物资不入局库，而直接从供货单位发往局属各用料单位，由供应处作假收发来办理调拨手续。70年代直达料较少，1980年以后直达料逐年增多。1992年至1994年，局内直达料供应达2.3亿元，占供应处全部物资供应额的63.5%。

(3) 局内物资调剂。局属各单位将库存积压、多余外调物资清单报供应处，由供应处在全局物资供应工作会议上统一组织调剂余缺，处理积压。也有局属单位之间自行组织物资调剂的。

(4) 物资配送。1996年，为减少物资流通的中间环节，降低库存，节约费用，供应处在徐水、涿州两地对基建钢材、水泥实行了配送制。到1997年底，配送钢材1980吨、水泥45185吨。

二、物资供应管理制度

1984年以前，物探局定有《定额和限额发料制度》。1989年3月，下发了《物探局物资定额、限额发料管理规定》，建立了限额领料卡制度。

物资供应除引进材料采用市场浮动价以外，一般采用计划价调拨。1984年以前，物探局定有《物资计划价格管理制度》，对物资供应计划价格进行管理。1988年3月，重新制定了《物探局物资供应价格管理（暂行）办法》。1993年以后，除六项统管物资（钢材、木材、水泥、汽油、柴油、火工产品）仍执行计划价外，其余物资供应价格开始随市场价格变动。

三、内部供需合同供应

1979年，物探局试行经济责任制，制定了《物探局内部实行材料供应合同制的办法》，局供物资开始在单纯核实供应基础上，建立横向的经济合同制，实行内部物资供需合同供应办法。

1984年8月11日，制定了《物探局物资供需经济合同管理办法》。1989年3月，再次印发了《物探局内部物资供应合同管理规定》，规定了供需合同双方的责任。在实行内部合同供料方式下，优先保证合同料供应，其次保证计划料供应。对于临时性的计划外用料，根据物资货源安排供应。由于野外勘探生产任务变动大，内部供需合同难以执行，1990年后只有引进材料按内部供需合同供应。

表11－12　1973～1997年物探局主要材料消耗统计表

年份	钢材（t）	木材（m³）	水泥（t）	炸药（t）	雷管（万发）	汽油（t）	柴油（t）	煤炭（t）	汽车底盘（辆）	爆炸杆（根）	炮线（km）	配件（万元）
1973	1283	3820	2403	1117	18.8	3100	870	10118				
1974	1348	3497	5494	1013	24	3800	850	9500				
1975	1387	3808	5512	1200	17	4500	900	11096				
1976	1160	3653	3650	1000	31.3	5200	930	12939				
1977	1476	4332	4410	2200	62.4	5300	920	13318				
1978	3230	6082	10536	2656	77.7	6100	950	17472				
1979	5081	6343	14530	1630	62	7477	990	19549				
1980	4055	6138	16043	1799	75.5	7487	1219	19718				
1981	3908	7149	20068	1407	62.6	7425	1328	23105	123	799	2577	
1982	5290	9520	32185	1620	67.8	9458	2194	26625	194	1140	3440	
1983	4851	5681	33256	2922	104	11177	5363	33433	106	809	3187	
1984	5061	4948	25800	2749	131.8	10769	6496	48204	168	2133	2512	
1985	5445	5685	28231	2127	139.5	10606	6042	45990	246	1362	3065	
1986	6424	5760	26113	2484	117.9	9670	6934	46815	153	1774	2545	
1987	6690	6434	27959	2274	164.7	9146	8919	53677	190	1486	1930	304.16
1988	5898	7566	28281	3414	242.85	10478	9559	62095	134	1444	2139	411.93
1989	5232	7128	25264	2573	240.52	10647	8870	57030	159	1381	3615	476.61
1990	5163	6153	18088	2695	203	10305	9786	59713	202	1740	3411	649.52
1991	6518	5659	20847	3123	249.47	9952	11455	69854	172	1701	5137	1210.63
1992	8491	6511	25131	3746	305.71	8856	11991	74569	112	1490	3782	2451.68
1993	5724	5228	18330	4139	316	11450	14804	74810	35	804	4344	6873.17
1994	5646	4615	23000	5356	508	9169	14263	69758	20	1628	3799	10453.17
1995	5773	5230	25043	6364	436	7912	15066	85800	56	649	3717	11005.24
1996	6646	3320	34617	9484	514	8460	19217	76339	33	2311	6948	12817.66
1997	6172	2809	28549	9148	531	6503	19467	83348	118	1729	9767	12622.54

表 11－13 1981～1997 年物探局库存材料金额动态表

年份	年初库存（万元）			收入（万元）	发出（万元）	期末库存（万元）			年平均库存（万元）			周转	
	合计	其中				合计	其中		合计	其中		次数	天数
		引进	针线管箩				引进	针线管箩		引进	针线管箩		
1981	2115.87			3997.88	3886.2	2162.08			2106.73			1.84	198
1982	2162.08			6423.6	5990.86	2563.09			2425.88			2.47	148
1983	2563.09			8154.22	7310.64	3378.39			2854.43			2.56	143
1984	4119.59	637.43	475.3	11941.11	10524.95	5548.54	1078.75	586.06	4727.38	700.57	479.19	2.23	162
1985	5139.84	1077.63	466.46	10465.5	11431.14	3840.75	1052.57	281.21	4522.98	941.88	373.21	2.53	142
1986	4179.63	1254.21	328.71	11656.86	11345.39	4442.32	1332.37	265.73	4476.38	1176.9	323.83	2.53	142
1987	4509.87	1332.37	269.04	13283.17	12790.24	5127.61	1690.94	263.01	5058.54	1491.2	334.06	2.53	142
1988	5127.61	1690.94	263.01	16068.2	15519.29	5808.75	1891.9	273.49	5596.84	1845.9	316.87	2.77	130
1989	5808.75	1891.9	273.49	22377.99	20605.36	8058.42	2599.55	352.38	8108.3	2582.7	343.32	2.54	142
1990	8230.38		352.38	23379.26	8058.42	8999.97	8999.97	421.85	8972.65		444.99	2.51	143
1991	8999.97		421.85	25126.26	22525.32	9119.95		526.3	9731.54		521.69	2.56	141
1992	9173.57		526.3	32076.02	24875.05	10991.17		732.19	10108.3		781.09	3.01	120
1993	10991.17		732.19	30905.29	30412.4	12847.7		679.31	12683.83		858.92	2.20	159
1994	12440.32	5773.94	679.31	36841.54	28639.86	11796.4	3907.45	845.15	13048.54	5772.6	779.23	2.72	132
1995	11796.4	3833.31	854.15	42924.56	35548.72	15148.59	4236.88	1401.95	14159.15	4259.2	938.56	2.79	129
1996	15148.59	7172.86	1401.95	50520.07	39520.59	14131.88	6377.44	1123.31	14786.37	6612.7	1143.77	3.44	105
1997	14245.84	6377.58	1237.27	54358.55	50863.18	13874.72	6289.35	1800.38	14091.36	6274.7	1464.58	3.85	94

四、物资供应服务

1980年以后，物探局物资供应部门逐步由生产服务型向经营服务型转变，注意提高供应服务质量。1990年供应处制定了《用户回访制度》、《供应处用户服务制度》和《供应处现场办公制度》。从1991年开始，供应处每年在全处范围内开展“三办”（用户至上，热心办；方便用户，马上办；讲求信誉，办得好）优质服务活动。1997年，供应处面对局内用户推出“供应处服务承诺”制度，就物资供应质量、数量、价格、时间以及售后服务提出了6条保证。局属二级单位的物资供应部门也纷纷向本单位用户提出了服务承诺。

五、物资供应量

随着物探事业的发展，物资供应工作量不断增大。物探局全年物资消耗额：1973年为1939.8万元，1985年为11431万元，1988年为15519万元，1991年为24889万元，1997年为54300万元。物探局1973～1997年主要材料消耗情况和1981～1997年物探局库存材料金额动态见表11－12、表11－13。

第六节　物资统计

一、统计人员与管理

1964～1972年，根据上级主管部门的要求，六四六厂（含前身地调指挥部）配有物资统计的专、兼职人员。

1973年物探局成立后，物资统计人员逐步得到充实，物资统计工作的管理逐步得到加强。

从1978年开始，物探局每年都对所属单位物资统计工作进行检查，保证了全局物资统计报表的及时准确上报。

1983年，物探局供应处下发了《关于印发〈物资统计报表竞赛评比办法〉的通知》，通过竞赛评比，调动统计人员积极性，进一步提高了物资统计报表的质量。

1984～1987年，《中华人民共和国统计法》、《中华人民共和国统计法实施细则》相继颁布，物探局进行了认真贯彻。

1991年，物探局印发了《供应系统数据库结构和软盘报送有关规定》，要求统计报表逐步实行微机化管理，提高统计数据的实效性。

1997年末，物探局已建成一支分工齐全、专兼职结合的物资统计队伍，能保证各项物资统计工作高质量地完成。据统计，全局专、兼职物资统计人员149人，其中供应处5人、二级单位16人、三级单位128人；文化程度：高中（技校）48人、中专50人、大专及以上13人。

二、物资统计报表

1973年6月以前，六四六厂的物资报表主要是《新机电设备使用及结存年报》。

1973年7月物探局成立后，开始填制《库存31大类金额报表》。并陆续填报《主要材料消费、库存电讯月报》、《主要原材料、燃料收入、消费及库存情况表》、《生产用主要物资使用方向表》、《物资消费与库存总值》、《木材节约代用情况》、《木材节约代用年度报表附表》、《石油企业各类配件进、耗、存情况》、《钻采配件主要品种进、耗、存明细表》、《物资供应技术经济指标》、《修旧利废统计月报表》、《废钢铁回收、消费、上交情况统计月报》和《经济合同签订情况统计表》。

从1980年起，又增加了《石油企业器材资金占用情况季报表》、《多余积压物资处理利用进度情况统计月报表》、《无动态外调物资处理利用进度情况月报表》、《双增双节任务完成情况统计表》。

1981年，编报了《物资统计资料汇编》，汇集了全局及供应处各项物资工作任务指标的完成情况，以及物资计划、采购、消耗和库存情况，为各级领导和业务部门的工作提供了重要的参考资料。此后每年编报一次，改名为《物资统计公报》。

1997年，全局共有物资统计报表20种，其中既有国家统计报表，行业、部门统计报表，地方统计报表，也有企业统计报表；既有反映多种情况的综合报表，又有只反映某一方面情况的专业报表；既有年报、半年报，又有季报和月报；既有采用邮寄或人送方式的报表，也有用电讯传送的报表。

1997年，物探局主要物资统计报表见表11－14。

表11－14　1997年物探局主要物资统计报表

序号	表号	报表名称	类别	报表日期	受表机关
1	J105表、J205表	原材料、能源消耗与库存	行业 地方	月、季报	总公司、河北省统计局

续表

序 号	表 号	报表名称	类 别	报表日期	受表机关
2	油供统7表	木材节约代用情况	行业	季报	总公司
3	油供统7表附表	木材节约代用情况附表	行业	季报	总公司
4	局供1表	库存材料金额汇总表	企业	月报	
5	局供1表附表	针线筐箩金额汇总表附表	企业	月报	
6	局供2表	库存器材年（明细）报表	企业	月报	
7	局供3表	煤炭核销月报表	企业	月报	
8	局供4表-1	地调处油料核销月报表	企业	月报	
9	局供4表-2	二线后勤单位油料核销月报表	企业	月报	
10	局供5表	1997年地震勘探主要消耗材料统计表	企业	年报	
11	局供5表-1	1997年地震勘探主要消耗材料统计表	企业	年报	
12	局供5表-2	1997年地震勘探主要消耗材料统计表	企业	年报	
13	局供6表	库存呆滞物资季度汇总表	企业	季报	
14	局供6表-1	库存呆滞物资明细年报表	企业	年报	
15	局供6表-2	库存呆滞物资处理利用半年报表	企业	年报	

第七节 仓储管理

一、仓库建设和装备

1964年，地调指挥部供应站在徐水县原化肥厂设临时仓库，在定县、仓州设炸药库。1967年，六四六厂建立徐水供应总库。

1973年物探局刚成立时，全局有一级仓库1个、二级仓库9个，库房、料场94个，筐箩库96个。仓库占地总面积13100平方米（不含筐箩库），其中，房屋建筑面积5202平方米，料场面积8166平方米。库房均为砖木结构平房，料场均是三合土地面，总库主要设备有2吨叉车2台，30吨地中衡1台，带锯2台。

1976年，建成徐水王庄炸药库。1979年建成徐水油库和木材库。1996年建成连接京广铁路的徐水铁路专用线和专用货场。到1997年底，全局有一级仓库2个，二级仓库10个，库房、料场99个，筐箩库88个；仓库占地面积114375平方米，其中料场面积27433平方米；库房建筑面积29133平方米，料棚建筑面积6841平方米。主要仓储设施有：库房材料大楼5栋，砖木结构平房73栋；钢架石棉瓦料棚34个；料场20个（大部分为水泥地面）；货运电梯5架，龙门吊1架，装卸机械13台，运输机械18台；全封闭移动式货架112个；电子地中衡1台；铁路专用线及货场1个，卸油装置1套；大型储油罐16个，加油站8座；安全消防设施配备齐全。

二、仓储管理

(1) 仓库业务管理范围：物资的到货接运、验收入库、保管保养、发放出库、包装发运；物资索赔；废旧物资回收、物资交旧领新、包装容器回收、修旧利废。

(2) 仓储管理模式：物探局实行二级设库三级管理，仓库设独立验收机构或专职验收员。

(3) 仓储管理制度：物探局成立之前，仓储管理基本沿袭大庆的管理办法。物探局成立后，陆续建立健全了仓库管理制度。

①程序性、操作性管理制度。1973年物探局成立后制定了《仓库管理制度》，1984年修订。1980年制定了《物资器材运耗、储耗、磅（尺）差标准》，1984年两次修订。1984年制定了《针线筐箩管理办法》、《包装容器回收及修旧利废管理》、《现场管理制度》。

1989年，物探局对已有制度修订为Q/WTG·0709—1989《物资验收办法》、Q/WTG·0710—1989《物资仓库管理标准》、Q/WTG·0713—1989《包装容器回收管理规定》、Q/WTG·0714—1989《废旧物资回收管理规定》、Q/WTG·0715—1989《库存物资淘汰报废规定》、Q/WTG·0716—1989《物资交旧领新管理规定》、Q/WTG·0902—1989《煤场管理规定》、Q/WTG·0903—1989《油库管理规定》和 Q/WTG·0047—1993《物资运耗、储耗、磅（尺）差定额》。

②主要岗位经济责任制度。从1981年起，物探局制定了岗位经济责任制，健全了仓储管理制度，经过多次修订，已形成以下制度：仓库管理8项制度，即《仓库管理制度》、《计量检验工作管理制度》、《岗位责任制度》、《经济核算制度》、《包装物回收管理制度》、《机械设备维修保养制度》、《安全防火管理制度》、《进出仓库管理制度》；库房料场管理6项制度，即《保管员岗位责任制度》、《巡回检查制度》、《计量检验工作制度》、《物资维护保养制度》、《物资保管业务流程及保管员岗位练兵制度》、《库房安全防火制度》；针线笸箩库管理3项制度，即《针线笸箩管理制度》、《保管员责任制度》、《安全、防火管理制度》。

（4）重要管理活动。

①清仓查库。为深入开展“双增双节”运动，清查以领代耗产生的帐外料和大库存保生产产生的多余积压物资，做到帐、卡、物、资金四对口，达到利库降耗，核定储备定额，降低不合理库存，加速资金周转，防止产生新积压，在一、二级仓库和所有针线笸箩库范围内开展了清仓查库、清产核资。1976～1994年，先后6次在全局开展了清仓查库、清产核资工作。

②“一类库”评比普及和仓储管理达标升级。1978年，石化部颁发了《一类库试行标准》，1980年石油部修订为《一类库标准》。为贯彻执行该标准，物探局1978年制定了《搞好一类库评比的办法和要求》，1980年修订为《一类库的检查考核办法》，1989年修定为Q/WTG·0711—1989《一类库房（料场）条件》。1980年后，结合工业学大庆活动，在全局开展了岗位练兵和争创红旗库的劳动竞赛，掀起了建“一类库”的高潮。1974～1990年，全局共开展17次物资管理大检查，促进了仓储管理水平的不断提高。1974年，全局一类库占3.26%，二类库占5.43%，三类库占32.62%，不符合要求的占58.69%；到1990年，全局一类库上升到98.45%，二类库下降到1.55%，消灭了三类库。

1991年8月，为贯彻执行《中国石油天然气总公司企业物资供应部门仓库、库房、料场、针线笸箩管理工作等级标准及认定办法（试行）》，物探局制定了《物探局物资供应部门仓库、库房、料场、针线笸箩管理工作等级标准及认定办法实施细则》。同年10月，总公司检查认定组对供应处徐水总库进行了检查认定，年终局对所属15个仓库和3个独立库房组织了检查认定。1993～1994年，全局停止了达标升级检查认定工作，仓库管理出现大滑坡。1995年5月，物探局决定在一、二级仓库范围内恢复仓储管理工作达标升级活动。1996年修订了《物探局物资仓储管理工作等级标准认定实施细则》，仓储管理又走上标准化管理的轨道。

第七章　行政管理

行政管理主要记述政务管理、治安保卫、档案信息管理等。

第一节　政务管理

一、机构设置

1961年11月，松辽石油地震会战前线指挥部机关设办公室，负责传达上级领导机关的指示，了解收集会战单位地震勘探情况，完成领导交办的行政事务工作，并负责管理白城子招待所，无线电台通讯、机要译电等工作。办公室内设文书、秘书、机要、计划、管理、接待、打字、收发等岗位，共定员15人。

1962年5月，松辽地调处设行政办公室，负责行政事务管理；直接管理白城子招待所、机关卫生所、总机话务班、无线电台、小车班等。行政办公室内设秘书2人、文书1人、收发1人、通信员1人、打字员2人。

1964年4月5日，六四一厂地调处行政办公室改称办公室。6月27日，该处内称地调指挥部。12月，地调指挥部办公室改称行政办公室，内设秘书科、总务科，负责文秘档案、行政及后勤事务管理。秘书科内设文书1人、秘书2人、收发1人、文书档案1人、物探资料管理员3人、打字员3人。

1965年2月，地调指挥部对外称石油工业部六四六厂，厂行政办公室直接管理机关卫生所（23

人）、小车班、电台、物探资料室、通讯站，定员47人。12月，厂行政办公室增设1名专职信访干事。

1966年4月，六四六厂行政办公室负责政务服务、机关行政事务和后勤事务管理，并直接领导和管理机关卫生所、子弟学校、招待所、维修队。

1968年2月，北京军区装甲兵部队奉命对六四六厂实行军管。4月29日，成立六四六厂革命委员会。革委会机关设办公室，定员5人，文书处理实行党政合一。办公室负责管理小车队、打字室、收发室、通讯站。

1971年12月，六四六厂革委会机关改组，在政治部内设秘书科，承担原行政办公室职能。

1972年10月，六四六厂机关重新设立办公室，定员10人，负责管理食堂（徐水大院）、招待所、小车队。

1973年7月物探局成立，设局办公室，内设秘书3人、文书1人、信访1人、文书档案1人、收发1人。局办公室领导接待科、小车队、档案室、物探资料室和通讯站。

1979年，局办公室的信访工作移交局政治部办公室。

1982年5月，局办公室的机关文书档案室和工作人员移交档案处。

1983年6月，物探局成立外国专家公寓，局办公室负责管理外事活动。

1984年6月，局机关机构改革，将通讯站从局办公室划出，局办公室领导外宾招待所、小车队和打字室。局办公室内设文书、秘书、收发、保密等岗位，负责协助局长处理日常行政事务和局机关文秘、保密、会务、接待工作。

1992年3月，局机关机构改革，将局办公室的保密工作划归局党委办公室，将局党委办公室的信访科划归局办公室，局办公室编制定员30人。12月，办公室内设文书、秘书、信访3个科，下设16个岗位。

1993年9月，局将外宾招待所、小车队、打字室、收发室从局办公室划出。同年11月，成立物探局驻北京联络处，由局办公室领导，1994年5月交由接待服务中心管理。

1996年1月9日，机关文印室划归局办公室按内设班组管理，机关事务管理处收发室划归局办公室管理。

1997年底，局办公室有工作人员20人，内设机构有秘书科、文书科、信访科、文印室，以及收发、公务员岗。

二、文秘工作

文秘工作，是指文书处理与秘书工作。专职文档和秘书人员的主要职责是从事机关文书处理和秘书工作，协助领导管理行政事务，调查研究、参与政务、为领导工作当好参谋。

（一）工作制度

1964年6月，六四一厂地调处办公室制定了发文核稿、签发，收文催办，文书立、交卷及文件打印等制度。“文革”初期，文档工作受到冲击，人员调离，制度流于形式。

1979年10月，石油工业档案工作会议后，物探局文档工作开始整顿、恢复。

1980年8月，物探局印发了《文书处理办法》和《文书档案管理办法》。

1981年，物探局成立档案科，文书处理与文档管理机构分立，改档案人员立卷为文书人员立卷，立卷档案按年度移交档案科管理。

1985年6月，局重新印发了《物探局机关公文处理暂行办法》和《物探局文书档案管理暂行办法》。

1989年3月，物探局将1985年制定的公文处理办法修订为Q/WTC·2201—1989企业标准《物探局机关公文处理实施办法》。

1990年4月，物探局办公室制定了《文书工作标准》，对文书工作人员的职责、任务、工作标准、责任和权限、检查与考核作了具体规定。

1992年3月，局办公室和局党委办公室联合制定了公文处理工作中的6项具体规定，其主要内容：一是压缩局发公文；二是严格办文程序，提高公文质量；三是坚持一文一事的请示报告制度，提高办文效率；四是实行局和机关处室分级行文；五是合并机关处室简报，由局办和局党办综合编发“物探局简报”，分别编发“情况反映”和“政工信息”；六是加快文件批办速度。

1996年4月，物探局印发了“政务信息管理办法”，对建立局、处两级信息机构、网络、人员、制度及信息质量提出了具体要求。

1997年，建立了物探局与总公司、物探局与局属二级单位的计算机信息网络。

（二）发文

六四六厂时期，公文种类按《六四一厂文书处理办法》规定，分为报告、请示、公函、命令、决定、指示、批复、通知、通报等，另有电报、便函2类。

1973年物探局成立后，制定了文书处理办法，规定发文分为拟稿、核稿、签发、打印、校对、监印、登记、封发等8个程序；公文种类有18类。文件审批分为三级：一是涉及全国物探部署、方针、政策和装备改造等重大事项或引进项目需上报石油工业部的上行文件，要经局领导集体办公会议研究后，由局长签发；二是物探局下发文件，由主管副局长签发；三是处室发文由处室长签发。

1985年，物探局公文种类调整为17类。规定局机关处室可以在职权范围内向二级单位业务部门行文，或根据物探局授权答复二级单位有关业务问题。

1989年局制定的《公文处理实施办法》，将公文种类调整为决定、决议、批复、通知、通报、报告、请示、规定、办法、细则、函、会议纪要、通告等14类，并对每个文类的正文结构作了原则规定。

1992年，物探局为精简文件，减少局发公文，增加了局办公室和局党委办公室发文，用于传达局党政领导指示，转发需各单位周知或办理的事项。不具有指示性、法规性的专业会议纪要、讲话材料，不再用物探局公文转发。1993年，局发文比上年度减少五分之一。

1994年，物探局公文种类调减为11类。公文格式方面，在文尾部分加标公文主题词，以适应公文检索自动化的需要。

（三）收文

1968年以前，六四六厂机关行政收文，由厂办公室文书人员拆封、编号、登记，送办公室主任（秘书科长）提出拟办意见，送厂领导批办。1968年六四六厂成革委会立后，党政文件统一由厂革委会办公室收文处理。

1973年，物探局成立后，党政收文分开办理。

从1978年下半年起，将政治部办公室管理的国务院文件转由局办公室管理。

1980年，局将收文处理，分为签收、拆封、登记、送批、批办、承办、催办、注办8个程序，办毕文件由文书人员分类归卷保管。

1985年，局制定的公文处理办法规定，行政公文由局办公室指定人员签收、拆封、登记，送交局办公室主任提出拟办意见，再送局领导批办；一般性公文，直接分送有关处室办理。对紧急公文建立催办记录。

1989年，物探局机关收文按上级、下级、平级、阅件分类登记管理。凡上级机关重要来文先送局长批办，一般公文送主管副局长批办，下级来文先送主管处室研究，报主管副局长批示。

1992年3月，局规定各承办处室对局属单位的请示公文要在10天之内提出答复意见，上级来文要在5天内提出承办意见，并配置专职值班秘书，建立电话传真网络，加强公文处理的催办、查办。

1994年，物探局对公文处理采取了“紧急公文跟踪催办、查办，重要公文重点催办、查办，一般公文定期催办、查办”的措施。

（四）印章管理

1965年，六四六厂对印章的管理和使用作了规定，指定由厂办公室专人保管、经领导批准使用。

物探局印章由主管上级颁发。物探局印章（钢印）及局长名章，由局办公室主任指定专人保管。局发公文和上报报表根据局领导签发的原稿用印；函件或介绍信用印，要经主管局领导批准。物探局钢印用于制发工作证、证书、奖状等。

1980年，物探局对印章的制发和管理作了3条规定：一是局属单位的印章由局办公室统一刻制、颁发启用，印章名称冠“石油地球物理勘探局”；二是撤销单位印章缴回制发机关封存或销毁；三是印章使用需经单位领导批准。

1984年6月，物探局对局属单位行政印章的刻制、样式、尺度、管理、使用等重新作了规定。局机关处室、局属单位的印章冠“石油工业部地球物理勘探局”名称，统一由局办公室制发，局属单位内部机构印章只冠“石油地球物理勘探局”名称，由局属单位办公室自行制发。

1989年6月，物探局以企业标准发布了Q/WTC·2202—1989《行政印章管理规定》。规定局机关处室和各二级、直属单位的印章名称不冠“中国石油天然气总公司”，只冠“石油地球物理勘探局”；处级单位印章直径为4.2厘米，科级单位和物探队印章直径为4厘米，合同专用章直径为6厘米，业务专用章直径为3.8厘米；严格用印管理，建立用印登记存档制度。

（五）文印设备

六四六厂分设厂办和党委2个文印打字室，设备各配有4号字中文打字机和手动油印机。

物探局办公室，1978年配置1台进口3米静电复印机，1980年配置1台光电誊印机，1982年配置

1台夏普复印机。

1984年，物探局办公室文印打字室配有6台4号字中文打字机、1台3号字中文打字机、2台国产静电誊印机、2台电动油印机。

1986年，随着办公设备的现代化，局办公室文印室购进1台四通MS－2400中英文打字机、2台电动速印机、1台进口的基士德耶4130＋4194油印机、1台理光复印机。

1988年，局办公室配置2台IBM计算机，开始使用计算机录排文稿。

1992年，局办公室配备1台制版、复印、印刷三体合一的轻印刷设备，打字全部使用286型、386型计算机，实现了文印设备自动化。

三、信　访

（一）工作机构

1973年物探局成立后，在局办公室设一名专职信访人员。

1979年4月，物探局成立了有局领导、局工会、局办公室、组织处、干部处、保卫处、人事处等处室领导参加的信访工作领导小组，由政治部主任张俊瑞任组长，下设办公室，配备了专职干部。局属4个指挥部和机械厂、仪器厂、研究院等单位配有专职信访干部。其他单位由有关领导兼管信访工作。

1982年6月，物探局成立信访科，隶属局政治部办公室。

1984年，局信访工作领导小组进行调整，局党委副书记陈启发任组长。局信访科隶属局党委办公室。

1993年10月，物探局党委对局信访工作领导小组做了调整，由副局长王业胜任组长，有关职能处室负责人为成员，并将信访科划归局办公室。

到1997年底，局属各单位普遍建立了信访机构，完善了工作网络。全局有处级单位信访工作领导小组30个，组长由单位主要领导或分管领导担任。有的单位还成立了科级、小队级信访工作领导小组。千人以上单位设立了主管信访工作人员，千人以下单位设兼职信访工作人员。全局共有专兼职信访工作人员234人，专兼职信访信息员41人。

（二）信访工作

1978年党的十一届三中全会前后，信访工作的主要内容是：平反冤假错案，落实党的政策，对历史遗留问题进行处理，对四清运动中处理的案件逐人逐件进行复查。

从1973年物探局成立到党的十一届三中全会之前，全局共复查了162人的问题，对于过去历次政治运动中受到错误处理的85人分别不同情况给予了纠正和平反。

1979年4月17～19日，物探局召开了第一次信访工作会议，局属各单位政治处领导、专兼职信访工作干部及局机关有关处室领导共32人参加了会议。会议学习了毛泽东、周恩来及其他党和国家领导人关于做好信访工作的指示，传达了中共中央有关文件和石油部关于做好信访工作的具体要求，部署了全局信访工作任务。

党的十一届三中全会之后到1982年4月，物探局对历史遗留问题以及“四清”等运动中处理的案件逐人逐件进行了复查。共复查了60人，给50人落实了政策。(1)对“文革”中案件涉及的46人：平反冤案、假案12人，纠正错案和处理不当的26人，恢复厂籍的13人，恢复党籍的4人。(2)对“文革”前历史遗留案件涉及的14人：改正错案12人，其中重新恢复工作4人，恢复党籍2人。

1960～1965年期间，松辽地调处及六四六厂有380名职工被精简下放或自行离职后被除名。

他们中许多人来信、来访要求恢复公职或发放补助。物探局信访部门按照有关政策给予了答复，或做了解释工作。对被精简下放后，体弱多病生活确有困难的，经与当地政府协商，按照国务院有关规定，每月发给原工资40%的补助费，到1997年底仍发补助费的有5人。

1982年6月2日，物探局召开第二次信访工作会议，传达学习全国第三次信访工作会议和第三次石油企业信访工作会议精神，总结物探局建局后的信访工作。会上局信访工作领导小组副组长田树林作了信访工作报告，部署了信访工作任务。这次会后对上访老户和老大难案件在逐人逐件排查的基础上实行了“三定一包”（定领导、定办案人员、定结案时间，一包到底）责任制，做到了四落实（承办单位落实、办案人员落实、结案时间落实和必要的善后工作落实）。

1996年11月11～13日，物探局在北京十三陵疗养院召开信访工作会议，局信访工作领导小组成员、各单位主管领导及办公室主任等60余人参加了会议。会议传达了全国第四次信访工作会议和总公司第五次信访工作会议精神，王业胜副局长作了信访工作报告，部署了近期信访工作的任务，15个局属单位在会上交流了信访工作经验。

为加强新形势下的信访工作，物探局采取的主要措施有：

(1) 抓信访领导责任制落实和制度建设。物探局按照“谁主管、谁负责”和“分级负责、归口办理”的原则落实信访工作责任制。为使信访工作制度化、规范化，1996年11月印发了《物探局信访工作领导责任制》、《物探局领导和局机关处室部门处理群众来信来访的规定》、《物探局关于实行群众逐级上访和分级受理制度的管理办法》。为对局属各单位信访工作进行考核，还制定了《物探局信访工作目标管理考核标准》。

(2) 把控制和减少集体上访作为信访工作的重点。搞好超前防范，在各项改革政策出台时，倾听各方面意见，努力实现科学决策、民主决策，避免因政策失误引发群众集体上访；认真贯彻国务院《信访条例》，增强群众依法信访和信访部门依法行政的自觉性。要求基层单位切实负起责任，认真解决群众反映的实际问题，加强政策解释和思想政治工作，化解矛盾；对出现的集体上访，各部门通力协作，确保妥善处理，针对大中专毕业生和待业子女就业容易引发上访的实际情况，局信访部门协同主管部门及工会、监察部门一起实行监督，保证就业按公开、公平、竞争原则有序运行。

(3) 加强信访信息工作。围绕深化改革的难点和重点开展调查研究，加强信访基础资料统计工作，及时反馈职工群众的意见、建议。对重点问题超前预测、采取措施、早介入、早做工作，防止出现群体性上访事件。

(4) 搞好信访专兼职队伍建设。在全局信访干部队伍中开展向全国优秀信访干部吴天祥学习的活动，举办信访业务培训，保持专兼职信访干部队伍相对稳定。

第二节　治安保卫

一、机构设置

1968年六四六厂实行军管前，六四六厂政治部及其前身松辽地调处政治处、地调指挥部政治部均设保卫科。1968年六四六厂实行军管、成立革委会后，原保卫科被撤销，全厂保卫工作由革委会政工组负责。1971年10月，六四六厂政工组改为政治部后设武装保卫科。1973年7月物探局成立时设保卫处，负责全局保卫工作。局属二级单位分别设保卫科或设专兼职保卫干部。

1984年9月2日，经河北省公安厅批准成立物探局徐水办事处治安派出所。1985年4月9日，经河北省公安厅批准成立研究院公安派出所、第四勘探公司公安派出所。1986年2月25日，经天津市公安局批准成立静海县公安局石油物探公司治安派出所。1986年10月8日，经河北省公安厅批准由物探局、地质局、矿山局出人员、编制、经费联合成立涿县范阳路派出所，人员编制32人，物探局出11人（1990年4月范阳路派出所撤销）。1987年1月6日，经新疆自治区公安厅批准成立库尔市公安局上恰其石油地质调查三处（地调三处）派出所。1987年8月14日，经河南省公安厅批准成立开封市顺河公安分局六四六厂（地调二处）派出所。1989年3月4日，经河北省公安厅批准成立地调五处企业派出所。上述各派出所受地方公安机关和本单位、局保卫处双重领导，行使地方公安机关治安派出所的职权（户口管理除外）。同时，实行一个机构两块牌子，对外是派出所，对内是保卫科。

1980年国务院转发公安部等六部委《关于建立经济民警的实施意见》之后，物探局一些单位经驻地省公安厅批准，陆续组建了经济民警分队。1981年9月9日，地调三处组建了经济民警分队。1985月4月，研究院组建了经济民警分队。1987年7月，地调二处组建了经济民警分队。1994年1月，机械厂、仪器总厂分别组建了经济民警分队。

二、治安管理

(1) 内部治安管理制度及防范措施。物探局先后建立了《物探局内部治安管理规定》、《物探局门卫管理制度》、《物探局内部公共娱乐场所管理制度》、《物探局机动车辆管理制度》、《物探局自行车管理制度》等内部规章制度，并从制度建设入手，狠抓了防范措施的落实。各二级单位也根据实际情况相应建立了内部治安管理制度和防范措施。

(2) 安全检查。除进行经常性的安全防范检查之外，每年元旦、春节、“五一”、“十一”等节假日或重要活动，局保卫处均组织人员对全局重点要害部位进行安全防范检查。各单位每季度对重点要害部门进行一次全面检查。从1988年开始，针对内部治安特点，保卫处每年都要组织两次以上检查活动，排查治安隐患，堵塞漏洞，强化防范的专项治理。各二级单位亦根据本单位的实际，确定专项治理内容和方法，解决职工群众反映的治安难点、热点问题，增强内部治安管理的针对性。

(3) 群防群治。1978年之前，局属各单位主要抓门卫值班和治保会工作。1978年，局机关成立了专职警卫班，在加强门卫的同时，对院区昼夜值班巡逻。各二级单位也相继建立了专职或兼职护厂队，加强了动态管理。1980年之后，治保会、民调会、巡逻队等群防群治组织日益健全，人员日益增加。局机关、五个地调处、机械厂、仪器厂、徐水办事处等单位的院区均设立了专职巡逻队，维护企业内部秩序，加强治安防范工作。

(4) 户籍管理。根据国家规定，全局各单位户籍均由当地公安部门管理。局保卫处和二级单位保卫科明确人员专管或兼管局内职工户口事宜，统一归口由保卫部门到驻地公安部门给职工办理户口、身份证等方面的有关事宜。同时，在内部建立户口情况登记，掌握、了解内部户口动态和信息。1978～1992年，根据国家规定，每年度由保卫部门向当地公安部门上报内部职工家属子女农转非名单，由公安部门逐级审批。1992年之后，局内职工家属户口农转非工作基本停止。

三、生产保卫

(1) 要害保卫。根据公安部门要害管理规定，对要害部位坚持逐年审批。1989年，局级要害10个，处级要害105个。1995年，局级要害8个，处级要害81个。对要害岗位工作人员坚持先审后用，建立健全要害管理制度，落实管理措施，完善要害档案。对局级要害，实行局领导承包制度，每两个月局领导亲自到要害部位检查一次，对存在问题及时进行整改，保障要害安全。

(2) 危险物品管理。建立健全危险物品管理制度，落实管理措施。地调二处、地调三处炸药库派经济民警武装看守。徐水供应处炸药库坚持制度、严格管理，从未发生任何事故。1994年地调三处率先使用集装箱运送炸药。1995年后，炸药运输全部实现了集装箱运输。

(3) 消防工作。认真贯彻“预防为主，防消结合”的方针，搞好消防宣传教育，增强全员消防意识；培训消防骨干，建立消防义务组织。1995年，局保卫处组织全局负责消防工作的32名干部举办了消防培训班。从1995年开始，地调二处、研究院、物探学校等单位每年举行一次消防运动会，局属各单位开展了每年一度的“11·9”消防宣传周活动。各单位按照消防规定配置消防器材。1992年，在以往把消防工作纳入企业生产管理的基础上，实行了领导逐级负责和职工岗位防火责任制，进一步促进了消防工作。1973～1995年，连续22年全局没有发生重大火灾事故。

四、法制宣传教育

第一个五年普法教育之前，根据国家法制逐步建立健全的特点，在普及宪法的基础上，组织职工重点学习《刑法》、《治安管理处罚条例》等法律法规，增强了职工遵纪守法意识。第一个五年普法教育之后，局和各二级单位均成立了普法领导小组和普法办公室，做到了组织、人员、计划、措施“四落实”，加大了法制教育的力度。通过法制教育，增强了群众的法律意识和法制观念，调动了职工群众同各种违法犯罪活动作斗争的积极性。

五、案件查处与侦破

1978～1995年，全局发生刑事案件1137起，破获612起，破案率53.8%；发生治安案件753起，查处653起，查处率86.7%；处理各类违法犯罪人员1241人，其中刑事处罚201人，治安处罚1040人。

1978～1987年，全局刑事、治安案件每年在30～60起之间，发案趋势呈现平稳波动状态。1988、1989、1991年度，刑事案件大幅度上升，年发案均超过100起以上，其中1989年发案161起，是局成立后发案最多的一年。1992～1997年，年发案率均在50～60起之间。在发生的各类案件中，盗窃案件占发案总数的90%以上。

六、社会治安综合治理

1981年，党中央提出社会治安综合治理后，物探局在每年的保卫工作安排中均对社会治安综合治理作专门部署，并定期或不定期地进行检查，总结交流经验。

1991年，党中央、国务院《关于加强社会治安综合治理的决定》下发后，物探局综合治理工作全面展开。同年7月16日，下发了《物探局关于加强社会治安综合治理的决定》，成立了物探局社会治安综合治理委员会，下设办公室（设在保卫处）。全局28个二级单位也相继成立了社会治安综合治理委员会，下设办公室（设在保卫部门）。

1991年8月29日，局下发了《石油物探局社会治安综合治理考评办法及评分标准》。此《标准》，到1994年3月先后作了3次修改完善。各二级单位也于同期相应修改下发了本单位的考评办法和评分标准。每年底，局组织人员对全局二级单位综合治理工作进行全面检查考核。

1991～1993年，物探局从人均年度奖金中提取3%作为年度综合治理奖金。1994～1995年改为人均30元作为年度综合治理奖金，年底根据考核结果兑现奖惩。

从1991年开始，物探局与所属二级单位，二级单位与其基层单位（车间、物探队）每年签订社会治安综合治理责任书，形成了局、处、基层单位三级承包网络。全局上下都把社会治安综合治理纳入双文明建设的总体规划，与单位、个人的经济利益挂钩，把综合治理的各项指标、任务分解落实到各级领导、各个单位和岗位上，分解到各个参与部门，形成了党政工团齐抓共管、广大职工积极参与的综合治理格局，保持和发展了安定团结的内部治安秩序。

1991～1995年，物探局连续5年被涿州市评为社会治安综合治理先进单位。

七、武装民兵

1973年7月，物探局成立武装部。1978年撤销武装部后，武装民兵工作划归保卫处负责。同时各二级单位保卫部门也相应承担武装民兵工作任务。

1972～1978年，武装民兵工作主要是，开展年度征兵、拥军优属；建立民兵组织，开展民兵训练。

1978年，局武装民兵工作主要承担3个方面的任务：

(1) 兵役登记工作。1982年之后，按照中央军委关于恢复退役军人预备役制度的指示，全局各单位根据驻地武装部门的要求，进行了每年一度的预备役登记。同时，搞好每年的征兵工作，负责对适龄青年的摸底、动员、报名、目测、初审等工作，配合部队搞好入伍青年的政审、家访等工作。

1978～1995年全局共有619名青年应征入伍。物探局自开展征兵工作至1997年，没有发生一起责任退兵。

(2) 拥军优属。物探局采取各种措施支持当地驻军的工作，密切军民关系。地调一处、研究院等单位每年“八一”期间都要到当地驻军慰问，赠送慰问品，力所能及地帮助部队解决困难。

全局各单位坚持开展军烈属的优抚工作，逢年过节对军烈属进行慰问，并随时解决他们的实际困难。

(3) 加强国防教育。按照驻地武装部门的要求，物探局结合企业实际和形势特点，利用各种生动、活泼的形式，坚持对广大职工群众进行国防教育和爱国主义教育，使广大职工群众增强国防意识、提高爱国主义思想，支持和关心国防建设、军队建设，树立随时为保卫祖国而英勇献身的精神。

第三节 档案信息

企业档案是企业组织及个人在从事企业各项活动中直接形成的有保存价值的各种形式的历史记录。

物探局企业档案分为11大类，即党群工作类、行政管理类、经营管理类、生产技术管理类、产品类、科学技术研究类、基本建设类、设备仪器类、会计档案类、职工档案类、油气勘探开发类。

物探局档案记录方式分为：文字、图表图样、数据计算、统计表格。其载体形态分为：纸质、磁性载体、感光载体。

一、机构沿革

1973年物探局成立，在河北省徐水县驻地建立资料室（前身为六四六厂资料室）。资料室隶属于局勘探处，主要管理地震勘探档案及资料；其他档案由局办、政治部办公室及有关业务部门管理。1982年5月4日成立的物探局档案处，既是局机关的职能部门，又是局属二级单位。资料室从勘探处划归档案处领导，并改名为档案室。1984年6月30日，局将档案处列为机关职能处室。1989年11月7日，局将档案处档案室调整为局档案馆，仍隶属档案处领导。1992年3月4日，局将档案处与其领导的局档案馆合并，成立物探局档案馆（正处级），列为局机关附属单位。档案馆负责全局档案的业务管理和全局物探原始资料、成果报告及局机关、附属单位文书、财务等档案的保管，下设管理科、编研室、档案室。

局档案馆成立后，先后由副局长钟辛生、赵瑞平、接铭训及总地质师吴奇之、副总工程师赵中全主管。1991～1997年相继由局党委书记李玉超、副局长徐文荣承包档案馆的安全工作。

1984年2月，石油部下发了《石油企业档案工作整顿验收标准》，要求对“档案工作实行集中统一管理”。为此，物探局下发了《物探局档案工作整顿验收要求》的通知，要求“切实加强对档案工作的领导，健全和巩固档案管理机构”。1986年12月，全国科技档案工作会议提出了“对企业档案工作进行整体建设”的要求，到1989年底，物探局各二级单位相继建立了（综合）档案室24个，改变了原来档案分专业、分部门管理的状态。

物探局档案馆（处）成立后，发挥了保管科技档案（资料）、机关档案及对各二级单位进行业务指导的双重职能。各二级单位明确了一名领导和技术负责人主管档案工作，建立健全了档案工作机构，配备了专兼职档案管理人员。到1997年末，全局设有21个档案室。从而建立起局档案馆、二级单位档案室和基层单位（部门）档案员三级管理网络，实现了全局档案工作的统一领导。

1986年全局有专职档案人员71人，1997年有专职档案人员86人。

二、设施设备

物探局成立后，档案库房面积逐渐扩大，档案馆（室）的设施设备不断完善。1997年物探局建有标准档案馆2个（地调五处、地调一处），此外的档案库房均由其他房屋改造而成。物探局档案库房面积及主要设施设备情况见表11－15。

三、馆藏档案

物探局馆藏档案包括文书、会计、科研、基建、设备、产品及地震、重力、电法、化探档案和相关资料。职工档案在组织、劳资部门存放。1986～1997年物探局馆藏档案数量变化见表11－16。

四、业务建设

档案馆（处）成立后，以档案收集、整理、鉴定、保管、统计为中心环节，不断加强基础业务建设。

1983年3～4月，为了加强科技档案的统一管理，局印发了《物探局科技档案工作暂行条例（试行草案）》、《物探局科技资料归档范围、保管期限及密级划分（草案）》的通知。

表11－15　1986～1997年物探局档案库房面积及主要设施设备情况表

设备/年份	库房（m^2）	烟感报警器（套）	微机（台）	复印机（台）	空调机		去湿机（台）	密集架（组）	其他（组、套）
					中央（套）	分散式（套）			
1986	10662	1	3	4	7	40	26	50.00	2422
1987	10846	1	3	4	7	40	26	175.50	2685
1988	10896	1	3	5	7	47	30	175.50	2929
1989	11276	1	7	8	7	62	31	175.50	3491
1990	12084	1	14	11	7	81	28	175.50	3489
1991	11981	2	13	6	7	83	60	257.50	3393
1992	15669	2	15	11	7	83	63	677.50	3380
1993	15669	2	15	10	7	83	63	644.00	3029
1994	15791	2	15	9	8	82	65	644.00	2716
1995	16215	2	15	11	8	87	67	1053.00	2571
1996	16996	2	17	5	8	69	69	1502.00	2423
1997	19593	2	24	7	8	123	67	1845.50	2800

表11－16　1986～1997年物探局馆藏档案情况表

类别/年份	案卷		以件为单位		音像档案（盘）	照片档案（张）	底图（张）	销毁档案		
	卷数	排架长度（m）	件数	排架长度（m）				卷	件	张
1986	178507	3770.20	56984	1927.00			81554	1581		
1987	186890	3947.25	67681	2288.90			86798			
1988	202001	4266.40	77427	2618.40			94176			
1989	230998	4878.85	129240	4370.70			114028	8113		
1990	273475	5776.00	142544	4820.60			155525	4770		1981
1991	272296	7677.52	1510002	8424.40			112618	3298		
1992	251227	6313.00	1686650	9350.00	187	3667	173861	15322		
1993	182668	5846.46	1705458	9887.58	179	3706	171213	17374	70326	
1994	208262	6067.48	1772021	10879.60	191	4221	153001	1569		
1995	213809	8720.02	1764880	10915.70	204	4571	181067	1615		1
1996	237681	8953.18	1796090	10789.50	205	6290	167233	18032		332
1997	413646	8974.00	1790289	13115.07	397	7454	204617	13090		

1984年8月，根据石油部《石油企业档案工作整顿验收标准》，结合物探局实际情况，提出了全局档案工作整顿验收要求。11月28日到12月20日，石油部档案工作整顿检查验收组，对物探局及下属14个单位的档案工作进行了验收。物探局把档案整顿纳入了各级领导的议事日程，作为企业整顿的重要内容，取得了明显成绩，使全局的档案工作开始走向正规。

1985年5月，局印发了《设备、仪器、机电产品档案管理暂行规定》和《基建档案管理暂行规定》。同年6月，下发了《物探局文书档案管理办法》。

1988年4月5日，档案处对全局贯彻《档案法》的情况，以及档案的管理、保护、开发、利用情况进行检查。

1988年10月27日，总公司下发了《石油天然气企业档案管理升级实施办法》，物探局以（1988）局档字第329号文转发至局有关处室和二级、直属单位，要求对照文件精神搞好整改，抓好档案管理升级工作。1989年9月，局分别在地调四处和地调五处召开档案升级工作会议。1990年10月16～23日、1991年10～11月，物探局共有13个单位经总公司考核，取得了档案管理国家二级合格证书。

1989年10月，物探局以局企业标准发布了《档案管理规定》、《文书档案管理办法》、《物探成果报告和原始资料汇交规定》、《基本建设档案管理办法》、《会计档案管理实施细则》、《数字磁带管理规定》。

1990年6月，物探局下发了《局机关各处室文件材料归档范围》。

1991年11月，物探局下发了《物探局学校档案管理试行办法》及《石油物探局照片、声像档案管理细则》。

1994年，全局的档案管理工作，贯彻了“统一领导分级管理，维护档案完整与安全、方便利用”的原则和宗旨。局档案馆对局属24个单位进行了现场指导，并在徐水地区组织现场业务培训，到局党校文书班讲解文书立卷的有关知识和规定。同年，全局档案现代化管理工作上了新台阶，有9个二级单位配备了微机，建立了部分档案数据库，并编制出用于档案检索、借阅、统计、打印报告、报表等程序。

1995年6月，局下发了物探局产品档案、科学技术档案、设备档案管理规定及企业档案分类规定（试行）。

1995年10月召开了全局档案工作会议，传达全国企业档案工作会议和总公司资料档案工作会议精神，总结1992以来档案工作的基本经验，对全局档案工作作了部署。同年编印了《档案管理文件汇编》，为档案人员业务学习和岗位培训提供了资料和教材。

1996年8月，召开局档案工作会议，传达了总公司档案会议精神，总结“八五”期间档案工作的主要经验，表彰了地调五处、二处、一处，地研院、特车厂等5个先进档案室和周雅娟等17名先进个人。

1997年，局档案馆组织全局档案工作者，认真学习贯彻《档案法》，下发档案工作者职业道德规范，开展职业道德德育和文明创建活动，积极推进档案目标管理活动，在十三陵疗养院召开了物探档案清理工作会议。通过两个阶段的清理，各地调处、研究院磁带库共清查7千多条地震测线资料，摸清了家底，提高了档案的归档率。同年4～5月，物探局下发《物探局测量成果数据格式约定和资料上交规定》及《关于认真做好地震资料归档工作的通知》。

为了反映物探局的发展历史，为编撰物探局志提供线索，局档案馆完成了《物探局大事记》初稿。

为使档案管理规范化，档案馆先后制定下发了档案归档、档案库安全管理、档案保密、档案编目、档案借阅、挽救和修复破损档案、档案修改补充、档案鉴定销毁、档案统计以及档案人员“四参加”等10项制度。

五、开发利用

（1）档案利用。为便于档案的保管和利用，为用户查寻档案材料提供方便，局各档案室分别制作了大量档案检索工具：案卷目录306本，全引目录67本，分类目录172本，专题目录84本，卡片式目录6715张，重要文件目录2本。档案人员采用计算机检索、电话调卷、复印资料、下发目录等形式，开展主动服务、热情服务、专题服务，充分发挥档案在领导决策、企业改革与发展中的作用。1986～1997年物探局档案利用情况见表11－17。

（2）编研成果。为满足利用档案的需要，全局档案工作者在加强馆藏档案研究的基础上，汇编档案文件资料，参与编史修志，进行档案开发，取得了一批编研成果。

地调一处：物探成果汇编，一处勘探历程回顾，第一地质调查处处志。

地调二处：地调二处大事记，地调二处机构沿革，档案全宗介绍，关于文书档案工作现状与发展方向的探索，浅谈综合档案如何为经济建设服务的问题，综合档案专题编研的尝试。

地调三处："八五"期间三处历届职代会文件汇编。

地调四处：科学技术进步奖获奖项目汇编，全面质量管理文件汇编，综合档案管理文件选编，档案管理工作细则。

地调五处：三角点成果示意图，电法原始资料汇编，重力原始资料汇编，科研成果文摘汇编，人事任免档案文献汇编，先进个人和先进集体荣誉册，1996年大事记，组织机构档案文献汇编，档案文件汇编，安全文件汇编。

仪器总厂：仪器厂发展史。

表 11－17　1986～1997 年物探局档案利用情况表

年　份	人　次	卷　次	张　次	件　次
1986	18913	19487	103834	
1987	19804	33450	5072	
1988	13415	55445	57167	
1989	12857	294881	220395	34598
1990	19081	170850	51768	
1991	136730	50175	35890	5325
1992	14383	83985		5355
1993	15201	83707		50341
1994	12304	78004		55199
1995	10717	68886	11602	
1996	7626	40080	32525	
1997	9596	76661	9350	

机械厂：土地征用汇编，历年先进集体、先进个人称号汇编，组织沿革，档案文摘汇编，1996年大事记。

特车厂：先进集体、个人、先进党支部、优秀党员汇编，职能委员会和领导小组文件汇编，组织机构沿革和干部任免，各项管理制度汇编，特车厂产品广告汇编，产品标准汇编，产品质量认定汇编，产品鉴定汇编，基础数据汇编。

供应处：物资管理文件汇编，安全管理文件汇编，供应处1991～1996年组织机构及领导人设置汇编，供应处1990～1996年先进集体、先进班组、先进个人名录。

物探地质研究院：用微机管理科研报告档案资料，用微机管理胶片，解释中心、物探地质研究院历届领导机构变动汇编，解释中心、物探地质研究院历年科研成果获奖情况汇编。

研究院：基建工程简介，研究院科研成果汇编。

建筑公司：组织沿革，主要工程项目简介，社会治安综合治理暨保卫工作文件汇编，设备管理工作手册，模拟市场及运行规则，安全管理制度汇编，全员劳动合同制文件汇编，建筑安装工程施工质量手册。

局档案馆：石油物探局大事记，石油地球物理勘探局机构沿革，档案管理文件汇编，档案馆全宗介绍，档案馆馆藏简介，勘探档案、资料目录汇编，档案利用效益实例选编，物探局英模录，塔里木盆地勘探主要地质成果及野外施工方法摘要汇编，物探成果和野外勘探情况数据汇编，西部地区报告成果概览。

六、目标管理

1996年，根据国家档案局及总公司档案处印发的《企业档案工作目标管理办法》及考评标准，物探局于1997年5月20日下发了"关于实施《企业档案工作目标管理办法》的通知"，开展了档案目标管理活动。通过开展档案目标管理活动，全局13个档案室（含局档案馆）取得档案管理国家二级合格证书（认证）。通过目标管理活动，提高了全局档案工作的管理水平。

第八章　法律事务

物探局法律事务工作从1986年起步，先后组织引进管理处、研究院、物探学校有关人员到中央政法管理干部学院参加全国企事业法律顾问培训班学习，开始培养法律工作人才。1987年，由局审计处负责抽调人员开始了以合同管理为主的法律事务工作。1989年，局将法律事务工作从审计处划归企业管理处负责，并设专职法律事务岗，重点开展了清理整顿公司、合同管理、处理各类经济纠纷等工作。1991年8月，在企业管理处内设立了法律事务室，配备了两名专职法律人员，并明确要求局属各单位设专（兼）职法律人员。到1997底，15个局属单位配备了专职法律工作人员，全局从事法律事务工作的人员达21人。机构和人员的落实为法律事务工作的开展提供了组织保障。

1991年8月，物探局印发了《物探局法律事务工作暂行规定》，明确规定了法律事务机构的职责。

1991年8月，物探局印发了《物探局工商登记管理暂行规定》，对工商登记管理职责、申请登记的审批程序及多种经营企业工商登记管理做出了明确规定。9月，印发了《物探局对外合同管理暂行办法》，具体规定了合同管理机构和职责、合同审批程序、合同的审查审批权限、签订合同的委托代理管理、合同专用章、责任和奖惩、合同管理基础工作内容等。

到1997年末，物探局法律事务工作的组织落实，制度健全，在法律咨询论证、合同管理、工商登记管理、处理各种经济纠纷、为企业提供法律支持等方面，逐步步入规范化、法制化轨道，全局依法经营管理的机制和格局初步形成。

第一节　法律咨询论证

物探局的法律咨询论证工作，为经营决策和重大经济活动的科学性和合法性、减少经济损失起了重要作用。

1994年，局法律事务室对建工集团和装备集团的组建，股份合作制试点，有限责任公司试点，局内部市场的建立和运行进行了法律论证；为对外提供担保，重大投资项目，对外联营、合作提供了法律咨询意见。当年全局法律咨询论证250件，避免、减少经营风险和损失约700万元。北京某工贸实业公司工商登记前，提出由地调一处做主管部门，不出资但可以收几万元的管理费。地调一处领导发挥法律人员参与决策的作用，从对方资信情况、公司的性质、经济效益和风险、法律责任等方面进行调查论证，提出否决意见，为领导决策提供了法律依据，有效的避免经营风险500万元。

1995年，开展了知识产权、土地征用、损害赔偿、税收、合资经营、对外担保、对外投资、全员劳动合同制等方面的法律咨询论证。全局法律咨询论证150多件，避免、减少经营风险和损失约3000万元。仪器总厂法律人员根据《公司法》和新税法，规范俊峰公司的经营行为，既理顺了仪器总厂与俊峰公司的经济关系，又促进俊峰公司形成了依法经营的新机制。

1996年，全局法律咨询论证90多件。对重大的改革和经营决策开展了事前法律研究、咨询论证，以保证决策的科学性和合法性。

1997年，物探局开展了以组织结构调整、资产重组、企业改制为重点的法律咨询论证工作：一是对仪器总厂、机械厂、特车厂的公司制改组进行调研和法律论证；二是对济世生物工程公司的股份制改造进行调研，从法律和政策上进行法律论证；三是对多种经营企业股份合作制改造从法律和理论上进行准备。全局法律人员参与改革、管理、决策，共提供法律意见98件，有效地促进了依法管理和决策。到1997年底，法律咨询论证开展得较好的单位已做到法律咨询论证制度化、规范化，法律咨询论证领域不断拓宽，咨询质量不断提高。

第二节　合同管理

一、管理机构与体制

1988年以前，全局合同管理处于谁签约、谁管理的状态。此后，局计划、财务、审计部门按业务范围分别管理合同。1991年9月，局确定企业管理处法律事务室负责全局的合同管理，局属单位的合同管理部门为企业管理科，不设企业管理科的单位设专（兼）职合同管理岗。

物探局合同管理实行“统一管理、归口审查、分级审批、各负其责”的管理体制。统一管理，即企业管理处为局合同管理部门，负责全局的合同管理，建立健全全局统一的合同管理制度；局属单位企业管理科负责本单位的合同管理，建立健全相应的合同管理办法。归口审查，即根据合同内容，分别由计划、财务、生产技术等有关部门进行技术经济审查，合同管理部门进行法律审查。分级审批，即按局和局属单位两级分别审查审批。各负其责，即归口审查部门对审查的内容负责，合同承办单位对合同的订立、履行负责。局、处两级合同管理部门对合同签订前的资信调查、签约、履行、纠纷处理统一管理。

合同管理部门的工作职责是：制定合同管理制度，全面指导、检查、监督和考核合同管理工作；组织有关业务部门审查合同，按审批权限负责合同的审批，并对合同进行法律审查；参与重大合同、涉外合同的经济法律论证谈判、签约，并参与以上合同的履行、变更、解除等全过程管理；负责或参与合同纠纷处理，包括仲裁和诉讼活动；建立健全合同管理基础工作，完善合同报表制度，台账管理制度和档案管理制度；培训合同管理人员和合同签订人员，组织检查评比活动，总结推广先进经验。

二、管理工作与制度建设

1988年，物探局印发了《石油部物探局对外签订经济合同的暂行规定》，使合同管理开始步入法制轨道。一是签订合同实行授权委托和转委托制度，即局长对二级单位、直属单位和机关处室主要行政领导实行一次性授权，委托代理人在代理权限内，向具体承办人签发一次性使用的转委托授权书；二是实行合同签订通报制度和合同登记制度，即合同签订前通报计划、财务、审计部门，签订后将合同文本报计划、财务、审计部门登记；三是实行合同专用章由局核准备案制度。

1991年，物探局制定了《物探局对外合同管理暂行规定》，并制定了相应的实施细则，建立健全了合同管理制度。一是建立了统一管理、归口审查、分级审批、各负其责的管理体制，形成了从局到局属单位的合同管理网络体系；二是进一步完善了授权委托和转委托制度，合同的报、审、批制度，合同的经济、技术、法律会审制度，考核制度，合同专用章管理制度等；三是积极推行合同的全过程管理，从合同项目的可行性研究，对方当事人资信调查，谈判准备，合同条款的拟定，合同谈判，合同条款的法律审定，一直到合同履行过程的动态把关，结算前的法律审查，法律人员积极介入。局属单位有的成立了合同管理领导小组，建立了合同履行报告书制度，针对勘探生产经营特点，采用通讯方式进行法律审定等合同管理方式，使合同管理工作取得了较好的效果。据统计，全局法律人员参与订立和审查合同：1994年和1995年达1000多份，涉及合同标的金额8亿多元；1996年1220份，合同标的金额7.34亿元，避免和挽回经济损失1300多万元；1997年1000份，合同标的金额6.5亿元。

1995年8月，局企业管理工作会议后，在全局推行了合同全过程管理。其主要措施：一是进一步修订、完善合同管理办法；二是严格授权和约束制度，建立内部约束机制；三是强化签约前的综合调查和审查；四是切实加强合同履行的跟踪管理，建立合同经办人负责制度和合同管理部门动态控制、监督，以利合同的顺利履行；五是加强合同履行阶段结算前的法律审查。

第三节　清理整顿公司

1988年10月，根据《中共中央、国务院关于清理整顿公司的规定》和总公司《关于1988年税收、财务、物价大检查的通知》及清理整顿公司的电报指示精神，物探局成立了以局长潘瑗为组长，副局长武慎让、局副总会计师许国华为副组长的清理整顿公司领导小组，下设清理公司小组，办事机构设在企业管理处。各二级单位、直属单位也相应成立了清理整顿公司领导小组和办事机构，开始了清理整顿公司工作。1988年全局清理整顿公司工作为三个阶段：

第一阶段为学习文件自查阶段。分别召开了清理整顿公司紧急动员会和整顿公司会议，组织学习了中共中央、国务院关于清理整顿公司的决定和总公司有关文件精神，对全局清理整顿公司做出了具体安排和部署，要求严格按照清理整顿公司的范围和10项主要内容，逐项对照检查，发现问题如实上报，自查面达到100%。

第二阶段为重点抽查阶段。局有关部门组成两个检查小组，分别对研究院等7个单位12个公司进行了抽查。

第三阶段为整顿总结验收阶段。对发现的问题限期整改，并进行了整改验收。

1989年11月，物探局召开了清理整顿公司工作会议，对清理整顿公司的范围、公司撤并留方案的报批、公司撤并和善后工作、重点检查和复查验收、加强公司的管理、建立健全内部管理制度等工作做了具体安排。经过对各单位公司撤、并、留方案的审查，在全局28个各类公司中，决定撤销公司9个；撤销公司名称改为一般企业名称并调整经营范围的6个；保留公司，调整经营范围或所有制性质的6个；对联营公司撤股2个，保留2个。

1990年，物探局重点对撤并公司的财产、合同、债权债务进行了善后处理工作。对保留的公司，加强管理，建章立制，使其经营合法化、规范化。

1995～1996年，物探局继续开展了清理整顿公司的工作。一是对全局的公司、经营性单位进行调查摸底。这次清理整顿中发现，有的企业名称不规范，注册资金不到位，主管部门杂乱，有章不循情况严重。针对存在问题，局根据不同情况对全局251个公司和经营单位，决定注销登记38个，变更登记32个。

第四节　工商登记管理

1991年8月，工商登记管理工作统一归口局、处两级法律事务机构，局企业管理处在法律事务室设工商登记管理岗，局属单位由企业管理科承担该项工作。

同月，局印发了《物探局工商登记管理暂行规定》，明确工商登记管理部门的职责。同时，根据勘探、装备制造的生产经营特点，制定了局属单位和多种经营企业工商登记的申请、审查、审批程序，明确了管理权限。1991～1997年，办理了物探局申请事业法人登记的申请；仪器总厂、机械厂、特车厂、建筑公司、丰汇公司及其他部分多种经营企业的法人登记的论证、审查、批复；运输处、物探地质研究院、制图印刷厂及其他部分多种经营企业进行营业登记的论证、审查、批复。

第五节　经济纠纷处理

1991年，物探局在法律事务工作暂行规定中明确：局、处两级法律事务机构为经济纠纷处理机构，其职责是代理本单位参加诉讼和非诉讼活动。

1993～1997年，法律事务机构参与、指导代理诉讼和非诉讼案件43件，避免和挽回经济损失2988万元。其中包括地调三处胜诉大庆市供销外贸公司经济纠纷案。其案情是：1993年2月，大庆市供销外贸公司从俄罗斯购进13台巴兹牵引车，卖给中国石油报社大庆隆达公司，并与隆达公司补签付款协议。同年3月10日，全部车运抵新疆库尔勒后，经人介绍地调三处帮助隆达公司接车，按其要求为隆达公司改制了大箱底板，并为其进行运载试验，发现该车属报废军车，车况达不到约定标准。随后，外贸公司多次向隆达公司催要车款未果，向大庆市中级人民法院起诉。诉讼中，隆达公司谎称：将车转卖给了地调三处。地调三处虽经出庭诉讼，但大庆市中级人民法院还是认定三方形成连环购销合同关系，判决地调三处直接付给外贸公司车款130万元，铁路运费16万余元。地调三处上诉于黑龙江省高级人民法院，该院认为：一审判决认定事实清楚，但适用法律错误，判决地调三处将原物返还隆达公司，但现车辆与原物不同，无法返还，地调三处应赔偿外贸公司车款和铁路运费及负担诉讼费148万余元。地调三处上诉最高人民法院。1995年1月，最高人民法院认为该案认定事实上确有错误，决定发回黑龙江省高级人民法院重审。1998年1月，最高人民法院决定对本案提审，并于同年5月9日判决：撤销黑龙江省高级法院（1994）黑经终字第66号判决和大庆市中级人民法院（1993）庆经初字第55号民事判决，并将148万元汇给地调三处。

第六节　法制宣传教育

根据中共中央、国务院批转中宣部、司法部《关于向全体公民基本普及法律常识的五年规划》和地方普法领导小组的安排，1985年7月至1988年，物探局分三个阶段完成了对全局职工、家属、学生普及法律常识的任务。

第一阶段，准备阶段。首先，局和各二级单位、直属单位成立普法领导小组，日常工作由宣传、保卫部门负责；第二，购置司法部宣传司审定的《法律选编》、《干部法律知识读本》和《职工法律常识读本》等普法教材和必要的参考资料；第三，制定普法教育的规划、措施；第四，明确普法重点对象（一是各级干部，二是青少年）；第五，明确普法教育的基本内容，即：宪法、刑法、刑事诉讼法、民事诉讼法（试行）、婚姻法、继承法、经济合同法、兵役法、民法通则和治安管理处罚条例。

第二阶段，实施阶段。1986年至1987年上半年，举办为期一个月的脱产学习班，对局、处两级机关干部分期分批组织学习。对不能脱产的干部，采取业余自学加半脱产的形式组织学习。1987年底前，对一、二线工人采取集中轮训、业余自学、定期辅导、严格考试等形式组织了学习。对在校大中小学生设置法制课，按学年进度安排学习内容。对职工家属则通过法律咨询及各种形式的宣传进行普法教育。同时，通过举办法律知识竞赛、橱窗、板报、录像等灵活多样的形式，使普法教育同活跃职工文化生活和社会治安综合治理结合起来。

第三阶段，总结考核阶段。全局有17000余名职工学完了全部普法课程，考试及格，取得了合格证，占职工总数的87%；2600多名职工学完一半以上普法课程；全局3400多名职工参加《工人日报》组织的全国职工法律知识竞赛活动，研究院获集体组织奖；参加全国法律知识竞赛活动，研究院获组织奖第一名。

1990～1995年，根据党中央和总公司的部署、安排，物探局组织开展了“二五”普法活动。一是成立了普法教育领导小组，由局党委副书记和主管副局长任正副组长，宣传部、保卫处、企管处等部门主要领导为成员，并成立了普法办公室。制定了物探局“二五”普法规划，对指导思想、总体目标、教育对象、基本要求、方法步骤、保障措施等作出了明确规定和部署。局属各单位也相应成立了普法教育领导机构，制定了规划，从组织领导上把普法工作落实到了实处。二是以宪法为核心，以专业法为重点，把普法对象划分为四个层次，对每个层次安排不同的教育内容。三是以局、处两级党校为阵地，脱产办班、办夜校；成立法律学习小组，开展业余自学活动，组织职工学习了规定的普法内容。四是利用报纸、电视、广播、橱窗、板报等宣传工具，进行法制宣传，使“二五”普法工作家喻户晓，深入人心。通过“二五”普法，各级领导干部依法管理、依法办事的自觉性进一步提高，职工守法、用法的意识不断增强。

1997年2月，根据总公司“三五”普法规划安排，局和局属单位建立了普法领导小组和办事机构。局制定了《物探局法制宣传教育第三个五年计划》，局属各单位根据局安排制定了“三五”普法实施细则。为推动全局普法工作，局制定了《物探局1997年法制宣传教育工作安排意见》，对1997年的普法工作做出了具体安排。局、处两级领导干部的普法学习纳入领导干部的理论学习内容，由局党校开设法制讲座组织学习；全局科级领导干部、基层领导与其他经营管理人员，采取脱产轮训、自学等方式学习了5～8部与工作相关的法律法规；一般干部和工人通过集训、政治学习日、夜校等多种形式学习了劳动法、新刑法等。全局参加法律知识竞赛的职工达22519人；利用报纸、电视、法律咨询、法律专题讲座等多种形式组织开展了“物探局97法制宣传教育周”活动；创办了《普法动态》，及时交流普法工作的经验和做法。

第九章　企业改革

物探局的企业改革，从1980年推行经济责任制到1997年企业全面深化改革，经历了一个逐步深化的过程。逐步实行了局长负责制，对各级领导干部实行了聘任制，对全部职工实行了全员劳动合同制；工资分配打破了大锅饭、铁饭碗；推行了各种形式的经济责任制，逐步转换生产经营机制；加快了进入市场、建立现代企业制度的步伐。在用工制度、劳动就业、疾病医疗、养老保险、住房制度等方面也进行了重大改革。

通过企业改革，精减了机构和人员，改变了企业的领导体制和生产经营机制，增强了企业的活力，为企业的生存和发展创造了条件。

第一节　领导制度与改革

六四六厂时期的领导制度，是实行了厂党委集体领导下的行政领导分工负责制。但在1968年2月至1972年期间，六四六厂先后实行了军事管制和革命委员会、党委会一元化领导。1973年物探局成立后领导制度实行的是党委领导下的局长负责制，在生产行政工作方面建立了以调度为中心的集中统一的生产指挥系统。党的十一届三中全会以后，物探局领导制度开始改革，逐步实行党政分工，建立了行政领导在生产、行政方面的决策制度。1992年12

月物探局党委、物探局下文，提出了物探局实行党委集体领导、局长行政负责、职工民主管理的企业领导体制。

1980年11月，物探局为了加强集体领导、民主决策，建立了六项行政领导制度。一是建立了三项例会制度：(1) 局领导集体办公会议制度。规定每周一上午召开由局长或常务副局长主持，各副局长、总工程师及局办公室主任、有关处室长参加，学习上级文件及指示精神，研究贯彻意见；研究向石油部请示事项或审批的重大问题；讨论生产、行政工作中需决定的问题；听取总工程师有关重大技术问题的汇报。(2) 局务会议制度。规定每周五上午召开，由局长或常务副局长主持，各副局长、总工程师及机关处室长参加，传达贯彻文件及指示精神；讨论审批下级重要请示报告；研究全局规划、物探部署、年（季）度计划、基本建设计划；听取各职能处室工作汇报；讨论研究有关职工生活福利、劳动保护、安全生产方面的重大问题。(3) 生产会议制度。规定每周二上午召开，由主管勘探的副局长主持，总工程师及有关生产的处室长参加，研究解决勘探生产中的问题。二是建立了集体领导和个人分工负责制度。重大问题提交局行政领导会议集体决定，一般业务问题由分管局领导独立负责处理。三是建立了总工程师、总地质师工作制度。规定总工程师、总地质师负责全局的技术管理工作，每月召开一次总工程师、总地质师工作会议，由局长或副局长主持，讨论有关全局重大技术问题，审议勘探部署方案，制定全局科研计划、重要技术政策，审定勘探成果、科研成果。四是建立了文件审批制度。凡涉及全局物探方面的重大事项和引进项目的文件，由局领导集体办公会议研究后，由局长签发上报。五是建立了机关处室工作制度。包括处（室）务会议、处室发文审核、召开专业会议申报、会商办事、年终工作总结等制度。六是建立了现场办公制度。局机关要定期或不定期地组织工作组，深入基层，调查研究，解决物探生产、职工生活中的实际问题；局领导要按分管工作，带领有关处室人员，经常深入基层，抓点跑面。

1981年，物探局建立了各级党委领导下的职工代表大会制度。物探局召开了首届职工代表大会，局长向职工代表大会报告工作，并接受职工代表大会的审查。

1984年11月，物探局修订了行政生产例会制度：一是局长办公会议制度。明确局长办公会是局行政领导核心的决策会议，每周一上午由局长主持召开，各副局长、总工程（地质、会计）师及局办公室主任参加，学习上级有关文件和指示，研究贯彻意见；讨论决定生产行政方面的重要事项。二是局务会议。每周五上午由局长或副局长主持召开，总工程师、总会计师和机关行政、生产处室的领导参加，传达贯彻局长办公会议决定事项，讨论审批下级重要请示事项；分析全局规划、部署、计划执行情况，对相关问题作出决定。三是生产例会。每周三上午由主管生产的副局长主持召开，总工程师和有关生产处室长参加，检查全局生产计划、勘探任务、部署完成情况，研究措施，协调解决生产中的问题。四是科技例会。每月25日或26日由局科技领导小组组长主持召开，科技领导小组成员参加，讨论决定科学技术方面的重大问题。

1992年12月17日，物探局党委、物探局印发了《物探局贯彻〈全民所有制工业企业厂长工作条例〉实施办法》、《物探局党委贯彻〈中国共产党全民所有制工业企业基层组织工作条例〉实施办法》和《物探局贯彻〈全民所有制工业企业职工代表大会条例〉实施办法》。这3个实施办法对物探局的领导体制作出了具体规定，主要有：(1) 物探局实行局长负责制，明确局长是物探局的法定代表人，代表物探局行使职权，对物探局的生产指挥和经营管理工作统一领导，全面负责。局长每年向局党委报告1～2次工作，接受监督；每年向局职工代表大会报告一次工作，接受职工代表大会的监督。日常生产经营中的重要问题由局长召开局务会议讨论决定。(2) 局党委在物探局发挥政治核心作用，围绕物探生产和改革实际开展工作。保证监督党和国家的方针政策在物探局贯彻执行；支持局长依法行使经营管理决策和统一指挥生产活动的职权，坚持和完善局长负责制；全心全意依靠职工群众，支持职工代表大会开展工作；参与全局重大问题的决策；领导思想政治工作和工会、共青团等群众组织，推动和促进全局的物质文明和精神文明建设。(3) 在实行局长负责制的同时，建立健全职工代表大会制度和其他民主管理制度，保障和发挥工会组织和职工代表在审议企业重大决策、监督行政领导、维护职工合法权益等方面的权力和作用。

1994年9月，物探局党政领导决定，建立每半月召开一次局党政领导班子成员参加的联席会议制度，通报工作进展情况，研究需要协调和决定的重大事项。

1996年3月8日，物探局对行政领导和管理作出了规定：一是行政领导实行副局长分工负责制，并向局长负责。各处室应向主管副局长请示、报告工作，不要越级。二是坚持局长办公会和局务会议制度。局长办公会由每周召开一次改为每月第一个星期一召开；局务会议由每周召开一次改为一个季度召开一次。三是规范项目投资决策程序。建立项目立项、论证、评估、咨询程序，按项目投资大小，由项目组讨论通过后，分别由副局长、局长、局党政领导班子联席会议审定。规定500万元以上的重大投资项目，由局党政领导班子会议研究决策；100～500万元的投资项目，由局长召集局长办公会研究决策；30～100万元的投资项目，由主管副局长与主管经营的副局长共同召开会议决策。

第二节　企业全面整顿

遵照党中央、国务院《关于国营工业企业进行全面整顿的决定》和石油部指示精神，物探局从1982年开始了企业整顿工作。通过企业全面整顿，对领导班子、职工队伍、管理制度、劳动纪律、财经纪律、党的作风和思想政治工作等进行了综合治理，促进了生产和各项工作。

一、企业整顿的三个阶段

(1) 1982年为企业整顿工作起步和试点阶段。4月16日，成立了物探局整顿改革办公室，副局长丁满喜任主任，许国华等三人任副主任。局下发了《物探局整顿改革办公室工作计划》，要求局属各单位建立相应工作机构，充实人员，开展工作。

物探局在第二指挥部和仪器厂进行了企业整顿试点。主要工作是：健全原始记录和统计制度；修订完善劳动定额、主要原材料消耗定额和成本定额，编制定员；健全小队、车间的九项基本管理制度；建立健全岗位经济责任制；建立物探队、车间一级的成本核算制度。

非试点单位企业整顿工作的重点是：建立健全经济责任制和岗位责任制，建立工作流程，把基础工作搞扎实，搞好全面整顿规划。

(2) 1983年为企业整顿深入开展阶段。这一阶段主要开展了以下5项工作：一是按照党中央4号文件精神，对局及局属单位领导班子进行思想整顿、考核摸底，12月底石油部调整了物探局领导班子；二是对局属16个单位分别试行了“勘探任务成本包干”、“成本节约包干”、“产量包干”、“单项工程承包”等不同形式的经济责任制；三是整顿财经纪律，加强财务管理基础工作，健全财会制度，组织3个检查组对18个单位分别进行了财务检查；四是建立了“双定”管理制度，全局76个物探队全部按定员、定额组织生产，二线单位劳动定额覆盖面达89%；五是制定了全局企业整顿检查验收实施细则，促进企业整顿工作按时、按标准完成。

(3) 1984年为企业整顿工作全面验收阶段。7月，物探局召开企业整顿工作第一次例会，部署了下半年的工作。局属各单位根据会议精神和局印发的《企业全面整顿检查验收细则》的要求，狠抓了企业全面整顿的落实工作。在局属各单位全面自检合格的基础上，10月，局组织了由局领导带队，有关处室和基层专业人员参加的企业整顿检查验收团，先后对局属各单位的财务、劳动组织和劳动纪律整顿进行了检查验收，并对“整顿领导班子，加强职工队伍建设”、“整顿与完善经济责任制，加强企业管理工作”、“加强以质量为中心的科研技术管理”、“加强安全生产设备管理”等工作进行了全面验收。到1984年底，局属各单位全部通过了检查验收，企业整顿各项工作全部达标；并于1985年1月通过了石油部的验收。

二、企业整顿主要成果

(1) 整顿各级领导班子，班子结构和干部素质发生了新的变化。通过企业整顿，调整了企业领导班子，使企业领导干部“革命化、年轻化、知识化、专业化”的程度明显提高。全局22个处级单位的领导班子，共配备领导干部103名。其中大专以上学历占66%，比调整前提高37.2个百分点；有技术职称的占79.6%，比调整前提高40.8个百分点；平均年龄为44岁，比调整前下降6岁；党政一把手平均年龄为47岁。5个勘探公司的领导班子成员，大专以上学历的占83.6%；有技术职称的占87%；平均年龄为40岁。10个直属科级单位的领导干部，平均年龄为43岁，比调整前下降6岁；大专以上学历的占51.7%，比调整前提高35.7个百分点。

在研究院进行了院长负责制的试点工作。试点工作开始后，院党委对院长放权，赋予院长固定资产的购置调配权、重大科研成果与对外技术转让的审定权、部门经理的任免权。院长根据简政放权的原则实行了部门经理负责制，给予各部门经理8个方面的权利。

(2) 整顿和完善经济责任制，搞活了企业内部的经营管理。通过企业全面整顿，全局形成地质任务、实物工作量、勘探质量、单位成本等4项指标，层层分解，逐级承包的机制。局对二级单位按照生产特点推行了“任务成本包干，考核指标加奖”、“增收节支，节约提成”、“联产浮动”等多种形式的经济责任制。全局14个生产、科研单位，对其所属31个基层单位和部门也都建立了年度的或施工期的承包责任制。到1984年底，全局共建立了4429个岗位经济责任制，占编制定员岗位5972个的74%。

(3) 整顿财经纪律，提高财务管理水平。通过财务整顿，取得了以下成果：①健全了财务机构，充实了财务队伍。全局16个二级单位建立了财务科，2个二级单位和4个直属科级单位建立了财务组；全局财务人员增加153名，达到375名，占职工总数的2%。②加强了财务基础工作，提高了财务管理水平。机械厂、仪器厂、大修厂都建立了产品的材料消耗定额，各物探队、二线生产车间都建立了油料、材料消耗的原始纪录和台账。全局修订了30种产品、136项工时定额，使财务管理的基础工作进一步加强。在会计核算上，全局统一了会计科目，对51000多元开支串项问题，逐笔进行了纠正。针对野外勘探、辅助生产、物资供应、科研教育等单位的不同情况，分别制定了10个方面的财务管理和核算办法。

(4) 整顿劳动组织，按定员组织生产。一是对全局的组织机构作了较大调整。将局机关29个职能处室调整为26个；将局机关26个附属机构从机关划出。各二级单位本着充实加强一线，精减压缩二、三线的原则，整顿了本单位的组织机构。二是初步开展了按定员定额组织生产的工作。建立了按定员定额组织生产的各项制度，使定额管理工作开始有章可循。建立定额管理的基础资料，加强了信息反馈工作；建立劳动定额项目，扩大了定额执行范围。三是根据生产任务编制了定员。全局32个单位编制定员岗位5972个、人数20852人，局机关26个处室部门及附属单位编制定员358人，定员面达到100%。四是建立健全了以责任制为主要内容的各项规章制度。整顿中全局共建立以岗位经济责任制为主要内容的各项规定制度3050种。五是文化、技术补课工作得到广泛开展。全局参加文化补课人数为4080人，占应补人数的54%；参加技术补课人数为4211人，占应补人数的88.2%；参加岗位练兵657人次、技术讲座142人次；青工系统教育1492人次。全局培训总人数为6861人，占职工总数的39.6%。

(5) 整顿劳动纪律，进行法制教育，增强了职工的纪律观念和法制观念。迟到、早退、旷工、脱岗、串岗、上班干私活等违犯劳动纪律的现象明显减少。

第三节　企业升级

根据国务院《关于加强工业企业管理若干问题的决定》和石油部要求，1986年9月至1988年，物探局加强企业管理基础工作，进行了企业升级工作试点。1986年9月，物探局制定了《物探局企业管理基础工作规划》，提出了标准化、计量、定额、信息、规章制度、职工教育、班组建设等企业管理基础工作三年规划目标，以及实现目标的措施。

物探局企业升级试点选定在机械厂、仪器公司、大修厂。通过试点，在试点单位建立健全了各项制度；推行和完善了全面质量管理，建立了质量保证体系；加强了企业管理基础工作。随着企业升级试点工作逐渐深入，试点单位的产品质量和经济效益不断提高，也为全局企业升级工作全面展开积累了经验。1988年10月，仪器公司通过了河北省先进企业验收。

1989年5月7～9日，物探局在十三陵疗养院召开了企业升级工作会议，全面部署了企业升级工作，宣布了《石油企业升级标准》，要求各单位建立企业升级工作机构，加强组织领导，全面开展企业升级的各项工作。

1989年6月，物探局印发了《物探局抓管理、上等级、全面提高企业素质规划》和《1989年企业升级工作计划要点》。要求各单位“把企业升级列入领导重要议事日程，建立组织协调机构，切实把企业升级工作抓好，带动各项管理工作，全面提高企业素质和管理水平”。为了加强和改善企业管理基础工作，物探局制定了《企业管理基础工作考核标准》。1989年物探局获得国家经委颁发的全面质量管理奖。

1990年8月，物探局作出了“用三年时间对全局班组长以上管理人员进行一次企业管理基础工作培训和考试取证”的决定。为落实决定，1990年10月9～19日举办了“企业管理基础工作讲座”师资培训班。此后各单位对班组长以上管理人员均进行了培训，并分别于1990年11月和1991年5月，通过了考试取证。

1990年11月，机械厂和特车厂分别经河北省验收，被认定为省先进企业，仪器公司被认定为国家二级企业。

1991年4月16日，物探局被总公司批准为“大型联合企业标准化三级合格单位”，并获总公司颁发的《石油工业企业标准化定升级证书》。

为深入开展企业升级工作，使物探局达到总公司提出的国家级企业标准，1991年7月制定了《物探局企业升级工作运行表》。运行表按“企业升级指标、5大保证体系和管理基础工作及专业管理工作”中的30个项目，分别提出了工作内容，规定了时间进度，并按工作性质进行了分工，落实了责任部门。企业升级工作在全局更加有条不紊地深入展开。到1991年底，全局企业升级的4项指标均已达标，建立了5大保证体系，企业管理基础工作得到加强，专业管理基本达标。

从1992年起，按照国务院决定，物探局不再进行企业升级工作。

第四节　推行经济责任制

物探局推行经济责任制始于1980年。此后的十几年，经历了经济责任制、承包经营责任制和资产经营责任制三个发展阶段。

一、经济责任制阶段（1980～1987年）

（1）包、保、定。石油部对物探局实行任务、成本包干经济责任制办法，按包干指标完成情况计提生产奖和超产奖励基金。根据石油部规定的核算体制（事业单位核算体制）和对物探局的经济责任制政策，1980～1984年，局对局属单位实行包、保、定的经济责任制办法。

即在局保证生产资金、物资器材供应和后勤支持的情况下，对各指挥部（勘探公司）实行地质任务、实物工作量、勘探质量和单位成本包干，对机械厂等二线生产单位实行价值工作量、新品研制、产品质量和成本节约包干，对费用单位实行工作任务、费用包干，按各单位包干指标完成情况确定生产奖水平，按超产节约额分成。

（2）经济效益综合考核，工资总额浮动，实行质量否决权。根据国家政策，1985～1987年在原经济责任制基础上，物探局对各地调处（勘探公司）实行了“任务、成本包干，集体计件”；对机械厂等二线单位实行了“工业净产值、成本节约额两项基本指标承包，工资总额同净产值、成本节约额复合双挂钩浮动”；对费用单位实行了“任务、费用、奖金总额包干”。各项考核指标与工资总额的一定比例挂钩，按节约额提奖。在考核中实行了质量指标对工资总额挂钩部分的否决权。

二、承包经营责任制阶段（1988～1996年）

（1）资产保值，净产值、利税递增包干，工资总额与利税挂钩。1988～1992年，根据国家体改委经济体制改革试点经验，物探局实行了“工资总额与利税挂钩”的承包经营责任制。首先在特车厂、仪器公司（仪器总厂）进行承包经营试点，实行资产保值，净产值、利税递增包干，按实现净产值利税提取效益工资，辅以管理指标考核，按资产占用上交管理费，经营者收入与效益指标挂钩。接着在研究院、引进管理处试行了任务、上交利税承包经营责任制，工资总额包干，按创收提取劳务费，提取比例与上交税费挂钩。随后承包责任制在二线经营单位普遍实施。这一时期，由于核算体制的限制，对地调处仍实行任务、成本包干办法，将“集体计件工资制”改为“按超产标准公里计奖”。对费用单位由“任务、费用、奖金总额包干”改为“工作任务、费用、工资总额包干”。

（2）上缴管理费、利润（平衡、减亏）承包，工资总额与经济效益挂钩。随着改革的深入，国家颁布了《全民所有制工业企业转换经营机制条例》，物探局承包经营责任制办法随之调整。1993～1996年，对经营性单位实行了以“上缴管理费、利润（平衡、减亏）承包，工资总额与经济效益挂钩”为主的责任制办法。对研究院继续实行了工资总额与劳务收入挂钩的办法。对费用单位一部分实行了任务、费用、工资总额包干，节余留用的办法；一部分实行任务、费用补贴包干，工资总额与对外劳务收入挂钩，经费节余分成的办法。对地调处的责任制办法引入了市场机制，实行勘探项目承包。物探局承揽的物探工作量实行局内招标，费用由投资改为结算。地调处工作量不足部分，进入局外市场竞争弥补，按对外收入的4%向局交管理费。一线实行按工作量计算效益工资，二线实行工资总额包干，按指标完成情况对单位领导予以奖惩。

三、资产经营责任制阶段（1997年）

（1）试行资产经营责任制。依据《全民所有制工业企业转换经营机制条例》和《国有企业资产经营责任制暂行办法》，物探局制定了《物探局内部模拟资产经营责任制暂行办法》。

地调处等生产单位为模拟企业法人。其在局授权范围内，对占用资产进行经营和管理，承担保值增值责任；按经营性、非经营性资产占用额和不同的费率，向局交纳资产占用费；在按规定承担折旧和上缴占用费的前提下，分别完成利润、平衡或亏损指标。局对模拟企业法人考核其国有资产保值增值率、总资产报酬率、成本费用利润率等，实行工资总额与资产经营指标完成情况挂钩，考核期末实现的利润和内部劳务成本差异，指标内部分与局按比例分成，超指标部分留作企业流动资金。局对单位领导班子实行年薪制和风险抵押金制度。

费用单位为模拟事业法人，其占用资产全部按非经营性资产占用费率向局交纳占用费，在按规定承担折旧和上缴资产占用费的前提下完成收支平衡指标。局考核其创收支出比和资产收益率，实行工资总额与资产经营指标完成情况挂钩，期末实现的经费结余留作单位以后年度使用。

（2）完善资产经营责任制。局对《物探局内部模拟资产经营责任制暂行办法》进行了修订，对除国际勘探部以外的其他局属单位，实施了修订后的《物探局内部模拟资产经营责任制办法》。其主要内容是：进一步强调了对国有资产保值增值的责任，优化、统一了责任指标和考核办法；把国有资产保值增值率和局内外劳务成本净差异上缴额定为资产经营责任指标；考核成本费用利润率、人均管理费用降低率和创收支出比指标（对建筑公司增加考核工程自营率指标）；工资总额与资产经营指标完成情况挂钩；对单位领导班子实行风险抵押金制度；考核期末实现的局内外劳务成本差异和经费结余，超过上缴指标部分，外部利润留给单位，内部劳务成本差异核增企业流动资金定额；制定了鼓励利用闲置资产和进一步对外创收的政策。

对国际勘探部实行了《物探局国际勘探部内部模拟资产经营责任制办法》。其主要内容是：责任指标为国际项目收入额和项目收入利润率；明确工资总额包括国内外工作人员的基本工资和与实现利润挂钩的效益工资；国际勘探部机关实行费用包干；实现的利润由国际勘探部与承担项目的局属单位按规定的办法和比例分成。

（3）期末考核兑现。物探局对1997年实施的内部模拟资产经营责任制进行了期末兑现。其结果是：全局24个单位1997年，除岩土工程公司未完成指标，运输处、综合服务处、多种经营处没有条件完成指标外，其他20个单位均完成或超额完成了局下达的资产经营责任指标和运营效益考核指标。其中5个地调处和研究院共实现利润410.21万元；特勘处、机械厂、仪器总厂不仅扭转了亏损局面，而且分别实现利润257.56万元、449.30万元和228.50万元。按照有关责任制办法规定，物探局均给予了考核兑现。

第五节　三项制度改革

从1993年起，物探局根据国务院《全民所有制工业企业转换经营机制条例》和总公司关于三项制度改革的总体部署，进行“三项”（劳动用工、干部人事、工资分配）制度改革。

1993年1月19日，物探局四届二次职代会审议通过了《物探局劳动人事工资制度改革的实施意见》，局以（1993）局劳字第10号文印发。为保证这项改革的顺利进行，2月8日印发了《物探局深化劳动制度改革实施方案》、《物探局干部人事制度改革方案》和《物探局岗位技能工资制实施方案》。随后，物探局转发了总公司《石油企业劳动、人事、工资制度配套改革评价标准》，又印发了《石油物探局关于加快三项制度配套改革的通知》、《物探局三项制度改革验收细则》、《石油物探局岗位劳动评价试行办法》。局属各单位根据物探局总体部署和要求，制定本单位的实施细则，开展了三项制度改革工作。

1993年10月，物探局成立了以副局长王业胜为团长，孙玉岭、李世灿为副团长的三项制度改革验收团，对机械厂、地调四处、物探地质研究院等3个试点单位的三项制度改革工作进行了验收。11月9～10日，物探局在地调四处召开了三项制度改革现场经验交流会。会上3个试点单位介绍了经验，副局长王业胜作了全局三项制度改革工作安排，局长钟辛生作了总结讲话。会后，全局三项制度改革工作全面铺开，到12月上旬，局属各单位基本完成了阶段性改革工作。年底，物探局组织了3个验收组，分别对局属各单位三项制度改革工作进行了验收。到1994年元月，这项工作基本搞一段落。

全局三项制度改革的主要成果是：第一、按照定员定额标准，普遍开展了“四定”（定责、定编、定岗、定员）工作。并在此基础上实行了全员优化劳动组合，初步建立了“三岗”（在岗、试岗、待岗）动态管理制度，形成了企业内部劳务市场。第二、按照“精简、效能”的原则，进行了机关改革，各级机关基本上做到了机构少、人员精、运转灵；普遍开展了企业组织结构、队伍结构和基层劳动组织的改革调整，精干了主业，完成了预定人员分离和安置任务，在生产专业化和服务社会化方面取得显著进展。第三、改革了领导体制，实行了职数化管理，破除了干部职务终身制。按照干部的“四化”方针和德才兼备的标准及公开、平等、竞争、择优的原则，普遍实行了干部聘任制。第四、理顺了企业内部分配关系，生产经营单位普遍实行了效益工资制度，费用单位实行了工资总额包干（或效益工资制度），形成了正常的工资增长和约束机制；改革了企业基本工资制度，普遍推行了岗位技能工资制度，并结合本单位的特点实行了多种形式的内部分配办法；建立了一套劳酬结合、岗酬结合、技酬结合的激励机制。第五、建立健全了劳动保险统筹机构和养老保险管理制度，劳动保险管理工作进一步加强。第六、制定了各级各类干部和工人的岗位规范和考核标准；开展了岗位培训，实行了考核凭证上岗；建立了与“三岗”相配套的培训、考核、使用、待遇制度。

第六节　建立内部市场

为了适应社会主义市场经济发展的要求，从1992年起，物探局根据自身特点，建设内部市场，逐步建立了物探采集、物资运输、设备修理、人才劳动力、生活有偿服务、建筑工程装修装潢、技术等内部市场。在企业管理处设物探局市场管理办公室，统管局内部市场。

一、物探资料采集市场

1993年，物探局制定了《物探局物探资料采集项目管理办法》、《物探局招标投标实施办法》、《物探局内部招标投标管理规则》，对局内部物探资料采集项目的招标、投标、评标作出了明确规定。1993～1996年，物探局内物探资料采集项目全部进入内部市场，中标单位与局签订承包合同。局内物探资料采集项目招标，1996年前由局招标办公室负责组织；1997年，改由局塔里木前指负责组织。此举对降低物探采集成本、提高项目管理水平，发挥了较大作用。

二、技术市场

1993年，物探局建立技术市场管理办公室。组织培训市场管理人员，制定市场管理细则，开展对外宣传。先后通过申报，物探局研究院、物探地质研究院、库尔勒研究中心、地调四处研究所、特勘处研究所等单位被地方科委认定为科研单位；局科技开发总公司及仪器总厂、机械厂、特车厂被认定为高科技企业。

1995年底，涿州市科委同意将物探局为一方的技术合同认定登记这一政府职能交由物探局技术市场管理办公室代理，并设立了物探局技术合同认定登记站。该站1996～1997年，共认定登记技术合同总额为2109.3万元，另外办理了营业税、所得税、提取奖酬金等事宜。

1996年，物探局12个单位通过国内技术市场共向局外单位签订255项技术合同，总金额为12036.9万元，是1994年的3倍多。1997年，局属单位向外签订技术合同情况与1996年大体相当。

三、运输市场

1994年3月，为充分发挥局内运输能力，物探局建立了内部物资运输市场，下发了《物探局内部物资运输市场管理暂行规定》，同时印发了运输任务申报办法和物探局内部运输合同文本等4个附件。

物探局内部运输市场建立后，每年的第一季度召开一次运输市场会议，用户单位和运输单位参加。会上供需见面，完全按市场机制运作。拉运的物资主要是生活、取暖用煤，物探局每年耗煤7万多吨，需运费1000多万元。1994～1997年，通过局内运输市场公开招标签订运输合同，局内运输单位为涿州、徐水两地局属单位拉运煤炭，1994年28486吨，1995年34011吨，1996年43888吨，1997年47382吨。

四、设备修理市场

随着物探任务的增加，物探装备得到了较快的发展。到1997年底，全局拥有设备20059台（套），设备资产原值达48亿元，为了节约设备外修费用，物探局建立了内部修理市场。

1995年4月，局修订和补充了21种车辆维修工时定额，并作为局企业标准下发到局内部修理市场执行。5月，为了提高设备的修保质量，合理使用维修资金，物探局下发了《物探局内部设备修理市场管理暂行办法》，对维修管理部门的职责、维修单位的资质认证、设备送外修理等作了具体规定。

通过几年的培育，设备修理市场发展日趋成熟。先后确定地调二处开封机修站等12个机修厂（站）为局内部修理定点单位；对修理定点单位先后补充了60多台（套）专业修理设备，对240人（次）进行了专业技术培训。

1997年，通过对局内设备修理市场管理，挖掘修理潜力，使全局设备送外修理费用降为56万元，比1994年下降了85%。

五、生活有偿服务市场

1995年上半年，为规范供水、供电、供暖的管理，建立了生活有偿服务市场，先后下发了《关于物探局内部水暖电气有偿服务收费价格的通知》、《关于印发物探局内部水暖电气有偿服务管理办法的通知》、《关于印发物探局内部民用水电定额补贴与收费办法的通知》，明确了收费标准、收费价格以及甲乙双方的权利和义务，规范了有偿服务的管理。

1997年上半年，物探局按照专业化管理、区域化服务的物业管理模式，对涿州和徐水地区局属单位的生活后勤管理进行了重组。涿州、徐水地区局属单位生活后勤管理包括其人、财、物管理分别划归基地管理处和徐水基地管理处统一管理。并下发了《关于调整物探局内部水暖电气公共事业费等有偿服务收费价格的通知》、《关于印发物探局公用事业服务管理办法的通知》，进一步加大了收费的力度，完善了物业管理的价格体系。

六、人才劳动力市场

1993年，在劳动工资处内设物探局劳务市场，在局党委组织部内设物探局人才交流中心。物探局的人才和劳动力开始通过市场流动。

1996年12月25日，成立物探局人力资源交流中心，同时撤销了局人才交流中心和局劳务市场。在管理制度建设方面，到1997年底，局已制定了《人力资源市场管理暂行规定》、《临时工管理暂行办法》、《职工待业子女管理办法》、《职工流动管理暂行规定》、《待业职工管理暂行规定》等，使人力资源交流工作有章可循，规范化运作。

七、局内部装修装潢市场

1997年8月，物探局将局内建筑工程装修装潢工作纳入内部市场管理，印发了《物探局内部装修装潢市场管理暂行办法》和物探局内部建筑装修装潢工程标准合同文本。

第七节　管理子系统的管理体制改革

1993年末，物探局制定了《石油物探局企业体制改革总体方案（1994～1998）》（简称方案），提出了6项管理子系统的改革设想。到1997年底，各管理子系统实施了多项改革举措，使过去计划经济的管理模式逐步向市场经济的管理模式转变。

（1）计划、投资管理体制改革：明确了局一级的投资体制，克服了乱审乱批现象，使投资管理程序化；转变计划管理职能，强化计划管理工作；实行投资项目管理，加强资金预算管理，落实投资责任制，推行项目结算制；推行目标成本管理，实行局、厂（处）、车间（物探队）、班组四级管理、考核；加强会计核算，推广应用中油财务管理信息系统软件。

（2）财务管理体制改革：成立国有资产处，规范对国有资产的管理、监督；建立健全了局、处两级资金预算委员会，制定了资金预算管理办法，全面推行资金预算制度，规范了资金预算的编制；实行资金有偿使用制度，对定额外流动资金占用按银行同期利率计算利息；成立财务结算中心，加大局内市场财务结算、管理，降低财务成本。

（3）劳动用工、人事、工资分配及劳动保险制度改革：在试点工作基础上，全面推行了全员劳动合同制；实行管理人员和专业人员聘任制；成立物探局社会保险管理中心，在局社会保险委员会领导下开展工作；改革医疗保险制度，建立医疗费用由国家、集体、个人共同负担的机制，将全局医疗保险工作实行归口管理，在社会保险管理中心设医疗保险科，负责全局医疗保险的具体业务管理；改革养老保险制度，实行基本养老保险、企业补充养老保险和个人储蓄性养老保险相结合的制度；建立了局人力资源交流中心。

（4）科技管理体制改革：加强各级科研、新技术、新产品开发的战略研究，做好科技发展的中长期规划；多级筹措科研试制经费，实行项目管理，按项目招标承包；科技成果实行有偿转让；改革奖励制度，建立重奖激励机制。

（5）设备、物资管理体制改革：对现有设备进行清产核资后计入资本金；新购置设备实行租赁经营；扩大局属单位物资采购权、设备购置权，除进口设备及配件和少数几种统管物资集中采购外，其余设备、物资供销全部放开；自1997年起，局属单位新增资产全部承担折旧；同时建立和完善局内闲置、报废资产调剂市场，加大局属单位的资产处置能力。

（6）住房制度改革：逐步建立国家、单位、个人共同负担解决住房的机制；把住房消费基金逐步纳入正常轨道，实现住房资金的良性循环。

第八节　机构改革和资产重组

1996年，物探局制定了仪器总厂、机械厂、特车厂与装备研究所（简称三厂一所）“两步走”的改制方案。第一步合并组建物探局装备制造总厂，第二步组建装备制造有限责任公司。

1996年末，物探局为落实总公司“跨国经营”战略，大力开拓国际市场，提出了《物探局国际勘探部组建方案》，1997年成立了国际勘探部。

1997年8月，物探局为统一开拓地震资料处理解释市场，增强整体实力，将研究院和物探地质研究院合并组建为物探局研究院。

1997年末，物探局开始实施对运输处解体重组工作。并初步筹备和实施了对综合服务处、岩土公司等局属单位的归类重组工作。

1997年，在解体“小而全”工作的基础上，以建立石油物探集团公司为目标，积极推进解体“大而全”的改革。

第九节　住房制度改革

一、房改管理机构

1988年，物探局成立房改小组，研究起草住房租金改革意见。

1992年，物探局成立房改领导小组，下设房改办公室。

1996年10月，物探局为了加强全局房产和分房的管理，成立了房产管理办公室（科级，简称房管办），列基地管理处职能科室序列，定员5人，业务上接受局房改领导小组领导。其主要职责为：制定住房制度改革方案及实施细则；负责全局住宅及单身职工住房管理；负责全局售房款和公积金的核定、收缴、归集、划转工作；配合国有资产管理处办理住房产权、产籍管理；进行住房需求统计；制定全局统一的分调房政策等。

二、房改历程

1988年，国务院《关于在全国城镇分期分批推行住房制度改革实施方案》出台，物探局在总公司统一政策指导下，提出了物探局住房租金改革意见。

1992年7月，总公司房改办负责人陪同国务院房改办主任到物探局地调四处、地调一处进行考查和了解情况。8月，总公司《石油独立工矿区住房制度改革方案》经国务院房改办批复执行。之后，物探局开始制定住房制度改革方案。

1993年5月，《石油物探局住房制度改革方案》出台，报经河北省、总公司批准后，于1993年12月开始执行。

1994年，物探局根据国务院、总公司有关深化住房制度改革的文件精神，制定了《石油地球物理勘探局深化住房制度改革实施方案》，经河北省、总公司批准后，于1994年1月1日起执行。

1997年，物探局制定了《物探局关于1997年成本价售房办法》，对局机关70号、71号住宅楼和徐水基地管理处西区3号住宅楼进行了成本价售房试点。

三、房改成果

（1）住房缴租金。1993年住房制度改革全面启动，结束了住房无偿使用的历史，住房缴租金一步到位，达到以5项因素计算的成本租金水平，即每平方米使用面积2.2元。1994年以后，住房租金提高到每平方米使用面积2.44元。到1997年底，全局累计收入住房租金338万元。

（2）出售公有住房。1993年，公有住房出售标准价为每平方米220元。1994年后，公有住房出售标准价为每平方米541元，成本价为每平方米772元。到1997年底，全局实有住房90多万平方米，除房改政策确定的不宜出售的住房外，全部按标准价出售，累计售房款11392万元。

（3）建立住房公积金制度。1993年10月，全局各单位和职工个人分别按职工技能工资、岗位工资、工龄工资3项之和的5%建立了住房公积金制度。到1997年底，全局累计缴存住房公积金余额为5488万元，其中单位缴存2744万元。在建立住房公积金制度的基础上，根据总公司文件精神，对职工按技能工资、岗位工资、工龄工资3项之和的25%发放了住房补贴。

（4）增强了住房建设的投资能力。1995年和1996年，为加大住宅建设投资力度，加快解决职工住房问题，累计动用售房款4876万元进行住宅建设，占同期住宅建设总投入的41.3%。

第十节　下岗分流、减员增效

1992年，物探局开始进行职工下岗分流、减员增效，实施再就业工程的工作。其特点是实行固定职工内部提前退休、清理清退外雇工、调整产业结构。

1992年7月29日，物探局根据总公司深化改革的要求和下达的分离人员计划，下发了《关于下达1992年分离人员计划的通知》，提出在“八五”期间，将使机关人员精简20%以上，全局职工分离

30%以上，从事第三产业，发展多种经营。《通知》明确："凡全民所有制职工到多种经营单位工作和从事第三产业的及富余职工中批准从事个体经营或自谋职业的人员均为分离人员"。11月11日，印发了《石油物探局1992年职工内部提前退休方案》，规定凡物探局正式职工，男年满55周岁，女干部年满50周岁，女工人年满47周岁，连续工龄10年以上的，在自愿的基础上，经本人书面申请，组织批准，可以提前退休。到年底全局共提前退休1045人。同年，物探局还对职工"停薪留职"问题，先后下发了两个《通知》，明确政策规定，打开了减员增效的又一渠道。

1993年，物探局调整局、处两级机关机构，精简了人员。其中局机关定员由原来的423人调整为261人。为深化三项制度改革，10月30日，局下发了《物探局调整队伍结构精干主业和分离人员计划》，提出了精干物探主业队伍和分离人员的主要目标及要求，对分离人员的形式、标准作了界定，制定了分离人员的有关政策。

1994年10月，局下发了《物探局调整队伍结构和职工分离计划》，对分离标准和形式进行了新界定，即整体分离、部分分离、零星分离和折算分离。当年全局累计分离职工5000人。

1994年11月28日，局下发了《关于1994年我局继续实行职工内部提前退休的通知》，提出了"本人自愿申请、组织批准、待遇从优的内部提前退休"办法。提前退休条件与1992年、1993年基本相同，到年底提前退休263人。

1995年12月，物探局下发了《关于1995年继续实行提前退休的通知》，对从事野外工作的职工和农场职工适当放宽了政策，规定"连续野外工作年限满5年（或累计满15年），男年满50周岁，女年满40周岁的野外小队职工和凡在野外小队工作累计满15周年，现已调离野外小队的职工和我局农场大田作业的农田工均可依照规定程序办理提前退休手续"。当年提前退休272人，分流职工3353人。

1996年以"清理、清退外雇工"为减员的重点。3月，物探局下发了《关于清退外雇工、安置局内富余职工和招聘职工待业子女的通知》，5月20日，又下发了《关于清退外雇工的补充通知》。该通知规定局属主业、多元开发业、社会服务业单位以及其主办的多种经营经济实体中使用的外雇工、退休返聘人员及家属工均属清退范围。12月，物探局成立了人力资源交流中心，对富余职工实施暂托管，从组织上落实了"分流人员、减员增效、再就业"的工作机构。

1997年，物探局继续实行职工内部提前退休政策，由过去随时申报、随时审批，改为每年4月1～15日和10月1～15日两次集中申报、集中审批；并先后两次下文，严格控制聘用离退休人员。当年分离职工1510人，累计达10010人。

第十一节　建立现代企业制度

根据国家关于企业改革的总体部署，物探局制定了建立现代企业制度的目标，并逐步推进企业重组改制工作。

1993年，物探局在总公司辽河改革会议之后，提出了物探局体制改革的目标模式：按照建立现代企业制度的要求，在转换经营机制、形成进入市场的综合能力和整体素质的同时，从1994年开始，用5年时间，形成物探集团公司混合控股的现代公司管理体制。物探集团公司为石油天然气总公司出资设立的独资有限责任公司，由物探局机关和物探主业单位（5个地调处、特勘处、研究院、地研院以及库尔勒研究中心）组成。在物探集团公司下，既有物探主业单位组成的若干分公司，又有物探主业单位以外的局属生产经营单位和生活后勤单位形成的物探集团公司出资设立的独资（或控股、参股）子公司或不同所有制、不同规模的专业服务法人实体。

1996年，物探局深入贯彻总公司年初工作会议和中原会议精神，对原体制改革的目标进行了适当调整，形成了"九五"期间深化改革的总目标："以建立现代企业制度为企业改革的方向，以实施两个根本转变为企业发展的重点，按照总公司总体改革部署，经过'九五'期间的努力，把物探局初步建成具有参与国际竞争实力的物探综合服务集团，并逐步发展成为集装备制造、技术开发和野外采集、处理、解释配套的综合勘探服务集团。"

第十二节　企业管理协会

物探局企业管理协会成立于1986年10月15日，为中国石油企业管理协会的团体会员，定有《物探局企业管理协会章程》。

物探局企业管理协会（简称企协）的组织设

置：企协设理事会，理事会由局属各单位会员代表协商推举产生的理事组成。理事会设理事长1名，副理事长2名，常务理事和理事若干名。理事会下设秘书处，由1名秘书长和若干名副秘书长组成，负责处理企协的日常工作。

企协的宗旨是：以理论联系实际为原则，以改善经营管理、提高经济效益为目的，团结有志于石油物探企业管理的理论研究、教学人员和具有企业管理实践经验的人员，开展石油物探企业管理的理论研究与经济体制改革的探讨，应用、推广企业现代化管理方法，总结交流企业管理经验，以加快物探局企业管理现代化的进程。

企协的主要任务是：开展石油物探企业管理理论研究和实践经验的总结与交流；汇编有关资料，出版发行《物探企业管理》杂志；开展企业经营决策、经济技术分析以及企业咨询活动；组织召开企协年会和企业管理理论与实践经验研讨会。

1994年8月24日，物探局企业管理协会召开了二届一次会议。会议通过了第二届企协理事会、常务理事会和秘书处的组成人员，并修订了《物探局企业管理协会章程》。

到1997年底，物探局企业管理协会的主要活动是：

(1) 配合物探局企业升级工作，组织举办了两期企业管理基础工作和企业管理现代化理论学习班。

(2) 配合物探局的改革与管理工作，组织召开了8次改革与管理专题研讨会、1次物业管理研讨会、1次财务分析报告会。改革与管理专题研讨会累计发表论文400余篇，物业管理论文25篇，财务分析报告20篇。

(3) 组织物探局“改革与管理”论文评审8次。

(4) 组织现代化管理成果评审4次。

(5) 主办《物探企业管理》杂志，1986年11月创刊，到1997年底发行19期。

(6) 订阅发放中国石油企协出版发行的《石油企业管理》杂志157期。

第十二篇
教育培训

综　述

物探局成立之前，六四六厂虽有幼儿教育、中小学教育、职业技术教育和职工教育；但由于多数二级单位没有固定的生活基地，队伍施工流动分散，教育培训工作不甚正规。

物探局成立后，各二级单位生活基地逐渐建立，教育事业逐步进入发展时期。到1985年，基本形成了基础教育、职业技术教育和职工教育体系；有了一支思想政治、文化素质较高的师资队伍，配备了先进的教学设备、设施，设置了教育管理机构，配备了必需的管理干部。全局教职工认真贯彻国家的教育方针，实施德育为主、“五育”并举、教学为中心、育人为本的教育思想，努力提高教学质量。“七五期间”，物探局教育事业稳步发展；“八五”期间，职业技术教育由学历教育为主变为职工培训和学历教育并举；“九五”期间，提出“稳定提高普通教育，调整控制专业教育，大力加强职工教育”的方针，为石油物探事业培养了数以千计的人才，为国家培养了近万名后备劳动者，为提高物探局职工的思想政治、文化、技术素质做出了贡献。

截至1997年底，全局有幼儿园和中小学校各13所；有职业技术教育学校4所，全局从事教育工作的教职工2317名，其中专任教师1217名（包括幼儿教师123名、中小学教师669名、职业技术学校教师341名、职工教育学校教师84名）。专任教师中有高级专业技术职称的153名，占教师总数的12.6%；有中级专业技术职称的505名，占教师总数的41.5%。教师学历达标率：幼儿教师100%、小学教师97.3%、初中教师96.2%、高中教师87.9%。全局在园幼儿1889名；在校各类学生（学员）11366名，其中中小学生5681名、普通中专生2863名、职业高中生174名、技工学校生543名、职工大学生441名、党校函授大学本科和专科生330名、其他学员1334名。

1973～1997年，全局毕业高中生2332名，考入普通大专院校813名，综合升学率34.86%。90年代后，加强职业技术教育和职工培训，变封闭式办学为开放式办学，狠抓教育教学改革，努力培养技能型、应用型人才。到1997年，共培养普通中专毕业生5233名，技工学校毕业生4614名，职业高中毕业生287名，电视大学毕业生194名，石油高等函授毕业生331名。努力贯彻中共中央和国务院《关于加强职工教育的决定》，不断加强专业技术干部的继续教育、党政干部的政治轮训、后备干部的培养、职工的岗位培训和适应性技术培训，以及职工的文化教育，使职工的思想政治、文化、技术素质有了很大提高。1985年，初中及初中以下文化程度的职工占全局职工总数的57.6%，到1997年下降至33.3%。1986～1997年，全局职工参加各种培训达111423人次。1981～1997年，全局干部取得职工中专以上学历的人数达1477名。

1973～1997年，物探局共为各油田、科研单位培训各类人才5804人，较好地完成了石油部领导赋予物探局的“为石油物探系统培训技术骨干”的任务。

1973～1997年，全局教职工中涌现出总公司劳动模范1名，河北省优秀园丁15名（18人次），石油系统先进教育工作者1名，总公司先进教育工作者3名。

第一章　幼儿教育

1963年12月，松辽地调处由吉林省大安县搬迁到河北省徐水县时，筹建了第一个托儿所。1973年物探局成立后，局属各单位相继建立了幼儿园。到1997年9月，全局共有幼儿园（托儿所）13所，其中河北省境内10所，分别在徐水县境内3所（徐水基地处幼儿园、机械厂幼儿园和仪器总厂幼儿园），定兴县境内1所（地调五处幼儿园），霸州市境内1所（地调四处幼儿园），石家庄市正定县境内1所（地调三处正定基地幼儿园），涿州市境内4所（局机关幼儿园、研究院幼儿园、物探学校幼儿园和综合服务处幼儿园）。河南省开封市1所（地调二处幼儿园），天津市静海县境内1所（地调一处幼儿园），新疆库尔勒市1所（地调三处库尔勒幼儿园）。全局从事幼儿教育的职工369名，其中专任教师123名、保育员161名、保健员9名。在园幼儿1889名。

1991年11月前，物探局幼儿教育由后勤部门管理。1978年3月和1980年8月，物探局先后成立科教处和教育培训处，两个处都有专人管理幼儿教育。1993年9月4日局教育培训中心成立，内设学校教育管理科，有专人负责管理幼儿教育工作。1996年底，物探局对行政后勤工作实行物业管理，将局涿州地区幼儿园划归基地管理处管理。

1982年5月13～14日，物探局在涿县召开了首次幼教工作会议。会议总结交流了第二指挥部、徐水办事处和局机关幼儿教育工作的先进经验；讨论研究进一步搞好幼教工作的措施。1986年1月27～29日，局在徐水办事处召开幼教工作会议，请北京市教育局幼教处教研室李培美和中华全国总工会幼儿园园长王美琪作幼教经验介绍；观摩听取了徐水办事处幼儿教师于艳明的1节课；讨论修改了《关于办好幼儿教育的几项规定》。同年3月1日，物探局下发了《关于办好幼儿教育的几项规定》，对幼儿教师、幼儿园管理等8个问题做了具体规定。1992年3月28日，局下发《物探局幼儿园管理规章制度》；1994年2月22日，局教育培训中心下发了《关于物探局幼儿园办园水平（分类）评估指标体系的通知》。从1991年起，物探局的幼儿教育逐步规范化。

第一节 幼教队伍

70年代中期，物探局只有3名专业幼儿教师，多数保育员没有经过幼儿教育专业知识培训。1978年10月～1979年1月，局在涿县举办了有20名职工参加的幼儿教师业务培训班，主要讲授《幼儿教育学》、《幼儿心理学》、《语言学》、美工、体育、舞蹈和音乐等课程，并组织受训人员分别到保定市幼儿园和涿县幼儿园实习，然后分配到各单位担任幼教工作，初步解决了缺少幼儿教师的困难。

从1981年9月起，连续3年选送年纪轻、有初中以上文化程度、热爱幼教事业、适合幼教工作的女职工到河南省开封市幼儿师范学校学习两年，毕业后从事幼教工作。1986年后，又选送一些职工和初中毕业的女学生，分别到华北油田教师进修学院、河北省石家庄市幼儿师范学校和定兴县幼儿师范学校学习，以提高幼儿教师的素质。

从1986年开始，局先后7次组织幼儿教师进行业务培训。到1996年底，物探局所有幼儿教师都经过了培训，并取得岗位合格证书。与此同时，局组织幼儿园园长和部分幼儿教师分别到北京、上海、广州和天津等一些著名幼儿园观摩学习，提高了幼儿教育水平和管理水平。许多幼儿教师在做好本职工作的同时钻研幼儿教育学、幼儿教育理论和管理知识。到1997年9月，全局123名幼儿教师中已有12名取得成人大专学历，占幼儿教师总数的9.8%；有18名幼儿教师取得高级专业技术职称，占14.6%；有43名幼儿教师取得一级教师职称，占35%。从1993年起，各幼儿园对保育员队伍进行了调整，将具备初中以上文化、热爱幼教事业的优秀职工送出培训，合格后充实到保育员队伍中。到1997年9月，全局161名保育员中，有中专以上学历的13人，占8.1%。全局9名幼儿园保健员中，有中专学历的7人，占77.8%。

第二节 设施与经费

1963年12月，松辽地调处机关由吉林省大安县搬迁到河北省徐水县时，为使职工全心投入华北石油会战，因陋就简创办了寄宿制全托托儿所。幼儿家长短则1周、长则1个月接送1次孩子。托儿所单独开伙，定期给幼儿换洗衣被，按时给幼儿洗澡。

70年代后期，各二级单位加大了对幼儿园建设的投入，在建设基地生活设施时，都按当时的国家标准建起了幼儿园。到1997年底，局各单位不仅给幼儿园配备了电子琴、录音机、电视机、录像机、钢琴等，有些幼儿园还配备了微机。地调一、二、四、五处和徐水基地处幼儿园配备了大型玩具、教具，美化、绿化了环境，建了活动场所，已达到城市一类幼儿园水平。

到1997年9月，全局13所幼儿园，房舍建筑面积达2.2万平方米，活动场地2.8万平方米。

幼儿园的经费一般分两类：一是教职工的工资、奖金及行政管理费用，由各单位拨款；二是幼儿的伙食费及少量的管理费，由幼儿家长支付。各幼儿园的经费都能保证幼儿教育的正常需要。

第三节 教研活动

物探局的幼儿园布局分散，幼儿教研活动多以独立开展为主，并适当参与当地市县的教研活动。局每年根据幼儿教育的计划和要求，也组织开展一些幼儿教研活动。1986 年、1994 年和 1995 年先后组织了全局幼儿教师观摩课和“一节优质课”活动，不定期召开幼教会议，总结交流幼教教研经验和成果。1992 年 6 月在涿州举办了全局幼儿教师自制教具、玩具展览评选活动。地调四处幼儿园的 QC 管理成果曾经多次获得总公司、局、处科技奖。地调一处和徐水办事处（基地处）幼儿园利用小学与幼儿园同在一个大院、同属一个单位领导的有利条件，从 1992 年开始进行了幼儿教育与小学教育相衔接的研究和实验。

第四节　教育质量

从 1983 年起，物探局各幼儿园逐步实现了托婴、大、中、小班分班正规教学，配齐了两教两保人员，统一了幼儿教育计划和教材。局多次组织幼儿园园长或教师到一些省市著名幼儿园观摩学习，邀请幼教先进工作者或儿童教育专家讲学。各幼儿园采取教师个人备课和集体备课相结合，一人试讲与大家讨论补充相结合，无备课教案不准上讲台等措施，使年轻幼儿教师较快地适应工作。徐水办事处（基地处）幼儿园的教师采取课后写教学总结的办法，提高了教育教学质量。局机关幼儿园园长田仲华在幼儿教育岗位上工作 35 年，对幼儿耐心教育，对年轻教师热情传授幼教经验，对保教人员严格要求，成绩显著，1985 年 2 月被河北省人民政府授予优秀园丁称号，并获一等奖奖励。徐水办事处幼儿园园长华渊渊，克服严重咽炎的病痛，为幼儿的健康成长呕心沥血，上北京、下苏州不辞辛苦联系教材，把先进幼教经验移植到幼儿园的教学和管理中，定期召开家长会，邀请服务范围内的各单位领导到幼儿园指导工作，关心每 1 名幼儿，帮助年轻幼儿教师的成长，使幼儿教育的各项工作走在全局幼儿园的前列，1987 年被河北省人民政府授予优秀园丁称号。到 1997 年底，全局幼教系统先后涌现出了徐水基地处、地调四处（总公司先进幼儿园）和地调二处等先进幼儿园；1985 年后受到局级以上表彰奖励的幼儿教师有 53 人次。

从 1988 年起，局先后组织了“幼儿文艺演出（录像）比赛”、“幼儿大班告别幼儿园文艺汇演”等，使幼儿在娱乐活动中受到教育，促进了幼儿的身心健康发展。1992 年 3 月 30 日，中央人民广播电台的《小喇叭》栏目中播出了物探局幼儿园 7 名小朋友讲故事和朗诵儿歌的节目，展示了物探局幼儿教育的成果。

第五节　幼儿园选介

一、徐水基地处幼儿园

徐水基地处幼儿园原系六四六厂托儿所，创办于 1963 年 12 月。托儿所当时实行全托寄宿制，没有 1 名受过正规教育的幼儿教师，保教人员多数是职工家属。1978 年只有经过短期培训的幼儿教师，直到 1983 年 6 月，才有开封市幼儿师范学校毕业的幼儿教师。1984 年托儿所更名为徐水办事处幼儿园，1997 年底改名为徐水基地处幼儿园。到 1997 年底，幼儿园有教职工 49 名，其中园长 2 名、教师 15 名、保育员 19 名、后勤人员 12 名、保健医生 1 名。共有大、中、小班和托婴班 9 个，在园幼儿 280 名。园区占地面积 6000 平方米，建筑面积 3492.82 平方米。1991 年、1992 年和 1997 年，幼儿园被局授予教育先进集体称号。1992 年 3 月，在参加中央人民广播电台《小喇叭》节目录音活动中，参选 10 个节目，有 8 个被选播。在参加局幼儿教师自制玩具大赛中，参赛 16 件作品，有 12 件获奖。在参加局优质课评选中，有 3 节课被选中。1994 年经局教育评估，确认为一级一类幼儿园。

幼儿园严格规章制度，规范每名教职工的一言一行，每学期定期召开园务会议，使《幼儿一日生活常规及保教人员配合细则》落实到位。幼儿园对全园教职工提出对孩子要“怀有童心、教育耐心、照料精心、接送热心、奉献爱心”，使教职工真正热爱幼教工作，遵守职业道德规范，认识到幼教工作的意义，做到让家长放心、让领导放心、让社会放心。

1994 年 10 月，全园保育员通过上岗培训和考试，全部取得了上岗合格证。为提高保教人员的文化和业务素质，幼儿园给每位老师订有《幼儿教育》、《早期教育》等学习参考资料，组织教师集体学习，鼓励教师自学和深造。到 1997 年底已有 3 名教师取得大专学历，9 名保育员取得中专学历。针对 90 年代中期幼教工作出现的变化，徐水基地处幼儿园提出凡是能激发幼儿兴趣的活动，力求搞得全一点；凡是能促进幼儿智力开发的教育，力求抓得紧一点；凡是有利于幼儿身心健康的文体活动，力求开展得活一点。

1994年后，幼儿园保教工作形成了“一个围绕，五个不间断”的思路，即围绕一切为了孩子，培养体、智、德、美全面健康成长的一代新人这个中心；不间断地利用每周2小时教研活动，对保教工作中的难点、焦点进行研讨；不间断地采取请进来献艺和走出去拜师，学习幼教先进经验；不间断地为教师提供一个经常学习先进教学经验和相互交流学习的直观环境；不间断地进行理论充实和实践锻炼，注意提高保教人员的教育能力；不间断地注意对保育员业务能力的培养。

为了提高幼儿教师的教育教学水平，徐水基地处幼儿园规定每位教师每学期上公共课不少于4节，每月听课不少于2节。园里随时抽查周计划、教案、听课、教育笔记及常规活动。每次上公共课时，教师们都详细记笔记，课后认真讨论、交流看法，达到共同提高的目的。

徐水基地处幼儿园开展幼小衔接的教学试验，组织幼儿教师到小学一年级听老师讲课，改进教学内容、培养幼儿上学意识，增强体育锻炼；带领大班幼儿参观小学，体验小学生生活，与小学一年级学生进行联欢；请小学一年级老师给大班幼儿讲解如何当好一名小学生，上学都要干什么等。使幼儿们产生上学欲望，在心理上对小学一年级有一个初步认识，为入小学打下一定的思想基础。到1997年底，已完成幼小衔接科研论文4篇。

贯彻保教结合原则，努力创建幼儿教育和发展相适应的和谐环境。幼儿园规定对所有教师、保育员和工作人员统称老师，使全体职工都意识到幼儿园是个育人的地方，每个职工的仪表行为时刻都影响着幼儿，从而加重责任感。为培养幼儿动脑、动口、动手能力，开展了一系列的活动，如活动区、角落游戏、特色班等。为发挥环境教育的作用，在班内布置了《小医院》、《故事屋》、《计算角》、《小小舞台》、《图书角》、《自然区》等，使孩子们真正拥有一个属于自己的天地，为幼儿创设美化、净化、儿童化、教育化的优雅环境。

幼儿园从1989年起一直坚持搞好幼儿半月娱乐活动，由教师轮流组织，让幼儿一起参加，使每个幼儿都得到锻炼的机会。为了提高活动质量，每次活动之后，都要进行集体评价。

为了发展幼儿的爱好、特长，幼儿园组织了电子琴、舞蹈、小提琴、绘画等短期学习班。园里举行的幼儿画展，请家长和幼儿一同参观。每学期都要组织大、中班幼儿外出参观，以扩大幼儿的视野。

坚持做好卫生保健工作，搞好幼儿生活，坚持科学配餐，每周定食谱，每日3餐1点，保证幼儿吃得卫生、吃饱吃好。

每学期召开各班家长会，介绍本班的教学计划、重点、要求、内容，了解幼儿在家情况；并对特殊幼儿进行家访，征求家长对幼儿园的意见和建议；在楼道内设置了《家长园地》、《家长信箱》、《幼儿画廊》，向家长介绍国内外幼儿教育的方法；举办家长开放日活动，把家长请进来，观察、体验幼儿园的生活。

二、地调二处幼儿园

地调二处（原二指）幼儿园创建于1975年。建园初期，幼儿园只有几间平房，由4名家属看管孩子。1984年，建成了一幢占地面积2558平方米、建筑面积1526平方米的“工”字型幼儿园教学楼。楼内设有活动室、寝室、办公室、教研室、图书室、保健室和食堂。幼儿园有室外活动场地850平方米，其中草坪336平方米，有大、中型玩具几十件；配有钢琴、电子琴、音响、电视机和录像机等电教设备。1997年有教职工33名，其中幼师毕业教师12名（包括幼儿高级教师3名）；在园幼儿176名。幼儿园多次受到河南省开封市人民政府表扬，是开封市开放式幼儿园之一；1994年，获物探局教育先进集体称号，被局督导确定为一级一类幼儿园；同年，在开封市幼儿园检查验收中被评为一级一类幼儿园。

地调二处幼儿园全面贯彻国家教委颁发的《幼儿园管理条例》、《幼儿园工作规程》和体、智、德、美全面发展的教育方针。他们办园的指导方针是：园丁、楷模、爱心、奉献。幼儿园建立健全了各项规章制度，有各种资料66种。做到了长有3年、5年发展规划，中有年度、季度工作计划，短有月、周活动安排。在教职工中开展了“热爱孩子赛妈妈”的活动。

强化幼儿园管理。地调二处幼儿园在实践中总结出：思想管理突出一个“细”字；行政管理突出一个“严”字；保教管理突出一个“活”字；基础管理突出一个“实”字；服务质量管理突出一个“优”字的管理要诀。

幼儿园开展了增强目标意识，设计整体课程的教学改革活动。在教学活动中，采用启发式，注意幼儿动脑、动嘴和动手自立能力的培养，充分发挥幼儿在教育教学中的主体作用，注意了教学过程中的直观性、生活性和趣味性，发展幼儿的观察力、思维力、想象力、创造力和动手操作的能力。培养幼儿良好的品德行为习惯，促进幼儿全面发展。

幼儿园要求教师把一日活动当作一个整体，把活动与课程融为一体，努力提高一日活动的质量，使幼儿在玩耍中受到教育，使学习始终处在娱乐中。在音乐教学中，经常穿插一些小故事，把抽象的音乐变成具体形象，通过讲故事、唱儿歌、听音乐、辨声音、练形体等活动，培养幼儿的节奏感；引导幼儿听曲子时，充分发挥自己的想象力，并把想象编成故事，讲给幼儿们听，促使幼儿语言组织和表达能力的提高。

教师经常组织幼儿观看职工的各种比赛，并寻找机会参与比赛，使幼儿的参与意识和竞争意识得到加强；经常与家长取得联系，互通情况，使园教与家教结合起来；利用季节的差异，带领幼儿到野外观察不同季节植物、动物的生长和大自然的变化，让幼儿在大自然中汲取营养，扩大视野，直观地达到教学目的。

幼儿园严格要求教职工以自己良好的行为举止影响幼儿，使幼儿在日常生活中受到潜移默化的教育。

为了多方面地培养幼儿，发展幼儿的个性和特长，地调二处幼儿园利用业余时间举办电子琴、小提琴、二胡、绘画、舞蹈等多种兴趣班，仅绘画班就先后举行20期画展，展出作品600多幅。1993年，幼儿马宁画的《猴山》在日本举行的第24届世界杯展览中获得银质奖；马驰、孙涵的电子琴演奏，多次参加开封市比赛并获奖。

地调三处幼儿园的教职工忠于职守，严于律己，精心育人，建园22年间，共送出幼儿2600余名。教职工中有22人次分别受到局、处和开封市的表彰。

第二章　中小学教育

1965年3月成立六四六厂徐水子弟学校（1973年校名改为物探局徐水子弟学校），校址在河北省徐水县物探局徐水基地处院内。学校成立初期有学生140余名，分布在一至四年级。全部学生在学校就餐，对家长都在野外工作的30余名学生实行寄宿制。1967年3月，徐水子弟学校设立初中部，1972年春季增设高中部。

仪器总厂（原仪修站）子弟学校创办于1969年9月，校址在物探局仪器总厂院内。

机械厂（原机修厂）子弟学校创办于1969年9月，校址在物探局机械厂院内。

物探局成立之前，六四六厂只有3所学校，即小学2所，小学至高中1所。

1973年物探局成立后，局属各单位先后建立生活基地，为保证职工子女上学，相继筹建了子弟学校。

物探局涿州子弟学校创办于1978年4月25日，当时有教职工15名，学生84名，设小学一至四年级和初中一、二年级；1979年增设高中部；1989年8月在初、高中部基础上成立石油物探中学。

地调一处（原一指）子弟学校创办于1973年12月10日，校址在天津市静海县唐官屯地调一处院内。当时全校只有3间平房作教室，3名教师，65名学生，设一至三年级3个班。1976年增设初中一、二年级，1984年增设初中三年级。

地调二处（原二指）子弟学校创办于1974年9月1日，校址在河南省开封市顺河区地调二处院内。当时学校只有两排平房，教职工10名，学生80名，分布在小学一年级至初中一年级，小学实行的是五年制。

地调三处（原三指）子弟学校创办于1978年8月，校址在河北省正定县新安村地调三处院内。当时学校有12间平房，职工及家属代课教师22名，学生200多名，设小学一年级至六年级和初中一至三年级。

地调三处库尔勒子弟学校创办于1992年9月，校址在新疆库尔勒市东南郊地调三处院内。当时学校是借用该处招待所的5间客房作教室，有教职工16名，学生132名，其中初中一年级105名，初中三年级27名。1992年11月，子弟学校新教学楼启用。1993年9月，学校已有15个教学班（小学部9个班，初中部6个班），学生总数646名，教职工60名。

地调四处（原四指）子弟学校（原为第一指挥部霸县农场学校），创办于1978年4月10日，校址在河北省霸州市煎茶铺乡地调四处院内。当时学校设在4间平房内，有教师3名、学生80名，设小学一年级至四年级，实行复式教学。1982年增设初中部。

地调五处（原普查大队）子弟学校创建于1976年4月，校址在河北省定兴县固城镇地调五处院内。当时学校设在职工住房内，实行复式教学，有教师4名、学生33名，分布在小学一、二年级。1979年增设初中部。

研究院子弟学校创建于1978年3月20日，校址在河北省涿州市研究院院内，建校初期有教职工6名，在校生50名，分布在小学一年级至四年级，1981年增设初中部。

物探局有些学校和教学班因当时需要而成立，后因生源少或教学质量差等原因而停办：

安新农场子弟学校创办于1976年9月，创办时有学生19名，实行复式教学，1979年实行分班教学，1983年学生最多时196名。1984年小学升学率在徐水地区4所学校中名列第一；1988年在全局第三届小学生“萌芽杯”乒乓球比赛中，获团体第二名。该校先后有33名教师任教，1991年7月由于学生数量太少而停办。

地调二处农场小学创办于1977年。在校生最多时57名，实行小学一年级至四年级分班教学，于1997年停办。

安平农场小学创办于1978年，当时有教师3名、学生20余名，实行小学一至三年级分班教学，于1982年12月停办。

物探学校小学教学班创办于1980年2月，当时有学生18名，分小学一至二年级两个教学班，于1982年2月停办。

码头农场小学创办于1985年2月，当时有学生20余人，分布在小学一至三年级，实行复式教学，于1988年停办。

综合服务处长沟小学创办于1990年3月，共有学生32名，实行小学一至三年级分班教学，于1997年底停办。

研究院子弟学校高中班创办于1986年8月26日，共有学生28名，由于师资不足，于1987年2月停办。

地调三处正定基地子弟学校高中班，创办于1984年8月，当时有学生17名，因师资不足，1987年第一届高中生毕业后停办。

物探局在校生状况：1979年，全局有中小学校10所，其中小学5所、小学至初中3所、小学至高中2所，共106个教学班。1985年，全局有中小学校11所，其中小学3所、小学至初中6所、小学至高中2所，以上学校共168个教学班，在校生6033名，其中小学生3191名、初中生2409名、高中生433名。这是物探局中小学在校生最多的年份。1988年全局在校小学生3381名，是物探局在校小学生最多的一年。1997年，全局有中小学校13所，其中小学3所、小学至初中8所、小学至高中1所、高中1所；在校生共计5681名，其中小学生2912名、初中生2087名、高中生682名。1997年，是物探局高中在校生最多的一年。1974～1997年物探局中小学校办学状况见表12－1（a）、表12－1（b）。

表12－1（a）　1974～1997年物探局中小学校办学状况统计表

年份	学校数	教学班数	在校生人数														
			合计	小学							初中				
				小计	一年级	二年级	三年级	四年级	五年级	六年级	小计	一年级	二年级	三年级	四年级
1974	5	51	2148	1516							445				
1975	5	58	2230	1661							552				
1976	7														
1977	8	88	2844	1891							781				
1978	9	90	3025	2012	565	344	402	385	316		953	308	328	317	
1979	10	106	3619	2444	514	641	438	438	413		1011	381	328	302	
1980	10	116	4449	2929	533	572	767	562	495		1208	490	386	332	
1981	11	129	4630	3121	495	563	742	719	602		1201	457	366	378	
1982	13	135	4808	3109	496	472	602	724	815		1488	580	466	442	

续表

年份	学校数	教学班数	在校生人数												
			合计	小学							初中				
				小计	一年级	二年级	三年级	四年级	五年级	六年级	小计	一年级	二年级	三年级	四年级
1983	12	142	5276	2981	486	495	582	687	731		2010	856	632	522	
1984	11	153	5813	3230	555	528	556	662	721	208	2208	688	919	601	
1985	11	168	6033	3191	509	576	580	643	677	206	2409	812	766	831	
1986	11	173	5881	3094	474	511	588	615	604	302	2302	714	825	763	
1987	11	168	5924	3170	398	521	606	631	657	357	2299	659	813	827	
1988	11	170	5766	3381	459	406	561	631	660	664	1962	471	713	778	
1989	11	166	5897	3365	431	476	467	604	664	723	2038	704	566	768	
1990	11	173	5652	2930	368	391	439	481	578	673	2278	799	754	725	
1991	11	167	5517	2831	336	397	436	470	562	630	2255	747	820	688	
1992	11	159	5271	2600	377	384	387	450	488	514	2235	675	745	815	
1993	12	178	5690	2846	492	406	396	461	518	573	2346	646	777	853	70
1994	13	179	5767	2871	537	483	421	426	458	546	2277	711	713	853	
1995	13	178	5744	2615	597	523	511	440	444	100	2446	981	720	701	44
1996	13	179	5861	2818	650	582	548	527	467	44	2312	543	1037	732	
1997	13	178	5681	2912	532	625	608	581	527	39	2087	541	524	983	39

表 12-1（b） 1974～1997 年物探局中小学校办学状况统计表

年份	在校生人数				上学年毕业生及升学人数										
	高中				高中				初中					小学	
	合计	一年级	二年级	三年级	毕业生	升大学	升中专	读技校	毕业生	升高中	升中专	升技校	升职高	毕业生	升初中
1974	187														
1975	17														
1976															
1977	172														
1978	60	56	4												
1979	164	164													
1980	312	126	186												
1981	308	125	183		182	7									
1982	211	101	110		119	8	61		342	101	90			601	580
1983	285	142	80	63	140	20	72		384	161	123			838	758
1984	375	151	137	87	33	22			454	241	103			622	573
1985	433	158	142	133	84	27			550	222	179			740	718
1986	485	168	141	176	130	38	3	34	777	233	199			539	485
1987	455	137	156	162	136	39	3	9	674	150	69	156		409	382
1988	423	146	130	147	134	89			768	217	162	54		356	350
1989	494	172	168	154	146	42	10		701	196	43	144	5	711	700
1990	444	141	148	155	125	39			723	169	66	177		688	680
1991	431	161	130	140	131	37			585	169	98	124	78	646	636
1992	436	193	113	130	129	39			667	197	155	151		628	620
1993	498	206	188	104	129	39	1		801	236	199	156		596	595
1994	619	223	207	189	121	66			806	290	175	99	87	605	605
1995	683	256	222	205	190	94			804	356	125	124	53	813	812
1996	731	249	248	234	196	118			679	344	91	89	90	431	431
1997	682	213	237	232	207	89			683	348	94	164	44	459	459

第一节 学制与课程设置

六四六厂、物探局的中小学学制，随着国家教育形势的变化而变化。小学、初中和高中的学制曾先后实行过“六三三”制（即小学6年、初中3年、高中3年）、“五二二”制和“六三二”制。1983年，恢复高中三年制，开设的课程有：政治、语文、外语、数学、物理、化学、生物、地理、历史和体育。1984年，小学开始实行六年制，开设的课程有：思想品德、语文、数学、自然常识、地理常识、历史常识、体育、音乐、美术和劳动。初中实行三年制，开设的课程有：政治、语文、数学、外语、物理、化学、历史、地理、生物、生理卫生、体育、音乐和美术。

为了对学生进行素质教育，自1993年3月，全局小学和初中学制由“六三”学制向“五四”学制过渡，小学一、二、三年级同时启动，推行小学五年制、初中四年制的教学计划。小学开设的课程有：语文、数学、社会、微机、体育、音乐、美术和劳动。外语课程全局统一从四年级开设。初中开设的课程有：思想政治、语文、数学、外语、历史、地理、自然、生物、物理、化学、体育、音乐、美术和劳动技术课。1997年，地调三处库尔勒子弟学校小学、初中学制恢复成“六三”学制。

1985年以前，物探局学校执行的教育方针是1957年毛泽东主席提出的“使受教育者在德育、智育、体育几方面都得到发展，成为有社会主义觉悟的有文化的劳动者”和1959年中共中央、国务院提出的“教育必须为无产阶级政治服务，教育必须与生产劳动相结合。”

1985年5月公布的《中共中央关于教育体制改革的决定》提出：“教育必须为社会主义建设服务，社会主义建设必须依靠教育”的方针。1997年物探局学校执行的教育方针是《中华人民共和国教育法》确定的“教育必须为社会主义现代化建设服务，必须同生产劳动相结合，培养德、智、体等方面全面发展的社会主义事业的建设者和接班人。”

1995年12月，物探局局长钟辛生在局第二次教育工作会议上提出：物探局要科技兴局，人才为本，教育优先。在具体实施中，要大力加强职工教育，调整改革职业技术教育，稳定提高基础教育。

第二节 师资队伍

物探局中小学师资队伍建设走过了一个由数量少到满足中小学教育需要，由文化素质较低到文化素质较高，由不大熟悉中小学教育到成为中小学教育行家的发展过程。1965年3月，六四六厂成立第一所子弟学校时的9名教师中，除1名接触过中小学教学外，其他8名有7名是从生产一线抽调的技术人员，另1名是职工家属。1978年，地调三处正定基地子弟学校成立时，教师是从研究队抽调的13名技术干部和7名职工家属代课教师。在物探局中小学教育发展过程中，由办学初期的小学一至三年级，逐步扩大到小学、初高中教育，师资不足成为当时各级领导面临的课题。从70年代中期开始，物探局从多种渠道调入教师。1971年六四六厂中小学教师不足百名，1981年物探局的中小学教师已增至341名，其中小学教师130名、初中教师131名、高中教师80名。1997年全局中小学教师达到669名，其中小学教师259名、初中教师319名、高中教师91名。

为解决中小学教育发展和师资不足的矛盾，在部、总公司的关怀下，物探局先后于1979年、1981年、1986年和1987年，经考试、考核和培训，将53名职工家属代课教师转为正式教师。

为不断提高中小学教师业务素质和文化素质，物探局教育部门采取7种方法对中小学教师进行培训和继续工程教育：一是鼓励教师参加自学考试，不断提高自己的学识和学历水平。对非师范院校毕业的教师，要求自学的，学校组织他们学习“教育学”和“心理学”，对不具备规定学历要求的教师，要求他们必须参加当地教育部门组织的专业知识培训或教材教法的学习并取得合格证书。二是有组织地对教师进行培训。仅1992年、1993年就有103名中小学教师参加了继续工程教育的培训，全局的英语教师参加了总公司组织的英语口语强化培训。三是邀请北京市一些学校的著名教师来局作学术和教学报告。四是组织中小学教师不定期地到北京或当地一些著名学校听课，学习先进教学方法。五是加强学校内部的教学教研活动，要求每位教师，尤其是青年教师每月必须听老教师的几堂课。六是学校内部组织教师进行教学思想和教学方法学习。在各个学校学习推广“布鲁姆教学法”、“微格教学法”。

七是实行互帮互学，签订老教师与青年教师的师徒合同。通过以上措施，较快地提高了中小学教师的文化素质和教学能力。中小学教师的学历合格率逐年提高。1983年小学教师学历达标率71.4%，大专学历占3.8%；初中教师学历达标率60.9%，大学本科学历占41.7%；高中教师学历达标率79.5%。1997年小学教师学历达标率97.7%，大专学历占36.3%；初中教师学历达标率96.2%，大学本科学历占43.9%；高中教师学历达标率87.9%，研究生学历占2.2%。

物探局中小学教师文化素质状况见表12－2。

表12－2　1981～1997年物探局中小学教师文化素质状况统计表

年份	教职工数	教师数	小学教师人数				初中教师人数				高中教师人数			
			合计	大专以上	中专高中	初中以下	合计	大学本科	大专	中专以下	合计	研究生	大学本科	大专以下
1981	438	341	130				131				80			
1982	509	397	203				194							
1983	7588	446	210	8	142	60	192	80	37	75	44	1	34	9
1984	588	434	191	6	138	47	195	67	48	80	48	1	37	10
1985	624	487	214	6	159	49	216	77	59	80	57	1	44	12
1986	686	566	233	8	180	45	257	78	94	85	76	1	52	23
1987	727	580	240	11	185	44	277	82	111	84	63	1	42	20
1988	760	637	277	14	211	52	296	85	137	74	64	1	48	15
1989	773	643	263	16	202	45	310	94	142	74	70	1	51	18
1990	817	671	282	35	215	32	316	107	138	71	73	1	57	15
1991	825	652	264	39	193	32	310	233		77	78	1	62	15
1992	839	672	272	41	199	32	316	251		65	84	1	70	13
1993	862	665	270	51	202	17	319	117	152	50	76	2	68	6
1994	859	677	282	67	193	22	308	116	155	37	87	2	71	14
1995	860	688	279	61	197	21	321	117	175	29	88	2	73	13
1996	857	646	263	79	173	11	300	120	167	13	83	2	72	9
1997	861	669	259	94	165		319	140	167	12	91	2	78	11

物探局规定，从1985年第1个教师节起，每年教师节都要隆重庆祝，并在全局表彰先进教师和先进教育工作者；对从事教育工作25年的教师，由局颁发荣誉证书。

1986年，对从事中小学教育工作的教师实行了10%的增资。

1987年根据石油部的要求，对小教3级和中教5级的教师按工程师对待分配住房。1995年，实行了凡是从事教学工作的教师，在分房时每年增加0.1基本分的规定。

1988年，按中央职称改革工作领导小组《关于转发国家教育委员会中小学教师职务试行条例等文件的通知》精神，对全局中小学教师的专业技术职称进行了评定。

到1997年底，全局669名教师中，有142名小学教师被评定为小学高级教师职称，占小学教师总数的54.8%；有43名初中教师被评定为中学高级教师职称，占初中教师总数的13.5%；有138名初中教师被评定为中学一级教师，占初中教师总数的43.3%；有35名高中教师被评定为中学高级教师职称，占高中教师总数的38.5%，有22名高中教师被评定为中学一级教师职称，占高中教师总数的24.2%。

1991年，局建立物探局教育发展奖励基金。

上述这些措施增强了广大教师努力搞好本职工作的信心，在全局形成了尊师重教的风气。从局成立到1997年底，全局中小学教育战线有1人荣获1995年总公司劳动模范称号，有13人16人次获河北省优秀园丁称号；有190名中小学教师236人次获得局先进教师称号并受到奖励。

第三节 设施与经费

一、设施

物探局中小学教育设施建设经历了从无到有的过程。绝大多数学校刚成立时，都是设在平房里，冬天没有暖气，夏天没有消暑设施；没有操场和体育运动器材，没有音乐和美术教室，没有图书馆和阅览室，课桌、凳子大都是用木板搭在砖砌墩子上。除了必不可少的黑板和粉笔外，一般再没有什么教学设施和设备。

到1990年底，除几个农场和综合服务处子弟学校外，其他中小学校都有了独立的教学楼。有些学校的课桌、椅子能升能降；各科实验室齐全完善，设备先进；凡是教科书上开列的实验，都能开出，并且做到了每两人一组；每所学校都建立了图书馆、阅览室和教师教学工具资料室；单独设立了美术教室和音乐教室。音乐教室不但配有钢琴，多数学校还配备了高级音响，局涿州子弟学校还建有练功舞蹈室。美术教室有画架、各种石膏和静物写生模型。各个学校都有体育运动设施和器材。全局13所中小学校中6所有400米跑道的标准运动场，4所学校有250～300米跑道的运动场。所有学校都有室内乒乓球室和室外乒乓球练习台。从1984年起，局各学校开始配备投影仪、幻灯机、电化教学设备；从1992年起，局每年对教育系统投资100万元用于加强语音室和计算室建设。到1997年底，除仪器总厂、机械厂和综合服务处3所子弟学校外，其余学校都建起了语音室和微机室，拥有微机386台；图书馆藏书15.65万册；房屋建筑面积达6.5万平方米。

为了接送学生和教师外出听课及生活服务，物探中学、局涿州子弟学校、徐水子弟学校及地调二处子弟学校共配汽车16台，其中北京吉普3台、大轿车6台、面包车4台、客货车2台、冷藏车1台。

二、经费

物探局各级领导十分关心教育事业，使得中小学教育经费得以保证。教职工的工资、奖金按月发放,其他经费实报实销。1992年以后，局每年拨100万元作为教学设备费。当年全局中小学共投入经费512.5万元，每个学生平均900多元。1997年仅局直属的物探中学、徐水子弟学校、涿州子弟学校就投入经费1079.7万元，每个学生平均4100多元。

第四节 教学工作

物探局的中小学教育是在一无师资、二无教学设施、三无教育经验、四无教学实验室的基础上发展起来的。起初大部分中小学教师是由没有教学经验的专业技术人员和职工家属担任，连备课、写教案和批改作业都不熟悉。由于缺乏师资，音乐课、体育课和美术课教学很不正规，其他学科的教学大都是照本宣科，根本谈不上课堂的教学艺术。为了教好课，学校组织教师到当地中小学听课，到北京、天津一些著名学校跟班学习，或把一些有经验的老师请到学校讲示范课。为了教好课，教师们采取集体备课方式，一人讲，大家听，然后提出意见，进行修改。经过数年的学习、摸索和实践，中小学教师逐步胜任了教学工作。他们备课时，认真编写每一节课的教案，明确课本知识的难点和重点；精心编写板书设计、课堂提问。课堂教学既注重知识的传授，又充分了解学生掌握的程度，运用启发式教学，让学生最大限度地参加教学。课后作业做到全批全改，发现问题及时解决。对于课堂知识掌握较慢的学生，课后及时给予补课。局涿州子弟学校教师沙镝，原来是一名地震队的放线工，1974年第二指挥部子弟学校成立时，她从生产一线抽调到学校任教。她虚心好学，向老教师学习，不断钻研语文教学的规律和讲课技艺，认真总结教学经验，将快速作文的实验运用到初中语文教学中，取得较好的效果；她一心扑在教学上，对学生耐心指导和帮助；她抽时间参加河南大学的中文函授学习，在取得大专学历的基础上又取得本科学历。经过几年的磨练，她成为一名出色的中学语文教师，并取得中学高级教师职称，先后2次获得河北省优秀园丁称号、2次被评为物探局劳动模范、3次被评为局先进教师。

物探局中小学的教研和教改工作逐步开展，并取得了显著成果。70年代，局里没有教研机构，各中小学校独立开展教学研究工作。进入80年代后，教师大量增加，课程设置齐全，教学步入正轨。教研活动以如何提高每节课的效率为主要研究课题。1991年，局成立普通教育教学研究室，全局中小学教学研究和教改步入正轨。局教育部门先后两次组织全局优质课堂教学活动和一次“三优”（一节优质课、一篇优秀教研论文和一份优秀教案）活动；颁发了《物探局教育教学科研工作条例》；宣传、总结、推广了地调五处张思忠英语教学法和地调四处打破初中、小学英语重复教学，提前读、写的经验；1992年局协助总公司在地调四处召开了《英语教学改革研讨暨经验交流会》；组织编印了7期物探局中小学（含职业技术学校）《春笋》、《小荷》优秀作文选；多次组织全局中小学生的作文、物理、数学、生物、英语等学科竞赛。1992年局组织人员到一些油田进行了大量调研后，1993年3月，对全局小学、初中进行了由“六三学制”向“五四学制”的改革。1997年，召开了物探局首届中小学教育教学研讨会，从各学校提供的179篇论文中挑选49篇在大会上研讨交流。

各学校以教学为中心，广泛开展教研、教改活动，使广大教师对中小学教学由不熟悉到熟悉，由外行到内行，由课堂照本宣科到讲究课堂艺术，教学质量不断提高。地调四处子弟学校统计资料表明，建校初期的1978年，小学一、二年级数学、语文综合及格率和优秀率分别为89.7%和73.4%，1997年上升到100%和80.6%。1995年，物探局初中一年级到高中三年级的1300名学生参加第二届中国奥林匹克英语竞赛，有285名学生获决赛资格，51名学生分别获特等奖和一、二、三等奖及优胜奖。其中杨克获特等奖，2人获一等奖、7人获二等奖、13人获三等奖、28人获优胜奖。获奖学生占参加决赛学生的17.9%。1996年，全局初中一年级至高中三年级1500名学生参加全国中学生英语能力测试,有186名学生获决赛权，经过决赛，有35名学生分别获特等奖和一、二、三等奖、优胜奖，其中康非、李翠华获特等奖，3人获一等奖、6人获二等奖、9人获三等奖、15人获优胜奖。获奖学生占参加决赛学生的18.8%。1997年，全局1700名学生参加全国中学生英语能力测试，308名学生获决赛权，杨克获特等奖，3人获一等奖、7人获二等奖、10人获三等奖、17人获优胜奖。获奖学生占参加决赛学生的12.3%。从1972～1997年，物探局高中毕业生共2332名，考入大学813名，综合升学率34.86%。其中，高考升学率1981年3.8%，1997年43%。在升入大学的学生中，考入音乐专业的5名、考入体育专业的18名、考入美术专业的18名、考入服装设计专业的1名、考入影视录像专业的1名、考入影视新闻专业的2名。

第五节　中小学校选介

一、石油物探中学

石油物探中学成立于1989年8月16日，其前身是物探局涿州子弟学校的高中、初中部，担负着局机关和驻涿各单位职工子女的高、初中及地调三处、地调四处、地调五处、中国石油报社等单位职工子女的高中教学任务。

1990年7月，学校迁到涿州市涿固路42号。1993年7月，初中部回并到子弟学校。到1997年，石油物探中学已建成一所教学设施齐全、师资力量雄厚、教育教学质量较高的学校，有教学班13个，在校生516名，其中住校生196名。有教职工105名，其中专任教师61名、行政辅助人员44名。有各类专业技术干部78名，占教职工总数的74.3%。教师中有中学高级教师24名，占教师总数的39.3%，中学一级教师26名。学校有6563.5平方米教学楼1栋，单身职工及学生宿舍1640平方米，学生食堂1个。教学设施有电教室、语音室、微格教室和微机室各1个，共有微机50台；化学实验室、物理实验室各2个，生物实验室1个。教学仪器和教具均达到国家规定的一类标准，各种实验开出率、演示率达100%。学校有图书馆、阅览室、资料室各1个，藏书2.2万册。

1995年后，学校先后制定了38项管理制度，使学校各项工作有章可循。建立健全了教职工的考核监督机制，实行逐级管理、逐级服务、逐级考核。依据岗位职责，制定量化标准，对全体职工从德、能、勤、绩四个方面进行量化考核。考核结果与职工经济利益直接挂钩，调动了教职工的积极性，促进了学校工作水平的全面提高。

学校党总支以把党组织建成学校的政治核心和提高教职工队伍的凝聚力为目标，以健全组织、完善制度、发挥党支部战斗堡垒作用和党员先锋模范作用为主要措施，努力促进学校精神文明建设，为学校教书育人提供强有力的思想保证和组织保证。到1997年，学校党组织共吸纳了9名教职工入党。

该校教职工中先后有3人获河北省优秀园丁称号，1人被评为总公司直属机关党委优秀共产党员，3人被评为局劳动模范，49名教师和职工分别被评为局先进教师、先进教育工作者和优秀共产党员。

学校贯彻执行以德育为先、育人为本、教学为中心的办学思想，坚持面向全体学生，全面发展的目标。为落实德育目标，学校成立了政教处，制定了“高起点、严要求、从他律到自律”的教育原则。建立了以党总支、政教处、团委、班主任和各科教师为主的德育工作体系和网络。实施全方位、全过程、全员育人，实行严格管理和教育引导相结合，努力培养学生的自我教育意识和能力。常年不懈地坚持对学生进行爱祖国、爱人民、爱科学、爱劳动、爱社会主义的教育。德育工作坚持充分发挥课堂主渠道作用，寓德育于知识的传授中。进一步将德育活动推向常规化、系列化。清明节带学生到烈士陵园扫墓，请教师讲解烈士的生平事迹，缅怀先烈，进行革命传统教育；每周一升国旗、奏国歌，在国旗下讲话，进行形势教育；结合春游，组织学生去天安门广场看升旗，参观圆明园遗址，登长城并组织相应的演讲，对学生进行爱国主义教育；组织夏令营和军训，对学生进行意志的磨练和组织纪律性教育；组织春季体操比赛和秋季运动会，培养学生的集体主义观念、竞争意识及积极进取的精神；组织一年一度的艺术节和歌咏比赛，陶冶学生的情操；结合形势教育和学生实际，组织各种专项讲座和报告会。系列配套的德育活动收到了显著的教育效果。从1989年石油物探中学成立到1997年，学生的思想品德合格率都在99%以上，优秀率在70%以上，每年都有15%的学生被评为三好学生。

学校根据物探局生源实际状况和多年教学实践，总结出“低起点、小台阶、循序渐进、分类指导”的教学原则。面向全体学生，抓住重点，在各年级、各班不同时期，有目的地抓好3个三分之一：即对基础好、接受能力强的学生，充分利用第二课堂，拔高拓宽，促其成材；对基础较差的学生，通过加强班，夯实基础，助其提高；对中间的学生，则做好“推拉”工作，推其发展。在管理中，注意发挥“教”与“学”的两个积极性。对教师，努力抓教学基本环节的规范和落实。对制订教学计划、备课、上课、辅导答疑、作业批改、考试考核、教研总结等各个教学环节，都提出了具体要求，并有具体的检查、奖惩措施。对学生，在强化管理的同时，抓学生自我教育意识的培养，努力调动学生的学习积极性，力争使每个学生都愿学、会学。通过高中阶段的学习，使他们学会求知、学会生活、学会做人。

为加强教师队伍建设，积极抓教研教改，每年都由教务处提供教研课题，组织论文研讨、经验交流。1990～1997年，教师中有10人次在国家级教学刊物上发表论文；有20人次分别在省、地局级刊物上发表论文并获奖。为促进青年教师尽快成长，学校组织开展了新老教师“结对子”活动，以老带新，成立“青年教师教育教学研讨会”。每学年都组织一次规模较大的校内听课、评课活动，促进教师间的教育教学交流。

自1981年第一届高中生毕业到1997年底，共有1354名高中生毕业，其中升入大专以上院校546名。从1990年起，学校连续8年高考升学率超过河北省平均录取率，多次受到上级有关部门的表彰。1992年，学校被涿州市教委命名为“抓管理，上质量，优胜单位”；1995年，获1992～1995年度物探局教育发展奖励基金会高考奖。

二、地调四处子弟学校

地调四处子弟学校原为一指农场学校，1984年10月改名为第四勘探公司子弟学校。学校占地20400平方米，建筑面积3850平方米，有图书馆、教工阅览室、学生阅览室、语音室、微机室、音乐教室、美术教室，是一所教学设施齐全、教学环境优美、教学质量上乘的9年制义务教育学校。

到1997年底，全校共有教职工65名，其中教师55名；教师中有中学高级教师2名、中学一级教师17名、小学高级教师12名。教职工中有1人2次被授予河北省优秀园丁称号，有2人被评为物探局劳动模范，15人次被评为局先进教师；在国内英语竞赛、省内体育比赛、总公司文化大赛及局内各种比赛中有57人次获奖。1992年学校被总公司授予一类学校称号，外语教研组4次被总公司授予教育先进集体称号；学校1992年、1994年、1996年3次被物探局授予教育先进集体称号。

建校初期，学校设在4间平房内，采取复式教学。1979年搭建了两栋活动板房作教室。1981年建起一栋二层教学楼，有了标准教室，设立了图书室、阅览室、自然课实验室，添置了实验器材，学生有了活动场地。1982年开办初中。1987年8月，一栋3850平方米的四层教学楼启用，并建成了400米跑道的标准运动场。

学校增设初中教学班以后，重点抓了教学行政管理、教学工作和生活管理的常规化、规范化建设，建立健全了各种规章制度。学校的行政管理和教学工作严格遵照国家教委颁发的中小学教育行政管理条例和教育科学的原则进行。建立了学校行政管理档案、学生学籍档案、教师业务档案；制定了校长、党支部书记、教导主任、教研组长、班主任、教师、教辅人员和后勤管理人员的岗位职责，以及工作条例、教研组活动制度，并要求在工作中严格执行。在教学上，学校先后和北京第一实验小学、天津南开中学、北师大实验中学建立了联系，每学期组织教师前去听课、观摩；还多次请北京市第一实验小学及北京教育学院的专家、教授来校讲学；学校领导也多次外出学习、考察，大胆引进新的教学方法，普遍提高了教师的教学能力。

针对学生负担过重的问题，学校确定了“向管理要质量、向45分钟要质量、向规范化要质量”的教学指导思想，刹住了用作业压学生的风气。

针对初中一年级英语教材与小学英语内容重复，不能激发学生学英语兴趣的问题，学校请教人民教育出版社专家之后，对中小学英语教材进行了大胆调整，贯彻听、讲领先的教学原则，理顺了教材内部的逻辑关系，使学生学习英语的兴趣不断提高。1988年，地调四处英语教学改革的成效愈见明显。1988～1997年，初中毕业生升学考试的英语成绩在霸州市和物探局内一直处于领先水平。学生参加全国英语竞赛，有1名学生获特等奖，15名学生获一至三等奖。1992年，总公司在地调四处子弟学校召开英语教学改革研讨暨经验交流会。

以英语教学改革为龙头，进行减轻学生负担的教改试验，带动了其他学科的改革，培养了一批有教改意识的教师。地调四处子弟学校在局内子弟学校中最早完成中小学由“六三学制”向“五四学制”的改革，使学校的教学管理与教学质量有了很大提高。小学升学率从1981年起保持100%；初中升学率保持了局内的领先水平。小学及格率和优秀率由1978年的89.7%和73.4%提高到1997年的100%和80.6%。初中学生及格率和优秀率由1982年的79.1%和43.5%分别提高到1997年的86.3%和52.6%。

三、物探局徐水子弟学校

物探局徐水子弟学校成立于1965年3月，1967年建初中部，1972年3月成立高中部。1997年徐水子弟学校有33个教学班，在校生1080名，有教职工169名，其中专任教师132名。教师中有中学高级教师25名、中学一级教师38名、小学高级教师33名，分别占中小学教师的18.9%、28.8%和25.0%。学校占地面积5.03万平方米，建筑面积14000平方米，是全局最大的一所子弟学校。1996年12月，晋升为一类学校。

学校有两栋教学楼、一栋办公楼、一栋综合楼；有物理、化学实验室各2个，生物实验室、语音室、微机室各1个；学生用微机55台，教学仪器和教具均达到国家规定的一类标准。学校有图书室2个，资料室1个，阅览室3个，藏书3.2万册。有标准运动场1个，水泥篮球场6个。

学校实行校长负责制，制定了一系列规章制度和岗位职责，做到了各司其职，各负其责。在用人制度上，实行优胜劣汰，及时调整教职工工作岗位。在奖金分配制度上，向教学一线倾斜，向高中倾斜，做到了按劳取酬，能者高酬，调动了教师的积极性。

学校坚持把德育放在首位，党政工团齐抓共管，努力营造良好的德育氛围。在门厅、楼道、走廊、阅览室、实验室的墙上，端庄地悬挂伟人、科学家、英雄模范人物的肖像和五旗（国旗、党旗、团旗、军旗和队旗）教育的彩色画版，班班有班训、《中小学生守则》、《中小学生行为规范》和名人名言条幅。在综合楼墙上镶有“团结、进取、求实、创新”的校训。学校重视发挥课堂教学主渠道作用，要求教师根据教学要求和学生实际情况，理论联系实际，有计划地对学生进行思想和道德品质教育，做好学生德育工作。同时通过丰富多彩的活动，加强德育工作。坚持周一早晨的升国旗、唱国歌仪式，精心组织在国旗下讲话，组织开展“手拉手、献爱心”、“创文明校园，争当文明学生”活动等。

学校党总支重视教职工的政治理论学习，结合学校实际，定期组织教职工进行政治学习。坚持学习邓小平教育理论，努力提高教职工队伍的思想理论水平。组织教师观看丁蓉等先进教师的报告录像片，组织教职工参观孔繁森事迹展览，举办“讲学习、讲政治、讲正气”学习班，坚持给党员、入党积极分子上党课，注意在教师中发展党员。到1997年底，学校共有教师党员35名，占教师总数的28.5%。

学校积极鼓励教师学历进修，到1997年，已有9名教师取得大学本科学历、9名教师取得大专学历。学校还采取“请进来，走出去”的办法，提高教师业务素质。聘请专家来校讲学，组织部分教师外出听课、学习。要求每位教师每学期写1篇以上的教育教学论文，以教研促教学。坚持组织开展一系列创先、争优活动，给每位教师提供一个施展才华的舞台，使责任心强、教学效果好的教师脱颖而出。

严格教学常规管理，坚持深化教学改革，以改革促教学，以改革求发展。学校于1993年、1994年分别推出了“全英语教学”、“目标教学”，促进教学观念的更新，优化课堂教学结构，大面积地提高了教学质量。1995年，在局举办的“创三优”活动中，学校荣获优质课7节，优秀教案9篇，优秀论文2篇，另有5名老教师获特别奖，学校荣获优秀组织奖。1996年小学生成绩及格率100%，全部升入初中；初中升学率达86.5%；高考录取率49.2%，高出河北省平均录取率9.2个百分点。1997年，高中毕业生王华健以高考总成绩592分名列徐水县高考生第一名。

学校紧紧抓住课堂教学这个实施素质教育主阵地的同时，组织和开展好课外活动，促进学生全面发展。学校坚持每年举行一次田径运动会；1997年举办了以迎香港回归为主题，以书画和文艺演出为载体的艺术节；在小学二年级进行取消百分制，采取等级加评语的考试试点；在初中一年级开设心理教育课，促进了整体素质的提高。

从建校起，学校始终全面贯彻教育方针，做到教书育人、管理育人、服务育人，逐步形成了“敬业求实”的教风和“刻苦奋争”的学风。教职工中有2人被授予河北省优秀园丁称号，1人被总公司直属机关团委评为优秀青年，6人被评为局劳动模范，24名教师被评为局先进教师，2人被评为局先进教育工作者。

徐水子弟学校自1972年3月成立高中部到1997年，共毕业高中生962名，其中升入普通大专院校265名。1995年底，学校小学部被保定市体委、保定市教委命名为“田径传统学校”；1996年5月，学校被徐水县委、县政府命名为“文明单位”。

四、地调三处库尔勒子弟学校

1992年9月，地调三处在库尔勒基地建立了子弟学校。

建校初期，教师严重短缺。后在局支持下，通过调入、聘用和新分配的大学生任教师，保证了教学需要。到1997年底，学校有12个教学班（小学6个班、初中6个班），学生411名（小学271名、初中140名）。教职工55名，其中专任教师45名，教师学历达标率100%。

学校每个教室都配有投影仪，语音室配有48套语音教学机和1台主机，微机室配有24台微机，物理、化学、生物实验室设施完善，各类教学仪器齐全。图书馆藏书达7000册，阅览室订有杂志164种，报纸30多份。学校有400米跑道的标准运动场，篮球、足球、乒乓球场地齐备，风雨教室1个，体育设施完善。学校克服种种困难种花种草，绿化面积达8000平方米，在南疆的戈壁滩上建起了一所教学环境幽雅的子弟学校。1994年9月，通过物探局督导定为一类学校。

建校初期，学校就制定了各项规章制度，仅教学方面的就有《教育教学目标条例》、《教学工作常规》、《教师教案评估标准》和《教师课堂教学评估标准》。

学校注重教育教学研究，努力促进教学质量的提高。每学期都安排评优课，每学年安排一次全校每位教师1节校级评估评优课。要求教研组每周集体备课一次，在集体研究的过程中，找准重点、难点、知识点、思想教育点和能力培养点。实施目标教学，进行以系列的教学目标为指向代替以教学目的为指向的教学改革。实施微格教学，系统训练教师掌握“导入、教学语言、提问、讲解、变化、强化、演示、板书、结束、课堂组织”10大教学技能，提高课堂教学水平，优化课堂教学结构。进行QC研究，从1995年起，学校每年把部分教研课题纳入QC系列研究，并参加地调三处举办的“QC成果发布会”，使理论与实践实现有机结合，收到较好的教学效果。开始教案评优活动，先在教研组内互相交流，后在学校内评议，以激发教师认真备课的积极性。组织论文研讨，每学年学校举办一次由全体教师参加的教育教学论文研讨会，以不断提高教师的教学水平。组织教师互相听课和到校外听课，1993～1997年，每学期教师人均听课11.6节。抓好说课的“备、说、讲、评”四个环节。组织三字一话（钢笔字、毛笔字、粉笔字和普通话）基本功训练与竞赛。请进来、走出去，组织教师学习业务知识。实施的结果转变了教师的教学观念，提高了教师的业务素质。开展教法、教材培训，利用寒暑假，选送部分学科教师参加新疆或内地举办的教材、教法培训及各种辅导、研讨班（会）。积极组织有关教师参加巴音郭勒蒙古自治州举办的目标教学调讲大赛，拓宽了教师的视野。

几年间，学校狠抓教学这一中心，对教学改革常抓不懈，努力实施目标教学和微格教学，改变了教师教学观念，激励教师不断学习新知识、新理论、新技能，优化了课堂教学；同时培养学生的自学能力，使学生学得活，思维开阔，教学成绩明显提高。1995年初中部参加巴州统考，没1人进入前10名；1996年仅1人进入前10名；1997年有4人进入前10名。

学校制定了《德育工作条例》，按照国家教委颁发的《中小学教师职业道德规范》，严格要求教职工，充分发挥表率作用。学校成立了政教处，专门负责学生的德育工作。建立了校园德育小基地，注意环境建设。在教学大楼正厅，镶嵌着国旗、党旗、军旗、团旗、队旗，国徽、国歌，校训、校风；所有楼道和实验室，根据不同年级特点，共挂置100幅中外名人画像；每层楼设置一块宣传板报，内容丰富，每周更换一次；根据不同年级特点，精选100条名人名言，制成条幅，挂置在每个教室。利用校园广播和在国旗下演讲，对学生进行爱国主义、理想前途教育，开展读书活动和观看革命影视活动。召开主题班会，充分发挥德育主阵地作用。坚持国防教育，对学生进行军训和法制教育，充分发挥团队教育职能作用。

地调三处库尔勒子弟学校由于狠抓了规范化建设，突出了德育为首，教学为中心，取得了教育教学双丰收。从1992年9月到1997年底，建校5年间有8人次被评为局先进教师，校长周雪云（女）1995年被评为总公司劳动模范。教职工在参加各项竞赛活动中，有51人次获局级以上奖励；学生在参加各种类型比赛中，有24人次获国家、新疆维吾尔自治区、物探局和巴州奖励。

第三章　职业技术教育

1965年8月7日，六四六厂成立半工半读中等技术学校。1978年，同时创办了石油物探局技工学校和第二技工学校。到1997年底，物探局技工学校共招生5341名，毕业4614名。1985年，物探局职工中的技工学校毕业生只占全局职工总数的4.3%，到1997年底，技工学校毕业生已占职工总数的13.8%，占工人总数的23.3%。

1978年4月8日，成立石油物探学校；1985年12月27日，石油部决定将培黎石油学校划归物探局代管。至此，物探局共有2所普通中等专业技术学校。至1997年底，两所中等专业技术学校共招生8049名，为石油工业输送5233名中专毕业生。

物探局的职业高中创建于1991年，先由石油物探学校管理和负责教学，1992年划归石油物探技工学校管理，到1997年底，物探局职业高中共招生469名，毕业290名。

物探局的高等职业技术教育发展于80年代中期，主要由石油物探职工大学承担，职工大学不但设立全脱产成人专科，而且承办高等函授和电视大学，到1997年底共招收学员1578名，毕业1114名。

物探局的职业技术教育，发展于70年代后期，到1997年末，已形成一定规模的中高等职业技术教育系列，为石油系统专业技术人才的需求做出应有的贡献，多次受到国家、总公司和省地的表彰。

第一节　高等职业技术教育

物探局的高等职业技术教育由石油物探职工大学承担。为适应企业和社会经济发展对人才的需求，该校在创办初期开设了石油地球物理勘探专业。随着石油物探事业发展的需要，学校先后增开了石油物探装备机械和石油物探装备仪器专业、计算机应用、外贸英语、财会电算化、文秘英语、市场营销及应用电子技术专业。改变封闭办学模式，在校内建立了石油高等函授教育函授站，承担了局电视大学的管理和教学任务。1985～1997年，石油物探职工大学共招收学员709名，毕业589名；招收石油高等函授生663名，毕业331名；电视大学招生206名，毕业194名。

第二节　中等职业技术教育

一、培黎石油学校

培黎石油学校的前身是中国工业合作协会陕西省凤县双石铺培黎工艺学校。该校筹建于1940年，建成于1942年，由新西兰人路易·艾黎创建。1951年学校由甘肃省合作局移交石油部门管理。1953年学校由山丹县迁至兰州市，更名为“培黎石油技工学校”。1985年12月27日，石油部决定将学校改为中等专业学校，校名定为培黎石油学校。从1986年起，培黎石油学校划归物探局代管。

培黎石油学校坐落在甘肃省兰州市安宁区，占地面积15.87万平方米。有办公兼教学楼、图书馆、实验楼、校内实习车间、电化教学室、学生宿舍楼、食堂及教职工宿舍等建筑面积10.34万平方米。有400米跑道的标准运动场和篮球场、排球场等体育运动设施。图书馆藏书达11万册。改制后经过12年的努力，学校已经形成教学设施齐全，生活设备完整，校园环境幽静的新型中等专业技术学校。1993年3月，培黎石油学校被能源部授予“能源系统职业技术教育先进学校”称号。同年7月，在石油企业技术教育学校评比中，获“企业技术教育先进学校”称号。同年12月24日，被甘肃省确定为省部级重点中等专业学校。1994年8月22日，被国家教委确定为国家级重点中等专业学校。

1985年以后，学校继续聘任路易·艾黎为名誉校长，1987年12月7日路易·艾黎逝世。

学校改成中专以后，继承和发扬艾黎倡导的“手脑并用，创造分析”的办学传统，强化实践教学，努力办出学校特色。

学校对调进、分配的大学毕业生，强化在教学中考察和培训，提高青年教师的能力，以满足教学上的需要。到1997年底，学校共有教职工350名，其中专任教师118名，占教职工总数的33.7%。专任教师中有高级讲师24名，占教师数的20.3%；讲师52名，占教师数的44.1%。严格教学管理，狠抓备课、课堂讲授、课外辅导、作业批改、考试考查、教材编写、实验实习等环节。开展教研活动，互相听课、相互切磋交流教学经验，组织专业教师课堂教学比赛，促进教师教学艺术的提高。重视实践教学，在建设校内实习车间的基础上，又在兰州、西宁、玉门、长庆等地建起20多个稳定的校外实习基地，保证实习教学内容的落实。

学校以培养“应用型、技能型”人才为目的，以能力培养为主线，突出中等职业技术教育的特点，按企业和社会的需求确定培养目标，按培养目标和职业要求实现教学模式的多样化。不但为石油企业培养人才，还为社会培养人才。在巩固石油矿场机械、汽车运用与修理、检测与计量技术3个石油主干专业的同时，又拓宽开设了机电设备维修、焊接工艺与设备、石油地质、石油钻采、电算财会、礼仪与公关、物资营销与管理、商品质量监督、微机技术与应用、外事英语等10个专业。学校实行统招统分与不包分配相结合，招初中生与招高中生相结合，本校与外校联合办学相结合，公费生与委培生、自费生相结合的办学模式。招高中生学制两年，招初中生学制三年或四年。从1986年到1997年，已累计招生3040名，毕业1430名。

学校积极开展国际职业技术教育交流与合作。1995年与新西兰克赖斯特彻奇综合技术学院签署了建立姐妹学校关系协议。1996年、1997年，双方分别互派教师交流，开创了培黎石油学校办学的新局面。

学校组织了文学社及书法、美术、舞蹈、摄影等小组，使学生在自己喜爱的活动中得到美的熏染，陶冶思想品德。把四项基本原则教育、革命传统教育、爱国主义教育、集体主义教育、社会主义教育等内容融入第二课堂活动中，经过几年的工作，形成了独具特色的培黎校园文化。1995年起，每年举行教职工、学生的书画、手工制作、摄影、收藏等展览，开展各种体育、文艺活动，举行各种演讲、知识竞赛、辩论会，组织板报、墙报比赛。1993年10月，学校被兰州市园林局评为“园林化单位”；1994年9月，学校被国家教委授予“全国职业学校体育先进单位”称号；1996年7月，兰州市安宁区委在培黎石油学校召开了“还校园一方净土”为主题，以“强化思想情操教育、思想道德教育、做跨世纪合格人”为内容的大中专院校现场经验交流会，重点介绍了培黎石油学校的校园文化建设经验。

走厂校联合办学的路子，变封闭式教学为开放式教学。1986年后，学校为兰州地区企业、部队举办技术培训班，培养学员近千名。1991年，学生在毕业设计中，会同兰州车辆厂科技人员，共同开发出农用三轮机动车；同年，汽修教研室与航天部370厂合作开发的2978MF发动机新型配合凸轮轴及加工工艺取得成功，使发动机效率提高23%，油耗降低15%。中央电视台拍摄的《中国之路》大型系列片就培黎石油学校与地方企业联合进行科技开发，带动地方企业经济振兴的实践作了介绍。

针对市场对人才的需求，学校对毕业生实行了毕业证与技能操作证两证制，还与上级有关部门联系，设立了电工、车工、钳工技能鉴定所。经中国石油天然气总公司和甘肃省经贸委批准，设立了会计电算化和工商管理知识培训点。

培黎石油学校改制12年中，办学规模稳步扩大，教育教学质量、办学水平和办学效益逐步提高，先后获得国家、省及地区（局）以上荣誉称号36个次，谢寿椿3次获得物探局劳动模范称号，有60名教职工114人次获局级以上光荣称号。

二、石油物探学校

石油物探学校创办于1978年4月8日，是石油物探中等专业技术学校，其前身是物探局技术学校。主要培养石油地球物理勘探所需要的中等专业技术人才。校址在河北省涿州市涿固路42号。

1993年3月，石油物探学校被能源部授予“能源系统职业技术教育先进学校”称号；同年7月，在石油企业技术教育学校评比中荣获“企业技术教育先进学校”称号；同年9月，被河北省教育委员会确定为省、部级重点中等专业技术学校。

建校初期，教学设施简陋，仪器设备短缺，师资力量薄弱。经过近20年的发展，到1997年底，院区占地面积14.45万平方米，建筑面积8万平方米。有教职工228名，其中专任教师113名；教师中有高级讲师23名、讲师49名；在校生1196名。有微机房、SUN工作站机房、语音室等共18个，实验设备资产近千万元。学校有1200平方米的图书馆，藏书16.2万册，订有各种报刊、杂志300种，设有学生阅览室、教师资料室、工具书库。校园文化生活丰富，文体设施齐备，有游泳池、草坪运动场、篮球场、排球场、卡拉OK厅、健身房等多种文体活动场所。

学校根据石油工业对人才的需求，先后实行高中毕业入学的学生学制两年和三年，初中毕业入学的学生学制四年。为适应企业的需要，学校先后开办专业技术干部继续工程教育培训班、职工中专班和职业高中班、工程测量大专、本科函授班、现代软件开发程序员班和HSE（健康、安全、环保）培训班。学校不断深化教学改革，改革旧的办学模式，优化专业结构，调整办学方向，开拓新专业，面向社会，开门办学，在保持原有的石油地震勘探技术、地震勘探仪器、计算机及应用、工程测量、重磁电勘探等专业的基础上，增设了计算机硬件维修、办公自动化、电子技术应用和英语专业。

学校重视教学科研和教材编写工作，有4项科技发明和论著分别获省部级一、二、三等奖，有7部论著和教材已由石油工业出版社出版。

学校在教职工中广泛开展“教书育人，管理育人，服务育人”和“创文明小区、文明单位、文明班级，争做文明职工”活动，在学生中实施“自我教育、自我服务、自我管理”，建立健全学校、家庭和社会相结合的育人网络，长期开展学雷锋、树新风、创三好（身体好、学习好、工作好）活动，开办业余党校和心理咨询中心。截至1997年，有9人次获物探局劳动模范称号，138人次分别获物探局“先进教师”、“先进教育工作者”、“优秀共产党员”和“河北省优秀教师”称号；20个班次获局、河北省双文明班级、教育先进集体和5个党支部6次获局先进党支部称号，8个教学班次获局先进班组称号；有26个团支部分别获总公司、物探局“先进团支部”和“青年文明岗”称号。有171人次分别获总公司、物探局“优秀共青团干部”、“优秀青年工作者”、“杰出青年”、“优秀共青团员”、“青年技术能手”、“新长征突击手”称号。

建校20年间，学校认真贯彻执行党的教育方针，努力培养德、智、体全面发展的人才，为石油工业输送普通中专毕业生3803名，职工中专毕业生115名，职业高中毕业生78名，大专毕业生60名。举办各类培训班14个，培训英语、计算机等技术人员600余名。

三、石油物探技工学校

1978年9月15日，物探局向石油部请示成立石油物探技工学校。石油部9月25日向河北省革委会发出关于成立石油物探技工学校的商函。同年10月16日，石油部下发关于物探局等11个“石油企业成立石油技工学校的批复”。石油物探技工学校设置重磁勘探、地震勘探、野外地球物理和仪器仪表修理等专业；设计规模在校生1200人，教职工编制340人。当年招生300人。校址在河北省霸州市煎茶铺乡。

建校初期，学校没有实验室和实习工厂，没有图书馆和阅览室，教室和宿舍是借用第四指挥部（地调四处）搭建的活动板房。截至1997年，学校占地面积11.2万平方米，建筑面积4.79万平方米，建有教室、实验室、实习车间、办公室、微机室、电化教室等，图书馆（藏书6.4万册）、阅览室（订有报刊、杂志208种）、标准运动场，生活后勤设施、文体活动场所齐全。

1996年1月，石油物探技工学校被中国石油天然气总公司确认为省、部级重点技工学校。1996年、1997年均被河北省劳动厅授予先进技工学校称号。

技工学校重视师资队伍建设。1978年建校时只有5名教师，1997年学校有教师118名。从建校起，学校采取调进、送出进修、培训和鼓励函授、自学等形式提高教师教学能力。近20年间，学校教师通过函授，大学本科毕业10名、大专毕业77名、中专毕业3名。另有通过自学大专毕业2名。到1997年底，全校118名教师中有大学本科学历的30名，占教师总数的25%；有大专学历的48名，占教师总数的41%。教师中有高级讲师8名，占教师总数的6.8%；讲师26名，占教师总数的22%。教职工中先后有4人获物探局劳动模范称号，5人获河北省劳动厅“模范教师”、“模范班主任”称号，110人次受到局级以上表彰。有8个班级11次受到局级以上奖励。

为了培养技术精湛的石油物探技术工人，学校加大了学生实习车间、实验室建设的投入，不断增加动手能力培养的课时，到1997年底，专业理论教学时间与实际操作时间之比，均在1:1.2以上。

随着国家计划经济向社会主义市场经济的过渡，技工学校的招生和毕业生分配发生了根本变化。学生由统招统分到以需定招、毕业生不包分配；办学模式由完全为石油物探服务，变成既为石油物探服务，又为社会服务；学生由不缴费，变为要缴学费；学校由单纯技工学历教育，到既进行技工学历教育，又从事短期技术培训，还从事在职工人的技术培训和技能鉴定。专业设置由只设为物探服务的石油物探机械操作、地震测量、仪器仪表修理，扩展到机加工、汽车驾驶与维修、机械操作与维修、内燃机、推土机、钻井、办公自动化、餐旅服务等专业。到1997年底，学校共招生5141名，毕业4414名。见表12－3。并为局内外举办各类短期培训班26期，培训2600人次；举办2次技师、高级技师考评，共考评97人次；承办全局117个工种、1万余人次工人技能鉴定和考核，以及全局5次、11个工种的工人技术培训和比赛，参赛选手357人次。

表12－3　1978～1997年石油物探技工学校办学状况统计表

年份	招生人数	毕业人数	各专业招生人数											
			仪器与仪表	机械操作与维修	汽车驾驶与维修	地震测量	地震勘探	机加工	烹饪	内燃机	推土机	震源	钻井	办公自动化	餐旅服务
1978	300		100	100		24	76								
1979	223		50	43			130								
1980	300	289	150	150											
1981	115	52	38	77											
1982	143	101	71	72											
1983	240	246	80	160											
1984	300	115	150	150											
1985	302	139	149	153											
1986	322	233	161	121					40						
1987	325	301	122	163					40						
1988	322	318	82	160				40	40						
1989	318	316	78	160				40	40						
1990	320	322	82	158		40			40						
1991	318	288	79			20		20	40	79	40	40			
1992	315	318	80			21		22	40	77		38	37		
1993	235	320	39	117		39		20	20						
1994	200	318	40	80		40		40							
1995	167	315	40	40		40		25	22						
1996	160	234	40	42		38			40						
1997	216	189	39	37	40	30		15						36	19
总计	5141	4414	1670	1983	40	292	206	222	362	156	40	78	37	36	19

学校对学生实行规范化管理。每年组织入学新生开展军事训练，对学生宿舍实行公寓化管理；经常对学生进行法制教育和社会主义、爱国主义、集体主义教育；利用节假日组织学生开展文娱活动，寓教于乐；发动学生自我管理、自我教育、自我服务；充分发挥共青团组织和学生会的作用，及时表彰先进。1978～1996年，有11名学生获河北省“三好学生”称号，有86人次被物探局团委授予“新长征突击手”、“优秀团员”称号。

四、第二技工学校

物探局第二技工学校成立于1978年10月16日。学校设在物探局第二指挥部院内，设仪器修理、地震资料解释和地震测量 3 个专业。设计规模在校生 400 人。1978 年招收高中毕业生 98 名，学制二年，1979 年招生 102 名。

1980 年 8 月 12 日，经石油部批准，物探局第二技工学校停止招生，1981 年学生毕业后停办。

五、职业高中

为使物探局初中毕业的待业职工子女掌握从业的一技之长，1991 年 5 月 30 日，物探局决定在石油物探学校内设立职业高中班。职业高中生费用自理，毕业后不包分配，自谋职业。当年招生 78 名，开设电工与制冷专业，学制三年。

从 1992 年第二届职业高中班招生开始，职业高中班的教学和管理任务划归局技工学校负责。职业高中班共开设烹饪、经销、工程测量、服装制作、办公自动化、维修电工和餐厅服务 7 个专业。到 1997 年底，职业高中班共招生 466 名，毕业 287 名。物探局中等职业技术教育状况见表 12－4。

表 12－4　1978～1997 年物探局中等职业技术教育状况统计表

年份	合计人数		石油物探学校		培黎石油学校		技工学校		第二技工学校		职业高中	
	招生	毕业	招生	毕业	招生	毕业	招生	毕业	招生	毕业	招生	毕业
1978	562		164				300		98			
1979	485		160				223		102			
1980	513	387	213				300	289		98		
1981	318	469	203	315			115	52		102		
1982	353	313	210	212			143	101				
1983	436	448	196	202			240	246				
1984	563	115	263				300	115				
1985	668	388	366	249			302	139				
1986	723	427	321	194	80		322	233				
1987	852	818	287	517	240		325	301				
1988	722	636	280	318	120		322	318				
1989	714	603	276	287	120		318	316				
1990	637	680	197	278	120	80	320	322				
1991	792	802	196	274	200	240	318	288			78	
1992	904	438	309		200	120	315	318			80	
1993	884	479	272	39	300	120	235	320			77	
1994	737	729	286	213	190	120	200	318			61	78
1995	1214	789	333	195	610	200	167	315			104	79
1996	870	745	231	238	410	200	160	234			69	73
1997	912	871	246	272	450	350	216	189				60
总计	13859	10137	5009	3803	3040	1430	5141	4414	200	200	469	290

六、半工半读学校

1965 年 8 月 7 日石油工业部批准六四六厂成立半工半读中等技术学校，校名定为石油工业部六四六厂工读学校。规定招收初中毕业生，学制四年；招收高中毕业生，学制二年，实行半天劳动，半天读书学习。

建校初期从北京石油地质学校调入 5 名教师，年底全校有教职工 27 名，到 1966 年 6 月 20 日，全校教职工 34 名，其中管理干部和教师 23 名。学校先后招生 468 名，其中高中毕业生 35 名、初中毕业生 291 名、高小生 142 名。

半工半读学校分仪修、机修和勘探 3 个专业，机械加工、仪修配件、汽车修理、地震解释、钻井司机、测绘和地震仪修 7 个工种。设仪修站、机修厂和校本部 3 个教学点。劳动地点分别设在仪修站、机修厂和地调第四、八、九大队。学制按学生入学的文化程度和所学专业技术复杂程度的高低分为二年（高中毕业）、四年（初中毕业）和五年（高小文化）。

由于受到“文化大革命”的冲击，加之学校办学条件（教师、教材、设施）差，又缺乏办学经验，致使学校的教学受到很大影响。1968 年 5 月 9 日，经石油部批准，六四六厂半工半读学校撤销，学生由六四六厂分配。

第四章 职工教育

物探局的职工教育分为干部教育和工人教育。干部教育分为专业技术干部继续工程教育、干部岗位培训、干部政治理论教育培训、后备干部教育培训和干部学历教育及其他短期适应性培训。工人教育分为工人“双补”、技术等级达标培训、岗位练兵、短期脱产培训、技术比赛等。

继续工程教育，为石油地震勘探从光点地震勘探技术向模拟磁带地震勘探技术、数字地震勘探技术的转换培养了一批技术人才。1969年10月～1971年8月，先后由六四六厂与大庆石油地质学校、华东石油学院联合举办的“磁训班”、“教导队”，以及物探局成立后的技术学校为物探局及全国石油物探行业和煤炭物探行业培养了1397名专业技术干部。1973年，物探局成立后认真贯彻国家经委、国家科委和中国科协颁发的《企业科技人员继续教育的暂行规定》，对工程师进行了外语补课，逐年增加了出国考察、学习、培训人数，加大了硕士研究生和博士研究生培养的力度，注重对专业技术干部的继续工程教育。1985年以前，物探局为190名工程师进行了外语补课；1983～1997年底，物探局委托培养硕士和博士研究生180名；1986～1997年底，参加继续工程教育的专业技术干部达11022人次；参加新技术、新理论培训班的有913名高级工程师；参加外语培训的有1152人次。1971～1997年底，出国考察、学习、培训的1723人次。1986～1997年底，干部参加岗位培训的23432人次，平均每年1952人次。1981～1997年底，物探局有1195名干部取得成人大专以上学历，282人取得成人中专学历。

从1973年物探局成立到1978年，物探局科级（含工程师）以上干部的政治理论轮训主要由部河南省太康“五·七”干校组织。1979年以后，全局干部的政治理论教育和轮训，由物探局先后建立的干部轮训班、干部学校、管理干部学校（党校）和各二级单位的党校或党员培训站（训练班）负责。1979～1997年，共轮训干部8863人次；培训后备干部84人次。

1982～1985年，物探局重点抓了青壮年职工的文化和技术补课。经过严密组织、严格考试，有3000多名职工文化补课合格，占需补课人数的73.3%；有4593名职工技术补课合格，占需补课人数的95.5%。1986～1990年，物探局主要抓了工人的技术等级达标培训。在此期间工人参加高级技术培训2769人次；参加中级技术培训3436人次，参加初级技术培训5052人次。仅1987年，全局就有8128名工人参加技术达标培训，经考核，合格8015名，合格率达98.6%。1990年以后，对工人进行了以岗位练兵为主要形式的岗位培训，到1997年底，工人共有55377人次参加岗位培训。

1992年除外，1989～1997年底，局每年都要组织工人进行1～9个工种的技术比赛。

物探局及前身职工培训机构：60年代后期到70年代中后期，有磁训班、教导队、技术学校、“七·二一”工人大学、干部轮训班、干部学校；70年代末到80年代中期，有技工学校、职工中专、干部中专（管理干部学校）、党校、石油物探职工大学、电视大学、石油高等函授站以及各二级单位的教育培训中心和党校或党员培训站（训练班），组成了物探局的职工教育网络。1993年9月以前的局教育培训处、其后的教育培训中心及各二级单位的教育科、教育培训中心是局和各二级单位职工教育的领导机构。

第一节 干部教育

一、委托培养

1983年，物探局进行人才预测，发现统计、计划、供应、财会专业技术干部和党政干部普遍存在年龄偏大、学历层次偏低、转行从业的人数多、高层次的专业人才稀少的现象，以及师资不足影响教育事业发展的问题。为了弥补国家每年给物探局分配大中专毕业生、研究生或特殊专业人才的不足，物探局从1983年起，按照国家的政策，在全国一些大学或中等专业学校里进行了一定数量的委托培养。物探局每年与所委托的院校签订委培合同，支付一定数额的委培费用，并与委培学生签订来局服务合同。

1984年，物探局与保定师范专科学校签订了培养30名既能从事教育工作，又可从事政工工作的中文、历史、政教、英语专业学生的协议。同年，物探局与上海同济大学签订了委托培养10名地球物理勘探专业学生的协议。在石油部与浙江医科大学和南京医学院为石油企事业单位签订委托培养医务人员协议的同时，物探局又与北京医科大学、华西医科大学、天津医学院和天津第二医学院签订了委托培养医务人员的协议。为了提高物探队医疗水平，1989年物探局委托大庆卫生学校培养男性医士10名。1992年，由于局成立的第二职工医院和各地调处医院缺少护士，物探局委托内蒙古呼和浩特市卫生学校培养护士和医士36名。1983～1997年，共委托培养医务大中专毕业生134名，占全局委培总数的14.5%。为解决师资不足，除由总公司为石油企事业单位与北京师范大学、东北师范大学、南京师范大学、陕西师范大学和曲阜师范大学签订合同委培师范院校毕业生和幼儿师范学校毕业生作教师来源外，物探局还根据自己的需要，与保定师范专科学校、胜利油田师范专科学校、华北油田教育学院（幼教班）分别签订了委托培养协议。1984～1997年，共委托培养师范院校大中专毕业生219名，占委托培养总数的23.7%。为了满足物探事业发展对高层次人才的需求，从1993年起，物探局加大了对硕士研究生和博士研究生的培养力度，先后与吉林大学、北京大学、清华大学、同济大学、石油大学、成都理工大学和江汉石油学院等院校签订了委托培养研究生的协议。1983～1997年，共委托培养各类人才923名，其中委培研究生180名。

1983～1997年，物探局委托培养学生（职工）人数见表12－5。

表12－5　1983～1997年物探局委托培养学生（职工）人数统计表

类别		1983	1984	1985	1986	1987	1988	1989	1990	1991	1992	1993	1994	1995	1996	1997	合计
研究生		2	4	1		2	4	2			4	17	12	50	65	17	180
本科生	医学	2	3	5		7	6	7	7	13	19	11	2	2			84
	师范			15	11	25	27	16	11	6	13	14	6	8			152
	理工		10	29	8	22	30	25	27	12	14	9	8	3			197
	文经		5	4	10	10	6	5	4	1	2	2	3				52
	计	2	18	53	29	64	69	53	49	32	48	36	19	13			485
专科生	医学									1							1
	师范		30		8	2	8										48
	理工			9		5	5	4	9								32
	文经						1	4	1		1	3					10
	计		30	9	8	7	14	8	10	1	1	3					91
中专生	医学				2	1		10			36						49
	师范						10	5					2	2			19
	理工				20	32	5										57
	文经				9	24	9										42
	计				31	57	24	15			36		2	2			167
合计	研究生	2	4	1		2	4	2			4	17	12	50	65	17	180
	医学	2	3	5	2	8	6	17	7	14	55	11	2	2			134
	师范		30	15	19	27	45	21	11	6	13	14	8	10			219
	理工		10	38	28	59	40	29	36	12	14	9	8	3			286
	文经		5	4	19	34	16	9	5	1	3	5	3				104
总计		4	52	63	68	130	111	78	59	33	89	56	33	65	65	17	923

二、专业技术人员继续工程教育

物探局对专业技术人员采取以下八种形式进行继续工程教育：(1) 派专业技术人员到国外进行考察、培训和进修；(2) 到国外留学，取得学位；(3) 参加国际石油勘探年会、学术讨论会；(4) 参加国外石油勘探，掌握国外不同地区、季节地球物理勘探的技术和管理经验；(5) 参加国内学术报告会、技术座谈会、新技术新成果鉴定会、技术成果答辩会、新技术新成果发布会；(6) 参加新技术、新理论培训班；(7) 委托院校培养及参加高一层次的学历进修和学习；(8) 组织上给一定时间进行自学。60年代，专业技术干部的继续工程教育主要靠自学；70年代，主要是办各种培训班。1969年10月～1979年9月，六四六厂、物探局与大庆石油地质学校、华东石油学院合办或单独开办的"磁训班"、"教导队"、技术学校及"七·二一"工人大学共培训物探专业技术人员1397人，为实现石油地震勘探由光点地震勘探技术向模拟磁带地震勘探技术、数字地震勘探技术的转换做了人才方面的准备。80年代，物探局对专业技术人员的继续工程教育，以学历教育为主。90年代，在开办各种短期培训班的基础上，加大了专业技术人员出国考察、学习、培训的力度。

1964～1970年，地调指挥部、六四六厂出国考察、学习、培训的只有3人；1971～1980年，六四六厂、物探局出国考察、学习、培训的有111人次；1981～1990年，物探局出国考察、学习、培训的567人次；1991～1997年，物探局出国考察、学习、培训的1045人次。合计出国考察、学习、培训1726人次。见表12－6。

1981～1985年，有46名局处领导干部参加了国家要求的经理、厂长培训，并取得了合格证；有190名工程师进行了英语补课学习。1986～1990年，有5名专业技术干部考上硕士研究生，有558名职工进入成人高校学习，毕业504人。专业技术人员参加继续工程教育的有4374人次；参加外语培训的791人次。1991～1997年，局组织高级技术人员参加的新技术、新理论培训班34期，有913名高级工程师和技术骨干参加了学习；培养博士、硕士研究生120人；专业技术干部参加继续工程教育的6648人次；参加外语培训的361人次。

1964～1997年物探局（六四六厂）职工出国、赴港考察、学习、培训人数情况见表12－6。

表12－6　1964～1997年物探局（六四六厂）职工出国（赴港）考察、学习、培训人数统计表

年　份	考察、学习、培训（人数）	年　份	考察、学习、培训（人数）
1964	1	1982	42
1965	2	1983	114
1966		1984	34
1967		1985	59
1968		1986	51
1969		1987	50
1970		1988	40
1971	1	1989	95
1972		1990	68
1973	1	1991	67
1974	3	1992	100
1975	29	1993	125
1976	1	1994	137
1977		1995	139
1978	13	1996	331
1979	44	1997	146
1980	19	合计	1726
1981	14		

三、干部岗位培训

干部岗位培训是干部教育中一项重要内容。物探局的局处级干部岗位培训由总公司负责；科级及以下干部岗位培训由局各职能处室和局工会、局团委分别负责。根据岗位标准和职责制定培训计划、选定教材及聘请局内外教师讲课，经考核合格，由有关部门颁发岗位培训合格证书。岗位培训分岗位资格培训、技术等级培训和岗位适应性培训。1990～1997年，局级干部参加岗位培训的有12人次，处级干部参加岗位培训的有222人次，科级及其他干部岗位培训分别在石油物探职工大学和局管理干部学校进行。1986～1997年，物探局共进行干部岗位培训23432人次，平均每年培训1952人次。通过岗位培训，提高了干部履行岗位职责的能力。

四、干部政治理论轮训

物探局重视干部的政治理论轮训。1978年以前，科级干部及工程师的政治理论轮训由石油部河南省太康"五·七"干校代管。1978年底，物探局党委政治部筹备建立干部轮训班，1979年4月11～18日，在河北省容城县物探局第一指挥部第二大队驻地举办第一期局处领导干部轮训班。1979年5月21日～6月22日，分别在容城县和徐水县同时举办由局处级领导干部和部分科级、小队、车间领导干部参加的第二期轮训班。学习的主要内容是十一届三中全会文件及报纸刊登的文章。培训班后期，逐步增加了政治经济学基本知识、企业管理知识和专业基础知识。学习的方法是集体学习、讨论为主、讲课为辅。1979～1983年，共举办各类轮训班9期，轮训局、处、科级及基层队长、车间干部533人次。其中政治理论轮训及管理业务轮训6期，共轮训410人次；基层政工干部轮训1期36人；优秀中青年干部文化补习班1期27人；干部中专统考预习班1期60人。1984～1989年，共举办各类轮训班24期，轮训905人次。

从1984年起，局、处级领导干部（包括部分科级干部）每年都要在局管理干部学校（党校）进行政治理论轮训。1990～1997年先后进行过《怎样做一个好的领导者》、《中国共产党党史》、《建设有中国特色社会主义理论》、《邓小平文选》（三卷）研讨班、《特色理论》的轮训和培训。全局（包括各二级单位党校、党员培训班）共办轮训班146期，有7425人次参加，其中局级干部66人次，处级干部1777人次，科级干部2050人次，小队、车间级干部2746人次，其他干部786人次。

通过政治理论轮训，提高了干部的思想政治水平和马列主义、毛泽东思想、邓小平理论水平。

五、后备干部教育培训

后备干部的培训是干部教育的重要组成部分。党的十一届三中全会以后，随着党和国家工作重点的转移和对干部革命化、年轻化、知识化、专业化的要求，急需培养一批后备干部。1979年，物探局先后在局干部学校组织27名优秀中青年干部进行了为期2年的文化补课，为60名准备参加干部中专考试的青年干部举办了为期半年的统考预习班。为了贯彻中共中央书记处关于对中青年干部进行中专（高中）教育的精神，物探局报经石油部批准，将干部学校改成管理干部学校（中专），并在1984～1989年间，招收脱产干部中专班4个年级3个专业8个班，培养毕业生229名，其中政工专业82名，企业管理专业62名，财务会计专业85名。同时开办干部函授中专4个专业，招收学员256名，培养毕业生156名。1981～1985年，干部专修科毕业30名。从1990～1997年，全局共培养后备干部84人次，其中包括总公司代培13人次。

六、其他短期适应性培训及学历教育

物探局把举办干部短期培训班作为培训干部的主要形式之一。早在六四六厂时期，每年施工结束，物探队基层干部都要随全体职工参加短期的思想政治业务整训。遇有重大政治活动、重要文章发表，都要组织全体干部进行学习，统一思想，提高认识。有时半天工作、半天政治学习。

为迎接国家组织的厂长、经理统考，1984～1985年，局管理干部学校连续举办3期厂长、经理培训班，共40人参加。1984～1989年，举办青工政治培训班4期，培训300人；举办政工干部业务培训班1期，培训26人；举办普法教育培训班8期，培训236人；举办军队转业干部培训班2期，培训45人；举办处级干部读书班4期，培训160人。1990～1997年，管理干部学校（党校）共举办各类干部短训班120期，培训干部6867人次。

物探局的广大干部为不断提高自己的政治和业务素质，积极参加职工大学干部专修科、职工中专、电视大学、干部中专、函授大学、函授中专和自学考试，仅1981～1997年，就有1195名职工取得成人大专学历，282名取得成人中专学历。

第二节　工人教育

一、工人"双补"

1981年7月，物探局根据石油部教育工作会议精神，制定了《物探局职工教育工作暂行办法》，对职工教育的总则、管理机构、职工培训的任务和要求、

建立培训基地、完善培训设施、加强师资队伍建设、经费、评比等7个方面作了规定。通过摸底，物探局青壮年职工中需要文化补课的4049名，需要进行技术补课的4810名。1982年4月27日，局成立了“物探局职工自学（补课）考试委员会”。1982～1985年，物探局根据石油部的统一部署和要求，在青壮年职工中进行了文化和技术补课（简称“双补”）。在“双补”工作中局属各单位落实了“双补”机构、人员、教师、培训地点；制定了“双补”的具体要求，将“双补”成绩与奖金分配挂钩；针对不同单位、不同对象的实际，采取全脱产学习、半脱产办班、联合办班、自学和辅导等多种形式进行“双补”；“双补”教材由局和各单位分别准备，局共翻印辅导教材1.5万册，购置文化课本3000多套，翻印汽车驾驶员教材3000套。全局在“双补”中共轮训工人2.1万人次。经过严格考试和考核，文化补课合格3000余名，合格率73.3%；技术补课合格4593名，合格率95.5%，基本完成了“双补”任务。

二、工人等级技术达标培训

1971年，六四六厂有职工11130名，其中工人4339名，占职工总数的39%；学徒工3560名，占工人总数的82%。到物探局成立后的1981年，职工总数增加到19599名，其中工人11417名，学徒工1306名。职工总数比1971年增加了76.1%，工人总数比1971年的职工总数还多287人，学徒工占了工人总数的11.4%。这个时期增加的工人多数是初中毕业，部分还不到初中毕业，是些没有经过专门技术培训的学生。由于工人数量急剧增加，教育培训机构刚建不久，各项教育培训设施还很不完善，工人的技术培训很少系统地进行，工人技术业务水平较低。为了扭转这种状况，在基本完成文化、技术补课的情况下，物探局根据石油部的统一部署，从1986年开始，在工人中开展了工人技术达标培训。1986～1990年，工人参加技术等级达标培训11257人次，其中参加高级技术培训的2769人次，参加中级技术培训的3436人次，参加初级技术培训的5052人次。仅1987年，全局有8128名工人参加技术等级达标培训，经过考核，合格8015名，合格率达98.6%。1991～1995年工人技术等级培训6267人次；1996～1997年工人技术等级培训4562人次。通过技术等级达标培训，工人的理论知识水平和技术操作水平有了明显提高。

三、工人岗位资格及适应性培训

组织工人进行岗位练兵，开展不脱产的岗位资格及适应性培训。在60～70年代，培训的主要形式是师傅带徒弟，以老带新，学习本岗位职责和生产操作技术，干什么学什么，缺什么补什么。要求技术员结合生产实际给工人讲课，进行现场直观教学。物探队和车间分工种按季度、按月、分周组织培训。80年代后主要采用岗位练兵和短期培训的形式对工人进行培训。在岗位练兵过程中，有的基层单位（车间）每天组织工人学习和解答一个问题，让工人每天练习一个实际技术操作动作，每周请技术员或老师傅讲一次课，每月考核一次，每季评比一次，每年举办一次技术比赛，有的物探队在施工现场进行实地练兵，使岗位培训收到较好的效果。1980年，工人岗位培训653人次；1981～1985年，工人岗位培训7134人次；1986～1990年，工人岗位培训10192人次；1991～1997年，工人岗位培训47185人次，其中岗位资格培训20848人次，岗位技术等级培训10829人次，岗位适应性培训15508人次。详见表12－7。

表12－7　1991～1997年物探局工人岗位培训状况统计表

年份＼项目	合计（人次）	资格培训（人次）	技术等级培训（人次）	适应性培训（人次）
1991	3179	551	279	2349
1992	4000	2068	770	1162
1993	6146	4273	532	1341
1994	10381	7923	1564	894
1995	8473	3297	3122	2054
1996	8356	1002	3465	3889
1997	6650	1734	1097	3819
总计	47185	20848	10829	15508

组织工人开展短期脱产岗位资格及适应性培训。60～70年代，一般炊事人员的烹饪技术水平较低。厂、局行政部门和教育培训部门配合，采取请进来、送出去和举办短期脱产轮训的办法培训炊事人员，尤其是对物探队炊事人员的培训，收到较好的效果。先后请上海、北京的名厨师给炊事人员讲理论、作示范，进行实际操作培训；同时选送炊事人员分别到四川内江、江苏淮阴和北京等地学习烹调技艺，仅送到四川内江培训的就有三批48人。1992年，物探局举办烹饪短期培训班，要求学员通过5个月的短期培训达到上岗要求；系统学习本专业的各门课程，在理论上掌握应知的基本知识，实习期能制作50个中、低、高档菜品（包括20个表演菜），20个面点品种（包括5个表演品种），5个象形冷荤拼盘，会10个中、高档干货原料的发制，结业时达到四级厨师标准，个别尖子生达到三级厨师标准。培训班共开设烹调技术、原料加工、面点制作、原料知识、成本核算、烹饪美术、营养卫生、食品化学和筵席服务等9门课程。通过培训，到1997年所有二级单位的炊事人员都能做出色鲜味美的菜肴，烤制几十种面点。

对于人数较多的汽车驾驶员，物探局则指定由地调一处、二处、三处，运输处、技工学校和职工大学负责培训。从70年代中期到1997年底，共培训汽车驾驶员万余名，其中局内职工占75%以上。

四、工人技术比赛

物探局的工人技术比赛分局和二级单位两种。全局工人技术比赛由局工会、局劳资处和局教育培训部门等处室联合组织，由局工人技术比赛委员会具体落实。局要求各基层单位和二级单位在工人培训考核的基础上，通过开展广泛的群众性岗位练兵和同工种比赛，推荐出参加局比赛的选手。规定：凡是未开展岗位练兵和同工种技术比赛的单位，不得推荐选手参加局的比赛。要求参赛选手必须热爱本岗位工作，具有良好的职业道德，工作业绩突出；专业知识、操作技术水平较高，已取得局颁发的《岗位合格证书》及《技术等级证书》；在本岗位工作满一年，积极参加本单位群众性岗位练兵活动，是本单位同工种技术比赛的优胜者。还规定：对于参加局技术比赛的选手，凡是理论知识和实际操作考核双及格的给予排列名次；对于取得比赛成绩前5名的选手，由局授予技术能手称号；对取得前3名的，给予晋升一级工资或一次性奖励；对于符合技师资格的，予以认可。从1994年开始，凡是参加技术比赛的选手都要先进行10～15天的技术培训，以促进选手更好地学习基础理论，提高实际操作水平。1989～1997年（1992年除外），物探局每年都要举行工人技术比赛，参赛工种少则1个、多则9个。

第三节　职工教育学校介绍

一、石油物探职工大学

石油物探职工大学，是经石油部同意，1984年9月由物探局开始筹建，1985年3月8日河北省教育厅批准，1986年3月18日报国家教委备案试办，面向全国石油物探系统职工招生，全脱产三年制的成人高等专科学校。校址在河北省涿州市北关北拒马河北岸。校园占地面积11.71万平方米。建筑面积3.93万平方米，包括教室、实验室、图书馆、阅览室、电化教学系统、人机联作工作站、计算机房、语音室、办公室、教职工宿舍、学员宿舍、生活后勤设施和校办工厂。建有1个铺设草坪的400米跑道的标准运动场；图书馆藏有各种图书11.7万册，订有报刊、杂志185种。到1997年底，石油物探职工大学有教职工169名，其中专任教师68名，教师中有副教授10名、讲师28名。该校是一所教学环境优雅、教学设施完善、教学设备现代化的成人高等专科学校。

石油物探职工大学建校初期，只开设石油地球物理勘探专业。随着教学条件的逐步完善和物探事业发展的需要，学校逐步增开了石油物探装备机械和石油物探装备仪器专业。1994年以后，随着国家由计划经济向社会主义市场经济的逐步过渡以及学校办学模式的改变，学校先后增设了计算机应用、外贸英语、财会电算化、文秘英语、市场营销和应用电子技术等专业。

石油物探职工大学不仅承担着整个石油企业物探系统职工全脱产3年制成人大专学历教育任务；1985年起，学校又建起了石油高等函授教育函授站；1987年从石油物探学校接受了物探局电视大学的管理和教学任务；1991年从管理干部学校接受了干部中专的教学和管理任务。1992年起，石油物探职工大学改变封闭办学模式，先后与北京理工大学、农工民主党前进大学、演达医科大学联合办学。另外，还负责物探局部分专业技术干部的继续工程教育和部分干部的岗位培训任务，总公司下达的物探甲级、乙级地震队专业技术干部培训任务及其他多种项目培训；还与石油大学联合承担为物探局培养不脱产工程硕士研究生的任务，并且取得了全国计算机及信息高新技术培训、考试点的资格。

到1997年底，石油物探职工大学共招收各类成人学历教育学员2449名，其中职工大学学员709名、函授大学学员663名（含本科生77名）、电视大学学员24名、职工中专学员149名、函授中专学员721名、联合办学学员183名。共毕业各类学历学员1545名，其中本科生66名、专科生1014名、中专生465名。短期培训学员26363人次。

石油物探职工大学主动适应社会对教育的要求，1994年提出了“一个指导思想、两个有利和三个适应”的办学思路。即以中国共产党的十四大精神和《中国教育改革和发展纲要》为指针，积极调整办学方向，不断深化改革，最大限度地调动教师、职工的积极性，全面提高教育培训质量和办学效益，为提高物探局职工队伍素质做出贡献，为物探局的生存和发展做出贡献，为石油企业和社会做出贡献；有利于物探局的生存和发展，有利于石油物探职工大学自身的生存和发展；使石油物探职工大学的工作适应中国建立社会主义市场经济体制的需要，适应物探局改革发展和进入市场的需要，适应物探局“一业为主、多元化经营”的需要。对教学专业设置、机构、人事进行了大胆地改革，由封闭式单纯为石油企业服务转向主要为石油企业服务，并向社会开放。1994年9月26日，与农工民主党联合创办了以全国人大常务委员会副委员长卢嘉锡为名誉校长的“前进大学”。

石油物探职工大学先后建成了物探资料处理技术训练基地、物探资料解释工作站、计算机技能训练基地、财经实务模拟演练室、财经电化技能训练基地和实用英语技能训练基地。

到1997年底，石油物探职工大学共获省部级科研成果奖4项。先后有27人次获局先进教师和先进教育工作者称号，其中教师郑仙种于1992年和1993年连续被评为局劳动模范。

二、管理干部学校（党校）

中国共产党十一届三中全会以后，全国工作重点转为以经济建设为中心，急需加强干部教育工作。1978年12月，物探局党委决定成立干部轮训班，1979年9月，经石油部批准，在干部轮训班的基础上成立物探局干部学校，1981年9月，干部学校由河北省徐水县搬迁到涿县涿固路42号。为了提高物探局党政干部的思想政治和文化、业务素质，根据中共中央书记处关于对45岁以下达不到中专（或高中）文化程度的党政干部要进行中专（或高中）文化专业教育的精神，经物探局党委研究，报请石油部和河北省教委批准，1984年7月19日，在原物探局干部学校的基础上成立物探局管理干部学校，主要担负物探局党政干部的中专学历教育和专业知识培训任务。1991年11月，又根据中共中央关于加强党校建设的决定，成立了物探局党校，与管理干部学校合署办公，为一套机构挂两块牌子。1993年，在局党校开设了中央党校河北省分校物探局党政干部函授大学本科、专科函授站。

到1997年底，物探局管理干部学校（党校）占地12700平方米，其教学楼兼办公楼、宿舍、食堂建筑面积达7200平方米，可同时容纳400名学员学习、260名学员食宿。学校配有全套电化教学设备，图书馆藏书3万册，订购报刊、杂志100余份。有教职工50名，其中专兼职教师16名，教师中有高级专业职称7名、中级专业职称3名。

该校于1988年被中国石油天然气总公司授予“干部中专先进单位”称号；学校教师撰写的教学科研论文有4篇获得省部级奖，有8篇论文获局级奖；有1人被评为局劳动模范，17人次被评为局先进教师或先进教育工作者。

1979～1983年，干部学校按照物探局党委的安排，以学习和贯彻党的十一届三中全会文件和精神为重点，对全局科以上党政干部进行了培训，同时对优秀中青年干部进行文化补课，共开办培训班9期，培训干部533人次。1984～1989年，以对干部学历教育为主，并对党政干部进行业务培训，共举办脱产干部中专班4个年级3个专业8个班，毕业学员229名，其中政工专业82名、企业管理专业62名、财会专业85名；招收函授干部中专256名，毕业96名；举办各种类型培训班24期，参加培训学习的干部905名。1990年，举办局、处、科级干部《怎样做一个好的领导者》培训班8期，每期脱产学习1个月，共培训干部1002名。1990年8月～1992年11月，举办了基层队长岗位培训、青工双基培训、基层专职党支部书记培训、党史骨干培训等24期，共培训以上人员1475名。1993～1997年底，管理干部学校（党校）主要对局、处级领导干部进行建设有中国特色社会主义理论、《邓小平文选》（三卷）为主要内容的政治理论培训，共举办研讨班35期，培训1225人次。在此期间，还举办了以党政干部为主的岗位培训班和技术干部专业知识培训班53

期，共培训 3165 人次。

从 1993～1997 年，局党校开办了中央党校经济专业大专、本科及政工专业专科的函授教育，共招收经济专业本科学员 289 名、专科学员 251 名、政工专业专科学员 70 名。到 1997 年底毕业经济专业本科 122 名、专科 142 名、政工专业专科 70 名。

三、职工中专

为了系统地提高石油物探队伍的政治和业务素质，加快石油物探队伍建设的步伐，1983 年 11 月 25 日，物探局向石油部申请成立石油物探职工中专。1984 年 9 月 20 日，石油部以（84）油教字第 803 号文批准物探局职工中专招生。

职工中专设在石油物探学校内，由石油物探学校负责招生、教学和管理。1985 年秋季开始招收来自全国各油田物探系统的职工学员入学。

物探职工中专共开设 3 个专业，即地震勘探技术、地震勘探仪器和工程测量。

到 1997 年，职工中专共招收 5 届学员 155 名，毕业 115 名。1985～1997 年物探职工中专办学状况见表 12－8。

表 12－8　1985～1997 年物探职工中专办学状况统计表

专业 / 人数 / 年份	小计			地震勘探			地震仪器			工程测量		
	招生	毕业	在校	招生	毕业	在校	招生	毕业	在校	招生	毕业	在校
1985	39		39	39		39						
1986	39		78	39		78						
1987	26		104			78	26		26			
1988	27	37	91	27	37	66			25			
1989		31	52		31	27			25			
1990		25	27			27		25				
1991		22			22							
1992												
1993												
1994												
1995	24		24							24		24
1996			24									24
1997			24									24
合计	155	115		105	90		26	25		24		

四、电视大学

物探局的电视大学开办于 1979 年，开始由局科教处直接管理。1980 年，由石油物探学校管理。1987 年 7 月 29 日，电视大学的教学及管理任务划归石油物探职工大学负责。电视大学先后开办了电子技术应用、机械制造工艺、电子、企业经营管理、电气工程和计算机及应用等 6 个专业。到 1990 年底，电视大学送完在籍生后，不再招生。电视大学共招生 206 名，毕业 194 名。1979～1990 年物探局电视大学办学状况见表 12－9。

表 12－9　1979～1990 年物探局电视大学办学状况统计表

专业 / 人数 / 年份	小计		电子技术及应用		机械制造工艺		电子		企业经营管理		电气工程		计算机及应用	
	招生	毕业	招生	毕业	招生	毕业	招生	毕业	招生	毕业	招生	毕业	招生	毕业
1979	31		26		5									
1980	30						30							
1981														
1982	45	31	39	26	6	5								
1983	17	28						28	17					

续表

年份＼人数＼专业	小计		电子技术及应用		机械制造工艺		电子		企业经营管理		电气工程		计算机及应用	
	招生	毕业	招生	毕业	招生	毕业	招生	毕业	招生	毕业	招生	毕业	招生	毕业
1984	43				17						26			
1985		43		37		6								
1986	16	15								15			16	
1987	24	41	24			16						25		
1988														
1989		14												14
1990		22		22										
合计	206	194	89	85	28	27	30	28	17	15	26	25	16	14

五、石油高等函授教育分部（站）

1985年石油高等函授教育恢复。以石油大学为龙头、石油6所普通高校为骨干，下设6个函授部、5个函授分部、39个函授站，其中石油物探职工大学设立1个函授分部、1个函授站。1985年2月12日，石油部教育司通知华北石油职工大学增设石油地球物理勘探专业，办学地点设在物探局。1986年2月26日，石油部教育司通知石油物探职工大学设立函授分部，面向全国石油物探系统招生。1986年3月27日，石油部教育司通知华北石油职工大学：石油物探职工大学不再作为华北石油职工大学的函授站，原设置的石油地球物理勘探专业和在校生，即从华北石油职工大学转入石油物探职工大学。

1991年7月，物探函授站设立石油地球物理勘探和计算机及应用两个专业，共6个年级10个班，其中5个大学本科班、5个专科班，共有学员143名；有管理人员2名，专兼职教师60余名，其中近半数教师具有高级专业技术职称；当时石油物探职工大学函授分部开38门课、40多项实验。函授分部抓住自学、辅导、作业、实验、上机、面授、考试、课程设计和毕业设计等9个教学环节，逐步形成了石油物探高等函授教育的三个特点：即狠抓自学作业，重视外语学习，强调学以致用。在教学活动中，函授站管理人员和教师经常深入学员宿舍了解情况，与学员谈心，把思想政治工作渗透在课堂上、宿舍里、作业本上，鼓励学员努力学习。教师不仅教知识，更注重教学习方法。函授站坚持树立典型，表彰先进，加强师资队伍建设，不断改进教学方法，不仅职工大学教师上课，还聘请石油物探学校教师上课，更注意从研究院、物探地质研究院聘请有实践经验的工程技术人员来校讲课。函授教学方式由刚开始的每周一次授课，改为两周一次，以后又改为每月一次。到1997年则改为每学期一次，每次10天左右，学年末一次，每次3周时间。学校引导学员学以致用，教育学员将平时学到的理论及时地运用到科研生产中去，将毕业设计课题提前一年半布置下去，用解决生产科研上的难题，作为学员的毕业论文。注意引导学员克服工学矛盾，使教学质量提高很快。物探局研究院蔡希玲和于俊明夫妻俩双双上函大，他们克服了难以想象的困难，学习、工作都取得了好成绩。蔡希玲学习期间获得1项部级科研奖，3项局级科研奖。于俊明虽然是86级学员，由于学习努力，提前一年与蔡希玲同时毕业。王洪勋的研究课题是《光盘仿真磁带子系统设计》，这是石油部与中国科学院“七·五”联合攻关项目中的一个关键部分。他的研究成果在某些方面填补了国内一些空白。到1997年底，物探函授站共开设了勘探地球物理、计算机及应用、市场营销、财务会计和物探机械等专业。共招生663名，毕业331名，其中毕业大学本科生66名、专科升本科16名、双专科生54名、专科生195名。毕业生中有3人攻读硕士研究生、1人攻读博士研究生。其中85级学员国九英被研究院破格晋升高级工程师，获得中国科学技术发展基金孙越崎科技教育基金优秀青年科技奖、河北省职工自学优秀成才奖，被清华大学破格录取直攻博士学位研究生。85级全站学员获学士学位率为60%，毕业设计优良率为72%。

据不完全统计，到1996年2月，石油物探高等函授教育毕业生和在校学员中，获部级科研成果奖11项，局级科研成果奖50多项。石油物探职工大学函授分部摸索出一套办学思路，积累了一些办学经验，具有了一定办学规模，管理上逐步做到了制度化、规范化和科学化，先后受到局、石油高等函授总部的多次表彰。1985～1997 年物探局石油高等函授教育办学状况见表 12－10（a）和表 12－10（b）。

表 12－10（a） 1985～1997 年物探局石油高等函授教育办学状况统计表

专业 人数 年份	勘探地球物理（本科）		计算机及应用（本科）		石油地质勘察（本科）		工业企业管理（本科）		财务管理（本科）		计算机及应用（专升本）		计算机及应用（第二专科）		市场营销（双专科）	
	招生	毕业	招生	毕业	招生	毕业	招生	毕业	招生	毕业	招生	毕业	招生	毕业	招生	毕业
1985	15		5		4		4		3							
1986	22		8													
1987	3		13													
1988											1					
1989											8					
1990		15		5												
1991		22		8								1				
1992		3		13								8				
1993													64			
1994											8		46			
1995											15		21			
1996												7	9	54	11	
1997													15			
合 计	40	40	26	26	4		4		3		32	16	155	54	11	

表 12－10（b） 1985～1997 年物探局石油高等函授教育办学状况统计表

专业 人数 年份	计算机及应用（专科）		勘探地球物理（专科）		财务会计（专科）		物探机械（专科）		市场营销（专科）		合 计（表 12－10(a),(b)）	
	招生	毕业	招生	毕业	招生	毕业	招生	毕业	招生	毕业	招生	毕业
1985											31	
1986											30	
1987											16	
1988	21										22	
1989	11		16								35	
1990	8		13								21	20
1991	16	20									16	51
1992	24	12	15	16							39	50
1993	15	8	10	10	20		6				115	18
1994	18	13	5		23		3				103	13
1995	42	23		15	28						106	38
1996	29	22		8	28	19		5			77	115
1997	15					24			22		52	24
合 计	199	98	59	49	99	43	9	5	22		663	331

六、磁训班、教导队、技术学校

（一）磁训班

1969年10月，按照石油部要求，为适应石油地震勘探仪器由光点记录地震仪向模拟磁带地震仪转换，解决地震队技术人员短缺的矛盾，六四六厂在徐水筹办模拟磁带地震仪器操作员和地震勘探资料解释员培训班（简称磁训班）。仪器操作员培训期3个月，解释员培训期6个月。第一期培训班招收本厂职工160名，其中仪器操作员学员70名，地震资料解释员学员90名。培训班于1969年12月开学，1970年5月结束。培训班的教师，一部分是从生产一线抽调的技术人员，另一部分是大庆石油地质学校的教师。

60年代末，模拟磁带地震仪的操作和资料解释是一项新技术，六四六厂没有现成的教材。所有教师都是先学习一步，边学习、边写教材、边讲课。为了保证学员在较短的时间里学习到知识和技能，教师们结合实际讲课，急用部分精讲、细讲，暂时用不上的不讲。培训班的教学原则是：就低不就高，特殊学员“吃小灶”，不让1名学员掉队；讲课深入浅出，加强课外辅导；学员注重实际技能的掌握，上午听理论课，下午进行实际操作。每个单元理论课讲完后，都要进行测验。全部理论课结束后，仪器操作员班学员回地震队实习，资料解释员班学员到现场收集资料，就地学习计算、绘图和解释。

第二期培训班从1970年7月开始，10月结束，除地震仪器操作和地震资料解释班外，增加了回放仪器培训班。学员来自全国各油田地调部门，共3个班111名学员，其中地震仪器操作班40名、地震资料解释班45名、回放仪器班26名。

1970年10月，燃化部委托六四六厂和华东石油学院联合举办磁带地震勘探技术人才培训班（即第三期），规模300人。重点培养地震仪器操作员和地震资料解释员。培训班由六四六厂和华东石油学院派人组成领导班子，共同组成临时党支部，在六四六厂党委统一领导下开展培训工作。培训班设8个排：即操作、解释各3个排，回放、后勤各1个排，共320人，学员来之全国石油和煤炭系统，学习时间半年。磁训班于1970年12月开办，1971年8月结束。

第三期培训班结束后，燃化部领导提出：领导班子不散，培训班要继续办，要加快编写教材，做到物探技术干部人手1册。经过六四六厂和华东石油学院教师的共同努力，在培训班讲义的基础上，经过修改补充，于1972年3月编写出版了《DZ663型磁带地震仪》、《DZ664型磁带地震回放仪》和《磁带地震资料解释》3本教材，向石油和煤炭系统物探队发行，并作为以后办培训班使用的主要教材。磁训班先后共举办3期，培训技术人员591名。六四六厂磁训班状况见表12－11。

表12－11　六四六厂磁训班状况统计表

期　次	培训人数	仪器班（个）	回放班（个）	解释班（个）	办班时间
1	160	70		90	1969年12月～1970年5月
2	111	40	26	45	1970年7月～1970年10月
3	320	80	60	180	1970年12月～1971年8月
合　计	591	190	86	315	

（二）教导队

1972年3月，六四六厂磁训班改名为教导队。第四期培训班当年5月开学，10月结束。这期培训班除地震仪器班、回放仪器班和地震资料解释班外，增加了地震测量班。4个班的学员人数分别是地震仪器班40名、回放仪器班28名、地震资料解释班74名、地震测量班38名。培训班学员都是六九届、七〇届毕业分配来厂的大学生。

第五期培训班从1972年12月开始，1973年3月结束。

教导队时期共办培训班2期，培训学员301名。培训班状况见表12－12。

表 12－12　六四六厂教导队培训状况统计表

期　次	培训人数	仪器班人数	回放班人数	解释班人数	测量班人数	办 班 时 间
4	180	40	28	74	38	1972 年 5 月～1972 年 10 月
5	121	25	25	39	32	1972 年 12 月～1973 年 3 月
合计	301	65	53	113	70	

磁训班、教导队培训结业的学员，后来大多数成了石油和煤炭系统物探队的技术骨干和管理人才。

（三）物探局技术学校

1972 年 11 月 25 日，燃化部批复了六四六厂党委上报组建石油地球物理勘探局的机构设置方案，将教导队改名为石油地球物理勘探局技术学校。1973 年初，燃化部决定从法国引进计算机和数字地震仪及数字地震勘探技术，中国石油勘探面临由模拟磁带技术向数字勘探技术的转换。同年 11 月，物探局在原北京石油学院内设立临时数字地震勘探技术引进验收组。物探局技术学校也于同年 12 月从徐水迁往北京石油学院地质楼开办第六期培训班。这期培训班开设了数字地震仪、计算机、计算机程序和数字地震勘探方法 4 个班，招收大庆、辽河、大港、胜利、四川、长庆、南阳、新疆等石油局（油田）和物探局及规划院的总工程师、主任工程师、大中专毕业生为学员，共 289 名，其中物探局 100 名。聘请北京大学、华东石油学院、江汉石油学校的教师，以及规划院、胜利油田、西安石油仪器厂、物探局和大庆研究院的专业技术干部讲课。培训班采取边验收仪器、边讲课学习的方式进行。通过培训，使学员掌握了数字地震勘探技术和计算机处理技术。培训班于 1974 年 10 月结束。

第六期培训班结束后，技术学校搬回徐水。从 1975 年 10 月到 1977 年 1 月，技术学校办了第七期培训班，即计算机程序员培训班，共培训学员 65 名，其中物探局 34 名，培训班状况见表 12－13。

表 12－13　物探局技术学校培训状况统计表

期　次	培训人数	仪器班		计算机班		方法班		程序班		办 班 时 间
		局内	局外	局内	局外	局内	局外	局内	局外	
6	289	24	34	31	64	72		64		1973 年 12 月～1974 年 10 月
7	65			34				31		1975 年 10 月～1977 年 1 月
合　计	354	24	34	65	64	72		95		

七、物探局职工医院“七·二一”医科大学医疗班

1976 年 10 月，物探局职工医院为了贯彻毛泽东主席 1968 年 7 月 21 日“大学还是要办的，我这里主要说的是理工科大学还要办，但学制要缩短，教育要革命，要无产阶级政治挂帅，走上海机床厂从工人培养技术人员的道路。要从有实践经验的工人农民中间选拔学生，到学校学几年以后，又回到生产实践中去”的指示，针对缺少医护人员的实际和提高在职医护人员医疗技术素质的需要，开办了“七·二一”医科大学。首届医疗班共有 29 名学员，分别为职工医院的医务干部和各指挥部的“赤脚医生”，实行全脱产学习，时间为两年半。医疗班的教师是职工医院的医生，设有医学基础、内科、外科、妇科、儿科、放射、临床医学、药理、中医和中药等课程。理论课上完以后，组织学员分别到北京 206 医院、河北省保定 252 医院和安国县医院等临床实习半年。医疗班于 1979 年 1 月 4 日结业。

1977 年 1～6 月，在“七·二一”医科大学内开办了第一期护训班，有学员 33 名，实行全脱产学习。主要讲授内科、外科、儿科、解剖、药理、生理、护理等专业课及化学基础课。参加授课的教师是物探局职工医院的医护人员。

1979 年 7 月～1980 年 1 月，开办了第 2 期护训班，培训学员 37 名。

1980 年 3 月～1981 年 3 月，培训物探队“赤脚医生”和职工医院的护士 67 名。护训班的连续开办，解决了物探局医院缺少护士、护理技能水平低及物探队缺少医护人员的问题。

八、物探局“七·二一”工人大学

1977 年 2 月 10 日，物探局在局技术学校的基础上建成了物探局“七·二一”工人大学，先后办学 2 期，共培养局内外专业技术人员 151 名，1978 年 9 月以后停办。详见表 12－14。

表 12－14　物探局“七·二一”工人大学办学状况统计表

班　次	培养人数	仪器班		解释班		办学时间
		局内	局外	局内	局外	
1	113	24	17	32	40	1977 年 6 月～1978 年 7 月
2	38				38	1978 年 3 月～1978 年 9 月
合计	151	24	17	32	78	

第五章　学校德体美劳教育

第一节　德　　育

物探局及其前身各学校一贯坚持党的教育方针，加强学校德育工作。1992 年 11 月 20～22 日，物探局在涿州召开物探局首次学校德育工作研讨会。探讨物探局学校德育工作的理论、方法和途径，交流德育工作经验，推动德育工作的开展。会议邀请了北京市东城区教育局党委书记徐安德和北京师范大学教育科学研究所副所长、全国德育专业委员会副主任李意如分别作《学校德育管理》和《改革开放与学校德育》的报告。会议收到局各学校德育工作者撰写的论文和经验、总结等材料 33 份，并在会上进行了交流；会议讨论了《物探局学校德育工作研究会章程》，成立了物探局学校德育工作研究会，选举产生了研究会领导成员；评选和奖励了优秀论文。物探局学校德育工作研讨会从 1992 年 11 月成立起，1994 年、1995 年和 1997 年先后召开 4 次会议。

到 1994 年，通过学校德育工作的研究与实践，物探局学校德育网络基本形成，大多数中小学校都设立了政教处。学校德育通过两条线进行：一是学校党委（党总支、党支部）——共青团（少先队）——学生会；二是学校校长——班主任（年级组、教研组）——学生家长。实行学校（校长、书记、班主任、各科教师、各级共青团组织、少先队、学生会）、社会（企业）和家长齐抓共管，坚持发挥各科教学德育主渠道的作用。

每所学校都用校训、校风和学风要求、规范教职工和学生的言行。地调三处正定子弟学校的校训是聂荣臻元帅 1988 年给学校的回信中提出的：“勤奋学习，一心向上，为祖国争光”。学风是勤奋进取，尊师守纪；校风是开拓进取，求实创新；教职工的教风是敬业奉献，严谨爱生。石油物探学校的校风是团结、勤奋、严谨、进取；学风是勤学好问，善于思考。各个学校遵循《关于改革和加强中小学德育工作的通知》、《关于进一步加强中小学德育工作的几点意见》、《关于进一步加强和改进学校德育工作的若干意见》和《爱国主义教育实施纲要》精神，采取不同的方式方法，对青少年进行爱国主义、社会主义、集体主义和革命传统教育；认真执行《国旗法》，坚持每周一升旗仪式，在国旗下讲话，对青少年进行国旗、党旗、军旗、团旗和队旗教育；用中小学生日常行为和学生守则，规范学生的言行。徐水子弟学校将学生守则印送学生家长每户一册，希望家长协助学校对学生进行优良习惯的养成教育。学校各级组织和班主任都把学生的良好行为习惯的养成，作为学校德育的重要组成部分。有些学校还把德育活动拓展至校外，与农村学校开展手拉手活动，1995 年，地调三处正定子弟学校与河北省灵寿县团泊口学校开展手拉手活动；1996 年夏天，局涿州子弟学校与河北省易县桥头乡中学开展手拉手活动。石油物探学校的学生长年不断照顾孤寡老人。

学校的党团组织和学生会利用广播、板报不断宣传好人好事；利用重大庆祝节日，组织学生进行演讲、歌咏比赛，歌颂伟大祖国，探讨人生价值；利用寒暑假组织学生瞻仰革命圣地，利用清明节到烈士陵园扫墓，缅怀革命先烈，进行爱国主义教育和革命传统教育。学校还不定期地对学生进行法制教育，使学生懂法守法。物探局的中小学校和中等职业技术学校，每年坚持对新生进行军训，对学生进行国防教育和组织纪律性教育。

物探局学校德育工作的加强，对青少年成长为有理想、有道德、有文化、有纪律的一代新人起了重要作用。

第二节　体　　育

学校体育是学校教育的重要组成部分。物探局

（六四六厂）各类学校自创办之日起，就遵循毛泽东主席提出的“发展体育运动，增强人民体质”的方针，把体育列入学生的必修课。尽管在学校创办初期缺乏专业体育教师和活动场地，但是各级领导仍把喜欢体育或有体育一技之长的职工选调到学校担任体育教师。1981 年、1982 年，为了提高各学校的体育教学水平，物探局曾连续两年向河北省计委申请，请求分配师范院校体育专业毕业生来局任教。

物探局各类学校的领导，在学校创办时期经费紧张的情况下，想尽办法扩大体育活动场地、购置体育器材。徐水子弟学校在创办初期，发动师生每天义务劳动 2 小时，铲除校院内荒草，搬掉炼铁炉渣堆，填平院内大坑，扩大体育活动场地。到 1997 年底，全局 13 所中小学校和 5 所职业技术学校或职工学校中，有 400 米跑道标准运动场的 10 所，有 250～300 米跑道运动场的 5 所。所有学校都设有篮球场、排球场、乒乓球台，有单杠、双杠、联合体育器材活动区。6 所学校的所在单位有游泳池，8 所学校有室内健身设备。

物探局各学校都按教学大纲和《学校体育工作条例》的要求设置了体育课，有的学校在小学部每周还加开 1 节体育课。以保证每个学生每天有 1 小时体育活动时间，坚持每天组织学生做课间操、眼保健操和课外体育活动。每所学校都组织了篮球队、排球队、足球队、田径队和乒乓球队。仪器总厂和机械厂子弟学校根据学生居住集中及活动场地狭小的特点，在学生中广泛开展乒乓球活动。地调二处子弟学校根据邻近河南大学有辅导力量的优势，每周利用 3 个晚上开展乒乓球训练。上述 3 所学校乒乓球队在局举办的历届“希望杯”、“萌芽杯”比赛中屡屡取得好成绩。

1987 年暑期，物探局中小学校派出乒乓球队、游泳队、足球队、田径队和武术队参加了由石油部组织的“油苗杯”体育比赛，取得了较好成绩。

物探局的各个学校，每年都至少举办 1 次春季或秋季运动会。局从 1982 年起，每隔 1 年举办 1 次全局学生田径运动会，到 1997 年底，全局共举办学生田径运动会 8 次。

为了增强物探局中小学生的身体素质，1986 年创办了物探局小学生“希望杯”、“萌芽杯”乒乓球比赛。1986～1989 年每年举行 1 次，1991～1997 年隔年举行 1 次；到 1997 年底，共举办 8 次，有 768 名中小学生参加了比赛。1991 年，创办了初中学生“物探杯”篮球赛，到 1997 年共举办 3 次。

1990 年 8 月 28～29 日，物探局在徐水召开首次中小学体育工作会议，参加会议的代表有 42 名，收到体育教学论文和经验总结材料 10 篇。会议学习了国家体委、国家教委颁发的《学校体育工作条例》；听取了全国特级体育教师王寿生的中学体育教学经验介绍；有 10 位体育教师宣读了论文、介绍了体育教学工作经验；讨论了《物探局中小学“八五”体育发展规划》；交流了思想和体育教学工作情况。

物探局学校体育工作的开展和加强，提高了物探局学校体育工作的水平。徐水子弟学校、涿州子弟学校都被当地教育部门命名为体育传统学校。物探局中小学校的学生体育达标率都在 85% 以上。培黎石油学校 1991 年获甘肃省第 7 届中专、中技田径运动会团体总分第 3 名，1994 年，获国家教委“全国职业学校体育先进单位”称号。物探局高中毕业考入大学的学生中，有 18 名进入体育院校学习。

第三节　美　育

学校美育在于教育学生初步掌握审美观点，知道什么是美，懂得爱美，学会创造美，藉以陶冶情操。物探局各学校都强调“教书育人、管理育人、服务育人、环境育人”；强调营造一个舒适、美好环境，对培养学生的高尚情操，做一名有理想、有道德、有文化、有纪律的新人有着极为重要的意义；组织开展绿化学校，美化学校活动，做到了四季见绿，三季有花。地调三处库尔勒子弟学校发动学生积肥、换土、植树种草，硬是在校园沙地上培育出了一片绿洲。学校每周组织学生打扫卫生、清洁环境。职工大学、物探学校、培黎石油学校、技工学校和管理干部学校都有花房，定期更换会议室和走廊上的盆花，创造了一个优美的教学环境。职工大学、物探学校和培黎石油学校都被当地政府命名为花园式单位。

物探局的中小学校十分重视美术和音乐教学。各学校都开设了美术和音乐课。建校初期，在美术和音乐教师十分缺少的情况下，各单位领导抽调有美术和音乐特长的职工到学校任课。80 年代初，物探局连续两年向河北省计委写报告申请分配师范院校美术和音乐专业的毕业生来局任教。到 1997 年，物探局已有一支素质较高的美术和音乐师资队伍，各中小学校都有专门的美术、音乐教室，美术教室有各种石膏模型，音乐教室有钢琴。局涿州子弟学校还建有学生舞蹈练功房。

物探局的中小学校十分注重学生特长教育和个

性发展教育。在物探局升入大学的高中毕业生中，有25名学生分别考入美术专业、音乐专业、服装设计专业和影视导演专业学习。

为了推动美育教学，陶冶学生情操，提高学生的艺术修养，1988年，物探局举办了首届全局学生文艺汇演。到1997年底，全局共举办学生文艺汇演6次。没有设立音乐、美术课的职业技术学校，都不定期地组织学生开展各种文化娱乐活动。各学校都组织有以美育为中心的摄影、美术、书法、音乐、舞蹈等课外兴趣活动小组，推动了学校的美育，提高了学生的审美观点和艺术修养。

为了增强学生的艺术修养能力，1990年物探局举办了百名学生书法大赛；地调二处子弟学校、地调三处正定子弟学校和石油物探中学，1994～1997年，每年举办文化艺术节。1997年9月，物探局举办了全局教师、学生绘画、书法和小制作大赛，共收到作品339件，其中有177件作品分别获一、二、三等奖和优胜奖，并在全局进行了巡回展览。

第四节　劳动技术教育

按教学大纲要求，物探局的中小学校将劳动技术课作为学生的必修课。通过教师授课、学生劳动制作和实验，使中小学生丰富了劳动知识，提高了劳动技能，培养了劳动习惯。

中等专业学校和技工学校则把劳动技术课作为考核课对待。凡是毕业生，必须取得毕业证和技术操作证。技工学校要求理论教学时间与实际技术操作时间至少达到1∶1，为把学生培养成复合型、技能型人材创造了必要的条件。

中等专业学校和技工学校把每个学生每年劳动一周列入课程表，以此培养学生的劳动观点。同时在学生管理中实行“自我管理、自我教育、自我服务”的方针，提高学生的自我意识。

第六章　教育管理

第一节　管理体制

物探局的教育培训管理体制是：统筹规划、两级办学、分级管理。

物探局中小学教育和幼儿教育的管理体制是：1993年9月以前，行政工作除物探中学直属局领导管理外，其他中小学和幼儿园归各二级单位领导和管理；教学业务则统归局科教处和教育培训处管理。1993年9月局教育培训中心成立后，行政工作除徐水子弟学校、涿州子弟学校和物探中学直接归教育培训中心领导和管理外，其他中小学、幼儿园仍由二级单位领导管理；教学业务统归局教育培训中心管理。

石油物探职工大学、物探学校、技工学校和管理干部学校（党校）1993年9月以前由局直接领导和管理；教育培训中心成立后，以上4所学校的行政工作（包括人财物）及教学业务接受教育培训中心的领导和管理。

培黎石油学校1985年底改为中专学校后，从1986年起由物探局具体领导，其经费和基建费用仍由石油部（总公司）直拨。1993年9月后，由局教育培训中心代管。

物探局的职工教育培训管理体制分局和二级单位两级管理。全局职工教育的长期规划、年度计划先后由局教育培训处或教育培训中心征求各二级单位和局机关各处室意见后制定。年度计划一般在年底提出，次年初公布；五年的长远规划一般在前五年之末提出讨论，五年计划的第一年年初公布。二级单位的培训计划由各单位制定。职工教育培训分三级管理，局处级干部和总工程（地质、会计、经济）师培训由总公司负责，局党委组织部选送学员；科级干部、后备领导干部、工程师等专业技术干部和特殊工种及技师培训由局负责，各二级单位选送学员；科级以下干部及工人培训，由各二级单位负责。培训的要求由用人单位提出培训任务，教育培训部门负责培训，培训结果由用人部门和培训部门负责统一考核。

第二节　管理机构

六四六厂时期，教育培训工作的管理由三方面组成。幼儿教育归行政科管理；中小学教育1971年10月以前归行政后勤部门管理，1971年10月以后归宣传科管理；职工教育培训归干部科和人事科管理。

1973年物探局成立后，各二级单位生活基地逐步建立，幼儿园、中小学校也相继建成。物探局成立初期，没有专门设立教育培训管理机构，其幼儿教育由行政处负责；中小学教育由政治部宣传处负责；职工教育中的工人教育由人事处负责，干部教育由政治部干部处负责。

1978年3月，物探局成立科教处，内设专人负责全局的教育培训。

1980年8月，局成立教育培训处，作为局职能处室，对全局的幼儿教育、中小学教育、职业技术教育和职工教育培训实行业务管理。

1991年5月15日，物探局教育工作领导委员会成立（简称局教委），主任委员柴桂林，副主任委员许大坤，办公室设在教育培训处。5月30日，局召开教委成立大会，同日召开了局教委第一次会议，讨论了局教委的职责和工作制度、物探高中应该如何办、技工学校的专业设置等问题。同年11月8日，局教委第二次会议总结了物探局第一次教育工作会议以后的工作及提交大会讨论的文件。同年11月，物探局召开第一次教育工作会议，决定幼儿教育划归教育系列管理；各子弟学校校长任免要征求教育培训处意见，调入教师要征得教育培训处同意。1992年4月16日，局教委召开第三次会议，讨论确定了教育体制的改革、教育经费、教育基建、专业技术职称指标使用、教育大型设备购置等问题。

1993年9月4日，物探局成立教育培训中心。其主要任务是承担全局教育培训业务管理，对职工大学、物探学校、技工学校、徐水子弟学校、物探中学和管理干部学校（党校）的行政事务、教学业务等实行直接领导和管理，受局委托代管培黎石油学校，并将基地管理处管理的涿州子弟学校划属其直接领导和管理。

第三节 教育督导

督导是政府行政部门对学校执行国家教育方针的检查与督促。物探局采用对教育进行检查督促的方式，对本局的幼儿教育和中小学教育进行督导检查，同时接受总公司对物探局教育的督导检查。

局对幼儿园的检查称晋级划类；对中小学的检查称督导；对中专和职工大学的检查由总公司和所在省教委负责，称办学水平评估；对技工学校的检查由总公司或河北省劳动厅负责。

1991年，物探局成立普通教育教学研究室，设立普通教育督导岗，定编2人。

1993年4月10日，物探局参照国家城市建设环境保护部、国家教育委员会关于托儿所、幼儿园的建筑设计规范，结合物探局实际情况制定了《物探局幼儿园办园（分级）评估指标体系（试行）的通知》。该指标体系有规模、设备等条件和人员条件一级指标两项；有规模、环境、活动场地、房舍建设、设备、大型器械和数目、图书资料、园所长、教师、保育员、保健员、炊事工勤人员和编制二级指标13项；有三级指标26项。等级标准分4级，一、二、三、四级的评分系数分别是1、0.8、0.6和0.4，满分500分。1994～1997年底，经过物探局教育培训中心的督导检查，地调一、二、四、五处和徐水基地处幼儿园达到一级一类幼儿园标准。

中小学的督导是根据《中国石油天然气总公司中小学办学水平评估指标体系》进行检查。该指标体系分一、二、三级，其中一级指标3项、二级指标14项、三级指标71项，满分500分，另有最高加分20分。从1993年2月到1997年底，总公司和物探局曾对全局中小学教育进行了2次督导，并对5所学校进行了复查。全局共有7所学校被确定为一类学校，它们是：地调一、二、四、五处子弟学校，地调三处正定基地子弟学校、库尔勒子弟学校和局徐水子弟学校。

1988年，石油部劳资司提出创建一流技工学校号召，拟出评估指标体系一级指标7项，二级指标30项，满分100分。1995年12月25日，总公司劳资局对物探局技工学校进行了评估检查。1996年1月9日，总公司授予物探局技工学校重点技工学校称号。

1992年4月和5月，总公司人教局对培黎石油学校矿场机械专业和石油物探学校的地震勘探、地震勘探仪器2个专业进行了教育质量评估。评估指标体系一级指标4项，二级指标11项，三级指标40项。根据国家教委普通中等专业学校办学水平评估体系的要求，1992年5月和11月，甘肃省教委中专教育评估组和河北省教委中专教育评估组分别对培黎石油学校和石油物探学校进行了评估。普通中等专业学校办学水平评估指标体系有一级指标7项、二级指标23项、三级指标76项。经过评估，培黎石油学校和石油物探学校均进入省部级重点学校行列。1994年6月，国家教委对培黎石油学校进行了评估，同年8月22日，培黎石油学校被晋升为国家级重点普通中等专业学校。

1997年5月17～21日，总公司人教局根据“石油成人高校评估指标体系”对物探局职工大学进行了办学水平的评估。“石油成人高校评估指标体系”一级指标4项、二级指标16项、三级指标53项，满分1000分。职工大学顺利通过评估，得到总公司的认可。

第四节 评比表彰

1984年以前，物探局教育系统的总结评比表彰先进工作与全局其他行业同步，从1985年起，局教育系统的总结评比表彰单独进行。每年暑假放假前各学校向局推荐先进集体和个人的事迹材料，经局教育系统评比后，局处两级的表彰工作在庆祝教师节时进行。

1987年以后，物探局决定教育系统推荐的局劳动模范、双文明集体和标兵仍参加局的评比表彰工作，并把教育系统的评比表彰先进工作纳入到局劳动竞赛范畴中，受表彰的集体和个人的奖金从局劳动竞赛费用中列支。

1985～1997年物探局教育系统的总结评比表彰共进行13次。被评为局先进集体的有149个次，被评为局教育先进班组的有24个班次；被评为局先进教师的有465人次，被评为局先进教育工作者的有117人次，被评为石油系统教育先进工作者1人，被评为总公司教育先进工作者3人。1976～1997年，被评为局劳动模范的有46人次，有1人被评为总公司劳动模范。

1985～1997年，物探局先后有15名（18人次）中小学和幼儿教师被授予河北省优秀园丁称号并得到奖励。

第五节 物探局教育发展奖励基金会

为了在物探局形成尊师重教风气，发展物探教育事业，鼓励和表彰为发展物探教育做出突出贡献的集体和个人，物探局教委在1991年11月召开的教育工作会议期间，发起建立物探局教育发展奖励基金的倡议，得到与会单位代表的热烈响应。大会通过了《物探局教育发展奖励基金会章程》。章程中指出：“物探局教育发展奖励基金会，是所有关心物探局教育事业的单位和有识之士的群众性组织”。“凡是一次性向基金会捐款百元以上的个人或捐款千元以上的团体，即可认定为会员”，由基金会发给会员证书。会后，基金会陆续收到单位、个人和集体的捐款。

到1997年底，共收到捐款1019762.34元，捐款状况见表12－15。

1994年9月6日，局印发了《物探局教育发展奖励基金奖励条例》。条例规定了奖励对象、奖励条件、奖励标准、奖励办法和奖励时间。

表12－15 物探局教育发展奖励基金会收到捐款状况统计表

序号	捐款单位及个人	金额（元）	序号	捐款单位及个人	金额（元）
1	机械厂子弟学校学生	687.12	9	地调一处	200000.00
2	谢寿椿（培黎石油学校）	1000.00	10	引管处	10000.00
3	技工学校学生	2472.92	11	供应处	5000.00
4	地调三处子弟学校	602.30	12	地调二处	210000.00
5	地调五处	60000.00	13	研究院	50000.00
6	地调四处	200000.00	14	特勘处	50000.00
7	地调三处	210000.00		合计	1019762.34
8	机械厂	20000.00			

1995年12月9日，实施了1992～1995年的奖励。授予物探中学、徐水子弟学校高考奖；授予地调二处幼儿园和地调四处子弟学校教育先进集体奖；授予4人教育先进工作者奖；授予3人班主任、辅导员奖；授予47人教师奖；授予16人教育科研工作者奖；授予70人学生奖；授予研究院教培中心、地调一处职工培训学校、特车厂人事科等职工教育集体奖；授予物探中学、徐水办事处幼儿园改善办学（园）条件奖。授予4人职工教育工作者奖；授予4人尊师重教开明领导者奖；授予1人尊师重教开明领导者特别纪念奖；授予5人尊师重教开明领导者纪念奖。

第十三篇
医疗卫生

综　述

物探职工的医疗卫生条件，在60年代的松辽地震会战时期比较落后，医疗水平也较低，六四六厂时期有所改善。1973年物探局成立后，医疗卫生事业逐步发展。到1997年末，全局有医疗床位487张，医疗设备设施齐全，医疗技术实力雄厚，年门诊量达41万人次。医疗服务机构分布于河北、河南、天津、新疆等省、市、自治区的石油物探生产生活基地，物探队配有专（兼）职医疗卫生人员。

1980年8月成立的卫生处，为全局医疗卫生管理机构，下设一个防疫站。

全局医疗卫生服务机构包括职工医院、卫生所、医务室等，1973年有6个，1985年有11个（其中职工医院1个、卫生所6个、医务室4个），1993年有23个（其中职工医院2个、卫生所10个、医务室10个、防疫站1个），1997年有12个（其中职工医院8个、医务室3个、防疫站1个）。全局形成了一个以局职工医院为中心的医疗卫生保健服务网络。

医疗卫生队伍不断成长壮大。1963年有医务人员20多人，建局时有80多人，1985年增至540人，1997年底增至937人（其中大学本科以上学历的122人、大专的103人、中专的254人）。

医疗卫生设备不断更新和完善。建局初到70年代末，全局医疗器械总价值约30万元。局职工医院成立初期只有少量国产医疗设备（如500毫安X光机、心电图机、显微镜等）和一些理疗设备。各指挥部卫生所也只有30毫安X光机、心电图机、显微镜等一些简单设备。80年代，全局共购置医疗设备114台（套），其中国产设备60台（套），进口设备54台（套），总价值为151万元。局职工医院除添置一些国产设备外，还从美国、日本、德国引进了不少医疗设备，如500毫安X光机、生化分析仪、心电监护仪、心电图机等。同时，各地调处及前身卫生所也配备了心电图机和300毫安X光机。90年代以后，物探局为职工医院配备了部分国外先进的医疗设备，更新了大部分原有的落后设备。其中为局职工医院购置设备87台（套），有德国产CT机、日本产1000毫安X光机、美国产彩色B超和中心监护仪等，使局职工医院的大型医疗设备总数达到122台（套），资产总额达到1800万元。局第二职工医院有大型医疗设备135台（套），其中进口设备72台（套），总价值1500万元。各地调处职工医院的医疗设备总计有150台（套），总价值达500万元。

医疗技术不断进步。局职工医院建院初期只能做切除阑尾一类的小手术，后来发展到能做难度较大的开胸、开颅等手术，心血管病治疗取得显著成效。90年代以后，职工医院每年抢救危重病人200人以上，抢救成功率在80%以上；全局医疗门诊量每年都在30万人次以上。1997年，全局医疗门诊418935人次，门诊诊断符合率98.6%，入院人数4292人，出院人数4335人，出院治愈率78.6%、好转率16.6%。

医学科研工作取得显著进步。医学科研成果中有16项在国内首次报导，8项在河北省内首次报道，6项获局科技进步二等奖，12项获局科技进步三等奖。在省级以上各类专业学术交流会、大学学报或专业期刊上交流或发表的论文累计达458篇。

计划生育工作，组织机构健全，政策规定落实，工作成效显著。1979年全局独生子女只有236名，1997年达5369名。全局计划生育率、综合节育率、孕外补救率、一孩领证率1993年到1997年连续五年实现了百分之百。

局职工医院1979年8月被石油部命名为大庆式企业（单位），1995年获国家二级甲等医院资质认证，被总公司评为石油系统“文明医院”。1996年11月，局职工医院与河北医科大学签订协议，建立了教学合作关系，成为河北医科大学临床教学医院。

物探局的医疗卫生工作，实行行政与业务协调管理体制。即行政上分别由局和二级单位直接领导与管理，业务上由局卫生处进行宏观规划与指导。物探局的医疗卫生工作者，认真贯彻国家医疗卫生工作方针和政策，面向生产，面向职工群众，为物探医疗卫生事业作出了贡献。

第一章　医疗卫生管理

物探局医疗卫生系统的医政管理工作，建局初期由医疗服务机构自身管理，1980 年后由局卫生处进行制度规划管理，到 1997 年进行专业化管理，经历了一个逐步加强和完善的过程。

第一节　管理机构与体制

物探局成立前，六四六厂卫生工作没有专设管理机构，均由各级卫生所（医务室）自行组织和管理，自行编制卫生工作计划并组织实施。

1973 年后，全局医疗卫生业务管理工作由局职工医院负责。建局初期，局属单位卫生所（医务室）行政上多隶属于各单位的后勤办公室（行政科），业务上仍实行自行安排与管理。医疗卫生管理基本上由各单位按照国家卫生工作方针、政策进行规划与管理。

1980 年 8 月，局卫生处成立，作为局机关职能部门负责全局医疗卫生工作的业务管理。1984 年卫生处内设综合办公室，有工作人员 4 人，负责全局的医政、药械、防疫管理和卫生统计工作。1992 年 3 月卫生处定编 7 人，主要职责是：负责全局医政、药政、计划生育、防痨防疫、食品卫生、工业卫生、环保监测、妇幼保健、环境卫生、医疗设备等管理；并负责制定全局医疗卫生工作计划，督促检查各项医疗卫生工作制度落实情况，定期检查和评价各单位的医疗卫生工作；组织临时性巡回医疗及疫情处理，负责医疗纠纷、医疗差错事故的调查和处理等。

1993 年 8 月，物探局下发了卫字第 239 号文件，规定全局医疗卫生工作，实行行业对口、系统管理；局卫生处负责全局医疗卫生系统的行政、业务管理；局职工医院、二级单位职工医院（卫生所）和物探队卫生保健室，组成物探局医疗卫生保健服务的三级医疗预防保健网络；局卫生处防疫站为物探局卫生防疫、监督、环境保护的专业管理机构。

1993 年 9 月，卫生处与第二职工医院合并，为“两块牌子”机构，列局属单位编制序列；卫生处下属的防疫站仍设在徐水，由局职工医院代管；将局计划生育委员会办公室设在卫生处。卫生处的主要职责是：负责全局医疗卫生业务管理、卫生防疫业务领导及全局计划生育管理等。局和局属各二级单位医疗机构，内设相应管理机构，加强自身业务管理。

1997 年 9 月，物探局对医疗管理体制进行改革，实行专业化管理、区域化服务。在涿州地区，将研究院、特勤处、物探学校、职工大学、综合服务处和建筑公司等单位的职工医院、卫生所整体划归第二职工医院管理；撤销多种经营管理处的卫生所和离退休职工管理处（老干部处）的中医门诊部。在徐水地区，将机械厂、仪器总厂和特车厂等单位的卫生所整体划归局职工医院管理。

第二节　管理制度

物探局的医疗卫生管理制度，经历了一个由初步建立到逐渐完善的过程。

在六四六厂时期及物探局成立初期，建立的制度主要有：消毒隔离制度、查对制度、处方制度、24 小时就诊制度及各项医疗技术操作规范等。80 年代以后，按照《全国医院工作条例、医院工作制度与医院工作人员职责》，结合物探局医疗工作实际，逐步建立健全了各项医疗制度和与医疗相关的行政管理制度。这些制度包括：医院的会议制度、行政管理工作制度、医务科工作制度、门诊工作制度、急诊工作制度、病房工作制度、手术和麻醉管理工作制度、医技科室工作制度、护理工作制度；医疗单位机关各科室工作职责、业务科室工作职责，以及各级管理工作岗位职责、各级业务技术人员岗位职责等。随着医疗卫生事业的发展，上述制度不断修改、完善，使物探局的医疗卫生管理逐步达到制度化、规范化。

第三节　经费管理

物探局实行劳保医疗制度。经费来源是企业福利基金中按工资总额 5.5% 提取的医疗经费；企业改革后，由企业利润留成中提取，不再列入成本。90 年代前石油物探职工享受免费治疗，职工家属享受半费；90 年代，逐步推行医疗制度改革。

1980 年以前，物探局对局职工医院按费用单位管理，其所需经费由局核拨核销。局属单位对其所属卫生所也均按费用单位管理。1980 年以后，局对局职工医院实行经济承包责任制，鼓励其向社会开放搞创收。并对第二职工医院实行大体相同的管理模式。

1980～1987 年，物探局先后对局职工医院实行工作任务、费用包干和工作任务、费用、奖金总额包干经济责任制。

1988～1996 年，物探局对局职工医院实行承包经营责任制。1988～1989 年实行工作任务、费用、奖金总额包干，经费结余全部留用。1990～1991 年实行费用包干，超支不补，节余返给医院作奖金、福利基金；实行质量否决。1992～1993 年实行有偿服务，费用差额补贴包干；局内外业务按规定收费，经费不足部分实行费用（含专项）差额补贴包干，超支不补；节余返给医院作发展、奖励、福利基金；工资总额包干。1994～1996 年实行工作任务、费用补贴包干，工资总额与对外劳务收入挂钩，经费节余分成。

1997 年，物探局对局职工医院开始实行资产经营责任制。局按资产经营指标对其进行考核；医院按局规定费率和国有资产占有额逐月上交资产占用费。

1994～1997 年，物探局对第二职工医院实行了与局职工医院大体相同的经济责任制。只是每年的经济责任制指标与考核办法有所不同。

局属单位的医疗经费，原则上由局核拨。对其推行何种经济责任制，由所在单位自行确定。

第二章　医疗单位

60 年代松辽地震会战时期，各参战单位建有卫生所（卫生室）。六四六厂时期建有卫生所。1973 年，物探局成立职工医院，1992 年物探局成立第二职工医院。1994 年，6 个局属单位在卫生所的基础上相继成立了职工医院。1996 年全局有医疗单位 22 个。1997 年，物探局为解体“小而全”，实现专业化管理、区域化服务，将全局医疗单位调整为 12 个。各医疗单位由小到大逐步发展，服务内容逐步增加，服务水平逐步提高。

1985～1997 年物探局医疗卫生机构、床位、人员情况见表 13－1、表 13－2。

表 13－1　1985～1987 年物探局医疗卫生机构、床位、人员情况统计表

年份	医疗卫生机构（个）					床位张数	人　员（人）					
	合计	职工医院	卫生所	医务室	防疫站		合计	卫生技术人员	其他技术人员	管理人员	工勤人员	临时工人
1985	11	1	6	4		198	546	423		51	66	6
1986	13	1	7	5		230	598	465	1	50	80	2
1987	12	1	5	6		226	579	456		44	77	2
1988	11	1	6	3	1	221	582	449		46	84	3
1989	15	1	6	7	1	245	686	536	1	56	90	3
1990	13	1	5	6	1	241	652	497	1	59	90	5
1991	16	1	7	7	1	294	776	604		54	113	5
1992	16	2	6	7	1	294	833	642	1	67	120	3
1993	23	2	10	10	1	319	888	699	7	44	135	3
1994	23	8	4	10	1	396	923	737	2	40	120	24
1995	23	8	4	10	1	419	961	765	2	48	127	19
1996	23	8	4	10	1	445	956	750	2	54	130	20
1997	12	8	0	3	1	487	956	717	11	93	116	19

表 13-2　1985～1997 年物探局卫生技术人员情况统计表　　单位：人

专业职称＼年份	1985	1986	1987	1988	1989	1990	1991	1992	1993	1994	1995	1996	1997
中医师	17	18	16	17	28	20	35	30	29	24	24	22	15
西医师	102	111	117	134	208	181	218	180	213	249	242	224	219
中西医师		1		10	8	15				23	24	21	6
护　师	9	17	7	77	108	97	108	117	115	143	147	142	127
中药师	1		1	7	14	16	15	14	14	13	14	14	12
西药师	2	5	3	16	29	24	28	32	31	36	38	39	35
检验技师	6	6	5	15	23	19	23	19	26	32	33	28	31
其他技师			1	8	14		26	19	21	19	19	21	12
中医士	6	6	4		1		1	1			3	4	2
西医士	67	69	70	25	11	12	16	31	44	35	45	63	64
护士	113	118	125	58	51	51	58	59	65	60	68	83	85
助产士	11	11	13	1	1	1	1	1	2	1	1	1	5
中药技士	12	14	11	2				2			2	1	1
西药技士	24	28	26	10	3	3	4	4	6	9	10	9	13
检验技士	16	17	23	10	4	5	6	4	4	4	7	6	7
其他技士	10	11	8	3	1			2	5	4	3	5	6
其他中医	1	1					1			1		1	
护理员	10	18	14	21	16	12	2	62	64	38	36	29	32
中药剂员		1	1	1	1				1			1	
西药剂员	2	2		5	5	3	13	13	14	13	13	6	7
检验员	4	4	2	2	3		6	7	7	9	8	6	6
其他初级卫生技术人员	10	6	8	20	16	18	15	35	38	24	27	33	32
合　计	423	464	455	442	545	477	576	632	699	746	764	759	717

第一节　局职工医院

一、建院前

1963 年 12 月，松辽地调处卫生所随处机关迁移到河北省徐水县，利用纺织厂旧厂房的部分房间开展诊疗工作，设有内科、儿科、外科、妇产科、放射科、药房等科室，并设化验室、供应室、挂号室、理疗室等。1965 年，卫生所迁到厂机关后院新建的一个四合院内，有 10 间病房，20 张病床。1971 年，卫生所搬到在原纺织厂旧址新建的一栋 500 平方米的平房内。

为适应医疗工作需要，1964～1971 年先后接收从北京铁道医学院、苏州医学院、上海铁道医学院、青岛医学院、河北医学院、阜新煤矿医学院等学院分配的大、中专毕业生 13 名，接收部队转业的卫生员 10 名，并从河北省保定地区招收学徒工 10 名。1972 年 10 月，从青海石油管理局职工总院调进 10 余名医务及管理人员，使卫生所人员达到 80 多名。

二、建院后

1973 年 7 月物探局成立后，在原六四六厂卫生所基础上成立了物探局职工医院。医院设门诊部，内设内科、儿科、外科、妇产科、中医科、理疗科、五官科、放射科、检验科、药剂科、供应室等科室，病房设有内儿和外妇两个病区，开设 50 张病床。主要设备有 200MA 型 X 光机、生物显微镜、牙科治疗台、电热消毒锅和部分理疗设备，配有两辆救护车。

1977 年，医院搬迁到原局招待所大楼，设院机关科室和口腔科、放射科及其他门诊科室，并设有内科病房、儿科病房、外科病房、妇产科病房和手术室、心电图室等。1979 年在住院楼东侧新建工字型门诊楼，原门诊部改为传染病房，这时全院病床数增加到 100 张。同时，新增加了上海产 500MA 型 X 光机、麻醉机、胃镜、心电图机和部分理疗设备。

建院初期，医院的技术力量薄弱，全院只有一名副主任医师和几名主治医师，主要开展一般的常见病、多发病诊治工作，外科也只能开展阑尾切除术、疝气修补术等一般手术。

1982年12月，建成住院大楼，全院病床增至200张。1987年建成内科病房大楼。这时医院分成6个病区，即内一科、内二科病区，外一科、外二科病区，妇产科病区，中医科病区，传染病科病区和五官科（部分）病区。1989年，建成门诊部大楼。门诊部设有内科、外科、中医科、儿科、妇产科、理疗科、口腔科、眼科、耳鼻喉科、肛肠科等诊断和治疗科室；基础科室设有放射科、检验科、心脑电图室、B超室、同位素科、供应室和中西药房等。医疗设备也随之增加了日产B超、美产全自动生化分析仪、血气分析仪、日产500MA遥控X光机、西德产监护仪等先进医疗设备，为开展优质的医疗服务创造了条件。

在医院的人才引进和开发上：一是从全国各地大中型医院陆续调入30多名具有主治医师资格以上的医务人员，作为技术骨干或学科带头人安排到各临床科室；二是连续接收从全国各大、专院校分配的50多名卫生专业毕业生，弥补了医技人员的短缺；三是加强医务技术人员素质的培训，有计划地分期分批选送专业技术人员到北京协和医院、北医三院等大医院进修学习，参加各种学术活动。通过多年系统化的人才培养，提高了医院的医疗技术水平。

至1990年，医院整体医疗技术水平出现了新的突破和进展：内科心脑血管专业运用蛇毒溶栓疗法治疗心梗、脑梗疾病，以及运用体外动静脉血栓监测技术成为医院的特色技术；对呼吸系统、消化系统和神经内科方面疾病诊治的能力有了增强。普外科对胃大部切除术、胆肠吻合术、乳腺癌改良根治术、甲状腺癌手术、甲亢手术等技术的掌握和运用明显成熟。骨科突破了四肢骨折以内固定术为主的医疗技术关。妇产科开展了妇科常见病诊治和子宫肌瘤手术、剖腹产术等。儿科熟练运用医疗技术开展新生儿疾病抢救等。五官科、中医科、肛肠科等均能以较好的医疗技术解除患者病痛。医技科室不断为医疗诊断提供辅助服务，扩大服务项目：检验科从开展“三大”常规检测到完成临检、生化、细菌监测等项目；放射科从常规透视、拍片到胃肠造影；心电图、B超科室从一般检查到疾病的科学定性、定位等，均在技术上有了质的飞跃。

1990年后，特别是引进了日产遥控1000MA型X光机、德国西门子公司生产的CT机、日产电子胃镜、美产彩色B超、中心监护仪、多功能麻醉机、颈颅多普勒、24小时心电监护仪等大型先进医疗设备以后，医院的整体医疗技术水平上了新的台阶。内科专业在心血管疾病诊治方面由单一采用蛇毒治疗心梗发展到用尿激酶、克塞灵溶栓，提高了溶栓率和抢救成功率；在呼吸系统疾病诊治方面使用了呼吸机辅助治疗和支气管镜检查；在神经内科方面运用CT机提高了脑血管病的正确诊断率和抢救成功率；中心监护仪的使用提高了对危重病人的抢救成功率。外科由原来的普外和骨外细分为普外、胸外、泌尿外科、脑外和创伤骨科，提高了专业化程度，扩展了专业领域，手术范围及难度较1990年前大大增加，高新技术和复杂技术的掌握和运用已经成熟，积极开展了门脉高压联合断流术、胃癌根治术、食道癌根治术、肺癌肺叶切除术、前列腺摘除术、膀胱癌根治术、颅脑手术、脊椎手术及骨微外科手术，并引进显微外科镜开展人工晶体植入术、引进电子纤维喉镜开展乳突根治术。肛肠科开展了直肠癌手术、低位直肠癌和保肛手术。传染科在肺结核、肝炎、肝硬化等疾病的治疗上掌握了成熟有效的治疗方法等。医技科室积极利用先进设备与临床科室配合，开展了介入治疗、胃肠造影、静脉肾盂造影、逆行性肾盂输尿管造影、椎管造影等。检验科开展了自动化分析、血流变检测、血气分析等。

医院的综合医疗水平明显提高，科技成果大量涌现，先后获得局一等奖1次，二等奖4次，三等奖二次。眼科主治医师符海城，为解除患者病痛，勤奋学习，刻苦钻研，不断运用新技术。他开展的眼科人工晶体植入术，达到省级医院的水平，在二甲医院评审中受到评审专家的高度重视，被评为1994～1995年度物探局劳动模范标兵，并获“把光明带给患者的白衣战士”称号。外一科主任刘常利，刻苦钻研医疗技术，不断开拓进取，视病人如亲人，廉洁行医，被评为物探局1996～1997年劳动模范标兵，并获“救死扶伤，刻苦钻研的好医生”称号。

医院的经营管理由单一粗放式的经验管理向科学化管理迈进，逐步形成围绕“两个观点、三个建设”（面向基层和优质服务的观点，职能、组织、作风建设）的管理模式。一是要求管理科室和后勤服务系统牢固树立为临床一线服务的思想。二是明确职责范围及相应的分工，培养业务骨干，提高管理水平，提倡忠于职守、廉洁奉公、讲求实效的工作作风。三是广泛开展以增收节支为主要内容的增效活动，加强对车辆、医用材料、大型医疗设备的使用与管理，降低消耗，开展成本效益分析，提高服务效益。四是加强职业道德教育，严格执行《廉洁行医守则》、《医务人员医德医风规范及实施细则》，特别是对临床、门诊等科室进行窗口形象建设，开展文明用语活动，提高医院声誉。五是大力开展达标升级工作，使医院主要医疗技术指标在国内同类职工医院中处于上等水平。1995年职工医院获国家二级甲等医院资质认证，被总公司评为石油系统“文明医院”。1996年11月与河北医科大学签订协议建立教学合作关系，成为河北医科大学临床教学医院。

经过20多年的建设和发展，局职工医院已成为一个融医疗、教学、科研、保健于一体的综合性的职工医院，医疗设备设施齐全先进，技术力量雄厚。1997年底，全院共有职工371人，其中长期工364人，临时工7人；卫生技术人员239人，管理人员40人，具有高、中级技术职称的79人。设置病床255张。设有内一科、内二科、普外科、骨外科、妇产科、儿科和传染科等7个病区。临床科室有：内科、外科、妇产科、手术室、急诊室、中医科、儿科、传染科、放射科、理疗科、药剂科、制剂室、检验科、皮肤科、肛肠科、五官科、CT科、功能科、设备科、供应室等。机关后勤科室有：院办公室、院党委办公室、工会、医务科、护理部、门诊部、劳资科、财务科、器械科、总务科、保卫科、离退休职工管理科等。下设仪器总厂门诊部、机械厂门诊部、特车厂门诊部。年完成门诊10万多人次，收治住院病人近3000人次，完成健康检查1000多人次，抢救危重病人300余人次；抢救成功率为87.8%，正确诊断率为99.2%，治愈好转率为94.7%，病死率为1.4%；病床使用率达62.5%，病床工作日为228.7日，平均住院日14.1天。

第二节　局第二职工医院

一、建院前

1976年，物探局在涿县驻地成立了机关医务室，时有5名医务人员。1980年，局将机关医务室调整为局机关卫生所，隶属于局卫生处。1987年，卫生所人员增加到53名，其中医务人员45名，管理人员8名；内设内科、儿科、外科、妇科、中医科、放射科、检验科、口腔科、耳鼻喉科、理疗科、老干部保健科、中西药房组和防疫办公室等；主要医疗设备有5台（套），包括300MA型X光机、进口显微镜、进口心电图机等。卫生所主要服务对象为局机关职工和家属，年门诊约6.5万人次。

二、建院与发展

1992年3月4日，物探局第二职工医院（简称二院）成立，为局下属处级单位。同日，基地管理处所属的局机关卫生所划归二院。在医院新楼未正式投入使用前，院机关暂设党总支办公室、院办公室和医务办公室。建院初期，二院按照“扩建、充实、提高、打好医院开办基础”的方针，建立了管理网络，修订了规章制度，调入、培训技术骨干40余名，对新购进的24小时动态心电图和自动生化分析仪等大型先进设备及时安装使用，并定期从北京各大医院聘请专家到院讲课、会诊、示教、查房、指导手术等。到年底，全院职工总数达179人，其中有中级以上专业技术职称的49人（高级5人、中级44人）。当年完成门诊56321人次，手术46人次，抢救9人次，留住观察1701人次，健康检查1799人次。

1994年2月，二院从局机关一号院迁至局机关五号院。二院按照局领导“高起点、严要求、创优质服务、建文明医院”的要求，紧紧围绕医疗服务这个中心开展各项工作。加强了组织和制度建设，成立了院务委员会、精神文明建设委员会、资金预算委员会、爱国卫生委员会、计划生育委员会、医院感染管理委员会、医疗技术委员会等13个委员会，增订了三级医师查房制度、交接班制度、病案讨论制度、医护查对制度、医德考评制度等。

1994年10月，二院设院办公室、党委办公室、院工会、劳动人事科、计划财务科、医务科、护理部、器械设备科和总务科等职能科室（部门），下设内科、外科、妇产科、儿科、中医科、五官科、放射科、检验科、功能科、理疗科、门诊部、药技科、预防保健科等13个专业技术科（部）。二院病床规模150张，定员编制260人，其中院本部定员225人，其他服务项目（为局机关一、四、六号院派出医护服务、卫生防疫、计划生育、大型设备维修、热交换站、集中供氧等）定员35人。二院主要职责范围是：负责涿州地区局属单位职工、家属的医疗服务和未设医疗机构单位的预防保健工作；负责局确定的院外巡回医疗、会诊抢救、体检、疾病普查；向局机关一、四、六号院派出医护人员，负责相应的医疗、保健、康复服务工作。同时，在确保对内服务情况下，积极开展对外有偿服务，逐渐减轻局费用负担。

1995年，二院提出“转机制，抓质量，练内功，增效益，强化管理，争创二级甲等医院”的奋斗目标，。并以提高医疗技术为重点，以抓医疗质量为中心，做好创建文明医院和二级甲等医院的各项工作，努力提高急救、诊治水平。

经过四五年的建设，二院已成为一个医疗设备现代化、技术力量雄厚的综合性职工医院。到1997年底，二院共有职工327人，其中卫生技术人员211人、行政后勤人员51人。在卫生技术人员中，有大学本科学历的45人、大专学历的38人、中专学历的95人；从事医疗专业的77人、护理专业的82人、药剂专业的14人、医技专业的35人；具有高级技术职称的15人、中级职称的45人。设置床位150张，开放使用120张。设有内科、外科、妇产科、儿科、综合科病房（干部病房）等5个住院病区，病区内设有集中供氧系统及CCU中心监护病房。全院设置25个科室，其中机关后勤服务科室有党委办公室、院办公室、院工会、医务科、护理部（含供应室）、门诊部、劳资科、器械科、财务科、总务科、安全保卫科和膳食科；临床科室有内科、外科（含手术室、肛肠室、皮肤科）、妇产科、儿科、中医科、五官科（分口腔科、眼科和耳鼻喉科）、理疗科（含按摩、针灸）、功能科、检验科、放射科、药剂科（有西药房、中心药房、中药房）和预防保健科，并开设肠道传染病门诊和消化内镜诊治中心等。二院有各种医疗设备208台（件），总价值1487万元。心血管疾病检查、诊断和治疗方面的成套设备有24小时动态心电记录仪、活动平板运动跑台（心脏能级测定仪）、自动分析心电图机、激光血管内照射仪等；功能检验方面的主要设备有胫颅多普勒诊断仪、彩色多普勒B型超声诊断仪、脑电图机、电子胃镜、十二指肠镜、结肠镜及配合电子内镜治疗用的高频电刀等；妇科病诊治方面的主要设备有近红外线乳腺诊断仪、乳腺治疗仪、波姆治疗仪等；检验方面的设备主要有全自动生化分析仪、酶标仪、尿十项自动分析仪等；放射诊断设备主要有荷兰产菲利普D961000 MA型X光机、300MA型X光机和德国西门子公司生产的AR－T型计算机断层扫描CT机等。二院年完成门诊8万多人次，急诊1500多人次，健康检查3000多人次，收住院1500多人次，手术230多人次，抢救危重病人近百人次；抢救成功率达87.4%，正确诊断率为99.5%，治疗好转率为96.7%，病床使用率为38.1%，病死率为0.85%。

二院五官科主任、副主任医师邱继贤，医术精湛、医德高尚，受到了广大患者的赞扬，被评为1996～1997年度物探局劳动模范标兵，并获“牢记党的宗旨，一心为患者服务”称号。

第三节　二级单位职工医院

局属二级单位职工医院，包括5个地调处和研究院职工医院。这些医疗单位在行政上由所在单位领导和管理，在业务上由局卫生处指导与管理。

一、地调一处职工医院

地调一处职工医院，位于地调一处院内。起初是六四六厂勘探一团卫生所。1973年称第一指挥部卫生所，隶属于行政科，有医务人员10人，占用平房10间。1984年，卫生所被调整为第一勘探公司直属单位。

1986年7月，改名为地调一处卫生所。为不断改善医疗条件，物探局和地调一处先后给卫生所配备了心电图机2台、显微镜2架、200MA型X光机1台、日产B型超声诊断仪1台，并建设了一幢1000平方米的二层楼房，设病床8张。至1991年，卫生所年均门诊量近3万人次，日最高门诊处方量达150张；医务人员增至36人，其中12人有中级专业技术职称；设有内科、外科、妇产科、中医科、注射室、中西药房、检验室、B超室、心电图室、放射室、理疗室、挂号收费室及计划生育办公室等，并建有抢救室；除开展一般常见病、多发病的诊治外，还开展了心脑危重病人抢救工作。

1993年12月1日，卫生所改建为职工医院。当时有职工38人，其中有大中专以上学历的35人，中级以上专业技术职称的10人。医院设有院办公室、医务办公室、内科、外科、儿科、中医科、妇产科、放射科、口腔科、化验室、理疗科、防疫室、供应室、B超室、心电图室、护理办公室、治疗室、抢救室等科室。医院添置了SDNDS100CB型超声诊断仪、心电监护仪、RG－IB血流图仪、牙科综合治疗仪、血流变仪、4210尿液分析仪、4010生化分析仪、频谱治疗仪、CX－Ⅲ多功能电脑手术治疗仪、心电图仪、乳腺增生诊断仪、600MA型X光机等先进医疗设备。

1994年，门诊就诊人数为19885人次、收住院272人次、抢救危重病人3例、放射检查2558人次、检验2877人次、理疗781人次、心电检查688人次、B超检查1379人次、完成职工体检2325人次、计划免疫 1002 人次。

二、地调二处职工医院

地调二处职工医院位于地调二处院内，起初是六四六厂勘探二团卫生所。1973 年物探局成立后为第二指挥部卫生所。1993 年 11 月，地调二处卫生所改名为职工医院。1994 年 10 月，地调二处职工医院被评为卫生部“一级甲等医院”，并授匾牌。

（一）人员情况

1973 年，第二指挥部卫生所有医务人员 10 人，均为部队转业的卫生员和经过短期培训的卫生员，主要负责对常见病、多发病进行门诊处理。1982 年，卫生所职工增加到 33 人，其中医务人员 29 人（上海医学院工农兵学员毕业生 3 人，大学本科生 1 人，中专生 25 人）。1983～1995 年，陆续接收大中专院校毕业生及从地方调入的医务人员共 23 人。地调二处职工医院 1995 年有职工 60 人，其中有中级专业技术职称的 9 人、初级专业技术职称的 44 人；1997 年有职工 57 人，其中卫生保健人员 54 人。

（二）设备设施

卫生所成立初期，有平房 8 间，门诊设有内科、外科、注射室及药房，医疗设备仅有一个手提式高压灭菌消毒锅，并配有一辆救护车。

1975 年，物探局给卫生所调拨一台显微镜，成立了化验室。

1976 年，物探局给卫生所调拨一台 30MA 型 X 光机。

1979 年，卫生所添置了分析天平、恒温水温箱、干燥箱、721 光电比色计等，开展生化检验。

1880～1993 年，卫生所陆续增添了电子导入仪、电子仿生信息治疗仪、神灯治疗仪、频谱治疗仪、电脑中频仪、氦氖激光仪、超短波仪、300MA 北京产 X 光机、心电图机、B 型超声波显示仪、血流图仪、B 超记录仪、稳压器、齿轮综合治疗台、齿轮高速涡轮机、牙科治疗椅、茂福炉、压模机、综合治疗机、齿科 X 光机等医疗设备。

1994 年，二处医院增添了双目显微镜、血红蛋白仪、电热恒温干燥箱、分光光度仪、日产欧林帕斯胃镜等。1996 年新建医疗用房 4068 平方米。

到 1997 年底，地调二处职工医院的病床增设到 36 张，医疗设备设施进一步完善。

（三）医疗业务

地调二处职工医院（含前身卫生所）随着规模不断扩大，医疗诊断技术不断提高。1983 年增设口腔科，开展了口腔常见病治疗和手术；1985 年底增设耳鼻喉科，开展耳鼻喉科常见病治疗和手术；1992 年设立胃镜室，开展胃部疾病的诊治工作。

外科医疗技术，从 1987 年底地调二处卫生所在院外专家指导下完成首例阑尾炎手术起到 1997 年，地调二处职工医院不仅能独立开展阑尾炎切除术、疝气修补术，而且在院外专家指导下还开展了胆囊结石、甲状腺、子宫切除、乳腺癌等大型手术，且都达到较好效果。

内科医疗技术，从初期的简单门诊处理常见病，已发展到抢救多例大面积心梗、脑血管意外和各种急性中毒病人，并能对恶性组织细胞瘤等部分罕见病例做出正确诊断。

1989～1995 年，地调二处职工医院（含前身卫生所）完成门诊 177751 人次，其中内科 74121 人次、儿科 24983 人次、外科 19357 人次、中医科 24997 人次、妇科 7883 人次、五官科 26410 人次，手术 588 人次，抢救危重病人 148 人次，放射科 25047 人次，化验 30388 人次，心电图、B 超 8661 人次，住院病人 1275 人次。

三、地调三处职工医院

（一）正定基地职工医院

正定基地职工医院，位于地调三处正定基地，起初是华北石油地震会战第三指挥部卫生队，后改名为物探局第三指挥部（地调三处）卫生所，1993 年 8 月改建为职工医院。

（1）机构设置及设备设施。卫生所成立初期，有 10 间平房，面积约 150 平方米；设有内科、外科、心电图室和化验室；主要医疗设备配有听诊器、血压计、心电图机和显微镜等。

1980 年，卫生所增设妇科、儿科、中医科和住院部，医疗设备主要有产床、吸引器、波姆激光治疗仪、自动洗胃机、心脏除颤仪、手术床、无影灯等。

1981 年，三指投资 100 万元，为卫生所建房 1100 平方米，其中楼房 800 平方米、平房 300 平方米。当年卫生所设立急救室。

1982 年，卫生所增设放射科，配备 200MA 型 X 光机，后又配备了一台 500MA 型 X 光机。

1983 年，卫生所设立五官科，配备牙科综合治疗机等。

1984 年，卫生所化验室配备离心机、电热恒温干燥箱、培养箱、生化培养箱、分析仪等设备。

1985 年，卫生所设立 B 超室、理疗室，并配置了 B 超机、脑电图机、按摩床、频谱治疗仪、红外线治疗灯、氦氖激光治疗仪等。

1987年，卫生所设立骨伤科。

1991～1992年，卫生所先后增添了心电图机和电脑乳腺检查仪。

1993年8月，职工医院设有内科、外科、骨伤手法科、中医科、儿科、妇产科、理疗科、五官科、B超室、心电图室、化验室、放射科、手术室、急救室、护理部等。

1997年，地调三处投资410万元，修建了正定基地职工医院大楼，建筑面积3900平方米。

(2) 人员培训。为了提高医疗技术，从1980年开始，每年有计划地送专业技术人员到正定县医院、石家庄市的大医院进修学习，培训课目主要为妇科、儿科、内科、外科、急诊等，累计培训医务人员40多名；并组织了定期“三基训练”(基础知识、基础理论、基本技能)，提高了医务人员的业务水平。

(3) 中医骨伤科。该院（所）的中医骨伤科自1976年6月到1993年10月采用传统手法对49039例患有颈椎病、胸腰椎间盘突出、各类闭合性骨折及软组织损伤的病人（包括来自香港、台湾省的患者）进行临床治疗，均取得了良好效果。

(4) 医疗工作量。1988～1997年，地调三处正定基地职工医院（卫生所）医疗工作量情况见表13－3。

表13－3　1988～1997年地调三处正定基地职工医院（卫生所）医疗工作量统计表

年　份	门诊人次	治愈率（%）	观察病人	住院病人	治愈率（%）
1988	26400	80	906	95	90
1989	31900	80	1256	105	90
1990	37336	80	1449	120	90
1991	33950	85	1834	120	95
1992	31000	85	1950	112	95
1993	32000	85	1780	156	95
1994	33998	80	5644	130	90
1995	36570	85	5850	110	95
1996	39552	85	1650	119	95
1997	25769	85	1900	100	95

（二）库尔勒基地职工医院

(1) 医疗机构及设备设施。1978年5月，第三指挥部南疆前线会战指挥部在莎车县党校机关驻地成立医务室，有两间平房，医疗设备仅有听诊器、血压计和高压消毒锅等。1982年，医务室增添单导心电图机。同年底医务室6名人员从莎车县迁至库尔勒基地，其余人员留守莎车。

1983年10月，医务室留守莎车的人员和设备全部迁到库尔勒后，医务室改名为卫生所。卫生所有平房5间，医疗设备配有显微镜、分光光电分析天平、离心机、电冰箱、尿十项测定仪、血球计数仪、血球稀释仪和旋转式血液流变仪等。

1985年，卫生所设立预防保健室。

1988年，卫生所有平房24间（面积500平方米)，设立中医科。

1989年，卫生所设立心电图室和放射科，配置了光电三导心电图机、200MA型X光机、乳腺红外线扫描仪、动态心电图机和500MA型X光机等。

1991年8月，库尔勒基地卫生所改建为职工医院，设立外科、理疗室和B超室，配置了冷光十二孔灯、全液压综合手术床、麻醉机、超短波治疗机、频谱多功能治疗机、B型超声诊断机、脑血流图仪等。

1992年底，职工医院设立五官科，配置了超声洁牙仪、五官科检查器、银汞调和机、光固化机和标准对数视力表等。

1993年，职工医院设立门诊部和住院部。门诊部设有内科、外科、中医科、儿科、五官科、理疗科、急救室、化验室、心电图室、放射科、B超室等；配置了抢救床、心电监护仪、急救自动洗胃机、心肺复苏仪等。

1994年10月，职工医院住院部迁入一幢面积约1000平方米的二层楼，设病床20张。

1995年10月，职工医院设立妇产科，配置了综合产床、激光治疗机、人工流产刀包、骨盆测量器、上环器等。住院部设在家属区的一排平房内，有病床15张。

(2) 人员及技术素质。1978年成立医务室时有职工4人；1983年改为卫生所时有职工8人；1997年底，职工医院有职工37人，其中具有中级专业技术职称的4人。1978～1997年，地调三处库尔勒基地职工医院（卫生所）职工及技术素质情况见表13－4。

表13－4　1978～1997年地调三处库尔勒基地职工医院（卫生所）职工及技术素质情况统计表

年份	人数	其中		年份	人数	其中	
		中级职称人数	初级职称人数			中级职称人数	初级职称人数
1978	4			1988	15		6
1979	4			1989	18	2	6
1980	6			1990	20	2	8
1981	6			1991	26	2	10
1982	6			1992	29	2	13
1983	8			1993	35	2	14
1984	10			1994	39	3	13
1985	11			1995	41	3	15
1986	12		1	1996	43	4	17
1987	14		4	1997	37	4	13

(3) 人员培训及医疗服务。1980年以后，每年选派医务人员到北京、乌鲁木齐及当地的大医院进修，累计培训50余人次；并多次请北京、石家庄、乌鲁木齐等地的专家到院讲课，同时加强“三基”训练，不断提高医疗技术水平。1993年6月，医院收住一位烧伤病人。患者腰背部、腹壁、双上肘、双手掌烫伤，以Ⅰ度、浅Ⅱ度为主，小面积为Ⅱ度，总面积约30%，渗出较多，水泡大小不等，无法仰卧。经半个月的精心治疗和护理，患者顺利通过休克期和感染期。1994年6月，职工医院现场抢救一例支气管炎特重患者。患者当时哮喘气急、烦躁不安、呼吸困难、生命垂危，经过两个小时的抢救，转危为安，住院一周后病愈出院。1996年7月，职工医院收治一例烧伤病人。患者面部、双前臂、两大腿正侧面烧伤，面积达25%，其中浅Ⅰ度烧伤总面积为10%，浅Ⅱ度烧伤面积为11%，右大腿有一面积25平方厘米的皮脱落，经10多天的抢救和治疗，治愈出院。1991～1997年职工医院完成医疗工作量情况见表13－5。

表13－5　1991～1997年地调三处库尔勒基地职工医院医疗工作量统计表

项目 年份	诊疗人次	观察病人（次）	住院人次	治愈率（%）
1991	17000			
1992	19000			
1993	20007	2124	78	99
1994	23001	2545	66	99
1995	25342	5344	56	98.5
1996	27442	7058	37	98
1997	28924	6460	22	99

四、地调四处职工医院

地调四处职工医院，位于河北省霸州市地调四处院内，起初是第四指挥部（地调四处）卫生所，1995年改建为职工医院。1979年卫生所成立初期有平房9间（面积约180平方米）、职工6人，只能处理一般常见和多发病症。

1981年，卫生所职工增加到30人，医疗设备较前有所改善。

1983年，卫生所迁到一座四合院（平房，面积1200平方米），职工增加到41人，设有内科、儿科、外科、妇科治疗室，配备了心电图、X光机、显微镜等设备，设立了输液室，开展了住院病人治疗和观察工作。

1995年初，地调四处卫生所改名为职工医院，内设门诊部，医务科，内、外、妇、儿诊室及检验室，B超心电室，X光室，理疗室等。

1997年底，地调四处职工医院有职工31人；内设门诊部、住院部。门诊部设有内科、儿科、外科、中医科、妇科和手术、透视、化验、理疗、B超、心电图室等科室，住院部设病床25张。1997年，医院诊疗39628人次，其中门诊20320人次、收住观察289人次、门诊手术98例、功能检查1449人次、放射2346人次、检验8163人次、中西药处方20310人次、健康检查865人次。

五、地调五处职工医院

地调五处职工医院，位于地调五处院内，起初是六四六厂普查大队卫生室（所），后改名为地调五处卫生所，1994年10月改建为职工医院。

1972年8月，卫生室成立时只有1名医务人员。

1980年，卫生室职工增加到9人，成立了心电室、化验室。当年完成门诊13347人次。

1981年，卫生室改名为卫生所，有职工12人。

1983年，卫生所设有中医门诊、内儿科门诊、临时手术室，以及化验、心电图、观察室等。

1994年10月，卫生所改建为职工医院，职工增加到22人，其中卫技人员19人（具有中级专业技术职称的6人、初级专业技术职称的11人）；科室设有内科、中医科、理疗科、供应室、化验室、心电图室、X光室、防疫门诊、住院部（设病床10张）；设备配有日产6151心电图机、生物显微镜、国产FX101B心电图机、日产MA－4210型尿分析仪、国产200MA型X光机、生物频谱治疗仪、721分光光度仪等。全年完成门诊9640人次，收住院18人次。当年中秋节前夕，地调五处84名职工家属因食蜡样芽胞杆菌污染的月饼而发生集体食物中毒，在局职工医院帮助下，经24小时抢救，73人痊愈，11人转局职工医院治疗。

1996年，医院有职工30人，其中卫生技术人员26人，中级专业技术职称的7人；大学专科以上学历的4人、中专的15人。6月，该院迁入1600平方米的新建医院大楼，增设妇产科、B超室、抢救室，并配置了简易急救呼吸机、便携式心电除颤监护仪、吸痰器、急救车等急救设备。全年完成门诊1745人次，住院182人次。

1997年，职工医院成立了口腔科，配置了牙科综合治疗仪，完善了检验室，增添了R－20型血粘仪、4010半自动生化仪、火焰光度仪、CHR－213显微镜、PC－640末梢血球计算器、电脑中频、电脑骨质增生治疗仪、超短波仪、M1772A三导心电图机、M63－4500MA型X光机等设备。全年完成门诊3781人次，住院37人次，健康检查1167人次。

六、研究院职工医院

研究院职工医院，位于研究院院内，起初是1978年3月成立的医务室。当时有职工7人，医疗设备仅有听诊器、血压计、体温计、注射器等，承担研究院1000多名职工和家属的医疗保健。

1979年，研究院医务室调整为医务所，职工增加到21人，设立了内科、外科、儿科、妇产科、口腔科、五官科、中医科、放射科、化验室、理疗室等，设病床6张，建立了观察室。

1981年，医务所改为卫生所。

1986年，卫生所增设防保科、B超室、手术室等，职工增加到44人，病床增至10张，陆续增添了X光机、B型超声诊断仪、超声心动仪、心电图、电动流产器、全套牙钻、牙椅、牙科治疗台、半自动生化仪、血流变测试仪、脊柱牵引康复床、电脑多功能电疗仪等治疗检测设备，用房面积增加到2000平方米。

1993年9月，研究院卫生所改建为职工医院，增设住院部（用房面积400平方米），设病床20张。

1997年5月，局将研究院职工医院划归第二职工医院。

从1979年开始，研究院医务所实行24小时值班制，平均每日门诊量为100～120人次，对一些年老体弱、行动不便的重病患者送医送药上门。

1989～1997年研究院职工医院（卫生所）医疗工作量见表13－6。

表 13-6　1989～1997 年研究院职工医院（卫生所）医疗工作量统计表

年份＼项目	门诊（人次）	放射（人次）	检验（人次）	药房处方（张）	理疗（人次）	注射（人次）	心电图（人次）	抢救危重病人（人次）	住院病人（人次）	体检（人次）
1989	40780	2107	21527	42828	5265	19746	318	67	107	912
1990	44212	1447	14128	45136	3676	14820	784	37	64	1784
1991	52604	2455	16422	52518	4760	22153	217	106	41	2687
1992	44562	1427	11273	62487	3921	18569	230	9	67	1823
1993	43322	2261	9108	74924	2094	27901	486	8	119	1409
1994	35994	3139	26475	70404	1760	23921	589	27	216	1034
1995	31704	1923	21242	54189	1774	27381	1030	55	247	812
1996	22277	1914	13005	56342	1734	19669	544	51	261	1544
1997	31155	1199	11063	45425	3502	24819	494	24	256	155

1978～1997 年间，研究院职工医院（含其前身）经过医务人员的共同努力，圆满地完成了各项医疗卫生保健任务，从 1988 年到 1997 年，连续 10 年被评为院双文明集体。

第四节　卫 生 所

局属单位卫生所，包括机械厂、仪器总厂、职工大学、物探学校、建筑公司、技工学校等单位的卫生所。这些医疗单位在行政上由所在单位领导，在业务上由局卫生处指导与管理。

一、机械厂卫生所

机械厂卫生所，位于机械厂院区，起初是松辽地调处机修站卫生所，后改名为六四六厂机修厂卫生所。1963 年底，卫生所有 3 名医务人员，以血压计、听诊器为医疗辅助手段，对患者只能施以常规处置或转院治疗。

1965～1971 年，卫生所有职工 5 人，1972 年增加到 10 人。

1974～1986 年，卫生所添置了 X 光机、心电图机及临检设备，开展了透视拍片、心电图检查、三大常规和肝功能检查，并设立观察床 2 张。

1986～1992 年，卫生所有医务人员 12 人，其中中级职称的 5 人，初级职称的 7 人。

1996 年，卫生所设观察床 5 张，添置了高频电疗机、心电图机、急救呼吸机等，除处理常见病、多发病外，还开展了对心脑血管病的治疗。

1997 年 9 月，物探局将机械厂卫生所划归局职工医院。

二、仪器总厂卫生所

仪器总厂卫生所，位于仪器总厂院区，起初是地调指挥部仪修站卫生室，后改名为六四六厂仪修站（厂）卫生室。1964 年有医务人员 3 人。

1970 年，将卫生室改为卫生所，职工增加到 15 人，其中医师 3 人、医士 12 人。配有心电图机、显微镜等设备，医用房屋 7 间（约 150 平方米）。

1989 年，卫生所迁入单身楼一楼，用房 20 间（面积约 400 平方米）。

1996 年，卫生所职工增加到 24 人，设有内科、外科、儿科及理疗、化验、预防保健等科室，设有病床 20 张。增加了心电图机和临检、生化检验等设备，用房面积增加到 2180 平方米。

1997 年 9 月，物探局将仪器总厂卫生所划归局职工医院。

1964～1970 年，卫生室（所）主要开展包扎小伤口、换药及一般的注射治疗，对一些常见病进行门诊治疗。

1971～1996 年，卫生所主要开展对常见病、多发病的诊治，并扩大化验、生化、理疗和现场急救工作。1996 年门诊 26245 人次，化验 346 人次，注射 1105 人次，输液 1853 人次，心电图 228 人次，健康检查 1485 人次；抢救危重病人 18 人次，包括脑出血（1 例）、大面积及脑干部分梗塞（1 例）、冠心病、心衰、肺心病心衰等数例，无一例死亡。

三、特车厂卫生所

特车厂卫生所，成立于 1978 年，位于特车厂院区。当时只有一间房屋，临时处理一般的小伤小病。1992 年开展了输液治疗。1995 年，有医务人员 4 人，增添心电图机、生物频谱治疗仪各一台。卫生所年均门诊量 3000 余人次。

1997年9月，物探局将特车厂卫生所划归局职工医院管理。

四、物探学校卫生所

物探学校卫生所，位于物探学校院区，其前身是1979年成立的校医务室，当时只有一名医生。

1981年，医务室改名卫生所，隶属于校行政科，有职工6人，主要负责学校教职工、家属和学生常见病、多发病的防治工作。1984年，卫生所有职工10人，完成门诊3000余人次。

1986年，卫生所添置了心电图机和小型理疗设备，担负物探学校院区4000余名职工、家属和学生的常见病、多发病的防治及其保健工作，以及急症病人的抢救和学生及教职员工的一般体格检查。

1997年9月，物探局将物探学校卫生所划归局第二职工医院。

五、建筑公司卫生所

建筑公司卫生所，位于建筑公司院区，其前身是1981年成立的基建大队卫生室，当时只有一名医务人员。

1986年，卫生室改名为卫生所，有4名医务人员，用房5间。

1990年，卫生所迁至大院门口附近的平房小院，有房15间，增添了心电图机和常规化验等设备。

1991年，卫生所抢救危重病4人次，化验117人次，做心电图328人次。

1997年9月，物探局将建筑公司卫生所划归第二职工医院。

第三章　医 疗 服 务

第一节　机关基地医疗服务

1979年，全局14个医疗卫生单位改进医疗服务态度，提高医疗质量，开展卫生防疫和工业卫生检查工作。仅据局职工医院和局机关涿县卫生所统计，全年为职工、家属门诊13.08万人次，预防3万多人次，体检1.1万人次。

1981年，全年职业病普查455人次，已婚妇女防癌普查1212人次。职工医院门诊77485人次，收住院病人1470人次，正确诊断率达95.7%，临床治愈率达88.9%，死亡率占1.0%，全年外科手术152人次。

1982年，全局医疗卫生单位为340名育龄妇女做了检查，为13148人打了防疫针。职工医院全年收住院病人1676人次，正确诊断率达97.8%，临床治愈率达91%，死亡率占1.5%。

1983年，全局医疗卫生单位为职工体检6977人次，其中为先进生产者、中年知识分子、独生子女、妇女、有毒有害工种操作人员共2294人做了检查，并建立了健康档案；卫生防疫6094人次。局职工医院全年收住院病人2328名，正确诊断率达99.3%，临床治愈率达89%，死亡率占1.3%。

1984年，全局17个医疗卫生单位门诊56万人次，入院和收住观察病人3604人次，抢救危重病人423人次；完成6854名少年和儿童各种疫苗的接种工作；防痨普查近2万人次。

1975～1984年局职工医院完成的主要工作量情况见表13－7。

1986年，局职工医院和各卫生所（室）完成门诊41.37万人次；职工体检率达64.4%；为3440名女职工和家属进行了乳腺癌普查；加强计划防疫，防止或控制了传染病的流行。局职工医院全年收住院病人2500名，正确诊断率达99.5%，临床治愈率达85%，病床周转率12.6次。卫生所收住观察病人961人次。为有毒有害作业场所的职工建立健康档案，建档率达93.7%；进行了地震作业劳动卫生调查，并基本完成了“沙漠高温作业饮水配方饮料”和“人工矿泉水”的研制工作。1987年，各医疗卫生单位完成门诊35.87万人次。局职工医院完成门诊8.3万人次，收住院病人2151人次，手术371人次，抢救危重病人293人次；正确诊断率达99.8%，治愈率为84.7%，危重病人抢救成功率为87%。对儿童注射各种疫苗15842人次，为职工家属注射乙肝疫苗13400人，体检23975人次。

1988年，全局医疗卫生单位完成门诊265.1万人次，抢救危重病人1095人次，各种健康检查4.14万人次。收住院病人2307人次，手术病人371人次，正确诊断率达99.4%，治愈率为83%。为儿童注射疫苗或投服药1.2万人次，接种乙肝疫苗

11456 人。

1989 年，全局医疗卫生单位完成门诊 36.26 万人次，抢救危重病人 555 人次，健康检查 2.2 万人次，门诊手术 1636 人次。共收住院病人 2731 人次，住院病人治愈率为 80.1%，死亡率 1.5%。为儿童接种 4 种疫苗，接种率分别为：卡介苗 93.7%、小儿麻痹糖丸 97%、百白破疫苗 99%、麻疹疫苗 94.6%，乙肝疫苗接种率 100%。对有毒有害作业场所及 3 个农场职工的劳动环境作了现场监测，体检了 426 人次，为全局 20 个单位的 32 口水井作了饮用水全面分析，在徐水地区进行结核病普查，实查 4299 人。

表 13－7　1975～1984 年局职工医院完成主要工作量统计表

项目	年份	1975	1976	1977	1978	1979	1980	1981	1982	1983	1984
门诊人次		93711	88269	82828	74793	65905	80476	77485	83511	101254	110861
放射人次		7284	7641	7999	8067	8079	10409	9070	9865	18870	11022
检验人次		30142	37070	43998	36177	36061	46056	52432	53369	76790	78190
理疗人次		13472	12303	11134	15215	16444	17477	16115	14455	22857	25182
注射人次		54270	57215	60160	48381	45407	44744	42380	48591	46218	47404
心电图人次										2494	2931
住院部情况	入院人次	1240	1211	1171	1137	1126	1327	1470	1676	2328	2693
	出院人次	1287	1028	1419	873	1133	1305	1442	1701	2309	2678
	其中（人次）治愈	889	667	981	700	941	1181	1282	1548	2055	2349
	其中（人次）好转	374	314	351	136	110	36	61	49	98	132
	其中（人次）未愈	16	29	77	29	67	72	85	79	127	161
	其中（人次）死亡	8	18	10	8	14	16	14	25	29	36
	实有病床数	150	150	180	180	180	180	180	180	188	183
	病床使用率（%）									56	66.7
	平均住院日									15.2	15.7
	治愈率（%）	29.1	64.9	69.1	80.2	83.1	90.5	88.9	91	89	87.7
	好转率（%）	29.1	30.5	24.7	15.6	9.7	2.8	4.2	2.9	4.2	4.9
	死亡率（%）	0.6	1.8	0.7	0.9	1.2	1.2	1.0	1.5	1.3	1.3
	正确诊断率（%）			97.2	93.5	94.9	96.6	95.7	97.8	99.3	97.3
	抢救危重病人成功率（%）									81.4	84.6

1991 年，各医疗卫生单位面向基层，面向一线，为确保全局职工和家属的身体健康，提高医疗质量，完成了医疗、防疫、工业卫生等工作。各医疗卫生单位共完成门诊 39.28 万人次，抢救危重病人 220 人次，门诊手术 2056 人次。共收住院病人 2774 人次，出院 2718 人次，出院病人治愈率 82.4%，好转率 10.8%，死亡率 1.4%。为儿童接种 5 种疫苗，接种率分别为：卡介苗 99.7%、小儿麻痹糖丸 98.8%、百白破疫苗 96%、麻疹疫苗 97.9%、乙肝疫苗 98.9%。为 8614 名职工作了身体健康检查，检查了 41 个食堂的卫生，对 29 口水井的水质做了检验，对 667 名食堂和公共场所工作人员进行了体检，避免了传染病的传播。在工矿区对毒害作业点进行监测，对 239 名从事有毒有害工作的人员进行了体检，发现铅中毒 1 人。

1992 年，全局医疗卫生单位共完成门诊 40.6 万人次，抢救危重病人 114 人次，门诊手术 1758 人次，放射治疗 3.2 万人次，检验 13.4 万人次。共收住院病人 2360 人次，出院 2371 人次。出院病人治愈率 85.1%，好转率 9%，死亡率 1.2%。为全局儿童接种各类疫苗 10077 人次，其中接种卡介苗 519 人次、脊髓灰质炎疫苗 1135 人次、百白破三联疫苗 676 人次、麻疹疫苗 384 人次、乙肝疫苗 444 人次。为职工、家属（学生）体检 19589 人次，其中中老年知识分子和离退休人员1428人次、妇女2714人次、炊管人员1300人次。完成局属4个单位119名噪声作业工人的听力检查、7个医疗卫生医用X线小环境的测试和生产厂喷漆车间的卫生监测。全局登记结核病人51人、治愈取消登记36人、完成儿童结核菌素试验971人。

1993年，全局医疗卫生系统在提高服务质量方面下功夫，扩大了业务范围，调整了基层卫生机构，完善了医疗保健网络。卫生防疫、工业卫生、食品卫生、妇幼保健工作得到加强。全局医疗卫生单位共完成门诊31.19万人次，门诊手术1706人次，放射治疗2.9万人次，检验26万人次，理疗2.8万人次。共收住院病人2885人次，收住院观察病人7910人次。出院病人治愈率82.8%，好转率10%，死亡率1.2%，抢救危重病人成功率为91.6%，正确诊断率达98.9%。完成体检14519人次。认真贯彻“食品卫生法”，完善卫生监督网络，对66个食品生产、加工、销售单位进行检查，对1828名食品作业人员进行了上岗前体检办证。对15个单位24个水样进行了28个项目的水质检查和分析。为全局儿童接种各种疫苗14240人次，其中接种卡介苗1737人次、脊髓灰质炎疫苗2656人次、百白破三联疫苗851人次、麻疹疫苗734人次、乙肝疫苗1308人次。

1994年，全局医疗卫生系统以保健康、促勘探为中心，坚持预防为主，努力提高医疗质量，改进服务态度，在卫生防疫、计划免疫、食品卫生、传染病防治和妇幼保健等方面做出了显著成绩。全局卫生医疗单位共完成门诊32.5万人次，门诊手术1748人次，放射治疗3万多人次，检验18.7万人次，理疗3万多人次，抢救危重病人283例，职工健康检查15493人次。共收住院病人3767人次，收住院观察病人7224人次。职工医院出院病人治愈率79.8%，好转率13.6%，死亡率1.1%，抢救危重病人成功率90%，正确诊断率98%。1994年发生两起较大的食物中毒事件，由于抢救及时，未发生人员伤亡。为防止类似事件的再发生，全年举办“卫生法规和卫生知识”培训班42次，共2126人参加。同年8月，进行了全局卫生大检查，对16口水井进行了采样监测。为全局儿童接种卡介苗1147人次、脊髓灰质炎疫苗3096人次、百白破三联疫苗919人次、麻疹疫苗693人次、乙肝疫苗2340人次。

1995年，全局卫生系统开展“创文明医院”活动，改善服务态度，提高医疗质量，推动了全局卫生工作的发展。全年完成门诊37.58万人次，职工健康体检12371人次，重点抓了进青藏地区工作人员的体检及在青藏地区工作人员的高原疾病防治工作。对162个食品单位进行了卫生大检查，查出变质食物1039瓶（袋），不卫生食品156公斤，保证了全局职工和家属的身体健康。为26869名职工、家属接种了各种疫苗。

1997年，全局医疗卫生工作开展“以病人为中心，优质服务，树医疗行业新风”活动，提倡文明行医，改善服务态度，提高医疗水平。全局医疗卫生单位完成门诊41.89万人次，放射性治疗16.4万人次，检验62.2万人次，理疗4.4万人次。共收住院病人4292人次，收住院观察病人41939人次。出院病人治愈率78.6%，好转率16.6%，死亡率1.1%，抢救危重病人成功率88.6%，正确诊断率98.6%。局职工医院经河北省复评，仍被认定为“二甲”医院。

1985～1997年物探局完成医疗工作量情况见表13－8。

第二节 野外医疗服务

野外医疗服务是物探局医疗卫生工作的主要内容之一，对稳定职工队伍和保障物探生产任务顺利完成起着重要的作用。这项工作主要由五个地调处职工医院及物探队的卫生员承担，局职工医院作为后盾予以全力支持。野外医疗工作以常见病、多发病、地方病防治为主，并以职工劳动保护和现场急症抢救、转送病人为重点，开展营地和工区医疗保健工作。物探队医务人员，多采用派出制或配备制，实行随队医疗。

1991年，为保障一线职工的身体健康，各地调处派出有经验的医务人员到生产一线为职工防病治病，并深入到沙漠区，先后到9个物探队监测工作环境，采集砂样进行尘毒检查。

1995～1997年，以各地调处职工医院派出的医务人员为主，重点加强了新区物探职工的医疗保健工作。为进入青藏高原施工的职工进行健康检查，明确患有高血压、心脑血管病、呼吸系统疾病、传染病者不能进青藏工作。对赴苏丹施工的物探职工进行健康检查，为在高温自然环境下工作的职工配齐药械、氧气、防蚊等医用物品。从局职工医院抽调10余名经验丰富、技术娴熟、身体强壮的医务人员到物探施工区域，协助地调处医务人员，以保证整个施工期职工的健康安全。

表 13-8　1985～1997 年物探局完成医疗工作量统计表

项目 \ 年份	1985	1986	1987	1988	1989	1990	1991	1992	1993	1994	1995	1996	1997
门诊人次数	271172	413774	258778	265169	362655	313725	392846	406047	311937	325403	375842	449376	418935
急诊人次数		2067	2133	2162	2481	3759	3526	1502	1311	2621	4018	3813	4761
健康检查人数	1324	6604	13319	41433	21982	10995	9379	18419	14519	15493	12371	17491	11787
观察病人数	192	973	928	1379	2657	2216	1219	4053	7910	7224	7418	17351	41939
抢救危重病人数	185	490	222	1095	555	159	220	114	157	283	302	323	299
抢救病人成功率（%）					88.5	89.9	87.9	88.7	91.6	93.8	80.0	91.5	88.6
入院人数	2389	2500	2234	2307	2731	2404	2774	2360	2885	3767	4188	4208	4292
出院人次（%）	2403	2494	2258	2295	2735	2399	2718	2371	2908	3765	4159	4186	4335
其中 治愈率（%）	86.8	85.0	85.0	83.0	80.1	80.7	82.4	85.1	82.8	79.8	79.5	79.8	78.6
其中 好转率（%）	8.0	9.5	10.7	10.7	14.5	13.1	10.8	9.0	10.0	13.6	16.1	15.8	16.6
其中 死亡率（%）	1.0	1.4	1.6	1.8	1.5	1.3	1.4	1.2	1.2	1.1	1.1	1.2	1.1
门诊诊断符合率（%）		99.5		99.4	99.4	99.0	99.2	99.0	98.9	98.5	97.5	98.6	98.6
平均病床周转率（次）	12.6	12.6	11.4	11.6	13.8	12.1	13.7	11.1	13.7	12.8	12.6	12.7	12.1
病床工作日（d）	246.7	224.3	195.4	201.2	234.3	227.1	259.5	262.5	301.5	210.6	207.5	198.2	179.8
病床使用率（%）	67.6	61.4	53.5	55.0	64.2	62.2	71.1	78.1	82.6	57.9	58.2	56.1	49.4

一、局职工医院野外医疗服务

物探局职工医院在70年代中期至80年代初期，为保障野外职工身体健康、促进生产，先后派出医疗队深入到辽宁、江苏、安徽、河南、新疆、河北、内蒙古等地野外生产一线巡回医疗。

二、地调一处职工医院（卫生所）野外医疗服务

1984年，第一指挥部（6月改名为第一勘探公司）卫生所向东北、内蒙古、新疆等地区施工的地震队派出医务人员13人次。

1985年，第一勘探公司卫生所到野外生产第一线巡回医疗49人次。

1992～1997年，地调一处职工医院（卫生所）派驻新疆、东北等地区野外施工物探队和苏丹、厄瓜多尔等国外施工物探队进行医疗保健服务的人员共40人次。

三、地调二处职工医院（卫生所）野外医疗服务

从1973年起，第二指挥部卫生所在每年野外施工期间都派医务人员到物探队进行医疗保健服务。

1977～1981年，二指卫生所在每年的10～12月和1～3月，分两次派医疗队2～3人，到濮阳、山东等工区的物探队巡回医疗。

1982～1985年，二指（1984年6月改名为第二勘探公司）卫生所先后派7名医务人员到内蒙古工区卫生室或随物探队开展医疗保健工作。

1986～1995年，地调二处职工医院（卫生所）在新疆前指设卫生室，每个施工期派一名医务人员到卫生室工作，为前指工作人员进行医疗保健服务，并指导物探队卫生员的工作。同时，派出2～3名技术较强的医务人员随沙漠队开展工地医疗保健工作。

1989年，地调二处选拔13名职工到成都卫校学习，1992年毕业后充实到物探队作卫生员。

四、地调三处职工医院（卫生所）野外医疗服务

从1978年起，第三指挥部卫生所（医务室）每年派2～3名医务人员到物探队进行巡回医疗服务。1987年，地调三处正定基地卫生所举办一期医训班，培训20余名卫生员，全部充实到物探队。从1992年开始，地调三处职工医院每年都要在物探队出工前对物探队职工进行一次全面体检，发现疾病患者及时给予治疗。

从1994年开始，地调三处职工医院为每个反承包地震队配2～3名医务人员，并配备了急救担架、急救箱、氧气瓶、代血浆等现场急救药械。根据反承包地震队施工区域的环境特点及HSE管理的要求，制定预防、保健工作计划和措施，认真组织实施。

五、地调四处职工医院（卫生所）野外医疗服务

地调四处职工医院，在地震队出工后均派医务人员，携带相应药械，随队提供医疗服务，加强饮食卫生与劳动卫生监督。同时建立地震队HSE保障体系，从组织与工作隶属、药械与医疗基础设施配备、培训教育、检查与评估等方面规范地震队HSE工作。

地调四处职工医院，每年为出工地震队及收工返回基地的职工进行健康检查，并建立了职工健康档案。

六、地调五处职工医院（卫生所）野外医疗服务

地调五处职工医院（卫生所），根据野外生产需要派出医务人员，配备相应的药械，为物探队职工提供健康保障。在近20年中，共派出巡回医疗服务人员34人次，赴山西、河南、江苏、安徽、河北、内蒙古、新疆等省、自治区为野外施工物探队职工进行医疗保健服务。

第三节　社会医疗服务

局职工医院在80年代中期以后正式对外开放，多数病人来自徐水县周围农村。在卫生部发出鼓励企业医院对外服务的通知后，医院派出医务人员深入到徐水县农村进行巡回义诊及宣传，提高了医院知名度，使来院求医病人由过去几乎全部是局内职工和家属变为一半以上是局外患者。

局职工医院的先进医疗设备（如CT、彩超等）投入使用后，为提高开机率，对局外开放搞创收，院领导于1992年7月2日和7日分别召开会议，专题研究占领局外医疗市场问题。会后，院领导先后到河北省徐水、容城、新城、安新、易县、涞水、雄县等县医院、中医院和保定地区红十字医院登门拜访，商谈有关协作事宜。同年7月21日、22日，上述医院的领导等30余人应邀到物探局职工医院进行参观，并商谈医疗合作的有关事宜，达到共识。当年1～7月份，局职工医院CT科每天诊断人数平均为15人次左右；从8月份开始每天诊断人数上升到30人次以上，高峰时达到50多人次。到1997年底，CT、彩超诊断26670人次，使许多危重病人得到了及时抢救治疗，同时医院也增加了收入。

第二职工医院从一成立，就对社会开放，接收局外病人。

局属单位职工医院、卫生所，根据自身条件，对外开放，接收局外病人。

局职工医院、第二职工医院在向社会提供医疗服务的同时也增加了收入（见表13-9）。

表13-9　1992～1997年局职工医院对外医疗创收统计表

项目 年份	局职工医院			第二职工医院		
	总收入（万元）	其中对外服务收入		总收入（万元）	其中对外服务收入	
		金额（万元）	%		金额（万元）	%
1992	345.06	47.33	13.72			
1993	564.41	159.14	28.20			
1994	616.31	198.87	32.27	606.2	28.58	4.71
1995	793.86	291.77	36.75	854.14	144.2	16.88
1996	1116.96	462.81	41.43	1173.79	222.96	18.99
1997	1032.96	463.25	44.85	1475.94	147.19	9.97

第四章　医学科研

第一节　临床医学

一、内科专业

80年代后期，局属职工医院内科开展了心脑血管病、急性血栓栓塞的溶血栓疗法。蝮蛇抗栓酶静脉给药治疗急性心肌梗塞的溶栓疗法达到国内先进水平。这项成果，1991年在上海国际脑血管病血液流变学学术会上交流后，受到与会学者的好评和重视，并被中国蛇协列为“八五”科研成果推广项目，在全国20%以上的县级医院应用；1992年获物探局科技进步二等奖。

在抢救心源性休克中，局职工医院内科从保护心脏、加强心肌营养、减少心肌氧耗、缩小梗塞面积入手，开展了“三管疗法”，使该病死亡率由50%～80%降至20%～30%。曾自成的论文《对19例心源性休克实行三管疗法的体会》在《哈尔滨医科大学学报》上发表。

血液流变学是近10多年兴起的一门边缘学科。局职工医院主任医师曾自成介绍的反映血液流变学的20个指标及其临床意义，为指导临床应用与科研奠定了基础。局职工医院在这门学科中有“动脉血栓形成体外实验”和“静脉血栓大于动脉血栓”两项成果，丰富了该学科的基础理论。中国《科技日报》、《河北科技日报》都在第一版进行了宣传和报道。该成果获1993年物探局科技进步二等奖。

对于心室晚电位的治疗，局职工医院内科从改善心肌营养、加速侧枝循环入手，采用蝮蛇抗栓酶治疗，一个疗程后阳性转阴率达44%，两个疗程后达80%。该成果获1992年物探局科技进步三等奖。局职工医院内科对肺心病伴肺性脑病患者开展了酚妥拉明加蝮蛇抗栓酶的治疗，总有效率达96%，抢救成功率提高了10%。该成果获物探局1993年科技进步二等奖。

在消化系统疾病治疗方面，第二职工医院开展了电子内窥镜下胃肠道息肉电切除、逆行胰胆管造影等三级甲等医院技术水平的项目。

二、外科专业

外科不断增加新的诊疗手段，扩大手术范围和提高手术难度，不断填补局内手术空白。70年代后期，局职工医院普外科由建院初期只能作阑尾炎切除、疝气术扩展到胃全切、胆囊切除、脾摘除、胰腺囊肿摘除、复杂肠梗阻、直肠癌根治等几十项手术。1991年成功地切除了2公斤重的巨大甲状腺，1996年成功地完成了胆肠吻合术。胸外科开展了肺叶切除术、食道癌手术、纵隔肿瘤手术等。局第二职工医院的科研成果《肝叶切除治疗复杂性肝内胆管再生结石》获1997年物探局科技进步三等奖。

骨外科开展了椎间盘突出症髓核取出术、股骨颈陈旧性骨折带蒂植骨加三刃钉固定术、髋关节先天性脱位加盖复位术、脊柱结核病灶清除植骨术、跟腱延长术等。局职工医院的科研成果《ZIELKE手术治疗脊柱侧弯矫形术》获1997年物探局科技进步二等奖，《扩大开窗减压术治疗腰椎管狭窄症》获1997年物探局科技进步三等奖。

脑外科开展了颅内肿瘤切除术、脑脓肿清除引流术，对高血压、脑出血患者开展了选择性地经额、颞穿孔引流术。在这项技术中，手术医师将脑针改成穿刺针，节省了器械费近万元，采用保留引流管2～3天，提高了成活率。

泌尿外科专业组开展了前列腺摘除术、膀胱癌切除术等。1996年，局职工医院外科与CT科等影像科室联合攻关，完成4例癌症患者的介入放射治疗，效果满意，被国家列为“九五”重点科技攻关项目，填补了保定地区此项目的空白。

三、儿科专业

儿科积极开展了常见病和疑难病的治疗与研究，抢救危重病人成功率在95%以上。1981年局职工医院儿科采用中药病毒唑成功地抢救了一名腺病毒肺炎患儿和多例鼠伤寒患儿。

四、妇产专业

80年代后期，妇产科开展了剖腹产手术、计划生育手术、子宫全切手术、卵巢癌根治术等，抢救子痫产后大出血失血性休克、宫外孕休克、腹腔妊娠等危重病人，成功率达98%以上。在抢救宫外孕大出血时，将腹腔血回收再回输，最多时回收近1000毫升，为抢救患者争取了时间，提供了血源，抢救成功率达100%。1996年，第二职工医院成功地摘除了一个2.5公斤的子宫肌瘤。

五、传染专业

传染科应用了支链氨基酸、肝氨注射液治疗肝硬化、肝昏迷，腹腔穿刺加腹腔内注射大量多巴胺治疗肝硬化性肝腹水，猪苓多糖加乙肝疫苗和蝮蛇抗栓酶治疗乙型肝炎等10余项新技术，总有效率达90%以上。光量子血疗治疗肺结核取得满意效果。

第二节 检验医学

物探局职工医院建院初期，仅能做“血、尿、便”三大常规及肝功能等10余项检查。80年代组建了细菌室、免疫室、病理室，开展了免疫学、细胞学、生化学、骨髓细胞学、溶血试验等检查。进入90年代开展了血气分析、血液流变学、乙肝两对半检查、结核抗体检测、肌红蛋白测定、胰岛素抗体检测及癌胚抗原检测等检查，至1997年底检测项目达近百项。

物探局职工医院检验科，为稳定检验质量参加了保定地区举办的质量控制活动，自行设计和制作了多用质控图。对酶法测定血糖进行了改进，将反应液全部浸没于37℃恒温水中，比原方法准确率提高了10%。日本生产的CC－150型血细胞计数器，用的稀释液是随机进口的，用完后按照厂方的配方配制的稀释液，检验结果偏高。检验科分析厂家的配方后发现其中氯化钠的含量偏低，致使溶液呈低渗。经反复试验，改进配方，使自己配制的稀释液与血浆等渗，不仅替代了进口药液，每年还可节省上万元。

第三节 预防医学

1982年，石油部制定的《石油企业工业卫生职业病防治“六五”规划》规定：在“六五”期间劳动卫生调查及科研协作项目中的“地震队的劳动卫生调查”由物探局牵头。在80年代末90年代初，物探局卫生处防疫站工作人员先后4次深入塔克拉玛干沙漠腹地，对沙漠气象条件、戈壁荒漠石油勘探劳动卫生、饮用水源、钾元素代谢及职工患病情况等进行了调查研究。其中4项调研成果填补了国内空白。针对沙漠地区野外物探职工的饮水问题，成立了“沙漠苦咸水淡化科研小组”，并与上海工业用水技术处理中心协作，经4年努力，研制成功反渗透苦咸水淡化装置。1987年8月，4台样机运到现场试验，每台样机8小时可生产净水2吨，水质达到国家要求的生活饮用水标准，其设备费用仅为进口设备的十分之一。为了解决物探队职工低钾血症，研究人员研制了以钾元素为主的冲剂、片剂，以及加钾食盐，直接按钾盐代谢量投入净化水中，让职工饮水的同时及时补钾。1991年底调查发现，血清钾每升低于3.5毫克当量的工人仅占3%，低钾人数下降了95%。这项科研成果，1992年获物探局科技进步三等奖。

第四节 护理医学

物探局卫生事业的发展，带动了护理科研的发展。在从功能护理趋向于整体护理的全过程中，物探局护理工作开展了手术前后心理学、特殊病人心理学、疾病恢复心理学等护理心理学研究，以及专科护理、基础护理等研究，取得了显著成果。

物探局职工医院撰写的《中青年护理的点滴体会》提出了护士语言修养、医德医风的重要性，以及做一个合格护士应具备的道德情操、丰富的医学知识和精湛的技术。《如何做好传染病人的隔离工作》这篇文章，分析了病人拒绝隔离的原因和应采取的措施。上述两篇文章发表在1989年《中华护理杂志》上。

护理工作结合临床需要开展了光量子血疗法，颈静脉、股动脉穿刺术，急性心肌梗塞实施溶栓疗法的护理等特殊护理。局职工医院内科对三种给氧方法进行分析，认为鼻塞法优于鼻导管、面罩等方法，可提高动脉氧分压10%，降低动脉二氧化碳分压2%～3%。

第五节　基层院（所）医学科研

地调一处职工医院（一指卫生所）从1983年开始开展了“手法治疗急性腰扭伤”和“手法治疗加手法松解梨状肌损伤综合症”的研究，以及对老年急性心肌梗塞早期治疗和老年心衰治疗的研究，取得了进展。

地调二处职工医院与开封市医疗专家合作，作了胃肠手术、胃切除术、脾脏切除术等中型手术，成功地抢救一例外伤引起腹腔出血（1500毫升）伴休克患者，多次成功地抢救急性心肌梗塞和脑血管意外患者，采用中西医结合治疗急慢性咽喉炎等，取得满意疗效。

地调三处正定职工医院采用手法治疗骨关节病、软组织损伤等运动系统疾病5万余人次，治愈率达85%以上。床头上举位牵引加手法整复治疗陈旧性肩关节前脱位，病毒灵加庆大霉素治疗扁平疣等，都具有较好的疗效。

第六节　科研论文

1994年12月，物探局在地调五处召开了物探局首届卫生科技会议，共收到学术论文402篇，包括内科专业52篇、外科专业33篇、儿科专业22篇、妇产科专业13篇、中医31篇、预防医学19篇、检验专业52篇、护理专业76篇、理疗25篇，核医学、CT、药物、口腔、医院管理等专业79篇。其中在各类医学杂志发表的有47篇，参加各种学术会议交流的有258篇；

物探局首届卫生科技大会《交流论文集》里选登了20篇论文，即曾自成、朱惠梅、尹同成等合著的《蝮蛇毒（清栓酶）静脉给药治疗急性心肌梗塞70例分析》，朱学岳著的《CT分解扫描诊断腔隙性脑梗塞的研究》，朱惠梅著的《益气活血治疗脑动脉硬化（症）62例疗效观察》，吴树元著的《细菌性肝脓肿12例引流分析》，石培兰、张景文等合著的《小婴儿重型喘憋性肺炎伴低钙血症的治疗》，麦庆华、曹秀华等合著的《重度妊娠高血压综合症30例治疗体会》，罗道夫、罗 春等合著的《手法治疗49039例骨关节软组织损伤等疼痛体会》，王桂兰著的《30例卵巢肿瘤手术患者的心理观察与护理体会》，张景文、尹世忻、王桂兰等合著的《舒喘灵、酮替芬治疗婴儿哮喘42例临床疗效观察》，王贤书、郑育平、杨会芬、牛桂芬等合著的《蝮蛇抗栓酶加猪苓多糖和乙肝疫苗对乙肝病毒标记物的疗效观察》，赵英钦、文光华、乔月金、程岱昌、杨振平等合著的《14例沙漠作业人员氟骨病X线征象》，曾自成著的《对19例心源性休克的治疗体会》，纪素英著的《小儿静脉穿刺100例分析》，孙宝荣著的《对老龄瘫痪病人Ⅲ度褥疮艾条熏灸、红外线瘫区照射治疗和预防的护理体会》，石秀云著的《中西医结合治疗周围性面瘫5例疗效观察》，尹世忻、张景文等合著的《中药病毒唑对小儿急性上呼吸道感染257例疗效研究》，齐五星著的《如何做好传染病人的隔离工作》，苗广金、张善荣、王凤鸣等合著的《关于新疆苦咸水淡化科技小组的工作报告》，尹同成、曾自成、朱惠梅等合著的《老年冠心病心室晚电位阳性患者猝死研究》，程岱昌、张新民、文广华、赵锡兰、乔月金等合著的《沙漠石油野外勘探夏季中暑的调查》。

1997年，为提高医疗工作水平，共开展医疗新技术研究40多项，在省级以上专业刊物发表医疗论文20多篇。

第七节　获奖科研项目

1990～1994年，医疗卫生科技成果有12项获物探局科技进步奖，其中一等奖1项、二等奖4项、三等奖7项（详见表13-10）。

表 13－10　物探局获奖医疗卫生科技成果统计表

序号	项目名称	研究单位	鉴定或完成时间	获奖情况
1	医疗科研成果及优秀论文	局职工医院	1987 年	1987 年局科技进步二等奖
2	蝮蛇毒的临床应用及效果分析	局职工医院	1990 年	1990 年局科技进步二等奖
3	蝮蛇毒抗栓酶对心肌梗塞及 25 例晚电位阳性转阴的疗效分析	局职工医院	1992 年	1992 年局科技进步三等奖
4	中西医结合治疗气管炎的临床观察与小针刀的学术探讨	局二职工医院	1992 年	1992 年局科技进步三等奖
5	小儿喘憋肺炎的疗效观察及伴有低钙血症的治疗	局职工医院	1992 年	1992 年局科技进步三等奖
6	沙漠物探队工人饮水卫生及视屏作业职业危害调查研究	局职工医院	1992 年	1992 年局科技进步三等奖
7	酚妥拉明与蝮蛇抗栓酶治疗肺心病多脏器衰竭的疗效观察	局职工医院	1993 年	1993 年局科技进步二等奖
8	12120 例动静脉体外血栓形成检测的临床意义	局职工医院	1993 年	1993 年局科技进步二等奖
9	人工关节置换术治疗骨关节破坏性疾病	局职工医院	1994 年	1994 年局科技进步一等奖
10	穿刺抽血治疗高血压性脑出血	局职工医院		1994 年局科技进步三等奖
11	抗栓酶溶栓治疗急性心梗的左室收缩功能评价	局二职工医院	1994 年	1994 年局科技进步三等奖
12	电子血球计数仪稀释液的改进	局二职工医院	1994 年	1994 年局科技进步三等奖

第五章　卫生防疫

卫生防疫属预防医学范畴，以保障人民健康、为生产服务为宗旨。随着物探生产和全局各项事业的发展，卫生防疫事业也在不断发展和进步。

第一节　机构设置

1973 年 8 月，在局职工医院门诊部设立“防疫组”，有 2 名初级卫生人员，主要担负儿童预防注射、卫生检查、卫生宣传工作。

1981 年，在局职工医院设立“防疫办公室”，有两间房，3 名医务人员，配有检验、监测设备，主要负责全局卫生防疫和工业卫生工作。

1982 年，将局职工医院防疫办公室调整为工业卫生科，人员增加到 8 名；物探局拨款 5 万元购置 721 分光光度计、分析天平、采样器和各型声级计等监测仪器，成立了由 3 名检验人员组成的实验室，开展了工业卫生监测和食品卫生监测等防疫和卫生监督工作。

1988 年 12 月，成立了物探局卫生防疫站，行政上由局职工医院代管，业务上由局卫生处领导，定员编制 22 人（当时防疫站有 10 名卫生人员），主要任务是承担全局卫生防疫工作，指导基层开展防病工作。

1991 年 9 月，将卫生处防痨科（设在涿州）划归防疫站，人员增至 15 人。防疫站内设工业卫生科、食品和环境卫生科、防痨科、计划免疫科及化验室等 5 个科室。

1993 年，卫生处与局第二职工医院合并，防疫站仍由局职工医院代管，卫生处直接领导，但人员减至10名。

1995年5月23日，局卫生防疫站经河北省计量局审查、考核，通过了“计量认证”，取得了“计量认证合格证书”。

第二节 卫生监督监测

一、工业卫生

物探局工业卫生工作始于70年代末，当时按照石油部要求开展五种毒物（铅、汞、苯、三硝基甲苯和有机磷）普查，做过一些毒物监测。

80年代初，按照《石油工业劳动卫生、职业病防治“六五”规划》要求，物探局的工业卫生人员与胜利油田、江汉石油管理局、辽河石油勘探局的工业卫生人员一起完成了“野外地震作业劳动卫生调查”任务。结果表明，石油物探作业工人由于长年在野外施工，风餐露宿，多发病——胃病（检出率为32.53%）、关节炎（检出率为37.65%），明显高于工厂工人。调查中对地震工种工人劳动能量消耗做了测定，依据体力劳动强度分级GB 3869—1983：Ⅰ级体力劳动的工种是男司钻工、放炮工、男女放线工；Ⅱ级体力劳动的是山区司钻工、放线工；Ⅲ级体力劳动的是山区男钻工。在营养调查中发现工人蛋白质供给量偏低（占10%～11%），其中动物蛋白占总量的8%～17%（应为30%～50%）。

1983～1985年，局工业卫生工作人员对全局有毒有害作业场所进行了普查，建立起工业卫生档案和职工健康档案。全局各单位有毒有害作业场所95处，有害作业24种，接触有害作业人员为830人(其中男性595人，女性235人)。有害因素主要有噪声、X线、高温、毒物（铅、苯、甲苯、二甲苯、强酸强碱等）。

80年代末至90年代初，工业卫生人员先后4次深入塔克拉玛干沙漠腹地，进行劳动卫生调查，监测工人健康状况。发现夏季高温酷暑，在沙漠区施工时职工大量出汗，体内电解质失衡。为使工人能喝上净化、淡化、矿泉化的饮用水，工业卫生人员参与了“沙漠苦咸水淡化装置”的研制，配置了高温区饮料。并对施工乘车时接触的“扬尘”做了监测。

1987年5月，为了普及工业卫生知识，防疫站举办工业卫生学习班一期，编写了《工业卫生知识》一书。

1990年8月，防疫站与北京医科大学公共卫生学院协作，对物探局研究院的计算机操作人员（视屏作业VDT）进行了调查，发现视屏作业人员屈光不正者占70%，主诉视力疲劳者占60%～65%，证明VDT对视力影响较为明显。

1992年，防疫站与铁道部劳动卫生研究所协作，对物探局噪声作业做了调查；与河北省职业病防治所协作对物探局微波作业做了监测。9月4日举办了一次全局“职工健康教育知识竞赛”，选派建筑公司代表队代表物探局参加了保定地区比赛，获胜后又代表保定地区参加了河北省组织的职工健康教育知识竞赛。

1995年，防疫站派出3名人员，从3月24日至8月17日，历时145天，赴藏北羌塘工区开展医疗卫生保健和劳动卫生调查。其调查成果在1996年总公司召开的石油系统卫生工作会议上进行了大会交流，受到总公司表彰。“七五”期间，物探局工业卫生工作成绩显著，被总公司授予“七五”期间工业卫生先进单位称号。

工业卫生方面的论文有15篇，分别在国家级杂志、省部级杂志和学术交流会上发表，有关人员获局科技进步三等奖两次，防疫站被授予“科技先进集体”称号。

二、食品卫生和公共场所卫生

根据食品卫生法和公共场所卫生管理条例，从1984年开始对全局食品、公共场所及制水人员进行每年一次的健康检查，凡患有肝炎、痢疾、伤寒等消化道传染病（包括病源携带者）、活动性肺结核、化脓性或渗出性皮肤病者，一律通知主管单位，调离其所在岗位。同时严格要求必须持三证（卫生许可证、健康合格证、培训证）才能从业。至1997年全局有食品经营单位190个，食品从业人员1360人；公共场所96处，从业人员656人，100%地进行了体检、办证。食品和公共场所的卫生管理，从一般卫生检查到执法监督，逐步走上法制管理轨道。全局分布在各基层卫生单位和局防疫站的卫生监督员共25人，初步形成卫生监督网络。经常性的卫生监督和每年1～2次的卫生监督检查，增强了从业人员的卫生意识，保障了广大职工家属的健康。

防疫站检验科开展了食品（肉食、冷饮等）和餐具、茶杯的检测，促进了食品卫生管理水平的提高。

为了宣传《食品卫生法》，1988年6月29日，防疫站在涿州局外宾招待所举办了有6个单位共40

余人参赛的“食品卫生法和食品卫生知识竞赛”。

1994年7月10日，机械厂小招食堂发生34人食物中毒；9月16日，地调五处因食用北京某食品厂生产的月饼引起84人食物中毒，经化验是月饼被蜡样芽胞杆菌污染，厂方对此负责，进行了赔偿。

在环境卫生工作方面，防疫站每年开展饮用水质监测。全局供水监测24处。制水人员56人，全部进行了体检。每年夏季对游泳池进行检查、监测。

第三节 疾病控制

儿童计划免疫的开展，使疫苗可预防的疾病大幅度下降，保护了儿童健康。物探局计划免疫工作由单纯地“打预防针”扩展到有计划地按免疫程序全程足量安全地进行免疫接种。

由于卫生知识普及和工作人员努力，物探局儿童计划免疫接种率提前达到国家提出的“七五”期间以县为单位儿童免疫接种率达到85%的目标。

1997年10月统计，全局7岁以下儿童2207人中，五苗（卡介苗、乙肝疫苗、麻疹疫苗、百白破疫苗、脊髓灰质炎疫苗）接种率、建卡率、卡证符合率均达到100%。

为了保证疫苗质量，对疫苗全面实行冷藏保管。全局配备冷藏箱10个，冷藏包48个，贮存疫苗的冰箱26台，“冷链”运转正常。儿童预防注射时全部使用一次性注射器，做到了一人一针一管。

1987年6月，内蒙鄂托克前旗发生人间鼠疫，物探局地调二处、四处、五处的部分物探队在疫区施工，职工生命健康受到威胁。局卫生处处长张善荣亲自组织医疗卫生人员赶赴疫区，开展防病工作。及时为职工注射鼠疫疫苗，采取了灭鼠、加强个人防护等措施，保证了职工健康。

1987年，物探局卫生处组织为全局职工注射“乙肝疫苗”13400人份。90年代初又大面积地进行了补种和复种，保护了广大职工健康。

1984～1993年，物探局在结核病防治方面做了大量工作。1984年局卫生处组织卫生人员对全局4万余名职工和家属进行防痨普查，受检率达到95.84%。调查结果是：全局肺结核患病率为313/10万，低于全国平均717/10万的水平。

第六章 计划生育

近30年中，物探局及其前身六四六厂认真贯彻党的计划生育政策，组织机构健全，办法、规定明确，控制人口增长，达到了有计划的生育，取得了显著成绩。到1997年，全局计划生育率连续12年为100%；1993～1997年全局连续5年实现了四个百分之百的人口控制目标，即综合节育率100%、计划生育率100%、孕外补救率100%和一孩领证率100%。

第一节 组织机构

1974年11月27日，物探局为了贯彻落实毛泽东主席“动员起来，讲究卫生，减少疾病，提高健康水平”和“人类要控制自己，做到有计划地增长”的指示，成立了“爱国卫生、计划生育委员会”。局属二级单位成立“爱国卫生、计划生育分会”。各分会主任委员由各单位的局爱国卫生、计划生育委员会委员担任。分会下设办公室，500人以上单位设专职干事一名，500人以下单位设兼职干事一名。各大队、物探队设“爱国卫生计划生育领导小组”。各级爱国卫生、计划生育组织，接受同级党政组织和上级爱国卫生、计划生育组织领导，负责本单位的爱国卫生、计划生育工作。

1978年7月28日，物探局调整了局爱国卫生、计划生育委员会。

1979年11月27日，物探局将局爱国卫生、计划生育委员会调整为物探局计划生育委员会（简称局计生委）。为加强计划生育日常工作，在局计生委下设办公室，配3名工作人员，分别在涿县和徐水两处办公。

从1984年起，局计生委办事机构设在卫生处。

1974～1997年，物探局计划生育委员会先后换届9次，详见表13-11。

表 13－11　1974～1997 年物探局计划生育委员会成员表

公布时间（年．月．日）	主任委员	副主任委员	委员人数
1974.11.27	王致中	高风仪、张善荣、朗兴弟	19
1978.7.28	赵景明	张　旺、严永才、张善荣、朗兴弟	25
1979.11.27	高凤仪	赵景明、张善荣、张　旺、郭志忠	33
1982.4.6	高凤仪	徐绍仲、张　旺、张善荣	28
1984.12.6	高凤仪	张善荣	8
1985.4.23			16
1987.5	武慎让	张善荣	12
1992.2.20	武慎让	刘明义、张善荣	14
1993.3.20	柴桂林	刘明义、苗广金	15
1995.3.6	柴桂林	刘明义、苗广金	17
1996.4.9	赵瑞平	刘明义、尹世忻	19

第二节　管理体制

1988 年 7 月以前，物探局的计划生育工作实行的是：全局统一领导、统一政策、分级管理的体制。由于全局人员居住分散，各地计划生育政策规定不尽一致，计划生育的一些具体工作，诸如生育指标的安排，避孕药品的供给，独生子女证的办理，计划生育的统计报表等，都要受当地政府计划生育部门的管理。为了适应这种情况，物探局计划生育委员会于 1988 年 7 月 9 日召开会议决定：局属各单位的计划生育工作，均接受职工户口所在地政府及计划生育部门的领导和管理。有关计划生育的政策和规定原则上按职工户口所在地的规定执行。并明确物探局计划生育委员会的主要任务是：(1) 抓好对广大育龄妇女的宣传教育工作；(2) 针对局属单位驻地政府及计划生育部门的晚婚、晚育、少生、优生规划要求，督促检查落实情况；(3) 协调在执行过程中出现的新情况、新问题；(4) 表彰计划生育先进典型，交流经验。

第三节　政策规定

物探局自开展计划生育工作以后，为贯彻执行国家和当地政府有关计划生育的方针政策，结合实际制定了一系列具体政策和规定。主要有：

1974 年 11 月 25 日，物探局爱国卫生、计划生育委员会参照《保定市关于实行晚婚和计划生育若干问题的规定（试行草案）》印发了《物探局关于实行晚婚和计划生育若干问题的规定（试行草案）》。其主要规定是：(1) 实行晚婚，男 27 周岁、女 25 周岁方准结婚；(2) 提倡每对夫妇生两个孩子，间隔 4～5 年，对经做工作仍不实行计划生育超过两胎以上者，产假期间不得享受野贴费和附加工资，产妇挂号、手术、医药、住院、检查一律按全费收费；(3) 凡施行节育手术者免收个人挂号、手术、医药、住院、检查费用，其中实行计划生育做绝育手术者加发营养补助费 10 元；(4) 节育手术假期：放节育环 2 天，取节育环 1 天，输精管结扎 7 天，单纯输卵管结扎 1 个月，人工流产 14 天，人工流产同时结扎输卵管 1 个月。

1979 年 8 月 31 日，物探局转发了河北省革委会《关于计划生育工作若干问题的试行规定》，要求局属单位遵照执行。11 月 19 日，局印发了《关于计划生育工作若干具体问题的补充规定》。其主要规定是：(1) 物探局职工，男方超过 28 周岁或女方超过 26 周岁，可照顾对方提早一岁结婚；(2) 对夫妇终生只要一个孩子的职工，由女方所在地区发给独生子女证，本局双职工每月支付儿童保健费 5 元，本局女职工其子女免费优先入托、免费就医到 14 周岁；(3) 终身只要一个孩子一方做绝育手术者发给奖金 50 元；(4) 坚持规划外生育的职工，每月扣罚男女双方本人工资的 10% 到小孩满 14 周岁为止，一年内不得奖金，升级时免除一次调级；(5) 对于早婚者吊销结婚证明，令其分居，已生子女者，按规划外生育扣罚工资，直到结婚年龄、规划生育时为止。

1980 年 11 月 17 日，物探局印发了局计划生育委员会《关于计划生育的具体规定》、《我局今后计划生育工作的几点意见》、《关于1980年计划生育工作检查评比的通知》等3个文件。

1981年10月26日，物探局印发了局计生委《关于计划生育工作若干具体问题的补充规定》。其主要规定是：(1) 男女双方按法定婚龄推迟三年以上初婚登记结婚者，视为晚婚（男满25周岁、女满23周岁以上），奖励婚假15天，共计18天；(2) 已婚满24周岁安排生育第一胎的产妇，增加奖励假一个半月，假期内工资照发；(3) 规划外怀孕者，不予保胎，不给开休息假，如需要休息按事假处理；(4) 对第一胎无指标怀孕者，扣罚夫妇双方基本工资的10%到安排生育指标为止，夫妇双方一年内不得评奖，不评先进；(5) 坚持生育二胎者，从怀孕之月起夫妇双方一年内不得评奖、不评先进，从决定之月起各降一级工资；(6) 坚持生育第三胎者，除按照坚持生育二胎者的有关规定处罚外，扣罚夫妇双方基本工资的15%到小孩满14周岁止。

1983年1月7日，物探局党委印发了局计生委《关于计划生育工作若干问题的具体规定》。其主要规定有：(1) 要认真检查计划生育落实情况，每年至少检查两次，严格控制二胎、杜绝三胎；(2) 对独生子女父母实行奖励：在产假期间申请终身只要一个孩子的，奖励晚婚假三个半月，工资照发，愿享受育儿假的，可享受育儿假一年（不包括产假、奖励假）；(3) 对生育二胎的条件作了具体规定。

1984年1月21日，物探局党委批转了局计生委《关于进一步做好长效、安全、有益于健康的节育措施的补充规定》。其主要内容有：(1) 结扎、上环对象：现有两个及两个以上孩子的育龄夫妇，女方在40周岁以下者，夫妇应有一方施行绝育手术；现有一个孩子的育龄夫妇，应于上环。(2) 规定了结扎奖励办法。结扎奖励期限为1983年1～12月底做了结扎手术的。(3) 经批准或者医生证明推迟手术不得超过1984年2月底。(4) 对不结扎、上环的处理办法：凡应做结扎、上环对象不接受手术者，应当停发1983年第四季度和年终奖金；凡结扎、上环对象到1984年2月底仍未手术者，从1984年1月起不评奖、不评先进，停发奖金，直至女方到45周岁或做结扎手术为止，但所扣奖金不再补发，随队家属一般可停止安排工作。

1987年5月15日，物探局印发了局计生委《关于计划生育工作若干问题的具体规定》，明确以前下发有关计划生育的文件和本文相抵触的，以本文为准。其主要规定是：(1) 对晚婚者可奖励晚婚假15天，在同等条件下优先分配住房。(2) 对年满23周岁的妇女视为晚育，给奖励假两个半月，在产假期间申请只要一个孩子者另加奖励假一个月，工资照发，愿享受育儿假者可享受育儿假一年。(3) 对规划外怀孕的，不论月份多大，都要做说服动员工作，采取补救措施，不能让其婴儿出生。(4) 对拒绝采取补救措施，坚持生育的：一是对坚持计划外生育二胎的夫妇双方各降一级工资，计划外生育三胎的夫妇双方各降一级工资，并从怀孕之月起扣罚夫妇双方基本工资的20%到小孩满14周岁止，两年内不得参加评奖、评先进，并给予行政处分，是党员的加给党纪处分，产假按无薪事假处理，产时一切医疗费用自理；二是规划外出生的小孩转送他人或自己有一个小孩又要别人的，视为坚持规划外生育二胎，按本文件规定扣罚；三是晚育妇女因避孕失败而施行人工流产者，休假14天，不影响全勤奖（只限一次），但因自然流产而采取括宫术的按病假处理。(5) 对非受罚育龄妇女一胎做结扎的发给营养费200元，二胎做结扎的发给100元，给护理假15天。(6) 独生子女的“三免”（免费入托、免费就医、免费入学）至14周岁。

1988年8月17日，物探局印发《关于进一步做好计划生育工作的通知》，强调各单位的领导和计划生育委员会要加强对计划生育工作的领导，把计划生育工作列入议事日程；要认真执行地方政府的政策规定，进一步落实计划生育政策；对违犯计划生育政策的处分、处罚，一律按当地政府及计划生育的有关政策规定执行。

1996年7月1日，物探局印发《关于计划生育工作有关问题的通知》。通知中规定：现每月领取独生子女费的15周岁至18周岁的独生子女，由其父母双方所在单位每月分别发给5元奖金；对没有生育指标已怀孕的，一律不准调入物探局。

1997年7月8日，物探局印发了《物探局关于计划生育若干问题的暂行规定》。此《规定》共十章（总则、组织管理、登记结婚、生育指标、照顾再生育第二胎的条件及审批程序、申办独生子女父母光荣证的条件、对独生子女父母实行奖励、节育措施、罚则、附则）40条。其主要规定是：(1) 在产假期间申请终身只要一个孩子的，除产假90天外，奖励产妇独生子女奖励假30天；(2) 对实行晚育（24周岁以上初育）的，另奖励产妇晚育假45天；(3) 从领取《独生子女光荣证》之月起，到子女18周岁止，对独生子女父母由双方所在单位每月分别发给不低于5元的奖励金；（4）对计划生育的妇女，经所在单位领导批准，可享受育儿假一年。在《罚则》中规定：（1）对计划外生育第一胎的夫妻双方，各按本人年平均两个月的实发工资总额，分别一次性征收计划外生育费；（2）对不符合照顾再生育第二胎条件而计划外生育第二胎的夫妻，分别一次性征收计划外生育费，征收全额不低于从本人计划外生育当月起前推一年的实发工资总额；（3）对计划外生育第三个子女的夫妻，在对双方按计划外生育第二个子女的征收金额的基础上，再各加罚50%至100%计划外生育费；（4）对违犯计划生育的夫妻，除给予经济处罚外，还要给予降级直至开除的行政处分；（5）对为不符合婚姻法有关规定者出具结婚介绍信，为育龄妇女偷取节育环，违反规定进行胎儿性别鉴定，出具假诊断证明、假节育手术证明、假做节育手术证明等当事人，没收其全部非法所得，每例并处以3000元至5000元的罚款，情节严重的同时给予行政处分，构成犯罪的依法追究其刑事责任；（6）因领导失职而造成人口失控的单位，对其党政主要领导和分管领导给予降级处分，下年度仍无明显转变，给予撤职以上的行政处分。

第四节　主要工作情况

一、六四六厂时期

1967年4月，六四六厂将《天津市计划生育委员会转发国务院计划生育办公室文件》下发到各大队、物探队，进行计划生育宣传教育，提倡晚婚晚育。

1968年7月，六四六厂革命委员会印发了天津市革命委员会津革（68）088号文《高举毛泽东思想伟大红旗大力提倡晚婚，狠抓计划生育工作》，要求厂属各单位认真学习和执行。

1973年3月，六四六厂革命委员会转发了中国人民解放军河北省保定市公安机关军事管制委员会、保定市革命委员会民政局、保定市革命委员会计划生育办公室《关于实行〈计划生育卡片及晚婚卡片〉试行办法的通知》和《保定市实行晚婚和计划生育若干问题的规定（试行草案）》，要求各级领导和广大职工、家属认真学习，坚决执行。

二、物探局时期

1974年11月，物探局成立了计划生育委员会，印发了《关于计划生育卡片及晚婚卡片的试行办法》，把计划生育工作提上了重要议事日程。同时，局属单位也相应建立了计划生育工作机构。

1981年，物探局的计划生育工作，取得了显著成绩。全局共出生婴儿183人，其中符合计划生育的177人。计划生育率为96.72%，比1980年提高8.77个百分点；节育率为95.48%；一孩领证率为88.44%；晚婚率为86.28%。实行人工流产、中期引产共194人次。全局涌现出计划生育红旗单位1个，先进集体11个，先进个人105名。

从1982年开始，局计生委对全局计划生育工作有布置、有检查、有总结。年底召开主管计划生育工作领导和工作人员会议，总结当年全局计划生育工作完成情况，安排布置下一年全局计划生育工作任务，并分别在全局卫生工作会议和计划生育工作会议上进行传达贯彻。

1983年，物探局认真开展了计划生育大结扎活动。根据涿县开展计划生育大结扎活动的要求，物探局转发了有关文件，召开了全局动员大会，要求各单位一把手主抓，结扎手术由局徐水职工医院承担，各单位分期分批将被手术者送往徐水职工医院或局机关卫生所。据1983年底统计：（1）1983年户口在本局的职工家属应做结扎人数830人，其中726人做了结扎，经领导批准缓做结扎的31人，有病免做结扎的22人，未做结扎的51人；（2）1983年家属在农村应做结扎的人数591人，其中做了结扎的370人，未做结扎的221人；（3）农场家属应做结扎的人数67人，其中做了结扎的65人；（4）长期探亲应做结扎的人数40人，其中做了结扎的37人；（5）应上环女职工人数775人，其中上环571人，有病不能上环的36人，未上环的168人。

1985年，物探局认真贯彻中央7号文件和河北省30号文件精神，积极开展了计划生育的宣传教育，建立健全计划生育组织机构，制定了计划生育的具体政策。通过一年的工作，全局已婚有生育能力的妇女4809人，采取各种节育措施的4640人，节育率96.48%。其中上环1369人，男扎86人，女扎1172人，服药910人，采取其他避孕措施的1103人。

物探局对节育手术并发症情况进行了清理鉴定。1985年，保定地区保政计生字第27号文件《关于对手术并发症的清理鉴定通知》下发后，局计生委、局卫生处即联合下发文件，对全局1100多名节育手术者进行了摸底调查，对查出可疑问题的44人进行了上站检查鉴定，发现有不同程度问题的21人，经保定地区鉴定4人的问题属于节育手术后遗症。对节育手术后遗症者，局下文要求所在单位给以照顾，安排轻工作并给予免费诊治；对丧失劳动能力的按工伤待遇处理。

1988年，物探局对计划外生育情况进行了清理。局党委成立了计划外生育清理工作领导小组，从局党委纪委、组织部抽调人员参加，对全局计划外生育情况进行了调查和处理。其情况是：

（1）1979～1987年，全局共处理计划外生育人员302人，其中早孕的128人（不足23周岁怀孕10个月的），二胎110人，三胎以上64人。在1979～1982年5月期间处理的148人（二胎92人，三胎45人，四、五胎11人）中，取消1979年已调升一级工资的16人（调资补发的工资全部扣回），给予降一级工资处分的56人，免调一次工资的45人，给予其他处理的31人。

（2）成立由人事劳资、组织和计划生育部门派人组成的领导小组，从1988年1月起到11月，处理了全局计划生育工作中多年遗留下来的问题。

（3）清理计划外怀孕大月份情况，发现计划外怀孕大月份5例，并经反复做工作全部进行了引产手术。

1992年2月，物探局党委、物探局表彰、奖励了“七五”期间计划生育先进集体和先进个人。全局6288名已婚育龄妇女的综合节育率达到93.4%。“七五”期间，人口出生率为8.35‰，人口增长率为7.37‰，晚婚率为52.7%，独生子女领证率为100%。“七五”期间，全局在计划生育工作中涌现出一大批先进集体、先进个人。局党委、物探局表彰、奖励了计划生育先进集体11个、先进个人20名。

1993年，物探局开展了全局育龄妇女大普查。1993年，涿州市计生委要求对已婚至49岁的育龄妇女进行大普查，二胎没结扎的要结扎，一胎没上环的要上环。物探局按照涿州市计生委的要求，对驻涿州地区的16个局属单位的育龄妇女情况进行了大普查。其结果是：应上站检查育龄妇女1512人，实上站检查1143人，其中经检查无孩的7人（已孕1人，未孕6人）；40岁以下有两个孩子的32人，其中结扎22人、上环10人；40岁以上有两个孩子的216人，其中结扎184人、上环26人、服药6人。

表13－12　1979～1997年物探局计划生育指标完成情况表

项目 年份	总人口	有生育能力妇女人数	出生率（‰）	计划生育率（%）	人口自然增长率（‰）	独生子女领证率（%）	综合节育率（%）	晚婚率（%）
1979	20367	2665	8.19	78.14	7.65	59.44	76.36	
1980	20161	3055	7.3	96.7	6.6	88.8	95.8	100
1981	20849	3541	8.8	92.3	7.67	89.5	95.5	86.3
1982	21006	3888	10.5	98.6	9.2	97.6	94.5	70.9
1983	23469	4366	7.1	97.2	6.3	99.1	99.2	82.3
1984	24440	4431	7.5	91	5.9	99.3	99.6	75.7
1985	25339	4809	7.6	100	6.7	99.74	90.5	52.1
1986	26462	5128	6.3	100	5.4	99.5	92.1	54.3
1987	28009	5589	10.4	100	9.3	99.99	93.4	52.4
1988	28862	5589	11.4	100	10.2	99.99	94.7	55.8
1989	31448	6156	8.77	100	7.97	99.7	90.28	57.6
1990	30649	6288	8.35	100	7.3	100	93.4	
1991	35127	7123	6.7	100	6.4	100	95.6	66
1992	36731	7452	6.91	100	5.96	99.9	97.5	58.7
1993	34124	7441	7.9	100	6.6	100	100	67
1994	37350	8035	7.7	100	6.30	100	100	76.8
1995	37821	7877	7.7	100	6.60	100	100	75
1996	36269	8013	8.3	100	6.80	100	100	79
1997	34277	8313	8.15	100	6.85	100	100	79.9

物探局的计划生育工作人员由于工作成绩突出，多次受到局和当地政府的表扬、奖励。不少局属单位连续多年被当地政府评为计划生育先进单位。

1979年全局独生子女仅有236人，到1997年底已达到5369人。18年间，全局有5093名育龄妇女响应号召只生一个孩子。从1993～1997年，全局连续5年实现了四个100%。近20年，物探局人口出生率一直控制在8‰左右。1979～1997年，物探局计划生育指标完成情况见表13－12。

第十四篇
生活保障

综　述

物探局及其前身坚持一手抓物探生产，一手抓后勤生活的方针，努力做好生活保障工作，对物探生产的发展、科技的进步、职工生活的改善起了十分重要的保障作用。其主要内容包括基地建设、基地管理、职工福利、生活服务等方面的工作。

1963年，松辽地调处机关从吉林省大安县迁至河北省徐水县，接收钢铁厂、热电厂和纺织厂的房地产作为处机关和附属单位的驻地。随着物探生产的发展和队伍的壮大，徐水基地建设的规模不断扩大，生产、生活的配套设施逐渐完善，1964～1976年先后作为地调指挥部、六四六厂和物探局机关的驻地，以后发展为物探局最大的装备制造生产和生活基地。

1974年物探局开始在涿县建设基地。1977年局机关迁至涿县。经过20多年的建设，已建成局机关9个院区以及研究院、建筑公司、综合服务处、职工大学、物探学校等独立院区。

1973～1982年，陆续兴建唐官屯基地、开封基地、固城基地、霸县（州）基地、正定基地、库尔勒基地。

到1997年底，物探局建有生产（科研、教学）、生活基地共37个。

为了加强行政生活后勤管理，物探局（六四六厂）及所属单位机关一直设有专门管理机构，物探队设有后勤（生活）组。1991年、1996年先后成立了涿州基地管理处和徐水基地管理处。这些专门的管理机构建立健全制度，不断加强基地管理，积极开展了各项生活服务工作。

基地环保绿化工作成绩突出。1996年地调一处、四处、五处，机械厂和仪器总厂获“全国石油系统绿化百佳厂区”称号，地调五处获全国绿化委员会授予的“全国部门造林绿化四百佳”称号。1997年，地调一、三、四、五处基地被总公司授予“清洁无害化矿区”称号。

基地职工家属生活及居住条件逐步改善。60年代职工基本上住的是临建房和平房，不少随队职工家属在农村租住民房。70年代中期逐渐迁入楼房住宅。到1997年底，全局拥有住宅14627套，每套建筑面积平均达65.13平方米，房内设施齐全，水电暖气保证供给。人均居住面积12.6平方米，比1980年的人均6.2平方米提高了一倍多。

野外勘探生活服务不断加强。物探队职工的生活条件得到很大改善。六七十年代物探队装备及物资供应较差，职工生活艰苦。进入80年代后，物探队职工的装备和生活条件逐渐改善。进入90年代后，物探队配备了营房车（带空调）、野营餐车、净化水车、洗澡车、洗衣机，以及小搬家用的帐篷、气垫床、睡袋等；并配有电视机、录像机、卡拉OK机、图书箱，以及各种文体用品等。

职工福利事业逐步发展。物探局投资建设了十三陵石油工人疗养院，又在桂林、南宁、北海、北戴河、青岛、杭州等处建立了疗养点。1982～1997年，由局工会分期分批、统一组织长、短期疗养的职工达13605人，其中1983年473人，1997年1675人。

物探局关心困难职工。1986～1994年，先后6次调高了困难职工的补助标准和死亡职工遗属的抚恤标准。1982～1997年，共补助困难职工15842人次，支出金额139.55万元。

第一章　基地建设

从1963年12月松辽地调处筹建第一个生产、生活基地——徐水基地开始，到1997年底，物探局共有生产、生活、科研及教学基地37个（包括野外勘探支撑点、疗养点）。基地分布在河北、河南、新疆、北京、天津等省、市、自治区，总占地面积为1023.3万平方米（15350亩），建筑总面积为214.06万平方米。其中住宅建筑面积93.29万平方米，拥有住宅14627套。1973～1997年，基地建设总投资11.65亿元。详见表14-1。

表 14-1 1973～1997 年物探局基地建设情况表

年份	完成投资（万元）	施工面积（万 m^2）	竣工面积（万 m^2）	年份	完成投资（万元）	施工面积（万 m^2）	竣工面积（万 m^2）
1973	198	4.59	2.03	1986	5120	17.39	10.36
1974	285	7.43	1.82	1987	4976	15.31	11.44
1975	394	8.67	2.99	1988	5130	12.39	10.21
1976	337	10.83	4.61	1989	4785	9.62	6.62
1977	383	11.16	4.47	1990	4884	10.55	7.12
1978	1209	13.90	6.83	1991	6440	12.08	6.45
1979	1448	16.19	8.31	1992	9300	12.14	11.19
1980	1784	16.11	9.91	1993	7500	9.65	5.29
1981	1611	16.55	8.43	1994	9000	15.02	9.54
1982	1839	19.41	11.15	1995	9200	17.81	13.09
1983	1810	18.46	11.01	1996	18781	20.97	11.38
1984	1948	16.33	9.97	1997	14848	18.17	12.48
1985	3250	19.38	9.91				

1997 年底，全局实有房屋建筑面积 2140588 平方米，其中厂房 217382 平方米、仓库 86553 平方米、商业用房 24295 平方米、服务业用房 118584 平方米、办公室 163950 平方米、家属住宅 932922 平方米、集体宿舍 142598 平方米、教育用房 123854 平方米、文化体育用房 46551 平方米、医疗用房 64409 平方米、科研用房 44310 平方米、职工食堂 28305 平方米，其他用房 146875 平方米。

第一节 涿州基地

涿州基地是物探局机关及部分二级单位驻地，由局机关（9 个院区）、研究院、建筑公司、综合服务处、职工大学、物探学校等院区和码头农场组成。到 1997 年底，涿州基地占地总面积 181.45 万平方米（2721.47 亩），总投资 4.4 亿元，建设各类房屋 733112 平方米，其中住宅建筑面积 287382 平方米，拥有住宅 4304 套。

一、局机关院区

局机关院区由 9 个院区组成，定名为局机关一号院至九号院。

一、三号院：一号院位于涿州市范阳路北侧 65 号，是物探局机关驻地，1974 年始建，占地 53061.4 平方米（79.6 亩），建有 4 层办公大楼和可容纳 1400 多人的多功能报告厅。三号院南面临一号院，院东紧邻贾秀路，1981 年始建，占地 6466 平方米（9.7 亩）。1983 年征地 10000 平方米（15 亩）。院内驻有通讯总站、有线电视台和外宾招待所。到 1997 年底，一、三号院总占地面积 69527.4 平方米（104.3 亩），总建筑面积 73972 平方米。

二号院位于涿州市范阳路南，与一号院相对，1974 年始建，当年征地 46822 平方米（70.24 亩），1977 年征地 2666.4 平方米（4 亩），1978 年征地 6199.4 平方米（9.3 亩）。院内驻有建筑设计所、监理公司、子弟学校、石油物探报社等单位。到 1997 年底，总占地面积 55687.8 平方米（83.54 亩），总建筑面积 56767 平方米。

四号院位于涿州市贾秀路西，1984 年始建，当年征地 32276.8 平方米（48.42 亩），1989 年征地 6086 平方米（9.13 亩）。离退休职工管理处设在院内，建有离退休职工文体活动室、阅览室、门球场等。到 1997 年底，总占地面积 38366.7 平方米（57.55 亩），总建筑面积 37311.5 平方米。

五号院位于涿州市市场路南，南与海校相邻，1989 年始建，第二职工医院、原物探地质研究院、康乐中心、幼儿园建在院内。到 1997 年底，总占地面积 112588.7 平方米（168.9 亩），总建筑面积 85795 平方米。

七号院位于涿州市市场路北，东邻京广铁路，1994 年始建。到 1997 年底，总占地面积 22624.4 平方米（33.94 亩），总建筑面积 28408.5 平方米。

六、八、九号院位于涿州市范阳东路开发区，东邻京石高速公路，距一号院约 6 公里。六号院 1992 年 9 月始建，占地面积 149985 平方米（225

亩)，建有可容纳200台汽车的4层立体车库，驻有特勘处、多种经营管理处、客运车队等单位。八号院西邻一路之隔的六号院，1995年4月始建，占地面积27483.9平方米(41.23亩)，建有11986平方米的6层职工培训大楼，驻有计划培训部。九号院南紧邻六号院，1995年9月始建，占地面积59160.8平方米(88.75亩)。到1997年底，六、八、九号院总占地面积236653平方米(354.98亩)，总建筑面积88118.9平方米。

到1997年底，局机关9个院区建成了局机关办公用房、物探地质研究院用房、特勘处办公及维修仪器设备用房，以及学校、医院、多元开发、住宅、娱乐等用房。还分片建成为这9个院区服务的供电、供水、供暖、供热和排水设施。建筑面积总计370372平方米，建安投资达2.87亿元，基本满足了局机关和附属单位的办公、生产和生活的需要。

(一) 职工住宅及宿舍

职工住宅：到1997年底，局机关9个院区共建成职工住宅楼63栋，全部为砖混结构的单元式楼房，建筑面积160078平方米，住宅2167套，每套面积50～100平方米左右，总投资8959万元(详见表14-2)。

表14-2 1997年底物探局机关院区实有职工住宅情况表

院 号	楼房栋数(个)	建筑面积(m^2)	住 宅(套)	投 资(万元)	建设时间(年份)
一	7	15631	210	254	1974～1980
二	6	13736	204	148	1974～1984
三	3	6813	124	94	1981～1983
四	16	28026	342	840	1985～1989
五	14	41151	599	2777	1990～1994
六	6	19263	248	1632	1996
七	7	22478	290	1870	1995～1996
八	3	9237	120	1003	1993～1997
九	1	3743	30	341	1997
合计	63	160078	2167	8959	

职工宿舍：1976～1978年在二号院新建了3栋单职工宿舍楼，面积为7041平方米，投资72万元。1991年和1994年分别在五号院和六号院各建了1栋单身公寓楼，面积分别为2274平方米和5842平方米，投资899万元。公寓房间都有固定的家具和独立的卫生间。

(二) 办公楼、厂房

为满足局机关及附属单位办公、科研和开展业务的需要，从1974年起，在局机关院区先后建成9栋办公楼，总建筑面积43578平方米，投资2947万元。办公楼分布状况见表14-3。

表14-3 1997年底物探局机关院区办公楼分布状况表

序 号	楼房名称	院区号	建筑面积(m^2)	投 资(万元)	建设时间(年份)	主 要 用 途
1	办公楼	一号院	6220	75	1974	局机关办公用
2	办公楼	一号院	2330	28	1978	教培中心、勘探定额站、工会等办公用
3	办公楼	一号院	2639	57	1983	装备制造部、装备研究所办公用
4	办公楼	二号院	4652	56	1976	局档案馆、设备调剂中心、岩土公司办公(储藏档案)用
5	办公楼	二号院	5192	67	1980	建筑设计所、多种经营处办公用
6	办公楼	二号院	2195	44	1984	石油物探报社用
7	办公楼	五号院	10083	1108	1989	资料解释办公用
8	办公楼	六号院	2100	285	1995	基地管理处办公用
9	办公楼	六号院	8167	1227	1993	特勘处办公及丰汇公司用

为发展多元开发的产业，1993年在六号院兴建了1栋6层标准厂房，建筑面积6850平方米，投资772万元。其一层用于汽车修理，其余各层分别安装了箱包生产线、纯水生产线和便携氧生产线。

（三）文教卫生设施

1975年，在二号院兴建子弟学校用房及配套设施，到1997年底建有两栋三层教学大楼和相配套的实验室、活动室、操场、校舍等设施。教室可供初中14个班级、小学19个班级教学使用。

1979年，为活跃涿县地区职工文化生活，在一号院建成1座报告厅，建筑面积4687平方米，投资99万元。该厅可容纳1400多人，可作为学术报告、职工大会以及电影放映、文艺演出的场所。

1982年，在三号院建设局机关幼儿园用房及配套设施，总建筑面积1218平方米，可容纳150多名入托幼儿。

1991年，在五号院建第二职工医院用房及配套设施，床位规模为218张，建筑面积12920平方米，建安投资1849万元。

1995～1996年，在五号院和八号院分别建设幼儿园用房及配套设施，建筑面积分别为3286平方米和2443平方米，总投资665万元，可设18个幼儿班。

同年在八号院建成1栋现代化职工培训大楼，面积11986平方米，投资2292万元，培训学员规模为200人。

1997年，三号院原幼儿园用房改建为有线电视台用房，扩建面积为250平方米，投资71.13万元。

（四）招待所及其他用房

1977年，在二号院建局第一招待所用房及配套设施，建筑面积6428平方米，招待规模为510人，投资129万元；1978年，在一号院建局第二招待所用房及配套设施，建筑面积2737平方米，总投资101万元。

1983年，为引进3033计算机的需要，在一号院北侧征地15亩，新建外宾招待所用房及配套设施，建筑面积12738平方米，投资1228万元。

各个院区相应建有职工食堂、浴室、车库以及管理、维修等用房。

（五）供、排水设施

一至九号院区的生产、生活用水全部取自地下水，采取按院区分片供水的方式。一号院1974年打水源井1口（井深79米），建200立方米沉淀池1座和24米高、容量60立方米的水塔1座（后拆除），每小时供水量80立方米，供一号院、三号院用水。二号院1979年、1983年先后打水源井2口，井深均为100米，建200立方米沉淀池1座，每小时供水量160立方米，水管线与一号院相通，必要时可相互供水。四号院1985年、1992年先后打水源井2口，井深分别为152米、160米，建100立方米沉淀池1座和24米高、容量80立方米的水塔1座，每小时供水量80立方米。五号院1988年、1992年先后打水源井2口，建150立方米沉淀池1座和24米高容量80立方米的水塔1座，每小时供水量160立方米，供本院及七号院用水。六号院打水源井2口，建200立方米沉淀池1座，每小时供水量180立方米，供六、八、九号院用水。

各院区的地面及生活污水均通过地下排水管道排入市区地下管道。

（六）供暖供热设施

在二号院、四号院、五号院、六号院各建有1座锅炉房，分片集中给各院区供应暖气和热水。

（1）二号院锅炉房：建于1977年，建筑面积680平方米，装有4台4吨蒸汽锅炉、3台2吨锅炉，供一、二、三号院暖气和热水。该锅炉房于1993年停用，1996年拆除。

（2）四号院锅炉房：建于1985年，建筑面积950平方米，装有2台4吨快装蒸汽锅炉、3台4吨热水锅炉以及相应的配套辅机。供应本院区住户洗澡和采暖。

（3）五号院锅炉房：建于1989年，建筑面积1600平方米，装有5台10吨蒸汽锅炉及相应的辅机。通过专用蒸汽管道，把高压蒸汽输送到一号院、二号院、三号院、五号院、七号院的热交换站，交换成热水供应上述院区住户洗澡和采暖。

（4）六号院锅炉房：建于1993年，建筑面积3800平方米，装有2台6吨热水锅炉、2台蒸汽锅炉（4吨、10吨），为六号院、八号院、九号院供暖气和热水。

（七）供电设施

院区的生产、生活用电主要靠涿州市供电，即由涿州527高压线10千伏输入到分别设在5个院区的配发电房（室），变为380伏供一至九号院用户使用。同时安装有相应的自发电设备。

（1）二号院配发电房：输入市电，通过2台630千伏安变压器降压，供一至三号院用电，并安装有700千瓦和500千瓦备用柴油发电机各1台。

（2）四号院配发电房：输入市电，通过2台

315千伏安变压器降压，供四号院用电，并安装300千瓦备用柴油发电机2台。

(3) 五号院配发电房：输入市电，通过3台630千伏安变压器降压，供五、七号院用电，并安装1000千瓦和500千瓦备用柴油发电机各1台。

(4) 六号院配发电房：输入市电，通过1台500千伏安变压器降压，供六、九号院用电，并安装500千瓦备用柴油发电机2台。

(5) 八号院配发电室：输入市电，通过1台800千伏安和1台400千伏安变压器降压，供本院用电。

(八) 通讯设施

在三号院建有局通讯总站，建筑面积2155平方米，总投资约1220万元。主要通讯设施有：

(1) 数字微波发射和接收系统（包括70米高铁塔1座）1套。在微波线路中有：120路与局机关六号院、八号院、九号院、研究院、建筑公司联网，480路微波与固城地调五处基地、徐水基地管理处联网，120路微波与霸州地调四处基地、静海县唐官屯地调一处基地联网。

(2) 一点多址微波系统1套，与大兴农场、物探学校、职工大学、引进管理处联网。

(3) MD－110型程控交换机1套，总容量为2800门，通过铺设800对通讯电缆与局机关五号院用户联接。

(4) 中继线路120对，其中30对与涿州邮电局联接，90对与固安总公司通讯总站联接（30对进入石油专网、60对进入北京市邮电921局）。

(5) 卫星地面站1座，租用涿州市10条卫星通讯线路与新疆库尔勒基地、正定基地、开封基地，以及新疆阿克苏、库车、沙漠腹地前线指挥点联网。

(6) 在局机关六号院安装MD－110型程控交换机1台，总容量为300门，通过120路微波与局通讯总站联网，并进入北京市、涿州市和石油专网。

二、研究院院区

研究院院区，位于涿州市城西，宁村以北，涿涞公路南侧，距物探局机关6公里。

1973年，经燃化部批准物探局在涿县城西建设科研基地，同年9月在宁村北征地开始筹建。由于这块土地处在一片低洼地，地下水位高，承载能力差，当时先建了一批平房住宅、食堂及制图厂厂房等。后来引进打桩技术，提高了土地承载能力，1975年前后建设了计算机房、办公用房、宿舍、住宅等楼房。同时还架设了从涿县110变电站到院区的专用35千伏输电线路（约4公里），保证了计算机用电。1977年在院区西部征地建设了器件厂厂房。1980年又在院区西部征地建设了银河计算机房、磁带库等。1992年在院区东部征地建设了学校、住宅等。由于制图厂未搬至涿县，器件厂于1984年停办，整个院区由研究院管理和使用。

研究院院区生产、生活总占地面积29.54万平方米（443.29亩），其中1973年9月征地13.33万平方米（200亩），1977年3月征地2万平方米（30亩），1980年5月征地6.67万平方米（100亩），1990年12月征地2.42万平方米（36.3亩），1992年9月征地5.13万平方米（76.99亩）。

院区分为东部和西部两大区，西部为生产科研区，建有计算机房、研究用房、磁带库、35千伏变电站、锅炉房等。东部为生活区，建有住宅、宿舍、电影院、招待所、学校、医院和食堂等。经过25年的建设已形成设施齐全、功能完备的全国最大的地震资料处理基地。

截至1997年底，研究院院区总建筑面积156435平方米，其中住宅面积63929平方米，拥有住宅1061套，建安投资5892万元。其主要建筑工程情况见表14－4。

(一) 供水排水设施

院内打有水源井2口，装有深井泵6台，每小时出水量80立方米，日供水量8064立方米，基本满足院区生产、生活需要。

院内污水排至院外的渗水坑中。1997年，经涿州市建设局安排，局投资250万元新建了1条4公里长的专用排水管道，彻底解决了由于院区地势平坦，地下水位高，长期排水困难的问题。

(二) 供暖供热设施

1986年以前，院区有2台锅炉分别供生产、生活采暖。随着院区面积扩大、建筑物增多，原有锅炉不能满足需要，于是在1987年投资583万元，新建1座面积2510平方米的锅炉房，安装10吨锅炉4台，供暖面积达17万平方米。为了改善职工生活，解决洗澡用水，1993年建成热交换站1座，安装热交换器2台、热水泵2台，每日供热水量850立方米。

(三) 供电设施

院区生产、生活用市电。由涿州市供电局110电站架设1条4公里长的35千伏高压输电线路分别到院区的4个10千伏安变配电室，降压后供应用户使用。院区建有249平方米发电房1座，装有备用柴油发电机组2套，发电能力为1400千瓦。

表 14－4 研究院院区主要建筑工程情况表

名 称	面 积 (m^2)	投 资 (万元)	建设时间 (年份)	名 称	面 积 (m^2)	投 资 (万元)	建设时间 (年份)
住 宅	63929	2020	1975～1997	学 校	4660	363	1993
宿 舍	7009	95	1976～1984	幼儿园	1184	16	1977
办公楼	4652	74	1975	卫生所	1950	26	1977
研究楼	8641	217	1980	车 库	911	12	1979
软件楼	4600	483	1978～1996	院区影院	1607	51	1982
资料楼	2546	64	1981	商 店	1100	82	1989
计算机房	9377	449	1975～1982	招待所	5125	320	1988
磁带库	5692	140	1981	活动中心	1691	34	1977
元件厂房	4700	303	1977～1978	库 房	2262	44	1977
办公室	1171	15	1977	锅炉房	2510	584	1987

（四）通讯设施

到 1997 年，院区建有 120 路数字微波线路与局通讯总站联网并进入石油网，安装有 MD－110 程控交换机一套，总容量为 1800 门。

三、综合服务处院区

综合服务处院区位于涿州市兰家营乡（与北京市交界），距北京市房山县 18 公里，距涿州市城区 23 公里。院区占地 21.4 万平方米（321 亩），其中 1980 年 5 月征地 18 万平方米（270 亩），1986 年 8 月征地 666.7 平方米（1 亩），1988 年 9 月征地 3.3 万平方米（50 亩）。

1991 年总公司将综合服务处交物探局管理，主要任务是接待各种会议和人员的短期培训。为此对院区重新进行了规划，把院区的西南角约 30 亩地划给总公司测井公司建生产厂房，把乙级南楼做该公司的办公楼。投资 1083 万元对原有的甲级东楼和西楼进行了改造和装修，修建了游泳池、钓鱼池、网球场和微型高尔夫球场等娱乐设施。有客房 180 套，具有一次接待 300 人开会和培训等食宿能力。

截至 1997 年底，综合服务处院区总建筑面积 45679 平方米，其中住宅面积 10456 平方米，拥有住宅 178 套，建安投资 2259 万元。其主要建筑工程情况见表 14－5。

表 14－5 综合服务处院区主要建筑工程情况表

名 称	面 积 (m^2)	投 资 (万元)	建设时间 (年份)	名 称	面 积 (m^2)	投 资 (万元)	建设时间 (年份)
住 宅	10456	194	1980～1985	木工车间	780	25	1985
宿 舍	1802	4	1982	中油测井厂房	4276	665	1995
甲级培训楼	7100	624	1986	车 库	996	24	1986
乙级培训楼	8772	402	1984～1985	锅炉房	420	45	1984
办公楼	2415	31	1983	发配电房	610	17	1981～1986
修保车间	1480	51	1984	游泳池	1488	58	1988

（一）水电暖设施

院区内打水源井 2 口，每口井装有 1 台深井泵，日供水量 800 立方米。院内生活污水排至污水池内。

院区建有 420 平方米锅炉房 1 座，安装 4 吨锅炉 2 台和 1 台 2 吨蒸汽锅炉及相应的辅助设备，供暖面积 37500 平方米。有 1 台热交换器，供甲、乙培训楼使用热水。用电引自涿州 110 电站，院区设有配电室和发电室，装有 1 台 300 千瓦备用柴油发电机。

(二) 通讯设施

院区通讯设有一点多址微波线路与局通讯总站联网并进入石油网，安装 MD-110 程控交换机 1 套，总容量 400 门。在北京市邮电 69 局设 11 对中继线路，电话可直拨国内外。

四、建筑公司院区

建筑公司院区始建于 1980 年，是物探局建筑建材物资供应基地。院区位于涿州市东城坊镇南 1.4 公里处，距涿州市城区 22 公里。院区占地 14.37 万平方米（215.5 亩），其中 1980 年 5 月征地 13.33 万平方米（200 亩），1990 年征地 1.03 万平方米（15.5 亩）。院区有物资供应库房、材料实验室、办公大楼、机修运输工房、职工住宅、锅炉房、液化气储存库和装瓶站、食堂等各类生产、生活设施。

截至 1997 年底，建筑公司院区总建筑面积 30731.4 平方米，其中住宅面积 13505 平方米，拥有住宅 222 套，建设总投资为 2079 万元。主要建筑工程情况见表 14-6。

表 14-6 建筑公司院区主要建筑工程情况表

名称	面积（m^2）	投资（万元）	建设时间（年份）	名称	面积（m^2）	投资（万元）	建设时间（年份）
住宅	13505	691	1981～1994	汽修工房	617	25	1983
宿舍	5669	314	1994	液化气总站	905	310	1980～1989
办公楼	2495	26	1981	锅炉房	398	15	1981
预制构件厂	2289	314	1990	维修工房	1319	82	1988
木工房	1636	53	1987	车库	1819	38	1986

(一) 水电暖设施

院区生产、生活用水全取自地下水。打水源井 2 口，各安装深井泵 1 台，有 80 立方米水塔 1 座，日供水量 800 立方米。院区建有 1 座锅炉房，安装 4 吨热水锅炉 2 台，2 吨蒸汽锅炉 1 台，供暖面积 34500 平方米。

用电主要依靠外供电，院内设变配电房 1 座，安装 315 千伏安变压器 1 台，建有发电房 1 座，安装 6250-300GF 型柴油发电机 2 组。

(二) 通讯设施

院区设有 120 路数字微波线路与局通讯总站联网并进入石油网，安装有 MD-110 程控交换机 1 套，总容量 280 门。

五、职工大学院区

职工大学院区位于涿州市城北大石桥村东 0.5 公里，拒马河河畔。院区始建于 1985 年 3 月，占地 11.71 万平方米（175.64 亩），建设投资 4513 万元。建有教学楼、实验图书楼、学生宿舍、食堂、住宅、锅炉房等教学和生活设施；并建有足球场、篮球场、门球场、排球场、卡拉 OK 厅、阅览室等文体活动场所。经 12 年建设，有了比较完备的教学设施和实习基地，有了环境舒适的校园和完善的后勤服务系统。能容纳在校生 1000 余人，年培训学员 3600 人次。

截至 1997 年底，职工大学院区总建筑面积 38471 平方米，其中住宅面积 12532 平方米，拥有住宅 188 套。主要建筑工程情况见表 14-7。

(一) 水电暖设施

院区生产、生活用水全取自地下水。共打水源井 2 口，设水泵房 1 座，安装深水泵 2 台，有无塔供水设备 1 套。日供水量 1200 立方米，基本满足需要。

表 14-7 职工大学院区主要建筑工程情况表

名称	面积（m^2）	投资（万元）	建设时间（年份）	名称	面积（m^2）	投资（万元）	建设时间（年份）
教学楼	8800	3280	1985	住宅	9622	688	1985～1997
实验图书楼	7195	253	1985	锅炉房	881	62	1985
学生宿舍	7375	87	1985	车库	775	25	1987
学生教工食堂	2335	74	1985	发配电房	270	44	1985

院内生活废水通过地下管道排放。院区建有881平方米锅炉房1座，安装4吨热水锅炉3台，2吨蒸汽锅炉1台，供暖面积41250平方米。用电主要依靠外供电，校内建10千伏变配电房1座，安装315千伏安变压器1台；建发电房1座，安装120千瓦柴油发电机1组。

（二）通讯设施

安装SR－500型一点多址微波传输设备1台与局通讯总站联网并进入石油网，安装有MD11－40B程控交换机1台，总容量200门。

六、物探学校院区

物探学校院区由物探学校、管理干部学校（党校）和石油物探中学组成；位于涿州市槐林村西，涿固路42号；占地14.45万平方米（216.8亩）。其中：1978年7月征地6万平方米（90亩），1981年7月征地0.27万平方米（4亩），1984年7月征地1.94万平方米（29.13亩），1986年7月征地6.13万平方米（92亩）；1987年7月征地0.11万平方米（1.67亩）。

石油物探学校始建于1978年。当年按照在校生600人的设计规模，建设1座6500平方米的教学楼和4栋学生宿舍楼。1984年征地建设住宅区；1986年学校扩建，新建1座13000平方米的教学、实验楼。同时在校园内修建了有400米跑道的体育场。学校规模可容纳在校生1200人。

管理干部学校（党校）1984年6月成立，位于物探学校院区东北角。建有1栋教学、宿舍楼（约2600平方米），1987年建1座8501平方米的教学、宿舍楼，形成了一个独立的教学区。

石油物探中学成立于1989年8月，利用物探学校的原教学楼作为教室和办公室，以局计培楼的一半作为学生宿舍，可容纳在校生500人。

截至1997年底，物探学校院区总建筑面积81702平方米，其中住宅面积22108平方米，有楼房住宅380套。其中主要建筑工程情况见表14－8。

（一）供排水、采暖设施

院区内有水源井2口，每口井均安装深井泵，每小时出水量80立方米。院内污水通过地下管道排至院外市区排水管道。院内建有527平方米锅炉房1座，安装1台4吨热水锅炉、1台2吨蒸汽锅炉和相配套的辅助设备。

（二）供电设施

电力引自涿州市供电局变电所的10千伏输电线路。院内建有一座配电室，安装500千伏安和300千伏安变压器各1台，将10千伏电源变为400伏，供全院教学和生活区使用。

表14－8　物探学校院区主要建筑工程情况表

名称	面积（m^2）	投资（万元）	建设时间（年份）	名称	面积（m^2）	投资（万元）	建设时间（年份）
住宅	22108	905	1979～1995	车库	2220	33	1982～1985
学生宿舍	13504	142	1979～1984	幼儿园	907	51	1990
教学楼	13000	745	1987	游泳池	207	94	1990
高中教学楼	6564	77	1980	食堂	1872	57	1979～1987
实验图书楼	3052	45	1982	锅炉房	527	110	1994
阶梯教室	1072	26	1983	实习工厂	600	58	1991
培训楼	6111	89	1983	发配电室	186	7	1979～1984
党校教室宿舍	8501	603	1987～1996	水泵房	5721	61	

院内设发电房1座，装有备用6250＋316GF、6250＋500GF柴油发电机组。

（三）通讯设施

院内有一点多址微波线路与局通讯总站联网并进入石油网。安装MD110型程控交换机1台，容量为450门。

七、码头农场

农场创办于1978年，是物探局农副业生产生活基地之一。位于涿州市码头镇南，距涿州市区22公里。共征用土地36.4万平方米（546亩），其中1979年征地23.33万平方米（350亩），1988年征地17.07万平方米（196亩）。到1997年底共建各类房屋9722平方米，投资246万元。其中：住宅楼（3

层、54套）3132平方米，平房住宅（54套）1642平方米，办公楼1400平方米，服装加工厂1200平方米，仓库734平方米。此外还建有2150平方米的鸡舍和509平方米的牛棚。场区有水井1口，供生产、生活用水。建有98平方米的锅炉房一座，安装2吨锅炉1台，供暖面积5274平方米。用电以外供电为主，并安装1台备用50千瓦柴油发电机组。通讯工程装有一点多址微波通讯系统与局通讯总站联网并进入石油网。

第二节 徐水基地

徐水基地由徐水基地管理处、机械厂、仪器总厂、特车厂等4个院区，以及安新农场、供应处大王店料库组成，总占地面积267.93万平方米（4019亩），建设各类房屋449752平方米，其中住宅建筑面积为231728平方米，有住宅3720套。基本建设投资2.17亿元。

一、徐水基地管理院区

院区始建于1963年，位于河北省徐水县城西1公里、京广铁路和京保公路西侧，是六四六厂机关和物探局成立初期的机关驻地。当年松辽地调处从吉林省大安县迁至徐水县，接收该县下马的钢铁厂、热电厂和纺织厂的房地产作为机关驻地。由于房屋年久失修，因此每年都修建一些简易平房。物探局成立后，物探队伍不断发展壮大，附属单位逐渐增加。1976年局机关和部分附属单位迁往涿县，同时成立了徐水办事处。院区建设经过统一规划，分为办公区、工厂区、卫生区、学校区、供应仓库区和住宅区。1969年始建4层办公楼及4幢3层职工单身楼。供应仓库区北侧是1995年投资500万元修建的物探局专用铁路线，供应仓库区设装卸货台1个和卸油栈桥1座，还建有环形道路、办公楼、服务楼及配套设施，占地3.21万平方米（48.17亩）。

院区内驻有徐水办事处、供应处、运输处、职工医院、子弟学校以及制图厂、幼儿园、招待所等单位，建有办公楼、住宅、供应仓库、锅炉房、篮球场、游泳池、电影院、文化宫、欣欣商场等生产、生活服务设施。院区建筑设施配套完善、功能齐全。

截至1997年底，院区总占地面积42.07万平方米（631.04亩），总建筑面积174016平方米，其中住宅面积139022平方米，拥有住宅2230套，基本建设投资9348万元。其中主要建筑工程情况见表14－9。

表14－9 徐水基地管理处院区主要建筑工程情况表

名称	面积（m^2）	投资（万元）	建设时间（年份）	名称	面积（m^2）	投资（万元）	建设时间（年份）
住宅	139022	5256	1979～1997	子弟学校	14036	490	1979～1994
宿舍	9200	64	1969	幼儿园	3280	97	1991
办公楼	3625	26	1969	医院	21323	742	
运输处办公楼	1779	31	1985	矿区影院	3000	343	1992
原特车厂厂房	1789	34	1985	文化宫	4593	368	1995
运输处厂房	2437	51	1979	游泳池	303	85	1983
供应库房	13695	384		老干部活动室	2700	31	
大王店库房	2674	18		商业网点	4830	308	
木材加工房	3373	82	1977～1978	招待所	3430	173	1984～1993
油库	1171	15	1977	食堂	1421	36	1982～1991
铁路专用线	836	470	1996	锅炉房	1229	60	1982～1987
制图厂厂房	6090	171	1982	配电室	440	13	

（一）供排水设施

院区生产、生活用水全取自地下水，共打水源井5口（100米深水源井3口，200米深水源井2口），每口井均装有深井泵，并设两个二级泵站，日供水量3900立方米。

院内地面及生活废水通过地下管道输送到院西南角污水池内，再用泵排到院外管道。1997年投资16.5万元，在院外建设1条3.5公里长的排水管道，院内污水通过院外管道排放。

（二）供暖供热设施

院区在1995年以前建有1座1229平方米的锅炉房，安装8台4吨快装锅炉（其中6台为热水炉，2台为蒸汽炉）。1996年开工建设1座锅炉房，面积2649平方米，安装10吨锅炉3台，投资1657万元，到1997年底完工使用。

（三）供电设施

院区生产、生活用电靠外供，即自徐水县电力局变电所架设3公里35千伏高压线路到物探局徐水35千伏变电站，将电压降为10千伏后输入徐水办事处中心变配电室，再分别输到两个配电室降为380伏供应用户。上述3个变配电室安装有630千伏安变压器1台、500千伏安变压器3台，安装有6面高压开关柜和21面低压开关柜，年供电525万度。

（四）通讯设施

通讯建有480路数字微波线路与局通讯总站联网并进入石油网，安装有MD－110程控交换机1套，总容量2700门。在徐水县邮电局设中继线45条，可直拨全国各地。

二、机械厂院区

机械厂院区始建于1963年，位于徐水县城东3公里，津保公路南侧，西靠京深高速公路，是物探地震钻机及其他物探机械装备的制造基地。

机械厂前身是松辽地调处机修站，1963年由吉林省大安县老坎水库迁至河北省徐水县商庄，接收了下马的商庄化工厂的房地产作为生产、生活基地。1972年在厂区西侧征地2万平方米（30亩），建设了机加车间、组装车间、铸造车间、锻造车间和职工住房。80年代中期，在厂区东南侧征地6.27万平方米（94亩），建设了组装、铆焊、锻工等厂房。1993年在厂区南侧征地10万平方米（150亩），修建新的生活区。至1997年，院区已建设成为生产、生活设施完善、配套的独立院区。

机械厂院区共占地28.55万平方米（428.19亩）。其中1968年8月征地8.31万平方米（124.6亩），1972年6月征地2.1万平方米（31.57亩），1984年5月征地1860平方米（2.79亩），1985年4月征地6.33万平方米（94.88亩），1986年11月征地1953平方米（2.93亩），1990年9月征地1193平方米（1.79亩），1990年10月征地0.66万平方米（9.95亩），1992年8月征地593平方米（0.89亩），1993年4月征地9.97万平方米（149.52亩），1996年9月征地6180平方米（9.27亩）。

截至1997年底，总建筑面积99666平方米，其中住宅面积42622平方米，有住宅680套，建安投资3635万元。主要建筑工程情况见表14－10。

表14－10　机械厂院区主要建筑工程情况表

名　称	面　积（m^2）	投　资（万元）	建设时间（年份）	名　称	面　积（m^2）	投　资（万元）	建设时间（年份）
住　宅	42622	1341	1980～1997	下料房	347	14	1989
宿　舍	5206	36	1971～1973	供应库	4493	172	1988
办公楼	5689	203	1979～1987	子弟学校	1305	15	1982
机加工厂房	3144	26	1970	幼儿园	1205	15	1983
铸造厂房	2217	29	1972	矿区影院	1784	51	1984
锻工厂房	1251	54	1991	游泳池	200	95	1991
组装厂房	4717	239	1986	离退休活动室	520	4	1977
铆焊厂房	4561	324	1986	商业网点	364	14	1977
机加工厂房	4140	62	1978	招待所	2000	170	1992
机床维修	1085	14	1978	食　堂	1517	47	1990
热处理	730	10	1979	车　库	1098	47	1996
工具房	715	5	1967	锅炉房	2612	255	1973～1996
校验房	320	14	1988	发配电房	1102	60	1975～1990
木模房	680	5	1975	水泵房	340	27	1981～1997
压风机	509	7	1986	污水泵房	240	255	1990～1997

（一）供排水设施

基地生产、生活用水全取自地下。安装10JD深井泵1台、8JD深井泵2台，150立方米、200立方米蓄水池各1座，50立方米水塔1座，日供水量3500立方米。

院内生活废水排放到院外专用排水管道。

（二）供暖设施

有锅炉房2座，东锅炉房面积984平方米，安装3台6.5吨热水锅炉，供暖面积117504平方米，西锅炉房已停用。

（三）供电设施

院区生产、生活用电，引自物探局徐水35千伏变电站，经12公里长的10千伏专用线路输送到院区中心变配电室变为380伏供应用户。

（四）通讯设施

院区建有一点多址微波线路与局通讯总站联网并进入石油网，安装MD－110程控交换机1套，总容量830门。在徐水县邮电局开设中继线50条，可直拨全国各地。

三、仪器总厂院区

仪器总厂院区始建于1963年，位于徐水县城西谢坊村南，距徐水县城6公里，是物探专用仪器仪表的制造基地。仪器总厂前身是松辽地调处仪修站，1963年由吉林大安县老坎水库基地搬迁到河北省徐水县谢坊，利用谢坊棉纺织厂旧址作为驻地，并陆续修建了一批简易平房，作为职工住宅和办公、生产用房。1983～1992年修建了电镀及三废处理车间、电缆厂房和检波器楼，以及学校、幼儿园、医院等文教卫生设施。到1997年，仪器总厂院区已建设成为生产、生活设施完善、配套的独立院区。

院区共占地25.41万平方米（381.22亩）。其中：1967年5月征地6.26万平方米（93.86亩），1976年4月征地0.3万平方米（4.5亩），1981年8月征地0.33万平方米（5亩），1983年先后3次征地2.83万平方米（42.42亩），1985年9月征地1940平方米（2.91亩），1986年10月征地0.28万平方米（4.198亩），1987年6月征地3.45万平方米（51.708亩），1991年8月征地1.61万平方米（24.17亩），1992年9月征地10.16万平方米（152.45亩）。

截至1997年底，院区总建筑面积109611平方米，其中住宅面积45524.1平方米，有住宅730套，建设安装投资4900万元。主要建筑工程情况见表14－11。

表14－11　仪器总厂院区主要建筑工程情况表

名　称	面　积（m^2）	投　资（万元）	建设时间（年份）	名　称	面　积（m^2）	投　资（万元）	建设时间（年份）
住　宅	45524	1658	1978～1997	其他厂房	3431	53	1979～1988
宿　舍	5295	37	1973	子弟学校	2607	108	1984
办公楼	3276	69	1973	幼儿园	1218	15	1983
仪器修理房	2509	16	1971	医　院	2124	116	1993
机加工车间	2100	12	1971～1976	电影院	1720	116	1988
钳工房	1537	16	1979	招待所	3992	216	1988
冲压房	330	30	1989	食　堂	1868	31	1981～1985
电镀、三废处理房	2884	102	1981	小车库	617	3	1971～1978
调机楼	8901	577	1984	供应仓库	2369	42	1973
电缆厂房	5100	306	1987	锅炉房	2450	700	1995
检波器楼	6508	549	1990	发配电房	1112	53	1976～1987

（一）供排水设施

院区生产、生活用水全取自地下，先后打水源井3口。其中1口能正常出水，出水量每小时70立方米，1口出水极小；1988年在院区西南角打井1口，每小时出水量35立方米。仪器总厂供水严重不足的问题尚未得到彻底解决。院区生产、生活废水通过地下管道排出。

（二）供暖设施

1996年以前，院内锅炉房装有1吨、2吨、6吨锅炉各1台。1996年新建1座2450平方米的锅炉房，安装6吨新锅炉2台（1台蒸汽锅炉、1台水暖锅炉），1997年投入使用，从而更新了原锅炉房和使用20多年的旧锅炉设备。

（三）供电设施

院区生产、生活用电靠外供，即自物探局徐水35千伏变电站，经7公里10千伏专用线路将高压电输引至院区中心变配电室，降至380伏供应用户使用。院区设变配电室2个：一是东配电室，内装高压配电柜10块，自动补偿2台，630、400千伏安变压器各1台，主要担负生活用电；一是中心变配电室，内装高压配电柜5块、低压配电柜12块，自动补偿2台，830千伏安变压器2台，主要担负生产用电。院内设自发电房1座，安装300千瓦柴油发电机组3台，500千伏安变压器2台。1996年，外供电370万度，内供电7.2万度。

（四）通讯设施

到1997年，院区通讯设备与局通讯总站联网并进入石油网，安装有MD110程控交换机1套（总容量1000门），哈里斯数字微波传输设备1套（120路），一点多址微波传输设备1套（12路）。

四、特车厂院区

特车厂院区位于徐水县西仁里村、徐大公路北侧，先后作为物探局大修厂、特车厂的厂区，是物探特种车辆和可控震源设备的制造基地。院区始建于1978年3月，当年大修厂建有汽车底盘、内燃机、木工等厂房，35千伏变电站，以及职工宿舍、食堂等。1989年，特车厂成立后，根据震源制造和修理、沙漠车和营房车的生产工艺要求，对原有的厂房和设施进行了改造。1997年在原厂区东面新建了沙漠车厂房、试车道、铆焊厂房等。

院区占地29.31万平方米（439.682亩）。其中1980年征地13.67万平方米（205.1亩），1989年征地1.93万平方米（28.93亩），1993年征地13.71万平方米（205.652亩）。

截至1997年底，特车厂院区总建筑面积51638平方米，其中单身宿舍3695平方米，建安投资3379万元。主要建筑工程情况见表14－12。

表14－12 特车厂院区主要建筑工程情况表

名称	面积（m²）	投资（万元）	建设时间（年份）	名称	面积（m²）	投资（万元）	建设时间（年份）
宿舍	3695	33	1977～1978	锻工工房	341	7	1988
二保厂房	549	8	1978	铆焊厂房	2083	127	1988
内托厂房	593	9	1977	沙漠车厂房	13915	1816	1994
木工房	593	7	1978	半成品库	3600	158	1992
汽修车间	2855	45	1978	供应库	1016	15	1997
机加工厂房	2262	36	1978	办公楼	2808	44	1981
喷漆厂房	936	22	1980	科研楼	1610	289	1977
拆洗厂房	911	16	1981	锅炉房	1272	396	1990
热处理工房	517	6	1982	35kV变电站	1320	16	1982
震源修理厂房	4454	90	1983	其它	2194	55	
汽车测试厂房	1108	46	1987				

（一）供排水设施

院区生产、生活用水全取自地下，有水源井2口，安装深井泵2台，日供水量600立方米，基本满足需要。

（二）供暖供热设施

院区建有锅炉房1座，面积1272平方米，安装3台锅炉，其中KZL360热水锅炉2台，KZL－2－8蒸汽锅炉1台，供暖面积59600平方米，供暖除厂区外还向油库及木材加工厂供暖。

（三）供电及通讯设施

院区设35千伏变电站1座，即物探局徐水35千伏变电站，除供本院区用电外同时还供徐水办事处、机械厂、仪器总厂等院区用电。院内建有两座配电室，一是老区配电室，内装560千伏安变压器1台；一是新区配电室，内装630千伏安变压器2台。建有516平方米发电房1座，安装700千瓦柴油发电机组2台，作为备用。

厂区通讯线路与徐水办事处通讯站联接，进入市话和石油网。

五、安新农场

安新农场始建于1971年3月，位于河北省安新县三台镇店上村。经安新县政府批准，当年租用店上村100.65万平方米（1510亩）荒地开垦种植小麦、玉米。1980年和1983年分别从店上村、申明亭村征地（1989年补办征地手续）33.66万平方米（520亩），其中27.86万平方米（418亩）用于种植苹果树，6.8万平方米（102亩）作为生活用地，修建了一批简易住房。1990年重新规划了生活区，征地1.33万平方米（20亩），修建住宅（平房）。

到1997年底，农场占地总面积136.67万平方米（2050亩），其中征地36万平方米（540亩），租入地100.67万平方米（1510亩）。农场总建筑面积8837.4平方米，其中住宅4560平方米，有平房住宅80套，修建了农场至三台镇的简易公路。

1992年在场内建成1座水塔，日供水量150立方米。

场内建有1座锅炉房，建筑面积168平方米，安装两吨锅炉1台；建有1座发配电房，发电设备能满足生产、生活需要；建有一点多址微波通讯系统，与物探局通讯总站联网并进入石油网。

六、供应处大王店料库

该料库位于徐水县大王店村，距徐水县城20公里，始建于1979年。截至1997年底，总占地面积5.92万平方米（88.84亩），房屋建筑5984平方米。

第三节　唐官屯基地

唐官屯基地是地调一处基地，始建于1973年7月，位于天津市静海县唐官屯镇，距天津市60公里，东临京沪铁路，北靠京福公路，占地55.174万平方米（827.61亩）。

1973年，第一指挥部以华北油田唐官屯转运站遗留的房产设施作为基地，并由华北石油勘探指挥部划拨土地38.83万平方米（582.5亩），用于基地建设。先拆除原旧房，改建了一批简易平房。1977～1993年7月，先后征地16.34万平方米（245.11亩，其中1977年征74.65亩、1987年2月征60亩、1988年11月征104.46亩、1993年7月征6亩），扩大了基地建设规模。从1980年起，平房逐渐改建成楼房。处办公大楼坐落在基地中心，其西面建有科技档案馆、计算机楼、幼儿园、液化气站、淡化水房、职工医院；东面建有仪修站、学校、培训楼、地热水井泵房、招待所、食堂；北面建有机修站、运输大队、局设备库。基地文体活动设施主要有文化宫、电影院、篮球场、游泳池等。截至1997年底，总建筑面积134127平方米，其中住宅面积76839.1平方米，有楼房住宅1216套，总投资7994万元。主要建筑工程情况见表14－13。

表14－13　地调一处唐官屯基地主要建筑工程情况表

名　称	面　积（m^2）	投　资（万元）	建设时间（年份）	名　称	面　积（m^2）	投　资（万元）	建设时间（年份）
住　宅	76839	4329	1980～1997	电影院	1398	39	1980
宿　舍	9972	118	1980～1982	商　店	1060	66	1988
办公楼	4490	85	1982	招待所	2807	224	1987
科技档案	3795	550	1995	食　堂	1400	25	1981～1983
计算机房	856	41	1985	浴　室	338	7	1980
机修站	6933	317	1979～1986	液化气站	300	13	1991
仪修站	2232	55	1985	淡化水房	186	16	1981～1991
供应库房	1840	14	1978	水井泵房	393	31	1989
车　库	2000	29	1979	锅炉房	2200	628	1992
职工培训楼	2200	35	1982	地热井泵房	342	212	1996
子弟学校	3568	194	1988	微波室	309	38	1988
幼儿园	2431	129	1990	停车场	444	70	1984
医　院	1000	19	1983	污水泵房	1168	97	1979～1988
文化宫	2820	415	1993	发配电房	396	6	1983

一、供排水设施

院区生产、生活用水全部取自地下。共有水源井3口，设3个泵房，每个泵房都安装8JD深井泵1台，日供水量3360立方米。安装2套电渗析设备，对饮用水和锅炉用水进行电渗析淡化处理。院区内的生活废水由地下管道集中到院区东南角和西南角的污水池中，再用污水泵排出。

二、供暖供热设施

基地建有锅炉房1座，安装2台10吨采暖锅炉，为全院冬季采暖提供热源。1996年在院区东南角打热水井1口，井深2777米，每小时出水量160立方米，井口水温86~92℃。当年冬季停烧采暖锅炉，全部改为地热水供暖。1997年又把地热水引进住宅，使职工家属常年可用温水洗澡。

三、供电设施

基地生产、生活用电主要来自外供电。院区设3座配电室，各装630千伏安变压器2台、180千伏安变压器1台，月用电量约35万度。并建有发电房1座，安装500千瓦柴油发电机2台备用。

四、通讯设施

有120路数字微波线路与局通讯总站联网并进入石油网，安装MD110程控交换机1套，总容量1200门。同时有天津市中继线20条，可直拨全国各地。

第四节 开封基地

开封基地是地调二处基地，始建于1973年，位于河南省开封市东郊，包括两个院区（一、二号院）和范村农场。一号院位于市东郊新宋路75号，建有处机关办公大楼、学校、托儿所、医院、机修站、锅炉房、招待所、食堂、综合商店和职工住宅楼等。1975~1976年，在距开封市40公里的开封县范村乡征地112.45万平方米（1686.87亩），修建了养猪场、养鸡场、苹果园、葡萄园、鱼塘等，建立范村农场。1991年，在一号院以东400米处、开兰公路南侧征购了原开封第二技工学校房地产（1958年建房），建有研究所（包括资料处理室）、供应站、档案室、仪修站、锅炉房、变配电房、多元开发经营部等单位，定名二号院。经过20多年的建设，开封基地已建成设施配套、功能齐全、有利生产、方便生活的基地。截至1997年底，总占地面积146.95万平方米（2204.24亩），总建筑面积178028平方米，其中住宅面积99759.22平方米，有住宅1615套，总投资7625万元。基地各院区占地情况见表14-14。

表14-14 地调二处基地各院区占地情况表

院 区	占地面积 (m^2)（亩）	征地时间（年份）	院 区	占地面积 (m^2)（亩）	征地时间（年份）
一号院	130677（196）	1974	一号院	37166（55.75）	1987
	32393（48.59）	1975		8100（12.15）	1988~1995
	2690（4.035）	1976	二号院	91953（137.93）	1991
	33223（49.835）	1979	范村农场	800000（1200）	1975
	433（0.65）	1980		324580（486.87）	1976
	8267（12.4）	1983	总 计	1469482（2204.24）	

一、主要建筑情况

（1）一号院：截至1997年底，总建筑面积150494平方米，其中住宅面积91909平方米，有楼房住宅1454套，总投资5822万元。主要建筑工程情况见表14-15。

（2）二号院：截至1997年底，总建筑面积18810平方米，其中住宅面积1843.22平方米，有住宅36套，建安投资379万元。主要建筑工程情况见表14-16。

（3）范村农场：截至1997年底，总建筑面积8724平方米，其中住宅面积6007平方米，有住宅125套（含楼房住宅24套），建安投资177万元。主要建筑有住宅楼1340平方米，住宅平房4667平方米，宿舍542平方米，教室564平方米。

二、供水设施

（1）一号院：有5口水井，东水井成井于1979年，井深50米，每小时出水量60立方米，有100立方米水塔1座，井于1995年报废。西水井成井于1974年，井深50米，出水量每小时60立方米，有

100立方米水塔1座。游泳池水井出水量每小时25立方米。3口水井均取自浅层地下水，因含氟量超过正常饮用水标准，1988年5月起从开封市内拉运饮用水供应各院区。1997年在院区东、西各打深水井1口，东水井深688.4米，西水井深648米，出水量均为每小时80立方米，水质符合国家饮用水标准。

表14－15　地调二处基地一号院主要建筑工程情况表

名　称	面　积（m^2）	投　资（万元）	建设时间（年份）	名　称	面　积（m^2）	投　资（万元）	建设时间（年份）
住　宅	91909	4116	1974～1997	电影院	2018	81	1984
宿　舍	18491	159	1973～1982	商　店	787	6	1977
办公楼	4088	27	1973	招待所	4855	196	1975～1985
计算机房	5080	44	1982	食　堂	1861	25	1976
机修站	6933	117		游泳池	120	38	1989
电镀车间	232	2	1977	水井泵房	197	3	1984
车　库	1424	17	1975	锅炉房	559	18	1988
子弟学校	4183	90	1981～1993	老干部中心	3193	36	1974～1987
幼儿园	1526	27	1981	通讯用房	1482	152	1993
医　院	4068	490	1996	发配电房	636	54	1988

表14－16　地调二处基地二号院主要建筑工程情况表

名　称	面　积（m^2）	投　资（万元）	建设时间（年份）	名　称	面　积（m^2）	投　资（万元）	建设时间（年份）
住　宅	1843		1958	加工车间	1443		1958
研究所办公楼	4844		1958	钳工车间	893		1958
单身宿舍	482		1958	实习车间	1161		1958
学生宿舍	4192		1958	计算机房	1103	168	1997
食　堂	1303		1958	锅炉房	739	170	1995

（2）二号院：院区原有1口水井，实测井深52米，每小时出水量30立方米。1995年安装了1套无塔供水设备。1997年新打水井1口，井深788.5米，出水量每小时80立方米，日供水量1760立方米。

（3）范村农场：原有1口水井，1979年投入使用，每小时出水量15立方米。1997年打1口水井，井深686米，每小时出水量80立方米，使基地日供水能力达1520立方米。

三、供气供暖设施

1988年1月，从开封市天然气输气站至基地，铺设2公里长的输气管线，接入院内管网，通向各食堂和每户职工家庭。

各院区和范村农场的冬季取暖，由各自锅炉房供暖。一号院锅炉房始建于1982年，面积559平方米，安装3台4吨气改水锅炉供全院取暖。1997年一号院扩建，原锅炉房报废，在院区东侧新建1座锅炉房，安装3台6吨锅炉、1座交换站，供暖面积126000平方米。

二号院1995年建锅炉房，面积739平方米，安装2台4吨水暖锅炉，供暖面积12800平方米。

范村农场锅炉房原安装1台KZL2－8型锅炉，1997年底新安装2台2吨水暖锅炉，供暖面积12000平方米。

四、供电设施

一号院设有1个高压配电室、两个低压配电室。高压电经高压配电室分配给1号、2号低压配电室，再经变压供给使用单位，供电总负荷1800千伏安。1号低压配电室安装2台500千伏安变压器，主要供生产、生活用电；2号低压配电室安装2台400千伏安变压器，主要供计算机用电。自发电装有1台500千瓦柴油发电机组。

二号院用电电源从一号院接入，设配电室，装有500千伏安变压器1台。自发电装有1台500千瓦发电机组。

范村农场用电由范村乡电力网接入，设变电室，装有1台250千伏安变压器。自发电装有1台500千瓦柴油发电机组。

五、通讯设施

一号院设有卫星地面站，装有MD110－50程控交换机1台，容量1470门。有市话出中继线路21条，市话入中继线路13条，石油专网卫星线路6条。二号院与一号院共用1台程控交换机。范村农场安装5部市内、全国直拨电话。

第五节 新疆基地

新疆基地，包括地调三处库尔勒基地、地调一处库车前指基地、地调二处阿克苏前指基地、地调三处乌鲁木齐市办事处和沙雅办事处驻地。总占地面积152.08万平方米（2281.3亩），总建筑面积182919平方米。

一、地调三处库尔勒基地

地调三处库尔勒基地始建于1982年，位于新疆库尔勒市新城区（地号：第四产籍区第五街坊），距库尔勒火车站3公里，若羌—库尔勒公路横穿基地而过，把基地分为东、西两区。总占地面积70.88万平方米（1063.3亩）。征地情况见表14－17。

表14－17 地调三处库尔勒基地各院区征地情况表

院区	占地面积（m^2）（亩）	征地时间（年份）	院区	占地面积（m^2）（亩）	征地时间（年份）
东院区	80000（120）	1982	西院区	131000（196.5）	1994
	133333（200）	1983	南院	90000（135）	1994
	25553（38.33）	1985	油库	10000（15）	1985
	6600（9.9）	1989	危险品区	30000（45）	1985
西院区	202400（303.6）	1989	总计	708866（1063.33）	

到1997年底，基地总建筑面积157072平方米，其中住宅建筑面积55797平方米，住宅744套，总投资8737万元。西区占地33.34万平方米（500.1亩），主要建筑有物探局塔里木前指办公楼、物探局库尔勒研究中心办公楼，以及地调三处外宾公寓楼、培训楼、俱乐部等。东区包括北院和南院，占地37.54万平方米（563.2亩）。北院建有综合办公楼、仪修楼、机修站厂房、供应站库房、停车场、住宅等；南院东部为学校、幼儿园，西部为住宅区。主要建筑情况见表14－18。

表14－18 库尔勒基地主要建筑工程情况表

名称	面积（m^2）	投资（万元）	建设时间（年份）	名称	面积（m^2）	投资（万元）	建设时间（年份）
住宅	55797	766	1985～1997	车库	1320	36	1983
宿舍	5989	149	1984～1988	子弟学校	3700	235	1992
办公楼	4264	120	1982	幼儿园	1500	140	1992
前指办公楼	2300	148	1991	医院	498	7	1985
前指研究中心	3030	259	1994	电影院	1720	321	1991
计算机房	5200	448	1990	商店	1109	53	1990
研究楼	2466	53	1982	招待所	9258	635	1990
卫星定位	518	8	1987	食堂	1348	25	1985
机修站	6263	273	1984～1991	文化宫	3750	950	1996
综合楼	6100	910	1995	锅炉房	4119	929	1996
仪修楼	2088	113	1991	发配电房	259	23	1982

（一）供排水设施

1983年，基地打75米水井1口，1992年打100米水井4口。建有100立方米、24米高的水塔1座，100立方米蓄水池3座，每口水源井上均建有泵房，装有潜水泵1台，在西区水源井上安装无塔增压泵1套，日供水量2000～3000立方米。供水管线多为直径200、150、100、75毫米的铸铁管，少数为值径89毫米的无缝钢管，管线总长约4公里。

基地排水管道主要为埋设的直径200、300毫米的陶瓷管。1992年，埋设直径400毫米的水泥管970米。

基地内的生产及生活污水排至院墙外的戈壁滩氧化塘内。

（二）供暖供热设施

1983年，基地建设1号锅炉房，面积475平方米，装有热水锅炉2台，SZL型蒸汽锅炉1台；1988年扩建锅炉房194平方米，增装热水锅炉1台。1991年11月建设2号锅炉房，面积1800平方米，安装6吨热水锅炉3台，蒸汽锅炉2台，以及档边带输煤机和链条除渣机各1台。并安装了1套自动仪表监测系统，对锅炉水位、火焰大小、温度、压力等参数实行自动化监测。1995年增装6吨热水锅炉2台。1996年建设3号锅炉房，面积1600平方米，安装6吨水暖锅炉2台，1997年12月投入使用。

（三）供电设施

基地电源主要经架设3.4公里10千伏专用高压输电线路自库尔勒市新城区供电局变电所引入。院区有5个发配电室：东区北院发配电室建于1983年，建筑面积259平方米，安装1000千伏安变压器1台、160千瓦和120千瓦柴油发电机各1台，供生产和生活用电；机修站配电室安装1台380千伏安变压器，供机修、仪修用电；锅炉房配电室安装500千伏安变压器1台；西区配电室安装630千伏安变压器1台；计算机房配电室安装630千伏安变压器1台。

（四）通讯设施

1983～1986年，基地通讯采用50门供电交换机人工进行转接。1986年，建SCPC制式卫星地面站1座，开通至石油部和物探局通讯电路5条。1987年4月，安装HJ－906型纵横制式200门交换机1台，实现电话自动转接。1988年8月，对卫星地面站进行扩容，同时增开沙漠经理部至克拉玛依专线。1990年，SCPC制式卫星地面站移交塔里木石油勘探开发指挥部。1992年，安装800门程控交换机1台，建TES制式卫星地面站1座。

二、地调一处库车前指基地

地调一处库车前指基地始建于1992年，位于新疆阿克苏地区库车县境内，距库车县城6公里，距乌喀公路300米。占地73992.6平方米（111亩），总建筑面积为5403.76平方米。

基地供水设施配套，日供水量300立方米。

基地有锅炉房1座，安装1台快装水管热水锅炉、2台循环水泵、1套ZGR11型组合式软水装置。

基地用电由当地变电所供给，建有配电室1座，安装1台变压器，并备有1台120千瓦柴油发电机。

基地有卫星地面站1套，租用局机关至基地专用卫星线路入石油网，有HJZ－30小自动交换机1套。

三、地调二处阿克苏前指基地

地调二处阿克苏前指基地的前身是1989年建于轮台县的前指基地，1993年迁往阿克苏。位于阿克苏市东郊，距市中心约6公里，包括前轮台基地总占地面积72万平方米（1080亩），总建筑面积12182平方米。

基地有水井1口，出水量每小时30立方米，地埋管线供水。

1992年建锅炉房1座，建筑面积315平方米，安装1台锅炉，采用地埋供热管线，供暖面积4200平方米。

基地供电从市网接入电源，装有100千伏安变压器，备有移动式120千瓦发电机组。

基地通讯有卫星地面站1套，安装石油专用卫星线路3条、市话线路4条。

四、乌鲁木齐市办事处驻地

乌鲁木齐市办事处驻地始建于1986年，位于该市迎宾路14号，占地1.8万平方米（27亩，其中12亩为道路建设用地）。主要建筑有综合楼、住宅楼（有住宅24套）、车库、锅炉房等。截至1997年底，总建筑面积6583平方米。

五、沙雅办事处驻地

沙雅办事处驻地始建于1986年3月，位于沙雅县南。截至1997年底，总建筑面积1677.9平方米。

第六节　正定基地

正定基地是地调三处早期的机关驻地和生产、生活基地，始建于1978年，位于河北省正定县新安村北，西边紧邻107国道和京广铁路，距正定县城15公里、新安村火车站1公里。地调三处进新疆会战后，基地基本上变成生活基地。截至1997年底，总占地面积44.3万平方米（664.49亩），其中1978年12月征地22.89万平方米（343.29亩），1986年征地3.63万平方米（54.43亩），1992年征地15.37万平方米（230.58亩），1993年征地2.41万平方米（36.19亩）。

早期基地以生产科研、物资供应、机修仪修、队伍集训和职工住房的需要为主安排建设项目，从80年代中期起，以安置职工家属、离退休职工和发展第三产业的需要为主安排建设项目。建有办公科研楼、子弟学校、医院、电影院、招待所、锅炉房、住宅楼等，并建有离退休职工活动室、篮球场、门球场等文体活动场所。截至1997年底，总建筑面积85627平方米，其中住宅面积48932平方米，拥有住宅898套（其中楼房住宅806套）。基建总投资3595.35万元，主要建筑工程情况见表14－19。

表14－19　地调三处正定基地主要建筑工程情况表

名　称	面　积（m^2）	投　资（万元）	建设时间（年份）	名　称	面　积（m^2）	投　资（万元）	建设时间（年份）
住　宅	48932	1883	1979～1996	医　院	3900	410	1996
宿舍楼	12462	114	1996	电影院	1584	64	1982
办公科研楼	5630	622	1996	锅炉房	1167	193	1994
车　库	706	17	1985	招待所	3730	343	1994
子弟学校	6144	94	1980～1987				

一、水电暖设施

基地生产生活用水全部取自地下水，打有三口水源井，安装2台深井泵和1台浅井泵，日供水量4320立方米。生活废水通过排水管道直接排至院外大沙坑里。1979年，建设锅炉房1座，向基地供暖供热。1995年10月，建成1座948平方米的新锅炉房，安装6吨锅炉2台，供暖面积85627平方米。

基地用电电源引自正定县供电局。建有323平方米的变配电室1座，安装500千伏安变压器1台，日供电8000度。自发电安装500千瓦柴油发电机组2台。

二、通讯设施

建有卫星地面通讯站，卫星线路6条入物探局通讯总站。安装程控交换机1套，总容量950门，同时有直通石家庄市中继线14条。

第七节　霸州基地

霸州基地，包括地调四处、技工学校基地和地调四处内蒙古赛汉实习基地，总占地面积82.74万平方米（1241.23亩），总建筑面积198243平方米。其中住宅面积83971平方米，有住宅1336套。

一、地调四处与技工学校基地

地调四处与技工学校基地始建于1976年，由地调四处和技工学校两个院区组成。位于河北省霸州市煎茶铺镇以东3公里处，距霸州市区15公里，距天津市60公里。总占地66.82万平方米（1002.6亩），其中地调四处占用55.64万平方米（834.6亩），技工学校占用11.18万平方米（168亩）。1976年9月至1977年基地作为物探局机关的临时驻地，建有一批平房作为办公室、研究所、食堂、宿舍等，各项设施较为简陋。1978年，基地由第四指挥部（地调四处前身）接管，重新进行了规划。办公大楼和职工医院、研究所坐落在院区中心，东南部是技工学校院区；西部是测绘中心、方法研究所、供应库房等；北部是子弟学校、职工住宅等；西南部是机修站、运输队等。

（一）地调四处院区

地调四处院区，截至1997年底，总建筑面积148006平方米，其中住宅面积67998平方米，拥有住宅1098套，总投资6807万元。主要建筑工程情况见表14－20。

（二）技工学校院区

技工学校院区始建于1978年，建有办公楼、教学楼、实习厂房、实验图书楼、住宅以及学生食堂、宿舍等。截至1997年底，各类房屋建筑面积47898平方米（其中住宅面积15973平方米，住宅238套），投资1723万元。主要建筑工程情况见表14－21。

表 14－20 地调四处院区主要建筑工程情况表

名 称	面 积（m^2）	投 资（万元）	建设时间（年份）	名 称	面 积（m^2）	投 资（万元）	建设时间（年份）
住 宅	67998	2932	1979～1997	医 院	3777	420	1997
宿 舍	11832	174	1980	电影院	1894	218	1980
办公楼	4264	80	1982	招待所	3335	237	1993
研究楼	3007	48	1983	游泳池	379	83	1990
档案楼	3078	30	1984	发配电房	896	15	1985
机修站	5247	314	1979～1993	水井泵房	425	26	1976～1997
仪修站	2047	26	1979	商 店	403	3	1976
车 库	1112	21	1985	食 堂	940	17	1979
运输队	380	5	1979	锅炉房	3431	1240	1976～1991
子弟学校	3585	99	1986	多元开发	2736	33	1976～1997
幼儿园	1463	26	1985	库 房	4531	90	1976～1988

表 14－21 技工学校院区主要建筑工程情况表

名 称	面 积（m^2）	投 资（万元）	建设时间（年份）	名 称	面 积（m^2）	投 资（万元）	建设时间（年份）
住 宅	15973	798	1980～1996	实验图书楼	4796	129	1986
学生宿舍	7879	118	1979～1984	学生食堂	1547	25	1979
教学楼	5815	246	1980～1997	教工食堂	848	69	1988
实习厂房	2790	124	1981～1991	卫生所	1127	49	1991
办公楼	2681	37	1983				

（三）水电暖设施

基地内共有 3 口水源井，平均井深 280 米，建 2 座水塔，5 个蓄水池，每口水井装有潜水泵 1 台，日供水能力 3900 立方米。生活废水及地面水均通过地下管道流向污水池，由 4 台排水泵排至院外。

基地建有 1 座锅炉房，占地 2448 平方米，安装 10 吨热水锅炉 3 台，供暖面积 185000 平方米，负责整个基地的冬季取暖和热水供应。生产、生活用电引自华北油田苏桥变电站。安装柴油发电机组 9 套供自发电用。

（四）通讯设施

有 120 路数字微波线路与局通讯总站联网并进入石油专网，通讯站安装有 MD110 型程控交换机 1 套，总容量 1500 门。

二、地调四处赛汉基地

地调四处赛汉基地位于内蒙古自治区苏尼特右旗，始建于 1993 年，为物探学校和技工学校学生的实习基地。截至 1997 年底，总占地面积 15.9 万平方米（238.63 亩），总建筑面积 2339.9 平方米，其中集体宿舍 1527 平方米。

水电暖设施：内供电有 75 千瓦发电机 1 套，外供电由苏尼特右旗地方供电；内供水有水塔 1 座（与当地部队共用），外供水由地方铁路自来水供水；建有 250 平方米的锅炉房 1 座，装有 2 吨锅炉 1 台。

第八节 固城基地

固城基地是地调五处基地，始建于 1972 年，原为定兴县农技学校房地产，位于河北省定兴县固城镇京广铁路东侧，距 107 国道和固城火车站 2 公里。占地 29.7 万平方米（445.62 亩），其中 1974 年征地 5.04 万平方米（75.6 亩）、1983 年征地 12.02 万平方米（180.34 亩）、1990 年征地 0.71 万平方米（10.65 亩）、1991 年征地 2.11 万平方米（31.61 亩），1993 年征地 5.37 万平方米（80.6 亩）、1995 年征地 0.25 万平方米（3.72 亩）、1996 年征地 4.21 万平方米（63.1 亩）。截至 1997 年底，总建筑面积 100479 平方米，其中住宅面积 40830 平方米，住宅 661 套，建安投资 5271 万元。主要建筑工程情况见表 14－22。

表 14－22　地调五处基地主要建筑工程情况表

名　称	面　积 (m^2)	投　资 (万元)	建设时间 (年份)	名　称	面　积 (m^2)	投　资 (万元)	建设时间 (年份)
住　宅	40830	1570	1981～1997	医　院	1600	137	1995
宿　舍	7703	91	1978～1981	电影院	1670	59	1985
办公楼	4000	281	1993	游泳池	52	83	1988
研究楼	3303	35.5	1977	发配电房	792	102	1985～1987
档案楼	2136	228	1991	通讯站	1300	21	1982
机修站	3202	80	1985～1987	商　店	1060	130	1990
仪修站	2131	177	1991	食　堂	1258	28	1982～1986
生物工程厂房	7508	1652	1994	锅炉房	1323	119	1982～1996
子弟学校	2888	58	1990	仓　库	3786	96	1985～1990
幼儿园	1200	34	1995	车　库	3786	96	1986

一、水电暖设施

基地共有3口水源井，井深平均100米，每口井均安装1台深井泵，有2座水塔，日供水能力1000立方米。生活废水和地面水均通过地下管道流向污水池再排至院外。1996年建成939平方米锅炉房1座，安装4台4吨锅炉，供暖面积11万平方米。用电电源引自固城镇110电站，架设7公里10千伏专用线路输至院内；建有配电房1座，面积192平方米，装500千伏安变压器两台；建有发电房1座，面积600平方米，装2台备用柴油发电机组，功率800千瓦。

二、通讯设施

建有480路数字微波线路与局通讯总站联网并进入石油网。安装有MD110程控交换机1台，总容量800门。

第九节　北京基地

北京基地包括引进管理处基地、十三陵石油疗养院基地、大兴基地和驻北京联络处。总占地面积52万平方米（778.7亩），总建筑面积56766平方米。引进管理处外购住宅面积7684.11平方米、109套。

一、引进管理处基地

1984年9月，物探局在石景山区八角村征地1.58万平方米（23.64亩），用于引进管理处基地建设，其中建房用地1.18万平方米（17.73亩），道路用地3940平方米（5.91亩）。1985年1月开始建设，当年投资1066万元，建13层9600平方米的业务大楼和241平方米的配电室。1996年投资312.3万元，在业务楼南侧建1座3层公寓楼。截至1997年底，各类房屋建筑面积17726平方米，建筑投资1378.3万元。

（一）供电设施

基地用市电，采用双回路。一路由北京市张仪路架设10千伏输电线路接入院内配电室，变压器容量240千伏安；另一路由石景山路至铁道兵总医院配电室接入院内配电室，变压器容量为500千伏安。

（二）供排水设施

基地用市供自来水，水源引自田村山水厂，进院管道直径为100毫米。基地废水排入市网管道。

（三）供暖设施

1986年8月与铁道兵总医院签订取暖协议，引管处出资50万元，铁道兵总医院锅炉房增设取暖锅炉，并负责铺设到引管处院内的送暖管道，约定取暖面积14000平方米，从第二年开始供暖。

（四）通讯设施

到1997年底，基地已建成设施完善的通讯系统，包括市政通讯电话中继线路16条，国内外直拨电话线路34条，北京至大兴至涿州微波通讯线路1条。

（五）职工住房

基地未建职工住宅，截至1997年底，外购职工住宅109套，面积7684.11平方米。详见表14－23。

二、十三陵石油工人疗养院基地

该院基地位于北京市昌平县长岭镇锥石口村莲花山下，距天安门广场45公里。十三陵石油工人疗养院前身是石油部机关绿化基地，1980年2月移交物探局管理，当时占地33910平方米（50.87亩），

表 14－23　1985～1997 年引进管理处基地购建职工住房情况表

套　数	面　积（m^2）	位　置	套　数	面　积（m^2）	位　置
14	1324.01	八宝山伊翠园	10	637.1	八宝山七星园
6	326	八宝山永乐西小区	12	732.1	八宝山永乐西小区
3	424.1	鲁谷村	6	350	石景山八角北里
12	790.8	八宝山六合园	36	2300	八宝山永乐西小区
10	800	学院路			

建有 5 栋平房。1983 年到 1990 年，征地 2000 平方米（3 亩）扩大院区，陆续建了 3 幢疗养员楼（面积 3725 平方米），1 幢综合办公楼（面积 2040 米）和住宅（面积 1659 平方米），以及配套设施。1996～1997 年，在院区西部征地 2000 平方米（3 亩），院内新建 1 幢高标准客房楼（面积 4400 平方米），1 幢康复中心（面积 4035 平方米），并建有室内游泳池、保龄球室、卡拉 OK 厅、大型会议室等。同时对原有 3 幢疗养员楼进行了改造和装修。截至 1997 年底，总占地面积为 36700 平方米（55.1 亩），建设各类房屋 12838 平方米（已减拆除面积），建安投资 2986 万元。院内有水井 2 口，能满足生活需要，并建有污水处理系统。1997 年改造锅炉房，安装 2 台 4 吨锅炉。用电由北京市供电，并有自发电设备。

三、大兴基地

大兴基地位于北京市大兴县，由农场、综合楼区、310 亩地开发区组成，共占地 46.67 万平方米（700 亩）。

（一）大兴农场

该农场始建于 1978 年，位于榆南公路与京开公路交汇处，占地 253308 平方米（380 亩）。1979 年修建了一批简易平房住宅。1987 年建住宅 1912 平方米、办公楼 469 平方米、食堂 240 平方米，以及配套的锅炉房、水塔等。截至 1997 年，建筑面积 8576.91 平方米，其中住宅面积 2223 平方米。

1994 年，建成年出栏 5000 头生猪的猪舍 3458 平方米。1997 年，投资 408 万元扩建猪舍、饲料加工场，使年出栏生猪达到 10000 头的规模。

水、电、暖、通讯设施：1996 年新建 24 米高、50 立方米水塔 1 座，日供水量约 150 立方米；有面积 195 平方米的锅炉房 1 座，安装 2 吨锅炉 1 台；有发配电房 1 座，面积 124 平方米；有一点多址微波与通讯总站联网，并进入石油网。

（二）310 亩开发区

该区位于北京市大兴县榆垡镇 921 电信局以南京开公路西侧。1987 年 6 月物探局与榆垡镇签订《征十里铺村 320 亩沙荒地划归物探局作副食业基地的协议》，1988 年大兴县计划培植万亩森林，把物探局 320 亩沙荒地划入森林范围，后榆垡镇在京开公路西侧胡林村划出 310 亩（206646 平方米）地作为补偿。“310 亩开发区”由此得名。该区于 1992 年修建了办公楼、养鱼塘、对外加油站、配电房等，打水井 3 口，可满足生产、生活用水需要。1995 年建锅炉房 1 座，安装 1.5 吨锅炉 1 台。

（三）综合楼区

该区位于北京市大兴县榆垡镇京开公路西侧，921 电信局以北，占地 6666 平方米（10 亩），1992 年建 6700 平方米的综合楼 1 座、5012 平方米的住宅楼 3 栋，总投资 1401 万元。

四、驻北京联络处驻地

驻北京联络处驻地由北京亚运村和安贞桥两处房地产组成。亚运村房地产是总公司 1997 年划拨，共 29 套单元住房（2012 平方米），价值 562 万元。安贞桥房地产是：1997 年物探局与石油工业出版社、冀东油田、北京第三机床厂在安贞桥附近合建 1 座科技出版实验楼，物探局占该楼 1～4 层，建筑面积 3390 平方米，投资 2787 万元。

第十节　转运站、疗养点、联络（办事）处

其他基地，包括地调一处北戴河转运站驻地、地调二处广西疗养院驻地、局青岛科技培训中心基地、局上海联络处驻地、地调四处兰州转运站驻地、局杭州办事处驻地等。占地总面积 11.08 万平方米（166.24 亩）。总建筑面积 21535 平方米。

一、地调一处北戴河转运站驻地

转运站驻地建于1988年，位于北戴河林海度假村。当年租用中国房地产开发公司房屋2788平方米，租用期30年，投资500万元。其中3层客房楼2幢2122平方米，2层食堂、活动室1幢596平方米，平房1幢70平方米。1997年又投资200万元，把所有房间进行全面装修，更换了部分设备，安装了空调等。

二、地调二处疗养院驻地

疗养院驻地由广西桂林、南宁、北海3个疗养点驻地组成，总建筑面积13476平方米，建安投资1584万元。

（一）桂林疗养点驻地

该驻地位于广西桂林市羊角山小区。1989年购买桂林市林桥房地产开发公司4层楼房1幢，面积2065平方米，投资128万元。1995年在原址西面购地1220平方米（1.83亩），建2500平方米楼房1幢，投资500万元，使该疗养点达到接待100人开会或疗养的规模。

（二）南宁疗养点驻地

该驻地是地调二处1978年在广西进行物探工作时的指挥点，占地5.56万平方米（83.41亩）。先后投资260万元修建近6000平方米的办公、宿舍、食堂、机修等临时建筑及供电、供水等设施。从1988年起，物探局把该点作为在南宁的一个疗养点驻地，隶属地调二处（1997年撤销）。

（三）北海疗养点驻地

该驻地建于1994年。当年地调二处在北海华侨新村购买商品房1幢，面积2075平方米。1995年又在同一地点购买住宅9套（面积836平方米），共投资696万元。

三、青岛科技培训中心基地

1993年物探局与中国人民解放军济南军区房地产管理局签订协议，部队将其在山东省即墨市温泉镇的房地产（地74.58亩），地面建筑3400平方米，其中各类住房面积2222平方米）转让给物探局。物探局在此设立青岛科技培训中心。1994年，物探局投资184万元对原有房屋设施进行了改造。1995年建培训楼4377平方米，锅炉房325平方米，打温泉水井1口，当年投资559万元。1996年新建培训楼3733平方米，并对原培训楼进行装修，当年投资773万元。1997年修建了网球场、小型高尔夫球场，对1996年新建培训楼进行装修等，投资774万元。截至1997年底，基地总占地面积5.4万平方米（81亩），新建各类房屋11019平方米，总投资2588万元。

四、上海联络处驻地

上海联络处驻地，位于上海赤峰路曲阳新村。1987年物探局购买了曲阳新村石油大厦部分房间，作为联络处驻地及物资采购点。

五、地调四处兰州转运站驻地

转运站驻地位于兰州市培黎石油学校院区内。1989年物探局为适应地调四处在酒泉、青海和西藏地区物探工作人员居住、设备中转、物资采购、设备停放和修理的需要，在兰州培黎石油学校院区内建设1栋综合大楼，设立地调四处兰州转运站。楼房建筑面积4600平方米，总投资449万元，建有客房、会议室、宿舍和食堂等。

六、地调四处杭州办事处驻地

该驻地建于1991年，位于浙江省杭州市留下镇浙江石油勘探处疗养院。在该院三楼设床位40张。

第二章 基地管理与生活服务

1964年6月，地调指挥部行政科设生活组、总务组、房产组、劳保组，负责全指挥部后勤服务工作。

1966年9月，六四六厂行政科并入新成立的厂行政办公室。1968年12月，六四六厂机构改革，厂机关改为“三组一室”，即政工组、生产组、后勤组和办公室，由后勤组负责全厂后勤服务工作。

1971年10月，后勤组扩编为后勤部，下属服务部门包括行政、总务、财务、房产、医疗、维修、运输、食堂、幼儿园等。

1973年7月，物探局成立后，逐步形成比较完善的基地管理和生活服务系统，生活管理工作相应得到加强。局成立的行政管理处担负全局的生活管理工作；各二级单位相应成立生活服务科、室，各基层小队设立生活后勤组；全局形成三级生活服务管理体制，逐步完善了各项管理制度。70年代，物探局为每个职工家庭无偿配备床、饭桌、椅子，80年代又增配液化气炉灶、抽油烟机等用具，免费供应开水，提供住房、水电、房屋维修。

1984 年 4 月，局行政管理处调整为行政处，职能不变，管理人员达到 450 名。依靠农副业生产给职工平价供应食油、猪油、鸡蛋、鲜鱼等农副产品。

1991 年 5 月，物探局成立基地管理处，行政处改为行政管理处。基地管理处履行生活服务职能，加强了对房产、食堂，水、电、暖、液化气，绿化、环卫的管理工作。本着“保证供给，当好后勤”的原则，进一步完善各项服务措施。生活服务仍然保持着福利型的模式。同时，按照总公司要求，开始酝酿住房改革等措施。

1993 年 9 月，局行政管理处并入基地管理处。住房制度改革在物探局全面启动，局出售住房，职工可获得 50%的房产权。90 年代，各单位的基地建设均初具规模，都具有相对独立的生产科研、生活服务、医疗卫生、教育培训、商业经营等职能。随着市场经济的发展，实施物业管理改革提到局领导议事日程。1996 年 10 月，物探局组织工作组首先在徐水地区试点。局将徐水办事处组建成徐水基地管理处，将徐水各单位后勤生活服务部门的人员、设备全部从原单位分离，集中到徐水基地管理处，实行物业统一管理。

1997 年 5 月，物探局涿州地区 9 个单位 14 个院区的后勤生活服务，全部集中到涿州基地管理处，实施统一物业管理。为达到“专业化管理，区域化服务”的目的，各院区分别成立物业管理委员会，协助基地处做好后勤生活服务工作。实施物业管理的徐水、涿州两个基地的生活服务管理由福利型转向市场型。服务单位由局拨经费、补贴逐步转向自负盈亏，对职工实行有偿服务。

第一节 职工住房

1963 年 12 月，松辽地调处队伍进关后，双职工和随厂家属临时租用当地老乡的旧房居住。从 1965 年起，经上级批准，逐步建设了一些平房，至 1967 年住房仍供不应求。经徐水县政府批准，六四六厂借用城关修配厂 3 栋 17 间厂房和 50 间宿舍，经修缮解决了 300 人的住房问题。

1973 年物探局成立后，住房建设迅速发展，职工普遍住上了砖瓦结构的平房。

1977 年，物探局从建设平房发展到建设 4 层楼房。单元式楼房设有住室、厨房、厕所，并配建水电暖设备。至 1979 年，用于职工住房建设的投资共达 2695.6 万元，建职工住宅 6.53 万平方米，解决了 1300 户职工、家属的住房问题。

1980 年，全局新建住宅 6.63 万平方米，其中家属住宅 4.56 万平方米，共 841 套，比 1979 年增长 72%。年末家属住宅建筑面积累计达到 17.8 万平方米。每户住宅使用面积平均为 27.5 平方米，人均 6.2 平方米。1980 年以前主要按职工工龄实行福利分房。

1981 年，物探局印发了《石油地球物理勘探局行政管理工作细则》，实施“双职工以工作需要为主，适当考虑女方因素”，“随厂家属以职工为主”的住房分配原则。当年新建住宅 5.7 万平方米，其中家属住宅 4.3 万平方米。788 户迁入新居，每户配备饭桌一张、方凳 4 个、迎门厨 1 个、三屉桌 1 张、双人床 1 张；家庭其余人口每人发单人床 1 张。单职工集体宿舍每人配备单人床 1 张、凳子（椅子）1 个，每 3 人配三屉桌 1 张、热水瓶 2 个。

1984 年 10 月，物探局制定了《职工家属住房管理暂行办法》，对住房实行民主管理和民主分配的原则。当年建成住宅 5.4 万平方米，其中家属住宅 4.1 万平方米。根据《暂行办法》，局和各二级单位、直属单位均成立了住房管理委员会或住房管理小组（简称房管会或房管组）。房管会（组）由职工代表、领导干部和房管人员组成，其中职工代表必须占三分之二以上。房管会（组）由同级职工代表大会选举产生。

享受福利分房的条件是：物探局年满 25 周岁的已婚职工或满 7 年工龄的双职工和经组织批准、有城镇户口、已迁入局（厂）的随队家属。一般由男方申请住房，女方出具证明。男方在物探队，女方在基地符合分房条件者，可享受双职工分房待遇。建国前参加革命工作的职工、高级知识分子、归国华侨、因公致残丧失劳动能力者和处级以上干部可优先分房。

住房标准分为一、二、三、四类。一、二类住房每套建筑面积 45～50 平方米（居住面积 32～35 平方米）；三类住房每套建筑面积 60～70 平方米（居住面积 42～49 平方米）；四类住房建筑面积 80～90 平方米（居住面积 56～63 平方米）。职工根据本人职务、职称等条件可享受相应标准的住房。1984 年有 724 户分得住房，每户配备电镀圆桌 1 张、电镀椅 2 把，液化气炉灶、抽烟机各 1 套以及双人床、单人床等。

1984 年全局建成的家属住宅累计达 31.5 万平

方米，其中4个勘探公司和普查公司基地为10.4万平方米。根据12个单位对2803户居住状况统计，平均每户住房建筑面积50.9平方米，居住面积29.7平方米，人均居住面积7.9平方米。

1992年6月，物探局印发了《关于住房管理规定》，实行分房“三公开”，即分房方案公开、住房数目公开、分房工作人员公开。局属各单位成立了分房委员会或分房领导小组，由其制定分、调房方案，要求做到人人明确住房分配条件、办法和计分方法等。当年建成家属住宅5.6万平方米，对731套新住房的分配全部张榜公布，三榜定案，职工以榜上名次挑选相应类别的住房，力求做到公开、公平、公正。根据19个单位对7236户职工住房情况统计：楼房人均建筑面积18.03平方米，比上年增加0.19平方米；居住面积9.34平方米，比上年增加0.37平方米；平房人均居住面积11.88平方米，比上年增加0.26平方米。地调四处投资38万元为物探队职工改建了能住1080人、规格统一的职工公寓。

1992年12月，物探局下发《关于推进住房制度改革的通知》。住房制度改革的原则是改变现行住房低租金、无偿分配的办法，扭转过去住房建设和维修完全由国家和企业负担的状况，建立国家、集体和个人共同负担建设住宅的新机制；合理引导消费结构，在职工经济承受能力允许的范围内逐步增大个人住房消费支出。

住房制度改革的具体政策是合理调整现行公有住房标准，提高租金，实行住房补贴，建立住房基金和实行个人住房公积金制度。物探局成立了住房制度改革领导小组，下设房改办公室。

1993年5月，《石油物探局住房制度改革方案》出台。改革内容分为六个方面：

(1) 提租补贴。公有住房按折旧费、维修费、管理费、投资利息、房产税五项因素计租，每平方米使用面积平均月租金为2.1元（楼房2.2元，平房1.7元）。在调整租金的同时，按职工月标准工资的25%发放住房补贴。

(2) 推行公积金制。按职工月标准工资的5%并以职工名义存入指定的金融机构。用于职工家庭买房、建房、集资建房和自有住房的大修。

(3) 建立住房基金。把局原来用于住房消费的资金分列出来，经过合理核定其来源，规范化地纳入企业住房基金。

(4) 租房购买债券（租赁保证金）。5年后兑换本金，解除租赁关系，本金及利息同时返还本人。

(5) 集资建房。

(6) 出售公有住房。物探局职工符合分房条件的均可申请购房。标准价为每建筑平方米220元。住房售价计算：售价＝标准价×本套住宅建筑面积×等级系数×（1＋朝向调节系数）×层次调节系数×（1－一次性付款优惠率）。一次付清房款，在售价基础上给予20%的优惠。1993年结束了住房无偿使用的历史。职工获得25%的住房补贴后，提高了购房能力。

1994年，根据房改方案制定了《物探局出售公产住房暂行办法》，住房标准价每平方米由1993年定的220元提高到1994年的541元（成本价为每平方米772元）。

1997年全局建成家属住宅7.1万平方米，累计家属住宅91.3万平方米，含成套住宅14020套。其中5个地调处基地有家属住宅38.57万平方米，含成套住宅6121套。当年物探局制定了《成本价售房办法》，在涿州局机关新建的70号、71号住宅楼和徐水基地处西区3号住宅楼进行成本价售房试点。共出售公有住房24万平方米，回收资金4412万元。1994～1997年，全局90多万平方米住房除房改政策不宜出售的以外，全部按标准价出售。累计回收房款11392万元，累计回收住房租金338万元。年末根据19个生活基地对13039户住房统计，职工住房人均建筑面积22.27平方米，比上年增加0.93平方米；人均居住面积12.6平方米，比上年增加0.4平方米。

第二节 职工食堂

1964年，徐水基地建有3个食堂，属行政科生活组管理，其中两个职工食堂、一个接待小食堂，有炊管人员40人。主副食品大都是按国家供应的数量、标准定点采购。此外，各物探队都有食堂，主副食品供应由生活组负责联系，一般在出工地区就近定点采购。各物探队食堂都由一名副队长抓管理。为保证职工在艰苦的条件下完成生产任务，食堂做到一日三餐都是热菜、热饭，中午职工回不来，炊事班送饭菜到工地。由职工群众组成的伙食管理委员会收集反映职工对饭菜的意见，并监督检查食堂账目“日清月结”的情况。

1973年，各个基地都建立了职工食堂，炊管人员、炊事机械设备也逐步配置齐全。除局机关各食堂属行政处生活科管理之外，其他单位的食堂由各单位行政科管理。各食堂主、副食每周订出食谱，食堂卫生由行政科定期检查。

1981年，局行政处成立食堂科，负责全局食堂管理工作。按照物探局制定的《行政管理工作细则》，全局各食堂普遍建立了炊事员岗位责任制、财务管理制度、采购制度、库房保管制度、伙委会制度和安全卫生制度。规定300～500人就餐的食堂要配齐“七大员”：管理员、会计员、炊事班长、保管员、兑票员、采购员、炊事员。“七大员”各司其责，既要保证职工吃好、吃饱、吃热、吃得卫生，又要价格合理。食堂盈亏每月不得超过收入的2%。各食堂基本做到饭菜分量按规定标准给足，主食每餐3种以上，副食4菜1汤。各固定食堂设有烤炉及小卖部，餐厅设有桌、凳。物探队食堂主、副食较为丰富，有条件的食堂还开设单炒。食堂做病号饭、回民饭，专人专做，对重病号尽可能做到想吃什么就做什么，送饭到床前。局行政处对各食堂每年评比、表彰两次。

1984年，局行政处制定了《生活管理制度》，其中包括“七大员”的岗位责任制和财务管理制度、采购制度、库房保管制度、伙委会制度、卫生安全制度等。局属各单位都建立了由单位领导、食堂管理员、基层工会干部及若干就餐职工代表参加的伙食管理委员会。进一步加强了食堂管理的力度。各食堂账目基本做到日清、旬结、月公布。普遍执行卫生部制定的食品卫生“五四”制度，不买、不收、不做、不售霉烂变质食物，认真做好“四防”，即防食物中毒、防火、防盗、防操作事故。食堂卫生通过经常性的检查，炊具、笼屉、锅盖、案板保持清洁。各食堂注意把好“四关”，即采购关、保管关、加工关、计划调剂关。食堂主食每餐3种以上，副食6菜以上，分量按标准给足。小卖部以菜为主，丰富多样。

1987年12月，物探局召开食堂工作会议，总结工作，交流经验。这年全局有食堂102个，炊事员528人，管理员130人，厨师15人，担负15400多人的就餐任务。在全局范围内开展了“创文明食堂”、“做最佳炊管人员”评比活动，由局行政处、卫生处、局工会组成的检查组，对25个二级单位、直属单位共40个食堂进行检查，其中仪器厂、机械厂、地调二处、地调四处、四处幼儿园、徐水办事处等单位的食堂及局机关二食堂达到文明食堂标准。仪器厂领导组织全厂科长、室主任每天轮流到食堂值班，检查工作，帮助卖饭，食堂的各项制度落实得比较好。地调四处开展“五佳”（最佳管理员、最佳炊事员、最佳保管员、最佳采购员、最佳炊事班长）活动，食堂饭菜质量明显提高。四处幼儿园食堂饭菜质好量足，将每周食谱挂在幼儿园门口，每天与家长见面并接受监督，受到职工好评。

机械厂食堂根据职工意见制定每周的食谱，一周内基本不吃重样饭，随季节变换饭菜花样，职工加班加点，食堂送饭到车间。炊管人员上班坚持穿工作服，戴口罩、工作帽，服务主动、热情、耐心，文明程度比较高。徐水办事处二食堂炊管人员利用门口800平方米花园地，挤时间种几样蔬菜，还养了24头猪，将赚得的钱全补贴在伙食上，降低了职工的伙食费用。职工医院炊管人员坚持一天搞3次卫生，使食堂保持干净、明亮、舒适。食堂主、副食种类多，设有小炒，供应烟、酒、罐头、糕点和各种熟食。对病人热情周到，送饭到病床前。义务为职工加工面条、粗粮换细粮、拉运大米、面粉、食油、蔬菜等。正定基地食堂账目做得正规、清楚，盈亏分别保持在0.26%和1.15%以内。

地调二处机关食堂实行经济承包责任制以后，各岗位人员自觉从严。一次和面碱对多了，出笼馒头既黄又苦，职工不满意，按规定当月分别扣罚了主食组长和1名对碱炊事员的20元奖金。食堂8个组，各组定岗、定人、定责，各展其长。采购组抽出1名采购员和司机包干解决就餐人员和家属区吃菜难和价格贵等困难。他们多方联系、奔走，采购的各类鱼、肉、菜等品种多而新鲜，成本低于市场供应点价格的10%～15%。主食组每天要做出500千克米、面熟食品，花样在4种以上。烤点组制作的面包工艺精细，群众十分爱吃。副食组配菜定质、定量、定成本，精打细算，做菜认真规范，每餐品种在10种以上。食堂流动服务组供应各类主食，不论寒天酷暑，天天服务在外，为职工家属带来很大方便。1987年3月，在内蒙施工的几个物探队急需补充粮、油、菜及其他副食品。食堂采购员、会计、司机接受任务后，提出“宁愿自己多吃苦，也要让一线职工得幸福”。他们积极筹备，很快给内蒙施工队伍调去粮食10吨、食油2.5吨、啤酒10000瓶、香烟300多条以及其他副食品5.5吨。职工满意地称机关食堂为“职工之家”。

1990年，物探局制定了《物探局生活服务经济责任制》，对各后勤班组、管理员、会计、采购员、售票员、保管员、炊事班长等各个岗位的责任、工作标准、考核办法等作了统一规定。为了进一步提高炊事人员的技术水平，当年共选送90多名炊事员分批到河北唐山市烹饪技术学校进行技术培训。

徐水办事处食堂炊事班长胡兴芳，几十年如一日兢兢业业地工作，1974～1978年，先后4个年度被评为物探局标兵，获“一心扑在革命事业上的好炊事班长”称号；1979～1991年先后8个年度被评为物探局劳动模范。

1992年3月，物探局下发了《食堂管理制度》、《先进食堂管理制度》、《先进食堂标准》、《物探局生活饮用水卫生监督管理规定》等文件，在全局各基地开展“先进食堂”活动，并选送10名炊事员到四川内江商业技工学校培训烹饪技术。各单位食堂工作有明显进步，大多数炊管人员工作认真，服务态度好，并严格执行食堂制度。地调四处职工食堂为改变效益差的局面，实行两种经营方式，一是热情服务，继续坚持成本销售；二是食堂设立雅座，提供多种服务。两种就餐方式由就餐者自由选择，受到职工群众的欢迎。他们的经验在全局推广后，食堂管理、服务质量和经济效益普遍提高。1992年全局评出先进食堂20个。

1993年，各物探队实行生活服务专业化后，进一步加强了食堂管理。重新选举产生伙委会，实行民主管理；实行菜食谱化，每周制定一次食谱，合理搭配主、副食花样，每餐主食不少于3种，副食不少于4菜1汤；保证职工吃够伙食标准；食堂提供餐馆化服务，备有点菜小炒，自行选择；餐具公用，统一管理，每餐洗刷消毒，按照食品卫生法管理食堂，设有防蝇罩，厨具每周消毒1次，生、熟食分开；炊事机械专人使用、保管，定期保养；账目按时公布等。

1996年，各生活基地食堂为适应市场经济形势，逐步与主业分离，向后勤服务社会化转变，从行政管理型转为经营型，从福利型转向经济效益型，实行有偿服务。全局（物探队除外）共有职工食堂28个，炊管人员233名，其中厨师37名，一级厨师13名，服务人员60名。

1997年，全局（物探队除外）共有职工食堂25个，炊管人员220名，其中厨师35名，一级厨师12名，服务人员35名。全局各食堂在保证就餐职工主食供应的情况下，进一步提高经济效益，实行有偿服务，使职工食堂进一步与市场接轨，向经营型转变。食堂为了增加经济效益，改善服务方式和服务态度，除继续坚持公布食谱，增加小炒等服务方式之外，有些单位食堂还为职工举办结婚宴席、生日宴席、增加学生餐。大部分食堂为满足职工需求，进行了重新装修，设置雅间、卡拉OK间等，既方便了职工生活，又创造了经济效益。物探学校食堂是按500人就餐建造的，但实际人数达到了1500人。为方便教职工和学生就餐，学校投资10万元配备了微机售饭系统，提高了工作效率，售饭时间从1小时缩短到20分钟，售饭秩序也得到明显改善，方便了教职工和学生的就餐。地调一处南疆前指职工食堂要求工作人员上班时必须穿工作服、戴工作帽，餐前餐后都要用开水对各种餐具进行消毒。对购买的各种包装食品，必须有商标名称、产地名称、出厂日期、保质期等，否则一律不允许验收，保证了食品的质量。为鼓励炊事人员的敬业精神，局劳资处每两年举行一次全局性的炊事技术比赛，获前3名者可享受工人技师待遇。至1997年已举行3次，共有24名炊事员在比赛中获奖，9人晋升为工人技师。

第三节 水电暖气

一、水电

1983年以前，物探局对职工生活用水用电未作具体规定，不收费。

1984年物探局制定了《住房、水、电定额管理办法（试行）》，规定每月收房费（居住面积）0.04元/平方米，平房无水暖设施的免收；电费0.08元/度，水费0.05元/吨；同时，给予住房职工定额补贴。见表14－24。

表14－24 物探局房水电费月补贴标准表（1984年）

住房标准	房费	电费	水费	合计
一、二类	0.04元/m^2×35m^2＝1.4元	0.08元/度×40度＝3.2元	0.05元/t×50t＝2.5元	7.1元
三类	0.04元/m^2×49m^2＝1.96元	0.08元/度×40度＝3.2元	0.05元/t×50t＝2.5元	7.66元
四类	0.04元/m^2×63m2＝2.52元	0.08元/度×40度＝3.2元	0.05元/t×50t＝2.5元	8.22元

注：表中“35m^2”、“49m^2”、“63m^2”为居住面积。

对尚未安装电表、水表，不具备计量收费的单位不发放补贴，也不收水电费。

1992年，全局普遍安装水表、电表以后，限定每户每月用水定额50吨，每吨水按0.04元收费，超过部分按每吨0.08元收费；每户用电定额60度，每度0.08元，超过部分按每度0.40元收费。

1995年3月，物探局印发了《关于物探局内部水暖电气有偿服务收费价格的通知》，规定：水电原每户每月限额数不变，收费价格调为水每吨0.17元，超过部分每吨0.36元；电每度0.19元，超过部分每度0.50元。

1997年9月，物探局下发《关于调整物探局内部水、电、暖、气、公共事业费等有偿服务收费价格的通知》，对水、暖、电、气收费价格进行了调整。见表14－25。

表14－25　物探局内部水暖电气收费价格调整情况表（1997年）

项目			水（元/t）	暖（元/m²）	电（元/度）	气（元/t）
公共收费价格	原价		0.36	12.00	0.50	53.90
	调整价		0.65	16.80	0.68	85.62
民用收费价格	定额内	原价	0.17	12.00	0.19	
		调整价	0.28	16.80	0.25	
	定额外	原价	0.36	12.00	0.50	
		调整价	0.65	16.80	0.68	

1997年，物探局对职工继续实行水电费定额补贴，标准为：

每户年水费补贴＝（30吨/月×0.17元/吨）×12个月＝61.20元。

年电费补贴：一般住户的年电费补贴＝（80度/月×0.19元/度）×12个月＝182.40元；副处级以上住户的年电费补贴＝（100度/月×0.19元/度）×12个月＝228元。

二、生活用煤、供暖

1964年，地调指挥部为每户职工家庭每年供应生活用煤（内部价）2吨。取暖补贴计算在内部价中。用煤分别从当地煤建公司按量购买。

1969年10月，六四六厂下发《关于1969年度职工冬季取暖补贴发放办法的通知》，规定了职工享受取暖补贴的期限及标准，即取暖期为每年的11月15日至第二年3月15日，每人每月补贴4元。从1977年起，住楼房的职工因统一供暖，不再享受取暖补贴。

1986年，涿州、徐水地区生活用煤由局运输处从山西大同煤矿拉运。各基地冬季供暖基本上都建有锅炉房、供暖管网，配有锅炉工、水暖维修工等，由各后勤机构管理。全局供暖面积190万平方米。

1996年，全局各基地均建有燃煤锅炉，供暖管网自成体系。全局供暖面积191.3万平方米，用煤84240.14吨。

1997年，全局新安装锅炉18台，供暖面积190万平方米。地调一处开发的地热资源经1年运行，与原供暖系统相比，取得良好经济效益和社会效益。

涿州基地四号院锅炉房班长周晓谦，在1991～1997年任班长期间，6年如一日，经常起早贪黑，维护仪器设备，保证锅炉始终正常运行。由于他的成绩显著，连续4年被评为局优秀共产党员；1997年被评为物探局劳动模范，被授予“职业道德之星”称号。

三、液化气供应

1977年，物探局建立液化气站，有8个100立方米、4个50立方米液化气储罐和2台10吨液化气运输罐车。由局行政处管理，对用户凭证供应液化气。

1979年，全局建立了11个液化气供应点，2600多户职工家庭用上了液化气。

1984年5月，物探局建立的液化气总站（为局行政处科级单位），担负全局生活用气的购买、运输、储存、分装和站区的安全管理任务。局内按地区或按单位设立了液化气换气站，由总站供应瓶装气，各站负责所在地区或单位的液化气使用、管理工作，承担发放、维修炉具及指导用户安全用气等各项服务。当年局行政处制定了《液化气管理制度》，对工作人员的职责、液化气的安全使用、管理办法作出了具体规定。要求各液化气管理站要方便群众，每日24小时办理换气业务，节假日不休息等。液化气总站制定了《安全生产责任制》、《安全防火管理制》、《工具管理制》、《操作规程》等10项制度，共145条。

1991年5月，物探局下发《关于加强液化气管理工作的通知》，重申严格执行物探局关于液化气开户条件的规定，并重新登记、建账、建卡、更换新证。在控制新开液化气用户、实行液化气计划供应、做好液化气使用及运输安全工作等方面作了具体规定。

1997年，液化气总站已扩建为具有储罐总容量1000立方米，储存能力达450吨，年供气量超过1600吨，能供应17000多户职工生活用气的大型气站。全局各基地（新疆库尔勒除外）均建立了液化气管理站，各站从总站填充液化气钢瓶后运回基地。对用户供气方式，由总站统一印发液化气购气本，每户凭本购气，本上印有全局统一管理制度和液化气使用知识。

物探局用气来源，一部分由总公司运销局按计划内指标供应，其余气源来自北京房山燕山炼油厂、沧州炼油厂、石家庄炼油厂、锦州炼油厂等。地调三处库尔勒基地900户人口由新疆独山子炼油厂供应液化气，年供气量110吨。地调二处1300户人口使用中原油田的天然气，由开封市输气管道直接将天然气输送到地调二处基地，年供气量36.5万立方米。

液化气价格：1977年起每瓶（15千克）2.7元，1983年起每瓶3元；1987年11月起每瓶15元；1994年起每瓶30元；1997年起每瓶40元。局内职工按工龄及用气标准，每年享受液化气补贴。

第四节　绿化环卫

1983年3月，物探局贯彻中央领导关于“开展义务植树造林运动，绿化祖国”的指示精神和国务院《关于开展全民义务植树运动的实施办法》，制定了《物探局植树造林与林木管理办法》，要求各单位把环境绿化工作纳入基地建设规划，在人力、物力、资金等方面给予保证，并在植树造林、林木管理、林木保护、人员责任、奖罚措施等方面作了具体规定。各二级单位成立了绿化领导小组，各农场单独成立了绿化组，分别由1名领导负责。各绿化组制定了本单位的绿化规划，在实施中坚持多种速生乔木辅以花草、果木，逐步向花果化、园林化方向发展。各农场以营造渠沟林带、方田林带、林网和防风固沙林、水土保持林为主，实现农田林网化。

1985年8月，物探局召开行政工作会议，贯彻石油部在玉门召开的“全国石油系统绿化工作经验交流会”精神。局领导在会上要求各生活基地的绿化工作要向园林化、公园化方向发展，争取在3年内改变“屋前路边光秃秃，不见树木满院土”的局面。会后，各二级单位、直属单位成立了绿化委员会或领导小组，由行政副职任领导，确定专人负责，配备了由专业技术人员组成的绿化队伍。各自制定了本单位的绿化规划。当年全局有专业绿化人员60人，发动群众植树5万余株，建绿篱2750平方米、草坪6000平方米、花房250平方米、花园4个，设花坛80个、凉亭4个、园林小品15个，小景6个、雕型2组，养盆花23980盆。徐水基地院内修建了一座占地6667平方米（10亩）的公园；90%的职工家庭养花近2万盆。徐水办事处从中选出500盆花在自建的公园里举办了一次花展，参观人数达上万人次。局机关从1985年开始，每年秋季在办公楼前用3000盆花摆出1个20平方米的花坛。国庆时节拍照留念者络绎不绝。

1986年6月，物探局成立绿化委员会。下设绿化办公室，隶属行政处领导。各单位进一步健全绿化领导机构，修订基地绿化3年规划，完善各项制度，加强花房、苗圃建设，自繁自育花草，苗木花草自给力达到30%。

1987年3月，在石油部全国石油系统绿化工作会议上，物探局及地调四处被评为全国石油系统绿化先进单位。全局累计绿化面积72.79万平方米，绿化覆盖率平均达到20%。

1990年，物探局贯彻全国绿化委员会第九次全会精神，印发了《石油物探局绿化工作（试行）条例》，提出了物探局绿化建设逐步走向科学化、制度化、规范化的各项措施和规定，编制了物探局“八五”期间绿化发展规划，要求全局绿化达标、部分单位达到园林式标准。当年，全局栽树1.21万株，铺草坪1.48万平方米，建绿篱4.47万平方米。新建大、小花园、游园7个，总面积2.01万平方米，并配置了适度的园林建筑设施及小品，地栽各类花卉16.56万株，繁育盆花2.23万盆；新增绿地12.8万平方米。全局累计绿化面积达136.89万平方米。绿化覆盖率由1989年的21.52%提高到1990年的24%。全局有各类存活树15.88万株，草坪面积累计7.62万平方米，大小花园、游园42个，总面积

10.26万平方米。通过评比，局研究院，地调一处、二处、四处、五处，职工医院、仪器厂、机械厂、十三陵石油工人疗养院、物探学校、技工学校、职工大学、徐水办事处、局机关等被评为局绿化先进单位。

地调一处绿化队队长、高级农艺师韦佩玉(女)，1983年开始从事绿化工作。她刻苦钻研，依靠科学管理，使盐碱地绿化成活率达到90%以上，1989～1990年被评为物探局绿化先进工作者，1991年获总公司“绿化先进个人”称号，1992年获“全国绿化奖章”。

1992年3月，物探局召开行政后勤工作会议。会议决定在全局开展“创文明生活区”活动，要求各单位进一步搞好绿化工作和环保工作。对环保工作进行全面整顿，消灭脏、乱、差和卫生死角，清理楼道，指定地点停放自行车。

1994年，局投资23万元购置一套塑料吹膜塑料袋生产设备，专门生产垃圾袋，在全局推行垃圾袋装，提倡封闭住宅楼垃圾道。各基地都设立了专业环卫队，配备了垃圾车等专用设备，环境每日清扫，垃圾日产日清。环境卫生由行政部门定期检查，重大节日之前发动全体职工搞好环境卫生。

1996年，物探局贯彻国务院发布的《城市市容和环境卫生管理条例》，在全局开展了“绿化、美化、净化”为内容的“三化”杯竞赛活动，使各基地面貌发生了明显变化。地调五处从塑造现代化企业形象入手，通过对基地进行勘察，设计了总体规划，制定了“系统化、正规化、规范化”的绿化方针。坚持专款专用，自繁自育花木；由处领导带头办绿化点，其他区块分单位从栽苗、管护到成长一包到底，每年评比一次、奖优罚劣。全体职工、家属自觉维护绿化成果，在院内不吸烟、不乱扔果皮。地调一处、四处等基地积极科学规划院区，努力为职工、家属创造优美、舒适的生活环境，绿化面积均达到国家要求的标准。走进基地都是绿茵齐齐，道路洁净，花池、假山安排有序。地调三处正定基地为“营造优美家园”，制定了“三化”标准、《环境卫生管理规定》等制度，完成院区两个景点的美化改造，设置了50个果皮箱，14个垃圾箱，建成了1栋210平方米的花房，使基地面貌焕然一新，被石家庄市评为市级卫生标兵单位。物探局全年绿化总投资185万元，有专职绿化员工168人，绿化覆盖率达28.5%。

1996年，地调一处、四处、五处，机械厂和仪器总厂获“全国石油系统绿化百佳厂区”称号，地调一处、地调五处获全国绿化委员会授予的“全国部门造林绿化四百佳”称号。

1997年，全局有绿化专职员工213人，基地绿化覆盖率达30%，全民义务植树负责率达97%，共植树40055棵，种草坪22.05万平方米，处级以上干部办绿化点65个，各基地共有公园16个。在开展“三化”杯活动中，有3个单位获国家级绿化先进单位称号，6个单位获省部级绿化先进单位称号。全局绿化工作进入总公司先进行列。

1997年，全局各基地环卫职工达250人，拥有垃圾车、洒水车、粪车、清扫车等环卫设备17套，大部分基地被当地县级以上政府评为卫生先进单位。地调一、三、四、五处基地被总公司授予“清洁无害化矿区”称号。

第五节 商贸饮食

1979年2月，物探局在1979年主要任务安排中要求各基地都要建立一整套生活服务设施，包括理发、洗澡、缝纫、小卖部等服务行业，当年先形成初步规模，以后再逐步完善。各基地本着有利生产、方便生活、讲求经济效益的原则，在原来的基础上，逐步发展商业网点，经营职工、家属日常生活需要的吃、穿、烧、用等各种商品及服务事业。徐水办事处及地调一处、二处、四处创办了食品加工场点，烘烤面包、糕点，加工面条、豆制品。各基地都办起了小卖店，经营百货、针织、文化用品、烟酒糖茶、调料等。普遍开办了缝纫、理发、洗澡、洗衣等服务业。

1984年5月至1988年12月，全局共有21个二级单位成立劳动服务公司，服务对象是本单位职工、家属。第三勘探公司劳动服务公司成立于1984年5月，注册资金47万元，从业人员133人，主要经营家用电器、百货、副食品、制鞋，以及提供生活、技术、运输服务。局劳动服务公司建于1988年12月，注册资金50万元，从业人员35人，主要经营烟酒糖茶、日用百货、副食调料、糕点、冷饮、服装加工等。其他各劳动服务公司经营范围大致与局相同。

1989年11月，物探局对各级劳动服务公司进行清理整顿，部分经营不善的劳动服务公司被撤销，保留下来的公司到1990年均改为一般企业名称。

1990年8月，物探局开始全面发展多种经营，兴办各种生活服务场点。至1997年，共有各类生活服务场点39个，其中商贸业6个、计算机服务业11个、日用百货13个、饮食服务业2个、社会服务业3个、其他企业4个。这些场点的兴办方便了职工生活。

第六节 家属工作

物探局及其前身从60年代初开始抓家属工作，一直把重点放在组织家属参加劳动上。家属工作包括机构设置、制度建设、劳动管理、工资待遇、离岗家属工待遇及管理等。组织家属劳动，促进了物探队伍的稳定和石油事业的发展。广大家属参加劳动，为职工生活服务，为石油事业发展作出了贡献。

一、组织机构

1962年，松辽地调处在农场设立家属管理站。1965年8月，六四六厂成立家属管理委员会。厂属单位分片组成7个家属生产队，徐水机关大院成立家属管理站。1966年4月，六四六厂成立服务公司，承担家属管理职能。1973年7月，物探局成立后在行政处设家属工作科。1978年12月，局设家属工作处。1980年8月，农副业处与家属工作处合并为农副业家属工作处。1984年6月，局撤销农副业家属工作处，成立农副总场，列为二级单位，承担全局家属管理职能。1992年3月，撤销农副总场，全局家属管理职能划归多种经营管理处。

局属单位的家属管理机构，1984年以前多为家属管理站、家属生产队（1981年全局有家属管理站17个、家属生产队18个）。1984年以后，一些单位调整组织机构，陆续将管理家属的职能划归劳动服务公司。

二、管理制度

1964年6月8日，六四一厂地调处转发六四一厂《关于颁发加强职工生活管理六个暂行办法的通知》，其中包括《家属管理办法》。该办法强调各单位要重视家属工作，指出“家属问题是职工问题的50%，余（秋里）部长说，做好了‘老大嫂’的工作，就等于把‘老大哥’的工作做好了一半”；规定工人三级以上、工龄7年、年满27周岁，干部22级以上、工龄7年、年满27周岁，才够带家条件。对不够带家条件来队的家属，一律限期动员还乡。

1965年8月25日，六四六厂印发《徐水地区职工家属参加生产劳动和服务行业的组织管理及经济核算办法》。该办法对家属的劳动组织、劳动任务、管理制度、劳动工分评定及报酬支付办法、营业收费标准和办法等作出了明确规定。在劳动工分评定办法中规定：工作时间原则上以8小时为1个工日，1小时为1个工分，每天收工后评分，一般可定为8分、7分、6分3等。

1986年7月14日，物探局发出《关于不再新安排家属劳动和控制计划外用工的通知》。《通知》强调不再安排家属参加企业各种服务性劳动，严格控制使用和清退计划外用工。决定“除配偶长期病休执行劳保工资、配偶死亡后生活发生困难的城镇户口随队家属，可以作为特殊矛盾安排服务性劳动外，其余新调入职工持有城镇户口的家属，已经随职工居住在矿区而未安排劳动的城镇户口家属，今后按千分之一点五指标解决城镇户口的职工家属，都不再在我局所属单位和农场安排承包、顶岗等劳动。”

三、家属劳动人数及分布

1964年6月，地调指挥部有484户家属，其中206人参加劳动，分布在农业、基建、维修、作坊、缝纫、拆洗等工作岗位。

1972年11月，六四六厂有526户家属，其中399人参加劳动（顶岗劳动的203人），分布在机械修造厂56人、仪器修造厂24人、厂机关和居住在徐水地区的物探队319人。

1978年，物探局有1014户家属，其中989人参加劳动，分布在学校、托儿所、食堂、招待所以及工业、农业等生产岗位上。

1979年，局机关安新农场家属一队在农副生产中勇于吃苦，克服困难，成绩突出，获物探局1979年度先进集体称号。

1980年至1997年，物探局家属劳动人数及分布情况见表14-26。

四、家属工待遇

1965年8月，六四六厂家属劳动工资标准及支付办法：一是厂属单位雇佣顶岗的家属，由所在单位按实际工作出勤天数，每人每月按29元计发，由家属会计统一向所在单位结账，提取5%公益金后统一发给家属本人。二是活分活值核算办法，即营业总收入减去5%公积金、5%公益金、设备折旧、材料消耗费、管理费后，等于工资总额。工资总额除以总工分再乘个人实得工分，等于个人月工资。上述工资标准，在六四六厂后期演变成家属顶岗劳动日工资实发标准为1.08元（即日工资1.2元，扣除5%公积金、5%公益金）。

1973年物探局成立后，对家属参加劳动的工资待遇继续执行六四六厂时期的标准。

1990年5月，物探局重新对顶岗劳动家属工的工资待遇作了规定。即工资标准定为每人每天（1个工作日）2元、2.5元、3元3个标准。顶岗工作不满3年者每人每天2元。顶岗工作满3年以上者：凡从事熟练工（普通工）的，每人每天2.5元；从事技术工种或较繁重体力劳动工种的，每人每天3元。副食品价格补贴、肉价补贴、洗理卫生费等现行的津贴、补贴仍按原标准支付。

五、离岗家属工

（一）离岗家属工管理与人数

1990年5月23日，物探局决定成立局机关职工家属劳动服务管理站（简称：局机关家属站），为科级单位，隶属行政处领导，承担居住在局机关一、二、三、四号院离岗家属工的管理，负责发放和管理离岗家属工的费用。局属单位离岗家属工的管理机构局未作统一规定。

表14－26　1980～1997年物探局家属劳动人数及分布情况表　　单位：人

项目 年份	总人数	农业	牧业渔业	工副业	服务业	其他
1980	1203	310		240	629	24
1981	1443	329		320	764	30
1982	1562	320		427		815
1983	1658	355	9	447		847
1984	1774	291	35	735		713
1985	1924	218	53	846		807
1986	1849	154	54	984		657
1987	1993	128	174	688	809	194
1988	1934	119	125	701	808	181
1989	1938	117	127	632	804	258
1990	1832	99	203	542	850	138
1991	1099	409		211	472	7
1992	1179	238		450	491	
1993	1069	227		368	321	153
1994	1078	244		322	425	87
1995	508	103	78	219	98	10
1996	252	52	113	18	34	35
1997	179	8	65	80	25	1

1990年8月，局机关家属站管理离岗家属工53人。这是物探局首批离岗的家属工，其中超过57周岁的5人，年龄最大的65岁。到1997年底全局离岗家属工达到1520人。1990～1997年物探局离岗家属工人数见表14－27。

表14－27　1990～1997年物探局离岗家属工统计表

年份	当年离岗人数	累计离岗人数	年份	当年离岗人数	累计离岗人数
1990	338	338	1994	118	1053
1991	368	706	1995	265	1318
1992	77	783	1996	188	1506
1993	152	935	1997	14	1520

（二）离岗家属工待遇

1990年5月，物探局对离岗家属工的待遇作了规定。一是年满50周岁离岗的家属工，根据其参加劳动年限的长短按月给予生活费补助，标准为：劳动年限满10年的，每人每月补助20元，从第11年起每增加1年，其生活费补助每月增加1.5元，但最高以45元为限；劳动年限不满10年的，给予一次性生活费补助，标准为：1990年6月底以前的，每满1年发120元，1990年7月以后的劳动年限，每满1年发相当于本人两个月标准工资的生活费补助。二是副食品价格补贴、肉价补贴、洗理卫生费等现行补贴、津贴仍按规定标准发给。离岗家属工死亡后，一次发给400元丧葬补助费。后根据物价上涨情况进行了适当调整。

第七节 基地交通

物探局基地公共交通，随着各基地的建立而逐渐发展起来。仪器总厂、机械厂和地调二处，分别于1970年、1973年开设为职工服务的生产、生活班车。至80年代中期，全局先后有15个二级单位基地开设班车，共开辟线路47条，短线6～8公里，长线200公里左右。大都是每周、每日定次定时的固定班车，少量为临时加车。除地调二处、三处以外，普遍都向局机关发工作班车；另有从各基地发往邻近城市的班车。各基地发往驻地所在市、县的班车都不收费；超越基地所在市、县界的班车，在1993年或1995年实施物业管理以后才开始收费。1993年，局副总工程师、原仪器总厂厂长张奎祥退休后组织离退休职工建立的潜能公司，共开辟短途线路10条，长途线路（200～600公里）6条。潜能公司的短途线路与局内交通线路一致，长途线路（包括站点）有徐水至北戴河、承德、曲阜、石家庄、五台山、青岛、威海、蓬莱、烟台等地，弥补了局厂区班车的不足，方便了职工，收费合理，很受群众欢迎。全局厂区交通构成了长短途相结合，局内外相联系，上下贯通的交通网络。

1993年局机关组建客运车队后，班车线路加长，从城东至城西往返50公里，设六号院、物探学校、局机关、研究院、建筑公司5个站点，基本贯通基地的9个院区。许多单位每天发4次至6次到当地火车站接站班车或接送子女上学的班车。据地调一处、地调三处、研究院、建筑公司统计，到1997年底接送学生班车的总行程达135.3万公里。

至1997年底，全局共开辟厂区交通线路64条，投入客运车辆89台，总行程1774.6万公里。其中运行里程超过百万公里的有8个单位。

第三章 野外勘探生活服务

物探队职工常年从事野外作业，风餐露宿，远离机关，流动性大。1964年至70年代末，物探队的装备及物资供应较差，生活艰苦，文化娱乐设施也很少。进入80年代以后，队伍装备逐步改善，职工工作、生活条件逐渐好转。尤其是1992年在各物探队推行野外生活专业化服务以后，野外职工的物质文化生活发生了显著变化。许多队配备了带空调的营房车、野营餐车、净化水车、洗澡车、电视机、录像机、卡拉OK机、洗衣机等；配备了流动图书箱及一般文体活动用品。有的队还配备了3节搭接式营房车作为餐厅兼活动室。职工小搬家用的帐篷、气垫床、睡袋、防蚊用具、野炊用具逐步配套。多数物探队配备了系列化的炊事机具，每个队的食堂都开办了“小炒”，节日会餐能上二三十种菜。各队营地建设逐步趋于庭院化、规格化、清洁化、舒适化。局根据工区的特点，加强了东部、西部及国外探区的野外生活服务工作。

第一节 东部探区

物探队伍在六七十年代，主要在东部探区施工，包括东北、内蒙等高寒地区，农田密布的华北地区，地形复杂的陕甘宁、江汉、四川地区。野外作业和生活条件艰苦，常年施工，任务繁重。物探队伍所到之处，住宿困难，多以废旧厂房、民房、牛棚马厩等作为宿营地。

1980年10月，根据石油部下发的《关于改善石油勘探野外队伍生活条件的通知》精神，物探局逐年改善了物探队的装备条件，为各物探队配备了生活运输车，并首先为高寒地区的物探队配备了交通轿车。至1986年各物探队普遍配备了轿车。野外职工出工和收工都是轿车接送。施工期间物探队可以在城镇旅馆住宿。

1986年8月，物探局印发的《石油部基层建设工作会议精神传达提纲的通知》提出：“企业的领导机关、后勤单位要坚持'三个面向'、'五到现场'的优良传统，全心全意为基层服好务，主动解决基层的困难"，"各级领导要经常深入基层，关心一线职工的疾苦"。各地调处为搞好后勤保障，领导干部经常到物探队帮助解决工作、生活中的问题。当年夏季地调二处有两个队在内蒙施工，处党委书记、处长分别带领10多名机关干部到地震队与职工实行"三同"（同吃、同住、同劳动）。当他们发现两个地震队任务重，远离城市，生活车已用于生产，职工生活不易搞好的情况后，就在前指机关抽调人员成立了生活服务组，配备冷藏车1台。在队伍施工期内，生活服务组不断奔波西安、银川等地，为物探队拉回各种蔬菜3.5万千克、水果1.5万千克、白酒500瓶、啤酒5000瓶、香烟250条，方便面5000袋、大米1500千克、面粉2500千克、肉1000千克。对在华北地区施工的队伍，地调二处领导针对队伍分散、面广、战线长的特点，在队伍相对集中的地方设立后勤供应点，保证了物探队生活的供应。处机关食堂实行24小时值班制度，野外职工回基地办事，随时都能吃上热饭热菜。

地调四处首先为在内蒙、河西冬季施工的5个地震队配备了送饭车，使地震队职工在工地上就能吃到热饭、热菜，并为每个地震队配置了和面机、豆浆机、绞肉机、烤箱、电冰箱以及一些低值易耗炊具；还给各地震队每个职工配发了水壶、水桶、暖瓶等生活用品。当内蒙等探区的地震队吃油有困难时，处劳动服务公司榨油厂及时送去豆油1980千克。在文化生活方面，给地震队拨出专款购买图书、杂志、乐器和体育用品。各地震队都重视后勤生活服务质量，加强职工食堂管理，调剂饭菜花样，改善职工生活。

1986年10月，地调一处部分队伍开往黑龙江、吉林等地施工。处领导事先派人专程到大庆、吉林油田地调处了解野外队后勤保障方法，并到现场体验生活，制定了后勤服务的具体措施；向局供应处提出了修改东北高寒地区劳保规定的建议并得到采纳和实施，保证队伍胜利完成了冬季施工任务。

1990年2月，物探局召开第五次基层建设工作会议。地调四处行政科一线服务组在会上作了《做好后勤保障工作，全心全意为一线服务》的发言。他们想野外所想，充分做好生活物资准备，地震队想到的他们想到了，地震队想不到的他们做到了。每年地震队出工大至各种机械，小至炉条、菜墩，服务组都按标准配备齐全。得知哪个队出工运输有困难，他们就主动联系车辆，安排人员装车、押车，直到把物资器材送到地震队营地。他们急野外所急，义不容辞地为野外排忧解难。在内蒙施工的2144队为抢在化冻前干完沼泽地带的测线，起早贪黑，拼命大干。就在这生产紧要关头，大雪封了路，菜冻得比石头还硬，加上当地猪肉供应紧张，职工生活处于十分困难的境地。一线服务组闻讯后，马上动用冷藏车，在河北采购新鲜蔬菜、猪肉及时送到内蒙地震队工地。据1989年统计，一线服务组共为各地震队运送大米8500千克，鸡蛋1900千克，食油7500千克，水果30000千克，鱼、肉4000余千克。每个施工期处里为每个地震队食堂补贴20000余元。他们努力为野外职工创造舒适的生活条件和工作环境，增强了机关与基层的凝聚力。地震队收工回基地之前，服务组及时粉刷单职工宿舍，配备床、被褥、桌椅板凳等必要的生活用品；安排值班人员和清洁工人，加强单职工宿舍管理；抽调业务技术高的炊管人员加强食堂工作，保证每餐主食在4种以上，副食在10种以上，并设有小灶单炒、快餐、冷饮等服务项目。职工十分满意，编了一首赞扬的歌谣，其中一句歌词是："物探基地美如画，基地就是我的家。"

1992～1997年，东部探区和其他探区一样，推广了地调三处219队野外生活专业化服务的经验，野外后勤服务有了新的发展，职工文化生活同时得到改善。许多物探队组建了业余篮球队、排球队，成立了书法、摄影、绘画、文学创作、新闻报道、外语、棋牌、音乐等各种文化小组。各物探队配备了电视机、录像机、录音机、卡拉OK机、地面卫星接收天线等文化活动设备。

第二节　西部沙漠戈壁探区

1978年物探局勘探重点西移，第三指挥部、普查大队队伍相继进疆参战。1991年后，物探局大批物探队相继开进塔里木盆地施工。塔里木盆地气候恶劣，冬季严寒，夏季酷热，干旱少雨，常有大风席卷黄沙，铺天盖地向人袭来；地质地表条件复杂，工作生活条件非常艰苦。对此，局领导多次指示，生活服务的重点在野外，尤其在艰苦工区，一定要下大气力解决好一线职工的吃、住、饮、医疗卫生以及文化娱乐活动等问题，重点解决好物探队小搬家施工期间的生活问题。局领导多次召开会议，研究改善野外职工的工作和生活条件。局行政处处长崔恒彰带领工作人员和地调三处组成联合工作组，进驻219队进行改善野外一线职工生活服务的试点。服务首先从实行住宿旅馆化，就餐餐馆化入手，接着在改变环境、清理内务、配备物资、改善生活条件等方面实施专业化服务。当年局在新疆新和县召开了野外生活专业化服务现场座谈会，总结了219队试点经验，探讨了相关问题。

1992年2月，物探局下发《关于进一步开展野外队生活专业化服务试点的通知》，要求各地调处进行野外生活专业化服务试点，实施“五统一”、“六化”，达到“十二条标准”。“五统一”是：生活服务人员定员统一，生活管理标准统一，生活装备配套统一，生活管理制度统一，考核标准统一。“六化”是：生活服务专业化，就餐餐馆化，住宿旅馆化，生活管理制度化，程序化，标准化。“十二条标准”是：(1) 物探队要经过民主选举建立有领导和职工参加的伙食委员会，定期召开会议，征求职工意见，审核伙食账目，研究改进食堂工作。(2) 根据不同地区和季节，搞好伙食调剂，保证营养成分，每餐主食不少于3种，副食不少于4菜1汤，每周制定食谱公布于众，不断提高饭菜质量，保证职工吃够伙食标准，不允许把生活补贴发给个人。(3) 食堂实行餐馆化，备有点菜小炒，餐具公用，统一管理，每餐消毒。餐馆化形式可根据物探队实际情况和施工地区情况变换，达到就餐职工满意。(4) 严格执行《食品卫生法》和食品“五四”制度，搞好食堂和食品卫生。炊具保持干净，设置防蝇罩，生、熟食品分开，炊事员、服务员要做到服装整洁，着装上岗，保持个人卫生，定期检查身体。不采购和不给职工吃腐烂变质食品，保证职工身体健康。(5) 及时保养和维修各种炊事机械，有专人负责操作和使用，提高各类炊事机械的利用率，减轻炊事员的劳动强度，提高工作效率。(6) 加强成本核算，每餐饭菜按质按量计价，做到物品出入库检验登记，伙食成本日清月结，每月公布1次伙食账目，盈亏不超过3%。(7) 加强采购管理。对购进食品、蔬菜要三过秤，由炊事班长和1名伙委验收签字后方可报销，并对购进菜价每周公布1次。(8) 对炊管人员加强民主管理和监督。对炊管人员的服务态度、饭菜质量实行民主评议，打分计奖。(9) 宿舍管理要达到整洁规格化，卫生标准化，对宿舍要每天打扫两次，宿舍内床、桌、凳、牙具用品摆放整齐，行李、卧具、毛巾一条线，严禁乱堆乱放杂物，及时对职工的工作服、被褥床单等进行拆洗，室内始终保持清洁卫生，无蚊蝇。(10) 搞好医疗、防疫工作，对患者认真治疗，坚持送医药到床头、到工地。急、重病人及时送出治疗。(11) 对各种生活电器设备定期保养、及时维修，保证各种电器设备正常工作。(12) 保证供应开水，创造条件为物探队配备洗浴设施，加强管理，职工收工后能洗上热水澡。各地调处及有关部门，根据219队生活服务专业化试点经验，从当年开始，从资金计划、物资装备、生活用品配备、采购等方面做了统一安排。

与此同时，物探局为保障职工身体健康，确保物探生产任务的完成，还制定了野外队职工生活用品配备标准和小搬家生活物资配备标准。野外队职工生活用品配备标准是：被子1条、褥子1条、被罩1条、床单1条、枕心1个、海绵垫1条、棕垫1条、铁床1张、折叠小凳1个、脸盆1个、拖鞋1双。野外队职工小搬家生活物资配备标准是：单人帐篷1顶、睡袋1个、充气床垫1个、加热饭盒1个、饮水过滤器1个、防蚊帽1顶、多功能背包1个、饮水消毒丸1瓶。

到1997年，全局物探队均按上述标准开展生活专业化服务活动，改善了职工生活条件，增强了职工体质，保证了生产。

结合生活专业化服务，物探局各物探队加强了营地建设和HSE管理。根据营地的自然环境，因地制宜，改善居住条件，搞好环境卫生，进行绿化美化的工作，使队伍文明程度日益提高。

在新疆沙漠中施工的物探队，用营房车摆成“四合院”。门口彩灯高挂，对联醒目；院内队旗飘扬，整洁有序。有的队在院中修建喷水池，有的队在沙漠中修建简易足球场、排球场等文体设施；各物探队还都建有能反映本队历史的荣誉室。停车场、油库、炸药库等都有明显标志，符合局安全规定。各个队营地各具特色，并体现本队的精神面貌。

1994年，物探局吸取国外勘探队经验，在全局物探队推行“HSE”（健康、安全、环保）管理方法，并与物探局的“生活服务专业化”相结合。据地调三处统计，1994年投资80万元，1995年投资100万元，1996年投资120万元，1997年投资150万元，用于物探队营地建设，逐步使物探队职工实现“住宿公寓化、就餐餐馆化”。

1995年4月，地调四处推广2255队创建文明营地的做法。

2255队在新疆塔里木探区施工，工作和生活条件十分艰苦。该队领导除了强化专业化服务意识，想方设法解决好职工吃喝问题以外，还努力为职工创造一个良好的生活环境。他们从培养队伍的作风，提高队伍的凝聚力出发，用废钻杆和铁皮制作了能拆装的营地大门，在门上写着："拼搏、奉献、求实、第一"和"温暖在55，奉献在55"等标语。大门两旁竖着4块大牌，分别写着本队各项工作的奋斗目标和工作方针。为了防止风把营房车吹得东倒西歪，他们投资6000元，用石棉瓦把院子围起来，美化了环境又挡住了风沙。还在院中建造了一个喷泉水池，并用彩灯和霓虹灯点缀。队专业化服务组每天清扫营区一次，洒水两次，每天对厕所、垃圾箱喷洒敌敌畏。整个营区干净整洁，在塔里木探区塑造了物探队员的良好形象。

2255队专业化服务小组定有岗位标准和工作规范。工作范围包括：每天对每间宿舍进行1次清理，被褥按军事化标准叠放，牙具、脸盆放到指定位置；清除室内外垃圾，清扫院区卫生；每5天到工地收1次脏衣服，装袋编号，洗净叠好按原编号送回工地。小搬家职工回到驻地，服务人员为他们打好洗脸水和开水，在营地为他们烧好洗澡水，使野外劳累多天的职工感到身在异乡胜似在家，体现"奉献在野外，温暖在后勤"这一后勤服务宗旨。

为了达到营房车职工宿舍公寓化，2255队投资3万元，统一配备置了被子、棉垫、被罩、脸盆、水桶、暖壶、拖鞋等，定期对宿舍进行检查评比，以挂牌形式奖优罚劣。队食堂设备齐全，有电烤箱、电冰箱各2台，和面机、饺子机、铰馅机、电炸锅、多切机、消毒机、豆浆机、食品冷冻车、小炒炊事车各1台。保证职工在营地就餐时每吨饭不少于4菜1汤，主食不少于3种。为小搬家职工配备了帐篷、气垫、棉垫、睡袋、军大衣，每个班组配有1～4套野营炊具。

1996年3月，物探局塔里木前线指挥部制定了《HSE管理实施细则》，在新疆探区作业中基本形成了具有物探局特色的HSE管理方法，并逐步推广到全局各物探队，使HSE管理工作实现了规范化、制度化。

第三节　藏北高原探区

1995～1997年，物探局青藏项目组、地调四处2个地震队、地调五处11个非地震队先后开赴藏北羌塘盆地，开展石油勘探。工区地形复杂，平均海拔4900米，部分工区海拔5500～6000米。冬春最低气温零下24℃。由于气压低、空气稀薄等自然条件，容易造成人员严重缺氧，出现头痛、头晕、心慌、胸闷、恶心、呕吐等高原病反映。各物探队分布面广，远离上级机关，多在无人区工作，工作生活条件极为艰苦。为了搞好野外生活服务工作，局青藏项目组和两个地调处分别成立了以医疗为重点的后勤服务领导班子，包括医疗领导小组、生活服务组等。

1995年3月，当1000多人的进藏队伍抵达那曲后，均发生不同程度的高原反映，各后勤部门迅速从内地运进大批药品和部分医疗设备，局里从职工医院抽调3名经验丰富的医生进藏，经过治疗休整，使队伍很快恢复了战斗力。各单位对藏北勘探生活服务都有周密安排。地调五处各物探队人少，没有配备营房车，他们从物探队、前指到处，分别成立了生活服务组，形成了"大后勤保障体系"，从职工的衣、食、住、行到安全生产、医疗保健实行"一条龙服务"。对野外物探队的后勤生活服务做到了"新鲜肉、菜天天有，油料、配件不隔夜，药品、氧气不间断，修车当天就开走"。地调四处后勤供应坚持做到"保障有力"，从上到下形成后勤服务工作系统化网络。进藏地震队成立了后勤卫生组、伙食改善组、保健组、洗衣服务组、小卖部、伙委会等组织。处里推广了2152队的"三保证"、"三个热"经验。"三保证"是：保证肉食、蔬菜、米面新鲜，供应充足；"三个热"是职工无论何时收工回来都能供应热水，吃上热饭、热菜。

在冬季来到之前，各地调处前指生活服务组及时为各物探队职工发放防寒用品，包括棉衣、棉裤、棉鞋、棉被、毛毯等。地调五处为野外队每个帐篷配备了电炉子取暖。

1996年，地调四处采取以下措施，进一步加强了进藏队伍的后勤保障工作，以保持进藏职工的身体素质。(1) 进藏前，每个职工必须体检合格，获得进藏证后才能进藏；进藏后，采取阶梯适应法，先抵达海拔2900米的格尔木和海拔4600米的那曲，在这两个地方分别调整1个星期左右，再赴海拔5200米以上的工区。(2) 在出工前进行卫生知识教育，要求每人做好高原病的预防和自我保护工作。(3) 增加医疗设备，定期体检。在原有医疗设备的基础上，投资98万元购置了1台大型制氧机、7台血氧饱和度检测仪。并为物探队装备了小型制氧机、急救呼吸机、心电图机。物探队每个班组配1个大氧气瓶，每两名职工配1个氧气袋。1个施工期至少为每个职工做4次体检。(4)前指及各物探队配备1～2名专职医生，实行“三级医疗报告制度”，“四级医疗保障体系”。“三级医疗报告制度”是每个班组设义务卫生员，发生病情由卫生员向队医报告，队医处理不了的向前指医生报告；“四级医疗保障体系”是职工生病后，班组治不了的送到队上，队上治不了的送到前指，前指治不了的送到拉萨。还从青海高原病研究所、拉萨军区总医院聘请10名医务人员到探区巡回医疗，保证有病职工能得到及时医治。3年中，共医治高原病1800多人次；抢救高原性心脏病、脑水肿、肺水肿病人12人，定期体检3000多人次。

第四节 国外探区

国外探区的野外生活服务方式，根据所在国的情况而定。

1988～1989年，物探局地调二处两次赴缅甸施工。缅甸与中国相邻，且食品、蔬菜资源丰富，就地采购就能满足队伍所需。其他物资、日用品等均从国内用汽车直接运送到工地。

1994～1995年，地调一处9401队赴南美洲厄瓜多尔施工。厄方提供了所有后勤服务，包括医疗保健、住宿、饮食等。

1996～1997年，地调一处9711队、地调三处9731队、地调四处9741队分别在苏丹施工，其后勤保障体系从国内延伸到国外，其中包括局国际勘探部下属的项目支持部、各地调处外事办、苏丹项目经理部及各物探队的后勤组。前线有何需要，消息很快传到国内，各后勤服务部门很快运作，把物资及时运送到物探队。根据该国生活物资匮乏，且两国距离遥远等具体情况，后勤服务主要做好以下3项工作：

(1)食品保障。一些可长期保存的食品从国内海运，如面粉、饼干、方便面、罐头、干菜、食用油等；肉食在当地购买；设在苏丹首都喀土穆的局项目经理部配有1名园艺师，在当地种植市场上买不到的黄瓜、豆角、西葫芦等蔬菜，每周给物探队空运1次蔬菜。

(2)医疗保健。全体中方人员在出国前进行1次体检，还要进行霍乱、黄热病、伤寒、破伤风、肝炎等传染病的疫苗接种；每个物探队配备专职医生1名，备有1.5万美元的药品和医疗器械；所有车辆都备有急救包，内装酒精、绷带、创可贴、刀片及治疗感冒、中暑、肠胃疾病、蛇咬等常用药物。经苏丹项目经理部联系，喀土穆的“中苏友谊医院”为物探局赴苏丹物探队的定点医院。

(3)住宿。各物探队均配备了带空调的营房车，每个人都有单独的床铺和小柜，每个营房车都配备灭火器，台阶上安装了安全护栏。中方和苏方人员分别有专用厨房、餐厅、厕所和洗澡车，实行公寓化管理，每天有专人负责清扫。

第四章 职工福利

物探局对办好职工的福利事业十分重视。从1982年开始，在全国设立了10多个长、短期疗养点，同时又逐步建立了5所物探局职工疗养院(所)，每年分期分批组织职工疗养。不断加强职工的劳动保护工作，逐步提高劳保用品发放标准，提高劳保用品质量，改善劳保用品样式。开展送温暖活动，注意做好困难职工的生活补助工作，并不断调整补助标准。1986～1994年先后对死亡职工遗属的抚恤标准调整6次；1982～1997年共补助困难职工15842人次，支出金额139.55万元。80年代，残疾人福利事业逐步发展，成立了残疾人福利基金会，创办了残疾人企业，使残疾人生活有了保障。在局党委号召下，全局职工积极捐助希望工程，开展社会救助活动，1991～1996年共捐献人民币149.48万元。

第一节 职工疗养

物探局职工疗养起始于1979年，到1997年末全局共有5所职工疗(休)养院(点)，工作人员187人，床位1114张，每年可接待疗(休)养人员近2万名。

1980～1997年共接待局内外疗养3万多人次。本局职工到局内外疗养院(点)疗养共23523人次。

一、疗养院点

(1)北京十三陵石油工人疗养院，1997年拥有200多间高、中档设施配套齐全的客房(408张床位)，建有大、中、小餐厅、会议室以及游泳馆、保龄球、卡拉 OK 厅、药浴桑拿室等康复娱乐设施。1992、1997 年分别被总公司、物探局授予“双文明疗养院”称号。

(2) 物探局地调二处南宁疗养院，由桂林、南宁、北海 3 个疗养点组成。桂林疗养点，院内建有两幢楼房，有高、中档房间（150 张床位）和大、中、小会议室（4 个），设有餐厅及卡拉 OK 厅。南宁疗养点，有标准客房 50 间（床位 100 张），环境幽静秀丽。北海疗养点，有楼房 1 幢，有客房 48 间、床位 100 张，楼内设有餐厅、会议室和卡拉 OK 厅。上述 3 个疗养点实行一条龙服务，主要接待本局 30 年以上油龄的老职工进行疗养。

(3) 物探局地调一处北戴河疗养点，设有标准床位 124 张，拥有大、小餐厅和卡拉 OK 厅各 1 个，每年接待本局职工疗养 1000 余人次。

(4) 物探局地调四处杭州办事处疗养点，有床位 40 张，工作人员 8 人，1994～1997 年共接待局内职工疗养 600 余人次。

(5) 物探局青岛温泉度假村（物探局青岛科技培训中心），坐落在山东省青岛即墨市温泉镇，南靠崂山风景区，东临海水浴场，依山傍水，气候宜人。度假村 1997 年 5 月 17 日开业，建有标准及普通客房 130 间、床位 300 张和与之配套的大、中、小会议室、餐厅、卡拉 OK 厅等设施。温泉水直接引人各客房。院内建有温泉游泳馆和小型高尔夫球场、网球场等。到 1997 年底共接待各种培训、会议、国内旅行社以及职工疗养 7000 余人次。

二、疗养管理制度

1980 年物探局的疗养工作主要开展健康休养和康复性疗养。规定到庐山疗养的条件是上年或本年度局劳动模范（标兵)、先进生产（工作）者，部级先进集体成员；到辽宁省熊岳温泉疗养院疗养的条件主要是患有皮肤病、关节炎等疾病的职工。

1984 年，物探局下发了《物探局职工疗（休）养工作的暂行规定》，对疗养条件、费用作出了具体规定：

(1) 疗养条件：①连续工龄 30 年，其中石油企业工龄满 5 年的职工，每 2 年疗养 1 次。②连续工龄 25 年，其中石油企业工龄满 5 年的职工，每 3 年疗养 1 次。③连续工龄 20 年，其中石油企业工龄满 10 年的职工，每 4 年疗养 1 次。④连续工龄不满 20 年，但符合下列条件之一的职工，可以享受一次性定点疗养。一是连续 2 年的局级以上劳动模范、先进生产（工作）者和厂、处级先进生产（工作）者；二是连续工龄 10 年以上而不满 20 年，其中石油企业工龄满 5 年的具有工程师、助理工程师以上或同等职称的技术干部和野外物探队职工；三是连续工龄 15 年以上而不满 20 年，其中石油企业工龄满 5 年的局二级、直属单位的生产车间（包括科研单位室、组）的职工。⑤职工因工（伤）或长期从事有毒、有害工种及野外作业，患有各种职业病和无传染性慢性病，经局职工医院证明，需要疗养者，实行定点疗养。

(2) 疗养费用：①符合疗养条件第 1、2、3 条规定的职工，其车船费、床位费和疗养期间的伙食补助费，按照所在疗养院的标准，实报实销。因工作不能去疗养的按照杭州疗养点的费用标准，给予补助。②符合疗养条件第 4 条的职工，各项费用由工会按规定统一结算。③符合疗养条件第 5 条的职工，由本单位工会申报，局工会审批后，有计划地作出疗养安排。

(3) 具体措施：①符合疗养条件第 1、2、3 条的职工，从 1985 年 1 月 1 日起，疗龄计算按 1984 年疗养工作的规定执行。凡是 1984 年 12 月 31 日前没有疗养过的职工，按疗养费执行办法的第 1 条给予一个疗期的补助。②凡需入院疗养的职工必须经医院体检证明无传染病，生活能够自理的，才能入院。健康性疗养，疗养期 1 个月；治疗性疗养，疗养期 2 个月。如治病需要，经批准可延疗 1 期。③职工疗养工作由局工会统一管理，统一制发疗养证。二级、直属单位工会要按照规定对各类疗养职工认真做好选送、登记工作，并建立疗养档案。职工局内调动，可将疗养档案转调入单位。

1986 年，局工会通过对各疗养地路线的调查和费用测算，实行了疗养员往返路费包干制。

1988 年 1 月 11 日，局长碰头会议确定：南宁疗养点只安排 30 年以上油龄的老职工一次性慰问疗养，不影响奖金和下一次正常疗养，可带配偶。同年，局工会印发《关于 1988 年职工疗（休）工作的通知》，统一规范了各疗养院的疗养天数、疗养期数、疗养起止日期及疗养员集体就餐等事宜。规定了局十三陵石油工人疗养院为职工 5～7 天的短期休养地。

1991 年局规定，职工到北京十三陵石油工人疗养院、地调一处北戴河疗养点作暑期短期休养，每期 7 天，不影响职工第二年的正常疗养。同年局决定，对 1991 年符合疗养条件、因工作未能疗养的离退休职工，一次性发给每人150元的营养保健补贴。

1992年，局工会劳保部编写了《疗养员疗养指南》，介绍各疗养院的地理环境，往返车次、报到时间、接站地点、参观景点、就餐标准以及注意事项等。

1993年，局工会向局党政领导报告，提出从福利基金中切出一块疗养专用资金，在每年年底前到位；职工疗养人数每年控制在1千名左右，约占职工总数的4%。

1994年4月11日，局在涿州召开疗养工作会议，对局内外疗养院（点）的管理费、伙食补助费和床位补助费等作了具体规定。会议要求，在全局范围内开展“先进疗养单位”、“双文明疗养院”、“优秀疗养员”竞赛活动，提高了疗养院、点的工作质量。

1995年4月，局工会在地调四处召开疗养工作会议，交流了经验，表彰了南宁疗养点、杭州疗养点两个“双文明疗养院”、5名优秀疗养员和研究院等5个“疗养工作先进单位”。

1996年，局成立了物探局康复医学分会。分会要求在组织疗养过程中，按照管理制度把好选送关、体检关、出入院关，以真正达到职工疗养的预期效果。

三、局工会组织疗养人数和费用

1982年，局工会组织1095名职工到庐山、杭州、十三陵等地疗养；组织150名教师和438名三好学生到北戴河、十三陵开展夏令营活动。

1983年，组织473名职工到北戴河、十三陵等地疗养。

1985年，组织715人疗养，支出疗养费用7.9万元；发放疗养补贴费17.5万元。

1987年，组织1126人次（含离休人员31人次）分别去茂名、杭州、四川等地疗养。

1989年，组织906人次（含离退休人员）分别去茂名、成都、昆明、杭州、熊岳等地疗养。

1992年，组织1277名职工到杭州、四川、昆明、南宁等7个疗养点疗养，共支出疗养费106万元。

1993年，组织1815名职工疗养，其中长期疗养1176名，短期疗养639名，主要到杭州、四川、昆明、南宁、海口、北戴河和十三陵等地疗养，共支出疗养费45万元。

1994年，组织1444名职工到杭州、成都、南宁、昆明、北戴河等地疗养，共支出疗养费58.2万元。

1995年，组织1539名职工到杭州、成都、南宁、昆明、北戴河等地疗养，共支出疗养费67.4万元。

1996年，组织1540名职工到杭州、成都、南宁、昆明、北戴河、湛江、临潼等地疗养，共支出疗养费89.8万元，比上年增加22.4万元。

1997年，组织1675名职工到杭州、成都、南宁、海口、昆明、张家界、临潼、北戴河、十三陵等地疗养，共支出疗养费97.7万元，比上年增加7.9万元。

第二节 职工劳动保护

职工劳动保护用品由局供应处和局属各单位的供应科负责采购、发放和管理。各物探队和其他基层单位的后勤组负责到上级供应部门领取劳保用品，并负责发放和管理。劳资部门负责统计、核实各工种的人数，并办理调动职工劳保用品登记卡片的转移手续；供应部门按规定及时编造所需劳保用品计划和负责印制填写、保管劳保卡片。

1965年5月，石油部六四一厂下发《关于个人防护、防寒用品发放标准（暂行）的通知》，具体规定了各工种的防护、防寒用品及使用年限，六四六厂结合实际贯彻执行。该通知对地震队、重磁力队职工防护、防寒用品及使用年限的规定见表14－28、表14－29。

表14－28 六四六厂地震队职工防护、防寒用品发放标准表（1965年）

品名＼工种	队长	指导员	解释员	操作员 计算员	洗相工	放线工 检波器工	充电工	爆炸工	测量工	司钻 钻工	司机 助手	搬运工	普工
单工服（套）	2年	2年		2年		2年	2年	2年	2年	2年	2年	2年	2年
单工鞋（双）	2年	2年		2年		2年	2年	2年	2年	2年	2年	2年	2年
棉工服（套）	3年	3年		3年		2年	2年	2年	2年	2年	3年	2年	2年
棉工鞋（双）	2年	3年		3年		2年	2年	2年	2年	2年	3年	2年	2年
雨衣（件）	备用	备用	备用	备用		5年		5年	5年	5年		5年	4年

续表

品名 \ 工种	队长	指导员	解释员	操作员 计算员	洗相工	放线工 检波器工	充电工	爆炸工	测量工	司钻 钻工	司机 助手	搬运工	普工
雨鞋（双）	备用	备用	备用	备用		4年		4年	4年	4年		4年	4年
棉手套（副）	2月	2月		2月		1月	2月	1月	1月	1月	2月	1月	1月
单手套（副）	1月	2月		1月		1月	1月	1月	1月	1月	1月	1月	1月
棉帽（顶）	3年	3年		3年		2年	3年	2年	2年	2年	3年	2年	2年
单胶鞋（双）					2年								
套袖（副）					2年								

注：表中数字为使用期限。

表14-29　六四六厂重磁力队职工防护、防寒用品发放标准表（1965年）

品名 \ 工种	队长	指导员	技术员	测量工	搬运工	充电工	重磁力工	材料工
单工服（套）	2年	2年	2年	2年	2年	2年	2年	2年
单工鞋（双）	2年	2年	2年	2年	2年	2年	2年	2年
棉工服（套）	3年	3年	3年	2年	2年	2年	2年	3年
棉工鞋（双）	2年	2年	2年	2年	2年	2年	2年	2年
雨衣（件）	5年	5年	5年	5年	5年	5年	5年	5年
雨鞋（双）	4年	4年	4年	4年	4年	4年	4年	4年
棉帽（顶）	3年	3年	3年	3年	3年	3年	3年	3年
棉手套（副）	2月	2月	2月	1月	1月	2月	1月	2月
单手套（副）	1月	2月	1月	1月	1月	1月	1月	2月
风镜（副）			备用	备用	备用		备用	
口罩（个）				1月	1月	1月		
耐酸围裙（件）						备用		
耐酸手套（副）						备用		

注：表中数字为使用期限。

1979年8月，物探局下发《关于给野外小队职工发放皮大衣的通知》。发放范围是：凡在华北地区和河南地区（不包括滇黔桂地区）野外施工小队的所有职工，每人发皮大衣1件（不包括下半年新招学徒工）。每件皮大衣的最高价格不超过100元，使用年限6年。当年冬季为野外职工购置皮大衣5000件，总金额50万元，改善了职工的劳保条件。

1979年10月，石油部（1979）油人教字第873号文“关于转发《重申关于解决野外地质职工劳保生活福利等若干问题的暂行规定》的通知”，根据野外地质工作职工的实际需要，将全国统一规定的劳保用品范围中未包括的水壶、饭盒、蚊帐、蚊帽、行李袋、油布等，列为野外地质工作职工生活装备用品，由行政上免费供应。防护用品的发放范围和标准是：

（1）防护服（劳动布或其他质量较好的布），普查、区测、物探、测量人员（包括随同工作的工人），1年半或2年发给一套防护服；如经常在高山、原始森林或灌木丛中工作，衣服磨损较严重的人员其防护服可以1年发给1套（下衣更要保证质量）。化验人员1年发给1顶白帽、1件白大褂。

（2）防寒服（斜文布面）。对在寒冷地区（黑龙江、内蒙、新疆、青海、西藏、吉林、宁夏、甘肃、陕西、山西、山东、河南、河北、北京）或在高山寒冷地带冬季进行工作的普查、区测、物探、测量人员发给防寒服。根据工作条件的不同，分别发给棉大衣或棉工作服。其中特别寒冷的地区，可根据具体情况，发给皮大衣或皮工作服（包括皮帽、皮手套)。棉大衣或棉工作服的使用期限根据磨损耗费程度和当地冬季时间的长短定为两冬、3冬、4冬3种，皮大衣或皮工作服使用期限应定为5冬以上。

(3) 夹胶雨衣(或夹胶工作服)。在发防护服人员中，对经常在多雨地区从事野外露天工作的人员发给夹胶雨衣或夹胶工作服。使用期限为2～5年。

(4) 雨靴、登山鞋(牛皮、轮胎底)、防寒鞋(棉胶鞋、棉大头鞋或毡靴)、防护手套(线或帆布手套)、防护帽等，发给享受上述劳保用品的人员，使用年限为1～2年。

(5) 医务、警卫、炊事等人员所需的工作服以及本办法未包括的防护用品(如防蚊面罩、护腿、毛巾、肥皂等)，可仍按各地区、各单位原有的办法执行。以下几种用品作为野外地质工作职工特殊生活装备用品，由单位负责解决：①对经常在多蚊、沼泽地区露宿的职工可备用蚊帐、皮褥或毡毯；②对工作流动性更大的区测、普查、物探、测量人员，可备用行李袋、油布；③对远离居住点和不能离开工作岗位饮食的野外人员，可备用饭盒和背带水壶。

1984年5月，物探局下发《关于我局体育教师教学工作(运动)服装供应标准的通知》，对本局大中小学专职体育教师(包括每周任体育课八节以上的兼职教师)的教学工作服作出统一发放标准，绒衣裤每套不超过40元，线衣裤每套不超过30元，胶鞋每双不超过17元。由教育培训处审定名单，送局供应处备案。

1986年4月，局供应处印发《关于沙漠队劳动保护用品发放标准补充规定的通知》，第一、二、三、四勘探公司沙漠队除执行局(85)油物供字第029号文中对新疆、内蒙古、东北等高寒地区物探队劳动保护用品发放标准外，还要执行新增特殊劳保用品补充规定。见表14-30。

表14-30 物探局沙漠物探队职工新增特殊劳动保护用品标准配备表(1986年)

大沙漠队					小沙漠队				
名称	单位	数量	单价(元)	使用年限	名称	单位	数量	单价(元)	使用年限
皮夹克	件	1	130	3	半高腰棉皮靴	双	1	50	3
半高腰棉皮靴	双	1	50	3	半高腰单皮靴	双	1	45	3
半高腰单皮靴	双	1	45	3	鸭绒背心	件	1	30	5
鸭绒背心	件	1	30	3					

1986年10月，物探局制定的《东北高寒地区劳动防护用品发放标准暂行规定》，改发新式劳保服装。司机由发皮大衣改发皮夹克，使用期4年，加棉工裤总价在290元以内。各工种均取消棉工服，改发羽绒服，增发皮背心1件，使用期3年；棉工鞋改为半高腰棉皮靴，使用期不变，单价在50元以内。爆炸工每人加发防静电单工服一套作为羽绒服罩衣，单价在200元以内，使用期4年。各工种每人增发五指皮手套1付，使用期2年，单价在19元以内。钻井工、爆炸工、放线工夏季改发单挂胶手套、冬季改发棉挂胶手套，使用期半个月。野外临时工、季节工的劳动防护用品仍按原标准发放，合同工与职工相同。

1987年8月，物探局下发《关于调整医务、医疗行管人员劳保发放标准的通知》，规定给医务人员(医生)、医护人员(护士)、行管人员、工防人员每年各发的卡医护服、的良半袖医护服、涤卡工作帽、涤良工作帽各一件(顶)，医生、护士各加发护士鞋1双；工防人员加发雨衣、雨鞋各1件(双)，使用期7年；棉大衣、棉皮鞋、单工服各1件(双、套)，使用期3～6年。凡出野外巡回医疗者，发给棉工服、棉工鞋、皮手套等。

1988年1月，物探局下发《关于发放安全制式工作服的通知》，规定从1988年4月1日起，专职安全人员全部穿载安全制式工作服上岗执行任务。制式服装按劳动防护用品进行管理，登入个人劳保卡片。由局安全处审定，各单位供应科在局供应处办理发放手续。安全制式工作服配套及使用年限如下：夏装2套，秋装、冬装、单皮鞋、棉皮鞋各1套(双)，单帽、棉帽各1顶(带帽徽)，单帽罩2个。使用期：野外4年，二线5年，局机关6年。

1995年11月，物探局印发《关于藏北地区职工个人劳动保护用品发放标准的通知》。本《发放标准》依据中国石油天然气总公司《石油企业职工个人劳动保护用品管理及配备规定》中关于西北地区职工个人劳动防护用品配备标准，并考虑藏北地区的特殊条件而制定。藏北地区施工单位，依据职工个人劳保卡片，统一制定劳保用品所需计划报供应处统一采购。藏北地区职工个人劳动保护用品发放标准见表 14－31、表 14－32。

表 14－31　物探局藏北地区职工劳动保护用品发放标准表（1995 年）

工种 品名（数量）	钻工	测量工	爆炸工	炸药警卫工	放线工	仪器操作工	其他物探职工
抗油拒水单工作服（1 套）	12	24	24		24	24	24
抗油拒水防寒服（1 套）	24	24	24		24	24	36
防寒背心（1 件）	48	48	48	48	48	48	48
防风纯羊毛短大衣（1 件）	48	48	48	48	48	48	48
风雨衣（1 件）	60	60	60	60	60	60	60
防水耐油单皮鞋（1 双）	12	24	24		24	24	24
防水耐油棉皮靴（1 双）	24	36	24		36	36	36
长筒雨靴（1 双）	36	36	36	36	36	36	36
普通单工帽（1 顶）	12	24	24	36	24	24	24
皮帽（1 顶）	24	24	24	36	24	24	36
防强光护目镜（1 副）	36	36	36	36	36	36	36
狗皮褥子（1 件）	36	36	36	36	36	36	36
加厚睡袋（1 条）	36	36	36	36	36	36	36
保温水壶（1 只）	36	36	36	36	36	36	36
气垫（1 件）	24	24	24	24	24	24	24
保温饭盒（1 只）	36	36	36	36	36	36	36
防静电单工服（1 套）				36			
防静电防寒服（1 套）				36			
防静电单皮鞋（1 双）				24			
防静电棉皮鞋（1 双）				36			

注：表中数字为使用期限（月）。

表 14－32　物探局藏北地区职工劳动保护用品发放标准表（1995 年）

工种 品名	钻工	测量工	爆炸工	炸药警卫工	放线工	仪器操作工	其他物探职工
线手套（双）		16	12	6	16	16	16
布手套（双）	24				16		8
防寒手套（双）	8	4	8	4	4	4	4
防寒防滑手套（双）	1	1	1	1	1	1	1
白纱布口罩（个）	12	12	12	12	12	12	12
毛巾（条）	6	6	6	6	6	6	6
肥皂（条）	4	4	4	4	4	4	4
洗涤剂（瓶、袋）	6	6	6	6	6	6	6
防冻裂保护剂（瓶、盒）	4	4	4	4	4	4	4
防晒保护剂（瓶、盒）	4	4	4	4	4	4	4
防寒袜（双）	1	1	1	1	1	1	1

注：表中数字为每年应发放数量。

藏北地区野外施工队的短期临时工，经单位领导批准，在施工期间的劳动保护用品为：棉衣1套、军用棉大衣1件、棉皮鞋1双、皮帽1顶。局机关工作人员、其他各单位野外服务人员到藏北地区工作，按“其他物探职工”标准发放劳保用品。

第三节 送温暖工程

物探局及各单位领导十分关心职工生活，注意解决困难职工的生活问题；每逢重大节日，深入基层慰问伤病职工、离退休职工和坚持生产的职工，开展了送温暖活动。

一、各级领导下基层慰问

1989年中秋节，地调四处2165队正在沙漠地区紧张施工，因远离城市没有购到节日食品。全队职工天黑收工回驻地后，看到处领导带领机关干部来到队上，送来了月饼、蜜桃等食品，十分感激。处领导和全队职工共度中秋节，有位职工抱来录音机播放了一首《十五的月亮》。四处领导还把出工在外的职工家属请到一起，赏月座谈，当领导把月饼、水果分送到她们手中时，许多家属流下了眼泪。

1993年12月，局工会下发了《关于在1994年元旦、春节期间继续开展“送温暖”活动的通知》。1994年春节的一天，局领导、局工会主席和财务、计划等处室的领导，带着慰问品来到职工医院，慰问了60多名住院职工。局领导还慰问了离退休干部、节日值班同志和特困户。

地调五处党委把“两节”期间送温暖活动列入重要议事日程，成立了以处长为组长的送温暖小组，以登门走访、发慰问信、开座谈会、领导到野外和小队职工一起过年等形式把温暖送给职工。春节的前一天，处长、党委书记分别带慰问组到云南大理、浙江湖州，把慰问品送到正在施工的704、316队，并和物探队职工一起过春节。在基地的其他处领导、工会负责人组成4个慰问组，分别到劳动模范、部分离退职工及伤残、长期病休、因病住院和去世职工的家中慰问。还慰问了节日坚守岗位的职工。

1993年春节，地调三处有6个队近千名职工在塔里木盆地施工，处领导委托工会送去9头肥猪和食品进行慰问。他们还专程到河北涞源、山东临清等地慰问在家病休的职工，为他们送去救济款和慰问品。

1994年“两节”期间，全局共有27个二级、直属单位开展送温暖活动。共派出慰问人员278人，走访、慰问2367户，支出金额19.94万元。其中慰问离退休职工1457人、因病住院职工250人、伤残职工241人，以及劳动模范、军属、侨属侨眷及节日坚守工作岗位的职工。

当年地调二处制定了《关于家访慰问伤、病、残等人员的具体规定》，对家访慰问对象、慰问办法、费用标准等作出了规定，要求各基层工会充分发挥“送温暖小组”的作用，尽力反映、解决慰问对象的实际困难和问题。

1995年元旦前夕，地调二处领导和工会干部对32户职工遗属、10名长期病休职工、24户受灾和家属住院职工，共66户特困职工进行了慰问，并根据不同情况分别给以困难补助。局研究院领导在“两节”期间对“送温暖”活动进行了专门研究，确定了慰问对象、落实了所需费用。院工会干部专程到河南安阳、开封和河北阜平等地，慰问了在家病休职工。院党委书记、院长、工会主席分头到离退休职工、职工遗属家中看望。全院有30人参加慰问活动，共慰问职工、家属265人，发慰问信95封，慰问经费2万余元。

1996年春节，地调三处领导到正在野外施工的4个物探队慰问，分别送去1头猪和1000元文体用品。地调二处工会主席到2209队慰问得知1名职工家中失火，及时派工会干部前往救济和慰问。地调五处工会主席到新疆野外队慰问，得知706队1名司机为家住河北省定兴县的妹妹心脏病突发而担心，就连夜给定兴基地打电话。基地领导接电话后，派专人到医院看望，并给706队回电话，告知病人病情好转，让这位司机放心。

二、职工困难救济

1963年，松辽地调处（六四六厂前身）在《第一届职工代表大会工会工作报告》中总结了职工困难救济工作：1962年对967名职工进行了困难救济，支出救济金16652元。同时，对当年过冬确有困难的职工家庭共救济棉花350千克、棉布1733米、被子145条、褥子63条、手帕1800条、棉衣110套、线衣465件、袜子2600双。

1986年4月，局印发的《物探局、物探局工会关于职工因工死亡遗属生活困难补助问题的联合通知》规定，对因工死亡职工供养的直系亲属按月领取抚恤费、生活上确有困难的，可按其生活困难程度给予适当补助。补助的标准包括按规定领取的抚恤费在内，凡家住城市（城市户口，下同）的供养直系亲属，每人每月按25～30元掌握；孤身1人的，每人每月按30～35元掌握。家住农村的补助标准可低于上述补助标准3～5元。

1988年8月，物探局、物探局工会转发的《河北省关于国营企业职工死亡丧葬费补助标准问题的通知》规定，对职工因病或非因工死亡，丧葬补助费在现行规定标准的基础上，可补助到400元，职工因工死亡可补助到600元。

1991年12月12日，局调整了因工死亡职工供养直系亲属抚恤费标准。1、居住中等以上城市的抚恤标准每人每月55元，居住在小城市和县以下吃商品粮的每人每月50元，居住在农村的每人每月45元。2、因病死亡职工供养的直系亲属因粮价调整，可酌情一次性发给150～180元的生活困难补助。

1992年6月26日，局印发《物探局、物探局工会关于调整因工死亡职工供养直系亲属抚恤费标准的通知》，对因工死亡职工供养的直系亲属居住在中等以上城市（包括涿州市、开封市、石家庄市、库尔勒市）的，抚恤费标准每人每月由原来的55元调到61元，居住在小城市和县以下吃商品粮的每人每月由原来的50元调到56元，居住在农村的由原来的45元调到51元。对因病死亡职工供养直系亲属因粮价调整，可酌情给予一次性生活困难补助，其标准由原来的150～180元调整到180～252元。

1994年3月28日，物探局作出新的规定：职工因工死亡丧葬费由原来600元调整为1200元。一次性困难补助费最高不得超过3000元；因病或非因工死亡丧葬费由原来400元调整为800元，一次性困难补助费最多不超过1500元。

1994年10月25日，《物探局、物探局工会关于调整因工死亡职工供养直系亲属抚恤费标准及执行（94）局劳字第111号文件中若干具体问题的通知》对因工死亡职工供养直系亲属抚恤费调整为：居住在城市的每人每月80元，居住在农村的每人每月60元，另外一次性发给供养亲属死者生前一年月平均工资额的20个月的工资。

1982～1997年物探局职工困难补助、慰问及营养品发放情况，见表14－33。

表14－33　1982～1997年物探局职工困难补助、慰问及营养品发放情况表

项目／年份	困难补助		慰问职工		发放营养品	
	人次	金额（元）	人次	金额（元）	人次	金额（元）
1982	1710	56979	948	4659	13318	73574
1983	1461	58295	1381	6716	15182	82208
1984	1321	58371	1440	8517	14008	83016
1985	1312	58271	1440	8627	16007	85426
1986	1068	49951	1080	7147	14009	83016
1987	1063	48506	1143	15510	15174	112395
1988	992	65985	1231	14989	17000	192263
1989	983	79338	1235	18909	16260	215889
1990	1004	105043	1607	45644	18878	513443
1991	952	106704	1560	44630	18920	51243
1992	1166	100958	1455	43678	19921	51355
1993	864	190889	1909	58885	18525	352582
1994	827	179722	1933	199400	18811	480383
1995	435	83575	2595	326736		
1996	356	81330	2606	331136		
1997	328	71568	2497	314612		
合计	15842	1395485	26060	1449795	216013	2376793

各级工会对有特殊困难的职工，除组织上给予救济以外，还发动群众开展互助互济活动。1995年地调一处1名司机的父亲和妻子长期患病住院，欠债多、经济十分困难。处工会知道后经与团委协商，联合发了1份捐款倡议，在5天内收到捐款11500元。至1997年，共发动职工捐款20多次，其中最多一次捐款达4万多元。

第四节 残疾人工作

1988年12月23日，物探局成立残疾人福利基金会（简称基金会），当日发布《第一次理事会会议纪要》。基金会由35名成员组成，设常务理事8名，名誉理事6名。

基金会公布了当年物探局残疾人的基本情况，仅16周岁以上的先天性残疾人就有80多人。第一次理事会议明确提出，以创办实业为突破口，解决残疾人劳动就业，带动其他残疾人事业的发展。要求各单位领导对办好残疾人事业给予大力支持和帮助。

1989年初，物探局成立残疾人福利企业——康立公司。公司下设塑钢门窗厂、技术开发部、计算机部、彩扩印刷部、工程装修部等5个生产经营部，以及办公室、财务部。

1993年12月，为每个残疾人在河北省保定市民政局办了残疾证。全局73名残疾人中，在康立公司就业的14人，在其他企业就业和从事个体劳动的25人，丧失劳动能力被扶养的34人。康立公司经过9年的发展，至1997年拥有固定资产（净值）107万元，流动资金284万元，从业人员107人，累计经营收入4672.7万元，上缴税金149.7万元，为残疾人支付工资及生活费用补助60万元左右。

在文化生活方面，1997年局工会投资8000元，为残疾人活动室增添了台球、音响、健身器等设备。对有体育特长的，还鼓励他们创造成绩。塑钢厂残疾工人李振东1989～1997年，三次获河北省残疾人运动会乒乓球单打第一名，两次获全国残疾人运动会乒乓球单打第二名。1997年赴香港参加第一届远东及南太平洋区伤残人乒乓球锦标赛，与12个国家的选手比赛，获tt 9级（膝盖以下残疾）第二名。

第十五篇
党群工作

综　　述

党群工作即企业党组织的工作和工会、共青团等群众组织的工作。物探局党委自1973年7月成立起，认真贯彻执行党的路线、方针、政策，在部、总公司党组和直属机关党委的领导下，以物探生产为中心，充分发挥党组织的政治核心、战斗堡垒作用和党员的先锋模范作用，继承和发扬大庆的优良传统，为石油工业的发展作出了贡献。局党委成立之初，首先抓党组织建设，在二级、直属单位建立了党的核心小组。1975年起局属各单位先后召开党员代表大会或党员大会，相继建立了党委、党总支和党支部。与此同时抓了党员教育和组织发展及党的思想、组织、作风建设。

党的十一届三中全会以后，局党委坚持以经济建设为中心、两个文明一起抓的方针，坚持党在企业中的政治核心地位，不断加强和改善党的领导，先后制定了一系列关于加强领导干部学习政治理论、端正党风、反腐倡廉和加强党的自身建设的制度、规定。重视自身建设，进一步加强党的思想、组织和作风建设，提高各级党组织的战斗力和凝聚力，发挥了党组织的战斗堡垒作用和党员的先锋模范作用。90年代起，局党委坚持"围绕生产抓党建、抓好党建促生产"的方针，把党建工作的着力点放在基层，从优秀党员行政干部中选配党支部书记，在局处两级机关的党支部中提倡由党员处（科）室长兼任党支部书记；在基层党支部开展党员责任区、党员先锋岗活动和党支部工作目标管理、党员形象大讨论及"双学"活动，取得了好的效果。

局党委按照党管干部的原则，注重抓局处两级领导班子的建设，建立中心学习组，制定学习制度，举办领导干部脱产理论培训班，学习马克思主义、毛泽东思想、邓小平理论和党的路线、方针、政策，以提高领导干部政治素质、政策理论水平；抓领导干部和其他管理干部的岗位职务培训以及专业技术人员的继续工程教育；抓干部队伍的"四化"建设，干部任免由选任制和任免制改为选任制和聘任制。在干部聘任中实行"三干法"，并规定了聘任干部职务的年龄界限和测评办法。

1980年1月，物探局成立了中级技术职称评定委员会。1989年局成立思想政治工作人员专业职务评审领导小组。同年，经总公司授权成立物探局专业技术、中学教师和思想政治工作专业高级职务评审委员会，以及专业学校教师、卫生技术两个中级职称评审委员会和各专业评审组。1990年前专业技术职称职务实行评聘合一，评出多少聘任多少。从1991年起逐步实行评聘分开，1994年规定在专业技术岗位职务设置限额内实行差额聘任。

局党委注重企业的宣传思想工作。在局党委领导下，宣传部门利用企业报纸、有线电视台等宣传工具，围绕物探生产中心，开展形势任务教育、党的路线方针政策教育、优良传统教育、政治理论教育和日常思想政治教育，宣传各条战线上的先进集体和模范人物，推广先进经验；各级党组织和工、团组织认真做好职工的经常性思想政治工作，提高了广大职工的思想政治觉悟、理论水平和技术、业务素质，为完成各项工作任务提供了思想政治保证。

80年代初，物探局开展了职工思想政治工作研究活动。1986年3月成立局政工研究会。政工研究会坚持"一要科学、二要管用"的方针，借鉴自然科学的研究方法，进行政研活动，取得了多项研究成果。1991年12月成立石油物探职工思想政治工作研究分会。

局党委坚持两手抓两手都要硬的方针，大力加强精神文明建设。1986年根据党的十二届六中全会精神，局印发了关于加强精神文明建设的若干措施，指出全局精神文明建设要面向基层、面向一线职工开展活动。1996年党的十四届六中全会后，局党政联合下发了关于加强 精神文明建设的3个文件。1997年成立了局精神文明建设指导委员会，制定了主要行业（工种）的职业道德规范，修订、完善了各工种岗位责任制等。物探局各单位精神文明建设获得丰硕成果，受到所在地区和上级机关的好评和奖励。1994年4月，物探局被中共中央宣传部、中共中央组织部、国家经贸委、中华全国总工会授予"1991～1993年度全国思想政治工作优秀企业"称号。

基层建设是企业各项工作的落脚点。从物探局成立起，局党政领导始终把基层建设作为全局工作的重点，坚持稳定、关心、提高和加强一线职工队伍的方针，用改革推动基层建设。截至1997年，先后召开了12次基层建设工作会议，制定了一系列稳定和加强基层队伍建设的政策和具体规定，使基层建设工作逐步走向制度化、规范化、科学化的轨道，队伍的整体素质明显提高，逐步形成了一支“四有”、“三过硬”的职工队伍。

1979年成立局纪委，1989年成立局监察室（后改称监察处），1992年起局纪委、监察处合署办公。纪检监察部门按照中央和总公司的要求，开展党风党纪教育，加强党风廉政建设，狠抓三项重点工作，对一些部门和党员干部中存在的问题进行了查处，挽救了一些党员和干部，为企业挽回和避免了一些经济损失。

局党委注意加强对工会、共青团的领导，支持它们独立负责地开展工作。随着物探事业的发展，物探局逐渐建立健全了各级工会组织和职工代表大会制度。各级工会围绕物探生产，履行职责，完善以职工代表大会为基本形式的企业民主管理制度；贯彻《劳动法》，履行“维护”职能，建立劳动争议调解委员会，注重调解好劳动关系，在实行全员劳动合同制和平等协商的基础上，由局工会代表职工与局长签订集体劳动合同；建立劳动竞赛委员会，深入开展社会主义劳动竞赛和创“全优工程”活动；各级工会与行政、生产部门配合，广泛开展技术比武、巾帼建功、读书自学、文明家庭、合理化建议、小改小革等多种形式的建功立业活动，对进一步调动广大职工的积极性，增强职工的主人翁责任感起到促进作用。在创建“职工之家”活动中，研究院等单位受到全国总工会和河北省总工会的表彰。

物探局各级共青团组织坚持对团员青年进行马克思主义理论、革命传统和思想政治教育，广泛开展学雷锋、树新风，为发展石油工业献青春等活动，在各项工作中发挥了生力军和突击队作用；积极开展“两推优”（即推荐优秀团员作党的发展对象、推荐优秀青年干部作党的后备干部）工作，培养一批优秀团员入党，推荐团支部书记见习物探队副队长，培养锻炼了青年后备干部，增强了基层团组织的战斗力。

物探局各级党组织重视统战工作，注意发挥侨联、文联、女职工委员会等群众组织的作用，调动一切积极因素，为物探局的两个文明建设服务。

第一章 党的组织

第一节 党组织设置

一、党委组织沿革及领导成员更迭

1973年，物探局党委是在原六四六厂党委的基础上组成的。

1964年3月，参加华北石油会战的松辽地调处党委仍保留着进关前的组织结构，冯浩任党委书记，刘福来、季生元任党委副书记。3月，石油工业部决定，松辽地调处划归石油工业部六四一厂统一领导。5月21日，六四一厂党委下文组成新的地调处党委，由冯浩、刘福来、季生元、靳跃华、王有田、庄国成、谷志杰7人组成党委常委会，冯浩任党委书记（副局级），刘福来、季生元任党委副书记。同年6月，六四一厂地调处改名为“华北石油勘探会战总指挥部地质调查指挥部”。中共石油工业部政治部对地调指挥部领导班子进行了调整，冯浩仍任党委书记，刘福来、季生元仍任党委副书记。

1965年2月23日，地调指挥部对外使用“石油工业部六四六厂”名称。9月4日，中共石油工业部政治部批准了六四六厂党委会组成人员，党委会由15人组成。党委常委会由冯浩（副局级）、田在艺（副局级）、刘福来、季生元、李全慎、王有田、庄国成7人组成，冯浩任党委书记，刘福来、季生元任党委副书记。12月31日，中共石油工业部政治部决定，免去冯浩六四六厂党委书记职务，由段志高（副局级）任六四六厂党委书记。

1966年5月31日，中共石油工业部政治部对六四六厂领导班子再次进行调整，段志高任党委书记（兼）、庄国成任党委副书记、李全慎任党委副书记。6月23日，六四六厂组成新的党委会，同时组建监委会。党委会由9人组成，段志高、庄国成、李全慎、王安华4人组成常委会，段志高兼任党委书记，庄国成、李全慎任党委副书记；王安华任监委会书记。

“文化大革命”开始不久，六四六厂党委工作瘫痪。1968年2月六四六厂实行军管。5月1日，召开厂革命委员会成立大会。1969年4月28日，石油工业部决定，自5月1日起六四六厂划为部直属单位。8月30日，经河北省保定地区革命委员会党的核心小组批复，重新组建的六四六厂党委会由33人组成（暂缺1人）；刘璞（军管会委员）、田同旺、李炳银（军管会委员）、严永才、段志高、俞业友、张凤芝（女）7人组成常委会；段志高任党委书记，李炳银、刘璞任党委副书记。

1971年5月，中国人民解放军北京军区装甲兵六四六厂军管会奉命撤走。同年10月22日"石油工业部六四六厂"改名为"燃料化学工业部六四六厂"。1972年9月2日，燃化部党的核心小组决定六四六厂改名为石油地球物理勘探局。1973年6月28日，中共燃化部核心小组下文成立"中共石油地球物理勘探局委员会"（简称物探局党委）。物探局党委会由25人组成；段志高、安启元、刘毅、林运根、庄国成、何传弟、王绪东7人组成常委会；段志高任党委书记，安启元任党委第一副书记，刘毅任党委副书记。

1975年1月15日，燃化部党的核心小组决定，严衍余任物探局党委副书记。同年12月段志高调离物探局，由严衍余代理党委书记职务。1977年7月9日，石油化学工业部决定：严衍余任物探局党委书记，林运根任党委副书记；免去段志高物探局党委书记职务，免去安启元物探局党委第一副书记职务。物探局领导班子调整后，局党委委员有23人，局党委常委有：严衍余、林运根、刘毅、庄国成、王绪东5人。1978年2月16日，中共石化部政治部决定高凤仪任物探局党委常委。同年3月31日，中共石化部政治部决定：高凤仪、庄国成任物探局党委副书记，张俊瑞任物探局党委常委。

1983年12月31日，石油部党组对物探局党政领导班子进行调整，局党委常委会由严衍余、陈启发、潘瑗、张俊瑞、武慎让、徐绍仲、曹云福7人组成，严衍余任党委书记、陈启发任党委副书记。原任物探局党委副书记、常委职务同时免除。

1987年5月7日，石油部党组下文，增补刘颂威为物探局党委常委。

1990年11月，总公司党组、总公司对物探局党政领导班子进行了调整。总公司党组决定：李玉超任物探局党委常委、书记，刘颂威任党委副书记，钟辛生、柴桂林任党委常委；免去严衍余物探局党委常委、书记职务，另行分配工作；免去潘瑗物探局党委常委职务。

1991年12月25日，总公司党组下文，增补刘明义为物探局党委常委。

1991年12月29日、30日，中国共产党石油地球物理勘探局第一次党员代表大会在河北省涿州市召开。大会按照《党章》和《中国共产党基层组织选举工作暂行条例》的规定，选举产生了（按姓氏笔划为序）由马尤和、王小牧、王见仁、王长有、王业胜、方卿祥、刘明义、刘泽波、刘颂威、许大坤、孙廷举、李玉超、李运扬、吴宗明、吴群苍、张忠民、陈启发、武慎让、赵世英、赵瑞平、钟辛生、段雨欣（女）、桂玉华、柴桂林、戴九如等25名委员组成的中国共产党物探局第一届委员会和由13人组成的中国共产党物探局第一届纪律检查委员会。大会批准了李玉超和徐绍仲分别代表局党委、局纪委所作的工作报告。12月31日，局党委召开第一届委员会第一次全体会议，选举产生了局党委常务委员会委员和书记、副书记。局党委常务委员会委员（按姓氏笔划为序）有：刘明义、刘颂威、许大坤、李玉超、陈启发、武慎让、钟辛生、柴桂林；李玉超当选为局党委书记，刘颂威、陈启发当选为局党委副书记。同日，局纪委召开了第一届委员会第一次全体会议，选举产生了纪委常委和书记、副书记，陈启发当选为局纪委书记，何家祥当选为局纪委副书记。1992年1月7日，总公司直属机关党委下文批复了上述选举结果。

1992年11月28日，刘颂威调动工作，总公司党组决定：钟辛生任物探局党委副书记。1995年9月22日，总公司党组决定：增补赵瑞平、王业胜为物探局党委常委；免去柴桂林、武慎让物探局党委常委职务。

1997年11月7日，总公司党组对物探局党政领导班子进行调整。许大坤任局党委书记，钟辛生、肖平任局党委副书记，殷会祥、王小牧任局党委常委；免去李玉超局党委书记、常委职务，免去刘明义、赵瑞平局党委常委职务。调整后的物探局党委常委有：许大坤、钟辛生、肖平、王业胜、殷会祥、王小牧、段雨欣（女）7人。

二、基层党组织

六四六厂时期及物探局成立后，局（厂）属单位都建立了基层党组织。局属单位党员人数在100人以上的设立党的基层委员会，党员人数不足100人的设立党的总支部委员会。为加强塔里木石油物探工作的组织领导，1991年1月，物探局成立了塔里木前线指挥部，同日，局党委组建了中共物探局塔里木前线指挥部委员会。1996年1月2日，局党委决定将塔里木前指党委改成党的工作委员会（简称党工委）。

1978年8月以前，物探局各指挥部设有大队建制，大队建立党总支，物探队建立党支部。1978年8月撤销大队建制后，物探队党支部由指挥部党委直接领导；自局成立起，即在二线生产、科研、文教卫生等单位的车间、科室建立党支部；局、处两级机关建立党委或党总支。各职能处（科）室根据党员人数多少，或单独建立党支部，或按业务、职能相近联合组建党支部。党员较多的党支部划分了党小组。

到1997年底，物探局共建有党委24个、党总支32个、党支部471个、党小组726个。

1974～1997年物探局基层党组织状况见表15－1。

1997年底物探局党组织状况见表15－2。

表15－1　1974～1997年物探局基层党组织状况表　　单位：个

年份	党委	党总支	党支部	党小组	年度	党委	党总支	党支部	党小组
1974	1	8	128	344	1986	19	25	305	
1975	8	11	135	307	1987	19	20	340	
1976	8	12	142	341	1988	19	21	337	
1977	9	12	151	337	1989	19	25	348	734
1978	15	8	196	424	1990	19	17	365	736
1979	14	8	209	466	1991	21	18	381	749
1980	15	10	223	388	1992	23	20	440	792
1981	16	17	233	382	1993	24	16	432	829
1982	16	17	249	337	1994	23	20	445	667
1983	16	16	260	358	1995	25	21	459	716
1984	18	24	292	270	1996	25	22	469	717
1985	19	25	298		1997	24	32	471	726

表15－2　1997年底物探局党组织状况表　　单位：个

序号	单位	党委	党总支	党支部	党小组	党员责任区	序号	单位	党委	党总支	党支部	党小组	党员责任区
1	地调一处	1	4	37	87	146	14	涿州基地处	1	1	17	18	
2	地调二处	1	3	45	96	138	15	综合服务处	1		4	8	3
3	地调三处	1	5	56	123	106	16	职工二医院	1		6	8	5
4	地调四处	1	1	32	88	89	17	教培中心	4	4	36	47	53
5	地调五处	1	1	34	24	91	18	特勘处		1	6		
6	徐水基地处	1	1	13	27	3	19	建筑公司	1		10	12	24
7	仪器总厂	1		16		97	20	多种经营处		1	10	17	8
8	机械厂	1		16	25	23	21	引进管理处	1		7		
9	特车厂	1		15	37	31	22	岩土公司		1	5		23
10	供应处	1		10	25	23	23	塔里木前指	1	1	4		27
11	运输处	1		10	21	34	24	局机关党委	1	1	44		
12	职工医院	1		6	15	30	合计		24	32	471	726	1051
13	研究院	1	7	32	48	97							

注：表中教培中心不含培黎石油学校党组织，其党组织关系在甘肃省石化厅党委。

第二节 党委工作机构

从六四六厂到物探局成立后的不同时期，党委工作机构的设置发生了较大变化。

1968年4月以前，石油部六四六厂党委设有政治部，作为厂党委办事机构，处理厂党委日常工作。

1968年5月1日，六四六厂革命委员会成立后，革委会下设政工组。1972年初，厂政工组改为政治部，下设组织科、干部科、宣传科、保卫科等部门。

1973年物探局成立后，局党委下设政治部，作为党委办事机构，处理局党委日常工作，政治部辖办公室、组织处、宣传处、干部处；另外，保卫处、武装部和局工会、局团委等行政、群众组织办事机构也归政治部领导。各二级、直属单位设政治处或政工组。

1980年11月，经石油部批准，物探局撤销政治部建制，成立局党委办公室，原政治部组织处、干部处、宣传处在局党委直接领导下开展工作。各二级、直属单位的政治处（政工组）随即撤销，成立党委办公室等相应的党委工作机构。

1984年6月，物探局调整机构，保留局党委办公室建制，组织处与干部处合并组成局党委组织部，宣传处改名为局党委宣传部。二级单位中第一、二、三、四勘探公司、地质普查公司和研究院、仪器厂设立党委办公室、组织科和宣传科；机械厂、特车厂设党委办公室、组织科；其他二级、直属单位只设党委（总支）办公室。

局党委部、室的主要职责：

局党委办公室：(1) 检查和督促局属各单位党组织执行上级党委和局党委决议的情况，掌握动态，向局党委领导提供信息；(2) 负责局党委常委会和全委会以及其他有关党的会议的组织工作，协助领导做好党群部门的协调工作；(3) 与党委宣传部共同负责局中心学习组的组织和材料准备；(4) 负责起草局党委的工作计划、总结、决议和有关领导讲话、报告、汇报材料，审核以党委名义发出的文件、材料；(5) 牵头管理基层建设工作，深入实际、调查研究，组织经验交流，负责筹备、组织局基层建设工作会议；(6) 担负局保密委员会办公室的管理职能；(7) 负责机要文件和内部文件的收发、保密、传阅、归档等工作。

局党委组织部：(1) 负责党建和干部管理工作。根据上级工作安排和本局生产建设发展需要，制定组织干部工作计划，建立和完善各项工作制度和管理制度，监督、检查局属各单位执行情况；(2) 负责局属二级单位和局机关处室及机关附属单位领导班子建设以及对领导干部的考核、选聘工作，提出对各单位领导干部调整、充实、配备意见，组织对处级党政领导干部的聘任工作，并做好处级后备干部的选拔、培养工作；(3) 负责干部调配、大中专毕业生的接收分配和军队转业干部的接收安置工作（从1997年起，此项职能划归局劳动工资处直属的局人力资源交流中心管理）；(4) 负责技术干部的管理工作，组织专业技术职称职务和政工专业职称职务评聘，负责专业技术人才和各类技术专家的选拔、推荐、管理工作；(5) 负责办理全局干部离休、处级干部退休，审批办理局机关及其附属单位干部退休事宜，负责出国人员的政审工作；(6) 负责基层党的组织建设，党员教育管理和组织发展工作，指导全局各单位党委（总支）召开党代会（或党员大会），进行换届选举，负责组织评选、表彰先进党支部和优秀共产党员活动，总结基层党建工作经验，并组织交流推广；(7) 会同有关部门编制党政管理干部和专业技术干部的培训计划，组织干部培训，指导局党（干）校的有关业务工作；(8) 负责局机关及其附属单位和局属二级单位处级干部的人事档案管理，负责干部和党员的统计工作。

局党委宣传部：(1) 负责宣传党和国家的路线、方针、政策及物探局两个文明建设的目标、任务，组织开展形势教育；(2) 归口管理全局精神文明建设和宣传思想工作，组织开展对职工的爱国主义、集体主义、社会主义以及优良传统等各类系统教育；(3) 负责全局理论学习，在业务上指导党（干）校对处级以上领导干部的轮训和各单位中心学习组的理论学习，与局党委办公室共同负责局中心学习组的组织和材料准备；(4) 了解掌握全局思想政治工作情况，总结、交流、推广先进经验，宣传先进典型事迹；(5) 负责全局对内、对外的宣传报道工作，指导石油物探报社和局有线电视台的业务工作；(6) 负责组织石油政研会物探分会活动，指导和组织全局政研工作，编辑《石油物探政工研究》刊物；(7) 负责管理全局统战工作；(8) 归口协调基层建设日常工作（1990年后，此项工作由局党委办公室负责）。

第三节 党员队伍

物探局成立后的1974年，全局有共产党员（简称党员）2515人，其中女党员179人、干部党员897人；一线党员1561人；发展党员43人；处分党员4人。到1997年，全局有党员7565人，其中预备党员400人、女党员1178人、干部党员3127人；一线党员1966人，发展党员390人，处分党员11人。

1974～1997年物探局党员基本情况见表15－3；1997年底党员状况和文化结构见表15－4；党员年龄结构和职业分布状况见表15－5。

表15－3　1974～1997年物探局党员基本情况表

年份	党员总数（人）	预备党员（人）	女党员（人）	干部党员（人）	一线党员（人）	发展党员（人）	处分党员（人）
1974	2515		179	897	1561	43	4
1975	2625		203	939	1013	55	7
1976	2796		230	995	1736	45	9
1977	2966	5	265	886	1769	14	6
1978	4188	112	300	1186	2686	49	20
1979	4312	165	357	1198	2676	147	17
1980	4531	96	339	1469	2785	69	6
1981	4581	71	413	1506	2762	50	9
1982	4711	83	458	1582	2765	65	13
1983	4825	82	503	1950	2774	69	11
1984	4502	115	521	1866	2475	110	14
1985	4709	226	572	2056	2475	209	9
1986	4873	154	603	2191	2463	134	9
1987	5114	212	672	2390	2481	188	12
1988	5258	159	694	2480	2463	149	7
1989	5327	98	708	2556	2407	69	9
1990	5414	87	727	2565	2444	67	7
1991	5590	168	738	2563	2559	158	5
1992	5946	274	824	2613	2647	257	7
1993	6208	309	853	2492	2642	236	3
1994	6452	247	909	2838	2451	215	9
1995	6780	312	999	3114	2431	286	7
1996	7128	392	1077	3238	2262	316	22
1997	7565	400	1178	3127	1966	390	11

表15－4　1997年底物探局党员状况和文化结构统计表

序号	单位	党员队伍状况（人）						党员文化结构（人）			
		党员总数	正式党员	预备党员	责任党员	女党员	少数民族党员	大专以上	中专高中	初中	小学
1	地调一处	713	671	42	146	64	7	119	249	248	97
2	地调二处	754	720	34	186	99	13	193	217	203	141
3	地调三处	963	904	59	109	106	10	146	290	272	255
4	地调四处	640	600	40	89	63	5	91	223	202	124

续表

序号	单位	党员队伍状况（人）						党员文化结构（人）			
		党员总数	正式党员	预备党员	责任党员	女党员	少数民族党员	大专以上	中专高中	初中	小学
5	地调五处	377	349	28	91	35	7	81	124	103	69
6	徐水基地处	346	328	18	58	58	4	49	89	124	84
7	仪器总厂	278	260	18	97	52	1	9	67	81	41
8	机械厂	271	255	16	23	44	4	52	62	90	67
9	特车厂	226	217	9	34	28	4	42	54	86	44
10	供应处	177	173	4	33	17	3	17	30	106	24
11	运输处	167	162	5	34	22	2	28	28	63	48
12	职工医院	133	128	5	30	48	2	55	24	41	13
13	研究院	492	457	35	130	128	9	291	106	53	42
14	涿州基地处	243	226	17		44	2	40	56	88	59
15	综合服务处	64	59	5	13	11	3	14	16	20	14
16	职工二医院	86	86		5	44	2	36	28	21	1
17	教培中心	516	488	28	78	137	9	298	114	64	40
18	特勘处	82	76	6		13	3	48	19	15	
19	建筑公司	103	100	3	24	16	3	27	26	24	26
20	多种经营处	168	166	2	34	21		45	35	63	25
21	引进管理处	49	49			7	1	22	15	2	10
22	岩土公司	53	44	9	53	12	2	43	8	2	
23	塔里木前指	61	58	3	61	3	8	34	17	7	3
24	局机关党委	603	589	14		106	9	300	153	108	42
合计		7565	7165	400	1328	1178	113	2080	2050	2086	1269

注：表中教培中心不含培黎石油学校党员，其党员关系在甘肃省石化厅党委。

表 15－5　1997 年底物探局党员年龄结构和职业分布状况统计表

序号	单位	党员年龄结构（人）						党员职业分布（人）							
		25 岁以下	26 岁至 35 岁	36 岁至 45 岁	46 岁至 55 岁	56 岁至 60 岁	61 岁以上	一线党员	二线党员	机关党员	工人党员	管理干部党员	技术干部党员	离退休党员	其他党员
1	地调一处	50	211	166	213	41	32	167	345	123	205	268	256	235	5
2	地调二处	36	183	196	226	59	54	192	358	173	226	298	252	209	21
3	地调三处	70	238	200	375	46	34	161	536	194	449	272	260	201	41
4	地调四处	44	195	157	179	39	26	176	199	219	252	202	191	159	27
5	地调五处	31	121	72	119	23	11	78	82	116	114	156	145	99	8
6	徐水基地处	6	33	83	109	53	62	104	111	49	3	111	102	144	8
7	仪器总厂	7	50	47	92	36	46	109	62	61	45	131	123	101	1
8	机械厂	6	29	55	91	33	57	56	29	92	46	72	65	145	8
9	特车厂	6	53	56	53	23	35	99	27	50	88	74	68	61	3
10	供应处	3	7	29	73	23	42	66		41	37	48	44	89	3
11	运输处		15	41	62	24	25	48	23	23	37	35	32	92	3

续表

序号	单位	党员年龄结构（人）						党员职业分布（人）							
		25岁以下	26岁至35岁	36岁至45岁	46岁至55岁	56岁至60岁	61岁以上	一线党员	二线党员	机关党员	工人党员	管理干部党员	技术干部党员	离退休党员	其他党员
12	职工医院	8	15	30	42	11	27	47	20	14	18	70	66	44	1
13	研究院	11	88	95	121	79	98	141	154	57	30	276	256	178	8
14	涿州基地处	12	24	96	67	18	26		110	56	100	76	67	53	14
15	综合服务处	5	6	12	24	7	10	26	12	15	10	26	23	26	2
16	职工二医院	3	9	24	35	9	6	25		29	4	58	54	24	
17	教培中心	24	68	86	179	81	78	221	104	65	46	274	255	177	19
18	特勘处	22	14	20	19	2	5			29	11	63	35	8	
19	建筑公司	6	14	33	27	16	7	37	35	41	28	45	37	27	3
20	多种经营处	5	18	47	70	17	11	141		22	40	63	59	55	10
21	引进管理处	1	4	10	20	8	6	16	14	12	9	30	24	10	
22	岩土公司	5	18	14	14	2			15	18	3	50	45		
23	塔里木前指	5	24	14	14	4		56			11	50	32		
24	局机关党委	15	100	137	150	74	127				65	379	271	159	
合计		406	1563	1720	2420	784	886	1966	2236	1499	1877	3127	2762	2288	174

注：表中教培中心不含培黎石油学校党员，其党员关系在甘肃省石化厅党委。

第二章 党建工作

第一节 党委自身建设

从松辽地震会战时期到物探局成立后的1997年，历届党委都很重视自身建设，特别是各项制度的建设。

1965年7月30日，六四六厂党委制定了“党委常委会”、“党委会”、“碰头会”三项制度，规定每天早7:30～8:00为碰头会时间，每周一上午开党委常委会，每月召开一次党委全委会；还规定每月厂党委常委务虚3天。

1973年7月局党委成立不久，根据当时面临的形势和任务，针对局党委成员和局处领导干部来自青海、大庆、四川等油田和六四六厂的实际，局党委及时召开了由局党委委员和二级、直属单位党政主要领导及局机关处室长参加的党委扩大会，通过与会人员认真讨论，作出了4条决定：（1）全局各级党组织要坚决服从燃化部党组、燃化部的领导，贯彻部的各项方针、政策、指示，履行部赋予的职责；（2）局处两级党委要抓好自身班子建设，领导干部要搞五湖四海，坚持党性原则，识大体、顾大局，搞好安定团结；（3）各级领导干部要深入基层，深入实际，调查研究，抓基层建设；（4）坚决完成上级下达的生产任务。

1978年12月，党的十一届三中全会召开后，局党委根据部党组的部署，及时召开常委扩大会和党委扩大会，认真学习三中全会公报，并下发文件要求全局各级党组织、广大党员、领导干部和职工学习贯彻三中全会精神。

1981年，局党委根据党中央关于对各级各类干部实行考核的要求，结合物探局的实际，作出了加强领导班子建设的6条措施：（1）坚持党的路线，模范地执行党的政策；（2）带头刻苦学习，善于调查研究；（3）坚持民主集中制，搞好党委领导下的厂长负责制；（4）坚持五湖四海，不搞任何形式的宗派；（5）接受党和群众的监督，不搞特殊化；

（6）严格党的组织生活，经常开展批评与自我批评。

1983年，局党委为严肃执行党中央的路线、方针、政策和《关于党内政治生活的若干准则》，克服、纠正领导上的涣散软弱状态，针对班子成员中党风方面存在的问题，修订了1981年加强局领导班子建设的措施，特对局党委常委、副局长作出《关于局领导班子成员端正党风的十条规定》：（1）自觉和党中央保持政治上的一致；（2）坚持党委领导下的厂长负责制；（3）过好双重组织生活；（4）坚持克服领导工作中的涣散软弱现象；（5）建立领导干部抓好党风、政策的责任制；（6）坚持党性原则，不利用职权拉关系、谋私利；（7）坚持任人唯贤路线，坚持党管干部原则；（8）不接受以任何名义赠送的礼物，不受贿、索贿；（9）严格财经制度，禁止领导个人擅自批钱批物；（10）研究新情况，解决新问题。局党委要求领导班子成员对上述10条规定的执行情况在民主生活会上进行检查。

1984年1月，局党委按照领导班子成员平时分工的工作范围，制定了《局领导干部贯彻政策、抓党风好转的责任制》。

1986年2月，局党委根据《中共中央办公厅、国务院办公厅关于解决当前机关作风中几个严重问题的通知》和中央领导同志在中央机关干部大会上的讲话精神，为争取在1986年实现物探局局、处两级领导干部和两级机关作风的根本好转，以带动全局党风的根本好转，局党委专门召开党委扩大会制定了《物探局局、处两级领导干部端正党风的十条规定》：（1）加强自身学习，不断提高政治、业务素质；（2）坚决克服官僚主义，转变作风，提高工作效率；（3）坚持党性原则，不搞以权谋私；（4）不能为个人和小团体乱发奖金和实物；（5）节俭会议开支，严禁铺张浪费；（6）不收受和赠送礼物，更不能行贿受贿；（7）严格执行财经纪律；（8）坚持任人唯贤路线，坚持党管干部原则；（9）要严格党的组织生活，加强组织纪律；（10）要按党风责任制的要求，认真抓好自己分管范围的党风。局党委强调，上述10条规定每个领导干部都要自觉模范地执行。

1988年，局党委根据党的十三大提出的从严治党、加强党的组织建设的要求，在党委工作要点中提出了加强党的思想组织建设，搞好党员领导干部的党风，当年要做好的5件事：（1）局各级党组织的工作要适应领导体制的转变；（2）提高党政领导干部的政治素质；（3）认真贯彻执行党内的各项制度；（4）在重视质量的前提下做好发展新党员的工作；（5）党的纪律检查工作要和改革形势相适应。

1989年2月25日，局党委根据中国石油天然气总公司党组的部署和要求，为适应党政职能分开，结合物探局实际，对党委工作提出了《加强党的思想组织建设，搞好党员领导干部的党风》的6条要求：第一、搞好党政班子之间的团结，关键是密切党政主要负责人相互之间的合作共事关系。第二、在决定重大问题时，党委会和行政领导班子都要认真执行民主集中制的原则，注意倾听各方面的意见，提倡民主作风，防止“一言堂”。第三、在改革开放的条件下，党员领导干部要模范地执行各项政策、纪律，特别是要模范地执行党中央、国务院关于治理整顿方面的各项规定。进一步端正党风，严肃党纪，用“两公开、一监督”推进廉政制度建设，防止腐败现象的滋生和蔓延。第四、党员领导干部都要认真贯彻两个文明一起抓的战略方针，要把生产经营和思想政治工作密切地结合、统筹安排。要特别注意纠正忽视思想政治工作、简单地靠经济和行政手段处理问题的倾向。第五、健全组织生活制度。各级党组织要把严格组织生活作为从严治党的一项重要工作来抓。党员领导干部都要自觉地参加所在党支部的组织活动，克服党员领导干部在党内组织生活中的特殊化。第六、协调好行政、党委、工会、共青团之间的关系，处理好工作中发生的矛盾，充分发挥各群众组织在“双文明”建设中的作用。8月，局党委制定了《局党委常委会议制度》。9月18日，按照《中共中央、国务院关于近期做几件群众关心的事的决定》的精神，物探局党委、物探局作出了《关于领导干部保持廉洁的若干规定》。其中强调属于职工代表大会权限范围的问题，如职工升级、住房分配、奖金分配等方案，要按照职工代表大会有关条例由职代会进行审议监督。

1991年3月13日，为了贯彻落实由中共中央批转中央纪委《关于加强党风廉政建设的意见》，局党委对（89）局党字第30号文件《关于领导干部保持廉洁的若干规定》进行了补充修改，对局、处两级领导干部以及相当这一职级的干部作出《物探局党委、物探局关于领导干部保持廉洁、改进作风的规定》，要求局、处两级机关工作人员参照执行。同日，局党委为加强局、处两级党政领导班子的思想、组织、作风建设，依靠自身力量解决矛盾，有效地进行党内监督、增强团结，保证党的路线、方针、政策和决议的正确贯彻执行，根据中共中央印发的

《关于县以上党和国家机关党员领导干部民主生活会的若干规定》，结合物探局的具体情况，制定了《关于物探局局、处党员领导干部民主生活会的若干规定》，要求局属二级单位党组织认真执行。同日局党委为了提高局、处两级党政班子的政治素质，提高正确贯彻执行党的路线、方针、政策的水平和决策能力，适应改革和社会主义现代化建设的需要，印发了《物探局局、处两级党政班子坚持政治学习制度》。指出，局、处两级党政领导班子的政治学习，主要是学习马克思主义理论和党的路线、方针、政策以及总公司党组、总公司安排的学习内容等；规定中心学习组由党委书记或局（厂）长担任学习组长，每星期五下午为政治学习日，政治学习的每项内容结束后，都要进行严格的考核，并把学习考核情况纳入考核领导班子成员的内容，作为对领导干部使用和晋级的重要依据。同时，局党委为保证党和国家各项方针、政策及总公司党组、总公司的指示、决定在本企业的贯彻落实，更好地发挥党组织的政治核心作用，保证局、厂（处）长实现任期目标和生产经营的统一指挥，搞好双文明建设，根据中国共产党《基层党组织工作条例》，重新制定了《石油物探局党委常委会会议制度》。同年3月，根据中共中央关于建立领导干部回避制度的要求，为了进一步加强领导班子建设，保证干部公正廉洁，依法执行公务，防止和克服徇情营私、裙带关系等消极腐败现象，密切党群关系、干群关系，树立良好的干部形象，局党委制定了《物探局局、处领导干部回避制度》，包括：(1) 回避制度的亲属关系范围；(2) 职务回避；(3) 公务回避；(4) 实行回避制度的原则和办法。同年4月3日，物探局党委、物探局为了及时掌握领导干部的活动情况，保证各项工作的正常运行，制定了《关于领导干部外出请假的制度》，要求凡离开岗位3天以上者均需请假，副职向正职请假，正职向上级请假，并向组织部门备案。4月16日，局党委为贯彻党中央和总公司关于实行领导干部交流的精神，制定了《关于实行领导干部交流制度的决定》。要求严明纪律，凡是组织决定交流的干部，必须在规定的时间到新单位报到；对不服从决定、经教育不改者，就地免职；对态度恶劣者，要给予纪律处分。在《决定》中特别强调，干部调动中应注意廉洁，不搞请吃、不受礼物，也不带随行人员。11月4日，局党委为充分发挥各级党委、纪委和领导干部的作用，真正做到一级抓一级，层层负责、促进党风和廉政建设，保证党的基本路线和各项方针、政策的贯彻执行，经局党委常委会讨论，对1984年制定的《局领导干部贯彻政策、抓党风好转的责任制》进行了补充修改，重新制定了《物探局局、处两级党委、纪委及党员领导干部党风责任制》，包括：(1) 局、处两级党委的党风责任制；(2) 党委各成员和党员领导干部的党风责任制；(3) 局、处两级纪委的责任制；(4) 纪委书记、副书记的责任制；(5) 落实责任制的措施等，共24条。为保证党风责任制能够真正落实，要求同级纪委协助党委每年检查一次执行情况，对执行好的及时总结经验予以表扬；对执行差的则要批评帮助，并指出存在的问题，限期整改；对党员领导干部不重视党风和廉政建设或犯严重官僚主义、玩忽职守、发现违法乱纪问题不查处，给党和国家造成严重损失的，要追究主要领导干部的责任。

1991年12月29～30日，物探局党委召开了中国共产党石油地球物理勘探局第一次代表大会，会议总结了局党委成立以来的工作，并针对物探局在“八五”期间的主要奋斗目标，对新一届党委会的工作提出了6点建议：(1) 认真贯彻中央工作会议精神，带领广大党员和职工为实现物探局工作“八五”计划而拼搏奉献；(2) 坚持用马列主义、毛泽东思想武装党员和职工，坚定社会主义信念，增强抵御和平演变的能力；(3) 继续抓好党的自身建设，充分发挥党组织的政治核心、战斗堡垒作用和党员的先锋模范作用；(4) 坚持做好新形势下的思想政治工作，进一步调动广大职工的社会主义积极性；(5) 坚持两个文明建设一起抓的方针，不断提高基层建设工作水平；(6) 坚持党对工会、共青团的领导，支持他们积极主动地开展工作。

1992年1月，新一届局党委为了及时了解、掌握局党委委员的工作情况，交流信息，提高党委决策的科学性，促进党委的自身建设，制定了《关于同党委委员加强联系的制度》，其中第5条规定：局党委委员对其所在单位贯彻执行党的路线、方针、政策和上级党委的决议情况，对党建和两个文明建设的意见、建议，应及时向局党委办公室反映，做好信息的交流与反馈工作。

1995年4月10日，局党委根据党的十四届四中全会精神和党章的规定，结合物探局的实际，制定了《关于加强基层党组织建设的实施意见》和《关于坚持和健全民主集中制的实施意见》。12月18日，局党委为不断提高局、处两级领导干部的思想政治素质，提高贯彻执行党的基本理论、基本路线和各项方针、政策的水平，适应建立社会主义市场经济体制和石油工业以效益为中心加快发展、进行第二次创业的需要，提高新形势下认识问题、分析问题和解决问题的能力及科学决策、组织领导能力，根据物探局的实际情况，制定了《物探局局、处两级领导干部学习制度》，包括：学习的主要内容；学习中应把握的基本原则；学习的主要形式及管理。规定学习的主要内容是：（1）认真学习马克思列宁主义、毛泽东思想，重点学好邓小平建设有中国特色社会主义理论；（2）学习党的基本路线及党和国家的各项方针、政策。加强法律知识的学习，特别是与本企业生产经营管理密切相关的经济法规及总公司党组、总公司制定的各项政策、工作部署的学习；（3）学习社会主义市场经济理论、现代企业制度理论、现代企业管理理论及其基本知识。学习现代科学技术基础知识，特别是石油物探科技新知识；（4）学习中国历史和中共党史。对领导干部的理论学习，要求一切从实际出发，理论联系实际。应把握的基本原则：（1）脱产学习与在职学习相结合，以在职学习为主；（2）学习理论知识与工作研讨和解决实际问题相结合，做到有的放矢；（3）学习理论知识与提高自身素质相结合，不断提高认识问题、分析问题和解决问题的能力；（4）自身学习与宣传群众相结合，做好本单位职工的宣传辅导工作；（5）学习应注意由浅入深、循序渐进，既要注重理论的系统性，掌握理论的完整科学体系，又要突出重点，每年突出几个方面的内容。12月30日，根据中共中央办公厅、国务院办公厅《关于党政机关县（处）级以上领导干部收入申报的规定》及总公司《石油企事业单位处级以上领导干部收入申报工作的实施意见》，结合物探局实际，局党委制定了《物探局局、处以上领导干部收入申报制度实施意见》。要求副处级以上领导干部每年两次（上半年一次、下半年一次）申报自己的收入；同日还制定了《物探局干部在国内交往中收受礼品登记制度实施意见》和《物探局业务招待费使用情况向职代会报告制度实施意见》。要求党员领导干部认真执行。各单位党组织、工会和纪检、监察部门，要按照职责权限，对本单位执行规定的情况进行监督检查。同日，物探局党委、物探局为了规范领导干部行为，促进党风廉政建设，根据党中央、国务院、中纪委和总公司对领导干部廉洁自律有关规定精神和要求，制定了《关于局、处两级领导干部廉洁自律的若干规定》。其中：领导干部必须遵守的行为规范25条；监督检查措施7条。

1996年10月18日，为贯彻党的十四届四中全会精神和江泽民《努力建设高素质的干部队伍》的讲话精神，落实总公司党组关于进一步加强领导班子思想政治建设、提高领导干部思想政治素质的工作部署，结合物探局实际，物探局党委、物探局作出了《关于进一步加强领导班子思想政治建设的决定》。并附《党政领导班子科学民主决策暂行规定》、《领导干部理论教育实施细则》、《关于对领导干部加强监督的暂行规定》、《领导干部考核任免工作实施细则》、《后备干部选拔培养管理办法》。

1997年8月21日，为加强物探局党风廉政建设和反腐败斗争工作的领导，突出领导干部在党风廉政建设中的作用，根据中央要求，结合物探局实际，局党委对局党政领导班子成员党风廉政建设责任制进行重新修订，明确规定了局党委书记职责范围，局长职责范围，以及局党委副书记、各分管副局长、局纪委书记、局工会主席、局总工程师、总地质师职责范围，印发了《物探局党政领导班子成员党风廉政建设责任制》。要求党政领导班子成员一要认真学习党中央、国务院关于加强党风廉政建设、开展反腐败斗争的有关精神，充分认识实行领导干部党风廉政建设责任制的重要意义，把落实党风廉政建设责任制变为自己的自觉行动；二要按照抓党风廉政建设实行一级抓一级，一级对一级负责的原则，局党政主要领导要根据责任制分工，对其他局党政领导班子成员执行党风廉政建设责任制情况经常检查、监督，发现问题及时指出、纠正，对不履行职责的提出批评；三要把党风廉政建设责任制的落实执行情况作为民主生活会的一项检查内容，在每半年一次的民主生活会上汇报自己履行职责的情况。

除以上各项制度外，局党委坚持每年召开一次党委全委会，定期听取局长的工作报告，讨论将要出台的改革方案，使局党委委员了解全局的工作重点和局领导班子的思路、对策，积极提出自己的意见和建议，参与全局年度总结和计划安排方面的决策。

第二节　党支部建设

一、党支部组织的建立健全

物探局各级党委历来十分重视基层党支部的建设，认为基层党支部是物探局党的全部工作和战斗力的基础，是全局各项工作的落脚点，是深化改革，实现全局总体发展目标的重要保证。因此，多年来，特别是改革开放以来，采取积极措施，大力加强基层党支部建设，取得了明显效果。

从1973年物探局成立起，局党委就注意在基层建立健全党支部。在1988年制定的《物探局基层党支部工作条例）试行）》和1995年制定的《物探局党支部工作细则》中，都明确规定：凡有正式党员3人以上的基层单位，都应当成立党支部；正式党员少于3人的基层单位，可与邻近单位的党员联合组成党支部。7人以上党员组成的党支部，设立党支部委员会。党员少于7人的党支部，不设支委会，只选支部书记1人，必要时可增选副书记1人。在改革开放企业实行多元化经营的形势下，流动分散的党员数量不断增多。为此，1995年7月局党委特别制定了《关于加强对分散流动党员管理的规定》。其中要求，凡有3人以上分散、流动党员的公司、厂点均应成立党的基层组织。在《物探局党支部工作细则》中规定，党员3人以上集体外出学习工作（包括出国执行任务）超过1个月的，也要建立临时党的组织（党支部或党小组），在《关于加强基层党组织建设的实施意见》中，要求新成立的经济组织及与局外单位合作、合资的经济组织，驻国外办事机构和劳务输出机构都要成立党支部和党小组。党小组在物探局生产一线，特别是野外物探生产一线发挥了重要作用。野外物探队在施工期间，由于人员分散，党支部不宜集中开展党的组织活动，主要以党小组的形式开展党的活动。物探局各基层党支部根据党员数量和分布情况，本着便于活动便于管理的原则，以生产班组划分党小组。随着企业的发展和党员人数的不断增多，物探局基层党支部和党小组的数量逐年增加。党支部从1974年的128个增加到1997年的471个，党小组也从344个增加到726个（详见表15-1)。到1997年底，在全局1566个生产、科研班组中，建有党小组的约占班组总数的46%；党员人数不够组成党小组的班组占42.5%，这些班组的党员组成了跨生产班组的党小组；只有11.5%的班组没有党员。

二、党支部书记的选配培训

物探局党委把党支部书记的选配、培养、考核、管理作为党建工作的重点，列入议事日程。根据党的十四届四中全会作出的《中共中央关于加强党的建设几个重大问题的决定》精神和《党章》规定，以及总公司直属机关党委的要求，物探局党委结合实际情况，于1995年4月提出了《关于加强基层党组织建设的实施意见》。在《实施意见》中，对党支部书记的素质提出了要求，指出党支部书记应具备较高的思想政策水平、较强的组织领导能力、有事业心、作风正派，能团结同志一道工作，懂管理、会协调，能结合市场经济的特点做思想政治工作，一般应具有中专（高中）以上文化水平。在《物探局党支部工作条例（试行)》和《物探局党支部工作细则》中，对党支部书记的主要职责，都作出了明确的规定。特别是1995年7月制定的《物探局党支部书记管理办法》，使党支部书记的选配、培养、考核、管理工作更加规范化、制度化。在《管理办法》中更加明确规定了党支部书记任职的基本条件，素质要求，职责和任务，选配任用待遇、培训、考核和奖惩等条款。

在党支部书记的选配上，根据局党委的规定和要求，各地调处的物探队和二线生产车间都设置了专职党支部书记，在行政上兼任政治指导员。并积极推广地调二处从一线优秀党员队长中选配党支部书记的做法。局处两级机关处（科）室的党支部书记一般都由党员处（科）室长兼任。为了不断提高基层党支部书记的政治素质和党务工作水平，局党委坚持加强对党支部书记的培训工作。局党委组织部于1991年和1996年先后两次举办了3期党支部书记培训班，共有203名党支部书记参加培训学习。培训班以中央党校出版的《新时期党支部书记培训教材》和局党委组织部编印的《物探局基层党建工作文件汇编》为主要教材，系统学习邓小平建设有中国特色社会主义理论、党的基本路线和方针、政策，党章和党务工作基本知识，以及与生产工作业务有关的基本知识和管理知识。局属各单位党组织也多次集中办班，采用自学辅导、撰写工作论文、组织经验交流和社会参观考察等多种办法培训党支部书记。通过培训，提高了党支部书记的理论政策水平、党务工作水平和解决实际问题的工作能力。在《物探局党支部书记管理办法》中，要求各单位党组织，对新任党支部书记必须在任职3个月（物探队半年）内进行党的基本理论和党务工作基本知识培训，并由局党委组织部考核，颁发上岗证书。

三、党组织的发展工作

物探局各级党组织严格按照《中国共产党章程》和《中国共产党发展党员工作细则（试行)》的规定和“坚持标准，保证质量，改善结构，慎重发展”的方针发展党员。局党委根据物探局党员的结构、分布，以及从事野外生产工作的特点，要求基层党组织重视在生产、科研和教学一线发展党员；重视在青年中发展党员；重视在专业技术人员中发展党员和重视发展女党员。

根据1989年4月6日中共中央组织部《关于逐步建立积极分子入党前短期集中培训制度的通知》精神，物探局党委从1989年起，吸收入党积极分子在入党前进党校或党员培训站接受党的基本知识的培训。各基层党组织每年都列出培训计划，举办1～2次培训班，对入党积极分子进行集中培训5～7天以上（不少于40学时）。

物探局各级党组织还建立了入党积极分子档案，认真填写培养考察记录，严格履行入党手续。从1974年至1997年的24年间，共发展党员3390人。发展党员人数逐年增多，70年代每年发展党员100多人，到90年代每年发展党员在200人以上，其中1996年和1997年每年发展党员300人以上。新发展的党员年龄、文化结构等也逐年有所变化。1997年发展的390名新党员中，在一线工作的有177人，占45.4%；35岁以下的有181人，占46.4%；大专以上文化程度的有150人，占38.5%；专业技术人员有218人，占55.9%；新发展的女党员有88人，占22.6%。申请入党的积极分子人数也逐年增加，到1997年已达2840人。

四、党支部的基本工作制度

物探局各级党组织对基层党支部的制度建设非常重视。各基层党支部除坚持执行“三会一课”制度外，还根据党章和上级党组织的规定要求，经过多年的实践，形成了一系列的工作制度。所建立的基本工作制度主要有：（1）党支部委员会换届选举制度，即党支部委员会每届任期两年。届满时，要按照《中国共产党基层组织选举工作暂行条例》的规定，按时进行改选。（2）“三会一课”制度：即一般每季度召开一次支部党员大会（物探队施工期间至少半年召开一次），每月至少召开一次支委会（物探队施工期至少两个月召开一次），设有党小组的党支部每月至少召开一次党小组会；党支部每年至少要组织两次党课教育。（3）党内重大问题通报制度，即在制度和规定允许的范围内，党内和企业内的重大问题，要首先向党员通报。（4）密切联系群众制度，即党支部委员要经常同党内外群众谈心，听取意见。党员领导干部要在基层建立联系点，党员要分工联系群众，做群众的知心朋友。（5）民主生活会制度，即党支部或党小组每半年召开一次民主生活会，党员领导干部要过好双重组织生活。（6）民主评议党员制度，即遵照党中央1988年12月15日批转的中组部《关于建立民主评议党员制度的意见》，每年在“七一”前夕，结合纪念党的生日或结合年终总结评比，或结合野外施工总结验收工作开展一次民主评议党员活动。（7）请示、报告工作制度，即党支部和党小组要定期向上级党组织汇报工作，重要问题要及时请示汇报。（8）党风和廉政检查制度，即党支部定期分析本单位党风状况，检查廉政规定的执行情况。（9）总结评比工作制度，即每年开展一次“创先争优”活动的总结评比工作，并评出优秀共产党员。

物探局党委为了使基层党组织的各项工作都能纳入制度之中，对基层党组织建设的有关工作程序都做了明确的规定。主要有：《物探局基层党支部（党总支）换届改选工作程序》、《物探局党员领导干部民主生活会程序》、《物探局发展党员工作程序》、《物探局党内评先进工作程序》、《物探局处置不合格党员工作程序》、《物探局党费收缴管理工作程序》等。各基层党支部除按制度开展活动外，工作方法也有所创新。如地调四处党委进行了党支部目标管理的尝试，通过党支部工作目标的制定、开展与考核，使党支部工作增强了计划性，调动了积极性，发挥了创造性。局机关党委坚持党支部建在处室和处室主要领导兼任党支部书记的原则，结合机关工作特点，建立了党支部工作梯队联络制度，即党支部书记不在，支委抓；党支部书记和支委都不在，则指定一名党员负责支部工作。使党支部工作经常有人抓，不挂空挡，较好的发挥了党支部的保证监督作用。

第三节　基层党建重要活动

物探局各基层党支部一直把对党员的教育和严格管理作为主要职责。除严格党的组织生活，坚持“三会一课”制度外，还根据上级党组织的安排和要求，结合实际情况，组织党员学习马克思主义、毛泽东思想、邓小平理论和党的基本路线、方针、政策及基本知识，以及进行党风党纪教育。

物探局党委根据党中央和上级党组织的部署，对党员开展了有针对性的系统教育活动。主要有：

一、整党

为清除“四人帮”在党内的影响，在思想上、组织上、作风上纯洁党的组织，物探局党委根据党的十二届二中全会作出的关于整党的决定精神和石油部党组的部署安排，于1985年1月至9月，在全局范围内进行了一次大规模的整党活动。全局共有284个党支部、4393名党员参加了整党。这次整党活动共分五个步骤进行：一是学习文件、统一思想；二是进行彻底否定"文化大革命"的教育；三是对照检查；四是集中整改；五是进行党员登记。局党委提出，通过整党活动，要重点解决好四个问题：一是进一步端正业务工作指导思想；二是推动企业整顿，加快改革的步伐；三是以《党章》和《准则》为指导，提高党员和干部的政治素质；四是进一步建设好"四化"领导班子，整顿好党的基层组织。这次整党活动取得了预期效果。

二、部分单位党员重新登记

1989年发生在北京等地的政治风波之后，根据党中央的决定和中央国家机关党工委以及总公司直属机关党委的安排，物探局党委决定，从1990年1月开始，在局机关、研究院、职工大学、物探学校、管理干部学校5个单位分三个阶段进行党员重新登记工作。第一阶段为学习教育阶段；第二阶段为个人总结阶段；第三阶段是在自我总结、民主评议的基础上进行党员重新登记，并填写《党员重新登记表》。这项工作在同年4月底结束。上述5个单位共有1164名党员参加重新登记，其中有2名党员经民主评议不符合党员标准，不予登记。

三、"党员责任区"和"党员先锋岗"活动

1985年，物探局党委要求各基层党支部，要积极探索和努力改进党支部的活动方式，以充分发挥党支部的战斗堡垒作用和党员的先锋模范作用。在物探局基层党支部广泛开展的"党员责任区"和"党员先锋岗"活动，经过多年的实践证明，已成为党支部开展活动的有效载体，对加强党支部的思想、组织和作风建设，密切党群关系，加快各单位的改革步伐，保证物探生产和各项任务的完成，起到了重要的作用。"党员责任区"活动，首先在地调四处和运输处进行了有益的探索，并见到成效。1991年4月和7月，局党委办公室和局党委组织部先后向局属各单位党组织转发了地调四处和运输处开展"党员责任区"活动的基本做法和经验。1992年2月，局党委决定：从1992年开始，各基层党支部都要开展"党员责任区"活动，并将其列为物探局党建工作的一项重要内容，制定了《物探局基层党支部开展党员责任区活动实施办法（试行）》和《党员责任区责任党员考核标准》。1995年5月，局党委根据几年来开展"党员责任区"活动的实践，修订印发了《物探局党员责任区实施办法》。在《实施办法》中对"党员责任区"活动的组织领导和活动方式，党员责任区的划分和责任党员的确定，责任党员的职责和任务，责任党员的工作方法以及党员责任区的考核与评比等5个方面都作了规范性的规定，提出了明确的要求。

在开展"党员责任区"活动中，特车厂震源车间党支部开展得比较突出。他们根据局党委和厂党委的要求，结合各班组的特点，明确责任党员，制定详细活动计划，紧密结合生产实际，每年突出一个中心主题，细化责任目标，创新考核方法，引导全车间党员带动群众，人人为车间完成生产任务献计献策，使各方面工作走在了全厂的前列，并不断总结出开展"党员责任区"活动的好经验，成为物探局开创基层党建工作新局面的一个典型，得到了局党委和总公司直属机关党委的充分肯定。

到1997年底，"党员责任区"活动已在全局普遍展开。全局共有党员责任区1061个，有1328名党员担任责任党员。

"党员先锋岗"活动主要在二线单位开展。很多党支部针对本单位工作点多面广、党员少、党员责任区不好划分的实际情况，把党建工作的着力点放在发挥每个党员的先锋模范作用上。因此，开展"党员先锋岗"活动，就成为激发党员先锋模范意识的有效载体。这项活动1996年由涿州基地管理处党委提出，并在动力站党支部进行试点，他们的做法主要是党员挂牌上岗，亮牌服务；提出明确的口号——"一个党员一面旗，平时能看出来，困难时能站出来，关键时能豁出来"；制定完善的实施办法、考核细则，并重点制定了每个党员本岗位工作的考核指标，加大对党员在班组岗位上的考核力度。旨在强化和突出每个党员在服务岗上先锋模范作用的发挥，建立群众对党员的监督机制，取得了显著的效果，得到局党委的肯定和重视。1997年局党委组织各单位党支部书记到该处动力站进行现场学习观摩，并在全局推广。此后这项活动被列入全局党建工作"11242工程"。以"党员责任区"、"党员先锋岗"活动为主要载体的党员教育管理工作，增强了基层党支部的凝聚力和战斗力，激发了广大党员的责任感和使命感。

四、党员形象大讨论

1991年上半年，局党委为纪念中国共产党成立70周年，组织了一系列活动，其中"党员形象大讨论”持续了半年，使党员受到教育。各基层党组织在组织党员重温《党章》中党员八条义务和入党誓词的基础上，结合本单位的特点和实际情况，列出共产党员应具备的先进形象若干条，让党员对照检查，以颂扬先进，鞭策后进。全局共有4470多名党员参加了这项活动，其中200多名党员被提名表扬。在此基础上，又组织了“党在我心中”的演讲比赛，共有43名党员的先进事迹在演讲中得到宣扬。这次活动吸收了广大入党积极分子参加，既教育了党员，又扩大了党员在群众中的影响，收到了较好的教育效果。

五、党员“双学”活动

遵照党中央关于“在全体党员中有计划、有步骤地开展一次建设有中国特色社会主义理论和《党章》学习教育活动”的要求精神，以及总公司直属机关党委的部署，物探局党委从1995年初开始，至1996年6月中旬，在全局党员中开展了“双学”活动。为此，物探局党委作出了双学《安排意见》，提出《实施方案》，规定了学习的主要内容、时间安排和步骤方法。这次“双学”活动分调查摸底、培训骨干、学习理论、对照检查、总结验收5个阶段进行。在学习阶段，采用办培训班的方式，对党员分批分期进行集中轮训。全局33个单位共举办党员轮训班110期，培训党员6427名，占应训党员总数的99.8%。各级领导干部以普通党员的身份，积极参加学习，带头学习理论、进行对照检查，开展批评和自我批评，起到了表率作用。全局有260名副处级以上党员领导干部和5086名党员写出了个人总结，并在党支部大会上进行对照检查。这次党员“双学”活动的特点，一是领导重视，精心组织，精心准备；二是正规办班，严格要求，严格管理；三是典型引路，层层把关，认真评议；四是联系实际，形式多样，注重实效；五是分类指导，严格检查，善始善终。在“双学”活动过程中，局党委组织检查组对各单位进行了督促检查，先后在徐水、涿州地区分别召开片会和电视现场会交流经验。1996年四五月份，在“双学”活动结束前夕，局党委组织4个检查验收团，对局属33个单位的“双学”活动进行了验收，总结了开展“双学”活动的成果和经验。这次党员“双学”活动有力地促进了各单位的双文明建设。

六、创建先进党支部、争当优秀共产党员活动

创建先进党支部、争当优秀共产党员的“创先争优”活动，是物探局各级党组织开展多年的一项经常性的党内教育活动，每年都要进行一次总结评比，评选表彰一批先进党支部和优秀共产党员。1995年又增加了评选优秀党支部书记的内容。据1985～1997年的统计，受到物探局党委表彰的局级先进党支部共428个次，局级优秀共产党员1317人次，优秀党支部书记42人次。

此外，1988年后物探局党委还根据上级党组织的规定和分配的名额，每两年参加一次总公司组织的评比推荐活动。一些先进集体和先进个人不但受到总公司直属机关党委的表彰，而且还受到中央国家机关党工委和中共中央组织部的表彰。到1997年末，受到总公司直属机关党委表彰的先进基层党组织41个次，优秀共产党员99人次，优秀党务工作者6人次；受到中央国家机关党工委表彰的先进基层党组织3个，优秀共产党员19人次，优秀党务工作者4人次；优秀党务工作者标兵1人；受到中共中央组织部表彰的先进基层党组织2个。见第十六篇。

第三章　干部管理

第一节　干部管理机构

1973年6月以前，原六四六厂先后设政治处、政治部和政工组，负责干部管理工作。

1973年7月物探局成立后，干部管理部门为局党委政治部。政治部下设干部处，负责干部管理工作；局属处级单位设政治处或政工组，直属科级单位设政工组，负责本单位的干部管理工作。

1980年11月，物探局撤销政治部建制，原政治部干部处在局党委领导下负责干部管理工作。

1984年6月，物探局调整机构后，原干部处、组织处合并成立局党委组织部，履行干部管理职责。组织部下设党政干部管理科和技术干部管理科，分别负责各类干部日常管理工作。局二级、直属单位也相应撤销政治处和政工组。有9个单位：第一、

二、三、四勘探公司及地质普查公司（1986年7月改称地调一、二、三、四、五处），研究院，仪器厂，机械厂，特车厂等单位党委设组织科，负责干部管理工作；其他单位均由党委（总支）办公室负责干部管理工作。

第二节 干部队伍组成

从1961年到1997年，物探局成立前后的36年，干部队伍不断发展壮大。各类干部总数1961年为300名，1997年增长到8696名，增长近28倍。

1973年物探局成立时各类干部总数为2318名，其中工程技术人员1130名。

1983年干部总数为5584名，其中大专以上文化程度的2083名，占37.3%；工程技术干部2602名，占46.6%。15名局级干部中，大专以上文化程度的4名，占26.7%。151名处级领导干部中，大专以上文化程度的39名，占25.8%；40岁以下的6名，占4%。同1973年相比，干部净增3266名，其中工程技术人员净增1472名。

1993年干部总数为7420名，其中专业技术干部7090名，占95.6%；大专以上文化程度的3601名，占48.5%。局级干部13名，大专以上文化程度的9名，占69.2%；平均年龄为55.2岁。处级干部278名，大专以上文化程度的188名，占67.6%；平均年龄为49.2岁，40岁以下的25名，占9%。同1983年相比，干部总数净增1836名。其中处级干部增加127名，大专以上文化程度的上升了41.8%，40岁以下干部增加19名。

到1997年底，干部总数为8696名，其中专业技术干部8389名，占96.5%；大专以上文化程度的4919名，占56.6%。局级领导干部11名，大专以上文化程度的9名，占81.8%；平均年龄46.1岁，同1993年相比，平均年龄下降9.1岁；处级领导干部287名，大专以上文化程度的233名，占81.2%；40岁以下的60名，占20.9%。同1993年相比，4年间干部总数净增1276名，其中大专以上文化程度人数增长了13.6%，平均年龄下降2.2岁，40岁以下领导干部增加35名。

30多年间，专业技术干部的专业结构、文化知识结构和年龄结构都发生了明显变化。到1997年底，专业技术岗位涉及到17个系列35个类别，71个专业、455个岗位。其中工程技术类人员4492人、经济类人员1316人、教育类人员1056人、卫生技术类人员631人、其他各类专业技术人员894人。地质、物探专业人员2089人，是技干总数的24.9%；计算机专业人员844人，是技干总数的10%；仪器仪表专业571人，是技干总数的6.8%；机械专业547人，是技干总数的6.5%；会计专业581人，是技干总数的6.9%；经济专业663人，是技干总数的7.9%。全局有研究生152人（其中博士后及博士6人、硕士146人），大学本科学历的2479人，大普学历的240人，大专学历的1980人，中专学历的2595人。从有大专以上学历的工人中聘干664人，从有中专学历的工人中聘干390人。在职技术干部中，40岁以下的6060人，41～45岁的920人，46～50岁的690人，51～55岁的540人，56岁以上的179人；中青年技术人员占技干总数的98%；女性技术干部有2978人，占专业技术干部总数的35.5%。

1987年国家改革职称评定办法，实行专业技术职务聘任制度。经过10年的评聘工作，到1997年末，全局在职人员中具有专业技术职称的专业技术人员7780人，占职工总数的29.4%，占干部总数的89.4%。其中，具有教授级高级职称任职资格的52人，高级职称任职资格的812人，中级职称的2560人，初级职称的4356人。高级、中级、初级比例为1∶2.96∶5.04，专业技术职务结构基本合理。

第三节 党政干部管理

物探局自1973年成立起，局党委十分重视各级领导班子建设，特别是1984年后，各级领导干部的选拔任免、考核等管理工作不断得到改进和完善。

一、干部任免

（一）干部任免权限变更

物探局成立前的六四六厂期间，处级干部由石油部任免；科级干部由厂党委上报中共六四一厂政治部批准后，厂党委任免；小队、车间级领导干部任免及一般干部人事安排，由厂党委讨论，厂政治部任免。

1973年7月物探局成立至1981年2月，局级干部、局副总工程（地质）师、局政治部副主任，由部（燃料化学工业部、石油化学工业部、石油工业部）任免；其他正副处级干部及局属各单位政治处副主任、副主任工程师，由局党委报部政治部批准后，局党委任免；其他科级干部由局党委任免；局属各单位小队正副队长、车间及相当车间级干部，由局党委讨论，局政治部任免。处级单位党委由部政治部批准成立，并任命党委会组成人员；其他单位党总支（党支部）的成立，由局党委批准并任命组成人员。

1981年3月，按照石油部政治部（81）油政组字第1号文件通知，副处级干部在局内调整时，由局党委审批，报部备案。处级单位组建的党委，党委书记报部审批。处级单位组建党委的方案，党委副书记，以及选出和增补的党委委员，均由局党委审批，报部备案。同年4月，局党委以（81）局党字第019号文通知各二级单位，调整干部管理范围，各单位科级干部内部调整，由单位党委审批，报局备案。小队、车间（含相当）级以及以下干部任免、人事安排由各单位负责。同年5月，局党委明确：普查大队、运输大队、特车厂、基建大队、技工学校5个局直属科级单位，一般干部的管理，由各直属单位党总支（支部）负责。

1984年物探局在调整二级、直属单位和局机关处室领导干部时，根据年初石油部干部工作会议精神，执行了对正处级干部的任免由局党委审批，报部备案的规定。

1985年3月，物探局党委修订了《局管干部职务名称》，进一步明确了局管干部的范围。并按干部职务名称，划定局干部管理权限。局各副总师，正、副处级干部（含局机关处室总师、巡视员和各单位总师、巡视员），局直属科级单位的领导干部属局管干部，由局任免；各二级单位副总师、组织科科长、直属单位副主任工程师，为报局备案的干部；其他职务的干部管理权限下放到局属各二级单位。

1991年1月，为加强局属二级单位科级干部队伍建设，局党委组织部建立科级干部预审制度，规定二级单位任免科级干部需先报组织部预审，经预审同意后，二级单位党委才能讨论任免。1992年2月，物探局党委、物探局印发了《关于聘任石油物探队领导干部的实施细则（试行）》，在5个地调处物探队试行领导干部聘任制，规定在聘任期间的地震队队长、指导员按正科级干部管理，副职按副科级干部管理；重力、电法等物探队的正职领导按副科级干部管理，副职仍按一般干部管理。

1993年8月，物探局行政领导干部（含各总师）实行聘任制，对局属二级单位科级干部聘任、解聘及任、免，不再由局党委组织部预审。

（二）干部任免方式

从物探局成立前的六四六厂到成立后的1993年8月，对干部任用有两种方式：选任制和任命制。对选任制干部，包括党委会（党总支、党支部）、纪委会成员及领导，在实行选举制前由党委任命，实行选举制后，由选举产生，报上级党委批复；工会、共青团委员会等组织选举产生后，报上级工会、共青团组织和同级党委批复。对非选任制干部，包括各级行政领导干部、各总师和一般干部为任命制。其中，1984年6月上旬前为党委行文任免，1984年6月下旬后至1993年8月除党群各部门领导干部由党委行文任免外，其余行政领导职务干部由行政行文任免。

1993年8月起，物探局贯彻总公司干部人事制度改革精神，对干部实行聘任制。将非选任制干部的任命制改为聘任制，包括直接聘任和公开招聘。物探局党委、物探局在局机关及机关附属单位试点，对非选任制正副处级岗位上的领导干部，通过个人申请干、群众拥护干、组织批准干的“三干法”进行直接聘任，对直接聘任没有合适人选的副处级岗位，采取公开招聘。同年9月17日，公开招聘了财务处、计划处、企管处的3名副处长。按照“三干法”原则，局机关及附属单位各非选任制科级干部和一般管理人员实行个人与处室（单位）双向选择，由局党委组织部组织进行公开招聘。同年底，局属二级单位参照局聘任制办法，对非选任制管理人员普遍推行了聘任制。在试点聘任中，局聘处级干部任职年龄规定不得超过57周岁，晋级聘任为正副处级干部的年龄一般不超过50周岁，聘期一般为3年，首次被聘任的副处级干部实行1年的试用期。民主测评中优秀票、胜任票合计60%以上的优先聘任。局机关及附属单位和各二级单位聘任的科级领导干部也都规定了任职年龄、聘期及首次提职干部的试用期。聘任中，直接聘任的程序为：现职正副处级干部填写《干部意愿表》，分别对应聘干部进行民主测评，由局党委组织部征求局主管领导的意见，并汇总民主测评结果和干部个人意愿，送交局长、书记协商同意，经局党委组织部考察后，提交局党政领导班子讨论决定，由局长、书记分别聘任、签发聘书。公开招聘程序为：公布招聘岗位，应聘人员填写《应聘人员登记表》，局党委组织部对应聘人员进行资格审查，应聘人员公开答辩，考评小组评选出的拟聘人员（每岗位2～3人）交局长、书记协商同意，并征求应聘处室正职意见，经局党委组织部对拟聘人选考察后，提交局党政领导班子讨论决定，由局长或书记聘任并签发聘书。局机关处室及附属单位科级以下干部聘任程序为：个人申请任职岗位，科级干部应聘人选报局党委组织部审查同意，应聘人员在应聘处室（单位）公开答辩，考评小组综合评定，处长（单位主要领导）同意后由局党委组织部行文聘任，处长（单位主要领导）签发聘书并同受聘人签订聘任合同。二级单位科以下干部聘任程序和条件，由各单位参照上述聘任程序根据本单位实际情况制定。

1994年11月，物探局党委、物探局在总结聘任制试点经验的基础上，决定对局管非选任制干部改为聘任制。制定了《物探局领导干部聘任制试行办法》，规定坚持党的干部队伍“四化”方针和德才兼备的原则；坚持“三干法”；坚持责、权、利相统一；坚持干部能上能下、易岗易薪。规定领导干部同级聘任年龄，男不超过57（女53）岁，在民主测评中60%以上群众拥护；提拔聘任副处级领导职务年龄，一般男不超过50（女45）岁，总师职务可放宽到男54（女49）岁；提拔聘任正处级领导职务年龄，男不超过54（女49）岁。聘任程序为干部个人填报志愿，民主推荐和民主测评，组织考察，局党政主要领导协商同意，局党政领导班子集体讨论决定，由局长或书记与受聘人签订合同并颁发聘书。规定聘期一般为3年（含试用期），54岁以上的，聘期截止到57岁，聘期从聘任合同签订之日起计算。规定现职领导干部年龄男在57（女53）岁以上，不再聘任的，原则上保留原级别待遇；男满55（女50）岁，个人申请不应聘，经组织批准退居二线的，原则上保留原级别待遇。同年11月～1995年1月底，完成了对局属各二级单位非选任制领导干部的聘任。

1996年10月，物探局党委、物探局依据总公司《干部考核任免工作暂行条例》，结合物探局实际，在《物探局领导干部聘任制试行办法》的基础上，制定了《领导干部考核任免工作实施细则》。强调坚持党管干部原则；全面贯彻干部队伍“四化”方针和德才兼备、任人唯贤的原则；继续扩大民主，实行公开、平等、竞争、择优的原则；注重工作实绩，注意群众公论。规定处级领导职务应具备大专以上文化程度。在推荐任职人选任免程序上规定为：所在单位领导班子推荐，组织部门考核，征求纪检部门及分管领导意见，党政主要领导交换意见，党政领导班子讨论决定。其中对聘任制干部要签订聘任合同，对属地方协管的党群干部要征得地方有关部门的同意。同时建立了领导干部辞职制度，规定领导干部本人认为不适合担任相应职务的，允许提出辞职。具体程序是：个人申请，组织核实原因，征求主管领导意见，党政领导班子讨论决定。同时还规定：在职领导干部年度考核民主测评优秀、胜任票合计低于60%，经考核确属不宜担任领导职务的，予以免职或解聘；优秀、胜任票超过60%、不足70%的，由组织予以提醒诫勉；连续两年优秀、胜任不足70%的，予以免职或解聘。有经营指标单位的领导，1年完不成规定指标的，予以免职或解聘。该细则原则上适用各单位科级干部的考核任免。

二、干部考核

物探局的干部考核制度恢复于1980年初。局政治部制定了对各类干部的“德、能、勤、绩”为内容的考核标准。同年3月开始，局政治部组织了3个考核组，用8个多月的时间，对全局13个二级单位的80名处级干部和5个直属单位的23名科级干部进行考核。1983年，局党委又结合对干部的“四化”要求，完善了对干部的考核标准，并按照干部管理权限，要求各级党组织每年底对干部进行年终鉴定，每两年对干部进行一次综合考核。考核的主要方法是：干部个人总结，群众评议，在听取群众意见的基础上，由考核组写出鉴定结论，结论同被考核人见面并由本人签署意见，考核组抄报上级干部管理部门。1993年3月，局党委、物探局决定对全局二级单位、机关处室和附属单位领导班子及领导干部进行一次普遍考核。由局党委组织部牵头组织有局纪委、监察处、机关党委等部门和部分二级单位组织科长参加的四个考核组，用3个月的时间对全局各单位领导班子和262名正副处级干部进行了考核，较全面地掌握了各单位领导班子和处级领导干部队伍的现状，为实行领导干部聘任制打了基础。1997年6月，局党委为贯彻总公司党组《关于做好领导班子考核建设工作的通知》和人教局《关于领导班子考核建设工作的实施意见》精神，责成局党委组织部组织两个考核组，用两个多月的时间，对全局32个二级单位的206名处级领导干部进行了普遍考核。考核主要采取听单位党组织关于领导班子建设和自我考核的汇报、个别谈话、请职工填写调查问卷等方法，摸清了二级单位领导班子和领导干部的现状。

1993年开始建立领导干部年度考核制度，进一步加大考核力度、完善考核方法。一是落实每年对领导干部的年终考核；二是坚持走群众路线，广泛听取群众意见；三是增加了对领导干部的民主测评。

民主测评分为“优秀、胜任、基本胜任、不胜任”四档，参加测评人员为各单位中层以上领导干部。1996年10月，民主测评档次改为“优秀、胜任、不胜任”三档。对二级单位领导干部的测评，参加测评人员由各单位中层干部、职工代表大会主席团成员、部分基层干部和职工代表组成，其中基层干部和职工代表人数不少于中层干部的50%；局机关处室、部门领导干部的测评，按局领导、二级单位领导、本业务系统3个层次进行；机关附属单位领导的测评，由局党委组织部组织，本单位全体职工参加。并统一采用“集中述职、定点分别打分、现场公布测评结果”的具体组织形式。1997年11月，局党委制定了《物探局职工代表大会民主评议领导干部实施办法》，规定局属二级单位领导干部改为在本单位职工代表大会上评议和测评，程序为：领导干部个人在职工代表大会上述职，全体职工代表参加测评并分组评议领导干部，公开民主测评结果，由考核委员会将综合民主评议和民主测评结果反馈给被考核干部的单位党委并报上级干部管理部门。此项工作由职工代表大会主席团在同级单位党委领导下组织实施，具体工作由职工代表大会主席团和本单位组干、纪检、监察、企管、审计和工会等部门及职工代表组成的职工代表大会民主评议领导干部工作委员会负责；局机关及附属单位正、副处级领导干部的考核，仍按《领导干部考核任免工作实施细则》中的办法组织考核。同时，结合领导干部聘任制的实施，对领导班子和领导干部增加了任期届满考核。

三、后备干部选拔培养

物探局后备干部管理工作始于80年代。1984年初，局党委针对领导班子建设和领导干部队伍“四化”建设的需要，选拔了一批优秀年轻干部进行培养、锻炼。1985年3月，局规定各单位领导班子后备干部由局管理。1984～1993年，物探局党委按照石油部、总公司在各个不同时期加强后备干部培养的有关指示精神，结合局处两级领导班子的调整，不拘一格地选拔优秀人才，先后3次在全局范围内组织推荐、选拔处级后备干部270人次，向总公司推荐局级后备干部56人次。

1994年2月，局党委组织部制定了《物探局后备干部选拔、培养实施办法（试行）》，规定局正副处级领导干部岗位、各总师岗位都要按照1比1至1比2的比例配备后备干部，对后备干部的条件除从德、才及身体状况作了规定外，特别强调要具备中专以上文化程度；在年龄上，除较成熟、近期可提拔使用的可到40岁外，一般不超过35岁。后备干部人选由民主推荐产生，由所在单位组织干部部门考核，提交领导班子讨论决定后，报局党委组织部审定，审定通过的，按局后备干部管理。后备干部日常管理、跟踪考核由所在单位组织干部部门负责，局党委组织部负责对后备干部的定期考核。对后备干部培养主要是按领导干部的任职条件，根据后备干部的培养方向，本着缺什么补什么的原则进行理论和业务培训、上岗锻炼、轮岗锻炼、交流（交叉任职）锻炼。

1996年10月，物探局党委、物探局制定了《后备干部选拔培养管理办法》。在局正副处级后备干部的条件中，规定文化程度为大专以上，较成熟的后备干部年龄可到45岁。在培养上，规定要结合后备干部的实际情况进行政治理论培训、业务培训和文化知识培训，由局定期举办后备干部培训班；要以压担子锻炼、轮岗锻炼、到基层任职或挂职锻炼，特别强调到任务重、困难多和重点探区任职，在艰苦环境中经受锻炼、增长才干，锻炼的时间一般不得少于1年。在管理上，规定实行动态管理，原则上每年调整1次，并建立后备干部考绩档案。按照上述办法，局党委对后备干部队伍不断进行调整、充实，到1997年底，已建立起200余名的后备干部队伍。

第四节　专业技术干部管理

一、人才引进

根据石油物探事业的发展、科技的进步和各类专业技术工作的需要，物探局不断加大人才引进的力度。

60年代至70年代，由于石油会战的需要，物探队伍整建制的调动，技术人员大量调出。1973年物探局成立时，从江汉、四川、长庆、新疆等探区调入大批专业技术人员。从1981年起，物探局所需的专业技术人才主要来源于大中专毕业生。每年根据实际情况编制大中专毕业生需求计划，并派人参加国家教委和石油系统组织的大、中专毕业生分配协调会议，按计划引进所需人才。为了加强计划性，1983年局组织30余人对专业技术人员现状进行了调查，在此基础上，预测了1990～2000年的专门人才需求，据此规划，每年需平均引进230人。

为了更合理地制定“八五”、“九五”期间专门人才的需求计划，1989年、1990年局连续组织人员进行了调研，调整、修改预测规划，由原来57个专业类别，调整为41个专业类别，由233个专业，调整为181个专业；预测到2000年将引进2382人，其中研究生130人、本科生851人、专科生273人、中专生1128人；工程专业1861人、农业40人、医疗80人、师范111人、图书档案30人、财经252人、政工8人。

按此规划，1991～1997年每年派出不少于10人次分赴全国有关院校参加学生分配会议，与所需专业学生面对面进行双向选择。在政策方面，规定研究生的调入其爱人可以随调（不占调进计划指标），加速了高级人才的引进，满足了“八五”、“九五”期间高级人才的需求。1981～1997年共引进4924人，其中研究生100人（1989年从国外引进博士生1人）、本科生2242人、专科生445人、中专生2137人；按专业类别分工程专业3698人、农业30人、医疗205人、财经391人、师范283人、理科193人、文科124人。另外1993～1997年从外单位调进187人，其中研究生13人、本科生83人、专科生60人、中专生31人。这些专业技术人员的引进和调入，基本上满足了物探局生产、科研的发展需求。

二、学术技术带头人队伍建设

从1989年起，按照总公司的要求，物探局每年对选拔、推荐有突出贡献的专家十分重视。尤其是1995年以后，在选拔、推荐过程中坚持了基层推荐、党委组织部门考核、广泛征求意见、专家背靠背打分的办法，排出优先推荐人员的名次，然后提交党政领导班子讨论确定。

为了建立局级专家队伍，1992年起草了物探局优秀科技专家选拔办法。1993年经过自下而上的推荐、考核，选拔了50岁以下的学术、技术带头人187名，40岁以下学术技术带头人后备梯队72名，35岁以下的科技新星69名，以及外向型人才72名。

1994年结合年度考核，在主体专业岗位上选拔了学术技术带头人114名，其中物探专业49名、地质专业24名、计算机专业15名、仪器和机械专业26名。平均年龄43.8岁。为了贯彻总公司跨世纪学术、技术带头人队伍建设实施意见，1994年底制定了物探局跨世纪学术、技术带头人队伍建设规划，即到2000年在主体专业建立一支由100名局级跨世纪学术、技术带头人组成的专家队伍。同时起草了物探局跨世纪学术、技术带头人队伍的选拔、管理办法。

1995年局组织工程及经济管理两个专业考核组，对基层单位推荐的跨世纪学术、技术带头人的人选，进行了评议，以无记名方式进行投票，按得票多少的顺序排列，在征求主管业务领导的意见后，由局党政领导班子研究，确定了38名局级跨世纪学术、技术带头人。其中物探专业11人、地质专业6人、计算机专业6人、仪器专业5人、机械专业5人、经济专业5人。在年龄上最大的53岁，最小的30岁，平均年龄42.3岁，其中35岁以下的11人。在此基础上，局向总公司推荐15名总公司级人选，总公司批准了3名。1997年局又向总公司推荐23名人选，总公司批准了5名。到1997年底，物探局有总公司级跨世纪学术、技术带头人8名，是规划数的53.3%。

到1997年，物探局有中国工程院院士1人，国家级有突出贡献的中青年专家4人、享受政府特殊津贴的专家42人。教授1人、教授级高级工程师43人、教授级高级经济师2人、教授级高级政工师3人、主任医师2人、编审1人、教授级高级会计师1人（以上享受政府特殊津贴的专家和教授级高工中不包括已退休和调出人员）。这些专家在物探生产和科技工作中均起到了学术技术带头人的作用。

三、专业技术职称职务评聘

1980年1月30日，根据石油部的指示，为了贯彻国务院（79）279号文件精神，物探局成立了中级技术职称评定委员会。评委会下设地质、地震、计算机、重磁电、测量、仪器、仪表、财经、基建、供应、机械、教育等12个考核组。局属二级单位成立了12个初级评审委员会。截止到1980年9月1日（此后职称评审暂停），局评委会共召开了13次会议，评定晋升了2465人的职称，其中推荐高级职称11人、评定中级职称892人、初级职称1562人。

1986年国家改革职称评审制度，实行技术职务聘任制度。按照石油部职改工作部署，物探局职改工作从1987年6月份开始，经历了试点、首次评聘、微调补缺、经常化评审四个阶段。在基本做法上，大体分为准备动员、申报评审和职务聘任三个步骤。

（一）准备动员阶段

1987年6月20日建立了局、处两个层次的职改工作领导小组、职改办公室、评审委员会。经石油部（总公司）职改工作领导小组批准，局职改工作领导小组组长先后由潘瑗、刘颂威、钟辛生担任，副组长由严衍余、李玉超、许大坤担任。

1989年成立物探局思想政治工作人员专业职务评审工作领导小组，组长先后由严衍余、李玉超担任，副组长先后由潘瑗、陈启发担任。

经总公司职改工作领导小组授权，物探局组建了工程技术、经济、中学教师和思想政治工作四个专业高级技术职务评审委员会及专业学校教师、卫生技术两个中级职务评审委员会和17个专业考核评议组。经局职改工作领导小组授权，研究院等10个二级单位组建了工程技术中级职务评审委员会。全局共组建了25个初级职务评审委员会和86个专业考核评议组。

在职称评定中，有208名局、处两级领导干部参加了职改领导工作，766名专家、学术技术带头人及技术骨干参加了局、处两级评审，有180名科技干部参加了职改协调组织、政策研究和把关工作。先后召开局领导小组会议20次，职改办负责人会议26次，片会11次；先后举办基层领导、职改办业务骨干、评委会成员学习班4期，培训了342人次。二级单位自办学习班98期，培训骨干1903人次。印发了《物探局专业技术人员任职资格评定工作实施细则》、《物探局各系列专业技术人员定量考核办法》、《物探局专业技术职务聘任实施办法》等各种政策性、指导性文件。1989年编制“四定”（定编、定员、定岗、定责）方案1套，共49个技术专业类别、354个名称、1582个岗位，其中高级岗位396个、中级岗位730个、初级岗位456个。编制高级职务岗位职责一套三册，累计约28万字，中、初级岗位职责约75万字。

（二）职称申报评审阶段

职改工作每年都采用静态测算、动态测算和岗位模拟方法确定高中级评审指标分配方案，经局职改领导小组审定后，一次性下达各单位。为了贯彻总公司对优秀青年技术人员评审高级专业技术职务任职资格实行专项管理的意见，从1991年起设立专项指标，使1982年以后毕业的大学本科以上学历的技术人员晋升高级职称的比率逐年有所提高。

为了确保评审质量，各级评审组织严格掌握标准条件，坚持按程序办事，层层把关、逐级推荐，认真抓好推荐、考核、评审三个环节。在评审工作中，1987～1990年间采用了量化评审和无记名投票的方法。1994～1997年间采用公开评审政策、公开控制指标、公开推荐人选、公开述职答辩、公开评审结果的五公开办法，逐渐形成了公开、平等、择优的机制。经过1987～1997年的评审工作，全局有11481人获得了专业技术职务任职资格，其中高级职称1824人（含享受政府特殊津贴的专家和教授级高级工程师70人，调入1人）、中级职称4618人、初级职称5039人。

（三）专业技术职务聘任阶段

截至1990年，各级评委会共召开了48次会议，完成了6273人的评审，共评定高级职称630人（其中推荐教授级高级职称8人）、中级职称2414人、初级职称3229人。对这些人员实行了评聘合一，评出多少，聘用多少。从1991年起，职称评定走向经常化，每年召开一次评审会议，对经评审取得任职资格的和1992年以后参加全国统考取得经济、会计、审计、统计、计算机软件专业中、初级任职资格的技术人员逐步实行评聘分开。1992年、1993年间，先后在研究院、地调二处等四个单位试点，于1994年出台了《物探局专业技术职务聘任制度实施办法》，明确规定了局属各单位要在局批准的专业技术岗位职务限额内，实行差额聘任。在当年的聘任中共考核了8118人，其中优秀和称职的8033人、基本称职的76人、不称职的9人。计划聘任8100人，实际聘任7837人，是拟聘总人数的96.75%。其中聘任高级职务913名、中级职务2359名、初级职务4565名，高、中、初级职务比例为1∶2.6∶5；工程技术人员占拟聘总数的59.5%、教师占14%、政工人员占9.4%、经济专业人员占8.3%、会计专业人员占5.6%。这些人员的聘期为1～3年。有9人降级聘任，254人缓聘和不聘任，占拟聘总人数的3.35%。初步建立了聘任上岗、责权统一、能上能下、易岗易薪的用人机制，调动了专业技术人员的积极性，稳定了队伍。

第五节　干部培训教育

物探局历届党政领导班子十分重视在职干部的教育培训工作，把教育培训工作列入重要议事日程。为加强对干部培训教育工作的领导，局处两级领导班子中都有领导分管此项工作。1991年6月24日成立了“物探局干部岗位培训考核委员会”。局先后制定了《物探局干部教育、培训暂行办法》、《物探局领导干部、管理人员岗位职务培训规划》、《物探局局、处两级领导干部学习制度》、《物探局领导干部理论教育实施细则》、《物探局专业技术人员继续教育暂行规定》、《物探局干部教育、培训登记汇报制度》、《加强干部教育培训管理工作的四项制度》等制度和规定。为全面提高干部素质、建设一支适应物探事业改革与发展的干部队伍，1996年制定了《物探局1996～2000年干部教育培训规划》。为搞好干部教育培训工作，物探局加强了教育培训基地建设。

1979年9月局政治部遵照局党委指示，发文通知局属各单位抽干部到局干校学习。1984年7月19日，经石油部批复局干部学校改为管理干部学校；1991年11月20日，局党委决定：成立物探局党校，同管理干部学校为一套机构挂两块牌子。同时要求局属单位成立党校或党员培训站（训练班）。1985年3月8日，局职工大学成立。这些学校为系统培训党政领导干部和专业技术人员发挥了重要作用。

物探局的干部教育培训工作主要有以下几种方式：

（1）局处党政领导干部政治理论教育。从1973年局成立到1997年，物探局党委和物探局坚持加强党政领导干部的政治理论教育，举办各类政治理论学习班，轮训局处级领导干部。

80年代前期，局处党政领导干部理论培训教育的内容主要以毛泽东哲学著作、中共党史和党的方针政策为主。80年代后期和90年代，则以邓小平建设有中国特色社会主义理论、《邓小平文选》、《党章》和现代企业管理知识为主要学习内容。从1990年开始，每年都在局党校举办6至8期党政领导干部政治理论学习研讨班，每个领导干部每年都要脱产学习两星期，并已形成制度。

（2）党政领导干部和管理人员的岗位职务培训。90年代，根据中国石油天然气总公司关于石油企业干部要全部限期实行持证上岗，加强履行岗位职责能力的要求，物探局采用多种方式举办培训班，加强对各级领导干部、后备干部、管理人员和专业人员的岗位培训工作。除在局内培训外，还选送部分干部参加了中央党校和中央党校国家机关分校石油班、中青年干部班、党委书记班、纪委书记班、工会主席班、团委书记班以及勘探、企管、科技处长等岗位培训班的学习。

（3）专业技术人员继续工程教育。为适应世界物探新技术的发展和物探工作走向市场及对外进行国际勘探的需要，物探局强化了专业技术人员的继续工程教育。此外，还选派专业技术人员到国外进修、培训，参加学术交流以吸取世界先进物探技术。

物探局为了提高在职干部的文化素质和专业技术水平，鼓励职工参加大中专学历教育，并选送优秀科技人员进修研究生、攻读学位。1984年局在管理干部学校设立企业管理和政工两个中专班，招收学员（包括工人）进行两年脱产或函授学习。1993年在局党校设立中央党校河北省分校物探局党政干部函授站，招收政工、经济管理两个专业的大专和本科在职干部函授学习。物探局还与石油大学联合举办地质、物探研究生班，与清华大学联合举办工商硕士研究生班。此外，还有众多干部参加了电大、成人自学考试高等教育的学习。

第四章 宣传思想工作

企业的宣传思想工作是企业管理工作的重要组成部分，也是企业党的思想建设、职工队伍思想建设、企业精神文明建设的重要组成部分。在党的十一届三中全会以前，物探局的宣传思想工作主要是围绕党在各个时期的中心任务，宣传党的路线、方针、政策，并开展日常的思想政治教育和宣传工作。党的十一届三中全会以后，物探局的宣传思想工作从以阶级斗争为纲转向以经济建设为中心，服从和服务于企业生产经营和改革的各项任务。根据全党工作重点的转移，物探局的宣传思想工作主动转变职能，转变工作方式，转变工作作风，以邓小平理论为指针，以培养“四有”新人为目标，认真搞好思想、制度、阵地、队伍建设，认真落实江泽民总书记的“以科学的理论武装人、以正确的舆论引导人、以高尚的精神塑造人、以优秀的作品鼓舞人”的任务，积极探索，在加强中不断改进，努力为物探局的中心任务服务。大力宣传物探局各条战线上的先进典型，推广先进经验；大力弘扬物探职工在征服“死亡之海”和“世界第三极”的历程中形成的“塔克拉玛干精神”和“五个特别能”的藏北精神；组织职工学习邓小平理论，提高广大职工的思想政治和业务素质；积极开展以职业道德、社会公德、家庭美德为主题的精神文明建设活动，增强广大职工、家属的思想道德素质；并积极探索新时期宣传思想工作新内容、新方法，努力开拓宣传思想工作的新局面。

第一节　宣传教育

无论是原六四六厂还是物探局，厂、局党委都十分重视宣传教育工作。在党的十一届三中全会以前，宣传教育工作按照中央和上级的部署，对广大职工及时开展国内外和石油工业的形势、任务教育，组织职工学习党的路线、方针、政策，注重广大职工思想政治觉悟的提高；坚持不懈地进行优良传统教育，使广大职工始终保持着大庆艰苦奋斗的优良传统。党的十一届三中全会后，全局的宣传教育工作进一步加强，丰富了内容，改进了方法，规范了制度，加大了力度。

一、形势任务教育

1984年，党的十二届三中全会通过的《中共中央关于经济体制改革的决定》一发表，局党委迅速作出学习安排，要求干部以自学为主，每星期必须学习8～10小时；工人以办班为主进行学习。各单位普遍举办学习班，召开学习座谈会，利用各种宣传工具对《决定》进行了形式多样的宣传。

1987年10月25日党的十三大召开，局属各单位组织职工收听收看了大会的报道。大会结束后，各单位利用每星期三、五的政治学习和党团活动时间，认真学习十三大文件。局党委宣传部采取举办学习班、《石油物探报》宣传、收看录像、编发学习参考资料等形式，在全局职工中组织了十三大精神的学习宣传活动。

1989年，全局分处级领导干部、科级党员干部和一般党员三个层次，学习党的十三届四中全会精神，学习邓小平5月31日、6月9日、6月16日的3次重要讲话，学习党的十三届四中全会公报、江泽民总书记在党的十三届四中全会和纪念“七一”及大力加强党的建设座谈会上的讲话等文章。学习分为：学习文件，提高认识，在大是大非面前和党中央保持一致；回顾过去，进行反思，不断总结经验教训；思考未来，进行整顿，加强党的思想、组织和作风建设三个阶段。同时，对改革开放10年来的经验教训进行了认真的总结。6月中旬，全局处以上领导干部每星期用两个半天学习邓小平接见戒严部队军以上干部讲话和十三届四中全会精神。组织全局职工学习邓小平讲话、十三届四中全会公报、中央电视台和总政治部录制的录像。局党委宣传部汇编印发了邓小平和中央其他领导的讲话、文件4册，波兰动乱见闻4册，《时政教育参考材料》4册，购置录像带11套，发至局属单位。

1991年1月，物探局党政领导认真学习了十三届七中全会精神。1月4日，局党政领导对十三届七中全会精神进行了学习讨论，决心用七中全会的精神统一思想，深刻认识塔里木会战对解决石油工业储量不足和实现国民经济“八五”计划及十年规划的重大意义，做到前方后方齐心协力，各参战单位团结一致，发扬大庆精神，战胜塔里木勘探中复杂地表、地下情况带来的各种困难，开创物探局工作新局面。

1992年10月12日，局党委组织全局职工收看党的十四大开幕实况。此后，局党委宣传部组织召开了6个座谈会；宣传部与局石油物探报社、局有线电视台联合举办了“学习党的十四大文件知识竞赛”，全局有7900名职工参加答卷，27个单位组队参赛。

1995年，学习宣传贯彻党的十四届五中全会精神，制定了《物探局精神文明建设“九五”规划》。

1996年10月，党的十四届六中全会召开，会议通过了《中共中央关于加强社会主义精神文明建设若干重要问题的决议》。局党委于10月14日下发了《关于认真学习贯彻党的十四届六中全会精神的安排意见》。要求各单位认真组织学习全会公报和《人民日报》社论。16日至18日，局党委举办了有局领导和处室领导干部参加的学习班，对《决议》、会议公报和《人民日报》社论集中进行了认真学习、讨论。局各单位也都组织了各种形式的学习班、座谈会和讨论会。

1997年，组织了香港回归形势报告会，巡回报告8场，听众逾万人。同年，举行了迎香港回归知识电视竞赛，全局有10个队进入决赛，2000余人参赛。

二、方针政策教育

1986年，全局各单位采用办班轮训和自学相结合的方式，在职工中开展普法教育，组织职工系统学习了《宪法》、《刑法》、《刑事诉讼法》、《民法》、《民事诉讼法》、《婚姻法》、《劳动法》、《经济合同法》和《治安管理处罚条例》。到1987年底，全局有14873名职工参加了普法学习班，占全局职工总数的81.5%；学习了《法律选编》和《法律知识读本》，经考试领到了普法结业证。

1990年，局党委宣传部制定了对《社会主义若干问题学习纲要》的学习计划。订购了7600册《纲要》读本、1200册参考资料、400册纲要思考、38套125盘辅导录像；自己动手编写了两套1000多册学习参考材料下发到全局各单位。1990年8月～1991年1月，在全局范围内展开对《纲要》的学习。各单位都相继作出了学习安排，采用专题讲座、讨论、分组学习、自学、办学习班等多种形式，组织职工对《纲要》进行了系统学习，提高了职工执行党在社会主义初级阶段的基本路线和方针政策的自觉性。

1990年7月，根据总公司《关于在石油职工中进行基本国情和党的基本路线（简称“双基”）教育的通知》，按照局党委的安排，局党委宣传部牵头，会同局工会、局团委、教培处合作编写了13万字的《石油物探职工“双基”教育辅导讲义》，共印23000册，发至全局各单位，供广大职工学习。

1991年，根据（1990）局党字第32号文件《关于进行基本国情和基本路线教育的安排意见》，全局各单位积极行动，成立了“双基”教育领导小组，确立了辅导员，对35岁以下青年职工进行了调查摸底统计，落实学习时间、场所、教学设备和经费。3月11～16日，局党委宣传部在局党校举办了“双基”教育师资培训班。全局采取办轮训班的形式，对9615名青年职工进行了轮训。

1992年上半年，局党委宣传部就学习邓小平南巡谈话、参加会战队伍的两个文明建设等问题，先后组织了7次调查摸底。进行了有关改革、实行股分制、建立社会主义市场经济等方面的宣传教育。

1993年11月2日，《邓小平文选》第三卷出版发行。局党委首先集中局领导、各总师、机关处室领导学习3天，座谈讨论《邓小平文选》三卷出版发行的重要意义。各单位普遍采用集中办班的形式，组织职工学习。1994年3月转入精读阶段，深刻理解邓小平理论实质及党在十一届三中全会后的路线、方针、政策。

三、优良传统教育

1990年1月12～16日，物探局召开“物探局工业学大庆、企业上等级工作会议”。局党委将总公司及胜利油田、新疆石油管理局3个学大庆事迹报告会录像复制下发各单位，并在全局范围内开展了向王光荣学习的活动。

从1992年起，全局的思想教育活动每年确定一个主题，开展系列教育活动。当年开展“党在我心中”系列教育活动，包括演讲、知识竞赛和读书会等活动。

1993年，由局党委宣传部牵头，开展“爱我中华、振兴物探”职工演讲活动。以河北省劳动模范物探局仪器总厂高级工程师叶梦生等先进模范人物的先进事迹为主要内容，历时5个多月，组织189名演讲员先后演讲150多场，直接听众13000多人。演讲团还被邀请到总公司直属机关首届政研会上进行汇报演讲。同年，开展以“毛泽东在我们心中”为主题的征文、纪念活动，并举办书法、美术、摄影和毛泽东像章展览，展出书法作品95幅、美术作品82幅、摄影作品93幅、像章5000多枚。同年2月，局党委宣传部、局工会、局团委联合举办“中国近代史知识竞赛”，截至3月25日，全局收回答卷9300份，参赛职工占职工总人数的40%。

1994年，在《爱国主义教育实施纲要》指导下，局党委宣传部会同局工会、局团委、局文联组织了集文艺汇演、歌咏比赛、时装表演、书法美术作品展、电视专题片展播、征文和体育比赛于一体的“颂祖国、爱物探”活动。

1995年，开展向孔繁森学习活动，在全局范围内组织收看孔繁森事迹报告会实况录像，组织召开了座谈会、研讨会。为配合学习活动，还组织了局劳动模范先进事迹演讲团和藏北事迹报告团。两个报告团在物探局27个单位近2万名职工中作了16场报告。同年，局党委宣传部组织开展了以“英雄物探人”为主题的系列活动，主要形式有：《托起明天的太阳》读书会、征文、书评；“英雄物探人”演讲比赛、文艺演出、电视专题片展播等。同年8月开始，纪念抗日战争胜利50周年活动在全局展开，各单位组织职工认真学习纪念文章，举办知识竞赛、歌咏比赛、板报展、橱窗展，开办专题广播、电影周，采用各种形式进行纪念活动。

1997年，开展向新时期铁人——王启民、王为民学习活动，编发王启民、王为民事迹读本5000册，组织职工学习、座谈。

第二节 政治理论教育

六四六厂党委、物探局党委按照上级党组织的要求，根据不同时期党的中心任务，按照分层次、有重点，理论与实践相结合，举办学习班与个人自学相结合，系统学与重点学相结合和“多期次、小批量、快循环”的方针和方法，坚持对领导干部进行政治理论教育，并利用多种形式和方法，组织全体党员、干部和职工学习马列主义基本理论、《毛泽东选集》、《邓小平文选》以及党在社会主义初级阶段的基本路线和理论，武装全局职工的头脑，提高认识，更新观念，提高政治理论素质。

一、干部政治理论教育

从六四六厂时期到物探局成立后，厂、局党委对领导干部的理论学习每年都要作出安排，并紧密结合当时形势任务组织干部学习。1976年前领导干部主要学习马列著作、《毛泽东选集》和中央的路线、方针、政策以及对石油工业的重要指示。1976年以后围绕揭批“四人帮”罪行、恢复生产建设，认真开展“工业学大庆”活动，组织政治理论学习。1978年党的十一届三中全会召开后，局党委组织二级单位的党委委员、行政19级以上和相当于县团级的党员干部，认真学习十一届三中全会公报和中央重要文件精神，通过集中学习和召开各种类型的座谈会，启发干部解放思想、转变观念、明确任务、研究措施，抓好会议精神的贯彻落实。1979年9月局干校成立后，局政治部即发文要求二级、直属单位抽调干部到干校举办了首次培训班。1980年又办培训班2期，每期3个月，培训处、科、队3级干部165人，局属各单位也都举办多种形式的培训班，共培训各类干部1015人。

1981年党的十一届六中全会召开后，局党委认真组织学习《关于建国以来党的若干历史问题的决议》，在局干校举办局处领导干部学习班1期、其他干部学习班4期，共有423名干部参加学习。其中局领导9人、处级领导66人、科级干部225人、一般干部123人。1982年初局党委主要领导召集会议，对全局的理论学习进行认真部署，决定用两年的时间使所有干部脱产或在职学习一遍经济理论，重点学习政治经济学、哲学和党的现行经济政策。1982年9月党的十二大召开后，局党委立即举办领导干部学习班，逐段逐句地学习讨论十二大文件。从1983年起，每年有计划地选送20名左右优秀中青年干部到中央党校和石油部管理干部学院学习，并形成了制度。1984年按照上级的要求，用两星期的时间集中组织学习《邓小平文选》和《中共中央关于经济体制改革的决定》。1987年党的十三大召开后，举办了4期局处领导干部读书班，有238人参加了学习。

1990年局党委围绕坚定社会主义信念，组织四级干部（局、处、科和基层干部）脱产进干校学习《社会主义若干问题学习纲要》等，共办学习班8期，轮训1002人，将局处领导干部普遍轮训了一遍。另外，还在局干校组织科级干部学习江泽民国庆讲话，有209人参加了学习。

1992年举办局处领导干部“十四大读书班”2期、“学习建设有中国特色社会主义理论培训班”7期，共培训局处领导干部400多人次。1993年《邓小平文选》第三卷出版后，局党委及时举办局机关处室领导干部“学习《邓小平文选》第三卷读书班”，有84名局处领导干部参加了学习，随后又组织局处领导干部进行了深入的学习，在局党校举办“建设有中国特色社会主义理论”学习班7期，培训局处领导干部244人。1994年举办了7期局处领导干部理论研讨班，有146人参加；局属单位共举办理论学习班55期，培训科以下干部2200多人；在领导干部中开展了精读《邓小平文选》第三卷活动，并重点学习了十三届三中、四中全会《决定》、《什么是社会主义》、《经济法规》和《现代科学技术基础知识》。1995年全局共举办领导干部理论学习研讨班7期，有216名局处领导干部参加了学习，提交研讨论文200多篇。

二、职工政治理论教育

从六四六厂到物探局，厂、局党委一贯注重用党的理论、路线、方针、政策教育广大职工和家属。在党的十一届三中全会前，组织职工深入学习《毛泽东选集》，并结合“工业学大庆”活动和当时的形势任务开展日常政治学习。

1978～1979年，局党委组织全局广大职工利用党团活动、政治学习时间学习十一届三中全会公报和其他文件。1980年对职工进行新时期党的路线、方针、政策教育。1981年组织职工认真学习《关于建国以来党的若干历史问题的决议》。1982年9月党的十二大召开后，组织党员、职工深入学习十二大精神。1985年在党员和职工中集中开展了讲党性、讲政策、讲纪律的教育活动。在此期间，还对青工进行了系统政治教育和“双补”活动，以《中国近代史》、《科学社会主义常识》和《中国工人阶级》为教材，对全局35岁以下的青工进行系统的爱国主义、集体主义、社会主义教育，有4384名青工接受了系统教育。

1989年“六四”风波以后，在广大职工特别是青年学生中开展了坚定社会主义信念的教育活动。组织职工学习邓小平重要讲话、十三届四中全会公报，观看中央电视台和中国人民解放军总政治部录制的录像等材料，利用多种形式进行“基本国情、基本路线”教育及法制教育。1991年3月，局党委组织全体机关干部和二级单位领导共200多人的报告会，对《社会主义若干问题学习纲要》进行宣传辅导。1992年，认真组织学习邓小平南巡谈话和党的十四大报告，召开6个座谈会；12月，由局党委宣传部等4个部门举办“学习党的十四大文件知识竞赛”；9300多人参加了中宣部等单位举办的“中国近代史知识竞赛”。1994年全局有15000多名职工参加了中宣部等单位主办的“新时期邓小平理论知识竞赛”答卷活动。1995年初至1996年6月，按照局党委的安排，局党委宣传部会同局党委组织部在全局党员中开展了学习邓小平建设有中国特色社会主义理论和《党章》的活动。同时组织了学习特色理论和《党章》的知识竞赛，全局有2万余名职工参加答卷，有近30个单位参加电视现场竞赛。

1997年，由局党委宣传部牵头组织邓小平理论学习宣讲活动，共巡回宣讲11场，听众5000余人。

三、理论教育师资骨干培训

为使理论学习顺利开展，物探局党委注重加强理论队伍建设，在局干（党）校举办理论教育师资骨干培训班。局属各单位也都进行了理论教育骨干培训工作。1980年，为配合学习经济理论，局政治部宣传处举办了一期经济理论学习班，为各单位自办干部理论培训班准备了师资。1991年3月11～16日，局党委宣传部为搞好“双基”教育，在局党校举办了“双基”教育师资培训班。1995年在“双学”活动中，为全局培训了47名师资骨干。

四、理论教育阵地和制度

1979年9月成立局干校，配备了领导班子和专职教师。从1987年起，局和二级单位成立了领导干部中心学习组。1991年局党委决定成立局党校，同时在5个地调处、研究院、徐水办事处、仪器总厂成立党校，其他单位设立党员培训站。1994年、1996年先后召开党校第一、第二次工作会议。理论学习的各项制度不断完善，先后制定了《物探局党校工作条例》、《物探局理论学习的安排》、《领导干部理论学习条例》、《物探局党委中心组学习实施办法》、《理论教育实施细则》、《关于认真贯彻落实中央<通知>精神，进一步深入学习邓小平理论的实施办法》等学习制度。

五、理论教育教材

从物探局成立时起，局党委宣传部门为配合学习，购买和自编学习材料，为广大领导干部和职工学习理论提供了条件。

1981年党的十一届六中全会召开后，局党委宣传部编写了学习《关于建国以来党的若干历史问题的决议》的宣讲材料。1987年，为配合坚持四项基本原则的宣传教育，党委宣传部编辑了3本《坚持四项基本原则、反对资产阶级自由化》专集，为各单位配发录像带80盘。为配合党的十三大文件的学习，编印学习参考资料4册，还购买了有关学习资料5000份（册）。撰写了《九年来物探局的巨大发展》资料。

80年代中期至90年代初期，为配合社会主义教育活动的开展，局党委组织编辑了《怎样做一个好的领导者》的教材（约20万字）、毛泽东“两论”的讲解（6万字）、邓小平讲话等文件汇编4册；局党委宣传部购买《社会主义若干问题学习纲要》辅导材料1000册，编写青工“双基”教育讲义20多万字，编发有关东欧剧变和海湾危机的《时政教育参考材料》16期约22万字。《邓小平文选》第三卷出版后，为全局购买5343册，其中发局机关和附属单位职工人手一册。1992年编发《改革知识问答》、《股份制知识问答》、《关于社会主义市场经济的几个问题》等材料。1995年在“双学”活动中，准备了20700册学习材料，编写17万字辅导教材和2万字的教学大纲。1997年局党委宣传部编发《高举伟大旗帜》学习邓小平理论宣讲材料5000册，下发各单位。

第三节 新闻报道

一、新闻报道队伍、网络

党的十一届三中全会以前，全局的新闻宣传报道工作主要由局党委和各二级单位宣传部门承担，以简报和黑板报为主。十一届三中全会后，全局的新闻宣传工作蓬勃发展：1982年创办了《石油物探报》，1991年正式成立局有线电视台，同年创办了《石油物探政工研究》杂志。与此同时，大部分局属单位建立了新闻报道、宣传网络；各基层单位普遍办起了黑板报、小报，有的单位还办起了杂志。

1993年，局党委针对全局新闻媒体过散的情况，对全局的报刊、简报进行整顿，取消了除《石油物探报》之外的所有小报，压缩了各种期刊，确定了全局集中力量办好《石油物探报》和主要期刊的新闻宣传方针。1996年，根据物探局精神文明建设的需要，局党委再次对全局报刊、杂志和广播、电视进行了整顿。两次整顿，全局新闻宣传实现了资源优化配置，形成整体优势。到 1997 年，全局形成了以局党委宣传部宏观管理、两个新闻单位为主体、31 个记者站近 300 名特约记者和骨干通讯员组成的宣传报道网络。

二、《石油物探报》

《石油物探报》是物探局党委、物探局的机关报，同时兼顾反映全国石油物探行业信息。自创刊以来，坚持“立足物探局，面向全行业”的方针，坚持为石油工业寻找接替油气资源服务的办报宗旨，积极开展新闻宣传报道，宣传石油物探各条战线上两个文明建设中出现的新经验、新成果和新人、新事、新风尚，讴歌了广大石油物探职工奉献、拼搏、团结、开拓的塔克拉玛干精神，起到了交流信息、传播经验、激励斗志、启发思路的作用。到 1997 年，《石油物探报》为周 3 刊 4 开 4 版，国内统一刊号为 CN13－0055。

1980～1981 年是《石油物探报》创立时期。1979 年底，石油部领导指示，物探局面向全国物探行业，需要办一份行业报纸。据此，局党委决定创办石油物探职工自己的报纸——《石油物探报》。此项任务由局政治部宣传处承办。当时，没有一名专职编采人员，编采工作全由宣传处工作人员承担。1980 年初试办，试刊两年之后，于 1982 年 1 月 1 日《石油物探报》正式创刊，时为周 2 刊 4 开 4 版。1984 年报社与宣传处分开。1991 年，报社定为副处级单位，下设编辑部、记者部、群工部、办公室，并配备了相应的部室领导干部。

1992 年《石油物探报》的办公条件得到改善，社址迁至原局情报所办公楼。从 6 月份起增加了月末版。1993 年，《石油物探报》社配置了激光照排系统，实现了编、排、校一体化。1995 年，报社机构设置进行了调整，由原来的 3 部 1 室调整为 6 部 2 室：即新闻部、专刊部、特刊部、记者部、群工部、广告信息部和总编室、办公室。

1993 年 1 月《石油物探报》由原来的周 2 刊加月末版变更为周 3 刊加月末版；1994 年 10 月，月末版停办，变更为周 3 刊周末社会特刊 8 版；1996 年 1 月变更为周 4 刊周末 8 版；1997 年 12 月调整为周 3 刊 4 开 4 版，另加局内政策与信息版。

《石油物探报》在 1992 年获石油企业报编校质量第 4 名、河北省企业报第 2 名；1993 年在全国企业报展评中荣获一等奖；1994 年 4 月在石油企业期刊评比中，《石油物探报》办的《新闻天地》获一等奖；1995 年获全国百优企业报称号。

三、局有线电视台

物探局有线电视台自 1990 年 12 月筹备，1991 年 2 月开播，从小到大，逐渐发展。截至 1997 年，基础设施基本配套，队伍素质不断提高，节目内容日渐丰富。电视台成立 7 年间，共开栏目 11 个，播出《物探新闻》1041 期、共 10230 条，专栏节目 796 期，自制专题节目 183 部（包括新闻专题和记者站专题）。

1991 年 6 月，物探局党委批准局有线电视台机构编制为 5 部 2 室：即新闻部、专题部、通联部、技术部、播出部、总编室、办公室。同时在全局设立 21 个记者站，共有专兼职电视工作者 113 人。

到 1997 年底，局有线电视传输网点已达 13 个，局机关电视网共开通电视节目频道 33 个，网络用户 10 个院区共 4500 户。

电视台制作的《石油魂》、《塔克拉玛干作证》、《莫道桑榆晚》、《西部的诱惑》、《塔里木的春天》、《大漠人家》、《过年》、《藏北手记》等 27 部专题片在中央电视台、省级电视台播出。《未了情》、《柴桂林》、《家园》、《坎儿井》等 34 部（条）专题、新闻在省部级以上评比中获奖。

1991 年 4 月，物探局有线电视台加入了中国石油电视协会，并参加每年 1 次的新闻、专题评比活动，以纪录片为代表的节目连续 3 年获得金奖，1994 年被评为石油电视先进制作单位。1992 年成立了物探局电视协会，为提高记者站人员业务水平，每年至少组织 1 次优秀节目评比和节目讲评活动。

第四节　统一战线工作

从 1973 年物探局成立至 1980 年 6 月，物探局统一战线工作由局党委组织部门兼管，后由宣传部门负责。1987 年 6 月 3 日物探局归国华侨联合会成立。1991 年，物探局党委成立统战科，隶属局党委宣传部，由两名工作人员兼管统战工作。局属各单位的统战工作由宣传科或党委办公室（工作部）、党总支确定专人兼管。

一、党外知识分子工作

截至 1997 年，物探局共有党外知识分子 5906 人，其中高级职称 287 人（男 218 人、女 69 人）。他们中有局级干部 1 人、处级干部 22 人；享受政府特殊津贴 10 人，教授级高级职称 10 人。

1978 年党的十一届三中全会以后，物探局党委认真贯彻落实党的知识分子政策，不断清除“左”

的影响，狠抓落实政策工作，平反、纠正了“文化大革命”中和“文化大革命”前历次运动中的冤、假、错案。

1984年，局和局属单位都成立了知识分子工作领导小组。各单位认真贯彻党在新时期对待知识分子“政治上一视同仁，工作上放手使用，生活上关心照顾”的政策，使全局广大知识分子的政治热情和工作积极性得到发挥。一批优秀知识分子加入中国共产党，有些有才华的知识分子走上各级领导岗位。1985年3月以后，物探局根据中办发（1984）32号文件精神和石油工业部的有关规定，成立了落实知识分子政策办公室，组织专人对全局落实知识分子政策情况进行了全面检查，召开两次现场会，交流落实知识分子政策的经验。

二、侨务工作

1987年6月3日物探局归国华侨联合会成立，到1997年有（兼职）侨联委员6名，侨联小组9个，归侨、侨眷、港澳台属近200户。他们的海外亲属主要侨居在美国、泰国、新加坡、马来西亚、斯里兰卡、澳大利亚、加拿大、菲律宾、日本、印度尼西亚、意大利、瑞典、缅甸等国家。在70多名归侨、侨眷职工中有局级干部2名、处级干部5名，高级工程师21名、工程师21名，还有部级科技专家。

局党委统战部门把侨务工作作为统战工作的重点，认真贯彻党的侨务政策，组织归侨、侨眷、港澳台属开展各种独立的活动，发挥他们的积极性和创造力，为物探局的改革发展服务。以侨为“桥”，积极开展对外宣传和国外境外来人接待工作。1987～1997年共接待来局探亲、旅游、洽谈生意的华侨及港澳台胞176人次，接受接待来信、来电、来访近600人次。帮助他们解决工作、生活中出现的问题，为归侨子女和侨眷中的高级职称人员的子女解决升学、工作安排问题共76人次。在1989年春夏之交的政治风波中，归侨、侨眷和港澳台属职工开展了“一封信”活动，向海外亲属宣传党中央的果断决策，做了许多思想政治工作。1996年8月，物探局侨联被总公司侨联评为基层侨联先进单位；王政文、符国芳、陈彩丽、李秉、黄勉辉被评为归侨、侨眷先进个人。

三、民主党派工作

80年代中期，物探局有民主党派成员14人。进入90年代，物探局民主党派有较大发展，到1997年，物探局有民主党派2个，成员66人，其中九三学社社员54人。1992年2月九三学社涿州市物探局支社委员会成立，袁秉衡任主任委员。1996年12月成立九三学社物探局支社第二届委员会，主任委员袁秉衡。物探局九三学社委员崔公利担任九三学社涿州市委副主任，张大为担任九三学社河北省第四届委员会委员。物探局九三学社积极组织社员学习中共中央和局党委的各项方针、政策，教育社员在局党委的领导下努力完成各项任务，发挥了民主党派在企业中的作用。物探局有民主同盟盟员12人，他们分布在局机关和地调二处等单位，主要参加地方活动。局党委统战部门积极贯彻党的统战政策，协助民主党派开展活动，帮助其成员解决工作、生活等问题，做了些力所能及的工作。

四、民族工作

物探局成立后，局党委认真贯彻党的民族政策，对少数民族职工十分重视，尊重他们的习俗。有少数民族职工的单位，凡有条件的地方都办起了民族食堂。各单位都注意发挥少数民族职工的积极性。到1997年底，全局共有少数民族职工453人，其中少数民族干部157人（男89人、女68人），他们分别是回族、朝鲜族、满族、蒙古族、土家族、锡伯族、壮族、维吾尔族、达斡尔族。少数民族干部中有处级干部13人、高级职称的29人。

五、统战干部培训

物探局党委用以会代培方式，对全局负责统战工作的干部进行新时期统战工作方针、政策、工作方法的培训。1991年11月，局召开统战工作会议，局各单位主管统战工作的党委书记、党办主任、宣传科长和部分先进统战人士参加。会议的主要任务是：贯彻全国统战工作会议和中央国家机关统战工作座谈会精神，研究如何深入地开展物探局的统战工作；总结以往物探局的统战工作和部署今后一个时期的统战任务。7名先进统战工作者在会上交流了经验。此次会议对局属各单位开展统战工作起了重要推动作用。

第五节 政工研究

一、组织机构

中国石油职工思想政治工作研究会物探分会（简称物探分会），成立于1991年12月，共有团体会员26个，团体会员为理事单位。物探局研究院、各地调处和特勘处是物探分会团体会员。物探分会设常务理事会，有常务理事13人，其中会长1人、副会长 11 人、秘书长 1 人（兼）、副秘书长 1 人。办事机构为秘书处（挂靠物探局党委宣传部），有专职工作人员 2 人，负责日常工作。

物探局职工思想政治工作研究会（简称局政研会）成立于 1986 年 3 月，共有团体会员 26 个。局政研会第一届理事会于 1986 年 3 月 26 日组成，共有理事 43 人。局政研会设常务理事会，有常务理事 7人，其中会长 1 人、副会长 2 人、秘书长 1 人(兼)。政研会日常工作由局党委宣传部负责。局政研会第二届理事会于 1991 年 8 月 14 日组成，共有理事 62 人。常务理事会有理事 21 人，其中名誉会长2 人、会长 1 人、副会长 5 人、秘书长 1 人(兼)、副秘书长 5 人。设秘书处，负责日常工作。第三届理事会于 1994 年 10 月 27 日组成，共有理事 82 人。常务理事会有理事 23 人，其中会长 1 人、副会长 11 人、秘书长 1 人（兼）、副秘书长 1 人。设秘书处，有专职人员 2 人，并与物探分会秘书处合署办公，负责物探分会和局政研会的日常工作。物探分会各团体会员和局属单位政研会，设常务理事会，并有理事若干人，理事会设会长、副会长、秘书长；办事机构设在党委宣传科或党委办公室。

局政研会于 1986 年 4 月加入石油政研会，1991 年 6 月加入全国政研会，1992 年 12 月加入河北省政研会，成为其团体会员。1994 年 5 月，经全国政研会第七次代表大会确认，物探局党委书记、政研会会长李玉超当选为全国政研会理事会常务理事，1995 年 12 月当选为河北省政研会副会长。

二、研究方法

物探分会和局政研会从 1992 年开始，对政工课题研究进行科学管理。遵循政研工作“一要科学、二要管用”的方针，借鉴自然科学的研究方法，形成了一套较为严格、科学、规范的管理制度，保证课题的研究质量和服务方向。

为使课题研究管理制度化、规范化和程序化，陆续制定了《政工课题研究管理办法》和开题、发布、评审、实验、推广应用等一系列操作细则，做到各个环节都有章可循、有“法”可依，有效地克服了研究工作中的随意性和盲目性，逐步形成了“四个环节、九个步骤”的基本研究程序。四个环节是：开题立项、理论研讨、基层实验、评审推广。九个步骤是：调研选题、学习研讨、撰写论文、申报立项、制定计划、选点实验、鉴定评审、发布推广、效果跟踪。政研会每年年初召开政工课题研究开题立项答辩会，对会员单位所报课题进行审查，视答辩情况决定是否批准其开题立项。原则上被评为局级以上优秀论文的才可开题。政研会在年会召开前几个月召开秘书长会议，审查各会员单位申报的成果和资料，经初审、复审通过的成果，才可批准在年会上发布。政研会规定，只有通过专家评委会评审鉴定的成果才可在各单位推广应用，会员单位之间实行成果共享制。

三、主要活动

1991 年 12 月，根据石油政研会第五次年会的要求，以条块结合的方式分别召开专业片会，其中物探专业由物探局、长庆物探处、吉林地调处牵头，成立了石油政研会物探分会。会后，由物探局党委宣传部部长兼政研会秘书长负责组织人员对政研课题科学管理进行了具体的探索和实践。经过两年的时间，物探分会在走访中国科学院、中国社会科学院等的基础上，对政研会的课题研究进一步规范，制定了一套政研课题研究的管理办法，为政工课题研究活动的顺利开展奠定了基础。

1995 年 8 月 16 日、17 日，中央国家机关党工委党建、政研会第一次年会在物探局召开，中央国家机关部、委、行、局等 62 个单位的代表参加会议。物探局党委副书记陈启发在会上介绍了物探局开展课题研究的做法，物探局研究院等单位展示了课题成果。会议期间与会代表到物探局地调五处参观。9 月 5 日，物探分会印发《政工课题研究成果推广应用管理办法（试行）》，并设立“政工课题研究成果推广应用奖”。10 月，物探分会在昆明召开的第五次年会上，物探局研究院发布了课题成果推广应用报告。10 月 6～8 日，全国政研会“课题研究科学管理现场研讨会”在物探局北京十三陵石油工人疗养院召开。物探局党委书记、政研会会长李玉超在会上作了“加强科学管理，提高研究水平”的政研工作介绍，物探局地调四处在会上展示了课题成果。10 月下旬，北京市政研会各团体会员单位近 100 名代表到物探局交流政研工作。物探局研究院等单位展示了课题成果，介绍了经验。

1996 年 11 月 24 日，全国政研会 30 多个重点课题单位网络会议在湖北省武汉召开，物探局党委书记、石油政研物探分会会长李玉超应邀出席会议并讲话，物探局地调四处应邀在会上展示了课题成果。12 月 24～25 日，河北省政研会秘书长会议在物探局地调三处正定基地召开，会上学习推广物探局政研会政研课题科学管理的经验。物探局党委书记、政研会会长李玉超参加会议并介绍经验，地调四处等单位展示了课题成果。

1997年4月24日，首都科研院所政研会各会员单位77人及华北制药厂政研会一行5人，来物探局交流政研工作，局党委宣传部部长、政研会副会长兼秘书长叶青和研究院党委书记张忠民参加交流并讲话。地调四处、研究院展示了课题成果。6月4日，中央国家机关党工委“两研会”会长曲寿庆、副会长张敖荣、秘书长贾连元和总公司直属机关党委“两研会”会长任学忠来物探局进行调研，物探局副局长许大坤、纪委书记段雨欣、副总政工师肖平及研究院等8个单位的党委书记参加会议并发言。12月1～3日，物探局1997年党建和思想政治工作研讨年会在北京十三陵石油工人疗养院召开，参加石油党建、政研会座谈会的总公司领导张轰、李克成及有关部门领导、全国31个油田、开发公司、建设公司、科研院所的党委领导、政研会领导等听取、观看了物探局7个单位的政研课题发布和展示。物探局局长钟辛生主持了第一天的会议，物探局政研会会长李玉超在会上作政工研究讲话，局党委书记许大坤作了会议总结讲话。

另外，1995～1997年，有华北油田、柳州铁路局、北人集团、湖南省政研会等20多个单位、400多人次来物探局交流政工研究工作；有首都国际航空公司、河北省张家口市政研会等10多个单位邀请物探局政研会前往介绍经验和展示课题成果。

四、主要成果、荣誉及政研刊物

（1）主要成果和荣誉。1993年12月9日，物探局获全国政研会等单位组织的“全国企业思想政治工作知识竞赛”组织奖。1995年4月8日，物探局获全国政研会等单位举办的“邓小平同志新时期思想政治工作理论知识竞赛”特别优秀组织奖。1996年11月上旬，在全国政研会第九次年会上，物探分会获“政研会工作奖”；物探局研究院的课题《科技人员潜能激发之探索》获优秀成果奖。1997年7月，物探局政研会、地调四处、研究院政研会获河北省“优秀政研会奖”；1992～1997年，局政研会及局二级单位政研会共获各项成果奖61个，其中有2项成果获全国政研会优秀成果奖；有13项成果获省、部级优秀成果奖；有16项成果获总公司机关“两研会”优秀成果奖；有22项成果获物探分会优秀成果奖；有8项成果获局政研会优秀成果奖。

（2）政研刊物。《石油物探政工研究》杂志，是物探分会和局政研会会刊，创刊于1991年12月，为季刊，每期印刷2000册，发至全国石油物探系统各单位，截至1997年底共发行25期。6年间，杂志以邓小平理论和党的基本路线为指导，坚持正确的舆论导向，宣传党的路线、方针、政策以及关于加强和改进思想政治工作的指示精神，报道优秀企业思想政治工作的典型经验和推广政工课题成果，引导物探企业思想政治工作适应深化改革的新形势和新任务，解决困扰物探生产、科研和管理中出现的热点、难点问题，努力探索行之有效的思想政治工作新方法和新形式，为物探行业的两个文明建设发挥了作用。

第六节　精神文明建设活动

物探局成立前后，厂、局党委坚持发扬大庆精神，带领广大职工以找油找气为己任，开展形势任务教育，做好思想政治工作，搞好队伍建设，推动各项工作的发展。党的十一届三中全会后，物探局坚持两手抓、两手都要硬的方针，由党委统一领导、党政工团齐抓共管，使精神文明建设活动取得了很大成绩。

一、精神文明建设活动组织机构

1997年前物探局精神文明建设活动由局党委统一抓，党委宣传部具体抓。

1997年3月10日，物探局成立了精神文明建设指导委员会和办公室，初步形成了党委统一领导、党政主要领导亲自抓、各方面共同负责的领导体制和工作机制。办公室设在局党委宣传部。

物探局精神文明建设指导委员会共有31人组成，主任李玉超，副主任钟辛生、许大坤、赵瑞平、王业胜、刘明义、段雨欣、殷会祥、王小牧。

二、精神文明建设的主要活动

1982年，物探局开展了清理反动、黄色录音录像制品及书刊、用品活动，对职工个人保存的反动、黄色录像带、录音带、唱片、书籍、刊物、照片、图片及其他用品进行了清理，使广大职工的思想觉悟、风格情操有了一个大的提高。

1983年，物探局在1982年广泛开展的“五讲四美”和“学雷锋、做好事”活动的基础上，深入开展了“全民文明礼貌月”活动和“五讲四美三热爱”活动。

1984年，物探局根据两个文明建设一起抓的战略方针，把物探队（车间）的队伍建设、企业管理、生产建设、职工生活捆在一起，纳入到劳动竞赛中去，开展了争创局“双文明”集体和石油部金、银、铜牌队及先进个人的活动，推动了两个文明建设。

1989 年，参加总公司举办的石油行业首次职工文化大赛。

1992 年，物探局举办第二届文化大赛，举办书法、美术、摄影、集邮等展览，选送 10 个项目 560 件作品参加总公司第二届文化大赛，有 64 件作品获奖，2 个项目获组织奖。

1993 年，举办物探局第 11 届书法、美术、摄影等展览和“物探一日”摄影大赛。12 月 19 日，在地调三处库尔勒基地举行征服塔克拉玛干纪念碑落成典礼。

1994 年 1 月 29 日，举行长篇报告文学《托起明天的太阳》首发式。

1995 年，物探局开展了以“英雄物探人”为主题的系列活动。开展了读书会、演讲比赛、文艺演出、电视专题片展播、征文、书评等活动；广泛深入开展了向孔繁森学习活动，加强干部职工理想信念和世界观的教育；组织局劳动模范、先进事迹演讲团和藏北事迹报告团，在全局进行了演讲和报告。

1996 年 10 月，党中央召开了十四届六中全会，通过了《中共中央关于加强社会主义精神文明建设若干重要问题的决议》，对精神文明建设做出了全面部署。物探局在组织全局职工认真学习会议精神的同时，及时组织局党政领导班子成员和机关处室、部门领导进行认真学习和讨论，总结物探局精神文明建设的成功做法和取得的成绩，找出存在的薄弱环节，统一了思想，形成了共识。组织有关部门对全局职工思想道德建设状况进行调查，摸清了全局干部职工的思想状况。在此基础上，制定了物探局《关于加强社会主义精神文明建设的实施意见》和《关于加强职业道德建设、开展“三创一争”群众性创建活动的实施办法》(即：创建文明基地、文明单位、文明家庭和争当文明职工)。

1997 年物探局精神文明建设指导委员会成立后，结合物探工作实际，提出了“以加强职业道德建设为重点，带动‘三德’建设”和“以提高质量为中心，加强职业道德建设”的总体思路，在全局广泛开展了以提高勘探质量、产品质量、工作质量、服务质量为重点的职业道德建设活动，讨论制定了局 12 个主要行业（工种）的职业道德规范，确定 11 个单位为职业道德建设示范单位，在全局职工中开展了职业道德建设大讨论，并对原有岗位责任制进行了修订、充实和完善。

为促进全局的职业道德建设，1997 年初，物探局组织 11 个示范单位和 19 个非示范单位进行了工作交流。到塔里木探区调研，了解职业道德建设情况，还指派党群部门领导和干部，两次到塔里木指导基层的职业道德建设工作。在塔里木探区建立了双文明例会制度，并把职业道德建设作为一项重要内容。7 月，局精神文明建设指导委员会成员有重点地考察职业道德示范单位的工作，在此基础上，召开全局职业道德建设工作交流会议，总结工作、安排部署了下阶段任务，表彰命名 11 名职业道德之星和 12 个职业道德建设示范单位，促进全局职业道德建设不断走向深入。同时广泛深入开展群众性“三创一争”精神文明创建活动。

1997 年，局党委宣传部组织了赴苏丹勘探事迹报告会，共巡回报告 7 场，听众达 1 万人。

三、精神文明建设活动的主要成果

物探局精神文明建设活动获得丰硕成果，1994 年获 1991～1993 年度“全国思想政治工作优秀企业”称号。各二级单位在精神文明建设活动中受到所在地区及上级机关奖励的有：地调二处先后被评为河南省开封市顺河区“文明单位”和开封市“标杆文明单位”，并被推荐为河南省“文明单位”；地调三处 1997 年被新疆巴州市授予“文明单位”称号，地调四处 1997 年被河北省廊坊市评为“文明单位”；地调五处 1997 年被河北省保定市评为“文明单位”；培黎石油学校被甘肃省评为“文明单位”。物探局精神文明建设走在了所在省市和地区的前列。

物探局企业精神的培养和形成是精神文明建设活动的重要成果。

1978 年，物探局第三指挥部（地调三处）2000 余名职工西出阳关，进入新疆塔里木参加石油勘探会战。在长期的艰苦环境中，会战职工逐步形成了“奉献、拼搏、团结、开拓”的塔克拉玛干精神。塔克拉玛干精神的内涵经过不断总结、提炼、充实和完善，最后被确定为“奉献、求实、团结、开拓”的物探局的企业精神：

“奉献”就是热爱石油、献身物探、艰苦奋斗的革命英雄主义精神，是一种面对“死亡之海”，越是艰险越向前；面对市场竞争和世界级难题忘我工作，刻苦攻关，重在事业，淡泊名利，无私无畏的英雄气概。

“求实”就是严细认真，尊重实践，按客观规律办事，坚持解放思想、实事求是的思想路线和“三老四严”的工作作风。视质量为生命，以效益为根本，严格按操作规程施工，一切服从完成地质任务的需要，努力创建优质工程的职业道德和工作态度。

“团结”就是面对艰苦环境，广大职工相依为命的手足之情；在90年代末，是面对市场竞争和科技难题，相互支持、并肩协作又有序竞争，以全局整体利益为重的大局意识，是在建设有中国特色社会主义共同理想下形成的新型人际关系。

“开拓”就是抓住机遇而不丧失机遇，开拓进取而不因循守旧的创新精神；就是坚持改革开放，敢于大胆变革，敢于标新立异，既继承前人，又开辟未来的宽阔眼界和进取精神。

第五章 基层建设

基层建设是企业各项工作的落脚点。物探局成立以来，坚持面向基层、服务基层，把工作重点放在基层，狠抓基层建设。先后制定了一系列加强基层建设的方针、政策和措施，定期召开基层建设工作会议，总结交流经验，推动基层建设逐步发展。基层领导班子建设和队伍建设取得了丰硕成果，对提高队伍素质，形成“四有”、“三过硬”的队伍起到了积极作用。

第一节 基层建设工作会议

1973年物探局成立后，局党委于11月下旬在河南省郸城县物探局第二指挥部247地震队驻地，召开“物探局学大庆、赶开滦现场经验交流会”。这是物探局最早的一次基层建设工作会议。局党政领导，局机关处（室）长，二级、直属单位党政主要领导及政治处（政工组）负责人，各野外小队领导共150余人参加了会议。会议的主要议题是学习247队坚持党的基本路线，学大庆、赶开滦，积极主动地开展思想政治工作，扎扎实实地抓基层班组建设，尤其是领导班子建设；党支部带领全队职工年年超额完成上级交给的各项工作和生产任务的经验。局党委书记段志高在会上作报告，并作会议总结，号召全局各单位学习247队的先进经验和好思想、好作风。1977年12月上旬，局党委为检查总结局属各单位贯彻1973年郸城247队现场会议精神情况，在河北省衡水地区召开了“物探局工业学大庆经验交流会”。这是局成立后的又一次基层建设工作会议（又称局党委扩大会议）。参加会议的有170余人。会上听取了各单位抓基层建设工作的汇报；交流了“学大庆、狠抓作风整顿，实现高产、稳产”，“学大庆、迈大步，狠抓‘三基工作’见成效”的基层建设经验。局党委书记严衍余在会上讲话，对全局4年来学习大庆经验，狠抓基层建设作了总结，对今后继续学习大庆经验，抓好基层建设作了安排。

1982年12月下旬，“物探局首次基层建设工作经验交流会”在局机关驻地河北省涿县召开，会期4天，280余人参加。会议收到典型材料29份，其中15个单位在会上交流搞好党支部班子建设，认真贯彻《准则》，团结协作做好工作；发挥以党团员、老工人为主的骨干队伍作用；加强党员管理教育，发挥党员先锋模范作用；坚持“三会一课”、严格组织生活，做好经常性思想政治工作等10个方面的经验。会议通过了《大力加强思想政治工作的决定》，肯定了1979年局党委提出的对一线队伍采取稳定、关心、提高的方针。局长林运根在讲话中强调抓好基层建设的重要性。局党委书记严衍余在会议总结中对各级领导继续抓好基层建设提出了明确要求。

1986年11月，物探局在涿州召开了第二次基层建设工作会议，会期4天。局党政领导等共280余人参加会议。会议总结了第一次基层建设工作会议5年来的经验，讨论通过了《石油地球物理勘探局关于加强地震、重力、电法队基层建设的规划（1986～1990）》，提出“七五”期间加强基层建设的目标：争取使大多数基层单位队伍高素质、生产高效率、资料高质量、经济高效益、管理高水平。规划将基层建设工作分为两个阶段部署：1986～1988年为第一阶段，主要任务是稳定队伍，打好基础。具体目标有四条：（1）采取切实可行的措施，从物质和精神两方面稳定、关心、提高一线队伍；（2）加强基层职工岗位技术、技能培训，提高职工的业务素质；（3）结合新时期特点，对劳动组织、工作制度、管理办法等进行配套改革，大力改进思想政治工作，使物探队成为专业化、精干化、有活力的集体；（4）从基层实际出发，有步骤、有针对性地抓好基础管理工作，提高基层管理水平。1989～1990年为第二阶段，是发展提高阶段。主要任务是：深入进行改革，全面加强基础工作，大力推进现代化管理，逐步形成一套适合物探队实际的基层思想政治工作制度，使基层队在思想作风、技术素质和管理水平等方面提高到一个新水平。会议讨论通过了《物探局改进物探队思想政治工作的若干意见》、《关于加强物探队领导班子和骨干队伍建设的暂行规定》、《关于改善物探队劳动组织和用工制度的暂行规定》、《关于物探队使用季节工的暂行规定》、《关于改善物探队职工工资福利待遇的暂行规定》。这些文件的执行，促使物探队建设的规范化和完善配套，体现了物探局党委、物探局“稳定、关心、提高一线队伍”的基层工作方针。会上局党委书记严衍余、局长潘瑗还分别就“六五”期间基层建设工作取得的进步，“七五”期间加强基层建设的基本任务和稳定一线队伍的政策、措施以及物探队进行若干改革的问题作了总结、讲话，强调要把全局的工作重点放到基层、从基层抓起，推动两个文明建设。

1987年4月，局党委组织6个工作组，对各单位贯彻局第二次基层建设工作会议的状况进行全面检查。为进一步搞好全局的基层建设工作，8月下旬局党委在北京十三陵石油工人疗养院召开徐水地区各单位和其他二线单位参加的第三次基层建设工作经验交流会；9月下旬在北京十三陵石油工人疗养院召开各地调处参加的第四次基层建设工作经验交流会。参加这两次会议的有390余人。两次会议先后由51个二线单位、车间以及各地调处的物探队在会上交流经验，表彰了一批先进典型，提出做好基层建设工作的指导性意见。9月下旬在各地调处参加的第四次基层建设工作会议上，局党委书记严衍余代表局党政领导班子宣布：（1）局处两级每年在安排生产任务的同时，要安排当年的基层建设工作；（2）局处两级每年召开一次基层建设工作会议，总结交流经验，明确下一步的工作方向；（3）局处两级机关要按照各自的职责范围，选择若干个基层联系点，熟悉下面的情况，改进领导机关的工作。

1990年2月19～23日，局第五次基层建设工作会议在长沟召开，历时5天，全局各条战线的480余人参加。会议主要内容是推动全局企业上等级、贯彻落实党的十三届五中全会通过的《中共中央关于进一步治理整顿和深化改革的决定》。总公司总经理王涛到会，并作了重要讲话，要求物探局要加强党的建设、班子建设、队伍建设，象大庆那样高标准、严要求地抓好“三基工作”，在物探技术进步和队伍素质提高两方面求发展、上水平，使物探局队伍达到“国标队”标准。局党委书记严衍余在报告中从12个方面总结了局“七五”期间基层建设所取得的成绩和基本经验，即：（1）把党支部建设成为基层单位的战斗堡垒，使党员的先锋模范作用得到充分发挥；（2）建设一个符合‘四化’条件的领导班子，充分发挥骨干队伍积极作用；（3）加强思想政治工作，调动广大职工的积极性、创造性；（4）以双文明建设为目标，开展群众性的“创先争优”活动；（5）培养队伍的献身精神和文明作风，树立石油工人的良好形象；（6）处理好队伍内部的各种人际关系和外部关系；（7）关心职工疾苦，解决好职工生活中的实际问题；（8）开展寓教于乐的文体活动，丰富职工的物质文化生活；（9）将岗位责任制建立健全起来，并严格贯彻执行；（10）选拔、培养、使用好班组长，搞好基层的班组建设；（11）抓好基础工作，注入现代科学管理方法；（12）进行岗位培训，苦练基本功等。报告系统阐述了物探队加强“三基工作”的重要性和基本内容、要求，明确了“八五”期间基层建设的目标及近期工作任务。局长潘瑗就石油工业的形势、物探局面临的任务及加强“三基”工作等问题讲了话。会上有5个地调处、3个生产厂、2个科研单位，38名基层干部、班组长、先进个人介绍了经验。会议树立了一批“三基”工作的典型，表彰了一批先进集体和个人；宣传弘扬了以“奉献、拼搏、团结、开拓”的塔克拉玛干精神为代表的物探战线的大庆精神。

1991年2月28日，在长沟召开了物探局第六次基层建设工作会议，会期4天。这次会议有来自全局各条战线的420余人参加。会议总结了局第五次基层建设工作会议以来的工作，交流了20个典型经验，表彰了一批先进典型。讨论印发了物探局《关于开展“双文明”达标升级活动的实施办法》和《石油物探局关于稳定和加强物探一线队伍的实施办法》。总公司总经理王涛、副总经理金钟超到会并讲话。王涛在讲话中充分肯定了物探局在“七五”期间所取得的成绩，明确指出做好基层建设工作的主要任务，要求物探局根据新形势任务的需要，按国际标准建设队伍，面向世界、发挥优势、打出特色，真正起好石油工业先行官、战略部队和技术开发中心的作用。金钟超在讲话中强调了基层建设的重要性，肯定了物探局基层建设工作的成绩，要求物探局进一步提高加强基层建设的自觉性，把稳定和加强一线队伍作为各级领导的工作重点，扎扎实实抓出成效来。会上，局长刘颂威受党政领导班子委托，作了《稳定加强一线职工队伍，开创物探工作新局面》的报告，报告总结了局第五次基层建设工作会议后，以“三基工作”为核心，加强基层建设工作所取得的成绩：(1) 基层领导班子的整体素质有了较大提高，基层干部的“四化”程度有了改善；(2) 基层党、团支部的建设得到加强，党、团组织较好地发挥了作用；(3) 加强了骨干队伍的建设；(4) 基层队伍的政治、业务培训工作有了进步；(5) 落实了稳定一线的政策措施，千方百计为一线职工解除后顾之忧；(6) 基层的管理水平有了明显提高；(7) 基层的创先争优、双文明竞赛活动更加活跃；(8) 整体作战能力有了较大提高，在各个探区、各条战线打出了新水平。报告提出为适应新形势任务的需要，克服基层建设工作中的薄弱环节，1991 年要以党的十三届七中全会精神为指针，围绕建设“三过硬”队伍，继续落实“稳定、关心、提高”一线队伍的方针，抓好 9 个方面工作：(1) 深入进行石油工业、特别是塔里木会战的形势任务教育，广泛开展“三爱两比”群众性活动；(2) 坚持不懈地抓好基层领导班子、党支部、骨干队伍建设，加强和改进基层思想政治工作；(3) 切实加强基层的各项基础工作，提高基层的管理水平；(4) 全局基层队（车间）要广泛开展双文明达标升级活动；(5) 认真贯彻总公司 1 号文件精神，继续做好稳定和加强一线职工队伍的工作；(6) 狠抓基本功训练，提高职工的业务技术素质；(7) 继续抓好培养、总结、宣传基层先进典型的工作；(8) 重视和加强基层的青年工作；(9) 党、政、工、团齐抓共管，切实加强对基层建设工作的领导和协调。局党委书记李玉超在作会议总结时指出，物探局基层建设工作应当坚持和发扬的 8 个方面：(1) 在加强基层班子建设方面，精心选拔、培养基层干部，特别是注意选拔好队长、指导员，坚持每年轮训，有条件的送出去学习，毕业后还回到基层，在管理上保持基层干部相对稳定。(2) 加强基层党支部建设方面，坚持做到队队有党支部，注意在一线发展优秀分子入党，努力达到每个班组有党员，实行党员责任区制度。(3) 加强基层班组建设方面，建立健全班组长管理条例，坚持对班组长进行培训和跟踪考核、统一管理，形成以班组长为主的基层骨干队伍。(4) 加强思想政治工作方面，坚持每年集训制度，进行形势任务教育和政治学习，紧密围绕生产中心，开展岗位创优活动，组织各种形式的劳动竞赛，依靠工会、共青团组织，加强基层民主管理。(5) 加强管理和基础工作方面，为适应物探队情况变化，在一些队增设部分管理岗位，配备质量监督员、安全员、机械师（员）、会计师（员）及卫生员等专业人员，协助队领导抓好各项管理工作。(6) 加强基本功训练方面，坚持实行一线职工每年不少于一定时间的技术培训和持合格证上岗制度，开展主要工种技术练兵、技术比赛活动。(7) 加强机关为一线服务、解除一线职工后顾之忧方面，采用各种方式为一线送温暖，经济政策向一线倾斜，下功夫改善一线职工的生产、生活条件；组织机关干部下基层蹲点、包队或建立联系点，帮助基层解决实际问题。(8) 加强对基层工作的指导方面，党政领导要列入议事日程，制定基层建设纲要，每年专题研究，布置工作，实行双文明例会制度；组织机关人员深入基层，一个队一个队地调查研究，总结推广典型经验，及时解决基层存在的问题；推行基层双文明目标的管理，并纳入经济责任制范围进行考核评比。

1992 年 2 月 26～29 日，在长沟召开了局第七次基层建设工作会议，会期 4 天，410 人参加。会议中心议题是：从深化改革、转换经营机制、加强科学管理入手，提高基层建设工作的水平。会上交流了 25 个典型经验，表彰了一批先进单位。副局长钟辛生受局党政班子委托，作了《深入贯彻中央工作会议精神，把基层建设工作提高到新水平》的报告，对 1991 年的基层建设工作从 3 个方面进行了总结：(1) 形势任务教育深入到基层，确保物探工作重点西移战略部署的顺利实施；(2) 稳定和加强一线队伍的政策措施逐步落实，全局形成了尊重一线，关心、热爱一线的浓厚空气；(3) 双文明达标升级活动起步扎实，基层建设工作开始走上规范化的轨道。报告对 1992 年的基层建设提出了 5 点要求：(1) 继续深入进行石油工业、特别是塔里木会战的形势任务教育，把全体职工的思想统一到中央工作会议精神和总公司的部署上来；(2) 完善和发展承包责任制，深化基层的改革；(3) 坚持稳定和加强物探一线队伍的方针，提高队伍的整体素质；(4) 全面深入开展党员责任区活动，把基层党支部建设成坚强的战斗堡垒；(5) 坚持两个文明建设一起抓的方针，推动基层的全面建设。会上印发了《关于聘任石油物探队领导干部的实施细则（试行）》、《关于工资待遇向苦、脏、累、险和技术复杂岗位倾斜的几点规定（试行）》及《基层党支部开展党员责任区活动的实施办法（试行）》、《党员责任区责任考核标准》、《物探队科学文明生产管理条例（试行）》5 个文件，同时印发了《关于3%奖励晋级的实施办法》。总公司副总经理周永康代表总公司党组专程到会看望与会人员并作了重要讲话。局党委书记李玉超作会议总结。

1993年2月9～10日，局第八次基层建设工作会议在长沟召开，历时2天。参加会议的有390多人。会议的主要议题是：进一步解放思想，振奋精神，抓住机遇，迎接市场经济的挑战，以改革的精神，促进全局基层建设迈上新台阶。会上，12个基层单位交流了基层建设的经验，局党委表彰了一批先进典型。局长钟辛生作了《面向市场、深化改革、加强管理，推进基层建设工作再上新台阶》的报告，对1992年局基层建设工作的成绩，从7个方面进行了总结：（1）广泛开展石油物探和深化改革的形势任务教育，增强了找油找气的意识；（2）进一步推进了基层的改革；（3）国际水平样板队建设迈出了新步伐；(4)）野外职工的物质文化生活进一步得到改善；(5）加强了基层领导班子和党、团支部建设；(6）双文明达标升级活动促进了基层的两个文明建设；（7）不断探索基层思想政治工作的新路子。报告回顾局抓基层建设的工作实践，从物探工作的实际出发，找到了思想政治工作和生产建设工作的有效结合点，即：(1）党委牵头，党政工团齐抓共管，常抓不懈。发扬“三个面向，五到现场”的传统，注重调查研究，不断发现新情况，总结新经验，解决新问题，并适时提出和研究解决基层建设的深层次问题。按照“靠前、高效、服务”的原则建设前指机关，直接抓好基层的两个文明建设。(2）突出重点，抓主要环节。不仅把基层建设作为全局的重点工作，而且把主体队伍——物探队作为基层工作的重点；在物探队中，又把加强领导班子建设、党支部建设、技术骨干队伍建设作为重点环节来抓；并根据不同时期形势任务的要求，不同工区和队伍的状况，实事求是地确定工作重点，使基层建设更加扎实有效。(3）选择适当载体，形成工作程序，注重解决实际问题。报告提出1993年基层建设要重点抓好的7个方面的工作，即：（1）狠抓职工技术业务培训，努力提高劳动者素质；（2）切实抓好国际水平物探队、样板队的建设；(3）培育内部市场，大力推进基层的三项制度改革；（4）全面推行野外生活服务专业化，不断改善职工的物质文化生活；(5）坚持两个文明建设一起抓，扎扎实实开展创建双文明集体的竞赛活动；(6）加强基层党支部建设，发挥好基层工会、共青团组织的作用；（7）领导机关转变作风，搞好对基层的指导和服务。局党委书记李玉超作会议总结，对1993年的基层建设提出新要求。会上印发了《石油地球物理勘探局物探队生活服务暂行规定》、《物探局物探资料采集项目管理办法、招标投标实施办法、内部招标投标管理规定（试行)》。

1994年1月27～29日，局第九次基层建设工作会议在长沟召开，会期3天。参加会议的有280余人。会议的中心议题是：弘扬企业精神，不断提高基层队伍参与市场竞争的整体素质和能力。14个基层单位在会上交流经验，局长钟辛生作了《努力提高队伍整体素质，加快全面进入市场的步伐》的报告。他在总结1993年的基层建设工作时说：我们利用一年一次的基层建设工作会议，将总公司的部署和局逐步走向市场、加快改革和发展的目标规划，直接传达到基层干部，选择具有导向意义的典型进行交流和表彰，提出了“运用改革和市场机制推动基层建设上新台阶”的总体思路和具体措施。全局广泛开展的形势任务教育，使广大职工的思想观念发生了显著变化，“一切伸手向上”的旧观念有了根本转变，市场意识、竞争意识、质量意识、效益意识普遍增强。报告提出，1994年基层建设工作的主要任务和指导思想是：“坚持用建设有中国特色社会主义理论武装广大职工的头脑，紧紧围绕全局改革发展的总体目标，加快基层改革的步伐，增强基层的活力，狠抓基层管理，坚持两个文明一起抓，建设‘四有’、‘三过硬’的职工队伍，使基层队伍尽快形成全面进入市场的素质和能力”。指出，1994年局基层建设必须做好7个方面的工作：（1）狠抓业务技术培训，努力提高职工队伍素质；（2）全面推进和深化基层的三项制度改革；（3）面向市场强化基层专业管理和管理基础工作；（4）科学文明组织生产，不断改善野外职工的物质文化生活；(5）以科技为先导，实行靠前服务，超前研究；(6）做好基层的思想政治工作，调动职工的积极性；(7）转变领导机关工作作风，搞好对基层的指导和服务。

1995年2月18日，局第十次基层建设工作会议在局外招召开，会期1天，参加会议的有220余人。议题是：“加强和改进党的基层组织建设，适应市场竞争的需要，强化以质量为中心的管理基础工作，推动职工队伍整体素质的提高”。12个单位在会上交流经验，局长钟辛生作了《深化改革、强化管理、苦练内功、全面提高队伍素质》的报告，报告从5个方面总结了1994年基层建设工作：(1）形势任务教育深入人心；（2）全员岗位技术培训取得可喜成绩；（3）基层的三项制度改革进一步深化；（4）以质量、安全为主要内容的管理工作得到加强；（5）两个文明建设同步发展。针对1995年面临的形势和任务，报告指出，1995年全局加强基层建设的指导思想是：大力加强基层党支部建设和领导班子建设，促进以质量、安全为主要内容的管理工作，带动职工队伍素质的提高，把工作重点放在塔里木，推动全局基层建设上新台阶。1995年全局的基层建设要紧紧围绕提高职工队伍素质，着力做好7方面的工作：（1）全力以赴地搞好塔里木等重点探区的基层建设；（2）抓好以党支部为核心的基层领导班子建设；（3）继续搞好职工的技术业务培训，努力提高队伍素质；（4）恢复完善经济责任制，强化以质量、安全为主要内容的各项管理工作；（5）继续搞好三项制度改革的深化和配套工作；（6）继续推进生活服务专业化，改善野外一线职工的物质文化生活；（7）转变领导机关作风，搞好对基层的指导和服务。

1996年2月8日，第十一次基层建设工作会议在局外招召开，会期1天，参加会议的有230人。主题是："外学反承包、内学2255队，强化以质量为中心的各项管理，全面提高队伍素质"。会上交流了基层建设经验，表彰了先进典型。局党委常委、分管局基层建设工作的副局长赵瑞平，受局党政领导班子的委托，作了《围绕实现两个根本性转变，全面提高职工队伍素质》的工作报告，总结了1995年基层建设工作，安排部署了1996年基层建设的主要任务。报告对1995年的基层建设工作从5个方面进行了总结：（1）物探工作的管理机制开始转变。一是适应市场经济的要求，实行了甲、乙方管理；二是改革投资体制，改拨款为结算制；三是借鉴反承包经验，成立了物探监督办公室，明确了质量监督的职责和权利；四是坚持对施工小队进行资质队认证；五是继续深化劳动、工资、人事三项制度改革，建立待岗、试岗、竞争上岗的"三岗"制动态用人机制。建立了以效酬挂钩为主的分配制度。（2）科技攻关取得了好效果。（3）强化了基层各项管理工作。（4）职工岗位培训有了新进步。（5）基层党支部建设得到加强。报告根据物探局改革和开拓国际市场的需要，提出1996年局基层建设工作的指导思想和主要任务是："外学反承包队，内学2255队，用国际标准改进管理，提高队伍素质，为实现两个根本性转变打好基础"。1996年全局基层建设要着重做好6个方面的工作：（1）深化改革，进一步理顺物探工作的管理机制；（2）抓紧抓好职工技术培训，努力提高队伍素质；（3）坚持科技领先，推进技术与经济的有机结合；（4）强化以质量为中心的各项管理工作；（5）切实加强党的建设和思想政治工作，促进基层两个文明建设协调发展；（6）切实加强对基层建设工作的领导，搞好对基层的指导与服务。

1997年3月26～28日，在新疆库尔勒市物探局塔里木前指召开了局第十二次基层建设工作会议暨塔里木探区工作会议。这是在塔里木勘探进入寻找大场面的关键时刻，局首次在塔里木召开的基层建设工作会议。参加会议的有129人。会议主题是：加强全局特别是塔里木探区基层建设，总结1996年全局基层建设和塔里木探区工作，部署1997年全局基层建设和探区两个文明建设。会上3个地调处、7个物探队和物探监理公司等15个单位交流了典型经验；为质量优胜队、HSE优胜队和工人技术革新成果获得者颁奖；给全局"青年文明号"授旗。总公司塔指领导邱中建等到会祝贺并讲话。局长钟辛生就1997年勘探生产、科技攻关以及改革、管理等作了讲话；局党委书记李玉超作会议总结；副局长、局塔里木前指指挥殷会祥作了《自觉加压、夯实基础，刻苦攻关，当好寻找大场面的尖兵》的报告。对1996年探区工作从5个方面作了总结：（1）形势任务教育深入人心，"外学反承包队，内学2255队"活动全面开展；（2）以提高质量为中心，切实加强管理基础工作；（3）围绕寻找大场面开展科技攻关，取得可喜成果；（4）基层改革稳步推进，管理水平进一步提高；（5）基层党建和精神文明建设进一步加强。按照总公司及塔指的部署要求，报告提出1997年局基层建设和探区工作的指导思想与主要任务是：认真贯彻总公司工作会议和局"两会"精神，贯彻落实塔指探区领导干部会议部署，积极推进两个根本性转变，继续把在塔里木寻找大场面作为全局工作的重中之重，深入开展"外学反承包队，内学2255队"活动，从提高职工道德素质入手，强化管理基础工作，加强科技攻关，充分发挥党支部的战斗堡垒作用，争创"全优工程"，为寻找大场面做出新贡献。报告强调：要对职工进行寻找大场面意识的教育，进行目标勘探意识、民族政策教育和形势任务教育；要发动职工进一步学习反承包队和2255队的经验；认真抓好职业道德建设，努力提高职工队伍整体素质。会上宣布，将由局塔里木前指、局工会开展的“塔河杯”质量竞赛和HSE优胜杯安全竞赛，扩展为质量优、管理优、效益优、领导班子建设优、队伍建设优的“塔河杯全优工程”竞赛活动，并要求在塔里木探区、吐哈探区和新疆其他探区施工的所有基层队中开展。会议中间的3月27日，物探局党委、物探局在地调三处库尔勒基地隆重举行了“石油物探优良传统教育基地命名”仪式。

第二节 基层领导班子建设

在1982年局首次基层建设工作会议上，根据《中国共产党工业企业基层组织工作暂行条例》，结合物探局的具体情况，将物探局基层党支部按作用分为两种类型：第一种类型：地震、电法、重力队等流动分散独立作战的党支部，它不仅要管生产、技术、设备、财务、后勤等方面的工作，而且要处理比较复杂的工农关系，是一个独立性较大的基层单位。这些队的党支部，可以对本队的工作全面领导，按集体领导、分工负责的原则进行工作，在组织上配1名政治指导员、1名队长、1名副队长。指导员在党内担任支部书记，召集支委会，按民主集中制原则讨论决定重大问题。决定作出后，分别由指导员、队长按党政分工的要求贯彻执行。指导员对党支部建设、党员教育、思想政治工作、工会和共青团工作负责；队长对生产指挥、行政生活负责，副队长当好队长助手。第二种类型：车间、科教、卫生部门的党支部，对工会、共青团等群众组织和职工的思想政治工作实行领导，对车间（科室）的生产、行政工作，实行保证和监督。此类党支部原则上可设专职党支部书记，负责党的工作。要求基层领导班子和党支部委员，必须选配党性强、作风好、业务熟、干劲大的人担任。

1986年11月局第二次基层建设工作会议期间，物探局党委、物探局印发了《关于加强物探队领导班子和骨干队伍建设的暂行规定》。其中对物探队领导体制和班子配备作了明确规定：物探队实行队长负责制。领导班子由3至4人组成：设队长1人，全面负责物探队的生产经营和行政管理工作；设专职党支部书记（或副书记）1人，负责物探队精神文明建设和党、团、工会工作。若队长兼任党支部书记，由专职副书记负责党的日常工作。设副队长2人，分别协助队长抓好生产、经营管理和后勤工作。物探队行政领导、工程师（技术员）、机械师（机械员）、会计师（会计员）一律实行聘任制。为保持基层干部的稳定性，规定除确实不称职、犯有严重错误的，可就地免职当工人外，一般不得频繁调动他们的工作和变动职务。为适应干部轮训、休整的需要，规定地震队增配相当定员人数三分之一的干部。同月，物探局党委、物探局印发的《石油地球物理勘探局关于加强地震、重力、电法队基层建设的规划（1986～1990）》，对加强基层领导班子建设，选配基层领导干部作出规定：（1）在野外队，领导班子实行“三干两员”制，即：队长、专职党支部书记、副队长和机械员（师）、经济员（师）5人结构和按照1.3倍的人数配备；实行队长负责制，队长全面负责物探队生产、经营管理工作，党支部书记全面负责党群工作。基层干部应由革命事业性强、熟悉本队技术业务、有一定组织领导能力、并具有高中、中专以上实际文化水平的中青年职工担任。（2）基层干部的来源，应从参加工作两年以上、有培养前途、有大中专学历的职工、现职基层干部和机关优秀干部中选用。（3）实行基层领导干部先培训后上岗的制度，按照缺什么、补什么的原则，作出培训计划，考试合格后才能上岗。对不称职、犯有严重错误的，就地免职当工人。（4）保持基层领导干部相对稳定，有计划地安排培训，地调处的主要领导和办事部门，每年要对基层主要领导进行一次考核，作出年度培训计划，并把他们工作、学习的成绩作为使用、晋级、深造、提拔的依据。还规定，基层党支部委员会应由基层党员领导干部、工会主席、团支部书记以及生产班组的党员组成。规定物探队的队务委员会由队领导干部（含机械师、经济师）、工会主席、团支部书记、各主要班组长组成。队长是队务委员会主任，队务会至少一月一次，讨论全队生产、经营、职工生活、奖惩办法等重大问题。由队长作出决定贯彻执行。

1992年，物探局党委、物探局为了落实总公司关于《石油企业从工人中聘用干部管理办法》和《石油物探局关于稳定和加强物探一线队伍的实施办法》，制定了《关于聘任石油物探队领导干部的实施细则（试行）》，共5个方面24条。文件对聘任条件及程序，聘任合同的签订、变更、终止和解除，聘期内及解聘后对物探队领导干部的管理等问题作了详细规定。文件规定：地震队指导员、队长聘任期内按正科级干部管理；地震队副指导员、副队长及其他物探队指导员、队长聘任期内按副科级干部管理；其他物探队副指导员、副队长聘任期内仍按一般干部管理。被聘任的物探队领导干部，在聘期内被解聘的不再保留聘任职务的待遇。

在1994年1月的第九次基层建设工作会议上，局党委领导提出：加强基层领导班子建设是基层建设中的重中之重。要把基层领导班子建设成为具有开拓创新敢担风险精神、市场经营和科学管理能力、团结协作真抓实干作风的战斗集体。班子的配备和调整要坚持年轻化、专业化、优势互补和相对稳定的原则，普遍推行干部聘任制和任期目标责任制。要加强对基层领导干部的考核，对于长期打不开工作局面的班子要及时进行调整。

在1995年2月召开的第十次基层建设工作会上，局党委领导强调：抓好以党支部为核心的基层领导班子建设，要按照德才兼备、优势互补的原则和市场竞争的要求，优化班子结构，提高一班人的思想素质和管理素质。要注意从懂生产、会经营、敢于大胆管理，有群众基础的优秀党员行政干部中选配党支部书记和指导员，并通过培训，让他们尽快掌握做好党建工作的基本方法。生产科研任务重、职工人数多的基层单位，设立专职党支部书记。

1997年3月在第十二次基层建设工作会议上局党委领导强调：下大决心，花大力气，把基层党支部和领导班子建设抓紧抓好。首先要选好配强党支部书记，继续推广从优秀党员队长中选配党支部书记的做法，把那些懂生产、会经营、作风民主、能带领群众打硬仗的队长选配到指导员的岗位上来。按照德才兼备、优势互补的原则，根据总公司甲级队标准，配备好物探队领导班子。

第三节 基层队伍建设

在局1986年颁发的《关于加强物探队领导班子和骨干队伍建设的暂行规定》中明确指出：基层班组长要由责任性强、技术熟练、作风正派、能团结人的职工担任。改革班组长产生办法和管理办法，由职工直接选举或由队聘任，物探队班组长由物探队领导管理。

对基层领导干部和管理人员、岗位技术工人的要求：通过培训要达到懂本单位生产业务、技术；懂基层生产组织、经营管理知识、有关政策、法规，以及基层思想政治工作知识；基层队经营管理人员主要掌握有关经营管理业务知识和有关政策制度常识；设备管理人员要掌握有关设备的原理、构造、操作规程、故障判断、使用维修保养技能和规章制度；基层生产队岗位技术工人要提高岗位技术技能。在岗工人的技术水平必须达到与本人工资等级相应的技术标准。

物探局对物探队的基础工作，从生产管理（包括质量、设备、安全等）、经济活动、思想政治工作、生活管理、队伍作风等方面提出了新要求。对一些二线生产单位，提出了抓好基础工作的5个环节（即：定额、计量、标准化、信息、法规）。

1990年2月在物探局第五次基层建设工作会议上，中国石油天然气总公司总经理王涛对会议作重要讲话时指出：物探局要加强基层建设，要瞄准一个比较高的目标，按照“国家队”的标准组织队伍。无论从管理上、质量上、施工建设上、技术水平上、效益上，都体现出“国家队”水平。他说：物探局是石油工业的野战军，是整个石油勘探工作的先行部队和尖兵。“国家队”就是能参加国际比赛，比技术、比质量、比效率、比效益、比水平。物探局的地震队伍，应该按照国家队的标准，下苦功夫培训队伍，锻炼队伍，按照高标准把各项工作搞好。后来，王涛总经理又对物探局提出要建10个国际水平样板队的目标。

为落实王涛总经理的重要指示，物探局通过两年多的准备，在做了大量工作的基础上，于1992年5月印发了《国际水平物探样板队基本条件（试行）》。按照王涛总经理建设成10个国际水平样板队的指示，为适应市场竞争的需要，物探局各地调处按照国际水平样板队（即甲级队）标准，从装备、技术、组织、管理、人员培训等方面抓紧训练队伍，提高整体素质，取得了显著成效。到1995年，经过资质认证和总公司批准，在物探局物探队中有15个队被确认为甲级队，53个队被确认为乙级队。

第四节 基层建设的方针政策和措施

物探局在基层建设中，通过思想政治、业务集训，双文明达标升级、创建国标队等有效载体，把基层建设的内容贯穿其中，经过多年探索，逐步形成了一年召开一次基层建设工作会议，进行一次基层工作调查、一次双文明检查和总结表彰的基层建设工作程序。在基层建设工作会议上，根据当时的情况和基层的要求，出台一些加强基层建设、稳定一线队伍的政策、措施，以保证基层工作的稳定发展。

截至1993年，局先后出台了《关于如何做好野外队思想政治工作的意见》、《地震、电法、重力队生产过程中思想政治工作的若干问题（试行）》、《物探局关于加强地震、重力、电法队基层建设的规划(1986～1990)》、《关于改善物探队劳动组织和用工制度的暂行规定》、《关于改善物探队使用季节工的暂行规定》、《关于改善物探队职工工资福利待遇的暂行规定》、《关于加强物探队领导班子和骨干队伍建设的暂行规定》、《物探局改进物探队思想政治工作的若干意见》、《物探队关于加强社会主义精神文明建设的若干措施》、《石油物探局关于稳定和加强物探一线队伍的实施办法》、《关于聘任石油物探队领导干部的实施细则（试行）》、《关于工资待遇向苦、脏、累、险和技术复杂岗位倾斜的几点规定(试行)》、《基层党支部开展党员责任区活动的实施办法（试行）》、《物探队科学文明生产管理条例（试行)》、《国际水平物探样板队基本条件（试行）》、《国外施工物探队标准》、《物探局物探资料采集项目管理办法，招标、投标实施办法，内部招标管理规定（试行）》和《石油地球物理勘探局野外队生活服务暂行规定》等。其中规定：（1）西部地区实行常年施工的沙漠地震队，每队增加三分之一人员，实行轮休，工作4个月休整两个月，在休整期间安排职工探亲，并按原探亲路费标准计发全部往返路费。(2）东部工区冬夏两季两地施工的物探队，野外生产要达到8个月以上。每年每个职工休整3个月，在休整期间安排探亲假，在不影响出工生产的前提下，经批准可以分两次使用，计发两次往返路费。每个职工3年疗养1次。（3）物探队定员内职工，在野外施工时其标准工资：队长、正副专职党支部书记和具有大中专毕业学历的班组长、技术人员浮动一级半；其他干部浮动一级；固定工人、合同制工人浮动半级。浮动工资按出工天数计发。(4）在沙漠地区工作的职工的沙漠补贴、伙食补贴、野外补贴等按新规定补给。（5）对在野外工作满10年、家在农村的物探队职工，每月发给定额医疗补贴。(6）改革后符合条件的队干部和生产管理骨干，凡继续在野外工作的，优先解决夫妻团聚问题，并在基地安排住房，解决子女入托、上学等问题。物探队职工配偶在局下属单位，不受以男方为主的限制，优先分配住房。还规定，野外小队工人男55岁，女45岁即可提前退休；在野外累计工作满15年，年龄50岁的物探队工人，可以退养；家属在农村，本人愿回原籍的，视其困难程度，参照退休人员易地安家的待遇，发给房屋修缮费用。

第六章　纪律检查和监察工作

第一节　组织机构

60年代初，松辽地调处党委没有设置监委会只配专职监委干事一名。1966年6月23日，经中共石油部政治部批准，组成中共六四六厂监委会，文化大革命中监委工作中断。

中共十一届三中全会决定重建中央纪律检查委员会（简称中纪委）以后，遵照石油部党组指示，物探局党委于1979年建立了纪律检查委员会（简称局纪委)，局属各单位党委相应设立了纪检机构，明确了各基层党总支和党支部设纪检委员。1989年2月，遵照石油部指示，物探局成立监察室，1991年改为监察处。同时，物探局党政逐步在全局各单位建立监察科（室)，加强党的纪检及行政监察工作。

1991年12月，物探局第一次党代会选举产生了首届物探局纪律检查委员会。

1992年局纪委和监察处及局属各单位的27个纪检、监察部门分别实行合署办公。局纪委、监察处当年调整了内设机构和岗位，精简了人员，建立内部工作制度。内设案件检查室和案件审理室。定员由14人减为8人。1997年局纪委、监察室增加效能监察室和综合办公室，定员增至13人。全局共有专职纪检、监察干部54人，兼职干部18人。基本形成了组织健全、上下贯通，专兼结合的纪检、监察网络。

第二节　党风廉政建设

一、抓党风建设和打击经济领域内犯罪活动

1982～1986年，按照中共十二大和中纪委关于“尽快实现党风根本好转”的精神，局纪委协助局党委深入开展学习《党章》、《准则》教育，按照局党委实现党风根本好转的奋斗目标，一方面刹风整纪，

一方面认真治本，综合治理。1982年1月中共中央发出《紧急通知》，在全国开展打击经济领域中严重犯罪活动的斗争。根据上级指示，局纪委成立了打击经济犯罪活动办公室，全局各单位共抽调179名干部开展工作，狠抓了打击经济领域严重犯罪活动的斗争。从1982年至1986年底，全局共查处各类经济案件74件，处理77人。其中给予党纪处分15人、行政处分41人、刑事处分14人、其他处罚7人。为企业挽回经济损失8.1万元。

二、党风党纪教育

根据不同时期的形势和任务，局和各二级单位纪委采取办轮训班、上党课和办讲座等形式，分层次、有重点地对党员、干部进行系统的党风党纪教育。1987年初一些城市发生"学潮"，局纪委及时部署学习中纪委《关于共产党员必须严格遵守党章的通知》，在全局党员中广泛开展四项基本原则教育和《党章》、《准则》的再教育。组织广大党员批驳自由化观点，带头维护安定团结的政治局面。1989年春夏之交在北京发生政治风波期间，局纪委积极协助局党委及时传达上级指示，向广大党员干部打招呼、讲纪律，要求每个党员在政治上、思想上、行动上坚决同党中央保持一致，自觉遵守政治纪律，带头坚守岗位，使职工队伍、生产秩序保持了稳定。

此后，在贯彻党的十二大、十三大精神期间，先后开展了党的政治纪律、党的宗旨、党的优良传统、党的法规和廉洁奉公、拒腐防变等方面的教育，以及职业道德教育。1991年全局广泛开展的党纪党规教育，有5309名党员参加，占党员总数的96%。其中80%的党员参加了中纪委、监察部举办的党风党纪知识答卷，均获得优秀成绩。全局1810名职工参加中央电视台和辽宁省《共产党员》杂志社举办的"我爱共产党"的知识竞赛活动，其中参赛党员1293名，占参赛人员总数的71.4%。使广大党员受到了一次深刻的党性、党风、党纪教育。

1992年组织学习党的十四大文件，开展反腐倡廉和党史教育。局纪委协助局党委集中局、处级干部连续办了8期学习班。各二级单位纪委协助党委办班33期，轮训党员、干部2000余人。此外，还播放《法网》、《倡廉肃贪启示录》等党风党纪教育录像57场，有2181人观看。许多党员、干部在业务交往中抵制"好处费"和"回扣"等，当年有21名党员、干部上缴钱物折合人民币10200元。1996年在全体党员、干部中开展了以中纪委、监察部颁布的8个方面党纪政纪条规为主要内容的党纪党规教育。各单位普遍播放有关党纪、反腐倡廉为内容的录像片，通报石油系统大案、要案，解剖典型案例，开展知识竞赛等。全局有9685名党员、干部参加总公司组织的党纪政纪条规知识竞赛，使党员受教育面达到95%以上，并获总公司组织奖。

三、纠正行业不正之风

1990～1992年，物探局各级纪检、监察部门按照总公司电话会议精神，协助各级"纠风"领导小组采取自查自纠与专项清理结合、教育与整顿结合的方法，把纠正行业不正之风工作不断引向深入。全局先后对物资 采购、工程发包、机修加工、机关作风等重点行业和部门进行了清理。局纪委、监察处按照总公司提出的纠正行业不正之风要达到的6项目标，及时采取了5项措施：一是要求各级领导以身作则，廉洁自律，做出榜样，对摆出的问题提出解决办法；二是搞好职业道德教育，开展岗位大讨论，自觉清除特权思想；三是推广"两公开一监督"制度（即办事程序公开、办事结果公开、接受群众检查监督）；四是抓住重点部门着重解决群众反映最为强烈的行业不正之风；五是建立健全有效的规章制度。全局共清查和整改问题838个，制定各项规章制度79项902条。对少数部门和党员干部吃、拿、卡、要等问题进行了纠正和整顿，净化了行业风气。

四、制度建设

从1984年开始，局党委实行党风责任制，制定了一系列制度（详见第二章党委自身建设），规定局领导班子抓党风的职责和任务，其基本要求是管好自己，管好家属和子女，管好分管的工作和部门。1986年党风责任制延伸到各二级单位，实行一级抓一级，一级向一级负责。1991年随着纠正行业不正之风的深入，局和各二级单位本着求实、透明、易行的原则，从局党政班子开始，在局、处（厂）、队（车间）3级班子逐步建立了《关于领导干部保持廉洁、改进作风的规定》、《领导干部下基层若干规定》等制度。其内容包括局和二级单位加强自身革命化建设的措施；各机关部门保持廉洁、防止腐败的制度；局和二级单位党委、纪委关于防止和纠正各种不正之风的措施和规定等。在此基础上，又逐步完善了党内各项监督制度：包括《领导干部革命化措施》、《六个不准》、《四要四不要》等。这些制度要求领导干部必须坚持：一切重大问题由班子按有关政策集体讨论决定；不准受礼和收受回扣；严格控制用车标准和公款宴请；严格财经纪律等。为使物资供应部门干部在物资采购等业务往来中保持廉洁，制定了《物探局供应部门廉政建设的若干规定》。为转变机关作风，制定了《局处两级机关在物探队建立联系点制度的规定》，规定机关职能部门按照分工对基层的工作任务、安全生产、思想政治工作负责，并与单位的政绩挂钩考核。从而使各级干部在思想政治作风 和行为准则方面有了一套比较规范的制度。

五、党风政风检查

1991年7月，局纪委、监察处在全局范围内开展了党风政风检查，采取个别谈话和开座谈会等形式，对136名处、科级干部的思想意识、政治觉悟、工作态度和工作作风进行了考查评定。1993年5月、1997年2月和7月，协同局党委组织部先后3次对各二级单位党政班子的整体素质、工作实绩、领导能力进行考查。两次分别对276名和206名处级干部的廉政状况、工作作风、领导能力等进行民主测评。结果表明大部分二级单位班子和领导干部能通过学习贯彻党的十四大精神，转变观念，增强开拓进取和改革意识，在改革中能抓住机遇、敢冒风险、大胆竞争、积极开拓市场，为本单位的改革与发展勤奋工作。在抓 好改革和经营管理工作的同时，坚持抓好党风廉政建设和反腐败斗争，带头廉洁自律。通过考查对比较好的领导班子和领导干部，给予了充分肯定；对问题比较多的提出加强领导班子建设的具体意见；对不称职的领导干部，建议局党委进行了调整。在全局形成了每年进行一次党风廉政建设大检查的制度，对党风廉政建设做到常抓不懈。

第三节 反腐倡廉

1993年7月，局党委根据中央开展反腐败斗争三项重点工作的部署，召开全局电话会议，围绕企业改革和生产经营实际，动员开展反腐败斗争。局纪委、监察处根据局党委指示，安排部署了反腐败斗争的各项工作。

一、领导干部廉洁自律

自1993年起，各级纪委突出抓了对领导干部的思想教育，使领导干部对反腐败斗争的认识进一步深化，自觉把自己置于党组织和群众的监督之下。在一年两次的民主生活会上，局处领导干部按照中央两个“五条规定”和国有企业领导干部廉洁自律的四项规定，结合在群众中征求的意见，进行自查自纠，并认真执行中央制定的礼品登记、收入申报、业务招待费使用情况向职代会报告等三项制度。据1996年和1997年统计，全局92.5%的处以上干部进行了收入申报，48人次登记、上缴了收受的礼品，共折合人民币4.2万元。29个二级单位全部执行了业务招待费向职代会报告的制度。1996年，对全局各单位的小轿车进行了清理。对局机关6台超标小轿车，依照总公司《关于石油企事业单位原有超标准进口小轿车的处理意见》进行了整改，其中3台由总公司安排在石油系统内部作了有偿调剂转让，另3台经总公司批准，作为物探局外事用车。

二、案件查处工作

根据中纪委历次全会精神，局纪检、监察部门始终把查处违法违纪案件作为反腐败斗争的中心环节来抓，1992～1997年处理信访举报1062件，排查案件线索362起，立案61件，结案59件，其中大要案17件；处分85人，其中处级干部3人；涉及金额667.87万元。地调四处原青苗赔偿员陈德银等人虚报冒领青苗赔偿费80余万元，从中贪污50万元，涉案的6人被判处有期徒刑，1人免予起诉，6人被开除党籍，3人被开除厂籍；局财务处原处长张金榜索贿受贿10余万元，1997年被开除党籍、厂籍。全局通过查办案件共追缴和挽回经济损失466.51万元。

三、纠正不正之风

局纪委针对群众反映较多的“小金库”和用公款“吃喝玩乐”等不正之风，每年都列为纠风工作的重点来抓。1993年清理和收缴了18个“小金库”的资金32.5万元；1995年协助财务部门对40个二级单位、局机关处室、基层单位进行检查，共清理“小金库”资金486.5万元，全部收缴财务。对不准用公款“吃喝玩乐”坚持从源头抓起，按照中央精神，制定了《物探局党委、物探局关于不准用公款吃喝玩乐的规定》，使业务招待费用有所下降，据统计，1997年比1996年下降了6.8%。

第四节 效能监察

1993～1997年，局纪检、监察部门开展了以资金、物资、基建工程建设为内容的效能监察，共检查涉及资金7.88亿元。发现和整改问题854个，发现违纪线索22起，立案7件，挽回和避免经济损失1030.96万元。建立健全规章制度125项、1067条，加强了企业管理。

一、资金管理效能监察

从1992年起，局各级纪检、监察部门通过对生产经营、工程承包、物资采购、资金使 用管理等方面的调查研究，以及提建议、当参谋，协助制定规章制度等，不断强化了参与意识，从中真正找到了监督的内容、重点和角度，从而有效地发挥了监督职能。

1993年针对局内有些单位在资金管理上薄弱环节多、漏洞多，有章不循、无章可依等问题，局纪检、监察部门在全局开展了资金管理效能监察。4月份通过在个别单位试点，取得经验以后，先后在10个二级单位有重点地对50个基层单位（车间、物探队、科室）1992年、1993年上半年的资金管理进行了专项检查。从资金占用、报销凭证和“小金库”入手，共检查涉及金额1.7亿元，查出问题91个，收回欠款6360万元，清还个人借款73.29万元，挽回经济损失7万多元。严肃查处了违反财经纪律的行为，纠正了一些单位的不合理开支。个别人拖欠公款5千元以上5年不还，通过清理一次还清了欠款；有的单位多年的呆账、死账及小金库得到彻底清理；有的单位对债权债务分清责任，落实到人，提出要求，限期清还。

二、物资采购管理效能监察

1994年7月，根据总公司效能监察工作会议安排，全局各单位围绕加强企业管理、提高经济效益这个中心，开展了物资采购、管理效能监察。据16个二级单位统计，共检查1992年、1993年采购合同6000份，涉及金额15087.83万元。其中11个合同在购货中存在质次、伪劣和不合格产品，检查后全部完成退货和索赔工作，避免和挽回经济损失556.43万元；摸清了物资底数，清出账外料887.39万元，调剂处理42.83万元；清出积压料654.24万元，调剂处理93.17万元；清出废旧物资67.44万元，处理后按规定上缴财务部门45.64万元。

通过自查自纠，共发现问题51个，整改41个，查处违法违纪案件3起。新建规章制度32项171条，在物资采购、验收、保管、使用等重要环节上加强了监控力度。如规定物资采购必须做好市场调研、经济论证等工作。各单位通过市场调研、货比三家，节省采购资金911.4万元；修旧利废38.05万元。

三、外投外借资金效能监察

1995年5月，各单位纪检、监察部门在审计、财务、企管部门的配合下，重点摸清了1994年以前多种经营厂（点）169个项目外投资金的管理、使用及考查、论证等情况。

经调查，在外投资金项目中，盈利项目42个，亏损项目62个。效益好的项目有研究院经营计算机软件的格雷公司、海天公司，特勘处从事工程地质勘探的海河公司，仪器总厂从事石油仪器、设备生产和销售的泰丰公司，供应处的物资公司，地调二处的养鸡场等。他们成功的主要原因有两条：一是慎重决策，选好项目；二是经营者素质高，制度健全，管理严格。研究院格雷公司总经理善于开拓市场，严格要求，大胆管理，使公司经营范围不断扩大，从计算机软件发展到木器加工等多种行业，每年收入除去人员工资、奖金、房租、水电、运费以及子女上学、入托等一切费用（65万元）外，到1997年末累计上缴利润152万元。

调查中发现有些公司和厂点严重亏损、经营失败乃至倒闭，究其原因主要是项目考查不认真、论证不充分、审批不严格、盲目拍板、决策失误，以及经营者素质低下，用人不当等。针对这些问题，在检查中采取边查边改、以查促改的办法抓了整改。1995年局连续发了《关于暂停对外投资、对外借款的紧急通知》、《物探局清理整顿公司处理原则的通知》，要求各单位对外投资项目要在做好市场调查、分析预测和可行性研究论证的基础上，按照审批程序，逐级报局。针对各企业亏损情况，制定了关、停、并、转，办理变更或注销登记的24条处理原则，从而推动了全局外投外借资金项目整改工作的进行。

仪器总厂、局机关6号院管理站查清资金外借责任者后，责任人分别于1995年5月、6月追回103.7万元和12万元。供应处、地调二处因联营受阻，与外单位终止违约合同，避免了经济受损；地调五处、三处认真解决遗留问题，进行组织整顿，注销6个长期亏损的厂点和撤换两个厂点的负责人，并针对管理上的问题，建立健全了规章制度。这次效能监察共发现各类问题49个，整改23个，挽回经济损失286.9万元；发现案件线索5个，立案查处2个，建立规章制度22项230条。

四、基建工程和资金效能监察

1996～1997年共检查99项基建工程项目，其中民用住宅61项，公共设施38项；工程总投资1.5亿元，建筑总面积117431平方米。经检查工程合格率100%，其中优良工程面积57640平方米，优良率49.08%。同时，对12项矿建工程和4项产能工程项目的前期工作、竣工决算、工程质量等进行了重点解剖检查。纠正工程质量和费用决算方面的问题

394个，为企业避免和挽回经济损失478.36万元。1997年在做好基建工程效能监察的同时，继续开展清理外借、贷款担保和外投滞压资金工作，共清出17个单位外投、外借、贷款担保款项77笔，总金额1.48亿元。各级纪检、监察部门对部分责任人分别责令停职追款。局涿州基地处和综合服务处有3名处级干部和1名科级干部因贷款担保造成450万元风险资金负连带责任，被监察部门责成外出追款。

另外，局纪委、监察处先后派人参加全局性的临时工招聘、毕业生分配、各种文化和职称考试、任务招标、分配住房等活动37次，监督这些活动在公开、公平和公正的原则下进行。

物探局纪检、监察队伍的工作得到上级党组织的充分肯定和较高的评价，1993～1997年有4个纪检、监察科和4名纪检、监察干部被评为总公司先进集体和个人。1995年物探局纪委、监察处专案调查组被总公司评为“纪检、监察重点工作有突出贡献的先进集体”，1997年局纪委又被总公司直属机关党委评为“1995～1997年度先进集体”。

第七章 工会工作

1973年物探局成立时，由于受“文化大革命”的影响，只设局工会筹备办公室。1978年局属单位开始筹建工会组织，到年底，先后有8个二级单位组建了工会。1979年8月，物探局在徐水召开第一次工会会员代表大会，局工会正式成立。1993年12月，物探局在涿州召开第二次工会会员代表大会，进一步完善了工会组织。局工会在局党委和上级工会的领导下，团结全局职工，坚持党的基本路线，坚持以物探生产为中心，积极参与和支持各项改革，为物探局的发展发挥了应有作用。

一是坚持以物探生产为中心，狠抓了群众性的经济技术工作。组织职工参加社会主义劳动竞赛，深入开展双文明竞赛、全优工程竞赛和立功竞赛活动，坚持开展提合理化建议、技术革新、岗位练兵、技术比赛活动，取得显著成绩。全局各条战线涌现出一大批先进集体和模范人物。

二是落实“维护”方针，开展为职工服务的各项工作，贯彻《劳动法》，履行工会的维护职能。努力推动《宪法》、《企业法》、《工会法》、《妇女权益保障法》等法律法规的贯彻执行。由工会代表职工与企业签订集体合同，建立劳动争议调解委员会，基本形成了群众监督机制和依法维护机制。

三是以民主参与为重点，保障职工群众的主人翁地位，贯彻《全民所有制工业企业职工代表大会条例》实施办法，建章立制，制定民主管理的各项规定、细则、程序、标准，使职代会的一些主要职权基本得到落实。

四是培养“四有”职工队伍，促进了社会主义精神文明建设。各级工会在党组织领导下协同有关部门坚持用马列主义、毛泽东思想、邓小平理论武装广大职工，开展爱国主义、集体主义、社会主义教育，开展基本国情和党的基本路线教育，开展“三优一满意”活动，在职工中开展读书自学活动，创建文明家庭活动等，推动了物探局精神文明建设的深入开展。

五是加强工会组织的自身建设，积极开展建设职工之家活动。到1992年末，全局有32个单位选配了专职工会主席或副主席。基层工会组织得到较大的发展，共有基层工会411个，工会小组1875个。专职工会干部按要求进行了岗位培训，做到了持证上岗。在全局范围内开展“建设职工之家”活动。到1997年末，局工会和研究院工会等一批工会组织跨入了全国先进行列。研究院工会2次被评为全国模范“职工之家”，仪器总厂、地调五处、地调三处工会先后被评为省级模范“职工之家”。

第一节 工会组织及工代会

一、局工会组织机构

1973年7月，设立局工会筹备办公室。1979年8月，物探局召开第一次工会会员代表大会，局工会正式成立。局工会机关设综合办公室。1981年，局工会机关设组织部、生产部、劳保部、宣传部及办公室，另辖俱乐部和图书室。1984年，局工会的俱乐部、图书室划归局机关工会管理。1993年9月，局工会机关设组织部、生产部、宣教文体部、生活女工部及办公室；局文联、局体协挂靠在局工会管理。

二、局工会会员代表大会（简称工代会）

（一）第一次工代会

1979年8月20～24日，物探局第一次工代会在徐水召开。参加会议的正式代表296人、特约代表33人。会议议程：听取和讨论局领导的4个报告，传达贯彻中国工会“九大”精神；选举产生局工会第一届委员会；报告物探局工会筹备工作和今后工作任务；交流工会工作经验。大会通过了物探局工会第一届委员会选举法，选出了由王绪东等41人组成的物探局第一届工会委员会。会后印发了物探局“工会职责”。

（二）第二次工代会

1993年12月，物探局第二次工代会在局党校召开。出席会议的正式代表151人、列席代表8人、特约代表7人，局领导6人、部门领导3人。会议议程：一是学习贯彻党的“十四大”精神和中发(1993) 6号文件及全国总工会“十二大”、河北省总工会“八大”会议精神，动员和组织全局职工在走向市场、深化改革、完成物探生产任务中进一步发挥主力军作用；二是审议通过局工会委员会的工作报告、财务工作报告、经费审查报告；三是选举产生了由刘明义等29人组成的局工会第二届委员会和由5人组成的经费审查委员会；四是表彰先进“职工之家”、先进工会小组、优秀工会干部、优秀工会积极分子、荣誉工会积极分子。局长钟辛生在大会上作了《认清形势，深化改革，加快物探局全面进入市场的步伐》的讲话；刘明义致闭幕词。

第二节　职工代表大会

职工代表大会是企业实行民主管理的基本形式，是职工行使企业重大决策、监督行政领导、维护职工合法权益的权力机构，是中国企业领导体制的重要组成部分。

1981年3月25～31日，物探局首届职工代表大会（简称：职代会）第一次全体会议在涿县举行。出席会议的正式代表268人、列席代表61人。在预备会议上选出了局首届职代会代表资格审查委员会和提案审查委员会，明确了提案审查委员会的工作任务；确定了物探局首届职代会主席团组成原则和产生办法，选出了职工代表大会主席团。大会执行主席严衍余、王绪东、张俊瑞分别主持了会议。大会审议通过了局长林运根的行政工作报告，财务处关于局1980年财务决算和1981年财务预算报告，计划处关于局专用基金使用情况和预安排的报告，局第一届职代会《提案审查报告》，以及《局职工代表大会条例（试行草案）》、《局四化立功竞赛试行条例》、《物探局内部治安保卫工作规则（试行草案）》。大会根据物探局职代会条例，明确了局工会承担职代会工作机构的任务，在局党委领导下进行工作，负责局职代会的日常工作。在职代会闭会期间，根据职代会的授权，审定属于分工范围内的需临时决定的问题。本次大会收到提案475件，立案216件，会后转送局领导和有关部门答复、办理。局党委书记严衍余在会上讲了话。

1982年3月28日至4月2日，物探局首届职代会第二次全体会议在涿县举行。出席会议的正式代表347人、列席代表38人。大会执行主席严衍余、林运根、王绪东、张俊瑞分别主持了会议。大会审议通过了局长林运根的行政工作报告，财务处关于1981年财务决算和1982年财务预算的报告，计划处关于1981年奖金发放情况和1982年奖金预安排的报告，《物探局职工代表大会暂行条例实施细则（讨论稿）》、《物探局职工守则》、《关于组织劳动竞赛、劳保福利、文教卫生三个工作委员会的意见》，提案审查委员会《关于局首届二次职代会征集提案审查情况的报告》（会议收到提案275件，立案178件），以及《首届一次职代会提案办理情况的报告》；成立了劳动竞赛、福利劳保、文教卫生等三个专门委员会。

1983年3月17～20日，物探局第二届职代会第一次全体会议在涿县举行。出席会议的正式代表304人、列席代表15人。大会执行主席严衍余、林运根、孟尔盛、张俊瑞分别主持了会议。大会审议通过了局长林运根的行政工作报告，财务处关于局1982年财务决算和1983年财务预算的报告，局政治部《关于加强基层建设，广泛开展争创文明集体活动》的报告，《关于对干部离休和其他职工退休退职暂行管理办法》，《物探局第二届职代会第一次会议关于提案的审查报告》（会议收到提案356件，立案275件）、《关于提案办理情况的报告》。在预备会上，成立了物探局第二届职代会代表资格审查委员会、提案审查委员会、争创“文明集体”工作委员会、劳保福利工作委员会、职工“双退”工作委员会，并明确了各委员会的主要任务，规定了各委员会在大会主席团直接领导下开展工作。

1984年1月8～12日，物探局第二届职代会第二次全体会议在涿县举行。出席会议的正式代表

260人，列席代表80人。大会执行主席严衍余、潘瑗、陈启发、张俊瑞分别主持了会议。大会审议通过了《关于1983年企业调资工作进展情况和具体实施方案的报告》、《物探局关于1983年企业调资工作中若干具体问题的补充规定》；传达、学习了《全国石油直属企业调资工作会议精神传达提纲》。

1986年3月27～31日，物探局第三届职代会第一次全体会议在涿县举行。出席会议的正式代表208人、列席代表30人。大会执行主席严衍余、潘瑗、陈启发、张俊瑞分别主持了会议。在本次职代会预备会议上选举产生了物探局第三届职代会主席团和第三届职代会代表资格审查委员会、提案审查委员会。大会审议通过了局长潘瑗的行政工作报告，财务处关于局1985年财务决算和1986年财务预算的报告，关于1985年经济责任制执行情况和1986年经济责任制修订、奖励基金使用意见的报告，《物探局"七五"计划发展纲要》、《物探局职工代表大会暂行条例实施细则》、《物探局职工代表大会关于提案工作的暂行规定》、《关于局第三届职代会第一次会议提案审查情况报告》（本次会议收到提案559件，立案319件）。

1987年3月10～16日，物探局第三届职代会第二次全体会议在涿州举行。出席会议的正式代表161人、列席代表100人。大会执行主席严衍余、潘瑗、陈启发、张俊瑞分别主持了会议。大会审议通过了局长潘瑗的行政工作报告，财务处关于物探局1986年财务决算及1987年财务预算安排的报告，以及关于物探局1986年为改善职工生活办了几方面的实事的报告，《关于三届二次职代会提案审查报告》（本次会议收到提案261件，立案66件），《物探局三届一次职代会提案工作办理情况报告》。

1992年7月22～24日，物探局第四届职代会第一次全体会议在涿州举行，出席会议的正式代表187人、列席代表47人。大会执行主席钟辛生、刘明义、田树林分别主持了会议。大会审议通过了局长刘颂威的行政工作报告，以及《物探局贯彻〈全民所有制工业企业职工代表大会条例〉实施细则》，《局四届一次职代会提案审查情况的报告》，《三届二次职代会提案办理情况的报告》。本届职代会成立了职代会代表资格审查委员会、提案审查委员会、生产经营专门工作委员会、职工生活福利专门工作委员会、提案管理专门工作委员会，制定了《物探局第四届职代会专门工作委员会的任务和职责》。

1993年1月17～19日，物探局第四届职代会第二次全体会议在涿州举行。出席会议的正式代表168人、列席代表51人。大会执行主席钟辛生、刘明义、田树林分别主持了会议。大会审议通过了局长钟辛生的行政工作报告，1992年财务决算和1993年财务预算的报告，《物探局关于劳动人事工资制度配套改革的实施意见》，以及《关于物探局四届一次职代会提案办理进展情况的报告》。

1994年1月12～14日，物探局第四届职代会第三次全体会议在涿州举行。出席会议的正式代表171人、列席代表61人。大会执行主席刘明义、柳卫民分别主持了会议。大会审议通过了局长钟辛生的行政工作报告，以及《关于1993年局职代会工作情况的汇报》。

1995年2月15～17日，物探局第四届职代会第四次全体会议在涿州举行。出席会议的正式代表175人、列席代表77人。大会执行主席钟辛生、陈启发、刘明义分别主持了会议。大会审议通过了局长钟辛生的行政工作报告，副局长王业胜关于《物探局1994年财务决算和1995年财务预算的报告》，《关于局职代会1994年工作情况的汇报》，《局四届四次职代会提案审查情况的报告》（本次会议收到提案93件，立案13件），以及《关于局四届三次职代会提案办理情况的汇报》。

1996年2月4～7日，物探局第四届职代会第五次全体会议在涿州举行。出席会议的正式代表175人、列席代表69人。大会执行主席刘明义、陈启发、钟辛生分别主持了会议。大会审议通过了局长钟辛生的行政工作报告，副局长王业胜关于《物探局1995年财务决算和1996年财务预算（包括业务招待费使用情况）的报告》，《物探局"九五"发展计划》，《物探局实行全员劳动合同制实施办法》，《物探局职工代表大会职权落实的实施办法》，《物探局劳动争议调解委员会工作细则》，《局四届五次职代会提案审查情况的报告》（本次职代会收到代表提案113件，立案24件），以及《局四届四次职代会提案办理情况的报告》。

1997年1月28～31日，物探局第四届职代会第六次全体会议在涿州举行。出席会议的正式代表181人、列席代表10人。大会执行主席刘明义、许大坤、赵瑞平分别主持了会议。大会审议通过了局长钟辛生的行政工作报告，副局长王业胜关于《物探局1996年财务决算和1997年财务预算（包括业务招待费使用情况）的报告》，物探局《关于加强社会主义精神文明建设的实施意见》，《局四届六次职代会提案审查情况的报告》(本次会议收到提案110件，立案18件)，以及《局四届五次职代会提案办理情况的报告》。

第三节 工会主要工作

一、组织工作

(一) 工会组织建设

1973年物探局成立时，设立了局工会筹备办公室，开始局工会的筹备工作；1978年起局属单位工会逐步建立。到1979年局第一次工代会召开时，已发展新会员6809人，新老工会会员共11994人，占职工总数的70%以上。在恢复和建立工会小组、基层工会的基础上，建立了17个局属单位工会。工代会后，局工会认真贯彻党的十一届三中全会精神和全总“九大”会议精神，健全基层工会组织，逐步配备了局属单位工会干部。1984年局工会根据全国总工会关于“整顿基层组织，建设职工之家”的要求，抓基层组织建设，工会组织进一步健全和完善。到1985年，全局共有工会会员16849人，基层工会239个，工会小组1337个，工会专职干部79人。会员管理、转办关系、交纳会费都形成了制度。1990年5月，中国工会“十一”大确立了工会的维护、参与、建设、教育四项职能。局工会按照全总的要求，以深入创建职工之家（简称“建家”）为龙头，把工会工作放在搞好基层上，努力提高工会工作的整体水平。

为适应企业深化改革，1995年，局工会组织人员深入基层，调查研究，写出《工会基层组织建设情况的调查报告》。1997年，局工会向局党委提交了《关于加强工会组织建设的补充建议》。印发了《关于工会会员交纳会费问题的通知》和《关于专业化管理单位工会组织机构和隶属关系有关规定的通知》。物探局工会基层组织情况见表15－6。

表15－6 1980～1997年物探局工会基层组织情况表

年份 \ 项目	职工（人）	会员（人）	工会小组（个）	车间工会（个）	局属工会（个）	专职干部（人）	积极分子（人）
1980	15365	11228	1170	215	20	34	180
1981							
1982	17849	15792	1237	241	21	51	
1983							
1984	16945	15510	1280	267	24	65	1752
1985	17633	16489	1337	279	25	79	2597
1986	18642	17318	1447	273	25	100	2778
1987	19201	18369	1484	286	25	127	3024
1988	21206	18744	1494	305	25	127	3024
1989	20709	19809	1424	317	24	129	3416
1990	21133	20378	1598	310	24	121	3419
1991	22137	21217	1696	322	24	132	3503
1992	23360	22067	1841	369	27	137	4026
1993							
1994							
1995	24371	23846	1912	384	30	151	3732
1996	24682	24231	1784	381	29	148	3081
1997	23570	23089	1875	411	32	115	3666

(二) 创建“职工之家”活动

1984年，局工会根据全国总工会关于“整顿基层组织，建设职工之家”的要求，制定了建家的六条标准，规定了验收程序、验收细则和评分办法，使建家工作在全局推开。到1988年，全局有18个单位建成合格“职工之家”，有238个基层工会建成合格“职工小家”。1990年5月全国总工会发出《关于继续深入开展建设“职工之家”活动的决定》，要求把建家活动从整顿组织转到发挥工会职能作用和增强基层活力上来，提出了六项要求和整顿建家的六条标准。为此，局工会修订了局属单位工会和基层工会建家的验收标准和实施细则，提出了建好“小家”、保“大家”，提高建家质量，建成“职工之家”单位要“回头看”，巩固建家成果，建家要扩充新内容，做到常建常新的要求。建家验收的方法由过去的基层工会达标、职工认可、单位申请、局工会验收，改为主要由本单位职工自检、自查、自评，上级工会检查确认和经常性的检查相结合。到1997年末，局属单位建成合格“职工之家”28个。

（三）工会干部培训

从1973年到1988年，物探局工会干部培训主要采取以会代培和每星期学习的方法，围绕党的中心和工会工作的重点，由各单位工会自行组织。1989年后，为了深入贯彻中共中央（1989）12号文件精神，局工会制定了《工会干部教育工作实施意见》，对工会专职干部进行规范化、适应性岗位培训和专业人才培训。规定副科级以上的专职工会干部由上级工会调训；其他专职工会干部由局工会培训；基层工会的兼职干部由各单位工会培训。

局工会于1992年、1993年、1995年举办了工会专职干部规范化岗位培训班，共培训129人。每期开设马列主义基本原理、经济管理、劳动法学、工会学、计算机应用及工会业务知识等7门课程。经考试合格，发给学员《规范化岗位培训证书》。

局工会对副科级以上工会干部的培训，每年都要制定培训计划和管理要求，1995～1997年组织参加全总、省总调训60多人次。此外，还举办了法律、民主管理、生活保障、集体合同等专业人员的调训。

局属单位对兼职工会干部，每年按局工会的安排，结合生产、工作实际，因时因地制宜地采取多种形式组织学习，保证每人每年不少于56学时。

二、宣传教育

（一）职工思想政治教育

局工会始终紧密配合党的中心任务，围绕物探局的改革发展，充分发挥宣传阵地的优势，采取多种形式对职工进行党的路线、方针、政策教育，社会主义和爱国主义教育，法律法规的普及教育和“五讲四美三热爱”教育，为物探局的改革和发展及两个文明建设做出了应有贡献。

1981年组织职工深入学习《关于建国以来党的若干历史问题的决议》，使广大职工加深了对四项基本原则的理解，增强了对党的领导和社会主义前途的信心。1982年4月，局工会与局党委宣传处组织6名局劳动模范和先进典型，在徐水、涿县地区进行行业对口先进经验交流。根据全国总工会《关于号召全国职工向赵春娥学习》的精神，组织全局职工开展向赵春娥学习的活动，并把学习赵春娥的活动与贯彻党的十二大精神结合起来，与学习本单位的先进模范人物结合起来，教育全局职工把崇高的革命理想与主人翁的实干精神相结合，保持和发扬石油工人的优良传统和作风，激发了职工投身物探事业的工作热情。

为贯彻党的十二大精神，局工会下发了《关于认真学习宣传党的十二大文件的通知》，采用多样形式，结合学习马列主义、毛泽东思想的基本理论，使职工领会和掌握文件的基本精神，进一步提高了职工的思想政治觉悟。

1983年，根据党的十二大对工会的要求和改革的战略部署，贯彻局双代会精神，组织全局职工学习全国先进人物蒋筑英、罗健夫、赵春娥、张海迪，河北省劳动模范田益兰、艾有勤和物探局劳动模范的先进事迹。通过举行座谈会、报告会等形式，对职工进行共产主义理想信念的教育，促进了物探局“五讲四美三热爱”活动的开展。

1987年，局工会为进一步促进法制教育的开展，订购《法律、法规选编——职工读本》，下发各基层工会，要求组织广大职工学习。在此基础上组织全局职工参加全国职工法律知识竞赛，寄送答卷3406份，局工会获优秀组织奖。

1992年9月19日，局工会为深入学习、宣传和贯彻《工会法》，组织在河北省境内的职工参加河北省总工会举办的“秦港杯”《工会法》知识竞赛，获优秀组织奖。

1994年，根据局党委的安排，局工会订购《邓小平文选》第三卷和《邓小平论工人阶级与工会》近千册，组织广大职工学习。3月1日至5月30日，组织全局职工参加由全国总工会宣教部、《工人日报》社和河北省总工会举办的班组社会主义市场经济知识竞赛，全局职工参赛率达85.7%；班组参加率为88.9%；答题正确率达98.7%，有14个班组被评为省级优秀班组，局工会获河北省最佳组织奖。2～7月，局工会与《石油物探报》社联合举办《社会主义市场经济与工会工作有奖征文》活动，从中推荐8篇征文参加河北省总工会、《河北日报》、《河北工人报》联合举办的征文活动，获河北省优秀组织奖。6月，组织全局职工认真学习《劳动法》，并组织全局工会干部参加全国总工会、劳动部、中央电视台联合举办的《劳动法》电视讲座学习。同年9月组织全局职工学习中共中央印发的《爱国主义教育实施纲要》，下发了《关于学习贯彻〈爱国主义教育实施纲要〉的安排意见》，充分利用各种宣传阵地，采用多种形式，对职工进行爱国主义教育。

1995年10月25日至12月15日，组织全局职工开展了社会主义职业道德学习教育和知识竞赛活动。全局共有14696名职工参加答卷，14人分别获河北省一、二、三等奖，50人获参与奖，物探局工会获河北省总工会优秀组织奖。

1996年，为全面落实局党委关于实施"四个一"工程的要求，弘扬物探局职工用热血和汗水浇铸的"塔克拉玛干精神"、"藏北精神"，举办了"英雄物探人"专题文艺汇演，受到职工群众的欢迎和好评。

(二) 职工读书自学活动

1983年，中共中央转发了中华全国总工会《关于开展职工读书活动的报告》后，局工会立即在全局范围内开展了以读中国近代史、中共党史和社会发展史为主要内容的"振兴中华、振兴物探"职工读书自学活动。全局有10个单位成立了职工读书自学指导委员会、134个读书小组，参加读书自学职工2522人。1984年，局工会组织全局职工参加了由河北省总工会组织的《工人日报》社、全国总工会宣教部举办的"振兴中华职工读书知识竞赛"活动，物探局获奖人数占河北省获奖总数的四分之一，获奖率占33%，物探局被评为"振兴中华读书知识竞赛先进集体"称号。

1995年，物探局成立了职工读书自学成才评审委员会，制定了《物探局职工读书自学成才奖励办法》和《物探局职工读书自学成才奖的评定办法》，使职工读书自学活动进一步制度化、规范化。同时，加强了图书阅览设施建设，全局新建、改建、扩建图书馆（阅览室）41个，购买大量的政治、经济、科技、文化、法律、管理等书籍，总藏书量达30万册。各地调处为56个物探队配备了图书箱、书籍、电视机、录像机、录音机和音像带，较好地解决了野外职工读书难的问题。1995年和1997年物探局两次对在职职工读书自学活动中涌现出的先进单位和个人进行了表彰。据不完全统计，到1997年底，通过自学获得高一级学历的职工有3383人，其中大部分已经成为业务骨干。

(三) 工会法律工作

随着社会主义市场经济的建立和国有企业改革的不断深入，劳动关系发生了深刻变化。在局党委的领导和支持下，局工会认真履行维护职能，独立自主地开展工作，积极参与企业内部改革，特别是《劳动法》颁布后，以贯彻实施《劳动法》为契机和突破口，以建立和完善平等协商、集体合同制度为重点，以物探生产为中心，积极团结广大职工群众，在推进改革、加快发展、维护稳定中发挥主力军作用，及时稳妥地做好劳动争议的预防和调解工作。为了职工队伍的稳定和企业生产发展，先后制定了《物探局集体合同》、《物探局职工持股会章程》和《物探局集体合同管理暂行办法》。

1987年以后，局工会认真学习贯彻全国总工会和司法部《关于把职工普法教育引向深入的通知》及全国人大常委会《关于加强法制教育维护安定团结的决定》，拨专款购买学习教材，认真组织职工学习法律知识，参加由《工人日报》社和全国总工会宣教部举办的全国职工法律知识竞赛。使职工的法律意识得到增强，懂得用法律维护国家、企业和个人的合法权益。

1994年，《中华人民共和国劳动法》颁布后，局工会立即下发通知，购买教材，组织专职工会干部参加由全国总工会、劳动部、中央电视台举办的《劳动法电视讲座》学习。全局124名专职工会干部经过学习获得了由全国总工会等颁发的结业证书。1995年6月，局工会举办工会干部《劳动法》培训班。全局22个单位和局工会各部室的干部参加了学习，共收看《劳动法》等8个辅导报告，学习、讨论了《劳动法》3个配套法规文件，并结合实际研讨如何贯彻《劳动法》的有关问题。全局有9个单位举办了脱产、半脱产《劳动法》培训班，有1519名干部职工参加了培训学习；有15个单位举办了不同形式的《劳动法》知识竞赛，参加职工6800余人。同年，为了进一步贯彻《劳动法》，加强工会法律工作的组织建设，更好地维护职工的合法权益，局工会下发关于成立劳动争议调解委员会的通知，并制定了《劳动争议调解委员会工作细则》。全局33个单位先后成立了劳动争议调解组织。为了提高劳动争议调解工作和工会劳动法律工作水平，局工会举办了劳动争议调解员、劳动法律监督员培训班。有3人参加了河北省总工会法工部举办的法律工作者培训班，经过考试获全国总工会颁发的法律工作者证书。到1997年底，全局共发生劳动争议案件60余起，调解成功率达96%。

1996年以后，物探局推行平等协商签订集体合同制工作取得显著成效。局第四届职代会第七次会议通过了《中国石油天然气总公司地球物理勘探局集体合同》，局长钟辛生和局工会主席肖平在合同文本上签字。合同对企业与职工的权利和义务，职工的劳动报酬、工作时间和休息休假、劳动安全卫生、社会保险、福利、培训，劳动合同和劳动管理、纪律与管理、监督检查与合作，合同的履行、变更、解除和终止、争议处理及违约责任等内容做了详细规定。会议还通过了《物探局建立平等协商制度的实施办法》和《关于在物探局公司制企业建立健全职工董事职工监事制度的意见》、《物探局关于设立职工持股会的试行办法》。局及有关部门在坚持全心全意依靠工人阶级的思想指导下，尊重工会维护职工的合法权益，支持职工依法参加民主管理，做到了在提高经济效益的同时，不断提高职工的物质文化生活水平。

三、群众生产

（一）社会主义劳动竞赛

物探局工会自成立之日起，即围绕物探生产中心任务，根据各个不同时期的特点，开展了形式多样的劳动竞赛。通过群众性的比、学、赶、帮、超竞赛活动，促进了物探生产和各项工作。涌现了一大批先进集体和劳动模范（详见第十六篇 人物、先进集体和个人）。1983年以前，主要是围绕“工业学大庆”活动，以铁人王进喜为榜样，组织开展劳动竞赛，发扬大庆“三老四严”、“四个一样”的传统，当好石油勘探尖兵。

1983年，物探局党委下发《关于开展争创“文明集体”活动的决定》，制定了在物探队开展创“文明队”活动的竞赛办法。各二级单位根据各自的生产特点，制定具体竞赛评比条件，开展“文明集体”竞赛。在机关二线和后勤单位，开展了“文明食堂”、“文明商店”等多种形式的竞赛活动，均收到了好的效果。

1984年，局为加强对劳动竞赛的组织领导，成立了物探局劳动竞赛委员会，办事机构设在企业管理处。同年6月27日，石油部决定在全国各油区的同类型基层队和车间之间，开展优质高效劳动竞赛活动。为此，物探局在局属各单位开展了多类型、多层次的竞赛活动。劳动竞赛的广泛开展，提高了职工素质、生产效率、经济效益，全局物探队各项生产指标创历史最好水平。

1985～1986年，物探局按照石油部关于开展劳动竞赛，加强队伍建设的通知精神，在全局范围内开展了争创“双文明”集体和争当模范的竞赛活动。局属各单位都成立了劳动竞赛委员会，把劳动竞赛和落实经济责任制各项指标结合起来，以生产、技术、管理上的创新、创优、创先为重点，以加强队伍建设和基础工作为保证，变块块评比为行业评比，变按比例、定名额评比为按条件、凭数据事实推荐的劳动竞赛。其形式有：在物探队中开展争创“双文明队、奖牌队竞赛”；同工种争创“最佳”竞赛；同行业选“优”竞赛等。另外，各单位还结合岗位、工种和生产实际，开展了“赛任务、赛质量、赛管理、赛安全、赛成本、赛文明服务”活动，以及节日献礼、红五月等阶段性的竞赛。

1987～1990年，在全局广泛开展了增产节约、增收节支运动和以工业学大庆、企业上等级为目标的群众性活动。围绕“双增双节”全局继续开展争创“双文明”集体竞赛活动和专业性的单项竞赛活动；结合生产实际，针对薄弱环节开展“短、平、快”式的竞赛和阶段性竞赛；开展班组升级达标竞赛，收到好的效果。仅1987年、1989上半年在华北施工的物探队就分别节约施工补偿费321.9万元和250多万元。

1989年，局下发了《关于执行“河北省省级职工劳动模范管理暂行规定”的通知》及《关于给省级劳动模范晋升工资有关问题的通知》，对1989年命名的9名省部级以上劳模晋升了工资，为11名省部级劳模办理了河北省政府颁发的“劳动模范荣誉纪念证书”。

1991年，在全国开展的“质量、品种、效益年”活动中，物探局紧密围绕塔里木、吐鲁番、陕甘宁为重点的八大勘探项目，结合企业升级和“双文明”达标活动，发动广大职工开展以提高勘探质量、降低消耗、提高经济效益为主要内容的劳动竞赛。劳动竞赛的开展，促进了生产任务的完成，上半年野外勘探工作量创历史最好水平，施工质量和效率显著提高。1至6月份，完成二维地震测线14997公里，为年计划的75%，比上年同期提高6.4%；完成三维地震勘探面积891平方公里，为年计划的99%，比上年同期提高31.6%；完成工业产值（1990年不变价）6025.2万元，为年计划的66.6%，比上年同期增长5.3%。

1992年，围绕物探生产中心，坚持落实石油工业“稳定东部、发展西部”的战略方针，积极开展创建双文明集体竞赛活动。根据总公司《基层队社会主义劳动竞赛评比办法》，物探局制定了《金银铜牌队和双文明一级队考核评比办法》，使物探局的双文明达标升级活动与争创总公司同工种奖牌队竞赛活动有机地结合起来。在新疆塔里木主战场，局前指组织参战的44个物探队、8000多名职民工，开展了“双优杯”（双文明建设优秀）竞赛和质量信得过队竞赛活动。会战职工发扬“奉献、拼搏、团结、开拓”的塔克拉玛干精神，到6月份就保质保量地完成了全年勘探任务。有9个队获得“双优杯”、4个队被评为质量信得过队。为奖励先进，调动广大职工的生产积极性，局印发《物探局3%奖励晋级实施办法》，对获全国、省部、局级劳动模范称号及其他全国先进（优秀）称号的个人，以及获总公司奖牌队、局双文明集体单位的奖励晋级办法做了明确规定。

1993年，在全局范围内深入开展创建双文明集体竞赛活动。地调二处积极探索劳动竞赛的新路子，开展了各种形式的竞赛。他们在科研单位开展“四个一”竞赛（即：一项技术成果、一篇科技论文、一项技术革新、一条合理化建议）；在物探队开展“创四个第一”竞赛（即：生产质量第一、安全生产第一、降低成本第一、最终效益第一）；在机关科室开展“马上就办”竞赛等。同年，总公司不再搞奖牌队评比活动，物探局决定，继续在物探队中开展金、银、铜牌队的竞赛活动。

1994年，为配合总公司“94质量万里行”活动，局工会和局塔里木前指联合开展了“塔河杯”质量竞赛。各地调处为此项竞赛成立了领导小组，各物探队认真组织，精心安排，严格管理。通过竞赛，进一步增强了职工的质量意识，使塔里木探区物探质量上了一个新台阶。地调一处2312队，地调二处2256队、2220队，地调三处238队、2142队等获得1994年度“塔河杯质量竞赛优胜队”称号。

1995年，局属各单位根据局职代会确定的“转机制、抓管理、练内功、增效益”的工作目标，广泛开展了劳动竞赛活动。在塔里木探区继续开展“塔河杯”质量竞赛。研究院工会结合本单位的重点工作，开展了“处理优质”、“管理基础工作”、“安全驾驶”等专项竞赛。局工会组织劳模在全局作巡回报告；印发了物探局的全国和省部级劳动模范、先进集体事迹材料汇编。6月28日，陆上石油工业特等劳动模范吕元平的先进事迹在中央人民广播电台新闻和报纸摘要节目“为党旗增辉”栏目中播出，扩大了物探局在全国的影响，坚定了物探职工在塔里木找油找气的信心。

1996年，物探局党委、物探局批转局工会《关于深入开展社会主义劳动竞赛的实施意见》和《物探局职工劳模管理暂行规定》。提出在全局范围内除深入开展争创双文明先进集体和争当劳动模范活动外，组织开展群众性的单项立功竞赛活动。同年，局工会和局青藏项目组联合组织在藏北探区开展“珠峰杯”QHSE（质量、健康、安全、环保）竞赛活动。藏北探区广大职工发扬了“五个特别能”的精神，优质高效地完成了藏北勘探任务。地调四处2254队、地调五处316联队和701队被评为1996年度“珠峰杯”QHSE竞赛优胜队。在新疆塔里木探区继续开展了“塔河杯”质量竞赛，全年有8个物探队被评为“塔河杯质量竞赛优胜队”。

1997年，物探局党委、物探局批转局前指、局工会《关于在塔里木探区开展争创“塔河杯全优工程”竞赛活动的实施办法》，将原“塔河杯”质量竞赛和“HSE”竞赛扩展为“质量优、管理优、效益优、领导班子优、队伍建设优”竞赛。同时在藏北探区开展了争创“珠峰杯全优工程”的竞赛活动。1997年度有11个队被评为“塔河杯全优工程”优胜队，1个队评为“珠峰杯全优工程”优胜队。局各单位都根据生产、科研实际，组织开展劳动竞赛。地调一处开展了安全上的“平安杯”，质量上的“优胜杯”，设备上的“红旗杯”，管理上的“效益杯”竞赛；技工学校在教师中开展了“最佳教案、最佳授课、最佳教学研究、最佳教书育人、最佳教练”创优竞赛活动；各单位在“学邯钢，做主人”竞赛活动中，都实施了目标成本管理。同年，局工会针对在开展立功竞赛活动中存在的一些问题，及时下发《关于在全局深入开展立功竞赛活动有关问题的补充通知》，对立功竞赛的奖励标准等进行了补充、修改和完善。为突出立功竞赛活动的现场性和及时性，局劳动竞赛委员会把立功审批权下放到局塔里木前指和青藏项目组。全年两个探区共有11个集体和班组及33名个人立功。

（二）合理化建议和技术改进活动

全局群众性的合理化建议和发明创造活动，主要以围绕物探生产中心，促进物探采集、处理、解释的技术进步，提高装备制造能力，提高企业管理水平和职工素质，坚持与劳动竞赛、双文明达标升级、“三爱两比”等活动相结合，发动广大职工提建议、搞革新，发挥职工群众的生产积极性和创造力。

1991年，根据国务院关于开展“质量、品种、效益年”活动的通知精神，局印发了《物探局、物探局工会关于在全局广泛深入地开展合理化建议和发明创造活动的通知》，成立了局合理化建议和发明创造活动领导小组。局合理化建议和发明创造活动的日常组织工作分别由局行政有关部门和局工会承担。同时，完善了合理化建议的处理程序和奖励实施办法，制定了物探局合理化建议和发明创造活动先进单位、先进队（站、车间、班组）等条件。各单位在活动中要求每个职工提一条合理化建议，每个班组有一项“QC成果”或技术改进，每个队、站、车间攻克一项技术难关、推广一项先进技术或先进操作经验；以“双增双节”为主要内容，以促进物探采集、处理、解释的技术进步和装备制造工艺水平的进步，提高职工的技术素质和企业管理水平为主攻方向，抓住关键问题和薄弱环节，充分发动职工献计、献策。同时将合理化建议和发明创造活动同“五小”（小发明、小革新、小改造、小设计、小建议）活动以及各种形式的劳动竞赛有机地结合起来；同技术协作和技术攻关结合起来。恢复和坚持实行工人、技术人员和领导干部以及工厂、科研单位和大专院校的两个“三结合”的形式，组织好技术协作和技术攻关，搞好建议的采纳、实施工作，使合理化建议和发明创造活动的成果尽快转化为生产力，以取得更多的经济效益。

1993年，全局实施合理化建议和技术改进项目256条，获得经济效益2478万元。1995年，地调二处侯海水研制成功并被誉为“侯氏吹沙筒”的DSM-1型和2型大沙漠钻具，在塔里木探区使用后，每年节约资金300万元，为此，局发给其奖金2万元。1996年全局实施合理化建议273条，创经济价值2500万元。1997年，合理化建议活动在全局蓬勃兴起，全局有20个单位建立完善了合理化建议活动组织和奖励细则，11个单位提合理化建议2247条，创经济效益1885万元。地调二处注重奖励兑现，给在合理化建议和技术改进活动中成绩突出的尹凤权、侯海水各奖励1套3室1厅新住房，在职工中引起很大反响。全处群众性小改小革活动空前活跃，一批合理化建议成果相继出现。该处“落实奖励环节，保护职工积极性”的经验受到物探局和河北省总工会的重视。河北省总工会副主席赵明晨等专程来物探局调研，在局有关部门的配合下，整理出“完善奖励机制，加大奖励力度，激励职工为找油找气建功立业”的经验，并由物探局工会主席肖平在河北省总工会八届一次全委会上作了介绍。

（三）岗位练兵和技术比赛

1985～1988年，局要求物探队利用生产空隙、仪器检修、刮风下雨不能出工和队伍收工集训的时间结合岗位和生产实际，由物探队各自组织岗位培训和岗位练兵，学习业务知识和生产技能，并进行理论和实际操作考试，以检查学习效果。

物探局工人技术比赛从1989年5月开始。当年中国石油天然气总公司、共青团中央在《关于举办全国石油系统青工技术比赛的通知》中分配物探局一名汽车驾驶员参赛名额。为此局成立了汽车驾驶员技术比赛组织委员会。同年7月7～9日，局在徐水运输处举办了汽车驾驶员技术比赛，对比赛中获得前5名的选手授予技术能手称号，并向双及格选手颁发了7级汽车驾驶员技术等级证书，给予适当奖励。同时，组委会推荐获驾驶员技术比赛第二名的运输处杨德利参加全国石油系统青工技术比赛。

1990年，局和局工会联合发出通知，决定在各单位开展群众性岗位技术练兵的基础上，举办全局爆炸工、车工、钳工、焊工、炊事员5个工种的技术比赛。参加比赛的有17个单位的68名选手，整个比赛从8月23日开始到10月23日结束。在10月24日的闭幕式上，由局领导宣布物探局的决定：对双及格选手颁发技术等级证书；对优胜者授予“物探局技术能手”称号，其中给9名选手晋升一级工资；对已达到工人工资七级的15名选手给予一次性物质奖励；推荐爆炸工司立强，车工赵子云，钳工马小武、闫绍国，焊工王群，炊事员杨继坤、李纪丰7人参加河北省技术能手评比。

此后（1992年除外），物探局每年都举行工人技术比赛。到1997年，已举办了24个工种，44个工种次的技术比赛。参赛780人，其中理论和实际操作双及格的415人，被授予“工人技术能手”称号的228人，晋升技师的65人，晋升工资的50人。通过技术比赛，调动了职工学习业务技术的积极性，培养出一大批业务熟、技术精的“能工巧匠”和“岗位明星”。物探局历年工人技术比赛情况见表15-7。

（四）劳动保护

1984年前，局工会劳动保护工作主要配合行政做一些安全生产方面的工作，对各种事故作简要分析，对职工进行安全教育。1984年7月，局工会对劳保干部进行了业务培训考试，以提高他们的业务水平和工作能力。1985 年 8 月，局工会转发了《关于劳动保护监督检查的三个条例的通知》，并作为“整顿建家”活动的重要内容进行评比考核。第三勘探公司、地质普查公司等单位针对在新疆和内蒙古施工的野外职工吃饭难、饮水难、住房难、劳保措施差等情况，向局提出给物探队配冷藏车和野营车，给职工配保温饭盒和蚊帐，给电法队的电话员配太阳伞，落实误餐、放射保健和风沙费，给野外班组配通讯设备等建议，受到领导重视，并得到了解决。

表 15－7　1989～1997 年物探局工人技术比赛情况表

比赛时间	比赛工种	参加人数	双及格人数	技术能手人数	晋升技师人数	晋升工资人数
1989 年 7 月	汽车驾驶员	13	8	5	1	
1990 年 8 月 23 日～10 月 23 日	车工、钳工、焊工、爆炸工、炊事员	68	21	24	6	9
1991 年 9～10 月	地震钻井工、汽修工、电工、车工、钳工	66	20	15	10	
1993 年 9 月 6～27 日	测量工、驾驶员、炊事员	45	28	13	6	5
1994 年 1 月 7 日、7 月 25 日	锅炉工、电工、打字员、放线工、爆炸工、话务员、电缆工	121	51	31	5	4
1994 年 7 月 20 日～9 月 25 日	维修工、放线工、爆炸工、锅炉工、微机打字员	81	38	25	6	4
1995 年 7～10 月	勘探工、推土机手、汽修工、钳工、车工、焊工驾驶员	122	89	40	18	14
1996 年 10 月 6～16 日	勘探工、锅炉工、保管员、可控震源工、驾驶员、炊事员、测量工、电工、服务员	152	94	45	7	8
1997 年	勘探工、汽修工、车工、钳工、文字录入工、计算机操作工	112	66	30	6	6
合　计	24 个工种、44 个工种次	780	415	228	65	50

注：1. 参加人数中含总公司：1995 年 10 人、1997 年 28 人、1997 年 31 人；
2. 参加人数同双及格、技术能手、晋升技师、晋升工资人数相加不相等，例如同一个人既获称号又升级。

1986 年，局工会配合行政搞了春冬两次安全大检查，转发了全国总工会《关于加强群众监督大力减少伤亡事故的几项措施》的通知。要求局各级工会：（1）建立车间（物探队）劳动保护监督检查委员会，建立班组劳动保护检查员；（2）积极配合安全部门做好日常的安全检查工作；（3）建立及时汇报的制度。

1987 年，局工会转发了河北省总工会《〈两个条例实施细则〉（试行）的通知》，抓了劳动保护工作的组织建设、班组建设、制度建设。

1988 年，局工会贯彻了全国总工会和国家经济委员会《工业企业班组安全建设意见纲要》，使“预防为主、群防群治”的群众劳动保护工作方针在物探局得到落实和加强，群众性安全生产活动更加活跃，涌现出一批先进集体和个人。

1989 年，局工会着重抓了劳动保护的基础工作，建立健全劳动保护组织，全面推进班组安全建设，总结推广了各地调处、研究院等单位的劳动保护工作经验。同年，研究院 1542 名职工参加全国《工业生产安全知识竞赛》，1 人获特等优秀奖、1 人获一等奖、4 人获二等奖、60 人获纪念奖；研究院获“组织优秀奖”。

1990 年，局工会配合行政把班组建设作为安全工作的重点，大力开展班组的“三标”（标准化班组、标准化岗位、标准化现场）活动，有力地推动了班组安全建设。地调四处 2165 队被河北省评为安全建设优秀班组。

1991 年，局工会将伤亡事故和职业危害信息报告工作列入劳动保护工作日程。在“质量、品种、效益年”中，认真贯彻“安全第一、预防为主”的方针，进一步落实各级工会劳动保护监督检查责任制，在促进职工劳动条件不断改善，维护和保障广大职工的安全健康等方面发挥了作用：（1）基础工作（组织、培训、制度）明显加强；（2）高层次参与有了发展（参与讨论和制定规章、条例等）；（3）监督检查活动效果显著（工会独立开展检查宣传活动，网络化监督等）。

1992 年 4 月，《中华人民共和国工会法》颁布后，物探局各级工会深入学习，整顿劳保组织，抓班组安全建设。6 月，河北省总工会、河北省保险公司下发《关于开展选树安全生产标兵、安全标杆班组活动的通知》；物探局地调二处2201队司机组被评为安全标杆班组，地调四处2153队爆炸班被评为安全优秀班组，地调一处张会军被评为安全生产标兵，地调三处刘树怀被评为安全先进生产者。同年，局工会对劳动保护组织建设、管理工作、监督检查、伤亡事故、职业危害、“三同时”工作、为基层服务工作进行评价，使劳动保护工作进一步得到落实。

1993年5月24～31日，局为配合全国安全生产委员会以“遵章守纪，杜绝三违”为主题的“安全生产周”活动，针对本单位安全生产薄弱环节和突出问题，开展了多种形式的安全活动。

1994年4月，局工会转发河北省总工会《关于开展“安全监督杯”竞赛活动的通知》，号召各级工会组织投入竞赛，要求做到“三加强”：(1)加强工会劳动保护组织建设；(2)加强劳动保护业务建设；(3)加强班组安全建设。强调要把“三加强”和行政开展的安全“三标”活动紧密结合起来。同年6月9～15日，局工会在地调二处举办了工会劳动保护师资培训班，25个单位工会的29人参加了学习，为各单位工会培训劳动保护检查员准备了师资力量。当年全局27个单位建立了工会劳动保护监督检查委员会，各基层工会选举产生了402名工会劳动保护监督检查员，1506名工会小组劳动保护检查员。二级单位基层工会劳保组织组建率100%，工会小组检查员组建率98.3%以上。同年7月《劳动法》颁布后，各级工会贯彻“以人为本，珍惜生命，保护环境，增强健康”的指导思想，突出维护职能，注重抓了基层劳动保护工作。1996年，局工会重视安全生产和劳动保护，在调查研究的基础上形成了“五抓”、“五结合”的工作新思路：一抓学习、二抓组织、三抓制度、四抓激励、五抓调研；把劳动保护工作与贯彻《劳动法》相结合、与技术竞赛相结合、与评先创优相结合、与班组达标相结合、与HSE竞赛活动相结合。

1997年，物探局工会劳动保护工作有了新进展：一是各单位根据机构的变动及时调整了劳动保护检查员，基本做到大班组配备两名、小班组配备一名检查员；二是各单位重视提高工会劳动保护检查员的素质，进行了多种形式的培训；三是不断开展劳动保护监督检查活动。把重点放在基层班组安全建设上，强化“三标”管理，坚持“反三违”教育，坚持“两穿两戴”等，提高了职工的自我保护意识。5月间，局工会主席刘明义等到藏北探区搞劳动保护调查，写出了“藏北劳动保护调查报告”。局领导对调查报告非常重视，采纳了局工会提出的职工在西藏工作连续3年必须轮换，并给予40天全休，安排短期疗养，3个月内不安排重体力劳动等的建议。

四、职工生活和女工工作

（一）兴办职工互助补充保险

职工互助补充保险是由工会主办、职工自愿参加，资金以职工个人缴费为主、各方资助为辅，在职工及其家属发生生、老、病、死、伤残、失业、意外灾害等风险时，给予一定物质帮助的保险。

1996年，根据上级工会的要求，局工会兴办职工互助补充保险。同年4月，局工会在地调三处正定基地召开职工生活保险工作会议，总结推广研究院工会进行职工互助补充保险试点经验。成立了物探局职工互助补充保险储金管理委员会，制定了《物探局职工互助补充保险管理办法》和《物探局职工互助补充保险财务管理办法》。根据互助补充保险管理办法的规定，局属各单位采取“职工个人交一点、行政补一点、上级工会资助一点、本级工会拿一点”的办法筹集资金。局工会从经费中挤出100万元按人均40元无息借款资助各单位储金会。到1997年全局有15个单位办起了职工互助补充保险，入保职工15770人，占职工总数的61%，总储金9333289元。给予248名职工一定的物质帮助，支付保险金57600元。

（二）女职工工作

从1973年物探局成立到1992年上半年，局工会结合实际开展了女职工工作。深入开展“自尊、自信、自立、自强”的“四自”教育活动。各单位工会结合实际，组织女职工学习“四自”教育的文件、材料，观看有关电视专题片；开展“改革中女工出路何在”大讨论；组织专业技术技能培训等活动。1991年“三八”节期间，局工会举办了物探局第一次女职工书法、绘画、刺绣、手工艺品展览。1992年3月6日，局工会在局接待服务中心召开了庆祝“三八”妇女节暨女职工“四自”先进事迹报告会，表彰了女职工“四自”标兵、女职工工作先进集体。1988年，局转发国务院《女职工劳动保护规定》，下发了贯彻《女职工劳动保护规定》的补充通知。总结推广了地调四处野外女职工经期休假2天和机械厂给车间女职工经期1天的能力工时的做法。1989年，局工会相继转发 全国总工会和河北省总工会关于建立女职工委员会的通知，全局有17个单位建立了女职工委员会。

1992年5月，局工会成立了女工部，设专职干事2名。上半年，局工会组织10个单位工会对女职工工作就如何转变作风、服务基层、充分发挥兼职委员作用进行了研讨。1993年1月，局工会和局团委联合举办了物探局首届女职工健美操大赛，15个单位的180名女职工参加了比赛。3月6日，局工会召开了《物探局庆三八女职工座谈会》，13个局属单位的女劳动模范、女科技工作者和女职工工作专职干部，5个单位的女领导干部参加会议，与会人员就解放思想、转变观念、提高素质、增强竞争能力进行了讨论。

1993年9月，局工会女工部和劳保部合并为生活女工部。1994年3月11～12日，物探局工会召开第一次女职工代表会议，71名女职工代表代表全局8000余名女职工参加会议。会上总结了工作，交流了经验，表彰了先进女职工委员会和女职工“四自”标兵及优秀女职工工作者。选举产生了物探局第一届女职工委员会。到1997年末，全局有25个局属单位的80个基层工会建立了女职工委员会。1994年8～10月，为迎接世界妇女大会召开举办系列活动，局工会组织全局女职工参加全国总工会举办的“全国女职工迪康杯迎95世界妇女大会知识大奖赛”，物探局有6600余名职工参加答题，在2999份优秀答卷中举行了隆重的抽奖仪式。1995年9月，在局报告厅举办了物探局第二次女职工书法、绘画、刺绣、手工艺品展览。物探中学女职工委员会刺绣的一幅长3.5米、宽2米的大型“祈盼和平”壁挂获一等奖。此壁挂获“河北省女职工书法、绘画、刺绣、手工艺品展”一等奖，并作为贺礼送往北京第四次世妇会，获中国组委会颁发的证书。物探局王淑萍被推荐为世妇会非政府组织论坛成员。局属各单位以多种形式在女职工中开展了“四自”教育活动。地调二处开展的“立志达标”活动，机械厂开展的“岗位明星”活动，特车厂开展的“练好基本功，当好主人翁”等活动，都调动了广大女职工学技术、学业务的积极性。

1997年“三八”妇女节，局工会在地调五处召开了《物探局庆“三八”女职工“四自”经验交流暨表彰大会》。会上，表彰了女职工“四自”标兵和先进个人。“四自”标兵介绍了她们发扬“四自”精神、立足本职、克服困难、勤奋好学、正确处理家庭与事业关系的经验。

广泛开展创建文明家庭活动。1994年“三八”节期间，为配合国际家庭年，局工会在全局广泛开展了创建文明家庭活动，共表彰文明家庭160户。1995年，局召开了庆“三八”暨建设文明家庭表彰会。来自局属各单位的工会领导、女工干部、文明家庭的代表共90多人参加会议。会上表彰了局“模范文明家庭”和“文明家庭”。1996年6月，局工会制定了《物探局开展创建文明家庭活动暂行办法》。7月15～16日，局召开了第二次创建文明家庭经验交流暨表彰会。各二级单位的工会主席、女工干部和文明家庭代表一百余人参加。会上表彰了创建文明家庭先进单位和“文明家庭”，10户文明家庭代表在会上作了事迹报告。她们中有夫妻共勉、立足本职、拼搏奉献的代表；有当好贤内助、支持丈夫，献身物探的代表；有尽心尽责、赡养父母、孝敬老人的代表。第二次创建文明家庭表彰会后，全局有17个单位对文明家庭实行挂牌制度。1996年8月，物探局创建文明家庭的经验材料，被河北省总工会推荐到全国总工会在重庆召开的家庭文化建设研讨会上进行书面交流；1997年又在河北省总工会扩大会议上进行书面交流。1997年，创建文明家庭活动被纳入局“三创一争”内容，接受局精神文明建设指导委员会指导，由局各级工会女职工委员会负责组织。截止到1997年底，全局共有不同层次的文明家庭4986户，其中全国文明家庭2户，河北省文明家庭2户，局文明家庭122户。由局工会主编的《家庭——人类文明的摇篮》一书印发至全局各单位。

第八章　职工文体活动

物探局各单位高度分散，许多单位地处城镇之外，职工文化生活单调。为了活跃职工文化生活，局逐年加大投入力度，使各单位的文体活动场所和设施不断完善，为广大职工开展文体活动提供了良好的条件和物质保障。到1997年底，全局有文体活动管理人员276人，其中兼职人员147人。

第一节 文化体育设施

1973年局成立时全局只有2个职工俱乐部，到1997年已增至11个，其他各类文化体育活动设施有：图书馆（室）19个、藏书量达40.22万册，职工文化、体育活动中心（歌舞厅）22个，台球室45个，旱冰场3个，游泳池（馆）17个，足球场6个，篮球场27个，排球场13个，羽毛球场10个，乒乓球室10个，灯光门球场16个，保龄球道5道，微型高尔夫球场1个，网球场3个，标准田径场6个，非标准田径场4个。

第二节 群众性文体活动

物探局工会紧密围绕企业生产、生活，充分发动职工广泛地开展小型多样、重在基层的各类群众性的文化体育活动。

1974～1984年，局举办了一系列的篮球、排球、足球、乒乓球和羽毛球的年度比赛，举办和承办了局及省、部级的桥牌、围棋、象棋比赛，以及全局性的职工文艺调、汇演和大型摄影、美术、书法等展览，活跃了职工文化生活。

1984年12月，局党委批转了局工会《关于加强职工体育活动的几点意见的报告》和《关于加强职工群众文化工作的报告》，相继成立了局文联和局体协。

1991年，为贯彻落实全国总工会、共青团中央以“三热爱”为主题的主人翁思想教育活动，广泛开展了“三爱二比”活动。5月3～6日，局工会、局团委在局机关举办了物探局第四届和青年第二届文艺汇演。6月，受总公司党组、中国石油文联等委托，物探局组织石油业余艺术团，赴新疆慰问参加塔里木和吐哈盆地石油勘探会战的职工。艺术团在两个探区活动23天，行程11000多公里，演出35场，观众达23150人次，召开座谈会和举行舞会6场次，圆满地完成了任务。

1992年5月13日，为纪念毛泽东《在延安文艺座谈会上的讲话》发表50周年，局工会举办了“中华大家唱（卡拉OK）歌手大奖赛”。7月1日，为纪念中国共产党成立71周年，局工会、局团委举办了物探局第五届职工文艺调演、第三届青年文艺汇演。

1993年1月8日，局工会举办物探局首届女职工健美操大赛，地调四处、第二职工医院、研究院分别获中青年组第一、二、三名；物探中学、机械厂、供应处分别获青年组第一、二、三名。10月5日，局工会与地调四处联合录制的反映2165队在艰苦的野外工作中为石油勘探拼搏奉献事迹的电视片，在由全国总工会组织的98部“模范职工之家、优秀工会干部”专题片评比中获一等奖。12月，为纪念毛主席诞辰100周年，局举办了以“缅怀领袖功绩、弘扬物探精神”为主题的纪念活动。

1994年8月20日，首届全国石油职工“铁人杯”戏剧小品大赛在大庆油田举行，物探局参赛剧目《新柜中缘》获优秀奖。9月26～28日，为庆祝建国45周年，贯彻落实《爱国主义教育实施纲要》，局工会开展了“颂祖国、爱物探”庆祝活动，举办了第六届职工文艺汇演和交谊舞、时装展示赛。9月30日，总公司直属机关庆祝建国45周年文艺汇演，物探局选送的舞蹈《山村小站》，获优秀节目奖，总经理王涛、副总经理周永康上台与物探局演员合影留念。9月，河北省总工会等举办“天府杯”河北省第二届美术、书法、摄影展，物探局参展的15幅作品中有8幅获奖，局工会被评为优秀组织奖，受到河北省总工会的表彰。

1995年5月1日，中华全国总工会、中国音乐家协会、中国舞蹈家协会在北京联合举办全国企业音乐舞蹈调演，物探局陈京华创作演奏的二胡随想曲《找油人》获二等奖。5月30日至6月2日，物探局参加了《绿风95杯》河北省业余文艺大赛，物探局涿州子弟学校程红获美声三等奖，特车厂柳伟获通俗组三等奖，徐水子弟学校高书义获京剧清唱三等奖，局工会、局音舞协会获河北省优秀组织奖。8月，为纪念中国人民抗日战争胜利50周年，局工会举办了“95石油物探局职工歌咏大赛”，仪器总厂、地调四处、物探地质研究院分别获一、二、三等奖。10月，物探地质研究院代表物探局参加涿州市群众歌咏比赛获一等奖；仪器总厂百人合唱团代表物探局参加总公司歌咏大赛，受到总公司领导及参演单位的好评。

1996年2月5～6日，局举办了“英雄物探人”文艺调演，有10个单位的330名演职员参加。6月30日至7月1日，为纪念中国共产党成立75周年，局组织全局职工开展了以歌颂祖国为主题的职工歌咏大赛，来自全局22个单位的合唱团共1922名职工参加。6月，物探局仪器总厂百人合唱团进京参加总公司直属机关纪念长征胜利60周年《长征组歌》的演出，受到总公司领导及参演单位好评。同年局组织参加了中国音乐家协会举办的“世纪之声”全国征歌大赛，荣获金奖，并获全国厂（店）歌曲大赛“美晨杯”银奖和全国百家电视台音乐电视评比铜奖。选送11个声乐作品参加全国石油系统“石油之歌”歌曲征集活动，获1个一等奖、2个二等奖、2个三等奖、4个创作奖。

1997年1月14～25日，为贯彻落实党的十四届六中全会精神，活跃职工春节期间的文化生活，受局党、政、工、团领导的委托，局工会组成迎新春慰问演出团，到局属各基地慰问演出，受到基层职工、家属的欢迎。6月25～26日，局工会分别在徐水基地处和研究院举办了“物探局迎回归、颂祖国、庆‘七一’”文艺晚会。6月27日，组织“物探之声”小乐队参加总公司机关“迎回归、庆‘七一’”文艺汇演，乐队演奏的《石油工人庆回归》获优秀节目奖。6月至7月1日，在全局开展了“迎回归，颂祖国，庆‘七一’”系列活动，全局共有87个队1500余人参加迎（香港）回归知识竞赛，组织书法、美术、摄影展7次，共有830幅作品参展；群众文艺演出23场、3000余名职工表演了351个节目；并组织有2400余名职工参加的迎回归长跑活动。

第三节 文 联

1985年3月，根据中央有关文件要求，物探局成立了职工文化工作委员会（简称文委）。局文委成立后逐步建立健全了各项群众文化艺术活动组织。先后成立四方印社、文学协会、摄影协会、书法协会、美术协会、集邮协会。1991年在文委的基础上成立了局文联，又先后成立了电视协会、音乐舞蹈协会。各专业协会的领导均为兼职。到1997年，局文联有工作人员3人。

从1985年起，局文联坚持把基层作为开展职工文化活动的场所，围绕企业的中心工作开展职工文化活动，为企业的稳定发展服务、为生产服务、为基层服务，逐步形成了一支3千多人的职工业余文化艺术爱好者队伍，其中有的被社会文化团体吸收为会员，给予作家、书法家、摄影家等称号。物探局共有国家级会员17人、省级会员126人、部级会员131人。许多作品在全国性的展览会上展出、在报刊杂志上发表并获奖，为提高物探局的社会知名度作出了贡献。

一、领导机构

物探局文联成立于1991年，其前身是1985年成立的局文委。文联的下属组织：书法协会、文学协会成立于1987年，四方印社、摄影协会成立于1988年，美术协会成立于1989年，集邮协会成立于1990年，电视协会成立于1992年，音乐舞蹈协会成立于1994年。以上群众文化艺术活动组织均设置主席、副主席、秘书长。

二、主要活动及成果

1983～1993年、1995年先后举办物探局第一至十二届职工美术、书法、摄影展。

1985年金文和的《小港闹市》、孙渝苏的《幕归》两幅作品入选第三届国际摄影展（国家级）。

1987年物探局在北京王府井中国报影橱窗举办“石油尖兵”物探局摄影图片展；雷力鸣的《大漠狂风》获第四届国际摄影展金奖、摄影作品获1987年香港国际旅游摄影大赛金奖；金文和的《中国流行色》获“人与住房”全国摄影铜奖。

1988年金文和的《南国小港》入选第十三届亚太影展（国家级）、《影子》获第二届全国乐凯摄影大赛铜奖。

1989年物探局参加总公司第一届文化大赛，共有132个项目（作品）入选。其中获一等奖5个、二等奖6个、三等奖17个、优秀奖17个，获组织奖4个。张国辉书法作品入选第一届中国书坛新人展。刘明义的散文《浑善达克沙漠的炮声》获总公司和石化工会优秀奖。

1992年，局电视协会录制的《黑色梦》专题片，获中宣部主办的“庆祝中国共产党成立七十周年电视节目比赛”三等奖。刘明义的散文《又是青杨飘穗时》获全国石油文化大赛二等奖。

1994年：（1）局文联承办组织了总公司第二届文化大赛中的书法赛；（2）局文联举办纪念毛泽东诞辰100周年美术、书法、摄影、像章展；（3）局文联在北京王府井举办了物探局新技术、新风貌、新产品、新成果展；（4）局摄影协会组织参加了“石油杯”全国石油摄影艺术大赛，王援朝、崔文献、张秀东的作品分别获金奖、银奖、铜奖；（5）局电视协会制作的《二处工会围绕企业发展开展工作》、《八号油事故追踪》两部专题片获总公司电视协会好新闻评比二等奖，专题片《四十号楼漏水现象纪实》获三等奖；（6）局音舞协会组织参加总公司举办的“铁人杯”全国石油戏剧小品比赛，参赛作品《新柜中缘》荣获优秀奖；（7）局文联会同局有关部门共同组织开展了“颂祖国、爱物探”散文、诗歌征文及摄影、美术、书法、集邮展，“爱物探、赞改革、进市场、做贡献”电视专题展播和服装、交谊舞表演，“颂祖国、爱物探”文艺汇演等一系列职工文艺活动；（8）局美协等组织送稿参加河北省总工会等举办的河北省第二届职工美术、书法、摄影展，获奖率和获奖数居各地、市榜首，并荣获省级优秀组织奖。另外，孟可的《希望之海》获“炎黄杯”全国文学评比文学奖，《第四支杜冷丁》获“今朝人物”报告文学征文二等奖；高天龙的报告文学《大漠丰碑》获总公司征文一等奖；张庚友参加94《俊锋杯》全国石油大赛获铜奖。张国辉、徐文斌的书法作品分别获全国产业文联书法、美术、摄影展金奖、银奖，任东会、冯举的书法作品获优秀奖。

1995年：（1）组织参加“胜利杯”全国石油书法篆刻大赛，冯举获一等奖，张牧村、徐斌获二等奖，任东会、程昊获三等奖；（2）组织参加总公司第三届文化大赛，局文联获美术、书法、摄影专题赛三项组织奖；徐斌获书法类金奖，冯举获银奖，张牧村、陈贺军获铜奖，任东会、崔文献获优秀奖；宋剑光获美术类铜奖，宗桂民、檀宁凯、马中文获优秀奖；梁群获摄影类铜奖，牛玉田、安玉民、王法、彭坚获优秀奖；张立靖获集邮类铜奖。另外，王永琦的漫画《小九九》获1992全国石油企业报好新闻评比和1992河北省好新闻评比二等奖。任东会的书法作品获全国职工美术、书法、摄影铜奖，牛玉田的《绿屋》获玉羊杯“妇女·家庭·地球”摄影大赛优秀奖（国家级）。

1996年：（1）在中国美术馆举办“石油工人藏北勘探摄影展”。（2）组织参加总公司第三届文化大赛，局文联获组织奖；郑丽君获戏剧类三等奖、韩淑新获优秀奖；音舞协会获器乐合奏一等奖，吴德强、陈京华获二等奖；音舞协会小乐队获创作一等奖、三等奖各1个，获集体舞表演三等奖，获舞蹈创作二、三等奖各1个；赵英琪、柳伟获声乐二等奖，李辉、程红、曾全虹获声乐三等奖；音舞协会获声乐创作二等奖。（3）组织参加河北省企业美术、书法、摄影展，马中文的《构成》获美术类一等奖，郑淑阁的《大漠卫士》获三等奖，王永琦、宋剑光、宗桂民获优秀奖；任东会获书法类一等奖、王吉红获优秀奖；安玉民、张秀东获摄影类二等奖，梁群获优秀奖。另外，梁群的《寻觅》获“高坚杯”全国摄影大赛优秀奖；张秀东《高原找油郎》获“银海电子杯”全国专业报优秀奖和新闻摄影比赛银奖；刘明义的诗集《记忆的帆影》获石油作协1995年石油文学作品三等奖。

1997年：（1）物探局摄影协会与《河北工运》联合举办“石油勘探先锋杯”全国职工摄影比赛，程少士、王援朝、张秀东获二等奖，孙占久、于浩获三等奖；（2）参加总公司第三届文化大赛电视专项比赛，电视报导片《从“拌面”说起》、《走进2220队》、《家园》获金奖，《岗位》、《案发后的思考》获银奖，《史世启的心愿》、《滦河冲积扇——三角洲》获铜奖；（3）参加总公司第三届文化大赛集邮专项比赛，张立靖的邮集《中国之路》获铜奖；（4）参加中国石油书法系列大展，冯举、任东会、徐斌、张牧村获艺术之花奖；（5）参加河北省“华药杯”《迎接香港回归》文学作品征文大赛，刘明义的《天幕下的恋情》获三等奖，韩举锋的《风雪情》及陈学兴、张秋玲（女）的《一个催人泪下的故事》获优秀奖；（6）参加河北省职工“迎回归”书画展，任东会获书法二等奖，杨海深获美术三等奖；（7）参加“世界石油杯”摄影艺术精品大赛，张秀东的《高原找油郎》、安玉民的《圣地》、彭梁的《藏北的七月》获铜奖，程少士、梁群、王援朝获优秀奖；（8）参加中国石油影协举办的“庆香港回归”摄影比赛，梁群的《盼》、王法的《飘飘歌舞庆回归》获优秀奖；（9）参加《工人日报》社举办的“中国石油杯”摄影艺术月赛，王援朝的《冰洗》、于浩的《风雪放线人》获二等奖，武慎让的《江山多娇》、安玉民的《彩练当空舞》、刘荣庆的《寻梦》、孙占久的《藏北晨光》、彭梁的《格拉丹东的早晨》获三等奖。另外，王永琦的《各拿一把》获河北省第二届漫画展二等奖；物探局文联被评为河北省优秀企业文联；物探局2165地震队、304重力队被总公司评为1995～1996年基层文化活动先进单位。（注：1995～1997年，局文联连续3次组织参加总公司第三届文化大赛，虽然3年都为“第三届”，但其大赛内容不同）

第四节　体　协

1985年1月，物探局体协筹备组成立，此后局属各单位的体协（分会）相继成立。局体协和局工会紧密配合，积极开展职工体育活动。到1997年，局体协共组织11届篮球、11届门球、6届足球、4届乒乓球、2届排球、2届羽毛球、2届围棋象棋比赛和1届田径趣味运动会。另外，局体协还积极组织参加省、协作区、总公司、全国的一些比赛近百次，在篮球、足球、乒乓球、羽毛球、门球、桥牌、围棋、象棋、田径趣味运动会、游泳等10个项目的比赛中，获全国比赛第一名2次、第二名1次、第四名1次、第五名1次、第六名1次；获省部级比赛冠军38次、亚军26次、第三名33次。

一、领导机构

物探局第一届体协设名誉主席、主席、副主席、秘书长；第二届设主席、副主席、秘书长；第三届设主席、副主席、秘书长。

二、主要活动及成果

1985年：(1) 参加华北协作区6项比赛，物探局乒乓球队获女子团体冠军、女子单打冠军、女子双打冠军和混合双打冠军，男子团体亚军、男子单打亚军、男子双打第三名；游泳队获男子组个人蛙泳100米冠军和200米冠军，蝶泳获100米第三名和女子组个人蛙泳100米第三名；围棋获团体赛亚军、个人赛冠军；篮球获女篮华北协作区亚军，男篮获精神文明队称号；象棋获精神文明队称号；(2) 参加“石油杯”3项决赛，乒乓球获女子团体第三名、女子单打冠军、女子双打亚军，男队获精神文明队称号；局桥牌一队获冠军、二队获季军；(3) 参加河北省产业系统乒乓球赛，局乒乓球队获女子团体亚军；(4) 参加河北省产业系统桥牌赛，物探局代表队获第三名。

1986年：局先后组织全局乒乓球赛、桥牌邀请赛、足球联赛、游泳邀请赛、篮球联赛、羽毛球邀请赛。同年，物探局羽毛球队在全国石油职工首届羽毛球锦标赛上获男子团体、男子单打、男子双打3项冠军；局乒乓球队在全国石油职工乒乓球锦标赛上获女子团体、男女单打、女子双打4项冠军；物探局桥牌队在河北省桥牌比赛中获团体冠军。

1987年：物探局男子篮球队在河北省产业职工“保险杯”篮球比赛中获冠军；受中国石油体协委托，由物探局组织的中国石油体协乒乓球队在第六届全国运动会上获得男女混合双打第五名。

1988年：物探局乒乓球队在全国石油职工第二届“石油杯”乒乓球比赛中获得男子团体、女子团体、男子单打、女子单打4项冠军；物探局桥牌队在河北省桥牌比赛中获团体冠军。

1989年：先后组织全局职工羽毛球赛、第三届老年职工门球赛、职工棋类赛、第四届游泳赛、甲级男女篮球赛和全国石油地调系统桥牌赛。同年局老年门球队在“石油杯”全国门球邀请赛上获冠军。

1990年：先后组织了全局职工桥牌锦标赛、老年职工门球赛和第二届足球赛、第五届职工游泳赛、职工篮球邀请赛、职工第三届乒乓球赛。同年物探局组织的中国石油体协乒乓球队在全国行业职工乒乓球比赛中获男子团体第五名。

1991年：先后组织全局职工第四届棋类赛、第五届职工门球赛、第六届职工和第三届青年游泳赛、第五届小学生“希望杯”、“萌芽杯”乒乓球赛、第一届初中生“物探杯”篮球赛和职工篮球赛。同年物探局乒乓球队在河北省大企业乒乓球比赛中夺得男女团体、男女单打4项冠军；在第三届全国石油职工“石油杯”乒乓球比赛中物探局乒乓球队夺得男女团体、女子单打、男女双打、混合双打6项冠军；物探局桥牌队在全国石油职工第三届“石油杯”桥牌比赛中蝉联冠军；在河北省桥牌赛中夺得冠军。

1992年：组织第三届职工足球赛、第二届职工排球赛、职工篮球赛、职工桥牌锦标赛、第六届职工门球赛、第四届职工和第三届青年乒乓球赛。同年在首届全国石油职工运动会上物探局乒乓球队获男女混合双打冠、亚军，女子团体、女子双打亚军，男子团体、男子双打第三名；局老年桥牌队、女子桥牌队双双获得冠军。

1993年：组织职工篮球赛、第七届职工门球赛、职工棋类赛。同年局老年桥牌队在第二届石油系统老年桥牌赛中获得团体冠军和双人赛冠军。局桥牌队在河北省大企业桥牌赛中获双人赛冠军。

1994年：8月，组织庆祝建国45周年全局职工篮球赛；10月，组织全局职工桥牌锦标赛和第八届门球赛。同年局残疾人运动员李振东获全国伤残人乒乓球锦标赛公开级第二名。局老年桥牌队获全国石油系统老年桥牌赛团体冠军。局男子乒乓球队获华北协作区乒乓球赛团体亚军和男子单打亚军。

1995年：9月，组织全局职工篮球赛；10月，组织全局在职职工和离退休职工门球赛和全局“建设杯”桥牌邀请赛。同年局桥牌队获全国石油职工“桃园杯”桥牌赛双人赛冠军。局伤残人运动员李振东获河北省伤残人运动会乒乓球赛男子单打冠军。局老年乒乓球运动员王登飞获全国石油职工首届“乒协杯”老年男子单打冠军。

1996年：组织全局第五届职工足球赛、职工桥牌锦标赛、第十届在职职工和离退休职工门球赛、中国象棋、围棋赛。

1997年：组织第二届“华牌”邀请赛、第八套广播体操领操员培训班、第四届职工乒乓球赛、“教育杯”三地区桥牌邀请赛和局第十一届职工门球赛、职工半场3人制篮球赛、“藏北物探杯”石油老年职工桥牌邀请赛。同年局门球队获全国第九届“卢沟桥杯”门球邀请赛冠军。局伤残人运动员李振东在远东及南太平洋地区伤残人乒乓球比赛中荣获男子单打第二名。

第九章 共青团

第一节 组织机构

一、局团委组织机构

1973年7月物探局团委成立，在局党委和上级团委的领导下开展工作。1974年5月4日，物探局第一次团员代表大会（简称团代会）召开，选举产生了共青团物探局第一届委员会。

1979年3月5～7日，物探局第二次团代会召开，选举产生了共青团物探局第二届委员会。

1992年12月8～10日，物探局第三次团代会召开，选举产生了共青团物探局第三届委员会。

二、基层单位团组织机构

物探局团委成立后，根据团章规定，局各二级单位筹备成立了团委或团总支。局直属单位和第一、二指挥部的大队成立了团总支，物探队和二线生产厂的车间成立团支部。20多年间，物探局团委不断加强团的组织建设。随着物探局机构的调整，团员队伍的不断壮大，团组织机构也相应地发生了变化，到1997年底，物探局共有团委18个、团总支22个、团支部380个。1979～1997年物探局各级团组织情况见表15－8。

表15－8 1979～1997年物探局各级团组织情况表

年份	团委（个）	团总支（个）	团支部（个）	年份	团委（个）	团总支（个）	团支部（个）
1979	9	11	155	1989	15	15	280
1980	9	10	197	1990	15	15	287
1981	12	5	182	1991	16	14	303
1982	14	6	196	1992	17	17	336
1983	14	9	206	1993	18	19	347
1984	14	11	221	1994	19	21	361
1985	15	15	262	1995	18	24	375
1986	15	17	274	1996	18	23	379
1987	15	17	280	1997	18	22	380
1988	15	15	287				

三、团员队伍

1979年，物探局共有团员2792人，占全局青年（28周岁以下）总数的82.9%；1986年，共有团员6324人，占青年（30岁以下）总数的48.8%；1990年，共有团员5859人，占青年（35岁以下）总数的36.3%；1997年，共有团员7512人，占青年（35岁以下）总数的38.7%。1979～1997年物探局团员情况见表15－9。

表 15－9　1979～1997 年物探局团员情况表

年　份	团员总数	女团员数	专职团干部数	青年数	团员占青年数（%）	发展新团员数	团员入党数	超龄离团人数	青年年龄范围
1979	2792	887	22	3366	82.9	407	48	540	28 周岁以下
1980	3569	1170	27	6817	52.4	506	23	420	28 周岁以下
1981	3648	1196	29	6220	58.6	489	11	466	28 周岁以下
1982	4577	1302	29	8183	55.9	484	5	356	28 周岁以下
1983	4838	1522	31	8578	56.4	419	9	102	28 周岁以下
1984	5156	1858	33	9499	54.3	357	23	106	28 周岁以下
1985	5584	1951	30	11064	50.5	438	42	173	28 周岁以下
1986	6324	2190	31	12956	48.8	454	45	242	30 周岁以下
1987	6035	2288	34	15950	37.8	451	45	200	30 周岁以下
1988	5928	2087	31	16690	35.5	413	33	412	30 周岁以下
1989	5561	2253	31	18808	29.6	274	27	516	30 周岁以下
1990	5859	2277	31	16139	36.3	385	22	417	35 周岁以下
1991	6088	2641	39	16547	36.8	410	52	396	35 周岁以下
1992	7111	3199	36	18406	38.6	549	102	378	35 周岁以下
1993	6891	3039	40	18048	38.2	584	91	387	35 周岁以下
1994	7118	3240	39	17923	39.7	625	106	518	35 周岁以下
1995	7522	3558	37	19052	39.5	610	112	347	35 周岁以下
1996	7941	3710	30	19709	40.3	717	98	470	35 周岁以下
1997	7512	3511	31	19387	38.7	605	138	470	35 周岁以下

第二节　共青团代表大会

1974 年 5 月 4 日，共青团物探局首次代表大会在徐水召开，出席大会的正式代表 122 人、列席代表 27 人，代表全局 2000 余名团员参加大会。会议选举产生了由 23 人组成的共青团物探局第一届委员会，张旺当选为团委书记。

1979 年 3 月 5 日，共青团物探局第二次代表大会在涿县召开。出席会议的正式代表 178 人，代表全局 2792 名团员参加大会。大会的主要任务是：高举毛泽东思想伟大旗帜，贯彻党的十一届三中全会精神，总结物探局共青团第一次代表大会以来的工作，安排今后物探局团的工作，动员全局青年为实现四个现代化贡献青春，为找油找气而奋斗；选举新一届团委会。会议选举产生了由 23 人组成的共青团物探局第二届委员会，陈素芬（女）当选为团委副书记。

1992 年 12 月 8 日，共青团物探局第三次代表大会在涿州召开。出席会议的正式代表 152 人、特邀代表 10 人，代表全局 7111 名团员参加大会。大会的主要任务是：深入贯彻党的十四大精神，回顾总结共青团物探局第二次代表大会以来的工作，讨论和决定今后物探局共青团工作的指导思想和主要任务；选举新的团委会。会议选举产生了由 19 人组成的共青团物探局第三届委员会，邢新年当选为团委副书记。

第三节　共青团工作

物探局团委自 1973 年成立起，在局党委和上级团委的领导下，坚持不懈地加强团组织建设，开展“双合格建设”（合格团委、合格团支部）及“推优”工作，用马列主义、毛泽东思想、邓小平理论武装广大团员青年的头脑，广泛开展“爱国主义、集体主义、社会主义教育”和职业道德教育，以“学雷锋精神、做四有青年”，争当“新长征突击手”和“青年岗位能手”、争创“青年文明号”、做“青年志愿者”等一系列活动载体，提高了团干部队伍素质及广大团员青年的思想政治觉悟和劳动技能，增强了团组织的吸引力、凝聚力和战斗力，为物探局的“双文明建设”起到了积极作用。

一、团干部管理

物探局团委重视加强团干部队伍建设，提高团干部队伍素质。1984年11月15～30日，局团委在第一勘探公司举办团干部培训班，有26名团干部和团总支（支部）书记参加。主要内容是：认真学习党的十二届三中全会文件，分析物探局团的工作现状及团员青年的思想、工作状况；探讨在改革中如何改进和加强物探局团的工作问题；系统地对团干部进行团的理论知识和专业知识的培训。

1986年1月，局团委为了掌握局二级单位专职团委书记、副书记、干事和直属单位团总支书记、团支部书记的全面工作情况，按照中央国家机关团委《关于加强共青团干部考核工作的意见》，对专职团干部进行了考核。考核中坚持群众路线的工作方法和德才兼备的原则，把测评、平时考察与定期考核结合起来，从德、能、勤、绩四个方面进行综合考核和评定。

1991年3月27日～4月3日，局团委选派4名团干部参加总公司直属机关团干部赴大庆学习团，对大庆共青团工作进行了考察学习，写出《关于赴大庆学习共青团工作经验的情况报告》，找出了物探局团的工作的薄弱环节，提出加强物探局团的各项工作的意见。

1993年10月11～22日，局团委在局党校举办有40人参加的团干部培训班，学习建设有中国特色社会主义理论及社会主义市场经济理论，正确认识市场经济与共青团工作关系，明确企业经营机制转换中共青团的位置、任务和工作方向，研究如何结合青年心理特点做好青年的思想政治工作，自觉提高青年干部的领导艺术和工作方法等问题。重点研讨了：（1）如何在市场经济条件下把握共青团工作的方针、目标和方向；（2）如何充分发挥青年在生产建设中的突击队作用；（3）如何围绕党的中心工作开展“三推优”工作。1994年11月14～25日，局团委在局党校举办了有35人参加的物探局专职团干部培训班。

到1997年，物探局团委先后选送32名团干部参加总公司直属机关团委举办的团干部培训班，积极与中央团校联系，经考试有7名团干部被中央团校函授大专班录取，并以优异成绩毕业。

二、团的基层组织建设

1983年8月，物探局团委为提高团员队伍的素质，开展“做合格共青团员”教育活动。通过教育使每个团员懂得了怎样算合格团员，从而自觉按照团员的义务要求自己。

1989年3月～1990年1月底，局团委开展了颁发团员证工作。局团委下发了《团员登记表》、《颁发团员证登记表》、《团员证转移、注销年度登记表》等，向全局5561名团员颁发团员证5148件，颁证率92.5%，基本达到了上级团委下达的颁证标准。颁证之后，取消了团组织关系介绍信，团员凭团员证转接组织关系、交纳团费，团支部每年对团员进行一次注册，团员管理工作转入以团员证为核心的新的运行机制。在颁证期间，先后有230多个团支部按照团章的规定进行了换届，委员缺额的团支部进行了增补，部分到届的基层团委、团总支召开了团代会。

1990年6月，根据《中共中央关于加强和改善党对工会、共青团、妇联工作领导的通知》精神和团的十二届二中全会关于加强团的队伍建设、提高团员素质的要求，局团委在全局团员中开展了团员教育评议活动。通过对广大团员进行正面教育，帮助团员增强团员意识，做合格的共青团员；提高团员的政治素质，增强团组织的凝聚力和战斗力，在治理整顿和深化改革中进一步发挥团员的模范作用和团组织的突击队作用，为全面完成石油物探各项任务作出贡献。同时根据严密团的组织、严肃团的纪律的要求，治理松散、瘫痪的团组织，对于少数不合格的团员作出必要的处理。原则是：坚持正面教育为主，开展认真的批评与自我批评；注重理论灌输，强调实践教育；大力表彰先进，严格团的纪律。据统计，参加第一批民主评议的有19个单位的2088名团员，其中优秀团员410名，合格团员1677名，经帮助合格的团员1名。

1991年10月，局团委在各级团组织中开展了合格团委、合格团支部建设（简称“双合格建设”）活动。要求各级团组织，在同级党委的领导下，把“双合格建设”活动纳入本单位“双文明建设”之中，作为加强团组织建设的重要组成部分常抓不懈。

局团委分别于1985年9月和1994年9月对团员交纳团费的标准进行了调整。

1996年，局团委编辑出版了《共青团物探局资料汇编》一书1000册，下发至基层团支部，作为对物探局共青团工作正规化、系统化、规范化建设的指导性资料。

三、"推优"工作

1986 年 11 月，局团委开展推荐优秀团员做党的发展对象的工作，下发了《局团委关于推荐优秀团员做党的发展对象的具体办法》。局团委在局党委的支持下，根据《党章》"党重视教育、培训、选拔和考核干部，特别是培养、选拔优秀年轻干部"和《团章》"对团员进行党的基本知识教育，推荐优秀团员做党的发展对象"的规定，结合物探局实际，于1993 年 7 月 28 日同局党委组织部共同制定了《团组织向党组织推荐优秀青年干部做党的后备干部制度》、《团组织向党组织推荐优秀团员做党的发展对象制度》。从 1992 年到 1997 年底，团组织共向党组织推荐 1396 名优秀团员做党 的发展对象。

1996 年，局团委为贯彻落实共青团中央提出的"跨世纪青年人才工程"，深化"三推优"工作，以地调四处 2254 队、2152 队和地调五处 302 联队为试点，开展了团支部书记见习副职（物探队副队长）工作，经过考核、总结，形成《物探局团支部书记见习副职试点工作的报告》和《物探局团支部书记见习副职试点管理办法（试行）》。1997 年，又分别在地调四处 217 队和 2317 队、地调二处 2256 队和特车厂配套车间开展了这项工作。到 1997 年底，有 2 名团支部书记经过见习工作的锻炼被任命为物探队队长。

四、各项规章制度

1989～1996 年，局团委先后制定下发了《共青团物探局团员证管理细则（试行）》、《共青团物探局团支部工作试行条例》、《共青团物探局团支部工作细则》、《开展"双合格建设"达标升级活动的实施办法》、《物探局合格团委标准》、《物探局合格团支部标准》、《局团委关于各单位团组织主要负责人外出请假的制度》、《局团委常委会会议制度》、《团组织向党组织推荐优秀青年干部做党的后备干部制度》、《团组织向党组织推荐优秀团员做党的发展对象制度》、《关于共青团员交纳团费办法和团费管理使用的规定》、《物探局青年思想政治工作研究会章程》、《物探局"青年文明号"申报、命名、挂牌和管理办法（试行）》等规章制度和规范性文件。

五、主要活动

1977 年 3～6 月，局团委在全局各级团组织、团员中开展"学雷锋、树新风、做新长征的尖兵"的教育活动，号召全局团员、青年学习雷锋精神，为找油找气作贡献。

1983 年 5 月，局团委开展学习宣传张海迪活动，加强对青年的共产主义思想教育，培养有理想、有道德、有文化、守纪律的一代新人。召开学习张海迪事迹座谈会，在纪念"七一"期间举办"海迪精神给我的启示"征文活动，其中有 8 篇获奖作品推荐到石油部机关团委参加评比并获奖。同年 9 月，开展了采集草种、树种支援甘肃改变面貌的活动，超额完成了石油部机关团委下达的 121 斤的任务。技工学校团委、运输大队团支部被部机关团委授予"采集草种、树种，支援甘肃改变面貌先进单位"的荣誉称号。

1984 年 3 月，为了帮助甘肃省团组织建设一批农村青年活动中心，局团委在青年中广泛开展了"支援甘肃，人捐一本书"活动。各级团组织把捐书活动作为对青年进行爱国主义教育的实际内容，积极组织广大团员青年捐献书籍 10151 本（册），其中政治理论类 1186 本、科学技术类 1018 本、文艺教育类 7947 本。7 月 27 日，物探局团委承办了石油部机关团委第二届青年游泳赛。物探局代表队获得 6 个项目的第一名和第二名，并打破部机关团委第一届青年游泳赛 6 个项目的记录，获得团体总分第一名。12 月，物探局团委组织参加了石油部机关团委举办的"为石油工业献青春"知识竞赛和"书法摄影"赛，有 3 人获读书知识竞赛三等奖，4 件作品分获"书法、摄影"比赛 1 个一等奖、1 个二等奖、2 个三等奖。

1985 年 5 月 7～9 日，局团委分别在涿县、徐水召开先进集体和先进个人代表座谈会，表彰先进团支部 26 个、先进集体 5 个，优秀团干部 52 名、优秀共青团员 85 名、优秀少先队辅导员 4 名。9～10 月，局团委开展了以"理想在我身边闪光"为主题的征文比赛。9 月 27～28 日，局团委举办"做'四有'新人，创一流成绩"的板报比赛。解释中心获一等奖，服务公司获二等奖，物探学校获三等奖。

1986 年 3 月，局团委、局教育处共同发出"号召全局中、小学生、少先队员向舍己救人的孟刚同学学习的决定"（孟刚系勘探一公司子弟学校四年级学生、少先队员，1986 年 2 月 15 日为抢救落水同学献出了宝贵的生命）。7 月，局团委、局工会联合举办"物探局职工法律知识竞赛"，共 17 个代表队、51 人参加，局机关、引进技术服务公司、机械厂代表队分别获得一、二、三等奖。

1987 年，局团委先后组织了局首届青年乒乓球赛和首届青年游泳比赛，参加石油部机关青年优秀论文评选活动。

1988年，局团委开展了“物探局第一届青年优秀科技论文评选”活动，举办了首届青年声乐舞蹈大赛。

1989年，局团委举办了主题为“改革与青年”的演讲会。

1990年1月，局团委组织全局团员青年参加“全局国情教育知识大赛”和全国青少年“三热爱”教育活动。3月，局团委在全局团员青年中开展“学雷锋，做四有青年”活动，帮助团员青年了解雷锋精神的实质，进一步提高团员青年对新形势下开展学雷锋活动重要意义的认识，形成人人争做雷锋式好青年的良好风气。11月，开展了“物探局第二届青年优秀科技论文评选”活动

1991年：局团委继续开展“创本岗位一流成绩，争当青年突击手”竞赛活动（此项活动自1978年开展以后，各物探队共成立了65个青年突击队，814名青年参加）。青年突击队在物探队施工期间主要以高效、优质、安全、低耗为内容开展活动。3月，在全局开展了学雷锋送温暖活动。5月，局团委在涿州组织了120名团干部、团员青年参加的“学雷锋送温暖义务奉献日”活动。当年全局有8500名团员青年参加了本单位组织的各种学雷锋活动，学雷锋小组由1990年的80个发展到1991年的211个。5月4日，局团委召开表彰大会和青年事迹报告会，共有1200名团员参加，表彰了31个先进团支部、121名优秀团员、10名优秀青年工作者。其中推荐3个青年突击队、4名优秀青年工作者、6名青年突击手出席了总公司“为发展石油工业献青春”表彰大会，并受到表彰。5月5～8日，局团委与局工会在涿州联合举办了“第四届文艺调演、青年第二届文艺汇演”。5～7月，局团委在团员青年中普遍进行知党爱党教育活动。组织参加由《中国青年报》社主办的“光辉的历程——中国共产党走过的路”知识竞赛。“七一”期间，局团委与局党委组织部、宣传部、局工会共同举办了“党在我心中”演讲会，让青年讲自己身边共产党员的先进事迹。局团委和局有线电视台联合举办了“党在我心中”知识竞赛，有19个代表队、100多名团员青年参赛。获得第一名的引进管理处代表队参加了总公司机关团委举办的党的知识竞赛并获第三名。全局共有8310名团员青年分别参加了庆“七一”各项活动。7月10～12日，局团委在局研究院举行“物探局第三届青年游泳赛”。同年，局团委广泛开展“三爱两比”（爱共产党、爱社会主义、爱石油物探事业；比艰苦奋斗、比多作贡献）做主人翁教育活动。

1992年：2月，举办“物探局第三届青年优秀科技论文评选”活动，共收到论文46篇，内容涉及石油物探各专业、各部门9大类，评出一等奖3名、二等奖5名、三等奖7名。3月，局团委开展了“让雷锋精神在本岗位闪光”活动，组织涿州地区8个单位的150名团员青年参加由涿州市团委牵头的“学雷锋义务奉献日活动”。4月，组织参加团中央举办的《高举团旗跟党走，艰苦奋斗建功业》党、团知识竞赛，有3200名团员寄了竞赛答卷。5月，局团委召开表彰大会和青年事迹报告会，表彰32个先进团支部、33名优秀青年工作者、112名优秀团员，给12个物探队先进团支部授予了“物探局青年突击队”队旗，17个先进集体和个人在大会上介绍了先进事迹。其中有15个团支部、15名团干部、20名团员被推荐到总公司直属机关团委进行表彰。6月，局团委和《中国石油报》联合举办“物探青年杯”征文比赛活动，广泛宣传物探局各条战线的广大青年职工在发展石油物探事业的实践中形成的奉献、拼搏、团结、开拓的塔克拉玛干精神和先进事迹。7月，局团委与局工会联合举办了“物探局第五届职工、第三届青年文艺汇演”。11月，局团委举办“第三届青年乒乓球比赛”。同年，局团委在物探队团员中开展了“共青团员车”竞赛活动，统一制发了1000个“共青团号”车标志牌。

1993年：3月，局团委深入开展“岗位学雷锋、行业树新风”活动。引导广大团员青年把学雷锋活动同自己的工作、学习、生活结合起来，学在岗位、学在社会、学在人生，培养和树立正确的理想信念和价值观念，立足本职创造优异的工作成绩。3月5日，局团委在局机关召开纪念毛泽东“向雷锋同志学习”题词发表30周年座谈会，畅谈开展学雷锋活动的体会，讨论在新形势下如何把学习雷锋活动深入持久地开展下去。3月22日，物探局青年思想政治工作研究会成立；8月3日，召开青年政研会第一届理事会议，聘请名誉会长1人，选出了会长、秘书长，制定了《石油物探局青年思想政治工作研究会章程》。5月4日，局团委召开表彰大会，表彰了34个先进团支部、27名优秀青年工作者、120名优秀团员、10名最佳青年、50名青年（业务）能手、50个青年文明岗。

1994年：1月23日，局团委为15对青年举办集体婚礼。1月24～26日，在局报告厅举行“物探局青年第四届文艺汇演”。3月，局团委与局工会、

科技处联合举办了“物探局第六次QC小组成果发布会”，有7个青年QC小组成果获奖。4月25日，局团委授予栾军、徐青“见义勇为、勇斗歹徒的好青年”称号。4月28日，局团委召开表彰会，共表彰了42个先进团支部、31名优秀青年工作者、118名优秀团员。5月4日，为纪念五四青年运动75周年，局团委在局机关举行了“青年志愿者服务队”授旗仪式，共有400多名团员青年参加；局党委书记李玉超，局党委常委、副局长许大坤，局党委常委、局工会主席刘明义参加了授旗仪式，并为“青年志愿者服务队”授旗。5月5日，局团委在局报告厅召开新团员入团宣誓大会。局涿州地区各单位有800多名团员参加，100名新团员在团旗下庄严宣誓。5月8日，开展“播希望火种、献石油爱心”捐款活动，全局6756名团员青年共捐款60803.65元。5～10月，局团委与《石油物探报》共同举办“我为团的活动献一计”征文活动，收到征文124篇，评出一等奖1篇、二等奖2篇、三等奖3篇。8月，局团委组织全局团员青年学习社会主义市场经济和现代化科技知识。8～10月，局团委为庆祝新中国成立45周年，组织20名男女青年的舞蹈队，经过两个月的集中训练，参加由中央国家机关党工委组织的“国庆之夜天安门广场群众庆祝晚会”集体舞的表演。9月，开展学习《爱国主义教育实施纲要》活动，下发《社会主义市场经济青年读本》和《现代科技基础知识》等教材，加强对团员青年的爱国主义教育。12月，组织3000名团员青年参加总公司直属机关团委举办的知识竞赛答卷活动，物探局团委获组织奖。11月至1995年4月，组织“物探局第四届青年优秀论文评选”活动，收到论文114篇，其中科技论文88篇、青年政研论文26篇。科技论文评出一等奖4篇、二等奖6篇、三等奖7篇、优秀奖22篇；政研论文评出一等奖2篇、二等奖2篇、三等奖5篇、优秀奖6篇。

1995年：2月28日～3月2日，局团委与局科技发展技术监督处、局工会联合举办了“物探局第七次QC成果发布会”。6个QC小组被授予“先进青年QC小组称号”。5月，局团委召开表彰会，共表彰杰出青年10名、青年技术（业务）能手50名；青年文明岗50个、先进团支部39个；优秀青年工作者36名、优秀团员107名。同月，开展了学习孔繁森事迹的活动。6～7月，局团委对局属各单位团建工作情况进行调查，分自查和调查两个阶段，采取听汇报、召开座谈会、个别谈话和问卷的方法进行。经调查，各级团组织机构基本健全，团建工作普遍得到加强。7月，开展纪念抗日战争胜利50周年活动。

1996年：1月27～29日，局团委与局科技发展技术监督处、局工会联合举办了“物探局第八次QC成果发布会”。5个QC小组被授予“先进青年QC小组”称号。2月14日，召开专职团干部座谈会，学习宣传中央领导对石油工业重要批示和重要讲话。3月，是青年志愿者活动月，局团委开展了“缴特殊团费，献石油爱心”活动，共收到捐款8695.17元，救助了河北省崇礼县29名失学儿童，崇礼县委、县政府给物探局党委发来感谢信，并赠送了“捐资助学、情系崇礼”的锦旗。志愿者活动内容丰富、形式多样，有“一助一”长期结对服务、“手拉手”捐资助学献爱心、“百名青年进百家”等等。地调五处青年志愿者服务队被团中央授予“全国青年志愿服务队杰出集体”。由局团委推荐的研究院国九英等的《全三维地震勘探数据处理系统》、物探地质研究院马涛的《塔里木盆地速度分析及提高时深转换精度方法》、特车厂唐涛等的《WTC5320TSZ型沙漠车》和邓东等的《LTY7.5型全液压沥青混凝土摊铺机》在“石林杯”中央国家机关青年实用技术成果评选活动中分别获十佳奖、百优奖和纪念奖。对上述获奖人员，5月3日，局团委召开表彰大会，进行了表彰；同时表彰奖励了38个团支部、38名优秀青年工作者、112名优秀团员；有8个先进集体和7个先进个人的事迹在《石油物探报》上进行了专版报道。7月下旬，河北省遭受特大洪涝灾害，物探局有8602名团员青年参加捐款捐物活动，共捐款146645.6元，捐衣物14384件。7月，局团委对涿州地区青年思想道德文化状况进行调查，并写出调查报告。8月16日，地调三处栾军（男）、特勘处徐青（女）夫妇参加了中央国家机关团工委、青联召开的中央国家机关见义勇为青年座谈会，受到中华见义勇为基金会的奖励。9月，为庆祝建党75周年活动，局团委配合局党委组织部、宣传部和局工会开展“创先争优”立功竞赛和“特色理论”、《党章》知识竞赛，以及演讲、歌咏比赛等系列活动。共有146名团员青年参加演讲活动，3454名团员青年参加歌咏比赛，6494名团员青年参加《党章》和《特色理论》的答卷活动，76名团员青年参加现场抢答知识竞赛，513名团员青年参加“党员奉献日活动”。同年，为纪念红军长征胜利60周年，局团委进行了一系列纪念活动。举办了“弘扬长征精神”、争做“四有”新人的图片展览，共展出长征题材的图片40幅；为基层团组织提供长征书籍100册，图片4册；分别在涿州和徐水地区组织团员青年观看《金沙水拍》、《四渡赤水》等电影，共有5600余人观看，写观后感1166篇；举办长征征文活动，收到征文280篇，部分在《石油物探报》刊出；局团委整理编辑出版了《弘扬长征精神》一书1000册；组织30名团干部参加局党委召开的“纪念红军长征胜利60周年座谈会”。举办了“最佳团日活动方案”评选活动，参评“方案”共55个，评出一等奖4个、二等奖6个、优秀奖9个。其中1个“方案”获总公司直属机关团委二等奖、1个获三等奖、2个获优秀奖。10月5～16日，局团委和局工会、劳资处、教培中心，在地调四处和技工学校联合举办“物探局1996年工人技术比赛”，比赛工种9个，有8名青年夺取了第一名。

同年，局团委继续开展“共青团员车”挂牌活动，以增强团员青年的安全意识，为各物探队配发了1000个“共青团号”车牌。在开展创建“青年文明号”活动中，制定了《物探局“青年文明号”申报、命名、挂牌和管理办法（试行）》。物探局研究院处理中心主控岗荣获中央国家机关“青年文明号”称号。同年，局团委广泛开展了争当岗位能手活动，组织广大青年岗位培训、技术比武，鼓励他们岗位成才。

1997年：局团委继续开展“推优”工作，全局共有1014名团员申请入党，从中推荐229名优秀青年作为党的发展对象，其中138人成为中共党员。1月21～23日，局团委与局工会、局科技发展技术监督处联合举办了局第九次QC成果发布会，共发布成果34个，QC小组成员中青年占70%。局团委授予地调一处计算站软件开发QC小组、地调四处研究所马林解释QC小组为物探局“先进青年QC小组”称号。1～7月，为迎接香港回归，局团委开展了系列庆祝活动。举办了由全局团员青年参加的“迎香港回归知识竞赛”，共印答卷10000份，回收率98%，优秀率95%以上；与石油物探报社共同举办了“迎香港、话回归”征文活动，收征文2000多篇，刊登100篇；与局党委组织部、宣传部共同举办了“物探局迎香港回归知识竞赛”；为迎接香港回归，推动《全民健身计划纲要》在物探局的全面贯彻实施，局团委与局体协共同举办了“物探局第四届职工乒乓球比赛”。

1997年4月18日，局团委在物探学校举办了18岁成人仪式，来自物探学校、物探中学、职工大学、技工学校、徐水子弟学校657名年满18岁的学生参加。他们庄严宣誓，立志成为有理想、有道德、有文化、有纪律的社会主义公民。局团委向他们赠送了《中华人民共和国宪法》。4月29日，局团委召开表彰会，共表彰奖励了37个先进团支部、42名优秀青年工作者、107名优秀共青团员，授予28个单位为物探局“青年文明号”；宣读了物探局受到总公司直属机关团委表彰的20个先进团支部、20名优秀团干部和20名优秀团员名单。4月，局团委开展向王启民学习活动，召开了全局35名专职团干部参加的座谈会，收看王启民的先进事迹报告。“五四”期间，局团委组织40名专兼职团干部参加团中央在人民大会堂召开的“五四”青年奖章获得者事迹报告会，并将5位“五四”青年奖章获得者的事迹汇编成册，发到基层团支部，作为团内职业道德教育的教材。同年，局团委将创建“青年文明号”活动纳入到局“三创一争”活动之中，并形成制度化、规范化。5月3日，物探局团委在表彰大会上授予奋战在塔里木重点探区的14个单位为物探局“青年文明号”。此后，局团委为将“青年文明号”活动深入持久地开展下去，对局“青年文明号”实行动态化管理，设立了监督员和监督电话，加强对此项活动的监督、考核、管理与信息反馈，奖优罚劣，以确保“青年文明号”的先进性，使活动规范运行、健康发展。

1997年9月26日，局团委举办了由局属单位35名团组织负责人参加的党的十五大精神学习班，认真学习了十五大报告和有关社论，同时对全局团员青年学习十五大文件作了部署。10月、11月，局团委与局工会、劳资处、教培中心共同举办了物探局1997年度工人技术比赛，分别在技工学校、研究院进行了6个工种的比赛。参赛选手83名，其中青年选手占79.5%，6个工种的前两名均为35岁以下青年。同年，局团委加大青年志愿者活动的范围和力度，在全局推广了地调五处、地调四处、机械厂等单位示范点的经验。

第四节　少先队工作

1965年，六四六厂徐水子弟学校开始建立少先队组织。物探局成立以后，先后在10所子弟学校建立了少先队组织。1973～1975年期间少先队员的名称改为红小兵，1976年后又恢复为少先队员。到

1997年底，全局共有少先队员2917名。

物探局少先队工作以爱国主义、集体主义教育为主要内容，以大队带动中队、小队的方式开展了丰富多彩适合少年儿童特点的活动。在少先队员中广泛开展“学赖宁、学十佳，争做优秀少先队员”和“五讲、四美、三热爱”、“雷锋永远活在我心中”、“手拉手”向贫困山区儿童捐款、捐书等活动，以培养少年儿童助人为乐、团结奋进的高尚情操。利用每星期升国旗仪式，以及“国旗在我心中”、请老八路作报告、为烈士扫墓、参观革命历史博物馆等活动来激发少年儿童的爱国热情；开展“努力学习，面向高科技”等活动，鼓励他们从小爱科学，长大为祖国做贡献。

物探局少先队的主要活动：

1973年7月，为庆祝物探局成立，局徐水子弟学校举行了有240名学生参加的大型团体操表演。

1981年，研究院子弟学校组织舞蹈队参加河北省中小学艺术节，荣获“优秀学校”的光荣称号。他们1997年在涿州市以及物探局举办的“迎回归文艺演出”中都取得了第一名的好成绩。

1984年4月4日，物探局徐水子弟学校五年级学生到北京天安门广场人民英雄纪念碑前扫墓。他们的活动在当天的北京电视台播出。

90年代物探局少先队曾多次参加驻地市县组织的活动，其中地调三处正定基地子弟学校科技小组在河北省举办的航模大赛中取得团体第二名、个人第八名，带队老师边颖、陈华被评为省级“优秀辅导员”。他们还组织全体少先队员参加了由中宣部、全国少工委举办的“全国少年儿童手拉手读百种爱国主义教育图书知识竞赛”，获集体优秀奖，部分队员获二、三等奖，李素芬、高素敏等老师获“全国优秀中队辅导员”称号。

第十六篇

人物·先进集体

综　　述

从1973年7月物探局成立，到1997年11月，物探局党政领导班子共进行8次较大调整，先后有43人担任过物探局局长、党委书记、副局长、党委副书记、纪委书记、工会主席、总工程师、总地质师、总经济师和顾问、调研员。局级领导干部中有2人担任过全国人大代表，1人当选过中国共产党第十四次全国代表大会代表。

在工程技术人员中，有中国著名地球物理学家、中国工程院院士、全国劳模和有突出贡献的科技专家。他们为石油物探事业的发展和物探科技进步作出了重要贡献。1991～1997年物探局有48名专家被批准享受政府特殊津贴。在工程技术专业职称评定中，物探局有56人获教授级高级专业技术职称。1980～1997年经局高级专业技术职称评审委员会评审，有1753人获高级专业技术职称。

到1997年底，物探局先后有30人担任过局专业副总师职务，548人先后担任过处级领导职务。

80年代中后期，物探局各级党组织开展了“创先争优”活动。从1990年起，局党委根据上级党组织分配的名额，每两年参加一次总公司的评比活动，其中一些先进基层党支部、优秀共产党员被推荐到中央国家机关党工委和中共中央组织部进行表彰。

在各级党组织的领导下，各级工、团组织和有关行政部门根据不同时期的工作特点和行业特点，在各行各业和广大职工中开展了形式多样的创先争优和劳动竞赛活动。截至1997年底，共涌现出各级、各类先进集体2379个次，各级各类先进个人7951人次。

在建局前后的30多年中，物探局的各级领导干部、专业技术人员和先进集体、先进个人发挥骨干、模范作用，为石油物探事业的发展做出了重要贡献。先进集体和先进个人是物探局各行各业的突出代表，是全局广大职工学习的榜样。

第一章　人　　物

从1973年7月物探局成立，到1997年底，物探局历任局长、局党委书记、副局长、副书记、纪委书记、局工会主席、总工程师、总地质师、总经济师、顾问、调研员等共43人。段志高、严衍余、李玉超、许大坤先后任局党委书记，安启元、林运根、潘瑗、刘颂威、钟辛生先后任局长。

物探局总工程师、教授级高级工程师孟尔盛，1964年当选为第三届全国人民代表大会代表。

物探局总地质师、教授级高级工程师吴奇之，连任第六届、第七届、第八届全国人民代表大会代表。

物探局党委常委、纪委书记段雨欣（女），1992年6月当选为中国共产党第十四次全国代表大会代表。

到1997年末，历任物探局副总工程师、副总地质师、副总会计师、副总经济师、副总机械师、副总政工师共30人；先后担任过处级领导职务的干部548人，其中正处级干部192人、副处级干部356人；中国工程院院士1人；享受政府特殊津贴人员48人；教授级高级专业技术人员56人；各类高级专业技术人员1753人，其中副教授27人、高级工程师1059人、高级经济师86人、高级会计师8人、高级审计师3人、高级统计师2人、主任记者2人、副译审8人、副编审5人、高级农艺师4人、副主任医师102人、副主任护师4人、副主任医药师2人、副主任检验师1人、高级讲师127人、中学高级讲师183人、高级实验师3人、高级实验指导师3人、高级政工师124人。

第一节　物探局历任局长、党委书记

一、段志高

段志高，男，汉族，生于1928年9月，山东省东明县人，文化程度初中。1942年5月参加工作，

1945年12月加入中国共产党。

1942年5月在东垣县县大队当战士，1943年8月在十三团教导队任学员，1944年5月任东垣县工商局出纳员，1945年3月任东垣县银行出纳员，1945年8月任民权县财政科会计，1950年5月任中南局办公厅股、科长。1954年7月任石油总局计划科科长，1956年7月任石油部机关团委书记，1961年任石油部政治部办公室副主任。1965年12月任石油部六四六厂党委书记，1966年3月任华北石油勘探指挥部党工委副书记兼六四六厂党委书记，1973年6月任物探局党委书记。1975年12月任海洋石油局党委书记，1979年10月任中央团校副校长，1982年12月任辽河油田党委书记。1984年4月任石油部机关党委书记，1986年3月任石油部天然气公司党委书记，1988年3月任石油部政策研究室研究员。1989年7月离休。

二、安启元

安启元，男，汉族，生于1933年7月，陕西省临潼县人，西北大学地质系毕业，文化程度大专。1953年4月加入中国共产党，1956年6月参加工作，高级工程师。历任松辽石油勘探局地质队队长，大庆石油会战总指挥部第一采油指挥部油矿矿长、井下作业处处长、井下作业指挥部党委书记。1970年2月任援助阿尔巴尼亚石油天然气勘探大队大队长。1973年6月起，历任石油部物探局局长、局党委第一副书记；国家地震局副局长、党组副书记，局长、党组书记。1988年6月起，历任中共陕西省委常委、西安市委书记、中共陕西省委副书记。1992年10月，当选为中共中央纪律检查委员会委员、常委。1994年11月，任中共陕西省委书记、省军区党委第一书记。

三、严衍余

严衍余，男，汉族，生于1933年10月，江苏省苏州市人，文化程度高中。1951年9月参加工作，1953年12月加入中国共产党，1989年被评为高级政工师。

1951年9月在河南焦作燃料工业部干校学习。1952年12月任燃料工业部机关党委干事，1955年9月任石油部机关党委干事，1964年1月任石油部政治部科级干事。1965年7月任石油部六四六厂政治部副主任（副处级，后因工作调动，未到职）。1966年2月任中共中央工交政治部副处级干事。1973年8月任燃化部政治部副处级工作人员。1975年1月任物探局党委副书记，1975年12月任物探局党委代理书记，1977年7月～1990年11月任物探局党委书记。1990年11月调深圳石油实业发展总公司任副总经理（正局级）。1993年12月退休。

四、林运根

林运根，男，汉族，生于1927年10月，四川省新都县人，文化程度大学。1951年7月参加工作，1954年5月加入中国共产党，1988年被评为高级工程师。

1947年9月在四川大学数学系学习。1951年7月任川西区党委宣传部干事。1953年3月任西南石油勘探处地质科科员，1954年3月任四川地调处201队仪器组长，1955年3月任四川地调处201队解释组长，1956年7月任四川地调处203队队长，1959年12月任四川地调处一大队大队长、工程师，1960年12月任四川地调处副处长。1961年10月任松辽地震会战四川大队党委书记、大队长，1962年5月任松辽石油勘探指挥部地质调查处副处长，1963年2月任松辽石油勘探指挥部人事处副处长。1964年3月任石油部六四一厂生产技术处副处长。1965年4月任四川石油会战川西南指挥部党委副书记，1966年5月任四川地调指挥部指挥、代理党委书记。1970年6月在江汉石油会战总指挥部14团工作，1971年3月任江汉石油会战总部生产组地质组副组长，1972年4月任江汉石油管理局地质处政委。1973年6月任物探局副局长、局党委常委，1977年7月～1983年12月31日任物探局局长、党委副书记。1983年12月31日任物探局顾问。1988年4月27日退休。

五、潘　瑗

潘瑗，男，汉族，生于1929年9月，甘肃省和政县人，文化程度大学。1952年10月参加工作，1955年10月加入中国共产党，1989年9月晋升教授级高级工程师。

1949年10月在兰州西北师范大学物理系学习，1950年6月在兰州大学物理系学习。1952年10月任西北石油管理局202地震队实习员，1953年11月任西北石油管理局酒泉地质大队技术员。1955年2月任玉门石油管理局206队队长。1956年7月在苏联全苏地球物理所学习。1958年4月任玉门石油管理局吐鲁番矿务局工程师，1960年2月任吐鲁番矿务局地调大队大队长，1962年3月任吐鲁番矿务局地质室主任，1965年任玉门石油管理局地调处工程师。1966年3月任银川石油勘探指挥部副指挥兼总地质师。1970年12月任长庆油田三分部生产办公室主任，1972年3月任长庆油田三分部副指挥。1979年2月任物探局副局长，1983年12月31日～1990年11月30日任物探局局长、局党委常委。1990年12月退休。

六、李玉超

李玉超，男，汉族，生于1937年7月，陕西省岐山县人，文化程度初中。1953年8月参加工作，1956年8月加入中国共产党，1994年5月晋升教授级高级政工师。

1953年8月～1958年6月，在玉门石油管理局机械厂先后任铣工、统计员、工会秘书；1958年6月～1964年8月，在玉门石油管理局机械厂先后任党委组织科科长、宣传科科长；1964年8月～1969年9月任玉门石油管理局机械厂政治处主任、代理党委书记。1969年9月～1979年9月，先后任玉门石油管理局内燃机大修厂生产办公室主任、副厂长、厂长。1979年9月任玉门石油管理局机械厂厂长、党委书记。1983年9月任华北石油管理局勘探一公司党委书记，1984年4月任华北石油管理局党委副书记，1989年3月任华北石油管理局党委副书记、副局长。1990年11月30日～1997年11月7日任物探局党委书记。

七、刘颂威

刘颂威，男，汉族，生于1938年4月，江苏省无锡市人，文化程度大学。1960年9月参加工作，1975年9月加入中国共产党，1989年9月晋升教授级高级工程师，1992年批准享受政府特殊津贴。

1955年9月在北京地质学院学习石油物探专业。1960年9月任北京地质科学研究院实习员。1961年2月～1964年8月，先后任华北石油勘探处、华东石油局地调大队技术员。1964年8月任四川石油管理局总调度室综合组组长。1973年5月后先后任六四六厂、物探局研究所专题研究组组长，1977年8月任物探局生产办公室综合组组长。1978年3月任物探局副总工程师，1984年7月任物探局副总工程师兼研究院院长。1987年5月任物探局副局长、局党委常委，1990年11月30日～1992年11月30日任物探局局长、党委副书记。1992年12月以后先后任中国石油天然气总公司国际合作局局长、石油勘探开发科学研究院副院长（正局级）。

八、钟辛生

钟辛生，男，汉族，生于1941年4月，湖南省益阳县人，文化程度大学。1965年9月参加工作，1985年6月加入中国共产党。1992年批准享受政府特殊津贴，1997年7月晋升教授级高级工程师。

1960年9月在北京石油学院学习石油物探专业。1965年9月任石油部六四六厂仪修站攻关队实习员，1966年7月任石油部六四一厂采油攻关队技术员。1968年8月至1973年6月先后任2149队操作员、仪器组长、解释组长、副队长及长庆油田会战指挥部第四分部三十二团研究队方法组组长。1973年7月任物探局第一指挥部一大队生产组副组长。1978年10月任物探局勘探二处工程师、副主任工程师。1983年12月31日任物探局副局长，1990年11月30日任物探局副局长、局党委常委。1992年11月30日任物探局局长、局党委副书记。

九、许大坤

许大坤，男，汉族，生于1945年11月，河南省伊川县人，文化程度大学。1968年12月参加工作，1984年12月加入中国共产党，1993年批准享受政府特殊津贴，1995年9月晋升教授级高级工程师。

1963年9月在天津大学学习精密仪器专业。1968年12月任石油部六四六厂四大队245地震队技术员，1972年3月任长庆油田会战指挥部第四分部研究连技术员。1973年10月～1980年1月，先后任物探局研究所技术员，研究院技术员、工程师。1980年1月在美国科州矿业学院进修地球物理勘探专业。1982年12月任物探局研究院方法室工程师。1983年12月31日任物探局副局长，1990年11月30日兼任物探局总工程师。1991年12月31日在中国共产党物探局第一届委员会第一次全体委员会议上当选为常务委员会委员。1997年11月7日任物探局党委书记。

第二节　物探局历任局级领导干部

1973～1997年，物探局历任局级领导干部包括：正副局长、正副党委书记、纪委书记、局工会主席、总工程（地质、经济）师、顾问、调研员，其基本状况及任职时间见表16－1。

表 16－1 1973～1997 年物探局历任局级领导干部名录

序号	姓名	性别	出生年月	籍贯	文化程度	参加工作时间（年．月）	入党时间（年．月）	专业职称	党政职务	任职时间（年．月）
1	段志高	男	1928.9	山东．东明	初中	1942.5	1945.12		党委书记	1973.6～1975.12
2	安启元	男	1933.7	陕西．临潼	大专	1956.6	1953.4	高级工程师	局长、党委第一副书记	1973.6～1977.7
3	严衍余	男	1933.10	江苏．苏州	高中	1951.9	1953.12	高级政工师	党委副书记	1975.1～1975.12
									代理党委书记	1975.12～1977.7
									党委书记	1977.7～1990.11
4	林运根	男	1927.10	四川．新都	大学	1951.7	1954.5	高级工程师	副局长	1973.6～1977.7
									局长、党委副书记	1977.7～1983.12
									局顾问	1983.12～1988.4
5	潘　瑗	男	1929.9	甘肃．和政	大学	1952.10	1955.10	教授级高级工程师	副局长	1979.2～1983.12
									局长	1983.12～1990.11
6	李玉超	男	1937.7	陕西．岐山	初中	1953.8	1956.8	教授级高级政工师	党委书记	1990.11～1997.11
7	刘颂威	男	1938.4	江苏．无锡	大学	1960.9	1975.9	教授级高级工程师	副局长	1987.5～1990.11
									局长、党委副书记	1990.11～1992.11
8	钟辛生	男	1941.4	湖南．益阳	大学	1965.9	1985.6	教授级高级工程师	副局长	1983.12～1992.11
									局长、党委副书记	1992.11～＊
9	许大坤	男	1945.11	河南．伊川	大学	1968.12	1984.12	教授级高级工程师	副局长	1983.12～1997.11
									兼任局总工程师	1990.11～1995.9
									党委书记、副局长	1997.11～＊
10	刘　毅	男	1921.6	河北．灵寿	初中	1938.1	1938.4		党委副书记	1973.6～1979.1
11	高凤仪	男	1930.7	江苏．阜宁	初中	1949.5	1950.6	高级政工师	局政治部主任	1978.2～3
									党委副书记	1978.3～1983.12
									兼任局纪委书记	1979.12～1983.12
									局调研员	1983.12～1991.1
12	庄国成	男	1932.11	江苏．武进	高中	1951.10	1956.4	高级工程师	副局长	1973.6～1992.11
									党委副书记	1978.3～1983.12
13	李全慎	男	1930.10	山东．青岛	大专	1948.10	1956.4	高级工程师	副局长	1973.6～1983.12

续表

序号	姓名	性别	出生年月	籍贯	文化程度	参加工作时间（年．月）	入党时间（年．月）	专业职称	党政职务	任职时间（年．月）
14	何传弟	男	1930.12	山东．茌平	高小	1946.3	1946.2		副局长	1973.6～1976.10
15	王致中	男	1916.9	山西武乡	大学	1937.9	1942.1		副局长	1974.2～1978.2
16	王绪东	男	1928.3	河北．丰润	初中	1945.10	1950.4		局政治部主任	1973.6～1978.2
									副局长	1978.2～1983.12
									局调研员	1983.12～1988.12
17	柴桂林	男	1935.9	河南．西峡	中专	1956.7	1974.3	教授级高级工程师	副局长兼总地质师	1978.2～1983.12
									总地质师	1983.12～1990.11
									副局长	1990.11～1995.9
18	徐绍仲	男	1931.9	山东．蓬莱	大专	1954.6	1962.3	高级工程师	副局长	1978.2～1983.12
									纪委书记	1983.12～1991.12
19	丁满喜	男	1927.1	山西．长治	高小	1947.1	1948.6		副局长	1978.3～1983.12
									局调研员	1983.12～1988.4
20	赵景明	男	1928.10	山西．新绛	高小	1953.3	1957.2		副局长	1978.3～1980.9
21	李荆和	男	1913.11	山东．青州	高中	1936.7	1938.4		副局长	1979.7～1985.6
22	王　恕	男	1922.8	河北．阜平	高中	1937.11	1943.3		副局长	1980.12～1981.10
									局顾问	1981.10～1984.4
23	王见仁	男	1937.4	江苏．江阴	大学	1959.9	1982.8	教授级高级工程师	副局长	1983.12～1995.9
24	武慎让	男	1939.11	河北．井陉	大学	1967.7	1966.1	高级经济师	副局长	1983.12～1990.11
										1992.11～1995.9
									总经济师	1990.11—1992.11
25	陈启发	男	1936.5	陕西．三原县	大专	1955.5	1954.11	教授级高级政工师	党委副书记	1983.12～1996.12
									兼纪委书记	1991.12～1996.12
26	赵瑞平	男	1939.11	河北．平山	大学	1965.9	1966.10	高级工程师	副局长	1990.11～1997.11
27	王业胜	男	1941.12	山东．黄县	中专	1960.4	1965.12	教授级高级经济师	副局长	1992.11～*
28	殷会祥	男	1946.6	山东．高青	大专	1962.12	1971.12	高级工程师	副局长	1995.9～*

续表

序号	姓名	性别	出生年月	籍贯	文化程度	参加工作时间（年.月）	入党时间（年.月）	专业职称	党政职务	任职时间（年.月）
29	王小牧	男	1949.10	四川.成都	研究生（博士）	1969.1	1973.10	教授级高级工程师	副局长	1995.9～*
30	接铭训	男	1956.12	山东.莱阳	大学	1975.8	1982.1	高级工程师	副局长	1997.11～*
31	徐文荣	男	1961.7	福建.浦城	大学（学士）	1982.7	1989.2	教授级高级工程师	副局长	1997.11～*
32	肖　平	男	1947.7	湖南.湘乡	大学	1967.11	1975.10	高级政工师	党委副书记、局工会主席	1997.11～*
33	段雨欣	女	1941.1	辽宁.辽阳	中专	1964.9	1979.12	高级政工师	局纪委书记	1996.12～*
34	张俊瑞	男	1931.6	河北.吴桥	初中	1951.2	1954.4	高级政工师	局政治部主任	1978.3～1983.12
									局工会主席	1983.12～1991.12
35	刘明义	男	1937.6	山东.莒南	高中	1955.3	1958.9	高级政工师	局工会主席	1991.12～1997.11
36	王纲道	男	1915.5	安徽.巢县	大学	1941			局总工程师	1973.6～1975.5
37	孟尔盛	男	1921.8	江苏.姜堰	大学（研究生）	1946.11	1984.12	教授级高级工程师	局总工程师	1973.6～1988.4
38	王尚文	男	1915.12	河北.临城	大学	1939.8	1956.11	高级工程师	局总地质师	1973.6～1983.1
39	吴奇之	男	1937.3	山东.烟台	大学	1960.10		教授级高级工程师	局总地质师	1990.11～*
40	钱荣钧	男	1945.6	江苏.新沂	大学	1970.6	1983.2	教授级高级工程师	局总工程师	1995.9～*
41	张美璠	男	1922.8	江苏.淮安	私塾	1941.11	1942		局顾问	1979.5～1980.4
42	时云增	男	1924.3	河北.元氏	初小	1937.11	1941.10		局顾问	1981.10～1984.4
43	路　遥	男	1915.3	河北.平乡	高师	1938.4	1938.10		局顾问	1981.10～1984.4

*表示任职时间下限跨入1998年，因超越局志下限，具体时间不予记载。以下类似情况均同，不另作说明。

第三节　全国人民代表大会代表孟尔盛、吴奇之

一、第三届全国人民代表大会代表孟尔盛

孟尔盛，男，汉族，生于1921年8月，江苏省姜堰市(原泰县)人。1946年交通大学唐山工学院采矿冶金系毕业，1946年11月参加工作。1948年～1949年8月在美国科罗拉多矿业学院物探系学习物探和石油地质专业，1949年8月学成回国。1984年12月加入中国共产党。1989年9月晋升教授级高级工程师，1992年被批准享受政府特殊津贴。

1950年任上海地球物理实验室工程师，1953年任西北石油管理局酒泉地震大队工程师，1956年任玉门石油局地球物理处总工程师。1960年1月任松辽石油勘探局地质调查处总工程师，1961年1月任松辽石油勘探指挥部主任工程师（总工程师)。1962年9月任东北（大庆）石油学院勘探系主任兼教授。1964年6月以后历任石油部六四一厂总地球物理师、地调指挥部总工程师、六四六厂总工程师。1973年6月～1988年4月任物探局总工程师。1984年至1988年兼任石油学会物探专业委员会主任。1988年5月退休。

1964年，当选为第三届全国人民代表大会代表。

1950年，孟尔盛面对新中国石油物探技术人员奇缺的状况，承担培养中国第一批石油物探技术人员的重任，编写了中国第一本《石油地质学》教材，并亲自授课。50年代，他在酒泉大队任工程师，提出采用对比折射法进行地震勘探，突破了技术难关，使地震队获得了可靠资料。60年代大庆会战初期，为了提高地震勘探解决地质问题的能力，他提出了“高分辨率和高灵敏度，低振幅、低干扰背景”的地震工作方法；在地震测线部署上，他提出将地震工作连片细测改为“连片普查、有据详查、重点细测”；在地震资料解释上，他推荐波组、波系对比、精雕细刻、吃光榨尽，实现连片分层作图。他的这些技术思路不仅指导了松辽地震会战，为松辽盆地的勘探作出了重要贡献，而且被写进教科书，成为中国地震勘探公认的准则。1964年夏季，鉴于华北地区断层多、干涉波严重的特点，他率先提出干涉带分解的概念，以及“解放波形和正确解释断层”的要求，为查清华北地区复杂断块结构解决了技术难题。60年代中期，为推动物探技术进步和交流，他积极参与创办《石油地球物理勘探》杂志工作。70年代，他在全国推动多次覆盖地震技术和数字地震处理技术的同时，一面不遗余力地组织国外新技术资料的翻译出版，一面亲自主持两期数字处理培训班。在他担任物探局总工程师期间，一贯倡导地质与物探结合和各种物探方法的综合应用，并经常深入基层解决各种疑难技术问题。80年代，他积极推进国内外石油物探技术学术交流，尤其是在他担任中国石油学会物探专业委员会主任之后，与美国勘探地球物理学会建立了长期合作关系，将国内外石油物探学术交流推进到了一个新的阶段。

1992年，美国SEG学会为表彰他对促进物探科技进步的贡献，授予他终身会员称号。1996年，美国科罗拉多矿业学院为表彰他作为中国石油物探先驱所作的贡献，设立了以孟尔盛命名的奖学基金。

孟尔盛是中国著名地球物理学家，中国地球物理学会理事，中国石油学会常务理事，第三届全国人民代表大会代表。鉴于他在推广数字地震技术方面所作的贡献，1986年荣获国家科学技术进步一等奖。

二、第六届、第七届、第八届全国人民代表大会代表吴奇之

吴奇之，男，汉族，生于1937年3月，山东省烟台市人。1960年7月北京地质学院石油地质勘探系毕业，1960年10月参加大庆石油会战。1964～1973年6月先后任地调指挥部和六四六厂地质师，1973年7月任物探局第二指挥部副主任地质师。1979年5月任物探局副总地质师，1990年11月任物探局总地质师。1991年被批准享受政府特殊津贴，1992年2月晋升教授级高级工程师。

吴奇之长期从事石油天然气地质勘探工作。70年代他在二指工作期间主持东濮凹陷地震勘探技术工作，为发现文留构造油气富集带做出了重要贡献。80年代和90年代，他作为物探局副总地质师和总地质师，坚定贯彻总公司“稳定东部、发展西部”的战略方针，参与和组织了物探局几个重点探区的勘探部署。1982年，在内蒙古二连盆地经过四年的战略侦察和区域普查已揭示该区有良好的油气远景时，他及时提出在继续做好区域综合勘探的同时，应将地震勘探主力集中在额合宝力格凹陷东部和赛汉塔拉凹陷开展详查。后经勘探，上述地区均发现油田。从80年代末至90年代中期，他负责组织新疆吐哈盆地和塔里木盆地的地震勘探总体设计和地质综合研究工作。1989年起，新疆塔里木勘探工作

已成为物探局工作的重中之重。在工作部署上，他总是着眼于尽快找到大油田；在地质综合研究上，他一直倡导利用新地质理论，从盆地成因上去认识构造、沉积和油气富集规律。1991年8月，他提出塔里木盆地的三大枢纽带，即塔中隆起西缘和阿满过渡带、塔北隆起南缘、巴楚隆起，是寻找大油气田的最有利地区。随后，在他指导下按正断层观点编制了塔北隆起新生界底面构造图，发现9个断裂构造带，其中有7个构造带被证实是油气富集带。1992年底，他要求对英买2号构造加深钻井深度，为发现油气藏作出突出贡献。因此，他在1993年受到总公司的重奖，并被授予“有突出贡献科技工作者”称号。1994年，他在全面分析库车坳陷的资料后，明确提出，库车坳陷近期的勘探对象应以第三系盐下构造为勘探目标。1995年，大宛1井钻探大宛齐盐拱构造获得工业油气流；1997年，克拉2井在盐下构造发现大气田，均证实了他的预见。

1985年后，他在地质综合研究方面也有重要建树：1987年，他发表了《地震资料解释工作的现状与展望》和《地震技术在储量计算中的应用》的论文；“七五”期间，他在石油部科技攻关项目《秦晋地区古生界天然气地质综合研究》中负责构造地质研究，该项目获1992年部级科技进步二等奖；“八五”期间，他是国家重点科技项目三级课题《塔里木盆地圈闭与局部构造类型、分布和评价》的负责人；“九五”期间，他是国家重点科技攻关项目一个子课题《塔里木盆地非构造圈闭勘探目标选择与评价》的负责人，1997年他和王同和等人合作编写的《中国油气盆地构造演化与油气聚集》一书正式出版。

吴奇之是第六届、第七届、第八届全国人民代表大会代表，兼任国家储委会石油专委委员、石油地质专业学会委员、美国AAPG会员和中国矿业协会理事。

第四节　全国党代会代表段雨欣

段雨欣，女，汉族，生于1941年1月，辽宁省辽阳市人，1964年9月毕业于北京石油地质学校，1964年9月参加工作，1979年12月加入中国共产党，高级政工师。1984年3月～1991年3月任物探局研究院党委副书记，1991年3月～1996年12月任研究院党委书记，1996年12月任物探局党委常委、局纪委书记。1990年、1992年和1994年先后3次被中央国家机关党工委授予“优秀党务工作者”称号。1991年被总公司批准为“有突出贡献的思想政治工作者”；1995年荣获中央国家机关党工委“优秀党务工作者标兵”称号；1995年物探局党委授予她“优秀党员领导干部”称号。

1992年6月在中国共产党中央国家机关代表大会上当选为中国共产党第十四次全国代表大会代表。

第五节　中国工程院院士李庆忠

李庆忠，男，汉族，生于1930年10月，江苏省昆山市人，1952年7月毕业于清华大学物理系，中共党员，物探局副总工程师，1989年9月晋升教授级高级工程师，1991年被批准享受政府特殊津贴。1995年5月当选为中国工程院院士。

李庆忠长期献身于石油勘探事业，在实践中发展了石油地球物理勘探技术和理论，成果突出。1966年，他首次提出了三维地震勘探的理论和方法，并获得了中国第一张三维归位构造图；他设计的“束状三维地震”采集测线的施工方法，加快了新油田的发现。

他在长期系统研究各种地震波的物理特性的基础上，1972年完成了关于波动地震学的《地震波的基本特性——复杂断块区的反射波、异常波和干扰波》专著，使地震勘探技术从几何地震学进入波动地震学，被认为是中国地震勘探发展史上的重要论著。

1974年，他比国外早5年首次提出两步法三维偏移技术方法，使当时的一步法数据处理效率提高数百倍。1987年他发表的《关于陆相沉积地震地层学的若干问题》论文，是对现代地震地层学的重要补充和发展。

进入90年代，他研究的重点课题是提高地震勘探精度，建立高分辨率勘探的系统工程。

1993年他撰写出版的《走向精确勘探的道路》一书，被专家、读者评价为“打开高分辨率勘探之门的一把钥匙”。

李庆忠运用数学、物理学、地质学和计算机技术，对地球物理勘探中的各种现象和技术的本质、机理作了研究。他所提出的理论和方法，不仅解决了地球物理勘探中的许多技术难题，而且对地球物理勘探技术的发展有着深远的影响。

1995年他被总公司授予“石油工业杰出科技工作者”称号。

第六节　物探局老专家

一、王尚文传略

王尚文（1915年12月～1983年1月），男，汉族，河北省临城县人，1956年11月加入中国共产党。

1939年8月，王尚文毕业于西南联合大学，同年参加工作，先在中央地质调查所昆明办事处工作，不久调入资源委员会滇北矿务局工作，从事铅、锌等有色金属矿床的野外探测。1945年5月调到玉门油矿工作。

40年代后期，王尚文和其他一些地质家对陕北、甘肃和新疆等地的油田和油、气苗进行了大量的地质研究工作。1949年，王尚文根据多年的勘探实践，在《地质评论》上发表了《甘肃酒泉玉门间祁连山北麓石油生存之检讨》的论文。在论文中，他提出老君庙油矿的油源来自陆相沉积的白垩系地层中，从理论和实践上为中国石油地质事业作出了卓越的贡献。

王尚文研究了不同类型的含油、气盆地所具有的不同构造格局、沉积模式和圈闭发育规律，以及主要油藏类型和油、气聚集的一般规律。在此基础上，他和一些地质家将中国含油、气盆地归纳为克拉通型、裂谷型和造山型。这一理论为以后不同类型盆地的油、气聚集规律研究奠定了基础。

新中国成立后，王尚文参加了玉门油矿军管会的工作。1950年任陕北石油勘探大队地质调查第一组组长，承担延安、延长和延川地区的石油地质勘察工作。1952年调延长油矿任主任地质师，不久调任西北石油管理局勘探处主任地质师。1955年他担任青海石油管理局总地质师，亲自率队进军荒无人烟的柴达木盆地参加油气勘探，为发现冷湖油田及诸多含油构造作出了贡献。

50年代后期，作为青海石油管理局总地质师的王尚文全面负责柴达木盆地地质勘探工作。他经常深入地质队、钻井队，观察露头、岩屑，进行实地勘探和研究工作，为柴达木油田的勘探开发和柴达木盆地地层构造及油、气分布规律的研究作出了贡献。在这一时期，王尚文领导和培养了一批石油地质工作者，同时建立和完善了一整套地面地质调查和油田地质工作方法。

60年代初，王尚文任华东石油勘探局总地质师，为胜利油田的发现作出了贡献。1962年4月16日，山东东营地区的华8井出油，时任华东石油勘探局总地质师的王尚文从上海到东营负责勘探工作。东营油田是复杂断块油田，地层横向变化大，目的层系多，油层存在着“五忽”现象：忽油忽水、忽上忽下、忽厚忽薄、忽稠忽稀、忽有忽无。在这种情况下，王尚文认为必须从基础工作入手，进行地层的研究和对比，首先要建立过硬的地质剖面。作为技术负责人，王尚文和大家一起研究制定出一套加强地质录井及综合分析的措施；并深入井场，挑选岩样，进行检查。在大家的共同努力下，终于完成了使用岩屑资料建立东营地区第三系地层层序的任务，为胜利油田的会战打下了坚实的基础。他的这套地质录井工作方法得到了地质界的广泛认同，使石油地质勘探的地层研究工作有了一个新的提高。

1966年，王尚文调到北京石油学院任教授，并兼任勘探系副主任。1973年6月，任物探局总地质师。

从1979年开始，作为中国石油地质界知名专家、物探局总地质师的王尚文总结自己40余年从事石油地质勘探工作的经验，主编了《中国石油地质学》。这本书是一部理论严谨的学术著作，是中国一部系统的石油地质学专著。

王尚文一生从事油气勘探工作。中国一些主要油田和有含油气远景的沉积盆地几乎都留下了他的足迹。特别是在酒泉盆地、柴达木盆地、陕甘宁盆地以及渤海湾地区的石油勘探中，他都做了大量的工作。王尚文的石油地质理论建立在充分的勘探实践基础上，为中国的石油地质理论研究做出了重大贡献。

二、王纲道传略

王纲道（1915年5月～1984年2月），男，汉族，安徽省巢县人，是中国石油物探奠基人之一。曾被评为石油工业部先进工作者。

1941年王纲道从国立中央大学毕业，留校任助教。1946年8月任职于中国石油公司。1947年任石油公司第二勘探室主任及地球物理副工程师，组织重力队在江苏省苏南至上海郊区的高桥进行电法实验研究和重力测量。1950～1951年任陕北勘探大队第一重力队队长。1953～1955年7月，任燃料工业部石油管理总局地球物理工程师。60年代初的大庆石油会战初期，他和石油地球物理专家孟尔盛首次提出在松辽平原进行地震连片普查的意见，并取得了明显效果。

1963年冬至1965年，王纲道参加华北石油会战，担任会战指挥部地质指挥所构造研究室主任，组织成立了“牛庄攻关队”，推广应用中国首次研制成功的模拟磁带地震仪、超声波测井仪、感应测井仪、γ射线测井仪、侧向测井仪等设备，使测井和地震技术跨了一大步。在王纲道的具体指导下，攻关队根据构造研究室的资料推断，坨庄—胜利村在地质构造上基本属于背斜，应当有储量丰富的石油，但是构造特征不明显。王纲道根据攻关队的推断，对地质资料进行了深化解释，确认胜利村地下构造石油储量特别丰富。他组织攻关队作出了一张完整的地质构造图，为探明胜利村石油储量做出了贡献。

1965～1967 年，王纲道参加四川石油会战，负责物探技术工作。他从光点地震资料研究裂缝，提出了精细地震的要求。此项研究，对后来用地震波的振幅比等方法研究裂缝作出了重要贡献。

从 1973 年 6 月起，王纲道先后任物探局总工程师及石油勘探开发科学研究院总工程师。他调任物探局总工程师时，恰逢中国自行研制的“150”计算机诞生。1973 年 10 月这台计算机刚安装在物探局后，便接受了处理海上数字地震资料的任务。1974 年 4 月 2 日，在王纲道的关怀下，经过石油科技工作者的忘我工作，“150”机成功地处理出了中国第一条数字地震剖面，此剖面被石油部领导赞誉为“争气剖面”。

王纲道在物探局任职期间，努力组织推广地震反射多次覆盖方法及地震资料数字处理技术。那时，他虽年近六旬，且身患多种疾病，但他那种废寝忘食、夜以继日、满负荷工作的精神，鼓舞着许多科技工作者，尤其是青年科技人员。

他勤于笔耕，50～60 年代，他在《石油地质》、《石油勘探》等杂志上发表了诸多科技论文，有力地促进了地球物理学科的发展。

三、陈祖传

陈祖传，男，汉族，生于 1931 年 1 月，浙江省宁波市人，1951 年 3 月毕业于燃料工业部高级地球物理勘探班，参加石油勘探工作。50 年代他在新疆、青海从事重磁力和电法勘探，先后任重力队队长、工程师、主任工程师等职。1961 年 11 月参加松辽地震会战，任综合研究大队构造组副组长，主管编制松辽盆地的地震连片构造图。1963 年底参加华北石油勘探会战，曾任六四六厂主任工程师、副总工程师。1969 年参与国产数字地震仪的研制。70 年代初参加长庆石油勘探会战，中后期，从事物探数字技术的引进工作。1973 年 6 月起任石油物探局副总工程师。80 年代初参加了与国外石油公司合作勘探开发中国大陆架海域的工作。1985 年加入中国共产党。1989 年 9 月晋升为教授级高级工程师，1991 年被批准享受政府特殊津贴。1997 年 3 月退休。

50 年代，他依据误差理论推导出一套新的重磁基点误差计算公式，更正了原重磁勘探规程中有关计算基点误差的规范。他提出的大地电流“同向强度比”法，既提高了生产效率，又保证了资料质量。因此，1956 年被评为石油工业部先进生产者，同年被国务院授予全国先进生产者称号。

80 年代初期，他为分析珠江口盆地的生油情况，编制了中国第一个温度、时间指数的计算器程序；针对渤海湾地区的地质情况提出利用变速直射线空校方法制作构造图；他将国外正在兴起的碳氢检测和表层延拓等新技术加以改造，用于国内地震资料数据处理，取得了较好的效果。80 年代中期，他主管物探局地震资料处理工作，积极提倡和推动精细处理、DMO、反 Q、谱白化、地表一致性反褶积和振幅补偿、浮动基准面静校和相位校正等一系列新技术的应用推广，强调三高（高信噪比、高分辨率、高保真）处理的基础工作，推动了地震资料处理水平的提高。为向塔里木、吐鲁番、二连、华北、松辽、陕甘宁、下辽等探区提供大量的优质二维和三维处理成果，起到了重要的作用。1985 年获国家科技进步特等奖。80 年代末，他参与了中国在缅甸进行地震勘探技术服务的领导工作。他根据工区特点，采用浮动基准面静校正计算方法，建立静校正数据库替代人工输入，同时提出相对折射静校正方法，从而大大提高了叠加剖面的成像质量和构造图的精度，赢得缅方的赞誉，扩大了中国石油物探技术在国外的影响。他牵头组织的“七五”国家重点科技攻关“垂直地震剖面法（VSP）”项目，涉及 13 个石油单位的 271 人。在 5 年的攻关过程中他多次深入一线，分析研究、协调解决有关问题，经攻关人员的共同努力，采集、处理了近 300 口井的 VSP 资料，圆满完成了任务。

在“八五”期间，他就中国东部地区断裂复杂的特点，主要研究提高横向分辨率、提高偏移速度精度的问题，提出采用三维 DMO 和三维一步法偏移、三维速度分析和三维剩余静校正等一系列技术主张。1995 年，他被总公司授予先进科技工作者称号。

陈祖传长期从事技术引进与交流，90 年代中后期又从事开拓国际物探市场，多次到北美、南美、欧洲、澳洲、非洲、中东和东南亚等国家考察并进行讲学，还在世界石油大会和SEG等国际会议上作报告，在《世界油气》、《前缘》等国际性刊物发表文章13篇。

陈祖传曾先后担任过中国石油学会第一届理事、河北省石油学会第一届常务理事，中国石油天然气总公司科技委员会和全国自然科学地球物理名词审定委员会委员，中国岩石圈闭委员会GGT全球大断面协调组的副组长，《石油地球物理勘探》的编委。他积极参加学术活动，组织和推动学术交流，为不断促进中国石油物探技术的发展做出了突出的贡献。

四、袁秉衡

袁秉衡，男，汉族，生于1930年9月，北京市人，九三学社社员。1952年毕业于北京地质学院，1973年6月任物探局副总地质师，1989年9月晋升为教授级高级工程师，1991年被批准享受政府特殊津贴，1997年3月退休。

袁秉衡自学生时代就立志献身于石油地质事业，1952年毕业分配时志愿到"大西北"工作。1953年3月，任陕北大队109地质队实习员。1954年3月他任101地质队代理队长，带领职工在吐鲁番盆地进行两年的地质勘察，基本上搞清了盆地轮廓，发现了火焰山等构造带，优选了胜金口构造，并提供井位，经钻探发现了胜金口油田。

1956～1961年10月，他在准噶尔盆地从事野外地质调查和构造地质研究工作，为该地区发现油田做出了贡献。

1961年底到1963年11月，袁秉衡参加了松辽地震会战，任综合研究大队副大队长、地调处副主任地质师。在会战期间，他深入研究了各种地质、物探资料，为总结地震连片勘探方法，绘制全盆地六大层构造图，全面认识松辽盆地地质结构和油气富集规律，发现大庆油田外围的油田，作出了重要贡献。

1963年底，袁秉衡参加华北石油会战，先后任六四六厂主任地质师、副总地质师和物探局副总地质师，从事生产技术管理工作。通过对渤海湾盆地地震资料综合研究，组织局内有关单位提供了大港油田发现井（港5井）、中原油田发现井（濮参1井）、任丘油田发现井（任4井）等井位，并为这些油田的勘探提出了许多好的意见。

文化大革命期间，袁秉衡参加了江汉油田会战和长庆油田会战。1977年，袁秉衡与另一位老专家共同提出对二连盆地开展综合勘探的建议。后来，二连盆地成为物探局按综合勘探程序开展勘探工作获得成功的一个范例，在较短时间，用较少投入突破了出油关，发现了阿尔善油田。

袁秉衡在石油地震、地质新理论、新技术的推广应用方面也有所建树。1979年，在他的指导下物探局开始使用地震地层学理论研究冀中坳陷南部岩相古地理，并迅速在全局各单位推广应用，见到较好效果。

1985年，袁秉衡从事石油系统地震解释工作站的技术引进工作。十几年中他在地震解释技术现代化方面做了大量工作，推进了物探局以至各油田的地震解释技术发展。

1985年，他参与的《渤海湾盆地复式油气区（带）勘探理论与实践》科研项目获国家科技进步特等奖。他是主要获奖者。

袁秉衡十分重视科技人才的教育和培养，积极组织举办了一系列新技术讲座，并大力提倡青年科技工作者在具体科研项目中增长才干。

"七五"、"八五"期间，他曾承接原石油部和总公司重点科技攻关课题——《地震储层研究》，收到较好成效。长期以来他还大力推广应用虚拟三维地震可视化"体"的解释技术、多种地震属性应用解释技术、油藏表征技术、油藏模拟技术等，为中国石油物探技术的更新和发展做出了突出贡献。1993年获李四光地质科学奖。

第七节　物探局享受政府特殊津贴人员

1991～1997年，由物探局申报，经总公司推荐和国务院批准，物探局有48名专家享受政府特殊津贴（详见表16－2）。

第八节　物探局教授级高级职称人员

1989～1997年，物探局共有56名工程技术人员被评为教授级高级专业技术职称（详见表16－3）。

表 16－2　1991～1997 年物探局享受政府特殊津贴人员名录（姓名以批准文件排序）

序号	姓名	性别	出生年月	参加工作时间（年．月）	毕业学校	毕业时间（年．月）	学历	学位	批准时所在工作单位及职务	从事专业及专长	批准享受特殊津贴时的职称	批准享受政府特贴时间（年份）
1	俞寿朋	男	1930.11	1952.4	石油地球物理高探班	1952.4	大专		研究院物探方法研究所所长	勘查地球物理	教授级高级工程师	1991
2	王宏琳	男	1941.4	1963.8	同济大学	1963.8	大学		物探局副总工程师	计算机及应用	教授级高级工程师	1991
3	李庆忠	男	1930.10	1952.9	清华大学	1952.9	大学	院士	物探局副总工程师	勘查地球物理	教授级高级工程师	1991
4	袁秉衡	男	1930.11	1952.3	北京地质学院	1952.3	大学		物探局副总地质师	石油地质勘查	教授级高级工程师	1991
5	陈祖传	男	1931.1	1951.3	石油地球物理高探班	1951.3	大专		物探局副总工程师	勘查地球物理	教授级高级工程师	1991
6	吴奇之	男	1937.3	1960.10	北京地质学院	1960.10	大学		物探局总地质师	石油地质勘查	高级工程师	1991
7	刘颂威	男	1938.4	1960.9	北京地质学院	1960.9	大学		物探局局长、党委副书记	地球物理勘探	教授级高级工程师	1992
8	孟尔盛	男	1921.8	1946.11	交通大学唐山工学院	1946.6	大学		物探局原总工程师	勘查地球物理	教授级高级工程师	1992
9	钟辛生	男	1941.4	1965.9	北京石油学院	1965.8	大学		物探局局长、党委副书记	勘查地球物理	高级工程师	1992
10	何振香	男	1933.12	1954.7	北京地质学院	1954.7	大专		物探局副总工程师	勘查地球物理	教授级高级工程师	1992
11	钱荣钧	男	1945.6	1970.6	北京石油学院	1970.6	大学		物探局副总工程师	勘查地球物理	高级工程师	1992
12	裘慰庭	男	1936.12	1960.10	莫斯科石油学院	1961.7	大学		物探局副总工程师	勘查地球物理	教授级高级工程师	1992
13	程金箴	男	1937.7	1960.9	长春地质学院	1960.9	大学		物探局副总工程师	勘查地球物理	高级工程师	1992
14	张奎祥	男	1932.8	1954.10	北京地质学院	1954.7	大专		物探局副总工程师	电子仪器	教授级高级工程师	1992
15	范祯祥	男	1933.2	1952.4	石油地球物理高探班	1952.4	大专		研究院副总工程师	勘查地球物理	教授级高级工程师	1992
16	潘显灿	男	1938.11	1960.10	厦门大学	1960.10	大学		研究院副总工程师	计算机	教授级高级工程师	1992
17	周继康	男	1945.11	1968.12	武汉测绘学院	1968.12	大学		研究院副总工程师	计算机软件	高级工程师	1992
18	吴永金	男	1945.4	1969.8	成都地质学院	1969.8	大学		研究院副总工程师	计算机及应用	高级工程师	1992

续表

序号	姓名	性别	出生年月	参加工作时间（年．月）	毕业学校	毕业时间（年．月）	学历	学位	批准时所在工作单位及职务	从事专业及专长	批准享受特殊津贴时的职称	批准享受政府特贴时间（年份）
19	缪学明	男	1942.4	1967.7	南京工学院	1966.7	大学		仪器总厂总工程师	仪器仪表	高级工程师	1992
20	罗维炳	男	1942.12	1965.9	北京地质学院	1965.9	大学		仪器总厂研究所所长	电子仪器	教授级高级工程师	1992
21	钟国森	女	1936.8	1959.9	北京地质学院	1959.9	大学		原解释中心主任	勘查地球物理	高级工程师	1992
22	赵中全	男	1938.9	1963.8	北京地质学院	1963.8	大学		物探局副总工程师	勘查地球物理	高级工程师	1992
23	熊翥	男	1941.11	1965.9	北京石油学院	1965.9	大学		研究院总工程师	勘查地球物理	高级工程师	1992
24	王达昌	男	1940.5	1964.9	长春地质学院	1964.9	大学	学士	物探地质研究院总工程师	勘查地球物理	高级工程师	1992
25	王愫	女	1943.10	1966.7	北京石油学院	1966.7	大学		西北地质研究所总工程师	勘查地球物理	高级工程师	1993
26	柴桂林	男	1935.9	1955.7	北京石油地质学校	1955.7	中专		物探局副局长	石油地质勘查	教授级高级工程师	1993
27	王见仁	男	1937.4	1959.9	清华大学	1955.9	大学		物探局副局长	机械设计及制造	教授级高级工程师	1993
28	赵振文	男	1945.9	1969.8	北京石油学院	1969.8	大学		研究院软件公司副总经理	计算机及应用	高级工程师	1993
29	周兴元	男	1938.9	1965.4	北京大学	1965.4	大学		研究院副总工程师	勘查地球物理	高级工程师	1993
30	王小牧	男	1949.10	1969.1	美国科罗拉多矿冶学院	1988.5	研究生	博士	物探局副总工程师	勘查地球物理	高级工程师	1993
31	吕友生	男	1934.8	1954.8	西北大学	1954.8	大专		物探局副总地质师	石油地质勘查	高级工程师	1993
32	梅林森	男	1938.11	1963.9	北京地质学院	1963.8	大学		物探局副总地质师	石油地质勘查	高级工程师	1993
33	王家宽	男	1939.4	1963.7	沈阳建工学院	1963.7	大学		物探局副总工程师	工民建	高级工程师	1993
34	田树人	男	1941.1	1965.9	北京地质学院	1965.9	大学		研究院副总工程师	计算机及应用	高级工程师	1993
35	刘前志	男	1935.5	1957.9	布加勒斯特石油学院	1966.6	研究生	博士	物探地质研究院室主任	石油地质勘查	高级工程师	1993
36	赵瑞平	男	1939.11	1965.9	长春地质学院	1965.9	大学		物探局副局长	勘查地球物理	高级工程师	1993

续表

序号	姓名	性别	出生年月	参加工作时间（年.月）	毕业学校	毕业时间（年.月）	学历	学位	批准时所在工作单位及职务	从事专业及专长	批准享受特殊津贴时的职称	批准享受政府特贴时间（年份）
37	许大坤	男	1945.11	1967.7	天津大学	1967.7	大学		副局长兼局总工程师	勘查地球物理	高级工程师	1993
38	李　玲	女	1946.5	1970.8	北京地质学院	1965.12	大学	学士	物探地质研究院	计算机及应用	高级工程师	1993
39	王宜昌	男	1938.9	1956.12	北京石油学校	1956 12	中专		物探地质研究院	勘查地球物理	高级工程师	1993
40	严　伦	男	1940.6	1963.8	广州石油学校	1963.8	中专		物探地质研究院副总地质师	石油地质勘查	高级工程师	1993
41	康大浩	男	1940.11	1965.9	北京石油学院	1965.7	大学		岩土公司副总工程师	勘查地球物理	高级工程师	1993
42	牛毓荃	男	1935.4	1961.10	北京地质学院	1961.10	大学		物探地质研究院总工程师	科技情报	教授级高级工程师	1994
43	杨克绳	男	1934.12	1958.3	北京石油学院	1958.3	大学		原解释中心副主任	石油地质勘查	高级工程师	1994
44	梁秀文	男	1945.10	1970.8	北京地质学院	1969.8	大学		第二地质调查处总工程师	勘查地球物理	高级工程师	1994
45	曾自成	男	1932.5	1950.12	哈尔滨医科大学	1956.8	大学		职工医院原内科主任	医疗	主任医师	1995
46	曾庆全	男	1938.9	1964.9	西南石油学院	1964.9	大学		第五地质调查处总地质师	石油地质勘查	高级工程师	1996
47	王有新	男	1958.5	1975.12	华东石油学院	1986.6	研究生	硕士	研究院副院长	勘查地球物理	教授级高级工程师	1997
48	段书府	男	1961.7	1982.8	江汉石油学院	1982.8	大学		研究院地质研究中心总地质师	勘查地球物理	高级工程师	1997

注：曾自成、曾庆全、王有新、段书府4人均为一次性特贴5000元。

表 16－3　1991～1997 年物探局教授级高级职称人员名录（姓名以批准文件排序）

序号	姓名	性别	出生年月	参加工作时间（年．月）	毕业学校	毕业时间（年．月）	学历	学位	批准时所在工作单位及职务	从事专业及专长	职称	批准教授级高工时间（年．月．日）
1	王宏琳	男	1941.4	1963.8	同济大学	1963.8	大学		研究院副总工程师兼软件所所长	计算机及应用	教授级高级工程师	1989.9.1
2	刘颂威	男	1938.4	1960.9	北京地质学院	1960.9	大学		物探局副局长	地球物理勘探	教授级高级工程师	1989.9.1
3	李庆忠	男	1930.10	1952.9	清华大学	1952.9	大学	院士	物探局副总工程师	勘查地球物理	教授级高级工程师	1989.9.1
4	陈建新	男	1940.4	1963.11	重庆大学	1963.7	大学		物探局副总工程师	计算机	教授级高级工程师	1989.9.1
5	陈祖传	男	1931.1	1951.3	石油地球物理高探班	1951.3	大专		物探局副总工程师	勘查地球物理	教授级高级工程师	1989.9.1
6	孟尔盛	男	1921.8	1946.11	交通大学唐山工学院	1946.6	大学		物探局原总工程师	勘查地球物理	教授级高级工程师	1989.9.1
7	俞寿朋	男	1930.11	1952.4	石油地球物理高探班	1952.4	大专		研究院物探方法研究所所长	勘查地球物理	教授级高级工程师	1989.9.1
8	袁秉衡	男	1930.11	1952.3	北京地质学院	1952.3	大学		物探局副总地质师	石油地质勘查	教授级高级工程师	1989.9.1
9	裘慰庭	男	1936.12	1960.10	莫斯科石油学院	1961.7	大学		物探局科技处处长	勘查地球物理	教授级高级工程师	1989.9.1
10	雒颖脱	男	1926.2	1949.8	西北地质大学	1954.7	大专		原解释中心主任	石油地质勘查	教授级高级工程师	1989.9.1
11	潘　瑗	男	1929.9	1952.10	兰州大学	1952.9	大学		物探局局长	勘查地球物理	教授级高级工程师	1989.9.1
12	吴奇之	男	1937.3	1960.10	北京地质学院	1960.10	大学		物探局总地质师	石油地质勘查	教授级高级工程师	1992.2.28
13	柴桂林	男	1935.9	1955.7	北京石油地质学校	1955.7	中专		物探局副局长	石油地质勘查	教授级高级工程师	1992.2.28
14	金学政	男	1933.6	1954.6	西北大学	1954.6	大专		物探地质研究院副总地质师	石油地质勘查	教授级高级工程师	1992.2.28
15	何振香	男	1933.12	1954.7	北京地质学院	1954.7	大专		物探局副总工程师	勘查地球物理	教授级高级工程师	1992.2.28
16	范祯祥	男	1933.2	1952.4	石油地球物理高探班	1952.4	大专		研究院副总工程师	勘查地球物理	教授级高级工程师	1992.2.28
17	张奎祥	男	1932.8	1954.10	北京地质学院	1954.7	大专		物探局副总工程师	电子仪器	教授级高级工程师	1992.2.28
18	陈丕珩	男	1930.9	1952.4	石油地球物理高探班	1952.4	大专		原解释中心副主任	勘查地球物理	教授级高级工程师	1992.2.28
19	潘显灿	男	1938.11	1960.10	厦门大学	1960.10	大学		研究院副总工程师	计算机	教授级高级工程师	1992.2.28
20	孙廷举	男	1935.1	1960.9	长春地质学院	1960.8	大学		物探地质研究院院长、党委副书记	勘查地球物理	教授级高级工程师	1992.2.28

续表

序号	姓名	性别	出生年月	参加工作时间（年.月）	毕业学校	毕业时间（年.月）	学历	学位	批准时所在工作单位及职务	从事专业及专长	职称	批准教授级高工时间（年.月.日）
21	牛毓荃	男	1935.4	1961.10	北京地质学院	1961.10	大学		物探地质研究院总工程师	科技情报	教授级高级工程师	1992.2.28
22	王见仁	男	1937.4	1959.9	清华大学	1959.9	大学		物探局副局长	机械设计及制造	教授级高级工程师	1992.2.28
23	楼正高	男	1928.10	1956.8	北京地质学院	1956.8	大学		第五地质调查处总工程师	勘查地球物理	教授级高级工程师	1992.2.28
24	罗维炳	男	1942.12	1965.9	北京地质学院	1965.9	大学		仪器总厂研究所所长	电子仪器	教授级高级工程师	1992.2.28
25	许国华	男	1932.10	1953.7	西北大学	1953 7	大学		物探局副总会计师	财会	教授级高级会计师	1992.2.28
26	曾自成	男	1932.5	1950.12	哈尔滨医科大学	1956.8	大学		职工医院原内科主任	医疗	主任医师	1993.7.28
27	钱荣钧	男	1945.6	1969.6	北京石油学院	1969.6	大学		物探局副总工程师	勘查地球物理	教授级高级工程师	1994.5.21
28	周兴元	男	1938.9	1965.4	北京大学	1965.4	大学		研究院副总工程师	勘查地球物理	教授级高级工程师	1994.5.21
29	汪廷璋	男	1936.12	1960.10	长春地质学院	1960.10	大学		物探地质研究院副总工程师	物探编辑	编审	1994.5.21
30	李玉超	男	1937.7	1953.8			初中		物探局党委书记	党务管理	教授级高级政工师	1994.5.26
31	陈启发	男	1936.5	1955.5	西北大学	1955.5	大专		物探局党委副书记、纪委书记	党务管理	教授级高级政工师	1994.5.26
32	吕友生	男	1934.8	1954.8	西北大学	1954.8	大专		物探局副总地质师	石油地质勘查	教授级高级工程师	1995.5.26
33	梅林森	男	1938.11	1963.9	北京地质学院	1963.8	大学		物探局副总地质师	石油地质勘查	教授级高级工程师	1995.5.26
34	许大坤	男	1945.11	1967.7	天津大学	1967.7	大学		副局长兼局总工程师	勘查地球物理	教授级高级工程师	1995.9.6
35	赵中全	男	1938.9	1963.8	北京地质学院	1963.8	大学		物探局副总工程师	勘查地球物理	教授级高级工程师	1995.9.6
36	程金箴	男	1937.7	1960.9	长春地质学院	1960.9	大学		物探局副总工程师	勘查地球物理	教授级高级工程师	1995.9.6
37	杨克绳	男	1934.12	1958.3	北京石油学院	1958.3	大学		原解释中心副主任	石油地质勘查	教授级高级工程师	1995.9.6
38	邓小力	男	1962.11	1984.7	华东石油学院	1984.7	大学	学士	第一地质调查处副总工程师	勘查地球物理	教授级高级工程师	1995.9.6
39	王业胜	男	1941.12	1960.4	北京石油地质学校	1960.4	中专		物探局副局长	工业经济	教授级高级经济师	1995.9.6

续表

序号	姓名	性别	出生年月	参加工作时间（年.月）	毕业学校	毕业时间（年.月）	学历	学位	批准时所在工作单位及职务	从事专业及专长	职称	批准教授级高工时间（年.月.日）
40	王顺根	男	1946.3	1969.8	成都地质学院	1969.8	大学		研究院处理中心副总工程师	勘查地球物理	教授级高级工程师	1996.7.9
41	王有新	男	1958.5	1975.12	华东石油学院	1986.6	研究生	硕士	研究院副院长	勘查地球物理	教授级高级工程师	1996.7.9
42	吴永金	男	1945.4	1969.8	成都地质学院	1969.8	大学		研究院副总工程师	计算机及应用	教授级高级工程师	1996.7.9
43	王　强	男	1941.7	1964.9	北京石油学院	1964.9	大学		研究院副总工程师	勘查地球物理	教授级高级工程师	1996.7.9
44	刘前志	男	1935.5	1957.9	布加勒斯特石油学院	1966.6	研究生	博士	物探地质研究院室主任	石油地质勘查	教授级高级工程师	1996.7.9
45	赵振文	男	1945.9	1969.8	北京石油学院	1969.8	大学		研究院软件公司副总经理	计算机及应用	教授级高级工程师	1996.7.9
46	熊　翥	男	1941.11	1965.9	北京石油学院	1965.9	大学	学士	研究院总工程师	勘查地球物理	教授级高级工程师	1996.7.9
47	王小牧	男	1949.10	1969.1	美国科罗拉多矿冶学院	1988.5	研究生	博士	物探局副局长	勘查地球物理	教授级高级工程师	1996.7.9
48	孙玉岭	男	1942.5	1967.7	北京石油学院	1967.7	大学		物探局副总经济师	劳动经济	教授级高级经济师	1996.7.9
49	尹世忻	男	1941.10	1966.7	北京第二医学院	1966.7	大学		卫生处处长、第二职工医院院长	医疗	主任医师	1996.7.28
50	钟辛生	男	1941.4	1965.8	北京石油学院	1965.8	大学		物探局局长、党委副书记	勘查地球物理	教授级高级工程师	1997.7.9
51	赵振飞	男	1943.4	1968.12	武汉测绘学院	1968. 7	大学		研究院	勘查地球物理	教授级高级工程师	1997.7.9
52	凌　云	男	1956.7	1971.4	成都理工学院	1996.7	研究生	博士	研究院总工程师	勘查地球物理	教授级高级工程师	1997.7.9
53	徐文荣	男	1961.7	1982.7	华东石油学院	1982.7	大学	学士	物探局外事处处长	勘查地球物理	教授级高级工程师	1997.7.9
54	史　骊	男	1936.9	1960.8	长春地质学院	1960.8	大学		物探局勘探处原处长	勘查地球物理	教授级高级工程师	1997.7.9
55	刘素庚	女	1945.9	1969.6	北京石油学院	1969.6	大学		物探地质研究院	勘查地球物理	教授级高级工程师	1997.7.9
56	吴宗明	男	1938.8	1959.4	西安石油学校	1959.4	中专		特车厂党委书记、副厂长	党务管理	教授级高级政工师	1997.7.9

第九节　物探局历任副总师

1973～1997年，物探局先后有30人分别担任副总工程师、副总地质师、副总会计师、副总机械师、副总经济师、副总政工师职务，其基本情况及任职时间详见表16－4。

表16－4　1973～1997年物探局历任副总师名录

序　号	单位名称	姓　名	性　别	职　务	任职时间（年．月）	备　注
1	物探局	陈建新	男	副总工程师	1973.6～1989.1	调出
2	物探局	陈祖传	男	副总工程师	1973.6～1997.3	退休
3	物探局	袁秉衡	男	副总地质师	1973.6～1997.3	退休
4	物探局	王善书	男	副总地质师	1978.3～1984.4	调出
5	物探局	刘颂威	男	副总工程师	1978.3～1987.5	后任副局长、局长
6	物探局	何振香	男	副总工程师	1979.5～1994.6	退休
7	物探局	吴奇之	男	副总地质师	1979.5～1990.11	后任局总地质师
8	物探局	李庆忠	男	副总工程师	1981.12～*	中国工程院院士
9	物探局	龚再元	男	副总会计师	1981.12～1984.4	调出
10	物探局	许国华	男	副总会计师	1981.12～1992.10	退休
11	物探局	王见仁	男	副总机械师	1982.2～1984.1	后任副局长
12	物探局	李全慎	男	副总工程师	1984.1～1985.8	原副局长、调任职工大学校长
13	物探局	邝少荣	男	副总工程师	1984.3～1984.7	调出
14	物探局	钱荣钧	男	副总工程师	1989.5～1995.9	后任局总工程师
15	物探局	张奎祥	男	副总工程师	1991.6.7～1992.10	退休
16	物探局	赵中全	男	副总工程师	1991.10～*	
17	物探局	程金箴	男	副总工程师	1991.10～*	
18	物探局	王宏琳	男	副总工程师	1991.10～*	
19	物探局	王小牧	男	副总工程师	1991.10～1995.9	后任副局长
20	物探局	裘慰庭	男	副总工程师	1991.10～1997.3	退休
21	物探局	梅林森	男	副总地质师	1991.10～1995.7	因病逝世
22	物探局	吕友生	男	副总地质师	1991.10～1997.3	退休
23	物探局	王业胜	男	副总经济师	1991.10～1992.11	后任副局长
24	物探局	王家宽	男	副总工程师	1992.9～1996.11	调出
25	物探局	朴周鹤	男	副总经济师	1993.8～*	
26	物探局	陈笃恭	男	副总工程师	1994.11～1996.6	调出
27	物探局	孙玉岭	男	副总经济师	1996.7～*	
28	物探局	肖　平	男	副总政工师	1996.7～1997.11	后任局党委副书记、局工会主席
29	物探局	夏义平	男	副总地质师	1997.2～*	
30	物探局	凌　云	男	副总工程师	1997.8～*	

第十节　物探局处级领导干部

1973～1997 年，物探局先后有 548 人担任过正、副处级领导干部职务，其基本情况及任职时间详见表 16－5。

表 16－5　1973～1997 年物探局处级领导干部职务任免表
（姓名按单位排列，不论正、副职务以首任时间为序；职务名称随单位名称变动）

序　号	单位名称	姓　名	性　别	职　务	任职时间（年．月．日）	备　注
1	局塔里木前线指挥部	赵瑞平	男	党委书记（兼）、指挥（兼）	1991.1.3～1996.1.2	时任副局长
2	局塔里木前线指挥部	马心顿	男	党委副书记兼纪委书记	1991.1.3～1993.3.1	正处级
3	局塔里木前线指挥部	钱荣钧	男	总工程师（兼）	1991.1.3～1996.1.2	时任局副总工程师、1995 年 9 月任局总工程师
4	局塔里木前线指挥部	张成福	男	副指挥	1991.10.22～1993.2.11	正处级
5	局塔里木前线指挥部	刘福泉	男	副指挥	1992.1.3～1993.2.11	副处级
6	局塔里木前线指挥部	王　冰	男	副总地质师	1992.1.3～1992.11	副处级
7	局塔里木前线指挥部	黄彤宇	男	党办主任	1992.1.3～1993.2.12	副处级
				党委副书记	1993.2.12～1996.1.2	1994 年 11 月提为正处级
				党工委副书记	1996.1.2～1997.2.28	正处级
8	局塔里木前线指挥部	唐庆宝	男	生产办公室主任	1992.1.3～1993.2.11	副处级
				副指挥	1993.2.11～1997.8.11	1994 年 11 月提为正处级
9	局塔里木前线指挥部	李中香	男	副指挥	1992.3.6～1997.2.28	正处级
10	局塔里木前线指挥部	殷会祥	男	兼任党工委书记、兼任指挥	1996.1.2～1997.11.13	时任副局长
11	局塔里木前线指挥部	夏义平	男	总地质师	1996.1.2～1997.2.28	正处级
				兼总地质师	1997.2.28～＊	时任局副总地质师
12	局塔里木前线指挥部	赵邦六	男	总工程师	1996.1.2～1996.6.30	副处级
13	局塔里木前线指挥部	苏振华	男	副指挥	1996.1.2～＊	副处级
14	局塔里木前线指挥部	王　超	男	总工程师	1996.7.11～＊	副处级
15	局塔里木前线指挥部	张　玮	男	副指挥	1997.2.28～＊	正处级
16	局塔里木前线指挥部	李进勇	男	副指挥	1997.2.28～＊	副处级
17	局塔里木前线指挥部	赵秀良	男	党工委副书记、纪委书记	1997.2.28～＊	副处级
18	局塔里木前线指挥部	姚英俊	男	工会主席	1997.2.28～＊	副处级
19	局塔里木前线指挥部	蒋祖瑜	男	总会计师兼库尔勒财务结算中心主任	1997.2.28～＊	时任局财务处副处长
20	局塔里木前线指挥部	王小牧	男	兼任党工委书记、兼任常务副指挥	1997.11.13～＊	时任副局长

续表

序号	单位名称	姓名	性别	职务	任职时间（年.月.日）	备注
21	局塔里木前线指挥部	接铭训	男	兼任指挥、兼任党工委副书记	1997.11.13～*	时任副局长
22	库尔勒研究中心	胡国兴	男	党总支书记	1992.1.3～*	副处级
23	库尔勒研究中心	张玮	男	主任	1992.1.3～1997.2.28	副处级
				兼主任	1997.2.28～*	正处级
24	库尔勒研究中心	严伦	男	主任地质师	1992.1.3～1992.10.4	副处级
				总地质师	1992.10.4～1993.3.5	副处级
25	库尔勒研究中心	郭钟灿	男	副主任	1996.1.2～*	副处级
26	库尔勒研究中心	王泽良	男	总工程师	1996.1.2～*	副处级
27	库尔勒研究中心	万里皋	男	总地质师	1996.1.2～*	副处级
28	吐哈项目组	张成福	男	组长	1993.2.11～1995.1.3	正处级
29	局青藏项目组	王小牧	男	兼任党工委书记、兼任项目组经理	1996.1.2～1997.7	时任副局长
30	局青藏项目组	梁延强	男	党工委副书记	1996.1.2～1997.7	副处级
31	局青藏项目组	吴祉宪	男	副经理	1996.1.2～1997.7	正处级
32	局青藏项目组	苗春峰	男	副经理	1996.1.2～1997.7	副处级
33	局青藏项目组	赵恒	男	总工程师	1996.3.19～1997.7	副处级
34	第一指挥部	赵连和	男	政委	1973.7.26～1978.8.30	
				党的核心小组组长	1973.7.24～1975.5.8	
				党委书记	1975.5.8～1978.8.30	
35	第一指挥部	欧阳家启	男	指挥	1973.7.26～1978.8.30	
				党的核心小组副组长	1973.7.24～1975.5.8	
				党委副书记	1975.5.8～1978.8.30	
36	第一指挥部	马正礼	男	副政委兼政治处主任	1973.7.26～1978.8.30	
				党的核心小组副组长	1973.7.24～1975.5.8	
				党委副书记	1975.5.8～1978.8.30	
37	第一指挥部	杨广忠	男	副指挥	1973.7.26～1978.8.30	
38	第一指挥部	韩玉的	男	副指挥	1973.7.26～1978.8.30	
				党委书记	1978.8.30～1981.6.13	
39	第一指挥部	刘春华	男	副指挥	1973.7.26～1978.1.24	
40	第一指挥部	殷会祥	男	副指挥	1973.7.26～1978.8.30	
41	第一指挥部	耿国政	男	副指挥	1973.7.26～1984.3.31	
42	第一指挥部	毕传滨	男	主任地质师	1973.7.26～1978.8.30	副处级
43	第一指挥部	邵斌元	男	副指挥	1976.12.9～1978.8.30	
44	第一指挥部	陈学兴	男	副指挥	1977.3.5～1978.3.12	未到职
45	第一指挥部	李景远	男	党委副书记	1977.6.20～1978.3.12	
46	第一指挥部	李民	男	第一副指挥	1977.6.20～1978.3.12	正处级
47	第一指挥部	陈兆雄	男	指挥、党委副书记	1978.8.30～1979.5.11	

续表

序号	单位名称	姓名	性别	职务	任职时间（年.月.日）	备注
48	第一指挥部	李国栋	男	党委副书记兼政治处主任	1978.8.30～1984.3.31	1981年政治处撤销主任自然免去
				纪委书记	1980.5～1984.9.5	
49	第一指挥部	孙天平	男	副指挥	1978.8.30～1984.3.31	
50	第一指挥部	王长有	男	副指挥	1979.12.19～1984.3.31	
51	第一指挥部	王兆世	男	党委副书记	1980.9.19～1984.3.31	
52	第一指挥部	陈金良	男	副指挥	1982.4.27	未到职
53	第一勘探公司	于湘洪	男	党委书记	1984.3.31～1986.7.15	
54	第一勘探公司	王景星	男	经理	1984.3.31～1986.7.15	
55	第一勘探公司	马尤和	男	党委副书记	1984.3.31～1986.7.15	
56	第一勘探公司	王长有	男	副经理	1984.3.31～1986.7.15	
57	第一勘探公司	孙天平	男	副经理	1984.3.31～1984.5.30	
58	第一勘探公司	朱德生	男	副经理	1984.3.31～1986.7.15	
59	第一勘探公司	阎世信	男	副经理	1984.3.31～1986.7.15	
60	第一勘探公司	耿国政	男	巡视员	1984.3.31～1986.7.15	
61	第一勘探公司	李国栋	男	纪委书记	1984.9.5～1986.7.15	副处级
62	第一勘探公司	刘新章	男	工会主席	1984.9.6～1986.7.15	副处级
63	第一勘探公司	孙秉初	男	主任工程师	1984.11.28～1986.7.15	副处级
64	第一勘探公司	赵其抗	男	副处长	1986.4.8～1986.7.15	
65	第一地质调查处	于湘洪	男	党委书记	1986.7.15～1987.10.8	
66	第一地质调查处	王景星	男	处长	1986.7.15～1993.3.1	
				党委副书记	1991.11.12～1993.3.1	
67	第一地质调查处	马尤和	男	党委副书记	1986.7.15～1991.8.27	
68	第一地质调查处	王长有	男	副处长	1986.7.15～1987.10.8	
				党委书记	1987.10.8～1994.11.15	
69	第一地质调查处	赵其抗	男	副处长	1986.7.15～1991.4.15	
70	第一地质调查处	朱德生	男	副处长	1986.7.15～1993.9.25	
				处长、党委副书记	1993.9.25～1996.7.12	
71	第一地质调查处	阎世信	男	副处长	1986.7.15～1991.9.25	
72	第一地质调查处	李国栋	男	纪委书记	1986.7.15～1995.1.3	
73	第一地质调查处	刘新章	男	工会主席	1986.7.15～1992.9.28	
74	第一地质调查处	孙秉初	男	主任工程师	1986.7.15～1992.9.18	
75	第一地质调查处	耿国政	男	巡视员	1986.7.15～1987.11.28	
76	第一地质调查处	王铁军	男	副处长	1991.10.22～1996.7.11	
77	第一地质调查处	卜荣清	男	党委副书记	1992.3.6～1994.11.15	
				党委书记	1994.11.15～*	
				副处长	1997.5.7～*	交叉任职
78	第一地质调查处	云龙	男	总工程师	1992.9.18～1996.7.11	副处级
79	第一地质调查处	李建雄	男	总地质师	1992.9.18～*	副处级
80	第一地质调查处	李光清	男	副处长	1993.5.8～*	

续表

序号	单位名称	姓名	性别	职务	任职时间 (年.月.日)	备注
81	第一地质调查处	刘福堂	男	副处长	1993.5.8～*	
82	第一地质调查处	赵庆德	男	工会主席	1993.5.8～1995.1.3	副处级
				副处长	1995.1.3～*	
83	第一地质调查处	田国发	男	党委副书记	1995.5.19～*	
84	第一地质调查处	杨举勇	男	副处长	1995.5.19～1996.7.11	
				代处长	1996.7.12～*	
85	第一地质调查处	孙　明	男	副处长	1995.5.19～*	
86	第一地质调查处	王述常	男	纪委书记	1995.5.19～*	副处级
87	第一地质调查处	王复林	男	工会主席	1995.5.19～*	副处级
88	第一地质调查处	詹世凡	男	总工程师	1996.7.11～*	副处级
89	第一地质调查处	杨和平	男	副处长	1997.2.28～*	
90	第一地质调查处	任庆平	男	副处长	1997.2.28～*	
91	第二指挥部	高国成	男	政委	1973.7.26～1978.3.12	
				党的核心小组组长	1973.8.4～1975.5.8	
				党委书记	1975.5.8～1978.3.12	
92	第二指挥部	行寄高	男	指挥	1973.7.26～1975.5	
				党的核心小组副组长	1973.8.4～1975.5	
93	第二指挥部	张恒思	男	副政委兼政治处主任	1973.7.26～1976.5.26	
				党的核心小组副组长	1973.8.4～1975.5.8	
				党委副书记	1975.5.8～1976.5.26	
94	第二指挥部	张成福	男	副指挥	1973.7.26～1978.9	
95	第二指挥部	金忠麒	男	副指挥	1973.7.26	未到职
96	第二指挥部	段茂武	男	副指挥	1973.7.26～1977.11	
97	第二指挥部	丁长发	男	副指挥	1973.7.26～1981.6.1	
98	第二指挥部	吕天相	男	指挥、党委副书记	1976.5.26～1978.4.7	
99	第二指挥部	梁　凯	男	党委副书记 兼政治处主任	1977.6.20～1978.3.12	
				党委书记	1978.3.12～1984.3.31	
100	第二指挥部	言锦芳	男	党委副书记	1978.3.12～1979.2.22	
101	第二指挥部	武振明	男	副指挥	1978.3.12～1984.3.31	
102	第二指挥部	刘文章	男	副指挥	1978.4.5～1984.3.31	
103	第二指挥部	赵瑞平	男	副指挥	1978.8.30～1979.12.19	
				指挥、党委副书记	1979.12.19～1984.3.31	
104	第二指挥部	陈运三	男	副指挥	1979.5.11～1984.3.31	
105	第二指挥部	刘明义	男	党委副书记	1981.2～1984.3.31	
106	第二指挥部	赵振明	男	副指挥	1981.6.23～1984.3.31	
107	第二指挥部	陈兆雄	男	副指挥	1981.11～1984.3.31	
108	第二勘探公司	刘明义	男	党委书记	1984.3.31～1986.7.15	
109	第二勘探公司	赵瑞平	男	经理	1984.3.31～1986.7.15	
110	第二勘探公司	刘福泉	男	党委副书记	1984.3.31～1986.7.12	

续表

序号	单位名称	姓名	性别	职务	任职时间（年.月.日）	备注
111	第二勘探公司	秦克瑞	男	副经理	1984.3.31～1986.7.15	
112	第二勘探公司	高起长	男	副经理	1984.3.31～1986.7.15	
113	第二勘探公司	陈运三	男	副经理	1984.3.31～1986.7.15	
				兼主任地质师	1984.11.28～1986.7.15	
114	第二勘探公司	刘文章	男	副经理	1984.3.31～1984.5.30	
115	第二勘探公司	梁　凯	男	调研员	1984.3.31－1986.7.15	
116	第二勘探公司	汪双有	男	党委副书记	1984.7.16	任职后随即调往中原油田
117	第二勘探公司	苏学斌	男	副经理	1984.7.16	
118	第二勘探公司	臧江群	男	副经理	1984.7.16	
119	第二勘探公司	张良斌	男	工会主席	1984.9.6～1986.7.15	副处级
120	第二勘探公司	梁秀文	男	主任工程师	1984.11.28～1986.7.15	副处级
121	第二地质调查处	刘福泉	男	副处长	1986.7.12～1992.1.3	
122	第二地质调查处	刘明义	男	党委书记	1986.7.15～1991.12.26	
123	第二地质调查处	赵瑞平	男	处长	1986.7.15～1991.1.3	1990年11月30日任副局长
124	第二地质调查处	秦克瑞	男	副处长	1986.7.15～*	
125	第二地质调查处	高起长	男	副处长	1986.7.15～1996.1.2	
126	第二地质调查处	陈运三	男	副处长	1986.7.15～1997.2.28	
				兼主任地质师	1986.7.15～1992.9.18	
127	第二地质调查处	张良斌	男	工会主席	1986.7.15～1996.1.2	副处级
128	第二地质调查处	梁秀文	男	主任工程师	1986.7.15～1992.10.4	副处级
				总工程师	1992.10.4～1995.12	副处级
129	第二地质调查处	梁　凯	男	调研员	1986.7.15～1987.11.19	
130	第二地质调查处	吴志远	男	党委副书记	1991.3.3～1992.9.18	
				党委书记	1992.9.18～*	
				副处长	1997.5.7～*	交叉任职
131	第二地质调查处	蔡为芳	男	副处长	1991.3.3～1992.9.18	
				处长、党委副书记	1992.9.18～*	
132	第二地质调查处	何仁俊	男	纪委书记	1991.3.3～1997.9.19	副处级
				副处长	1997.9.19～*	
133	第二地质调查处	阎万朝	男	副处长	1992.9.18～*	
134	第二地质调查处	刘洪斌	男	副处长	1992.9.18～*	
135	第二地质调查处	王景贤	男	副处长	1992.9.18～1997.2.28	
136	第二地质调查处	高　岩	男	总地质师	1992.9.18～1993.3.1	副处级
137	第二地质调查处	王　毅	男	党委副书记	1994.2.1～*	
138	第二地质调查处	段世民	男	副处长	1995.5.19～*	副处级
139	第二地质调查处	赵邦六	男	总工程师	1995.5.19～1996.1.2	副处级
140	第二地质调查处	田军成	男	副处长	1996.7.11～*	
141	第二地质调查处	李建武	男	工会主席	1996.7.11～*	副处级
142	第二地质调查处	王卫华	男	总工程师	1996.7.11～*	副处级

续表

序 号	单位名称	姓 名	性 别	职 务	任职时间（年.月.日）	备 注
143	第二地质调查处	陶家庆	男	总地质师	1997.2.28～*	副处级
144	第二地质调查处	王吉政	男	纪委书记	1997.2.28～*	副处级
145	第三指挥部	李云鹏	男	政委、党委副书记	1976.6～1979.5.1	
				党委书记	1979.5.1～1984.6.8	
146	第三指挥部	赵周舍	男	党委副书记、副指挥	1976.6～1980.12.8	
147	第三指挥部	刘明义	男	党委副书记	1976.6～1981.2.	
148	第三指挥部	张喜联	男	副指挥	1976.6～1981.4.8	
149	第三指挥部	杨怀彬	男	副指挥	1976.6～1979.9.5	
150	第三指挥部	赵永瑞	男	副指挥	1976.6～1979.11	
151	第三指挥部	张成福	男	党委副书记、副指挥	1978.9～1979.5.1	
152	第三指挥部	张 旺	男	党委书记（兼）	1978.9.28～1979.5.1	时任局政治部副主任
153	第三指挥部	曹周奇	男	副指挥	1978.9～1981.7.28	
				党委副书记	1981.7.28～1984.6.8	
154	第三指挥部	王文俊	男	副指挥	1978.9～1984.6.8	
155	第三指挥部	许世德	男	副指挥	1978.9～1984.6.8	
156	第三指挥部	吕启文	男	副指挥	1978.9～1984.6.8	
157	第三指挥部	陈兆雄	男	指挥、党委副书记	1979.5.11～1981.11	
158	第三指挥部	接维增	男	副指挥	1981.6.23～1984.6.8	
159	第三指挥部	柴桂林	男	兼党委第一书记、兼第一指挥	1982.2.15～1984.6.8	时任副局长兼总地质师
160	第三指挥部	吴群苍	男	党委副书记、副指挥	1982.2.15～1984.6.8	
161	第三指挥部	武慎让	男	副指挥	1982.2.15～1983.12.31	
162	第三指挥部	孙小根	男	工会主任	1982.6.3～1984.6.8	副处级
163	第三指挥部	李希儒	男	副指挥	1983.2.7～1984.6.8	
164	第三勘探公司	吴群苍	男	党委书记	1984.6.8～1986.7.15	
				兼经理	1986.4.15～1986.7.15	
165	第三勘探公司	接维增	男	经理	1984.6.8～1986.4.15	
166	第三勘探公司	丁成晖	男	党委副书记	1984.6.8～1986.7.15	
167	第三勘探公司	朱长福	男	副经理	1984.6.8～1986.7.15	
168	第三勘探公司	兰建国	男	副经理	1984.6.8～1986.7.15	
169	第三勘探公司	付北方	男	副经理	1984.6.8～1986.7.15	
170	第三勘探公司	曹周奇	男	副经理	1984.6.8～1986.7.15	
171	第三勘探公司	许世德	男	巡视员	1984.6.8～1985.9	
172	第三勘探公司	吕启文	男	巡视员	1984.6.8～1986.7.15	
173	第三勘探公司	孙小根	男	巡视员	1984.6.8～1986.6.27	
174	第三勘探公司	林振刚	男	主任工程师	1984.10.16～1986.7.15	副处级
175	第三地质调查处	吴群苍	男	党委书记兼处长	1986.7.15～1987.3.3	
176	第三地质调查处	丁成晖	男	党委副书记	1986.7.15～1986.12.31	
				工会主席	1986.12.31～*	

续表

序号	单位名称	姓名	性别	职务	任职时间（年.月.日）	备注
177	第三地质调查处	朱长福	男	副处长	1986.7.15～1987.3.9	
				处长	1987.3.10～1989.5.8	
178	第三地质调查处	兰建国	男	副处长	1986.7.15～ *	
179	第三地质调查处	付北方	男	副处长	1986.7.15～ *	
180	第三地质调查处	曹周奇	男	副处长	1986.7.15～1996.1.2	
181	第三地质调查处	林振刚	男	主任工程师	1986.7.15～1992.9.18	副处级
				副处长	1989.5.8～ *	
182	第三地质调查处	吕启文	男	巡视员	1986.7.15～1992.12.31	
183	第三地质调查处	郝朝柱	男	党委副书记兼纪委书记	1986.10.5～1987.3.9	
				党委书记	1987.3.10～1989.5.8	
				处长	1989.5.8～1994.11.15	
184	第三地质调查处	蒿忠信	男	副处长	1986.10.5～1992.9.18	
185	第三地质调查处	王悦来	男	副处长	1986.10.5～1992.9.18	
186	第三地质调查处	桂玉华	男	党委副书记、纪委书记	1987.3.10～1989.5.8	
				党委书记	1989.5.8～ *	
				副处长	1997.5.7～ *	交叉任职
187	第三地质调查处	王祚德	男	副处长	1987.3.10～1996.1.2	
188	第三地质调查处	钱荣钧	男	兼主任工程师	1989.5.8～1991.1.3	时任局副总工程师
189	第三地质调查处	王礼万	男	党委副书记	1991.4.5～1993.1.14	
190	第三地质调查处	接铭训	男	副处长	1991.5.16～1994.11.15	
				处长、党委副书记	1994.11.15～1997.11.13	
191	第三地质调查处	郑远明	男	总工程师	1992.9.18～ *	副处级
192	第三地质调查处	夏义平	男	总地质师	1992.9.18～1996.1.2	副处级
193	第三地质调查处	王京照	男	党委副书记	1994.11.15～1996.7	
194	第三地质调查处	方栋良	男	副处长	1994.11.15～1997.11.13	
				代处长	1997.11.13～ *	
195	第三地质调查处	康长安	男	纪委书记	1994.11.15～ *	副处级
196	第三地质调查处	王　超	男	总工程师	1994.11.15～1996.7.11	副处级
197	第三地质调查处	杨克礼	男	党委副书记	1996.7.11～ *	
198	第三地质调查处	苟云辉	男	副处长	1996.7.11～ *	
199	第三地质调查处	李坤启	男	副处长	1996.7.11～ *	
200	第三地质调查处	邓志文	男	总工程师	1997.2.28～ *	副处级
201	第三地质调查处	时卫东	男	总地质师	1997.2.28～ *	副处级
202	第四指挥部	于湘洪	男	党委书记	1978.8.30～1984.3.31	
203	第四指挥部	邵斌元	男	指挥、党委副书记	1978.8.30～1984.3.31	
204	第四指挥部	孙求智	男	副指挥	1978.8.30～1984.3.31	
205	第四指挥部	王政文	男	副指挥	1978.8.30～1981.4.21	
				党委副书记	1981.4.21～1984.3.31	
206	第四指挥部	周志成	男	副指挥	1978.8.30～1979.3.15	
207	第四指挥部	殷会祥	男	副指挥	1978.8.30～1984.3.31	

续表

序号	单位名称	姓名	性别	职务	任职时间（年.月.日）	备注
208	第四指挥部	毕传滨	男	主任地质师	1978.8.30～1981.3.31	副处级
209	第四指挥部	张喜联	男	副指挥	1981.4.8～1984.3.31	
210	第四指挥部	陈笃恭	男	副指挥	1981.6.23～1984.3.31	
211	第四勘探公司	王兆世	男	党委书记	1984.3.31～1986.7.15	
212	第四勘探公司	陈笃恭	男	经理	1984.3.31～1986.7.15	
213	第四勘探公司	恽永成	男	党委副书记	1984.3.31～1986.7.15	
214	第四勘探公司	赵振明	男	副经理	1984.3.31～1986.7.15	
215	第四勘探公司	程少士	男	副经理	1984.3.31～1986.7.15	
216	第四勘探公司	王新建	男	副经理	1984.3.31～1986.7.15	
217	第四勘探公司	吴祉宪	男	副经理	1984.3.31～1986.7.15	
218	第四勘探公司	张喜联	男	巡视员	1984.3.31～1984.7.14	
219	第四勘探公司	周韵科	男	纪委书记	1984.9.5～1986.7.15	副处级
220	第四勘探公司	孙求智	男	工会主席	1984.9.6～1986.7.15	副处级
221	第四勘探公司	李静华	男	主任工程师	1984.10.16～1986.7.15	副处级
222	第四地质调查处	王兆世	男	党委书记	1986.7.15～1994.11.15	
223	第四地质调查处	陈笃恭	男	处长	1986.7.15～1994.11.15	
				党委副书记	1991.11.11～1994.11.15	
224	第四地质调查处	恽永成	男	党委副书记	1986.7.15～1991.10.22	
225	第四地质调查处	赵振明	男	副处长	1986.7.15～1992.2.23	1992年借出
226	第四地质调查处	程少士	男	副处长	1986.7.15～1994.11.15	
				处长、党委副书记	1994.11.15～＊	
227	第四地质调查处	王新建	男	副处长	1986.7.15～＊	
228	第四地质调查处	吴祉宪	男	副处长	1986.7.15～1996.1.2	
229	第四地质调查处	周韵科	男	纪委书记	1986.7.15～＊	副处级
230	第四地质调查处	孙求智	男	工会主席	1986.7.15～1996.1.2	副处级
231	第四地质调查处	李静华	男	主任工程师	1986.7.15～1992.10.4	副处级
				总工程师	1992.10.4～1996.1.2	副处级
232	第四地质调查处	郭根福	男	党委副书记	1992.3.6～1994.11.15	
				党委书记	1994.11.15～＊	
				副处长	1997.5.7～＊	交叉任职
233	第四地质调查处	张守本	男	总地质师	1993.2.28～＊	副处级
234	第四地质调查处	冯尚书	男	党委副书记	1995.5.19～＊	
235	第四地质调查处	何中朝	男	副处长	1995.5.19～＊	
236	第四地质调查处	王文沧	男	副处长	1995.5.19～1997.8.11	
237	第四地质调查处	罗光远	男	副处长	1996.1.2～＊	
238	第四地质调查处	曹国强	男	副处长	1996.1.2～＊	
239	第四地质调查处	李福中	男	总工程师	1996.1.2～＊	副处级
240	第四地质调查处	田正刚	男	副处长	1997.2.8～＊	
241	第四地质调查处	崔建国	男	副处长	1997.2.8～＊	
242	地质普查公司	贾立柱	男	党委书记	1984.3.31～1986.7.15	

序号	单位名称	姓名	性别	职务	任职时间 （年.月.日）	备注
243	地质普查公司	周　虬	男	经理	1984.3.31～1986.7.15	
244	地质普查公司	刘召富	男	副经理	1984.3.31～1986.7.15	
245	地质普查公司	郝瑞峰	男	副经理	1984.3.31～1986.7.15	
246	地质普查公司	楼正高	男	主任工程师	1984.3.31～1986.7.15	副处级
247	地质普查公司	张嘉仁	男	工会主席	1984.9.6～1986.7.15	副处级
248	地质普查公司	陈秀儒	男	副处长	1984.11.29～1986.7.15	
249	第五地质调查处	贾立柱	男	党委书记	1986.7.15～1991.8.27	
250	第五地质调查处	周　虬	男	处长	1986.7.15～1989.10	
251	第五地质调查处	刘召富	男	副处长	1986.7.15～1989.10.26	
				代处长	1989.10.26～1991.8.26	
				副处长	1991.8.26～1992.6.23	
252	第五地质调查处	郝瑞峰	男	副处长	1986.7.15～1989.10.22	
253	第五地质调查处	陈秀儒	男	副处长	1986.7.15～＊	
254	第五地质调查处	张嘉仁	男	工会主席	1986.7.15～＊	
255	第五地质调查处	楼正高	男	主任工程师	1986.7.15～1989.10.26	副处级
256	第五地质调查处	殷会祥	男	副处长	1988.5.17～1991.8.26	
				处长	1991.8.26～1995.9.22	
				党委副书记	1991.8.27～1995.9.22	
257	第五地质调查处	李相德	男	主任工程师	1989.10.26～1991.8.26	副处级
				副处长	1991.8.26～＊	
258	第五地质调查处	王适新	男	主任工程师	1991.8.26～1992.10.4	副处级
				总工程师	1992.10.4～＊	副处级
259	第五地质调查处	马尤和	男	党委书记	1991.8.27～＊	
				副处长	1997.5.7～＊	交叉任职
260	第五地质调查处	李久文	男	党委副书记、纪委书记	1992.3.6～1996.1.2	
				党委副书记、副处长	1996.1.2～＊	
				纪委书记	1997.2.28～＊	
261	第五地质调查处	许洪儒	男	副处长	1992.3.6～＊	
262	第五地质调查处	曾庆全	男	总地质师	1993.2.28～＊	副处级
263	第五地质调查处	荀　量	男	副处长	1994.11.15～1996.1.2	
				处长、党委副书记	1996.1.2～＊	
264	第五地质调查处	赵秀良	男	党委副书记、纪委书记	1996.1.2～1997.2.28	
265	第五地质调查处	陶先明	男	副处长	1996.1.2～1997.2.28	
266	第五地质调查处	刘振捷	男	副处长	1996.1.2～＊	
267	第五地质调查处	齐田顺	男	党委副书记	1997.2.28～＊	
268	第五地质调查处	陈泽州	男	副处长	1997.5.7～＊	
269	仪器厂	雷昭贤	男	政委	1973.7.26～1984.4.23	
				党的核心小组组长	1973.7.24～1975.10.13	
				党委书记	1975.10.13～1984.4.23	

续表

序号	单位名称	姓名	性别	职务	任职时间（年.月.日）	备注
270	仪器厂	严永才	男	厂长	1973.7.26～1978.3.12	
				党的核心小组副组长	1973.7.24～1975.10.13	
				党委副书记	1975.10.13～1978.3.12	
271	仪器厂	王克宽	男	副政委	1973.7.26～1981.6.27	
				党的核心小组副组长	1973.7.24～1975.10.13	
				党委副书记	1975.10.13～1981.6.27	
272	仪器厂	张奎祥	男	副厂长	1973.7.26～1980.9.19	
				厂长、党委副书记	1980.9.19～1984.4.23	
				厂长	1984.4.23～1988.12.3	
273	仪器厂	周正平	男	副厂长	1973.7.26～1984.4.23	
274	仪器厂	吴宗明	男	副厂长	1973.7.26～1978.4.5	
				厂长、党委副书记	1978.4.5～1980.9.19	
275	仪器厂	张茂珍	男	副厂长	1973.6.20～1978.3.12	
276	仪器厂	王德安	男	政治处主任	1973.7.26～1978.4.5	副处级
277	仪器厂	吴家森	男	副厂长	1978.4.5～	未到职
278	仪器厂	方卿祥	男	副厂长	1978.8.30～1988.12.3	
279	仪器厂	刘树岗	男	副厂长	1978.8.30～1984.4.23	
				巡视员	1984.4.23～1992.7.24	
280	仪器厂	杨志伯	男	党委副书记	1979.12.19～1984.4.23	正处级
				巡视员	1984.4.23～1992.7.6	
281	仪器厂	曹玉瑄	男	党委书记	1984.4.23～1988.12.2	
282	仪器厂	刘永亮	男	党委副书记	1984.4.23～1987.3.23	
283	仪器厂	梁锡强	男	副厂长	1984.4.23～1988.12.3	
284	仪器厂	缪学明	男	副厂长	1984.4.23～1988.12.3	
285	仪器厂	杨学新	男	副厂长	1984.4.23～1984.7.23	
286	仪器厂	吴德位	男	纪委书记	1984.9.5～1988.12.2	副处级
287	仪器厂	张文果	女	工会主席	1984.9.6～1988.12.2	副处级
288	仪器厂	王百成	男	主任工程师	1984.11.28～1988.12.3	副处级
289	仪器厂	唐保民	男	后勤副厂长（聘任）	1985.4.3～1986.12.31	解聘
290	仪器厂	任树桐	男	副厂长	1986.12.29～1988.12.3	
291	地球物理仪器公司	方卿祥	男	党委书记兼副总经理	1988.12.2～1991.8.27	
292	地球物理仪器公司	吴德位	男	纪委书记	1988.12.2～1991.8.27	
293	地球物理仪器公司	张文果	女	工会主席	1988.12.2～1991.8.27	
294	地球物理仪器公司	张奎祥	男	总经理	1988.12.3～1991.6.7	
295	地球物理仪器公司	夏祥瑞	男	副总经理	1988.12.3～1991.10.22	
296	地球物理仪器公司	缪学明	男	总工程师	1988.12.3～1991.8.26	副处级
297	地球物理仪器公司	梁锡强	男	总经理	1991.7.1～1991.8.26	

续表

序号	单位名称	姓名	性别	职务	任职时间（年.月.日）	备注
298	仪器总厂	梁锡强	男	厂长	1991.8.26～*	
				党委副书记	1991.8.27～1993.2.28	
				党委书记	1993.2.28～1996.1.2	
				党委副书记	1996.1.2～*	
299	仪器总厂	曹玉瑄	男	副厂长	1991.8.6～1993.2.28	正处级
300	仪器总厂	王百成	男	副厂长	1991.8.6～1997.2.28	
				兼任总工程师	1993.2.28～1997.2.28	
301	仪器总厂	贾立柱	男	副厂长	1991.8.26～1993.2.28	正处级
				纪委书记	1993.2.28～*	
302	仪器总厂	袁俊智	女	副厂长	1991.8.26～*	
303	仪器总厂	缪明学	男	总工程师	1991.8.26～1993.2.28	副处级
304	仪器总厂	方卿祥	男	党委书记	1991.8.27～1993.2.28	
305	仪器总厂	张晓惠	女	党委副书记	1991.8.27～1996.1.2	
				党委书记	1996.1.2～*	
				副厂长	1997.5.7～*	交叉任职
306	仪器总厂	吴德位	男	纪委书记	1991.8.27～1992.12.31	副处级
307	仪器总厂	张文果	女	工会主席	1991.8.27～*	副处级
308	仪器总厂	黄占军	男	副厂长	1993.2.28～*	
309	仪器总厂	程增启	男	副厂长	1993.2.28～1996.12.31	
310	仪器总厂	黄登贵	男	副厂长	1997.2.28～*	
311	仪器总厂	杨国利	男	副厂长	1997.2.28～*	
312	仪器总厂	罗维炳	男	总工程师	1997.2.28～*	
313	机械厂	张俊瑞	男	政委	1973.7.26～1978.3.31	
				党的核心小组组长	1973.7.24～1978.3.31	
314	机械厂	宋堂春	男	厂长	1973.7.26～1978.8.30	
				党的核心小组副组长	1973.7.24～1978.8.30	
				党委书记	1983.6.21～1987.11.10	
315	机械厂	张成富	男	副政委	1973.7.26～1975.6.20	
316	机械厂	王文俊	男	副厂长	1973.7.26～1978.9	
317	机械厂	齐玉霄	男	副厂长	1973.7.26～1978.8.30	
				厂长、党委副书记	1978.8.30～1984.3.19	
				厂长	1984.3.19～1984.6.27	
318	机械厂	王定海	男	副厂长	1973.7.26～1978.4.5	
319	机械厂	张庆尧	男	政治处主任	1973.7.26～1975.6.20	副处级
320	机械厂	田树林	男	兼党的核心小组副组长、副政委	1975.6～1976.5.26	时任局保卫处处长
321	机械厂	李永杰	男	兼党的核心小组副组长、第一副厂长	1975.6～1976.5.26	时任局机动装备处处长

续表

序号	单位名称	姓名	性别	职务	任职时间（年.月.日）	备注
322	机械厂	张恒思	男	副政委	1976.5.26～1978.8.30	
				党的核心小组副组长	1976.5.26～1978.8.30	
				党委书记	1978.8.30～1983.6.21	
323	机械厂	武慎让	男	副厂长	1977.7.30～1978.3.12	
324	机械厂	宋青山	男	副厂长	1978.8.30～1984.3.19	
				巡视员	1984.4.13～1991.11.11	
325	机械厂	孙治文	男	副厂长	1978.8.30～1984.3.19	
				巡视员	1984.4.13～1992.12.31	
326	机械厂	刘中楷	男	副厂长	1979.12.19～1984.3.19	
				巡视员	1984.4.13～1989.12.8	
327	机械厂	齐文彬	男	副厂长	1981.6.1～1982.6.3	
				党委副书记	1982.6.3～1984.3.19	
				巡视员	1984.4.13～1985.6.9	
328	机械厂	张明学	男	党委副书记	1984.3.19～1987.3.19	
				副厂长	1987.3.19～1995.1.3	
329	机械厂	刘泽波	男	副厂长	1984.3.19～1984.6.27	
				厂长	1984.6.27～1987.11.10	
				党委书记	1987.11.10～*	
				副厂长	1997.5.7～*	交叉任职
330	机械厂	胡德华	男	副厂长	1984.3.19～*	
331	机械厂	王国勇	男	副厂长	1984.3.19～1987.11.10	
				代厂长	1987.11.10～1991.9.29	
				副厂长	1991.9.29～1992.12.26	
332	机械厂	陈星泉	男	主任工程师	1984.3.20～1992.3.26	副处级
333	机械厂	侯尚志	男	纪委书记	1984.9.5～1995.5.19	副处级
334	机械厂	初铭海	男	厂长、党委副书记	1991.9.29～1994.12.13	
335	机械厂	陶法贺	男	党委副书记	1991.9.29～1997.2.28	
				纪委书记	1995.5.19～1997.2.28	
336	机械厂	裴天伟	男	副厂长	1991.9.29～1994.12.13	
				厂长、党委副书记	1994.12.13～*	
337	机械厂	吴德龙	男	副厂长	1991.10.22～1994.12.13	
338	机械厂	雷章来	男	副厂长	1992.9.18～*	
339	机械厂	侯振海	男	副厂长	1994.12.13～1996.12.31	
340	机械厂	孙　正	男	副厂长	1995.5.19～*	
341	机械厂	刘金钟	男	工会主席	1995.5.19～*	副处级
342	机械厂	胡少林	男	党委副书记、纪委书记	1997.2.28～*	
343	综合修理厂	常德荣	男	党委书记	1978.4.5～1979.11	
344	综合修理厂	王定海	男	厂长、党委副书记	1978.4.5～1979.11	
345	综合修理厂	孙小根	男	党委副书记	1978.4.5～1979.11	
346	综合修理厂	刘俊杰	男	副厂长	1978.4.5～	未到职

续表

序号	单位名称	姓名	性别	职务	任职时间（年．月．日）	备注
347	综合修理厂	王海荣	男	副厂长	1978.8.30～1979.11	
348	综合修理厂	李希儒	男	副厂长	1978.8.30～1979.11	
349	大修厂	常德荣	男	党委书记	1979.11～1980.9.19	
350	大修厂	王定海	男	厂长、党委副书记	1979.11～1984.4.13	
				巡视员	1984.4.13～1992.3.26	
351	大修厂	孙小根	男	党委副书记	1979.11～1982.6.3	
352	大修厂	王海荣	男	副厂长	1979.11～1984.4.13	
				巡视员	1984.4.13～1990.11.6	
353	大修厂	李希儒	男	副厂长	1979.11～1983.2.17	
354	大修厂	吴宗明	男	党委书记	1980.9.19～1989.2.24	
355	大修厂	王者叶	男	厂长	1984.4.13～1989.2.24	
356	大修厂	李焕立	男	副厂长	1984.4.13～1989.2.24	
357	大修厂	周国权	男	副厂长	1984.4.13～1989.2.24	
358	大修厂	沈树新	男	主任工程师	1986.4.21～1989.2.24	副处级
359	大修厂	阎会兴	男	纪委书记	1984.9.5～1993.5.8	副处级
360	特车厂（科级）	言锦芳	男	党总支书记、厂长	1979.2.22～1984.4.30	副处级
361	特车厂（科级）	张敬思	男	党总支书记	1984.4.30～1989.2.24	副处级
362	物探特种车辆制造厂	吴宗明	男	党委书记	1989.2.24～*	
				副厂长	1989.2.24～1994.12.13	
				厂长	1994.12.13～1997.2.28	
				副厂长	1997.2.28～*	交叉任职
363	物探特种车辆制造厂	贾俊琦	男	厂长	1989.2.24～1994.12.13	
				党委副书记	1991.11.11～1994.12.13	
364	物探特种车辆制造厂	张敬思	男	副厂长	1989.2.24～1992.12.31	
365	物探特种车辆制造厂	沈树新	男	副厂长	1989.2.24～*	
				兼总工程师	1993.5.8～*	
366	物探特种车辆制造厂	魏萌利	男	副厂长	1989.2.24～1997.5.7	
367	物探特种车辆制造厂	赵玺文	男	副厂长	1993.5.8～1997.12.12	
368	物探特种车辆制造厂	高福生	男	副厂长	1993.5.8～1996.12.25	
369	物探特种车辆制造厂	胡少林	男	党委副书记、纪委书记	1993.5.8～1997.2.28	
370	物探特种车辆制造厂	郭金龙	男	工会主席	1993.5.8～*	副处级
371	物探特种车辆制造厂	许庆功	男	副厂长	1994.12.31～1996.1.2	
				常务副厂长	1996.1.2～1997.2.28	
				厂长、党委副书记	1997.2.28～*	
372	物探特种车辆制造厂	陶法贺	男	党委副书记、纪委书记	1997.2.28～*	
373	元件厂	王积发	男	党委副书记	1978.4.5～1980.9.19	
374	元件厂	吕正鹄	男	副厂长	1978.4.5～1980.9.19	
375	元件厂	王德安	男	副厂长	1978.4.5～1980.9.19	
376	元件厂	任树桐	男	副厂长	1979.3.15～1980.9.19	
377	半导体器件厂	王积发	男	党委书记	1980.9.19～1984.9.15	

续表

序号	单位名称	姓名	性别	职务	任职时间（年.月.日）	备注
378	半导体器件厂	吕正鹄	男	厂长	1980.9.19～1984.9.15	
379	半导体器件厂	王德安	男	副厂长	1980.9.19～1984.9.15	
380	半导体器件厂	任树桐	男	副厂长	1980.9.19～1984.9.15	
381	半导体器件厂	程桂华	男	党委副书记	1981.6.1～1984.9.15	
382	半导体器件厂	云　波	男	顾问	1981.8.14	未到职
383	研究所	范玉亭	男	政委	1973.7.29～1978.3.12	
				党的核心小组组长	1973.7.24～1978.3.12	
384	研究所	徐绍仲	男	所长	1973.7.29～1978.3.31	
385	研究所	王积发	男	副政委	1973.7.29～1978.4.5	
386	研究所	王善书	男	副所长	1973.7.29～1978.3.12	
387	研究所	杨克绳	男	副所长	1973.7.29～1975.6	
388	研究所	陈丕珩	男	副所长	1973.7.29～1978.3.4	
389	研究所	邵斌元	男	副所长	1973.7.29～1976.12.9	
390	计算中心站	殷广志	男	副政委	1973.7.29～1978.3	正处级
391	计算中心站	金祖荣	男	副站长	1973.7.29～1978.3	
392	计算中心站	孙如根	男	副站长	1973.7.29～1978.3	
393	计算中心站	周良叔	男	站长、党委副书记	1977.3.5～1978.3.12	
394	研究院	林运根	男	党委书记（兼）、院长（兼）	1978.3.4～1980.1.5	时任局长、党委副书记
395	研究院	郝守发	男	党委副书记	1978.3.4～1983.2.17	正处级
				党委书记	1983.2.17～1984.3.12	正处级
				调研员	1984.3.12～1985.12.2	
396	研究院	陈启发	男	党委副书记、副院长	1978.3.4～1983.2.17	正处级
				党委副书记、院长	1983.2.17～1984.3.12	正处级
397	研究院	雷学忠	男	党委副书记、副院长、政治处主任	1978.3.4～1984.3.12	正处级
				党委书记	1984.3.12～1984.7.23	
398	研究院	王善书	男	副院长	1978.3.4～1984.3.12	时任局副总地质师
399	研究院	陈建新	男	副院长	1978.3.4～1984.3.12	时任局副总工程师
				院长	1984.3.12～1984.7.23	
				兼任党委书记	1984.7.23～1989.1	
400	研究院	邝少荣	男	副院长	1978.3.4～1984.3.14	
401	研究院	金祖荣	男	副院长	1978.3.4～1995.1.3	1994年5月提为正处级
402	研究院	陈丕珩	男	副院长	1978.3.4～1984.3.19	
403	研究院	劳永杰	男	副院长	1978.3.4～1984.3.12	
404	研究院	孙如根	男	副院长	1978.3.4～1984.3.12	
405	研究院	秦世荣	男	主任地质师	1978.3.4～1984.3.12	副处级

续表

序 号	单位名称	姓 名	性 别	职 务	任职时间（年.月.日）	备 注
406	研究院	钟国森	女	主任工程师	1978.3.4～1984.3.19	副处级
407	研究院	潘 瑗	男	党委书记兼院长	1980.1.5～1983.2.17	时任副局长
408	研究院	郭必发	男	顾问	1980.12.10	未到职
409	研究院	杨克绳	男	副院长	1982.3.11～1984.3.19	
410	研究院	段雨欣	女	党委副书记	1984.3.12～1991.3.3	
				党委书记	1991.3.3～1996.12.26	1993年1月提为副局级
411	研究院	管 忠	男	副院长	1984.3.12～1991.3.3	
				院长、党委副书记	1991.3.3～ *	1993年1月提为副局级
412	研究院	查中圻	男	副院长	1984.3.12～1988.4	
413	研究院	劳永杰	男	副院长	1984.3.12～1991.4.3	
414	研究院	靳崇礼	男	副院长	1984.3.12～ *	1994年5月提为正处级
415	研究院	刘颂威	男	兼院长	1984.7.16～1991.3.3	时任局副总工程师、副局长、局长
416	研究院	王绪生	男	纪委书记	1984.9.5～1991.3.3	副处级
				党委副书记、纪委书记	1991.3.3～1997.8.11	1994年5月提为正处级
417	研究院	谢长青	男	工会主席	1984.9.6～1994.2.1	副处级
				副院长	1994.2.1～1996.1.2	1994年5月提为正处级
418	研究院	熊 翥	男	总工程师	1984.11.28～ *	1994年5月提为正处级
419	研究院	徐忠范	男	副院长	1984.11.29～1991.6.7	
420	研究院	徐 昕	男	副院长	1991.4.3～1997.8.11	1994年5月提为正处级
421	研究院	赵世贤	男	副院长	1991.4.3～1994.2.1	
422	研究院	张江祥	男	党委副书记	1994.2.1～ *	
				纪委书记	1997.8.11～ *	
423	研究院	张永刚	男	副院长	1994.2.1～ *	
424	研究院	吴宗强	男	工会主席	1994.2.1～1996.7.11	副处级
				副院长	1996.7.11～1997.5.7	
425	研究院	顾汉章	男	院处理中心主任	1994.5.10～1997.2.28	副处级
426	研究院	王有新	男	副院长	1995.5.19～1997.8.11	
427	研究院	凌 云	男	总工程师	1995.5.19～1997.8.11	副处级
428	研究院	黄万祥	男	工会主席	1996.7.11～1997.8.11	副处级
429	研究院	张忠民	男	党委书记	1996.12.26～1997.8.11	副局级
				副院长	1996.12.30～1997.8.11	交叉任职
430	解释中心	高 鹏	男	党总支书记	1984.3.19～1986.4.8	

续表

序号	单位名称	姓名	性别	职务	任职时间（年.月.日）	备注
431	解释中心	钟国森	女	主任	1984.3.19～1986.4.8	
432	解释中心	陈丕珩	男	副主任	1984.3.19～1986.4.8	
433	解释中心	杨克绳	男	副主任	1984.3.19～1986.4.8	
434	解释中心	李进学	男	副主任	1984.3.19～1986.4.8	
435	解释中心	秦世荣	男	主任地质师	1984.10.16～1991.5.30	副处级
436	解释中心	陈学兴	男	党总支书记（兼）	1986.4.8～1989.7.5	时任勘探一处处长
437	解释中心	雒颖脱	男	主任	1986.4.8～1989.3.4	
438	解释中心	孙廷举	男	主任	1989.3.4～1991.5.30	
				党总支书记	1989.7.5～1991.3.3	
439	解释中心	刘月欣	男	副主任	1989.3.4～1991.5.30	
				党总支副书记	1989.7.5～1991.3.3	
440	解释中心	王达昌	男	主任工程师	1989.3.4～1991.5.30	副处级
441	解释中心（撤销党总支成立党委）	李　文	男	党委书记	1991.3.3～1991.5.30	
442	解释中心	孙廷举	男	党委副书记	1991.3.3～1991.5.30	
443	科技情报所（科级）	于锡胜	男	党支部书记、所长	1984.3.19～1991.5.30	副处级
444	科技情报所（科级）	陈祖钧	男	主任工程师	1984.11.28～1989.10	副处级
445	科技情报所（科级）	王积发	男	巡视员	1987.10.8	未到职
446	物探地质研究院（由解释中心和科技情报所合并成立）	李　文	男	党委书记	1991.5.30～1993.3.1	
				巡视员	1993.3.1～1993.4	
447	物探地质研究院	孙廷举	男	院长、党委副书记	1991.5.30～1993.3.1	
				巡视员	1993.3.1～1997.1	
448	物探地质研究院	于锡胜	男	副院长	1991.5.30～1992.10.4	
449	物探地质研究院	刘月欣	男	副院长	1991.5.30～1997.8.11	
450	物探地质研究院	王达昌	男	总工程师	1991.5.30～1997.8.11	副处级
451	物探地质研究院	牛毓荃	男	总工程师	1991.5.30～1995.1.3	副处级
452	物探地质研究院	秦世荣	男	总地质师	1991.5.30～1992.5.16	副处级
453	物探地质研究院	欧阳家启	男	党委副书记、纪委书记	1992.1.6～1992.12.31	正处级
454	物探地质研究院	马心顿	男	党委书记	1993.3.1～1997.8.11	
455	物探地质研究院	高　岩	男	院长、党委副书记	1993.3.1～1997.8.11	
456	物探地质研究院	王景星	男	副院长	1993.3.1～1996.1.30	正处级 被撤销职务
457	物探地质研究院	刘志芳	男	总地质师	1993.3.1～1997.8.11	副处级
458	物探地质研究院	李阳明	男	党委副书记、纪委书记、工会主席	1996.7.11～1997.8.11	
459	物探地质研究院	张振生	男	副院长	1996.7.11～1997.8.11	
460	研究院（原研究院和物探地质研究院合并重组）	张忠民	男	党委书记、副院长	1997.8.11～*	副局级

续表

序号	单位名称	姓名	性别	职务	任职时间（年.月.日）	备注
461	研究院	管忠	男	院长、党委副书记	1997.8.11～*	副局级
462	研究院	马心顿	男	党委副书记兼地质研究中心党总支书记、副主任	1997.8.11～*	正处级
463	研究院	高岩	男	副院长、总地质师	1997.8.11～*	正处级
464	研究院	靳崇礼	男	副院长	1997.8.11～*	正处级
465	研究院	徐昕	男	副院长	1997.8.11～*	正处级
466	研究院	张永刚	男	副院长	1997.8.11～*	副处级
467	研究院	王有新	男	副院长	1997.8.11～*	副处级
468	研究院	王愫	女	总工程师	1997.8.11～*	正处级
469	研究院	张江祥	男	党委副书记、纪委书记	1997.8.11～*	副处级
470	研究院	黄万祥	男	工会主席	1997.8.11～*	副处级
471	研究院	刘超颖	男	院软件开发中心主任、党总支副书记	1997.8.11～*	副处级
472	研究院	刘洪儒	男	院软件开发中心党总支书记、副主任	1997.8.11～*	副处级
473	研究院	王学军	男	院资料处理中心主任、党总支副书记	1997.8.11～*	副处级
474	研究院	王吉祥	男	院资料处理中心党总支书记、副主任	1997.8.11～*	副处级
475	研究院	赵波	男	院方法研究中心主任、党总支副书记	1997.8.11～*	副处级
476	研究院	罗国安	男	院方法研究中心党总支书记、副主任	1997.8.11～*	副处级
477	研究院	张振生	男	院地质研究中心代主任、党总支副书记	1997.8.11～*	副处级
478	研究院	李阳明	男	院信息中心党总支书记、主任	1997.8.11～*	副处级
479	研究院	张延庆	男	院地质研究中心总工程师	1997.8.11～*	副处级
480	研究院	谢晓安	男	院地质研究中心总地质师	1997.8.11～*	副处级
481	装备技术服务中心	雷北海	男	党总支书记	1991.10.22～1992.3.17	
482	装备技术服务中心	夏祥瑞	男	主任	1991.10.22～1992.3.17	
483	装备技术服务中心	王悦来	男	副主任	1991.10.22～1992.3.17	正处级
484	装备技术服务中心	王东才	男	党总支副书记	1991.10.22～1992.3.17	
				专职纪检员（兼）	1991.10.24～1992.3.17	
485	装备技术服务中心	洪祖扶	男	主任工程师	1991.10.22～1992.3.17	副处级
				总工程师	1992.3.17～*	副处级
486	特种装备勘探处	雷北海	男	党总支书记	1992.3.17～1995.1.3	

续表

序号	单位名称	姓名	性别	职务	任职时间（年．月．日）	备注
487	特种装备勘探处	夏祥瑞	男	处长	1992.3.17～＊	
				党总支副书记	1997.2.28～＊	
488	特种装备勘探处	王悦来	男	副处长	1992.3.17～1996.1.2	正处级
489	特种装备勘探处	王东才	男	党总支副书记 专职纪检员	1992.3.17～1996.1.2	
490	特种装备勘探处	洪祖扶	男	主任工程师	1992.3.17～1992.10.4	副处级
				总工程师	1992.10.4～＊	副处级
491	特种装备勘探处	蒿忠信	男	副处长	1992.9.18～＊	
492	特种装备勘探处	徐忠范	男	总工程师	1996.7.11～＊	副处级
493	特种装备勘探处	王景贤	男	党总支书记	1997.2.28～＊	
494	供应处	丁满喜	男	处长	1973.7.29～1978.10.25	1978年3月31日提任副局长
				党委书记	1976.1.24～1978.10.25	
495	供应处	谷志杰	男	副处长	1973.7.29～1978.10.25	
				党委副书记	1976.1.24～1978.10.25	
				处长	1978.10.25～1984.7.24	
				党委书记	1978.10.25～1981.8.14	
				兼任党委副书记	1981.8.14～1984.7.23	时任处长
				巡视员	1984.7.24～1986.1.7	
496	供应处	彭金铭	男	副处长	1973.7.29～1981.6.1	
				党委副书记	1976.1.24～1981.6.1	
497	供应处	宋忠孚	男	副处长	1973.7.29～1978.3.12	
498	供应处	王文彬	男	副处长	1978.4.5～1984.7.24	
				处长	1984.7.24～1991.10.22	
499	供应处	梁永祥	男	副处长	1978.4.5～1984.7.24	
500	供应处	王寿坤	男	副处长	1978.8.30～1984.7.24	
				巡视员	1984.7.24～1987.4.20	
501	供应处	王克宽	男	党委书记	1981.8.14～1984.7.23	
				巡视员	1984.7.24～1992.12.31	
502	供应处	杨学新	男	党委书记	1984.7.23～1991.10.22	
503	供应处	吴德龙	男	副处长	1984.7.24～1991.10.22	
504	供应处	蒋富忠	男	副处长	1984.7.24～1984.11.29	
505	供应处	王森林	男	纪检组长	1984.9.5～1993.7.21	副处级
506	供应处	詹国炜	男	副处长	1984.11.29～1985.11.9	被免职
507	供应处	接维增	男	副处长	1986.4.15～1991.10.22	正处级
				处长、党委副书记	1991.10.22～1996.1.2	
508	供应处	夏祥瑞	男	副处长	1986.4.15～1988.12.3	
509	供应处	恽永成	男	党委书记	1991.10.22～＊	
				处长	1996.1.2～＊	
510	供应处	汤大康	男	副处长	1991.10.22～＊	
511	供应处	耿昌顺	男	副处长	1992.9.18～1996.12.31	

续表

序号	单位名称	姓名	性别	职务	任职时间（年.月.日）	备注
512	供应处	高跃	男	工会主席	1992.9.18～*	副处级
				纪委书记	1993.7.21～*	
513	供应处	张德放	男	党委副书记	1996.1.2～*	
514	引进办公室	张占魁	男	副主任	1978.3.12～1978.8.30	
515	引进办公室	金忠麒	男	副主任	1978.3.12～1978.8.30	
516	引进办公室	殷广志	男	副主任	1978.4.5～1978.8.30	正处级
517	技术引进管理处	张占魁	男	处长	1978.8.30～1980.12.8	
518	技术引进管理处	金忠麒	男	副处长	1978.8.30～1980.12.8	
519	技术引进管理处	殷广志	男	副处长	1978.8.30～1980.12.8	正处级
520	技术服务公司、引进管理处	张占魁	男	副经理、副处长	1980.12.8～1981.6.13	正处级
521	技术服务公司、引进管理处	金忠麒	男	副经理、副处长	1980.12.8～1984.8.10	
522	技术服务公司、引进管理处	殷广志	男	副经理、副处长	1980.12.8～1984.8.10	正处级
				党总支副书记	1981.11.21～1984.8.9	
523	技术服务公司、引进管理处	周良叔	男	经理、处长	1980.12.10～1984.8.1	
				党总支书记	1981.11.21～1984.8.9	
524	技术服务公司、引进管理处	彭金铭	男	副经理	1981.6.1～1984.8.10	
525	物探引进技术服务公司	金忠麒	男	党委书记	1984.8.9～1986.7.15	
526	物探引进技术服务公司	周良叔	男	经理	1984.8.10～1986.7.15	
527	物探引进技术服务公司	刘仲秋	男	副经理	1984.8.10～1986.7.15	
528	物探引进技术服务公司	刘庚辰	男	副经理	1984.8.10～1986.7.15	
529	物探引进技术服务公司	刘健	男	副经理	1984.8.10～1986.7.15	
530	物探引进技术服务公司	彭金铭	男	工会主席	1984.9.6～1986.7.15	副处级
531	物探引进技术服务公司	殷广志	男	纪检组长	1984.9.7～1986.7.15	正处级
532	物探引进技术服务公司	崔公利	男	主任工程师	1984.10.16～1986.7.15	副处级
533	技术引进管理处	金忠麒	男	党委书记	1986.7.15～1991.11.4	
534	技术引进管理处	周良叔	男	处长	1986.7.15～1991.11.4	
535	技术引进管理处	刘仲秋	男	副处长	1986.7.15～1987.8.13	借出
536	技术引进管理处	刘庚辰	男	副处长	1986.7.15～*	
537	技术引进管理处	刘健	男	副处长	1986.7.15～*	

续表

序号	单位名称	姓名	性别	职务	任职时间（年.月.日）	备注
538	技术引进管理处	殷广志	男	纪检组长	1986.7.15～1991.11.4	正处级
539	技术引进管理处	彭金铭	男	工会主席	1986.7.15～1992.12.31	副处级
540	技术引进管理处	崔公利	男	主任工程师	1986.7.15～1992.12.31	副处级
541	技术引进管理处	梁永祥	男	处长	1991.11.4～*	
				党委书记	1991.11.4～1994.11.15	
542	技术引进管理处	郑盛濂	男	党委副书记、纪委书记	1991.11.4～1997.12.12	
543	技术引进管理处	郝朝柱	男	党委书记	1994.11.15～1997.5.7	
544	技术引进管理处	轩德利	男	副处长	1996.7.11～*	后撤销职务
545	技术引进管理处	陈素芬	女	党委书记、副处长	1997.5.7～*	
546	多种经营管理处（丰汇实业发展总公司）	赵其抗	男	副处长	1991.4.15～1992.3.6	
				处长、党总支书记	1992.3.6～1996.1.2	
				总经理	1992.7.22～1997.5.7	
547	多种经营管理处（丰汇实业发展总公司）	从兰波	男	副处长	1992.3.6～*	
				副总经理	1997.5.7～*	
548	多种经营管理处（丰汇实业发展总公司）	刘天臣	男	党总支副书记	1992.3.6～*	1993年7月10日提为副处级
549	多种经营管理处（丰汇实业发展总公司）	张明学	男	副处长	1992.9.18～*	
				党总支书记	1997.2.28～*	
				副总经理	1997.5.7～*	交叉任职
550	多种经营管理处（丰汇实业发展总公司）	刘福泉	男	副处长	1993.2.11～1996.3.19	后免去职务
551	多种经营管理处（丰汇实业发展总公司）	王祚德	男	处长	1996.1.2～*	
				党总支副书记	1997.2.28～*	
				总经理	1997.5.7～*	
552	岩土工程有限公司	王悦来	男	党总支书记、经理	1996.1.2～*	
553	岩土工程有限公司	刘平生	男	副经理	1996.1.2～1997.5.7	
554	岩土工程有限公司	陈俊平	男	副经理	1996.1.2～1997.5.7	试用一年后未聘任
555	岩土工程有限公司	赵书民	男	副经理	1997.2.28～*	
556	岩土工程有限公司	李光清	男	副经理	1997.2.28～*	
557	岩土工程有限公司	李全宇	男	党总支副书记、副经理	1997.2.28～*	
558	徐水办事处	时云增	男	党委书记	1978.3.12～1981.10.22	
559	徐水办事处	严永才	男	党委副书记、副主任	1978.3.12～1981.6.13	正处级
560	徐水办事处	刘　禹	男	党委副书记	1978.3.12～1984.6.25	正处级
561	徐水办事处	郭庆德	男	副主任	1978.3.12～1984.6.26	
562	徐水办事处	李振才	男	副主任（兼）	1978.8.30～1984.6.26	
563	徐水办事处	周志诚	男	副主任	1979.3.15～1992.12	
564	徐水办事处	丁长发	男	副主任	1981.6.1～1984.6.26	
565	徐水办事处	李国新	男	副主任	1981.6.1～1984.6.26	
				巡视员	1984.6.26～1985.9.3	

序　号	单位名称	姓　名	性　别	职　务	任职时间 （年．月．日）	备　注
566	徐水办事处	韩玉的	男	党委副书记	1981.6.13～1984.6.25	正处级
				巡视员	1984.6.26～1989.12	
567	徐水办事处	张　旺	男	党委书记（兼）	1981.12～1982.6	时任局政治部副主任
568	徐水办事处	齐玉霄	男	党委书记	1984.6.25～1992.9.18	
569	徐水办事处	邵斌元	男	主任	1984.6.26～1992.9.18	
				巡视员	1992.9.18～1992.12.31	
570	徐水办事处	李　文	男	副主任	1984.6.26～1986.7.12	
571	徐水办事处	徐宝仁	男	副主任	1984.6.26～1992.9.18	
				主任	1992.9.18～1996.12.31	
572	徐水办事处	雷昭贤	男	巡视员	1984.6.27～1988.3.14	正处级
573	徐水办事处	李希儒	男	巡视员	1984.6.27～1990.4.14	副处级
574	徐水办事处	孙小根	男	巡视员	1984.6.27～1992.11.29	副处级
575	徐水办事处	言锦芳	男	巡视员	1984.11.7～1992.12.31	副处级
576	徐水办事处	梁永祥	男	党委副书记	1984.7.23～1991.11.4	
577	徐水办事处	宋堂春	男	第一副主任	1987.11.10～1989.2.24	正处级
578	徐水办事处	周国权	男	副主任	1989.2.24～1996.12.31	
579	徐水办事处	刘新章	男	党委书记	1992.9.18～1996.12.31	
580	徐水办事处	沈广飞	男	纪委书记	1993.5.8～1996.12.31	副处级
581	徐水办事处	王宝昌	男	工会主席	1993.5.8～1996.12.31	副处级
582	徐水办事处	万长青	男	副主任	1996.1.2～1996.12.31	
583	徐水办事处	李怀永	男	副主任	1996.1.2～1996.12.31	
584	徐水基地管理处	刘新章	男	党委书记	1996.12.31～＊	
				副处长	1997.5.7～＊	交叉任职
585	徐水基地管理处	徐宝仁	男	处长	1996.12.31～＊	
586	徐水基地管理处	侯振海	男	副处长	1996.12.31～＊	
587	徐水基地管理处	程增启	男	副处长	1996.12.31～＊	
588	徐水基地管理处	李怀永	男	副处长	1996.12.31～＊	
589	徐水基地管理处	万长青	男	副处长	1996.12.31～＊	
590	徐水基地管理处	沈广飞	男	纪委书记	1996.12.31～＊	副处级
591	徐水基地管理处	王宝昌	男	工会主席	1996.12.31～＊	
				党委副书记	1997.2.28～＊	
592	制图厂（科级）	丁长发	男	厂长	1986.12.30～1997	副处级，1995年5月已不主持工作
593	职工医院	郎山土	男	政委	1973.7.29～1984.5.9	
				党的核心小组组长	1973.7.24～1975.8.13	
				党委书记	1975.8.13～1981.12.12	
				巡视员	1981.12.12～1989.12.8	

续表

序号	单位名称	姓名	性别	职务	任职时间（年.月.日）	备注
594	职工医院	张善荣	男	院长	1973.7.29～1984.5.9	
				党的核心小组副组长	1973.7.24～1975.8.13	
				党委副书记	1975.8.13～1981.12.12	
				党委书记	1981.12.12～1984.5.9	
595	职工医院	孙小根	男	副政委	1973.7.29～1978.4.5	
				党的核心小组副组长	1973.7.24～1975.8.13	
				党委副书记	1975.8.13～1978.4.5	
596	职工医院	霍久安	男	副院长	1973.7.29～1982.3.12	
597	职工医院	梁福德	男	副院长	1973.7.29～1977.12	
598	职工医院	郎兴弟	男	副院长	1973.7.29～1984.5.9	
				巡视员	1984.5.9～1992.8.24	
599	职工医院	严永才	男	党委副书记	1981.6.13～1984.5.9	正处级
				巡视员	1984.5.9～1992.12.31	
600	职工医院	蒋德承	男	副院长	1981.6.13～1984.5.9	
				院长	1984.5.9～1988.3	
601	职工医院	尹世忻	男	副院长	1981.6.13～1984.5.9	
				党委书记	1984.5.9～1992.9.18	
602	职工医院	苗广金	男	副院长	1984.5.9～1992.9.18	
603	职工医院	陈国生	男	副院长	1984.5.9～1992.9.18	
				院长	1992.9.18～＊	
				党委书记	1994.12.3～＊	
604	职工医院	李晓乐	男	党委副书记、纪委书记	1992.9.18～＊	
605	职工医院	康绪子	男	副院长	1992.9.18～＊	
606	职工医院	崔广彦	男	副院长	1992.9.18～＊	
607	职工医院	侯振海	男	工会主席	1992.9.18～1994.12.13	副处级
608	卫生处	张善荣	男	处长	1980.9.19～1992.10.4	
609	卫生处	苗广金	男	副处长	1992.9.18～1993.9.17	
610	第二职工医院	张素娣	女	党总支书记	1992.3.6～1993.9.17	副处级
611	第二职工医院	李汉池	男	副院长	1992.3.6～1993.9.17	
612	第二职工医院	许达文	男	副院长	1992.3.6～1993.9.17	
613	第二职工医院（卫生处）	尹世忻	男	党委书记、院（处）长	1993.9.17～1996.1.2	
				院（处）长、党委副书记	1996.1.2～＊	
614	第二职工医院（卫生处）	张素娣	女	党委副书记	1993.9.17～1996.1.2	
				党委书记	1996.1.2～＊	
615	第二职工医院（卫生处）	苗广金	男	副院（处）长	1993.9.17～1997.12.29	
616	第二职工医院（卫生处）	李汉池	男	副院长	1993.9.17～＊	

续表

序　号	单位名称	姓　名	性　别	职　务	任职时间（年．月．日）	备　注
617	第二职工医院（卫生处）	许达文	男	副院长	1993.9.17～＊	
618	运输大队（科级）	王寿坤	男	大队长兼党总支书记	1987.4.20～1989.2.24	副处级
619	运输公司	王者叶	男	党委书记	1989.2.24～1989.7.5	
620	运输公司	宋堂春	男	经理	1989.2.24～1989.7.5	
621	运输公司	王寿坤	男	副经理	1989.2.24～1989.7.5	
622	运输公司	李焕立	男	副经理	1989.2.24～1989.7.5	
623	运输处	王者叶	男	党委书记	1989.7.5～1992.12.31	
624	运输处	宋堂春	男	处长	1989.7.5～1992.12.31	
				党委副书记	1991.11.11～1992.12.31	
625	运输处	王寿坤	男	副处长	1989.7.5～1992.12.31	
626	运输处	李焕立	男	副处长	1989.7.5～1997.3.4	
627	运输处	孙凯英	男	纪委书记	1992.11.11～1993.7.10	副处级、后免职
628	运输处	王国勇	男	副处长	1992.12.26～1993.9.17	
				处长	1993.9.17～1995.5.19	
629	运输处	杨顺林	男	副处长	1993.9.17～＊	
630	运输处	顾思东	男	党委书记	1994.12.13～＊	
				处长	1995.5.19～＊	
631	运输处	郭怀英	男	党委副书记、纪委书记、工会主席	1995.5.19～＊	
632	基地管理处	张洪祥	男	党委书记	1991.6.1～1994.12.13	
633	基地管理处	薛中岳	男	处长、党委副书记	1991.6.1～1996.1.2	
634	基地管理处	李世灿	男	副处长	1991.6.1～1993.8.28	
635	基地管理处	刘　俊	男	党委副书记兼纪委书记	1991.6.7～1994.2.24	
636	基地管理处	刘以超	男	副处长	1992.9.1～1996.1.2	
				处长	1996.1.2～＊	
637	基地管理处	刘　钊	男	副处长	1993.9.17～＊	
638	基地管理处	吕贵滨	男	党委书记	1994.12.13～＊	
				副处长	1997.5.7～＊	交叉任职
639	基地管理处	王治富	男	党委副书记、纪委书记	1994.12.13～＊	
640	基地管理处	李清明	男	副处长	1996.7.11～＊	
641	基地管理处	王永晔	男	工会主席	1996.7.11～＊	副处级
642	基地管理处	田志勇	男	副处长	1997.5.7～＊	正处级
643	基地管理处	吴宗强	男	副处长	1997.5.7～＊	
644	基地管理处	赵叶平	男	副处长	1997.5.7～＊	
645	基建大队（科级）	慈　惠	男	教导员	1983.6.22～1984.6.26	副处级
646	建筑公司	李中香	男	党总支书记	1984.6.26～19923.6	
647	建筑公司	贾钊吾	男	经理	1984.6.26～1990.5.28	
648	建筑公司	慈　惠	男	副经理	1984.6.26～1992.3.6	
				工会主席	1992.3.6～1996.1.2	

续表

序号	单位名称	姓名	性别	职务	任职时间（年.月.日）	备注
649	建筑公司	李远松	男	副经理	1984.6.26～1992.12.31	
650	建筑公司	蒋富忠	男	副经理	1984.11.29～*	
651	建筑公司（撤销党总支成立党委）	王政文	男	党委书记	1992.3.6～*	
				经理	1995.1.3～*	
652	建筑公司	王家宽	男	经理、党委副书记	1992.3.6～1995.1.3	
653	建筑公司	顾思东	男	党委副书记、纪委书记	1992.3.6～1994.12.13	
654	建筑公司	任来绪	男	主任工程师	1992.3.6～1992.10.4	副处级
				总工程师	1992.10.4～1997.12	
655	建筑公司	霍永明	男	副经理	1993.2.28～*	
656	建筑公司	田志勇	男	副经理	1993.2.28～1997.5.7	
657	建筑公司	黄一鸣	男	党委副书记、纪委书记	1996.1.2～*	
				工会主席	1996.7.11～*	
658	建筑公司	张金凯	男	副经理	1996.1.2～*	
659	建筑公司	李文泽	男	副经理	1996.1.2～*	
660	建筑公司	阎新杰	男	副经理	1996.1.2～*	
661	房屋维修公司	刘家明	男	党总支书记、经理	1984.8.1～1985.11.28	
662	房屋维修公司	张景财	男	党总支副书记	1984.8.1～1985.11.28	
663	房屋维修公司	李培宗	男	副经理	1984.8.1～1985.11.28	
664	房屋维修公司	刘　芬	男	副经理	1984.8.1～1985.11.28	
665	房屋维修公司	曹　琴	男	副经理	1984.8.1～1985.11.28	
666	房屋维修公司	王忠柱	男	副经理	1984.8.1～1985.11.28	
667	房屋维修公司	杨才法	男	副经理	1984.8.1～1985.11.28	
668	房屋修建公司	刘　芬	男	经理	1985.11.28～1986.4.4	
669	房屋修建公司（撤销党总支成立党委）	李德福	男	党委副书记	1985.11.28～1991.10.22	
670	房屋修建公司	张景财	男	副经理	1985.11.28～1989.12.19	
671	房屋修建公司	曹　琴	男	副经理	1985.11.28～1989.12.15	
				调研员	1989.12.15～1991.11.11	
672	房屋修建公司	王忠柱	男	副经理	1985.11.28～1989.12.19	
673	房屋修建公司	杨才法	男	副经理	1985.11.28～1989.12.19	
674	房屋修建公司	王治润	男	经理	1989.12.19～1992.12.31	
675	房屋修建公司	赵书民	男	副经理	1989.12.19～1991.10.22	
676	房屋修建公司	王家宽	男	总工程师	1989.12.19～1991.10.22	副处级
677	综合服务处	杨学新	男	党委书记	1991.10.22～1997.12.19	
				处长	1993.9.25～1997.12.19	
678	综合服务处	李德福	男	党委副书记、纪委书记	1991.10.22～1992.3.6	
				副处长	1992.3.6～1996.1.2	
679	综合服务处	马福德	男	党委副书记、纪委书记	1992.3.6～1997.12.12	
680	综合服务处	赵书民	男	副处长	1991.10.22～1997.2.28	
681	综合服务处	杨京琥	男	副处长	1997.2.28～*	

续表

序号	单位名称	姓名	性别	职务	任职时间（年.月.日）	备注
682	物探监理公司	朱德生	男	经理	1996.7.12～*	
683	物探监理公司	戴春权	男	副经理	1996.7.12～*	
684	物探监理公司	刘泽明	男	总工程师	1996.7.12～*	副处级
685	华通混凝土管材厂	李德福	男	厂长	1996.1.2～*	
686	华通混凝土管材厂	邢新年	男	副厂长	1996.1.2～*	
687	华霖公司	田志勇	男	总经理	1997.2.28～1997.5.7	
688	科技开发总公司	赵世贤	男	总经理	1997.8.11～*	副处级
689	咨询部	雷学忠	男	主任	1993.8.28～1996.1.2	
690	咨询部	周申吉	男	副主任	1993.8.28～1997.2.28	
691	咨询部	崔恒彰	男	调研员	1993.9.17～1994.7.30	正处级
692	咨询部	吴宪忠	男	调研员	1993.9.29～1996.3.1	副处级
693	咨询部	田树林	男	调研员	1993.12.30～1995.1.26	正处级
694	咨询部	柴桂林	男	主任	1996.1.2～*	副局级
695	咨询部	武慎让	男	副主任	1996.1.2～*	副局级
696	咨询部	李庆忠	男	兼总工程师	1996.1.2～*	时任局副总工程师
697	咨询部	吴奇之	男	兼总地质师	1996.1.2～*	时任局总地质师
698	咨询部	朱长福	男	副主任	1997.8.11～*	正处级
699	教育培训中心	郭　哲	男	副主任	1993.8.28～1996.1.2	正处级
				党委副书记、纪委书记	1993.11.20～1996.1.2	
700	教育培训中心	李新生	男	副主任	1993.8.28～*	副处级
701	教育培训中心	陈兆雄	男	副主任	1993.8.28～*	副处级
702	教育培训中心	张　震	男	总工程师	1993.9.17～1996.1.2	副处级
703	教育培训中心	王守臣	男	党委副书记、副主任	1996.1.2～*	正处级
704	职工大学筹建处	李全慎	男	兼主任	1984.8.21～1985.8.13	副局级、时任局副总工程师
705	职工大学筹建处	张恒思	男	副主任	1984.8.21～1985.8.13	正处级
706	职工大学筹建处	金桂元	男	成员	1984.8.21～1985.8.13	副处级
707	石油物探职工大学	李全慎	男	校长	1985.8.13～1991.3.17	副局级
708	石油物探职工大学	程嘉梁	男	教务长	1985.8.13～1992.12.1	正处级
709	石油物探职工大学	孙伟民	男	副教务长	1985.8.13～1991.3.17	副处级
				校长、党委副书记	1991.3.17～1994.2.1	
				调研员	1994.2.1～1995.4	正处级
710	石油物探职工大学	陈启发	男	党委书记（兼）	1985.8.31～1991.3.17	时任局党委副书记
711	石油物探职工大学	张恒思	男	党委副书记	1985.8.31～1991.3.17	正处级
				党委书记	1991.3.17～1994.11.15	
712	石油物探职工大学	骆世兴	男	副校长	1987.3.3～1994.11.15	正处级
713	石油物探职工大学	田培基	男	副校长	1992.3.6～1996.1.2	
714	石油物探职工大学	封顺才	男	副校长	1992.3.6～1994.11.15	
715	石油物探职工大学	戴九如	男	校长、党委副书记	1994.2.1～1994.11.15	
				党委书记、校长	1994.11.15～*	

续表

序号	单位名称	姓名	性别	职务	任职时间（年.月.日）	备注
716	石油物探职工大学	邢在滋	男	党委副书记	1994.11.15～*	
717	石油物探职工大学	刘凤岐	男	工会主席	1994.11.15～1997.2.28	副处级
718	石油物探职工大学	郑有国	男	副校长	1996.7.11～*	
719	干部学校	吴建华	男	副校长	1979.12.19～1984.9.3	正处级
720	干部学校	辛延寿	男	副校长	1979.12.19～1984.9.3	
721	管理干部学校	刘植生	男	党总支书记	1984.9.3～1989.12.8	副处级
722	管理干部学校	赵连和	男	校长	1984.9.3～1991.11.8	
723	管理干部学校	黎开儒	男	副校长	1984.9.3～1991.11.8	
724	管理干部学校	吴建华	男	巡视员	1984.9.3～1988.3.13	正处级
725	管理干部学校	辛延寿	男	巡视员	1984.9.3～1991.10.18	副处级
726	管理干部学校	田家年	男	巡视员	1984.9.3～1986.3.7	副处级
727	管理干部学校	于湘洪	男	副校长	1987.10.8～1991.11.8	正处级、列黎开儒之前
728	管理干部学校	赵连和	男	党总支书记	1991.8.27～1991.11.8	
729	局党校、管理干部学校	赵连和	男	党总支书记	1991.11.8～1992.3.6	
				校长	1991.11.8～1992.7.6	职务随校名变动
730	局党校、管理干部学校	于湘洪	男	副校长	1991.11.8～1992.3.6	职务随校名变动
				党总支书记	1992.3.6～1997.3.4	
731	局党校、管理干部学校	黎开儒	男	副校长	1991.11.8～1994.11.15	申请被免职
732	局党校、管理干部学校	吴殿龙	男	副校长	1995.1.3～1996.7.11	
				校长、党总支副书记	1996.7.11～*	
733	局党校、管理干部学校	刘洪祥	男	副校长	1996.7.11～*	
734	技术学校	王寿坤	男	副校长	1973.7.29～1978.8.30	
735	技术学校	孙伟民	男	副校长兼教务主任	1973.7.29～1985.8.13	
736	技术学校	尚建斌	男	副校长	1978.4.5～1981.3	
737	石油物探学校	孟广哲	男	党委副书记、副校长	1978.4.5～1981.6.13	
738	石油物探学校	赵连和	男	党委书记	1978.8.30～1984.7.10	
739	石油物探学校	梁海峰	男	副校长	1978.10.25－1984.7.10	
				巡视员	1984.7.10～1987.11.28	
740	石油物探学校	杨怀彬	男	副校长	1979.12.19～1984.7.10	
				巡视员	1984.7.10～1992.12.31	
741	石油物探学校	郑廷芳	女	工会主席	1982.6.3～1984.7.10	副处级
				巡视员	1984.7.10～1986.3.7	
742	石油物探学校	李中香	男	副校长	1983.1.17～1984.6.25	
743	石油物探学校	骆世兴	男	副校长	1983.7.7～1984.7.10	
				党委书记	1984.7.10～1986.7.12	
				校长	1986.7.12～1987.3.3	
744	石油物探学校	程嘉梁	男	校长	1984.7.10～1986.7.12	
745	石油物探学校	李玲	女	党委副书记	1984.7.10～1986.7.12	
746	石油物探学校	秦德成	男	副校长	1984.7.10～1992.6	
747	石油物探学校	刘平生	男	副校长	1984.7.10～1993.3.19	

续表

序号	单位名称	姓名	性别	职务	任职时间（年.月.日）	备注
748	石油物探学校	巩奎水	男	纪委书记	1984.7.10～1994.11.15	
749	石油物探学校	李　文	男	党委副书记	1986.7.12～1992.1.3	
750	石油物探学校	吕正鹄	男	党委书记	1987.3.3～1992.12.31	
751	石油物探学校	吴群苍	男	校长	1987.3.3～1994.11.15	
				党委书记	1993.2.28～1994.11.15	
752	石油物探学校	吕贵滨	男	工会主席	1987.7.18～1991.8.27	副处级
				副校长	1993.3.19～1994.12.13	
753	石油物探学校	李寿南	男	第一副校长	1987.11.18～1996.12.31	正处级
754	石油物探学校	柴登居	男	党委副书记	1992.3.6～1993.2.28	
755	石油物探学校	宁兴铎	男	副校长	1992.3.6～*	
756	石油物探学校	杨皖东	男	党委副书记	1993.2.28～*	
757	石油物探学校	张来山	男	副校长	1993.2.28～1994.11.15	
				校长、党委副书记	1994.11.15～*	
758	石油物探学校	刘永亮	男	工会主席	1993.2.28～1994.11.15	副处级
759	石油物探学校	王长有	男	党委书记	1994.11.15～*	
				副校长	1997.5.7～*	交叉任职
760	培黎石油学校	张俊魁	男	党委书记	1983.8～1986.3	原任职务
					1986.3～1988.5.10	副局级
				调研员	1988.5.10～1991.8	
761	培黎石油学校	刘祖泰	男	校长	1983.8～1986.3	原任职务
					1986.3～1988.5.10	
				党委书记	1988.5.10～1991.12	
762	培黎石油学校	刘期楚	男	党委副书记	1983.8～1986.3	原任职务
					1986.3～1988.5.10	
				校长	1988.5.10～*	
				党委副书记	1991.8.27～1993.11.20	
				党委书记	1993.11.20～*	
763	培黎石油学校	袁泽溪	男	副校长	1983.8～1986.3	原任职务
					1986.3～1995.7.24	
764	培黎石油学校	陈如皋	男	副校长	1986.3～1990.7.30	
765	培黎石油学校	张永强	男	副校长	1991.8.2～*	
766	培黎石油学校	黄克勤	男	副校长	1991.8.26～*	
767	培黎石油学校	李万寿	男	党委副书记	1991.8.27～1996.1.2	
				纪委书记	1992.9.18～1996.1.2	
768	培黎石油学校	王惠芳	女	工会主席	1992.9.18～*	副处级
				党委副书记、纪委书记	1996.7.11～*	
769	技工学校	李中香	男	校长、党支部书记	1978.10.30～1983.1.17	副处级
770	技工学校	石　竞	男	党总支书记	1983.1.17～1984.7.14	
771	技工学校	李寿南	男	校长	1984.7.14～1987.11.18	
772	技工学校	刘凤歧	男	党委副书记	1984.7.14～1987.11.18	

续表

序号	单位名称	姓名	性别	职务	任职时间（年.月.日）	备注
773	技工学校	戴九如	男	副校长	1984.7.14～1987.11.18	
				党委书记、代校长	1987.11.18～1994.2.1	
774	技工学校	张喜联	男	副校长	1984.7.14～1987.11.18	
				巡视员	1987.11.18～1996.3.1	
775	技工学校	王政文	男	党委副书记	1987.11.18～1992.3.6	
776	技工学校	李春富	男	副校长	1987.11.18～＊	
777	技工学校	罗立兴	男	副校长	1991.3.3～1994.2.1	
				党委书记、校长	1994.2.1～＊	
778	技工学校	于志学	男	党委副书记、纪委书记	1992.3.6～1997.2.28	
779	石油物探中学	刘永亮	男	校长	1989.9.16～1991.8.30	副处级
780	石油物探中学	刘凤歧	男	党支部书记	1991.8.31～1994.11.15	副处级
				代校长	1991.8.31～1991.10.22	
				校长	1991.10.22～1993.2.28	副处级
781	石油物探中学	孙首先	男	校长	1993.2.28～＊	副处级
782	石油物探中学	王洪光	男	党总支书记	1994.11.15～＊	副处级
783	徐水子弟学校	刘　禹	男	校长	1973.7.29～1978.3.12	副处级
784	徐水子弟学校	阎福海	男	校长	1994.2.1～＊	副处级
785	徐水子弟学校	孙国瑞	男	党总支书记	1994.2.1～＊	副处级
786	涿州子弟学校	赵世英	男	党支部书记、校长	1982.11～1984.5.4	正处级
787	涿州子弟学校	刘永亮	男	党支部书记、校长	1987.3.23～1991.10	副处级
788	政治部	王绪东	男	主任	1973.7.24～1978.2.26	副局级
789	政治部	高凤仪	男	副主任	1973.7.24～1978.2.26	正处级
				主任	1978.2.26～1978.3.31	副局级
790	政治部	张　旺	男	副主任	1973.7.24～1980.11	正处级
791	政治部	李景远	男	副主任	1978.3.12～1980.11	正处级
792	政治部	高国成	男	副主任	1978.3.12～1980.11	正处级
793	政治部	张俊瑞	男	主任	1978.3.31～1983.12.31	副局级
794	政治部	田树林	男	副主任	1978.8.30～1980.11	正处级
795	政治部办公室	陈启发	男	主任	1973.7.29～1978.3.4	
796	政治部办公室	易俊辉	男	副主任	1973.7.29～1977.9	
797	政治部办公室	程少士	男	副主任	1978.3.12～1980.12.8	
798	政治部办公室	刘鸿皋	男	副主任	1978.3.12～1978.8.30	
799	政治部办公室	李运扬	男	副主任	1979.1.7～1980.11	
800	政治部办公室	严　斌	男	主任	1980.9.19～	未到职
801	局党委办公室	李运扬	男	副主任	1980.11～1984.5.4	
				主任	1984.5.4～1993.8.28	
802	局党委办公室	曹云福	男	副主任	1981.10.11～1984.1	
803	局党委办公室	柳卫民	男	副主任	1984.5.4～1985.11	
804	局党委办公室	肖　平	男	副主任	1991.10.22～1993.8.28	
				主任	1993.8.28～1996.7.11	

序号	单位名称	姓名	性别	职务	任职时间（年.月.日）	备注
805	局党委办公室	冷瑞来	男	副主任	1992.3.6～1996.1.2	
806	局党委办公室	梁延强	男	兼副主任	1996.1.2～＊	时任青藏项目组党工委副书记（副处级）
807	局党委办公室	祝守业	男	主任	1996.7.11～＊	
808	学大庆办公室	高国成	男	兼主任	1978.3.12～1980.8.1	时任政治部副主任
809	学大庆办公室	张洪祥	男	副主任	1978.3.12～1980.8.1	
810	学大庆办公室	严 斌	男	副主任	1978.3.12～1980.8.1	
811	学大庆办公室	陈希望	男	副主任	1978.4.12～1980.8.1	
812	学大庆办公室	冯若赐	男	副主任	1978.8.30～1978.12	正处级
813	学大庆办公室	肖岛泉	男	副主任	1979.12.19～1980.8.1	
814	政治部组织处	谢瑞昌	男	副处长	1973.7.29～1978.5.10	
815	政治部组织处	张凤芝	女	副处长	1973.7.29～1978.5.10	
816	政治部组织处	张惠民	男	处长	1974.9.23～1979.12.26	
817	政治部组织处	张云波	男	副处长	1978.3.12～1984.5.4	正处级
818	政治部组织处	张洪祥	男	副处长	1981.6.1～1984.5.4	
819	政治部干部处	张洪祥	男	副处长	1973.7.29～1978.3.12	
820	政治部干部处	李景远	男	兼处长	1978.3.12～1980.11	时任政治部副主任
				处长	1980.12～1982.11	
821	政治部干部处	刘鸿皋	男	副处长	1978.8.30～1984.5.4	
822	局党委组织部	曹云福	男	部长	1984.1.17～1992.4.18	
823	局党委组织部	李亚平	男	副部长	1984.3.31～1992.9.18	
				部长	1992.9.18～1992.12	
824	局党委组织部	雷学忠	男	副部长	1984.7.23～1993.8.28	正处级
825	局党委组织部	王礼万	男	副部长	1993.1.14～1994.2.25	
				部长	1994.2.25～＊	
826	局党委组织部	金贵范	男	副部长	1996.8.2～＊	
827	政治部宣传处	陈希望	男	副处长	1973.7.29～1978.3.12	
828	政治部宣传处	陈金良	男	副处长	1974.4.6～	
829	政治部宣传处	章炯杲	男	副处长	1977.6.6～1978.12	
830	政治部宣传处	曹云福	男	副处长	1980.9.1～1981.10.11	
831	政治部宣传处	牛治国	男	副处长	1981.6.1～1984.5.4	
832	政治部宣传处	薛海彦	男	副处长	1981.10.11～1984.5.4	
833	局党委宣传部	张忠民	男	副部长	1984.5.4～1991.10.22	
				部长	1991.10.22～1993.8.28	
834	局党委宣传部	牛治国	男	副部长	1984.5.4～1987.12	
835	局党委宣传部	严 斌	男	部长	1984.7.14～1987.8.22	
836	局党委宣传部	薛海彦	男	副部长	1984.7.14～1988.6	
837	局党委宣传部	冯尚书	男	副部长	1992.3.6～1995.5.19	
838	局党委宣传部	祝守业	男	部长	1994.2.1～1996.7.11	

续表

序号	单位名称	姓名	性别	职务	任职时间（年.月.日）	备注
839	局党委宣传部	叶青	女	部长	1996.7.11～*	
840	局党委宣传部	张连宝	男	副部长	1996.7.11～*	
841	局政研会（挂靠宣传部）	张梅伊	女	副秘书长	1993.11.20～1996.1	副处级
842	局纪委	高凤仪	男	兼书记	1979.12.26～1983.12.31	时任局党委副书记
843	局纪委	张惠民	男	副书记	1979.12.26～1984.5.4	正处级
				巡视员	1984.5.4～1986.9.26	
844	局纪委	高国成	男	副书记	1981.6.1～1984.5.4	正处级
				专职纪检员	1984.5.4～1987.7	
845	局纪委	徐绍仲	男	书记	1983.12.31～1991.12	副局级
846	局纪委	何家祥	男	纪委办公室主任	1984.5.4～1991.12	副处级
847	局纪委	张云波	男	纪委办公室副主任	1984.5.4～1992.3.6	正处级
848	局纪委	李云鹏	男	副书记	1984.6.18～1991.12	正处级
849	监察室（后改监察处）	张旺	男	主任	1989.7.19～1991.12	
850	监察处	金忠麒	男	副处长	1991.11.4～1992.12	正处级
851	局纪委	陈启发	男	纪委书记	1991.12.6～1996.12.26	时任局党委副书记
852	局纪委、监察处	何家祥	男	副书记	1991.12.24～*	正处级
				处长	1992.3.6～*	
853	局纪委、监察处	张旺	男	副书记	1992.3.6～1992.12	正处级
854	局纪委、监察处	吴宪忠	男	专职纪检员	1992.3.6～1996.1.2	副处级
855	局纪委、监察处	韩镇春	男	专职监察员	1992.3.6～1996.1.2	副处级
856	局纪委、监察处	陈进凯	男	专职监察员	1992.3.6～1993.8.28	副处级
				副处长	1993.8.28～*	
857	局纪委、监察处	阚学孔	男	专职纪检员	1996.7.11～*	副处级
858	局纪委、监察处	孙仁书	男	专职监察员	1996.7.11～*	副处级
859	局纪委、监察处	段雨欣	女	书记	1996.12.26～*	副局级
860	局工会筹备办公室	孟广哲	男	副主任	1973.7.29～1978.3.12	
861	局工会筹备办公室	程玉昆	男	副主任	1973.7.29～1978.3.12	
862	局工会筹备办公室	刘长清	男	副主任	1973.7.29～1978.3.12	
863	局工会	李民	男	主任	1978.3.12～1980.12	
864	局工会	牛玉田	男	副主任	1978.3.12～1979.8.24	
				副主席	1978.8.24～1984.5.4	
865	局工会	王绪东	男	兼主席	1979.8.24～1983.12.31	时任副局长
866	局工会	赵周舍	男	副主席	1980.12.8～1984.3.30	
867	局工会	孟广哲	男	副主席	1981.6.13～1984.5.4	正处级
				巡视员	1984.5.4～1986.12.13	
868	局工会	张俊瑞	男	主席	1983.12.31～1991.12	副局级
869	局工会	田树林	男	副主席	1984.5.4～1993.12.30	正处级
870	局工会	王守臣	男	副主席	1984.5.4～1993.9.29	副处级
871	局工会	刘明义	男	主席	1991.12.26～1997.11.7	副局级

续表

序号	单位名称	姓名	性别	职务	任职时间（年．月．日）	备注
872	局工会	柳卫民	男	副主席	1993.9.29～＊	1996年7月11日提为正处级
873	局工会	谢武江	男	副主席	1993.9.29～＊	
874	局工会	肖 平	男	主席	1997.11.7～＊	时任局党委副书记
875	局工会组织部	陈素芬	女	部长	1981.6.1～1984.5.4	副处级
876	局团委	程少士	男	副书记	1973.7.29～1978.3.12	
				副书记	1981.6.1	未到职
877	局团委	李素琴	女	副书记	1973.7.29～1978.1	
878	局团委	张 旺	男	兼书记	1974.5.4～1980.11	时任局政治部副主任
879	局团委	陈素芬	女	副书记	1978.3.12～1981.6.1	
880	局团委	邢新年	男	临时负责人	1981.9～1991.12.24	
				副书记	1991.12.24～1996.1.2	副处级
881	局团委	邓胜利	男	副书记	1996.7.11～＊	副处级
882	局机关党委	云 波	男	党委副书记	1973.7.29～1981.8.14	
883	局机关党委	时云增	男	党委书记	1974.9.23～1978.3.12	
884	局机关党委	范玉亭	男	党委副书记	1978.3.12～1984.5.4	正处级
				巡视员	1984.5.4～1989.12.8	
885	局机关党委	高凤仪	男	党委书记（兼）	1981.11.21～1984.5.4	局党委副书记、调研员
886	局机关党委	徐绍仲	男	党委副书记（兼）	1981.11.21～1984.5.4	副局长、局纪委书记
887	局机关党委	郭志忠	男	党委副书记	1982.8.5～1984.5.4	正处级
				巡视员	1984.5.4～1988.3.21	
888	局机关党委	张 旺	男	党委书记	1984.5.4～1991.5.30	
889	局机关党委	赵世英	男	党委副书记	1984.5.4～1991.5.30	正处级
				党委书记	1991.5.30～1992.12.31	
890	局机关党委	张洪祥	男	党委副书记、纪委书记	1984.5.4～1991.6.1	
891	局机关党委	陈素芬	女	党委副书记	1992.12.26～1993.8.28	
892	局机关党委（机关事务管理处）	李运扬	男	党委书记、处长	1993.8.28～＊	
893	局机关党委（机关事务管理处）	陈素芬	女	党委副书记、纪委书记、副处长	1993.8.28～1997.5.7	
894	局机关党委（机关事务管理处）	梁国林	男	党委副书记、纪委书记、副处长	1997.8.11～＊	
895	局机关工会	牛玉田	男	主席	1984.5.4～1992.12.31	副处级
896	局机关工会	尚华军	男	主席	1996.7.11～＊	副处级
897	局办公室党总支	陈素芬	女	党总支副书记	1984.5.4～1992.12.26	
898	生产党总支	王德安	男	党总支副书记	1991.8.27～1992.12.31	
899	党群党总支	张梅伊	女	党总支副书记	1992.3.12～1993.11.20	
900	局办公室	吕天相	男	主任	1973.7.29～1976.5.26	
901	局办公室	金桂元	男	副主任	1973.7.29～1978.3.12	
902	局办公室	薛海彦	男	副主任	1973.7.29～1981.10.11	

续表

序号	单位名称	姓名	性别	职务	任职时间（年.月.日）	备注
903	局办公室	冯若赐	男	副主任	1974.4.6～1978.8.30	正处级
904	局办公室	严斌	男	主任	1981.6.16～1984.4.30	
				主任	1987.8.22～1992.5.6	
905	局办公室	马心顿	男	副主任	1984.4.30～1991.1.3	
906	局办公室	关兆甫	男	副主任	1984.4.30～1992.3.6	
907	局办公室	柳卫民	男	副主任	1992.3.6～1993.8.29	
908	局办公室	周荣宝	男	副主任	1992.3.6～1996.1.2	
909	局办公室	张忠民	男	主任	1993.8.28～1996.12.30	
910	局办公室	王守臣	男	副主任	1993.8.29～1996.1.2	
911	局办公室	董玉明	男	副主任	1996.7.11～*	
912	局办公室	王晓帆	男	副主任	1996.7.11～*	
913	局办公室	陈霄	男	副主任	1997.8.11～*	
914	调研室	严斌	男	主任	1984.4.30～1984.7.14	
915	生产办公室	李全慎	男	兼主任	1978.3.12～1980.11	时任副局长
916	生产办公室	行寄高	男	副主任	1978.3.12～1981.6.13	正处级
917	生产办公室	周良叔	男	副主任	1978.3.12～1981.6.13	正处级
918	生产办公室	丁满喜	男	副主任	1978.3.12～1980.11	1983年3月31日任副局长
919	生产办公室	李廷义	男	副主任	1978.3.12～1981.6.13	正处级
920	生产办公室	李永杰	男	副主任	1978.4.5～1981.6.13	正处级
921	生产办公室	郭必发	男	副主任	1979.12.19	未到职
922	总调度室	周良叔	男	主任	1973.7.29～1977.3.5	
923	总调度室	王业胜	男	副主任	1973.7.29～1984.4.30	
924	总调度室	行寄高	男	主任	1977.3.5～1983.4.25	
925	总调度室	李中香	男	副主任	1978.3.12～1978.10.30	
926	总调度室	张成福	男	副主任	1981.6.1～1984.4.30	
927	生产管理处	张成福	男	处长	1984.4.30～1987.3.3	
928	生产管理处	周申吉	男	副处长	1984.4.30～1987.3.3	
929	生产管理处	史骊	男	主任工程师	1984.11.28～1987.3.3	副处级
930	生产协调处	张成福	男	处长	1987.3.3～1991.10.22	
931	生产协调处	周申吉	男	副处长	1987.3.3～1991.10.22	
932	总调度室	王文彬	男	总调度长	1991.10.22～1993.8.28	
933	总调度室	周申吉	男	副总调度长	1991.10.22～1993.8.28	
934	勘探处	张占魁	男	副处长	1973.7.29～1978.3.12	
935	勘探处	雒颖脱	男	副处长	1973.7.29～1978.3.12	
936	勘探处	于锡胜	男	副处长	1973.7.29～1978.3.12	
937	勘探处	陈学兴	男	处长	1978.3.12～1978.8.30	
938	勘探处	吕友生	男	副处长	1978.3.12～1978.8.30	
939	勘探处	程金箴	男	主任工程师	1978.3.12～1978.8.30	副处级
940	勘探一处	陈学兴	男	处长	1978.8.30～1987.3.3	

续表

序号	单位名称	姓名	性别	职务	任职时间（年．月．日）	备注
941	勘探一处	程金箴	男	主任工程师	1978.8.30～1987.3.3	
942	勘探一处	杨广忠	男	副处长	1978.10.24～1982.6.3	
943	勘探一处	雒颖脱	男	主任地质师	1982.5.29～1987.3.3	副处级
944	勘探一处	梅林森	男	副处长	1984.4.30～1987.3.3	
945	勘探二处	吕友生	男	副处长	1978.8.30～1984.4.30	
				处长	1984.4.30～1987.3.3	
946	勘探二处	何振香	男	主任工程师	1978.8.30～1979.5	
947	勘探处	何振香	男	兼处长	1987.3.3～1991.10.22	时任局副总工程师
948	勘探处	陈学兴	男	副处长	1987.3.3～1991.5.31	正处级
949	勘探处	吕友生	男	副处长	1987.3.3～1991.10.22	正处级
950	勘探处	梅林森	男	副处长	1987.3.3～1991.10.22	
951	勘探处	程金箴	男	主任工程师	1987.3.3～1991.10.22	
952	勘探处	史　骊	男	主任工程师	1987.3.3～1991.10.22	
				处长	1991.10.22～1996.1.2	
953	勘探处	张德林	男	副处长	1991.10.22～ *	
954	勘探处	徐文荣	男	总工程师	1992.9.18～1993.8.28	副处级
955	勘探处	瞿　杰	男	总地质师	1993.2.28～ *	副处级
956	勘探处	唐庆宝	男	副处长（兼塔里木前指副指挥）	1993.8.28～1994.11.15	
				副处长	1997.8.11～ *	正处级
957	勘探处	高启新	男	副处长	1993.8.28～1996.1.2	
958	勘探处	接维增	男	处长	1996.1.2～ *	
959	勘探处	吴祉宪	男	兼副处长	1996.1.2～1997.8.11	正处级、时任青藏项目组副经理
960	勘探处	苗春峰	男	兼副处长	1996.1.2～ *	副处级、时任青藏项目组副经理
961	勘探处	赵　恒	男	兼总工程师	1996.3.19～ *	副处级、时任青藏项目组总工程师
962	企业管理处	王业胜	男	处长	1984.7.4～1991.10.22	
963	企业管理处	陈希望	男	副处长	1984.7.4～1991.10.22	
				处长	1991.10.22～1993.8.28	
964	企业管理处	路仁君	男	副处长	1991.10.22～1993.8.28	
				处长	1993.8.28～ *	
965	企业管理处	陈广荣	男	副处长	1993.9.17～ *	
966	企业管理处	余　恒	男	总经济师	1993.9.17～ *	副处级
967	人事处	李廷义	男	副处长	1973.7.29～1978.3.12	
				处长	1978.3.12～1984.4.30	
968	人事处	雷北海	男	副处长	1973.7.29～1978.3.12	
969	人事处	耿德堂	男	副处长	1979.5.11～1984.4.30	
970	劳动工资处	赵周舍	男	处长	1984.4.30～1992.12.31	

续表

序号	单位名称	姓名	性别	职务	任职时间（年.月.日）	备注
971	劳动工资处	孙玉岭	男	主任经济师	1984.11.28～1992.3.6	副处级
				副处长	1992.3.6～1993.8.28	
				处长	1993.8.28～1996.7.11	
972	劳动工资处	李世灿	男	副处长	1993.8.28～1996.7.11	
				处长	1996.7.11～*	
973	劳动工资处	杨春来	男	主任经济师	1992.3.6～1992.10.4	副处级
				总经济师	1992.10.4～1993.9.17	
974	劳动工资处	朱长根	男	总经济师	1993.9.17～*	副处级
975	劳动工资处	耿昌顺	男	副处长兼人力资源交流中心主任	1996.12.31～*	
976	劳动工资处	张书荣	男	社会保险管理中心主任	1996.12.31～*	副处级
977	计划处	赵世英	男	处长	1973.7.29～1980.12.8	
978	计划处	于戊辰	男	副处长	1973.7.29～1978.3.12	
979	计划处	程桂华	男	副处长	1978.3.12～1981.6.1	
980	计划处	陈希望	男	副处长	1981.6.1～1984.7.4	
981	计划处	朴周鹤	男	副处长	1981.6.23～1984.3.31	
				处长	1984.3.31～1993.8.28	
982	计划处	苗培武	男	主任经济师	1984.10.16～1992.10.4	副处级
				总经济师	1992.10.4～1993.8.28	
983	计划处	柴兆沧	男	副处长	1992.3.6～1993.8.28	
				处长	1993.8.28～1997.2.28	
984	计划处	张　平	男	总经济师	1993.8.28～*	副处级
				处长	1997.2.28～*	
985	计划处	刘志强	男	副处长	1993.9.17～*	
986	计划处房地产开发管理部	刘平生	男	主任	1993.3.19～1993.8.28	副处级
987	财务处	机　达	男	处长	1973.7.29～1977.10	
988	财务处	刘锦锟	男	副处长	1973.7.29～1985.12.16	
989	财务处	于戊辰	男	处长	1978.3.12～1984.4.30	
				巡视员	1984.5.4～1986.10.4	
990	财务处	陈维忠	男	副处长	1984.3.31～1985.11	
991	财务处	许国华	男	处长（兼）	1985.12.16～1992.10.21	时任局副总会计师
992	财务处	李占先	男	主任会计师	1984.10.16～1990.12.30	副处级
993	财务处	张　平	男	副处长	1991.12.24～1993.8.28	
994	财务处	唐　毅	男	主任会计师	1992.3.6～1992.10.4	副处级
				总会计师	1992.10.4～*	
995	财务处	张金榜	男	处长	1993.8.28～1996.1	后被开除厂籍
996	财务处	蒋祖瑜	男	副处长	1993.9.17～*	
997	财务处	李秀玲	女	副处长	1996.12.31～*	

续表

序号	单位名称	姓名	性别	职务	任职时间（年.月.日）	备注
998	财务处	姚宝启	男	财务结算中心徐水分部中心主任	1996.12.31～*	副处级
999	财务处	陶先明	男	副处长	1997.5.15～*	
1000	国有资产管理处	许国华	男	处长	1991.8.26～1992.10.21	
1001	审计处	许国华	男	兼处长	1984.4.30～1985.12.16	时任局副总会计师
1002	审计处	刘锦锟	男	副处长	1985.12.16～1991.1.9	
1003	审计处（所）	高启新	男	副处长	1991.10.22～1993.8.28	
1004	审计处（所）	王　瑞	男	主任审计师	1992.3.6～1992.10.4	副处级
				总审计师	1992.10.4～1993.8.28	
				处（所）长	1993.8.28～*	
1005	审计处（所）	王振欣	男	副处长兼徐水分部主任	1996.12.31～*	副处级
1006	审计处（所）	任永和	男	总审计师兼库尔勒分部主任	1997.5.7～*	副处级
1007	科教处	于锡胜	男	副处长	1978.3.12～1980.12.8	
1008	科教处	雷北海	男	副处长	1978.3.12～1981.6.1	
1009	科技处	于锡胜	男	副处长	1980.12.8～1984.3.31	
1010	科技处	张占魁	男	处长	1981.6.13～1982.7.26	
1011	科技处	裘慰庭	男	处长	1984.3.31～1991.10.22	
1012	科技处	陈俊生	男	副处长	1984.7.16～1988	
1013	科技处	李光文	男	副处长	1991.10.22～1993.8.28	
1014	技术监督处	陈学兴	男	处长	1991.5.31～1993.5.26	
1015	技术监督处	戴春权	男	主任工程师	1992.3.6～1992.10.4	副处级
				总工程师	1992.10.4～1993.8.28	
1016	科技发展技术监督处	李光文	男	处长	1993.8.28～*	
1017	科技发展技术监督处	戴春权	男	副处长	1993.8.28～1996.7.12	
1018	科技发展技术监督处	蒋　敏	男	总工程师	1993.8.28～*	副处级
1019	科技发展技术监督处	赵世贤	男	副处长	1994.2.1～1997.8.11	
1020	教育培训处	崔建琳	女	副处长	1980.9.19～1984.4.30	
1021	教育培训处	雷北海	男	副处长	1981.6.1～1991.10.22	
1022	教育培训处	李永杰	男	处长	1981.6.13～1984.4.30	
				巡视员	1984.4.30～1989.12.8	
1023	教育培训处	郭　哲	男	副处长	1984.4.30～1993.8.28	
1024	机动装备处	李永杰	男	处长	1973.7.29～1978.4.5	
1025	机动装备处	赵景明	男	副处长	1973.7.29～1978.3.12	
1026	机动处	武慎让	男	副处长	1978.3.12～1982.2.15	
1027	机动装备处	程威远	男	副处长	1974.9.23～1978.8.30	
1028	机动处	李永杰	男	兼处长	1978.4.5～1978.8.30	时任生产办公室副主任
1029	机动处	宋堂春	男	处长	1978.8.30～1983.6.21	
1030	机动处	王业胜	男	处长	1984.4.30～1984.7.4	
1031	机动处	史熙嘉	男	副处长	1984.7.4～1993.8.28	

续表

序号	单位名称	姓名	性别	职务	任职时间（年.月.日）	备注
1032	机动处	陆志明	男	副处长	1992.3.6～*	
1033	机动处	李国旗	男	副处长	1993.8.28～1996.7.11	
				处长	1996.7.11～*	
1034	机动处	王春起	男	总工程师	1993.9.17～*	副处级
1035	装备处	程威远	男	处长	1978.8.30～1978.10	
1036	装备处	张芳基	男	副处长	1978.8.30～1984.4.30	
1037	装备制造处	张芳基	男	副处长	1984.4.30～1991.10.22	
				处长	1991.10.22～1993.8.28	
1038	装备制造处	袁平	男	副处长	1991.10.22～1993.8.28	
1039	装备制造事业部	张芳基	男	主任	1993.8.28～*	
1040	装备制造事业部	袁平	男	副主任	1993.8.28～*	
1041	装备研究所	杨雨均	男	所长	1984.9.3～*	副处级
1042	装备研究所	王东才	男	副所长	1984.9.3～1991.10.22	副处级
				党支部书记	1984.12.31～1991.10.22	副处级
1043	安全处	崔恒彰	男	处长	1980.12.8～1982.8.5	
1044	安全处	杨广忠	男	副处长	1982.6.3～1984.4.30	
				巡视员	1984.4.30～1989.12.8	
1045	安全处	欧阳家启	男	处长	1984.4.30～1991.12.24	
1046	安全处	朱长福	男	副处长	1989.5.8～1991.12.24	正处级
1047	安全环保处	欧阳家启	男	处长	1991.12.24～1992.3.6	
1048	安全环保处	朱长福	男	副处长	1991.12.24～1992.3.6	正处级
				处长	1992.3.6～1997.8.11	
1049	安全环保处	顾同生	男	总工程师	1993.9.17～*	副处级
1050	安全环保处	吴祉宪	男	处长	1997.8.11～*	
1051	武装部	常德荣	男	部长	1974.4.6～1978.4.5	
1052	保卫处	田树林	男	处长	1973.7.29～1984.5.4	
1053	保卫处	李振才	男	副处长	1973.7.29～1984.5.4	
				巡视员	1984.5.4～1989.12.8	
1054	保卫处	刘忠孝	男	副处长	1984.5.4～1992.12.31	
1055	保卫处	李云鹏	男	处长（兼）	1987.10.8～1991.12	时任局纪委副书记
				处长	1991.12～1993.8.28	
1056	保卫处（武装部）	李云鹏	男	处（部）长	1993.8.28～*	
1057	外事处	周良叔	男	处长	1991.11.4	未到职
1058	外事处	刘发尧	男	副处长	1991.11.4～1996.1.2	
1059	外事处	刘仲秋	男	处长	1992.9.18～1993.8.28	1992年11月以后借出
1060	外事处	徐文荣	男	处长	1993.8.28～*	1997年11月7日任副局长兼任处长
1061	外事处	王铁军	男	副处长	1996.7.11～*	
1062	外事处	于锋玉	男	副处长	1996.7.11～*	
1063	基地筹建处	周良叔	男	主任（兼）	1973.12.7～1976.1	时任总调度室主任

序号	单位名称	姓名	性别	职务	任职时间（年.月.日）	备注
1064	基地筹建处	金桂元	男	负责人	1973.12.7～1978.3.12	时任局办公室副主任
1065	基地筹建处	刘增敏	男	主任	1974.9.23～1978.3.12	
1066	基建处	金桂元	男	副处长	1978.3.12～1984.4.30	
1067	基建处	贾钊吾	男	副处长	1978.3.12～1984.4.30	
				处长	1990.5.28～1993.8.28	
1068	基建处（基建设计所）	徐宝坤	男	副处长	1979.12.19～1984.4.30	负责设计所
				副处长兼基建设计所所长	1984.4.30～1993.9.29	专门负责设计所
1069	基建处	王秉华	男	副处长	1984.4.30～1987.6	
1070	基建处	王治润	男	主任工程师	1986.10.5～1987.4	副处级
1071	基建处	王家宽	男	副处长	1991.10.22～1992.3.6	
1072	建设工程部、建筑工程监理公司	贾钊吾	男	主任兼经理	1993.8.28～1996.1.2	
1073	建设工程部、房地产开发公司	刘平生	男	副主任兼房地产开发公司经理	1993.8.28～1996.1.2	
1074	建设工程部	徐宝坤	男	总建筑师	1993.9.29～1996.1.2	副处级
1075	工农工作处	欧阳家启	男	处长	1978.10.24～1984.4.30	
1076	老干部处	行寄高	男	处长	1983.4.25～1984.5.4	
				巡视员	1984.5.4～1989.12.8	
1077	老干部处	刘鸿皋	男	副处长	1984.5.4～1991.5.30	
1078	离退休职工管理处	刘鸿皋	男	副处长	1991.5.30～1992.3.6	
				处长	1992.3.6～ *	
1079	离退休职工管理处	杜兰甫	男	副处长	1992.3.6～ *	
1080	行政生活办公室	赵景明	男	主任	1978.3.12～1980.11	1978年3月31日提为副局长
1081	行政生活办公室	张茂珍	男	副主任	1978.3.12～1981.6.13	正处级
1082	行政生活办公室	郭志忠	男	副主任	1978.3.12～1981.6.13	正处级
1083	行政处	崔恒彰	男	处长	1973.7.29～	
					1982.8.5～1991.5.30	
1084	行政处	武振明	男	副处长	1973.7.29～1978.3.12	
1085	行政处	郭庆德	男	副处长	1973.7.29～1978.3.12	
1086	行政处	梅嘉林	男	副处长	1977.10～1980.5	主持行政处工作
1087	行政处	刘　钊	男	副处长	1978.3.12～1991.5.30	
1088	行政处	郭志忠	男	处长	1981.6.13～1982.8.5	
1089	行政管理处	崔恒彰	男	处长	1991.5.30～1993.9.17	
1090	行政管理处	刘　钊	男	副处长	1991.5.30～1993.9.17	
1091	农副业处	郭志忠	男	处长	1973.7.29～1978.3.12	
1092	农副业处	李国新	男	副处长	1973.7.29～1981.6.1	
1093	农副业处	张茂珍	男	处长（兼）	1978.3.12～1981.6.13	时任生活办公室副主任

续表

序号	单位名称	姓名	性别	职务	任职时间（年.月.日）	备注
1094	农副业处	宋忠孚	男	副处长	1978.3.12～1980.12.8	
1095	家属工作处	郭志忠	男	处长（兼）	1978.3.12～1981.6.1	时任生活办公室副主任
1096	家属工作处	郑廷芳	女	副处长	1978.3.12～1980.12.8	
1097	农副业家属工作处	宋忠孚	男	副处长	1980.12.8～1984.4.30	
1098	农副业家属工作处	郑廷芳	女	副处长	1980.12.8～1981.6.1	
1099	农副业家属工作处	张茂珍	男	处长	1981.6.13～1984.4.30	
1100	农副总场	张茂珍	男	场长	1984.4.30～1991.7.29	
1101	农副总场	从兰波	男	副场长	1991.7.1～1992.3.6	
1102	劳动服务公司	耿德堂	男	副经理	1984.4.30～1985.4.15	
1103	劳动服务公司	李廷义	男	经理	1986.7.12～1991.1.2	
1104	石油物探报社	牛治国	男	兼任社长	1984.5.4～1985.11	时任宣传部副部长
1105	石油物探报社	柳卫民	男	社长	1985.11～1992.3.6	副处级
				党支部书记	1985.11～1991.8.27	
1106	石油物探报社	祝守业	男	党支部书记	1991.8.27～1994.2.1	副处级
				社长	1992.3.6～1994.2.1	副处级
1107	石油物探报社	叶　青	女	总编兼副社长	1992.3.6～1994.2.1	副处级
				社长兼总编、党支部书记	1994.2.1～1996.7.11	正处级
1108	石油物探报社	王京照	男	社长	1996.7.11～＊	副处级
1109	石油物探报社	朱洪斌	男	党支部书记	1996.7.11～＊	副处级
1110	石油物探报社	刘冀人	男	总编	1996.7.11～＊	副处级
1111	局有线电视台	崔金兰	女	党支部书记兼副台长	1994.2.1～＊	副处级
1112	局有线电视台	张　健	男	台长	1994.2.1～＊	副处级
1113	档案处	张占魁	男	处长	1982.7.26～1992.3.6	
1114	档案处	郝瑞峰	男	副处长	1987.10.22～1992.3.6	
1115	档案馆	郝瑞峰	男	馆长	1992.3.6～1995.12.31	
1116	档案馆	关兆甫	男	副馆长	1992.3.6～1996.12.31	
1117	档案馆	黄彤宇	男	馆长	1997.2.28～＊	
1118	档案馆	刘月欣	男	副馆长	1997.8.11～＊	
1119	通讯总站	甘家佑	男	站长	1992.3.6～＊	副处级
1120	通讯总站	王洪儒	男	党支部书记	1994.12.13～＊	副处级
1121	设备器材调剂中心	王文斌	男	主任	1993.9.17～1997.5.7	
1122	设备器材调剂中心	魏萌利	男	主任	1997.5.7～＊	副处级
1123	计划培训部	卢　平	男	主任	1992.9.18～1996.1.2	副处级
1124	计划培训部	刘志强	男	兼主任	1996.1.2～＊	时任计划处副处长
1125	石油物探定额管理站	张金榜	男	站长	1991.3.19～1991.12.26	副处级
1126	石油勘探定额管理站	周燮桢	男	站长	1991.12.26～1996.1.2	
1127	石油勘探定额管理站	张金榜	男	副站长	1991.12.26～1993.9.2	

续表

序　号	单位名称	姓　名	性　别	职　务	任职时间（年．月．日）	备　注
1128	石油勘探定额管理站	高起长	男	站长	1996.1.2～＊	
1129	接待服务中心	张麦善	男	主任	1993.8.17～＊	副处级
1130	接待服务中心	钱玉宝	男	党支部书记	1996.7.11～1997.1	副处级
1131	接待服务中心	陈　霄	男	党支部书记	1997.8.11～＊	副处级（局办副主任）
1132	驻京联络处	张麦善	男	主任兼党支部书记	1993.11.12～＊	
1133	驻京联络处	钱玉宝	男	副主任	1993.11.12～1997.1	
1134	北京十三陵石油工人疗养院	梅嘉林	男	负责人	1980.6.5～1984.4.30	副处级
				院长	1984.4.30～1986.3	副处级
1135	北京十三陵石油工人疗养院	夏金贵	男	共同负责人	1985.6～1986.3	与梅嘉林共同负责
				全面负责人	1986.3～1991.8.26	副处级
				院长	1991.8.26～1992.3.6	副处级
				院长	1992.3.6～＊	正处级
1136	北京十三陵石油工人疗养院	许世德	男	负责人	1986.5～1986.11	副处级协助夏金贵工作
1137	北京十三陵石油工人疗养院	李维顺	男	副院长	1996.7.11～＊	
1138	北京十三陵石油工人疗养院	王文沧	男	副院长	1997.8.11～＊	
1139	青岛科技培训中心	高福生	男	主任、党支部书记	1996.12.15～＊	副处级
1140	钻井指挥部	阳裕成	男	政委、党的核心小组组长	1973.7.26～1974	1974年钻井指挥部整建制调华北油田
1141	钻井指挥部	王文明	男	副指挥	1973.7.26～1974	
1142	钻井指挥部	程安慧	男	副指挥	1973.7.26～1974	
1143	钻井指挥部	陈凤阁	男	副指挥	1973.7.26～1974	
1144	钻井指挥部	侯玉亭	男	政治处主任	1973.7.26～1974	
1145	油气资源评价所	龚再升	男	负责人	1981.9～1984.4	整建制调出
1146	油气资源评价所	王善书	男	负责人	1981.9～1984.4	局副总地质师

第十一节　物探局高级专业职称人员

1980～1997年，物探局共评定各类高级专业技术职称和高级政工专业职称人员（不含同期晋升教授级高工人员）1753人。

一、高级工程师（1059人）

1980年3人：王尚文　余伯良　谢庆辉

1982年3人：马在田　赵亚明　方云飞（女）

1983年4人：秦世荣　邝少荣　王善书　陈祖钧

1987年223人：孙秉初　赵质惠　江鸿祥　杨武科　牛国军　吴顺录　赵呈瑞　陶友明　孟东军　云　龙　王景星　孔秋兰（女）　郭　玮　梁秀文　苏玉龙　蔡为芳　华元生　王文良　王化民　陈运三　杨本昌　温森来　宋根法　康大浩　郑永乐　赵瑞平

关永臣　郭固荣　苏吉祥　郑连弟　李万生　迟德忱　王　莉（女）　林振刚
李高珠　严　伦　崔民元　傅北方　刘明浩　刘多庆　庞祚光　王廷玉　秦学军（女）
李静华　张守本　郑海裕　王文谈　卢太旺　陈笃恭　王新建　曾庆全　张春播
蔡　鑫　王天生　王宜昌　郑彬卿　熊识仲　冯培光　周　虬　陈秀儒　李相德
杨琦兰（女）　宋健敏　金祖发　王适新　朱宗镜　柴玉璞　陈乾元　崔学群
傅长恩　梁　杰　傅才芳　李根有　龙盛蓉（女）　李云昌　李希安　钱　新
马其毅　田树人　梅占馨　彭方亭　王家序　王广年（女）　张秀峰　张叔伦
王守智　王庆瑜（女）　王英芳（女）　王湘明　徐子伯　严昌言　郑于莹
颜俊华（女）　周继康　徐　昕　畅春香（女）　方金明　房世魁　胡国栋
管　忠　乐　金　兰师仁　廖　钟　马俊才　毛水祥　杨长凯　余序平　赵世贤
杨旗曼　钟森才　蒋传宝　刘天恩　田希泰　查中圻　陈雁勋（女）　朱衍镛
王康立（女）　徐忠范　崔绍贤　范雅琳（女）　李进学　林安华（女）
李明忠　高锦麟（女）　钱鑫芳　林　梁　王达昌　周延抗　王雄兆　易炽昌
宗关祥　金福锦　蒋笑霞（女）　刘铁铨　何金良　马萱春（女）　沈上其
王式玲（女）　田绍政　金爱丽（女）　王铁鸣　张云翔（女）　张淑敏（女）
曹景璋（女）　于锡胜　马作彬　李松寿　林成明　钟国森（女）　张耀宗
郑源遥　洪祖扶　崔公利　李宝城　王瑞忠　刘贵舟　王百成　邹宽林　马润民
唐小南　郭创友　顾顺华　李万鹏　叶梦生　周定荣　王海霖　张登云　范瑞臣
周裕铭　黄永忻　唐让虞　李克为　曾令铭　缪学明　吕家桐　黄永泰　黄玉光
马松郁　刘大山　叶卸良　肖　琪　谢连生　李景林　周立言　沈树新　贾俊琦
陈星泉　焦兵林　王国俊　张允中　初铭海　高洪儒　胡德华　宋广兴　王国勇
王培林　于宝铨　郭金星　杨雨均　连绥仁　甘家佑　陈学兴　王敬煜　刘沛强
王治润　林志良　聂占亨　李光文　全望甲　张芳基　张德林　谢济平　高来福
陈俊生　顾锡庆　贾钊吾　周燮桢　徐宝坤　魏寿鋆　马嘉琦　关继科　顾祥林
陈希吾

1988年156人：朱允成　刘福堂　鄂秉臣　李培义　阎世信　李太然　郭海洋　高希勤　周信校
秦克瑞　易　锋　陈发祥　许绍陵（女）　田开锡　孙书田　王泽良　李治水
李维贤　陆余明　王守鹏　赵振明　冯永铭　辛连发　孟广欣　孙求智　杨　菱
田贤照　杨历京　刘　仁　郭云汉（女）　吴树初　邹洪义　刘在枢　张荫兆
谢金营　廖世芳　李桂元　崔基泰　王玉清（女）　牛金松　郝顺元　符国芳
李兴成　李占泉　朱复兴　陈国璋　胡　骏　胡昌书　赵月保　陈祖涛　金歧山
金祖荣　陆志明　张守礼　谢长青　薛中岳　魏仲熊　乔吉庆　王　愫（女）
杜汉杰　赵翠芬（女）　沙锡鉴　王素岩（女）　李春明（女）　刘志芳
淡文英（女）　黄碧芬（女）　孙忠勤　王琼英（女）　路光泰　武志芳（女）
张　植（女）　刘湘君（女）　刘庚辰　王金粱　梁锡强　杨存锁　柴书常
李家录　李西忠　廖义连　李　仲　宋辅弼　丰秉彦　田绍耕　陆元良　王进海
黄经纯　曹玉瑄　孟宪良　邓　柘　陈德庄（女）　凌志亭　何云英（女）
李梦庚　霍全德　张庆林　柳兴文　延淑庚　赵清香（女）　接维增　夏祥瑞
林运根　张照玉　汤玉泉　胡文阁　雷学忠　史熙嘉　石　竞　高启新　刘清泉
罗祖相　董瑞福　张耀兴　曹云福　卢乃均　郭　哲　张占魁　王绍涛　戴春权
杨春生　张成福　庄身平　马金珊　穆乃鹏　封顺才　齐少卿　李应龙　李春多
郭厚生　郝瑞峰　梁　枫（女）　陈荣凯　张锦志　曲宝石　陈进忠　陈雨沛
王东才　蒋富忠　任来绪　郭丙生　范敬诚　王书学　孙宝昌　周运英（女）
陆廷琨　林志国　章登植　苗志祯　孙伟民　吕正鹄　吴群苍　杨怀彬　张万书

刘祖泰　李淑惠（女）

1989年71人：李树海　王常亮　华纪生　张淑华　王银昌　阎传斌　李茂林　王一樵　殷志宽　缪良品　徐金固　陈学贵　林玉辉　张世瀛　杨树臣　吕沛先　王德普　汪红英（女）　田金木　卢学琪　高　鹏　汤　询（女）　康盛权　伊增坦　高章伟　谭　岩（女）　潘金环（女）　陈文菊（女）　陈家琪（女）　姚春森　黄　波　魏家玺（女）　王化清（女）　闵璇美（女）　黄焕添　周则明（女）　蒋一君　何　强　管治平　万鸿烈　任树桐　罗志贵　仲崇宾　陈彩力（女）　杨　敏　孙治文　张　波（女）　李金海　李明远　郑宝生　李焕立　陈敏玲（女）　李延杰　周国权　邵斌元　齐玉霄　王纪选　李树平　余稚葶（女）　刘占珩　徐绍仲　庄国成　金文和　王　炯（女）　王秉华　马维常　李全慎　何以群　刘平生　刘振达　王者叶

1991年55人：朱德生　李淑华（女）　叶道凡　赵世华（女）　姚振兴　沈秀英（女）　高　岩　唐庆宝　王文祥　郑远明　赵贵三　马永昌　张毓荣　陈海林　魏金学　李祎文（女）　陈殿卿　焦有武　王明亮　邵婷宜（女）　刘家瑜　李松海　郝春书　赵　红（女）　谢伦有　侯金海　李　玲（女）　黄忠范　潘尧嘉　王　冰　高增海　刘永生　王志英　王宪君　何渊信　宋效仁　赵润修　李汉文　宋修业　刘勋辉　张炳录　周　均　宋天祥　浦济华　戚振华　高志和　张志刚　章　煜（女）　王春起　袁　平　齐振基　田武鼎　肖登贵　何庆美　熊伯林

1992年135人：詹世凡　刘明柱　徐清江　张守才　唐东磊　李万万　徐礼贵　陈仁富　唐运菊（女）　王荣道　陶家庆　李新泽　刘万春　袁洪金　张异伯　王卫华　张庆红　董振川　梁德富　徐天柱　阎万朝　倪孟华　王玉民　秦廷生　尹昌兰　韩永安　胡喜振　王　超　陈志文　兰建国　夏义平　刘定武　康长安　洪月英（女）　郑恒连　吴祉宪　徐兴典　张福龙　赵书莲（女）　蔡慎行　王仁德　李桂良　王天仪　万里皋　段书府　朱桂秋（女）　吕元冰（女）　郭瑞华（女）　王翠凤（女）　张治明　万学湘　田立国　孙福来　曹聿明　张希哲　石炳汉　朱护莲（女）　姜文斌　黄润江　张彩苗（女）　黄新民　侯肖娥（女）　赵建勋　曾维福　黄秀金（女）　倪宗训　邓固存　董兆斌　孙耀光　周礼泽　李凤杰（女）　白改先（女）　张振生　王同和　刘德玉（女）　贺宁兰（女）　聂开华　陈全根　郑恩义　张东亮　崔树伦　向承裕　袁俊智（女）　郭希循　徐　艾　文玉兰（女）　谷存义　刘殿文　马英才　王宗发　阎桂兰（女）　韩素英（女）　王润鑫　丁志刚　张志永　冯延明　甄增海　葛福如　陈　喻　胡　勇　刘　杰　王克省　索元贵　刘忠凯　王　泉　朱美真（女）　王长江　罗朝元　冷盛明　张家祥　孙志广　张　钢　安春信　王　英　韩守仪（女）　董　栋　孙作屏　宇宗许　王德淼　于承金　王贵泉　瞿　杰　孟宗德　赵祖明　蒋　敏　刘泽明　谢晓安　谢半帆（女）　张永和　周怀湘（女）　贺振杰　李　明　姜　耕　曹孝悌　杨惠敏（女）

1993年133人：汪恩华　韩俊林　崔跃宗　王学军　孙自山　孙元波　姜允茂　李发保　叶显光　罗福龙　连小平　李光清　王明菊（女）　李国胜　郑　鑫　周渭川　陈联青　武玉印　郑永恩（女）　彭享生　甘家祚　王晓进　许庆功　罗明发　杨明才　刘希学（女）　接铭训　郝元琪　刘淑芝（女）　蔡希金　张风才　闫秀安　丁绍华　李来顺　殷会祥　苏永昌　吴文成　梁茂贵　黄万祥　王惠茹（女）　刘洪儒　王志亭　徐常练　蒋宝初　高建基　罗国安　朱瑞华　葛贵亭（女）　陈素先（女）　张学明　戴国田　费　珊（女）　李英军　王清元　段文贵　丁美琴（女）　赵　波　李静平　刘文增（女）　张俊彦（女）　魏秀英（女）

李　杰　徐成乐　刘月民　郭春平　杨燕燕（女）　刘超颖　刘　臣　王文良
王学军　牟善林　张永刚　柯本喜　郝志云　胡雪雁（女）　朱耀龙　李兰忠
李金恒　卢有余（女）　杨春林　姚一平　王克宁　秦永禄　王兆蚨　董显仁
滕瑞祥　刘玉臣　姜保贞　田金玲（女）　付爵林　田殿仑　沙克伦　李　俊
刘志强　王宝云（女）　孙世光　黄占军　田爱军　孙　正　罗山怀　任增惠
于素荣（女）　梁玉田　田　野　孟岩英　李　波　李志文（女）　马玉琢
王　强　丁志淦　南文海　胡桃源　赵凤起　陶　捷（女）　杜秀兰（女）
吴家正　徐焕侠　康南昌　王良库　宋　挺　董兆仁　孙兴波　郑秋颖（女）
元哲千　郭士让　田惠媛（女）　吴　敏　刘　弘　张德顺　曲伟鹏　何耀明
陈兆雄　李福才

1994 年 90 人：杨举勇　李永年　苏新华　陈景龙　田文辉　李云龙　孟广明　胡学平　李宝树
张国荣　王建民　陈玉矿　何宝瑞　韩忠杰　范松元　杨烈忠　董秀军　张　兵
王长坤　崔艳霞（女）　周鼎潮　冀连胜　何　毅　王丽彦　鲁富民　时卫东
陶知非　宋素杰　卓洪智　杨为山　赵武升　高岩峰（女）　史政军　刘合意
国九英　石长福　杨建军　蔡加铭　雷保林　焦清涛　焦俊如　马学宁　郭向宇（女）
陈共青　杨宝林　赖能和　王先进　杨小康　李功荣　刘润田　李国选　韩兴海
姜瑞友　左跃龙　张思华　陶维琪　吴志坚　黄瑞秋（女）　李怀成　蒋德权
赵秀岐　刘怀奇　赵建立　谷跃民　韩广轩　严又生　张延庆　杨德垠　杨鸿仪（女）
郝振田　黄登贵　张进德　何志忠　宋金富　尹洪雷　李玲毓（女）　武新华
潘福栋　邓金霞（女）　陈伯华　罗　斌　赵　恒　黄　岷　杨春波　李国旗
孙绍斌　王宝泉　陈俊平　黄金山　徐训仁

1995 年 71 人：李建雄　杨和平　陈海聪　高宗耀　李保华　曾庆平　王胜雄　赵邦六　白志英
张元顺　黄汉京　陈启祥　王群海　杨贵明　张育清　曹永忠　邸志广　孔繁恕
李虎占　周彦斌　刘晓山　孟庆山　李献国　董　瀚　黄存玲（女）　李明亮
林爱民　李　聪　吕纪竹　黄光松　黄幽丽（女）　范书蕊（女）　朱保存
焦　敏　李爱华（女）　赵锡臣　王克斌　曹孟起　周锦明　王真理　曾　明（女）
李振勇　陈少娴（女）　任敦占　李阳明　江宏涛　吕金海　梁　伟　程俊虎
林依华　易碧金　肖玉森　张亚杰　康丽华（女）　朱思强　李华平（女）
侯洪涛　鲁占侠　邓　东　李怀永　孙英涛　尹振国　赵桂需（女）　赵海波
靳家平（女）　王悦军　惠学刚　王　雪（女）　刘树田　张　鉴　汤桂兰（女）

1996 年 68 人：胡建强　崔为民、曹志刚　厉振群（女）　宋长友　张青伟　张占敏　阎庆彬
郭月良　张慕刚　刘国忠　邓志文　尚培乐　王明世　林金逞　孟祥熙　苏卫红
于金池　郑　莉（女）　何展翔　单国政　杨四成　刘　钦　于建华　张汝杰
蔡希玲（女）　侯爱源　郝来祥　李　苹（女）　蒋卫东　秦春改（女）
廖　峰　唐继贤　邵仲鸿　陈　维　张中平（女）　张彦林　万里平　王秀英（女）
郭新峰　白尤军　赵玉光　赵建章　杨　辉　马　涛　胡少华　彭永超　黄小千
陈国安　高贺明　祝彩霞（女）　苏红敏（女）　霍　兵　郭有学　赵子臣
唐　涛　郭忠灿、何金成　杜时明　张福明　康建军　李广军　王彦平　李文兴
张卫军　郑良合　王铁军　徐景华

1997 年 47 人：张春书　党新宁　王彦娟（女）　鲍磊英（女）　李章明　庞六英（女）
郭海强　毛德民　汪昌贵　邢国栋　安四喜　戴晓云（女）　苏桂士　梁桂美（女）
曾友爱　周国林　李明亮　施　英　黄卫宁　王晓平（女）　许增魁　赖江德
李洪文（女）　曹春潮　黄晓梅（女）　黄子齐　李明杰　聂凯轩　丁戊群
韩汝春　邓常念　贾　勇　柯宗强　周兴泉　徐　哲　王双贵　武洞非　路占民

王云岭　王晓艾（女）　李淑清（女）　林苏明（女）　侯彦骥　张晓培
刘洪斌　娄学东　杨慧娟（女）

二、高级经济师（86人）

1988年10人：赵其抗　高起长　张志胜　苗培武　柴兆沧　朴周鹤　杨春来　李瑞华　吴德龙
孟朝淳（女）

1989年13人：魏宪章　李造鸿　成洪刚　靳崇礼　秦洪福　方卿祥　严　斌　马心顿　关兆甫
陈希望　路仁君　武慎让　耿德堂

1991年1人：林小森

1992年22人：张玉明　郑道锋　孙梦熊　李炳功　霍增兰　唐凤举　顾汉章　卢自豪　董志强
蒋庆元　王鸿源　李章岭　李远松　秦淑英（女）　陈广荣　李育德　王利群（女）
张人佩（女）　毛京平（女）　卢守英（女）　孟庆典　徐玉骥

1993年18人：崔宝新　余　恒　田军成　王祚德　程少士　何中朝　吕福强　孙仲轩　叶绍华
郭桂馥（女）　王庆全　王宜丹（女）　李翠芬（女）　张　平　赵维泉
张伟林　杨　兴　丁补良

1994年8人：任　奇　陈伯俭　陈仲恒　姜幼军（女）　刁训言　樊　海　杜玉隆　李世灿

1995年3人：林家光　魏萌利　冯金声

1996年4人：范宗志　耿昌顺　占云铭　刘志强

1997年7人：施　畅　韩晓明　张连军　贾焕良　朱长根　彭立占　刘增月

三、高级会计师（8人）

1988年2人：李占先　张孚忠

1989年2人：韩金云　韩明玉（女）

1994年1人：张金榜

1995年2人：范铁强　许新元（女）

1996年1人：姚宝兰

四、高级审计师（3人）

1988年1人：黄凤鸾（女）

1993年1人：王　瑞

1994年1人：李文珍（女）

五、高级统计师（2人）

1988年1人：卢　平

1996年1人：邢守芳（女）

六、主任记者（2人）

1992年1人：刘冀人

1995年1人：叶　青（女）

七、副译审（8人）

1988年1人：刘发尧

1992年1人：申志文

1994年3人：于锋玉　李世举　马金章

1995年2人：于淑华（女）　李秋成

1996年1人：史刚义

八、副编审（5人）

1988年4人：张纬宜　黄祥秀　胡钦安　王宣英（女）

1992年1人：王友仁

九、高级农艺师（4人）

1988年1人：高其志

1993年1人：周竹琴（女）

1995年1人：韦佩玉（女）

1997年1人：徐宗芳

十、副主任医师（102人）

1972年1人：邵之磐

1981年1人：张善荣

1987年13人：张景文（女） 蒋德承 李秀林（女） 董衡 朱炳岩（女） 马孟山 李培志 郭亚芳（女） 常恒钧 褚美坤（女） 董英（女） 李广治 方耀荣

1988年6人：王贤书 刘成兵 吴树元 王风鸣 陈邦楹 孙德卿（女）

1989年6人：吴志文（女） 曹秀华（女） 李春兰（女） 王泰润（女） 闫志辉 苗随昌

1993年58人：唐玉江 王韵玲（女） 戎富英（女） 郭美德（女） 陈昌熊 孙桂华（女） 王戬 朱学岳 马逢明 牛桂芳（女） 石培兰（女） 张江澜 李秀贤（女） 陈景芬（女） 邢绮芬（女） 胡宁（女） 翟建中 陈国生 郑育萍（女） 张圣芳（女） 王林（女） 杨连科 郑金荣（女） 程岱昌 孟淑贞（女） 吴玉川 于春华（女） 高尚武 许达文 刘秀芬（女） 刘寿林 吴杰（女） 麦庆华（女） 马亚男（女） 李秀玉（女） 陈宝生 苗广金 杨凤茹（女） 刘克锌（女） 周玉芝（女） 郑淑芳（女） 许华 郑夫杰 王晋范（女） 董纯（女） 郭清彦（女） 董惠芳（女） 付祥明 花爱莉（女） 董秀兰（女） 齐中介（女）

1995年2人：郭俊梅（女） 史亚莉（女）

1996年5人：张恒吉 陈俊国 徐艳琴（女） 邱继贤 王智红（女）

1997年10人：刘常利 张亮华 周军 王梅（女） 钟辉 袁志红（女） 袁战红（女） 徐元（女） 孙进峰 曹秋月（女）

十一、副主任护师（4人）

1989年2人：吴立民（女） 王祖华（女）

1993年2人：荆殿玉（女） 王丽琴（女）

十二、副主任药师（2人）

1987年1人：曹冬明（女）

1993年1人：刘秀坤（女）

十三、副主任检验师（1人）

1993年1人：康献珍（女）

十四、副教授（27人）

1988年14人：谭试典 李润清 贾新（女） 傅同庆 王运 程恒康 王韵交（女） 张特玲（女） 郑仙种 赵培鑫 王正华 骆世兴 程嘉梁 田培基

1992年2人：张大为 杜鸿

1993年5人：贾俊杰 吴鹏义 赵锡云 李云恭 郭璐（女）

1994年2人：王登飞 李自震

1995年1人：由智海

1996年2人：谭锡安 李彦平（女）

1997年1人：杨玉晶（女）

十五、高级讲师（127 人）

1987 年 7 人：吴伯昌　谢寿椿　郑书銮　赵仲华（女）　陈如皋　潘崇荣　杨渊如

1988 年 42 人：顾秉伟　纪　玲（女）　戴九如　张　宇（女）　姚长纲　张　臻　周绪文　胡泉山　张晓云（女）　秦德成　王　瑨　何　英　左　列　黄亦明　赵振衡　张儒俊　李桂兰（女）　任苏东（女）　黄锡芳（女）　孙长城　傅命夫　潘景林　翟万成　李寿南　刘永金　陈锦云　王昱如　周玉芝（女）　刘耀增　韩　文　李荣宗　李业清　杨慧英　席绍曾　郑洵芝（女）　旷良眉（女）　潘仲元　辛延寿　郑国栋　马文惠　蒋玉云（女）

1989 年 1 人：王秀珍（女）

1992 年 10 人：李明霞（女）　张来山　艾　宇　罗立兴　郑云福　刘期楚　高振科　李瑞然（女）　马懿珍（女）　宋丽玲（女）

1993 年 19 人：赵家麟（女）　周依滨（女）　张玉芳（女）　刘燮周　贾秀英（女）　张金城　郑　茂　李秀芳（女）　黎开儒　周学亮　曹兆礼　张文举　王山鹰　刘　瑞　姜　琨　邢耀坤　庞文珍（女）　于在娟（女）　柳洪才

1994 年 19 人：刘聪君（女）　韩汝春　庞继武　张春荣（女）　夏　东　李世平（女）　董泽斌　王汝明　史景强　吴殿龙　梁佩雪　马金波　王俊峰　徐会成　刘传华　张永强　金雅明（女）　金丽珠（女）　李国芳

1995 年 14 人：段苗英（女）　纪凤歧　万里燕（女）　吴　刚　李秀山　王恩涌　王小玲（女）　李　明（女）　刘玲玲（女）　张友苹（女）　付殿文　张峰虎　孟　刚　郭文奎

1996 年 7 人：梁云辉　李燕生　毛英林　任福林　袁宝录　钟约夫　郑　平（女）

1997 年 8 人：蔡　伟　杨　瑛（女）　李彦奎　刘洪祥　郑林太　崔志和　刘经华　刘志东

十六、中学高级教师（183 人）

1988 年 67 人：云　鹏　李名隼　杨蕴昌　陈志武　屠孝萍（女）　丁惠民　赵志德　刘嘉珍（女）　邢文立　王坤儒（女）　王克镇　刘淑娥（女）　董浪兮　胡明月（女）　徐租培　许树均（女）　叶敬先　张桂贤（女）　刘普亚　胡沛然　张春荣（女）　夏启光　卢广琢　曹　瑞　朱树范（女）　崔万英（女）　马旭波　韩维均　贾若兰（女）　杨友清（女）　宿月莲（女）　朱兰芬（女）　王秀冲　王金水　郑孝源　金惠芳（女）　赵秋平（女）　葛永岫（女）　刘永亮　李新生　万邦杰（女）　王淑敏（女）　陈晓东（女）　周凤春（女）　朱克锦　沈伦安　卢萌林　辛秉武　刘联盟　陈秀清（女）　隆　雪（女）　杨贺义　阎福海　王鸿义　那德惠（女）　鞠崇敏　徐宗琪　范　林（女）　朱寿祺　魏子栋　周国梁　金志强　李柴子（女）　刘曼玲（女）　冯秀兰（女）　张　震　李均玉（女）

1989 年 5 人：毛旭珍（女）　王国英　段宗尧　吴天佑　孙孔德

1991 年 14 人：陈玉策　葛安德　魏家禧　王华光　赵国玮　孙首先　任立东　杨　森　张育蓉（女）　郝扣英（女）　金　辉（女）　刘秀芬（女）　刘连淑（女）　安玉晶（女）

1992 年 23 人：张惠坤　穆芬兰（女）　王建英　徐燕媛（女）　刘文考　马令贤（女）　杨　玲（女）　马　璇（女）　杨荣芬（女）　黄伏初　王子峰　叶朝卿（女）　赵月卿（女）　魏淑银（女）　黄永珍（女）　魏　荣　孙　贝　徐晓燕（女）　孙国瑞　苏麦收　张惠娟（女）　胡　淼（女）　刘家灿

1993 年 23 人：王本英（女）　严幼华（女）　沙　镝（女）　韩喜敬　周雪云（女）　马嘉兰（女）　王彦玲（女）　张淑清（女）　范宝冉　王晓岚　赵　华（女）　张梦兰（女）　赵云杰　宋淑良（女）　刘翠华（女）　刘　中　宗作云

张顺利　王金印　郝金仑　闫玉峰　陈　华　姜玉凤（女）

1994 年 11 人：郭宏基　赵建民　王天民　李同华　李云飞　赵　印　李延文　黄　石　刘学军（女）　赵文台　王淑琴（女）

1995 年 16 人：秦运峰　刘金才　徐月超　张金钊　刘建英（女）　贾永英　张春山　富淑文（女）　阴月芬（女）　陈婉珠（女）　刘宝勤（女）　刘文龙　李　光　夏桂先（女）　朱霞云（女）　刘　杰（女）

1996 年 14 人：王军科　李劲东　胡利平　谢　昂　苏万青（女）　耿昌敏　陈剑平（女）　张惠敏（女）　韩亚荣（女）　任玉珍（女）　王郁震　高书义　郑淑阁（女）　吕秀花（女）

1997 年 10 人：席淑坤（女）　周金荣（女）　孙雅娟（女）　刘宗立　刘洪栋　李固军　韩敬怡　吉安平（女）　周天敏　胡维宁（女）

十七、高级实验师（3 人）

1988 年 1 人：陈志业

1995 年 2 人：陈富明　杨　勤

十八、高级实习指导教师（3 人）

1988 年 1 人：兀来群

1992 年 1 人：刘福增

1994 年 1 人：张振英

十九、高级政工师（124 人）

1989 年 45 人：王长友　马尤和　刘新章　王述常　刘　宇　刘明义　梁　凯　何仁俊　明中英（女）　丁成晖　曹周奇　恽永成　周韵科　王兆世　贾立柱　李久文　孙运亮　范金铭　李　文　阎会兴　刘泽波　杨学新　魏建辉　严士忠　刘植生　田嘉年　赵连和　赵世英　张云波　刘淑华（女）　张俊瑞　高凤仪　严衍余　戴昌钢　何家祥　李云鹏　张忠民　李运扬　田树林　黄彤宇　桂娟卿（女）　柳卫民　梁尚春　郑盛濂　郝朝柱

1990 年 2 人：张敬思　高国成

1991 年 15 人：王复林　徐仲杰　张良斌　张振沛　段雨欣（女）　侯尚志　孙求智　王守臣　吉荣超　简宪法　陈进凯　张恒思　孙仁书　张洪祥　张文果（女）

1993 年 51 人：张少杰　卜荣清　赵淑珍（女）　郑长华　吴志远　王京照　桂玉华　郭根福　姚宗弟　张嘉仁　齐田顺　石素云（女）　王绪生　张江祥　吴宗强　罗焕荣　李惠然（女）　卢凤芝（女）　石景福　解清宝　张素娣（女）　刘天臣　姜洪福　许宪龙　李万春　何以宽　王建秋　杨皖东　田恕义　于湘洪　郑桂元　王政文　胡国兴　肖　平　王礼万　祝守业　刘鸿皋　夏金贵　谢武江　崔金兰（女）　杜兰普　尚华军　王洪儒　董玉明　闫启锡　刘　凌（女）　林官忠　瞿喜文　杨廷山　荀润华　梁永祥

1994 年 1 人：边分均

1996 年 8 人：赵　亭　吕贵滨　项庆生　夏世文　吕振兴　马淑英（女）　王　毅　赵秀良。

1997 年 2 人：张明学　冯尚书

第二章　先进集体

从1962年到1997年底，松辽地调处、六四六厂、物探局共涌现出全国、中央国家机关、省部级、局级先进集体2379个次。其中：全国先进集体39个次；中央国家机关先进集体6个；省部（总公司）级先进集体226个次；部（总公司）直属机关表彰的先进集体129个次；大庆会战先进集体4个次；华北石油会战先进集体1个；物探局表彰的先进集体1938个次；塔里木石油勘探开发指挥部表彰的先进集体36个队次。

第一节　全国先进集体

1979～1997年物探局先后荣获全国性先进集体称号39个次，详见表16－6。

表16－6　1979～1997年物探局涌现的全国先进集体统计表

序　号	先进集体名称	命名授予时间	命名授予机关	命名授予称号
1	电子计算机处理中心（即研究院）	1979年9月	国务院	全国先进企业
2	第二指挥部247队	1979年	共青团中央	新长征突击队
3	第四勘探公司2153队	1985年	共青团中央	全国新长征突击队
4	物探局	1986年	国家经委	技术进步先进企业（单项）
5	地调三处1832队采集班	1987年	全国总工会	先进班组
6	仪器厂俊峰公司	1988年4月	国家对外经济贸易部	先进技术企业
7	研究院工会	1988年11月	全国总工会	模范职工之家
8	研究院物探方法研究所党支部	1989年10月	中共中央组织部	全国先进基层党组织
9	地调三处1832队	1990年5月	全国总工会	“五一劳动奖状”
10	仪器公司	1990年9月	国务院企业指导委员会办公室	国家二级企业
11	地调一处	1990年10月	总公司	企业档案管理已达国家二级标准
12	地调二处	1990年10月	总公司	企业档案管理已达国家二级标准
13	地调四处	1990年10月	总公司	企业档案管理已达国家二级标准
14	地调五处	1990年10月	总公司	企业档案管理已达国家二级标准
15	仪器公司	1990年10月	总公司	企业档案管理已达国家二级标准
16	特车厂	1990年10月	总公司	企业档案管理已达国家二级标准
17	供应处	1990年10月	总公司	企业档案管理已达国家二级标准
18	运输处	1990年10月	总公司	企业档案管理已达国家二级标准
19	地调三处	1991年9月	地矿部、人事部、国家计委、全国总工会	全国地质勘查功勋单位
20	地调三处	1991年5月	国家档案局	国家二级档案管理合格证书
21	机械厂	1991年11月	国家档案局	国家二级档案管理合格证书
22	物探地质研究院	1991年11月	国家档案局	国家二级档案管理合格证书
23	研究院	1991年11月	国家档案局	国家二级档案管理合格证书
24	建筑公司	1991年11月	国家档案局	国家二级档案管理合格证书
25	地调四处2165队工会	1993年5月	全国总工会	模范职工小家
26	研究院工会	1993年	全国总工会	认定模范职工之家

续表

序　号	先进集体名称	命名授予时间	命名授予机关	命名授予称号
27	物探局	1994 年 4 月	中共中央宣传部、中共中央组织部、国家经贸委、全国总工会	1991～1993 年度全国思想政治工作优秀企业
28	物探局工会	1994 年 9 月	全国总工会	工会干部教育工作先进集体
29	培黎石油学校	1994 年 9 月	国家教委	全国职业学校体育先进单位
30	地调二处职工医院	1995 年 7 月	卫生部（开封市卫生局代授）	全国一级甲等医院
31	职工医院	1995 年 9 月	卫生部（河北省卫生厅代授）	全国二级甲等医院
32	石油物探报社	1995 年 12 月	新闻出版署、中国记协、全国企业报协会	全国企业报百优
33	地调一处	1996 年 3 月	全国绿化委员会	全国部门造林绿化 400 佳
34	地调五处	1996 年 3 月	全国绿化委员会	全国部门造林绿化 400 佳
35	地调五处 302 队党支部	1996 年 7 月	中共中央组织部	全国先进基层党组织
36	物探局工会	1996 年 10 月	全国总工会	全国职工读书自学活动先进集体
37	地调一处工会图书馆	1996 年 11 月	全国总工会	全国工会系统文明图书馆
38	地调五处“百名青年进百家”青年志愿者服务队	1997 年 3 月	共青团中央	全国青年志愿服务队杰出集体
39	机械厂组装车间钳工二班	1997 年 9 月	全国总工会	全国安全生产先进班组

第二节　中央国家机关先进集体

1985～1996 年物探局先后涌现出中央国家机关先进集体 6 个。

一、中央国家机关先进基层党组织（3 个）

研究院物探方法研究所党支部，1990 年 6 月被中央国家机关党工委授予“先进基层党组织”称号；特车厂震源车间党支部，1994 年 6 月 28 日被中央国家机关党工委授予“先进基层党组织”称号；地调五处 302 队党支部，1996 年 6 月 28 日被中央国家机关党工委授予“先进基层党组织”称号。

二、中央国家机关先进青年组织（2 个）

第四勘探公司 2153 地震队青年突击队，1985 年被中央国家机关授予“新长征突击队标兵”称号；研究院处理中心主控岗，1996 年被中央国家机关授予“青年文明号”称号。

三、中央国家机关政工研究会获奖单位（1 个）

地调四处政工研究分会，1995 年获中央国家机关政工研究会职工思想政治工作优秀论文一等奖。

第三节　省、部（总公司）级先进集体

1966～1997 年六四六厂、物探局先后涌现出省、部（总公司）级先进集体 226 个次。

一、省级先进集体（50 个次）

1986～1997 年物探局先后涌现出河北省、河南省、石化医药工会先进集体 50 个次，详见表 16－7。

表 16－7　1986～1997 年物探局涌现的省级先进集体统计表

序　号	先进集体名称	命名授予时间	命名授予机关	命名授予称号
1	地调三处 1830 队	1986 年	河北省人民政府	河北省先进集体
2	地调四处 217 队放线班	1987 年	河北省总工会	先进班组
3	研究院银河硬件组	1987 年 11 月	河北省总工会	河北省先进班组
4	地调四处 217 队	1987 年 11 月	河北省总工会	河北省先进班组
5	研究院	1987 年	河北省总工会	职工读书自学活动先进集体
6	地调三处 1832 队	1989 年	河北省人民政府	河北省先进集体

续表

序　号	先进集体名称	命名授予时间	命名授予机关	命名授予称号
7	研究院	1990 年 1 月	河北省职工技术协作委员会	河北省合理化建议先进集体
8	特种车辆制造厂	1990 年 7 月	河北省人民政府	省级先进企业
9	地调二处	1991 年 6 月	河北省	1990 年河北省工交系统安全生产先进单位
10	仪器总厂女职工委员会	1992 年 3 月	河北省总工会	河北省女职工工作先进集体
11	地调四处 2144 队	1992 年	河北省人民政府	先进集体
12	仪器总厂工会	1993 年 9 月	河北省总工会	模范职工之家
13	地调一处研究所工会	1993 年 9 月	河北省总工会	模范职工小家
14	地调二处 247 队工会	1993 年 9 月	河北省总工会	模范职工小家
15	仪器总厂俊峰公司	1993 年 10 月	河北省	“三资”明星企业
16	研究院	1994 年 2 月	河北省总工会	河北省工会系统 1993 年科技进步活动先进单位
17	研究院	1994 年	河北省总工会	职工读书自学活动先进集体
18	地调二处	1994 年 4 月	河北省总工会	河北省加强企业管理推进企业改革发展的先进单位
19	地调二处工会	1994 年 5 月	石化医药工会	先进基层工会
20	物探局	1994 年 6 月	中共河北省委宣传部、河北省企业工作委员会、河北省经贸委、河北省总工会	河北省 1992～1993 年度思想政治工作优秀企业
21	地调五处 316 队	1995 年 4 月	河北省人民政府	河北省先进集体
22	研究院处理中心	1995 年 4 月	河北省人民政府	河北省先进集体
23	物探局工会	1995 年 4 月	河北省总工会	河北省工会干部教育工作先进集体
24	地调五处工会	1995 年 9 月	河北省总工会	模范职工之家
25	基地处液化气总站工会	1995 年 9 月	河北省总工会	模范职工小家
26	地调五处	1995 年 12 日	中共河北省委宣传部、中共河北省委组织部、河北省经贸委、河北省企业工作委员会、河北省总工会	1994～1995 年度河北省思想政治工作优秀企业
27	仪器总厂俊峰公司	1995 年 2 月	河北省	河北省电子行业“目标管理经济效益奖”单位
28	物探局工会	1995 年	河北省总工会	河北省工会劳动保护先进单位
29	地调三处工会	1995 年	河北省总工会	河北省工会劳动保护先进单位
30	研究院工会	1995 年	河北省总工会	河北省工会劳动保护先进单位
31	地调四处工会	1996 年 6 月	石化医药工会	先进基层工会
32	地调四处	1996 年 7 月	河北省	1995 年度安全防范先进单位
33	物探局工会	1996 年	河北省总工会	河北省职工读书自学活动先进集体
34	地调四处	1996 年	河北省	安全防范先进单位
35	仪器总厂	1996 年	河北省	安全防范先进单位
36	研究院	1996 年 10 月	河北省总工会	河北省工会法律工作先进单位

续表

序　号	先进集体名称	命名授予时间	命名授予机关	命名授予称号
37	地调二处	1996年12月	河北省总工会	河北省职工读书自学活动先进集体
38	地调三处工会	1996年12月	河北省总工会	模范职工之家
39	研究院处理中心工会	1996年12月	河北省总工会	模范职工小家
40	物探学校基础科工会	1996年12月	河北省总工会	模范职工小家
41	石油物探技工学校	1996～1997年	河北省劳动厅	先进技工学校
42	地调二处	1997年7月	中共河北省委宣传部、中共河北省委组织部、河北省经贸委、河北省企业工作委员会、河北省总工会	1996年度河北省思想政治工作优秀企业
43	地调三处	1997年7月	中共河北省委宣传部、中共河北省委组织部、河北省经贸委、河北省企业工作委员会、河北省总工会	1996年度河北省思想政治工作优秀企业
44	地调五处学友会	1997年	河北省总工会	河北省职工读书自学活动先进小组
45	仪器总厂电缆厂	1997年	河北省	学邯钢先进集体
46	地调一处2151队	1997年	河北省	学邯钢双文明班组
47	地调三处	1997年	河北省劳动厅、河北省总工会	河北省集体合同建制先进单位
48	研究院	1997年	河北省劳动厅、河北省总工会	河北省集体合同建制先进单位
49	地调二处	1997年	河北省	卫生先进单位、绿化先进单位
50	地调四处	1997年	河北省	园林式先进单位

二、能源部、石油部、总公司先进集体（76个次）

1966～1997年六四六厂、物探局先后涌现出能源部、石油部、总公司先进集体64个次，详见表16－8。

表16－8　1966～1997年六四六厂、物探局涌现的能源部、石油部、总公司先进集体统计表

序　号	先进集体名称	命名授予时间	命名授予机关	命名授予称号
1	六四六厂217队	1966年4月	石油工业部	五好红旗单位标兵
2	六四六厂228队	1966年4月	石油工业部	五好红旗单位标兵
3	第二指挥部247队	1978年	石油工业部	坚定不移学大庆的地震勘探先锋
4	物探局	1979年8月	石油工业部	大庆式企业（单位）
5	第一指挥部	1979年8月	石油工业部	大庆式企业（单位）
6	第二指挥部	1979年8月	石油工业部	大庆式企业（单位）
7	第四指挥部	1979年8月	石油工业部	大庆式企业（单位）
8	机械厂	1979年8月	石油工业部	大庆式企业（单位）
9	研究院	1979年8月	石油工业部	大庆式企业（单位）
10	职工医院	1979年8月	石油工业部	大庆式企业（单位）
11	仪器厂	1979年8月	石油工业部	大庆式企业（单位）

续表

序　号	先进集体名称	命名授予时间	命名授予机关	命名授予称号
12	供应处	1979 年 8 月	石油工业部	大庆式企业（单位）
13	第一指挥部 2222 队	1980 年 5 月	石油工业部	1979 年度全国石油战线模范集体
14	第三指挥部 2170 队	1980 年 5 月	石油工业部	1979 年度全国石油战线模范集体
15	第四指挥部 2150 队	1980 年 5 月	石油工业部	1979 年度全国石油战线模范集体
16	电子计算处理中心（即研究院）	1980 年 5 月	石油工业部	1979 年度全国石油战线模范集体
17	物探局	1987 年 3 月	石油部绿化委员会	绿化先进单位
18	地调四处	1987 年 3 月	石油部绿化委员会	绿化先进单位
19	物探局	1987 年	石油工业部	1987 年度石油系统一等企业
20	研究院	1988 年 3 月	石油工业部	1987 年度部级设备管理优秀单位
21	地调四处 2144 队	1989 年	能源部	能源工业先进集体
22	研究院方法研究所	1989 年	能源部	能源工业先进集体
23	地调四处子弟学校英语组	1990 年	总公司	石油系统教育先进班组
24	管理干部学校	1990 年	总公司	石油系统教育先进单位
25	地调二处	1990 年 12 月	总公司	质量管理奖企业
26	物探局	1991 年 4 月	总公司	“大型联合企业标准化三级合格单位”，获《石油工业企业标准化定升级证书》
27	研究院	1991 年	总公司、石化工会	合理化建议和技术改进活动先进集体
28	地调四处子弟学校	1992 年	总公司	一类学校
29	研究院纪委	1992 年	总公司	先进纪检、监察组织
30	培黎石油学校	1993 年 3 月	能源部	能源系统职业技术教育先进学校
31	石油物探学校	1993 年 3 月	能源部	能源系统职业技术教育先进学校
32	培黎石油学校	1993 年	总公司	企业技术教育先进单位
33	石油物探学校	1993 年	总公司	企业技术教育先进单位
34	地调四处	1993 年	总公司	绿化先进单位
35	地调四处	1994 年	总公司	1994～1995 年度石油系统体育工作先进单位
36	地调二处工会	1994 年	总公司	石油系统先进工会组织
37	地调二处纪检监察科	1994 年	总公司	纪检、监察先进单位
38	库尔勒研究中心	1995 年	总公司	先进科技集体
39	地调二处	1995 年	总公司	先进科技集体
40	研究院 GRISYS 地震数据处理系统	1995 年	总公司	重大科技成果奖
41	地调三处 2207 队	1995 年	总公司	陆上石油工业先进集体
42	仪器总厂俊峰公司	1995 年	总公司	陆上石油工业先进集体
43	局纪委、监察处专案组	1995 年	总公司	1994 年纪检、监察重点工作有突出贡献先进集体
44	物探局	1996 年	总公司	安全生产先进企业
45	安全环保处	1996 年	总公司	安全生产管理部门
46	地调五处档案室	1996 年	总公司	先进集体

续表

序　号	先进集体名称	命名授予时间	命名授予机关	命名授予称号
47	地调二处档案室	1996年	总公司	优秀集体
48	物探地质研究院	1996年	总公司	优秀集体
49	地调一处唐官屯基地	1996年5月	总公司	全国石油系统绿化百佳厂区
50	地调四处霸州基地	1996年5月	总公司	全国石油系统绿化百佳厂区
51	地调五处固城基地	1996年5月	总公司	全国石油系统绿化百佳厂区
52	机械厂生产区	1996年5月	总公司	全国石油系统绿化百佳厂区
53	仪器总厂生产区	1996年5月	总公司	全国石油系统绿化百佳厂区
54	地调一处	1996年10月	总公司绿化委员会	清洁无害化矿区
55	地调三处	1996年10月	总公司绿化委员会	清洁无害化矿区
56	地调四处	1996年10月	总公司绿化委员会	清洁无害化矿区
57	地调五处	1996年10月	总公司绿化委员会	清洁无害化矿区
58	供应处纪检监察科	1996年	总公司	陆上石油系统先进纪检、监察集体
59	局办公室信访科	1996年	总公司	陆上石油系统信访工作先进集体
60	地调二处开封基地	1997年	总公司	优秀管理住宅小区
61	地调三处正定基地	1997年	总公司	优秀管理住宅小区
62	研究院住宅区	1997年	总公司	优秀管理住宅小区
63	局涿州基地5号院	1997年	总公司	优秀管理住宅小区
64	局徐水基地大院	1997年	总公司	优秀管理住宅小区

三、石油部、总公司金、银、铜牌、双文明一级队（107个次）

石油工业部1984年开展同工种基层队社会主义劳动竞赛，评比表彰金、银、铜牌队活动，1989年中国石油天然气总公司继续开展该项活动，1993年停止。1984～1992年，物探局在石油部、总公司同工种基层队社会主义劳动竞赛中共获金牌队14个队次、银牌队16个队次、铜牌队12个队次，另获双文明一级队65个队次。详见表16－9。

表16－9　1984～1992年物探局涌现的石油部、总公司金、银、铜牌队、双文明一级队统计表

奖牌/单位/年份	金牌	银牌	铜牌	双文明一级队
1984	地调三处1832队	地调二处247队 地调五处702队	地调四处2153队	
1985	地调二处2206队 地调三处1830队	地调一处2107队	地调四处217队	
1986	地调二处2162队 地调三处1830队	地调二处2314队 地调四处2144队	地调五处308队	地调二处2206队 地调三处238队 地调四处2153队
1987	地调三处1832队	地调二处2162队	地调三处1831队 地调四处2165队	地调二处247队 地调四处217队、2112队 地调五处308队、706队

续表

奖牌 单位 年份	金牌	银牌	铜牌	双文明一级队
1988	地调三处 1832 队 地调四处 2144 队	地调一处 2151 队 地调二处 235 队	地调四处 2153 队	地调一处 2106 队、2181 队 地调二处 8705 队、2168 队 地调三处 1830 队 地调四处 2255 队 地调五处 316 队、707 队、308 队
1989	地调三处 1832 队	地调四处 2153 队 地调一处 2151 队 地调二处 2168 队	地调四处 2149 队	地调一处 2113 队、2106 队、2181 队 地调三处 1830 队、233 队、2222 队 地调四处 2255 队、2112 队 地调五处 308 队、706 队
1990	地调三处 2222 队 地调四处 2144 队	地调三处 1831 队 地调二队 2314 队	地调五处 316 队	地调一处 2151 队、2178 队、 2181 队、2113 队 地调二处 2256 队、239 队、 2209 队、247 队、2201 队 地调三处 1830 队、219 队 地调四处 2165 队、2109 队、2255 队 地调五处 706 队、701 队、308 队、303 队
1991	地调四处 2144 队 地调三处 2207 队	地调一处 2181 队	地调二处 2314 队	地调一处 2151 队、2200 队 地调二处 2202 队、2168 队、2209 队 地调三处 2208 队、219 队、2222 队 地调四处 2109 队、217 队、2254 队 地调五处 316 队、302 队
1992	地调三处 2207 队	地调二处 2209 队 地调一处 2181 队	地调五处 316 队 地调四处 2149 队 建筑公司第三施工队	地调二处 2314 队、2220 队 地调三处 2170 队、2222 队、219 队 地调四处 2153 队 地调五处 706 队
合计	14 个队次	16 个队次	12 个队次	65 个队次

四、总公司青年突击队（5 个）

（1）1991 年总公司“为发展石油工业献青春”青年突击队 3 个：地调三处 1830 大沙漠地震队、地调一处 2181 三维震源队、地调四处 2144 三维震源队。

（2）1997 年总公司命名的首批“青年文明号”2 个：地调四处 2255 队、库尔勒研究中心。

第四节 部（总公司）直属机关先进集体

1970～1997 年六四六厂、物探局先后涌现出部（总公司）直属机关先进集体 129 个次。

一、燃料化学工业部直属机关先进集体（1 个）

1970 年 1 个：六四六厂机修厂机械加工车间。

二、总公司直属机关党委先进基层党组织（41 个次）

1990 年 9 个：地调一处研究所党支部、地调二处研究所计算机室党支部、地调三处 2222 队党支部、地调四处 2255 队党支部、研究院 IBM 数据处理中心党支部、研究院物探方法所党支部、特车厂金工车间党支部、仪器公司电缆厂党支部、技工学校专业学科党支部。

1992 年 10 个：地调一处 2181 队党支部、地调二处 2168 队党支部、地调三处 219 队党支部、地调三处 2207 队党支部、地调四处 2144 队党支部、地调五处 316 队党支部、研究院银河处理中心党支部、仪器总厂检波器厂党支部、机械厂组装车间党支部、特车厂震源车间党支部。

1994 年 15 个：地调五处党委、地调一处 2200 队党支部、地调一处 2211 队党支部、地调二处 2314 队党支部、地调二处研究所党支部、地调三处 2207 队党支部、地调三处 2142 队党支部、地调四处研究所党支部、地调四处 217 队党支部、地调五处 302 队党支部、地调五处 707 队党支部、研究院处理中心党支部、机械厂铆焊车间党支部、特车厂震源车间党支部、仪器总厂俊峰公司党支部。

1996 年 7 个：地调一处 9401 队党支部、地调二处 2201 队党支部、地调三处 2207 队党支部、地调四处 2255 队党支部、地调五处 302 队党支部、研究院处理软件分公司党支部、特车厂震源车间党支部。

三、总公司直属机关 1995～1997 年度先进集体（12 个）

特车厂震源车间、地调一处 2178 队、地调二处 247 队、地调二处 2220 队、地调三处 2207 队、地调四处 2255 队、地调五处 704 队、仪器总厂俊峰公司、研究院处理中心处理室、库尔勒研究中心、物探局劳资处、物探局纪委。

四、总公司直属机关团委先进团组织（75 个次）

1981 年总公司直属机关团委先进团支部 4 个：第四指挥部 2153 队团支部、供应处总库团支部、研究院维修车间团支部、第一指挥部 220 队团支部。

1984 年总公司直属机关团委先进团支部 6 个：第二指挥部 2209 队团支部、研究院计算机二室团支部、第四指挥部 2109 队团支部、大修厂修配车间团支部、物探学校 82 级 403 班团支部、普查大队 308 队团支部。

1985 年总公司直属机关团委先进团支部 7 个：第一勘探公司 2178 队团支部、第二勘探公司 247 队团支部、第四勘探公司 2153 队团支部、地质普查公司 302 队团支部、研究院 3033 计算机系统处理团支部、机械厂组装车间团支部、仪器厂仪修车间团支部。

1985 年总公司直属机关团委“采集草种树种先进集体”2 个：技工学校团委、运输大队团支部。

1986 年总公司直属机关团委先进团支部 4 个：第四勘探公司 217 队团支部、机械厂组装车间团支部、研究院计算机服务部硬件团支部、第三勘探公司 1830 沙漠地震队团支部。

1987 年总公司直属机关团委先进团支部 4 个：地调三处 1830 沙漠地震队团支部、地调四处 2144 队团支部、机械厂组装车间团支部、技工学校 85－2 班团支部。

1988 年总公司直属机关团委先进团支部 4 个：地调二处 247 队团支部、地调五处 308 队团支部、机械厂机加工车间团支部、技工学校 85－2 班团支部。

1989 年总公司直属机关团委先进团支部 4 个：地调五处 714 队团支部、地调四处 217 队团支部、技工学校 86－2 班团支部、研究院科技科团支部。

1990 年总公司直属机关团委先进团支部 6 个：研究院 IBM 数据处理中心团总支、地调四处 2149 队团支部、地调五处维修队团支部、地调二处子弟学校团支部、局机关生产系统团支部、解释中心冀中室团支部。

1992 年总公司直属机关团委先进团支部 15 个：地调一处 2181 队团支部、地调一处 2113 队团支部、地调二处 239 队团支部、地调三处 233 队团支部、地调三处 2207 队团支部、地调四处 2144 队团支部、地调四处 2153 队团支部、地调五处 704 队团支部、机械厂组装车间团支部、仪器总厂研究所团支部、特车厂沙漠车间团支部、研究院 IBM 数据处理中心团支部、物探地质研究院冀中区域团支部、局机关生产系统团支部、运输处配修车间团支部。

1997 年总公司直属机关团委先进团支部 19 个：地调一处处办中心团支部、地调二处 2202 队团支部、地调三处 2170 队团支部、地调四处 2255 队团支部、地调五处 302 队团支部、机械厂机加一车间团支部、仪器总厂俊峰公司团支部、特车厂动力车间团支部、徐水基地管理处幼儿园团支部、运输处多种经营团支部、职工医院第一团支部、徐水子弟学校教工团支部、物探中学教工团支部、研究院软件公司团支部、物探地质研究院解释系统团支部、基地处动力站团支部、物探学校 9322 班团支部、局有线电视台团支部、库尔勒研究中心成果综合团支部。

第五节　松辽及华北会战先进集体

1962～1964 年松辽和华北会战时期，涌现出先进集体 5 个队次。

一、松辽战区地震标杆队（1 个）

地调处 219 地震队（1962 年度）。

二、松辽战区五好标杆队（1个）

地调处219地震队（1963年度）。

三、松辽战区五好红旗队（2个）

地调处226地震队、207地震队（1963年度）。

四、华北会战五好标杆队（1个）

地调指挥部第五大队212地震队（1964年度）。

第六节　物探局先进集体

1973～1997年，物探局先后涌现出局级标杆单位、大庆式单位、命名单位、模范集体、金银铜牌队81个次。

一、标杆单位（9个次）

1973年度红旗标杆队1个：第二指挥部247队。

1974年度“地震勘探尖兵”标杆队1个：第二指挥部247队。

1976年度标杆单位3个：“地震勘探尖兵”——第二指挥部247队，“风吹浪打不返航的五车间”——机械厂修配车间，“英勇顽强作风好的铁姑娘队”——第一指挥部2254队。

1978年度标杆单位4个：“地震勘探尖兵”——第二指挥部247队，“英勇顽强作风好的铁姑娘队”——第一指挥部2254队，“风吹浪打不返航的五车间”——大修厂配修车间，“标杆地震队”——第二指挥部235队。

二、大庆式单位（22个次）

1976年度大庆式单位5个：第二指挥部219队、235队，第一指挥部282队，仪器厂金加工车间，供应处总库。

1977年度大庆式单位17个：第一指挥部2254队、2144队、2108队、研究队、修理站加工车间，第二指挥部247队、219队、235队、2201队、2163队、供应科、汽修车间，第三指挥部2165队，机械厂五车间，仪器厂金加工车间，供应处总库，职工医院外科病房。

三、命名单位（12个）

1978年度命名单位12个：“知难而进，勇挑重担”的第一指挥部2144队；“严细认真，勇敢攻关”的第二指挥部研究队；“自力更生不断前进”的研究院150机室；“奋战南疆优质高产”的第三指挥部2170队、“攻难关夺高产”的第三指挥部220队、“艰苦奋斗保一线”的第三指挥部机修站；“奋战沙漠夺高产”的普查大队707队；“团结战斗勇攀高峰”的机械厂机加工车间；“改进工艺，提高质量”的仪器厂金工车间；“团结战斗，勇挑重担”的研究院地质研究室；“全心全意为一线”的供应处总库；“群策群力救死扶伤”的职工医院外科病房。

四、模范集体（14个）

1979年度模范集体14个：第一指挥部2222队，第二指挥部研究队，第三指挥部2170队、219队，第四指挥部2150队、2109队，普查大队707队、308队，研究院计算机室，机械厂组装车间、机加工车间，仪器厂金加工车间，大修厂配修车间，局机关安新农场家属一队。

五、金、银、铜牌队（24个）

1993年度金、银、铜队6个：金牌队：地调三处2207队、地调四处2165队；银牌队：地调二处2314队、地调一处2200队、地调五处302队；铜牌队：地调四处2112队。

1995年度金、银、铜牌队6个：金牌队：地调三处2207队、地调四处2255队；银牌队：地调一处2106队、地调二处247队、地调五处302联队；铜牌队：地调二处2201队。

1996～1997年度金、银牌队12个：金牌队：地调一处2178队，地调二处2220队，地调三处2207队、2222队，地调四处2255队，地调五处704队；银牌队：地调一处2111队，地调二处239队，地调三处2208队，地调四处2153队、2254队，地调五处314队。

六、其他先进集体1857个次（名称略）

第七节　塔里木石油勘探开发指挥部先进集体

1989～1994年，物探局参加塔里木石油会战队伍中涌现出总公司塔指先进集体36个队次。

1989年度先进集体4个：地调一处2151队，地调二处2517队，地调三处1832队、2222队。

1990年度先进模范集体2个：地调三处1832队、2222队。

1990年度先进集体5个：地调二处2256队、247队、2314队，地调三处1831队、219队。

1990年度轮南整体解剖第一战役模范集体1个：地调三处2222队。

1990年度轮南整体解剖第一战役先进集体1个：地调二处2314队。

1991年度先进集体6个：地调一处2151队，地调二处247队、2314队，地调三处219队、2207队、

2222队。

1989～1991年会战三周年标杆集体1个："沙海英雄地震队"——地调三处2207队。

1992年度先进集体5个：地调一处2178队，地调二处2209队，地调三处2207、230队，库尔勒研究中心。

1993年度先进集体5个：地调一处2178队，地调二处2314队，地调三处2207队，地调五处302队，库尔勒研究中心。

1994年度先进集体5个：地调一处2151队，地调二处247队，地调三处238队、2207队，库尔勒研究中心计算站。

1994年度塔里木石油勘探开发指挥部模范集体1个：地调三处238队。

第三章 先进个人

从1961年松辽地震会战，到物探局成立后的1997年底，前后30多年中，在各条战线、各个工作岗位上涌现出各级各类先进模范人物7951人次：(1)全国劳模、"五一劳动奖章"获得者共6人，获得全国其他称号者23人次；(2)中央国家机关优秀共产党员19人次、优秀党务工作者4人次、优秀党务工作标兵1人、新长征突击手1人、"百优十杰"青年1人；(3)省、部级劳模29人次，其中：省级劳模12人，部级劳模15人次、特等劳模2人；部级学铁人标兵6人；省、部级其他先进人物82人次；河北省总工会表彰的先进人物76人次；石化医药工会表彰的先进人物5人；(4)总公司表彰的先进青年13人；(5)总公司直属机关党委表彰的优秀共产党员99人次、优秀党务工作者6人次、先进工作（生产）者10人；(6)总公司直属机关团委表彰的优秀团干部99人次、优秀团员182人次、新长征突击手28人次、青年技术（业务）能手13人次、最佳青年1人、杰出青年2人、优秀青年17人；(7)大庆会战标兵4人；(8)物探局表彰的标兵26人次、老标兵14人、劳动模范标兵44人次、劳动模范529人次、其他先进人物6610人次；(9)塔里木石油勘探开发指挥部劳动模范1人。

第一节 全国先进人物

1979～1997年物探局涌现出全国先进人物29人次。

一、全国劳动模范、"五一劳动奖章"获得者(6人)

截至1996年物探局有全国劳模2人，"五一劳动奖章"获得者4人。见表16－10。

表16－10 1989～1996年物探局涌现的全国劳动模范、"五一劳动奖章"获得者统计表

序号	姓名	工作单位	荣誉称号	授奖单位	授奖时间（年.月）
1	柴桂林	局机关	全国劳动模范	国务院	1989.9
2	高增海	物探地质研究院	全国劳动模范	国务院	1995.9
3	王宏琳	研究院	"五一劳动奖章"获得者	中华全国总工会	1986.5
4	俞寿朋	研究院	"五一劳动奖章"获得者	中华全国总工会	1987.5
5	吕元平	地调三处	"五一劳动奖章"获得者	中华全国总工会	1991.5
6	刘方富	地调三处	"五一劳动奖章"获得者	中华全国总工会	1996.5

（一）全国劳动模范柴桂林

柴桂林，男，汉族，生于1935年9月，河南省西峡县人，中共党员。1956年毕业于北京石油地质学校，同年参加工作。1978年2月任物探局副局长兼总地质师，1984年1月任总地质师，1990年11月任副局长。1992年2月被评为教授级高级工程师，

1993年被批准享受政府特殊津贴；1989年任总公司塔里木石油勘探开发指挥部副指挥，1997年被聘任总公司塔里木石油勘探开发指挥部高级顾问。

柴桂林几十年工作如一日，一心扑在石油事业上，曾被评为四川石油管理局标兵、大港油田先进工作者、局劳动模范，1989年分别被评为河北省劳动模范、能源工业部特等劳动模范和全国劳动模范。1990年被国家科委、劳动人事部授予"有突出贡献的中青年科学技术管理专家"称号。同年被评为中央国家机关党工委优秀共产党员和总公司直属机关党委优秀共产党员。柴桂林先后撰写和主编过《塔里木盆地东部地质结构及含油气远景》、《塔里木隆起构造演化及含油气远景》、《塔里木盆地的形成与演化》。他组织编写的《塔里木盆地和准噶尔盆地沙漠腹地地震勘探新技术》论文，曾获1987年国家科技进步一等奖。1997年，他所领导的项目组，在从事碳酸盐岩找油工作中获重大突破，为塔里木找油找气作出了新贡献。

（二）全国劳动模范高增海

高增海，男，汉族，生于1945年1月，河北省易县人。1972年6月加入中国共产党，1970年7月毕业于北京地质学院，同年参加工作。1997年9月任研究院地质研究中心副总地质师兼科研生产办公室主任，高级工程师。他埋头苦干，无私奉献，成绩突出。1991年和1992年2次被评为局劳模标兵。1991～1993年3次被评为局优秀共产党员，1992年、1994年、1996年连续3次被评为总公司直属机关党委优秀共产党员。1992年被评为中央国家机关党工委优秀共产党员。1995年分别被评为河北省劳动模范、陆上石油工业劳动模范、全国劳动模范。

高增海参加塔里木石油会战以来，先后完成了5项科研成果报告。1995年起，他主持完成了塔里木新生代构造演化研究任务，1996年主持完成了巴楚隆起区域研究和华北古生界研究两个课题，1997年主持了国家"九五"课题区域构造演化的研究工作，并负责完成了塔里木满东地区（华北区块）构造和地层研究任务。这些基础性研究为其他项目研究提供了可靠的依据。

（三）"五一劳动奖章"获得者王宏琳

王宏琳，男，汉族，生于1941年4月，福建省长乐人。1963年8月毕业于上海同济大学，同年参加工作。1978年12月加入中国共产党，1989年9月被评为教授级高级工程师，1991年10月任物探局副总工程师，1991年被批准享受政府特殊津贴。

王宏琳从事技术工作，在计算机地震操作软件开发方面成果卓著。1973年、1974年、1976年被评为局先进工作者，1977～1982年连续6年被评为局劳动模范，1985年、1988年、1990年又被评为局劳动模范。1978年被评为石油部"学铁人标兵"，1979年被评为全国石油战线劳动模范。1986年荣获"五一劳动奖章"、被授予"全国优秀科技工作者"称号，同年被国家科委、劳动人事部授予"中青年有突出贡献的专家"称号。1987年被评为河北省劳动模范。1989年被评为能源工业部劳动模范，1990年被评为总公司直属机关党委优秀共产党员。1996年中国科学技术发展基金会授予他"孙越崎能源大奖"。

王宏琳是中国地震数据处理软件工程技术人员的优秀代表。他主持了中国第一套地震数字处理软件的设计编制工作，采用该软件处理的中国第一条海洋数字地震剖面被称为"争气剖面"。他对1724机CGG公司的软件进行了修订改造，扩大其功能，提高了地震资料处理效率和质量。他负责编写的《1724计算机地震软件研究与发展》获石油部科技成果一等奖。他还带领科技人员，为国产银河计算机研制地震软件（银河处理系统获国家科技进步一等奖）。他负责总体设计完成的GRISYS系统，已在国内推广300多套。他在学术研究上也很有造诣，先后获国家、部级科技奖7项，在许多刊物上发表了50余篇论文，出版专著、译著多本。

（四）"五一劳动奖章"获得者俞寿朋

俞寿朋，男，汉族，生于1930年11月，江苏省无锡市人。1952年4月毕业于燃料工业部高级地球物理勘探班，同年参加工作。1985年2月加入中国共产党。俞寿朋历经了46年勘探生涯，一直从事勘探技术研究工作，曾任物探局研究院方法研究所所长、地球软件公司高级技术顾问。1989年9月被评为教授级高级工程师，1991年被批准享受政府特殊津贴。

俞寿朋为石油物探事业勤奋耕耘，工作作风严谨，科研成果卓著，受到科技人员的尊敬。1985年被评为局双文明标兵，1986～1989年连续4年被评为局劳动模范；1987年4月荣获"五一劳动奖章"、被授予"全国先进科技工作者"称号，同年8月被评为河北省劳动模范；1989年被评为能源工业部劳动模范。同年5月31日，被劳动人事部授予"中青年有突出贡献的专家"称号。1990年被评为总公司直属机关党委优秀共产党员。在他的指导下，物探方法研究所广大科研工作者完成了一批很有价值的物探方法研究成果，如国家项目《高分辨率地震勘探》、《用内插法加密地震测网》及《多项式信号拟合提高信噪比》等，提高了地震勘探的质量和经济效益，分别获国家科技进步二等奖、总公司科技进步一等奖。1996年他推出的《宽带雷克子波》科研成果，获总公司“铁人科技成果奖”银奖。

（五）“五一劳动奖章”获得者吕元平

吕元平，男，汉族，初中文化，生于1954年1月，河北省昌黎县人。1977年1月加入中国共产党，1978年到新疆工作，在大沙漠之中奋战近18年。他先后任地调三处2222队司机、副队长、政治指导员等职。曾13次被评为处先进生产者、优秀共产党员，4次被评为局优秀共产党员，5次被评为局劳动模范。1989年4月，总公司塔里木石油勘探开发指挥部为他记大功1次。此后，连续3年被塔里木石油勘探开发指挥部评为先进生产者。1991年5月荣获“五一劳动奖章”。1992年4月，塔里木石油勘探开发指挥部和指挥部党工委授予吕元平“沙海铁人”荣誉称号。1990年、1992年、1996年连续3次被评为总公司直属机关党委优秀共产党员，1990年、1992年连续2次被评为中央国家机关党工委优秀共产党员。1995年5月被中国石油天然气总公司评为“陆上石油工业特等劳动模范”。

吕元平在艰苦的环境下，处处以身作则，带头大干。他刻苦学习机修技术，掌握了一套修理进口设备的技能；他既是一位基层队的好领导又是一名出色的修理工；他对职工关心爱护，谁有困难都尽心尽力地帮助，因而被职工誉为贴心人。在他的带领下，2222队成为温馨的职工之家和团结战斗的集体。

（六）“五一劳动奖章”获得者刘方富

刘方富，男，汉族，初中文化，生于1952年3月，山东省泰安县人。1975年3月加入中国共产党。1970年12月至1978年4月在部队3次受嘉奖，1978年从部队来石油企业后，到1997年，他先后23次被评为先进生产者、优秀共产党员、双文明标兵、局劳动模范，并被塔里木石油勘探开发指挥部记大功1次。1996年5月荣获“五一劳动奖章”。

1983年5月，刘方富跟随地调三处1830队（后2207队）闯入“死亡之海”进行中美合作勘探，在大沙漠奋战14年。历任过修理组长、设备副队长、政治指导员。他所在的2207队4次夺得总公司金牌、1次被评为河北省先进集体、5次被评为塔里木石油勘探开发指挥部先进集体，并被命名为“沙漠英雄地震队”称号，1995年被评为陆上石油工业先进集体。他带领2207队，在承担美国埃索公司的反承包任务中，出色地完成了任务，打出国威，赢得了信誉。

二、其他获得全国性称号和奖励的人物（18人次）

1979年共青团中央“全国新长征突击手”称号获得者2人：王忠浩（地调二处工人）、严军琦（研究院工作人员）。

1983年获全国妇联“三八”红旗手称号者1人：畅春香（女、研究院银河系工程师）。

1984年全国读书知识竞赛特别优秀奖获得者1人：刘蕊（女、研究院技术员）。

1986年“全国优秀科技工作者”和国家科委、劳动人事部授予的“中青年有突出贡献的专家”1人：王宏琳（研究院副总工程师兼软件研究所所长）。

1987年全国总工会“先进科技工作者”1人：俞寿朋（研究院方法研究所所长）。

1988年全国总工会优秀工会积极分子1人：徐忠范（研究院副院长）。

1989年劳动人事部授予的“中青年有突出贡献的专家”2人：俞寿朋（研究院方法研究所所长）、赵振文（研究院软件研究所副所长）。

1990年被国家科委、人事部授予的“有突出贡献的中青年科学技术管理专家”1人：柴桂林（物探局总地质师）。

1991年被团中央授予的“新长征突击手”1人：柯本喜（研究院物探方法研究所助理工程师）。

1992年“全国绿化奖章”荣获者1人：韦佩玉（女、地调一处高级农艺师）。

1993年获李四光地质科学奖1人：袁秉衡（物探局副总地质师）。

1995年6月“全国职工自学成才奖”获得者1人：王京照（地调三处党委副书记）。

1996年在中国科技发展基金会、孙越崎科技教育第六届颁奖大会上获奖者3人：王宏琳（物探局副总工程师——获得能源大奖）、何展翔（地调五处副总工程师——获得优秀青年科技奖）、段书府（库尔勒研究中心副总地质师——获得青年奖）。

1997年全国总工会“文明家庭”奖获得者1人：郭韵（机械厂）。

三、教育系统全国先进人物（5人次）

1994年教科“八五”规划国家教育重点课题《课堂教学整体效应心理实验研究》研讨会上获奖者2人：赵子红（女、地调三处库尔勒子弟学校教师）获论文二等奖，周雪云（女、地调三处库尔勒子弟学校校长）获实验组织、指导、推动工作成绩显著奖。

1995年全国初中数学奥林匹克竞赛获得“优秀辅导员”称号者1人：王美玲（女、地调五处子弟学校指导教师）。

1996年全国初中数学奥林匹克竞赛获得“优秀辅导员”称号者2人：王向丽（女、地调五处子弟学校指导教师）、王美玲（女）（地调五处子弟学校指导教师）。

第二节　中央国家机关党工委先进人物

1984～1996年物探局涌现出中央国家机关党工委先进人物26人次。

一、优秀共产党员和优秀党务工作者、优秀党务工作者标兵（24人次）

1990年度：

(1) 优秀共产党员10人：柴桂林（物探局总地质师）、吴明开（技工学校维修组长）、俞寿朋（研究院物探方法研究所所长）、赵翠芬（女、解释中心高级工程师）、黄喆文（女、研究院银河系统组长）、吕进荣（机械厂工程师）、马玉国（地调一处2113队队长）、吕元平（地调三处2222队指导员）、刘以超（地调二处235队队长）、王世孝（特车厂震源车间技师）。

(2) 优秀党务工作者1人：段雨欣（女、研究院党委副书记）。

1992年度：

(1) 优秀共产党员8人：丁宝万（地调一处2181队指导员）、王树森（地调二处机修站技师）、崔建国（地调四处2255队指导员）、吕元平（地调三处2222队指导员）、吕进荣（机械厂组装车间工程师）、凌云（研究院IBM数据处理中心组长）、胡兴芳（徐水办事处保管员）、高增海（物探地质研究院塔里木室副主任）。

(2) 优秀党务工作者1人：段雨欣（女、研究院党委书记）。

1994年度：

(1) 优秀共产党员1人：王小牧（局副总工程师）。

(2) 优秀党务工作者1人：段雨欣（女、研究院党委书记）。

1995年度：

优秀党务工作者标兵1人：段雨欣（女、研究院党委书记）。

1996年度：

优秀党务工作者1人：桂玉华（地调三处党委书记）。

二、中央国家机关先进青年（2人）

1984年度中央国家机关“新长征突击手”1人：王舟（第四勘探公司2153队队长）。

1994年中央国家机关授予的“百优十杰”青年1人：邓小力（地调一处研究所副所长）。

第三节　省、部（总公司）级先进人物

1978～1997年物探局涌现出省、部（总公司）级先进人物197人次。

一、省、部（总公司）级模范、先进人物（35人次）

1978～1997年物探局涌现出省、部（总公司）级劳动模范、先进人物35人次。其中省级劳模12人；部（总公司）级劳模、先进人物23人次。详见表16－11、16－12。

在部（总公司）级劳模、先进人物中，有特等劳模2人；王宏琳三得殊荣。

表16－11　1986～1995年物探局涌现的省级劳模统计表

序号	姓名	性别	出生年月	民族	政治面貌	文化程度	参加工作时间（年．月）	工作单位	何年获何荣誉称号
1	钱荣钧	男	1945.6	汉	党员	大学	1970.6	地调二处	1986年河北省劳动模范
2	蒿忠信	男	1952.1	汉	党员	大专	1970.4	地调三处	1986年河北省劳动模范

续表

序号	姓 名	性 别	出生年月	民 族	政治面貌	文化程度	参加工作时间（年．月）	工作单位	何年获何荣誉称号
3	俞寿朋	男	1930.11	汉	党员	大专	1952.4	研究院	1987年河北省劳动模范
4	王宏琳	男	1941.5	汉	党员	大学	1963.8	研究院	1987年河北省劳动模范
5	柴桂林	男	1935.9	汉	党员	中专	1956.7	局机关	1989年河北省劳动模范
6	周安民	男	1950.9	汉	党员	初中	1971.10	地调三处	1989年河北省劳动模范
7	李殿荣	男	1957.	汉	党员	中专	1981.7	地调四处	1989年河北省劳动模范
8	丁宝万	男	1952.2	汉	党员	中专	1972.11	地调一处	1992年河北省劳动模范
9	叶梦生	男	1940.9	汉		大学	1964.7	仪器总厂	1992年河北省劳动模范
10	高增海	男	1945.1	汉	党员	大学	1970.7	物探地质研究院	1995年河北省劳动模范
11	王卫华	男	1952.6	汉		硕士	1976.3	地调二处	1995年河北省劳动模范
12	齐崇辉	女	1965.10	汉		中专	1986.7	研究院	1995年河北省劳动模范

表16-12 1978～1995年物探局涌现的部（总公司）级劳模、先进人物统计表

序号	姓 名	性别	出生年月	民 族	政治面貌	文化程度	参加工作时间（年．月）	工作单位	何年获何荣誉称号
1	刘洪斌	男	1952.12	汉	党员	大专	1969.3	地调二处	1978年石油部学铁人标兵
2	杨文洲	男	1941.2	汉	党员	小学	1958.10	特车厂	1978年石油部学铁人标兵
3	宋小堂	男	1932.12	汉	党员	高小	1955.12	特车厂	1978年石油部学铁人标兵
4	郑廷芳	女	1931.1	汉	党员	高小	1951.10	物探学校	1978年石油部学铁人标兵
5	吴春凯	男	1955	汉	党员	初中	1968	地调五处	1978年石油部学铁人标兵
6	王宏琳	男	1941.5	汉	党员	大学	1963.8	研究院	1978年石油部学铁人标兵
7	王宏琳	男	1941.5	汉	党员	大学	1963.8	研究院	1979年全国石油战线劳动模范
8	雒昭明	男	1956	汉	党员	初中	1975.1	地调四处	1979年全国石油战线劳动模范
9	元春常	男	1936	朝鲜		大专	1960	地调二处	1979年全国石油战线劳动模范
10	柴桂林	男	1935.9	汉	党员	中专	1956.7	局机关	1989年能源工业部特等劳动模范
11	詹世凡	男	1962.8	汉	党员	大学	1983.7	地调一处	1989年能源工业部劳动模范
12	刘以超	男	1951.8	汉	党员	大专	1973.1	地调二处	1989年能源工业部劳动模范
13	李殿荣	男	1957.6	汉	党员	中专	1981.7	地调四处	1989年能源工业部劳动模范
14	吕进荣	男	1933.9	汉	党员	小学	1951.3	机械厂	1989年能源工业部劳动模范
15	俞寿朋	男	1930.11	汉	党员	大专	1952.4	研究院	1989年能源工业部劳动模范
16	王宏琳	男	1941.5	汉	党员	大学	1963.8	研究院	1989年能源工业部劳动模范
17	王世孝	男	1943.1	汉	党员	初中	1963.7	特车厂	1989年能源工业部劳动模范
18	吕元平	男	1954.1	汉	党员	初中	1972.12	地调三处	1995年陆上石油工业特等劳动模范
19	高增海	男	1945.1	汉	党员	大学	1970.7	物探地质研究院	1995年陆上石油工业劳动模范
20	邓小力	男	1962.11	汉	党员	大学	1984.9	地调一处	1995年陆上石油工业劳动模范
21	崔建国	男	1958.2	汉	党员	中专	1974.1	地调四处	1995年陆上石油工业劳动模范
22	田振堂	男	1956.7	汉	党员	高中	1975.1	机械厂	1995年陆上石油工业劳动模范
23	周雪云	女	1945.2	汉	党员	大专	1969.9	地调三处	1995年陆上石油工业劳动模范

二、有突出贡献的省、部（总公司）级科技人员（31人次）

1978年河南省先进科技工作者1人：钱荣钧（地调二处）。

1991年首批被总公司批准的“石油工业有突出贡献的专家和思想政治工作者”18人。有突出贡献的专家：范祯祥、潘显灿、周继康、吴永金、何振香、钱荣钧、裘慰庭、程金箴、缪学明、罗维炳、孙廷举、钟国森（女）、张奎祥、牛毓荃、赵中全、熊翥、王达昌。有突出贡献的思想政治工作者：段雨欣（女）。

1995年总公司先进科技工作者9人。石油工业杰出科技工作者：李庆忠；杰出青年科技工作者：邓小力；先进科技工作者：钱荣钧、陈祖传、周兴元、张振生、国九英；革新技术能手：苏建义、邓宗明。

1996年总公司“铁人科技成就奖”银、铜牌奖获得者3人：俞寿朋（研究院物探方法研究中心地球软件公司高级技术顾问、获银牌奖）、周兴元（研究院副总工程师、获铜牌奖）、侯海水（地调二处勘探科工程师、获铜牌奖）。

三、教育系统省、部（总公司）级先进人物（23人次）

1985年河北省优秀园丁奖获得者5人：田仲华（女、一等奖）、侯秀坦（女、一等奖），马旭波（二等奖），黄方（三等奖）、杨雪裕（女、三等奖）。

1986年河北省优秀园丁6人：谢可一、张桂贤（女）、贾博艳（女）、王文利、黄方、沙镝（女）。

1987年河北省优秀园丁奖7人：许树均（女）、沙镝（女）、何耐能（女）、谢一可、华渊渊（女）、李庆南、常运坦（女）。

1990年石油系统教育先进工作者1人：谢寿椿。

1991年总公司先进教育工作者3人：么春玲（女）、屠孝萍（女）、谢寿椿。

1994年天津市初中数理化学科利用电教手段优化课堂教学获奖者1人：李润成（地调一处子弟学校教师、获二等奖）。

四、省、部（总公司）级其他先进人物（28人）

1991年石油系统合理化建议积极分子3人：王湘明（研究院）、万福生（地调二处）、马小武（仪器总厂）。

1991年度石油系统“优秀纪检干部”1人：阎会兴（特车厂纪委书记）。

1991年总公司节能先进工作者2人：李建华（培黎石油学校）、李建本（培黎石油学校）。

1993年被总公司多种经营会议授予的“优秀企业家”1人：田志勇（建筑公司副经理兼预制件厂厂长）。

1994年在石油纪检监察重点工作中有突出贡献个人1人：周韵科（地调四处纪委书记）。

1994年被中共河北省委宣传部等4个部门授予的“创业荣誉奖”获得者1人：李玉超（物探局党委书记）。

1994年被中共河北省委宣传部等授予的“加强民主管理推进企业改革发展的优秀厂长”1人：殷会祥（地调五处处长）。

1995年河北省“优秀企业思想政治工作者”2人：吴宗明（特车厂党委书记）、吴志远（地调二处党委书记）。

1995年河北省优秀工会劳动保护监督检查员5人：刘明义（局工会）、姚英俊（局工会）、张良斌（地调二处）、董长胜（地调五处）、周更伟（机械厂）。

1996年河北省“优秀企业思想政治工作者”2人：陈国生（职工医院党委书记、院长）、马尤和（地调五处党委书记）。

1996年陆上石油系统先进纪检监察工作者1人：阙传修（地调三处纪检监察科科长）。

1996年总公司档案会议先进个人3人：优秀档案员陈祖辉（女、特车厂）、孙殿波（机械厂）；先进档案工作者周娟（女、地调一处）。

1996年总公司和石化医药工会合理化建议和技术改进先进个人3人：侯海水（地调二处）、杨健（研究院）、孟昭田（地调一处）。

1996年陆上石油系统信访工作先进工作者2人：刘凌（女、局机关）、杨兴德（仪器总厂）。

五、河北省总工会和劳动厅先进人物（76人次）

1987年河北省职工读书自学成才者和积极分子3人：自学成才者王卫华（地调二处）；积极分子张振新（研究院）、罗国安（研究院）。

1989～1992年河北省总工会工会统计工作先进个人1人：余昌珍（局工会）。

1990年河北省合理化建议技术革新先进个人1人：徐昕（研究院）。

1990年河北省总工会先进财务工作者1人：张

世义（地调五处）。

1991年河北省“技术能手”称号获得者7人：司立强、赵子云、马小武、阎绍国、王群、李纪丰、杨继坤。

1991年被河北省总工会授予的先进个人3人：河北省先进女职工洪月英（女）、河北省女职工工作者卢凤芝（女）、河北省四自标兵王仁翠（女）。

1993年河北省职工读书自学活动获奖者7人：自学成才者王京照（地调三处）、国九英（研究院）；积极分子洪玉强（机械厂）、陈耿毅（研究院）、刘秀林（地调三处）、许茂泉（地调三处）；活动组织者徐成乐（研究院）。

1993年河北省总工会先进个人7人：工会统计工作先进个人郭里（局工会）；优秀工会工作者张文果（女、仪器总厂）、张嘉仁（地调五处）；劳动争议先进工作者丁成晖（地调三处）；优秀工会积极分子刘新章（徐水办事处）、毛省香（女、地调三处）、王树良（机械厂）。

1994年被河北省总工会等授予的优秀工会主席1人：丁成晖（地调三处）。

1995年河北省总工会先进个人6人：干部教育优秀个人谢武江（局工会），生活保险工作先进个人杭文才（局工会），工会统计工作先进个人郭里（局工会），优秀工会干部张文果（女、仪器总厂）、张嘉仁（地调五处），劳动争议先进工作者丁成晖（地调三处）。

1996年河北省总工会先进个人21人：河北省工会法律工作先进个人刘增和（局工会）、杨玉民（研究院）；发展工会企事业先进个人高跃（供应处）、张国忠（局工会）；优秀工会干部王艳（女、综合服务处）、王宝昌（徐水办事处）；优秀工会积极分子王宝生（地调四处）、王勇（特车厂）；女职工优秀支援工作者吴俊兰（女、地调一处）、张兆美（女、地调二处）；先进女职工冯金玉（女、机械厂）；先进女职工之友陈素芬（女、局机关）；工会经费审查先进个人霍印起（地调四处）、刘勋辉（机械厂）；工会统计工作先进个人郭里（局工会）；体育工作先进个人胡志奇（地调二处）、焦兰桂（地调三处）、韩来顺（地调四处）、张世义（地调五处）、马祥（仪器总厂）、田友坡（局工会）。

1996年河北省读书自学活动先进个人6人：优秀组织者刘增和（局工会），自学成才者刘明义（局工会）、叶青（女、局党委宣传部），读书积极分子徐淑英（女、地调五处）、金海林（职工医院）、黄克勤（制图厂）。

1997年河北省总工会和劳动厅先进个人11人：河北省集体合同先进个人钟辛生（物探局局长）、苟量（地调五处处长）、刘以超（基地处处长）、黄万祥（研究院工会主席）、丁成晖（地调三处工会主席）、张文果（女、仪器总厂工会主席）；河北省工会法律工作先进个人刘增和（局工会）、杨玉民（研究院）；工会统计工作先进个人郭里（局工会）；工会财务工作先进工作者李洁秀（女、局工会）；先进女职工干部白巨花（女、地调一处）。

1997年河北省总工会表彰的工会统计工作先进个人1人：郭里（局工会）。

六、石化医药工会表彰的先进人物（5人）

1994年优秀工会干部2人：丁成晖（地调三处）、刘金钟（机械厂）。

1996年优秀工会干部3人：王复林（地调一处）、尚华军（局机关）、高跃（供应处）。

第四节　总公司先进青年

1991年、1996年物探局涌现出总公司先进青年13人。

一、1991年总公司为发展石油工业献青春青年突击手标兵（1人）

柯本喜（研究院物探方法研究所助理工程师）

二、1991年总公司表彰的为发展石油工业献青春青年突击手（5人）

刘进兴（地调二处247队队长）、睢福全（地调三处2222队钻井组长）、刁利民（地调四处2254队放线班班长）、易碧金（仪器公司研究所总体组组长）、赵玉珍（女、机械厂机加工车间车工）。

三、1991年总公司表彰的石油系统优秀青年工作者（4人）

袁明（地调二处239队团支部书记）、王文祥（研究院子弟学校团支部书记）、张振西（地调一处2113队团支部书记）、牛文周（地调三处219队团支部书记）。

四、1996年总公司表彰的首届杰出青年岗位能手（1人）

房东亮（地调四处2254队司钻）。

五、1996年总公司表彰首届青年岗位能手（2人）

刘文利（物探地质研究院项目长）、田宝恩（地调五处308队队长）。

第五节　总公司直属机关党委先进人物

1990～1996年物探局涌现出总公司直属机关党委优秀共产党员99人次，优秀党务工作者6人次，先进工作（生产）者10人次，共计115人次。

一、优秀共产党员和优秀党务工作者（105人次）

1990年度：

（1）优秀共产党员31人：柴桂林　赵翠芬（女）　黄喆文（女）　俞寿朋　吴明开　吕进荣　马玉国　吕元平　刘以超　毛水祥　唐以仕　胡兴芳　潘志勇　王世贵　赵振泉　崔建国　朱洪军　王树森　刘连仲　段祥云　赵振文　李丕绩　李文增　王世孝　徐仲春　何振香　高凌昌　王宏琳　凌　云　楼正高　杨克礼

（2）优秀党务工作者1人：段雨欣（女、研究院党委副书记）

1992年度：

（1）优秀共产党员20人：丁宝万　邓小力　段世民　于　新（女）　王树森　秦天才　吕元平　王　超　崔建国　李丕绩　马景莽　唐以仕　王世孝　吕进荣　田振堂　凌　云　吴文成　胡兴芳　吴明开　高增海

（2）优秀党务工作者2人：段雨欣（女　研究院党委书记）　马尤和（地调五处党委书记）

1994年度：

（1）优秀共产党员22人：李金波　孙少波　邓小力　李淑芝（女）　段世民　潘智勇　贾炳华　冯志文　方栋良　孙连会　田正刚　刘金锋　马福林　朱可凡　田振堂　何秀明　张树才　顾汉章　赵振文　王小牧　高增海　郑仙种

（2）优秀党务工作者2人：段雨欣（女、研究院党委书记）　吴宗明（特车厂党委书记）

1996年度：

（1）优秀共产党员26人：李进勇　刘增利　徐仲杰　董秀池（女）　毛德民　刘方富　吕元平　崔建国　贾兰木　马富林　吴邯放　杨兴德　赵国玮　段书府　李绍宗　张奎祥　田振堂　王　飞　李　海　赵洪庆　周兴元　吴文成　李秀芳（女）　邱继贤　穆玉兴　高增海

（2）优秀党务工作者1人：桂玉华（地调三处党委书记）

二、总公司直属机关党委先进工作（生产）者（10名）

1995～1996年10人：吕成国　刘进兴　翟立新　巩庆林　何展翔　周兴元　田振堂　周晓谦　刘常利　沙　镝（女）

第六节　总公司直属机关团委先进人物

1981～1997年物探局涌现出总公司直属机关团委优秀团干部99人次，优秀团员182人次，新长征突击手28人次，优秀青年17人次，青年技术（业务）能手、最佳青年、杰出青年16人次，合计342人次。

1981年度优秀团干部2人：祝守业　张江祥

优秀团员29人：李殿荣　司彦章　周树堂　王荣林　卫仙凤（女）　师立怀　陈新生　邵仲鸿　张昌环　肖洪海　赵珍华　孟杰民　李尚英　石玉志　周晓光　刘书秀　张忠斌　狄　强　雒昭明　郭洪印　孙立坤　赵智忠　戎军生　石明岩　魏　波　崔奇修　厉　敏　郑宝良　李维发

1984年度优秀团干部8人：王晓帆　李　锐　王士宣　王晓玲（女）　郭见西　杨恩奎　刘文魁

罗国安

优秀团员14人：李长元 谷文泉 车廷信 秦天才 吕国敏（女） 刘连仲 吴红亚 蔡立新（女） 宋雪娟（女） 马紫仙（女） 赵晓莉（女） 石俊峰 李全文 段晋夫

1985年度优秀团干部15人：曹玉华 李建武 安新善 李建军 曹中建 曹永胜 张泽国 赵 亭 税伯林 张建秀 王士宣 刘洁慈 刘 锐 董静蕊（女） 王绍玉

优秀团员20人：刘 培 孙元波 秦远峰 张征宇 于淑敏（女） 张 浩 陈京华 王晓帆 刘安成 宋清秀 武新华 李占华 王小善 胡艳萍（女） 杨思魁 蔡东徐 贾 新 李满兴 李树贵 陈桂琴（女）

1986年度优秀团干部10人：曹志刚 李建武 曹永胜 赵 亭 张建秀 刘 锐 曹光松 苟 量 曹中建 丁 素（女）

优秀团员16人：张汝彬 刘树田 秦运峰 刘进兴 舒兰香（女） 李国六 吕 斌 何俊杰 梅 凯 张卫军 曾 缨（女） 商春然（女） 张国兴 王文亚 杨立明 庞月华（女）

1987年度优秀团干部8人：刘进兴 曹中建 赵秀良 殷玉萍（女） 曾庆平 田兴斋 王 飞 丰立军

优秀团员20人：陈启发 夏义平 苟 量 田瑞良 刘 蕊（女） 马德江 熊 鹰 商春然（女） 白占军 范立军 陈红英（女） 任四新（女） 彭朝全 曹 杰 秦好泽 张延庆 吴伯勇 王殿军 李培红 张世国。

1988年度新长征突击手28人：曹玉华 李灿成 宿梦业 秦天才 刘进兴 袁路迎 郭海强 王 舟 秦西奎 何俊杰 李虎占 赵 亭 王志勇 侯国礼 曹国强 赵秀良 王路会 李 舟（女） 张江祥 戴晓云（女） 孙丽霞（女） 车延信 白占军 周海松 胡建忠 张延庆 刘 锐 高启才

1989年度优秀团干部7人：曹玉华 赵秀良 李建武 戴晓云（女） 朱国振 王志勇 邓胜利

优秀团员19人：于年生 李义章 曹 杰 张立志 李 周（女） 梁绍兴 李存柱 王路会 张 伟 杨立明 郭 玺 王香荷 潘 铁 张延庆 胡建忠 龚 利 衣鹏飞 车虎森 王世杰

1990年度优秀团干部13人：王怀忠 李建武 朱英涛 李万祥 柯本喜 张国柱 洪月英（女） 袁风雷 刘松梅（女） 孙秀升（女） 田双芹（女） 邢新年 谢金锁

优秀团员24人：施 英（女） 赵丽君（女） 刘丽君（女） 宋长友 王学军 曹 杰 牛文周 张立根 李存柱 张 晖 梁绍兴 张 苏（女） 李延华 朱国振 李德刚 马志永 樊金凤（女） 庞月华（女） 邢晓兰（女） 许增魁 卢学明 车虎森 徐盛河 任四新（女）

1992年度优秀团干部16人：赵秀良 侯福斗 李建武 房丽华（女） 谢成军 王铁林 张文锋 郑建勇 刘松梅（女） 万海涛 谢金锁 杜 颖（女） 郭 里 邓胜利 滕升玉 邢新年

优秀团员20人：郑世保 钟铁强 孙卫民 龚 利 席贵芬（女） 朱国华 华百顺 张文革 卢学明 张希宁 张国柱 何俊杰 曹 杰 袁 明 王志强 王力中 郑鸿雁 翟立新 陈 伟 代红艳（女）

1994年度青年技术（业务）能手13人：何展翔 张延庆 孙 荣（女） 张道勤 翟立新 赵邦六 段书府 胡建忠 洪月英（女） 付炳信 齐崇辉（女） 王春风 刘占族

最佳青年1人：邓小力（地调一处研究所副所长）

1995年度杰出青年2人：蒋先艺（地调二处研究所高级工程师）

林依华（库尔勒研究中心计算站副站长、工程师）

优秀青年 17 人：苟　量　杨金荣　巩庆林　邵晓卓　王小善　李佩文　黄登贵　武新华　何展翔　林吉祥　孙江庆　陈仲委　张振西　熊　雄　陈学东　滕升玉　栾　军

1997 年度优秀团干部 20 人：王利路　谢成军　杨建波　王晓玲（女）　王志强　陈卫峰　于红莉（女）　杜　颖（女）　刘书秀（女）　马晓颖（女）　孙江庆　李玉岭　杨小顺　张　彪　徐卫明　滕升玉　戴海燕（女）　任四新（女）　韩金胜　王士杰

优秀团员 20 人：房东亮　刘　广　魏志红（女）　孟志贤（女）　郭　玺　李荣霞（女）　王增良　孟　薇（女）　杨松岭（女）　熊彩红（女）　吴　峰　庄　山　陈会军　林冬英（女）　吕青莉（女）　包　勇　汤　红（女）　王　栋　崔全章　谭文格（女）

第七节　大庆会战标兵

松辽地震会战时期，松辽地调处涌现出战区五好红旗标兵 4 人：张奎祥　刘　俊　雷桂芳（女）　方文娟（女）

第八节　物探局先进人物

1974～1997 年物探局涌现出局级标兵、老标兵 40 人次，命名劳动模范标兵 44 人次，劳动模范 529 人次，其他先进人物 6610 人次，合计 7223 人次。

一、标兵、老标兵（40 人次）

1974 年度局标兵 4 人：

"硬骨头石油勘探工人"吴春凯

"一心扑在革命上的好炊事班长"胡兴芳

"一心为人民服务的好干部"郑廷芳（女）

"认真学习的模范青年"叶青（女）

1976 年度局标兵 9 人：

"认真学习的模范青年"叶青（女）

"硬骨头石油勘探工人"吴春凯

"学铁人的好钻工"刘洪斌

"一心扑在革命上的好炊事班长"胡兴芳

"铁人式的老车工"宋小堂

"学雷锋的好炊事班长"屈文星

"一心为人民服务的好干部"郑廷芳（女）

"一不怕苦二不怕死的铁姑娘"郭凤玲（女）

"爱车如命安全行驶的好司机"杨文洲

1977 年度局标兵 13 人：

"硬骨头石油勘探工人"吴春凯

"学铁人的好钻工"刘洪斌

"以身作则的模范指导员"王政文

"一心扑在革命上的好炊事班长"胡兴芳

"学雷锋的好炊事班长"屈文星

"拼命干革命的铁姑娘"唐宝翠（女）

"一心为人民服务的好干部"郑廷芳（女）

"爱车如命安全行驶的好司机"杨文洲

"刻苦钻研的技术员"王宏琳

"认真学习的模范青年"叶青（女）

"一不怕苦二不怕死的铁姑娘"郭凤玲（女）

"敢于创新的技术员"吴烈诩

"铁人式的老车工"宋小堂

1978 年度局老标兵 14 人：吴春凯、郑廷芳（女）、叶青（女）、宋小堂、胡兴芳、郭凤玲（女）、唐宝翠（女）、屈文星、冯兵华（女）、刘洪斌、杨文洲、王政文、王宏琳、吴烈诩

二、命名劳动模范标兵（44 人次）

1991 年度命名劳动模范标兵 8 人：

身先士卒，带出过硬队伍的指导员——地调三处 2222 队政治指导员吕元平

争创一流工作的带头人——地调一处 2181 队政治指导员丁宝万

刻苦钻研，不断进取的科技工作者——物探地质研究院塔里木室副主任高增海

无私奉献，刻苦攻关的模范——仪器总厂高级工程师叶梦生

面向生产，大胆创新的科研先锋——研究院 IBM 数据处理中心方法组组长凌云

急小队所急，勇克难关的电工技师——地调二处机修站电工班长王树森

服务热情，技术过硬的钻机技师——机械厂钻机技术野外服务组组长王双进

勤奋耕耘的园丁——培黎石油学校汽修教研组组长、高级讲师谢寿椿

1992 年度命名劳动模范标兵 9 名：

虚心好学，勇攀高峰的科技新秀——地调一处

研究所副所长邓小力

刻苦攻关，不断进取的科技工作者——物探地质研究院塔里木室副主任高增海

以身作则，关心群众的好指导员——地调三处2207队政治指导员刘方富

严格管理，勤奋工作的好队长——地调五处316队队长何俊杰

走向市场，真抓实干的带头人——建筑公司预制构件厂厂长田志勇

顽强拼搏，技术过硬的操作能手——地调四处仪器服务中心操作员马景莽

忘我工作，优质高产的好工人——机械厂机加一车间车工何秀明

严细认真，争先创优的处理能手——研究院IBM数据处理中心资料处理员齐崇辉（女）

老当益壮，辛勤耕耘的园丁——培黎石油学校汽修教研组组长、高级讲师谢寿椿

1993年度命名劳动模范标兵8人：

拼搏奉献，再创佳绩的科研生产带头人——地调一处研究所所长邓小力

自学成才，硕果累累的科技工作者——地调二处计算中心高级工程师王卫华

勇闯市场，开拓进取的车间主任——仪器总厂四车间主任崔亚红

勤奋工作，无私奉献的好工人——机械厂机加一车间车工兼工会主席何秀明

勇于进取，忘我工作的勘探先锋——地调三处勘探科工程师严峰

精益求精，再创高产的处理能手——研究院IBM数据处理中心资料处理员齐崇辉（女）

严格要求，以身作则的维修队长——地调五处维修队队长李文增

老当益壮，默默耕耘的教育工作者——职工大学基础部主任、副教授郑仙种。

1995年度命名劳动模范标兵9人：

勇闯市场，再创佳绩的科研带头人——地调一处研究所所长邓小力

拼搏奉献，硕果累累的科技工作者——地调二处计算中心主任工程师王卫华

以人为本，开拓创新的政治指导员——地调三处2207队政治指导员刘方富

奋战南疆，成果卓著的科研工作者——局前指库尔勒研究中心副总地质师段书府

治队有方，威震沙场的思想政治工作者——地调四处2255队政治指导员崔建国

挺进藏北，争先创优的勘探先锋——地调五处302联队队长郝宏建

技术过硬，真抓实干的好班长——机械厂铆焊车间焊工班班长田振堂

刻苦钻研，一专多能的岗位工人——特车厂多种经营服务部钣金工柯常顺

把光明带给患者的白衣战士——局职工医院眼科主治医师符海城

1996～1997年度命名劳动模范标兵10人：

身先士卒，勤奋拼搏的好队长——地调一处2178队队长吕成国

严格管理，讲求效益的指导员——地调二处2220队政治指导员刘进兴

勇攀高峰，不断探索的队领导——地调三处2207队队长翟立新

严细认真，不断进取的科技工作者——地调四处研究所副所长巩庆林

埋头攻关，孜孜以求的科研之星——地调五处副总工程师何展翔

老当益壮，默默奉献的老科技工作者——研究院副总工程师周兴元

真抓实干，班组建设的带头人——机械厂铆焊车间焊工班班长田振堂

爱岗敬业，心系千家的好班长——基地管理处4号院锅炉班班长周晓谦

救死扶伤，刻苦钻研的好医生——职工医院外一科主任刘常利

教书育人，勇于创新的教育工作者——局涿州子弟学校教师沙镝（女）

三、劳动模范（529人次）

1976年度劳动模范11人：刘天臣　范新民（女）　钟国森（女）　冯洪士　李银和　尤文荣（女）　韩翠芳（女）　王忠浩　郝扣英（女）　郭长胜　袁　平

1979年度劳动模范32人：王宏琳　元春常　雒昭明　张秀坤（女）　刘新章　王湘民　王世昌　贺守坤　康大浩　刘洪斌　陈新生　吕传德　秦克乐　芦俊刚　绳德谦　李才茂　楼正高　刘昭富　杨开钧　宋小堂　戎军生　张桂清　杨京顺

赵炳斋 程嘉梁 付荣鑫 娄凤阁 胡兴芳 姚炳期 陈 华 孙仁书
戴九如

1980 年度劳动模范 23 人：王世昌 贺守坤 吴福成 厉 敏（女） 刘洪斌 元春常 康大浩
陈新生 吕传德 杨克义 楼正高 刘昭富 陈如江 陈 华 牛振忠
赵炳斋 段雨欣（女） 胡兴芳 娄凤阁 姚炳期 张子道 畅春香（女）
王宏琳

1981 年度劳动模范 28 人：王世昌 吴福成 齐敬茂 段雨欣（女） 刘洪斌 元春常 陈新生
康大浩 顾汉章 杨文彬 钱玉宝 杨克义 蔡慎行 楼正高 崔士林
范玉成 刘昭富 陈 华 陈如江 袁挚虞 赵炳斋 张子道 王达昌
刘天恩 郑源遥 吴明凯 王宏琳 畅春香（女）

1982 年度劳动模范 35 人：王世昌 吴福成 齐敬茂 燕建平 康大浩 刘洪斌 段雨欣（女）
胡永义 段祥云 陈福祥 陈廷罗 杨克义 袁 平 顾汉章 张正强
鹿秋国 楼正高 蔡慎行 崔士林 范玉成 张世义 陈 华 陈如江
张 隋 袁挚虞 胡德华 王宏琳 刘天恩 赵炳斋 王达昌 张子道
吴明凯 畅春香（女） 娄凤阁 郑源遥

1983 年度劳动模范 36 人：王世昌 吴福成 齐敬茂 燕建平 任福臣 胡永义 畅春香（女）
段祥云 康大浩 陈福祥 陈廷罗 杨克义 袁 平 白祖星 鹿秋国
芦俊刚 张正强 楼正高 张世义 范玉成 崔士林 陈 华 陈如江
胡德华 王士贵 张 隋 赵炳斋 刘天恩 赵振文 李 德 袁挚虞
孙国权 耿廷武 孙长城 娄凤阁 吴明凯

1985 年度劳动模范 12 人：李庆忠 王宏琳 钱荣钧 蒿忠信 范玉成 段祥云 任庆平 侯秀坦（女）
李静华 韩志杰 郑源遥 赵尚武（追认）

1986 年度劳动模范 18 人：俞寿朋 李庆忠 马兆余 秦学军（女） 李殿荣 楼正高 任庆平
郑永乐 李静华 段祥云 赵振文 郑源遥 吕进荣 孙长琦 娄凤阁
王世孝 胡兴芳 谢一可

1987 年度劳动模范 27 人：俞寿朋 李庆忠 安洪斌 黄喆文（女） 郑永乐 董有丰 钱荣钧
王树森 接铭训 方栋良 边春雪 叶风来 孙占久 何中朝 周占赠
楼正高 李来顺 王俊和 初铭海 吕进荣 王世孝 郑源遥 许树均（女）
胡兴芳 孙圣聪 娄凤阁 沙 镝（女）

1988 年度劳动模范 24 人：柴桂林 周安民 黄喆文（女） 詹世凡 李殿荣 刘以超 吕进荣
王世孝 俞寿朋 王宏琳 马玉国 钱荣钧 吕元平 白克敏 石全恒
陈海林 楼正高 陈恒昌 胡兴芳 荣 耀 娄凤阁 吴明凯 周雪云（女）
王 晋

1989 年度劳动模范 22 人：马玉国 赵振全 黄喆文（女） 刘以超 吕元平 王树森 刘连仲
白克敏 陈海林 周占增 杨占宏 吕进荣 叶梦生 王世孝 胡兴芳
李玉才 俞寿朋 柴桂林 谢寿椿 赵翠芬（女） 吴明凯 许树钧（女）

1990 年度劳动模范 21 人：赵庆德 邓小力 刘以超 夏桂先（女） 吕元平 王树森 李良忠
白克敏 陈海林 张麟祥 战寿海 吕进荣 刘殿文 王世孝 胡兴芳
李玉才 杨锦成 王宏琳 王小牧 谢寿椿 吴明凯

1991 年度劳动模范 51 人：丁宝万 邓小力 赵振泉 洪月英（女） 刘 健 于年生 王树森
秦天才 陈恭伟 刘进兴 段世民 吕元平 边国顺 李良忠 王 超
任留学 李万生 陈海林 李培绩 马景莽 崔建国 何俊杰 张亨水
周鼎潮 吕进荣 王双进 田振堂 叶梦生 刘殿文 王秉良 宋福山
李满收 于 新（女） 胡兴芳 李玉才 董 衡 黄克勤 凌 云

徐子伯　吴文成　高洪才　张淑敏（女）　陈乾元　高增海　傅宝山
李长海　谢济平　李宝钊　屠孝萍（女）　么春玲（女）　谢寿椿

1992年度劳动模范45人：邓小力　李　海　曹志刚　洪月英（女）　赵振泉　刘永刚　武同生
段世民　徐天柱　秦天才　刘方富　李万生　方栋良　于天水　司彦章
马景莽　王晓峰　崔建国　何俊杰　何展翔　李文增　何秀明　田振堂
崔亚红　李满收　田占起　赵洪庆　万常青　于　新（女）　朱学岳
齐崇辉（女）　宋金义　刘　臣　周兴元　高增海　马　涛　洪祖扶
田志勇　刘以超　王泽良　谢济平　谢寿椿　刘文考　郑仙种　刘国祥

1993年度劳动模范43人：邓小力　李　海　李金波　李淑芝（女）　孙少波　代双河　王卫华
张占敏　段世民　潘志勇　武同生　严　峰　冯志文　李良忠　方栋良
汤明启　田振刚　张万福　李文增　郝宏建　周鼎潮　何秀明　齐崇辉（女）
田振堂　崔亚红　杜书奎　王有新　顾汉章　张振生　王小善　李满收
宋福山　郭全增　马悦英　万常青　刘春兰（女）　杨　生　巩宝成
赵殿君　郑仙种　刘建英（女）　朱克锦　李国占

1995年度劳动模范51人：邓小力　张春雷　刘增利　王晓平（女）　李进勇　朱红军　王卫华
刘进兴　张异伯　段太平　武同生　刘方富　吕元平　李坤启　赵奇勇
孙　超　崔建国　刘金峰　田振刚　薄中华　巩庆林　郝宏建　李文增
周鼎潮　田振堂　黄宏卫　鲍　华　崔树伦　白万义　柯常顺　沈永军
刘志勇　赵　波　吴文成　李阳明　王积祥　闫建国　万常青　郝长武
符海城　李满兴　巩宝成　段书府　王贵重　闫新杰　黄居忠　苗春峰
周国梁　李宝林　袁连军　曹　瑞

1996～1997年度劳动模范50人：吕成国　李会强　江　玲（女）　孙国华　张进学　刘连仲
刘进兴　尹凤权　陈仲委　武同生　张少华　翟立新　罗开必
王建民　尤二群　巩庆林　房东亮　全海燕　杨　伟　王新庆
何展翔　李文增　李锁振　田振堂　黄宏卫　鲍　华　崔树伦
白万义　柯常顺　沈永军　李　量　闫建国　王建忠　周兴元
刘常利　熊　雄　高增海　王顺根　丁戊群　周晓谦　杨巨凤
黄全仁　宫国平　温声明　邱继贤　沙　镝（女）　刘铁龙
王　静（女）　李世和　苏万青（女）

1973～1997年度其他先进人物6610人次（名单略）。

第九节　塔里木石油勘探开发指挥部劳动模范

1994年度塔里木石油勘探开发指挥部劳动模范1人：
物探局地调三处吕元平

附　录

一、部、总（集团）公司名称及主要领导人变更

附表　部、总（集团）公司名称及主要领导人变更情况表

时　间（年.月.日）	机构名称	领导职务	姓　名	任职时间（年.月.日）
1949.10.1	燃料工业部	部长	陈　郁	1949.10.19
1955.7.30	石油工业部	部长	李聚奎	1955.7.30～1958.2.11
		部长	余秋里	1958.2.11
		党委书记	康世恩	1965.2（主持部工作）
		军管会主任	欧阳毅	1967.6
1970.6.22	燃料化学工业部	革委会主任	伊　文	1970.6.22～1972.5
		部党的核心小组第一副组长、革委会第一副主任	康世恩	1971.5.5（1972.5 主持部工作）
1975.1.17	石油化学工业部	部长	康世恩	1975.1.17～1978.3.5
1978.3.5	石油工业部	部长	宋振明	1978.3.5～1980.8.25
		兼任部长	康世恩	1981.2～1982.5.4（时任国务院副总理）
		部长	唐　克	1982.5.4～1985.6.18
		部长	王　涛	1985.6.18～1988.9.17
1988.9.17	中国石油天然气总公司	总经理	王　涛	1988.9.17～1997.1
		总经理	周永康	1997.1～1998.3
		总经理	马富才	1998.3～1998.4.29
1998.7.27	中国石油天然气集团公司	总经理	马富才	1998.4.29

二、部、总公司领导对物探工作的重要讲话、指示（摘录）

1972 年 4 月 26 日，燃化部领导康世恩等在听取六四六厂汇报时指出：部党的核心小组拟将六四六厂改名为燃料化学工业部石油地球物理勘探局。康世恩强调：今后，物探局要成为我国石油勘探的一支综合性队伍，其主要任务有：第一，成为全国石油地质、地球物理资料的处理、解释、综合基地；第二，成为发展地球物理勘探队伍的装备、供应基地；第三，成为一支机动部队，在部里统一部署下搞全国区域勘探；第四，为石油物探系统培训技术骨干；第五，逐步发展搞一些地质、地球物理勘探基础研究。后来，上述五项任务概括为“四部一军”，即：参谋部、研究部、培训部、装备部和野战军。

1978 年 1 月 27 日，石油化学工业部部长康世恩到物探局检查指导工作，要求物探局履行全国石油物探领导作用，大体抓四项工作：（1）办成野战军的样板队；（2）形成全国物探资料处理、解释、研究中心；（3）办好地球物理勘探学校，培养出一批人才；（4）把物探装备工作抓起来，把徐水几个厂子搞好，能够适应队伍打硬仗。物探局把这几件事办好了，就起了全国石油物探的领导作用，12 个战略区就有了样板、力量。康部长讲：“要从本质上看物探局的作用”。

1978 年 3 月 2 日，即将就任国务院副总理的康世恩在同物探局领导谈话时指示：

你们物探局如何履行全国石油地球物理勘探的领导作用。

第一、要把物探局的地震队建成野战军的样板队。这样部里在你们物探局就有一支经过多次会战的地震队伍，这是一支重要的野战机动队伍。这支队伍的作风是第一的，技术、装备应该过硬，工作效率、记录质量必须是最好的。这支队伍要能既适应在华北地区常年施工，将来又适应到全国各个地区去施工。所以，部里要强化物探局地震队的装备，包括生活装备、稳固的后方生活基地。将来各个探区的地震队，就以你们作样板来建设。

第二、物探局要形成全国石油地球物理的处理、解释、研究中心。你们的计算机要很好运用，关键

是要有一支强大的处理解释技术专业化队伍，不但会用计算机，懂得从国外引进的模块，而且要自己编出一套标准程序。各探区只要拿上你们编的标准程序就能处理出高精度的剖面来，一打井成功率很高。各地的地质、物探、处理人员要到你们这里来，由你们组织处理、解释，一直到出地质成果。要逐步做到，从你们这里出的成果是权威、是信得过的。

第三，你们要办好石油地球物探学校。从形成12个战略区着想，把各类物探学校抓紧办起来，而且要办好。

第四，把物探装备工作抓起来，把你们徐水的几个厂子搞好，能够适应物探队伍打硬仗。

我认为，石油地球物理勘探局把这几件事办好了，就起到了全国石油物探的领导作用，12个战略区就有了样板、力量。要从本质上看物探局的作用。我讲的这些意见，你们要向宋振明部长和将要建立的部党组汇报。

1978年6月3日，宋振明部长在全国石油化学工业第二次工业学大庆会议上的报告中指出：大力展开以地震为主的地质、地球物理综合勘探，有计划、有步骤地对全国主要沉积盆地进 行区域调查，提前为钻探准备好战场。今后三年的重点，是搞好塔里木盆地西南部、柴达木盆地西部和滇黔桂地区，以及东海、黄海、南海大陆架的区域勘探；并认真做好渤海海湾地区的地震详查工作。为此，要在充分发挥现有磁带地震队作用的基础上，大力发展数字地震。要搞好地震队伍的装备配套工作，研究解决西北地区的地震震源问题，三年内把全国地震队的平均年效率提高一倍。要迅速壮大地震资料的处理队伍，努力掌握数字处理技术，建立以物探局为主的全国地震资料处理网，实现全部地震资料的数字处理。要积极开展地球物理勘探 新技术、新方法、新装备的研究，努力赶超先进水平。

1978年6月6日，焦力人副部长在全国石油化学工业第二次工业学大庆会议油口大会上讲话中指出：要狠抓石油地球物理勘探这个环节，向物探要油气田。1958年以来，我国的地球物理勘探工作发展很快，全国绝大多数油气田都是先通过地震，后经过钻探发现的。

1981年6月26日，石油部副部长孙晓风在一次座谈会上听到物探技术发展状况时指示：你们是先行，要搞快点，不然石油工业上不去。你们石油地球物理勘探局是代表部的，对全国整个石油地球物理勘探工作在技术、业务、研究工作上的发展与提高都要起指导作用。康（世恩）副总理说过，你们这里要成为地震资料处理、解释、研究中心，要从全国各探区集中一些 技术力量，形成拳头。你们需要部里解决什么问题，可以提出来。我们想把物探局作个点，配配套。整个石油部一是抓物探，二是抓钻井，不然上不去。你们要对保一亿吨当好参谋，要负责全国物探工作，要把这一路的工作搞好，要把特殊处理 搞上去。

1983年9月22日，石油部部长唐克在北京对部地质勘探司和物探局领导指示：物探局要起到石油部管理全国物探的职能作用，加强对物探工作的领导和管理。

1986年6月20～23日，石油部部长王涛到新疆塔里木施工的物探局第三勘探公司检查指导工作时提出："七五"期间，石油工业前景怎样，主要就看物探地震工作了。他要求物探局高标准、严要求，提高管理和勘探水平，为开发塔里木继续当好先行，在"七五"期间做出新贡献。

1986年6月29日，石油部副部长周永康在全国石油物探工作会议上讲话中指出：物探局主要负责全国大的战略接替，做好新探区和新盆地的物探准备工作。物探局要成为石油物探装备名副其实的"装备部"；在发展新技术方面，物探局应当成为全国的物探技术储备库，抓紧研究和采用各种新技术，并不断地使之辐射、扩散，在各油田推广应用。全国以物探局为中心建立一级（计算机）处理站，各个油区建立二级处理站或三级现场处理站。物探局职工大学要成立专门的解释人员培训中心，提高解释人员的技术素质。

1987年2月16日，石油部部长王涛在物探局职工大会上讲话，他从六个方面肯定了物探局的成绩和对石油工业做出的贡献：

第一个方面是在开拓新区、发展老区的工作中，物探局发挥了野战军和尖兵的作用。在全国二十几个省、市、自治区，都有我们物探局的足迹，在各个油区和探区都有你们的成果。就"六五"期间来说，物探局承担了八个新区，象塔里木、吐鲁番、河西走廊、陕甘宁北部、二连、临清、周口和松辽盆地的东南隆起，这八个地区的区域普查和局部详查的任务。同时又配合各个油田的物探队伍，在华北、中原、辽河、胜利、大庆等油田，承担了一些重点地区的精查任务。经过物探局同志们的努力，一共发现了各类圈闭1300多个，总圈闭面积达两万多平方公里，提供了各种探井井位1200多口，配合钻探找到的石油储量有七亿多吨，为石油勘探的战略展开，为老区储量的不断增长，是立了功的。

第二个方面是在推进物探科技发展的过程当中，物探局发挥了技术开发上的主导和带头作用。“六五”期间，你们一共取得了三个方面的重要进步：一是野外地震采集全部实现了数字化，并且掌握了高次覆盖的技术，三维勘探、沙漠勘探、可控震源勘探、高精度重力勘探等新技术；二是物探资料的处理日益精确和多样化，已经由常规的处理发展为精细处理和特殊处理，并且开始有了我国自己的应用软件；三是资料的解释水平不断提高，由过去主要进行构造解释，发展到综合各种信息进行构造地层岩性和油气评价等多方面的解释，以及层间构造特殊岩性体的解释。由于这些技术上的进步，大大地扩展了我国的勘探领域，加强了我们对地下的认识，在一些地区打开了新局面，提高了我国油气勘探的成功率。

第三个方面是在物探新技术的应用过程中，物探局发挥了推广和服务中心的作用。“六五”以来，物探局的同志们通过科技攻关和引进技术、消化、吸收的工作，把掌握得比较成熟的物探先进技术不仅应用到本局的工作中去，而且介绍到全国的石油物探系统。还为各油田处理了近十万公里的地震剖面资料，培训了四千多名装备操作、计算机处理、解释研究人员。从而促进了全国物探水平的不断提高，使我国的物探技术在石油专业技术中成为发展最快、成效最为显著的技术之一。

第四个方面是在物探专用设备的研制、生产和配套方面，发挥了制造基地的作用。这次我去看了你们仪器厂和机械厂的一部分产品，看到你们已经初步形成了勘探仪器、辅助仪表、地震电缆、地震检波器、车装钻机，以及辅助机具、箱式车辆、可控震源等八大系列产品，这些产品除了满足本局需要以外，还能供应各油田物探队伍的需要，这就为物探专用设备立足于国内打下了一个比较好的基础。与此同时，你们生产的检波器和磁头开始打入了国际市场，为我国石油物探装备参与国际竞争创造了一个好的开端。

第五个方面是在多年的工作实践中，物探局培养了一支思想、技术、作风好的专家和技术干部队伍，以及一支能吃苦耐劳、敢打硬仗的职工队伍。现在物探局已经有了一支具有相当水平的技术队伍，包括计算机的硬件、软件、资料处理、解释，以及方法研究、装备研制等各方面的技术人员，这是一支很可贵的力量。我们的野外作业队伍思想和技术素质也有很大的提高，他们常年在野外工作，不怕艰难险阻，努力钻研科学技术，比较好地掌握了现代数字地震的采集方法。特别是去年，我到塔里木进入沙漠到了我们1832地震队，看到我们队伍的精神面貌，确实使人很感动，在那么艰苦的条件下，每一个工人、干部都是那样朝气蓬勃，满脸微笑，看得出，他们对自己的事业是那么样忠实、那么样热爱，而且从艰苦的工作中感受到自己的乐趣，看到了自己人生的意义。我跟那些年轻的工人同志们在一起交谈，坐车在沙漠中走了一段，确实感到我们这支队伍的精神面貌实在是好！应该说，塔克拉玛干大沙漠，按照维语是“进去出不来”的地方，第一批进去的是我们的石油物探队伍。今天我们这支已经掌握了现代技术的石油物探队伍，也正在胜利地征服着前无人迹的塔克拉玛干大沙漠，我们现在有1830、1831、1832三支地震队在那里，这些同志在沙漠腹地为寻找祖国的油气宝藏付出自己辛勤的汗水和劳动，他们以自己的实际行动写下了我国石油工业发展史上光荣的、有历史意义的一页，受到了人民的普遍赞扬和尊敬。

第六个方面是在发展生产的基础上，广大职工的生活条件和居住条件都有了改善。“六五”期间，物探局已经初步建成了八个生活基地，使野外的职工在休假、集训期间，以及他们的家属、子女有了一个比较安定的生活环境。全局的农副业生产也有比较大的发展，对改善职工生活起了好的作用。

以上六个方面的成绩说明，物探局的工作是好的，队伍是好的，是应该给予充分的肯定和继续发扬的。

王涛部长在肯定物探局成绩的同时对物探局提出了四项任务：(1) 物探局应当成为石油 工业今后发现新的油气资源大区战略接替的野战军；(2) 物探局要成为石油物探技术开发和 科学研究的中心，同时又是推广先进物探技术和进行物探技术服务的中心；(3) 物探局要成 为物探专业人才的培训中心；(4) 物探局要成为物探装备的生产基地。

1989年9月28日，总公司副总经理周永康在大庆主持会议，研究加快塔里木盆地石油勘探开发。会议要求“物探局的工作重点要进一步转移西部，拿出塔里木盆地3～5年的物探规划。”

1990年2月21日，总公司总经理王涛代表总公司党组、总公司领导，专程到物探局看望参加物探局第五次基层建设工作会议的与会人员，向石油物探战线、特别是坚持常年战斗在一线的职工问好。他在讲话中多次讲到想到物探战线的同志们。在讲到二连油田时说："在庆祝那个油田出油的时候，我自然就想到我们物探战线前线施工的同志们，是你们首先发现了构造，搞清了地下的基本情况。当然，我每到一个新区也很自然地想到同志们，因为你们是石油工业的先行"。他在讲到塔里木形势时说："在我为塔里木取得勘探成果而欢欣鼓舞时，我就想到了我们物探战线的同志们。因为，正是你们第一个闯进了塔克拉玛干大沙漠，……总公司很清楚，塔里木今天的形势来自物探战线的努力"。王涛总经理在讲到怎样振奋民族精神，为社会主义祖国争光、争气的时候说："我就想到了我们物探战线的同志们，给我印象最深的就是我们物探局派一个地震队到缅甸施工，缅方按照以前其他国家物探队的施工进度同我们签合同，按一天50炮计算公里数。我们的地震队实际干起来一天110炮，超额完成任务。而且价格便宜、资料质量优等，队伍工作效率高。缅方人员伸出大拇指说'你们是真正的朋友'。我从我们的石油物探队伍看到了我们的志气，看到了我们的威风"。王涛总经理在讲到石油工业发展的战略时，深情地说："我又想到了你们。到本世纪末这十年怎么干，从整个石油工业来讲，要真正很好地发展，今后要实现三大战略：第一大战略就是稳定发展东部，加快发展西部。特别是塔里木盆地的开发在这方面石油物探是先行官，所以物探工作搞得快慢，搞得质量如何，效果如何，决定我们这个大的战略，所以总公司决定，物探局要把工作的重点放到加快西部的开发上"。王涛总经理讲："物探局是整个石油工业的野战军，是石油勘探工作的先行部队、尖兵，总公司把最优良、最先进的装备放在物探上。你们有良好的装备、训练有素的专家，有一个很好的培训条件，所以，你们应该把自己当作'国家队'，每个基层队都要把自己当成能代表国家水平的国家队这个标准建设队伍。我希望物探局要在今后的石油工业发展当中发挥更大的作用。加强地球物理队伍的建设，加强物探装备的更新，提高技术水平、队伍的素质、管理水平，以及加强地球物理方面的科研和新技术的开发。这个问题总公司将把它放在一个十分重要的位置，希望物探局要十分清醒地认识到自己的历史使命"。

1990年12月1日，王涛总经理在物探局处以上干部会上讲：

物探局作为整个石油工业的先行官，作为石油勘探的战略部队，作为石油物探技术发展中心，在国内是一支最强大的石油物探队伍，是一支很有战斗力的队伍，有一种不怕困难、勇敢探索、乐于奉献的精神，在任何艰难困苦的条件下都能打硬仗。这个传统既体现了大庆精神，同时又具有物探局自己的特点。我们物探队伍是一支好的队伍，指到哪里打到哪里，能打硬仗。石油工业"七五"期间的几个大的发现，都是与物探局分不开的。拿塔里木来讲，没有你们十多年在沙漠里工作，打开了"死亡之海"的大门，塔里木哪里会有今天？

最近，报纸上报道，陕甘宁盆地发现了大气田，我到那里看了看，发展前景确实很好。在1200平方公里范围内集中力量进行整体解剖，打的探井没有落空的，日产无阻流量一般在10～30万立方米。这成绩靠什么，首先还是你们这支队伍。陕甘宁地区的地震工作，多数是物探局做的。

吐哈盆地也一样，打开吐哈盆地的勘探局面靠的是谁呢？还是你们物探这个先行官。先是伊拉湖，以后是丘陵、鄯善，都干得不错。

二连油田现在建成100万吨生产能力，我们首先想到的还是物探队伍，你们在那里艰苦工作了许多年。当然还有辽河、华北、大庆队伍在那里共同进行会战，但主力是你们。与此同时，物探局在冀中、中原、辽河、大庆地区也做了很多工作。现在开鲁盆地已经见油了，这个盆地的早期工作也是辽河和你们一起做的。所以，我们说物探这个先行官是十分重要的，是石油工业顺利实施第一大战略的重要保证。总公司认为，在实施三大战略任务中，物探队伍必须发挥三个作用：即石油工业发展的先行官作用；石油勘探展开的战略部队作用；石油物探技术发展的中心作用。

结合石油工业的任务，我希望物探战线要在今后的石油工业发展当中能够发挥更大的作用。发展石油工业，勘探工作要始终放在首位。要把勘探的主要任务放在地球物理勘探和地质综合研究上，尽量少打井，还要多拿储量。从这个意义上讲，加强地球物理勘探队伍的建设，加强仪器、装备的更新，提高技术水平、队伍素质、管理水平，以及加强地球物理方面的科研和新技术的开发十分重要。这个问题总公司将把它放在一个十分重要的位置。希望物探局要十分清醒地认识到自己的历史使命。

1990年12月11日，王涛总经理在同调整后的物探局领导班子成员见面时讲道：

物探局要发挥三个作用，一个是整个石油工业的先行官，一个是石油物探的战略部队，一个是物探技术的发展中心。

先行官，就是要有重点地开辟新区，物探局要为总公司“稳定东部，发展西部”这个战略服务；发挥物探技术发展中心的作用，你们要跟踪世界新技术发展的趋势，该引进的要引进，不能落后。另一方面，你们要发挥自己的优势，开发软件，提高采集、处理、解释的综合能力。同时，要做到三个深入：一个叫把地震技术深入到开发领域，要搞开发地震；二个要深入到地球物理专用设备的制造领域，要搞出自己的特色；三个是深入到国际竞争中去，按照这个目标去训练队伍、开发技术，武装我们的队伍，使之现代化。

1991年1月12日，总公司领导在听取物探局“八五”规划汇报时的插话。

王涛：“八五”期间物探局要发挥好“三个作用”，要进一步提高管理水平。要按照国际标准建十个样板队。

周永康：你们是全国的物探局，在确保西部战略展开上起主力军作用。物探局是支战略部队，处于十分重要的地位，你们工作的好不好，作用大不大，决定着总公司战略部署能否实现，关系到整个石油工业的发展。

邱中健：要保持、发展物探这个优势，必须继续投入。我认为给物探局投入是一本万利的事。物探局是一个全国性机构，工作面应该覆盖全国，同时，又是一支战略部队，在工作方针上不能同东部、西部一个样。在东部，物探局主要是抓两头，一是搞油田的补充，做一些油田力所不及的普查工作，再就是精雕细刻的攻关性工作。而在西部物探工作主要靠物探局。

1992年11月30日，王涛总经理在物探局厂处领导干部会上对物探局在新形势下做好工作的几点要求和希望。

第一，物探局作为总公司实施“三大战略”的先行官、战略部队和物探技术开发中心，这三个作用要继续发挥好。同时要加一个作用，就是要建成具有国际水平的勘探公司，围绕“三大战略”，更好地开展工作。

第二，要认真地发展科技，不断地更新装备，提高自己的科学技术水平。

第三，要加强管理。

第四，加强人员培训，提高人员素质。

第五，继续保持和发扬石油职工的优良传统。

1993年7月2日，周永康副总经理在物探局厂处领导干部会议上讲：

当前制约石油发展最根本的还是资源问题，资源最根本还是战略接替资源跟不上。能源是构成国民经济发展的瓶颈之一，能源里石油天然气又是最窄的地方。我们现在的发展还不能适应国民经济发展的需要。因此我们勘探的第一个目标在东部这一块，争取储量增长与采出平衡。勘探的第二个目标，是在西部的战略展开，能够形成一个期望中的战略接替变为现实中的 接替。实现这一目标有三个问题需要物探局来研究。

（1）如何为石油工业发展的战略接替提供更多的后备战场。物探局是勘探的先头部队，是尖兵。你们作为总公司的战略勘探部队，要着力于解决我们的战略任务。这个历史任务不能含糊 。

（2）如何为稳定东部，提高我们现实的资源区的开发水平做出贡献。

（3）如何使我们的物探技术达到世界一流水平。物探局仍然要起带头羊的作用。物探局确实 要从总的体制上管理方式上研究一下：

第一，物探局作为总公司一支战略勘探部队，在当前的改革中，不应该去削弱它、解体它，而是要进一步加强这支队伍，在深化改革中如何更好地发挥这支队伍的功能。这一点总公司还是要支持的，总的是要朝着形成物探集团公司的模式发展。物探局在总的体制、结构上要做些协调，是否要那么多的人？是否管那么多事？要改革，要改进，而不是取消，这是我们的基本观点。总公司还要依靠这个集团。你们既要把自己内部的事情办好，又要在全国石油物 探战线上仍旧起到带头羊的作用，甚至还有一些某种必要的管理上的职能。

第二，要大力培育市场，在市场竞争中求发展。

第三，加快局内改革的步伐，形成从上到下的一套好机制。

三、中国石油天然气总公司在物探局现场办公会议纪要（1996年3月7日）

2月8日上午，周永康副总经理、邱中建副总经理、黄炎助理等在物探局召开现场办公会。会议听取了物探工作汇报和技术汇报，同意物探局的“九五”计划和1996年工作部署。会议指出：物探局是一支为我国石油工业发展作出了巨大贡献的队伍，是一支特别能战斗的队伍，也是一支思想素质、技术素质比较高的队伍。目前，物探局正发展成为在国际上有一定竞争力和知名度、有一定实力的野外采集、资料解释和装备制造等综合配套的一支专业化队伍。会议就有关问题做出决定：

(1) 物探局是总公司的战略物探部队、石油工业先行官、物探技术开发研究中心，在“九五”期间应该发挥更大作用。结合石油工业的实绞，总公司对物探局的总体要求是：要为总公司实现资源的良性循环做出更大的贡献，把寻找大场面作为首要任务；要在实现两个根本性转变中做出更大的贡献，通过多做高质量的物探工作，提高勘探开发效益，拿到更多的地质成果；要在推动勘探开发技术的进步、在创造中国特色的物探高新技术方面做出更大的贡献，成为总公司勘探技术的带头羊、排头兵。

(2) 物探局作为勘探单位，按事业法人登记，内部实行企业化管理，根据总公司总体改革方向和分步走的实施方案，物探局应建设成集装备、技术和野外采集、处理、解释配套的具有国际竞争实力的综合性勘探服务集团公司。

(3) 物探局兼有甲乙方双重职能，内部管理上甲乙方彻底分开。总公司继续赋予物探局对全国石油系统物探行业的部分管理职能，代行某些甲方职能，在新技术新方法的推广应用、行业标准的制定、行业施工质量监督、行业技术人员的培训、新区项目研究和物探装备研制等方面继续发挥作用。在内部管理上要实行甲乙方彻底分开，规范甲方职能，明确任务，履行责任；五个地调处和承担乙方职能的单位，必须全部推向市场。属于承担甲方职能的经费，由总公司负责核定，给予投入。

(4) 物探技术的开发与研究要列出专门的科学试验项目和关键技术项目。物探局要与勘探局、科技局一起认真规划，围绕总公司西部勘探会议提出的五个方面科技难题，在采集、处理、解释三个环节上，大力加强科研攻关力度。同时，要组织一支专业试验队伍，把具体攻关课题和项目成果的试验落实到具体队伍上去，拉开研究档次，搞好技术储备；计划局、财务局要将物探技术开发研究资金，单独列出，给予支持和帮助。

1995年藏北勘探，是一次试验性生产，物探局要尽快研究总结，形成一套适应这种地区工作 的方法和技术。

(5) 对物探局的装备更新发展、计算机软硬件的更新换代和国产装备的制造，总公司仍一如既往地给予投入支持。总公司要发挥宏观调控作用，加大技术更新投入的力度，下决心保持物探局这支队伍的先进水平，支持物探局打入国际市场，使物探局成为总公司的具有国际竞争实力的中央部队。

(6) 物探局的职工住宅建设，主要要依靠物探局通过房改解决住房建设的资金，形成职工住房的良性循环。过渡时期内总公司可给予必要支持。

(7) 多元开发要坚持以效益为中心，好的项目启动资金可向总公司财务公司申请商业性贷款解决。关于1992年以前的借款，待财务局统一核算之后，再研究解决。

出席会议人员，总公司：周永康、邱中建、黄炎、丁贵明、王明太、李波、刘宝和、赵化昆、赵厚学、沈定成、李斌、李伟；物探局：钟辛生、李玉超、王业胜、殷会祥、王小牧、吴奇之，以及物探局有关处室领导等。

四、1998年～2001年1月物探局党政领导干部变更情况

(1) 1998年8月，吴奇之、段雨欣经总公司批准退休。

同年12月，总公司党组决定：肖平兼任局纪委书记，免去其工会主席职务。

(2) 1999年2月，总公司党组决定：管忠任局工会主席。

(3) 2000年1月11日，集团公司党组、集团公司对物探局党政领导干部进行调整：

钟辛生任局党委书记，免去其局长职务；

徐文荣任局长、局党委常委、副书记；

阎万朝、张玮任副局长；

管忠任局党委常委、工会主席；

夏义平任局总地质师。

其他领导干部的原任职务不变。

(4) 2001年1月，集团公司党组、集团公司对物探局党政领导干部职务再次进行调整：

王小牧任局党委书记、副局长；

张玮、阎万朝、段世民任局党委常委；

王铁军、苟量、王文沧任副局长；

殷会祥任局工会主席。

钟辛生的局党委书记、常委职务，王业胜的局党委常委、副局长职务，殷会祥的副局长职务，管忠的局党委常委、工会主席职务同时免去。

其他领导干部的原任职务不变。

五、1998～2000年物探局大事摘要

1998年10月28～29日 探局第二次党代会在涿州局机关召开，232名正式代表与43名列席代表出席会议。大会审议通过了中共物探局第一届委员会工作报告和中共物探局第一届纪律检查委员会工作报告的决议，选举产生了中共物探局第二届委员会和第二届纪律检查委员会。物探局第二届党委委员21人（按姓氏笔划为序）：卜荣清、马尤和、王小牧、王业胜、王礼万、叶青、许大坤、李世灿、杨克礼、肖平、吴志远、张忠民、钟辛生、祝守业、桂玉华、钱荣钧、徐文荣、殷会祥、郭根福、接铭训、梁锡强。纪委委员11人（按姓氏笔划为序）：王瑞、王吉政、王述常、刘泽波、李久文、肖平、张江祥、陈进凯、金贵范、柳卫民、桂玉华。

1998年10月30日 中共物探局第二届委员会和第二届纪律检查委员会第一次会议分别选举产生了党委、纪委常委委员和书记、副书记。王小牧、王业胜、许大坤、肖平、钟辛生、殷会祥、接铭训当选为党委常委委员，许大坤当选为党委书记，钟辛生、肖平当选为副书记；刘泽波、肖平、张江祥、陈进凯、桂玉华当选为纪委常委委员，肖平当选为纪委书记，桂玉华当选为纪委副书记。

1998年11月9日 集团公司决定：将“中国石油天然气总公司新区勘探事业部”更名为“中国石油天然气集团公司新区勘探事业部”，并由石油地球物理勘探局管理。

2000年9～10月 经国家行政管理部门核准，并经集团公司批准，物探局企业名称改为“中国石油集团地球物理勘探局”，分别从9月8日和10月24日启用“中国石油集团地球物理勘探局”和“中国共产党中国石油集团地球物理勘探局委员会”印章，原印章同时作废。

六、中国石油集团地球物理勘探局组织机构图（2001年6月）

2001年6月中国石油集团地球物理勘探局组织机构状况见附图。

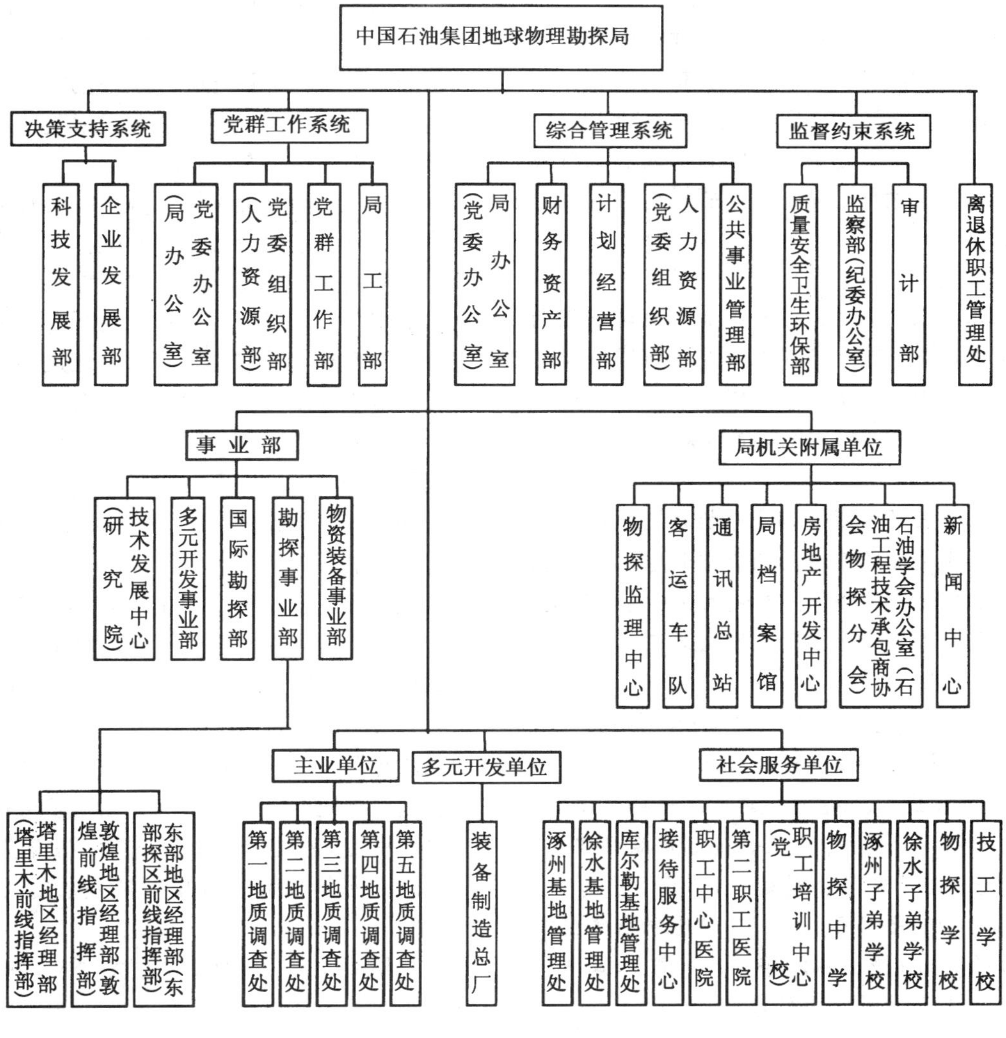

附图 中国石油集团地球物理勘探局组织机构图（2001年6月）

七、1998～2000年物探局享受政府特殊津贴人员

1998年度：徐文荣（一次性特贴5000元）

1999年度：邓志文（一次性特贴5000元）

2000年度：王卫华（一次性特贴5000元）

八、1998～1999年物探局被评定的教授级高工

1998年：谢晓安　王达昌　管　忠　赵瑞平　王　愫（女）

1999年：段书府　柴玉璞　李光文　赵建勋　万里皋

九、1996年调入物探局的教授

詹治田，男，1964年11月生，1986年7月毕业于长春地质学院石油物探系，博士后研究生，同月参加工作，1996年10月在北京地质学院评为教授，同月调入物探局研究院，任研究院（现技术发展中心）北京软件公司副总工程师。

十、"征服塔克拉玛干纪念碑"碑文

为弘扬塔克拉玛干精神，纪念石油物探职工征服塔克拉玛干大沙漠的英雄业绩，物探局决定：在地调三处库尔勒基地建一座纪念碑。1992年9月纪念碑奠基，1993年7月建成。中国石油天然气总公司总经理王涛为纪念碑题写了"征服塔克拉玛干纪念碑"碑名。

纪念碑碑文：

公元一九七八年五月，石油工业部地球物理勘探局第三地质调查处近千名职工肩负着祖国石油工业的希望，西出阳关，千里挺进塔里木，开展地球物理勘探，承担了开辟石油工业后备战场的历史重任。

一九八三年五月，石油部地球物理勘探局第三地质调查处，继转战塔里木西南坳陷和塔北隆起之后，又与美国GSI公司合作，以大无畏的英雄气概，闯入塔克拉玛干沙漠腹地，开始了大规模征服"死亡之海"的伟大壮举。

一九八三年以来，石油部地球物理勘探局第一、二、四、五地质调查处陆续进疆参战。五个地质调查处数千名物探健儿，发扬"奉献、拼搏、团结、开拓"的塔克拉玛干精神，风餐露宿，鏖战塔里木，许多人献出了青春、爱情、家庭甚至生命。

一九八七年十月以来，由石油部地球物理勘探局提供井位的轮南1井，东河塘1井，轮南14井以及位于塔克拉玛干沙漠腹地的塔中1井、4井，经钻探相继获得高产油气流，发现了轮南、东河塘、吉拉克等油气田及塔中油气聚集带，实现了几代找油人的追求，揭开了中国石油工业"稳定东部，发展西部"的战略大决战的序幕。

在此

为曾经和正在塔里木盆地石油物探事业中奋斗的人们，为塔里木盆地石油物探事业献身的人们立碑。

中国石油天然气总公司地球物理勘探局

一九九三年七月一日

十一、以史为鉴　启迪后人

钟辛生同志在物探局史志编委会第一次会议上的讲话（摘要）

1997年9月9日

编纂局志是物探局的一件大事。1964年到1997年这30多年的历史，确实是物探事业大发展的时期。大庆地震会战结束后，物探队伍转战南北，为发现胜利、大港、辽河、江汉、华北、二连、塔里木等油田做出了重要贡献。特别是近几年在塔里木，是物探技术发展最快、物探队伍贡献最大的时期。但这段历史还没有人去写。

物探局乃至石油物探系统在各个时期的每项重大决策、每个重大行动都是有依据的，有历史背景的。这次编纂史志的任务十分繁重，要把30多年的历史浓缩在一本书上，把发生的所有大事都记录下来，很不容易。局志要反映的重点是物探局的整个历程、整个进步、整个贡献。这么多的内容，难度相当大。怎么样去写，靠谁去写？当然离不开我们在座的编委同志，但更要动员老同志，特别是老局长、老书记、老处长，他们对物探局的历史背景知道得最清楚。

写物探局的历史，不能不提及大庆地震会战。大庆会战让人第一次看到了石油物探的作用，可以说如果没有物探，就不可能用那么短的时间发现和探明大庆油田。正因为有了大庆会战那段光荣的历史，才使得包括各级领导在内的人们多年来对物探发展这么重视。就目前中国石油诸多行业而言，与世界水平最接近的是物探。这段历史若写不好，对不起这么多年来为物探事业的发展尽心尽力的老同志！

局机关处室、二级单位要按局文件的要求把这项工作纳入正常的议事日程，当成一件大事来抓。

物探局志要有权威性、代表性、史料性、保密性、政策性、科学性。所谓权威性，就是内容客观、全面，各种数据准确无误；代表性就是要注意选择富有时代特征的事件，并通过这些事件让人看出物探局的进步；史料性就是要提供丰富翔实的资料；保密性就是在记述我们的工作量、发现的储量、新技术时，不能违背有关保密法规；政策性就是如实反映国家、部（总公司）对物探事业发展有重大影响的方针政策、战略部署；科学性就是要实事求是地反映我们的工作，总结出带有规律性的经验教训，以资借鉴。历史是不断地向前发展的，我们的事业也要不断地向前发展。就勘探而言，要改变以往上面给多少钱干多少活的思维方式，把工作延伸到开发中去，延伸到国外去，如果说要写物探局现在的发展，现在的变化，更要写物探局面向国际勘探方面的文章。这篇文章不仅值得我们去回味，更会令后人去借鉴。希望各位编委一定要把一部分精力放到修志这件事上，在本世纪末编纂出一本像样的局志来，这不仅是物探局的发展史，也是物探事业的发展史。

钟辛生同志在物探局史志编辑工作会议上的讲话（摘要）

1997年11月27日

我们这次召开的史志编辑工作会议，是继今年编委会第一次会议后的又一次重要会议。从上次会议以后，局里开始组织这项工作。成立了编委会，组织了专门的工作机构，抽调了部分专职人员，从上到下建立起了工作网络，总的进展情况是好的。这次会议还是围绕着为什么要写局志，怎么写，写什么，讲一点我个人的想法。

第一，讲一讲为什么要写局志？因为这是历史，历史总是要有人来写。历史不作记载，后人也无法总结经验。因此，记载物探局的历史就成为我们的一个责任。从解放初期，我们的老专家就开始从事地球物理勘探工作，从物探局的前身六四六厂算起，到现在已经30多年，物探局成立也将近25年了，至今还没有一部书比较全面完整地反映这段历史。物探局成立以后，是物探事业大发展、物探技术进步最快的阶段。我认为至少大庆会战形成了物探行业的一个基本雏形，或者是这个队伍的雏形。由于大庆会战集中了全国许多地调队伍，形成了一支专业化野战军。随着物探局的成立，这支队伍的野战军、先行官、战略部队三大作用逐步体现出来。从大庆会战到华北会战、四川会战、江汉会战、陕甘宁会战到战略西移，这一段历史是成绩相当辉煌、卓著的历史，应该把它写出来。

从国家来说，江泽民总书记、李鹏总理、李铁映同志等中央领导多次对加强地方志工作发表重要的讲话，国务院将这项工作列入了“七五”规划，各个省市都在做这件事情。我们局所在的涿州市，近期完成了《涿州志》的出版。总公司也有要求，一些油田也出版了油田志。但我们这项工作相对晚了一步。如果现在再不认真地去写，可能有些历史就搞不清楚了。因为许多老同志还健在，还可以找他们，如果我们现在不办这件事，以后收集资料的难度将更大，我们就会失去完整地反映这段历史的机会。

1995年总公司专门召开了年鉴编纂会议，王涛总经理作了专门的讲话，提出了具体的指导意见和安排。从总公司对我们的要求来讲，我认为编写局志是一项非常重要和紧迫的任务，2000年前完成初稿，时间非常紧。

编纂史志是一项系统工程，要反映物质文明和精神文明的两个重要方面，反映物探局两个文明建设的成果。因为我们的勘探事业是一项非常艰苦的事业。这样艰苦的行业，要完成艰巨的任务，没有精神的动力是不行的，因此物探史本身就是精神文明建设的历史，物探本身就需要两个文明建设一起抓，才能搞得好，搞得上去。我们的塔克拉玛干精神证明了这一点，藏北的“五个特别能”精神也证明了这一点，其他极其困难的地区的施工，也证明了这一点。这些年来勘探之所以取得成功，是因为既有过硬的技术，过硬的装备，又有过硬的队伍。没有技术不行，没有装备也不行，但再好的技术，再好的装备都离不开一支好队伍。所以物探局的历史本身就是两个文明的建设史，也是全国物探史重要的组成部分。写物探局史应当适当向前追溯，前面要有一段前言，或者有一个篇目，把我们大庆地震会战以前的历史稍微概括、描述一段，重点放在大庆会战，以及以后的物探史。因为这是我们亲自干的，可能写得更深刻、更深入、更切合实际，而且有丰富的材料来证明。

通过编写局志，起码可以达到这么几个目的。一是总结历史，总结经验，当然也包括总结教训。

物探局的发展，起码有四个大的发展阶段值得我们好好探索。第一是大庆会战阶段，应该认真地总结。这段历史非常重要，是我们的创业史。第二是转战华北，形成六四六厂，特别是1973年组建物探局。组建物探局本身就是一件很重要的事件，形成一个专业化的队伍。由于有了一支专业化的队伍，才使物探技术、物探工作发展得更快更好。第三是80年代，石油部提出“稳定东部，发展西部”的战略方针，物探局工作的战略重点移向西部。从1978年进疆到明年是20年了，这也是一个很重要的时期，值得我们去认真地总结。包括塔里木、吐哈，这都是物探局早期工作过的地区。吐哈发展的历史很清楚，初期采用什么技术，中期采用什么技术，它的发展是物探技术发展的一个旁证。吐鲁番油田真正搞勘探开发是从1984年以后才开始的，通过近四年的准备，又用了三、四年的时间建成了将近300万吨的产能，这是个不小的成绩，发展相当迅速。塔里木更是如此，那么大一个盆地，物探工作从何入手？开始是溜边转，1983年，物探局对外合作，进入被称为“死亡之海”的大沙漠，形成了沙漠勘探的能力。对外合作给我们开阔了眼界，提供了装备，形成了进入沙漠作战的能力。我们所找的资源已经形成了500万吨的产能，是一个很大的成绩。但是相对这么大的一个盆地而言，成绩还不够大，离期望值还有一定的距离，所以我认为整个西部的勘探史是一段很重要的历史。90年代初，我们开始反承包，开始打入国际市场，这是物探局发展的第四个阶段。从国内迈向国际本身就是一种突破，这样才能有更大的生存和发展空间，所以总结这段历史非常重要。是不是还有新的阶段，或者是更重要的事件，都应该把它记述下来，请同志们认真思考，这是第一。总结历史，总结经验，这个目的我们要达到。当然，我们总结历史的目的是为了服务于当前，为现在的改革和发展服务，有关经验我们要吸取。

二是可以提高我们整个物探行业和物探局的知名度。物探局史靠别人来写是写不出来的，还得靠我们自己，自己给自己写历史，自己给自己树立一个正确的形象。例如华北、中原、塔里木等油田的发现，物探局都是做了大贡献的。我们可以实事求是地写，起什么作用就写什么作用，不要夸大，也不要缩小，把它记述下来。比如吐鲁番，在前人工作的基础上，如果没有第二轮物探，我认为就没有吐鲁番这个油田。至于塔里木，王涛、周永康同志早就说过了，如果没有物探就没有塔里木的今天。要把这段历史记载下来，实事求是地肯定我们的成绩和作用。当然，每个阶段的工作都有不足，要承认历史和技术发展有一个过程。要以辩证唯物主义和历史唯物主义的观点看问题，要求在70年代末的普查阶段就达到90年代的水平不现实，要求模拟勘探阶段就达到数字勘探阶段的水平也是不现实的，不能脱离历史发展的阶段。每个阶段都有它的技术，有它的发展，有它的贡献，要给予充分的肯定。但也有人说，怎么物探越发展，找到的油田越小。实际上这是油气勘探的普遍规律。大油田最容易找到，用比较简单的技术就可以找到。例如用“五一”型地震仪器就找到了大庆油田。有人说为什么用数字化不能找到第二个大庆。现在的油田是越找越小，发现的概率也小。初期阶段，技术要求不高，但发现油田的概率高。往后的物探工作越来越难，这是客观规律。

三是总结物探局发展史有利于教育后代。物探局史是一部艰苦奋斗的历史，是一部无私奉献的历史，是优良传统和企业精神教育的生动教材。把它写好了，更有利于教育和激励广大职工热爱物探，热爱石油，献身于物探事业。振兴石油工业离不开物探，振兴物探事业离不开革命的精神，要有“四有三过硬”的队伍。因此用物探局史教育广大职工，教育我们的后代，使之不忘记我们的前辈，世世代代为物探事业的发展无私地奉献，这一点也非常重要。各级领导对于史志编纂工作要引起高度的重视，要按照李铁映同志讲的“一纳入、五到位”的要求做好安排。所谓“一纳入”就是纳入物探局的“九五”计划，纳入到领导的议事日程，把它办好。五到位是：要做到领导到位，当然不是说把全部精力都放在这件事上，但起码要有人来分管，主要领导要过问；做到机构到位，配备一定的专职人员（绝大部分应是兼职人员），同时聘任一些老同志；做到经费到位，我表一个态，史志工作需要的经费局里全力支持，列入专项财务计划、专款专用、专项报销；还要做到队伍到位，条件到位，需要哪些人，需要哪些条件，我看都可以考虑。这是李铁映同志讲的“一纳入、五到位”，我们要具体化，保证它的实施。

第二，讲一讲到底怎么写，写些什么。一要反映时代特征。总的原则，我们一定要按照马列主义、毛泽东思想、尤其是邓小平理论作指导。写这部历史一定要体现出党的路线方针政策，体现出总公司的总体部署。物探局的每一步都是按总公司的部署来办的，每前进一步都离不开党的正确方针路线的指引。要全面地反映这部历史，要反映出时代的特征。因为中央的方针反映了时代的特征，它是与时代相适应的，我们要把中央对石油工业各个历史阶段的方针政策、亲切关怀写出来，把总公司对物探局的重视、关怀和具体部署写出来，这是时代特征。物探局的发展得益于国家的改革开放政策。1964 年我们就和法国的 CGG 公司有来往，引进了回放仪、模拟磁带地震仪。到 70 年代，物探局成立后，逐步开始数字化，引进计算机等一系列的技术、设备。进入 80 年代，我们与外国队合作，在塔里木大沙漠作业，物探局的装备得到大更新。所以物探技术进步，物探装备进步，离不开先进技术和先进装备的引进。不引进，不合作，物探技术不可能进步这么快，这就是改革开放的历史。物探史本身就是我们国家改革开放政策的见证。现在，我们的物探技术已经发展到一个新的阶段，要有重点地引进技术、装备、人才，同时要更多地考虑创新，研制自己的技术、自己的软件、自己的装备。物探史又是总公司对物探这个行业重视的历史。我认为总公司包括原来的石油部，都把物探放在先行官和勘探战略部队的位置，把物探作为油气勘探开发的一个必经的环节对待，给予了高度的重视和极大的支持。大庆会战，南下华北，转战渤海湾，以后又转战西北，都是总公司的战略部署。我们都是按照总公司的战略部署前进的，所以才有今天的成绩。现在总公司又要组织跨国经营，充分运用国际、国内两种资源，两个市场，这是总公司的战略部署，我们要抓住这个机遇，再进一步，创造一个新的阶段，要紧紧地跟上去。局志要反映党的方针政策，反映总公司的重大部署，体现时代特征。

二要反映行业特征。我认为我们这个行业是一个特殊的、极其艰苦的行业，是一个联合舰队当中的侦察舰、先行部队。搞不清敌情，搞不清地下的情况，你怎么去找油找气。因此总公司一直把我们作为野战军、先行官、战略部队来看待，发挥特殊的作用。你不走第一步，后面的工作都无法进行，这就是特殊作用。物探局有自己特殊的任务，不同于地方军。总公司要求物探局是一支战略部队，必须寻找战略后备资源，要求物探局是整个石油物探行业技术的排头兵、带头羊，是整个石油物探行业技术发展的中心，技术上要走到前列。同时要发挥装备制造基地、人才培训基地的作用。能不能把特殊作用、特殊任务、特殊意义反映出来，这是《物探局志》体现行业特征的关键。这支队伍是高度分散的队伍，工作生活条件极其艰苦的队伍，因此两个文明建设更要加强。为什么非要加强两个文明建设啊，这是工作的性质、队伍的工作条件决定的，不能是一般化的要求。随着石油工业的进步，这支队伍不断地壮大，从大庆油田开始，到辽河油田、胜利油田、大港油田、中原油田、华北油田、江汉油田、江苏油田，一直到长庆、吐哈，物探局都做过工作，特别是塔里木，我们的作用和贡献也是很特殊的，所作出的努力要给予充分肯定。局志中要反映我们这个行业的特征。同时，物探行业是一个技术密集的行业，是一个人才密集的行业，如果没有技术的进步，物探进步是不可能的。技术不但包括硬件技术、软件技术以及物探的专业技术，也包括整体管理水平的提高。比如反承包以后，我们队伍的管理水平才真正和国际标准接轨，这就是进步。第一次和外国人合作，提高了我们的生产能力和技术水平，不但能进大沙漠，而且达到队年完成地震测线 1000 公里。通过反承包使我们的管理水平与国际接轨。物探的发展是有阶段性的，每个阶段都有它的关键技术、关键事件、重大部署、重要人物等等，要按照阶段来记述它。我们现在不能用数字会战的要求去要求大庆会战，那个时代就是“五一”型地震仪器，就是人抬肩扛、五部车干活，而现在是五六十部车。历史的阶段不同，条件不同；对不同的阶段有不同的要求，不能一个模式。为什么在华北油田用“五一”型地震仪器做了一遍，用模拟磁带地震仪做了一遍，用数字地震仪又做了一遍，用三维还要再做一遍。为什么第一遍不把它搞清楚呢？因为技术没有发展到那个阶段，勘探也没有发展到那个阶段，你就不可能要求一个阶段实现所有的任务，这一点有许多人不理解，尤其是外行更不理解。有人问，物探为什么要反复做，做一遍不行，还要做第二遍，你为什么第一步就不达到世界最先进的水平？我们也想一步就达到世界先进水平，但技术条件、装备条件等所限，因此一步达不到先进水平。所以在写局志时一定要把我们物探技术发展的不同阶段的特征实事求是地体现出来。

三要突出重点。因为几十年的历史要用一部书反映出来，不可能事事都写，一定要抓住一些重大的事件、阶段、重大的会战战场来写，兼顾一些其他事件。既要全面地反映各方面情况和历史，又不能面面俱到。因此，我们应该认真研究、精心编写，使我们这部历史能够看到由小到大、由低向高发展的历史进程，既有时代特征，又有行业特征，又能反映一些重大的、重点的历史事件和阶段，大事不能遗漏。总之，这部历史应该反映行业特征、时代特征，突出重点、兼顾一般，把它写好、写准确。

第三，讲一讲怎样组织一支专业队伍的问题。要有人来干，并且要干好这件事。要认真落实我们的编写计划，尤其要发挥好这支编辑队伍的作用，包括兼职的和专职的编写人员。编制这本书时间紧，任务重，工作量相当大。能不能在2000年以前完成初稿？任务很艰巨，必须下大决心才能完成。局里已经下了这个决心，一定要把这项工作搞好，因此有几个问题强调一下。

(1) 编志本身就是一门学问，志书有它特殊的要求和体例，有它自身的规律。我们又是第一次搞，缺乏这方面的经验。因此所有从事这项工作的人员，都要通过培训学习，尽快地掌握志书编写方面的知识和要求，提高业务水平，使我们这支队伍尽快地进入角色。

(2) 希望我们这支队伍做无名英雄。你们是无名英雄，你们把这件事搞好了，本身就是讲学习、讲政治、讲正气的具体表现。修志是一种很辛苦的工作，有时还要加班加点，甚至要到处奔波收集资料，了解情况。一定要淡泊名利，无私奉献。应该这样要求从事这项工作的专职和兼职的同志，也包括所有从事这项工作的业务处室的同志们。你们一定要有克服困难的勇气和精神，不要一遇到问题就退缩。遇到问题就要寻找解决问题的办法，要去做调查研究。因此这部志书能否成功很大程度上取决于你们这些专职和兼职人员的努力程度和自身的素质，所以提高自身的素质，发扬无私奉献的精神应该作为对每个编志人员的严格要求。

(3) 希望有关部门，有关业务处室以及所有的工作人员要相互配合，协调工作，不要各自为政，因为这项工作本身就是一个整体。你写的那一部分是整体的一部分，要抽出专门的人员来从事这项工作，绝对不能应付。你们要是应付就是应付历史。一定要抽懂行的人写，最好是中老年人。处室和单位里的老同志，他们既有经历，又懂得历史，也了解具体情况。处室长包括单位的领导要亲自抓，定期、定时检查和指导，帮助具体工作的同志解决有关问题，这应该作为领导者的责任。当然写书的同志也要有高度的责任感，在领导的支持下积极做好自身的工作，千方百计，积极寻找，发现线索，收集资料，搞准情况，精心整理，精心撰写，使我们这本书既能反映时代特征，又有行业特征，既有重点，又全面反映我局的整个历史。

(4) 我认为最重要的一点是发挥老领导、老书记、老局长、老处长这些老同志的作用。最了解情况的是老领导，尤其是过去的书记、局长、处长，因为他们在决策层，整个决策掌握在他们的脑袋里，可能有一些东西不一定有记录。因此，怎么发挥这些老同志的作用，是一件非常重要的工作。史志办要努力做好聘请、聘用老同志的工作，充分发挥他们的作用。这些老同志的政治责任感都非常强，他们从事物探事业一辈子，熟悉这部分历史，对物探事业很有感情，很愿意把这部历史写好。发挥这些老同志的作用是编写局志的一个优势，当然有些老同志可能身体不好，精力没有那么多，可以派人帮助他一起把那些有价值的资料收集、整理出来。也希望年轻同志虚心向老同志学习，向老同志请教，新老结合才能完成任务。大家一起合作起来，在老同志的帮助和指导下，发挥新同志们的作用，把这部历史写好。

(5) 各个部门的办公室和档案部门是我们写局志的重要部门。因为过去的历史和档案都在档案部门，近一两年的可能存在办公室。他们掌握情况，包括重要的文件，重要的资料、制度、办法，都在他们那里，因此是信息和资料的重要来源。要把各个办公室作为写史志的一个重要组成部门，发挥他们的作用。有些协调和组织工作也可以让他们来干。各个业务处室分管一路工作，可以承担一个篇目。例如勘探处，勘探那一路都在你那里；装备处，装备那一路都在你那里；科技处，物探技术的发展都掌握在你们那里；其他业务处室也是如此。应该认真地考虑，认真地总结，认真地组织好。

总之，局里面已经下决心干好这件事，一定要成功，不许后退，更不允许半途而废。到2000年，我们希望拿出一部合格的专业专书，交给全体职工，这是对全局职工负责，也是向21世纪的献礼。写好出版石油物探局志，既是对广大职工几十年奋斗成果的总结，又是我们向21世纪的献礼，我希望能够办好这件事。

图表索引

图表索引

第一篇　机构队伍

第二篇　勘探历程

第三篇　地震资料采集

第十四篇 生活保障

第十五篇 党群工作

编　后　记

（一）

编修志书是中国特有的历史传统。80年代在全国性修志高潮中，物探局根据石油工业部和河北省人民政府的安排，于1984年、1988年先后承担了《当代中国的石油工业》和《河北省志·石油工业志》中“地球物理勘探”专志的编写任务，同时计划编修石油物探局发展史。1990年5月，物探局印发了（90）局办字第175号文，开展了编修物探局发展史的资料征集工作。后修志工作因故中断。

1996年，物探局根据中国石油天然气总公司编辑出版《中国石油天然气工业年鉴》的决定和王涛总经理的要求，决定在完成总公司《年鉴》专稿编写的同时，重新启动修志工作。12月31日设立史志办公室，抽调专职人员开展筹备工作。

1997年，史志办公室挂靠在咨询中心，进行修志前期准备，制定修志工作规划和编纂方案初稿。在局长钟辛生、党委书记李玉超的重视、支持下，9月3日下发了《物探局关于加强史志编纂工作的通知》，决定成立物探局史志编纂委员会，组织编纂《石油物探局志》，编辑出版《石油物探局年鉴》，完成《河北省志·石业工业志》和《中国油气勘探》“地球物理勘探”等项史志编纂任务。9月9日，召开了物探局史志编纂委员会第一次会议，宣布了以钟辛生局长为主任、由49名委员组成的物探局史志编委会；下设史志办公室，由编委会常务副主任柴桂林兼任办公室主任，负责组织实施各项史志编纂任务；局长钟辛生在编委会会议上对各项史志编纂任务作了全面部署，提出了编写重点和质量、时限要求。11月24～28日，由编委会副主任段雨欣主持，召开了有108人参加的物探局史志编辑工作会议，邀请河北省地方志办公室和《中国石油天然气工业年鉴》、《河北省志·石油工业志》、《中国油气勘探》编辑部的专家进行修志编鉴业务培训，结合实际讨论落实各项史志编写任务。局长钟辛生出席会议并作了动员讲话，要求各单位按照江泽民、李鹏、李铁映等中央领导有关修志工作的指示和总公司、河北省的要求，把修志工作当成一件大事，纳入“九五”计划，做到领导到位、机构到位、经费到位、条件到位、人员到位，保证修志工作任务的完成；同时要求史志办公室在完成思想发动和组织准备的基础上，尽快落实编辑人员，全面展开和组织实施各项史志编纂工作。此后，物探局史志编纂工作进入了全面实施阶段。

1998年，《石油物探局志》、《石油物探局年鉴》、《石油物探局大事记》、《物探风采》画册，以及《河北省志·石油工业志》和《中国油气勘探》的地球物理勘探部分等史志编纂工作全面展开。为加强组织协调，2月16日编委会决定，在史志办主任柴桂林常驻塔里木前指工作期间，由史志编委会顾问林运根主持史志编纂工作。

（二）

《石油物探局志》的编纂工作，由于时间跨度长、涉面广，编委会决定采取“众手成志”、“分篇包干”的办法，由局各处室、单位完成初稿后，交局志编辑部总纂完成。

1998年2月，编委会明确黄彤宇为《石油物探局志主编，周荣宝为副主编，并首批聘请了雷学忠、王绍涛、郭哲、赵周舍、韩镇春、张纬宜6名同志以及遇梅等同志参与组稿、撰稿工作，3月正式开展工作，到2002年3月审定出版，经历了制定篇目、征集资料、撰写初稿、评审修改、总纂合成、审定出版6个阶段：

（1）制定志书篇目。体例与篇目是志书的骨骼和框架，是编纂志书的首要问题。1998年3月4日开始，局志编辑部在林运根顾问主持下连续召开篇目设计讨论，对1997年9月和11月拟定的志书篇目设计初稿进行讨论修改。3月28日～4月1日专门邀请全国知名志学专家吴奈夫教授到物探局，对45名参与修志人员进行修志理论培训，着重联系物探局行业特征，共同研讨物探局志的体例与篇目设计。经编辑部先后15次会议的集体讨论，于4月30日正式制定了《石油物探局志》编辑大纲，调整了志书断限（1961～1997年），确定了各篇目初稿撰写负责单位、负责人及控制字数，以物探局（98）局办字第131号文件下发，作为《石油物探局志》资料征集和初稿撰写的依据。此后，在编写分志初稿、内部评审和总纂合成时又进行了3次修订。

（2）资料征集与整理。1998年5月开始，各单位按设定的篇目编辑大纲和撰稿分工进行资料搜集工作，为撰写初稿搜集部（总公司）有关文件、资料、书刊，物探局各种文书档案、科技资料、《石油物探报》、统计公报、勘探年报、数据表、会议材料、领导讲话，以及油田志书等资料约1亿多字，摘录资料卡、复印资料约1000万字，征得照片900余幅，专访老同志征集口碑资料200余条。各篇目撰稿单位在资料搜集的基础上进行整理，于1999年3月完成资料性初稿近100万字，除地震资料采集篇外，初步完成资料征集工作。

（3）撰写志书初稿。局志编辑部在初步完成资料征集的基础上，增加了董玉明、冷瑞来、李静华、孙廷举、汪廷璋、梅占馨、史骊、顾汉章、陈秀儒、刘发尧、孙建虎、柴兆沧、杨志刚等编写人员，对资料进行筛选、综合、补充，按篇目大纲编写入志初稿。经8个月的紧张工作，于1999年12月完成总述、大事记和16篇分志的初稿共89章490节约196万字的编写任务，并先后分篇印发各撰稿负责单位进行初审，征求意见，核实和增删入志资料。

（4）评审修改。2000年1月开始，局志编辑部从原修志人员中增聘赵周舍、汪廷璋、冷瑞来为副主编，对初审后的志稿进行修改、补充，对缺项断线的资料进行再搜集，进行第二稿的编辑修改工作。同时组织召开20多次编辑部内部评审会，对志稿进行相互交叉审查，解决交叉重复或缺项断线问题。根据内审意见，有的篇目部分调整了章节结构，再行编辑修改；有的篇目进行了大的调整，重新编写。到2001年3月全部完成了第三稿165.7万字的编修工作，先后分篇印发物探局史志编委会各委员和有关领导进行评审，征求修改意见。2000年10月、2001年3月和4月，分别组织召开三次志稿评审会，由编委会顾问林运根和常务副主任柴桂林主持，邀请原六四六厂和物探局老领导冯浩、田在艺、段志高、严衍余、潘瑗、李玉超、庄国成、李全慎、高凤仪、张俊瑞、陈启发、王见仁、赵瑞平、刘明义、段雨欣，物探老专家孟尔盛、袁秉衡、程金箴、王宏琳、吕友生，以及原总公司勘探局潘树琪、程威远等50多人进行志稿评审。与会人员从总体上对志稿给予了肯定，同时提出了具体修改意见和建议532条。

（5）总纂合成。《石油物探局志》稿经三次评审后，于2001年4月进入总纂合成阶段。编辑部成员按以下分工负责分纂、修改志稿："总述"由林运根顾问负责；"大事记"由黄彤宇负责；"勘探历程"、"地震资料采集"、"地震资料处理"、"地震资料解释"、"重磁电化勘探"、"科技工作"由汪廷璋负责；"教育培训"、"党群工作"、"人物·先进集体"由冷瑞来负责；"机构队伍"、"企业管理"、"医疗卫生"由赵周舍负责；"物探装备"、"国际合作"由周荣宝负责；"多元开发"、"生活保障"由韩镇春负责；图照资料、封面设计由牛玉田负责；志稿排版由赵周舍负责。至2001年9月，各分志稿及其它部分经副主编修改后，由主编一支笔总纂、笔削，合成终审稿，共96章、507节、180万字。10月报送局史志编委会审查验收。

（6）审定出版。2001年10月后印发终审稿，广泛征求意见。2002年1月10日，物探局召开志稿终审会议。局长徐文荣和局党委书记王小牧主持会议；钟生、林运根、柴桂林、段雨欣等编委会领导，局机关处室和部门负责人，河北省方志办柳秋生，涿州市方志办史丽荣，石油工业出版社张镇等29人参加会议。会议基本同意局志终审稿，并提出终审修改意见。会后，编辑部再次征求局机关有关处室的意见，对终审稿再次进行了修改。2002年3月初报请局史志编委会主任徐文荣审查批准，交付石油工业出版社印刷出版。

（三）

《石油物探局志》的编纂出版，是物探局文化建设的一项重要成果。它全面系统地记述了物探局的历史和现状，反映了物探局的发展、进步、成就与贡献，"资治、教化、存史"均有重要意义。

《石油物探局志》的编纂，是在物探局党政领导的领导和大力支持下，在局史志编委会顾问林运根的直接主持和历任局长、书记及老领导的热情关怀帮助下，经过全体修志工作者4个春秋的艰苦努力，五易其稿完成的。局机关各处室及附属单位和局属各单位领导对修志工作给予了大力支持和帮助，有350多人提供了大量资料和照片。同时承蒙河北省地方志办公室主任许明辉，苏州大学方志学教授吴奈夫和涿州市地方志办公室主任史丽荣等领导、专家的关心与指导，在此一并表示衷心的感谢！

由于物探局工作区域广大，机构、人员变化大，资料收集难度大；加上修志人员缺乏修志知识和经验，学识水平有限，志书中出现某些错讹疏漏在所难免，敬请读者批评指正。

《石油物探局志》编辑部

2002年3月

提供资料人员

一、提供文字资料人员（排名不分先后）

于 华	于新成	山 峰	马心顿	马秀雨	马建华	马金珊	马萱春	卫丽娜	王 宏	王 忠
王 瑞	王文利	王凤鸣	王礼万	王利群	王红雨	王伟强	王志华	王宏琳	王克斌	王宜昌
王洪光	王寿坤	王适新	王绍涛	王国俊	王春风	王建平	王荣道	王盈凤	王积发	王清志
王银芳	王银昌	王雄兆	王殿武	王燕宾	毛水祥	孔祥宁	尹世忻	申 泽	冯 和	冯玉梅
冯兵华	冯冀川	卢乃鋆	白玉山	白占军	叶秀玲	甘永红	冉建斌	田友坡	田宝良	刘 仁
刘 伟	刘小山	刘少彬	刘文考	刘凤臣	刘长禄	刘兰蕤	刘军育	刘连喜	刘沛强	刘祥福
刘殿军	刘增和	朱 虹	朱长根	朱允成	朱青勋	朱国振	朱振涛	孙 荣	孙 超	孙 燚
孙孔德	孙心波	孙平才	孙玉岭	孙东彬	孙玉福	孙廷举	孙茂红	任立东	任四新	乔月金
安玉民	关业志	全望甲	朴周鹤	许献龙	阎福海	吕友生	吕永善	吕金海	严 伦	杨 兴
陆 侠	肖 菱	余 恒	余昌珍	何 英	何展翔	李 文	李 刚	李 春	李 铁	李 锐
李 琴	李月光	李文启	李世灿	李宪生	李延萍	李钧玉	李明悌	李相德	李福生	陈 肖
陈业平	陈仲委	陈秀杰	陈国生	陈学贵	陈思群	陈继贤	陈乾元	杨玉平	杨兴德	杨宝良
杨茂君	杨克绳	杨燕生	吴志军	吴宗明	吴彦军	吴群苍	宋均华	宋根法	宋健敏	严又生
芦守英	陆志明	杜建军	谷跃民	苏新华	冷瑞来	张文国	张卫军	张广谦	张凤才	张书荣
张东文	张玉萍	张占魁	张守本	张成福	张连军	张秀峰	张保民	张建设	张国忠	张明辉
张春山	张学勤	张祖华	张彦军	张奎祥	张振东	张善荣	张照玉	张满良	张慧丽	张德林
张麟祥	宗 帅	林 梁	周 宏	周申吉	周国宏	周荣宝	周雪云	罗 河	罗明发	罗秋菊
罗维炳	罗朝元	孟秀花	孟宗德	杭文才	岳永霞	林官忠	金祖荣	姜 耕	姜建军	姜容容
姜洪福	赵 岩	赵 曦	赵中全	赵向东	赵光荣	赵志德	赵和平	赵周舍	赵祖明	赵翠芬
胡文阁	胡利平	胡瑞荣	南文海	贾光劲	钟伟荣	钟国森	施学荣	郎 晋	徐 昕	徐宝坤
徐忠阁	郭 里	郭巧玲	郭建伟	郭海燕	唐小南	唐凤举	尹同成	陶友明	陶知非	顾汉章
顾和甫	柴玉璞	柴桂林	夏祥瑞	夏俊伯	耿昌顺	耿德福	袁秉衡	袁赛云	高士宽	高志江
高其志	高贵海	高国庆	梁 平	梁 群	梁永祥	梁全栋	梁海峰	黄玉光	黄忠范	黄金奎
黄祥秀	曹雪莲	曹景璋	崔恒彰	商跃起	麻维娜	湛 江	董万恒	董志贤	程民主	遇冬梅
彭立站	傅同庆	曾庆全	焦志军	谢武江	谢济平	温森来	韩镇春	雷北海	雷学忠	滕升玉
蔡 鑫	蔡文荣	潘永林	潘红亮	戴正智	鞠崇敏	瞿 杰	魏士平	魏献青	冯耀祖	王 愫
徐爱军	江宏涛	李建玲	郑廷芳	赵玉光	聂开华	夏金贵	温森来	汪红英	刘锦锟	杨彦彬

二、提供图片资料人员（排名不分先后）

丁 伟	于天水	马忠文	王 欢	王 法	王永太	王永光	王士宣	王汝明	王援朝	牛玉田
卢景中	叶金华	任四新	吕进荣	孙廷举	孙渝苏	刘荣庆	吴 宪	李庆忠	陈志永	陈增良
杨志刚	杨振海	张庚友	张召方	张录坤	周 宏	周申吉	林运根	林官忠	金祖荣	武慎让
仲崇宾	赵瑞平	郭 哲	高 鹏	桂玉华	顾汉章	袁秉衡	崔文献	黄彤宇	曹宗仁	韩忠林
傅同庆	谭 晔	戴海燕	王永琦	吕友生	李英华	叶 青	孟福谦	张百泉		